Gerald D. Feldman
Hugo Stinnes

GERALD D. FELDMAN

Hugo Stinnes

Biographie eines Industriellen 1870–1924

Aus dem Englischen übersetzt von Karl Heinz Siber

Verlag C. H. Beck München

Mit 52 Abbildungen im Text

Die Deutsche Bibliothek – CIP-Einheitsaufnahme

Feldman, Gerald D.:
Hugo Stinnes : Biographie eines Industriellen ; 1870–1924 / Gerald D. Feldman. Aus dem Engl. übers. von Karl Heinz Siber. – München : Beck, 1998
ISBN 3 406 43582 3

ISBN 3 406 43582 3

Gesamtherstellung: Kösel, Kempten
Gedruckt auf säurefreiem, alterungsbeständigem Papier
(hergestellt aus chlorfrei gebleichtem Zellstoff)
Printed in Germany

Inhalt

Vorwort

Im Verlauf eines meiner Studienaufenthalte im Ruhrgebiet, wo ich Material über Leben und Werk des Hugo Stinnes zusammentrug, nützten meine Frau und ich eine sich bietende Gelegenheit, mit Freunden das Schiffshebewerk Henrichenburg zu besichtigen. Während wir die Anlage bestaunten, tauchte aus einer der Schleusenkammern plötzlich ein großer Lastkahn auf, der den Namen «Stinnes» trug. Es war ein beziehungsreicher und witziger Zufall, aber auch ein nachdrücklicher Hinweis darauf, wie langlebig und allgegenwärtig die Namen bedeutender Unternehmerdynastien in Deutschland sein können, einem Land, das in seiner Geschichte extreme Diskontinuitäten erlebt hat, oftmals verbunden mit Namen, die viele am liebsten vergessen würden und mit denen sich kein Unternehmen gerne identifiziert. Gewiß durchpflügten Transportschiffe, auf deren Bannern oder Bugwänden der Name «Stinnes» prangte, schon seit Beginn des 19. Jahrhunderts die Binnenwasserstraßen des Rheinlandes, also lange bevor Hugo Stinnes seine Flagge und seinen Familiennamen im ersten Jahrzehnt des 20. Jahrhunderts über die Weltmeere schickte. Die Unternehmen, die heute den Namen Stinnes im Schilde führen, sind keine unmittelbaren Abkömmlinge der von Hugo Stinnes geleiteten Firmen und Unternehmensgruppen. Wenn sie diesen Namen tragen, so ist das ein Tribut an eine Familie, die in der deutschen Industriegeschichte eine wichtige Rolle gespielt hat, sowie an deren berühmtestes Mitglied.

Von der wissenschaftlichen Geschichtsschreibung sind lange Zeit weder solche Unternehmerfamilien noch deren herausragende Repräsentanten gründlich erforscht worden; wenn etwas über sie publiziert wurde, dann zumeist in Form unkritischer Firmenfestschriften oder journalistisch aufbereiteter Biographien oder Monographien, die dieser oder jener politischen Tendenz verpflichtet waren. Seit einigen Jahren ist jedoch in Deutschland ein wachsendes Interesse an einer seriöseren unternehmensgeschichtlichen Forschung zu beobachten, wobei nicht zuletzt die Unternehmer selbst einen zunehmend aktiveren Anteil an der Förderung von Forschungsprojekten übernehmen, die die Kriterien der Wissenschaftlichkeit erfüllen und mehr dafür gedacht sind, die Öffentlichkeit aufzuklären, als Bücherregale und Kaffeetische zu schmücken. Das liegt zum einen daran, daß der niemals abschließbare Prozeß der Vergangenheitsbewältigung endlich auch in der Wirtschaft Einzug gehalten hat, wo eine neue Generation von Unternehmern herangewachsen ist, die bereit ist, Historiker ein ungeschminktes Bild der Vergangenheit zeichnen zu lassen. Indirekt bedeutet dies freilich auch eine Anerkennung der Tatsache, daß die Wirtschaft in unserer Welt eine außerordentlich wichtige Rolle gespielt hat und weiterhin spielt und daß die

Unternehmensgeschichte ein bedeutsamer Teilbereich der allgemeinen Geschichte ist, dessen Vernachlässigung die Gefahr einer Verzerrung unserer historischen Wahrnehmung in sich birgt. Und schließlich könnte es auch sein – und hier ist es hoffentlich nicht das reine Wunschdenken, das diesem Autor die Feder führt –, daß die Erkenntnis um sich greift, daß Unternehmensgeschichten und Biographien bedeutender Wirtschaftsführer auch von einem tiefgehenden menschlichen Interesse sind. Sie sind einfach zu facettenreich, um in Bänden abgehandelt zu werden, die mehr Bilder als Text enthalten, und zu relevant, um die Domäne von Autoren zu bleiben, die entweder für das Verfassen schöngefärbter Porträts bezahlt werden oder aus ideologischen Motiven etwas attackieren, das wirklich zu verstehen sie sich kaum je die Mühe machen.

Diese Biographie des Hugo Stinnes ist aus der Konvergenz zweier Interessen entstanden: Da war zum einen das Interesse der Nachfahren des Hugo Stinnes daran, einen Fachhistoriker für das Projekt einer fundierten Biographie zu gewinnen, die, gestützt auf Stinnes höchst umfangreichen und bemerkenswerten Nachlaß sowie auf andere nach dem Tod von Hugo Stinnes jun. zugänglich gewordene Quellen, dem Wirken des berühmten Industriellen gerecht werden würde. Diese Nachfahren hatten erkannt – zu Recht, wie ich meine –, daß Hugo Stinnes eine zu bedeutende Figur der deutschen Geschichte ist, als daß man seine historische Einordnung ausschließlich den bereits erschienenen Biographien oder Abhandlungen überlassen dürfte, die, gewiß auch bedingt durch die Unzugänglichkeit wichtigen Quellenmaterials, ein sehr unvollständiges Bild ihres Protagonisten zeichneten, indem sie sich etwa auf seine politischen Aktivitäten konzentrierten und die unternehmerischen Aktivitäten, die seine eigentliche lebenslange Leidenschaft waren, außer acht ließen.[1] Dazu kam auf der anderen Seite das Interesse dieses Autors, der im Zuge seiner Arbeiten über den Ersten Weltkrieg und die Inflation in der Frühphase der Weimarer Republik in den vergangenen dreieinhalb Jahrzehnten immer wieder auf die allgegenwärtige Figur des Hugo Stinnes gestoßen war, eine Persönlichkeit, die offenkundig über viel Macht und Einfluß verfügte und dennoch konturlos und undurchschaubar wirkte, angeblich ein Spekulant durch und durch, über dessen Motive, Pläne und Ambitionen freilich auch seine Zeitgenossen und später die Historiker immer nur spekulieren konnten.

Ein Stück weit wurde meine Neugierde gestillt, als ich in den 1980er Jahren bei den Recherchen für mein Buch über die deutsche Inflation erstmals Einblick in den Stinnes-Nachlaß erhielt;[2] bei der Arbeit mit diesem Material wurde mir nicht nur die außerordentliche Bandbreite der unternehmerischen Aktivitäten des Hugo Stinnes in den Jahren nach Ende des Ersten Weltkrieges klar, als er zur nationalen und internationalen Berühmtheit aufstieg, sondern ich stellte auch fest, daß es einen großen Dokumentenfundus über den Stinnes der Jahre vor 1914 gab. Ich hatte das Gefühl, der «wirkliche» Hugo Stinnes lasse sich nur einfangen, wenn man auch jene außerordentlichen und weitaus weniger bekannten Leistungen und Aktivitäten darstellte und erläuterte, die seinen Weg zu der zwiespältigen Rolle pflasterten, die er in der unseligen Periode, die mit Ausbruch des Weltkrieges begann, spielen sollte. Als ich daher von der Familie Stinnes gebeten wurde, diese Biographie in Angriff zu nehmen, tat ich es in dem Gefühl, mich auf ein durchaus lohnendes intellektuelles Abenteuer einzulassen, zum einen weil Hugo Stinnes mich seit jeher fasziniert hatte, und zum zweiten, weil ich damit Gelegenheit erhielt, den Hugo Stinnes, der mir immer wieder begegnet war, vor dem Hintergrund des Hugo Stinnes, den noch nie jemand unter die Lupe genommen hatte, zu verstehen. Seine Lebensgeschichte zu schreiben hat mich, wie ich gehofft hatte, in die Lage versetzt, mich mit vielen der bedeutsamen Entwicklungen in der wirtschaftlichen, sozialen und politischen Geschichte des deutschen Kaiserreichs auseinanderzusetzen – mit Wesen und Eigenart der industriellen und finanzwirtschaftlichen Entwicklung Deutschlands in der Zeit des deutschen Höhenfluges vor dem Weltkrieg, mit den Beziehungen der großen Ruhrindustriellen zueinander und zu den Banken, mit ihrem Verhältnis zur Arbeiterschaft und zu allen Ebenen von Staat und Verwaltung.

Es herrscht ein unvermeidliches Spannungsverhältnis zwischen dem Genre der Biographie, einer mir bis zu dieser Arbeit fremd gewesenen Form der Geschichtsschreibung, und der generalisierenden strukturgeschichtlichen und sozialwissenschaftlichen Analyse, durch die sich das Schrifttum über die Industrialisierung im allgemeinen auszeichnet. Der biographische Ansatz bietet freilich auch die Chance, Generalisierungen einem Realitätstest zu unterwerfen sowie Strukturen mit menschlichem und lebendigem Inhalt zu füllen. Ob mir all das in dieser Biographie gelungen ist, möge der Leser beurteilen.

In den zehn Jahren, die die Arbeit an diesem Vorhaben gedauert hat, habe ich vom Zuspruch und von der Unterstützung zahlreicher Personen und Institutionen profitiert. Von Dieter Stinnes, einem Enkel Hugos, ging die Initiative zur Erarbeitung dieser Biographie aus, und er zog nicht nur alle ihm möglichen Register, um die Verwirklichung des Vorhabens sicherzustellen, sondern bewies auch Geduld, Verständnis und Freundschaft, als der Fortgang der Arbeit durch persönliche Schicksalsschläge und unerwartete berufliche Verpflichtungen gebremst wurde. Mit seinem nie erlahmenden Zuspruch leistete er einen wichtigen Beitrag dazu, bei mir die Flamme der Begeisterung für und der Hingabe an das Projekt am Brennen zu halten, vor allem aber dafür zu sorgen, daß die Arbeit zu Ende geführt werden konnte. Ich möchte ihm hiermit für den langen Atem seines Vertrauens danken und hoffe, daß ich es gerechtfertigt habe. Es ist mir wichtig, in diesem Zusammenhang festzustellen, daß Dieter Stinnes und die anderen, weiter unten namentlich genannten Mitglieder der Familie Stinnes zu keinem Zeitpunkt die Bedingung in Frage stellten, auf die wir uns vor dem Beginn meiner Arbeit verständigt hatten: mir unbeschränkten Zugang zu allen relevanten Quellen zu gewähren und mich in völliger Autonomie entscheiden zu lassen, was und wie ich schreiben wollte. Sie alle haben ihr Möglichstes getan, um Dokumente zu finden und mir zur Verfügung zu stellen, und haben mich kein einziges Mal gebeten, an irgendeiner Tatsachenbehauptung oder Beurteilung im Rahmen dieser Arbeit irgend etwas zu ändern.

Unter derselben Maßgabe stellten mir auch Frau Birte-Marie Loehr, eine Enkelin von Hugo Stinnes, und ihre Familie unschätzbares Quellenmaterial zur Verfügung. Der persönliche Zuspruch und die wunderbare Gastfreundschaft, die meine Frau und ich von ihnen erfuhren, und die vielen genußreichen Tage und Abende, die sie und ihr Bruder Dieter uns bereiteten, haben unsere wissenschaftlichen Mühen um eine persönliche und freudvolle Dimension bereichert und werden unvergeßlich bleiben.

Zutiefst traurig stimmt mich, daß Fräulein Else Stinnes, die von allen Kindern aus der Ehe von Hugo und Cläre Stinnes am längsten lebte, die Fertigstellung dieses Buches nicht mehr erlebt hat. Sie war jahrzehntelang die treue Hüterin des Gedenkens ihrer Eltern wie auch einer beträchtlichen Sammlung privater und geschäftlicher Papiere, unter anderem des Tagebuchs ihrer Mutter – eines einzigartigen und für die vorliegende Arbeit wichtigen Quellendokuments. Aus menschlich nur allzu verständlichen Gründen fiel es ihr keineswegs leicht, mir diese höchst privaten Unterlagen ohne Einschränkungen zugänglich zu machen; ich werde ihr ihre Entscheidung, diese Dokumente, wie auch ihre Erinnerungen, mit mir zu teilen, stets hoch anrechnen.

Wie dem Leser nicht verborgen bleiben wird, war die wichtigste für dieses Buch benutzte Quelle der Nachlaß von Hugo Stinnes, aufbewahrt im Archiv für Christlich-Demokratische Politik der Konrad-Adenauer-Stiftung in St. Augustin bei Bonn. Dem Leiter dieses Archivs, Dr. Günter Buchstab, und seinen Mitarbeitern schulde ich großen Dank für die nie nachlassende Freundlichkeit, die sie mir während meiner vielen und häufig sehr langen Aufenthalte in ihrem Haus entgegenbrachten. Ein besonderes Wort der Wertschätzung gebührt Herrn Hans-Jürgen Klegraf, dem keine Anstrengung zuviel war, wenn es galt, meine Arbeit voranzubringen. Wie schon oft im Verlauf meiner wissenschaftlichen Tätigkeit, konnte ich auch dieses Mal aus den reichhaltigen Beständen des Bergbau-Archivs Bochum schöpfen und dabei insbesondere von dem bemerkenswerten Fachwissen und dem wunderbaren Humor unserer Freunde Evelyn und Werner Kroker profitieren. Sie waren es, die mit uns den schon erwähnten Ausflug zum Schiffshebewerk Henrichenburg unternahmen. Mein spezieller Dank gilt ferner Dr. Manfred Rasch vom Historischen Archiv der August-Thyssen-Hütte, Herrn Martin Müller vom Historischen Archiv der Deutschen Bank und Frau Renate Köhne-Lindenlaub vom Historischen Archiv der Firma Krupp für ihre Hilfestellung bei der Lösung einiger wichtiger und komplizierter Recherchenprobleme. Wichtig ist mir auch festzuhalten, daß ich eine außerordentliche Dankesschuld abzutragen habe an die vielen weiteren Archivare und Archivmitarbeiter, die sich jede erdenkliche Mühe gaben, um mir bei der Quellensuche behilflich zu sein.

Bei der Recherchearbeit für dieses Buch erhielt ich großzügige Unterstützung von der Stinnes-Stiftung. Das Interesse, das Direktor Dr. Bernd Malmström dem

Projekt entgegenbrachte, weiß ich ebenso zu schätzen wie den Zuschuß der Stinnes AG zu den Übersetzungskosten. Die Niederschrift der wichtigsten Passagen des Werkes erfolgte am Woodrow Wilson Center in Washington, D. C., bei dem ich mich hiermit herzlich für die mir zur Verfügung gestellten idealen Arbeitsbedingungen bedanken möchte. Die abschließende redaktionelle Arbeit an dem Buch – keine Kleinigkeit bei einem so umfänglichen Werk – fand am Wissenschaftszentrum Berlin für Sozialforschung statt. Das Committee on Research und das Center for German and European Studies der University of California in Berkeley stellten dankenswerterweise Finanzmittel für Forschungsassistenten bereit. Karl Feld, Troy Paddock und Drew Keeling möchte ich für ihre gute Arbeit als Forschungsassistenten danken.

Daß es mir zu einer wahren Freude wurde, mich im deutschen Text dieses Buches gleichsam selbst wiederzufinden, dafür sorgte Karl Heinz Siber, der mein Manuskript aus dem Amerikanischen übersetzte. Mit wieviel Energie, Ausdauer, Geschick und Einfühlungsvermögen er an seine schwierige Aufgabe heranging, ist bemerkenswert. Ich zolle ihm dafür hohe Anerkennung.

Zu den großen Glücksfällen in meiner wissenschaftlichen Laufbahn gehören die Zusammenarbeit mit Ernst-Peter Wieckenberg und das Privileg, ihn zu meinen Freunden zählen zu dürfen. Er hat als Lektor dieses Projekt in mannigfacher Weise unterstützt und vorangebracht; ich danke ihm, seinen Kollegen und Mitarbeitern sowie dem Verlag C. H. Beck für den mir gewährten Rückhalt.

Meine Frau, Norma von Ragenfeld-Feldman, stand mir während der jahrelangen Arbeit an diesem Buch nicht nur mit enthusiastischer moralischer Unterstützung und Ermutigung zur Seite, sondern auch mit unentbehrlichen praktischen Hilfestellungen. In vieler Hinsicht war dies ein gemeinsames Projekt, in das sie viel eigene Zeit investiert hat, vor allem wo es um die Entzifferung handgeschriebener Briefe und Tagebucheinträge, aber auch um die kritische Durchsicht des Manuskripts und die Prüfung der Druckfahnen ging. Dieses Buch hat der aktiven Mitarbeit meiner Frau viel zu verdanken, ebensoviel wie sein Autor ihrer stetigen Präsenz und ihrem nachsichtigen Humor. Meiner Frau ist dieses Buch denn auch gewidmet.

Gerald D. Feldman, Berlin, März 1998

Anmerkungen

[1] Hugo Stinnes war zunächst Gegenstand zweier ziemlich dünner und sehr unkritischer Abhandlungen: Hermann Brinkmeyer, *Hugo Stinnes. Gestalten und Dokumente,* Bd. 3, 4. Aufl., München 1921, und Gerd von Klass, *Hugo Stinnes,* Tübingen 1958. Eine erheblich seriösere Arbeit erschien vor 20 Jahren: Peter Wulf, *Hugo Stinnes. Wirtschaft und Politik 1918–1924,* Kieler Historische Studien, Bd. 28, Stuttgart 1979. Wulf hatte freilich nicht den Stinnes-Nachlaß zur Verfügung und konnte sich daher nicht mit der Wechselwirkung zwischen Stinnes' politischen und unternehmerischen Aktivitäten befassen.

[2] Gerald D. Feldman, *The Great Disorder: Politics, Economics, and Society in the German Inflation 1914–1924,* Oxford 1993, 2. Aufl. 1997.

Projekt durchgeführt hatte, wußten [illegible] ebenso zu schätzen wie den [illegible] aus [illegible] Leserschaft [illegible]. Die Nachlässe der [illegible] des [illegible] am Woodrow Wilson Center in Washington, [illegible] [illegible] die uns zur Verfügung [illegible] [illegible] Arbeit [illegible] [illegible]. [illegible] Werk [illegible] [illegible] Committee on [illegible] und [illegible] der [illegible] California [illegible] [illegible] und [illegible] [illegible] [illegible] Berechnungssystem [illegible] danken.

[illegible] Karl Heinz [illegible] [illegible] ins Deutsche übersetzt [illegible] [illegible] [illegible] schwierige Aufgabe [illegible] [illegible].

[illegible] [illegible] und das [illegible] [illegible] dieses Projekt [illegible] [illegible] Kollegen und Mitarbeiter [illegible] [illegible] [illegible].

[illegible] [illegible] [illegible] [illegible] [illegible] [illegible] [illegible] [illegible] [illegible] [illegible] [illegible] [illegible] [illegible] [illegible] [illegible] [illegible] [illegible] Familie [illegible] [illegible] [illegible] [illegible] [illegible] [illegible] [illegible] Frau und [illegible] [illegible] [illegible] [illegible] [illegible] [illegible] ihren [illegible] Nächten, Wochenenden und [illegible] [illegible] [illegible] [illegible] [illegible] [illegible] zu widmen.

Gerald D. Feldman, [illegible] 1993

Anmerkungen

[illegible] [illegible] Hermann Schäffer [illegible] und [illegible] [illegible]

2 Gerald D. Feldman, *The Great Disorder*: [illegible] [illegible] Oxford 1993, Anm. [illegible]

I. Wegbereitung für eine Karriere

Die Karriere des Hugo Stinnes war so außergewöhnlich, daß man leicht übersieht, wie eng sie mit der Zeit, mit den Schauplätzen und mit den Umständen verbunden war, in denen sie entstand. In der Tat ist das Herausragende an Stinnes gerade die Tatsache, daß er – und die Art, wie er – mit seinem Leben ein dramatisches und unvergleichliches Beispiel für die Stärken und Schwächen jener bemerkenswerten Gruppe rheinisch-westfälischer Industriellen bot, die unter dem Zweiten Kaiserreich den Zenith ihrer wirtschaftlichen Entfaltung erreichten und die in der Weimarer Republik eine so bedeutsame und umstrittene Rolle spielen sollten: für ihre Genialität wie für ihre Beschränkungen, ihre Erfolge wie ihre Anfechtungen. Damit soll nicht der Eindruck erweckt werden, Stinnes sei der «idealtypische» Ruhrindustrielle gewesen; das war er ebensowenig, wie er der unbestrittene Repräsentant der deutschen Schwerindustrie war, als der er fälschlicherweise immer wieder hingestellt wurde. Er war ein unerhört begabter und einfallsreicher Geschäftsmann und eine bezwingende Persönlichkeit. Dies waren die Eigenschaften, die ihn zeit seines kurzen, aber ereignisreichen Lebens zu einer so bemerkenswerten Figur machten. Die Aufgabe dieser Untersuchung, wie zweifellos jeder Biographie einer historischen Gestalt, besteht demnach darin, ihren Protagonisten sowohl als Individuum als auch als Produkt und Mitgestalter der geschichtlichen Entwicklung seiner Epoche zu begreifen und sein Leben in diesem Sinn nachzuzeichnen.

1. Kindheit, Jugend, Ausbildung

Hugo Stinnes kam am 12. Februar 1870 in Mülheim an der Ruhr als drittes Kind der Eheleute Hermann Hugo (1842–1887) und Adeline Stinnes geb. Coupienne (1844–1925) zur Welt. Zu seinen älteren Geschwistern Heinrich (1867–1932) und Anni (1868–1948) kam noch ein jüngerer Bruder, Gustav Ernst (1878–1943). Wie so viele andere Firmengründer seiner Generation war auch Hugo der Sohn einer wirtschaftlich etablierten Unternehmerfamilie, die zu den führenden Kräften des regionalen Wirtschaftslebens gehörte. Das galt nicht nur für die Familie seines Vaters, sondern auch für die seiner Mutter: Die Coupiennes, die sich von den Hugenotten herleiteten, waren in der Lederindustrie und im Bergbau engagiert. Daß der junge Hugo Stinnes sich für den Beruf des Geschäftsmannes entschied, war zwar nicht unausweichlich – sein Bruder Heinrich schlug eine Beamtenlaufbahn ein –, aber auch ganz und gar nicht außergewöhnlich.[1]

Die Eltern von Hugo Stinnes: Adeline Stinnes geb. Coupienne und Hermann Hugo Stinnes

Die Familie Stinnes gehörte zu den prominentesten in Mülheim an der Ruhr; ihren Wohlstand und ihren gesellschaftlichen Rang verdankte sie guten Geschäften in Kohlenhandel, Schiffahrt und Bergbau. Hugos Großvater Mathias Stinnes (1790–1845) hatte das Familienunternehmen 1808 gegründet; gemeinsam mit seinem Bruder Georg hatte er sich auf den Transport von Kohle, daneben auch von Erz, Holz und anderen Gütern, ruhrabwärts zum Rhein verlegt und eine ganze Flotte von Lastkähnen aufgebaut, die zwischen Köln und Arnheim und in die andere Richtung bis Koblenz, später auch noch weiter flußaufwärts, verkehrten. 1843 war Mathias Stinnes der erste, der auf dem Rhein einen mit Dampfkraft angetriebenen Kahn einsetzte.

Diese wirtschaftliche Verwurzelung der Familie im Handel und der Schiffahrt spielte eine wesentliche Rolle für die Ausprägung wichtiger Aspekte der Unternehmer-Karriere des Hugo Stinnes. Die wirtschaftliche Welt, in die er eintreten sollte, trug sicherlich teilweise provinzielle Züge, vor allem was das gesellschaftliche Leben und die Personalpolitik betraf, aber in bezug auf ihren Geschäftsumfang und ihre Ambitionen war sie ganz und gar nicht provinziell. Das Industrierevier an Rhein und Ruhr verdankte seinen wirtschaftlichen Erfolg in erheblichem Maß seinen günstigen Verkehrsanbindungen. Diese ermöglichten zum einen einen relativ bequemen Transport und die Zusammenführung derjenigen Rohstoffe, auf die seine wichtigsten Branchen angewiesen waren (z.B. Kohle, Erz und Holz), und erleichterten zum anderen die Ausfuhr der regionalen Erzeugnisse in andere deutsche Länder oder ins Ausland. Kein Wunder daher, daß die Beobachtung und Beherrschung des Marktes zu den Dingen gehörten, denen Hugo Stinnes' beständige Sorge galt, und daß Verkehrs- und Transportfragen ihn während der gesamten Dauer seiner Unternehmerkarriere beschäftigten. Der Fluß Ruhr und das Ruhrgebiet waren für die Familie Stinnes die Elemente, denen sie ihren Aufstieg in die nationale und internationale Wirtschaftselite verdankte.

Andererseits lag es für die Familie Stinnes auch nahe, sich im Bergbau zu engagieren. Schon zu Lebzeiten der Firmengründer Mathias und Georg begann der Erwerb von Bergbau-Beteiligungen. Während man sich zunächst nur in andere Unternehmen einkaufte, begann Mathias zwischen 1839 und 1842, eigene Zechen zu eröffnen. In diesem Zeitraum entstanden die ersten vier Stinnes-Zechen, alle im Raum Essen gelegen: Graf Beust, Victoria Mathias, Friedrich Ernestine und Carolus Magnus. In seinem Testament bestimmte Mathias, die Handelsfirmen und Reedereien der Familie sollten von ihren Bergbau-Interessen getrennt gehalten werden; letztere sollten im Familienbesitz verbleiben. Diese Bestimmung, die seine Nachfolger übernahmen, trug zweifellos zur Sicherung des Familienvermögens bei, abgesehen davon, daß es sehr vernünftig war, die Trennung zwischen den beiden Branchen, die einander zwar wechselseitig befruchteten, aber doch funktional verschieden waren, aufrechtzuhalten.

Der unterentwickelte Kapitalmarkt brachte den jüngeren Georg Mathias Stinnes (1817–1853) denn auch nach dem Tod seines Vaters im Jahr 1845 in finanzielle Bedrängnis. Das Handels- und Schiffahrtsunternehmen der Familie wurde 1848 in eine Aktiengesellschaft umgewandelt, und kurz vor seinem Tod 1853 sah sich der jüngere Mathias noch genötigt, die Zechen Graf Beust und Carolus Magnus für dreißig Jahre an die Phoenix Hüttenwerke zu verpachten. Auf diese Weise gelang es, die Kredite, die man zur Finanzierung der in den Familienunternehmen getätigten erheblichen Investitionen aufgenommen hatte, abzudecken; so konnte Gustav Hermann Stinnes (1826–78), der jüngere Bruder von Mathias jun., den Ertrag der guten Jahre ernten, die da kommen sollten.

Die auf diese Weise geschaffenen Chancen nutzte Gustav Hermann, indem er die Schiffahrtsfirma auflöste und das von Mathias Stinnes aufgebaute Unternehmen 1860 in die alleinige Verfügungsgewalt der Familie zurückholte. 1864 erweiterte er mit dem Erwerb der Zeche Karnap aus dem Besitz des Ruhrorter Bergwerksvereins den Bergbaubesitz der Familie. Nachdem er die Neuerwerbung durch Zukauf benachbarter Schürfrechte konsolidiert hatte, baute er sie zu dem Unternehmen aus, das sich zum Kronjuwel unter den Stinnesschen Bergwerken entwickeln sollte und dem Hugo Stinnes später einen großen Teil seiner Aktivitäten in der Kohleverarbeitung und Verwendung von Kohlenwerkstoffen widmete: der Gewerkschaft des Steinkohlenbergwerks Mathias Stinnes. Als Hermann Hugo, Sohn aus der zweiten Ehe von Mathias sen. und Vater Hugos,

1878 die Geschicke des Familienunternehmens in die Hand nahm, war somit das vom älteren Mathias hinterlassene Erbe nicht nur im wesentlichen bewahrt, sondern erheblich gewachsen. Dazu kam, daß vier Jahre später der Verpachtungsvertrag mit Phoenix auslief und die Zechen Graf Beust und Carolus Magnus ebenfalls vollständig an die Familie zurückfielen.

Hugo Stinnes wurde zwar in die berühmte «Gründerzeit» hineingeboren, eine Zeit rasanter wirtschaftlicher Expansion und Spekulation, die mit der Begründung des deutschen Nationalstaates einherging, aber fast seine gesamte Kindheit und Jugend fielen, ebenso wie die ganze Zeit, in der sein Vater dem Familienunternehmen vorstand, in die Periode der «großen Depression» von 1873–96, die sich an den Wirtschaftskrach von 1873 anschloß. Heute weiß man, daß dies eine Periode zurückgehender Preise, häufiger zyklischer Krisen und strukturellen Wandels war, aber auch eine Periode signifikanten wirtschaftlichen Wachstums und Fortschritts. Hugos Heimatstadt Mülheim reflektierte diese Tendenzen; sie war ein Pionierzentrum der Industrialisierung Deutschlands, aber auch eine Stadt des Übergangs. Der erste Koks-Hochofen Deutschlands war 1850 in der Friedrich Wilhelms-Hütte in Mülheim in Betrieb gegangen, und auch in bezug auf den Einsatz dampfgetriebener Maschinen hatte die Stadt eine Vorreiterrolle gespielt. In den frühen 70er Jahren zeigte sich jedoch, daß viele der kleineren Zechen nicht mehr rentabel waren, und in der Folge schrumpfte die Bedeutung Mülheims als Bergbauzentrum im Vergleich etwa zu Dortmund, Essen, Bochum und Duisburg. Die verbleibenden Tiefschacht-Zechen waren sowohl qualitativ als auch in bezug auf ihr Potential problematisch. Davon zeugen die ironischen Spottnamen, mit denen sie belegt wurden. So lief die Zeche Ver. Rosenblumendelle unter «Jammer», die Zeche Ver. Humboldt unter «Kreuz» und die Zeche Ver. Wiesche unter «Elend» – sie alle galten als technisch veraltet. Der Eisenbahnbau hatte dem Frachtgeschäft auf Rhein und Ruhr allmählich die Grundlage entzogen, und 1876 wurde dieser Geschäftsbereich einfach geschlossen.

Um diese Zeit veränderte sich der Charakter der Industriestadt Mülheim; ihre deutlichste Ausprägung fand diese Entwicklung in den Aktivitäten August Thyssens (1842–1926), der sein berühmt gewordenes Walzwerk in Styrum 1871 eröffnete, mit seiner patentierten Röhrenfertigung bis 1882 einen internationalen Markt erobert hatte und in seiner Siemens-Martin-Hütte die modernste Technik seiner Zeit zum Einsatz brachte. Diese das Wesen des industriellen Unternehmertums in Mülheim verändernden Fortschritte hatten zur Folge, daß viele überkommene Berufe und Tätigkeiten, die mit der Vergangenheit der Stadt als bedeutendes Zentrum der Binnenschiffahrt zusammenhingen, untergingen und durch Berufe ersetzt wurden, die sich aus der Entwicklung von Schwerindustrie und verarbeitender Industrie und aus dem Prozeß der Verstädterung ergaben. In den letzten drei Jahrzehnten des 19. Jahrhunderts machte Mülheim als Stadt eine tiefgreifende Veränderung durch und wuchs auch erheblich, blieb aber gleichwohl gegenüber seinen sich noch rasanter entwickelnden Nachbarstädten in punkto Größe und Bedeutung zurück. Dieser relative Niedergang hatte freilich auch seine guten Seiten, denn er bewirkte, daß die Stadt mit ihren Hügeln, ihrer schönen Flußlage und ihrer bequemen Nähe zu Essen, Oberhausen und anderen Ruhrgebiets-Metropolen zu einem bevorzugten Wohnort führender deutscher Industrieller wurde. Der erste Prominente, der sich hier niedergelassen hatte, war August Thyssen; er hatte 1871 in Mülheim, am Froschenteich 100 – der heutigen Friedrich-Ebert-Straße –, eine neuerbaute Stadtvilla bezogen. Diese lag zwar inmitten eines Parks und war geräumig genug – mit Empfangsräumen und Wintergarten im Erdgeschoß und einem großzügigen Wohnbereich im Obergeschoß –, doch grenzte das Grundstück unmittelbar an den Mülheimer Güterbahnhof und war auch nicht weit von einer Reihe von Industriebetrieben entfernt, darunter die Friedrich Wilhelms-Hütte und Thyssens eigene Fabriken. Es war in den Kreisen der Mülheimer Industriellen durchaus üblich, daß ein Unternehmer in der Nähe der Betriebsstätten und Verwaltungsgebäude seiner Firma wohnte – manche Fabrikanten errichteten ihr Wohnhaus sogar direkt auf dem Firmengelände. Der alte Mathias Stinnes hatte in einem bescheidenen Haus am Froschenteich 47 gewohnt, das zugleich auch sein «Kontor» beherbergt hatte; sein Schwiegersohn Gerhard Küchen hatte gleich nebenan, am Froschenteich 45, eine Villa mit einem spektakulären Wintergarten und einem großen Außengarten gebaut. Manche Geschäftsleute etablierten sich in ruhigeren Stadtvierteln und noch opulenteren Wohnhäusern. So entschied sich Johann Gustav, Sohn des älteren Mathias, um die Jahrhundertmitte für den Bau einer am Ruhrufer gelegenen Villa im italienischen Stil mit dazugehörigem Park; der Bankier Gustav Hanau, ein prominentes Mitglied der jüdischen Gemeinde Mülheims, zog Mitte der 70er Jahre aus einem bescheidenen Heim in der Kettenbrückenstraße in eine schmucke klassizistische Villa an der Eppinghofer Straße um, die freilich nur eine paar Schritte von seinem Bankgebäude an der Bahnstraße entfernt war. Hugo Stinnes' Onkel, der berühmte Augenspezialist Hermann Leonhard (1835–1905), Ehemann von Margarethe Stinnes (1840–1911), der jüngsten Tochter des älteren Mathias, lebte ebenfalls in der Eppinghofer Straße. Das waren aber noch nicht die allerersten Adressen. Um zu diesen zu gehören, mußte man schon, wie der Stinnes-Onkel mütterlicherseits, der Lederfabrikant, multiple Verbandsfunktionär und Kommerzienrat Eugen Coupienne, eine Villa an der Friedrichstraße bewohnen, der sogenannten Straße der Millionäre. Hugo Stinnes selbst wuchs im «Löwenhaus» auf, benannt nach den beiden den Zugang flankierenden Löwen. Es befand sich in der ältesten Straße Mülheims, An der Delle, hatte die Hausnummer 38 und war eines von vielen schönen Wohnhäusern namhafter Mülheimer Unternehmerfamilien in dieser Straße. Das war das Umfeld, in dem Hugo Stinnes heranwuchs, das den prägenden Hintergrund für seine beginnende Geschäftstätigkeit abgab und das ihm seine Vorbilder und Mitstreiter lieferte.[2]

Im Rückblick nimmt sich die Jugendzeit immer kurz aus, aber bei manchen Menschen ist sie kürzer als bei anderen, und das scheint bei Hugo Stinnes der

Fall gewesen zu sein. Trotz seiner ausgiebigen persönlichen Korrespondenz mit seiner Frau wissen wir über seine frühen Jahre überraschend wenig; wenn darin persönliche Dinge angesprochen werden, haben sie fast immer mit familiären Sorgen zu tun. Als Hugos Vater 1878 den Familienbetrieb übernahm, machte ihm bereits das Leberleiden zu schaffen, unter dem er bis zu seinem frühen Tod 1887 litt. Als Hugos spätere Frau in einem Brief aus dem Urlaub (geschrieben sieben Jahre später) über einen Krankheitsfall in ihrer Familie berichtete, löste dies bei ihm ein Mitgefühl aus, das echt war, weil es aus intensiven eigenen Erfahrungen schöpfte:

> «Was war das heute für eine traurige Nachricht von der Erkrankung Deiner armen Mutter. Ich weiß, wie schmerzlich es ist, am Krankenbett eines der Eltern zu sitzen und nun erst gar in der Fremde [Norderney]. Da steigen wieder die alten Erinnerungen herauf, wie vor Jahren mein Vater auf der Rückreise aus der Schweiz in Konstanz einen leichten Anfall von Magenbluten hatte, in welcher schrecklichen Angst wir da lebten. Das mußt Du armes kleines Clärchen nun auch alles durchmachen und sollst und mußt gleichzeitig Deinem armen Vater, der am stärksten getroffen, ein Trost und eine Stütze sein und Deiner kranken Mutter eine Pflegerin.»[3]

Das Verhältnis zwischen Vater und Sohn Stinnes scheint gut gewesen zu sein, getragen vor allem von auf Gegenseitigkeit beruhenden Gefühlen – dem Mitgefühl des Sohnes für die schweren gesundheitlichen Probleme und geschäftlichen Sorgen des Vaters, der Anerkennung, die der Vater dem Sohn zollte. Hermann Hugo freute sich so über Hugos Interesse an der Chemie, daß er ihm ein kleines Chemielabor einrichtete, wo Hugo in der freien Zeit, die die Schule ihm ließ, experimentierte.[4]

Allem Anschein nach war Hugo am Realgymnasium von Mülheim ein hervorragender Schüler. Während all seiner Jahre dort gehörte er zu den Klassenbesten: 1880 war er viertbester unter 40, 1882 zweitbester unter 36, 1886 zweitbester unter 11 und 1887, im Jahr seiner Reifeprüfung, zweiter unter 7. Angeblich überließ er in diesem Jahr die Position des Klassenprimus einem Mitschüler, dessen Eltern überehrgeizig waren und ihrem Sohn das Leben sehr schwer gemacht hätten, wenn er nicht als Klassenbester abgegangen wäre. Wie dem auch sei, der junge Hugo wurde von seinen Lehrern mit hohem Lob bedacht, sogar im Fach Religion, wo er im Unterricht eine gewisse Skepsis und Aufsässigkeit an den Tag gelegt hatte. Religion sollte denn auch in seinem Leben keinerlei Rolle spielen, obwohl sein Leben einiges interessante Anschauungsmaterial für das Studium des von Max Weber postulierten Zusammenhangs zwischen protestantischer Ethik und dem Geist des Kapitalismus bietet. Wie es in seinem Reifezeugnis hieß: «Durch sittlichen Ernst und strengstes Pflichtgefühl hat er sich die volle Anerkennung und das Vertrauen seiner Lehrer erworben.»[5]

Diese Qualitäten wurden bald auf die praktische Probe gestellt, denn kurz nachdem er die Reifeprüfung abgelegt hatte, starb sein Vater; seine Mutter war seit langem von Hugos Begabung überzeugt gewesen und rechnete für den Fall, daß ihr Mann früh starb, fest mit ihm. Adeline Stinnes, «Tante Lizze», wie sie in ihrem Mülheimer Freundeskreis hieß, war eine sehr temperamentvolle Persönlichkeit und konnte recht anstrengend sein. Sie hatte offenbar ein ausgeprägtes Bedürfnis, um ihrer selbst willen anerkannt zu werden. So scheint es, als sei es eine ihrer Ambitionen gewesen, sich als lokale Kunstmäzenin hervorzutun, doch die gesundheitlichen Probleme ihres Mannes vereitelten solche Vorhaben. Ihre persönliche Situation war zweifellos eine der Ursachen dafür, daß sie sich ihren Kindern gegenüber sehr vereinnahmend verhielt und sehr empfindlich reagierte, wenn sie das Gefühl hatte, nicht die verdiente Beachtung zu finden. Sie konnte durchaus nachtragend sein und Hugo und seine Schwester Anni sehr schnöde behandeln, so etwa nachdem Hugo ihr einmal in «einer vielleicht unbedachten Weise» (wie er später einräumte) zu verstehen gegeben hatte, daß «uns der verstorbene Vater näher gestanden habe und daß er für uns unter allen Umständen die höchste Vertrauensperson gewesen sei».[6] Andererseits verfügte Adeline über einen guten Geschäftssinn und wußte, daß die Führung des Familienunternehmens Geschick und Intelligenz erforderte. Es lag nahe, daß sie ihre diesbezüglichen Erwartungen auf Hugo konzentrierte und seine Unterstützung suchte, zumal Heinrich wenig Interesse an einer geschäftlichen Laufbahn zu haben schien. Bedeutsamer als all dies war aber wohl, daß Hugo angesichts seiner ausgeprägten Pflichtauffassung, Tatkraft und Disziplin auf die durch den Tod seines Vaters entstandene Situation in keinem Fall anders hätte reagieren können, als er es tat.

Dabei war es nicht so, daß Hugo nach dem Tod des Seniors sofort die volle Leitung aller Firmengeschäfte übernommen hätte. Zum einen gab es da noch seinen Vetter Gerhard Küchen, dessen Vater (der ebenfalls Gerhard hieß) 1858 die älteste Tochter von Mathias sen., Catharina (genannt Katto), geheiratet hatte. Der ältere Gerhard Küchen hatte nach der Umwandlung der Firma Mathias Stinnes in eine Aktiengesellschaft in dieser als «Direktor für besondere Aufgaben» gewirkt, aber unter der Ägide des älteren Mathias keine Führungsansprüche entwickelt. Er war ein Jahr vor Hermann Hugo gestorben, und sein Sohn Gerhard, zum Zeitpunkt von Hermann Hugos Tod 26 Jahre alt, war in der Lage und willens, die Führung der Familienbetriebe zu übernehmen. Hugo war zu diesem Zeitpunkt noch zu jung und unerfahren, um in die Fußstapfen seines Vaters treten zu können, selbst wenn er dies gewollt hätte; zugleich erkannte er freilich, daß die Geschäfte bei Gerhard Küchen nicht in den besten Händen waren.

Die nächsten vier Jahre nutzte Hugo Stinnes, um sich in einem intensiven Schnelldurchlauf all die Kenntnisse und Fertigkeiten anzueignen, die er für die Bewältigung dessen benötigte, was er sich als sein Lebenswerk vorgenommen hatte. Zwischen Ende April und Anfang Oktober 1888 arbeitete er als Lehrling in dem berühmten Koblenzer Handelshaus Carl Spaeter. Sein Lehrherr bescheinigte ihm «außerordentliches Streben und Fleiß»; es sei ihm gelungen, «seine Zeit in bester Weise auszunutzen und ... einen guten Teil geschäftlicher Kenntnis zu erwerben».[7] Im Anschluß an diese stark verkürzte Lehrzeit im Handel (üblich waren drei Lehrjahre) sammelte Hugo Erfahrung in dem Bereich, der im Mittelpunkt seiner unternehmerischen Laufbahn stehen sollte: dem Bergbau. Zwischen Oktober 1888 und Mitte März 1889 arbeitete er sowohl über als auch unter Tage in einer der bedeutendsten Mülheimer Zechen, der des Ver. Wiesche, wo einst sein Großvater mütterlicherseits, Franz Heinrich Coupienne (1810–89), als Direktor gewirkt hatte. Neben den technischen Abteilungen lernte er auch die Zechenverwaltung kennen und verschaffte sich so einen umfassenden «Überblick über den Gang des Geschäftes».[8] Im Anschluß an diese Lehrzeit im eigenen Unternehmen schrieb Stinnes sich an der Königlichen Bergakademie ein, die der Berliner Technischen Hochschule angeschlossen war. Dort widmete er sich 1889–90 neben dem regulären Studienpensum auch seinem Steckenpferd, der Chemie. Sein Abschlußzeugnis verzeichnete Bestnoten nicht nur in den für den künftigen Unternehmer grundlegenden Fächern wie Markscheide und Meßkunst und Bergrecht, sondern auch in allgemeiner und analytischer Chemie, Kohleverarbeitung, Hoch-, Tief- und Maschinenbau sowie Verhüttungstechnik. Besonders erwähnt wurde eine quantitative Analyse der chemischen Zusammensetzung von Steinkohle, die der Student Stinnes freiwillig und mit Erfolg durchgeführt hatte.[9]

Damit war der formelle Teil der Vorbereitung des Hugo Stinnes auf seine bevorstehende Berufslaufbahn abgeschlossen. Es war eine kurze, aber offenkundig sehr intensive und zielgerichtete Ausbildung gewesen, im Einklang mit der Persönlichkeit Hugos. Einige Anzeichen weisen darauf hin, daß ihn beim endgültigen Eintritt in die Unternehmerlaufbahn zwiespältige Empfindungen bewegten: einerseits Bedauern darüber, andere Wege nicht eingeschlagen zu haben, andererseits das Gefühl, er sei dazu bestimmt, etwas Besonderes zu vollbringen. Er bewahrte sich zeitlebens ein waches Bewußtsein für die Bedingtheit lebensgeschichtlicher Weichenstellungen, ungewöhnlich vielleicht für einen so erfolgreichen Mann. Wie er später seinen Kindern sagte: «Wenn ich nicht in einer Familie zur Welt gekommen wäre und mich zwangsläufig um die Mutter, die Geschwister und die wirtschaftlichen Verhältnisse im Familienunternehmen hätte kümmern müssen, dann hätte ich vielleicht die Zeit gehabt, Chemie oder Medizin zu studieren. Wäre ich ein Arbeiterkind gewesen, wäre ich jetzt Gewerkschaftsführer.»[10]

2. Firma und Familie

Die Lage, die Stinnes vorfand, als er 1890 nach Beendigung seines Studiums in Berlin nach Mülheim zurückkehrte, war sowohl in objektiver Hinsicht als auch aus persönlicher Perspektive höchst unbefriedigend. Die Firma Mathias Stinnes befand sich in finanziellen Turbulenzen und krankte offensichtlich seit einiger Zeit an schlechtem Management, und auf den Stinnes-Zechen lasteten hohe

Bankschulden. Hugo hielt nicht viel von den Qualitäten seines Vetters Gerhard Küchen, unter dessen Leitung er das Amt eines Prokuristen sowohl für die Firma Mathias Stinnes als auch für die familieneigenen Zechen bekleidete. Offenbar war die Versuchung, sich auf eigene Füße zu stellen, von Anfang an groß; was ihn zunächst noch zurückhielt, waren Rücksichten auf die Familie und der Rat seines Onkels, Dr. Hermann Leonhard mit dem den jungen Hugo eine vertrauens- und liebevolle Beziehung verband. Angesichts der sich verschlechternden Lage der Firma und des sich rasch steigernden Unmuts des jungen Stinnes war jedoch bald klar, daß etwas geschehen mußte. Hugos Mutter gelangte von sich aus zu dem Schluß, ihr Geld sei in einer von dem begabten und ehrgeizigen Hugo geleiteten Firma besser aufgehoben als in der wackeligen Familienfirma – jedenfalls solange diese von Küchen geführt wurde. Als Resultat von Verhandlungen mit einem höchst ungehaltenen Küchen und mit dem Rest der Familie verkaufte Adeline Stinnes-Coupienne ihren Anteil an der Firma Mathias Stinnes und stellte den Erlös – es war ein nicht unbeträchtlicher Teil ihres Vermögens – Hugo für den Aufbau einer eigenen Firma zur Verfügung.

Während Hugo sein Amt in der alten Firma aufgab, betraute die Familie ihn mit der technischen Leitung ihrer Bergbaubetriebe, deren Direktor jedoch Küchen blieb. Es war dies ein außerordentliches Maß an Verantwortung für einen so jungen Mann, und es zeugte nicht nur davon, daß man seiner Ausbildung und seiner bergmännischen Erfahrung vertraute, sondern auch davon, daß die Firma dringend jemanden brauchte, der über die Fähigkeit verfügte, die Zechen zu modernisieren und ihren Betrieb profitabel zu machen. So hatte der junge Hugo zwar seine Bindungen an die alten Reedereien der Familie Stinnes gelöst und unter seinem eigenen Namen eine eigene Firma gegründet, dem ererbten Bergbaubesitz der Familie aber blieb er zeitlebens eng verbunden.[11]

Bei Familienunternehmen ist es oft schwer, in der Rückschau persönliche von objektiven Faktoren zu trennen; Hugo Stinnes' Verhältnis zu Gerhard Küchen und seine Ansichten über die Firma Mathias Stinnes liefern sicherlich eine gute Illustration dieses Problems. Es scheint, als habe Hugo seinen Vetter für einen ziemlich schwächlichen Charakter gehalten; so stellte er einmal mißbilligend fest, daß weder Gerhard noch seine Mutter stark genug gewesen seien, bis zuletzt am Totenbett von Küchens Vater auszuharren, sondern Hugos Mutter mit dem Sterbenden alleingelassen hätten. Hugo dagegen hatte, in Gesellschaft seiner Mutter und seiner Geschwister, den Tod seines Vaters ebenso miterlebt wie die letzten Atemzüge seiner Tante Pina, die seinen Eltern sehr nahegestanden hatte; auch damals hatte sein Vetter sich der Situation entzogen. Daß Küchen dazu neigte, in solchen Momenten zur Flasche zu greifen, war nicht der einzige negative Aspekt seiner Persönlichkeit, über den Hugo sich ereiferte, auch wenn er einmal einräumte, daß Küchen, «seit er nüchtern ist, sich wirklich anständig benimmt und ... eine mildere Beurteilung doch verdienen mag».[12]

Was Hugo am schwersten zu verwinden fand, war jedoch die Mißwirtschaft in der Firma Mathias Stinnes, verschuldet von Menschen, die, wie er seiner Verlobten anvertraute, «meinem Vater das Leben bis in den Tod verbittert und schwer gemacht haben».[13] Als die Firma Mathias Stinnes 1894 noch tiefer in die Krise geriet, verhehlte Hugo seine «Schadenfreude» nicht. Er scheute sich auch nicht, Küchen wissen zu lassen, daß er über die Probleme der Firma orientiert war, und betonte, er habe ihn «vor jedem seiner dummen Streiche gewarnt» – der Dank dafür sei gewesen, daß Küchen «sich mir gegenüber ... bei jeder Gelegenheit perfide benommen [hat]».[14] Hinter Hugos Entschluß, seinen eigenen Weg zu gehen, stand also ein beträchtliches Maß an Unmut über Küchen und die anderen, die in der Firma Mathias Stinnes den Ton angaben. Wie Hugo im November 1894 schrieb: «Noch im Vorjahr wäre mir der Bankrott der ganzen Gesellschaft eine der größten Freuden gewesen, die mir hätten widerfahren können. Im Laufe der Zeit ist dieses Rachegefühl, anders kann ich es leider nicht nennen, gemildert, aber Mitleid mit denen oder Trauer über das Zurückgehen des Geschäfts kann ich beim besten Willen nicht empfinden.»[15]

Zu guter Letzt erholte sich die Firma Mathias Stinnes, ob dank der Anstrengung Küchens oder dank der Hilfe anderer, wieder und konnte sich bis 1908 ihren Rang als führendes rheinisches Reedereiunternehmen zurückerobern. Zu diesem Zeitpunkt hatten Hugo Stinnes und sein Vetter längst einen modus vivendi gefunden. In bezug auf die Bergbaufirmen der Familie mußten sie ohnehin zusammenarbeiten, doch konnte Stinnes seinen Ärger über die in seinen Augen wichtigtuerische Art Gerhard Küchens und seine nominelle Spitzenposition im Familienunternehmen nie ganz überwinden. Als die Firma Mathias Stinnes den Autor Paul Neubaur beauftragte, zur Feier des hundertjährigen Firmenjubiläums eine Geschichte des Unternehmens zu schreiben, strafte Hugo das Werk, *Mathias Stinnes und sein Haus*, das den Aufstieg der Reederei und die Leistungen Küchens in den Mittelpunkt stellte, mit Verachtung und versuchte mit dem Argument, es sei eine «tendenziöse Entstellung der Familiengeschichte», seine Verbreitung zu unterbinden.[16]

Wie auch immer, dank seiner eigenen Tatkraft und der Hilfe seiner Mutter konnte Hugo Stinnes darangehen, mit der Firma, die seinen Namen trug, Familiengeschichte zu schreiben. Er hatte vor, in der Kohleverarbeitung und als selbständiger Kaufmann Zeichen zu setzen, und er suchte seine Chance rheinaufwärts, an einer wichtigen geographischen Schnittstelle der deutschen und der französischen Wirtschaftsentwicklung, wo auch die Schweiz im Blickfeld lag. Im Frühjahr 1893 gründete Hugo Stinnes die Straßburger Kohlen-Aufbereitungsanstalt GmbH, als deren Geschäftszweck er die Fabrikation von Briketts und Koks sowie den Großhandel mit Kohlen, Briketts und Koks angab. Die Firma ging mit einem Startkapital von 500000 Mark ins Rennen, wovon 250000 von Mutter Adeline, 200000 von Hugo selbst und 50000 von Dr. Friedrich («Fritz») Fischer (1856–1905) stammten, dem Verlobten von Hugos älterer Schwester, der zu der Zeit an der Straßburger Universität als Privatdozent und später als Professor der Gynäkologie wirkte. Hugo Stinnes wurde mit der alleinigen Leitung der Firma betraut. 5 Prozent des Nettogewinns sollten Jahr für Jahr in die Rücklage fließen, bis diese auf 20 Prozent des Anfangskapitals angewachsen sein würde. Von diesem Zeitpunkt an sollten die drei Teilhaber eine jährliche Dividende von bis zu 5 Prozent ihrer Investitionssumme erhalten; der darüber hinausgehende Anteil der Nettoerträge sollte entweder als Dividende ausgeschüttet oder den Rücklagen zugeführt oder in die Firma reinvestiert werden.[17]

Stinnes wußte, daß die Schweizer Bundesbahnen ihre Kohle aus dem Ruhrgebiet bezogen, mit den Briketts in Standardgröße jedoch nicht glücklich waren. Stinnes unterbreitete ihnen das Angebot, größere Briketts zu liefern, die in Straßburg hergestellt und auf kurzen Wegen in die Schweiz verfrachtet werden sollten. Er verfolgte damit zugleich den Hintergedanken, den schweizerischen Markt wie auch das benachbarte Elsaß und die Pfalz mit Kohle und Koks zu versorgen. Um dieses Vorhaben umsetzen zu können, benötigte er neben Verlade- und Lagerkapazitäten die entsprechenden Vorrichtungen und Gerätschaften. Am 20. April 1893 schloß er mit der Stadt einen Vertrag über die Anpachtung von rund 70000 qm im Gebiet des Straßburger Hafens, das über Kanäle mit dem Rhein verbunden war; ferner sicherte er sich das Recht, den in der Nähe befindlichen Petroleumhafen zu nutzen. Der Vertrag enthielt außerdem eine Bestimmung über die Herstellung von Gleisanschlüssen zum Hafen und zum nächstgelegenen Bahnhof. Damit schuf Stinnes sich die Möglichkeit, seine Rohstoffe und Fertigprodukte sowohl auf dem Schienen- als auch auf dem Wasserweg an- bzw. auszuliefern. Der Pachtvertrag war, wie der Vertrag über die Gründung der Firma selbst, auf eine Laufzeit von fünfzehn Jahren angelegt und enthielt eine Verlängerungsklausel. Mit seinem Architekten und Baubeauftragten, der Müller hieß, hatte Stinnes bereits die Pläne für die Anlagen erstellt, und im Frühjahr 1893 wurde mit der Aufstellung der Kräne, dem Bau der Brikettfabrik, der Anlagen zur Kohlensortierung und Kohlenlagerung und der Bürogebäude begonnen.[18]

In den Folgejahren widmete Stinnes seine Zeit zu etwa gleichen Teilen der Leitung seiner neuen Firma in Straßburg und der Auseinandersetzung mit den Problemen der familieneigenen Zechen im Ruhrgebiet. In seinem geschäftlichen Nachlaß finden sich nur sehr wenige Korrespondenzakten über diese frühen Jahre, die für seine weitere Entwicklung als Unternehmer so prägend waren. Zum Glück hatte Hugo jedoch noch andere Dinge im Kopf als die Geschäfte, was dazu führte, daß in Gestalt des bemerkenswerten Briefwechsels zwischen Stinnes und der Frau, mit der er sein Leben teilen sollte, ein aufschlußreiches Protokoll seiner Aktivitäten, Gedanken und Gefühle erhalten geblieben ist.

Cläre Wagenknecht (1872–1972) war die Tochter von Edmund Karl Wagenknecht (1838–1921), einem Geschäftsmann, der aus Hessen-Nassau stammte, sein Vermögen jedoch in Montevideo verdiente und erst nach Deutschland zurückkehrte, als seine Kinder ins Schulalter kamen. Er und seine Frau Caroline, geborene van Eicken (1848–1922), ließen sich in Wiesbaden nieder, wo Wagenknecht als österreichischer Konsul wirkte. Hugos Mutter war mit den van Eickens verwandt – ihre Mutter war eine Tochter von Cläres Großeltern Franz

Die Eltern von Cläre Stinnes, Caroline Wagenknecht geb. van Eicken und Edmund Karl Wagenknecht, in Südamerika

Heinrich Coupienne und Amalie van Eicken gewesen – und hatte an der «Amerikanerin», wie sie Cläre nannte, Gefallen gefunden. Eigentlich hoffte Adeline Stinnes, Cläre würde Hugos älteren Bruder Heinrich heiraten; aus diesem Grund hatte sie einen gemeinsamen Ferienaufenthalt der beiden Familien auf Norderney im Sommer 1894 arrangiert. Am 10. Juli machte Hugo Cläre einen Heiratsantrag, und sie verlobten sich heimlich.[19]

Zehn Tage später brachte Hugo seiner Mutter die Neuigkeit bei. Ihre Reaktion war ganz und gar nicht freudig:

> «Gestern Abend hat Mama alles erfahren. Zuerst wollte sie es nicht recht glauben und hielt das Ganze für einen Scherz, dann meinte sie, wir könnten doch noch nicht vollständig einig sein. Sobald sie aber die Überzeugung von dem Ernst der Sache erst hatte, da schlug die bis dahin gute Stimmung in das gerade

Gegenteil um. Sie fühlte sich zurückgesetzt, vernachlässigt, sprach kaum ein Wort und weinte fast ununterbrochen. Du weißt ja, wie gut Mama und ich immer gestanden haben, so scheint das Gefühl ihr unerträglich zu sein, daß jemand anders mir nähersteht als sie. Dazu kommt dann das Gefühl der Vereinsamung, das ihr an sich ja schon so schrecklich ist. Ich glaube, daß die nächste Zeit sicher keine leichte werden wird, ich weiß noch, wie jede Aufmerksamkeit von Anni und Fritz gegen einander von ihr als Zurücksetzung empfunden wurde. Hoffentlich schickt sie sich allmählich in die veränderten Verhältnisse; an Bemühungen, ihr das zu erleichtern, wollen wir es sicher nicht fehlen lassen. Schließlich ist es ja auch nur natürlich, daß bei solchem Anlass die Erinnerung an ihr früheres Glück um so lebhafter heraustritt und der Verlust von Papa um so schlimmer empfunden wird.»[20]

Hugos Verständnis war jedoch nicht grenzenlos. Als seine Mutter ihn bat, ihr die Briefe von Cläre zu zeigen, lehnte er dies ab, auch wenn sie darin einen Mißtrauensbeweis sah. Er bat Cläre, die bei Tante Lizze immer eine «persona gratissima» gewesen war, ihr einen einfühlsamen Brief zu schreiben und ihr möglichstes zu tun, um die Lage zu entschärfen; das mündete in einen liebenswürdigen Briefwechsel zwischen den beiden, der jedoch die Probleme nicht löste. Hugo konnte auf den guten Willen und die Unterstützung seines Bruders Heinrich zählen, der es auf Cläre ohnehin nie abgesehen hatte, 1890 die Tochter von Dr. Leonhard, Margarethe, heiratete und als Regierungsrat in Köln landete. Hugo konnte sich auch darauf verlassen, daß seine Schwester Anni mit ihrem Ehemann, Dr. Fischer, und sein jüngerer Bruder Gustav zu ihm standen; sie alle bekundeten Cläre ihre Sympathie und Zustimmung.[21]

Dieser Zuspruch war auch nötig, nicht nur um die ablehnende Haltung Tante Lizzes aufzuweichen, sondern auch um die Probleme abzumildern, mit denen Cläre sich in Wiesbaden und Mülheim konfrontiert sah. Die Wagenknechts zeigten sich zunächst etwas pikiert über die Nachricht von der Verlobung, die für sie offenbar völlig überraschend gekommen war, und Cläres Mutter sorgte in der Folge regelmäßig für kleine Dissonanzen. Im großen und ganzen schienen sie jedoch Hugo zu akzeptieren, dessen Verhältnis zu seinem künftigen Schwiegervater offenbar von gegenseitiger Achtung und Zuneigung gekennzeichnet war. Zu diesem erfreulichen Umstand trug freilich Tante Lizze nicht das Geringste bei, über die Cläres Mutter einmal Hugo gegenüber scherzhaft angemerkt hatte, daß «eine Schwiegertochter ... mit Mama Schwierigkeiten haben [würde]».[22] Einige der Ärgernisse, für die Tante Lizze sorgte, fand Hugo unentschuldbar; so war er außer sich, als er von seiner total entnervten Verlobten erfahren mußte, Tante Lizze habe ihrer Mutter zu verstehen gegeben, daß Cläre hinter Hugo hergewesen sei und sich seinen Heiratsantrag gleichsam «ercirct» habe. Ein gewisser Wirbel entstand über ein Foto von Cläre, das Hugo besaß und das als Beweis für Cläres Rolle als Verführerin Hugos zitiert wurde. Cläre war, wie offenbar auch ihre Eltern, der Ansicht, dies könne zu einer Rufschädigung für sie und ihre Familie führen, vor

Cläre Wagenknecht und ihr Bruder, Edmundo Wagenknecht

allem wenn Tante Lizze, wie zu befürchten stand, in ihrem Freundeskreis Dinge herumerzählte.[23] Hugo schalt Cläre dafür, daß sie sich über solche Schäbigkeiten aufregte und es für nötig fand, sich von anderen Mitgliedern der Familie Stinnes versichern zu lassen, daß sie nichts Schlechtes von ihr dachten:

> «Wie konntest Du gestern nur einen solchen Brief schreiben, wie Du es getan hast. Nimm es mir nicht übel, wenn ich Dir ganz offen sage, daß Du anfängst, ein großes Unrecht zu tun. Reicht Deine Liebe nicht einmal aus, über eine unanständige und unwahre Bemerkung von Mama wegzukommen, dann sieht es mit ihr nicht so aus, wie ich bisher geglaubt hatte. ... Warum nun das fortgesetzte Mißtrauen auch in meine Worte, glaubst Du vielleicht, ich meinte es nicht ehrlich mit Dir? Und dann erst gar die Drohung, Dein Wort zurücknehmen zu wollen, weil mehr oder minder Freunde Dich falsch beurteilen könnten. Das ist ein Spiel mit einer Sache, die Dir viel zu ernst und heilig sein sollte, als daß Du sie wegen einer äußeren Kränkung überhaupt nur annähmen dürftest. Darüber mußt Du Dir doch klar sein, daß Du wenigstens mein Leben

Die junge Cläre Wagenknecht

vollständig für alle Zeit ruinieren würdest, wenn ich zu der Überzeugung kommen müßte, unsere Liebe zueinander sei nicht so viel wert, daß sie jeden Einzelnen über eine Kränkung von außen hinweghelfen könnte. Ich bin gewiß der Letzte, der zwischen uns einen anderen bringen möchte, aber in diesem Falle richte ich die dringende Bitte an Dich, Deinen Vater offen und ehrlich zu fragen, ob es recht ist, wie Du gehandelt hast. Es ist eine Selbstquälerei, die Deiner nicht würdig ist, das wird er Dir bestätigen.»

Hugo forderte Cläre auf, den Schutz ihres guten Rufes ihm zu überlassen, noch dazu wo er selbst so oft die Meinung vertreten habe, es gebe für ihn nichts Abscheulicheres als ein Mädchen, das einem Mann hinterherlaufe. Das Interessanteste an dieser Episode ist die Tatsache, daß er Cläre nicht nur drängte, seiner Mutter «nochmals» zu erzählen, wie die Verlobung zustande gekommen war, sondern seine Mutter auch an etwas zu erinnern, das sie offenbar seit einiger Zeit nicht mehr wahrhaben wollte: «Sie weiß genau, daß ich schon seit Jahren an Dich gedacht habe, sie weiß, daß ich Dich gefragt habe, weil es nach meiner

Ansicht für uns beide am besten so gewesen ist.»[24] Was aus dieser Bemerkung deutlich wird, ist, daß Hugos Interesse an Cläre schon seit längerer Zeit bestanden hatte, daß er es aber, wie das von ihm verwahrte Bild von ihr, lange für sich behalten hatte, so daß Cläre bis zu seiner Offenbarung «noch vollständig harmlos und nichtsahnend [gewesen] war».[25]

Der Briefwechsel zwischen Hugo und Cläre aus der Zeit zwischen ihrer Verlobung im Juli 1894 und ihrer Heirat in Wiesbaden am 15. Juni 1895 birgt zwar viele Hinweise auf eine sich entwickelnde körperliche Anziehung und Zuneigung, doch muß man sich vergegenwärtigen, daß die beiden einer Zeit und einer sozialen Schicht angehörten, in der sexuelles Interesse kein selbstverständlicher Aspekt einer Beziehung war oder doch wenigstens eine nachrangige Rolle spielte gegenüber dem Gesichtspunkt des persönlichen Zueinanderpassens in einer Partnerschaft, von der man erwartete, daß sie ein Leben lang hielt. Zudem war Hugo sehr viel unterwegs; ständig pendelte er zwischen seinem Mülheimer Hauptquartier bzw. seinen unweit davon liegenden Bergbaubetrieben und seiner Straßburger Firma. Das ließ wenig Zeit für Besuche in Wiesbaden, Verabredungen in Mülheim oder gar Reisen nach Norderney. Überall, wo die beiden jungen Leute einander dennoch begegnen konnten, befanden sie sich ständig unter den Augen der Familie und mußten die dazugehörigen rituellen Verpflichtungen und persönlichen Rücksichten auf sich nehmen. Das Briefeschreiben war daher ein sehr wichtiges Element der Beziehung zwischen Hugo und Cläre, nicht nur in ihrer Verlobungszeit, sondern wegen Hugos häufiger Geschäftsreisen auch nach ihrer Heirat. Glücklicherweise lebten sie in einer Zeit, in der die Post zuverlässig funktionierte und Sendungen in der Regel einen Tag nach der Einlieferung ankamen und zweimal täglich zugestellt wurden. Kaum nötig zu betonen, daß sie sich in einem großen Teil ihrer Korrespondenz mit rein persönlichen, alltäglichen und trivialen Dingen beschäftigten; mit großer Regelmäßigkeit kamen aber auch Themen zur Sprache, die das Banale hinter sich ließen, und diese Eigenschaft ihres Briefwechsels hat etwas zu tun mit dem Fundament, auf dem ihre Beziehung ruhte.

Hugo Stinnes brauchte eine Partnerin, mit der er seine Arbeit ebenso teilen konnte wie sein persönliches Leben, nicht nur weil die Arbeit einen so großen Teil seines Lebens beanspruchte, sondern auch weil er dem Urteil der meisten anderen Menschen gründlich mißtraute oder es ihm gleichgültig war. Wie er in einem Brief an seine Verlobte schrieb:

> «Du und Dein Vater, Ihr beide seid überhaupt das Blümchen von der Familie und ich muß mich immer wieder wundern, daß Ihr beide nicht einen so unbrauchbaren Menschen herausgetan habt, wie ich einer bin. Da kann man auch sagen, der Mensch muß Glück haben! Wenn Du nur nicht zum Schluß doch hereinfällst und merkst, daß die paar guten Eigenschaften, die Du an mir entdeckt zu haben glaubst, auch noch fehlen. Es ist wirklich nicht viel los bei mir, das kann ich Dir versichern. Nur der gute Wille, Dich recht glücklich zu

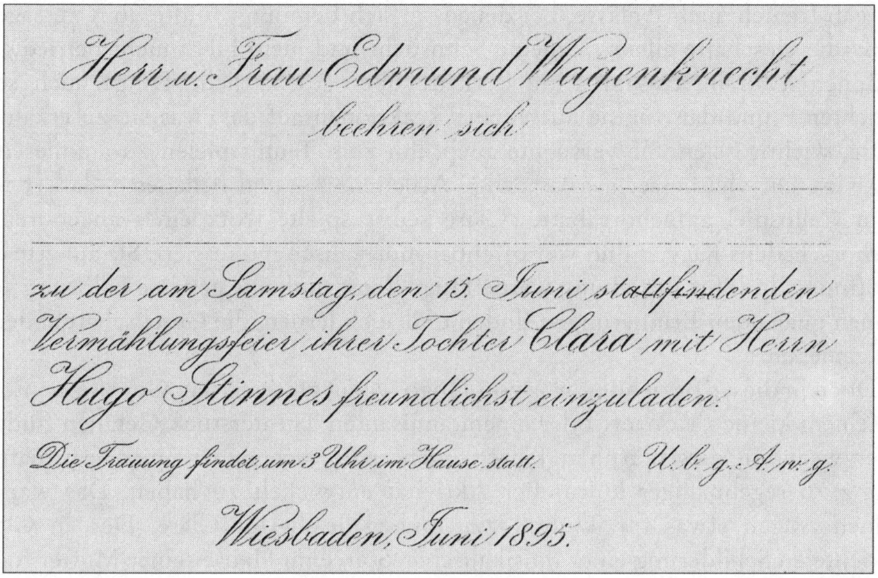
Herr u. Frau Edmund Wagenknecht
beehren sich

zu der am Samstag, den 15. Juni stattfindenden
Vermählungsfeier ihrer Tochter Clara mit Herrn
Hugo Stinnes freundlichst einzuladen.
Die Trauung findet um 3 Uhr im Hause statt. U. b. g. A. w. g.
Wiesbaden, Juni 1895.

Einladungsschreiben zur Verlobungsfeier von Cläre und Hugo Stinnes am 15. Juni 1895

> machen, fehlt nicht, ob das wohl genügt? Ich sehe jetzt Fritz und Anni miteinander, sie haben sich so lieb, wie es bei 2 Menschen möglich ist und doch wäre ich an Fritzens Stelle unzufrieden. Wenn er nach Hause kommt, dann will er von der Klinik möglichst wenig mehr hören, er hat an seiner Beschäftigung draußen genug; wenn ich mal zu Dir nach Hause komme und ich könnte Dir nicht alles erzählen und Dich um Ansicht und Rat fragen, ich fühlte mich sicher unglücklich und verlassen. Ebenso mußt Du mir alles, auch das Kleinste erzählen, sonst werde ich eifersüchtig, wozu ich sowieso schon sehr neige. Im Allgemeinen gebe ich nicht viel um die Ansicht der Anderen und verlange auch keine besondere Berücksichtigung, aber wenn ein gewisses Fräulein sich nicht genügend mit mir beschäftigte, ich nähme es glaube ich schrecklich übel.»[26]

Tatsächlich hatte Cläre ihn dazu ermuntert, mit ihr über seine Arbeit zu sprechen:

> «Wie lieb ist es von Dir, daß Du mir so genau über alle Deine Beschäftigungen berichtest. Wenn mir auch manches unklar ist, allmählich werde ich wohl besser verstehen, namentlich, wenn Du mir erst mündlich kleine Vorlesungen gehalten hast. Daß die Aussichten auf Carolus Magnus dies Jahr so viel besser sind, freut mich doppelt, denn es ist doch sicher das Werk Deiner Mühe und Arbeit. Unendlich würde es mich freuen, wenn wirklich von nun an auch Deine geschäftlichen Sorgen nachließen.»[27]

Es gab freilich auch Anlässe, bei denen sie sich bemüßigt fühlte, ihm zu sagen, daß «die Geschäfte allein … meine Sehnsucht und mein Herz nicht befriedigen [können]», so interessant seine Berichte über geschäftliche Dinge auch sein mochten,[28] und daß für sie auch seine Reaktionen auf das, was sie zu erzählen hatte, wichtig seien. Sie versuchte auch, ihn zum Tennisspielen zu animieren – «Das ist Dir viel besser als das ewige Arbeiten»[29] – und bedauerte, daß er mit dem Cellospiel aufgehört hatte. Cläre selbst spielte trotz eines angeborenen Gehörschadens Klavier und war offenbar musikalisch interessiert. Sie äußerte die Hoffnung, in ihrer Beziehung werde Hugo Trost und eine gewisse Erlösung von seinen quälenden Erinnerungen finden und auch lernen, die Gesellschaft anderer zu genießen.

Doch in dieser Beziehung war von Hugo wenig zu erwarten. Gewiß konnte er an einem kleinen Konzert oder einem amüsanten Theaterstück Gefallen finden, aber weder in diesen frühen Jahren noch später scheint er einen ernsthaften Hang zu regelmäßiger kultureller Aktivität entwickelt zu haben. Das war in seinen Augen etwas für Tante Lizze und vielleicht für Cläre. Der an Cläre gerichteten Schilderung einer musikalischen Soirée im Hause seiner Mutter fügte er die Bemerkung hinzu: «Sind solche kleineren Gesellschaften nach Deinem Geschmack, liebster kleiner Schatz? In der Richtung wirst Du später in Mülheim häufiger was haben können. Ich mache mir wenig daraus, weil ich von Musik nichts verstehe.»[30]

Wichtiger für ein Verständnis der Psyche und des Sozialverhaltens des jungen Stinnes war der beständige Spannungsbogen zwischen seiner Suche nach Zuneigung und persönlicher Befriedigung auf der einen Seite und seiner Neigung, sich der Melancholie, dem Mißtrauen und dem Zynismus hinzugeben. Mit Vorliebe suchte er die Ursache für diese Gefühle in familiären Verhältnissen und Beziehungen:

> «Was mir sonst wohl Freude machte, wie Tennisspielen u.s.w., das ist mir alles langweilig und noch schlimmer ist es mit der Unterhaltung, ich muß mich ordentlich dazu zwingen, nicht unhöflich zu sein. … Sieh, fast bei Allen, mit denen ich zu tun gehabt habe, darüber bin ich mir ganz klar, hielt man, soweit das überhaupt der Fall war, etwas auf mich der Arbeit nicht der Person wegen. Das Gefühl ist sogar beinahe vorherrschend bei meiner Mutter, sie sah und sieht in mir den Fortsetzer der Arbeit meines Vaters. Sie hat mir in den letzten Wochen schon recht häufig vorgehalten, jetzt sei es mit meinem Vorwärtsstreben nicht mehr weit her. Ich wolle demnächst auch genießen und das habe sie bei mir gar nicht für möglich gehalten. Sie habe mich bislang für etwas Besonderes gehalten, jetzt sei ich aber in ihren Augen nicht mehr als jeder andere Mann. Sieh Clärchen, das ist der große Unterschied bei Dir, Du hast mich gerne meiner Person wegen, obschon dieselbe wahrhaftig nicht anziehend ist, das andere ist Dir wenigstens nicht Hauptsache. Du glaubst nicht, was mir diese Überzeugung eine Beruhigung ist, deshalb konnte ich Dir auch mit

Recht schreiben, Du selbst würdest unter meinem Argwohn nie zu leiden haben.»[31]

In Cläre fand Hugo jemanden, dem er sich aus innerem Antrieb heraus verschreiben, einen Menschen, dem er seine intimsten Gefühle und Ängste anvertrauen konnte, und auch einen Menschen, den er so sehr respektierte, daß er sich von ihm helfen ließ, die dunkleren Seiten seines Wesens zu bändigen:

«Daß Du ein solches Bedürfnis nach Liebe hast und daß Du die Befriedigung erwartest, das ist mir eine große Freude. Noch längst bevor ich wußte, wie Du mir gegenüber standest, habe ich mir schon immer gedacht, Du seiest einer der wenigen Menschen, die einen außerordentlich lieb haben und geliebt sein wollen, ohne den eigenen Willen aufzugeben. Sieh, ich glaube sicher, ich wäre mit fast allen Mädchen ganz unglücklich geworden und was noch schlimmer ist, ich hätte sie unglücklich gemacht. Das Schöntun liegt mir so fern und vor allem könnte ich Jemandem, den ich so lieb habe wie Dich, keine Redensarten vormachen. Kein Mensch ist vollkommen, wir beide auch nicht, aber ich kann wohl sagen, daß Du gerade wie Du bist, mir so lieb bist, als ich überhaupt lieb haben kann. Man hat mir immer gesagt, ich wäre schon als Kind so eifersüchtig auf die Liebe meiner Eltern gewesen, ich weiß auch noch, daß bei Gustavs Geburt ich den Jungen nicht ansehen mochte, weil ich mich durch ihn aus der ersten Stelle bei meinen Eltern verdrängt fühlte. Daraus kannst Du immerhin ermessen, wie anders ich noch zu Dir stehe und brauchst sicher nicht zu fürchten, ja, so lange ich lebe, an Liebe zu kurz zu kommen. Wenn ichs nur nicht so treibe, daß Du durch mich enttäuscht wirst. So habe ich z.B. auch stets die Neigung gehabt, hier meine Mutter und Schwester von nach meiner Ansicht falschen Ideen zurückzubringen. Auch sie hielten die Menschen durchgängig für viel besser als sie sind, ich habe mein Möglichstes getan, sie davon abzubringen. Deine Bitte, nicht mehr von mir die Schattenseiten Dir lieber Personen aufgedeckt zu sehen, will ich gerne befolgen, obschon ich darin eine Schwäche sehe.

Glaube nur nicht, daß ich mir einbilde, außer den vielen äußeren Mängeln nicht noch sehr viele innere zu haben. Eine Entschuldigung habe ich aber auch da, seit meiner Schulzeit habe ich nie jemanden gehabt, der mir eine Stütze in meinem Fortkommen gewesen wäre. Ich habe meinen Weg ganz alleine machen müssen und daß der nicht rosig gewesen, das kannst Du mir glauben. Zuhause bei uns gehörte auch eine gewisse Energie dazu, den eigenen freien Willen zu bewahren und ohne diesen wäre ich auch in meiner geschäftlichen Stellung verloren. Sieh, der ewige Kampf gegen alle möglichen Schwierigkeiten macht leicht sehr verbittert und verbessert den Charakter nicht. Wenn ich heute sehe, wie dieselben Leute mir nachlaufen, die mich, wohl auch infolge meiner äußeren Erscheinung, vor 3 Jahren ignorierten, dann sehr höflich behandelten und im vorigen Jahre für abgetan erachteten, um nun nachdem meine Stellung geblieben vielleicht noch selbständiger geworden ist, wieder zu

Neujahrsgruß des frisch verheirateten Ehepaares

kriechen, dann wird man so mißtrauisch und ungenießbar. Wir wollen hoffen, daß alle Deine Liebe und Güte diese bösen Einflüsse und die Naturanlage aufheben, und daß ich wenigstens später einmal dem etwas näher komme, was Du Dir unter Deinem Zukünftigen vorgestellt hast.»[32]

Hugos Mutter hatte sich selbstverständlich sehr geirrt mit ihrer ebenso durchsichtig wie häßlich motivierten Bemerkung, das Interesse ihres Sohnes für Cläre lasse auf ein Nachlassen seines geschäftlichen Ehrgeizes schließen; er selbst registrierte sehr genau, daß er dabei war, sich einen Namen zu machen und sich eine geachtete Stellung zu verschaffen, trotz seiner Jugend und trotz seines in seinen Augen offenbar unansehnlichen Äußeren. Er hatte begonnen, aus seinen Qualitäten als Geschäftsmann Kapital zu schlagen: seiner hochentwickelten Überzeugungskunst, seiner außerordentlichen Ernsthaftigkeit und aus jenen tief verankerten inneren Überzeugungen, die Cläre zweifellos sehr faszinierend fand und mit denen er auch im weiteren Verlauf seiner Karriere und seines Lebens immer wieder von sich reden machte. Sicher kann nur derjenige solche gewichtigen Persönlichkeitsmerkmale voll und ganz würdigen, der sie aus eigenem Erleben kennt, aber eine Ahnung davon, wie Hugo Stinnes auf andere wirkte, vermitteln doch auch die Erinnerungen seiner ältesten Tochter Clärenore: «Der Ernst, der aus meines Vaters Zügen sprach», schrieb sie, «war ... von einer überwältigenden Anziehungskraft, nicht nur für mich, sondern für alle, die in seinen Bannkreis kamen.»[33]

Etwas von diesen Persönlichkeitsmerkmalen schlug sich in Hugos erstem Testament vom 2. April 1895 nieder. Obwohl 25 Jahre alt, verlobt und kurz vor der Eheschließung stehend, war Stinnes beständig von der Erinnerung an den frühen Tod seines Vaters und dem Argwohn geplagt, daß andere sich nicht an seine Vorgaben halten würden, falls er ohne Testament stürbe. Seiner Verlobten, der seine ganze Fürsorge galt, teilte er gleich einen Tag später mit, wo das Testament deponiert war. Die Hoffnung, daß sie von dem Testament keinen Gebrauch machen müsse, hatte ihn beim Niederschreiben des Dokuments «unaufhörlich» beschäftigt. «Ruhiger bin ich aber doch», gestand er, «wo ich weiß, daß nun nicht mehr gegen meine Wünsche verfahren werden könnte.»[34]

Es ist ein aufschlußreiches Testament, nicht nur weil es Einblick in die Vermögenslage des Hugo Stinnes und seiner unmittelbaren Angehörigen in dieser frühen Phase seiner Laufbahn gewährt, sondern auch weil sich daraus einiges über seine Einstellung zur eigenen Familie und über seine Bedeutung für sie erschließen läßt. Einleitend erklärte er, seine Mutter von dieser testamentarischen Verfügung ausschließen zu wollen, «nicht aus Mangel an Liebe oder Pietät», sondern weil sie über ein beträchtliches eigenes Familienerbe verfüge und es ihm vor allem darum gehe, «meine Braut für alle Zukunft sicherzustellen».[35] Er bestimmte Cläre zur unmittelbaren Erbin seines persönlichen Vermögens, bestehend aus 6 Kuxen an der Zeche Carolus Magnus, 30 Kuxen an Graf Beust, Aktien an der Westfälisch-Anhaltischen Sprengstoff A. G. Berlin (WASAG) im Wert von 150000 Mark und den Vermögenswerten der Firma Hugo Stinnes. Des weiteren sollte Cläre im Falle seines Todes sein Viertel an dem Wertpapierbestand erhalten, den er gemeinsam mit seinen Brüdern und seiner Schwester hielt: Aktien der Elektrizitätsgesellschaft Berlin (2.000 Mark), der Essener Credit-Anstalt (9.600 Mark), Obligationen der Firma Mathias Stinnes (1.000 Mark), Badische Eisenbahn-Anleihen (900 Mark), 2 Kuxe am Verein Wiesche und 3,5 Kuxe an der Zeche Ernestine. Schließlich und endlich vermachte er ihr seine Ersparnisse bei der Mülheimer Sparkasse. Der Löwenanteil der auf die Namen der vier Stinnes-Kinder eingetragenen Anteile an Bergbaubetrieben stand jedoch unter der Verfügungsgewalt seiner Mutter, die gleichsam wie eine Holding-Gesellschaft die Einlagen ihrer engsten Angehörigen verwaltete. Diese Bergwerksanteile waren Hugos größte Sorgenkinder, denn für die betreffenden Unternehmen trug er seit 1893 die unmittelbare Verantwortung, und er wußte niemanden in der Familie, der diese Aufgabe für ihn hätte übernehmen können. Die einzige Lösung, die ihm für den Fall seines Todes einfiel, war der Verkauf dieser Werte:

«Meiner Mutter sowohl wie meiner Braut gebe ich den Rat, sich etwaigen Bergwerksbesitzes baldmöglichst zu entäußern. Dieser Besitz, der in vielfacher Hinsicht Wechselfällen mehr noch wie andere industrielle Werte ausgesetzt ist, erfordert, daß der Eigentümer jeder Zeit über das Unternehmen in technischer wie kommerzieller Beziehung unterrichtet und außerdem im Stande und in der Lage ist, einzugreifen und zu disponieren bzw. den Besitz zu veräußern, wenn es angezeigt sein sollte. Das ist für eine Frau schwer, sie [ist] daher leicht Verlusten ausgesetzt. Ich hoffe bestimmt, daß meine Braut und meine Mutter im Sinne dieses meines Wunsches unbekümmert um äußere Einflüsse handeln werden. Das Interesse meiner Geschwister erfordert überdies ein solches Vorgehen.»

Hugo ging im folgenden sehr detailliert auf den Wert ihrer Anteile an den wichtigsten dieser Unternehmen ein und nannte mögliche Käufer. Den Wert der Firma Mathias Stinnes bezifferte er auf 6 Millionen, den der Zeche Welheim auf 1,5 Millionen; als potentielle Käufer ihrer Anteile nannte er die Firma Mathias Stinnes selbst, die Arenberg'sche Bergbau und August Thyssen. Carolus Magnus hatte seiner Schätzung nach einen Wert von 2,5 Millionen, und als Käufer dafür kamen der Phoenix-Konzern und der Essener Bergwerksverein in Frage. In diesem Fall riet Stinnes freilich von einem übereilten Verkauf ab. Was die Zechen Victoria Mathias, Graf Beust und Friedrich Ernestine betraf, so schätzte er ihren Wert auf 3 bis 4, 2 bis 3 bzw. 3,5 bis 4 Millionen und nannte Krupp als den einzig denkbaren Käufer der beiden erstgenannten und die Zeche Königin Elisabeth zusammen mit Krupp als potentielle Erwerber der letzteren. Sein Straßburger Unternehmen sollte, so riet er, so schnell wie möglich, selbst unter Inkaufnahme eines Verlusts, an das Kohlensyndikat oder an ein führendes Kohlenhandelshaus verkauft werden. Am Ende nannte Stinnes noch die Namen zweier von ihm als vertrauenswürdig und kompetent geschätzten Kollegen, an die die Hinterbliebenen sich um geschäftliche Beratung wenden sollten: einen Dr. Grecke und den Oberhausener Architekten Thomas – und natürlich ging er davon aus, daß Cläre in diesen Angelegenheiten auch von ihrem Vater Ratschläge erhalten würde.

Die Logik dieses Testaments ergab sich zwangsläufig aus den Erfahrungen, die Hugo seit dem Tod seines Vaters gesammelt hatte. Nur er, und keinesfalls sein Vetter Gerhard Küchen oder andere Verwandte, verfügte zugleich über das nötige Interesse und die fachliche Kompetenz, aus den angestammten Bergbauunternehmen der Familie Stinnes etwas zu machen. Sein Bruder Heinrich interessierte sich nicht dafür, sein anderer Bruder Gustav war zu jung. Ebenso wie 1892 das Wohlergehen seiner Familie seinen Rückzug aus der Firma Mathias Stinnes nahegelegt hatte, erforderte das Familieninteresse jetzt, so schien es, die Trennung von den letzten Erbstücken aus der Ära Mathias Stinnes für den Fall,

Cläre als junge Mutter

daß der geschäftlich begabteste Erbe des Hauses ausfallen sollte. Glücklicherweise trat dieser Fall nicht ein; Hugo und Cläre entschwanden nach ihrer Eheschließung am 15. Juni erst einmal nach Skandinavien in die Flitterwochen, worauf sie sich durch intensives Baedeker-Studium gründlich vorbereitet hatten. Im Anschluß daran bezogen sie ein renoviertes Haus in der Kettenbrückstraße 6–8 in Mülheim, wo sich auch die Verwaltung der Firma Hugo Stinnes befand. Bald darauf kamen die beiden ersten ihrer insgesamt sieben Kinder zur Welt, Edmund (1896–1953) und Hugo jun. (1897–1982). Die nächsten drei Kinder wurden nach der Jahrhundertwende geboren: Clärenore (1901–1990), Otto (1903–1983) und Hilde (1904–1975). Nach einer noch längeren Pause folgten die beiden letzten: Ernst (1911–1986) und Else (1913–1997). So wie Hugo Stinnes' Familie größer wurde, entwickelte sich auch sein Industrieimperium.

3. Kohle und Macht

Persönlichkeiten spielen bei der Betrachtung der Wirtschaftsgeschichte sicherlich eine bedeutsame Rolle, aber der Versuch, die Aktivitäten und Erfolge des Hugo Stinnes einzig aus persönlichen Faktoren heraus zu erklären, wäre doch ein hoffnungslos romantischer und ganz und gar abwegiger Ansatz. Er war ja nicht ein Hauruck-Individualist, der Ausschau nach irgendwelchen gewinnträchtigen Geschäften mit der Aussicht auf das schnelle Geld hielt; er war vielmehr als deutscher Unternehmer ein Pionier jener gerade anbrechenden Ära, die der bedeutende amerikanische Wirtschaftshistoriker Alfred Chandler die Ära des «kooperativen Manager-Kapitalismus» nannte und die Jürgen Kocka, einer der wichtigsten deutschen Historiker auf diesem Gebiet, als die des «organisierten Kapitalismus» bezeichnet hat.[36] Zu den herausragenden Leistungen von Stinnes gehört es, daß er so schnell in die Riege der älteren Giganten der deutschen Schwerindustrie aufstieg und namentlich von Männern wie August Thyssen und Emil Kirdorf als gleichrangiger und geachteter Kollege anerkannt wurde. Wie Thyssen war Stinnes Besitzer und Unternehmer zugleich, und wie Thyssen stützte er sich zunehmend auf talentierte Manager, die selber bedeutende Wirtschaftspersönlichkeiten waren und ohne deren Loyalität und Können ihre Konzerne nie zu solcher Größe hätten anwachsen können.[37] Emil Kirdorf war der Idealtyp dieses Managers; er hatte seine Qualitäten mit seiner erfolgreichen Arbeit für die Bankiers, insbesondere die von der Disconto-Gesellschaft, und die anderen Anteilseigner der Gelsenkirchener Bergwerks Aktiengesellschaft (GBAG) unter Beweis gestellt. Er war aber auch der archetypische «Organisationsmensch», der die auseinanderstrebenden Interessen der großen deutschen Schwerindustriellen zu synchronisieren versuchte in dem Bemühen, durch Maximierung ihrer technischen und organisatorischen Vorsprünge die Ertragskraft der Branche als ganze zu sichern und zu erhöhen.[38]

Es war ein Zufall, daß der Beginn von Hugo Stinnes' Unternehmerlaufbahn mit der Gründung des Rheinisch-Westfälischen Kohlensyndikats unter Führung Emil Kirdorfs im Jahre 1893 zusammenfiel; die Bildung des Syndikats zu diesem Zeitpunkt war jedoch alles andere als ein Zufall, ebensowenig wie die unmittelbare Bedeutung, die dieser Zusammenschluß für die geschäftlichen Aktivitäten von Hugo Stinnes hatte, ein Zufallsprodukt war. Das Syndikat war eine logische Konsequenz der Entwicklungsrichtung, die der deutsche Bergbau, die Energiewirtschaft ganz allgemein und die mit ihr eng verbundenen Eisen- und Stahlindustrien eingeschlagen hatten. Die Geschichtsschreibung hat zurecht darauf hingewiesen, von welch zentraler Bedeutung die technische Bildung, die Technik selbst und die Industrialisierung technischer Prozesse für die wirtschaftliche Entwicklung Deutschlands waren, doch sollte man über all dem nicht den kaufmännischen Faktor vergessen, also die Fähigkeit, das, was man erfunden hat und produziert, auch zu verkaufen.[39] Hier lag der eigentliche Interessenschwerpunkt

Thyssens und Kirdorfs, und nicht zufällig sah auch Stinnes sich selbst vor allem als «Kaufmann». Um in seinem Geschäftsfeld ein guter Kaufmann sein zu können, mußte er stets die zukunftsträchtigsten technischen Verfahren fördern und anwenden und die Produktion möglichst rationell organisieren durch Konzentration der ihm zu Gebote stehenden Ressourcen und konsequente Nutzung vorhandener organisatorischer Möglichkeiten. Um dies zu bewerkstelligen, suchte er sich Partner wie den mächtigen Thyssen. Er mußte auch die Mittel zur Finanzierung seiner Ideen auftreiben, d.h. sich Banken und Bankiers suchen, deren Versuchen, ihm Fesseln anzulegen, er sich zwar stets zu entziehen bemühte, deren Geld er jedoch immer wieder brauchte, um seine unternehmerischen Pläne in die Tat umzusetzen. Das sind die Rahmenbedingungen, von denen her sich sowohl sein Handeln in der Zeit seiner Entwicklung zum Unternehmer als auch die ausgeprägten Persönlichkeitsmerkmale des späteren Industriekapitäns verständlich machen lassen.

Aus der Rückschau betrachtet, war die Straßburger Aufbereitungsanstalt nur die erste einer großen Zahl über ganz Europa verstreuter Zweigstellen der Firma Hugo Stinnes, die lokale und regionale Märkte mit Kohle versorgten. Zum Zeitpunkt der Gründung jedoch und in den Jahren unmittelbar danach war die Aufbereitungsanstalt ein zwar einigermaßen profitables, aber ganz und gar nicht sicheres Geschäft, das ihm die Möglichkeit bot, seine persönlichen Schulden zu tilgen, sein kaufmännisches Können unter Beweis zu stellen, sich in der Kunst der Marktbeobachtung zu schulen und ein gerütteltes Maß an Erfahrungen mit der leidvollen Suche nach guten Mitarbeitern sowie im Umgang mit Inkompetenz zu sammeln.

Die Aufgabe, sich einen treuen Kundenstamm heranzuziehen und zu bewahren und darüber hinaus ständig neue Kunden hinzuzugewinnen, war ihm natürlich ein zentrales Anliegen. Im August 1894 schrieb er an Cläre: «Im Geschäft in Straßburg sieht es in den letzten Tagen sehr flau aus, auch beunruhigt es mich sehr, von der [Badischen] Bahn nichts zu hören. Es wäre mir sehr fatal, dort auszufallen, wenn auch der Preis ein schlechter ist und anderwärts bedeutend mehr erzielt wird. Hoffentlich sind meine Befürchtungen doch nicht ganz gerechtfertigt, oder es findet sich an anderer Stelle ein passender Ersatz.»[40] Schließlich hing die Entwicklung seiner persönlichen Finanzen aufs innigste mit dem Kohlenmarkt zusammen. Bei einigermaßen guter Nachfrage müßten, so schrieb er an Cläre, «wir im nächsten Herbst schon ordentlich was davon haben. Du glaubst nicht, was es mir für eine Freude sein wird, wenn wir immer mehr selbständig werden und wir uns nicht allzu sehr nach der Decke zu strecken brauchen. Ich möchte Dich so gerne recht verwöhnen, damit Du es gleich so reichlich hast, wie jetzt zu Hause. Nun komme ich Dir vielleicht ganz geldgierig vor. Du weißt aber, für meine Bedürfnisse ist's nicht, nur vorwärts kommen wollen wir und beide zusammen uns des Lebens freuen, so viel es nur geht.»[41]

Offenbar stand in Mülheim immer sein fertig gepackter Koffer bereit, damit er zu Kunden fahren konnte, die ihn sprechen wollten, seien es die Schweizer Bundesbahnen oder irgendwelche Eisenhütten, die sich von Stinnes günstigere Kohlenpreise erhofften als vom Kohlensyndikat. Nicht weniger wichtig war das Gewinnen von Kunden, das er etwa in den elsässischen Städten Mühlhausen und Colmar betrieb, vor allem aber in der Schweiz. An manchen Tagen lief es offenbar besser als an anderen, und als besonders schwierig erwies es sich, das Vertrauen der Schweizer zu gewinnen. Nach dem Besuch einiger großer Fabriken in Schaffhausen, Winterthur und Zürich berichtete er, seine dortigen Gesprächspartner seien «außerordentlich konservativ – angenehm, wenn man sie hat, unangenehm, wenn man sie noch haben will». Es sei «eine scheußliche Beschäftigung, dieses Reisen zu Leuten, die man noch nicht kennt», gestand er Cläre.[42] Wenn die Kunden erst einmal die Überzeugung gewannen, daß Stinnes ihnen etwas zu bieten hatte – was offenbar bei den Vorständen der Gotthardbahn und einiger anderer Schweizer Bahnen der Fall war –, dann trugen seine Bemühungen auch Früchte. «Während sie einen die ersten Male schleunigst hinauskomplementierten, sind sie jetzt die Liebenswürdigkeit selbst und fordern fast stets zu einer baldigen Wiederholung des Besuchs auf. Manche bedanken sich sogar für den Besuch. Bei dem großen Nutzen, den solche persönlichen Beziehungen bieten, ist dies Entgegenkommen natürlich doppelt angenehm.»[43]

Nicht angenehm waren ihm Klagen über qualitative Mängel der in Straßburg konfektionierten Kohle oder über verspätete Zustellung beim Kunden, die Probleme mit der Gewinnung technisch versierter Mitarbeiter für den Straßburger Betrieb und der Ärger mit unfähigen Abteilungsleitern. Zwischen diesen Problemen bestand natürlich eine enge Wechselbeziehung, und obwohl das Straßburger Unternehmen auch 1894 einen Gewinn erwirtschaftete, wurden erhebliche potentielle Gewinne verschenkt; 1895 war das nicht viel anders. Dank seiner Geschäftstätigkeit im Ruhrgebiet kam Stinnes mit fähigen Fachkräften in Berührung, denen er zutraute, den Straßburger Betrieb kompetenter zu führen. Der Haken war nur, daß diese Leute sich nur schwer dazu bewegen ließen, nach Straßburg zu gehen. Es war sehr wichtig, dafür zu sorgen, daß die Kohle gewaschen und ausgelesen wurde, um den Schlackegehalt zu senken und eine gleichbleibende Qualität zu sichern; das aber setzte nicht nur Anlage-Investitionen voraus, sondern auch die Einstellung ausgebildeten Personals. Stinnes fand schließlich an der Zeche Carolus Magnus zwei «Waschmeister», die willens schienen, nach Straßburg umzuziehen; allein, den einen, der immerhin zwei Monate in Straßburg zubrachte und dort einiges zum Guten wendete, hielt seine Frau, den anderen seine Mutter von einem Wohnortwechsel ab. Dieser Widerstand der Frauen gegen einen Umzug war ein Problem, das immer wieder auftauchte, so daß bei Stinnes die Einsicht reifte, er müsse Leute aus dem Raum Straßburg finden und ausbilden, was aber alles andere als einfach war.[44]

Zu Hugos Kummer erwies sich ausgerechnet die eine Führungskraft, die sich von der Ruhr versetzen ließ – ein gewisser Clausen Fuglsang, mit dessen Familie Stinnes befreundet war und Geschäfte machte –, als ausgesprochen ungeeignet.

Die persönlichen Beziehungen machten es Stinnes offenkundig schwer, Fuglsang zu sagen, was er von seiner Art, die Geschäfte zu führen, hielt, doch Anfang Januar 1895 setzte sich bei ihm die Erkenntnis durch, daß jedes weitere Zuwarten «pflichtswidrig» wäre, und las Fuglsang in einem Brief die Leviten. Es nützte nichts, die Probleme blieben bestehen. Im Februar mußte Stinnes einem Schreiben von Fuglsang entnehmen, daß man in Straßburg «wieder einmal» Maschinen hatte einfrieren lassen. Nur einen Tag später durfte er sich, «nach Hause zurückgekehrt, ... wieder an einigen Straßburger Dummheiten erfreuen»:

> «Die Leute müssen regelmäßig Lagerberichte machen, namentlich aber jetzt, damit man genau weiß, welche Sorten und Mengen noch verfügbar sind. Nun schicken sie mir einen Bericht, schreiben aber selbst, derselbe sei falsch und nichts wert. Inwiefern er falsch ist, das kann ich mir selbst zurechtlegen. Dabei sitzt man nun da und weiß gar nicht, ob man Aufträge hineinnehmen kann oder nicht. Die Dummheit ist wirklich sträflich.»[45]

Stinnes war durchaus optimistisch, was das langfristige Gedeihen seines Straßburger Unternehmens betraf, doch zerrte die Unzuverlässigkeit seiner Mitarbeiter an seinen Nerven:

> «Die Nachlässigkeiten in Straßburg werden mich wohl immer wieder ärgern. Wenn ich im März an Ort und Stelle wieder hinkomme, wird es für einige Tage ja wohl besser klappen, aber bin ich wieder fort, dann kann der alte Schlendrian wieder losgehen. Krank werde ich durch Ärger und Aufregung nicht werden, obschon beide auch keineswegs zuträglich sind. Wer solche Anlagen in Straßburg baut, muß aber am Ende solche Zeit mit in den Kauf nehmen. Sind mal erst die richtigen Leute ordentlich angelernt, dann werden die jetzigen Schwierigkeiten auch nicht mehr wiederkehren.»[46]

Zunächst ging es jedoch im alten Trott weiter. So mußte Stinnes im April zu seinem Ingrimm erfahren, daß ein für die Schweizerischen Eisenbahnen bestimmter Versand Briketts so schlecht gepreßt war, daß sie beim Abladen zerbröckelten; wutentbrannt schrieb er in einem Brief an Cläre: «Fuglsang ist wirklich ein Quadratesel.»[47] So groß der Schaden auch war, der durch solche Mißwirtschaft angerichtet wurde, Mitte Mai zeigte sich Stinnes schon wieder optimistisch: «Eine feste Kundschaft besteht gar nicht mehr. Andererseits ist das Erfreuliche aber zu konstatieren, daß der Betrieb selbst wirklich seit dem 1. Mai ohne jede Störung geht und daß seit den Tagen keine Klage mehr eingelaufen ist. Der Nutzen guter Lieferung wird da schon nicht ausbleiben.»[48]

Tatsächlich konnte Stinnes den Lohn für den nicht nachlassenden Elan, mit dem er die Leistungsfähigkeit des Straßburger Betriebes verbesserte, und für die Kraft und Zeit, die er investierte, um ihn auf Erfolgskurs zu bringen, ziemlich bald einstreichen. Es gelang ihm offensichtlich, sich die nachhaltige Unterstützung der Stadt Straßburg zu sichern, deren Bürgermeister Beck es sich nicht nehmen ließ, bei Kanzler Hohenlohe und Handelsminister Berlepsch für die Firma

Stinnes zu antichambrieren. Günstig war für Stinnes auch der Umstand, daß er an belgische Kohle herankam, was seiner Konkurrenz in Mannheim offensichtlich nicht gelang, und daß er vom Rheinisch-Westfälischen Kohlensyndikat die für Basel bestimmte Kohle zu einem Vorzugspreis erhielt. Während seine Mannheimer Konkurrenten 65 Mark pro Tonne zahlen mußten, erhielt er die Tonne für 40 Mark und konnte somit seine Briketts für 148,50 Mark anbieten, während die anderen 175,50 Mark berechneten.[49] 1896 löste Stinnes sein größtes Personalproblem, indem er Fuglsang durch einen Geschäftsführer namens Haeming ersetzte, der sich an einer der Stinnes-Zechen bewährt hatte. Der Geschäftsumfang nahm so zu, daß 1899 eine Filiale in Mannheim eröffnet wurde. Der erste geschäftliche Alleingang des Hugo Stinnes entwickelte sich schon wenige Jahre nach der Firmengründung zu einem großen Erfolg.[50]

Daß es für Stinnes so schwierig war, kompetente Manager für Straßburg zu finden, muß für ihn deswegen doppelt ärgerlich gewesen sein, weil er an den familieneigenen Zechen sehr stark eingespannt war und dort persönlich demonstrierte, was gutes Management bewirken konnte und wie die Fehler der Vergangenheit wiedergutgemacht werden konnten. Es war dies eine wichtige Erfahrung für den noch jungen Hugo, nicht nur eine Übung zur Stärkung seines Selbstbewußtseins, sondern auch eine Demonstration der Kunst, das in einem scheinbar unwirtschaftlichen Betrieb liegende Potential zutage zu fördern, indem man alle organisatorischen, administrativen, technischen und finanziellen Chancen erkannte und auf bestmögliche Weise nutzte.

Da Stinnes seinen späteren Ruhm und Reichtum als Chef diverser Aufsichtsräte erntete, ist es nicht uninteressant, sich zu vergegenwärtigen, daß er in diesen ersten Jahren Aufgaben wahrnahm, mit denen er später andere betraute, und dabei jene praktischen Erkenntnisse und Erfahrungen sammelte, die ihn zu einem so fähigen Beaufsichtiger großer Unternehmen machen sollten. Diese Tätigkeit war nicht frei von Gefahren und Mühen. In seiner Lehrzeit hatte er an der Zeche Ver. Wiesche praktische Erfahrungen als Bergmann gesammelt, und seine Managertätigkeit erforderte häufige Fahrten unter Tage. Zwar versichert er Cläre, die Arbeit im Schacht sei «ungefährlich, wenn man vorsichtig ist und etwas klettern und sich bücken kann»,[51] und machte Witze darüber, wie dreckig er beim Umherkriechen in einem Gasrohr unter den Heizkesseln von Beust und Friedrich Ernestine geworden war, doch darf man getrost davon ausgehen, daß die zweieinhalbstündige, «ziemlich anstrengende» Inspektion der Schäden und Probleme im Schacht Gustav, wo sich kurz vorher ein Unfall ereignet hatte, oder die Fahrt zur untersten Sohle der Zeche Mathias Stinnes, wo er eine unerwartete hohe Grubengas-Konzentration vorfand, nicht nur schmutzige, sondern auch gefährliche Unternehmen waren.[52] Das Argument, mit dem er solche Aktionen Cläre gegenüber rechtfertigte, war das Bekenntnis zur Verantwortung des guten Unternehmers:

«Die Arbeit auf den Zechen ist nötig, auch das Kriechen durch ein 80 cm weites Rohr. Wenn nun mal nach einigen Jahren an dem Damm was passierte, zwei von unseren Zechen kämen zu ersaufen, und ich hätte mich von der guten Ausführung nicht überzeugt, glaubst Du, daß jemand mit einer Entschuldigung zufrieden wäre, wonach ich den Betriebsführer als hinreichend zuverlässig gehalten hätte?»[53]

Schließlich war Stinnes nicht nur seinen Kollegen im Grubenvorstand Rechenschaft schuldig, sondern auch den Aufsichtsbehörden:

> «Nachher habe ich mit dem Betriebsführer das ganze Grubenbild durchgesehen. Das Grubenbild ist eine von der Bergbehörde kontrollierte genaue bildliche Darstellung von allen Gängen, Querschlägen usw., die unter Tage getrieben werden. Es muß alle 3 Monate genau nachgetragen werden. Man kann sich auf demselben von jeder auch der kleinsten Arbeit, die in der Grube ausgeführt ist, überzeugen. Es ist das Hauptkontrollmittel dafür, ob der Betrieb im Prinzip richtig angelegt ist. Ob der einzelne Betriebspunkt in Ordnung ist, das kann man nur durch Befahrung der Grube ermitteln.»[54]

Für Arbeitnehmerfragen und -probleme mußte Stinnes in diesen Jahren offenbar nicht viel Zeit und Energie aufwenden. Er prüfte allerdings regelmäßig die Steigerjournale, in denen die Akkordsätze und gezahlten Löhne verzeichnet wurden, und mußte sich immer wieder mit Grubenunfällen befassen.[55] Anders als in Straßburg, war er mit seinen leitenden Mitarbeitern in den Ruhrzechen augenscheinlich recht zufrieden und legte auch persönliches Interesse für sie an den Tag. Einen Eindruck von der Qualität dieser Beziehungen und von Hugos Einstellung zu seinen Untergebenen gewinnt man aus seinem Bericht über eine einem Mitarbeiter der Firma Mathias Stinnes gewährte Lohnerhöhung:

> »Alles war gut in Ordnung, gar nichts zu monieren, so daß der betreffende Beamte dann auch heute die längst schon erbetene Gehaltserhöhung bekam. Einmal war sie ihm abgeschlagen worden, weil er seine Sachen nicht imstande hatte. Er ist ein ganz armer Kerl, der während seiner Schulzeit – er hat die Bergschule als verheirateter Arbeiter erst besucht – Schulden gemacht hat. Dazu hat er eine Frau die wohl zu verleumden und hetzen aber nicht zu wirtschaften versteht. Vor 1 ½ Jahren saß er seinen Gläubigern so in den Klauen, daß alles, was er hatte, versiegelt war und schließlich die Zeche ihn ausgelöst hat, um ihn überhaupt als Beamten zu halten, das ist eine schreckliche Existenz!»[56]

Diese persönliche Anteilnahme des Chefs an seinen Mitarbeitern scheint auf Gegenseitigkeit beruht zu haben. Kurz vor seiner Hochzeit erfuhr Hugo, daß die Angestellten der Firma Mathias Stinnes vorhatten, dem Brautpaar eine Schmuckvase zu schenken, wogegen Stinnes «mit Bestimmtheit» einschritt, «denn die Leute können ihr Geld selbst alle recht gut gebrauchen». Er war indes bereit, ein Gruppenfoto des leitenden Zechenpersonals als Geschenk zu akzeptieren, «weil es für alle in späteren Jahren ein angenehmes Andenken ist».[57]

Es waren dies in der Tat Jahre, die große Fortschritte für die Stinnes-Zechenbetriebe brachten, beeinträchtigt nur durch die Folgen früherer Mißwirtschaft, die regelmäßig zutage traten. Hugo war ein Mann der Tat und zeigte wenig Geduld, was Sitzungen und Debatten betraf; die wöchentlichen Besprechungen der Zechendirektoren gingen ihm auf die Nerven: «Das ist stets eine sehr langweilige und vor allen Dingen ganz nutzlose Zeitverschwendung. Herausgekommen ist noch nie etwas dabei.»[58] Was er noch mehr haßte, war die Arbeit, die er für die zahlreichen Zivilprozesse aufwenden mußte, die wegen Schäden an öffentlichem oder privatem Eigentum gegen die Zechen angestrengt wurden:

> «Die Arbeit ist wenig nach meinem Geschmack, man muß, um genau orientiert zu sein, die Akten immer wieder vorher durchlesen und weiß zum Schluß häufig noch nicht, was man auf ein Gutachten und dergl. erwidern soll. Wir sind nämlich immer in der unglücklichen Lage verklagt zu werden, und sind fast stets mindestens teilweise schuldig. Dadurch ist die Position von Anfang an schon schwierig, da die Richter allgemein dazu neigen, den Grundeigentümer über die Gebühr zu entschädigen.»[59]

Was alle diese Fälle für Stinnes zu einem besonderen Ärgernis machte, war die Tatsache, daß viele Klagen sich hätten vermeiden lassen, wenn die Zechen ordentlich bewirtschaftet und ein angemessener Teil der Gewinne, wie nunmehr üblich, in den Erwerb von Grundstücken zu anständigen Preisen investiert worden wäre: «Hätte man vor 10–20 Jahren ähnlich gearbeitet, dann hätten wir in Essen an Grund und Boden viele Millionen verdient. Statt dessen müssen wir heute beschädigte Häuser reparieren.»[60]

Was den jungen Stinnes mit Begeisterung und Stolz erfüllte, waren die meßbaren Fortschritte, die er auf seinem Weg, die Zechen zu modernisieren und wieder profitabel zu machen, erzielen konnte. Schon in einem seiner ersten Briefe an Cläre, geschrieben im Juli 1894, berichtete er:

> «Diesen Nachmittag fahre ich nach Carolus [Magnus]. Das ist schon eine angenehme Beschäftigung. Dort ist neuer Schacht abgeteuft und vor einigen Monaten fertiggestellt. In diesen Tagen kommt eine große oberirdische neue Wasserhaltung in Gang, die 4 cbm Wasser per Minute aus 700 m Tiefe hebt, resp. heben kann, die neue Fördermaschine läuft schon seit Ende Juni. In diesem Monat wird zum ersten Mal seit Jahren wieder ein ordentlicher Überschuß im Betrieb erzielt. Wenn keine unvorhergesehenen Störungen vorkommen, dann sind wir Ende des Jahres soweit, daß wir an die Gewerke Ausbeute verteilen können und auch daran bleiben werden. Es sind viele Leute, die es wirklich nötig haben, darunter. Sie haben seit 10 Jahren nur immer Zubuße gekannt und freuen sich der besseren Aussichten sehr.»[61]

Die Aussicht, daß sich die Erwartungen des Sommers 1894 erfüllen würden, machten die grauen Tage der Vorwinterzeit an der Ruhr wesentlich heiterer:

> «Auf den Zechen geht es sehr gut z. Zt. Wenn es so fortgeht, wird der November reichlich so gut als der Oktober und der zeigte einen sehr bedeutenden

Überschuß. Denke Dir nur, im Vorjahr um diese Zeit hatten wir noch über 1 Million Mark Bankierschulden und mit Ende dieses Jahres sind wir schuldenfrei. Dabei haben wir annähernd 1 Million Ausbeute verteilt [und] für mindestens M 600000–700000. – Rücklagen aus dem Betrieb bestritten.»[62]

Diese erfreulichen Ergebnisse trugen sicherlich das ihre dazu bei, daß Hugo die Probleme, die seine streitlustige und launische Mutter ihm zu Hause bereitete, und den Ärger, den er mit Fuglsang in Straßburg hatte, leichter ertrug. Während er auf der einen Seite alte unproduktive Kredite jetzt tilgen konnte, schien es ihm andererseits angebracht, produktive Anleihen für Expansions- und Modernisierungszwecke aufzunehmen, so etwa im Fall der Zeche Graf Beust. Hugo, der bestrebt war, seine junge Verlobte in geschäftlichen Dingen zu schulen, erläuterte ihr in einem seiner Briefe die für solche finanziellen Entscheidungen maßgeblichen allgemeinen und persönlichen Aspekte:

«Von vorigen Freitag habe ich übrigens noch etwas zu erzählen, was Dich interessieren wird. Ich hatte mir den Direktor der Essener Credit-Anstalt bestellt, um mit ihm wegen Aufnahme einer Anleihe auf Zeche Graf Beust zu verhandeln. Wir haben da noch große Neuanlagen mitzuführen, deren Kosten bis heute noch immer aus dem Betrieb bestritten werden. Wenn das so weiter geschieht, dann wird die nächsten 3–4 Jahre noch kein Gewinn verteilt werden können. Wenn aber die Anleihe abgeschlossen wird (die Zeche hat jetzt Bankierschulden) dann kann sie vom nächsten Sommer oder Herbst an einen Teil des Gewinns verteilen, da die Abstoßung der Anleiheschulden auf eine Reihe von Jahren verteilt werden kann. Die Anleihe ist auch gerechtfertigt, weil nach Berechnung der jetzigen Bauten auf der Zeche über und unter Tage alles neu ist, und in den nächsten 20 Jahren nichts Nennenswertes beschafft zu werden braucht. Zudem haben wir beim Syndikat beantragt, die Förderhöhe, die uns durch den neuen Schacht zusteht, uns schon vom 21. April 95 an zu gewähren, wenn auch dann der Schacht noch nicht fertig ist, und das zu viel geförderte Quantum bis zur Fertigstellung des Schachtes in den folgenden Monaten wieder abzuziehen. Du weißt, daß ich meine Ersparnisse zum großen Teil in Beust Kuxen angelegt habe, und ich beabsichtige auch, wenn eben möglich, noch einen größeren Posten zu kaufen. Wenn es dann einigermaßen auf dem Kohlenmarkt geht, dann müssen wir im nächsten Herbst schon ordentlich was davon haben.»[63]

Stinnes schaffte es, zu einem äußerst günstigen Zinssatz eine Anleihe von der Essener Credit-Anstalt in Höhe von 650000–700000 Mark zu erlangen. Wie er seiner an diesen Dingen stets hochinteressierten Cläre im Tenor höchster Zufriedenheit berichtete:

«*Wir* können mit der Beuster Anleihe ebenso zufrieden sein als andere. Gestern gab ich Küchen die Bedingungen, der zuerst an den Kurs gar nicht glauben wollte. Ich war selbst erstaunt, wie uneingeschränkten Beifall dieselbe fand. Oft ist mir das bei den Leuten nicht vorgekommen.»[64]

So gut Stinnes diese äußere Anerkennung auch tat, so groß war die innere Genugtuung, die ihm der sichtbare Erfolg seiner Modernisierungsbemühungen bereitete. Wie er Cläre bald darauf vermelden konnte, gingen die Arbeiten an dem neuen Schacht und den Über-Tage-Einrichtungen «recht hübsch» voran, so daß für den Herbst 1895 tatsächlich, wie von ihm vorausgesagt, mit einer «kleinen Unterstützung» für das Brautpaar zu rechnen war.[65] Noch schwerer wog aber zweifellos die ideelle Ernte, die eine Besichtigung der Zeche Carolus Magnus ihm bescherte:

> «Heute Morgen war ich noch draußen auf den Zechen. Der Besuch galt Carolus' altem und neuem Schacht. Der alte Schacht wird zugefüllt. Die Maschinen sind ausgebaut und die alten Gebäude werden abgerissen, damit der Terrain später zu Bauplätzen erweitert werden kann. Es sah aus wie in einer Räuberhöhle. Im vollsten Gegensatz dazu stand der neue Schacht, wo alles hübsch sauber und in Ordnung ist. Die Zeche hat im März wieder gut gearbeitet. Sie erzielte annähernd M 30000. – Ausbeute.»[66]

Hohe Produktivität und entsprechende Gewinne standen, wie Stinnes demonstrierte, in direkter Abhängigkeit von der Bereitschaft zu Konsolidierung und Modernisierung; wie er allerdings früh erfahren mußte, fand seine Sicht der Dinge nicht allseitige Zustimmung, und die Reaktionen der Geschäftswelt, von der er ein Teil war, waren alles andere als berechenbar. 1892 hatte Hugo für seine Mutter Kuxe der Mülheimer Nachbarzechen Ver. Wiesche und Rosenblumendelle gekauft. Dem Vorstand der letzteren gehörte er seit 1894 an, und nun arbeitete er darauf hin, auch in den Vorstand des Ver. Wiesche einzutreten, zumal er mit den Gegebenheiten in dieser Zeche, in der er seine Lehrzeit als Bergmann absolviert hatte, eng vertraut war. Seiner Ansicht nach war es dringend geboten, die beiden Zechen zusammenzuführen; daß die Verantwortlichen sich von dieser Notwendigkeit nicht überzeugen ließen, fand er absolut «fatal»:

> «Beide Zechen sind getrennt kaum lebensfähig, die eine hat viele und gute Kohlen, aber einen miserablen Schacht, die andere einen guten und günstig gelegenen Schacht, aber fast gar keine Kohlen mehr. Je schneller Einigung erfolgt, desto besser, denn Schulden haben beide gerade genug. Vor lauter Sonderinteressen ist aber kaum durchzudringen.»[67]

Stinnes hoffte, durch Einflußnahme auf Direktor Hohendahl vom Ver. Wiesche die Sache voranbringen zu können, doch nach monatelangem Tauziehen um die hohen Forderungen Wiesches und nachdem Stinnes zu der Überzeugung gelangt war, daß Hohendahl nicht mit offenen Karten spielte, wurde die Sache vorläufig zu den Akten gelegt, in der Hoffnung, die Vereinigung könnte mit größerem Nachdruck angegangen werden, wenn ihre Befürworter erst einmal einen größeren Teil der Wiesche-Anteile kontrollierten.[68]

Zu den treibenden Kräften hinter der Forderung nach Konzentration und Modernisierung gehörte das 1893 gegründete Rheinisch-Westfälische Kohlen-

Der Jungunternehmer Hugo Stinnes

syndikat. Es stellte, wie erwähnt, einen gewichtigen Faktor in den Stinnesschen Berechnungen dar. Daß es ihm gelungen war, für Ruhrkohle einen Vorzugspreis auszuhandeln, bescherte ihm einen Kostenvorteil beim Kohlenexport von Straßburg in die Schweiz, und die erhöhte Fördermenge, die das Syndikat ihm für Graf Beust zugestanden hatte, war eines der Argumente gewesen, mit denen er sich die vorteilhafte Bankanleihe für den Ausbau dieser Zeche gesichert hatte. Als Emil Kirdorf 1893 den Lohn seiner Bemühungen um die Schaffung eines dauerhaften Kartells einfahren konnte, das die einzelnen Mitglieder disziplinieren und die Profitabilität der Branche als ganzer sichern sollte, ohne dem einzelnen Betrieb die Möglichkeit zur Expansion zu versperren, war dies ein Erfolg, dem jahrelange vergebliche Versuche zum Aufbau einer schlagkräftigen Organisation vorausgegangen waren. Den Weg geebnet hatten die kritischen Schwankungen im Verlauf der sogenannten großen Depression von 1873–96, das traumatische Erlebnis des ersten großen Bergarbeiterstreiks im Jahr 1889 und die Erkenntnis, daß ein Mittelweg gefunden werden müsse zwischen der staatlichen Regulierung, der der Bergbau bis in die 60er Jahre hinein unterworfen gewesen war, und dem ruinösen Konkurrenzkampf, der danach eingesetzt hatte. Als sich das Syndikat am 16. Februar 1893 konstituierte, repräsentierte es 98 Mitgliedsfirmen und 87 Prozent der Kohlenförderung im Ruhrgebiet. Die Stinnes-Zechen gehörten von Anfang an dazu und profitierten von den höheren Kohlenpreisen, die sich aus der Gründung des Syndikats ergaben. Die Preisgestaltung des Syndikats war darauf gerichtet, auch den kleineren, weniger wirtschaftlich arbeitenden Firmen im südlichen Ruhrgebiet eine Gewinnchance zu sichern, aber das System der Fördermengen begünstigte eindeutig die größeren, effizienter arbeitenden Betriebe. Das Syndikat schuf sogar einen starken Anreiz zur Erhöhung der Fördermengen, da es für jeden neu abgeteuften Schacht eine Erhöhung der Fördermenge um 400 Tonnen pro Arbeitstag (bzw. 800 Tonnen bei einem Doppelschacht) vorsah. Das war für die größeren Firmen, die oft eng mit den Banken liiert waren, natürlich ein Anreiz, verstärkt zu investieren, zumal die Banken unter dem Eindruck einer verbesserten Preisstabilität und gestärkter Gewinnaussichten bereitwilliger Kredite gewährten.[69]

Die Politik und Entscheidungen des Syndikats waren für Hugo Stinnes von größter Bedeutung, sowohl in seiner Eigenschaft als Inhaber der Straßburger Kohlen-Aufbereitungsanstalt und der Handelsfirma als auch in seiner Rolle als Technischer Direktor der Stinnes-Zechen. In den verschiedenen Leitungsgremien des Syndikats saßen, wie zu erwarten, Männer, die durchweg älter waren als er, und so beschränkte sich Stinnes bei der Teilnahme an den Sitzungen anfänglich darauf, den Debatten und Beschlüssen des «Rats der Weisen» zu lauschen.[70] Zurückhaltung war freilich kein Patentrezept fürs Geldverdienen, und Stinnes zeigte auch gar keine Hemmungen, wenn es darum ging, für die über Straßburg vermarktete Kohle Sonderpreise oder für seine Zechen erhöhte Fördermengen auszuhandeln. So gelang es ihm 1895, für 60000 Tonnen Gasflammkohle, die er für Straßburg ankaufte, einen Rabatt von 250000 Mark auszuhandeln.[71] Er war sich auch gar nicht so sicher, ob im «Rat der Weisen» wirklich weise Männer saßen, namentlich da einer von ihnen sein Vetter Gerhard Küchen war, der dort 1894 die Stinnes-Interessen vertrat. Als 1895 die Neuwahl des Beirats anstand, hatte sich die Fördermenge der Stinnes-Zechen dank des neuen Schachts auf Carolus Magnus auf 1320000 Tonnen erhöht, und da jeder Firma pro einer Million Tonnen ein Sitz im Rat zustand, hatten die Stinnes-Betriebe nunmehr Anrecht auf einen zweiten Sitz. Während bis dahin Küchen als amtierender Chef des Stinnes-Grubenvorstandes der Delegierte gewesen war, sich aber durch einen Kollegen von der Zeche Concordia hatte vertreten lassen, schien nunmehr für die Stinnes-Firmen die Präsenz eines ständigen Delegierten und zusätzlich eines Vertreters erforderlich. Stinnes kannte Küchen gut genug, um überzeugt zu sein, daß jetzt für ihn die Chance bestand, faktisch die Zügel in die Hand zu nehmen: «Nach den bisherigen Erfahrungen wird Küchen nach einer gewissen Zeit sich immer vertreten lassen, und es liegt dann nur an meiner Dummheit, wenn unsere Zechen nicht einen ganz anderen Einfluß im Syndikat gewinnen, wie es bisher der Fall war.»[72]

Das Jahr 1895 war ein wichtiges, ja entscheidendes für den weiteren Weg des Syndikats. Es sollte eigentlich nur bis 1898 bestehen, doch hatte Kirdorf beschlossen, schon frühzeitig in Verhandlungen über eine Verlängerung einzutreten, in der Hoffnung, eine Vereinbarung zustande zu bekommen, die den Fortbestand des Syndikats bis 1905 sichern würde. Stinnes unterstützte diesen Plan nach Kräften, wertete er das Syndikat doch als einen «Segen für die ganze Gegend».[73] Er sah in einem Verlängerungsbeschluß ein lebenswichtiges Signal für den gesamten Kohlenmarkt sowohl im Ruhrgebiet als auch außerhalb desselben: «Ich glaube wirklich, auf die Dauer der Zeit da in Ruhrkohlen noch etwas machen zu können. Das Entgegenkommen wird immer größer, und dabei ist das Wesentliche, daß ein solches Entgegenkommen hier auch die Saar günstig beeinflußt.»[74] Zu diesem Zeitpunkt war das Syndikat für Stinnes tatsächlich von lebenswichtiger Bedeutung, ein Garant für Gewinne und ein Eröffner wirtschaftlicher Chancen. Hugo nahm daher an den Besprechungen, in denen die neue Vereinbarung ausgehandelt und beschlossen wurde, mit Spannung und Sorge zugleich teil. Wie er Cläre wissen ließ: «Ich bin sehr gespannt, wie das Ergebnis heute sein wird. Es hängt sehr viel, auch für unsere Zukunft davon ab ...»[75]

Einer der großen Pluspunkte, die für das Syndikat sprachen – das nach langen und heftigen Verhandlungen tatsächlich fortgesetzt wurde –, war die Tatsache, daß es einen Mitarbeiterstab beschäftigte, der den Kohlenmarkt genau beobachtete und regelmäßig Berichte anfertigte, die Hugo sehr aufmerksam studierte. Er wußte freilich nur zu gut, daß die Statistiken von gestern keine Garantie für die Zahlen von morgen waren und daß die Spielregeln des Jahres 1894 sich durch den Einsatz neuer Techniken, wie beispielsweise des Koks-Destillationsofens, rasch und gründlich ändern konnten. Die wachsende Nachfrage nach Koks hatte das Interesse der Kohleproduzenten an den Nebenprodukten des Verkokungsprozesses geschürt; während etwa die Eisenschmelzer bis dahin nur an Koks aus Gasflammen-Öfen interessiert gewesen waren, begannen um das Jahr 1890 herum die Vorbehalte gegen Koks aus Destillationsöfen zu schwinden. Die durch das Syndikat gewährleistete höhere Preisstabilität ermutigte Kohle- und Koksproduzenten außerdem, sich mit der Verarbeitung und dem Verkauf von Nebenprodukten zusätzliche Verdienstmöglichkeiten zu erschließen. Wie rasant sich diese Entwicklung vollzog, läßt sich an der Tatsache ablesen, daß, während es 1890 noch 580 Gasflammen- und 120 Destillationsöfen gegeben hatte, das Verhältnis sich bis 1895 ins Gegenteil verkehrte: Nur noch 180 Gasflammen-Öfen standen nunmehr nicht weniger als 700 Destillationsöfen gegenüber.[76]

Das Verdienst daran, daß sich der Destillationsofen durchsetzte, gebührt zu großen Teilen seinem Erfinder C. Otto, der sich bereit erklärte, die Öfen auf eigene Kosten zu bauen und ihren Betrieb für die Zechen zu besorgen, wenn sie ihm im Gegenzug das Recht einräumten, für die Dauer von fünfzehn Jahren die anfallenden Kohlenwertstoffe Teer, Ammoniak und Benzol zu vermarkten, während die Zechen den Koks behalten durften. Nach Ablauf dieser Zeit gingen die Öfen in den Besitz der Zechen über. Die von Otto und anderen auf diesem Gebiet tätigen Innovatoren entwickelten Techniken faszinierten Stinnes, nicht nur weil er so großes Interesse an der Chemie hatte, sondern auch weil er sich schon in diesem sehr frühen Stadium seiner Karriere mit der Vision beschäftigte, das von den Öfen erzeugte Gas für die Beleuchtung der Städte zu nutzen. Dieser Gedanke war Otto schon 1885 von einem anderen Ingenieur vorgetragen worden, doch hatte Otto ihn mit der Begründung verworfen, die bestehenden Gaswerke hätten ein materielles Interesse am Fortbestand der herkömmlichen Technik und es gebe unter den Zechenbesitzern keinen, der bereit sei, das Geld und die Energie zu investieren, die nötig seien, um gegen die Widerstände anzukämpfen und zu demonstrieren, daß das im Koksofen erzeugte Gas genausogut war wie das von den Gaswerken gelieferte. Außerdem müßten die Öfen stets so ausgelegt sein, daß sie ihrer vorrangigen Aufgabe gerecht würden, nämlich den Koks und seine Nebenprodukte zu erzeugen und daneben auch noch Gas von ausreichend guter Qualität.

Da Ottos Firma fast alle in Deutschland eingesetzten großen Kokereiöfen gebaut hatte, war Stinnes mit ihrer Arbeit bestens vertraut und hatte sich schon 1894 mit der Frage an sie gewandt, ob sich die von ihm in die Schweiz gelieferte Kohle zur Verkokung eigne.[77] Es war daher nur natürlich, daß er sich mit seiner Idee, das Koksofengas für Beleuchtungszwecke einzusetzen, nun ebenfalls an sie wandte. Interessanterweise holte er aber in dieser Sache auch von anderer Seite Rat und Hilfe ein. Für Stinnes bestand immer eine enge Beziehung zwischen Entwicklung und Forschung, und seine Phantasie kreiste stets mehr um die praktische Anwendung als um die Theorie. So ließ er Cläre, als sie ihn gefragt hatte, ob sie ihm nicht auf Weihnachten einige wissenschaftliche Spezialzeitschriften besorgen solle, wissen:

> «Bezüglich den Fachschriften wirst Du erstaunt gewesen sein, diese Ansicht zu hören. Wenn es etwas Neues in dem Punkte gibt, dann lese ich es in den technischen Zeitschriften sofort und sehe es mir an in der Ausführung, auch stehen wir mit den besten Fabriken in so enger Beziehung, daß man von denen sofort auf jede Neuheit aufmerksam wird. Viel eher interessieren mich daher Schriften, die nicht das Fach behandeln; die bringen was Neues und veranlassen einen, die Gedanken auf andere bisher unbekannte Gebiete zu lenken, auf denen sich auch was anfangen läßt. Auch da hilft das Lesen allein nicht viel, man muß an Ort und Stelle hin und sehen, sonst bekommt man kein klares Bild und vergißt sehr schnell das mit Mühe eingetrichterte Wissen.»[78]

Just zu der Zeit, da er dies schrieb, gehorchte Stinnes auch seiner eigenen Maxime, indem er eine Kokerei besichtigte, die von der Firma Schmitz & Cie. errichtet wurde; deren Chefingenieur Ruppert bestärkte ihn in einigen seiner Ideen, was ihn zuversichtlich stimmte, daß er auch Direktoren von Gaswerken davon würde überzeugen können. Er hatte das Gefühl, mit Ruppert weiterkommen zu können als mit der Firma Otto und ihrem Direktor Hilgenstock: «Diese letzteren haben ja wohl mehr ausgeführt, jedoch sind die Leute schwerfälliger, und der Leiter ist kein Gasfachmann sondern ein Hochofenfachmann, kennt also von Gasfabrikation noch viel weniger als ich.»[79]

PATENT-URKUNDE

№ 88396

GESETZ v. 7. APRIL 1891

AUF GRUND DER ANGEHEFTETEN PATENTSCHRIFT IST DURCH BESCHLUSS DES KAISERLICHEN PATENTAMTES

an Math. Stinnes in Mülheim a/d. Ruhr

EIN PATENT ERTHEILT WORDEN.

GEGENSTAND DES PATENTES IST:

Pendelnd aufgehängtes, selbstthätiges Absperrventil für Dampfleitungen mit nach außen führender Bewegungsstange.

ANFANG DES PATENTES: 6. August 1895.

DIE RECHTE UND PFLICHTEN DES PATENTINHABERS SIND DURCH DAS PATENT-GESETZ VOM 7. APRIL 1891 (REICHS-GESETZBLATT FÜR 1891 SEITE 79) BESTIMMT.

ZU URKUND DER ERTHEILUNG DES PATENTES IST DIESE AUSFERTIGUNG ERFOLGT.

KAISERLICHES PATENTAMT.

Stinnes als Erfinder: Patenturkunde aus dem Jahre 1895

Stinnes schwebte der Bau eines Koksofens vor, der mit Generatorgas beheizt und dessen gesamter im Verkokungsprozeß entstehender Gasüberschuß für Beleuchtungszwecke eingesetzt werden würde. Ruppert und Stinnes stellten unabhängig voneinander die nötigen Berechnungen an, aus denen hervorging, daß das Verfahren sich bezahlt machen würde, und kamen überein, ihr Projekt in allen wichtigen Industrieländern patentieren zu lassen. Stinnes empfand Euphorie und Beruhigung zugleich: «Eine Beruhigung ist es immer, wenn ein anderer als tüchtig bekannter Mann die eigene Ansicht bestätigt.»[80] Cläre scheint Einwände gegen Hugos Absicht erhoben zu haben, das Patent mit dem «Koksmann» zu teilen, doch Hugo ließ sich davon nicht abbringen:

> «Das Patent gehört doch ihnen, die zusammen eine derartige Idee gehabt haben resp. die Idee später ausgeführt haben. Dafür, daß die Anregung allein von mir ausgegangen ist, werde ich mir schon den bei weitem größten Teil des

Gewinns reservieren, vielleicht 3/4 oder 4/5. Das habe ich dem Ruppert schon mitgeteilt. Du mußt aber doch bedenken, daß ich mit Generatoren nie gearbeitet habe und daß von der richtigen Disposition der Heizungsanlage der ganze Erfolg abhängt. Verdient nun derjenige, der in dieser Beziehung seine ganzen Erfahrungen zur Verfügung stellt, daß er ungenannt bleibt? Das wäre ja wohl durchzusetzen meinerseits, aber doch eine unberechtigte Eitelkeit, und überhaupt, ich will nicht mit Kenntnissen anderer renommieren, dann käme ich mir lächerlich vor.»[81]

Stinnes reiste mit seinen Plänen in die Schweiz, wo er mit einem weiteren Gasfachmann namens Rothenbach zusammentraf, der in die Geschichte als der Mann eingehen sollte, der die öffentliche Gasversorgung der Stadt St. Margarethen aufbaute; er gehörte zu den Kunden, die Stinnes von Straßburg aus mit Kohle belieferte. Als es dann jedoch an die endgültige Formulierung der Patentschrift und an die Konstruktion des neuen Ofens ging, wandte Stinnes sich wieder an Direktor Hilgenstock von der Firma Otto. Hilgenstock brachte ihn zu der Erkenntnis, daß sein Ofen sich nicht wirtschaftlich mit Generatorgas beheizen lassen würde; dieser Aspekt des von Stinnes entworfenen Ofens wurde daher aus der Patentanmeldung herausgenommen. Das erklärt vielleicht teilweise, weshalb Stinnes beschloß, das Patent nun doch nicht gemeinsam mit Ruppert, sondern allein auf seinen Namen anzumelden. Wie auch immer, das Patent wurde bewilligt und lautete auf «die Gewinnung der in demselben entwickelten Gase zu Heizzwecken, sei es für den eigenen Betrieb des Ofens oder zu anderweitiger Verwendung oder auch zu Leuchtzwecken». Das am 17. Dezember 1895 ausgestellte Patent war unter der Nummer 88389 in Kategorie 10 (Brennstofftechnik) eingetragen.

Der neue Stinnes-Ofen löste nicht alle Probleme, die er nach dem Wunsch seines Erfinders hätte lösen sollen, und er ermöglichte auch nicht die sofortige Verwirklichung seines Plans, das im Verkokungsprozeß gewonnene Gas für die Stadtbeleuchtung einzusetzen. Die Episode illustriert, auf welche Weise die Wechselwirkung zwischen wirtschaftlichen und technischen Interessen den Fortschritt in der Brennstofftechnik sowohl förderte als auch auf etwas verschlungene Umwege abdrängte. Eine unmittelbare Frucht von Hugos Erfindung bestand darin, daß er sich von den Patenten der Firma Otto unabhängig gemacht hatte, wie er Cläre stolz auseinandersetzte: «Im Gegenteil ist meine Position insofern bedeutend besser, als ich mich an vorhandene Otto'sche Patente nicht mehr anzulehnen brauche, weil die ganze Ofenkonstruktion geändert wird.»[82]

Tatsächlich nahm Stinnes weiterhin die Dienste der Firma Otto in Anspruch, indem er auf ihrem Versuchsgelände in Dahlhausen verschiedene Experimente mit seiner Ofen-Neukonstruktion durchführte und auch die neue Hochofen-Ausstattung für die Zeche Mathias Stinnes in Karnap von Otto bauen ließ. Er brach jedoch mit dem alten Grundsatz, langfristige Nutzungsverträge für die Koksöfen abzuschließen, und setzte statt dessen für sich das Recht durch, die Öfen sofort bzw. Zug um Zug in den Jahren 1896–97 zu kaufen. Damit schuf er eine wichtige Voraussetzung für seine langfristigen Planungen, indem er sich die Möglichkeit schuf, die Öfen einige Jahre später für eigene Experimente zu nutzen. Die Entscheidung, die neuen Öfen zuerst auf Mathias Stinnes zu installieren, wo nur Gasflammkohle gefördert wurde, und nicht in den anderen Zechen, die Fettkohle produzierten, war von kurzfristigen wirtschaftlichen Interessen bestimmt und führte dazu, daß er sein Vorhaben, Koksgas für die Stadtbeleuchtung einzusetzen, erst gut eineinhalb Jahrzehnte später in Angriff nehmen konnte. Aus Fettkohle ließ sich Koks leichter gewinnen, und damit wäre es auch einfacher gewesen, als Nebenprodukt Gas für Leuchtzwecke zu erzeugen, wie Stinnes spätestens im Jahr 1900 erkannte, als er begann, die Stadt Essen mit Gas aus seiner Kokerei Victoria Mathias zu versorgen.

1895 galt sein Augenmerk jedoch vorrangig den sehr dürftigen Preisen, die die Zechen für Gasflammkohle erlösten, und der Idee, Öfen einzusetzen, die eine rentable Erzeugung von Nebenprodukten ermöglichen und damit die Wirtschaftlichkeit der Förderung von Gasflammkohle verbessern sollten. Seine Entscheidung, die Öfen auf Mathias Stinnes zu installieren, beruhte auf detaillierten Berechnungen des Ertragszuwachses, den er durch die Erzeugung von Schwefelsäure, Ammoniak und Teer als Nebenprodukte der Koksproduktion erreichen konnte; in diesem Zusammenhang ließ er Anlagen für die Benzolerzeugung und die Gasreinigung errichten. Stinnes hatte auch mit führenden Dynamiterzeugern Kontakt aufgenommen, namentlich mit der WASAG, an der er finanziell beteiligt war, um die Frage zu klären, ob es lohnend sein würde, statt Schwefelsäure und Ammoniak gleich Salpetersäure zu erzeugen, als Ausgangsstoff für das Dynamit, das für den Bergbau eine so wichtige Rolle spielte. Alle diese Erkundungen führten Stinnes zu der Überzeugung, daß sich für Anlage-Investitionen in Höhe von einer halben Million Mark bei einem sehr hohen Abschreibungssatz von 15 Prozent ein Nettogewinn von 26 Prozent oder 130000 Mark erwirtschaften ließe. Da für Mathias Stinnes eine Kreditzusage der Essener Credit-Anstalt für die nächsten drei Jahre bestand, war der sofortige Kauf eines großen Teils der Öfen finanzierbar; Stinnes hatte errechnet, daß sich 82 Prozent der Anschaffungskosten der neuen Anlagen innerhalb von 2 Jahren durch Abschreibung und Gewinne amortisieren würden. Obwohl er eine Enttäuschung erlebte, was die Qualität des in den neuen Öfen erzeugten Kokses betraf, und er infolgedessen die Herstellung von Nebenprodukten nicht in dem vorgesehenen Ausmaß aufnehmen konnte, rang er sich zur Übernahme von 90 Prozent der neuen Anlagen im November 1897 durch; für die Ablösung der verbleibenden 10 Prozent wurde Ratenzahlung vereinbart.

Den mit der technischen Kombination von Koks- und Gaserzeugung zusammenhängenden Fragen widmete sich Stinnes während all dieser frühen Jahre mit nie nachlassendem Interesse und hielt sich ständig über die neuesten Entwicklungen im In- und Ausland auf dem laufenden. So war er zum Beispiel, was das Verständnis für den künftigen Einsatz von Gasmotoren in den Zechen und in anderen Industriebetrieben betraf, seinen Zeitgenossen weit voraus, deren Interesse an der Nutzung von Gas für derartige Zwecke zu dieser Zeit erlahmt war. Nie ließ er in seinem Bemühen nach, eine immer größere Reinheit des von seinen Öfen erzeugten Gases zu erreichen. Er sicherte sich, wie er es auch im weiteren Verlauf seiner Karriere tun sollte, immer wieder die Mitarbeit führender technischer Fachleute, wenn es darum ging, jene Bereiche und Richtungen in Forschung und Anwendung zu erkunden, von denen sein ausgeprägter sechster Sinn und sein Verständnis für den Gang der industriellen Entwicklung ihm sagten, daß sie von besonderem Interesse seien. So wandte sich Stinnes zu einer Zeit, als es bei den Kokereien im Ruhrgebiet noch keineswegs gang und gäbe war, Chemiker zu beschäftigen, an Professor H. Bunte von der Großherzoglichen Chemisch-Technischen Prüfungs- und Versuchsanstalt in Karlsruhe, einem wichtigen Zentrum für die Gas-Anwendungsforschung, und ließ sich von ihm einen talentierten Nachwuchschemiker empfehlen, den er für die Zeche Mathias Stinnes einstellen wollte; seine Wahl fiel auf einen der aufgehenden Sterne am deutschen Chemiehimmel, Dr. C. Schmidt, der allerdings nach zweijähriger Tätigkeit für Stinnes (1897–98) an die Universität zurückkehrte und durch einen anderen Chemiker namens Bertelsmann ersetzt wurde. Während Schmidt wegweisende Untersuchungen über die von den Koksöfen erzeugten Destillationsgase durchführte, arbeitete ein anderer bedeutender Pionier der Verkokungstechnik, Heinrich Koppers, damals noch in Diensten der Firma C. Otto, an der Verbesserung der auf Mathias Stinnes eingesetzten Öfen. Im März 1899 trat Koppers nach einem Streit mit seinem bisherigen Arbeitgeber in die Dienste von Stinnes und übernahm die Leitung der Kokerei. Wichtiger als das war jedoch, daß es zu den Aufgaben Koppers gehörte, neue Koksöfen für die Zeche zu bauen; hier entstanden in der Folge die ersten Koppers-Koksöfen, die ihr Erfinder sich noch 1899 patentieren ließ und die 1900 in Betrieb gingen. Unter der Ägide von Hugo Stinnes begann Koppers somit, jenes Vorhaben in die Tat umzusetzen, das Stinnes schon fünf Jahre früher formuliert hatte: die Konstruktion eines Ofens, der zugleich Koks von hoher Qualität und ein für Beleuchtungszwecke geeignetes Gasgemisch erzeugen sollte. Bevor Koppers aus den Diensten von Stinnes schied und sich in Karnap selbständig machte, beteiligte er sich auch an den Versuchen, die Qualität des erzeugten Kokses durch die Vermischung verschiedenartiger Kohlensorten zu verbessern – ebenfalls ein Bereich, in dem die Stinnes-Zechen Pionierarbeit leisteten.

In den zehn Jahren zwischen 1895 und 1905 blieb das Bemühen von Hugo Stinnes, das bei der Kohleveredelung gewonnene Gas in ein lokales Versorgungsnetz einzuspeisen oder es gar mittels Fernleitungen in einem weiteren Umkreis für Heizung und Beleuchtung zu verwenden, fruchtlos. Zwar verhandelte er in dieser Sache zwischen 1897 und 1902 mit mehreren Städten – Altenessen, Horst-Emscher und Karnap –, doch mußte er mit dem Handicap fertig werden, daß er sich noch nicht als verläßlicher Gaslieferant bewährt hatte; so konnte er seinen Gesprächspartnern zwar raten, keine Gaswerke zu errichten, da bald der Tag kommen würde, an dem die Zechen alles benötigte Gas liefern würden, aber so weit war es eben noch nicht. Unterdessen hatte er jedoch eine seiner Zechen zu einer bedeutenden Produzentin elektrischen Stroms ausgebaut, und er stand damit im Begriff, sich in einem Wirtschaftsbereich zu etablieren, in dem er einen Großteil des Ruhmes ernten sollte, der ihm später zuteil wurde.

Es handelte sich um die Zeche Victoria Mathias, und die Stromfirma, mit der er sich zusammentat, war das Rheinisch-Westfälische Elektrizitätswerk (RWE), das am 25. April 1898 als Tochterunternehmen der in Frankfurt sitzenden Elektrizitäts-Aktiengesellschaft (EAG), vorm. W. Lahmeyer & Co., gegründet wurde. Der Essener Bürgermeister Erich Zweigert, eine der treibenden Kräfte der städtebaulichen Entwicklung im Ruhrgebiet in dieser Periode, hatte die EAG mit dem Aufbau und Betrieb eines Elektro-Kraftwerks auf der Basis von Wechselstrom beauftragt. Vorausgegangen war diesem Auftrag ein langjähriges Tauziehen, in dessen Verlauf Essen mit diversen Elektrizitätsgesellschaften verhandelt hatte: mit Schuckert, Siemens & Halske sowie mit der Süddeutschen Eisenbahngesellschaft (SEG), der Betreiberin der Essener Straßenbahnen. Die Festlegung auf Wechselstrom war diktiert vom Bevölkerungswachstum der Stadt Essen und von ihren territorialen Ambitionen. Da ihre Gemarkung in keinem Verhältnis zu ihrer rasch zunehmenden Einwohnerzahl stand, plante Zweigert die Eingemeindung der Nachbarorte Altendorf, Borbeck, Altenessen, Steele, Schonnebeck, Stoppenberg, Caternberg, Fillendorf, Rotthausen und Kray. Für die Versorgung dieser Teilorte kam nur Wechselstrom in Frage, und der EAG erschien die Aussicht auf die Versorgung eines so großen städtischen Gebiets höchst attraktiv. Im Januar 1898 kam es zu einer Übereinkunft zwischen der Stadt und der Firma, die der EAG und ihrer Mutterfirma, der Deutschen Gesellschaft für elektrische Unternehmungen (Gesfürel), für vierzig Jahre das Recht auf die Stromversorgung Essens einräumte; im April wurde das RWE als Tochtergesellschaft der EAG gegründet.[83]

Das Ziel, das Stinnes in diesem Bereich verfolgte, war ein sehr einfaches, an dem sich jedoch trefflich demonstrieren läßt, wie das kürzlich gegründete Kohlensyndikat als Impulsgeber für die Suche nach finanziellen Vorteilen mittels technischer Kreativität wirken konnte. Stinnes unterbreitete dem Generaldirektor der EAG, Professor Bernhard Salomon, den Vorschlag, das Hauptkraftwerk für die Stadt Essen auf dem Gelände der Zeche Victoria Mathias zu errichten, so daß die Anlagen der Zeche für die Versorgung des Kraftwerks mit Dampf genutzt werden konnten. Stinnes ging davon aus, daß in diesem Fall die für die Dampferzeugung verfeuerte Kohle nicht den vom Syndikat festgesetzten Fördermengen und Richtpreisen unterliegen würde, eine Position, die das Syndikat in dem Schlichtungsverfahren, zu dem es gemäß dem Syndikatsvertrag kam, vergeblich anzufechten versuchte. Da Stinnes Recht bekam, konnte er in der Folge völlig unbehelligt von irgendwelchen Restriktionen des Syndikats das Kraftwerk mit Energie versorgen und damit die Energie- unmittelbar mit der Rohstoffproduktion verbinden.[84]

Das RWE wurde mit einem Kapital von 2,5 Millionen Mark ausgestattet; in seinem Aufsichtsrat saßen Vertreter der EAG, der Gesfürel sowie zwei führende Persönlichkeiten des Ruhrkohlenbergbaus und der rheinischen Finanzwirtschaft, Friedrich Vohwinkel aus Gelsenkirchen und Heinrich Waldthausen aus Essen. Dazu kamen zwei Nicht-Aktionäre, Erich Zweigert, der die Interessen der Stadt Essen vertrat, und Hugo Stinnes als Repräsentant der Zeche, auf deren Grund und Boden das Essener RWE-Kraftwerk gebaut wurde. Zwischen der Gründung des RWE und dem Beginn der Stromerzeugung am 1. April 1900 lagen fast 2 Jahre. Zweigert, der sich mit der Absicht trug, das RWE schon lange vor Ablauf der 40 Vertragsjahre zu übernehmen, setzte sich beharrlich dafür ein, daß beim Bau die städtischen Vorgaben eingehalten würden und daß das RWE sich mit Victoria Mathias über einen Zahlungsmodus für die überbaute Fläche einigte. Zweigert zeigte sich ziemlich verärgert darüber, wieviel Zeit sich das RWE mit der Aufnahme der Stromproduktion ließ, und Stinnes stellte einige der technischen Entscheidungen Salomons in Frage. Im Jahr 1890 war bereits klar geworden, daß die Nachfrage nach elektrischem Strom größer als erwartet war und daß das RWE eine größere Fläche (deren Zukauf die Zeche Victoria Mathias besorgte) und eine teurere Ausrüstung benötigen würde. Im April 1900 wurde daher das Stammkapital um 50 Prozent auf 3,75 Millionen Mark erhöht.

Die EAG und die Gesfürel taten sich sehr schwer, den Kapitalhunger des RWE zu stillen. Der Konflikt zwischen Salomon und Stinnes erreichte im November 1900 einen Höhepunkt. Salomon hatte angeboten, für die Zeit, in der ein von der EAG entworfener neuer 3000-PS-Dynamo, der von der Gutehoffnungshütte gebaut werden sollte, noch nicht zur Verfügung stand, 2500-PS-Dampfdynamos zur Verfügung zu stellen. Daraufhin griff der 30jährige Stinnes, wie aus dem Protokoll der Aufsichtsratssitzung hervorgeht, den Professor in scharfer und höchst bemerkenswerter Form an:

> »Herr Stinnes ist durchaus gegen diese Vorschläge und beantragt die sofortige Bestellung einer 3000 PS Maschine bei einer Firma wie Sulzer, Kuhn, Chemnitzer Maschinenfabrik. Zur Begründung seines Einspruches gibt er an, daß seiner Meinung nach die Dampfmaschinen der Gutehoffnungshütte durchaus nicht als erstklassig zu bezeichnen seien; er habe damit auf einer seiner Zechen (Graf Beust) eine üble Erfahrung gemacht. Die Einwendung des Herrn Professor Salomon, daß die Dampfmaschine genau nach Zeichnung der E. A.G. vorm. W. Lahmeyer & Co. gebaut werde und daß diese doch unter allen Umständen das Risiko trage und es in ihrem der eingegangenen Dividendengarantie wegen eigensten Interesse liege, eine durchaus tadellose und gut laufende Maschine zu liefern, erkennt Herr Stinnes durchaus nicht an und erklärt, daß er in der vorgeschlagenen Maßnahme eine Förderung der Lahmeyerschen Interessen auf Kosten solcher des Rhein.-Westf. Elektrizitätswerkes erblicken müsse [und drohte], falls seiner Ansicht nicht zugestimmt werde, aus dem Aufsichtsrate auszutreten.«[85]

Die anderen Mitglieder des Gremiums stellten sich einmütig hinter Salomon und unterstützten dessen Vorschlag, doch die Zeichen standen auf Sturm.

Die Kosten für die Kapazitätserweiterung des RWE übertrafen die Voranschläge erheblich, die erforderlichen Mittel mußten aufgetrieben werden. Die EAG hatte sie nicht und setzte in den Jahren 1901/02 alles daran, ihren Mehrheitsanteil am RWE an die Stadt Essen zu verkaufen, die jedoch den von Salomon geforderten Kurs von 120 Prozent nicht akzeptierte. Im Februar 1902 unterbreitete dann jedoch Stinnes im Zusammenwirken mit Thyssen ein Übernahmeangebot zum Kurs von 118 Prozent und ließ dabei seine Absicht durchblicken, drei von seinen Zechen durch das RWE mit Strom versorgen zu lassen. Salomon unternahm im März 1902 einen letzten Versuch, Bürgermeister Zweigert doch noch umzustimmen, der sich zu dieser Zeit jedoch in einem Berliner Krankenhaus befand und erst nach Essen zurückkehrte, als Stinnes und Thyssen als Repräsentanten der Schwerindustrie die Vertreter der EAG und der Gesfürel aus den Chefsesseln des RWE verdrängt hatten. Im Dezember 1902 schrumpfte der Aufsichtsrat infolge eines kollektiven Rücktritts vorübergehend auf nur noch drei Personen zusammen: den neuen Vorsitzenden Hugo Stinnes, der diese Position bis zu seinem Tod 22 Jahre später bekleiden sollte, August Thyssen und Erich Zweigert.[86]

So hatte sich Zweigert den weiteren Verlauf nicht vorgestellt, als er einige Jahre zuvor der EAG die Konzession erteilt hatte. Er hatte nicht nur gehofft, in absehbarer Frist das RWE zurückkaufen zu können, sondern hatte sich auch um den Erwerb der Essener Straßenbahn-Gesellschaft von der SEG bemüht, mit dem Hintergedanken, sie zu einem regional vernetzten Verkehrsträger auszubauen. Auch hier sah er sich jedoch mit unannehmbaren Preisforderungen wie auch mit dem Widerstand benachbarter Städte konfrontiert. Wieder war es Stinnes, der auf den Plan trat und einen Ausweg aus dem Dilemma wies; er schlug vor, das RWE solle die Essener Straßenbahnen übernehmen und das regionale Netz aufbauen; seine Gegenforderung war eine Garantie für eine Mindestverzinsung des Kapitals. Zweigert gelangte angesichts der Blockadepolitik der umliegenden Kommunen zu dem Schluß, nur eine Privatfirma mit regionalen anstatt bloß lokalen Ambitionen könne diese Aufgabe bewältigen. Für Stinnes brachte der Aufstieg in den Chefsessel der RWE den einen oder anderen Moment des Triumphs mit sich. In einem seiner Briefe an Cläre hatte er geschrieben, die Schadenfreude sei die reinste Form der Freude; als nun der 3000-PS-Dynamo, den Lahmeyer bei der Gutehoffnungshütte bestellt hatte, tatsächlich nicht funktionierte, war das der beste Beweis dafür, daß Stinnes nicht bloß das *enfant terrible* gespielt hatte, als er gegen diese Bestellung zu Felde gezogen war. Der erste unter der Ägide von Stinnes entstandene Geschäftsbericht des RWE, höchstwahrscheinlich von Stinnes selbst formuliert, stellte fast mit Genugtuung fest, daß die Maschine nicht akzeptiert werden könne, weil sie nicht dem Stand der Technik entspreche:

«Die Erbauerin der Maschine, die Gutehoffnungshütte, hat anerkannt, daß ein Umbau der Maschine erforderlich sei und ist zu solchem bereit, unsere Lieferantin Elektrizitäts-Aktien-Gesellschaft, vorm. W. Lahmeyer & Co., welche weiß, daß uns durch das Versagen dieser Maschine und den verzögerten Umbau große Ungelegenheiten entstehen können, hat jedoch im letzten Moment den Umbau inhibiert, um unberechtigte Vorteile für sich herauszuschlagen. Angesichts des dolosen Verhaltens blieb uns nur der Weg der Klage über. Selbstredend haben wir die Elektrizitäts-Aktien-Gesellschaft, vorm. W. Lahmeyer & Co., für allen direkten und indirekten Schaden verantwortlich gemacht und zweifeln nicht, daß das Ende dieser Manipulation für die Elektrizitäts-Aktien-Gesellschaft, vorm. W. Lahmeyer & Co. ein schwerer pekuniärer und moralischer Verlust sein wird. Leider haben wir uns noch weiter mit der Elektrizitäts-Aktien-Gesellschaft, vorm. W. Lahmeyer & Co. zu beschäftigen.»[87]

Jetzt lag jedoch die Verantwortung bei Stinnes, der sehr wohl wußte, wie wichtig es war, die Geschäftsführung des RWE in die Hände zuverlässiger Direktoren zu geben. Seine Wahl fiel auf zwei Männer, die er gut genug kennengelernt hatte, um ihnen zu vertrauen: Alfred Thiel (1864–1935), der sich seine unternehmerischen Meriten in der Lederfirma von Stinnes' Onkel Heinrich Coupienne verdient hatte, wurde Generaldirektor, Bernhard Goldenberg (1873–1917), ein außerordentlich begabter Ingenieur, der bereits in Stinnes' Diensten stand, übernahm das Amt des Technischen Direktors. Thiel trat seinen Posten beim RWE Ende 1902 an, Goldenberg den seinen ein rundes Jahr später. Von Thiel erwartete Stinnes ein Großreinemachen im RWE, und in einem Brief an Cläre konnte er auch bald frohgemut berichten, daß Thiel einen guten Start hingelegt hatte: «Thiel macht sich ganz gut, er hat schon vier kaufmännischen Beamten wegen Mangel an Arbeit gekündigt und meint, auch sonst noch manche Entlassung und Verbilligung durchsetzen zu können.»[88]

Thiel mußte jedoch bald feststellen, daß der aus dem Altbestand der Firma übernommene Technische Direktor Heddeäus ihm Steine in den Weg legte. Stinnes und Thyssen teilten Thiels Aversion gegen den Mann, und das war es, was schließlich zur Berufung Goldenbergs führte. Zuvor hatte Goldenbergs Auftreten als beratender Ingenieur Stinnes so stark beeindruckt, daß er Goldenberg 1902–03 eine Studienreise in die Vereinigten Staaten und nach Fernost finanziert hatte, die zum einen den Erfahrungshorizont des jungen Ingenieurs erweitern und zum anderen Stinnes Erkenntnisse über die Verhältnisse, die technische Ausstattung und die Arbeitsweise in der amerikanischen Licht- und Stromwirtschaft, in der Kohlen-, Eisen- und Stahlindustrie von Pennsylvania, Ohio, Michigan und Indiana sowie bei den amerikanischen Eisenbahnen bringen sollte. Goldenberg lieferte lange, eindrucksvolle Berichte über all dies und des weiteren auch über die Marktgegebenheiten und Marktchancen auf dem amerikanischen Kontinent und in Fernost. Stinnes schickte Goldenberg die Mitteilung, daß er einen Vorstandsposten übernehmen solle, Mitte März 1903, als Goldenberg sich in Colorado aufhielt; er erhielt den Brief einen Monat später in San Francisco. Stinnes äußerte sich darin sehr offen über die Gründe seiner Unzufriedenheit mit Heddeäus, der sich nicht daran gewöhnen könne, «sparsam und rationell zu arbeiten. Seine Projekte für Erweiterungen leiden an bemerkenswerter Unklarheit und Oberflächlichkeit ...»[89] Durchdachte Erweiterung war jedoch das Gebot der Stunde, und Stinnes lieferte Goldenberg eine ausführliche Darstellung der jüngsten Entwicklungen beim RWE und bot ihm ein Monatsgehalt von 9.000 Mark an als Anreiz, den Posten anzunehmen und so schnell wie möglich nach Hause zurückzukehren. Goldenberg nahm das Angebot dankend an, gab jedoch zu bedenken, die Fahrkarten für seine Asienreise seien zu teuer gewesen, um sie verfallen zu lassen; so kehrte er erst im November 1903 zurück und trat seine neue Stellung an, in der er viel Ruhm und Ehre ernten sollte.

Wie in seinem Brief an Goldenberg entfaltete Stinnes auch in seinem ersten Geschäftsbericht als Aufsichtsratsvorsitzender des RWE seine Vision von der Zukunft des Unternehmens; diese war von solcher Prägnanz und Überzeugungskraft, daß sie ihre Wirkung selbst auf diejenigen nicht verfehlte, die der Privatisierung der elektrischen Stromversorgung, für die der Fall RWE stand, kritisch gegenüberstanden. Der Bericht atmet den Geist eines gereiften Unternehmertums, das seine Stimme gefunden hat:

> «Wir betrachten es im Gegensatz zu den meisten Kommunalbetrieben nicht als unsere Aufgabe, unter Ausnutzung unserer Monopolstellung in einzelnen Gemeinden bei geringem Stromabsatz großen Gewinn zu machen, sondern wir gedenken dadurch unsere Aufgaben für uns und die Allgemeinheit zu erfüllen, daß wir den Konsumenten, insbesondere der Eisenbahn-Verwaltung und der Industrie, zu den denkbar billigsten Preisen größtmögliche Strommengen zur Verfügung stellen. Infolge rationeller Ausnutzung unserer Kraftstationen und des Kabelnetzes werden wir dann auf die Dauer bei ermäßigten Selbstkosten unsere Rechnung finden.»[90]

Wie Stinnes weiter ausführte, hatte das RWE freiwillig einen zweiten Verbrauchspreis von 40 Pfennig pro Kilowatt für Lichtstrom sowie für Neukunden einen Generalrabatt von 20 Prozent in den ersten drei Jahren eingeführt. Er sagte weitere Senkungen der Strompreise zu, sobald die Verhältnisse es erlaubten, «damit einerseits die Minderbemittelten und möglichst sogar die Arbeiter die Vorteile der elektrischen Beleuchtung genießen können und andererseits der Verbrauch ausländischen Brennmaterials im volkswirtschaftlichen Interesse eingeschränkt wird».[91] Die These von der Deckungsgleichheit von privatem und öffentlichem Interesse, die für Stinnes zum Credo werden sollte, fand hier ihre erste Ausformulierung. Außerdem legte dieser Bericht ein weiteres Mal Zeugnis von Hugo Stinnes' atemberaubender Selbstsicherheit ab. So erklärte er beispielsweise ohne Umschweife, die Finanzlage des RWE sei wackelig und undurchsichtig, und trug keine Bedenken, hierfür die vorherigen Haupt-Aktionäre verantwortlich zu machen. Trotz der kritischen Lage lehnte Stinnes es ab, ein konkretes Programm vorzulegen oder sich zur Tat drängen zu lassen: «Wenn sich der Ausbau unseres Werkes genauer übersehen läßt, werden wir durch Ausgabe einer Obligationen-Anleihe oder durch Kapitalerhöhung unsere schwebenden Verpflichtungen beseitigen. Zur Zeit ist die Regelung verfrüht.»[92] Schon jetzt nicht zu übersehen war eines: daß das RWE jetzt von einem Mann mit einer starken Hand, einer Vision und einem Programm geführt wurde. Ende 1903 war Stinnes so weit, daß er das Vorhaben in die Tat umzusetzen begann: Das RWE gab die Erhöhung seines Stammkapitals von vier auf zehn Millionen Mark und den Einzug Carl Klönnes von der Deutschen Bank und Waldemar Müllers von der Dresdner Bank in den Aufsichtsrat bekannt.[93]

4. Expansion im Bergbau

Für Stinnes war der Kohlenbergbau das Zentrum eines ineinander verwobenen Systems unternehmerischer Betätigung, deren Erzeugnisse einer Masse von Verbrauchern zugute kommen sollten. So sollte zum Beispiel das RWE dazu dienen, die Modernisierung der Zechen zu ermöglichen, indem es ihre Elektrifizierung vorantrieb; gleichzeitig würden die Zechen das Rohmaterial und die Standorte für die Stromerzeugung zur Verfügung stellen. Ergänzend zu dem Schritt, den Stinnes in die Stromerzeugung hinein tat, vollzog er um die Mitte des ersten Jahrzehnts des 20. Jahrhunderts auch einen Schritt in eine ganz andere Richtung, nämlich zur Eisen- und Stahlerzeugung. Es ist nicht uninteressant, sich zu vergegenwärtigen, daß Stinnes solche möglichen Entwicklungen schon im August 1897 ins Auge faßte; zu diesem Zeitpunkt gab er Gustav Krupp von Bohlen und Halbach in einem vertraulichen Exposé den Rat, man könne gemeinsam Vorteil aus dem Vorhaben der Regierung ziehen, eine Bahnlinie von Bottrop über Recklinghausen nach Hamm zu bauen; hier könne der Grundstein für einen leistungsfähigen Komplex aus Zeche, Eisen-, Stahl- und Walzwerk gelegt werden, der es mit dem Thyssenschen Deutschen Kaiser in Bruckhausen aufnehmen könnte. Nach Überzeugung Hugos lag das günstigste Areal dafür östlich von Recklinghausen, nahe beim Dortmund-Ems-Kanal; der dort mögliche Anschluß sowohl ans Wasser als auch an die Schiene würde die Möglichkeit eröffnen, an dieser Stelle einen solchen industriellen Komplex «billiger und mit schnellerem Erfolg» zu errichten, als Thyssen es in Bruckhausen getan hatte. Auch wenn er einräumte, über nur wenige praktische Erfahrungen in der Eisenbranche zu verfügen, hatte er Einblick genug, um zu wissen, daß «ein Hochofen und Eisenwerk bei denkbar billigstem Betrieb seine Kohlen unter sich haben muß». Gesellten sich dazu noch ein preisgünstiger Bezugsweg für Eisenerz und die Möglichkeit, die hergestellten Güter auf dem Wasserweg abzutransportieren, so «[schienen ihm] die Produktionsverhältnisse so günstig, wie man sie in Deutschland nur finden kann». Einschränkend gab Stinnes zu bedenken, daß es womöglich eines langen Atems bedürfe, um über Jahre hinweg die in diesem Bereich vorhandenen Zechen aufzukaufen, und daß dafür beträchtliche Geldsummen aufgebracht werden müßten, doch zeigte er sich überzeugt davon, daß die Aussichten das Wagnis rechtfertigten.[94]

Der Vorschlag stieß nicht auf Gegenliebe; Krupp investierte zu dieser Zeit in großem Stil in seine Rheinhausener Werke, war bestrebt, seine liquiden Mittel nicht zur Gänze zu binden, und hielt sich im allgemeinen an den Grundsatz, keine gemeinschaftlichen Projekte mit anderen Firmen einzugehen. Eine endgültige Absage erteilte er dem Vorhaben jedoch erst nach ausgiebigen Beratungen mit seinen Spitzenmanagern Jencke und Haux. Er gab Anweisung, die Absage so höflich und verbindlich wie möglich zu formulieren. Für den Fall, daß Stinnes, wie er schon hatte durchblicken lassen, das Vorhaben mit einem anderen Partner in Angriff nähme, wünschte Krupp sich ein eher durch freundliche Beziehungen als durch Konkurrenz geprägtes Verhältnis zu der Neugründung.[95]

Stinnes' ruhmreichste Zeit als Organisator vertikal konzentrierter Unternehmen sollte erst noch kommen; mit wieviel Aufmerksamkeit und Hochachtung das Projekt des 27jährigen «Herrn Stinnes aus Mülheim» von den Chefs des mächtigen Krupp-Konzerns geprüft wurde, ist immerhin bemerkenswert. Der Weg, den er einschlug, um sein Engagement in diesem Bereich zu vertiefen, war eng verbunden mit der zunehmenden Rationalisierung und Konzentration im Ruhrbergbau, und auch hier galt, wie auf dem Gebiet der Stromerzeugung, daß Stinnes seine Erfolge in enger Partnerschaft mit seinem zurückgezogenen, aber ungeheuer reichen und mächtigen Mülheimer Nachbarn August Thyssen, in dessen Haus Hugo und Cläre häufig zu Gast waren, sowie mit Unterstützung diverser Bankhäuser zuwege brachte, die bei allen seinen weiteren Unternehmungen eine wichtige Rolle spielen sollten. Einer seiner Hausbankiers war Leo Hanau vom Bankhaus Gustav Hanau, das sich auf Kredite an Industrieunternehmen spezialisiert hatte. Leo Hanau sah ebenso wie Stinnes die Notwendigkeit, die Zechen des Ruhrgebiets zu konsolidieren, eine Überzeugung, die auch Thyssen teilte; gemeinsam unternahmen die drei offenbar 1895 einen Versuch, die Zechen Carolus Magnus und Nordstern zu vereinigen. Der Versuch scheiterte. Anfang 1897 drängte Hanau Stinnes zum Kauf von Anteilen an der Zeche Roland und zur Übernahme eines Sitzes in deren Aufsichtsrat, doch Stinnes beurteilte die Aussichten der Zeche nicht günstig und war der Ansicht, er sei zu beschäftigt.[96] In der Folge taten sich jedoch Stinnes, Hanau und Thyssen zu weitaus größeren gemeinsamen Unternehmungen zusammen. 1897 gründeten Stinnes und Thyssen mit einem Kapitaleinsatz von 5 Millionen Mark die Rheinische Bank AG, in der das Bankhaus Gustav Hanau aufging. Kurz vorher, am 15. April 1897, hatten sich die drei Männer zu einem Konsortium zusammengetan und gemeinsam für 3,5 Millionen Mark die Mehrheit an der Zeche Ver. Hagenbeck in Essen, einer der ältesten Zechen des Ruhrgebiets, übernommen. Die Zeche verfügte über einen Doppelschacht und eine Kokerei mit 60 Öfen. Man geht allgemein davon aus, daß der Erwerb der Zeche Hagenbeck durch dieses Konsortium das Vorspiel zur Gründung des Mülheimer Bergwerks-Vereins im Jahr darauf war, doch läßt sich ein eindeutiger Zusammenhang zwischen den beiden Vorgängen nicht belegen. Leo Hanau zumindest scheint nicht die Absicht gehabt zu haben, die Zeche Hagenbeck zur Keimzelle eines neuen Konzerns zu machen; er hätte sich damit begnügt, Hagenbeck einer bestehenden Firma anzugliedern. Ende Juni 1897 beklagte sich ein verärgerter Stinnes bei Cläre darüber, Hanau sei im Begriff, ein erneutes «Attentat» auf Hagenbeck zu verüben; er scheine zu glauben, daß sein Plan, Hagenbeck mit der Concordia Bergwerksgesellschaft zu fusionieren, von ihm, Stinnes, unterstützt würde. Erörtert wurde auch die Möglichkeit, die Zeche einer Reederei anzugliedern, was Stinnes für ein überaus zeitraubendes Unterfangen hielt.[97]

Die Quellen legen die Annahme nahe, daß Stinnes genau wußte, was er mit Hagenbeck wollte, und daß die Entwurfsidee für den Mülheimer Bergwerks-Verein (MBV) von ihm allein stammte, wobei anzunehmen ist, daß August Thyssen ihm stillschweigend den Rücken stärkte. Ablesbar ist dies aus einem Brief, den Stinnes am 11. November 1897 an die Vorstände der Zeche Hagenbeck schickte und in dem er mit Blick auf die fehlgeschlagenen oder wenig vielversprechenden Versuche, Hagenbeck mit einer anderen Firma zu fusionieren, erklärte, die Zeche Hagenbeck müsse «selbständig die Maßregeln zu der aus Betriebswirtschaftsrücksichten naturgemäßen Vereinigung der markscheidenden Zechen Hagenbeck, Wiesche, Humboldt u. Rosenblumendelle treffen».[98] Kaum nötig zu sagen, daß Stinnes hier keine neue Idee aufs Tapet brachte, hatte er doch die Zusammenlegung von Wiesche und Rosenblumendelle schon zwei Jahre lang gefördert; offenbar hatte er aber das Gefühl, sein Ziel der Schaffung eines Verbundes einheitlich strukturierter Zechen im Gebiet nördlich der Ruhr, zwischen Mülheim und Essen, nunmehr von einer stärkeren Position aus in Angriff nehmen zu können. Beschleunigend würde sich zweifellos die Tatsache auswirken, daß er den Vorsitz im Vorstand der Zeche Wiesche übernommen hatte, während Rosenblumendelle noch von Küchen und Humboldt von Gustav Hanau geleitet wurde.

In gewohnt eingehender Weise legte Stinnes die finanziellen Voraussetzungen für die Erreichung seines Zieles dar, namentlich die Notwendigkeit, Hagenbeck in eine Gesellschaft mit beschränkter Haftung und ihre Kuxe in normale Aktien umzuwandeln, die nach Ablauf der gesetzlich vorgeschriebenen Einjahresfrist von führenden Banken an der Berliner Wertpapierbörse plaziert werden sollten. Wie Stinnes deutlich machte, würde die neue Firma nicht nur den Weg zu einer rationelleren Bewirtschaftung der Zechen ebnen, sondern auch eine einflußreiche Rolle im Kohlensyndikat spielen, da sie dort immerhin eine Jahresproduktion von 859000 Tonnen in die Waagschale werfen könne. Stinnes war überzeugt, daß die neue Gesellschaft in der Lage sein würde, eine Dividende von 8 Prozent zu bezahlen, und daß sie damit für die Banken attraktiv sein und an der Börse gut gehen würde. Leo Hanau trat nach wie vor dafür ein, Hagenbeck mit einem bestehenden Unternehmen zu verschmelzen, beugte sich aber dem Plan von Stinnes, der dann auch durchgeführt wurde.[99]

Am 23. März 1898 gründeten Stinnes, Hanau und Thyssen den mit einem Kapital von 6 Millionen Mark ausgestatteten Mülheimer Bergwerks-Verein, und am 1. August 1898 kaufte die Zeche Ver. Hagenbeck, bereits im Rahmen des MBV, für 4 Millionen Mark die Gesellschaftsanteile der Zeche Wiesche und für

2 Millionen diejenigen der Zeche Humboldt auf. Da sich die Anteile der Zeche Rosenblumendelle in einem weiter gestreuten Besitz befanden, zog ihr Erwerb sich bis 1902 hin; schon vorher sicherte sich der MBV einen beherrschenden Einfluß auf die Zechen Neuschölerpad und Ver. Hobeisen, und ab dem Jahr 1900 hatte er faktisch auch bei der Rosenblumendelle das Sagen.

Auch wenn Hugo Stinnes hinsichtlich der Zukunft des MBV recht optimistisch war, erkannte er doch in seiner Eigenschaft als dessen Aufsichtsratsvorsitzender, daß die wenig zufriedenstellende Situation der Zechen, die zur Gründung des MBV geführt hatte, die Kapitalbeschaffung zu einer sehr schwierigen Aufgabe machte. In dieser Hinsicht machten sich Hanau und Thyssen sehr nützlich. Hanau verfügte über gute Beziehungen in der Bankenwelt und schaffte es, den Direktor der Bergisch-Märkischen Bank, Hilgenberg, für die Geschicke des MBV zu interessieren. Stinnes legte, wie es seine Art war, eine detaillierte, schonungslose Bestandsaufnahme der Situation vor; er ließ durchblicken, daß es schwerwiegende technische Probleme gebe, und räumte ein, daß einige der Bergwerke wahrscheinlich Verluste einfahren würden, während man von anderen Gewinne erwarten konnte. Sein Hauptargument gegenüber potentiellen Investoren wie Hilgenberg lautete, der MBV sei eine gute Investition für Geldgeber, die bereit seien, «sich an solchen Werten zu beteiligen, die nicht auf der Höhe stehen, aber auf gutem Wege dazu sind».[100]

Hilgenberg zeigte sich in der Tat willens, dem MBV unter die Arme zu greifen; gemeinsam mit Hanau wandte er sich im März 1899 an die Deutsche Bank in Berlin mit dem Ersuchen, sie möge sich an der Emission von MBV-Aktien im Nennwert von 3 Millionen Mark beteiligen, die im Markt plaziert werden sollten. Sie repräsentierten den MBV als Eigentümer einer Reihe von Zechen, die «einen großen unabgebauten Kohlen-Reichtum aufweisen und überdies im Begriff [sind], durch mustergültige Anlagen, die aber noch nicht vollendet sind, einen rationellen Betrieb herbeizuführen, der sie in die erste Reihe unserer größten Bergwerksunternehmen stellt».[101]

Die Deutsche Bank sah sich freilich nicht in der Lage, ihren Namen für eine Firma herzugeben, ehe sie nicht ein Expertengutachten eingeholt hatte, und so beauftragte sie den Generaldirektor der Hibernia-Bergwerke, Bergrat Behrens, die betreffenden Zechen zu inspizieren und einen Bericht über sie anzufertigen. Dieser Bericht geriet ziemlich negativ und skeptisch und illustriert insofern auf aufschlußreiche Weise die Schwierigkeiten, mit denen Stinnes und seine Kollegen vom MBV konfrontiert waren. Behrens betonte, die ganze Investition ergebe nur dann einen Sinn, wenn das Kohlensyndikat bestehen bleibe und über 1905 hinaus verlängert werde, förderten doch die Zechen des MBV – mit Ausnahme Hagenbecks – fast ausschließlich sogenannte Magerkohle, im Gegensatz zu den anderen großen Bergwerksgesellschaften wie Harpen, Hibernia und GBAG. Diese Kohle lasse sich selbst bei günstigster Marktlage nicht so gut verkaufen wie andere Sorten. Ohne das Syndikat würde sie auf dem Markt sogar kaum eine Chance haben. Dazu komme noch die Tatsache, daß der MBV für sich eine erhebliche Heraufsetzung der vom Syndikat zugewiesenen Fördermengen fordere, jedoch nicht sicher sein könne, sie auch zu erhalten. Behrens stellte auch die skeptische Frage, ob das Unternehmen die Arbeitskräfte, die es für die angekündigten Produktionssteigerungen benötige, finden würde, und gab zu bedenken, daß viel Geld nötig sein werde, um die technische Ausstattung der Zechen zu verbessern.[102]

Was dem MBV über den Berg half, waren letztlich die gute Konjunkturlage, die wenigstens ein paar Banken geneigt machte, Kredite zu geben. Die Essener Credit-Anstalt gewährte dem neuen Unternehmen einen Kreditvorschuß, die Bergisch-Märkische Bank war bereit, die Emission der Aktien an der Berliner Börse zu übernehmen, behielt sich jedoch die Entscheidung über eine längerfristige geschäftliche Bindung an die neue Firma vor. Die Tatsache, daß August Thyssen, der eng mit der Deutschen Bank liiert war, im Aufsichtsrat saß, sicherte der Firma zumindest ernsthafte Aufmerksamkeit, wenn auch nicht immer handfeste Unterstützung.

Es war Thyssen, der für Stinnes den Kontakt zu Carl Klönne herstellte, einem der in den Kreisen der rheinisch-westfälischen Industrie seinerzeit angesehensten und gesuchtesten Bankiers. Klönne gab 1900 seine Führungsposition beim Schaffhausen'schen Bankverein in Köln auf, um bei der Deutschen Bank einzusteigen, und bat Thyssen, ihn mit Stinnes zusammenzubringen. Es war eine heikle Situation, denn Stinnes hatte Klönne nicht vergessen, daß dieser 1884 seinem kränkelnden Vater wegen der Rückzahlung von Schulden hart zugesetzt hatte, doch Thyssen schaffte es, eine Begegnung im Hause Stinnes zu arrangieren, die den Ausgangspunkt für eine umfangreiche geschäftliche Zusammenarbeit zwischen Stinnes und Klönne in der Folgezeit bildete. Sie änderte jedoch nichts an der Einstellung der Deutschen Bank zur Finanzierung des MBV, im Gegenteil: Im September 1900 verwarf die Deutsche Bank sogar den Vorschlag Thyssens, Leo Hanaus MBV-Anteile im Wert von drei Millionen Mark zu beleihen oder sogar zu übernehmen, um ihm Mittel für die Lösung der Probleme bei der Rheinischen Bank an die Hand zu geben. Andere Bankiers und Großbanken waren eher bereit, Risiken dieser Art einzugehen, so etwa die Dresdner Bank, und namentlich deren Direktor Waldemar Müller, mit dem Stinnes in den Jahren danach ausgiebig zusammenarbeiten sollte. Müller hatte seine Laufbahn im Staatsdienst begonnen und sich seine ersten Lorbeeren bei der Reichsbank verdient, wo er es zum Geheimen Oberfinanzrat gebracht hatte, ehe Eugen Gutmann von der Dresdner Bank ihn zu sich holte.

Solche Verbündete waren wichtig, wie sich zeigte, als 1901 die Rheinische Bank zusammenbrach und die Bergisch-Märkische Bank in die Bresche sprang und dem MBV einen Kredit über 400000 Mark zu ausgezeichneten Bedingungen anbot. Damit sicherte sich die Bank die bleibende Loyalität von Stinnes, dessen Dankbarkeit sich auch auf Direktor Müller von der Dresdner Bank erstreckte, der anstelle von Leo Hanau in den MBV-Aufsichtsrat eingetreten war und darauf bestand, in Dankbarkeit einige seiner Finanzgeschäfte durch die Bergisch-Märkische abzuwickeln.[103]

Die wunden Punkte, die Behrens dem MBV attestierte, waren sicherlich vorhanden, und Stinnes kämpfte mannhaft gegen sie an. So bestand zum Beispiel zwischen den Zechen Wiesche und Rosenblumendelle eine Vertriebsgemeinschaft, doch als der MBV die erste übernahm, ohne zugleich schon die volle Kontrolle über die andere zu besitzen, weigerte sich das Syndikat, die Umbuchung von Produktionsmengen zwischen den beiden Zechen anzuerkennen. Stinnes bestritt nicht, daß eine Verlagerung von Fördermengen von Rosenblumendelle auf Wiesche oder andere Zechen im MBV-Verbund stattfand, machte aber geltend, daß der MBV die absolute Verfügungsgewalt über Wiesche übernommen habe und daß die vorher vereinbarten Geschäftsgrundlagen daher anerkannt werden müßten. Er ging aus diesem Konflikt als Sieger hervor.[104]

Solche Siege waren wichtig zur Beruhigung der Investoren und um das für die geplante Erhöhung des Stammkapitals erforderliche Vertrauen aufzubauen. Das Geschäftsjahr 1900 verlief so erfolgreich, daß der Aufsichtsrat des MBV den Mut zu einer Kapitalerhöhung um 5 Millionen Mark faßte; die Mittel sollten in erster Linie zum Ausbau des Doppelschachts «Kronprinz» in der Rosenblumendelle dienen, aber auch zum Abbau einiger Altschulden sowie für nicht näher bezeichnete Anschaffungen. Aufgebracht wurde das Kapital mit Hilfe der Dresdner Bank und des Schaffhausen'schen Bankvereins. Die Unterstützung durch diese beiden bedeutenden Banken war ein eindeutiges Indiz für den zunehmenden geschäftlichen Erfolg des MBV. Es zeugte von den zunehmend besseren Bankverbindungen und Zinskonditionen des Hugo Stinnes, daß er, als er sich mit der Anfrage an Klönne wandte, ob die Deutsche Bank Akzepte dieser beiden Banken annehmen würde, prompt mit einem besonders günstigen Diskontsatz bedient wurde.[105]

Dennoch gab es für die Kapitalerhöhung, die zu einem Zeitpunkt kam, da die Firma mit dem, was sie hatte, offenkundig florierte, eine ganze Menge Kritik von seiten der Aktionäre; für Stinnes eine unangenehme Erfahrung, die er noch öfter machen sollte. Doch auch in dieser Situation verstand er es, seine Position überzeugend zu artikulieren. Er ließ keinen Zweifel daran, daß er das Amt des Aufsichtsratsvorsitzenden als eine Führungsposition sah und nicht als eine Stelle für die Erfüllung von Aktionärswünschen:

> «Die als ‹planlos› gekennzeichnete Absicht der Geldbeschaffung verfolgte den ganz bestimmt angegebenen Zweck, die Kohlenqualitäten des Mülheimer Bergwerks-Vereins zu ergänzen. In der Richtung lag also ein bestimmter Plan vor. Ob es ferner als planlos in den jetzigen Zeiten anzusehen ist, sich erst das Geld zu sichern, und dann erst die Auswahl unter den Werken zu treffen, die den bestimmt angegebenen Erfordernissen entsprechen, das dürfte zum mindesten streitig sein. Der Aufsichtsrat des Mülheimer Bergwerks-Vereins würde nach erfolgter Geldbeschaffung in aller Ruhe an die Angliederung desjenigen Werkes gegangen sein, welches dann, zu jeder späteren Zeit, hinsichtlich Zukunft, Kohlenqualität und Kurs die besten Aussichten geboten hätte und

würde den Vorteil gehabt haben, das nicht in festen Händen befindliche Material zum billigsten Preise ohne Zwischengewinn von Banken und Privaten an sich zu bringen. Ich sehe in dem Widerspruch mehrerer Aktionäre mit geringem Aktienbesitz nur eine Kurzsichtigkeit, ausschließlich entsprungen aus der unbegründeten Furcht vor einer vorübergehend geschmälerten Dividende.»[106]

Stinnes wußte natürlich ganz genau, daß es letzten Endes einzig auf die Meinung der Großaktionäre und auf das Vertrauen der Bankiers ankam. Um seine ehrgeizigen Projekte zu verwirklichen, bedurfte es einer hohen Liquidität, und so war es in dieser Zeit sein stetiges Bemühen, das Volumen der ihm zur Verfügung gestellten Kredite zu erhöhen, was ihm trotz seiner relativen Jugend ziemlich gut gelang. So nutzte er 1901 seinen guten Draht zu Klönne, um gemeinsam mit Thyssen eine Vereinbarung durchzuboxen, derzufolge die Deutsche Bank sich bereit erklären sollte, für 6,5 Millionen Mark Kuxen an den Stinnes-Zechen zu kaufen, die bislang treuhänderisch für den Vorster-Zweig der Familie verwaltet worden waren – die Nachkommen aus der Ehe zwischen Anna, der Tochter von Mathias senior, und dem Papierfabrikanten Carl Vorster. Die Kuxen sollten anschließend als Sicherheit für Bankkredite dienen. Stinnes entwickelte eine zunehmend größere Fertigkeit darin, bei den Banken günstige Konditionen für sich auszuhandeln. Klönne machte Stinnes diesbezüglich Zugeständnisse, als Gegenleistung für die Aufträge, die Stinnes an Siemens & Halske vergeben hatte, aber auch um «dadurch auch noch Ihr Interesse für die uns nahe stehende Firma Siemens & Halske zu stärken», und «weil wir mit Sicherheit darauf rechnen, daß das Abkommen den Ausgangspunkt zu einem regen und lohnenden Geschäftsverkehr der in Betracht kommenden Gewerkschaften» bilden würde.[107]

Die Stinnes-Zechen Kuxen waren als Sicherheit nicht schlecht, aber die Kreditgewährung an Hugo Stinnes barg dennoch gewisse Risiken, besonders dort, wo das Geld für die Übernahme sanierungs- und modernisierungsbedürftiger Unternehmen bestimmt war. Zwar spricht einiges für die Annahme, daß Stinnes die Herausforderung reizte, eine Firma mit Perspektive zu übernehmen, die sich momentan in schlechter Verfassung befand, doch muß man andererseits auch sehen, daß ein Neueinsteiger mit seinen Ambitionen wenig Alternativen hatte. Was Thyssen und andere Investoren an Stinnes offensichtlich erkannten und schätzten, war eine ungewöhnliche Kombination aus unternehmerischem, technischem und finanzwirtschaftlichem Können und die intuitive Fähigkeit, begabte Führungskräfte ausfindig zu machen und sie als Mitarbeiter zu gewinnen. Ebenso wie er sich beim RWE auf Thiel und Goldenberg verlassen konnte, konnte er beim MBV auf Generaldirektor Stens, der fast während seiner ganzen beruflichen Laufbahn für Stinnes arbeitete, und Direktor Helmich zählen. Am wichtigsten war jedoch, daß diejenigen, die ihre Gelder investierten, dies in dem sicheren Gefühl taten, sich auf Stinnes verlassen zu können. Thyssen neigte dazu, sich im Hintergrund zu halten, außer wenn es um Finanzierungsfragen ging, an denen er bekanntermaßen intensiv Anteil nahm. Die beherrschende Gestalt an der Spitze von RWE und MBV war Stinnes, und dasselbe galt auch für ein weiteres Gemeinschaftsunternehmen zwischen Stinnes und Thyssen, das die beiden um die Jahrhundertwende anpackten, nämlich die Übernahme der Saar- und Mosel-Bergwerksgesellschaft.

Dieses 1873 gegründete Unternehmen, das seine Verwaltung im lothringischen Karlingen in der Gegend von St. Merkenbach-Avold hatte, verfügte über ausgezeichnete Steinkohlevorkommen und einen problemlosen Zugang zum süddeutschen Markt. Stinnes sah in ihm einen bedeutenden potentiellen Zulieferer für seine Straßburger Firma. Belgisches Kapital hatte bei der Gründung des Unternehmens eine maßgebliche Rolle gespielt, und auch französische Investoren waren nicht unerheblich beteiligt. Was die Firma jedoch dringend brauchte, waren Erneuerungs-Investitionen und ein besseres Management. 1899–1900 taten sich Thyssen, Stinnes, Graf Scholte Douglas und die Dresdner Bank, vertreten durch Waldemar Müller, zu einem Übernahme-Konsortium zusammen. Der Aufkauf der Aktien, den die Dresdner Bank bewerkstelligte, gestaltete sich, wie es scheint, besonders schwierig, nachdem französische Investoren durch Presseberichte Kenntnis davon bekommen hatten, daß ein finanzkräftiges deutsches Konsortium die Kontrollmehrheit zu übernehmen versuchte, doch im Februar 1900 war das Ziel erreicht: Die Bank hatte genügend Aktien erworben, um den Deutschen die erforderliche Kontrolle zu sichern. Müller übernahm den Aufsichtsratsvorsitz, ließ jedoch von Anfang an keinen Zweifel daran, daß Stinnes der Mann war, der die betriebswirtschaftlichen Probleme des Unternehmens in dieser oder jener Form lösen sollte. In einem Brief an Stinnes vom 16. März 1900 äußerte sich Müller anerkennend zu der Mitteilung, daß die neue Geschäftsführung sich in Karlingen etabliert hatte, und erkundigte sich sodann, «ob die eingesetzten Delegierten bereits diejenigen Herren sind, welche später das Werk als Direktoren leiten werden, bezw. ob diese Herren so hervorragende Fachleute sind, daß dieselben die Verantwortlichkeit für die Leitung allein übernehmen könnten. Sollte dieses nämlich nicht der Fall sein, haben wir in Erwägung gezogen, ob es nicht vielleicht zweckmäßig sein würde, wenn Sie nach Ihrer Wahl in den Aufsichtsrat als Delegierter des letzteren die Oberleitung des Werkes übernehmen.»[108]

Stinnes hatte erfreulicherweise bereits einen leitenden Mitarbeiter gefunden, der sich als Vorstandsvorsitzender von Mosel-Saar hervorragend bewähren sollte – ein Mann namens Flake, der schon in Straßburg gute Arbeit geleistet hatte. Bis 1903 amtierte in Karlingen auch August Thyssens Sohn Fritz als Direktor; an seine Stelle trat dann ein weiterer sehr zuverlässiger Mann namens Wentzel. Interessanterweise wurde Stinnes, ebenso wie Müller, eine doppelte Tantieme für die Mitgliedschaft im Aufsichtsrat bewilligt, «mit Rücksicht darauf, daß Herr Stinnes eine besondere Tätigkeit bei dem Betriebe übernommen hat».[109] Die Beziehungen Stinnes' in die Schweiz waren für das Unternehmen von großer Bedeutung, und bereits in der allerersten Aufsichtsratssitzung, an der er teilnahm, wurde er gebeten, mit den Schweizer Eisenbahnen einen vier- oder fünfjährigen Kohlenlieferungsvertrag auszuhandeln. Auf der anderen Seite war das Unternehmen auch sehr wichtig für Stinnes, denn in einer Vereinbarung vom 14. Januar 1903 erhielt die Firma Hugo Stinnes die Alleinverkaufsrechte für die gesamte dem Markt zufließende Kohleproduktion der Gesellschaft Saar-Mosel.[110]

Just in diesem Jahr, 1903, konnte die Firma Hugo Stinnes unter Beweis stellen, daß sie in der Tat zu den bedeutendsten Kohlenhandelsfirmen in Deutschland gehörte, denn in diesem Jahr nahm Hugo Stinnes als «alleiniger Inhaber» seiner Firma an einer Verhandlungsrunde teil, in der sich er und die Vertreter dreier weiterer bedeutender Kohlenhandelsfirmen, Franz Haniel & Co. aus Ruhrort, Mathias Stinnes aus Mülheim und Kannengiesser, ebenfalls aus Mülheim, mit Repräsentanten des Rheinisch-Westfälischen Kohlensyndikats auseinandersetzten und gemeinsam die Gründung der Rheinischen Kohlenhandels- und Reederei-Gesellschaft mbH beschlossen, eines Kartells der führenden westdeutschen Kohlenhändler und Kohlentransporteure, das am 12. Dezember 1903 in Büroräumen in Mülheim an der Ruhr seinen Betrieb aufnahm. Der Geschäftszweck des sogenannten Kohlenkontors bestand darin, für die großen Händler der Branche – diejenigen, die mindestens 50000 Tonnen pro Jahr bewegten – verbindliche Mengen und Preise festzulegen und damit dem ruinösen Preiswettbewerb ein Ende zu machen, der ausgebrochen war, weil die Wettbewerber in Erwartung eines derartigen Kartells versucht hatten, über den Preis einen höheren Marktanteil und damit höhere Lieferquoten für sich zu ergattern. Die Aktivitätsschwerpunkte des Kohlenkontors waren der Oberrhein bis Lauterburg und Straßburg, die Überlandtransportwege durch Elsaß-Lothringen, die Schweiz, Vorarlberg und Tirol sowie der gesamte Niederrhein bis nach Holland. Vom Handel mit Belgien, Frankreich und Übersee war das Kohlenkontor ausdrücklich ausgeschlossen.[111]

So kam es, daß Hugo Stinnes ein Jahrzehnt nach seinem Ausscheiden aus der Firma Mathias Stinnes seinen Verwandten Gerhard Küchen und Gustav Stinnes als gleichberechtigter Partner am Verhandlungstisch wiederbegegnete. Angesichts der Verfassung, in der sich die Firma Mathias Stinnes ein Jahrzehnt zuvor befunden hatte, ließ sich zwar die Meinung vertreten, das eigentliche Wunder bestehe darin, daß die beiden überhaupt noch mit von der Partie waren, aber Hugos Präsenz war in jedem Fall eine Demonstration dessen, wie weit er gekommen war. Eindrucksvoll war auch sein Auftreten in den Verhandlungen, in denen er häufig den Ton angab und es mit beträchtlichem Erfolg verstand, die Trümpfe, die er in Gestalt moderner, leistungsfähiger Vertriebs- und Schiffahrtskapazitäten besaß, in vorteilhafte Mengenzuteilungen und Preisgestaltungen für die eigene Firma umzumünzen. Gemeinsam mit seinen Mülheimer Mitbürgern Küchen und Kannengiesser und unter Verweis auf gute Eisenbahnverbindungen und das schlichte Gesetz der größeren Zahl setzte er durch, daß das neue Unternehmen seinen Sitz in Mülheim nahm und nicht in Ruhrort oder Essen, wie der zuständige Regierungspräsident es gerne gehabt hätte. Stinnes vertrat die Ansicht, Mülheim habe in jüngerer Zeit durch die Eingemeindung benachbarter Orte an Gewicht gewonnen und sich damit das Recht verdient, zum Sitz einer wichtigen Institution erwählt zu werden. Tatsächlich erwies sich die Entscheidung als förderlich für die weitere Entwicklung Mülheims, ebenso wie die Tatsache, daß Stinnes in den Aufsichtsrat des Kartells gewählt wurde, zweifellos seinen Einfluß und sein Prestige mehrte.[112]

Die Zunahme seines Einflusses zeigte sich auch an der höchst aktiven Rolle, die er in den Verhandlungen über die Fortführung des Rheinisch-Westfälischen Kohlensyndikats in den Jahren 1902/03 spielte. Wie 1895 hatte Kirdorf auch dieses Mal die Gespräche über eine Vertragsverlängerung frühzeitig in Gang gebracht und versuchte, einen längeren Vertragszeitraum durchzusetzen. Während das Abkommen von 1893 zunächst auf fünf Jahre angelegt gewesen und dann bis 1905 verlängert worden war, strebte Kirdorf jetzt eine Laufzeit bis 1915 an. Die Mitgliedsfirmen wußten sehr wohl, daß das Syndikat ihnen in den Rezessionsjahren 1901–02 hohe Preise gesichert hatte und daß sein Auslaufen zu einer Wiederkehr des chaotischen und ruinösen Wettbewerbs führen würde, der seinerzeit den Anlaß für die Gründung des Syndikats geliefert hatte. Andererseits gab es Faktoren, die die Erneuerung des Syndikats zu einem heiklen Politikum machten. Das Syndikat war in die öffentliche Kritik geraten, weil es in der Zeit der Rezession keine Senkung der Kohlenpreise zugelassen hatte. Stinnes selbst hatte anläßlich eines Berlin-Aufenthaltes im November 1901 registriert, daß die hohen Preise für Koks böses Blut gemacht und dem Syndikat geschadet hatten, und es schien, als halte er die Kritik für berechtigt. Die Regierung hatte, um die Kritiker im Reichstag zu besänftigen, einen Kartell-Ausschuß eingesetzt, und der Preußische Landtag stellte Haushaltsmittel für die Verstaatlichung von Zechen bereit. Allein, die Ermittlungen des Kartell-Ausschusses erwiesen sich als zu weitläufig und unfruchtbar, um die Probleme an der Wurzel packen zu können, und die zum Erwerb von Zechenanteilen bereitgestellten staatlichen Mittel erschienen zu geringfügig, um die Stellung der Syndikatsmitglieder bedrohen zu können. Tatsächlich stand sogar zu erwarten, daß die im preußischen Staatsbesitz befindlichen Zechen dem Syndikat beitreten würden. Ernstere Probleme bereiteten andere Entwicklungen: die zunehmende Zahl neuer, syndikatsunabhängiger Zechen, gefördert durch die Kohlenknappheit des Jahres 1900, der relative Anstieg der Kohlenpreise in den Jahren 1901–02, deren wertmäßiger Anteil an der gesamten Ruhrgebietsproduktion zwischen 1900 und 1903 von 13,4 auf 17,7 Prozent anwuchs, und das Erstarken der sogenannten Hüttenzechen, vertikal integrierter Unternehmen, die bis 1903 einen Anteil von rund 11 Prozent an der Gesamtproduktion des Ruhrgebiets erreichten.[113]

Während der gesamten Dauer der schwierigen und scheinbar endlosen Verhandlungen kämpfte Stinnes um den Fortbestand des Syndikats unter den veränderten Bedingungen. Im März 1902 sprach er sich gegen das Vorhaben Kirdorfs aus, das Kohlensyndikat und den Brikettverkaufsverband vorzeitig zu verlängern, mit der Begründung, es sei klüger, sich nicht frühzeitig auf die bestehenden Konditionen festzulegen, sondern erst einmal auszuloten, unter welchen Bedingungen die syndikatsfreien Firmen und die Hüttenzechen bereit waren, sich dem Syndikat anzuschließen. Stinnes favorisierte im Grunde von Beginn an das Modell, das sich am Ende als konsensfähig erwies, nämlich die Schaffung einer einheitlichen Instanz für die Festlegung von Kohlen-, Koks- und Brikettpreisen innerhalb des Kohlensyndikats. Nicht daß Stinnes davor zurückgescheut hätte, die syndikatsfreien Unternehmen unter beträchtlichen Druck zu setzen – er vertrat sogar den Standpunkt, die Artikel des neuen Syndikatsstatuts sollten so formuliert werden, daß im Falle einer Weigerung der Syndikatsfreien, ins Boot zu kommen, unverzüglich wirtschaftliche Kampfmaßnahmen gegen sie anlaufen würden mit dem erklärten Ziel, «sie vollständig zugrunde zu richten».[114] Dieser harte Kurs entsprang aus Stinnes' Überzeugung, das Syndikat müsse den Status eines Monopolisten anstreben, mit der Kompetenz, den gesamten Markt zu regulieren, und mit der Fähigkeit, notfalls auch kleine Zechen und noch nicht erschlossene Kohlevorkommen aufzukaufen. Im Juni 1903 meldete er seiner Cläre freudestrahlend, seine Kollegen seien nun endlich dorthin gekommen, wo er sie von Anfang an hätte haben wollen: «Es wurde heute schon betont, daß man die Überleitung zum Trust anbahnen und geschickt vorbereiten müsse. Du wirst Dich entsinnen, daß ich von Anfang an den Standpunkt vertreten habe, und es macht mir Spaß, daß er jetzt durchdringt.»[115]

Im Oktober 1903 äußerte Kirdorf seine Genugtuung darüber, daß die Syndikatsmitglieder beschlossen hatten, auf ihren bisherigen automatischen Anspruch auf erhöhte Quoten bei Inbetriebnahme neuer Schächte zu verzichten. Erhöhte Fördermengen sollten jetzt nur noch dann gewährt werden, wenn die Marktverhältnisse es hergaben. Dies ließ dem Syndikat und seinen Mitgliedern praktisch keine andere Wahl, als sich die noch bestehenden kleinen Zechen einzuverleiben, um so ein Überangebot auf dem Markt zu verhindern und sich größere Fördermengen zu sichern; es war somit ein klares Signal für eine weitere Konsolidierung der Industrie. Abzusehen war auch, daß die Unternehmen ältere Zechen schließen und deren Förderquoten auf modernere und profitablere Zechen übertragen würden. Während also die ersten zehn Jahre des Syndikats im Zeichen des Ringens um erhöhte Fördermengen durch eine Steigerung der Produktion gestanden hatten, sollte die nächste Phase im Zeichen des Ringens um erhöhte Quoten durch Firmenaufkäufe und die Nutzung vertraglicher Schlupflöcher stehen. Wie Kirdorf unter dem Beifall seiner Kollegen triumphierend feststellte, war dies ein «[erster] Schritt zum Trust.(Sehr richtig!) Haben wir alles andere, außer uns, dann heißt es: ‹Vogel friß oder stirb!› Dann werden wir alles ankaufen und eine große Aktiengesellschaft bilden.»[116] Für Stinnes ging es dabei noch um einen weiteren Gesichtspunkt. Es liefen Gerüchte um, denen zufolge die Regierung vorgehabt hatte, die Gelsenkirchener Bergwerke aufzukaufen, um ein Gegengewicht zu den monopolistischen Praktiken des Kohlensyndikates zu schaffen; er hielt die Neuauflage eines solchen Versuchs für möglich. Es kam daher für das Syndikat darauf an, seine Kapitalkraft so zu stärken, daß es in der Lage sein würde, solche staatlichen Schritte zu konterkarrieren.

Wenn es am Ende des Jahres 1903 noch ein großes Hindernis für die Fortschreibung des Syndikats gab, dann war dies nicht etwa der Widerstand der Syndikatsfreien – denn das Syndikat war nunmehr willens und in der Lage, sie zum Beitritt zu zwingen, wenn sie sich nicht freiwillig anschlossen –, sondern die mächtigen gemischten Konzerne, die darauf beharrten, die Kohlenmengen, die sie für den Selbstverbrauch produzierten, müßten von den Mengenbegrenzungen und von der erhobenen Verkaufsumlage ausgenommen bleiben. Die ganze Konstellation begünstigte eindeutig die Hüttenzechen und war dazu angetan, die vertikale Konzentration und die weitere Kartellisierung der Eisenindustrie zu fördern. Es war dies eine bittere Pille für die «reinen Zechen», die sie nur schluckten, um das Syndikat zu retten. Der Schlußakt im Kampf um die Erneuerung des Syndikats spielte sich aber nicht zwischen den reinen Zechenbetrieben und den Mischkonzernen ab, sondern innerhalb und zwischen den letzteren; zum Konflikt kam es, als die Firma Haniel für die von ihr kontrollierte Gutehoffnungshütte eine Förderquote von 230000 statt bisher 190000 Tonnen forderte und August Thyssen dagegen Widerspruch erhob. Auf einer unglaublich stürmischen Sitzung am 12. Dezember 1903 erklärte der Haniel-Vertreter Scheidtweiler seine Forderungen für nicht verhandelbar, woraufhin Stinnes die Partei seiner Kollegen und seines alten Bündnispartners Thyssen ergriff:

> «Angesichts eines so ungeheuren Vorteils, der doch so vielen Hüttenzechen und auch der Gutehoffnungshütte zukommt, verstehe ich überhaupt nicht, wie seitens einer Hüttenzeche, die derartige Vorteile hat, uns entgegengehalten werden kann, daß wir, nämlich die übrigen Mitglieder des Kohlensydikats, die Schuld am Scheitern tragen sollen. Ich kann da nur vollständig dem beipflichten, was Herr Thyssen gesagt hat, die Unbescheidenheit in größtem Maße liegt bei der Gutehoffnungshütte, und lediglich diese außerordentliche Unbescheidenheit bringt das Kohlensyndikat zu Falle. Ich würde mich, wenn ich Aktionär von der Gutehoffnungshütte wäre, schämen, daß solche Forderungen gestellt würden.»[117]

Allein, Scheidtweiler zeigte sich unbeeindruckt, obwohl auch Kirdorf den Standpunkt Thyssens und Stinnes' unterstützte; am Ende der Sitzung schien das Syndikat in Scherben zu liegen. Daß es nicht so kam, lag an Thyssen, der am 30. Dezember seinen Stolz hinunterschluckte und nachgab. Wie ein ziemlich zerknirschter Stinnes an Cläre berichtete:

> «Das Syndikat ist nun glücklich fertig, aber die Stimmung war allgemein gedrückt infolge des Bewußtseins, durch Haniel in der schmählichsten Weise ausgepreßt zu sein. Vor der Sitzung hatte noch eine stundenlange Verhandlung mit Thyssen stattgefunden, der mehrfach im Begriff war, fortzugehen und damit natürlich das ganze Werk zu Fall gebracht hätte. So war also die Freude am Werk verpfuscht.»[118]

Cläre Stinnes mit ihren Kindern
Otto, Clärenore, Hilde (von links nach rechts)

Wie auch immer, das erneuerte Syndikat umfaßte nun 98 Prozent der Kohleproduktion im Ruhrgebiet und stellte in wirtschaftlicher, gesellschaftlicher und politischer Hinsicht einen wichtigen Fortschritt dar. Seine Protagonisten sahen darin einen wichtigen Beitrag zu größerer industrieller Effektivität, zur Wettbewerbsfähigkeit der deutschen Kohle und zur Sicherung der Arbeitsplätze sowie zur Stabilisierung der Löhne in den betreffenden Branchen. Für seine Kritiker hingegen symbolisierte das Syndikat eine weitere Konzentration wirtschaftlicher Macht auf Kosten der Schwachen und eine langfristige Gefährdung von Arbeitsplätzen durch die geplante Schließung unrentabler Zechen. Für Stinnes war das Syndikat Notwendigkeit und Herausforderung zugleich. Das Wohl und Wehe seiner Bergbaubeteiligungen hing vom Fortbestand des Syndikats ab, doch die Lehre, die aus dem Ringen um die Verlängerung des Syndikats zu ziehen war, konnte einem so ehrgeizigen Unternehmer, wie Stinnes es war, nicht verborgen bleiben: Er hatte die Zeichen der Zeit erkannt und marschierte nun verstärkt in die Richtung, die einzuschlagen er ohnehin vorgehabt hatte, nämlich hin zu Eisen und Stahl.

Er tat diesen Schritt freilich mit einem gesteigerten Grad an Sicherheit und Selbstbewußtsein. Im Februar 1902 änderte er sein Testament und setzte Cläre für den Fall seines Todes zu seiner Alleinerbin, zum Vormund der drei gemeinsamen Kinder sowie zur Verwalterin ihres gemeinsamen Besitzes ein. Wie sehr hatten sich doch seine unternehmerischen Perspektiven seit 1895 verändert!

«Im Gegensatz zu meinem Testament vom 15. Juni 1895 wünsche ich nicht mehr die Veräußerung des Bergwerks-Vermögens, weil auf den meisten Werken die Betriebs- und Vermögenslage eine so gefestigte ist, daß ich in der Beibehaltung des Besitzes ein besonderes Risiko nicht erblicke. Trotzdem würde die gänzliche Abstoßung einzelner Objekte zweckmäßig sein.

Ich warne meine ganze Familie, einschl. Leonhards vor einer verzettelten Vertretung des Zechenbesitzes in den einzelnen Gewerkschaften und Gesellschaften, und empfehle, event. sämtliche Kuxen und Aktien zu einer Ges.m.b.H. zusammenzuschließen und durch einen tüchtigen Fachmann zusammen vertreten zu lassen. Zu empfehlen wäre ein solcher Zusammenschluß in Anlehnung an die Firma Hugo Stinnes und die Straßburger Kohlen-Aufbereitungs-Anstalt m.b.H., da dadurch ein großer Teil des von mir persönlich bei den Syndikaten u.s.w. ausgeübten Einflusses auch nach meinem Tode erhalten bliebe.»[119]

Dieses Testament eröffnet einen wunderbaren Einblick in die oft undurchsichtigen und mit den Jahren immer verwickelter werdenden geschäftlichen Überlegungen des Hugo Stinnes. Es zeugt davon, welche immense Bedeutung den familieneigenen Zechen und der Firma Hugo Stinnes als Grundsteinen seines Vermögens zukam. Bewußt und geschickt verband er seine Kaufmannsrolle mit seiner Funktion als maßgeblicher Repräsentant des familiären Zechenbesitzes; erst durch das Zusammenspiel beider war er zu dem geworden, was er jetzt war: eine Großmacht im kapitalistischen Interessenkollektiv der deutschen Schwerindustrie.

II. In den Reihen der Götter und Halbgötter: private Macht und öffentliches Interesse, 1904–1907

In den Jahren zwischen 1904 und 1907 betrat Hugo Stinnes die Bühne der deutschen Geschichte als einer der führenden Industriellen des Landes und als Gestalt des öffentlichen Lebens. Durch den ständigen Zuerwerb von Vermögenswerten und Beteiligungen manövrierte er sich in eine exponierte Stellung, wurde zum Protagonisten einiger epochaler Konflikte und Debatten über das Verhältnis zwischen Wirtschaft und Staat sowie zwischen Kapital und Arbeit und machte sich einen Namen als einer, der notorisch und bewußt seine privaten Interessen und die seiner Unternehmerkollegen mit dem Allgemeinwohl gleichsetzte. Er war durchaus nicht der einzige, der dieser Philosophie anhing. Seine engsten Gefährten in jener Zeit, August Thyssen und Emil Kirdorf, waren in nicht geringerem Grad davon überzeugt, mit der Wahrnehmung ihrer Eigeninteressen der Gesellschaft den bestmöglichen Dienst zu erweisen, doch vertraten sie diese Position nicht mit dem systematischen Weitblick und der Autorität und Bestimmtheit eines Hugo Stinnes. Für Thyssen zum Beispiel war das einzige wirksame Mittel zur Wahrung der deutschen Wettbewerbsfähigkeit die wirtschaftliche Konzentration: «Wir müssen billiger arbeiten», erklärte er, «und dennoch Geld verdienen, was nur durch Zusammenlegung der Werke, durch Schaffung großer Betriebe und durch eine bessere Teilung der Arbeit möglich wird.» Als Thyssen freilich 1903 mit der Entscheidung konfrontiert wurde, der Fortschreibung des Kohlensyndikats zuzustimmen – und in der Konsequenz damit eine Verzögerung des von ihm doch für höchst wünschenswert und unvermeidlich erachteten Prozesses der Trustbildung in Kauf zu nehmen –, war er hin und her gerissen. «Die Verantwortung, die dadurch auf mir lastet, ist erdrückend groß, und ich bin leider dieses Mal sehr unschlüssig, in welcher Weise ich mich verhalten soll, in welcher Weise die verschiedenen schwierigen Fragen, deren Tragweite man nicht übersehen kann, zu lösen sind.»[1] Am Ende bezog er eine Kompromißposition, verfocht, wo immer möglich, hartnäckig sein Eigeninteresse, blieb sowohl Kirdorf als auch Stinnes als stets gegenwärtiger, gefährlicher Konkurrent erhalten und überließ das undankbare Geschäft, Programme zu definieren und durchzuführen, anderen, namentlich Stinnes.

Kirdorf hatte damit Karriere gemacht, daß er die Interessen anderer organisiert hatte; er scheute nicht vor öffentlichen Verlautbarungen zurück, hatte jedoch eine Schwäche für Posen und extreme Positionen. Anders als Thyssen und Stinnes war er nur Manager und nicht zugleich Eigentümer; er sah sich vor die schwierige Aufgabe gestellt, den Übergang von der Führung eines reinen Kohlenunternehmens zum Aufbau eines gemischten Konzerns zu bewerkstelligen. Es war dies ein Weg, auf dem Thyssen seit langem in seinem endlosen Ringen um die Sicherung und Konsolidierung seiner Besitzungen erfolgreich vorangeschritten war und den auch der junge Stinnes eingeschlagen hatte, und zwar mit einer Selbstgewißheit und Tatkraft, die aufhorchen lassen mußten. Kirdorf sollte in einem erbitterten Kampf, der in diesen Jahren ausgefochten wurde, seinen Mann stehen, aber Stinnes sollte sich als derjenige erweisen, der die wichtigeren Impulse für den Stil und die Richtung dieses Kampfes gab.

1. Familiäre und gesellschaftliche Voraussetzungen

Im Oktober 1903 begannen Cläre und Hugo Stinnes mit der Führung eines Tagebuchs. In den Jahren 1903–1908 führten sie es in Form von Eintragungen in ein Kalenderbuch von beträchtlicher Größe, das im Handel erhältlich war und die Aufschrift trug: «Erinnerungen. Ein Tagebuch für 10 Jahre.»[2] Alle Seiten waren links oben mit der Zahl «19...» markiert und fortlaufend mit je einem Monatsnamen überschrieben. Darunter befanden sich zwei Säulen mit jeweils zehn Kästchen. Wäre dieses Tagebuch für die volle Dauer eines Jahrzehnts gewissenhaft geführt worden – was leider nicht geschah –, so stünde eine minuziöse, praktisch tagesgenaue Chronik der Ereignisse dieses Jahrzehnts zur Verfügung. Wie um zu unterstreichen, wie ernst und wie beidseitig ihre Absicht war, die vorgedruckten Kästchen auszufüllen, hatte Cläre dem gedruckten Wort «Erinnerungen» handschriftlich «aus unserem Leben» hinzugefügt, und beide hatten ihre Unterschrift daruntergesetzt. Am Fuß der ersten Seite findet sich eine Anmerkung Cläres, aus der hervorgeht, daß der erste Eintrag am 25. Oktober 1903 vorgenommen wurde und daß sie für die Zeit davor, bis zurück zum 10. Juli 1894, dem Tag ihrer Verlobung mit Hugo, knappe Eintragungen aus dem Gedächtnis nachgetragen hatte. Es waren dies jedoch nur ganz wenige und, im Gegensatz zum eigentlichen Tagebuch, sehr unergiebige Einträge. Außerdem weist das Tagebuch unglücklicherweise größere Lücken auf; so fehlen zum Beispiel Einträge für die letzten zweieinhalb Monate des Jahres 1904 und für das erste Quartal 1905, eine Zeit, in der Hugo eine exponierte Rolle bei den Arbeitskämpfen im Revier und als Kontrahent der Bergleute bei deren großem Streik spielte und daher im Blickpunkt der Öffentlichkeit stand. Die Annahme liegt nahe, daß die Geburt des fünften Stinnes-Kindes, Hilde, Mitte Oktober 1904 eine Ursache für die Unterbrechung war. Die meisten Eintragungen in dem Tagebuch stammen von der Hand Cläres, doch periodenweise taucht auch die Handschrift Hugos auf. Ein zweites Tagebuch, geschrieben nicht in einen Kalendervordruck, sondern auf unbedrucktes Papier, deckt den Zeitraum von August 1909 bis Ende April 1911 ab, ist durchgehend in Cläres Handschrift gehalten und wurde allem Anschein nach 1916 aus einem oder mehreren Kalenderbuch-Originalen ins reine kopiert.

Trotz aller Unzulänglichkeiten – der unzuverlässigen Datierung (teils weil ein-

Die Unternehmerfamilie Stinnes (um 1908) mit Gerhard Küchen und Hugo Stinnes in der Mitte

Hugo Stinnes, geb. 3 Dez. 1842. - gest. 14. Mai 1887.
Mathias F. Stinnes, geb. 11. Juni 1856. - gest. 20. April 1907.
Leo Stinnes. geb. 27. Juli 1863.

zelne Einträge sich über eine Reihe von Tageskästchen erstrecken, teils weil Einträge einige Zeit nach den in ihnen geschilderten Ereignissen entstanden), der Lücken und des unvermittelten Endes – stellen die beiden Tagebücher eine hochwillkommene Quelle dar, und zwar aus zwei Gründen: Zum einen bieten die Tagebücher einen gewissen Ersatz dafür, daß die Korrespondenz zwischen Cläre und Hugo in diesen Jahren weitaus spärlicher und knapper ausfiel als während ihrer Verlobungszeit und in den ersten Jahren ihrer Ehe. Wenngleich man annehmen kann, daß einige Briefe verlorengegangen sind, war es in der Hauptsache wohl Hugos zunehmend dichter werdender Terminkalender, der einen intensiven Briefwechsel, wie in früheren Jahren gepflegt, unmöglich machte. Erfreulicherweise begleitete Cläre ihn auf einigen seiner Reisen und hielt dabei in ihrem Tagebuch Dinge fest, die in Briefen ohnehin nie Erwähnung gefunden hätten. Zum zweiten waren die von diesen Tagebüchern abgedeckten Jahre wahrscheinlich die kreativsten in Hugos gesamter Berufslaufbahn. In diesen Jahren wuchsen die Deutsch-Luxemburg Bergwerks- und Hütten-AG und das RWE unter seiner Ägide zu Großkonzernen heran, und auch seine eigene Firma expandierte erheblich. Zugleich sind diese Jahre die am wenigsten erforschten und verstandenen in seinem Leben. Die Tagebücher liefern bemerkenswerte Detailinformationen über seine Aktivitäten, Motive und Ziele sowie über das Familienleben im Hause Stinnes und das gesellschaftliche Umfeld, in dem es sich entfaltete. Sie haben natürlich ihre Grenzen, wie Cläre selbst in einem nach der Rückkehr von einer Berlin-Reise niedergeschriebenen Eintrag feststellte, der sich fast wie ein Fingerzeig an die Adresse der Historiker liest: «Die Fülle der Eindrücke, der interessanten Unterredungen, des Reizes, so manche ungewöhnlich kluge Menschen kennen zu lernen, läßt sich leider nicht annähernd in diesen Aufzeichnungen, die nur skizzenhaft sein können, wiedergeben. Für vieles müßten die Briefe aus der Zeit und event. Zeitungsausschnitte zur Ergänzung hinzugenommen werden.»[3]

Das Tagebuch hatte indes einen zu intimen Charakter, als daß der Hintergedanke an die Historiker Pate gestanden haben könnte; der Hinweis war wohl eher als Gedankenstütze für die Verfasserin selbst und als Hinweis für künftige Leser aus dem Kreis der Familie gedacht, ergänzend die Korrespondenz und die gesammelten Zeitungsausschnitte zu Rate zu ziehen, die Hugo sammelte und die er Cläre regelmäßig zeigte. Sie wußte freilich und beklagte sich bei Hugo häufig darüber, daß aus diesen Dokumenten nicht immer seine wirklichen Ziele und Absichten hervorgingen, und drängte ihn immer wieder, ihr diese zu offenbaren. Auch wenn das Tagebuch als Dokumentation ihres gemeinsamen Lebens gedacht war, stand eindeutig Hugo im Mittelpunkt und war der eigentliche Grund dafür, daß es geführt wurde. Wie sie ihm einmal mahnend schrieb, als er sich auf einer seiner häufigen Reisen befand: «Wenn die Zeit es Dir erlaubt, lasse mich an Deinem Tun und Denken und Planen teilnehmen, wenn nicht, werde ich auch nicht jammern, die Zeit kommt dann Deinem Körper zugute. Mache Dir dann nur täglich einige kurze Notizen, damit Du mich später nachträglich orientieren kannst, und unser Tagebuch nicht zu kurz kommt. Ich allein liefere doch keinen Stoff.»[4]

In Wirklichkeit lieferte Cläre sehr wohl eine ganze Menge Stoff, zum einen in Form rarer Einblicke in das Alltagsleben einer bedeutenden deutschen Unternehmerfamilie, zum anderen weil der rege Anteil, den sie an den beruflichen Aktivitäten ihres Mannes nahm, sie in die Lage versetzte, Ereignisse nicht nur zu protokollieren, sondern sie auch zu reflektieren und zu kommentieren.

In diesem Zusammenhang ist die Feststellung von Interesse, daß der Sitz der Firma Hugo Stinnes sich nicht einfach in Mülheim a. d. Ruhr befand, sondern tatsächlich in seinem Haus Kettenbrückstraße 6–8. 1905 schien es, als lasse sich dieser Zustand nicht mehr aufrechterhalten: Die Raumnot der Firma, die durch den Einstieg Hugos in Deutsch-Luxemburg (darüber weiter unten mehr) eine starke Ausdehnung erfahren hatte, schien nicht mehr zu bewältigen. Stinnes erwog ernsthaft, ein seiner Mutter gehörendes Gebäude in einer anderen Straße in Beschlag zu nehmen. Cläre fand an diesem Plan überhaupt keinen Gefallen: «Damit würde er nur noch mehr hin und herlaufen, noch mehr auf der Straße liegen, noch mehr Zeit benötigen und noch weniger zuhause sein.»[5] Als beste Lösung hatten sie sich schon immer den Kauf des Nachbarhauses vorgestellt, das einem Gustav Engels gehörte; sie fanden jedoch den von ihm geforderten Preis von 90000 Mark unmäßig hoch für eine Immobilie, deren Wert auf 65000 bis 70000 Mark taxiert wurde. Auf Drängen Cläres traten sie jedoch in neue Gespräche ein und erwarben das Haus schließlich für 85000 Mark; Anfang 1906 zogen sie ein. Cläre war überzeugt, daß die praktischen Vorteile dieser Lösung das Opfer des hohen Preises sehr wohl wert waren: «Bedenke ich aber die vielerlei Annehmlichkeiten, die für mich, in erster Linie aber für Hugo, aus der nächsten Nähe des Büros sich ergeben, so will es mir nicht zu hoch bezahlt erscheinen. Ich bin sehr froh, daß er nach wie vor zwischen Haus und Büro ein und ausgehen kann, ohne nur den Hut aufzusetzen.»[6]

Die Entscheidung zog allerdings ein immenses Volumen an Bauarbeiten, Lärm und Schmutz nach sich, da das alte mit dem neugekauften Haus verbunden und neue Empfangs- und Sitzungsräume eingerichtet werden mußten. Auf der einen Seite war Cläre sehr erfreut darüber, daß im ersten Stock des Hauses ein neues Zimmer entstand, das sie als Schlafzimmer für die Söhne nutzen konnten, so daß die Mädchen von da an ihren eigenen Bereich hatten und alle Kinder den Eltern nahe waren. Andererseits war sie der dauernden Veränderungen müde und empfand sie als «Schattenseiten» des wachsenden Wohlstandes. Sie hoffte, die jetzt hergestellte häusliche Konstellation werde für mindestens fünf Jahre Bestand haben; zugleich klagte sie darüber, wie schwierig es sei, brauchbares Hauspersonal zu finden – in dieser Beziehung gab sie zu, «sehr verwöhnt» zu sein.[7]

Sehr wahrscheinlich war das hinzugekaufte Stadthaus eine bessere Investition als das Haus Rott, das Landgut im Saarnwald (einem Teil des Broich-Speldorfer Forstes), das Stinnes 1903 erworben hatte. Es scheint, als hätten Hugo und Cläre darin eine Kombination aus einem gemütlichen Refugium für die Familie draußen auf dem Land und einem rentierlichen landwirtschaftlichen Betrieb gesehen, doch erfüllte es die Erwartungen wohl nur in der erstgenannten Beziehung. Cläre ahnte das offenbar schon früh, sprach sie doch bereits im Februar 1904 davon, daß das Haus Rott wahrscheinlich nie Gewinn abwerfen werde, und spätestens 1906 stand fest, daß die dort erzielbaren Kartoffelerträge äußerst unbefriedigend waren und der Grundbesitz ordentlich arrondiert werden mußte, wenn er jemals Einnahmen abwerfen sollte, daß die benachbarten Bauern jedoch zu hohe Grundstückspreise verlangten, als daß sich ein Zuerwerb gelohnt hätte.[8]

Hinter dem Kauf des Hauses Rott stand der Gedanke, ein bestimmtes Minimum an Landleben sei gesund und wünschenswert, besonders für Menschen, die mitten in einem Industrierevier lebten, und ein Geschäftsmann wie Hugo Stinnes brauche einen Ort, wo er den Ärgernissen, Konflikten und Terminzwängen des Arbeitsalltags entfliehen konnte. Der 35jährige Stinnes dachte jedoch gar nicht daran, dem Vorbild seiner zu dieser Zeit engsten Geschäftspartner, des 63jährigen August Thyssen, der 1903 das aus dem 13. Jahrhundert stammende Schloß Landsberg bei Kettwig gekauft und renoviert hatte und es 1904 bezog, oder des 58jährigen Emil Kirdorf nachzueifern, der sich 1905 auf sein Landgut Streithof zurückzog, das unweit von Haus Rott lag. Ein solcher Wunsch, auf dem Land zu leben oder einen Landsitz sein eigen zu nennen, ist nach mittlerweile einhelliger Auffassung der Historiker nicht als Indiz für eine «Feudalisierung» des industriellen Unternehmertums zu deuten. Thyssen hatte ein Alter erreicht, wo er der Geräusche und Gerüche von Froschenteich überdrüssig geworden war; er brauchte ein Zuhause in geringer Entfernung von seinen Fabriken, aber auch eines, in dem er so wohnen und empfangen konnte, wie es ihm als einem der reichsten Männer Deutschlands anstand. Der Umstand, daß er geschieden war und seine familiären Beziehungen sich zutiefst unerfreulich gestalteten, komplizierte seine Wohnungsprobleme zusätzlich und machte die Lösung mit Schloß Landsberg um so willkommener. Bei Kirdorf stand hinter dem Erwerb des Landsitzes – das im Stil eines niedersächsischen Bauernhauses gehalten war, Ausdruck seiner bürgerlich-nationalistischen Ideologie – der Wunsch, sich einen Ort der Entspannung und Ruhe zu schaffen, wo er auch seiner Leidenschaft für das Reiten frönen konnte. Der Name, den er dem Hofgut gab, läßt vielleicht darauf schließen, daß er die Streitigkeiten und Konflikte mit Regierung und politischen Parteien über sozial- und wirtschaftspolitische Fragen, die ihn während der Entstehungszeit des Gutes beschäftigten, dort nicht so sehr vergessen als vielmehr in Ruhe durchdenken wollte. Was den Broich-Speldorfer Forst für Kirdorf, Stinnes und etliche andere, die dort um diese Zeit Landhäuser oder Villen bauten – Gerhard Küchen, Gustav Stinnes, die Bankiers Walter Hammerstein und Hermann Mellinghoff und andere – so attraktiv machte, war die Tatsache, daß das Gebiet kurz zuvor nach Mülheim eingemeindet und die Straßen und öffentlichen Verkehrsmittel stark verbessert worden waren. In der Tat waren sie alle Gesellschafter der Broich-Speldorfer Wald- und Gartenstadt AG, die wiederum ein Ableger der von Architekten wie Hermann Muthesius propagierten «Gartenstadt»-Bewegung war. Ihr Bemühen, noch weitere Unternehmer zum Kauf von Grundstücken und zum Bau von Villen in diesem Areal zu bewegen, das die Vorteile des Wohnens im Grünen mit kurzen Wegen zu den Büros und Fabriken der Ruhrgebietsfirmen verband, war freilich von sehr mäßigem Erfolg gekrönt.[9]

Für Stinnes war Haus Rott in jeder Beziehung eine schlechte Investition, abgesehen davon, daß mit seinem Erwerb gesellschaftliche Erwartungen erfüllt wurden. Eine gewisse emotionale Bedeutung für die Familie hatte das Haus jedoch. Cläre genoß es, mit den Kindern hinzufahren, und sie drang in Hugo, sich möglichst oft zu ihnen zu gesellen; sie war überzeugt, Bewegung und frische Luft würden ihm guttun. Um so größer war ihre Freude, als Hugo kurz vor dem zehnten Jahrestag ihrer Verlobung plötzlich seine Absicht verkündete, das eher spartanische Wohnzimmer im Haus Rott renovieren und gemütlicher einrichten zu lassen. Sie ergriff die Chance und investierte eine Menge Zeit in die Renovierung, wohl wissend, daß Hugo einer gewissen Bequemlichkeit ebenso zugetan war wie sie. Er würde öfter den Weg nach Rott finden, wenn dort alles «behaglich und nett» war. Daß sich nun die Chance bot, das Weihnachtsfest 1905 und die Bescherung in dem neueingerichteten Wohnzimmer zu veranstalten, erfüllte sie mit Befriedigung. An Cläre blieben letztlich aber auch alle Probleme des Hauses Rott hängen, und Hugo schien nie ganz zufrieden damit, wie sie damit umging, zum einen weil sie offenbar nie an der Wurzel gepackt wurden, zum anderen, weil das Haus Rott in einem so grellen Kontrast zum benachbarten Streithof zu stehen schien. Cläre empfand das Herummäkeln ihres Mannes an den Schönheitsfehlern des Anwesens und seine Vergleiche als nicht ganz fair: «Zum Teil mag er recht haben, zum anderen war das Aussehen eben beeinträchtigt durch die in der Ausführung begriffenen Bauarbeiten, Wasser, elektr. Licht und Kraft, und nicht zum geringsten Teil verschob sich in der Beurteilung alles zu Ungunsten durch den Gegensatz zu Streithof mit Kirdorf, unserem neuesten Nachbar, der ohne Rücksicht auf die sicher nicht kleinen Kosten ebenso vornehm kostbar und geschmackvoll eingerichtet wird und mit dem sich unser Bauernhof auch bei größter Ordnung nicht wird vergleichen können.»[10]

Damit hatte sie sicher recht; bei Hugo Stinnes stand, wie schon bemerkt, die Herrichtung eines ländlichen Wohnsitzes nicht so im Zentrum des Interesses wie bei seinen Nachbarn, und Cläre mit ihren fünf Kindern und ihrer Familie in Wiesbaden sowie ihren zahlreichen persönlichen Verpflichtungen mußte ebenfalls andere Prioritäten setzen. Auch hätte eine ländliche Residenz nicht zu der unprätentiösen, zutiefst ernsten Persönlichkeit Hugos und seinem Lebensalter gepaßt. Damit soll nicht gesagt sein, daß es Stinnes an jeglichem elitären Bewußtsein gefehlt hätte. Seine Reisen nach Berlin und seine Kontakte zu Bankiers führten zu regelmäßigen Begegnungen mit den Großen und Mächtigen in Wirtschaft und Staat des Deutschen Reiches. Sicherlich schmeichelte ihm der Gedanke, Eingang in solche Kreise gefunden zu haben – nicht zuletzt auch um Cläres willen –, doch der Erwerb sozialen Prestiges in Berlin schien ihnen beiden offenbar nicht überaus erstrebenswert. Wie Cläre einmal dem Tagebuch anvertraute: «Hugo erfreut sich im Hinblick auf mich der Tatsache, daß ich, wenn ich es wollte, bei meinem nächsten Kommen nach Berlin in der feinen Berliner Gesellschaft mit einem Schlage stehen könnte. Möglich genug erscheint mir dies auch, aber da ich eigentlich wenig Wert auf solche schließlich doch nur oberflächlichen Beziehungen lege, werden wir wohl kaum Gebrauch von allen offenen Türen machen.»[11]

Zuhause im Ruhrgebiet pflogen sie natürlich Umgang mit Vertretern der Elite, zu der sie selbst gehörten. Zwischen den Stinnes' und den Kirdorfs bestanden freundschaftliche Beziehungen; man war häufig zu Besuch beieinander. Emil Kirdorf war zwar nicht der umgänglichste Mensch, doch Hugo Stinnes unterhielt zu ihm eine solide, objektive Beziehung. Cläre war von den intakten Familienverhältnissen im Hause Kirdorf ebenso beeindruckt wie von dem Ehepaar selbst: «Mit Kirdorfs treffen wir häufig, am Brunnen, Hotel oder auf unseren Spaziergängen zusammen; er, immer der gewandte Mann, sie, gewinnt zunehmend bei näherer Bekanntschaft, eine liebe Frau, die weiß, was sie will, klug aber doch gütig und nicht ohne Selbstgefühl als Frau ihres Mannes, doch fand ich bisher nicht, daß dies sich in aufdringlich, unangenehmer Weise äußerte.»[12]

Persönlicher und zugleich komplizierter war das Verhältnis zu August Thyssen, den das Ehepaar Stinnes sehr häufig traf. Über ihren ersten Besuch auf Schloß Landsberg am 2. Juli 1905 notierte Cläre:

> «Das Ereignis des Tages ist mein erster Besuch auf Schloß Landsberg bei Thyssen; ich habe ihn gut erwarten können, nun bin ich aber doch einigermaßen neugierig. Wir sind nur im kleinen Kreis, wie wir hier auch angenommen hatten. Das Schloß ist schön, teilweise sehr schön, die Reize der alten Burg und die natürliche Schönheit der idyllischen Lage sind sehr vorteilhaft ausgenutzt worden, selbst verbessert zur Hebung des Ganzen. Die Einrichtung ist vornehm geschmackvoll, ohne durch Überfülle und Prunk zu verletzen. Am schönsten und behaglichsten fand ich Thyssens Arbeitszimmer, dessen braungoldener Ton überaus ruhig und fein wirkt. Thyssen führte mich mit unverkennbarem Stolz durch sein Heim; heute spricht er bereits von seinem ‹Schloß›, vor Monaten nur von ‹Landsberg›.»[13]

Hugo und Thyssen standen in ständigem Gedankenaustausch über ihre gemeinsamen Geschäftsinteressen, und Cläre verfolgte mit großer Faszination, wie Hugo immer wieder die Initiative ergriff und es auf sich nahm, die nächsten Ziele zu diskutieren (und oft auch festzulegen) und seinen älteren, eigensinnigen und eitlen Kollegen in eine Richtung zu drängen, die dieser von sich aus vielleicht nicht eingeschlagen hätte. Thyssens Drang nach Anerkennung und Ehrbezeigungen ging ihr auf die Nerven, und sie lauschte lieber Hugo und Thyssen bei geschäftlichen Gesprächen, als den vornehmen Soiréen beizuwohnen, die Thyssen so gerne gab:

> «Leider ist uns kein stilles und – selbst – Leben heute gegönnt. Wir müssen bei Thyssen ein Abendessen mitmachen, das fein und anregend verläuft, von dem man aber auch keinen besonderen Gewinn hereinbringt. Ich werde nie die offiziellen Festlichkeiten lieben lernen, wo mehr oder weniger nur

oberflächliches Gerede geführt wird und die Toiletten der Damen kritisiert werden.»[14]

Der anstrengendste Aspekt in den Beziehungen zwischen dem Ehepaar Stinnes und August Thyssen war jedoch die bizarre familiäre Situation Thyssens. Gemäß seinem Scheidungsvertrag von 1886 hatte Thyssen sein gesamtes Vermögen den vier Kindern aus seiner Ehe überschreiben müssen und lebte nun praktisch von deren Erbteil. Von den drei Söhnen und der einen Tochter zeigte nur Fritz, der Älteste, ein gewisses Interesse am Familienunternehmen. Die anderen setzten sich, sehr zum Ärger und Verdruß ihres Vaters, künstlerische und gesellschaftliche Ziele. Als überzeugtem Bürgerlichen war es Thyssen ein besonderer Dorn im Auge, daß seine Kinder einen Drang nach Adelstiteln und aristokratischen Verbindungen an den Tag legten; verzweifelt wandte sich der alte Thyssen hin und wieder an Hugo Stinnes und bat ihn um schlichtendes Eingreifen in die finanziellen Zerwürfnisse, die er mit August jun. hatte. Der Versuch, nachträgliche Abänderungen des «unglaublichen Testaments» durchzusetzen, das August sen. seinerzeit unter Zwang unterschrieben hatte, erwies sich als vollkommen aussichtslos; alles, was Stinnes von August jun. zu hören bekam, war «widerlicher Schmutz» über dessen Geschwister und andere Verwandte.[15]

Die Probleme, die ältere Kinder ihren Eltern bereiten, sind fast immer gravierender als die mit später geborenen; es ist fraglich, ob die Familie Thyssen zu irgendeinem Zeitpunkt in den Genuß eines harmonischen Familienlebens kam. Bei der Familie Stinnes war dies ganz anders. Ungeachtet aller ihrer Reisen, Verpflichtungen und Aufgaben waren die Eheleute Stinnes hingebungsvolle Eltern und genossen offenbar die Zeit, die sie in den frühen Jahren mit ihren fünf Kindern verbringen konnten. Dabei war Edmund durchaus kein braves Kind; er gebärdete sich hin und wieder aufsässig, war von der Mutter und den wechselnden Gouvernanten (meist Engländerinnen oder Französinnen) schwer zu bändigen und zeigte sich in der Schule oft unaufmerksam. Obwohl er zweifellos ein intelligenter Junge war, beschloß Cläre schließlich, zur Verbesserung seiner Schulleistungen einen Hauslehrer für ihn zu engagieren; und tatsächlich schienen seine Verhaltensprobleme nachzulassen, als er sich den Pubertätsjahren näherte. Hugo jun., genannt Bü – eine Abkürzung für «kleiner Bruder» –, legte wesentlich mehr Fleiß an den Tag, eine Tugend, in der er sich möglicherweise früh übte, um die Gunst seines Vaters zu erringen, dessen Liebling er auch tatsächlich wurde, wenngleich Hugo sen. auch der kleinen Clärenore viel Zuwendung schenkte – sie wurde «Maus» genannt. Otto wird in Cläres Tagebuch als nettes und leicht zu lenkendes Kind beschrieben, wogegen das Nesthäkchen Hilde noch kaum Erwähnung findet.

Während es den Gouvernanten oblag, sich um das tägliche Wohl und Wehe der Kinder zu kümmern, ist die Tatsache, daß Cläre sich persönlich ihrer Entwicklung annahm, vor allem der der beiden ältesten Jungen, durch zahlreiche Hinweise bezeugt, ebenso die Ausfahrten mit den Kindern nach Rott und die

Ferienaufenthalte auf Norderney und in der Schweiz. Dazu kamen häufige Fahrten nach Wiesbaden, um Cläres Eltern zu besuchen – allerdings fuhr sie zunehmend alleine dorthin, um sich um ihre kranke Mutter zu kümmern oder sich von ihren eigenen körperlichen Beschwerden zu erholen. Hin und wieder begleitete Cläre Hugo auf seinen Geschäftsreisen. Der wesentlich häufigere Fall war natürlich der, daß Hugo allein geschäftlich unterwegs war, doch scheint es, daß er in all den Jahren mit großer Regelmäßigkeit nach kurzer Zeit in sein Mülheimer Hauptquartier zurückkehrte und beachtlich viel Zeit bei der Familie verbrachte. Clärenore brachte in ihren unveröffentlichten Memoiren höchst lebendige und positive Erinnerungen an ihren Vater und das «bürgerlich-patriarchalische» Zuhause ihrer Kinderjahre zu Papier:

> «In den Jahren bis zum ersten Krieg gehörte der Sonnabend uns Kindern. An einem Sonnabend nahm er keine Einladung an. Mit Mama und uns spielte er nach dem Abendessen Karten. Er gehörte wirklich seiner Familie. Wir waren damit zufrieden ... Zu dem großen Mann, meinem Vater, durfte ich mich am Sonntag Morgen in's Bett kuscheln. Man durfte auf seinen Schoß klettern, mit der Uhrkette spielen. Er schenkte dem kleinen Mädchen das Höchste, was ein Mensch zu vergeben hat, seine Zeit. Er schimpfte aber auch nicht, wenn ich zu ihm in das Büro kam, wo er an einem großen Doppelschreibtisch saß, ihm gegenüber Herr Brandt, sein Stellvertreter, auch ein Mann mit Vollbart. Nach seinem Tode war es Herr Amtsrichter Thomas, der sich wohl Kaiser Wilhelm als Vorbild genommen hatte, wenn er seine Oberbartenden zwirbelte.»[16]

In den Jahren 1904–05 äußerte sich Cläre mehrmals wehmütig darüber, wie schnell die zehn Jahre seit ihrer Verlobung und Heirat vergangen seien und wie glücklich sie sich schätzen dürften, diese Zeit erlebt und es so gut gehabt zu haben. Das waren nicht bloß nostalgische Redensarten; vielmehr hatten sie und Hugo eine ganze Reihe von Todesfällen und lebensgefährlichen Erkrankungen ihnen nahestehender Menschen erlebt. Im Februar 1903 war Margarethe, die Frau von Hugos Bruder Heinrich, im Alter von dreiundzwanzig und nach weniger als drei Ehejahren gestorben. Hugo und Cläre hatten sich nach Kräften bemüht, dem schwer getroffenen Heinrich über diesen Verlust hinwegzuhelfen; Hugo hatte heimlich seine politischen Beziehungen spielen lassen, um Heinrich eine Stellung in Köln zu verschaffen, und mit vereinten Kräften war es den Eheleuten offenkundig gelungen, ihn psychisch ein Stück weit wieder aufzurichten.[17] Besonders hart traf beide der Tod von Annis Mann, Fritz Fischer (des Gynäkologie-Professors an der Straßburger Universität), im Juli 1905; Fritz war dreiundvierzig Jahre alt und ebenfalls erst zwei Jahre verheiratet. Hugo und Cläre fühlten sich mit Fritz und Anni besonders eng verbunden, und so war Fritzens Tod nur wenige Wochen nach ihrem zehnten Jahrestag ein schwerer Schlag für sie. Anni litt zusätzlich darunter, daß ihr nicht einmal ein gutes Bild ihres Mannes geblieben war; dies bewog Hugo dazu, sich einige Monate später von dem Maler Pitter porträtieren zu lassen.[18]

Hugos Lieblingsschwester, die früh verwitwete Anni Fischer

Das waren nicht die einzigen ernüchternden Mahnungen an die Vergänglichkeit des Lebens; Sorgen bereiteten Cläre auch ihre eigenen Krankheiten, die ihrer Kinder und ihrer Mutter sowie nicht zuletzt auch Hugos regelmäßig wiederkehrende Bronchial- und Magenprobleme. Ein Schock war die Typhus-Erkrankung von Cläres jüngerer Schwester Nora im September 1904, die um ein Haar tödlich verlaufen wäre. Hugo genoß die Gesellschaft der lebhaften Nora, die das Ehepaar in Wiesbaden oft ins Theater oder zu anderen Veranstaltungen begleitete und häufig in Mülheim zu Gast war, und Nora war offenbar auch ziemlich von Hugo eingenommen. Auch wenn dies der Aufmerksamkeit Cläres nicht entging, freute sie sich über die belebenden Besuche Noras eher, als daß sie sie als Bedrohung empfunden hätte. Ein Tagebucheintrag von Anfang 1906 macht dies deutlich: «Sie ist ein liebes eigenartiges Geschöpf, und wir treten uns zunehmend näher. Sie behauptet, mich sehr lieb zu haben; ich hätte diese Möglichkeit vor kurzem noch für unmöglich gehalten, während ihre große Wertschätzung Hugos und ihre Zuneigung zu ihm mir längst kein Geheimnis mehr war. Sie ist ernster und tiefer geworden, und daß sie die Kinder heute so gerne hat, so lieb und

«Tante Lizze» (Adeline Stinnes)

geduldig mit ihnen ist, während sie vor 1 ½ Jahren noch das Zusammensein mit ihnen zu vermeiden suchte, macht sie mir natürlich auch viel lieber.»[19]

Man gewinnt den Eindruck, daß Cläre alles guthieß, was Hugos Laune guttat, und alles deutet darauf hin, daß sie sich seiner Liebe und Treue vollständig und zurecht sicher war. Tante Lizze zeigte zwar wenig Neigung, leiser zu treten, doch wenn sie eine Last war, dann eine, die ihr Verhältnis zueinander nicht trübte. Wie Cläre es ausdrückte:

> «Ihre mir gegenüber so überaus ablehnende und unfreundliche Art und der bei jeder Gelegenheit sich zeigende Mangel an Vertrauen und Offenheit läßt mich ihre Gegenwart nur als Druck empfinden; ich bin dann noch stiller und schweigsamer und atme auf, wenn sie uns verläßt, und ich wieder ich selbst sein kann, das ist Hugo oft recht schwer zu ertragen, aber da seine Mutter keinen anderen Weg einschlagen kann und will, müssen wir uns beide wohl mit diesem unverträglichen Zustand abfinden. Mir selbst bereitet er oft großen Kummer.»[20]

Der einzige ernsthafte Mißton, der sich in den Tagebucheintragungen aus jenen Jahren niederschlug, betraf den offenbar unabwendbaren und unantastbaren Anfall von Schwermut, in den Hugo 1906 am Todestag seines Vaters verfiel.

Nachdem er den ganzen Abend über den Kindern Geschichten aus den Lebzeiten seines Vaters erzählt hatte, zog er sich zurück und machte deutlich, daß er allein gelassen werden wollte. Cläre versuchte ihn zu verstehen, «aber weh tut's doch, und dies nach elf Jahren».[21] Da sie ganz für ihren Mann und seine Arbeit lebte und seine innersten Gedanken über seine Mitarbeiter und seine Ziele kannte, ist ihre Gekränktheit verständlich. Sie konnte nicht umhin, sich ihre Gedanken über das außerordentliche Arbeitspensum ihres Mannes und die Vielzahl seiner Aktivitäten zu machen, und so sehr sie sich tröstete, daß er ja noch jung war, und so sehr sie bewunderte, was er leistete, so oft stellte sie sich doch die Frage: «Wird sein Körper die andauernde Überanstrengung aushalten?»[22]

Im Grunde jedoch wünschte sie sich kein anderes Leben. Wenn sie an ihren Vater in Wiesbaden dachte, der sich mit einem Leben im erzwungenen Ruhestand und im Dienst der Betreuung seiner kranken Frau abgefunden hatte, erkannte sie, was für ein Glücksfall es war, daß Hugo das Äußerste aus sich und seinen Fähigkeiten herauszuholen versuchte. In dieser Beziehung lagen sie auf einer Linie. Wie Hugo in einem der wenigen von ihm verfaßten Tagebucheinträge aus Anlaß eines bevorstehenden Besuchs der Wagenknechts schrieb: «Mein Schwiegervater fühlt sich immer etwas unbehaglich angesichts des Hastens im Hause, während er in Wiesbaden zu der schrecklichen Ruhe und Faulheit verurteilt ist. Ein trauriges Schicksal für einen tüchtigen Mann!» Cläre empfand Ähnliches: «Hugo hat nur zu Recht: Es war ein schwerer Fehler, daß Papa sich in der Fülle und der Kraft und zur Zeit seiner besten Leistungsfähigkeit vom Geschäft zurückzog, um seinen Kindern in Deutschland eine bessere Erziehung zu ermöglichen. Wohl hätte er hier noch viel schaffen können, aber seiner Zeit hatte er keine Ratgeber, keinen Anhalt hier in Deutschland. Wer Jahre lang an erster Stelle gestanden hat, will, begreiflicherweise, nicht mehr an 2ter stehen ... Und dieser Gegensatz zwischen seinem Tun in Wiesbaden und Hugos in Mülheim empfindet er ungemein quälend, fast folternd.»[23]

Was Cläre an Hugo so faszinierte, war nicht nur die Tatkraft, mit der er seine Ziele verfolgte, oder der wirtschaftliche Erfolg seiner Unternehmungen, sondern vor allem das hohe Format, der Stil, der Weitblick und die Überzeugungskraft, durch die sich fast alles auszeichnete, was er anpackte, und die die Erwartungen prägten, die er an sich und andere stellte. Wenn Hugo ihr von seinen Auseinandersetzungen und Abmachungen mit den großen Industriellen und Bankiers erzählte, mit denen er fast täglich zu tun hatte – und von denen viele ihn häufig auch in seinem Büro besuchten und als Gäste im Hause Stinnes weilten, so daß Cläre sich selbst ein Bild von ihnen machen konnte –, und wenn sie mitverfolgte, mit welcher Unermüdlichkeit er versuchte, sie zu überreden, sie zu schieben und zwischen ihnen zu vermitteln, um voranzukommen in Richtung auf die gemeinsamen Ziele, die er maßgeblich mit definierte, animierte dies Cläre immer wieder zu boshaften Vergleichen. Zweifellos spiegelten sich in solchen Äußerungen Hugos eigenes Sendungsbewußtsein und seine Ansichten über die Unternehmerkollegen. Ein nicht untypisches Beispiel hierfür ist ein Brief vom Juni 1904,

Edmund Wagenknecht in seinem Wiesbadener Altersdomizil

geschrieben zu einer Zeit, als Stinnes alle Hände voll mit der Zusammenführung von Kohlenzechen und Eisen- und Stahlfirmen, mit dem Ausbau des RWE und mit einem sich anbahnenden schweren Konflikt mit der Regierung über die Wirtschafts- und Sozialpolitik zu tun hatte, durchweg Dinge, die pausenlose Verhandlungen mit zahlreichen Wirtschaftsführern erforderten:

> «Daß alles», schrieb Cläre, «gestern und vorgestern nach Wunsch verlaufen, freute mich, vor allem die Meldung, daß die Banken endlich in friedliches Fahrwasser zu kommen scheinen. Über Eitelkeit bei diesen Herren, fürchte ich, wirst Du noch manches zu klagen haben. Auch nicht bei allen Göttern der Industrie kommt immer das Interesse der Sache in erster Linie wie bei Dir, lieber Schatz. Waren doch schon die alten Götter eitel, da müssen es doch solche Menschen, die sich wenigstens für Halbgötter halten, es auch und gründlich sein.»[24]

Tatsächlich erwiesen sich diese Halbgötter als ein ebenso zerstrittener Haufen wie die alten Götter; jeder hatte seine eigene Vorstellung davon, was im «Interesse der Sache» lag. Vielleicht war es gerade dieser Umstand, der Stinnes' Leistungen in dieser Zeit so bemerkenswert erscheinen ließ.

2. Stinnes und die großen vertikalen Konzentrationsprozesse des Jahres 1904

Von Anfang 1904 an bemühte Stinnes sich aktiv darum, Einfluß in der Eisen- und Stahlbranche zu gewinnen; er tat dies durch Übernahme einer Führungsrolle in einem vertikal expandierenden Konzern. Sein wichtigstes Vehikel für dieses Unterfangen war die Zeche Friedlicher Nachbar in Linden, bei der er als Grubenvorstandsvorsitzender wirkte. Die Zeche war eine von Hanaus Investitionsobjekten gewesen, und Stinnes war von Leo Hanau um Ratschläge für die anstehende Modernisierung der Zeche und insbesondere für ihre eventuelle Fusion mit der Nachbarzeche Baaker Mulde im Jahr 1899 gebeten worden. Offenbar hatte Stinnes die Möglichkeit, aus der fusionierten Zeche eine Hüttenzeche zu machen, von Anfang an im Auge, denn in seinem Gutachten von 1899 heißt es, als reine Zeche sei der Betrieb für einen jährlichen Gewinn von 450000 Mark bei einer Förderung von 1,5 Millionen Kohle gut, als Zulieferbetrieb für ein Hüttenwerk jedoch für 1 Million Mark.[25] Nach Schätzung von Stinnes würde man zwei Jahre brauchen, um neue Schächte niederzubringen und die anderen im Zuge einer Modernisierung erforderlichen Bauarbeiten durchzuführen; er war indes überzeugt davon, daß die Zeche danach Gewinn abwerfen würde, und hatte selbst Aktien von ihr gekauft. Sie scheint in der Tat recht profitabel gearbeitet zu haben, denn das zu ihr gehörende Brikettwerk in Dahlhausen zahlte 1901 eine Dividende von 20 Prozent und konnte im Jahr darauf seine Schulden vollständig tilgen. 1902 schied jedoch Leo Hanau wegen des Zusammenbruchs der Rheinischen Bank aus dem Grubenvorstand aus; ein anderer Großaktionär, die Breslauer Disconto-Bank, hatte sich mit der Darmstädter Bank (Bank für Handel und Industrie) zu einer Interessengemeinschaft zusammengetan und mit Unterstützung von Stinnes der Darmstädter Bank einen beherrschenden Einfluß im Kreis der Anteilseigner der Zeche verschafft.[26]

Diese hatten offenbar keine Probleme damit, die grundlegenden Entscheidungen in Sachen Friedlicher Nachbar Stinnes zu überlassen. Anfang 1904 beschäftigte er sich mit Plänen zum weiteren Ausbau der Zeche, erwog ihre Umwandlung in eine GmbH und verdoppelte – jetzt da nach der Erneuerung des Kohlensyndikats der Anreiz zu vertikaler Integration noch größer geworden war – seine Anstrengungen, mit Unterstützung der Essener Credit-Anstalt den Chef des Bochumer Vereins, Louis Baare, von der Idee einer Interessengemeinschaft zwischen Friedlicher Nachbar und Bochumer Verein, d.h. faktisch der Bildung einer Hüttenzeche, zu überzeugen.[27] Das Vorhaben scheiterte daran, daß der «Bochumer Verein keine neue Zechen kaufen will und eine Interessengemeinschaft ihnen zu verwickelt erscheint». Trotz seiner Enttäuschung betonte Stinnes, daß Baare sich in den Verhandlungen «fein und anständig» verhalten habe;[28] er hatte das Gefühl, nunmehr zu Baare und dessen Firma ein gutes Verhältnis aufgebaut zu haben. Tatsächlich half der Bochumer Verein Stinnes, den Grundbesitz von Friedlicher Nachbar abzurunden, indem er ihm am 1. April für 3,9 Millionen Mark die angrenzende Zeche Hasenwinkel verkaufte.[29]

Die Aufgabe, für Friedlicher Nachbar ein Eisen- und Stahlwerk als Partner zu finden, blieb Stinnes erhalten; die Lösung des Problems konnte eigentlich nur darin bestehen, daß er seine Beziehungen zu den Banken nutzte, um die Kuxen aufzukaufen und Friedlicher Nachbar in eine GmbH umzuwandeln, was immer ein delikates Unterfangen war. Anfang März erörterte Stinnes das Thema mit Müller von der Dresdner Bank, der höchst interessiert schien, sich an dieser Operation zu beteiligen, sich die Sache aber zu leicht vorstellte. «So einfach ist das nun nicht», schrieb Hugo an Cläre, «es kann eine kleine Reibung wohl absetzen, ehe Alles daccord ist.»[30] Am wichtigsten war natürlich, sich das Einverständnis der Darmstädter Bank als der Haupt-Anteilseignerin der Zeche zu sichern; sie zeigte sich völlig kooperationswillig. Auch wenn einige Presse-Kommentatoren Zweifel daran äußerten, daß es möglich sein werde, alle Anteilseigner von Friedlicher Nachbar zur Abtretung ihrer Anteile zu veranlassen, wurde die Umwandlung der Gewerkschaft in eine GmbH am 19. Mai 1904 ohne Probleme vollzogen. Stinnes machte aus diesem Anlaß deutlich, daß er in der Vorwärtsentwicklung, die Friedlicher Nachbar in den zurückliegenden Jahren genommen hatte, ein Paradebeispiel dafür sah, was sich mit den Zechen des südlichen Ruhrgebiets machen ließ:

> «Nur diejenigen Bergwerke des südlichen Ruhrreviers werden auf die Dauer als lebensfähig sich erweisen, die mit ebenso vollkommenen Einrichtungen versehen sind, wie die großen nördlichen Gruben des Ruhrreviers. Solche Einrichtungen sind jedoch nur gerechtfertigt, wenn ein genügender Felderbesitz bzw. Kohlenreichtum zur Verfügung steht und die Syndikatsbeteiligung eine angemessene Förderung zuläßt. Wird Vorsorge getroffen, daß diese Vorbedingungen erfüllt sind, so werden diese Zechen bei normalen Lagerungsverhältnissen und Verkaufspreisen Ergebnisse haben, die hinter denen vieler nördlicher Gruben nicht zurückstehen.»[31]

Der Prozeß des Ausbaus und der Modernisierung von Friedlicher Nachbar, den Stinnes 1899 eingeleitet hatte, trug nun so gute Früchte, daß die Zeche sowohl für Investoren als auch als potentieller Partner eines Eisen- und Stahlwerks äußerst attraktiv geworden war. Auch die Vorbedingung einer Umwandlung in eine AG war erfüllt. Die erste Gesellschafterversammlung des neuen Unternehmens fand am 25. Juni statt; dabei wurde bekanntgegeben, daß jeder Teilhaber pro eingebrachter Kuxe fünf Aktien erhalten sollte. Die Aktien sollten einen Nennwert von jeweils 1.000 Mark haben, das Gesamtkapital der Firma wurde auf 5 Millionen Mark festgesetzt. Einer der von Stinnes am meisten geschätzten Manager, Carl Knupe, der als Betriebsleiter schon an der Zeche wirkte, wurde zum Direktor der Firma ernannt.[32]

Das wichtigste war jedoch, daß Stinnes inzwischen sowohl den Bankier als auch die Firma gefunden hatte, durch die sich ihm die Chance eröffnete, Friedlicher Nachbar in einen gemischten Konzern einzugliedern. Im Verlauf seiner Verhandlungen mit der Darmstädter Bank in Sachen Friedlicher Nachbar Anfang März hatte Stinnes deren prominentesten und dynamischsten Direktor kennengelernt: Bernhard Dernburg (1865–1937). Dernburg, der Sohn eines bekannten jüdischen Journalisten aus Berlin, hatte seine Banklaufbahn in der Berliner Handels-Gesellschaft begonnen, danach bei einer New Yorker Bank wertvolle Erfahrungen gesammelt und war schließlich in die mit der Deutschen Bank verbundene Deutsche Treuhandgesellschaft eingetreten. Dort hatte er sich auf die Sanierung von in wirtschaftliche Bedrängnis geratenen Firmen spezialisiert und dabei eine so große Meisterschaft und so viel Einfallsreichtum an den Tag gelegt, daß die Berliner Geschäftswelt ihm den Ehrentitel «Sanitätsrat» gab. Den Gipfel seiner Bankenkarriere erklomm Dernburg, als er zu einem von drei geschäftsführenden Vorständen der Darmstädter Bank berufen wurde und dort eine maßgebliche Rolle bei der Ausgabe von Aktien und Obligationen spielte. Bei aller Verschiedenheit ihrer Herkunft und ihres beruflichen Weges begegneten sich Stinnes und Dernburg zu einem Zeitpunkt, als beide mit der Übernahme und Sanierung von Firmen befaßt waren, die abgewirtschaftet hatten oder in finanziellen Schwierigkeiten steckten; dazu kam, daß beide Männer sich in einer durch höchste Unternehmungslust und Risikobereitschaft geprägten Phase ihrer geschäftlichen Laufbahn befanden. Dernburg hatte besonders durch die maßgebliche Rolle, die er bei der Sanierung der Deutsch-Luxemburg Bergwerks- und Hütten-Aktien-Gesellschaft gespielt hatte, auf sich aufmerksam gemacht, einer Firma, die 1901 als Rechtsnachfolgerin der Société des Hauts-Fourneaux de Differdange gegründet worden war. Das Unternehmen verfügte über Eisen- und Stahlhütten in Differdingen in Luxemburg, über Erzgruben in Luxemburg und Lothringen und hatte die Kohlenbergwerke und Kokereien der vormaligen Bergwerksgesellschaft Dannenbaum in Bochum erworben. Dernburg und Stinnes brauchten nicht lange, um zu der Erkenntnis zu gelangen, daß eine Fusion zwischen Friedlicher Nachbar und Deutsch-Luxemburg sowohl Stinnes die langgesuchte Chance eröffnen würde, seine Bergwerke einem Eisen- und Stahlkonzern anzugliedern, als auch Dernburg seinem Ziel näherbringen würde, Deutsch-Luxemburg zu einem der führenden gemischten Konzerne zu machen.[33]

Die Verhandlungen, die zur Fusion zwischen Friedlicher Nachbar und Deutsch-Luxemburg führen sollten, traten wahrscheinlich Anfang August 1904 in ihre ernsthafte Phase, nach der vollzogenen Umwandlung von Friedlicher Nachbar in eine AG. Mitte August hatten die Juristen den Entwurf eines Fusionsvertrages ausgearbeitet, und gegen Ende des Monats konstatierte Cläre in ihrem Tagebuch: «Der Plan ‹Friedlicher Nachbar – Deutsch-Luxemburg› verdichtet sich; von beiden Seiten sind eifrige Befahrungen oben und unter Tage im Gange.»[34] Diese Befahrungen waren keine Besichtigungstouren, sondern Inspektionen, die der Bewertung dienten und sich in Expertengutachten und persönlichen Beobachtungen niederschlugen, auf deren Grundlage entscheidende Weichenstellungen für die künftige Geschäftspolitik und die Kompetenzverteilungen zwischen den beteiligten Unternehmen vorgenommen wurden. Wie wichtig sie waren, läßt sich aus dem Fortgang der Überlegungen über die zukünftige Arbeitsteilung zwischen Dernburg und Stinnes ablesen, wie sie sich im Verlauf ihrer Verhandlungen im August und September 1904 ergaben.

Für beide, Dernburg wie Stinnes, sollte die Fusion zwischen Friedlicher Nachbar und Deutsch-Luxemburg nur der Einstieg in eine noch stärkere Expansion sein, die irgendwann nicht mehr ohne ein Bankenkonsortium zu bewerkstelligen sein würde. Vorderhand wollte Dernburg jedoch, solange es ging, die Fäden in der Hand behalten. Er schlug daher vor, selbst den Vorsitz im Aufsichtsrat zu übernehmen, mit Stinnes als Stellvertreter. Stinnes wiederum wünschte eine gleichberechtigte Partnerschaft, woraufhin Dernburg sehr rasch Zugeständnisse sowohl für die Gegenwart als auch für die Zukunft machte. Hieran zeigte sich, wie sehr das Verhältnis zwischen Bankiers und Großindustriellen die Merkmale einer Symbiose trug (und nicht etwa einer Abhängigkeit der letzteren von den ersteren):

> «Bezüglich der Schlußbemerkungen ... Einverstanden. Bank und Werk sind Socien und dürfen sich gegenseitig nicht schädigen; zu Kompromissen bin ich jederzeit zu haben, bes. den Aufsichtsrat betreffend: Die Neuordnung darf keine Schädigung der Darmstädter Bank nach außen und innen sein. Sie werden als Kohlenfachmann und im Revier wohnend stets ein gewisses Übergewicht haben in technischen Dingen; ich bin bereit, solches zu konzedieren und konzediere es durch die Genehmigung von 2 Vorsitzenden. Kommt eine Erweiterung – wie sie in unserem Programm steht und wie wir sie ja wollen – und es entsteht dadurch, daß vielleicht dort andere Bankinteressen sind, also eine Eifersüchtelei entstehen kann – der Wunsch einen Industriellen an der Spitze zu haben, so haben Sie meinen Platz. Dieser Zustand wird meines Erachtens eintreten bei jeder Erweiterung, sei es nach der Kohlen- oder Eisenseite.»[35]

Stinnes akzeptierte diese Zusage allem Anschein nach auf Treu und Glauben, ebenso wie er die sich aus der Konstellation eines ersten und zweiten Vorsitzenden ergebende Arbeitsteilung akzeptierte. Diese sah vor, daß Dernburg für die finanziellen und kaufmännischen Belange des Konzerns zuständig sein und Stinnes sich um die technischen Fragen und die Beziehungen zum Syndikat kümmern sollte. Eine analoge Konstruktion wurde für die Direktoren gewählt. Knupe sollte in den Vorstand von Deutsch-Luxemburg eintreten und dort die Verantwortung für den kaufmännischen Bereich sämtlicher der Firma gehörenden Bergwerke sowie deren Vertretung gegenüber dem Syndikat übernehmen, sollte aber einige seiner Verantwortlichkeiten mit dem Mann teilen, der bei Deutsch-Luxemburg bis dahin diese Aufgaben wahrgenommen hatte, einem gewissen Ballauf. Ein anderes Vorstandsmitglied von Deutsch-Luxemburg, Brenner, sollte als Technischer Direktor der Bergwerke fungieren.[36]

Diese Vereinbarung wurde am 31. August geschlossen und währte genau einen

Tag. Als Stinnes nämlich tags darauf von einer Besichtigung der zu Deutsch-Luxemburg gehörenden Dannenbaum-Zechen zurückkehrte, ließ er Dernburg ohne Umschweife wissen, wie sehr ihm mißfiel, was er dort gesehen hatte. Er äußerte sich «sehr enttäuscht ... über den Befund» und sprach von «schlimmen Fehlern», die bereits bei der Anlage der Bergwerke gemacht worden seien – und er bemängelte, auch die in jüngster Zeit getätigten Ausbauten zeigten, «daß der Leitung jeder weite Blick fehlt». «Erschreckt» zeigte er sich über die Strategie der Geschäftsleitung gegenüber dem Kohlensyndikat, durch die mögliche Gewinne verschenkt worden seien. In seinen Augen bedurfte es einer Investition von 3 Millionen Mark, um die Dannenbaum-Zechen zur vollen Produktivität zu bringen. Er war jedoch nicht willens, diese Aufgabe der amtierenden Geschäftsleitung zu überlassen. «Ich verhehle nicht, daß mein heutiger Eindruck über den Zustand und die Leitung denkbar schlechte sind. ... Unter den Umständen habe ich die größten Bedenken gegen die Vereinigung, wenn nicht feststeht, daß anders disponiert und jeder Widerstand gebrochen wird.» Aus diesem Grund war er nun nicht mehr bereit, die von Dernburg vorgeschlagene Kompetenzverteilung zu akzeptieren, sondern forderte über die Zuständigkeit über den technischen Bereich hinaus auch die Oberaufsicht über den kaufmännischen Bereich und das Personalwesen. «Vor allen Dingen muß ich das Recht haben, die Personalfragen aus beiden Werken so zu ordnen, und zwar unmittelbar im Einverständnis mit dem Aufsichtsrat, wie ich es für nötig halte.[37] Er wies Dernburg darauf hin, daß er eine analoge Regelung mit Waldemar Müller vom Aufsichtsrat der Saar-Mosel-Bergwerke getroffen hatte.

Dernburg hatte sich zweifellos einen stärkeren Partner eingehandelt, als es ihm zu Beginn der Verhandlungen vorgeschwebt hatte; Stinnes betrachtete den Aufsichtsrat in der Tat als Instrument einer schöpferischen Einflußnahme auf die Geschäftsführung. Das wurde Dernburg spätestens einige Tage danach klar, als er zusammen mit Stinnes die Erzgruben und das Werk Differdingen besuchte. Wie Cläre ihrem Tagebuch am 5. September anvertraute: «Seit gestern weilt Hugo mit Dr. Dernburg von der Darmstädter Bank auf den Werken des Deutsch-Luxemburger Hüttenvereins. Die Besichtigung ist, soweit es die Kürze der Zeit erlaubt, eine sehr eingehende und fällt im Ganzen zufriedenstellend aus. Die Leitung muß indes erheblich strammer in der Folge geführt werden. Trotz seiner Neulingstätigkeit in Eisensachen entwirft Hugo sofort den Herren einen Plan der notwendig vorzunehmenden Änderungen, dessen Richtigkeit anerkannt wird.»[38] Dernburg sah kaum eine andere Wahl, als Stinnes beizupflichten, und er tat dies mit um so größerem Eifer, als Stinnes, wie Geheimrat Weidtmann von der Bergisch-Märkischen Bank zu erkennen glaubte, die «Braut» war, «um welche er tanzt».[39] So fügte sich Dernburg nicht nur in die von Stinnes diktierten Bedingungen, sondern erteilte auch den Direktoren Ballauf und Brenner den Rat: «Es wird Ihre persönliche Stellung in der Sache erleichtern und kräftigen, wenn Sie sich den Ratschlägen des Herrn Stinnes möglichst anpassen.»[40] Am besten, sie begännen damit schon vor dem formalen Vollzug der Fusion.

Die Aktionäre waren freilich nicht so leicht auf Vordermann zu bringen; als Ende August Informationen über die geplante Fusion zur Presse durchsickerten und die Aufsichtsräte von Friedlicher Nachbar und Deutsch-Luxemburg am 6. September die Verträge billigten, gab es eine Menge Kommentare zu den mutmaßlichen Beweggründen für die Fusion und zu den damit zusammenhängenden finanziellen Vereinbarungen. In den Augen Cläres ließ die Presse dabei den wichtigsten Punkt außer acht:

> «Die Zeitungen sahen alle die Fusion Deutsch-Luxemburg – Friedlicher Nachbar als Sanierungsoperation für ersteres Werk und als eine Schickung Dernburgs an, während doch tatsächlich nur Hugo der Vater des Gedankens ist und ihn der Gedanke dabei leitete, der Kohlenzeche das Stahlwerk anzugliedern, und da dieses entwicklungsfähig ist, es zu einem der größten deutschen Stahlwerke auszubauen. Es war ja lange schon sein Sehnen, in der Stahlindustrie Fuß zu fassen. Aber die Zeitungen wissen stets alles am besten!»[41]

Man darf nicht vergessen, daß Hugos «Sehnen» in hohem Maß ein Ausdruck der Situation war, in der sich die Schwerindustrie in jener Phase befand, und daß er auch für seine Aufsichtsrats-Kollegen von der Bergisch-Märkischen, Rheinischen und Darmstädter Bank sprach, wenn er erklärte, die Opfer, die das Unternehmen für den Zusammenschluß mit Deutsch-Luxemburg brachte, seien gerechtfertigt, wenn die Firma dadurch den gesetzten Zielen näherkomme:

> «Es ist seit längerer Zeit, und zwar schon vor Bildung des neuen Kohlen-Syndikates, unser unausgesetztes Bestreben gewesen, unser Unternehmen im Anschluß an ein gutes Eisenwerk zu einem sogenannten gemischten Werke auszugestalten. Wir waren und sind davon überzeugt, daß den gemischten Werken die Zukunft gehört, und daß sie wirtschaftlich notwendig sind, sofern die Kohlengrundlage eine so breite ist, daß eine vernünftige Verwertung der Förderungen stattfindet und nicht Produkte zum Verkoken herangezogen werden, die besser andere Verwendung finden sollten.»[42]

Der Umstand, daß Friedlicher Nachbar und Dannenbaum unmittelbar aneinandergrenzten, machte die Fusion um so sinnvoller; dasselbe galt von der berechtigten Erwartung, daß aus Friedlicher Nachbar eine Hüttenzeche mit einem Eigenverbrauch von 400000 Tonnen jährlich werden würde und daß dies zusammen mit der angepeilten Syndikatsquote von 1.785000 Jahrestonnen rechnerisch auf einen Gewinn von 19 Millionen Mark für die Anteilseigner schließen ließ.

Das in Friedlicher Nachbar steckende Potential einer Hüttenzeche war für Dernburg in seinen Verhandlungen mit dem Aufsichtsrat von Deutsch-Luxemburg ein wichtiges Verkaufsargument; im übrigen baute er darauf, daß Stinnes die Klaviatur der «Syndikatswissenschaft» beherrschte.[43] Stinnes war sich seiner Sache in diesem Punkt jedoch gar nicht so überaus sicher, suchte am Ende aber Zuflucht in dem Argument, es komme gar nicht darauf an, ob Friedlicher Nachbar zu einer Hüttenzeche werde oder nicht, da Dannenbaum eine so hohe Syndikatsquote besitze, daß ein guter Absatz für Friedlicher Nachbar schon von daher gesichert sei.[44]

Alles in allem tat Dernburg sich wesentlich schwerer als Stinnes, auf seiner Seite die Fusion durchzusetzen, hatte er es doch mit einer Firma zu tun, die erst vor kurzem auf neue Füße gestellt worden war und deren Aktionären jetzt zugemutet wurde, einer Halbierung des Stammkapitals von Deutsch-Luxemburg von 24,175 auf 12,087 Millionen Mark und einer Konsolidierung sowohl der Stamm- als auch der Vorzugsaktien zum Umtauschkurs von zwei alten für eine neue Aktie zuzustimmen. Damit würde die Amortisierung gesetzt, die Überkapitalisierung reduziert und die Voraussetzung für künftige Kapitalerhöhungen zum Zwecke einer weiteren Expansion geschaffen. Im Grunde wurde von den Aktionären verlangt, daß sie die Amortisierung bisher nicht sichtbar gewordener Verluste finanzierten; viele von ihnen, besonders die Besitzer von Vorzugsaktien, die an der Börse stets höher im Kurs gestanden hatten, reagierten darauf mit dem Vorwurf, sie würden «vergewaltigt».

Um die Fusionsgegner zu entwaffnen oder ihren Widerstand wenigstens zu schwächen, hatte Dernburg insgeheim Aktien von Deutsch-Luxemburg aufgekauft, in der Hoffnung, den Kurs der Aktien in die Höhe treiben und die Fusion damit attraktiver machen zu können. Er bemühte sich – nicht immer mit der Resonanz, die er sich glaubte verdient zu haben –, auch Stinnes und dessen Bankiers-Konsorten für eine aktive Beteiligung an diesem Börsenmanöver zu gewinnen, indem er darauf hinwies, daß es schon ein Stück weit gelungen sei, der Opposition den Wind aus den Segeln zu nehmen. Er nutzte auch seine freundschaftlichen Beziehungen zur *Frankfurter Zeitung*, um einen ausführlichen Brief zu lancieren, als dessen Verfasser eine «vertraute Persönlichkeit» genannt wurde und in dem die Vorzüge der geplanten Fusion im Hinblick auf die künftig verbesserten Gewinnaussichten des Unternehmens und die daraus resultierenden höheren Dividenden für Inhaber von Vorzugsaktien erläutert wurden. Am 30. September konnten Dernburg und Stinnes einander beglückwünschen, nachdem die Generalversammlung der Aktionäre von Deutsch-Luxemburg der Fusion in der geplanten Form ihre Zustimmung gegeben hatte. Die von Dernburg eingeschlagene Taktik leistete zweifellos einen maßgeblichen Beitrag zu diesem Erfolg, wenngleich die Argumente, die er im Hinblick auf die behaupteten Vorteile für die Aktionäre vorbrachte, nicht einmal die ihm freundlich gesonnene *Frankfurter Zeitung* ganz überzeugten – die dennoch am Ende eine Lanze für die Fusion brach, weil die wirtschaftlichen Argumente dafür in ihren Augen zwingend waren:

«Berechtigt scheint uns aber auch vom Standpunkte der Opponenten, daß eine weitere Konsolidierung des Deutsch-Luxemburgischen Unternehmens zu wünschen bleibt, und gegenwärtig mehr noch als zuvor, weil in der Eisenindustrie der Stahlwerksverband noch keineswegs dauernd gesicherte Zustände geschaffen hat, und weil inzwischen die fortschreitenden Konzentrations-Transaktionen erst recht dem Einzelunternehmen das Streben nach Kräftigung aufdrängen; denn nur starke Gesellschaften werden dann einem etwa erforderlichen Kampf im Inlande oder der Abwehr von erdrückendem Wettbewerb des Auslandes gewachsen sein.»[45]

Ähnliche Begründungen wurden ins Feld geführt, als es einen Monat später darum ging, die Interessengemeinschaft zwischen der Gelsenkirchener Bergwerks AG unter Leitung Kirdorfs und dem Schalker Gruben- und Hüttenverein (in dem August Thyssen eine dominierende Stellung innehatte) zu begründen. Um die gleiche Zeit trat die GBAG auch in eine Interessengemeinschaft mit dem Aachener Hüttenverein Rothe Erde ein, an dessen Spitze Emil Kirdorfs Bruder Adolf stand.[46] Der Ausbau der GBAG zu einem gemischten Konzern war eigentlich ein bemerkenswerterer Vorgang als die Expansion von Deutsch-Luxemburg, zumal darin Hugo Stinnes wiederum eine aktive und wichtige Rolle spielte. Die GBAG hatte natürlich schon vor 1904 zu den größten unter den reinen Bergwerksgesellschaften gehört und hatte sich nicht nur außerordentlich ergiebiger Vorkommen und einer sagenhaften Produktivität rühmen können, sondern auch der höchsten Förderquoten innerhalb des Syndikats. Stinnes hatte sich besonders viel Mühe gegeben, sich Kirdorf zum Freund zu machen; als im September 1903 der Fortbestand des Syndikats gefährdet schien, hatte Stinnes seine Firma als primären Kohlenhändler für die GBAG angeboten (eine Funktion, die sie später für den MBV übernahm), ein Angebot, das Kirdorf offenbar zu schätzen wußte.[47] Bei seinem Eintreten für eine Stärkung des Syndikats und den Aufbau eines Trusts hatte Stinnes sich vor allem auf die Gerüchte über angebliche Pläne der Regierung, die GBAG aufzukaufen, berufen. Thyssen, dem der Aufbau eines gigantischen vertikalen Trusts vorschwebte und der wesentliche Anteile am Schalker Verein hielt (dessen Zechen an die der GBAG angrenzten), hatte natürlich auch ein Auge auf die GBAG geworfen. Kirdorf war sich über die unsicheren Aussichten des reinen Bergbaubetriebes im allgemeinen und der GBAG im besonderen vollkommen im klaren und hatte in der Korrespondenz mit seinem Bruder schon seit 1902 den Gedanken des Zusammengehens mit Rothe Erde erörtert. Kirdorf hatte in regelmäßigen Abständen die maßgeblichen Großaktionäre der GBAG, vor allem Adolph von Hansemann von der Disconto-Gesellschaft, der bis zu seinem Tod im Dezember 1903 den Aufsichtsratsvorsitz innehatte, mit Alarmmeldungen über größere Transaktionen von GBAG-Aktienpaketen aufgeschreckt. Hansemann hatte jedoch die potentiellen Gefahren eher gering geschätzt. Sein Nachfolger als Aufsichtsratsvorsitzender der GBAG und dominante Figur in der Disconto-Gesellschaft, Alexander Schöller (1852–1911), sah sich an der Jahreswende 1903/04 zwei rivalisierenden Parteien gegenüber: einer Allianz von Stinnes und Dresdner Bank auf der einen sowie von Thyssen und Deutscher Bank auf der anderen Seite.[48]

Beide, Stinnes wie Thyssen, sahen ihr Engagement bei der GBAG unter dem

Carl Klönne, Direktor der Deutschen Bank

Gesichtspunkt einer zunehmenden vertikalen Konzentration und eines Voranschreitens in die Richtung jener Konsolidierung und Vertrustung der deutschen Schwerindustrie, die sie beide für unausweichlich hielten. Gleichzeitig sahen sie in der zunehmenden Integration industrieller Anteile in die GBAG eine Abwehrmaßnahme gegen mögliche Übernahmepläne des Staates und in der Ausweitung der Bankenpräsenz im GBAG-Kapital eine notwendige Entwicklung angesichts des immensen Kapitalbedarfs, der mit dem Konzernausbau der GBAG einherging. Kirdorf war mit dem auf industrielle Integration abzielenden Langzeit-Programm sowohl von Stinnes als auch von Thyssen grundsätzlich einverstanden und bezeichnete dieses in den Jahren 1903–04 immer wieder als die einzig echte Rechtfertigung für den Einfluß, den die beiden Männer und die mit ihnen liierten Banken in der GBAG ausübten. Zugleich mißtraute er den Motiven der Bankiers, die selbstverständlich großes Interesse daran hatten, sowohl ihre Stellung im Aufsichtsrat als auch ihren relativen Einfluß in Konkurrenz zueinander zu stärken; darüber hinaus fürchtete und mißtraute er Thyssen, von dem er glaubte, er wolle die GBAG schlucken. Nur bei Stinnes sah Kirdorf höhere Motive am Werk als das bloße Eigeninteresse; ihm traute er eine ehrliche Maklerrolle zu.

Und genau diese Rolle spielte Stinnes in den Verhandlungen, die im Dezember 1903 begannen und in die Bildung einer Interessengemeinschaft zwischen dem Schalker Verein und der Aachener Rothe Erde im Oktober/November 1904 und in die Berufung Klönnes und Müllers in den GBAG-Aufsichtsrat mündeten. Für Kirdorf, der während seiner gesamten GBAG-Karriere eng mit der Disconto-Gesellschaft zusammengearbeitet hatte, war das Auftauchen von Vertretern anderer Banken in den GBAG-Führungsgremien eine schwer verdauliche und unangenehme Entwicklung. Dies schien geradezu eine Taktlosigkeit gegenüber dem unlängst verstorbenen Adolph von Hansemann, besonders zu Anfang der Verhandlungen im Dezember 1903. Noch kurz vor dessen Tod hatte Kirdorf den Vorschlag gemacht, Thyssen und Stinnes sollten in den GBAG-Aufsichtsrat eintreten, vorausgesetzt sie versprächen, «vorläufig neutral [zu] bleiben» und «nicht als ausschließliche Vertreter der Interessen der Deutschen und Dresdner Bank» aufzutreten. Falls «die Disconto Ges. durch eine Koalition Deutsche und Dresdner Bank vergewaltigt» würde, sähe er sich, so warnte er, gezwungen, seine Position in der GBAG zu räumen. In aller Behutsamkeit wiesen Stinnes und Thyssen darauf hin, daß die Banken kraft ihrer Aktienpakete mit Recht gewisse Forderungen und Ansprüche hinsichtlich der GBAG geltend machten. Privatim gab Stinnes jedoch Müller zu verstehen, daß es klug wäre, wenn «Sie ebenso wie die Deutsche Bank in der nächsten Generalversammlung ... Ihre Macht zeigen und selbst vertreten, ohne der Disconto Ges. Opposition zu machen. Das nächste Jahr müßten Sie dann zur weiteren Stärkung Ihrer Position nicht ungenutzt verstreichen lassen.» In Stinnes' Augen war es wichtig, daß die Deutsche und Dresdner Bank in bezug auf die GBAG nicht nur Hand in Hand arbeiteten, sondern daß sie sich bemühten, «ihre Ansprüche im *Frieden* mit der Disconto durchzuführen».[49] Müller und Klönne waren allem Anschein nach hocherfreut über die Stinnessche Kirdorf-Diplomatie; jedenfalls ließ Müller Stinnes wissen, sie täten nichts lieber, als sich an seinen Rat zu halten:

> «Die von Ihnen und Herrn Thyssen eingenommene Haltung stimmt in allen Punkten mit unserer Auffassung vollkommen überein; wir gehen auch darin mit Ihnen konform, daß wir diesmal ebenso wie die Deutsche Bank nur unsere Visitenkarte abgeben und bis zum nächsten Jahr auf eine weitere Stärkung unserer Position ... rechnen. Ebenso liegt es durchaus in unseren Wünschen, mit der Deutschen Bank in diesen und ähnlichen Fällen Hand in Hand zu gehen und uns in Frieden mit der Disconto zu verständigen. Ihre schätzbaren Worte in dieser Beziehung werden bei uns immer williges Gehör finden.»[50]

Die Disconto-Gesellschaft war weit weniger entgegenkommend, weil für sie viel mehr auf dem Spiel stand. Sie war sogar gegen die Berufung Thyssens und Stinnes' in den Aufsichtsrat, fügte sich jedoch schließlich in diese unausweichliche Konsequenz – nur um anschließend über Kirdorf die Forderung zu erheben, Thyssen und Stinnes müßten versprechen, nicht in die Aufsichtsräte der Banken, mit denen sie liiert waren, einzutreten. In der Tat hatten sowohl Thyssen als auch

Stinnes ein Aufsichtsratsmandat bei der Deutschen bzw. der Dresdner Bank ausgeschlagen; sie wollten ihre Handlungsfreiheit behalten und sich nicht an die Rockschöße einer Bank binden. Stinnes lehnte es freilich aus grundsätzlichen Gründen ab, in diesem Punkt ein bindendes Versprechen abzugeben. Nicht ohne eine gewisse Verärgerung ließ er Kirdorf wissen: «Es kommt mir beinahe vor, als glaubten die Herren von der Disconto Ges., mit der ich gar keine Beziehung z.Zt. habe, mit der Wahl in den Aufsichtsrat Ihrer Gesellschaft mir eine Wohltat zu erweisen, für die ich aus Dankbarkeit gleich meine Selbstbestimmungsrechte preisgeben müsse.»[51]

Ende Februar 1905 wurden Stinnes und Thyssen in den Aufsichtsrat der GBAG gewählt. Müller und Klönne hatten ihre Visitenkarten abgegeben, und alsbald setzte erneut ein reger Erwerb von GBAG-Aktien ein – die beiden Bankiers hielten sich an ihren Vorsatz, das folgende Jahr für den Ausbau ihrer Position zu nutzen. Für Schöller stellte sich das Problem, wie er aus dem, was nicht zu ändern war, das Beste machen könne, und er versuchte es, indem er im Gegenzug für die Aufnahme der Deutschen und Dresdner Bank in den GBAG-Aufsichtsrat Anspruch auf einen Aufsichtsratssitz beim RWE erhob. Die Disconto-Geschäftsleitung drängte des weiteren auf eine Rahmenvereinbarung zwischen den Banken über den Charakter und die Zielsetzung ihrer Zusammenarbeit. Stinnes war nicht abgeneigt, diese Wünsche zu erfüllen, da dies zu einer Stärkung der Kapitalbasis beim RWE führen, das Gefühl für eine Gemeinsamkeit der Interessen zwischen Banken und Industrie von Rhein und Ruhr stärken und der Disconto-Gesellschaft den Eindruck einer demütigenden Niederlage an der GBAG-Front ersparen, zugleich aber alle beteiligten Banken vor den Karren der gemeinsamen Sache spannen würde. In der praktischen Anwendung dieser Strategie sah Stinnes sich allerdings mit beträchtlichen Schwierigkeiten konfrontiert, die aus der ungeschickten Verhandlungsführung Thyssens resultierten. Anfang März schilderte er in einem Brief an Cläre seine Eindrücke von diesen Verhandlungen so:

> «Anfänglich führte Herr Thyssen das Wort und zwar so ungeschickt, daß er uns immer als Vertreter von der Deutschen und Dresdner Bank bezeichnete und in dieser Eigenschaft Ansprüche stellte, statt auf die allgemeinen Gesichtspunkte hinzuweisen, die ein gemeinsames Handeln der Banken angezeigt erscheinen lassen. Ich habe gleich danach diesen Fehler scheinbar nicht ohne Erfolg repariert.»[52]

Das große publizistische Echo auf die vorausgegangene Generalversammlung der GBAG-Aktionäre und die Presseberichte, in denen die GBAG als Spekulationsobjekt und als Mittel zum Zweck einer Zusammenballung industrieller und finanzwirtschaftlicher Macht dargestellt wurde, lösten bei Kirdorf Nervosität und Erregung aus. Auf der einen Seite gefiel ihm die Vorstellung Stinnes', Schritt für Schritt einen großformatigen industriellen Konzentrationsprozeß voranzutreiben, und er warb dafür bei den Alt-Aufsichtsräten der GBAG. Andererseits fürchtete er, die Grundsätze, nach denen er die GBAG geführt hatte, könnten über Bord geworfen werden. Am 18. März schrieb er Stinnes einen bemerkenswerten Brief, in dem er seine Befürchtungen formulierte und um dessen Weitergabe an Thyssen er Stinnes bat:

«Die bekannten führenden Herren meines Aufsichtsrats haben sich vollständig meiner Auffassung angeschlossen, daß wir im eigenen und allgemeinen Interesse uns Ihren Plänen und Ansichten anschließen; sie stehen aber auch ganz auf dem von mir betonten Standpunkt, daß der Weg zur Ausführung langsam und vorsichtig anzubahnen und zu beschreiten ist und erst im Vorschreiten die Erfahrung zum weiteren Vorgehen und namentlich die Erkenntnis des anzustrebenden Endziels zu gewinnen ist. Dafür ist nun m. E. nötig, daß die Gesellschaft, die den Mittelpunkt bilden soll, vor dem Verdacht der Spekulations- und Ausdehnungssucht bewahrt wird und ihr das allgemeine Vertrauen, sowohl hinsichtlich ihrer inneren Verhältnisse als auch hinsichtlich ihrer Stellung in den Syndikaten, welche sie jetzt besitzt, erhalten bleibt.»

Um dies sicherzustellen, war es nach Kirdorfs Überzeugung notwendig, Gerüchte und Spekulationen zum Verstummen zu bringen und sich zunächst auf kleine Schritte zu einigen; erst später sollten in einem «zweiten Schritt» die anderen Banken einbezogen werden. Was als Motiv hinter diesem Bremsmanöver stand, war ein tiefes Mißtrauen gegen Thyssen und Klönne:

«Den Eintritt anderer Banken in die diesseitige Verwaltung als Selbstzweck muß ich nach allem Vorhergesagten verurteilen; ich muß dies hervorheben, da die Betonung dieses Anstrebens durch Herrn Thyssen in der Unterredung des Herrn Klönne immerhin den Verdacht aufkommen läßt, daß letzterer seinen persönlichen Einfluß auf Herrn Thyssen für seine Zwecke ausbeuten möchte. Ich muß auch die Gewißheit gewinnen, daß in den zu beteiligenden Kreisen keinerlei persönliche Spekulation getrieben wird, für die wir schließlich mitverantwortlich sein würden. Die fortgesetzte Bewegung in solchen Papieren, über die wir bei unseren Plänen sprachen, läßt auch diesen Verdacht nicht ganz abweisen.»[53]

Durch diese ungnädigen Äußerungen geriet Stinnes in eine sehr heikle Lage. Auf der einen Seite war er nicht bereit, Kirdorf einen Keil zwischen sich und die Thyssen-Klönne-Partei treiben zu lassen, auf der anderen Seite hatte er Verständnis für Kirdorf und brauchte ihn. Als Thyssen den Brief zu sehen bekam, aus dem er den Vorwurf einer unlauteren Spekulation herauslas, reagierte er «außerordentlich aufgeregt»[54] und drohte offenbar damit, sich von den Verhandlungen zurückzuziehen. Dies konfrontierte Stinnes mit der schwierigen diplomatischen Aufgabe, Thyssen von übereilten Schritten abzuhalten; mit der Art und Weise, wie er dies tat, lieferte er eine eindrucksvolle Demonstration seines meisterhaften Umgangs mit seinen beiden streitlustigen älteren Widerparts.

In einem Brief an Thyssen vom 21. März 1904 berichtete Stinnes, bei einer Begegnung mit Kirdorf, kurz nachdem dieser den besagten Brief geschrieben

Emil Kirdorf

habe, sei er zu der Überzeugung gelangt, daß Kirdorf auf die Einflüsterungen von Intriganten aus dem alten GBAG-Aufsichtsrat höre; aus diesen Kreisen sei ihm zugetragen worden, Kirdorf sei «eine Puppe in unseren Händen».[55] Stinnes vermutete, daß Kirdorf nach wie vor stark unter dem Einfluß von Disconto-Bank-Kreisen stehe, zugleich ein krankhaftes Mißtrauen gegen die Deutsche und Dresdner Bank hege und Angst habe, seinen Status völlig einzubüßen, wenn in der Öffentlichkeit der Eindruck entstünde, er orientiere sich nicht nur ausschließlich an Industrieinteressen, sondern auch an Bankbelangen. Stinnes war sicher, daß Kirdorf, wenn er wirklich geglaubt hätte, Thyssen und Stinnes steckten hinter den Spekulationen, als bekanntermaßen «offener, ehrlicher» Mensch dies rückhaltlos ausgesprochen hätte. Daher sei es ein Fehler, seine Äußerungen persönlich zu nehmen:

> «Es gibt so wenig Menschen, auf die man sich wirklich verlassen kann, daß man sich von diesen wenigen – und dazu rechne ich Herrn Kirdorf –, nicht wegen Schroffheiten trennen sollte.

Für mich als den Jüngeren, der auf bescheidene Resultate nur zurücksehen kann, mag es leichter sein, über solche Schroffheiten hinwegzusehen. Aber Sie mit Ihrer großen Erfahrung und Ihren großen Erfolgen könnten vielleicht aus anderen Gründen über dergleichen auch hinweggehen.

Unser gemeinsames Verfahren ist viel zu wichtig, als daß es gewissen Intriganten und dem etwas lebhaften Temperament des Herrn Kirdorf zum Opfer fallen darf...

Wenn sich die Erregung bei Ihnen gelegt hat, hoffe ich, gewinnen die großen Ziele das Übergewicht und Sie entziehen Ihre unentbehrliche Kraft nicht in kritischer Zeit der hiesigen Industrie. Heute Abend habe ich vielleicht noch die Freude zu hören, daß Sie Ihre Pläne mit der alten Zügigkeit selbst weiter verfolgen werden.»

Stinnes hatte richtig erkannt, daß Schmeicheleien das wirksamste Mittel waren, um Thyssen zu beruhigen, während man Kirdorf gegenüber beständige Vertrauensbildung betreiben mußte, weil Kirdorf sich in einer ganz anderen Lage befand als er und Thyssen und weil es für sein Mißtrauen gegenüber den Banken triftige Gründe gab. Kirdorf wiederum hatte den Eindruck, daß weder Stinnes noch Thyssen sein Problem richtig verstanden, und er hielt Stinnes dieses mangelnde Verständnis vor:

«Wie ich Herrn Thyssen schon erläuterte, ist ein gewaltiger Unterschied zwischen dem durch Besitz mächtigen Industriellen und einem nur durch seine Tätigkeit einflußreichen Beamten dieser Industrie; in dem Verhältnis zur Hochfinanz kann ersterer deren Einwirkung jeder Zeit abschütteln, während letzterer machtlos wird, wenn er sich mal in ihre Macht begeben haben sollte.»[56]

Wenn Stinnes und Thyssen im Hinblick auf die Forderungen der Bankiers nach maßgeblicher Mitsprache in dieser oder jener die GBAG betreffenden Frage oder nach rotierendem Vorsitz mehr oder weniger als eine Frage der Etikette behandelten, sah Kirdorf darin eher ein Symptom von Egoismus und Eitelkeit, das latente Gefahren barg. Er war beispielsweise überzeugt davon, daß bei den Versuchen des preußischen Staates im Vorjahr, die GBAG zu übernehmen, die Deutsche Bank ihre Finger im Spiel gehabt hatte. Er behielt sich daher das Urteil darüber vor, ob die von Stinnes und Thyssen ausgehandelten Vereinbarungen mit den Banken im besten Interesse seines Unternehmens waren oder nicht. Wie er Stinnes bei einer Gelegenheit unverblümt eröffnete, könne es zwischen ihnen beiden nur entweder «ehrliche Freundschaft oder ehrliche Feindschaft» geben, wobei ihm das erstere lieber sei.

Stinnes hatte offenkundig weniger Anlaß als Kirdorf, sich vor den Banken in acht zu nehmen, was aber nicht bedeutete, daß er ihnen vertraut hätte – er fand ihre Rivalitäten und Eitelkeiten ärgerlich. Wie er Thyssen erklärte, waren die von Kirdorf monierten verdeckten Spekulationskäufe, die in diesem Fall ohne weiteres von der Disconto-Gesellschaft ausgegangen sein mochten, «wieder nur ein Beweis dafür, daß wir unsere Pläne in ruhiger, überlegter Weise nur vollführen können, wenn die Banken unter einen Hut gebracht sind und so festliegen, daß keine mehr Seitensprünge machen kann».[57] Es dauerte noch bis Mitte Juni, ehe die in den vergrößerten Kreis der GBAG-Anteilseigner einbezogenen drei Großbanken sich über ihre Rollenverteilung in bezug auf die GBAG und namentlich deren Ausbau, «sei es durch Fusion, Aktienerwerb oder Interessengemeinschaft mit anderen Zechen oder Hütten», einig wurden.[58] Bei der Disconto-Gesellschaft sollten 50 Prozent aller Umsätze bleiben, während Deutsche und Dresdner Bank sich die anderen 50 Prozent teilten. Die Federführung bei Projekten sollte rotieren, in der Weise, daß das erste und dritte anfallende Geschäft von Disconto, das zweite und vierte von der Deutschen bzw. der Dresdner Bank durchgeführt werden sollte. Klönne und ein Vertreter der Dresdner Bank würden in den GBAG-Aufsichtsrat eintreten, die Disconto-Gesellschaft im Gegenzug RWE-Aktien im Wert von 800000 Mark erwerben und einen Vertreter in den RWE-Aufsichtsrat entsenden. Deutsche und Dresdner Bank verpflichteten sich, die Disconto-Gesellschaft beim Erwerb eines Aufsichtsratssitzes bei der Bergbaugesellschaft Nordstern zu unterstützen. Dieses Arrangement stand am Ende stundenlanger zäher Verhandlungen der «Götter», wie Cläre sie nannte, auf Schloß Landsberg. Mit Abscheu stellte sie fest, daß in diesem Kreis «alles Eitelkeit» sei und man nur hoffen und beten könne, daß dies nicht auf Kosten der «Sache» gehen würde.[59] Zu den angenehmsten Aspekten der Situation gehörte für Stinnes die Tatsache, daß Kirdorf nun offenbar völlig auf seine Linie eingeschwenkt war; er legte sich sogar mit Schöller an, weil ihm dessen Forderungen zu weit gingen, und schickte sich an, den gesamten GBAG-Vorstand gegen Schöller zu mobilisieren.[60]

Nun war es natürlich nicht das oberste Ziel von Stinnes, Kirdorf und Thyssen, sich für die Banken ins Zeug zu legen; ihr Anliegen war vielmehr der Ausbau der GBAG. Normalerweise lief der Prozeß der vertikalen Integration, wie auch im Falle von Deutsch-Luxemburg und Friedlicher Nachbar, so ab, daß ein Eisen- und Stahlwerk sich Zechen einverleibte; anders bei der GBAG, die nach erfolgter Eigenkonsolidierung den Schalker Verein und die Aachener Rothe Erde übernehmen sollte. Die Übernahme des Schalker Vereins, wo Thyssen als Aufsichtsratsvorsitzender amtierte, war schon früher erwogen worden, doch sie wäre zu teuer gekommen und hätte wegen der Größenordnung der Selbstverbrauchsquoten, die hier im Spiel waren, auch zum Verfall des Kohlensyndikats geführt.[61] Dazu kam, daß genau dieselbe Interessenkoalition, die auf der einen Seite den Ausbau der GBAG betrieb, auf der anderen einer großen Fusion mit Schalke und Rothe Erde Steine in den Weg legte. Müller brachte das ganze Dilemma in einem Brief an Thyssen trefflich auf den Punkt: «Ich gewinne immer mehr die Überzeugung, daß die Konzentration der Macht über eine größere Zahl bisher selbstständiger Werke in Gelsenkirchen und die freundschaftliche Verständigung mit der Disconto-Gesellschaft ohne Preisgebung der Interessen der

August Thyssen auf Schloß Landsberg

anderen Banken und ohne gleichzeitige Schmälerung Ihrer Machtstellung gleich der Quadratur des Zirkels ein unlösbares Problem ist.»[62]

Die Interessengemeinschaft, die im Herbst 1904 zustande kam, eröffnete einen Weg, diese Probleme zu umgehen, erforderte weniger Kapitaleinsatz und ersparte Kosten und Steuern unterschiedlicher Art, ohne den Weg zu einer späteren Fusion zu versperren. Sie ebnete natürlich den beteiligten Banken und Industriellen den Weg in die Aufsichtsräte der Firmen. So saßen nun Vertreter der Deutschen und der Dresdner Bank im Aufsichtsrat der GBAG, und Kirdorf trat bei Schalke ein. Auch wenn es sich nur um einen losen Zusammenschluß handelte, stellte dies doch einen bemerkenswerten Schritt hin zur größeren Konzentration im schwerindustriellen Bereich dar, ein Schritt, zu dem Stinnes mit seinem Verhandlungstalent und seinem unerschütterlichen Eintreten für den industriellen Konzentrationsprozeß ganz maßgeblich beigetragen hatte. Cläre war denn auch sehr stolz auf ihren Hugo:

> «Hugo kommt befriedigt zurück. Seine Vermittlungsvorschläge sind von den anfänglich recht gegensätzlichen Parteien angenommen worden, und die Verständigung nach langen Verhandlungen in der Hauptsache durch diese, resp. ihn, erzielt worden. Das klingt nach Einbildung, und doch ist's nur die nackte, objektiv festgestellte Tatsache. Es ist ebenso erstaunlich wie hoch erfreulich, daß Hugo gerade in letzter Zeit, verschiedentlich und bei ebenso schwierigen wie wichtigen Anlässen seine außergewöhnliche Geschicklichkeit im Verhandeln und Ausgleichen mit und zwischen Parteien erproben konnte, während Thyssen in den gleichen Fällen vollständig versagte, obwohl dieser sich für diplomatisch sehr befähigt hält und Hugo vor kurzem, quasi als einzigen Mangel, das Fehlen dieser Anlage vorhielt. Ein Beweis, wie selbst so überaus kluge Menschen wie Thyssen, sich selbst überschätzen können auf Kosten anderer.»[63]

In der Folge sah sich Stinnes genötigt, seine diplomatischen Fähigkeiten regelmäßig zum Tragen zu bringen, wie Cläre einige Monate später feststellte:

> «In Düsseldorf mußte Hugo gestern wieder ausgleichend und versöhnend wirken zwischen Kirdorf und Thyssen, die sich von einander beleidigt fühlten und wohl am liebsten die Interessen-Gemeinschaft «Rothe Erde, Schalke, Gelsenkirchen» wieder aufhöben. Schade, daß so kluge Menschen so abhängig sind in ihrem Urteil und Tun von Anerkennung und kleinlichen Ehrungen, die ihnen zuerkannt oder nicht zuerkannt werden. Jeder möchte absolut herrschen, keinem steht das Interesse des großen Ganzen über persönlichen Wünschen.»[64]

Was genau das «große Ganze» war, ließ sich an diesem Punkt nicht genau definieren; es ist freilich schon immer viel einfacher gewesen, das zu benennen, wogegen man ist, als das, wofür man ist. Die eingeleitete Konsolidierungs- und Konzentrationswelle hatte jedenfalls Widerstand sowohl seitens des Staates als auch seitens der Gewerkschaften hervorgerufen, und das konfrontierte Stinnes und seine Mitstreiter mit neuen Herausforderungen.

3. Schwerindustrie und Staat: Hibernia und der Bergarbeiterstreik von 1905

Diese Herausforderungen kreisten zum einen um die Frage, ob der Staat etwas tun sollte oder konnte, um jene immense Zusammenballung industrieller und finanzieller Macht in Schach zu halten, die sich am augenfälligsten in der Expansion der GBAG widerspiegelte, zum anderen um die Frage nach dem richtigen Verhältnis zwischen Staat und Wirtschaft. Wir sollten nicht vergessen, daß die Hauptakteure im Lager der Privatwirtschaft mit ihren Entscheidungen den Rahmen definierten, innerhalb dessen sich ihre eigenen Wahlmöglichkeiten und Optionen bewegten. Für Kirdorf war alles einfacher gewesen, als die GBAG noch ein reines Bergwerksunternehmen gewesen war; bei Stinnes standen dem Wunsch, in der Eisen- und Stahlbranche Fuß zu fassen, die mit der Erneuerung des Kohlensyndikats zusammenhängenden Umstände entgegen, die einem so ehrgeizigen Unternehmer wie ihm nicht viele Optionen offen ließen und aus denen sich auch Implikationen für die reinen Zechenbetriebe der Familie Stinnes ergaben. Ende September 1904 trafen sich die Zechen-Gesellschafter der Stinnes-Sippe und faßten angesichts der wirtschaftlichen Vorteile, die die Kombination aus Berg- und Hüttenwerk bot, den Beschluß, sich dem allgemeinen Trend anzuschließen und Zusammenschlüsse mit Hüttenwerken anzustreben, «auch wenn der Familienbesitz als solcher nicht erhalten werden kann».[65] Ende Dezember kamen Küchen, Leonhard, Gustav Stinnes und Hugo Stinnes überein, das Gespräch mit dem Bochumer Verein und mit der Phoenix AG zu suchen.[66] Auch wenn dieser Vorstoß allem Anschein nach zu nichts führte, mag er uns doch als Indiz für einen allgemeinen Trend in der Privatwirtschaft gelten.

Diejenigen, die damit befaßt waren, wußten ganz genau, daß Regierung und öffentliche Meinung diese Entwicklung mit Sorge verfolgten. Eine gute und angesichts der Rolle der Dresdner Bank bei diesen Vorgängen ironisch wirkende Illustration dessen lieferte Waldemar Müller im Mai 1904 in seinem an Thyssen gerichteten Kommentar zu einem der ehrgeizigeren Konzentrationsprojekte für die GBAG:

> «Ich habe gestern aus einer guten Quelle gehört, daß dieses Projekt auf nicht aufgeklärte Art den Ministern von Rheinbaben und Möller zu Ohren gekommen ist und dort große Aufregung verursacht hat. Es sollen Äußerungen von dieser Seite gefallen sein, daß man ‹einer Übertreibung der Konzentrationsgelüste mit allen Mitteln entgegentreten und eventuell die Gesetzgebung dagegen anrufen müsse›. Man braucht sich von derartigen Äußerungen der Minister, die in Worten stärker als in Taten sind, nicht sonderlich imponieren zu lassen, aber man sollte immerhin nicht ganz außer Betracht lassen, daß die öffentliche Meinung unnötig stark provoziert wird, wenn die Konzentration der Macht in einem einzelnen Konzern so deutlich in Erscheinung tritt...»[67]

Tatsächlich entfalteten die betreffenden Minister, der preußische Handelsminister Theodor Möller und Finanzminister Georg von Rheinbaben, durchaus heftigere Aktivitäten, als Müller es wahrhaben wollte, Aktivitäten, hinter denen als treibende Kraft der rührige Chef des Oberbergamtes, Gustav von Velsen, stand, der schon 1901 unter dem Eindruck der Kohlenkrise von 1900 ein Programm zum Ankauf von Bergwerken durch den Staat angeregt hatte. Eine Koalition aus Konservativen und Zentrums-Abgeordneten im Landtag hatte sich 1902 auf ein Gesetz zur Förderung solcher Aufkäufe geeinigt. Mit diesen Erwerbungen sollten freilich nicht «staatssozialistische» Ideen verwirklicht werden, wie sie einigen untergeordneten Beamten in gewissen Ministerien vorschwebten, allen voran von Velsen (der sein Auge auf das drittgrößte Bergwerksunternehmen im Revier nach GBAG und Harpener geworfen hatte, auf die Hibernia, deren Vorkommen an die einiger schon verstaatlichter Zechen angrenzten). Vielmehr sollte damit Druck auf das Syndikat ausgeübt werden. Möller hatte 1903 die Einladung Kirdorfs, die staatlichen Zechen sollten ins Syndikat eintreten, ausgeschlagen, wahrscheinlich, weil es als unziemlich für eine Staatsfirma galt, sich den Regeln und Bestimmungen einer privaten Gesellschaft zu unterwerfen.

Unbenommen aller seiner Vorbehalte gegen die Preispolitik, die das Syndikat in der Vergangenheit betrieben hatte, sah Möller, der aus der Wirtschaft kam, im Syndikat eine stabilisierende Kraft, bis er 1904 angesichts der einsetzenden vertikalen Konzentrationsbewegung und insbesondere der Aussicht auf eine Übernahme der GBAG durch Thyssen seine Meinung änderte. Die Ruhrindustriellen schienen jetzt eine Entwicklung hin zur Trustbildung nach amerikanischer Art – nach dem Vorbild von U. S. Steel – voranzutreiben. Dagegen mußte nach Überzeugung Möllers und seiner Kollegen ein Gegengewicht geschaffen werden durch einen massiveren Einstieg des Staates in den Bergbau. Daher holten sie den Plan, Hibernia aufzukaufen, wieder aus der Schublade. (Anders als andere umlaufende Gerüchte über Verstaatlichungsabsichten, etwa im Zusammenhang mit der GBAG, hatte das, was über das staatliche Interesse an Hibernia kolportiert wurde, immer einen realen Hintergrund gehabt.) Am 15. Juni 1904 wandte sich Möller an Eugen Gutmann von der Dresdner Bank mit der Bitte, ein Konsortium für den Ankauf von Hibernia-Aktien zu bilden, deren Kurs zu der Zeit bei 196,9 pro Aktie lag. Möller bot an, sie zum Kurs von 240 zu übernehmen. Der Landtag würde die Übernahme durch ein Gesetz sanktionieren, und die verstaatlichte Hibernia, die Mitglied im Syndikat bleiben und dort die übrigen staatlichen Zechen um sich scharen würde, sollte somit in die Lage versetzt werden, ein wirksames Gegengewicht gegen die vertikal konzentrierten Konzerne zu bilden.[68]

Dieser Plan provozierte ein ernstes Zerwürfnis zwischen Wirtschaft und Staat; die Mehrheit der Bankiers ergriff in dieser Frage ebenso Partei wie die führenden Industriellen des Landes. Als Gutmann an Carl Fürstenberg von der Berliner Handelsgesellschaft herantrat, die seit langem in geschäftlicher Beziehung zu Hibernia stand, und ihn für das Konsortium zu gewinnen versuchte, reagierte Fürstenberg empört. Er fühlte sich an das Vorgehen der preußischen Regierung bei der Übernahme der Eisenbahnen in der Ära Bismarck erinnert und betrachtete das Vorhaben auch als hinterlistigen und unfreundlichen Übernahmeversuch unter Hinausdrängung derjenigen, die sich jahrelang für den Erfolg der Firma ins Zeug gelegt hatten. Was für Gutmann ein reizvolles Spekulationsgeschäft war, sah Fürstenberg als einen «Angriff des preußischen Fiskus auf altbestehende Privatrechte».[69]

An Rhein und Ruhr fand er für seinen Widerstand mächtige Mitstreiter. Anhand der Tagebücher von Cläre Stinnes läßt sich verfolgen, wie die Hibernia-Affäre für erhitzte Gemüter in einem außergewöhnlich heißen Sommer sorgte. So notierte sie am 5./6. Juli, die Hibernia-Aktie sei aufgrund einer starken Nachfrage von «unbekannter Seite» im Steigen begriffen; die Presse vermute, daß Hugo Stinnes und Thyssen dahintersteckten, deren Namen somit in «recht überflüssiger Weise» in die Schlagzeilen gerieten. Hugo hielt es seinerseits für möglich, daß Henckel von Donnersmarck der unbekannte Drahtzieher der Aufkäufe war – Müller von der Dresdner Bank hatte ihm erzählt, der oberschlesische Industriemagnat verfüge über erhebliche freie Finanzmittel und sei willens, im Ruhrgebiet zu investieren.[70] Müller wußte es freilich besser, und Ende Juli kam dann alles ans Tageslicht, als der Staat sich selbst als der «‹tolle› Käufer» zu erkennen gab und ein offenes Übernahmeangebot für Hibernia unterbreitete. Das vernichtende Urteil ließ nicht auf sich warten:

«Diese Nachricht», hielt Cläre im Tagebuch fest, «ist ebenso überraschend wie unerfreulich. Der Staat hat sich bisher zu wenig tüchtig in der Verwaltung von Großindustrien gezeigt, als daß man wünschen könnte, daß die Bergwerkindustrien in größerem Umfange ihm in die Hände fiele, und er mit wachsendem Einfluß den Privatbetrieben gefährlich und hinderlich würde. – Bezeichnend ist, daß die allgemeine Stimmung gegen jede Verstaatlichung ist, in der ein langsamer Ruin der Rheinisch Westfälischen Industrie erblickt wird. Bei Hibernia selber scheint Vorstand und Aufsichtsrat auch aus prinzipiellen Gründen gegen die Annahme des Angebots sich auszusprechen. Das läßt noch hoffen! – Hugo wütet dagegen, bespricht sich mit Kirdorf, der ganz seiner Ansicht, dahingehend, daß Hugo in der nächsten Aufsichtsratssitzung des Kohlensyndikats den Antrag stellt: Das Kohlensyndikat selber solle 25% der Aktien der 4 größten Bergwerksgesellschaften an sich bringen, um damit ein für allemal der Verstaatlichung vorzubeugen.»[71]

Während Stinnes und Kirdorf das Syndikat mobilisierten, organisierte Fürstenberg die Banken und arbeitete in enger Abstimmung mit Kirdorf darauf hin, die Hibernia davor zu bewahren, daß sie dem Staat in die Hände fiel. Die Dresdner Bank und ihr einziger Mitstreiter, der Schaffhausen'sche Bankverein, sahen sich total isoliert. Geballter Zorn brach über die Dresdner Bank herein; besonders wütend war Stinnes, weil er und Müller so eng zusammengearbeitet hatten. Müller versuchte, den Sündenfall seiner Bank als gute Tat hinzustellen, indem er behauptete, sie habe sich als «Rettungsengel» für die GBAG betätigt, indem sie die Aufmerksamkeit von der GBAG weg auf die Hibernia gelenkt habe.

«Gelsenkirchen, Kirdorf zuerst», könne nun «Hugo und Thyssen für ihr Eingreifen dankbar sein; ohne ihren Besitz und Einfluß wäre Gelsenkirchen vielleicht schon nicht mehr».[72] Ob Stinnes davon irgend etwas glaubte, ist zweifelhaft, doch ließ er immerhin durchblicken, daß die Dresdner Bank niemals einen solchen Schritt hätte tun dürfen, ohne ihn zu informieren; er forderte Müller auf, sich gegen die staatliche Übernahme auszusprechen. Müller beteuerte, die Regierung habe seine Bank zu absolutem Stillschweigen verpflichtet, und wenn er sich jetzt öffentlich gegen die Übernahme wende, käme das einem «Verrat» gleich. So wie die Dinge lagen, war es Stinnes, der sich verraten fühlte. Er hatte der Dresdner Bank sein Vertrauen geschenkt und sie an der Ruhr Fuß fassen lassen, zu einer Zeit, als viele seiner Kollegen ihr gegenüber sehr zugeknöpft gewesen waren; dasselbe hatte Thyssen getan. Stinnes machte deutlich, daß er von Müller gar nicht verlange, der Regierung in den Rücken zu fallen; es gehe ihm lediglich darum, «daß ihrerseits offen erklärt würde, die Durchführung gegen den Willen aller Ihrer Freunde am Niederrhein sei nicht möglich und nicht redlich. – Ich meine, das Eingeständnis eines Fehlers sei kein Verrat und keine Schande».[73]

Daß Stinnes in der Hibernia-Frage so entschieden Stellung bezog, war von nicht geringer Bedeutung; nicht nur stärkte er damit Kirdorf den Rücken, er brachte auch Thyssen auf Vordermann. Anders als diejenigen, die in der Hibernia-Übernahme den ersten Schritt in Richtung auf eine Verstaatlichung der Industrie sahen, hielt Thyssen die Angelegenheit für «weniger wichtig und schlimm» und neigte zu der Ansicht, «der Staat würde sich mit Hibernia begnügen».[74] Es war wichtig, schnell zu handeln, weil der Zeitfaktor entscheidend war, und im Aufsichtsrat des Syndikats mußte unbedingt Einstimmigkeit erzielt werden, um sicherzugehen, daß man die rückwirkende Zustimmung der Mitglieder, die erst später eingeholt werden konnte, auch bekommen würde.

Am 8. August votierte der Aufsichtsrat einstimmig für den Antrag, das Syndikat solle sich in die Widerstandsfront der Banken gegen die Hibernia-Übernahme einreihen. Kirdorf, Stinnes, Bergrat Grassmann und W. Olfe wurden sogleich mit dem Auftrag nach Berlin entsandt, das Gespräch mit Vertretern des Konsortiums aus Darmstädter Bank, Berliner Handelsgesellschaft, Bleichröder, Deutscher Bank und Disconto-Gesellschaft zu suchen. Die Nominierung von Hugo Stinnes diente offenbar ganz speziell der «Rückenstärkung für Kirdorf», der, wie Cläre festhielt, «bei aller Klugheit oft nicht energisch genug und ausdauernd genug ist». Kirdorf war, so schien es, froh, Stinnes dabeizuhaben. Er werde, so Cläres Eindruck, «gewiß nichts ohne Billigung von Hugo tun, wie dieser wohl auch nichts ohne ihn tun werde».[75] Wie auch immer, nach einem langen Verhandlungstag bekamen sie, was sie wollten, nämlich eine Vereinbarung, derzufolge das Konsortium und das Syndikat jeweils für 4 Millionen Mark Hibernia-Aktien aufkaufen, sie mindestens 5 Jahre lang behalten und sie danach nur innerhalb des Konsortiums oder an das Syndikat oder an eine der großen Zechengesellschaften verkaufen würden. Dem Syndikat besondere Ankaufsrechte einzuräumen war für Stinnes und seine Kollegen ein wichtiges Ziel gewesen, das nun erreicht war. Die Mitglieder beider Gruppen gaben einander die feierliche Zusage, auf der Aktionärsversammlung der Hibernia ihre Stimmpakete in die Waagschale der Übernahmegegner zu werfen und den Hibernia-Vorstand zu stützen.[76]

Die Hauptversammlung fand am 27. August 1904 statt und endete mit einer ungeheuren Demütigung für Handelsminister Möller, gegen den sowohl Generaldirektor Behrens und die restliche Leitung der Hibernia als auch die meisten Aufsichtsräte Front machten. Kirdorf, Stinnes und Haniel repräsentierten das Syndikat, wobei Kirdorf in einem eindrucksvollen Vortrag die jüngsten Entwicklungen bei der GBAG, die den Stein der Verstaatlichungspläne für Hibernia ins Rollen gebracht hatten, als Ausdruck wirtschaftspolitischer Vernunft und nicht etwa als Beginn einer Vertrustung nach US-Manier rechtfertigte. Müller von der Dresdner Bank unternahm einen eher lahmen Versuch, die in der Verstaatlichung liegenden Gefahren herunterzuspielen, und warf den Gegnern vor, gegen Windmühlen zu fechten, was indes nicht verhindern konnte, daß die ganze Affäre zu einer für die Dresdner Bank peinlichen, allerdings sehr profitablen Übung geriet. Über den beleibten Bankier schrieb ein Beobachter, er mache «zwar den Eindruck eines energischen, gescheiten und tüchtigen Mannes, steht aber mit gebundener Marschroute auf einem ungünstigen Posten und ist, trotzdem seine Nerven in dicken Fleischpolstern liegen, so erregt und reizbar, daß er sich nicht recht zur Geltung zu bringen vermag».[77] Der eigentliche Verlierer war natürlich die Regierung, die die Fortsetzung ihrer Bemühungen ankündigte und eine Reihe gerichtlicher Verfahren in die Wege leitete. Auf der anderen Seite erhöhten die Banken die Barrikaden gegen eine staatliche Übernahme, indem sie im Dezember, wie Carl Fürstenberg es vorgeschlagen hatte, die Dachgesellschaft Herne, Vereinigung von Hibernia-Aktionären GmbH, gründeten, die Schuldverschreibungen auf Hibernia-Aktien herausgeben sollte, um für die Zukunft einen unkontrollierten Handel mit diesen zu verhindern. Zu der Niederlage für die Regierung gesellte sich noch die Schmach, daß die GmbH sich als ein gutverdienendes Unternehmen entpuppte.[78]

Wie wir gesehen haben, spielte Stinnes bei den Ereignissen im Zusammenhang mit der Hibernia-Affäre eine maßgebliche Rolle hinter den Kulissen. Nicht daß er unsichtbar geblieben wäre. Maximilian Harden, der berühmte Berliner Journalist, der entschieden die Partei der Übernahmegegner ergriff, bezeichnete in seinem Bericht über die Versammlung der Hibernia-Aktionäre Stinnes als einen «schweigsamen Brüter» und einen Mann, «mit dem selbst die pfiffigsten Berliner nicht gern Kirschen essen».[79] Der Widerstand Stinnes' gegen eine staatliche Übernahme war eine Sache des Prinzips, und er ersuchte nachdrücklich um eine Unterredung mit Fürstenberg, um diesem persönlich Anerkennung für seine Vorreiterrolle im Kampf gegen die Pläne der Regierung zu zollen. Es kam im kaiserlichen Deutschland nicht alle Tage vor, daß jemand der Regierung die Stirn bot, und Stinnes bewunderte Männer, die kämpferisch zu ihrer Überzeugung standen und Tacheles redeten.[80] Allerdings verfolgte Stinnes in der Angelegenheit auch eigene Interessen und war nicht ganz glücklich über die Wendung, die das Bankenkonsortium und die neue Dachgesellschaft der Sache gegeben hatten. Er wollte nicht sämtliche Zügel in die Hände der Banken übergehen sehen; hieraus erklärte sich der Nachdruck, mit dem er sich dafür einsetzte, daß bestimmte Sonderrechte für das Syndikat verankert würden für den Fall, daß die Banken Teile aus ihrem Hibernia-Kontingent verkaufen wollten. Aus dem Blickwinkel von Stinnes' langfristigen Plänen betrachtet, erschien die durch die Hibernia-Affäre provozierte Abwehr-Operation der Banken als ein «bedauerliches Moment», weil es Hugo, wie Cläre erläuterte, «schon lange als Endziel [vorschwebt], anstelle der Banken das Kohlensyndikat zu setzen, in der Weise, daß dieses *langsam* und aus eigenen Mitteln sich in die großen Werke hineinkauft. – Bei diesem Gang der Dinge dürfte auch das Elektrizitätswerk [d.h. das RWE] eine maßgebende Rolle finden.»[81]

Tatsache war indes, daß die Mithilfe der Banken für die Projekte der großen Industriellen der Zeit unverzichtbar war und daß der Eintritt der Disconto-Gesellschaft in den RWE-Aufsichtsrat (wo Deutsche und Dresdner Bank bereits vertreten waren) zu den Vorbedingungen für das Gelingen der Manöver im Zusammenhang mit dem Ausbau der GBAG gehört hatte. Im Verlauf der Hibernia-Affäre hatte Stinnes Müller gründlich die Meinung gesagt, was beide nicht daran hinderte, bei anderen Unternehmungen, an denen sie beteiligt waren, zusammenzuarbeiten und bald wieder in herzliche Beziehungen zueinander einzutreten. Als Müller Stinnes am 28. August zuhause aufsuchte, einen Tag nachdem beide sich im Hibernia-Gefecht gegenübergestanden hatten, gestaltete sich «das Zusammensein peinlich und doch wertvoll und nützlich, sofern es für Müller ein Beweis nur sachlichster Opposition war, der ihn auch offensichtlich angenehm berührt hat».[82]

Stinnes hatte überhaupt kein Verständnis für persönliche Ressentiments, die vernünftigen Umgruppierungen und geschäftlichen Allianzen im Wege standen, und so ärgerte es ihn, daß Fürstenberg seinen Streit mit Gutmann von der Dresdner Bank in Sachen Hibernia fortsetzte. Er sah darin ein Hindernis für die schwerindustrielle Zusammenarbeit im oberschlesischen Industrierevier, die seiner Überzeugung nach wegen der engen Nachbarschaft der Konzerne zueinander geboten war. Die Darmstädter Bank, die Dresdner Bank und die Berliner Handelsgesellschaft waren in dieser Region am stärksten engagiert. Darüber hinaus sah Stinnes in der Gegnerschaft zwischen Fürstenberg und Gutmann «das Haupthindernis, vielleicht das einzige Hindernis ..., wenn man in Oberschlesien überhaupt weiter die Pläne verfolgen will, die auf Zusammenschluß der Werke unter sich und eventuell mit Rheinland und der Saar hinzielen ...»[83] Diese bemerkenswerte Vision einer organisatorischen Zusammenfassung der deutschen Schwerindustrie über alle Regionsgrenzen hinweg gibt einen Hinweis darauf, in welche Richtung Stinnes und seine Unternehmerkollegen zu diesem Zeitpunkt dachten, und sie läßt auch ahnen, daß die in Regierung und Öffentlichkeit virulenten Ängste vor weiterer Konzentration nicht ganz unberechtigt waren. Es zeigt sich daran aber auch, wie wichtig und zugleich schwierig es war, die Großbanken für industrielle Ziele einzuspannen.

Eine der aus der Sicht Kirdorfs und Stinnes' erfreulichsten Erkenntnisse aus der Hibernia-Affäre war der durch sie gelieferte Nachweis ihres gewachsenen Einflusses auf die Banken. Kirdorf hob das mit besonderem Nachdruck hervor, als er von Zechenbesitzern kritisiert wurde, nach deren Meinung die Gefahren längst nicht so groß waren wie behauptet, und nach deren Befürchtung nunmehr ihren Gegnern in der Regierung und im Landtag Waffen in die Hände gegeben worden waren:

> «Ich habe es als ein erfreuliches Zeichen begrüßt, daß die Großbanken Berlins mit Ausnahme der einen, die die Regierungsaktion unternommen hat, ehe sie einen Schritt getan haben, gefragt haben: Wie stellt sich die Industrie dazu. Ich glaube, meine Herren, wenn es heute so häufig heißt, daß wir unter dem Einfluß der Großbanken ständen, dadurch wohl bewiesen ist, daß das Verhältnis ein ganz anderes ist wie vielleicht vor einem Jahrzehnt, wo die Einflüsse der *haute finance* ganz andere waren hier auf unsere Industrie. Wir sollten es als ein erfreuliches Zeichen begrüßen, daß sich hier die Großbanken mit der Industrie zusammengefunden haben und ihre Haltung nur nach den Interessen der Industrie genommen haben.»[84]

Stinnes war voll und ganz derselben Meinung. Auch er widmete seine unerschöpfliche Phantasie dem ständigen Bemühen um die Erschließung von Finanzquellen, doch hatten für ihn dabei industriepolitische Gesichtspunkte immer den Vorrang gegenüber rein finanziellen Interessen. Dies war ein Punkt, in dem er mit Kirdorf und Thyssen übereinstimmte. Wenn man verstehen wollte, was sich in dieser Phase im Ruhrgebiet abspielte, mußte man offenkundig sehr aufmerksam die Rolle der Banken und die Rolle des Geldes beobachten. Die großen Industriellen versuchten die Banken für sich einzuspannen, ohne unter ihre Kuratel zu geraten. Der Zwang zur Bildung von Konsortien und die Rivalitäten zwischen den Banken gaben ihnen die Möglichkeit, diese gegeneinander auszuspielen. Die Industriellen, die es am besten verstanden, die Bankiers zu gängeln, anstatt sich von ihnen gängeln zu lassen, waren Stinnes und Thyssen, also Männer, die selbst über große Geldvermögen verfügten. Freilich, für welche Ziele wurde die «Macht des Geldes» eingesetzt? In seiner Erwiderung auf einen Beitrag zu diesem Thema in Maximilian Hardens Zeitschrift *Die Zukunft* bemühte sich Kirdorf, einige aktuelle Entwicklungen sowie seine Anschauungen und die seiner Kollegen zu diesem Thema zu erläutern:

> «Ihr ... Mitarbeiter sagt ... daß die Behauptung, die Banken hätten im Industriegebiet heute mehr Einfluß als früher, eine irrige sei. Wie richtig erwähnt, hat allein die durch das Kohlensyndikat herbeigeführte Gesundung der Bergwerksindustrie diese von der früheren geldlichen Abhängigkeit von den Banken befreit, und richtig ist, daß die entscheidenden Beschlüsse jetzt viel mehr

von den Großindustriellen als von den Bankmännern beeinflußt werden. Ob hierfür aber die Geldmacht, wie ihr Herr Mitarbeiter weiter durchblicken läßt, allein entscheidend ist, möchte ich noch bezweifeln: [Zwar] stehen meinen Freunden Thyssen und Stinnes, die höchst bedeutende industrielle Unternehmungen ihr Eigentum nennen, große Kapitalien zur Verfügung, aber ihr Einfluß und ihr Verdienst beruht doch darin, daß sie sich unbestritten in ihrer ganzen Tätigkeit einzig und allein industriellen Interessen dienstbar gemacht haben.»[85]

Aus dieser Sicht lautete die entscheidende Frage nicht, woher das Geld kam, sondern wofür es benutzt wurde. Stinnes war gegen Verstaatlichungen, weil er überzeugt war, diese vertrügen sich nicht mit gutem Industriemanagement; er hatte jedoch nichts gegen eine finanzielle Beteiligung des Staates an Industrieunternehmen. 1904 hatte er gehofft, der preußische Staat werde sich am RWE beteiligen, einem Unternehmen, das ohnehin auf dem gemeinsamen Boden privater und kommunaler Interessen stand, und er war zutiefst enttäuscht, als er – genau zu dem Zeitpunkt, als das staatliche Angebot zum Einstieg bei Hibernia bekannt wurde – erfuhr, daß das Finanzministerium sich gegen seinen Vorschlag entschieden hatte. Eines der Motive schien die Angst zu sein, daß «‹gewisse Großindustrielle› ... zu mächtig werden» könnten. Es war Cläre, die der Empörung ihres Mannes Worte verlieh und zugleich auch deutlich machte, wie seiner Ansicht nach das Verhältnis zwischen Industrie und Staat beschaffen sein sollte: «Welche Kleinsichtigkeit spricht aus solchen Menschen. Ein verständiger Staat sollte Hand in Hand mit seinen Industrien gehen, sie unterstützen, so mächtig wie möglich schaffen und sich andererseits soviel Einfluß sichern, daß die Allgemeinheit Nutzen schöpft aus den Industrien, wenn deren Leiter nicht ohnedies so verständig sind, neben dem eigenen Vorteil den Nutzen der Allgemeinheit im Auge zu behalten.»[86]

Ob die Eigentümer und Manager der Kohlenzechen bei dem Konzentrationsprozeß, den sie vorantrieben, das Allgemeinwohl im Auge behielten, war eine Frage, die von den Bergleuten und von denen, die sich mit ihren Problemen befaßten, immer lauter gestellt wurde. Die Frage hatte im Grunde schon eine Rolle bei der Hibernia-Affäre gespielt, denn einer der Vorwürfe, die die Befürworter der Verstaatlichung gegen die Zechenbesitzer erhoben, bezog sich auf die Stillegung von Zechen zum alleinigen Zweck der Übertragung von Selbstverbraucherquoten.[87] Im Falle des RWE war es Stinnes, auf den sich Mißtrauen und Kritik konzentrierten, sowie es in der Hibernia-Affäre Kirdorf gewesen war, der den geballten Unmut abbekommen hatte.

In den Reihen der Bergleute gärte es schon seit einiger Zeit, und Anfang 1905 entlud sich ihre Unzufriedenheit in einem großen Streik. Ein Stein des Anstoßes waren die Löhne, die von 1900 bis 1902 real zurückgegangen, danach nur sehr schleppend wieder angestiegen waren und nach wie vor unter dem Niveau von 1899 lagen. Die Tatsache, daß im selben Zeitraum die Dividenden erhöht wurden oder stabil blieben, trug nicht gerade zur Besänftigung der Gemüter bei. Verschärft wurde die Krisenstimmung bei den Bergleuten durch den Ausbruch der sogenannten Wurmkrankheit (Ancylostomiase), von der auf dem Höhepunkt ihrer Ausbreitung im Jahr 1903 11 Prozent der Arbeitnehmer betroffen waren. Die Behörden setzten durch, daß Bergleute, die von der Krankheit befallen oder infiziert waren, nicht zur Arbeit zugelassen, sondern statt dessen zu einer Zwangskur geschickt wurden. Dies führte in Verbindung mit der Verbesserung der hygienischen Zustände in den Bergbaubetrieben dazu, daß die Krankheit 1906 erlosch. Für die Bergleute, die ohnehin schon den gefährlichsten Beruf ausübten, den die Industrie zu bieten hatte, bedeutete die «Wurmkrankheit» nicht nur einen weiteren Risikofaktor für Gesundheit und Arbeitsfähigkeit, sondern brachte auch finanzielle Einbußen, weil diejenigen, die in Kur geschickt wurden, für die ersten drei versäumten Arbeitstage überhaupt keinen Lohn und für die restliche Zeit nur rund ein Viertel ihres normalen Verdienstes erhielten.

Was den Unmut der Bergleute 1904 auf die Spitze trieb, war das Zusammentreffen von Stillegungen (als Folge des in diesem Jahr verlängerten Syndikatsabkommens) mit Maßnahmen zur Erhöhung der Produktivität solcher Zechen, die durch Übertragung in den Genuß höherer Förderquoten gekommen waren. Dies führte zum einen dazu, daß Bergleute entlassen wurden und sich fern der Heimat nach neuer Arbeit umsehen mußten. Zum anderen waren Stillegungen stets ein schwerer Schlag für die davon betroffenen Gemeinden und Städte. Schließlich wurden zunehmend Klagen laut über den offenbar immer rücksichtsloseren Umgang mit den Bergleuten und über die Zunahme der Fälle, in denen Lohnzahlungen unter Hinweis auf die unzureichende Qualität abgebauter Kohle – das sogenannte Nullen – verweigert wurden. Auch die Praxis, eine übermäßige Zahl von Bergleuten einzustellen und sodann einen Teil von ihnen zu Überstunden zu zwingen, während anderen ganze Schichten gestrichen wurden, wurde als höchst unsozial empfunden.[88]

Stinnes war über die Unruhe, die zu dieser Zeit an den Zechen herrschte, sicherlich bestens orientiert, doch er hatte keinen so direkten Bezug mehr zu den Belegschaften seiner Firmen wie früher und überließ es in zunehmendem Maße seinen Zechendirektoren, einerseits gemäß seinen Anweisungen die Produktivität und Profitabilität der Betriebe zu erhöhen und sich andererseits mit den Reaktionen der Belegschaften auf diese Maßnahmen auseinanderzusetzen. Die Veränderung seiner Rolle läßt sich anhand zweier Belegschaftsversammlungen demonstrieren, die kurz nacheinander, nämlich im Dezember 1903 bzw. im März 1904, in den Zechen Friedlicher Nachbar und Baaker Mulde stattfanden. In der erstgenannten Versammlung, an der rund 450 Bergleute teilnahmen, berichteten der Bergmann Ollwein, der die Versammlung einberufen hatte, sein sozialdemokratischer Kollege Brockhaus und ein christlicher Gewerkschafter namens Torbeck über eine Unterredung mit Stinnes. Ollwein ließ die Versammelten wissen, man habe einen «humanen Empfang seitens des Herrn Stinnes» erfahren. Stinnes habe, so führte Torbeck im weiteren Verlauf aus, versprochen, für Feuerholz in besserer Qualität zu sorgen und die hygienischen Verhältnisse in seinen Zechen zu verbessern, und habe die Überzeugung geäußert, daß «durch eine bessere Behandlung und durch Aufbesserung der Löhne ... ein gutes Einvernehmen erzielt» werden könne. Brockhaus berichtete über den Verlauf ihrer Diskussion mit Stinnes zum Thema Arbeitsvorschriften, wobei er darauf hinwies, daß «Herr Stinnes eine bedeutende praktische Kenntnis [hat]; man sollte glauben, [er] sei zehn Jahre Bergmann gewesen». Stinnes habe die Forderung, die Karenzzeit bis zum Aufrücken in die höchste Klasse der Krankenversicherung von drei Jahren auf ein Jahr zu verkürzen, abgelehnt; der Grund sei, daß «Stinnes sich dadurch einen seßhaften Arbeiter verschaffen» wolle. Empfänglicher habe Stinnes sich für die Bitte gezeigt, für die Opfer ungerechter oder brutaler Behandlung eine Beschwerdemöglichkeit zu schaffen, sei es beim Zechendirektor oder, in besonders schweren Fällen, bei ihm selbst; auch habe er seine Bereitschaft zum Ausdruck gebracht, eine Delegation der Bergleute zu empfangen und mit ihnen über allgemeine Probleme der Arbeit in den Zechen zu reden; schließlich habe er die Verbesserung des Lohnzahlungssystems und die kostenlose Gestellung von Lampenöl in Aussicht gestellt. Stinnes habe aber auch selbst einen Wunsch geäußert, nämlich den, daß Ausdrücke wie «Blutsauger» nicht mehr in der Presse erscheinen sollten, denn «die Werksbesitzer täten für ihre Arbeiter, was in ihren Kräften stände». Natürlich erklangen auf dieser Versammlung auch kämpferische Töne. Ein Bergmann erklärte, das beste Mittel gegen die Überproduktion sei die Zahlung anständiger Löhne an die Bergleute; das nächste Weihnachtsfest werde, so fügte er hinzu, für die Kinder ein trauriges werden, und die Bergleute täten gut daran, eine militantere Haltung einzunehmen. Solche Forderungen nach radikalerem Vorgehen fanden nur wenig Widerhall, doch Ollwein verknüpfte seinen Appell, die Einheit zu bewahren, mit der ominösen Ankündigung, «auf Friedlicher Nachbar stände [den Bergleuten] noch mancher Kampf bevor. Stinnes hätte gesagt: ‹Die Seilfahrt käme demnächst doch, wie ich sie haben will.›» Das war ein deutlicher Hinweis darauf, daß Stinnes sich mit dem Plan trug, die Arbeitszeiten zu verlängern, indem der Weg zum und vom Abbauort nicht mehr als Arbeitszeit angerechnet würde.[89]

Die Verschlechterung des Betriebsklimas in Friedlicher Nachbar und Baaker Mulde wurde sichtbar, als die Bergleute sich am 20. März 1904 erneut versammelten. Die Zahl der Teilnehmer hatte sich auf 1300 erhöht, und allgemein herrschte die Auffassung, die von Stinnes gegebenen Zusagen seien nicht eingehalten worden; die Arbeitsbedingungen hätten sich im Gegenteil noch einmal erheblich verschlechtert. So wurden Löhne und Akkordsätze weiterhin zurückgeschraubt, die Bergleute wesentlich härter angefaßt und geförderte Kohlenladungen immer häufiger für wertlos erklärt und annulliert; Brockhaus und einem anderen Belegschaftsvertreter drohte die Kündigung wegen Ungehorsams. Die Initiatoren der Versammlung vertraten den Standpunkt, die Zechenbesitzer nutzten den durch den Russisch-Japanischen Krieg verursachten Absatzrückgang, um die Löhne zu drücken und die Belegschaft durch schnödere Behandlung und die Entlassung einiger ausgewählter Aktivisten zu demütigen. Für Unruhe sorgten auch die tiefgreifenden wirtschaftlichen Veränderungen im Ruhrgebiet: die Umwandlung von Friedlicher Nachbar in eine Aktiengesellschaft, der Besitzerwechsel bei Hasenwinkel und anderen Zechen, das Zurückfahren der Produktion auf Zeche Hasenwinkel, der daraus resultierende Arbeitskräfteüberschuß und die Berichte darüber, daß Stinnes plane, alteingesessene Bergleute aus Friedlicher Nachbar in seine «Modellzechen» zu versetzen und dann neue Kräfte von außen einzustellen, die seinen Forderungen weniger Widerstand entgegensetzen würden. Auf der einen Seite fühlten sich die Bergleute dem strengen Regiment des Zechendirektors und seiner Beamten ausgeliefert; auf der anderen Seite war Stinnes, der sich «nicht in Einzelheiten einlassen [wollte], ... weil er sehr in Anspruch genommen sei», allem Anschein nach bei weitem nicht mehr so zugänglich wie noch vor kurzem. Unter diesen Umständen konnte das Werben für den Beitritt zu einer der Gewerkschaften wesentlich größere Überzeugungskraft entfalten, wobei die Gewerkschaften selbst allerdings betonten, wie wichtig es sei, die Disziplin zu bewahren und nicht in einer Situation zu streiken, in der die Arbeitgeber am längeren Hebel saßen.[90]

Die Kräfte, die hier am Werk waren, können und sollten nicht individualisiert werden. Die industrielle Konzentration und die gewerkschaftliche Organisation der Arbeiter waren zwei symbiotische Prozesse, doch auf das bewußte Handeln der Akteure hatte diese Tatsache kaum Einfluß. Konkrete Einzelentscheidungen mögen von subjektiven Sichtweisen bestimmt gewesen sein, doch für langfristige Entwicklungstendenzen galt dies sicherlich nicht. Die harten Knochen unter den Stinnes-Direktoren, wie Stens vom MBV, hätten ihre Linie gegen die Forderung nach vollem Krankenlohn für Arbeiter mit der «Wurmkrankheit» konsequent durchgehalten, aber in dem Moment, da die GBAG mehr als bisher zu zahlen begann, konnten sich die anderen den Forderungen der Bergleute schwerlich weiter verschließen.[91] Die höchste Priorität hatten für Stinnes zuverlässige Mitarbeiter und friedliche Beziehungen. Er war in der Tat sehr ungehalten über die Situation in Zeche Hasenwinkel, wo der Bochumer Verein etwas aus seiner Sicht «Kopfloses» getan, nämlich weit über den Bedarf hinaus Leute eingestellt hatte; somit mußte sein Zechendirektor Knupe nach der Übernahme der Zeche durch Friedlicher Nachbar erst einmal 400 Bergleute entlassen. Stinnes wußte sehr genau, daß das für die im Umkreis der Zeche ansässigen Kumpel ein äußerst schwerer Schlag war, und gab Anweisung, diejenigen, die obdachlos zu werden drohten, noch eine Weile zu behalten. Anders als die Bergleute ihm unterstellten, ging Stinnes nicht nach dem Grundsatz vor, eher die am Ort lebenden Bergleute als die Auswärtigen zu entlassen; er versuchte vielmehr, letztere allmählich loszuwerden, um einen Teil der arbeitslos gewordenen Bergleute aus Hasenwinkel wieder einstellen zu können. Auch wünschte er sich keineswegs einen Streik herbei, sondern hoffte, durch die Beseitigung der einzelnen Härtefälle einen Arbeitskampf abwenden zu können. Schließlich erteilte er Anweisung, in diesen Fällen keine Lohnkürzungen vorzunehmen; es sollte nicht der Eindruck entstehen, die Zeche nütze den Arbeitskräfteüberschuß aus, um «Lohndrückerei» zu betreiben.[92]

Nicht immer gelang es ihm, seine Ziele durchzusetzen, ohne den Zorn der Bergleute zu erregen oder einen Arbeitskampf zu riskieren. Als er sein Interesse am Erwerb der Zeche Altendorf Tiefbau bekundete, unterstellten die dort Beschäftigten ihm schlicht die Absicht, sie zu schließen, und die Zechenleitung riet ihm dringend von einem offiziellen Besuch ab, da sonst zu befürchten sei, daß die Belegschaft unruhig würde und einzelne Bergleute vorsorglich kündigten und abwanderten, was der Zeche finanzielle Verluste bescheren würde. Diese Reaktion fand Stinnes sehr seltsam und wies sarkastisch darauf hin, «daß die unterirdischen Verhältnisse beim Erwerb einer Grube doch nicht ganz ohne Bedeutung sind». Es sei ohne weiteres möglich, fügte er hinzu, daß er sich für einen Weiterbetrieb der Zeche entscheiden werde.[93]

Ohnehin hatte Stinnes kein Interesse, sich am Geschäft des «Zechentötens» zu beteiligen, wie Kritiker den Konzentrationsprozeß im Bergbau polemisch nannten; er definierte seine Absichten vielmehr, wie es Zechendirektor Knupe von Friedlicher Nachbar formulierte, als «Zusammenlegung der kleinen und zerstreut liegenden Zechen und Grubenfelder zu großen und leistungsfähigen Gesellschaften».[94] Mit dieser Zielvorstellung trat Stinnes auch an, als er im April 1904 zum Vorsitzenden des Aufsichtsrats des Dortmunder Steinkohlenbergwerks Louise Tiefbau in Barop berufen wurde – man erwartete von ihm ausdrücklich «die Instandsetzung» der unter diesem Firmendach vereinten Zechen. Wie Cläre ihrem Tagebuch anvertraute, sah Hugo bei Louise Tiefbau ziemlich aufregende Möglichkeiten: «Es ist ein großes weites Feld, er verspricht sich viel vom ihm und hofft auf die Gründung eines großen Werkes.»[95]

Wie Stinnes Friedlicher Nachbar auf Vordermann gebracht hatte, um die Zeche für die Fusion mit Deutsch-Luxemburg fähig zu machen, plante er nun dasselbe mit Louise Tiefbau. Er wies die Zechenleitung zunächst an, ihm vollständige Unterlagen über die Finanzen des Unternehmens, seine Beschäftigten und deren Arbeitsverträge vorzulegen. Die leitenden Mitarbeiter von Louise Tiefbau erhielten den dringenden Rat, sich mit ihren Kollegen bei Friedlicher Nachbar in Verbindung zu setzen, um sich darüber aufklären zu lassen, wie Stinnes die Dinge haben wollte; hier wie dort verlangte er die Übersendung eines täglichen Produktionsberichts sowie die Vorlage von Steigerberichten und Holzverbrauchsberichten in regelmäßigen Abständen. Schließlich wünschte er Pläne zu sehen, auf denen die Markscheiden der einzelnen zum Unternehmen gehörenden Bergwerke, vor allem Bruchstraße und Wiendahlsbank, präzise verzeichnet waren. Die Direktoren von Louise Tiefbau erhielten Anweisung, sich von den Cheftechnikern der Stinnes-Zechen erklären zu lassen, wie diese Unterlagen aussehen mußten, damit Stinnes etwas damit anfangen konnte; er ließ die Zechenleitung wissen, daß er bei dem Antrittsbesuch, den er Louise Tiefbau eine Woche später abstatten wollte, «erwarte, die vorstehend angedeuteten Arbeiten schon weit fortgeschritten zu finden».[96]

Wie es seine Art war, verfuhr er mit den Aktionären ebenso ungnädig wie mit der Geschäftsführung; er erklärte ihnen klipp und klar, sie müßten in den bevorstehenden drei Jahren erst einmal weiter investieren und dürften wenig Ertrag erwarten, weil zwar «die Zechen Hochstraße und Wiendahlsbank des Dortmunder Steinkohlenbergwerks Louise Tiefbau wohl die Grundlage für einen rentablen Bergbaubetrieb bieten, ... aber die geldliche Lage und der Zustand der Einrichtung und der Vorrichtung der Zechen ein derartiger ist, daß große Summen aufgewandt werden müssen, um das Werk in einen ordnungsmäßigen und auf die Dauer rentablen Zustand zu versetzen».[97] Die einzige Hoffnung, die er ihnen machen konnte, war die, daß im Falle des Verkaufs der Firma an ein Eisen- und Stahlunternehmen der Wert ihrer Aktien schon zu einem früheren Zeitpunkt, als unter normalen Umständen möglich, steigen würde.

Überhaupt nichts Tröstliches hatte Stinnes über die Zeche Louise anzubieten, nach der die Firma als Ganze benannt war; sie war seiner Ansicht nach zu veraltet, als daß sich der Aufwand einer Instandsetzung jemals lohnen würde. Die Kohle, die die Grube noch berge, reiche nicht mehr aus, um die zu tätigenden Investitionen zu amortisieren. Die benachbarten Bergwerke könnten ihre Kohle billiger fördern. Die Zukunft der Firma liege in der Modernisierung der Zechen Bruchstraße und Wiendahlsbank. Pressemeldungen über die Pläne der Firmenleitung und das Gerücht, daß am 15. Oktober 400 der 575 Beschäftigten der Zeche Louise die Kündigung auf den 1. November 1904 erhalten würden, breiteten sich wie ein Lauffeuer aus und ließen Louise Tiefbau und Stinnes unmittelbar in den Brennpunkt einer sich verschärfenden Kontroverse über Zechenstillegungen rücken. Am 13. Oktober bat Landrat von Starck vom Kreis Hörde, in dem die Zeche lag, Stinnes, die Kündigungen um mindestens ein Vierteljahr hinauszuschieben; warnend wies er darauf hin, die öffentliche Verbitterung über die Zechenschließungen sei so groß geworden, daß bereits der Ruf nach Verstaatlichung ertöne. «Es dürfte daher im eigensten Interesse der Bergwerksbesitzer liegen, daß sie eine Verstärkung dieser Stimmung möglichst vermeiden.»[98] Die Verärgerung hätte bei Stinnes nicht größer sein können. Wie er in einem wütenden Telegramm klarstellte:

> «Von beabsichtigter Kündigung der Belegschaft von Louise zum 1. November ist mir nichts bekannt. Ob und in welchem Umfange Kündigungen erfolgen, werde ich am 15ten bestimmen; einstweilen sind nur Beamte angewiesen, Belegschaft auf bevorstehende Betriebseinstellungen hinzuweisen mit der Empfehlung, sich zum ersten November nach anderer Arbeitsstelle umzusehen, in erster Linie auf Bruchstraße und Wiendahlsbank. Wir würden auch ohne behördliche Intervention vor Weihnachten eine ganze Belegschaft nicht brotlos machen.»[99]

Stinnes' Ärger verstärkte sich noch, als er erfuhr, daß Starck sich in der Angelegenheit auch an das Kohlensyndikat und an den Bergbaulichen Verein gewandt hatte, die beide nicht die Kompetenz besaßen, Einfluß auf Unternehmensentscheidungen zu nehmen – und die jetzt beide mit einer Falschmeldung versorgt worden waren. In Stinnes' Augen hatte Starck nicht nur der Firma, sondern auch der Öffentlichkeit einen schlechten Dienst erwiesen:

> «Im übrigen bin ich der Meinung, daß wirtschaftlich richtige Maßnahmen, wie die Stillegung der Zeche Louise, keineswegs notwendig Erbitterung unter der Bevölkerung hervorrufen müssen, und daß es nur einer energischen Richtigstellung der öffentlichen Meinung seitens der berufenen Regierungsvertreter bedürfte, um wenigstens das törichte Geschrei nach Verstaatlichung des Kohlenbergbaues verstummen zu machen. Wenn allerdings, wie in diesem Fall Ihrerseits geschehen, ein Vorgehen verurteilt wird, was vorläufig nur in der Phantasie besteht und von dem man weder die Gründe noch die Art der Ausführung kennt, so braucht man sich nicht zu wundern, wenn die kritiklose Masse so urteilt, wie es anläßlich der Zechenstillegung beobachtet worden ist.»[100]

Damit war der Austausch von Unfreundlichkeiten noch keineswegs beendet, ein Austausch, aus dem man immerhin schließen kann, daß Stinnes wohl kaum an dem vielbeklagten Untertanengeist krankte, der für das Zweite Deutsche Reich angeblich so typisch war. Von Starck wehrte sich mit dem Hinweis, er habe sich beim Königlichen Oberbergamt über die Absichten der Firma informiert; Stinnes warf er darüber hinaus eine «bedauerliche Unkenntnis der Arbeitsweise preußischer Behörden» vor,[101] wenn er glaube, sie handelten auf der Grundlage von «Phantasien». Der Landrat vertrat den Standpunkt, nur sehr wenige gekündigte Bergleute würden bei den beiden anderen Zechen unterkommen und Stinnes sei tatsächlich im Begriff, zahlreiche Bergleute noch vor Weihnachten auf die Straße zu setzen. Stinnes bestritt dies; er betonte, er sei lediglich ermächtigt worden, die Zeche nach dem 1. November zu schließen, und erweckte den Eindruck, er hätte auf jeden Fall alles Erdenkliche getan, um zu verhindern, daß Bergleute arbeitslos werden würden. Er wies auf die Tatsache hin, daß 210 Bergleute bereits von sich aus gekündigt und anderswo Arbeit gefunden hätten. Mit schneidender Ironie ließ er von Starck wissen, er finde dessen Agieren ganz und gar nicht typisch für die Arbeitsweise preußischer Behörden und setze seinerseits auch nicht voraus, daß der Herr Landrat über seine, Stinnes', Arbeitsweise Bescheid wisse. «Da ich aber vielleicht noch mehrfach mit dem Herrn Landrat von Hörde in Berührung kommen werde, so bitte ich, in Zukunft von jeder Pression durch den Bergbaulichen Verein, das Kohlen-Syndikat oder dergleichen Abstand nehmen zu wollen, wohingegen ich jede vorurteilsfreie Anregung Ihrerseits jederzeit gern annehmen und nach Möglichkeit berücksichtigen werde.»[102]

Die Probleme, die sich für Stinnes im Zusammenhang mit der Stillegung der Zeche Louise auftaten, erschöpften sich nicht in seinem unerquicklichen Briefwechsel mit dem Landrat. Nach § 65 des Bergbaugesetzes konnte die Stillegung einer Zeche untersagt werden, wenn dadurch die Gefahr einer Kohlenknappheit heraufbeschworen, die Produktion in benachbarten Zechen beeinträchtigt oder die Steuereinnahmen der betroffenen Gemeinden erheblich sinken würden. Stinnes mußte bei einer Anhörung Anfang November 1904 nachweisen, daß im vorliegenden Fall keine dieser Folgen zu befürchten war, und mußte Fachleute als Zeugen für die Schlüssigkeit seiner Aussagen aufbieten.[103] Stinnes obsiegte und durfte die Zeche stillegen; inzwischen hatte jedoch der Landtag das Thema der Stillegungen auf die Tagesordnung gesetzt, und die Bergbaubehörden hatten eine Anhörung über die Schließungen veranstaltet. Stinnes versuchte gegen die Opposition im Landtag Punkte zu machen, indem er seinen Zechendirektor Knupe anwies, dem Abgeordneten Wilhelm Hirsch aus Essen, dem führenden Sprachrohr der Ruhrindustriellen im Landtag, Material zur Verfügung zu stellen, aus dem hervorging, wie heftig Zechen wie Hasenwinkel von ihren Heimatgemeinden besteuert wurden; eine hohe Steuerlast sei aber, so sein Fazit, wohl kaum geeignet, eine Zeche so profitabel zu machen, daß auf ihre Schließung verzichtet werden könne.[104]

In der Debatte um die Berechtigung dieser Zechenschließungen soll Stinnes einmal erklärt haben: «Ich kann mit meinem Kapital machen, was ich will!» Diese Aussage fand ihren Weg in eine Rede, die der führende Sozialdemokrat August Bebel im Februar 1905 im Verlauf einer Reichstagsdebatte hielt; Bebel wollte damit die unerträgliche Arroganz der Zechenbesitzer vom Schlage eines Hugo Stinnes illustrieren. Stinnes bestritt hartnäckig, diesen Satz jemals gesagt zu haben, und schrieb ihn statt dessen einem Aktionär der Zeche Louise Tiefbau zu. Andererseits bekannte sich Stinnes zu dem Standpunkt, «daß der Bergwerkseigentümer über die praktischen Betriebsmaßnahmen und die Arbeiterentlassungen allein zu befinden hat»,[105] ein Argument, das er auf die These stützte, sie seien mit der Verantwortung für die ordnungsgemäße Bewirtschaftung der Kohlevorkommen betraut und dürften nur dann kritisiert werden, wenn sie hier schlecht wirtschafteten und damit ihrer Verantwortung nicht gerecht würden. Die Stillegung der beiden kleinen und nicht profitablen Zechen der Firma Louise Tiefbau und die Zusammenlegung der benachbarten Zechen liege, so betonte Stinnes nachdrücklich, «im Interesse des Staates».[106]

Natürlich konnte man die Auffassung vertreten, die Weichen für die Zechenstillegungen seien bereits in dem Abkommen zur Erneuerung des Syndikats Ende 1903 gestellt worden und dort seien auch die Voraussetzungen dafür geschaffen worden, daß Zechen wie Louise mit Aussicht auf Gewinn modernisiert werden konnten. Wie auch immer, die Entscheidung, diverse Zechen stillzulegen, schuf die Voraussetzung für die großen Streiks, die um die Jahreswende 1904/05 ausbrachen und Hugo Stinnes in den Blickpunkt des öffentlichen Interesses rückten und dazu führten, daß seine Äußerungen – die wirklichen wie die ihm unterstellten – regelrecht seziert wurden. Seine eigene Firma hatte die Zeche Maria Anna und Steinbank in Höntrop gekauft und stillgelegt und damit 1100 Bergleute arbeitslos gemacht, die sich zu den 400 gesellten, die in Hasenwinkel überzählig waren; die drohende Schließung der Zeche Louise veranlaßte eine weitere größere Zahl von Kumpeln, sich nach einem neuen Arbeitsplatz umzusehen. Stinnes hatte sicher nicht Unrecht, wenn er darauf hinwies, daß diese Stilllegungen keine Langzeit-Arbeitslosen produzierten, da die weiterbetriebenen Zechen modernisiert und ihre Produktion ausgeweitet würde, um ihre erhöhten Quoten ausschöpfen zu können. Die Beschäftigung zusätzlicher Bergleute in diesen Zechen schuf indes neue Probleme. Die Zeche Bruchstraße, die eine größere Zahl neuer Mitarbeiter eingestellt hatte, war die erste, an der diese Probleme zum Ausbruch kamen.

Am 28. November 1904 gab der Direktor der Stinnes-Zeche Bruchstraße, Gustav Knepper (1870–1951), den Stinnes ein Jahr zuvor von der Zeche Julius Philipp abgeworben hatte, durch Aushang bekannt, daß aufgrund der erhöhten Beschäftigtenzahl die Einfahrzeiten um eine halbe Stunde vorverlegt werden müßten. Die Morgenschicht würde demgemäß um 4.30 Uhr statt wie bisher um 5 Uhr beginnen, die Nachmittagsschicht um 13.30 anstatt um 2 Uhr, die Nachtschicht um 20.30 anstatt um 21 Uhr. Durch die Indiskretion eines Zechenbeamten hatte sich dieses Vorhaben bereits vor der offiziellen Bekanntmachung herumgesprochen und für Unmut und Unruhe in der Belegschaft gesorgt.[107] Diese Verlegung der Schichtzeiten war schon seit einiger Zeit im Schwange und fügte sich in einen Trend zur Verlängerung der effektiven Arbeitszeit, der seit einiger Zeit anhielt. Die Arbeitgeberseite beharrte auf dem Standpunkt, die Bergleute müßten acht volle Stunden am Abbauort arbeiten, und nahm nicht zur Kenntnis, daß der Ausbau der Zechen dazu geführt hatte, daß die unter Tage Beschäftigten wesentlich mehr Zeit brauchten, um zum Abbauort bzw. nach Arbeitsende wieder über Tage zu gelangen. Die Männer leisteten auf diesen Wegen tatsächlich auch Arbeit, indem sie zum Beispiel Stützholz und Gerätschaften mitschleppten, und dies durch sehr schwieriges Terrain; dennoch erkannten die Arbeitgeber diese Zeit nicht als Arbeitszeit an, sondern beharrten darauf, es sei Einfahrzeit. Dieselben Veränderungen, die dazu geführt hatten, daß die Bergleute länger brauchten, um zum Abbauort zu gelangen, weckten nun auf Arbeitgeberseite das Interesse an einer Ausweitung der Einfahrzeiten – Stinnes hatte bei seinen Diskussionen mit der Belegschaft von Friedlicher Nachbar 1903 bereits eine dunkle Andeutung in diese Richtung gemacht. Schon vor der Zuspitzung der Lage in der Zeche Bruchstraße hatten andere Zechenleitungen längere Einfahrzeiten durchzusetzen versucht, hatten aber Rückzieher gemacht, als die Arbeiter mit Streik reagierten. Nach all dem kamen die Bergleute und alle, die mit ihnen sympathisierten, als die Zeche Bruchstraße ebenfalls in diese Kerbe hieb und zur Begründung auf die Modernisierung der Zeche und die erhöhte Zahl der Beschäftigten hinwies, kaum umhin, darin eine Provokation zu sehen.[108]

Es war nicht Stinnes, sondern Knepper gewesen, der die Entscheidung getroffen hatte – eine gute Illustration dafür, daß Stinnes seinen Zechendirektoren möglichst viel freie Hand für eigene Grundsatzentscheidungen und Initiativen ließ. Knepper rechnete offenbar damit, daß es ähnlich abgehen würde wie im Vorjahr an der Zeche Friedlicher Nachbar, wo die Bergleute sich nach anfänglichen Unruhen wieder beruhigt hatten, weil sie kaum Aussicht hatten, anderswo gleichwertige Arbeit zu finden. Er hatte sich auch mit den «Revierbeamten» der Bergbaubehörde, Remy und Salomon, beraten, und sie hatten sich nicht gegen sein Vorhaben ausgesprochen. Nun beschwor er Stinnes nachdrücklich, nicht klein beizugeben, auch wenn die Bergarbeiter ein beträchtliches «Geschrei und Getöse»[109] veranstalteten und die Vertreter der Zechenleitung mit etlichen Schmährufen und Steinwürfen eindeckten. Stinnes hatte keineswegs die Absicht, klein beizugeben, aber er war auch nicht ganz glücklich über den Zeitpunkt der Entscheidung:

> «Es wäre vielleicht klüger gewesen, die Schichtverlängerung gerade in dieser Zeit nicht vorzunehmen. Doch hat das keinen Zweck mehr, jetzt darüber nachzudenken.
>
> Nachdem wir die an sich richtige Maßregel aufgenommen haben, werden wir sie durchsetzen. Seien Sie aber der Belegschaft gegenüber durchaus ruhig und nicht schroff. Wir kommen damit am weitesten.
>
> Sie können sich ausdrücklich darauf berufen, daß auf Ihren Vorschlag die Neuordnung durch den Vorstand und mich genehmigt sei. Ich werde Sie nicht im Stich lassen.»[110]

Wie auch immer, sie hatten jetzt einen Streik am Hals; während auf der einen Seite Remy vom Bergamt in einem Bericht ans Ministerium erklärte, Knepper sei im Recht und die meisten Essener Zechen hätten die längeren Schichtzeiten bereits eingeführt, und während Landrat Gerstein Knepper und Stinnes zusicherte, er werde für den Schutz ihres Lebens und ihres Eigentums sorgen, sah Knepper sich gezwungen, am 6. Dezember zu vermelden: «Die ganze Straße von der Zeche herauf war gestern abendszeit wie auch heute morgen früh schwarz von Menschen, welche auf und ab gehen und durch Zureden die Arbeitswilligen zurückhalten.»[111] Die Arbeiter hatten eine Versammlung abgehalten und eine Abordnung gewählt, die aus drei Männern bestand (von denen Knepper jeden einzelnen als «Sozialdemokrat und Agitator» charakterisierte), die sich nach Mülheim begaben und bei Stinnes persönlich vorsprechen wollten, ihn aber in seinem Haus nicht antrafen.

Die schwierige Lage wurde noch weiter durch die Tatsache erschwert, daß Cläre ernsthaft erkrankt war und Stinnes so viel mit der Betreuung seiner Frau zu tun hatte, daß er sich nicht in der Lage sah, persönlich einzugreifen. Die Arbeiter hatten sich mit der Bitte um Vermittlung ans Oberbergamt gewandt, und dieses hatte Knepper und seinen Kodirektor Sattelmacher auf den 6. Dezember einbestellt und um Aufklärung über die Lage gebeten. Stinnes hatte die beiden Männer angewiesen, keinen Beschluß ohne vorherige Rücksprache mit ihm zu fassen; die Unterredung im Oberbergamt verlief für die Zechendirektoren, die bis dahin geglaubt hatten, die Behörde hinter sich zu haben, nicht gut. Knepper vertrat die Auffassung, die Verlängerung der Schichtzeiten sei auf der Grundlage der geltenden Arbeitsordnung zulässig. Demgegenüber erklärte Oberbergrat

Baur, es handle sich hier um eine Abkehr von der bisherigen Arbeitsordnung, und dergleichen könne nicht per Anschlag verfügt werden. Er drohte damit, kraft Amtes die Entscheidung der Zechenleitung rückgängig zu machen, falls sie es nicht von sich aus täte, und Knepper zog es vor, nachzugeben, um es nicht zum «Bruch» mit dem Oberbergamt kommen zu lassen.

Stinnes war über den ganzen Verlauf der Sache höchst unglücklich. In seinen Augen war die Position des Oberbergamtes «rechtlich unhaltbar», doch räumte er ein, daß Knepper in der Situation die richtige Entscheidung getroffen hatte. Das hinderte ihn nicht daran, den Rechtsstandpunkt der Revierbeamten als undurchsetzbar abzutun; wie er Kirdorf wissen ließ, dachte er schon deshalb nicht daran, den Standpunkt Baurs anzuerkennen, weil ihn dies der Gefahr ausgesetzt hätte, Ausgleichszahlungen leisten zu müssen. Er wünschte sich, er hätte selbst an der Besprechung teilnehmen und um sein Recht kämpfen können:

> «Es ist höchst bedauerlich, daß meine unbefriedigenden häuslichen Verhältnisse dazu geführt haben, daß diese ganze Sache so verfahren worden ist. Aber meine Frau und deren Ruhe geht mir doch vor allem anderen, wenn schon ich mir den Vorwurf der Schlappigkeit nicht gerne mit einem Schein von Recht machen lasse.»[112]

Beim nächsten Mal zeigte Stinnes keine Spur von Schlappheit mehr, aber auch die Streikbewegung zeigte sich um ein Vielfaches erstarkt. Knepper und Stinnes hatten zunächst vorgehabt, in einer neuen Bekanntmachung den 1. Januar als Stichtag für das Inkrafttreten der verlängerten Schichtzeiten festzusetzen; nach Rücksprache mit ihren Anwälten und in dem Bestreben, sich einen erneuten amtlich verfügten Rückzieher zu ersparen, wichen sie auf den Termin 1. Februar aus. An die Adresse derjenigen Beschäftigten, die die neue Regelung zu akzeptieren nicht gewillt waren, erging die Aufforderung, sich nach einem anderen Arbeitgeber umzuschauen, anstatt in den Streik zu treten.[113] Am 3. Januar gab die Zechenleitung per Anschlag bekannt, alle Beschäftigten, die für drei aufeinanderfolgende Tage die Arbeit verweigerten, würden wegen Vertragsbruches automatisch entlassen und müßten damit rechnen, daß ihnen der Gegenwert von sechs Schichten zum Schadensausgleich vom Lohn abgezogen würde.

Als es am 10. Januar 1905 an der Zeche Bruchstraße zu dem offensichtlich erwarteten Streik kam, ging es dabei formell gar nicht um die Stundenzahl, sondern um die Höhe des jedem Bergmann zustehenden Kohlendeputats für Heizzwecke. Am 2., 3. und 7. Januar hatten die Beschäftigten ungewöhnlich große Mengen Deputatskohle angefordert, obwohl die Zechenleitung durchaus ausreichende Zuteilungen für Heizzwecke vorgenommen hatte und den Verdacht hegte, die Bergleute wollten jetzt für den Streikfall Kohlen horten. Stinnes erachtete es als wichtig, daß die Zeche sich nicht die Blöße gab, kleinlich zu erscheinen, und er wollte auch nicht, daß die Familien der Bergleute im Falle eines Streiks ohne Kohlen dastanden. Als die Belegschaft jedoch am 10. Januar die Lieferung des gesamten Januar-Kontingents an Deputatskohlen verlangte, lehnte

Stinnes dies ab, woraufhin die Bergleute von der Zeche Bruchstraße fast vollzählig in den Streik traten. Noch am Vortag hatten sie sich an Baur vom Oberbergamt gewandt, mit der Bitte, die Behörde möge zwischen den Vertretern der Belegschaft und denen der Zechenleitung in der Frage der Schichtzeiten, aber auch im Hinblick auf andere Probleme vermitteln. Stinnes reagierte darauf unverzüglich mit der Aussage, er halte es für fraglich, ob eine Vermittlung überhaupt möglich sei, nachdem die Bergleute unter Bruch des Tarifvertrags in den Streik getreten waren und damit nach der Werksordnung eigentlich einen Kündigungsgrund geliefert hatten; er forderte, die von den Arbeitern aufgeworfenen Fragen müßten unter Mitwirkung Kirdorfs und von Velsens erörtert werden, da sie die Belange sowohl der privaten als auch der verstaatlichten Zechen beträfen. Am 16. Januar zeigte sich freilich, daß eine Vermittlung im Hinblick auf die Lage an der Zeche Bruchstraße kaum noch sinnvoll war, befanden sich doch an diesem Tag bereits 90000 Bergleute im Ausstand; am 19. Januar waren es dann sogar 200000.[114]

Die Gewerkschaftsführer, darunter auch die vom Sozialistischen Alten Verband, hatten die Bergleute vom Streiken abzuhalten versucht – wenngleich sie andererseits durch ihre Rekrutierungstätigkeit einen Beitrag zur Stärkung des Kampfesmuts der Männer geleistet hatten. Die Tatsache, daß an der Zeche Bruchstraße, wo der Ärger begonnen hatte, 90 Prozent aller Beschäftigten Gewerkschaftsmitglieder waren, zeigte in den Augen der Arbeitgeber, daß die Behauptung, die gewerkschaftliche Organisation führe zu größerer Disziplin in der Arbeiterschaft, eine «Fabel» war.[115] Außerstande, die Streikbewegung zu kontrollieren, versuchten die Gewerkschaften, sie wenigstens zu kanalisieren, indem sie eine Reihe alter Forderungen hervorholten; deren Ablehnung durch den Bergbaulichen Verein löste dann den eigentlichen großen Streik aus.

Die Arbeitgeber hatten natürlich gewisse Vorkehrungen für den Fall eines solchen Streiks getroffen. Sie waren darin von den Behörden bestärkt worden, die ihnen geraten hatten, «Schutzwehren» zu bilden und Waffen zu horten. Am 1. November 1904 hatte Knupe von Friedlicher Nachbar Stinnes gefragt, wie er auf dieses Ansinnen reagieren solle; er hatte darauf hingewiesen, daß die Zechen von Deutsch-Luxemburg solche Schutzwehren bereits rekrutiert und einen Vorrat an Abzeichen und Revolvern angelegt hatten. Was Stinnes hieran nicht gefiel, war die Tatsache, daß Schutzwehren im Einsatzfall unter dem Kommando der zuständigen Bürgermeister stehen würden. Während er auf der einen Seite meinte, es sei besser, dieses Projekt nicht weiter zu verfolgen, hielt er andererseits die Anschaffung von Revolvern für richtig, denn falls man angegriffen werde, habe man als Privatperson das Recht, sich mit der Schußwaffe zu verteidigen.[116] Eine relevantere Form der Selbsthilfe auf Arbeitgeberseite war die Einlagerung von Kohlenvorräten durch das Syndikat als Vorsorge für den Streikfall.

So nachteilig der Streik für die Arbeiter auch sein mochte, die Zechenbesitzer mußten bald feststellen, daß sie ein großes Handicap hatten: Die öffentliche Meinung im Revier, die Presse, der Landtag, der Reichstag und wichtige Teile der Beamtenschaft waren gegen sie. Von Behördenseite wurde somit wenig dagegen unternommen, daß die Streikenden die Arbeitswilligen unter Druck setzten, und erst nach mehrmaligen Anläufen gelang es den Zechenbetreibern, von der Polizei ein Streikpostenverbot zu erwirken, das sie dann auf dem Betriebsgelände aushängen konnten. Es tat jedoch allem Anschein nach keine nennenswerte Wirkung.[117] Als die Vorstände des Bergbaulichen Vereins bei einem Treffen mit Baur vom Oberbergamt um den Einsatz von Truppen zur Unterstützung der Polizei baten, wurde deutlich, daß weder Baur noch Regierungspräsident Schreiber willens waren, die bewaffnete Staatsmacht gegen die streikenden Bergleute einzusetzen; sie äußerten sich im Gegenteil höchst kritisch zu der Weigerung der Arbeitgeber, in Verhandlungen einzutreten, und zu ihrer provokativen Absicht, den entlassenen Bergleuten sechs Schichten vom Lohn abzuziehen.[118] Kirdorf war außer sich; als der Innenminister zu Besuch in die Gegend kam, warf Kirdorf ihm «Rückgratlosigkeit» vor, aber auch dies trug offenkundig nichts dazu bei, der Arbeitgeberseite bei den Behörden bessere Karten zu verschaffen.[119]

Unter Dauerbeschuß stand natürlich Hugo Stinnes. Als sein Bruder Heinrich ihn auf einen Artikel im SPD-Parteiblatt *Vorwärts* aufmerksam machte, in dem es hieß, Stinnes habe arbeitswillige Männer nicht einfahren lassen und alle Vermittlungsversuche abgelehnt, forderte er die Redaktion wütend auf, diese Falschdarstellung zu korrigieren. Überhaupt nützte er jede Möglichkeit, die Richtigstellung von in seinen Augen unzutreffenden Berichten zu erwirken. Kein Kraut gewachsen war natürlich gegen Äußerungen wie die, die ein Redakteur einer Arbeiterzeitung auf einer öffentlichen Kundgebung in Mülheim tat; im Rahmen seines Vortrages zum Thema «Herr Stinnes und die jetzige Arbeiterbewegung» heizte er klassenkämpferische Ressentiments an, indem er unter Bravorufen aus dem Publikum erklärte: «Herr Stinnes hat das Geld nicht mit seiner Hände Arbeit verdient; er war so schlau, daß er sich eine Mutter mit goldenen Unterröcken ausgesucht hat.» Während die Bergleute ihrer Arbeit unter Gefahr für Leib und Leben nachgingen, behalte «Herr Stinnes», wenn er «durch Spekulation sein Geld verliert, ... wenigstens seine Gesundheit».[120]

Vielleicht beruhigte es Stinnes, als Geheimrat Müller von der Dresdner Bank ihn wissen ließ, daß die Börsenspekulation sich vom Streik kaum beeindruckt zeigte und daß die Kurse der Bergbauaktien, falls es nicht zu einer dramatischen Negativentwicklung kam, wahrscheinlich nicht nachgeben, sondern im Gegenteil nach Ende des Streikes voraussichtlich steigen würden. Müller konnte sich freilich auf das Verhalten der Zechenbesitzer überhaupt keinen Reim machen. Auf der einen Seite verdarben sie es sich mit der öffentlichen Meinung, indem sie Verhandlungen mit den Arbeitervertretern ablehnten, auf der anderen verzichteten sie auf den Einsatz der wirksamsten ihnen zu Gebote stehenden Mittel: vorläufige Einbehaltung der den Bergleuten noch zustehenden Löhne und Zwangsräumung ihrer Betriebswohnungen. Auf jeden Fall machten er und andere sich Sorgen wegen Stinnes' exponierter Position:

«Daß die Zeitungen Sie in erster Linie als den Streikattentäter angreifen und Sie als den Sündenbock hinstellen, wird Sie, wie ich Sie kenne, wohl kalt lassen. Hoffentlich beherzigen Sie aber die Mahnung Ihrer Frau Gemahlin und Ihrer Freunde zur Vorsicht, daß Sie nicht in körperliche Konflikte mit der Volkswut geraten.»[121]

Stinnes selbst sorgte sich weniger um seine körperliche Unversehrtheit als um die bürokratischen Konflikte, die der Arbeitskampf nach sich zog, und um die öffentlichen Scherbengerichte gegen die Arbeitgeber. Als am 30. Januar in der Stadthalle von Langendreer Vertreter der Bergleute der Zeche Bruchstraße mit ihnen freundlich gesonnenen Beamten wie Bergrat Remy und Landrat Gerstein zusammentrafen, um Beschwerden über die Zechenleitung zu hören, dürfte dies Stinnes kaum Kopfzerbrechen bereitet haben. Einige der Beschwerden schienen gerechtfertigt, andere nicht, und insgesamt ergab sich aus den Ausführungen, daß Knepper ein zwar hartgesottener, aber fairer und kompetenter Zechendirektor war; sowohl er als auch die Behördenvertreter drängten die Gewerkschafter, die Bergleute zur Rückkehr in die Gruben zu überreden.[122] Darüber hatte jedoch der sogenannte Siebenerausschuß zu befinden, den die Gewerkschaften als Entscheidungsinstanz eingesetzt hatten und dem es gelungen war, von der preußischen Regierung die Zusage zu erwirken, daß das Bergbaugesetz geändert würde. Diese Zusage, die die Gewerkschaften als großen Erfolg feierten, machte sie geneigt, für ein Ende des Streiks einzutreten; die nicht besonders gut gefüllten Streikkassen und die nachlassende Bereitschaft der Einzelhändler, den Streikenden Kredit zu gewähren, taten ein übriges, um die Streikmüdigkeit zu fördern, und um den 15. Februar herum wurde wieder gearbeitet.

Die am Rande des Streiks geführten Unterredungen und die von der Regierung gegebenen Zusagen machten Stinnes und seinen Kollegen weitaus mehr zu schaffen als der eigentliche Streik. Deutlich wird dies aus der Bewertung des Streiks, die er im März 1905 im Geschäftsbericht des Mülheimer Bergwerks-Vereins vornahm. Hier brachte er zum Ausdruck, daß seiner Überzeugung nach die Öffentlichkeit durch die Propaganda der Gewerkschaften vollständig irregeführt worden war; die von staatlicher Seite angestellten Ermittlungen hätten ergeben, daß die Mißstände, die es in der Industrie gab, Ausnahmefälle seien, die untergeordnete Personen zu verantworten hätten und die in keinster Weise einen allgemeinen Streik rechtfertigten. Tatsächlich müsse man «den Bergarbeiterausstand als eine von den Bergarbeiterorganisationen planmäßig vorbereitete Machtprobe betrachten, die in Folge mangelhafter Disziplin der Massen vorzeitig zum Ausbruch gekommen und durch das Fehlen ausreichender Geldmittel vorläufig ohne wesentliches Ergebnis verlaufen ist».[123] So unkritisch die Öffentlichkeit sei, werde sie doch bald dahinterkommen, daß die Gewerkschaften jetzt keinen Frieden, sondern lediglich einen Waffenstillstand geschlossen hätten und daß der Volkswirtschaft weitere schwere Prüfungen drohten. Die schärfste Kritik übte er jedoch an den staatlichen Stellen, die, weil sie es an der nötigen Neutralität hatten fehlen lassen, «leider zur Verschärfung der Gegensätze beigetragen» und den Gewerkschaften einige «höchst gefährliche Zugeständnisse» gemacht hätten. So sei nun die Einrichtung obligatorischer Arbeiterausschüsse geplant, auf deren Wahl gewisse «die Arbeitermassen terrorisierende Agitatoren» Einfluß nehmen könnten, mit dem Ziel, sie mit Personen zu besetzen, die das partnerschaftliche Verhältnis zwischen Arbeitern und Arbeitgebern untergraben würden. Die Bergbauindustrie werde selbstverständlich Stellung gegen diese Dinge beziehen, doch «die Regierung ... und die öffentliche Meinung werden in späterer Zeit allein die ganze folgenschwere Verantwortung für ihre jetzige Haltung zu tragen haben».

In Wirklichkeit hatten die Arbeitgeber vom Staat natürlich mehr als nur Neutralität erwartet; recht hatten sie aber mit ihrer Einschätzung, daß es in diesem Arbeitskampf letztlich weniger um das Abstellen konkreter Mißstände ging als um das politische Gewicht der Gewerkschaften. Die im Juli 1905 verabschiedete neue Berggesetznovelle war denn auch ein Schlag für die Arbeitgeber, indem es die Möglichkeit des «Nullens» abschaffte, die unbezahlte Ein- und Ausfahrzeit auf maximal 30 Minuten begrenzte und bindend festlegte, daß jede darüber hinausgehende Einfahrzeit als Arbeitszeit gerechnet werden mußte; die gesamte Zeit, die die Bergleute unter Tage brauchten, um zum Abbauort zu gelangen, wurde als Arbeitszeit gewertet, die Zahl der möglichen Überstunden begrenzt und die Einrichtung von Arbeiterausschüssen zur Pflicht gemacht.

Daß Stinnes dieses Ergebnis nicht zusagte, lag auf der Hand. Mit dem Abgeordneten Hirsch tauschte er sich beständig über den Fortgang des Gesetzgebungsprozesses aus, doch waren sich beide in der pessimistischen Einschätzung einig, daß sie auf verlorenen Posten standen und es allenfalls noch darum gehen konnte, das Schlimmste zu verhüten, zum Beispiel die Übertragung der Gesetzgebungszuständigkeit vom Preußischen Landtag an den Reichstag. Hirsch klagte insbesondere über die schlechte Presse der Wirtschaft. «Alles in allem hat sich bei dieser Gelegenheit wieder herausgestellt, daß die Großindustrie ohne Presse machtlos ist.»[124] Er bat Stinnes um eine Unterredung über diese «Lebensfrage der Industrie». Über die Rolle der Presse dachte Stinnes im Verlauf der Auseinandersetzungen von 1904–05 sicherlich ausgiebig nach und kam zu neuen Erkenntnissen. Er stand damit freilich nicht allein, denn um dieselbe Zeit beschloß der Bergbauliche Verein, der Presse- und Öffentlichkeitsarbeit des in dieser Beziehung weitaus rührigeren Bundes der Landwirte nachzueifern und ein eigenes Netz von Pressekontakten aufzubauen.[125]

Aus den Vorgängen der Jahre 1904 und 1905 lernte Stinnes auch, wie wichtig es war, Leute wie den Abgeordneten Hirsch von den Nationalliberalen, der in der Abgeordnetenkammer des Preußischen Landtags saß, oder den Düsseldorfer Bürgermeister Wilhelm Marx, der im Herrenhaus saß und dort entschieden die Interessen von Banken und Industrie vertrat, auf seiner Seite zu haben. Sie konnten von Nutzen sein, wenn es persönliche Angriffe seitens einer manchmal voreingenommenen Verwaltung zu parieren galt. Als einmal ein Beamter namens Meissner, Geheimer Oberbergrat, unangekündigt zunächst in Friedlicher Nachbar und dann im Mülheimer Bergwerksverein auftauchte, um als persönlicher Abgesandter des Handelsministers die Stinnes-Zechen auf ihre Sicherheit hin zu überprüfen, sorgte Stinnes dafür, daß die Berichte über diese unwillkommenen Besuche dem Abgeordneten Hirsch zugeleitet wurden.[126] «Herr Geheimrat Meissner sagte», hieß es darin, «daß Herr Stinnes in technischer Beziehung wohl bemüht sei, seine Gruben auf der Höhe zu halten, aber im allgemeinen würde angenommen, daß bei Herrn Stinnes für die Sicherheit weniger geschehe.» Obwohl keinerlei Anhaltspunkte dafür vorlagen, daß in den Stinnes-Zechen mehr Unfälle passierten als anderswo, konfrontierte Meissner die Zechenleitungen mit einer Liste zu ergreifender Maßnahmen und erklärte, falls diese nicht durchgeführt würden, müßten die Behörden zu Zwangsmitteln greifen. Als Direktor Hold von der Zeche Mathias Stinnes darauf hinwies, daß einige dieser Maßnahmen nicht ohne vorherige Konsultierung von Stinnes durchgeführt werden könnten, erklärte Meissner, er könne ruhig davon ausgehen, daß Stinnes auch ein direktes Vorsprechen beim Minister nichts nützen würde, da er, Meissner, diese Inspektion auf Geheiß des Ministers vorgenommen habe.[127]

Am dringendsten gebraucht wurden wohlwollend gesonnene Parlamentarier für den Kampf gegen industriefeindliche Gesetzesvorhaben. Die parlamentarischen Kritiker der Großindustrie hätten mit ihren Vorstößen zur Gesetzgebung schließlich weit Schlimmeres anrichten können. Stinnes versorgte Bürgermeister Marx regelmäßig mit Material zur Frage der Zechenstillegungen, um den Nachweis zu liefern, daß die Schließungen zu realen Kosteneinsparungen führten und daß ihr gesetzliches Verbot einer «Verschwendung der nationalen Vermögen» gleichkommen würde. Der Versuch, ein solches Gesetz durch den Landtag zu bringen, scheiterte denn auch. Ins Arbeitsrecht wurden einige arbeitgeberfreundliche Bestimmungen eingefügt. So enthielt das Gesetz in seiner endgültigen Fassung einen Passus, der besagte, daß Arbeitnehmer, die sich 1905 am Streik beteiligt hatten, nicht für die Arbeiterausschüsse kandidieren durften, deren Einrichtung das Gesetz für Zechen mit mehr als hundert Beschäftigten vorschrieb; außerdem wurde das aktive Wahlrecht für diese Ausschüsse an eine mindestens einjährige, das passive an eine mindestens dreijährige Betriebszugehörigkeit gekoppelt. In einem Wirtschaftszweig mit so hoher Fluktuation bedeutete dies keine geringfügige Einschränkung. Wie auch immer, nach Einschätzung von Marx wog das Scheitern der anti-privatwirtschaftlichen Gesetzesvorhaben auf jeden Fall schwerer als die sozialen Wohltaten der jetzt verabschiedeten Gesetzgebung.[128]

Keine besondere Gefahr drohte, darin waren sich beide Männer einig, von der sogenannten Lex Gamp, einem nach einem freikonservativen Abgeordneten benannten, am 5. Juli 1905 verabschiedeten Gesetz, das für die Dauer von 2 Jahren neue Mutungen aussetzte, um so ein Exempel für den Grundsatz der staatlichen Eigentumsrechte an allen Kohlevorkommen zu statuieren. Da die Regierung mit diesem Zaunpfahl schon seit 1904 gewinkt hatte, hatten diverse Bergwerksgesellschaften, das Kohlensyndikat und ein als Internationale Bohrgesellschaft firmierendes Konsortium, an dem Stinnes maßgeblich beteiligt war, vorsorglich ihre Ansprüche auf die Flöze im nördlichen Ruhrgebiet angemeldet. Das Syndikat hatte allerdings verhindert, daß neue Schächte niedergebracht wurden, ehe nicht die Marktlage eine Erhöhung der Kohleproduktion zuließ. Das Ziel der Lex Gamp war es, das weitere Horten von Mutungen, die nur als Zukunftsreserve dienen sollten, zu verhindern. Nach Ansicht von Stinnes war damit zu rechnen, daß dieser Schuß nach hinten losgehen würde: «Die stilliegenden Felder sind zum größten Teil im Besitz sehr reicher Leute und Gesellschaften. Ich erwähne Haniel ..., Thyssen, ... Gelsenkirchen, Harpen, Internationale etc. Allen diesen kommt es gar nicht darauf an, einige Schachtanlagen anzufangen. Man stärkt durch den leisesten Zwang zum Abteufen deren schon heute unverhältnismäßig große Macht.»[129] Er sprach sich dafür aus, die Umwandlung dieser Firmen in Aktiengesellschaften zu fördern, an denen sich die Allgemeinheit beteiligen konnte, und den Sachwaltern des öffentlichen Interesses eine Minderheitsbeteiligung einzuräumen, genug, um auf die Belange des Allgemeinwohls zu achten. Wie auch immer, die Verabschiedung des Gesetzes erwies sich, zusammen mit einem Gerichtsurteil, demzufolge während einer sechsmonatigen Übergangszeit noch Mutungen beantragt werden konnten, als sehr vorteilhaft für Stinnes und seine Mitstreiter. Sie erwarben so viele Optionen, wie sie nur konnten, wobei Stinnes selbst, der höchstpersönlich verhindert hatte, daß die Bohrgesellschaft ihre Mutungsansprüche an das Syndikat verkaufte, die Situation für den Erwerb eines großen Teils der betreffenden Mutungsrechte benutzte, die er noch dazu zu einem günstigeren Preis bekam, wie Cläre notierte.[130]

Aus Stinnes' Sicht war das, was sich somit ergeben hatte, weniger ein Wunschergebnis als ein unter dem Druck der Notwendigkeit zustande gekommener Kompromiß. Ein industriefreundlicheres Parlament hätte seiner Überzeugung nach bewirkt, daß bei geringerem Kraftaufwand ein besseres Ergebnis erzielt worden wäre. Wie er in einem Brief an Kirdorf schrieb: «Wären wir im Parlament und wehrten uns rücksichtslos unserer Haut, so käme die Sache mit einem Schlag anders.» Es gab zu dieser Zeit Stimmen, die von einer baldigen Kandidatur Kirdorfs für ein Abgeordnetenmandat wissen wollten, und Stinnes versuchte denn auch, ihm seinen Widerwillen gegen einen solchen Schritt auszureden. «Keiner tut unserer Großindustrie, dem Syndikat, dem ganzen Westen so not als ein geeigneter Vertrauensmann im Parlament.»[131] Es erscheint höchst fraglich, ob der zu Unbeherrschtheit und Schwarzseherei neigende Kirdorf der richtige Mann für einen Parlamentssitz gewesen wäre. Ende Februar hatte Kirdorf eine Einladung zu einer Sitzung des Bochumer Ortsverbandes der Nationalliberalen Partei mit der Begründung ausgeschlagen, angesichts der Haltung großer Teile der Partei zum jüngsten Streik halte er die «angebliche Freundschaft» der Nationalliberalen zur Industrie für gefährlicher als eine offen zur Schau gestellte Industriefeindlichkeit. Er verstieg sich sogar zu einer bemerkenswerten Drohung:

«Nachdem im letzten Bergarbeiterausstand die Regierung offen gegen unsere Industrie Stellung genommen hat, trotzdem wir einen unanfechtbaren Standpunkt und die Erhaltung der Staatsordnung vertraten, nachdem sie sich den Umsturzparteien unterworfen hat und mit Gesetzen vorgeht, die uns ebenfalls der Herrschaft dieser Umsturzparteien unterstellen, werden wir uns diesem Zwang fügen müssen, so schwer es uns fällt; es wird daher den leitenden Verwaltungen der diesseitigen Industrie, um einen möglichst ungestörten Fortgang ihres Betriebes zu sichern, nichts übrig bleiben, als ein Handinhandgehen mit der mächtigsten dieser Umsturzparteien, der Sozialdemokratie, anzustreben, d.h. um unsere wirtschaftliche Aufgabe unter einer Regierung, wie sie unser Vaterland heute hat, noch erfüllen zu können, werden wir die politische Macht dieser Partei überlassen müssen.

Ich weiß, daß keiner meiner Freunde und Mitarbeiter in der Großindustrie diese Ansicht bisher teilt, ich bin aber der festen Überzeugung, daß der Zwang der Verhältnisse sie auf diesen Weg treiben wird.»[132]

Das war eine bemerkenswerte Prophezeiung, wenn auch zu einem so frühen Zeitpunkt noch eine sehr gewagte, und zwar im Hinblick sowohl auf Kirdorf als auch auf den Mann, der sie eines Tages wahrmachen sollte: Hugo Stinnes. Schließlich hatten weder im Landtag, der so viele Probleme bereitet hatte, noch in dem so sehr gefürchteten Reichstag die Sozialdemokraten die Mehrheit. Wie auch immer, es schien, als sei es an der Zeit, taktische statt ideologische Karten auszuspielen, in Gestalt sowohl eines aggressiveren Eintretens für die Interessen der Industrie als auch eines Sich-Abfindens mit Realitäten, die sich durch bloßes Wunschdenken nicht beseitigen ließen. Gut illustrieren läßt sich dies anhand einer Diskussion, die im Oktober 1905 im Bergbaulichen Verein geführt wurde; es ging darin um einen Vorstoß Kirdorfs, die Vorschrift zu streichen, die es einer Zeche verbot, anderen Zechen Arbeitskräfte abzuwerben. Stinnes ergriff entschieden die Partei Kirdorfs; er wies darauf hin, daß eine Ablehnung dieses Antrags angesichts des herrschenden politischen Klimas sehr problematisch sei und daß die sogenannte Arbeitersperre, um die es ging, nichts anderes sei als ein Instrument zum Geldsparen, das sich jedoch immer dann, wenn die wirtschaftliche Lage günstig sei, als sehr hinderlich erweisen würde. Eine entschiedene Gegenposition zu Kirdorf und Stinnes vertrat Bergassessor Emil Krabler vom Kölner Bergwerksverein, Vorsitzender des Bergbaulichen Vereins und einer der Wortführer des organisatorischen Zusammenschlusses der Zechenbesitzer gegen die Gewerkschaften nach dem Streik von 1889. Kirdorf und Krabler waren lange Zeit Verbündete gewesen, bevor Kirdorf sich der Forderung Stinnes' anschloß, man solle nicht für unhaltbare Positionen kämpfen; beide waren froh, daß Krabler das aktuelle Zerwürfnis zum Anlaß nahm, sein Amt niederzulegen und damit den Weg für die Aufhebung der Arbeitersperre freizumachen. Wie Cläre ihrem Tagebuch anvertraute: «Es ist gut, wenn Krabler [von dem] Posten verschwindet, er ist ein absoluter Gegner jedes Entgegenkommens in Arbeiterfragen, die heute doch anders behandelt werden müssen als noch vor zehn Jahren. Konzessionen müssen gemacht werden, geschiehts nicht freiwillig, werden sie erzwungen. Der Arbeiter kennt seine Macht und wird sie gebrauchen.»[133] Die Arbeitersperre wurde Ende November aufgehoben, nach Stinnes' Eindruck gerade noch rechtzeitig, um neuen Arbeiterunruhen vorzubeugen. Dabei war er sich durchaus im klaren darüber, daß die Zechenleitungen davon nicht begeistert sein würden, weil die Aufhebung der Sperre zu erheblichen Lohnsteigerungen führen konnte – eine Folge, die tatsächlich sofort eintrat, doch glaubte er fest, daß es sich lohnte, diesen Preis zu bezahlen.

Die generelle Aufhebung der Arbeitersperre verhinderte offenbar nicht, daß zwischen einzelnen Zechen, die in enger Nachbarschaft zueinander standen, nach wie vor Abmachungen zur Nichtabwerbung von Arbeitskräften bestanden. Im Oktober 1906 traf sich Stinnes mit Belegschaftsvertretern aus seinen Zechen, um ihre Forderung nach Lohnerhöhungen von 15 Prozent und nach Aufhebung lokaler Arbeitersperren zu erörtern. Stinnes lehnte eine pauschale Lohnerhöhung zu diesem Zeitpunkt ab, erklärte sich jedoch bereit, differenzierte Lohnsteigerungen in Erwägung zu ziehen; die örtlichen Arbeitersperren verteidigte er mit dem Argument, sie seien aus Gründen der Grubensicherheit unverzichtbar. Bemerkenswert ist nicht nur, wie ruhig die Unterredung offenbar verlief, sondern auch wie dankbar die Bergleute für die Chance waren, sich mit Stinnes persönlich auszutauschen; sie regten denn auch an, solche Gespräche künftig ein oder zweimal pro Jahr zu führen. Stinnes räumte seinerseits ein, daß solche Treffen nützlich seien, um Mißverständnissen und Problemen vorzubeugen, und lud die Belegschaftsvertreter für März 1907 zu einem weiteren Gespräch ein. Wie Cläre notierte: «Solche Unterredungen sehen die Arbeiter sehr gerne, und sie nützen schon deshalb, weil sie ein Bindeglied schaffen zwischen Arbeiter und Arbeitgeber.»[134]

Andererseits stellte Cläre auch fest: «Hugos Arbeiten sind nicht zu bewältigen.»[135] Der Abstand zwischen ihm und den Arbeitern, der eine Funktion des Größenwachstums des Konzerns und der Hierarchisierung von Verantwortlichkeiten in den einzelnen Firmen und im Gesamtkonzern war, ließ sich eigentlich nicht mehr überbrücken. Auf der anderen Seite ermöglichte dieser Abstand ein höheres Maß an Objektivität und Flexibilität. Dies mochte zwar hin und wieder zu einer rücksichtsloseren Haltung gegenüber den Arbeitnehmern führen, sorgte aber auch dafür, daß Situationen rationaler eingeschätzt und bewältigt werden konnten; in dieser Beziehung unterschied sich ein Mann wie Stinnes zunehmend von patriarchalischen Unternehmern wie Krupp oder dem Saar-Industriellen Baron von Stumm. In Gewerkschaftskreisen wurde ausgiebig darüber gestritten, ob der Streik von 1905 mit einem Sieg oder einer Niederlage geendet hatte. Nimmt man das Tagebuch von Cläre Stinnes zum Maßstab, dann deutet alles auf ersteres hin. Für Stinnes scheint der Streik jedenfalls eine ebenso negative Erfahrung gewesen zu sein wie seinerzeit die Hibernia-Affäre; während er damals einen persönlichen Triumph verbucht hatte, ohne daß die Öffentlichkeit seine tragende Rolle in dem Geschehen überhaupt wahrgenommen hatte, so hatte er dieses Mal eine Niederlage erlitten, die ihm noch dazu ein Übermaß an unwillkommener Anerkennung eingetragen hatte; diese Erfahrung vertiefte zweifellos seine Abneigung gegen persönliche Publizität. Wie Cläre in einem anderen Zusammenhang feststellte, war es ihrem Mann «lieber und wünschenswerter, als Macher nicht in Erscheinung zu treten, sondern nur hinter den Kulissen zu arbeiten, da er sonst Erschwerung seiner Tätigkeit auf anderen Gebieten befürchtet».[136]

4. Das RWE: Wachstum, Widerstand, der Aufbau von gemischtwirtschaftlichen Unternehmen

An keiner Stelle war eine Kombination aus Aggressivität, Diplomatie und Drahtzieherei hinter den Kulissen notwendiger als beim Ausbau des RWE. Das galt um so mehr, als hier die meisten jener Industriellen und Bankiers beteiligt waren, die auch schon an den weiter oben erörterten vertikalen Integrationsprozessen beteiligt gewesen waren, eine tragende Rolle in der Hibernia-Affäre gespielt und sich in den Arbeitskämpfen von 1904–05 hervorgetan hatten. Kaum nötig zu betonen, daß beim Ausbau des RWE zwangsläufig lokale, regionale und nationale Behörden mitredeten und daß Stinnes und seine Kollegen die schwierige Aufgabe hatten, sich über manche dieser Fragen mit diesen Behörden hart auseinanderzusetzen und zugleich in anderen Fragen die Zusammenarbeit mit ihnen zu suchen. Das Ziel bestand jedenfalls darin, ein einziges großes Stromversorgungsunternehmen aufzubauen, das sich auf die Stromproduktion einiger weniger großer, koordiniert arbeitender Kraftwerke stützen und die gesamte Region Rheinland-Westfalen gleichmäßig und zuverlässig mit Strom versorgen würde, und dies möglichst nicht in Konkurrenz oder Konflikt mit den Behörden, sondern in Kooperation mit ihnen. Wenn es irgendeine Einrichtung gab, die Stinnes' Vorstellung von der idealtypischen Beziehung zwischen privatem und staatlichem Sektor verkörperte, dann war es das RWE.

Die Erhöhung des Aktienkapitals des RWE von 4 auf 10 Millionen Mark Ende 1903 hatte den Weg geebnet für den großen Durchbruch, den die Firma unter der höchst engagierten Oberaufsicht von Stinnes und unter der Leitung Thiels und Goldenbergs um diese Zeit erlebte. Da wurden auf der einen Seite diverse Energieaustausch-Verträge mit Zechen von Deutsch-Luxemburg, Thyssens Deutscher Kaiser oder der GBAG abgeschlossen, wobei als Vorbild natürlich die Stinnes-Zechen Victoria Mathias (auf deren Gelände das RWE ein Kraftwerk unterhielt) und Mathias Stinnes Pate standen (die erste mit Fernstrom versorgte Zeche im Ruhrgebiet). In den Vereinbarungen zwischen dem RWE und diesen Zechen waren die Regeln festgelegt, nach denen etwa Bedarfsspitzen gedeckt werden sollten. Im Prinzip lief es so, daß das RWE tagsüber die Zechen versorgte und die Zechen nachts das RWE. Welchen integrierten und systematischen Charakter der Ausbau dieses Stinnesschen Imperiums hatte, geht beispielhaft aus der engen Verzahnung des RWE mit dem Zechenverbund des Deutsch-Luxemburg-Konzerns hervor. Das RWE lieferte den Zechen von Deutsch-Luxemburg im südlichen Ruhrgebiet hochgespannten Strom, den diese transformierten; gleichzeitig planten die Zechen den Bau eigener Kraftwerke auf ihrem Gelände und damit die Schaffung einer Reservekapazität für Zeiten hoher Stromnachfrage. Stinnes hatte die hochfliegenden Pläne für die Zeche Wiendahlsbank, mit denen er sich brüstete, tatsächlich in der Schublade. Hier sollte das zweite Großkraftwerk des RWE (das Kraftwerk Kruckel) entstehen und mit dem Essener Kraftwerk kurzgeschlossen werden. Ihre Energie bezogen die RWE-Kraftwerke in Form von Dampf aus den Kesseln der Partnerzechen – so kamen die Zechen um die Syndikats-Selbstverbraucherquoten und die Kraftwerke um die hohen Syndikatspreise für Kohle herum.[137]

Auf der anderen Seite verzeichnete das RWE beträchtliche Fortschritte bei der Ausweitung seiner Angebote an die Kundschaft. Es war ja, das muß immer wieder betont werden, nicht damit getan, laufend neue Kunden zu gewinnen, sondern es ging auch darum, sich ein Stromversorgungsmonopol für die Städte und das flache Land Rheinland-Westfalens zu sichern sowie die Kontrolle über Straßenbahnbetriebe und Kleinbahnen zu gewinnen, mit dem Ziel, den Stromverbrauch so zu steigern, daß er eine «Massenproduktion» von Elektrizität zu günstigen Preisen erlaubte. Dank seiner erhöhten Erzeugungskapazitäten hatte das RWE Vereinbarungen über die Versorgung zahlreicher Städte und Gemeinden im Kreis Essen sowie auch der Heimatstadt von Stinnes, Mülheim-Ruhr, durchsetzen können. Dies beinhaltete die Übernahme kleiner örtlicher Kraftwerke, die dann entweder stillgelegt oder in das Versorgungsnetz des RWE eingebunden wurden.

Hier ist nicht der Ort, die Expansion des RWE en detail nachzuzeichnen; vielmehr sollen an dieser Stelle die Rolle von Hugo Stinnes bei der Kursbestimmung für das RWE und sein prägender Einfluß auf den Charakter des Unternehmens ausgeleuchtet werden. Um die technische Seite des RWE-Ausbaus kümmerte sich Goldenberg, die wirtschaftlichen Alltagsentscheidungen trafen Thiel und W. von Tippelskirch. Tippelskirch war zuvor Generaldirektor und Gesellschafter der Düsseldorf-Duisburger Kleinbahngesellschaft gewesen, bis diese Anfang 1906 vom RWE übernommen worden war. Von Stinnes als fähiger und harter Verhandlungspartner geschätzt, wurde Tippelskirch 1906 zum Leiter des Kölner RWE-Büros berufen. Stinnes kümmerte sich jedoch weiterhin intensiv um die grundlegenden strategischen Fragen im Zusammenhang mit der Entwicklung des RWE. Das brachte ein enormes Ausmaß an juristischer und vertraglicher Kleinarbeit mit sich, und es war eine von Stinnes' nie gewürdigten Leistungen, daß er bis zum 1. November 1905 einen unverhältnismäßig großen Teil seines Arbeitstages (der zwischen 6.30 und 7 Uhr morgens begann und zwischen Mitternacht und 1 Uhr morgens endete) damit verbrachte, Dutzende von Verträgen und Vereinbarungen aufzusetzen, durchzugehen und zu korrigieren. Die Einstellung von

Amtsrichter Hermann Thomas, eines Neffen des Architekten, mit dem Stinnes seit einigen Jahren eng zusammenarbeitete, sorgte für erhebliche Entlastung und fachmännische Hilfe. Gustav Brandt leitete nach wie vor Stinnes' Büro und fungierte als sein persönlicher Sekretär; nach seinem Tod 1908 übernahm Thomas die Rolle des persönlichen Sekretärs und Rechtsberaters und behielt sie bis zu Stinnes' Tod. Brandt, von dem Stinnes in seinem Testament von 1902 sagte, er sei der Mensch, «der am besten über meine Ideen und Absichten informiert ist», hatte Anfang 1904, genau wie einige seiner Kollegen, ein lukratives Stellenangebot des Kohlenkontors ausgeschlagen, weil ihm, wie Cläre stolz vermerkte, «das Zusammenarbeiten mit Hugo so interessant» war.[138] Auch Thomas steckte sich innerhalb weniger Monate nach seiner Anstellung mit dem Stinnes-Bazillus an und erklärte, «er würde nicht in den Staatsdienst zurückgehen, das wäre ja keine Arbeit».[139]

Für Stinnes war Thomas nicht nur deshalb ein Gewinn, weil er ihn in einem Teilbereich entlastete, sondern auch weil er sich seiner bedienen konnte, um unnötig aggressive Vorgehensweisen seiner RWE-Direktoren abzumildern. Als er etwa von der Absicht des RWE erfuhr, einige von einem Konkurrenzunternehmen abgeschlossene Verträge vor Gericht anzufechten, sprach Stinnes sich energisch gegen den Klageweg aus und bot statt dessen die Dienste von Thomas an. «Ein Prozeß», führte er aus, «ist immer ein ungesunder Zustand und hinterläßt bei dem unterliegenden Teile notwendigerweise immer das Gefühl der Unzufriedenheit. Kann man ihn daher durch Eingehung eines billigen Vergleiches vermeiden, so soll man das tun. Dies gilt besonders für ein Unternehmen, das darauf bedacht sein muß, seinen Absatz und seinen Kundenkreis nach Möglichkeit zu vergrößern.»[140]

Das war nicht der einzige Bereich, in dem das Gebaren der RWE-Vorstände der aufmerksamen Beobachtung bedurfte. Ein besonders schwerwiegendes Problem, dem Stinnes sich im Rahmen seiner Kontrollpflichten als Aufsichtsratsvorsitzender widmete, war die Verhinderung von Konflikten zwischen den und innerhalb der von ihm gelenkten Unternehmen, die eigentlich gehalten waren, ihre Aktivitäten zu koordinieren. So fand er es höchst unerfreulich, daß Ingenieure des RWE, die sich mit der Leitungsverlegung zwischen der Zeche Louise Tiefbau und dem RWE befaßten, arrogant auftraten und damit drohten, sich «in Mülheim» über Knepper und andere leitende Mitarbeiter der Zeche zu beschweren. «Ich kann es auf keinen Fall dulden», wies Stinnes sie zurecht, «daß von Ihren Beamten den Beamten anderer Zechen und Werke oder umgekehrt mit meiner Person gedroht wird.»[141]

Wie sich anhand solcher Mißhelligkeiten und unerfreulichen Episoden zeigte, warf der Ausbau des RWE ganz spezielle Probleme auf, die immer wieder ein persönliches Eingreifen von Stinnes in Dinge erforderten, um die sich normalerweise nicht der Aufsichtsratsvorsitzende kümmerte, sondern die er dem Management überließ. Im Prinzip arbeiteten Stinnes und die RWE-Direktoren gewiß harmonisch zusammen, um das ihnen gemeinsam vorschwebende Ziel des

Aufbaus eines monopolistischen Stromversorgers zu erreichen. In manchen Bereichen aber erforderte dies einen sehr langen Atem; selbst einschneidende Erfolge gingen mit Frustrationserlebnissen einher, und an einigen Stellen versperrten auch unüberwindliche Hindernisse den weiteren Weg.

Entgegen den Hoffnungen Stinnes' und des Essener Oberbürgermeisters Zweigert, die Stadt Essen könne von der Süddeutschen Eisenbahn-Gesellschaft (SEG) in Darmstadt die Essener Straßenbahnen übernehmen und sie anschließend an das RWE verpachten, gerieten die Verkaufsverhandlungen Ende 1905 ins Stocken. Wie später noch häufig, nutzte Stinnes auch in diesem Fall seine Verbindungen zu den Banken, um sein Ausbauprogramm für das RWE voranzubringen. In diesem Falle arbeitete er seine Angebote an die SEG bzw. an Dernburg von der Darmstädter Bank (die eine hohe Beteiligung am SEG-Kapital hielt) in enger Abstimmung mit Direktor Wolze vom Schaffhausen'schen Bankverein aus. Da es nicht gelang, die SEG zu einer Reduzierung ihrer Preisvorstellungen zu bewegen, und da auf der anderen Seite Zweigert von seinem Stadtrat keinen Verhandlungsspielraum eingeräumt bekam, wurde die Preisfrage zum unüberwindlichen Hindernis. In der heißen Phase der Verhandlungen im Frühjahr 1904 machte Dernburg den Vorschlag, das RWE solle eine Mehrheitsbeteiligung an der SEG erwerben; Stinnes lehnte dies ab, weil das RWE dann nicht mehr ein neutraler Makler beim Verkauf der Essener Straßenbahnen gewesen wäre, sondern unmittelbarer Beteiligter mit einem starken Eigeninteresse am Verkaufspreis. Je länger Stinnes freilich über einen möglichen Erwerb der SEG nachdachte, desto besser gefiel ihm der Gedanke, auch wenn es nicht möglich schien, ihn in der momentanen Situation in die Tat umzusetzen. Einerseits hätte er damit den Argwohn der Städte und Gemeinden geweckt, die er für seinen Stromverbund zu gewinnen hoffte. Auf der anderen Seite war die SEG ein sehr großes Unternehmen, zu groß, als daß das RWE in seinem jetzigen Entwicklungsstadium sie hätte schlucken können. Ein Weg war für die Zukunft vorgezeichnet, der jedoch jetzt, im Jahre 1904, noch nicht begangen werden konnte. Es betrübte Stinnes, «so viele und schöne Pläne» platzen zu sehen, sah er doch in den Essener Straßenbahnen, wie Cläre festhielt, «das Fundament für ein Riesenstraßenbahnnetz.... In ihm sind alle Pläne diesbezüglich schon fertiggestellt; die Idee verfolgt ihn und beschäftigt ihn sehr viel.»[142]

Im Umgang mit der Kölner Actien-Gesellschaft für Gas und Electrizität und ihrem Generaldirektor Ritter, die dem RWE um diese Zeit das Leben sehr schwer machten, übten Stinnes und seine Kollegen nicht solche Zurückhaltung. Das Kölner Unternehmen verfügte über eine Reihe von Versorgungsverträgen für Gas und Strom im Ruhrgebiet und schien durchaus in der Lage, dem RWE bei der Penetrierung der Regionen Essen und Gelsenkirchen Paroli zu bieten. Das RWE schickte sich an, überall dort Fuß zu fassen, wo die Kölner bislang ein Versorgungsmonopol gehabt hatten. Ritter fühlte sich berechtigt, zumindest gleiche Wettbewerbschancen zu fordern, wenn nicht sogar eine Kompensation in Form einer prozentualen Abgabe vom RWE für den von diesem an die betreffenden Kunden gelieferten Strom. Ein Fall, der die Gemüter besonders erhitzte, war der der Firma Böcker & Co, eines größeren Unternehmens im Raum Gelsenkirchen, das darauf brannte, einen Liefervertrag mit dem RWE abzuschließen, um kein eigenes Kraftwerk bauen zu müssen, doch bei der Verfolgung dieses Ziels immer wieder Steine in den Weg gelegt bekam in Form von Forderungen sowohl Ritters als auch der Stadt Gelsenkirchen nach Zahlungen und Konzessionsabgaben. Ritter erklärte, er verstehe sich nicht als Unruhestifter, halte es aber nun einmal für seine Pflicht, für die Rechte seiner Firma im Ruhrgebiet einzutreten; er übte scharfe Kritik an Stinnes wegen dessen Weigerung, diese Rechte anzuerkennen, und am RWE wegen seiner Preispolitik: «Bei normalen Strompreisen haben wir eine elektrische Konkurrenz nicht zu fürchten; anders liegt es bei den Schleuderpreisen des Rheinisch-Westfälischen Elektrizitätswerks, welche sich als unheilvolle bedingt erweisen werden.»[143]

Es war Ritters Pech, daß er diese Beschwerden bei Carl Klönne von der Deutschen Bank ablud, der mit beiden Firmen in Verbindung stand, aber eindeutig das RWE favorisierte und die nur für ihn bestimmten Äußerungen Ritters an Stinnes weiterberichtete. Stinnes sah keine großen Chancen für eine gütliche Einigung, solange «Herr Ritter für seine Gesellschaft einen Einfluß auf unsere Preise haben will, den wir ihm niemals geben werden. Er hält Preise für unheilvoll, die nach meiner Ansicht so hoch sind, daß man froh sein kann, sich dieselben auf lange Zeit zu sichern. Er hat Kleinkundschaft zu hohen Preisen, wir gehen auf Massenkonsum aus.»[144] Stinnes erklärte, er werde gerne den Versuch machen, Ritter mit Worten zu überzeugen, pflichtete andererseits aber Klönne darin bei, daß Ritter sich letzten Endes «nur durch großen Aktienbesitz wird imponieren lassen».[145] So gingen Klönne und die Deutsche Bank daran, sich durch Aktienkäufe einen beherrschenden Einfluß auf das Unternehmen zu sichern; Anfang 1905 hatten sie einen genügend großen Kapitalanteil erworben, so daß das RWE, wie im Protokoll einer Aufsichtsratssitzung nachzulesen, vermelden konnte, «eine Verständigung mit der Kölner Gas-Gesellschaft» stehe «in bestimmter Aussicht».[146]

Ungeachtet dessen wurden weiterhin Anteile an dem Kölner Unternehmen aufgekauft, und zugleich gelang es dank des 1904 eingegangenen Bündnisses zwischen RWE und GBAG und des Eintritts von Geheimrat Schöller sowie der Disconto-Gesellschaft in den RWE-Aufsichtsrat, Kirdorf und die GBAG für den Ausbau der Position des RWE im Raum Gelsenkirchen einzuspannen. Indem Stinnes sich Kirdorfs als Mittelsmann bediente, konnte er im März 1906 endlich eine Übereinkunft mit Ritter erreichen, in der Ritter seine Bereitschaft erklärte, einen Vertreter des RWE in seinen Aufsichtsrat aufzunehmen; zugleich regte er an, die neue Partnerschaft dadurch zu besiegeln, daß das RWE seinerseits Ritter in seinen Aufsichtsrat berief. Kirdorf bat Stinnes, sich dieser Bitte nicht zu verschließen; die Art und Weise, in der er dies tat, läßt erahnen, wie sehr Stinnes zu diesem Zeitpunkt an Statur gewonnen hatte:

«Könnten Sie sich dazu entschließen, so würde mir das wegen meinen Beziehungen nach beiden Seiten sehr angenehm sein, ich glaube dann aber auch, daß sich R[itter] aus voller Überzeugung Ihnen anschließen wird. Für die Leute, die Sie nicht näher kennen, haben Sie, wie ich häufig zu bemerken Gelegenheit gehabt habe – etwas Schreckhaftes; das mag bei R. etwas mitwirken, er äußerte es zwar in keiner Weise und schien sehr befriedigt, daß ich Ihren Charakter ihm richtig schilderte und mich als Ihren aufrichten Freund bekannte.»[147]

Stinnes war offenbar bereit, für den Fall, daß ein Abkommen zustande käme, seinen Widerstand gegen einen Eintritt Ritters in den RWE-Aufsichtsrat zu begraben. Er hatte sicherlich größeres Interesse daran, diejenigen, die er als Partner für den Ausbau des RWE brauchte, zu überzeugen, als sie einzuschüchtern, besonders weil sich darunter etliche befanden, die größeres Format hatten als Ritter. Dem RWE ging es darum, nicht nur große Industriebetriebe, Straßenbahnen und Kleinbahnen mit Strom zu versorgen, sondern auch ganze Hafen- und Eisenbahnanlagen; in diesem Bereich konnte es 1904 erhebliche Fortschritte erzielen. Ein wichtiger Aspekt jeder Expansion war der Erwerb von Konzessionen zur Kabelverlegung bzw. Leitungsführung über oder durch öffentlichen Grund und Boden. Überall dort, wo das RWE solche Konzessionen besaß, wäre es für Abnehmer in benachbarten Gebieten ungleich teurer und damit unvernünftig gewesen, sich nach anderen Stromlieferanten umzusehen. Wo immer möglich, tat Stinnes alles, um dem RWE exklusive Konzessionen zu sichern. Dies gelang ihm beispielsweise Anfang 1904 in Meiderich, was ihm einen unschätzbaren Vorsprung im Rennen um die Stromversorgung des im Ausbau befindlichen Hafens Duisburg-Ruhrort bescherte, einen Vorsprung, den Stinnes und Thyssen denn auch in ihren langwierigen Verhandlungen mit dem Düsseldorfer Regierungspräsidenten Arthur Schreiber im März 1904 ganz bewußt ausnutzten. «Durch den Vertrag mit Meiderich», schrieb Stinnes an Klönne, «haben wir Ruhrort so umschlossen, daß der Hafen mit uns paktieren muß. Der Reg. Präs. bot persönlich in einer vierstündigen Verhandlung ... alles auf, um sich dieser Umklammerung zu entziehen. Wir lehnten selbstverständlich ab.»[148] Als Alternative schlugen Stinnes und Thyssen dem Regierungspräsidenten vor, er solle versuchen, seinen vorgesetzten Minister in Berlin davon zu überzeugen, daß sich der Staat in das RWE einkaufen müsse. Dies zeitigte die «etwas überraschende» Folge, daß Schreiber wenig später bekanntgab, er wolle alles in seiner Macht Stehende tun, um die Regierung in Berlin zu einer finanziellen Beteiligung am RWE zu überreden; er regte darüber hinaus an, hierfür Gelder aus den für den Hafenausbau bewilligten Mitteln zu verwenden, so daß die Regierung gar nicht eigens an den Landtag herantreten müsse.

Stinnes jubilierte. Eben noch hatte er sich furchtbar mit der «lächerlich kleinlich denkenden Eisenbahnverwaltung in Essen» herumgeärgert, die partout ihr eigenes Kraftwerk bauen wollte, weil sie «die zunehmende Macht einzelner Unternehmer» fürchtete.[149] An solchen Problemen erkenne man «den unschätzbaren Vorteil des Bundesgenossen ‹Fiskus›». Besonders große Freude bereitete es Stinnes, daß die Botschaft, die er zu verbreiten versuchte, offenbar Anklang fand: daß eine staatliche Minoritätsbeteiligung am RWE zugleich ein Unterpfand für die Wahrung des öffentlichen Interesses und ein Gebot der wirtschaftlichen Vernunft war. Es schien, als habe die Regierung in Berlin verstanden, daß unter den besonderen obwaltenden Umständen der ungewöhnliche Weg einer staatlichen Minderheitsbeteiligung an einem gemischt wirtschaftlichen Konzern eine angemessene Lösung war.[150] Stinnes war von den sich hier auftuenden Perspektiven so fasziniert, daß er seine Gedanken und Absichten, wie er sie zuvor seinem Verbündeten, dem Essener Oberbürgermeister Zweigert, erläutert hatte, eigenhändig dem Tagebuch anvertraute:

> «In diesen Tagen diese Fragen auch mit Zweigert erörtert; Überzeugung ausgedrückt, daß alle kommunalen Bedürfnisse für gemeinsame Rechnung des Bezirks befriedigt werden müßten, nicht bloß Elektrizität, Straßenbahnen, sondern auch Gas und Wasser. Erwerb der Gasaktien mitgeteilt. Dieser Weg ist auch der Einzige, um einer sonst kaum vermeidlichen Verstaatlichung des Bergbaus vorzubeugen. Staat sucht neue Einnahmen durch Ausbeutung der Revierkohle; große Einnahmen sicher. Wenn es gelingt, die Kommunen via Elektrizitätswerk und Straßenbahnen etc. zu Großaktionären zu machen, bleiben dem Revier die Einnahmen erhalten; die Sache geht nicht wie bei den Staatsbahnen, die das Geld im Revier verdienen und den allgemeinen Staatssäckel füllen. Aufgabe schwer, aber denkbar.»[151]

Die Kombination aus einer Beteiligung des preußischen Staates, dem Engagement wichtiger Städte und Kommunen und den Anteilen privater Unternehmen am RWE würde mehrere Fliegen mit einer Klappe schlagen: sicherstellen, daß die Kohlenzechen in privaten Händen blieben und daß ihre Produktion dem Allgemeinwohl diente, und auf der anderen Seite das wirtschaftliche Wohlergehen von Rheinland-Westfalen fördern, einer Region, deren Wirtschaftskraft für die Nation von hoher Bedeutung war. Plötzlich schien die Möglichkeit greifbar nahe, sich einerseits die Unterstützung der politischen Führung in Berlin zu sichern und deren Argwohn zu zerstreuen, andererseits die engstirnigen Lokalinteressen zu überwinden, die Stinnes' Vision vom RWE im Wege standen. Es war ein Indiz für die zumindest mancherorts in Berlin vorhandene positive Einstellung, daß der Minister der öffentlichen Arbeiten Budde die Essener Reichsbahndirektion anwies, ihre Pläne für den Bau eines eigenen Kraftwerks zu begraben und sich mit dem RWE zu arrangieren. Dies war, wie der RWE-Aufsichtsrat feststellte, «wohl der größte Erfolg, den das Werk seit seinem Bestehen gehabt hat. Es erlangt dadurch die Berechtigung der Kabellegung in die Eisenbahndämme und kann somit auch gegen die Widersprüche der Gemeinden überall hingelangen.»[152]

Auch wenn es dem RWE gelang, Versorgungsverträge mit dem Hafen Ruhrort und der Essener Bahnverwaltung abzuschließen, bedeutete das noch nicht, daß der Widerstand und das Mißtrauen in Berlin gewichen wären. Stinnes und Thyssen hatten dem Staat Aktien in Höhe einer halben bis einer Million Reichsmark offeriert und dabei betont, das große Ziel sei eine Kooperation zwischen allen interessierten Parteien: dem Staat, den Kommunen und der Privatwirtschaft. Das staatliche Engagement hatten sie als einen «für das ganze Industrierevier bedeutungsvollen und vorbildlichen Schritt» bezeichnet.[153] Das Angebot war im März 1904 ergangen, doch die Regierung zögerte, sich festzulegen. Während Minister Budde sich wohlwollend äußerte, begegnete Rheinbaben allem, was von Thyssen ausging, mit tiefem Mißtrauen; Handelsminister Möller machte sich, wie gesehen, zunehmend sorgenvollere Gedanken über die Macht der mit dem RWE verbundenen Ruhrindustriellen. Es scheint, als habe Stinnes gehofft, Zweigert könne das Mißtrauen Rheinbabens abbauen, doch dann kam im Sommer 1904 die Hibernia-Krise und setzte der Bereitschaft der Regierung, den Kauf von RWE-Aktien ins Auge zu fassen, erst einmal ein Ende.[154]

Das tat der Investitions- und Expansionspolitik des RWE keinerlei Abbruch. In den Jahren 1904–05 wurde das Aktienkapital des Unternehmens von 10 auf 25 Millionen Mark erhöht; darüber hinaus wurden vierprozentige Obligationen im Wert von 10 Millionen aufgelegt, während die Betriebsgewinne zur Deckung der Abschreibungen verwendet wurden. Das Geschäftsjahr 1905–06 brachte eine weitere Kapitalerhöhung auf 30 Millionen und die nochmalige Ausgabe von Obligationen im Nennwert von 10 Millionen; in diesem Jahr schüttete das RWE aber auch erstmals eine Dividende in Höhe von 6 Prozent aus. Die RWE-Aktien befanden sich fast ausschließlich im Besitz von Banken und Industriellen. Die Banken hielten 24 Prozent des Kapitals, Stinnes und Thyssen zusammen 50 Prozent, die GBAG 4 Prozent; 5 Prozent gehörten Carl Funcke, der im Aufsichtsrat der GBAG saß und ein wichtiger Geldgeber der Schwerindustrie war. Die übrigen 17 Prozent verteilten sich auf kleinere Aktionäre; diese Zahlen zeigen, wie eng Stinnes und Thyssen mit der Gesellschaft verbunden waren.[155] Das Konsortium aus Deutscher Bank, Dresdner Bank und Disconto-Gesellschaft spielte bei der Ausgabe der obenerwähnten Obligationen eine maßgebliche Rolle; die ersten beiden übernahmen jeweils 38 Prozent der Papiere, wovon sie 14 Prozent an ihre Partnerbanken weitergaben (Essener Credit-Anstalt und Essener Bankverein bei der Deutschen Bank, Rheinische Bank und Schaffhausen'scher Bankverein bei der Dresdner), die Disconto-Gesellschaft kümmerte sich um die verbleibenden 24 Prozent.[156]

Die Kapitalaufstockungen waren erforderlich, um das RWE-Territorium nach Westen und Osten zu erweitern, etwa durch den Aufkauf von Versorgungsunternehmen in Borbeck, den Abschluß eines langfristigen Vertrages mit der Stadt Hörde oder die Fertigstellung des zweiten RWE-Kraftwerks im nahegelegenen Kruckel. Auch auf dem linken Rheinufer tätigte das RWE gewichtige Käufe. Den zu dieser Zeit wichtigsten Durchbruch stellte freilich der Erwerb des Elektrizitätswerkes Berggeist in Brühl bei Köln dar. Man muß diese Investition vor dem Hintergrund des wachsenden Bewußtseins für die Bedeutung der Braunkohle in der Stromerzeugung sehen. Anfang Oktober 1905 hatte Goldenberg das Kraftwerk Berggeist, das Braunkohle verfeuerte, besichtigt und festgestellt, daß die Stromerzeugung aus Braunkohle um ein Drittel billiger kam als die aus Steinkohle. Das weckte bei Stinnes den Wunsch, eigene Braunkohlengruben zu erwerben und dem RWE ein Standbein in den linksrheinischen Braunkohlengebieten zu verschaffen. Um dem ersteren Ziel näherzukommen, betrieb er die Fusion der Braunkohlengrube Fortuna bei Köln mit dem MBV. Wie Cläre erklärte:

> «Die Braunkohle gewinnt an Beliebtheit und Abnahme und droht der Steinkohle Konkurrenz zu machen, vor allem wird sie der aus dieser gewonnenen Elektrizität gefährlich, da solche aus Braunkohle billiger herzustellen ist. Mit dieser Fusion wäre soweit eine wachsende Gefahr beseitigt und die Braunkohle zur Bundesgenossin gemacht, da Hugo beabsichtigt, in ihrem Revier die 3te Zentrale für Essen auszulegen zur Kraft und Licht-Versorgung des Gebietes oberhalb Kölns bis Koblenz ...»[157]

Für das Interesse von Stinnes an Fortuna scheint es auch ein zutiefst persönliches Motiv gegeben zu haben: Sein Vater hatte diese Grube einst geleitet und offenbar den Wunsch gehabt, sie zu erwerben. In seinem Vorhaben, Fortuna zu übernehmen, sah Stinnes sich von Bergrat Weidtmann von der Bergisch-Märkischen Bank bestärkt, und er konnte auch den Generaldirektor der Grube Fortuna, Paul Silverberg, zur Zustimmung bewegen, nachdem Direktor Stens vom MBV die Gleichstellung Silverbergs zugesagt hatte. Zur Überraschung und Enttäuschung aller stellten sich jedoch die Fortuna-Aktionäre auf den Standpunkt, daß es für ihre Firma vorteilhafter sei, alleine weiterzumachen, und so platzte die angebahnte Fusion Anfang November.[158]

Nach dem Scheitern dieses Fusionsprojekts wurde die Übernahme der Grube Berggeist für das RWE um so wichtiger, zumal dies auch die Übernahme von Mehrheitsbeteiligungen an der Krefelder Straßenbahn AG, der Kreis Ruhrorter Straßenbahn AG, der Düsseldorf-Duisburger Kleinbahn-Gesellschaft und der Bergische Elektrizitätswerk GmbH in Solingen (von der Gesellschaft für Elektrische Unternehmungen – Gesfürel) beinhaltete. Mit der Übernahme des Solinger Elektrizitätswerks, das über leistungsfähige Wasser- und Dampfkraftwerke verfügte, wurde das RWE zum wichtigsten Stromlieferanten der zahlreichen kleinen Eisen- und Stahlbearbeitungsfirmen in Solingen und Umgebung.

Berggeist mit seiner Braunkohlengrube war von entscheidender Bedeutung, weil das RWE durch diesen Zuerwerb seine Einflußsphäre «mit einem Schlage mächtig [erweitern] und das Interessengebiet ... bis über Köln nach Bonn [ausdehnen konnte.] Da der Berggeist auch auf Braunkohle liegt, wäre mit diesem Kauf ... auch definitiv der Anschluß an die Braunkohle erreicht, der bei Fortuna nicht gelang. Hugo ist sehr zufrieden mit diesem Geschäft, das er für ebenso günstig wie entwicklungsfähig hält. Die Brücke nach dem Oberrhein.-Gebiet ist geschlagen, hoffentlich ist sie kräftig genug.»[159] Die abschließenden Verhandlungen mit Direktor Kochenthaler von der Gesfürel in Berlin zogen sich bis in die frühen Morgenstunden des 29. Januar hin, was die Berliner offenbar schockierte, die es gewöhnt waren, solche Geschäfte nachmittags zu machen. Die Gesfürel übertrug in dieser Nacht praktisch ihre gesamten Beteiligungen an Kraftwerken, Straßen- und Eisenbahnbetrieben auf das RWE und erhielt dafür RWE-Aktien im Wert von 5 Millionen Mark, wofür sich das RWE wiederum durch eine Kapitalerhöhung von 25 auf 30 Millionen Mark schadlos hielt. Kochenthaler rückte als Repräsentant der Gesfürel-Interessen in den RWE-Aufsichtsrat ein, starb aber noch im selben Jahr und wurde durch Baurat Menckhoff ersetzt.[160]

Trotz dieser großen Erfolge sah sich das RWE um die Jahreswende 1905/06 mit zunehmenden Widerständen gegen seine Expansion konfrontiert, denn die Angst vor einer Monopolstellung des RWE und der hinter ihm stehenden Industriemacht griff um sich. Ängste und Anfeindungen kamen nicht nur von staatlichen Stellen und von den Kommunen, sondern auch von den Großunternehmen der Elektrotechnik wie AEG oder Siemens & Halske; sie fürchteten, durch das Verschwinden zahlreicher kleiner Kraftwerksgesellschaften würden ihnen lukrative Kunden verlorengehen; die Aussicht, sich mit einem großen Monopolisten herumschlagen zu müssen, behagte ihnen nicht. Im Rheinland hatte Stinnes im allgemeinen leichteres Spiel; der dortige Regierungspräsident Schreiber zeigte sich eher geneigt, einen *modus vivendi* zu finden, indem er an einem Strang mit dem RWE zog, als sich mit ihm anzulegen. Das hinderte ihn nicht daran, sich kritische Gedanken über das RWE zu machen und Maßnahmen gegen die Errichtung eines RWE-Monopols auf dem linken Rheinufer zu ergreifen, vermutlich auf Betreiben der elektrotechnischen Industrie. Bei einem Treffen zwischen Vertretern der Regionalverwaltung und Stinnes, Thiel und Goldenberg am 8. Dezember 1905 wurden Alternativmodelle zu einem RWE-Monopol erörtert, etwa die Gründung eines separaten Unternehmens für das linksrheinische Gebiet, dessen Brennstoffbedarf die Grube Rheinpreußen decken würde, oder die Gründung einer Reihe von Firmen, die sich zu einer Interessengemeinschaft mit dem RWE zusammenschließen würden. Das Grundanliegen, um das es ging, war die Sicherung eines staatlichen und kommunalen Einflusses auf die Stromversorgung; Schreiber und seine Kollegen hegten die Befürchtung, dieser könne nicht geltend gemacht werden, wenn man es mit einem einzigen großen Stromlieferanten für die gesamte Region zu tun hätte.[161]

Wie immer, wenn Stinnes auf Widerstand stieß, hielt er auch hier mit großer Hartnäckigkeit an seiner Grundidee fest, während er im Hinblick auf Mittel und Wege große Flexibilität demonstrierte; freilich ließ er keinen Zweifel daran, daß er seine Interessen ohne Abstriche zu verfolgen gedachte. So waren von ihm Zugeständnisse etwa in Richtung auf alternative organisatorische Modelle nicht zu erwarten:

> «Herr Hugo Stinnes erklärt, an dem Gedanken einer einheitlichen Stromversorgung des ganzen rheinisch-westfälischen Industriegebietes durch ein einzi-

ges Unternehmen unbedingt festhalten zu müssen, da dies seiner Ansicht nach die vom wirtschaftlichen Standpunkt einzig richtige Lösung der Frage sei. Für eine Trennung des linksrheinischen Gebietes vom rechtsrheinischen liege kein sachlicher Grund vor, dieselbe würde nur eine Verzettelung des zusammengehörenden Ganzen bedeuten. Die Versorgungsgebiete der einzelnen von dem Gesamtunternehmen zu erreichenden Zentralen müßten miteinander in Verbindung stehen, um sich gegenseitig auszugleichen und zu ergänzen und die Generaldisposition über das Kabelnetz, das einheitlich zu gestalten wäre, müsse in einer Hand liegen. Bei einem Auseinanderreißen in verschiedene Gesellschaften würde jede ihren eigenen Weg gehen und ihre eigenen Interessen verfolgen; es würden nicht die höheren Gesichtspunkte der bestmöglichsten wirtschaftlichen Ausnutzung maßgebend sein, sondern Nebenrücksichten; es würden große unnütze Kosten durch vermehrte Kabelanlagen und Reserveanlagen, die für die einzelnen Unternehmungen nicht zu vermeiden wären, entstehen; nach einer Reihe von Jahren würde man dann doch zu einer Vereinheitlichung übergehen müssen, und man würde dann Millionen umsonst aufgewendet haben. Die Vereinigung in einer Hand sei hier gerade so wichtig wie bei den Staatsbahnen; man solle nicht den Fehler, den man zuletzt noch bei der Entwicklung der Kleinbahnen gemacht habe, daß man lauter kleine Unternehmungen habe entstehen lassen, wiederholen.»[162]

Stinnes räumte durchaus Verständnis für vorhandene Ängste vor einem Monopol ein und erklärte sich mit einer Verstärkung des staatlichen Einflusses einverstanden, allerdings nur unter der Voraussetzung, «daß die Industrie die Sache in der Hand» behielt. Seinem ursprünglichen Vorschlag nach hätten Staat und Kommunen zusammen erst einmal 25 Prozent der Anteile übernehmen und das Recht erhalten sollen, 30 Jahre später die Mehrheit zu erwerben; nunmehr zeigte er sich bereit, sofort eine Mehrheit der öffentlichen Hand im Aufsichtsrat zu akzeptieren und den Kommunen weitere Zugeständnisse zu machen. Falls jedoch der Versuch gemacht würde, dem RWE den Weg auf das linke Rheinufer zu versperren, werde er, so kündigte er an, «von jeder ihm sich bietenden Möglichkeit zur Verfolgung der Interessen des Werkes auch auf diesem Gebiete ... Gebrauch machen müssen und daß er in diesem Fall dem Staate keinerlei Konzessionen hinsichtlich dessen Einflusses auf das Werk werde machen können, sondern in die Opposition gedrängt werden würde.»

Schreiber fand Gefallen an dem Angebot von Stinnes, der öffentlichen Hand 55 Prozent der RWE-Anteile abzutreten, und er setzte sich bei Rheinbaben in Berlin dafür ein. Ende Dezember 1905 pendelte Stinnes häufig zwischen Berlin und Düsseldorf hin und her, um über dieses Geschäft zu verhandeln, und es schien, als käme die Sache voran. Schreiber platzte einmal sogar in Cläres Weihnachtsvorbereitungen, um mit Hugo einige Fragen in dessen Mülheimer Wohnhaus zu besprechen; trotz der Störung «freute» sie sich, «den liebenswürdigen Herren kennenzulernen».[163]

Leider waren nicht alle Beteiligten so liebenswürdig. Die politischen Spitzen Westfalens, insbesondere der Bochumer Landrat Carl Gerstein und der Regierungspräsident Freiherr von Coels, waren entschieden gegen den RWE-Einstieg und brachten ihre Einwände in Berlin vor. Ihre Interventionen stoppten die kurz vor dem Abschluß stehenden Verhandlungen des RWE mit den Eisenbahnverwaltungen über die Nutzung von Bahngelände für die Führung von Stromleitungen; der preußische Innenminister Theobald von Bethmann Hollweg forderte in dieser Sache ein Moratorium bis zur Klärung der strittigen Fragen. Der Minister der öffentlichen Arbeiten von Budde sah sich genötigt, diesem Verlangen seines Kabinettskollegen zu entsprechen. Wie Thiel im Verlauf seiner Gespräche in Berlin feststellte, herrschten dort Ressentiments gegen Stinnes und Thyssen wegen ihrer Rolle im jüngsten Arbeitskampf und in der Hibernia-Affäre, so daß es leicht war, gegen sie Stimmung zu machen. Direktor Roland-Lücke von der Deutschen Bank riet dem RWE dringend, mit Hilfe der «vornehmen Presse» seine Position öffentlich darzustellen, denn «sowohl Herr Stinnes als auch Herr Thyssen würden in Berlin so in den Staub gezogen, daß es notwendig sei, die Vorurteile zu beseitigen».[164]

Die in Berlin ansässigen Elektrotechnik-Unternehmen, über die westfälische Opposition bestens informiert, taten das ihrige, um dem RWE Schwierigkeiten zu bereiten. Dr. Berliner von den Siemens-Schuckert-Werken, Generaldirektor Deutsch von der AEG und insbesondere Emil Rathenau, der oberste AEG-Chef, klagten bitter darüber, ihre Firmen hätten an den «Lieferungen für Herrn Stinnes und Thyssen noch keinen Pfennig verdient».[165] Sie warfen den Ruhrindustriellen Preisdrückerei vor und führten Klage darüber, daß das RWE zu viele Aufträge an ihren schweizerischen Konkurrenten Brown, Boveri & Co. vergebe. Wie Stinnes Ende August an Thyssen schrieb: «Das RWE hat in den großen Elektrizitätsfirmen schlimme Konkurrenten bekommen. Namentlich Rathenau will entweder für die AEG eine große Beteiligung und gesicherten Lieferungsanteil oder Konkurrenz.»[166] Ein Übereinkommen würde bedeuten, daß die drei Elektrotechnikfirmen, zusammen mit der Handelsgesellschaft oder der Darmstädter Bank, in den RWE-Aufsichtsrat einziehen und dem RWE ihre Anteile an Stromerzeugungsunternehmen und lokalen Eisenbahngesellschaften überschreiben würden. Die Alternative sei die, daß die Elektrounternehmen sich mit den westfälischen Gegenspielern des RWE verbünden würden.

Anfang September reiste Stinnes zu Verhandlungen mit dem gefürchteten Emil Rathenau von der AEG nach Berlin, in der Hoffnung, den letzteren Fall verhindern und zu einer Vereinbarung kommen zu können. Rathenau forderte als Preis für eine unumschränkte RWE-Souveränität in Rheinland-Westfalen eine 50prozentige Beteiligung. Auch wenn Stinnes es als schmeichelhaft empfand, daß Rathenau erklärte, es sei weniger die Angst vor dem RWE als Konkurrenten, als die Tatsache, daß ein Mann wie Hugo Stinnes an seiner Spitze stehe, die das Essener Unternehmen so gefährlich mache – die von Rathenau geforderten Konditionen fand er gleichwohl «unverschämt». Auf Intervention Klönnes hin reduzierte Rathenau die verlangte Beteiligung auf 30 Prozent, und man kam überein, auf dieser Grundlage weiterzuverhandeln. Am Ende der Unterredung sagte Emil Rathenau zu Stinnes, es tue ihm leid, daß sie sich nicht zwanzig Jahre früher kennengelernt und zusammen Geschäfte gemacht hätten. (Was für Geschäfte er mit einem 15jährigen Jungen hätte machen wollen, blieb sein Geheimnis.)[167] Bei dieser Gelegenheit kam es zur ersten Begegnung zwischen Stinnes und Walther Rathenau, der damals Mitgesellschafter in Carl Fürstenbergs Berliner Handelsgesellschaft war, der «Hausbank» der AEG. Der jüngere Rathenau kam von sich aus auf Stinnes zu und verwickelte ihn in ein längeres Gespräch, in dessen Verlauf er darauf hinwies, daß die Berliner Handelsgesellschaft es als «schmerzlich» empfinde, bisher keinerlei Geschäfte mit Stinnes gemacht zu haben, daß sie sich jedoch nicht habe aufdrängen wollen. Dieses Gespräch markierte den Beginn einer Beziehung, von deren immenser historischer Tragweite in diesem Moment keiner der Beteiligten etwas ahnen konnte. Aktuell ging es erst einmal um die Elektrifizierung von Rheinland-Westfalen, und es war Walther Rathenau, der sich nun in die durch einen großen Streik in Berlin unterbrochen gewesenen Verhandlungen zwischen dem RWE und den Elektrounternehmen einschaltete.

Die Gespräche wurden Mitte Januar wieder aufgenommen und führten zu einer grundlegenden Einigung auf der Basis, daß die Elektrounternehmen – AEG, Siemens-Schuckert, Felten & Guilleaume-Lahmeyerwerke – dem RWE ihre sämtlichen Beteiligungen an Kraftwerksunternehmen in Rheinland-Westfalen veräußern würden; sie erhielten dafür exklusive Lieferverträge mit dem RWE, einen 25prozentigen Anteil am RWE-Kapital und 3 Sitze im RWE-Aufsichtsrat. Weiter wurde vereinbart, daß die Elektrounternehmen dem RWE Beistand leisten würden, indem sie sich um kommunale Stromliefer-Konzessionen bewerben und diese im Erfolgsfall zu «guten Preisen» an das RWE verkaufen sollten. Walther Rathenau setzte sich im Verlauf dieser Verhandlungen für eine Verständigung mit dem RWE ein und unterstützte lebhaft die Pläne und Programme von Hugo Stinnes.[168]

Das weitere Schicksal dieser Vereinbarung hing freilich von der Bereitschaft der preußischen Regierung ab, sich beim RWE zu engagieren, und nicht zuletzt auch davon, wie sich Kommunen und Regionalverwaltungen dazu stellten. Das preußische Kabinett lehnte in letzter Instanz das Einstiegsangebot des RWE ab. In den Augen der Minister war der geforderte Übernahmekurs von 150 Prozent zu hoch und diente lediglich dem Profitinteresse derer, die ihre Aktien an den Staat veräußern würden. Die Regierung erklärte, mit einem solchen Engagement würde sie sich selbst und die Kommunen dem Druck aussetzen, bei einer künftigen Expansion des RWE laufend Kapital nachschießen zu müssen. Was der preußischen Verwaltung darüber hinaus nicht gefiel, war der Vorschlag, den Anteil der Kommunen aus dem Aktienpaket des preußischen Staates zu bestreiten, so daß dessen Anteil unter 50 Prozent sinken würde, während auf der anderen Seite Industrie und Lokalbehörden im Aufsichtsrat gemeinsame Sache machen könnten. Die preußischen Minister erblickten in dem Plan, kurz gesagt, ein Werkzeug zur Erlangung von Kapital und staatlicher Unterstützung, ein Mittel, um einerseits die lokale Opposition zu überwältigen und andererseits die öffentlichen Anteilseigner am RWE gegeneinander auszuspielen. Wie Stinnes später herausfand, spielten auch persönliche Einschätzungen hinsichtlich seiner Person und der Thyssens eine Rolle, die sich freilich aus widersprüchlichen Motiven speisten. Auf der einen Seite gab es die Befürchtung, die beiden Industriellen könnten sich eines Tages aus dem RWE verabschieden und es führungslos zurücklassen, auf der anderen bestand der Eindruck, Thyssen und Stinnes seien darauf aus, einen Konzern amerikanischen Typs aufzubauen, nach dessen Pfeife dann die gesamte Wirtschaft tanzen müsse. Die darüber sehr erboste Cläre deutete solche widersprüchlichen Ressentiments als allzu typische Äußerungsformen dessen, was dem RWE den Weg zur weiterer Expansion versperrte: «Einerseits blöde Angst und Unfähigkeit, andererseits Hirngespinste.»[169] Wie schon im April 1905, fällten die Berliner Regierungsstellen auch im Januar 1906 wieder eine negative Entscheidung, und Stinnes blieb nichts anderes übrig, als auf bessere Zeiten zu warten und das Beste aus den sich momentan bietenden Chancen zu machen: «Vorab ist jedenfalls nichts zu wollen und es gilt den Fiskus hinzuhalten und andererseits ruhig und energisch bestrebt zu sein, mit möglichst vielen Gemeinden und Werken handelseinig zu werden, damit die Basis des RWE eine immer größere, die Möglichkeit einer Konkurrenz eine stets kleinere werde. Es könnte dann dahin kommen, daß der Fiskus, träte er später doch noch ein, dies unter weit weniger günstigen Bedingungen täte.»[170]

Um seinen guten Willen gegenüber den Kommunen und sein Interesse an ihrem finanziellen Engagement im RWE zu unterstreichen, berief das RWE Anfang 1906 die Bürgermeister Lembke von Mülheim, Machens von Gelsenkirchen und Zweigert von Essen in seinen Aufsichtsrat. Das änderte jedoch nichts daran, daß, wie Cläre notierte, zur gleichen Zeit die Alarmglocken läuteten:

> «Inzwischen erhitzen sich die Geister, und es wird viel über das RWE, seine und Hugos Pläne, Ideen etc., auch von Unwissenden geschrieben. Jedenfalls wächst die Bedeutung des Werkes und sein Einfluß enorm, und es ist nicht übertrieben zu behaupten, daß manche Gemeinde eine gewisse Angst verspürt, demnächst auch in den Bannkreis gezogen zu werden. Verständige ruhige Gemüter sehen indes die Sachlage anders an und einigen sich gerne mit dem RWE auf billige Licht- und Kraftlieferung … . In Düsseldorf erhitzen sich die Gemüter zunehmend; man traut Hugo eigentlich nur Geldgier zu und warnt vor seinen Machtgelüsten. Wie klein denkt doch die Masse der Menschen. Man sollte es kaum für möglich halten, daß ein Werk, das in erster Linie und zum weitaus größten Teile der Allgemeinheit Nutzen bringen soll, wenn es auch selbstredend den Aktionären eine entsprechende Rente abwirft, solchen Hemmnissen gegenüber steht, die nur einer vollständigen Verkennung der Absichten und Ideen der Leiter ihr Bestehen verdanken.»[171]

Cläre war nicht gerade eine unvoreingenommene Beobachterin, doch soweit es die in der Presse zu lesenden Verdächtigungen und Angriffe betraf, war ihre Schilderung korrekt. So attackierte zum Beispiel die *Kölnische Volkszeitung* die «gefährlichen Monopolbestrebungen der Herren Stinnes und Konsorten, sprach unverblümt von den «Machtgelüsten» des Hugo Stinnes und erklärte warnend, bald werde das RWE dank seiner Hoheit über das Leitungsnetz und seines Rechts zur direkten Belieferung großer Werke in den Kommunen, mit denen es Versorgungsverträge abgeschlossen hatte, mächtig genug sein, um zu entscheiden, wo in der Region Fabriken und Werke errichtet würden; sie begrüßte, daß diverse Städte und Gemeinden ihre Unabhängigkeit unter Beweis gestellt und sich zu eigener Stromerzeugung zusammengetan hatten, und hob lobend jeden von irgendeiner Behörde gelieferten Beweis für Wachsamkeit und Widerstandsgeist hervor.[172] Stinnes und das RWE hatten zwar auch ihre Verbündeten in der Presse, die sie anhielten, Gegenargumente zu präsentieren, aber es führte kein Weg an der Einsicht vorbei, daß ihnen beträchtliche Hindernisse in den Weg gelegt wurden.

Diese Entwicklungen warfen dunkle Schatten auf die im Werden begriffenen Vereinbarungen zwischen Stinnes und dem RWE auf der einen Seite und den drei großen Elektrounternehmen auf der anderen. Letztere hatten Anfang Februar 1906 einen auf den im Januar geführten Gesprächen fußenden Vereinbarungsentwurf an Stinnes übersandt. In dessen Präambel wurde dem RWE die Absicht zugeschrieben, «seinen Betrieb zu erweitern und seine Tätigkeit in Zukunft nicht allein auf die Lieferung von Elektrizität, sondern auch auf den Betrieb von elektrischen Bahnen auszudehnen und andere von einer Zentralstelle aus in passender Weise zu führende Betriebe, wie Gas- und Wasserwerke etc. in seinen Wirkungskreis aufzunehmen».[173] Die Elektrofirmen sagten zu, sie wollten ihren Einfluß nutzen, um ihren Kunden das RWE als Stromlieferanten schmackhaft zu machen. Im Gegenzug verpflichtete sich das RWE, seine gesamte elektrische Ausrüstung, mit Ausnahme eines 25prozentigen Anteils für die Schweizer Firma Brown, Boveri & Co., von den drei Firmen zu beziehen und auf eine eigene Produktion solcher Ausrüstungsgegenstände zu verzichten. Es war in diesem Vereinbarungsentwurf keine Rede von der Option der drei Unternehmen, sich mit 25 Prozent am RWE zu beteiligen und 3 Sitze im RWE-Aufsichtsrat zu beanspruchen; im Begleitschreiben hieß es jedoch, diese Ansprüche würden weiter gelten, und die Firmen behielten sich vor, sie zu einem späteren Zeitpunkt auszuüben. Bestandteil der Vereinbarung war ein «Kommentar», der Stinnes besonders beunruhigte, unterstellte er doch, daß die Elektrounternehmen das Recht hätten, sich Stromlieferkonzessionen in unbegrenzter Menge zu verschaffen und diese dann für gutes Geld an das RWE zu verkaufen. Anstatt also dem RWE die Aufgabe einer Vereinheitlichung der Stromversorgung zu überlassen, lief die Vereinbarung, so schien es, eher auf eine Aufforderung an die Berliner Firmen hinaus, zunächst als Konkurrenten des RWE aufzutreten und ihm Konzessionen wegzuschnappen, nur um sie ihm anschließend zum Kauf anzubieten.

Eine weitere Komplikation kam dadurch ins Spiel, daß ein Gespräch, das Stinnes Anfang März mit Dr. Berliner von Siemens-Schuckert führen wollte, um strittige Fragen zu klären, wegen eines angeblichen Mißverständnisses platzte, woraufhin Stinnes Berliner in wenig diplomatischen Worten wissen ließ, «daß ich es unter meiner Würde halten würde, mich mit unwahren, unzutreffenden Entschuldigungen vor einer mir unbequemen Zusammenkunft zu drücken».[174]

Hinter diesem Ausbruch stand bei Stinnes der Argwohn, die drei Firmen könnten gemeinsame Sache mit den besagten westfälischen Kräften machen, die sein RWE-Programm zu Fall bringen wollten. Die Landräte Carl Gerstein in Bochum und Alfred zur Nieden in Gelsenkirchen waren gegen einen weiteren Ausbau des RWE. Während die Bürgermeister in der Region zu einer eher liberalen, pro-urbanen und pro-industriellen Haltung neigten und an einer Eingemeindung möglichst vieler ländlicher Siedlungen in die sich ausdehnenden Städte interessiert waren, traten einige der Landräte – am stärksten profilierte sich hier Gerstein – für die Wahrung eines Gleichgewichts zwischen Industrie und Landwirtschaft ein, wandten sich gegen eine ihrer Ansicht nach zu weitgehende industrielle Konzentration und förderten im Bereich der öffentlichen Versorgungsunternehmen regionale Lösungen, die die hergebrachten Strukturen unangetastet ließen. Sie vertraten damit eine Ideologie und ein Programm, die den Zielen des RWE zuwiderliefen. Gerstein genoß ein gewisses Maß an Rückendeckung seitens des Arnsberger Regierungspräsidenten Freiherr von Coels, der ein Stück weit die Bedenken seines Düsseldorfer Kollegen Schreiber teilte, die Kommunen würden sich mit einem Engagement im RWE übernehmen, und der auch die Gefahr einer Monopolstellung beschwor. Während die rheinischen Städte bereit schienen, für preiswerten Strom ein Stück Unabhängigkeit zu opfern, herrschte im westfälischen Lager eine höhere Bereitschaft, sich die eigene Autonomie etwas kosten zu lassen. Gerstein bemühte sich ursprünglich, im Sommer 1905, die Städte und Landgemeinden in seiner Region zu einem einheitlichen Stromverbund zusammenzuschließen. Schnell mußte er jedoch feststellen, daß das RWE schon zu tiefe Pflöcke eingeschlagen hatte, daß es viel zu lange dauern würde, das erforderliche Kraftwerk zu bauen und alle Beteiligten in die Reihe zu bringen, und daß das Kohlensyndikat, von dem er gehofft hatte, es werde das Projekt unterstützen und die Zechen dafür gewinnen, ebensowenig zu einer Kooperation bereit war wie die großen Bergbaufirmen.[175]

Obwohl dieser Anlauf Gersteins scheiterte, bewirkte er etwas im Sinne seines Grundanliegens, indem er nämlich diejenigen in ihrer Opposition gegen das RWE bestärkte, die sich von anderen Lösungen größere Vorteile versprachen. Der Dortmunder Bürgermeister Schmieding und der Direktor seines Städtischen Elektrizitätswerks, Carl Döpke, waren entschlossen, ihre Stadt nicht in die Abhängigkeit vom RWE geraten zu lassen, und überzeugt, ihr eigenes Elektrizitätswerk zum führenden Stromversorger des östlichen Ruhrgebiets machen zu können. Eine zweite, noch ernster zu nehmende Bedrohung ergab sich daraus, daß die Städte Bochum und Witten sich im Verein mit den Gemeinden der Landkreise Recklinghausen, Bochum, Gelsenkirchen und Hattingen an die Zechengesellschaft Hibernia wandten und sich von ihr mit Strom versorgen lassen wollten. Hinter Hibernia standen die Berliner Handelsbank und Carl Fürstenberg, die partnerschaftlich mit der AEG und den Rathenaus verbunden waren. Auch das Bankhaus Bleichröder sowie die Firma Hardy & Co. wurden ins Boot geholt, und es war offensichtlich, daß hier ein Konkurrent zum RWE aufgebaut werden sollte. Zur gleichen Zeit taten sich die Gemeinden im Umland von Hagen unter Führung des Hagener Bürgermeisters Cuno mit der Accumulatorenfabrik, einer Tochterfirma der AEG, und der Deutschen Continental-Gas-Gesellschaft in Dessau zusammen, in dem Bemühen zu verhindern, daß das RWE sich mit Hilfe seines zweiten Großkraftwerks in Kruckel zum alles beherrschenden Stromversorger in dieser Region aufschwang.

Kaum nötig zu betonen, daß Stinnes alles aufbot, um diesen Initiativen Paroli zu bieten. Wohl wissend, daß hinter der westfälischen Gegnerschaft die Berliner Handelsbank und die AEG standen, stattete er im März 1906 Carl Fürstenberg einen Besuch ab und bemühte sich, ihm den Standpunkt des RWE darzulegen. Eingedenk ihrer Zusammenarbeit in der Hibernia-Affäre ein Jahr zuvor hatten diese beiden Männer zweifellos einen guten Draht zueinander; andererseits gehörte Generaldirektor Behrens von der Hibernia jetzt ebenso zur Anti-Stinnes-Front wie Gerstein, der im Arbeitskampf von 1905 noch auf seiner Seite gestanden hatte. Während im allgemeinen die Regel galt, daß Großindustrielle wie Stinnes oder Thyssen die sie finanzierenden Bankiers lenken konnten, indem sie sie gegeneinander ausspielten und sie mit lukrativen Geschäften und bedeutsamen Informationen köderten, demonstrierte das Verhalten Fürstenbergs gegenüber seinem Besucher Stinnes, wie Cläre es in ihrem Tagebuch recht ausführlich schildert, auf anschauliche Weise die Art von Macht, die eine Großbank gelegentlich auch gegenüber einem mächtigen Industriellen ausüben konnte:

> «Fürstenberg sieht eine Verkürzung und schlechte Behandlung darin, daß bisher die Handelsgesellschaft von dem RWE übergangen wurde, da sie die einzige große Bank ist, die nicht im Aufsichtsrat vertreten ist. Er beansprucht für sich, resp. seine Bank, Gleichstellung in jeder Beziehung mit den anderen Banken und führende Rolle. Sein Institut sei bisher das führende in der Elektrizitäts Industrie gewesen, es hätte ein Recht, es zu bleiben. Wolle man Frieden mit ihm, sei dies der Weg dazu. Wenn nicht, werde die Handelsgesellschaft in ihrem Interesse danach streben, zu retten, was zu retten sei, um sich nicht ganz bei Seite drücken zu lassen und wenn es ihr heute nur mehr auf dem Wege der Unterstützung des Kommunal-Verbandes gelingen könne. Hugo stellte Fürstenberg daraufhin vor, daß es doch töricht und im Interesse der Industrie verderben-bringend gehandelt sei, wollte er in dieser Frage sein Interesse vor der Allgemeinheit voranstellen und entwickelte ihm seine diesbezüglichen Zukunftspläne. Fürstenberg sang von ihm ein großes Loblied, der Gedanke sei großartig, das wäre doch noch ein Plan und was Hugo mit dem RWE wolle,

sei weit größer als ein Thyssen'sches Stahlwerk… Nachdem ihm nochmals vorgestellt wurde, daß es unmöglich sei, daß er gegenüber den anderen Banken eine bevorzugtere Stellung eingeräumt bekomme, erklärte sich Fürstenberg bereit, mit Rücksicht auf die unbedingte Richtigkeit und Zweckmäßigkeit der von Hugo verfolgten Ideen, die event. Abmachungen, die mutmaßlich zustande kämen, mit dem Kommunalverband so zu gestalten, daß ein späteres Überführen an das RWE keine Schwierigkeiten hätte. Mehr war für dies Mal nicht zu erreichen. Hoffentlich hält er wenigstens das. Schlau ist der Mann, auch zuverlässig? Mir ist es unverständlich, wie ein kluger Mensch rein aus Eigeninteresse und in verletzter Eitelkeit gegen eine Sache arbeiten kann, ihr vielleicht nicht wieder gut zu machenden Schaden schaffen kann, obwohl er klar erkennt, daß er *so* nicht der selten gut erkannten Sache nützen wird, vielmehr gegen ihr Interesse handelt.»[176]

Stinnes hoffte, nun eine Verständigung mit Fürstenberg in der Tasche zu haben, ebenso wie er hoffte, durch seine Abmachungen mit den Berliner Elektrofirmen das Schlimmste verhüten zu können. Ihm war klar: Je größer der Aktionsradius des RWE würde, desto wirkungsvoller könnte es die Gegenkräfte bekämpfen. Stinnes ging davon aus, mit der Eingliederung der Bochum-Gelsenkirchener Straßenbahngesellschaft in das RWE im Februar 1906 gleich den Anspruch auf die gesamte Stromversorgung der Stadt Bochum und ihrer Umgebung miterworben und damit Gerstein und seinen Plänen für die Errichtung eines städtischen Bochumer Kraftwerks «einen Stein in den Weg» gelegt zu haben; sogleich drängte er die Firma Siemens & Halske, die durch Lieferverträge an die Bochum-Gelsenkirchener Straßenbahngesellschaft gebunden war, diese Verträge in Übereinstimmung mit den nach Stinnes' Ansicht bestehenden Vereinbarungen zwischen ihm und den Elektrounternehmen zu kündigen. Er mißtraute den letzteren und machte nun den Versuch, sie auf seine Linie einzuschwören, indem er sie, in einem Schreiben an Dr. Berliner, in klaren Worten aufforderte, Farbe zu bekennen:

«Ich stehe nach wie vor auf dem Standpunkt, daß ich den Vertrag mit den Elektrizitätsfirmen schließen möchte, kann aber der Verwaltung des Rheinisch-Westfälischen Elektrizitätswerks den Abschluß nicht eher empfehlen, bis die AEG und teilweise auch Ihnen nahe stehende Herren von der Handelsgesellschaft bezw. von der Hibernia und der Accumulatorenfabrik in Hagen die unzweckmäßige Konkurrenz dem Elektrizitätswerk gegenüber unterlassen. Ich habe vor kurzem Gelegenheit gehabt, mich in dieser Angelegenheit Herrn Fürstenberg gegenüber auszusprechen, und ich gebe Ihnen und den anderen Interessenten anheim, sich inzwischen zu vergewissern, welche Garantien geboten werden können, daß nicht die Abmachung zwischen den drei Elektrizitätsfirmen und dem Rheinisch-Westfälischen Elektrizitätswerk durch die Maßnahmen der … erwähnten drei Firmen durchkreuzt werden.»[177]

Eine vertragliche Regelung im Hinblick auf die Bochum-Gelsenkirchener Straßenbahn würde Stinnes, so betonte er nachdrücklich, als Beweis des guten Willens werten.

Allein, der Erwerb der Straßenbahngesellschaft erwies sich, entgegen den Hoffnungen von Stinnes, als nicht ausreichend, um die Front seiner Gegner aus der Politik und seiner Wettbewerber aus der Wirtschaft aufzuweichen. Gerstein antwortete damit, daß er die Kreis- und Regionalbehörden veranlaßte, das Ziehen von RWE-Leitungen über Kreisstraßen zu verbieten. Dies veranlaßte die Stadt Bochum Anfang Mai dazu, sich in die Oppositionsfront einzureihen.[178] Nicht weniger ärgerlich war die Entscheidung der Stadt Bochum, dem RWE die Genehmigung für das Ziehen einer Leitung vom Bahndamm zu der Krupp gehörenden Zeche Hannibal zu verweigern, obgleich die Zeche ihren Strom vom RWE beziehen wollte. Stinnes wandte sich zweimal an Regierungspräsident Coels und wies ihn darauf hin, daß der Anstoß von der Zeche Hannibal ausgegangen und daß das RWE bereit sei, die üblichen Gebühren an Bochum zu zahlen. Dem hielt Coels entgegen, ein Abkommen mit der Eisenbahnverwaltung setze die kommunale Genehmigung für eine Leitungsverbindung vom Bahnkörper zu den lokalen Verteilstationen voraus.[179] Das RWE erlitt einen weiteren Schlag, als Ende Mai 1906 Bürgermeister Zweigert starb. Stinnes verlor damit einen Verbündeten und persönlichen Freund;[180] allerdings pflegte er ein sehr zufriedenstellendes Verhältnis zu Albrecht Holle, der für Zweigert sowohl ins Bürgermeisteramt als auch in den RWE-Aufsichtsrat nachrückte. Am Ende platzte auch die Übereinkunft mit den Berliner Elektrounternehmen. Nach deren Darstellung waren die getroffenen Abmachungen dem Grundsatz nach beschlossene Sache, doch gebe es zwischen den Firmen Meinungsverschiedenheiten über die jeweiligen Anteile an den RWE-Bestellungen, und dies habe zu Verzögerungen geführt; das RWE warf ihnen schlicht vor, sie würden mauern. Am 6. Juni schrieb Rathenau einen Brief an das RWE, in dem er sich gegen den vom RWE erhobenen Vorwurf des Treuebruchs verwahrte, seinerseits das RWE beschuldigte, unter Verstoß gegen den Geist des Abkommens Bestellungen bei Brown, Boveri & Co. getätigt zu haben, und erklärte, man fühle sich nicht mehr an das Abkommen gebunden.[181] Am 23. Juni 1906 wurden die Elektrizitätswerke Westfalen als eine offene Konkurrenzansage an das RWE gegründet. Walther Rathenau bekleidete den Aufsichtsratsvorsitz. Fast gleichzeitig erfolgte in Hagen die Gründung des kommunalen Elektrizitätswerks Mark, unter Beteiligung lokaler Behörden und des Accumulatorenwerks. Damit war der gegen das RWE gerichtete Brückenschlag zwischen den Berliner Elektrofirmen und der Gerstein-Cuno-Riege vollzogen.

Das rapide Wachstum des RWE und der Widerstand, der sich dagegen regte, machten Thyssen nervös, der bei diesem Projekt, wie Stinnes, finanziell stark engagiert war, emotional jedoch nicht unbedingt. Im April hatte der Aufsichtsrat eine neue Auflage von Obligationen im Wert von 20 Millionen Mark beschlossen und das Betriebskapital damit auf insgesamt 60 Millionen erhöht. Sowohl diese massive Kapitalisierung als auch der umfangreiche Immobilienerwerb warfen zwangsläufig die Frage nach den künftigen Gewinnaussichten auf.[182] Nach Ansicht von Stinnes rechtfertigte indes der jetzt erfahrene Widerstand erst recht die betriebene Expansionspolitik und erforderte sogar deren Fortsetzung entgegen der Warnungen Thyssens:

«Die schnelle Ausdehnung des Rheinisch-Westfälischen Elektrizitätswerkes war m. E. unvermeidlich, wollten wir bei den uns entgegenstehenden Strömungen nicht auf Essen beschränkt bleiben. Ich glaube, daß wir in der Folgezeit die Früchte dieser Ausdehung genießen werden, denn das Berg. El. Wk. und der Ess. Berggeist werden kaum weniger günstiger arbeiten als Essen.

Auf Ihnen und mir lastet nur eine viel zu große Beteiligung, die in Zeiten wie den jetzigen höchst störend empfunden wird.

Z. Zt. bleibt uns nichts Anderes zu tun, als in höchst vorsichtiger Weise die vorhandenen Zentralen auszubauen, und ich bin ganz Ihrer Meinung, daß wir uns unnötiger Anlagen zu enthalten haben. Andererseits bringt die Konsumzunahme von stark 50% auf allen Werken die Notwendigkeit mit sich, Vergrößerungen alljährlich vorzunehmen.»[183]

Ein Zurückstecken zur rechten Zeit konnte freilich auch von Nutzen sein. Während das RWE sich in Westfalen mit mächtigen Rivalen und Gegenspielern konfrontiert sah, konnte es sich auf linksrheinischem Gebiet auf eine zunehmend loyalere Klientel und wichtige Entscheider wie den Düsseldorfer Bürgermeister Marx und den Neusser Landrat Freiherr von der Leyen stützen. Der Letztgenannte, der an einer Förderung der Industrialisierung seines Landkreises auf der Grundlage einer Versorgung mit billigem Strom interessiert war, hatte gegen erhebliche Widerstände eine Interessengemeinschaft von Städten und Gemeinden zusammengebracht, die gewillt war, mit dem RWE abzuschließen. Er war äußerst bestürzt, als er im Sommer 1906 erfuhr, daß der RWE-Aufsichtsrat jetzt kalte Füße bekam. Stinnes nutzte den Anlaß, um in einem persönlichen Schreiben an den Landrat zu erklären, inwiefern die Lage sich in den zurückliegenden acht Monaten aufgrund der feindseligen Politik Gersteins und Coels' verändert hatte und welche Gefahr dem RWE aus der Tatsache drohte, daß seinem mit riesigem Investitionsaufwand errichteten zweiten Großkraftwerk in Kruckel die erforderlichen Wachstumsräume versperrt wurden. Nach dieser Erfahrung zögere man beim RWE, auf linksrheinischem Gebiet ein ähnliches Risiko einzugehen, auch wenn man damit, wie Stinnes in voller Übereinstimmung mit von der Leyen einräumte, ein an sich höchst begrüßenswertes Vorhaben gefährde:

«Ich persönlich empfinde die Folgen der Entwicklung der letzten Monate schmerzlicher als jeder andere. Ich sehe auch vollkommen ein, daß die einheitliche, wirklich *billige* Verpflegung von *Stadt* und *Land* in die Brüche geht, aber ich kann als einzelner nichts dagegen machen, und namentlich nicht das Rhein.Westf. Elektrizitätswerk, das z. Zt. im jetzigen Umfange und Ausbau auf gesunder Grundlage steht, in seiner finanziellen Grundlage und seinen regelmäßigen Erträgen gefährden, um einer Idee willen, wenn sie auch noch so richtig ist.»[184]

Diplomatische Manöver wie dieses, das den Landrat zu einer freundlichen Antwort veranlaßte und sicherstellte, daß er dem RWE weiter die Stange hielt, ließ das RWE selbst manchmal schmerzlich vermissen. Das galt besonders für Thiel, dessen Umgang mit der kritischen Lage des Jahres 1906 sehr zu wünschen übrig ließ. Stinnes war mit der Art, wie das RWE zu dieser Zeit geführt wurde, sehr unzufrieden; die Geschäftsleitung genügte seiner Meinung nach nicht den erhöhten Anforderungen, die das größer gewordene Unternehmen stellte, und verbrachte zuviel Zeit auf Reisen, mit Besprechungen und ähnlichen Aktivitäten. Darüber hinaus schien Thiel vergessen zu haben, wer der Chef war. Cläre erhob gegen ihn den – zweifellos die Kritik Hugos reflektierenden – Vorwurf, er betrachte sich «nicht mehr ... als angestellter Leiter, betraut mit der Ausführung der Ideen, die v. anderer Stelle inspiriert werden, sondern hält sich wohl zuweilen selbst für [den] Schöpfer des großen Werkes, besser zur Leitung befähigt und fast unentbehrlich. Manchen wie Thiel, denen oft das richtige Taktgefühl, die Bescheidenheit im geeigneten Momente, fehlt, können solche Verwechselungen unterschlüpfen. Doch Hugo versteht es, deutlich und bestimmt, ohne zu verletzen, Jedem wieder den richtigen Weg zu weisen.»[185] Besonders erzürnt hatten Stinnes diverse übereilte Maßnahmen der RWE-Geschäftsleitung, die in die problemgeladene Situation, die durch die Opposition aus Westfalen entstanden war, eher zusätzliche Komplikationen hineingetragen als für Entspannung gesorgt hatte. Im Mai gab Stinnes Anweisung, Thiel (der sich selbst für den idealen Unterhändler hielt) solle sich um die Probleme Dortmund, Bochum und Hagen nicht mehr kümmern und alle Verhandlungen mit den dortigen Repräsentanten ihm, Stinnes, überlassen.

Im Verlauf des Frühjahrs, während die RWE-Rivalen ihre neuen Elektrizitätswerke zum Laufen brachten, entschied sich Stinnes, nicht mehr weiterzuverhandeln, sondern sich erst einmal in den Wartestand zu begeben – eine höchst vernünftige Entscheidung, da einerseits die Initiative bei der anderen Seite lag und andererseits «das RWE die anderen nicht nötig hat [und] ... eine Verständigung abwarten kann».[186] Im Spätherbst wandte sich der Hagener Bürgermeister Cuno mit der Klage an Stinnes, er werde von Dortmund stiefmütterlich behandelt; auch einige Kommunen aus dem Dortmunder Raum waren mit den Angeboten, die Dortmund ihnen machte, nicht zufrieden. Stinnes bot der Stadt Hagen den Eintritt in den RWE-Verbund an und war höchst erfreut, als das nahe bei Dortmund gelegene Dorstfeld diese Einladung annahm.[187]

Dennoch war die Entscheidung gefallen, nicht für das RWE, aber für die Stinnesschen Visionen vom RWE. Das Elektrizitätswerk Westfalen (EW) war ebenso eine Realität wie die Kraftwerke Dortmund und Mark. Ende 1906 war der Zeitpunkt für ein Arrangement gekommen. Die Initiative dazu ergriff

Walther Rathenau; er vertrat die Interessen der Berliner Handelsgesellschaft und der mit diesem Bankhaus verbundenen Berliner Elektrounternehmen und führte die Verhandlungen in seiner Eigenschaft als Vorstandsvorsitzender des EW und als Bevollmächtigter der drei Regionalkraftwerke. Rathenau lud Hugo und Cläre Stinnes zu einem gemeinsamen Dinner im Berliner Automobil-Club ein – einem der wenigen Clubs, zu dem Frauen zugelassen waren –, und so setzten sich die drei am 8. Dezember zusammen, um die Möglichkeiten einer Verständigung zwischen RWE und EW auszuloten.[188] Stinnes machte ein letztes Mal den Versuch, für ein Zusammengehen der beiden Unternehmen zu plädieren, doch Rathenau wies darauf hin, daß das EW eigens zur Verhinderung einer solchen großen Lösung ins Leben gerufen worden sei. Rathenau räumte ein, daß die Stinnessche RWE-Konzeption im Prinzip gut sei, was auch der Grund für den Verhandlungswillen der Parteien sei, als deren Vertreter er dieses Gespräch führe – ein zerstörerischer Konkurrenzkampf solle vermieden werden. Eine im ganzen wenig beeindruckte Cläre Stinnes attestierte Rathenau «Worte und schöne Reden, dazwischen übermäßige Schmeicheleien», mit denen er jedoch nur seinen «Treuebruch» zu übertünchen suche.

Für diese Einschätzung gab es Gründe. In den Verhandlungen der beiden Männer zwischen September 1905 und Januar 1906 hatte Rathenau den Eindruck erweckt, er brenne darauf, mit Stinnes Geschäfte zu machen und sich mit dem RWE zu arrangieren; das Stinnessche RWE-Konzept hatte er damals in den höchsten Tönen gelobt. In den folgenden Monaten hatte er jedoch einen totalen Richtungswechsel vollzogen. Die Berliner Handelsgesellschaft war nun auf einmal, wie Stinnes bei seinem Gespräch mit Fürstenberg im März hatte feststellen müssen, darauf aus, ihn und das RWE unter Druck zu setzen, und Rathenau hatte sich auf die Seite der RWE-Konkurrenten geschlagen. Angesichts all dessen fiel es Cläre schwer, Zurückhaltung zu üben, als sie Rathenau im Dezember gegenübersaß: «Ich konnte mir es nicht verkneifen, ihn auf das unlogische und unverständliche aufmerksam zu machen, umso mehr unverständlich, als durch Erwachsen einer Konkurrenz dem Ausbau des RWE nach Hugos Gesichtspunkten ein für alle Mal das Grab gegraben werden könnte.»

Zum Leidwesen von Stinnes war just dies die Absicht seiner Gegner. Rathenau schlug eine Verständigung auf der Grundlage einer Abgrenzung der Interessenssphären und eine paritätische Beteiligung an dem zentralen Kraftwerk Wiendahlsbank vor. Weitere Interessensbereinigungen sollten später erfolgen; vorderhand wurde beschlossen, zu Beginn des neuen Jahres in Mülheim eine Konferenz mit technischen Experten abzuhalten und die Dinge ins reine zu bringen. Cläre zog aus dem langen und offenbar enttäuschend verlaufenen Abendessen die folgenden Schlüsse:

«Ein Opfer muß also das RWE bringen, soll ihm Frieden werden; das kostet zugleich Aufgabe der Idee, ein einziges riesiges Versorgungsgebiet zu schaffen, von verschiedenen Zentralen aus bedient, alles unter einer Leitung, die dann auch billigste Bedienung auch gerade des kl[einen] Mannes, der Kleinindustrie und Landwirtschaft übernehmen könnte. Hugo hat monatelang gekämpft, Wiendahlsbank ist dank Westfalen und Verrat Regierung um einen großen Teil seines Versorgungsgebietes gekommen und sieht dadurch schweren finanziellen Zeiten entgegen. Eine Abgabe eines Teils seines Besitzes würde also für das RWE finanziell nützlich sein, aber nach dem Norden würde seine Ausdehnungsmöglichkeit abgeschnitten sein. Es ist ein Jammer um den großen Gedanken, eine Schmach, in welch parteilicher Weise die Regierung Westfalen stützte, das noch nichts geleistet, anderer Leute Gedanken kopiert, und das ist das komische Moment, den Fiskus, der es protegiert, über's Ohr haut, indem es sich den Strom von Hibernia liefern läßt, zu Preisen, die diesem keinen Nutzen lassen können. Gelingt eine Einigung, wird Hugo vorab nur das Bestreben haben, das RWE zu einem rentablen Werke zu machen, und es wird zunächst nicht mehr in den Dienst der Allgemeinheit gestellt werden. Ein wahres Verständnis hierfür besteht nicht, und der Kampf würde durch Überwindung ungezählter ... Schwierigkeiten erlahmend wirken müssen. Einstweilen, so sieht's aus, muß das schöne Projekt begraben werden. Hoffentlich erlebt es eine bessere Auferstehung.»[189]

Die außerordentlich mühseligen und oft recht häßlichen Verhandlungen über die Interessenabgrenzung zwischen dem RWE und den regionalen Versorgern, über die Partnerschaft bei Wiendahlsbank und die Aufteilung der anderen Aktivposten auf westfälischem Gebiet begannen im Januar; als besonders hartes Gegenüber erwies sich der Gelsenkirchener Landrat zur Nieden, der sich auf heftige Auseinandersetzungen mit Bürgermeister Machens von Gelsenkirchen einließ, während zugleich die einzelnen Kommunen miteinander rangelten. Einige der Landräte beschuldigten das RWE, es versuche Druck auf lokale Beamte auszuüben; Stinnes empfand dies als unerhörte Beleidigung und konterte mit dem Vorwurf, es seien die Regierungsvertreter gewesen, die Druck auf die lokalen Behörden ausgeübt hätten. Dies provozierte eine zornige Reaktion der Landräte, die jedoch abebbte, als Coels sie darauf hinwies, daß es in der Tat Pressionen und Einflußnahmen von ihrer Seite gegeben habe. Nachdem Coels den großen Kampf um die Errichtung regionaler Versorgungsunternehmen gewonnen hatte, spielte er jetzt die Rolle eines auf Mäßigung und Ausgleich bedachten Maklers. Im Zusammenwirken mit Stinnes arbeitete er die diversen komplizierten Vereinbarungen aus, und Stinnes lernte Coels dabei als aufrichtigen und fähigen Partner kennen. Coels wußte sehr wohl um die Beschränktheiten der Landräte und der Lokalbehörden. Über Landrat Gerstein sagte er, dieser habe «keine Lebensart, kein Verständnis, sich mit der Industrie gut zu stellen»; von Nieden sei «ein bequemer Landrat, täte alles, was [Coels] wollte». Den kommunalen Vertretern bescheinigte er, sie zeichneten sich in der Regel durch «Kleinlichkeit und Mangel an Objektivität» aus.[190] Auch Rathenau zeigte sich versöhnlich und bat Stinnes am Ende einer der wichtigsten Sitzungen, Grüße an Cläre auszurichten und sie zu fragen, «ob er nun nicht doch in der Sache als anständiger Mann gehandelt habe».[191]

Mitte Februar 1907 kam schließlich eine vorläufige Vereinbarung zustande, kraft derer die regionalen Elektrizitätswerke Westfalen, Dortmund und Mark praktisch die Versorgungshoheit für das östliche Westfalen erhielten, womit den monopolistischen Ambitionen des RWE ein Riegel vorgeschoben war. Die Zeche Wiendahlsbank wurde in eine Aktiengesellschaft umgewandelt, was zur Folge hatte, daß die drei westfälischen Elektrizitätswerke zusammen eine Aktienmehrheit am Zechenkraftwerk Kruckel erhielten, wenngleich das RWE Mitgesellschafter blieb. Das Wichtigste für das RWE war, daß es als Gegenleistung für die Aufgabe seiner Position 25 Millionen Mark erhielt. Diese liquiden Mittel brauchte es auch, um einerseits seinen Verlust zu kompensieren und andererseits nach Westen und linksrheinischem Gebiet zu expandieren. Nicht alle Beteiligten waren glücklich darüber, daß das RWE im Kreis der Wiendahlsbank-Gesellschafter verblieben war; wie Cläre vermutete, ging es denjenigen, die Stinnes mit dabei haben wollten darum, seine Erfahrung und sein Wissen anzuzapfen.

Dieses Motiv spielte sicher eine Rolle, aber Coels sprach in seinem beredten Plädoyer für ein fortdauerndes Engagement Stinnes' wesentlich wichtigere Gesichtspunkte an: «Es sei fraglos, daß es allein Hugo Stinnes zu danken sei, daß die Frage der Elektrizitäts-Versorgung in Rheinland und Westfalen diese fortgeschrittene Entwicklung genommen habe, und es sei selbstverständlich, daß man das RWE als Beteiligten bei der Transaktion beließe.»[192]

Das war eine faire Einschätzung des Beitrags, den Stinnes zum Aufbau der Stromversorgung im wichtigsten deutschen Industrierevier geleistet hatte, ein Tribut an seine nie versiegende Fähigkeit, in systematischen und integrierten Ansätzen zu denken, und an sein ständiges Bestreben, die wirtschaftlichen Vorteile großzügiger und weitreichender Lösungen zu realisieren. Das von ihm favorisierte Modell des industriellen gemischtwirtschaftlichen Konzerns unter staatlicher Beteiligung, aber privatwirtschaftlicher Leitung reflektierte zugleich die politischen und staatlichen Strukturen in Deutschland und die besonderen Merkmale von Wirtschaft und Industrie an Rhein und Ruhr. Stinnes hatte diese Eigentümlichkeiten für sich genutzt, nicht nur beim Aufbau des RWE, sondern auch bei der Formulierung einer Reihe von Postulaten über das in seinen Augen richtige Verhältnis zwischen Industrie und Staat. Die Konsequenz, mit der er sein Konzept verfolgte, erklärte seinen Erfolg, doch die Rückschläge, die er 1906–07 erlitt, reflektierten auch die Grenzen dieses Konzepts, wie sie sich in der Konfrontation mit den realen Verhältnissen zeigten – nicht nur den politischen, sondern auch denen im deutschen Wirtschaftsleben. Wie sich im weiteren Verlauf zeigen wird, war dies ein Problem, das sich in späteren Stadien der Stinnesschen Karriere in noch größerem Maßstab wiederholen sollte.

III. Kaufmann aus Mülheim und Aufsichtsratsvorsitzender von Deutsch-Luxemburg, 1905–1914

In einer Biographie des Hugo Stinnes darf die Politik nicht fehlen; dabei ist es jedoch wichtig, sich zu vergegenwärtigen, daß er seinen wirtschaftlichen Aufstieg bis 1914 unter bemerkenswerter Vernachlässigung der politischen Gärungsprozesse im In- und Ausland vorantrieb, auch wenn er auf politische Überlegungen und Aktivitäten nie völlig verzichtete. Er lebte für seine Arbeit und seine Familie, welch letztere in seinen Augen ohnehin unauflöslich mit seiner Arbeit verbunden war. Er war auf ein Ziel fixiert und verlor dieses nie aus den Augen, eine Eigenschaft, die sowohl seine großen Erfolge als auch seine Fehlschläge erklärt. Zu seinen wichtigsten Persönlichkeitsmerkmalen gehörte es, daß er die Welt durch die Brille seiner Geschäftsinteressen sah, statt umgekehrt seine Geschäftsinteressen vor dem Hintergrund der Zeitläufte zu sehen. Was ihm zugute kam, war die Tatsache, daß er seine Geschäfte mit visionärem Weitblick und bemerkenswertem Einfallsreichtum betrieb und eine wirklich kreative Persönlichkeit war. In den Jahren 1905–1914 hatte er die Chance (und nutzte sie), seine Visionen und Einfälle und seine Persönlichkeit zu entfalten, bevor das finstere irrationale Geschehen, das im August 1914 hereinbrach und sein Leben und seine Arbeit veränderte, seinem Tatendrang Fesseln anlegte. Um die Person Hugo Stinnes zu verstehen, muß man sich vor Augen führen, was er bis 1914 leistete und erreichte, und zwar vor dem Hintergrund der Gegebenheiten, die sein eigenes Denken prägten und seine tiefsten Überzeugungen widerspiegelten.

1. Hugo Stinnes GmbH

Den Ruhm, den Stinnes in der Vorkriegsära erntete, verdankte er seiner Position als Vorsitzender diverser Aufsichtsräte, vor allem beim Montan-Konzern Deutsch-Luxemburg und beim RWE; diese trugen, zusammen mit seinen übrigen Aufsichtsratsmandaten, in erheblichem Maß zur Mehrung seines Vermögens und Einkommens bei, sowohl direkt als auch indirekt. Auf der einen Seite bezog er Tantiemen für seine Tätigkeit in diesen Aufsichtsräten, auf der anderen Seite bestanden bedeutsame Querverbindungen zwischen den betreffenden Konzernen und seiner eigenen Firma und seinen Zechengesellschaften. Sein Wirken als Konzernlenker fand sowohl in der Öffentlichkeit als auch bei seinen Biographen so große Beachtung, daß die immense Bedeutung seiner Firma dahinter zurücktrat. Allerdings war die Rechtskonstruktion der Firma auch darauf angelegt, ihre Bedeutung zu verschleiern; im Stinnes-Nachlaß finden sich überraschend wenige

Briefe und Dokumente, die sich auf die Firma beziehen. Diese Firma war 1910 noch immer eine Gesellschaft mit beschränkter Haftung, mit einem Grundkapital von nur 50000 Mark und zwei Gesellschaftern, nämlich Hugo und Cläre Stinnes. Drei Personen besaßen Einzelprokura, d.h. das Recht, eigenverantwortlich im Namen der Firma zu zeichnen: Hermann Thomas, der Kaufmann Heinrich Vahle in Mannheim und der Kaufmann Carl Buschmeyer in Berlin. Weitere zehn Personen, die in Harburg, Köln, Saarbrücken, Straßburg, Stuttgart, Wiesbaden und Zürich saßen, waren berechtigt, im Verein mit jeweils mindestens einem der anderen für die Firma zu unterzeichnen. Unter diesen Personen war ein Ingenieur, nämlich Hermann Marckscheffel in Harburg; die anderen bezeichneten sich als Kaufleute.[1] Im Gegensatz zu der beeindruckenden Phalanx der mit Stinnes verbundenen Bankiers, Zechen- und Firmendirektoren, unter denen sich viele prominente und maßgebliche Vertreter der deutschen Wirtschaft befanden, hinterließen die Kaufleute, die für die Firma des Kaufmanns aus Mülheim tätig waren, von ganz wenigen Ausnahmen abgesehen, kaum Zeugnisse eines individuellen Wirkens.

Das Grundkapital hatte schon 1904 50000 Mark betragen. Die einzige Veränderung, die sich zwischen 1904 und 1910 vollzog, war die Löschung des verstorbenen Gustav Brandt aus der Liste der eingetragenen Gesellschafter. 1904 war das Jahr, in dem die Tatsache, daß Hugo Stinnes Multimillionär war, erstmals aktenkundig wurde, denn in diesem Jahr erschien die Stadt Mülheim erstmals in den amtlichen Statistiken Preußens. Stinnes stand zu diesem Zeitpunkt in der Liste der Mülheimer Steuerzahler an zweiter Stelle hinter August Thyssen, und zwar mit einem geschätzten Vermögen von 15 bis 20 Millionen Mark, einem Jahreseinkommen von rund 500000 Mark und einer Steuersumme zwischen 16000 und 19800 Mark. 1908 wurde sein geschätztes Vermögen mit 25 bis 30 Millionen Mark angegeben, sein Jahreseinkommen mit 820000 Mark und sein Steuerbetrag mit 25600 Mark. Die Zahlen für 1910 gingen von einem in etwa gleich gebliebenen Vermögen aus, während das Jahreseinkommen auf 965000 Mark und die Steuerschuld auf 38400 Mark gestiegen waren. Die Tantiemen aus den 17 Aufsichtsratsmandaten und 5 Vorstandsposten, die er 1910 innehatte, summierten sich auf schätzungsweise 100000 Mark; der Großteil seines Jahreseinkommens stammte aus Dividenden und den Gewinnen, die seine Firma abwarf. Man konnte getrost davon ausgehen, daß der größte Teil seines Vermögens in seiner Firma steckte, die im Jahr 1910 inländische Zweigstellen in Straßburg, Mannheim, Mainz, Saarbrücken, Duisburg, Wiesbaden, Köln und Berlin und Auslandsniederlassungen in Genua, Mailand, Triest, Zürich, Brüssel, Paris, Rouen, Cardiff, Glasgow, Hull, Newcastle on Tyne, Swansea und Riga unterhielt. In dieser eindrucksvollen Liste waren die Lagerplätze, die die Firma in Deutschland und anderswo unterhielt, und ihre diversen Beteiligungen und Verbindungen in deutschen und außerdeutschen Städten noch nicht einmal enthalten. Zum stolzen Besitz der Firma gehörten des weiteren sechs Hochseedampfer, drei Rheindampfer sowie dreißig auf dem Rhein und sechs auf der Elbe verkehrende Schleppkähne.[2]

Die Firma war für Stinnes mehr als nur eine Kapitalanlage. Sie war der Brennpunkt seiner kühnsten Träume, Träume, die er nur Cläre anvertraute. Ihre Korrespondenz mit Hugo und ihre Tagebucheinträge liefern die vollständigste Chronik des bemerkenswerten Wachstums der Firma in den Jahren nach 1904. Die beiden waren sich darin einig, daß der Firma absoluter Vorrang gebührte. Als Hugo sich beispielsweise im Juni 1904 entschloß, einen Lagerplatz in Karlsruhe zu kaufen, um seinen Lieferverkehr mit Württemberg und Bayern zu verbessern, zögerte Cläre nicht, ihn in der Überzeugung zu bestärken, daß diese Investition wichtiger war als irgendeine andere Verwendung des Geldes:

> «Bezüglich Ausdehnung der eigenen Firma bin ich ganz Deiner Ansicht, sie muß immer in erster Linie berücksichtigt werden. Sie ist und bleibt für Dich das Fundament, auf dem Du immer neu oder weiter bauen kannst, kann daher aber auch nicht vorsichtig genug behandelt werden. Die Idee mit Karlsruhe ist mir neu, aber wenn Du einen Lagerplatz dort für nötig erachtest, wirst Du auch Gründe dafür haben. Laß Dich dann aber auch nicht durch ‹kleine Geldsorgen› quälen.»[3]

Ganz kurz vor der Niederschrift dieser Zeilen hatte Stinnes beschlossen, eine Filiale in Paris zu eröffnen, als Stützpunkt für die Vermarktung von Syndikatskohle in ganz Frankreich. Er lud Cläre ein, ihn nach Paris zu begleiten, offenbar in der schuldbewußten Erkenntnis, sie über all den dringlichen Angelegenheiten der GBAG, des RWE, der Zeche Friedlicher Nachbar und seiner Firma vernachlässigt zu haben; Cläre genoß die Sehenswürdigkeiten von Paris und fand auch bewundernde Worte für die neu errichteten Anlagen der Saar-Mosel-Werke in Karlingen, die sie auf dem Heimweg besichtigten. Die weitgestreuten Niederlassungen der Firma und die regelmäßigen Reisen ihres Besitzers an die Schauplätze ihrer Expansion lieferten ebensoviele Vorwände und Gelegenheiten, Cläre und andere Familienmitglieder mit auf die Reise zu nehmen, zumal Cläre äußerst regen Anteil an der Entwicklung des Unternehmens nahm. Nach der Paris-Reise von 1904 brachte sie ihre Einsichten über die Schwierigkeiten des Geschäftemachens in Frankreich zu Papier: «Leicht wird die Firma es nicht bei den rückständigen und konservativen Franzosen haben, die zudem sehr vorsichtig behandelt sein wollen.»[4] Sie äußerte auch die Sorge, daß der bisherige Niederlassungsleiter in Saarbrücken, Schneider, der dazu auserkoren worden war, die neue Pariser Filiale zu leiten, weder «fein noch bescheiden» genug sei und daher nicht geeignet, auf Anhieb den so wichtigen guten Eindruck auf die Franzosen zu machen. Mit beiden Beobachtungen hatte sie den Nagel auf den Kopf getroffen. Schneider erwies sich als nicht gerade idealer Firmenrepräsentant, und die Franzosen machten Stinnes tatsächlich das Leben schwer, besonders was sein Vorhaben betraf, in Rouen einen Lager- und Umschlagplatz für Kohle zu errichten. Gegen den Protest englischer Konkurrenzfirmen, die fürchteten, aus dem Geschäft gedrängt zu werden, und französischer Kritiker, die fürchteten, die deutsche Kohle könne die französische verdrängen, und die es generell nicht gerne sahen, daß eine solche Konzession an einen Deutschen ging, erhielt Stinnes schließlich im März 1906 die Baugenehmigung. Was Stinnes den anderen voraus hatte, war der Einsatz hochmoderner, motorisierter Kräne, die einen Kostenvorteil brachten, den Stinnes an die Kunden weitergab.[5] Cläre klagte, es sei das alte Lied: «Es ist lächerlich, wie sein Name allein (zu Unrecht) für viele beängstigend wirkt. Erst war's nur im Inland, nun schlug es schon auf's Ausland über.»[6]

Andererseits erfüllte das Bekanntwerden dieses Namens sie mit großem Stolz, und immer wenn die Stinnes-Flotte Zuwachs bekam, wurde dies öffentlich und privat gefeiert. So begaben sich Cläre und Hugo Ende April 1904 im Auto nach Duisburg, um mitzuerleben, wie Hugos erster Rheindampfer, die *Hugo Stinnes 1*, vom Stapel lief. Es war dies Cläres allererste Autofahrt (während Hugo die erste seiner zahlreichen, oft von frustrierenden Pannen unterbrochenen Automobil-Ausfahrten im Juli 1905 unternommen hatte), und der Gedanke, sie könnten jemanden überfahren, machte sie schrecklich nervös.[7] Als sie dann aber an Bord des neuen Dampfers waren, umringt von ausgeflaggten Schiffen, die Farbe in den regnerischen Tag brachten, und aufgewärmt von einem Willkommenstrunk, konnte sie nicht umhin, das Schiff zu bewundern: die geräumigen Kabinen, den großen Motor: «Es ist ein schönes Schiff, dieser Erstling, und ein eigen stolzes Gefühl, daß er, den Namen Hugo tragend, diesen, wohin er fährt, ... bekanntmachen wird. Möchte er nur gute Fahrten machen, seinem Herrn zur Freude, uns beiden zum Glück.»[8] Die *Hugo Stinnes 2*, die Juli 1905 vom Stapel lief, war ein noch prachtvolleres Schiff, und als sich zwei Jahre später, an Ostern 1907, die Gelegenheit ergab, die *Hugo Stinnes 3* zu besichtigen, luden Hugo und Cläre dazu die Wagenknechts ein, und bei prächtigem Sonnenwetter standen die versammelten Familien auf der Brücke und bewunderten nicht nur das neue Schiff, das Cläre «gefällig und elegant»[9] fand und das seine Vorgänger in den Schatten stellte, sondern auch die Flottille der sechs Stinnes-Lastkähne, die es eskortierten. Auf dieses freudige Ereignis folgte ein Ostersonntag im Haus Rott, wo zur Erinnerung an die frühere südamerikanische Wahlheimat der Wagenknechts – und vielleicht auch als symbolischer Hinweis auf künftige Zielhäfen der Stinnes-Flotte – ein «Asado» serviert wurde.

Vorläufig hatte jedoch die alte Welt Vorrang vor der neuen. Begonnen hatte die Firma Hugo Stinnes im Metier der Kohleverarbeitung und des Kohlenvertriebs; dazu war 1905, als Folge des Stinnes-Engagements bei Deutsch-Luxemburg, der Vertrieb von Eisen gekommen. Wenn wichtige Entscheidungen anstanden, rief Stinnes seine Verkaufsrepräsentanten zu einer Besprechung zusammen; auf einer dieser Konferenzen, im August 1905, wurde der gemeinsame Beschluß gefaßt, sich auf das Gebiet des Eisen-Großhandels vorzuwagen, insbesondere im Hinblick auf den süddeutschen Markt, und durch Lokaltermine in Differdingen die Betriebsabläufe kennenzulernen.[10] Im Oktober 1905 erwarb die Firma ein Eisenhandelsunternehmen mit Lagerkapazitäten in Wiesbaden, und Cläre mußte unwillkürlich darüber sinnieren, wie unvorstellbar es noch vor einem Jahrzehnt, zum Zeitpunkt ihrer Hochzeit, gewesen war, daß Hugo am Wohnort ihrer Familie eine Tochterfirma unterhielt. Der Kauf der Wiesbadener Firma war deswegen besonders wichtig, weil sie über gute Quoten im Stahlwerksverband verfügte. Damit würde sich die Abhängigkeit des Deutsch-Luxemburg-Konzerns von anderen Großhändlern verringern, die in Zeiten schleppenden Geschäfts andere, ihnen näherstehende Lieferanten bevorzugten. Außerdem war die Firma Stinnes damit in die Lage versetzt, die Interessen Deutsch-Luxemburgs wirksamer zu vertreten und zugleich ihre eigene Geschäftstätigkeit auszuweiten. Eine um dieselbe Zeit ausgehandelte Vereinbarung mit einer Züricher Eisenhandelsfirma diente denselben Zielen.[11]

Stinnes war sich nicht immer sicher, ob seine Mitgliedschaft im Kohlenkontor ihm gleich gute Dienste leistete wie seine Mitarbeit im Stahlwerksverband. Es hatte ihn sehr viel Zeit gekostet, dem Kohlenkontor organisatorisch auf die Sprünge zu helfen, aber die Politik, die es betrieb, mißfiel Stinnes häufig. So war er zum Beispiel 1907 der Ansicht, daß das Kohlenkontor zu niedrige Preise festgelegt hatte und es nicht verstand, Nutzen aus der herrschenden Kohlenknappheit zu ziehen. «In besonders guten Zeiten», argumentierte Stinnes, «müssen die Teilhaber an einer solchen Vereinigung auch ihren Nutzen an der Konjunktur haben.»[12] Es sei falsch, aus überzogener Rücksicht auf die Allgemeinheit zuzulassen, daß Zwischenhändler allein den Rahm abschöpften. Unter dem Strich freilich, so versicherte Stinnes seiner Frau, sei die Organisation die gebrachten Opfer wert:

> «Ohne Kohlenkontor hätte sich die Firma bei Hugos vorsichtiger Führung besser gestanden, und der Absatz wäre mächtig gewachsen. Freilich würden die Preise von den meisten Händlern unvernünftig getrieben worden sein und die Allgemeinheit hätte den Schaden gehabt.»[13]

Höhere Gewinne winkten im Exportgeschäft. Zusätzlich zu seinen Verbindungen in die Schweiz und nach Frankreich begann Stinnes seine Fühler auch nach Österreich auszustrecken; sein besonderes Augenmerk galt jedoch in den Jahren 1906–07 Italien. Seine Idee, eine Filiale in Mailand zu eröffnen und im Hafen von Genua Lagerkapazitäten zu akquirieren, fand Cläres volle Zustimmung; ihr langgehegter Wunsch nach einer Italienreise erfüllte sich an Ostern 1906. In Mailand traf Stinnes sich mit M. D. Bernardi, einem italienischen Kaufmann aus guter Familie, dessen Firma in Schwierigkeiten geraten war, weil sie leichtsinnige Kredite gegeben hatte. Bernardi freute sich über die Chance eines sicheren Einkommens und zog dies dem Risiko der Weiterführung seiner Firma vor. Er erklärte sich bereit, für Stinnes in Mailand eine Filiale aufzubauen, und stellte eine erhebliche Erhöhung der Kohleneinfuhren nach Italien in Aussicht. Während die Herren all dies durchsprachen, zeigte Bernardis Tochter Cläre die Sehenswürdigkeiten Mailands. Sie genoß nicht nur die Monumente der italienischen Kunstgeschichte, sondern hatte auch das Glück, eine «vorzügliche Vorstellung» von Massenets Oper *Manon* in der Scala zu erleben. Von Mailand aus reisten Hugo und Cläre weiter nach Genua, wo die Familie Bernardi ihren eigentlichen Wohnsitz hatte. Sie besuchten die Familie, und auch hier fungierte Bernardis Tochter als Cläres Fremdenführerin, doch war dieses Mal noch eine dritte Person mit von der Partie, «eine feine Engländerin» namens Mrs. Rippon, die Frau eines in Genua ansässigen englischen Kaufmanns. Während Cläre von den Schönheiten der Oberstadt sehr angetan war, fand Hugo an den ihm angebotenen Kohlenlagerplätzen am Hafen ganz und gar keinen Gefallen, da sie für seinen Bedarf allesamt zu klein waren. Andererseits war er sehr beeindruckt von Rippon, der seinerseits Feuer und Flamme war, in die Dienste Stinnes' zu treten. Am Ende beschloß Stinnes, in Genua ebenso eine Filiale zu eröffnen wie in Mailand und neben Bernardi auch Rippon Prokura zu erteilen.[14]

Nachdem die geschäftlichen Dinge erledigt waren, setzten Hugo und Cläre auf einem Dampfer nach Monaco über und genossen die Seeluft und den schönen Anblick der Küstenlandschaft. Monaco war natürlich Welten entfernt von dem nüchternen Luxus ihres Alltagslebens in Mülheim-Ruhr: «Großartiges Leben, extravagante Toiletten und viele zweifelhafte Existenzen. Nichts für uns auf die Dauer.» Das war, gelinde gesagt, eine Untertreibung; tatsächlich verwunderten sie sich sehr darüber, wie andere Leute ihre Tage mit Glücksspiel zubringen konnten, und stellten nach dem unvermeidlichen Verlust einiger Hundert Francs an den Spieltischen fest: «Gelernt haben wir's auch jetzt noch nicht.»

Daß Stinnes auf Bernardi und Rippon gesetzt hatte, erwies sich als ein Gewinn, der diese Spielverluste mehr als aufwog. Im Juni 1906 versammelten sich die Repräsentanten der Firma Hugo Stinnes aus nah und fern zu einem Bankett in Mülheim, das zu Ehren der Geschäftsführer der neuen italienischen Filialen gegeben wurde. Bernardi trauerte ein wenig um seine eigene Firma, die er aufgegeben hatte, war aber höchst zufrieden, für Stinnes zu arbeiten, und «kindisch stolz» darauf, Stinnes den guten Rippon zugeführt zu haben, der in Genua einen eindrucksvollen Start hingelegt hatte. Von Rippon waren Hugo und Cläre in der Tat gleichermaßen angetan. Sie mochten sein «offenes, kluges Auge, feines Benehmen, [seine] Umsicht und Energie und Freude an der Arbeit».[15] Nach einigen schwierigen Monaten wendeten sich die Dinge in Genua zum Besseren; Rippon hielt, was sie sich von ihm versprochen hatten. Weniger zufrieden war Stinnes mit Bernardi, der zu ängstlich war, um die bestmöglichen Preise zu erzielen, und dessen Verträge beständig nachgebessert werden mußten. Dennoch handelte Stinnes bereits Anfang 1908 in Italien nicht nur mit Kohle, sondern auch mit Eisen, plante die Eröffnung einer Filiale in Triest und konnte sich rühmen, binnen weniger als zwei Jahren den größten Kohlenhandel in Norditalien aufgezogen zu haben. Er hatte sogar seinen zu diesem Zeitpunkt größten deutschen Konkurrenten, die Firma Raab, Karcher & Co., vom italienischen Markt verdrängt.[16] Stinnes war sich natürlich darüber im klaren, daß Italien ein industrielles Entwicklungsland war und daß er dort zu einem Zeitpunkt geschäftlich Fuß faßte, als das Land sich auf dem Höhepunkt seiner wirtschaftlichen Aufholjagd befand und ein Wachstumstempo vorlegte, das sich nach der Krise von 1907 erheblich verlangsamen sollte. Seine Erfahrungen in Deutschland hatten ihn gelehrt, mit einer solchen Wachstumskrise zu rechnen; wie er auf einer Italienreise im Oktober 1907 notierte:

> «Wenn man hier herumgeht und sieht die vielen *ganz neu* errichteten Werke, dann wird man an 1900/1 in Deutschland erinnert, und ich habe die Überzeugung, daß Italien dieselbe Krisis wie Deutschland durchmachen wird mit all diesen neuen unorganisierten Unternehmungen, die ohne Geld ihre Kinderkrankheiten bestehen sollen. Insofern ist solche Reise höchst interessant und lehrreich. Sie muß einem ja schließlich auch die Mittel liefern zur Beurteilung der weiteren Schritte.»[17]

Dennoch gab Stinnes seiner Firma große Zukunftschancen sowohl im entwickelteren Norden als auch im unterentwickelten Süden Italiens. Im Herbst 1909 wandte er sein Augenmerk dem Süden zu; Cläre und Nora waren mit von der Partie, als Hugo und Rippon eine Rundreise durch Süditalien und Sizilien unternahmen. Cläre war beeindruckt von den Naturschönheiten des Südens, aber irritiert über die grellen Kontraste zwischen Reichtum und verzweifelter Armut und ausgesprochen entsetzt über die verheerenden Folgen des Erdbebens, das 1908 die Stadt Messina heimgesucht hatte. Alles lag in Schutt und Asche, und 25 000 Tote blieben unter den Trümmern begraben. Die Luft war aber nur noch an wenigen Stellen verpestet. Was nicht dem Erdbeben selbst zum Opfer gefallen war, war durch die Brände vernichtet worden, die nach der Explosion des Gaswerks aufgeflammt waren, und «was an Menschen erhalten blieb, mußte sich retten vor der Mafia, die wie ein wildes hungriges Tier sich über Leichen und Lebende stürzte, sie zu berauben und zu töten».[18] Als Ingenieur war Hugo fasziniert von dem, was er sah. Gerne wäre er «noch länger in und unter den Trümmern herumgelaufen, um festzustellen, wie Mauern stürzten, welcher Art die Bewegung des Erdbebens war». Überall zeigten sich aber auch Anzeichen von Lebenswillen und Wiederaufbau, und es schien, als tue die italienische Regierung das möglichste, um diese positiven Kräfte zu fördern. Rippon und Stinnes waren sich einig, daß eine Filiale in Messina für die Firma sehr lukrativ sein könnte, und trugen die Vertretung einem wohlhabenden Kaufmann aus der Stadt an.

Von Messina aus führte der Weg nach Rom, wo Rippon über gute Verbindungen zur Politik verfügte, die die beiden nutzen wollten, um sich eine Konzession im Hafen von Messina mit Bahnanschluß zu sichern; ferner wollten sie im Hafen von La Spezia einen für den Einsatz großer Kräne geeigneten Schiffsbelade- und -entladeplatz pachten. Die Italiener waren beeindruckt von dem bedeutenden deutschen Industriellen, der unter Hinweis auf eine ähnliche Anlage, die er in Rouen betrieb, die dortige Handelskammer als Empfehlungsgeber anführen konnte. Wie damals in Rouen, konnte Stinnes auch jetzt in Italien die Modernität seiner Anlagen als triftiges Verkaufsargument geltend machen.[19] Für Stinnes war die Messina-Konzession von besonderer Bedeutung, weil die Firma dort zunächst einmal konkurrenzlos sein würde; mit seiner Lage an der Meerenge zwischen Italien und Sizilien, die eine wichtige Schiffahrtspassage war, schien

Messina ein idealer Ort für Lagerung und Verkauf von Bunkerkohle zu sein. Auch die deutsche Marine bekundete Interesse an einer Stinnes-Niederlassung in Messina und war bereit, ein ausgemustertes Kriegsschiff zur Verfügung zu stellen, das sich leicht in ein schwimmendes Lager mit Kränen würde umbauen lassen. All dies ließ sich wirklich sehr vielversprechend an, und die Aufmerksamkeit, mit der Rippon sich beim Sightseeing in Rom, Mailand und am Comer See um Cläre und Nora kümmerte, ließ alles noch erquicklicher und erfreulicher erscheinen. Dank Rippon genoß Nora die Reise in vollen Zügen und fühlte sich einmal nicht als fünftes Rad am Wagen. Nach der Rückkehr in den trüben deutschen November bekam sie verständlicherweise Sehnsucht nach «Rippon und warmer Sonne».[20]

Hugo Stinnes hatte anderes im Sinn. Der Ausbau seiner Firma beanspruchte ihn in diesen Jahren völlig, doch gerade was seine Repräsentanten in Italien betraf, so machten sie ihm zunehmend weniger Freude. Bernardi konnte nie seine Unart ablegen, zu großzügig Kredit zu geben, und mußte nach mehreren Warnungen 1910 schließlich entlassen werden. «Alles Mitleid hat und muß schließlich im eigenen Interesse aufhören», kommentierte Cläre, «sonst kann es bei den vielen und fernab liegenden Filialen plötzlich einen selbst Kopf und Kragen kosten.»[21] Auch Rippon begann die Geduld von Stinnes zu strapazieren. Genua machte laufend Verluste, wozu Rippon nicht viel zu sagen hatte, außer daß man diese Verluste wettmachen werde, wenn Messina erst einmal richtig in die Gänge kam. Anfang 1911 hatte Stinnes genug von dieser spekulativen Ader Rippons und schickte seinen Repräsentanten in Triest, Kappenberg, zu dem er Vertrauen hatte, nach Genua mit dem Auftrag, Rippon auf die Finger zu sehen und die Geschäfte wieder zum Laufen zu bringen.[22]

Die Auswahl des richtigen Personals für die Leitung der über halb Europa verteilten Filialen der Firma stellte offenbar ein wirkliches Problem dar. Der größte Fehler Rippons, sein Drang zum Pläneschmieden, war einfach ein anderer Aspekt seiner größten Tugenden, nämlich seiner Tatkraft und seines Ideenreichtums. Zuviel Vorsicht war ja auch nicht gut für das Geschäft, und Stinnes mußte von Zeit zu Zeit ältere durch jüngere, tatkräftigere Mitarbeiter ersetzen. Diese Personalentscheidungen waren für Stinnes von zentraler Bedeutung, denn, wie Cläre ausführte, brauchte «Hugo ... auf den einzelnen Ressort-Chef-Posten selbständige kluge Köpfe ..., wenn er selbst für andere Dinge Zeit, Ruhe und Arbeitsfreude haben soll».[23]

Es gab noch weitere, tiefergehende Gründe für Hugo, sich besonders aufmerksam um sein Personal zu kümmern, wie Cläre im Verlauf eines Urlaubs in der Schweiz im Juni 1908 erfuhr:

> «Auf einem unserer ersten größeren Märsche hier erzählte mir Hugo eingehend über seine geschäftlichen Zukunftspläne, wie er sich die fernere Entwicklung der eigenen Firma und ihre Organisation mittels möglichst selbständiger Firmen im Auslande, für die er freilich jeweils erstklassige kluge und

energische Führer benötigt, denkt, wie solche sich Einfluß im einzelnen Lande verschaffen sollen, durch den in die dortige Industrie gesteckten Überschuß der einzelnen Häuser, damit das Risiko ein geteiltes, die gemeinsamen vergrößerte werden durch auf diese Weise gewonnenen Überblick der allgemein geschäftlichen und industriellen Weltlage. Wie seine leitenden Herren tüchtig am jeweiligen Gewinn beteiligt sein sollen, damit sie auch den Lohn für ihre Weise und Anerkennung für ihre Leistungen finden. – Ein die Welt umspannendes Geschäft schwebt ihm vor und hält er das Leben, erreicht er auch dies Ziel. Möchte dann unter seinen Söhnen wenigstens einer sein, der sein Erbe anzutreten einst weiß, der den Vater befriedigt. Leicht ist das nach keiner Richtung jedenfalls.»[24]

Es war also die eigene Firma, die Familienfirma, die ihm mehr als alles andere am Herzen lag, die er zu einer Weltfirma ausbauen wollte und deren Fortführung durch seine Kinder er sich wünschte. Die einzelnen Filialen oder «Häuser» sollten weitgehend autonom agieren, durch Investition ihrer Gewinne in die Wirtschaft des Gastlandes die Firma als ganze stärken und ihr zugleich durch das Ansammeln einer riesigen Informationsmenge ein Wissenskapital verschaffen, das zum Vorteil aller Beteiligten genutzt werden könnte. Die Parallelen zu Stinnes' Organisationsplänen für das RWE sind offenkundig; die von ihm hier skizzierte Vision illustriert auf überragende Weise die Qualitäten von Stinnes als Schöpfer von Systemen, dem es darum ging, die Vorteile zentraler Leitung mit den potentiellen Synergien zu kombinieren, die sich aus der Verknüpfung dezentral geführter, eigenverantwortlich handelnder Einheiten ergaben. Welche Anforderungen dieses Konzept an die führenden Mitarbeiter stellte, skizzierte er bei einer anderen Gelegenheit wie folgt:

> «Die einzelnen selbständigen klugen Köpfe sind wie die Bewegungskräfte einer großen Maschine; ein jeder hilft vorwärts an s. Teil, das Versagen eines einzelnen kann böse Störungen geben, je harmonischer und sicherer aber das Ineinandergreifen sämtlicher Kräfte sich gestaltet, umso gewaltiger das Wachsen und Wirken des Gesamt-Organismus.»[25]

Für Cläre, die ob der Vielzahl der Beschäftigungen Hugos und der Ungewißheit, wohin die pausen- und rastlosen Aktivitäten ihres Mannes auf immer neuen Gebieten noch führen würden, zunehmend ratloser und verzagter wurde, waren solche großzügigen, konzeptionellen Darlegungen eine Offenbarung, die sie dankbar aufsaugte:

> «Wir sprachen auch darüber, wie schmerzlich es mir sei, so selten nur noch solchen Gedankenaustausch mit ihm pflegen zu können, der mir doch das Liebste und Höchste unseres Werkes bedeute, ohne den es für mich keine wahre Ehe gäbe, wie ihm solches zu Hause im rastlosen Drang der Arbeiten aber nicht möglich sei mir zu geben, und andererseits alles Akten und Briefe Lesen mir nicht entfernt sagen und ersetzen könne, was eine Stunde ruhigen

Austauschens seiner Gedanken und Pläne mir gäbe. Daher dann auch mein Verlangen von Zeit zu Zeit, ganz alleine mit ihm zu sein. Nur dann lebte ich mit ihm das Leben, das doch das Schönste sei, das Leben des Mitfühlens, Mitdenkens eines jeden Gedankens von ihm. Je seltener solche Stunden zu Hause im Drang der vielen Pflichten, die auf ihm und auch auf mir lägen, möglich sind, umso lebhafter der Wunsch nach zeitweiliger Ruhe fern der Arbeitsstätte.»

Tatsächlich rückte diese Arbeitsstätte ihr in jeder Beziehung näher, als ihr lieb war. Anfang 1908 wurden die neuen Büroräume in dem 1906 gekauften Nachbarhaus bezogen, was Cläre zu der besorgten Feststellung veranlaßte: «Nun bleibt nur noch unser Haus in Reserve. Wo mögen wir denn bleiben?»[26] 1906 hatte sie sich für den Abriß des Nachbarhauses und einen völligen Neubau ausgesprochen, doch dann waren sie sich einig geworden, daß dies zu teuer gekommen wäre, so lange das RWE und die Investition in Saar-Mosel keinerlei Dividenden einbrachten. Keine Quelle gibt Auskunft darüber, wie das Mülheimer Büroraumproblem in den darauffolgenden Jahren gelöst wurde, doch die bloße Tatsache, daß er Gewinne aus den Konzernen, in die er investiert hatte und deren Aufsichtsräten er vorsaß, für Strukturverbesserungen in seiner Firma heranziehen wollte, verrät eine ganze Menge über den Stellenwert, den diese Investitionen für ihn hatten. Besonders aufschlußreich war in dieser Beziehung die Art und Weise, wie er in diesen Jahren den Ausbau seiner Firmenflotte betrieb. Es scheint, als habe er im August 1906, nach einem Besuch in Rotterdam, ernsthaft mit den planerischen Vorbereitungen für den Aufbau einer Hochseeflotte begonnen. Nachdem er jüngst Niederlassungen in Genua und Newcastle eröffnet hatte, erschien es nur logisch, für den Kohlentransport eigene Schiffe zu verwenden, anstatt Frachtgebühren zu zahlen. Wenn sein Unternehmen zu einer «Weltfirma» heranwachsen sollte, war dies ein ebenso unerläßlicher Schritt wie die Gründung von Niederlassungen in England, das nicht nur ein bedeutender Kohleproduzent war, sondern auch das wichtigste Handelszentrum der Welt.[27] 1907 eröffnete Stinnes eine Niederlassung in Hamburg-Harburg zur Abwicklung seines Küstenhandels. 1909 bestellte er nicht weniger als 15 Frachtschiffe: je 2 4000-Tonner bzw. 7250-Tonner bei der Bremer Vulcan-Werft, 4 2200-Tonner bei der Flensburger Schiffbau-Gesellschaft und 7 Frachtdampfer mit einer Ladekapazität zwischen 2200 und 2700 Tonnen bei der Werft von Georg Seebeck in Geestemünde. Er bestellte des weiteren drei Lastkähne für den Verkehr auf der Elbe-Wasserstraße zwischen Hamburg und Berlin. Harburg sollte die Heimstätte dieser rasch wachsenden Flotte werden. Die neuen hochseetüchtigen Frachter waren für den Handelsverkehr in der Nord- und Ostsee sowie mit dem Mittelmeerraum und Südamerika gedacht; sie sollten vorwiegend Kohle und Eisen transportieren und waren allesamt mit Funkanlagen neuester Bauart ausgerüstet, geliefert von der Gesellschaft für Drahtlose Telegraphie (Telefunken).[28]

Hugo Stinnes am Steuerruder

In den Jahren vor 1909 trugen die Wirtschaftsflaute von 1907 und die Hochzinsphase von 1907–08, die Stinnes schwer zu schaffen machten, womöglich dazu bei, daß der Ausbau seiner Frachtflotte nur langsam voranging. Es ist in diesem Zusammenhang interessant, daß Stinnes sich das Geld für die georderten Schiffe nicht lieh, sondern sich den günstigen Kurs der Aktien von Deutsch-Luxemburg und RWE zu Nutze machte. Indem er einen Teil seines Bestandes dieser Aktien verkaufte, beschaffte er sich «die Mittel ... zur Vergrößerung der Flotte ohne Inanspruchnahme der Banken».[29]

Sein Traum von einer hochseetüchtigen Flotte wurde nun jedenfalls Wirklichkeit. Im November 1909 begleitete die Familie ihn zu den Docks der Bremer Vulcan-Werft, um den Stapellauf der *Adeline* mitzuerleben. Für Cläre war es der erste Besuch in einer Werft. Der Anblick der diversen von Stinnes bestellten

Schiffe in unterschiedlichen Stadien der Fertigstellung faszinierte sie und weckte bei ihr offenbar Emotionen:

> «Der Himmel meinte es gut und selbst die Sonne verbarg sich nicht andauernd. Das verannehmlichte den Rundgang auf der Werft, die Besichtigung der Schiffe und verschönte ganz erheblich die Taufe von Adeline – Hugo Stinnes 3, die pünktlich und glatt nebst Stapellauf verlief. Es war ein schöner Anblick, als das im Rumpf fertige Schiff nach leichtem anfänglichem Zögern sicher und flott in's Wasser herunterlief und ein eigenes Gefühl, das Bewußtsein an einem Markstein der Entwicklung der Firma zu stehen, die mit dem heutigen Stapellauf in die Reihe der See Reederfirmen tritt und den ersten Schritt zum Welthaus tat. Möchte dieser neue bedeutende Zweig stetig gesund und kräftig wachsen, dem Stamm zur Stütze und Zins, seinem Schöpfer zur Freude und Ehr.»[30]

Einen Monat später lief die *Adeline-Hugo Stinnes 3* nach Absolvieren der üblichen Probefahrten nach Newcastle aus, um ihre erste, für Venedig bestimmte Ladung abzuholen.

Zu diesem Zeitpunkt stand bereits die nächste Schiffstaufe an; diesmal lief die *Edmund* vom Stapel, benannt nach Cläres Vater Edmund Wagenknecht. Der alte Herr war sehr gerührt, zumal er den Seehandels-Plänen Hugos zunächst recht skeptisch gegenübergestanden hatte. Es erfüllte Cläre mit großer Freude, daß ihr Vater Hugo gegenüber seinen Irrtum eingestand.

> «Er sagte unter anderem, daß er, als Hugo ihm zuerst davon erzählt, den Gedanken für etwas phantastisch gehalten, daß er nun auch neben allem anderen noch auf's Weltmeer gehen wolle; als er aber beobachtete, mit welcher Ruhe, Überlegung und Vorsicht er den Plan weiter ausgebaut und in der Tat umgesetzt habe, da sei auch bei ihm jedes Bedenken geschwunden und nur die Erkenntnis geblieben, daß der Plan richtig und seine Ausführung notwendig ...»[31]

Das rapide Anwachsen der Stinnes-Niederlassung in Hamburg-Harburg, die 1911 ihre Büroflächen erheblich ausweiten mußte und deren Geschäfte so gut liefen, daß damit zu rechnen war, daß sie 1912 für die Hälfte des gesamten Umschlagvolumens des Harburger Hafens verantwortlich sein würde, hing nicht nur mit dem Ausbau der Stinnes-Flotte zusammen, sondern auch mit dem sprunghaften Wachstum seines England-Geschäfts. Im August 1906 hatte er in Newcastle ein Kontor eröffnet. Es scheint, daß Rippon Stinnes personelle Vorschläge für die Besetzung seiner englischen Filialen gemacht hatte; einer der Anempfohlenen, James Russell Ferguson, Leiter der Niederlassungen in Hull und Glasgow, machte auf Stinnes einen besonders fähigen Eindruck. Schon im März 1908 notierte Stinnes nach einem Treffen mit seinen italienischen und englischen Vertretern in Mülheim: «Der gute Eindruck, den mir Herr Ferguson gemacht hat, hat sich bestätigt. Er dürfte der Mann sein, um später einmal von

London aus das ganze englische Geschäft zu dirigieren.»[32] Ferguson erschien um so wertvoller, als sowohl der Filialleiter in Cardiff als auch insbesondere Mr. Cole, der Repräsentant in Newcastle, die Erwartungen enttäuschten. Cole «hat keine eigene Meinung über den Kohlenmarkt, machte Dummheiten, die viel Geld kosten und Ärger bringen».[33]

Stinnes war sehr an der Anknüpfung guter Kontakte zum englischen Kohlenbergbau interessiert. Er glaubte, durch Ferguson den richtigen Mann für diesen Zweck gefunden zu haben, einen Mr. Elligot, der ihm als «tip top feiner Engländer» erschien;[34] Elligot hatte zuvor eine eigene Firma geleitet und kannte alle wichtigen Leute in der Branche. In diesem Moment schien er der richtige Mann für die Steuerung des gesamten Englandgeschäfts zu sein. Stinnes bot ihm ein Gehalt von 30000 Mark an und war höchst erfreut, als Elligot das Angebot annahm und als die Cardiffer Zeitungen Ende Mai 1908 unter der Rubrik «wichtige geschäftliche Veränderungen» über den Vorgang berichteten.[35] Stinnes hatte gerade in England ehrgeizige Pläne, und die Tatsache, daß Cole es nicht verstand, die erwünschten Verbindungen herzustellen, hatte ihn verdrossen. Die Teilnahme Elligots und Fergusons an einem Treffen der Stinnes-Repräsentanten im Juni 1908 ermöglichte eine ernsthafte Diskussion nicht nur darüber, wie die von Stinnes gewollten Verbindungen zu bedeutenden englischen Bergbaufirmen hergestellt werden konnten, sondern auch über die Möglichkeiten eines finanziellen Einstiegs in diese Firmen und einer dauerhaften Betriebspartnerschaft mit ihnen. So wie Elligot für die Firma ein erfreulicher Zugewinn war, weil er intelligent war und ausgezeichnete Erfahrungen besaß, wußte sich auch Ferguson besser in Szene zu setzen. Er vermittelte den Eindruck «eines brennend ehrgeizigen Menschen. [Er] übersieht und beurteilt die ganze Frage von weitem Gesichtspunkte aus ...»[36] Er war allerdings schrecklich britisch. Clärenore schrieb später über den Junggesellen, er habe «in seinem dunkelblauen, diskret gestreiften Tailormade ... wie Sherlock Holmes aus der Baker Street» ausgesehen. Es war ihr freilich nicht entgangen, daß ihr Vater ihn besonders gern mochte: «Er war wohl auch der Mann, mit dem sich der Vater am meisten verbunden fühlte, von dem ihm der Abschied am schwersten fallen würde.»[37] Es war eine ungleiche Kombination; Stinnes war eine alles andere als geschniegelte Erscheinung und in seiner Denkweise sicherlich moderner; so fühlte er sich durchaus wohl, wenn er in eine Kohlengrube einfuhr und mit den für diese Umgebung üblichen Anblicken und Gerüchen konfrontiert wurde, während Ferguson sich schrecklich verlegen und «rückständig» anstellte, als Stinnes ihn zur Begehung einer Zeche in Essen mitnahm. Ihre Zuneigung zueinander beruhte offensichtlich darauf, daß sie in ihrer Geschäftsauffassung absolut auf derselben Linie lagen und daß Stinnes ihm zutraute, auf dem «schwierigen und spekulativen» Terrain der englischen Kohlebranche stets den richtigen Weg zu finden.[38]

Was Stinnes an der Tätigkeit für seine Firma unter anderem faszinierte, war der Umstand, daß sie ihm Gelegenheit gab, geschäftliche und industrielle Usancen und Verhältnisse im Ausland kennenzulernen. Dies hatte einen unmittelbaren praktischen Nutzwert, weil er in den Ländern, in denen er Niederlassungen eröffnet hatte, Geschäfte abwickeln mußte, und es war besonders wichtig in England, weil er die Absicht hegte, langfristig in britische Kohlenbergwerke zu investieren, anstatt einfach nur britische Kohle zu verkaufen. Eingedenk dessen verbrachte er im August 1908 einen Urlaub mit der Familie in England, in dessen Verlauf er einen Abstecher nach Wales machte, um die Arbeitsweise der dortigen Zechen zu studieren. Wie immer schilderte er seine Eindrücke seiner Frau, und beide waren verblüfft über die großen Unterschiede zur Situation in Deutschland:

> «Er fand in Wales fast ausnahmslos sehr rückständige Verhältnisse vor; 25–30 Jahre gegen Rheinland-Westfalen zurück. Schlechte alte Anlagen und alles im Schmutz: die Anlagen, die Maschinen, die Menschen. Nirgends Waschgelegenheiten, geschweige ein Bad, nicht einmal ein reines Handtuch, von Grubenanzug gar nicht zu reden. – Die Leute bleiben in ihrem Schmutz, bringen ihn in die Häuser und fühlen sich sehr wohl dabei. Aber abends dann Frack und weiße Binde! Einige kleine untergeordnete praktische Handhabungen sah er in maschineller Beziehung, sonst alles Minderwertiges. Aber die Leute haben hervorragende Lagerverhältnisse, prachtvolle Flötze, niedere Selbstkosten und durch keinerlei Arbeiterversicherung oder Wohltätigkeits Anstalten beschwerte Gewinne. Der Arbeiter wird durchweg gut bezahlt, sonst aber kümmert sich sein Brotherr nicht um ihn. – Unsere Soziologen aber schreien trotzdem immer, wie bedrückt unsere Arbeiter seien, indes wie gut sie es speziell in England hätten. Ihre Organisation, ja, die ist besser, aber da sie von der nicht leben können, sieht es sonst erschreckend traurig aus.»[39]

Bei Hugo war die patriarchalische Ader bestimmt weniger ausgeprägt als bei Cläre, doch mit Sicherheit öffnete ihm dieser Englandbesuch die Augen für einige Vorteile der verspäteten Industrialisierung Deutschlands, nämlich der besseren Betriebsorganisation und der moderneren Strukturen. Natürlich war er vorsichtig genug, seine Eindrücke von der Rückständigkeit der englischen Zechen für sich zu behalten. Als sich in Cardiff Reporter um ihn drängten und Fragen stellten, machte er sich ein «besonderes Vergnügen [daraus], daß er sie glauben machte, er bewundere ihre englischen Anlagen und wäre hergekommen, um von ihnen zu lernen». Andere wußten es besser, so etwa der Besitzer eines schottischen Bergwerks, der Stinnes eingeladen hatte und seinen Rat im Hinblick auf beabsichtigte Verbesserungen in seinem Zechenbetrieb suchte. Im Verlauf ihres Gesprächs beklagte sich der Schotte heftig über die finanziellen Probleme, die Modernisierungsinvestitionen unter britischen Verhältnissen bereiteten: «Durch Verweigerung jedes ungedeckten Kredites seitens der Banken würden Unternehmungen ohne Barmittel hier unmöglich gemacht. So geht's auch diesem sonst fleißigen Mann. Das kann selbst wirklich tüchtigen Menschen das Vorwärtskommen auf eigenen Füßen unmöglich machen.»[40] Offensichtlich hatte das deutsche Bankwesen, über das Stinnes sich so gerne beklagte, doch auch seine Vorzüge.

Bei aller Modernität waren auch deutsche Kohlenzechen nicht gegen Unfälle gefeit, und Stinnes mußte denn auch seine Englandreise abbrechen und Cläre, Nora und die Kinder für den Rest des ziemlich naß geratenen Urlaubs sich selbst überlassen, denn Knepper hatte in einem Telegramm mitgeteilt, daß in Zeche Louise ein Schacht eingestürzt war; Rettungsarbeiten zur Bergung der eingeschlossenen Kumpel waren eingeleitet worden. Stinnes konnte die Englandreise dennoch als großen Erfolg verbuchen; sie hatte sein Interesse am weiteren Ausbau des England-Geschäfts nur noch gestärkt. Er hatte ausgezeichnete Kontakte hergestellt, sich einen gewissen Namen gemacht und dank Ferguson eine Vertriebsvereinbarung mit dem Geschäftsführer der Fife Mine Company abgeschlossen. Ferguson und Stinnes waren sich in dem Ziel einig, die Firma Hugo Stinnes zum «größten englischen Kohlen-Haus» zu machen, und zwar ohne riskante Spekulationen. Stinnes war, wie er bei einem Treffen im August 1909 deutlich machte, weiterhin bestrebt, Beteiligungen an britischen Zechen, vorzugsweise in Schottland, zu erwerben. Kurz vor Jahresende beschloß er, seinen Mitarbeiter W. Möllemann, einen kürzlich in die Dienste von Deutsch-Luxemburg getretenen Bergbau-Ingenieur, zur Erkundung der verschiedenen bestehenden Möglichkeiten loszuschicken. Ein anderer Schwerpunkt der Mission Möllemanns bestand darin, sich gemeinsam mit Ferguson um Vertriebspartnerschaften mit den betreffenden Firmen zu bemühen.[41] Es wurde zunehmend klarer, daß der Erfolg, den Stinnes mit seinen Initiativen in England hatte, der unermüdlichen Tatkraft und Zielstrebigkeit Fergusons zu verdanken war; dagegen verblaßte die anfängliche Begeisterung für Elligot zunehmend. Im Januar 1911 übernahm Ferguson den Platz Elligots als Koordinator der englischen Niederlassungen, was letzterer mit der Bemerkung quittierte, «wenn Herr Stinnes glaube, daß es so besser sei, müsse er es so machen».[42] Ferguson übernahm also die Leitung des Londoner Kontors; Elligot blieb dort als sein Untergebener tätig.

Daß Stinnes seine Aktivitäten und seine Firma auf britischem Boden so verstärkte, stieß in Deutschland nicht auf generelle Zustimmung, und auch seine geschäftlichen Erfolge in Berlin und Hamburg sorgten für Nervosität. Stinnes war erpicht darauf, mit dem Kohlensyndikat, das ebenfalls Geschäfte in und mit England tätigte, an einem Strang zu ziehen und auch mit der GBAG zusammenzuarbeiten. Im November 1909 vertraute er seine grundlegenden Pläne Kirdorf an; er sprach unter anderem von der Möglichkeit, in England ein Stahlwerk und eine Zeche zu erwerben; Kirdorf schien dies interessant zu finden und äußerte sich in dem Sinne, daß Stinnes, nachdem er mit so gutem Erfolg in Berlin und Hamburg Fuß gefaßt hatte, die Unterstützung des Syndikats verdiene. Kirdorf und sein Bruder erhielten regelmäßig Kopien der Berichte Möllemanns sowie, aus dem Labor von Deutsch-Luxemburg, Informationen über die Qualität der englischen Kohle. Aus der Sicht von Stinnes war eine engere Zusammenarbeit (in Form einer Zusammenlegung der Vertriebsorganisation des Syndikats mit seiner eigenen in Berlin und Hamburg) das probate Mittel, um sich sowohl weiterhin seinen Einfluß zu sichern als auch freie Hand für eine weitere Expansion in nord- und osteuropäische Gefilde zu bekommen.[43] Die Berliner Niederlassung hatte so gut Fuß gefaßt und war so erfolgreich geworden, daß ihr tatkräftiger Leiter, Buschmeyer, für 1910 eine Vorausschätzung angab, derzufolge allein diese Filiale einen zwei bis dreimal so hohen Umsatz machen würde wie die gesamte Firma Stinnes 1903, im Jahr der Gründung des Kohlenkontors. Doch dann entluden sich im Oktober 1910 die von einigen Seiten gehegten Ressentiments gegen sein Englandgeschäft in wütenden Vorwürfen von Syndikatsmitgliedern, die seinen über Hamburg abgewickelten Auslandshandel und insbesondere seine Geschäfte in England als «unerlaubte Konkurrenzbestrebungen, die dem Syndikat zu Schaden gereichen würden», bezeichneten. Stinnes hielt dagegen, seine Aktivitäten würden auf lange Sicht dem Markt für deutsche Kohle und somit auch dem Syndikat zugute kommen:

> «Die Tatsache würde ja schließlich für sich sprechen und beweisen, daß es Hugo in erster Linie auf Eroberung neuer Absatzgebiete für die deutsche Kohle ankommt und der Vertrieb der englischen Kohle damit verknüpft sein muß, die allein zuerst die Abnehmer bringen kann. Viel Geduld wird noch nötig sein.»[44]

Dahinter stand offenbar die Konzeption eines multinationalen Unternehmens, das dank seiner Geschäftstätigkeit im Ausland in der Lage wäre, einerseits das Beste aus den lokalen Gegebenheiten zu machen, indem es inländische Produkte auf den lokalen Märkten verkaufte, gleichzeitig aber der Mutterfirma und dem Mutterland den Zugang zu einem ausländischen Markt eröffnete. Alles deutet darauf hin, daß Stinnes im Begriff stand, diese Konzeption in England zu verwirklichen. Jedenfalls schloß Ferguson im Juni 1911 in seiner Eigenschaft als Repräsentant der Hugo Stinnes GmbH einen Zehnjahresvertrag mit der bedeutenden Kohlenhandelsfirma Gardner, Locket & Hinton Ltd. in London ab; dieser sicherte der englischen Firma ein Monopol auf alle von der Firma Stinnes in London oder anderen Themsehäfen sowie südlich der Linie London-Bristol entladene Kohle. Eine Ausnahmeregelung sollte lediglich für Bunkerkohle gelten, die beide Firmen unmittelbar an andere Schiffe verkaufen durften. Die Firma Stinnes sagte ferner zu, sie werde ihre Verbindungen nützen, um der englischen Firma bei der Anbahnung von Geschäften mit dem rheinisch-westfälischen Syndikat und deutschen Zechen und bei der Aushandlung bestmöglicher Konditionen behilflich zu sein. Bestandteil der Vereinbarung war ferner ein finanzieller Einstieg der Deutschen in die britische Firma dergestalt, daß diese an Ferguson 9000 Aktien im Nennwert von je 1 Pfund zum Preis von 13 500 Pfund verkaufen und daß Ferguson im Gegenzug bei der englischen Firma für die Dauer der Vertragslaufzeit einen Direktorenposten mit einem Gehalt von 200 Pfund bekleiden würde. Obgleich die Vereinbarung die Übernahme eines Mehrheitsanteils durch Ferguson ausschloß, stellte sie eindeutig einen wichtigen Schritt in Richtung auf jenes Engagement bei britischen Firmen dar, auf das Stinnes hinarbeitete; sowohl er als auch der ehrgeizige Ferguson sahen darin den Auftakt zu weiteren Unternehmungen dieser Art.[45]

England war damals das Zentrum des wirtschaftlichen Weltgeschehens, und Stinnes war dank der Anlagen, die er in England unterhielt, nunmehr in der Lage, Kohle auf eigenen Schiffen nach Italien zu liefern und sogar Handelsbeziehungen nach Nahost – beispielsweise nach Alexandria – ins Visier zu nehmen; er brauchte dazu lediglich noch geeignete Lagerkapazitäten in den betreffenden Häfen.[46] In England fand er auch den Schlüssel, der ihm die Tür zum russischen Markt öffnen sollte, für den er sich ebenfalls interessierte; auf Empfehlung von Russell Ferguson wandte sich im Mai 1908 in London ein gewisser E. A. Grabowsky an ihn, ein Kaufmann mit Kontoren in London, Glasgow und St. Petersburg. Dieser machte ihm das Angebot, ihm eine Konzession im Hafen von St. Petersburg zu vermitteln, so daß Stinnes dort ein mit Kränen bestücktes stationäres Schiff verankern und es als Umschlagplatz für Kohle nutzen könnte. Die Kohle für die in St. Petersburg beheimateten Schiffe mußte im Sommer angeliefert werden, und in dieser Zeit waren beträchtliche Umsätze zu erwarten. Stinnes war brennend interessiert und spielte sogar mit dem Gedanken, persönlich nach St. Petersburg zu fahren, schickte dann aber Vahle von seiner Mannheimer Filiale hin. Dieser kam in seinem Bericht offenbar zu günstigen Schlüssen, denn Stinnes betrieb die Sache in Abstimmung mit Grabowsky weiter. Dessen Familie lebte in Glasgow, während Grabowsky selbst sich die meiste Zeit in St. Petersburg aufhielt. Offenbar schwebte ihm vor, diese schwierige Trennungssituation zu beenden und sich künftig, auch im Interesse seiner Söhne, mehr auf dem englischen Markt zu betätigen. Aus der Sicht von Stinnes war jedoch die Anwesenheit Grabowskys in St. Petersburg unverzichtbar für den Erfolg seiner eventuellen russischen Unternehmungen, denn Grabowsky kannte die Verhältnisse in Rußland, verfügte dort über gute Beziehungen und war der denkbar beste Kohlenimporteur, den Stinnes sich in Rußland wünschen konnte. Daher hing für Stinnes viel davon ab, ob Grabowsky gewillt war, seinen Geschäftssitz in St. Petersburg zu behalten.[47]

Hugo und Cläre beschäftigten sich mit den Entwicklungen in Rußland seit 1904, als sie durch den Russisch-Japanischen Krieg und die anschließende Revolution von 1905 auf die enormen Probleme aufmerksam geworden waren, die die Modernisierung des Landes aufwarf. So alarmierend sie auf der einen Seite das Aufbegehren der Arbeiter und den Zuspruch für sie aus den Reihen der Intelligenz fanden, und so sehr die «schmählichen Judenverfolgungen und Meutereien in einzelnen Kasernen»[48] sie schockierten, so tröstlich fanden sie es andererseits, daß der fortschrittliche Graf Witte an Einfluß gewann, daß das Land sich eine Verfassung gab und daß die extrem reaktionären Kräfte, so schien es wenigstens, entmachtet worden waren. In der Folge scheint zumindest Cläre ein gewisses Mitleid mit dem «armen Zaren» empfunden zu haben; ihrer Meinung nach mußte der Zar, um überhaupt die Ordnung im Land zu bewahren, die Duma auflösen und ihre Befugnisse einschränken; sie erkannte, daß die Lage, wie sie sich im Juni 1907 darstellte, ein Ausdruck der politischen Unreife der russischen Gesellschaft war. Ein Jahr später vermittelte ihr Grabowsky, der über hochrangige Quellen in Rußland verfügte, eine neue Perspektive, indem er ihr erklärte, daß der Zar ein schwacher Herrscher sei und die Zarin von der Bevölkerung geliebt werde, daß die Duma an Stärke gewinne und für ein Ende der Korruption stehe, weshalb die Bürokratie große Angst vor ihr habe. Grabowsky zeigte sich im großen und ganzen beeindruckt vom friedlichen Charakter der gesellschaftlichen Erneuerung, die er in Rußland beobachtete, und wies darauf hin, daß «in keinem Lande je eine solche Riesenumwälzung so schnell und unter verhältnismäßig so geringem Blutvergießen möglich gewesen war, wie dies in Rußland, dem Lande der Autokratie, geschah». Grabowsky war ein eingefleischter Internationalist und Optimist, der zum Beispiel auch die Meinung vertrat, der Weltfriede «müsse aufgrund weltumspannender allgemein gleicher wirtschaftlicher Interessen gesucht werden und möglich sein. Schon die Kinder müsse man lehren, durch fremder Länder Kenntnis andere Völker [zu] achten und schätzen.» Cläre war da etwas skeptischer; ihrer Einschätzung nach war die Entwicklung in Rußland noch nicht weit genug gediehen, um eine so optimistische Prognose zur inneren Entwicklung des Landes zu rechtfertigen; angesichts der realen nationalen Rivalitäten und Ambitionen hielt sie die Ziele Grabowskys für leicht utopisch.[49]

Wo immer Hugo in diesen Fragen stehen mochte, in der Praxis hatte er sich jedenfalls dem wirtschaftlichen Internationalismus verschrieben, den er in Frankreich und England ebenso nachdrücklich praktizierte wie in Italien, das damals mit Deutschland verbündet war; nur allzu gerne war er bereit, gleiches auch in und mit Rußland zu praktizieren, zum Beispiel durch die Belieferung der russischen Marine mit Kohle. Offenbar eröffnete sich ihm schon im März 1908 die Chance, den Auftrag für die Belieferung der gesamten russischen Flotte zu erhalten, doch die gebotenen Preise waren ihm nicht gut genug. Dennoch schrieb er die Verhandlungen nicht als Zeitvergeudung ab. «Interessant war aber die Sache dennoch. Überhaupt bekommt man allmählich einen höchst interessanten Einblick in die Handels- und Industrie-Verhältnisse allerlei Länder und Völker.»[50]

Trotz des vorhandenen Interesses führten die Verhandlungen mit Grabowsky in den Jahren 1908 und 1909 offenbar nicht zu Ergebnissen. Stinnes' englische Niederlassungen verkauften wohl an die Russen, aber Stinnes zögerte mit der Eröffnung einer Niederlassung auf russischem Boden, solange er nicht auf die Hilfe erfahrener Personen zählen konnte. Im Jahr 1910 erwachte sein Interesse an einem Standbein in Rußland jedoch von neuem. Ein Grund hierfür war der zunehmende Mangel an Grubenholz für die deutschen Bergwerke – im Baltikum und in Rußland gab es Holz im Überfluß. Im Februar 1910 eröffneten die Stinnes-Zechen in Riga ein Kontor, das sich um den Ankauf von Holz für die Bergwerke kümmerte. Dieses Holzkontor, das unter der Bezeichnung Holzhandelsgesellschaft «Victoria Mathias» m.b.H. eingetragen wurde, arbeitete für die Stinnes-Zechen, den MBV und die Bergwerke von Deutsch-Luxemburg. Sein

Geschäftsführer war Direktor Spindler von der Zeche Victoria Mathias, einer der vertrautesten Mitarbeiter von Stinnes; in den Diensten des Holzkontors stand mit Karl Fehrmann außerdem ein intelligenter und tatkräftiger Repräsentant, der für Stinnes und die deutsche Wirtschaft noch viele Jahre lang in Rußland und im Baltikum tätig bleiben sollte. Zuvor hatten sie einige Jahre lang die Dienste des Holländers Leo Peltenburg in Anspruch genommen, der in Riga und St. Petersburg eine Firma betrieb, über langjährige Erfahrung mit dem Ankauf von Stammholz aus dem russischen Hinterland verfügte und mit den allgemeinen Problemen des Geschäftemachens in Rußland aufs beste vertraut war.[51]

Wieder einmal lieferte der Ausbau der Firmengruppe Cläre und Nora willkommene Reiseanlässe: Im Mai 1910 brachen sie zusammen mit Hugo zu ihrer ersten Fahrt nach Rußland auf.[52] Offenbar machten sie auf dieser Reise unter anderem die Erfahrung, daß die Welt, die sie kannten, nicht sehr weit reichte, nicht einmal bis in den deutschen Osten; schon Königsberg mit seinen höchst veralteten Hafenanlagen und primitiven Restaurants machte auf sie einen «zurückgebliebenen Eindruck». Es war ein nützlicher Vorgeschmack auf Riga, wo ihre vorerst einzige erfreuliche Begegnung die mit Herrn und Frau Peltenburg war. Das Hotel erwies sich als «recht rückständig und ohne die nötigste Bequemlichkeit», der Hafen war ebenso betagt wie der von Königsberg. Am Abend erwachte die Stadt jedoch zum Leben. Der Theaterbesuch, den sie sich gönnten, verlief freilich ziemlich enttäuschend.

Von Riga aus ging es weiter nach St. Petersburg, und auch hier war der erste Eindruck ein enttäuschender: «Trotz vorgerückter Morgenstunde alles tot auf den unsauberen Straßen, schlechtes Pflaster, Schmutz überall und sonderbare Stadtgestalten.» Für den Winterpalast gab es durchwachsene Zensuren: «Viel Prunk und Überladung und wenig Geschmack, abgesehen von einigen Zimmern.» Der Höhepunkt ihres Aufenthalts war, abgesehen von den langgezogenen russischen Mahlzeiten, mit denen sie verwöhnt wurden, der Besuch bei Cläres Vetter Rudi Kratzer und seiner Familie. Sie hatte Rudi zwanzig Jahre lang nicht mehr gesehen, und auch Hugo knüpfte wegen seiner geschäftlichen Pläne in Rußland hohe Erwartungen an die Begegnung mit ihm. Die Besichtigungstouren in St. Petersburg und anschließend in Moskau beinhalteten zwar etliche ästhetisch befriedigende und interessante Erlebnisse, doch unter dem Strich blieb bei Cläre der Eindruck zurück, daß namentlich Moskau eine sehr «orientalische» Stadt war: «Eine ganz andere Welt spielte und spielt sich ... noch hier ab.» Auch wenn dies alles eine gewisse Faszination besaß, kehrte Cläre Rußland nicht ungern den Rücken, besonders nach dem Erlebnis einer Fahrt in einem russischen Zug nach Warschau. «Kaum hierseits der russ. Grenze, erfreuten wir uns auf deutscher Seite der Ordnung allüberall», schrieb sie recht unverblümt in ihr Tagebuch.

Immerhin: In dem unordentlichen Land auf der anderen Seite der Grenze wollte Stinnes Geschäfte machen. Abgesehen einmal von der Tatsache, daß Rußland ein vielversprechender Absatzmarkt für Kohle war, beschäftigte ihn immer stärker der Gedanke an den wichtigen Rohstoff Holz. Wie er Cläre 1914 auseinandersetzte:

> «Ich bin persönlich der Meinung, daß das Fehlen von genügendem Tannenholz bei steigendem Verbrauch für Gruben- u. Zellstoffzwecke noch zu einer wahren Kalamität führen wird. Wie Du weißt, sehe ich im Wald auf die Dauer die vorzüglichste Kapitaleinlage, die man sich denken kann.»[53]

1910 ging es ihm allerdings noch um das Einkaufen von Holz und das Verkaufen von Kohle, und hier erwies sich die Zusammenarbeit mit Leo Peltenburg als wahrer Glücksfall. Wie dieser in einem ausführlichen, grammatiklosen und leidenschaftlichen Brief an Spindler darlegte, war er im Holzgeschäft groß geworden, hatte sich in die russischen Verhältnisse eingearbeitet und widmete sich dem Holzgeschäft mit unermüdlicher Hingabe. Er bereiste regelmäßig das Landesinnere und verhandelte direkt mit den Holzfällern und Sägewerken, die ihn belieferten; er war darauf bedacht, die Zahl seiner Mitarbeiter möglichst klein zu halten: «Einfach noch Beamte anstellen, damit ist man nicht geholfen und wird es so groß, daß man es nicht mehr übersehen kann, dann bedeutet dies für Rußland den Anfang vom Ende!»[54]

Stinnes legte Wert darauf, sich die Dienste Peltenburgs sowie seine Verbindungen in St. Petersburg und Riga zu sichern.[55] Peltenburg hütete sich freilich, mehr Aufträge zu übernehmen, als er zu bewältigen sich zutraute; so bereitwillig er Stinnes half, Lizenzen und Konzessionen zu erwerben, ohne sich auf Schmiergeldzahlungen einzulassen oder sich im Labyrinth der Bürokratie zu verirren, so deutlich machte er andererseits, daß Stinnes gut daran täte, die in St. Petersburg verfügbaren Hilfsquellen anzuzapfen, um sich zusätzlichen Beistand zu sichern. Er riet Stinnes dringend, sich des Petersburger Kaufmannes Dr. Skranski zu bedienen, der zusammen mit seiner Frau dem Ehepaar Stinnes schon bei ihrem Besuch im Mai die Stadt gezeigt hatte. Skranski hatte jedoch auf Hugo und Cläre einen sehr schlechten Eindruck gemacht und war keinesfalls der richtige Mann für die Durchsetzung der Lade- und Entladevorrichtungen, die Stinnes im Hafen installieren wollte.

Peltenburg wurde nicht müde, darauf hinzuweisen, daß es Zeit brauchen werde, das zuverlässige Personal, das man brauchte, zu finden und die richtigen Verbindungen zu knüpfen: «Rußland ist nun mal ganz *anders* wie jedes andere Land mehr zum Westen, und hat man hier mit ganz unglaublichen und ungeordneten Verhältnissen zu rechnen ...» Es würde auch einige Zeit dauern, bis man mit Gewinn wirtschaften könne, da man nicht davon ausgehen könne, daß die Abnehmer sich nach dem Prinzip des größtmöglichen Nutzens verhielten: «*Hier* sind die Leute sehr konservativ. Manche Fabrik, welche seit Jahren einen festen Lieferanten hat, wird davon nicht abgehen und erst nach andauernd wiederholten Unterbietungen eine Ordre abgeben. Dabei spielt noch die Hauptrolle der Kampf mit den verschiedenen Beamten, welche gewöhnt sind, von den Kohlenlieferanten Geld geschenkt zu bekommen.»

Peltenburg erwies sich als ein Mann, der nicht mehr versprach, als er halten konnte, ja eher sogar mehr brachte, als man erwarten konnte. Bis August 1910 erwirkte er für Stinnes immerhin die staatliche Genehmigung zum Einsetzen von Schwimmkränen im Hafen von St. Petersburg – für Riga war eine gleichartige Genehmigung bereits erteilt worden. Ausdrücklich wies er Stinnes darauf hin, wieviel Glück man gehabt habe, da der Erwerb einer solchen Genehmigung normalerweise Jahre dauere und sehr viel Geld – sprich Schmiergeld – koste.[56]

Das änderte nichts daran, daß es ein Problem blieb, einen zuverlässigen Partner in St. Petersburg zu finden. Eine Chance schien sich aufzutun, als Reinhard Steffens von dem bedeutenden Berliner Handelshaus Steffens & Nölle im Juni 1910 anläßlich einer Reise ins Rheinland Kontakt zu Stinnes suchte. Das Haus Steffens & Nölle unterhielt in St. Petersburg eine große Niederlassung, und Stinnes nutzte die Begegnung mit Steffens, um ihm seine Pläne darzulegen, die auf seinen bei der Rußlandreise im Mai gewonnenen Erkenntnissen beruhten. Wie er damals herausgefunden hatte, waren in Rußland sowohl Staat als auch Privatwirtschaft zunehmend daran interessiert, Importkohle direkt beim Lieferanten zu beziehen, anstatt über die russischen Kohlenhändler, die einen denkbar schlechten Ruf hatten. Um letztere als Konkurrenten auszuschalten, plante Stinnes, in den Häfen von Riga und St. Petersburg Anlagen zu errichten, mit denen die anderen nicht würden mithalten können, nämlich jeweils drei oder vier Schwimmkräne, mit denen ankommende Frachter der 3500-Tonnen-Klasse innerhalb von zwei Tagen entladen werden könnten; mit Hilfe einer Flotte firmeneigener Lastkähne mit geringem Tiefgang, sogenannten Barken, sollte die Kohle sodann direkt zum Verbraucher gebracht werden. Zu einem besonders lukrativen Geschäft würde die Sache, so Stinnes' Plan weiter, dadurch werden, daß die Frachter auf dem Rückweg russisches Holz mitnehmen könnten. Stinnes ließ durchblicken, daß er in Riga Peltenburg als seinen Repräsentanten einsetzen, in St. Petersburg jedoch eine eigene Niederlassung gründen wolle. Davon versprach er sich besondere Vorteile, weil er als Kohlenförderer einen guten Namen hatte. Er hatte vor, die Kohle von seinen englischen Tochterfirmen liefern zu lassen; das war wichtig, weil die russische Marine englische Kohle der eigenen, im Donez-Becken geförderten Kohle vorzog. Stinnes unterbreitete dem Handelshaus Steffens & Nölle das Angebot, die Petersburger Firma zusammen mit ihm und der Holzhandelsgesellschaft Victoria Mathias zu betreiben und die Gewinne der Firma dann durch drei zu teilen. Stinnes rechnete mit einem jährlichen Absatz von 100000 bis 120000 Tonnen Kohle in den ersten Jahren, während er den Gesamtumfang des Absatzmarktes in St. Petersburg (einschließlich Marine, Verwaltung und privatem Konsum) auf 2 Millionen Tonnen schätzte.[57]

Die Petersburger Filiale von Steffens & Nölle fand das Stinnes-Konzept vielversprechend und seine Erwartungen realistisch, und man blieb bis zum Oktober im Gespräch über das Projekt; Reinhard Steffens kam in dieser Zeit zu der Einsicht, daß das Kernstück dessen, was Stinnes vorhatte, die Errichtung von Lade- und Transportkapazitäten in St. Petersburg war; da seine Leute in Petersburg auf diesem Gebiet über wenig Erfahrungen verfügten, glaubte er, dazu außer Kapital nichts beisteuern zu können. Mehr erschien einfach nicht sinnvoll, was auch Stinnes schließlich so sah und mit Anstand akzeptierte, zumal Steffens & Nölle mit Rat und Tat mitgeholfen hatten, mit den zwangsläufig feindseligen Reaktionen der eingesessenen Kohlenhändler fertigzuwerden, und versprachen, dies auch weiterhin zu tun.[58]

An diesem Punkt konzentrierte sich wieder alles auf Grabowsky, den Ferguson bearbeitete und der in St. Petersburg nach wie vor aktiv war, entgegen seiner zwei Jahre zuvor erklärten Absicht. Grabowsky drängte auf einen raschen Abschluß mit Stinnes, rechnete er doch damit, daß die russische Marine sich zum Beginn des kommenden Jahres nach neuen Kohleverträgen umsehen würde. Ferner äußerte er den Wunsch nach Abschluß einer langfristigen Vereinbarung, in der festgeschrieben werden sollte, daß das gesamte Geschäft auf gemeinsame Rechnung laufen würde. Ferguson gab die Vorstellungen Grabowskys in klaren Worten wieder:

«Wie Sie wissen, besitzt Herr Grabowsky ebenfalls Barken und darüber hinaus, wie er angibt, ein ausgezeichnetes Wasserrevier, wo er schalten und walten kann, wie er will – ungestört von störenden Einmischungen der Hafen- und Zollbehörden und anderer. Auf diesen Punkt legte er aufgrund seiner Erfahrungen besonderen Wert. Überdies hat er Zeit und Geld darein investiert, für seine Vorstellungen über Entladeeinrichtungen zu werben und sein Geschäft auf geraden Wegen weiterzuentwickeln; er betont, daß der Aufbau eines solchen Unternehmens, wie er es in St. Petersburg geschaffen hat, mit ehrlichen Methoden eine größere Leistung ist, als es auf den ersten Blick erscheinen mag. Es hat ihn auch Jahre an Arbeit und Konzentration gekostet, eine so enge Tuchfühlung und Vertrautheit mit den staatlichen Stellen zu erlangen, wie er sie nunmehr besitzt. Er ist demnach der Meinung, daß, wenn man Ihre Kräne, Barken und Ihr technisches Wissen … in die eine Waagschale legt und seine Erfahrungen und seinen Einfluß vor Ort – und namentlich seine Freundschaft zum Admiral, dessen Interesse für das Brikett er in so hohem Maß hat wecken können – in die andere, die Grundlage für eine gleichwertige Partnerschaft gegeben ist, wonach man billigerweise erwarten könne, daß jedwede zu schließende Vereinbarung voll und ganz dem Prinzip der gemeinsamen Rechnung folgen sollte.»[59]

Das Argument von den persönlichen Qualifikationen Grabowskys überzeugte Stinnes noch nicht ganz; in einer Randbemerkung meinte er, das Werben Grabowskys für moderne Ladeanlagen sei bisher ohne «greifbaren Erfolg» geblieben. Gewichtiger war zweifellos das Argument Fergusons, bei Eröffnung eines eigenen Kontors für den Verkauf britischer Kohle werde die Firma Stinnes sehr lange brauchen, bis sich Umsätze in der Größenordnung einstellen würden, wie Grabowsky sie unter Hinweis auf sein bewährtes Personal und seine persönliche Erfahrung in Aussicht stelle; darüber hinaus werde Grabowsky schon aus eigenem Interesse alles tun, um die Anlagen, deren Errichtung Stinnes anbot, mit größtmöglichem Gewinn zu nutzen.

Anfang Dezember 1910 kam Grabowsky in Begleitung von Wm. Milburn nach Mülheim. Das Handelshaus Wm. Milburn & Co. aus Newcastle lieferte in Partnerschaft mit Grabowsky Kohle an die russische Marine. Nun wurde, zunächst auf ein Jahr, eine Vereinbarung geschlossen, derzufolge Stinnes und die Holzhandelsgesellschaft Barken und mechanische Entladevorrichtungen liefern würde, sobald der Hafen von St. Petersburg wieder befahrbar war. Stinnes verpflichtete sich, seine gesamten Geschäfte in St. Petersburg und Kronstadt über Grabowsky abzuwickeln, während dieser sich verpflichtete, die Kräne und Barken von Stinnes nicht für Dritte zu nutzen. Alle Geschäfte sollten auf gemeinsame Rechnung laufen. Die Partner vereinbarten, sich 1911 wieder zu treffen und dann einen Vertrag über fünf Jahre abzuschließen, der vorzeitig gekündigt werden konnte, sobald einmal zwei Jahre hintereinander kein Gewinn anfiele.

Grabowsky machte Stinnes darauf aufmerksam, daß die einheimischen Kohlenhändler auf sein Erscheinen feindselig reagieren würden, und riet ihm dringend, sich vorsorglich an die deutsche Botschaft und an andere Leute seines Vertrauens zu wenden, um die zu erwartenden Angriffe und Schikanen zu konterkarieren. Stinnes gefiel der Gedanke nicht, gleich zu Beginn eines geschäftlichen Projekts den Staat um Hilfe anzugehen; er wandte sich jedoch mit der Bitte um Hilfe und Rat an Rudi Kratzer. Kratzer erklärte sich bereit, seinen Einfluß in St. Petersburg spielen zu lassen, um die Geschäfte von Stinnes zu fördern; er empfahl Stinnes jedoch, auf die befürchteten Schikanen zunächst einmal zu warten und sie nicht von vornherein als gegeben vorauszusetzen.[60]

Immerhin sorgte Stinnes dafür, daß die deutsche Regierung von seinem neuesten Auslandsprojekt Kenntnis erhielt. Im Januar 1911 informierte er das Auswärtige Amt schriftlich über seine russischen Pläne und nannte die Namen der beteiligten deutschen Firmen. Er wies darauf hin, daß die Ausweitung des Rußlandgeschäfts im nationalen Interesse liege: «Von diesen Einrichtungen in Verbindung mit dem aufgenommenen Seedampfer-Betrieb versprechen sich die Interessierten eine wesentliche Verbilligung des im Inlande nicht mehr zu deckenden Grubenholz-Bedarfes und andererseits eine wesentliche Förderung der Ausfuhr unserer heimischen Produktion in Kohlen nach Riga und Petersburg.»[61] Wie in Frankreich, wo Stinnes in Zusammenarbeit mit dem Rheinisch-Westfälischen Kohlensyndikat ein ähnliches Vorhaben verwirklicht habe, seien auch in St. Petersburg Schwierigkeiten seitens der organisierten Arbeiterschaft zu erwarten. Unter den «eigenartigen russischen Verhältnissen» müsse man jedoch darüber hinaus auch mit Widerständen seitens der Behörden rechnen, «die mit den Neuerungen nicht einverstanden sind». Einige Zeit später sah Stinnes sich tatsächlich genötigt, die Hilfe seiner Regierung in Anspruch zu nehmen; er wandte sich direkt an keinen geringeren als Kanzler Bethmann Hollweg, um von den deutschen Zollbehörden die Rückerstattung doppelt erhobener Gebühren zu erwirken.[62]

Den guten Grabowsky bewahrte seine ganze Erfahrung nicht davor, daß die Behörden und die Leichterschiffer im Hafen ihm zahllose Probleme bereiteten. Bei allem bestand er jedoch darauf, das Projekt im eigenen Namen und ohne Hinweis auf Stinnes voranzutreiben:

> «Was unter meinem eigenen Namen läuft, wirbelt nicht mehr Staub auf, als es in den letzten 25 Jahren getan hat; handle ich hingegen im Namen von Hugo Stinnes, so führe ich einen neuen Wettbewerber ein, und alles wird schwieriger. Ich gehe davon aus, daß unser Ziel ein und dasselbe ist: Nämlich die Sache so gut und zügig wie möglich zum Laufen zu bringen. Jedes Hemmnis sollte tunlichst vermieden werden.
>
> Wenn die Geschäfte des Unternehmens angelaufen sind, werde ich der erste sein, der Ihnen rät, sich offen und voll damit zu identifizieren; im gegenwärtigen Stadium würde dies jedoch nur unnötige Widerstände und Verdächtigungen hervorrufen.»[63]

Stinnes ließ in seinen Randbemerkungen keinen Zweifel daran, daß er Grabowsky zutiefst mißtraute und ihm ohne schriftliche Garantien keinerlei Rechte einzuräumen gedachte. Gegenüber Ferguson äußerte er den Verdacht, die Probleme mit den Behörden könnte Grabowsky selbst inszeniert haben. Dagegen vertrat Ferguson immer wieder die Meinung, Grabowsky sei ein Mann, der zu seinem Wort stehen und seine vertraglichen Verpflichtungen erfüllen werde. Andererseits jedoch glaubte er, Grabowsky sei «in vieler Hinsicht ein gefährlicher Phantast, der von den großen Schwierigkeiten eines solchen technischen Betriebes keine Ahnung hat».[64]

Nach alldem war klar, daß die Beziehung zu Grabowsky, den Stinnes auch für nicht tatkräftig genug hielt, keine große Zukunft hatte. Stinnes war entschlossen, in dem Augenblick, da er seine Kräne an Ort und Stelle errichtet haben würde, also im Frühjahr 1911, unter seinem eigenen Namen ein russisches Unternehmen zu gründen, für das er mit Hilfe Rudi Kratzers einige zuverlässige Russen als Aktionäre zu finden hoffte. Nach Eintragung der Firma würde er deren Aktien übernehmen und auch die Steuern bezahlen.[65] Einen völligen Bruch mit Grabowsky wollte er jedoch vermeiden, vor allem aus Rücksicht auf dessen gutes Verhältnis zu Ferguson; im Sommer 1911 scheint Grabowsky einer Vereinbarung zugestimmt zu haben, derzufolge Stinnes von da an in St. Petersburg deutsche Kohle direkt und auf eigene Rechnung verkaufen konnte. Wie auch immer, er trieb den langwierigen und qualvollen Prozeß der Gründung eines seinen Namen tragenden Unternehmens in Rußland voran, und im Frühherbst 1912 erfolgte denn auch die Eintragung der Aktiengesellschaft Hugo Stinnes in St. Petersburg, als deren Direktor Karl Fehrmann fungierte.[66]

1912 war die Hugo Stinnes GmbH zu einem Unternehmen herangewachsen, das sich von einem Ende Europas zum anderen erstreckte und dessen Zielsetzungen, wie noch zu sehen sein wird, weit über den europäischen Kontinent hinausreichten. Das Stinnes-Hauptquartier in Mülheim-Ruhr war zur Zentrale einer weitgefächerten, schöpferisch geführten Handelsorganisation geworden. Neben Hugo Stinnes war es der sich zunehmend unentbehrlicher machende Hermann Thomas, der die internationalen Handelsverträge ausarbeitete und auch bei der rechtlichen Bewältigung des komplizierten RWE-Geschäfts mithalf; bei ihm liefen die Fäden der zahlreichen Unternehmen zusammen, über die Stinnes kraft seiner Aufsichtsmandate mitbestimmte. Die Bezeichnung «Abteilung G» begann in den Jahren 1911–13 zunehmend häufiger auf Stinnesschen Briefen zu erscheinen, als Absenderkennzeichnung für das Hauptquartier seiner Firma, aber auch für alle wichtigen Vorgänge, die die von ihm geleiteten Firmen und Konzerne betrafen.

2. Stinnes und die Konsolidierung von Deutsch-Luxemburg, 1905–1907

In seiner eigenen Firma herrschte Stinnes unumschränkt; dort, wo er als Vorsitzender des Aufsichtsrats fungierte, war er, zumindest formell, gegenüber den Aktionären rechenschaftspflichtig, die von den Geschäftsleitungen Leistung erwarteten. Der Augenblick der Wahrheit kommt bei Aktionärsversammlungen, und je friedlicher diese ablaufen, desto besser ist dies aus der Sicht des Aufsichtsrats und des Vorstands. Wie Cläre im April 1905 nicht ohne Ironie festhielt, ließ die Aktionärsversammlung des MBV in dieser Beziehung nichts zu wünschen übrig:

> «Die General-Versammlung Mülheimer Bergwerks-Verein verläuft ruhig. Die 9 Prozent Dividende lassen sich alle Aktionäre gerne gefallen und finden, entgegen früheren Zeiten, nicht mehr zu fragen noch zu monieren. Nichtmal die außergewöhnlich hohen stillen Reserven veranlassen ein Wort der Anerkennung noch Befriedigung. Nichts gleichgültigeres als Aktionäre, solange sie Geld sehen.»[67]

In eine solch lammfromme Schar ließen sich die Aktionäre des Konzerns Deutsch-Luxemburg nicht so leicht verwandeln. Als Stinnes im September 1904 den Aufsichtsrats-Vorsitz im Tandem mit Dernburg übernahm, mußten die Aktionäre gerade zum dritten Mal hintereinander ein Geschäftsjahr ohne jede Dividende hinnehmen. Man hatte sie im Gegenteil zur Finanzierung von Abschreibungen durch eine Kapitalreduzierung in Höhe von rund 9 Millionen Mark für das Werk Differdingen und 3 Millionen Mark für Dannenbaum im Zusammenhang mit der Fusion mit Friedlicher Nachbar herangezogen.[68] Eine Gruppe besonders ungehaltener Aktionäre unter Führung des Berliner Investors Richard Lion trat mit der Forderung auf den Plan, die Geschäftsführung von Deutsch-Luxemburg völlig umzubilden; nur so könne das Unternehmen wieder profitabel werden. Lion konfrontierte Stinnes mit einer Auflistung derjenigen technischen Fehlleistungen und Katastrophen, die zu Stillstandszeiten, teuren

Reparaturen und verpaßten Gelegenheiten geführt hatten, und bat um eine Unterredung.

Stinnes war von den Zuständen in Differdingen, wie schon erwähnt, ganz und gar nicht angetan und hatte ja gerade deswegen auf freie Hand im technischen und Personalbereich bestanden; andererseits legte er Wert darauf, sich nicht zum Erfüllungsgehilfen erzürnter Aktionäre machen zu lassen. Er lehnte daher ein Treffen mit Lion ab und beschied diesen mit der Mitteilung: «Um die Vergangenheit kann und will ich mich nicht kümmern, für die Zukunft bin ich nicht im Zweifel, einen durchaus nutzbringenden und rationellen Betrieb herbeizuführen.»[69] Er forderte Lion auf, begründete Kritik an der Geschäftsführung auf der Aktionärsversammlung vorzubringen, doch Lion wies darauf hin, daß ein solches Vorgehen wirkungslos, ja kontraproduktiv sei. Zum einen bestehe bei denen, die diese Versammlungen leiteten, die Neigung, Antrag auf Schluß der Debatte zu stellen, sobald unangenehme Fragen auf den Tisch kamen. Zum anderen würden Kritikpunkte, wenn es doch einmal gelang, sie anzusprechen, an die Öffentlichkeit getragen und schadeten dem äußeren Ansehen des Unternehmens. Stinnes wußte zweifellos sehr genau um die schwache Position solcher Kleinaktionäre und speiste Lion mit dem Ratschlag ab, ihm zwei Jahre Zeit zu geben. Weit entgegenkommender war er gegenüber Direktor Klönne von der Deutschen Bank, der ihn Ende 1904 bat, ihm eine Denkschrift über die Lage von Deutsch-Luxemburg zu erstellen, damit er seine Kunden gut beraten könne. Stinnes antwortete, die Direktoren arbeiteten derzeit noch nicht eng genug untereinander und mit ihm zusammen, als daß eine Analyse der Situation möglich sei; er arbeitete jedoch eine optimistische Liste der Stärken der Firma zum gegenwärtigen Zeitpunkt aus, wobei er vor allem die Zeche Friedlicher Nachbar in den Mittelpunkt stellte, und benannte auch die betrieblichen Mißstände in Differdingen, die Unzulänglichkeiten in den Zechen von Deutsch-Luxemburg und die bescheidenen Gewinnerwartungen, die er für das kommende Jahr hegte, falls es gelang, einige Dinge zurechtzurücken.[70]

Deutsch-Luxemburg zahlte für das Geschäftsjahr 1904/05 in der Tat eine Dividende von 8 Prozent, die sich für die 3 nachfolgenden Jahre sogar auf 10 Prozent erhöhte. Die Firma tat dies nicht etwa, weil sie aus dem vollen schöpfen konnte, sondern weil Dernburg das Gefühl hatte, man müsse den Aktionären endlich einmal wieder etwas zukommen lassen, nachdem man sie 1903/04 zur Kasse gebeten und ihnen für 1904/05 Hoffnung auf eine 10prozentige Dividende gemacht hatte. Wie er kurz nach der Fusion in einem Brief an Stinnes ausführte:

> «Neben der äußersten Solidität, für die ich mit Ihnen eintrete, kommt doch der Gesichtspunkt auch noch in Frage, daß die Aktionäre der Gesellschaft zu deren Aufsichtsrat und ihrer Rentabilität Vertrauen fassen müssen. Es ist deshalb erforderlich, daß in diesem Jahr, wie das auch ohne Zwang gehen wird, die Rentabilität von 10% erreicht werde. Alle Ausdehnungsmöglichkeiten der Gesellschaft beruhen auf der Tatsache, daß sie das Agio von 100% halten kann

und dazu noch Käufer findet. Es ist besser, wir wirtschaften ein Jahr knapper und sichern uns dadurch die Kraft und Bewegungsfreiheit, als daß wir ängstlich fiskalisch werden und der Welt Gelegenheit geben zu behaupten, daß wir schon wieder einmal unsere Zusage nicht eingelöst, und dadurch Stimmung gegen unsere Aktionen machen. Geschieht dies, so können wir weder ausdehnen noch fusionieren.»[71]

Während Stinnes und Dernburg in diesem Sinne gut zusammenarbeiteten, war Stinnes über die Verfassung der Firma, in die er seine Zeche Friedlicher Nachbar eingebracht hatte, ganz und gar nicht glücklich, was er Dernburg auch deutlich zu verstehen gab: «Friedlicher Nachbar ist Ihnen gebracht worden mit ganz klaren, durchsichtigen Verhältnissen», schrieb er am 3. Dezember 1904 an Dernburg. «Sie werden begreifen, daß dann die Konstatierung des Gegenteils auf Dannenbaum und bei Differdingen nicht angenehm berührt ...»[72] Wie gewöhnlich, wenn Stinnes in einer Firma das Kommando übernahm, verlangte er auch hier von der Geschäftsführung eine tägliche Berichterstattung und zögerte nicht, unangenehme Nachrichten sogleich an Dernburg weiterzugeben:

> «Ich erhalte jetzt täglich die Briefe über den Differdinger Betrieb und ich muß sagen, daß man sich über die Resultate nicht zu wundern braucht. Fast kein Tag vergeht, an dem nicht schwere Störungen irgendwo eintreten, und namentlich der Hochofenbetrieb befindet sich in Verhältnissen, die offenbar von jeher ganz übel gewesen sind.»[73]

Nachdem Dernburg jahrelang die Kritik von Aktionären wie Richard Lion an sich hatte abprallen lassen, mußte es ihn hart ankommen, daß sein neuer Partner im Aufsichtsratsvorsitz den Finger in dieselben Wunden legte. Dernburg räumte einige der technischen Probleme ebenso ein wie die Notwendigkeit, neue Maschinen anzuschaffen, nahm im übrigen aber das Werk und die Geschäftsführung in Schutz und erinnerte Stinnes daran, daß Friedlicher Nachbar, so wunderbar dort auch alles bestellt sein mochte, in manchen grundlegenden Bereichen die Erwartungen ebenfalls nicht voll erfülle: «Ich verstehe ... vollständig Ihr Verantwortlichkeitsgefühl gegenüber Friedlicher Nachbar, wie ich andererseits fühle, daß wir z.B. auf die Hüttenzechen-Qualität von Friedlicher Nachbar auf Differdinger Seite etwas zu viel in Aussicht gestellt haben; das sind Enttäuschungen, über die wir beide hinwegkommen werden.»[74]

Es ging hier nicht um Kleinigkeiten; zwar hatten zum Zeitpunkt der Fusion beide Seiten gewußt, daß die Aufnahme von Friedlicher Nachbar als Hüttenzeche im Kohlensyndikat bestritten werden könnte; dennoch war sie in den Fusionsverhandlungen das größte Verkaufsargument gewesen – ein für Stinnes potentiell kostspieliges Argument. Tatsächlich waren gegen Deutsch-Luxemburg zwei Klagen bezüglich seiner durch Fusion entstandenen Hüttenzechen anhängig; die erste bezog sich auf die Zeche Hasenwinkel und zielte darauf ab festzustellen, ob diese durch die Fusion mit Dannenbaum tatsächlich zur Hüttenzeche geworden war; die zweite stellte in Frage, ob Deutsch-Luxemburg durch die Übernahme einer reinen Zeche wirklich in den Genuß der Selbstverbraucher-Klausel des geltenden Syndikatsabkommens kommen konnte. Das erste Verfahren ging klar zugunsten von Deutsch-Luxemburg aus, und auch im zweiten obsiegte die Firma im März 1905, mußte dann aber noch auf die abschließende Bestätigung des Urteils durch das Reichsgericht im November 1906 warten. Es war ein wichtiger Sieg für die Hüttenzechen; daß die reinen Zechen nicht allzusehr darunter litten, dafür sorgte der Aufschwung von 1905–06, der ihnen so viel Absatz bescherte, daß die Selbstverbraucherrechte der Hüttenzechen ihnen in diesem Zeitraum keinen Abbruch taten.[75]

Wie auch immer, die Erfolge, die Stinnes vor Gericht erzielte, gaben der Tendenz zur vertikalen Konzentration weiteren Auftrieb; reine Zechenbetriebe verkauften ihre weniger ergiebigen Gruben, um ihre Förderquoten kostengünstiger erfüllen zu können, oder strebten Allianzen mit Eisen- und Stahlerzeugern an. Auch die Spannungen zwischen den einzelnen Kohlenförderern nahmen zu, deren Interessen zuweilen mit ihren Argumenten kollidierten. Als die Arenberg'sche Gesellschaft im Mai 1905 ihre Zeche Julius Philipp an Deutsch-Luxemburg verkaufte, vollzog sie eigens das Manöver, die Zeche zunächst an Baaker Mulde zu verkaufen, die sie dann an Deutsch-Luxemburg weiterverkaufte, weil sie «das Odium, die Zeche Julius Philipp an eine Hüttenzeche verkauft zu haben, nicht auf sich laden wollte».[76] Stinnes machte sich selbst Gedanken darüber, ob nicht die Neigung der Zechen, ihre Förderquoten möglichst vollständig durch Selbstverbraucherrechte abzudecken, zur Auflösung des Syndikats in spätestens zwei Jahren führen werde, weil die Syndikatspreise dann in den Kalkulationen der Zechen keine Rolle mehr spielen und diese nur noch mit Verkokungskosten rechnen würden. Er schlug in diesem Zusammenhang vor, das Syndikat möge einen Ausschuß einsetzen, der über die Einführung eines Systems von Kontingenten für die Hüttenzechen beraten sollte, wonach es eine Obergrenze für die zum Selbstverbrauch bestimmten Fördermengen geben sollte. Dernburg wußte, wie Stinnes, um den Gegensatz zwischen den Interessen des Syndikats und denen der Hüttenzechen, hegte aber große Zweifel an der Vernünftigkeit des Stinnesschen Vorschlages, Kontingente einzuführen, würde dies für Deutsch-Luxemburg doch bedeuten, daß man die Interessen des Unternehmens eventuell einem allgemeineren Interesse opfern müsse.[77] Es war vorderhand ohnehin sehr unwahrscheinlich, daß Deutsch-Luxemburg oder einer der anderen vertikal integrierten Großkonzerne irgendeine Einschränkung ihrer Selbstverbraucherrechte akzeptieren würden, bevor sie nicht, wie die *Frankfurter Zeitung* es ausdrückte, «durch Vervollständigung ihrer Anlagen ihre Position für alle Fälle genügend gekräftigt» hatten.[78]

Dernburg und Stinnes trugen sich mit ziemlich ehrgeizigen Expansionsplänen für Deutsch-Luxemburg und arbeiteten an einem weitgehenden Modernisierungsprogramm für die Werke und Anlagen des Konzerns. Sie hatten vor, das Kohlenförderungs-Volumen des Konzerns erheblich aufzustocken, und zwar durch Erwerb der Zechengesellschaft Nordstern, in deren Aufsichtsrat Thyssen den Vorsitz führte, und langfristig auch Louise Tiefbau in den Konzern einzugliedern. Der geplante Erwerb der letztgenannten Zeche hing eng mit ihrer Absicht zusammen, auch die Dortmunder Union zu übernehmen, eine bedeutende Stahlerzeugerin. Gleichzeitig wollten sie die Eisenerz-Kapazitäten von Differdingen ausweiten, durch schrittweisen Zuerwerb von Erzlagerstätten. Deutsch-Luxemburg wurde also von Stinnes und Dernburg von Anfang ihrer Zusammenarbeit an auf Wachstumskurs getrimmt. Das hierfür benötigte Kapital konnte die Darmstädter Bank Dernburg alleine nicht bereitstellen; man benötigte dazu wohl mehrere Konsortien. In dem Maße jedoch, wie andere Banken sich beim Ausbau von Deutsch-Luxemburg engagierten, würden zwangsläufig Bedenken gegen das Verbleiben Dernburgs im Aufsichtsratsvorsitz laut werden. Andererseits würde die Darmstädter Bank bestrebt sein, ihre dominierende Rolle zu verteidigen. Im Januar 1905 entwarf Dernburg ein Szenario für diesen Fall, in dem er schriftlich die Bereitschaft seiner Bank bekundete, eine Verbreiterung der finanziellen Basis des Konzerns hinzunehmen. «Die Bank ist ... bereit», führte er aus, «ebenso wie ich, für den Fall, daß es sich aus Etiquette-Rücksichten notwendig erweist, daß an meiner statt ein Industrieller an die erste Stelle des Aufsichtsrats des Unternehmens treten soll, mit allem Nachdruck für Ihre Person einzutreten.»[79] Diese Zusage knüpfte er freilich an Bedingungen: Die Darmstädter Bank müsse zwei Aufsichtsratssitze behalten und den stellvertretenden Vorsitzenden stellen, zumindest aber einen von zwei gleichberechtigten Stellvertretern; die Umsätze, die die Darmstädter Bank mit Deutsch-Luxemburg tätigte, dürften nicht sinken; die Führerschaft in den nacheinander zu bildenden Bankenkonsortien müsse rotieren. Dernburg erläuterte, weshalb diese Forderungen gerechtfertigt seien: nämlich einerseits wegen des «außerordentlich starken Besitz[es] unserer Clientele an Aktien der Gesellschaft, welche wir entsprechend zu vertreten haben», zum anderen wegen der «jahrelangen Arbeit, welche wir für die Gesellschaft aufgewendet haben, und [des Kredits], den wir derselben durch Hergabe unseres Namens und durch unsere Patronage verschafft haben».

Bei alledem war Dernburg zu diesem Zeitpunkt nicht bereit, das Wachstumsprogramm für Deutsch-Luxemburg mit voller Kraft anzufahren, d.h. die Fusion mit Louise Tiefbau und Dortmunder Union schnellstmöglich herbeizuführen. In einer längeren Denkschrift, die er etwa um dieselbe Zeit an Stinnes schickte, analysierte er sorgfältig die finanziellen Implikationen einer so massiven Expansion, so kurze Zeit nach der Fusion zwischen Deutsch-Luxemburg und Friedlicher Nachbar. Er stellte fest, Deutsch-Luxemburg stehe «am Anfange einer neuen Ära»; die für Differdingen und die Zechen geplanten Neubauten und Modernisierungen würden Kosten senken und Erträge erhöhen, und bereits jetzt verfüge Deutsch-Luxemburg über erhebliche Erzvorkommen und gute Syndikatsquoten. Dagegen habe die Dortmunder Union keine eigenen Erzressourcen vorzuweisen, fördere nicht einmal die Hälfte ihres Selbstverbrauchs an Kohle selber und kranke seit Jahren an mangelnder Konkurrenzfähigkeit trotz hoher Investitionen. Dernburg hielt es daher für unklug, überstürzt eine teure und riskante Fusion voranzutreiben. «Es ist also doch sehr zu studieren, ob das zweifellos jetzt gesunde D. L. mit der D. U. zusammengeworfen nicht bei dem zu erwartenden Kampf geschwächt wird und ob die Kombination nicht breit statt stark wird.»[80]

Keine Zweifel meldete Dernburg in bezug auf die Notwendigkeit einer Ausweitung der Erzbasis von Deutsch-Luxemburg an, die nun zu einem von Stinnes' Hauptanliegen wurde und es bis ans Ende seiner Laufbahn blieb. Zu dem Zeitpunkt, als Stinnes in den Aufsichtsrat von Deutsch-Luxemburg einzog, verfügte der Konzern bereits über ergiebige Gruben in Luxemburg – die benachbarten Zechen Oettingen und Langengrund sowie die Zechen Tetingen, Oberkorn und Thillenberg. In den Besitz der wichtigsten dieser Zechen, Oettingen-Langengrund, teilten sich Deutsch-Luxemburg und die belgische Firma Cockerill im Verhältnis 75 zu 25 Prozent. Im Besitz von Deutsch-Luxemburg befanden sich ferner etwas mehr als 17 Prozent der Konzessionen für die Vorkommen der Minette-Felder Moutiers in Briey, wovon der französischen Firma Gorcy und der Firma Cockerill je 33 Prozent gehörten. Es handelte sich hier um außerordentlich reichhaltige Vorkommen, die an diejenigen der wichtigsten französischen Erzförderer grenzten. Die Konzessionen für Moutiers hatte Deutsch-Luxemburg 1903 erworben, und obwohl die Befürchtung im Raum stand, eine eventuelle sozialistische Regierung in Frankreich könnte eines Tages die Bodenschätze verstaatlichen oder zumindest die Ausfuhr von Erzen untersagen, war man bei Deutsch-Luxemburg verhältnismäßig optimistisch, das eingesetzte Kapital zurückzubekommen und weiterhin auf ein französisches Interessse an Erzexporten zählen zu können.[81]

Stinnes und seine Mitarbeiter bei Deutsch-Luxemburg sahen und analysierten die Eisenerzproblematik wie folgt: Auf der einen Seite stellte sich die Frage, wie man die bereits vorhandenen Ressourcen ausweiten und besser erschließen konnte, auf der anderen Seite die Aufgabe, sich Konzessionen zu sichern, die den zukünftigen Anforderungen gerecht würden. In bezug auf Oettingen-Langengrund, wo sich die am leichtesten erschließbaren und potentiell kostengünstigsten Erzvorkommen befanden, richtete sich das Hauptinteresse auf die Herstellung einer direkten Transportverbindung zu Differdingen in Form einer Seilbahn. Die Arbeit daran begann 1905, und zum selben Zeitpunkt machten sich Stinnes und die beiden Differdingen-Direktoren Max Meier und R. Eigenbrodt auf die Suche nach Möglichkeiten eines Zukaufs von Erzvorkommen im Gebiet von Oettingen, denn damit würden sich Lebensdauer und Wert der neuen Seilbahn erhöhen lassen. Stinnes spielte mit dem Gedanken, mit dem unweit von Differdingen gelegenen Eisen- und Stahlwerk Rümelingen-St. Ingbert eine Vereinbarung zu treffen oder es zu übernehmen, nahm davon jedoch vorläufig wieder Abstand, als Meier ihn wissen ließ, daß dieses Werk nur über bescheidene Erzvorkommen verfüge. Bessere Aussichten schienen in einem Erwerb zusätzlicher Konzessionen in Oettingen zu liegen, die der luxemburgische Staat anbot (wobei freilich mit Rümelingen und Rothe Erde als Konkurrenten zu rechnen war), oder auch in einem Angebot an Cockerill, deren Konzessionen in Oettingen gegen gleichwertige, die Deutsch-Luxemburg auf französischem Boden erwerben konnte, einzutauschen. Vorerst brachte weder der Vorstoß bei Cockerill ein Ergebnis, noch kam Stinnes in bezug auf seine Rümelingen-Pläne vorwärts, aber es gelang Deutsch-Luxemburg dennoch, eine bescheidene Ausweitung seiner Erzreserven auf luxemburgischem Boden zu erreichen, und mit weiteren Bemühungen in dieser Richtung war sicherlich zu rechnen.[82]

Wie in Luxemburg, setzte Deutsch-Luxemburg auch in Frankreich alles daran, durch Zuerwerb von Konzessionen seine Erzreserven zu steigern, besonders weil man es auf französischer Seite mit ernstzunehmenden Konkurrenten zu tun hatte. Der wichtigste Kauf, den der Konzern im Geschäftssjahr 1904–05 in Frankreich tätigte, war der Kalksteinbruch von Haraucourt bei Sedan. Kalkstein war ein grundlegend wichtiges Element für die Erzverhüttung, und eine Reihe deutscher Konzerne, namentlich die Rombacher Hüttenwerke, die mit der französischen Firma de Wendel verflochten war, hatte Vorkommen dieses Minerals im Raum Verdun erworben. Verkäufer des Steinbruchs von Haraucourt war ein Belgier namens W. Stephenne, der das Verbleiben der belgischen Belegschaft zur Vorbedingung des Verkaufs machte. Stinnes ergriff die Gelegenheit beim Schopf und schärfte seinen Direktoren ein, sie sollten wachsam nach weiteren Chancen für einen Ausbau der Kalksteinreserven von Deutsch-Luxemburg Ausschau halten.[83]

Es war für eine deutsche Firma natürlich nicht einfach, in Frankreich Lagerstätten und Konzessionen zu erwerben; wesentlich einfacher gestaltete sich dies, wenn sich Investoren aus Frankreich und anderen Ländern an solchen Transaktionen beteiligten und wenn sich die deutschen Firmen nicht auch noch gegenseitig Konkurrenz machten. In diesem Sinne erwies sich etwa die Beteiligung von Gorcy an Moutiers als sehr hilfreich. Als die Interessengemeinschaft GBAG-Schalke-Rothe Erde gebildet wurde, unterbreitete Stinnes bei diesem Anlaß den Gebrüdern Kirdorf den Vorschlag, die IG solle gemeinsam mit Deutsch-Luxemburg eine Beteiligung an einem französischen Stahlunternehmen erwerben und sich so gleichsam unter einem Deckmantel Zugriff auf französische Eisenerzvorkommen verschaffen.[84] Im Juli 1905 tat sich für Deutsch-Luxemburg, so schien es, die Chance auf, durch Vermittlung der Société Lorraine Industrielle zwei französische Hüttenwerke zu kaufen. Als Stinnes erfuhr, daß der deutsche Investor Graf Scholte Douglas sich um die Objekte bemühte, nahm er sogleich Kontakt zu Müller von der Dresdner Bank und zu Dernburg auf und bat sie, «im Interesse [von] Deutsch-Luxemburg» dem Grafen jede Unterstützung zu verweigern, «damit wir in die Lage kommen, uns in billiger Weise eine starke Position in Frankreich zu schaffen».[85] Am Jahresende wandte sich Stinnes erneut mit dem Vorschlag an Adolf Kirdorf, sich in französische Erzvorkommen einzukaufen; seine Idee, dies gemeinsam zu tun, begründete er damit, daß «zwei deutsche Hütten die Produktion einer französischen Erzgrube viel eher gebrauchen können als eine Hütte allein».[86] Bei gleicher Gelegenheit bot er die Zusage an, sich nicht um Konzessionen in Frankreich zu bemühen, für die sich zu dieser Zeit der Aachener Hütten-Verein interessierte, wenn Kirdorf im Gegenzug eine ähnliche Zurückhaltung im Hinblick auf Konzessionen zusagte, für die sich Deutsch-Luxemburg interessierte. Kirdorf versprach tatsächlich, sich künftig an diese Regel zu halten.

Aus allen diesen Manövern läßt sich der Schluß ziehen, daß das Interesse an den französischen Erzlagerstätten aus vorsorglichen Erwägungen im Blick auf einen zukünftigen Bedarf resultierte und daß hier strategische Positionen für ein späteres Ringen um Konzessionen abgesteckt wurden. Daß dies so war, illustriert ein Brief, den Dernburg Ende 1905 an Stinnes schrieb und in dem er darauf hinwies, er habe sich mit dem Wunsch von Deutsch-Luxemburg, französische Firmen und Bodenschätze zu kaufen, eingehend beschäftigt und sei zu dem Schluß gelangt, der Boden dafür lasse sich am besten dadurch bereiten, daß Deutsch-Luxemburg seine Aktien endlich auch an der Pariser Börse handeln lasse, damit sich französisches Kapital in den Konzern einkaufen könne. Da die Zulassung zur Pariser Börse teuer und schwierig sei, habe er eine befreundete Firma in Paris, die in der Vermittlung von Erzschürfkonzessionen tätig sei, gebeten, die Idee zu prüfen. Im Moment sei es, so Dernburg weiter, noch zu früh, etwas zu unternehmen, da Deutsch-Luxemburg noch nicht profitabel genug sei, um für den französischen Wertpapiermarkt attraktiv zu sein. Er empfahl jedoch, die Vorarbeiten in Angriff zu nehmen.[87]

Zugleich hielt Dernburg nach wie vor Ausschau nach Erzkonzessionen auf näherliegendem Terrain, getreu seiner Überzeugung, daß für Differdingen «die absolute Notwendigkeit» bestand, «entsprechend seiner enormen Kohlenbasis eine nicht zu kleine Erzbasis zu beschaffen». Als sich die Chance bot, die in Lothringen gelegene Erzgrube Rosenmühle zu kaufen, deren Standort in seinen Augen «für den Fall diplomatischer Verwickelungen mit Frankreich von nicht zu unterschätzendem Wert» war, sprach er sich dafür aus, zuzugreifen, obwohl die Entscheidung sehr schnell fallen mußte und keine Zeit für eine eingehende Prüfung der Vorkommen blieb. Zwar behagte es ihm nicht, «einen erheblichen Kapitalbetrag auszugeben, ohne ganz genau zu wissen, was wir kaufen», doch vertraute er auf die Erfahrung und Intuition von Stinnes und stellte ihm anheim, die Entscheidung gemäß seinem «fachmännischen Urteil» und seiner «Kenntnis der ganzen geologischen Verhältnisse» zu treffen. Als von Stinnes eine positive Antwort kam, gab Dernburg im wahrsten Sinne über Nacht ein Kaufgebot für die Rosenmühle-Aktien ab.[88]

Das war ein Beispiel nicht nur für die hohe Priorität, die dem Problem der Erzreserven zugemessen wurde, sondern auch für die Arbeitsteilung zwischen Dernburg und Stinnes. Dernburgs Rolle war die eines Industriebankiers mit leidlichen Grundkenntnissen der von seiner Bank finanzierten Branche, mit Verständnis für die Bedürfnisse der Firmen, mit privilegiertem Zugang zu Informationen darüber, welche industriell interessanten Objekte auf den Markt kamen, und mit der Möglichkeit, das zu ihrem Kauf erforderliche Kapital zu mobilisieren. Die Rolle Stinnes' war die eines technisch beschlagenen industriellen Unternehmers und Kaufmanns, der sowohl die wirtschaftliche Vernünftigkeit einer Investition als auch ihr Zukunftspotential einschätzen konnte. In vielen Dingen gestaltete sich ihr Verhältnis jedoch nicht nach diesem idealtypischen Modell, sondern wurde durch Komplikationen getrübt, so in besonderem Maß im Sommer 1905, als Dernburg und Stinnes beschlossen, durch eine Fusion mit der Zechengesellschaft Nordstern (mit Sitz in Essen) die Kohlebasis von Deutsch-Luxemburg erheblich aufzustocken. Dieses Manöver war Bestandteil eines großangelegten Expansionsprogramms, in das im weiteren Verlauf offenbar auch Louise Tiefbau und die Dortmunder Union sowie der Eschweiler Bergwerksverein in Köln einbezogen werden sollten. Die Übernahme von Firmen dieser Größenordnung erforderte in jedem Fall die Beteiligung mehrerer Großbanken und bedeutete das Ende der Ära, in der die Darmstädter Bank die Rolle der alleinigen Hausbank von Deutsch-Luxemburg gespielt hatte.

Das hatten die Beteiligten natürlich vorausgesehen, aber als es nun Realität wurde, bedeutete es für Dernburg, daß er von diesem Moment an höchst wachsam sein mußte, um die Führungsrolle der Darmstädter Bank im Konzern zu verteidigen; es veranlaßte ihn aber auch, eine Art Ausgleich dadurch zu suchen, daß er seiner Bank Geschäftsbeziehungen zu anderen Firmen eröffnete, an denen Stinnes beteiligt war und die bislang fest mit anderen Bankhäusern verbunden gewesen waren. Für Stinnes war es auf jeden Fall von Vorteil, mit Konsortien anstelle von Einzelbanken zu arbeiten, denn dies bedeutete, daß er einerseits mehr Geldmittel mobilisieren und andererseits die Banken gegeneinander ausspielen konnte; allerdings brachte dies auch die Gefahr mit sich, daß die Ambitionen und Rivalitäten der Bankiers der gemeinsamen Sache Abbruch taten.

Dernburg war sehr daran interessiert, sich bei Saar-Mosel zu engagieren, einer Firma, deren wichtigster Finanzpartner bis dahin die Dresdner Bank gewesen war. Der Ausbau von Deutsch-Luxemburg würde zwangsläufig die Einbeziehung der Dresdner Bank mit sich bringen, und sei es nur um sicherzustellen, daß sie die geplante Übernahme der Firma Nordstern nicht behindern würde. Für Dernburg, der in hohem Maß die Fähigkeit besaß, das Notwendige mit dem Vorteilhaften zu verbinden, bot sich in dieser Situation die Chance, einerseits bei Saar-Mosel einen Fuß in die Tür zu bekommen und sich andererseits die Rückendeckung der Dresdner Bank für die Expansionspläne bei Deutsch-Luxemburg zu sichern. Am 30. Juni suchte Stinnes Dernburg in Berlin auf, erläuterte ihm seine Absicht, die Übernahme des Nordstern zum Teil durch einen Aktientausch zwischen Deutsch-Luxemburg und Nordstern zu bewerkstelligen, und ließ durchblicken, für wie wichtig er es hielt, an dem zu diesem Zweck zu bildenden Konsortium die Dresdner Bank zu beteiligen. Dernburg nutzte die Gelegenheit, um Stinnes wissen zu lassen, daß die Darmstädter Bank interessiert war, die Saar-Mosel-Beteiligung von Graf Scholte Douglas zu übernehmen. Stinnes stellte klar, daß er einen solchen Schritt nicht aus eigenem

Ermessen gutheißen könne, sondern seine Partner Thyssen und die Dresdner Bank darüber mitentscheiden müßten; er bat Dernburg, die Frage direkt mit der Dresdner Bank zu klären. Dernburg traf sich daraufhin mit Müller und Gutmann von der Dresdner Bank und bot ihnen Deutsch-Luxemburg-Aktien im Tausch gegen Saar-Mosel-Aktien an – ein sehr verlockendes Angebot, weil die ersteren gerade hoch im Kurs standen. Die Dresdner stellte allerdings die Forderung, ein Teil der Saar-Mosel-Aktien müsse von Thyssen und Stinnes abgegeben werden. Thyssen war über diese Konditionen nicht allzu glücklich, ebensowenig wie über das Engagement einer weiteren Bank bei Saar-Mosel, was Stinnes jedoch mit dem Argument konterte, es könne für Thyssen und ihn «nur wünschenswert sein, event. auch gegen die Dresdener mittels einer anderen Bank eine Majorität bilden zu können».[89] Stinnes selbst war sich sicher, wie er Cläre gegenüber äußerte, daß er nichts zu fürchten hatte, weil seine Mitwirkung für den Betrieb von Saar-Mosel unverzichtbar war; das Geld, das ihm durch Abgabe eines Teils seiner Saar-Mosel-Aktien zufließen würde, könne er gut gebrauchen, um Schulden zu tilgen.

Von größerem Belang war in diesem Augenblick, daß Dernburg seine Gespräche mit den Chefs der Dresdner Bank nutzte, um den Weg für die Einrichtung des sogenannten *conto quatro* freizuräumen, eines Fonds, in den die Darmstädter, die Dresdner und die Deutsche Bank sowie Thyssen Gelder einbringen würden, die für den Kauf einer beträchtlichen Menge von Deutsch-Luxemburg-Aktien verwendet werden sollten, als Manövriermasse für die Übernahme der Dortmunder Union, des Nordstern und eventueller weiterer Betriebe, deren Übernahme im Zuge des weiteren Konzernausbaus wünschenswert erscheinen könnte. Da diese Aktien gegen Aktien der zu erwerbenden Firmen getauscht werden sollten, erfüllte dieses Manöver des Konsortiums nebenbei auch den Zweck, den Kurs der Deutsch-Luxemburg-Aktien zu stabilisieren und damit die Kosten solcher Übernahmen zu reduzieren. Die Mitwirkung Thyssens galt als besonders wichtig, weil er dem Aufsichtsrat des Nordstern vorsaß.[90]

Der erste Monat nach Einrichtung des Fonds verlief sehr stürmisch und wenig erbaulich. Wenige Tage nachdem der Startschuß gefallen war, teilte Müller Stinnes mit, das Konsortium sei zu spät gebildet worden; er warf der Deutschen Bank vor, sie habe zunächst zu einem noch günstigen Kurs Aktien aufgekauft, um sodann über ihre vertraulichen Börsenberichte und ihre Börsenbüros die Information streuen zu lassen, der Kurs der Deutsch-Luxemburg-Aktien werde steigen. Die Nationalbank für Deutschland sei dabei, sowohl Deutsch-Luxemburg-Aktien als auch Nordstern-Aktien zu kaufen, ein klares Indiz dafür, daß das «Geheimnis» offenkundig schon in aller Munde war. Stinnes ging daraufhin sofort zu Klönne und beklagte sich, daß die Deutsche Bank und ihr oberster Wertpapierhändler Mankiewitz gegen die Abmachungen gehandelt und Stinnes und Thyssen damit in eine schwierige Lage gebracht hätten. Die Deutsche Bank sei mit dem Nordstern verbunden, und es sehe jetzt so aus, als handle sie gegen die Interessen der mit Deutsch-Luxemburg verbundenen Banken. Allein, Klönne bestritt vehement, absichtlich den Aktienkurs nach oben getrieben zu haben; seine Bank habe, so beteuerte er, nur einmal Aktien zu günstigem Kurs gekauft, und zwar im November 1904 und auf Anraten von Stinnes selbst; man frage sich, welcher «Freund» solche Vorwürfe erhebe. Diese unschöne Diskussion verhinderte natürlich nicht den weiteren Kursanstieg der Deutsch-Luxemburg-Aktien. Der einzig wirksame Schritt, der zur Behebung des Problems getan wurde, war die Ende Juli erreichte Aufnahme der Nationalbank in das Konsortium, wodurch aus dem *conto quatro* ein *conto quinto* wurde.[91]

Die Entwicklung spitzte sich im August weiter zu, als in der Presse Spekulationen darüber auftauchten, daß die Deutsch-Luxemburg-Aktie, die zum Zeitpunkt der Einrichtung des *conto quatro* auf 230 Prozent gestanden hatte, auf 300 oder gar 400 Prozent steigen werde. Thyssen drohte daraufhin, das Konsortium platzen zu lassen; sowohl er als auch Stinnes gelangten zu dem Schluß, der eigentliche Bösewicht müsse Dernburg von der Darmstädter Bank sein. Am 2. August schrieb Stinnes an Dernburg und bat ihn in seinem und Thyssens Namen, ihnen tägliche Berichte über sämtliche von der Darmstädter Bank getätigten Verkäufe und Käufe von Deutsch-Luxemburg-Aktien zu übermitteln. Dernburg empfand diese Bitte als sehr ungewöhnlich – was sie auch war – und erklärte voller Befremden: «Wenn man einem Haus von dem Ansehen unserer Bank die Führung eines Kontos von derartiger Wichtigkeit anvertraut, [muß] man wohl auch das Vertrauen hegen ..., daß sachgemäß und ordentlich verfahren wird.»[92] Er äußerte auch seinen Unmut darüber, daß Stinnes sich erst an Klönne und nicht an ihn gewandt hatte, obwohl die Darmstädter die Hausbank von Deutsch-Luxemburg war. Stinnes war zu beunruhigt, um sich mit diesen Fragen der Etikette aufzuhalten. Man habe das *conto* schließlich eingerichtet, um den Preis der Aktien unter Kontrolle behalten zu können, nicht um der Darmstädter Gelegenheit zu geben, diese Aktien hinter dem Rücken ihrer Partner zu einem Kurs aufzukaufen, der um 30 Prozent höher lag als zuvor an der Börse. Das Problem betreffe nicht nur Deutsch-Luxemburg, sondern auch den Nordstern, und es seien, so betonte Stinnes nachdrücklich, die Industriellen, die letzten Endes die Verantwortung für das Wohlergehen dieser Betriebe trügen. Dernburg, nun eindeutig in die Defensive gedrängt, schob daraufhin den Schwarzen Peter der Deutschen und der Dresdner Bank zu; sie hätten die für ihre Einlage auf dem *conto* benötigten Aktien zu spät gekauft. Jetzt werde seine Bank zum Sündenbock für die entstandene Lage gestempelt. Zum Aktienkurs selbst meinte er, wenn die Aktien des Bochumer Vereins auf 250 Prozent stünden, seien die von Deutsch-Luxemburg, das über eine weitaus größere Kohlebasis verfüge, sicherlich 260 Prozent wert. Er forderte Stinnes auf, einen Weg aufzuzeigen, wie man den Kurs zum Sinken bringen könne, und stritt jede Verantwortung für die Gerüchte und Presseberichte ab, die zu dem Run auf Deutsch-Luxemburg-Aktien geführt hatten.[93]

Die ganze Affäre endete vorläufig damit, daß vereinbart wurde, das *conto quinto* auf eine festere Konsortialbasis zu stellen. Wieder einmal hatten die «Halbgötter» Stinnes das Leben schwer gemacht, und Cläre machte aus ihrem Abscheu gegen diese ganzen Kabalen keinen Hehl:

> «Ich kann diese tollen Wettspiele der Banken nicht leiden, die dem Interesse ihres Beutels nachgehend, langfristige gesunde Kombinationen in ihrer Ausführung event. kopflos unmöglich machen. Hätte Hugo nicht soviel Rückgrat, könnte dieser Spaß ‹D. L.› 8–9 000 000 kosten lediglich durch wüste Kurstreibereien. Dernburg mag klug sein, sympathisch ist er mir nicht.»[94]

Tatsächlich konnte sie ihn nicht ausstehen. Wie sie ein andermal schrieb: «Mit dem Mann kann ich mich nicht befreunden; von seinem nonchalanten Wesen und seinen schmutzigen Nägeln abgesehen, fehlt mir Vertrauen zu ihm. Ich möchte nicht, so klug er sein mag, man rühmt's ihm nach, daß Hugo viel mit ihm zu tun hätte. Irre ich mich, will ich's gerne, wenn erwiesen, eingestehen.»[95]

Stinnes konnte sich seine Bankiers natürlich nicht nach den Antipathien seiner Frau aussuchen, doch hatte Cläre mit ihrer Bemerkung insofern recht, als das *conto quinto* in der Tat nicht den Sinn und Zweck hatte, eine Spielwiese für die Börsenspekulation zu eröffnen und den Banken hohe Provisionen zu bescheren, sondern den Boden für großzügige industrielle Kombinationen zu bereiten. Es gehörte sicherlich zu den frustrierendsten Aspekten der *conto-quinto*-Episode im Sommer 1905, daß das Projekt sein Ziel zu verfehlen schien. Es muß hierbei jedoch festgehalten werden, daß Dernburg dieses Ziel in loyalster Weise verfolgte, daß er sich sowohl bei der Dortmunder Union als auch beim Nordstern für ein Zusammengehen mit Deutsch-Luxemburg stark machte, also für den Zusammenbau eines Konzerns mit einer Kapitalbasis von 48 Millionen in Aktien und 59,5 Millionen in Obligationen. Damit hatte er sich weit von dem Standpunkt entfernt, den er noch zu Jahresbeginn vertreten hatte, als er Stinnes geraten hatte, im Hinblick auf die Dortmunder Union Zurückhaltung zu wahren. Jetzt war er der Überzeugung, der Preis für das Projekt sei gerechtfertigt und die Aktionäre der Zeche Nordstern würden sich durch die Aussicht, die Dortmunder Union mit Kohle beliefern zu können, dazu bewegen lassen, der Fusion zuzustimmen. Seine Partner hatten in dieser Beziehung Bedenken. Klönne machte dafür politische Gründe geltend: Seine Sorge war, die öffentliche Meinung und das Parlament könnten angesichts einer weiteren Elefantenhochzeit zwischen großen Industrieunternehmen rotsehen und zu gesetzlichen Maßnahmen schreiten. Stinnes teilte diese Befürchtung nur zum kleineren Teil, hielt jedoch den Übernahmepreis für die Dortmunder Union für überhöht und einen auf Obligationen entfallenden Kapitalanteil von 59,5 Millionen für ungesund. Er vertrat den Standpunkt, Deutsch-Luxemburg solle sich zunächst auf die Übernahme von Nordstern beschränken und danach die Fusion mit der Dortmunder Union langsam und schrittweise vollziehen. Ende Juli kam das Konsortium denn auch überein, das Übernahmeangebot für Dortmund zunächst fallenzulassen und sich auf Nordstern zu konzentrieren.[96]

Nachdem Stinnes und Thyssen die Nordstern-Bücher geprüft hatten, heckten sie einen Modus für den Aktientausch zwischen den beiden Unternehmen aus und beschlossen, den Aktionären eine 14prozentige Dividende für 3 bis 5 Jahre zu garantieren. Das *conto quinto* würde sein Einlagekapital aufstocken und zu diesem Zweck die Disconto-Gesellschaft einladen müssen, dem Konsortium beizutreten. Obwohl es eine kostspielige Operation zu werden drohte, hatte Stinnes Thyssen überzeugt, daß Deutsch-Luxemburg von 1906 an eine Dividende von 14 Prozent würde ausschütten können.[97] Dieser optimistischen Prognose schloß Klönne sich jedoch nicht an; er überzeugte seine Bankierskollegen im *conto quinto,* auch Dernburg, davon, daß die Rechnung von Stinnes nicht aufgehen werde, da eine Dividende von 14 Prozent Fragen nach der Kreditwürdigkeit von Deutsch-Luxemburg aufwerfen würde – worin auch der «heißblütige Dernburg» ein Problem erkannte –, während eine Dividende von nur 12 Prozent für die Nordstern-Aktionäre nicht attraktiv genug wäre. Bei manchen bestand auch die Neigung, erst einmal abzuwarten, bis die Frage, welche Kriterien eine Zeche erfüllen mußte, um als Hüttenzeche mit Selbstverbraucherrechten anerkannt zu werden, eine endgültige gerichtliche Erklärung gefunden hatte. So beschloß man Anfang August, die Verhandlungen mit Nordstern mindestens bis zum Frühjahr 1906 auszusetzen, in der Erwartung, Deutsch-Luxemburg werde bis dahin ermutigende Betriebsergebnisse vorweisen können, mit denen man ein attraktives Angebot an die Nordstern-Aktionäre garnieren konnte, aber auch in der Hoffnung, die Kurse für die Deutsch-Luxemburg-Aktien würden auf ein normales Niveau zurückgehen. Nachgedacht wurde auch über die Möglichkeit eines Beitritts von Nordstern zum *conto quinto.*[98] Allein, es war diesem Fusionsprojekt nicht beschieden, Wirklichkeit zu werden. Anfang 1907 unterbreitete der Phoenix-Konzern, der sich von einer Nordstern-Übernahme eine auf unabsehbare Zeit gesicherte Kohlen- und Koksversorgung versprechen konnte, ein Übernahmeangebot zu einem «so lächerlich hohen Kurs, daß eine Ablehnung unmöglich war»[99] – damit war die Angelegenheit ein für allemal erledigt.

Einem weiteren Beschluß gemäß wurden auch die Verhandlungen mit dem Eschweiler Bergwerksverein ausgesetzt; diesem Betrieb fiel es schwer, genügend kompetente Mitarbeiter zu finden, was ihn unattraktiv machte. Es ist wichtig festzuhalten, daß der Konzern Deutsch-Luxemburg deswegen nicht an Kohlenmangel leiden mußte. Wie Stinnes Mitte Oktober dem Aufsichtsrat berichtete, reichte die vorhandene Kohlenbasis bei gleichbleibendem Produktionsniveau für ein Jahrhundert aus. Ungeachtet dessen habe man dreieinhalb Millionen Mark für den Erwerb von Rechten zur Erschließung neuer Kohlegruben aufgewendet in Gestalt einer Beteiligung an der Rheinisch-Westfälischen Bergwerks-Gesellschaft m.b.H., die in Reaktion auf die Lex Gamp ins Leben gerufen worden sei. Damit sei der Kohlennachschub für «viele hundert Jahre» gesichert.[100]

Gerade als es so aussah, als sollten alle größeren Anläufe zu einem expansiven Ausbau von Deutsch-Luxemburg scheitern, weil die betreffenden Objekte entweder zu wenig attraktiv oder gar nicht zu haben waren, da eröffnete sich eine große Chance gleichsam in Sichtweite des Stinnesschen Hauptquartiers, und zwar in Gestalt der Friedrich Wilhelms-Hütte. Die Firma verfügte über 3 Hochöfen, 3 Gießereien, 72 Verkokungsöfen und eine Maschinenbau-Abteilung. Deutsch-Luxemburg würde damit auf einen Schlag sowohl einen Lieferanten für Roheisen als auch, was noch wertvoller war, einen Hersteller industrieller Endprodukte in die Hand bekommen. Für die Friedrich Wilhelms-Hütte würde der Vorteil einer Fusion mit Deutsch-Luxemburg darin bestehen, daß ihr Barmittel für Modernisierungs-Investitionen zufließen, größere Selbstverbraucherquoten eingeräumt und mehr Einfluß im Roheisen-Verband zugestanden würde. Zwischen Stinnes und den bei Deutsch-Luxemburg engagierten Banken bestand dieses Mal völlige Einigkeit, daß sich hier eine hervorragende Chance bot. Es bildete sich ein Konsortium unter Führung der Darmstädter Bank, dem neben Deutscher und Dresdner Bank der Schaffhausen'sche Bankverein (als Hausbank der Friedrich Wilhelms-Hütte), die Disconto-Gesellschaft und die Nationalbank angehörten und das beschloß, den Aktionären für jede 2000-Mark-Aktie der Friedrich Wilhelms-Hütte jeweils eine Deutsch-Luxemburg-Aktie im Nennwert von 1000 Mark, plus 200 Mark in bar, anzubieten, alternativ dazu eine Abfindung in bar. Auf der Aktionärsversammlung der Friedrich Wilhelms-Hütte im November wurden kritische Stimmen laut, die sich auf die Tatsache bezogen, daß die Firma gute Geschäfte gemacht hatte und kein Grund für sie bestand, ihre Unabhängigkeit aufzugeben; ferner wurde moniert, die Aktien von Deutsch-Luxemburg seien durch die Spekulation auf einen überhöhten Kurs getrieben worden. Da jedoch die dominierenden Kräfte im Aufsichtsrat die Fusion befürworteten, ging der entsprechende Beschluß leichter als erwartet durch.[101]

Die überraschende Übernahme der Friedrich Wilhelms-Hütte kam so teuer, zumal zusätzlich Kosten für den Kauf von Erz- und Kohlenlagerstätten, für den Erwerb kostspieliger Patente (dazu später mehr) und für Umbaumaßnahmen in den bestehenden Werken anfielen, daß die Finanziers beschlossen, danach erst einmal eine «Verdauungspause» einzulegen. Stinnes wollte die Eingliederung der Friedrich Wilhelms-Hütte in den Konzern vollziehen, ehe er sich wieder der Dortmunder Union zuwandte, und wollte letzteres erst tun, wenn die Finanzen der Dortmunder Union sich in einem geordneteren Zustand befanden.[102]

Auch Dernburg hatte das Gefühl, daß es Zeit war, eine Atempause einzulegen, ganz abgesehen davon, daß er es satt hatte, daß seine Bankierskollegen ständig von seinem Teller aßen, ohne ihm eine gleiche Chance zu geben, von ihren Tellern zu essen.[103] Etliche Monate war es nun her, daß Dernburg der Öffnung Deutsch-Luxemburgs für andere Großbanken zugestimmt hatte. Zuvor war der Konzern von einer Bankengruppe betreut worden, zu der neben der tonangebenden Darmstädter Bank die Internationalen Banken von Luxemburg und Brüssel sowie der Berliner Makler-Verein gehört hatten. Jetzt mußte sich Dernburg mit einer Gruppe um die Deutsche Bank (die die Bergisch-Märkische Bank und die Essener Credit-Anstalt umfaßte), einer Gruppe um die Dresdner Bank und den Schaffhausen'schen Bankverein (mit der Rheinischen Bank) und einer Gruppe um die

Disconto-Gesellschaft (mit dem Bankhaus Sal. Oppenheim jun. & Co. und der Rheinisch-Westfälischen Disconto-Gesellschaft) auseinandersetzen; zuletzt war auch noch die Nationalbank zum *conto-quinto*-Konsortium gestoßen.

Dernburg hatte volles Verständnis dafür, daß Stinnes als Industrieller bestrebt war, «möglichst starke und einflußreiche Banken im Konsortium und Aufsichtsrat zu haben». Das Interesse der Darmstädter Bank bestehe jedoch darin, «die mit vielen Opfern, großen Mühen und noch größeren Risiken erkaufte Position nicht zu opfern, wenn nicht voll gültige Äquivalente geboten werden». Die Dresdner Bank, die Stinnes ihm als Konsortialpartnerin fast aufgedrängt hatte, hatte diese Bedingung erfüllt und der Darmstädter Bank Sitz und Stimme bei Saar-Mosel eingeräumt. Nachdem nun ein Punkt erreicht war, an dem das Ziel, dessentwegen das *conto quinto* eingerichtet worden war, nicht mehr erreichbar zu sein schien, stellte Dernburg die Frage, ob es nicht ratsam sei, an weitere Zukäufe mit Vorsicht und Bedacht heranzugehen:

> «... sollte es nicht besser sein, vorläufig unter uns Luxemburgern zu bleiben, wo wir uns doch ganz wohl befinden. Mit der Beschaffung der paar Millionen Mark haben wir ja gar keine Schwierigkeiten, und wir können mit Sicherheit sehen, wohin uns unsere Rentabilität führen wird. ... Unter solchen Umständen hat das Werk an und für sich keine Veranlassung, andere aufzunehmen, bis nicht ganz klar erwiesen wird, daß durch die Zusammenlegung die Rente stark gesteigert werden kann, wo das aber bei den gegenwärtigen Kombinationen herkommen soll, ist mir, der ich doch alle Verhandlungen mit gemacht habe, schwer erkennbar. Es ist auch verhältnismäßig ganz gleichgültig, ob infolge Scheiterns der Kombination der Kurs der Luxemburger Aktien 20–25% heruntergeht. Die Darmstädter Bank hat ihr Interesse an Luxemburg als ein industrielles Interesse genommen und will an der Entwicklung der Sache verdienen. ... Ehe wir uns also in große Schwierigkeiten mit anderen Banken stürzen und uns für Projekte kommittieren, zu denen wir gegenwärtig selbst keine Lust haben, sollten wir uns die Sache doch dreimal überlegen.»

Für den Fall, daß Stinnes das Konsortium dennoch am Leben erhalten wollte, forderte Dernburg unmißverständlich eine Kompensation für die Darmstädter Bank. So sei es etwa vorstellbar, das Konsortium so in die vier Bankengruppen zu spalten, daß eine jede 25 Prozent der Einlage erhielt und von jedem dieser Anteile ein kleiner Prozentsatz für die Nationalbank abgezweigt würde. Die Darmstädter Bank würde in diesem Fall die Führerschaft bei allen Konsortialgeschäften beanspruchen. Eine alternative Lösung könne darin bestehen, die Deutsche Bank, die Disconto-Gesellschaft und das Bankhaus Oppenheim in den Aufsichtsrat von Deutsch-Luxemburg aufzunehmen, wenn die Darmstädter Bank zum Ausgleich dafür Sitze in den Aufsichtsräten anderer Industrieunternehmen erhielt. Des weiteren erwartete Dernburg von Stinnes (in der Annahme, daß Stinnes den Aufsichtsratsvorsitz übernehmen würde, und in Anbetracht der von der Darmstädter Bank gebrachten Opfer), daß seiner Bank der Einstieg beim RWE zu denselben Konditionen, wie die Disconto-Gesellschaft sie erhalten hatte, ermöglicht würde. Dieses Arrangement beinhaltete offensichtlich, daß Dernburg bereit war, eine Gleichstellung seiner Bank mit den anderen im Aufsichtsrat von Deutsch-Luxemburg vertretenen Banken zu akzeptieren. Tatsächlich bezeichnete Dernburg dies als die vermutlich beste Lösung, da er andernfalls Gefahr laufen würde, in einen Interessenkonflikt zu geraten.

Stinnes dachte indes nicht daran, sich von Dernburg in eine Zwickmühle drängen zu lassen, und vermied es geschickt, irgendeine Entscheidung zu treffen. Er pflichtete Dernburg darin bei, daß nur solche Expansionsprojekte betrieben werden sollten, die den Aktionären sowohl kurz- als auch langfristige Vorteile bringen würden. Was die Banken betreffe, so sei es das Wichtigste, daß sie die Interessen von Deutsch-Luxemburg nicht aus den Augen verlören, und das lasse sich am besten dadurch sicherstellen, daß sie alle zusammenkamen und ein für allemal festlegten, welchem Ziel ihr Engagement bei Deutsch-Luxemburg dienen sollte. Stinnes ließ jedenfalls keinen Zweifel daran, daß die anderen Banken, wenn sie sich schon bei Deutsch-Luxemburg engagierten, sicherlich zumindest eine zeitweilige Führungsrolle im Konsortium, im rotierenden Wechsel mit den anderen, beanspruchen würden.[104]

Dernburg ging es, wie er in seinem Antwortschreiben deutlich machte, darum, bei allen Konzernen, bei denen die anderen Banken engagiert waren, «welche mit Ihrem und Herrn Thyssens Namen verknüpft sind», einen Fuß in die Tür zu bekommen, namentlich beim RWE und bei der GBAG. Er und seine Kollegen waren nicht bereit, den anderen Banken, die für Deutsch-Luxemburg nichts getan hatten, eine paritätische Vertretung in deren Gremien zuzugestehen.[105] Dann akzeptierte Dernburg jedoch im Zuge der Verhandlungen zwischen den Banken am 25. Oktober 1905 einen Kompromiß – gezwungenermaßen, wenn er nicht riskieren wollte, von allen künftigen Konsortialgeschäften für Deutsch-Luxemburg ausgeschlossen zu werden. Dieser Kompromiß sah vor, daß die von der Darmstädter Bank geführte alte Bankengruppe 50 Prozent des gesamten Konsortialgeschäftes machen und in dem Konsortium für die Übernahme der Friedrich Wilhelms-Hütte die Führung übernehmen würde, während die anderen fünf Banken jeweils 10 Prozent des Volumens und die rotierende Führung bei den nächsten 6 Konsortial-Operationen zugesprochen bekamen.[106]

In Wahrheit kam es Stinnes zu diesem Zeitpunkt gelegen, daß die Darmstädter Bank im Aufsichtsrat von Deutsch-Luxemburg weiterhin die erste Geige spielte; trotz aller Spannungen und Meinungsverschiedenheiten arbeitete er mit Dernburg produktiv zusammen. Stinnes hatte nicht vergessen, daß Dernburg dem Konzern unschätzbare Dienste geleistet hatte und noch leistete und in bezug auf Deutsch-Luxemburg tatsächlich die Rolle eines «Industriebankiers» spielte. Besonders eindrucksvoll demonstrierte er dies durch den hohen persönlichen Einsatz, den er brachte, um dem Konzern die Lizenz zur Produktion breitflanschiger Trägerprofile nach dem von dem Amerikaner Grey erfundenen und patentierten Verfahren zu verschaffen. Das Walzwerk für die Produktion solcher Trägerprofile war 1902–03 in Differdingen errichtet worden und erfüllte die verfahrenstechnischen Mindestanforderungen für die Bewerbung um die Grey-Lizenz. Das Werk hatte auch den Nachweis erbracht, daß es die üblichen deutschen Trägerprofile herstellen konnte, was manche kritische Stimmen bezweifelt hatten. Sowohl der Bau des Walzwerks als auch die Lizenzgebühren für das Grey-Patent waren relativ kostspielig, doch die Investitionen zahlten sich aus, weil die breiteren und höheren Grey-Träger sich schnell zur gefragtesten Spezialität im Produktsortiment von Deutsch-Luxemburg entwickelten.[107]

Nach dem Einstieg von Stinnes bei Deutsch-Luxemburg nahm Dernburg die Aktivitäten des Grey-Repräsentanten Charles Albert Prince, der das Patent in Europa vermarkten wollte, zum Anlaß, das Thema auf die Tagesordnung zu setzen. Dernburg hatte höchstes Interesse daran, daß Deutsch-Luxemburg der führende Hersteller von Grey-Trägern in Deutschland blieb, und hatte Prince verschiedene Vorgehensweisen vorgeschlagen, die dem Konzern den Fortbestand seines Wettbewerbsvorteils sichern würden. Wie es scheint, hielt Stinnes Ende 1904 die Durchsetzung eines gesamteuropäischen Monopols auf das Patent für unmöglich; er war der Meinung, Deutsch-Luxemburg solle den Versuch machen, die Patentrechte, die es bereits nutzte, durch Zahlung einer einmaligen Pauschalgebühr abzulösen und von da an keine Lizenzgebühren mehr zu entrichten. Dieser Gedanke gefiel sowohl Dernburg als auch Prince.[108]

1905 vollzogen Dernburg und Stinnes jedoch einen Sinneswandel und begannen, sich um die europaweite Lizenz für das Patent zu bemühen. Das Grundproblem lag darin, daß Deutsch-Luxemburg, vor allem wegen des innerhalb des Stahlwerksverbands geltenden Quotenreglements, nicht genug produzierte, um sich die hohen Lizenzgebühren, die das Patent zweifellos wert war, auf Dauer leisten zu können. Im Sommer 1905 kam Grey persönlich nach Deutschland, um sich nach weiteren Lizenznehmern umzusehen, und führte Gespräche mit Thyssen. Dernburg war sehr beunruhigt, fürchtete er doch, Deutsch-Luxemburg könne seinen Wettbewerbsvorteil verlieren. Der Bau eines für Grey-Träger tauglichen Walzwerks war zwar zeitraubend und teuer, doch je länger die Konkurrenten mit ansahen, wie gut Deutsch-Luxemburg verkaufte, desto größere Lust würden sie bekommen, den Schritt zu wagen, und desto geringer würde die Bereitschaft Greys, die Lizenz zu einem bezahlbaren Preis an Deutsch-Luxemburg abzutreten. Alles hing daher von schnellem Handeln ab, und Dernburg drängte Stinnes, sich einen starken Partner zu suchen, der in der Lage sein würde, zusätzliche Produktionskapazitäten zu schaffen, und mit dem gemeinsam man eine Gesellschaft für Produktion und Verkauf von Grey-Trägern gründen könne. Die Produktionskapazität dieser Gesellschaft müsse so groß sein, daß man in der Lage sei, den gesamten europäischen und englischen Markt zu beliefern. Den eigentlichen Vertrieb könne die Firma Stinnes übernehmen. Eine solche Gesellschaft wäre auch stark genug, um bei den bevorstehenden Verhandlungen des Stahlwerksverbandes über die künftigen Produktionsquoten Sonderrechte für sich herauszuholen. Dernburg sah in Thyssens Deutscher Kaiser den idealen Partner für ein solches Vorhaben.[109]

Stinnes hatte ursprünglich mit dem Gedanken gespielt, Thyssen in seine Bemühungen um den Erwerb einer Monopollizenz einzuweihen, hatte sich jedoch eines anderen besonnen und machte sich jetzt bei Dernburg dafür stark, daß Deutsch-Luxemburg versuchen sollte, sich die Monopollizenz, notfalls zu einem sehr hohen Preis, zu sichern und sich nicht auf eine riskante Partnerschaft einzulassen. Falls Thyssen schnell handle, könne er, so Stinnes, mit dem Bau eines Grey-Walzwerks schon vor dem Termin für die Erneuerung des Stahlwerksverbands fertig sein. Da von diesem Punkt an die Herstellungskosten für Grey-Träger nicht höher sein würden als die für normale Träger, könne Thyssen die höheren Preise, die die Kunden seither für Grey-Träger bereitwillig gezahlt hatten, unterbieten und damit Deutsch-Luxemburg Marktanteile wegnehmen. Deutsch-Luxemburg könne dann auch nicht mehr die Forderung erheben, daß Grey-Träger nicht auf die Quoten angerechnet würden. In Anbetracht dessen sprach Stinnes sich dafür aus, «daß wir alles tun müssen, allein die Sache in die Hand zu bekommen, damit wir die Überpreise halten, bei Erneuerung des Stahlwerksverbandes die Position uns nicht verderben, und nach dessen Bildung das 2te Walzwerk auf einem uns genehmen Werke mit Nutzen selbst errichten und in Betrieb setzen.»[110]

Stinnes hielt es für möglich, daß Grey bei einer großen Geldsumme – er dachte an rund 2,5 Millionen Mark – in den Handel einwilligen würde, und schlug vor, die Darmstädter Bank oder das *conto quinto* sollten einen Teil dieses Betrages aufbringen, wobei er durchblicken ließ, daß er nicht zögern würde, zu diesem Zweck Aktien im Wert von 1 Million Mark zu übernehmen. Die Investition werde sich spielend amortisieren, weil die 25prozentige Lizenzgebühr, die jetzt noch auf alle Verkäufe fällig war, dann wegfallen würde. Am wichtigsten sei jedoch, daß man nur so das hohe Preisniveau verteidigen und weiterhin Ausnahmeregelungen im Stahlwerksverband erreichen könne. Mit besonderem Nachdruck wies Stinnes darauf hin, daß der angesehene Generaldirektor des Werkes Differdingen, Eigenbrodt, seine Position voll und ganz unterstützte. Er pflichtete Stinnes darin bei, daß die Amerikaner mit einer einmaligen hohen Ablösesumme eher zu beeindrucken sein würden als mit dem Angebot, das Geld in Raten zu zahlen, äußerte aber die Meinung, Thyssen sei derzeit nicht in der Stimmung, viel Geld in Grey-Träger zu investieren. Der von Stinnes vorgeschlagene Alleingang eröffne daher die Chance, «Thyssen aus dem Felde zu schlagen».[111]

Diese Argumente klangen in der Tat zwingend, und so tat sich Stinnes offenkundig nicht schwer, seine Kollegen im Aufsichtsrat davon zu überzeugen, daß die Grey-Patente den geforderten Preis von 600000 US-Dollar wert waren. «Wir ersparen die bisherigen hohen Abgaben», erklärte er ihnen, «wir beherrschen allein in Zukunft den Markt und die Preise, und endlich gewährt uns der rapide steigende Bedarf in Grey-Trägern eine Position bei Erneuerung des Stahlwerksverbandes, die von niemandem ignoriert und auch von keinem zweiten Werke für sich in Anspruch genommen werden kann.»[112] Dennoch war der zu investierende Betrag ein dicker Brocken, der 1905 zu einem sehr teuren Geschäftsjahr werden ließ. Das Kapital von Deutsch-Luxemburg wurde 1905 um 5 Millionen Mark aufgestockt; davon flossen 2 Millionen in den Kauf der Aktien der Friedrich Wilhelms-Hütte; die übrigen 3 Millionen wurden in einer ungewöhnlichen Finanztransaktion vom Bankenkonsortium zu einem Kurs von 183 Prozent übernommen, mit der Verpflichtung, sie den Altaktionären zu 235 Prozent anzubieten. Mit dem Gewinn aus dieser Transaktion sollte einerseits das den Aktionären der Friedrich Wilhelms-Hütte zugesagte Aufgeld finanziert und andererseits die Ablösesumme für die Grey-Patente beglichen werden. Die auf diese Weise erworbenen Werte würden bei dieser Konstruktion nicht in der Bilanz von Deutsch-Luxemburg auftauchen.[113]

Die Grey-Träger waren natürlich nicht die einzigen für die Marktstellung des Konzerns Deutsch-Luxemburg bedeutsamen Erzeugnisse; das Unternehmen gab laufend größere Geldsummen für der Produktivitätssteigerung dienende Verbesserungen aus. War schon vorher der Druck groß, solche Investitionen zu tätigen und die Ertragslage zu verbessern, so erhöhte er sich infolge der Erwartungen, die sich mit dem Eintritt von Stinnes in den Konzern im Jahr 1904 verbanden. Stinnes lernte schnell und hatte offensichtlich ein intuitives Gespür dafür, wie die Geschäfte in Differdingen richtig geführt werden mußten; andererseits mußte er sich in dieser für ihn neuen Branche doch erst einmal zurechtfinden. Eigenbrodt mußte ihn in einige von deren Geheimnissen einweihen. Als Stinnes beispielsweise um eine Aufstellung der Kosten für die in Differdingen notwendigen Neubauten bat, ließ Eigenbrodt ihn wissen, daß die wirklich verbauten Summen wesentlich höher seien als die unter dem Stichwort «Neubau» verbuchten. Alle für «Neubauten» bestimmten Ausgaben müßten nämlich vom Aufsichtsrat und der Aktionärsversammlung genehmigt werden. Da jedoch häufig der Fall eintrete, daß ursprünglich beschlossene Baupläne sich als unzweckmäßig erwiesen oder der Abänderung bedurften, und da es auch jederzeit zu unvorhergesehenen Kostensteigerungen kommen könne, müsse die Geschäftsführung sich Mittel und Wege einfallen lassen, über Gelder zu verfügen, ohne ständig durch die bei Neubau-Investitionen vorgeschriebenen Instanzen gehen zu müssen. Die Lösung bestehe darin, daß man vieles unter «Umänderungsarbeiten» laufen lasse, was eigentlich in die Kategorie der «Ergänzungs- und Erweiterungsarbeiten» falle oder sogar einen regelrechten Neubau darstelle.[114] Nicht richtig orientiert war Stinnes anfänglich auch über die Art und Weise, wie die Quotenregelung des Stahlwerksverbandes funktionierte. Als er Eigenbrodt 1905 anwies, Roheisen in großen Mengen aufzukaufen, damit das Werk die Produktion erhöhen und dadurch Anspruch auf eine höhere Quote erheben könne, mußte Eigenbrodt ihm erklären, daß die Quoten, die jeweils für ein Quartal vergeben wurden, sich nicht nach dem Produktionsvolumen der einzelnen Werke richteten, sondern nach der Marktnachfrage, und daß man allenfalls durch Schaffung zusätzlicher

Kapazitäten, nicht aber durch eine vorübergehende Steigerung der Produktion höhere Quoten erlangen konnte.[115]

Dennoch, spätestens im Sommer 1905 zeichneten sich erste positive Auswirkungen der Stinnesschen Präsenz ab, und der rasante Kursanstieg der Deutsch-Luxemburg-Aktien spiegelte die öffentliche Erwartung wider, daß der Konzern sich unter dem neuen Führungstandem nach vorne bewegen würde. Selbst die Geschäftsführung schien das Wirken von Stinnes anzuerkennen. Als Thyssen in einem Brief an Direktor Meier einige sehr positive Bemerkungen über Differdingen fallen ließ, schrieb Meier zurück:

> «Für Ihre sehr schmeichelhaften Bemerkungen über unser Unternehmen danke ich Ihnen verbindlichst. Es ist im übrigen kein großes Kunststück, aus der Gesellschaft etwas zu machen, wenn man einen Herrn wie Herrn Stinnes im Aufsichtsrat hat. Einmal regt Herr Stinnes eine Unzahl von Fragen in sachkundigster und verständigster Weise an und andererseits akzeptiert er Vorschläge, wie ich solche bei dem Aufsichtsrat seit Jahr und Tag leider vergebens gemacht habe. – Ich gebe ohne weiteres zu, daß die Geldverhältnisse unserer Gesellschaft die Verwirklichung meiner Pläne sehr hinderten. Ohne dieselben aber durchzuführen, war ein lukratives Arbeiten bei uns umso weniger durchzuführen, als unsere Beteiligungsziffer sich doch in außerordentlich bescheidenen Grenzen, wenigstens bis jetzt noch, bewegt.»[116]

So konnte Meier zum Beispiel endlich den Vorschlag eines leitenden Eisenbahnbeamten aufgreifen, der darauf hingewiesen hatte, daß der Rohstofftransport zwischen dem Erz- und dem Kohlenrevier durch eine Vereinbarung zwischen bestimmten in den beiden Regionen tätigen Konzernen rationalisiert werden könnte. «Es unterliegt keinem Zweifel», führte Meier dazu aus, «daß wohl nirgends in der Welt zwei industrielle Zentren vorkommen, welche sich bezüglich der maßgebenden Rohprodukte so zu ergänzen berufen sind wie das niederrheinisch-westfälische Kohlenbecken einerseits und das lothringisch-luxemburgische Minetterevier andererseits.»[117] Die Beförderungskosten waren vor allem deswegen hoch, weil bislang die Güterzüge, die Kohle ins Erzrevier transportiert hatten, ebenso leer zurückgefahren waren wie umgekehrt die mit Erz für das Ruhrgebiet beladenen Züge. Meier griff nun den Vorschlag auf, einen Rückladungsverkehr zwischen den Erzgruben bei Differdingen und den Kohlenverladungsstellen beim Bochumer Verein einzurichten, was auf Eisenbahnseite kaum zusätzliche Kosten verursachen und daher eine Senkung der Frachtgebühren ermöglichen würde; wenn moderne Schnellentlade-Waggons benutzt würden, ließen sich auch die unproduktiven Stillstandszeiten verringern. Stinnes und Dernburg erlaubten Meier, diese Waggons zu bestellen; hinsichtlich des von Meier in Aussicht genommenen Rückladungsverkehrs schien Stinnes allerdings Bedenken zu haben.[118] Auf jeden Fall trieben Stinnes und Dernburg die Bautätigkeit in Differdingen im Sommer 1905 energisch voran. Ihrem Willen nach sollten ein siebenter Hochofen und ein Blechwalzwerk noch vor dem

1. Januar 1907 fertig werden, dem Stichtag für die Verlängerung des Stahlwerksverbandes. Dernburg glättete auch den Entscheidungsprozeß für die Bauvorhaben, indem er einen kleineren Unterausschuß des Aufsichtsrats einrichtete, der unter Vorsitz von Stinnes tagen und die betreffenden Fragen mit der Werksleitung klären würde.[119]

Der Geschäftsführung in Differdingen war Stinnes auch deswegen willkommen, weil sie wußte, daß ihre Vermarktung verbesserungsfähig war. Wie in der gesamten Branche üblich, war es auch bei Deutsch-Luxemburg so, daß ein Teil der Produktion vom Syndikat übernommen und ein anderer auf dem freien Markt vertrieben wurde. In der gesamten Branche waltete darüber hinaus die Tendenz, die Absatzwege zu konzentrieren, etwa durch pauschale Abschlüsse und Preisvereinbarungen mit Handelsverbänden oder durch zunehmend stärker institutionalisierte Beziehungen zwischen Erzeugern und Händlern. Einige der älteren Firmen unterhielten enge Beziehungen zu bestimmten Handelshäusern, so zum Beispiel die Rombacher Hütte zu der bedeutenden Handelsfirma Carl Spaeter in Koblenz; andere Erzeuger, Thyssen zum Beispiel, hatten für den Absatz eigene Tochterfirmen gegründet. Die Direktion von Deutsch-Luxemburg war besonders beunruhigt über die aggressive Verkaufsstrategie der Firma Spaeter auf dem Sektor Stabeisen und fürchtete, in Abhängigkeit von ihr zu geraten. Ihrer Überzeugung nach würden «diese großen Werksfirmen und Verbindungen ... in der Zukunft mehr und mehr den Markt beherrschen, mögen nun für die Produktion Verbände bestehen oder nicht. Es kann daher keinem Zweifel unterliegen, daß unter den hier in großen Zügen geschilderten Verhältnissen wir, einer gesunden eigenen Organisation des Absatzes näherzutreten, geradezu verpflichtet sind.»[120]

Daß Deutsch-Luxemburg sich um diesen Bereich nicht früher gekümmert hatte, lag am relativ geringen Lebensalter der Firma, das es zunächst einmal nötig gemacht hatte, sich auf die Produktion zu konzentrieren. Die Geschäftsleitung von Differdingen sprach sich gegen die Gründung eines firmeneigenen Handelshauses aus, mit der Begründung: «Das Eisengeschäft gestaltet sich mehr und mehr zu einem Kreditgeschäft mit der Wirkung der Aufsaugung der Kleinen durch die Großen, und auf diesem Gebiete liegen vorzugsweise die Erfolge der alten Werksfirmen, die von Nicht-Aktien-Gesellschaften gegründet worden sind, oder wie im Falle Spaeter die gegenseitigen Beziehungen der Akt. Ges. mit der Händlerfirma besonders geregelt sind.» Aus diesen Gründen wandten sie sich an Stinnes mit dem Vorschlag, in eine Geschäftsbeziehung zueinander zu treten, bei der, anders als im Falle Rombach und Spaeter, beide Partner ihre volle Handlungsfähigkeit behalten würden, bei der aber Deutsch-Luxemburg Kapital aus der Stinnesschen Vertriebsorganisation schlagen und Stinnes die Möglichkeit bekommen würde, sich vom Absatz der Deutsch-Luxemburg-Produkte eine große Scheibe abzuschneiden.

Wie bereits weiter oben erwähnt, stieg Stinnes just um diese Zeit tatsächlich in den Vertrieb von Eisenerzeugnissen ein und trat in eine enge Kooperation mit Deutsch-Luxemburg. Schon im Sommer 1906 forderte er persönlich die Geschäftsleitung von Deutsch-Luxemburg auf, seine Filialen in Mannheim, Straßburg, Mülheim und Saarbrücken sowie einige andere mit ihm verbundene Handelshäuser ausdrücklich als «Werksfirmen» des Deutsch-Luxemburg-Konzerns anzuerkennen. Er hielt dies für unabdingbar, weil um diese Zeit immer mehr Konzerne sich mit Handelshäusern zusammentaten oder eigene Handelstöchter gründeten und weil es im Hinblick auf die bevorstehenden Verhandlungen in Sachen Stahlwerksverband wichtig war, solche Verbindungen vorweisen zu können. Auf der Aufsichtsratssitzung von Deutsch-Luxemburg im September 1906 wurden denn auch die entsprechenden Beschlüsse gefaßt.[121]

Es gab in der Tat keine bedeutsame Etappe beim Ausbau des Deutsch-Luxemburg-Konzerns, an der Stinnes keinen Anteil gehabt hätte. Der Streik der Bergleute Anfang 1905 hatte die Produktion vorübergehend lahmgelegt; angesichts der finanziellen Risiken, die Deutsch-Luxemburg jetzt einging, war Stinnes bestrebt, neue Arbeitskämpfe um jeden Preis zu vermeiden. Auch wenn die Zechen de jure berechtigt waren, ihren Belegschaften zur Strafe dafür, daß diese mit dem Streik geltende Verträge gebrochen hatten, sechs unbezahlte Schichten abzuverlangen, empfahl Stinnes dem Aufsichtsrat dringend, lediglich drei Strafschichten zu verhängen und bekanntzugeben, daß das Geld an besonders bedürftige Bergmannsfamilien fließen werde.[122] Als die Arbeiter sich über die im November 1905 bekanntgegebenen neuen Arbeitsvorschriften für den Bergbau aufregten und die Gefahr eines Streiks heraufzuziehen schien, bat Dernburg um einen ausführlichen Bericht, und Stinnes kümmerte sich vordringlich um dieses Thema. Dernburg erfuhr von seinen Direktoren, die Streikstimmung werde durch sozialistische Agitation gegen die fortdauernde Ausübung des Disziplinarrechts durch die leitenden Angestellten angeheizt und solle außerdem dazu dienen, die Regierung zu weiteren Zugeständnissen zu veranlassen. «Die Herren Arbeiter wollen für möglichst geringe Leistung möglichst viel Lohn erhalten und die Kontrolle selbst ausüben.» Am interessantesten fanden Dernburg und Stinnes jedoch zweifellos die im Anschluß daran gegebene Prognose, daß ein Streik der Bergleute unwahrscheinlich sei, weil die Weihnachtszeit näherrücke und die Arbeiter im November immer möglichst viel Geld zu verdienen trachteten. In den Augen der Stinnes-Manager käme ein Streikaufruf in Anbetracht des hohen Preises, den die Bergleute für den letzten Streik bezahlt hätten, und der Tatsache, daß «die Lebensmittelpreise eine nie gekannte Höhe erreicht haben», einem Akt des «Wahnsinns» gleich.[123]

In den Werken und Erzgruben von Differdingen war die Lage an der Arbeitsfront besonders unübersichtlich, weil unter den Arbeitnehmern zahlreiche Italiener, Franzosen und Belgier waren. Die deutsche Metallarbeitergewerkschaft trat dort agitatorisch in Erscheinung, und die luxemburgischen Behörden ließen sie gewähren, weil sie nur über geringe Eingreifkräfte verfügten. Eigenbrodt bemühte sich Anfang 1906, Vorkehrungen für den Einsatz deutscher oder französischer Truppen im Falle ernsthafter Unruhen zu treffen, auch wenn es unwahrscheinlich schien, daß dieser Fall in naher Zukunft eintreten würde; Stinnes erschien es sehr viel wichtiger, auf eine zuverlässige und friedliche Belegschaft bauen zu können. Er schlug den Werksleitern von Differdingen eine Methode vor, die er an seinen Zechen im Ruhrgebiet anwandte, nämlich Arbeitern, die in Werkswohnungen lebten, unter der Voraussetzung, daß sie ein Jahr ohne Unterbrechung arbeiteten, die Hälfte der Miete zu erlassen, wenn sie die Wohnung in gepflegtem Zustand erhielten. Er empfahl des weiteren, denjenigen Arbeitern, die wirklich unterbezahlt seien, Lohnerhöhungen zu gewähren, und überhaupt das möglichste dafür zu tun, «daß Streiks vermieden werden».[124]

Was Stinnes richtig erkannte, war, daß Deutsch-Luxemburg 1906 äußerst verwundbar war, daß es seine Arbeiter an sich binden mußte und einer erstklassigen Werksleitung bedurfte. Er stellte fest, daß es sowohl in der einen als auch in der anderen Beziehung Defizite gab, was ihn um so mehr beunruhigte, als er mit einem Nachlassen der Konjunktur in naher Zukunft rechnete. Zu Jahresbeginn hatte er seinen Unmut über das Ausmaß der Bauarbeiten bei Friedlicher Nachbar und Baaker Mulde zum Ausdruck gebracht, die in seinen Augen ausgereifte Zechen waren, und der Abteilungsleitung Bergbau von Deutsch-Luxemburg in Bochum Anweisung gegeben, kein Geld mehr für unnötige Projekte zu vergeuden.[125] Sein Zorn steigerte sich, als die Direktoren in Differdingen ihm eröffneten, sie könnten ihm keine Schätzwerte für die Einsparungen und Gewinnsteigerungen geben, die durch die in Angriff genommenen baulichen Maßnahmen erreicht werden könnten:

> «Wenn das Stahl- und Eisengewerbe tatsächlich ein so unsicheres wäre, wie Sie dies in Ihrem Schreiben zum Ausdruck bringen, dann würde jede Art von Investition in denselben den Charakter eines puren Hazardspieles haben. Selbstverständlich kann von Ihnen nicht verlangt werden, daß Sie über die zukünftige Gestaltung der Konjunktur und der Märkte, also der Preise, irgendein Urteil auf Jahre hinaus abgeben sollen, aber das können und müssen Sie uns sagen, welchen Überschuß Sie zu erzielen glauben unter Annahme bestimmter von Ihnen aufzustellender Voraussetzungen. ... Es ist mir undenkbar, daß die Direktoren in Differdingen beständig große Anlagen, die die Gesellschaft viel Geld kosten und ihr daher große finanzielle Lasten auferlegen, beantragen, ohne ein durchaus klares Bild für sich zu haben, was mit einer solchen Anlage erreicht werden soll und wie die Gesamtlage und damit die Ausbeute beeinflußt werden kann.»[126]

Eingehend kümmerte Stinnes sich um die gleichsam naturgegebenen Friktionen zwischen den Zechen von Deutsch-Luxemburg und den Differdinger Werken in der Frage der Koksqualität. Differdingen beschwerte sich regelmäßig über Qualitätsmängel des angelieferten Kokses; die Zechen konterten mit dem Vorwurf, man schikaniere sie mit ungerechtfertigter Kritik und übe Druck auf sie aus. Stinnes mußte häufig als Schlichter in solchen Konflikten fungieren. Anfang 1906 gab er den Differdingern in ihrer Beschwerde recht, sie erhielten zu viel Kleinkoks, den sie nicht verfeuern konnten, und wies die Zechen an, kein so «kleines Zeug» mehr nach Differdingen zu schicken, sondern statt dessen die Kalköfen in Sedan damit zu beliefern, die es gebrauchen könnten. Die von der Zeche Hasenwinkel vorgebrachten Begründungen für den hohen Staubanteil in ihrem Koks wies er zurück, erklärte, es handle sich hier um pure «Betriebsbummelei», und forderte, der Mißstand müsse abgestellt werden. Im großen und ganzen hieß Stinnes die Anforderungen gut, die Differdingen an Hasenwinkel und die anderen Zechen stellte:

> «Daß das Differdinger Werk Ihr diffizilster Kunde ist, ist sehr erklärlich. Wenn eine Hütte eine Zeche besitzt, so wird sie naturgemäß darauf dringen, daß auf der Zeche alles geschieht, was auf einen geringeren Koksverbrauch günstig einwirkt. Die Leitung der Hütte würde ihren Obliegenheiten nicht nachkommen, wenn sie Reklamationen in der Richtung der Verbesserung der Koksqualität unterließe.»[127]

Andererseits gestand er der Zeche Dannenbaum zu, daß es für sie schwierig war, den Differdinger Bedarf an Koks hochgradiger Qualität zur Gänze zu befriedigen. In diesem Sinn stellte er anheim, ob es nicht besser wäre, wenn Dannenbaum einen Teil der Kokskohle, die sie für die Friedrich Wilhelms-Hütte benötigte, zukaufen würde, anstatt die Kokserzeugung auf eine Höhe zu schrauben, die zur Folge hatte, daß Koks minderwertiger Qualität nach Differdingen geliefert wurde. Es gab aber auch Probleme, für die sich nicht einfach Lösungen finden ließen. Im Frühjahr 1906 schrumpfte die Kohlenförderung auf Zeche Dannenbaum auf einen katastrophalen Tiefstand, weil Wassereinbrüche in ungekanntem Ausmaß passierten. Da man gerade dabei war, elektrisch betriebene Entwässerungsanlagen einzubauen, rechnete Knupe damit, das Problem in absehbarer Zeit lösen zu können, doch erst einmal hatte der Stillstand der Produktion eine weitere Verschärfung des Arbeitskräftemangels zur Folge – nicht weniger als 400 Bergleute kündigten bei Dannenbaum und suchten sich anderswo Arbeit, was in Stinnes' Augen schlimmer war als die Förderungsausfälle durch die Wassereinbrüche.[128]

Die Mängel auf der Werksleitungsebene, die Stinnes von Anfang an moniert hatte, zeigten sich unterdessen eher noch deutlicher. Vom Direktor des Zechenbereichs von Deutsch-Luxemburg, Brenner, hatte Stinnes noch nie viel gehalten, und was Direktor Meier in Differdingen betraf, so war der zwar des Lobes voll über Stinnes, aber umgekehrt galt dies nicht. Dernburg nahm, wie immer, die leitenden Angestellten in Schutz, die schon jahrelang für ihn arbeiteten. Er sah jedoch ein, daß es ein Unding war, einerseits Stinnes die technische Verantwortung für die Betriebsabläufe im Konzern zu übertragen, ihm andererseits aber seine personellen Wünsche abzuschlagen, zumal es aussichtslos erschien, die Berechtigung seiner Klagen zu bestreiten:

> «Wenn es mir auch mit Rücksicht auf die Betroffenen lieber gewesen wäre, nicht zu sehr drastischen Maßnahmen zu schreiten, zeigen doch die andauernd

unerfreulichen Resultate zur Evidenz, daß die Leitung nicht genügt, da sie fortgesetzt ihre Zusagen und Versprechungen nicht wahrzumachen vermag. Es ist daher der Schluß gerechtfertigt, daß der Umfang der Betriebe den Herren über den Kopf gewachsen ist. Um gerecht zu sein, wird im übrigen aber nicht vergessen werden dürfen, daß die letzten Jahre forcierte Umbauten unter großen Betriebserschwernissen und Störungen mit sich gebracht haben, und daß eine solche Periode sowohl bei dem Ober- als auch bei dem Unterpersonal regelmäßig eine starke Desorganisation mit sich bringt. ... Es ist dies notwendig zu konstatieren, damit späterhin nicht das unbefriedigende Jahr 1905/06, statt den schwierigen Betriebsverhältnissen, einer angeblichen Unfähigkeit der Werksleitung zugeschrieben wird, und die Verantwortung damit mehr oder weniger auf die Schultern derjenigen gelegt wird, die diese Leitung angestellt haben.»[129]

Dernburg wollte die unvermeidlichen Personalentscheidungen also möglichst unauffällig und schrittweise über die Bühne bringen. Er schlug vor, Brenner nach Differdingen zu versetzen und mit der Aufsicht über den Kokseinsatz zu betrauen; diese Lösung war nicht von langem Bestand, denn schon im August 1906 reichte Brenner seine Kündigung bei Deutsch-Luxemburg ein und wechselte zu einer anderen Firma. Was Meier betraf, der zusammen mit Eigenbrodt das Unternehmen leitete, so schlug Dernburg vor, ihn bis zum Abschluß der Bauarbeiten in Differdingen im Amt zu belassen. Meier, ein Mann in fortgeschrittenen Jahren, zeigte sich von den Vorwürfen Stinnes' und von dessen Versuchen, ihn loszuwerden, zutiefst gekränkt; er wies darauf hin, daß er trotz der miserablen Qualität des ihm gelieferten Kokses Gewinne erwirtschaftet habe, und verlangte, seine Tätigkeit für mindestens sechs weitere Monate ausüben zu dürfen, um beweisen zu können, daß er sein Gehalt wert war. Er warf Stinnes vor, Eigenbrodt zu favorisieren, was sicherlich zutraf, und kam persönlich nach Mülheim, um zu erreichen, daß er seinen Posten behalten durfte. Während Cläre ein starkes Mitgefühl für ihn empfand, blieb Stinnes bei seiner Auffassung, der Mann habe jede Autorität verloren; er gestand ihm jedoch zu, sich auf unauffällige Weise aus der Werksleitung zurückzuziehen und bis 1908 formell Mitglied des Konzernvorstands zu bleiben.[130]

Dernburg war über diese personellen Umbesetzungen auch wegen ihrer möglichen Auswirkungen auf die öffentliche Meinung nicht glücklich:

«Wir haben in der gegenwärtigen Lage der Gesellschaft auch mit der öffentlichen Meinung und der Presse zu rechnen, und das gleichzeitige Ausscheiden zweier Direktoren aus der Leitung wird zweifellos dahin ausgelegt werden, daß im Staate Dänemark etwas faul ist. Einmal ist dies nicht der Fall, zweitens aber sollten wir mit Rücksicht darauf, daß die Gesellschaft doch früher oder später ihre Schulden fundieren muß, alles vermeiden, was das Vertrauen an den Wert weiter zu erschüttern geeignet ist.»[131]

In der Tat hatte Deutsch-Luxemburg im Frühjahr/Sommer 1906 eine durchweg schlechte Presse; die Aktien des Konzerns, die im Vorjahr einen solchen Höhenflug erlebt hatten, gingen nun auf Talfahrt und durchliefen eine Phase unberechenbarer Fluktuationen, sicher auch ein Ausdruck dafür, daß der Konzern sich in einer Phase des Übergangs und des Umbaus befand. Die Probleme in der Zeche Dannenbaum und die schleppende Fertigstellung der Neuanlagen in Differdingen verunsicherten die Anleger. Andererseits ließen der Erwerb des Grey-Patents und die zutreffenden Meldungen über einen Zehn-Millionen-Mark-Kredit seitens des Bankenkonsortiums und über die geplante Erhöhung der Dividende von 8 auf 10 Prozent darauf schließen, daß die Zukunft des Konzerns rosiger sein würde als seine gegenwärtige Lage.[132]

Für Stinnes gewannen all diese Aspekte zusätzlich an Bedeutung, als ihm Anfang September 1906 bekannt wurde, daß Dernburg eine Berufung zum Staatssekretär des Reichskolonialamtes akzeptiert hatte. Das bedeutete, daß Stinnes zum Vorsitzenden des Aufsichtsrats von Deutsch-Luxemburg aufrücken würde. Da die übrigen im Konsortium vertretenen Großbanken auf die Forderung nach eigenen Aufsichtsratsmandaten verzichteten, entfiel für die Darmstädter Bank die Notwendigkeit, für sich den Stellvertreterposten zu verlangen. Die Bank behielt jedoch ihre zwei Vertreter im Aufsichtsrat, wobei für Dernburg Max von Klitzing zum Sprecher der Darmstädter Interessen aufrückte und Georg von Simson den Platz von Klitzings als zweiter Mann einnahm. Zwischen von Klitzing und Stinnes entwickelte sich ein sehr gutes Verhältnis, und während Cläre zweifellos sehr froh war, sich nicht mehr so oft mit Dernburgs persönlicher Gegenwart auseinandersetzen zu müssen, hatte sie über den Kolonialstaatssekretär Dernburg interessanterweise nur Gutes zu berichten.[133]

Dernburg hatte sich stets intensiv mit Deutsch-Luxemburg beschäftigt, so gründlich wie keiner seiner Kollegen von der Darmstädter Bank; Stinnes hatte nun zwar einen persönlich engagierten Partner verloren, dafür aber ein erhöhtes Maß an Entscheidungsmacht und Einfluß gewonnen, ohne daß sich an der sehr positiven Grundhaltung der Bank irgend etwas geändert hatte. Die Folgen zeigten sich sehr schnell im Personalbereich. Ende 1905 hatte Stinnes die Friedrich Wilhelms-Hütte inspiziert und war über die Zustände dort ganz und gar nicht erfreut gewesen. Er hatte ein Maschinenbauwerk vorgefunden, das unzulänglich arbeitete, und Gießereien, die erst halb fertig waren. Die Hochöfen wurden ordnungsgemäß betrieben, die Gase jedoch nicht effektiv genutzt. Der Hüttendirektor Carl Müller hatte die Übernahmen durch Deutsch-Luxemburg mit gemischten Gefühlen hingenommen und fürchtete offenbar, seine Tage seien gezählt – eine Befürchtung, die bei Managern von Firmen, die in den Bannkreis von Stinnes gerieten, nicht ungewöhnlich war.[134] In diesem Fall war sie wohl begründet. Müller war nach Einschätzung von Stinnes ein «guter Hochofenmann, [doch] sonst fehlt ihm die Kenntnis und Übersicht».[135] Immerhin schätzte er die Situation realistisch genug ein, um Stinnes wissen zu lassen, daß er Ende 1906 gerne ausscheiden und eine seiner Position und seiner langjährigen Tätigkeit entsprechende Abfindung mitnehmen würde. Anfang 1907 warb Stinnes Adolf Wirtz vom Stahlwerk Mannheim ab und machte ihn zum Generaldirektor der Friedrich Wilhelms-Hütte. Wirtz war ein Mann ganz nach den Vorstellungen von Stinnes; er teilte zum Beispiel dessen grundlegende Vorstellungen zum Umbau der Gießerei, konnte aber, wie Cläre erfreut vermerkte, mit einer «weit bessere[n] Lösung der Frage» aufwarten.[136] In Mannheim war Wirtz sowohl für den technischen Betrieb als auch für den Vermarktungsbereich zuständig gewesen, und er war ein idealer Generaldirektor. Er erwies sich als außerordentlich einfallsreich bei der Nutzung der Hochofen- und Koksgase – ein Aspekt, der Stinnes sehr am Herzen lag – und arbeitete gut und eng mit den von Stinnes hochgeschätzten Zechendirektoren Knupe und Knepper zusammen; letzterer war inzwischen eine Stufe höher geklettert und hatte die Aufgabe übernommen, an den Zechen des Deutsch-Luxemburg-Konzerns die «Sünden» Brenners zu korrigieren. Dessen ungeachtet hatte Cläre noch im November 1907 das Gefühl, daß Stinnes noch nicht sicher war, alles im Griff zu haben: «Deutsch-Luxemburg noch immer Sorgenkind, auch dort hält man mit den gewünschten Belegen und Rapporten zurück. Hugo vermutet bösen Willen und schlechtes Gewissen; es wird ein letzter Termin zur Besserung gesetzt.»[137]

Die dringlichste Aufgabe, die Stinnes sich nach seinem Amtsantritt als Aufsichtsratsvorsitzender stellte, war die Wiederherstellung des Vertrauens zum Konzern trotz der wenig beeindruckenden Betriebsergebnisse des laufenden Geschäftsjahres; ebenso wichtig war, sich darum zu kümmern, daß der Konzern in den 1907 anstehenden Verhandlungen zur Erneuerung des Stahlwerksverbands angemessene Quoten erhielt. Was das Vertrauen betraf, so ließ es sich, wie er glaubte, am besten dadurch herstellen, daß man eine Dividende von 10 Prozent festsetzte, selbst wenn man das für deren Auszahlung nötige Geld leihen mußte; am 16. Oktober 1905 brachte er das Bankenkonsortium dazu, zusätzlich zu den bereits bewilligten 10 Millionen einen weiteren Kredit in Höhe von 2 ½ Millionen Mark zur Deckung der Dividende lockerzumachen.[138] Er beschönigte nicht die Probleme, die dem Konzern im zurückliegenden Jahr zu schaffen gemacht hatten, wies aber darauf hin, daß sogar Differdingen einen Gewinn eingebracht habe und daß der bevorstehende Abschluß der Bauarbeiten sich in geringeren Kosten und verbesserten Erträgen niederschlagen würde. Als auf der Aktionärsversammlung vom 22. November ein Aktionär kritisch anmerkte, die Abschreibungen seien zu gering angesetzt und die Dividende sei ein nicht zu rechtfertigendes Zugeständnis an «Börseninteressen», verteidigte Stinnes den Dividendenbeschluß energisch. Es sei zwar bedauerlich, daß die Neubaumaßnahmen mitten in der Phase der Hochkonjunktur in Angriff genommen worden seien, aber sie würden nun einmal eine entscheidende Verbesserung bringen, und so gesehen, habe der Aufsichtsrat richtig gehandelt. Am Ende fiel der Beschluß über die 10prozentige Dividende einstimmig aus.[139]

Wäre es allein nach Stinnes gegangen, hätte er 1906 sogar schon mit dem Bau eines achten Hochofens für das Werk Differdingen begonnen; im August 1906 hatte er Dernburg diesen sehr teuren Vorschlag unterbreitet und Eigenbrodt angewiesen, mit den Planungen zu beginnen; er hatte dies damit begründet, «daß die Marktlage uns den Bau des 8ten Ofens aufzwingt, wenn wir Differdingen die Position erringen wollen, die uns zukommt». Stinnes lieferte noch eine weitere, aufschlußreichere Begründung für diesen Vorstoß, die angesichts der finanziellen Überlastung von Deutsch-Luxemburg und der durch die vielen laufenden Bauarbeiten verursachten Probleme von einem bemerkenswerten Offensivgeist zeugt:

> «Ich verkenne nicht, daß es große Bedenken hat, in der jetzigen teuern Zeit größere Neubauten vorzunehmen, aber es ist auch nicht zu verkennen, daß wir die Zukunft unseres Unternehmens mit einem Schlage so sichern können, wie es uns sonst bis zur nächsten Konjunktur nicht mehr möglich sein wird.»[140]

Obwohl Dernburg mit Blick auf die Kosteneinsparungen nach Inbetriebnahme der Seilbahn für den Erztransport durchaus willens gewesen war, ein bestimmtes Neubauvolumen zu befürworten, kam der Plan, einen achten Hochofen zu errichten, erst 1909 wieder aufs Tapet. Der Aufsichtsrat beschloß im September 1906, mit Neubaumaßnahmen zu warten, bis die Kostensituation sich entspannte.[141] Was aus der Episode sehr deutlich wird, ist, daß Stinnes große finanzielle Risiken einzugehen bereit war, wenn er für die Zukunft günstige Marktchancen witterte, worin sich sein großzügiges Denken ebenso offenbarte wie in der Tatsache, daß er für Deutsch-Luxemburg einen Kredit besorgte, um den Aktionären mit einer 10prozentigen Dividende seine Marschrichtung schmackhaft zu machen.

Was die Position von Stinnes zweifellos stärkte, war das endgültige Scheitern des Kohlensyndikats, dessen Klage gegen die von der Zeche Friedlicher Nachbar geltend gemachten Selbstverbraucherrechte das Reichsgericht in letzter Instanz abwies, ein Urteil, das das Syndikat in eine neue Krise stürzte, Stinnes aber in seiner Risikofreudigkeit bestätigte. Während er auf der einen Seite fortfuhr, Kompromißbereitschaft zu demonstrieren und die dem Kohlensyndikat angehörenden Hüttenzechen zu einer freiwilligen Selbstbeschränkung zu bewegen versuchte,[142] galt seine Hauptsorge jetzt dem Kampf um gute Zuteilungsquoten innerhalb des Stahlwerksverbands. Auch hier trug er eine versöhnliche Haltung zur Schau, arbeitete aber zugleich mit verhüllten Drohungen, wie sein Rechenschaftsbericht an die Aktionäre, vorgelegt im November 1906, demonstrierte:

> «Für die zukünftige Gestaltung unseres Unternehmens ist von entscheidender Bedeutung die Frage der Erneuerung des Stahlwerksverbandes. Im allgemeinen Interesse ist dessen Fortbestehen dringend zu wünschen. Wir fürchten seine Auflösung indessen nicht mehr, da wir durch unsere Neubauten zu günstigen Selbstkosten gekommen sind, alle Rohstoffe selbst er-

zeugen und in unserer Träger-Spezialität anderen Werken gegenüber einen Vorsprung namentlich im freien Wettbewerb haben würden. Trotzdem werden wir unsererseits im allgemeinen Interesse nach besten Kräften an der Verbandserneuerung mitwirken, vorausgesetzt, daß man unserer schon vorhandenen Leistungsfähigkeit dieselbe Berücksichtigung zuteil werden läßt, wie bei der ersten Verbandsbildung anderen [sic] gleich großen Werken des Minettereviers.»[143]

Ursprünglich war diese Passage in einem auftrumpfenderen Ton formuliert gewesen, aber Eigenbrodt hatte für zurückhaltende Formulierungen plädiert, unter Hinweis darauf, daß die steigenden Verkaufszahlen bei den Grey-Trägern bereits die «Begehrlichkeit» der Konkurrenten geweckt hätten und diese sich womöglich zu einer Einheitsfront gegen Deutsch-Luxemburg zusammenschließen würden, wenn der Konzern Anspruch auf eine Monopolstellung bei Grey-Trägern erhebe. Eigenbrodt konnte sich mit der Anregung durchsetzen, die Aussagen über die Erneuerung des Stahlwerksverbands aus «taktischen Gründen ... farbloser» zu formulieren und auf die ausdrückliche Erwähnung von «Grey-Trägern» zu verzichten.[144]

Hinter den Kulissen wurden derweil die Positionen für das bevorstehende Tauziehen in den Reihen des Stahlwerksverbandes abgesteckt. Der Aufsichtsrat von Deutsch-Luxemburg bestätigte auf seiner Sitzung vom 7. September 1906 die von Stinnes und Eigenbrodt vorgeschlagene Verhandlungsposition, nämlich für den Konzern eine Zuteilungsquote von 375 000 Tonnen zu fordern – gegenüber 289092 Tonnen bei der letzten Zuteilung 1904 – und auf einen besonderen Anrechnungsmodus für Grey-Träger zu dringen. Es war insofern ein bedeutsamer Beschluß, als er den Aufsichtsrat verpflichtete, seinen Unterhändlern auch dann Rückendeckung zu gewähren, wenn sie sich entscheiden würden, lieber den Stahlwerksverband platzen zu lassen, als unbefriedigende Konditionen zu akzeptieren. Die nächste Aufgabe bestand darin, eine möglichst starke Verhandlungsposition für Deutsch-Luxemburg aufzubauen. Im Oktober nahm der siebente Hochofen in Differdingen seinen vollen Betrieb auf, und Stinnes beschloß, ihn den ganzen Monat über auf volle Leistung fahren zu lassen, auch wenn dies die letzten Koksvorräte aufzehrte; Zweck der Übung war, der Stahlwerksverband-Kommission zu demonstrieren, daß die Forderungen von Deutsch-Luxemburg berechtigt waren. Die Kommission inspizierte die Anlagen von Differdingen und gelangte zu dem Schluß, daß eine Quote in Höhe von 295 000 Tonnen Rohstahl gerechtfertigt sei; von dem Argument, durch den hinzugekommenen siebenten Hochofen komme Deutsch-Luxemburg auf die angemeldete Kapazität von 375 000 Tonnen, wollte die Kommission nichts wissen, und sie bezweifelte auch, ob für den geplanten achten Hochofen überhaupt genug Platz vorhanden sei. Die Produktion des siebenten Hochofens fand also praktisch keinerlei Berücksichtigung, ebensowenig die Tatsache, daß die Kapazität zweier anderer Hochöfen durch Renovierung erhöht worden war. In seinem Bericht an

Stinnes wertete Eigenbrodt dies als nicht allzu tragisch, weil viele Werke zunächst stark überhöhte Quoten geltend machten und die Kommission aus taktischen Gründen sehr restriktiv verfuhr. Seiner Überzeugung nach war es jetzt sehr wichtig, ohne Rücksicht auf die Kosten weiter volle Kraft zu fahren, um die eigenen Forderungen mit Zahlen untermauern zu können. Derzeit erzeuge Deutsch-Luxemburg 320000 Tonnen im Jahr, und man könne zum mindesten verlangen, daß diese Ist-Kapazität durch entsprechende Quoten anerkannt würde.[145]

Deutsch-Luxemburg war offenbar nicht das einzige Unternehmen, das hohe Forderungen stellte; Ende März hatte es schon einmal den Anschein gehabt, als würden die Westfälischen Stahlwerke mit ihren Quotenforderungen den Verband sprengen. Mitte April waren es dann die Forderungen von Deutsch-Luxemburg, die für Diskussionen sorgten, und Stinnes stieg persönlich für Deutsch-Luxemburg in den Ring, anstatt die Verhandlungen allein dem nominell zuständigen Eigenbrodt zu überlassen. Sehr zugute kam Stinnes, daß Thyssen ihm in der Frage der Grey-Träger den Rücken stärkte; so konnte er dem Konzern die Exklusivrechte für solche Profile bis zum 1. Januar 1908 sichern; wenn es der Rombacher Hütte bis dahin gelang, gleichartige Profile nach dem sogenannten Sachs-Verfahren herzustellen, konnte sie von diesem Zeitpunkt an das Produkt in den Handel bringen. Die Deutsch-Luxemburg zugestandene Quote von 120000 Tonnen Grey-Trägern – Stinnes hatte ursprünglich 150000 Tonnen gefordert – sollte von einer eventuellen Zuteilung an die Rombacher Hütte unberührt bleiben. Außerdem hatte Deutsch-Luxemburg das Recht, nach eigenem Ermessen einen Preisaufschlag festzusetzen. Die Burbacher Hütte, die sich ebenfalls an der Herstellung breitflanschiger Trägerprofile versucht hatte, war damit gescheitert und ging bei den Zuteilungen leer aus. Am Ende konnte Deutsch-Luxemburg nicht nur sein Monopol auf Grey-Träger wahren, sondern erhielt auch eine Quote von 356463 Tonnen zugesprochen, mit der Option auf zusätzliche 45000 Tonnen im Januar 1909.[146]

Stinnes hätte es im Zuge dieser für ihn siegreich verlaufenen Kämpfe beinahe geschafft, den Stahlwerksverband zu sprengen. Die spannungsgeladenen Verhandlungen, die Cläre mit großem Interesse verfolgte, kamen erst eine Stunde vor Ablauf der letzten Frist für die Erneuerung des Abkommens am 1. Mai 1907 zum Abschluß:

> «Eigenbrodt wird nervös und ängstlich. Hugo erklärte wiederholt: D[eutsch] L[uxemburg] habe eine beschriebene Anforderung gestellt, die im Einklang wäre mit der Produktionsmöglichkeit des Werkes, aber auch nötig ist zur vollen Ausnutzung der neuen Anlagen, und man müsse sich darüber klar sein, er handele nach Aufsichtsratsbeschluß und andernfalls trät [sic!] D. L. nicht bei. Man tobt über Hugo und wettert ob seiner Hartnäckigkeit. Es könnte interessant sein, unbemerkt den verschiedenen Urteilen zu lauschen. Heute in der Angst um den Bestand des Verbandes ist wohl keiner mehr objektiv. Er ist

jedenfalls der schwierigste, weil hartnäckigste, die Wenigsten dürften die Nerven haben, in solcher Lage auszuhalten. Freilich weiß ja *Keiner,* hier allein sei es gesagt, daß Hugo, kommt Not an den Mann, keinesfalls den Verband an der Ablehnung seiner Forderung scheitern läßt, heute nicht mehr, nachdem 120000 t bewilligt sind, aber er rechnet bestimmt mit weiterem Entgegenkommen, bleibt er nur fest und glaubt Jeder an den Bruch des Verbandes in F[olge] definitiver Ablehnung. Aber Angst in allen Lagern am meisten bei den Bankers; bei ihnen spielten auch die selbstsüchtigsten Momente die Hauptrolle. Von allen Großbanken wird Hugo angedrahtet und Müller (von der Dresdner) meint sogar, mit zarten Drohungen beeinflussen zu können. Hugo läßt ihm durch Langen, seinen Beauftragten, reichlich deutlich sagen, er solle in Köln bleiben, er könne ihn nicht gebrauchen, und er ließe sich auch nicht beeinflussen, und ihn, Langen, bat er auch, sich möglichst schnelle nach Köln zurück zu begeben. Es sei für ihn (Langen) nur förderlich und setze ihn Mißdeutungen aus, sähe man sie immer verhandeln. Und Beständigkeit führt zum Ziel, resp. läßt das Meiste erreichen. Am 30ten abends, kurz vor Toresschluß, wurde dann auch der Verband als für weitere fünf Jahre laufend und fortbestehend erklärt. Mancher hatte nachgeben müssen, mancher viel sich bescheiden müssen, Luxemburg wohl am besten abgeschnitten, und die Schlesier sind beigetreten. Deutsch-Luxemburg bekam nach harten Kämpfen [356000] tons zugebilligt und damit gab sich Hugo zufrieden und D[eutsch] L[uxemburg] darf es auch tun. Hätten die Herren der Direktion allein die Angelegenheit zu regeln gehabt, sie hätten weniger erreicht, schon weil ihre Autorität geringer ist. Heute bedanken sich die Bankers für Hugos energisches, nur das Interesse des Werkes kennendes Auftreten.»[147]

Stinnes hatte eine um 18500 Tonnen niedrigere Quote, als zunächst von Deutsch-Luxemburg gefordert, akzeptiert und hätte sich sogar eher mit noch etwas weniger zufriedengegeben, als die Verantwortung für das Zerbrechen des Verbandes übernehmen zu müssen. Ursprünglich hatte freilich, wie er in einem Bericht an von Klitzing darlegte, keine Bereitschaft bestanden, Deutsch-Luxemburg mehr als 336000 Tonnen zuzugestehen, eine Quote, die er keinesfalls hingenommen hätte. Er und Eigenbrodt sähen sich unter starken Druck gesetzt, weitgehende Zugeständnisse zu machen, doch sie dächten nicht daran, sich diesem Druck zu beugen; er bat um eine Bestätigung dafür, daß der Aufsichtsrat die von ihm und Eigenbrodt vertretene Position, die das Wohlergehen des Konzerns eindeutig vor die Interessen Dritter, etwa der Banken, stellte, vorbehaltlos unterstützte.[148]

Von Klitzing sah sich hierdurch in eine etwas unbequeme Position versetzt. Am 15. April schrieb er an Stinnes, um ihm zu versichern, daß er und seine Bank um die große Bedeutung des Monopols auf Grey-Träger wüßten und hinter dem Anliegen stünden, dem Unternehmen die für eine effiziente Produktion erforderlichen Quoten zu sichern. Er legte in diesem Zusammenhang einige eindeutige Bekenntnisse ab:

«Wir sind ferner mit Ihnen der Ansicht, daß dieses Ziel sich nicht ohne Kampf wird erreichen lassen und daß dieser Kampf zuversichtlich aufgenommen werden kann, insbesondere wenn dabei, wie Sie ja beabsichtigen, das Ziel nicht aus den Augen verloren wird, einen Erfolg zu erringen, ohne das Zustandekommen des Verbandes zu verhindern. Daß wir in diesem Kampf Ihnen nicht durch Intervention in die Seite fallen werden, können wir umsomehr versichern, als ja Ihr Vorgehen den einstimmig gefaßten Beschlüssen des Aufsichtsrats überall entspricht, und wir daraufhin die Ablehnung einer Intervention mit Fug und Recht stützen können.

Wir halten es auch für taktisch richtig, daß die Einstimmigkeit der Beschlüsse nicht erst durch erneute Beratungen mit dem Aufsichtsrat der Gefahr ausgesetzt werde, erschüttert zu werden. Hiernach können wir Ihnen nur den besten Erfolg für ihr weiteres Vorgehen wünschen.»[149]

Wie erwartet, wurde von Klitzing von den Banken, allen voran von der Dresdner Bank, aufs heftigste zu Konzessionen gedrängt, doch er hielt sein Versprechen, sich nicht für sie zu verwenden. Er ließ die Banken vielmehr wissen, sie hätten, indem sie die ihnen angebotenen Aufsichtsratsmandate verschmäht hätten, auf jegliche Mitwirkungsrechte an Entscheidungen des Gremiums verzichtet. Als er jedoch am 30. April je ein Telegramm von der Dresdner, der Deutschen und der Bank von Sal. Oppenheim erhielt, die darin ihre Sorge bekundeten, daß Stinnes den Fortbestand des Stahlwerksverbands aufs Spiel setze, hielt er es für besser, die Telegramme an Stinnes weiterzugeben. Dabei versicherte er jedoch erneut, daß er nicht die Absicht habe, sich in die Verhandlungen einzumischen oder ihm Ratschläge zu erteilen. Wie er sich ausdrückte:

«Ich wußte mich ja mit Ihnen darin einig, daß wenn irgend möglich die Erneuerung des Stahlwerksverbandes nicht zum Scheitern gebracht werden sollte. Andererseits mußte ich nach unseren Abreden mit der Möglichkeit des Scheiterns immerhin rechnen und wollte für diesen Fall den vorgenannten Banken die Möglichkeit abschneiden, der Leitung meiner Bank vorzuwerfen, daß sie ihrerseits keine Schritte getan hätte, um das Scheitern der Erneuerung des Stahlwerksverbandes nach Möglichkeit zu verhindern.»[150]

Kein Zweifel, auch von Klitzing hatte sich der allgemeinen Nervosität angesichts der von Stinnes so spannend gemachten Verbandsverhandlungen nicht entziehen können, und dementsprechend groß war seine Erleichterung über den Abschluß; danach hatte er jedoch allen Grund, mit den Betriebsergebnissen bei Deutsch-Luxemburg zufrieden zu sein. Im ersten Geschäftsjahr des Konzerns, in dem Stinnes als alleiniger Vorstandsvorsitzender verantwortlich zeichnete, konnte Deutsch-Luxemburg, ohne Geld aufnehmen zu müssen, eine 10prozentige Dividende zahlen. Ein dringender Bedarf an großen Neubauinvestitionen bestand nicht, die jüngst fertiggestellten Anlagen funktionierten bestens. Die Neubauten in Differdingen waren in Betrieb gegangen und lieferten die erhofften Resultate.

Gute Fortschritte machten auch die Arbeiten zur Zusammenlegung von Friedlicher Nachbar und Baaker Mulde, mit der sich die Hoffnung auf große Einsparmöglichkeiten verband. Auch das Personalkarussell, das Stinnes im Vorjahr in Gang gesetzt hatte, wirkte sich günstig aus. Besonders bemerkenswert erschien Stinnes, wie gut es an der Friedrich Wilhelms-Hütte unter dem neuen Direktor Wirtz voranging. Als in der Aktionärsversammlung die Frage gestellt wurde, was an Gerüchten dran sei, denen zufolge die Hütte bald wieder erheblichen Zuschußbedarf anmelden würde, konnte Stinnes diese Gerüchte als unwahr zurückweisen. Er erklärte, die Aktionäre könnten sich glücklich schätzen, in diesen «schwierigen und unerfreulichen Zeitläufen» einen so erfreulichen Geschäftsbericht präsentiert zu bekommen.[151]

3. Stinnes der Rastlose: der Ausbau von Deutsch-Luxemburg, 1907–1912

Die Bankenkrise in den Vereinigten Staaten machte sich in Europa Ende 1907 bemerkbar, nachdem sich freilich schon vorher im Jahresverlauf die Anzeichen für eine zunehmende Geldknappheit gehäuft hatten. Anläßlich einer Stinnes-Reise nach Berlin im Juli hatte Cläre in ihrem Tagebuch festgehalten: «Er besucht alle Banken, alle klagen über Geldnot, die Deutsche [Bank], die am meisten besitzt, jammert am stärksten.»[152] Stinnes hatte ohnehin ein Nachlassen der Konjunktur erwartet, da die Gelder ausgerechnet zu einem Zeitpunkt knapp wurden, zu dem die Arbeiter den letzten Schwung des vergangenen Konjunkturhochs nutzten, um auf besser bezahlte Posten bei anderen Firmen zu wechseln, so daß steigende Lohnkosten die Gewinne auffraßen. Allerdings ließ sich aus dieser Not eine Tugend machen, wie er im Geschäftsbericht des Deutsch-Luxemburg-Konzerns unverblümt feststellte: «Ein Rückgang im Beschäftigungsgrad wird infolge der Erzielung besserer Arbeitsleistungen zweifellos nur günstig auf die Gewinn-Ergebnisse einer ganzen Reihe von Zechen einwirken», bei denen die Arbeitsproduktivität erheblich gesteigert worden sei.[153] Anfang 1907 reagierte er konkret auf die Geldverknappung und die Vorzeichen einer Krise, indem er Eigenbrodt vor einem Konjunktureinbruch warnte und ihn aufforderte, die Lagerbestände zu reduzieren, die Neubautätigkeit auf ein Mindestmaß herunterzuschrauben und sowohl beim Personalbestand als auch bei den Löhnen zu sparen. Ende Januar übersandte Deutsch-Luxemburg ihm detaillierte Aufstellungen über Löhne, Überstunden und personelle Einsparungen in den luxemburgischen Werken und Zechen. In bezug auf Lohnkürzungen galt es freilich, so Stinnes, mit «möglichst großer Vorsicht» zu agieren, «besonders da bei dem vollständigen Mangel an Arbeiterwohnungen einerseits, und den fabelhaft teuren Lebensmitteln andererseits man sich doch unbedingt überlegen und klar sein muß, wie weit man den Bogen spannen darf».[154]

Stinnes wußte natürlich, wie schwierig es in dieser Zeit war, gute Arbeitskräfte zu finden und zu halten. Im übrigen rechnete er nicht damit, daß der Konjunkturabschwung und die Geldknappheit lange andauern würden; tatsächlich schmiedete er bereits Pläne für eine neue Runde im Ausbau des Konzerns. Der nächste große Expansionsschritt, der die Fusion von Deutsch-Luxemburg mit Louise Tiefbau beinhaltete, wurde von der Konjunkturflaute und dem engen Geldmarkt auf der einen Seite erzwungen, auf der anderen verzögert.

Louise Tiefbau hatte eine schwierige Modernisierungs- und Umbauphase durchgemacht und sich bei den Banken hoch verschuldet, am stärksten bei der Deutschen Bank, die im Aufsichtsrat durch Oscar Schlitter vertreten war. Die Deutsche Bank hatte die Essener Credit-Anstalt und die Bergisch-Märkische Bank, die mit ihr eng verbunden waren, durch sanften Druck dazu gebracht, die Modernisierung von Louise Tiefbau durch Kredite, die manchmal nur widerstrebend gewährt wurden, zu finanzieren.[155] Das Unternehmen hatte seit 1900 keine Dividenden mehr bezahlt, und angesichts der Tatsache, daß es ständig weitere Geldmittel benötigte, um die Produktivität der Zechen Bruchstraße und Wiendahlsbank zu verbessern, machte es gar nicht erst den Versuch, sich um die Zulassung seiner Aktien an der Berliner Börse zu bemühen, da wegen der unbefriedigenden Ertragslage mit einer Ablehnung durch die Zulassungsstelle zu rechnen war. Ein Aktionär ging soweit, Stinnes und dem Aufsichtsrat vorzuwerfen, sie hintertrieben die Börsenzulassung der Aktien, die 1906 konsolidiert worden waren, in ihrem eigenen Interesse, eine Anschuldigung, die Stinnes als empörend und beleidigend zurückwies.[156] Bis weit ins Jahr 1907 hinein hoffte Stinnes zuversichtlich auf eine einschneidende Verbesserung der Lage, weil der Kohlenmarkt florierte und die daraufhin erfolgende Lockerung der Quotenkontrollen durch das Kohlensyndikat Louise Tiefbau die Möglichkeit eröffnete, Nutzen aus ihren stark erhöhten Förderkapazitäten zu ziehen. Zugleich plagte ihn die ständige Befürchtung, die Kohlenkonjunktur könnte einbrechen und das Syndikat werde daraufhin die Quotenschraube wieder anziehen.[157]

Seine Befürchtungen bewahrheiteten sich, als im Herbst 1907 die Konjunktur umschlug und man mit einer restriktiven Durchsetzung der Quoten rechnen mußte. Wieder einmal stand Stinnes im Kampf um das Wohl seines Unternehmens mit dem Rücken zur Wand. Im Dezember 1907 wandte sich Direktor Schöller von der Disconto-Gesellschaft, einer der Kreditgeber für Louise Tiefbau, an Stinnes und erinnerte ihn daran, daß er versprochen hatte, das Unternehmen werde durch monatliche Tilgungszahlungen seine Verschuldung abbauen. Es sei jedoch weder für November noch für Dezember eine Zahlung eingegangen. Schöller bat Stinnes zu veranlassen, daß die Firma die Zahlungen für diese beiden Monate nachholte und auch die Januar-Rate überwies: «Das Konto Louise Tiefbau ist für die Disconto-Gesellschaft ein durchaus unbefriedigendes, und scheint es mir nur billig, daß diejenige Bank, die heute bei Louise Tiefbau das Heft in der Hand hat, auch für die finanziellen Bedarfe Vorsorge trifft.»[158] In seiner Antwort an Schöller erklärte Stinnes, der Grund für das Ausbleiben der Tilgungszahlungen seien Vertriebsprobleme aufgrund zu geringer

Waggonkapazitäten, wodurch das Unternehmen auf lieferfertiger Kohle im Wert von 100000 Mark sitzengeblieben sei; er versicherte, die Rate für Dezember werde überwiesen werden, und fügte hinzu: «Mehr kann m.E. in der jetzigen Zeit von einer Bergwerksgesellschaft, die eben angefangen hat, sich aus rückständigen Verhältnissen herauszuarbeiten, billigerweise nicht verlangt werden.»[159]

Als Stinnes erfuhr, daß das Syndikat für das Frühjahr 1908 eine Reduzierung der Koksquoten um 15 Prozent plante – was Mindereinnahmen in Höhe von 40000 Mark pro Monat bedeuten und eine weitere Tilgung der Bankschulden unmöglich machen würde –, wandte Stinnes sich mit dem Vorschlag an Klönne, der schon so lange ins Auge gefaßten Fusion zwischen Louise Tiefbau und Deutsch-Luxemburg nun näherzutreten. Klönne nahm die bevorstehende Quotenreduzierung überhaupt nicht tragisch, sondern versprach sich davon einen gesünderen Kohlenmarkt, sobald die Konjunktur wieder anzog, womit er noch im Lauf des Jahres 1908 rechnete. Gleichwohl zeigte er sich bereit, über das Vorhaben zu sprechen, und bat Stinnes, ihm die vorgeschlagene Fusion in einem Exposé zu skizzieren. Stinnes schlug vor, die Fusion durch Tausch von jeweils drei Louise-Tiefbau-Aktien gegen zwei Deutsch-Luxemburg-Anteile zu vollziehen. Da Deutsch-Luxemburg bereits Louise-Tiefbau-Aktien im Wert von 800000 Mark besitze, müsse das Aktienkapital des Konzerns um lediglich 4 Millionen Mark aufgestockt werden, auf dann 20 Millionen Mark; seine Verschuldung würde sich dadurch um weitere 5 auf rund 22 Millionen Mark erhöhen. Die 150000 Tonnen Koks, die Deutsch-Luxemburg bislang auf dem Markt kaufen müsse, könne künftig im Rahmen der gerade erst gerichtlich bestätigten Selbstverbraucherrechte bezogen werden, womit Differdingen und die Friedrich Wilhelms-Hütte noch dazu den Vorteil gewönnen, Koks von außerordentlich hoher Qualität zu bekommen. Schließlich würde Deutsch-Luxemburg in den Genuß der erhöhten Syndikatsquoten dieser Zechen kommen. Letzten Endes lief das, was Stinnes vorhatte, darauf hinaus, Louise Tiefbau aus ihren kurzfristigen Schwierigkeiten zu erlösen, um Deutsch-Luxemburg in die Lage zu versetzen, langfristig die Früchte der vorgenommenen Kapazitätserweiterungen zu ernten.[160]

Am 14. Februar 1908 konferierte Stinnes mit Vertretern des Bankenkonsortiums von Deutsch-Luxemburg; sie stimmten einer Fusion mit Louise Tiefbau grundsätzlich zu, forderten aber, daß diese mit einer Konsolidierung der schwebenden Schulden des Konzerns einhergehen müsse. Stinnes erklärte sich damit einverstanden und schlug eine Kapitalerhöhung von 18 auf 42 Millionen Mark vor, wovon 4 Millionen für den Kauf der Louise-Tiefbau-Aktien verwendet werden sollten; die restlichen 14 Millionen sollten vom Konsortium übernommen und zu den üblichen Bedingungen und Provisionssätzen am Wertpapiermarkt plaziert werden. Wozu Stinnes das Konsortium nicht bewegen konnte, war die Zusage, diese Transaktion vor dem 15. April über die Bühne zu bringen. Wie Cläre dazu festhielt: «Die geplante Fusion Louise Tiefbau – Deutsch-Luxemburg wird auf Wunsch der Banken vorab verschoben, sie fürchten z.Z., die neuen

Aktien nicht unterbringen zu können, das ist recht unangenehm und bedeutet große Arbeiterentlassungen vom Augenblick der bald fälligen Förderungseinschränkung. Hugo hätte diese gerne vermieden.»[161] Ein wertvolles Zugeständnis erlangte Deutsch-Luxemburg vom Bankenkonsortium als Gegenleistung dafür, daß Stinnes versprach, die Fusion mit Louise Tiefbau nicht ohne Zustimmung des Konsortiums zu vollziehen: Ein zum 15. April fälliger Kredit in Höhe von 12,5 Millionen Mark wurde um ein volles Jahr verlängert.[162]

Hinter dem Zögern des Konsortiums, der Fusion zuzustimmen, steckten nicht nur Bedenken hinsichtlich der Aufnahmefähigkeit des Wertpapiermarkts, sondern auch Vorbehalte gegen die Übernahme der erheblichen Schulden von Louise Tiefbau. Nun kam erschwerend hinzu, daß durch die vom Syndikat verfügten Quotenreduzierungen für das Unternehmen eine Situation eintrat, die Stinnes in einer Aufsichtsratssitzung am 14. Mai 1908 als unerträglich bezeichnete, weil sie bei Bruchstraße, Wiendahlsbank und Louise Tiefbau zu einer Auslastungslücke von 30 Prozent führe und damit all das, was man in den verflossenen Jahren an Aufbauarbeit geleistet habe, fruchtlos zu machen drohe. Es gebe nur zwei Mittel und Wege zur Lösung des Problems. Entweder man konsolidiere die bestehenden Schulden durch eine Anleihe bei den Banken und mache das Unternehmen damit für Deutsch-Luxemburg attraktiv, oder man übernehme die Förderquote einer anderen Zeche und setze Louise Tiefbau damit in die Lage, ihre Kapazitäten voll auszuschöpfen. Stinnes und seine Aufsichtsratskollegen hielten die erstgenannte Option für die weitaus wünschenswertere, und so trat Stinnes in Verhandlungen mit den beiden der Deutschen Bank nahestehenden regionalen Bankhäusern, der Bergisch-Märkischen Bank in Elberfeld und der Essener Credit-Anstalt, über eine Anleihe. Ende Juli kam man einer Lösung nahe, die vorsah, daß die Zeche Bruchstraße hypothekarisch an die Deutsche Treuhand-Gesellschaft verpfändet werden sollte, die für die Deutsche Bank das Hypothekengeschäft besorgte. Als man Stinnes eröffnete, welche Provisionen verlangt wurden und daß die Banken auch auf der Verpfändung der Zeche Wiendahlsbank bestanden, erhob er Einspruch. Die Banken erklärten, ihre Forderungen rechtfertigten sich aus den voraussichtlich hohen Kosten für die Plazierung der Anleihe, und die zusätzliche Hypothek auf Wiendahlsbank brauche man als Anreiz für die Anleger. Stinnes bezeichnete die Provisionen als unverschämt und wies darauf hin, daß Bruchstraße und Wiendahlsbank, auch wenn sie eine Vertriebsgemeinschaft eingegangen waren, im Falle einer Fusion mit einem anderen Unternehmen formell selbständige Einheiten bleiben müßten. Nach vergeblichen Appellen an Klönne kam Stinnes zu dem Schluß, die Konditionen seien schlicht nicht akzeptabel, und ließ die Verhandlungen über die Anleihe Anfang August platzen.[163]

Die Bedeutung dieser Episode liegt darin, daß sich darin Stinnes' zwiespältiges Verhältnis zu den Banken offenbarte – seine Abhängigkeit von ihrer Bereitschaft, ihn in seinen ehrgeizigen Vorhaben zu unterstützen, und sein Leiden unter dieser Abhängigkeit:

«Die allgemein schwere Geldlage macht mal wieder die Banken sehr empfindlich. So wollten sie auch Hugo seine Geldleih-Bedingungen erschweren. Vermutlich die Deutsche Bank schickt die Berg. Märk. vor. Hugo verweigert Annahme ihrer Bedingungen, gibt ihnen vielmehr zu verstehen, daß er ohne sie fertig werden könne. Er verkauft zum ersten Mal RWE-Aktien und macht große Rückzahlungen an die Banken. Unangenehm werden die ihnen nun nicht sein, aber ihnen ist doch mal wieder gezeigt, daß man nicht alles sich von ihnen gefallen läßt. Trotzdem sind solche Vorkommnisse auch keineswegs angenehm für Hugo; sie bestärken ihn wieder in dem schon seit langem ihn treibendem Bestreben, die Schulden, ohne die er heute noch nicht arbeiten kann, sich vom Halse zu schaffen und sich von den Banken unabhängig zu machen. Bald ist er so weit, daß alle Unternehmungen ihm dies Ziel schneller erreichen helfen. ... Unter dem Druck der hohen Schulden hat er viel gelitten. Auf ihre Rechnung kommt manche ruhelose Nacht. Ohne sie hätte er aber nie sein Geschäft so schnell ausbauen und in so vielen Gesellschaften Einfluß durch Besitz und Tätigkeit schaffen können.»[164]

Nachdem es sich als unmöglich erwiesen hatte, zu erträglichen Bedingungen eine Anleihe zu erhalten, faßte Stinnes den Erwerb der Zeche Freiberg in Sölde bei Holzwickede ins Auge, die dem Mülheimer Bergwerks-Verein gehörte und deren Förderquote für dieses Unternehmen (in dem ohnehin Stinnes Regie führte) keine große Bedeutung hatte.[165] Der Kauf dieser Zeche war nur mit Zustimmung der Aktionärsversammlung von Louise Tiefbau möglich; Ende August zeigte jedoch das Bankenkonsortium von Deutsch-Luxemburg plötzlich wieder Interesse an Louise Tiefbau, was zweifellos mit den jüngsten Berichten über die ausgezeichnete Verfassung ihrer Kohlengruben, mit der Aussicht auf ein Anziehen der Konjunktur und mit den Problemen zu tun hatte, die sich aus dem Zukauf einer anderen Zeche im Hinblick auf das Projekt einer Fusion ergeben hätten. In weiten Teilen scheint Thomas die Verhandlungen geführt zu haben, der Stinnes im Aufsichtsrat von Louise Tiefbau häufig vertrat und auf Geheiß seines Chefs sogar eine Englandreise abbrechen mußte, um an den abschließenden Verhandlungsrunden teilzunehmen. Am 1. September trat der Aufsichtsrat von Deutsch-Luxemburg zu einer außerordentlichen Sitzung zusammen und stimmte der Fusion zu, die durch Konsolidierung der schwebenden Schulden beider Unternehmen bewerkstelligt wurde. Der Konzern würde neue Aktien im Wert von 18 Millionen Mark auflegen, wovon 4 Millionen zum Kauf der noch ausstehenden 7 Millionen Louise-Tiefbau-Aktien verwendet würden (nachdem Deutsch-Luxemburg bereits früher für 1 Million Mark Anteile übernommen hatte). Die restlichen 14 Millionen würde das Konsortium übernehmen und an den Börsenplätzen Berlin und Frankfurt in den Handel bringen. Die Aktionäre beider Unternehmen stimmten diesen Fusionsbedingungen im Oktober 1908 zu.

Daß Louise Tiefbau sich bereit fand, einen etwas unbilligen, für Deutsch-Luxemburg schmeichelhaften Aktientauschkurs zu akzeptieren, hatte sicherlich etwas mit einem Unglücksfall in der zu Louise Tiefbau gehörenden Grube Clausthal zu tun, wo ein Stolleneinsturz um ein Haar zahlreiche Menschenleben gefordert hätte; andererseits kann kein Zweifel daran bestehen, daß die ausgezeichnete Verfassung, in der sich die Zechen Bruchstraße und Wiendahlsbank befanden, maßgeblich dazu beitrug, das Deutsch-Luxemburg-Konsortium für die Fusion zu gewinnen. Die Arbeit, die Stinnes investiert hatte, um Louise Tiefbau zu einem hochmodernen Zechenbetrieb zu machen, hatte sich ausgezahlt und der Firma den Aufstieg in die Reihen der konzerneigenen Hüttenzechen ermöglicht, bei denen Stinnes am stärksten engagiert war. Zugleich hatten er und Thyssen den Banken die eine oder andere Lektion erteilt, indem sie sich von erheblichen Teilen ihres eigenen Aktienbesitzes an Deutsch-Luxemburg und am RWE getrennt hatten. Wie Stinnes in einem Brief an Thyssen schrieb: «Unsere Großbanken gebrauchen z.Zt. ihre Macht bei den Unternehmungen und Leuten, denen sie groß Kredite gegeben haben. ... Deshalb muß es nun das dringlichste Bestreben sein, die verschiedenen Unternehmungen dem Abhängigkeits-Verhältnis zu entziehen. Zum Schluß wird es dann einem selbst auch möglich sein.» Auch wenn die Banken mit der Fusion und der Kapitalerhöhung sicherlich ein gutes Geschäft gemacht hatten, war Stinnes überzeugt, daß er und Thyssen gut daran getan hatten, «die Geldverhältnisse zu ändern und damit unsere wirtschaftliche Unabhängigkeit bei D. L. wieder herzustellen».[166]

Die Eingliederung von Louise Tiefbau war nur ein Zwischenschritt auf dem Weg zu einem weiteren expansiven Ausbau des Deutsch-Luxemburg-Konzerns, wobei Stinnes nach wie vor eng mit den Bankiers zusammenarbeitete. So wie die Bankiers selbst in der schwierigen Situation des Jahres 1908 letzten Endes den von Stinnes gewiesenen Weg mitgegangen waren, taten sie dies erst recht auch in den darauffolgenden drei Jahren. Allerdings tätigte Deutsch-Luxemburg 1909 keine größeren Erwerbungen. Aktiver war in dieser Hinsicht die GBAG, was zum Rückzug von August und Fritz Thyssen aus ihrem Aufsichtsrat führte, weil die Expansionspolitik des Unternehmens nicht mehr ihren Interessen entsprach. Gerüchte verdichteten sich, daß Thyssen vorhabe, Investitionen in der Region Luxemburg-Lothringen zu tätigen, und daß Deutsch-Luxemburg mit von der Partie sei. Stinnes hingegen hieß den Wachstumskurs der GBAG gut, was offenbar in erheblichem Maß mit dem Bestreben zusammenhing, sich im Hinblick auf den nicht allzu fernen Beginn der Verhandlungen über die Fortsetzung des Stahlwerksverbands 1912 eine gute Ausgangsposition zu verschaffen. An den Gerüchten über ein bevorstehendes Zusammengehen von Stinnes und Thyssen war im übrigen nichts dran – allerdings trugen diese Gerüchte, zusammen mit den guten Erträgen, dazu bei, Deutsch-Luxemburg an der Börse zu höheren Kursen zu verhelfen. Im allgemeinen war 1909 kein gutes Jahr für Eisen und Stahl, mit der Folge, daß die Konkurrenz zwischen den Großerzeugern heftiger wurde, die Preise sanken und das Kohlensyndikat durch ein Abkommen zur Begrenzung der Quoten für Hüttenzechen (wie Stinnes es seit einiger Zeit gefordert hatte) stabilisiert werden mußte.[167]

Ebenso wie Stinnes sich im letzten Quartal 1906 vorsichtig optimistisch über die Zukunft äußerte, hielt er den Zeitpunkt auch für günstig, um bei Deutsch-Luxemburg eine weitere Kapitalerhöhung durchzusetzen, diesmal von 42 auf 50 Millionen Mark, und damit das vielkritisierte Mißverhältnis zwischen Aktien und Obligationen zu korrigieren, das durch die Erhöhung des Obligationenbestandes von 8 auf 30 Millionen Mark im Jahr 1908 entstanden war. Die Kapitalerhöhung sollte auch dazu dienen, die Rücklagen des Konzerns auf ein angemessenes Niveau zu erhöhen und das Betriebskapital aufzustocken. Stinnes hatte sich wegen dieser Kapitalerhöhung zunächst an von Klitzing gewandt, der darüber mit dem Börsenspezialisten der Deutschen Bank, Mankiewitz, gesprochen hatte. Mankiewitz regte an, die beiden Banken sollten Deutsch-Luxemburg-Aktien im Wert von 2 bis 4 Millionen Mark aufkaufen, um die Kursentwicklung zu regulieren; Stinnes hielt dem entgegen, die anderen Großbanken könnten es als Kränkung empfinden, wenn sie nicht eingeladen würden, sich zu beteiligen. Unvermeidlich wurde dies in dem Moment, als das «Geheimnis» der geplanten Kapitalerhöhung an die Presse durchsickerte, und so wurde auch jetzt wieder das gewohnte Konsortium unter Führung der Darmstädter Bank zusammengestellt. Trotz eines gewissen Unbehagens, das Stinnes angesichts der Reaktion der Börse auf die Nachricht empfand, drängte von Klitzing ihn, die Kapitalerhöhung durchzuziehen, würde doch durch sie «das Unternehmen in einen Stand gesetzt, der ihm mit seinen stillen Reserven einen unbestrittenen Platz unter den ersten seinesgleichen anweisen wird».[168] Die Transaktion bescherte zwar Deutsch-Luxemburg noch immer nicht mehr als ein bescheidenes Betriebskapital, aber sie wurde ein großer Erfolg, was letzten Endes an der geschickten Regie Stinnes' und von Klitzings lag: «Aktion in 2 Tagen glatt verlaufen mit nur 2% Rückgang des Kurses», hielt Cläre in ihrem Tagebuch fest.[169] Die Aktionäre wurden nicht nur erneut mit einer 10prozentigen Dividende verwöhnt, sondern auch mit höchst positiven Berichten über die erfreulichen Auswirkungen, die die Übernahme von Louise Tiefbau auf die Ertragskraft des Konzerns hatte. Es war ein gelungener Auftakt zu den großen Erwerbungen des Jahres 1910.[170]

Die erste betraf knapp die Hälfte der Aktien der Bergwerks-Gesellschaft Saar-Mosel, die auf der Liste der Stinnesschen «Sorgenkinder» weit oben stand.[171] Seit Stinnes und Thyssen sich in die Firma eingekauft hatten, war keine Dividende mehr ausgeschüttet worden, und über die Art, wie das Unternehmen geführt wurde, kam es wiederholt zu erheblichen Meinungsverschiedenheiten zwischen Stinnes und Geheimrat Müller von der Dresdner Bank auf der einen sowie zwischen Stinnes und den Thyssens auf der anderen Seite. Die Firma hatte sehr große Probleme mit den Arbeiterorganisationen, nicht zuletzt wegen der hohen Fluktuation, und Direktor Flake, den Stinnes außerordentlich schätzte, hatte sich gezwungen gesehen, eine große Zahl von Arbeitern aus Ungarn und Italien einzustellen, deren Produktivität sehr niedrig war. Fritz Thyssen, der im Aufsichtsrat saß, übte Ende 1908 scharfe Kritik an der Geschäftspolitik Flakes und gab ihm die Schuld für das Ausbleiben von Gewinnen; dagegen vertrat Stinnes den

Standpunkt, die Probleme rührten daher, daß der Aufsichtsrat mit «minderwertigem Arbeitermaterial» partout den Ausbau des Unternehmens übers Knie brechen wolle. So sehr Müller und Stinnes, wenn sie unter sich waren, Witze darüber machten, ein Jahr lang die Geschäftsleitung Fritz Thyssen zu übertragen und zu schauen, was er daraus machte, die beständige Kritik frustrierte Flake. Besonders schwierig wurde die Situation, als Ende 1908 in Karlingen ein Streik ausbrach und Beschwerden über Sicherheitsmängel an den Zechen des Unternehmens laut wurden. Zwar ergab eine behördliche Inspektion, daß Flake nichts vorzuwerfen war, und Stinnes bemühte sich auch beständig, Flake den Rücken zu stärken, wenn August Thyssen ihm wieder einmal vorhielt, er könne nicht mit den Arbeitern umgehen, aber auf der anderen Seite riet er Flake, englisch zu lernen, damit er, Stinnes, ihn notfalls im Ausland einsetzen könne, falls er ihn als Direktor von Saar-Mosel nicht mehr halten könne. Cläre ereiferte sich über den in ihren – und sicherlich auch Hugos – Augen unschönen Umgang Thyssens mit seinen Managern: «Wieder mal das Kind mit dem Bade ausschüttend und dabei jede Gerechtigkeit, jede Dankbarkeit vergessend. Es tut einem immer wieder leid und weh, erhält man einen Beweis dieser großen Fehler von Thyssen. Paßt ihm jemand nicht mehr, muß er gehen, ganz gleich, was er bisher geleistet hat. Das tut Hugo nicht mit und antwortet dem auch entsprechend.»[172]

Stinnes fand das alles sehr unerquicklich, besonders in Anbetracht der Tatsache, daß er und Thyssen sich über den hohen Wert der Kohlenreserven von Saar-Mosel einig waren. Anfang 1909 erhielt Stinnes Anfragen seitens diverser französischer Kapitalgruppen, ob eine Beteiligung an dem Unternehmen möglich sei. Stinnes dachte zwar nicht daran, alle seine Aktien zu veräußern, war aber bereit, den Verkauf eines Teils seiner Aktien in Erwägung zu ziehen; wegen seiner Meinungsverschiedenheiten mit den Thyssens und weil er das Gefühl hatte, neue Kräfte im Aufsichtsrat könnten etwas Gutes bewirken und den Vorwärtsdrang Thyssens, dem nie etwas schnell genug ging, bremsen, war Stinnes bereit, zu einem Preis zu verkaufen, der niedriger lag als der Wert, den er den Aktien letzten Endes beimaß. Wie er jedoch Müller wissen ließ, knüpfte er seine Verkaufsbereitschaft an die Bedingung, daß Thyssen denselben Schritt tat:

> «Mit Herrn Thyssen möchte ich andererseits unter allen Umständen in bisheriger Freundschaft weiter bleiben, und unter den Umständen wäre es mir erwünscht, wenn wir beide unser Interesse so reduzierten, daß man ein Experiment nach der einen oder anderen Richtung gleichmütiger hinnehmen kann. Neue Leute würden vielleicht auch mehr Geduld haben, als die bisher geprüften Aktionäre in Saar und Mosel.»[173]

Aus der in Aussicht genommenen französischen Beteiligung an Saar-Mosel wurde nichts, doch bildet diese Episode einen wichtigen Hintergrund für die Ereignisse von 1910, insofern als sie den Wunsch Stinnes' demonstrierte, sein persönliches finanzielles Engagement in dem Unternehmen zu verringern, und ebenso auch sein Bemühen um eine weitere Zusammenarbeit mit Thyssen im

Geiste der getroffenen Abmachungen und ungeachtet ihrer Meinungsverschiedenheiten. Anfang 1910 gesellten sich freilich zu den Differenzen zwischen Stinnes und Thyssen über die Art, wie Saar-Mosel geführt wurde, Interessenkonflikte im Hinblick auf die GBAG sowie, was noch bedeutsamer und schmerzlicher war, in bezug auf das RWE und die Versorgung des Ruhrgebiets. Von diesem Komplex wird im nächsten Kapitel die Rede sein, doch spielte er schon hier eine wichtige Rolle als Hintergrund des Tauziehens um Saar-Mosel.

Den Beginn des letzteren markierte eine Reise nach Frankfurt, die Stinnes und Thyssen Anfang 1910 gemeinsam unternahmen, nachdem Stinnes seine Bereitschaft angedeutet hatte, seine Aktien auf Deutsch-Luxemburg zu übertragen, falls der Konzern Interesse an einem Einstieg bei Saar-Mosel bekundete. Thyssen hatte hiergegen, soweit Stinnes es beurteilen konnte, nichts einzuwenden und war schlicht und einfach gewillt, seine Anteile an Saar-Mosel zu behalten und sich damit die Aussicht auf die Dividenden, die sie ihm eines schönes Tages bringen mochten, zu bewahren. Stinnes hielt es aber auch für denkbar, daß Thyssen interessiert sein könnte, sein gesamtes Aktienpaket loszuwerden. Auf der Grundlage dieser Annahme beauftragte er Eigenbrodt, ein Gutachten über den potentiellen Nutzen von Saar-Mosel für Deutsch-Luxemburg zu erstellen. Eigenbrodt inspizierte das Unternehmen und kehrte mit einer äußerst günstigen Prognose zurück, in der er insbesondere den hohen Wert von Saar-Mosel als Lieferant von Kohle und Koks und die Transportkostenvorteile im Vergleich zur rheinisch-westfälischen Kohle herausstrich. Prompt bot Stinnes daraufhin Deutsch-Luxemburg seine Anteile an Saar-Mosel an, und am 11. Februar 1910 informierte er Thyssen über dieses Angebot in einem Schreiben, das er mit äußerst konzilianten Formulierungen beschloß:

> «Wenn sich die Besitzverhältnisse auf Saar und Mosel soweit voraussichtlich doch wesentlich verschieben sollten, so würde es selbstredend immer mir zur Freude gereichen, mit Ihnen wie bisher zusammenzuarbeiten.
>
> Sie wissen, wie schmerzlich es mir gewesen ist, daß es beim Gas zu getrenntem Vorgehen gekommen ist.»[174]

Leider sah Thyssen die Sache anders; für ihn komme der Vorstoß von Stinnes, so erklärte er, vollkommen unerwartet, denn nach ihren Gesprächen sei er davon ausgegangen, daß sie ihre Anteile entweder gemeinsam oder gar nicht abgeben würden. Thyssen forderte Stinnes auf, sein Angebot an Deutsch-Luxemburg zurückzuziehen. Er vergaß nicht zu erwähnen, daß die Dresdner Bank ihm einmal ihren 20prozentigen Anteil an Saar-Mosel angeboten und er dieses Angebot mit der Begründung abgelehnt habe, er wolle ein solches Geschäft nur gemeinsam mit Stinnes tätigen. Seiner Meinung nach war Stinnes moralisch verpflichtet, sich ebenso zu verhalten, und er hielt ihm vor, daß er, Stinnes, ihm wohl «mit Recht die schwersten Vorwürfe gemacht [hätte], wenn ich unsere Abmachungen betreff Saar und Mosel vergessen oder unberücksichtigt gelassen hätte».[175]

Stinnes war mehr als willens, Thyssen dieses Zugeständnis zu machen. Ihm und Müller wäre zweifellos eine Fusion zwischen Deutsch-Luxemburg und Saar-Mosel lieber gewesen, aber Stinnes hatte Verständnis für die objektiven und subjektiven Gründe, aus denen Thyssen sein Aktienpaket behalten wollte. Auf der einen Seite hatte Thyssen vor kurzem in Frankreich Stahlwerke gekauft, die Saar-Mosel würde beliefern können. Auf der anderen war er als Saar-Mosel-Aktionär in all den schwierigen Zeiten bei der Stange geblieben, ein Motiv, das auch für Stinnes und seinen Wunsch, dort so gut wie möglich mit Thyssen zusammenzuarbeiten, eine wichtige Rolle spielte. All dies konnte nicht verhindern, daß weitere schmerzende Worte gewechselt wurden, was Müller zu der scherzhaften Anfrage bewog, ob er nicht zwei Leute vom Auswärtigen Amt beauftragen solle, den beiden eine Anleitung zum Abfassen diplomatischer Dokumente zu geben. Müller bekam dann selbst die Chance, diplomatisches Geschick zu beweisen, wurde er doch dazu ausersehen, in einem Gespräch zwischen den beiden Industriellen den Moderator zu spielen. Das Endergebnis dieser Unterredung war eine Übereinkunft zwischen Thyssens Deutscher Kaiser und Stinnes' Deutsch-Luxemburg, derzufolge beide je 49 Prozent der Saar-Mosel-Aktien kontrollieren und die Dresdner und die Darmstädter Bank einen Anteil von je einem Prozent übernehmen und so für den Fall einer Meinungsverschiedenheit das Zünglein an der Waage spielen würden. Thyssen, der sich ursprünglich eine Vertragslaufzeit von 50 Jahren ausbedungen hatte, gab sich schließlich mit 25 Jahren zufrieden. Ferner kamen die beiden Konzerne überein, Saar-Mosel eine Anleihe in Höhe von 8 Millionen Mark zu garantieren, was eine Gewähr für günstige Anleihekonditionen bedeutete. Beide Konzerne sollten gleiches Anrecht auf Kokskäufe bei Saar-Mosel haben.[176]

Nachdem die Vereinbarung unter Dach und Fach war, trat das Bankenkonsortium von Deutsch-Luxemburg wieder in Aktion: Im März und April 1910 gab es eine weitere Kapitalerhöhung um 15 Millionen Mark bekannt und in Verbindung damit den Erwerb von Saar-Mosel-Aktien im Wert von 10 Millionen Mark im Austausch gegen eine gleich große Zahl von Deutsch-Luxemburg-Anteilen sowie den Kauf der Kaiser Friedrich-Zeche in Barop, die an Louise Tiefbau angrenzte und mit der ein Ausgleich für die stillgelegten Strecken von Louise Tiefbau geschaffen werden sollte; außerdem sollte das neue Geld dazu dienen, in Zusammenarbeit mit der GBAG diverse Erzvorkommen in Italien und Spanien zu erwerben. Kaiser Friedrich war, wie Saar-Mosel, stark verschuldet. Im Aufsichtsrat der Zeche stimmte eine Mehrheit zunächst gegen die Fusion, doch dann wendete sich das Blatt dadurch, daß Deutsch-Luxemburg schlicht eine Aktienmehrheit an Kaiser Friedrich zusammenkaufte. Alle diese Erwerbungen wurden als weitere Triumphe für Stinnes und als Demonstration seiner Vormachtstellung bei Deutsch-Luxemburg gewertet, und zwar mit Recht. Gewiß gab es Widerstände und Bedenken gegen seine Dominanz. Direktor Steinthal von der Deutschen Bank, der als Privatier im Aufsichtsrat saß, beklagte sich einmal darüber, er erfahre von neuen Finanztransaktionen des Konzerns immer erst aus der Zeitung.[177]

Seit der Kraftprobe um die Eingliederung von Louise Tiebau hatten sich die Machtverhältnisse eindeutig zugunsten von Stinnes verschoben; gut informierte Beobachter machten aus dieser Sachlage keinen Hehl, auch wenn sie ihr nicht durchweg unkritisch gegenüberstanden.

«Wer annahm, daß die Gesellschaft nach Angliederung von Friedlicher Nachbar (1904), Friedrich Wilhelms-Hütte (1905), Louise Tiefbau (1908) zu ruhiger Entwicklung kommen würde, ist getäuscht. Mehr und mehr wird sie zu einer Art Stinnes'scher ‹Brockensammlung›, damit allerdings auch zu einer kompakten Masse in der Hand dieses Magnaten, der es seit etwa 1901, anders wie der alles auf eigenen Schultern tragende August Thyssen, gut versteht, seine Machtstellung mit Hilfe von fremdem Kapital zu befestigen, und Bankwelt und Aktionäre vor seinen Pflug zu spannen. Daß das nicht auch zum Nutzen der letzteren sei, braucht nicht unmittelbar gefolgert zu werden, wenigstens nicht, seit der einstige, sich in [Kursen von 300 Prozent] ausdrückende Überschwang einer größeren Besonnenheit Platz gemacht hat. Im Gegenteil, Herr Stinnes hat nach dem bisherigen Anschein, speziell was den zuerst sehr beargwöhnten Ankauf von Louise Tiefbau anlangt, den Erfolg schließlich auf seiner Seite, und dem Vernehmen nach hat er gerade jetzt mit solchem Hinweise die Mitglieder der Verwaltung, die dem Projekte des Erwerbs der Saar- und Moselbergwerks-Gesellschaft und erst recht dem Teilankauf skeptisch gegenübertraten, zu beruhigen verstanden. Die Bankwelt aber ergab sich, weil sie an sich die Kompetenz zur selbständigen Beurteilung im gleichen Maße schwinden sieht, je komplizierter die Betriebe und Probleme, je überragender an Bedeutung und Können die industriellen Persönlichkeiten werden und je numerisch geringer in einer Verwaltung die Praktiker sind gegenüber der Unmenge von die Geschäfte nicht verschmähenden Finanziers und dem Übergewicht des leitenden Mannes. Die Verantwortung aber auf Seite der Banken wächst mit jeder Transaktion zusehends und gerät so immer weiter in Gegensatz zu dem Spielraum ihres Vetorechts und ihrer Vetobefähigung. Man verläßt sich auf den einen Mann.»[178]

Dieser eine Mann schickte sich nun an, im «Eiltempo»[179], wie die *Frankfurter Zeitung* ein paar Monate später schrieb, weitere große Erwerbungen für Deutsch-Luxemburg zu tätigen. Allerdings handelte es sich weder bei der gegen Widerstände durchgesetzten Übernahme der Zechengesellschaft Tremonia, die auf die ebenso unfreundliche Übernahme der Kaiser Friedrich-Zeche folgte, noch bei der einvernehmlichen Fusion mit der Dortmunder Union um Schnellschüsse oder rein opportunistische Zugriffe im Interesse der Expansion von Deutsch-Luxemburg. Die betreffenden Zechen grenzten direkt an die von Deutsch-Luxemburg an und lagen auch in bezug auf die Dortmunder Union günstig, würden also den Besitzstand des Konzerns abrunden und ihm darüber hinaus zu höheren Syndikatsquoten verhelfen. Sie waren in der Tat sogar Elemente in einem ehrgeizigen Projekt, das vorsah, die Unter-Tage-Anlagen der zur

Dortmunder Union gehörenden Glückauf Tiefbau mit denen der Deutsch-Luxemburg-Zechen Louise Tiefbau, Kaiser Friedrich und Tremonia im Untergrund durch Stollen so zu verbinden, daß Kohle künftig erheblich kostengünstiger zur Dortmunder Union und ihrem Verladehafen transportiert werden konnte. (In Wirklichkeit wurden diese Einsparungen dann durch den Bau einer oberirdischen Schienenseilbahn erreicht, die nur einen Teil ihres Weges unterirdisch zurücklegte; das änderte jedoch nichts an dem grundlegenden Konzept.)[180]

Stinnes hatte 1909 die ersten konkreten Schritte zur Übernahme von Tremonia getan, wobei er sich des kleinen Mülheimer Bankhauses der Gebrüder Hammerstein (über das er solche Vorgänge häufig abwickelte) und des Düsseldorfer Anwalts Ernst Vohwinckel bedient hatte. Sie hatten von Stinnes den Auftrag erhalten, Aktien aufzukaufen und andere Aktionäre zu bearbeiten; Thomas wies sie an, wie sie in den einzelnen Fragen, die in den Generalversammlungen aufs Tapet kommen würden, abstimmen sollten; Stinnes, der im Hintergrund die Fäden zog, legte es darauf an, durch entsprechende Abstimmungsergebnisse die Pläne der amtierenden Geschäftsführung zu durchkreuzen und den Weg zu einer Übernahme zu ebnen. Allein, die Tatsache, daß sich unter den Tremonia-Aktionären eine rührige Minderheit herausbildete, blieb nicht lange verborgen, und als im April 1909 die Wiederwahl Richard Hammersteins in den Aufsichtsrat der Zeche anstand und seine Kandidatur erwartungsgemäß von Vohwinckel und Gleichgesinnten lebhaft unterstützt wurde, fiel Hammerstein nicht nur durch, sondern wurde auch mit dem Vorwurf konfrontiert, er agiere als Strohmann einer Interessengruppe, die auf die Übernahme der Zeche hinarbeite – wobei es ihm als erschwerend angerechnet wurde, daß er nicht bereit war zu sagen, wer seine Hintermänner waren. In beiden Jahren, 1909 und 1910, erhielt Vohwinckel von Thomas Anweisung, alle Anträge abzublocken, die auf die Aufnahme einer Anleihe zur Lösung der Liquiditätsprobleme der Firma abzielten, und nicht zu enthüllen, welche Kapitalgruppen er vertrat. Diese Taktik zielte natürlich darauf ab, die Fusion als einzige gangbare Alternative übrig zu lassen; Stinnes setzte Knupe ein, um die einschlägigen Angebote von Deutsch-Luxemburg an Tremonia zu überbringen und zusammen mit Hammerstein den Kauf der Tremonia- und der Kaiser Friedrich-Aktien einzufädeln. Als das Unternehmen die Angebote von Deutsch-Luxemburg als unzureichend ablehnte, sah Stinnes nur noch einen Weg, nämlich sich in den Besitz einer Aktienmehrheit zu bringen, den Vorstand der Firma abzuberufen und eigene Leute an dessen Stelle zu setzen. Im November 1910 war dies bewerkstelligt, und der neue Vorstand akzeptierte das Angebot von Deutsch-Luxemburg. Bei Kaiser Friedrich sorgten ein paar Hartnäckige unter den Aktionären dafür, daß das Tauziehen bis Januar 1911 dauerte; erst dann konnte Deutsch-Luxemburg die totale Kontrolle über die Zeche übernehmen.[181]

Die größte Fusion, die Deutsch-Luxemburg 1910 vornahm, war natürlich der Zusammenschluß mit der Dortmunder Union, die ebenfalls ein gemischter Konzern mit Kohlenzechen, Erzgruben, Hochöfen und Stahlwerken war. Wie bereits gesehen, stand die Dortmunder Union auf Stinnes' Liste, seit er bei Deutsch-Luxemburg das Kommando führte. Selbst zu einer so widrigen Zeit wie im Juli 1908 hatte Stinnes dieses Thema in Briefen und Gesprächen mit Schöller von der Disconto-Gesellschaft erörtert. Damals hatten jedoch sowohl die Dortmunder Union als auch Deutsch-Luxemburg zu große Finanzprobleme, als daß es ratsam gewesen wäre, eine Fusion zu betreiben.[182] Ende Mai 1910 wandte sich Stinnes jedoch erneut an Schöller und erläuterte, weshalb seiner Überzeugung nach jetzt mit besseren Gründen als je zuvor eine Fusion der beiden Unternehmen angestrebt werden solle. Dank seines wachsenden Einflusses bei Tremonia und Kaiser Friedrich und seiner beherrschenden Stellung bei Louise Tiefbau sei er nunmehr in der Lage, der Dortmunder Union «bedeutende technische Vorteile» zu bescheren, vor allem Ersparnisse bei den Transportkosten und ein bedeutsames Erweiterungsstück für die zur Union gehörende Zeche Adolph von Hansemann, die die Hälfte des Kohlenbedarfs der Union deckte. So sehr Stinnes anerkannte, daß die Hochöfen der Union im denkbar besten Zustand waren, so überzeugt war er, daß das Unternehmen auf längere Sicht seine Kräfte mit denen einer anderen Firma bündeln mußte, wenn es die notwendigen Kostenvorteile realisieren wollte. Die Produktpaletten der Stahlwerke in Differdingen und Dortmund ergänzten einander und würden eine günstige Arbeitsteilung erlauben. Nicht zuletzt müsse man auch an die Erneuerung des Stahlwerksverbandes denken; im Hinblick darauf sei es «zweifellos ... nur von Vorteil, wenn weniger große Werke sich zu verständigen haben».[183]

Schöller ließ sich nicht zweimal bitten und stellte die Verbindung zwischen Stinnes und dem Generaldirektor der Dortmunder Union, Baurat Mathies, her. Wie in solchen Fällen üblich, sickerte die Nachricht von den in Gang gekommenen Verhandlungen alsbald durch, und sehr zum Ärger Schöllers kam es zu einer spekulativen Nachfrage nach Union-Aktien. Als die Stinnes-Direktoren Eigenbrodt und Sellge nach Inspektionen berichteten, die Erzeugungskosten für Walzstahl-Produkte seien bei der Union niedriger als in Differdingen, stachelte dies Stinnes' Begeisterung für die Fusion weiter an; andererseits erfuhr er, der Nettogewinn der Friedrich Wilhelms-Hütte allein sei höher als der der gesamten Dortmunder Union. Eigenbrodt, der die Union-Werke in Begleitung von Mathies und dessen Chefingenieur Albert Vögler besichtigte, wies in seinem Bericht mit Nachdruck darauf hin, daß «die Union in der Person des Herrn Oberingenieur Vögeler [sic] eine ganz hervorragende Kraft besitzt; der Herr hat einen sehr guten Eindruck auf mich gemacht.»[184]

Der Hauptstreitpunkt, um den es in dieser Phase der Fusionsverhandlungen ging, lautete nicht so sehr, wie gut die Union dastand oder wie ihr Personal zu bewerten war, sondern was Schöller und die Disconto-Gesellschaft für ihre Mühe und Arbeit bekommen sollten. Schöller forderte für sich den zweiten Stellvertreterposten im Aufsichtsrat von Deutsch-Luxemburg, für seine Bank Gleichrangigkeit mit der Darmstädter Bank in dem Konsortium, das für die Kapitalerhöhung bei Deutsch-Luxemburg gebildet werden mußte, und die

Übernahme einiger Mitglieder des Union-Aufsichtsrats in den Aufsichtsrat von Deutsch-Luxemburg.[185] Tatsächlich hatte die Disconto-Gesellschaft ihr Engagement in der Dortmunder Union im Lauf der zurückliegenden Jahre abgebaut und war am Zustandekommen der Fusion sehr interessiert, gleichzeitig aber bestrebt, aus dem Geschäft das Maximum herauszuholen. Schöller lud Stinnes zu einem Gespräch nach Berlin ein, bei dem sie versuchen könnten, handelseinig zu werden. Es scheint ein sehr interessanter Besuch gewesen zu sein; als weitere Gäste anwesend waren Müller und Dernburg, der auf dem Sprung zu einer Reise nach Sibirien und China war, und Stinnes war angetan von Schöllers prächtigem Anwesen mit eigenem Park im Grunewald und von seiner netten Familie.[186]

Das änderte nichts daran, daß Schöller die Daumenschrauben anzog; Deutsch-Luxemburg müsse sich beeilen, ein Angebot zu machen, bevor die Spekulation die Aktien der Dortmunder Union noch weiter in die Höhe treibe und die Union sich dann eventuell entschlösse, ihre weitere Expansion durch eine Anleihe zu finanzieren, was ihr Interesse an der Fusion erlöschen lassen würde. Wie schon ein Jahr zuvor, sah Stinnes sich gezwungen, vorzeitig von einer Englandreise zurückzukehren, um sich mit den Bankiers auseinanderzusetzen, die noch vor der für den 9. August anberaumten Aufsichtsratssitzung von Deutsch-Luxemburg eine gemeinsame Position finden mußten. Als der konstruktivste unter ihnen erwies sich von Klitzing, der seine Kollegen auf die Linie von Deutsch-Luxemburg einzuschwören versuchte, in der Hoffnung, Auseinandersetzungen zwischen den Bankiers mit negativen Folgen für das Vorhaben von vornherein unterbinden zu können. Zur Übernahme der Union bedurfte es einer Kapitalerhöhung um 36,5 Millionen Mark, wovon 22,2 Millionen zur Abfindung der Altaktionäre der Dortmunder Union bestimmt waren. Von Klitzing befürchtete, die gesamte Operation werde an der Börse schlecht ankommen, und Deutsch-Luxemburg könnte dort zum Prügelknaben werden, wenn man die Sache nicht mit größter Sorgfalt über die Bühne brachte.[187]

Dennoch machten die Bankiers Stinnes das Leben höllisch schwer, als er sich am 6. August mit ihnen zusammensetzte, was Cläre wieder einmal zu einem boshaften Tagebucheintrag veranlaßte: «Hugo versucht die D-Banken bezüglich ihrer Quote Fusion Union – D.LX. unter einen Hut zu bringen, indes ohne Erfolg bisher», schrieb sie. «Keiner gönnt dem anderen einen Bissen; Schöller will sich nicht von den anderen majorisieren lassen, während Deutsche & Dresdner Bank meinen, daß Disconto ohnedies schon zu viel bei dem Geschäft verdiene. Auch hier der Neid im Mäntelchen des begreiflichen Geschäftseifers wohl verborgen.»[188] Wie meistens, wenn viel auf dem Spiel stand, rangen sich die Bankiers auch diesmal schließlich zu einer Einigung durch: Darmstädter Bank und Disconto-Gesellschaft würden im Konsortium mit jeweils 17, 5 Prozent vertreten sein, Deutsche, Dresdner und Nationalbank sowie der Schaffhausen'sche Bankverein mit jeweils 9,75 Prozent.[189]

Welche Schlüsse ließen sich aus diesem weiteren großen Expansionsschritt von Deutsch-Luxemburg ziehen? Die *Frankfurter Zeitung* kommentierte die «ehrgeizigen Pläne» von Stinnes in einer, wie gewohnt, leicht negativen Weise, indem sie ihm unterstellte, er habe mit übermäßiger Eile und nach «amerikanischen Grundsätzen» gehandelt; nach den aufregenden Entwicklungen der letzten Jahre sei dem Konzern jetzt eine Phase «ruhiger Konsolidierung» zu wünschen.[190] Die *Rheinisch-Westfälische Zeitung* wies darauf hin, daß Deutsch-Luxemburg einfach dem von der GBAG und von Thyssen vorgezeichneten Weg folge, denn auch diese beiden hätten vergleichbar stark expandiert, und bei allen sei die Triebfeder der Wunsch, sich im Hinblick auf die kommende Verlängerung des Kohlensyndikats eine möglichst gute Ausgangsposition zu sichern. Die Dortmunder Union sei das Beste, was Deutsch-Luxemburg habe finden können: «Braut und Bräutigam passen ganz gut zueinander.»[191] Während es sicherlich eine fragwürdige Einschätzung war, die Erhöhung des Aktienkapitals des Deutsch-Luxemburg-Konzerns von 24 auf 100 Millionen Mark innerhalb von nur 20 Monaten mit der «impulsiven Leitung» des Unternehmens durch Stinnes zu begründen, war die von der kritisch eingestellten *Frankfurter Zeitung* aufgeworfene Frage schon ernster zu nehmen, «ob auch technisch und wirtschaftlich die Fusionen en masse gerechtfertigt sind, ob sie für das Stammunternehmen einen Fortschritt bedeuten, ob sie für seinen organischen Ausbau wünschenswert und nicht nur etwa unbedenklich sind».[192] Gegenüber diesem etwas vagen Einwand, der die Unterstellung enthielt, die Fusionen hätten «etwas Gewaltsames», machten Stinnes und seine Kollegen geltend, daß dadurch eine wirtschaftlichere Arbeitsteilung zwischen Differdingen und Dortmund möglich würde, ferner eine rationellere Bewirtschaftung der Kohlenzechen und ihrer Lieferungen an die Werke, höhere Mittel und Rücklagen für Modernisierungsmaßnahmen und eine Stärkung der eigenen Stellung für den Fall, daß der Stahlwerksverband oder andere Kartelle auseinanderbrechen würden. Kurz und gut, sowohl die aus der schieren Größe resultierenden Vorteile als auch die durch die Kapital- und Rechtsverhältnisse in Deutschland bedingten Erfordernisse rechtfertigten diese dynamische Expansionspolitik.[193]

Erst die Zukunft würde zeigen, welche dieser Einschätzungen am meisten für sich hatte; was Stinnes betraf, so erschienen ihm diese Eingliederungen sicherlich als organisch; die Fusion mit der Dortmunder Union führte denn auch zu bedeutsamen Veränderungen in den Betriebsabläufen. Eine der einschneidendsten Folgen war, daß sich das Schwergewicht der Macht innerhalb des Konzerns zugunsten der Ruhr verschob. Die Konzerngeschäftsführung von Deutsch-Luxemburg wurde jetzt ebenfalls nach Mülheim-Ruhr verlegt, wo der Grundstein für ein großes neues Verwaltungsgebäude gelegt wurde.[194] Aber auch Dortmund gewann als Verwaltungszentrum eindeutig an Gewicht, weil die Werke der Union zu den wichtigsten Produktionsanlagen des gesamten Konzerns avancierten. Dank ihrer Lage am Dortmunder Hafen hatten sie unmittelbaren Zugang zu Weser, Rhein und Nordsee und damit große Wettbewerbsvorteile bei den Transportkosten.[195]

Eigenbrodt trat an die Stelle des in Pension gehenden Mathies und wurde

Ende 1910 von Differdingen nach Dortmund versetzt, als Generaldirektor der Dortmunder Union – ein eindeutiges Indiz für den hohen Stellenwert dieser Neuerwerbung. Das war freilich nur eine von vielen personellen Veränderungen in Dortmund, wo offenbar nur Vögler fest im Sattel saß, den Stinnes mit der Leitung des Maschinenbaus, der Neubauplanung und der Walzwerke betraute. Er wurde ferner zum Stellvertreter Eigenbrodts ernannt und vertrat diesen bei Abwesenheit. Eigenbrodt hatte vor, Differdingen und die Union verwaltungsmäßig unter einen Hut zu bringen und die Abteilungen Einkauf, Vertrieb und Buchhaltung sowie die Büros des Syndikats nach Dortmund zu verlegen. Abgesehen von Vögler und einigen wenigen anderen Direktoren und leitenden Angestellten der Union, schien Stinnes von deren Führungspersonal nicht allzuviel zu halten, denn alle anderen wollte er zum Stichtag 1. Oktober entlassen. Eigenbrodt wandte sich entschieden gegen diesen sicherlich sehr impulsiven Stil der Personalplanung und wies darauf hin, daß man damit die besten Leute vergraule, die überall gesucht seien und leicht anderswo unterkommen könnten. Er ziehe es vor, sorgfältig auszuwählen, welche Leute an Bord bleiben und welche er loswerden wollte. Außerdem hegte er die Befürchtung, gekündigte Angestellte könnten Deutsch-Luxemburg wegen Verstoßes gegen das Fusionsabkommen verklagen.[196]

Stinnes scheint auf diesen vernünftigen Rat gehört zu haben. Im Oktober berichtete er über große Fortschritte bei der Umkrempelung der Union und der Steigerung ihrer Produktion, erwähnte, daß einige der leitenden Angestellten entlassen worden seien, und kündigte «weitere Ersetzungen» an, die notwendig seien, weil «das Hereinbringen von frischem Blut notwendig ist, um mit dem alten Schlendrian aufzuräumen. Im übrigen aber zeigt sich durchweg die Beamtenschaft willig und macht durchaus nicht passive Opposition, sodaß in dieser Hinsicht bessere Verhältnisse angetroffen worden sind, als ich angenommen hatte.»[197]

Von Klitzing, der die Expansionspolitik des Jahres 1910 mehr als jeder andere unterstützt hatte, war über diese guten Neuigkeiten erfreut, doch er wußte auch, daß Stinnes damit noch nicht zufrieden sein würde. Ende Februar 1911 besuchte Stinnes den Berliner Sitz der Darmstädter Bank und erörterte mit den leitenden Herren eine ziemlich imposante Liste von ins Auge gefaßten Erwerbungen: die Übernahme sämtlicher Anteile an Saar-Mosel, verstärkte Einflußnahme auf Rümelingen-St. Ingbert, die Hinzunahme von Werften und Rheinschiffahrts-Gesellschaften. «Es wird viel Arbeit machen», räumte er ein, «bevor diese jetzt noch heterogenen Dinge miteinander, sei es im Wege der Fusion, sei es durch Pachtverträge, verschmolzen sind.»[198] Dieses Eingeständnis war freilich die Frucht seiner sehr frischen Erkenntnis, daß die Bankiers jeder weiteren Kapitalerhöhung sehr distanziert gegenüberstanden. Am 21. Januar 1911 hatte Stinnes in einem Brief an Thyssen angeregt, Saar-Mosel solle sein auf Obligationen entfallendes Kapital um 3 bis 4 Millionen Mark erhöhen, da das Unternehmen bei Deutsch-Luxemburg bereits mit 1 Million Mark verschuldet sei und der Konzern seiner Einschätzung nach keine größeren Beträge mehr für Saar-Mosel erübrigen könne. Thyssen stimmte dem nicht nur zu, sondern antwortete mit dem verblüffenden, für Stinnes höchst erfreulichen Vorschlag, Deutsch-Luxemburg könne die Thyssen-Anteile an Saar-Mosel übernehmen:

> «Seit einiger Zeit bin ich zur Überzeugung gekommen, daß der gemeinsame Besitz der Saar- und Moselwerke für beide Teile nicht ratsam ist, weil täglich neue Schwierigkeiten daraus entstehen werden, die beide Teile nur durch eine Lösung des Verhältnisses vermeiden können.»[199]

Während Stinnes das Angebot hochinteressant fand und darauf drängte, Thyssen schnellstens beim Wort zu nehmen, stieß er bei den Vertretern der Darmstädter und Dresdner Bank, die er in Berlin aufsuchte, um die Thyssen-Offerte zu erörtern, auf große Vorbehalte. Von Klitzing und Müller stimmten ihm zwar darin zu, daß es wünschenswert wäre, die restlichen Saar-Mosel Aktien zu übernehmen, hielten aber den Zeitpunkt für ungünstig und fürchteten, die dafür erforderliche Kapitalerhöhung werde das Urteil der Börse über den Konzern, das schon jetzt kritisch sei, weiter negativ beeinflussen. Stinnes sah sich gezwungen, Thyssen in seinem Antwortschreiben mitzuteilen, daß alle sein Angebot zu schätzen wüßten, daß man aber einen günstigeren Zeitpunkt abwarten müsse, eher man ihm nähertreten könne. Dies konterte Thyssen mit der Mitteilung, er habe sich eines anderen besonnen; es sei wohl doch das beste, wenn er seine Aktien behalte. Sein Angebot war damit vom Tisch. Cläre vermutete, hinter diesem Sinneswandel stecke Augusts Sohn Fritz Thyssen. Stinnes fühlte sich durch diese Erfahrung indes in seinem alten und bewährten Grundsatz bestätigt, sich bietende Gelegenheiten immer sofort beim Schopf zu packen.[200]

Im April ließ Thyssen die Möglichkeit eines erneuten Sinneswandels anklingen, hatte aber inzwischen den Preis erhöht; wieder drängte Stinnes seine Bankiersfreunde, sich mit dem Angebot zu beschäftigen. Diesmal kam es allem Anschein nach zu einem Konsens: Falls es mit dem Geschäft ernst würde – was letzten Endes nicht der Fall war –, würde man eine Kapitalerhöhung für gerechtfertigt erachten. Klitzing hielt das Saar-Mosel-Paket sogar für die einzige unter allen denkbaren Erwerbungen, die eine Kapitalaufstockung rechtfertigen würde. Wie er in einem Schreiben an Stinnes feststellte, hatte Deutsch-Luxemburg eine eher schlechte Presse und an der Börse viele Gegner, so daß eine Kapitalerhöhung den vorhandenen Negativtrend vermutlich verstärken würde; zum Beleg für seine These übersandte er ihm vertrauliche Börsenanalysen. In diesen wurden Gerüchte wie dieses kolportiert: Deutsch-Luxemburg verkaufe über Bankhäuser wie das der Gebrüder Hammerstein Aktienpakete an sich selbst, Stinnes kaufe über seine Firma Aktien auf, und die Grey-Patente würden im nächsten Jahr auslaufen, womit dem Konzern eine wesentliche Einnahmequelle verlorengehen würde.[201]

Wie von Klitzing sehr wohl wußte, arbeitete Stinnes trotz der Fesseln, die ihm aufgrund der in der Presse und an der Börse kursierenden Verdächtigungen und

Gerüchte angelegt waren, an einer ganzen Reihe neuer Projekte. Im Januar 1911 inspizierte Eigenbrodt in Stinnes' Auftrag die Firma Rümelingen-St. Ingbert, die Stinnes schon seit 1905 im Visier hatte. Einen *modus vivendi* mit dem in belgischem Besitz befindlichen Unternehmen zu finden erschien dringlicher denn je, nachdem das Reichsgericht am Ende eines langwierigen Rechtsstreits zwischen Deutsch-Luxemburg und Rümelingen über die Besitzrechte am Erz der Grube Oettingen III in letzter Instanz zugunsten Rümelingens entschieden hatte. Deutsch-Luxemburg wurde zur Zahlung einer Entschädigung verurteilt und mußte seine Ansprüche begraben. Eigenbrodt kam in seinem Bericht zu positiven Schlußfolgerungen, räumte aber ein, daß es eine schwierige Aufgabe sein werde, eine effektive Arbeitsteilung zwischen Differdingen, Rümelingen, St. Ingbert und Dortmund auszutüfteln. Als noch viel schwieriger erwies es sich jedoch, eine klare Vorstellung von den zwischen den beiden Konzernen zu treffenden Vereinbarungen zu gewinnen. Eine Fusion kam nicht in Frage, sowohl wegen der hohen Kosten für Deutsch-Luxemburg als auch wegen des hohen Kurses der Rümelingen-St. Ingberter Aktien; somit fiel die Wahl zwangsläufig auf die Bildung einer Interessengemeinschaft, in deren Rahmen Deutsch-Luxemburg die Kontrolle über Rümelingen ausüben würde. Stinnes ging natürlich davon aus, daß diese Interessengemeinschaft in eine Fusion münden würde, doch erst einmal mußten die Bedingungen dafür ausgehandelt werden, und dabei mußte man wegen der komplizierten Rechtsverhältnisse bei den Erzkonzessionen und im Zusammenhang mit der 1905 erfolgten Fusion zwischen Rümelingen und dem damaligen Eisenwerk Krämer große Sorgfalt walten lassen. Als Stinnes beispielsweise herausfand, daß zwischen Rümelingen und Cockerill niemals ein rechtsgültiger Vertrag in bezug auf Oettingen III geschlossen worden war, mahnte er dazu, den Fusionsvertrag vollkommen wasserdicht zu gestalten, damit man nicht Opfer irgendwelcher «Schwindeleien» und «zum Schlusse von diesen Leuten noch schwer hereingelegt» würde.[202]

Dennoch gelang es bis Mai 1911, den Text eines Abkommens zwischen Deutsch-Luxemburg und Rümelingen-St. Ingbert zu formulieren und die Zustimmung der Aktionäre beider Unternehmen zum Abschluß einer dreißigjährigen Interessengemeinschaft einzuholen, die unter anderem vorsah, daß Deutsch-Luxemburg die Kontrolle über sämtliche Vermögenswerte von Rümelingen-St. Ingbert sowie die Leitung seiner Geschäfte übernehmen würde. Die beiden Unternehmen würden als juristisch selbständige Einheiten bestehen bleiben, und Deutsch-Luxemburg würde verpflichtet sein, die Zahlungsfähigkeit von Rümelingen-St. Ingbert zu erhalten, dessen Aktionären für 10 Jahre eine Dividende zu garantieren, für die Dauer der Vertragslaufzeit einen Mindestkurs von 2000 belgischen Francs für jede der 15 000 Aktien des Unternehmens zu gewährleisten und angemessene Investitionen für die Weiterentwicklung des Unternehmens zu tätigen. Deutsch-Luxemburg würde eine Option auf die Übernahme von Rümelingen-St. Ingbert zu jedem beliebigen Zeitpunkt innerhalb der 30 Jahre eingeräumt, wobei als Kaufpreis 37,5 Millionen belgische

Francs vereinbart wurden, was den Aktionären im Fall einer Fusion praktisch einen Übernahmekurs von 2500 belgischen Francs je Aktie garantierte. Für die Einhaltung des Abkommens von der belgischen Seite her sollte ein kleiner Verwaltungsrat sorgen, dem G. de Laveleye als Präsident vorsaß und dem außer ihm noch Generaldirektor H. Chandelon, der Direktor von St. Ingbert, O. Krämer sowie Stinnes und Thomas als Repräsentanten von Deutsch-Luxemburg angehörten. Elf Mitglieder des alten Verwaltungsrats wurden in den Aufsichtsrat von Deutsch-Luxemburg übernommen.

De facto handelte es sich eindeutig um eine Fusion, die nur anders genannt wurde. Die große Bedeutung der Erzlagerstätten von Rümelingen, die Einsparungen, die erreicht werden konnten, indem man das von den Hochöfen in Rümelingen erzeugte Gas anstelle des Stroms aus Differdingen als Energieträger nutzen würde, die an Rümelingen geknüpfte Erwartung einer erhöhten Eisenerzeugung sowie die Produktion hochwertiger Stähle in St. Ingbert unter der fähigen Leitung Krämers, dies alles würde, wie schon die Übernahme der Dortmunder Union, Deutsch-Luxemburg eine bessere Position in dem bevorstehenden Ringen um die Erneuerung des Syndikats bescheren – die Vorteile für Deutsch-Luxemburg waren offenkundig. Was jedoch bewog die belgischen Eigentümer dieses auf festen Beinen stehenden, auf luxemburgischen Territorium ansässigen Unternehmens, sich in die Fänge von Stinnes' Deutsch-Luxemburg-Konzern zu begeben? Antworten darauf finden sich in einem an die Aktionäre von Rümelingen-St. Ingbert gerichteten Exposé, und sie zeigen auf, wie stark das Unternehmen schon vorher in den Bannkreis Deutschlands hineingezogen worden und in welchem Ausmaß es dem Sog der Entwicklung der deutschen Schwerindustrie ausgesetzt war:

> «Seit langem schon war ihr Verwaltungsrat von der Notwendigkeit durchdrungen, das Arbeitsgebiet Rümelingens zu erweitern und dem Zug zu folgen, der in dieser Bahn die ganze schwere Industrie Deutschlands mit sich reißt. Wie Sie im Jahre 1905 es für nötig gehalten haben, den Hochöfen Rümelingens und Oettingens ein Stahlwerk (St. Ingbert) anzugliedern, um uns gegen die heftigen und manchmal heimtückischen Preisschwankungen des Roheisens und der Fertigprodukte zu schützen, so wurde es von Tag zu Tag dringlicher, dem Kreis unserer Anlagen auch Steinkohlenbergwerke anzugliedern, um wenigstens aus Rümelingen einen Selbstproduzenten und Selbstverbraucher zu machen: von der Produktion des Kokses bis zur Produktion des fertigen Stahls. Wir waren bemüht, diesen Gedanken in Wirklichkeit umzusetzen, und hätten ihn weiter verfolgt, wenn sich nicht die Gelegenheit geboten hätte, einem anderen Plane näherzutreten, der noch besser die Ungewißheit der Zukunft berücksichtigt.
>
> Aber selbst in Verbindung mit einem Steinkohlenbergwerk, das ihm einen Verbrauch an Koks sicherstellen würde, wäre Rümelingen bei seinen Hochöfen mit einem Fassungsvermögen von nur 350000 Tonnen Roheisen und bei

Midgard-Aktie von 1908, kurz vor der Firmenübernahme durch Stinnes

einer Leistung des St. Ingberter Stahlwerkes von 250000 bis 300000 Tonnen ein kleines Unternehmen geblieben neben den großen neu gebildeten Unternehmungen, welche mehr denn je in den Syndikaten den Ausschlag geben und die deutsche Industrie beherrschen werden. Darin lag im Fall eines Kampfes – und der Kampf ist nicht ausgeschlossen – eine Gefahr, der zu trotzen sinnlos wäre.

Richtiger war es, unser Unternehmen einer bereits bestehenden großen und starken Gruppe anzuschließen, welche neben ihren Hüttenwerken auch ausgedehnte Steinkohlenbergwerke besitzt.»[203]

Selbst die *Frankfurter Zeitung* mußte zugeben, daß die Zusammenführung dieser Werke unter eine einheitliche Leitung ihnen zum wirtschaftlichen Vorteil gereichen würde; sie tat dies allerdings nur zähneknirschend und mit der üblichen einschränkenden Mahnung, man dürfe nicht außer acht lassen, «daß durch die starke Erweiterung des Konzerns und die Angliederung der zum Teil räumlich entfernt liegenden Werke immerhin der Überblick über den Gesamtbetrieb eine Erschwerung erfährt».[204]

Für den Augenblick schien es jedoch, als sei gegen die Logik der vertikalen Konzentration kein Kraut gewachsen, und so trug sich Stinnes denn auch bereits mit weiteren Ausbauplänen für Deutsch-Luxemburg, wobei sein Blick sich dieses Mal nach Norden und nach dem Meer richtete. Seit längerem spielte er mit dem Gedanken, dem Konzern eine Reederei anzugliedern; schon im September 1909 hatte von Klitzing ihm in Beantwortung einer Anfrage Informationen über die Deutsche Seeverkehrs-Aktiengesellschaft Midgard mit Sitz in Nordenham zukommen lassen. Im April 1911 besichtigten Stinnes und von Klitzing die Firma und waren von ihrem modernen Zuschnitt sehr positiv beeindruckt. Allerdings hatte das Unternehmen seit seiner Gründung im Jahr 1905 noch nie eine Dividende bezahlt und verfügte nur über eine bescheidene Zahl hochseetüchtiger Frachter. Beherrscht wurde die Firma von Kapitalgebern aus der Hamburger Banken- und Schiffahrtsbranche, allen voran der Norddeutsche Lloyd. Von Klitzing kaufte in der Folgezeit unauffällig einen erheblichen Kapitalanteil zusammen, und als im Juli 1911 die Übernahme durch Deutsch-Luxemburg angebahnt wurde, regte sich dagegen allem Anschein nach kein Widerstand, solange der Käufer bereit war, einen akzeptablen Preis zu zahlen und die erhebliche Schuldenlast der Firma zu übernehmen. Bemerkenswerterweise wurde die Reederei Midgard zu gleichen Teilen von der Hugo Stinnes GmbH und Deutsch-Luxemburg übernommen, so daß bei Deutsch-Luxemburg keine Kapitalerhöhung erforderlich wurde. Dieses Arrangement war Ausdruck der zunehmenden Verflechtung zwischen der Firma Stinnes und dem Deutsch-Luxemburg-Konzern. Die hinzuerworbene Firma, deren Flotte Stinnes sogleich durch den Kauf von sechs mittelgroßen Frachtschiffen vom Norddeutschen Lloyd vergrößerte, sollte sich dem Transport skandinavischen Erzes nach Deutschland und der Mittelmeerregion sowie der Lieferung von Kohle aus Nordenham und von den Stinnes-Niederlassungen am Mittelmeer in den Nahen Osten widmen.[205]

Die Midgard-Übernahme fiel in eine Phase zunehmender Verflechtungen zwischen den schwerindustriellen gemischten Konzernen wie GBAG, Krupp und Thyssen auf der einen und Handels- und Schiffahrtsunternehmen auf der anderen Seite, deren Attraktivität darin lag, daß sie über ihre Binnenhäfen an Rhein und Weser den Zugang zum Übersee-Frachtgeschäft beherrschten. Daß Hugo Stinnes, der laut *Frankfurter Zeitung* «ruheloseste Kopf unter den rheinisch-westfälischen Großindustriellen»,[206] an dieser Entwicklung partizipierte, war alles andere als eine Überraschung. Gleichwohl wurde jeder Schritt, den Stinnes auf diesem Sektor tat, mit besonderem Interesse verfolgt und im Zusammenhang mit der starken Expansion seiner Firma in den zurückliegenden Jahren gesehen. Seine einige Jahre zuvor abgeschlossenen Lieferverträge mit italienischen Partnern wirkten aus jetziger Sicht wie bloße Zwischenschritte auf dem Weg zu einem breiten Ausbau seines Handels mit nicht nur deutscher, sondern insbesondere auch englischer Kohle. Besonderen Augenmerks erfreuten sich seine Niederlassung in Rußland und sein in Stettin angelegtes Kohlendepot. Während er in Königsberg aufgrund örtlicher Widerstände noch nicht recht Fuß gefaßt hatte, nahmen seine Geschäfte in Danzig und namentlich in Berlin einen günstigen Verlauf. Hand in Hand mit dieser Expansion hatte er auch seine Schiffahrts-Beteiligungen ausgebaut. Die Übernahme der Dortmunder Union durch Deutsch-Luxemburg im Jahr 1910 hatte ihm die Westfälische Transport AG mit Sitz in Dortmund beschert, die über Werften, Lastkähne und Dampfschiffe verfügte, die auf dem Dortmund-Ems-Kanal und den mit ihm verbundenen Wasserstraßen verkehrten. Zur Westfälischen Transport AG gehörte wiederum eine Mehrheitsbeteiligung an der Schleppschiffahrt Dortmund-Ems GmbH, deren Schiffe dieselben Wasserstraßen befuhren. Darüber hinaus erwarb Deutsch-Luxemburg eine maßgebliche Beteiligung an der in Köln ansässigen Rhein- und Seeschiffahrtsgesellschaft sowie an der Mannheimer Dampfschleppschiffahrt, zwei Firmen, die im Begriff standen, eine Interessengemeinschaft zu bilden. Die Beteiligung an diesen Firmen erfolgte paritätisch mit dem Preußischen Bergbaufiskus, der ihnen für die Dauer von sieben Jahren den Transport der Kohle aus den preußischen Staatsbergwerken übertragen hatte. Stinnes und Knupe zogen in die Aufsichtsräte dieser Schiffahrtsfirmen ein, und im Gegenzug wurde der Generaldirektor der Kölner Gesellschaft, Franz Ott, Mitglied des Midgard-Aufsichtsrates.[207]

Wenn es einen Bereich gab, in dem sich die geschäftlichen Engagements des Kaufmannes aus Mülheim und die des Aufsichtsratsvorsitzenden von Deutsch-Luxemburg besonders stark und auf eine oft undurchschaubare Weise überschnitten und vermischten, dann war es das Transport- und Reedereiwesen. Stinnes betrachtete die neuen Schiffahrts-Beteiligungen als gute Investitionen für den Fall, daß das Kohlensyndikat eine weitere Verlängerung erfuhr, und als schiere Notwendigkeit, falls dieser Fall nicht eintreten sollte, vor allem aber als ein Mittel, um sich von bestimmten unberechenbaren Marktkräften unabhängig zu machen. Wie er in einem Schreiben an Schöller von der Disconto-Gesellschaft ausführte, glaubte er an eine gesicherte Zukunft der Rheinschiffahrts-Gesellschaften, die sich dank ihrer langfristigen Verträge mit den preußischen Staatsbergwerken als wichtige Trümpfe erweisen würden, falls das Syndikat sich auflöste. Die erworbenen Beteiligungen sowohl im Bereich der Binnen- als auch in dem der Hochseeschiffahrt erachtete Stinnes als nicht nur gut begründete, sondern höchst notwendige Investitionen:

«Die ‹Midgard› soll die Deutsch-Luxemburger Gesellschaft freistellen von der Frachtenspekulation in den Erzrückfrachten, wie sie andererseits meiner Firma dazu dienen soll, die Kohlenausfrachten zu decken.

Unsere beiden Firmen werden in der Lage sein, der Gesellschaft in guten und schlechten Zeiten eine reichliche Beschäftigung zu gewähren und damit auch einen sicheren Verdienst. Der Erwerbspreis ist angemessen, ist gleichzeitig auf 5 Jahre gestundet gegen mäßige Zinsen und belastet infolgedessen die Rechnung der Deutsch-Luxemburger Gesellschaft während der jetzigen Bauperiode nicht. Beide Geschäfte werden dienen zur Sicherstellung der Deutsch-Luxemburger Gesellschaft, mögen die Syndikate bestehen oder mögen sie aufgelöst werden.»[208]

Cläre Stinnes war offenbar entzückt vom zunehmenden Interesse ihres Mannes an Schiffahrts-Investitionen und damit am Eintritt in jenen exklusiven Club, in dem bislang der Norddeutsche Lloyd und die Hamburg-Amerika-Linie den Ton angaben. Dies könne, schrieb sie, «ein neuartiges, aber ebenso reiches wie interessantes Feld der Betätigung für ihn werden. Ich selbst würde *diesen* Wirkungskreis sehr gerne für ihn sehen ...»[209] Es war ein Betätigungsfeld, in das er von mehreren Seiten zugleich einstieg: Nicht genug damit, daß er sich in seiner Eigenschaft als Firmenchef wie auch in seiner Funktion als Aufsichtsratsvorsitzender von Deutsch-Luxemburg eine Handelsflotte zulegte, gab er kraft seiner Beteiligung an Deutsch-Luxemburg auch sein Debüt als Schiffsbauer. Wieder nahm er eine Firma mit Problemen ins Visier, diesmal die Nordseewerke in Emden, die seit 1899 bestanden und 1911 infolge einer schlechten Konjunktur im Schiffsbau und einer Reihe von Problemen, die mit der Organisationsstruktur der Firma und mit Auflagen der Stadt Emden zusammenhingen, ein Fall für den Konkursrichter waren.

Die Nordseewerke verfügten über ein ausgedehntes Areal und boten somit ein Potential für die Verwirklichung von Großvorhaben, doch ihre Nabelschnur zum offenen Meer war ein Kanal, der für große Schiffe einfach nicht breit genug war, so daß solche Schiffe in ihren Schwimmdocks weder umgebaut noch repariert werden konnten. Auch die Kräne der Nordseewerke reichten für große Schiffe nicht aus. Die Weitläufigkeit des Firmengeländes war dadurch, daß Gebäude und Anlagen weit verstreut lagen, aus einem Vorteil in ein Handicap verwandelt worden. Wegen eines ungenügenden Wohnungsangebots herrschte ein ständiger Arbeitskräftemangel, und die städtischerseits angebotenen Arbeiterwohnungen waren viel zu teuer und zu weit von den Arbeitsstätten entfernt. Dagegen war die Verwaltung des Unternehmens personell überbesetzt. Eine weitere Achillesferse bestand darin, daß die Firma nicht über einen eigenen Dampfkessel- und Maschinenbau verfügte, was zur Folge hatte, daß sie mit der Fertigstellung bestellter Schiffe fast immer in Verzug geriet und Konventionalstrafen zahlen mußte. Das Betriebsgelände schließlich hatte die Firma vom Staat gepachtet, an den sie dafür eine hohe Jahrespacht zahlte. Trotz dieser Schönheitsfehler konnte man sich von den Nordseewerken unter richtiger Leitung viel versprechen. Dieser Ansicht war jedenfalls der Mann, der die Firma am sorgfältigsten unter die Lupe genommen hatte, Oberingenieur von Klitzing, ein Vetter des Darmstädter Bankiers, der in leitender Funktion bei den Kieler Howaldtswerken tätig war, die einmal mit der Übernahme der Nordseewerke geliebäugelt hatten. Wenn der Kanal so weit ausgebaut würde, daß er größere Schiffe aufnehmen könnte – was der Staat ohnehin demnächst in Angriff nehmen wollte –, wenn die Arbeiter preiswerten und guten Wohnraum vorfänden und die Stadt damit an Attraktivität gewänne, wenn die Betriebsanlagen modernisiert und rationalisiert würden und eine Verbindung mit einem Konzern zustande käme, der Rohstoffe, Bleche und Aufträge liefern würde, und wenn es gelänge, Lieferverträge mit der Marine zu besorgen, dann würde das Unternehmen florieren. Sein Erwerb würde eher eine langfristige als eine kurzfristige Investition sein, doch wäre es eine logische Ergänzung sowohl zur Dortmunder Union, zu der eine Verbindung per Wasserstraße bestand, als auch zur Midgard-Reederei, die Schiffe benötigte.[210]

Stinnes war aufrichtig interessiert, in Emden groß einzusteigen und nicht nur die Nordseewerke zu übernehmen, sondern auch die Hohenzollernhütte, eine 1906 gegründete eisenerzeugende Firma, die sich sowohl in finanzieller als auch in technischer Hinsicht schwertat. Es schien fast, als sei die einzige gute Eigenschaft der Hohenzollernhütte, abgesehen von den noch ungenutzten Vorteilen ihres küstennahen Standorts, ihre Quote im Roheisenverband, die 50000 Tonnen betrug. Beide Firmen waren zu einem relativ günstigen Preis zu haben, und Stinnes war überzeugt, die gute Verkehrsverbindung zwischen Emden, seinen Zechen und der Dortmunder Union über den Dortmund-Ems-Kanal berge für die Zukunft große Chancen. Im November 1911 erfolgte die Übernahme: Die Werft wurde dem Deutsch-Luxemburg-Konzern einverleibt, die Hohenzollernhütte von Stinnes im Verein mit dem Roheisenverband, der die Hütte vorläufig stillegte. Es muß an dieser Stelle betont werden, daß der Kauf der Nordseewerke durch einen Eisen- und Stahlerzeuger in dieser Zeit ein ungewöhnlicher Vorgang war. Nur Krupp war 1896 in seiner Partnerschaft mit den Germania-Werken diesen Weg gegangen. Auch wenn die inzwischen fast zur Routine gewordene Kapitalerhöhung 1911 ausblieb, erntete Stinnes für seinen Einstieg in Emden teilweise harsche Kritik:

«Dieses Aufeinanderschichten aller erdenklichen Betriebe zu einem einzigen, lose zusammengehaltenen Unternehmen zeitigt im Fall von Deutsch-Luxemburg nicht mehr eine beruhigende, sondern viel eher eine angstmachende Wirkung. Wirtschaftliche Beweggründe scheinen bei dieser Expansion im Eiltempo nicht mehr den Ausschlag zu geben. Innere Konzentration und finanzielle Konsolidierung müssen unter solchen Umständen zwangsläufig zu kurz kommen, und es ist bezeichnend genug, daß auf der Generalversammlung des Phoenix-Konzern neulich eine gewichtige Stimme mit Seitenblick auf

Deutsch-Luxemburg sagen konnte, Phoenix zahle keine aus Bankkrediten finanzierten Dividenden.»[211]

Die beiden Emdener Übernahmen sollten die beiden letzten bedeutsamen Käufe sein, die Deutsch-Luxemburg vor dem Krieg tätigte; Stinnes versuchte die Ängstlichen im Lande zu beruhigen, indem er seinen Aktionären versicherte, für die nähere Zukunft sei keine Kapitalerhöhung geplant, und indem er im Aufsichtsrat die Zahlung einer Dividende in Höhe von 11 Prozenz für das laufende Jahr durchsetzte. Als im Dezember 1911 im Saal der Harmonie in Bochum die Generalversammlung von Deutsch-Luxemburg stattfand, fanden sich zu ihr neben einem Dutzend Pressevertretern 70 Aktionäre ein, und sie machten dem Namen des Versammlungsortes alle Ehre:

> «Pünktlich zur festgesetzten Stunde erschien im Saale der Vorsitzende des Aufsichtrats, Herr Hugo Stinnes und hinter ihm in langem Zuge zahlreiche Mitglieder des Aufsichtsrats. Dieser Aufsichtsrat ist durch eine Reihe Verschmelzungen, zuletzt auch die Angliederung der Dortmunder Union, wohl zurzeit der größte. Er zählt nicht weniger als 43 Mitglieder, darunter 16 Generaldirektoren, Geheime Kommerzienräte, Kommerzienräte und Werkdirektoren, und allein 12 Bankdirektoren, darunter auch solche aus Luxemburg und Belgien. Dieser Aufsichtsrat hat im letzten Geschäftsjahr 402000 M an Tantiemen erhalten. Herr Hugo Stinnes eröffnete die Generalversammlung und stellte den Geschäftsbericht zur Beratung. Auf Verlesung wurde verzichtet, der Abschluß einstimmig und ohne Erörterung genehmigt, ebenso die Dividende auf 11 Prozent festgesetzt und die Entlastung erteilt. Die Präsenzliste ergab, daß von dem 90 Millionen Mark betragenden Aktienkapital 64 Millionen vertreten waren. Ein Mitglied des Aufsichtsrats, die Berliner Bankgröße Alexander Schöller, war gestorben. Ihm galt ein kurzer Nachruf. Eine Ersatzwahl wurde nicht vorgenommen; denn der Aufsichtsrat ist ja noch groß genug. Keiner der Aktionäre sprach ein Wort oder stellte eine Anfrage. Der Vorsitzende, ein großer Schweiger, brauchte deshalb auch keine Antwort und keine Aufklärung zu geben. In kaum einer Minute war die Generalversammlung dieser Riesengesellschaft zu Ende. ‹Ich schließe die Versammlung, die Herren Aktionäre lade ich zu einem bereitstehenden Frühstück ein›, waren die Schlußworte des Herrn Stinnes. Allgemeine große Heiterkeit ging durch die Reihen des Aufsichtsrats und der Aktionäre. Herr Stinnes hatte kein Wort gesprochen über die Erneuerung des Stahlwerksverbandes, über die Erneuerung des Kohlensyndikats und andere wirtschaftliche Fragen. Es hatte ja niemand eine Auskunft gewünscht. Die Aktionäre ließen sich ... größtenteils beim Frühstück nieder und der Aufsichtsrat zog sich zu einer Sitzung zurück. Das war die Generalversammlung von Deutsch-Luxemburg im Jahre 1911.»[212]

Die Tatsache, daß die Reporter, kaum daß sie das gehört hatten, dies an ihre Redaktionen telegrafieren konnten, bedeutete nicht, daß sie die Versammlung ebenso zufrieden verließen wie die zum Frühstück eilenden Aktionäre. Es blieb ihnen nicht verborgen, daß es im Geschäftsbericht von Zahlen nur so wimmelte, namentlich Zahlen über die Kohlenförderung, während nirgendwo verständlich erklärt wurde, wie die weiter anhaltende Expansion und Modernisierung des Konzerns finanziert werden sollte. Es war schließlich wohlbekannt, daß der Löwenanteil der letzten Kapitalerhöhung für die Eingliederung der Dortmunder Union gebraucht worden war.[213]

Stinnes hielt sich jedoch an den Grundsatz, jede sich bietende Gelegenheit zum Ausbau des Konzerns unverzüglich zu ergreifen, und insbesondere an die Regel, Zeiten guter Konjunktur zu nutzen, um sich für schlechte Zeiten zu wappnen, und umgekehrt, schlechte zu nutzen, um sich für gute zu wappnen. Anfang 1912 schien der Augenblick ausgesprochen günstig für eine weitere Kapitalerhöhung, weil gerade ein konjunkturelles Zwischenhoch herrschte, das jedoch aufgrund der auf einen hohen Stand gekletterten Rohstoffpreise vermutlich nicht mehr lange Bestand haben würde. Daher wagte Stinnes in einem Schreiben an Geheimrat Müller die Prognose, daß sich «im April/Mai die Gelegenheit ergeben wird, um Deutsch-Luxemburg auch finanziell für die Dauer stark zu machen».[214] Am 15. April besprach Stinnes sich mit von Klitzing und rechnete ihm vor, daß der Konzern 45 Millionen Mark brauche und daß eine Erhöhung des Aktienkapitals um 30 Millionen Mark vollzogen werden solle, solange an der Börse noch ein günstiges Klima herrschte. Von Klitzing pflichtete ihm darin bei, daß die günstige Lage ausgenützt werden müsse, doch hegte er zugleich große Bedenken wegen der negativen Presseberichterstattung über Deutsch-Luxemburg und die weiterhin kursierenden Gerüchte um ein Auslaufen der Grey-Patente im darauffolgenden Jahr. Dazu kam, daß andere Unternehmen verkündeten, sie seien in der Lage, Grey-Träger oder gleichwertige Träger zu erzeugen. Diese Frage spielte eine wichtige Rolle in den Verhandlungen über die Weiterführung des Stahlwerksverbandes im Frühjahr 1912. Auf der einen Seite waren Stinnes und von Klitzing sich darin einig, daß man mit den frischen Aktien erst kommen konnte, wenn diese Verhandlungen abgeschlossen waren. Auf der anderen Seite bestritt Stinnes das Auslaufen der Patente und bezeichnete die diesbezüglichen Meldungen als «Unsinn».[215]

Tatsächlich stellte sich die rechtliche Situation in bezug auf Deutsch-Luxemburg und die Grey-Träger weitaus komplizierter dar, als es früher der Fall gewesen war. Als von Klitzing Stinnes wiederholt drängte, ihm Material zur Verfügung zu stellen, mit dem sich die geplante Emission frischer Aktien untermauern lassen würde, namentlich im Hinblick auf die Grey-Träger, belehrte ihn Stinnes in einem Schreiben vom 27. April darüber, wie wichtig es sei, in diesem Punkt Stillschweigen zu bewahren:

> «Es ist unmöglich und widerspricht den Interessen von ‹Deutsch-Luxemburg›, irgendwelche genaueren Nachrichten über die Bedeutung und namentlich über die Dauer der Grey-Patente in die Öffentlichkeit gelangen zu lassen.

Es wird in vieler Beziehung heute garnicht mehr nach den ursprünglichen Grey-Patenten gearbeitet, sondern nach Zusatz-Patenten, über deren Bedeutung sich die Konkurrenz nicht klar ist. Aber auch nur das Bekanntwerden dieser Tatsache würde uns schädigen.»[216]

Stinnes wies darauf hin, daß bereits der wiederholte Hinweis in den Zeitungen auf die große Bedeutung der Grey-Profile für Deutsch-Luxemburg die Verhandlungen über die Lizenzverlängerung, die spätestens am 1. Mai abgeschlossen sein müßten, für ihn und Eigenbrodt schwieriger gemacht hätten. Sie hätten sogar von sich aus die Verhandlungen vorläufig ausgesetzt, um die Gegenseite unter Druck zu setzen, doch werde die Lage langsam kritisch. Privat verhandle er allerdings weiterhin mit Leuten, die zu ihm geschickt würden, um ihn umzustimmen, vor allem mit Thyssen.

Thyssen selbst hatte in den Verhandlungen mit harten Bandagen gekämpft und wesentlich dazu beigetragen, daß der Versuch, den Markt auch in dem Bereich der sogenannten B-Erzeugnisse zu regulieren, scheiterte. Während Trägerprofile, einschließlich der Grey-Profile, normalerweise der Kategorie der syndikatsquotierten A-Erzeugnisse angehörten, faßte man unter dem Begriff der B-Produkte die weniger marktgängigen, für spezielle Einsatzzwecke bestimmten Erzeugnisse. Seit der letzten Syndikatsvereinbarung hatten sich jedoch im Bereich der Eisen- und Stahlträger technische und qualitative Verbesserungen ergeben, so daß die ursprünglichen, bis zu 500 mm hohen Grey-Profile gegenüber den inzwischen zum Standard gewordenen 600-mm-Trägern eigentlich keinen Wettbewerbsvorteil mehr boten. Allerdings hatten die nach dem Grey-Verfahren aus einem Stück gewalzten Profile mit über 500 mm Höhe einen Wettbewerbsvorteil gegenüber genieteten Trägerprofilen, die aus Stabeisen, einem B-Produkt, hergestellt wurden. Unter Verweis darauf forderte Stinnes, alle Grey-Profile über 500 mm Höhe müßten aus der Produktklasse A herausgenommen und somit quotenfrei gestellt werden. Damit würde Deutsch-Luxemburg in den Genuß einer höheren Quote bei den A-Produkten kommen, weil die größeren Profile in dieser Kategorie nicht mehr mitgezählt würden. Damit nicht genug, forderte Stinnes für Deutsch-Luxemburg zugleich eine wesentlich höhere Trägerquote innerhalb der A-Produkte; er begründete dies nicht mehr damit, daß Deutsch-Luxemburg in dieser Kategorie ein Monopol innehabe, sondern verwies lediglich auf die mangelnde Konkurrenzfähigkeit der Wettbewerber, die «bis heute im wesentlichen immer nur mit dem Mund und nicht mit den Walzwerken breitflanschige Träger hergestellt» hätten.[217]

Wie 1907, pokerte Stinnes auch dieses Mal bis zur letzten Minute, so daß sogar die Frist verlängert werden mußte. Und auch dieses Mal schaffte er es, die Forderungen Deutsch-Luxemburgs hinsichtlich der Grey-Profile durchzusetzen. Träger von über 500 mm Höhe blieben quotenfrei, so daß Stinnes hoffen konnte, mit Deutsch-Luxemburg den technischen Vorsprung bei der Herstellung dieser Profile noch auf Jahre hinaus halten zu können. Auch eine Sonderquote im

Bereich der Träger der Produktgruppe A bekam der Konzern wieder zugesprochen, für die eine automatische Erhöhung festgeschrieben wurde, wann immer andere Firmen ein vergleichbares Produkt dieser Kategorie auf den Markt brachten; die Erhöhung würde sich auf 25 Prozent der von den anderen Anbietern insgesamt erzeugten Mehrmengen belaufen. Das Recht Deutsch-Luxemburgs, Grey-Träger weiterhin mit einem Preisaufschlag zu verkaufen, wurde ebenfalls bestätigt. Stinnes spekulierte natürlich darauf, daß die Konkurrenz weiter hinterherhinken würde. Um hier keine schlafenden Hunde zu wecken, bat Stinnes von Klitzing dringend, die von ihm und Eigenbrodt (den er besonders lobend hervorhob) erreichten technischen Fortschritte gegenüber der Presse nicht herauszustreichen. Der kurzfristige Nutzen, den dies im Hinblick auf die Finanzierung der Kapitalerhöhung bringen mochte, mußte gegen den Nutzen abgewogen werden, der daraus resultieren würde, daß man «die anderen Werke nicht zur Klarheit kommen [lasse], in welcher Weise sie bei dem Handel doch ihren Zweck nicht erreicht haben. Sie sehen aus der Presseerörterung schon heute, daß die Konkurrenz das Abkommen für günstiger hält im Interesse von ‹D. L.›, als wir es selbst tun, und ich möchte diesen Eindruck nicht durch Mitteilungen von uns in irgendeiner Weise verschärft sehen; denn der Kampf gegen Neid und Mißgunst ist diesmal schon ein recht heftiger und unangenehmer gewesen.»[218]

Stinnes und von Klitzing waren sich von Anfang an darüber im klaren, daß Deutsch-Luxemburg mit der Behauptung seiner Vorrangstellung im Stahlwerksverband einen Erfolg eingefahren hatte, der auch die Börse stark beeindrucken und den Weg zur angestrebten Kapitalerhöhung um 30 Millionen ebnen würde, die denn auch im Juni 1912 vom Konsortium ins Werk gesetzt wurde. Der Konzern erhielt für seine Modernisierungsbemühungen einhelliges Lob, und die sonst üblich gewesene Kritik suchte man in der Presseberichterstattung dieses Mal vergeblich. Stinnes genoß diesen Moment als einen der Höhepunkte seiner Tätigkeit im Vorstand des Aufsichtsrats von Deutsch-Luxemburg; abgesehen von seinem nie nachlassenden Bemühen, dem Unternehmen weitere Erzlagerstätten zu sichern, war damit auch der vorläufige Endpunkt der rasanten Expansion des Konzerns durch Fusionen und Übernahmen erreicht.[219]

4. Blick zurück und nach vorn: der Konzern Deutsch-Luxemburg und die Hugo Stinnes GmbH, 1912–1914

Was nun noch aussteht, ist eine Bilanz der Leistungen und Erfolge von Stinnes als Steuermann von Deutsch-Luxemburg (vor allem in der Zeit nach dem Abgang Dernburgs) und als Lenker seiner Firma, sowie ein Versuch, die Richtung einzuschätzen, in die er die beiden Unternehmen führte, bevor die große Katastrophe vom Sommer 1914 hereinbrach. Zu diesem Zeitpunkt hatten sich zwischen den beiden Unternehmen vielerlei Querverbindungen gebildet, auch wenn sie rechtlich und wirtschaftlich selbständig geblieben waren und es nach dem festen Willen von Stinnes auch künftig bleiben sollten. Andererseits boten sie auf dem Markt sehr ähnliche Produkte an, und in den allgemeinen Zielvorstellungen, die sein wirtschaftliches Handeln bestimmten, spielten sie beide eine Rolle.

Deutsch-Luxemburg hatte 1912–13 den Aufstieg zu einem der vier führenden vertikal gegliederten Schwerindustrie-Konzerne in Deutschland geschafft; die drei anderen waren die GBAG, Phoenix und die Thyssensche Gewerkschaft Deutscher Kaiser. Allein auf diese vier Konzerne entfiel ein Viertel der deutschen Kohle- und Eisenproduktion. Der Anstieg ihrer Produktionsziffern, wie nachstehend in Tabelle 1 aufgeführt (deren Zahlen keine Kapitalbeteiligungen berücksichtigen, also z.B. nicht die erheblichen Beteiligungen Thyssens an Erzgruben oder das gemeinsame Engagement von Deutsch-Luxemburg und der GBAG in Erzgruben) zeugen davon, welche außergewöhnliche Entwicklung sich seit 1905 vollzogen hatte und wie rasant insbesondere das Wachstum bei Deutsch-Luxemburg verlief. Alle diese Konzerne beeilten sich, im gewinnträchtigeren Sektor der Endprodukte Fuß zu fassen; die Führung hatte hier der Phoenix-Konzern übernommen und Deutsch-Luxemburg auf den zweiten Platz verwiesen. Dank des von Stinnes vorangetriebenen Modernisierungs- und Expansionsprogramms schien es jedoch nur eine Frage der Zeit, bis Deutsch-Luxemburg Phoenix hier den Rang ablaufen würde.

Tabelle 1

Konzern	Geschäftsjahr	Kohle*	Koks*	Eisenerze*	Roheisen*	Rohstahl*	Walz- und Gießereiprodukte*
Gelsenkirchen	1905	6.22	1.20	1.85**	0.88**	0.35**	0.30**
	1912	9.53	2.24	3.45	1.49	0.80	0.65
Deutsch-Luxemburg	1905/06	1.91	0.59	0.82	0.35	0.25	0.55
	1912/13	5.09	2.12	2.32	1.10	1.00	1.20
Phoenix	1905/06	2.48	0.91	1.32	0.84	0.92	0.99
	1912/13	5.20	1.50	1.63	1.24	1.48	1.51
Deutscher Kaiser	1905	1.95	0.49	—	0.52	0.64	0.50
	1912***	4.10	1.25	—	0.83	0.97	0.82

* Tonnen in Millionen
** 1906
*** einschließlich Stahlwerk Thyssen

Bewerkstelligt worden war diese Expansion durch einen massiven Rückgriff auf den Kapitalmarkt, auf dem, wie aus Tabelle 2 hervorgeht, Deutsch-Luxemburg die relativ größte Aktivität entfaltet hatte und die relativ höchsten Risiken eingegangen war. Die Summe der Abschreibungen, die GBAG, Deutsch-Luxemburg und Phoenix zwischen 1906 und 1912 vorgenommen hatten, betrug 93,09, 55,75 und 84,48 Millionen Mark, was einen Kapitalverbrauch von insgesamt 233 Millionen Mark ergab. Diese Zahl vermittelt eine recht gute Vorstellung vom

Umfang der aus Erträgen getätigten Investitionen. Allerdings war 1913 bereits abzusehen, daß bei GBAG und Deutsch-Luxemburg jeweils eine weitere Kapitalerhöhung bevorstand. Stinnes war, so gesehen, Mitwirkender in einem dynamischen Prozeß, allerdings einer, von dem manche Beobachter glaubten, er sei zu weit gegangen und lasse es an der bitter nötigen Zurückhaltung fehlen.[220]

Tabelle 2

	Aktien*	Reserven*	Fundierte Schulden*	Anlagen*	Beteiligungen*
Gelsenkirchen					
1905	130.–	26.78	12.28	92.72	75.32
1908	130.–	28.92	52.57	197.64	23.08
1912	180.–	51.05	73.76	284.06	35.73
Deutsch-Luxemburg					
1905	24.–	2.73	29.05	52.38	1.83
1908	42.–	2.94	34.26	86.57	2.69
1913	130.–	34.46	59.08	206.13	16.89
Phoenix					
1906	85.–	6.18	—	34.57	—
1909	100.–	12.25	35.18	124.41	8.01
1913	106.–	14.29	31.26	132.15	7.20

* in Millionen Mark

Die Kritik, die an der von Stinnes vorangetriebenen rasanten und finanziell gewagten Expansion von Deutsch-Luxemburg geübt wurde, läßt sich auf zwei grundlegende Vorwürfe reduzieren. Der erste lautete, Stinnes habe Firmen in den Konzern eingegliedert, bei denen erheblicher Investitionsbedarf bestand und die nicht ohne weiteres ineinandergriffen. Es entstand der Eindruck, er habe gute Konjunkturphasen stets lieber für Expansions- und Baumaßnahmen genutzt, anstatt sich mit den Gewinnen zu begnügen und mit den Errungenschaften zufrieden zu sein. Das problematische an solchen Argumenten ist, daß bei einer vertikalen Expansion durch Fusion oder Eingliederung stets Elemente zusammengebracht werden, die ursprünglich nicht füreinander gedacht und gemacht waren. Das Problem bestand darin, die vorhandenen Potentiale für Rationalisierung und Kosteneinsparung ebenso maximal auszunützen wie die produktiven Optionen, die sich ergaben, nachdem die Elemente durch die ordnende Hand einer einheitlichen Führung zusammengefügt waren. Eine wichtige Triebfeder für das Handeln Stinnes' und der anderen deutschen Großindustriellen war natürlich auch das durch extreme Kartellbildung gekennzeichnete System der deutschen Schwerindustrie, in dem das Streben nach einer möglichst hohen Zuteilungsquote eine wichtige Rolle spielte, wo es aber auch galt, an der Spitze der technischen Entwicklung zu bleiben und die Produktpalette um einen wachsenden Anteil marktfähiger Endprodukte zu erweitern, die unter keine Kartellregelung fielen und höhere Gewinne versprachen; und schließlich ging es auch darum, die eigene Position für den Fall, daß eines der Syndikate nicht verlängert würde, möglichst stark zu machen.

Als Stinnes am 31. Mai 1912 vor dem Aufsichtsrat von Deutsch-Luxemburg sein Plädoyer für die Kapitalerhöhung um 30 Millionen Mark vortrug, hatte er nicht nur die Syndikatsverhandlungen erfolgreich hinter sich gebracht, sondern konnte auch auf die großen Fortschritte verweisen, die sich bei den einzelnen Unternehmensteilen von Deutsch-Luxemburg, allen voran bei der Dortmunder Union, vollzogen hatten. Im Verlauf der zurückliegenden beiden Jahre waren die hinzuerworbenen Kohlenzechen modernisiert worden, und die Seilbahn, die die Zechen Tremonia, Glückauf Tiefbau und Kaiser Friedrich untereinander sowie mit der Union und mit deren Hafen verbinden sollte, würde am Jahresende ihren Betrieb aufnehmen. In Dortmund war der fünfte Hochofen auf den neuesten Stand der Technik gebracht worden, für Ende des Jahres war die Inbetriebnahme des sechsten geplant. Die Schwebebahn für den Erztransport lief bereits, ebenso die Gasreinigungsanlage. Das neue Thomas-Stahlwerk war bereits in Betrieb, das neue Martin- und Elektrostahlwerk sollte noch im Lauf des Herbstes fertig werden und die Produktion aufnehmen. Stolz konnte Stinnes resümieren:

> «Im Laufe des Jahres 1912 kommen somit nacheinander die großen Neuanlagen in Betrieb, die zum Zwecke der Selbstkostenermäßigung nach Übernahme der Union seitens Deutsch-Luxemburg in Angriff genommen worden sind. Der fortschreitende Ausbau der Verfeinerung, insbesondere bezüglich Guß- und Schmiedstücke, wird sich planmäßig noch über 2 Jahre erstrecken und bildet mit der allmählichen Neuzustellung der älteren Hochöfen den Abschluß des Umbauprogrammes auf der Union.»[221]

Das bedeutete nicht etwa, daß sich an den älteren Werksstandorten nichts mehr getan hätte. Im Gegenteil, in Differdingen war der neunte Hochofen in Betrieb genommen worden, ein zehnter sollte Mitte Juni zu arbeiten beginnen, und für Oktober war die Inbetriebnahme einer neuen Walzwerkstraße geplant. Auch der Ausbau der Gießereien an der Friedrich Wilhelms-Hütte ging dem Abschluß entgegen. Die Vielschichtigkeit dieser Ausbaumaßnahmen war ebenso bemerkenswert wie die Geschwindigkeit, mit der sie vorangetrieben wurden. So bedurfte es zum Beispiel in bezug auf die Expansion der Dortmunder Union komplizierter Verhandlungen mit der Stadtverwaltung über die Verlegung ganzer Straßen, damit die neuen Werke errichtet werden konnten, ferner mußten Genehmigungen für den Bau der Schwebebahn oder für den unterirdischen Abtransport von Schlacke und Abraum aus den Werken und Zechen zu Deponien außerhalb des eigentlichen Firmengeländes ausgehandelt werden. In seinen Verhandlungen mit dem Dortmunder Bürgermeister Eichhoff im Jahr 1910 strich Stinnes natürlich die Vorteile heraus, die der Stadt aus diesen industriellen Investitionen und aus der zu erwartenden Steigerung des Güterumschlags im Hafen erwachsen würden; er vergaß aber auch nicht zu erwähnen, daß der Konzern nach Maßgabe seines eigenen Vorteils die Entscheidung treffen müsse, ob bestimmte Maßnahmen bei der Union oder aber in Mülheim-Ruhr durchgeführt würden und daß die Zügigkeit, mit der Planungen verwirklicht werden könnten, bei solchen Entscheidungen den Ausschlag geben könne.[222]

Während die Stadt Dortmund sich äußerst kooperativ zeigte, mußte Stinnes sich mit so manchen Blockaden und Problemen im eigenen Konzern herumschlagen, die zu unangenehmen Terminüberschreitungen führen konnten. So hatte er zum Beispiel gehofft, dem Aufsichtsrat die Fertigstellung der neuen Walzstraße in Differdingen mitteilen zu können, doch zu seinem großen Ärger erfuhr er, daß die Maschinenbau-Abteilung der Friedrich Wilhelms-Hütte Liefertermine nicht eingehalten hatte.

> «Ich muß sagen», schrieb er daraufhin erbost, «daß ich es nachgerade unerhört finde, wie Ihre Abteilung die anderen Abteilungen in der schwersten Weise schädigt. Abgesehen davon, daß Sie nichts verdienen, schädigen Sie die anderen Abteilungen auch dadurch, daß Sie sie … mit Maschinenteilen oder Rohrleitungen in unglaublicher Weise im Stich lassen.
>
> Sie tragen die Schuld, daß in Dortmund der Gas Dynamo nicht in Betrieb gekommen ist und tragen nunmehr erneut die Schuld, daß die Mittelwalzstraße in Differdingen ebenfalls sich um Monate verspätet.
>
> Ich muß von Ihnen erwarten, daß unverzüglich die nötigen Maßnahmen geschehen, um diesen schweren Schaden vom Gesamtwerk abzuhalten. Es geht nicht an, daß Sie die Aufträge an sich reißen, ohne sich auch darüber klar zu werden, daß Sie die Aufträge auch ausführen können.»[223]

Die Friedrich Wilhelms-Hütte legte daraufhin Nachtschichten ein und versprach, die Probleme zu beheben, aber der ungehaltene und fordernde Ton des Briefes illustriert, mit welcher Intensität Stinnes über den Fortgang aller wichtigen Arbeiten wachte und wie ungeduldig er sie vorantrieb. Die gleichen Qualitäten legte er auch an den Tag, als er sich der Aufgabe widmete, die Modernisierung und Integration von Rümelingen-St. Ingbert und der Emdener Anlagen in den Konzern anzupacken. Im Sommer 1911 eröffnete er einen Schriftwechsel mit den Direktoren Krämer und Kroll, der sich über viele Monate hinzog und in dem bis ins Detail die komplexen technischen Abläufe bei der Verlagerung der Produktion schweren Walzstahls von St. Ingbert nach Rümelingen und Differdingen abgehandelt wurde. Die an diesen Standorten vorhandenen Beheizungstechniken und Rohstoffe versprachen Kostenvorteile. Die Planungen beinhalteten unter anderem den Erwerb weiterer Grundstücke für Rümelingen. Einige der von Stinnes entwickelten Ideen stießen bei Krämer auf Skepsis; er hielt sie für zu kostspielig und äußerte Zweifel, ob die zu ihrer Durchführung erforderlichen Erzmengen und Arbeitskräfte zur Verfügung stehen würden. Einig waren sich die beiden darin, daß Neubau- und Ausbaumaßnahmen in einem bestimmten Umfang nötig waren und die lothringischen Standorte des Konzerns besser integriert werden mußten. Im gleichen Zuge wurden Überlegungen angestellt, mit Hilfe des RWE das Werk St. Ingbert mit Strom aus Karlingen zu versorgen.[224]

Mit äußerster Tatkraft arbeitete Stinnes am Ausbau der Anlagen in Emden, wozu es komplizierter Verhandlungen mit dem dortigen Bürgermeister Fürbringer bedurfte. Zum Zankapfel wurde die Frage der Wohnungen für die Werftarbeiter; hier kam es zu einem längeren Tauziehen zwischen den beiden Männern um die Preisvorstellungen der Stadtverwaltung. Stinnes verwahrte sich heftig gegen die hohen Preisforderungen; er vermutete, daß Bürgermeister, Verwaltung und ortsansässige Grundstücksbesitzer glaubten, Deutsch-Luxemburg über den Tisch ziehen zu können. In dieser Situation bediente Stinnes sich einer zweifachen Taktik. Auf der einen Seite drohte er mit der Stornierung seiner Investitionsvorhaben in Emden, falls nicht vernünftigere Preise geboten würden. Zum zweiten beauftragte er die Deutsche Bank, auf seine Rechnung größere Areale aufzukaufen. Wie auch immer er es im einzelnen bewerkstelligte, Tatsache war, daß die Sache relativ zügig voranging und die Emdener Werften schon von 1913 an erhebliche Aufträge hereinholten. Stinnes rechnete mit einem relativ reibungslosen Betrieb, sobald erst einmal die erforderlichen Arbeitskräfte eingestellt und untergebracht waren. Um diese Zeit begannen die Arbeiten an der Modernisierung der Hohenzollernhütte, die jedoch vorerst stillgelegt blieb. Hier bildete nicht nur der Arbeitskräftemangel, sondern auch das schwierige Gelände ein Hemmnis, das schnelle Fortschritte verhinderte. Wie Stinnes einem Aktionär unverblümt erklärte: «Wer die Entwicklung der Hohenzollernhütte mitmachen will, muß sich damit vertraut machen, ein oder zwei Jahrzehnte keine Rente zu erzielen. Trotzdem glaube ich, daß das Endergebnis für diejenigen, die durchhalten, zufriedenstellend sein wird.»[225]

Stinnes hatte mit Emden tatsächlich Großes vor, nicht nur in bezug auf seine eigenen dort ansässigen Firmen, sondern auch im Hinblick auf eine Zusammenarbeit mit seiner Harburger Handelsniederlassung und den sich verdichtenden Kontakten zu Albert Ballin von der Hamburg-Amerika-Linie, zu dem bedeutenden Hamburger Bankier Max Warburg und zu Generaldirektor Philipp Heinecken vom Norddeutschen Lloyd. Im September 1912 besichtigten Ballin und Warburg auf Einladung von Stinnes die Emdener Werften und vereinbarten anschließend die Errichtung von Verladeanlagen und einer modernen Schiffsbekohlungsanlage in Emden. Sie beschlossen auch, den Norddeutschen Lloyd zur Beteiligung an diesen Projekten einzuladen. Sie vereinbarten ferner, ihre aus Hamburg und Bremen auslaufenden Ozeandampfer regelmäßig in Emden anlegen zu lassen und diesen Hafen so zu einem zentralen Umschlagplatz für Schiffe mit Zielhäfen in aller Welt zu machen. Deutsch-Luxemburg sollte mit dem Bau der Anlagen beauftragt werden, und Direktor Vögler sollte bei der Verwirklichung des Projekts in enger Fühlung mit den Hamburger Partnern arbeiten. Am 6. Februar 1913 wurde, nachdem man sich mit dem Fiskus, dem Besitzer der von den Nordseewerken benötigten Flächen, vertraglich arrangiert hatte, zwischen Deutsch-Luxemburg und der Hamburg-Amerika-Linie eine Vereinbarung geschlossen, die vorsah, daß die in Richtung Ostasien, Australien und Süd- sowie Nordamerika auslaufenden Schiffe in regelmäßigem Turnus Emden anlaufen und dort mit allem Nötigen versorgt werden sollten. In diesen Plänen figurierte Deutsch-Luxemburg natürlich als Hauptnutznießer des Emdener Hafenausbaus.[226]

Alle diese Projekte würden, auch wenn Stinnes dafür Partner gewann oder sich mit seiner eigenen Firma daran beteiligte, Investitionen durch Deutsch-Luxemburg erfordern; eine der großen Herausforderungen, denen Stinnes sich in den letzten Vorkriegsjahren stellte, bestand somit darin, unter schwierigen wirtschaftlichen Bedingungen Gelder für Investitionen aufzutreiben. Der große Bergarbeiterstreik im Ruhrgebiet im März 1912 (von dem an anderer Stelle die Rede sein wird) endete zwar mit einem Sieg der Arbeitgeber, kostete jedoch Deutsch-Luxemburg 1 Million Mark.[227] Viel schlimmer noch als dieser Streik wirkten sich die Balkankriege der Jahre 1912–13 aus, die zu geschäftlichen Einbrüchen auf für den Konzern sehr wichtigen Märkten und in der Folge auch zu einem zyklischen Konjunkturabschwung Ende 1912 führten, gekennzeichnet durch einen zugeknöpften Geldmarkt und eine erhebliche Arbeitslosenquote. Diejenigen, die das Wirken Stinnes' und die stürmische Entwicklung des Deutsch-Luxemburg-Konzerns kritisch beobachtet hatten, sahen in einer solchen wirtschaftlichen Krise einen Test für die Tragfähigkeit der Stinnesschen Unternehmenspolitik: «Stinnes und seine Anhänger in der Bankwelt sind überzeugt, daß die Gruppe ihre Kraft und Leistungsfähigkeit in der nächsten Krisis beweisen werde. Dann, so hoffen sie, sei das Bauprogramm beendigt, und die Werke würden die Hoffnungen erfüllen, die man jetzt auf sie setzt.»[228]

Stinnes war indes überzeugt, daß nicht nur Deutsch-Luxemburg, sondern die gesamte deutsche Schwerindustrie für die kommende Krise gut gerüstet war. Wie er in einem vertraulichen Bericht an die Mülheimer Niederlassung der Reichsbank Anfang Oktober 1912 ausführte, war die deutsche Schwerindustrie seiner Überzeugung nach in einer sehr vorteilhaften Position, da sie auf den Exportmärkten gut im Geschäft war und damit den aus dem Konjunkturabschwung resultierenden Rückgang der Inlandsnachfrage leicht kompensieren konnte. Im Gegensatz zu den Krisen von 1900 und 1907, in denen Deutschland noch auf englische Importkohle angewiesen gewesen war, förderte Deutschland mittlerweile genügend Kohle, um nicht nur die eigene Wirtschaft voll versorgen, sondern auch noch zu lohnenden Preisen exportieren zu können. Auch im Frachtbereich bestand nicht mehr eine so große Abhängigkeit von britischen Handelsschiffen wie früher. Stinnes rechnete also nicht mit einer krisenhaften Entwicklung. Im Gegenteil, er ging für das kommende Jahr von einem guten Verlauf für die deutsche Schwerindustrie und namentlich für das Exportgeschäft aus.[229]

Genau dies war der Tenor seines Rechenschaftsberichts an die versammelten Aktionäre im November 1913. Als kritische Kommentare zur finanziellen Lage des Konzerns und Forderungen laut wurden, die Dividende gegenüber 1912, wo sie 11 Prozent betragen hatte, stärker als nur um das beabsichtigte eine Prozent zu kürzen, lehnte Stinnes dies kategorisch ab und erklärte, die Gewinne des Konzerns im verflossenen Jahr und die Expansion des Unternehmens rechtfertigten die Zahlung einer Dividende; den Beweis dafür werde er im kommenden Jahr antreten.[230] Die Wirklichkeit sah jedoch so aus, daß Deutsch-Luxemburg tatsächlich neues Geld brauchte, und das war bei der angespannten Situation auf dem Geldmarkt nur schwer zu bekommen. Einige Monate zuvor hatte Stinnes versucht, beim Allgemeinen Knappschaftsverein in Bochum eine Anleihe von 15 Millionen Mark lockerzumachen, abgesichert durch Hypotheken auf die Zechen Kaiser Friedrich und Tremonia, doch das Geschäft war nicht zustande gekommen, weil die Bergbehörde die beiden Zechen mit einem niedrigeren Wert taxiert und darauf bestanden hatte, daß eine Pensionskasse wie der Knappschaftsverein, dessen Vermögen zur Hälfte aus Beiträgen der Arbeiter bestand, nur in absolut sichere Werte investieren dürfe, und dazu könnten Industrie-Mobilien nicht gezählt werden. Am Ende mußte das Bankenkonsortium die 15 Millionen Mark als Kredit bereitstellen, damit die Dividende für 1912–13 ausgezahlt werden konnte.[231]

Es bedurfte jedoch zusätzlicher Finanzmittel, um die noch laufenden Investitionsprogramme, die aus den Zukäufen von 1911 resultierten, zu finanzieren; wieder wandte Stinnes sich an sein Bankenkonsortium, dieses Mal mit dem Ansinnen, eine Obligations-Anleihe in Höhe von 25 Millionen Mark aufzulegen. Wie weiter oben dargelegt, hatte Stinnes das hinter Deutsch-Luxemburg stehende Konsortium seit den Anfangszeiten als *conto quatro* und *conto quinto* zu einem recht diszipliniert arbeitenden, zuverlässigen Team von Banken und Bankiers geformt, doch 1914 hatte es mit dieser Disziplin ein Ende, weil die Banken ihrerseits Erwerbungen tätigten, die sich auf die Größe ihres Konsortialanteils auswirkten. Am 14. März 1914 teilte von Klitzing Stinnes mit, da die Deutsche Bank im Begriff stehe, sich die Bergisch-Märkische Bank einzugliedern – ein angesehenes Bankhaus mit guten Verbindungen –, verlange sie einen höheren Anteil, und zwar nicht erst nach vollzogener Fusion, sondern mit sofortiger Wirkung. Dies forderte den Widerspruch der Dresdner Bank heraus, die nicht die geringste Lust hatte, die Deutsche Bank auf eine Position vorrücken zu lassen, die schon nahe an die der beiden Konsortialführerinnen Darmstädter Bank und Disconto-Gesellschaft heranreichte. Von Klitzing bat Stinnes, seinen persönlichen Einfluß auf Klönne und Müller in die Waagschale zu werfen, um den Konflikt beizulegen; im Grunde wünschte er sich, alle Beteiligten würden bis zum nächsten das Konsortium betreffenden Geschäftsvorgang stillhalten, zumal die Obligations-Anleihe ohnehin keinen großen Gewinn versprach. Zwei Tage später wurde die Lage richtig kritisch, als von Klitzing vermelden mußte, Klönne habe mit sofortigem Austritt aus dem Konsortium gedroht, falls die von der Deutschen Bank angemeldeten Ansprüche nicht im Vorhinein anerkannt würden. Prinzipiell erklärten sich alle übrigen Banken, einschließlich der Dresdner, hierzu bereit, die Dresdner Bank jedoch nur unter der Bedingung, daß ihr ebenfalls eine Erhöhung ihrer Quote zugesagt würde. Daraufhin trat die Deutsche Bank aus dem Konsortium aus, ein Schritt, hinter dem die Kollegen von Klitzings in der Disconto-Gesellschaft den Wunsch Klönnes und der Deutschen

Bank vermuteten, ihre Bindungen an Stinnes zu lockern. Das nächste schwierige Problem, das sich für von Klitzing und seinen Kollegen von der Disconto-Gesellschaft, Arthur Salomonsohn, stellte, bestand darin, die Dresdner Bank, die nun auf völlige Gleichstellung mit Darmstädter Bank und Disconto-Gesellschaft pochte, bei der Stange zu halten. Um das Maß der Probleme vollzumachen, schwirrten an der Börse Negativmeldungen über Deutsch-Luxemburg, und die Aktien des Konzerns gerieten unter Druck. Unter diesen Umständen wurde von Klitzing unsicher, ob er überhaupt noch ein Konsortium für eine Obligationen-Emission zusammenbekommen würde, und empfahl Stinnes, sich statt dessen um ein Hypothekendarlehen zu bemühen.[232]

Diese Mitteilungen erreichten Stinnes in einer Phase, in der er das Bett hüten mußte, um sich von einer schweren Erkältung zu erholen, die er sich kurz zuvor bei einer Rußlandreise zugezogen hatte; sie trugen wohl kaum zu seiner raschen Genesung bei. Er erhielt auch Mitteilungen von der Dresdner Bank, doch bestand das Problem hier darin, daß sein langjähriger Ansprechpartner in dem Institut, Waldemar Müller, aus dem Vorstand auf den Posten des Aufsichtsratsvorsitzenden übergewechselt war. Stinnes hatte mit Sicherheit nicht die Absicht, nach Berlin zu reisen und den Schlichter zwischen den Bankiers zu spielen; notfalls, so meinte er, könne man abwarten, bis der Geldmarkt sich entspannen und die Bankiers sich beruhigen würden. Er versicherte von Klitzing, daß er und Klönne nach wie vor in bezug auf einige andere Projekte sehr eng zusammenarbeiteten und von einer Entfremdung nicht die Rede sein könne. Was Stinnes wirklich beeindruckte, war die Tatsache, daß hier zum ersten Mal die Frage der Konsortialquoten zu so heftigen und radikalen Reaktionen geführt hatte; er fürchtete, das Beispiel könne Schule machen, und ärgerte sich über die darin zum Ausdruck kommende Vernachlässigung dessen, was in seinen Augen absoluten Vorrang haben mußte, nämlich des Wohlergehens der Industrie. Das war auch der Tenor seiner Vorhaltungen an die Adresse Klönnes:

> «Deutsch-Luxemburg ist heute so weit, daß es nicht davon abhängt, ob die Anleihe etwas früher oder später und im äußersten Fall gar nicht zustande kommt.
>
> Aber in diesen Zeiten bedürfen wir der Arbeit und bei der Zuführung von Arbeit müssen uns alle unsere alten Freunde und namentlich auch die Deutsche Bank helfen.
>
> Unter einer Bankquotenfrage darf ein großes industrielles Unternehmen nicht leiden.»[233]

Man konnte natürlich, wie es Müller tat, den Standpunkt vertreten, ein Streit um Quoten in einem Konsortium sei im Prinzip dasselbe wie das übliche Quotengerangel in einem Kartell, und es bestehe kein Grund, das eine gelten zu lassen und das andere zu verurteilen. Klönne machte sich nicht einmal die Mühe, auf die Argumente Stinnes' einzugehen, sondern begnügte sich mit der Feststellung, seine Bank könne eine Ablehnung ihrer Forderungen, deren Berechtigung auf der Hand liege, aus bestimmten Gründen nicht akzeptieren.[234] Kurze Zeit nach diesem Briefwechsel wurden die Differenzen zwischen den im Konsortium verbliebenen Banken ausgeräumt, und eine neue Verteilung griff Platz: Darmstädter Bank und Disconto-Gesellschaft erhielten eine Quote von jeweils 19,75 Prozent, die Dresdner Bank 17,75 Prozent, die Nationalbank und der Schauffhausen'sche Bankverein je 11,5 Prozent; die restlichen 19,75 Prozent verteilten sich auf die übrigen sechs im Konsortium vertretenen Banken. Der Abgang der Deutschen Bank bedeutete einen schwerwiegenden Verlust, die Herstellung der Gleichheit zwischen Darmstädter Bank und Disconto-Gesellschaft ließ aufhorchen. Von Klitzing gab sich große Mühe, der Disconto-Gesellschaft und ihrem designierten neuen Vertreter im Aufsichtsrat, Franz Urbig, dieses Engagement schmackhaft zu machen, und er drängte Stinnes, eine Zusammenkunft anzuberaumen, bei der die finanzielle Situation des Unternehmens erörtert werden sollte:

> «Nachdem der Austritt der Deutschen Bank aus dem Konsortium, wie nicht zu leugnen ist, die Öffentlichkeit für Deutsch-Luxemburg nicht gerade günstig beeinflußt hat, muß meines Erachtens eine rege Anteilnahme der Disconto-Gesellschaft wachgehalten und dieser erhöhte Gelegenheit zur Mitarbeit gegeben werden, zumal ihre Leitung, wie sie mir wiederholt zu erkennen gegeben hat, dies dringend wünscht.»[235]

Stinnes hatte es nicht geschafft und sollte es nicht schaffen, Deutsch-Luxemburg aus der Abhängigkeit von den Banken herauszuführen. Auch wenn er das Ausscheiden der Deutschen Bank aus dem Konsortium und das verstärkte Engagement ihrer Hauptkonkurrentin, der Deutschen Bank, relativ gleichmütig hinnehmen konnte, mußte alles, was nach einer Lösung der Bindungen des Konzerns an das größte deutsche Geldinstitut aussah, ernstgenommen werden, auch wenn Stinnes in anderen Bereichen nach wie vor eng mit der Deutschen Bank zusammenarbeitete. Immerhin hatten Stinnes und Deutsch-Luxemburg bei der Deutschen Bank offene Ohren gefunden, als sie sich um Aufträge von ihr nahestehenden Firmen wie dem Bauunternehmen Philipp Holzmann, das die Bagdadbahn baute, bemüht hatten. 1910 etwa hatte Stinnes bei Klönne angefragt, ob dieser sich bei Philipp Holzmann dafür einsetzen könne, daß Deutsch-Luxemburg mehr Aufträge erhielt. Im Juli 1912 wandte sich die Dortmunder Union mit der Bitte an Stinnes, sich bei der Deutschen Bank zu erkundigen, welche Chance sie hatte, mit ihren Angeboten zur Lieferung von Brücken-Bauteilen für die Bagdadbahn zum Zuge zu kommen. «Wir haben Ursache anzunehmen», hieß es in dem Schreiben, «daß auch hierfür die Deutsche Bank das letzte Wort spricht, und da wir großen Wert darauf legen, diese Lieferung für uns hereinzuholen, möchten wir Sie ergebenst gebeten haben, Ihren Einfluß bei der Deutschen Bank dahin geltend machen zu wollen, daß sie wenigstens nicht zugunsten einer anderen Firma, sondern möglichst für uns den Zuschlag gibt.»[236] Stinnes setzte sich nicht nur für dieses Anliegen ein, sondern ging sogar noch einen Schritt weiter, indem er bei Klönne anfragte, «ob nicht die Beziehungen zwischen Deutsch-

Luxemburg und der Deutschen Bank etwas mehr ausgestaltet werden könnten, so daß Sie auch für die Lieferungen dieser Gesellschaft im In- und Ausland ein größeres Interesse an uns zeigen könnten».[237] Klönne intervenierte in Sachen Bagdadbahn tatsächlich zugunsten Deutsch-Luxemburgs, das mit seinen Angeboten gleichwohl nicht zum Zuge kam. Klönne bekundete indessen sein Interesse an einer engeren Zusammenarbeit und praktizierte diese auch gleich dadurch, daß er Stinnes im September 1912 mitteilte, der Auftrag für die Brückenbauteile sei an Deutsch-Luxemburg vergeben worden, was ihm schwere Vorwürfe seitens der Mitbewerberin Gutehoffnungshütte eingebracht habe. Stinnes machte sich große Hoffnungen darauf, daß Deutsch-Luxemburg Aufträge dieses Umfangs auch für den Bau der Santa-Katarina-Eisenbahn in Brasilien an Land ziehen konnte, deren Finanzierung die Deutsche Bank gerade prüfte.[238] Von dieser Warte her gesehen, ließ das Ausscheiden der Deutschen Bank aus dem Konsortium 1914 nichts Gutes ahnen, und Stinnes hatte allen Grund, Klönne daran zu erinnern, daß er auf die Hilfe seiner Freunde in der Bankenwelt zählte, wenn es galt, den Konzern mit Aufträgen zu versorgen.

Stinnes war ja inzwischen selbst ein bedeutender Auftraggeber geworden, dank seiner GmbH und seiner sich stetig erweiternden Kontakte und Aktivitäten. So wurde er etwa von Vögler gebeten, sich unter Nutzung seiner geschäftlichen Beziehungen zu Albert Ballin dafür zu verwenden, daß die Hamburg-Amerika-Linie den einen oder anderen Frachter bei den Nordseewerken bauen ließ. In einem anderen Fall konnte Stinnes dank der Tatsache, daß das dänische Unternehmen Kobenbevna sich im Besitz seiner Firma befand, einen direkten Draht zu dessen Geschäftsführer Albert Jensen herstellen, der in der dänischen Schiffsbranche ein bekannter Mann war und auch verwandtschaftliche Beziehungen zu russischen Schiffahrtskreisen hatte und für die Nordseewerke Verbindungen knüpfte, die zu Aufträgen für den Bau oder die Reparatur dänischer Schiffe führten.[239]

Während die Konjunktur 1913–14 sicherlich nachgelassen hatte, dachte Stinnes nicht daran, einen Gang zurückzuschalten, solange er dazu nicht gezwungen wurde; im Gegenteil, im Grunde legte er gerade jetzt beim Ausbau seiner eigenen Firma, den er oft in komplexer Wechselbeziehung mit der Expansion von Deutsch-Luxemburg betrieb, ein außerordentliches Tempo vor. Dies galt im besonderen für seine Aktivitäten in England, wo er seinem großen Ziel, Besitzer einer Kohlenzeche zu werden, schon sehr nahe war und wo sein fähiger Statthalter J. Russell Ferguson für beständigen Vorwärtsdrang sorgte. Am 4. Juli 1912 gab die Firma Hugo Stinnes in einer Verlautbarung bekannt, daß zur Vereinfachung ihrer Geschäftstätigkeit die Aktivitäten aller ihrer Niederlassungen im Vereinigten Königreich nunmehr zu einer Limited Company britischen Rechts zusammengefaßt worden seien; die Firma werde ihre gewohnte Geschäftstätigkeit von nun an unter dem Signet Hugo Stinnes Ltd. ausüben und ihren eingetragenen Geschäftssitz im Hause Fenchurch Avenue Nr. 3 in London, E.C., nehmen.[240] Als Geschäftsführer der Firma waren Stinnes, Thomas und Ferguson benannt. Das war sicherlich ein wichtiger Schritt, um die Firma in England auf stabilere Füße zu stellen. Wenig später erläuterte Ferguson in einem Brief an Stinnes, weshalb es für die neue Firma so wichtig war, sich ein eigenes Kohlenbergwerk zuzulegen. Das Hauptproblem sei, daß die britischen Kohlengruben mit der großen Nachfrage nicht Schritt halten könnten und daß die Hugo Stinnes Ltd., obwohl sie gute Geschäfte machte, selbst immer wieder große Probleme hatte, ihre Lieferverpflichtungen gegenüber ihren internationalen Kunden zu erfüllen. Ferguson erinnerte Stinnes an dessen eigene Aussage, daß die Firma sich, «wenn wir nicht eigene Dampfer hätten, in noch größeren Schwierigkeiten» befinden würde. «Das trifft absolut zu», fügte er hinzu, «doch was ... uns immer klarer wird, ist daß die Kette nicht geschlossen ist, solange Ihre Firma nicht auch Bergwerke besitzt.» Sie müßte dann nicht mehr mit 30 oder 40 anderen Exportfirmen um Kohlenkontingente wetteifern. Obgleich, wie Ferguson einräumte, Kohlengruben momentan hoch im Kurs standen und er im Moment auch keine begehrenswerte Zeche sehe, die zu haben sei, sprach er sich dafür aus, rasch einen Kauf zu tätigen. Stinnes pflichtete ihm uneingeschränkt bei und wies ihn an, die Augen offenzuhalten.[241]

Schon vor diesem Briefwechsel hatte Stinnes Fachleute losgeschickt, die für ihn eine Zeche finden sollten, doch deren Bemühungen waren offenbar ohne befriedigendes Ergebnis geblieben. Die Verhandlungen über den Kauf der Whitworth Mining Company waren 1913 nach zweijähriger Dauer abgebrochen worden, weil die dort geförderte Kohle von minderer Qualität war.[242] Stinnes dachte hierbei nicht nur an seine eigene Firma, sondern auch an eine Beteiligung von Deutsch-Luxemburg. Im September 1909 spielte er sogar mit dem Gedanken, in England nicht nur Kohlenzechen zu kaufen, sondern auch in die Bereiche Eisen und Stahl einzusteigen und sich so gegen den zunehmenden Protektionismus zu wappnen, den er wahrnahm. Er sprach mit von Klitzing über seine «englischen Ideen» und erfuhr offenkundig Zuspruch, desgleichen mit den Vorständen von Deutsch-Luxemburg und mit Müller. Wie bereits erwähnt, hatte er die Möglichkeit solcher Erwerbungen auch schon früher mit Kirdorf erörtert. Eine Zeitlang beschäftigte Stinnes auch die Vision von einem «Riesen Konzern» unter Beteiligung der GBAG und des Thyssenschen Deutscher Kaiser, eine Idee, von der Adolf Kirdorf allem Anschein nach fasziniert war. Die Begeisterung der Bankiers für diese Vision ließ jedoch spätestens 1910 nach, weil die politische Lage in beiden Ländern einem solchen Projekt nicht zuträglich erschien, und schwand noch weiter, als später im gleichen Jahr das Syndikat sich gegen die Stinnesschen Englandpläne aussprach. Stinnes ließ sich jedoch in seinem Wunsch, sich in England eine eigene Kohlebasis zuzulegen, nicht beirren, zumal ihn Ferguson weiter darin bestärkte.[243]

Im März 1913 wurden die Worte, die Ferguson und Stinnes im Sommer des Vorjahres gesprochen hatten, zu Taten, als die Geburtsstunde der Northern Union Mining Company schlug: Am 14. Juli 1913 verkaufte der britische Bergwerksingenieur Arnold Lupton die Rechte an seinen weitläufigen Kohlevorkommen in Yorkshire und Nottinghamshire an Stinnes; Stinnes zahlte 20000 Pfund in bar und 13000 Pfund in Aktien der neuen Firma, deren Gründungskapital aus 500000 Aktien im Nennwert von jeweils 1 Pfund bestand. Stinnes verpflichtete sich, selbst mindestens 100000 Aktien zu übernehmen. Die Gründungsvorstände des Unternehmens waren Hugo Stinnes, James Russell Ferguson, Gustav Knepper und Arnold Lupton. Eine erkleckliche Zahl der Aktien übernahm offenbar die Reederei Midgard. Wie auch immer, es war eine substantielle Investition in englische Kohle, um etliche Gewichtsklassen schwerer als seine Investition in das Haus Rott, mit der er sie damals spaßeshalber verglich. Getätigt wurde diese Investition allerdings in wirtschaftlich nicht eben umwerfend guten Zeiten: «Dabei hat es den Anschein, als ob die Konjunktur mächtig schnell rückwärts ginge. Es herrscht heute schon an manchen Stellen jämmerliche Arbeitslosigkeit. Man muß also tüchtig sparen, wo es anstandshalber geht. Wovon soll sonst das Rott und die Yorkshire Zeche gebaut werden?»[244]

Allein, Stinnes blieb auch jetzt, 1913–14, optimistisch und expansionsorientiert. Dazu paßte, daß auch seine Familie in dieser Phase noch einmal Zuwachs bekam: Sein vierter Sohn, Ernst, war im November 1911 geboren, seine dritte Tochter, Else, kam im September 1913 hinzu. Er aber war jetzt ununterbrochen unterwegs, sowohl in Deutschland als auch im Ausland. Im April 1914 bereiste er das Osmanische Reich, um in Heraclea Konzessionen für die Kohlenförderung zu erwerben und seiner Firma sowie dem Deutsch-Luxemburg-Konzern generell neue Märkte zu erschließen. Sein Interesse an Argentinien und Lateinamerika verstärkte sich dank der Geschäfte, die er mit Cläres Bruder Edmund Wagenknecht tätigte; außerdem kaufte er ganze Waldgebiete in Schweden und wo immer sonst er sie finden konnte. Es waren in der Tat außerordentlich produktive Jahre, und als Stinnes für seine weitverzweigte Firma im Juli 1913 finanziell Bilanz zog, stellte er fest, daß er mit seinem steuerpflichtigen Einkommen nahe an die Schwelle von einer Million Mark herangekommen war. In einem Brief an seine Frau mokierte er sich über die hohen Steuern – «es sei verrückt, wieviel man heutzutage von seinem sauer verdienten Geld an den Fiskus abführen müsse; freilich sei das immer noch besser, als wenn man gar nichts verdient hätte».[245] Wie wahr! Allein, Hugo Stinnes hatte mit Sicherheit Größeres vor, als nur viel Geld zu verdienen, das galt wohl nicht nur für ihn, sondern auch für Cläre:

> «Bleibe mir nur hübsch gesund und frisch, damit Du noch einmal das Ergebnis der arbeitsreichen Jahre mit Verständnis und Lebensfreude genießen kannst. Wofür hätte ich sonst so schaffen sollen? Die Kinder allein hätten mich nicht dazu gereizt und ... die Anderen haben ja doch kein Verständnis für die große internationale Organisation und Macht, die hier aufgebaut werden soll.»[246]

Das war eine in der Tat globale Vision für eine Welt, die kurze Zeit später in die Brüche gehen sollte.

IV. Hugo Stinnes als Stratege der Stromversorgung und des regionalen Transportwesens, 1907–1914

Gegen Ende des Jahres 1905, als Stinnes als führende Figur beim RWE, bei Deutsch-Luxemburg, beim MBV und bei anderen Bergbauunternehmen bereits zu einer festen Größe geworden war, charakterisierte ihn Fritz Müller, Professor an der Dortmunder Handelshochschule und Autor volkswirtschaftlicher Schriften, in einem Artikel als «Rheinländer mit einem amerikanischen Temperament».[1] Nun waren Vergleiche, die auf Amerikanisches Bezug nahmen, nicht immer schmeichelhaft gemeint. Wenn die Presse Stinnes, wie gesehen, «amerikanische Methoden» beim Ausbau von Deutsch-Luxemburg attestierte, so war dies eine durchaus negative Wertung, die auf das verbreitete Vorurteil abhob, Amerikaner seien rücksichtslos und verschwenderisch und hielten Größe für einen Wert an sich. Von Amerikanern glaubte man, sie strebten nach der Errichtung möglichst großer Trusts, die alles, was sich ihnen in den Weg stellte, verschlangen, während in der deutschen Wirtschaftsphilosophie ein kollektiver Kapitalismus der Kartelle, Branchenverbände und sonstiger Organisationen herrschte. Im vorliegenden Fall war es jedoch positiv gemeint, wenn Stinnes amerikanische Eigenschaften zugeschrieben wurden; dahinter stand ein Verständnis der amerikanischen Wirtschaftsweise, das in gewissen Kreisen der Industrie und des Handels sicher weiter verbreitet war als in den Reihen der Bildungselite. So hob Müller lobend den Stinnesschen Expansionsdrang hervor, der auf einer soliden technischen und finanziellen Wissensgrundlage beruhe, seine Beschlagenheit in Detailfragen, die ihn nicht daran hindere, stets einen breiten Überblick zu behalten, seine Bereitschaft, sich die Hände schmutzig zu machen, seine harsche Unduldsamkeit gegenüber Anmaßung und Inkompetenz, seine Bescheidenheit im persönlichen Auftreten und in der äußeren Erscheinung und seine Fähigkeit, trotz eines völligen Mangels an glanzvoller Rhetorik Autorität auszustrahlen und aufmerksames Gehör zu finden, wann immer er mit seiner eher leisen Stimme etwas darlegte oder begründete.

Was Fritz Müller an Stinnes besonders bewundernswert fand, war der Umstand, daß er mit seinem «amerikanischen Temperament» spezifisch deutsche Probleme in Angriff nahm – als Paradebeispiel führte Müller das RWE an. Er zeigte sich voll und ganz einig mit der Stinnesschen Vision eines sich über ganz Deutschland erstreckenden Stromversorgungsverbundes vom Meer bis zu den Alpen und vom Rheinland bis in den deutschen Osten, der Fabriken, Städte und Dörfer bis zum letzten und bescheidensten Heim mit elektrischer Energie beliefern und das Stromkraftwerk an den Niagarafällen «in den Schatten» stellen würde. Nun stand Stinnes mit dem Wunsch, die Menschen mit Strom zu versorgen, sicherlich nicht alleine auf weiter Flur, und es blieb noch zu erklären, weshalb er das gerade auf diese und keine andere Weise zu tun gedachte:

> «Warum das Alles? In welchem Ziele laufen alle diese tausend Fäden zusammen? Ist's nur der unersättliche Ehrgeiz, der ihn Gigantisches um der Größe willen schaffen heißt? Nein, sein letzter Grund ist die Verbilligung deutscher Wirtschaftsproduktion. Das klingt banal und plebitisch. Und dennoch: Stinnes hat erkannt, daß auf diesem Wege allein Deutschlands industrielle Größe gedeihen kann. Mit der Verbilligung steht und fällt dereinst die deutsche Industrie in dem immer schärfer werdenden Konkurrenzkampf zwischen den drei Vormächten Vereinigte Staaten, Deutschland und England. Den englischen Vetter haben wir im Roheisen bereits um zwei Millionen Tonnen geschlagen, aber gegen den Amerikaner mit seinen ihn so verschwenderisch zugemessenen Naturschätzen können wir nur mit Verbilligung der Produktion aufkommen. In diesem Sinne schätze ich Stinnes als den besten Vaterlandsfreund. Wann aber werden sich seine Gedanken und Pläne im preußischen Verordnungsstaat einmal zur vollkommenen freudigen Anerkennung durchgerungen haben? Dann, wenn uns einst die Erkenntnis gedämmert sein wird, daß der simple Techniker, der einen Akkumulator verbessert oder nutzlos verpuffende Kraft zu neuer Arbeit zwingt, mehr wert ist als der schönste Husarenleutnant.»[2]

Bei aller persönlichen Bescheidenheit und trotz seines Widerwillens gegen Publizität war Stinnes einer gelegentlichen Prise gut plazierter Idolatrie in der Presse nicht abhold, vorausgesetzt, die Autoren waren gleichzeitig für seine Projekte; das Bemerkenswerte an dem zitierten Beitrag waren freilich die Seitenhiebe auf den preußischen Bürokratismus und Militarismus, dem als positives Gegenbild das kreative Denken eines Unternehmers wie Stinnes gegenübergestellt wurde, von dessen Leistungen Staat und Gesellschaft profitierten. Damit soll nicht der Eindruck erweckt werden, Stinnes sei ein Gegner des preußischen Staatswesens oder gar ein Antimilitarist gewesen. Ganz im Gegenteil: Die Schatten, die das autoritäre Regime des Kaiserreichs über die deutsche Gesellschaft im allgemeinen und über ihre wirtschaftliche Elite im besonderen warf, lagen immer auch über Stinnes' politischem Denken und wirtschaftlichem Handeln.

Andererseits ist es wichtig, sich klarzumachen, daß diese Schatten bei manchen dunkler waren als bei anderen, je nachdem, wie tief sie in sie eintauchten. Es ist in diesem Zusammenhang aufschlußreich, daß Stinnes sich, im Gegensatz zu vielen seiner Zeit- und Ranggenossen, um eine förmliche Anerkennung seiner Leistungen durch den preußischen Staat, etwa in Form von Titeln oder Orden, nicht nur nicht bemühte, sondern eine echte Abneigung dagegen hatte. Dies wußte der Mülheimer Bürgermeister Lembke, als er Stinnes bei Gelegenheit eines städtischen Empfangs im Februar 1908 darauf aufmerksam machte, daß der Düsseldorfer Regierungspräsident Schreiber Material über ihn, Stinnes, angefordert hatte, um damit einen Antrag auf Verleihung des Kommerzienrat-Titels untermauern zu können. Normalerweise kamen solche Anträge oder Empfehlungen

Hugo Stinnes in Wiesbaden (1909)

von Bürgermeistern oder Landräten; die Tatsache, daß die Initiative dieses Mal von einem so hohen Amtsträger ausging, machte die Situation für Stinnes sehr schwierig. Es war ihm klar, daß er einen solchen Titel nicht würde ablehnen können, wenn in Berlin erst einmal positiv darüber befunden worden war; daher versuchte er, die Sache im Keim zu ersticken, indem er sich brieflich direkt an Schreiber wandte und ihm erklärte, er fühle sich zwar zutiefst geehrt, sähe es aber aus persönlichen Überzeugungsgründen lieber, wenn der Vorgang zu den Akten gelegt würde. Wie Cläre erläuterte:

«Hugo konnte nicht anders handeln. Er hält gar nichts von solchen Äußerlichkeiten, womit ein Mensch den anderen Menschen bedenkt, dann aber würde sein Handeln in Zukunft bei mancher Gelegenheit ... den Schein erweckt haben, als wolle er neue Ehren gleicher Art genießen. Dem mußte ein für alle Mal vorgebeugt werden. Hoffentlich denken unsere Kinder später in gleicher Art. Titel und Orden und Ehrenbezeugungen geben keinen Menschen höheren Wert, den kann sich ein jeder nur selbst durch seine Gesinnung und sein Handeln und Streben schaffen.»[3]

Hugo überließ es Gerhard Küchen und Gustav Stinnes, sich um solche Auszeichnungen zu bemühen; Bürgermeister Lembke reiste mehrmals nach Koblenz, um sich für diese beiden zu verwenden. Was für Hugo zählte, war die Wahrung seiner Unabhängigkeit und die Gewißheit, mehr zu sein, als zu scheinen.

Daß Titel und Auszeichnungen in bürgerlichen Kreisen so begehrt waren, sollte nicht vorschnell als Symptom einer «Feudalisierung» der preußischen Gesellschaft gewertet werden; es verriet zunächst einmal einen Hunger nach Anerkennung und Statussicherung seitens eines noch um seinen Platz im preußisch-deutschen Kosmos ringenden bürgerlichen Unternehmertums.[4] Die beständige Interaktion der industriellen und kaufmännischen Führungsschicht Deutschlands mit dem Staat fand hier ihren Niederschlag. Weder Stinnes noch seine Kollegen lehnten das Eingreifen des Staates ins wirtschaftliche und gesellschaftliche Geschehen grundsätzlich ab. Umstritten waren lediglich die Mittel und Wege, wie der Staat seine Funktionen wahrnahm, und Konflikte resultierten aus der Spannung zwischen den Interessen des Staates, wie Bürokraten und Politiker sie sahen, und den Überzeugungen und Interessen der Privatwirtschaft. Die letzteren wurden jedoch nie als mit dem öffentlichen Interesse unvereinbar verstanden, sondern eher im Gegenteil als mit ihm identisch. Es versteht sich jedoch fast von selbst, daß sowohl die Interessen der Privatwirtschaft als auch die von den politischen Organen der Gesellschaft artikulierten Positionen zu keiner Zeit in sich homogen oder gleichgerichtet waren. So sehr man sich auf der einen Seite darin einig war, daß der Staat – hier verstanden als Summe der administrativen Gewalten auf kommunaler, Kreis-, Landes- und Reichsebene – in den Bereichen Infrastruktur, Wirtschafts- und Sozialpolitik eine wichtige Rolle zu spielen hatte, so unterschiedlich waren die Meinungen, wenn es galt, diese Rolle konkret zu definieren. Stinnes hatte zu diesem Punkt einige sehr handfeste Ideen, die er beispielsweise im Verlauf der Hibernia-Affäre oder des großen Bergarbeiterstreiks von 1905 artikulierte und die auch bei seinen Konflikten mit mehreren politischen Instanzen bezüglich des RWE in den Jahren 1905–06 zum Ausdruck kamen. Die Jahre 1907–14 umfaßten eine Phase, in der die inneren wie auch die internationalen Spannungen zunahmen, was Stinnes und seinen Unternehmerkollegen ernsthafte Sorgen bereitete. Aus dieser Perspektive erschien das gemischtwirtschaftliche Unternehmen als eine konkrete wirtschaftliche Organisationsform, an deren Entwicklung Stinnes maßgeblich mit beteiligt war, in einem gewissen Sinn aber auch als symptomatisch für die Wirtschaft des kaiserlichen Deutschland insgesamt.

1. Das RWE: Entwicklung und Expansion

Während des gemeinsamen Schweiz-Urlaubs im Juni 1908, in dessen Verlauf Stinnes Cläre in seine großen Pläne für den Ausbau seiner Firma einweihte, äußerte er sich auch zum Thema RWE:

> «Weiter erzählte er von der Weiterentwicklung des RWE, dessen Ziele allgemein erkannt und gewürdigt werden und von den Kommunal- und Regierungsbehörden gerne gefördert werden, wie es immer mehr ein der Allgemeinheit Nutzen bringendes Unternehmen wird, wie er die Gas- und Wasserwerke auf gleicher Grundlage und zu gleichen Zielen vereinen will und jetzt schon hierfür willige Unterstützung findet bei den großen Stadt- und Landgemeinden und z.T. die willigste bei denen, die vor kurzem noch heftige Gegner solcher Vereinigungsgedanken waren, wie z.B. Dortmund. Dort wurde ihm als dem Schöpfer dieses Planes und dem einzig möglichen Förderer die ganze Führung in diesem großen Gedanken in die Hand gegeben. So bricht doch immer wieder, wenn auch unter Kämpfen und oft Anfeindungen, ein weitausschauendes großes Streben sich Bahn.»[5]

Offenkundig hatte Stinnes zu diesem Zeitpunkt die schrecklichen Enttäuschungen des Jahres 1906 überwunden, als sein Vorhaben, das Versorgungsgebiet des RWE nach Westfalen hinein auszudehnen, durch eine Allianz aus westfälischen Lokalpolitikern und Berliner Elektrotechnikfirmen und deren Banken abgeblockt worden war. Viele Kämpfe waren ausgefochten worden, und die vorläufige Vereinbarung vom Februar 1907 zwischen dem RWE und den Städtischen Elektrizitätswerken Dortmund, der Elektrizitätswerk Westfalen AG und der Kommunalen Elektrizitätswerk Mark AG markierte sicherlich noch nicht das Ende dieser Kämpfe. Nach einem langwierigen Tauziehen um den Preis für die Aktien des RWE-eigenen Kraftwerks Wiendahlsbank in Kruckel, das in eine neue Firma, die Westfälische Verbands-Elektrizitätsgesellschaft, umgewandelt werden sollte, hatten die Beteiligten schließlich ihre Unterschriften unter eine vorläufige Übereinkunft gesetzt, die die gemeinsamen Besitzverhältnisse an dem neuen Unternehmen regeln und das Versorgungsgebiet des RWE von denen seiner Konkurrenten abgrenzen sollte. Weitere Bestimmungen betrafen den Verkauf der Bochum-Gelsenkirchener Straßenbahn sowie von Anteilen an der Kölner AG für Gas und Elektrizität an die neugeschaffenen städtischen Gesellschaften. Dies war freilich nur der Auftakt zu einem weiteren Jahr voller Verhandlungen und Rangeleien.

Wie schon in Kapitel 2 erwähnt, wo das Zustandekommen dieser Vereinbarung nachgezeichnet wurde, hatte es Diskussionen darüber gegeben, ob das

RWE überhaupt Anteile an der Westfälischen Verbands-Elektrizitätsgesellschaft beibehalten oder aber sich völlig von dem Kraftwerk trennen sollte, das einmal als sein zweites großes Standbein gedacht war. Regierungspräsident Coels hatte auf der weiteren Miteigentümerschaft des RWE bestanden und sich anerkennend über Stinnes' unvergleichlichen Beitrag zum Aufbau der Stromversorgung in der Region geäußert; wie Cläre indes schon damals vermutet hatte, sprachen auch höchst praktische Gründe dafür, Stinnes und das RWE mit im Boot zu behalten. Der Hagener Bürgermeister Cuno gehörte sicherlich zu denen, die das RWE-Monopol brechen wollten, doch er hielt nicht viel von Parolen wie «Fort mit Stinnes!», «Wir wollen Herren im eigenen Haus bleiben!» oder «Wir wollen nichts von Stinnes wissen!», die in seinem Umkreis verbreitet wurden. Cuno trat für gemischtwirtschaftliche Unternehmen ein, weil er es für wichtig hielt, die Kenntnisse, den Geschäftssinn und die Kontakte der Industriellen zu nutzen. Aus diesem Grund war er für die weitere Beteiligung Stinnes' an dem neuen Verbandswerk Westfalen in Kruckel:

> «Es wäre möglich gewesen, die Verhandlungen in dem Sinne zu führen, daß das RWE gänzlich ausschied. Ich habe aber die Überzeugung erlangt, daß es für die Rentabilität von großer Wichtigkeit ist, daß das RWE an dem Verbandswerk beteiligt bleibt und dann Hugo Stinnes persönlich an dem Unternehmen interessiert bleibt. Die Beziehungen des Herrn Stinnes zu den verschiedensten gewerblichen Unternehmungen, insbesondere zu Zechen, sind so bedeutend, daß es nur zweckmäßig ist, ihn dauernd an dem Unternehmen zu beteiligen. Seine Beteiligung gibt nach meinem Empfinden eine gewisse pupillarische Sicherheit für das Gedeihen. Sein Ausscheiden würde vielleicht manche große Stromabnehmer der Zentrale entziehen.»[6]

Wie sich bald herausstellen sollte, war Cuno durchaus kein unangefochtener Herrscher in seinem eigenen Haus; während der Hagener Stadtrat ihn in seinem Bestreben unterstützte, das neue Kraftwerk im Verbund mit den anderen Firmen zu betreiben, beharrten die Aktionäre des Elektrizitätswerks Mark, allen voran die Vertreter mittelbetrieblicher industrieller Interessen in Iserlohn und Lüdenscheid, die sehr schlecht auf die Schwerindustrie zu sprechen waren, darauf, Mark müsse sich seine Unabhängigkeit bewahren und seinen eigenen Weg gehen.[7]

Das war natürlich ein Schlag für Landrat Gerstein, nach dessen Überzeugung nur aus der Einheit der drei abtrünnig gewordenen kommunalen Stromversorger die Kraft erwachsen konnte, die erforderlich war, um das RWE in Schach zu halten. Gleichzeitig kam es auch zu Reibereien innerhalb der E-Werke Westfalen und Dortmund sowie zwischen deren öffentlichen und privaten Interessenten. Die Berliner Bankiers hatten sehr zurückhaltende Vorstellungen über die Summen, die sie in das Projekt Kruckel zu investieren bereit waren. Wie Direktor Döpke vom E-Werk Dortmund in einer Unterredung mit Goldenberg und Thiel vom RWE Mitte Februar 1907 freimütig erklärte, sei «der Gedanke von einem *kommunalen* Werk unter Beteiligung der Gemeinden nun durch das Eintreten der Berliner Finanzleute hinfällig geworden ... Leider dominieren diese Berliner Herren jetzt bei Westfalen, während er es nie soweit kommen lassen würde, daß solche auch in Dortmund aufkämen.»[8] Döpke arbeitete im übrigen außerordentlich gut mit seinen Kollegen vom RWE zusammen und zeigte sich von deren Leistungen in Kruckel angetan.[9]

Die vorläufige Vereinbarung, die Ende 1907, unter erheblicher diplomatischer Mitwirkung Rathenaus, zustande kam, erwies sich bald als gefährdet. Von Anfang an war sie mit dem Problem belastet, daß Mark der Gruppe nicht beitreten wollte, worauf die drei anderen Partner den Versuch unternahmen, diese durch einen Preiskrieg in die Knie zu zwingen, was aber nicht verfing – offenbar konnte sich Mark auf die Solidarität seiner industriellen Kundschaft verlassen und war dadurch in der Lage, sich gegen seine mächtigen Gegenspieler zu behaupten.[10] Ein weiteres Problem ergab sich daraus, daß die Kraftwerke Dortmund und Westfalen die Strompreise heraufsetzen wollten, wogegen Stinnes sich kategorisch sperrte. Was Stinnes daran besonders empörte, war, daß ausgerechnet diejenigen, die ihn immer als «Monopolisten» hingestellt hatten, der im Interesse hoher Preise jede Konkurrenz beseitigen wolle, jetzt genau diese Politik praktizierten. Im Juni lag der Entwurf eines Demarkationsabkommens vor.[11] Während Dortmund dem Entwurf zustimmte, stellte sich Westfalen quer. Dessen Direktor Hempel erhob Einwände gegen die ausgehandelten Konditionen für die Übernahme der RWE-eigenen Leitungen sowie gegen die Tarife, die berechnet werden sollten, wenn Westfalen in Spitzenverbrauchszeiten Strom vom zentralen RWE-Kraftwerk in Essen bezog. Nach Ansicht Hempels hatte Rathenau in den Verhandlungen zu Jahresbeginn zu weitgehende Zugeständnisse gemacht. Momentan befand sich Rathenau aber auf einer Ostafrikareise. Noch komplizierter wurde die Sache dadurch, daß er seinen Posten bei der Berliner Handelsgesellschaft am 1. Juli aufgegeben hatte. (Den Vorsitz im Westfalen-Aufsichtsrat war er allerdings auszuüben bereit.) Auch Coels war nicht mehr direkt mit von der Partie, weil er auf einen Staatssekretärsposten in Berlin berufen worden war; sehr zu Stinnes' Erleichterung hatte er jedoch versprochen, sich an den Verhandlungen weiterhin zu beteiligen. Hierauf legte Stinnes großen Wert, weil jede Zeitverzögerung beim Abschluß des Abkommens mit Westfalen die weitere Ausdehnung des RWE im Rheinland hemmte. In diesem Herbst wartete Stinnes ungeduldig auf die Rückkehr Rathenaus, war er doch zu der Erkenntnis gelangt, Rathenau sei «der einzige Mensch in Westfalen», mit dem man verhandeln könne.[12]

Tatsächlich beschlich Stinnes so langsam das Gefühl, daß er erneut hintergangen wurde, nicht nur von Hempel, sondern auch von den Landräten. Während das RWE sich getreulich an die vorläufig festgelegten Demarkationen hielt, betrieben die Elektrizitätswerke Westfalen und Dortmund, offenbar mit Rückendeckung Gersteins und zur Niedens, eine aggressive Expansionspolitik unter Mißachtung des Abkommens. Offenbar stärkten sie auch ihrem Kollegen Graf von Merveldt den Rücken, dem Landrat von Recklinghausen, als dieser für sich das Recht reklamierte, frei zu entscheiden, wer seinen Kreis versorgen dürfte – wogegen das Abkommen eine Aufteilung dieses Kreises zwischen Westfalen und dem RWE vorsah. Stinnes fand dies alles «perfide». Wieder einmal beschwerte er sich aufs bitterste bei Coels, der jedoch offenbar der Ansicht war, mit der Rückkehr Rathenaus würden sich alle Probleme erledigen.[13]

In Wirklichkeit verschärften sich die Spannungen. Eine Unterredung am 18. November nahm einen ausgesprochen unangenehmen Verlauf: Sie wurde abgebrochen, nachdem Stinnes Hempel und den im Aufsichtsrat von Westfalen vertretenen Landräten vorgeworfen hatte, bestehende Vereinbarungen gebrochen zu haben. Hempel empfand dies als beleidigend, und Rathenau zog sich mit dem Argument aus der Affäre, diese Fragen lägen nunmehr in den Händen der Westfalen-Direktoren, während er in seiner Funktion als Aufsichtsratsvorsitzender nur mehr beratend wirken könne. Es bestand kein Zweifel daran, daß die Westfalen-Vertreter eine Abänderung des Abkommens forderten, mit der Begründung, seit Februar hätten sich die Verhältnisse erheblich verändert: Das Geld sei knapp geworden, die Kupferpreise seien gesunken und die Landräte, insbesondere von Merveldt, seien unglücklich über die gezogenen Demarkationslinien. Stinnes war empört. Wie er sich in seinem Bericht an den neuen Regierungspräsidenten in Arnsberg, Graf von Schwerin, ausdrückte:

> «Vom Vorstand des RWE und mir wurde demgegenüber erklärt, daß das Verfahren von Westfalen milde ausgedrückt gegen Treu und Glauben im Geschäftsleben verstoße. Die Termine seien deswegen nicht eingehalten worden, weil der Vorstand von Westfalen in Abwesenheit von Herrn Dr. Rathenau dem Aufsichtsrat das Abkommen nicht habe vorlegen wollen. Alle anderen Beteiligten hätten widerwillig dem Aufschub zugestimmt, um die Gewißheit zu haben, daß unter Dr. Rathenaus Vorsitz das Abkommen unverändert genehmigt würde, und nun wurde der von Westfalen verschuldete Aufschub bei veränderter Geldmarktlage dazu gebraucht, um alle Abmachungen für nichtig zu erklären und neue Forderungen zu stellen.
>
> Dieses Verhalten sei umso unglaublicher, als notorisch der Vorsitzende von Westfalen die Majorität des Aktienkapitals zusammen mit Hibernia hinter sich habe, also jeder Zeit durch Berufung an eine Generalversammlung in der Lage sei, seine eingegangenen Verpflichtungen zu erfüllen. Die Erklärung, daß derartige Beschlüsse bei Westfalen nur einstimmig gefaßt werden dürfen, könne nicht als richtig akzeptiert werden.»[14]

Coels war es zu verdanken, daß doch wieder Verhandlungen zwischen Rathenau und Stinnes in Gang kamen und man sich einig wurde, die Gespräche fortzusetzen. Der Schaden war jedoch bereits angerichtet in Form eines gründlichen gegenseitigen Mißtrauens, das sich bei Stinnes vor allem gegen Hempel und Rathenau richtete.

Ähnlich wie Stinnes empfand offenbar sein wichtigster Ansprechpartner im Arnsberger Regierungspräsidium, Regierungsrat Oppermann. Oppermann erfreute sich hoher Wertschätzung sowohl bei Stinnes als auch bei Cläre, die in ihm eine gute Alternative zu Thiel sah, der zu dieser Zeit stark in Ungnade gefallen war, weil er als Chefunterhändler des RWE in den Verhandlungen mit den Kommunen ein heilloses Durcheinander angerichtet hatte.[15] Am 20. Oktober forderte Stinnes Oppermann in einem Brief auf, das Regierungspräsidium möge die Landräte unter Druck setzen und ihnen klarmachen, «daß es sich für jeden anständigen Menschen schickt, Wort zu halten». Wenn die Landräte sich an dieses Gebot hielten, hätten «Rathenau und Hempel nicht mehr die Möglichkeit, wegen ihrer unqualifizierten Handlungsweise andere Leute vorzuschieben, dann bleibt die ganze Gemeinheit auf diesen beiden Herren sitzen und wird ihnen unbequem».[16]

Das Zusammenspiel mit Oppermann erwies sich als außerordentlich fruchtbar. Wie dieser in einer streng vertraulichen Mitteilung berichtete, hatte er Schwerin dazu überredet, an Rathenau zu schreiben und ihn wissen zu lassen, daß man jetzt nicht mehr mit einer Beteiligung Westfalens an der Verbands-Elektrizitätsgesellschaft rechne und diese daher nur noch unter Mitwirkung Dortmunds und des RWE zu betreiben gedenke. Kaum nötig zu sagen, daß ein solcher Schritt den eben erst errungenen Sieg Westfalens in eine sehr kostspielige Niederlage verwandelt hätte. Oppermann hatte den Eindruck gewonnen, Landrat Gerstein bereue langsam, «so kräftig im Fahrwasser von Hempel-Rathenau gerudert» zu haben, und stehe im Begriff überzulaufen. In den Augen Oppermanns war der Bösewicht indes nicht Hempel, sondern Rathenau: «Es empört mich, wenn ich daran denke, daß die langwierige Arbeit ernster Männer zum Schluß durch Jobber-Tricks zunichte gemacht werden soll. Meines Erachtens ist Hempel das kleine Werkzeug, aber Dr. Rathenau der eigentliche Macher.»[17] Diese Abneigung gegen Rathenau teilte offenbar Cläre, die kurze Zeit später ihrem Ärger in einer für sie untypischen Invektive Luft machte: «Nun ist es bald ein Jahr, daß das Verbandswerk gegründet werden sollte. Die echten Berliner Juden haben sich entschleiert.»[18]

Bedenkt man, wie scharf Cläre zuvor die russischen Pogrome verurteilt hatte, so verwundert diese Äußerung, und so sehr sie zeigen mag, wie leicht in einer solchen Situation antisemitische Ressentiments zum Vorschein kommen konnten, so wenig sollte man vergessen, welche nicht zu unterschätzende Rolle der spontan empfundene Ärger über die Einmischungen der Berliner und ihrer Bankiers in die rheinisch-westfälischen Angelegenheiten dabei spielte. Hugo war sehr angetan gewesen, als ihm Emil Rathenau 1906 «aus Freundschaft» Informationen über ein neues Verfahren für die Herstellung von Qualitätsstahl mit Hilfe elektrischen Stromes angeboten hatte; Stinnes hatte damals seinen Betriebsleiter angewiesen, das Angebot anzunehmen, mit der Begründung: «Herr Dr. Rathenau ist ein derartig seriöser Mann, daß man seinen Anregungen unbedingt Folge leisten kann.»[19] Emil Rathenau war allerdings Großindustrieller und Erzeuger wie Stinnes, wohingegen sein Sohn Walther Stinnes von Anfang an als Finanzier, Berliner Bildungsbürger und Herausforderer gegenübertrat. Tatsächlich pflegte

Walther Rathenau einen Überlegenheitsdünkel, der Hugo und Cläre nicht entgangen sein dürfte. Er hatte sich einmal nach Rückkehr von einem Besuch in Mülheim «ganz entsetzt über die dort erlebte Unkultur» geäußert.[20] Wie und weshalb auch immer, ein komplexes Geflecht von Spannungen strapazierte die Beziehungen zwischen Stinnes und Walther Rathenau praktisch von Anfang an.

Es scheint allerdings, als hätten Rathenau und Hempel sich dann doch ziemlich schnell mit Stinnes geeinigt, denn Mitte Dezember 1907 war der einzige noch verbliebene Stolperstein die Forderung des Grafen von Merveldt, getreu einer angeblichen Zusage Coels' selbst darüber entscheiden zu können, welche Firma die Stromversorgung des Kreises Recklinghausen übernehmen würde, wogegen Stinnes auf sein Recht pochte, den westlichen Teil des Kreises abzudecken, insbesondere die Stadt Gladbeck, die direkt an einige bereits vom RWE versorgte Ortschaften angrenzte. Während Schwerin, an dessen Strang jetzt auch Gerstein zog, mitgeholfen hatte, die Details der Einigung mit Westfalen auszuarbeiten, stellte die Verweigerungshaltung Recklinghausens, wie Gerstein ohne Beschönigung an Stinnes schrieb, «ein Hindernis [dar], welches Sie nicht nehmen *wollen* und wir nicht nehmen *können*».[21] Am Ende mußte es dann doch genommen werden, und Stinnes ließ gegenüber Gerstein denn auch keinen Zweifel daran, daß er eine Vereinbarung wollte und bereit war, in einem Treffen mit Merveldt die Differenzen auszuräumen. Die Sache endete damit, daß Merveldt seinen Willen durchsetzte, wobei Stinnes immerhin die Zusicherung herausholte, daß es dem RWE nicht verwehrt werden würde, auf Recklinghauser Gebiet diejenigen Leitungen zu verlegen, die erforderlich sein würden, um benachbarte, zum RWE-Territorium gehörende Gebiete zu versorgen.

Damit war der Weg für den am 10. März 1908 unter Dach und Fach gebrachten «Friedensschluß vom Dortmunder Stadthaus» geebnet, die Westfälischen Verbands-Elektrizitätswerke (WVE) konnten endlich gegründet werden. Die Stadt Dortmund erhielt Aktien im Wert von 1350000,– Mark; für den Fall, daß die Mark AG dem Verbandswerk beiträte, war vereinbart, daß Dortmund einige seiner Anteile an Mark verkaufen sollte, doch der Fall trat nie ein. Das Elektrizitätswerk Westfalen hielt einen Anteil von 600000 Mark, der Kreis Hörde einen von 300000 und die Stadt Hörde einen von 150000,– Mark. Anteile von je 300000 Mark übernahmen die Harpener Bergwerks AG, die GBAG und das RWE. Während die RWE-Beteiligung an der Kölner AG für Gas und Elektrizität an das Verbandswerk, an die Städtischen Elektrizitätswerke Dortmund und ans Westfalenwerk verkauft wurde, blieb die Bochum-Gelsenkirchener Straßenbahn im Besitz des RWE. Der Vorstand des Verbandswerkes setzte sich zusammen aus Direktor Döpke, der die Geschäfte führte, L. Aschoff vom Westfalenwerk, der für bauliche Investitionen und betriebliche Abläufe verantwortlich war, und Goldenberg, der den eigentlichen Kraftwerksbetrieb, d.h. die Stromerzeugung, leitete. Das Verbandswerk war unter anderem dadurch als echtes gemischtwirtschaftliches Unternehmen ausgewiesen, daß der Dortmunder Oberbürgermeister Schmieding den Aufsichtsratsvorsitz innehatte und Stinnes dem

Aufsichtsrat angehörte. Das langwierige und im wahrsten Wortsinn erschöpfende Tauziehen um die Stromversorgung Rheinland-Westfalens und die Anteile der einzelnen Unternehmen daran war nun endlich vorüber; bezeichnenderweise bat Stinnes den RWE-Aufsichtsrat um die Gewährung von Bonuszahlungen in Höhe von 5000,– Mark an Goldenberg und Thomas sowie kleinerer Beträge an mehrere andere, die sich um den Aufbau des Werkes Kruckel und um die Aushandlung der endlos komplizierten Verträge, die die Grundlage des Abkommens vom März 1908 bildeten, verdient gemacht hatten.[22]

Im Verlauf des nervenzehrenden Jahres zwischen dem Abschluß der vorläufigen Vereinbarung vom Februar 1907 und der Unterzeichnung des endgültigen Abkommens vom März 1908 hatte Stinnes das Scheitern seiner Vision einer einheitlichen Stromversorgung für ganz Rheinland-Westfalen in einen bescheidenen Sieg umgemünzt. Zum einen hatten sich das RWE und die neu auf den Plan getretenen Stromversorger in bezug auf das Gebiet südlich der Lippe auf eine einvernehmliche Gebietsabgrenzung anstelle eines Konkurrenzkampfes geeinigt. Darauf legten die Bankiers, namentlich Klönne, besonders großen Wert, und sie erkundigten sich auch, ebenso wie Thyssen und Schöller, ständig besorgt nach dem Fortgang der Verhandlungen.[23] Auf der anderen Seite hatte das RWE, wie Cläre registrierte, durch Verlauf und Ausgang des Ringens bei der staatlichen Seite an Ansehen gewonnen, während die Westfalen-Partei aufgrund ihres Verhaltens ziemlich stark ins Abseits geraten war:

> «Jedenfalls ist Westfalen und sein Gebaren nun auch von der Regierung und Dortmund erkannt worden und es herrscht längst darüber nun eine Stimme leichter Mißbilligung. Beide betrachten sich von Westfalen dirigiert, beide schlössen [nicht] wieder einen Pakt mit W[estfalen] wohl aber gegen Westfalen und mit dem RWE. Dies erlebte schon vor Wochen den Triumph anerkannt zu sehen, daß es von allen Parteien die allein vornehm denkende und handelnde sei und daß man nur bedauere, nicht früher so klug gewesen zu sein, es wäre dann vieles anders gemacht worden. Das ist nun zwar kein Trost für das RWE, denn sein Ziel und Streben im nördlichen Revier ist durchquert worden, aber diese neue aufgeklärte, wenn auch späte, Einsicht in erster Linie der Regierung nützt Hugo hoffentlich mal an anderer Stelle bei anderen Plänen.»[24]

In der Tat konnte Stinnes für sich den Triumph verbuchen, daß sein RWE aus dem weiteren Verlauf des Jahres 1908 als das einzige echte gemischtwirtschaftliche Unternehmen der Stromwirtschaft (neben dem deutlich kleineren Elektrizitätswerk Mark) hervorging, das den Eindruck eines harmonischen Funktionierens machte. Ein deutliches Anzeichen dafür, daß es bei Westfalen Probleme gab, lieferte eine Episode im November, als Hempel sich nach einer Sitzung unvermittelt mit der Frage an Thomas wandte, ob nicht die Zeit für Gespräche über eine Fusion zwischen RWE und Westfalen reif sei. Das war, kaum nötig zu sagen, Musik in Cläres Ohren:

«So schnell war es nicht zu erwarten, daß dieser Vorschlag gemacht wurde. Die Herren, die erst so groß taten und die Schuld an allen Kämpfen im Gebiet der gr[oßen] elektr[ischen] Zentralen tragen, haben nun offenbar schon den Mut verloren. Es mußte so kommen, damit hatte Hugo stets gerechnet. Nun können sie sich aber erst müde zappeln. Thomas tat unwissend.»[25]

Tatsächlich beschritt Westfalen einen entschieden anderen Weg, nämlich den der Trennung von seinen privaten Aktionären. Die Landräte von Bochum, Gelsenkirchen und Recklinghausen gelangten zu dem Schluß, die Interessen der industriellen und kommunalen Gesellschafter seien mit denen der anderen privaten Aktionäre unvereinbar, weil es letzteren vor allem um die kurzfristige Rentierlichkeit ihrer Aktien gehe, während die ersteren primär daran interessiert waren, das Unternehmen zu einem leistungsfähigen und kundenfreundlichen Stromversorger auszubauen. Tatsächlich schienen die auswärtigen Privatanleger, allen voran Rathenau, nicht abgeneigt, ihre Anteile zu veräußern. Auf jeden Fall deutete einiges darauf hin, daß Gerstein und seine Kollegen das Gefühl bekamen, sich mit den falschen Partnern zusammengetan zu haben. Von Gerstein kam im Februar 1910 der Vorschlag, das Elektrizitätswerk Westfalen an das RWE zu verpachten; Stinnes schlug dieses Angebot aus und regte seinerseits eine Lösung an, bei der das RWE gleichsam als geschäftsführende Gesellschafterin bei Westfalen einsteigen würde.[26]

Dagegen hatte Stinnes es verstanden – und verstand es auch weiterhin –, diese Interessen miteinander in Einklang zu bringen: das privatwirtschaftliche Profitinteresse einerseits, das die Gewähr dafür bot, daß das RWE effizient geführt wurde, und das durch die Vertreter der diversen staatlichen Instanzen verkörperte öffentliche Interesse andererseits. Einen der Beweggründe für seinen Wunsch, in Westfalen klare Verhältnisse zu schaffen, bildeten, wie bereits erwähnt, seine Expansionspläne für das Rheinland; bevor er diese in Angriff nahm, wollte er Ordnung in die Finanzen des RWE bringen, für das 1908 kein gutes Jahr war. Nicht nur der wirtschaftliche Abschwung, der mit der Krise von 1907–08 einherging, machte ihm zu schaffen, sondern auch die Einführung der Metallfadenlampen, durch die der Stromverbrauch zusätzlich zurückging. Das Aktienkapital des RWE betrug seit 1905 unverändert 30 Millionen Mark; 1906 war dazu eine Obligationsanleihe von 20 Millionen Mark gekommen, wovon 10 Millionen sogleich durch ein Konsortium unter Führung der Dresdner Bank in Form 4prozentiger Papiere auf den Markt gebracht worden waren. Dennoch hatten sich in dieser Zeit schwebende Schulden in beträchtlicher Höhe angesammelt. Ein sprechendes Indiz für das sich verschärfende Liquiditätsproblem des RWE war der Verkauf von Anteilen an Straßenbahn- und lokalen Eisenbahngesellschaften, die nicht rentabel genug waren. So kam Stinnes etwa im November 1907 zu der Erkenntnis, daß das RWE von seiner Beteiligung an der Krefelder Straßenbahn wenig Gewinn zu erwarten hatte; da deren Aufsichtsratsvorsitzender Tippelskirch diese Ansicht teilte, wurden die Anteile Anfang 1908 in einer

Blitzaktion an die Stadt Krefeld abgegeben.[27] Auf Anregung von Tippelskirch verkaufte das RWE darüber hinaus einen Teil seiner erst 1906 erworbenen Anteile an der Düsseldorf-Duisburger Kleinbahnen GmbH in Kaiserswerth an ein Berliner Unternehmen, nicht weil die Firma schlecht gelaufen wäre, sondern weil die Aktien nur einen 5prozentigen Jahresertrag lieferten. Dies sei, so Tippelskirch, «keine Kapitalanlage für ein Unternehmen, welches seinen Aktionären 8 Prozent Dividende geben soll».[28] Vor allem aber sollten damit Geldmittel für den Aufbau eines Straßenbahnnetzes in Mettmann freigemacht werden.

Das war jedoch weniger ein Ausstieg als eine Verlagerung, denn wie Stinnes Thyssen erklärt hatte (der geneigter schien, seine Beteiligungen an Straßenbahn- und lokalen Eisenbahnunternehmen zu veräußern), bekam man mit solchen Investitionen einen wirksamen Hebel für die Erlangung von Konzessionen von den Kommunen im RWE-Versorgungsgebiet in die Hand. Als besonders nützlich bezeichnete Stinnes die Beteiligungen an Straßenbahngesellschaften im Raum Düsseldorf-Duisburg: «Mit diesen Städten müssen wir paktieren, und ich wüßte nicht, was wir diesen Leuten zu bieten hätten, wenn wir unsere Straßenbahnanteile jetzt versilberten.»[29] Der Landrat in Mettmann, zur Nieden, bestätigte diese Einschätzung: «Die Gemeinden haben die Verträge über Kraft und Licht mit dem RWE nur deshalb abgeschlossen, weil sie den Bau und den Betrieb der Kleinbahn durch ein leistungsfähiges Werk, wie es das RWE ist, wünschten.»[30]

Kurzfristige Lösungen wie die, eine Straßenbahnlinie zu verkaufen, um eine andere finanzieren zu können, konnten daher wirklich nur ein Notbehelf sein, während die langfristige Lösung nur darin bestehen konnte, daß man die bereits ausgeworfenen Obligationen im Wert von 10 Millionen an den Mann brachte, durch die angestrebte Partnerschaft mit den Westfalen-Firmen die schwebende Verschuldung beseitigte, auf einen günstigeren Zeitpunkt für eine Erhöhung des Aktienkapitals wartete und sich potentielle kommunale Gesellschafter heranzog. Die Vermarktung der Obligationen erwies sich als unerwartet schwierig. Von der ersten Tranche 4prozentiger Papiere im Wert von 10 Millionen waren nach 2 Jahren, 1908, erst 6,2 Millionen verkauft; die neue Tranche mußte mit 4,5 Prozent angeboten werden. Stinnes tat natürlich alles, was er konnte, um seine Bankiers davon zu überzeugen, daß die RWE-Obligationen wegen der kommunalen Miteigentümerschaft zu demselben niedrigen Zinssatz angeboten werden sollten, wie er für Hypotheken auf Zechenanlagen galt; allein, Direktor Müller von der Dresdner Bank wollte davon nichts wissen. In der Öffentlichkeit seien, so führte er zur Begründung an, RWE-Aktien beliebt, nicht aber RWE-Obligationen, die offenbar schon nicht deshalb als eine gute Geldanlage angesehen wurden, weil die öffentliche Hand am RWE beteiligt war. Aus Anlegersicht sei eine durch eine Hypothek auf eine Zeche abgesicherte Obligation allemal die bessere Lösung. Am Ende akzeptierte Stinnes das von den Banken unterbreitete Angebot, die unverkauft gebliebenen Obligationen mit einem geringfügigen Abschlag zurückzunehmen und gleichzeitig grünes Licht für die Emission zweier neuer Serien zu geben: zehn Millionen zu 4,5 Prozent baldmöglich sowie vier Millionen zu voraussichtlich 4 Prozent im Jahr 1909. Klönne hatte Stinnes heftig beschworen, auf dieses Angebot Müllers einzugehen. Für Stinnes war die entscheidende Frage die, ob und wie es gelingen würde, das Vertrauen der Anleger zum RWE zu bewahren und eine Dividende von 8 Prozent auszuschütten, noch dazu in einer Situation, in der Müller die Gefahr an die Wand malte, daß gegen die Industrie im Gefolge der gerade laufenden Ermittlungen zur Bankenkrise von 1907 Kreditbeschränkungen verhängt werden könnten. In eine ähnliche Kerbe hieb Dr. Hjalmar Schacht von der Dresdner Bank, der mit der Erstellung des Prospekts für die neuen Obligationen befaßt war und die große Sorge äußerte, daß die Anleger, die bei der ersten Obligationsanleihe von 10 Milllionen zugegriffen hatten, sich jetzt übervorteilt fühlen und verstimmt reagieren würden; er empfahl dringend, keinerlei Angaben über den Verbleib der 3,8 Millionen vom RWE zurückgezogenen Obligationen zu machen. Doch dann verlief wider Erwarten alles glatt, und plötzlich sah das RWE dank der Unterstützung der Banken und der Liquiditätszuflüsse aus dem Arrangement mit Westfalen schwarzen Zahlen auf seinen Bankkonten entgegen und konnte im Frühjahr 1908 aus der Liste der Stinnesschen «Sorgenkinder» gestrichen werden.[31]

Der später in anderen Zusammenhängen berühmt gewordene Schacht war nicht nur der Autor des Prospekts für die RWE-Obligationsanleihe von 1908, sondern betätigte sich auch, in keinem geringeren Organ als den *Preußischen Jahrbüchern,* als Propagandist für das Modell des öffentlich-privaten gemischtwirtschaftlichen Unternehmens; er machte sich darin für eine zweckmäßige Arbeitsteilung zwischen dem Staat, der das gesamtgesellschaftliche Interesse zu wahren hatte, und dem privaten Unternehmertum stark, dessen Aufgabe die Herstellung größtmöglicher wirtschaftlicher Rationalität war.[32]

Trotz dieser Fürsprache war es Stinnes nicht gelungen, den preußischen Staat zu einer Beteiligung zu bewegen, wie Schacht es angeregt hatte, vom Reich ganz zu schweigen. Das hielt ihn nicht davon ab, sich weiterhin um eine Ausweitung des Engagements von Kommunen und Landkreisen im RWE zu bemühen. Er sah in einem solchen öffentlichen Engagement vor allem ein probates Mittel zur Linderung der Liquiditätsprobleme des RWE, wurde doch dadurch der Zugriff auf die Finanzreserven und die günstigeren Kreditkonditionen der öffentlichen Hand möglich. Als im Mai 1908 Oberregierungsrat Walter Königs vom Provinzialregierungsbezirk Düsseldorf, der auf das RWE große Stücke hielt, in einem vertraulichen Schreiben an Stinnes die Möglichkeit andeutete, die Provinzialregierung könne «bei diesem wirtschaftlich und sozial so überaus bedeutungsvollen Unternehmen»[33] einsteigen, reagierte Stinnes unverzüglich. Er informierte Direktor Menckhoff von der Gesellschaft für Elektrische Unternehmungen und die Bankiers des RWE und bat sie um die Bereitstellung von Aktien, die im Fall des Falles sofort an die Provinzialregierung veräußert werden konnten. Er sah in einem solchen Engagement nicht nur den Gewinn eines bedeutsamen neuen öffentlichen Investors, sondern auch einen unmittelbaren praktischen Nutzen für die Arbeit der RWE-Niederlassung in Düsseldorf, die ihm «bisher die großen Städte ... viel Ungelegenheiten bei der Benutzung von Provinzialstraßen [für Straßenbahntrassen und die Verlegung von Stromleitungen] bereitet» hatten.[34] Allein, obwohl die Verwaltung selbst Feuer und Flamme war, kam die angestrebte Beteiligung nicht zustande, einerseits weil der hohe Kurs, auf dem die Aktien zu dieser Zeit standen, Probleme bereitete, andererseits weil letzten Endes der Provinziallandtag über das Vorhaben befinden mußte. Ende Dezember 1908 wandten sich die rheinischen Kreise Moers, Kempen, Geldern, Cleve, Rees, Bergheim, Erkelenz, Euskirchen und Jülich mit einer Petition an den Landtag, in der sie ein finanzielles Engagement beim RWE befürworteten, als Mittel, um das RWE zum Ausbau der Stromversorgung in ihren Kreisgebieten zu veranlassen. Das Parlament wies das Ansinnen jedoch mit der Begründung zurück, die Stromversorgung gehöre nicht zu den Aufgaben der Provinzialregierung, sondern müsse den Kommunen und Kreisen überlassen bleiben.[35]

Stinnes war über diesen Beschluß sicher nicht glücklich, denn eine positive Entscheidung hätte sicherlich einige der Probleme, die sich in seinen Verhandlungen mit den genannten, überwiegend ländlich strukturierten Kreisen auftaten, leichter lösbar gemacht. Dennoch kam es im weiteren Verlauf des Jahres 1908 zu einem bedeutsamen Durchbruch in Richtung auf eine Beteiligung der Städte und Kreise am RWE. Kommunal- und Kreisverwaltungen hatten in der Tat sogar eine Nachfragelawine nach RWE-Aktien losgetreten, und Stinnes hatte alle Hände voll zu tun, das entsprechende «Material» von Thyssen, von den Banken, von Gerhard Küchen, von der Gesfürel und von anderen Anteilseignern – er selbst eingeschlossen – zusammenzukaufen und sich der mannigfaltigen Proteste und Probleme zu erwehren, die wegen der unterschiedlichen Preise, die für diese Aktien verlangt wurden, an ihn herangetragen wurden. Dessen ungeachtet kam es zu Transaktionen in beträchtlichem Umfang, und im Juni verfügte Essen über Aktien im Wert von 4,3 Millionen Mark, gefolgt von Mülheim mit 1 Million, Ruhrort mit 664000, Gelsenkirchen mit 500000 Mark. Die Landkreise Essen, Solingen und Dinslaken hatten sich im Frühjahr 1908 Aktien im Wert von rund 750000 Mark zugelegt. Sie sahen darin nicht nur eine vielversprechende Investition, sondern auch ein Mittel, um durch Präsenz im Aufsichtsrat des RWE einen gewissen Einfluß auf dessen Geschäftspolitik zu erlangen.[36]

Sogar der Wettergott lieferte eine Demonstration für die Vorteile der Zugehörigkeit zum RWE. Als im Juli 1908 das Kraftwerk in Solingen durch einen Blitzschlag lahmgelegt wurde, zeigte sich, daß innerhalb von weniger als drei Stunden ein großer Teil des Versorgungsgebiets dieses Kraftwerks von den zentralen Kraftwerken Berggeist und Essen übernommen werden konnte; nach eineinhalb Tagen war es völlig wiederhergestellt, und darüber hinaus gab das RWE eine Versorgungsgarantie für den kommenden Winter ab. Wie Stinnes gegenüber dem RWE-Aufsichtsrat erläuterte, hatte dieser Unglücksfall «die außerordentliche Wichtigkeit einer Verbindung der großen Elektrizitätswerks-Zentralen untereinander» demonstriert.[37] Cläre stieß frohgemut in dasselbe

Horn: «Hier gab ein Naturereignis einen schlagenden Beweis für die Richtigkeit und Zweckmäßigkeit des vom RWE verfolgten Prinzips. Solche Tatsachen müßten [der Allgemeinheit] bekannt werden.»[38] Die Fähigkeit zur Lieferung von Strom aus zentralen Großkraftwerken erfuhr 1909 mit der Inbetriebnahme eines neuen Zentralkraftwerks in Düsseldorf-Reisholz, das eine willkommene Entlastung für das Essener Werk brachte, eine eindrucksvolle Steigerung. Für das RWE bedeutete das neue Kraftwerk nicht nur eine Potenzierung der eigenen Leistungsfähigkeit, sondern auch Werbung in eigener Sache, und beides zusammen half dem Unternehmen, neue Kunden zu gewinnen.

Stinnes legte überhaupt sehr viel Wert darauf, seine Vorhaben publik zu machen und seine Kunden bei Laune zu halten. So schlug er 1910 dem Aufsichtsrat des RWE vor, für die vom RWE versorgten Städte und Kreise «Elektrizitäts-Kommissionen» einzurichten, die mithelfen sollten, «eine lebendigere Fühlung zwischen den Konsumenten und der Werksleitung herzustellen». «Die stark zunehmende Ausdehnung des Rheinisch-Westfälischen Elektrizitätswerkes läßt diese Maßnahme besonders nötig erscheinen», fügte er hinzu. Die Idee wurde sehr beifällig aufgenommen, und Stinnes ging sogleich daran, sie in die Tat umzusetzen, etwa indem er die Landräte bat, die besagten Kommissionen einzurichten, die sich in der Folge in einem zweimonatlichen Turnus mit Vertretern des RWE – in wichtigen Fällen auch mit dessen Geschäftsführung – treffen sollten, um ihre Wünsche und Beschwerden vorzutragen. In Städten mit vom RWE betriebenen Straßenbahnen regte Stinnes die Einrichtung eigenständiger Straßenbahn-Kommissionen als Bindeglieder zwischen Betreiber und Nutzern an, und schließlich setzte er sich auch dafür ein, daß regionale Kommissionen regelmäßig zusammentreten sollten, um auftretende Probleme zu erörtern. Damit nicht genug, unterbreitete Stinnes bald darauf den Vorschlag, auf Kosten des RWE Fachberater für die einzelnen vom RWE versorgten Gebiete zu engagieren, mit dem Auftrag, «durch geeignete Vorträge ... zunächst die Kommission und weiter die konsumierende Bevölkerung um die richtige, wirtschaftliche Ausnutzung der elektrischen Energie aufzuklären».[39] Vielleicht hatte die Beobachtung, daß Stinnes ein «amerikanisches Temperament» besitze, wirklich etwas für sich.

Die Zeit zwischen 1908 und dem Kriegsausbruch war für das RWE eine Phase starker Expansion. Wie um zu demonstrieren, daß es seine westfälischen Ambitionen nicht ganz aufgegeben hatte, nahm das RWE seine zwei Jahre zuvor begonnenen Verhandlungen mit der Stadt Paderborn wieder auf, die außerhalb seiner markierten Einflußsphäre lag, und rief mit ihr zusammen die Paderborner Elektrizitätswerks- und Straßenbahn-Aktiengesellschaft (Pesag) ins Leben, deren Leitung das RWE übernahm, zusammen mit der Verpflichtung, der Stadt und den beteiligten Landkreisen Dividenden zu zahlen.[40] Zu einem erheblich größeren Teil vollzog sich die Expansion des RWE jedoch in Richtung Westen und Süden, wo es in den Jahren 1909–10 beispielsweise gelang, die niederrheinischen Kreise Moers, Kempen, Geldern, Cleve und Rees als Kunden zu gewinnen.

Anhand der langwierigen Verhandlungen des RWE mit diesen fünf Kreisen läßt sich anschaulich demonstrieren, wie komplex die Verhältnisse waren, unter denen Stinnes die Expansion des RWE vorantrieb, welche Rolle er dabei spielte und wie er seine politischen Ziele in die Praxis umsetzte. Die besagten fünf Landkreise hatten beschlossen, mit vereinten Kräften die Errichtung eines Großkraftwerks zur Stromversorgung ihres linksrheinisch gelegenen Territoriums voranzutreiben; wie schon erwähnt, hatten sie Ende 1908 den Versuch unternommen, die Regierung der Rheinprovinz zu einer Beteiligung am RWE zu bewegen. Das RWE war über diese Bemühungen genau unterrichtet, und so sehr es auch daran interessiert war, daß eine solche Beteiligung zustande kam, so sehr war es andererseits darauf bedacht, sich auf eine solche Partnerschaft nur einzulassen, wenn die Konditionen stimmten. Es handelte sich um keine sehr dicht besiedelte oder hochentwickelte Gegend, die zu überbrückenden Entfernungen waren beträchtlich, und unter wirtschaftlichen Gesichtspunkten schien eine Zusammenarbeit nicht sonderlich sinnvoll, es sei denn, die Landkreise stellten die für die Anlageinvestitionen erforderlichen Mittel zur Verfügung. Das RWE wünschte sich darüber hinaus eine bestimmte Mindestrendite für seine eigenen Investitionen und bestand auf dem ausschließlichen Recht, Straßenbahnen zu betreiben. Schließlich gab es in Gestalt der im Besitz der Familie Haniel befindlichen Zeche Rheinpreußen einen Konkurrenten, der an der Versorgung eines beträchtlichen Teils der betreffenden Region interessiert war. Gleichwohl, nach einem Jahr eingehender Erkundungen und Überlegungen war Stinnes bereit, über ein Arrangement zu reden, das eine Beteiligung des RWE vorsah.[41]

Am 3. Januar 1910 setzten sich Stinnes, Tippelskirch und Goldenberg mit den Landräten und weiteren Kreisbeamten zusammen; Stinnes machte bei dieser Gelegenheit den Vorschlag, das Gebiet durch zwei Kraftwerke, anstatt nur durch ein einziges, versorgen zu lassen. Der nördliche Teil sollte von einem neu zu errichtenden Kraftwerk aus versorgt werden, das in Wesel entstehen sollte; die Versorgung des südlichen Teils würde dann Rheinpreußen übernehmen, vorausgesetzt, daß Stinnes sich mit Haniel über die Bedingungen einigte. Stinnes' ursprünglicher Vorschlag sah vor, daß das gesamte Kapital von den Landkreisen aufgebracht würde, während das RWE die Gewähr für die Bauausführung und den fachgerechten Betrieb übernehmen würde; in der Folge zeigte sich Stinnes jedoch bereit, RWE-Mittel in das neu zu errichtende Kraftwerk Wesel zu investieren, unter der Voraussetzung, daß eine zufriedenstellende Rendite garantiert wurde. Am Ende bot er den Landkreisen als Ausgleich für eine Mindestbeteiligung in Höhe von 500000 Mark in Aktien eine gewisse Zahl von Sitzen im RWE-Aufsichtsrat an, wobei er versprach, die Aktien zu einem möglichst günstigen Preis zu besorgen. Der vordergründige Zweck dieser Beteiligung bestand, wie es im Protokoll hieß, darin, «den Kreisen einen dauernden Einblick in die Geschäftsführung des RWE zu sichern» sowie, wie Stinnes eigens noch an den Rand schrieb, ihnen «ein Interesse an dem RWE zu geben».[42]

Die Tatsache, daß schon so viele Großstädte und Landkreise am RWE beteiligt und in seinem Aufsichtsrat vertreten waren, leistete Stinnes und seinen Kollegen gute Dienste, um die Vertreter der fünf niederrheinischen Landkreise am Verhandlungstisch einerseits unter Druck zu setzen und andererseits zu ködern. Als etwa Oberregierungsrat Königs ein Plädoyer für eine Modifizierung der Konditionen zugunsten der Landkreise hielt, konnte Stinnes darauf mit dem Hinweis kontern, die am RWE beteiligten öffentlichen Körperschaften würden das nicht gutheißen, und das Ziel der Elektrifizierung ländlicher Gebiete würde Schaden nehmen:

> «Wenn Ihren Anregungen Folge gegeben würde, dann wäre ein Rückgang der Rente beim RWE für eine Reihe von Jahren unvermeidlich und gerade die bei uns beteiligten Kommunen würden dann gegen jede Ausdehnung des RWE aufs Land sein. Ich bitte, diese Seite der Frage nicht aus dem Auge zu verlieren, denn das Land ist zum Schluß der Leidtragende.»[43]

Zugleich schöpften die Landkreise, die jetzt den Schritt in eine RWE-Beteiligung tun wollten, Zuversicht aus der Präsenz anderer öffentlicher Körperschaften im Unternehmen. So unterstrich etwa Tippelskirch sein Bemühen, den zögernden Landrat von Cleve zur Unterschrift und zur Bereitstellung des notwendigen Kreditanteils zu bewegen, mit dem Argument:

> «Irgendwelche Lasten oder Gefahren übernimmt der Kreis nicht, denn solange die reichsten Städte und Kreise des Industriegebietes auch die stärksten Aktionäre des RWE sind, ist die Kapitalkräftigkeit des RWE ebenso unantastbar, wie die der Städte Essen, Gelsenkirchen und Mülheim-Ruhr oder der Kreise Essen, Solingen, Dinslaken etc.»[44]

Solche weit ausholenden Argumente waren überaus wichtig, aber es wäre falsch zu glauben, Stinnes und seine wichtigsten Mitstreiter in dieser Sache, Tippelskirch und Goldenberg, hätten ihre Ziele allein mit Hilfe überzeugender Argumente allgemeiner Art erreicht. Das RWE mußte bei der Aushandlung des äußerst komplexen «Mantelvertrags» um jeden Satz und jeden Paragraphen ringen. Heraus kamen dabei die für das RWE charakteristischen zwei Grundtypen von Verträgen: solche des Typs A, bei denen die Kommunen als Abnehmer elektrischen Stromes fungierten und diesen an die Endverbraucher weiterverkauften, und solche des Typs B, bei denen das RWE die Verbraucher direkt belieferte. Im erstgenannten Fall wurde der Strom zu einem billigeren Tarif geliefert, dafür mußten die Kommunen jedoch ein eigenes Leitungsnetz aufbauen; im zweiten Fall waren die Tarife höher, doch dafür war das RWE für die Verlegung sämtlicher Erdkabel und Leitungen verantwortlich.[45]

In den Verhandlungen mit den fünf Landkreisen, bzw. dem von ihnen benannten Vertreter, dem höchst argwöhnischen und schwierigen Gelderner Landrat von Nell, rechneten Stinnes und die RWE-Direktoren auf die Unterstützung des Regierungspräsidenten und anderer ihnen freundlich gesonnener Amtsträger wie Königs. Sie waren daher wenig erfreut, als Schreiber im Sommer 1909 aus Düsseldorf ins Berliner Handelsministerium überwechselte. Cläre sprach sicher nicht nur für sich, sondern auch für Hugo, als sie schrieb: «Der Bezirk verliert in ihm einen fleißigen, klugen und sehr interessierten und gut eingearbeiteten Vertreter seiner Interessen. Wir persönlich sehen ihn als sympathischen Menschen mit vorurteilslosen Ansichten und Freund und Förderer industrieller Entwicklung mit Bedauern scheiden.»[46] Schreibers Nachfolger Francis Kruse erwies sich jedoch in den Verhandlungen mit den fünf Landkreisen als ein eher noch entschiedenerer Parteigänger des RWE – sogar nach Cläres Ansicht lehnte er sich so weit aus dem Fenster, daß er höchst kompromittiert dagestanden hätte, wenn der Vertrag nicht zustande gekommen wäre.[47]

Der Mantelvertrag konnte natürlich der besonderen Situation in jeder der 175 Gemeinden nicht gerecht werden; für jede von ihnen mußte gesondert verhandelt werden. Am problematischsten erwiesen sich, wie kaum anders zu erwarten, die Verträge vom Typ B, die die meisten der beteiligten Gemeinden anstrebten. Die Fülle der Probleme, mit denen Tippelskirch und Goldenberg konfrontiert wurden, war enorm und strapazierte die kaufmännischen Fähigkeiten des ersteren und das technische Können des letzteren aufs äußerste. Besonders schwer machte ihnen das Leben Landrat von Nell, und dem sonst leicht cholerischen Tippelskirch kam es bei der Bewältigung der Situation sehr zustatten, daß er über einen unerschöpflichen Vorrat an Sarkasmus verfügte. Als von Nell wie ein Falke darüber wachte, daß das RWE seine Verpflichtung zur Versorgung aller Einwohner auch erfüllte, mokierte Tippelskirch sich darüber, daß es dem Landrat an gesundem Menschenverstand fehle. «Wir brauchen doch nicht jedes Bauerndorf oder jedes einzelne Gehöft mit unseren Leitungen zu versehen», meinte er.[48] Was ihn besonders ärgerte, waren die kritischen Äußerungen Nells zum Fortgang der Vertragsverhandlungen und seine Abänderungsforderungen; dabei waren die Bürgermeister des Kreises Geldern erpichter als alle anderen darauf gewesen, die Verträge zu unterschreiben, was einen freilich, so Tippelskirchs Analyse, nicht zu wundern brauche, da Geldern «mit der magerste und unintelligenteste Kreis von allen» sei.[49] Da sich auch Goldenberg beschwerte, fühlte Stinnes sich bemüßigt, in einem ungeschminkten Brief an den Landrat eine Lanze für seine Direktoren zu brechen:

> «Die technischen Beamten, besonders Herr Direktor Goldenberg, sind seit Monaten und zwar gerade mit der Bearbeitung der niederrheinischen Kreise, derartig überhäuft, daß dieselben eine anhaltende derartige Überarbeitung garnicht aushalten können. Wenn nun zu einer derartigen Arbeit, die im Interesse einer schnellen Elektrisierung der dortigen Kreise geleistet wird, noch unberechtigt Vorwürfe kommen, so ist es unmöglich, den Herren diejenige Arbeitsfreudigkeit zu erhalten, die notwendig ist, sollen solch' außergewöhnliche Zeiten überwunden werden.
>
> Sie mögen vielleicht entgegenhalten, daß es ein Mangel in der Organisation eines großen Werkes ist, wenn nicht die nötigen Kräfte zur Verfügung stehen, um jeder Anforderung zu genügen. Aus Gründen der Sparsamkeit und der guten Ausführung kann das Rheinisch-Westfälische Elektrizitätswerk die

Bernhard Goldenberg

Lösung solcher großen Fragen jedoch nur seinen bewährten und erfahrenen Beamten übertragen.

Ich bitte dringend darum, auf die ungewöhnliche Arbeitsleistung, die vom Rheinisch-Westfälischen Elektrizitätswerk zur Zeit verlangt wird, Rücksicht zu nehmen und zu entschuldigen, wenn ich mich Ihnen gegenüber ganz offen im Interesse der Sache geäußert habe.»[50]

Von Nell hatte nicht nur die Arbeit der RWE-Vertreter bemängelt, sondern auch erklärt, er könne Geld für elektrische Leitungen erst dann bereitstellen, wenn zufriedenstellende Pläne vorlagen, denn sonst verlöre er Zinseinkünfte. Stinnes beendete diese Auseinandersetzung offenbar damit, daß er sich bereit erklärte, das Geld als einen kurzfristigen Kredit zu behandeln und es zu verzinsen, bis die Ausgabe offiziell genehmigt war.[51]

Die schlimmste Gefahr drohte dem Vertrag jedoch nicht von seiten renitenter lokaler Beamten, sondern von der AEG. Mit schierem Entsetzen vernahm Tippelskirch im Februar 1910 während eines Berlin-Besuches von Professor Klingenberg von der AEG, daß letztere sich erboten hatte, ein elektrisches Kraftwerk und eine Lokalbahn zwischen Cleve und Emmerich zu bauen, und im Begriff stand, auch dem Kreis Geldern ein ähnliches Angebot zu machen. Dies hätte natürlich eine einheitliche Versorgung der fünf Kreise durch das RWE unmöglich gemacht und die schon weitgediehenen Verhandlungen unterminiert. Tippelskirch nahm die Sache persönlich und empfand sie, wie er dem AEG-Direktor Hamspohn erklärte, als «einen Schlag ins Gesicht», nachdem er der AEG seit über zehn Jahren Aufträge für den Bau von Straßenbahnzügen zugeschanzt und «den armen Schuckert» durch die Bevorzugung seines Erzkonkurrenten AEG regelrecht «totgeschlagen» habe. Er erinnerte Hamspohn daran, daß das RWE mittlerweile dank seiner neuerlichen Expansion über eine sehr große Zahl von Straßenbahn- und Eisenbahnlinien verfüge und daß derjenige «viel auf das Spiel» setze, der «uns derart auf die Füße tritt, daß wir verdammt weder Strümpfe noch Stiefel anbehalten können». Er vertraue daher darauf, daß Hamspohn diese Dinge mit Rathenau und Klingenberg durchspreche und dafür sorge, daß der «lustige Krach», der ihr gutes Verhältnis zu zerstören drohe, sich «in Liebe, Frieden und Freundschaft» auflösen werde.[52]

Als es durch Vermittlung Hamspohns zu Verhandlungen zwischen Goldenberg und Klingenberg kam, zeichnete sich gleichwohl die Möglichkeit eines Krachs ab. Die AEG machte geltend, sie arbeite zusammen mit holländischen Partnern schon seit einiger Zeit an diesen Projekten, habe nichts davon gewußt, daß das RWE am Bau eines Großkraftwerks in dieser Region interessiert sei, und lud das RWE ein, sich an ihrem Projekt zu beteiligen. Das RWE konterte dies mit der Forderung, die AEG müsse sich vollständig aus der Region zurückziehen, und drohte mit der Kündigung aller Lieferverträge, worauf Klingenberg das «alte Lied» anstimmte, seine Firma verdiene an den Aufträgen aus Essen ohnehin keinen Pfennig. Sehr schnell wurde deutlich, daß die AEG diese Chance nutzen wollte, um ein möglichst hohes «Schmerzensgeld» für sich herauszuschlagen, und zwar in Form einer Beteiligung der AEG am RWE und einer Vereinbarung über eine Partnerschaft beim Erwerb von Stromversorgungskonzessionen. Dieses Ansinnen wies Goldenberg zurück, wobei er ein weiteres Mal demonstrierte, was für eine zweckmäßige Argumentationshilfe die Beteiligung der Gebietskörperschaften am RWE sein konnte. Goldenberg erklärte eine «Beteiligung der AEG beim RWE unter den heutigen Verhältnissen» – angesichts des erheblichen Engagements der Kommunen beim RWE – für «ausgeschlossen»:

> «Wir könnten keine Verbindungen oder Verständigungen mit einer Lieferungs- oder Produktions-Gesellschaft eingehen, wodurch unsere Freiheit hinsichtlich der Bestellungen in irgendeiner Weise beeinflußt werden könnte. Wir würden auch nie die Zustimmung der Kommunen zu diesem Vorschlage erhalten.»[53]

Klingenberg regte daraufhin ein Modell einer indirekten Partnerschaft unter Einbeziehung der Züricher Elektro-Bank an, und Goldenberg war im Grunde nicht einmal abgeneigt, Stinnes ein Arrangement dieser Art zu empfehlen; er erinnerte daran, daß das RWE ständig irgendwo auf die AEG stoße und daß diese dem RWE mit Sicherheit «in die Flanke fallen» würde, wenn sie von einem RWE-Projekt Wind bekäme, das ihre Begierde wecken würde. Zum Glück für das RWE wurde es jedoch dem Kreis Cleve selbst mulmig bei dem Gedanken, aus einem Gemeinschaftsprojekt der gesamten Region auszuscheren, und so ließ er sich schließlich durch finanzielle Konzessionen seitens des RWE den Schneid abkaufen – ebenso wie die AEG, deren Delegation sich in einer Unterredung mit Stinnes, Tippelskirch und Goldenberg am 2. März 1910 in Mülheim-Ruhr mit einer Abfindung in bar sowie mit Bestellungen in erheblicher Größenordnung (Turbinen für Berggeist, Ausrüstungen für das Kraftwerk Wesel, Produktionsaufträge für die Straßenbahn- und Eisenbahnlinien der niederrheinischen Kreise) zufriedengab; im Gegenzug verpflichtete sich die AEG, dem RWE am Niederrhein keine Konkurrenz mehr zu machen.[54]

Der zweite bedeutsame private Rivale, der im Zusammenhang mit dem Versorgungsvertrag für die fünf Landkreise abgefunden werden mußte, war Franz Haniel, dessen Kraftwerk Rheinpreußen über Stromlieferkonzessionen auf linksrheinischem Gebiet verfügte und der als Gegenleistung dafür, daß er diese an das RWE abtrat, einen erklecklichen Betrag in RWE-Aktien forderte. Im Juli 1910 einigten sich die beiden zu einem aus RWE-Sicht «schlechten Preis», wie Stinnes offen eingestand; damit nicht genug, schlug Haniel für sich auch noch einen Sitz im RWE-Aufsichtsrat heraus.[55] Die wichtigsten Neumitglieder im Aufsichtsrat waren 1910, als das RWE sein Stammkapital um weitere 8 Millionen Mark erhöhte, die fünf niederrheinischen Landkreise sowie die Vertreter der Bezirke Köln, Kempen, Mettmann und Rheinbach mit einer Einlage von jeweils 500000 Mark und die Gemeinden Altenessen und Hürth-Hermülheim mit jeweils 250000 Mark. Von den 38 Millionen Mark Aktienkapital, die das RWE 1911 auf sich vereinigte, entfielen 13 865 000 Mark, oder 36,4 Prozent, auf öffentliche Körperschaften.[56]

Stinnes bejahte diese öffentliche Teilhaberschaft offenkundig und hätte sie gerne noch weiter ausgebaut. Auch wenn der Provinziallandtag aus Zuständigkeitsgründen keinen Beschluß über einen finanziellen Einstieg beim RWE faßte, dürften die Redebeiträge in der Landtagsdebatte Stinnes gutgetan haben, denn mehrere Landräte fanden freundliche und anerkennende Worte für das RWE:

> «In diesen Tagen hielt der Provinzial Landtag seine Sitzungen ab. Verschiedene Landräte nehmen warm Partei für das RWE, stellen es, resp. erkennen zum ersten Male öffentlich an, daß es in seiner ganzen Gestaltung und in seiner Geschäfts Handhabung ein gemeinnütziges Unternehmen sei, das man schützen und unterstützen müsse. Wie die Zeiten sich doch ändern können, vor wenigen Jahren auf der ganzen Regierungslinie heftiger Kampf gegen, heute große Sympathie und eventl. Hülfe. Schade, daß dies Erkennen so spät kommt, daß vieles nicht mehr gut gemacht werden kann.»[57]

Jetzt, da Stinnes bei den Sitzungen des RWE-Aufsichtsrats eine eindrucksvolle Garde von Bürgermeistern und Landräten begrüßen konnte, stellte sich mehr denn je die Frage, welche Rolle er ihnen im Hinblick auf die Geschäftspolitik des Unternehmens beimaß. Es war eine Sache, diese Leute vorzuschieben, wann immer es für die argumentative Abstützung eines Standpunkts, den man ohnehin vertreten wollte, nützlich erschien, eine ganz andere jedoch, sich mit ihren zuweilen völlig oppositionellen Positionen auseinanderzusetzen oder sich besorgt fragen zu müssen, wie sie sich zu einer bestimmten Frage stellen würden. Was würde zum Beispiel passieren, wenn sie sich einmal als geschlossene Fraktion für etwas einsetzen würden, das sie als im öffentlichen Interesse liegend begriffen? Eine explizite Äußerung zu dieser hypothetischen Situation sowie zu seinem generellen Verständnis der Aufgabe und Funktionsweise des Aufsichtsrats machte Stinnes Ende 1911 in einer Replik auf eine amtliche Publikation, in der der Düsseldorfer Regierungsrat Wilke die spezifischen Verwaltungsprobleme in einer Industrieregion erörtert und sich ausdrücklich für eine Blockbildung der Regierungsvertreter in den Aufsichtsräten ausgesprochen hatte. «Würde das geschehen», kommentierte Stinnes,

> »so würde das Streben in der Leitung des RWE, alle seine Beteiligten zufriedenzustellen, um sich deren Mitarbeit und Unterstützung zu sichern, aufhören, oder sicher sehr beeinträchtigt werden.
>
> Wo wirkliche öffentliche Interessen berührt werden, wird sich eine kommunale Mehrheit stets zusammenfinden, auch wenn sie nicht schon organisiert ist.
>
> Eine Zwangsorganisation würde zur Unterdrückung der wirtschaftlich schwächeren Kommunalbeteiligten führen und dem Egoismus einzelner großer Kommunen alle Schranken wegräumen.
>
> Den großen Aufgaben wirtschaftlicher Natur würde das RWE dann nur noch dienen können, wenn Geister wie der verstorbene Oberb[ürgermeister] Zweigert den maßgebenden Kommunaleinfluß verträten. Solche Geister sind aber selten …
>
> Das RWE hat bis heute noch niemals einen Majoritätsbeschluß gefaßt. Vorlagen, die von irgendeiner Seite einen Widerstand fanden, sind umgestaltet worden oder die Bedenken sind widerlegt worden.»[58]

Nichts leichter, als solche Aussagen als interessenbedingt abzutun; vieles spricht jedoch dafür, daß Stinnes aufrichtig von der vollständigen Vereinbarkeit privater und öffentlicher Interessen überzeugt war; solange die wirtschaftliche Vernunft, wie er sie verstand, obsiegte, würde sie seiner Überzeugung nach dem Starken nützen und dem Schwachen Schutz gewähren.

2. Zu neuen Ufern im öffentlichen Nahverkehr

Stinnes durfte den Geist Zweigerts guten Gewissens beschwören, hatte er doch 1909 eines der gemeinsam mit dem verstorbenen Oberbürgermeister anvisierten Ziele erreicht: In Zusammenarbeit mit dem Nachfolger Zweigerts, Oberbürgermeister Holle, hatte Stinnes den Kauf der Essener Straßenbahn durchgezogen, zu der, das ist wichtig anzumerken, nicht nur das Liniennetz der eigentlichen

Stadt Essen gehörte, sondern auch zahlreiche Straßenbahnnetze in den zum Landkreis gehörenden Nachbarkommunen. Bewerkstelligt wurde die Übernahme durch den Erwerb einer Mehrheit an der Süddeutschen Eisenbahn-Gesellschaft (SEG) in Darmstadt, die neben der Essener Straßenbahn auch eine Anzahl weiterer Lokalbahnen und Straßenbahnnetze in Hessen, Baden und Thüringen betrieb.

Wie an anderer Stelle geschildert, war Stinnes mit diesem Vorhaben 1905 an dem hohen Preis gescheitert, den die SEG für die Essener Straßenbahn verlangt hatte; das RWE war damals noch nicht in der Lage gewesen, die Kontrolle über ein Unternehmen von der Größe der SEG zu übernehmen. Stinnes hatte gehofft, mit Hilfe des RWE und seiner engen Verbindungen zur öffentlichen Hand ein Straßenbahn- und Lokalbahn-Monopol errichten zu können. Daß er dieses Ziel ebensowenig erreicht hatte wie das angestrebte Monopol bei der Stromversorgung, lag am verbündeten Widerstand öffentlicher und privater Interessengruppen. Auf der einen Seite gewann die Auffassung allgemein an Boden, daß Nahverkehrssysteme in kommunaler Regie betrieben werden sollten, mit der Folge, daß viele der Erwerbungen, die das RWE gerne gemacht hätte, wegen institutioneller Widerstände vor Ort schlicht nicht realisierbar waren. Auf der anderen Seite war es ein gewisser Hermann Bachstein, einer der größeren privaten Anteilseigner an der SEG, der durch seine Weigerung, der Stadt Essen oder dem RWE nennenswerte Aktienpakete zu verkaufen, die Stinnesschen Pläne blockierte, so daß selbst die Vermittlungs- und Hilfsdienste der Darmstädter Bank, die die Hausbank der SEG war, nichts nützten. Der in Deutschland rasch voranschreitende Prozeß der Verstädterung und die zunehmende Bedeutung von Straßenbahnen für die Personalrekrutierung in den Industrierevieren bestärkten Stinnes jedoch in seinem Willen, die Rolle des RWE und seinen eigenen Einfluß in diesem Bereich auszubauen. Der Umstand, daß er nunmehr die SEG kontrollierte, würde nicht nur den Weg zu einem weitaus höheren Grad an Vereinheitlichung und Rationalisierung im Bereich der Straßenbahnen und Lokaleisenbahnen in Rheinland-Westfalen ebnen, sondern ihm darüber hinaus auch die Chance eröffnen, Einfluß auf Gestaltung und Betrieb von Nahverkehrssystemen im gesamten Raum zwischen der holländischen und der Schweizer Grenze zu nehmen.[59]

Der Tod Hermann Bachsteins Anfang 1908 eröffnete eine unerwartete Chance zu Fortschritten in der SEG-Frage, zumal Stinnes in Erfahrung bringen konnte, daß Bachsteins SEG-Paket unter seinen größeren Anlagen die einzige war, deren Veräußerlichkeit er nicht durch testamentarische Bestimmungen eingeschränkt hatte. Am 8. März 1908 gab Stinnes diese Erkenntnis an Oberbürgermeister Holle weiter und bat ihn, in Verhandlungen mit den Stadtoberhäuptern von Mannheim und Wiesbaden einzutreten.[60] Sich die Unterstützung dieser Bürgermeister zu sichern war wichtig, weil die hessische Landesregierung der SEG Konzessionen nur unter der Bedingung gewährt hatte, daß sie den hessischen Behörden ein Vetorecht gegen jedwede Satzungsänderungen, gegen Kapitalaufstockungen jenseits einer bestimmten Größenordnung und gegen die Übernahme anderer Verkehrsbetriebe gewährte.

Es galt viele komplizierte Probleme zu lösen, bis im Juni 1909 endlich ein konsensfähiges Konzept für die Übernahme der SEG auf dem Tisch lag. Am 11. Juni wurde die Rheinisch-Westfälische Bahngesellschaft (RWBG) mit einem Grundkapital von 1,7 Millionen Mark ins Leben gerufen. Ihre Hauptaktionäre waren die Stadt Essen mit 48, der Landkreis Essen mit 27 und das RWE mit 25 Prozent. Die RWBG war als Holding-Gesellschaft gedacht; sie sollte eine Aktienmehrheit an der SEG (14 von deren 26 Millionen Stammkapital) und damit die Kontrolle über die lokalen und regionalen Straßenbahn- und Kleinbahnlinien erwerben, auf die die Stadt Essen schon so lange erpicht war. Die zum Erwerb der Aktien erforderlichen Geldmittel stellten die Landesbank und zwei Hypothekenbanken bereit, die Stadt und der Landkreis Essen sicherten die Kredite durch Bürgschaften. Auch wenn das RWE nur einen Minderheitsanteil hielt, war eindeutig Stinnes als treibende Kraft hinter allen diesen Vorgängen auszumachen, eine Tatsache, die in der Presse ebenso unverblümt eingeräumt wurde wie von allen Beteiligten. Es war Stinnes gewesen, der die Wege zum gelungenen Ankauf des von den Bachstein-Erben und von der Darmstädter Bank gehaltenen SEG-Pakets geebnet hatte.[61]

Von seiten anderer unabhängiger Aktionäre erntete die Darmstädter Bank allerdings scharfe Kritik dafür, daß sie durch ihre Verkäufe einer neuen Interessengruppe zur Mehrheit verholfen hatte, deren primäres Interesse nicht der Firma an sich, sondern der wirtschaftlichen Entwicklung Rheinland-Westfalens galt. Sie fürchteten, die RWBG werde die Essener Straßenbahn, das rentabelste unter den in der SEG vereinten Unternehmen, von der Mutterfirma abtrennen und die Interessen der SEG stiefmütterlich behandeln. Die Minderheitsgesellschafter organisierten sich unter Führung eines Frankfurter Rechtsanwalts namens Gehrke und bemühten sich um die Unterstützung der hessischen Regierung. Als die neuen Mehrheitseigner sich anschickten, die Satzung der SEG in ihrem Sinne abzuändern, erhob die Minderheit Einspruch und machte sich dafür stark, daß die hessische Regierung ihr Vetorecht ausübte.[62]

Stinnes verwendete im Sommer 1909 ein erhebliches Maß an Energie auf die Bewältigung dieser schwierigen Situation. Während Cläre, Nora und die Kinder sich in Wiesbaden voller Erregung in die vom Zeppelin-Fieber ergriffene Menschenmenge stürzten und sogar noch versuchten, dem gestarteten Luftschiff auf seinem Weg rheinabwärts Richtung Köln zu folgen, erhaschte Stinnes nur einen kurzen Blick auf dieses jüngste Wunder der Technik, bevor er mit dem Zug in die entgegengesetzte Richtung abreiste – nach Mannheim, wo er zu Gesprächen über die bodenständigeren und gewiß auch sichereren hessischen Straßenbahnen erwartet wurde.[63] Er hatte die feste Absicht, den Behördenvertretern in Mannheim glaubhaft zu machen, daß die Übernahme der SEG durch eine rheinisch-westfälische Gruppe nichts mit einem Ausverkauf der SEG zu tun hatte, sondern daß sich durch den Einstieg kommunaler Gesellschafter in das Unternehmen

Stinnes mit seinen Töchtern Clärenore (rechts) und Hilde (links)

dessen Gewicht im Gegenteil erhöhen würde. Stinnes war angetan von der Bereitschaft seiner Mannheimer Gesprächspartner, die städtischen Versorgungsbetriebe in ein nach privatwirtschaftlichen Grundsätzen geführtes Unternehmen zu überführen, und äußerte die Überzeugung, das von Mannheim statuierte Exempel werde in Mainz, Wiesbaden und Darmstadt Nachahmung finden.[64]

Zur gleichen Zeit kam es wesentlich darauf an, die oppositionelle Minderheit unter Führung Gehrkes zu neutralisieren, was Stinnes dadurch erreichte, daß er ihm einen Sitz im Aufsichtsrat versprach und ihm diverse Bekundungen seines und Holles guten Willens zukommen ließ. Stinnes war sich im klaren darüber, daß es in der Oppositionsgruppe einige unversöhnliche Elemente gab; um so besser würde ihm eine Spaltung dieser Gruppe zupaß kommen. Er einigte sich mit Gehrke darauf, daß dieser «offiziell in der Opposition verbleiben, aber in keiner Weise die Majorität verletzende Schritte unternehmen» solle.[65] Somit schien es Anfang September, daß einer Übernahme der SEG durch Mehrheitsbeschluß auf der für den 18. September in Darmstadt anberaumten Aktionärsversammlung nichts mehr im Wege stand.

All dies illustrierte anschaulich die Abhängigkeit Holles und seiner Essener Kollegen von Stinnes, eine Abhängigkeit, die offenbar nicht nur im Hinblick auf die SEG bestand. Auch dieses Mal warf das Ereignis Zeppelin seine Schatten über Stinnes' Geschäftsreise in Sachen SEG, und zwar weil Holle sich darüber beklagte, daß die ursprünglich vorgesehene Zwischenlandung des Zeppelins in Essen auf dem Weg nach Süddeutschland abgeblasen worden war. Er wandte sich daraufhin mit der Bitte an Stinnes, bei den Zeppelin-Chefs seinen Einfluß geltend zu machen, mit dem Ergebnis, daß die Landung in Essen wieder ins Programm aufgenommen wurde. Stinnes war es offenbar auch, der die Zechenleitungen überredete, den Bergleuten zu dem Anlaß einen Sonderurlaub zu gewähren, und schließlich veranlaßte er auch noch den Mülheimer Bürgermeister Lembke, den betreffenden Tag für schulfrei zu erklären. Cläre und die Kinder waren begeistert:

> «Der Jubel war riesig. – Lange ließ uns Z[eppelin] 3 am Montag warten, (wir hatten uns am Landeplatz in Essen aufgestellt) aber, als er sich schließlich ruhig und sicher näherte und mit vollendeter Eleganz seine Manöver über der Stadt machte und schließlich, als wäre es ein Kinderspiel, mit fabelhafter Geschwindigkeit und Genauigkeit 100 M[eter] vor uns zur Erde ging, war alles Ungemach vergessen. Ein Engel, der sich zur Erde senkt, kann's nicht besser machen. Und doch, warnt der Skeptiker, erwarte vom Zeppelin-System keine weltumwälzenden Verkehrsänderungen!»[66]

Die Aktionärsversammlung der SEG in Darmstadt war ein weit weniger elegantes Schauspiel, verlief aber ebenso reibungslos. Wie Cläre nüchtern resümierte:

> «Es ging stürmisch zu; die durch Dr. Gehrke vertretene Minorität war gefügig, was diesem harte Angriffe einbrachte; der Rest der Oppositions-Minorität protestierte gegen alle Beschlüsse teils aus Überzeugung, teils aus Prinzip; trotzdem ging alles nach dem Willen der Majorität und sie wählten sogar Hugo einstimmig in den Aufsichtsrat...»[67]

Es ging der Minderheit mehr um die Wahrung ihrer eigenen Rechte als um die Opposition gegen Stinnes, der in ihren Augen durchaus ein Gewinn für das Unternehmen war; die Frage lautete, wie sich die hessische Regierung verhalten würde. Stinnes trat sogleich in Verhandlungen mit ihr ein. Parallel dazu versicherte Holle der Oppositionsgruppe, die neue Mehrheit werde ihre Rechte respektieren, und empfahl ihr, sich an der Politik des RWE zu orientieren. Er wies darauf hin, daß, während das RWE mit der Stadt Essen zusammenarbeitete, die SEG sich offenbar als Kontrahentin der Kommunalverwaltungen verstand. Er sprach sich dringend dafür aus, daß Städte wie Mannheim und Darmstadt zum Einstieg in die SEG ermuntert werden sollten. Die Antwort der Oppositionsgruppe bestand darin, daß sie vor Gericht zog und in ihrem Klagebegehren behauptete, bei den Personen, die für die Aktionärsmehrheit sprächen, handle es sich in Wirklichkeit um Strohmänner eines Konsortiums; somit liege ein Verstoß gegen die SEG-Satzung vor, laut derer es unzulässig sei, daß ein Einzelner mehr als tausend Stimmen vertrat. Stinnes, der im Dezember den Vorsitz im Aufsichtsrat der SEG übernahm, gelang es schließlich, die oppositionellen Kräfte, von denen die meisten aus Mannheim stammten, durch das Angebot eines Sitzes im Aufsichtsrat zur Räson zu bringen. Dann jedoch weigerte sich die hessische Regierung, die 1909 neu benannten Kandidaten für den Aufsichtsrat anzuerkennen, und erst im Dezember 1910, als ein Gerichtsurteil zugunsten der neuen Mehrheit erging, kam es zu einer Einigung. Die politische Problematik war damit aber, wie sich zeigen sollte, noch nicht ausgestanden.[68]

Trotz dieser und anderer Irritationen trieb Stinnes seine Vorhaben sowohl in Rheinland-Westfalen als auch in Süddeutschland voran. Er war zweifellos die treibende Kraft sowohl in der RWBG als auch in der SEG, und Holle hatte bei der Schilderung des Verhältnisses zwischen Essen und dem RWE – will sagen zwischen ihm und Stinnes – ein bißchen schöngefärbt. Tatsache war, daß Holle oft die Stinnesschen Nerven strapazierte, indem er seine Rolle innerhalb der SEG überschätzte und überzeichnete. Holle hatte den Hang, sich in Angelegenheiten einzumischen, die er besser dem Vorstand überlassen hätte, und drängte sich danach, in die vertraulichen Verhandlungen Stinnes' mit der Regierung in Sachen SEG einbezogen zu werden. Als Mitglied des preußischen Herrenhauses protestierte Holle dagegen, daß Stinnes sich in Fragen, die mit dem RWE und der SEG zu tun hatten, gewöhnlich zuerst an den Abgeordneten Hirsch wandte; gegenüber den Stinnesschen Direktoren tat er etliche eigenartige Äußerungen wie die, daß er zwar Stinnes für alles, was er in Sachen SEG bewegt habe, dankbar sei, er wolle im Grunde aber geschäftlich nicht allzuviel mit ihm zu schaffen haben. Noch befremdlicher wirkte auf die Gesprächspartner Holles sein Vorschlag, die gesamte Geschäftsleitung des RWE solle ihren Sitz nach Essen verlegen, auch und besonders Stinnes und Tippelskirch.[69] Was Stinnes betraf, so hatte er keine Lust, die Einmischungen Holles in Angelegenheiten, die einzig die SEG betrafen, weiter hinzunehmen, und er sagte ihm dies auch. Wie Cläre in ihrem Tagebuch festhielt, gab Stinnes Holle zu verstehen, daß er «nun mal sei wie er sei und seine Sachen allein zu machen pflege, wenn er an einer Sache den Vorsitz übernommen habe, daß er aber auch nicht die Zeit habe, auch wenn es sich wie bei Essen um einen Groß Aktionär handle, den einzelnen Interessenten immer Vortrag zu halten. Das mag schmerzlich zu hören und gewiß nicht vergnüglich zu sagen sein, aber es mußte sein. Ich fürchte sehr, daß die kleine Art von Holle und die Neigung, sich jeden Augenblick zurückgesetzt zu fühlen Hugo im Zusammengehen mit ihm noch manches Mal Unannehmlichkeiten bringen wird. Indes das große Ziel läßt auch solche Hindernisse leichter betrachten lehren. Aber immer heißt's wieder Geduld!»[70]

Im übrigen war Holle nicht der einzige prätentiöse Bürgermeister, wie Stinnes feststellen mußte, nachdem er sich mit Landrat Gerstein prinzipiell darüber verständigt hatte, daß ein Zusammenschluß der diversen Straßenbahnnetze wünschenswert sei und daß vor allem die Vereinigung der Bochum-Gelsenkirchener Straßenbahnen mit den Essener Straßenbahnen unter dem Dach der neuen RWBG von Nutzen wäre. Als Stinnes diese Idee dem Gelsenkirchener Oberbürgermeister Machens vortrug, der sich, aus welchen Gründen auch immer, als Rivale Holles verstand, machte dieser seine Zustimmung davon abhängig, daß er den Vorsitz im RWGB-Aufsichtsrat erhielt, versicherte Stinnes aber im gleichen Atemzug, keinen persönlichen Ehrgeiz zu haben. Stinnes ging das ein ganzes Stück zu weit:

> «Hugo antwortete, er könne unmöglich den anderen Beteiligten diesen Vorschlag machen, man würde ihn für verrückt halten. Es sei wohl möglich, daß er, Hugo, an Stelle von Holle den Vorsitz übernähme, da er zwischen den Parteien als Vermittler stünde, aber daß Essen den Vorsitz abgäbe für Gelsenkirchen, das sei ausgeschlossen. Man fragt sich wirklich, ist der Mann so dumm naiv, oder über alles Maß eingebildet und eigentlich unverschämt, daß er nur eine solche Möglichkeit in's Auge fassen kann. Der Essener Oberbürgermeister niederlegen für den Gelsenkirchener, zum Lachen!»[71]

Es wäre freilich ein monumentaler Fehler, die Gründe für die starke Position von Stinnes zu personalisieren oder ihn als Dirigenten eines Orchesters kurzsichtiger Bürokraten zu porträtieren, wie Cläre es in ihren Tagebüchern oft tat. Wenn die von Machens angemeldeten Ansprüche absurd waren, dann wegen der höchst realen Machtverhältnisse, die sich in der Struktur der RWBG widerspiegelten. Landrat von Eynern vom Landkreis Essen, ein sehr gründlich denkender Beamter, wußte über diese Verhältnisse sehr genau Bescheid und legte sie in einer Denkschrift vom September 1911 mit großer Klarheit dar.[72] Von Eynern war sich darüber im klaren, daß die bestehende Konstellation, derzufolge der Landkreis Essen und das RWE zusammen die Stadt Essen überstimmen konnten (oder die Stadt und der Landkreis zusammen das RWE), lediglich auf dem Papier stand. In der Realität verfügte der Landkreis Essen, anders als manche andere Landkreise, über keine ineinandergreifenden Infrastrukturen, und sein Landrat hatte gar nicht die Möglichkeit, Kräfte in die Waagschale zu werfen, die wirtschaftlich potent genug gewesen wären, um den anderen Partnern ihren Willen aufzwingen zu können. Die Stadt Essen hingegen hatte die Verfügungsgewalt über die Lebensadern für Straßen- und Eisenbahnen, und sie hatte, was noch wichtiger war, bedeutende industrielle und landwirtschaftliche Kräfte hinter sich, deren Hausmacht im Provinziallandtag stark genug war, um jedem von ihr gewollten Projekt eine Zweidrittelmehrheit zu sichern. Von Eynern hob darauf ab, daß das Wahlsystem das Übergewicht dieser Interessengruppen sicherte und dafür sorgte, daß der Bürgermeister von ihnen abhängig blieb. Der Landkreis wiederum war für den Ausbau seiner Verkehrs-Infrastruktur auf die Stadt angewiesen und vertraute auf eine günstige Interessenkonstellation. Das alles bedeutete, daß Holle trotz seiner gelegentlichen Spleens über wirkliche Macht verfügte, weil er der Oberbürgermeister von Essen war und damit auf die Unterstützung wohlhabender und mächtiger industrieller und landwirtschaftlicher Kreise rechnen konnte.

Macht und Einfluß des Hugo Stinnes müssen in diesem Kontext gesehen und verstanden werden. Nach Auffassung von Eynerns ließen sich die im Raum Essen bestehenden Strukturprobleme am besten durch die Auflösung des Landkreises und die Eingemeindung seiner Kommunen lösen. Damit wäre das RWE freilich auf den Status eines kleinen Minderheitsgesellschafters in der RWBG herabgesunken, und dazu war Stinnes nicht bereit. Weil jedoch «die guten Dienste des Herrn Hugo Stinnes ... für die Rheinisch-Westfälische Bahngesellschaft völlig unentbehrlich» waren, kam dieser Weg nicht in Frage. Von Eynern hoffte einerseits, die RWBG werde eines Tages Mittel und Wege finden, um sich von der SEG loszukaufen, die dann auf ihre süddeutschen Bahnbetriebe reduziert würde; zum anderen betonte er, daß die Stadt Essen einen großen Fehler beginge, wenn sie versuchte, die absolute Herrschaft über die RWBG zu erringen, da dies unter den gegenwärtigen Besitzverhältnissen gleichbedeutend wäre mit dem Versuch, die Kontrolle über die SEG zu erlangen und die an dieser beteiligten privaten Unternehmen ins Abseits zu schieben. Man brauche die SEG in Wahrheit ebenso dringend wie das RWE, weil man Stinnes brauche. Die RWBG «... würde im übrigen auch garnicht im Stande sein, die Person des Herrn Hugo Stinnes als Vorsitzenden des Aufsichtsrates der Süddeutschen zu ersetzen. Zudem knüpfen sich an die Beteiligung des Rheinisch-Westfälischen Elektrizitätswerks bei der Rheinisch-Westfälischen Bahngesellschaft größere Verschmelzungsprojekte, welche im Interesse der Allgemeinheit liegen dürften und nur im Einklang und durch die Vermittlung einer Persönlichkeit wie die des Herrn Stinnes verwirklicht werden können.»

Mit diesen Projekten meinte von Eynern unter anderem die seit langem angestrebte Kommunalisierung der Bochum-Gelsenkirchener Straßenbahn wie auch der Bergischen Kleinbahnen im Wege der Übernahme durch die Rheinische Bahngesellschaft unter Beteiligung des Kreises Mettmann. Darüber hinaus äußerte er die Hoffnung, die Verkehrsbetriebe von Mülheim und Oberhausen würden ebenfalls der RWBG beitreten. Erreicht werden sollte mit all dem «eine einheitliche Verwaltung der Straßenbahnen in den wichtigsten Gebieten des Industriebezirks». Dies würde einerseits die Rentabilität verbessern und zum anderen die noch wichtigere Konsequenz zeitigen, daß es «keiner der einzelnen der großen Gesellschaft angehörenden Städte gelingen [würde], ihre lokalen Interessen zum Nachteile großzügiger Verkehrspläne in den Vordergrund zu rücken».

Es war natürlich kein Zufall, daß die Denkschrift von Eynerns auf dem Schreibtisch von Stinnes landete, befaßte sie sich doch mit einer Reihe von Ideen, an deren Verwirklichung er selbst seit einem halben Jahrzehnt arbeitete. Die Kommunalisierung der Bochum-Gelsenkirchener Straßenbahnen, die Stinnes 1912 unter hohem Krafteinsatz betrieb, indem er die beiden Städte drängte, zusammen mit dem RWE eine der RWBG vergleichbare Holding-Gesellschaft zu gründen, hätte dem RWE die Chance eröffnet, sein in dieses Unternehmen investiertes Geld zurückzubekommen und zugleich sein Engagement aufrechtzuerhalten. Die höchste Priorität hatte für Stinnes jedoch die Errichtung eines leistungsfähigen Nahverkehrssystems; im Oktober 1911 bat Stinnes unter dem Eindruck der Denkschrift von Eynerns Tippelskirch, einen «Organisationsplan für die Straßenbahnen im Rheinisch-Westfälischen Industriegebiet» aufzustellen. Die Anforderungen, die Stinnes an diesen Plan stellte, waren so hoch, daß Tippelskirch scherzhaft anmerkte, was Stinnes wolle, laufe eigentlich auf einen «Organisationsplan für die Straßenbahnen im östlichen Europa» hinaus.[73] Wie immer, stieß Stinnes auch dieses Mal mit seinen Vorstellungen über die Vereinheitlichung der regionalen Infrastruktur auf den Widerstand und das Mißtrauen lokaler Kräfte. Die größte Leistung der RWBG bestand in einem erheblichen Ausbau des Essener Straßenbahnnetzes, in Zusammenarbeit mit der SEG. Stinnes setzte sich mit gewohnter Vehemenz für die Weiterverfolgung dieses Kurses ein und kümmerte sich höchstpersönlich um das oft sehr schwierige Verhältnis zwischen Holle und Direkor Rötelmann von der SEG. Eine Expansion nach Norden hin war in seinen Augen wichtig, nicht zuletzt als Mittel für das spätere Schließen der Verbindungen zu den Bochum-Gelsenkirchener Linien.[74]

Es ist nur schwer vorstellbar, daß die lokalen und regionalen Nahverkehrssysteme im Ruhrrevier sich ohne den spezifischen Einfluß von Hugo Stinnes so entwickelt hätten, wie sie es taten; dasselbe gilt für die Straßen- und Kleinbahnen in Hessen und Baden in den Jahren vor Kriegsausbruch. Auch hier verkündete Stinnes von der Kanzel seiner Führungsposition in der SEG das Evangelium der öffentlich-privaten gemischtwirtschaftlichen Unternehmen und der Rationalisierung des öffentlichen Nahverkehrs. Mit der Übernahme der SEG und mit seiner persönlichen Präsenz lieferte Stinnes den hessischen Städten eine höchst willkommene Gelegenheit, Probleme anzupacken, die für sie bis dahin unlösbar gewesen waren.

Die Stadt Mannheim war sehr daran interessiert, die Elektrifizierung und den Ausbau der lokalen Verkehrssysteme im Rhein-Neckar-Raum im Sinne einer die Ländergrenzen übergreifenden Lösung voranzutreiben und das eigene städtische Straßenbahnnetz in einen größeren Verbund einzubringen. Sie mußte sich dabei jedoch mit der SEG arrangieren, die in diesem Raum lokale Eisenbahnen betrieb und Konzessionen für weitere Bahnen besaß. Die SEG hatte sich 1901 vertraglich verpflichtet, Mannheim gewisse Mitspracherechte im Hinblick auf Fahrpreise und Fahrpläne einzuräumen, hatte es aber stets abgelehnt, mit der Stadt Mannheim über deren Wunsch nach einer stärkeren Einflußnahme in diesen Bereichen zu reden. Die neuen Mehrheitseigner aus Essen hatten nicht nur keine Vorbehalte gegen die Zusammenarbeit mit Stadtverwaltungen, sondern begrüßten ein kommunales Engagement und damit auch ein Mehr an Einflußnahme ausdrücklich. Dies galt im Hinblick auf Mannheim in besonderem Maß, weil diese Stadt ein bedeutender Umschlagplatz für den Kohlenhandel war und das

Kohlensyndikat und das Kohlenkontor eine Mehrheitsbeteiligung an einer in diesem Raum tätigen Firma, der Neue Rheinau AG, erworben hatten. Diese Firma war Herrin über den Mannheimer Hafen Rheinau, die an ihn angebundenen Straßen- und Eisenbahnlinien und ein leistungsfähiges Kraftwerk, das Strom für den Hafen und für den Stadtteil Seckenheim lieferte. Die Stadt hatte großes Interesse, Einfluß auf diese Einrichtungen zu gewinnen, ja nach Möglichkeit Rheinau einzugemeinden. Stinnes unterhielt in Mannheim eine bedeutende Niederlassung seiner Firma und saß darüber hinaus im Aufsichtsrat des Kohlenkontors. Schließlich gab es noch das Rheinische Schuckertwerk, das in Ladenburg ein Kraftwerk betrieb, das Schwetzingen und sein Umland mit Strom versorgte und über Konzessionen für diverse Verkehrslinien verfügte. Auch in bezug auf dieses Unternehmen strebte Mannheim weitergehende Mitspracherechte an.[75]

Kurz nach Übernahme der SEG 1909 war Stinnes in Verhandlungen mit dem Mannheimer Bürgermeister Martin und anderen Vertretern der Stadt über alle Probleme eingetreten und hatte ihnen eine Lösung vorgeschlagen, die dem Vorbild der RWBG nachempfunden war: die Gründung einer Firma, an der die Stadt Mannheim, die SEG, die Rheinau AG und das Schuckertwerk beteiligt sein und die die Zusammenarbeit zwischen den öffentlichen und den privaten Partnern koordinieren sollte. In einem frühen Stadium der Verhandlungen trat eine Situation ein, die Stinnes zu Gedankenspielen ermunterte, und er regte eine Fusion des Rheinischen Schuckertwerks und der Neue Rheinau AG mit der SEG an. Stinnes ging soweit, der Stadt Mannheim vorzuschlagen, die Gesamtheit ihrer Verkehrsbetriebe, einschließlich ihres Stromkraftwerks, ebenfalls in das neue Konglomerat einzubringen, was Bürgermeister Martin in einer entscheidenden Besprechung am 18. Dezember 1909 ablehnte.[76] Die Stadt sei schließlich mit dem Ziel angetreten, mehr Einfluß auf die Verkehrs- und Versorgungsunternehmen im unmittelbaren Umland zu gewinnen, nicht aber die städtischen Eigenbetriebe der Vorherrschaft privater Interessen auszuliefern. Martin hätte es als ideal empfunden, die Beteiligung der Stadt an der neuen Dachgesellschaft auf eine Bareinlage und den Zugang zu den günstigen Kreditkonditionen der Stadt zu beschränken, doch diese Vorstellung wies Stinnes als «undenkbar» zurück. Er stellte klar, daß das ganze Projekt für ihn einen wesentlichen Teil seines «Reizes» einbüßte, wenn die Stadtväter nicht bereit waren, die Kommunalbetriebe einzubringen, und forderte, es müßten zumindest die stadteigenen Vorortbahnen einbezogen werden. Die SEG müsse, so Stinnes, freie Hand behalten und behalte sich für den Fall, daß keine Übereinkunft zustande käme, den Bau eines eigenen Kraftwerks und den Erwerb weiterer Konzessionen vor.

Ein weiteres wichtiges Thema war die Höhe der Beteiligung der Stadt Mannheim; die Stadtväter bestanden auf 51 Prozent, mit der Begründung, ein 49-Prozent-Anteil der privaten Gesellschafter sei Lohn genug für die Leitung der verschiedenen Versorgungsbetriebe und die Einführung betriebswirtschaftlicher Grundsätze und Methoden in ihnen. Einer der städtischen Vertreter erinnerte Stinnes daran, daß die Kraftwerke Mark und Westfalen errichtet worden seien, um eine beherrschende Stellung des RWE zu verhindern, und ließ durchblicken, wenn man nicht wolle, daß sich ähnliches in Nordbaden wiederhole, sei es besser, eine kommunale Mehrheitsbeteiligung zu akzeptieren. Mittlerweile sah sich Stinnes jedoch in der Lage, in dieser Frage in die Offensive zu gehen – die Erfahrungen der Betreiber des Werkes Westfalen, konterte er, sähen so aus, daß sie unter denselben Bedingungen dieses Kraftwerk nicht noch einmal bauen würden. Er wies darauf hin, daß dort ernsthaft überlegt werde, ob man nicht den Betrieb des Werks an das RWE abtreten solle. Nicht ganz so durchschlagend war sein Argument, alle Entscheidungen des RWE seien einstimmig gefällt worden und der Fall Essen habe gezeigt, daß zwischen Großstädten und Landkreisen oft größere Gegensätze bestünden als zwischen den Gebietskörperschaften und der privaten Betreiberfirma eines Kraftwerks; daher sei beim Verzicht auf eine Mehrheitsbeteiligung für eine Großstadt sogar mit einer partnerschaftlicheren Atmosphäre zu rechnen, die die Ausdehnung des Versorgungsgebiets in umliegende Gebiete hinein eher begünstigen werde.

Nach kontroverser Diskussion erzielten die Teilnehmer der Runde im Oktober 1910 Einigkeit über die Gründung der Oberrheinischen Eisenbahngesellschaft AG (OEG) mit Sitz in Mannheim. Zwar bekam die Stadt Mannheim den von ihr geforderten Mehrheitsanteil von 51 Prozent, doch stand dieser auf wackligen Beinen, weil sie sich verpflichten mußte, an eventuelle weitere beitrittswillige Kommunen Aktien aus ihrem Bestand zum Einstandspreis abzutreten. Außerdem mußte die Stadt ihre Vorortbahnen in die OEG einbringen. Die SEG übernahm 26 Prozent der Anteile, die Neue Rheinau 11,5 Prozent, die Rheinische Schuckert-Gesellschaft 10,5 Prozent und die Süddeutsche Discontogesellschaft 1 Prozent. Die Darmstädter Bank als Hausbank der SEG beschwerte sich heftig über die der Süddeutschen Discontogesellschaft eingeräumten Sonderbedingungen, woraufhin Stinnes versprach, diese Schieflage zu korrigieren, sobald die OEG ihren Betrieb aufgenommen hatte.[77]

Diese Probleme waren eine Kleinigkeit, verglichen mit den von der hessischen Regierung aufgebauten Hindernissen. Diese hatte sich das Recht der Konzessionserteilung für eine Bahnverbindung zwischen Mannheim, Weinheim und Heidelberg gesichert und versuchte nun, durch Einsatz dieses Faustpfandes die Ansprüche, die sie vor Gericht vergeblich geltend gemacht hatte, doch noch durchzusetzen. Damit drohte die OEG eine Totgeburt zu werden; die Vertreter der Stadt Mannheim taten zwar alles, was in ihren Kräften lag, um die Hessen zum Einlenken zu bringen, und erwirkten sogar von Stinnes das Versprechen, den durch das Gerichtsurteil geschaffenen Spielraum in der Praxis nicht auszuschöpfen, doch Wiesbaden beharrte auf der förmlichen Anerkennung seines Standpunktes. In Stinnes' Augen zeigte sich hier der bürokratische Staat von seiner schlimmsten Seite, verband sich doch eine keinem vernünftigen Zweck dienende Willkür mit der Bereitschaft, eine wirtschaftlich sinnvolle Entwicklung zu hintertreiben. «Ich kann auch wegen materieller Vorteile für die Süddeutsche Eisenbahn-Gesellschaft meine Rechtsauffassung nicht wechseln wie einen

Rock», schrieb er im Mai 1911 in unverhohlenem Ärger an das Finanzministerium in Darmstadt.[78] Das Ansinnen der Regierung erschien ihm um so unbilliger, als die Gerichte ihre Ansprüche abgewiesen hatten. Stinnes hatte sich sogar mündlich bereit erklärt, das der SEG gerichtlich zugestandene Recht auf volle Selbstverwaltung nicht voll auszunutzen. Daher empfand er das Verhalten der Regierung als unerträglich:

> «Auf der einen Seite also das Verlangen an die Gegenpartei, ihre Überzeugung rückhaltlos dem Willen der Großherzoglichen Regierung preiszugeben, auf der anderen Seite aber die Erklärung, sich selbst über die durch gerichtliche Entscheidungen als allein verbindlich festgestellte Rechtslage gegebenenfalles einfach hinwegsetzen zu wollen! Und als Strafe bei Renitenz, die Androhung, ein Verkehrsunternehmen ersten Ranges, wie die Oberrheinische Eisenbahn-Gesellschaft, das der Bevölkerung großer Teile von Baden und auch Hessen Wohltaten erweisen soll, nicht fördern zu wollen: eine Androhung, die bei Aufrechterhaltung in gleicher Weise auch andere große Bezirke von Hessen zu der bisherigen allseitig beklagten Stagnation in der Verkehrspolitik verurteilt.»

Daß es zwischen Stinnes und den Staatsbürokraten in Darmstadt nicht zum Krieg kam, war einzig dem unermüdlichen Einsatz des Syndikus' Ludwig Landmann (des späteren Frankfurter Oberbürgermeisters) und des Mannheimer Bürgermeisters Martin zu verdanken, die in einer gemeinsamen, 23 Seiten umfassenden Petition an die badische Regierung in Karlsruhe die OEG zu retten versuchten. Bei der Lektüre der auf diesen Vorgang bezogenen Dokumente und namentlich der verzweifelten Bemühungen Landmanns, dem Geheimen Oberfinanzrat Dr. Rohde vom Hessischen Finanzministerium ein Minimun an Flexibilität abzuringen, bekommt man Verständnis für die Reaktion von Tippelskirch, der von Stinnes Abschriften der Korrespondenz erhielt:

> «Mit großem Interesse habe ich ... die Seitensprünge eines alten, eingefleischten und mit beschränktem Gesichtskreise behafteten Bureaukraten verfolgt, und man hat wirklich das Gefühl, man wäre in die Zeit der kleinsten Kleinstädterei in unserem lieben deutschen Vaterlande zurückversetzt.»[79]

Dank der Intervention der badischen Regierung und der Tatsache, daß alle Parteien des Tauziehens müde wurden, einigte man sich bis Ende Juni auf eine Reihe sprachlicher Formeln, die den Forderungen des Ministeriums entgegenkamen, und somit konnte es mit der OEG vorangehen.

Stinnes ließ sich durch diese Anlaufschwierigkeiten nicht davon abhalten, sich persönlich sowie auch einige seiner besten Mitarbeiter in die Entwicklungsprojekte der neuen Firma einzuschalten. So wurde im Juli 1911 ein Neubauprogramm aufgelegt, an dessen Planung sich Stinnes und Goldenberg aktiv beteiligten. Stinnes wirkte auch entscheidend an der Übernahme des Kraftwerks Wiesloch mit, das die OEG von der in Frankfurt ansässigen Elektrizitäts AG (vormals Lahmeyer & Co.) erwarb.[80] Einen ähnlich hohen Grad an persönlichem Engagement legte Stinnes in der Gründungsphase der Hessischen Eisenbahn-Aktiengesellschaft (HEAG) in Darmstadt an den Tag, die Anfang 1912 den Betrieb aufnahm und an der die Stadt Darmstadt mit 50, die SEG mit 49 und der Kreis Starkenberg mit 1 Prozent beteiligt waren. Die HEAG, die ursprünglich mit der AEG als Partner geliebäugelt hatte, war in ihrer Zielsetzung mit der OEG vergleichbar, mit dem Unterschied jedoch, daß sich der Darmstädter Bürgermeister Glässing erheblich entgegenkommender zeigte als sein Mannheimer Kollege und das städtische Kraftwerk und die Darmstädter Straßenbahnen in das neue Unternehmen einbrachte. In der Folge stieß auch das Rheinische Schuckertwerk, das außer dem Kreis Starkenberg auch die Städte Worms und Mainz versorgte, als Anteilseigner zur HEAG. Ebenso wie dadurch ein Verkehrsanschluß in Richtung Norden möglich wurde, eröffnete die 1913 getroffene Entscheidung, die Leitungsnetze der beiden Firmen zusammenzulegen, einen rationelleren Netzausbau in Richtung Süden. Stinnes verfolgte hier, wie auch sonst, eine auf Expansion gerichtete Politik; auch wenn er Glässing den Vorsitz im Aufsichtsrat der HEAG überließ, machte er sich in dem Unternehmen stark bemerkbar, indem er etwa die Neubauvorhaben und deren Finanzierung forcierte und die HEAG drängte, mit möglichst vielen Städten und Gemeinden Stromversorgungsverträge abzuschließen. Das RWE-Modell wurde somit auf dem Territorium der SEG kopiert.[81]

In den unmittelbaren Vorkriegsjahren wandte Stinnes sein Augenmerk stärker dem badischen Raum zu. In den Jahren 1911–12 interessierte ihn besonders ein Eisenbahnprojekt, das eine Verbindung zwischen Freiburg und dem Feldberg schaffen sollte, das sogenannte Schauinsland-Projekt. Die Bahn sollte auf der einen Seite bis St. Blasien, auf der anderen Seite nach Basel führen. So würde sie sogleich eine Achse für den Güter- und Geschäftsverkehr zwischen Freiburg und der Schweiz bilden und den Südschwarzwald für den Winter- und Sommertourismus erschließen, eine Perspektive, die im Hinblick auf den ebenfalls geplanten Bau von Hotels und Restaurants einen zusätzlichen Reiz entfaltete.[82]

Zum Leidwesen von Stinnes ging es mit diesem Projekt nur mühsam voran, und auch in Karlsruhe mußte er größere Enttäuschungen hinnehmen, weil diese Stadt, anders als Mannheim und Darmstadt, die Gründung eines gemischtwirtschaftlichen Unternehmens rundweg ablehnte. Er hatte im Sommer 1910 an diesem Vorhaben zu arbeiten begonnen, zunächst indem er versuchte, die Badische Lokal-Eisenbahnen AG zu erwerben, die von der Westdeutschen Eisenbahngesellschaft und anderen privaten Gruppen kontrolliert wurde. Obwohl weder die von dem Unternehmen ausgeschütteten Dividenden noch der Zustand ihrer Züge und Betriebsanlagen Anlaß zur Euphorie boten, war Stinnes zuversichtlich, aus ihr durch Zusammenschluß mit den Straßenbahnen und Kraftwerken der Stadt Karlsruhe ein rentables Unternehmen machen zu können. Dank der Informationen, die von Klitzing ihm zuspielte, konnte er die konkurrierenden Bemühungen der AEG im Keim ersticken; er tat dies, indem er dem Karlsruher Bürgermeister Siegrist unverblümt erklärte:

«Die AEG, die ich als Lieferfirma hoch schätze, hat als Mitunternehmerin in und um Karlsruhe nichts zu bieten und kann nur störend wirken, und ich muß Ihnen zu meinem lebhaften Bedauern sagen, daß ich mein Mandat, zu möglichst günstigen Bedingungen die Badische Lokalbahn für Karlsruhe und die Oberrheinische Eisenbahn-Gesellschaft zu sichern, als erledigt betrachte, wenn Ihrerseits nicht dafür gesorgt wird, daß die AEG unsere Kreise nicht weiter stört.»[83]

Ein ungleich schwereres Hindernis als die AEG stellte die Westdeutsche Eisenbahngesellschaft dar, die den Wert und die Zukunft der Badischen Lokalbahn höher einschätzte als den Preis, den die SEG zu zahlen bereit war. Bürgermeister Siegrist hatte jedoch Gefallen an der Idee gefunden, in Partnerschaft mit der SEG eine Karlsruher Eisenbahn-Gesellschaft zu gründen, und war im August 1910 mit Rötelmann in Verhandlungen hierüber eingetreten. Stinnes war sehr an einer erheblichen Beteiligung der SEG an dem neuen Unternehmen interessiert, da er eine Vernetzung mit der OEG herzustellen wünschte; Siegrist wiederum kämpfte um eine möglichst deutliche Mehrheitsbeteiligung für seine Stadt, weil er nur so den nötigen Rückhalt im Stadtrat erlangen zu können glaubte, wo die Sozialisten und die Fortschrittlichen aufs heftigste gegen die Übernahmepläne opponierten, namentlich der sozialistische Stadtrat Dietz, der die Interessen der Straßenbahnbediensteten vertrat, die einen Wegfall von Arbeitsplätzen und eine Verschlechterung der Arbeitsbedingungen fürchteten. Stinnes beharrte jedoch auf dem Grundsatz der Parität zwischen öffentlichen und privaten Aktionären; er war nicht bereit, der Stadt Karlsruhe den von Siegrist gewünschten Mehrheitsanteil von 60 Prozent zuzugestehen, sondern bot lediglich 53 Prozent an. Gegen Ende 1912 verschärfte sich die Propaganda gegen das Projekt; Dietz erklärte, die «Vergesellschaftung» der städtischen Straßenbahnen werde lediglich zu einer Erhöhung der Zahl der Direktoren und zur Verschlechterung der Arbeitsbedingungen führen, als wirklich Kosten zu sparen. Er holte zu einem heftigen rhetorischen Schlag gegen Stinnes und sein Konzept eines gemischten Wirtschaftsunternehmens aus:

«Wer sind denn die Gesellschafter, die die Gesellschaft mit uns gründen wollen? Die Herren Stinnes und Konsorten sind ganz hervorragende Geschäftsleute für ihren Sack. Man hat versucht, bei einzelnen Städten die Betriebe einfach aufzukaufen. Als dies nicht gelang, hat man eine Erfindung gemacht: die gemischten wirtschaftlichen Unternehmen. Mit dieser gemischten wirtschaftlichen Unternehmung ist man hausieren gegangen von Ost nach West, von Nord nach Süd und hat Glauben gefunden. ... Die Karlsruher Bürgerschaft wird dem ein: Wir wollen nicht! entgegensetzen.»[84]

Siegrist blieb jedoch voller Überzeugung bei der Stange und reiste sogar an der Spitze einer sechsköpfigen Ratsdelegation nach Essen, um sich selbst davon zu überzeugen, wie gut dort die Partnerschaft von SEG, RWE und RWBG funktionierte. Im März 1913 forderte er von seinem Paderborner Amtskollegen Plassmann eine umfassende Stellungnahme an, eine Art Plädoyer, und Plassmann lieferte eine Lobeshymne über die Pesag, die rasante Entwicklung, die sie sowohl der Stadt als auch dem Umland beschert habe, und die wertvolle Rolle des RWE. Nur in einem einzigen Fall habe es eines schlichtenden Eingreifens bedurft, so Plassmann, nämlich als es zu Meinungsverschiedenheiten über den Entschädigungswert von Obstbäumen gekommen sei, die für den Straßenbahnbau gefällt werden mußten.[85] Als Siegrist seinen Antrag auf Einbringung der städtischen Verkehrs- und Versorgungsbetriebe in ein gemischtwirtschaftliches Unternehmen am 28. Juni 1913 in einer eineinviertelstündigen Rede vor dem Gemeinderat begründete, konterte sein Widersacher Dietz dennoch, und der Antrag wurde mit 66 Nein- gegen 47 Ja-Stimmen abgelehnt; die Nein-Stimmen kamen von der geschlossen votierenden sozialdemokratischen und von der Fortschritts-Fraktion sowie von etlichen dem Zentrum nahestehenden Räten. Dietz und seine Gefolgsleute ließen sich nicht davon überzeugen, daß die Interessen der Stadt durch deren Mehrheitsbeteiligung genügend abgesichert waren, war doch der Stadt keine Garantie für eine Mehrheit im Aufsichtsrat gewährt worden, so daß sie die von der SEG gestellte Geschäftsleitung nicht würde kontrollieren können. Auch die finanziellen Vereinbarungen überzeugten die Kritiker nicht. Dabei war Dietz nicht grundsätzlich gegen gemischte wirtschaftliche Unternehmen, zumal in Darmstadt und Mannheim Sozialdemokraten ähnliche Modelle gutgeheißen hatten und die badischen Sozialisten in vielen Fragen mit den bürgerlichen Parteien zusammenarbeiteten. Siegrist hatte jedoch bei seinem Plädoyer keine überzeugende Figur gemacht, und gegenüber Stinnes und seinen Mitarbeitern hegten die liberalen Karlsruher Vorbehalte. Eine Karlsruher Lokalzeitung beschrieb treffend die herrschende Stimmung:

> «Der Verkündigung des Resultats der Abstimmung folgte minutenlanger Jubel von der Galerie. ‹Das war ein Volksgericht!› sagte ein bürgerlicher Stadtverordneter am Ausgange. Und das mit Recht, obwohl sämtliche bürgerlichen Fraktionen auf die bei ihnen zutage getretene Zersplitterung nicht gerade stolz sein können. Nur die sozialdemokratische Fraktion stimmte geschlossen gegen das Projekt. Stinnes hat in Karlsruhe eine Niederlage erlitten, welche der allergrößte Teil der Einwohnerschaft mit Freuden begrüßt. Einen unangenehmen Mißton brachten die verschiedenen offenen und versteckten Anrempelungen des Oberbürgermeisters gegenüber Andersgesinnten in die sachlich verlaufene Debatte; das hätte er sich sparen können.»[86]

Für Stinnes war dies ein Vorgeschmack auf demokratische Politikführung, doch abgesehen davon war es für ihn nichts Neues, daß sich Opposition gegen seine Pläne regte; als Direktor Nettel von der SEG ihm zu verstehen gab, daß bei vielen Nein-Stimmen die Angst vor dem Wahlverhalten der Straßenbahnarbeiter eine Rolle gespielt habe, erwog Stinnes ernsthaft, eine die Karlsruher Straßenbahnen ausschließende Vereinbarung abzuschließen, hielt er Straßenbahnen doch ohnehin nur in ausgesprochenen Ballungszentren für ein sinnvolles Verkehrsmittel. Am Ende scheiterte jedoch das gesamte Projekt, was sowohl für Stinnes als auch für die SEG und die OEG eine außerordentliche Enttäuschung war.

Was Stinnes an solchen gescheiterten Vorhaben am meisten quälte, war nicht die Frage, wer ihm die Niederlage zugefügt hatte – in den meisten Fällen waren es Behörden und/oder Konkurrenzfirmen –, sondern die Tatsache, daß dabei wirtschaftlich vernünftige Lösungen verschmäht wurden. Als Beispiel für einen solchen Verstoß gegen die wirtschaftliche Rationalität übersandte er Ende 1912 dem Düsseldorfer Regierungspräsidenten Kruse Abschriften einer Vereinbarung, die vorsah, daß die OEG Gebiete in Nordbaden mit Elektrizität aus einem Kraftwerk versorgen sollte, das den Strom nur zu einem wesentlich höheren Preis liefern würde als das Mannheimer Werk. Der einzige für diese Entscheidung angegebene Grund war der Wunsch Badens, sich nicht von «ausländischer», sprich preußischer Kohle abhängig zu machen. So eisern Stinnes für bestimmte wirtschaftsliberale Grundsätze eintrat, so überzeugt war er auf der anderen Seite, daß in volkswirtschaftlicher Hinsicht auch nationale Gesichtspunkte berücksichtigt werden mußten. So sehr er bejahte, daß einzelne Kommunen sich eine eigene Stromversorgung aufbauten, so sehr war er andererseits der Meinung, es dürfe einzelnen Städten oder Unternehmen nicht überlassen bleiben, für den Stromtransport Kabel und Leitungen zu verwenden, die nicht gewisse technische Standards erfüllten; zunehmend wuchs bei Stinnes die Überzeugung, daß der Staat, ebenso wie er die Spurweite von Bahngleisen definierte, auch die Aufgabe hatte, technische Normen für Stromleitungen festzulegen, ja vielleicht sogar das gesamte für die nationale Stromversorgung erforderliche Leitungsnetz in staatliche Regie zu nehmen.[87]

Für Holle und seine Kollegen von der Ruhr war die SEG das Vehikel zur Übernahme der Kontrolle über die Essener Straßenbahnen; dagegen begriff Stinnes sie als Chance, die für den Betrieb des RWE entwickelten Grundsätze an einem anderen Objekt zu erproben. Wie immer, reichte sein Horizont über die Ruhr und über Deutschland hinaus – seine Laufbahn als selbständiger Unternehmer hatte er schließlich in Straßburg begonnen. Flexibilität achtete er als eine hohe Tugend. Dies geht aus der Arbeitsplatzbeschreibung hervor, die er 1913 einem Bewerber um den Posten des Stellvertreters und wahrscheinlichen Nachfolgers des alt und krank gewordenen Rötelmann schickte. Er charakterisierte darin nicht nur, was er von einem leitenden Mitarbeiter erwartete, sondern beschrieb damit offensichtlich auch Anforderungen, denen er selbst zu genügen versuchte:

> «Die Süddeutsche Eisenbahn-Ges. ist in einem Umwandlungsprozeß begriffen. Sie betreibt eine Reihe von Bahnen in Städten, in denen die Notwendigkeit und der Wunsch besteht, zu gemischtkommunalen Betrieben zu gelangen.
>
> Unter diesen Umständen wird von den leitenden Herren der Süddeutschen Eisenbahn-Ges. neben den technischen Kenntnissen ein hohes Maß von Ver-

handlungsgeschicklichkeit verlangt. Namentlich muß auch erwartet werden eine Anpassungsfähigkeit an die weniger starren süddeutschen Verhältnisse.

Abgesehen von diesem Umwandlungsprozeß wird in einem etwas späteren Stadium die Leitung der Süddeutschen Eisenbahn-Ges. die Fähigkeit haben müssen, neue Straßenbahnen- und insbesondere Elektrizitätswerks- und Gaswerks-Konzessionen zu erwerben, damit bei Abstoßung von immer mehr jetzt noch eigenen Betrieben die Rentabilität nicht rückgängig, im Gegenteil ansteigend wird. Diese Konzessionen werden der Natur der Dinge nach zum großen Teil im Auslande gesucht werden müssen.

Kenntnisse der englischen und französischen Sprache sind daher erwünscht.

Endlich mache ich noch darauf aufmerksam, daß die Südd. Eisenbahn-Ges. ein ziemlich unglückliches Statut hat und infolgedessen von der Hessischen Regierung in hohem Maße abhängig ist. Der leitende Mann in Darmstadt wird daher sein Augenmerk darauf richten müssen, stets in den angenehmsten Verhältnissen mit der Hessischen Regierung zu stehen.»[88]

Seine unternehmerischen Ausflüge nach Süddeutschland hatten Stinnes Gelegenheit gegeben, Erfahrungen in einem ganz anderen politischen Klima zu sammeln, als es in seinem angestammten preußischen Rheinland oder in Berlin herrschte; ohnehin hatten seine bestehenden und geplanten ausländischen Beteiligungen ihm die Fähigkeit vermittelt, sich an fremde Verhältnisse anzupassen. Diese Erfahrungen statteten ihn mit einer Flexibilität aus, die man unbedingt in Rechnung stellen muß, wenn man seine weitere Karriere verstehen will.

3. Der Zukunft entgegen: Gas, Braunkohle und die Vorgebirgszentrale

In all den Jahren, in denen Stinnes am Ausbau des RWE arbeitete, war er sich sehr wohl dessen bewußt, daß er sich auf unvermessenem Gebiet bewegte; sein Glaube an die Richtigkeit des Konzepts des gemischtwirtschaftlichen Unternehmens im Bereich der Stromversorgung hatte weitaus tiefere Beweggründe als nur das von dem Karlsruher Stadtrat Dietz unterstellte persönliche Gewinnstreben. Er operierte schließlich nicht in einem luftleeren Raum, und überall in Deutschland interessierte sich die Öffentlichkeit zunehmend für Struktur und Organisation der Stromversorgung und anderer technischer Dienstleistungssysteme. Das RWE hatte Stinnes teilweise in Zusammenarbeit mit und teilweise gegen Widerstand von Staatsbeamten und Mandatsträgern aufgebaut, immer aber in Interaktion mit ihnen. Der Reichskanzler und preußische Ministerpräsident Bethmann Hollweg, der bis zu seiner Berufung 1909 als Staatssekretär und später als Minister des Inneren amtiert hatte, zeigte ein mehr als nur oberflächliches Interesse an diesen Fragen und forcierte in den Jahren 1912–14 die Diskussion über ein Reichs-Elektrizitätsgesetz. Zu den Männern, deren Rat er dabei einholte, gehörten Carl Gerstein, inzwischen kein Anti-Stinnes-Mann mehr, und Landrat von Eynern, der

Anfang 1914 als Spezialist für Elektrizitätsfragen ins Innenministerium überwechselte. Im April 1913 suchte der Kanzler auch das Gespräch mit Stinnes, der bei dieser Gelegenheit offenbar für die Schaffung eines staatlichen Leitungsmonopols eintrat, das die Gewähr für einen einheitlichen Netzausbau bieten würde, auf dessen Grundlage sich die lokalen und regionalen gemischtwirtschaftlichen Unternehmungen der Stromwirtschaft würden entfalten können.[89]

Anfang 1913 wurde an Stinnes die Bitte herangetragen, seine Gedanken zu einem ins Auge gefaßten Gesetzeswerk darzulegen, mit dem die gemischtwirtschaftlichen Unternehmen geordnet werden sollten; Stinnes delegierte diese Aufgabe an einen der kommenden Männer des RWE, Direktor Ernst Henke, der für rechtliche und Vertriebsfragen zuständig war. Stinnes hatte seine Vorstellungen natürlich mit Henke erörtert, und Henke war ehrlich genug, offen zu sagen, daß die gemischtwirtschaftlichen Unternehmen noch ein zu neues Phänomen waren, um eine historische oder vergleichende Bewertung zuzulassen, wenngleich die jüngsten Erfahrungen mit der Pesag in Paderborn und mit den Hessischen Eisenbahnen Anlaß zu großer Zuversicht gäben. Als den entscheidenden potentiellen Vorteil dieser Organisationsform bezeichnete er die Tatsache, daß sie die Möglichkeit schaffe, die Grenzen der einzelnen Kommune oder des einzelnen Kreises zu überwinden und eine rationellere Stromverteilung und Ressourcennutzung zu erreichen, da sie nach privatwirtschaftlichen Gesichtspunkten geleitet würden und demzufolge in punkto Preisgestaltung und Arbeitsrecht Kriterien der Wirtschaftlichkeit anlegten und aus diesen Gründen von der Privatwirtschaft als Geschäftspartner bevorzugt wurden. Stinnes beschloß, die Denkschrift Henkes zurückzuhalten, bis das erwartete Gesetz über das staatliche Leitungsmonopol verabschiedet war; pikanterweise zog Bethmann auch noch andere Berater heran, allen voran Walther Rathenau, womit er die Weichen für neue Scharmützel in den nachfolgenden Jahren stellte. Immerhin war auch Rathenau ein Anhänger der gemischtwirtschaftlichen Unternehmen, wollte ihnen allerdings eine andere Struktur geben. Stinnes war jedoch derjenige, der aktiver als alle anderen mit dieser Wirtschaftsform experimentierte, die so unübersehbar den Stempel der spezifisch deutschen Wirtschafts- und Gesellschaftsstruktur trug.[90]

Die landestypischen Besonderheiten, die auf der einen Seite die Herausbildung eines Organisationstypus' wie des RWE förderten, verhinderten auf der anderen Seite die volle Verwirklichung des Stinnesschen Programms. Die Eigengesetzlichkeiten der Technik und ihrer Anwendung, wie Stinnes sie begriff, gingen nicht mit den privaten und öffentlichen Interessen konform, als deren Sachwalter seine Partner sich verstanden. Ironischerweise zeigte sich das besonders deutlich im Zusammenhang mit dem Aufbau einer Gasversorgung für Rheinland-Westfalen. In diesem Bereich hatte Stinnes sich schon in jungen Jahren durch seine Beiträge zur verbesserten Nutzung von Nebenprodukten der Verkokung und durch seine Anstöße für die Versorgung von Wohngebieten mit den so gewonnenen Gasen ausgezeichnet. Einige der technischen Probleme, die damals einer Verwirklichung seiner Pläne im Wege gestanden hatten, waren gegen Ende 1905 soweit gelöst, daß die Stinnesschen Kokereien in Essen mit der Lieferung von Gas beginnen konnten. 1911 stammte bereits die Hälfte des gesamten in Essen verbrauchten Gases aus der Verkokung. Das eigentliche Problem war jedoch der Transport des Gases über größere Entfernungen; dazu bedurfte es eines zentral verwalteten Netzes von Rohrleitungen, vor allem aber einer konzertierten Aktion seitens der Zechengesellschaften und der Bereitschaft der Städte, die Nutzung dieser spezifischen Energie zu fördern. Das RWE hatte bereits eine Reihe von Gaswerken erworben, doch der erste nennenswerte Versuch, eine auf Koksgas basierende Gasversorgung aufzubauen, wurde 1906 in Stinnes' Heimatstadt Mülheim unternommen, nachdem Stinnes in seiner Eigenschaft als Stadtrat dem Bürgermeister Lembke das Angebot gemacht hatte, Gas aus seinen Essener Zechen zu liefern. Durch den Einschluß Duisburgs und Düsseldorfs erfuhr das Vorhaben eine erhebliche Aufwertung, und das RWE erhielt den Auftrag, die Infrastruktur für den Ferntransport des Gases zu schaffen. Die Kokerei von Thyssens Deutscher Kaiser konnte als Partner für das Projekt gewonnen werden.

In der Folge kam es zwischen Stinnes und Thyssen zu einer Reihe von Meinungsverschiedenheiten in Fragen der Gasversorgung. Thyssen erhob Einwände gegen vermeintliche Vorzugsbedingungen für das RWE bei den Einstandspreisen und bei der Ertragsverteilung, und als 1907 ein neues Abkommen ausgehandelt wurde, lehnte er die vorgeschlagene Abgrenzung der Versorgungsgebiete ab. Schließlich zog Thyssen sich ganz aus dem Projekt zurück und sicherte sich noch im selben Jahr das Recht, 50 Prozent des in Mülheim verbrauchten Gases an das Städtische Gaswerk zu liefern, und zwar durch eine Pipeline, die von seiner Kokerei in Hamborn zu seinem Eisenwerk in Mülheim-Styrum führte. Im Gegenzug gelang es Stinnes 1910, dank der Findigkeit von Adolf Wirtz, dem Direktor seiner Friedrich Wilhelms-Hütte, sich das Recht auf Lieferung der übrigen 50 Prozent des Mülheimer Verbrauchs zu sichern. Im Lauf des Jahres 1908 hatte Stinnes bei Wirtz angefragt, ob es eine Möglichkeit gebe, die bei der Verhüttung anfallenden Gase zu nutzen, worauf Wirtz erwidert hatte, er kenne eine Möglichkeit, deren Verwirklichung aber wahrscheinlich sehr teuer kommen würde. Stinnes, dem «ein Direktor mit Ideen ..., selbst wenn diese auch einmal eine Million kosten», lieber war als ein «Direktor ohne Ideen»,[91] gab Wirtz grünes Licht, und dieser entwickelte daraufhin ein Verfahren, das es erlaubte, ein Gemisch aus Koksgas und Verhüttungs-Abgasen für die Beheizung von Martin-Hochöfen zu verwenden. Es war ein Triumph rationeller Brennstoffnutzung, der den Weg ebnete für den Bau von fünfzig abgasbefeuerten Verkokungsöfen in der Friedrich Wilhelms-Hütte unter der Regie von Wirtz' Freund Knepper; diese versetzten Stinnes in die Lage, sein Versorgungsangebot an die Stadt Mülheim zu erneuern, und diesmal mit Erfolg. Diese Entwicklung bereitete Wirtz erhebliches Kopfzerbrechen, weil die Nachfrage nach Gas aus der Friedrich Wilhelms-Hütte zunahm; Wirtz entwickelte daraufhin in Zusammenarbeit mit Heinrich Koppers ein noch raffinierteres, doppelt regeneratives Verkokungsverfahren. Dieses Verfahren erwies sich als eine für die Dortmunder Union äußerst bedeutsame Errungenschaft, und es wurde bald auch von Thyssen genutzt und sollte zur Grundlage der von Alfred Pott aufgebauten Gasversorgung der gesamten Region einschließlich des Siegerlandes werden.[92]

Doch das war Zukunftsmusik; vorderhand unternahm Stinnes verzweifelte Anstrengungen, über das RWE für die Nutzung von Koksgas zu werben und den Widerstand der Städte gegen sein Programm abzubauen. Die Kampagne gegen sein «Elektrizitätsmonopol» und die Ereignisse von 1907–08 in Westfalen machten ihm die Sache nicht gerade leichter. Eine Chance schien sich zu eröffnen, als das Barmener Gaswerk an seine Kapazitätsgrenze stieß und vor der Wahl stand, entweder eine zweite Anlage zu errichten oder über Fernleitung Gas zu beziehen, beispielsweise aus Essen. Anfang 1909 nahmen Stinnes und Goldenberg Verhandlungen mit der Stadt Barmen auf, und im Oktober 1909 lag der Entwurf eines Vertrages zwischen Barmen und einer von Stinnes noch zu gründenden Firma, der Rheinisch-Westfälischen Gasgesellschaft mbH, fertig vor.

Doch dann kam alles ganz anders. Die Stadt Barmen forderte für sich das Recht, auch ihr «Hinterland» mit Strom zu versorgen, doch das wollte das RWE ihr nicht zugestehen, weil Solingen und Remscheid es ablehnen würden, sich von Barmen abhängig zu machen. Auf der anderen Seite stand und fiel das gesamte Projekt damit, daß es Stinnes gelang, eine Gasgesellschaft auf die Beine zu stellen, unter deren Dach die wichtigsten Zechen vereinigt sein würden und die in der Lage wäre, im Verein mit den beteiligten Städten und Gemeinden die Verlegung von Rohrleitungen und die Errichtung aller anderen Anlagen zu finanzieren, die erforderlich waren, um das Gas über weitere Strecken zu transportieren und an die Verbraucher zu verteilen. Auf einer Konferenz der wichtigsten Zechenchefs Anfang 1910 versuchte Stinnes sie von dem Vorteil eines Beitritts zu der neuen Firma zu überzeugen. Allein, zu seinem Verdruß mußte er feststellen, daß einige von ihnen die Absicht hatten, benachbarte Ortschaften direkt zu versorgen. So plante zum Beispiel die zum Krupp-Konzern gehörende Zeche Hannover den Aufbau eines Versorgungsnetzes für Bochum. Der schmerzlichste Schlag war jedoch der, daß Thyssen sich nicht nur weigerte mitzumachen, sondern sich auch bereit zeigte, die «Hinterland»-Bedingung der Stadt Barmen zu erfüllen, was zwar am Ende keinerlei Bedeutung hatte, weil es sich nicht praktisch umsetzen ließ, was aber Thyssen den Auftrag für die Gasversorgung Barmens einbrachte.

Was Stinnes hier vorschwebte, war sozusagen ein Vorentwurf der späteren Ruhrgas AG, doch davon hatte Stinnes 1910 nichts. Die größten Probleme bereiteten ihm die Reibereien mit August und Fritz Thyssen. Die Geschichte dieses Disputs wirft ein grelles Licht auf die eigenartige Beziehung zwischen den beiden Giganten der Ruhr. Das Tauziehen um die Gasversorgung Barmens war nur ein Kapitel in einer Serie von Scharmützeln zwischen Thyssen einerseits und Stinnes und dem RWE andererseits, die sich an Streitpunkten größerer und kleinerer Art entzündeten und allesamt damit zusammenhingen, daß Thyssen sich im Markt der Stromanbieter mit seinem Deutschen Kaiser als Opfer unfairer Wettbewerbsnachteile fühlte.[93] Stinnes tat sich mit seinen Bemühungen, die diversen Zechenbesitzer unter einen Hut zu bringen und zu verhindern, daß sie einander mit den Gaspreisen unterboten, schwer genug; mit dem Überraschungscoup, den Thyssen in Barmen landete, lieferte er den anderen einen willkommenen Vorwand, dasselbe zu tun. Es traf Stinnes wie ein Blitz aus heiterem Himmel, als Thyssen sein Barmener Vorhaben Anfang Dezember 1909 ausgerechnet bei einem Abendessen im Hause Stinnes enthüllte, und noch größer war seine Enttäuschung, als Thyssen einige Tage später im Verlauf einer Unterredung auf Schloß Landsberg seine Absicht ankündigte, aus dem RWE-Aufsichtsrat auszuscheiden, mit der Begründung, der Deutsche Kaiser «müsse unabhängig und ungehemmt in seiner Entwicklung auch nach dieser Richtung bleiben».[94] Keine zwei Wochen später schien Thyssen dann doch wieder willens, mit Stinnes zusammenzuarbeiten. Wie Cläre den Hergang schilderte:

> «Thyssen ist zum Abendessen bei uns. Es scheint doch noch eine Möglichkeit zu geben, in Fragen Gasversorgung mit ihm in Ordnung zu kommen. Er will einen Vertreter oder mehrere ermächtigen mit den Herren des RWE zu verhandeln. Hugo teilt ihm mit daß er diese Pläne mit den Herren des Syndikats bereden will, und daß seiner Ansicht nach an der zu gründenden ‹G.m.b.H.› die Bergwerke sich entsprechend der von ihnen zu liefernden Gasmenge beteiligen müßten. Thyssen mit allem einverstanden. – Es war ein schweres Verhandeln diesen Abend und ich bewunderte immer wieder Hugos Ruhe und Geduld gegenüber dem Eigensinn und der Eigensucht Thyssens in dieser Angelegenheit. Mit den anderen Herren des Syndikats will er absolut nichts zu tun haben, weil man ihn bei anderer Gelegenheit vor den Kopf gestoßen hat, wohl mit Hugo allein, das ist immer wieder der Refrain, und darüber wird der große Gedanke zertreten und durchbrochen, der doch zu seiner vollendeten Ausführung geschlossene Einigkeit aller Parteien zur Voraussetzung hat. Wie selten können doch die Menschen ihr eigenes Interesse dem Allgemein-Interesse unterordnen und wie besonders traurig empfindet man solche großen Schwächen bei einem sonst so ungewöhnlich klugen, ja genialen, Menschen wie Thyssen.»[95]

Anfang Januar 1910 führte Thyssen wiederum Beschwerde über die Kollegen von Stinnes im Kohlensyndikat, diesmal aus Anlaß von Meinungsverschiedenheiten in anderen Bereichen; mit der Begründung, daß Kirdorf, Müser und Funcke ihn äußerst schäbig behandelt hätten, lehnte er es ab, sich an dem von Stinnes forcierten Programm zu beteiligen, betonte aber wiederum, er wolle mit Stinnes alleine weiter zusammenarbeiten. Stinnes und andere warnten Thyssen vor einem durch sein Verhalten ausgelösten Preiskrieg, bei dem sie ihn unterbieten würden, doch Thyssen blieb unzugänglich und verbittert, aus rein persönlichen Gründen, wie Cläre schrieb.[96] Im Februar führte der Disput über Saar-Mosel, in dem Thyssen, wie im vorigen Kapitel gezeigt, einen ähnlichen Tanz aufführte, zu einer weiteren Steigerung seiner Gekränktheit; just zu diesem Zeitpunkt brachte er seine Vereinbarung mit Barmen zum Abschluß und verurteilte damit die Stinnesschen Pläne endgültig zum Scheitern. Der augenfällige Konflikt zwischen den beiden Industriellen in Sachen Gasversorgung und Saar-Mosel begann zu diesem Zeitpunkt schon den Bankiers Sorgen zu bereiten. Klönne und Müller taten zwar ihr Bestes, um die Differenzen auszugleichen, verstanden aber im Grunde nicht, worum es Thyssen ging. Für Stinnes lag der Kern des Problems, abgesehen von Thyssens unfriedlichem Ausstieg aus der GBAG und seinen Konflikten mit Kirdorf, Funcke und dem Kohlensyndikat, in der Art und Weise, wie Thyssen auf die Pionierleistung des RWE in der Nutzung der neuen Koksöfen für die Erzeugung von Haushaltsgas reagierte, eine Reaktion, die von dem Bestreben bestimmt schien, aus dieser technischen Leistung selbst Kapital zu schlagen und von den einträglichen Rechten des RWE auf die Versorgung bestimmter Gebiete mit Strom und Wasser einen Teil für sich selbst abzuzweigen. Stinnes schmerzte dieses Verhalten sehr, weil es jede künftige Zusammenarbeit außerordentlich erschwerte und die so wichtige persönliche Beziehung der beiden Männer zueinander überschattete.[97] Diese Seite der Medaille beleuchtete Cläre am Beispiel der Stimmung bei der Taufe der *Cläre Stinnes I.* in Harburg im März 1910:

> «Die Umstände, in erster Linie die Differenzen mit Thyssen, brachten es mit sich, daß gerade die Taufe von Cläre Stinnes I. still und klanglos sich vollzog. Etwas anders hätte ich es mir schon gedacht und fast tat mir's ein wenig weh. Als hohen Jubeltag hatte ich mir diesen Tag gedacht, das war er nicht; ich bin nicht eitel, verlange sicher nichts für mich, und doch, warum fühl ich nur Wehmut, denk ich an diesen Tag zurück.»[98]

Die auf der Hand liegende Antwort gab Cläre selbst wenige Tage später:

> «Thyssen wurde inzwischen mit Barmen einig, indem er jede gestellte Bedingung, so auch Auslieferung gewisser Außenbezirke annahm. Derartige Bedingungen konnte das RWE unter keinen Umständen eingehen, weil es damit einer Ausnutzung solcher an eine Gemeinde ausgelieferten Bezirke Tor und Tür öffnete und dem sonst von ihm überall erfolgten Prinzip, der Allgemeinheit zu dienen, untreu geworden wäre. – Die Regierung in Düsseldorf erkennt diesen Standpunkt als richtig an, findet Barmens Verlangen unmoralisch und wird sich überlegen, ob es keinen Weg gibt den Thyssen-Barmer Vertrag unausführbar zu machen.»[99]

Doch wie sich herausstellte, war rechtlich auch von Staats wegen nichts auszurichten, so sehr das RWE sich auch ins Zeug legte; nach einiger Zeit glätteten sich die Wogen. Anfang Mai 1910 weilte Thyssen wieder einmal als Essensgast im Haus Stinnes und bot bei dieser Gelegenheit einige Zugeständnisse in anderen strittigen Fragen, wie im Bereich der Gasversorgung, an. Die Pflege gutnachbarlicher Beziehungen blieb ein wichtiges Anliegen, zumal Fritz Thyssen vor kurzem neben dem Haus Rott einen großen Landsitz errichtet hatte. Wie auch immer, die Jahre 1909–10 markierten einen Wendepunkt in der bis dahin so wichtigen und fruchtbaren Zusammenarbeit der beiden Männer und demonstrierten auch einige wichtige Unterschiede zwischen ihnen. Anders als Thyssen, hatte Stinnes eine Vision, die über die Durchsetzung seines Eigeninteresses hinausreichte; sein ganzes unternehmerisches Handeln war auch von dem Bestreben bestimmt, einem übergeordneten Ziel zu dienen. Als Thyssen von der geplanten Kanalisierung der Ruhr und von der daraus resultierenden Gefahr erfuhr, daß seine Wasserkraftwerke an Wert verlieren würden, wandte er sich kategorisch gegen das Vorhaben und drohte mit der Schließung seiner Werke und der Entlassung der Arbeiter: «Thyssen kennt leider nur sein Interesse, resp. die Interessen seiner Werke; ein Interesse der Stadt gibt's trotz der Bedeutung dieser Fragen für ihn in dieser Angelegenheit nicht, sobald eine Kollision mit seinen eigensten Werkinteressen vorliegt.» Stinnes schaffte es offenbar, Thyssen irgendwann zum Einlenken zu bringen und ihn zum Abrücken von seinen Drohungen zu bewegen; er vergaß nicht, Thyssen bei diesem Anlaß ausdrücklich seiner Freundschaft zu versichern.[100]

Tatsächlich hatte die Beteiligung Thyssens am RWE für Stinnes längst nicht mehr den Stellenwert, den sie einst besessen hatte, denn das RWE war, bildlich gesprochen, ein Schiff, das inzwischen aus eigener Kraft fahren konnte; es war zwar noch nicht so weit vorangekommen und hatte noch nicht so viele Häfen angelaufen, wie sein Kapitän es sich gewünscht hatte, doch es lief in diesen beiden letzten Jahren vor Kriegsbeginn auf gutem und klarem Kurs. Es war zu einem Großbetrieb herangewachsen, der eine disziplinierte Mannschaft und einen souveränen Steuermann brauchte. Dieser erinnerte seine leitenden Angestellten 1911 daran, daß die Vorschläge, die einen weiteren Ausbau des RWE betrafen, frühzeitig vorgelegt werden und Hand und Fuß haben mußten.

> «Ich wiederhole ... meine letzte kürzliche Mitteilung an Herrn Goldenberg, daß die Vorlagen des Rheinisch-Westfälischen Elektrizitätswerkes nicht mehr in der bisherigen legèren Weise gehandhabt werden können, und daß ich von Ihnen, als dem Vorstand, sorgfältig durchgearbeitete, begründete Vorlagen *rechtzeitig* verlangen muß. Das Unternehmen ist zu groß geworden, um in der alten, vielleicht recht beweglichen, aber die Übersicht doch erschwerenden Weise weiter gehandhabt werden zu können.»[101]

Die Führungsebene des RWE wurde 1912 so reorganisiert, daß sie den durch die Hinzugewinnung der fünf niederrheinischen Landkreise 1911 gestellten Anforderungen gerecht wurde; während die Hauptverwaltung in Essen blieb, wurden für die zentralen Kraftwerke und die ihnen zugeordneten Versorgungsbereiche eigene Geschäftsstellen in Essen, Wesel (wo das Kraftwerk Mitte 1912 ans Netz ging) und im Bezirk Krefeld eingerichtet, der seinen Strom von den Kraftwerken Reisholz, Wesel und Zeche Rheinpreußen bezog.[102]

In der Folge kam es zu einem neuen Expansionsschub. Im April 1912 gründete das RWE die Bergische Licht- und Kraftwerke AG in Lennep, um einen Knotenpunkt für die von ihm in dieser Region versorgten Gebiete zu schaffen. Seinen bedeutendsten Expansionsschritt auf linksrheinischem Gebiet tat das RWE 1913, indem es den gesamten Landkreis Neuß sowie Teile der Landkreise Mönchengladbach und Grevenbroich als Kunden gewann und in gleichem Zuge das Städtische Kraftwerk Neuß aufkaufte. Die Hinzugewinnung dieser Landkreise hatte zur Folge, daß das Kraftwerk Berggeist nunmehr ein zusammenhängendes Gebiet versorgen konnte, und zwar arbeitsteilig mit dem Städtischen Kraftwerk Neuß: Während das RWE von Berggeist aus Großkunden belieferte, versorgte Neuß die Kleinverbraucher. 1913 wurde das Kraftwerk Neuß dem RWE als neue Unterabteilung eingegliedert. Gleichzeitig traten der Landkreis und die Stadt Neuß als Aktionäre ins RWE ein und erhielten Sitz und Stimme in dessen Aufsichtsrat.[103]

Eine Abfuhr erlitt das RWE jedoch bei seinen Bemühungen um einen Vertragsabschluß mit der Stadt Köln, die um diese Zeit herum Strom von dem 1912 in Betrieb gegangenen Kraftwerk Fortuna bezog, dessen Betreiberin die Rheinische Aktiengesellschaft für Braunkohlenbergbau und Brikettfabrikation (Rheinbraun) war. Das RWE hatte in den Verhandlungen mit Köln darauf bestanden, die Stadt und ihr Umland unmittelbar und zu einem einheitlichen Preis zu beliefern und zugleich auch als Direktversorger der großen industriellen Abnehmer in der Region zu fungieren. Köln hatte dies abgelehnt und sich statt dessen für das von Rheinbraun unterbreitete Angebot entschieden, die Stadt und ihr Umland durch das Kraftwerk Fortuna versorgen zu lassen. Damit war das Braunkohlenbergwerk Fortuna, das Stinnes 1905 vergeblich zu übernehmen versucht hatte, endgültig zu einem Dorn in seinem Auge geworden, und Paul Silverberg, der Generaldirektor von Rheinbraun, hatte sich als unangenehmer Konkurrent nicht nur in Köln, sondern auch im dazugehörigen Landkreis entpuppt. Stinnes bemühte sich zwar, unter Vermittlung Klönnes von der Deutschen Bank sowie in direkten Verhandlungen mit Silverberg zwischen 1909 und 1911 mit Rheinbraun auf einen Nenner zu kommen und einen Preiskrieg zu verhindern, erreichte dieses Ziel indes nicht.[104] In seinem Konflikt mit Köln und Rheinbraun konnte sich Stinnes auf wichtige Verbündete im Landkreis Köln stützen, etwa auf den einflußreichen Theodor Fühling, einen Grundeigentümer und Landwirtschaftsexperten, der offenbar einen bedeutenden Beitrag dazu leistete, das Wasser- und Elektrizitätswerk Frechen dem RWE zuzuführen und damit in dem vom RWE gelegten Ring um die Stadt eine weitere Lücke zu schließen. Im Mai 1910 machte Fühling dem RWE den Vorschlag, die Braunkohlengrube Roddergrube-Vereinigte Ville zu erwerben, die 1909 durch die Übernahme einer Aktienmehrheit an Vereinigte Ville durch die Roddergrube entstanden war. Fühling äußerte die Überzeugung, daß in dieser Grube bessere Braunkohle gefördert wurde als bei Fortuna und daß es für das RWE unabdingbar sei, sie zu übernehmen, wenn es in die Stromversorgung Kölns einsteigen wolle. Die Stadt hatte es versäumt, die Grube zu kaufen, als sie noch günstiger zu haben war, und hatte damit dem RWE diese Chance eröffnet. Fühling erinnerte daran, daß Stinnes schon vor etlichen Jahren Interesse am Erwerb von Braunkohlengruben gezeigt hatte, und meinte, für einen weiteren Vormarsch des RWE in Rheinland-Westfalen könne eine Braunkohlebasis als zweites Standbein nur von Vorteil sein.[105]

Die Fühling-Denkschrift wies den Weg zu einem Projekt, das den Höhepunkt in der Vorkriegs-Entwicklung des RWE markieren sollte: dem Bau eines Großkraftwerkes, der Vorgebirgszentrale in Knapsack, im Herzen des Braunkohlenreviers südwestlich von Köln, wo sich auch die Grube Vereinigte Ville befand. Fortuna hatte vorexerziert, daß Strom aus Braunkohle preisgünstiger gewonnen werden konnte als aus Steinkohle; Goldenberg hatte Stinnes überredet – und dieser hatte wiederum bei Thyssen, Kirdorf und Haniel die entsprechende Überzeugungsarbeit geleistet –, in Zukunft bei der Stromerzeugung stärker auf die Braunkohle zu setzen. Der Versuch, die Grube selbst zu übernehmen, scheiterte zweifellos aus Kostengründen; statt dessen schloß das RWE einen Vertrag mit der Roddergrube über die Abnahme ihrer Braunkohle bis Ende 1924. Der Umstand, daß die Braunkohlenreserven der Zeche Berggeist weitgehend erschöpft waren, spielte hierfür wohl eine ausschlaggebende Rolle. Eine neue Braunkohlebasis war für die weitere Expansion des RWE auf linksrheinischem Gebiet unerläßlich, auch wenn die Stadt Köln sich vorläufig weigerte, in seinen Bannkreis einzutreten.

Das neue Kraftwerk, das zum Zeitpunkt seiner Inbetriebnahme aus zwei Blöcken mit jeweils 15 000 Kilowatt Leistung bestand und durch Hochspannungsleitungen von 100 000 Volt mit anderen RWE-Werken verbunden war, stellte den bis dahin größten Wurf Goldenbergs dar; es war dazu bestimmt, das größte Kraftwerk der Welt zu werden, und erhielt nach dem Tod seines Erbauers im Jahr 1917 dessen Namen. Es zeichnete sich durch zwei wegweisende Eigenschaften aus, für die sich Goldenberg und Stinnes während der ganzen Dauer ihrer Zusammenarbeit stark gemacht hatten: Brennstoff-Ökonomie und Nutzung des technischen Fortschritts. Für die erstere stand die Tatsache, daß das Kraftwerk in unmittelbarer Nähe von Braunkohlevorkommen stand, die sich trotz ihrer an sich geringen Qualität für die Stromgewinnung eigneten; zu den technischen Innovationen des neuen Kraftwerks gehörte der Ferntransport des erzeugten Stroms über Leitungen, die bis zu 100 000 Volt Hochspannung ermöglichten. Amerikanische und spanische Experimente mit solchen Leitungen und der erfolgreich verlaufene Versuch des Eisenwerks Lauchhammer, eine solche Leitungsverbindung zu seinem 50 Kilometer entfernten Partner-Stahlwerk in Riesa herzustellen, hatten bewiesen, daß dieses Verfahren des Stromtransports funktionierte. Das neue Kraftwerk stellte einen Durchbruch hin zu einer großindustriellen Stromerzeugung durch die Vernetzung von Kraftwerken innerhalb eines großen Verbundgebietes dar.[106]

Kraftwerke dieser Dimension setzten freilich die Existenz von Großabnehmern voraus; zu den Wirtschaftsbranchen, in denen man hoffen konnte, solche Großkunden zu finden, gehörte die elektrochemische Industrie. Stinnes interessierte sich hier insbesondere für ein von dem Chemiker Wildermann entwickeltes Verfahren zur Elektrolyse von Kalisalzen. Die Wildermann-Zelle war beispielsweise in der Zellstoffabrik Waldhof in Mannheim mit großem Erfolg bei der Erzeugung von Kalium- und Natriumhydroxid eingesetzt worden; besonders viel versprach man sich von der neuen Technik in bezug auf die Herstellung von Ätzkali. Wildermann brannte darauf, das Verfahren großindustriell zu nutzen, und wandte sich um Unterstützung an Stinnes. 1912 wurden die Deutschen Wildermann-Werke gegründet; in dem von Stinnes geleiteten Aufsichtsrat saßen Vertreter von Wildermann, Deutsch-Luxemburg, der Zechengesellschaft Mathias Stinnes, der Hugo Stinnes GmbH und des RWE als der wichtigsten Geldgeber. Die ursprüngliche Planung sah offenbar vor, die erste große Produktionsanlage in Nachbarschaft zur Friedrich Wilhelms-Hütte zu errichten, deren Gase die Prozeßenergie liefern sollten; Goldenberg trat jedoch dafür ein, einen Standort in der Nähe des Großkraftwerks im Braunkohlenrevier zu wählen, dessen Bau er schon zu diesem Zeitpunkt als zwingend erachtete. Seiner Überzeugung nach war damit sichergestellt, daß das neue Kraftwerk vom ersten Tag an mit Gewinn arbeiten und außerdem ein Beispiel für weitere stromintensive großindustrielle Anwendungen setzen würde. Die Argumente Goldenbergs setzten sich durch, und so wurde das neue Wildermann-Werk 1913 in Lülsdorf am rechten Rheinufer errichtet.[107]

Die Entwicklung des RWE war somit in den Jahren 1912–14 in ein qualitativ neues Stadium getreten, und Goldenberg skizzierte neue Horizonte für die Expansion des Unternehmens. All dies kostete jedoch viel Geld, und als 1913 die Konjunktur abflaute und die Zinsen anzogen, sah er sich gezwungen, Abstriche von den optimistischen Planungen des Jahres 1912 zu machen.[108] Die notwendigen Gelder aufzutreiben war freilich Stinnes' Aufgabe; diesen ließ sein Ziel, die Verwirklichung ehrgeiziger industrieller Vorhaben zu ermöglichen, wieder einmal keine andere Wahl, als sich an die Bankiers zu wenden. Schon 1910 hatte ein Konsortium unter Führung der Disconto-Gesellschaft die Emission von 8 Millionen Mark neuer RWE-Aktien bewerkstelligt, womit sich das Aktienkapital des Unternehmens auf 38 Millionen Mark erhöht hatte; 1911 drängte Stinnes den Aufsichtsrat angesichts einer, wie es schien, günstigen Marktlage, das vom selben Konsortium unterbreitete Angebot anzunehmen, das die Herausgabe von Industrie-Obligationen im Wert von 8 Millionen Mark vorsah, womit die Summe der im Umlauf befindlichen RWE-Obligationen auf ebenfalls 38 Millionen anwachsen würde. Zusätzlich zu diesen Kapitalaufnahmen steuerten auch die neu in das Unternehmen eingetretenen Kommunen erhebliche Kreditvolumina bei, die von 1912 an in der Bilanz separat ausgewiesen wurden und schon 1913–14 den außerordentlichen Umfang von 25 Millionen Mark erreichten.[109]

Gleichwohl ging Stinnes Anfang 1913 von einem zusätzlichen Kapitalbedarf des RWE in Höhe von 20 Millionen Mark aus. Der seit langem erwogene Verkauf der Bochum-Gelsenkirchener Straßenbahnen versprach zwar eine hübsche Summe einzubringen, doch Stinnes hatte es damit nicht eilig, stand doch die Inbetriebnahme einer neuen Linie kurz bevor, so daß mit einer hohen Dividende

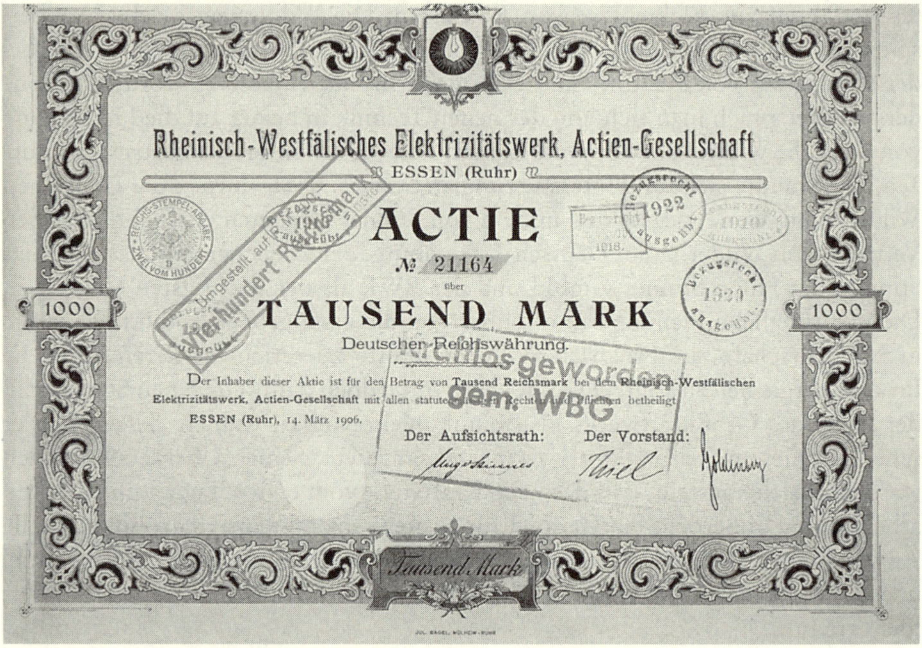

RWE-Aktie, unterzeichnet von Stinnes, Thiel und Goldenberg

zu rechnen war, die er für das RWE noch mitnehmen wollte. Während Stinnes ursprünglich geplant hatte, das Bankenkonsortium des RWE für eine Kapitalerhöhung um 7 Millionen und für die Ausgabe von Obligationen in Höhe von ebenfalls 7 Millionen zu gewinnen, beschloß er nun, diese Beträge auf jeweils 12 Millionen zu erhöhen. Das Konsortium sollte aus der Deutschen, der Darmstädter, der Dresdner Bank und der Disconto-Gesellschaft (mit Anteilen von jeweils 19,35 Prozent), aus dem Schaffhausen'schen Bankverein und der Rheinischen Bank (mit jeweils 12,6 Prozent) und der Essener Credit-Anstalt (mit einem Anteil von 10 Prozent) bestehen. Nach dem Prinzip der rotierenden Federführung war die Reihe dieses Mal an der Darmstädter Bank, die Konsortialführung zu übernehmen.[110]

Stinnes war sich im klaren darüber, daß es kein idealer Zeitpunkt war, um an die Banken heranzutreten. Die internationale politische Lage war düster, die Konjunktur am Abflauen, die Geldknappheit nahm zu. Der zweite Balkankrieg brach Anfang Februar 1913 aus, und von Klitzing ließ Stinnes im Namen seiner Kollegen im Konsortium wissen, daß man es für besser halte, mit der Transaktion zu warten, bis der Friede wiederhergestellt war. Allerdings erklärten sich die Banken bereit, vorsorglich schon einmal die Konditionen auszuhandeln; Stinnes hatte Verständnis für den Wunsch der Bankiers, den günstigsten Zeitpunkt der Ausgabe abzuwarten, doch andererseits drängte er darauf, wenigstens einen Teil des Kapitals, das er brauchte, möglichst schnell zu mobilisieren. Er versicherte, daß das RWE sich «in seinen Investierungen die allergrößte Zurückhaltung» auferlege. «Nach dem Programm würde der in Anspruch zu nehmende Kredit heute sehr viel höher sein müssen, als er ist, aber selbstredend können wir die von uns abhängigen Werke und Gegenden nicht festfahren lassen und müssen für die notwendigen Erweiterungen Sorge tragen.»[111]

Im April 1913 befand sich Stinnes mitten in einer scharfen Kontroverse mit den Berliner Bankiers. Er hatte sie darum gebeten, die von dem Konsortium betreute Obligationsanleihe nach dem Vorbild der letzten AEG-Obligationen zu gestalten, die in den ersten fünf Jahren ihrer Laufzeit mit 5 Prozent und danach mit 4,5 Prozent verzinst werden sollten. Von Klitzing wies dies mit der Begründung zurück, man habe sich dies im Fall der AEG erlauben können, weil es sich «bei den Obligationen dieser Gesellschaft um ein in Berlin außerordentlich beliebtes Papier handelt, das eigentlich in jeder Situation willige Abnehmer findet».[112] Stinnes fand dies sehr befremdlich; er sah nicht ein, weshalb AEG-Obligationen einen besseren Ruf haben sollten als RWE-Obligationen, wo doch ein so großer Teil des RWE-Kapitals im Besitz öffentlicher Körperschaften war. Nicht weniger erzürnte ihn die Behauptung der Banken, sie könnten die Obligationen nicht auf den Markt bringen, ehe nicht die RWE-Aktionäre die geplante Kapitalerhöhung genehmigt hatten, da die Berliner Zulassungsstelle der Wertpapierbörse die Ausgabe von Obligationen eines Unternehmens, dessen Anleihevolumen höher sei als sein Aktienkapital, nicht zulasse. Dagegen argumentierte Stinnes, das RWE sei so solide finanziert, daß die Ausgabe der Obligationen unabhängig von der Ausgabe der neuen Aktien genehmigt werden könne und daß die Zulassungsstelle dies auch zulassen werde, weil das RWE nachweisen könne, daß für mindestens 25 Prozent der Obligationen bereits verbindliche Kaufzusagen vorlagen. Das Zögern der Banken, die vom RWE gewünschten Transaktionen zu vollziehen, erfüllte Stinnes mit äußerstem Mißmut. Während er für ihre Forderung, sich für den Eventualfall der Mobilmachung und des Krieges ein Recht auf Rücktritt von dem Geschäft vorzubehalten, ein gewisses Verständnis hatte, sah er nicht ein, weshalb sie sich dasselbe Recht für den Fall sichern wollten, daß die preußischen Staatsanleihen unter die Schwelle von 76 Prozent des Parikurses sinken sollten. Am befremdlichsten war jedoch die Höhe der Provisionen, die das Konsortium für die geplante Emission neuer Aktien in Anschlag brachte, denn nach Stinnes' Überzeugung war diese Emission mit keinem nennenswerten Risiko verbunden, weil der größte Teil der neuen Aktien von den bereits am Unternehmen beteiligten öffentlichen Körperschaften übernommen würde, die Jahr für Jahr eine Dividende von 8 Prozent einstrichen.[113]

Von Klitzing war geneigt, Stinnes recht zu geben, was die geplante Obligationen-Emission anbetraf; doch alle anderen im Konsortium vertretenen Bankiers beharrten in allen Punkten auf ihren erklärten Vorstellungen und waren zu keinerlei Zugeständnissen bereit. Stinnes hatte offenbar keine Macht mehr, die Dinge zu steuern – er hatte, so scheint es, nicht damit gerechnet, daß die Banken so eigenwillig sein würden. Daß die Bankiers wegen der Balkan-Krise, die sich allerdings dem Ende zu nähern schien, und wegen der schlechten Konjunkturlage äußerst vorsichtig waren, konnte man ihnen nicht übelnehmen, aber es schien auch, als legten sie es darauf an, aus den Finanzierungsnöten eines der zukunftsträchtigsten deutschen Unternehmen Kapital zu schlagen. Das RWE wiederum brauchte dringend neues Geld, und Stinnes wollte es sich mit den Banken nicht verderben. Im Aufsichtsrat, der am 26. und am 30. April zusammentrat, herrschte eine äußerst giftige und ratlose Stimmung. Nach langer Diskussion wurde das Angebot der Banken, dessen Konditionen als «außerordentlich übertrieben» und «undiskutabel» bezeichnet wurden, abgelehnt. Wie Stinnes an von Klitzing berichtete, erwog der Aufsichtsrat die Ausgabe von 22 Millionen Mark neuer Aktien; er bot dem Bankenkonsortium das Recht an, diese Aktien für eine Provision in Höhe von 0,05 Prozent zu vermarkten; für den Fall, daß sie dies ablehnten, spielte er mit dem Gedanken, die Emission der Aktien entweder den Sparkassen zu übertragen oder in Eigenregie des RWE zu übernehmen. Im Aufsichtsrat wurde dann die Variante, die Obligationen von den Kommunen verbürgen und von den Sparkassen vermarkten zu lassen, ernsthaft erörtert. Es dürfte wohl kaum ein probateres Mittel gegeben haben, die Bankiers zu erschrecken, als die Drohung, an ihrer statt mit den Sparkassen, in denen sie ohnehin schon potentiell gefährliche Rivalen sahen, große Wertpapier-Transaktionen abzuwickeln. In einem von Stinnes' Briefen an von Klitzing fand sich denn auch die vielsagende Bemerkung: «Ich glaube nicht, daß die Banken durch die exorbitanten Forderungen ihren Interessen gedient haben.»[114]

Allein, von Klitzing verteidigte die Gebührensätze, die die Banken für die Emission der Aktien verlangten. Die politische Situation spielte für die Bankiers eine tragende Rolle; nach Überzeugung von Klitzings war Stinnes viel zu optimistisch, wenn er glaubte, die Kommunen und die großen industriellen Anteilseigner würden in einer Situation, in der mit der erhöhten Wahrscheinlichkeit einer Mobilmachung oder einer ernsten internationalen Krise gerechnet werden mußte, ohne weiteres zur Zeichnung der ihrer Beteiligung entsprechenden Aktienpakete bereit sein. Sie würden unter den obwaltenden Umständen vielmehr vor allem bestrebt sein, ihre Liquidität zu erhalten, was wiederum bedeute, daß für die Banken das Risiko größer sei als in normalen Zeiten.[115] Waldemar Müller von der Dresdner Bank äußerte sich noch offener über die Stimmungslage der Bankiers in der kritischen Situation des Jahres 1913:

> «Im übrigen sind wir und die anderen Banken, wie immer, auch jetzt trotz hohem Bankdiskont rentablen Geschäften durchaus zugänglich. Allerdings sehen wir zu unserem Bedauern, daß manche hervorragende Industrielle die Dienste der Banken, deren Unterstützung sie doch die Ausdehnung ihrer Unternehmungen zum Teil verdanken, wenig würdigen und, während sie doch bei ihren eigenen Geschäften auf reichlichen Nutzen halten, den Banken gegenüber nur auf Herabwirkung der üblichen Konditionen bedacht sind.»[116]

Stinnes war, wie bereits erwähnt, durchaus bestrebt, seine Beziehungen (und die des RWE) zum Bankenkonsortium nicht zu sehr abkühlen zu lassen. Der RWE-Aufsichtsrat hatte einen Ausschuß eingesetzt, der sich mit der Frage der Kapitalbeschaffung befassen sollte, und Stinnes wandte sich mit der Bitte um Herbeiführung eines Kompromisses an Thyssen, der diesem Ausschuß angehörte. Der Ausschuß beschloß schließlich, sich erneut um eine Kapitalerhöhung um 12 Millionen Mark zu bemühen und das Thema Obligationen-Anleihe ruhen zu lassen, bis die Lage auf dem Geldmarkt sich entspannte. Im Juni 1913 stimmte die Aktionärsversammlung einer Erhöhung des Aktienkapitals des RWE von 38 auf 50 Millionen Mark zu. Eine weitere Verbesserung der finanziellen Lage des RWE brachte der Verkauf der Bochum-Gelsenkirchener Straßenbahnen AG zu einem sehr guten Preis, den Stinnes seinem Bankier Klönne Anfang 1914 nicht ohne Stolz meldete. Dies war auch der Zeitpunkt, zu dem das RWE wieder wegen der besagten Obligations-Anleihe in Höhe von 12 Millionen Mark an das Konsortium herantrat, in dem die Federführung inzwischen auf die Deutsche Bank übergegangen war. Wie schon 1913, erklärte Klönne auch jetzt wieder, daß unter den obwaltenden Umständen nur ein 5prozentiges Obligationspapier auf dem Markt untergebracht werden könne, weil man «gar nicht bestimmt wissen kann, ob nicht von der einen oder anderen Seite Störungen politischer oder anderer Art kommen».[117] Er riet dem RWE, mit der Ausgabe der Obligationen zu beginnen, sobald der Geldmarkt sich auch nur ein wenig entspannte. Doch offenbar wurde die ganze Transaktion auf die lange Bank geschoben, weil sie an Dringlichkeit verloren hatte – und dann entstand im Gefolge der «Störungen», die im weiteren Verlauf des Jahres eintraten, ohnehin eine ganz neue Situation für das RWE, für Stinnes, ja für Deutschland und die ganze Welt.

V. Ein deutscher Unternehmer in einer globalen Wirtschaft

Innenpolitische Angelegenheiten und internationale Beziehungen, 1907–1914

Wie die meisten Geschäftsleute, war Stinnes kein Freund politischer Unruhen, besonders dann nicht, wenn sie seine Pläne durchkreuzten und seine Kalkulationen zunichte machten. Während es ihm tiefe Freude bereitete und ihn mit persönlichem Stolz erfüllte, zukünftige Marktentwicklungen zu antizipieren und sich immer umfangreichere Kenntnisse der nationalen und internationalen Konjunkturlage anzueignen, fühlte er sich eher unbehaglich, wenn er es mit der Politik als eigenständigem Bereich zu tun hatte, in dem andere Regeln und Werte herrschten als in der Welt des Marktes. Dennoch entwickelte er in den Jahren vor dem Krieg ein wachsendes Interesse für die Politik, was einerseits damit zusammenhing, daß er mit den politischen Problemen im Inland wie im Ausland unweigerlich konfrontiert wurde, zum anderen damit, daß er in sich die Überzeugung nährte, in politischen Angelegenheiten eine Rolle spielen zu können. Diese Rolle wurde jedoch vor dem Kriege nie genauer definiert, was im Grunde auch gar nicht notwendig war. Stinnes war nicht immer glücklich über den Verlauf, den die Dinge in Deutschland und in der Welt nahmen, aber er ging von der Annahme aus, die bestehende Ordnung werde in ihren Grundzügen erhalten bleiben und sozusagen eine natürliche Evolution durchmachen. In erster Linie mußte ihm daran gelegen sein, daß sich diese Evolution in den Bereichen, in denen er sich engagierte, in einer für die wirtschaftliche Entwicklung vorteilhaften Weise vollzog. Natürlich war sich Stinnes der Spannungen bewußt, die sich zwischen seinen eigenen Unternehmensinteressen sowie den Interessen der deutschen Wirtschaftswelt insgesamt und der politischen Entwicklung im Inland wie im Ausland auftaten, aber in seiner Vorstellung von Politik war die Beseitigung dieser Spannungen durch die Unterordnung der politischen unter die ökonomischen Interessen eine zentrale Vision. Seine Vision war weniger irrational als utopisch, und wie alle utopischen Vorstellungen war sie gefährlich und barg unendlich viele Gefahren. Vor 1914 jedoch, als die Politik noch nicht im Mittelpunkt seines Lebens stand, sondern eine eher marginale Rolle darin spielte, erschienen seine Vorstellungen im gegebenen Kontext durchaus einleuchtend und hatten den unbestreitbaren Vorzug, daß sie eher dem Frieden als dem Krieg dienten.

1. Wirtschaft und Politik und die Politik der Wirtschaft

Natürlich teilte Stinnes die feindselige Haltung der wilhelminischen bürgerlichen Gesellschaft gegen die Sozialdemokratie. Ihm war allerdings bewußt, daß die Sozialdemokratie mehr war als nur eine ideologische Verschwörung der Besitzlosen mit dem Ziel, Leute wie ihn zu enteignen. 1894 hatte er im Scherz an Cläre, mit der er zu diesem Zeitpunkt noch verlobt war, geschrieben: «Gegen Behandlung von oben herab fühle ich mich gleich als Sozialdemokrat.»[1] Aber nachdem er als einer der maßgeblichen Antreiber hervorgetreten war, die das Ruhrgebiet in Bewegung brachten und erschütterten, und in dieser Rolle die Konfrontation mit den sehr realen Herausforderungen der Arbeiterbewegung aufnahm, hatte er nur noch wenig Lust und sicherlich immer weniger Zeit und Geduld, sich mit diesem Thema auseinanderzusetzen. Jedenfalls suchte er die Schuld für die Erfolge der Sozialdemokraten bei Versäumnissen der Regierung und derjenigen politischen Kreise, mit denen er sich zusammengetan hatte, um einen schlagkräftigen Kampf gegen die Sozialisten zu führen. So ergriff Stinnes 1906 gegen Ende einer Diskussionsveranstaltung über die Mittel und Wege des Kampfes gegen die Sozialdemokraten, in deren Verlauf andere Redner zahlreiche Vorschläge gemacht hatten, das Wort und wies darauf hin, daß «ein Hauptmittel seines Erachtens nicht erwähnt worden [sei]. Ohne die Besserung und rücksichtslose Kritik alles dessen, was schlecht und faul im Staate sei, würden die staatserhaltenden Parteien gegen eine zielbewußte Umsturzpartei nichts erreichen.»[2]

Tatsächlich gab es in jenen Jahren einiges an der politischen Führung Deutschlands auszusetzen, und Stinnes, dessen Standpunkt dem des rechten Flügels der nationalliberalen Partei entsprach, beurteilte die Schwächen des «persönlichen Regiments» des Kaisers und Bülows opportunistische Einstellung zur Politik, ziemlich nüchtern. Er unterstützte nach Kräften Wilhelm Hirsch, den Abgeordneten des preußischen Landtags und zeitweise des Reichstags, der der Handelskammer Essen als Syndikus angehörte und die Interessen der Schwerindustrie in Berlin mit Nachdruck vertrat. Bei Abendgesellschaften in Hirschs Haus trafen Hugo und Cläre mit anderen Abgeordneten und führenden Persönlichkeiten aus Hochfinanz und Industrie zusammen, und obwohl Cläre sich bei solchen gesellschaftlichen Ereignissen im Kreise von ihr fremden Mächtigen und Einflußreichen eher unbehaglich fühlte, mußte sie doch zugeben, daß es interessante Menschen waren, die ihr bei diesen Anlässen begegneten, und Hugo fand immer mehr Gefallen an den dort stattfindenden politischen Diskussionen. Ende 1906 drängte er Ernst Bassermann, den Parteivorsitzenden der Nationalliberalen, deutlichere Kritik an der wankelmütigen Außenpolitik der Regierung zu üben. Er schien inzwischen die Einschätzung des Kölner Journalisten Jutzi zu teilen, daß Bülow ein völlig ungeeigneter Kanzler sei, der aus purer Liebe zur Macht an seinem Amt festhielt, und daß das «persönliche Regiment» des Kaisers verheerend sei. Dennoch nahmen Cläre und Hugo die kämpferische Antwort Dernburgs auf die Kritik des Zentrums an seiner Kolonialpolitik mit Begeisterung zur Kenntnis und unterstützten, erleichtert darüber, daß Dernburg von höchster Stelle Rückendeckung erhielt, vehement den Entschluß Bülows, mit dem Zentrum zu brechen. Sie begrüßten den «Sturm nationalen Hochgefühls»,[3] der zum Leitmotiv der Wahlen von 1907 erhoben wurde.

Sicher befürchteten sie, daß die Verluste des Zentrums die Sozialisten stärken würden, und Cläre beklagte die Unfähigkeit der Nationalliberalen, mit der gut geölten Maschinerie der Volksparteien Schritt zu halten. Sie war enttäuscht über den Beschluß der Nationalliberalen, in ihrem Wahlbezirk einen Arbeiter zur Kandidatur aufzustellen, weil sie einem Kandidaten aus gebildeteren Kreisen keine Chancen einräumten. Wie von Hugo vorausgesagt, verlor der Kandidat der Nationalliberalen trotz dieses Manövers. Aber während die Gewinne der Sozialdemokraten in ihrem Wahlbezirk Hugo und Cläre Kummer bereiteten, empfanden sie die Wahlergebnisse insgesamt, insbesondere die Verluste der Sozialisten, durchaus als ermutigendes Zeichen. Es zeige den «nationalen Parteien ... was Einigkeit fertig bringen konnte».[4] Gleichzeitig wehrte sich Stinnes entschieden dagegen, sich in politischen Fragen in irgendeiner Weise bevormunden zu lassen. Als der Bergbauliche Verein ohne vorangegangene Diskussion den Beschluß faßte, daß jedes Mitglied eine Mark pro Arbeiter in den Wahlfonds einzuzahlen habe, wies Stinnes die Bergwerksbetriebe, die zu seinem Konzern gehörten, an, die Zahlung zu verweigern.[5]

Während Hugo und Cläre über die Wahlergebnisse hoch erfreut waren, verfolgten sie mit wachsender Sorge und tiefem Unwillen die Berichte, die in den Jahren 1907 und 1908 aus Berlin kamen, besonders Maximilian Hardens Enthüllungen über den unkontrollierbaren Einfluß der Kamarilla um den Kaiser und die Rolle Philipp Eulenburgs. Cläre fand es empörend, daß der Kaiser von Menschen mit «abnormen Neigungen» umgeben war, zeigte allerdings Mitgefühl für Eulenburgs Familie und schließlich auch für den gesundheitlich schwer angeschlagenen Eulenburg selbst, denn «diese Verhandlung muß eine Quälerei sein, auch für solch hartgesottene Sünder». Durch die Affäre Eulenburg stieg Harden nur noch mehr in Hugos und Cläres Achtung: «Aber es ist und bleibt eine mutige Tat von Harden, daß er diesen Menschen nebst Freunden aus der Umgebung des Kaisers entfernte. Ihr Einfluß war böse.»[6]

Das größte Kopfzerbrechen bereitete ihnen natürlich nicht das Gefolge des Kaisers, sondern der Kaiser selbst und im weiteren Sinne der Bülow-Block aus Konservativen, Nationalliberalen und Linksliberalen. Die Daily-Telegraph-Affäre löste schließlich eine Krise aus, deren Folge die Entlassung Bülows aus dem Reichskanzleramt war. Stinnes selbst begann zu dieser Zeit, sich intensiver mit dem politischen Geschehen zu beschäftigen. Bei einem Abendessen auf Schloß Landsberg äußerte er 1908 das Bedürfnis, irgendwann einmal eine politische Rolle zu übernehmen, obwohl klar war, daß weder der Zeitpunkt noch die Umstände seinen diesbezüglichen Plänen besonders förderlich waren. Cläre bemerkte dazu: «Das hat noch Zeit, in 10 Jahren vielleicht, wenn er wirtschaftlich unabhängiger ist und die Jungens ihm Arbeit nehmen können. Reizen tut ihn diese Perspektive sicherlich, aber ‹S. M.› müßte bis dahin gelernt haben, zu schweigen in Dingen, die er nicht versteht.»[7]

Nach 1909 trat Stinnes jedoch etwas offener auf der politischen Bühne in Erscheinung. Das Auseinanderbrechen des Bülow-Blocks, Bülows Amtsverlust, die Enttäuschung der Liberalen über das Scheitern der Reichsfinanzreform, die wachsende Empörung über die Obstruktionspolitik der Konservativen, das alles verstärkte den Wunsch nach einem breiten, gemäßigt liberalen Bündnis gegen die bürgerfeindliche Politik der Agrarier. Das führte zur Gründung des Hansabundes am 12. Juni 1909.[8] Zwar wurde der Hansabund von liberalen Kräften aus Handel, Banken, Schwerindustrie und ihren Dachorganisationen ins Leben gerufen, aber an der Berliner Protestveranstaltung am 12. Juni 1909, die zur Gründung des Bundes führte, nahmen auch Vertreter des Centralverbands deutscher Industrieller teil und brachten damit ihren Unmut über den Bund der deutschen Landwirte zum Ausdruck, der seine Zustimmung zur Einführung einer Erbschaftssteuer verweigerte und gleichzeitig eine starke Besteuerung bürgerlicher Unternehmensgewinne befürwortete, was als Gefahr für die Interessen des gesamten deutschen Bürgerstandes begriffen wurde. Stinnes nahm nicht nur an der Gründungsveranstaltung im Zirkus Schumann in Berlin teil, sondern fand sich am Ende im Präsidium des Hansabundes wieder, obwohl er sich in dieser Rolle nicht uneingeschränkt wohl fühlte. An Cläre schrieb er:

> «Die Berliner verstehen sich auf die Stimmungsmache, und Handel und Industrie stehen in manchen Exemplaren an Radauton und nichtsnutzigen Unterschiebungen den Leuten vom Bund der Landwirte [in] nichts nach.
>
> Ich bin komischer Weise in das Präsidium dieses ‹Hansabundes› geraten nach dem Vorbild der Jungfrau, die ein Kind kriegt ohne Ahnung der Möglichkeit. Ich glaube daß dieser Hansabund das Blockschicksal teilen wird, wenn er nicht recht geschickt geleitet wird. Interessant war zu beobachten, wie die Reden wirkten. Schlagworte, oft ohne Bedeutung, wirken auf das Klatschpublikum am meisten.
>
> Praktisch von Interesse dürfte sein, daß sich die neue Gesellschaft ernstlicher als bisher mit Politik und Wahlen befassen soll.»[9]

Stinnes und seinen Unternehmerkollegen war natürlich daran gelegen, einen möglichst großen Einfluß in dem neugegründeten Verband geltend zu machen, aber bei all dem muß betont werden, daß er sehr darauf bedacht war, sein Engagement in vertretbaren Grenzen zu halten, und daß sein oberstes Interesse der Harmonie unter seinen Kollegen galt. Als daher der Plan gefaßt wurde, dem Hansabund eine Stiftung des Kohlensyndikats in Höhe von 60000 Mark zukommen zu lassen und Fritz Thyssen dies mit der Begründung ablehnte, der Verband vertrete nicht dieselbe politische Richtung wie er selbst, beeilte sich Stinnes, vorzuschlagen, es sollten nur diejenigen verpflichtet werden, einen proportional zum Stimmenanteil bemessenen Beitrag zu leisten, die den Hansabund unterstützten, denn «jeder Einzelne habe das Recht seine Ansicht berücksichtigt zu sehen». Tatsächlich war Thyssen der einzige, der sich weigerte, einen Beitrag zu der Stiftung zu leisten, aber Stinnes' Intervention verhinderte, daß böses Blut entstand, und wurde außerdem als versöhnliche Geste an Thyssens Adresse gewertet.[10]

Tatsächlich hatte Stinnes nicht die geringste Absicht, im Dienst das Hansabunds irgendwelche Brücken abzubrechen, solange er nicht dazu gezwungen wurde; er hoffte vielmehr ebenso wie seine Mitstreiter aus der Schwerindustrie, den Konservativen eine Lehre erteilen zu können, bevor es zum endgültigen Bruch kommen mochte. Die Industrie warf den Konservativen vor allem vor, daß sie sich gegen Maßnahmen sperrten, die für die Industrie von elementarer Bedeutung waren, und daß sie sogar den Versuch machten, die relativ sichere Position von Industrie, Handel und Banken in Preußen und dem Reich zu unterminieren. Im übrigen war Stinnes im höchsten Maße daran interessiert, Unterstützung für sein Lieblingsprojekt eines für die industriellen Arbeitgeber günstigen Arbeitsnachweisgesetzes zu finden. Ein Treffen zwischen Stinnes und Karl Stackmann, einem der Wortführer der Konservativen, das Landrat Langen im November 1909 in Köln arrangierte, schien den Erfolg dieser Taktik zu bestätigen. Cläre schrieb dazu in ihr Tagebuch:

> «Den Konservativen scheint doch der Hansabund und sein Wirken höllisch unangenehm zu sein. Hugo macht Stackmann gegenüber keinen Hehl daraus, daß seine Partei selbst Schuld sei, daß es so gekommen und hält ihm die Sünde der Konservativen vor: Kanal-Vorlage; Elektrizitätssteuer; Kohlenzoll; etc. – Sagt, sie sollten jetzt vor allem beim Arbeitsnachweis offen in ihren Organen Stellung *für* nehmen ... aber nicht so lau wie die Kreuzzeitung und zeigen, daß sie sachliche Politik treiben könnten ...»[11]

Vom Beginn des Jahres 1910 an bemühte sich Stinnes energisch um eine Verständigung zwischen den Nationalliberalen und den Konservativen, die sich für seine Mühe revanchierten, indem sie seine Berufung in den Sachverständigenausschuß des Landtags zur Überwachung der fiskalischen Zechenbetriebe unterstützten. Wichtiger noch für Stinnes war ein von Stackmann organisiertes Essen, das ihm Gelegenheit gab, mit dem Abgeordneten von Heydebrand, der als einer der einflußreichsten Führer der Deutschkonservativen auch den Beinamen «ungekrönter König von Preußen» trug, über aktuelle politische Fragen zu diskutieren. Angesichts dieser Einladung wurde sogar der Vertreter des rechten Flügels der Nationalliberalen, Hirsch, ziemlich nervös, der sie als Zeichen dafür wertete, daß Stinnes möglicherweise bereits mit einem Bein im konservativen Lager stand.[12] Wie er es zuvor mit Stackmann getan hatte, ging er mit Heydebrand die Liste der unternehmerfeindlichen Aktionen und Standpunkte durch, die dazu geführt hatten, daß die Schwerindustrie mit den Konservativen gebrochen hatte und das Lager der bürgerlichen Geschäftsleute zum Kampf gegen die Agrarverbände aufrief.

Heydebrand räumte zwar ein, daß «die Konservativen manche Dummheit gemacht haben», hielt dem aber zu ihrer Entschuldigung entgegen, sie seien häufig, wie im Fall ihres Eintretens für Kanalschleusen, die zu klein waren für Schiffe, mit denen Industriegüter transportiert wurden, einfach nicht ausreichend informiert gewesen. Diesen Einwand fand Stinnes allerdings nicht besonders überzeugend, und Cläre merkte dazu süffisant an, daß sie sich die erforderlichen Informationen sicherlich jederzeit hätten beschaffen können. Tatsache war, daß es zwar eine Reihe gemeinsamer Interessen gab, aber auch genügend grundlegende Differenzen, die eine kontinuierliche und offene Zusammenarbeit schwierig machten.

Besonders deutlich wurde dies in der Debatte um das Thema, das die Gemüter Anfang 1910 am heftigsten bewegte, nämlich die Reform des preußischen Dreiklassenwahlrechts mit seiner absurden plutokratischen Prägung. Die Konservativen wollten die Einführung geheimer Wahlen um jeden Preis verhindern, vor allem in den ostelbischen Gebieten, wo sie ein besonders starkes Wählerpotential hatten. Heydebrand teilte Stinnes unverblümt mit, «sie müßten am öffentlichen Wahlrecht festhalten, weil sie ohne Beeinflussung nicht auskämen», was nach Stinnes' Interpretation hieß, «weil sie sonst ihrer Wähler verlustig gingen». Heydebrand räumte ein, daß eine geheime Wahl im Westen Deutschlands mehr Erfolg versprechen würde als im Osten, sprach sich aber vehement gegen die Vorschläge der Nationalliberalen aus, die Heranziehung des Steueraufkommens beim Wahlrecht einzuschränken und die Wahlbezirke neu zu strukturieren. Die Nationalliberalen befürworteten diese Änderungen in der Hoffnung, dadurch die Macht des Zentrums beschneiden zu können. Heydebrand argumentierte dagegen, daß sich dies «verhängnisvoll für die Großindustrie» auswirken würde und überdies das bestehende System den Vorteil habe, daß es «die Sozialdemokratie mundtot mache, so daß kein Vertreter i. d. Landtag käme». Stinnes fand seine Argumentation überzeugend, und Heydebrand unterstrich seine Forderung nach der sogenannten blau-schwarzen Koalition im Landtag, indem er darauf hinwies, «das Zentrum verlange Beachtung und Berücksichtigung, weil es die best organisierte Partei darstelle und kraft seiner Organisation der Sozial-Demokratie Elemente fern halte, die ihr sonst verfallen seien». Mit seiner Bemerkung, daß es der «Industrie Partei» an einer angemessenen Vertretung fehle, traf Heydebrand einen weiteren wunden Punkt. Stinnes konnte ihm darin nicht widersprechen, auch wenn er nach wie vor der Meinung war, die Konservativen müßten zwangsläufig ein starkes Interesse an der Industrie haben und sich bewußt darum bemühen, deren Standpunkt zu verstehen:

> «Hugo: es fehlten Gegner, die Unrichtigkeiten sofort richtig stellen könnten, es müßten dies aber Männer sein, die selbst mitten im Wirken ständen. Aber die Konservativen selber könnten besser unterrichtet sein; wenn nur einige von der Partei wichtige Aufsichtsratsposten bekleideten, hätten diese Gelegenheit manches zu lernen und zu erfahren, was wiederum ihrer Stellungnahme in den verschiedensten Fragen zugute käme ...»

Die ganze Unterredung zeigte beispielhaft, warum alle Bemühungen um eine Wahlrechtsreform 1910 scheiterten, obwohl die Konservativen die einzigen waren, die mit dem bestehenden System zufrieden waren. Unter dem Eindruck sozialistischer Demonstrationen übten die westdeutschen Industriellen, Stinnes unter ihnen, starken Druck auf Bethmann Hollweg aus, zum Ausgleich für das angestrebte geheime Wahlverfahren das bestehende Dreiklassenwahlrecht strengeren Beschränkungen zu unterwerfen.[13] Die Bemühungen um eine Wahlrechtsreform hatten sich angesichts der vielen kontroversen Kräfte, die bestrebt waren, ihre eigenen Interessen durchzusetzen und die der anderen zu blockieren, in einer Sackgasse festgefahren. Zwar konnte die übereinstimmende Ablehnung demokratischer und sozialdemokratischer Ideen durch Leute wie Heydebrand und Stinnes ein Vorankommen in der Frage der Wahlrechtsreform verhindern, aber sie reichte nicht aus, um die Meinungsverschiedenheiten zwischen den beiden Lagern zu überbrücken. Nach seiner «interessanten Besprechung» mit Heydebrand wurde Stinnes denn auch von dem besorgten Abgeordneten Hirsch um eine ausführliche Unterredung gebeten. Hirsch befürchtete zweifellos, daß Heydebrand Stinnes mit seinen Argumenten überzeugt hatte, aber wie Cläre anmerkte: «Da kann er nun einstweilen ohne Sorge sein.» Hirschs Berichten zufolge gab es auch Stimmen im Reichstag, die meinten, Stinnes solle für die Nationalliberalen kandidieren, aber Hugo zeigte keinerlei Interesse, dem Ruf nach stärkerer direkter Einflußnahme auf das politische Geschehen durch die Industrie persönlich Folge zu leisten. Auch der Hansabund hatte bei Stinnes angefragt, ob er bereit sei, einen Sitz im Reichstag zu übernehmen, aber Cläre schrieb dazu:

> «Hugo z. Z. unmöglich; später, wenn er alle Unternehmungen in Ordnung hat und sich freier machen kann, würde es ihn sehr interessieren politisch tätig zu sein. – Unabhängige Abgeordnete kann das Reich auch wirklich gut gebrauchen und solche, die aus eigener Tätigkeit urteilen können und nicht bange sind jeden Augenblick energisch der Wahrheit die Ehre zu geben. Das könnte vor allem den hochnäsigen Konservativen gesund sein.»[14]

Für Stinnes war es weder möglich noch wünschenswert, sich eindeutig zwischen dem im Hansabund vertretenen liberalen Standpunkt und dem der Konservativen zu entscheiden, weil er weder ein Bündnis mit dem einen noch mit dem anderen Lager als echte oder notwendige Alternative betrachtete. Sein offensichtlicher Widerstand gegen alle Bestrebungen, die auf eine Blockbildung von Bassermann bis Bebel abzielten, hatte seinen Grund nicht nur in seiner Abneigung gegen die Sozialisten, sondern auch in seiner Sorge, daß ein solcher Schritt zu Mißhelligkeiten innerhalb der Schwerindustrie führen würde. Dementsprechend argumentierte er während einer nichtöffentlichen Präsidiumssitzung des Hansabundes im November 1910, in der er sich gemeinsam mit anderen Industriellen über linke Tendenzen bei den Agitationen des Hansabundes beklagte: «Der Hansabund muß sich klar über das Verhältnis zur Schwerindustrie und den sozialdemokratischen Organisationen werden. Letztere kann er nicht gleichzeitig freundlich behandeln und erstere als Mitglieder zählen. Dazu ist der Interessengegensatz in der Großindustrie vorläufig zu scharf.»[15]

Aber obwohl die Schwerindustrie eindeutig zur Rechten tendierte und Stinnes den Wunsch nach intensiverer und regelmäßiger gegenseitiger Konsultation in politischen Fragen äußerte, entwickelten sich die Beziehungen zwischen den beiden Lagern nicht gerade ermutigend.[16] Anfang März 1911 schien das Verhältnis zwischen den Interessenvertretern von Industrie und Landwirtschaft einen absoluten Tiefpunkt erreicht zu haben. Die Haltung der Konservativen zur Wahlrechtsreform und in anderen Fragen hatte sich in einem solchen Maß verhärtet, daß Stinnes den Zeitpunkt für gekommen hielt, an dem es entweder zu einer Verständigung in den strittigen Punkten oder zum Bruch kommen mußte. Fest entschlossen, den Kampf nun auszufechten, drängte er seinen Kollegen Alfred Hugenberg von der Firma Krupp, den Konservativen unmißverständlich klar zu machen, wie die Dinge lagen. Vor den entscheidenden Gesprächen schrieb er aus Berlin an Cläre: «Jedenfalls kriecht morgen die Industrie nicht den untersten Weg, und die Gewerkschaften von der Landwirtschaft werden merken, daß man wenigstens teilweise entschlossen ist, lieber links zu paktieren, als sich von der Rechten knuten zu lassen.»[17]

Am Ende erwies es sich jedoch als einfacher, die Beziehung zu den Konservativen, wenn auch noch so behelfsmäßig, zu kitten, als sich mit den Kräften zu verständigen, die im Hansabund eine Verschiebung nach links anstrebten. Im Juni 1911 erklärte eine Gruppe von Industriellen, angeführt von Kirdorf und Landrat Rötger vom Centralverband deutscher Industrieller, ihren Austritt aus dem Hansabund, ein Schritt, den Stinnes unterstützte, der aber bei weitem nicht von allen seinen Kollegen gutgeheißen wurde.[18] Die mangelnde Übereinstimmung selbst unter den Ruhrindustriellen wurde ganz deutlich, als Stinnes vor den Reichstagswahlen 1912 um die Nominierung Hirschs, der dem preußischen Landtag von 1901 bis zu seinem Tod im Jahre 1918 als Abgeordneter angehörte, für einen der nationalliberalen Sitze im Reichstag kämpfte. Stinnes versuchte, seinen Einfluß gegen einige führende Ruhrvertreter der Nationalliberalen geltend zu machen und sowohl Bassermann als auch einige örtliche Parteivertreter auf seine Seite zu bringen, scheiterte aber mit seinem Anliegen.[19] Stinnes war offenbar überzeugt, in Hirsch den idealen Vertreter für die Interessen der Industrie gefunden zu haben, teilte aber keineswegs uneingeschränkt dessen konservative Überzeugungen. Ebenso hieß die Abkehr vom Hansabund nicht, daß Stinnes sich nun nachdrücklich für ein Bündnis mit den Junkern eingesetzt hätte.

Die Auseinandersetzung, zu der es zwischen Stinnes und Hirsch in der Frage des Reichsverbandes gegen die Sozialdemokratie kam, belegt dies deutlich.[20] Der Verband, dessen Vorsitz der Konservative General Eduard von Liebert innehatte, war 1903 von Konservativen und Nationalliberalen des rechten Flügels ins Leben gerufen worden. Offenbar war er in seinen Anfangsjahren von Stinnes unterstützt worden, denn für das Jahr 1906 ist eine Zahlung von 3000 Mark an den Verband belegt. Im Juli 1911 reagierte er jedoch ablehnend auf die Einladung, dem Verband beizutreten und sich für seine Ziele einzusetzen. Hirsch war über diese Ablehnung einigermaßen erstaunt, zumal der Reichsverband während der Arbeiterunruhen in Moabit 1910, auf die wir später noch eingehen werden, Stinnes in seiner Position aktiv unterstützt hatte. Ihm war klar, daß einige Geschäftsleute innerhalb des Hansabundes, allen voran dessen Vorstandsmitglied Jakob Riesser, die Taktiken des Reichsverbandes ablehnten. Tatsächlich war der Verband in den Augen Jakob Riessers nichts anderes als ein reaktionäres Instrument gegen die Interessen des liberalen Bürgertums im Gewand einer sozialistenfeindlichen Organisation. Dennoch beschwor Hirsch Stinnes, seine Entscheidung zu überdenken und führte zur Begründung an:

> «Die Zurückhaltung unserer Industrie von all derartigen Bestrebungen ist das schlimmste Hindernis, welches der Beseitigung der Antipathien gegenüber der Industrie im Wege steht. Sie erschwert in jedem einzelnen Falle für unsereins ein erfolgreiches Eintreten. Der einzelne Industrielle, der, weil er die Verhältnisse nicht genügend übersieht oder weil er einen Beitrag von einigen hundert Mark glaubt sparen zu können, eine solche Abweisung gibt, verschlägt sich und der ganzen Industrie die Sympathien von Leuten, die im Parlament eine Rolle spielen, indem er in ihnen völlig verkehrte Anschauungen über die Opferwilligkeit der Industrie für allgemeine Zwecke hervorruft. Daß dazu in den heutigen Zeiten, wo die Industrie nach einer parlamentarischen Vertretung sucht, ohne sie finden zu können, keine Veranlassung vorliegt, bedarf keiner Erörterung.»[21]

Stinnes reagierte verärgert auf Hirschs Brief. Er hatte General Liebert und anderen führenden Vertretern der Konservativen schon lange zuvor seine Einwände gegen die politischen Strategien des Reichsverbandes mitgeteilt, und er war ebenso erbost über die Unterstellung, ihm sei daran gelegen, ein paar hundert Mark zu sparen, wie über die Annahme, daß die Position der Industrie in der Frage eines parlamentarischen Interessenvertreters durch seine Haltung in irgendeiner Weise gefährdet wurde. Dazu bemerkte er in einem Brief an Hirsch mit Bedauern: «Diese Stellung ist leider [...] bei der Regierung und bei den zurzeit maßgebenden Konservativen keine starke.» Wäre die Situation eine andere gewesen, so hätten beide nicht erst kürzlich dem Fiskus zugestanden, in den Fragen der Rheinschiffahrt «die Industrie und ihre Vertreter vollständig zu ignorieren».[22]

Hirsch nahm seine Unterstellung, für Stinnes spiele in irgendeiner Hinsicht das Sparsamkeitsmotiv eine Rolle, umgehend zurück, aber beiden Männern war klar, daß es bei den eigentlichen Differenzen zwischen ihnen um die Folgen des Bruchs mit dem Hansabund und um den Umgang mit den Konservativen und der Regierung ging. Stinnes erläuterte seinen Standpunkt in seinem ersten Antwortschreiben an Hirsch:

«Ich finde, im Gegensatz zu Ihnen, daß es an der Zeit wäre, den Konservativen, die m. E. wieder sehr übermütig geworden sind, an den Verstand zu bringen, daß die Industrie, auch trotz des Austritts aus dem Hansabund, noch nicht als geringschätzig zu behandeln ist.»

Hirsch räumte zwar ein, daß der Reichsverband seine Fehler hatte, aber in bezug auf den taktischen Aspekt der Beziehung und den Einfluß, den Stinnes' Haltung auf die parlamentarische Arbeit von Leuten wie ihm selbst hatte, war er anderer Meinung:

«Erst recht, nachdem der Bruch mit dem Hansabund erfolgt ist, müssen gute Beziehungen zu den Kreisen, die im Reichsverband und speziell dessen Vorstand vertreten sind, aufrechterhalten werden, sonst sitzen wir in kürzester Frist zwischen verschiedenen Stühlen.

Daß ich mit Ihnen bezüglich der von Ihnen beklagten Übergriffe völlig einig bin, wissen Sie! Will man solchen Vorkommnissen aber entgegenarbeiten, so kann man das, solange die Industrie nicht die Macht hat, ihren Willen einfach durchzusetzen, ausschließlich auf dem Wege tun, daß man gute persönliche Beziehungen zu den maßgebenden Faktoren in Regierung und Parlament unterhält. Damit bietet sich auch von selbst die Gelegenheit und Möglichkeit, überzeugend einzuwirken, wo man zu schwach ist, etwas zu erzwingen. So läßt sich, wenn auch nicht alles, doch manches erreichen. Und wenn die paar Leute, die sich bemühen, im Parlament dem Interesse der Industrie zu ihrem Recht zu verhelfen, hätten anders verfahren wollen, sie wären längst ohne jeden Einfluß.»[23]

Stinnes wies jedoch eine solche Geste der Unterordnung zurück:

«Ich nehme nicht an, daß ich die Verhältnisse bezüglich des Reichsverbandes nicht übersehe und daher falsch beurteile. Ich glaube, daß Sie sich irren und daß es für uns heute wichtiger ist, uns die Option nach zwei Seiten vollständig offen zu halten, als uns einseitig an Leute zu binden, die uns gewohnheitsmäßig als quantité négligeable über das Ohr zu hauen pflegen.»[24]

Aus Stinnes' Bemerkungen sprach ein beeindruckendes Maß an Selbstvertrauen und Unnachgiebigkeit, was ihn von der Schwarzmalerei und Weltuntergangsstimmung der extremen Rechten ebenso unterschied wie von der duckmäuserischen Haltung der Politiker aus dem bürgerlichen Lager, die zu ängstlich waren, um selbstsicher aufzutreten. Natürlich glaubte Stinnes an das von Bismarck eingeführte System, und dieser war auch der einzige Politiker, von dem er mit echter Hochachtung sprach. Als er 1909 anläßlich einer Unterredung mit Bethmann Hollweg erstmals einen Fuß in das Reichskanzleramt setzte, «war es ihm doch ein eigenartiges Gefühl, in den Räumen zu sein, die einst Bismarck bewohnte, wo sein gewaltiger Geist gewirkt hatte. Er sah sich alles ihn Umgebende speziell daraufhin an.»[25] Auch wenn es ansonsten keinen Hinweis darauf gibt, daß Stinnes ein besonderer Büchernarr war, die Memoiren «des bedeutendsten Mannes, den Deutschland im letzten Jahrhundert hervorgebracht hat», hatte er jedenfalls gelesen. Er fand sie «in einer meinem Geschmack vorbildlichen Sprache» geschrieben und voller «Lebensklugheit und Weitsicht».[26] Eine solche nicht gerade kritische Einschätzung Bismarcks war keineswegs untypisch für diese Zeit und die Kreise, in denen sich Stinnes bewegte – auch Kirdorf war ein glühender Verehrer des früheren Reichskanzlers. Man erhob Bismarck einfach auf das Podest des genialen Reichsgründers, des politischen Führers und Staatsmannes von überwältigender Klugheit und Energie. Stinnes jedenfalls war bereit, sich Podeste und Denkmäler für den großen Mann einiges kosten zu lassen. Im Februar 1909 ließ er in seinem eigenen Namen und im Namen seiner Mutter dem Komitee zur Errichtung eines Bismarck-Denkmals in Bingen am Rhein 10000 Mark zukommen, und im Dezember 1912 rührte er eifrig die Werbetrommel für eine ähnliche Stiftung, in die von den verschiedenen Unternehmen der Stahl- und Montanindustrie pro Beschäftigtem ein Betrag von 50 Pfennigen eingezahlt werden sollte.[27]

Während in konservativen und bürgerlichen Kreisen der Ruf nach einem neuen Bismarck immer dann laut wurde, wenn sich die Dinge in Deutschland nicht nach Wunsch entwickelten, und Bismarck auch immer wieder herhalten mußte, wenn es um Angriffe auf das Parlament und die Forderung nach einem nationalen Wirtschaftsrat auf der Basis von Interessen- und Berufsvertretungen ging, schien Stinnes in der Zeit vor dem Krieg bemerkenswert wenig von solchen Überlegungen berührt zu sein.[28] Tatsächlich richtete sich seine Hauptsorge auf die Unfähigkeit des deutschen Bürgertums, seinen Standpunkt mit Nachdruck zu vertreten, und im Gegensatz zu manchen zeitgenössischen und späteren Historikern gab er dem Bürgertum selbst und nicht Bismarck oder den preußischen Adligen die Schuld an der Schwäche und Handlungsunfähigkeit des deutschen Mittelstands. Von seinem Standpunkt aus gesehen, war der Adel gleichzeitig Vorbild und potentieller Verbündeter, während aus den Reihen der Industriellen eine neue Elite des modernen Zeitalters hervorgehen sollte. Stinnes' Haltung war keineswegs antiparlamentarisch. Er hielt im Gegenteil das Parlament für das wichtigste Forum zur Stärkung des bürgerlichen Selbstbewußtseins. Im November 1912 erläuterte er seine Ansichten in einem ausführlichen Antwortschreiben an Dr. M. Schwann, den Direktor des Rheinisch-Westfälischen Wirtschaftsarchivs, der sich nach seinem gesellschaftspolitischen Standpunkt erkundigt hatte:

> «Kämpfen Sie dafür, daß die Industrie, die Bürger ihre besten Kräfte ins Parlament schicken, sobald Zeit und Familie die Tätigkeit dort zulassen, und zwar nicht die Kräfte zweiten/dritten Ranges, sondern die maßgebenden Leute, die man vielleicht in der Bevölkerung bekämpft, denen man aber dennoch das Vertrauen entgegenbringt, zur Führung die Fähigkeit zu haben. In diesem Kampfe würde ich Ihnen gern zur Seite stehen, da nach meiner Überzeugung

dieser Weg seitens des Bürgertums beschritten werden muß, wenn es nicht seine größten Interessen vernachlässigen will.

Weil der Adel nach der Richtung hin weitsichtiger und aufopferungsfähiger, vielleicht auch herrschlustiger gewesen ist, habe ich – ich kann es nicht leugnen – für unsere Ostelbier immer eine gewisse Schwäche gehabt, genau wie mir im geschäftlichen Leben ein tüchtiger Konkurrent immer viel lieber gewesen ist, als ein fauler Schwätzer. Ich weiß, daß gerade in agrarischen, adeligen Kreisen eine wirklich erstklassige Vertretung des Bürgertums in dem Parlament nicht bekämpft, sondern mit Erleichterung begrüßt werden würde. Ich weiß aus eigener Erfahrung, daß derjenige, der unabhängig und rücksichtslos seine Meinung zum Ausdruck bringt, auch bei den zurzeit Regierenden ein offenes Ohr findet. Und weil dem so ist, bin ich auch überzeugt, daß, wenn erst das Bürgertum wirklich seine ersten Kräfte selbst zur Mitarbeit stellt, das, was Sie erreichen wollen, sofort und ohne besondere Schwierigkeiten eintreten wird.

Diese Beteiligung unseres Bürgertums an der Macht ist mir seit vielen Jahren ein Gegenstand der Sorge; aber nicht, weil ich fürchtete, daß das Bürgertum nicht seinen Anteil an der Macht bekommen könnte, sondern nur, weil dieses Bürgertum zu zurückhaltend oder zu indolent ist, um, wie der Adel, seine fähigsten Kräfte wirklich zur Verfügung zu stellen.»[29]

Man sollte dies nicht als den Ruf nach einem parlamentarischen Regierungssystem nach britischem oder französischem Vorbild und schon gar nicht nach einem demokratischen System interpretieren. Vielmehr sprach daraus die Forderung an die Adresse des Bürgertums und der Industriellen, die Möglichkeiten, die ihnen das Bismarcksche System bot, zu nutzen und ihren Interessen aggressiver und nachdrücklicher Gehör zu verschaffen. Genau betrachtet, war es ein Konzept, das die Ausweitung einer Politik der Interessengruppen, wie es die Agrarier praktizierten, auf den Bereich der Industrie zum Ziel hatte. Ein wichtiger Aspekt bei der Realisierung eines solchen Konzepts war die finanzielle Unterstützung gewogener Kandidaten für parlamentarische Vertretungen, wann immer sich die Gelegenheit bot. Als Saar-Mosel im März 1911 Stinnes in Kenntnis setzte, daß nach Ansicht des örtlichen Industrieverbandes bei den bevorstehenden Reichstagswahlen möglicherweise ein den industriellen Interessen freundlich gesonnener Kandidat gewählt werden könnte, und gleichzeitig anfragte, ob das Unternehmen für diesen Zweck vier- oder fünftausend Mark zur Verfügung stellen sollte, erklärte Stinnes sein Einverständnis, sofern wirklich Hoffnung bestand, daß ein geeigneter Kandidat gefunden werden könnte.[30]

Um eine parlamentarische Interessenvertretung der Industrie zu sichern, war es von entscheidender Bedeutung, in den politischen Gremien der Städte und Landkreise präsent zu sein. Zwar fehlte Stinnes die Zeit, für den Landtag oder den Reichstag zu kandidieren, aber er bekleidete, ebenso wie August Thyssen, in seiner Heimatgemeinde Mülheim an der Ruhr das Amt eines Stadtverordneten und wurde 1913 in den Rheinischen Provinziallandtag gewählt. Es versteht sich von selbst, daß es Stinnes und anderen Industriellen durch das preußische Wahlrecht leicht gemacht wurde, sich solche Positionen zu sichern, und als Hauptsteuerzahler ihrer Gemeinden galt ihr Interesse nicht nur den Problemen der Stadtentwicklung und Versorgung, sondern auch und vor allem dem städtischen Haushalt.[31] Gerade in Fragen der Lokal- und Regionalpolitik identifizierte Stinnes persönliche und öffentliche Interessen sehr stark miteinander und konnte dies auch deutlich zum Ausdruck bringen. Er verstand sich zwar mit dem Mülheimer Bürgermeister Lembke aufs beste, scheute sich aber auch nicht, ihn massiv unter Druck zu setzen. Als die Mülheimer Finanzbehörden Kritik an der Buchführung seiner Firma übten, reagierte Stinnes mit einem Wutausbruch und teilte Lembke mit, daß er «nicht in der Stimmung» sei, an einem Gespräch über Probleme teilzunehmen, zu deren Lösung Lembke seine Hilfe benötige,

> «...wenn mir ein Bürokrat in Verbindung mit meinen kurzsichtigen Mitbürgern trotz meiner dringenden Warnung denjenigen Teil meiner Arbeit zerstören will, der mir die größte Befriedigung gebracht hat.
>
> Es ist mir ein gewisser Gegenstand des Stolzes gewesen, daß ich eine Einzelfirma in privater Form noch einmal habe zur Geltung bringen können. Das war nur möglich durch viel Arbeit und die Inanspruchnahme großer Kredite, die mir persönlich gemacht wurden, weil ich als vorsichtig gelte.
>
> Nun verlangt man von mir eine Bilanzierungsmethode, die dem gewerbsmäßigen Börsenjobber zukommt, und die in ihrer nicht zu verdeckenden Auswirkung – z.B. bei den Stadtverordnetenwahlen – den Anschein wilden Spekulantentums hervorruft.
>
> Ich kann meine Firma nicht der Gefahr aussetzen, als Spielfirma angesehen zu werden und ich kann nicht allen meinen Geschäftsfreunden erklären, daß weltfremde Bürokraten und verständnislose Kommissionsmitglieder in Mülheim solche Streiche machen.»

Stinnes deutete die Absicht an, seine Schiffahrtsunternehmen nach Hamburg zu verlegen, «wo mich kein Steuerkommissar verfolgt», und machte auch keinen Hehl daraus, daß er, nachdem er bereits in England Erfahrung mit der Unternehmensform einer Gesellschaft mit beschränkter Haftung gemacht hatte, seine Firma in eine GmbH umwandeln könne, die Dividenden auszahlte. Damit wäre, so merkte er süffisant an, das Problem seiner Bilanzierungspraxis wohl aus der Welt geschafft, denn «dann kann die Mülheimer Steuerbehörde den schönen Erfolg verzeichnen, eine Privatfirma zerstört und Staat und Stadt um viele Steuern gebracht zu haben».[32] Natürlich war sich Lembke darüber im klaren, welche Bedeutung Stinnes für die Stadt hatte, indem er erstens unmittelbar zu ihrem Reichtum und Ansehen beitrug und zweitens ihre Interessen in den verschiedensten Bereichen vertrat.

Beispielsweise spielte Stinnes eine sehr aktive Rolle in den Handelskammern von Mülheim und Essen, die sich 1910/1911 auf Betreiben Paul Reuschs von der

Gutehoffnungshütte zusammenschlossen. Aber auch schon vor der Fusion trafen Vertreter der Handelskammern und anderer Kammern regelmäßig zum Meinungsaustausch über Fragen von gemeinsamem Interesse zusammen. Tatsächlich war Hirsch unter anderem deshalb für Stinnes der ideale Parlamentsvertreter, weil er gleichzeitig der Handelskammer als Syndikus und dem preußischen Landtag als Abgeordneter angehörte und auf diese Weise einerseits in Berlin die Interessen der Schwerindustrie vertreten und andererseits die Handelskammer ständig auf dem laufenden halten und seine Wählerschaft unter ihren Mitgliedern mobilisieren konnte. Sicher gerieten einige Interessen des Handels und anderer Wirtschaftsbereiche durch den Zusammenschluß der Kammern ins Hintertreffen, aber Stinnes stellte sich ganz offen hinter eine solche einseitige Gewichtung, da «es so viele Handelskammern gäbe, bei denen die Interessen des Handels völlig überwogen und die Industrie ganz außerordentlich zurücktrete, daß es durchaus nicht zu beklagen sei, wenn die Handelskammern im Industriebezirk wirklich den Interessen der Industrie ganz besondere Aufmerksamkeit zuwendeten».[33]

So hatte Stinnes stets leichten Zugang zu den lokalen und regionalen politischen Instanzen und übte beträchtlichen Einfluß in allen möglichen Bereichen aus, weil seine Stimme in den verschiedenen Interessenverbänden ein starkes Gewicht besaß. Er wußte durchaus, wovon er sprach, als er von der Gewißheit schrieb, bei den Regierenden Deutschlands ein offenes Ohr zu finden. Während eines Essens im Anschluß an eine Sitzung der Ruhrhandelskammern im April 1910 kam das sehr anschaulich zum Ausdruck. Eines der Vorstandsmitglieder hatte sich gerade über den günstigen Ausgang der Gesetzesänderung zur Regelung der Schiffahrtsabgaben ausgelassen und schloß daran die Bemerkung, daß sich alles so entwickelt habe, wie von Stinnes fünf Jahre zuvor auf Thyssens Schloß Landsberg vorausgesagt. Einige der Anwesenden reagierten mit Erstaunen, aber nicht so Cläre: «Stille aber emsige und zielbewußte Arbeit hinter den Kulissen ist nicht jedermanns Sache. Hugo ist darin erfahren.»[34] Sicher neigte Cläre zur Übertreibung, wenn sie über seine Effizienz auf allen möglichen Gebieten sprach, aber in bezug auf seine Handlungsstrategie hatte sie eindeutig recht. Schon im Oktober 1906 hatte Stinnes Verhandlungen mit den verantwortlichen Ministern in Berlin, allen voran dem für Verkehrsfragen zuständigen Minister Breitenbach, aufgenommen, um zu erreichen, daß die von der Rheinschiffahrt erhobenen Abgaben zur Finanzierung der für die Benutzer erforderlichen Flußregulierungsmaßnahmen verwendet wurden. Anfang 1907 gewann er einen starken Verbündeten in der Person des neuen Bürgermeisters von Straßburg, Dr. Rudolf Schwander, den er beim Ausbau des Straßburger Rheinhafens beriet und der ihn seinerseits in Fragen der Rheinregulierung unterstützte. Nachdem er von Hirsch erfahren hatte, daß es zwischen Preußen und Hessen Streitigkeiten hinsichtlich der Rheinregulierung gab, schaltete er sich persönlich als Vermittler ein, was ihm nicht schwerfiel, weil er durch die SEG über gute Verbindungen nach Darmstadt verfügte. Fest steht jedenfalls, daß Stinnes die

Gesetzgebung, wie sie sich am Ende durchsetzte, durch sein beharrliches Wirken hinter den Kulissen maßgeblich mit beeinflußt hatte.[35]

Stinnes war besonders geschickt, wenn es darum ging, die von ihm vertretenen Interessen mit scheinbar unangreifbaren technischen Argumenten zu untermauern. Beispielhaft hierfür ist die Rolle, die er in den Diskussionen um die Kanalisierung von Mosel und Saar spielte. 1900 hatten die Ruhrindustriellen das Projekt noch unterstützt, um die Kosten der Erztransporte aus Lothringen zu senken. Damals hatten sie angekündigt, ihre Transportwege in den Südwesten zu verlegen, falls die Pläne zum Bau des Kanals nicht verwirklicht werden sollten. 1906 hatte sich das Blatt jedoch gewendet. Die Ruhrindustriellen drohten nun mit einer Verlegung ihrer Aktivitäten in den Südwesten für den Fall, daß das Kanalvorhaben durchgeführt werde, weil es in ihren Augen der Stahlindustrie im Saarland und in Lothringen einen erheblichen Kostenvorteil verschaffen würde. Der Sinneswandel hatte seinen Grund in der voranschreitenden Modernisierung der Eisen- und Stahlindustrie in den drei westlichen Bezirken, Ruhrgebiet, Lothringen und Saarland, der Anwendung des Thomas-Verfahrens zur Stahlerzeugung, der zunehmenden Verwendung von schwedischem Eisenerz und der hochwertigen französischen Minette-Erze sowie der für die Ruhrindustrie vorteilhaften Entwicklung im Kanalbau. Die Stahlproduzenten aus dem Saarland und aus Lothringen, an ihrer Spitze Stumm, Röchling und de Wendel, sahen ihre Position durch die massiven Kanalisierungsmaßnahmen im Ruhrgebiet zugunsten der rheinisch-westfälischen Industrie geschwächt und forderten zum Ausgleich nachdrücklich den Bau des geplanten Mosel-Saar-Kanals. Die Ruhrindustriellen argumentierten dagegen, das Kostengleichgewicht, das gerade durch die Ruhrkanalisierung erreicht worden sei, werde durch den Bau des geforderten Kanals wieder empfindlich gestört. In dieser Debatte, die sich über Jahre hinzog und in die detaillierte technische Analysen ebenso einflossen wie von den jeweiligen Interessen geprägte Behauptungen, spielte Stinnes als Sprecher der Ruhrindustriellen eine exponierte Rolle. Besonders erfolgreich behauptete er seine Position in Debatten, die ihm die Möglichkeit gaben, technische Argumentationen mit leidenschaftlich vorgetragenen Forderungen zu verbinden, die den Eindruck erwecken konnten, daß er die Interessen seiner Gegenspieler besser durchschaute als diese selbst. So warf er ein Argument in die Debatte, das alle in Erstaunen versetzte: Er erklärte, daß sich das Kanalisierungsprojekt nur bezahlt machen würde, solange Lothringen vom Ruhrkoks abhängig sei, daß aber nach der Entdeckung größerer Kohlevorkommen in Lothringen, die für die Koksgewinnung geeignet waren, der Koks dort erzeugt und das ganze Projekt damit unrentabel werden würde. Der Widerstand der Ruhrindustriellen, der in Essen und in Berlin vor allem durch Hirsch vertreten wurde, sowie die Befürchtung des Ministeriums, Einkünfte aus dem Schienentransport zu verlieren – ein Aspekt, der sich bequem hinter den Argumenten der Ruhrindustrie verbergen ließ –, veranlaßten die Regierenden, sich in dieser Frage zögerlich zu verhalten, und gegen Mitte des Jahres 1910 schien sich das Staatsministerium gegen das Projekt entschieden zu haben und nunmehr die von den Ruhrindustriellen geforderte Kanalisierung der Mosel zu befürworten.[36]

1910 erhielt das Moselprojekt jedoch plötzlich wieder neuen Auftrieb, so daß die Ruhrindustriellen erneut mobilisiert werden mußten. Die Art, wie dies geschah, wirft ein interessantes Licht auf die politischen Eigenheiten des Kaiserreichs. Cläre kommentierte die Vorgänge in ihrem Tagebuch so:

> «Syndikus Hirsch berichtet, daß es mit dem Moselkanal nun doch wohl ernst werden würde. Die Herren von der Mosel sind erneut an S. M. herangetreten, und wie es scheint, mit Erfolg, obwohl und nachdem das Staatsministerium in ablehnender Haltung zu dem Projekt Stellung genommen hatte. Man ist sich nunmehr nicht klar darüber, welche Schritte nun eingeschlagen werden müssen. Es war Hugo nahegelegt, mit von Krupp-Bohlen Gleiches zu tun und nun ihrerseits auch S. M. zu bearbeiten. – Andere Unterhändler werden nicht in Vorschlag gebracht; das ist immerhin bezeichnend. Persönliche Beziehungen und Sachkenntnis vereinigt! Das verspräche den rechten Erfolg. – Bei späterer Beratung der gleichen Angelegenheit in Essen mit den Herren Krupp und auf Wunsch auch Kirdorf sind alle der Ansicht (dahin lautete von vornherein mein Urteil), daß es in einem konstitutionellen Staate kläglich sei, einen solchen Weg zu gehen. Es wird hingegen beschlossen, an das Staatsministerium heran zu treten mit dem Ersuchen, Mitteilung zu machen, sobald es den Anschein habe, daß die Moselinteressen ernstlich Erfolg hätten und dann Gelegenheit zu geben, auch an erster Stelle seine Ansicht zum Ausdruck zu bringen. Die Zeit der Kieler Woche, wenn auch nicht unbedingt eine gute Gelegenheit, wird als geeignet bezeichnet, Krupp von Bohlen die Möglichkeit zu geben zu solcher Aussprache. – Sie soll denn auch von diesem späterhin wahrgenommen worden sein.»[37]

Die Bemühungen der Moselkanal-Befürworter verliefen schließlich im Sande, aber die ganze Episode ist deshalb so aufschlußreich, weil sie zeigt, wie sehr Stinnes und seinen Kollegen die Berufung auf das «persönliche Regiment» mißfiel. Obwohl ihnen klar war, daß Krupp von Bohlen und Halbach eine besondere Beziehung zum Kaiser unterhielt und sicherlich nichts dagegen hatte, diese zu seinem Vorteil zu nutzen, setzten sie beharrlich auf die konstitutionellen Kräfte des Staates und zogen es vor, ihre Interessen mit Hilfe der Ministerien und parlamentarischen Gremien durchzusetzen, anstatt sich von den unberechenbaren kaiserlichen Launen abhängig zu machen. Ihre Interessen und Konflikte waren komplex genug, ebenso wie die Schwierigkeiten, mit denen sie sich konfrontiert sahen.

Dies galt in besonderem Maße für die Beziehung zwischen Arbeiterschaft und Unternehmern. Den Arbeitgebern waren die negative Presse und die Feindseligkeit, die ihnen 1905 sowohl aus der Öffentlichkeit als auch seitens der Regierung entgegengeschlagen waren, eine bittere Lehre gewesen. Die Folge war, daß Zechenbesitzer und Arbeitgeber im allgemeinen in den Jahren darauf militanter wurden und sich effektiver organisierten. Einige von ihnen, und hier rangiert Stinnes an vorderster Stelle, entwickelten auch subtilere, differenziertere und flexiblere Strategien.

Einerseits bestärkte Stinnes die Zechenbesitzer darin, eine schlagkräftigere Organisation zu bilden, die in der Lage war, der Arbeiterschaft im Falle von Streiks und Machtproben Paroli zu bieten. Andererseits lehnte er die rigiden Methoden der alten Garde im Bergbauverein ab und beklagte die Disziplinlosigkeit und Egozentrik, die unter dessen führenden Vertretern herrschte. Er hatte mit Erleichterung reagiert, als Bergrat Krabler 1905 nach dem Streit um die Aufhebung der unhaltbaren Beschränkungen beim Wechsel von Arbeitskräften zwischen Zechenbetrieben zurückgetreten war, konnte sich aber auch mit seinem Nachfolger, Eduard Kleine, nicht recht anfreunden. Stinnes und Kirdorf hatten den Kampf gegen die Beschränkungen angeführt und waren darin von Konrad Engel, dem Geschäftsführer des Bergbauvereins, unterstützt worden. In einem mehr oder weniger offen geführten Vergeltungsschlag wurde Engel Anfang 1906 gegen den Widerstand von Stinnes und Kirdorf aus dem Amt gedrängt. Während Cläre und Hugo Stinnes vor allem empört darüber waren, daß man Engel nach Jahren aufopfernder Arbeit für den Verein eine solche Behandlung zukommen ließ, sah Kirdorf in Engels Entlassung einen in Wirklichkeit gegen seine eigene Person gerichteten Racheakt und drohte damit, sein Amt im Kohlensyndikat niederzulegen:

> «Ich kann mit Leuten wie Krabler, Kleine, Müser neben mir die Führung im Kohlensyndikat nicht behalten, stehe überhaupt unter dem Eindruck, daß Engel das Opfer des Gegensatzes zwischen Krabler und mir ist, weil er sich entschieden zu mir bekannte. Von dem Eindruck kann ich nicht fort; ich bin überzeugt, daß sich bei Muser und Krabler eine große Erbitterung gegen mich angehäuft hat. Weil ich so vielfach als führende Person im Bergbau hingestellt bin, weil neben Ihrem und Thyssens Namen nur der meinige genannt wird.»[38]

Cläres Aufzeichnungen zufolge fiel es Kirdorf sehr schwer, mit persönlichen Konflikten dieser Art umzugehen, aber Stinnes konnte ihn schließlich beschwichtigen und bewegen, den Vorsitz des Kohlensyndikats für eine weitere Amtszeit zu übernehmen.

Das unerquickliche Spektakel um die Entlassung Engels, das symptomatisch war für die persönlichen Animositäten und eine gewisse geographische Spaltung zwischen den Zechenbesitzern aus der Dortmunder Region, die ausnahmslos gegen Engel waren, und denen aus dem Raum Gelsenkirchen und Essen, gibt auch Aufschluß über die Schwierigkeiten, mit denen die Montanindustrie im Vergleich zu anderen Industriezweigen dieser Zeit bei der Bildung eines eigenen Arbeitgeberverbandes zu kämpfen hatte. Die einzelnen Zechenbesitzer präsentierten und fühlten sich als Industriebarone. Engel setzte, ebenso wie Kirdorf und Stinnes, auf Modernisierung und hatte sich 1905 für die Bildung einer Arbeitgebervereinigung stark gemacht, die sozialpolitische Entscheidungen unabhängig vom Bergbauverein traf, während dieser für die wirtschaftspolitischen Fragen der Kohlenindustrie zuständig sein sollte. Ein Streik-Ausstand-Verband war 1905 bereits gegründet worden, aber Pläne, daraus eine echte Arbeitgebervereinigung zu machen, wurden erst 1908 mit der Gründung des Zechenverbandes verwirklicht. Stinnes, der zu den aktivsten Begründern des Verbandes gehörte, hatte gehofft, eine vom Bergbauverein unabhängige Organisation etablieren zu können, aber es gelang ihm nicht, seine Kollegen von der Notwendigkeit eines solchen Schrittes zu überzeugen. Wesentlich erfolgreicher war er mit seinen Bemühungen, den größeren Bergwerkskonzernen in dem neuen Verband eine Vorrangstellung zu sichern.[39]

So wie Stinnes und Kirdorf 1905 mit Krabler um die formalen Beschränkungen des Arbeitsplatzwechsels gestritten hatten, kam es drei Jahre später zu erbitterten Auseinandersetzungen mit Kleine wegen der geheimen schwarzen Listen, die zu dem Zweck angelegt wurden, die Arbeitskräfte-Fluktuation gering zu halten und streikende Beschäftigte zu bestrafen. In den Jahren 1908 und 1909 enthielten diese Listen bereits Tausende von Namen. Die Willkür dieser Praxis und die Tatsache, daß untergeordnete Beamte Arbeiter auf die Liste setzen konnten, ohne Gründe dafür zu nennen oder den Betroffenen Gelegenheit zum Einspruch zu geben, stieß im Reichstag auf erhebliche Kritik und beschwor die Gefahr einer staatlichen Intervention herauf. Kleine und seine Anhänger wollten an der Praxis festhalten, doch Stinnes gab zu bedenken, es seien «bei der Führung dieser Listen unerhörte Mißstände festgestellt [worden], die, würden sie bekannt, ihnen allen unbequem würden».[40] Der Staat selbst hatte keinerlei Interesse daran, gegen die Unternehmer vorzugehen, und Bethmann Hollweg, der Anfang 1909 noch das Amt des preußischen Innenministers innehatte, drängte Stinnes höchstpersönlich, sich dafür einzusetzen, daß die Arbeitgeber anstelle der immer unerträglicher werdenden Praxis der schwarzen Listen einen Arbeitsnachweis einführten. Stinnes, Kirdorf, Paul Randebrock von der GBAG, der Ende 1908 die Nachfolge von Kleine als Vorsitzender des Zechenverbandes übernommen hatte, sowie Hans von und zu Löwenstein, der Geschäftsführer des Zechenverbandes, waren einmütig bereit, diesem überaus sinnvollen Ratschlag Folge zu leisten, denn sie sahen darin «das einzige Mittel, um im Falle von Streik etc. den Arbeiterorganisationen entgegenzutreten». Es würde ihnen nicht nur eine formale Handhabe gegen Vertragsbrüche geben, sondern auch dazu beitragen, die Arbeiterfluktuation in Grenzen zu halten und den Vorwurf der Willkür zu entkräften. In aller Eile wurde eine Gesetzesvorlage entworfen, die tatsächlich einige der schlimmsten Auswüchse der bisherigen Praxis der schwarzen Listen abmilderte. So durften Arbeiter, die ihre Stellung ohne vorherige Ankündigung aufgaben, statt bisher erst nach einer Frist von sechs Monaten, nun nach zwei Wochen wieder eingestellt werden. Für Streikende galt dagegen weiterhin eine Einstellungssperre von drei Monaten.

Auch die Gewerkschaften befürworteten Arbeitsnachweise, forderten aber, daß eine solche Regelung auf paritätischer Basis zwischen Arbeitgebern und

Beschäftigten ausgehandelt werden müsse, so daß ein Gleichgewicht der Kräfte garantiert sei. Um dieselbe Zeit stellte die Regierung Überlegungen zur Schaffung eines Arbeitsvermittlungsgesetzes an. Aus diesem Grund hielt es Stinnes für ganz besonders wichtig, sich die Unterstützung höchster Kreise in Berlin für die Einführung eines Arbeitsnachweises im Bergbau zu sichern. Anfang Oktober suchte er um eine persönliche Unterredung mit dem neuen Reichskanzler Bethmann Hollweg nach, um sich zu vergewissern, daß dieser nach wie vor hinter dem Plan stand, für den er sich wenige Monate zuvor noch stark gemacht hatte. Zuerst versuchte der Leiter des Reichskanzleramts, Wahnschaffe, Stinnes an Bethmanns Nachfolger im Innenministerium, Clemens von Delbrück, zu verweisen, der nach Bethmanns Ansicht der zuständige Adressat für ein solches Anliegen war. Stinnes machte ihn jedoch darauf aufmerksam, daß das Einbringen einer solchen Gesetzesvorlage Sache des Vorstands des Bergbauvereins sei und daß Kleine entschieden gegen den von Stinnes empfohlenen Entwurf war. Anschließend legte er seine Karten offen auf den Tisch:

«Herr von Bethmann, mit dem er seiner Zeit den Plan eines Arbeitsnachweises besprochen habe, habe sich sehr dafür interessiert und den Wunsch ausgesprochen, Fühlung zu haben mit der Industrie. Er hätte das für richtig gehalten, denn wo naturgemäß oft verschiedene Interessen seien, seien auch Gegensätze, aber je mehr man durch ‹Fühlung›, durch Meinungsaustausch einer des anderen Ideen kennen lerne, je leichter ließen sich Gegensätze mildern, was der Gesamtheit dann zugute käme etc. Ihn interessiere die Meinung des Herrn von Bethmann, Sozialpolitiker und außerdem Reichskanzler, privatim kennen zu lernen und dadurch eventuelle Schwierigkeiten im Entwurf nach Möglichkeit zu beseitigen. Wahnschaffe warf zwischendurch ein: ‹Sie wünschen also eigentlich nicht den Reichskanzler zu sprechen, sondern Herrn von Bethmann?› ‹Jawohl, Herrn von Bethmann›, dieser Herr habe seiner Zeit gewünscht, Fühlung zu haben. Wenn er sich jetzt drücke, so nähme er das nicht übel, würde ihn aber niemals wieder fragen. – Ein äußerst erstauntes Gesicht war hierauf die Antwort.»[41]

Das Gespräch zwischen Wahnschaffe und Stinnes zog sich offensichtlich noch eine weitere Stunde hin und endete mit Wahnschaffes Versicherung, daß er alles in seiner Macht stehende tun wolle, um ein persönliches Treffen mit dem Kanzler in die Wege zu leiten. Die Unterredung fand am darauffolgenden Abend statt, und sie scheint einen zufriedenstellenden Verlauf genommen zu haben, denn Cläre schrieb dazu:

«Er fand ihn unverändert wieder, einfach und liebenswürdig und nur im einfachen Straßenanzug. Er bat Hugo, obwohl ihm Wahnschaffe berichtete, ihm nochmals die ganze Angelegenheit vorzutragen. Das geschah. Er schien außerordentlich erstaunt, daß die ganze Angelegenheit schon so weit vorbereitet war, vom Frühjahr bis Herbst desselben Jahres, mit fertigen Statuten, daß dies nunmehr in kürzester Frist in Ausführung gebracht werden könnte. Er betonte wiederholt, ‹der Schritt sei ganz enorm, kolossal, etc.› Im übrigen meinte er zur Sache, daß er nach wie vor den Standpunkt vertrete, daß die Regierung keinesfalls durch Gesetz einen paritätischen Arbeitsnachweis einführen würde. (Dies zu wissen, war besonders wertvoll.) Als Fortschritt erkannte er ferner die Möglichkeit an, die Verleitung zum Kontraktbruch in den landwirtschaftlichen Betrieben zu verhindern. Das deckt sich mit Hugos Ansichten, nach denen es ein grober Unfug ist, gerade speziell zur Erntezeit dem Landmann seine Leute fortzunehmen. Von Bethmann schien die ganze Angelegenheit sehr zu interessieren, er ließ sich alles genau berichten, meinte, es sei gegenüber den ‹schwarzen Listen› (die nun ja in Fortfall kommen) ein großer Vorzug, daß die Sperrfrist von 6 Monaten auf 2 Wochen heruntergesetzt sei, und daß die Kontrolle in den Händen unparteiischer Persönlichkeiten läge.

Hugo hatte nicht lange Zeit, weil er nachts nach Stuttgart weiter mußte, verabschiedete sich nach etwa $^1/_2$-stündiger Unterredung. Bethmann brachte ihn noch zur letzten Türe und bedankte sich fürs Kommen, was wohl nicht nur Phrase war.

Das Zusammenkommen mit dem ihm sympathischen Mann war Hugo sehr angenehm gewesen, speziell angenehm auch, weil er nun wußte, daß von Bethmann heute noch dieselbe Ansicht vertrat wie s. Z. im Frühjahr, freilich bat er von dieser Ansicht keinen Gebrauch machen zu wollen, vielmehr seine Äußerungen als unter Diskretion zu betrachten.»[42]

Dieses Gespräch war tatsächlich sehr aufschlußreich und zeigte beispielhaft sowohl Stinnes' offensives Geschick bei der Durchsetzung seiner Interessen auf höchster Regierungsebene als auch Bethmanns Wunsch nach den bestmöglichen Beziehungen zu den mächtigen Spitzenvertretern der Ruhrindustrie. In diesem Fall ging es Stinnes eigentlich nicht darum, Bethmann und die Regierungsbeamten in Berlin von seiner Sache zu überzeugen, sondern seine oppositionellen Kollegen aus der Direktion des Zechenverbandes auf seine Seite zu bringen, bevor am 12. Oktober eine endgültige Entscheidung über den Entwurf des Arbeitsnachweisgesetzes getroffen wurde. Kirdorf verglich diesen Schritt in seiner Bedeutung mit der Gründung des Kohlensyndikats, mußte aber dreimal zur Wahl aufrufen, bevor Kleine bereit war, sich dem Votum der Mehrheit zu unterwerfen. Die Debatte, in der es nicht an persönlichen Angriffen und Beleidigungen fehlte, zeigte einmal mehr die tiefe Kluft, die das Lager der führenden Bergbauindustriellen spaltete. Stinnes wurde vorgeworfen, daß er bei seinem starken Engagement für das Arbeitsvermittlungsprojekt vor allem seine eigenen Interessen als Betreiber von Hüttenzechen im Auge habe. Er konterte dies mit dem Hinweis, daß er seine höchsten Förderquoten in den reinen Zechenbetrieben zu verzeichnen hatte und daß die Hüttenzechen in konjunkturstarken Zeiten mehr Arbeitskräfte an sich zu ziehen in der Lage wären, weil sie ohne den Arbeitsnachweis höhere Gewinne erzielen konnten. Dagegen würden in den reinen Zechenbetrieben die Überschüsse aus höheren Preisen fast gänzlich von den Lohnkosten geschluckt, so daß sie im Wettlauf um die Arbeitskräfte gegenüber den Hüttenzechen leicht den kürzeren ziehen würden.

Stinnes fand die ganze Debatte höchst unerfreulich. Sie bestärkte ihn nur in seiner Überzeugung, daß es richtig war, Bergbauverein und Zechenverband voneinander zu trennen, damit letzterer, der ja als Kampforgan der Arbeitgeber konzipiert war, nicht zum Austragungsort der internen Streitigkeiten seiner Mitglieder wurde. Gemeinsam mit Kirdorf verhinderte er zwar mit allen ihm zur Verfügung stehenden Mitteln, daß Kleine im Zusammenhang mit der Debatte um den Arbeitsnachweis sein Amt niederlegte, betrieb andererseits aber mit Macht dessen Rücktritt aus Altersgründen, damit ein ihm genehmerer Mann den Vorstandsposten übernehmen konnte. Als wichtigsten Erfolg verbuchten Stinnes und seine Verbündeten die Annahme ihres Statutenentwurfs zum Arbeitsnachweis und dessen ungekürzte Veröffentlichung, entgegen der Empfehlung einiger Opponenten, den Entwurf nur in Auszügen der Öffentlichkeit bekanntzugeben, was den Sozialdemokraten und anderen Kritikern die Möglichkeit gegeben hätte, seine Stoßrichtung verfälscht darzustellen.[43]

Der Arbeitsnachweis erfüllte zwar nicht die Forderung der Gewerkschaften nach Parität, erwies sich aber als transparentere Methode und effektiveres Instrument zur Bewältigung des Beschäftigungsproblems. Eine solche Rationalisierung des Arbeitsmarktes war Stinnes' oberstes Anliegen in der Frage des Arbeitsnachweises, und es muß an dieser Stelle angemerkt werden, daß die Maßnahme nicht nur als Waffe gegen streikende Arbeiter diente, sondern auch – ungeachtet seiner wohlwollenden Äußerungen über die Interessen der Landwirtschaft Bethmann gegenüber – als ein Instrument in der Auseinandersetzung mit den Agrariern:

> «Mit dem Arbeitsnachweis ist ein Mittel gegeben, den Boykott einzelner Zechen zu verhindern, indem Arbeiter solcher Zechen keine Arbeit anderwärts zugewiesen erhalten. In normalen Zeiten verhindert der Arbeitsnachweis den Kontraktbruch, indem nur Arbeiter, die ordnungsgemäß gekündigt haben, an eine andere Arbeitsstelle verwiesen werden.
>
> Weiter ermöglicht der Arbeitsnachweis, da ihm die Arbeiteranwerbung im ganzen Reich zugewiesen ist, für Ausgleich von Angebot und Nachfrage von Arbeitern zu sorgen, und durch geringste Organisation der Auswertung in den landwirtschaftlichen Betrieben dort den Kontraktbruch zu vermeiden. Es ist deshalb auch ein hervorragendes Mittel für oder gegen die Agrarier, die man schonen oder schädigen kann je nach dem Verhalten. Vom polizeilichen Standpunkt ist der Nachweis die wirksamste Kontrolle für die einströmende fremde Arbeiterschaft.»[44]

Stinnes bemühte sich beharrlich darum, die Entscheidungsfreiheit der Direktoren in seinen Zechen und Betrieben aufrechtzuerhalten und sich der Einführung von Tarifverträgen mit den Gewerkschaften zu widersetzen. Sein Einsatz für den

Arbeitsnachweis zeigt aber auch, daß er die Schwierigkeiten der Kohlenindustrie und die Instabilität des Arbeitsmarkts in der Schwerindustrie sehr realistisch einschätzte. Die Aussperrung von Arbeitern erwies sich in der Schwerindustrie als stumpfe Waffe; zum einen, weil es schwierig war, neue Arbeitskräfte zu gewinnen, zum anderen, weil die Arbeiterschaft in der Eisen- und Stahlindustrie weitgehend unorganisiert war, weil eine branchenweite Solidarisierung der Arbeitgeber Probleme aufwarf und weil die Gefahr bestand, daß die unorganisierten Arbeiter in die Arme der Bergarbeitergewerkschaften getrieben wurden. Die schwarzen Listen hatten unzählige Schwächen offenbart. Darum sah Stinnes im Arbeitsnachweis das einzig brauchbare Instrument, das den Arbeitgebern noch zur Verfügung stand, um die Arbeitsmarktprobleme in der Kohlenindustrie zu bewältigen, und das war gleichzeitig die fortschrittlichste Lösung.[45]

Stinnes hielt nichts von einer patriarchalischen Unternehmenspolitik. Als einer seiner Direktoren den Vorschlag machte, einen bestimmten Prozentsatz der Löhne als Sparrücklage für die Arbeiter einzubehalten, bestritt er zwar nicht, daß eine solche Maßnahme zum Wohle der Beschäftigten wäre, wies den Plan aber dennoch entschieden zurück: «Ich halte denselben ... für undurchführbar, da die Arbeiterschaft sich die Bevormundung in der Verwaltung ihrer Ersparnisse nicht gefallen lassen wird. Die Wohltat, die man gewähren will, würde als Plage empfunden werden.»[46] Auch setzte er im Gegensatz zu Thyssen wenig Vertrauen in die Religion als Opium fürs Volk. Auf Thyssens Vorschlag, in Karlingen eine katholische Kirche zu bauen, weil die Mehrzahl der Arbeiter dort katholisch war und so ermutigt werden würde, sich bei Saar-Mosel zu verdingen, reagierte Stinnes nicht eben mit Begeisterung, zumal ein Teil des benötigten Geldes nicht von den mit geringen Profiten arbeitenden Saar-Mosel-Werken, sondern von Deutsch-Luxemburg aufgebracht werden sollte: «Den Einflüssen der Geistlichkeit auf die Arbeiter stehe ich skeptisch gegenüber. Es kommt ganz auf die Persönlichkeit des betrf. Geistlichen an; wir haben im hiesigen Bezirke mit evangelischen und katholischen Geistlichen z.T. ganz schlechte Erfahrungen gemacht.»[47]

Auch Stinnes' Wohnungsbaupolitik in seinen Zechen- und Fabrikbezirken war keine Wohlfahrtsmaßnahme, sondern sie diente der Sicherung und Gewinnung von Arbeitskräften für seine Betriebe. Das galt besonders für Differdingen und Saar-Mosel, wo zahlreiche auswärtige Arbeitskräfte eingestellt werden mußten und die Fluktuationsrate extrem hoch war. Es war nicht leicht, die richtigen Entscheidungen zu treffen. Bei Saar-Mosel standen 153 Arbeiterwohnungen leer, weil es die dort beschäftigten Bergleute aus Ungarn und Siebenbürgen vorzogen, mit der Lokalbahn zur Arbeit zu fahren. Auf Flakes Vorschlag, mehr Geld in den Ausbau der Schienenwege zu investieren, reagierte Stinnes eher zögernd, weil er im Bau neuer Schienenverbindungen allein keine Lösung des Problems sah: «Die anderen Gruben werden in diesen Zeiten, wenn wir ihnen Arbeiter wegziehen, die Arbeiter durch höhere Löhne zu halten suchen, und es wird eine übermäßig starke Lohnsteigerung stattfinden, wenn nicht gleichzeitig durch Bau neuer Wohnungen die Möglichkeit gegeben wird, Arbeitskräfte von auswärts herbeizuziehen.»[48] Man entschloß sich daher, die Wohnsiedlung in Merlenbach bei Karlingen zu erweitern, wobei nach Stinnes' Vorgabe die Anlagen großzügiger gebaut werden sollten als die kleinräumigen Häuser, wie sie für die älteren Arbeitersiedlungen der Zeche Mathias Stinnes im Ruhrgebiet typisch waren. Es entstanden teurere Zweifamilienhäuser mit größeren Räumen, die unter den Arbeitern bald sehr begehrt waren. Stinnes drängte Saar-Mosel, dem Beispiel zu folgen: «Die Wohnungen sollen auf fremden Zuzug einwirken, so daß der Mehrpreis nicht ohne Vorteil aufgewendet ist.»[49] Natürlich galt Stinnes' oberstes Interesse der Optimierung von Produktion und Gewinnen, und dieses Ziel war angesichts der problematischen Arbeitsmarktlage nur schwer zu verwirklichen. Im September 1906 wies Flake, in den Stinnes allergrößtes Vertrauen setzte, darauf hin, daß die angestrebten Produktionsziele nur zu erreichen waren, wenn die Zechen über gut ausgebildetes Personal verfügten.

Dies sei aber, «leider nicht der Fall, denn der Zuzug besteht fast nur aus Ungarn, die zum Teil nur kurze Zeit als Hauer tätig gewesen sind und die im übrigen aber auch in moralischer Beziehung viel zu wünschen übrig lassen. Wenn auch hin und wieder ein guter Arbeiter dazwischen ist, so sind es doch meistens schlechte Elemente, die bei möglichst geringer Leistung einen hohen Lohn verdienen wollen und denen es gar nicht darauf ankommt, nach den Löhnungstagen mehrere Schichten zu feiern. Dazu kommt noch, daß die meisten Ausländer gar nicht die Absicht haben, sich hier seßhaft zu machen und deshalb nach kürzerer oder längerer Zeit, stellenweise unter Kontraktbruch, wieder hier abkehren, um in anderen Bergbaurevieren das gleiche Manöver zu wiederholen.»[50]

Tatsache war, daß sich die Arbeitsplätze bei Saar-Mosel keiner großen Beliebtheit erfreuten und die Bergleute hier, selbst wenn sie besser bezahlt wurden als in Westfalen, schlechtere Arbeit leisteten. Im übrigen passierte es häufig, daß ausländische und westfälische Bergleute, die sich bei Saar-Mosel anheuern ließen, nach kurzer Zeit ihr Bündel packten und verschwanden, ohne auch nur ihre Schulden zu bezahlen. Die einheimischen saarländischen Bergleute waren verläßlichere Arbeitskräfte, und daher war es nicht leicht, sie von den Zechen abzuwerben, in denen sie angestellt waren. Saar-Mosel bemühte sich, andere Zechen zu der Zusage zu bewegen, daß sie keine Arbeiter einstellten, die Saar-Mosel ohne reguläre Kündigung verlassen hatten. Darüber hinaus sollten Anwerber, die zu einem solchen Verhalten ermutigten, von den Behörden mit Strafen bedroht werden. Gleichzeitig schickte Saar-Mosel aber selbst Leute aus mit dem Auftrag, westfälische Bergleute anzuwerben. Stinnes unterstützte dieses Verhalten, war sich dabei aber durchaus bewußt, daß seine Interessen in Karlingen nicht mit seinen Verpflichtungen in Essen vereinbar waren. An die Saar-Mosel-Direktoren schrieb er: «Ich will hoffen, daß Ihre Mühe nicht vergebens ist. Nur kann ich natürlich nicht zu Ihren Gunsten hier intervenieren, wenn den hiesigen Zechen oder dem Bergbaulichen Verein Schriftstücke von Ihnen in die Hände geraten, aus denen sich ergibt, daß Sie hier dasselbe tun, wogegen Sie dort geschützt sein wollen.»[51]

Diese Zeilen wurden im Juni 1907 geschrieben; ein Jahr später hielt Cläre in ihrem Tagebuch fest, daß Saar-Mosel bei potentiellen Investoren im Kurs stieg, daß die schlimmsten Jahre vorüber zu sein schienen und daß «nur die Arbeiterverhältnisse die Entwicklung hemmend beeinflussen». Vor dem Hintergrund einer solchen Perspektive konnte sie feststellen: «Treten nicht unvorhergesehene Ereignisse ein, geht Saar und Mosel einer glänzenden Zukunft entgegen.»[52] Natürlich gab es auch eine andere Sichtweise. Sie wurde in einem ausführlichen Artikel zum Ausdruck gebracht, der im Dezember 1908 in der Zeitschrift der Freien Gewerkschaften erschien und sich mit den Bergarbeiterstreiks in Lothringen befaßte:

> «Die Grube ‹Saar und Mosel›, von einer französischen Gesellschaft angelegt, wurde Ende der neunziger Jahre durch Stinnes angekauft und unterirdisch wie über Tage vollständig umgekrempelt. Wo ehedem alte, primitive Förderhütten mit kleinen altersschwachen Maschinen standen, erheben sich heute stolze Riesenhallen mit den neuesten, schwersten und modernsten Maschinen, und an die großartigen Schachtanlagen reihen sich Riesenkolonien, ganze Sklavendörfer, durch welche die Macht und finanzielle Leistungsfähigkeit dieses Grubenkrösus demonstriert wird. Mit der gewaltigen Vergrößerung und Verbesserung der Betriebsanlagen machte sich ein empfindlicher Arbeitermangel geltend, der durch Import aus Österreich, Galizien, Slavonien, Kroatien gedeckt werden sollte, wohin Agenten entsandt wurden. Außerdem fanden gemaßregelte Saar- und Ruhrbergleute auf Saar und Mosel Unterschlupf. Kunterbunt zusammengewürfelt und herangeschleppt kamen diese Arbeiter ohne jede Habe auf dem Zechenterrain an, wurden in die Zechenhäuser, diese ‹Wohlfahrtseinrichtungen›, hineingesteckt und waren dann der Zeche auf Gnade und Ungnade ausgeliefert, fristeten ein kümmerliches Dasein unter Abwechslung schwerer Arbeit und bei jeder Löhnung einen Rausch.
>
> Kunterbunt wie die Arbeiterschaft, ist auch die Beamtenschaft zusammengesetzt und von mehreren Steigern geht unter der Belegschaft das Gerücht, sie seien in Westfalen disqualifiziert, von Stinnes als brauchbare Leuteschinder nach Lothringen versetzt worden. Unter solchen Verhältnissen haben sich Zustände auf dieser Grube entwickelt, die jeder Beschreibung spotten und sie zu einem Vulkan machten, der über kurz oder lang zum Ausbruch kommen mußte.»[53]

Es lag auf der Hand, daß Stinnes und Flake auf der einen und die sozialistischen Gewerkschaften auf der anderen Seite die Vorgänge an Saar und Mosel aus unterschiedlicher Perspektive beurteilten. Bei näherem Hinsehen gab es jedoch verblüffende Übereinstimmungen. Da ist als erstes die Passage, in der die durch Stinnes bewirkten Fortschritte bei Saar-Mosel beschrieben werden und die ebensogut aus seiner eigenen oder aus Cläres Feder hätte stammen können. Auch hätten Stinnes und Flake der Einschätzung über die kunterbunte Zusammensetzung der Belegschaft kaum widersprochen, da sie sich selbst, wie wir gesehen haben, immer wieder darüber beklagten. Natürlich schieden sich die Geister dort, wo die Sozialisten eine massive Ausbeutung der Arbeiter sahen – ohne allerdings aufzuzeigen, wie sie sich eine mögliche Entwicklung des Saar-Mosel-Werks hätten vorstellen können, woher ihrer Meinung nach die Arbeiter hätten kommen sollen oder wo die betreffenden Arbeiter eine andere Beschäftigung gefunden hätten. Stinnes und Flake sahen sich dagegen als die Begründer eines modernen Industrieunternehmens, das gewinnbringend operieren konnte, weil es das zur Verfügung stehende Arbeitskräftepotential so effektiv wie möglich ausschöpfte. Tatsächlich richtete sich ihr Bestreben darauf, eine modernere und einheitlichere Arbeitsgesetzgebung von der Art zu schaffen, wie sie in Westfalen bereits existierte, und sie wünschten sich nichts sehnlicher als zuverlässigere Arbeitskräfte und besseres Aufsichtspersonal.

Offenkundig wird diese Tatsache an dem «Vulkanausbruch», der sich im April bei Saar-Mosel ereignete. Ausgelöst wurde der Streik durch das harte Vorgehen der Firmenleitung gegenüber den Bergleuten. Um eine Verbesserung der Kohlenqualität zu erreichen, wurde vor allem zu einem Mittel gegriffen, das nach den Bergarbeiterstreiks 1905 im Ruhrgebiet für ungesetzlich erklärt worden war, in Lothringen aber immer noch Anwendung fand, nämlich «Nullen» für Fuhren mit minderwertiger Kohle. Interessant an diesem Arbeitskampf war allerdings die Tatsache, daß sich die Werksleitung umgehend mit dem erst kurz zuvor gewählten Arbeiterausschuß zusammensetzte und mit diesem eine Einigung über die Abschaffung des «Nullens» und über einige andere strittige Punkte des Entlohnungssystems erzielte. Die Situation verschlechterte sich erst, als bei einem von den Sozialdemokraten einberufenen geheimen Treffen ein neuer Arbeiterausschuß gewählt wurde, der nunmehr die Verhandlungen mit der Werksleitung führen sollte. Das Unternehmen weigerte sich, die neuen Vertreter als Verhandlungspartner anzuerkennen, und Stinnes lieferte der arbeitgeberfreundlichen Berliner Tageszeitung *Die Post,* mit der Maßgabe, seinen Namen nicht zu nennen, einen Kommentar zur Fortsetzung des Streiks, in dem er ausführte: «Dieser Fall beweist die so oft gemachte Erfahrung, daß die Abmachungen der Arbeiter-Ausschüsse, die dem Frieden dienen, von den sozialdemokratischen Agitatoren ignoriert werden.»[54] Schließlich konnte der Friede dadurch wiederhergestellt werden, daß die christlichen Gewerkschaften sich zu einer Einigung mit der Werksleitung bereit fanden, was wiederum bei den sozialistischen Arbeitervertretungen auf harsche Kritik stieß.[55]

Natürlich war Stinnes klar, daß die sozialistischen «Agitatoren» deshalb Einfluß auf die Arbeiter ausüben konnten, weil die Probleme in den Bergwerken real existierten, und er war sich auch der Tatsache bewußt, daß die christlichen Gewerkschaften als erste zu den Streiks aufgerufen hatten. Die Sozialisten hatten insofern die Nase vorn, als sie nicht nur aus den bestehenden Mißständen Kapital schlagen konnten, sondern auch aus so folgenreichen Zwischenfällen wie der

Grubenexplosion 1905 in der Zeche Radbob in Hamm, bei der 348 Bergleute getötet worden waren. Die Sozialisten hatten der Werksleitung vorgeworfen, nicht alles in ihrer Möglichkeit Stehende zu tun, um solchen Unfällen vorzubeugen, und forderten die Einsetzung von Betriebssicherheitsinspektoren, was die Zechenbesitzer wiederum als Versuch interpretierten, den Einfluß der Gewerkschaften zu stärken und die Autorität der Arbeitgeber zu untergraben. Das Problem war nur, daß nach einem solchen Unglück die Sympathie der Bevölkerung und der Regierenden auf seiten der Bergleute war. Maximilian Harden, der mit den mächtigen Ruhrindustriellen stets auf freundschaftlichem Fuß gestanden hatte, schlug Stinnes vor, einen Artikel über die Frage der Sicherheit in den Bergwerken zu schreiben, und Stinnes ging auch tatsächlich so weit, einen ersten Entwurf zu skizzieren, bevor er zu dem Schluß kam, daß ein solcher Artikel nur seine Arbeitsbelastung vermehren würde, ohne viel zu bewirken. Er fragte also bei Kirdorf und Löwenstein an, ob nicht der Bergbauverein einen fähigen Journalisten vom Format Hardens auftreiben könne. Diesem Journalisten könne man Gelegenheit geben, sich ein persönliches Bild von der Sicherheit in den Zechen vor Ort zu machen und so «einen Vertreter in der Presse schaffen, der einerseits dem Bergbau fehle, andererseits wie Harden einen ausgedehnten und aus allen Schichten der Bevölkerung zusammengesetzten Leserkreis hat».[56]

Das schwere Unglück hatte jedoch zur Folge, daß es im Dezember desselben Jahres zu Streiks in den Merlenbach-Gruben kam, nachdem dort zwei kleinere Brände ausgebrochen waren. Flake und die dortige Werksleitung beteuerten zwar, es bestehe keine Gefahr, aber der Bergarbeiterausschuß bestand darauf, daß die Zeche von einer Gruppe aus Sicherheitsinspektoren des Bergamts und Arbeitervertretern ihres Vertrauens überprüft werde. Zur Verärgerung Thyssens und zum Bedauern Stinnes', der große Stücke auf Flake hielt, hatte dieser die Forderung offensichtlich hinhaltend behandelt und damit den Streik ausgelöst. Wie zuvor im April verhandelte die Unternehmensleitung mit dem gewählten Arbeiterausschuß, und man kam auch zu einer Einigung, worauf von seiten der Sozialdemokraten erneut der Ruf nach Verhandlungen mit einer anderen Arbeitervertretung kam und von den Arbeitgebern prompt zurückgewiesen wurde. Am Ende wurde die Grube von Sicherheitsinspektoren und Arbeitervertretern überprüft und für sicher befunden, und die Unternehmensleitung verpflichtete sich, zukünftig gründlichere Kontrollen durchzuführen und die Arbeiter, die sich an dem Streik beteiligt hatten, nicht mit Sanktionen zu belegen. Das zweite Versprechen wurde allerdings ganz sicher nicht gehalten, denn Cläre notierte in ihrem Tagebuch: «Die Gelegenheit wurde benutzt, die Streikrädelsführer und sonstige unsichere Gesellen zu entlassen.»[57] Auch das war letztendlich Teil der systematischen Bemühungen Flakes, eine zuverlässigere feste Belegschaft und kompetenteres Aufsichtspersonal für die Zechen zu gewinnen und so aus der Sicht der Arbeitgeber stabilere Arbeitsverhältnisse zu schaffen.[58]

Das Verhältnis zwischen Arbeitern und Arbeitgebern war zwar nach dem Streik von 1905 zu keinem Zeitpunkt als gut zu bezeichnen, aber es verschlechterte sich nach 1910 noch einmal merklich, als die Unzufriedenheit mit den Löhnen angesichts der konjunkturbedingt steigenden Unternehmensgewinne und Dividenden wuchs. Wie wir bereits gesehen haben, hatte die Regierung in der Frage des Arbeitsnachweises großes Entgegenkommen gezeigt, sie war jedoch, wie in Gesprächen mit Arbeitervertretern und Repräsentanten des Zechenverbandes Anfang 1909 deutlich wurde, nach dem Radbob-Unglück weniger kompromißbereit in bezug auf die Werkssicherheit. Die Arbeitgeber lehnten es ab, sich mit Arbeitervertretern an den Verhandlungstisch zu setzen, aber letztlich wurde ein Gesetz verabschiedet, das den Einsatz von Sicherheitsinspektoren regelte und damit nach Ansicht der Unternehmensleitungen den Gewerkschaften neue Möglichkeiten der Agitation eröffnete. Auch der Vorschlag der Regierung, Arbeiterkammern einzurichten, stieß bei den Ruhrindustriellen auf Ablehnung, obwohl Gewerkschaftssekretäre für diese Gremien nicht zur Wahl stehen sollten.[59]

Auch als sich die Regierung in den Moabiter Streikkämpfen im September 1910 eindeutig auf die Seite der Arbeitgeber stellte, fühlten sich Stinnes und seine Unternehmerkollegen nicht vollkommen beruhigt. Die Kämpfe spielten sich im Berliner Stadtteil Moabit ab, in dem Zusammenstöße zwischen Bewohnern und Obrigkeit an der Tagesordnung waren. Der Aufruhr von 1910 wurde ausgelöst, als 141 Kohlenarbeiter und Kutscher der Firma Ernst Kupfer & Co. für ihre Forderung nach höheren Löhnen in Streik traten. Die Firma gehörte zur Vereinigten Berliner Kohlenhändler-Gesellschaft, die zur Hälfte vom Stinnes-Konzern und zur Hälfte von Deutsch-Luxemburg kontrolliert wurde. Die Firma unternahm zu dieser Zeit gewaltige Anstrengungen, um Einfuhr und Verkauf der billigen englischen Kohle zu fördern, mit dem Ziel, die oberschlesische Kohle vom Berliner Markt zu verdrängen. Das mag ein Grund für den heftigen Widerstand der Firmenleitung gegen Lohnerhöhungen gewesen sein, nicht aber für ihre beharrliche Weigerung, auf Vermittlungsversuche der örtlichen Politiker und Gewerkschaftsvertreter einzugehen. Der Direktor der Firma Kupfer & Co., Buschmeyer, der das Vertrauen Stinnes' genoß, lehnte nicht nur jede Verhandlung ab, sondern forderte auch eine Streikbrecherkolonne an, die von der Firmenleitung bewaffnet wurde, woraufhin die Streikenden vor den Toren des Unternehmens ihrerseits das Straßenpflaster aufrissen und Transportkarren umstürzten. Obwohl nunmehr Polizeikräfte anrückten, legte der Aufruhr praktisch den gesamten Betrieb des Unternehmens lahm. Das alles spielte sich in direkter Umgebung der großen Berliner Fabrikationsanlagen von AEG und Löwe und vor dem bereits beschriebenen Hintergrund eines rebellischen Stadtviertels ab.

Als der Aufruhr um sich zu greifen begann, intervenierte Hugo Stinnes persönlich beim preußischen Innenminister Dallwitz und beklagte sich darüber, daß die Zahl der nach Moabit beorderten Polizisten «absolut unzureichend» sei. Als sich die Lage zuspitzte und Buschmeyer sich über mangelnden Polizeischutz beklagte und sogleich die Forderung nach militärischer Intervention und vom

Staat zu leistenden Schadenersatz für entstandene Verwüstungen nachschob, bat Stinnes in einem Telegramm an Bethmann Hollweg um ein «Eingreifen von oberster Stelle».[60] Doch weder der Berliner Polizeipräsident noch der preußische Innenminister teilten die Einschätzung, daß die Polizei mit der Situation überfordert und ein militärisches Eingreifen notwendig sei. Doch inzwischen hatte der Kaiser von den Ereignissen in Berlin Wind bekommen und verlangte, regelmäßig über den Stand der Dinge informiert zu werden, woraufhin der Innenminister sich veranlaßt sah, 1000 Polizisten in das Unruhegebiet zu beordern, denen bald eine aufgebrachte Menge von 20000 bis 30000 Menschen gegenüberstand. Was sich im Anschluß daran abspielte, ist wohl am treffendsten als polizeiliche Terroraktion zu bezeichnen; zwei streikende Arbeiter kamen dabei ums Leben, zahlreiche Polizisten und Zivilisten wurden verletzt. Stinnes war ungeachtet des blutigen Verlaufs dankbar für die militante Intervention und legte in seinem eigenen Namen und im Namen von Deutsch-Luxemburg bei der Darmstädter Bank einen Fonds über 10000 Mark an, der zur Unterstützung der verletzten Polizisten und ihrer Familien gedacht war. Er hielt es für entscheidend, daß der Arbeiteraufstand ungeachtet der Empörung im Volk vollständig niedergeschlagen wurde, und begründete dies Bethmann gegenüber so: «Ich verkenne nicht die Schwierigkeit der Lage und der Entschließung. Trotzdem muß ich mit Rücksicht auf die Zukunft die bestimmte Erwartung aussprechen, daß der Herr Polizeipräsident von Berlin angewiesen wird, in vollem Umfange den bedrohten Gewerbebetrieb und die darin tätigen Angestellten zu schützen, gegebenenfalls an solche Organe der Staatsgewalt diesen Schutz abzugeben, die dazu stark genug sind.»[61]

Damit, daß die Streikenden an ihre Arbeitsplätze zurückkehrten, ohne ihre Ziele erreicht zu haben, war die Affäre beendet. Der Ausgang war allerdings kein Sieg auf der ganzen Linie für Stinnes und die Firma Kupfer & Co., denn während die Unternehmer im Anschluß an die Ereignisse nach einem Verbot von Streikposten und verstärktem Schutz für «arbeitswillige Beschäftigte» riefen, brachten die in der Folgezeit eingeleiteten Untersuchungen eher Argumente gegen als für solche Forderungen zutage. Die verantwortlichen Politiker warfen Stinnes und seiner Unternehmensleitung vor, durch ihre Weigerung, mit den Gewerkschaften zu verhandeln, die Situation angeheizt zu haben. Gleichzeitig nutzte die sozialistische Presse die Gunst der Stunde, um Stinnes zu kritisieren und ihre Leserschaft an dessen Verhalten während des rheinischen Bergarbeiterstreiks 1905 zu erinnern. Er hatte tatsächlich massiv dazu beigetragen, daß sich die Lage in Moabit zuspitzte, aber er bestimmte nicht die Regierungspolitik. Daher war es, insbesondere nach der Untersuchung der tatsächlichen Ereignisse, äußerst zweifelhaft, ob sich die Verantwortlichen in naher Zukunft zu einer Wiederholung ihres Vorgehens während des Streiks bereitfinden würden.

Nach 1910, als sich die drei Streikgewerkschaften an der Ruhr, der Sozialistische Alte Verband, der Hirsch-Dunckersche Gewerkverein und der Polnische Bergarbeiterverein, zu einem «Dreierbündnis» zusammenschlossen, um ihrer

Forderung nach gemeinsamer Überwachung des Arbeitsvermittlungsgesetzes durch Arbeiter- und Unternehmervertreter sowie nach einer fünfzehnprozentigen Lohnerhöhung Nachdruck zu verleihen, wurde die Lage brisanter. Die Eingabe des Dreierbündnisses an den Zechenverband wurde ziemlich schroff abgewiesen, als aber die christlichen Gewerkschaften in etwas abgemilderter und versöhnlicherer Form ihrerseits dasselbe Anliegen vorbrachten, fiel die Antwort wesentlich ausführlicher aus, woran der offensichtliche Versuch abzulesen ist, durch Bevorzugung der christlichen Gewerkschaften die Arbeiterschaft zu spalten. Natürlich wurden den christlichen Gewerkschaften gegenüber keine wirklichen Zugeständnisse gemacht, und die Versicherung, daß die Löhne ohnehin im Steigen begriffen seien, enthielt absolut keine Versprechungen. Aber in manchen Teilen der Presse wurde die Antwort an die christlichen Arbeitervertreter als ein Akt der Anerkennung ausgelegt, und während Löwenstein dafür plädierte, Interpretationen solcher Art zurückzuweisen, drängte Stinnes darauf, sie unwidersprochen zu lassen, denn im Gegensatz zu Kleine unterstützte er die leisen Zugeständnisse an die christlichen Gewerkschaften und sah keinen Sinn darin, sie in dem Moment vor den Kopf zu stoßen, da sie bemüht waren, ihren guten Willen unter Beweis zu stellen.[62]

Ungeachtet seines Verhaltens während der Moabiter Streiks stellte sich Stinnes auch weiterhin nicht hinter diejenigen Kräfte, die an der harten Linie festhalten wollten und vor jedem Zugeständnis zurückschreckten, weil ihm klar war, daß eine solche Politik die Unternehmer nur mit den entscheidenden Figuren in Berlin, nämlich Bethmann, Delbrück und dem Handelsminister Reinhard von Sydow, entzweien würde. Seine Ansichten und Strategien werden in den Notizen, die Cläre Ende 1910 in ihr Tagebuch schrieb, recht deutlich:

> «Die alte Garde (unter den Bergherren) wird unmutig, sieht schon das Militär versagen und sonstige Gespenster. Hugo veranlaßt, daß Hirsch bei Delbrück, Sydow und vor allem Bethmann hört, wie deren Stellungnahme und bei Bethmann, ob die Regierung durch Einmischung nicht eventuell in den Rücken falle. Bethmann sagt für den Fall des Kampfes vollste Neutralität zu, will aber wie Delbrück Christlich-Soziale gut behandelt sehen. Sydow ist diesen noch weniger hold wie dem alten Bergarbeiter-Verband. Hugo sieht die Zeit nicht mehr fern, da man verhandeln muß. Bis dahin will er aber alle nationalen Arbeiter unter einer Fahne gesammelt sehen und dann nur mit den Vertretern *aller* Parteien verhandeln. Leitet hierzu Vorbereitungen sofort ein.»[63]

Alles in allem glaubte Stinnes, sich darauf verlassen zu können, daß sich die Regierung im Falle eines Streiks nicht wieder wie 1905 verhalten würde, als sie es Arbeitgebern und Arbeitern überlassen hatte, den Kampf auszufechten, gleichzeitig aber Streikbrechern gegenüber ihren guten Willen gezeigt und Polizeischutz zur Verfügung gestellt hatte. Er erkannte auch, daß es an irgendeinem Punkt zu Verhandlungen kommen mußte, wobei es von entscheidender Bedeutung war, daß die Arbeitgeberseite in der Konfrontation mit einer gespaltenen

Arbeiterschaft die Oberhand behielt, indem sie die Differenzen zwischen den christlichen und sozialistischen Gewerkschaften geschickt ausspielte, die sogenannten «nationalen», Streiks ablehnenden Arbeiter vereinigte und sowohl mit den streikbefürwortenden als auch mit den nichtstreikenden Arbeitervertretungen Gespräche führte.

Die Widersprüche, die sich aus der Rationalisierung seiner Betriebe und der Rationalisierung der Arbeitsbedingungen ergaben, stellten Stinnes vor einige Probleme. Die hohe Fluktuationsrate unter den Beschäftigten seiner Zechen war unter anderem darauf zurückzuführen, daß bei Ausfallzeiten durch Reparatur- und Wartungsarbeiten keine Bezüge gezahlt wurden, so daß die Bergarbeiter einfach das Weite suchten, wenn in dem Stollen, in dem sie gerade beschäftigt waren, Reparaturen notwendig wurden.[64] Auch in der Dortmunder Union führten die Rationalisierungsbemühungen nach der Übernahme durch Stinnes 1910 zwar einerseits zu deutlichen Produktionssteigerungen, aber auch zu beträchtlicher Verbitterung unter den Beschäftigten, insbesondere dort, wo sie mit Lohnkürzungen verbunden waren. So kam es im März 1911 zu einem Streik der Maschinenarbeiter, der uns eines der seltenen Beispiele für Industriesabotage durch streikende Arbeiter liefert.[65] Stinnes selbst schien sich durchaus im klaren darüber zu sein, daß seine Unternehmenspolitik, vor allem in der bestehenden angespannten Atmosphäre auf dem industriellen Sektor, nicht unproblematisch war. Als er daher Anfang 1912 aus der Zeche Adolph von Hansemann eine umfangreiche Liste mit Namen der kürzlich entlassenen Arbeitskräfte erhielt, war er aufs höchste alarmiert:

> «Solche Massenkündigungen müssen in kritischer Zeit absolut unterbleiben. Wenn es sich bei den Gekündigten auch um Bummler und dergleichen wenig wünschenswerte Elemente handelt, so hätte doch deren Beseitigung nicht auf einmal in diesem Umfang erfolgen dürfen; wenn man die Leute in drei Monaten abschob, fiele es keinem auf.»[66]

Er verlangte nicht nur die strikte Befolgung dieses ausdrücklichen Befehls, sondern bestand auch im Hinblick auf die für April 1912 geplanten Preissteigerungen auf einer Anhebung der Bergarbeiterlöhne.[67]

Angesichts der für die Linksparteien ermutigenden Ergebnisse der Reichstagswahlen sowie des sich ankündigenden Generalstreiks war die Vorsicht, die Stinnes Anfang 1912 an den Tag legte, nur zu verständlich. Diese Vorsicht gehörte zu seiner wohlüberlegten Strategie, die Streikenden ins Unrecht zu setzen. Vor diesem Hintergrund unterstützte Stinnes die Taktik Randebrocks, des neuen Vorsitzenden des Zechenverbandes, der dafür plädierte, daß sich die Unternehmensleitungen mit den Klagen auseinandersetzten, die ihnen von den Arbeiterausschüssen vorgetragen wurden, sich aber strikt weigerten, den Forderungen der Gewerkschaften Gehör zu schenken oder sich auf eine Lohndiskussion einzulassen. Anfangs hatte Stinnes nicht daran geglaubt, daß es im Gefolge der Reichstagswahlen zu einem Massenstreik kommen würde, aber nun mußte er sich eines Besseren belehren lassen. Der Streik, der im März 1912 ausbrach, entwickelte sich zu einer gigantischen Niederlage für die Gewerkschaften, weil im Unterschied zum Jahre 1905 die Bevölkerung nicht hinter ihnen stand und die christlichen Gewerkschaften aus dem unzulänglich geplanten Unternehmen ausstiegen. Die Regierenden setzten in Westfalen Truppen zum Schutz der «arbeitswilligen Beschäftigten» ein. Der Regierungspräsident des Rheinlandes, Francis Kruse, wählte ein gemäßigteres Vorgehen, aber Stinnes schien insgesamt zufrieden mit dem Eingreifen der verantwortlichen Behörden. Im Bericht des Vorstandes von Deutsch-Luxemburg heißt es:

> «Der Streik war von der sozialdemokratischen, polnischen und Hirsch-Dunckerschen Berufsvereinigung herbeigeführt, obschon eine beträchtliche Lohnsteigerung ab April mit Eintritt höherer Kohlen-Verkaufspreise fest zugesichert war. Dank der besonnenen Haltung der christlichen und nationalen Gewerkschaften und infolge des gegen früher verbesserten Schutzes der Arbeitswilligen endete der Streik nach neuntägiger Dauer mit einer Niederlage der Streikenden.»[68]

Natürlich war Stinnes mit dem Ausgang des Streiks höchst zufrieden, der ihn nicht nur in seiner Einschätzung der Ereignisse von 1910 bestärkte, sondern auch in der Befürwortung von Bestrebungen, innerhalb der Zechen Werkvereine zu gründen. Kurz vor Ausbruch des Streiks bemerkte er auf eine Anfrage hin: «Es ist absolut nötig, daß wir auf allen Zechen mit der Bildung von Werkvereinen vorgehen, damit die werkstreuen Arbeiter ebenfalls Gelegenheit haben, sich einer Organisation anzuschließen...»[69]

Ein leidenschaftliches Bekenntnis, aber eben nur eine Bemerkung am Rande, und Stinnes' Meinung zur Arbeiterfrage fand, sicher zu seiner tiefen Erleichterung, weder während des Streiks von 1912 noch später in der Öffentlichkeit große Beachtung. Auch wenn er die sogenannten gelben Gewerkschaften befürwortete, spielte er für deren Entwicklung nicht annähernd eine so tragende Rolle wie Paul Reusch von der Gutehoffnungshütte oder wie Krupp. Alfred Hugenberg vom Krupp-Konzern übernahm denn auch nach Randebrocks Tod im Jahre 1912 die Leitung des Zechenverbandes und Bergbauvereins. Der Spaltung zwischen sozialistischen und christlichen Gewerkschaften, sowie dem Einfluß der Christlich-Sozialen, auf die Stinnes und seine Unternehmerkollegen bauten, war es zu verdanken, daß die Bergleute 1912 eine so vernichtende Niederlage hatten hinnehmen müssen. Sie wurden mit Geldstrafen belegt, und es gab eine Vielzahl von Entlassungen. Die Wut über den Ausgang des Streiks saß bei den Betroffenen tief und gärte noch jahrelang weiter. Ganz anders verlief der fünfwöchige Bergarbeiterstreik in England, der nach zähen Verhandlungen mit der Einführung eines Mindestlohns in der Branche endete. In Deutschland gerieten die Arbeiter durch die konjunkturelle Flaute noch weiter ins Hintertreffen, während sich die Unternehmer dadurch in der Lage sahen, sich für neue Maßnahmen zum Schutz von Streikbrechern und für den Abbau von Sozialgesetzen stark zu machen.

In dem Bewußtsein, daß es immer zu Streiks kommen mußte, solange es Arbeitgeber und Arbeitnehmer gab, betrachtete Stinnes diese als wesentliche, bei seinen Überlegungen zur Unternehmensführung nicht außer acht zu lassende Komponente des Markts. Streiks konnten in seinen Augen sogar positive Auswirkungen haben, besonders wenn sie sich im Ausland abspielten. Aber auch Streiks im eigenen Land konnten seinen Zielen förderlich sein. Im Dezember 1912 schrieb Stinnes in einem Brief an Ferguson, in dem er ihn über den drohenden Streik in den fiskalischen Zechen im Saargebiet informierte: «Wenn er stattfindet, werden wir phantastische Preise für Gaskohle erzielen, besonders auch in Norditalien, wo derzeit eine Gaskohlenknappheit herrscht.»[70] Natürlich bezog sich Stinnes dabei auf die englische Kohle, die er und Ferguson über die englischen Verkaufsniederlassungen des Konzerns vertrieben. Diese opportunistische Haltung in der Arbeiterfrage war für Stinnes nicht nur deshalb so wichtig, weil er umfangreiche Aktivitäten auf dem Weltmarkt unterhielt, sondern auch, weil er zu dieser Zeit bereits die Miteignerschaft in britischen Bergwerken anvisierte und, wie wir bereits an früherer Stelle gesehen haben, wenig später die Northern Union Mining Company erwarb. In England wurden, wie Stinnes wohl wußte, Streiks und Arbeitskämpfe anders beurteilt als in Deutschland. Arnold Lupton beispielsweise, der Mann, durch dessen Vermittlung der Kauf der Northern-Union-Felder zustande kam und der Stinnes' Interessen in England vertrat, legte in einem Brief an die *Times*, in dem er sich ablehnend zu Maßnahmen gegen Bahnarbeiterstreiks äußerte, eine geradezu «kumpelhafte» Haltung gegenüber den Streikenden an den Tag:

> «Mit ein wenig Nachdenken über die Arbeitsbedingungen wird eigentlich klar, warum Streiks nahezu unvermeidlich sind. Harte, unaufhörliche, eintönige Arbeit; der Arbeiter hält sich fast immer für unterbezahlt ...; Streitbarkeit ist eine der hervorstechendsten Eigenschaften des aktiven und tatkräftigen Menschen. Irgendwann kommt der Zeitpunkt, da die Streitbarkeit über die Vorsicht siegt und die Menschen es auf eine Kraftprobe ankommen lassen. Nach einer solchen Kraftprobe verschafft sich die Vorsicht wieder Geltung. Solche Streiks richten bei weitem nicht so viel Schaden an, wie es furchtsame Menschen erwarten. Die Kämpfe sind weitestgehend unblutig, und sie erteilen der Gesellschaft ein paar nützliche Lektionen. Es ist nicht sehr wahrscheinlich, daß sich die Gesellschaft Güter, die sie für unentbehrlich erachtet, vorenthalten läßt, und wenn die Streikenden zu lange draußen auf der Straße bleiben, werden andere ihren Platz einnehmen.»[71]

Der «Germanisierung», die nach der Übernahme durch Stinnes 1914 in der Northern Union Mining Company erwartet wurde, waren also deutliche Grenzen gesetzt. Stinnes schwebte sicherlich das westfälische Modell vor, als er den Aufbau des Bergwerks und die Errichtung einer Bergarbeitersiedlung in einer Gegend plante, die bis dahin als «ein hübsches und unverdorbenes Fleckchen, dicht bewaldet und fruchtbar, von dahingaloppierenden Jagdmeuten belebt» beschrieben worden war. Und dieser «wohltuende Anblick» sollte nun zerstört werden zugunsten eines Bergwerks, das nach dem neuesten Stand der Bergbautechnik in Deutschland arbeiten würde: Einfrieren des Wassers um den Schacht herum, Einsatz von Zwillings-Förderkörben und intensive Verwertung von Nebenprodukten. Vieles davon kannte man im britischen Bergbau noch nicht; die Bauarbeiten sollten denn auch von der Rheinisch-Westfälischen Schachtbau AG durchgeführt werden, die ihren Sitz in Essen hatte. Neu für England waren auch, wie Hugo und Cläre festgestellt hatten, als sie 1908 bei einer Reise nach Wales zum ersten Mal mit den britischen Verhältnissen konfrontiert wurden, die von Stinnes geplanten sanitären Anlagen, die den Bergleuten Gelegenheit bieten sollten, sich nach getaner Arbeit zu duschen oder zu waschen. Nichts deutet jedoch darauf hin, daß Stinnes je die Absicht hätte, den Zechenverband und dessen Ablehnung des Tarifvertragswesens auf dem «Gelobten Eiland» einzuführen.[72]

Tatsächlich begann Stinnes Mitte Juni 1914 der Gedanke zu beschäftigen, daß er sich bald mit Arbeitskämpfen auf internationaler Ebene würde auseinandersetzen müssen. Unter diesem Eindruck versandte er zwei besorgte Briefe, den ersten an die Dortmunder Union, den zweiten an die RWE. Darin wies er darauf hin, daß die Arbeitskämpfe, die in Schottland stattgefunden hatten und sich in Cardiff bereits ankündigten, auf eine Verschlechterung der allgemeinen Lage schließen ließen und es notwendig machten, Kohlenvorräte anzulegen, «denn es besteht m.E. alle Aussicht, daß die nächste aufsteigende Konjunktur einen ungewöhnlich großen Kohlenbedarf mit sich bringen wird, der auch der niederrheinisch-westfälischen Bergarbeiterschaft Veranlassung zu Arbeiterbewegungen, verminderter Produktion und eventuell Streik geben wird». Er riet dringend, ausreichende Kohlenvorräte für einen sechswöchigen Streik zu schaffen, denn «m.E. ist es durchaus nicht ausgeschlossen, daß die nächste große Streikbewegung eine internationale ist, und Verhältnisse in Brennmaterialien zeitigt, wie sie noch niemals erlebt worden sind».[73] Ähnliche Anweisungen schickte Stinnes an Goldenberg mit dem Hinweis, daß seine Ansichten über die Gefahr massiver Streiks und die Schwierigkeiten, denen sich Kohlenverbraucher wie die RWE in Zeiten des Konjunkturaufschwungs gegenübersehen würden, von seinen Direktoren in England ohne Einschränkung geteilt wurden.[74]

Stinnes war sich demnach bewußt, daß seine Bemühungen, die Autorität der Arbeitgeber zu erhalten, sowohl im eigenen Land als auch im Ausland permanent auf Widerstände stießen, und obwohl er unerschütterlich an diese Autorität glaubte und mit allen Mitteln für sie eintrat, erkannte er doch, wie entscheidend es war, die Dinge flexibel zu handhaben. Stinnes unterstützte das zunehmend militante Vorgehen der deutschen Unternehmer vor allem im Bereich der Schwerindustrie, deren Förderung der nichtstreikenden Gewerkschaften und ihr Eintreten für ein Verbot des Einsatzes von Streikposten; nach wie vor wirkte er eifrig «hinter den Kulissen». Allerdings ist festzustellen, daß Stinnes in der Zeit vor Ausbruch des Krieges einen merklichen Sinneswandel durchmachte und wachsende Bereitschaft zeigte, Alfred Hugenbergs systematische und ideologisch untermauerte Bemühungen zu unterstützen, die Interessen der Schwerindustrie durch direkte politische Einflußnahme nicht nur der Interessenverbände und der Presse, sondern der Industriellen selbst zur Geltung zu bringen. Dies wirkte sich besonders deutlich im Wahlkampf für die preußische Landtagswahl 1913 aus. Hugenberg, der eng mit Hirsch zusammenarbeitete, schloß sich mit Stinnes und Kirdorf zu einem «Dreierausschuß» zusammen, um nicht nur über den Wahlfonds des Centralverbands deutscher Industrieller, sondern auch über die großen Ruhrkonzerne Gelder zu mobilisieren, die zur Unterstützung industriefreundlicher Kandidaten vor allem der Nationalliberalen Partei gedacht waren, mit dem Ziel, den konservativeren Flügel gegenüber den von Bassermann angeführten liberalen Elementen zu stärken. Ihre Bemühungen fanden schon bald Unterstützung durch Fritz Baare vom Bochumer Verein, Jakob Hasslacher von Rheinstahl, Wilhelm Beukenburg von Phoenix, Paul Reusch von der GHH und Friedrich Springborn von Hoesch. Stinnes half nicht nur, Gelder für die Sache zu mobilisieren, sondern leistete auch einen eigenen Beitrag. Im April 1913 informierte er Wirtz von der Friedrich Wilhelms-Hütte über seine Abmachung mit Reusch, zusätzlich zu der Summe von 7.500 Mark, die der Wahlfonds der Industriellen für die Bezirkskandidaten der Nationalliberalen Partei bereithielt, weitere 7.500 Mark für die bevorstehende Landtagswahl zur Verfügung zu stellen. Diese Summe sollte von den Betrieben im Wahlbezirk anteilsmäßig nach der Anzahl ihrer Beschäftigten aufgebracht werden. Die Bemühungen waren offensichtlich von Erfolg gekrönt, denn die Zahl der nationalliberalen Abgeordneten, die den Interessen der Schwerindustrie verpflichtet waren, erhöhte sich beträchtlich auf Kosten derjenigen, die dem Hansabund nahestanden.[75]

Auch die systematischen Bemühungen Hugenbergs, in den Jahren vor dem Krieg die Unterstützung der Presse für die Interessen der Schwerindustrie zu gewinnen, wurden von Stinnes nach Kräften gefördert. Im Zuge dieser Bemühungen kam es 1913–1914 zur Übernahme und Umstrukturierung der Berliner Zeitung *Die Post,* die zuvor als Sprachrohr der Freikonservativen Partei gedient hatte. Schon vor der Übernahme hatte Stinnes in dieser Zeitung Annoncen plaziert und in verschiedenen Beiträgen seine Ansichten erläutert. Zu den Gründungsmitgliedern der 1914 etablierten Gesellschaft gehörte Amtsrichter Thomas, dessen Beteiligung über Deutsch-Luxemburg zustande kam. Die Industriellen, die sich für dieses Zeitungsunternehmen engagierten, hatten das Gefühl, sich ein mühselig zu erreichendes Ziel gesteckt zu haben, wie aus einer Notiz hervorgeht, die Hugenberg oder einer seiner Beauftragten im März 1914 verfaßte:

> «Die Schwierigkeiten für die Entwicklung des Unternehmens zur Rentabilität liegen vor allem in seiner Arbeitgeber- und Industriefreundlichen Richtung. Ein Blatt, das es wagt, wie die ‹Post› mit aller Entschiedenheit für die Interessen der Arbeitgeber und insbesondere der Großindustrie einzutreten, hat von

> vornherein mit den allergrößten Widerständen zu kämpfen. Denn heutzutage ist nicht nur der Arbeiterstand, sondern vor allem infolge der skrupellosen Verhetzung großer liberaler Zeitungen, wie des ‹Berliner Tageblatts›, der ‹Frankfurter Zeitung› usw., das gesamte gebildete Bürgertum und die Beamtenschaft mehr oder weniger industriefeindlich.»[76]

Der anonyme Autor betont anschließend die Tatsache, daß es innerhalb der Industrie eine Spaltung gebe und daß sowohl die Fertigungsindustrien als auch die Banken eher zum Hansabund hin tendierten. Aus diesem Grunde, so der Verfasser weiter, sei es unbedingt notwendig, daß die Verbände der Schwerindustrie der Zeitung mit direkten Geldzuwendungen unter die Arme griffen, denn bisher hatten der Bergbauliche Verein, das Kohlensyndikat und die GBAG die «Kriegskosten» der Schwerindustrie getragen. Die direkte Unterstützung sollte noch ausgebaut werden, und darüber hinaus sollten Anzeigen anstatt in industriefeindlichen Blättern lieber in der *Post* geschaltet werden. Das Memorandum endet mit der dringenden Aufforderung, die *Post* zum offiziellen Organ für Aktien- und Wertpapiernotierungen zu machen und die jeweilige Hausbank, in Stinnes' Fall also die Darmstädter Bank, in diesem Sinne unter Druck zu setzen. Es findet sich zwar nirgends ein Hinweis, ob Stinnes dieser Aufforderung nachkam, aber interessanterweise teilte er seinen Kollegen 1912 mit, es sei sehr unwahrscheinlich, daß die Berliner Börse die Post zur Veröffentlichung der Aktienkurse in Erwägung ziehen würde, und zwar aufgrund der politischen Richtung dieser Zeitung und der Tatsache, daß einflußreiche Industriekreise kein echtes Interesse daran zeigten, das Blatt in diesem Sinne zu nutzen.[77]

Stinnes gehörte zu den siebzehn Vertretern der Schwerindustrie, die auf Hugenbergs Initiative hin im Juli 1912 zusammengekommen waren, um über eine konzertierte Aktion zur Förderung der Interessen der deutschen Industrie im Inland wie im Ausland zu diskutieren, und die am 6. März 1914 in Essen die Ausland GmbH gründeten. Ziel dieser Gesellschaft war «die Förderung der Beziehungen und der Stellung der heimischen Industrie zu den wichtigeren ausländischen Wirtschafts- und Kulturgebieten durch Verbesserung des Nachrichtenwesens und sonst geeignet erscheinende Maßnahmen».[78] Darunter verstand man die aktive Beteiligung an allen Geschäften, die diesem Ziel dienten. Die Gesellschaft begann mit einem Startkapital von 200000 Mark. Stinnes nahm unter den Anteilseignern mit 11000 Mark den vierten Rang hinter Hugenberg (30000), Kirdorf (13000) und Beukenberg (12000) ein. Gleichzeitig wurden Löwenstein vom Bergbauverein und Andrew Thorndike von Krupp Anteile in Höhe von 45000, beziehungsweise 44000 Mark zur Verfügung gestellt, die genutzt werden sollten, um andere Firmen für die Sache zu gewinnen. Die neue Gesellschaft hatte es sich nicht nur zum Ziel gesetzt, einen eigenen deutschen Nachrichtendienst im Ausland zu etablieren, sondern sie sollte auch der Regierung gegenüber als Verhandlungspartner die wirtschaftlichen und internationalen Interessen der Industrie vertreten.[79]

2. Stinnes und die deutschen Industrieverbände vor dem Ersten Weltkrieg

Dadurch, daß er sich Hugenbergs vielfältigen politischen Zielen anschloß, begab sich Stinnes in die Gesellschaft von Leuten, deren pangermanische und sonstige ideologische Prägung er entweder nicht teilte oder denen gegenüber er aus taktischen Überlegungen zu Lippenbekenntnissen bereit war. Wie wir bereits gesehen haben, stand Stinnes den Konservativen und den von ihnen dominierten Organisationen stets kritisch gegenüber. Sein Interesse richtete sich ganz gezielt auf ökonomische Bereiche, wenn auch aus einer weltumfassenden und langfristigen Perspektive heraus. Im Gegensatz zu Hugenberg befaßte sich Stinnes vor dem Krieg kaum mit agrarischen Fragen und machte aus seiner Befürwortung einer liberalen Handelspolitik, die auf die Öffnung oder am Offenhalten ausländischer Märkte abzielte, keinen Hehl. Stinnes war klar, daß die schwerindustriellen Kartelle der Industrie nicht nur finanzielle Vorteile einbrachten, sondern auch den Export förderten, denn sie verschafften den Fertigungsbetrieben, die ihre für den Export bestimmten Endprodukte unter Nutzung von Kohle, Eisen und Stahl aus Deutschland herstellten, großzügige Vergütungen. Als in Deutschland die Erneuerung verschiedener Handelsverträge anstand, wurden diese Vergütungen zu einem heiklen Thema, da sie den Tatbestand einer systematischen Subventionierung deutscher Exporte durch die deutsche Industrie erfüllten. Entsprechend beunruhigt war Stinnes, der im Ausfuhrvergütungsausschuß eine tragende und sehr aktive Rolle spielte, über das Interesse, das die Öffentlichkeit diesem Thema 1913 entgegenbrachte:

> «Über diese Ausfuhrvergütung ist so außerordentlich viel in den Zeitungen geredet. Ich halte das für ganz außerordentlich gefährlich für die nächsten Handelsvertragserneuerungen. Ich möchte bitten, daß allen Verbänden und allen Werken dringend ans Herz gelegt wird, daß sie aufgefordert werden, über die Ausfuhrvergütungen absolut zu schweigen. Es ist einer der schwersten Punkte, die wir haben. Es werden sich Engländer und Amerikaner hier die Ausfuhrvergütung von uns zum Gegenstand sehr großer Schwierigkeiten machen.»[80]

Stinnes bat dringend darum, die Presse dahingehend zu beeinflussen, daß sie sich nicht zu dem Thema äußerte, obwohl er sich der Aussichtslosigkeit eines solchen Bemühens natürlich bewußt war. Als er Anfang 1914 aus Berichten erfuhr, daß die Amerikaner die Absicht hatten, die Ausfuhrvergütungen mit einem Einfuhrzoll zu beantworten, kam er mit seinen Ausschußkollegen überein, nicht mehr von Exporten zu sprechen, sondern ihr diesbezügliches Engagement als Bemühung «zur Hebung des Absatzes und zur Bewilligung der hierfür erforderlichen Mittel»[81] zu bezeichnen.

Ob sich dadurch irgend jemand täuschen ließ, ist zu bezweifeln, es spiegelte aber die komplexen Verbindungen und Mechanismen wider, die im industriellen Sektor zugunsten der heimischen Wirtschaft geschaffen worden waren, und zugleich Stinnes' Bemühungen um ihren angemessenen Einsatz. So war Stinnes, der die Preissteigerungen in den Jahren 1911 und 1912 energisch befürwortet hatte, zwar fest davon überzeugt, daß hohe Preise in Zeiten der Hochkonjunktur richtig waren, plädierte aber auch für massive Preissenkungen, als sich die wirtschaftliche Lage 1913 verschlechterte, um «den Verhältnissen der verbrauchenden Industrie Rechnung zu tragen». Zur Begründung wies er darauf hin, daß es besser sei, sofort mit niedrigeren Preisen zu reagieren, als in den folgenden Jahren einen Preisverfall hinnehmen zu müssen, der die Wirtschaft vielleicht viel empfindlicher treffen würde.[82]

Tatsächlich sah sich Stinnes ständig genötigt, nicht nur die Widersprüche zwischen Solidarität mit den Verbänden und Eigeninteressen, sondern, da er als Geschäftsmann auf so breit gefächerten Gebieten aktiv war, auch die Widersprüche zwischen den verschiedenen Eigeninteressen auszugleichen. Beispielsweise unterstützte er im Herbst 1912 eine von Hugenberg und anderen führenden Ruhrindustriellen eingebrachte Petition mit dem Ziel, die Frachtgebühren für Kohle und Erz zwischen Rhein und Mosel zu senken. Während sich die Ruhrindustriellen mit der Begründung gegen den Moselkanal gewehrt hatten, er verhelfe der lothringischen Industrie zu einem Transportkostenvorteil, verkündeten sie nun, eine Senkung der Frachtgebühren werde für die Ruhrindustrie keine vergleichbaren Wettbewerbsnachteile bringen, da sie durch die günstigen Wirkungen des kürzlich eröffneten Rhein-Herne-Kanals kompensiert werde. Eine Senkung der Erzpreise würde dagegen einen Ausgleich für die – wie die Unternehmen behaupteten – sehr hohen Löhne und Sozialausgaben schaffen und aufgrund der wachsenden Nachfrage der lothringischen Industrie nach Kohle für beide Regionen Vorteile mit sich bringen.

Der Generaldirektor von Deutsch-Luxemburg, Eigenbrodt, sträubte sich jedoch heftig dagegen, die Petition für sein Unternehmen zu unterzeichnen, da die Ruhrwerke des Konzerns nur wenig Minette-Erz verarbeiteten, während Differdingen, Oettingen und Rümelingen riesige Mengen davon verbrauchten und nicht das geringste Interesse daran hatten, daß der Preis durch die steigende Nachfrage der Ruhrindustrie nach diesem Erz in die Höhe getrieben wurde. Als Stinnes den Standpunkt von Hugenberg, Kirdorf und Thyssen verteidigte und Eigenbrodt kurzsichtiges Verhalten unterstellte, zeigte dieser in seinem Antwortschreiben, daß er sich nicht an die Kandare nehmen lassen würde, ohne zumindest seine Meinung deutlich kundgetan zu haben:

> «Die Ansichten der Herren Hugenberg, Kirdorf und Thyssen in Ehren. Ich selbst glaube aber auch Anspruch erheben zu können, wenigstens gehört zu werden. Ich glaube mich im allgemeinen von kurzsichtigen Handlungsweisen frei, und wäre Ihnen auch in diesem Falle dankbar gewesen, wenn ich vor Ihrer Stellungnahme Gelegenheit gehabt hätte, mich zu äußern.»[83]

Stinnes änderte seinen Entschluß nicht, was angesichts seines bisherigen Engagements auch gar nicht möglich gewesen wäre, aber er widersprach Eigenbrodts Argumenten nur halbherzig und unterstrich statt dessen das Motiv, das ihn in Wirklichkeit zu seiner Entscheidung bewogen hatte, nämlich «daß ein Zusammenhalten der alten niederrheinischen Gruppe ... unter allen Umständen notwendig sei zwecks Vermeidung der Moselkanalisation, die uns in Differdingen unter allen Umständen gegenüber den lothringischen Werken ins Hintertreffen bringt».[84] Niedrigere Frachtgebühren für Erz und Kohle würden also, kurz gesagt, eine Wiederbelebung des Moselkanalprojekts verhindern, auch wenn sie die Nachteile mit sich brachten, auf die Eigenbrodt hingewiesen hatte. Stinnes würdigte Eigenbrodts Einwände stillschweigend mit dem Vorschlag, daß nur die Ruhr-Werke von Deutsch-Luxemburg die Petition offiziell unterstützen sollten.

In den Jahren vor dem Ersten Weltkrieg stand eine solche Solidarität bei den großen Konzernen aus zwei Gründen besonders hoch im Kurs, und beide waren für Stinnes außerordentlich wichtig. Zum einen drohten dem Kohlensyndikat und dem Stahlwerksverband das Aus. Ersteres sollte zwar 1915 verlängert werden, aber es war durch Nichtmitglieder in seiner Existenz bedroht, die, allen voran die staatseigenen Zechen, 13 Prozent der Ruhrkohle produzierten. Außerdem waren mittlerweile 21 Prozent der produzierten Kohle der Kontrolle des Syndikats entzogen, weil sie von den großen gemischten Konzernen verbraucht wurde, und die reinen Grubenunternehmen verlangten eine Abgabe auf Kohle, die zum Selbstverbrauch produziert wurde. Der Stahlwerksverband wurde 1912 nur unter der Voraussetzung des Ausschlusses von B-Produkten erneuert, und es war mehr als zweifelhaft, ob die Unzufriedenheit mit dieser Regelung bis zur nächsten anstehenden Erneuerung im Jahre 1917 aus der Welt geschafft sein würde. Der zweite Grund für die Solidarität der großen Konzerne war die Rolle des Fiskus als Kohlenförderer und Verwalter der Schienenwege, die Furcht vor einer Ausdehnung des staatlichen Einflusses auf andere Bereiche und die Gefahr, daß der Staat nur allzu bereitwillig in die Bresche springen würde, die sich durch die Schwierigkeiten bei der Erneuerung der Kartellverträge auftat. Um eine staatliche Bevormundung zu vermeiden, war eine effektive Selbstregulierung der Industrie notwendig. Wenn es eine wie auch immer geartete Solidarität in der Schwerindustrie geben sollte, mußten die großen Konzerne überall da zusammenarbeiten, wo es möglich war.

Besonders unter den Branchenriesen, zu denen Stinnes zweifellos gehörte, war eine solche Zusammenarbeit kein leichtes Unterfangen. Eine Diskussion zwischen den führenden Industriellen zur Frage der Erneuerung des Stahlwerksverbandes im März 1910 zeigt beispielhaft die komplizierten persönlichen Beziehungen und die sich verändernden ökonomischen Bedingungen und Überlegungen, die dabei zum Tragen kamen. Die grundlegenden Probleme der Erneuerung waren zur Genüge bekannt: eine erhebliche Produktionssteigerung in allen Bereichen, eine gewaltige Zunahme beim Absatz von B-Produkten im Laufe der vorangegangenen fünf Jahre, die Forderung fast aller Werke nach höheren Kohlenquoten für die neuen Fabriken, die überall entstanden. Die logische Forderung an ein neues Syndikat war demnach, Fabriken zu schließen und auf Arbeitsteilung hinzuarbeiten, aber Kirdorf sprach sich gegen solche Vorschläge aus mit der Begründung, «daß derartige weitschauende Pläne wie das Stillegen einzelner Stahlwerke und Verteilen der Produktion nach Profilen und Sorten eine mindestens 10-jährige Vertragsdauer voraussetzen».[85] Während sich Kirdorf, der Kruppdirektor Eberhard von Bodenhausen und andere alle Mühe gaben, zu einer realistischen Verhandlungsbasis für die Verbandserneuerung zu kommen, brachten August und Fritz Thyssen immer neue und die Sache komplizierende Einwände auf den Tisch, die ganz offensichtlich nur dem Zweck dienten, ihre eigene Position zu stärken. Das größte Erstaunen löste jedoch Stinnes mit seiner Einlassung aus, er «halte jede Verbandsbildung für so gut wie ausgeschlossen. Es sei unbedingt erforderlich, eine syndikatslose Zeit herbeizuführen, da man sonst nie zu einer Gesundung der Verhältnisse kommen könne; nur der freie Wettbewerb könne hierfür vollkommene Klarheit schaffen.»

Zuerst waren alle außer Kirdorf der Meinung, die Bemerkung sei ein geschickter Schachzug Stinnes', um seine Quoten in die Höhe zu treiben, aber in privaten Unterredungen mit Bodenhausen und anderen Befürwortern des Syndikats wurde deutlich, daß es ihm mit seiner Ankündigung, die Erneuerung des Stahlwerksverbandes blockieren zu wollen, durchaus ernst war. Er begründete seine Haltung damit, daß er darin die einzige Möglichkeit sehe, Thyssens Einverständnis mit der Erneuerung des Kohlensyndikats zu erzwingen, die Stinnes für die rheinisch-westfälische Industrie als ungeheuer wichtig erachtete. Nach Stinnes' Einschätzung erzielte Thyssen mit Hilfe des Stahlwerksverbandes riesige Gewinne und war bereit, das Kohlensyndikat abzuschreiben – nicht nur, weil er ohne dieses größere Profite machen konnte, sondern auch wegen seiner persönlichen Differenzen mit Kirdorf. Stinnes wies darauf hin, daß Thyssen sich um langfristige Verträge mit der Schweiz und mit Süddeutschland bemühte, die er mit Kohle aus seinen neuen, im Aufbau befindlichen Bergwerken beliefern wollte. Als die versammelten Industriellen dies anzweifelten, präsentierte Stinnes ihnen einen Brief, in dem Thyssen ihm eine fünfzigprozentige Beteiligung für den Fall des Zusammenbruchs des Kohlensyndikats in Aussicht gestellt hatte. Daher, so argumentierte Stinnes, sei es unbedingt notwendig, die Erneuerung des Stahlwerksverbandes vom Weiterbestehen des Syndikats abhängig zu machen, da Thyssen mit Hilfe des ersteren so hohe Gewinne erzielen würde, daß er die weitere Existenz des Kohlensyndikats hintertreiben konnte, und sei es nur «aus persönlicher Animosität gegen Kirdorf und Funcke». In Stinnes' Augen war Thyssen nur beizukommen, indem man die Erneuerung des Stahlwerksverbandes torpedierte und ihm dadurch gewaltige finanzielle Verluste zufügte.

Bemerkenswerterweise war es gerade Kirdorf, der diese Taktik ablehnte und dabei, was er zumindest Stinnes gegenüber selten tat, auf die größere Erfahrung des Älteren verwies. In Bodenhausens Bericht hieß es dazu:

«Den schon in der Sitzung von Kirdorf gemachten Einwand, daß Stinnes ein zwar weitblickender, aber noch recht jugendlicher Industrieller sei, der offenbar die letzten Konsequenzen eines solchen Vorgehens noch nicht recht übersehe, wies er immer lächelnd von sich. Es schien aber doch, daß dieser Vorwurf der Jugendlichkeit einen gewissen Eindruck auf ihn machte, da er recht häufig darauf zurückkam. Kirdorf warnte vor allen Dingen um deswillen vor einer Auflösung, weil er darauf hinwies, daß ein späteres Zusammenbringen der einmal auseinander gegangenen Kräfte mit namenlosen Schwierigkeiten verknüpft sein werde. Stinnes blieb fest auf seiner Ansicht beharren und erklärte Kirdorf, mit dem er auf sehr gutem Fuß zu stehen scheint, mit vollstem Nachdruck, er wiederhole, daß er seinen ganzen Einfluß bei Deutsch-Luxemburg dahin geltend machen werde, daß ohne *vorherige* Sicherung des Kohlensyndikates an eine Neubildung des Stahlwerksverbandes nicht zu denken sei.»

Letztlich wurde die Drohung aber nicht wahrgemacht, und 1912 kam es zur Erneuerung eines allerdings ziemlich geschwächten Stahlwerksverbandes, ohne daß vorher die Zukunft des Kohlensyndikats geklärt worden wäre. Die Tatsache, daß sich Stinnes ernsthaft eine syndikatslose Zeit für die Stahlindustrie vorstellen konnte, sollte für die Zukunft von Bedeutung sein, während die 1910 geführte Diskussion ein interessantes Licht auf seine Stellung in Industriellenkreisen warf. Wie immer die Dinge lagen, Stinnes unterstützte bereitwillig die Erhaltung der alten und sogar die Gründung neuer Syndikate, solange sie seinen zielstrebig verfochtenen Interessen dienlich waren, und er erwartete von den Syndikaten ihrerseits, daß sie sich den von ihm geschaffenen Bedingungen anpaßten. Wie wir bereits gezeigt haben, war er bereit, die Erneuerung des Stahlwerksverbandes zu befürworten, sofern seinen Grey-Trägern darin eine für ihn zufriedenstellende Position eingeräumt wurde. Eine ähnliche Haltung nahm er innerhalb des Kohlensyndikats ein, wo ihm die Ausweitung seiner Kohlengeschäfte immer wieder zum Vorwurf gemacht wurde, weil man in ihnen eine Konkurrenz für das Syndikat und ein Indiz dafür sah, daß er sich für dessen Zusammenbruch rüstete. Stinnes dagegen beharrte darauf, daß sein Handeln völlig korrekt sei und daß es anderen freistehe, seinem Beispiel zu folgen. Dieser Vorschlag war natürlich nicht ohne Hintergedanken, da seine Befolgung dazu führen mußte, daß die Verkaufsstrukturen des Syndikats durch seine eigenen Mitglieder demontiert würden.[86] Stinnes' Beziehung zum Kohlensyndikat wurde noch durch die Tatsache kompliziert, daß er gemeinsam mit Thyssen die Saar-Mosel-Kohlenbergwerksgesellschaft und eine Reihe von Ruhr-Zechen kontrollierte. Anders als im Ruhrgebiet, hatten sich die Zechen im Revier Saar-Lothringen nicht zu einem Syndikat zusammengeschlossen; der größte Produzent war der Staat selbst, während die schärfsten Konkurrenten von Saar-Mosel der Privatunternehmer de Wendel sowie ein paar kleinere Bergwerksgesellschaften waren. An der Saar war die Syndikatsbildung also genauso problematisch wie die Beziehung zwischen Saar-lothringischen und rheinisch-westfälischen Kohlenförderern. Im April 1909 schlug der Direktor des Rheinisch-Westfälischen Syndikats beispielsweise eine Einigung mit den Saar-Produzenten vor, um den Konkurrenzkampf zwischen Saargebiet und Westfalen auf dem französischen Markt zu beenden. Stinnes lehnte es jedoch ab, sich langfristig auf bestimmte Liefermengen oder Quoten festlegen zu lassen. Im Februar schickte ihm Janus den Vertragsentwurf für eine neue gemeinsame Vertriebsorganisation für den französischen Markt, den Stinnes aber in Bausch und Bogen verwarf, weil er zwischen dem Syndikat und der staatlichen Bergwerks-Direktion ausgehandelt worden war. Stinnes weigerte sich, einer Vereinbarung zuzustimmen, von der Saar-Mosel ausgenommen war und die dem Fiskus eine besondere Machtstellung eingeräumt hätte. Darüber hinaus war er der Meinung, der Vertrag werde die Verhandlungen zur Syndikatserneuerung erschweren; er bestand darauf, jeden Gedanken daran zu vertagen, bis eine zufriedenstellende Einigung in dieser Frage erzielt war.[87]

Natürlich war sich Stinnes darüber im klaren, daß der Fiskus eine tragende Rolle in der Ruhr- und Saar-Industrie spielte. Die Haltung der Regierung und besonders des preußischen Handelsministers Reinhold Sydow hatte sich zudem seit den Tagen der Hibernia-Affäre entscheidend verändert. Zum einen hatten die staatseigenen Zechen mit Verlust gearbeitet und waren wegen ihrer Finanz- und Unternehmenspolitik von einer Landtagskommission gerügt worden, als deren Berater Stinnes fungierte. Der Versuch, niedrigere Preise zu erzwingen, indem man den Privatunternehmen staatliche Konkurrenz entgegensetzte, war gescheitert und hatte weder den Zechenbetrieben höhere Gewinne, noch den Verbrauchern eine Kostensenkung beschert. Daher erklärte sich Sydow, unter der Voraussetzung, daß der Schutz der Verbraucher und der öffentlichen Interessen gewährleistet würde, zu einer engeren Zusammenarbeit mit dem Syndikat bereit. Zum anderen hatte der Staat inzwischen die stabilisierende Wirkung von Kartellen auf den Markt anerkannt und der Kaliwirtschaft im Jahr 1910 sogar ein Zwangskartell verordnet. Es gab mittlerweile ein erklärtes staatliches Interesse am Weiterbestehen des Kohlensyndikats, zumal man befürchtete, daß dessen Zusammenbruch zu einer Verunsicherung des Marktes führen und die Arbeiterunruhen noch weiter schüren würde, die sich in dem Jahr vor dem großen Streik von 1912 immer deutlicher bemerkbar machten. Diese Einschätzung wurde ohne Zweifel bestärkt, als im Mai 1911 die Verhandlungen um die Neubildung des Syndikats aufgrund unüberbrückbarer Differenzen zwischen den reinen Zechenbetrieben und gemischten Konzernen scheiterten und Kirdorf sich veranlaßt sah, die Nichterneuerung des Syndikats als «nationale Katastrophe»[88] zu bezeichnen, was wiederum zu einer öffentlichen Kontroverse zwischen Thyssen und Kirdorf führte.

Stinnes hielt sich bei diesem öffentlichen Gezänk im Hintergrund, verfolgte aber Taktiken, die Sydow zu der Vermutung veranlaßten, daß er sein eigenes Süppchen kochte, um den größtmöglichen Vorteil aus der Situation zu ziehen.

Sicher machte Stinnes kein Geheimnis daraus, daß ihm daran lag, seine Position nach Kräften zu stärken. Es war, wie wir bereits gezeigt haben, eine Zeit gewaltiger Expansionen für den Deutsch-Luxemburg-Konzern, und auf der Aktionärsversammlung von 1911 machte Stinnes keinen Hehl daraus, daß sich das Unternehmen die bestmögliche Position für den Moment der Syndikatserneuerung sichern wollte.[89] Die Art und Weise, wie er dies bewerkstelligte, wirft ein erhellendes Licht auf die Methoden, mit denen er die wichtigen organisatorischen Entscheidungen der Industrie vor dem Krieg beeinflußte.

Ende Januar 1911 trat Louis Röchling mit dem Vorschlag an Eigenbrodt heran, die Zechenbesitzer des Saargebiets und Lothringens sollten sich an einen Tisch setzen, um einen Weg zu finden, die herrschenden, angeblichen unhaltbaren Zustände auf dem Markt des saarländischen und lothringischen Kohlenbergbaus «zu beseitigen».[90] Röchling war überzeugt, daß de Wendel und der bayerische Fiskus, den die Sache insofern betraf, als Süddeutschland von den Saar-lothringischen Zechen mit Kohle beliefert wurde, zu solchen Gesprächen bereit sein würden, während er sich darüber ausschwieg, ob der saarländische Fiskus zur Mitarbeit bereit sei, und auch darüber, von welcher Seite der Anstoß dazu letztlich kam. Bei einem Treffen mit Handelsminister Sydow und Vertretern des Fiskus erfuhr Stinnes, daß die staatliche Seite tatsächlich zu Vertragsverhandlungen bereit war und daß sie Interesse daran zeigte, die Syndikatsbildung an der Saar und die Erneuerung des Rheinisch-Westfälischen Syndikats miteinander zu verknüpfen. Der saarländische Fiskus, der im Wettbewerb mit den Privatbetrieben nur unzulängliche Gewinne erzielte, wurde dabei vor allem von dem Gedanken geleitet, daß ihm eine Einigung im Saarland als Sprungbrett für Verhandlungen über ein vereinigtes Syndikat im Westen dienen konnte, wodurch die Macht der großen Konzerne eingeschränkt und sichergestellt werden würde, daß das Rheinisch-Westfälische Kohlensyndikat nicht als Konkurrent für die Saar-Interessen auf deren Absatzmärkten in Erscheinung treten würde. Stinnes konnte an dem ersten Treffen in Saarbrücken nicht teilnehmen, was er ganz offensichtlich auch nicht bedauerte. In einem Schreiben an den Vertreter von Saar-Mosel, Direktor Paschedag, erklärte er dazu: «Die Verhandlungen sind so überaus schwierig, und sie bilden den Schlüssel des neuen Rheinisch-Westfälischen Kohlensyndikats, daß ich jedes Engagement unsererseits unbedingt vermieden wissen will.»[91] Paschedag bezog denn auch bei den ersten Gesprächen eine ziemlich «reservierte Stellung», worin er von Stinnes bestärkt wurde, denn «unsere Position wird dadurch nicht schlechter».[92]

Im Vorfeld eines zweiten Treffens wies Stinnes Paschedag ausdrücklich an, keinerlei Forderungen und Ansprüche zu stellen, und er machte sich dieses Mal die Mühe, seine Strategie ausführlicher zu erklären. Da zu diesem Zeitpunkt nicht klar war, ob Thyssen seine Saar-Mosel-Anteile verkaufen würde oder nicht, konnte der Konzern unmöglich klare Bedingungen auf den Tisch legen. Wenn Thyssen tatsächlich verkaufen würde, so bedeutete dies die völlige Vereinigung von Saar-Mosel und Deutsch-Luxemburg. Stinnes würde sich diese Situation zunutze machen und darauf bestehen, daß ein vereinigtes Ruhr-Saar-Syndikat Deutsch-Luxemburg und Saar-Mosel das Recht gemeinsamer und untereinander austauschbarer Quoten einräumte. Da der Mangel an Arbeitskräften in den Ruhrbetrieben nie so eklatant war wie an der Saar, würden die Ruhrzechen in konjunkturstarken Zeiten ein größeres Kontingent nutzen, während unter schlechteren Marktbedingungen den Saargruben eine stärkere Ausschöpfung der Quoten zugestanden würde. Stinnes wollte im übrigen sicherstellen, daß Saar-Mosel in den kommenden Jahren über die Mengen an Kohle und Koks verfügte, die es für seine Kunden in Frankreich und Lothringen benötigte, und dabei machte es einen gewaltigen Unterschied, ob Deutsch-Luxemburg sich mit Deutscher Kaiser zu einigen hatte oder völlig unabhängig handeln konnte. Darüber hinaus hatte Stinnes persönlich mit von Velsen die Frage eines vereinigten Syndikats erörtert, und es hatte sich im Laufe dieses Gesprächs erwiesen, daß der Fiskus selbst in dieser Sache keine eindeutige Meinung vertrat. Vor allem aber war die Situation zu unsicher, um eine klare Entscheidung zu treffen, und obwohl der saarländische Fiskus mit einem Preiskrieg drohte, falls es nicht zu einer Einigung kommen sollte, zeigte sich Stinnes nicht sonderlich beeindruckt: «Ich muß Sie bitten, selbst auf die Gefahr des Scheiterns der Verhandlungen hin, jede uns festlegende Erklärung zu vermeiden. Wir können selbst nicht wissen, welches Ziel wir in einigen Wochen oder Monaten endgültig zu verfolgen haben, und es ist besser, nochmals eine kurze Kampfperiode mitzumachen, als sich auf Jahre hinaus die Hände in ungebührlicher Weise zu binden.»[93]

Unter diesen Umständen ist es nicht verwunderlich, daß 1911 keine Einigung erzielt wurde. Die schwierige Situation, die sich aus Stinnes' Hinhaltetaktik und seinem Beharren auf einem vereinigten Saar- und Ruhrsyndikat ergab, wurde noch verschärft durch die Weigerung des zweitgrößten Saar-lothringischen Kohlenförderers, de Wendel, sich auf irgendeine Vereinbarung einzulassen, solange Thyssen in den Verhandlungen um die Erneuerung des Stahlwerksverbandes nicht einlenkte. Immerhin waren alle Beteiligten um die Jahreswende 1911/1912 so weit, daß sie ein «Gentlemen's Agreement» erreichen konnten, in dem eine Erhöhung der Preise und die Verpflichtung festgeschrieben wurde, für 1913 keine Verträge abzuschließen. Auf diese Weise wollte man sehen, ob gemeinsame Richtlinien ausgearbeitet werden konnten, und abwarten, was sich hinsichtlich des Rheinisch-Westfälischen Syndikats tun würde. Parallel dazu einigte sich der Fiskus im Januar 1912 mit dem Syndikat auf eine einjährige Preisabsprache und dokumentierte damit seine Bereitschaft, sich in irgendeiner Form an einem neuen Syndikat zu beteiligen.

Im Hinblick auf die unsichere Frage, wie die Lohnerhöhungen, die den Bergleuten in Aussicht gestellt wurden, finanziert werden sollten, behielt sich Sydow das Recht vor, aus dem Vertrag auszusteigen, wenn es das öffentliche Interesse erforderte und wenn bis zum 30. September an der Saar keine Einigung erzielt werden konnte. Der Termin wurde später bis zum 16. Oktober verlängert. De Wendels Ablehnung jeglicher Kooperation führte offensichtlich dazu, daß der

Fiskus einer Erhöhung der Quoten für Saar-Mosel auf de Wendels Kosten zustimmte. Gleichzeitig einigte man sich auf eine Preiserhöhung in Form einer Senkung des Rabatts, den der saarländische Fiskus seinen Kunden gewährte, und dieser forderte wiederum das Rheinisch-Westfälische Kohlensyndikat auf, seine Preise zu erhöhen, um den Saar-Fiskus auf dem Markt nicht zu unterbieten. Anfang Oktober schien de Wendel bereit, sich der Vereinbarung anzuschließen, worauf dem Konzern seine alten Quoten wieder eingeräumt wurden. Zum Ausgleich erhielt Saar-Mosel das Recht, die staatlichen Gaswerke zu beliefern, deren Versorgung bis dahin ausschließlich dem saarländischen Fiskus vorbehalten war. Am 3. Oktober kam es dann zu Verhandlungen zwischen Saar- und Ruhrproduzenten über eine Preisabsprache. Nachdem das Essener Syndikat allerdings tatsächlich seine Preise erhöht hatte, zog sich Sydow Mitte Oktober unerwartet aus den Verhandlungen um eine Syndikatserneuerung zurück, und zwar mit der Begründung, das Ministerium könne angesichts der steigenden allgemeinen Lebenshaltungskosten keine Erhöhung der Kohlenpreise für private Haushalte akzeptieren. Das machte allen Verhandlungen in Essen ein Ende, während die Gespräche an der Saar letztendlich an der Quotenfrage scheiterten.[94]

Das Scheitern der Vertragsverhandlungen zwischen Regierung und Syndikat fiel zusammen mit einem anderen Ereignis, das die Beziehungen zwischen Industrie und Staat erheblich belastete, nämlich dem durch Engpässe an Lokomotiven, Güterwagen und Personal verursachten Zusammenbruch des Schienenverkehrs im Ruhrgebiet. Die verarbeitende Industrie befürchtete, ihre Fabriken schließen zu müssen, weil ihr das Rohmaterial ausging. Stinnes, der die Entwicklung der inkonsequenten Haltung des Handelsministers und der Inkompetenz des Ministeriums für öffentliche Arbeiten anlastete, fühlte sich zu einer öffentlichen Stellungnahme vor der Aktionärsversammlung von Deutsch-Luxemburg am 22. November 1912 veranlaßt.

In dieser wies er vor allem darauf hin, daß es der saarländische Fiskus gewesen war, der auf Preiserhöhungen zuerst an der Saar und dann im Ruhrgebiet gedrängt hatte. Während Privatunternehmer und bayerischer Fiskus eine offene Preiserhöhung an der Saar gefordert hatten, hatte sich das Saarland statt dessen zu einer Senkung der Rabatte entschlossen. Gleichzeitig hatte es das Kohlenkontor zu einer Erhöhung der Preise aufgefordert und sich, auf den Bescheid hin, daß Preiserhöhungen allein Sache des Syndikats seien, mit seinem Anliegen an selbiges gewandt. Da die Aufforderung vom Fiskus kam und die rheinisch-westfälischen Konzerne ohnehin darauf bedacht waren, die steigenden Lohnkosten durch Preiserhöhungen aufzufangen, setzte man das Einverständnis des Handelsministers voraus. Um so mehr verblüffte es Stinnes und seine Kollegen dann, als Sydow zwar die Preiserhöhungen für Kohle und Koks befürwortete, eine Erhöhung der Kohlenpreise für den privaten Verbrauch aber ablehnte. Zur Beheizung von Privathäusern waren fast alle Kohlensorten geeignet, und einige der beliebteren Sorten wurden in den schwächsten und am wenigsten gewinnbringenden Zechen gefördert. Dennoch erklärte sich das Kohlensyndikat bereit, die Preissteigerung für privat verbrauchte Kohle zu halbieren und die allgemeine Preiserhöhung zu beschneiden, auch wenn die Streichung der Rabatte im Saargebiet einer realen Preiserhöhung von einer Mark pro Tonne gleichkam. Dazu kam, daß in den staatseigenen Zechen gerade die Kohlensorten nicht produziert wurden, für die der Handelsminister am hartnäckigsten auf Preissenkungen drängte. Darum schien die Weigerung des Ministers, einen Kompromiß zu akzeptieren, nicht nur unangemessen, sondern auch im höchsten Maße von Eigeninteressen bestimmt. Stinnes kommentierte dies mit den Worten: «Die Popularität in erster Linie aus fremden Taschen bezahlen zu lassen, ist auch für den Chef der Bergverwaltung unschön.»[95]

Als nächstes wandte sich Stinnes der Verkehrspolitik von Minister von Breitenbach zu. Die Industriellen hatten immer wieder davor gewarnt, daß die Verkehrs-Infrastruktur für Zeiten hoher Nachfrage völlig unzulänglich sei, und alle jetzt eingetretenen Entwicklungen schon lange vorausgesagt. Für Stinnes war dies die ideale Gelegenheit, dem Minister alle Versäumnisse vorzuhalten, die sich in seinen Augen verheerend auf das wirtschaftliche Leben auswirkten, unter anderem «mangelnde Voraussicht und die Nichtbeachtung der oft erprobten Tatsache, daß der Verkehr stoßweise in den Konjunkturen anschwillt, unbekümmert um die berechenbaren Durchschnittsprozente unserer Bürokratie».[96] Stinnes leugnete weder die positiven Errungenschaften im preußischen Eisenbahnbau noch Breitenbachs diesbezügliche Verdienste, er übte jedoch scharfe Kritik an der Selbstzufriedenheit, mit der man sich im Parlament auf dieses System berief, und betonte, daß die Leitung eines Privatunternehmens unter solchen Umständen Eigenlob nur auf eigenes Risiko betreiben würde. An die Adresse der konservativen Abgeordneten, die den Bau des Dortmund-Rhein-Kanals unterstützt hatten, richtete er die nachdrückliche Aufforderung, gemeinsam mit den Industriellen gegen die Pläne des Ministeriums zu kämpfen, die zur Lösung des Transportproblems eine Monopolisierung des Kanals vorsahen. Stinnes schloß mit dem Hinweis, die Transport-Engpässe fügten der Industrie und der Arbeiterschaft enorme Schäden zu und ließen im Ausland den Eindruck eines maroden Transportsystems entstehen, «ein Eindruck, der unter allen Umständen vermieden werden muß».

Stinnes' Rede, die in der Presse ein weites Echo fand, sorgte für einigen Wirbel. Im Gegensatz zu Kirdorf vermied er es im allgemeinen, sich in öffentlichen Auseinandersetzungen mit den Regierenden zu exponieren; persönliche Angriffe gegen einen Minister mußten zwangsläufig eine Erwiderung und Diskussionen in der Presse nach sich ziehen. Sydow bediente sich der halbamtlichen *Norddeutschen Zeitung*, um seine eigene Sicht der Dinge darzulegen und die Schuld am Scheitern der Saarverhandlungen Stinnes und seinen Quotenforderungen zuzuweisen. Er verschwieg dabei wohlweislich, daß die Preiserhöhungen an der Saar eine auslösende Rolle bei den Ereignissen im Ruhrgebiet gespielt hatten und daß aus seiner eigenen Behörde keinerlei Einwände gegen die geplanten Preiserhöhungen gekommen waren. Nach Sydows Aussage war seine Entscheidung nicht vom Wunsch nach Popularität bestimmt, sondern Ausdruck seiner Verantwortung, in Zeiten einer Verteuerung der allgemeinen Lebenshaltung die Kohlenpreise zum Wohle der Öffentlichkeit zu beeinflussen. Was immer Sydows Beweggründe gewesen sein mögen, seine Argumentation bot jedenfalls ziemlich viele Angriffspunkte, und Stinnes zögerte nicht, der Aufforderung der *Post* zu einer Stellungnahme Folge zu leisten. Darin frischte er das Gedächtnis des Ministers über den tatsächlichen Verlauf der Ereignisse mit dem aufschlußreichen Hinweis auf, daß die Verhandlungen an der Saar an der Quotenfrage erst gescheitert waren, nachdem der Minister bereits verkündet hatte, daß sich der Fiskus an den Preisvereinbarungen des Syndikats nicht beteiligen würde. So konnte Stinnes den Vorwurf entkräften, die Probleme im Ruhrgebiet verursacht zu haben. Auch die Behauptung Sydows, mit seiner Politik die Lebenshaltungskosten zu senken, wies er mit dem Argument zurück, daß nur ein geringer Prozentsatz der Kohlen, für die er eine Preiserhöhung ablehnte, in privaten Haushalten verbraucht wurde. Er errechnete für den Stand vom 1. April 1913 eine monatliche Ersparnis von lächerlichen 23 Pfennigen für private Verbraucher und forderte Sydow auf, sich einmal von seinen Sachbearbeitern ausrechnen zu lassen, wieviel das unter dem Strich ausmachte, wenn man die Verluste dagegen hielt, die der arbeitenden Bevölkerung durch den Engpaß bei den Schienentransporten entstanden. Und als Krönung des Ganzen beendete Stinnes seinen Artikel mit der Frage: «Welcher Geist geht in dem Handelsministerium um, das einst die Ehre hatte, von einem Bismarck geleitet zu werden?»[97]

Das Ministerium war in diesem Scharmützel nicht besonders gut weggekommen. Die *Kölnische Zeitung*, die der Schwerindustrie im allgemeinen nicht besonders freundlich gesonnen war, fand zwar den scharfen Ton, den Stinnes in seinem Kommentar anschlug, etwas «bedauerlich», wertete seine Angriffe aber als einen «sehr wertvollen Beitrag» zum Verständnis der Ereignisse in der Öffentlichkeit und unterstellte dem Ministerium, die Rolle des Fiskus bei der Erhöhung der Preise verschleiern zu wollen.[98]

Kaum zu verschleiern waren jedoch die Probleme, die sich im gesamten industriellen Bereich aus der verfahrenen Transportsituation ergaben. Als Breitenbach Ende November 1912 zur Klärung der Schwierigkeiten ins Ruhrgebiet reiste, fiel Stinnes im Verein mit anderen Ruhrindustriellen über ihn her und stellte ihm in öffentlicher Versammlung die Frage, «ob es wahr sei, daß die zahlreichen Anregungen, die an den Essener Eisenbahnpräsidenten zur Abhilfe der Verkehrsnot gegeben worden sind, von diesem nicht nach Berlin weitergeleitet wurden, sondern einfach seit Jahren unter den Tisch gefallen sind».[99] Stinnes kehrte enttäuscht und ohne Illusionen über die Zukunftsaussichten von dem Treffen zurück. Er drängte darauf, daß die Kohlenproduzenten sich mit ihren Abnehmern in Verbindung setzen und auf diese Weise die Zahlen und Fakten des tatsächlich entstandenen Schadens ermitteln und diese der Regierung sowie dem Landtag präsentieren sollten. Seine offene Stellungnahme wirkte wie ein Magnet auf die Schar frustrierter Ministerialbeamten, die Minister Breitenbachs Sparpolitik für die Situation verantwortlich machten. So überließ beispielsweise der Leiter des Finanzressorts im Ministerium, Hermann Kirchhoff, Stinnes einen statistisch untermauerten Bericht über die Investitionspolitik, der dann ohne Namensnennung in einer freundlich gesonnenen Zeitung veröffentlicht wurde, «um so der Öffentlichkeit Klarheit über die wahren Ursachen des Wagenmangels zu geben».[100]

Offensichtlich war Stinnes bereit, zu wirtschaftspolitischen Fragen öffentlich Stellung zu nehmen und sich in diesen Dingen sogar zum Sprachrohr der Industrie zu machen, und sein Schlagabtausch mit Sydow macht deutlich, daß er im Umgang mit Regierungsvertretern entschlossen und ohne Respekt in die Offensive gehen konnte. Die ganze Episode vermittelte einen Vorgeschmack auf künftige Ereignisse. Sie spiegelte auch Stinnes' tiefe Sorge um die Wirtschaftspolitik und Wettbewerbsfähigkeit Deutschlands wider. Obwohl die Chancen auf eine Neubildung des Kohlensyndikats gegen Ende 1912 einen Tiefpunkt erreicht hatten, war der Fiskus auch während der beiden folgenden Jahre noch bei den Erneuerungsgesprächen vertreten. Die Zahl der Nichtmitglieder nahm in dieser Zeit im übrigen ab, weil sich in den Privatbetrieben trotz der Haltung des Handelsministers eine zunehmende Bereitschaft zeigte, dem Syndikat beizutreten. Die wirtschaftliche Talfahrt hatte zu einer allgemeinen Ernüchterung geführt, und auf die Zeit der Preiserhöhungen folgte nun ein empfindlicher Preisverfall. Wie wir bereits gezeigt haben, gehörte Stinnes im November 1913 zu den Befürwortern einer Preissenkung. Das Syndikat ließ demonstrativ durchblicken, daß Preissenkungen kein Zugeständnis an Sydow, sondern eine Folge der konjunkturellen Entwicklung seien, aber die Entscheidung wirkte sich zweifellos positiv auf die Bereitschaft zu Verhandlungen aus, die denn auch gegen Ende 1913 wieder aufgenommen werden konnten.[101]

Anfang 1914 hatten Syndikat und Fiskus die Basis für eine Einigung geschaffen. Ersteres zeigte sich bereit, dem Staat die Mehrheitskontrolle über die Hibernia AG zu überlassen (ein Thema, das mittlerweile seine Brisanz verloren hatte) sowie, was noch wichtiger war, dem Staat ein Mitspracherecht bei der Kohlenpreisbildung einzuräumen, sofern eine Preisentscheidung mit mindestens dreißig Prozent der Syndikatsstimmen abgelehnt wurde. Die Frage, warum die Vertreter der Privatwirtschaft bereit waren, so weit zu gehen, läßt sich mit einem Blick auf den Februar 1914 beantworten, als der Konflikt zwischen reinen Zechen und Hüttenzechen wieder aufflammte. Kirdorf kam zu der Erkenntnis, daß eine Einigung ausgeschlossen sei, und gab den Vorsitz im Erneuerungsausschuß zurück. Tatsächlich wogen die tiefen Zerwürfnisse innerhalb des Syndikats und die Gefahr eines Preiskrieges sowie eines massiven Wertverfalls der Aktien durch den Zusammenbruch des Syndikats wesentlich schwerer als die Probleme mit den Nichtmitgliedern. Und das war noch nicht alles. Stinnes warnte die Regierung in Berlin eindringlich davor, daß ausländische, insbesondere französische Investoren die Chance billigerer Aktienpreise beim Schopf packen, deutsche Kohlenkonzerne aufkaufen und sich so Unabhängigkeit vom deutschen Markt verschaffen würden. Er wurde in seinen düsteren Prognosen von Reusch bestätigt. Zwar hatten sich die französischen Investitionen im Ruhrgebiet bisher in bescheidenen Grenzen gehalten, aber die Situation konnte sich nach einem Zusammenbruch des Syndikats schlagartig ändern.[102] Stinnes' Argumentation war jedoch nicht ungefährlich. Sie konnte dazu führen, daß die Regierung ein Fortbestehen des Syndikats per Gesetz erzwang. Kirdorf übernahm den Vorsitz im Erneuerungsausschuß wieder, nachdem der Vorschlag, die Hüttenzechen sollten ihren über die Selbstverbrauchsquote hinausgehenden Bedarf an Kohlen beim Syndikat decken, eine Einigung zwischen reinen Zechen und Hüttenzechen wieder möglich erscheinen ließ. Gleichzeitig zeigte sich Stinnes optimistisch, daß sich die Gesamtquoten des Syndikats um eine Million Tonnen steigern ließen, da die Vermarktung der Kohlen durch die neuen Kanäle wesentlich erleichtert werde. Kirdorf bezweifelte dagegen, daß der Kompromiß, der für die gemischten Unternehmen erhebliche Kostensteigerungen bedeutete, für seine eigene GBAG annehmbar sei. Er beklagte sich bitter über die Kohlenüberproduktion der reinen Bergwerksunternehmen und die Einbeziehung von Nichtmitgliedern und sagte voraus, daß man spätestens 1915 ein «unglückseliges Gesetz» haben werde.[103]

Das war nicht das einzige Problem, das im Frühjahr 1914 einer Erneuerung des Syndikats im Wege stand. Die Schwierigkeiten mit dem Fiskus waren beileibe nicht beigelegt. Die Modalitäten seiner Mitsprache waren nicht geklärt, und der Fiskus forderte das Recht, einen eigenen Vertreter im Syndikatsvorstand zu benennen, obwohl die Statuten vorschrieben, daß Direktoriumsmitglieder vorgeschlagen und gewählt wurden. Stinnes weigerte sich rundheraus, einem Syndikat beizutreten, in dem einer Partei das Recht eingeräumt wurde, einen Vertreter zu bestimmen, und er wehrte sich besonders erbittert dagegen, daß ein Regierungsbeamter einen Direktor benennen sollte. Seiner Ansicht nach mußten die Direktoren ausnahmslos im gegenseitigen Einvernehmen gewählt werden, und der Fiskus sollte eine Person seines Vertrauens vorschlagen, die aber nicht im Staatsdienst stehen durfte. Besondere Sorgen machte er sich um die Rolle des Staates bei der Preisbildung. Unter dem Beifall seiner Kollegen bestand er darauf, daß der Staat hinsichtlich der verschiedenen Kohlensorten keine unterschiedlichen Maßstäbe anlegte. Man wolle sicher gehen, «daß nicht auf deren Kosten der Fiscus sich etwa populär macht. Wir müssen unbedingt die Sicherheit haben, daß die wirkliche Wertrelation der und der Kohlensorten zu einander maßgebend ist und nicht Stimmungen, die auf Grund parlamentarischer Stimmung es dem Minister praktisch erscheinen lassen, auf Kosten gewisser Kohlengruppen sich eine angenehme Position im Parlament zu machen.» In Stinnes' Augen mußte die Preispolitik des Syndikats in der Zukunft vor allem darauf gerichtet sein, die Probleme zu beseitigen, die ihnen so sehr zu schaffen machten, und dazu gehörte in erster Linie die Überproduktion an Koks, der nicht nur an die Hüttenbetriebe verkauft, sondern auch zur Erzeugung von Nebenprodukten verwendet wurde. Dies war nur zu erreichen, wenn die Kohlenproduktion durch

Ertragssteigerungen angekurbelt und die Gewinne aus der Koksproduktion gesenkt wurden. Stinnes erklärte seine Bereitschaft, zur Erreichung dieses Ziels selbst Opfer zu bringen, aber er befürchtete auch, daß der Fiskus, dessen Engagement in der Koksproduktion enorm war, nur seine eigenen Interessen verfolgen würde: «Ich muß die Gewißheit haben, daß die Rückbildung zur Gesundung des Marktes vom Fiskus nicht gestört wird.» Gleichermaßen mußten die Hüttenbergwerke akzeptieren, daß die Erzeugung von minderwertigem Koks der gesamten Industrie schadete und daß die Produktion zugunsten einer besseren Qualität zurückgeschraubt werden mußte.[104]

Die Erfahrungen an der Saar, wo sich die Verhandlungen in den ersten Monaten des Jahres 1914 ebenso zäh hinzogen, hatten Stinnes gelehrt, daß der Fiskus imstande war, seine eigenen Interessen nicht minder hartnäckig zu verfechten als irgendein privater Unternehmer. Obwohl de Wendel nach wie vor seine Kooperation verweigerte, um auf diese Weise Stinnes und Thyssen bezüglich ihrer Haltung zum Stahlwerksverband unter Druck zu setzen, einigte man sich im März 1914 darauf, sich zu einem Vertriebsverband zusammenzuschließen und eine «freundschaftliche» Beziehung zum Ruhr-Syndikat herzustellen. Der saarländische Fiskus hatte offensichtlich das Interesse an einem Gesamtsyndikat für den Westen verloren, nachdem deutlich geworden war, daß dadurch die Macht der privaten Zechenbesitzer an der Ruhr nicht wirklich beschnitten werden konnte und daß dem Fiskus in einem solchen Syndikat keine Sonderstellung eingeräumt würde. Stinnes äußerte sich im Mai 1914 zuversichtlich über die Möglichkeiten einer guten Arbeitsbeziehung zwischen Saar- und Ruhrgebiet und sah es, im Gegensatz zu seiner Haltung im Jahre 1910, als wichtigstes Ziel an, den Konkurrenzkampf auf dem französischen Markt zu beenden, um dort höhere Preise erzielen zu können.[105]

Es versteht sich von selbst, daß Stinnes' Einsatz für die wirtschaftlichen Interessen seines Landes stets auch von seinen eigenen unternehmerischen Interessen geprägt war, wobei diese jedoch so breit gefächert waren, daß sich beides in seinen Augen zunehmend deckte. Darüber hinaus spielte der ausländische Markt in den Jahren vor dem Krieg bei vielen seiner Überlegungen eine tragende Rolle. Anläßlich der Aktionärsversammlung bei Deutsch-Luxemburg im November 1913 wies er nachdrücklich auf die Statistiken hin, aus denen hervorging, daß der ausländische Markt für die vergangenen Jahre eine besonders positive Entwicklung aufwies und somit ein wichtiger Garant für Arbeitsplätze und Profite in der Schwerindustrie war.[106] Für Stinnes hieß das, daß Deutschland seine Schwächen und wunden Punkte dem Ausland gegenüber herunterspielen und seine Stärken in den Vordergrund rücken mußte. Diese Haltung führte manchmal zu befremdlichen Entscheidungen, etwa als Stinnes es ablehnte, für eine von der geologischen Landesanstalt geplante Untersuchung der weltweiten Kohle- und Erzvorkommen Mittel aus einem Industriefonds zur Verfügung zu stellen und dies damit begründete, ein solches Vorhaben würde der Welt zeigen, wie arm Deutschland an eigenen Lagerstätten sei. Nachdem der verantwortliche Leiter des Projekts persönlich bei ihm vorstellig geworden war, sicherte er zwar schließlich eine finanzielle Unterstützung zu, schränkte diese aber auf den Teilbereich ein, der sich mit den Kohlevorkommen befaßte.[107] Man kann sein Mißtrauen in gewisser Hinsicht verstehen angesichts seiner wachsenden Sorge um die Abhängigkeit der Wirtschaft von einem Staat, der in einer Zeit der rasanten technischen und ökonomischen Veränderungen zusehends in die Rolle einer Kontrollinstanz schlüpfte, anstatt sich als Diener der industriellen Entwicklung zu begreifen. Verschärft wurde das Problem noch dadurch, daß die Privatwirtschaft, wie das Beispiel des Kohlensyndikats zeigte, kaum imstande war, im eigenen Haus für Ordnung zu sorgen.

Diese Tatsache zeigte sich auf geradezu klassische Weise in der Debatte um das Petroleum-Verkaufsmonopol, die sich 1912–13 als Folge der Investitionen der Deutschen Bank in der rumänischen Ölindustrie entspann und angeheizt wurde durch die marktbeherrschende Stellung der Standard Oil in Deutschland, die von der Disconto-Gesellschaft unterstützt wurde. Während die Deutsche Bank Pläne zur Monopolisierung befürwortete, sprach sich die Disconto-Gesellschaft dagegen aus. Eines der wichtigsten Argumente, die von den politischen Befürwortern des Monopols ins Feld geführt wurden, war die zu erwartende Verbilligung des Öls für private Haushaltszwecke, obwohl Öllampen in wachsendem Maße durch elektrisches Licht verdrängt wurden. Tatsächlich hatte man bei den Monopolisierungsplänen vor allem den Leuchtölsektor im Auge. Die Bergwerksbesitzer machten aus ihrer Ablehnung des Monopols keinen Hehl; Hugenberg bezeichnete das Vorhaben als Sozialexperiment, und Kirdorf sah darin eine gefährliche demokratische Maßregelung und ein Vorspiel zur Wiederherstellung des freien Wettbewerbs auf dem Kohlensektor bei gleichzeitiger Aufhebung der Eisenzölle. Seltsamerweise waren sie aber alle bereit, der Idee eines staatlichen Monopols auf diesem Gebiet grundsätzlich ein Fünkchen Vernunft zu attestieren, während Stinnes vehement gegen eine solche Auffassung ankämpfte:

> «Man könne das Monopol nur als vernünftig bezeichnen, wenn die übrigen Erdölfraktionen Benzin, Leuchtöl, Gasöl und Schmieröl, eventuell auch Benzol, in dasselbe einbegriffen würden. Das bedeute aber in seinen weiteren Konsequenzen ein einfaches Niederschlagen der volkswirtschaftlichen Entwicklung. Nichts sei gegenwärtig so sehr im Fluß begriffen, wie die wirtschaftliche Ausnutzung flüssiger und gasförmiger Brennstoffe. Er weise nur auf die umwälzende Entdeckung der flammlosen Verbrennung hin, die eine fünf- bis sechsfache Ausnutzung des Heizwertes dieser Brennstoffe gegenüber der gegenwärtigen ermögliche.»

Stinnes fand die Vorstellung im höchsten Maße absurd, daß hier ein Monopol vor allem zu dem Zweck gegründet werden sollte, die Kosten für Lampenöl zu senken, das in absehbarer Zeit unweigerlich durch den elektrischen Strom verdrängt sein würde. Er hielt die Zusage von Standard Oil, zu einem günstigen Preis zu liefern, für vollkommen ausreichend, um das Problem zu lösen. Die eigentliche Gefahr war in seinen Augen eine Rückkehr zum preußischen «Direktionsprinzip», das im Bergwerkssektor im vorangegangenen Jahrhundert abgeschafft worden war: «Den Monopolisierungsbestrebungen allgemein liege die Absicht zugrunde, dem Beamtentum den Einfluß auf die wirtschaftlichen Betriebe, den es durch die moderne Wirtschaftsentwicklung verloren habe, wieder zu verschaffen.»[108]

Ein fundamentaler Aspekt der modernen ökonomischen Entwicklung war die Verbindung zwischen der wissenschaftlichen Entwicklung neuer Verfahren und deren praktischer Umsetzung, Erprobung und Weiterführung durch die Industrie. Stinnes' ganzer beruflicher Ehrgeiz hatte sich auf die effiziente Nutzung von Kohle und Kohlenwertstoffe konzentriert. Auf diesem Gebiet spielte der Staat eine nicht unwesentliche Rolle, wie Stinnes aus den Jahren seiner eigenen technischen Ausbildung sehr wohl wußte, und während ihn Bürokraten wie Sydow mit Zorn erfüllten, brachte er denjenigen Staatsbeamten, die sich als Förderer der Wissenschaft und Industrie begriffen, größte Hochachtung und Bewunderung entgegen. Die Kaiser-Wilhelm-Gesellschaft (KWG), die 1911 auf Betreiben des Theologen Adolf von Harnack und des Nobelpreisträgers und Chemikers Emil Fischer in Zusammenarbeit mit dem preußischen Kultusministerium gegründet worden war und sich die Förderung und Pflege der naturwissenschaftlichen Forschung in Deutschland zum Ziel gesetzt hatte, war von dem nationalökonomischen Geist beseelt, wie ihn Stinnes verstand und begrüßte. Einerseits kam darin die Erkenntnis zum Ausdruck, daß Deutschland mit einer internationalen Konkurrenz im Bereich der Forschung konfrontiert war, die wie im Falle des Rockefeller-Instituts in den Vereinigten Staaten in der Lage war, enorme Summen aus privaten Quellen für die Wissenschaft zu beschaffen. Andererseits spiegelte sich darin die Notwendigkeit, Forschungszentren außerhalb der Universitäten zu schaffen, wo die Verbindung von Lehre und Forschung wissenschaftliche Entwicklungen, wie sie das neue Zeitalter der Technik erforderte, eher hinderte, als sie voranzutreiben.

Der Düsseldorfer Regierungspräsident Francis Kruse, der bei den Diskussionen um die Gründung der KWG zu den treibenden Kräften gehörte, war besonders interessiert daran, eines der angegliederten Institute in seinem Industriebezirk anzusiedeln, der in seinen Augen die besten Voraussetzungen für eine synergetische Verbindung zwischen Wissenschaft und Praxis bot. Schon im Sommer 1910 bemühte sich Kruse, einflußreiche Industrielle zu Geldspenden für diesen Zweck zu bewegen. Thyssen war bezeichnenderweise bereit, 100000 Mark im Gegenzug für eine Konzession im Rheinhafen von Schwelgen zur Verfügung zu stellen, ein Handel, den Kruse und seine politischen Gesinnungsfreunde unannehmbar fanden, weil es nicht den Grundsätzen der KWG entsprach, Konzessionen gegen Geldgeschenke zu vergeben. Die Familie Stinnes, allen voran Hugo und Gustav sowie Gerhard Küchen, zeigte jedoch großes Interesse daran, aus dem Werk Mathias Stinnes 100000 Mark für ein Institut im niederrheinischen Bezirk zur Verfügung zu stellen, dessen Charakter und Struktur von den großen Industrieunternehmen mit geprägt sein sollte.[109]

Zu Kruses Bemühungen und dem grundsätzlichen Interesse der Familie Stinnes gesellten sich zwei weitere Faktoren, die schließlich zur Gründung des Kaiser-Wilhelm-Instituts für Kohleforschung führten. Zum einen war das Emil Fischers Interesse daran, die Forschung auf dem Gebiet der Kohle und ihrer Nutzungsmöglichkeiten anzukurbeln, ein Anliegen, über das er sich mit Stinnes und Kirdorf bereits 1907 unterhalten hatte, und zum anderen Bürgermeister Lembkes Wunsch, eines der neuen Forschungsinstitute in Mülheim unterzubringen. Besonders günstig war für ihn in diesem Zusammenhang, daß er auf die von Stinnes' Onkel und Tante ins Leben gerufene Leonhard-Stiftung zurückgreifen konnte, um die Grundstücks- und Baukosten aufzubringen. Nach dem Tod von Margarete Leonhard im Oktober 1911 ging die Stiftung in den Besitz der Stadt Mülheim über, und Stinnes befürwortete als Mitglied des Stiftungsrats die Finanzierung eines speziell der Kohleforschung gewidmeten Instituts der KWG. So hatte sich also aus der Idee Lembkes, einen Zweig der KWG oder ein unabhängiges Institut in der Stadt zu etablieren, das konkrete Projekt eines Kaiser-Wilhelm-Instituts für Kohleforschung herauskristallisiert, das von Stinnes und seiner Familie großzügig unterstützt wurde.

Am 29. Juli 1912 berief Kruse eine Versammlung von 150 führenden Ruhr-Industriellen ein, die sowohl in ihren jeweiligen Standesorganisationen als auch in der Politik ihrer Gemeinden eine tragende Rolle spielten, um mit ihnen über die Gründung der geplanten Kaiser-Wilhelm-Gesellschaft zu sprechen. Für Harnack und Emil Fischer war dies eine großartige Gelegenheit, ihr Programm vorzustellen. Letzterer betonte die Bedeutung der Kohle für die Stromgewinnung, ein Thema, das Stinnes besonders am Herzen lag, er wies aber auch auf die Notwendigkeit einer freien und unabhängigen Forschung hin. Stinnes selbst war sicherlich klar, wie wichtig eine unabhängige Forschung war. Er legte zwar wert darauf, daß die Industriellen, die das geplante Institut finanzieren sollten, stets darüber informiert würden, was darin vor sich ging, aber er war auch bereit, dem Institut eine gewisse Unabhängigkeit zu sichern, zumal sich der Mann, der das neue Institut leiten sollte, Professor Franz Fischer, in seinen wissenschaftlichen Forschungen intensiv mit dem Problem der Stromerzeugung auf der Basis der Kohleverbrennung befaßte.

Das 1912–13 gegründete Institut für Kohleforschung war anders strukturiert als die übrigen Zweige der Kaiser-Wilhelm-Gesellschaft, da seine Arbeit nicht durch einen Stiftungsfonds, sondern nach einem festgelegten Zehn-Jahres-Plan durch Firmen finanziert wurde. Das Grundstück auf dem Kahlenberg, auf dem das neue Institut gebaut wurde, blieb im Besitz der Leonhard-Stiftung. Die gesamte Organisationsstruktur, die auf einer sich jährlich erneuernden Verpflichtung der Geldgeber für einen Zeitraum von zehn Jahren basierte, zeigt deutlich, wie sehr Stinnes und seinen Kollegen an dieser Einrichtung als Institution zur Lösung ganz spezifischer Probleme gelegen war. Bei der feierlichen Eröffnung des Instituts am 27. Juni 1914 fiel nicht nur die große Zahl von Industriellen auf, die in ihren beeindruckenden Limousinen vorfuhren, sondern auch die Abwesenheit des Kaisers, der bei solchen Anlässen sonst nie fehlte. Der Grund für sein Fernbleiben war weniger die aktuelle internationale Krisensituation als die Tatsache, daß die Industriellen ihn nicht um sein Erscheinen gebeten hatten. Lembke sah keine Veranlassung für seine Stadt, das viele Geld auszugeben, das für eine kaiserliche Visite erforderlich war, und die Industriellen waren nach wie vor nicht gut auf den Kaiser zu sprechen, weil er ihnen im Bergarbeiterstreik von 1912 nicht die erwartete Unterstützung gewährt hatte. Wie bei solchen Gelegenheiten üblich, ergoß sich auch ein warmer Regen kaiserlicher Orden und Auszeichnungen über die Gründungsmitglieder des Instituts, aber Lembke vermied es klugerweise, Stinnes, der doch eine so tragende Rolle gespielt hatte, für eine solche Ehrung vorzuschlagen, «da ich aus Äußerungen desselben annehmen muß, daß es ihm erwünschter ist, wenn Auszeichnungen für ihn nicht in Erwägung gezogen werden».[110]

3. Zwischen friedlicher Expansion und Kriegsgefahr

In dieser Periode seiner unternehmerischen Laufbahn fällt besonders auf, wie wenig Stinnes sich in seiner Arbeit durch die internationale Krise und die immer drohender werdende Gefahr eines bevorstehenden Krieges beeinträchtigen ließ, und wie sehr sein ganzes Handeln von der Annahme bestimmt war, daß die Welt des internationalen Kapitalismus, in der er sich bewegte, ohne Unterbrechung weiterfunktionieren würde. Bemerkenswert ist beispielsweise die Übernahme der Northern Union Mining Company in den Jahren 1913 und 1914, und noch erstaunlicher ist die Tatsache, daß Stinnes' größte Sorge im Juli 1914 dem drohenden Ausbruch eines internationalen Bergarbeiterstreiks galt. Wie ist diese scheinbare Blindheit für die Gefahr eines europaweiten Krieges zu erklären, und wie stand Stinnes zu den brennenden politischen Problemen dieser Tage? Wie beurteilte er eigentlich Deutschlands Rolle in dieser Blütezeit des Imperialismus, die dem Krieg vorausging?

Beginnen wir mit der einfachsten Antwort auf diese Fragen, und die lautet, daß sich in Stinnes' Leben, wie im Leben anderer Industrieller dieser Tage auch, alles um die Errichtung großer industrieller Werke drehte. Um sie zu bauen, war Friede erforderlich, und Friede war auch die Voraussetzung für die Vermarktung ihrer Produkte. Und mit zunehmender Größe der Unternehmen wurde auch der Export immer wichtiger, um die erforderlichen Gewinne zu erzielen. Die industrielle Entwicklung in Deutschland wurde von dem unbändigen und sich immer mehr verselbständigenden Wunsch nach Wachstum und Expansion angetrieben, und im Feld ehrgeiziger Unternehmer stand Stinnes an vorderster Front. Im Januar 1914 schrieb ein Kommentator zu diesem Thema:

> «Der Baufanatiker will unter allen Umständen die neuesten Werke und die größten Beteiligungen haben. Die Technik peitscht ihn ja auch ruhelos weiter.

Der schärfste Vertreter des Baufanatismus ist Hugo Stinnes, die Montan-Sphinx Deutschlands. Ein kluger Mann; er spricht nur selten. Hat bei Deutsch-Luxemburg kein Geld in der Kasse, ließ aber 12 Millionen Mark an Dividenden ausschütten. Weder in den Aufsichtsräten noch bei den Banken ist ein Mann, der diesen ruhelosen Geist bändigen könnte. Höchstens der Geldmarkt wäre stark genug, ihn auf einige Zeit festzuhalten. Wird aber in der Geschichte der deutschen Montan-Industrie ein großer und wird persönlich ein reicher Mann sein, wenn er die schweren Lasten, die er sich aufgebürdet hat, durchträgt. Ein fleißiger Mann; die mitternächtige Stunde solle ihn noch bei der Arbeit finden. In seinen persönlichen Ansprüchen noch immer bescheiden; er will aber, wie die Fama im Revier erzählt, in dem Mülheimer Stadtwald ein Schloß mit 200 Zimmern bauen. Der Bau wird ohne Zweifel herrlich werden; denn das Bauen versteht Hugo Stinnes. Das muß ihm auch der Neid lassen.»[111]

Der Kommentator geht in seinem Artikel auf die enormen Baumaßnahmen bei der Dortmunder Union ein, die 40 Millionen Mark verschlangen und kaum einen Stein auf dem anderen ließen. Anstelle der alten Bauten entstanden gewaltige Stahl- und Walzwerke, daneben Konstruktionsanlagen für Brücken und Eisenbahnteile. Die Energieversorgung erfolgte über modernste Gas- und Stromanlagen, und man hatte den Eindruck, daß sämtliche Funktionen des Werks perfekt aufeinander abgestimmt waren. Gleichzeitig war jedoch der gesamte Schiffbausektor nach Emden ausgelagert worden, wo ein neuer Fabrikkomplex im Entstehen war. Um Stinnes' beharrliche Weigerung, der häßlichen Möglichkeit eines drohenden Krieges ins Auge zu blicken, begreifen zu können, darf man daher nicht seine enormen Leistungen außer acht lassen – Leistungen, auf die er freilich kein Monopol erheben konnte und die seine Konkurrenten zu gesteigerten Expansionsbemühungen anstachelten.

Für die Zeit vor 1911 geben vor allem Cläres Tagebuchaufzeichnungen Aufschluß über Stinnes' Beschäftigung mit der internationalen politischen Entwicklung. Wie wir bereits an früherer Stelle gezeigt haben, geht aus diesen Aufzeichnungen hervor, daß sich das Ehepaar Stinnes intensiv mit dem Wahlkampf von 1907 beschäftigte und Dernburgs Kolonialpolitik glühend befürwortete, vor allem aber höchst zufrieden war über die politischen Auswirkungen eines Wahlkampfes (Hottentotten Wahlen) im eigenen Land, der auf der Basis eines überhitzten Nationalismus geführt wurde. Zumindest Cläre machte sich zu dieser Zeit Gedanken über Deutschlands Stellung dem Ausland gegenüber, denn sie notierte im Juni 1907 in ihrem Tagebuch: «Unsere Isolierung wird langsam und sicher immer größer. Wir feiern üppige Feste mit eingeladenen englischen Zeitungsschreibern, reden von Brüderschaft und gleichen Interessen, indes King Edward mit Frankreich und Spanien einen Mittelmeerbund schließt. Für den Norden ist seine Flotte nun frei. Wir bleiben jedoch gleich vertrauensselig.»[112] Stinnes war wohl enttäuscht über Bülows außenpolitische Mißerfolge und zutiefst empört über die Daily-Telegraph-Affäre von 1908, ließ sich aber von seinen Sorgen um die Position Deutschlands nicht daran hindern, sich um Verträge zu bemühen, die ihm die Belieferung der russischen Marine mit Kohle sicherten.

Selbstverständlich war er mehr als bereit, der deutschen Marine in noch wesentlich größerem Maßstab zu Diensten zu sein. Nachdem er 1909 einen riesigen Kohlenlagerplatz an der Straße von Messina erworben hatte, machte er sich Hoffnungen darauf, daß ihm die deutsche Marine ein ausrangiertes Kriegsschiff zur Verfügung stellen würde, das er mit Krananlagen und Kohlenlagerräumen umzurüsten gedachte. Er sprach sowohl beim Außenministerium als auch bei Dernburg vor, um dort Unterstützung für sein Anliegen zu suchen. Stinnes bemühte sich in diesem Zusammenhang mit Dernburgs Vermittlung um eine Unterredung mit Admiral Alfred von Tirpitz, dem Leiter des Reichsmarineamtes, wurde aber mit der Auskunft abgespeist, daß die deutsche Marine kein besonderes Interesse an Messina habe, weil im Mittelmeer lediglich zwei ihrer Übungsschiffe stationiert seien und sie ohnehin nicht hoffen könne, sich gegen die dort übermächtige Konkurrenz der Engländer durchzusetzen. Dagegen zeigte man sich höchst interessiert daran, daß Stinnes zwei seiner Kohlendampfer bereitstellte, die im Kriegsfall die deutsche Flotte im Atlantik mit Brennstoff beliefern sollten. Möglich war dies, weil Stinnes' Schiffe mit Funk ausgerüstet waren. Stinnes verfolgte die Angelegenheit 1910 und 1911 weiter, aber die Marine reagierte nicht auf seine Bemühungen. Es scheint allerdings bei der Planung geheimer Versorgungsstützpunkte für die deutsche Marine im Nahen Osten eine Zusammenarbeit zwischen Stinnes und Tirpitz gegeben zu haben, den er nach einem ersten Treffen als eindrucksvollen Mann beschrieb. Ob diese Kooperation aber im Endeffekt stärker zu Buche schlug als die Walfangstation, die er 1912 bei Midgard mit dem Ziel einrichtete, sich selbst am Walfanggeschäft zu beteiligen und andere Walfänger mit Kohlen zu versorgen, ist schwer zu sagen. Sicher ist, daß die deutsche Marine nicht zu seinen wichtigsten Kohlenabnehmern zählte.[113]

Stinnes zeigte offenbar auch kein großes Interesse, sich am Aufbau der deutschen Flotte zu beteiligen. Graf von Oppersdorff, der dem rechten Flügel des Zentrums zuzurechnen war und dem Haushaltsausschuß des Reichstags angehörte, äußerte sich Anfang 1909 in einem Schreiben an Deutsch-Luxemburg besorgt über die Monopolstellung der Firma Krupp und der Dillinger Hütte bei der Belieferung der Marine mit Panzerplatten und fragte an, ob nicht andere Firmen für eine Beteiligung zu interessieren wären. Er hielt die Sache für überaus wichtig, weil im Falle eines Krieges die extreme Abhängigkeit der Regierung von diesen Firmen, die dann auch bei der Versorgung mit Arbeitskräften bevorzugt behandelt würden, nicht eben im Interesse der Öffentlichkeit wäre. Auf dieses Schreiben hin erkundigte sich Direktor Knupe bei Stinnes, ob er die Anfrage an den Bochumer Verein weiterleiten solle, der wahrscheinlich Interesse zeigen würde, äußerte aber gleichzeitig seine Bedenken: «Mit Rücksicht auf die enormen Kosten, die ein neues Werk verursacht, und die mangelnde Erfahrung wird sich so leicht keine Konkurrenz auftun können, zumal das meiste Fett von den beiden bestehenden Werken bereits abgeschöpft ist.»[114] Stinnes erklärte sich offensichtlich zu einem persönlichen Gespräch mit Oppersdorff bereit, aber nichts deutet darauf hin, daß Deutsch-Luxemburg die Sache weiter verfolgte, was angesichts der ablehnenden Haltung Knupes auch eher verwunderlich gewesen wäre.

Tatsächlich machte sich Stinnes wesentlich mehr Gedanken um die Verluste, die ein militärisches Engagement und ein möglicher Krieg mit sich bringen konnten, als um die Gewinne, die vielleicht damit zu erzielen waren. Ganz besonders galt dies für die Zeit während und nach der zweiten Marokkokrise 1911, die der deutschen Wirtschaftswelt die reale Gefahr eines Kriegsausbruchs ernster denn je vor Augen führte. Dabei galt Stinnes' oberste Sorge den Auswirkungen eines Krieges auf seine Handelsflotte, nämlich der Möglichkeit, daß seine Schiffe auf hoher See in feindliche Hände fallen könnten. Er diskutierte das Problem im August 1911 mit Ferguson und Deters, seinem Direktor in Hamburg, und gemeinsam arbeiteten sie Pläne und Strategien aus. So entwickelten sie eine Reihe von Codes für die Kapitäne der Handelsschiffe, mit denen diese über die Gefahr einer drohenden Kriegserklärung zwischen Deutschland und vierzehn anderen Nationen informiert werden sollten. So bezeichneten die Codes «X zwölf» und «X dreizehn» beispielsweise das eher unwahrscheinliche Kriegsbündnis von Griechenland und China. «X eins», «X zwei», «X drei» und «X vier» bezeichneten den schon realistischeren und beängstigenderen Fall, daß ein Krieg zwischen Deutschland und den verbündeten Streitkräften der Engländer, Franzosen, Italiener und Russen bevorstand. War vor den entscheidenden Zahlen ein «K» vermerkt, so hieß dies, daß die Kriegserklärung erfolgt war. Für diesen Fall hatten die Kapitäne die Anweisung, den nächsten neutralen oder deutschen Hafen anzusteuern, sofern sie sich auf hoher See befanden, oder unter Vornahme aller Sicherheitsmaßnahmen sofort in See zu stechen, wenn sie in einem feindlichen Hafen vor Anker lagen.[115]

Die Frage eines bevorstehenden oder tatsächlichen Krieges mit England war für Stinnes wegen seiner Investitionen und der von Ferguson geleiteten Firmenaktivitäten in diesem Land ein besonders heikles Thema. Stinnes' Kapitäne hatten die Order, im Krisenfall mit Ferguson Kontakt aufzunehmen und sich von ihm weitere Anweisungen zu holen, wenn sie sich in irgendeinem potentiell feindlichen Hafen innerhalb Europas befanden. Im Falle einer erfolgten Kriegserklärung sollten sie die Nationalfarben und Stinnes' Firmenemblem überstreichen, um so eine Identifizierung der Schiffe zu erschweren. Sein Hauptanliegen war jedoch, auch im Falle eines Krieges seine Geschäftstätigkeit aufrechtzuerhalten und den Bestand seiner Handelsflotte zu sichern. In der Gewißheit, daß die Schweiz ihre Neutralität bewahren würde, entschloß er sich, seine Eisenhandelsfirma und Züricher Niederlassung Julius Schoch & Co. zu Kontaktbüros für alle anderen Filialen und Tochterfirmen in Europa zu machen. Ferguson wurde für die Kohlen- und Schiffsfrachtinteressen des Stinnes-Konzerns eine uneingeschränkte Handlungsvollmacht übertragen, wobei er seine Instruktionen von den Züricher Büros erhalten sollte, die ihre Anweisungen natürlich wiederum aus Mülheim bekamen. Stinnes begründete seine Vorkehrungen so: «Die Schweiz als neutrales Land und bei ihrer geographischen Lage wird unter allen Umständen den Konnex mit Frankreich/England und andererseits mit Österreich/ Deutschland aufrecht erhalten.»[116] Auf diese Weise würden die Dinge zwar nicht gerade ihren gewohnten Lauf nehmen, aber immerhin würden die Geschäftsbeziehungen nicht völlig abreißen.

Stinnes ging von der Annahme aus, daß man im Falle eines Krieges private Vermögenswerte respektieren würde, auch wenn ihm klar war, daß deutsche Handelsschiffe dem Prisenrecht unterworfen sein würden. Um seine Schiffe und Ladungen vor solchen Gefahren zu schützen, ließ er sich einiges einfallen. So schickte er folgende Anweisungen an Ferguson:

> «Sollte Deutschland in einen Krieg verwickelt werden, so bin ich fest entschlossen, zu vermeiden, daß die Fracht meiner Dampfer, die England mit Kurs auf Deutschland verlassen, als Banngut betrachtet wird und meine Schiffe auf Grund dessen eingezogen werden. Diese Gefahr, der meine Schiffe ausgesetzt wären, wenn sie Kohlen von England nach Deutschland transportieren, kann sicher vermieden werden, indem ich sie in neutrale Länder umlenke, anstatt sie mit ihrer Fracht direkt nach Deutschland fahren zu lassen. Ich denke in dieser Hinsicht in erster Linie an Kopenhagen und in zweiter Linie an St. Petersburg, vorausgesetzt, daß Dänemark und Rußland ihre Neutralität behalten.
>
> Falls ein Krieg ausbrechen sollte, möchte ich Sie bitten, alle Schiffe, die in britischen Häfen beladen werden, nach Kopenhagen und St. Petersburg umzudirigieren und für die Ausstellung sauberer Frachtpapiere Sorge zu tragen, falls sich der Kapitän auf See durch solche Frachtbriefe legitimieren muß, wenn es die kriegführenden Parteien fordern. In diesem Fall könnte die Fracht nicht als Banngut gewertet werden.
>
> Auf diese Weise wäre alle Gefahr von meinen Schiffen abgewendet. Andererseits bin ich überzeugt, meinen kommerziellen Interessen zu dienen, weil die Chancen im Falle eines internationalen Konflikts gut stehen, daß wir die Kohlenladungen in Kopenhagen oder St. Petersburg mit beträchtlichem Gewinn veräußern können. Auf diesen letzteren Punkt lege ich besonderen Wert, um so mehr, als die Entladeanlagen in Kopenhagen demnächst fertiggestellt sein werden und in St. Petersburg verfügbare Lastkähne in Verbindung mit den schwimmenden Kränen ein schnelles Entladen ermöglichen.»[117]

Warum Stinnes 1911 auf eine mögliche Neutralität Rußlands spekulierte, ist schwer zu sagen, denn auch wenn die Russen kein besonderes Interesse an Marokko zeigen mochten, war ihnen die Rolle, die Deutschland vor gar nicht langer Zeit in der Krise von 1908, ausgelöst durch Österreichs Annexion von Bosnien-Herzegowina, gespielt hatte, sicher noch in unguter Erinnerung. Stinnes hatte jedoch gewaltige Summen in seine russischen Unternehmungen investiert, er hatte, mit Hilfe der dort installierten schwimmenden Docks und Lastkähne, die russische Marine mit Kohle aus seinen englischen Verkaufsniederlassungen zu beliefern begonnen, und er wollte offensichtlich noch ein möglichst gutes Geschäft machen, bevor die Lichter ausgingen.[118]

Und er wollte sichergehen, daß seine Schiffe oder zumindest der Wert, den sie darstellten, nicht verloren waren, wenn die Lichter wieder angingen. So kam es im Herbst 1912 zu einem neuerlichen Briefwechsel darüber, wie man bei Kriegsausbruch die Konfiszierung seiner Handelsschiffe, vor allem durch die Engländer, verhindern könne. Stinnes glaubte, das Problem lösen zu können, indem er die gefährdeten Schiffe seiner Handelsflotte umgehend an seine englische Firma, die Hugo Stinnes Ltd., verkaufte. Sie sollten denn auch mit den erforderlichen Verkaufspapieren ausgerüstet werden und englische Flaggen mit sich führen, die im Bedarfsfall zu hissen waren. Da es im übrigen in England zahlreiche Anfragen von Kaufinteressenten gegeben hatte, wurde J. Russell Ferguson ermächtigt, die nunmehr englischen Schiffe gegebenenfalls zu einem angemessenen Preis an andere englische Abnehmer weiterzuveräußern. Stinnes wurde jedoch sowohl von den Rechtsexperten im Reichsmarineamt als auch von Ferguson darüber in Kenntnis gesetzt, daß ein Verkauf von Schiffen auf See oder in einem anderen als ihrem Heimathafen zwar in Friedenszeiten erlaubt war, im Falle eines Krieges aber strikten Regelungen unterlag. Ganz sicher würden Verkäufe nicht anerkannt, die zu dem erkennbaren Zweck getätigt wurden, die Einziehung durch Prisengerichte zu verhindern, und auch eine Besitzverschiebung innerhalb einer Unternehmensgruppe würde unter keinen Umständen rechtlichen Bestand haben. Stinnes' «wohlüberlegte Vorkehrungen für den Kriegsfall» taugten also wenig, und auch seine Flaggensammlung konnte ihm nicht das geringste nützen. Letztendlich gab es nur eine realistische Vorkehrung, die getroffen werden konnte, und die bestand darin, die Funkempfänger auf die Station Norddeich einstellen, von wo aus sie über den Kriegsausbruch, wenn und sobald er Wirklichkeit werden sollte, dreimal täglich informiert würden.[119]

Stinnes konnte nur hoffen, daß seine mit englischer Kohle beladenen Schiffe im Ernstfall rechtzeitig einen deutschen oder neutralen Hafen erreichen würden. Wenn es ihnen gelang, unbeschadet einen deutschen Hafen anzulaufen, konnten die Kohlen an die deutsche Marine verkauft werden, die natürlich größtes Interesse daran hatte, daß in Kriegszeiten Schiffe für den Kohlentransport zur Verfügung standen. Stinnes zeigte eine zunehmende Bereitschaft, mit der Marine Verträge über Verleih oder Verkauf seiner Schiffe und über die Kohlenversogung der Flotte im Manöverfall abzuschließen. Zwar nahm er auf seinen alten Schiffen bereitwillig die notwendigen technischen Umbauten vor und rüstete neue Schiffe nach den Vorgaben der Marine aus, doch bestand er darauf, daß die Marine die Kosten hierfür übernahm. Dabei achtete er tunlichst darauf, der Marine seine älteren Schiffe zu überlassen, während er die moderneren für den Einsatz nach dem Krieg zurückbehielt.[120]

Offensichtlich machte sich Stinnes auch zunehmend Sorgen über die Gefahr von Luftangriffen auf RWE-Kraftwerke. Ende 1913 erörterte er die Frage ihres Schutzes mit zivilen und militärischen Behörden. Im Dezember erhielt die Heeresverwaltung einen Plan des RWE-Versorgungsschiffes. Sie hatte sich erboten, bei der Planung und beim Bau notwendiger Schutzvorrichtungen gegen Angriffe aus der Luft behilflich zu sein. Angesichts solcher Befürchtungen war es nicht verwunderlich, daß die RWE AG als eine der ersten Firmen den Aufbau der deutschen Luftwaffe mit 100000 Mark unterstützte, die für den Ausbau einer Basis in Straßburg verwendet wurden.[121]

Stinnes war jedoch alles andere als erfreut über das allgemeine Wettrüsten, und er teilte die Kriegsbegeisterung vieler Vertreter des rechten und alldeutschen Lagers nicht, mit denen er zusammenarbeitete. Er war zwar der Meinung, daß die deutsche Diplomatie in der Marokkofrage im Laufe der Jahre viele Fehler gemacht hatte und daß man für die Zugeständnisse, die Deutschland um einer Beendigung der Krise willen gemacht hatte, größere Kompensationen aus den Franzosen hätte herauspressen können, aber er stand der Entsendung des deutschen Kanonenboots Panther nach Agadir überaus kritisch gegenüber und beteiligte sich auch nicht an dem nationalistischen Sturm der Empörung in Deutschland angesichts der Kompromisse zur Beilegung des Konflikts. Wie die meisten anderen Ruhrindustriellen, war er daran interessiert, gemeinsam mit den Franzosen die marokkanischen Erzvorkommen zu erschließen und auszubeuten, und er hatte wenig Verständnis für den Alleingang der Gebrüder Mannesmann, die durch ihre Ansprüche auf diese Region und durch geschickte Ausnutzung der alldeutschen Propaganda die Krise mit herbeigeführt hatten. Stinnes war im übrigen auch klar, daß die deutsche Politik weniger darauf abzielte, Deutschland koloniale Rechte in Marokko zu sichern, als vielmehr darauf, sich um den Preis der dort den Franzosen gemachten Zugeständnisse größeren Einfluß in der Kongo-Region zu erhandeln.[122]

Als daher die *Rheinisch-Westfälische Zeitung* bei ihm anfragte, ob er bereit sei, einen Kommentar zu den Vereinbarungen zwischen Frankreich und Deutschland zu schreiben, zögerte er nicht, als Verfasser eines Artikels in Erscheinung zu treten, in dem er sich von den alldeutschen Kritikern dieses Vertrages distanzierte:

> «Die Behandlung der Marokkofrage von deutscher Seite ist, wie ich schon früher in Ihrer Zeitung geäußert habe, vielfach widersprüchlich gewesen, aber m. E. liegen die Widersprüche und Fehler vor 1909, es sei denn, was ich nicht glauben kann, daß die Besitzergreifung eines Teiles von Marokko zu irgend einer Zeit das wirkliche Ziel des Agadir-Vorgangs gewesen ist.
>
> Auf Ihre damalige telefonische Mitteilung betr. Entsendung des Panthers habe ich Ihnen gegenüber sofort meine diesbezüglichen Zweifel ausgedrückt und glaube das auch heute nicht.
>
> Die schwächste Stelle des Gesamtabkommens scheint mir in dem ungenügenden Anschluß an den belgischen Kongo zu liegen, der unseren Handels-

beziehungen durchaus nicht die freie Entfaltung gewährleistet, die man zum Ausgleich für die vollständige politische Freiheit Frankreichs in Marokko erwarten dürfte.

Im Ganzen genommen habe ich aber nicht den Eindruck, daß das Abkommen die maßlose Kritik verdient, die jetzt vielfach geübt wird, es scheint nun vielmehr sich um eine gründliche Arbeit gewissenhafter Leute zu handeln, die aus einer durch Schuld der Vorgänger verpfuschten Situation manches Wertvolle gerettet.

Was das Verlorene angeht, so muß ich sagen, so groß die Reichtümer Marokkos auch sein können, nachgewiesen ist nach meiner Kenntnis bis heute nur ein wertvolles Vorkommnis in dem spanischen Interessengebiete.

Es wäre bedauerlich, wenn der Zorn darüber, daß Frankreich von Anfang an viel zielbewußter geleitet gewesen ist, und demgemäß jetzt unendlich viel besser abschneidet wie Deutschland, uns blind machen würde für die bescheidenen Vorteile, die jetzt an anderer Stelle, wenn auch nicht in Marokko herausgeholt worden sind.

Es wäre des weiteren bedauerlich, wenn unnützer Weise durch maßlose Kritik zwischen Deutschland und Frankreich eine Atmosphäre geschaffen würde, wie damals nach dem Burenkriege mit England, eine Atmosphäre, unter der beide Parteien gleicher Maßen leiden würden, am meisten die Kohlen- und Eisenindustrie, die in Deutschland und Frankreich aufeinander angewiesen sind.»[123]

Dieses Bekenntnis zu moderatem Verhalten und zur internationalen wirtschaftlichen Zusammenarbeit mit den Feinden Deutschlands äußerte Stinnes nicht nur in der Öffentlichkeit, sondern noch wesentlich pointierter im privaten Kreis, und zwar auch denjenigen gegenüber, die eine ganz andere Meinung vertraten, allen voran den Alldeutschen. Als Stinnes kurz nach der zweiten Marokkokrise zu einem Essen bei seinem Cousin Karl Itzenplitz eingeladen wurde, der als Unternehmer ebenfalls im Schiffahrtsgewerbe tätig und ein guter Freund des führenden Alldeutschen Heinrich Class war, drehte sich das Gespräch hauptsächlich darum, Stinnes für die alldeutsche Sache zu gewinnen. In seinen Erinnerungen hat Class seine Unterhaltung mit Stinnes und sein eigenes Entsetzen darüber festgehalten, «wie man ein Kaufmann von höchsten Graden sein und doch politisch jedes Instinktes und sicheren Urteils bar sein kann».[124]

Stinnes sprach dagegen «mit Leidenschaft, ja mit einer gewissen herrscherlichen Überlegenheit» gerade den Alldeutschen derlei Qualitäten ab. Er hatte zwar im großen und ganzen gegen ihre innenpolitischen Ziele nichts einzuwenden, war aber zutiefst ungehalten über ihren Kampf gegen Bethmann Hollweg, den er für «den einzigen Aktivposten der deutschen Außenpolitik hielt». Er bezeichnete ihr Verhalten als «ein Verbrechen» und warf ihnen vor, ihre Kritik «grenze an Landesverrat». Class, der nichts lieber gesehen hätte als einen Abtritt Bethmanns, lenkte daraufhin das Gespräch auf die wirtschaftliche Zukunft

Deutschlands, ein Thema, über das Stinnes nur allzu gerne seine gegensätzliche Meinung kundtat. Stinnes vertrat die Ansicht, daß die Wirtschaft, nicht das Militär der Schlüssel zur zukünftigen Stellung Deutschlands in der Welt sei, und er versuchte das am Beispiel seiner eigenen Person zu verdeutlichen:

> «Und sehen Sie, was das heißt, wenn ich langsam aber sicher mir die Aktienmehrheit von dem oder jenem erwerbe, wenn ich nach und nach die Kohlenversorgung Italiens immer mehr an mich bringe, wenn ich in Schweden und Spanien wegen der notwendigen Erze unauffällig Fuß fasse, ja mich in der Normandie festsetze – lassen Sie noch 3–4 Jahre ruhiger Entwicklung, und Deutschland ist der unbestrittene wirtschaftliche Herr in Europa. Die Franzosen sind hinter uns zurückgeblieben; sie sind ein Volk der Kleinrentner. Und die Engländer sind zu wenig arbeitslustig und ohne den Mut zu neuen Unternehmungen. Sonst gibt es in Europa niemanden, der uns den Rang streitig machen könnte. Also 3 oder 4 Jahre Frieden, und sichere die deutsche Vorherrschaft in Europa im Stillen.»

Class, der überzeugt war, daß England einer solchen Entwicklung niemals tatenlos zugesehen hätte, war perplex über die Bestimmtheit, mit der sich Stinnes über solche Einwände hinwegsetzte, «da jetzt die Welt von wirtschaftlichen Interessen, von den großen Unternehmern und den Banken regiert würde». Anstatt über die möglichen marokkanischen Bodenschätze in lautes Geschrei auszubrechen, hätten die Alldeutschen seiner Ansicht nach besser daran getan, in aller Stille auf einen deutschen Einfluß in dieser Region hinzuarbeiten. Besonders harsch ging er mit den «brutalen» und lautstarken Methoden ins Gericht, mit denen die Gebrüder Mannesmann sich die Kontrolle über die marokkanischen Erzvorkommen zu sichern versucht hatten. In seinen Augen hätte ein geschickteres und diskreteres Vorgehen den Deutschen in Marokko nicht nur Erz, sondern auch wertvolle Gebiete zur landwirtschaftlichen Nutzung eingebracht. Auch hier verwies Stinnes auf seine eigenen Taktiken im Ausland und nannte als Beispiel seine Unternehmenszweige in England, Dänemark, Holland und Italien, wo nach außen hin einheimische Führungskräfte als seine Statthalter agierten. Besonders stolz war er auf seine Aktienmehrheit beim bedeutendsten Bergwerk von Wales, das die englische Marine mit Kohlen belieferte und von dem aus Stinnes auf englischen Schiffen, die unter deutscher Flagge liefen, Kohlen nach Italien lieferte!

Class' Bericht über diese Unterredung ist natürlich aus zweiter Hand, und er wurde erst Jahre, nachdem das Gespräch stattgefunden hatte, niedergeschrieben. Er bietet mehrere Interpretationsmöglichkeiten. Stinnes stand nie auf besonders freundschaftlichem Fuß mit Itzenplitz, aber er hatte zweifellos über die Person Hugenbergs politischen und geschäftlichen Kontakt mit ihm, denn Itzenplitz war an der Übernahme der *Post* beteiligt und saß in der Zeit vor Ausbruch des Krieges gemeinsam mit Stinnes im Aufsichtsrat der Ausland GmbH. Jedenfalls bot es sich für Class und seine Freunde an, über Itzenplitz an Stinnes heranzutreten. Möglicherweise war das Stinnes-Porträt in Class' Bericht eine Karikatur, möglich ist aber auch, daß Stinnes selbst seine Ansichten überspitzt formulierte, um die Fanatiker zu überzeugen, mit denen er es zu tun hatte. Klar ist jedenfalls, daß seine Einschätzung der Situation in Marokko mit der Darstellung übereinstimmte, die er in der Presse zur Veröffentlichung freigab. Und klar ist auch, daß Stinnes vor dem Krieg eine hohe Meinung von Bethmann Hollweg hatte, wenn auch Class' Bericht die einzige Stelle ist, an der Worte der Bewunderung für die außenpolitischen Leistungen Bethmanns aus dem Mund von Stinnes bezeugt sind. Aufschneiderei war ganz gewiß nicht sein Stil, und im allgemeinen behielt er sich Äußerungen wie die über «die große internationale Organisation und Macht», die aufzubauen er im Begriff war, für Gespräche mit Cläre vor.[125] Stinnes hatte nicht die Gewohnheit, seine unternehmerischen Aktivitäten transparent zu machen. Dennoch ist es vollkommen einleuchtend, daß er sich bei einer solchen Gelegenheit und in einer Zeit, in der er alle möglichen Pläne zum Schutz seiner ausländischen Unternehmenszweige schmiedete, in der beschriebenen Weise verhalten haben könnte. Auch seine kolportierten Äußerungen über die Schwächen der wirtschaftlichen Entwicklung in Frankreich und England scheinen durchaus plausibel und kein bißchen widersprüchlich, wenn auch wesentlich undifferenzierter als die Analysen europäischer Wirtschaftshistoriker bis zum heutigen Tage. Schließlich und endlich steht auch außer Frage, daß Deutschland vor 1914 im Begriff war, sich zur stärksten Wirtschaftsmacht auf dem europäischen Festland zu entwickeln, und daß eine anhaltende Phase des Friedens diese Position noch gefestigt hätte. Es scheint also nur logisch, daß Stinnes, der gerade ein vom Frieden abhängiges Wirtschaftsimperium aufbaute, im Kreis von Personen, die den Krieg für unvermeidlich und sogar wünschenswert hielten, den beschriebenen Standpunkt vertrat. Stinnes' Prognosen haftete nichts Finsteres an; dagegen hatte die Alternative, die sich in den alldeutschen Strategien und Zielen abzeichnete, falls die von Stinnes beschriebene Welt tatsächlich ihren Zusammenbruch erleben sollte, etwas durchaus Bedrohliches und Gefährliches.[126]

Die gegenseitige Abhängigkeit und die Verflechtungen innerhalb der Schwerindustrien von Deutschland, Frankreich, Belgien und Luxemburg machten den Frieden zu einem erhaltenswerten Gut und verhinderten weitgehend, daß die internationalen Spannungen genutzt wurden, um für das eine oder andere Land wirtschaftliche Vorteile zu gewinnen. Natürlich kam es gelegentlich vor, daß etwa einer Erzgrube in Frankreich, die sich in deutscher Hand befand, ein Gleisanschluß verweigert wurde, und es gab Berichte über alle möglichen anderen Schikanen, aber als das Thema auf der Aktionärsversammlung der GBAG im Oktober 1911 angeschnitten wurde, tat Kirdorf es ungeduldig mit der Bemerkung ab, daß «die etwaige französische Verhüttung den ausländischen, also auch den deutschen Koks brauche».[127] Kirdorf hielt genauso wie Stinnes wenig von den bisherigen Erzfunden in Marokko, und die GBAG arbeitete bereitwillig in dem von Frankreich dominierten Konsortium mit, das die Erkundung von Lagerstätten in dem betreffenden Gebiet leitete.

Man sollte freilich die politischen Probleme nicht herunterspielen, die mit der Erzbeschaffung, sei es durch Anpachtung oder durch den offenen oder verdeckten Besitz von Erzfeldern, verbunden waren, und Deutschland war in den Jahren, die dem Krieg unmittelbar vorausgingen, bei der Erzversorgung in enorme Abhängigkeit vom Ausland geraten. Zwar hatte sich der Prozentsatz an ausländischem Erz, das im Ruhrgebiet verhüttet wurde, zwischen 1901 und 1913 nicht wesentlich verändert – er war von 56,89 auf 59,73 Prozent gestiegen –, aber der Mengenbedarf hatte dramatisch zugenommen. 1901 wurden in den Ruhrwerken 5,2 Millionen Tonnen Erz geschmolzen, 1913 waren es 17,6 Millionen Tonnen. Während Deutschland 1901 aus Frankreich 94707 Tonnen und damit 1,99 Prozent der verwendeten Erze eingeführt hatte, kamen 1913 bereits 1,5 Millionen Tonnen oder 8,48 Prozent der verarbeiteten Erze aus Frankreich. Die aus Spanien (17%), Schweden und Norwegen (jeweils etwa 21%) importierten Erze hielten dagegen bei ebenfalls enorm gesteigerten Mengen ihren vorherigen Prozentsatz. Darüber hinaus stellten Minette-Erze aus Deutsch-Lothringen und Deutsch-Luxemburg einen wesentlichen Anteil an den im Ruhrgebiet verhütteten heimischen Erzen, und zwar 20,35 Prozent im Jahr 1901 und 18,47 Prozent im Jahr 1913. Wenn man noch die anderen Standorte der Eisenindustrie in Deutschland hinzunimmt, dann hatte sich die aus Frankreich importierte Erzmenge bis 1913 auf insgesamt 3,8 Millionen Tonnen verdoppelt. Deutschlands Interesse an Erz aus Frankreich, insbesondere der Normandie, sowie aus anderen Regionen der Welt erfuhr einen weiteren Auftrieb, als sich abzeichnete, daß die spanischen Lagerstätten bald erschöpft sein würden und die Schweden, die sehr hochwertiges Erz förderten und zu den Hauptlieferanten Deutschlands gehörten, die Absicht hatten, ihre Preise zu erhöhen und die Ausfuhr nach Deutschland einzuschränken. Aus diesem Grund hatten die großen Konzerne bereits eine Erzstudiengesellschaft ins Leben gerufen, mit dem Ziel, sowohl auf dem Kontinent als auch in der übrigen Welt weitere Erzlagerstätten aufzuspüren und zu erschließen. Unter diesen Umständen ist es nicht verwunderlich, daß Stinnes Eigenbrodt im Januar 1914 schroff zurechtwies, weil dieser die freie Hand, die ihm hinsichtlich der Gesellschaft gewährt wurde, so interpretiert hatte, daß er Stinnes nicht über alles und jedes auf dem laufenden zu halten brauche. Stinnes hielt ihm vor, «daß kaum eine Angelegenheit mehr mein Interesse in Anspruch nimmt, als wie die dauernde Erzversorgung unseres Konzerns». Er bestand darauf, «daß *alle* Erzfragen von vornherein als grundsätzlich wichtige Fragen mit mir, als dem Vorsitzenden des Aufsichtsrats, schon in den Anfängen erörtert werden müssen».[128]

Stinnes neigte dazu, auf der Jagd nach Erz in heimischen wie in ausländischen Gefilden mit anderen Konzernen zusammenzuarbeiten, aber es kam in manchen Fällen auch zu massiven Konfrontationen. Das galt besonders im Hinblick auf Thyssen, dessen Gier nach Erz sich in den Jahren vor dem Krieg gewaltig steigerte, also genau zu der Zeit, als seine Beziehungen zu Stinnes merklich abkühlten. Eine wichtige Rolle spielte dabei Thyssens gigantische neue Werksanlage in

Hagedingen in Deutsch-Lothringen, die im Sommer 1912 in Betrieb ging. Verärgert über den hohen Preis der Minette-Erze aus Briey, hatte sich Thyssen bemüht, die letzten von der luxemburgischen Regierung angebotenen Konzessionen für sich zu monopolisieren. Die Tatsache, daß er sich dabei auf seine politischen Kontakte zu Prüm, dem Parteivorsitzenden der Klerikalen, stützte, der als Gegner von Innenminister Braun bekannt war, sorgte für einigen Wirbel. Letzterer plädierte im Interesse der luxemburgischen Industrie dafür, einen wesentlichen Teil des in Luxemburg geförderten Erzes an einheimische Werke zu verkaufen. Diese Vorgabe versuchte Thyssen zu unterlaufen, indem er mehr Geld bot und die klerikal-agrarischen gegen die bürgerlich-liberalen Kräfte ausspielte.[129]

Für Deutsch-Luxemburg, die GBAG und die anderen Konzerne, die sich um Konzessionen bemühten, war die Affäre höchst unangenehm. Die Konzessionsverhandlungen schleppten sich schon seit 1910 dahin, und es war, besonders im Falle von Differdingen und der GBAG, ohnehin schwierig gewesen, zwischen den deutschen Konzernen zu einer Einigung zu kommen. Schließlich mußte Stinnes, von der Befürchtung getrieben, daß die luxemburgischen Politiker die Zwistigkeiten unter den Deutschen zu ihrem eigenen Vorteil nutzen würden, Kirdorf dazu bewegen, zwischen den Parteien zu vermitteln. Die Konzessionsfrage hatte bei den Wahlen zum luxemburgischen Parlament 1911 eine nicht unbedeutende Rolle gespielt, nachdem einige Abgeordnete Kritik an den Bedingungen geäußert hatten, unter denen die Konzessionen an deutsche Firmen vergeben wurden. Zudem waren die deutschen Konzerne verärgert über die hohen Zahlungen, die Braun von ihnen forderte, und über die Art, wie er sie zwingen wollte, leitende Positionen mit Luxemburgern zu besetzen, mit denen sie zuvor schon schlechte Erfahrungen gemacht hatten. In Eigenbrodts Augen war Thyssens Vorgehen vor allem dazu angetan, die bereits mit Braun getroffenen Vereinbarungen zu unterlaufen, die Preise für die Konzessionen noch weiter in die Höhe zu treiben und seinen Freunden unter den luxemburgischen Klerikalen den Rücken zu stärken. Am Ende erreichte Thyssen seine Ziele in Luxemburg nicht, während seine Konkurrenten, einschließlich Deutsch-Luxemburg, unter erheblichem Kostenmehraufwand ans Ziel ihrer Wünsche gelangten.[130]

Obwohl es nach 1910 für Stinnes wie für Thyssen immer wichtiger wurde, sich die Beteiligung an Erzgruben und Industrieunternehmen in Frankreich zu sichern, ging ersterer bei diesen Aktivitäten mit erstaunlicher Vorsicht ans Werk. Es war auch nicht einfach, geeignete Agenten zu finden, die seine Interessen im Ausland vertraten. Einigen Leuten, wie dem Luxemburger Gustav Sinner, der solche Geschäftsverbindungen herstellte, war sehr daran gelegen, daß sich Stinnes in französische Unternehmen der Schwerindustrie, wie Lorraine-Industrielle im Briey-Revier, einkaufte und dort die Modernisierungs- und Umstrukturierungsmaßnahmen durchführte, zu denen die Franzosen selbst nicht in der Lage zu sein schienen. Eigenbrodt beschrieb Sinner als einen «Schwätzer, der alle möglichen großen Ideen entwickelt, aber nichts leistet»,[131] und nachdem Stinnes die Angelegenheit von allen Seiten beleuchtet hatte, kam er zu dem Entschluß, sich nur auf den Erwerb einer Aktienmehrheit einzulassen und auch das nur zu einem vertretbaren Preis.[132]

Sinner war es 1910 immerhin gelungen, den Verkauf von Aktien der Société Anonyme des Hauts-Fourneaux et Forges de Villerupt Laval-Dieu, die über Erzlagerstätten in der Gegend von Briey-Longwy verfügte, an die GBAG zu vermitteln. An diesem Konzern, in dem die Franzosen über eine Aktienmehrheit verfügten, hatte Deutsch-Luxemburg ein enormes Interesse, und die Tatsache, daß seine Aktienkurse in die Höhe getrieben wurden, erfüllte Eigenbrodt und seine Kollegen mit großem Unwillen. Dennoch schaltete sich Stinnes über den Leiter des Brüsseler Büros seiner Firma, W. J. Steffens, in das Geschäft ein und wies diesen an, die Aktien einem Sonderkonto zuschreiben zu lassen, das von Eigenbrodt verwaltet wurde. All das geschah unter Wahrung allergrößter Diskretion, und bis 1912 hatte sich die Beziehung zwischen der Unternehmensleitung in Differdingen, allen voran Direktor Feldes, der für alle Erzfragen zuständig war, und den französischen Mehrheitsaktionären von Laval-Dieu zum besten entwickelt. So wurde Direktor Feldes am 6. Oktober 1912 mit einem Champagnerfrühstück im Café de Paris verwöhnt, das die französischen Firmenvertreter als «Rache» für den großartigen Empfang anläßlich ihres Besuches in Differdingen bezeichneten. Aber obwohl die Franzosen, die abgesehen von einigen unbedeutenderen belgischen Beteiligungen den Konzern kontrollierten, ihrer Hoffnung auf weitere «Verbindungen» mit einem «großen Konzern» wie Deutsch-Luxemburg Ausdruck gaben, war klar, daß die Aktien, die Stinnes im Laufe der vergangenen zwei Jahre erworben hatte, wenig ins Gewicht fielen gegenüber den verflochtenen und finanzstarken familiären und persönlichen Interessen, die in dem Unternehmen den Ton angaben, und daß Stinnes nur in Kooperation mit ihnen weitere Erzgruben kaufen und neue «Verbindungen» knüpfen konnte. Unmittelbar vor Ausbruch des Krieges, im Juni 1914, ergab sich jedoch eine neue Möglichkeit, Erzgruben in Longwy zu übernehmen, als Graf Raoul Amidie du Clos Stinnes über einen anonymen Mittelsmann eine Beteiligung an der Firma Saintignon & Cie. in Longwy anbot, von der Stinnes schon vorher Erz bezogen hatte. Du Clos war ein Verwandter von Saintignon und wollte, nachdem er sich mit diesem zerstritten hatte, unbedingt seine Anteile verkaufen, was Stinnes sehr gelegen kam, da das Unternehmen nicht nur in Longwy, sondern auch in der Normandie und in Spanien bedeutende Erzkonzessionen besaß.[133]

Nach derselben Strategie des systematischen friedlichen Vordringens mit Hilfe französischer Mittelsmänner wurde in der Normandie verfahren, auf die sich die Deutschen in den Jahren kurz vor dem Krieg auf der Suche nach Erzvorkommen vor allem konzentrierten. Auch hier war Thyssen in Führung gegangen, aber die deutschen Aktivitäten im Umkreis von Caen waren von einem höheren Maß an Zusammenarbeit zwischen allen Unternehmen gekennzeichnet. Dabei spielte die wachsende Feindseligkeit der Franzosen gegen die «deutsche Invasion», die sich besonders im Kreis der äußersten Rechten bemerkbar machte, sicher keine unwesentliche Rolle. Sie machte es erforderlich, französische Strohmänner vorzuschieben und französische Firmen zu gründen. Für Stinnes führte die Situation dazu, daß sich Deutsch-Luxemburg bei der Übernahme der Konzessionen von Bully, St. André und Maltot im Süden von Caen, womit auch der Aufbau von Transport- und Verladeeinrichtungen vor Ort und im Hafen von Caen verbunden war, mit Phoenix und Hoesch zusammentat. Die Erzgruben wurden 1910 als Firmen unter der Leitung von Pariser Strohmännern eingetragen. 1912 erwarben Stinnes, Thyssen und Krupp vier weitere Erzgruben in der Normandie, und zwar über den holländischen Strohmann de Poorter, der Erz von Frankreich nach Rotterdam verschiffte und dann ins Ruhrgebiet weiterleitete. Auch Phönix und die Gutehoffnungshütte nahmen de Poorters Dienste als Mittelsmann beim Kauf von Erzgruben in Anspruch, und im März 1913 riefen Stinnes und Eigenbrodt Vertreter dieser Konzerne zu einem Treffen im Ruhrgebiet zusammen, um mit ihnen über den Ausbau des Hafens von Caen und die Erschließung der umliegenden Region zu sprechen. Geplant war außerdem der Bau von Hüttenwerken in dieser Gegend, und Stinnes schlug vor, mit dem Kohlensyndikat vertraglich festzulegen, daß es Kohlen nach Caen liefern und die Gasprodukte der in St. André geplanten Hüttenwerke nutzen würde.

In der zweiten Junihälfte 1914 wurde als weiterer wichtiger Schritt die Gründung einer französischen Niederlassung der Erzstudiengesellschaft in Paris beschlossen, der Société Général d'entreprises minières, die als Holding-Gesellschaft für diverse Erzgruben in Frankreich, Spanien und anderen Ländern fungieren sollte, «mit dem Zweck, die deutsche Beteiligung an diesen Unternehmungen zu verbergen».[134] Die neugegründete Gesellschaft wurde der Leitung von drei französischen Verwaltern unterstellt: einem General im Ruhestand namens Gondré, den der Pariser Anwalt Vercken empfohlen hatte, dem einflußreichen Großgrundbesitzer Levasseur, dem Areale in der Nähe von Caen gehörte, unter denen man Erz entdeckt hatte, sowie einem Mitarbeiter Verckens, dem Anwalt Gondy, dem die Betreuung der deutschen Konzerninteressen übertragen wurde.

Wie man sieht, gelang es den Deutschen, noch am Vorabend des Krieges festen Fuß im französischen Erzgeschäft zu fassen, und zwar mit beträchtlicher Unterstützung der französischen Geschäftswelt. Gleichzeitig sahen sie sich, offensichtlich in der Hoffnung, gefahrlos investieren zu können, auch in anderen Regionen um. Stinnes war seit 1910 in enger Zusammenarbeit mit Kirdorf und der GBAG an der Ausbeutung der italienischen Erzgruben in Monte Asiccio beteiligt, ein Gemeinschaftsunternehmen, das sich dem Zwist zwischen Thyssen und Kirdorf verdankte und der Tatsache, daß letzterer dort über größere Anteile verfügte. Stinnes war in der Lage, die Konzessionsgeschäfte und die Erzverschiffung nach Rotterdam über sein Büro in Genua abwickeln zu lassen.[135]

Die Verhandlungen mit Schweden stellten Stinnes und seine Kollegen aus der Schwerindustrie vor wesentlich größere Probleme. Die Schweden und das Lübecker Handelshaus Possehl & Co., das ihr Erz in Deutschland vermarktete, waren an langfristigen Verträgen interessiert. So wurden der Dortmunder Union beispielsweise 1910 Erzlieferungen für 1918–19 angeboten; man war sich jedoch auf deutscher Seite, in Übereinstimmung mit Stinnes, nicht sicher, ob der genannte Preis vorteilhaft sei.[136] Eine Möglichkeit, die Stinnes erwog und zu der ihm Max Warburg Ende 1912 riet, bot sich in einer Beteiligung bei Sydvaranger, einer jüngeren Gesellschaft, die von der Norddeutschen Bank Hamburg und der Disconto-Gesellschaft gegründet und finanziert worden war. Stinnes bezweifelte jedoch, daß Sydvaranger so kostengünstig produzieren konnte wie andere schwedische Firmen, und Eigenbrodt wies darauf hin, daß auch eine zufriedenstellende Beteiligung an den Dividenden die deutschen Unternehmen nicht davor bewahren würde, den Marktpreis für Erz zahlen zu müssen. Wie Stinnes allerdings 1913 erfuhr, hatte sich Thyssen entschlossen, bei Sydvaranger zu investieren, und hatte eine für ihn sehr gewinnbringende Vereinbarung ausgehandelt, die es ihm erlaubte, Sydvaranger über die von ihm kontrollierte Vulkaan-Reederei mit Kohlen aus seinen Zechen zu beliefern und im Gegenzug Erz aus Schweden über Rotterdam nach Deutschland zu bringen. Die GBAG hatte ebenfalls eine Sondervereinbarung über die Verschiffung von Kohlen und Erz mit Sydvaranger getroffen. Stinnes belieferte Sydvaranger über seine dänische Firmenniederlassung H. Heitman & Son in Christiania mit Kohlen aus England, aber diese Vereinbarung galt für seine Firma und hatte keinen Einfluß auf den Preis, den Sydvaranger für Stinnes' Kohlen und Deutsch-Luxemburg für schwedisches Erz zahlte. Stinnes war brennend daran interessiert, einen Gleichstand mit Thyssen und der GBAG herzustellen, und die Verfügbarkeit von Erzen zu einem angemessenen Preis schien ihm um so wichtiger, als die russische Regierung keine weiteren Erzexporte aus Südrußland zuließ, wo Thyssen und die GBAG bereits festen Fuß gefaßt hatten. Vor diesem Hintergrund entschloß sich Stinnes, es seinen Konkurrenten gleichzutun und langfristige Verträge über den Austausch von Kohlen und Erz mit Sydvaranger abzuschließen.

Damit war jedoch noch nicht der gesamte Bedarf an Erz aus Schweden abgedeckt. Durch die staatliche Verwaltung ihrer Bergwerke konnten die Schweden beträchtlichen Druck auf die Deutschen ausüben, sich durch langfristige Verträge zu binden und für den aktuellen Bedarf Zusatzkäufe zu tätigen. Als die Schweden daher 1913 zusätzliche Lieferaufträge bis 1927 und für die Zeit nach 1927 entgegennahmen und die anderen Konzerne entsprechende Verträge abschlossen, zog Eigenbrodt für Deutsch-Luxemburg nach, obwohl der Preis hoch und der zukünftige Bedarf schwer einzuschätzen war. Auch wenn die Probleme anders lagen, konnten Verhandlungen mit den Schweden sich doch schwieriger gestalten als mit den Franzosen.[137]

Diese Schwierigkeiten nahmen sich jedoch klein aus gegen die Probleme, die mit der Jagd nach Erzkonzessionen in Brasilien verbunden waren, einem Land, an dem alle großen eisenerzeugenden Nationen in dieser Zeit Interesse zeigten. Während Stinnes in bezug auf Marokko eher Zurückhaltung übte, zeigte er großes persönliches Interesse an Brasilien als Erzlieferant und als Absatzmarkt für Eisenbahnausrüstung und andere Produkte von Deutsch-Luxemburg. Dieses

Interesse wurde im Herbst 1912 geweckt, als er erfuhr, daß ein von der Deutschen Bank angeführtes Konsortium im Begriff war, in Santa Catarina eine Eisenbahnlinie zu bauen, die, genau wie die Bagdadbahn am Persischen Golf, ein riesiges Gebiet für die weitere wirtschaftliche Erschließung zugänglich machen sollte. Bis zu diesem Zeitpunkt hatte der Eisenbahnbau in Brasilien allein in der Hand britischer und nordamerikanischer Firmen gelegen, und die Euphorie über die neue Entwicklung war so groß, daß Kaiser Wilhelm dem brasilianischen Außenminister anläßlich des Vertragsabschlusses ein signiertes Porträt übersenden ließ. Stinnes wandte sich eilends an Klönne, um sich als Vertragspartner anzubieten, aber noch interessanter fand er die Nachrichten, die er von Max Warburg und Gutmann von der Dresdner Bank erhielt: Die GHH hatte eine Erzkonzession in Brasilien erworben und war nun in Absprache mit den beteiligten Banken bereit, andere Konzerne an dem Geschäft zu beteiligen. Der Bau eines Hüttenwerks schien unumgänglich, und offensichtlich waren die Brasilianer überzeugt, daß die Deutschen die Richtigen waren, um ein solches Projekt auszuführen. Deutsch-Luxemburg hatte bereits Kontakt mit dem brasilianischen Unternehmen Carlos Wigg & Co. aufgenommen, mit dem die GHH Geschäftsverbindungen unterhielt, hatte die Sache aber nicht weiter verfolgt, nachdem der Firmensachverständige festgestellt hatte, daß die Lagerstätten eher unergiebig waren und sich die besten Erzgruben bereits in britischem, französischem und nordamerikanischem Besitz befanden. Die fraglichen Gruben verloren auch dadurch an Reiz, daß Wigg vom brasilianischen Parlament das Monopol dafür entzogen wurde. Inzwischen war der Deutsch-Luxemburg Experte Dr. Westermann auf offenbar vielversprechende Erzvorkommen in Oliveira nahe der westlichen Bahnlinie gestoßen, wo eine von Hoesch angeführte Gruppe bereits über einige Konzessionen verfügte. Deutsch-Luxemburg schloß sich mit Phoenix, der GBAG und Hoesch zusammen, um in dem Gebiet Erzkonzessionen aufzukaufen, die wesentlich näher an der Küste gelegen waren als die weniger attraktiven oder bereits vergebenen Minen an der zentralbrasilianischen Eisenbahn. Gemeinsam gründeten sie 1913 die Brasilianische Bergwerks & Hütten Gesellschaft m.b.H. mit Sitz in Dortmund.[138]

Ein großes Problem ergab sich daraus, daß sich die Oesta de Mineas genannte Bahnlinie, die unter staatlicher Verwaltung stand, in einem maroden Zustand befand. Die anderen Bahnlinien waren in britischer, französischer und nordamerikanischer Hand. So war nicht nur der Abtransport der aus den in deutschem Besitz befindlichen Gruben geförderten Erze um einiges teurer, sondern es entgingen der deutschen Wirtschaft auch lukrative Eisenbahnverträge. Im Februar 1914 zeichnete sich jedoch eine positive Wende ab, als O. Weber, der Botschaftssekretär der deutschen Gesandtschaft in Rio de Janeiro, Stinnes zu einem Gespräch einlud und ihm bei dieser Gelegenheit eröffnete, daß die brasilianische Regierung aufgrund ihrer enormen finanziellen Schwierigkeiten vielleicht bereit sein könnte, die Oesta-de-Minaes-Linie an die Deutschen zu verpachten. Das Problem war nur, daß die brasilianische Regierung eine solche Vereinbarung an die Bedingung knüpfen wollte, daß die Deutschen ein Eisenhüttenwerk bauten und einen Teil ihres Erzes zur Verhüttung in Brasilien zur Verfügung stellen sollten.

Stinnes glaubte eine Lösung gefunden zu haben, indem er die Anfang 1914 in London mit der Deutschen Bank und der Disconto-Gesellschaft geführten Verhandlungen über die von Brasilien so dringend benötigten Kredite als Druckmittel benutzte, um die Brasilianer zum Verzicht auf ihre Forderungen zu bewegen: «Die Geldkalamität in Brasilien ist so groß, daß m.E. es heute unschwer zu erreichen ist, daß diese unsinnige Verhüttungsklausel, die unserer deutschen Industrie lediglich Konkurrenz in Südamerika schafft, in Wegfall kommt.»[139] In dieser Hinsicht erwies sich Stinnes jedoch als zu optimistisch, denn die brasilianische Staatsführung spielte nun mit dem Gedanken, die Eisenbahnlinie in die Hände anderer Interessenten zu geben. Gleichzeitig trug sich eine anglo-französische Gruppe mit Plänen, die Anleihe an Brasilien und im selben Zug auch die brasilianischen Eisenbahnen zu übernehmen. Stinnes war inzwischen zu der Einschätzung gekommen, daß Weber ein «großer Aufschneider»[140] war, der in Brasilien nicht annähernd den Einfluß hatte, dessen er sich rühmte.

Unter diesen Umständen setzte Stinnes seine ganze Hoffnung auf das Verhandlungsgeschick der deutschen Banken in London und reagierte mit fassungslosem Zorn auf die Nachricht, daß Direktor Urbig von der Disconto-Gesellschaft die Bedeutung der Hütten- und Eisenbahnfrage bei den Gesprächen offensichtlich überhaupt nicht klar gewesen war. Das veranlaßte Stinnes einmal mehr, sich darüber zu beklagen, daß man ihn in Erzdingen nicht beizeiten informierte und zu Rate zog. Tatsächlich gingen seine Vorwürfe aber an der Sache vorbei, da die relativ geringe Beteiligung der deutschen Banken an dem internationalen Konsortium in London ohnehin nicht ausreichte, um solche spezifischen Interessen durchzusetzen. Dies wurde bei einem Treffen im Auswärtigen Amt Mitte Juni ebenso bestätigt wie die Tatsache, daß die Drohung des deutschen Außenministeriums, die Anleihe auf der Berliner Börse nicht zuzulassen, vermutlich nur ein Bluff war, da es gar nicht in der Position war, eine Beteiligung der deutschen Banken an den Anleihen zu verhindern. Die letzte Hoffnung, die Stinnes und den anderen beteiligten deutschen Firmen blieb, war die Möglichkeit, daß die Banken in einen Eisenbahnpachtvertrag investierten, sofern die brasilianische Regierung bewogen werden konnte, ihre Zustimmung dazu zu geben. Sich auf die Dienste des Botschaftssekretärs Weber oder auf die dubiosen Versprechungen angeblicher brasilianischer Freunde in einflußreichen Positionen zu verlassen, war ein mehr als zweifelhaftes Unterfangen. Alle Berichte mußten die Deutsche Bank davon überzeugen, daß es ratsam war, Zurückhaltung zu üben, und Stinnes' Unterhändler selbst zeigten Ende Juli offenes Verständnis für diese Haltung: «Man kann [der Deutschen Bank] das auch kaum verübeln, da man auch unserer Ansicht nach auf die zum Teil gänzlich in der Luft schwebenden Angaben des Herrn Dr. Weber ein solches Geschäft nicht aufbauen kann.»[141]

Daß Stinnes sich in bezug auf Brasilien so rege um ein Engagement der Banken und des Auswärtigen Amts bemühte, ist zweifellos auf sein Interesse an den dortigen Erzvorkommen zurückzuführen, wenn auch die Aussicht, in Südamerika einen neuen Absatzmarkt für seine Produkte zu erschließen, sicher nicht ohne Reiz für ihn war. Er zeigte jedenfalls, sofern es nicht wirtschaftlich überzeugende Gründe dafür gab, nicht annähernd so viel Begeisterung, wenn es darum ging, dem Ruf der Flagge zu folgen. 1912 entwickelte das Reichsmarineamt beispielsweise Pläne, in der unter deutschem Protektorat stehenden chinesischen Provinz Schantung ein Eisen- und Stahlwerk aufzubauen, und rief Stinnes sowie Vertreter der GBAG und der Disconto-Gesellschaft in dieser Angelegenheit zu einer Diskussionsrunde zusammen, an der offensichtlich auch Warburg beteiligt war. Stinnes fand die Informationen zu diesem Projekt allerdings «derart dürftig und ungenügend», daß er sich weigerte, über das Thema auch nur zu reden, solange er nicht mehr darüber erfuhr. So wußte er weder, ob in der betreffenden Region überhaupt genügend Erz und für die Kokserzeugung geeignete Kohle vorhanden war, noch ob das Werk im Protektorat selbst oder aber, durch Probleme mit den Rohstoffen bedingt, im Landesinneren gebaut werden sollte, was natürlich ein wesentlich riskanteres Unterfangen gewesen wäre. Zudem kritisierte er scharf die Vorstellung, die sich die Marine offensichtlich von den Kosten des geplanten Projekts machte. Übereinstimmend mit den Vertretern der GBAG kam er daher zu dem Urteil, «daß es für das Deutschtum in China nichts Verhängnisvolleres geben kann, als eine Blamage durch Errichtung eines nicht lebensfähigen Eisenindustrie-Unternehmens».[142]

Es erübrigt sich zu sagen, daß es im Grunde in diesen Jahren vor Ausbruch des Krieges keine Gegend der Welt gab, die berechenbar gewesen wäre, am allerwenigsten auf dem Balkan und im Nahen Osten, beides Regionen, an denen Stinnes in den Jahren 1912 bis 1913 zunehmendes Interesse zeigte. Es war die Zeit, in der die Balkankriege tobten, die wegen ihrer möglichen Folgen für das gesamte Europa erhebliche Unruhe in der Wirtschaftswelt auslösten. Dennoch betrachtete Stinnes die Balkanländer, sofern sie es nur schafften, zur Ruhe zu kommen, als wichtige potentielle Absatzmärkte. Auch wenn man die politischen Umstände berücksichtigt, ist klar, daß Stinnes' Denken und das seiner Mitarbeiter nicht von militärischen Bündniserwägungen, sondern in erster Linie von kommerziellen Überlegungen beherrscht wurde. Anfang 1914 setzten sich die Agenten, die für Deutsch-Luxemburg in Serbien tätig waren, dafür ein, daß die Deutschen ihre Chance nutzen und mit eigenen finanziellen Mitteln da eintreten sollten, wo die Österreich-ungarischen Banken in Mißkredit geraten waren. Wenn sich die Deutschen in Serbien finanziell engagierten, könne man davon ausgehen, daß die Serben aufhören würden, aus einem Gefühl der Verpflichtung heraus französische Anlagen und Maschinen zu kaufen, die teurer und weniger zuverlässig waren als vergleichbare deutsche Produkte. In Serbien wurde diese Einschätzung offenbar geteilt, und serbische Techniker und Ingenieure, die ihre Ausbildung zum größten Teil in Deutschland absolviert zu haben schienen, waren höchst angetan von den deutschen Industrieerzeugnissen und der deut-

Stinnes und Mitarbeiter bei der Besichtigung der Grubenfelder in Heraclea

schen Art, Geschäfte zu führen. Gleichzeitig waren Stinnes' Firmen nicht weniger interessiert am Export ihrer Produkte in das erst kürzlich besiegte Bulgarien, und Firmenvertreter, die das Land bereist hatten, äußerten sich zuversichtlich über die Aussichten auf ein Jahrzehnt des Friedens nach dem Zweiten Balkankrieg.[143] Stinnes selbst zeigte sich anläßlich einer Reise in die Balkanländer und den Nahen Osten im April 1914 sehr beeindruckt von den wirtschaftlichen Möglichkeiten, die sich in Serbien und Bulgarien auftaten, und äußerte sich wohlwollend über «die Fruchtbarkeit des passierten serbischen Gebietes mit seiner offenbar gesunden organischen Verfassung – viele kleine Höfe mit zahlreicher Bauernbevölkerung und reichem Viehstand». Noch mehr begeisterten ihn die Aussichten, die sich in Bulgarien boten: «Dort liegt m.E. die Zukunft des Balkans trotz des großen Mißgeschicks, das dieses Volk betroffen hat.»[144]

Während dieser Reise galt Stinnes' Blick auch dem osmanischen Reich und den Kohlenkonzessionen, die er Ende 1913 durch den mit Unterstützung der Deutschen Bank zustandegekommenen Kauf der belgischen Kohlengesellschaft

Charbonnages Réunis de Bender-Ergeli in der Bergwerksregion von Heraklea in seinen Besitz gebracht hatte. Die Firma hatte einen einhundertjährigen Pachtvertrag für die Kohlengruben in der Gegend und verfügte über Verladeanlagen im Hafen von Heraklea, dem einzigen natürlichen Hafen in dieser Region. Er bot Schutz bei schlechtem Wetter und besaß eine Kohlenverladestation für den Schiffsverkehr auf dem Schwarzen Meer. Der Hauptkonkurrent in diesem Gebiet war das französische Unternehmen Société d'Heraclée, das versuchte, die Kontrolle über die Eisenbahnverbindungen und die Verladeanlagen des Hafens an sich zu bringen und anderen Gesellschaften so hohe Gebühren abzuverlangen, daß nur die französischen Zechen mit Profit arbeiten konnten. Durch Abmachungen zwischen den französischen und deutschen Kapitalgruppen, welche die Aufteilung von Einflußbereichen in Kleinasien festlegten, sollten die deutschen Interessen in Heraklea geschützt werden. Von Thomas beraten, kam Stinnes jedoch zu dem Schluß, daß die Vertragsklauseln mangelhaft waren, weil sie den Franzosen durch deren Kontrolle der Eisenbahnverbindungen und Hafenanlagen die Möglichkeit einräumten, das gesamte Kohlengeschäft in den Würgegriff zu nehmen. Darüber hinaus gaben sie den französischen Unternehmen die Möglichkeit, ihren künstlichen Hafen in Zengouldak zu favorisieren, der sich bei stürmischem Wetter dem natürlichen Hafen von Heraklea unterlegen gezeigt hatte. Stinnes war der Meinung, daß die deutsche Regierung dem Vertrag zwischen den beiden Kapitalgruppen erst zustimmen sollte, wenn die strittigen Punkte geklärt waren, und er informierte die Deutsche Bank Ende Februar 1914 in einem vertraulichen Schreiben darüber, «daß dieses Kohlevorkommen und dessen gesicherte Abfahrt ein erhebliches deutsches Marineinteresse besitzt, das ich nach mir gewordenen Mitteilungen so hoch einschätze, daß ich glaube, in der Angelegenheit an den mir persönlich bekannten Reichskanzler von Bethmann Hollweg herantreten zu müssen».[145]

Das ganze war jedoch, wie Stinnes ausführte, nicht allein Sache der Deutschen, denn die Türken waren an einer billigeren und einfacheren Kohleproduktion in ihrem Land interessiert, und auch für die englische Schiffahrt würden niedrigere Tarife in dieser Gegend von Vorteil sein. Stinnes schlug daher vor, die britische Öffentlichkeit über Ferguson und seine Kontakte zur Presse auf das Problem aufmerksam zu machen. Er zog außerdem in Erwägung, sich der erst kürzlich entstandenen Verbindung zu dem Präsidenten des französischen Comptoir National d'Escompt zu bedienen, der persönlich bei dem griechischen Ministerpräsident Venizlos wegen eines im griechisch-türkischen Krieg konfiszierten Schiffes aus der Stinnesschen Handelsflotte interveniert und Amtsrichter Thomas in Athen erzählt hatte, daß er an Geschäftsbeziehungen mit Stinnes brennend interessiert sei. Stinnes wandte sich denn auch brieflich an Bethmann Hollweg und diskutierte die Angelegenheit am 5. März 1914 in einem persönlichen Gespräch mit dem Reichskanzler. Das hatte zur Folge, daß die Zustimmung zu dem Vertrag zwischen den deutschen und französischen Kapitalgruppen vorerst verweigert wurde. Die Deutsche Bank hatte so genügend Zeit, über eine Modifi-

Stinnes auf der russischen «Nadedja» bei der Balkan- und Nahostreise (1914)

zierung der Vertragsklauseln zu verhandeln, während Stinnes von Ende April bis Anfang Mai in Paris mit seinen französischen Gegenspielern zu Gesprächen zusammentraf. Es gelang ihm jedoch trotz aller Bemühungen nicht, noch vor Ausbruch des Krieges eine Lösung des Problems zu erreichen.[146]

Der Nahe Osten war ein Gebiet, in dem, besonders nach den erst kürzlich beendeten Balkankriegen, wirtschaftliche und finanzielle Interessen, internationale Politik und militärische Spekulationen besonders stark ineinandergriffen. Stinnes empfand seine Reise durch das Osmanische Reich, die er vor allem seiner Kohlenkonzessionen in Heraklea wegen unternahm, offensichtlich als überaus faszinierend. Er reiste in Begleitung des RWE-Direktors Goldenberg und des Direktors Spindler von der Bergbaugesellschaft Victoria Mathias und wurde vom Geschäftsführer seiner Niederlassung in Konstantinopel, Max Niemöller, beherbergt. Als offizieller Gast von Raghib Pascha, dem früheren Großwesir von Abdul Hamid, traf Stinnes zusammen mit seinen Direktoren am 16. April in Konstantinopel ein und unternahm dort eine Stadtrundfahrt mit dem Automobil. Nicht nur die Schönheit der Stadt zog ihn in ihren Bann, sondern er war auch fasziniert von den Gesprächen im Hause seines Gastgebers. In einem Brief an Cläre beschrieb er die Hagia Sophia als «das großartigste Bauwerk, das ich bisher sah», und er blieb bis Mitternacht auf, um den Gesprächen zwischen Vertretern der Deutschen Bank, der Bagdadbahn, der Gesandtschaft und anderen Persönlichkeiten aus politischen und militärischen Kreisen zu lauschen. Scherzhaft merkte er in seinem Brief an Cläre an: «Ich politisierte nachher privatim im Bett weiter, so daß es mit dem Schlafen schwer war.»

Der Korrespondent der *Frankfurter Zeitung*, Paul Weitz, hinterließ einen besonders starken Eindruck bei Stinnes, und Niemöller lud diesen auf seine Bitte hin zu einem privaten Besuch ein, bei dem Stinnes «das Vergnügen hatte, 4 ½ Stunden lang mir über die Internas der großen europäischen Politik einen Vortrag halten zu lassen». Stinnes war zutiefst fasziniert von dem Mann, von dem er schrieb: «Die Verbindungen und die Tätigkeit dieses eigenartigen Menschen sind erstaunlich...»[147] Paul Weitz war tatsächlich eine außergewöhnliche Persönlichkeit. Von seiner Herkunft her Jude, hatte er seinen Namen von Weiss in Weitz geändert. Als Stinnes seine Bekanntschaft machte, lebte er bereits seit vielen Jahren im Nahen Osten und spielte ganz offen und für jeden ersichtlich eine wichtige Rolle als Berater des Botschafters Freiherr Marschall von Wangenheim, weshalb er auch oft als «Holstein der deutschen Orientpolitik» bezeichnet wurde. Er verfügte über ausgezeichnete Verbindungen und war bekannt als Lieferant verläßlicher Informationen aus erster Hand an die deutschen Botschaftsvertreter. Genau wie Stinnes, zog er die Fäden lieber hinter den Kulissen, und so ist es nicht verwunderlich, daß sich die beiden Männer offensichtlich so gut verstanden.[148]

Stinnes hielt sich bis zum 25. April im Osmanischen Reich auf, besuchte etliche Zechen entlang der Nordküste und traf mit einer Schar deutscher, türkischer und englischer Vertreter aus Wirtschaft und Politik zusammen. Das Ganze muß ein berauschendes Erlebnis für ihn gewesen sein, um so mehr, als die zahlreichen Schiffsausflüge ausnahmslos bei strahlendem Sonnenschein stattfanden. Mit dem Kauf von Bender-Ergeli beabsichtigte Stinnes, ebenso wie mit der fast gleichzeitigen Übernahme der Northern Union Mining Company, eine Basis für seine weit ausgreifenden Firmeninteressen und -aktivitäten zu schaffen. Niemöller, der über Stinnes' Besuch Tagebuch führte, notierte darin mit deutlichem Stolz, daß der russische Dampfer *Nadedja,* mit dem sie von Heraklea nach Konstantinopel zurückzufahren pflegten, 750 Tonnen «unserer Kohlen» mit sich führte.[149]

Die ganze Reise fand im Schatten der Balkankriege statt, deren Folgen Stinnes zuvor während der Fahrt durch die Balkanländer gesehen hatte. Als er in seinem Bemühen, Bethmann für die Probleme in Heraklea zu interessieren, die Interessen der Marine ins Spiel brachte, richtete sich seine Hoffnung auf einen dauerhaften Frieden, denn er hatte nicht das Geringste übrig für die Gefahren, Störungen und finanziellen Belastungen, die ein Krieg mit sich brachte. Ironischerweise waren es in den Dardanellen kreuzende Schiffe der britischen Marine, die Stinnes 1912 einen wertvollen Dienst erwiesen, als die *Nora* in Seenot geriet und ihre Besatzung von einem britischen Torpedoboot unter lebensgefährlichem Einsatz geborgen wurde. Stinnes bat Ferguson, der Admiralität seinen Dank auszusprechen, und schlug ihm vor, den an der Rettung beteiligten Seeleuten «für ihr wirklich aufopferndes, tadelloses Verhalten einem fremden in Seenot befindlichen Dampfer gegenüber» ein Geldgeschenk zu machen. Darüber hinaus hatte er die Absicht, die deutsche Presse über das heldenhafte Verhalten der britischen Seeleute zu informieren.[150]

Alles in allem kostete die deutsche Marine und das gesamte Wettrüsten in Europa Stinnes mehr Geld, als ihm lieb war. Natürlich hatte er nichts dagegen, daß sein Land für den Kriegsfall gerüstet war, aber die Kosten, die der Wirtschaft dadurch entstanden, machten ihm immer größere Sorgen. Als er 1912 zu diesem Thema befragt wurde, vertrat er die Auffassung, daß «eine starke Heeresvermehrung m. E. mit Rücksicht auf die Verhältnisse in Frankreich unumgänglich notwendig ist, daß aber m. E. eine Vermehrung der Hochseeflotte nur dann erforderlich sein dürfte, wenn eine Verständigung mit England sich wirklich als unmöglich erweisen sollte.

Wenn diese Verständigung erzielt werden kann, so werden sich die Flotten-Mehrforderungen hoffentlich in mäßigen Grenzen halten; denn darüber kann kein Zweifel unterliegen, daß die Lasten an Staats- und Kommunalsteuern in Deutschland anfangen, unerträglich zu werden und daß in der Fortentwicklung unserer Industrie ein Stillstand eintreten muß, wenn keine Beschränkung der Ausgaben erfolgt.»[151]

Anders als noch 1910, als Stinnes die Bemühungen um Steuerreformen unterstützt hatte, vertrat er nun die Meinung, daß die Erhebung direkter Steuern weiterhin den Ländern vorbehalten bleiben sollte und die Länder ihre Zahlungen an die Reichsregierung erhöhen sollten, selbst wenn dies eine Erhöhung der preußischen Steuern auf Vermögenswerte nach sich zog. Eine solche Parteinahme für das sozial ungerechte deutsche Besteuerungssystem war in konservativen und vermögenden Kreisen weit verbreitet, und sie spiegelte die mangelnde Bereitschaft dieser Bevölkerungsschicht wider, sich mit den wirtschaftlichen und sozialen Folgen der wachsenden Rüstungsausgaben des Landes auseinanderzusetzen. Stinnes begann die bereits bestehende Steuerbelastung als Zumutung zu empfinden, und das Thema beschäftigte ihn immer häufiger: «Es ist unerträglich, bis zu 20% und selbst mehr seines Einkommens an Steuern abgeben zu müssen bei einer gegenüber unseren Nachbarländern England, Belgien und Frankreich wesentlich teureren Lebenshaltung.»

Mit seiner Befürchtung, die Ausgaben für militärische Belange und Kriegsvorbereitung würden Gelder verschlingen, die für die industrielle Entwicklung benötigt wurden, stand Stinnes nicht alleine. Die großen deutschen Bankhäuser weigerten sich beharrlich, den Aufforderungen der Reichsbank zu folgen und ihre Rücklagen zu erhöhen, als Sicherheit für den Fall, daß die Reserven der Reichsbank in einem Krieg nicht ausreichen würden. Die Reichsbankverwaltung war so verärgert über die Weigerung der Privatbanken, ihrem Appell Folge zu leisten, daß sie für den 15. Juni 1914 eine Versammlung mit den führenden Berliner Privatbankiers anberaumte. Bei dieser Gelegenheit drohte Reichsbankpräsident Rudolf von Havenstein den anwesenden Bankenvertretern mit juristischen Zwangsmaßnahmen für den Fall, daß sie die geforderten Schritte nicht freiwillig unternahmen. Die Forderungen der Reichsbank stießen natürlich bei der Industrie auf größtes Interesse, da die angemahnte Erhöhung der Bankrücklagen zwangsläufig das verfügbare Kapital für Unternehmenskredite beschneiden mußte. Aus diesem Grund hofften einige rheinländische Bankiers, die Industriellen im Kampf gegen die Reichsbankpolitik auf ihre Seite bringen zu können. Weitere Gespräche wurden für den Herbst anberaumt, dann aber durch den Kriegsausbruch verhindert. Ohne Zweifel war die Führung der Reichsbank entschlossen, ihre Forderung durchzusetzen, aber die Tatsache, daß sich die Diskussionen darüber so lange hinzogen, ist ein weiteres Indiz für die Weigerung der Unternehmenswelt, sich irgendwelchen kriegsvorbereitenden Maßnahmen zu beugen, die die wirtschaftliche Entwicklung gebremst hätten.[152] Man war nicht bereit, die aktuellen Sorgen in wirksame Taten umzusetzen oder über die unmittelbaren Eigeninteressen hinauszublicken. Für diese Haltung ist Stinnes ein aufschlußreiches Beispiel. So teilte er am 18. Juli 1914 einem Offizier aus seinem Bekanntenkreis mit, daß er mit Alfred Hugenberg vom Krupp-Konzern über die wirtschaftlichen Probleme der Kriegsvorbereitungen gesprochen habe und daß die Leiter der größeren Ruhrunternehmen vermutlich im September oder Oktober in dieser Sache mit führenden Vertretern des Militärs zusammentreffen würden.

Besonders interessant ist dabei vor allem die Sicht der Dinge, die Stinnes offenbarte. Daß die Reichsbank die großen Privatbanken zwingen wollte, beträchtliche Geldreserven anzulegen, die brachliegen und keine Zinsen bringen würden, hielt er für ausgesprochen töricht, und er schlug statt dessen vor, das Geld den großen Unternehmen in den Industriebezirken in Form von Krediten für den Kauf von Nahrungsmitteln und Konsumgütern zur Verfügung zu stellen. Stinnes begründete seinen Vorschlag so: «Ich glaube, daß große niederrheinisch-westfälische Werke, wenn sie für die Arbeiterschaft und den Konsum sich sichern könnten, sogar einen mäßigen Zinssatz für Kapitalien gewähren würden, die zur Beleihung gewährt werden. Darüber haben wir vielleicht Gelegenheit uns zu unterhalten. Die zur Zeit führenden Leute im öffentlichen Leben und in der Industrie müssen Vorsorge tragen, daß die vielen Millionen Menschen hinter der Front leben können und Arbeit haben, sonst gibt es Revolution und Mord und Totschlag, und der Feldzug ist verloren.»[153] Stinnes betrachtete, kurz gesagt, den Kriegsausbruch als finanzielle und ökonomische Katastrophe mit gefährlichen gesellschaftlichen Implikationen, und die notwendigen ökonomischen Vorbereitungen für den Ernstfall beschränkten sich in seinen Augen darauf, dafür Sorge zu tragen, daß die Bevölkerung satt wurde und Arbeit hatte, damit die Soldaten ihre Pflicht tun konnten.

Kein Wunder also, daß Stinnes am Vorabend des Krieges jedes Anzeichen für eine Beilegung der internationalen Krise, besonders im Zusammenhang mit den Balkankriegen, mit Freude zur Kenntnis nahm. Im Dezember 1912 berichtete er

Ruhe und Erholung: Hugo und Cläre Stinnes in Asa

beispielsweise in einem Brief an Klitzing darüber, daß die Londoner Friedenskonferenz Frieden im Balkan bringen würde, daß sich die Engländer und Deutschen geeinigt hätten und die U-Boote sowie die übrigen Schiffe der deutschen Flotte in ihre Heimathäfen zurückkehren würden und daß auch die Russen einen Frieden befürworteten. All das verhieß in seinen Augen «eine gewaltige Belebung des Warengeschäfts».[154] Stinnes' Wunsch nach Frieden in Europa hatte nicht nur materielle, sondern auch sehr persönliche Beweggründe, wie sich in einem Brief an Cläre vom Juli 1913 zeigte, in dem er die Hoffnung äußerte, daß «die Leute am Balkan bald zur Ruhe kommen. Dann darf man für ein Jahrzehnt auf Frieden hoffen. Hoffentlich mehr schon wegen unseren Jungens.»[155]

Die beiden ältesten Söhne, Edmund und Hugo jun., waren 1914 bereits junge Männer von achtzehn beziehungsweise siebzehn Jahren, aber das Haus der Familie Stinnes war reich an Kindern aller Altersstufen. Es gibt keine Tagebucheintragungen und nur wenige Briefe von Hugo und Cläre, die Aufschluß über das Familienleben in diesen Jahren geben würden. Obwohl ihn seine beruflichen Termine und Verpflichtungen immer stärker in Anspruch nahmen, scheint sich Hugo einen ausgeprägten Familiensinn bewahrt zu haben. Die Familie unternahm regelmäßig Reisen nach Scheveningen, Norderney und zu Cläres

Eltern, die in Wiesbaden wohnten und die sie häufig auch allein besuchte. 1911 kaufte Stinnes das Gut Asa mit Ländereien in Schweden, was sicher damit zu tun hatte, daß er zunehmend daran interessiert war, Wälder für die Holzversorgung seiner Gruben und Zellulosefabriken in seinen Besitz zu bringen. 1912 und 1913 verbrachte die Familie ihre Ferien auf Gut Asa, das offensichtlich über eine verhältnismäßig primitive Ausstattung verfügte und den Jungen Gelegenheit bot, «sich auszutoben».[156]

Eine solche Kinderschar großzuziehen, war sicherlich trotz der Mitwirkung der englischen Gouvernante Miss Barfield nicht leicht und nahm nicht nur Cläre rund um die Uhr in Anspruch, sondern erforderte auch ein beträchtliches Maß an Zuwendung von Hugos Seite. Als die älteren Söhne größer wurden, schrieben Hugo und Cläre ihnen, vor allem, wenn sie auf Reisen waren, häufig Briefe, und manchmal ergab sich daraus eine bemerkenswerte Korrespondenz. So erhielt Hugo im Juni 1908 ein Telegramm von Hugo jun., der den Spitznamen Bü hatte, und seine Antwort darauf vermittelt uns einen Eindruck davon, was für ein Vater Hugo Stinnes war:

> «Gestern abend erhielt ich Dein Telegramm, das mir zeigte, welch einen mir unverständigen, trotzigen kleinen Jungen ich habe.
>
> Selbst wenn Edmund ganz frech war, und wenn Du Dich von Frl. Barfield schlecht behandelt fühltest, dann dürftest Du in unüberlegtem Zorn nicht eine solche Depesche schicken.
>
> Hast Du Dir gar nicht gesagt, was wohl die Telegraphenbeamten von Dir gedacht haben, daß Du Deinen Eltern solche Sachen telegraphierst und dafür Geld wegwirfst. Ich wünsche übrigens zu wissen, ob Du die Depesche selbst fortgebracht und bezahlt hast. Ich habe für solche Sachen jedenfalls kein Geld übrig. Schreibe mir das auch noch, wenn es noch nicht geschehen sein sollte.
>
> Daß Edmund dicke Milch gegen Deine Hose geworfen hat, ist sehr unverständig, aber daß Frl. Barfield nicht auf Deiner Seite war, zeigt mir unfehlbar, daß Du Dich auch schlecht benommen haben mußt, bevor Edmund so handelte.
>
> Heute habe ich Euch beide angewiesen, mir zu berichten. Ich werde Euch dann noch sagen, wem ich Recht gebe. Keinesfalls aber hast Du Recht, in der Form einer Depesche Dich zu beschweren, wie es geschehen ist. Meine Entscheidung sage ich Euch nächsten Sonntag, oder schreibe sie vorher.
>
> Inzwischen habt Ihr Euch musterhaft ruhig und verträglich zu benehmen, und Frl. Barfield das Leben nicht schwer zu machen, sonst können wir kein fröhliches Wiedersehen feiern.
>
> Ich habe hier Euch 2 Ältesten die teuren Kronen-Jubiläumsmarken erstanden. So viel ich weiß, wollt Ihr sie gerne ungestempelt haben, aber ich kann solche wertvollen Geschenke nur meinen *lieben* Jungen mitbringen, nicht Nichtsnutzen.

Ich habe viel zu tun und hatte viel Besuch von Herren aus England, Italien und Petersburg. Mama hat auch alle kennen gelernt und sich mit ihnen gut unterhalten. Arbeitet fleißig und mit Überlegung, damit Ihr recht bald helfen könnt, Arbeit abzunehmen, und auch im Ausland zeigen könnt, daß deutsche Jungen etwas Tüchtiges leisten können, und ihren Eltern und ihrem Lande Ehre machen.»[157]

Auf einen langen Brief seines Sohnes mit ausführlichen Erklärungen zu seinem Verhalten antwortete er:

«Du hast ja selbst das Gefühl, daß Du Dich schlecht und unverständig benommen hast und dieses Gefühl ist richtig. Nun bessere Dich auch.

Du meinst, Frl. Barfield stände stets Edmund bei, und schreibst weiter, Du sprächst nur das Nötigste mit ihr und Edmund. Wenn Du so häßlich gegen sie bist, wie soll sie Dir denn Freundlichkeit zeigen, wo Du sie ignorierst. Bessere Dich, lieber Bü, sprich mit ihr, und sage ihr ruhig, was Du denkst über ungerechte Behandlung, dann wirst Du beim Sprechen bald sehen, daß Du Dir allerlei eingebildet hast.

Sonntag Morgen 7.16 könnt Ihr mich, wenn Ihr nicht zu müde seid, an der Bahn abholen.

Wegen Deiner Freunde bleibt es bei meiner Bestimmung, daß sie vor meiner Rückkehr nicht mehr kommen sollen, aber nach dem Rott dürft Ihr mit dem Auto mal fahren, wenn das Büro es nicht nötig hat.»[158]

Diese Briefe vermitteln von Hugo Stinnes ganz und gar nicht das Bild eines besonders strengen und autoritären Vaters, und in Cläres Tagebüchern gibt es viele Hinweise darauf, daß ihm, abgesehen davon, daß er seine Kinder aufrichtig liebte – «Dieser harte Mann ist ganz weich, wenn er von seinen Söhnen redet», hatte einmal eine Besucherin über ihn gesagt –, vor allem daran gelegen war, sie zu vernünftigen Menschen zu erziehen, die später einmal etwas Nützliches tun und in seine Fußstapfen treten sollten. Über seine Erziehungsprinzipien berichtete die oben zitierte Besucherin: «Viel erziehen könne er nicht, dazu fehle die Zeit. Er gäbe seinen Buben das Beispiel des Fleißes und des nicht materiellen Lebens. Wenn sie trotzdem nichts davon lernten und nichtsnutzig würden, könne er's nicht ändern. Dann würde er sie aber lieber tot sehen.»[159]

Durch die ständigen Geschäftsgespräche am Eßtisch der Familie verstärkte sich das Gefühl der beiden Jungen, ein integraler Bestandteil von Stinnes' großen Unternehmungen zu sein. Diesen Eindruck gewinnt man zumindest von den beiden letzten Jahren vor dem Krieg. Edmund, der jetzt das Stadium hinter sich gelassen hatte, in dem ein Bruder dem anderen Milch über die Hose schüttet, wurde in die Welt geschickt, und 1912 kommentierte er in Briefen und Skizzen die Arbeitsbedingungen in den Docks von Emden.[160] Hugo Junior hatte die Schule früh beendet wegen einer schweren Scharlacherkrankung, über deren mögliche Spätfolgen man sich in der Familie erhebliche Sorgen machte. Auch er wurde jetzt vom Vater in das Familienunternehmen eingeführt. Beide Söhne fingen an, auf den Schiffen ihres Vaters ferne Häfen zu bereisen, um etwas von der Welt kennenzulernen. Im Herbst 1913 fuhren sie auf der Nora nach Süditalien und Konstantinopel und kehrten mit der Bahn über den Balkan nach Hause zurück. Stinnes sen. schien sich nicht nur die üblichen elterlichen Sorgen zu machen, sondern er zeigte sich auch verärgert über Zeichen von jugendlicher Verschwendungssucht bei seinen Söhnen. Die Summen, die Hugo jun., wie von Edmund nach Hause berichtet, zusammen mit seinen Freunden in Hamburg und England verpraßte, waren offensichtlich gewaltig. Stinnes riet seinen Söhnen, auf ihrer Reise nach Sizilien Taormina und Syrakus einen Besuch abzustatten, und er ermahnte sie, das Essen in Konstantinopel mit Vorsicht zu genießen und auch auf der Fahrt durch Rumänien wegen der dort grassierenden Cholera besonders vorsichtig zu sein.[161]

Bei allem Leichtsinn im Umgang mit Geld war Hugo Stinnes jun. auf seinen Reisen in die Welt ein zuverlässiger Berichterstatter an seine Familie, und in den Briefen, die er 1914 von zu Hause schrieb, vermittelte er den Eindruck eines ergebenen Sohns, der bereitwillig die Pflichten des «älteren Bruders» für den jüngsten Zuwachs im Hause Stinnes, Ernst und Else, übernahm und sich geduldig die Klagen seiner streitsüchtigen Großmutter über ihre Gesundheitsprobleme anhörte. Er begann sich zu dieser Zeit auch stärker im Familienunternehmen zu engagieren, schrieb ausführliche Abhandlungen über Frachtkostenprobleme und diente als Ansprechpartner für die neuesten Überlegungen seines Vaters zum Thema Kohlensyndikat. Tatsächlich verließ sich Hugo sen. in den Zeiten seiner Abwesenheit zunehmend auf die Berichte seines Sohns. Mitte Juli 1914 dankte er ihm beispielsweise für einen Bericht über das Kohlengeschäft mit Frankreich, das gut zu laufen schien, und bat ihn um Informationen zu den Fortschritten in den kürzlich gegründeten Wildermann-Werken. Er schickte ihn zu einem kurzen Besuch nach England, wo er sich die Northern Union Mining Company ansehen und in London mit Ferguson zusammentreffen sollte. Dies ging natürlich nicht ohne die üblichen Ermahnungen vonstatten, und er bat seinen Sohn, «recht vorsichtig in England zu sein. Du bist noch ein recht junges Männchen, und die Fremde hat ihre Gefahren.»[162]

Von Mitte Juni bis Mitte Juli 1914 hielt sich Hugo sen. mit Cläre zur Kur in Karlsbad auf, wo er sich die dringend benötigte Erholung gönnte, so weit ihm dies überhaupt möglich war. An Hugo jun. schrieb er: «Uns geht es gut, so daß Aussicht besteht, daß wir jung und schön nach Hause kommen.» Jedoch litt er unter Magenschmerzen und Schlafstörungen und wurde von Unruhe getrieben: «Mich drängt es nach Hause bei der herrschenden Geschäftsunsicherheit.»[163] Es war nicht die internationale Lage, die ihm die größten Sorgen bereitete. Natürlich gab es Krisenherde wie beispielsweise Albanien, auf deren Bedeutung ihn Weitz ebenso aufmerksam machte wie auf die Gefahren, die durch Rußlands ehrgeizige Ziele in Europa drohten. Doch eher optimistisch war er über die Entwicklung, welche die Beziehungen zwischen Deutschland auf der einen sowie Frankreich und England auf der anderen Seite nahm. Anfang Juni schrieb er an Weitz:

«Ich höre, daß die Deputierten Wahlen in Frankreich als ein Protest gegen die Politik Poincarés angesehen werden und daß in der herrschenden radikalen Partei die Auffassung mehr und mehr an Boden gewinnt, daß auf die Dauer für die Franzosen die Gefahr nicht bei den Deutschen sondern bei den Slawen liegt. Man sagt in einigen Kreisen für die nächsten Jahre in Frankreich einen ähnlichen Umschwung voraus, wie er in England glücklicher Weise eingetreten ist.»[164]

Um England sorgte er sich jedoch vor allem wegen der dort herrschenden innenpolitischen Situation:

«Ich fürchte, daß diesem Reich die Aktionskraft in nächster Zeit stark durch innere Schwierigkeiten genommen sein wird.

Wenn Home Rule überstanden sein wird, dann wird m.E. ein Kampf der vereinigten Bergleute, Eisenbahner etc. um die Herrschaft mit den Werksbesitzern entstehen wie wir ihn noch nie gesehen haben.

Meine englischen Beamten warnen aufs entschiedenste vor jedem Engagement in englischen Kohlen. Wird die Konjunktur schlechter, dann gibt es Kohlenstreik, wird sie besser, dann gibt es große Schwierigkeiten aller Art in den Gewerken.»

Was Frankreich betraf, so bereitete ihm weniger dessen militärische Stärke Probleme, als vielmehr die Finanzkraft, über die das Land verfügte, und er äußerte die Hoffnung, daß Deutschland seine Anstrengungen, mit dieser zu konkurrieren, vermehren würde: «Hoffentlich ist man in Deutschland klug genug, richtig zu gerieren und in einer neuen Konjunktur sich geldlich so zu stellen, daß auf dem Gebiet des Geldgebens Frankreich in kurzem einen ebenbürtigen Dreibundgegner findet.» Dessenungeachtet freute sich Stinnes auf die Zusammenarbeit mit den Franzosen in Heraklea. Wie bereits erwähnt, hatte er im April und Mai nach seiner Reise in den Nahen Osten in Paris mit französischen Interessenvertretern verhandelt und informierte den Direktor der Deutschen Bank, Karl Helfferich, Anfang Juni in einem Brief darüber, daß er bereit sei, mit den Franzosen ein Syndikat zur Monopolisierung des Kohlenhandels mit Konstantinopel zu gründen. Dabei war es seiner Ansicht nach nicht schwierig, zu einer Einigung über Finanzfragen und die Benutzung beider Häfen zu kommen. Probleme bereitete ihm vielmehr der laufende Betrieb in den Kohlengruben. Während er die Franzosen auf dem Gebiet des Finanzwesens für überaus kompetent hielt, traute er ihnen als Bergwerksbetreiber nicht besonders viel zu:

«Was den Grubenbetrieb anlangt, so würde, wenn es sich um zwei deutsche Unternehmungen handelte, es nicht zweifelhaft sein, daß dieselben zu einer

Vereinigung gelangen würden. Da es indessen sich um eine deutsche und eine französische Gesellschaft handelt, so erachte ich eine Verständigung mit Rücksicht auf die nationale Eitelkeit der Franzosen für schwierig. Wir unsererseits könnten indessen nur in dem Falle an eine Verständigung denken, wenn unseren Beamten hinsichtlich des Grubenbetriebes auf das gesamte Unternehmen maßgeblicher Einfluß eingeräumt würde. Die französische Gesellschaft, wie überhaupt die französischen Bergwerks-Gesellschaften hätten die Gewohnheit, ihre Bergwerke durch Ingenieure, vielfach reine Maschinen-Ingenieure, leiten zu lassen, während für den Grubenbetrieb gelernte erfahrene Bergleute unerläßlich notwendig seien. Dieses Bedürfnis nach Bergleuten sei im Heraklea-Bezirk besonders dringlich, weil die ganze bergmännische Bevölkerung zu einem ordnungsmäßigen Grubenbetriebe überhaupt noch angelernt werden müsse. Wir müßten also jede Gemeinschaft mit den Franzosen ablehnen, wenn uns nicht hinsichtlich des Grubenbetriebes ausschlaggebender Einfluß gewährt würde.»[165]

Dennoch bewahrte Stinnes die Hoffnung, daß man zu einem gemeinsamen Modus finden könne und daß die für beide Seiten vorteilhafte Aussicht einer Kostenminderung und einer Verbesserung der Häfen die Franzosen zur Annahme der Bedingungen bewegen würde. Im übrigen hatten sich für Stinnes während seiner Reise nach Griechenland neue Möglichkeiten eröffnet. An den Leiter der Stinnes-Niederlassung in Italien, A. Marescalchi, war trotz der Dominanz französischer Firmen in Griechenland das Angebot herangetragen worden, Bleierzgruben in der Nähe der Hafenstadt Laurion zu erwerben, von wo aus es in Kürze eine hervorragende Eisenbahnverbindung nach Saloniki geben würde. Laurion eröffnete für Stinnes die Aussicht auf eine wesentlich bessere Verbindung zwischen Nordeuropa und potentiellen Märkten in Indien. Das Unternehmen, das die Gruben bisher betrieb, hatte sich als inkompetent erwiesen und genoß einen zweifelhaften Ruf, aber schließlich hatte Stinnes im Lauf seiner Karriere so manches marode Unternehmen gekauft und wieder zum Erfolg geführt.[166]

Das also waren die vielversprechenden Aussichten im Sommer 1914, und wenn es Ende Juli für Stinnes einen Grund gab, die Heimkehr herbeizusehnen, dann waren es die endlosen Verhandlungen um die Erneuerung des Kohlensyndikats und die Frage, ob sich ein Handelssyndikat mit Frankreich verwirklichen ließe, das Thyssens hochgesteckten Forderungen genügen und den mörderischen Wettbewerb zwischen den deutschen Kohlengesellschaften beenden würde. Stinnes weihte seinen in England weilenden Sohn Ende Juli in einem Brief in diese Zusammenhänge ein, und Hugo jun. hielt seinen Vater seinerseits auf dem laufenden über seinen Besuch bei der Northern Union Mining Company, seine Eindrücke von einer Parlamentssitzung und sein Treffen mit Ferguson in London. Ferguson machte sich nach wie vor große Sorgen wegen der irischen Home Rule-Bewegung, die er als ernsthaftes Problem betrachtete, und wegen der

Arbeiterunruhen in Schottland. Wie Hugo jun. in seinem Brief an die Eltern berichtete:

> «Die politische Lage ist so schlecht eigentlich wie man sich nur denken kann. Zwischen Österreich und Serbien stinkt es m. A. noch sehr, außerdem noch das klägliche Albanien. Etwas Angenehmes wurde mir in London noch von Ferguson gesagt. Das Verhältnis von Deutschland und England würde von Tag zu Tag *besser*. Sowohl die Konservativen wie die Liberalen seien sehr deutschfreundlich gestimmt. Man denkt nicht mehr an einen Einfall von Deutschland.»[167]

Vier Tage später, am 26. Juli, schrieb Hugo jun. einen weiteren ausführlichen Brief an seine Eltern, in dem er sich in anfangs optimistischem Tonfall darüber ausließ, daß die Probleme zwischen Österreich und Serbien bald beigelegt sein würden, daß er aber die Reaktion von französischer und russischer Seite nicht recht abschätzen könne. Obwohl er nach wie vor eine gegen Deutschland gerichtete Intervention Englands ausschloß, äußerte er die Hoffnung, daß sich ein möglicher Krieg auf Serbien und Österreich beschränken würde. Dennoch bat er nicht ohne Sorge um Verhaltensmaßregeln für den Ernstfall: «Im Falle eines Deutsch-Französisch-Russischen Krieges, sollte ich dann nach Mülheim zurückkommen?»[168] Auch zu Hause in Mülheim wuchs die Besorgnis, wie Thomas in Abwesenheit von Hugo Stinnes dessen Sohn am 28. Juli mitteilte:

> «Nach der etwas besorgten, aber dabei vollständig auf alles gefaßten Stimmung am Samstag und Sonntag, ist hier seit gestern viel mehr Ruhe eingekehrt. Zu welcher Lösung die augenblickliche politische Situation führt, kann man noch nicht bestimmt voraussagen; es scheint indessen wohl so, als ob man in Rußland nicht an einen [Angriff] dächte und davon wird im wesentlichen die Lokalisierung des Krieges auf Österreich und Serbien abhängen.»[169]

Weniger zuversichtliche Neuigkeiten schickte Karl Fehrmann am 27. Juli aus St. Petersburg, doch war sein Brief offensichtlich länger unterwegs als die Korrespondenz mit England. Fehrmann, der in St. Petersburg die russische Hugo Stinnes AG leitete, bezeichnete die Lage als «sehr ernst», obwohl auf der Inlandsbörse noch die Hoffnung vorherrschte, daß sich der Frieden halten würde. Überall seien Truppentransporte zu beobachten, und das Militär habe begonnen, strategisch wichtige Eisenbahn- und Schiffsverbindungen unter seine Kontrolle zu bringen. Fehrmann hielt es für geraten, Vorkehrungen für den Kriegsfall zu treffen, da zu erwarten sei, daß man die Deutschen, insbesondere Personen in Schlüsselpositionen wie ihn selbst, deportieren werde. Um die Interessen der Firma in Rußland zu wahren, schlug er vor, die Verantwortung in St. Petersburg in die Hände von Peltenburg zu legen, während dessen Neffen die Geschäfte in Riga führen sollten. Jedenfalls müßten die notwendigen Maßnahmen für seine eigene Abreise und die seiner Mitarbeiter in die Wege geleitet werden, nachdem er von seinen Informanten erfahren habe, daß sich die Kriegsbefürworter durchgesetzt hätten, was durch die militärischen Aktivitäten im ganzen Land bestätigt werde. Schon kursierten häßliche Bemerkungen über die Unfähigkeit der Berliner Polizei, antirussische Demonstrationen vor der russischen Botschaft niederzuschlagen, während die angeblich weniger durchsetzungsfähige russische Polizei offensichtlich keine Mühe hatte, vergleichbare Proteste vor der deutschen und der österreichisch-ungarischen Botschaft in St. Petersburg zu unterdrücken.[170]

Bemerkenswert ist, daß sowohl Hugo Stinnes als auch sein Sohn in ihren Briefen aus dieser Zeit buchstäblich bis zum Tag des Kriegsausbruchs vor allem Besorgnis über Schwierigkeiten mit der Arbeiterschaft äußerten: Hugo sen. über die Gefahren eines internationalen Bergarbeiterstreiks, Hugo jun. über die Faulheit der englischen Bergleute in Doncaster und die Frage, ob die nach England entsandten deutschen Bergleute die in sie gesetzten Erwartungen erfüllen würden. Bisher schienen sie jedenfalls prächtig mit ihren englischen Kollegen auszukommen. Ob es diesen deutschen Bergleuten nach dem 4. August gelang, aus England herauszukommen, ist nicht dokumentiert. Hugo jun. kehrte rechtzeitig nach Mülheim zurück, während der stets zuverlässige Fehrmann nach Ausbruch des Krieges noch zwölf Tage in St. Petersburg ausharrte, um die Firmenleitung in russische Hände zu übergeben und so den Betrieb so gut wie möglich abzusichern. Er selbst schaffte es, aus St. Petersburg herauszukommen und sich so seiner sicheren Internierung zu entziehen.[171] Fehrmanns Informanten hatten sich als zuverlässiger erwiesen als die St. Petersburger Börse. Das Gebäude des Internationalismus, das für die kapitalistische Welt realer gewesen zu sein scheint als jemals für die Arbeiterschaft, war eingestürzt.

VI. Hugo Stinnes und der Krieg: Politik und Geschäfte

Der Kriegsausbruch im August 1914 löste bei Stinnes tiefe Enttäuschung und Erschrecken aus; bis zuletzt hatte er sich große Hoffnungen auf eine lange Periode des Friedens nach den Balkankriegen gemacht und auch noch an die Möglichkeit einer gewaltlosen oder mindestens lokal eingrenzbaren Lösung der Krise von 1914 geglaubt. Der Krieg markierte eine tiefgreifende Wende in seinem Leben, ein Ereignis, dessen Verlauf und dessen Folgen den weiteren Gang seiner Karriere entscheidend bestimmen und fortan seine Zeit und seine Kräfte verschlingen sollte. Auch auf sein Familienleben scheint der Krieg sich in einschneidender Weise ausgewirkt zu haben – wie Clärenore es später in ihren Erinnerungen recht drastisch formulierte: «Für uns Kinder änderte der Vater [seine Gestalt]. Wir verloren ihn an unser Vaterland, dessen Not er vorausahnte.»[1] Vorbei war mit einem Mal die Zeit, da die Leiter der Stinnes-Niederlassungen aus nah und fern nach Mülheim gekommen waren – allen voran der so hochgeschätzte Mr. Ferguson – und zwischen Sitzungen mit der Familie zu Mittag oder zu Abend gegessen hatten. Stinnes ging jetzt immer öfter selber auf Reisen, um politische und geschäftliche Aufgaben zu erledigen. Seitdem er häufig und lange in Berlin zu tun hatte und dort oft tagelang im Hotel Continental Quartier bezog, nutzte die Familie zunehmend mehr das Landgut in Weißkollm in der Oberlausitz, das er gekauft hatte. Das Gut umfaßte einen bewirtschafteten Farmbetrieb und Nutzholzwälder. Stinnes, dessen Arbeitsbelastung ihren gesundheitlichen Tribut zu fordern begann, fand hier eine Oase der Ruhe und einen Ort des ungestörten Zusammenseins mit «Minne», wie Cläre inzwischen in der Familie genannt wurde, und den Kindern.

Leider sind die Zeugnisse dessen, was Cläre im letzten Lebensjahrzehnt von Hugo Stinnes tat und dachte, dünn gesät; dafür nahmen Edmund und Hugo jun. zunehmend stärker Anteil an den Geschäften ihres Vaters. Edmund, der Leutnant der Reserve war, wurde bei Kriegsausbruch zum Dienst in einem Hauptquartier des Heeres einberufen. Hugo jun. wurde bei der Musterung für nicht verwendungsfähig befunden. Während Edmund über die mannigfaltigen Aktivitäten seines Vaters zumindest auf dem laufenden gehalten und in den späteren Kriegsjahren auch in einige davon einbezogen wurde, erhielt Hugo jun. von seinem Vater erhebliche Aufgaben im Rahmen außerordentlich wichtiger Projekte zugewiesen. Es machte Hugo sen. große Freude zu sehen, wie seine beiden Söhne sich entwickelten. Im Juli 1916 schrieb er in einem Brief an Hugo jun.:

> «Es freut mich sehr für Dich, daß Deine Tätigkeit solche Anerkennung findet. Als achtzehnjähriger junger Mann kannst Du darüber freudigen Stolz empfinden, aber Du mußt darum gleich bescheiden im Wesen bleiben.

Weißkollm, das Landgut der Familie Stinnes in der Lausitz

Die Familie Stinnes 1915: Edmund, Ernst, Cläre, Clärenore, Else, Otto, Hugo sen., Hugo jun., Hilde (von links nach rechts)

Ich habe mich auch recht gefreut, zu sehen, wie meine beiden großen Jungen an ihrem Teil sich nützlich und gerne gesehen machen.»[2]

Im Windschatten ihres Vaters waren sie in der Tat in Rollen hineingewachsen, die für so junge Männer normalerweise unerreichbar gewesen wären, hätte nicht der Krieg Hugo Stinnes sen. zu jener auf höchster politischer wie wirtschaftlicher Bühne agierenden nationalen und internationalen Figur gemacht, als die er in die Geschichtsbücher eingegangen ist. Es ist das Anliegen dieses Kapitels und der nachfolgenden zu erklären, wie es dazu kam, daß Stinnes nach 1914 eine so maßgebliche Rolle in Deutschland übernahm, und dabei insbesondere die Linien der Kontinuität zu seinen früheren Lebensphasen und die Querverbindungen zwischen seinen politischen und geschäftlichen Aktivitäten herauszuarbeiten.

1. Der Kampf gegen einen «vorzeitigen Frieden»

«Seit gestern Mittag», berichtete Direktor Sellge am 21. August 1914 an Stinnes, «sind wir hier richtig im Krieg.»[3] Die Artillerie- und Infanterieeinheiten, die zuvor in Oettingen, Rümelingen und einer Kette weiterer Ortschaften bis hin zur luxemburgischen Grenze stationiert gewesen waren, sammelten sich nun bei Differdingen und hatten ihre Artillerie bereits am Abend zuvor auf den Hügeln hinter Niederkorn und Differdingen in Stellung gebracht, von wo aus sie die Beschießung Longwys in Angriff nehmen sollten. Sellges Hauptsorge galt in dieser Situation der Frage, wie er Verpflegung für die ihm verbliebenen Arbeitnehmer herbeischaffen und vom Heer die Genehmigung erwirken konnte, die um ihr Leben fürchtenden Frauen und Kinder mit dem Zug nach Luxemburg zu schicken. Die Deutschen begannen in den frühen Morgenstunden des 22. August mit dem Beschuß Longwys und hielten ihn zwei volle Tage lang durch. Bald wurde offenkundig, daß die geplante Evakuierung von Zivilisten nicht erforderlich sein würde, obwohl die Gefahr eine sehr reale gewesen war: «Nur dem Umstand, daß die Franzosen so minderwertige Geschütze haben, ist es zu verdanken, daß Differdingen und die ganze Hütte heute nicht ein Trümmerhaufen ist.» Sellge hatte gehört, die Franzosen hätten zunächst die weiße Fahne gehißt, dann aber auf die vorrückenden deutschen Truppen gefeuert, sobald diese in Reichweite waren – just die Art von Kriegslist, wie man sie nach allem, was man sich erzählte, von den Franzosen zu erwarten hatte. Wie auch immer, die Deutschen antworteten damit, daß sie Longwy dem Erdboden gleichmachten. Kurz darauf hatte es freilich den Anschein, als sei Differdingen nur eine Station auf dem Weg zum Sieg gewesen, denn die Geschützbatterien wurden abgebaut und waren bald wieder zu hören, diesmal aber nur noch von ferne. Wie Direktor Götz berichtete: «Differdingen glich gestern einem großen Heerlager, heute ist wieder alles fort, als wäre nichts geschehen.»[4] Seine beiden Söhne waren einberufen worden, was er jedoch voll und ganz bejahte. «Wir wollen gerne alles hingeben», schrieb er, «wenn unsere Sache gut ausgeht, namentlich wo sich jetzt immer mehr herausstellt, daß man Deutschland schon lange hintergangen hat.»

Doch nicht nur die Truppen waren fort, sondern auch viele Arbeiter und Angestellte. Die Oettinger Erzgruben hatten schlicht den Betrieb eingestellt, in den Hütten und Werken lief die Arbeit auf Sparflamme. Unter diesen Umständen hatten die Arbeitgeber der Region offenbar beschlossen, ihren Angestellten nur noch das halbe Gehalt zu zahlen, was Sellge jedoch für einen Fehler hielt; seiner Meinung nach war es besser, die vollen Gehälter zu bezahlen, um die Luxemburger bei Laune zu halten, zumal sie sich gegenüber den deutschen Truppen vorbildlich verhalten hatten.

An der Heimatfront mußte sich Stinnes unterdessen mit dem heiklen Problem der Ersetzung der zum Wehrdienst einberufenen Arbeiter und Angestellten und der Unterstützung ihrer Familien herumschlagen. Er registrierte anfänglich eine Neigung, gegenüber den Betroffenen ein Übermaß an Großzügigkeit walten zu lassen, und fand das äußerst beunruhigend, womit er nicht alleine stand. Bei einem von den Regierungspräsidenten von Düsseldorf, Münster und Arnsberg einberufenen Treffen am 17. August in Essen wurde einhellig die Meinung vertreten, die Kommunen und viele Firmen gewährten den Familien der Einberufenen zuviel Unterstützung; man fürchtete, dies könne dazu führen, «daß infolge Geldverschwendung der Krieg unter Umständen vorzeitig beendet werden muß».[5]

Stinnes akzeptierte zwar die Notwendigkeit, auf Härtefälle individuell zu reagieren, sprach sich aber entschieden gegen das großzügige Gebaren etwa der Firma Pesag in Paderborn aus; die Pesag sei, so schrieb er in einem Brief an Bürgermeister Plassmann, ein «industrielles Unternehmen» und solle sich wie ein solches verhalten. Angemessen sei, «grundsätzlich bei Beamten und Arbeitern nur das Existenzminimum zu gewähren, denn wenn darüber hinausgegangen wird, sind unberechenbare Folgen absolut sicher». Plassmann wollte das so nicht ohne weiteres akzeptieren, zumal Paderborn inmitten einer Ackerbauregion lag, die sich in diesem Jahr einer guten Ernte erfreute und damit besser dastand als die Städte und Firmen des Industriereviers. Stinnes hielt es für gefährlich, wenn Regionen oder Firmen, denen es vergleichsweise besser ging, durch Großzügigkeit ein soziales Gefälle zu den weniger begünstigten Regionen schufen, und er übte dieselbe Kritik am Krupp-Konzern, dessen Großzügigkeit er als eine «Versündigung an den nationalen Interessen» bezeichnete.[6] Er vertrat den Standpunkt, es müßten erst die vom Reich und von den Kommunen angebotenen Hilfen ausgeschöpft werden, ehe die Pesag auf ihre eigenen Ressourcen zurückgriff.

Auf der anderen Seite sorgte sich Stinnes auch um die finanzielle Leistungsfähigkeit des Reichs und der Kommunen. Er hatte die Reichsbank stets in ihrem Bemühen unterstützt, die Arbeiter anzuhalten, anstelle von Gold- und Silbermünzen Papiergeld zu akzeptieren; in seiner Eigenschaft als Aufsichtsratsvorsitzender der Westfälisch-Anhaltischen Sprengstoff AG (WASAG) – der einzigen Firma aus dem Rüstungsbereich, mit der er zu diesem Zeitpunkt verbunden war – forderte er die Geschäftsleitung auf, alles in ihrer Macht Stehende zu tun, um den Arbeitern beizubringen, daß ihre seit Kriegsbeginn zutage getretene Neigung, Papiergeld abzulehnen und es gegen Silbergeld einzutauschen, Ausdruck einer «haltlosen und törichten» Angst sei.[7] Gerade weil die WASAG als bedeutender Rüstungsproduzent vom Krieg profitierte, hieß Stinnes aus vollster Überzeugung den Vorschlag gut, dem Deutschen Roten Kreuz 100000 Mark als Spende für Hilfsmaßnahmen in kriegsbedingten Härtefällen zu überweisen und den überlasteten Angestellten und Arbeitern, die als Ersatz für die Kriegsdienst Leistenden eingestellt worden waren, eine Kriegszulage zu gewähren.[8] Die WASAG verfügte zwar über hohe Guthaben auf ihren Bankkonten, sah sich aber sehr bald gezwungen, viel Geld in Rohstoffe und neue Maschinen zu investieren, um die hereinkommenden Rüstungsaufträge erfüllen zu können; daher wies Stinnes die Firmenleitung Ende August an, keine Einlagen bei der Kriegskreditbank zu tätigen, die zu diesem Zeitpunkt unter Federführung der Deutschen Bank gegründet wurde.[9]

Noch sorgsamer wachte Stinnes über die Liquidität des RWE. So gefiel es ihm gar nicht, als die Geschäftsleitung des RWE Anfang August vorschlug, den kommunalen Anteilseignern eine Vorauszahlung auf die für 1913–14 angekündigte 8prozentige Dividende zu zahlen. Abgesehen einmal von der Tatsache, daß es ungesetzlich sei, eine bestimmte Gruppe von Aktionären besserzustellen als andere, und daß die Kommunen ohnehin einen relativ leichten Zugang zu flüssigen Mitteln hätten, sei es, so Stinnes, ein Unding, wenn ein Unternehmen wie das RWE in einem solchen Augenblick eine Dividende zahle oder ankündige:

> «Bei den kriegerischen Zeiten ist es völlig unübersehbar, ob für das abgelaufene Geschäftsjahr überhaupt eine Dividende festgestellt oder, wenn festgestellt, dann ausgezahlt werden kann. Es können sich so schwere Ereignisse abspielen, zum Beispiel Zerstörung Ihrer Anlagen, daß von einer Gewinnausschüttung gar nicht die Rede sein kann, die vorhandenen Gelder vielmehr zur Wiederherstellung des Zerstörten Verwendung finden müssen.»[10]

Im September sah Stinnes die Sache dann doch wieder gelassener, was ein Indiz dafür ist, daß er in den ersten Kriegstagen ernsthaft mit der Möglichkeit von Luftangriffen auf die RWE-Anlagen gerechnet hatte. Thiel hatte erhebliche Reserven gebildet, aus denen eine Dividende gezahlt werden konnte, und beim Stromabsatz, der nach Kriegsbeginn zunächst zurückgegangen war, zeigten sich erste Anzeichen einer Erholung. Stinnes, Thyssen und Klönne einigten sich darauf, daß eine Dividende in Höhe von 8 Prozent sowohl von der Liquidität des RWE als auch von den Bedürfnissen der kommunalen Anteilseigner her angemessen sei.[11]

Damit soll nicht der Eindruck vermittelt werden, daß in den ersten Kriegsmonaten eine annähernd normale oder berechenbare wirtschaftliche Situation herrschte. Ende Oktober 1914 beklagte sich Stinnes zum Beispiel darüber, daß die Deutsch-Luxemburg-Zechen im Ruhrgebiet täglich 500 Tonnen Koks auf

Halde legten, und forderte Differdingen auf, durch mehr Regelmäßigkeit und Produktionserhöhungen dieses Problem zu entschärfen; Eigenbrodt wies diese Forderung als unerfüllbar zurück und verwies zur Begründung auf den Verlust der für den Krieg rekrutierten deutschen und der vollzählig abhanden gekommenen italienischen Arbeiter, die die Firma für ihre ganzen Verhüttungsprozesse benötigte. Wenn die Luxemburger mehr Koks brauchten, dann wegen der Minderwertigkeit der Lieferungen, die sie bekamen, und diese Ursache war kaum geeignet, Stinnes zufriedenzustellen. Es bestand aber auch die Gefahr, so Eigenbrodt, daß die Erze ausgingen, denn die Streitkräfte hatten große Mengen davon beschlagnahmt und würden erst etwas davon freigeben, wenn ein Produktionsstillstand drohte. Die Wirklichkeit sah indes so aus, daß die Nachfrage nach den meisten Eisen- und Stahlprodukten und die dafür erzielbaren Preise trotz der Produktionsausfälle wegen Arbeitskräftemangels auf einem Tiefstand angelangt waren. Verschärft wurden die Probleme noch dadurch, daß sowohl Röchling als auch de Wendel dem Deutsch-Luxemburg-Konzern Arbeiter abwarben, so daß in absehbarer Zeit mit unerträglich hohen Lohnforderungen zu rechnen war. Wenn man den Konzern als ganzen betrachtete, wurde deutlich, daß diejenigen Betriebe noch am besten fuhren, die für das Militär produzierten, wie St. Ingbert, das unter anderem Stacheldraht herstellte, oder die Dortmunder Union, die große Bestellungen für Granaten in den Büchern hatte; ihnen machte der Arbeitskräftemangel natürlich am meisten zu schaffen.[12]

In Deutschland gestaltete sich der Übergang zur Kriegswirtschaft ziemlich langwierig, vor allem weil die Deutschen mit einer kurzen Kriegsdauer rechneten und sowohl die staatlichen als auch die wirtschaftlichen Verantwortungsträger zögerten, die Umstellung auf eine volle Kriegsproduktion vorzunehmen. Die militärische Führung zeigte sich in den beiden ersten Kriegsjahren spröde, wenn es darum ging, Personal, Ressourcen oder Geld für die wirtschaftliche Mobilmachung preiszugeben. Desgleichen setzten die zivilen Instanzen alles daran, die Strukturen in zivilen Wirtschaftssektoren so intakt wie möglich zu erhalten, um die mit der totalen Mobilmachung zwangsläufig verbundenen Verluste und Verwerfungen für die Wirtschaftskraft der Nation so gering wie möglich zu halten und die Bevölkerung, vor allem die Arbeiterschaft, vor den schlimmsten Folgen einer wirtschaftlichen Mobilmachung zu bewahren. Auf der anderen Seite waren die Firmen und Konzerne, die bis dahin nicht für die Rüstung produziert hatten, nicht ohne weiteres bereit, eine kostspielige Konversion vorzunehmen, die später zwangsläufig eine Rekonversion notwendig machen würde. Zu all dem gesellte sich noch die Furcht vor einem Hineinregieren des Staates in den privaten Sektor, worauf die zu Kriegsbeginn eingeführte Rohstoffbewirtschaftung bereits einen Vorgeschmack geliefert hatte. Das Auftreten von Stinnes und gleichgesinnten Kollegen gegen einen «vorzeitigen Frieden» bedeutete aus dieser Perspektive ein Kokettieren mit der Gefahr zunehmender staatlicher Einmischungen in die wirtschaftliche Betätigung und ein erhöhtes Risiko, daß die Arbeiterschaft aufbegehren würde.[13]

Die Notwendigkeit, in die Rüstungsproduktion einzusteigen, ergab sich für Stinnes erst nach und nach. Wie bereits festgestellt, waren diejenigen Unternehmen am besten ausgelastet, die Rüstungsaufträge erhielten, und das war sowohl bei der Dortmunder Union, also den Werken am Niederrhein, als auch bei St. Ingbert in weit stärkerem Maß der Fall als bei Differdingen. Das Ungleichgewicht verstärkte sich noch, als unter dem Eindruck der schockierenden und unerwarteten Munitionsknappheit im Oktober 1914 zusätzliche Eilbestellungen hereinkamen, die besonders bei der Dortmunder Union zu Buche schlugen und Anlaß zu erheblichen Ausbau-Investitionen gaben. Die Militärführung schätzte die Lage als so brenzlig ein, daß sie minderwertige Gußeisen-Granaten bestellte, um die anscheinende Überlegenheit der Gegenseite wettzumachen. Im April 1915 sickerte allerdings durch, daß auch bei den Gegnern die Munition knapp wurde, und das deutsche Kriegsministerium kündigte für Ende Mai die Stornierung der erteilten Aufträge für Gußeisen-Granaten an, nachdem Stahl wieder in ausreichenden Mengen zur Verfügung stand. Stinnes hatte das Gefühl, daß das Blatt sich zumindest in diesem Bereich gewendet hatte, und war höchst beeindruckt von der Art und Weise, wie dies trotz des Arbeitskräftemangels bewerkstelligt worden war. In einem Brief an Edmund schilderte er die Situation in Mülheim so: «Wir haben 5000 Arbeiter z.Zt., darunter 1200 weibliche. Unsere Mädels gewinnen den Krieg, sie sind ganz tadellos willig und besser als die Gefangenen. Das höre ich auch in Dortmund.»[14]

Trotzdem bereitete es Stinnes ganz und gar keine Freude, sich an der Rüstungsindustrie zu beteiligen; lieber war ihm der Export in neutrale Länder, dessen es auch bedurfte, um einerseits überschüssige Güter loszuwerden und andererseits Lebensmittel und Rohstoffe importieren zu können, ohne die Zahlungsbilanz zu verschlechtern. «Insofern ist das Geschäft jetzt ganz paßhaft», schrieb er im September 1915 an Edmund. «Im Inlande bescheidener Nutzen, am Ausland gewaltiger Profit. Man braucht sich also nicht allein keine Gedanken wegen des Verdienstes zu machen, sondern nützt sogar seinem Vaterland dadurch.»[15]

Wie sprunghaft die Anpassung an die Kriegswirtschaft in dieser Umbruchphase vor sich ging, zeigt sich besonders deutlich an der sich wandelnden Haltung Stinnes' zur Gewährung von Exportrabatten durch das Kohlensyndikat. Als der Verband des Deutschen Maschinenbaus Mitte August die Wiedereinführung solcher Rabatte forderte, sprach Stinnes sich nachdrücklich dafür aus, mit der Begründung, man müsse den Engländern zeigen, daß Deutschland gewillt und in der Lage sei, im Geschäft zu bleiben. Ende Oktober veranlaßte ihn die Sorge über den Kursverlust der Mark an den Devisenmärkten zu einem noch leidenschaftlicheren Eintreten für Rabatte:

> «Das ist wichtiger wie alles andere, daß wir Gelder vom Ausland bekommen, mit denen wir den Import bezahlen, sonst wird es nicht ausbleiben, daß wir zum Schluß Gold exportieren müssen, um leben zu können. Wenn man die

Geldkurse sieht, die Devisenkurse, so ist es erschreckend, wie namentlich nach den nordischen Ländern, auch nach der Schweiz hin, tatsächlich die Kurse gestiegen sind.»[16]

Ende Januar 1915 hatte Stinnes jedoch eine Kehrtwendung vollzogen und forderte nunmehr ein Ende aller Exportrabatte mit der Begründung, die neutralen Länder seien an der Lieferung hochwertiger Eisen- und Stahlerzeugnisse im Gegenzug zu Lebensmittellieferungen nach Deutschland interessiert und bereit, sehr hohe Preise zu zahlen, nachdem die Frachtkosten für Lieferungen aus den USA so spektakulär gestiegen seien. Das einzige, was die Ausfuhrrabatte offensichtlich bewirkt hätten, sei die Förderung der Konkurrenz zwischen den deutschen Anbietern; da sei es doch viel klüger, gemeinsam Kapital aus den Problemen der Neutralen zu schlagen. Das Beste für die deutsche Handelsbilanz sei es, die höchstmöglichen Preise zu erzielen, zumal in Anbetracht des Mangels an Eisenerz und der hohen Rohstoffpreise, die man zu zahlen habe.[17]

Die Probleme im Bereich der Rohstoff- und Lebensmittelversorgung Deutschlands beschäftigten Stinnes von den ersten Kriegstagen an in zunehmendem Ausmaß. Seine Vorliebe für den Kauf ganzer Wälder und die Anlage großer Nutzholzvorräte hatte ihm gute Dienste geleistet, und im August 1914 konnte er mit Befriedigung feststellen, daß seine Zechen ausreichend bevorratet waren.[18] Im Hinblick auf andere Rohstoffe fand er die Lage jedoch, wie er Edmund Ende September wissen ließ, alles andere als zufriedenstellend:

«Heute hatten wir eine weitere gemeinsame Sitzung des Kohlenforschungsinstitutes und der Zechenbesitzer-Versammlung im Kohlensyndikat. Wir müssen und werden dafür sorgen, daß es der Marine nicht an Öl, dem Militär nicht an Trinittoluol und Salpeter, den Motoren und der Farbenindustrie nicht an Benzol und der Landwirtschaft nicht an Dünger fehlt.

Emil Fischer hielt einen Vortrag, und nachher ist beschlossen worden, alsbald unter Zuhilfenahme der großen chemischen Industrie in den Kokereien Einrichtungen zu bauen, um unabhängig vom Ausland salpetersaures Ammoniak herzustellen.

Wir werden hier hinter der Front auch unsere Pflicht tun. Leider müssen wir da eine große Schwierigkeit bei unserer Eisenbahnbürokratie überwinden. Es ist ein Jammer, daß da nicht jemand ist, der, wie auf einem großen industriellen Werk, jeden albernen Widerstand bricht und befiehlt, wie es gehen muß und gehen kann, d.h. es muß Koks statt Kohle gebrannt werden, mindestens 50%.»[19]

Wie schon so oft zeigte sich auch hier Stinnes' ausgeprägtes Interesse an Projekten, bei denen sich das wirtschaftlich Vernünftige mit dem ökonomisch Vorteilhaften verband; hinter seiner Kritik an der Bahnverwaltung steckte offenkundig auch das Motiv, seine Kokereien besser auszulasten, die in dieser frühen Phase des Krieges unter Absatzmangel litten. Überhaupt bestärkte ihn der Krieg in seiner sehr kritischen Haltung gegenüber der Eisenbahnverwaltung, und bald gerieten auch andere Teile der staatlichen Bürokratie ins Schußfeld seiner Kritik.

Zu diesem Zeitpunkt trieb die Regulierung des Wirtschaftslebens im Dienst des Krieges gerade ihre ersten Blüten; bemerkbar machte sich dies zunächst auf den Gebieten der Rohstoff- und Lebensmittelversorgung. Die Entwicklung eines industriellen Verfahrens für die Ammoniaksynthese durch Carl Bosch von der BASF und Fritz Haber war unter den frühen Versuchen Deutschlands, die alliierte Seeblockade und das eigene Defizit an Rohstoffen zu konterkarieren, der wichtigste und sensationellste. Wie bereits aufgezeigt, war Stinnes aufgrund seiner Zusammenarbeit mit dem Mülheimer Institut an der Ingangsetzung solcher Projekte beteiligt. Diese änderten jedoch nichts an der Tatsache, daß manche elementaren Rohstoffe immer knapper wurden, Kupfer zum Beispiel. Die Kupferpreise hatten schon Ende September 1914 einen hohen Stand erreicht, und die Militärverwaltung behielt sich das Recht vor, die von den Streitkräften benötigten Mengen zu beschlagnahmen. In diesem Sinn wies Stinnes die HEAG an, keine neuen Leitungen mehr zu verlegen, sondern die vorhandenen Kupfervorräte für eventuelle wichtigere Anwendungen zur Verfügung zu halten.[20]

So sehr Stinnes die Notwendigkeit anerkannte, die Zuteilung kriegswichtiger Rohstoffe staatlich zu kontrollieren, schien er doch der Errichtung von Kriegsrohstoffgesellschaften, denen die Aufgabe zufallen sollte, lebenswichtige Rohstoffe anzukaufen und zuzuweisen, höchst skeptisch gegenüberzustehen. Dieser Plan ging auf eine Idee Walther Rathenaus zurück, der im Verein mit Wichard von Moellendorff, einem weiteren leitenden AEG-Manager, das preußische Kriegsministerium zur Errichtung einer Kriegsrohstoffabteilung (KRA) überredet hatte, die die besagten Gremien einberufen und ihre Tätigkeit überwachen sollte. Stinnes konnte keine zwingende Notwendigkeit für die Einrichtung solcher Rohstoffgremien erkennen und instruierte die leitenden Herren der WASAG, diesen Standpunkt in den Gesprächen zu vertreten, die Ende September 1914 im Zusammenhang mit der geplanten Errichtung einer Kriegs-Chemikalien-Aktien-Gesellschaft anberaumt wurden. Es gelang ihnen freilich, Stinnes die Zustimmung für eine Beteiligung der WASAG in Höhe von 400000 Mark abzuringen, die ihnen notwendig erschien, weil die Salpetervorräte der Firma nur noch bis März 1915 reichen würden. Falls der Krieg dann noch im Gange sei, brauche man die Mitgliedschaft in der Kriegs-Chemikalien-Aktien-Gesellschaft, wenn man nicht «Gefahr laufen [wolle], bei der Beschaffung der Rohmaterialien auf vielleicht nicht zu überwindende Schwierigkeiten zu stoßen».[21] Derlei Befürchtungen waren nicht unbegründet, wie sich zeigte, als das RWE sich im Dezember mit der Klage an Stinnes wandte, die großen Elektrogerätefirmen führten in der Kriegsmetall-Aktiengesellschaft das Regiment, mit der Folge, daß die Behörden aufgrund der «einseitigen Beratung des Kriegsministeriums durch die Großfirmen» den Kraftwerksbetreibern in Westdeutschland den Zugriff auf dringend benötigte Kupfervorräte verweigerten.[22]

Noch unglücklicher war Stinnes über die Organisation der Lebensmittelversorgung. Bis zum Moment des Kriegsausbruchs hatten die Behörden keinerlei Vorkehrungen für den Fall einer Lebensmittelknappheit getroffen. Doch in der Folge beschäftigte die Gefahr von Versorgungsengpässen an der Ernährungsfront die Behörden um so mehr, und Ende Oktober 1914 setzten sie Höchstpreise für Getreideerzeugnisse fest. Für solche Höchstpreise hatten sich die Spitzen der deutschen Landwirtschaft ausgesprochen, in der Hoffnung, damit eine drohende Spekulation mit Getreideprodukten im Keim ersticken und die Landwirtschaft vorsorglich gegen den Vorwurf der Preistreiberei immunisieren zu können. Doch Anfang Dezember registrierten die staatlichen Stellen im Ruhrgebiet mit Sorge, daß die Bauern schlicht kein Getreide lieferten, und auch der Einzelhandel bestellte kaum Ware, weil er weitere Preisbeschränkungen befürchtete. Auf einer von Regierungspräsident Kruse einberufenen Konferenz äußerte sich Stinnes sehr pessimistisch. Er bemängelte, daß der deutsche «Lebensmittelvorrat zu knapp sei und bei dem jetzigen Verhalten nicht ausreichen würde».[23]

Im September hatten Stinnes und Hugenberg eine Alternativlösung vorgeschlagen, für die sie sich in der Folgezeit immer wieder stark machen sollten, nämlich durch hohe Lebensmittelpreise den landwirtschaftlichen Erzeugern einen Produktionsanreiz zu geben und, falls nötig, durch höhere Löhne die Arbeiter in die Lage zu versetzen, die höheren Preise auch zu bezahlen. Sie teilten nicht den Standpunkt der Agrarier, daß dies den unteren Mittelstand in Bedrängnis bringen würde. Nach Überzeugung von Stinnes und Hugenberg mußte es oberstes Ziel sein, die bestehenden Vorräte so zu strecken, daß die Versorgung über einen längeren Zeitraum gesichert war, und gleichzeitig den Erzeugern attraktive Preise zu bieten. In diese Richtung wies auch ihre Empfehlung, eine Gesellschaft zu gründen, die zwei Millionen Tonnen Getreide aufkaufen und lagern sollte. Indem man diese Getreidemenge aus dem Verkehr zog, würde man den Preis nach oben treiben, und der Getreideverbrauch würde kurzfristig sinken; zugleich würde man eine Versorgungsreserve für das Jahr 1915 bilden.[24]

Wie aus dieser Position deutlich genug wurde, rechnete Stinnes nicht mit einem kurzen Krieg. Die militärische Planung Deutschlands, wie sie im Schlieffen-Plan zum Ausdruck kam, basierte auf dem Konzept eines raschen Sieges im Westen, unter dessen Eindruck, so das deutsche Kalkül, Rußland sodann relativ schnell zur Aufgabe gezwungen werden könne. Nichts deutet darauf hin, daß Stinnes vor dem 9. September 1914, an dem der deutsche Vormarsch an der Marne zum Stillstand kam, etwas über die deutschen Militärplanungen wußte oder daß er sich über die Bedeutung eines Scheiterns des Schlieffen-Plans im klaren war. Seine große Sorge in den ersten Kriegsmonaten war nicht etwa die, daß der Krieg zu lange dauern könnte, sondern daß er vorzeitig zu Ende gehen und Deutschland damit der Chance beraubt würde, die Kriegsziele zu erreichen, auf die es seiner Ansicht nach ausgehen mußte. Einige der wirtschaftlichen Forderungen, die Deutschland im Falle eines Friedensschlusses erheben sollte, erörterten die führenden Ruhr-Industriellen schon am 21. August 1914; in konkreter Ausformulierung lagen sie am 11. September vor, zwei Tage nach dem Rückzug an der Marne-Front. An diesem Tag suchten Kirdorf und Stinnes den Gouverneur der Festung Metz auf, um mit ihm über die Minette-Erz-Vorkommen in dem Gebiet zu sprechen und ihm die, wie Stinnes es charakterisierte, «absolute, einstimmige Meinung der niederrheinisch-westfälischen Industrie» vorzutragen. Diese lautete, auf eine Kurzformel gebracht: «Nur kein fauler, vorzeitiger Frieden, um schnell zu Ende zu kommen!»[25]

Stinnes erwarb sich in der Folge, sehr zu Recht, den Ruf, zu den extremsten Annektionisten in Deutschland zu zählen. Er war allerdings keineswegs der einzige, wenn auch einer der prominentesten Vertreter dieser Position. Thyssen und der Zentrumsabgeordnete Matthias Erzberger, mit dem er in diesen Jahren sehr engen Kontakt pflegte, legten dem Kanzler Bethmann Hollweg Anfang September 1914 Kriegszielkataloge vor, die exorbitante Annektionsforderungen enthielten, während Hugenberg und Class vom Alldeutschen Verband kurz nach Kriegsbeginn ein ähnliches, die Visionen ihrer Bewegung reflektierendes Programm verkündeten. Der gemeinsame Nenner aller von diesen Gruppen vertretenen Kriegsziele, soweit sie den Krieg im Westen betrafen, war die Annektierung der Minette-Erz-Region Briey-Longwy, eingebettet in eine strategische Arrondierung der deutschen Westgrenze, eine Stärkung des deutschen Einflusses in Luxemburg und Belgien und die Übernahme der Kontrolle oder gar der staatlichen Hoheit über belgische und französische Nordseehäfen. Als Stinnes Anfang September mit Class in Kontakt trat, um ihm seine Meinung zum Entwurf des Alldeutschen Kriegszielprogramms kundzutun, den ihm vermutlich Hugenberg zugespielt hatte, war Class hocherfreut, von Stinnes zu hören, daß dieser das Programm nicht nur guthieß, sondern in bezug auf die an Frankreich zu stellenden Forderungen sogar noch darüber hinausging. Er erwähnte, daß die Männer aus der Marineverwaltung, mit denen er gesprochen habe, auf die Übernahme der gesamten französischen Nordseeküste gedrängt hätten, da Deutschland nur so seine strategische Position gegenüber England entscheidend verbessern könne. Stinnes fügte hinzu, daß aus seiner Sicht außerdem die Sicherung der Erzvorkommen in der Normandie für die deutsche Industrie wünschenswert sei. Er begnügte sich nicht damit, die Alldeutschen Ziele im vertraulichen Rahmen gutzuheißen, sondern sprach sich bei einem Treffen führender Männer der deutschen Wirtschaft Ende Januar 1915 ganz offen dafür aus und versprach, seinen Einfluß auf den Centralverband der Deutschen Industrie zur Werbung für diese Ziele zu nutzen.[26]

Stinnes war freilich noch nicht so vollständig auf den Kurs der Bewegung eingeschwenkt, wie Class es womöglich gehofft hatte. So freudig er feststellte, Stinnes halte Bethmann nicht mehr für den richtigen Mann am richtigen Platz und hätte auch nichts gegen einen Rücktritt von Staatssekretär Gottlieb von Jagow und Innenminister Clemens von Delbrück einzuwenden, so befremdlich fand er andererseits die Stinnessche Idee, Paul Weitz würde einen guten Nachfolger für Bethmann abgeben und der Kohlenmagnat Petschek sei der ideale Mann für die Aufgabe, Österreich in Ordnung zu bringen. Class konnte sich kaum mit dem

Gedanken anfreunden, «das Schicksal der Mittelmächte in die Hände zweier Juden» zu legen, auch wenn Stinnes einwandte, Weitz sei in Wirklichkeit Katholik.[27] Stinnes war allem Anschein nach immun gegen den rassistischen Antisemitismus alldeutscher Prägung, wobei man sich andererseits fragen muß, wieviel Glauben man der Classschen Darstellung schenken soll, derzufolge Stinnes in Weitz einen Anwärter auf das Kanzleramt sah. Ironischerweise war es ausgerechnet ein von Hugo jun. 1947 abgegebenes Dementi, das der Version von Class im nachhinein doch eine gewisse Glaubwürdigkeit verlieh:

> «Die Behauptungen über Weiß [sic] und Petschek sind bestimmt falsch. Mein Vater hätte beide Herren für geeignete Botschafter, Weiß [sic] vielleicht auch als Außenminister zur Verhandlung mit den Westmächten für richtig gehalten. Es kommt gar nicht in Frage, daß er jemals an Weiß [sic] als Reichskanzler gedacht hat.»[28]

Die Vorstellung, ein Mann jüdischer Herkunft, der sich seinen Namen als Journalist in Diensten der *Frankfurter Zeitung* gemacht hatte, könne für das Amt des Außenministers in Frage kommen, erscheint kaum weniger exotisch als die Idee, ihn zum Reichskanzler im Wilhelminischen Deutschland zu machen. In einem in nüchternem Stil gehaltenen Brief vom April 1915 beschrieb Stinnes Paul Weitz als einen «überaus interessante[n] Mann», der wohl «der beste Kenner des nahen Orients» sei und demzufolge «bei den Friedensverhandlungen nicht fehlen dürfte».[29] All dies läßt darauf schließen, daß Stinnes sich bei seiner Begegnung mit Class in einer sehr überschwenglichen und radikalen Stimmungslage befunden haben dürfte, in der er bereit war, nicht nur über die Kriegsziele der Alldeutschen hinauszugehen, sondern auch personelle Veränderungen auf höchster Regierungsebene auszuklügeln – in einer Art, die im übrigen durchaus seinem pragmatischen Umgang mit Personalproblemen entsprach.

Als Class Stinnes auf seine Niederlassungen und Tochterfirmen im Ausland ansprach, waren dessen Auskünfte dieselben wie drei Jahre zuvor, als die beiden Männer sich schon einmal über dieses Thema unterhalten hatten. Stinnes behauptete, alle seine Beteiligungen im Ausland seien sicher, da er sie in die Hände von Einheimischen gegeben habe, denen er bedingungslos vertrauen könne; auf diese Weise könne er sicher sein, keine einzige Mark zu verlieren.[30] Hier war, wie sich zeigte, der Wunsch der Vater des Gedankens. Einige der Stinnesschen Geschäftspartner und Mitarbeiter im Ausland erwiesen sich in der Tat als außerordentlich loyal (und erfuhren von ihm dasselbe Maß an Loyalität), doch auf die Handlungsweise der betreffenden Staaten hatte dies keinen Einfluß. Stinnes und Knepper waren bei Kriegsausbruch automatisch ihrer Ämter als Geschäftsführer der Northern Union Mining Company entkleidet worden, doch dauerte es bis April 1916, ehe die britische Regierung gemäß dem Trading with the Enemy Amendment Act von 1916 einen Sequester bestellte, dessen Aufgabe es war, die Firma aufzulösen.[31] Über Mitarbeiter in neutralen Ländern hatte Stinnes ein gewisses Maß an Kontakt zu Ferguson aufrechterhalten und ihm sogar

Geld zukommen lassen, damit er für die Firma Schulden begleichen konnte; noch Anfang 1916 hatte er Ferguson 500 Pfund geschickt, damit dieser «ordentlich leben» konnte. Ferguson hatte jetzt offenbar mehr Freizeit als zuvor und heiratete eine «junge, frische und gebildete» Frau Ende zwanzig, von der Hugo jun. den Eindruck hatte, daß sie «gerade in der heutigen deprimierten Stimmung sicher sehr gut [zu ihm] paßt und ihn aufheitert». Es freute Hugo sicherlich, von seinem Sohn zu hören, daß Ferguson nicht daran zweifelte, «daß wir nach dem Krieg gleich wieder Geschäfte machen können. Vielleicht nicht direkt unter dem Namen Hugo Stinnes. Aber kurze Zeit nach Schluß kann alles wieder wie vorher gemacht werden.»[32]

Ob ein solcher Optimismus auch hinsichtlich des Frankreich-Geschäfts angebracht war, schien fraglich. Die Franzosen waren zügiger als die Engländer gegen Deutsche vorgegangen, die über Beteiligungen und Vermögenswerte im Land verfügten, und hatten etwa die Erzgruben in der Normandie von Saint André, Bully und Maltot, deren Eigentümer Deutsch-Luxemburg, Phoenix und Hoesch waren, kurzerhand beschlagnahmt. Die drei Konzerne beschwerten sich förmlich über diese Zwangsmaßnahme und wandten sich mit der Bitte an den für diese Fragen zuständigen Reichskommissar, im Falle von Friedensverhandlungen Entschädigungsforderungen geltend zu machen, doch was dabei herauskam, würde sich auf jeden Fall erst nach Kriegsende zeigen.[33]

Es ist wichtig, sich zu vergegenwärtigen, daß weder diese Beschlagnahmungen noch die Aussicht auf die zukünftige Wiederherstellung von Wirtschaftsbeziehungen den geringsten Einfluß auf Stinnes' annektionistisches Denken hatten; seine diesbezüglichen Positionen hatte er schon vor den ersten Maßnahmen der Kriegsgegner gegen seine wirtschaftlichen Interessen vertreten. Was man ihm allenfalls bescheinigen kann, ist, daß er und seine gleichfalls betroffenen Kollegen sich angesichts ihrer ausländischen Beteiligungen anfänglich ein gewisses Maß an wohlweislicher Zurückhaltung auferlegten. Das zeigte sich beispielhaft am 7. November 1914 bei einer Sitzung des dem neugegründeten Kriegsausschuß der deutschen Industrie zuarbeitenden Unterausschusses für die Ausarbeitung von Kriegszielen. In Reaktion auf Berichte, denen zufolge die deutsche Militärverwaltung in Belgien sich anschickte, englisches und französisches Wirtschaftseigentum zu enteignen, wies Stinnes nachdrücklicher als andere darauf hin, daß es in Großbritannien und den britischen Kolonien mehr deutsche Vermögenswerte gab als englische auf deutschem Boden, was bedeutete, daß unter dem Strich die Deutschen die Verlierer wären, falls der Feind die deutschen Enteignungsmaßnahmen mit ebensolchen Schritten beantwortete.[34]

Im übrigen hatten es sich Stinnes und die diversen Interessengruppen, mit denen er sich zusammentat, in den Kopf gesetzt, alles zu tun, um der deutschen Sache in jeder anderen Beziehung zum Sieg zu verhelfen. Er machte sich nicht nur öffentlich für das Programm der Alldeutschen stark, sondern gehörte auch zu der Gruppe von Schwerindustriellen, die den Bonner Volkswirtschaftler Professor Hermann Schumacher im September-Oktober 1914 mit der Ausarbeitung einer Denkschrift zu den wirtschaftlichen Kriegszielen Deutschlands beauftragte, die in den Kreisen der hohen Beamtenschaft und des Unternehmertums weite Verbreitung fand und zusammen mit dem Programm von Class zu einem wichtigen Leitfaden für das annektionistische Lager wurde. Geschrieben von der Voraussetzung her, daß Deutschland in der Lage sein werde, Frankreich und Rußland die Friedensbedingungen zu diktieren (nicht jedoch England, jedenfalls nicht im selben Ausmaß), und unter der einschränkenden Maßgabe, daß nicht alle deutschen Ansprüche, und sollten sie auch «noch so berechtigt sein», in einem Friedensvertrag durchsetzbar sein würden, zielte das von Schumacher skizzierte Programm auf die Etablierung einer deutschen Hegemonie über das europäische Festland, die Deutschland in die Lage versetzen würde, Großbritannien überall auf der Welt Paroli zu bieten. Erreicht werden sollte dies durch eine Kombination aus klassischen territorialen Annexionen, der Errichtung von Vasallenstaaten im Westen und Osten, der Durchsetzung Deutschland begünstigender Geschäftsbedingungen im Außenhandel und der Verhängung erheblicher Reparationen gegen die besiegten Feinde, so daß Deutschland den Bau seiner Flotte weiter forcieren konnte, ohne in Finanzierungsnöte zu geraten.

Besonders detailliert – und auch besonders brutal in Inhalt und Tonfall – waren die Vorstellungen Schumachers bezüglich Belgiens, von dessen Territorium Deutschland sich einen Streifen mit den Städten Namur und Lüttich abscheiden sollte; Antwerpen sollte ebenfalls unter deutsche Hoheit kommen, und zwar als Stadtstaat nach Art der deutschen Hansestädte. Was dann von Belgien noch übrig blieb, sollte auf den Status eines Vasallenstaates herabgestuft werden, wobei die Provinzgrenzen so verändert werden sollten, daß die wallonische Volksgruppe möglichst stark aufgesplittert und die flämische überall in der Mehrheit sein würde. Schließlich sollten den Belgiern, ebenso wie den Franzosen, die meisten ihrer Kolonien weggenommen werden. Was Frankreich betraf, so zielte das Schumacher-Programm hauptsächlich auf die Unterstellung der französischen Erz- und Kohlevorkommen und -gebiete unter deutsche Kontrolle als Teil der französischen Reparationsleistungen. Ein Zugeständnis an das Eigentumsrecht machten die Deutschen immerhin, indem sie für die französische Regierung die Verpflichtung vorsahen, ihre Bürger für den Verlust der an Deutschland abzutretenden Vermögenswerte zu entschädigen. Ein besonders grotesker Aspekt des Schumacher-Programms war der Plan, in bestimmten Gebieten im Osten und Westen, die Deutschland zugeschlagen werden sollten, ganze Bevölkerungsteile umzusiedeln, sowie Saisonarbeiter und einen Teil der arbeitenden Bevölkerung Belgiens so zu versetzen und zu verschieben, wie es den wirtschaftlichen und politischen Interessen Deutschlands am dienlichsten erschien. Alles in allem handelte es sich um ein Dokument, das den Raub offen zum politischen Programm erklärte und von der zynischen Absicht durchdrungen war, die Konflikte und Differenzen zwischen verschiedenen Volksgruppen in den Nachbarregionen Deutschlands auszunützen.[35]

Stinnes nahm sich dieses Papiers an und übergab es persönlich an Bethmann

Hollweg, als er diesem am 17. November 1914 einen Besuch abstattete. Er traf an diesem Tag auf einen Kanzler, dem die Tragweite des militärischen Scheiterns des deutschen Heeres an der Marne ebenso schwer zu schaffen machte wie dem deutschen Oberkommandierenden und Kriegsminister General von Falkenhayn, der dem Kanzler die Mitteilung machte, die Gegner Deutschlands seien nicht zu besiegen, solange sie verbündet blieben, und der von der Notwendigkeit eines Separatfriedens mit Rußland oder aber irgendeines Abkommens mit Frankreich sprach. Bethmann dürfte die Unterredung mit Stinnes unter diesen Umständen als ziemlich anstrengend empfunden haben, und sein Bericht darüber an den Staatssekretär Arthur Zimmermann triefte denn auch von Sarkasmus:

> «Hugo Stinnes, der gute Beziehungen auch nach Rußland zu haben angiebt, erzählte mir vorgestern, der Großfürst Nicolai Nicolaiewitsch habe Zar werden wollen. Sähe er ein, daß er auf dem Wege militärischer Lorbeeren nicht zum Throne gelangen könne, so werde er gegen Geld für den Frieden zu haben sein.
>
> Übrigens habe ich mir von Herrn Stinnes eine von Professor Schumacher in Bonn auf Grund eingehender Beratungen mit Kirdorf, August Thyssen, Hugenberg und Stinnes selbst verfaßte Denkschrift geben lassen, die über die Friedensbedingungen dieser Herren Aufschluß gibt. Stinnes behauptete, daß diese Bedingungen die übereinstimmende Forderung der gesamten Industrie und Landwirtschaft, der Konservativen und Liberalen seien. Die Annexionswünsche erstrecken sich für Frankreich auf:
>
> Belfort, Epinal, Toul, Verdun, Briey und das gesamte nördliche Küstengebiet bis zur Somme einschließlich aller Kohlenlager Frankreichs um Lille, Lens, Arras u.s.w., den Congo, Dahomey, Obok u.s.w.
>
> Für Rußland auf das Land westlich der Linie Narwa, Wilna, Grodno, Petrikow, endlich ganz Belgien.
>
> Die wirtschaftlichen Forderungen übergehe ich heute, erwähne diese Stinnesschen Forderungen hier überhaupt nur zur Illustration.»[36]

Wie läßt sich die leidenschaftliche Parteinahme Stinnes' für die annektionistische Sache mit seiner vor dem Krieg vertretenen internationalistischen Position vereinbaren? Implizit wurde ihm diese Frage gestellt, als der berühmte Pazifist Ludwig Quidde ihm Ende August 1915 eine seiner Schriften zusandte, in der er die große Bedeutung des Wirtschaftsverkehrs mit den deutschen Kriegsgegnern hervorhob und Kritik an den extrem annektionistischen Vorstellungen übte, die die sechs führenden deutschen Wirtschaftsverbände im Frühjahr 1915 verkündet hatten und die denselben Geist atmeten wie das Programm Schumachers. Stinnes fühlte sich offenbar zu einer Entgegnung herausgefordert und leitete diese mit dem Hinweis ein, er habe in der Tat rege Wirtschaftsbeziehungen zu den Ländern gepflegt, die sich nunmehr im Krieg mit Deutschland befänden; er sei «überzeugt und entschlossen, nach dem Kriege die alten freundschaftlichen Beziehungen wieder aufleben zu lassen».[37] Damit dies geschehen könne, müsse jedoch eine Situation geschaffen werden, in der die Feinde nicht mehr mit Aussicht auf Erfolg hoffen konnten, Deutschland unterjochen zu können. Daß Deutschland die Kriegsjahre 1914 und 1915 überstanden habe, sei lediglich ein Glücksfall gewesen, auf dessen Wiederholung man nicht zählen könne.

> «Wenn unsere Feinde nicht so schlecht vorbereitet gewesen wären und unsere industrielle Überlegenheit so falsch eingeschätzt hätten, so wäre es angesichts der riesigen Zahlenübermacht ganz ausgeschlossen gewesen, siegreich diesen Kampf zu bestehen. Nach den Erfahrungen dieses Krieges mit einem gleichen Glücksfall wie 1914/15 zu rechnen wäre mehr als leichtsinnig. Wir müssen für Vorland sorgen, schon um unsere wichtigsten Industriebezirke, ohne deren Fortarbeit schon der jetzige Krieg verloren gewesen wäre, nicht schutzlos den feindlichen auf der Höhe der Technik stehenden Geschütz- und Fliegerangriffen preiszugeben.»

Aus dieser Sicht erschien Stinnes die pazifistische Haltung Quiddes sentimental und «im höchsten Grade verderblich»; er könne nur hoffen, erklärte er, daß die Öffentlichkeit sich nicht von Gefühlen leiten lassen werde, sondern von denselben Überlegungen, die sein eigenes Umdenken im August 1914 bewirkt hatten:

> «Ich bin vorm August 1914 der aufrichtigste Anhänger einer friedlichen Verständigung ohne jede Eroberungswünsche namentlich mit England gewesen, würde mich aber heute, nachdem den Feinden durch den Krieg die Augen geöffnet worden sind, [eines] verbrecherischen Leichtsinns schuldig halten, sofern ich nicht, wenn erreichbar, für eine Erweiterung der Grenzen im Ausmaße der von den wirtschaftlichen Verbänden gekennzeichneten Grenzen einträte.»

Es gibt keinerlei Grund, an Stinnes' ehrlichem Glauben daran zu zweifeln, daß Deutschland – und namentlich seine Industriereviere im Westen – 1914 nur ganz knapp der Vernichtung entgangen war. Je länger der Krieg andauerte, desto zwingender wurden aus seiner Sicht die Argumente für die deutschen Annexionsforderungen. Ende Juni 1915 legte der stellvertretende Befehlshaber des Siebenten Armeekorps' in Münster, General von Gayl, dem Kanzler eine taktisch wohlvorbereitete Denkschrift über eine in seinem Zuständigkeitsbereich angeblich alles beherrschende «Bewegung» vor, die für Annexionen und Reparationsforderungen eintrat. Es wurde eine Zusammenkunft herbeigeführt zwischen Gayl und seinem Stab sowie Kirdorf, Hugenberg und Stinnes, über die Gayl einen ausführlichen Bericht anfertigte.

Natürlich kam Stinnes in diesem Bericht ausführlich zu Wort; er setzte seine Argumente in Bezug zu den Notwendigkeiten der Rüstungsproduktion. Er wies ausdrücklich die Behauptung zurück, die geforderte Annektierung der französischen Eisenerzreviere habe etwas mit dem Bestreben der deutschen Industrie nach einem Ausbau ihrer wirtschaftlichen Macht zu tun; andererseits erklärte er, ohne die Minette-Erze aus Luxemburg und Lothringen wäre die deutsche Industrie nicht imstande gewesen, Eisen und Stahl in den für die Kriegführung erforderlichen Mengen zu erzeugen. Die Ausführungen Stinnes' zu der Frage, ob die deutsche Industrie einem künftigen Krieg gewachsen sein würde, zeigten, daß er das Fazit der von seinem Direktor Sellge im August 1914 gelieferten Berichte nicht vergessen hatte. 20 Prozent der deutschen Roheisen- und Stahlerzeugungskapazität befand sich, so Stinnes, in einer Zone zwischen 7 und 25 Kilometer um die Festung Longwy, und ein erheblicher Teil der deutschen Eisenerzförderung konzentrierte sich auf die unmittelbare Umgebung von Verdun. «Die Sicherstellung des deutschen Reiches in einem zukünftigen Kriege erforderte also gebieterisch den Besitz des gesamten Minettevorkommens, einschließlich der Festungen Longwy und Verdun, ohne die dieses Gebiet nicht zu halten ist», analysierte er.[38] Nicht weniger wichtig sei für Deutschland die Hoheit über die Kohlenreviere Nordfrankreichs und Belgiens, denn die neutralen Länder würden nur solange nicht in Abhängigkeit von England geraten, wie Deutschland Zugriff auf zusätzliche Kohlevorkommen besitze und seinen Kohlenbedarf decken könne. Kohle, namentlich die aus dem belgischen Revier, sei auch ein wesentlicher Grundstoff für diverse rüstungswichtige Produkte. Da Deutschland nicht über genügend Ölvorkommen verfüge, um seinen Treibstoffbedarf decken zu können, sei es darauf angewiesen, die Hand auf Erdgas- und Kohlevorkommen zu legen, um so seinen Vorrat an «unerschöpflichen Quellen von Öl, Benzol, Toluol, Ammoniak, Naphtalin ausbauen [zu können], nicht nur zur Vermehrung des Wohlstandes im Frieden, sondern zur unentbehrlichen Kriegsrüstung».

Dies war schon auf den ersten Blick eine ziemlich unerfreulich und gefährlich wirkende Betrachtungsweise, deren volle Tragweite sich jedoch erst erschließt, wenn man sich vergegenwärtigt, mit welcher bemerkenswerten Rücksichtslosigkeit gegenüber den Gefühlen und Traditionen der in den zur Annexion vorgesehenen Gebieten lebenden Menschen sie einherging. Einer, der die Chance erhielt, Stinnes um die Erläuterung seines Standpunkts in dieser heiklen Frage zu bitten, war Geheimrat Paul Clemen, Kunsthistoriker an der Bonner Universität und Vorsitzender der Gesellschaft für Denkmalpflege der Rheinprovinz. Es ist anzunehmen, daß der Kontakt zwischen den beiden Männern durch die von Stinnes gewährte Unterstützung für die Aktivitäten der Denkmalpfleger zustande kam. Wie auch immer, Tatsache war, daß Clemen gute Kontakte zur königlichen Familie und namentlich zum Kronprinzen besaß. Clemen war leicht schockiert, als Stinnes ihm im März 1915 die Kriegsziele der Industrie offenbarte, die seiner Ansicht nach allenfalls in der Situation vom Herbst 1914, «wo uns der Himmel noch voller Geigen hing», verständlich gewesen wären, nicht aber im Zeichen des 1915 eingetretenen Stillstandes.[39] Was er vor allem als unerhört empfand, war «die Zuversicht unserer Industrie in bezug auf ihre kolonisatorische Kraft». Nach seinem Dafürhalten konnte man das «Selbstbestimmungsrecht» eines großen Staates nicht einfach vom Tisch wischen – Belgien war schließlich nicht Slowenien oder Albanien. Außerdem gelte es, «Imponderabilien» nichtmilitärischer und nichtwirtschaftlicher Art in Rechnung zu stellen.

Die belgischen Intellektuellen, die tonangebend für die öffentliche Meinung seien, würden sich niemals mit dem Verschwinden ihres Staates abfinden, und auch die Neutralen würden, so fürchtete er, negativ reagieren. Auf der anderen Seite mußte auch Clemen einräumen, daß die Wiederherstellung Belgiens de facto den Einfluß Frankreichs vergrößern würde und daß er nicht verstand und nicht erklären konnte, weshalb sich kein lautstarker Protest gegen die Inbesitznahme von Calais und der griechischen Inseln Tendedos und Lemnos durch die Engländer regte.

Stinnes zeigte sich nicht im geringsten überrascht darüber, daß die Engländer mit ihrer «brutal[en] und weitsichtig[en]» Politik in Calais durchkamen;[40] sie wüßten ganz genau, daß die Meinung der neutralen Länder keinen Heller wert war, wenn ihre wirtschaftlichen Interessen ihnen einen anderen Standpunkt nahelegten. Aufgrund von Mitteilungen, die Weitz ihm gemacht hatte, sah er in der Besetzung der griechischen Inseln einen Schachzug der Engländer, die auf diese Weise den aktuellen Konflikt ausnützten, um eine «zweite Dardanellensperre» gegen eine zukünftige russische Expansion aufzurichten. Die Engländer, so die Folgerung, scherten sich nicht um «Imponderabilien», sondern schufen vollendete Tatsachen, und so müßten auch die Deutschen lernen, ihr Schicksal selbst in die Hände zu nehmen. Wenn sie dies mit Entschlossenheit täten, würden und dürften sie mit der Masse der Belgier keine Probleme bekommen.

> «Ich habe zur kolonisatorischen Kraft einer rein deutschen Industrie in einem industriellen Land, wie Belgien, unbedingtes Zutrauen, wenn der Arbeiterbevölkerung des anzugliedernden Landes die belgische Führung genommen wird. Vorbedingung dafür ist eine durchgreifende Enteignung der industriellen Betriebe und Beseitigung des leitenden belgischen Beamtenkörpers notfalls bis zum Meister herunter.
>
> Daß Preußen/Deutschland im Elsaß so wenig erreicht hat, liegt m.E. daran, daß das Reichsland allein auf sich gestellt worden ist. Wäre Elsaß/Lothringen preußisch geworden und hätte die Schicht der Intellektuellen und leitenden Industriellen für sich und ihre Kinder sich in einem großen Staat ausleben und eine Zukunft im Staat aufbauen können, so wäre es wohl anders geworden. Statt dessen gab es für die heranwachsende Intelligenz in Elsaß/Lothringen keine rechte Zukunft; die höchsten Stellen waren im eigenen Lande meist verschlossen, im Reiche selbst und in Preußen waren die Aussichten, einflußreiche Stellungen zu erhalten, noch geringer. Der Reichsländer war Reichsbürger zweiter Klasse.
>
> Hätte man sich 1871 entschlossen, diese Elemente nach Frankreich abzuschieben, und hätte man dann wenigstens eine Beamtenunion zwischen dem Reichslande und Preußen hergestellt, dann wäre es m.E. anders gekommen.
>
> Belgien dürfen wir nicht wieder herausgeben, es sei denn, daß wir mit Waffengewalt wieder hinausgeworfen würden.

Wer nach diesen maßlosen Blutopfern den traurigen Mut besäße, aus Mangel an Selbstvertrauen und Vertrauen in die deutsche Zukunft freiwillig Belgien wieder loszulassen und dadurch zwecks Behauptung der Weltstellung England gegenüber in kurzem einen zweiten Kontinentalkrieg heraufzubeschwören, der verdiente, wie ein Fahnenflüchtiger behandelt zu werden. Ich hoffe, daß ein solcher Mann in verantwortlicher Stellung nicht existiert.

Wenn Belgien einige Jahrzehnte diktatorisch regiert wird, so wird das Land sicher nicht vernichtet werden, und wenn man, von Antwerpen ausgehend, Teilen des Landes allmählich mehr und mehr Selbstverwaltung einräumt, so wird die bisher jämmerlich behandelte Arbeiterbevölkerung sich sicherlich nicht beklagen, unter anderes Regiment gekommen zu sein.

Lüttich und Umgebung verdaut die Rheinprovinz ohne alle Schwierigkeit, und damit wären zwei gefährliche Oppositionszentren – Lüttich und Antwerpen – bereits aus der Welt geschafft. Brüssel muß man sonstwie bekommen.»

Die Zuversicht, die Stinnes und die von ihm vertretenen Interessengruppen an den Tag legten, verfehlte nicht ihren Eindruck auf Clemen. Stinnes händigte ihm Abschriften der an Kanzler und Reichstag gerichteten annektionistischen Petitionen aus (die mehr oder weniger Neuaufgüsse der Schumacherschen Denkschrift waren), mit der Bitte, sie an Kronprinz Wilhelm und Prinz Eitel Friedrich weiterzugeben. Clemen äußerte den Wunsch, der Kaiser möge anstelle «zager und schlecht instruierter Berater»[41] einmal mit einem so zupackend argumentierenden Mann wie Stinnes konfrontiert werden. Daß der Kaiser selbst ein unsicherer Kantonist war, dafür sprachen auch die Eindrücke von Hugo jun., der im April 1915 in Begleitung Clemens, den das deutsche Militär mit der Aufsicht über schützenswerte Kunstdenkmäler in Belgien und Frankreich beauftragt hatte, an die Front reiste. Clemen hatte gehofft, bei dieser Gelegenheit mit dem Kaiser zusammenzutreffen, mußte jedoch erfahren, daß dieser in einem Anflug von «moralischer Depression» aus dem Hauptquartier der Heeresleitung abgereist war. «Es ging dem Kaiser zu der Zeit überhaupt nicht gut; er sah auch schlecht aus. Er litt furchtbar unter den großen Verlusten und dem Nichtvorwärtsgehen, an dem er ja leider in erster Linie schuld ist.»[42]

Das war nicht der erste Abstecher des jungen Stinnes an die Front, und bisher hatte ihn das, was er dort sah, nicht davon überzeugt, daß es Deutschland gelingen werde, die Herzen und Köpfe der Belgier für sich zu gewinnen. Zu den Beobachtungen, die er machte und von denen er seinem Vater berichtete, gehörten die antideutschen Bemerkungen, die er mitbekommen hatte, die zornigen Gesichter stellungsloser belgischer Bergleute und Arbeiter, eine ihm bedrohlich anmutende Stimmung, eine beiläufige Äußerung eines deutschen Hauptmannes über die Hinrichtung belgischer Zivilisten, die in gesperrten Zonen aufgegriffen worden waren oder im Verdacht standen, Freischärler zu sein. Auch wenn der vorrangige Zweck dieser Reisen offenbar darin bestand, den jüngeren Bruder Edmund an seiner Dienststelle zu besuchen, nutzte Hugo jun. die Chance doch auch dazu, die Schumacher-Denkschrift an den Hauptmann Carl Henke weiterzugeben, mit dem Hugo sen. befreundet war und der, so hoffte Hugo, die darin dargelegten Ideen weitertragen würde.[43]

Die fleißig betriebene Verbreitung der diversen Petitionen und Denkschriften, die sich mit den Details der anzustrebenden Friedensregelung befaßten, förderte die Propagierung der Ideen der annektionistischen Bewegung mächtig – trotz des offiziellen Verbots jeder öffentlichen Diskussion über Kriegsziele, das im Interesse der Erhaltung des «Burgfriedens» erlassen worden war. Die Menge der Materialien, die die Publizisten der Bewegung veröffentlichten und streuten, wuchs sogar Stinnes manchmal über den Kopf. Als er etwa im Juni 1915 von Hugenberg eine Denkschrift aus der Feder des Generallandschaftsdirektors von Ostpreußen, Wolfgang Kapp, erhielt, notierte er: «Allerdings muß man in diesen Zeiten so viel Denkschriften lesen, daß man unmöglich alle Einzelheiten im Gedächtnis behalten kann.»[44] Der letztendliche Zweck der Übung bestand natürlich darin, die mächtigsten Männer Deutschlands für die annektionistische Sache zu gewinnen, und Stinnes gehörte nach wie vor zu denen, die regelmäßigen Zugang zu Bethmann hatten. So führte er zum Beispiel im Mai 1915 mit dem Kanzler ein Gespräch über die Petition der Wirtschaftsverbände und schilderte im Anschluß daran Edmund seine Eindrücke: «Diesmal war Bethmann zuversichtlicher und bezeichnete es als schmählich und schändlich, wenn nicht alles aus der militärischen Lage herausgeholt würde, und aber ebenso, daß man ihm etwas Derartiges zutraue.»[45]

In Wirklichkeit fühlte sich Bethmann jedoch belagert und registrierte mit Erbitterung die Phalanx der sich gegen ihn formierenden Kräfte. Da war der frühere Reichskanzler und jetzige Botschafter in Rom, Bülow, der darauf brannte, in die Chefetage zurückzukehren und eine Schlüsselrolle in den Friedensverhandlungen zu übernehmen. Da waren Admiral von Tirpitz und seine Anhänger, die für einen uneingeschränkten U-Boot-Krieg eintraten, auch wenn dies die Gefahr eines Kriegseintritts der Vereinigten Staaten heraufbeschwor. Da waren die Rechtskonservativen und Nationalliberalen sowie die Alldeutschen, die von Stinnes verlangten, offen für ihre Kriegsziele einzutreten. Und da gab es eine weitere, wie Staatssekretär Wahnschaffe es ausdrückte, «böse Ecke» in Gestalt der Schwerindustriellen Hugenberg und Kirdorf, die das Besitz- und Bildungsbürgertum für die Sache zu gewinnen versuchten und im Verein mit Stinnes den General von Gayl zum Sprachrohr ihrer Propaganda gegen einen «faulen Frieden» aufgebaut hatten.[46]

Stinnes selbst lieferte das beste Demonstrationsbeispiel für das, was Wahnschaffe meinte, als er Mitte Juli 1915 von der Bethmann Hollweg persönlich abgerungenen Einladung Gebrauch machte, dem Kanzler die Ansichten der deutschen «Erwerbsstände» zum Thema Kriegsziele schriftlich darzulegen. Mit Nachdruck wies Stinnes darauf hin, daß die Positionen, die er unterbreitete – dem Schreiben waren zahlreiche Petitionen und Erklärungen diverser Gruppen und Verbände beigelegt –, das Denken der deutschen Landwirtschaft, Industrie,

Kaufmannschaft und Handwerkerschaft sowie der «Handlungsgehilfen-Verbände» und der «namhaftesten Vertreter unserer Wissenschaft» repräsentierten. Auch wenn, wie er einräumte, geringfügige Unterschiede zwischen den Standpunkten dieser Personen und Gruppen und der ihnen nahestehenden politischen Kräfte bestanden, behauptete er doch, in den Grundzügen seien sich alle darin einig, daß und wie die Zukunft Deutschlands durch den Krieg gesichert werden müsse; sogar die Anhänger der Sozialdemokratie sähen dies als notwendig an, behauptete er. Er erhob den Vorwurf, die staatliche Zensur und das Verbot der öffentlichen Erörterung der Kriegsziele hätten diese breite Kriegszielbewegung geknebelt, und die Regierung untergrabe mit dieser Politik die Kriegsbegeisterung der Deutschen. Die politische Führung erwecke den Eindruck, «wir könnten schon froh sein, wenn wir mit heiler Haut aus diesem Existenzkampf hervorgingen».

Den Menschen werde eingeredet, man müsse die Gegner Deutschlands «aus ethischen Rücksichten» schonen, «um sie hinterher mit deutscher Kultur, deutscher Gesittung, deutschem Geiste – und wie die Redewendungen alle lauten – zu überwinden, statt, wie es nach Gestaltung der Weltlage und der Situation, in die wir gebracht sind, das einzig Richtige sein dürfte, auf das Schwert gestützt, Deutschland militärisch und wirtschaftlich diejenige Grundlage zu geben, die es für die Zukunft unbedingt notwenig haben werde, und die es jetzt erringen könne und erringen müsse, wenn die Weltgeschichte nicht über uns weggehen solle».[47]

Stinnes erklärte, dies seien die Ansichten eines Geheimausschusses des Preußischen Landtags, dessen Protokolle ihm vorlägen, wie auch diverser Gremien anderer politischer Parteien des rechten Flügels. Hieraus gehe hervor, einen wie großen Teil ihrer Autorität die Regierung bereits verspielt und wie viele Zweifel sie an ihrer Entschlossenheit gesät hatte, die notwendigen Kriegsziele nicht nur im Osten und im Kolonialbereich, sondern auch im Hinblick auf den Westen zu unterstützen. Am Ende verstieg Stinnes sich zu der Überzeugung, für die Nation als ganze zu sprechen, und griff zu einer für seine Verhältnisse ungewöhnlich pathetischen Rhetorik:

> «Das ganze Volk, hoch und niedrig, in allen Schichten, ist opferwillig bis zum Äußersten. Es erwartet aber, daß der Preis des Sieges, wenn wir einen solchen erfechten sollten, dann auch den blutigen Opfern, die gebracht sind, und den wirtschaftlichen Schädigungen, die ertragen wurden und weiter ertragen werden, entspricht. Es muß bei Friedensschluß unter allen Umständen mit allergrößtem Nachdruck dahin gewirkt werden, daß der zu erwartenden außerordentlichen Steuerlast mit vielen Milliarden an jährlichen Zinsen, auch Errungenschaften gegenüberstehen, die die Zukunft unseres Vaterlandes militärisch, politisch und wirtschaftlich sichern, und auf die jeder Deutsche bis zum einfachsten Arbeiter mit Stolz blicken kann.»

Der Kanzler wußte diesen verbalen Dauerbeschuß und die damit einhergehenden Materiallawinen nicht sonderlich zu schätzen. Als es im August 1915 wieder einmal zu einer Unterredung zwischen ihm und Stinnes kam, war die Stimmung offenbar eher frostig. Der Streit um den U-Boot-Krieg hatte eine Krise ausgelöst, Tirpitz drohte mit Rücktritt. In den nationalen Kreisen herrschte Unmut über das Nichtzustandekommen eines geplanten österreichisch-deutschen Feldzuges gegen Serbien, der mit dem Kriegseintritt Bulgariens an der Seite der Mittelmächte hätte synchronisiert werden sollen. Dazu kam noch, daß die Regierung Gegenmaßnahmen gegen die Agitation Hugenbergs ergriffen hatte – sie hatte dafür gesorgt, daß in der Presse Artikel erschienen, in denen gegen Krupp der Vorwurf erhoben wurde, er wolle in seinem eigenen wirtschaftlichen Interesse den Krieg verlängern. Das waren nur einige der Probleme, die Stinnes veranlaßten, um einen Gesprächstermin beim Kanzler anzusuchen. Zwei Tage danach erzählte Hugo seinen beiden Söhnen auf einer gemeinsamen Reise an die Front, der Kanzler habe den Eindruck gewonnen (und dies auch zum Ausdruck gebracht), von Stinnes «regelrecht einem Examen unterzogen» worden zu sein.[48] Wenn dem so war, dann dürfte er es aus Stinnesscher Sicht nur schwerlich bestanden haben. Klar ist andererseits aber auch, daß Bethmann Stinnes ein Stück weit in die Enge getrieben hatte. In dem Bericht von Hugo jun. über Hugo Seniors Schilderung seiner Unterhaltung mit Bethmann war nämlich mehr von den Abwehrparaden seines Vaters gegen die Vorwürfe des Kanzlers die Rede als von Stinnesscher Kritik an Bethmann. Was etwa Krupp betraf, so hatte Stinnes entschieden den Standpunkt vertreten, ein sich länger hinziehender Krieg sei für Krupp eine Katastrophe, weil der Konzern unter diesen Umständen sein Rüstungsmonopol einbüßen und gezwungen sein werde, seine Patente mit anderen zu teilen. Stinnes hatte auch versucht richtigzustellen, was Bethmann über die Forderungen nach einer Angliederung Belgiens gesagt hatte:

> «Herr von Bethmann brachte zum Ausdruck, daß nach seiner Ansicht die Industrie aus rein egoistischem Grunde Belgien annektieren möchte, um die Konkurrenz der belgischen Industrie auszuschalten und den Nutzen hieraus selbst zu ziehen. Dieser Standpunkt wurde von Papa dahingehend widerlegt, daß es für die Industrie mehr ein Nachteil als ein Vorteil wäre, wenn die belgische Industrie Gleichberechtigung erhält mit der deutschen Industrie, denn die Lage der belgischen Industrie zur Kohle wie zum Meer resp. Erz sind ebenso wie die Arbeiter-Bedingungen viel besser als bei der deutschen Industrie.»

Das stand in gewissem Widerspruch zu dem, was Stinnes gegenüber Clemen geäußert hatte, nämlich daß eine Konkurrenzsituation erst gar nicht entstehen würde, weil die belgische Industrie von der deutschen praktisch geschluckt werden würde. Im Grunde war die Liste der Kriegsziele in sich ebenso unlogisch, wie sie allumfassend war. Sie paßte insofern schön zu der von den beiden Brüdern Stinnes mitgehörten Diskussion zwischen zwei Offizieren, von denen der eine die Meinung vertreten hatte, für einen Durchbruch an der Westfront müsse Deutschland 400000 bis 500000 Mann opfern, worauf der andere erwiderte, der

Blutzoll werde sicherlich ein fürchterlicher sein, doch wenn die deutsche Seite mit ihrer schweren Artillerie den Feind auf der ganzen Länge der Front für längere Zeit unter Dauerfeuer nähme, ließe sich sicherlich etwas bewerkstelligen. Ein Besuch bei den «dicken Bertas», die gegen die feindliche Luftaufklärung sorgfältig getarnt waren und auf dem Schienenweg mit unglaublich großen Granaten versorgt wurden, beeindruckte die beiden zutiefst. Allerdings war der Beitrag, den diese Geschosse kürzlich zur Zerstörung der Kathedrale von Ypern geleistet hatten – deren Turm von der Gegenseite als Beobachtungsposten benutzt worden war –, kaum geeignet, den für die Annektierung Belgiens erforderlichen Sieg in Reichweite zu bringen oder dem Professor Clemen seine denkmalschützerische Arbeit zu erleichtern.

Die Rolle, die Hugo Stinnes in der deutschen Außenpolitik der Kriegsjahre spielte, beschränkte sich nicht auf seinen Einsatz als hochkarätiger Lobbyist für die annektionistische Sache. Vom ersten Kriegstag an schaltete er sich vielmehr auch in bedeutsame Geheimverhandlungen ein (oder wurde in sie hineingezogen), deren Ziel es war, die Zahl oder die militärische Stärke der deutschen Kriegsgegner zu beschneiden. Die internationalen Beziehungen, über die Stinnes verfügte, galten als wertvoller Aktivposten für das Reich. Schon im August 1914 wurde er von Matthias Erzberger, der die Aufgabe hatte, in den neutralen Ländern deutschlandfreundliche Propaganda zu streuen, telegrafisch um eine Liste von Personen in diesen Ländern gebeten, die man zugunsten Deutschlands einstimmen konnte. Daß Erzberger sich an Stinnes wandte (dem er in der Anfangsphase des Krieges auch regelmäßig über die militärische Lage Bericht erstattete), geschah vermutlich unter dem Einfluß Thyssens, mit dem Erzberger eng verbunden war und dessen extreme Kriegsziele er zumindest in den ersten Kriegsjahren teilte.[49]

Wie Erzberger spannte die Regierung auch Stinnes in ihre Bemühungen ein, Italien von einem Frontwechsel hinüber zu den Entente-Mächten abzuhalten; dieses Mandat brachte ihn in engen Kontakt mit dem früheren Reichskanzler Bernhard von Bülow. Dieser erfreute sich zwar bei der politischen Führung in Berlin einer herzlichen Unbeliebtheit, wurde jedoch wegen seiner ausgezeichneten Beziehungen in Italien als «außerordentlicher Botschafter» nach Rom entsandt. Dort nährte er seine ehrgeizigen Pläne für ein politisches Comeback und für die Übernahme einer führenden Rolle in den Friedensverhandlungen. Hierin wurde ihm wärmste Unterstützung durch Maximilian Harden zuteil, der in den ersten Kriegsmonaten zu den glühenden Annexionisten im Reich zählte und die Überzeugung vertrat, daß nicht nur Bülow, sondern auch Stinnes, Hugenberg, Richard von Kühlmann (der spätere Außenminister) und Albert Ballin, der Direktor der Hamburg-Amerika-Linie (HAPAG) der deutschen Verhandlungsdelegation angehören sollten.[50]

Harden hatte einen Briefwechsel mit Hugo Stinnes' Mutter eröffnet, die 1914 siebzig Jahre alt wurde, sich aber offenkundig ihre Umtriebigkeit und Lebhaftigkeit ebenso bewahrt hatte wie ihr Interesse an der Auseinandersetzung mit

Schriftstellern, Künstlern und Intellektuellen. In einem Brief, den Harden am 12. Dezember 1914 an «Frau Hugo Stinnes senior» (so unterzeichnete sie ihre eigenen Briefe) schrieb, scheint er angedeutet zu haben, Bethmann Hollweg sei auf die Unterstützung starker Persönlichkeiten angewiesen; er bat sie wohl, sie möge Hugo dazu bringen, seine vielfältigen Möglichkeiten in den Dienst der Regierung zu stellen. Frau Stinnes zeigte den Brief ihrem Sohn und kommentierte ihn mit den Worten: «Du würdest doch nun wirklich ein Friedensvermittler sein können mit den Befugnissen eines Reichsvertreters.»[51] Hugos einzige Reaktion bestand darin, daß er ihr einen Brief von Bülow zeigte, in dem dieser ihn zu einer Unterredung in Berlin einlud. Frau Stinnes verstand sowohl die Bedenken als auch die Versuchung, die solche Vorschläge in ihrem Sohn wachriefen. Sie wußte auf der einen Seite, wie schwer es ihm fiel, ein «Teamspieler» zu sein und mit Leuten zusammenzuarbeiten, die ihm Stolpersteine in den Weg legten:

> «Ich würde ihn ja niemals zu beeinflussen suchen; das wäre auch nutzlos, denn aus ihm selbst muß das kommen. Es gibt aber so manches, das ihm gar nicht liegt, wo Berührungen unvermeidlich werden, die ihn wie Ketten beengen und sein Geschick hemmen. Davor fürchte ich mich, für ihn!!»

Sie wußte aber auch, daß Stinnes nicht zu bremsen war, wenn er glaubte, für eine bestimmte Aufgabe der beste Mann zu sein:

> «Andererseits weiß ich genau, er wird blutigen Kummer haben, wenn verpfuscht wird, was besser gemacht werden könnte, und davor bangt er selbst. Seit Sie diese Beleuchtung auf Bethmann Hollweg fallen ließen, seitdem bin ich ganz verstört und möchte selbst, ein selbstloser Mensch, der den übersichtlichen Verstand mitbringt, wie Hugo ihn wohl hat, entwirrt all die bösen Fäden und hilft zum Besten seines Landes.»

So groß die Gegensätze zwischen Cläre Stinnes und ihrer Schwiegermutter auch sein mochten, gibt es doch eine erstaunliche Ähnlichkeit in ihrer Einschätzung der Qualitäten Hugos und in ihrem Verständnis für die inneren Zwiespälte, in die seine politischen Ambitionen ihn immer wieder stürzten.

Daß er in die deutsche Italienpolitik involviert wurde, hatte jedoch ausnahmsweise nichts mit seinen Ambitionen zu tun, sondern eher damit, daß er umfangreiche Geschäfte in und mit Italien machte, über ausgezeichnete Kontakte verfügte und somit für die deutschen Außenpolitiker eine naheliegende Informationsquelle und beratende Instanz war. Am 27. Oktober 1914 übersandte Stinnes dem Auswärtigen Amt einen ausführlichen Situationsbericht zu Italien, der sich in der Tat durch ein hohes Maß an Durchblick auszeichnete. Darin führte er unter anderem aus, daß die deutsche Politik die Bedeutung der Unruhen im Juni/Juli 1914 unterschätzt habe und daß eine Entscheidung Italiens, an der Seite Österreichs in den Krieg einzutreten, eine neue, möglicherweise die Existenz der italienischen Monarchie gefährdende Welle von Unruhen hätte heraufbeschwören können. Nach Überzeugung von Stinnes hatten die

Franzosen es weitaus besser verstanden, führende Journalisten zu «kaufen». Er wies des weiteren auf die nach seiner Ansicht maßgebliche Rolle französisch-italienischer Freimaurerkreise hin, die nach allem, was man höre, republikanisch orientiert seien und viele jüdische Mitglieder hätten. So ausgeprägt und verbreitet einerseits die Abneigung gegen Österreich sei, insbesondere wegen der Trentino-Frage, so unwahrscheinlich sei es angesichts der Unpopularität des Krieges in Libyen, der Angst der Geschäftsleute und der Sozialisten vor den wirtschaftlichen Folgen eines Krieges und der Scheu vor einem Winterfeldzug, für den die Truppenteile aus Süditalien besonders schlecht gerüstet seien, daß Italien vor dem Frühjahr 1915 an der Seite der Entente in den Krieg eintrete. Den Mittelmächten bleibe somit eine Frist von vier bis fünf Monaten, in der sie versuchen könnten, Italien in der neutralen Ecke zu halten, was indes nur gelingen werde, «wenn die deutsche Diplomatie verhindern kann, daß seitens Österreich gegen Italien Dummheiten gemacht werden».[52]

Für einen Kriegseintritt Italiens an der Seite Deutschlands sah Stinnes nicht die geringste Chance, es sei denn, den Mittelmächten gelänge es bis zum Frühjahr, den Feind völlig zu Boden zu werfen, doch dies hielt er nicht für möglich. Angesichts dessen gab er der deutschen Politik den dringenden Rat, Geld in den Kauf italienischer Journalisten und Politiker zu investieren und gleichzeitig durch den Aufkauf italienischer Agrarprodukte Sympathien zu erzeugen. Auf der anderen Seite fürchtete er, der neue französische Botschafter in Italien, Jules Cambon, werde noch wirkungsvoller agieren als seine Vorgänger, und selbst wenn Österreich gute Miene zu einer erfolgreichen italienischen Valona-Expedition mache, werde dies das Verlangen der Italiener nach Rückgabe des Trentino nicht schmälern. Dieser Bericht von Stinnes und die darin enthaltenen Voraussagen beeindruckten Bülow, der mit den meisten Einschätzungen übereinstimmte und auf diskrete Weise versuchte, die Presse zu manipulieren und deutsche Freimaurer und Juden dazu zu bringen, daß sie auf ihre italienischen Glaubensgenossen Einfluß nahmen. Wie Stinnes hielt auch Bülow es für entscheidend wichtig, daß die Österreicher ihr Möglichstes taten, um die Tür für Verhandlungen offenzuhalten und die Italiener nicht vor den Kopf zu stoßen.[53]

Anfang Februar 1915 wurde Stinnes unmittelbar in die Bemühungen einbezogen, die Italiener bei der Stange zu halten. Infolge der britischen Blockadepolitik war Deutschland immer weniger in der Lage, Kohle und Getreide nach Italien zu liefern; aus neutralen Quellen und aus eigener Produktion konnten die Italiener von beidem nicht genug beschaffen. Um dieselbe Zeit beschloß die deutsche Führung, vom 18. Februar an den U-Boot-Krieg gegen England zu verschärfen, was die Probleme Italiens zwangsläufig noch vergrößern würde. Das deutsche Auswärtige Amt bat Stinnes, in Verhandlungen mit den Italienern über die Lieferung von Kohle, Eisen und Getreide auf dem Schienenweg über die Schweiz einzutreten. Während Deutschland offenbar noch in der Lage und willens war, um den Preis der italienischen Neutralität diese Güter in beträchtlichen Mengen zu liefern, sahen sie sich außer Stande, die für die Erzeugung dieser zusätzlichen

Mengen erforderlichen Arbeitskräfte aufzubieten. So war es eine der an Stinnes gestellten Aufgaben, die Italiener dazu zu bringen, daß sie 30000 Arbeiter für die deutsche Bergbau- und Hüttenwirtschaft zur Verfügung stellten.

Als Stinnes am 8. Februar 1915 in Italien eintraf und seinen ersten Abend beim Ehepaar Bülow in dessen herrlicher Villa Malta in Rom zubrachte, erfuhr er von Bülow ziemlich unerfreuliche Nachrichten über den Stand der italienisch-österreichischen Beziehungen. Wie Stinnes schon zuvor gehört hatte, herrschten in italienischen Industriekreisen erhebliche Befürchtungen, die italienische Wirtschaft werde ohne deutsche Hilfe zum Erliegen kommen. Dies veranlaßte Stinnes womöglich, bei seinen Verhandlungen mit dem italienischen Außenminister Sidney Sonnino am 10. Februar verhältnismäßig forsch aufzutreten. Er beschrieb Sonnino als einen «[k]lugen Mann jüdischer Abstammung, Vater Levantiner, Mutter Engländerin, gute Kreuzung»,[54] und beschloß, den Bogen so weit wie möglich zu spannen, ohne undiplomatisch zu werden: Er hielt Sonnino (mit dem er sich auf englisch unterhielt) die politischen Fehler vor, die Italien seiner Ansicht nach beging. Es gelang ihm jedoch nicht, Sonnino zur Freigabe italienischer Arbeitskräfte für eine Entsendung nach Deutschland zu bewegen, bestand doch die erklärte Politik Italiens darin, möglichst viele wehrfähige Männer ins Land zurückzuholen. Tatsächlich erklärte Stinnes sich – auch auf Drängen Bülows, vor allem aber weil er selbst alles Menschenmögliche tun wollte, um die Neutralität der Italiener zu sichern – bereit, das Doppelte, ja sogar Dreifache der Liefermenge in Aussicht zu stellen, die er ohne den Einsatz italienischer Arbeiter gerade noch zusammenkratzen zu können glaubte, falls die Italiener die für den Transport notwendigen Güterwaggons zur Verfügung stellten.[55]

Tatsächlich konnte Stinnes nach seiner Unterredung mit Sonnino im Februar 1915 kaum noch Illusionen hegen. Er hatte festgestellt, daß die Italiener es meisterlich verstanden, sich unangenehmer Verpflichtungen zu entziehen, und daß die Kriegserklärung gegen Serbien ohne vorherige Konsultation mit Italien und ohne Abmachungen bezüglich einer Kompensation für Italien der Regierung in Rom einen triftigen Rechtfertigungsgrund für die fortgesetzte Neutralität lieferte. Auf der anderen Seite herrschte in Italien nationale Einmütigkeit in bezug auf das Trentino, und es lag auf der Hand, daß Italien in den Krieg eintreten würde, sobald besseres Wetter aufzog, falls Österreich hier nicht nachgab. Stinnes fürchtete auch, Rumänien werde sich bald der Entente anschließen, wenn Italien ihr erst einmal beigetreten war – dann würden Bulgarien und die Türkei paralysiert sein. Im Grunde fürchtete er sogar, Bulgarien könnte sich dann auf die Seite Italiens und Rumäniens schlagen. Zu all dem kam noch, daß er von den militärischen Fähigkeiten Österreich-Ungarns nicht viel hielt; wie er pessimistisch voraussagte: «Österreich wird einem solchen Ansturm schwerlich standhalten können, und selbst im allergünstigsten Falle kann dann für die Zentralmächte nur noch mit einem endlosen Kampf bis zur gegenseitigen Erschöpfung ohne Kriegsentschädigung gerechnet werden.»[56]

Wenn dem so war, konnte die Lösung nur darin bestehen, soviel Druck wie irgend möglich auf Österreich auszuüben. «Wenn es sich um die Zukunft des deutschen Volkes handelt, muß jede falsche Rücksicht auf Wien fallen.» Stinnes hielt es in keinem Augenblick für möglich, daß Deutschland, indem es Österreich unter Druck setzte, die italienischen Forderungen in puncto Trentino zu erfüllen, Wien dazu bewegen könnte, sich um einen Separatfrieden mit St. Petersburg zu bemühen, war er doch der Überzeugung, ein solcher Separatfrieden würde die Doppelmonarchie sprengen, weil die deutschen und ungarischen Bevölkerungsteile einen solchen Frieden ablehnen würden. Bülow und Erzberger teilten diese Einschätzungen. Obwohl Deutschland die Österreicher durch Anwendung starken Druckes zu Zugeständnissen bewog und auf der anderen Seite Bülow und Erzberger ihr Äußerstes taten, um die italienische Regierung zu beeinflussen und die Neutralisten zu stärken, scheiterten ihre Bemühungen letztlich, und Italien schloß sich im Mai 1915 der Entente an. Es ist äußerst bemerkenswert, daß Stinnes trotz seiner pessimistischen Einschätzung der militärischen Möglichkeiten im Falle eines italienischen Kriegseintritts auf Entente-Seite keinerlei Abstriche von seinem Standpunkt in der Frage der Kriegsziele machte. Logischerweise hätte er für einen Verhandlungsfrieden eintreten müssen; praktisch tat er nichts dergleichen. Tatsächlich fielen die Abfassung der Kriegsziel-Denkschriften und die Gesprächsrunden der Ruhrindustriellen mit General von Gayl zum Thema Kriegsziele zeitlich genau mit der Zuspitzung des Italien-Problems zusammen. Die Reaktion von Stinnes auf diese Lage bestand darin, daß er sich in wachsendem Maß in Planungen und Diskussionen einschaltete, die darauf abzielten, den Deutschland umschließenden Ring zu sprengen und zugleich das einmal formulierte Kriegszielprogramm beizubehalten.

Ein weiteres in der Reihe der Kriegszielprogramme entstand auf Initiative des Bremer Kaffeerösters und -händlers Ludwig Roselius. Sein im Verlauf des Sommers und Herbstes 1915 ausgearbeitetes Programm fiel insofern aus dem Rahmen, als es von dem Grundpostulat ausging, daß Deutschland auf der einen Seite Rußland möglichst weitgehend zerschlagen und auf der anderen einen Frieden mit England anstreben müsse, mit dem Ziel, einen großen Teil der Welt zwischen dem deutschen und dem britischen Reich aufzuteilen. Deutschland müsse sich, so Roselius, entlang einer strategischen Linie, die von Antwerpen bis zu den Dardanellen reichte, festsetzen und zugleich die «russische Rasse», die der deutschen an Zahl überlegen sei, in einzelne Gruppen aufspalten, die dann allesamt von Deutschland abhängig sein würden. Roselius forderte den Anschluß ganz Belgiens und ganz Polens an Deutschland, tat Frankreich und Italien als irrelevant ab und stellte die Idee in den Raum, den Engländern im Rahmen der angestrebten Aufteilung der Machtsphären die Normandie, möglicherweise unter Einschluß von Calais, zu überlassen. Er sagte ferner eine natürliche gegenseitige Abneigung zwischen England und den Vereinigten Staaten voraus, weil England den Aufstieg der USA zur dominierenden Weltmacht als Resultat des Krieges fürchte.[57]

Roselius präsentierte sein geopolitisches Ideenpaket und Programm am 17. Juli 1915 einer im Berliner Hotel Adlon versammelten Zuhörerschaft, die auf Einladung des Vorsitzenden des Bundes der Industriellen, Kommerzienrat Heinrich Friedrichs, zusammengekommen war. Stinnes, der Landtagsabgeordnete Hirsch und Reinhard Mannesmann waren zwar ebenfalls eingeladen, aber offenkundig verhindert. Für Stinnes hatte Roselius eine wichtige Rolle in seinem Szenario vorgesehen, denn die Verhandlungen mit den Engländern über ein Engagement sollten von Kommissionen, bestehend aus führenden Unternehmern beider Länder, geführt werden. Die britische Kommission sollte unter der Regie von Roselius' amerikanischen Handelspartnern zusammengestellt werden, die deutsche aus Friedrichs, Stinnes, Hirsch, Roselius und Geheimrat Nikodem Caro von der chemischen Industrie bestehen. Die beiden Kommissionen sollten in einem neutralen Land zusammentreten und die Umrisse eines Abkommens festlegen, das sodann als Grundlage eines auf politischer Ebene ausgehandelten Friedensvertrages dienen würde. Was den Ansatz von Roselius auszeichnete, war die Vorstellung – die später für Stinnes sehr wichtig werden sollte –, daß Delegationen internationaler Wirtschaftsführer besser als Politiker in der Lage waren, zwischenstaatliche Vereinbarungen auszuhandeln und damit die Fundamente für internationale Regelungen zu legen.[58]

Der Gruppe fehlte es übrigens nicht ganz an regierungsamtlichen Kontakten; Roselius hatte Zugang zu Landrat Freiherr von Maltzan, einem persönlichen Berater des Kronprinzen, und konnte hoffen, über diese Verbindung den Kaiser auf seine Seite ziehen zu können. Man brauchte die Unterstützung höchster Würdenträger, weil der Chef der Obersten Heeresleitung, General von Falkenhayn, zu diesem Zeitpunkt die strategische Option eines Separatfriedens mit Rußland verfolgte; das Alternativmodell eines vernichtenden Schlages gegen den Feind im Osten, für das sich die Helden von Tannenberg, Feldmarschall von Hindenburg und General Erich Ludendorff, stark machten, paßte wesentlich besser zu dem Programm von Roselius. Stinnes kümmerte sich im Sommer 1915 persönlich um die beiden Oberkommandierenden des Ostheers, indem er sie um die Erlaubnis bat, zwei seiner gerade im Bau befindlichen Dampfschiffe nach ihnen benennen zu dürfen, wozu sie ihr Einverständnis gaben. Stinnes debattierte darüber hinaus mit Ludendorff brieflich über diverse wirtschaftliche Fragen und stellte sich in seinem Konflikt mit Falkenhayn eindeutig auf seine Seite. «S[eine] M[ajestät] ist in dem Banne von F[alkenhayn]. An ihn kommt niemand aufklärend heran, weil er keine Freunde und Fachkollegen hat, und diese Zustände muß sich bis auf weiteres ein unglaublich opferwilliges Volk von 67 Millionen gefallen lassen...»[59]

Es war genau diese Lage der Dinge, die Roselius und seine Gruppe in der Überzeugung bestärkte, es sei nun an der Zeit für eine private Initiative von Unternehmerseite. Die Zusammenstellung der Kommissionen erwies sich jedoch nicht als ganz so einfach, zumal Roselius' amerikanische Partner die Erwartungen stark enttäuschten. Als die Initiativgruppe im August wieder zusammentrat, stellte Stinnes seine Hilfsdienste in Aussicht: Ein britischer Kohlenmagnat (sein Name blieb ungenannt) habe trotz des Kriegszustandes Interesse an gemeinsamen Unternehmungen mit Stinnes bekundet. Stinnes hatte den Eindruck, dieses Angebot lasse sich zur Kontaktaufnahme nutzen. Andererseits war Stinnes der Meinung, man dürfe an die Briten erst herantreten, wenn sie aus Gallipoli verjagt seien und jegliche Hoffnung auf Beherrschung der Dardanellen aufgegeben hätten. Dieser Auffassung schlossen sich Hindenburg und Ludendorff an; sie beschwerten sich heftigst darüber, daß ihr bei Kaunas errungener Sieg teilweise entwertet worden sei, weil Falkenhayn ihnen nicht genügend Truppen zur Verfügung gestellt habe, womit «nun die Entscheidung bei den Dardanellen» liege.[60] Als Hirsch seiner Sorge Ausdruck verlieh, die Gegner einer Annektierung Belgiens könnten sich den Umstand, daß das deutsche Interesse sich jetzt auf die Niederwerfung Rußlands und einen Friedensschluß mit England konzentrierte, zu Nutze machen, um alle Aufmerksamkeit nach Osten abzulenken, beschloß die Versammlung einstimmig, sich für den sofortigen Anschluß Belgiens stark zu machen. Stinnes, der ohnehin entschieden für Annexionen in Belgien eintrat, lieferte Roselius Informationen über Erz- und Kohlenlagerstätten in Belgien und Frankreich. Allein, die militärische Entwicklung ließ das ursprüngliche Roselius-Programm im Verlauf des Herbstes 1915 als überholt erscheinen, so daß sein Verfasser in einer neuen, im November 1915 vorgelegten Denkschrift die Auffassung vertrat, die Siege im Osten hätten ein Ausmaß erreicht, das es angeraten erscheinen lasse, einen Separatfrieden zunächst einmal mit Rußland anstatt mit England anzustreben und vielleicht sogar die Russen in ihren persischen Ambitionen zu bestärken, um auf diese Weise die Rivalität zwischen Rußland und England zu verewigen.[61]

Es ist schwer zu sagen, wie ernst Stinnes die Zusammenarbeit mit Roselius und das Eintreten für dessen antirussisches Programm meinte. Was ihn offenkundig nicht besonders interessierte, war Roselius' rassistische und ziemlich mystische Sicht des deutsch-russischen Verhältnisses; wesentlich leichter fiel es ihm, wie wir noch sehen werden, sich der von Roselius Ende 1915 erhobenen Forderung nach einem Separatfrieden mit Rußland anzuschließen. Stinnes liebte es, viele Eisen im Feuer zu haben, auch wenn sich darunter welche befanden, die für ihn nicht erste Wahl waren. Er arbeitete zum Beispiel im Arbeitsausschuß für Mitteleuropa mit, der Anfang 1916 ins Leben gerufen und von dem Ökonomen Felix Somary geleitet wurde. Die engagiertesten Mitglieder dieses Kreises wollten die Ideen Friedrich Naumanns verwirklichen, der in seinem einflußreichen Werk *Mitteleuropa* eine Zollunion zwischen Deutschland und Österreich-Ungarn als Fundament für den wirtschaftlichen Zusammenschluß eines großen Teils des europäischen Erdteils befürwortet hatte. Walther Rathenau gehörte zu den namhaftesten Befürwortern dieses Konzepts; Bethmann Hollweg zeigte großes Interesse daran, ebenso Falkenhayn. Da die damit verbundenen wirtschaftlichen Fragen für jeden an der wirtschaftlichen Verfassung Europas nach dem Ende des Krieges interessierten Unternehmer und Wirtschaftsführer von unmittelbarer Bedeutung waren, konnte es nicht ausbleiben, daß sich skeptische Stimmen zu Wort meldeten. Stinnes war sehr schnell auf kritische Distanz zu der

Konzeption gegangen und äußerte seine Bedenken schon im April 1915 gegenüber Geheimrat Clemen:

«Die Zoll-Union von Deutschland, Österreich, womöglich ausgedehnt auf den Balkan und die Türkei bis nach Arabien, ist ein mit großer Vorsicht zu behandelndes Problem. Deutschland mit seiner leistungsfähigen Exportindustrie darf sich nicht von Österreich bestimmend beeinflussen lassen, da dessen Industrie gewohnt ist, mit hohen Preisen im geschützten Inland und ohne großen Export zu arbeiten.»[62]

Bestärkt sah er sich in seiner Abneigung gegen eine enge wirtschaftliche Zusammenarbeit mit Österreich dadurch, daß deren Befürworter das institutionelle Korsett für Mitteleuropa mit Hilfe staatlich verordneter Syndikate und anderer interventionistischer Mittel aufbauen wollten. Im Mai 1916 vertraute er Hugenberg an, er sei, wie übrigens auch Albert Ballin, «in die Naumann'sche Sache ... hineingegangen, um unterrichtet zu sein und namentlich gegen die Ideen, die ganze deutsche Industrie in Zwangssyndikate zu pressen und Österreich-Ungarn lächerliche Konzessionen zu machen, rechtzeitig Stellung zu nehmen».[63]

Viel reizvoller fand Stinnes im Jahr 1916 die Idee, die Entente nicht durch einen mitteleuropäischen Bund zu spalten, sondern durch Abschluß eines Separatfriedens mit Rußland (unter Vermittlung Japans) und Schaffung einer gegen England gerichteten deutsch-japanisch-russischen Allianz. Für Stinnes war in diesem Szenario eine unmittelbare und wichtige Rolle vorgesehen: Er sollte als quasi-offizieller Unterhändler die deutsche Regierung vertreten.

Diese Gedankenspiele hatten ihren Ursprung in der bekundeten Bereitschaft Stinnes', für die nachrichtendienstliche Abteilung des Generalstabs, die sogenannte Nachrichtenstelle, Erkenntnisse über die Lage in Rußland zu beschaffen. Als getarnte Zentrale für diese und andere Aktivitäten hatte Stinnes schon in der Frühphase des Krieges eine Zweigstelle in Stockholm eröffnet, mit deren Leitung er Karl Fehrmann betraute; dessen Erfahrungen und zahlreiche Kontakte in Rußland wollte der deutsche Generalstab natürlich gerne ausschöpfen. Stinnes selbst betrieb in Schweden mehrere Unternehmen; sein wichtigster Geschäftszweig war der Import von Kohle nach Schweden im Verein mit der Ausfuhr von Eisenerz, wobei er für den Transport unter schwedischer Flagge fahrende Frachter einsetzte, um die britische Blockade zu umgehen. Geleitet wurden diese Geschäfte von Hugo jun., der regelmäßig zwischen Mülheim, Hamburg und den skandinavischen Hauptstädten Kopenhagen und Stockholm pendelte. Fehrmann und Hugo Stinnes jun. standen also in ständigem Kontakt miteinander, und da Stockholm ein bedeutsamer Treffpunkt für hochrangige Personen aus den verschiedenen kriegführenden Ländern war, die nur auf neutralem Boden zusammenkommen konnten, kamen Fehrmann und Hugo jun. bald in Berührung mit dem Schweden Sven Lindberg, der als japanischer Konsul in Stockholm amtierte, und in der Folge auch mit dem japanischen Botschafter Sadatsuchi Uchida und dessen deutschem Amtskollegen Helmuth Freiherr Lucius von Stoedten.[64]

Erste Fühler zwischen Japan und Deutschland waren in den Anfangsmonaten des Krieges ausgestreckt worden. Die Japaner hatten, nachdem sie Tsingtau und die Karolinen-Inseln besetzt hatten, keine weiteren gegen Deutschland gerichteten Kriegsziele. Sie waren zu weit weg und hatten zu viel am Hals, um mit eigenen Truppen in den europäischen Krieg eingreifen zu können, und man wußte, daß sie sich Gedanken über die Nützlichkeit ihres Bündnisses mit England machten, das 1921 auslaufen würde. Deutschland wollte trotzdem alles tun, um die Entsendung japanischer Truppen auszuschließen, sowie, was von noch größerer unmittelbarer Bedeutung war, die umfangreichen japanischen Waffenlieferungen an Rußland zu stoppen. Außerdem war man zu der Einsicht gelangt, daß Deutschland für die langfristige Sicherung seiner wirtschaftlichen und maritimen Stellung im Pazifik die Unterstützung Japans benötigte, und so begann man, zunächst nur in Form einer vagen Idee, dann mit zunehmender Ernsthaftigkeit, in Japan das Bindeglied zu einem Separatfrieden mit Rußland zu sehen.

Die letztgenannte Idee war den außenpolitischen Instanzen in Berlin bezeichnenderweise von den führenden Männern der Hamburger Geschäftswelt, Albert Ballin und den Gebrüdern Max und Fritz Warburg, schmackhaft gemacht worden. Sie waren überzeugt, die kapitalhungrigen Japaner würden für die Zeit nach dem Krieg für deutsche Kredite und für wirtschaftliche Unterstützung durch – und Zusammenarbeit mit – Deutschland in China und im pazifischen Raum dankbar sein. Tatsächlich ging die erste Kontaktaufnahme mit Uchida im November 1915 auf Fritz Warburg zurück, der als deutscher Handelsattaché in Stockholm amtierte. Die Gespräche, die man vordergründig über das Schicksal der in Japan befindlichen deutschen Vermögenswerte führte, wandten sich alsbald auch allgemeineren Fragen zu, und im Januar 1916 kam es zu einer zweiten Unterredung. Unter deren Eindruck bemühte sich Uchida mit Hilfe von Konsul Lindberg um Kontakte zu weiteren deutschen Gesprächspartnern. Auf einer Hochzeitsfeier in Göteborg wandte sich Lindberg an Fehrmann und ließ ihn wissen, daß Botschafter Uchida interessiert sei, Gespräche über Möglichkeiten zur Beendigung des Kriegszustandes mit Deutschland zu führen. Da dies aus offenkundigen Gründen nur diskret geschehen könne, wolle er das Thema mit einer «einflußreichen und angesehenen Persönlichkeit» wie Stinnes erörtern, die zwar keine verbindlichen, aber doch potentiell fruchtbare Ergebnisse garantiere. Die deutschlandfreundlichen Äußerungen Uchidas klangen für deutsche Ohren um so erfreulicher, als man um den großen Einfluß wußte, den in St. Petersburg der extrem antideutsch eingestellte dortige japanische Botschafter Ichiro Motono ausübte. Der erste Meinungsaustausch zwischen Stinnes und Uchida fand anläßlich eines von Lindberg veranstalteten Abendessens am 30. März 1916 in Stockholm statt, und die beiden kamen überein, daß Stinnes für Staatssekretär Jagow und Botschafter Lucius einen Bericht über den Gesprächsverlauf anfertigen würde.[65]

Bevor wir uns weiter mit der Rolle von Stinnes in dieser Geschichte befassen, ist es wichtig festzuhalten, daß die Bemühungen Deutschlands, Japan noch im

Verlauf des Krieges von seinen Bündnispartnern abzuwerben, auf einer völlig unzureichenden Einschätzung der Position des Landes und der sich daraus ergebenden Möglichkeiten beruhte. Es war sicher nicht völlig unplausibel von den Deutschen, Japan die Bereitschaft zu einem Kurswechsel zu unterstellen, denn in maßgeblichen Kreisen des Landes, das auch als «Preußen des Orients» bezeichnet wurde, herrschte tatsächlich eine starke prodeutsche Stimmung, und in der japanischen und internationalen Öffentlichkeit war viel von einer Neuorientierung der japanischen Politik die Rede. Die praktische Seite sah jedoch so aus, daß die Japaner aus sehr guten wirtschaftlichen, militärischen und politischen Gründen überzeugt waren, ihre Ziele in Asien nur mit Unterstützung Englands und Amerikas erreichen zu können. Die Geschichte lief letzten Endes darauf hinaus, daß Uchida in der Manier eines gewieften Diplomaten seine deutschen Gesprächspartner mit ausufernden Spekulationen über die künftigen Optionen der japanischen Außenpolitik dazu verleitete, ihm Informationen und Einsichten von nachrichtendienstlichem Wert zu liefern. Diese Gespräche in Stockholm hatten zu keinem Zeitpunkt das Potential, eine Wende in der weltpolitischen Lage einzuleiten, und sie eröffneten auch keine konkrete Aussicht auf einen Friedensschluß, die etwa nur durch die maßlosen deutschen Kriegsziele zunichte gemacht worden wäre. Es handelte sich einfach um eine Übung im Bauen von Luftschlössern.[66]

Aus dieser Perspektive sieht es so aus, als habe Uchida es mit durchschlagendem Erfolg verstanden, Stinnes für sich einzunehmen und dabei sehr viel über die Ansichten wichtiger deutscher Persönlichkeiten in Erfahrung zu bringen. Er eröffnete die Unterredung vom 30. März, wie Stinnes in seinem sehr positiv gefärbten Bericht an Bethmann Hollweg vermeldete,[67] mit der offenherzigen Feststellung, Japan habe sich ja nun für die deutsche Einmischung in den ersten Japanisch-Chinesischen Krieg revanchiert und damit die offenstehenden Rechnungen beglichen. Davon abgesehen, überwiege in Japan nach wie vor die Bewunderung für Deutschland, was sich unter anderem in der freundlichen Behandlung deutscher Kriegsgefangener und Internierter gezeigt habe. So gesehen, bestehe an einer Fortsetzung des Krieges kein Interesse mehr. Nach dem Auslaufen des Abkommens mit England werde Japan wahrscheinlich «andere Kombinationen» suchen – in diesem Zusammenhang erwähnte Uchida lachend, daß Japan seine Rechnung mit Frankreich wegen dessen Parteinahme im Japanisch-Chinesischen Krieg noch nicht beglichen habe. Das Gespräch auf das tagesaktuelle Geschehen zurücklenkend, informierte Uchida Stinnes darüber, daß Japan die Rückgabe Tsingtaus an China (im Austausch gegen gewisse Konzessionen) plante; mit gelindem Erstaunen wenn auch nicht ganz ablehnend nahm er Stinnes' Entgegnung zur Kenntnis, Deutschland werde Anspruch auf Entschädigung für seine dort getätigten Investitionen geltend machen.

Das Hauptthema war aber natürlich Rußland; Deutschland und Japan hätten, so führte Uchida aus, ein gemeinsames Interesse daran, Rußland auf die Dardanellen zurückzudrängen; ohnehin habe Rußland ein zu großes Staatsgebiet und werde sich sicher zur Aufgabe Russisch-Polens und möglicherweise auch Kurlands bewegen lassen. Dies war für Stinnes das Stichwort, um seine eigenen Ziele und Standpunkte offenzulegen:

> «Ich entwickelte ihm, daß das m.E. nicht genüge, und das uns keine Verbesserung in den Ernährungsverhältnissen im nächsten Kriege bringe.
>
> Ich sei Industrieller, und wir industriellen Mitglieder der Wirtschaftsverbände stellten in Deutschland die stramme Richtung dar. Wenn wir jetzt keinen guten Frieden haben könnten, würden wir, so gerne wir auch unsere Söhne und Verwandten zu Hause haben möchten, lieber weiter fechten. Unsere industriell-technische Überlegenheit wachse von Monat zu Monat, und *wenn man nur alle Mittel ohne Rücksicht auch auf Amerika anwenden würde,* dann würden wir auch meines Erachtens England auf die Knie bringen. Ich sei in der Beziehung ein Anhänger der strammsten Richtung trotz großer persönlicher Vorliebe für die Engländer.»

An diesen Eröffnungen zeigte Uchida sich mehr als nur ein bißchen interessiert; er fragte nach der politischen Bedeutung des Spartakisten Karl Liebknecht und wollte wissen, ob der Reichskanzler ebenso kampfentschlossen sei wie Stinnes. Was Liebknecht betraf, so versicherte Stinnes seinem Gesprächspartner, daß dieser ein großer Dummkopf sei, den man nicht ernst zu nehmen brauche; in bezug auf Bethmann räumte er ein, dieser sei von der Notwendigkeit, sich mit Amerika anzulegen, noch nicht so überzeugt wie er; es bestehe jedoch Hoffnung, daß die Wirtschaftsverbände ihn zum Umdenken bewegen könnten. Uchida machte keinen Versuch, Stinnes von dessen «strammer Linie» abzubringen; er meinte zwar, die Annektierung Belgiens werde Schwierigkeiten mit sich bringen, signalisierte aber, daß Japan an Frankreich und Belgien kein grundsätzliches Interesse habe. Daß Japan die Russen bei der Kriegführung unterstützte, erklärte er mit dem Wunsch seiner Regierung, Rußland weiter zu schwächen; dieser Prozeß habe im Russisch-Japanischen Krieg bereits eingesetzt und sei inzwischen ausreichend weit gediehen. Er äußerte sein Interesse an einem Treffen mit Botschafter Lucius und an von Lucius und ihm gemeinsam zu führenden Gesprächen mit russischen Vertretern. Während er den Abschluß eines Separatfriedens zwischen Japan und Rußland auf der einen und Rußland und Deutschland auf der anderen Seite ausschloß, hielt er eine trilaterale Vereinbarung zwischen den drei Ländern für möglich, die dann den Entente-Mächten als *Fait accompli* präsentiert werden könnte. Stinnes zog aus diesen Äußerungen frohgemut einige äußerst weitreichende Schlüsse:

> «Soweit ich die Situation übersehe, will Japan sich für die Zeit nach 4 Jahren umorientieren gegen England, Amerika und Frankreich. Es wünscht ein nach dem Schwarzen Meer orientiertes Rußland, das es zur Zeit als genügend geschwächt ansieht. Aus verschiedenen Andeutungen muß man annehmen, daß es mit 2 Kriegen rechnet. Er betrachtet Deutschland als in derselben Lage befindlich wie Japan, zu viel Menschen, zu wenig Land, daher natürliche Ver-

bündete. Der Schlüssel der augenblicklichen Lösung liegt in der Türkei. Er hält Enver für einen hervorragenden Mann; freie Passage durch die Dardanellen betrachtet U[chida] für Rußland als große Konzession. Für spätere Verhandlungen erscheint ein intimer Kenner der türkischen Verhältnisse (Weitz) am Platze nötig. Auf territoriale Konzessionen an den Dardanellen legt man offenbar keinen Wert.»

Ob Deutschland von seinem türkischen Bündnispartner wirklich so viel Verständnis erwarten konnte (mit oder ohne die diplomatische Hilfe von Weitz), wie Stinnes es hier voraussetzte, war keinê ganz irrelevante Frage, und man kann sich auch nur schwer vorstellen, daß Bethmann die Kritik, die Stinnes sowohl im Gespräch mit Uchida als auch in seinem Bericht darüber an seiner Politik übte, erbaulich fand. Es war bezeichnend für Stinnes, daß er glaubte, mit seiner Offenherzigkeit der deutschen Sache einen großen Dienst zu erweisen. Wie er es gegenüber Bethmann formulierte: «Ich hoffe, daß die Art der Führung der Verhandlungen Ihr Einverständnis haben wird. Namentlich durch die Betonung, daß Leute der produktiven Stände bis zum Alleräußersten zu kämpfen entschlossen seien, glaube ich, weitgesteckten Friedenszielen gedient zu haben.» Während Stinnes überzeugt war, mit diesen Gesprächen viel bewegt zu haben, versah Staatssekretär Jagow den Bericht mit der beißenden Randbemerkung: «Recht dürftiges Ergebnis.»[68]

Stinnes brannte darauf, diese Gesprächsfäden weiterzuspinnen, und tat dies auch, indem er am 1. April Uchida und Lucius zu einem privaten Treffen zusammenbrachte, bei dem viele der bereits beackerten Themen noch einmal erörtert wurden.[69] Stinnes hielt sich selbst für den idealen Gesprächspartner Uchidas. Dem Staatssekretär des Inneren, Karl Helfferich, dem er seinen Bericht ebenfalls übersandte, machte er seine diplomatischen Dienste mit dem Argument schmackhaft, Uchida sei «ein eigenartiger Mensch, von einer brutalen Offenheit ohne alle Umschweife. Er muß einen festen, ebenso rücksichtslosen Gegenkontrahenten vor sich haben, dann läßt sich, glaube ich, mit ihm paktieren.»[70] Zur selben Zeit setzte Stinnes alle Hebel in Bewegung, um auch die russische Seite in die Diskussionen hereinzuziehen; er setzte dabei auf Joseph von Kolyschko, einen ehemaligen russischen Finanzstaatssekretär und Berater Wittes, der jetzt in Stockholm lebte, mit einer deutschen Frau verheiratet war, sich der Kriegspolitik Rußlands widersetzt hatte und, wie Stinnes von seiner Frau gehört hatte, über hochrangige Beziehungen in Rußland verfügte, darunter auch zu dem berüchtigten Rasputin.

Man muß die großen Anstrengungen, die Stinnes unternahm, um einen Separatfrieden oder sogar ein Bündnis mit Japan und Rußland herbeizuführen, im Zusammenhang mit seiner Position in der Kriegszielfrage sehen; sein Unbehagen an der Art und Weise, wie die Staatsgeschäfte in Berlin geführt wurden, lieferte zum einen den Antrieb für seine Aktivitäten und steigerte sich zum anderen aufgrund der dabei gemachten Erfahrungen. Stinnes war zu der Überzeugung gelangt, daß ein Separatfrieden im Westen unerreichbar war und nur ein unbeschränkter Einsatz der U-Boot-Waffe eine Wende herbeiführen könne. Für einen Separatfrieden kamen daher nur die Gegner im Osten in Frage. Dagegen neigte Bethmann der Auffassung zu, daß es fruchtbarer wäre, sich um einen Separatfrieden im Westen zu bemühen. Er tat dies unter Nutzung von Kontakten zu König Albert von Belgien und zu den französischen Radikalsozialisten. Auf der anderen Seite war er durchaus auch bereit, die japanisch-russische Karte zu spielen und die Dienste von Stinnes in Anspruch zu nehmen. Es war keineswegs so, daß zwischen Stinnes und Bethmann ein gestörtes Verhältnis bestanden hätte. Stinnes hatte Zugang zum Reichskanzler, und beide führten regelmäßig offene Gespräche. Bei einem Treffen nach der Rückkehr Stinnes' aus Stockholm drängte Stinnes den Kanzler, in seiner nächsten Reichstagsrede einen gemäßigten Ton gegenüber Japan und Rußland anzuschlagen, etwas, das Bethmann aus innenpolitischen Gründen nicht tun zu können glaubte. Wie Stinnes einmal dem Botschafter Lucius erläuterte, offenbarten seine Diskussionen mit Bethmann einfach eine entgegengesetzte Einschätzung der Lage: «Der Kanzler erwartet den Anstoß zum Frieden von Frankreich, ich vom Osten. Er möchte, seiner alten Idee und Vorliebe nach, den Frieden vom Westen her machen, ich möchte ihn vom Osten haben, weil wir auf Kosten des Westens uns auswachsen müssen und gutwillig vom Westen nichts bekommen werden.»[71]

Weniger diplomatisch äußerte sich Stinnes gegenüber Fehrmann: «Der Kanzler entbehrt des richtigen politischen Instinktes.»[72] Es ging in Stinnes' Augen um einen zu hohen Einsatz, als daß er hätte passiv bleiben und den Dingen ihren Lauf lassen können. Weder das Auswärtige Amt noch der Kanzler schienen genau zu wissen, was sie wollten; Stinnes beschloß deshalb, eine Einladung Ludendorffs zu einem Besuch im Hauptquartier der Heeresleitung Ost anzunehmen und sich ein Bild vom dortigen Meinungsstand zu machen, bevor er zu weiteren Gesprächen mit Uchida nach Stockholm zurückkehrte. Außerdem hoffte Stinnes natürlich auch, die Meinungsbildung auf höchster Ebene beeinflussen zu können, wie aus einem Brief hervorgeht, den Hugo jun. an seinen Vater schrieb: «Es freut mich sehr, daß Du jetzt Hindenburg besuchen willst. Wenn nur endlich der Weg zu S[einer] M[ajestät] gefunden wäre, damit unsere Politik nicht mehr wie ein Schiff ohne Schraube auf dem Weltmeer herumtreibt.»[73]

In seinem Brief vom 9. April 1916 an Ludendorff legte Stinnes offen die Meinungsunterschiede zwischen Bethmann Hollweg und ihm selbst dar und fügte den Hinweis hinzu, Helfferich neige eher seiner Position zu als der des Reichskanzlers. Er nützte die Gelegenheit jedoch auch, um konkreter auszuführen, was er sich von einer deutsch-japanisch-russischen Allianz erhoffte:

«Tun wir das, d.h. schließen wir aus diesem Kriege heraus ein Bündnis Deutschland, Japan, Rußland – letzteres gründlich geschwächt und nach dem Mittelmeer orientiert – möglichst unter Anschluß von Türkei und Schweden, dann haben wir den Rücken frei, und können bei den bevorstehenden weiteren großen Auseinandersetzungen unseren vollen Anteil erhalten, indem wir die flandrische Küste behalten, dem Ausbau der Flotte vermehrte Aufmerksamkeit und Mittel zuwenden und in Afrika jetzt schon die an sich verteidigungsfähigen Länder sichern, von denen aus wir in Zukunft den englisch-französisch-amerikanischen Schiffsverkehr unterbinden können.

Bleiben wir kein Welthandelsstaat mit großem Exportüberschuß, dann fehlen uns in der Industrie die breiten Reserven, die wir jeden Augenblick auf die Kriegsbedürfnisse umstellen können, und müssen einen neuen Weltkrieg verlieren.»[74]

Was hier zum Vorschein kam, war eine bemerkenswert unausgegorene Denkweise, die von einer Vereinbarkeit zwischen dem Status Deutschlands als Handelsstaat und als einer den nächsten Krieg vorbereitenden Macht ausging, so als ließen sich die internationalen Handelsbeziehungen einfach und folgenlos an- und ausknipsen. Das war jedoch der psychologische Mechanismus, mit dem Stinnes es bewerkstelligte, den Implikationen der Kriegszielfrage auszuweichen. Sein Besuch bei Hindenburg und Ludendorff legte den Grundstein zu einer Beziehung, die in den nachfolgenden Jahren große politische Bedeutung erlangen sollte, veränderte jedoch nicht die Voraussetzungen, unter denen die Verhandlungen in Stockholm stattfanden. Fehrmann und Hugo jun. trafen sich zu Unterredungen mit Lindberg, der nach einer Deutschlandreise, die er auf Anregung von Uchida unternommen hatte, von beeindruckenden Nahrungsmittel- und Menschenreserven der deutschen Seite zu berichten wußte. Erfreut nahm Stinnes das offenbar fortbestehende Interesse der Japaner an Sondierungen zur Kenntnis, trotz der im April 1916 erneut entbrannten Auseinandersetzungen zwischen Deutschland und USA über den U-Boot-Krieg. Am 6. Mai jedoch, als Stinnes und Uchida sich in Stockholm wieder trafen, hatten die Dinge bereits eine Wende zum Schlechteren genommen: Lucius und das Auswärtige Amt forderten als Gegenleistung für die Anerkennung der japanischen Aquisitionen im Pazifik eine unverzügliche Demonstration, daß die Japaner in der Lage waren, die Russen zu Gesprächen zu bewegen; Stinnes selbst protestierte gegen die Aufgabe deutscher Besitzansprüche im Pazifik, einerseits wegen des Verlusts investierter Gelder, andererseits wegen der Phosphatvorkommen auf den Karolinen- und Marshall-Inseln. Uchidas kaltblütige Erwiderung lautete, daß man in Japan der Meinung sei, der Sieg werde letztlich der Entente zufallen, daß die fraglichen Inseln sich bereits in japanischem Besitz befänden und daß Japan kein Interesse daran haben könne, einen Krieg vorzeitig zu beenden, der sich für das Land als zunehmend gewinnträchtig erwies.[75]

Zu diesem Zeitpunkt hatte Jagow die Nase gründlich voll von den Stinnesschen Sondierungen, die seiner Überzeugung nach zu nichts führten, und machte sich höchst mißtrauische Gedanken über Stinnes und dessen Motive. Er sah keinen großen Sinn in einem Bündnis mit Rußland, das auf ganz schwachen Beinen und an der Schwelle zu einer Revolution stand – an impotenten Bündnispartnern hatte Deutschland, so glaubte er, bereits genug. Er konnte auch nicht erkennen, welche konkreten Vorteile von einer Allianz mit den Japanern zu erwarten waren, denen er überdies nicht traute. Vor allem aber mißtraute er Stinnes und wünschte ihn aus allen eventuellen weiteren Verhandlungen auszuschließen. Wie er in einem verärgerten Brief an Lucius schrieb:

> «Der Knabe Stinnes ist ein Gewaltmensch, der unsere Politik ganz in seine Interessensphären hineinzwängen möchte. ...
>
> Stinnes, der ein rücksichtsloser Interessenpolitiker ist, möchte uns meo voto vor allem in einen unüberbrückbaren Gegensatz zu England bringen (Belgien). Wieweit die Privatinteressen bei ihm maßgebend sind, geht schon daraus hervor, daß er à cour léger Tsingtau hingibt, bei den Karolinen aber Schwierigkeiten macht, weil dort Phosphat vorhanden. Zu den Leuten, die à tout prix ein Bündnis mit Rußland erstreben, nur um dann ein finis Britanniae herbeizuführen, gehöre ich nicht. Rußland ist der schwächere Komparent, und England ‹niederzuringen› ist nicht so leicht, wie die Herren sich denken. Deutschland kann aber seine Ziele nicht lediglich auf die Interessen der Schwerindustrie einstellen. Sie müssen versuchen die Verhandlungen mit dem Jap allein in die Hand zu bekommen und Stinnes auszuschalten. Freilich ist hierbei Vorsicht geboten. Wir können auch Stinnes gegenüber den Gedanken eines Bündnisses mit Rußland nicht a principio bekämpfen. Denn sonst erhebt er ein Geschrei, er hätte uns dieses geboten, wir aber hätten es abgelehnt.»[76]

Lucius selbst hatte die Pflege der Japan-Beziehungen mit gemischten Gefühlen betrachtet, und sie erlitt dann auch im Mai 1916 einen empfindlichen, wenn auch keineswegs endgültigen Riß, als Uchida klarstellte, daß Japan zwar gewillt sei, sich als Vermittler einer allgemeinen Friedensregelung zu versuchen, sich aber nicht in der Lage sehe, von seinen Bündnispartner abtrünnig zu werden und einen Separatfrieden zu schließen. Die japanische Diplomatie arbeitete nun wieder in engerer Abstimmung mit Japans europäischen Verbündeten, pflegte aber auch direktere Kontakte zu Rußland, mit dem Japan am 3. Juli 1916 ein neues Abkommen schloß. Für die deutschen Diplomaten war dies gleichbedeutend mit dem Ende aller Hoffnungen, auf dem Umweg über Japan zu einem Separatfrieden mit Rußland zu kommen; sie sahen sich nunmehr gezwungen, direkt auf die Russen zuzugehen. Stinnes hatte Japan indes noch nicht abgeschrieben und berichtete Mitte Juni 1916, nach Ansicht Lindbergs würden die Japaner an den Verhandlungstisch zurückkehren, zumal Hugo jun. unter Berufung auf skandinavische Quellen über zunehmende Spannungen zwischen Japan und England berichtete. Stinnes war zugleich aber auch in die direkten Fühlungnahmen zu russischen Vertretern einbezogen, wobei sein wichtigster Kontaktmann Kolyschko war, mit dem er zwischen dem 13. Mai und dem 9. Juni regelmäßig in Stockholm zusammentraf und von dem er eine Menge über die widerstreitenden Kräfte in der russischen Politik erfuhr. Er erreichte jedoch nichts, abgesehen davon, daß er seinem Gegenüber ziemlich demütigende deutsche Friedensbedingungen offenbarte. Der Beginn der Brusilow-Offensive im Juni bereitete diesen Gesprächen ein abruptes Ende.[77]

Von Interesse ist dieser wenig berauschende Beginn der diplomatischen Karriere des Hugo Stinnes nicht so sehr wegen der Fehlschläge, die er erlitt – auch die deutsche Diplomatie und das Auswärtige Amt glänzten in dieser Zeit nicht durch Erfolge –, als wegen der Rückschlüsse auf die Entwicklung seines Denkens in den ersten beiden Kriegsjahren, die man daraus ziehen kann. Besonders aufschlußreich ist in dieser Beziehung sein Brief vom 9. April 1916 an Ludendorff, in dem er einen direkten Zusammenhang herstellt zwischen der Aufrechterhaltung der deutschen Position als Welthandelsstaat und der erfolgreichen Führung eines künftigen Krieges. Für Stinnes war das Zeitalter des Friedens im August 1914 zu Ende gegangen, und er rechnete offenkundig damit, daß dem gegenwärtigen Krieg ein weiterer auf dem Fuße folgen würde. In diesem Sinn gab er im Juni 1916 einem Offizier, in dessen Einheit Edmund diente, den Rat, seine militärische Laufbahn fortzusetzen, da es sicher zu einem zweiten «Punischen Krieg» kommen werde.[78]

Aus dieser Warte betrachtet, traf Jagow mit seinem Vorwurf, Stinnes habe lediglich seine wirtschaftlichen Eigeninteressen im Auge und versuche, die Regierung für diese einzuspannen, nicht ganz den Kern des Stinnesschen Denkens. Stinnes war nicht der einzige, dem man diesen Vorwurf machen konnte, doch anders als andere verlieh er seiner Interessenlage immer eine besondere Qualität dadurch, daß er sie mit einem höheren nationalen Interesse verknüpfte, so daß sich Kriegsziele, politische und militärische Strategien und geschäftliche Interessen zu einer scheinbaren Einheit verbanden. Gut illustrieren läßt sich das am Beispiel der wütenden Reaktion Stinnes', als er von Fehrmann erfuhr, Fritz Thyssen, dessen Familie an der Ausbeutung von Manganerzvorkommen im Kaukasus beteiligt war, habe im Zusammenhang mit dem beabsichtigten Separatfrieden zwischen Deutschland und Rußland den Vorschlag unterbreitet, den Russen Narvik und Gebiete im nördlichen Schweden zu geben, wenn sie dafür Deutschland Zugriff auf die Bodenschätze des Kaukasus gewährten.[79] Stinnes hatte sich schon über die Herkunft dieser Idee gewundert, als Staatssekretär Zimmermann vom Auswärtigen Amt einmal davon gesprochen hatte; nun bezeichnete er die Vorgehensweise der Thyssens als einen «an Landesverrat grenzenden Verstoß».[80] Wie er Zimmermann erklärte, waren die Wasserkraft-Potentiale und die Vorkommen an Hämatit-Erzen, über die Nordschweden verfügte, die größten im nördlichen Europa und bildeten die einzige Gewähr gegen eine völlige Abhängigkeit der deutschen Industrie von Brasilien und Rußland. In seinen Augen war Thyssen bereit, das Wohlergehen der gesamten deutschen Wirtschaft seinem Privatinteresse zu opfern.

Das ständige Bestreben Stinnes', öffentliche und private Interessen zur Deckung zu bringen, läßt sich auch am Beispiel seines Eintretens für den Aufbau deutscher Machtbastionen in Afrika illustrieren, von denen aus die Schiffahrt der Entente-Mächte und der Vereinigten Staaten bedroht werden konnte.

Er hatte diese für ihn relativ neue Idee mit der ihm eigenen Inbrunst Bethmann Hollweg vorgetragen und registrierte mit tiefer Genugtuung, daß der Kanzler am 11. Mai 1916 «die Notwendigkeit eines großen afrikanischen, in sich verteidigungsfähigen Reiches mit genau denjenigen Worten begründet, die ich ihm vor einigen Wochen selbst gesagt habe; sogar das Stahlwerk, die Schwimmdocks und Werftanlagen und die Munitionsfabriken hatte der Kanzler inzwischen zu seinem geistigen Eigentum gemacht. Er war mit mir darüber einig, daß auf Jahre hinaus niemand von diesen Absichten etwas ahnen dürfe, namentlich aber keinerlei Andeutungen in den Verhandlungen mit den Engländern gemacht werden dürfen, von denen zu hoffen sei, daß sie uns derartige Pläne nicht zutrauten, andernfalls selbstverständlich sie mit der allergrößten Energie unsere Absichten hintertreiben würden.»[81]

Stinnes hatte, wie nicht anders zu erwarten, die Absicht, in diesem Spiel mit hohen eigenen Einsätzen mitzuwirken, und erinnerte den Kanzler wiederholt daran, daß seine in jüngerer Zeit getätigten Investitionen in Reedereien, die Afrika bedienten, ganz wesentlich von den künftigen Erfordernissen dieses Afrika-Programms bestimmt worden seien. (Dazu weiter unten.)

Aus der Tatsache, daß Stinnes mit den Russen Frieden schließen wollte, darf man keineswegs auf eine Mäßigung seiner Kriegsziele im Osten schließen. Die Idee, an der deutschen Ostflanke eine Reihe von Pufferstaaten zu etablieren, lehnte er ab und sprach sich statt dessen für eine «anständige Verteidigungslinie» aus, die seiner Ansicht nach entlang dem Narew verlaufen sollte, Riga einschließend oder auch nicht; ein zu annektierendes Gebiet östlich von Oberschlesien sollte den Schutz dieser wichtigen Industrieregion gewährleisten, wie er sieben Jahre später vor einem Reichstagsausschuß in bemerkenswerter Offenheit ausführte:

> «Statt daß man sagte: ich mache keine Annexionen, und machte sie doch, habe ich auf dem Standpunkt gestanden: sagt doch, ihr müßt für 20 Millionen Menschen Zuwachs in Zukunft zu essen haben! jeder von jedem Staat wird es begreifen, wenn Ihr sagt: ich muß mich für die nächsten 50 Jahre vorsehen, denn die Bevölkerung nimmt zu. Ich muß soviel Vorland haben, daß ich leben kann. Aber zu sagen: ich mache keine Annexionen, um sie in anderer Form doch zu machen, das ist nach meiner Meinung ein Fehler gewesen. Es wurde für unaufrichtig gehalten, die anderen waren uns ja in der Propaganda weit über.»[82]

Warum ein Staat Verständnis für den – wie gut und ehrlich auch immer begründeten – Versuch aufbringen sollte, ihm einen Teil seines Territoriums wegzunehmen, ist ungeachtet der Einigkeit zwischen Stinnes und Uchida darüber, daß Rußland zu viel Land besitze, nur schwer einzusehen. Obwohl die Verhandlungen mit den Japanern im Frühjahr 1916 zum Stillstand gekommen waren und die Russen unzugänglich schienen, blieb Stinnes optimistisch; wie er Anfang Juni an Ludendorff schrieb, rechnete er mit einer Wiederaufnahme der Gespräche auf alter Grundlage und bei den Russen mit einem Umdenken, sobald sie einige weitere militärische Rückschläge erleiden würden.[83] Somit hatte Stinnes sich im

Sommer 1916 eine Position und ein Programm zurechtgelegt, dessen Umsetzung einen hohen militärischen Einsatz und die Inkaufnahme großer Risiken erforderte; die Regierung, hin und her gerissen zwischen wetteifernden Extremforderungen auf der einen und ihrem eigenen Wunsch nach großen Zugewinnen für Deutschland auf der anderen Seite, war auf Partnersuche für einen Separatfrieden und lief derweil Gefahr, den Krieg noch auszuweiten.

Die militärische Lage spiegelte die Verwirrung und Unentschlossenheit wider, die in der deutschen Politik herrschte. Stinnes war ein entschiedener Parteigänger der östlichen Heeresleitung und drängte den Kanzler, für eine Offensive im Osten Reserveeinheiten aus Verdun abzuziehen; Bethmann hingegen hielt es bei aller Sympathie für Hindenburg und Ludendorff zu diesem Zeitpunkt für erforderlich, genügend Truppen im Westen zu belassen, um für den in seinen Augen wahrscheinlichen Fall gewappnet zu sein, daß Engländer und Franzosen zur Unterstützung der erwarteten russischen Großoffensive eine eigene Offensive im Westen starten würden. Der Zermürbungskrieg um Verdun untergrub den Einfluß Falkenhayns beim Kaiser. Gleichzeitig lehnte die Regierung es ab, den uneingeschränkten U-Boot-Krieg zu genehmigen, den Stinnes für die *conditio sine qua non* eines deutschen Sieges hielt. Helfferich hatte zu diesem Punkt nicht mehr zu bieten als die Mutmaßung, daß im Falle eines Separatfriedens im Osten die Gefahr, es sich mit den Vereinigten Staaten zu verderben, womöglich geringer und die Bereitschaft, die U-Boote loszulassen, größer sein würde. Das alles war eher unbefriedigend, doch hatte sich Deutschland wenigstens nicht zu einem «verfrühten Frieden» verleiten lassen, wie Stinnes es zu Beginn des Krieges gefürchtet hatte.[84]

Bei all dem war Stinnes durchaus sensibel dafür, welchen Preis der Krieg schon allein aufgrund seiner Dauer forderte. Dies war sogar eines der Hauptmotive für seine Forderung nach Aufnahme des uneingeschränkten U-Boot-Krieges; welche Komplikationen aus letzterem erwachsen konnten, war ihm bewußt:

> «Ich will mich einmal auf den Standpunkt derjenigen stellen, die ihn bis jetzt gehindert haben, übrigens ein Standpunkt, den ich für unrichtig halte. Die Herren sagen, daß bei der beschränkten Anzahl U-Boote der Erfolg ein langsamer gewesen wäre und daß folgende Gefahren eingetreten wären. 1) Krieg mit den Staaten; 2) Verschlechterung der Beziehungen zu Holland und Dänemark, evtl. bis zum Bruch mit daraus folgender Einstellung der Lieferung von Fett, Fleisch und anderen Waren und der Notwendigkeit, Truppen gegen diese Staaten aufzustellen; 3) Krieg seitens Rumänien gegen die Zentralmächte und Einstellung der Lieferungen; 4) Eintreten großer Freiwilligen-Mengen aus den Staaten zur jetzigen Offensive.
>
> Ich persönlich bin der Meinung, daß Wilson keinen Krieg gemacht hätte, daß Dänemark und Holland nichts gemacht hätten, daß wir im Gegenteil mehr Fett erhalten hätten, daß Rumänien uns geliefert hätte und nicht in den Krieg gegangen wäre, und daß aus den Freiwilligen nichts geworden wäre.

> Daß meine Ansicht die richtige ist, kann ich nicht beweisen, daß wir *ohne* die Zufuhren nicht durchgekommen wären, steht für mich fest. Man mußte also etwas wagen, sogar *viel* wagen, wollte man dem deutschen Volk eine wesentliche Abkürzung des Krieges gewinnen. ...»[85]

So sah die Stinnessche Position zum Zeitpunkt der großen Krise des Sommers und Herbstes 1916 aus, zum Zeitpunkt der Brusilow-Offensive, des Kriegseintritts Rumäniens auf der Seite der Entente und der fatalen Schlacht an der Somme, die demonstrierte, daß Deutschland in bezug auf Munition und menschliche Reserven ins Hintertreffen geraten war. Die massiven Probleme im Bereich des Materialnachschubs, die erstmals im Juni vor Verdun und dann im Juli an der Somme in wahrhaft erschreckendem Ausmaß zutage traten, kamen sowohl für die Militärführung als auch für die Industrie völlig überraschend. Sie traten zu einem Zeitpunkt auf, als die Spannungen zwischen dem Kriegsministerium und den Großindustriellen schon einen hohen Grad erreicht hatten; diese Spannungen erwuchsen aus dem Unwillen des Ministeriums, der Industrie mehr Arbeitskräfte zur Verfügung zu stellen, aus der scharfen öffentlichen Kritik an den sogenannten industriellen Kriegsgewinnlern, aus der Einmischung der Politik in laufende Arbeitskämpfe unter Parteinahme für die Gewerkschaften, aus einer unsteten Einberufungspolitik und aus der geringen Empfänglichkeit für technische Ratschläge aus den Reihen der Industrie, vor allem für deren Anregung, für die Granatenfertigung nicht ausschließlich Siemens-Martin-Stahl, sondern auch Stähle aus Thomas-Hochöfen zu verwenden.

Generaldirektor Vögler, dessen Dortmunder Werk in der Granatenproduktion stark engagiert war, schlug sich mit Fragen dieser Art tagtäglich herum, während Stinnes mit der Entscheidung kämpfte, ob er Deutsch-Luxemburg zu einem wichtigen Rüstungsgüter-Hersteller machen wollte. Im Juni 1916, kurz vor Ausbruch der Munitionskrise, spielte Stinnes ernsthaft mit dem Gedanken, Deutsch-Luxemburg durch Einstieg in die Fertigung von Kanonen, anderen Artilleriewaffen, Minenwerfern und ähnlichem zu einem Rüstungsproduzenten ersten Ranges zu befördern. Was dagegen sprach, war die Tatsache, daß er damit in Konkurrenz zu bereits bestehenden Werken von Krupp, Ehrhardt, Thyssen, Henschel, Daimler & Benz treten würde, die ihre Investitionen in diesem Bereich bereits amortisiert hatten. Ein Einstieg in dieses Geschäft würde daher «schwierig und kostspielig» sein und neue, originelle Ideen voraussetzen, deren Wert sich womöglich erst nach Friedensschluß erweisen würde.[86]

Mit solchen Ideen ging Stinnes durchaus schwanger, wie sich noch zeigen wird; doch dann kamen die Juli-Schlachten mit ihrem ungeheuren Materialverschleiß, und der sprunghaft gestiegene Bedarf an Rüstungsgütern ließ ihm gar keine andere Wahl, als in großem Maßstab die Rüstungsproduktion zu forcieren, wie auch immer die langfristige Perspektive aussehen mochte. Tatsächlich hatten im Juli 1916 seine bis dahin so einträglichen Exportgeschäfte gelitten, und er ließ Edmund wissen, daß es mit den großen Exportgewinnen vorläufig vorbei sei.[87]

Die Probleme verschlimmerten sich in den darauffolgenden Monaten. Vögler klagte, während aus dem Kriegsministerium laufend neue Granaten-Bestellungen eingingen, weigere sich die Eisenbahnverwaltung, ihre Bestellmengen auch nur um ein Jota zurückzuschrauben; er habe nicht die geringste Ahnung, wo er den nötigen Stahl hernehmen solle.[88] Stinnes selbst hatte das Gefühl, daß die Entwicklung aus dem Ruder zu laufen drohte. «Die Heeresverwaltung verlangt unmögliche Mengen Granatenstahl. ... Wir müssen selbstredend mitmachen, soweit es irgend durchführbar ist.»[89]

Die letzten Augusttage brachten dann jedoch eine von Stinnes und vielen anderen seit langem erhoffte und erwartete Veränderung, nämlich die Berufung Hindenburgs und Ludendorffs in die Oberste Heeresleitung (OHL). Eine knappe Woche nach diesem Ereignis zählte Stinnes in einem Brief an Edmund euphorisch die Entwicklungen und Erwartungen auf, die sich mit der neuen OHL verbanden. Er sei, so berichtete er, soeben von einem Treffen mit dem Großherzog von Oldenburg und mit den Admirälen Scheer und Lohmann auf der Midgard-Werft in Nordenham zurückgekommen; Admiral Lohmann habe erzählt, er sei zwei Stunden nach der Umbildung der OHL beim kaiserlichen Paar gewesen und habe aus den Kommentaren der Kaiserin den Schluß gezogen, «daß der lange Herr auch nicht mehr sehr lange bleiben wird» – eine offenkundige Anspielung auf den hochgewachsenen Bethmann Hollweg. Stinnes wußte, daß Bethmann am Stuhl Falkenhayns gesägt hatte, meinte aber: «Nachdem die Gefahr Falkenhayn beseitigt ist, wird man ihn [Bethmann] mit Gleichmut gehen sehen. Die Beseitigung Falkenhayns ist m.E. ein wirklich dauerndes Verdienst.» Was er damit konkret meinte, erklärte er in der Folge, wobei er Daten aus der Familie als Verschlüsselungshilfen benutzte:

> «Die Ära Ludendorff tut Wunder auch in der Verwaltungsabteilung. Gestern war Vögler hier und hat Kanonenaufträge übernommen, die bis in 1919 gehen und weit größer sind als die Leistung von Krupp in 1914. Die Monatsproduktion wird etwa 18mal soviel sein als Ottos Alter. [Otto war 13; 13 × 18 = 234 d.V.]
>
> Ludendorff selbst hat telephonisch die Freigabe einer Anzahl Facharbeiter aus der Front verfügt.
>
> Wir werden unser Bestes tun, wie in Munition, wo wir unzweifelhaft an der Spitze aller Werke sind.
>
> Vorgestern waren die Wirtschaftsverbände zusammen. Der U-Boot-Krieg muß durch, allerspätestens etwa vor Mamas Geburtstag. [26. November d.V.]
>
> Ich werde wohl in Kürze mit wenigen anderen Herren zum Kaiser kommen, um darauf und auf manches andere zu drücken.
>
> Wir können und werden die Gegner mit alleräußerster Anstrengung nochmals einholen oder überholen, etwa zu Ottos Geburtstag [7. April d.V.], das ist dann aber das letzte Mal, und bis drei Monate danach muß der Krieg zu Ende gebracht sein, wenn wir gewinnen wollen.
>
> Übrigens sind Hindenburg und Ludendorff zuversichtlich. Den Südosten

Ein Versprechen wurde eingelöst. Stinnes, Hindenburg und dessen Tochter beim Stapellauf des Dampfers «Hindenburg» (1921)

einschl. Rumänien denkt man bis Tante Noras Geburtstag [5. Dezember d.V.] im großen und ganzen, längstens einen Monat später, erledigt zu haben.»[90]

Stinnes hegte auch hochfliegende Hoffnungen auf eine Konsolidierung der politischen Kräfte, konkret auf eine Einigung zwischen dem alldeutsch orientierten Unabhängigen Ausschuß für einen Deutschen Frieden und dem liberaleren und gemäßigteren Nationalausschuß für einen Deutschen Frieden, also eine breite Koalition von den Konservativen zu den Fortschrittlern mit dem Ziel, die deutsche Außenpolitik ostwärts zu orientieren und das Auswärtige Amt in neue Hände zu legen. Stinnes war überzeugt, «daß große Änderungen bevorstehen».

Die Geschichte meinte es nicht gut mit dem Stinnesschen Zeitplan und noch weniger mit den großen Erwartungen, die er nährte. Rumänien konnte zwar im Herbst mühelos militärisch niedergeworfen werden, doch die Neuordnung seiner inneren Angelegenheiten und der Verhältnisse im südöstlichen Europa zog sich bis 1918 hin. Im Außenamt trat Arthur Zimmermann Ende November 1916 an die Stelle Jagows, doch das führte zu Änderungen allenfalls im Stil, nicht aber in der Substanz. Die beiden Friedensausschüsse tagten gemeinsam, fanden aber nicht zusammen, so daß Deutschland trotz eines weitgehenden Konsenses über die Kriegsziele letzten Endes ohne eine klar definierte Prioritätenliste dastand. Der Reichstag erklärte im Oktober, er stehe hinter dem unbegrenzten U-Boot-

Krieg, falls die OHL diesen fordere; allerdings war die OHL gar nicht dafür gerüstet, vor Anfang 1917 von diesem Freibrief Gebrauch zu machen. Noch länger sollte es dauern, Bethmann Hollweg aus dem Kanzleramt zu drängen, auch wenn Stinnes ihn bereits weitgehend abgeschrieben hatte: «Für den Kanzler gebe ich nicht mehr viel, seinen negativen Wert hat er verloren.»[91]

Wenigstens bei einem wichtigen außenpolitischen Thema wußte Stinnes sich mit Bethmann einiger als mit Ludendorff. Es ging dabei um den absurden Plan Ludendorffs, durch Deutschland einen autonomen polnischen Staat ausrufen zu lassen, in der Erwartung, daß die Polen sich dann kämpfend an die Seite Deutschlands stellen würden. Als Stinnes Ende Oktober von jemandem, der sich im Namen «einer hochstehenden Persönlichkeit» an ihn wandte, um seine Ansichten zu diesem Thema gebeten wurde, machte er sich, um jedes Mißverständnis auszuschließen, die Mühe, das, was er zur Polenfrage gesagt hatte, in einem Brief an Ludendorff noch einmal zusammenzufassen:

> «Ich mußte den Herrn sagen, daß m. E. man mit einer solchen Erklärung die Wege zu einem Separatabkommen mit Rußland verschüttete. Ich betonte, daß wir und ich zur Obersten Heeresleitung jetzt volles Vertrauen hätten, und uns kein Urteil anmaßen wollten über die militärische Wichtigkeit einer solchen Maßregel. Über die politische Folge einer solchen Maßregel, die die herrschenden Kreise Rußlands als Schmach empfinden würden, dürfe man sich nur nicht Täuschungen hingeben. Im Kriege eine solche Autonomieerklärung loszulassen, bedeutet m. E. das unwiderrufliche Hinübertreiben Rußlands nach England. Ich bemerkte weiter, daß es natürlich möglich sei, Rußland zu zertrümmern und damit gefügig zu machen, und danach England mit dem U-Boot-Krieg kampfunfähig aus Mangel an Holz und Erz und durch Unterbindung der Kohlenzufuhr. Aber selbst bei einem solchen zweiseitigen Kriege würden wir – bei der zur Verfügung stehenden diplomatischen Geschicklichkeit –, kaum einen Frieden schaffen können, der uns im Osten freien Rücken oder mehr schafft.
>
> ... Die Entschließung mit Polen ist vielleicht folgenschwerer für die spätere Zukunft wie der U-Boot-Krieg.»[92]

Trotz aller dieser klugen Einsichten, die Stinnes seinen «russischen Freunden» in Stockholm verdankte, trafen seine Ratschläge auf taube Ohren, und die OHL startete ihr fatales polnisches Manöver im November. Wie Hugo daraufhin resignierend an Edmund schrieb: «Polens Autonomieerklärung ist militärisch wohl nötig gewesen. Sonderverhandlungen mit Rußland kann man meines Erachtens jetzt für die nächste Zeit einstellen.»[93]

Dies sollte jedoch nicht das einzige Fiasko bleiben, und nicht alle kamen ohne die Mitwirkung von Hugo Stinnes zustande. Soweit man es von außen beurteilen kann, trugen weder Stinnes noch seine Industriekollegen die tatsächliche Verantwortung für das Hindenburg-Programm zur Steigerung der Waffen- und Munitionsproduktion, das im September 1916 anlief. Die exorbitanten Sollzahlen bei allen Waffen- und Munitionstypen, die immense Investitionen in Gebäude und Maschinen erforderten, waren offensichtlich ein Werk des Obersten Max Bauer, eines fanatischen Annexionisten und Reaktionärs mit ausgeprägten protofaschistischen Neigungen, der innerhalb der OHL als Fachmann für schwere Artillerie fungierte, darüber hinaus aber auch bis ans Kriegsende die Rolle einer grauen Eminenz im Schatten Ludendorffs spielte. Bauer und sein wichtigster Mitarbeiter, Major von Harbou, pflegten enge Beziehungen zu führenden Schwerindustriellen, nicht zuletzt zu Stinnes, der diese Beziehungen seinerseits kultivierte. Als die OHL im September ihre exorbitanten neuen Sollzahlen vorlegte, reagierten die Industriellen zunächst betroffen, nutzten die Situation dann aber aus, um selber eine Reihe von Forderungen durchzusetzen, vor allem die nach Beurlaubung einer größeren Zahl von Bergleuten und Facharbeitern vom Fronteinsatz.[94]

Die Beschäftigung mit dem Arbeitskräfteproblem führte zur Forderung der Industriellen nach einer Zwangsrekrutierung belgischer und polnischer Arbeiter für die Arbeit in deutschen Fabriken. Für dieses törichte Ansinnen machten sich neben Stinnes, Hugenberg und anderen Schwerindustriellen auch Politiker wie Rathenau stark, der meinte, Deutschland könne und müsse die internationale Reaktion auf dieses Vorgehen ignorieren.[95] Stinnes brachte es jedoch fertig, sich für dieses Programm besonders zu exponieren. Als er nach seiner Meinung zur Umsetzbarkeit des Hindenburg-Programms gefragt wurde, erklärte er, die Ziele seien erreichbar, «wenn wir genügend Arbeiter erhielten aus Belgien und Polen. Aber ich habe ... zugeben müssen, daß nach meinen Wahrnehmungen die Zivilbehörden in Belgien nicht vorankommen und die Pläne der Obersten Heeresleitung nicht genügend fördern.»[96] Es waren nicht nur die Zivilbehörden; auch Freiherr von Bissing, der Militärgouverneur von Belgien, hielt es für äußerst unklug, Zwangsmittel einzusetzen, und ergriff die entsprechenden Maßnahmen erst auf Drängen der OHL und der Industriellen. Im Februar 1917, als das in seiner Wirkung fatale und in seinem Nutzen vernachlässigbare Programm eingestellt wurde, fertigte von Bissing eine Aktennotiz an, in der er die Rolle, die Stinnes in dieser Geschichte gespielt hatte, für die Nachwelt festhielt:

> «Am Tage nach dem Eintreffen dieser Richtlinien erschienen hier mehrere deutsche Großindustrielle, darunter die Herren Hugo Stinnes und Direktor Hugenberg von der Firma Krupp. Dieselben erklärten, daß die deutsche Industrie den seitens der Obersten Heeresleitung auf dem Gebiete der Kriegsrüstung gestellten Anforderungen nur entsprechen könne, wenn ihr in kürzester Frist mehrere Hunderttausend belgische Arbeiter zur Verfügung gestellt würden. Sie verlangten eine beschleunigte Beschaffung belgischer Arbeiter in großer Zahl, obwohl ich sie aufs eindringlichste darauf hinwies, daß widerwillige, nicht gelernte und zur Sabotage neigende Arbeiter ihnen nichts nützen würden und Gefahren in sich schlössen. Außerdem seien es unnütze Esser. Schließlich werde die Unterbringung Schwierigkeiten machen. Hierauf sagte Herr Stinnes: ‹Das lassen Sie

unsere Sorge sein, wenn wir Industrielle etwas in die Hand nehmen, dann sorgen wir für alles. Man schaffe uns die Leute, wir werden sie schon zur Arbeit bringen.› Unter diesen Umständen habe ich mich, wenn auch widerstrebend, mit der Zwangsabschiebung einverstanden erklärt.»[97]

Stinnes hatte am Vorabend dieses Treffens, das am 10. Oktober 1916 stattfand, geschrieben: «Ich rechne mit sehr lebhaften Auseinandersetzungen, aber auch bestimmt mit Erfolg.»[98] Was er erreichte, war bestenfalls ein Pyrrhussieg. Es war offenkundig so, daß die neue Oberste Heeresleitung Stinnes in seiner schon ausgeprägt vorhandenen Neigung bestärkte, Risiken einzugehen und Realitäten zu ignorieren. Eigenschaften, die für einen Unternehmer den Schlüssel zum Erfolg bergen können, zeitigen jedoch in der Politik und im Krieg oftmals fatale Folgen. Nicht daß Stinnes an einer völligen Verkennung der Realitäten gelitten hätte; er verstand, daß die deutsche Wirtschaftskraft im Abnehmen begriffen war und Deutschland daher trachten mußte, an einer der beiden Hauptfronten einen Separatfrieden zu schließen. Es blieb ihm auch nicht verborgen, welchen Überbelastungen die wirtschaftliche Infrastruktur Deutschlands und die Moral seiner Landsleute ausgesetzt waren und welche negativen Auswirkungen das neue Munitionsprogramm von Anfang an zeitigte. So machte er schon Ende Oktober die Regierung und Ludendorff darauf aufmerksam, daß der Waggonmangel die Versorgung Berlins und Hamburgs mit Nahrungsmitteln und Kohlen gefährdete und daß eine hungernde und frierende Bevölkerung «ungemütlich» werden könne.[99] Auch in den deutschen Industrierevieren herrschte spätestens ab Mitte November Krisenstimmung, insbesondere wegen des Mangels an Eisenbahnwaggons, der Stinnes zu diesem Zeitpunkt größeres Kopfzerbrechen bereitete als der Mangel an Arbeitskräften. Es fehlte allerorten an Kohle, einfach weil sie nicht dorthin gebracht werden konnte, wo man sie benötigte; viele Munitionsfabriken mußten aus diesem Grund ihre Produktion einstellen. Der Krieg gegen Rumänien hatte sehr viel Waggonmaterial verschlungen; verschärft wurde der Mangel durch die umfangreiche Neubautätigkeit in den Industrierevieren sowie durch das Einbringen der Ernte.[100]

Zweifellos setzte Stinnes zu diesem Zeitpunkt erhebliche Hoffnungen auf andere Organisations- und Mobilmachungsmaßnahmen der OHL. Schon 1915 hatte er sich für den Plan des Generalstabs ausgesprochen, durch Unterstellung des Reichsamts des Inneren unter das Kriegsministerium die gesamte Kriegswirtschaft zu zentralisieren. Er begrüßte dann auch die Schaffung des Truppenamts im November 1916, das unter Leitung von General Wilhelm Groener alle Maßnahmen der wirtschaftlichen Kriegführung koordinieren sollte; Groener hatte zuvor die Eisenbahn-Abteilung des Generalstabs geleitet und schien daher der richtige Mann für diese Aufgabe zu sein.[101] Auf Zustimmung stießen bei Stinnes auch die Planungen für die wirtschaftliche Mobilmachung Deutschlands, die eine Stillegung nicht kriegswichtiger Fabriken und eine Kontrolle über den Arbeitsplatzwechsel vorsahen. Es war offensichtlich nicht zu übersehen, daß die neue OHL ein Glücksfall für die Wirtschaft war; die Querelen mit dem Kriegsministerium über Preise und Gewinne gehörten bis auf weiteres der Vergangenheit an; im Vordergrund stand jetzt die Notwendigkeit, Investitionsmittel für Bauvorhaben und Produktionsausweitungen zu beschaffen. Im November verhandelten Stinnes und seine Kollegen mit Sydow über eine Erhöhung der Kohlenpreise ab 1. Januar und mit Oberstleutnant Joseph Koeth vom Rohstoffamt über eine Anhebung des Eisenpreises. Stinnes hatte im November 1916 seine Freude an den Börsenkursen für Deutsch-Luxemburg, das RWE und dem MBV, ebenso an den vom Reich gezahlten Subventionen für Neubauvorhaben; allerdings gab er zu bedenken, daß das, «was einerseits eine Genugtuung für gehabte Arbeit ist, ... andererseits ein kostspieliges Vergnügen» sei – als Steuerzahler.[102] Indirekt verteuerten die höheren Gewinne auch die Arbeit. Zu den in den Augen von Stinnes und seinen Kollegen weniger erfreulichen Entwicklungen gehörte die Art und Weise, wie die im Reichstag vertretenen Linksparteien das am 5. Dezember 1916 verabschiedete Hilfsdienstgesetz und die Absage der Regierung an eine Kontrolle der Unternehmensgewinne nutzten, um durchzusetzen, daß Arbeitnehmer die Stelle wechseln durften, wenn sie nachweisen konnten, daß sie anderswo mehr verdienten; damit nicht genug, gelang es ihnen auch, Gewerkschaftsfunktionäre in den Ausschüssen unterzubringen, die über die Einhaltung des Gesetzes wachten.

Somit stand, als das Jahr 1916 sich dem Ende näherte, keineswegs fest, daß die neue OHL alle die Wunder vollbringen konnte, die Ludendorff in Aussicht gestellt hatte. Wie bereits vermerkt, hatte sich auch Bethmann Hollweg für die Ablösung Falkenhayns stark gemacht, vor allem wohl, weil er glaubte, nur Hindenburg und Ludendorff könnten die Annexionisten dazu bringen, einen gemäßigten Frieden zu akzeptieren. Die deutsche Regierung startete denn auch eine bedeutsame Friedensoffensive, die in dem Friedensangebot gipfelte, das sie den Entente-Mächten am 12. Dezember 1916 durch US-Präsident Wilson zuleitete. Auch wenn es sich durch das Fehlen jeglicher Aussage zu der alles entscheidenden Belgienfrage auszeichnete, war es doch ein aufrichtiger Anlauf des verzweifelten Bethmann Hollweg, Friedensverhandlungen zu initiieren und die drohende Aufnahme des uneingeschränkten U-Boot-Krieges zu verhindern.[103]

Wie kaum anders zu erwarten, nutzte Stinnes seine Kontakte zur OHL für kritische Querschüsse gegen die Politik der Friedensangebote. Im U-Boot-Krieg sah er das probate Mittel zur Rettung der Lage. Anfang September übermittelte er Ludendorff diese Einschätzung und bekräftigte sie nochmals in einem am 23. Dezember verfaßten persönlichen Brief. Stinnes hatte das Gefühl, die militärische Situation habe sich verbessert, was sicherlich mit dem Rückzug Ludendorffs auf die Siegfried-Linie und dem Sieg über Rumänien zu tun hatte. Andererseits kündigte Stinnes eine weitere Verschlechterung der wirtschaftlichen Lage an und erklärte warnend, Deutschland versäume es, seine Interessen abzusichern:

«Man jagt Phantomen nach, wenn man sich einbildet, daß aus fortgesetzten Friedensangeboten unsererseits und aus Friedensvermittlungen durch einen Wilson für Deutschland etwas für die Zukunft Erträgliches entstehen kann.

Das Ergebnis eines schlechten Friedens wird Revolution und vermutlich das Ende der Dynastie sein, deren Schuld seit dem Weggange von Bismarck an der Verschlechterung der Lage Deutschlands nach dem Kriege auch der Allgemeinheit nicht verborgen gehalten werden kann.

Ich habe in dem letzten Jahrzehnt geschäftlich mit den Engländern so viel zu tun gehabt, daß ich glaube, ein Urteil darüber zu haben, daß diesem Volke, das für seine Weltherrschaft kämpft, mit friedlichen Ideen nicht beizukommen ist, bevor es erkannt hat, daß eine weitere Fortsetzung des Kampfes unfehlbar das Ende seiner großen Weltstellung nach sich ziehen muß. Wenn ich die englischen Interessen zu vertreten hätte, würde ich im übrigen genau auf demselben Standpunkte stehen.

Ich hoffe, daß die Oberste Heeresleitung dem Friedensgerede im richtigen Augenblick ein Ende macht und dadurch Deutschland seine zukünftige Entwicklung offen hält.»[104]

Die Erwartungen, die Stinnes in die OHL setzte, sollten nicht enttäuscht werden; ihr Drängen auf Wiederaufnahme des uneingeschränkten U-Boot-Krieges hatte im Februar 1917 Erfolg, und in der Folge vertrat sie immer vorbehaltloser das Ziel, den Krieg bis zur Durchsetzung der deutschen Eroberungsziele weiterzuführen. Um zu verstehen, welche Bedeutung diese Entwicklungen für Stinnes und welche Implikationen sie für seinen weiteren wirtschaftlichen und politischen Weg hatten, muß man den Gang seiner Geschäfte nachzeichnen und seine Rolle in der deutschen Rüstungswirtschaft sowie in der politischen Ökonomie des deutschen Imperialismus unter Kriegsbedingungen herausarbeiten.

2. Hugo Stinnes als Unternehmer im Krieg

Stinnes war offenkundig bereit, für das, was er als die «zukünftige Entwicklung» Deutschlands bezeichnete, die Inkaufnahme hoher Risiken zu fordern. Er war sein ganzes Leben lang ein risikofreudiger Mann gewesen, und es entsprach seiner Mentalität, aus jeder sich bietenden Möglichkeit den größtmöglichen Vorteil zu ziehen. Es wäre makaber zu sagen, er habe Leib und Leben der deutschen Soldaten als Investivkredite zur Finanzierung der Expansion seines Landes und seiner eigenen Firmengruppe betrachtet – immerhin drängte er Edmund beständig, auf sich aufzupassen und berichtete ihm von den Ängsten, die Cläre ausstand. Doch andererseits erklärte er, für die Investitionen in Blut und Material, die Deutschland tätige, müsse es eine hohe Verzinsung eintreiben. Ebenso wie er von sich selbst als Unternehmer den denkbar größten Ertrag auf seine Investitionen beanspruchte, erwartete er das auch von seinem Land. Der Krieg hatte für

Deutschland und für ihn selbst eine neue Situation geschaffen und neue Möglichkeiten und Gefahren heraufbeschworen. Wie bereits gezeigt, betrachtete Stinnes den Krieg mittlerweile als ein dauerhaftes Element in der betriebs- und volkswirtschaftlichen Kalkulation, als etwas, das sich in der Zukunft wahrscheinlich wiederholen würde. Als Unternehmer mußte er sich daher die Frage stellen, wie er sich in eine möglichst günstige Ausgangsposition für die Bewältigung der neuentstandenen Situation bringen konnte. Es kam in diesem Sinne zu einer beständigen und außerordentlich bewußt gesteuerten Wechselwirkung zwischen der Art und Weise, wie er sein eigenes Unternehmen steuerte, und seinen Ansichten und Aktivitäten in der Innen- und Außenpolitik.

In den ersten beiden Kriegsjahren hatte Stinnes direkte Beiträge zur deutschen Kriegführung vor allem in seiner Rolle als Kaufmann und Spediteur geleistet. In diesen Bereichen aktiv zu sein war in Kriegszeiten ein heikles und manchmal sogar gefährliches Unterfangen, namentlich im Zeichen der stetig dichter werdenden britischen Handelsblockade und der sich steigernden Neigung der Deutschen, ihre U-Boote loszulassen. Daß sein ursprünglicher Plan, seine Schiffe unter neutraler oder feindlicher Flagge fahren zu lassen, nicht funktionieren würde, war Stinnes schon 1914 klargeworden. Als die schwedische Firma F. W. Forsberg aus Göteborg ihm dementsprechende Vorschläge machte, wies er sie auf die von der Londoner Seekriegs-Konferenz verabschiedeten Bestimmungen hin und erklärte, noch so viele schwedische Proteste würden die Engländer nicht daran hindern, seine Schiffe zu beschlagnahmen. Von seinen Kohlenfrachtern wurden einige zu Kriegsbeginn von der Marine übernommen und blieben, anders als die Schiffe anderer Reedereien, den ganzen Krieg hindurch im Flottendienst, weil sie dank ihrer guten Ausrüstung für die Bekohlung von Schiffen auf offener See geeignet waren. Nicht allen Schiffen der Midgard-Linie erging es so gut. Die Irmingard zum Beispiel wurde von den Russen versenkt, die Asgard und die Utgard von den Russen konfisziert, die letztere 1917 an die Briten weitergaben; unter britischer Flagge fahrend, wurde das Schiff 1918 von einem deutschen U-Boot versenkt.[105]

Die Verladeeinrichtungen und Frachter der Firma Stinnes in Messina spielten in der ersten Kriegsphase insofern eine wichtige Rolle, als dort die *Goeben* und die *Breslau* bekohlt wurden – offenbar zur Musik der Bordkapellen –, bevor die beiden Kreuzer zu ihrem dramatischen Dardanellen-Durchbruch ausliefen. Stinnes war sehr interessiert daran, Kohle aus seinen Zechen in Heraklea an die in dem Gebiet operierenden Schiffe des Admirals Souchon zu liefern, deren Bekohlung jedoch nicht immer einfach war. Im Herbst 1914 unternahm er einen Versuch, für diese Aufgabe die Firma Forsberg & Mark einzuspannen, doch die publizistischen Wellen, die dieses Vorhaben schlug, veranlaßten ihn, den Plan zu begraben.[106]

Zuverlässige und vertrauenswürdige Geschäftspartner im neutralen Lager zu finden war auch ohne eine solche unwillkommene Publizität schwer genug. Von Forsberg, mit dem Stinnes Geschäfte von erheblichem Umfang abwickelte, kam das Angebot, mit Hilfe von Vertrauensleuten in den USA Lebensmittellieferungen auf amerikanischen Schiffen über Schweden nach Deutschland einzufädeln. Stinnes war an Geschäften dieser Art interessiert, aber mit Sicherheit nicht sonderlich erfreut, als er von Fehrmann Ende 1915 erfuhr, daß Forsberg auch nach Großbritannien lieferte und Gefahr lief, von den Deutschen auf die schwarze Liste gesetzt zu werden.[107]

Dänemark und Schweden bildeten Schwerpunkte der geschäftlichen Aktivität von Stinnes sen. und Stinnes jun.; sie verkauften dort Kohle in erheblichen Mengen und kauften im Gegenzug Lebensmittel und sämtliche interessanten Rohstoffe und Produkte, die in diesen Ländern angeboten wurden. Fehrmann, zu dessen besonderem Aufgabengebiet die Einfuhr von Eisenerz aus Schweden und die Ausfuhr von Kohle in dieses Land zählte, spielte eine wichtige Rolle beim Aufbau dieser Geschäftszweige und knüpfte dabei auch die bereits geschilderten politischen Kontakte zu Japanern und Russen, die Stinnes für seine diplomatischen Vorstöße im Auftrag der deutschen Regierung nutzte. Hugo jun. arbeitete eng mit Direktor Deters in Hamburg und mit dem reisefreudigen Fehrmann zusammen. Sein engster skandinavischer Mitarbeiter war Albert Jensen, der Leiter der Kopenhagener Stinnes-Niederlassung. Jensen war offenbar eine schillernde Persönlichkeit. Als Jugendlicher von zuhause ausgerissen, hatte er kurz nach der Jahrhundertwende als einfacher Matrose auf der U.S.S. Maine angeheuert, war aber nach einem Urlaub nicht mehr zum Dienst auf diesem Schiff erschienen, sondern in die gutsituierte Firma seiner Familie in Dänemark zurückgekehrt, wo er sich in der Folge als Lieferant von Bunkerkohle und Geschäftsführer der Kobenhavns Kul & Koks Kompagni einen Namen machte.[108]

Jensen spielte eine Schlüsselrolle in einigen der konspirativ angelegten Unternehmen, die Stinnes einfädelte, um die deutsche Kriegswirtschaft mit rüstungswichtigen Rohstoffen und grundlegenden Verbrauchsgütern zu versorgen. Unangenehmerweise gerieten diese Aktivitäten Anfang 1915 ins Scheinwerferlicht, als Jensen von der dänischen Polizei verhaftet und unter dem Vorwurf verhört wurde, er habe Vorkehrungen für die Lieferung von Kupfer nach Deutschland getroffen, unter Verstoß gegen ein von der dänischen Regierung verhängtes Embargo. Die Angelegenheit fand große Beachtung in der Presse, die sich besonders für die Verbindungen Jensens zu Stinnes interessierte. Stinnes' erste Reaktion bestand darin, das Auswärtige Amt einzuschalten; er bat darum, die deutsche Botschaft in Kopenhagen möge die dänische Regierung drängen, jede weitere Erwähnung der Firma Stinnes in diesem Zusammenhang zu unterbinden, und zwar unter Hinweis darauf, daß es Stinnes-Schiffe seien, die unter beträchtlichem Risiko die Kohlenversorgung Dänemarks aufrechterhielten. In der Folge erfuhr Stinnes jedoch von Fehrmann, daß die Dänen die Affäre noch weitaus ernster nahmen, als die ersten Berichte von Stinnes' Schwager Edmund Wagenknecht jun. es nahegelegt hatten, und daß etliche staatliche Abnehmer ihre Kohlenbestellungen bei Jensen storniert oder verringert hatten. Die größte

Gefahr war jedoch die, daß die Engländer und andere Wind davon bekämen, daß Jensen noch in einer anderen Sache eine Hauptrolle spielte: daß er nämlich mit deutschem Geld Schiffe kaufte, die dann im Handelsverkehr mit neutralen Ländern, namentlich mit den USA und Südamerika, eingesetzt wurden und ihre Ladungen in Rotterdam und anderen neutralen Häfen löschten, Ladungen, die angeblich für die Schweiz bestimmt waren, in Wirklichkeit aber nach Deutschland gingen. Fehrmann trieb die Tarnung so weit, daß er anregte, einige der Schiffe sollten regelmäßig auch Frachten nach England liefern, damit niemand auf die Idee kam, nach ihren wahren Eigentümern zu forschen.[109]

Der noch dunklere Bereich der Tätigkeit Jensens lag jenseits seiner Rolle als Leiter der Kopenhagener Stinnes-Niederlassung. Das wichtigste Glied in der Kette war hier die American Transatlantic Company, deren Präsident, R. G. Wagner aus New York – ein entfernter Verwandter von Stinnes –, zugleich an der Spitze der Foreign Transport and Mercantile Company stand, die als Holding-Gesellschaft für American Transatlantic fungierte. Die letztgenannte Firma war 1915 gegründet worden und hatte 17 Schiffe gekauft – mit Geldern, die Jensen zur Verfügung gestellt hatte. Jensen hatte diese Gelder von Edmund Wagenknecht jun. erhalten, doch letzten Endes kamen sie von Stinnes. Es waren diese Zusammenhänge, deren Bekanntwerden im Zusammenhang mit den Ermittlungen gegen Jensen um jeden Preis verhindert werden mußte.

Unter dem Druck der dänischen Behörden, die noch andere kriminelle Machenschaften hätten aufdecken können, vor allem aber in dem Bestreben, Fragen nach seiner Mittlerrolle im Handel mit gebrauchten Schiffen zu vermeiden, gab Jensen zu, daß er mit dem Gedanken gespielt hatte, Kupfer nach Deutschland zu schmuggeln, behauptete jedoch, er sei von der Firma Stinnes unter Druck gesetzt worden, dies zu tun. Die eigentlichen Transporte hätten, so erklärte er weiter, andere, in internationalem Besitz befindliche Reedereien abgewickelt, ohne daß er selbst einen Gewinn davon gehabt hätte. Botschafter Brockdorff-Rantzau war alles andere als erfreut, vor der dänischen Regierung als Kompromittierter dazustehen, und nahm diese Geschichte Stinnes persönlich übel, was später noch Folgen haben sollte. Als aus dem Auswärtigen Amt der Vorwurf laut wurde, Stinnes versuche die deutsche Diplomatie vor den Karren seiner Geschäfte zu spannen, konterte er dies mit dem Argument, er bemühe sich doch nur, seinem Land zu helfen. Er rechtfertigte die Tatsache, daß Jensen ein Geständnis abgelegt und ihn, Stinnes, belastet hatte, mit dem Hinweis darauf, daß dies die einzige Möglichkeit gewesen sei, das für Deutschland ungleich lebenswichtigere Geheimnis um die Jensenschen Aktivitäten als Käufer und Wiederverkäufer von Schiffen zu schützen. Zugleich hatte er jedoch beschlossen, Jensen Zügel anzulegen. Als dieser Ende 1915 drauf und dran schien, eine Reihe neuer geschäftlicher Abenteuer vom Zaun zu brechen, ließ Stinnes ihn wissen, er wolle keine «Kupfergeschichten» mehr erleben; Jensen solle sich auf den Kohlenhandel beschränken und sich nicht noch einmal kompromittieren.[110]

Die Bemühungen um die Geheimhaltung der wahren Eigentumsverhältnisse an den mit Stinnes-Geld gekauften Schiffen zeitigten nur teilweise den bezweckten Effekt, die Beschlagnahmung durch die Briten zu verhindern. In den Jahren bis 1917 ging ein beträchtlicher Teil der deutschen Handelsflotte entweder durch feindliche Aktionen verloren oder endete blockiert in Häfen befreundeter oder neutraler Länder. Vor diesem Hintergrund wurde die Frage nach der Zukunft der deutschen Handelsschiffahrt akut, über deren Wiederaufbau und Modernisierung Stinnes und andere sich Gedanken zu machen begannen. Stinnes war selbstredend entschlossen, auch in diesem Geschäft eine tragende Rolle zu übernehmen. Kurz vor Kriegsausbruch waren er und Deutsch-Luxemburg bei der Emdener Nordseewerft eingestiegen und hatten diverse Abkommen mit dem Norddeutschen Lloyd und der HAPAG geschlossen; auch der Aufbau einer eigenen hochseetüchtigen Flotte durch die Midgard-Werft in Nordenham war ein Element dieser Strategie. Damit nicht genug, hatte Stinnes es sich spätestens 1915 in den Kopf gesetzt, sich zu einer zentralen Figur der deutschen Schiffahrt aufzuschwingen, deren Hauptstandort Hamburg war. Der starke Mann in diesem Wirtschaftszweig war Albert Ballin von der HAPAG, ein Mann, der früh erkannte, daß für den Wiederaufbau der Handelsflotte staatliche Hilfen notwendig sein würden und daß die Werften und Reedereien zuverlässige Lieferquellen für Schiffbaumaterialien und Kohle brauchten, Partner, die sie sich am besten vermittels einer wesentlich engeren Zusammenarbeit mit der Schwerindustrie von Rhein und Ruhr sichern konnten. Eingedenk dessen trieb Ballin auf der einen Seite den Konzentrationsprozeß in der Schiffahrt voran und bemühte sich auf der anderen um strategische Allianzen mit Unternehmen der Schwerindustrie. Er tat letzteres nicht ohne Unbehagen, bedeutete dies doch, daß neue Kräfte in den bis dahin ziemlich geschlossenen Kreis der Hamburgischen Geschäftswelt aufgenommen werden mußten.[111]

Es war insofern naheliegend, daß Stinnes die Zusammenarbeit mit Ballin suchte. Es waren drei miteinander verknüpfte Anliegen, die die beiden Männer in den Jahren 1915–16 zusammenbrachten. Da war einmal die Stinnessche Idee, innerhalb von sechs Monaten nach Friedensschluß die Jahreskapazität der Nordseewerft von 15000 auf 60000 Bruttoregistertonnen zu steigern. Das Investitionsvolumen für die dafür nötigen Werftanlagen und Arbeiterwohnungen veranschlagte er auf 6 bis 10 Millionen Mark. Für Stinnes waren daher die Bemühungen Ballins, die Regierung und den Reichstag von der Notwendigkeit von Subventionen für den Aufbau einer Schiffsbauindustrie nach dem Kriege zu überzeugen, von hohem Interesse, und er bat ihn, in Abstimmung mit Vögler dafür zu sorgen, daß die Bedürfnisse seines Emdener Unternehmens mit berücksichtigt wurden.[112] Der zweite Vorgang war die Bestellung einer Serie neuer 12000-Tonnen-Schiffe durch Stinnes; diese stellten eine potentielle Konkurrenz für die HAPAG dar, es sei denn, Ballin führte ein Arrangement mit Stinnes herbei. Als drittes Element kam hinzu, daß sich um diese Zeit in der Hamburger Schiffahrt ein Konsolidierungsprozeß vollzog; Eduard Wörmann war willens, seine Anteile an der Reederei Wörmann, die auf den Verkehr mit Westafrika spezialisiert war, und an der Ostafrika-Linie zu verkaufen. Die HAPAG hielt beachtliche Anteile an beiden Unternehmen, und Stinnes hatte Interesse, unter Einschaltung Ballins die von Eduard Wörmann feilgebotenen Anteile zu kaufen. Dies waren die afrikanischen Investitionen, auf die er in seinen Diskussionen mit Kanzler Bethmann Hollweg hingewiesen hatte.

Als Ballin sich 1916 dazu durchrang, dem Aufsichtsratsvorsitzenden der HAPAG, Max von Schinckel von der Norddeutschen Bank, die Aufnahme von Hugo Stinnes in den HAPAG-Aufsichtsrat zu empfehlen, fiel ihm dies nicht leicht. Daß Stinnes die Bankiers nervös machte, war kein Geheimnis. Arthur Salomonsohn von der Disconto-Gesellschaft hatte sich gegenüber Ballin lobend über die unternehmerischen Fähigkeiten des Hugo Stinnes geäußert, hatte aber auch erzählt, daß er Stinnes geraten hatte, «seinem Tatendrang Fesseln anzulegen».[113] Brockdorff-Rantzau hatte es sich nicht verkniffen, Ballin von seinen unerfreulichen Erfahrungen mit Stinnes in Kopenhagen zu erzählen. Stinnes dämpfte ihre Bedenken nicht gerade, als er Anfang 1916 in großem Stil HAPAG-Aktien zu kaufen begann; es wurde jedoch sehr schnell deutlich, daß er keine Chance hatte, in den Besitz einer Anteilsmehrheit zu gelangen.

Ihre Bedenken wären wohl noch stärker geworden, wenn sie den Brief hätten lesen können, den Hugo jun. am 1. April 1916 aus Hamburg an seine Mutter schrieb und in dem er über die Spannungen zwischen Ballin und Wörmann berichtete. Nachdem Ballin von Wörmann die Zusage verlangt habe, daß er sich für die Dauer von ein bis zwei Jahrzehnten nicht mehr im Afrikahandel betätigen würde, beschimpfe Wörmann Ballin als «Schwein», weil er solche Bedingungen stelle, und drohe, die Sache allein mit Stinnes auszumachen. Weder Hugo sen. noch Hugo jun. hielten es für nötig, Wörmann eine derartige Zusage abzunehmen; Hugo jun. suchte die Ursache in der persönlichen Unsicherheit und Unstetigkeit Ballins und hielt es sogar für möglich, daß dieser den Verkauf der Aktien an Stinnes, für den bereits ein Szenario ausgearbeitet war, sabotieren wollte. Er war überzeugt, daß es seinem Vater bei dem für die folgende Woche geplanten Treffen in Berlin gelingen werde, Ballin zur Vernunft zu bringen und den Frieden wiederherzustellen. Er rechnete mit einem großen Triumph für die Stinnes-Seite:

> «Die Wörmann Sache ist hier jetzt Tagesgespräch. Überall wird man angesprochen und bekommt gratuliert. Im allgemeinen habe ich das Gefühl, freut man sich über die Sache, denn man äußert immer wieder von allen Seiten, es sei doch gut, daß Ballin endlich seinen Meister (Papa) gefunden hätte. Es würde jetzt ein anderer Geist nach Hamburg kommen und nicht mehr alles nur für Herrn Ballin da sein. Es gibt natürlich auch Leute, die sich über den Eindringling ärgern, aber aus der anderen Erwägung heraus nimmt man den Eindringling schon ganz gerne hin.»[114]

Ob Hugo jun. hier wirklich die Gedanken seines Vaters wiedergab oder ob er einfach nur seine Freude an den Scharmützeln zwischen den führenden hamburgischen Kaufleuten und an der Rolle seines Vaters hatte, ist schwer zu sagen. Ballin und Schinckel wußten nur zu gut, daß sie es bei Stinnes mit einer ernst zu nehmenden und alles andere als berechenbaren Kraft zu tun hatten. Sie ließen sich schließlich von der Überlegung leiten, daß Stinnes ihnen als Verbündeter mehr nützen würde denn als Feind, nicht nur wegen der ihm zu Gebote stehenden Mittel, sondern auch weil sie damit rechneten, daß Antwerpen bei Kriegsende von Deutschland annektiert werden würde, mit der Folge, daß die Aktien der Hafenstadt Hamburg möglicherweise sinken würden, falls nicht Schwerindustrielle wie Stinnes ein persönliches Interesse an der fortdauernden Bedeutung der Hansestadt hatten. Am 28. September 1916 wurde Stinnes in den Aufsichtsrat der HAPAG und der Reederei Wörmann aufgenommen. Ballin hatte gehofft, daß Stinnes seine neuen Schiffe in eine «Betriebsgemeinschaft» mit der HAPAG-Flotte einbringen würde, doch Stinnes wies alle diesbezüglichen Offerten zurück. Nur den «Bankier» zu spielen, «der der HAPAG gegen Gewinnbeteiligung Geld vorhält»,[115] war nicht nach seinem Geschmack. Stinnes setzte durch, daß er ohne Vorbehalte und Bedingungen in den Aufsichtsrat aufgenommen wurde, und äußerte die Überzeugung, seine erhebliche Beteiligung an der HAPAG werde den Weg zu einem Interessenausgleich ebnen. Damit blieben die Fesseln, die die Handlungsfreiheit von Stinnes einengen sollten, äußerst lose. Die HAPAG verfügte indes noch über andere bedeutsame Partnerschaften, insbesondere mit der AEG, mit der zusammen sie 1916 eine neue Produktionsstätte, die Deutsche Werft, baute. Stinnes konnte auch diesem Unternehmen etwas Positives abgewinnen, hoffte er doch, daß dabei für Deutsch-Luxemburg ein einträglicher Dreijahresvertrag über die Lieferung von Schiffsblechen herauskommen würde.[116]

In der Kriegszeit hatte die internationale Schiffahrt natürlich keine Hochkonjunktur; was Ballin und Stinnes sich zu tun anschickten, war als Versuch zu deuten, sich eine gute Ausgangsposition für die Nachkriegszeit zu verschaffen. Stinnes kaufte zu diesem Zweck die Altonaer Kohlenhandelsfirma H. W. Heidmann auf, ebenso das Flensburger Kohlenhandelshaus Holm & Molzen, alles in dem Bestreben, nach dem Krieg größere Mengen seiner Ruhrkohle verkaufen zu können. Er hatte freilich die Absicht, weit mehr als nur Kohle zu verkaufen und zu liefern; den Höhepunkt erreichten seine strategischen Vorkehrungen zum Wiedereintritt in den Weltmarkt als Hochseereeder und Welthändler im Januar 1918, als er in Hamburg die Hugo Stinnes Aktiengesellschaft für Seeschiffahrt und Überseehandel eintragen ließ, zu deren Geschäftszweck er im Hamburger Handelsregister die folgenden Angaben machte:

> «Zweck der Gesellschaft ist Seeschiffahrt jeder Art, einschließlich der Herstellung aller dazu dienenden Betriebsmittel im In- und Auslande, Handel mit allen Erzeugnissen des Bergbaus, der Hüttenindustrie, der chemischen und elektrischen Industrie, der Landwirtschaft, sowie Handel mit Waren, Fertigfabrikaten, Halbfabrikaten und Rohprodukten aller Art, insbesondere mit Lebens- und Futtermitteln, mineralischen, tierischen und pflanzlichen Ölen,

Baumwolle und sonstigen Textilrohstoffen, Häuten, Jute, Holz, Zellulose, Papier und allen Erzeugnissen der weiterverarbeitenden Industrie, ferner der Umschlag und die Lagerung solcher Erzeugnisse. Die Gesellschaft ist auch berechtigt, die Herstellung, Gewinnung und Bearbeitung von Waren, Fertigfabrikaten und Rohprodukten aller Art in eigenen Betrieben vorzunehmen.»[117]

Gegründet mit einem Kapital von 5 Millionen Mark – das Kapital der Mülheimer Stammfirma wurde um diese Zeit von 50000 auf ebenfalls 5 Millionen Mark erhöht –, wurde die AG mit einem aus nur drei Mitgliedern, nämlich Hugo und Cläre Stinnes sowie Amtsrichter Thomas, bestehenden Aufsichtsrat ausgestattet und unter die Leitung der Direktoren Hugo Stinnes jun. und Karl Deters gestellt. Die Gründung der AG war zum einen eine Reaktion auf Veränderungen im Steuerrecht, die sich immer mehr zum Nachteil der Firma Hugo Stinnes auswirkten (die Stinnes jedoch, ebenso wie die Hugo Stinnes GmbH, als Holding-Gesellschaft weiterbestehen ließ), zum anderen diente sie der Konsolidierung der Besitzverhältnisse an den mittlerweile sechs hochseetüchtigen 12000-Tonnen-Frachtern, die Stinnes um diese Zeit bauen ließ, und der anderen industriellen und landwirtschaftlichen Vermögenswerte, die er angehäuft hatte. Um sicherzustellen, daß der neuen Aktiengesellschaft nicht so schnell die Büroflächen ausgehen würden, siedelte Stinnes sie im Herzen Hamburgs an, wo er zu diesem Zweck das Rathaushotel und den Hamburger Hof am Jungfernstieg erwarb. Alle Signale standen auf Wachstum, und im März 1918 gliederte Stinnes der AG eine Bau-Abteilung an, mit der Begründung, die «vielen Neubauten in Stockholm, Königsberg, Hamburg, am Bosporus, neben den Mülheimer Bauten und der Überwachung der Güter» ließen es notwendig erscheinen, «daß eine solche Abteilung geschaffen wird. Außerdem wird das Ausland noch viele Aufgaben bringen.»[118]

Die ehrgeizigen Pläne, die Stinnes mit seiner Firma verfolgte, und seine Aktivitäten in Hamburg zeitigten offenkundig bedeutsame Rückwirkungen auf die Konzerne, mit denen er verbunden war und mit denen er ebenfalls Großes vorhatte. Es ist in diesem Zusammenhang wichtig, sich zu vergegenwärtigen, daß Stinnes für die Expansions- und Dividendenpolitik, die er bei Deutsch-Luxemburg betrieb, herbe und fundierte Kritik geerntet hatte. Nachdem er zum Beispiel im April 1915 beschlossen hatte, alle erhältlichen Anteile an der Manganerzgrube «Große Burg» aufzukaufen, erhielt er von Franz Urbig von der Disconto-Gesellschaft einen Brief, in dem stand, man habe zwar Verständnis für seinen Wunsch, sich eine solche Grube zu sichern, halte es aber nicht für gut, daß die Mitglieder des Aufsichtsrats davon erst aus der Presse erführen und mangels Informationen nicht in der Lage seien, dem Vorwurf entgegenzutreten, dieses Engagement sei ein weiteres Beispiel für den «dauernden Expansionsdrang bei Deutsch-Luxemburg».[119]

Stinnes ließ die grundsätzliche Kritik, die hinter dem Urbigschen Vorwurf aufleuchtete, nicht auf sich sitzen:

«Die Aktionäre von ‹Deutsch-Luxemburg› und alle Freunde dieser Aktionäre mögen sich zwar in dem Wunsche zusammenfinden, daß man sie vor etwas Neuem bewahren möge. Die Leitung eines so großen Unternehmens, wie ‹D[eutsch]-L[uxemburg]›, kann aber nicht davon Abstand nehmen, sich in bezug auf die Rohmaterialien pflichtmäßig derartig sicherzustellen, daß das Werk nicht zum Erliegen kommt, und wenn der Erzerwerb in der Form geschieht, daß man eine aufgeschlossene Grube sich für einen verhältnismäßig geringen Betrag sichert, so kann darin eine Angliederung eines neuen Unternehmens nicht erblickt werden.»[120]

Auch den in dem Schreiben an Urbig enthaltenen «versteckten Vorwurf», die im Konzern laufenden Neubaumaßnahmen seien zu teuer, wollte Stinnes nicht gelten lassen. Er hielt sie vielmehr für relativ bescheiden, und auch wenn er nicht bestritt, daß der Konzern seine Kreditreserven strapaziert hatte, sah er als Hauptgrund dafür doch den Aufkauf der Dortmunder Union und ihrer Gruben.

An den hohen Kosten dieses Engagements gab es auch für Stinnes nichts zu beschönigen, wenngleich er darauf hinwies, «daß es für das Werk als ein Glück betrachtet werden kann, daß die Umänderungen auf den angegliederten Werken in solchem Tempo und in solcher Weise vorgenommen worden sind, daß jetzt im Kriege die Werke sich quantitativ und qualitativ als leistungsfähig erweisen und es ermöglichen, in den Frieden besser ausgerüstet wie je und ohne Schulden hineinzugehen.»

Stinnes konnte durchaus auch einen sanfteren, erklärenden Ton anschlagen, wenn er etwa auf eine in seinen Augen gutgemeinte Kritik eines Aktionärs reagierte, dem die Verschuldung des Konzerns und das Ausbleiben von Dividenden in den beiden ersten Kriegsjahren Sorgen bereiteten. Ein Aktionär namens Paul Ballauf, der Werksleiter bei Krupp in Bremen war und einmal ein Verteidigungspamphlet für die Geschäftspolitik von Deutsch-Luxemburg geschrieben hatte, sah sich aus gegebenem Anlaß bemüßigt, Stinnes daran zu erinnern, daß es Aktionäre gab – einige von ihnen an der Front –, die es in Angst und Schrecken versetzte, wenn sie in der Zeitung Kommentare lasen, in denen den Aktiengesellschaften mangelnde Fürsorge für die Kleinaktionäre vorgeworfen und Deutsch-Luxemburg ausdrücklich als abschreckendes Beispiel genannt wurde. Stinnes erwiderte, er sei sich des Problems bewußt, finde es aber wenig sinnvoll, auf solche Attacken zu reagieren, denn:

«Nach meinen Erfahrungen bildet sich der Kurs eines Dividenden-Papiers nur nach der Höhe der Dividende und nach den unmittelbar in Aussicht stehenden Gewinnziffern.

Wenn eine Verwaltung es für die Zukunft eines Werkes während einer großen Neubauperiode für nötig hält, besonders vorsichtig zu bilanzieren, d.h. stark abzuschreiben, viele Aufwendungen vorab auf Betrieb zu nehmen und die Vorräte auf einen sehr niedrigen Betrag herunter zu schreiben, so muß sie sich während der Übergangsperiode, in der die Neubauten, bis sie richtig funktionieren, oft Verluste statt Gewinne bringen, mit der Unzufriedenheit eines großen Teils der Aktionäre abfinden.

Erst nach einigen Jahren kann sich zeigen, ob eine Verwaltung grundsätzlich richtig gehandelt hat oder nicht.»[121]

Auch anderen Aktionären gewährte Stinnes brieflichen Zuspruch, indem er ihnen versicherte, die Belohnung werde spätestens nach siegreich beendetem Krieg kommen; sicher waren viele erleichtert, als Deutsch-Luxemburg 1918 eine Dividende in Höhe von 8 Prozent ausschüttete.[122]

Es gab jedoch eine Gruppe von Aktionären, die sich nicht so einfach ruhigstellen ließ, nämlich die Mitglieder der Schutzvereinigung der Aktionäre der Deutsch-Luxemburg Bergwerks- und Hütten-AG, Bochum, die 1914 unter Führung des Stuttgarter Maschinenbau-Professors und nationalliberalen Parteifunktionärs W. Weitbrecht gegründet worden war. Der Verein vertrat die Interessen der Kleinaktionäre und protestierte geräuschvoll gegen die hochfahrende Art, in der Stinnes und seine Bankiersfreunde den Konzern führten. Sie warfen Stinnes vor, er wolle den Konzern durch Aufkauf bankrotter Unternehmen aufbauen, und beschuldigten ihn, persönlichen Profit aus seiner Stellung als Aufsichtsratsvorsitzender zu ziehen, indem er Deutsch-Luxemburg zwinge, den Vertrieb nicht syndikatsgebundener Produkte über die Firma Stinnes abzuwickeln. Im Vorfeld der Aktionärsversammlung vom Oktober 1916 brachte die Schutzvereinigung eine Reihe von Resolutionsentwürfen in Umlauf, mit denen der Aufsichtsrat unter anderem gezwungen werden sollte, geplante Expansionsmaßnahmen bekanntzugeben, bevor Fakten geschaffen wurden, größere Erwerbungen nur mit Zustimmung der Aktionäre zu tätigen und ganz allgemein die Geschäftsberichte transparenter zu gestalten.[123]

Obwohl die Schutzvereinigung nie eine realistische Chance hatte, ihre Resolutionen durchzubringen, da sie nicht über genügend Aktien verfügte, um eine Satzungsänderung herbeiführen zu können, schlug ihr Vorstoß in einer Presselandschaft, die es ohnehin gewohnt war, Deutsch-Luxemburg besonders kritisch unter die Lupe zu nehmen, unerwünschte Wellen. Stinnes entschied sich angesichts dessen, in seiner Erwiderung auf die Vorwürfe Weitbrechts und seiner Gefolgsleute seine hochfahrendste Rhetorik zu entfalten:

«Für alle Mitarbeiter an dem Deutsch-Luxemburger Unternehmen ist es ein großes Gefühl des Stolzes, aus volkswirtschaftlichen Nonvaleurs ein erstklassiges gemischtes Unternehmen der deutschen Montanindustrie geschaffen zu haben. An dem Geschaffenen haben die Aktionäre einschließlich der Aktionäre der Schutzvereinigung gar keinen Anteil anders, als insofern sie der Verwaltung Vertrauen geschenkt und die notwendigen Mittel bewilligt haben.

Diese Verwaltung, die das geschaffen hat, besteht nach den Ausführungen der Schutzvereinigung aus einem Lumpen, dem Vorsitzenden, der die Gesellschaft beim Verkauf ihrer sämtlichen nicht syndizierten Produkte begaunert, und zum Rest aus Trotteln, sei es im Aufsichtsrat, sei es im Vorstand. Es ist entschieden wunderbar, daß diese Vereinigung von Schlechtigkeit und Dummheit aus Versehen doch etwas zustande gebracht hat, nämlich das heutige Deutsch-Luxemburg, dem sogar die Schutzvereinigung eine Prosperität für die Zukunft zutraut, während sie von der Zeit vorm Kriege schweigt.»[124]

Von Klitzing, Eigenbrodt und Vögler erhielten im Rahmen eines gut inszenierten Gegenangriffs jeder für sich die Gelegenheit, die Behauptungen der Schutzvereinigung zu zerpflücken, während Stinnes gegenüber der Presse ausführte, daß der ertragreichste unter den großen Mischkonzernen, Phoenix, nur ein Konglomerat von Einzelunternehmen ohne Verbindung zueinander sei und daß die GBAG keine so organische Struktur aufweise wie Deutsch-Luxemburg.[125]

Auch wenn die ganze Kontroverse in der Aktionärsversammlung keine nachhaltigen Ergebnisse zeitigte, kam sie zu einem höchst ungünstigen Zeitpunkt, nämlich just als Deutsch-Luxemburg sich anschickte, in eine erneute Phase der Expansion und des Umbaus einzutreten. Ein gewisses Signal hierfür war der Plan, für die Hauptverwaltung des Konzerns einen großen Neubau in Dortmund zu errichten, ein Vorhaben, das bei den Aktionären auf herbe Kritik stieß, während Stinnes sich beschwerte, daß Einsprüche und Verzögerungen den Bau erst wirklich teuer machen würden. Von tiefgreifender Bedeutung war der Entschluß Eigenbrodts, Ende 1916 in Pension zu gehen, woraufhin Albert Vögler zum Generaldirektor sämtlicher Eisen- und Stahlhütten des Konzerns sowie seiner Erzgruben und der Emdener Werftanlagen bestellt wurde.

Vögler, ein Ingenieur ersten Ranges mit breitgefächerten naturwissenschaftlichen Interessen und herausragenden Managerqualitäten, blieb bis zu seinem Selbstmord im Jahr 1945 eine der wichtigsten Führungspersönlichkeiten der deutschen Industrie. In seinen Berichten hatte er eine Spannweite und Tiefe des Urteils offenbart, die Stinnes von Anfang an beeindruckt hatten und wodurch Vögler sich vor allen anderen Stinnes-Mitarbeitern auszeichnete. Für einen Mann, der kein Abitur und lediglich eine Ingenieursausbildung an der Technischen Hochschule in Karlsruhe absolviert hatte, verfügte Vögler über eine äußerst vielseitige Bildung, und anders als Stinnes war er ein ausgezeichneter Redner. Er besaß viel Charme und Humor und zugleich eine unerschöpfliche Energie. Seine Qualitäten stellte er nach Kriegsausbruch unter Beweis, indem er bei der Dortmunder Union ein riesiges neues Werk für die Granatenherstellung hochzog und einen neuen Superqualitätsstahl für diesen Einsatzzweck entwickelte. Er war noch keine vierzig Jahre, als er die Nachfolge Eigenbrodts antrat. Nach 1916 wurde er zu Stinnes' engstem Mitarbeiter und beriet ihn in allen wichtigen wirtschaftlichen wie politischen Angelegenheiten. Abgesehen davon, daß die beiden regelmäßig miteinander korrespondierten, rief Stinnes oft noch spät nachts bei Vögler an, wenn dringende Dinge zu besprechen waren. Zusammen bildeten Stinnes und Vögler ein fast unschlagbares Team; in der besten Biographie Vöglers findet sich dazu die folgende Charakterisierung:

Generaldirektor Albert Vögler

«Bei allen wichtigen Verhandlungen, sei es politischer oder wirtschaftlicher Art, erschienen beide immer gemeinsam, wie die Dioskuren. Es erregte Aufsehen, wenn beide im eigenen Sonderzug kamen. Stinnes stellte Vögler mit einem gewissen Stolz vor. Er war ja ein Mann, der sich über die Erfolge seiner Mitarbeiter freute und sie herausstellte, während er oftmals bescheiden in den Hintergrund trat. Vögler war aber keinesfalls nur das ausführende Organ, die ‹rechte Hand› von Stinnes, wie oft behauptet wurde. Er stand fast ebenbürtig neben ihm. Allerdings war Stinnes der Besitzende, Vögler mehr der ‹Manager›, wenn man diesen Ausdruck damals schon gekannt hätte.»[126]

Mit der Bestellung Vöglers lieferte Stinnes eine schlagende Demonstration seiner Fähigkeit, Ausnahmetalente unter seinen Managern zu erkennen. Vöglers besonderes Interesse galt dem Ziel, Deutsch-Luxemburg im Bereich der Herstellung hochwertiger Qualitätsstähle stark zu machen, was den Bedürfnissen der Rüstungsproduktion sehr entgegenkam. Er war ein fähiger Anwalt der von Stinnes betriebenen Expansionspolitik. Bei seinem Auftritt vor der Aktionärsversammlung im Oktober 1916 lieferte er überzeugende Begründungen für die beiden Neuerwerbungen, die gut in diese Zielplanung paßten, nämlich das zu diesem Zeitpunkt geschlossene Dortmunder Stahlwerk Rothe Erde, das von Deutsch-Luxemburg im Handumdrehen gekauft und wiedereröffnet wurde, und die Werkzeugmaschinenfirma Wagner, die ihren Sitz ebenfalls in Dortmund hatte, auf Präzisionsarbeit spezialisiert war und über eine hochqualifizierte Facharbeiterschaft verfügte.[127]

Die den Aktionären am schwersten verständlich zu machende Erwerbung war eine, die unfreiwillig zustande gekommen war: der Kauf der Thyssenschen Anteile an Saar-Mosel. Bei dem Konflikt zwischen Stinnes und August Thyssen, der seit 1910 schwelte, wurden genau dieselben Vorwürfe gegen Stinnes laut, die auch die oppositionellen Deutsch-Luxemburg-Aktionäre erhoben, nämlich daß die Stellung seiner Firma als exklusive Vertriebspartnerin von Saar-Mosel Stinnes einen unbilligen Vorteil und einen unverhältnismäßig großen Einfluß bei Saar-Mosel bescherte. Thyssen stellte den Anspruch der Firma Stinnes in Frage, exklusiv zum Handel mit Saar-Mosel-Kohle berechtigt zu sein; Stinnes hielt dagegen, dieser Anspruch sei 1903 vertraglich niedergelegt worden, und bei der Neuverteilung der Saar-Mosel-Anteile zwischen Stinnes und Thyssen im Jahr 1910 sei die betreffende Vertragsklausel von keiner Seite gekündigt worden.

Der Konflikt brach 1915 wieder auf, diesmal vor dem Hintergrund der sich abzeichnenden Möglichkeit, daß Saar-Mosel in das Kohlensyndikat eintreten würde und daß in diesem Fall Thyssens Deutscher Kaiser gute Geschäfte mit der Vermarktung von Saar-Mosel-Kohle für das Syndikat zu machen gedachte. Die ganze Affäre war der Darmstädter und der Dresdner Bank äußerst unangenehm und endete schließlich damit, daß Deutsch-Luxemburg sich bereit erklärte, die Thyssenschen Anteile für 10,2 Millionen Mark zu übernehmen und eine neue Vertriebsorganisation für Saar-Mosel-Kohle zu gründen, die Karlingen Kohlenhandelsgesellschaft mit Sitz in Bochum, bei der Vögler als Aufsichtsratsvorsitzender fungierte und die dann die Vollmacht erhielt, die Firma Stinnes als exklusive Vertreiberin der Saar-Mosel-Erzeugnisse zu bestätigen. Deutsch-Luxemburg werde jetzt zunehmend, so formulierte es von Klitzing, zum «eigentlichen Bankier» von Saar-Mosel aufrücken, eine Entwicklung, mit der sich Stinnes durchaus anfreunden konnte, da Deutsch-Luxemburg finanziell «viel günstiger» dastand. Stinnes war bestrebt zu verhindern, daß dieses Thema auf der Aktionärsversammlung von 1916 angesprochen wurde, und sorgte mit Zustimmung Klitzings dafür, daß die erst unmittelbar zuvor erzielte Einigung nur in einem Nebensatz erwähnt wurde. Dies zügelte zwar in der Tat die Diskussion, änderte jedoch nichts daran, daß der Vorgang in der Folge als ein weiteres Beispiel dafür hingestellt wurde, daß Stinnes zu Heimlichtuerei und Alleingängen neigte und seinen persönlichen Vorteil obenan stellte.[128]

Stinnes ging es jedoch darum, den unbequemen Thyssen bei Saar-Mosel loszuwerden, um sich auf die grundlegenderen Fragen der Zukunftsplanung konzentrieren zu können. In einer wegweisenden, an seine Direktoren gerichteten Denkschrift erläuterte er im August 1916, welche nach seiner Überzeugung erheblich erweiterten Aufgaben die Kohlenwirtschaft nach Ende des Krieges würde erfüllen müssen.[129] Er wies zunächst darauf hin, daß die wirtschaftlichen Erfolge, die die Engländer vor dem Krieg im Bereich der «Trampreederei» erzielt hatten, auf ihren erheblichen Kohlenausfuhren beruhten, die es ihnen ermöglichten, ihre Schiffe auf der Hinfahrt mit Kohle und auf der Rückfahrt mit anderen Gütern zu beladen; dagegen sei der deutsche Kohlenexport sehr unstetig und gehe immer dann zurück, wenn die Inlandsnachfrage hoch sei. Wenn ein Deutscher also in das Trampreederei-Geschäft einsteigen wolle – was Stinnes vorhatte –, müsse er sich erst einmal eine Position in der englischen Kohlenwirtschaft verschaffen, was Stinnes ja bereits getan hatte. Seine Firma hatte in den Jahren vor Kriegsausbruch 5 Millionen Tonnen britischer Kohle pro Jahr exportiert und damit eine Spitzenstellung in dieser Branche eingenommen. Erst dieses Standbein hatte Stinnes in die Lage versetzt, für das Rheinisch-Westfälische Kohlensyndikat eine halbe Million Tonnen Kohle (mit steigender Tendenz in der Zeit vor Kriegsausbruch) in alle Welt zu liefern. Nach Stinnes' Überzeugung war es naiv zu glauben, daß die Engländer mit dieser Art der Geburtshilfe für eine deutsche Trampreederei fortfahren würden. Dies wiederum bedeute, daß, so «unbequem und unvorteilhaft» dies erscheinen möge, die deutsche Trampschiffahrt auf ihre eigenen Beine zu stehen kommen müsse. Dasselbe gelte für die deutsche Linienreederei, «von deren schleuniger Inbetriebsetzung auf der ganzen Welt unsere zukünftige Handels- und Industrie-Weltmachtstellung abhängt», die jedoch nach Kriegsende zunächst einmal mit einem schmerzhaften Boykott gegen deutsche Bunkerkohle werde rechnen müssen.

Wenn sich die deutsche Kohlenwirtschaft in den Augen Stinnes' im Vergleich mit ihrer englischen und amerikanischen Konkurrenz durch mangelnde Flexibilität auszeichnete, lag das für ihn daran, daß sie nicht in der Lage war, in gleichbleibender Menge Kohle für den Export zu liefern und zugleich entsprechende Mengen anderer Güter zu importieren. In Zeiten geringer Binnennachfrage habe das Syndikat stets die Exporte angekurbelt, nur um den Hahn wieder zuzudrehen, sobald die Inlandsnachfrage wieder anzog; in diesem Fall habe man sogar auf die Einfuhr britischer Kohle zurückgegriffen. Was dem Kohlenmarkt daher not tue, sei eine Umstrukturierung:

> «Mit diesem sehr bequemen, aber für die Zukunft unmöglichen System kann nur aufgeräumt werden, wenn erstens in Deutschland eine Vorratspolitik in großem Umfange betrieben wird, d.h. wenn lagerfähige Brennstoffe in großem Maßstabe in Zeiten geringeren Absatzes an geeigneten den Verbrauchszentren naheliegenden Plätzen gestapelt und nachher zur Befriedigung des Inlandsbedarfes herangezogen werden und wenn ferner zweitens die sämtlichen deutschen Kohlenreviere einheitlich im Verkauf zusammengefaßt werden, dergestalt, daß die Binnenreviere das allein zur Überseeausfuhr in Betracht kommende Ruhrrevier unterstützen, ihm vorübergehend Bezirke und Konsumenten zur Belieferung abnehmen, wie sie ihm in normalen Zeiten wieder abzugeben und dann selbst zu stapeln.»

Ein solches System konnte jedoch nach Ansicht von Stinnes nicht funktionieren, solange jedes Kohlenrevier sein eigenes Syndikat hatte; aus diesem Grund lehnte er es ab, über die Beteiligung von Saar-Mosel am Aufbau eines Syndikats für das Saargebiet auch nur zu diskutieren, und verbot seinen dortigen Vertretern, an den Besprechungen teilzunehmen, zu denen die Saarbrücker Bergbaubehörden im September 1916 einluden. Er war gerne bereit, in Verhandlungen über die Bildung eines westdeutschen Syndikats einzutreten, worin er eine Vorstufe für das gesamtdeutsche Syndikat und die nationale Kohlenpolitik sah, auf die er hinaus wollte. Bis es soweit war, könne Saar-Mosel, so meinte er, diverse europäische Festlandsländer beliefern, die Bedarf an deutscher Kohle hatten, und damit zur Verbesserung der nationalen Zahlungsbilanz beitragen. Stinnes bestritt nicht, daß das von ihm angestrebte westdeutsche Syndikat sehr im Interesse Deutsch-Luxemburgs lag, da der Konzern in diesem Fall eine erhebliche Erhöhung seiner Förderquote erwarten konnte und die Möglichkeit haben würde, den Eigenverbrauch der konzerneigenen Zechen an der Ruhr zu steigern, wo dank des guten Arbeitskräfteangebots und anderer Standortfaktoren eine Erhöhung der Fördermengen wesentlich leichter zu bewerkstelligen war als an der Saar. Er schärfte seinen Direktoren allerdings dasselbe ein, das er auch den Behörden in Berlin gesagt hatte: «Die allgemeinen Interessen der deutschen Industrie und Reederei sind ... für unsere Entschließung bestimmend, nicht unsere Sonderinteressen.»

Die von Stinnes behauptete Konvergenz der Konzerninteressen von Deutsch-Luxemburg, der langfristigen nationalen Interessen Deutschlands und der Sachzwänge der Produktion unter Kriegsbedingungen erschien am ehesten in dem Bereich plausibel, in dem der Konzern in den Kriegsjahren seine wichtigsten Fortschritte erzielte, nämlich im Bereich der Verfeinerung und Fertigung. Eine in diese Richtung zielende Entwicklung hatte sich zwar schon vor dem Krieg abgezeichnet und ihren Niederschlag zum Beispiel in der zunehmend intensiveren Suche nach profitablen Erzeugnissen der B-Kategorie (nach der Klassifizierung des Stahlwerksverbandes) gefunden, doch der Krieg und die an die Nachkriegsperiode geknüpften Erwartungen veranlaßten Stinnes und Vögler zu einem weitaus rascheren und schärferen Kurswechsel, als sie ihn unter anderen Bedingungen vollzogen hätten.

Am 10. Mai 1918 gab Vögler dem Aufsichtsrat des Konzerns «einen Überblick über die bisherige Qualitätsstahlerzeugung und -verfeinerung innerhalb unseres Konzerns, ebenso über die voraussichtlichen Verhältnisse, wie sie sich auf den deutschen und außerdeutschen Werken nach dem Kriege gestalten würden. Es sei damit zu rechnen, daß die englischen Halbzeugverbraucher, die vor dem Kriege in umfangreichem Maße Abnehmer der deutschen Eisenindustrie gewesen seien, nach dem Kriege als solche ausfallen würden. Hieraus ergebe sich mit Naturnotwendigkeit, daß die deutschen Werke mehr und mehr zur Verfeinerung übergehen müßten. Aus diesem Gesichtspunkte heraus und zur weitgehenden Nutzbarmachung der eigenen Qualitäts-Stahl-Produktion habe man eine enge Verbindung mit den Brandenburgischen Flugzeugwerken Hansa in Brandenburg a.d.Havel, die unserem dortigen Blechwalzwerk Philipp Weber benachbart seien, sowie ferner mit den Bayerischen Motorenwerken in München und den Imperator-Motorenwerken in Berlin-Wittenau in Aussicht genommen.»[130]

Im Klartext: Die Kritiker des Stinnesschen Expansionismus würden von 1918 an allen Grund haben, nicht nur seine Aktivitäten zu Lande und zu Wasser im Auge zu behalten, sondern ihre Argusaugen auch gen Himmel zu richten.

Der Einstieg des Hugo Stinnes in den Flugzeugbau läßt sich genau auf den Moment zurückverfolgen, da er eine von einem Hauptmann Joly verfaßte Ausarbeitung mit dem Titel «Flugzeug und Flugzeugindustrie», die das Datum des 17. November 1916 trug, in die Hände bekam. Joly war ein Ingenieur mit kaufmännischer Ausbildung, der in dem von Major Felix Wagenführ geleiteten Inspektorat der Fliegertruppen diente und Kommandant des Luftstützpunktes Döberitz war. Im Auftrag des Kriegsministeriums hatte Joly außerdem diverse Aufgaben im Zusammenhang mit dem Aufbau der neuen Waffengattung übernommen, vor allem die Errichtung einer Fliegerversuchs- und Lehranstalt am Müritzsee bei Schwerin. Seine Ausarbeitung an Stinnes geschickt hatte er auf Bitten von Hauptmann Hans Humann, der früher als Marineattaché in Konstantinopel stationiert gewesen war und dort mit Stinnes Bekanntschaft gemacht hatte. Joly war der Überzeugung, daß dem Luftkrieg die Zukunft gehörte; in seiner Vision von der künftigen Kriegführung war ein Bewegungskrieg zu Lande aufgrund der Tatsache, daß uneinnehmbare Bunkeranlagen «jedes Land wie eine chinesische Mauer umgeben» würden, praktisch unmöglich, so daß ein offensives militärisches Handeln praktisch nur noch auf dem Meer, vor allem aber in der Luft möglich war durch Bombardierung der gegnerischen Städte, insbesondere der Hauptstädte. Um sich für einen solchen Krieg zu rüsten, müsse Deutschland den Bau von Militärflugzeugen rationalisieren und zu diesem Zweck mit der bisherigen Vielzahl einzelner Hersteller aufräumen; es gelte, einen «Krupp der Lüfte» zusammmenzufügen, einen Konzern «Reichsflugzeugwerke», in dem nach Maßgabe einer Gesamtkonzeption Flugzeuge höchster Qualität sowie die für den militärischen Einsatz benötigten Waffensysteme, Funkeinrichtungen und Bomben produziert werden könnten. Der Staat würde durch Subventionen den Anreiz dazu geben, daß nicht nur im militärischen, sondern vor allem auch im zivilen Teil der Flugzeugindustrie ein beständiges Experimentieren und Erfinden möglich wäre, so daß die Branche einerseits den kommerziellen Markt bedienen und stets an der Spitze der technischen Entwicklung marschieren würde, ohne daß andererseits eine zu raschem technischem Veralten verdammte militärische Luftflotte aufgebaut würde. Aus den Ausführungen Jolys wurde mehr oder weniger deutlich, daß er sich gut vorstellen konnte, selbst Generaldirektor eines solchen Unternehmens zu werden; andererseits beteuerte er, er wünsche sich für «dessen Führung eine Persönlichkeit wie Hugo Stinnes ..., der klar und weitblickend die kommende Zeit mit ihren neuen wirtschaftlichen Bedingungen und Forderungen überschaut, beste Fühlung mit der Regierung hat, mitten in Industrie, Handel und Verkehr steht und der daher, wie wenige, ein ‹Krupp der Lüfte› zu werden befähigt ist und hierzu auch Kapital und zielbewußte Energie hat».[131]

Daß das Exposé von A bis Z auf die Person Stinnes zugeschnitten war, wurde aus einer Randbemerkung deutlich, die Stinnes hinzufügte, als er es an Vögler weiterleitete: «Sie sehen daraus, daß Joly das von mir herausgestellte Ziel tatsächlich verfolgt. M. E. ist die Angelegenheit für D[eutsch]-L[uxemburg] sehr wichtig, denn die anhaltenden Aufträge werden in Zukunft m.E. auf dem Wasser und der Luft liegen und nicht auf dem Land.»[132] Hier hatte jemand just so eine neue und originelle Idee im Bereich der Rüstungsproduktion vorgelegt, wie Stinnes sie sich im Juni 1916 gewünscht hatte, als er über die Möglichkeit, in die erste Garde der Rüstungsproduzenten aufzusteigen, nachgesonnen hatte. Im Dezember 1916 nahm Vögler die Einladung Jolys an, die Stützpunkte in Döberitz und Adlershof zu besichtigen, und zeigte sich höchst beeindruckt vom Entwicklungsstand der Luftwaffe; er hielt es allerdings nicht für möglich, daß Deutsch-Luxemburg unter den gegebenen Verhältnissen aus eigener Kraft eine Flugzeugfabrik errichten konnte, und schlug seinen Gastgebern vor, Kontakt zu diversen einschlägigen Firmen der Motoren-, Waffen- und Munitionsbranche sowie zu einem weiteren Stahlerzeuger aufzunehmen und eine GmbH zu gründen, in der alle diese Firmen vertreten sein würden und deren Geschäftszweck es sein würde, eine erstklassige Flugzeugfabrik aufzubauen, die der Luftwaffe alles Nötige liefern konnte. Er riet außerdem dringend dazu, das Gespräch mit Major Wagenführ zu suchen, denn während es Joly hauptsächlich darum gehe, sich für die Zeit nach dem Krieg eine Existenz zu sichern, habe Wagenführ als Ratgeber Zugang zu höchsten Stellen. Wie sich dann herausstellte, war Wagenführ selbst ein begeisterter Befürworter der Idee, «Reichsflugzeugwerke» ins Leben zu rufen, als Gewähr für eine zentrale Koordinierung der wichtigsten Entwicklungen in der Luftwaffentechnik während des Krieges und danach.[133]

Nach Überzeugung Wagenführs gehörte dem von Professor Hugo Junkers in Dessau entwickelten Ganzmetall-Flugzeug die Zukunft; Joly gab Stinnes den Rat, Kontakt mit Junkers aufzunehmen und den Kauf der Leipziger Aviatic-Fabrik zu erwägen, um dort das Junkers-Flugzeug in Massenfertigung zu bauen.[134] Dieser Gedanke faszinierte Stinnes im höchsten Maß; er hatte sich zu dieser Zeit, wie wir noch sehen werden, ohnehin gerade dem Aluminiumgeschäft zugewandt und war bestrebt, das Volumen seiner Feinblech-Produktion zu erhöhen. Anfang März ließ er Edmund wissen: «Ich hoffe, daß wir dann bald ans Fliegen kommen, und zwar rein auf Metall.»[135] Stinnes und Vögler sahen bereits neue Großaufträge auf sich zurollen, doch sie sollten bald feststellen, daß mit den großen Pioniergestalten des deutschen Flugzeugbaus nicht immer gut Kirschen essen war. Junkers hieß Stinnes in der Rolle eines «Krupp der Lüfte» herzlich willkommen, wollte aber seine Patente nicht hergeben und erhob alle erdenklichen Forderungen, die Wagenführ ärgerten. Auf der Suche nach einer Produktionsfirma, die die industrielle Umsetzung der Junkersschen Erfindungen bewerkstelligen konnte, wandten sich Stinnes, Vögler und Wagenführ daraufhin an Anthony Fokker, einen Holländer, dessen in der Nähe von Schwerin ansässige Firma aufgrund des Erfolges seiner Eindecker-Maschinen seit Kriegsbeginn

Edmund Stinnes als Offizier

gut im Geschäft war. Fokker verfügte nicht nur über eine gut ausgestattete Fabrik und ein Flugfeld, sondern betrieb auch ein wichtiges Motorenwerk in Oberursel. Die Schwierigkeit bestand hier darin, daß Fokker seine Unabhängigkeit bewahren wollte und sich selbst schon die Zähne an Junkers ausgebissen hatte. Daß die Kombination Fokker-Junkers nicht funktionierte, zeigte sich in der Tat spätestens nach der von der deutschen Militärführung erzwungenen Fusion der beiden Firmen im Oktober 1917. (Vögler hatte seine wackeren, aber ganz und gar fruchtlosen Bemühungen, die beiden vor den Stinnes-Karren zu spannen, schon im Juni 1917 aufgegeben.)[136]

Eine neue Perspektive schien sich im Juli 1917 aufzutun, als Edmund Stinnes, inzwischen bei der Luftwaffe gelandet, bei der Vorbereitung auf einen Ausbildungslehrgang in Warschau einen Doktor Neubur kennenlernte, der der starke Mann in den Firmen Rumpler, LVG (Luftverkehrsgesellschaft) und Argo war, die ihren Sitz am Flugstützpunkt Adlershof in Johannisthal hatten. Edmund gewann den Eindruck, Neubur sei zum Verkauf einer dieser Firmen bereit, und meinte, durch einen solchen Erwerb könne Stinnes die nötige Hebelkraft bekommen, um erneut in Verhandlungen mit Fokker und Junkers einzutreten. Hugo jun. verfolgte diese Spur, während sein Vater sich in Schweden aufhielt. Als Vögler später die Sache ebenfalls prüfte, fand er heraus, daß Neubur zwar ein gut informierter Branchen-Insider war, seine Firmen aber eher auf die Fertigung von Flugzeug-Armaturen als auf den eigentlichen Flugzeugbau spezialisiert waren. Wie sich herumsprach, hielten auch MAN, AEG und Siemens Ausschau nach einem Standbein in diesem vielversprechenden neuen Bereich. Der große Vorzug, auf den sich ein Schwerindustrieller wie Stinnes ihnen gegenüber berufen konnte, war freilich der, daß in seinen Fabriken die Ausgangsmaterialien für den Bau von Flugzeugen hergestellt wurden.[137]

Die aus der Sicht von Stinnes ideale Lösung – in diesem Punkt war er sich mit Joly und Wagenführ einig – entsprach dem durch die Formel «Krupp der Lüfte» suggerierten Modell, nämlich Gründung einer (in Teilen durch das Reich finanzierten) Firma, als deren tragende Säule nur Deutsch-Luxemburg als potente Rohmaterial-Lieferantin in Frage kam und bei der alle Fäden für die industrielle Fertigung sowohl militärischer als auch ziviler Flugzeuge zusammenlaufen würden. Stinnes hatte die weitergehende Idee, den Flugzeugbau mit der Automobilproduktion und seinen Schiffahrtsbeteiligungen zusammenzulegen, weil sowohl Flugzeuge als auch Autos als auch die in zunehmendem Maß mit Dieselmotoren bestückten Schiffe auf Erdölprodukte angewiesen waren. Wie er es seit jeher getan hatte, versuchte er auch in diesen Bereichen Synergie-Effekte zu erzielen. So etwa, wenn er einerseits in die Aluminiumwirtschaft und parallel dazu ins Erdölgeschäft einstieg. Durch Einschaltung Jolys versuchte er sogar, die Versetzung Edmunds nach Südosteuropa zu erreichen – entgegen der normalen Praxis, daß Luftwaffenoffiziere nach der Ausbildung zunächst einmal an der Westfront eingesetzt wurden –, damit dieser aus erster Hand über die Erdölsituation in Rumänien berichten konnte.[138]

In dem Bemühen, das Projekt «Reichsflugzeugwerke» voranzubringen, legte Joly im August 1917 eine weitere Denkschrift vor, die Wagenführ dem Stabschef des Generalkommandos der Luftwaffe, Oberst Hermann Leith-Thomsen, vorlegen sollte. Joly bat Stinnes, sich bei der OHL dafür zu verwenden, daß Ludendorff oder Bauer einen Bericht zu diesem Thema formell anforderten; Stinnes hielt es jedoch für unklug, Ludendorff direkt auf eine Sache anzusprechen, die so offenkundig einem persönlichen Anliegen entsprang. Dessenungeachtet äußerte sich Stinnes in seinem Bericht an Vögler höchst optimistisch:

> «Es ist mir möglich gewesen, Wagenführ in der Flugzeugfrage ganz einzuspannen. Er ist als überzeugter Anhänger von Reichswerken 50% Reich, 50% Rohstoffindustrie, d.h. Deutsch Luxemburg abgefahren. ... Die Hauptgesichtspunkte, die durchgesprochen wurden, sind ... Flugzeug- und Auto-

mobilbau haben in Friedensproduktion der A-Produktion ihr Rückgrat. Die Produkte müssen in der ganzen Welt vertrieben werden, mit der ganzen Welt konkurrieren. Ohne einen gewaltigen Friedensabsatz ist Technik, Arbeiterschaft im Grenzfall rückständig. Ingenieure und Kaufleute können nur im Privatbetrieb gefesselt und ausreichend bezahlt werden. Ein Staatsbetrieb kann die Aufgaben nicht lösen. Andererseits gibt die Kombination das unbedingt nötige Vertrauensverhältnis mit Zusammenschluß von Heer und Marine die Möglichkeit, das Offizierskorps unauffällig im Ausland auszubilden. ...»[139]

Zur Enttäuschung Stinnes' und Wagenführs gelang es nicht, den Oberst Leith-Thomsen und die OHL für diesen bemerkenswerten Plan zur Schaffung eines symbiotischen Verhältnisses zwischen militärtechnischer und ziviler Produktion zu gewinnen. Anfang November kam die Antwort von der OHL, und sie fiel negativ aus. Die Militärs hatten zwar keine Einwände gegen den Aufbau eines Großkonzerns für die Fertigung militärischer und ziviler Flugzeuge, wiesen aber das Ansinnen einer finanziellen Beteiligung des Staates mit der Begründung zurück, man wolle sich nicht an einen einzelnen Konzern binden, sondern glaube vielmehr, daß der freie Wettbewerb die besten Ergebnisse hervorbringe. Damit war, wie Stinnes bedauernd feststellte, «unser schöner Plan der Reichswerke ins Wasser gefallen, weil man nicht die Kurage [sic] gehabt hat, sich mit einer Industriegruppe enger zu liieren».[140] Gleichwohl zeigte er sich entschlossen, sein Engagement im Flugzeugbau, den er als wichtiges künftiges Betätigungsfeld seiner Unternehmensgruppe betrachtete, weiter voranzutreiben.

Dem Kauf des für die Anlagen am Müritzsee erforderlichen Geländes hatte Stinnes offenbar bereits zugestimmt, so daß es mit diesem Projekt im Verlauf des Herbstes 1917 weiter voranging. Stinnes hatte vor, auf einem Teil dieses Terrains eine eigene Flugzeugfabrik zu erstellen. Er tätigte um dieselbe Zeit eine wichtige Neuerwerbung in der Nachbarschaft, indem er das Stahlwalzwerk Philipp Weber in Brandenburg kaufte. Eigentlich hatte der Aufsichtsrat von Deutsch-Luxemburg bereits dem Bau eines Walzwerks zugestimmt, doch die Behörden hatten rotes Licht für Neubauprojekte gegeben, und zugleich hatte die Marine darüber geklagt, daß die Emdener Werften mit dem Bau bestellter Schiffe nicht fertig würden. Der Kauf der Firma Philipp Weber versprach einen Beitrag zur Beseitigung dieser Engpässe zu leisten. Es handelt sich um eine hochmoderne Fabrik mit einer Hütte für Martinstahl und sehr leistungsfähigen Walzstraßen. Den Standort Brandenburg hatte Weber nicht zuletzt wegen der großen Schrottmengen gewählt, die im Großraum Berlin anfielen. Im Zuge der Kohlenkrise von 1917 drohte dem Werk die Schließung, doch Deutsch-Luxemburg mit seinen eigenen Kohlenquellen und seinen hohen Eigenverbrauchsquoten versprach eine Fortführung, ja sogar Steigerung der Produktion möglich zu machen.

Wie viele andere Firmen, die in diesen Jahren ihr Heil in der vertikalen Integration suchten, wenn chronische Probleme im Bereich der Rohstoffversorgung auftraten, nahm auch Philipp Weber lieber die Übernahme durch Deutsch-

Luxemburg in Kauf, als einen Produktionsstillstand und die Abwanderung der Belegschaft zu riskieren. In dieser Situation sahen sich Stinnes und Vögler zu raschem Handeln gezwungen. Sie kauften das Werk Anfang 1917 und baten anschließend den Aufsichtsrat um rückwirkende Zustimmung, ein Verfahren, das der Schutzvereinigung der Kleinaktionäre wieder einmal Anlaß zu einem ihrer ohnmächtigen Proteste gab. Stinnes sah indes keinen Anlaß für Entschuldigungen:

> «Bei der Deutsch-Luxemburgischen Bergwerks- & Hütten AG bestehen keine Abmachungen, von denen nicht jeder Aktionär Kenntnis haben könnte, wenn die Aktionäre alle den Mund halten könnten. Das können sie aber nicht, und deshalb kann die Gesellschaft nicht zu vorsichtig und verschwiegen alle ihre Maßnahmen treffen. Z. B. wäre das Weber'sche Walzwerk in andere Hände gegangen, wenn gezögert worden wäre oder ein weiterer Kreis unterrichtet worden wäre.»[141]

Während Stinnes sich nach außen hin auf die Materialknappheit der Emdener Werft berief, um die Übernahme des Weber-Walzwerks zu rechtfertigen, läßt sein Briefwechsel mit Vögler und Wagenführ kaum Zweifel daran zu, daß es ihm in Wirklichkeit vor allem um den Betrieb seiner geplanten Flugzeugfabrik am Müritzsee ging. Die Chancen Deutsch-Luxemburgs, Lieferaufträge von der Flugzeugindustrie zu erhalten, schienen gegen Ende 1917 überhaupt zu steigen, als ruchbar wurde, daß, wie Vögler frohgemut an Stinnes berichtete, in unmittelbarer Nähe Dortmunds der Bau eines großen neuen Flugplatzes geplant war. Das große ungelöste Problem bestand jedoch nach wie vor darin, einen Fuß in die eigentliche Flugzeugproduktion zu bekommen. Vögler quälte sich noch immer mit dem mittlerweile zerstrittenen Tandem aus Fokker und Junkers sowie mit Neubur ab. Neuburs LVG hatte nicht den besten Eindruck auf ihn gemacht, und in der Tat begann er sich zu fragen, ob sich ein Einstieg in die Flugzeugfertigung überhaupt lohnen würde:

> «Bei der näheren Beschäftigung gerade in den letzten Wochen mit dem Flugzeugwesen habe ich immer mehr die Überzeugung gewonnen, daß die zu überwindenden Schwierigkeiten doch sehr große sind. Zunächst wird in der ersten Zeit nach dem Kriege ein großer Überfluß an Flugzeugen da sein, dann aber wird die Beschaffung der Motoren große Schwierigkeiten machen, die bekanntlich jetzt seitens der Heeresverwaltung direkt geliefert werden. Diese Frage darf nie aus dem Auge gelassen werden. Nun sind aber nach dem Kriege die zu bewältigenden Aufgaben und noch mehr die zu überwältigenden Schwierigkeiten auf allen Gebieten so groß, daß Neu-Fabrikationen jedenfalls die ersten Jahre kaum in Frage kommen.
>
> Wäre es vor einem Jahr geglückt, in die Flugzeugfabrikation hineinzukommen, so hätte man jetzt durch die Kriegsaufträge abschreiben und inzwischen auch die Motorenfrage prüfen können. Jetzt ist der Zeitpunkt reichlich spät, so daß ich offengestanden nicht mehr allzu viel von dem Unternehmen halte.

Sollten sich besonders günstige Bedingungen bieten, so wäre dies etwas anderes, aber dies war bisher nirgends der Fall.»[142]

Tatsächlich war es Vögler selbst, der auf die günstige Gelegenheit aufmerksam wurde, die sich als nächste auftat. Es handelte sich um das Flugzeugwerk Hansa in Brandenburg a.d.Havel, einen Betrieb mit rund 600 Arbeitnehmern, der sich in verlockender Nähe zu dem kurz zuvor erworbenen Walzwerk Philipp Weber befand. Er gehörte zur Firmengruppe des führenden österreichisch-ungarischen Flugzeugherstellers Camillo Castiglioni und lieferte Flugboote an die deutsche Marine und Flugzeuge an die Luftwaffe Österreich-Ungarns. Zur gleichen Zeit bot sich eine Chance zur Lösung des Motorenproblems in Gestalt einer Firma, an der Stinnes bereits beteiligt war, nämlich der Imperator Motorenwerke AG in Berlin-Wittenau, die Anfang 1917 auf Betreiben der Wiener Skoda-Werke gegründet worden waren, die hofften, damit in Deutschland ein Standbein für den Verkauf von Traktoren und Lastwagen ans deutsche Heer zu gewinnen. Ballin, dessen HAPAG ebenso wie die AEG an dem Unternehmen maßgeblich beteiligt war, hatte Stinnes mit in dieses Boot gehievt. Es zeigte sich jedoch, daß es für Skoda praktisch keine Möglichkeit gab, auf dem deutschen Markt Fuß zu fassen, und so kam die Geschäftsleitung auf die Idee, die Imperator Motorenwerke in Zusammenarbeit mit Castiglioni zum Flugzeughersteller umzufunktionieren. Doch auch dies lief nicht so, wie Skoda und die deutschen Projektpartner es sich vorgestellt hatten, und als deren Stimmung Anfang 1918 auf dem Tiefpunkt war, eröffnete dies dem von Ballin protegierten Stinnes die Möglichkeit, den Betrieb zu übernehmen.[143]

Castiglioni war für das gesamte Projekt nicht nur deshalb von Bedeutung, weil er Hansa Brandenburg beherrschte, sondern auch wegen seiner Verbindung zu den Bayerischen Motorenwerken (BMW), die im Juli 1917 aus den vier Jahre zuvor gegründeten Motorenwerken Rapp hervorgegangen waren. Der Rapp-Flugmotor erwies sich als untauglich, und so beschloß BMW-Generaldirektor Wiedmann, auf die Fertigung von Motoren nach Fremdlizenzen umzustellen. Er nahm Kontakt zu Castiglioni in Wien auf und zog mit dessen Hilfe einen Großauftrag für Austro-Daimler-Lizenzmodelle an Land. BMW stellte daraufhin zwei Ingenieure ein: Franz Popp von der AEG Wien als Betriebsleiter und den Daimler-Chefingenieur Fritz, der die Aufgabe erhielt, einen BMW-Motor zu entwickeln. Er tat dies mit so großem Erfolg, daß BMW nicht nur Bestellungen vom Militär erhielt, sondern auch Lizenzen an Adam Opel verkaufen konnte. Die Firma entwickelte sich so rasant, daß die Bayerische Vereinsbank mit ihrer Finanzierung bald überfordert war und Castiglioni eingeladen wurde, in BMW zu investieren. Seine Gruppe, zu der Wiedmann gehörte, erwarb ein Aktienpaket im Wert von sechs Millionen, während eine Bankengruppe, zu der neben den Bayerischen Instituten das Bankhaus A. E. Wassermann und die Nationalbank für Deutschland gehörten, einen Anteil von vier Millionen hielt.[144]

Als Vögler und Stinnes Anfang März 1918 ihr Interesse an Hansa und BMW bekundeten, schlug Castiglioni ihnen vor, das Aktienkapital von Hansa auf 3 Millionen Mark zu erhöhen, wovon Deutsch-Luxemburg die Hälfte halten sollte; Stinnes würde in diesem Fall neben Castiglioni in den Aufsichtsrat einziehen, dessen Vorsitzender der Bankier Wassermann war. Ferner sollten Castiglioni und Wiedmann jeweils BMW-Aktien im Wert von 750000 Mark an Deutsch-Luxemburg abtreten, das dann mit einem Aktienanteil von 1,5 Millionen in den Aufsichtsrat einziehen, sich jedoch verpflichten würde, stets mit der Castiglioni-Wiedmann-Gruppe zu stimmen als Gewähr für eine Stimmenmehrheit. Im Gegenzug sollte Stinnes die Aufnahme Castiglionis in den Aufsichtsrat von Deutsch-Luxemburg befürworten. Hieran lag Castiglioni sehr viel, weil es ihm, wie er nach Darstellung Vöglers offen zugab, «bisher nicht möglich gewesen [war], in Deutschland festen Fuß zu fassen» und weil er die Stinnes-Gruppe «als Aushängeschild für sich benutzen» wolle.[145]

Stinnes reagierte mit einigen argwöhnischen Fragen zu dem Mann, dem er als Aushängeschild dienen sollte, und zog durch die Firma R. G. Dunn & Co. und mehrere Banken Erkundigungen über seine Vergangenheit und Kreditwürdigkeit ein. Es stellte sich heraus, daß Castiglioni ein recht bemerkenswerter Unternehmer war. Als Sohn eines Rabbiners 1879 in Triest geboren, hatte er Jura studiert; seine große Sprachbegabung hatte ihn offenbar zunächst mit dem Gedanken spielen lassen, in die Fußstapfen seines Vaters zu treten, doch dann hatte er sich im Jahr 1900 entschlossen, Geschäftsmann zu werden. Das war offenbar die Wahl, die seinem wahren Talent entsprach, denn große Karrieresprünge ließen nicht lange auf sich warten: In der Österreichisch-Amerikanischen Gummifabrik AG in Wien stieg er alsbald zum Direktor auf, wandte sich danach der noch in den Kinderschuhen steckenden Luftfahrt zu und wurde für seine bahnbrechende Arbeit auf diesem Gebiet mit staatlicher Anerkennung und dem Ehrentitel des Kommerzienrates belohnt. Das Unternehmen wurde zum Hauptausrüster der österreichischen Streitkräfte, und Castiglioni betätigte sich als Finanzier diverser anderer Unternehmen und wurde in den Aufsichtsrat der Wiener Allgemeinen Depositenbank berufen. Auch wenn über sein persönliches Leben etliche Gerüchte kursierten, die sich vor allem um zwei in die Brüche gegangene Ehen rankten und sich wohl auch aus der Mißgunst nährten, die nie fehlt, wenn einer, der aus bescheidenen Verhältnissen stammt – und dazu noch Jude ist –, es binnen kurzem zum Millionär bringt, konnte niemand in Zweifel ziehen, daß Castiglioni ein Ausbund an Intelligenz und Geschäftssinn war. Auf jeden Fall beschloß Stinnes, sich geschäftlich mit dem Mann zusammenzutun, der später das Prädikat eines «österreichischen Stinnes» erhalten sollte, und in den folgenden Jahren stellten die beiden Männer zusammen eine Reihe von Dingen auf die Beine.[146]

Ende März 1918 schienen alle Weichen gestellt zu sein, und ein euphorischer Stinnes teilte Edmund mit, daß Deutsch-Luxemburg einen 50prozentigen Anteil an Hansa und darüber hinaus eine Dreiviertelmehrheit an Imperator erworben hatte, welch letztere man in die Hansa-Werke einzubringen plane. Castiglioni habe versprochen, seinerseits eine Dreiviertelmehrheit an BMW in die Hansa einzubringen. Letztere würde damit ins Zentrum einer großen neuen Flugzeugfertigung rücken. Er hoffte, daß schon zwei Monate später das erste eigene Flugzeugmodell zusammengebaut werden könnte, und zeigte sich überzeugt, «daß wir nunmehr die besten Motoren in Deutschland bauen werden und hoffentlich auch die besten Flugzeuge».[147] Stinnes hegte hohe Erwartungen nicht nur hinsichtlich der Firma, sondern auch in Bezug auf die Rolle, die Edmund in ihr spielen sollte. Edmund war zu der Zeit im Westen als Frontbeobachter im Fesselballon im Einsatz, was Hugo und Cläre veranlaßte, sich nicht geringe Sorgen um ihn zu machen. Noch Ende Januar hatte Stinnes sich der Hoffnung hingegeben, daß Edmund, der eine Pilotenausbildung abgeschlossen hatte, von der Front abkommandiert und zum Leiter des Luftwaffen-Inspektorats des Verbandes der Deutschen Eisen- und Stahlindustrie berufen würde; jetzt hoffte er, Vögler könne erreichen, daß Edmund auf einen Posten in der Hansa-Geschäftsleitung abkommandiert würde. Dann könnten beide Söhne in seine Fußstapfen treten: «Du würdest Dir dann solche Erfahrungen im Betrieb sichern können, daß es für die D[eutsch]-L[uxemburg]-Zukunft und Deine eigene sehr wichtig wäre. Ich habe auch mit zwanzig Jahren selbständig leiten müssen. Bü kann es und Du wirst es auch können.»[148]

Allein, letzten Endes mußte Edmund Stinnes seine Erfahrungen anderswo sammeln, denn in den darauffolgenden Monaten wurde klar, daß Castiglioni es nicht schaffen würde, eine Dreiviertelmehrheit an BMW in die Hansa einzubringen. Der größte Bremsklotz war BMW-Generaldirektor Wiedmann, der den laufenden Betrieb offenbar lieber durch Vorauszahlungen aus der Kasse der Militärbehörden sicherte, als sich in die Arme der Hansa zu begeben und auf diesem Weg an das von seiner Firma so dringend benötigte Kapital zu kommen. Eine Zeitlang glaubten Stinnes und Vögler noch, BMW könnte zur Räson gebracht werden, wenn die Nationalbank für Deutschland und das Inspektorat ihre Kredite kündigen und Wiedmann damit den Schneid abkaufen würden, doch beide Institutionen zeigten sich unkooperativ. Im Falle der Nationalbank schien es sogar, daß deren Direktor Hjalmar Schacht die Sache zum Nutzen seines eigenen Hauses auf die lange Bank schob. Es häuften sich die Anzeichen dafür, daß Schacht Stinnes draußen halten wollte und mit denjenigen in den bayerischen Staats-, Militär- und Wirtschaftskreisen zusammenarbeitete, die darum bemüht waren, daß die Firma unter bayerischer Kontrolle blieb. Noch mehr als in Hamburg kollidierte Stinnes in München mit mächtigen, für Einflüsterungen empfänglichen regionalen Widerständen gegen seinen Expansionskurs. Am 8. August teilte Schacht Vögler mit, man sei nun in der Lage, Wiedmann herauszukaufen, könne aber Deutsch-Luxemburg und Castiglioni nicht mehr anbieten als je ein Viertel der BMW-Aktien. Ein wütender Stinnes beschied Vögler daraufhin: «Ohne vorbehaltlose Dreiviertelmehrheit hat München kein Interesse mehr.» Er könne sich des Eindrucks nicht erwehren, daß Schacht in dieser Sache kein ehrliches Spiel spiele.[149] Schacht wies jeden Verdacht einer Unlauterkeit zurück; die Weigerung Deutsch-Luxemburgs, die von BMW angebotenen Konditionen zu akzeptieren, beantwortete er mit dem eher noch bescheideneren Angebot einer losen Verbindung zwischen BMW und Hansa. Castiglioni war natürlich bodenlos enttäuscht und bemühte sich verzweifelt, das Interesse Vöglers und Stinnes' an BMW warmzuhalten, mußte aber feststellen, daß die beiden jetzt auch das Interesse an Hansa zu verlieren begannen. Die Geschehnisse im August und Herbst 1918 waren nicht gerade dazu angetan, ihr Interesse wiederzubeleben. Ende Oktober war im BMW-Aufsichtsrat die Rede davon, daß die Firma dringend Rohmaterialien von Deutsch-Luxemburg benötige. Schacht schlug vor, jede Gruppe von BMW-Aktionären solle ein Drittel ihres Anteils an Stinnes verkaufen; Castiglioni gab bekannt, daß er Stinnes seinen gesamten Anteil angeboten hatte. Stinnes zeigte ihnen nun jedoch die kalte Schulter, und sein offen geäußertes Mißtrauen gegen Schacht führte zu dessen Ausscheiden aus dem Aufsichtsrat von Deutsch-Luxemburg.[150]

Während der Versuch, in den Flugzeugbau einzusteigen, kaum mehr als Frustrationen brachte, traf dies für den Schritt in Richtung Verfeinerung keineswegs zu; die Übernahme des Walzwerks Philipp Weber und der kurze Zeit später erfolgte Einstieg in das Meggener Walzwerk, das Feinbleche produzierte, zeugten von dem Bemühen, für die von Deutsch-Luxemburg gefertigten Halbzeuge Abnehmer im eigenen Land zu finden.[151] So wie Deutsch-Luxemburg dank seiner Verfügungsgewalt über Kohle, Eisen und Stahl unter Kriegsbedingungen in der Lage war, in die Verfeinerung hinein zu expandieren, ebnete das RWE dank seiner Schlüsselrolle im Bereich der Strom- und Gasversorgung den Weg für neue Entwicklungen in der Industrie, die das Interesse und die Vorstellungskraft von Hugo Stinnes beflügelten.

Die Rolle, die das RWE in der und für die deutsche Kriegswirtschaft spielte, war recht bemerkenswert, und insbesondere die letzte Phase seiner Expansion unmittelbar vor dem Krieg erwies sich aus Sicht der rüstungswirtschaftlichen Erfordernisse als Glücksfall. Nachdem zu Beginn des Krieges für kurze Zeit ein Rückgang des Stromverbrauchs eingetreten war, verursacht durch eine Drosselung der Industrieproduktion, stieg die vom RWE gelieferte elektrische Leistung von 293 Millionen Kwh in den Jahren 1914/15 auf nicht weniger als 772,5 Millionen Kwh 1917/18. Das war erheblich mehr als die Summe der von den drei Konkurrenten Elektrizitätswerk Westfalen, Städtisches Elektrizitätswerk Dortmund und Westfälisches Verbands-Elektrizitätswerk gelieferte, von 127,6 auf 226,8 Millionen Kwh gesteigerte Leistung. Entscheidend für die Leistungsexplosion beim RWE war die Inbetriebnahme der Vorgebirgs-Zentrale, die mit Braunkohle aus den Vorkommen der Zeche Roddergrube bei Köln befeuert wurde. Die Vorgebirgs-Zentrale war ursprünglich als Ersatz für das alte Braunkohlenkraftwerk Berggeist bei Brühl gedacht gewesen; sie sollte die Wirtschaftlichkeitsvorteile der rheinischen Braunkohle nutzen, um insbesondere die chemische Industrie im großen Stil mit Strom versorgen zu können und die RWE-Kraftwerke in Essen, Reisholz und Wesel, die Steinkohle verfeuerten, zu entlasten. Es war eine ideale Lösung, die genau zum richtigen Zeitpunkt kam. Der Krieg brachte einen Wachstumsschub für die chemische Industrie, und auch andere stromintensive Industrien produzierten unter dem Druck der Rüstungsnachfrage an der Auslastungsgrenze und expandierten. Die Tatsache, daß gleichzeitig im Bereich der Steinkohlenförderung wachsende Probleme auftraten, die den westfälischen Stromversorgern das Leben schwermachten, ließ den Einsatz der Braunkohle erst recht vorteilhaft erscheinen.[152]

Das RWE hatte mit der Gründung der Wildermann-Werke in Lülsdorf 1913 ein Exempel für den Verbund zwischen Braunkohle-Verstromung und chemischer Produktion statuiert. Zum Leidwesen von Stinnes entpuppte sich das Unternehmen als betrieblicher Alptraum, weil Wildermann allem Anschein nach psychisch gestört war. Die Störmanöver begannen mit seinen Klagen über Stromabschaltungen des RWE, setzten sich fort mit seiner Forderung nach Lieferung von Rohkautschuk und anderen knappen Grundstoffen, die schlicht nicht zu bekommen waren, und gipfelten schließlich in einem beständigen Hineinregieren in die täglichen Betriebsabläufe, womit er die Führungskräfte und alle anderen Mitarbeiter zur Verzweiflung brachte. Nachdem Wildermann 1917 begonnen hatte, seine bizarren Ideen in Form langer paranoider Briefe auszubreiten, kam es zu Klagedrohungen und zu einem Ersuchen an die Militärbehörden, Wildermann (der aus Bessarabien kam und Rumäne oder Russe war) mit Gewalt an jeder weiteren Betätigung im Unternehmen zu hindern. Als wäre das nicht genug des Ärgers gewesen, zeigten seine Batterien auch noch die Eigenart, ständig auszufallen, so daß sie durch andere Fabrikate ersetzt werden mußten. Wildermann zog sich schließlich im März 1918 aus dem Aufsichtsrat zurück, nicht ohne eine Abfindung von einer Million Mark mitzunehmen. Seinen Anteil verkaufte er anschließend an die Rheinischen Elektrowerke AG in Köln, ein Unternehmen, in das Stinnes und das RWE 1917 eingestiegen waren und das später die Wildermann-Werke übernehmen und eine wichtige Rolle in den Stinnesschen Nachkriegs-Aktivitäten spielen sollte. Wildermann saß jedoch Stinnes noch bis spät im Jahre 1920 im Nacken, behauptete, er habe sein Geld nicht fristgerecht erhalten und Stinnes habe ihm seine Patente gestohlen; der Spuk war erst vorbei, als ein internationales Schiedsgericht in Paris seine Ansprüche endgültig abwies.[153]

Kaum verwunderlich war es angesichts all dessen, daß die Wildermann-Werke sich ziemlich schwer taten, diese Irrungen und Wirrungen zu überleben, zumal Probleme mit der Rohmaterial- und Arbeitskräfteversorgung sowie technische Mängel hinzukamen. Trotz erheblicher Subventionen vom Reich für den Bau neuer Fabrikationsanlagen hätte die Firma schon 1917 Konkurs anmelden müssen, wären nicht Dritte bereit gewesen – unter großen Bedenken, soweit es Deutsch-Luxemburg betraf –, so lange Geld nachzuschießen, bis das Unternehmen gegen Kriegsende endlich aus seiner finanziellen Agonie herauskam. Eine maßgebliche Rolle bei der Gesundung der Firma spielte ein weiteres von Stinnes entdecktes Managertalent, Friedrich Minoux. Dieser hatte sich als Beamter im Dienst der Stadt Essen einen tadellosen Ruf erworben, wo er im Bereich der städtischen Versorgungsbetriebe gearbeitet und einige von Stinnes' Projekten zu Fall gebracht hatte. 1912 hatte Stinnes seine Probleme mit Minoux dadurch gelöst, daß er ihn in sein Unternehmen geholt hatte. Minoux, der kreativ und temperamentvoll zugleich war, arbeitete zunächst in der Berliner Vertriebsorganisation der Firma Stinnes; 1916 setzte Stinnes ihn als Vertriebsleiter der Wildermann-Werke ein, die um diese Zeit ein Kontor in Berlin eröffneten. Von hier aus führte Minoux einen Kleinkrieg nicht nur gegen Wildermann, sondern auch gegen diverse inkompetente Mitarbeiter in Lülsdorf und versprühte dabei soviel Gift und Galle, daß Stinnes ihn bitten mußte, sich im Ton zu mäßigen. Dies lehnte Minoux ab; er leistete aber auf jeden Fall einen maßgeblichen Beitrag dazu, daß die Wildermann-Werke wieder auf die Beine kamen, und eroberte damit nicht nur das Vertrauen von Stinnes, sondern auch sich selbst ein neues Betätigungsfeld.[154]

Unter den stromintensiven Industrien, die sich in der Nähe des Kraftwerks Knapsack ansiedelten, war die Aluminiumhütte Erftwerk in Grevenbroich, in die RWE, Stinnes und Deutsch-Luxemburg als Gesellschafter einstiegen. Auch beim Aufbau dieses Unternehmens spielten staatliche Subventionen eine maßgebliche Rolle. Die Förderung durch das Reich hatte in diesem Falle den Hintergrund, daß Deutschland einen Ersatzstoff für Kupfer brauchte. Schon 1915 hatte die Regierung sich an das Aluminiumwerk Gebr. Giulini GmbH in Ludwigshafen gewandt, war jedoch sehr schnell zu der Einsicht gelangt, daß die Bedarfsgrößenordnungen, um die es ging, den Bau einer wesentlich größeren Hütte erforderten. Sie hatte sich deshalb an Stinnes und das RWE gewandt, und im August 1916 war zwischen Gebr. Giulini, dem RWE und dem Reich der Vertrag über die Gründung des Erftwerks unterzeichnet worden. Den unverfänglichen Namen wählte man bewußt, um die wahre Bestimmung des Werkes zu verschleiern, einer potentiell schädlichen Reaktion der Spekulanten vorzubeugen sowie zu verhindern, daß die Neuhausener Aluminium-Fabrik, eine Schweizer Firma, die bis dahin die Aluminiumversorgung Deutschlands gewährleistet hatte, frühzeitig von den deutschen Plänen zum Aufbau einer massiven eigenen Aluminiumerzeugung erfuhr. Satzung und Handelsregistereintrag der neuen Firma wurden zur militärischen Geheimsache erklärt. Das neue Unternehmen sollte die erschlossenen Braunkohlengruben Neurath und Prinzessin Viktoria übernehmen, um seine Kohlenversorgung zu sichern; den Strom sollte es aus der Vorgebirgs-Zentrale des RWE beziehen. Goldenberg sollte Hand in Hand mit Leutnant Leyser vom Kriegsministerium den Bau der neuen Hütte überwachen. Im November 1916 fiel, zweifellos unter dem Eindruck des Hindenburg-Programms, die Entscheidung, die Kapazität des Erftwerks zu verdoppeln, was weitere großzügige staatliche Subventionen sowohl für die Bauarbeiten als auch für einen Ausbau der RWE-Kapazitäten in Knapsack erforderlich machte. Im Aufsichtsrat saßen drei Vertreter des Reichs, allen voran Geheimrat Lueck vom Reichsschatzamt, der als Staatskommissar fungierte, dazu drei Repräsentanten von Gebr. Giulini und Stinnes, Goldenberg und Henke für das RWE. Um dem

Unternehmen nach außen hin einen privatwirtschaftlichen Charakter zu geben, wurde Stinnes zum Vorsitzenden des Aufsichtsrats ernannt.[155]

Angesichts der zahlreichen Probleme, mit denen das neue Erftwerk zu kämpfen hatte, war die Präsenz eines Hugo Stinnes von großer Bedeutung. Wie schon im Falle der Elektrowerke und der Wildermann-Werke ging es nicht nur um den Bau neuer Fabrikanlagen; es mußten parallel dazu auch die Kraftwerke des RWE durch Kapazitätserweiterungen in die Lage versetzt werden, den zusätzlich benötigten elektrischen Strom zu liefern. Die Reichsregierung hatte ursprünglich für das Erftwerk 14 Millionen Mark und für die Elektrowerke 4,5 Millionen Mark bereitgestellt; davon wurde jedoch nur ein kleiner Teil als Zuschuß gewährt, um kriegsbedingte Mehrkosten auszugleichen; der Löwenanteil war als Darlehen, verzinslich mit 5 Prozent, ausgewiesen. Im September 1917 beantragte das Erftwerk weitere 14,5 Millionen Mark; die Geschäftsleitung verwies zur Begründung auf unvorhergesehene Kostensteigerungen aufgrund knapper Transport- und Arbeitskraftressourcen und eines zu hohen Lohnniveaus, wofür sie das Hilfsdienstgesetz verantwortlich machte, sowie auf die Tatsache, daß kaum noch Baufirmen und Bauarbeiter aufzutreiben seien. Die benötigten Mittel durch eine Kapitalerhöhung zu beschaffen erscheine außerordentlich schwierig, weil die öffentlichen RWE-Anteilseigner mit kriegsbedingten Sonderausgaben überlastet seien und keine freien Mittel mehr hätten. Zöge man andererseits private Investoren zur Kapitalaufstockung heran, würde dies den Anteil und damit den Einfluß der öffentlichen Hand verringern, womit den betreffenden Städten und Gemeinden ihre für den Krieg gebrachten Opfer schlecht vergolten würden. In einer ersten Antwort empfahl das Reichsschatzamt dem RWE und dem Erftwerk, sich das Geld von den Banken zu leihen, doch dann besann man sich eines anderen. Ein Umstand, der zweifellos maßgeblich zum Sinneswandel beitrug, war die enge Zusammenarbeit zwischen Stinnes und einem weiteren großen Aluminiumhersteller, den das Reich subventionierte: den Vereinigten Aluminium-Werken (VAG), die unter der Ägide der mächtigen Frankfurter Metallgesellschaft agierten und ihre Hüttenanlagen in Lauta im Braunkohlenrevier der Oberlausitz errichteten. Die Probleme in Lauta waren denen beim Erftwerk nicht unähnlich; es gelang Stinnes in Zusammenarbeit mit Lueck, ein Abkommen zustande zu bringen, wonach beide Werke für das von ihnen erzeugte Aluminium einen hohen Preis berechnen und die zu erwartenden hohen Gewinne für die Rückzahlung der staatlichen Darlehen verwenden würden; in diesem Zusammenhang sollten die Firmen sich auch verpflichten, auf die Ausschüttung hoher Dividenden zu verzichten und die eingesparten Gelder ebenfalls zur Schuldentilgung zu verwenden. Stinnes forderte freilich mit aller Entschiedenheit eine absolute Gleichbehandlung für Lauta und das Erftwerk, so daß die Gewähr bestand, daß alle der VAG gewährten Anreize und Vergünstigungen auch dem Erftwerk zugute kommen würden.[156]

Stinnes hatte nicht nur jederzeit Zugang zu Lueck und einen großen Einfluß auf ihn, sondern verhandelte auch direkt mit dem für seine Unverblümtheit bekannten Oberstleutnant Joseph Koeth, der die Rohstoffabteilung des Kriegsministeriums leitete. Als Koeth sich über betriebliche Probleme beim Erftwerk beklagte und Mängel in der Betriebsführung und Koordinierung dafür verantwortlich machte, zeigte Stinnes, daß er willens war, seine Mitarbeiter auch gegen Angriffe von seiten höchster Militärstellen zu verteidigen:

> «Da Offenheit zwischen uns üblich ist, will ich Ihnen unzweideutig meine Meinung sagen.
>
> Die schweren Störungen, die das Erftwerk gehabt hat, verdanken wir m. E. zum größten Teil den Einmischungen des Vertreters der Kriegs-Rohstoff-Abteilung, Herrn Tröger, der mit unzureichenden Umformmaschinen und ohne vom Aluminium-Betrieb etwas zu verstehen, die Serien hat in Betrieb setzen lassen. Leider hat der Aufsichtsrat auf Veranlassung des Herrn Tröger das letzte Mal sich bereit gefunden, 3 Serien mit 3 Umformern ohne Reserve in Betrieb zu setzen, mit dem Erfolg, daß, als ein AEG-Umformer wie seit Monaten üblich defekt wurde, 2 Serien einfroren.
>
> Ich habe als Vorsitzender den Vorstand nunmehr angewiesen, sich unter keinen Umständen mehr irgendwelche Einwirkungen von außen gefallen zu lassen und den Betrieb so zu führen, daß wir unter allen Umständen sicher gehen.»[157]

Stinnes hatte sich offensichtlich in ein neues industrielles Betätigungsfeld eingearbeitet und war in der Lage, mit gewohnter Autorität zu sprechen. Es war dies ein Bereich, in dem er sich festzusetzen und auszubreiten gedachte, vor allem in Richtung Endfertigung. Es war gängige Ansicht, daß die französischen Aluminiumerzeuger einen großen Fehler begangen hatten, indem sie keine Verfeinerungs-Kapazitäten aufgebaut und keine produktive Verbindung zwischen metallischem Rohstoff und fertigem Produkt hergestellt hatten. Die deutsche Industrie hatte dies bis zu einem gewissen Grad nachgemacht, indem sie ebenfalls an dieser Trennung festgehalten und zugelassen hatte, daß eine Gruppe von Verfeinerern ohne wirtschaftliche Verbindung zu den Erzeugern heranwuchs. Die wichtigsten unter ihnen waren Siemens-Schuckert und die AEG. Stinnes war bekanntlich ein Anhänger der vertikalen Integration, und sowohl er als auch Vögler nannten immer wieder das Erftwerk in einem Atemzug mit ihrem anvisierten Einstieg in den Flugzeugbau. Akut wurde das Vorhaben Ende 1917, als bekannt wurde, daß die Regierung die Syndikalisierung der Aluminiumindustrie plante – was sogleich die Frage aufwarf, ob die von den Endfertigern gewünschte strenge Arbeitsteilung weiterhin Bestand haben würde. Stinnes hatte sich eine Strategie ausgedacht, wie er den Schritt in die Endfertigung hinein bewerkstelligen könnte. Wie er Edmund mit Bezug auf seine Flugzeugbau-Pläne erklärte:

> «In diese Projekte spielen die Verhandlungen für ein Aluminium-Syndikat stark hinein, bei dem wir in scharfem Interessengegensatz zu den Gruppen AEG und Siemens-Schuckert stehen, die uns an der Selbstverfeinerung hindern wollen. Ich glaube aber, daß wir zum Ziele kommen werden, indem wir

uns zugleich mit den großen Metallverfeinerern im Westen zu einer großen Gruppe vereinigen und uns an dieser Gruppe maßgeblich beteiligen. Wir gehen dabei Hand in Hand mit der Frankfurter Metallbank und Metallurgischen Gesellschaft und Griesheim-Elektron.»[158]

Zum Zeitpunkt der Niederschrift dieser Zeilen hatte Stinnes die Verhandlungen über das Aluminiumsyndikat genützt, um sehr herzliche und vielversprechende Beziehungen zum Chef der Metallgesellschaft, Alfred Merton, und zu deren Direktor Georg Schwarz aufzunehmen. Wie er Vögler mitteilte, beurteilte er die Aussichten für Deutsch-Luxemburg sehr positiv:

«In diesen Verhandlungen hat sich ein sehr angenehmes persönliches Verhältnis mit Herrn Merton und Herrn Schwarz von der Frankfurter Metall-Gesellschaft herausgebildet dergestalt, daß Herr Merton mir angeboten hat, dem Erftwerk eine Anteilnahme an den Interessen-Gemeinschaftsverträgen anzubieten, wegen deren die Metall-Gesellschaft zurzeit verhandelt...

Mir ist der Gedanke gekommen, ob es nicht zur Deckung der Qualitätserze und Metalle von D[eutsch]-L[uxemburg] am Platze wäre, überhaupt eine engere Beziehung zur Metall-Gesellschaft herbeizuführen und damit die gewaltigen Beziehungen dieser Gesellschaft in der ganzen Welt sich nutzbar zu machen. Ich bitte Sie, sich diese Idee zu überlegen. Ist sie durchführbar, werden wir viele Kinderkrankheiten uns sparen können.»[159]

Stinnes legte Vögler nahe, sich um eine weitere Möglichkeit zu kümmern, auf die ihn Bürgermeister Marx von Düsseldorf aufmerksam gemacht hatte, der einen erklecklichen Anteil an den Rheinisch-Westfälischen Kupferwerken in Olpe hielt. Auch wenn der Name es nicht verriet, hatte die Firma eine bedeutende Aluminiumverfeinerung. Marx hatte angeboten, seinen Anteil ans Erftwerk oder an Deutsch-Luxemburg zu verkaufen. Stinnes sah darin eine Chance, das Erftwerk in der Verfeinerung unabhängig zu machen und seine Position im Hinblick auf künftige Syndikate zu stärken. Er betonte in diesem Zusammenhang, es würde «unsere Stellung den Flugzeugleuten gegenüber äußerst stärken, wenn wir in der Lage wären, in kurzem über eigene Verfeinerungs-Anlagen in Metall und Aluminium zu verfügen».

Das Partnerschaftsverhältnis zwischen Stinnes und Merton mag so herzlich gewesen sein, wie Stinnes es schilderte, doch ist es wichtig zu wissen, daß der Weg dorthin mit dem Wissen Mertons gepflastert war, daß nichts und niemand Stinnes von seiner Absicht hätte abhalten können, dem Erftwerk einen Verfeinerungsbetrieb anzugliedern, und daß dies das von Stinnes richtig erkannte Gebot der Stunde war. Wie Merton seinen Direktoren erklärte:

«Gehen wir den vorbeschriebenen Weg nicht, so laufen wir die Gefahr, daß Stinnes allein geht und alle anderen totmacht. Stinnes wird auch darauf kommen, daß er in dem Aluminium-Walzwerk Kupfer walzen kann. Endlich ist dieser Weg derjenige, der uns dem Ausland gegenüber zweifellos am konkurrenzfähigsten macht, denn aus allerhand Mitteilungen geht ja hervor, daß man in Frankreich Aluminium-Produktion und -verbrauch auch bereits zusammengeschmiedet hat.»[160]

Merton hätte die Absichten Stinnes' nicht treffender darstellen können; das wurde spätestens in dem Moment klar, als er und Stinnes gemeinsame Sache gegen die Verfeinerer machten. In einem gemeinsamen Vorstoß forderten sie die Errichtung eines Aluminium-Syndikats mit einer Laufzeit von fünf Jahren, das den Aluminium-Erzeugern die Möglichkeit einräumen würde, bis zu 75 Prozent ihrer Produktion selbst zu verarbeiten. Damit ernteten sie den resoluten Widerspruch der etablierten Verfeinerungswerke, die erklärten, mit diesem Schritt seien Überkapazitäten in Friedenszeiten vorprogrammiert. Stinnes warf der AEG und Siemens-Schuckert vor, sie versuchten ein «Monopol» für die bereits am Markt etablierten Verfeinerer zu schaffen; dagegen machten die Verfeinerungswerke geltend, daß die Erfüllung der Forderungen Stinnes' und Mertons zu hohen Arbeitslosenzahlen nach dem Krieg führen würde. Stinnes beharrte darauf, Helfferich und andere Regierungsvertreter hätten mit der Bewilligung des einschlägigen Kredits dem Erftwerk das Recht zuerkannt, in den Verfeinerungsbereich hinein zu expandieren, und nichts könne ihn daran hindern, von diesem Recht Gebrauch zu machen, den absehbaren Nachkriegsaufschwung auszunützen und den Reichskredit zurückzuzahlen. In Wirklichkeit wußte natürlich niemand mit Sicherheit, wie sich die Wirtschaft nach Kriegsende entwickeln würde, aber Stinnes und Merton hielten es für vorteilhaft, über weite Strecken des Jahres 1918 hinweg auf Zeitgewinn zu spielen und ihre Stellung gegenüber den Verfeinerungswerken zu stärken. Während letztere gegen den Bau einer neuen Verfeinerungsstätte möglicherweise hätten mobil machen können, konnten sie gegen die Übernahme einer bereits bestehenden Fabrik schwerlich protestieren. Somit übernahmen das Erftwerk und die VAG im Frühjahr 1918 jeweils die Hälfte der von Marx angebotenen Aktien an der Firma in Olpe. Im Juli machten Vögler und Stinnes Merton auf die Möglichkeit aufmerksam, die hochmodernen Berlin-Borsigwalder Metallwerke zu übernehmen, die Messing-, Kupfer- und Aluminiumprodukte aller Art sowie hochwertigen Stahl für die Luftwaffe herstellten und die Defizite des betagteren Werks in Olpe auf ideale Weise kompensieren könnten. Merton äußerte Bedenken gegen diese neuerliche Übernahme und äußerte Zweifel daran, ob die Regierung einem solchen weiteren Expansionsschritt des Erftwerks zustimmen würde; der Vorstoß bestätigte jedenfalls ein weiteres Mal, in welche Richtung sich die Stinnesschen Pläne bewegten. Als der Krieg zu Ende ging, verfügte Deutschland über erheblich gesteigerte Kapazitäten zur Aluminiumerzeugung, und Stinnes und das RWE waren daran maßgeblich beteiligt.[161]

Diese Entwicklung beruhte im hohen Maß auf der Erschließung wichtiger neuer Energiequellen, vor allem rheinischer Braunkohle. Die Regierung hatte ursprünglich vorgehabt, ein drittes Aluminiumwerk an einem Standort am Inn zu finanzieren, das mit Strom aus Wasserkraft hätte arbeiten sollen. Das Projekt wurde als zu teuer und schwierig fallengelassen, was jedoch etliche Firmen nicht davon abhielt, die im Inn schlummernden Wasserkraftpotentiale anzuzapfen – Krupp zum Beispiel, der sich in Bayern das Exklusivrecht für die Erzeugung von Ferrosilizium sicherte. Im Juni 1918 wurde Stinnes von Dr. Davidis, dem Direktor der Rheinischen Elektrowerke, darauf hingewiesen, daß die Entwicklungen in Oberbayern im Hinblick auch auf die Stinnesschen Unternehmungen von Interesse sein könnten, und schlug ihm vor, Kontakt mit Geheimrat Rieppel von der MAN aufzunehmen. Stinnes tat dies und unterbreitete Rieppel die Idee, daß MAN und die Rheinischen Elektrowerke bei der Nutzung der bayerischen Wasserkraft gemeinsame Sache machen könnten, seien die Elektrowerke doch in den Kriegsjahren zum größten Erzeuger von Ferrosilizium herangewachsen und produzierten außerdem Ferro-Aluminium, Kalziumkarbid und Ferrochrom. Rieppel ließ Stinnes in seiner Antwort wissen, die Gesellschaft zur Förderung der bayerischen Wirtschaft habe bereits eine «Bayerische Wasserkraft-Arbeitsgemeinschaft» ins Leben gerufen mit dem Ziel, die Nutzung der Wasserkraft an den bayerischen Flüssen Inn und Isar voranzutreiben, und die Firma MAN sei möglicherweise an einer Zusammenarbeit interessiert.[162]

Vorrang hatte für Stinnes jedoch weiterhin die Beschäftigung mit den Möglichkeiten der Braunkohle, und dies führte zu einer bedeutsamen Ausdehnung seines Engagements im östlichen Deutschland, das in der Zukunft große Bedeutung erlangen sollte. Im Verlauf des Jahres 1917 erwarb Stinnes mit Hilfe von Klitzings von der Darmstädter Bank und Carl Fürstenbergs von der Handelsgesellschaft erhebliche Anteile an den A. Riebeck'schen Montanwerken in Halle und kam zu einem Sitz in deren Aufsichtsrat. Von Anfang an hatte Stinnes dabei den Gewinn einer beherrschenden Stellung bei diesem wichtigen Braunkohlenförderer im Auge. Dies wurde aus seinem Antwortschreiben an Direktor Spindler deutlich, nachdem dieser ihn darüber informiert hatte, daß die Braunkohlenwerke Eintracht, deren größter Aktionär der Kohlenmagnat Petscheck war, eine erhebliche Kapitalerhöhung vorgenommen hatten. Wie Stinnes schrieb:

> «Eintracht-Aktien würde ich bestimmt längst gekauft haben, wenn nicht die *absolute* Mehrheit in Petschecks Händen läge. Was soll ich da Gelder investieren, wo ich stets einem geschlossenen Willen gegenüber stehe, der nicht zu beeinflussen ist. Das investierte Kapital wäre daher rein kapitalistisch angewandt und dazu mit mäßiger Verzinsung.
>
> Überdies steht noch zum Überfluß hinter Petscheck die Deutsche Bank, sodaß jeder Kampf um Bezugsrechte aussichtslos erscheint.
>
> Bei Riebeck bin ich zum Ziel gekommen.»[163]

Das «Ziel» bestand also offenkundig nicht darin, einfach Dividenden auf investiertes Kapital zu ernten. Kurz nachdem Stinnes die obigen Sätze geschrieben hatte, sorgte er dafür, daß der Riebeck-Generaldirektor Ludwig Hoffmann als Ausschußmitglied in die Kaiser-Wilhelm-Gesellschaft (KWG) für Kohleforschung berufen wurde. Es habe sich gezeigt, schrieb er in seiner Begründung an

Hoffmann, daß die Produkte der Tieftemperatur-Verarbeitung von Steinkohle und Braunkohle einander in hohem Maße ergänzten, «sodaß es sich einerseits empfiehlt, die Forschungen auf Steinkohle und Braunkohle zu verbinden, und es andererseits für Sie und Ihre Gesellschaft von dem größten Interesse sein wird, auf die bisherigen Ergebnisse der Kohleforschung mit Ihren großen Erfahrungen fördernd einzuwirken».[164]

Was das bedeutete, wurde im Oktober 1918 deutlich, als Stinnes Hoffmann mitteilte, Franz Fischer habe ein Verfahren für die Herstellung von Seife aus Kohle, Teer, Paraffin und Soda entwickelt; er legte ein Muster bei und schrieb, das Kohleforschungs-Institut sei bereit, das Verfahren an Riebeck zu verkaufen.[165] Einige Tage später forderte Stinnes Hoffmann in einem Schreiben auf, dem Forschungsbereich innerhalb seines Unternehmens wesentlich breiteren Raum zu geben. Er (Stinnes), Fürstenberg und Klitzing seien zu der Einsicht gelangt, daß es das beste wäre, ein eigenständiges Forschungsinstitut aufzubauen, das Riebeck über neue, industriell verwertbare Verfahrenstechniken auf dem laufenden halten könne. Die chemische Verfahrenstechnik habe in den Kriegsjahren, so schrieb er zur Begründung, «solche Fortschritte gemacht, die Zahl guter und minderwertiger Erfindungen ist so außerordentlich angewachsen, daß die Prüfung dieser Fortschritte und Erfindungen dem im eigenen Betriebe beschäftigten technischen Beamten ohne Beeinträchtigung der Betriebe nicht mehr überlassen bleiben kann».[166]

Eine bessere Belegstelle für Stinnes' Einschätzung der Rolle des Krieges und für sein Interesse am Ausbau von Forschung und Entwicklung im Bereich der Kohleverarbeitung ließe sich schwerlich finden. Auch wenn Stinnes begonnen hatte, ein Auge auf die Wasserkraftpotentiale Süddeutschlands und auf mögliche neue Anwendungsbereiche für die Braunkohle Mitteldeutschlands zu werfen, lag der Schwerpunkt seines Einsatzes für die Verstromung der Braunkohle und ihre Verarbeitung zu neuen Produkten doch nach wie vor am Rhein und beim RWE. Die Verbreiterung, Sicherung und Ausbeutung seiner Braunkohleschätze hatte für ihn oberste Priorität. Hier hatte Goldenberg seine größten Leistungen vollbracht, der Mann, der ständig seine ganze Tatkraft dafür einsetzte, die Kohlenförderung der Roddergrube zu steigern, und der das Wachstum des RWE in den Kriegsjahren gesteuert hatte. Es machte Stinnes sehr betroffen, als er im Mai 1917 erfuhr, daß Goldenberg mit einem schweren Lungenleiden im Krankenhaus lag: «Ich mag gar nicht daran denken, diesen lieben Menschen und getreuen, tüchtigen Mitarbeiter missen zu müssen.»[167]

Es war Goldenberg gewesen, der den Weg des RWE sowohl auf der technischen als auch auf der wirtschaftlichen Seite vorgezeichnet hatte, und so erschien es nur passend, daß, nachdem er der Krankheit erlegen war, die Vorgebirge-Zentrale in «Goldenberg-Werk» umbenannt wurde. Stinnes war offenbar bereit, außerhalb des RWE einen Nachfolger für ihn zu suchen, fand jedoch keinen. In seiner Begründung für die Ablehnung eines vorgeschlagenen Kandidaten erklärte er: «Was wir beim Rheinisch-Westfälischen Elektrizitätswerke benötigen, ist weniger einen elektrischen Spezialisten als einen technisch vorgebildeten Industriellen, zu dem sich Herr Goldenberg herangewachsen hatte. Nur ein solcher kann Herrn Goldenbergs Platz angemessen ausfüllen.»[168] Am Ende einigte man sich auf Arthur Koepchen, der seit 1906 beim RWE war, als begabter Ingenieur galt und sich dann auch als guter Manager erwies. Mit den Beiträgen, die Koepchen später zur Rationalisierung der Stromwirtschaft leistete – zur Optimierung der Ressourcenausnutzung und zur Entwicklung des Verbundbetriebs –, bewies er, daß er ein würdiger Nachfolger Goldenbergs und ein Mann nach dem Geschmack des RWE-Gründers Hugo Stinnes war.[169]

Wohl mehr als jedes andere Unternehmen, dessen Geschicke Stinnes lenkte, erwies sich das RWE als ein Paradepferd, an dem er seine Leidenschaft für Synthese, Systematik und Rationalisierung exerzieren konnte, denn als Stromversorger stand das RWE im Spannungsfeld von Industrie, Technik, öffentlichem und privatem Interesse. Der Krieg, der die wirtschaftliche Welt, in der Stinnes seine Unternehmen aufgebaut hatte, durcheinanderwirbelte, strapazierte die menschlichen und stofflichen Ressourcen Deutschlands in nie dagewesener Weise und konfrontierte die Beteiligten mit neuen Herausforderungen, eröffnete aber auch Chancen; Stinnes' ständiges Bestreben, zukünftige Entwicklungen vorwegzunehmen, erhielten dadurch eine besondere Dringlichkeit; einige seiner mitgebrachten Neigungen wurden dadurch verstärkt, einige seiner Interessen auf abweichende oder ganz andere Bahnen gelenkt.

Stinnes unterstrich seine Bereitschaft, die wissenschaftliche Forschung zu fördern, durch die höchst aktive Rolle, die er in der Kaiser-Wilhelm-Gesellschaft für Kohleforschung in Mülheim spielte. Seine Verbundenheit mit dem Institut, zu dessen Gründern er gehörte, wurde im Verlauf des Krieges außerordentlich eng, weil Emil Fischer eine maßgebliche Rolle bei der Koordinierung der chemischen Industrie für die wirtschaftliche Ausrüstung spielte und in ständigem Briefwechsel mit Stinnes über die Errichtung neuer Werke und über deren Versorgung mit Strom durch das RWE stand. Die Forschungsschwerpunkte, die der Direktor des Instituts für Kohleforschung, Franz Fischer, in diesen Jahren setzte, waren von einschlägiger Bedeutung für die drängenden Aufgaben der Treibstoffwirtschaft sowie der Produktion und Anwendung von Kohlenwertstoffen. Stinnes war willens, den Aufbau weiterer Forschungszentren zu unterstützen, insbesondere einer neu zu gründenden Kaiser-Wilhelm-Gesellschaft für Eisenforschung, für deren Ansiedlung in Mülheim er sich zusammen mit Lembke und Franz Fischer einsetzte. Während es Stinnes und Lembke eindeutig darum ging, etwas für den höheren Ruhm der Stadt Mülheim zu tun, hoffte Fischer, daß dadurch mehr Naturwissenschaftler in die einseitig von Industrieproduktion und Anwendungsforschung geprägte Region gezogen würden. Die KWG für Eisenforschung wurde schließlich Ende 1917 in Düsseldorf angesiedelt – auf Drängen des dortigen Bürgermeisters Marx und des Vereins deutscher Eisenhüttenleute der für das Institut einen Neubau in der Stadt bereitstellte. Stinnes wurde zu einem bedeutsamen finanziellen Förderer des neuen Instituts.[170]

Die zunehmend engere Verbindung zwischen RWE und elektrochemischer Industrie und die Implikationen, die dies für Deutsch-Luxemburg und die Firma Hugo Stinnes hatte, brachten Stinnes auch dazu, Forschungsarbeiten zu unterstützen, die seinen eigenen Zwecken unmittelbar dienlich waren. In einem Vorgriff auf das, was er drei Jahre später in größerem Maßstab bei Riebeck praktizieren sollte, rief er schon im September 1915 zusammen mit Goldenberg eine kleine Firma ins Leben, die dem RWE, den mit ihm verbundenen elektrochemischen Firmen, der Firma Stinnes und dem Deutsch-Luxemburg-Konzern mit wissenschaftlich fundiertem Rat zur Seite stehen sollte. Die Arbeit sollte sich zunächst einmal auf die Verbesserung der Produktionsverfahren für Kalziumkarbid, Ferrosilizium und Ferrochrom konzentrieren. Stinnes und seine Mitstreiter waren der Überzeugung, auf die «Anstellung eines wissenschaftlichen Chemikers ... für die verschiedenen Unternehmungen nicht mehr verzichten zu können». Zu diesem Zweck warb er Dr. Siegfried Hilpert von der KWG für Kohleforschung ab und installierte ihn als Privatdozent an der Bonner Universität, wo er zum einen Zugang zur Bibliothek hatte und zum anderen den diversen Laboratorien der Stinnesschen Unternehmen nahe war. Seine Aufgabe lautete, sich mit den chemischen und verfahrenstechnischen Problemen dieser Unternehmen zu befassen. Mit besonderem Nachdruck ermunterte Stinnes Dr. Hilpert, auch Stahlverarbeitung, Elektrolyse und die jeweiligen Nebenprodukte in seine Forschungen einzubeziehen, und machte ihm klar, daß er «sich sein zukünftiges Arbeitsfeld selbst ausarbeiten» mußte. Wie es scheint, trat Hilpert spätestens 1918 unmittelbar in die Dienste der Rheinischen Elektrowerke und stieg dort zu einer sehr bedeutsamen Figur des Stinnes-Imperiums auf.[171]

Zu den wichtigsten Aufgaben Hilperts gehörte es, verschiedenste naturwissenschaftliche Entwicklungen und Erkenntnisse unter die Lupe zu nehmen und zu kommentieren, die an Stinnes herangetragen wurden. So riet er Stinnes etwa im August 1918 davon ab, einem Vorschlag des Essener Chemieindustriellen Th. Goldschmidt und des schlesischen Kohlenmagnaten Fritz von Friedländer-Fuld näherzutreten, die im Interesse des von Friedrich Bergius entwickelten Verfahrens für die Kohleverflüssigung ein Monopol für die Einfuhr von Benzin, Petroleum und Schmieröl errichten wollten. Hilpert gelangte zu der zutreffenden Einschätzung, bei dem Bergius-Patent handle es sich vorläufig eher um eine «Idee» als eine Erfindung; so verständlich das Interesse der Industriellen daran sei, halte er es doch für falsch, ein Verfahren zu schützen, das weder in der Praxis erprobt sei noch seine Anwendbarkeit in industriellem Maßstab erwiesen habe.[172]

Die Einstellung Hilperts war keineswegs als Indiz für eine nachlassende Aktivität von Stinnes selbst in diesen Bereichen zu deuten. Wie seit Anbeginn seines Wirkens registrierte Stinnes auch jetzt noch aufmerksam alle neuen Erkenntnisse und Entwicklungen im Bereich der fossilen Brennstoffe und ihrer industriellen und wirtschaftlichen Nutzungsmöglichkeiten, und offenbar verfolgte er auch die wissenschaftliche Literatur. Als er einmal auf eine wissenschaftliche Arbeit von Franz Fischer und Wilhelm Gluud über die Schmierölgewinnung aus Kohle stieß, äußerte er die Überzeugung, dies sei eine «Angelegenheit ... von der größten Bedeutung». Die Arbeit zeigte einen Weg auf, wie durch Erhitzung von Bitumenkohle ein äußerst hochwertiges Gas und andere nützliche Nebenprodukte gewonnen werden konnten. Stinnes wies Goldschmidt an, sich mit Vögler, Hilpert, Pott und anderen Direktoren in dieser Sache zusammenzusetzen und einen Fachmann für Petroleum oder Braunkohleverflüssigung ausfindig zu machen, der sich mit den dabei anfallenden Teeren auskennen würde. Es müsse dabei auch Geld zu verdienen sein:

> «Meiner Meinung nach würde ein ganz gewaltiger Reichskredit erhältlich sein, wenn wir in Reisholz eine Anlage von 300000 t Kohle-Vergasung errichten würden, bei der ca. 3000 t erstklassige Öle gewonnen würden, deren Wert übrigens heute mehr als 3 Millionen oder M. 10. – pro Tonne Kohle beträgt.»[173]

Offenkundig fand Stinnes nichts dabei, Kredite oder Subventionen vom Reich in Anspruch zu nehmen, besonders in Kriegszeiten, in denen von der Privatwirtschaft außerordentliche Leistungen gefordert wurden. Der Krieg hatte die Schwierigkeiten und Dilemmata im Verhältnis zwischen Wirtschaft und Staat verstärkt. Ein wichtiger Aspekt dieses Problems waren die staatlichen Eingriffe in die wirtschaftlichen und sozialen Beziehungen und die politischen Folgewirkungen, die dies hatte; davon wird an späterer Stelle noch die Rede sein. Ein anderer Aspekt betraf die unterschiedlichen Sichtweisen auf die Rolle des Staates, die von einzelnen Gruppen der Wirtschaft artikuliert wurden. So löste beispielsweise eine Rede, die Professor Klingenberg von der AEG 1916 hielt, beim RWE und in anderen Bereichen der Stromwirtschaft große Unruhe aus. Klingenberg griff in dieser Rede Ideen auf, die er schon drei Jahre früher entwickelt hatte, und sprach sich für den systematischen Aufbau eines landesweiten Versorgungsnetzes durch Errichtung von etwa 25 Großkraftwerken unter Reichsregie aus, verbunden durch Hochspannungsleitungen von 100000 Volt. Dieses Netz sollte einerseits den bestehenden Kraftwerken zur Verfügung stehen, andererseits aber die vorhandenen Verbindungslücken zwischen städtischen und landkreiseigenen Kraftwerken schließen helfen. Klingenberg genoß hohes Ansehen wegen seiner Rolle beim Aufbau der Berliner Stromversorgung, und sein visionärer Entwurf eines reichsweiten Netzes war von hohem technischen Interesse. Was die RWE-Führungsriege, allen voran Stinnes, beunruhigte, war die Vorstellung, daß der Staat Großkraftwerke bauen sollte. Auf der einen Seite sahen sie den Vorschlag als Ausdruck der ureigensten wirtschaftlichen Interessen der AEG, die die technische Ausrüstung für solche Kraftwerke liefern wollte. Auf der anderen Seite lehnten sie es kategorisch ab, daß der Staat selbst in die Rolle eines großen Stromversorgers schlüpfte.[174]

Stinnes hatte sich seit langem für ein stärkeres Engagement des Staates beim Aufbau eines landesweiten Stromversorgungsverbundes stark gemacht, allerdings nur in bezug auf das Leitungsnetz, nicht auf die Stromerzeugung. In einer Analogie, die er sehr gern hervorholte, meinte er: «Als man die Eisenbahnen verstaatlichte, hat man auch nicht daran gedacht, das Bewegungsmittel, die Lokomotive, zu verstaatlichen, sondern man hat die Geleise verstaatlicht, so muß man sich auch jetzt auf elektrische Leitungen und Gasleitungen beschränken.»[175] Seit Ende 1916 war Stinnes in seinen Diskussionen mit Regierungsvertretern, die, so fürchtete er, dazu neigten, entweder die Klingenbergschen Ideen zu übernehmen oder aber auf eine zu bescheidene Definition der staatlichen Rolle zurückzufallen, bestrebt, sie davon zu überzeugen, daß der Staat nicht gut daran tat, sich das anzumaßen, was die Privatwirtschaft besser erledigen konnte, daß dieser andererseits jedoch viel mehr als bisher tun müsse, um die selbständige wirtschaftliche Aktivität der Städte und Gemeinden zu kontrollieren und zu bündeln, die von Verschwendung, Ineffizienz und Zersplitterung in der Versorgungswirtschaft geprägt sei. Die Kraftwerke der Zukunft würden, so lautete sein Credo, gleichzeitig Strom, Gas sowie Ölsubstitute und andere Nebenprodukte erzeugen. Er hatte nichts dagegen einzuwenden, daß die Regierung ein paar Großkraftwerke in eigener Regie errichten ließ, wo dies geboten erschien. Doch «diese neuzeitlichen Zentralen wird der Staat nicht richtig entwickeln. Er kann sie nachmachen, wenn die Privatinitiative vorangegangen ist.»[176]

Stinnes hielt nicht mit Lob über das RWE hinterm Berg, das hier den richtigen Weg gewiesen habe; es sei kein Zufall, erklärte er, daß das RWE so maßgeblich am Aufbau der KWG für Kohleforschung mitgewirkt habe. Die Aufgaben des Staates zeichneten sich hingegen immer dort ab, wo die private Unternehmerinitiative offenkundig an ihre Grenzen stoße:

> «Ich habe mich als Vorsitzender dieses Werkes davon überzeugt, daß leider die Machtmittel und die Bewegungsfreiheit eines privaten Werkes nicht im Entferntesten genügen, um die Verteilung der Produkte, die bei der rationellen Kohlenverwertung zunächst entstehen werden, in richtige Wege zu leiten.
>
> Hier muß der Staat eingreifen, ihm muß es obliegen, rechtzeitig und nach einem großzügigen Plan die elektr. Leitungen und die großen Gasleitungen durch das ganze Land zu ziehen, Einrichtungen, die, wenn sie heute schon vorhanden wären, uns vor der ganzen Transportkrise bewahrt hätten. Es wird sich, sobald man zusammenfassend und einheitlich organisieren kann, ergeben, daß sich von Basel bis Hamburg von den Kohlenrevieren aus wirtschaftlich das ganze Land mit Leuchtgas versorgen läßt.
>
> In der Elektrizitäts-Versorgung liegt es nicht viel anders. Was für den Westen gilt, gilt natürlich auch für den Osten.»[177]

Eine ähnliche Rationalisierung müsse im Bereich des öffentlichen Transportwesens erreicht werden; mit dem kommunalen Partikularismus, der beim Bau und Betrieb von Straßenbahnen und Kleinbahnen im Industrierevier geherrscht habe, müsse Schluß sein. Dies war ein Problem, das den Regierungspräsidenten Kruse in Düsseldorf ebenso umtrieb wie seine Kollegen in Westfalen und die Militärbehörden in der Provinz und in Berlin, denn hier zeigten sich in der Situation des Krieges Transport-Engpässe. Die Idee Kruses, die Vertreter sämtlicher zuständigen Kommunal- und Kreisbehörden in Ausschüsse zu setzen und sie dort ihre Differenzen bereinigen zu lassen, behagte Stinnes nicht, wußte er doch aus den Schilderungen Tippelskirchs, daß in solchen Ausschüssen nach dem Grundsatz gehandelt wurde: «Spuckst du mir nicht in meine Suppe, spucke ich dir nicht in deine Suppe.»[178] Der Krieg habe Deutschland des Personals – und insbesondere des Führungspersonals – beraubt, das das Land brauche; es sei daher unbedingt nötig, alte Streitigkeiten und Rivalitäten zu überwinden und produktive, zukunftsträchtige Lösungen zu finden. Für Stinnes bedeutete dies, daß man erst einmal ein halbes Jahrhundert nach vorne schauen und sich vorstellen mußte, wie das Rheinisch-Westfälische Industrierevier dann möglicherweise aussehen würde. Seiner Überzeugung nach würde bis dahin der Schwerpunkt der Bergbautätigkeit auf die nördliche Seite des Rhein-Herne-Kanals wandern, und die Zechen in und um Dortmund, Bochum, Essen, Mülheim und Duisburg würden abgebaut oder bereits stillgelegt sein. Verfeinerungsindustrien könnten in diesen Bereichen aber dank der Erzeugung von Gas und Strom aus Kohle sowie dank der Möglichkeit, diese über Fernleitung zu transportieren, fortbestehen. Die rationelle Nutzung von Kohle, Gas und Strom würde diese Regionen vor dem Schicksal des Bergischen Landes bewahren, nämlich der Abwanderung der erwerbstätigen Bevölkerung und dem Wertverlust der Häuser, Schulen und der anderen in besseren Zeiten geschaffenen Einrichtungen. So gesehen, würde ein intelligenter Umgang mit Energie- und Transportressourcen mithelfen, die «immer unangenehmeren Zusammenballungen von Proletariat und nicht bodenständigem Beamtentum» schon vorbeugend zu verhindern.

Stinnes erwartete für das rheinisch-westfälische Industrierevier eine ähnliche Entwicklung, wie sie in Groß-Berlin zu beobachten war, dessen Zentrum sich ebenfalls beständig verlagerte. In Berlin hatte man jedoch die Entwertung älterer Gebiete durch den Aufbau eines alle Teile verbindenden Nahverkehrssystems verhindert, dessen Realisierung im Ruhrgebiet schwieriger, aber dennoch notwendig sein würde. Nach Ansicht von Stinnes ließ sich dies am besten durch eine dem RWE nachempfundene Organisation bewerkstelligen, ein sogenanntes gemischtwirtschaftliches Unternehmen, an dem Staat, Landkreise und Kommunen Seite an Seite mit der Privatwirtschaft beteiligt sein würden und das nach dem Prinzip einer gemäßigten Profitorientierung arbeiten würde. Es war nichts weniger als ein Langzeitkonzept für die Entwicklung einer ganzen Region, das hinter den Stinnesschen Ideen für die Organisation des öffentlichen Versorgungswesens – im Sinne der Versorgung mit Strom und Gas wie mit einer öffentlichen Verkehrs-Infrastruktur – stand:

> «Der Abwanderung des Industriezentrums nach Norden müßte von vornherein Rechnung getragen werden. Der Süden mit seiner älteren Kultur und seinen gesünderen Wohnungs- und Bevölkerungs-Verhältnissen müßte dem nördlichen Bergbau erschlossen bleiben. Von allen Seiten der Peripherie müßten auch Nahrungsmittel aller Art in den Bezirk einströmen.»[179]

Ein solches Gesamtkonzept, zu dem natürlich auch eine zweckmäßigere Vernetzung der Kanäle und verbesserte Übergänge zwischen Kanälen und Eisenbahnen gehören mußten, würde die Voraussetzungen für die problemlose regionale Fortbewegung von Personen und Gütern in Friedens- wie Kriegszeiten schaffen und den Problemen vorbeugen, die sich bei der versuchten Umsetzung des Hindenburg-Programms gezeigt hatten. Was die Ausführungen von Stinnes über ihren unmittelbaren Anlaß hinaus – die Probleme und Pannen beim Gütertransport auf den diversen Kleinbahnen mit ihren unterschiedlichen Spurweiten und anderen Absonderlichkeiten – interessant machte, war der weit in die Zukunft reichende Blick, aus dem heraus er seine konkreten Vorschläge entwickelte:

> «Die Vorarbeiten bis zur Ausführung müßten etwa in den ersten 4–5 Jahren nach Friedensschluß bewerkstelligt werden, in denen wir eine wirtschaftliche Hochkonjunktur erhalten werden und alles daran setzen müssen, durch Ausfuhr wieder zur Weltwirtschaft zu gelangen. In der wahrscheinlich darauffolgenden Zeit eines wirtschaftlichen Niedergangs müssen die erzeugten Fabrikate und die vorhandenen Arbeitskräfte für die Ausführung der großen Verkehrsprojekte verwandt werden, um in dieser Zeit nicht auf die Abgabe der Fertig- und Halb-Fabrikate nach dem Ausland angewiesen zu sein, von dem diese Waren dann wahrscheinlich nicht angenommen werden. Nach Fertigstellung des größeren Verkehrsnetzes würden wir dann bei dem Einsetzen einer neuen Hochkonjunktur für neue Aufgaben verkehrswirtschaftlich gerüstet sein und würden auch im Falle eines neuen Krieges mit den geschaffenen Verkehrseinrichtungen ausreichen.»[180]

Wie so oft war Stinnes auch jetzt wieder höchst unzufrieden mit dem, was bei den Besprechungen zwischen staatlichen und militärischen Vertretern über Leistungsverbesserungen bei den Kleinbahnen herausgekommen war. Besonders hart ging er mit den zivilen Eisenbahnverwaltungen und Minister Breitenbach ins Gericht, der in seinen Augen nicht begriff, welche Anforderungen der Krieg stellte. Ohne einen «Wechsel der Anschauungen oder der Person» würde es der Militärverwaltung nicht gelingen, einen Wandel zum Besseren zu erreichen. Seiner Überzeugung nach konnten die Militärs nur durch Anwendung «rücksichtsloser Gewalt» eine Lösung dieser Probleme erzwingen. Die Legitimation für ein solches Vorgehen lag nach Stinnes' Überzeugung, wie gesehen, in seiner Einschätzung der Marktbedingungen nach dem Krieg und der Gefahren eines künftigen Krieges.[181]

3. «Und Ludendorff wird doch siegen»

«Rücksichtslose Gewalt» war sicherlich das Gebot der Stunde und war auch das, was Deutschland von seinen Feinden zu gewärtigen hatte. Stinnes ging bei seinem Eintreten für den sogenannten «Hindenburg-Frieden» von Annahmen über die militärischen Fähigkeiten Deutschlands aus, deren Richtigkeit sich erst noch auf dem Schlachtfeld erweisen mußte. Als Unternehmer, die auf der Grundlage ihrer Erwartungen handelten, trafen Stinnes und seine Kollegen Entscheidungen, die sich nur dann bewähren konnten, wenn die militärische und politische Entwicklung den Erwartungen entsprechend verlief. Das bedeutet nicht unbedingt, daß sie vom Realitätsgehalt dieser Erwartungen vollkommen überzeugt gewesen wären; sie wußten vielmehr ganz genau, daß es nicht in ihrer Macht lag, den Krieg zu gewinnen, und daß allzu oft der Glaube das Wissen ersetzen mußte. Glaube hält am längsten vor, wenn er durch Taten untermauert wird; die militärischen Eroberungen Deutschlands lieferten Stinnes und seinen Kollegen ein Operationsfeld, auf dem sie glaubten, die Weichen für die Zukunft stellen zu können, die ihnen für die Zeit nach Abschluß eines «Hindenburg-Friedens» vorschwebte. Auf der einen Seite mußten sie Strukturen schaffen, die sie in die Lage versetzen würden, die wirtschaftlichen Zielvorgaben des von ihnen bejahten Imperialismus zu verwirklichen. Auf der anderen Seite mußten sie Mittel und Wege finden, ihre Verluste in Grenzen zu halten, falls etwas schiefging, und sich gegenüber einer Regierung zu behaupten, in der viele entschlossen waren, jede sich bietende Gelegenheit für die Ausweitung des staatlichen Einflusses zu nutzen. Wenn Stinnes zum führenden Vertreter der deutschen Industrie avancierte, so hatte dies vor allem mit seiner Fähigkeit zu tun, harte, aber phantasievolle Taktiken für das Aushandeln und Durchsetzen dieser komplexen Interessen zu finden und anzuwenden.

Was ihn ebenfalls für diese Rolle qualifizierte, war seine Neigung, den weitblickenden Visionär zu spielen; was bei anderen als ganz und gar zweckbestimmte wirtschaftliche Entscheidungen oder als Ausflüsse eines nackten Imperialismus erschienen wäre, konnte Stinnes so präsentieren, daß es zu einem Mosaikstein in einem grandiosen Gesamtentwurf für die Zukunft Deutschlands, ja der Welt wurde. Es gab in seinem Denken schwerwiegende Inkonsequenzen und Widersprüche, so zum Beispiel die Annahme, daß Deutschland die von ihm verkündeten Kriegsziele erreichen könne, oder die Überzeugung, der wirtschaftliche Internationalismus der Vorkriegswelt könne wiederhergestellt werden. Wie auch immer, der Umstand, daß er sein Handeln immer in einen großen Zusammenhang stellte, war eine wichtige Voraussetzung für die überzeugende Art und Weise, in der er politische Meinungen verfocht, die im Rückblick höchst fragwürdig, wenn nicht sogar absurd erscheinen, und nur so ist es zu erklären, weshalb so viele seinen Rat suchten.

Als etwa der Straßburger Bürgermeister Rudolf Schwander Ende August 1917 zum Staatssekretär des Reichswirtschaftsamtes ernannt wurde, wandte er sich unter anderem an Stinnes, mit dem er seit langem bekannt war, und stellte ihm Fragen zur wirtschaftlichen Zukunft Deutschlands und zur Wirtschaftspolitik. Er machte deutlich, daß ihn nicht theoretische Problemstellungen interessierten, sondern Fragen wie die, ob Deutschland seine Stellung auf dem Weltmarkt würde wiedererlangen können, was Stinnes von dem von Naumann vorgelegten Mitteleuropa-Programm sowie von Freihandel und Protektionismus, Kartellen und Syndikaten, gemischten Wirtschaftsunternehmen hielt und welche Ideen er für die Zukunft des Verkehrswesens und der Binnenschiffahrt habe. Stinnes' Stellungnahme zu diesen Fragen stellt die erschöpfendste Zusammenfassung seiner Anschauungen dar, die wir haben; er gab sie zu einem Zeitpunkt ab, als die innenpolitische und militärische Lage für ihn zu sprechen schien: Bethmann Hollweg war gestürzt, die neue Regierung unter Herbert Michaelis schien bereit, sich außenpolitisch nach den Wünschen der Obersten Heeresleitung zu richten. Der U-Boot-Krieg hatte vielversprechend begonnen, die Front im Westen schien stabil zu sein, Rußland stand vor dem Zusammenbruch. So mußte Stinnes zwar betonen, die Antwort auf die Fragen Schwanders hänge ab vom politischen Ausgang des Krieges, er konnte aber optimistisch davon ausgehen, daß es zu einem die militärische und wirtschaftliche Sicherheit und Zukunft Deutschlands gewährleistenden Friedensschluß kommen würde.[182]

Andererseits war Stinnes sich sehr wohl der Gefahr bewußt, daß der Krieg verloren werden könnte, wenn es Deutschland nicht gelang, den Ring zu sprengen, den die Entente um das Reich gelegt hatte, und das ging bei realistischer Abwägung des Möglichen nur durch ein Bündnis Deutschlands mit Rußland und Japan. Stinnes behauptete, Japan wolle ein solches Bündnis und sei zum Bruch mit England bereit. Das bedeutete jedoch, daß Japan als Großmacht anerkannt werden mußte, denn «in anderer Weise dürfen wir mit Japan nicht paktieren und unseren Beistand leihen in der kommenden Auseinandersetzung wegen Ostasien». Stinnes rechnete offenkundig mit weltweiten Machtverteilungskämpfen und betrachtete es als wesentlich, daß Deutschland dabei eine Rolle spielte. Ihm standen die Wahlmöglichkeiten, die Deutschland hatte, klar vor Augen: «Wir müssen auch auf der Seite der aggressiven Macht liegen, um an den Vorteilen, die von dieser erzielt werden, im Allgemeinen und in Afrika im Besonderen teilzunehmen.» Anders gesagt: Die Gewinne, die Japan in Asien auf Kosten der anderen Großmächte erzielte, würden Deutschland nicht nur die Möglichkeit geben, in Asien Fuß zu fassen, sondern ihm auch die Chance eröffnen, in Afrika gegen die anderen Kolonialmächte Boden zu gewinnen.

Stinnes hielt diese globale Vision für unvereinbar mit den Zukunftsplänen der Mitteleuropa-Enthusiasten und machte auch aus seiner Verachtung für die Doppelmonarchie keinen Hehl:

> «Deutschland *muß* die Weltmachtstellung wieder erlangen, sonst exportiert Deutschland innerhalb 5 Jahren nach dem Kriege Menschen statt Ware und sinkt bei seinem kleinen Wirtschaftsgebiet auf den Stand einer Macht 2ten Ranges zurück.
>
> Österreich-Ungarn mit seinem Völkermischmasch und seiner Abneigung gegen das Reichsdeutsche bietet uns überhaupt keinen Ersatz für den Weltmarkt.
>
> Ich würde einen vollen Zollverein mit Österreich-Ungarn für diskutabel halten, weil wir dann nach 10–20 Jahren wirtschaftlich und auch agrarisch die-

sen Staat beherrschen würden. Selbstredend müßte das Aktienrecht und alles Andere auf beiden Seiten paritätisch freiheitlich geregelt sein.

Aber mit Halbheiten zu Gunsten eines halb verkrachten Staates verbarrikadieren wir uns den Abschluß vernünftiger Verträge mit den großen Wirtschaftsgebieten der Welt.

Wie kann ich von England ernsthaft die alte Position im englischen Imperium verlangen, wenn ich unsere Bundesgenossen nach Naumann'schen Ideen bevorzugen will, wie kann ich in Rußland eine überragende Stellung auch bezüglich der Rohstoffgewinnung in Anspruch nehmen, wenn ich in Ernteerzeugnissen und Anderen Österreich-Ungarn billigere Sätze gewähre?

Die Naumann'sche Theorie annehmen, bedeutet doch nichts Anderes, als das Ergebnis unserer einfältigen Politik – nämlich die Einkreisung – in Permanenz zu erklären, während wir gerade beim Friedensschluß den Ring sprengen müssen.

Unsere internationalen Verbindungen werden wir ganz unzweifelhaft wiederbekommen.»

Stinnes nahm für sich in Anspruch, durch die von ihm im Ausland aufgebauten Organisationen selbst einen Beitrag zur Sicherung von Krediten für die Finanzierung künftiger deutscher Exporte zu leisten, denn nach dem Krieg werde Deutschland auf amerikanische, holländische und skandinavische Gelder für just diesen Zweck angewiesen sein. Er betonte, daß an solche Kredite nur auf privatem Wege heranzukommen sein werde, und stellte es als höchst wichtig heraus, daß die Wirtschaft einen möglichst großen Handlungsspielraum erhielt, da ein staatlicher Dirigismus sich nur nachteilig auf die Bemühungen zur Wiederherstellung der internationalen Handelsbeziehungen Deutschlands auswirken könne. Stinnes hatte darüber hinaus den Eindruck, daß im diplomatischen Dienst Deutschlands vieles im argen lag; dem Personal des Auswärtigen Amtes fehlte es in seinen Augen an der Qualifikation; hier müsse mit einem «eisernen Besen» ausgekehrt werden. In der Frage des Protektionismus nahm Stinnes eine pragmatische Haltung ein, hielt es jedoch für eine Grundregel, daß es in dem Maß, wie die deutsche Wirtschaft ihren Schwerpunkt auf Verarbeitung und Fabrikation verlagerte, zunehmend im deutschen Interesse liege, für unbeschränkte Handelsfreiheit sowohl im industriellen als auch im landwirtschaftlichen Bereich einzutreten. Er warnte davor, die Bildung von Kartellen und Syndikaten über das absolut notwendige Maß hinaus zu fördern, hätten doch «die Syndikatsleitungen ... die Tendenz, schlechter und bürokratischer zu werden, weil die Leute sterben, die im freien Wettbewerb gestanden haben. Die Syndikate bilden keine wirtschaftlich denkenden Menschen heran, sondern Bürobeamte und Selbstkostenmänner.» Mit Nachdruck verwies Stinnes immer wieder darauf, wie wichtig es sei, unternehmerisches Denken zu fördern, und so sehr er sich für gemischtwirtschaftliche Unternehmen stark machte, so sehr pochte er darauf, daß sie möglichst nach denselben Grundsätzen geführt werden müßten wie Privatunternehmen.

Die Zukunft des Verkehrs- und Transportwesens wurde für Stinnes in den beiden letzten Kriegsjahren zu einem zentralen Thema, und er ließ keine Gelegenheit aus – auch nicht sein «Manifest» für Schwander –, den zuständigen Minister Breitenbach zu attackieren, dem es in seinen Augen an jeder Zukunftskonzeption für den Eisenbahnverkehr fehlte. Weitere Projekte, für die Stinnes warb, waren der Bau eines West-Ost-Kanals und die Schiffbarmachung des Rheins bis zum Bodensee. Während er an bayerischen Kanalprojekten kein gutes Haar ließ, war er bereit, dem Plan eines Moselkanals etwas Positives abzugewinnen, aber nur falls Deutschland die gesamte Region um Briey an sich brachte. Hierbei betonte er jedoch, daß westlich von Metz keinesfalls der Aufbau von Verfeinerungsbetrieben zugelassen werden dürfe, da ansonsten eine Verlagerung der Rüstungsproduktion zu befürchten sei, mit der Folge, daß Deutschland «im nächsten Krieg wehrlos» wäre.

Stinnes hatte also ein umfassendes wirtschaftliches Entwicklungsprogramm für Deutschland im Kopf – und natürlich auch für seine eigenen Firmen. Gegenwart und Zukunft, Krieg und Frieden waren in seinem Denken untrennbar miteinander verknüpft, und die diversen Kapital- und Unternehmensgruppen und staatlichen Kräfte, mit denen er verbunden war und die seine Ansichten teilten, hielten es für grundlegend wichtig, den Krieg für den Aufbau von Strukturen zu nutzen, die die künftige wirtschaftliche Ausbeutung der zu erwartenden Kriegsgewinne erleichtern würden.

Eine bedeutsame und interessante Illustration hierfür lieferten die drei sogenannten Deutsch-Belgischen-Gesellschaften, die 1916 ins Leben gerufen wurden, um die Unterwanderung der belgischen Wirtschaft durch deutsches Kapital zu bewerkstelligen. Die Initiative zur Gründung dieser drei Gesellschaften (für Industrie, Boden und Verkehr) ging von den deutschen Besatzungsbehörden in Belgien aus. Hier taten sich zwei alte Rivalen zusammen, die sich mittlerweile vertrugen und in die gleiche Richtung dachten: Landrat Carl Gerstein, jetzt Präsident der Zivilverwaltung der Provinz Brabant, und Hugo Stinnes. Ausgehend von Vorschlägen, die der für das Bankwesen zuständige Abteilungsleiter der Zivilverwaltung, Freiherr von Lumm, unterbreitet hatte und die von Militärgouverneur von Bissing vorbehaltlos unterstützt wurden, regte Gerstein im Oktober 1915 die Bildung eines aus deutschen Wirtschaftsvertretern bestehenden Ausschusses an, der die Übernahme belgischer Unternehmen und feindlicher Beteiligungen an belgischen Firmen koordinieren sollte. Stinnes fand die Idee reizvoll, erklärte jedoch, eine solche Operation müsse von deutschen Unternehmerorganisationen getragen werden, die zur Vergabe und Aufnahme von Krediten befähigt seien. Sie sollten nach seinem Wunsch unabhängig von bestehenden deutschen Syndikaten sein, sich aber auf die verbriefte Unterstützung der Besatzungsbehörden in Belgien und des deutschen Staates stützen können. Stinnes war nicht der einzige Großindustrielle, dem Gerstein seine Idee vortrug. Auch Hugenberg wurde einbezogen, und er äußerte die Sorge, ein solches Vorgehen werde der deutschen Wirtschaft den Vorwurf eintragen, aus der militärischen

Lage Belgiens Kapital schlagen zu wollen. Mit diesem Argument konnte er Bissing und den Innenminister Helfferich zu der Zusage bewegen, daß sie die Gründung der Gesellschaften als eine Initiative des Staates, ergriffen im nationalen Interesse, darstellen und rechtfertigen würden. Die Statuten für die Gesellschaften wurden indes 1916 von Gerstein und Stinnes ausgearbeitet. Eine zusätzliche Rechtfertigung für die Errichtung der Gesellschaften lieferte die Behauptung, amerikanische Kapitalgruppen schickten sich an, die belgische Wirtschaft zu unterwandern, und Deutschland müsse dafür sorgen, daß die sehr gewichtigen englischen und französischen Beteiligungen an belgischen Unternehmen in deutsche Hände übergingen. Das Ziel war, kurz gesagt, die «Germanisierung» der belgischen Wirtschaft.[183]

Mit Stinnes verbundene Firmen und Konzerne spielten in den im Oktober 1916 gegründeten Gesellschaften eine maßgebliche Rolle, namentlich Deutsch-Luxemburg und das RWE; zu den Gründungsmitgliedern gehörten aber auch die GBAG, Krupp, Phoenix und eine Anzahl bedeutender Gas- und Stromerzeuger; die großen Elektrounternehmen wie AEG und Siemens traten, ebenso wie andere große Firmen, später ein. Über die Existenz dieser Gesellschaften wurde aus auf der Hand liegenden politischen Gründen möglichst wenig geredet, zumal sich an ihren Status heikle Fragen knüpfen ließen. Auf der einen Seite sollten sie private Organisationen sein, für deren künftiges Wohlergehen der Staat keine Verantwortung trug und deren Interessen er in Friedensverhandlungen nicht berücksichtigen mußte – sie mußten also selbst sehen, wie sie ihre Investitionen im Hinblick auf alle Eventualitäten des Kriegsverlaufs schützen konnten. Auf der anderen Seite erwarteten sie, bei der Übernahme belgischer Beteiligungen und Vermögenswerte von den Behörden begünstigt zu werden.

Daß dies letztere geschehen würde, war keineswegs von Anfang an klar. Ludwig von Köhler, Leiter der Abteilung für Handel und Industrie bei der deutschen Zivilverwaltung in Belgien, schien der Auffassung zu sein, den Gesellschaften stehe kein Vorrecht auf den Erwerb freiwerdender belgischer Beteiligungen zu. Gerstein sah dies ganz anders; in seinen Augen konnte die «Germanisierung» mit allen ihren militärischen und politischen Implikationen nur funktionieren, wenn die interessierten deutschen Gruppen koordiniert vorgingen. Er hatte zwar nichts dagegen, daß neue Mitglieder in die Gesellschaften eintraten, verneinte aber, daß jeder Deutsche das Recht habe, auf eigene Faust in Belgien einkaufen zu gehen. Es war angesichts der Rolle, die Gerstein selbst zehn Jahre zuvor bei der Vereitelung der Stinnesschen RWE-Pläne gespielt hatte, nicht ohne Pikanterie, daß er nun an Stinnes schrieb, die Widerstände gegen eine exklusive Berücksichtigung der Gesellschaften hingen vermutlich damit zusammen, «daß eine Kraft wie Sie dahinter steckt»; er riet Stinnes, sich an den Kanzler oder gleich an «den Retter aus unserer Not, Ludendorff», zu wenden.[184] Für Stinnes war ein Hilfeersuchen an den «Retter» indes nur als äußerster Notbehelf denkbar. Dessenungeachtetet, war er äußerst aufgebracht und drohte damit, sich aus dem ganzen Unternehmen zurückzuziehen:

«Zur Wahrung der Interessen der Auslandsdeutschen und zur Förderung der Verdeutschung Belgiens habe ich für meine Person und meine Firma alle Bedenken zurücktreten lassen, die bei meinen ausgedehnten Auslandsbeziehungen in einem solchen Umfange vorhanden sind, wie bei keinem anderen Beteiligten.

Um aber eine Komödie mit Leuten von dem Schlage des Herrn von Köhler in Belgien aufzuführen, dazu sind meine Auslandsbeziehungen, die selbstverständlich durch die belgische Aktion aufs Höchste gefährdet werden, während sie von den feindlichen Mächten bisher ganz gut behandelt worden sind, für die Allgemeinheit und für mich persönlich viel zu wertvoll.»[185]

Stinnes wandte sich an Helfferich, mit dem Erfolg, daß das Problem alsbald zu seiner und Gersteins Zufriedenheit gelöst war. In ihrem konkreten Verhalten agierten die Gesellschaften nicht immer so vornehm, wie es nach der Korrespondenz zwischen Stinnes und Gerstein den Anschein haben mochte. Das zeigte sich namentlich am Beispiel der kurz zuvor entdeckten Kohlevorkommen von Campine, deren völlige Übernahme durch die deutschen Industriellen sogar Helfferich zu verhindern suchte. Die Kohle von Campine warf die interessante Frage auf, welches Interesse für die deutsche Seite schwerer wog: das an der Stärkung der flämischen Separatisten, für die Campine ein bedeutsamer Aktivposten war, weil die Kontrolle darüber ihre Abhängigkeit von deutscher Kohle vermindert hätte, oder das an der Beschneidung der belgischen Kohle-Autarkie durch Überführung der Vorkommen in deutsche Hände. Stinnes hatte für den flämischen Separatismus nicht viel übrig. Er war vielmehr darauf aus, die betreffenden Gebiete von Belgien abzutrennen: «Meines Erachtens muß Antwerpen und die Campine ein staatliches Sondergebilde werden, das einstmals den Charakter einer freien Reichsstadt nach Hamburgs Muster bekommen kann und damit engsten Anschluß ans Reich finden würde.»[186] Er gelangte zu dem für ihn unbefriedigenden Schluß, daß diese Dinge erst nach Kriegsende bewerkstelligt werden könnten, was jedoch nichts an seiner Überzeugung änderte, daß die Gesellschaften das richtige Vehikel für die Erreichung des Zieles seien, indem sie auf breiter Front deutsche Eigentumstitel auf belgischem Boden etablierten. Erwähnenswert ist, daß die Radikalität, mit der Stinnes für die Liquidation nicht nur englischer und französischer, sondern auch belgischer Beteiligungen im Campine-Gebiet eintrat, nicht nach jedermanns Geschmack war. Arthur von Gwinner von der Deutschen Bank sprach offen davon, daß damit praktisch ein Exempel für die Enteignung privater Vermögenswerte statuiert würde, und stellte in einem Gespräch die rhetorische Frage: «Was wird Herr Stinnes sagen, wenn man ihn in Deutschland enteignen will!»[187]

Die Gesellschaften hatten mittlerweile bereits zugeschlagen und in Antwerpen eine nicht unbedeutende Schiffswerft und eine Anzahl Versorgungsbetriebe übernommen. Die Übernahme verfallener Anteile an diesen und anderen Unternehmen erfolgte zu Preisen, die weit unter dem wirklichen Wert lagen; zudem wurde der Kaufpreis in diskontierten Wechseln oder Kriegsanleihen entrichtet, ein Kunstgriff, der die Käufer für den Fall absicherte, daß die übernommenen Betriebe zerstört würden oder Deutschland den Krieg verlöre. Stinnes hatte natürlich jede Menge «Kundschaft», als es an die Abwicklung dieser Geschäfte ging, denn mittlerweile drängten sich führende Unternehmer und Firmen um die Mitgliedschaft in den Gesellschaften. Stinnes scheint indes bis zum bitteren Ende die treibende Kraft gewesen zu sein, und er scheute auch nicht davor zurück, den Opportunismus zu artikulieren, der dem ganzen Projekt innewohnte. Im September 1918, als klar wurde, wie schlecht es in Wirklichkeit um die Sache Deutschlands stand, ergriff er Partei für Mitglieder der Gesellschaften, die sich über die lediglich 6–7prozentige Verzinsung der von ihnen erworbenen belgischen Beteiligungen beklagten, und meinte, eine solche Verzinsung «von Werten in einem Lande, in welchem unser weiteres Schicksal unsicher sei, könne nicht als diskutabel bezeichnet werden».[188] Er lobte im gleichen Atemzug ihre Bemühungen um die Zusammenfassung der belgischen Transportunternehmen mit der Begründung, dies liege im Interesse der Belgier selbst.

Der wahre Zweck der Übung bestand freilich nicht darin, den Belgiern etwas Gutes zu tun, sondern vollendete Tatsachen zu schaffen, an denen bei künftigen Friedensverhandlungen kein Weg mehr vorbeiführen würde. Welches Denken hier am Werk war, dafür lieferte der Bankier Louis Hagen, Vorsitzender der Kölner Handelskammer, eine aufschlußreiche Demonstration. Im August 1918 übermittelte er Stinnes einen von den Mitgliedern seiner Organisation einstimmig verabschiedeten Vorschlag, in dem die Regierung aufgefordert wurde sicherzustellen, daß Deutschland eine beherrschende Stellung nicht nur im Hafen von Antwerpen, sondern auch im belgischen Eisenbahnwesen gewann. «Ein Einfluß auf den Hafen allein würde nicht genügen, da er durch eine feindselige Eisenbahnpolitik lahmgelegt werden könnte.»[189] Dies müsse, betonte Hagen, unverzüglich durchgeführt werden, da es sich in Friedensverhandlungen nur schwer werde durchsetzen lassen. Stinnes begrüßte diesen Vorstoß nicht nur, sondern zeigte sich außerordentlich erbost, als einige Mitglieder der Handelskammer Ende September angesichts der veränderten militärischen Lage davon abrieten, die Petition zu diesem Zeitpunkt einzureichen. Die Kammer habe kein Recht, polterte Stinnes, die Entschließung zurückzuhalten. «Ich bin der Meinung, daß die vorgeschlagenen Maßnahmen richtig sind, unabhängig davon, wie die augenblickliche Kriegslage erscheint.»[190]

Dieses eigenartige Schwanken zwischen einer zynischen Politik des Wirtschaftsimperialismus und der Ausbeutung und selbstgerechten Bekenntnissen zu wirtschaftlicher Rationalität und kaufmännischer Korrektheit zeigte sich besonders auffällig, wenn es um die Frage der Eisenerzversorgung und die geplante Annektierung von Briey-Longwy ging. Stinnes gehörte zu den erklärten Befürwortern dieses Postens auf der Wunschliste der Annexionisten, wußte aber auch ganz genau, daß es andere gab, die der Meinung waren, der Bedarf der deutschen Eisen- und Stahlindustrie an Minette-Erzen ließe sich am besten durch eine Verständigung mit der französischen Konkurrenz decken, die ihrerseits auf deutsche Kokskohle angewiesen war.

Ein wichtiger Vertreter der Gruppe, die für Verhandlungen mit den Franzosen auf Unternehmerebene eintrat, war der Mannesmann-Direktor Moritz Meyer, der bis zum Kriegsausbruch sehr gut mit Schneider-Creusot im Geschäft gewesen war und besonderes Geschick bei der Bestechung französischer Parlamentarier bewiesen hatte. Während an seiner Tatkraft und seiner Begabung kein Zweifel bestehen konnte, hatte er sich mit seinen fragwürdigen Methoden auch im Kollegenkreis suspekt gemacht, und als er sich im Frühjahr 1916 mit der Andeutung an Stinnes wandte, daß Verhandlungen mit französischen Industriellen auf Schweizer Boden unter gleichzeitigem «Schmieren» bestimmter Politiker zu einer Verständigung führen könnten, zeigte Stinnes sich ganz und gar unbeeindruckt. Nicht daß er Skrupel gehabt hätte, zwecks «Beseitigung von Einzelhindernissen» in bestimmten Fällen zum Mittel des Schmierens zu greifen. Wenn es sich jedoch «nicht nur darum handelt, den Staat etwas auszuplündern, sondern das Land geradezu zu verraten», dürfe man die Wirksamkeit des Schmierens nicht überschätzen. Entscheidender war aber, daß Stinnes' Vorschläge, die weniger als die regelrechte Annektierung von Briey-Longwy vorsahen, ohnehin nicht gefielen.

Seiner Überzeugung nach, ließ er Meyer wissen, sei «die Abtretung des Minette-Gebietes, einschließlich Verdun, unbedingt notwendig ..., denn nach den Erfahrungen, die die großen deutschen Werke in Frankreich gemacht hatten, sei der französische Staat und die gesamte Beamtenschaft in den Schikanen derart erfinderisch, daß, wenn die Abtretung nicht erfolge, mit einer Entwickelung des Gebietes nicht gerechnet werden könne. Dann aber sei vor allen Dingen damit zu rechnen, daß im Falle einer erneuten kriegerischen Entwickelung das Erzgebiet, auch das jetzt deutsche, unter dem Feuer leistungsfähiger französischer Artillerie liegen würde. Gleichzeitig würde man damit zu rechnen haben, daß in der Ostsee feindliche U-Boote in genügender Zahl die Zufuhr des Schweden-Erzes unterbinden würden, und somit würde die Verteidigungsfähigkeit Deutschlands tatsächlich nicht mehr gesichert sein.»[191]

Meyer schien freilich überzeugt, daß die französische Industrie bereit sei, Longwy und einige weitere Gebietsteile im Tausch gegen einige deutsche Konzessionen im südlichen Elsaß herauszugeben. Daran glaubte Stinnes nun zwar nicht, aber er schrieb an Staatssekretär des Äußeren, Jagow (der seinen Rat erbeten hatte), das Auswärtige Amt solle Meyer ein Treffen mit Vertretern der französischen Wirtschaft in der Schweiz gestatten. Stinnes hatte den Eindruck, es gehe den Franzosen vielleicht darum zu retten, was noch zu retten war, nachdem ihre Widerstandskraft offenbar zur Neige ging, und Schneider-Creusot hoffe womöglich, durch ein Abkommen mit der deutschen Industrie seinen Kohlennachschub sichern zu können. Meyer erhielt die Erlaubnis, in der Schweiz zu verhandeln, zunächst mit einem Vertreter von Schneider-Creusot und mit Senator Humbert. Den Sommer über zogen sich die Gespräche eher schleppend hin – möglicherweise nährte der Verlauf der Schlacht an der Somme bei den Franzosen die Hoffnung, sie könnten das Saargebiet an sich reißen und bräuchten sich dann keine Sorgen mehr um ihren Kohlennachschub zu machen. Im Herbst kamen offenbar Verhandlungen in Gang zwischen Vertretern der französischen Schwerindustrie auf der einen und Meyer und Bergassessor Alfons Horten von der Kriegsrohstoffabteilung (KRA) auf der anderen Seite. (Horten war ein ehemaliger Thyssen-Mann, der demnächst die vor kurzem unter Zwangsverwaltung gestellten de-Wendel-Werke übernehmen sollte.) Dabei schälte sich allem Anschein nach der Plan heraus, Briey um 1100 Millionen Francs zu verkaufen, die durch eine belgische Kontributionsanleihe aufgebracht werden sollten. Für die dieser Preisfindung zugrunde liegenden Berechnungen scheint Horten verantwortlich gewesen zu sein. Stinnes verkniff es sich, Meyer direkt zu sagen, was er von all dem hielt, doch gegenüber Staatssekretär Zimmermann machte er keinen Hehl aus seiner Empörung:

> «Ich kann nicht umhin, meinem lebhaften Bedenken Ausdruck zu geben, daß ein gerissener Semit übelsten Aussehens, unterstützt durch einen z. Zt. in amtlicher Stellung befindlichen Bergassessor und Leiter der Stahlwerke von de Wendel, über Lebensfragen der deutschen Wehrfähigkeit unter Ausschluß der deutschen Fachleute verhandelt.»[192]

So sehr Stinnes Zimmermann einerseits von einem Weitergehen auf diesem Weg abriet und davor warnte, durch eine «voreilige Lauferei minderwertiger Elemente» zu riskieren, daß den Erfolgen der OHL ein Teil ihrer Wirkung genommen würde, so nützlich schätzte er offenbar die Schweizer Aktivitäten Meyers im Hinblick auf die durch sie gewonnenen Erkenntnisse über die französischen und belgischen Eisenindustriellen ein, denen die Lieferengpässe bei Stahl und der Termindruck bei der Granatenfertigung offenbar schwer zu schaffen machten: «Das Vermögen schwindet unter der Hand, und die Nervosität steigt. Das soll man nicht bremsen.»

Tatsächlich konnte auch Stinnes selbst eine gewisse Nervosität nicht verhehlen; so berichtete er im ersten Teil seines Briefes an Zimmermann über die Devisenknappheit, die so akut geworden war, daß er sich zu einer Reise nach Kopenhagen und Stockholm entschlossen hatte, um sich ein Bild von der Lage zu machen und herauszufinden, ob es irgendwelche Mittel und Wege gab, den Wechselkurs der Mark zu verbessern. Die Eisenerzimporte aus Schweden – über 70 Millionen Tonnen zwischen 1915 und 1918 – waren eine schwere Hypothek für die deutschen Devisenreserven und den Wechselkurs der Mark. Regierung und Reichsbank versuchten die Situation dadurch zu entschärfen, daß sie die Eisen- und Stahlindustrie zwangen, sich ihre Kredite bei schwedischen Banken zu besorgen, was bedeutete, daß sie nach Kriegsende in Kronen rückzahlbar sein würden. Wie Vögler im Oktober 1917 voller Sorge an Stinnes berichtete, hatte Deutsch-Luxemburg allein 10 Millionen Mark in Wertpapieren zur Absicherung schwedischer Kredite bei deutschen Banken hinterlegt. Die schwedischen Forderungen sahen zu diesem Zeitpunkt den Rückzahlungsbeginn zum 1. Juli 1919 vor; Vögler fürchtete, daß bis dahin die Mark erheblich an Wert verlieren würde, und schätzte den Gesamtumfang der von der Industrie aufgenommenen Kredite auf über 200 Millionen Mark. Stinnes hatte offenkundig die Logik für sich, wenn er Schwander erklärte, Deutschland müsse sich bei den neutralen Ländern Darlehen besorgen; allerdings schwang dabei die Einschätzung mit, daß diese Schulden im Falle einer für Deutschland erfolgreichen Beendigung des Krieges eine andere Wertigkeit bekämen.[193]

Die Abhängigkeit von den schwedischen Erzen war unangenehm, aber eine Realität. Wie Stinnes im Juli 1917 in einem Schreiben an Fehrmann widerwillig konzedierte, konnte die deutsche Schwerindustrie auf die phosphorhaltigen schwedischen Erze notfalls gerade noch verzichten, nicht aber auf den Hämatit. Die ersteren hatten einen doppelt so hohen Eisengehalt wie die Minette-Erze, und ihr Ausbleiben würde die deutsche Stahlerzeugung stark schrumpfen lassen; beide Erzsorten waren aber auch deshalb von außerordentlicher Bedeutung, weil sie unter geringerem Koksverbrauch verhüttet werden konnten, was in Zeiten knapper Kohle wichtig war. Als Gerüchte aufkamen, daß die Schweden, bei denen viele der politischen Wortführer als Sympathisanten der Entente-Mächte galten, die Lieferungen nach Deutschland unterbinden oder drosseln wollten, löste dies erhebliche Nervosität aus, auch wenn jedermann wußte, daß Schweden auf Deutschland als Großabnehmer letzten Endes nicht verzichten konnte und, was vielleicht noch schwerer wog, für das Weiterfunktionieren seiner Wirtschaft auf deutsche Kohle angewiesen war. Weitere Kosten entstanden durch den Erwerb von Anteilen an der Firma Sydvaranger. Obwohl weder Stinnes noch Hugo jun., der im Oktober 1916 eine erschöpfende Besichtigungstour durch die schwedischen Erzgebiete unternommen hatte, glaubten, daß Deutsch-Luxemburg mit dem schwedischen Hämatit viel anfangen konnte – um so mehr dagegen mit den phosphorreichen Erzen –, gaben sie dem Drängen des Auswärtigen Amtes, das die Übernahme einer Kontrollmehrheit durch die Engländer um jeden Preis verhindern wollte, nach und kauften gemeinsam mit einigen anderen deutschen Eisen- und Stahlunternehmen die Anteile auf, die in britische Hände zu fallen drohten.[194]

Die Ungewißheit über den Erznachschub aus Schweden steigerte zweifellos das Interesse am Erwerb von Briey-Longwy, und 1917 inszenierte der Verein Deutscher Eisen- und Stahlindustrieller, unter seinem Geschäftsführer Jakob Reichert, eine großangelegte Kampagne mit dem Ziel, Staat und Öffentlichkeit davon zu überzeugen, daß diese Region in deutsche Hände gehörte – neben technischen Experten wurden als Propagandisten auch Historiker aufgeboten. Ihr primäres Anliegen war es, gegen die Vorstellung Front zu machen, die Sicherung der Erzlieferungen könne anstatt durch Annexionen auch durch einschlägige Friedensvertragsbestimmungen erreicht werden. Besonders großen Anklang schienen die Industriellen mit ihrer Kampagne bei der OHL zu finden, so daß Stinnes im August 1918 vermelden konnte, daß «bezüglich des Briey-Beckens die Oberste Heeresleitung selbstverständlich nach wie vor auf demselben Standpunkt wie bisher [steht], daß aber natürlich die Durchsetzung dieses Standpunktes später davon abhängt, ob unsere Macht beim Friedensschluß stark genug ist».[195]

Es ist in diesem Zusammenhang von Interesse, daß Stinnes, so verächtlich er sich 1916 über den Inhalt der von Moritz Meyer geführten Verhandlungen mit den Franzosen geäußert hatte, dessen direkte Kontakte zu französischen Industriellen weiterhin mit Interesse verfolgte. Diese Kontakte wurden auch 1918 weiter gepflegt, offenbar mit Rückendeckung Arthur von Gwinners von der Deutschen Bank, und Meyer achtete darauf, Vögler und Stinnes stets über seine Schritte auf dem laufenden zu halten. Stinnes selbst hatte einen wichtigen Kontakt zu einer der Personen geknüpft, mit denen Meyer in Verbindung stand, dem Grafen de Saintignon, der Anfang 1918 sein schon vor dem Krieg gemachtes Angebot erneuerte, seine wertvollen Erzvorkommen bei Differdingen und seine Erzfelder in Longwy zu verkaufen. Saintignon war schon lange für eine französisch-deutsche Zusammenarbeit eingetreten und bat nun Stinnes, ihm zu helfen, in die Schweiz zu gelangen, von wo aus er gegen die französische Politik Stellung nehmen und versuchen wollte, seine Kollegen von der französischen Industrie davon zu überzeugen, daß diese Politik sich ändern mußte. Stinnes war selbstverständlich willens, Saintignon für seine Bereitschaft, seine Vorkommen zu verkaufen, zu belohnen. «Man darf nicht den moralischen Erfolg übersehen», schrieb er, «den es haben würde, wenn ein Mann von der Autorität und den Verbindungen wie Graf de Saintignon in der Öffentlichkeit für eine Verständigung mit Deutschland sich aussprechen würde.»[196] Wenn Stinnes einen Industriellen wie Saintignon ermunterte, sich gegen die antideutschen Kräfte in Frankreich zu stellen, tat er dies guten Gewissens, weil er wirklich glaubte, die Voraussetzungen für eine Gemeinsamkeit der Interessen – zu deutschen Bedingungen natürlich – seien gegeben; dagegen wies er die Vorstellung, man könne Politiker wie Poincaré und Clemenceau gegeneinander ausspielen, in Bausch und Bogen zurück: «Beide müssen gehen, bevor Frieden kommen kann, und deshalb muß man nichts tun, um einen gegen den anderen auszuspielen.»[197] Vereinbarungen zwischen Industriellen hatten auch noch andere Vorteile. Zum einen waren sie privater Natur und zumindest theoretisch haltbarer, weil immun gegen die allfälligen Ergebnisse von Friedensverhandlungen. Zum zweiten war der Staat nicht mit von der Partie, weder als Vermittler unbefriedigender Kompromisse oder halbherziger Maßnahmen noch als wirtschaftliche Einzelinteressen plattwalzende Machtinstanz. Es hatte Stinnes zutiefst beunruhigt, wie die Firma de Wendel liquidiert und wie die Bemühungen einer rheinisch-westfälischen Gruppierung, den Konzern zu übernehmen, von einer Interessenkoalition sabotiert worden waren, die aus AEG, Felten & Guilleaume und Mannesmann bestand, wobei Walther Rathenau eine erstaunliche Bereitschaft gezeigt hatte, die reichhaltigen Erzvorkommen aus dem Besitz de Wendels in den Händen des Reichs zu belassen. Das Ergebnis war, daß die rheinisch-westfälische Gruppierung gegenüber bayerischen, elsässischen und anderen Interessenten das Nachsehen hatte. Auch wenn Stinnes dafür Rathenau und Horten verantwortlich machte, sah er darin ein weiteres typisches Beispiel dafür, wie der Hase lief, wenn der Staat sich einmischte.[198] Man brauchte zwar die Staatsmacht, um den angestrebten «Erzfrieden» mit Frankreich durch Einsatz militärischer Gewalt zu erzwingen, aber Stinnes mißtraute zutiefst der Fähigkeit staatlicher Apparate, mit den erworbenen Pfunden zu wuchern.

Diese Anschauungen prägten auch das Verhalten, das Stinnes und seine Geschäftspartner in ihren Bemühungen um einen «Ölfrieden» mit Rumänien an den Tag legten. Rumänien war 1914 der viertgrößte Erdöl-Exporteur der Welt, und bis zum Kriegseintritt Rumäniens an der Seite der Entente im August 1916 war das rumänische Öl trotz der vielen von der rumänischen Regierung errichteten Hürden von äußerster Bedeutung für die deutsche Rüstung und Kriegführung. Deutschland errang zwar einen raschen militärischen Sieg, aber die verheerenden Sabotageaktionen der Briten führten zu schweren Einbußen bei der laufenden Förderung. Wenn das rumänische Öl bereits im April 1917 wieder floß, verdankte Deutschland das im wesentlichen dem Einsatz seiner Ingenieure und Facharbeiter, die vor Ort für die Steaua Romana (die über die Deutsche Petroleum-Aktiengesellschaft [DPAG] faktisch von der Deutschen Bank beherrscht wurde) und für deren von der Disconto-Gesellschaft beherrschten Konkurrentin, die Deutsche Erdöl-Gesellschaft (DEAG), arbeiteten. Der deutsche Anteil an der rumänischen Erdölwirtschaft stand also unter der Kontrolle dieser beiden deutschen Großbanken, denen als Hauptkonkurrentinnen die Royal Dutch Shell (in deren Astra Romana hauptsächlich britisches und holländisches Kapital steckte) und die Esso-Tochter Romana Americana gegenüberstanden. Über die ergiebigsten Vorkommen verfügte die Romana Americana, die den Erdölmarkt in Rumänien und Deutschland beherrschte und ihre Förderung in Deutschland über die Deutsch-Amerikanische Petroleum-Gesellschaft (DAPG) vermarktete, die Firma des bedeutenden deutschen Pioniers des Erdöltransports, Heinrich von Riedemann. Als die Deutsche Bank in den Jahren 1910–12 versucht hatte, die beherrschende Marktstellung der DAPG durch Schaffung eines staatlichen Erdölmonopols zu untergraben, war dies am Widerstand der Disconto-Gesellschaft und verschiedener wirtschaftlicher Interessengruppen, nicht zuletzt der Zechenbesitzer, gescheitert. Zu den schärfsten Kritikern der Idee hatte Stinnes gehört, der den Versuch lächerlich fand, Preissenkungen im Interesse einer absterbenden Lampenöl-Industrie herbeizuführen.[199]

Angefacht wurde das unmittelbare Interesse des Hugo Stinnes am rumänischen Erdöl in den Jahren 1917–18 durch den zunehmenden Einsatz von Dieselmotoren, vor allem auf Schiffen, aber auch in Flugzeugen und Automobilen, sowie in einem allgemeineren Sinn durch sein Engagement in Sachen Energiepolitik und Nebenprodukt-Verwertung. Er vollzog seinen Einstieg in diese Branche in enger Zusammenarbeit mit Albert Ballin. Ballin vertrat zwar in einigen außenpolitischen Fragen eine ganz andere Meinung als Stinnes und war alles andere als optimistisch gestimmt, doch andererseits war er als Gesellschafter und maßgeblicher Investor an der Firma beteiligt, die sich um die Übernahme der belgischen Campine-Kohlevorkommen bemühte; im Dieselmotor sah er ein wesentliches Element für den Wiederaufbau der deutschen Handelsflotte. Wie Stinnes hielt er Diversifizierung für das beste wirtschaftliche Zukunftsrezept und wollte sich in eine Position bringen, von der aus er den wirtschaftlichen Herausforderungen der Nachkriegszeit begegnen konnte:

> «Mir ist es klar, daß es notwendig ist, billigen Betriebsstoff uns zu sichern und neue Verdienstquellen der Hamburg-Amerika Linie zu eröffnen, damit ihre Erwerbskraft nicht mehr an eine einzige Unternehmung gebunden ist. In dieser Beziehung hat uns der Krieg vieles gelehrt, und dazu kommt noch, daß meiner festen Überzeugung nach nach einer kurzen Blüte die Schiffahrt eine jahrelange Sterilität erleiden muß.»[200]

Während es sich von selbst verstand, daß man Rumänien nicht, wie Belgien, permanent besetzen oder gar annektieren konnte – aus Gründen der Geographie und weil dem die Interessen Österreich-Ungarns und Bulgariens entgegenstanden –, schien die militärische Niederwerfung des Landes eine unvergleichlich günstige Gelegenheit zur Schaffung vollendeter Tatsachen zu eröffnen, nämlich zur Liquidierung britischer sowie (nach dem Kriegseintritt der USA) amerikanischer Beteiligungen an der rumänischen Erdölwirtschaft und deren Überführung unter deutsche Kontrolle; auch konnte man die Rumänen jetzt zwingen, erdölträchtige Gebiete an die Mittelmächte zu verpachten. Dies würde es, besonders wenn dazu noch die erhofften Förderkonzessionen in Mesopotamien kamen, Deutschland nicht nur ermöglichen, den Prozeß der Motorisierung voranzutreiben, bei dem es in Rückstand geraten war, sondern auch in den Kreis der Mächte aufzurücken, die den Erdöl-Weltmarkt kontrollierten.[201]

Die Bemühungen von Ballin und Stinnes, auf dem rumänischen Ölmarkt Fuß zu fassen, gewannen im Spätherbst 1917 an Dynamik. Die ganze Angelegenheit war voller Komplikationen. Da waren einerseits die Deutsche Bank und die Disconto-Gesellschaft, die ein offenkundiges Interesse am Ausbau ihrer Stellung hatten, da war aber auch Riedemann, ein guter Freund Ballins, bei dem jedoch «in Geldsachen die Gemütlichkeit» aufhörte.[202] Und da waren nicht zuletzt die militärischen und zivilen Instanzen in Rumänien und Berlin sowie die interessierten bayerischen und hamburgischen Transport- und Raffineriebetriebe. Stinnes rechnete offenbar zunächst damit, über seine engen Kontakte zu Leutnant Roderich Schlubach, der als Wirtschaftsfachmann des Generalstabs die deutschen Militärbehörden in Rumänien beriet, Einfluß auf den Gang der Dinge nehmen zu können. Ende November 1917 drängte er Schlubach, für die Gründung zweier aus deutschen Privatunternehmen bestehender Syndikate zu werben; das eine sollte von den Banken getragen werden und die Kontrolle über «möglichst wenig» unerschlossene rumänische Ölvorkommen erhalten, im zweiten sollten sich die interessierten Transportunternehmen zusammenschließen, und ihm sollten «möglichst umfangreiche Ländereien» zur Verfügung gestellt werden als «Grundlage für eine großzügige Ölversorgung» der deutschen Schiffahrt.[203]

Die Trennung der beiden Gruppen schien um so wünschenswerter, als Stinnes Gerüchte zu Ohren gekommen waren, denen zufolge Bayern sich dafür stark machte, den gesamten rumänischen Ölexport auf Donautankern nach Regensburg zu verschiffen. Im Gegensatz zu Steaua und DEAG konnten die west- und norddeutschen Reeder kein Interesse an einem Ölhafen Regensburg haben. Nicht weniger wichtig war, daß die von Stinnes und Ballin geschmiedeten Pläne weit über Rumänien hinausreichten. Stinnes regte gegenüber Ballin an, die von ihnen gemeinsam errichtete Holding-Gesellschaft solle versuchen, eine florierende deutsche Tiefbohrfirma wie die Deutsche Schachtbau-Gesellschaft zu übernehmen, einen einschlägig versierten Technikspezialisten einzustellen und dann selbst nach Öl zu bohren, und zwar nicht nur in Rumänien und Mesopotamien, sondern auch in anderen Ländern. Sein Favorit war Ernst Middendorf, Generaldirektor der Deutschen Schachtbau und ehemaliger DEAG-Direktor, der seinen Posten als Geschäftsführer der drei deutsch-belgischen Gesellschaften vor kurzem aufgegeben hatte und bei dem man sich, anders als bei Riedemann, darauf verlassen konnte, daß er ihre Pläne für Deutschland und andere Weltregionen für sich behalten würde.

Sehr bald änderte Stinnes jedoch seine Meinung über Riedemann, als er nämlich erfuhr, daß dieser ein Kaufangebot für die liquidierte Romana Americana eingereicht hatte; als Eigner der reichhaltigsten rumänischen Ölfelder würde er zu einem höchst begehrenswerten Kandidaten für die Aufnahme in die Holding-Gesellschaft werden. Einen weiteren, in dieselbe Richtung gehenden Anreiz lieferten das Auswärtige Amt und das Reichswirtschaftsamt durch Errichtung einer Treuhand-Gesellschaft, hinter der die Deutsche Bank, die Disconto-Gesellschaft, die Darmstädter und die Dresdner Bank standen und die im Auftrag des deutschen Staates die herrenlos gewordenen Konzessionen übernehmen sollte. Die beiden letztgenannten Banken hatten übrigens gar kein Kapital in der Erdölindustrie – hinter der Treuhand-Konstruktion stand die Idee, eine neutrale Instanz ins Leben zu rufen, die sich eher dem Staat als privaten Interessengruppen verpflichtet fühlen würde. Der Hamburger Bankier Max Warburg, der eng mit Ballin zusammenarbeitete, äußerte die Befürchtung, die Regierung wolle «gemischtwirtschaftliche Betriebe» errichten, «die immer ein zweifelhaftes Vergnügen in kapitalistischer Beziehung sind».[204]

Zur alles entscheidenden Aufgabe wurde es nun, eine starke Interessengruppe zusammenzuschmieden, die für sich die Mitgliedschaft in der Treuhand-Gesellschaft erzwingen würde – und damit das Recht, bei der Neuordnung der rumänischen Erdölwirtschaft und der Neuverteilung ihrer – jetzt staatlich verwalteten – Vermögenswerte mitzumischen. Es galt, hierfür den für eine Übernahme der Romana Americana denkbar gut postierten Riedemann sowie diverse hamburgische und bayerische Reedereien und Raffinerien einzuspannen. Es galt zugleich, sich von der Idee zu verabschieden, die Deutsche Schachtbau zu übernehmen oder Middendorf anzuheuern, denn Riedemann sah keinen Sinn darin, in eine Förderfirma zu investieren, solange man nicht sicher war, ob man die Förderkonzessionen, auf die man es abgesehen hatte und für die man die Firma letztlich brauchte, überhaupt bekommen würde. So kam es, daß die am 20. Dezember 1917 in Hamburg gegründete Mineralöl-Handels- und Beteiligungsgesellschaft mbH eine weitaus weniger exklusive Veranstaltung wurde, als von Stinnes geplant, und daß sie sich, zumindest vorläufig, weniger der Förderung von Erdöl widmete als dem Bemühen, sich einen Platz in der von den Banken beherrschten Treuhand-Gesellschaft zu sichern. Was Stinnes noch saurer aufstieß, war die Tatsache, daß, obwohl die HAPAG-Hugo Stinnes AG größter Einzelaktionär in der neuen Holding war, Staatssekretär von Stein vom Reichswirtschaftsamt es für überaus wichtig hielt, daß der Name Stinnes im Zusammenhang mit ihr zumindest vorläufig nicht genannt würde, «da er sonst gewisse Schwierigkeiten befürchte».[205]

Allein, weder diese Art von Diskretion noch die massierte Präsenz mächtiger wirtschaftlicher Interessengruppen, weder das dringende Interesse am zügigen Wiederaufbau einer deutschen Handelsflotte noch die Ernennung Wilhelm Cunos (eines ehemaligen hohen Beamten im Finanzministerium, der gerade bei der HAPAG Direktor geworden war) zum Geschäftsführer des neuen Unternehmens reichten aus, um diesem die Aufnahme in den Kreis der Treuhänder zu sichern. Von Stein erklärte, die Arbeit der Treuhand-Gesellschaft sei zu weit fortgeschritten, als daß die Hereinnahme eines neuen Gesellschafters noch sinnvoll sei; er sicherte Ballin zu, die Interessen aller einschlägig engagierten Firmen angemessen zu berücksichtigen, wenn es soweit war. Tatsächlich wußte niemand, was die Regierung wirklich vorhatte. Auf der ersten Sitzung des Aufsichtsrates der neuen Holding äußerten mehrere Teilnehmer die Ansicht, es werde nützlich sein, Gespräche mit der Deutschen Bank und der Disconto-Gesellschaft sowie mit den Direktoren ihrer rumänischen Tochtergesellschaften, Emil Georg Stauss von der Deutschen Bank und Rudolf Nöllenburg von der DEAG, zu führen mit dem Ziel, eine Einheitsfront der am rumänischen Öl interessierten Firmen zustande zu bringen. Während Riedemann sich für diese Idee stark machte, wollte Stinnes möglichst lange unabhängig von den Banken operieren und die von ihm favorisierte Bildung einer Organisation der Produzenten vorantreiben.[206]

Wie jedoch bald deutlich wurde, gab es keine wirkliche Alternative zu einer Allianz mit den Banken, wenn man die von der Regierung geplante «Mitteleuropäische Erdölgesellschaft» und das damit verbundene Handelsmonopol auf rumänisches Erdöl und seine Folgeprodukte verhindern wollte. Gedacht war das ganze als gemischtwirtschaftliches Unternehmen, wobei die österreich-ungarischen Partner von allen aus Rumänien importierten Mengen einen Viertelanteil erhalten sollten. Zwar sollten alle teilnehmenden Privatfirmen Aktien und Mitbestimmungsmöglichkeiten erhalten, doch war durch die Ausgabe von Vorzugsaktien mit Sonderstimmrecht von vornherein sichergestellt, daß die Regierung über die Stimmenmehrheit verfügte. In den Augen Nöllenburgs, Stauss', Cunos und der anderen beteiligten Unternehmer konnte das nur zu einer Bürokratisierung des Ölgeschäfts und einer planwirtschaftlichen Organisation führen, die völlig unzweckmäßig war in einem Marktbereich mit notorisch starken Nachfrage- und Angebotsschwankungen. Nach Ansicht von Hugo Stinnes jun., der im Auftrag seines Vaters Ende Februar nach Rumänien reiste, um sich ein Bild von der Lage zu machen, kam für die Stinnes-Ballin-Gruppe gar nichts anderes in Frage, als im Bündnis mit den Banken diese staatlichen Monopolpläne zu bekämpfen. Dieser Auffassung schloß sich Cuno an, und nach einigem Zögern kam Hugo Stinnes sen. zum selben Ergebnis.[207]

Während für Ballin und Stinnes zunächst eine gewisse Versuchung bestand, eine Allianz mit der DEAG zu bilden – beide waren eng mit der Disconto-Gesellschaft verbunden –, erkannten sie schließlich, daß sie sich vorrangig mit der Gruppe Deutsche Bank/DPAG zusammenschließen mußten, um dann die DEAG/Disconto ins Schlepptau zu nehmen, denn Tatsache war, daß die Deutsche Bank an allen Standorten des Erdölgeschäfts als wichtigste deutsche Kraft präsent war: in Rumänien, in Mesopotamien, sogar in Argentinien. Sie verfügte zweifelsfrei über die besten Leute und die größte Erfahrung. Wie Stinnes, dem es persönlich am liebsten gewesen wäre, wenn man sich mit den Banken überhaupt nicht hätte arrangieren müssen, es ausdrückte: «Das technisch höher stehende Personal müssen wir aber bevorzugen, wenn wir Geld verdienen ... wollen.» Oder an anderer Stelle: «Offen gestanden, halte ich die Deutsche Bank mit ihrem Personal für besser als die Disconto-Gesellschaft.» In jedem Fall hielt Stinnes es für wichtig, daß deutsche Interessengruppen nicht gegeneinander konkurrierten; er sah im rumänischen Erdöl den Rohstoff für den Aufbau einer Treibstoffproduktion in Deutschland sowie, nach dem Krieg, auf internationaler Ebene. Er gehörte ja auch zu den bedeutendsten Kohlenförderern und war immer daran interessiert, zwischen den verschiedenen Brennstoffarten Verzahnungen im Produktions- und Vermarktungsbereich herzustellen. Seine Sorge galt überdies der Wiederherstellung des internationalen Güteraustauschs und der Lösung des Problems der Kriegskosten, und die Möglichkeiten, die sich in Rumänien boten, beflügelten seine Kreativität – oder seine Phantasie. Wie er Cuno wissen ließ, würden die kriegführenden Länder nach Friedensschluß ihren Bürgern schwere Steuerlasten aufbürden müssen. «Meines Erachtens müssen Deutschland, England und Amerika beim Friedensschluß ein Welthandelssyndikat für Brennstoffe schaffen, das die Möglichkeit bietet, durch gewaltige Ausfuhrabgaben die Kriegslasten zum größten Teil auf die Neutralen [abzuwälzen]. Bei fünfzig Mark Ausfuhrabgabe pro Tonne Kohle kämen für Deutschland und England je drei Milliarden Mark heraus.»[208]

In die Tat umgesetzt konnten solche hochfliegenden Pläne natürlich nur werden, wenn sowohl die einschlägig tätigen Wirtschaftsbranchen als auch die Regierung sich einer an den Stinnesschen Vorgaben orientierte Politik befleißigten, und das sollten weder die einen noch die anderen tun. Der Versuch, als Alternative zu dem von der Regierung angepeilten staatlichen Monopol ein privates Monopol auf die Beine zu bringen, wurde zwar unternommen, scheiterte aber daran, daß bei den im April und Juni 1918 geführten Verhandlungen über eine Interessengemeinschaft zwischen der Ballin-Stinnes-Gruppe und den beiden Bankgruppen die alten Ressentiments und Feindseligkeiten zwischen den beiden letzteren neuerlich zutage traten. Am 1. Juli war das «Affentheater», wie Ballin es nannte, vorbei.[209]

Besser gingen die Verhandlungen über die Übernahme der Riedemannschen DAPG durch Ballin und Stinnes voran. Doch damit konnte keineswegs sichergestellt werden, daß die Schiffe Riedemanns jemals rumänisches Öl transportieren würden, und Stinnes blieb letzten Endes nur die Verärgerung über die Regierung und die Enttäuschung über die Banken. Im Grunde teilte er die Ansichten von Emil Georg Stauss von der Deutschen Bank, der die strengen wirtschaftlichen Bedingungen des im Mai 1918 abgeschlossenen Bukarester Abkommens kritisierte, durch die die Kontrolle über das rumänische Erdöl nicht in privatwirtschaftliche, sondern in staatliche Hand gelegt wurde und das der rumänischen Seite Auflagen und Verpflichtungen aufzwang, die Unmut erzeugten und an die sie sich nach dem Abzug der deutschen Besatzungstruppen höchstwahrscheinlich nicht mehr halten würden.[210] Im Sommer 1918 galt jedoch der Satz, daß bei Öl, gleich aus welcher Quelle es stammte, seine kurzfristige Verfügbarkeit wichtiger war als seine langfristige Bedeutung. Ende August übermittelte Riedemann an Stinnes alarmierende Berechnungen zu den Deutschland noch verbliebenen Ölvorräten und fügte die nervöse Warnung hinzu, Deutschland stehe vor einer «Katastrophe», wenn im Hinblick auf den kommenden Winter nicht wesentlich mehr Lampenöl aus Rumänien importiert würde, man müsse dafür notfalls eine Drosselung der Schmieröl-Produktion in Kauf nehmen. «Könnten Sie nicht die Frage an entscheidender Stelle anschneiden und zur Entscheidung drängen?» bat er Stinnes.[211]

Es sagt einiges aus über die Reputation des Hugo Stinnes und das Zutrauen in seine Fähigkeit, Dinge zu bewegen, daß ein Riedemann sich mit einem solchen Ansinnen an ihn wandte. Auch Ballin glaubte daran, daß Stinnes mit seiner Autorität und Tatkraft Berge versetzen könne; in einem Anflug von Prophetie schrieb er ihm Anfang August 1918, er sei froh zu hören, daß Stinnes sich ein paar Tage in Weißkollm erholen wolle, zumal er «nach der ganzen politischen Lage die Überzeugung habe, daß man ungeheure Ansprüche an Sie während des Winters stellen wird».[212] Bemerkenswert ist daran, daß die Lage, in der sich Deutschland im Sommer 1918 befand, und die Entwicklung, die ihm im Herbst bevorstand, nicht zuletzt auf eine Politik zurückzuführen war, die Stinnes tatkräftig unterstützt hatte, und natürlich hatte Ballin nicht vergessen, daß zwischen ihm und Stinnes tiefgreifende außenpolitische Meinungsverschiedenheiten bestanden. Anfang Februar 1917 hatte Ballin an Stinnes die Warnung übermittelt, die Vereinigten Staaten würden in dem Augenblick in den Krieg eintreten, wenn weitere amerikanische Todesopfer zu beklagen wären, und er hatte hinzugefügt, der deutsche Generalstab unterschätze die Vereinigten Staaten ebenso,

Hugo Stinnes während des Krieges

wie er England unterschätzt habe. Stinnes hatte seinerzeit zugegeben, daß dieser Punkt zwischen ihnen seit Februar 1915 strittig war, als Stinnes den Einsatz der U-Boot-Waffe als «ultima ratio» gutgeheißen, andererseits aber bestritten hatte, daß die folgenschweren Beschlüsse von Anfang 1917 irgend etwas mit einer Unterschätzung der USA durch die OHL zu tun hatte:

«Dabei muß ich unseren Generalstab dagegen verwahren, daß er Amerika militärisch, wirtschaftlich und politisch unterschätzt, wenigstens Hindenburg und namentlich Ludendorff sind sich der außerordentlichen Bedeutung Amerikas auch für die Zeit nach dem Friedensschluß voll bewußt. Aber sie sehen, ebenso wie Tirpitz, nachdem die militärische Lage seit September 1916 wieder repariert ist, nur die Möglichkeit, zu einem für Deutschland günstigen Frieden zu gelangen, in der Ausführung des rücksichtslosen U-Boot-Krieges, der unseren augenblicklich zielbewußtesten und tüchtigsten Feind England in seinen Existenz-Bedingungen trifft.»[213]

Anfang 1917 setzte Stinnes noch sehr weitgehende Hoffnungen in die U-Boot-Waffe, sicher auch aufgrund seiner Überzeugung, daß der Krieg nicht zu Lande entschieden würde; aber auch die rein zahlenmäßigen Hochrechnungen schienen für die Wirksamkeit des U-Boot-Krieges zu sprechen. Im März 1917 versenkten die Deutschen pro Monat 700000 bis 800000 Tonnen Schiffsraum, wesentlich mehr als die 200000 Tonnen an neuem Schiffsraum, die die Gegenseite monatlich vom Stapel ließ. Natürlich wußte Stinnes, daß der Feind seine Schiffsproduktion steigern und daß die Rechnung nur aufgehen würde, wenn Deutschland weiterhin eine hohe Versenkungsrate erreichte. Als Gerüchte aufkamen, daß Italien an den Abschluß eines Separatfriedens dachte, schrieb Stinnes an Zimmermann: «Ich persönlich gehe so weit, daß ich im Falle eines Separatfriedens mit Italien den Krieg als verloren ansehen werde, sofern man es für ausgeschlossen hält, ihn zu Land zu einer endgültigen Entscheidung zu bringen.»[214] Er begründete diese bemerkenswerte These damit, daß ein Ausscheiden Italiens aus dem Krieg die Entente-Mächte zwingen würde, ihre Saloniki-Expedition abzubrechen, was wiederum die deutsche Marine ihrer besten U-Boot-Jagdgründe berauben würde, denn im Mittelmeer mit seinem klaren Wasser und seinen relativ engen Passagen könnten Torpedos mit weit höherer Treffsicherheit eingesetzt werden als in der Nordsee oder im Atlantik mit ihren durch stürmisches Wetter aufgewühlten, trüben Gewässern.

Es ist eigenartig, daß Stinnes über die Tatsache, daß der U-Boot-Krieg die ihm zugedachte Wirkung, nämlich England in die Knie zu zwingen, nicht erzielte, nie gründlich nachdachte oder wenigstens nicht die angemessenen Schlüsse daraus zog. Diese Inkonsequenz im Denken war in Deutschland massenhaft anzutreffen, auch und gerade im gebildeten und begüterten Bürgertum und bei den führenden Köpfen von Heer und Marine, doch Stinnes hatte sich als Befürworter des uneingeschränkten U-Boot-Krieges ganz besonders lautstark hervorgetan und auch seine Kontakte zu Ludendorff in diesem Sinne genutzt. Darin unterschied er sich deutlich von Männern wie Ballin und Rathenau. Auch letzterer hatte Kontakte zu Ludendorff gepflegt und war von diesem offenkundig ernstgenommen worden. Wie Ballin schätzte Rathenau die Wirtschaftskraft der USA hoch ein und fürchtete sie. Seinem Verständnis nach lag die *raison d'être* des uneingeschränkten U-Boot-Krieges darin, daß er die beabsichtigte Wirkung innerhalb weniger Monate erzielen konnte und mußte, doch wie Rathenau Ludendorff im Juli 1917 ungeschminkt vorrechnete, würde die deutsche Marine eineinhalb Jahre brauchen, bis sie die als kriegsentscheidend erachtete Menge allierten Schiffsraums versenkt haben würde; in dieser Zeit würde der Feind seine Schiffbau-Kapazität jedoch erheblich steigern können. Hieraus folgte wiederum, daß der Sieg doch nur zu Lande errungen werden konnte. Schon der letzte deutsch-französische Krieg habe jedoch gezeigt, wie schwierig es sei, einen totalen Sieg zu erringen, obgleich man damals unter für die deutsche Seite fast idealen äußeren und inneren Voraussetzungen angetreten sei. Solche Voraussetzungen seien in dem augenblicklichen Weltkrieg nicht gegeben. «Um die Wünsche unserer Annektionisten zu erfüllen», gab Rathenau zu bedenken, «würde es wahrscheinlich nicht genügen, wenn Paris allein besetzt sei, wahrscheinlich müßte noch der Besitz von London hinzutreten.»[215]

Solche ernüchternden Überlegungen wollte oder konnte Stinnes nicht anstellen. Erfreulicher war für ihn bestimmt die von einem Freund von Hugo jun. mit guten Marinekontakten überbrachte Mitteilung, daß deutsche U-Boote allein im Dezember 1917 800000 Tonnen feindlicher Schiffstonnage versenkt hatten und daß Deutschland im Februar und März 1918 so viele neue U-Boote pro Monat fertigstellen würde, «als Otto im April Jahre alt wird» – das waren 15. Wenn sie alle ins Geschehen eingriffen, würde das eine «schöne Blutwurst» geben, und zusammen mit einem «sauberen Durchbruch», wie er ihn von der für das Frühjahr geplanten deutschen Großoffensive erwartete, «dürfte [das] den Krieg entscheiden».[216] Daß der U-Boot-Krieg eigentlich gestartet worden war, um eine solche Großoffensive unnötig zu machen, war offenbar in Vergessenheit geraten. Hugo jun. vermeldete zu dieser Zeit zwar auf der einen Seite, daß Oberst Bauer und Major Harbou von der OHL mit großer Zuversicht in die Zukunft blickten, zeichnete aber andererseits ein viel nüchterneres Bild des U-Boot-Krieges: Er bewertete die dem Feind im Dezember zugefügten Verluste als eher bescheiden und wies darauf hin, daß Deutschland nicht weniger als elf U-Boote verloren habe und daß, weil sich demzufolge relativ wenige U-Boote auf See befanden, im Januar mit geringeren Versenkungsziffern zu rechnen sei.[217]

Sowenig man Hugo Stinnes einen Vorwurf daraus machen konnte, daß er im Januar 1918 lieber ein halbvolles als ein halbleeres Glas sehen wollte, so unübersehbar war doch, daß die Voraussagen der Marineleitung falsch gewesen waren. Man kann angesichts dessen nur darüber staunen, daß weder das Nichtaufgehen der U-Boot-Strategie noch das Scheitern der großen Offensiven zwischen März und Juli 1918 zu einem Umdenken führten: Die Marineleitung rief vielmehr die Industrie erneut zu einem großangelegten U-Boot-Programm auf und versuchte, Stinnes und seine Kollegen als treibende Kräfte dafür zu gewinnen. Mit diesem sogenannten Scheer-Programm – benannt nach dem Stabschef der Marine, der es sich offenbar ausgedacht hatte – verfolgte die deutsche Führung das erklärte Ziel, England rasch an den Verhandlungstisch zu zwingen, indem man so viele englische Schiffe versenkte, daß die Briten befürchten mußten, von den USA als führende Handelsnation verdrängt zu werden. In diesem Sinne appellierte die Marine an die deutsche Industrie, die benötigten U-Boote in Rekordzeit zu bauen, und wieder war es Stinnes, der sich mit dem Versprechen exponierte, seine Verbindungen zur OHL spielen zu lassen, um die Freistellung der von den Werften benötigten Arbeitskräfte zu erreichen; zugleich versicherten er und Vögler, Eisen und Stahl könnten in ausreichender Menge geliefert werden. Stinnes leistete offenbar einen Beitrag dazu, daß nicht Admiral Paul Behncke, der dem Scheer-Programm kritisch gegenüberstand, sondern Admiral von Mann zum Marine-Staatssekretär berufen wurde.

Stinnes übernahm auch eine zentrale Maklerrolle in der Frage der Arbeitskräfte und teilte den Werftleitungen mit, «daß es unmöglich sei, das Programm durchzuführen, wenn die Werften mit Forderungen von 60–100000 Mann auftreten. Die Werften müßten sich überlegen, wie sie das Programm mit 40000 Mann durchführen können. Das wäre das höchste, nach seiner Ansicht, was die OHL abgeben könne. Es müsse den Werften klar gemacht werden, daß, wenn sie mit dieser Zahl die Durchführung des Programms nicht erreichten, daß dann der Krieg verloren sei.»[218]

Mit derselben Verbohrtheit, die Stinnes im Hinblick auf das U-Boot-Programm an den Tag legte, verfolgte er auch sein anderes Hätschelprojekt eines deutsch-japanisch-russischen Bündnisses weiter. Auch hier hatte er vorausgesagt, daß im Falle eines Scheiterns der Krieg «verloren» wäre, zog aber dann aus dem höchst enttäuschenden Ergebnis seiner Bemühungen nicht die entsprechenden Konsequenzen. Nach dem vorübergehenden Abbruch der Gespräche unter dem Eindruck des russisch-japanischen Abkommens vom Juli 1916 und der Entwicklungen des Sommers und Herbstes knüpfte Stinnes den Gesprächsfaden zu Botschafter Uchida im Dezember 1916 wieder an. Er war aus mehreren Gründen optimistisch gestimmt. Zwar ging Uchida von der Annahme aus, daß die Lage der Mittelmächte sich mit zunehmender Kriegsdauer verschlechtern würde, und sah im deutschen Friedensangebot ein Anzeichen von Schwäche, doch andererseits beeindruckten ihn die neuen Männer an der Spitze der Heeresleitung und die Ernennung Zimmermanns zum Staatssekretär des Äußeren. Seine anfängliche Hochachtung vor Zimmermann schwand jedoch sehr bald dahin, nachdem dieser den lächerlichen Versuch unternommen hatte, Mexiko gegen die USA aufzuwiegeln; seine Note vom 19. Februar 1917, ein ungeschickter Versuch, durch Ausspielen der mexikanischen Karte ein Abkommen mit Japan zu erreichen, tat ein übriges.[219]

Bei Stinnes' nächstem persönlichen Zusammentreffen mit Uchida – anläßlich eines privaten Frühstücks im Hause des japanischen Konsuls Lindberg in Stockholm am 26. Juli 1917 – machte der Botschafter keinen Hehl aus seiner Meinung. Eigentlich hatte Stinnes gehofft, Uchida benutzen zu können, einen Keil zwischen Japan und England zu treiben, doch Uchida stand offenbar unter dem Eindruck nicht nur der Zimmermannschen Fehlleistungen, sondern auch der Berliner Krise vom Juli 1917, bei der die Erzbergersche Friedensresolution im Reichstag verabschiedet und Bethmann Hollweg, an dessen Stuhl der Reichstag und die OHL aus jeweils eigenen Motiven gesägt hatten, abberufen worden war. Dazu kam, daß die Lage in Rußland Gespräche über eine deutsch-japanisch-russische Allianz nicht als besonders aussichtsreich erscheinen ließ. Unter diesen Voraussetzungen sah Uchida offenbar keine Notwendigkeit für diplomatische Rücksichten und eröffnete das Gespräch mit der Bemerkung, Deutschland habe es dank seiner Diplomaten fertiggebracht, daß «die ganze Welt sein Feind sei».[220] Er bezeichnete die Zimmermannsche Note als «unglaublich», erklärte, sie habe dem Ansehen Deutschlands sowohl in Japan als auch in den USA geschadet, und betonte, die deutsche Diplomatie befinde sich in einem «vollständigen Irrtum», wenn sie glaube, Japan und die USA seien schlecht aufeinander zu sprechen und würden auf eine unvermeidliche militärische Kraftprobe zusteuern. Daß Deutschland in der Außenpolitik so schwach dastehe, sei schon schlimm genug, noch schlimmer sei indes, daß «in Deutschland ... das Militär zu viel in die Politik» hineinrede. Als Stinnes dies bestritt und Uchida fragte, was er tun würde, wenn er für die deutsche Politik verantwortlich wäre, antwortete Uchida, er würde, wenn er der neue Kanzler wäre, «auf der Grundlage der Friedensbedingungen der Entente schleunigst Frieden machen», was nicht heiße, daß man jede einzelne von ihnen akzeptieren müsse. Die Hauptsache sei, «daß Deutschland sich schnell wieder erhole und den Schaden des Krieges und seiner schlechten Diplomatie gutmachen könne».

Nach Überzeugung Uchidas, der zehn Jahre in Amerika gelebt hatte, war es ein schrecklicher Fehler Deutschlands gewesen, die Vereinigten Staaten zu unterschätzen; deren Kriegseintritt habe die Engländer jetzt ermutigt, trotz des russischen Zusammenbruches bis zum Sieg weiterzukämpfen. Der Nutzen, den Deutschland aus dem Ausscheiden Rußlands hätte ziehen können, sei durch den Kriegseintritt der Amerikaner zunichte gemacht worden. Er sprach andeutungsweise von einer großen neuen Offensive der Entente und machte mehr als deutlich, daß Japan seine Verbündeten nicht im Stich lassen konnte und wollte. Der Versuch Stinnes', Uchida weitergehende militärische und wirtschaftliche Informationen zu entlocken, blieb ganz und gar erfolglos. Uchida versäumte es nicht, das gewohnte Lippenbekenntnis zur Möglichkeit eines deutsch-japanisch-russischen Bündnisses nach Kriegsende abzulegen, und versuchte Stinnes zu Aussagen über die innenpolitische Lage in Deutschland zu bewegen. Als er die Frage stellte, ob der Sozialist Scheidemann Minister werden könnte, erwiderte Stinnes, er halte es «für durchaus möglich, daß hervorragende Mitglieder aus den deutschen Trade Unions in Ministerstellungen kämen»; die weitergehende Frage Uchidas, ob Deutschland sich zu einem parlamentarischen Staat wandeln würde, verneinte er. Als Stinnes die Gegenfrage stellte, ob eine Demokratisierung Deutschlands Einfluß auf die Friedensbedingungen haben würde, antwortete Uchida (dessen eigene Regierung die sozialistische Bewegung radikal zerschlagen hatte), dies werde mit Sicherheit nicht der Fall sein. «England wolle den Krieg fortsetzen, ihm sei die deutsche Regierungsform z.Zt. ganz gleichgültig.»

Es war dies nicht die letzte Unterredung zwischen Uchida und einem Stinnes, aber die letzte, in der es um hohe Politik ging; verwunderlich daher, wie Stinnes Ende August in seinem Manifest an Schwander mit solcher Bestimmtheit von einem japanischen Interesse an einem Bündnis mit Deutschland und Rußland sprechen konnte. Als im April 1918 wieder Gespräche in Gang kamen, ging die Initiative dazu von Hugo jun. aus, der freilich im Namen und auf Geheiß des Reichsmarineamts und seines Vaters handelte, die beide interessiert waren, die Möglichkeiten einer sicheren Unterbringung deutscher Frachter in Fernost nach Kriegsende und des Rücktransports deutscher Kriegsgefangener auf Schiffen der Stinnesschen Afrika-Reedereien zu sondieren. In den Augen Uchidas war es noch zu früh, über diese Fragen zu sprechen; er nutzte die Gelegenheit statt dessen, um Näheres darüber in Erfahrung zu bringen, wie Stinnes sen. die Lage einschätzte. Da zu diesem Zeitpunkt die deutschen Offensiven in vollem Gang waren, bekam er eine recht optimistische Einschätzung zu hören. Uchida warnte seine Gesprächspartner erneut vor einer Unterschätzung der USA durch die deutsche Politik, und erklärte, der Krieg könne noch jahrelang weitergehen. Sein besonderes Interesse galt der Frage, wie weit nach Rußland hinein die Deutschen jetzt, nach Abschluß des Friedens von Brest-Litowsk, zu gehen gedachten, woraufhin Hugo jun. durchblicken ließ, er halte eine Besetzung Finnlands und der Ukraine für möglich. Er stellte dann die Gegenfrage, ob die Japaner bei ihrem Vormarsch gegen Rußland bis Wladiwostok vorzustoßen gedachten, woraufhin Uchida lachend versetzte, man sei doch bereits dort.[221]

All dies besaß keinen direkten Bezug zu der deutsch-japanisch-russischen Allianz oder auch nur zu dem Separatfrieden mit Rußland, auf den Stinnes und einige andere einflußreiche Deutsche 1916–17 hingearbeitet hatten. Stinnes kam sich nach der Ausrufung des Königreichs Polen ziemlich ohnmächtig vor und beschränkte sich, was Rußland betraf, auf die Weitervermittlung von Informationen, die Fehrmann und andere Gewährsleute, darunter Hugo jun., ihm lieferten, an das deutsche Auswärtige Amt. So leitete er Ende März 1917 Berichte weiter, aus denen hervorging, daß die Revolution stetig weiter nach links driftet, was dazu geführt habe, daß in Rußland «kein Mensch ‹mit weißem Kragen› seines Lebens noch sicher sein» könne.[222] Stinnes wertete dies als gutes Zeichen dafür, daß Rußland militärisch bald die Segel streichen werde. Zustimmend zitierte er die Einschätzung seines Sohnes Hugo, man müsse abwarten und sehen, wie es weiterging, eine Ansicht, der Zimmermann beipflichtete.

Ungeachtet dessen begannen Zimmermann und Bethmann Hollweg im April und Mai 1917 für den von ihnen befürchteten Fall, daß der österreichische Bundesgenosse zusammenbrach, die Möglichkeiten einer Verständigung mit Rußland auszuloten; sie nutzten dafür auf der einen Seite einen altbewährten Stinnes-Vertrauensmann in Stockholm, den Journalisten Joseph von Kolyschko, auf der anderen Seite den Zentrums-Abgeordneten Matthias Erzberger. Erzberger war überzeugt, das neue russische Regime könne dazu bewogen werden, einen Separatfrieden mit Deutschland einzugehen, wenn man ihm ehrenhafte Bedingungen anbot; er ging sogar soweit, gemeinsam mit Kolyschko ein Waffenstillstands-Abkommen auszuarbeiten. Offenbar überwachte jedoch der deutsche Marinenachrichtendienst sämtliche deutsch-russischen Kontakte in Stockholm, und so bekam die OHL alsbald Wind von den Gesprächen. Zimmermann sah sich schließlich gezwungen, sich von den Sondierungen Erzbergers zu distanzieren. Hugo Stinnes jun. wurde in diese Verwicklungen ebenso einbezogen wie sein Vater, und es wurde berichtet, daß Kolyschko seine Bereitschaft erklärt habe, mit von Stinnes zur Verfügung gestelltem Geld eine Zeitung zu gründen und mit dieser in Rußland für die von Stinnes propagierten Kriegsziele zu werben.

Das Bedeutsame an dieser leicht trüben Geschichte ist, daß sie den Beginn einer Beziehung zwischen Stinnes und Erzberger markiert, die nach dem Krieg in wichtigeren Zusammenhängen erneut eine Rolle spielen sollte. Kolyschko wollte mit Erzberger verhandeln, nicht mit Stinnes, dessen Anläufe bis dahin stets in Sackgassen geführt hatten. Mit Hugo jun. traf er sich zwar, sprach nach eigenem Bekunden mit ihm aber nicht über politische Dinge, da er ihn nicht für reif genug hielt, um Verhandlungen führen zu können. Erzberger wiederum beunruhigte die Rolle, die Stinnes in seinen Augen spielte, und er richtete an Zimmermann die Warnung, Stinnes sei nicht der richtige Mann für Verhandlungen mit den Russen:

> «Herr K[olyschko] hat mir auch erklärt, daß es ganz ausgeschlossen sei, mit Herrn Stinnes erfolgreich zu verhandeln, da ihre Anschauungen so weit auseinandergehen, daß sie nicht zur Verständigung kommen könnten.
>
> Dazu kommt noch ein Zweites. Die Regierung in Rußland geht zweifellos nach links. Wenn nun den russischen Sozialisten bekannt wird, von deutscher Seite wird durch Herrn Stinnes verhandelt, so werden sofort, das ist meine feste Überzeugung, alle Verhandlungen abgebrochen. Denn Herr Stinnes ist im Ausland durch sein Auftreten bei Streiks gegen Arbeiterinteressen so bekannt, daß jeder russische Sozialist sich weigern wird, mit ihm zu sprechen. Es ist genügend bekannt, daß auf Betreiben von Stinnes Zwangsdeportationen von belgischen Arbeitern durchgeführt worden sind. ... Er ist ... weiter bekannt als ein Mann mit den weitgehendsten Annexionsplänen und als Gegner der heutigen Reichsleitung.»[223]

Kolyschko verfolgte das Ziel, Geld aus Deutschland für seine Zeitung aufzutreiben, und Erzberger drängte das Auswärtige Amt, es ihm zur Verfügung zu stellen, da Kolyschko andernfalls doch noch in den Bann von Stinnes geraten könne, zumal er «annehmen müsse, daß derjenige, der im Namen von Hindenburg und Ludendorff spreche, mächtiger sei als irgendeine Persönlichkeit der Politik des Deutschen Reiches».

Diese Vorahnung sollte sich in der Tat erfüllen, zumindest soweit es die deutsche Politik gegenüber Rußland betraf. Der deutsche Annexionismus trieb seine höchste Blüte in der Zeit zwischen dem Triumph der Bolschewisten in der Revolution vom November 1917 und der Demütigung Rußlands durch den Frieden von Brest-Litowsk im März 1918, und Stinnes gehörte zu denen, die die extremsten Forderungen und Positionen der OHL unterstützten, die nach dem Juli 1917 zur wichtigsten politischen Machtinstanz wurde, zu der er Zugang und auf die er Einfluß hatte.

Es ist wichtig, sich zu vergegenwärtigen, daß für Stinnes der Sturz Bethmann Hollwegs im Juli 1917 Segen und Fluch zugleich war. Auf der einen Seite war er, wie bereits gesehen, überzeugt, daß Bethmann spätestens Ende 1916 politisch seine Schuldigkeit getan hatte. Auf der anderen Seite reichte seine persönliche Beziehung zu Bethmann in die Vorkriegszeit zurück. Er respektierte ihn, auch wenn er seine Meinungen nicht durchweg teilte, und er hatte Zugang zu ihm. Sein Verhältnis zu Herbert Michaelis, der von Juli bis November 1917 als Kanzler amtierte, und zu Graf Georg von Hertling, der ihm nachfolgte, war ein anderes. Stinnes äußerte sich dazu einige Jahre später im Rückblick auf seine Aktivitäten in Schweden und anderswo wie folgt:

> «Nachdem Bethmann nicht mehr da war, habe ich nicht mehr in der Weise intimen Konnex gehabt. Ich habe Michaelis gesprochen, aber im großen und ganzen lag doch die äußere Politik ihm sehr fern. Er war darin durchaus nicht eingearbeitet. Auch Graf Hertling war zwar damit einverstanden, aber er war natürlich nicht damit so verknüpft.»[224]

Die Ablösung Zimmermanns, an dessen Stelle Richard von Kühlmann trat, beunruhigte Stinnes noch mehr, und an dem Tandem Hertling-Kühlmann ließ er kein gutes Haar:

> «Die Ernennung von Hertling halte ich für einen erneuten Fehler. Ein 74jähriger herzleidender Herr ist kein Reichsleiter mehr. Meines Erachtens hat Kühlmann diese Entscheidung maßgeblich beeinflußt, um die äußere Politik ungestörter führen zu können. Kühlmann hält nach seiner eigenen Erklärung an mich die Kriegslage nicht so, daß man Briey behalten und Belgien unter deutschen Einfluß bringen kann. Aber ‹kein Staatsmann sei getadelt worden, wenn er mehr als erwartet nach Hause bringe›. Das sind die saloppen Redensarten über Lebensbedürfnisse des Reiches. Diesem Manne fehlt meines Erachtens der innere Ernst, den ich von dem eigentlichen äußeren Reichsleiter verlangen muß. An sich ist dieser Mann sonst wohl befähigt und klug.»[225]

Daß Stinnes Kühlmann auch gewisse Qualitäten bescheinigte, mochte seinen Grund in früheren Begegnungen in Konstantinopel und in der Freundschaft zwischen Kühlmann und Paul Weitz haben. In seinem insgesamt negativen Urteil über Kühlmann dürfte sich Stinnes andererseits durch die Tatsache bestärkt gesehen haben, daß Kühlmann sich nach dem kürzlichen Tod seiner Frau in eine rumänische Tänzerin verliebt hatte. Stinnes fühlte sich sogar bemüßigt, das «gewissens- und sittenlose Leben» des Außenstaatssekretärs im März 1918 dem Vizekanzler von Payer anzuzeigen.[226]

Für ein noch viel stärkeres Anschwellen von Stinnes' puritanischer Ader sorgten jedoch die Bolschewisten, denen Kühlmann großzügigere Friedensbedingungen zuzugestehen bereit war als Stinnes und die OHL. Als etwa Ballin zu bedenken gab, die Bedingungen, mit denen die deutsche Seite in die Vorgespräche in Brest-Litowsk im Dezember 1917 ging, würden die Russen, anstatt sie von

Deutschland abhängig zu machen, in die Arme der Amerikaner treiben, und davor warnte, russische Gebiete gewaltsam wegzunehmen und die russische Seite durch die Schaffung von Herzog- und Fürstentümern im Baltikum oder durch die Errichtung eines habsburgischen Thrones in Polen zu demütigen, pflichtete Stinnes ihm zwar in der Verneinung jeder «Kleinstaaterei» bei, widersprach ihm aber in anderem:

> «Wegen der russischen Friedensverhandlungen gehen anscheinend unsere Meinungen auseinander. Die Menschen, die heute russischerseits mit uns verhandeln, sind zum Teil tiefstehende Individuen, meines Wissens befindet sich auch eine Dame solcher Art darunter, die man bei uns gewöhnlich unter Sittenkontrolle stellt. Mit solchen Leuten ist wohl nicht viel anzufangen, sie werden auch schwerlich im Frieden lange im Amte verbleiben.
>
> Leider müssen wir mit der Möglichkeit rechnen, in späterer Zukunft außenpolitisch ebenso töricht geleitet zu werden, wie in den letzten 3 Jahrzehnten. Da erscheint mir die Narewlinie und mehr Ackerland für uns eine Lebensnotwendigkeit zu sein. Hätten wir 10 Millionen mehr Esser im Lande gehabt, wäre der Krieg verloren gewesen, und ohne Narewlinie, so sagte mir Ludendorff im Oberost, ist Ostpreußen immer wieder verloren.
>
> Meines Erachtens müssen wir mit Japan und Rußland zum Bündnis kommen, dann fürchte ich keinen wirtschaftlichen Wettbewerb in Rußland von Amerika oder England.»[227]

Das war zwar Stinnes' altes Programm, der neuen Situation angepaßt, aber es warf nach wie vor die unbequeme Frage auf, weshalb die Russen sich mit einem Deutschen Reich verbünden sollten, das ihnen Teile ihres Territoriums entriß. Er zog sich in diesem Moment mit dem Argument aus der Affäre, die Russen hätten durch die Revolution von sich aus ihr Land zerrissen. Wie er im Januar 1918 mit unglaublichem und deprimierendem Zynismus an Edmund schrieb:

> «Nach Rußland soll vorläufig niemand gehen. Meines Erachtens ist nicht viel dort zu machen und die Gefahr ist unverhältnismäßig groß, dort in den sicher kommenden Bürgerkrieg verwickelt zu werden. Die Bolschewiki haben ausdrücklich in Stockholm sich dahin geäußert, daß sie vor ihrem Abgang die Häuptlinge der Bürgerparteien umbringen würden. Sie sind schon dran.
>
> Meines Erachtens werden wir noch gebeten werden, mit Hilfe der gefangenen russischen Offiziere und Mannschaften, indem wir sie bewaffnen, die Bolschewiki und alle anderen Mordbrenner, und besonders die Juden, abtun zu lassen.
>
> Ich würde im Interesse des russischen Bürgertums so handeln, mit ihm müssen wir doch später paktieren. Retten wir ihm jetzt das Leben, so wird es uns für das genommene Land nicht gram sein.»[228]

Daß Stinnes bereit war, gewaltsame Gebietserwerbungen und Besiedlungsprogramme im Osten zu unterstützen, demonstrierte er durch den Eintritt in den

Aufsichtsrat der Landgesellschaft Kurland, die 1918 zu dem Zweck gegründet wurde, Gelder für die Ansiedlung von Deutschen in Kurland bereitzustellen und selbst Land und Holzeinschlagsrechte in der Region zu erwerben. Sie war eine von mehreren «Ostlandgesellschaften», an denen sich Deutsch-Luxemburg und andere Unternehmen der Schwerindustrie beteiligten, um die deutsche Besiedlung der ehemaligen russischen Ostseeprovinzen zu fördern. Auch Kirdorf und das Kohlensyndikat beteiligten sich an diesen Projekten, doch der eigentliche Initiator war Hugenberg, der an solchen alldeutschen Projekten sehr interessiert war.[229] Stinnes teilte selbstredend den in Deutschland weitverbreiteten Wunsch, die Kornkammer Ukraine für die deutsche Nahrungsmittelversorgung zu nutzen, nicht nur aus dem offensichtlichen Grund, daß Deutschland knapp an Nahrungsmitteln war, sondern auch weil sich damit der Schwerpunkt der deutschen Nahrungsmitteleinfuhren aus Skandinavien wegverlagern würde. Das wiederum würde Deutschland in die Lage versetzen, seine Handelsbilanz zu verbessern und Kohle, Eisen und Stahl zu weitaus höheren Preisen als bisher nach Skandinavien zu exportieren, mit positiven Auswirkungen auf den Wechselkurs der Mark.[230]

Das weitergehende Interesse von Stinnes richtete sich auf sämtliche industriellen und wirtschaftlichen Aspekte des künftigen Verhältnisses zu Rußland. In einem Brief an Ludendorff vom 5. Dezember 1917 wies er auf die große Sorge hin, die es ihm und anderen führenden Vertretern der westdeutschen Industrie bereite, daß ihre Interessen von den staatlichen Stellen offenkundig vernachlässigt würden. Wie Thyssen vor ihm, drängte nun auch er auf den Zugang zu den Manganerz-Vorkommen Georgiens und erhob für die Zukunft die generelle Forderung, Rußland müsse «als Rohstoff-Lieferant für uns entwickelt werden *können,* damit England und Amerika nicht auf den Gedanken kommen, uns zu boykottieren».[231] Um diesem Ziel näherzukommen, müßten in den Friedensverhandlungen «demokratische Forderungen» nach Abschaffung der in Rußland von alters her bestehenden Einschränkungen der Reise- und Gewerbefreiheit und des privaten Grunderwerbs geltend gemacht werden. Rußland müsse sich, anders gesagt, für die Erschließung durch die deutsche Wirtschaft öffnen. Schließlich appellierte Stinnes an Ludendorff, sich dafür einzusetzen, daß das Schwarze Meer wieder für die deutsche Schiffahrt geöffnet würde, damit der Zugang zur türkischen Kohle aus Heraklea wiederhergestellt werden konnte.

Man konnte bei Ludendorff darauf zählen, daß er gegenüber Rußland eine harte Linie vertreten würde, und tatsächlich legte er sich mit Kühlmann und anderen zivilen Instanzen wegen der Verhandlungsstrategie in Brest-Litowsk an. Von dem zwar pensionierten, aber noch immer außerordentlich aktiven Admiral von Tirpitz erfuhr Stinnes, daß «General Ludendorff nicht unbedingt mit Feldmarschall von Hindenburg in seiner Auseinandersetzung mit den Zivilbehörden und dem Kaiser rechnen könne und daß es deswegen zweckmäßig sei, dem Reichskanzler in der gegenwärtigen Situation den Rücken zu steifen».[232] Dazu war Stinnes in der Tat fest entschlossen.

Am 11. Januar 1918 sprach Stinnes persönlich bei Kanzler Hertling vor und beklagte sich darüber, daß in den Friedensverhandlungen die industriellen Interessen Deutschlands zu wenig berücksichtigt worden seien; er übte scharfe Kritik an den «vollständigen Nullen»[233] aus dem Wirtschaftsreferat des Auswärtigen Amtes, die bislang für Deutschland verhandelt hatten, und drängte auf die Einbeziehung von Vertretern der Industrie. Der Kanzler versprach, etwas in diese Richtung zu unternehmen, verwahrte sich aber entschieden gegen die Stinnessche Kritik an Kühlmann, lobte vielmehr dessen «kühlen Verstand» und äußerte die Überzeugung, Kühlmann werde einen «politisch guten Frieden» nach Hause bringen, der die Russen nicht als gedemütigte Verlierer dastehen lassen und zum Haß gegen Deutschland animieren würde. Stinnes ergriff die Gelegenheit, um zu skizzieren, wie ein solcher Friede in seinen Augen aussehen mußte. «In möglichst schonender Form, aber in der Sache unbedingt fest», müsse ein guter Friede «die Angliederung von Kurland, Riga, Litauen usw., d.h. der notwendigen Land- und strategischen Sicherungen nach Osten» in sich schließen. Mit seinen weiteren Ausführungen demonstrierte Stinnes ein weiteres Mal seine Überzeugung, daß die Russen den Verlust mit Gleichmut ertragen würden:

> «Ich wies darauf hin, daß ich im Kriege wiederholt Gelegenheit gehabt hätte, mit hochstehenden Russen über die Notwendigkeit des Landerwerbs im Osten mich zu unterhalten, und daß diese volles Verständnis dafür gezeigt hätten, daß Deutschland mit seiner wachsenden Bevölkerung sich nicht der Gefahr aussetzen könne, nach 10–15 Millionen Menschenzuwachs auf seinem alten Territorium im Falle einer zweiseitigen politischen Verwickelung dem Hungertode oder der Niederlage preisgegeben zu sein.»

So sehr der im März 1918 unterzeichnete Vertrag von Brest-Litowsk geeignet schien, das Tor zu neuen Ufern im Osten aufzustoßen, so schnell wurde andererseits deutlich, wie gering russischerseits das «Verständnis» für die von Deutschland durchgesetzten, brutalen Friedensbedingungen war. Es stellte sich heraus, daß es einfacher gewesen war, Rußland zu besiegen, als es zu beherrschen oder es auch nur zu lenken. Unverkennbar trat bei Stinnes und seinen Standesgenossen im Verlauf des Frühjahrs und Sommers 1918 Ernüchterung ein, als sie mit den realen Schwierigkeiten des Wirtschaftens in Rußland konfrontiert wurden. Die großen Eisen- und Stahlkonzerne des Ruhrgebiets und Oberschlesiens gingen im Sommer 1918 nach dem gewohnten Muster vor und gründeten Gesellschaften für die Ausbeutung der ukrainischen und kaukasischen Erzvorkommen sowie für die Verschiffung von Kohle und Erzen aus Poti; allein, bald geriet Sand ins Getriebe, weil deutlich wurde, daß die vom Reichswirtschaftsamt erhobene Forderung, neben den deutschen Mehrheitsgesellschaftern auch Interessenten aus Österreich-Ungarn zum Zug kommen zu lassen, auch hier, wie schon in Rumänien, zu unlösbaren Problemen führte, weil dagegen nicht nur die deutschen Industriellen Front machten, sondern auch die lokalen staatlichen Stellen, die für sich die Oberaufsicht über die in der Region tätigen Unternehmen reklamierten. Stinnes, Ballin und Gwinner von der Deutschen Bank hatten ein besonFor deres Interesse am Hafen von Poti, der für ihre Reedereien, für die Kohle von Heraklea und für den Handel mit anderen türkischen Unternehmen von Bedeutung war. Es wurde jedoch deutlich, daß sie sehr viel würden investieren müssen und daß die deutsche Regierung mitziehen mußte, indem sie Georgien diplomatisch anerkannte.[234]

Noch aufschlußreicher waren die Pläne, die für den Aufbau eines «Ostsyndikats» geschmiedet wurden, das Wirtschaft und Entwicklung in Rußland fördern und in dem die deutsche Schwerindustrie, führende Produktionsfirmen wie MAN, Siemens und AEG sowie die Großbanken vertreten sein sollten. Es war zu diesem Zeitpunkt – im Sommer 1918 – klar, daß Deutschland nur dann mit Erfolg in Rußland wirtschaftlich tätig werden konnte, wenn die für die wirtschaftliche Entwicklung des Landes erforderlichen Investitionen getätigt wurden. Klar schien auch, daß, wenn Deutschland hier nicht Fuß faßte, seine Feinde dies tun würden. Natürlich hofften die beteiligten Industriellen auch, als Gegenleistung dafür, daß sie den Russen Geld für die Bezahlung von Importen aus Deutschland vorstreckten, die Kontrolle über das russische Transportwesen erringen zu können, doch bestand eine weitverbreitete Überzeugung, daß die Amerikaner all das tun würden, was die Deutschen versäumten. Stinnes war auch hier wieder kräftig involviert, trat allerdings Rußland gegenüber nicht mehr so schroff auf, wie er es noch zu Jahresbeginn getan hatte. So beteiligte er sich eifrig an der Überarbeitung der Syndikats-Statuten, um dem Text eine größere «Empfindlichkeit» für die Gefühle der Russen zu verleihen. In diesem Sinne empfahl er zum Beispiel, einen Satz, in dem vom «Pflücken der Früchte unserer militärischen Erfolge» die Rede war, durch eine Aussage zu ersetzen, die vom notwendigen Wiederaufbau der russischen Wirtschaft handelte und im übrigen die Verbesserung der wirtschaftlichen Rahmenbedingungen in Europa und die Erhöhung der Wettbewerbsfähigkeit der deutschen Industrie anmahnte.[235]

Ironischerweise verschärften Stinnes sowie seine Kollegen und Partner just zur selben Zeit, da sie gegenüber dem ehemaligen Zarenreich einen gemäßigteren Ton anschlugen, die Gangart gegenüber dem deutschen Bündnispartner Türkei. Stinnes hatte nach wie vor ein großes Interesse an der Kohlenförderung von Heraklea, in die er schon vor dem Krieg investiert hatte. Den Krieg betrachtete er nun als eine Chance, seine dortigen Besitzungen abzurunden und zu konsolidieren. Wie anderswo schien auch hier eine Zwangsliquidierung französischer Beteiligungen eine besonders gute Chance für die Schaffung vollendeter Tatsachen durch Deutschland zu bieten. Stinnes zählte, um dies zu bewerkstelligen, auf das Geschick seines ehemaligen Geschäftsführers in Konstantinopel, Max Niemöller, der nach seiner Einberufung die aus Stinnesscher Sicht ideale Aufgabe übertragen bekommen hatte, in Konstantinopel für den deutschen Generalstab alle Fragen der Kohlenversorgung zu klären. Stinnes unterhielt auch eine gute Arbeitsbeziehung zum deutschen Marineattaché in Konstantinopel, Hans Humann, und zu anderen dort stationierten staatlichen und militärischen Amtsträgern sowie zu Vertretern der Deutschen Bank und der Bagdadbahn. Wegen der unendlichen Komplikationen, die im Umgang mit den osmanischen Behörden zu gewärtigen waren, und weil es Kräfte gab – allen voran Finanzminister Cavid Bey –, die den wirtschaftlichen und politischen Zielsetzungen Deutschlands entgegenarbeiteten, mußte man sich jede Unterstützung sichern, die man bekommen konnte.[236]

Für die Förderkonzessionen in Heraklea interessierte Stinnes sich sowohl als Produzent als auch als Kohlentransporteur und -händler. Ende 1916 versuchte er, für die Kohle, die auf seinen im Schwarzen Meer verkehrenden Schiffen transportiert wurde, höhere Frachttarife durchzusetzen mit der Begründung, die Tarife seien dort bislang weit niedriger gewesen als in der Ostsee, und außerdem seien die Kohlenpreise in der Türkei im internationalen Vergleich ohnehin zu niedrig. In dem Augenblick, da die Russen die Herrschaft über das Schwarze Meer verloren und zugleich am Horizont die Verheißung einer Hochkonjunktur für die Kohle nach Kriegsende auftauchte, gewannen diese Aspekte an Aktualität und Bedeutung. Stinnes kümmerte sich von da an mit großem Eifer um die Verbesserung der Förder- und Transportkapazitäten im Kohlenrevier von Heraklea und hatte darin die völlige Unterstützung der Deutschen Bank, deren führende Männer ebenfalls der Überzeugung waren, daß dies der richtige Zeitpunkt war, die Beteiligungen zu konsolidieren und die Voraussetzungen für die wirtschaftliche Ausbeutung der Region nach Friedensschluß zu schaffen. Doch im Juli 1918 erreichten die Probleme mit den Türken ein für Stinnes nicht mehr erträgliches Maß, und er teilte der Deutschen Bank mit:

> «Wenn wir uns noch weiter engagieren sollen, muß man an den diplomatischen und militärischen Stellen für eine gesicherte Arbeitsgrundlage jetzt Vorsorge treffen. Ich halte die Zeit für gekommen, gemeinsam die erforderlichen Maßnahmen bei den deutschen zivilen und militärischen Regierungsstellen zu beantragen. Die Versorgung des östlichen Mittelmeeres mit Kohle unter deutscher Kontrolle ist von solcher politischer und militärischer Bedeutung, daß den Türken gegenüber jetzt Ernst gemacht werden muß.»[237]

Tatsächlich nahm Stinnes die Dinge selbst in die Hand, indem er sich an Niemöller wandte, der dank seines militärischen Ranges Zugang zu Offizieren hatte, die direkten Vortrag bei der OHL halten konnten. Weil die unter türkischer Leitung stehenden Zechen nicht genug Kohle förderten, mußte Deutschland Kohle in die Türkei exportieren, ein offenkundig unbefriedigender Zustand. Da es außerdem im Mittelmeer für Deutschland keine Möglichkeiten des Kohlenbunkerns gab, würde der Heraklea-Kohle nach dem Krieg eine entscheidende Bedeutung für den zügigen Transport von Nahrungsmitteln und Manganerzen über die Donau- und die Mittelmeerroute zufallen. Aus all dem ergab sich für Stinnes der Schluß: «Man kann die jetzige lässige Wirtschaft seitens der Türken nicht weitergehen lassen im Kriegs- und Friedensinteresse der Mittelmächte.»[238] Auf Betreiben von Niemöller wandte sich General Rohdewald, der deutsche Generalquartiermeister im türkischen Hauptquartier, direkt an Ludendorff mit der Bitte, eine ernste

Mahnung an Konstantinopel zu richten und 250 deutsche Bergleute freizustellen, um in Heraklea den Betrieb zum Laufen zu bringen. Die OHL enttäuschte Stinnes nicht; sie forderte das Auswärtige Amt auf, einen harten Kurs zu steuern, und erklärte sich bereit, deutsche Bergleute abzustellen, doch nur wenn garantiert werden könne, daß ihr Einsatz nicht später den französischen Besitzern der betreffenden Zechen zugute käme. Das Problem war, daß das Auswärtige Amt sich längst keine Illusionen mehr über die Beeinflußbarkeit der Türken machte und nicht gewillt war, dafür Energie und Zeit aufzuwenden – daran änderte sich auch nichts durch die Ablösung Kühlmanns im Juni 1918 und die Ernennung Paul von Hintzes zu seinem Nachfolger –, während auf der anderen Seite Cavid Bey nicht daran dachte, sich den Zugriff auf französische Nachkriegskredite dadurch zu versperren, daß er den Deutschen die Übernahme französischer Besitzungen gestattete. Für Stinnes und die Deutsche Bank endete das ganze Zwischenspiel in der völligen Enttäuschung.[239]

So wie Rußland den Beweis dafür lieferte, wie wenig ein totaler Sieg wert, und die Türkei vorführte, wie zerbrechlich eine Waffenbrüderschaft sein konnte, und wie Ludendorff demonstrierte, daß er zwar zum Bellen gebracht werden, aber nicht immer auch zum Biß ansetzen konnte, so sollten die Ereignisse vom Sommer und Herbst 1918 zeigen, auf welch schwankendem Boden das Deutsche Reich in dem Augenblick stand, da die so langgehegte Illusion des totalen Sieges, schlimmer noch die Illusion des Sieges überhaupt, dahinschwand. Die Frage stellt sich weiterhin, wie ein kluger Industrieller wie Stinnes, der an der Art und Weise, wie sein Land geführt wurde, so vieles zu bemängeln fand und dem das sich in Deutschland zunehmend ausbreitende Unbehagen nicht verborgen blieb, dennoch an Kriegszielen festhalten konnte, die die Ressourcen Deutschlands aufs äußerste strapazierten und bei realistischer Betrachtung unerreichbar waren.

Die beste Erklärung für diese Realitätsblindheit lieferte wahrscheinlich General Wilhelm Groener, der als Chef des Truppenamtes bis zu seiner Entlassung im August 1917 häufig mit Stinnes in Berührung kam. Stinnes hatte große Hochachtung vor Groener, der sich als Chef der Eisenbahnabteilung des Generalstabs ausgezeichnet hatte, und verwandte sich im März 1917 sogar dafür, Groener an die Stelle Breitenbachs zu setzen. Bei Groener griff jedoch zunehmend die Einsicht Platz, daß Deutschland den sicher geglaubten totalen Sieg nicht erringen konnte. Wie er sich später erinnerte:

> «Ich hatte im Sommer 1917 eine lange Unterredung mit Stinnes, um ihn zu überzeugen, daß Ludendorff wegen des ungeheuren Mißverhältnisses der Kräfte einen vollen Sieg nicht erringen könne, man müsse seine Pflöcke zurückstecken. Worauf Stinnes ... mir die Worte entgegenschleuderte: ‹Und Ludendorff wird doch siegen.›»[240]

Später, in seinen Memoiren, versuchte Groener noch einmal, mit dem Problem Stinnes zu Rande zu kommen:

«Mein tätigster Widerpart war wohl Hugo Stinnes, obwohl sich auch der Verkehr mit ihm in den denkbar angenehmsten Formen vollzog. Er war der eigentliche Führer der Schwerindustrie, nicht Krupp. Stinnes war ein hochbedeutsamer Mann, imponierend in seiner Sicherheit, sicherlich ein Wirtschaftsgenie, aber auf seinem Gebiet ein ebensolcher Despot wie Ludendorff auf dem militärischen. Mit diesem hatte er auch gemein, daß er trotz seines großen Überblicks über unsere wirtschaftliche Lage die Entwicklung der Dinge nicht sah, weil er sie nicht sehen wollte. Das beruhte wieder darauf, daß er den politischen Faktor nicht achtete.»[241]

Stinnes suchte natürlich die politische Wirksamkeit, wie er sie verstand. Er war im Grunde ein Produkt der pseudo-parlamentarischen Interessenpolitik der Wilhelminischen Ära. Seinem Verständnis nach war Politik etwas Persönliches, Instrumentelles, Manipulatives, und Regieren war für ihn dasselbe, wie ein Wirtschaftsunternehmen zu führen. Er genoß es, daß er Zugang sowohl zu Bethmann als auch zu Ludendorff hatte, wobei er letzteren eher hofierte, ersteren eher belehrte. Im März 1917 schilderte er Ludendorff den Verlauf einer seiner Unterredungen mit Bethmann in einer Weise, die die bestehenden Spannungen zwischen militärischer und ziviler Führung nur verstärken und die Autorität des Kanzlers nur schwächen konnte. Zwar hatte sein Besuch in erster Linie dazu gedient, Bethmann zur Wahrnehmung der russisch-japanischen Option zu drängen und ihm bei dieser Gelegenheit vorzuhalten, daß er durch antirussische Töne, die er zur Unzeit anschlug, diese Option untergrabe, doch widmete Stinnes sich auch ausführlich der innenpolitischen Lage. Mit besonderem Nachdruck brandmarkte er «das vollkommene Versagen der Zivilbehörden, wodurch das Militär gezwungen sei, den seit Jahrzehnten eingearbeiteten Zivilorganisationen neue Organisationen aufzupfropfen».[242] Die Folge sei eine «vollkommene Desorganisation». Seine Lieblings-Zielscheibe für den Vorwurf der zivilen Inkompetenz war natürlich die Eisenbahnverwaltung; als Bethmann ihn um konkrete Vorschläge zur Problemlösung bat, erklärte Stinnes, Breitenbach gehöre abgelöst und durch Groener ersetzt. Als Bethmann entgegnete, Köpfe rollen zu lassen sei nicht immer die Lösung, erklärte Stinnes, seiner Erfahrung nach gebe es «bei allen verfahrenen Großbetrieben nur ein Rezept ..., nämlich den oder die leitenden Leute, die die Schuld tragen, an die Luft zu setzen. Man dürfe weder den Unter- noch Mittelbau einer Beamten-Organisation angreifen, noch eine neue Organisation darüber pflanzen.»

Auch wenn Stinnes mit seiner Kritik an den Funktionsmängeln der Zivilbürokratie in vielen Punkten sicher recht hatte, übersah er doch, daß die Hauptschuld für die Fehlschläge des Herbstes 1916 nicht einer Zivilbehörde, sondern dem Kriegsministerium angelastet werden mußte. Auch mit seiner Klage über die «Torheiten» des Hilfsdienstgesetzes, die in seinen Augen daraus resultierten, daß eine ursprünglich «vernünftige Vorlage» aus der Feder der OHL vom Reichstag «vollständig verdorben» worden sei, traf nicht ins Schwarze. Bethmann konterte mit der zutreffenden Aussage, er habe von Anfang an vor den Gefahren gewarnt. Er hätte hinzufügen können, daß Helfferich und der von Stinnes so geschmähte Breitenbach mit Zähnen und Klauen gegen einige der Änderungsanträge gekämpft hatten und daß es Groener gewesen war – von dem Stinnes und Ludendorff zu dieser Zeit noch große Stücke hielten –, der Kompromisse gemacht hatte. Helfferich hatte sich in der Tat darüber beklagt, von Groener und der Schwerindustrie im Stich gelassen worden zu sein, die sich aus der Auseinandersetzung herausgehalten und nicht Stellung bezogen hätten.[243] Als Stinnes nun, im März 1917, Bethmann erklärte, das Gesetz könne und müsse geändert oder einfach außer Kraft gesetzt werden und es gäbe sogar in der Zentrumspartei Kräfte, die dies so sähen, wies Bethmann ihn darauf hin, daß «das Zentrum unter vier Augen von dem Gesetz stets anders spräche, als in der Masse vor dem Reichstage».

Es ist wichtig festzustellen, daß Stinnes nicht gegen Bethmann intrigierte, so sehr er auch das Gefühl haben mochte, der Kanzler sei nicht mehr der richtige Mann am richtigen Platz. Wie er Monate nach dem Sturz Bethmanns im Juli 1917 an Vögler schrieb:

> «Es ist Grundsatz bei mir gewesen, daß ich nie gegen jemanden einen Schritt getan habe, in dessen Hause ich verkehrte. So habe ich auch bei Bethmann gehandelt, habe mich auch wiederholt bei Bethmann Hollweg und Helfferich geäußert, daß ich es für unanständig hielte, gegen einen Staatsbeamten zu arbeiten und in vertraulicher Weise bei ihm aus und ein zu gehen.»[244]

Das Problem war, daß es genug andere gab, die dieses Geschäft für ihn besorgten und daß er mit Äußerungen, wie er sie gegenüber Ludendorff tat, zwangsläufig dessen Abneigung gegen Bethmann verstärkte und ihn zur Einmischung in innenpolitische Angelegenheiten ermunterte, zumal da auch noch der mit Stinnes in engem Kontakt stehende Oberstleutnant Bauer war, der diese Tendenzen bei Ludendorff noch tatkräftiger schürte und die von Stinnes geübte Zurückhaltung nicht kannte.

Die persönlichen Kontakte zwischen Stinnes und der OHL müssen in die richtige Perspektive gerückt werden. Die Korrespondenz des bedeutenden Chemie-Industriellen Carl Duisberg enthält eine Fülle von Beispielen dafür, wie intensiv er seine Beziehungen zu Bauer und der OHL pflegte; aus seinen langen und überschwenglichen Briefen an Bauer sowie aus anderen Anhaltspunkten ergibt sich, daß Duisberg die Mobilisierung des industriellen Unternehmertums für innenpolitische Einflußnahme mit weit mehr politischer Leidenschaft betrieb als Stinnes; dasselbe galt für Hugenberg. Am anderen Ende der Skala der politisierenden Industriellen stand Rathenau, der ebenfalls direkten Zugang zu Ludendorff hatte. Er trat für gemäßigte Kriegsziele und eine Politik der Reformen im Inneren ein, riet aber andererseits Ludendorff ganz offen, die diktatorische Macht, die die OHL faktisch besitze, offener und wirksamer zum Einsatz zu bringen, um zum einen eine bessere wirtschaftliche Mobilisierung zu erreichen und zum anderen einen gemäßigten Frieden durchzusetzen. Ludendorff traute es sich verständlicherweise nicht zu, Deutschland und den Krieg zugleich militärisch und politisch zu führen. All das zeigt – abgesehen von der Tatsache, daß Deutschland erbärmlich schlecht regiert wurde –, daß Stinnes nicht der einzige war, der sich nach Kräften bemühte, seine Kontakte zur OHL zur Einflußnahme auf den Gang der Dinge zu nutzen. In diesem Zusammenhang ist auch der Hinweis von Bedeutung, daß die OHL keineswegs ein monolithisches Gebilde war; es wirkten in ihr auch gemäßigte Kräfte wie Oberst Paul Bartenwerfer, über den offenbar der Kontakt zu Rathenau lief, und Oberst Hans von Haeften, der Verbindungsoffizier zum Auswärtigen Amt, der mit den fanatischen alldeutschen Militaristen Bauer und Harbou um Gehör bei Ludendorff wetteiferte. Unglücklicherweise war es dieser fanatische Flügel, mit dem Stinnes und Vögler sich einließen, von dem sie und Hugo jun. mit Informationen über die militärische Lage versorgt wurden und den sie im Gegenzug mit Berichten über die innenpolitische Lage versorgten, meist bei persönlichen Begegnungen im Hauptquartier oder in Berlin. Da bei diesen Offizieren die Fäden für die Rüstungsproduktion und die Freistellung von Arbeitskräften zusammenliefen – und vor allem auch die von der Front kommenden Reklamationen –, ergab sich der enge Kontakt zu ihnen gleichsam von selbst, führte aber eben auch dazu, daß sie mächtigen Rückenwind für ihren harten Kurs fanden.[245]

Stinnes steckte seinen Kurs stets nach den eigenen wirtschaftlichen Interessen ab. Er und Rathenau waren anfänglich in gleichem Maß von der Durchführbarkeit des Hindenburg-Programms überzeugt gewesen und hatten die Rationalisierung der deutschen Wirtschaft durch Stillegung unwesentlicher oder unwirtschaftlicher Betriebe konsequent unterstützt; unter dem Eindruck zunehmender Probleme beim Transport und bei der Kohlenversorgung war Rathenau jedoch bald für erhebliche Abstriche an den im Hindenburg-Programm vorgesehenen Bauvorhaben eingetreten, während Stinnes eher geneigt war, das Programm durchzuziehen. Das zentrale Problem war, daß es allenthalben an Kohle fehlte, und hier vertrat Stinnes mit aller ihm zur Verfügung stehenden Überzeugungskraft die These, es handle sich im wesentlichen um ein Transportproblem und nicht um eine Kohlenknappheit im eigentlichen Sinn. Vertrieb und Verteilung der Kohle boten jedenfalls immer wieder Anlaß für Streit und Beschwerden; dem Syndikat wurde vorgeworfen, es gebe schwerindustriellen Abnehmern den Vorrang vor Kunden aus anderen Wirtschaftsbranchen und privaten Verbrauchern. Anders als seine Kollegen aus der Kohlenwirtschaft, die die Forderung nach Installation eines «Kohlendiktators» ablehnten, hatte sich Stinnes offenbar mit der Tatsache abgefunden, daß die OHL geneigt war, eine solche Institution zu akzeptieren, und sprach sich selbst dafür aus. Allein, sein Verhältnis zum ersten, im Februar 1917 ernannten Kohlenkommissar, dem Bergrat Ottmar Fuchs, hätte nicht schlechter sein können. Fuchs durfte, weil Stinnes der Wortführer in dem ihm zugeordneten beratenden Ausschuß war, bei jeder Sitzung dieses Gremiums mit einer Abreibung rechnen. Als er zum Beispiel die Rationierung der verfügbaren Kohlenmengen vorschlug, erklärte Stinnes mit kräftiger Rückendeckung Peter Klöckners, «daß sich der Reichskommissar nur um Dinge kümmern möchte, die ihn etwas angehen, die er verstände oder wenigstens verstehen sollte und durch die etwas zu erreichen sei. Nämlich Steigerung der Produktion und Stillegung unwirtschaftlicher Betriebe, daß er aber seine Hände von einer Rationierung lassen möge, mit der er die produzierende Industrie zu Grunde richten und in Bezug auf Verteilung der Kohle das größte Unheil anrichten werde.»[246]

Stinnes war durchaus bereit, der Versorgung der privaten Verbraucher mit Heizkohle Vorrang einzuräumen, doch war es seine Grundüberzeugung, daß keine zentrale Behörde oder staatlich bestallte Agentur in der Lage sei, das knappe Gut Kohle sachgemäß zu verteilen, daß vielmehr die größten Erfolge auf diesem Gebiet auf das Konto des privaten Unternehmertums gingen. Es könnten auf diesem Gebiet keine Mengen im Vorhinein festgelegt werden; regulierende Eingriffe kämen allenfalls zur Korrektur von Fehlentwicklungen und zur Abstellung von Mißständen in Frage. Das war der Standpunkt, den Stinnes vor dem Beratergremium in großer Ausführlichkeit vertrat und mit eindrucksvollen Detailbeispielen untermauerte. Die unter den gegebenen Verhältnissen wahrscheinlich schlagendste Wirkung erzielte er mit dem Argument, das letzte, was man jetzt brauche, sei ein weiterer bürokratischer Apparat.[247]

Im Juni 1917 wurde Fuchs durch den wesentlich kompetenteren Geheimen Bergrat Ernst Stutz ersetzt, der allem Anschein nach mit allen Beteiligten besser zusammenarbeitete. Die Debatte zog sich dennoch bis in den Sommer hinein, und sogar innerhalb der Kohlenwirtschaft gab es offenbar ganz unterschiedliche Einschätzungen der Lage. Während Kirdorf der Meinung war, es bestehe eine absolute Kohlenknappheit und die Hüttenzechen sollten freiwillig auf einen Teil ihres Eigenverbrauchs zugunsten anderer Nutzungen verzichten, erklärten Stinnes und Vögler, der Kohlenmangel sei sehr wohl zu beheben, am besten dadurch, daß wieder mehr Bergleute eingestellt (d.h. vom Kriegsdienst freigestellt) würden – das Auslaufen des Hindenburg-Programms und die damit verbundene Abnahme der Bautätigkeit könnten dies erleichtern und beschleunigen. Kirdorf war allerdings nicht überzeugt, daß die Zielvorgaben des Hindenburg-Programms erreicht werden würden. «Ich habe mit Herrn Stinnes wiederholt gekämpft», erklärte er seinen Kollegen. «Der sagt immer, dieses Hindenburg-Programm muß in vollem Umfang durchgeführt werden, das müssen wir. Schließlich ist es aber doch nicht möglich.»[248]

Das war eine Erkenntnis, zu der im Sommer 1917 auch die Militärverwaltung gelangte, mit der Konsequenz, daß die Bauprogramme stark zurückgeschnitten wurden. Es gab Momente und Situationen, in denen die Kollegen von Stinnes sein dominierendes Auftreten und sein Strotzen vor Selbstgewißheit nicht goutierten. Einer der Hauptgründe für die Probleme mit der Kohle in der zweiten Kriegshälfte war die nachlassende Qualität aufgrund sich verschlechternder Produktionsbedingungen, ein Problem, das zu zahlreichen Beschwerden führte, dem aber nur schwer abzuhelfen war. Als Stinnes sich bei einer Zusammenkunft mit Verbraucher- und Regierungsvertretern zu der Äußerung verstieg, diese Qualitätsmängel und nicht etwa die von allen Seiten an die Kohlenbranche herangetragenen Anforderungen seien die Ursache der herrschenden Knappheit, reagierte Kirdorf gereizt und ließ bei nächster Gelegenheit einen beißend ironischen Kommentar vom Stapel, zum Amüsement seiner Kollegen:

> «Herr Stinnes ist gewiß einer der hervorragendsten Vertreter der Industrie, er kennt alle die Verhältnisse, das gebe ich zu; ich bin ja ein Kind dagegen [Heiterkeit], wie er alle die verschiedenen Verhältnisse beherrscht, aber es ist bedauerlich, daß er derartige Äußerungen tut... Ich habe mich sofort dagegen gewandt, daß das gar keine Rolle spiele gegenüber dem Ganzen.»[249]

Stinnes' ständiger Hinweis auf die mindere Qualität der produzierten Kohle sollte bald auf ihn zurückfallen. Um die Jahreswende 1917–18 kam es wieder zu einer Kraftprobe zwischen ihm und der Eisenbahnverwaltung. Letztere behauptete, die Probleme im Transportbereich – die sich in jüngster Vergangenheit extrem verschärft hatten – hingen unmittelbar mit den Qualitätsmängeln der Lokomotivkohle zusammen; Stinnes hielt dagegen, die Ursache für die Qualitätsminderung sei die zu lange und unsachgemäße Lagerung der Kohle bis zum Zeitpunkt ihrer Verladung auf die Züge. Dieses Mal ging Breitenbach direkt zur OHL, um seine Beschwerden persönlich vorzubringen, und der Kohlenkommissar erließ eine Reihe von Verordnungen, die darauf abzielten, den Eisenbahnen einen Versorgungsvorrang einzuräumen. Stinnes hielt Stutz vor, er würde zu sehr «generalisieren und ... schematisieren», und wies in einer persönlichen Unterredung mit Kanzler Hertling darauf hin, «daß die Kohlenverteilung überhaupt ein Fehler sei; dieses Eingreifen von einer Zentralstelle könne bei einem Produkt, das zu 95% von Menschen verbraucht werde, wie Brot, angewandt werden, damit jeder einzelne sich die nötige Beschränkung auferlege. Diese Grundsätze aber anzuwenden auf ein Produkt, von dem nur etwa 11% von Menschen verbraucht werde und 89% von der Industrie, sei grundverkehrt und müsse zu einem Zusammenbruch oder mindestens einem großen Ausfall an Produktion führen.»[250]

Es ist wichtig, sich zu vergegenwärtigen, daß die Auseinandersetzungen um die Kohlen- und Transportbewirtschaftung in Kriegszeiten und um die Rollenverteilung zwischen Staat und Privatwirtschaft wichtige Implikationen für die Wirtschaftsordnung Deutschlands in der Nachkriegszeit bargen. Wie die meisten Industriellen, registrierte auch Stinnes mit äußerster Empfindlichkeit, welchen starken Auftrieb der Krieg den staatssozialistischen Neigungen verliehen hatte, auch und gerade in den Industriezweigen, in denen er am stärksten engagiert war. Die Zeiten, in denen die Regierung gegen das Kohlensyndikat Front gemacht hatte, waren lange vorbei; neuerdings sah die Regierung im Syndikat ein Instrument für die Preissteuerung bei einem lebenswichtigen Rohstoff, erst recht in Kriegszeiten. Als es Ende 1915 den Anschein hatte, daß das Syndikat an dem traditionellen Konflikt zwischen Hüttenzechen und reinen Kohlenzechen über

Selbstverbraucherquoten zerbrechen würde, nutzte der Bundesrat sein Notverordnungsrecht und erließ am 12. Juli 1915 eine Bestimmung, mit der dem Innenministerium die Befugnis erteilt wurde, ein Zwangssyndikat ins Leben zu rufen. Das löste heftige Proteste der Industrie aus, die nicht nur eine staatliche Einflußnahme auf die Preisgestaltung befürchtete, sondern auch eine staatliche Bevormundung in puncto Löhne und Anerkennung der Gewerkschaften. Da aber unter den gegebenen Umständen nicht damit zu rechnen war, daß Proteste etwas bewirken würden, bemühten sich die Industriellen um eine Lösung, wie die staatlichen Stellen in Berlin sie ohnehin favorisierten, nämlich durch eine freiwillige Verlängerung des bestehenden Syndikats ein staatliches Eingreifen unmöglich zu machen. Im September 1915 wurde ein Übergangssyndikat eingerichtet, das im März 1917 auslaufen sollte und dem nun auch die preußischen Staatszechen angehörten. Auf weiteren staatlichen Druck hin wurde das Syndikat schon im Oktober 1916 verlängert, diesmal bis März 1922. Als schwieriger erwies es sich, den Stahlwerksverband zu erneuern; trotz des Drängens der Regierung, die gesamte Branche unter einen Hut zu bringen, kam man hier nicht über eine formelle Verlängerung des bestehenden Verbands im Jahr 1917 hinaus, in deren Rahmen nur die sogenannten A-Produkte unter Syndikatskontrolle fielen.[251]

Stinnes wehrte sich gegen Zwangssyndikate jeder Art und hatte 1915 im Verein mit Kirdorf alle Hebel in Bewegung gesetzt, um die Bundesrats-Verordnung zu verhindern. Nachdem dies nicht gelungen war, hatte er sich für kurzfristige Syndikatsverlängerungen ausgesprochen, in der Hoffnung und Erwartung, auf diese Weise einen größeren Freiheitsspielraum, ja eine syndikatslose Phase herbeiführen zu können, mit einem gewissen Maß an fruchtbarem Chaos, das zu einer klareren Einsicht in das Notwendige führen würde. Im Hintergrund dieser Überlegung stand ein politisches Kalkül:

> «Wir dürfen doch gar nicht übersehen, daß wir es jetzt mit einem Reichstag zu tun haben im Kriege, der sehr viel Sozialdemokraten enthält, und mit einer Regierung, gegen die wir gar nichts machen können. Wenn wir in Friedenszeiten kommen und es mit dem Preußischen Abgeordnetenhaus zu tun haben und im Preußischen Abgeordnetenhaus würde dann wirklich vielleicht etwas gemacht, so wird es so gemacht werden, wie wir es auch in unserer überwiegenden Mehrheit als erträglich ansehen würden.»[252]

Auch wenn nicht alle Kollegen und Standesgenossen von Stinnes diese Einschätzung teilten, bestand allgemeine Einigkeit im Hinblick auf den nächsten taktischen Schritt, nämlich die Verlängerung des Syndikats, um einem staatlichen Eingreifen vorzubeugen. Stinnes erklärte sich persönlich bereit, in diesem Sinne auf Thyssen einzuwirken, der sich in gewohntem Widerstand gegen die Erneuerung des Kohlensyndikats übte.

Stinnes konnte auf seine eigene Weise auch recht obstruktiv sein, vor allem wenn es um den Kohlenpreis ging. Die Lohn-Preis-Spirale, die durch das Hindenburg-Programm in Gang gesetzt und durch das Hilfsdienstgesetz beschleunigt worden war, brachte insbesondere den Kohlenbergbau in eine schwierige Lage, denn angesichts der Produktionssteigerungen in den rüstungswichtigen Branchen und der gleichzeitigen Probleme bei der Nahrungsversorgung stieg natürlich die Bereitschaft der Bergleute, sich an Lohnkämpfen zu beteiligen und mit Streiks zu drohen. Die Begleitmusik hierzu bildeten ständig wiederkehrende Hinweise auf die Dividenden und Gewinne der Schwerindustriellen; sowohl die militärischen als auch die zivilen Behörden zeigten sich bereit, Zugeständnisse an die Arbeiterschaft zu machen, und gleichzeitig wehrten sie sich gegen Preiserhöhungen, vor allem bei der Kohle. Ende Februar 1917 wandten sich Hugenberg und Stinnes in ihrer Eigenschaft als Vorsitzende des Zechenverbandes mit einem Protest direkt an die OHL, worin sie sich insbesondere über die Unverantwortlichkeit der nach Maßgabe des Hilfsdienstgesetzes eingerichteten Vermittlungs- und Schiedsausschüssen beklagten. Solche Proteste änderten freilich nichts an der Situation im Land, namentlich nicht an der potentiell explosiven Ernährungskrise. Daher äußerte Stinnes im März 1917 die Empfehlung, die Kohlenwirtschaft solle in einer Zeit, in der andere Branchen die Preise erhöhten, um Lohnerhöhungen wettzumachen, mit ihrer Praxis, die Kohlenpreise über jeweils längere Zeiträume stabil zu halten, Schluß machen. «Wir haben soviel schlechte Erfahrungen gemacht durch die langen Bindungen, daß man endlich mal klug werden» und die Preise monatlich anpassen solle, erklärte er.[253] Während Kirdorf und einige andere führende Bergwerksunternehmer dafür plädierten, Lohnerhöhungen abzuwarten, um Preiserhöhungen legitimieren zu können, drängte Stinnes das Syndikat dazu, aggressiv aufzutreten und absehbaren Lohnerhöhungen ruhig vorzugreifen.

Stinnes schlug um diese Zeit eine Argumentationslinie ein, die er in den kommenden Jahren beibehalten sollte und die in etwa besagte, die Entwicklung der Kohlenwirtschaft erfordere Anreize in Form etwa einer aggressiven Preispolitik, so unbeliebt man sich damit auch machen mochte, denn mit Lohnerhöhungen sei in jedem Fall zu rechnen.

> «Es ist meines Erachtens ein vollständiger Irrtum, [Löhne und Preise] voneinander abhängig zu machen. Wir haben das Kriegshilfsdienstgesetz, wir haben die schwere Lebensmittelnot, mit der die Leute immer die Dinge zunächst mal begründen können. Die Gewerkschaften stehen dahinter, und wir werden lediglich nachher beim Kohlensyndikat Verhältnisse bekommen, wie wir sie in den A-Produkten beim Stahlwerksverband gehabt haben, daß wir schließlich hinterherhinken und keine Erträgnisse mehr haben und schließlich gar nicht mehr in der Lage sind, die Förderung so zu gestalten, wie sie gestaltet werden muß. Und ich glaube, hier sind auch noch wichtigere Fragen im Vordergrund. Wir werden nach dem Kriege nach meiner Überzeugung jahrelang sehr schwer damit zu kämpfen haben, überhaupt die nötigen Kohlen in Deutschland zu schaffen, ... und wenn die neueren Zechen alle nicht mehr in der Lage sind,

sich ordentlich zu entwickeln, ohne daß sie gewaltige Betriebsverluste haben, dann werden sie uns für die Zukunft für Jahre hinaus das abschneiden, ganz zu schweigen davon, daß sich bei den Erträgnissen von den neuen Zechen überhaupt kein Mensch in Deutschland entschließen kann, eine Zeche abzuteufen. Alle diejenigen, die darin irgendwelche Erfahrungen in den letzten 5 Jahren gemacht haben, werden sich sagen müssen, jedes andere Unternehmen machen, nur keine neuen Schächte abteufen.»[254]

Ebenso wie Stinnes für eine Preispolitik eintrat, die die Kohlenförderung wieder wirtschaftlich interessant machen würde, befürwortete er eine Steuerpolitik, die den Kohlenverbrauch fördern würde. In den Verhandlungen mit Hans von Raumer vom Reichsschatzamt über die Kohlesteuer (die 1917 eingeführt wurde), setzte er es im Verein mit Gleichgesinnten durch, daß die Steuer nur auf Kohle selbst, nicht aber auf Koks oder Nebenprodukte erhoben wurde. Die Steuer verteuerte zwar die Kohle für den Verbraucher, bot aber einen Anreiz für die Weiterverarbeitung und die Erzeugung von Nebenprodukten. Auch ersparte man sich damit die Mühe, komplizierte Berechnungen über den Wert der einzelnen Nebenprodukte (wie etwa der Kilowattstunde Strom) anzustellen, die sich verzerrend auf die technische Weiterentwicklung auswirken würden. Die Beschränkung der Steuer auf die Kohle selbst würde im übrigen auch Strompreiserhöhungen leichter durchsetzbar machen, gegen die sich andernfalls Widerstand formieren würde. Es war Stinnes ein ganz besonderes Anliegen, die Steuerbefreiung für Koks durchzusetzen, da die künftige Wettbewerbsfähigkeit der deutschen Eisen- und Stahlindustrie auf dem Weltmarkt in seinen Augen wesentlich davon abhing, die Produktionskosten so niedrig wie möglich zu halten.[255]

Das Drängen von Stinnes auf ein höheres inländisches Preisniveau bezog seine Rechtfertigung auch aus der zunehmenden Neigung des Reichstages, der Schwerindustrie ihre Exporterträge wegzusteuern, die dank zweier Faktoren erheblich gestiegen waren: der höheren Preise, die sie für ihre Waren im Ausland erzielten, und der Wechselkursgewinne, die dadurch entstanden, daß viele der Fremdwährungen, in denen sie abrechneten, gegenüber der Mark ein gutes Stück höher im Kurs standen als vor Kriegsbeginn. Der Abgeordnete Erzberger nahm sich dieses Themas mit besonderer Aufmerksamkeit an, und Anfang 1918 lag dem zuständigen Reichstagsausschuß ein Gesetzesentwurf vor, der den Staat in die Lage versetzen sollte, den Exporteuren die gesamte Ertragsspanne, die aus dem Preisunterschied zwischen Binnenmarkt und Ausfuhrmarkt resultierte, wegzusteuern, und zwar auch rückwirkend. Der Unterstaatssekretär im preußischen Handelsministerium Heinrich Göppert rechtfertigte die Exportgewinne zwar und versuchte, das Schlimmste zu verhüten, stand aber unter so großem Druck, daß er sich gezwungen fühlte, der Kohlenwirtschaft wenigstens ein paar Zugeständnisse abzuringen; er versuchte dies bei einem Treffen zu tun, an dem auf seinen ausdrücklichen Wunsch hin die hartnäckigen Neinsager Stinnes und Hugenberg nicht teilnahmen. Es schien leichter, mit Kirdorf und den anderen zu verhandeln, doch auch sie waren, wie sich zeigte, zu keinem größeren Entgegenkommen bereit, als statistische Informationen zusammenzustellen, aus denen angeblich hervorging, daß die wirtschaftliche Lebensfähigkeit der Zechen von den Exportgewinnen abhing. Genau hiergegen – daß man sich auf die Exportgewinne als Garanten der eigenen Profitabilität verließ – hatte Stinnes schon 1915 Stellung bezogen und damals sogar angeregt, der Staat solle die Hand auf den Extraprofit legen. Damals hatte die Regierung erklärt, es sei gut und richtig, wenn die Profite aus dem Exportgeschäft kämen und die Inlandspreise dafür niedrig gehalten werden könnten. Stinnes verwahrte sich dagegen, daß der Staat nun das eine tun wollte, ohne das andere zu lassen:

> «Das Prinzip, was sie heute uns gegenüber gelten lassen, haben sie 1915 als absolut undiskutabel zurückgewiesen. Nachdem aber wir mit unserer ganzen Rentabilität auf das ganze System aufgebaut worden sind, können sie es uns nicht unter der Hand wegnehmen ... oder wir müssen zu ganz anderen Preisforderungen im Inlande kommen und müßten auch die Preise so regulieren, daß wir aus den Inlandspreisen die Rentabilität auf die Gruben bekommen, was mir viel lieber wäre. Dann mögen sie die ganze Geschichte behalten. Dann würden wir am 1. April mehrere Mark in die Höhe gehen müssen. Das wäre viel sicherer.»[256]

Stinnes erkannte sehr genau, daß er und seine Kollegen ständig zwischen der Scylla unvermeidlicher Zugeständnisse an kriegsbedingte wirtschaftliche Notwendigkeiten, die gegen grundlegende Regeln einer guten Betriebsführung verstießen, und der Charybdis kriegsbedingter Organisations- und Steuerungsmaßnahmen manövrieren mußten, die womöglich über den Krieg hinaus Bestand haben würden. Stinnes und die meisten anderen Schwerindustriellen nahmen es eindeutig lieber in Kauf, ersterer zu nahe zu kommen, als auch nur von ferne mit letzterer zu liebäugeln. Der Artikel 9 des Hilfsdienstgesetzes, über den sie so sehr lamentierten, war letztlich doch ein Preis, den sie für die Verhinderung einer staatlichen Kontrolle ihrer Profite gerne bezahlten. An einer Lohn-Preis-Spirale mitzudrehen war immer noch besser, als eine staatliche Kontrolle von Preisen und Löhnen zuzulassen, wie General Groener sie im Juli 1917 unter dem Eindruck einer Denkschrift forderte, die Richard Merton, Sohn des Chefs der Metallgesellschaft und Mitglied in seinem Stab, verfaßt hatte. Stinnes wußte offenbar nichts von der Existenz dieser Denkschrift, bis Vögler Ende 1917 Wind davon bekam – er bezeichnete sie zunächst fälschlicherweise als eine Koproduktion von Rathenau und Merton und mußte dies in der Folge korrigieren. Die Tatsache, daß eine solche Denkschrift zirkulierte und daß Ludendorff sich wohlwollend dazu geäußert hatte, ließ die Alarmglocken schrillen.[257]

Stinnes legte großen Wert darauf, an der grundsätzlichen Forderung nach Profitabilität selbst dann festzuhalten, wenn man in der Praxis davon abweichen mußte. So bewertete er es etwa als grundsätzlich richtig, wenn ein profitables Unternehmen wie die SEG ihre Straßenbahn-Fahrpreise in den Kriegsjahren unverändert ließ: «In dieser Zeit müssen die Erwerbsinteressen vor anderen Interessen, z.B. auch vor dem Interesse an der Aufrechterhaltung einer guten Stimmung in der Bevölkerung zurücktreten, soweit dadurch nicht andere schwerwiegende Nachteile ausgelöst werden.» Es gab jedoch seiner Überzeugung nach Grenzen der Preiszurückhaltung; beispielsweise störte es ihn sehr, als die SEG 1916 freiwillig Monatskarten für Pendler einführte, die nicht kostendeckend kalkuliert waren:

> «Ebensowenig, wie eine Bergwerksgesellschaft Koks trotz guter Geschäftslage mit Verlust verkaufen darf, weil sie an Kohlen reichlich und im Durchschnitt noch einigermaßen ausreichend verdient, ebensowenig darf der Vorstand der SEG an den Zeitkarten ohne Zwang durch Konzession usw. Geld verlieren, weil er sonst noch ganz gut und im Durchschnitt noch leidlich verdient.»[258]

Was in Friedenszeiten ein Verstoß gegen die Regeln guten Wirtschaftens war, konnte unter Kriegsbedingungen zu einem schweren Klotz am Bein werden. Bei der SEG erreichten die Verluste aus dem Zeitkartengeschäft zwei Jahre später eine Größenordnung, die die Firmenleitung zum Umdenken zwang, aber als sie die preiswerten Karten abschaffen wollte, forderten die lokalen Militärbehörden ihre Beibehaltung. Zwar hatte unter dem Belagerungsrecht der Kommandierende General die Macht, seinen Willen durchzusetzen, doch pochte Stinnes im Gegenzug auf sein Recht, für die dadurch eintretenden Verluste eine Entschädigung aus dem Kriegshaushalt zu fordern.[259]

Wie immer die Sache ausgehen würde, Stinnes durfte dem Tag entgegensehen, da die Zeit der Kommandierenden Generäle und ihrer Eingriffsrechte abgelaufen sein würde. Nicht so zuversichtlich durfte man im Hinblick auf das sein, was Albert Ballin als die «unnatürlichen Operationen» der Staatsbürokratie bezeichnete. Schwander hatte zu Beginn seiner sehr kurzen Amtszeit als Staatssekretär im Reichswirtschaftsamt im September 1917 nicht nur Stinnes, sondern auch Ballin um seine Ansichten und Ratschläge zu wirtschaftlichen Grundfragen gebeten.[260] So uneins sich Ballin und Stinnes im Hinblick auf den U-Boot-Krieg und die Rußlandpolitik waren, so einig waren sie sich in ihrer Opposition gegen das Mitteleuropa-Konzept und in dem Wunsch, nach Kriegsende schnellstmöglich die unternehmerische Freiheit wiederherzustellen. Ballin, Max Warburg und die übrigen führenden hamburgischen Kaufleute und Bankiers forderten mit geradezu fanatischer Unbedingtheit und mit zunehmender Lautstärke die Aufhebung der bestehenden wirtschaftlichen Einschränkungen zum frühestmöglichen Zeitpunkt, eine angesichts ihrer Abhängigkeit vom internationalen Handel nur allzu verständliche Position. Sie waren auch kompromißlos gegen jedwede Devisenkontrollen, mit denen die Regierung eine übermäßige Reichsmark-Ausfuhr und einen Mißbrauch rarer Auslandswährungen verhindern wollte, konnten aber deren Einführung im Februar 1917 nicht verhindern. Ausgeübt wurden diese Devisenkontrollen von den Berliner Großbanken im Auftrag der Regierung, und diejenigen, die jedem staatlichen Dirigismus mißtrauten, hegten den starken Argwohn, daß die Banken an den Devisenkontrollen Gefallen finden und gewillt sein würden, sie über das Kriegsende hinaus als Vehikel für die Wiederherstellung ihrer Position beizubehalten. Die Kooperation zwischen Ballin und Stinnes im geschäftlichen Bereich, die gleichsam auf die Bildung einer Achse Ruhrgebiet-Hamburg hinauslief, beruhte ideologisch auf einer gemeinsamen Abneigung gegen staatliche Kontrolle im allgemeinen und gegen den übermäßigen Einfluß Berlins und der Berliner im besonderen.

Dies zeigte sich sehr deutlich auf einer Sitzung am 15. Oktober 1917, bei der es um die Formulierung deutscher handelspolitischer Forderungen im Hinblick auf künftige Friedensverhandlungen ging. Als einige Regierungs- und Bankenvertreter dabei für die Beibehaltung der Devisenkontrollen eintraten, handelten sie sich einen Frontalzusammenstoß mit der Achse Ruhrgebiet-Hamburg ein. Stinnes wetterte bei der Gelegenheit nicht nur gegen die Devisenkontrollen, sondern auch gegen die Berliner Großbanken und erklärte, «daß die D-Banken garnicht in der Lage seien, die privaten Kredite in genügendem Maße zu befriedigen, das müsse mehr den einzelnen Firmen überlassen bleiben. Tatsächlich liege in den Bestrebungen der Großbanken eine große Gefahr; denn sie würden beim Fortbestehen der Devisenordnung ein tatsächliches Monopol haben.»[261]

Die deutschen Schwerindustriellen, nicht zuletzt Stinnes, hatten im Verlauf des Krieges dank ihrer Gewinne und ihrer hohen Liquidität ihre Abhängigkeit von den Großbanken verringern können. Stinnes hatte allerdings Schwander anvertraut, daß er sowieso auf der Suche nach alternativen Kreditquellen im Ausland sei. Er und die Hamburger Kaufleute bemühten sich außerdem um die Schaffung einer neuen Grundlage für die Mobilisierung von Krediten im Inland. Im Herbst 1917 taten sich die führenden Handels- und Schiffahrtsunternehmen Hamburgs und Bremens mit einigen lokalen Großbankiers (darunter als aktivste Kraft Warburg) sowie mit Stinnes und anderen Großindustriellen zusammen; das Konsortium gründete eine Gesellschaft für Internationale Unternehmungen, als deren Geschäftszweck bestimmte man die Analyse internationaler Investitions- und Entwicklungsmöglichkeiten, die Erschließung von Geldmitteln für die Anschubfinanzierung unternehmerischer Projekte und ihre Unterstützung, bis sie Fuß gefaßt hatten und sich selbst finanzieren konnten. Zum Teil war dies eine Reaktion auf die Tatsache, daß man nicht mehr damit rechnen konnte, daß die Briten diese Aufgaben für die internationale Geschäftswelt erfüllen würden, sowie auf die Gründung der British Trade Corporation und der American International Corporation, die beide die Förderung internationaler, aber auch nationaler Investitionsvorhaben auf ihre Fahnen geschrieben hatten. Tatsächlich war auch die deutsche Gruppierung neben internationalen auch an einheimischen Investitionsmöglichkeiten interessiert.[262]

Das wichtigste Ziel, das Stinnes und seine hanseatischen Bundesgenossen verfolgten, bestand in der Schaffung der Voraussetzungen dafür, daß sie, sobald der Krieg zu Ende war, ihre Probleme selbst und ohne staatliche Bevormundung lösen konnten. Die Tatsache, daß sie eine «Deregulierung» anstrebten, war weniger überraschend als der oft giftige Ton, den die hanseatischen Kaufleute dabei anschlugen, und die geringschätzige Art, in der Stinnes und seine Freunde aus der Schwerindustrie bei ihren Unterredungen über die Männer in Berlin herzogen. Hier zeigte sich ein Verlust staatlicher Autorität, der aus den zahlreichen Fehlleistungen der staatlichen Stellen resultierte, vor allem auf dem Gebiet der Nahrungsmittelversorgung, aber auch aus der Nachgiebigkeit der Regierung gegenüber den Gewerkschaften und ganz generell aus dem Fehlen einer befriedigenden politischen Führung.

Eine der Paradoxien, mit denen Stinnes lebte, war die Tatsache, daß er von den Regierenden in Berlin eine entschlossenere Machtausübung und mehr Autorität forderte, gleichzeitig aber für sich selbst jede Bevormundung durch sie ablehnte. Sein entschiedenes Eintreten für die Stillegung nicht kriegswichtiger oder nicht kohlenaher Betriebe löste in Süddeutschland Unruhe aus, namentlich bei den bayerischen Unternehmern, die selbst eine Menge gegen die zunehmende Machtfülle Berlins einzuwenden hatten, aber eben auch mit Verstimmung auf Berichte reagierten, wonach Stinnes sich über die Ansiedlung zu vieler Rüstungsbetriebe in Bayern beschwerte. Während Groener, der selbst aus Süddeutschland stammte, bald einsah, daß es eine politische Notwendigkeit war, die südlichen Gefilde bei Laune zu halten, schien Stinnes kein Gespür für solche Rücksichten zu haben. Realität war jedoch, daß man ein Land wie Deutschland nicht wie ein Industrieunternehmen führen konnte und daß es nichts brachte, Köpfe rollen zu lassen, wenn es der politischen Führung als Ganzer an Popularität und Legitimität fehlte. Die Krise vom Sommer 1917, die mit der Abberufung sowohl Bethmann Hollwegs als auch Groeners endete, führte nicht zu einer Stärkung, sondern zu einer weiteren Schwächung der Autorität des Staates. Dabei scheint es, als habe Stinnes, auch wenn er noch so häufig im Gespräch mit dem Oberverschwörer, Oberstleutnant Bauer, gesehen wurde, die Entfaltung der politischen Krise nur aus der Beobachterposition verfolgt. Groener hatte das ihm Mögliche getan, um Stinnes als Unterstützer für sein Konzept einer Regierung der nationalen Konzentration zu gewinnen, doch Stinnes wollte sich für so etwas gar nicht gewinnen lassen; er wandte sich vielmehr sogar von Groener ab, vermutlich aus Ärger darüber, daß dieser nicht bereit war, für die Annektierung von Briey einzutreten oder wenigstens die Kritik der Schwerindustrie am Hilfsdienstgesetz zu unterschreiben.[263]

Stinnes hatte zweifellos gehofft, der Sturz Bethmanns würde eine Wende bringen, und schon am 20. Juli suchte er den neuen Kanzler Michaelis auf, um sich eine Vorstellung davon zu verschaffen, was man erwarten konnte. Einen Monat später konstatierte Stinnes jedoch, Michaelis habe sich in der Auseinandersetzung mit dem Reichstag nicht sehr gut geschlagen. «Das tut mir leid», schrieb er, «denn er ist ein anständiger Mensch, und er ist bei Erzberger und Genossen verloren, wenn er nochmals nachgeben muß.»[264] Von Vögler erfuhr Stinnes Einzelheiten über Vorgänge im Zusammenhang mit dem Sturz Groeners am 16. August, ein Stück, in dem einige der aktiveren Rollen mit Oberstleutnant Bauer, Carl Duisberg und

Alfred Hugenberg besetzt waren. Doch nirgendwo in diesen Berichten wurde der Eindruck erweckt, daß es für die Probleme, die aus dem Hilfsdienstgesetz, aus der Unzufriedenheit der Arbeiterschaft und aus dem Machtzuwachs der Gewerkschaften resultierten, einfache Lösungen geben werde. Die Industrieführer nahmen zwar erfreut zur Kenntnis, daß der nichtsahnende Groener am 16. August «glücklich ver-Scheucht»[265] worden war, hielten aber nichts von militärischen Maßnahmen gegenüber der organisierten Arbeiterschaft. Während noch vor einem Jahr ein strenges Durchgreifen «am Platz gewesen» wäre, könne ein solches zum jetzigen Zeitpunkt unabsehbare Folgen haben. Im Verlauf eines fünfstündigen Treffens am 19. August, zu dem Duisberg seine Kollegen aus der Großindustrie geladen hatte und an dem auch Oberstleutnant Bauer teilnahm, ließen die Teilnehmer ihrem Unmut über den «Kniefall auf der ganzen Linie vor den Gewerkschaften» freien Lauf. Vögler fand das, was besprochen wurde, lediglich «interessant, aber nicht so wichtig». Die Erörterung der wichtigen Frage, was man tun könne, um eine Änderung des Hilfsdienstgesetzes durchzusetzen, blieb ergebnislos. Es herrschte offenbar Konsens darüber, daß Artikel 9 des Gesetzes gestrichen und die Freizügigkeit der Arbeitnehmer wiederhergestellt werden müsse, dann könnten Arbeiter, die gebraucht wurden, einfach per Fronturlaub rekrutiert und so an ihren Platz gebunden werden. Eine solche Lösung wagten Generalleutnant Hermann Scheuch, der Nachfolger Groeners, und die neue Zivilregierung unter den gegebenen Umständen freilich nicht in Angriff zu nehmen.[266]

Stinnes war in der Gewerkschaftsfrage stets Pragmatiker gewesen, und der Krieg bestärkte ihn in dieser Haltung. Er war freilich nicht so pragmatisch wie der Braunkohlenförderer Paul Silverberg, der im Juli 1917 erklärte: «Wo die Arbeiter organisiert seien, komme man mit Verhandlungen am weitesten. Die Industrie müsse hier umlernen und sehen, daß es am besten sei, wenn die Arbeiter straff organisiert seien und damit unter gewerkschaftlicher Disziplin stünden.»[267] Stinnes war der gegenteiligen Meinung, daß die Stärkung der Gewerkschaften zu massiven Streiks im Ruhrgebiet führen würde. Als Silverberg im November 1917 in einem Brief an das Syndikat die Einrichtung von Zwangssyndikaten forderte, Widerstand gegen die Vaterlandspartei ankündigte und die Anerkennung der Gewerkschaften forderte, schloß Stinnes sich dem ablehnenden Urteil Kirdorfs über diese Bekundungen Silverbergs an und meinte, es gebe momentan keine «zwingenden Gründe» für eine Anerkennung der Gewerkschaften. Interessanterweise empfahl Stinnes jedoch, «Silverberg nicht eine glatte Absage zu geben, sondern die Sache dilatorisch zu behandeln, um sich die Möglichkeit offen zu halten, gegebenenfalls doch mit Silverberg über die Angelegenheit in Verbindung zu [treten]».[268]

Im März 1917 hatte Stinnes selbst die Frage nach dem Umgang mit den Gewerkschaften aufgeworfen, doch findet sich nirgendwo ein Beleg dafür, daß er Verhandlungen mit ihnen befürwortet hätte. Die ablehnende Position, die der Vorsitzende des Zechenverbandes, Hugenberg, verkündete, ließ allerdings Hintertüren offen:

«Ein Beschluß hierzu wird nicht gefaßt, doch stimmen die Ansichten sämtlicher Herren darin überein, daß durch [ein] Verhandeln mit den Organisationen der Weg beschritten werde, der die englische Industrie zu so schnellem Niedergang geführt habe. Der Herr Vorsitzende weist noch besonders darauf hin, daß die Arbeiterverbände die Forderung, mit ihnen zu verhandeln, natürlich um so energischer verfechten würden, falls sie auf irgend eine Art und Weise erführen, daß in den Kreisen der Arbeitgeber nicht mehr die bisherige einmütige Ablehnung vorhanden sei. In politischen Fragen mit den Vertretern der Arbeiterverbände zu verhandeln, sei er selbstverständlich bereit und immer bereit gewesen, hinsichtlich des Verhandelns über wirtschaftliche Fragen liege die Sache ganz anders. Nach der Richtung hin müsse er sich die Entscheidung, ob er für seine Person als Vorsitzender des Bergbauvereins und des Zechenverbandes zu Verhandlungen bereit sein werde, vorbehalten.»[269]

Beim Stapellauf des Schiffes «Carl Legien» im Jahr 1922 behauptete Stinnes, ihm sei seit 1916 klar gewesen, daß die deutschen Arbeiter sich durch ihre Opfer einen Anspruch auf politische Mitsprache erworben hätten. Was ihm dabei konkret vorschwebte, ist schwer zu sagen, doch Tatsache ist, daß Stinnes schon vor längerer Zeit erkannt hatte, daß das Verhältnis zwischen Kapital und Arbeit in Deutschland in einem Wandel begriffen war, der eine Haltungsänderung auch auf seiten der Arbeitgeber erforderlich machte. Daß er sich im März 1917 konkret mit dem Thema auseinandersetzte, war in Anbetracht der gespannten sozialen und wirtschaftlichen Lage nicht verwunderlich. Das wichtigere Motiv war jedoch wahrscheinlich ein politisches, nämlich das Bemühen, die Arbeiterschaft für seine Kriegszielpolitik zu gewinnen. Ob Stinnes irgendein konkreter Hinweis darauf vorlag, daß irgendwelche sozialistischen Gewerkschaftsführer und Politiker schon vor April 1917 bereit waren, mit den Arbeitgebern über Kriegsziele zu sprechen, läßt sich auf Grundlage der zur Verfügung stehenden Belege nicht ermitteln. Vielleicht sagte ihm einfach nur sein Gefühl, daß es in den Reihen der Gewerkschaftsführer diese Bereitschaft gab; wenn er dies vermutete, lag er damit absolut richtig. Am 29. April 1917 schrieb Stinnes an Edmund:

«In der vergangenen Woche war Professor Schumacher bei mir zum Abendessen, da er mich sprechen wollte in angeblich wichtiger Angelegenheit. Es handelte sich darum, daß die sozialdemokratischen Gewerkschaftsführer Sorge bekommen haben, ob die politischen Parteien mit B[ethmann H[ollweg] gemeinsam nicht einen uns zugrunde richtenden Frieden machen werden. Daher die Neigung zur Verständigung mit den Unternehmern auf Grundlage anständiger Friedensziele.»[270]

Vieles spricht dafür, daß es sich bei dem Gewerkschaftsführer um August Müller handelte, ein Vorstandsmitglied der Freien Gewerkschaften, der eine leitende Position in der Konsumgenossenschaftsbewegung bekleidete und im Beirat des Kriegsernährungsamtes saß; er kannte Schumacher von zahlreichen Begegnungen 1914 im Umfeld der Deutschen Gesellschaft in Berlin. Die Begegnung zwischen Stinnes und Müller fand offenbar im Mai 1917 in Berlin statt, und sie wurden sich, so scheint es, darin einig, daß die Beziehungen zwischen Kapital und Arbeit neu geordnet werden müßten und daß dies am besten die beiden Parteien selbst bewerkstelligen könnten. Es ist möglich, daß Stinnes über das Verhältnis zu den Gewerkschaften auch am 8. Juni mit Ludendorff sprach. Am 20. Juli erhielt er von Schumacher die Mitteilung, daß Müller in Abstimmung mit «unseren Hauptgewerkschaftsführern» Carl Legien, Robert Schmidt, Gustav Bauer und Alexander Schlicke Interesse an einer Zusammenkunft mit den Industriellen am 28. Juli bekundet habe. Es gibt keinen Beleg dafür, daß an diesem Tag eine solche Begegnung stattgefunden hätte, wohl aber am 9. August. An diesem Tag trafen sich auf Einladung Müllers und Schumachers die Unternehmer Stinnes, Hugenberg, Kirdorf und Fritz Winkhaus mit den Gewerkschaftern Bauer, Theodor Leipart (der offenbar Legien vertrat), Schmidt und Schlicke. Leider ist kein dokumentarisches Zeugnis über den Inhalt dieser Unterredung auffindbar; eine Fortsetzung fand sie erst Anfang Dezember.[271]

Eine Erklärung für die lange Gesprächspause könnte der Umstand sein, daß der Konflikt um die von Erzberger eingebrachte und vom Reichstag schließlich verabschiedete Friedensresolution, die dadurch ausgelöste politische Krise und der außerordentliche Mobilisierungserfolg, der den rechtskonservativen, annexionistischen Kräften mit der am 24. September 1917 gegründeten Vaterlandspartei gelang (an deren Spitze Wolfgang Kapp als Initiator und Tirpitz als Präsident standen), den Herbst 1917 zu einer für derartige Gespräche nicht eben besonders günstigen Periode machte. Die Industriellen, mit denen die Gewerkschafter sich getroffen hatten, unterstützten die neue Bewegung nach Kräften, wobei sich wieder einmal Stinnes besonders hervortat, wie sich bei einer Sitzung des Geschäftsausschusses des Kohlensyndikats am 21. September 1917 zeigte. Kirdorf leitete die Diskussion mit der Bitte um finanzielle Unterstützung für die neue Partei ein, die in seinen Augen die letzte Chance war, eine breite Unterstützung für einen zufriedenstellenden Frieden zu mobilisieren:

> «Wenn ich allein zu bestimmen hätte, würde ich sagen, daß wir aus unserem Verband der Vaterlandspartei mit Geldmitteln kräftig unter die Arme greifen. Aber so etwas kann nur geschehen, wenn keinerlei Widerspruch erfolgt.
>
> Kleymans: Ich bin unbedingt dafür. (Ruf: Es wird kein Widerspruch erfolgen!)
>
> Schäfer: Ich beantrage, es in der nächsten Zechenbesitzerversammlung vorzubringen. (Widerspruch.)
>
> Vors: Es ist deshalb nicht praktisch, es in einer so großen Versammlung zu tun, weil sonst die Bewegung geschädigt wird; dann heißt es: die Schwerindustrie hat das Geld dafür gegeben. Das kann man nur machen, indem man es im kleineren Kreise beschließt. (Zuruf: Aufsichtsrat!)
>
> Stinnes: Wollen Sie nicht feststellen, ob ein einstimmiger Beschluß des

Aufsichtsrats herbeizuführen ist? Wenn er nicht einstimmig ist, ist es ausgeschlossen.

Vors: Würden die Herren vom Aufsichtsrat, die hier sind, dem alle zustimmen?

Thyssen: Er hat keine Bedenken. Die Vaterlandspartei ist keine politische Partei, sondern lediglich eine Partei, die für einen deutschen Frieden eintritt. Ich habe keine Bedenken.

Vors: Dann können wir die Sache machen.

Stinnes: Dann muß es aber gründlich geschehen.

Vors: Zunächst 100000 M.

Stinnes: Eine Million. Geben Sie den Leuten eine Million Mark, dann hilft es.

Vors: Er muß für die nächste Zeit viel Geld haben, um seine Sachen weit zu verbreiten.

Stinnes: Was nützt es, ob wir auf dem Standpunkt stehen. Das kann nur dadurch geschehen, daß die große Masse in Bewegung gesetzt wird.

Jacob: Wir dürfen es wegen der Lohnbewegung nicht öffentlich behandeln, sonst kriegen wir die ganzen Bergarbeiter auf den Hals.

Vors: Da darf keiner drüber sprechen.

Stinnes: Ich meine, wir sind ohne weiteres legitimiert. Wenn das kommt, was ich mit aller Bestimmtheit und, wie ich sagen kann, aus amtlichen Kreisen gehört habe, daß die flandrische Küste und Belgien preisgegeben ist oder preisgegeben werden soll, dann sind wir beim nächsten Zusammenstoß in einer Weise gefährdet, daß es kein Mensch verantworten kann, und es ist geradezu unerhört, wenn man diese Treibereien in den Zeitungen sieht, die unter der Ägide von Erzberger und der *Frankfurter Zeitung* stehen, wie da mit unseren wichtigsten Interessen von einem Gebiet, was größer wie Großberlin ist, einfach Schindluder getrieben wird. Ich bin der Meinung, daß wir uns dagegen wehren müssen im Interesse der Sicherheit unserer Bevölkerung.

Beukenberg: Ohne daß wir irgend welchen Einfluß behalten? Vollständig?

Stinnes: Ja! Im Interesse der Sicherheit unserer Bevölkerung. Es ist schließlich allen nicht egal, wenn wir aus der Luft totgeschmissen werden bei der nächsten Gelegenheit. Wir sind diejenigen, die die Sache auszubaden haben.

Vors: Es freut mich, daß das beschlossen ist.»[272]

Stinnes verfolgte offenbar das taktische Ziel, der Vaterlandspartei eine enorme Anschubfinanzierung zu besorgen; daraus wird ersichtlich, daß er nicht im geringsten von seiner Überzeugung abgegangen war, Deutschland werde ohne die nach seiner Meinung unabdingbaren territorialen Erwerbungen im Westen in einem künftigen Krieg auf verlorenem Posten stehen. Er manifestierte seine Unterstützung für die Partei auf mehr als eine Weise, vor allem indem er örtliche Gliederungen der Bewegung finanziell unterstützte, auf Bitten von Tirpitz Thyssen bat, einen Beitrag zum Thema «Industrie und Vaterlandspartei» zu schreiben, und im Mai 1918 die Werbetrommel für die Aufbringung einer weiteren

Million Mark rührte, um die Wolfgang Kapp im Interesse der Bewegung gebeten hatte. Allein, ebenso wie Thyssen die Tirpitzsche Bitte um einen Artikel mit der Begründung abschlug, er sehe seine größte Wirksamkeit in der Arbeit hinter den Kulissen, wo er gerade versuche, Erzberger in den Schoß der annektionistischen Bewegung zu holen und die Zentrumspartei zur Unterstützung der Kriegszielbewegung zu veranlassen, schlug Stinnes das ihm im September 1918 gemachte Angebot aus, in den Reichsausschuß der Vaterlandspartei einzutreten, wobei er jedoch erklärte, «alle Bestrebungen, die darauf gerichtet sind, den Krieg unter möglichst günstigen Bedingungen abzuschließen», könnten mit seiner Unterstützung rechnen.[273]

Was immer die Gewerkschaftsführer, mit denen Stinnes sich getroffen hatte, denken mochten, ihm selbst erschienen seine Gespräche mit ihnen keineswegs unvereinbar mit seinem massiven persönlichen Einsatz für die Vaterlandspartei. Er sah darin im Gegenteil einander ergänzende Aktivitäten. Die Frage der Kriegsziele hatte für Stinnes oberste Priorität; die innenpolitischen Implikationen des Krieges, also etwa die Entwicklung hin zur Demokratie, waren ihm nicht annähernd so wichtig. So hatte er zum Beispiel noch 1915 geglaubt, eine Restaurierung des Preußischen Landtags auf Grundlage des Dreiklassenwahlrechts wäre eine Versicherungspolice für die Industriellen, im Dezember 1917 schrieb er jedoch den Gedanken an eine innenpolitische Nützlichkeit Preußens ab – unter gleichzeitigem zähen Festhalten an seinem Kriegszielprogramm. Wie er Ballin erklärte: «Wenn man Preußen wirklich demokratisch macht, sollte man energisch auf den Einheitsstaat zugehen mit Reichsoberhaus. Den Luxus des doppelten Beamtentums kann man sich meines Erachtens nur so lange leisten, wie die konservative Bremse in Preußen zuverlässig wirkt.»[274]

Stinnes empfand offenbar keine ideologische Verbundenheit mit dem herrschenden Regime, eine Einstellung, die er mit Tirpitz teilte. Die beiden Männer fühlten sich einander nicht nur durch wechselseitige Bewunderung und gemeinsame Kriegsziele verbunden, sondern auch durch ein extrem opportunistisches Politikverständnis und einen gewissen Fatalismus, was den Fortbestand der herrschenden politischen Ordnung betraf. Bei Tirpitz setzte sich offenbar schon bald nach Kriegsbeginn die Überzeugung durch, daß ein Systemwandel kommen würde, gleich wie der Krieg ausging. In einem Brief an die Mutter von Stinnes bezeichnete Tirpitz eine Regierung der Rechten oder der Linken als annehmbare Alternativen.[275] Und was Stinnes betraf, so schien es, als ob der «Sozialismus» der sozialistischen Führer ihn nicht besonders beunruhigt hätte. Wie die meisten aus dem Unternehmerlager machte er sich weit mehr Gedanken über die Gefahren, die von den Exponenten des staatlichen Dirigismus und den planwirtschaftlichen Ideen Rathenaus und Wichard von Moellendorffs drohten.

Was immer die Ursache dafür gewesen sein mag, daß zwischen dem ersten Treffen mit den Gewerkschaftsführern im August 1917 und dem Fortgang der Gespräche im Dezember so viel Zeit verging, Stinnes' oberstes Ziel war es nach wie vor, sie zu seinen Kriegszielen zu bekehren, und er war damit nicht ganz erfolglos. Das zweite Treffen fand am 3. Dezember statt, mit Stinnes, Vögler, Hugenberg, Beukenberg, Kleine und Winkhaus als Vertretern der Industrie, während auf der Seite der Gewerkschaftsführer diesmal auch Legien teilnahm. Stinnes äußerte sich anschließend einigermaßen optimistisch über das Gesprächsergebnis, so etwa in einem Schreiben an Ludendorff:

> «Im Osten werden die erforderlichen Vergrößerungen nach Äußerungen, die Legien mir machte, im Wege der Verständigung keine Schwierigkeiten machen. Auch im Westen möchten die Herren Briey gern haben, aber nicht mit Gewalt, und die Bedeutung der Campine und der belgisch flanderischen Küste ist den Herren nicht klar gewesen.
>
> Ich glaube, man kann mit zunehmenden militärischen Erfolgen alles durchsetzen, wenn das Gesicht gewahrt wird.»[276]

Stinnes stellte sich offenbar vor, dies dadurch erreichen zu können, daß er den Gewerkschaften im Gegenzug ihre Anerkennung offerierte. In der Sprache der Unternehmenskartelle ausgedrückt war er bereit, ihnen die «kleine Quote» der Anerkennung im Tausch gegen die «große Quote» einer Verständigung über die wirtschaftlichen und sozialen Fragen der Zeit anzubieten.[277] Es galt jedoch, wie er Edmund zu verstehen gab, noch viel Überzeugungsarbeit zu leisten:

> «Diese Leute wollen um jeden Preis ein neues Wettrüsten vermeiden, als ob es eine andere Abrüstung zuverlässiger Art gibt als ein Bündnis mit Rußland! Unsere Demokratie hat immer auf der verkehrten Seite gelegen und tut es auch heute wieder.
>
> Trotzdem gebe ich die Hoffnung nicht auf, daß unsere Arbeitervertreter durch die englische Verbissenheit in der Fortsetzung des Krieges noch eines besseren belehrt werden.
>
> Ich habe Schumacher vorgeschlagen, daß ich das nächste Mal allein mit den Sozialdemokraten in kleinstem Kreise mich unterhalten will und dann erst wieder in größerem.»[278]

Falls es zu solchen Gesprächen in kleinem Rahmen kam, so haben sie keine dokumentarischen Spuren hinterlassen, und die Darstellungen, die Stinnes selbst gab, lassen darauf schließen, daß er seine persönliche Überzeugungskraft überschätzte. General Groener zeichnete ein besonders bösartiges Bild von der Stinnesschen Überredungskunst:

> «Er glaubt mit dem sozialistischen Gedanken so leicht fertig werden zu können wie mit einzelnen sozialdemokratischen Politikern: als er merkte, daß er sich mit den Gewerkschaften gut stellen müsse, lud er einen ihrer führenden Männer mit einem kleinen Kreis von Großindustriellen ein. Er spekulierte auf die menschliche Eitelkeit und die ihm bekannte kleine Schwäche seines Gastes für gute Weine und traktierte ihn entsprechend. Er erreichte damit nichts, aber die Methode charakterisiert ihn.»[279]

Angesichts dessen, was wir von Stinnes selbst über die Grenzen seiner Überzeugungskraft und das Verhalten der Gewerkschaftsführer erfahren, muß man sagen, daß Groener sich die Sache zu einfach machte. Gewiß, es wäre nicht das erste Mal gewesen, daß Wein als Mittel zur Erleichterung von Diskussionen und Verhandlungen eingesetzt wurde, und die Tatsache, daß einige deutsche Gewerkschaftsführer und Sozialdemokraten willens waren, im Falle eines Sieges territoriale und wirtschaftliche Erwerbungen zu unterstützen, ist auch keine Überraschung.

Stinnes war sicherlich ein manipulativer Typ, der die sozialistische Ideologie offenkundig nicht sehr ernst nahm, aber zweifellos war ihm klar, daß die Unterstützung der Gewerkschaften nicht umsonst zu haben war und daß deren Führer seinem Programm noch keineswegs zugestimmt hatten. Dies wiederum bedeutete nicht, daß sie oder er ihre Zeit vergeudet hätten. Im April 1918, als die deutschen Truppen im Zenith ihres Erfolges standen, erklärte Vögler in einer wichtigen Rede, die Wirtschaft und die Gewerkschaften hätten viele gemeinsame Interessen, und wenn es gelinge, sich auf ein gemeinsames Herangehen an die wirtschaftlichen Probleme zu verständigen, könne dies zu einer Entschärfung der sozialen Konflikte führen.[280]

Was Groener indes zutreffend beschrieben hatte, war Stinnes' blinder und unkritischer Glaube an Ludendorff. Ähnlich wie bei der Einschätzung des U-Boot-Krieges übersah Stinnes auch im Hinblick auf den Landkrieg, daß die Großoffensiven vom März und April 1918 schnell zum Ziel führen mußten und daß, falls sie dies nicht taten, alle weiteren Anstrengungen nutzlos sein würden. Frohgemut schrieb er am 2. Juni: «Die Fronterfolge sind wunderbar. Ich glaube nicht, daß die Franzosen und Engländer nach diesem Stoß noch zwei weitere aushalten, die sicher noch kommen werden.»[281] Die Alliierten hielten nicht nur stand, sondern gingen im Juli zum Gegenangriff über, und im August kamen von der Front nur noch schreckliche Nachrichten.

Die «ungeheuren Ansprüche», von denen Ballin Anfang August gesagt hatte, sie würden im Winter auf Stinnes zukommen, wollten so lange nicht warten, sondern kamen für beide schon früher. Am 23. August reiste Stinnes nach Hamburg, um Ballin über eine Unterredung zu berichten, die er einige Tage zuvor mit Oberstleutnant Bauer gehabt hatte. Stinnes informierte Ballin mit «erfreulicher Offenheit und Klarheit» darüber, daß Bauer eine erhebliche Verschlechterung der militärischen Lage und eine starke Zunahme der Fahnenflucht-Fälle gemeldet hatte. Ludendorff habe zwar den Kronprinzen bereits informiert, doch jetzt müsse jemand dem Kaiser klarmachen, daß Hertling nicht mehr der richtige Kanzler sei. Damit war klar, welchem Zweck der Stinnessche Besuch diente: Ballin, der Zugang zum Kaiser hatte, sollte überredet werden, mit ihm zu sprechen, eine Aufgabe, die Ballin unter der Voraussetzung zu übernehmen bereit war, daß man einen Nachfolgekandidaten präsentieren konnte. Stinnes ließ Ballin wissen, daß Ludendorffs Favorit Bülow sei, der schon oft als Kandidat für das Kanzler- oder Außenministeramt ins Gespräch gebracht worden war, nicht nur von der

OHL, sondern auch von Stinnes und etlichen anderen Protagonisten des rechtsliberalen und konservativen Lagers. Ballin reagierte jedoch mit spontaner Ablehnung und erklärte, gegen Bülow spreche, abgesehen von seinem problematischen Verhältnis zum Kaiser, die Tatsache, daß er nicht das Vertrauen der Sozialdemokraten besitze und das feindliche Ausland in ihm keinesfalls den Gewährsmann für eine Demokratisierung Deutschlands sehen würde. Stinnes sah die Stichhaltigkeit dieser Argumente offenbar auf der Stelle ein und schlug Ballin vor, gemeinsam nach Berlin zu fahren und noch einmal mit Bauer zu sprechen, ein Plan, der dann aber zu einem Treffen mit Harbou am 2. September führte. Bauer hatte schon vorher den Vorschlag gemacht, Ballin solle den Kaiser nicht alleine aufsuchen, sondern als Teil einer Abordnung, bestehend aus Stinnes, Duisberg und Krupp von Bohlen und Halbach. Bei der Unterredung in Berlin zerpflückte Ballin diesen Gedanken, indem er darauf hinwies, daß der Kaiser sich nicht darauf einlassen würde, mit einer Delegation, von deren Mitgliedern er zwei – Duisberg und Stinnes – nicht einmal kannte, über einen Regierungswechsel zu diskutieren. Ballin und Stinnes konnten sich im übrigen nicht auf einen dem Kaiser vorzuschlagenden Kanzlerkandidaten einigen, obwohl Ballin einige Namen nannte – darunter den Namen Stinnes.[282]

Das war eine bemerkenswert kühne Idee, wenn man bedenkt, daß der Kaiser Stinnes nicht einmal kannte. Der bedrückende Verlauf, den die Audienz Ballins beim Kaiser am 5. September nahm – wo der Monarch den Eindruck hinterließ, in einer der Wirklichkeit vollkommen entrückten Gedankenwelt zu leben –, hätte einen solchen Vorschlag, selbst wenn Stinnes sein Einverständnis gegeben hätte, ins Leere laufen lassen. Ballin meinte die Sache jedoch durchaus ernst, wie aus seiner Antwort auf den Vorschlag seines Freundes Maximilian Harden hervorging, das Kanzleramt selbst zu übernehmen. Ballin erklärte, er fühle sich einem solchen Amt nervlich nicht gewachsen und halte es für besser, es «robusteren Naturen [zu] überlassen ..., besonders denjenigen, welche den Krieg als befreiendes Ereignis gefeiert haben, und den Sieg schließlich am U-Boot verankerten».[283] Das war das Stichwort für die Vorstellung seines eigenen Wunschkandidaten:

> «Haben Sie niemals an Hugo Stinnes für den Posten des Reichskanzlers gedacht? Er ist meines Erachtens der Mann, der mit einer goldenen Rücksichtslosigkeit die Ämter reinigen würde. Stinnes ist reif für diesen Posten. In seinem heftigen Egoimus sieht er ein, daß es die höchste Zeit wird, Frieden zu machen, wenn man die großen Kriegsgewinne nicht zusammenschmelzen sehen will wie Butter an der Sonne. Ich glaube auch, daß in der sozialdemokratischen Partei und sogar bei den Unabhängigen Stinnes nicht auf Widerstand stößt, und die alldeutsche großindustrielle Presse hat er in der Tasche. Wenn ich wieder in Berlin bin, wollen wir doch mal einen Abend mit ihm verbringen, um diese Fragen zu besprechen. Ich habe es, als ich ihn das letzte Mal sah, ihm ausgesprochen, daß ich glaubte, er könne die große Leistung auf sich

nehmen, und wenn er auch in der üblichen Art abwinkte, so habe ich doch aus seinen Worten die Überzeugung geschöpft, daß er nicht ‹nein› sagen würde.»

Es kam jedoch nie soweit, daß er gefragt wurde, auch wenn dies nicht das letzte Mal war, daß der Gedanke aufkam, Stinnes an die Staatsspitze zu berufen. Die Ereignisse des Monats September ließen im übrigen die Übernahme des höchsten Amtes im Staate nicht sonderlich attraktiv erscheinen. Ende September ersuchte Ludendorff unter dem Eindruck des Zusammenbruchs der bulgarischen Front und der bedrohlichen Lage an der Westfront die Regierung, US-Präsident Wilson um die Vermittlung eines Waffenstillstands auf der Grundlage seiner Vierzehn Punkte zu bitten, und unmittelbar danach folgte die Einsetzung einer neuen Regierung, die von Prinz Max von Baden geführt wurde und der auch Sozialdemokraten angehörten. Am 12. Oktober machte Stinnes seinem Sohn Edmund die traurige Mitteilung, daß Ludendorff sich bereit erklärt hatte, Frankreich und Belgien zu räumen, glaubte allerdings noch fest daran, daß Elsaß-Lothringen «mit aller Wahrscheinlichkeit [ein] selbständiger Staat, vielleicht nur mit Zollanschluß ans Reich, werden wird» und daß Kurland dem Reich angegliedert werden würde. Er fügte hinzu, er rechne mit einer schwierigen Entwicklung in den polnisch bewohnten Teilen Preußens und mit hohen Zahlungen an Belgien und Frankreich.[284] Er bewertete das Ganze als ein «furchtbares Ergebnis des langen Ringens», fügte aber hinzu, daß Harbou und Ballin, die der Regierung bei der Formulierung ihrer Noten an Wilson assistierten, den bevorstehenden Verhandlungen optimistisch entgegensähen. Was Stinnes vom Kaiser und dessen Sohn hielt, wurde aus dieser Bemerkung deutlich: «Ich halte, in Anbetracht selbst des günstigen Kriegsausganges, die Stellung des Kaisers für unhaltbar und auch die des Kronprinzen für fast aussichtslos. Die Monarchie wird sich vielleicht halten.» Die Zeiten der Rüstungsproduktion waren höchstwahrscheinlich vorbei; das von Scheer lancierte U-Boot-Programm war zwar offiziell noch in Kraft, doch waren keine Bestellungen getätigt worden. Die bevorstehende Demobilisierung ließ es wünschenswert erscheinen, daß «Arbeitgeber und Arbeitnehmer sich zu einigen suchen», denn «nur dadurch dürfte es möglich sein, die Entwicklung bolschewistischer Zustände zu verhindern». Die «große Quote» hatte offenkundig eine Verwandlung durchgemacht, und die «kleine Quote» war im Begriff, riesengroß zu werden.

VII. Prinzipal der Revolutionszeit: Hugo Stinnes und der Wiederaufbau

Zwischen 1918 und 1924 entwickelte sich Hugo Stinnes – «Der Prinzipal», wie er im eigenen Hause immer häufiger genannt wurde – zum mächtigsten Mann der deutschen Wirtschaft und zu einer maßgeblichen Kraft auch in der deutschen Politik. Obwohl er nach wie vor lieber hinter den Kulissen die Fäden zog, wurde er nolens volens zur prominenten Figur des öffentlichen Lebens, deren Ansichten und Aktivitäten einen zwar unvollständigen, aber substantiellen Niederschlag im dokumentierten Zeitgeschehen gefunden haben. Dieser Abschnitt ist zwar der bekannteste und am gründlichsten erforschte seines Lebens, lieferte aber auch den Stoff für Legenden und Mythen, die sich um seine Person rankten. Allein die Tatsache, daß er in einer an sich schon undurchsichtigen Zeit der Inflation ein riesiges und kaum zu durchschauendes Wirtschaftsimperium leitete, öffnete Spekulationen über die Art seiner Geschäfte Tür und Tor. Der Zusammenbruch des sogenannten «Stinnes-Konzerns» nach Hugo Stinnes' Tod gab Mutmaßungen über seine unternehmerischen Aktivitäten weitere Nahrung. Aber auch wenn er in diesen Jahren Erstaunliches und manchmal auch Fantastisches geleistet hat, ist es möglich, seine Person zu entmystifizieren und sein Handeln begreiflich zu machen. Tatsächlich läßt sich in seinem Leben eine starke Kontinuität feststellen. Er war und blieb einer der dynamischsten und innovativsten Industriellen Deutschlands, aber in der Zeit vor 1914 hatten die politischen und wirtschaftlichen Umstände seinem Ehrgeiz definitive Grenzen gesetzt und den Rahmen bestimmt, in dem er seine Aktivitäten entfalten konnte. Danach veränderte sich die gesellschaftliche und politische Landschaft jedoch grundlegend durch den Krieg und seine Nachwirkungen. Die Ordnung, die bis 1914 geherrscht hatte, wich nicht etwa einer stabilen und allgemein anerkannten Staatsordnung und deren allgemein anerkannter Legitimität, sondern es entstand eine Situation, in der die Regeln des politischen und gesellschaftlichen Lebens völlig aus den Fugen gerieten. Damit waren Bedingungen geschaffen, vor deren Hintergrund Stinnes zum Sprecher einer politisch desorientierten Wirtschaft wurde, die sich mangels kompetenter politischer Führung geradezu gezwungen sah, in den eigenen Reihen eine Persönlichkeit zu suchen, die in wichtigen Fragen das Machtwort sprach. Das war der ungünstige Kontext, in dem sich die unternehmerischen und politischen Aktivitäten Stinnes' während der letzten fünf Jahre seines Lebens abspielten, und nur vor dem Hintergrund dieser «aus den Fugen geratenen» Zeit sind deren Verflechtungen und außergewöhnlichen Aspekte zu verstehen.

1. Auf Kurssuche

Auch wenn es im Oktober 1918 nicht viel gab, worauf sich Hugo Stinnes freuen konnte, stand immerhin Edmunds glückliche Heimreise bevor, die er allerdings nach dem Wunsch seines Vaters nicht mit leeren Händen antreten sollte:

«Speck und Schinken interessieren Mama, Butter wegen nicht sehr guter Haltbarkeit nicht über 20 Pfund für uns. Dagegen würden zweckmäßig je 5 Pfund für die Großmama in der Delle, Tante Nora und die Großeltern vorzusehen sein.

Auch einige, aber nicht sehr viele, Eier könnten hierhergelangen. Seife ist kaum nötig hier. Ich lege Dir für alle Fälle Mk. 1000,– bei zur Beschaffung von Lebensmitteln. Sonst hast Du wohl nichts nötig.»[1]

Sowohl Edmund als auch Hugo jun. hatten Zugang zu Lebensmitteln, die auch eine so wohlhabende Familie wie die von Hugo Stinnes nicht ohne weiteres beschaffen konnte, was uns ein deutliches Bild davon gibt, wie ernst es um die Lebensmittelversorgung im Ruhrgebiet stand. Daran änderte auch die Tatsache nichts, daß sich Firmen auf dem Schwarzmarkt mit Lebensmitteln eindeckten, um den Bergleuten und den Arbeitern in den Rüstungsfabriken Sonderrationen zukommen zu lassen.

Natürlich hatte Stinnes 1918 wesentlich mehr Grund als im Jahr 1914, sich Sorgen um Arbeitslosigkeit, Lebensmittelknappheit und politische Unruhen zu machen, und ebenso wie andere Industrielle sah er in der Demobilisierung eine potentielle Krisengefahr. Am 9. Oktober tagten Vertreter der Eisen- und Stahlindustrie in Düsseldorf. Da sich ihrer Einschätzung zufolge die neue Regierung unter Prinz Max von Baden kaum länger als fünf Wochen im Amt würde halten können, suchten sie in den Reihen der Gewerkschaften nach Verbündeten für die bevorstehende Aufgabe, die Demobilisierung zu bewältigen, ohne daß es zu einer Revolution kam. Sie ernannten Stinnes, der bereits Kontakte zu Gewerkschaftsführern geknüpft hatte, zu ihrem Verhandlungsführer. Der erste Durchbruch im Ruhrgebiet wurde allerdings nicht in der Eisen- und Stahlindustrie erzielt, sondern im Kohlenbergbau, und es deutet einiges darauf hin, daß die Zechenbesitzer bereits Ende September ihre Bereitschaft signalisierten, mit den Gewerkschaften in Verhandlungen zu treten.[2] Wenige Tage nach der Besprechung in Düsseldorf erarbeitete Stinnes zusammen mit Otto Huë, dem Vorsitzenden der Bergarbeiterverbände, einen Plan, um die festgefahrene Situation zwischen Gewerkschaften und Zechenbesitzern – erstere stellten Anträge, worauf letztere grundsätzlich jede Verhandlungsbereitschaft verweigerten – zu entkrampfen. Hugo Stinnes schrieb dazu an Edmund:

«Die eventuell bevorstehende Demobilisation legte es nahe, daß die Arbeitgeber und Arbeitnehmer sich zu einigen suchen.

In dem Sinne hat gestern eine lange Besprechung zwischen Huë und mir stattgefunden. Die Bergarbeiterverbände werden gemäß Vereinbarung mit neuen Anträgen an den Zechenverband herantreten in dem Sinne, daß über gewisse Fragen diskutiert wird, als da sind: Überschichten, Lohnfragen, Eßfragen, Arbeitsnachweis usw.

Der Zechenverband wird darauf eingehen, und damit würde die Anerkennung der Organisation der Arbeiter und das gemeinsame Verhandeln durchgeführt sein.»[3]

Interessanterweise ging die Initiative zu diesem Treffen, das am 11. Oktober in der Zeche Victoria Mathias stattfand, nicht von Stinnes, sondern von Huë aus, was deutlich macht, daß sich nicht nur die Arbeitgeber Sorgen wegen der bevorstehenden Demobilisierung machten und daß es zumindest einige Gewerkschaftsführer gab, die in der Frage einer möglichen Fortsetzung des Krieges einen überaus patriotischen Standpunkt vertraten.

Wie Stinnes am 18. Oktober in einem Bericht an die Zechenbesitzer erklärte, gingen beide Verhandlungspartner von der Annahme aus, «...daß die Zustände für Arbeitgeber wie Arbeitnehmer gleich bedenklich seien. Es sei überlegt worden, wie nach einem etwaigen Friedensschluß die große Masse der in ihrer Disziplin immerhin gelockerten Soldaten wieder an die Arbeit gewöhnt werden könne. Huë habe erklärt, daß die Arbeiterschaft einen schmachvollen Frieden ablehne, daß in diesem Fall der *furor teutonicus* wieder losbrechen, und daß auch von ihrer Seite alles getan werde, um einen möglichst günstigen Frieden abzuschließen.»[4]

Den Zechenbesitzern war natürlich bewußt, daß Huës Angebot ihnen Gelegenheit gab, einen ehrenvollen Rückzug anzutreten und von ihrer früheren Position Abstriche zu machen, bevor die Ereignisse außer Kontrolle gerieten und sie, durch welche Regierung auch immer, zu Verhandlungen mit den Gewerkschaften gezwungen würden. Gleichzeitig hatten die Arbeitgeber einen unschätzbaren Vorteil auf ihrer Seite, nämlich die tiefsitzende Angst führender Gewerkschaftsvertreter vor dem Chaos und den Problemen, die die bevorstehende Demobilisierung in ihren Augen mit sich bringen würde, wenn sie sich dabei nicht auf die Kompetenz und die Ressourcen der Unternehmerseite stützen konnten. In dem von Huë angeregten Treffen mit Stinnes wurde eine Verhandlungsstrategie entworfen, die darauf aufbaute, daß die Gewerkschaften die Unternehmer um Gespräche über bestimmte vorher festgelegte Themen baten: Lohnzulagen für Sonderschichten, Anerkennung der Gewerkschaften, Prämien und Lebensmittelzulagen, paritätischer Arbeitsnachweis, Aufhebung der Sperrabkommen für Arbeiter, die zu einer anderen Firma wechselten. Auf diese Weise werde der Eindruck erweckt, daß die Gewerkschaften um Zugeständnisse bitten, die ihnen dann von den Arbeitgebern gnädig gewährt würden. Für Stinnes muß es eine große Genugtuung gewesen sein, aus Huës Mund zu hören, das bisherige Arbeitsnachweis-System habe sich bewährt und könne beibehalten werden, sofern es auf eine paritätische Basis gestellt würde. Die heikelste Frage in seiner Unterredung mit Huë galt dem künftigen Umgang mit den «wirtschaftsfriedlichen» (d.h. nicht streikenden) Gewerkschaften. Stinnes' Auffassung zufolge konnten die Arbeitgeber diese Gewerkschaften unter keinen Umständen fallenlassen, und Huë erklärte sich schließlich nach anfänglichen Widerständen bereit, sich mit deren Vertretern an einen Tisch zu setzen, wenn sie bereit waren, das förmliche Bekenntnis zur Bekämpfung der Sozialdemokratie aus ihren Satzungen zu streichen. Er wies Stinnes aber ausdrücklich darauf hin, daß den «wirtschaftsfriedlichen» Gewerkschaften seiner Meinung nach nicht über den Weg zu trauen wäre und daß ihre Mitglieder, wenn sie nicht mehr die alleinige Unterstützung durch die Unternehmer genossen, radikalere Forderungen stellen würden als die der sozialistischen Arbeiterverbände.

Die Zechenbesitzer erklärten sich zwar zähneknirschend bereit, mit den Arbeiterverbänden zu verhandeln, wenn es von ihnen verlangt werde, machten aber die Beteiligung der gelben Gewerkschaften zur *conditio sine qua non* jeder Vereinbarung und zeigten sich auch ansonsten wenig entgegenkommend, indem sie Lohnerhöhungen in der gewohnten Weise von Preissteigerungen abhängig machten und darauf beharrten, daß die geltenden Arbeitszeiten und Einschränkungen des freien Arbeitsplatzwechsels bis zum Ende des Krieges beibehalten werden müßten. Bei einem Treffen zwischen Zechenbesitzern und Gewerkschaftsvertretern am 18. Oktober mußten denn auch alle Themen bis auf die Lohnfrage auf einen späteren Zeitpunkt vertagt werden, weil keine Einigung erzielt werden konnte. Auch die Diskussion um den paritätischen Arbeitsnachweis erwies sich als problematisch, und Stinnes selbst empfahl, mit der Klärung der Frage zu warten, bis der Reichstag das angekündigte Gesetz hierzu verabschiedet hätte. Einig waren sich die Verhandlungspartner lediglich darin, daß die arbeitende Bevölkerung im Industriebezirk mit Lebensmitteln versorgt werden mußte, auch wenn damit gegen die Vorschriften des Kriegsernährungsamtes verstoßen werde.[5]

Der Wille zu Verhandlungen war jedoch nicht gebrochen. Noch am selben Tag fand in Stinnes' Haus ein Treffen von Vertretern der Eisen- und Stahlindustrie statt, das Stinnes und Vögler mit Huë und zwei Sprechern der Metallarbeitergewerkschaft DMV, Georg Reichelt und Karl Spiegel, zusammenführte. Dieses Gespräch stand vor allem im Zeichen der kurz zuvor von den Ruhrarbeitern gestellten Forderung nach der 56-Stunden-Woche, und die Gewerkschaftsvertreter nutzten die Gelegenheit, um die noch brisantere Grundsatzdebatte um den Achtstundentag in den ohne Unterbrechung produzierenden Unternehmen in den Fabriken aufs Tapet zu bringen. Vögler sprach sich nicht direkt gegen den Vorschlag aus, sondern wies darauf hin, daß dazu nicht nur genügend Arbeitskräfte zur Verfügung stehen müßten, sondern auch ausreichend Zeit, um die notwendigen technischen Voraussetzungen in den Fabriken zu schaffen. Ähnlich zögernd und unentschlossen verhielt man sich in der Frage der gelben Gewerkschaften. Während die Vertreter der Freien Gewerkschaften davon ausgingen, daß ihre Mitglieder deren Beteiligung an den Verhandlungen nicht akzeptieren würden, zeigten Stinnes und Vögler zwar Verständnis für den Wunsch, sie von den ersten Gesprächen auszuschließen, ließen aber keinen Zweifel daran, daß man auf ihrer künftigen Teilnahme an den Verhandlungen bestehen werde. Tatsächlich war niemand daran interessiert, unüberwindliche Barrieren zu errichten. «Die Herren haben hierzu nicht ja und nicht nein gesagt und glauben, eine zweckentsprechende Regelung würde mit der Zeit von selbst eintreten.»[6] In Wahrheit erschien die Sache allen Beteiligten zweitrangig neben dem Problem, das im Augenblick ihre Gedanken beherrschte, nämlich die Demobilisierung und die Frage, wie sich das Reichswirtschaftsamt dazu zu verhalten gedachte. Wegen der zur selben Zeit in Berlin stattfindenden Gespräche zu diesem Thema hatte im übrigen Alexander Schlicke, der Vorsitzende des DMV, seine Teilnahme an dem Treffen im Ruhrgebiet absagen müssen. Stinnes war sich darüber im klaren, wie wichtig die gleichzeitigen Verhandlungen zwischen Unternehmer- und Gewerkschaftsvertretern in Berlin und deren Abstimmung mit den Demobilisierungsplänen im Reichswirtschaftsamt waren. Er pendelte in dieser Zeit ebenso wie Vögler ständig zwischen dem Ruhrgebiet und Berlin hin und her, und Hugo jun. fungierte nicht selten als Unterhändler bei ihren Bemühungen, die widersprüchlichen Tendenzen auszugleichen, die sich an den zwei Verhandlungsorten immer wieder abzeichneten.

Den Anstoß zu den Berliner Gesprächen zwischen Unternehmer- und Gewerkschaftsvertretern hatte Hans von Raumer gegeben, der frühere Mitarbeiter des Reichsschatzamtes, mit dem Hugo Stinnes während des Krieges über Kohlesteuern und andere Fragen verhandelt hatte. Raumer war eng mit Hugos Bruder Heinrich befreundet und war schon 1899 im Hause Stinnes aus und ein gegangen. Durch die während des Krieges getroffenen Absprachen hatte Raumer bei Hugo Stinnes beträchtliches Vertrauen gewonnen und die Beziehung zu diesem gefestigt. 1917 wechselte er in die Privatwirtschaft und wurde Geschäftsführer des Zentralverbandes der deutschen elektrotechnischen Industrie. Er entwickelte sich in dieser Zeit zu einem politischen «Macher», stellte sein Haus als eine Art politischen Salon zur Verfügung und wurde Mitglied der «Deutschen Gesellschaft von 1914». Raumer unterhielt gute Beziehungen zu führenden Kräften der elektrotechnischen Industrie wie Walther Rathenau und Felix Deutsch von der AEG oder Carl Friedrich von Siemens und seinem Generaldirektor Otto Henrich, und er scheint auch Verbindungen zum führenden Vertreter der Berliner Maschinenbauindustrie, Ernst von Borsig, und zum Direktor der bayerischen Maschinenfabrik Augsburg-Nürnberg (MAN), Anton von Rieppel, gehabt zu haben.[7]

Diese Gruppe zeigte sich schon zu einem recht frühen Zeitpunkt an einer Einigung mit den Gewerkschaften interessiert. Raumer hatte im Juli 1918 die ersten Gespräche aufgenommen, in denen August Müller offensichtlich ebenso wie in den Verhandlungen mit führenden Vertretern der Schwerindustrie, die 1917 stattgefunden hatten, als Mittelsmann fungierte. Ein weiteres Treffen wurde für einen späteren Zeitpunkt mit dem Vorsitzenden der Freien Gewerkschaften, Carl Legien, seinem Stellvertreter Gustav Bauer sowie Alexander Schlicke vereinbart. Dieser Vorstoß Raumers stand offenbar in keinem Zusammenhang mit den Gesprächen, die Stinnes, Hugenberg und andere Vertreter der Schwerindustrie 1917 mit den Gewerkschaftsspitzen geführt hatten. Das für den Sommer vereinbarte Treffen mußte wegen einer Erkrankung von Siemens und wegen einiger anderer Probleme verschoben werden, aber die Tatsache allein, daß Raumer schon an die Gewerkschaftsführer herangetreten war, bevor die militärische Situation eskalierte, festigte seinen Ruf als vertrauenswürdiger Verhandlungspartner und empfahl ihn als den geeigneten Mann für Gespräche mit den drei Gewerkschaftsführern, die August Müller, der damalige Staatssekretär im Kriegsernährungsamt, für den 2. Oktober anvisiert hatte.

Dennoch waren es sowohl in Berlin als auch im Ruhrgebiet die Gewerkschaften, die während der Oktoberkrise den ersten Schritt taten. Obwohl Raumer erklärte, die Grundforderung der Gewerkschaften nach Anerkennung sei «eine Forderung, die für uns unter den heutigen Verhältnissen keine Konzession, sondern eine Notwendigkeit bedeutet», und obwohl er die Angelegenheit für «ungemein eilbedürftig» hielt, wurde die Begegnung zwischen je vier Vertretern beider Seiten erst für den 22. Oktober anberaumt. Legien hatte Raumer über die Verhandlungsbereitschaft der Zechenbesitzer informiert und ihn auf die Absicht der Gewerkschaften hingewiesen, aufgrund der früheren Haltung der Schwerindustrie im Ruhrgebiet eine härtere Gangart einzuschlagen. Das weckte bei Raumer die Befürchtung, die Gewerkschaftsführer könnten im Ruhrgebiet Zugeständnisse erzwingen, durch die die Verhandlungsposition der Arbeitgeber in Berlin geschwächt würde. Wie Raumer C. F. von Siemens berichtete, hatte er Stinnes in einem Gespräch über den möglichen Ausgang der beiden Verhandlungstermine in der ersten Oktoberwoche gesagt, «...daß die Verhandlungen bei uns unter günstigeren Vorzeichen vor sich gehen und daß es auch in seinem Interesse vorteilhafter sei, möglichst erst den Ausgang unserer Verhandlungen abzuwarten».[8]

In ihren Gesprächen mit den Gewerkschaften am 18. Oktober hatten die Ruhrindustriellen, wie wir gesehen haben, keine wesentlichen Zugeständnisse gemacht, sondern lediglich ihre generelle Verhandlungsbereitschaft signalisiert. Wie sich bei den Unterredungen der DMV- Spitzenvertreter mit Stinnes gezeigt hatte, wurden die Verhandlungen in Berlin und im Ruhrgebiet von zwei Themen überschattet, die für Unruhe und Pessimismus sorgten, nämlich einerseits das mögliche Scheitern der Waffenstillstandsverhandlungen und andererseits, falls es dazu nicht kam, die Demobilisierungsfrage. Über beide Probleme mußte in Berlin entschieden werden, und in den Überlegungen der Personen, die in Berlin die Verhandlungsvorbereitungen trafen, spielte Hugo Stinnes mittlerweile eine zentrale Rolle.

Das wurde deutlich, als Otto Henrich am 20. Oktober vor dem Verein Deutscher Ingenieure seine Einschätzung der Lage unterbreitete, die er in Form einer

Denkschrift anschließend an Stinnes, Vögler und andere sandte. Henrich äußerte sich erstaunlich offen über die Gründe, die seiner Meinung nach zur gegenwärtigen Lage geführt hatten. In seinen Augen war nicht die Regierung, sondern die Forderung der OHL nach einem Waffenstillstand verantwortlich für die schlechte Moral an der Front wie in der Heimat; beide hätten sich durch ihr Vertrauen zu Wilson einlullen lassen, dessen Waffenstillstandsentwurf ihn als Ideologen entlarvte, der sich die Zerstörung Deutschlands zum Ziel gesetzt hatte. Bald würde sich herausstellen, ob die Parole Weiterkämpfen oder Demobilisieren hieß, und beides barg in Henrichs Augen erhebliche Gefahren:

> «Eine schlecht vorbereitete Demobilisierung bringt die Revolution und damit die Zerstörung der Industrie und unseres Wirtschaftslebens durch unsere eigenen Leute. Ein schlecht vorbereiteter Endkampf bringt die Niederlage und eine Zerstörung unserer Industrie durch eigene Soldaten und die nachströmenden fremden Truppen.»[9]

Henrichs Argumentation zufolge war eine Katastrophe nicht zu vermeiden, wenn die Wirtschaftsbehörden und Rüstungsunternehmen ihren Kurs beibehielten, denn in seinen Augen bremsten sie die Produktivität und förderten «...ungesunde und selbstsüchtige Bestrebungen innerhalb der Industrie, die, das darf ich wohl aussprechen, nicht gerade einzelne Erscheinungen sind». Die Regierung konnte sich auf keine zentrale Wirtschaftsbehörde stützen; diese galt es noch zu bilden, und zwar aus einem Kreis aktiver und handlungsfähiger Vertreter der Industrie, die in der Lage und willens waren, rasche Entscheidungen zu treffen und Verantwortung zu übernehmen, und die darüber hinaus nicht «politisch belastet» waren. Das sollte kein weiterer Beirat sein, sondern ein Wirtschaftsgremium mit voller Weisungsbefugnis gegenüber den zuständigen Ämtern und Ministerien und mit der Handlungsvollmacht, entweder den Endkampf oder die Demobilisierung zu organisieren. In diesem Wirtschaftsgremium sollten Vertreter der Industrie wie auch der Gewerkschaften sitzen, und «die Spitze müßte Herr Stinnes bilden, weil er alle und die besten Qualitäten für die Stellung eines wirtschaftlichen Diktators, denn um einen solchen handelt es sich hier, in sich vereinigt, obgleich die Bezeichnung ‹Diktator› natürlich zu vermeiden ist.»

Von diesen Plänen mußten nach Henrichs Dafürhalten die politische Führung und allen voran die Staatssekretäre Philipp Scheidemann und Gustav Bauer sowie der Sprecher des Zentrums, Matthias Erzberger, überzeugt werden, was nur möglich war, wenn die Industrie der gegenwärtigen Regierung ihre Unterstützung zusicherte, zugunsten des Reichs auf Kriegsgewinne verzichtete, die Gewerkschaften anerkannte, einem Verhandlungsfrieden ohne Annexionen zustimmte und dabei gleichzeitig bereit war, bis zum letzten Atemzug für den Bestand des unabhängigen Reichs zu kämpfen. Eine solche Erklärung hielt Henrich für unumgänglich, weil «die Industrie politisch belastet ist, und die Menge wird in dem Kriegsgewinn der Industrie die Ursache für ihr Eintreten zum Endkampf erblicken».

Henrichs Memorandum erreichte Mülheim, als Stinnes sich bereits auf dem Weg nach Berlin befand. Die Anmerkungen, die Thomas an den Rand schrieb, machen deutlich, daß die Stimmung der Industriellen im Ruhrgebiet nicht annähernd so gedämpft war wie in Berlin:

> «Aus den Ausführungen des Herrn Heinrich könnte m.E. gefolgert werden, daß die Industrie nicht den an sie gestellten Anforderungen entsprochen hätte. M. E. wäre es nötig zu betonen, daß eine solche Annahme oder Folgerung nicht richtig sein würde. Ist der Geist des Heeres nicht durch die Zustände im Innern zermürbt worden?»[10]

Es wäre sicherlich interessant zu wissen, wie Stinnes zu diesem Zeitpunkt auf eine so brisante Frage reagiert hätte, aber er war in jenen Tagen mehr an der Lösung praktischer und taktischer Fragen interessiert als an einer Stellungnahme zur um sich greifenden Dolchstoßlegende. Dasselbe galt für Vögler. Er drängte Stinnes, mit Rieppel und Deutsch zu reden, die Henrichs Ausführungen persönlich gehört hatten, und sich auch mit Henrich selbst zu treffen. Der entscheidende Schritt lag allerdings in Vöglers Augen bei den Gewerkschaften: Er hielt «alle Schritte für unzweckmäßig, wenn nicht Anregung aus Gewerkschaftskreisen oder mit diesen gemeinsam erfolgt».[11]

Den gleichen Standpunkt vertraten Rathenau und Deutsch von der AEG, mit denen sich Stinnes am 21. Oktober beriet. Als Henrich daher am Abend des 21. Oktober bei einer Begegnung am Bahnhof Stinnes endlich seine Denkschrift aushändigen konnte, beschränkte sich Stinnes' Kommentar auf eine taktische Frage:

> «Herr Stinnes sagte mir, daß er mit Herren der AEG über die Angelegenheit verhandelt habe und war der Ansicht, daß die Bildung eines Wirtschaftsstabes und die Entsendung von Vertretern des deutschen Wirtschaftslebens in die Regierung vonseiten der Gewerkschaft ausgehen müsse. Die rheinisch-westfälische Industrie habe nach dieser Richtung hin bereits mit den Führern ihrer Gewerkschaften verhandelt, und [diese sei] sich ... klar darüber, daß die heutige Zusammensetzung der Regierung keine Gewähr für eine Gesundung und einen Wiederaufbau des deutschen Wirtschaftslebens böte. Herr Stinnes hielt es für zweckmäßig, zunächst die Berliner Gewerkschaften in diesem Sinne zu bearbeiten und die Antwortnote Wilsons abzuwarten. Fiele diese Note, wie er vermute, ablehnend aus und brächte sie nicht den Waffenstillstand, dann würden seiner Meinung nach die Gewerkschaften das Verlangen an die Regierung stellen, Männer, die das deutsche Wirtschaftsleben beherrschen, in ihren Kreis aufzunehmen, da die Vertreter der Gewerkschaften vollkommen anerkennen, daß es ihnen unmöglich sei, daß sie selbst die Regierung übernehmen.»[12]

Henrich wertete das Gespräch als überaus positiv. Er teilte Vögler am 22. Oktober in einem Telegramm mit, er werde die Dinge in Berlin zu beschleunigen versuchen; er halte Stinnes «allein für den Mann, der die Zügel in die Hand nehmen kann».[13] Er drängte Vögler, in diesem Sinne auf Stinnes einzuwirken.

Ob Stinnes zu diesem Zeitpunkt den Ehrgeiz hatte, eine solche Verantwortung zu übernehmen, kann nicht mit Sicherheit gesagt werden, aber die Tatsache, daß sein Name in der Liste möglicher Kandidaten immer wieder auftauchte, zeugt davon, wieviel Autorität und Vertrauen er in Wirtschafts- und Industriellenkreisen genoß. Das Wort «Diktator» hat im Kontext der deutschen Geschichte einen unangenehmen Beigeschmack, und daher ist es sicher sinnvoll, daran zu erinnern, daß weder Ballin, der Stinnes gern als Reichskanzler gesehen hätte, noch Henrich oder sonst jemand, der ihn zum «Wirtschaftsdiktator» machen wollte, im entferntesten eine politische Diktatur im Auge hatte. Indem man diesen Begriff benutzte, wollte man lediglich auf die Versäumnisse der deutschen Staatsbürokratie hinweisen und deutlich machen, daß die von der Regierung ausgearbeiteten Demobilisierungspläne völlig unzulänglich waren und daß innerhalb des neu ins Leben gerufenen RWA nur eine Unterabteilung für die Bewältigung dieser schwierigen Aufgabe zur Verfügung stand. Zwar stieß die Ernennung August Müllers zum verantwortlichen Staatssekretär für die Durchführung der Demobilisierung im Oktober 1918 in den Kreisen um Hans von Raumer auf Zustimmung, andere stellten sich jedoch in dieser Funktion eine Person mit größerer Autorität und Führungsqualität vor, die in der Lage sein würde, das Ruder an sich zu reißen und ein effektives Krisenmanagement zu betreiben.

Dafür setzte sich besonders Rathenau nachhaltig ein. Er drängte den Leiter des Kriegsministeriums, Oberst Scheuch, entweder ein Verteidigungsamt zu schaffen, sofern der Krieg fortgesetzt werden sollte, oder aber ein Demobilmachungsamt unter der Leitung von Oberst Joseph Koeth, der bis zu diesem Zeitpunkt für die Rohstoffabteilung im Kriegsministerium verantwortlich war und nun mit Sondervollmachten ausgestattet werden sollte. Koeth hatte seine Führungsqualitäten im Laufe des Krieges wiederholt unter Beweis gestellt, und er unterhielt gute Verbindungen sowohl zu Industriellen- als auch zu Gewerkschaftskreisen. Er war als politische Persönlichkeit weniger vorbelastet als Stinnes, dessen Eintreten für weiterreichende Annexionen während des Krieges ebensowenig ein Geheimnis war wie seine frühere ablehnende Haltung gegenüber den Gewerkschaften; auch hatte Koeth wesentlich weniger Verpflichtungen am Hals. Als Stinnes während seines Besuchs in Berlin am 20. und 21. Oktober mit Rathenau zusammentraf, äußerte er uneingeschränkte Zustimmung zu dessen Plänen. Auch hinsichtlich des geplanten Vorgehens waren sich die beiden Männer sicher einig. Stinnes und Rathenau schlossen sich der bereits von Vögler geäußerten Meinung an: Auch in ihren Augen war es unbedingt notwendig, in den Gesprächen mit der Regierung den Gewerkschaftsführern den Vortritt zu lassen und die Verhandlungen in Berlin und im Ruhrgebiet mit Nachdruck zu betreiben.[14]

Am 24. Oktober reiste Stinnes in Begleitung Hugenbergs erneut nach Berlin, um dort mit führenden Vertretern der Industrie und der Wirtschaftsverbände zusammenzutreffen. Man kam überein, die Verhandlungen im Bergbau von Hugenberg, in der Eisen- und Stahlindustrie von Vögler und in der Metallindustrie von Borsig führen zu lassen und sich gegenseitig über die Verhandlungsfortschritte auf dem laufenden zu halten.[15]

Bereits zwei Tage später nahm Stinnes im Ruhrgebiet an den Verhandlungen zwischen der nordwestdeutschen Gruppe des Vereins Deutscher Eisen- und Stahlindustrieller und Vertretern des DMV teil. Zu diesem Zeitpunkt war in Berlin die Entscheidung gefallen, den Krieg nicht fortzusetzen. Man sah sich also in nächster Zukunft mit einer Demobilisierung im Eiltempo konfrontiert. Bei den Gesprächen am 26. Oktober wurde Stinnes' herausragende Rolle als Verhandlungsführer besonders deutlich. Darüber hinaus offenbarten sie nicht nur seine Vorstellung von einem effektiven Krisenmanagement, sondern auch seine Strategien im Umgang mit den Gewerkschaftsführern. Während man sich in Gewerkschaften und Industrie vor allem Sorgen um die Beendigung der Kriegswirtschaft und die Beschäftigung der Rüstungsarbeiter und der zurückkehrenden Soldaten machte – nach Vöglers Schätzung würden allein durch die Einstellung der Granaten- und Zünderproduktion eine Million Menschen arbeitslos werden –, versuchte Stinnes, ein Stück weit über die unmittelbare Krisensituation hinauszudenken.

Er sah in dem bestehenden Heerestransportsystem ein unschätzbar nützliches Vehikel zur Ankurbelung der Friedenswirtschaft. Er schlug vor, Arbeitskräfte in die Werke und Zechen zu verlegen, die direkt ans Eisenbahnnetz angeschlossen waren, und alle im Heeresbesitz befindlichen Transportmittel wie Züge, Lastwagen, ja sogar Versorgungsbaracken, den landwirtschaftlichen Betrieben und Bezirksverwaltungen zur Verfügung zu stellen, die sie benötigten. Das alles sollte von einer zentralen Behörde organisiert werden, und der finanzielle Aspekt sollte dabei eine untergeordnete Rolle spielen, d.h. die Heereseinrichtungen sollten denjenigen, die sie benötigten, zu moderaten Preisen überlassen werden, die gerade die Zins- und Tilgungskosten deckten. Die Marine ihrerseits sollte nach Stinnes' Vorstellung ihre Küstenwachboote für die Fischerei und die Werften für den Bau von Handelsschiffen freigeben. Wie schon so oft, erwies sich Stinnes als scharfer Marktbeobachter. Ihm war nicht entgangen, daß die dänischen Werften bereits gute Aufträge zu verzeichnen hatten. Er erwartete für die Zeit nach dem Krieg eine enorme Steigerung der Nachfrage, von der Deutschland seiner Vorstellung nach nur ohne lästige Einmischung durch die Behörden optimal profitieren konnte:

> «Vor allem aber muß mit aller Gewalt und restlos mit der Berliner Bevormundung aufgeräumt werden... Ich rechne in etwa 12 Monaten nach der Demobilmachung mit einem riesigen Arbeitermangel, der einige Jahre andauern wird. Diese 2–3 Jahre müssen wir in Deutschland benutzen. Nachher kommt auf der ganzen Welt das Sparen. Bis dahin müssen wir im Auslande wieder im Sattel sitzen. So etwas können die Behörden nicht regeln.»[16]

Dieselben Überlegungen veranlaßten Stinnes und andere Industrielle, dem Achtstundentag in den Hüttenwerken der Eisen- und Stahlindustrie eine Absage zu erteilen. Die Gewerkschaften leugneten das Problem der Wettbewerbsfähigkeit keineswegs und forderten die Einführung des Achtstundentages auf internationaler Ebene, aber sie waren auch darauf bedacht, Unruhe und radikale Tendenzen in der Arbeiterschaft zu beschwichtigen. Stinnes' Strategie lief dagegen im wesentlichen darauf hinaus, solche Entscheidungen zu verschieben und gleichzeitig die Gewerkschaftsführer als Verbündete im Kampf gegen staatliche Bevormundung und Planwirtschaft zu gewinnen.

Wie gehabt, blieb der Streit um die gelben Gewerkschaften ungelöst: Die sozialistischen Gewerkschaftsführer lehnten es ab, sich mit den nichtstreikenden Gewerkschaften an einen Tisch zu setzen, und forderten die Arbeitnehmer auf, diesen den Rücken zu kehren, und die Arbeitgeber beharrten darauf, einmal gemachte Zusagen nicht zurückziehen zu können. Allerdings variierte die Beharrlichkeit, mit der die einzelnen Unternehmer an ihrer Position festhielten. Beispielsweise erwies sich Paul Reusch von der Gutehoffnungshütte, ein glühender Befürworter der gelben Gewerkschaften und überdies ein sehr halsstarriger Mensch, als unerbittlich in dieser Frage, während Stinnes eher zu Kompromissen bereit war. Er berief sich auf einen Vorschlag Alexander Schlickes, die nichtstreikenden Gewerkschaften als Vertreter der Unternehmerseite in die Verhandlungen einzubeziehen, und erklärte, «... daß somit ein Weg gefunden sei zu einer Zuziehung der Wirtschaftsfriedlichen, ohne daß die grundsätzlichen Gesichtspunkte der Arbeitnehmer in irgend einer Weise in Mitleidenschaft gezogen seien».[17] In der Diskussion um die Abschaffung der staatlich administrierten Nahrungsmittelzuteilungen gab es dagegen kaum Streit. Hugenberg plädierte dafür, den «geschlossenen Handelsstaat» der Kriegsperiode zu den Akten zu legen, und Stinnes trat für eine Schließung der Zentraleinkaufsgesellschaft für Lebensmittel und die Beendigung der rationierten Kartoffel- und Zuckervergabe noch während der Demobilmachung ein.

Eines machten die nachfolgenden Ereignisse in Berlin allerdings ganz klar: Die Gewerkschaften würden für ihre Kooperation einen hohen Preis fordern, und man konnte im Ruhrgebiet nicht auf einem harten Kurs beharren, während über Berlin und das übrige Deutschland die Revolution hereinbrach. Am 30. Oktober trafen sich in Berlin Raumer und Henrich mit Legien und arbeiteten einen Entwurf zur Zusammenarbeit zwischen Arbeitgebern und Gewerkschaften aus, mit dem sie sich der Regierung als vereinigte Front präsentieren wollten. Wichtigster Punkt dieses gemeinsamen Programms war die Bildung einer Demobilisierungsbehörde, die als unabhängiges, von einem Staatssekretär geleitetes Reichsamt Weisungsbefugnis über alle anderen Wirtschaftsbehörden besitzen sollte. Die Verhandlungen über diesen Entwurf wurden für den 5. November anberaumt, doch als Raumer am 2. November mit Legien über eine mögliche Beteiligung der gelben Gewerkschaften an den Gesprächen zur Gründung der Demobilisierungsbehörde in Berlin verhandelte, teilte dieser ihm mit, die sozialistischen Gewerkschaftsführer hätten dies definitiv abgelehnt. Sie waren allenfalls zu dem Zugeständnis bereit, Vertreter der gelben Gewerkschaften in den örtlichen

Demobilisierungsausschüssen zu akzeptieren. Während Raumer noch hoffte, sich auf die kompromißbereitere Haltung der Ruhrgewerkschaften gegenüber den «Wirtschaftsfriedlichen» stützen zu können, und Stinnes um Rückendeckung bat, hatten auch die Bergarbeitervereine im Ruhrgebiet inzwischen einen härteren Kurs eingeschlagen. Der Lösungsvorschlag, der bei dem Treffen zwischen Arbeitgeber- und Arbeitervertretern im Berliner Hotel Continental schließlich allgemeine Zustimmung fand, kam von Legien. Ihm zufolge sollten sich die Arbeitgeber verpflichten, für die Dauer von sechs Monaten auf jegliche finanzielle und andersgeartete Unterstützung der gelben Gewerkschaften zu verzichten. Wenn sie nach dieser Zeit noch handlungsfähig waren, sollten sie in die geplante Arbeitsgemeinschaft von Arbeiter- und Unternehmerverbänden für die Abrüstung und den Übergang zur Friedenswirtschaft einbezogen werden.[18]

Nachdem dies geklärt war, konnte die vereinigte Front der Arbeiter und Unternehmer mit der Forderung nach einer zentralen Demobilisierungsbehörde an die Regierung herantreten. Rathenau nannte zwar immer noch Stinnes und Koeth als mögliche Kandidaten für die Leitung der geplanten Behörde, aber im Grunde hatte man sich am 5. November bereits allgemein auf letzteren geeinigt. In den frühen Morgenstunden des 6. November überbrachte Raumer der Regierung die von führenden Vertretern der Arbeitgeber und der Gewerkschaften unterschriebene Absichtserklärung zur Bildung der neuen Behörde und der Arbeitsgemeinschaft und bat noch für denselben Tag um einen Gesprächstermin, den eine aus Stinnes, Rathenau, Legien und dem Führer der christlichen Gewerkschaften, Adam Stegerwald, bestehende Delegation wahrnehmen sollte. Die Eile hatte ihren guten Grund. Am 8. November wollte der Bundesrat ein Gesetz verabschieden, das die Verantwortung für die Demobilisierung in die Hände des RWA gelegt hätte. Am Abend des 7. November kam es zu einem ausführlichen Gespräch mit Prinz Max und anderen Regierungsmitgliedern, die sich am Ende bereit erklärten, die mit der Demobilisierung zu betrauende Behörde noch nicht näher zu benennen. Der Staatssekretär des Reichsschatzamtes, Graf von Roedern, wurde beauftragt, in der Sache weiter zu verhandeln, was noch am selben Abend geschah. Als Ergebnis dieser Verhandlung einigte man sich darauf, Koeth zum stellvertretenden Reichskanzler für Demobilisierungsangelegenheiten zu ernennen. Er sollte außerdem den Status eines preußischen Ministers und Demobilisierungskommissar erhalten, mit voller Weisungsbefugnis in allen Demobilisierungsangelegenheiten ausgestattet werden und dem RWA übergeordnet sein.[19]

Daß die Wünsche der Unternehmer und Gewerkschaften so weitgehend erfüllt wurden, war insofern bemerkenswert, als sich Parteispitzen und Kabinett kritisch über die Art und Weise geäußert hatten, in der sich «Stinnes im Bunde mit den Gewerkschaften» über die ursprünglichen Pläne der Regierung hinweggesetzt hatte; auch war Berlin nicht gerade glücklich über die von Rathenau, Stegerwald und Legien ausgegebene Losung, es müsse ein «Ludendorff für die Aufgabe der Demobilisierung» gefunden werden. Liberale Parteiführer sahen in den Plänen zur Gründung eines neuen Ministeriums den sicheren Weg, um die Verwaltung in ein Chaos zu stürzen. Andere wiederum sahen in Otto Wiedfeldt, der aus dem Staatsdienst zu Krupp gewechselt war, einen geeigneteren Kandidaten als in Koeth, obwohl sich für letzteren der Führer des nationalliberalen Lagers, Gustav Stresemann, stark machte. Im Kabinett waren ähnliche Einwände und Vorschläge laut geworden, doch am 8. November 1918 stand Deutschland an der Schwelle zur Revolution, und die todgeweihte Regierung verfügte nicht mehr über die Autorität, die von Graf Roedern getroffenen Vereinbarungen abzulehnen.[20]

Auf massiven Widerstand stießen Stinnes und seine Industriellenkollegen dafür auf einer ganz anderen Seite, nämlich in ihren eigenen Reihen. Landrat Rötger und Heinrich Friedrichs, die Vorsitzenden des Centralverbands deutscher Industrieller bzw. des Bundes Deutscher Industrieller, die sich während des Krieges zum Deutschen Industrierat zusammengeschlossen hatten, legten beim RWA Einspruch gegen das Programm ein. Sie warfen der Gruppe um Stinnes vor, unter Umgehung der bestehenden Organisationen und ohne institutionelle Legitimation auf eigene Faust vorgegangen zu sein. Raumer, Borsig und Stinnes reagierten empört, und Raumer konterte, in dem Vorwurf der beiden Verbandsvorsitzenden drücke sich nichts als «verletzte Eitelkeit» aus. Rötger trat nach einem wütenden Anruf von Stinnes den Rückzug an und teilte dem Kanzler am 9. November brieflich mit, er wolle mit seiner Intervention kein Mißtrauen gegen die beteiligten Industriellen zum Ausdruck bringen, sondern lediglich den Wunsch, die Vertreter aller Industrieverbände am Entscheidungsprozeß zu beteiligen. Stinnes war damit jedoch keinesfalls zufriedengestellt. Er unterrichtete Rötger kurz und bündig von seiner Absicht, alle Unternehmen, die seinem Einfluß unterlagen, aus dem Deutschen Industrierat herauszulösen. Raumer äußerte sich Rieppel gegenüber in ähnlichem Sinne: Man könne Rötgers Kursvorgaben nicht mehr folgen, der ganze Industrierat erfülle keine sinnvolle Funktion mehr und die Industrie müsse sich im Rahmen der Entwicklung der Arbeitsgemeinschaft unter der Führung des neugebildeten «Zentralausschusses» aus Vertretern der Industrie und der Gewerkschaften neu organisieren. So fand sich Stinnes unversehens an der vordersten Front der Bemühungen, die Spitzenverbände der deutschen Industrie neu zu ordnen.[21]

Trotz des Ausbruchs der Revolution am 9. November 1918 wurde noch vor dem Regierungswechsel die Demobilmachungsamt unter der Leitung Koeths gebildet und, wichtiger noch, der Zentralausschuß ins Leben gerufen, der dann unter der Bezeichnung «Arbeitsgemeinschaft» firmierte. Am 15. November 1918 wurde das sogenannte Stinnes-Legien-Abkommen von einer Gruppe führender Vertreter der Industrie und der Gewerkschaftsorganisationen unterzeichnet. Damit gehörte Stinnes zu den Mitbegründern der Zusammenarbeit zwischen Gewerkschaften und Unternehmern.

Es wäre sicher abwegig, dies als logische Konsequenz des Stinnesschen Verhältnisses zu den Gewerkschaften zu bezeichnen, wie es sich seit 1905 entwickelt hatte, als er erstmals die Bereitschaft gezeigt hatte, Möglichkeiten einer solchen Zusammenarbeit ins Auge zu fassen. Er gerierte sich aber auch nicht wie der oberschlesische Industrielle Ewald Hilger, der sich, was die Anerkennung der Gewerkschaften betraf, gern als vom Saulus zu Paulus geläuterter Unternehmer darstellte. Stinnes legte in diesen Dingen einen zurückhaltenden Pragmatismus an den Tag. Er hatte gehofft, die Stunde der Wahrheit so lange wie möglich hinausschieben und die bestmöglichen Bedingungen herausschlagen zu können, wenn diese Stunde schlug. Er spekulierte darauf, es dann mit einer zerstrittenen Gewerkschaftsbewegung zu tun zu haben, und das war auch die wichtigste Funktion, die die nichtstreikenden Gewerkschaften in seinen Augen hatten. Darüber hinaus erwartete er von den Gewerkschaften als Gegenleistung für ihre Anerkennung politische Zugeständnisse zugunsten der Industrie, weshalb er 1917 auch die Frage der Kriegsziele in die Diskussion warf. Mit den Ereignissen vom November 1918 trat nun der schlimmste Fall ein, den Kirdorf schon 1905 vorhergesagt hatte: Eine von der Regierung im Stich gelassene Arbeitgeberschaft sah sich angesichts der katastrophalen Situation gezwungen, ein Bündnis mit den Sozialisten einzugehen. Damit waren die Beziehungen zwischen wirtschaftlichen Interessengruppen ins Zentrum der Politik gerückt, Wirtschafts- und Staatsführung waren zu einer Art Geschäftsunternehmen geworden. In diesem Kontext war Stinnes allerdings der richtige Mann am richtigen Platz. Abgesehen von seinem leidenschaftlichen Einsatz für einen wirtschaftlichen Wiederaufbau Deutschlands in seinem Sinne, fühlte er sich keiner Ideologie verpflichtet und war gewillt, seine Autorität, seine Fantasie und sein Verhandlungsgeschick zur Bewältigung der herrschenden Schwierigkeiten einzusetzen. Dies um so mehr, als nach dem 9. November in Berlin der Rat der Volksbeauftragten die Regierungsgeschäfte übernahm, die abschließenden Verhandlungen unter der Begleitmusik von Maschinengewehrsalven stattfanden und die Arbeiter- und Soldatenräte von Tag zu Tag mit immer radikaleren Lösungen liebäugelten.

Die politische Situation blieb natürlich nicht ohne Auswirkungen auf die Verhandlungen zwischen Unternehmern und Gewerkschaften. Die Ruhrindustriellen hatten sich gegen die generelle Einführung des Achtstundentags ausgesprochen und waren von ihrer Forderung, die gelben Gewerkschaften in die Verhandlungen einzubeziehen, keinen Zentimeter abgewichen. Die von Stinnes in Berlin ausgehandelte Vereinbarung war dagegen ein Kompromiß zwischen den beiden Positionen, den Stinnes auf Vöglers Bitte hin am 14. November bei der entscheidenden Hauptvorstandssitzung des Vereins deutscher Eisen- und Stahlindustrieller den führenden Vertretern der Schwerindustrie erläuterte und schmackhaft zu machen versuchte.[22] Er bezeichnete deren bisherige Haltung als «völlig überholt» angesichts der fortschreitenden Revolution. Die neue Regierung hatte bereits am 12. November die allgemeine Einführung des Achtstundentages verkündet, und wenn es in dieser Situation noch einen Lichtblick für die Unternehmer gab, dann die Tatsache, daß die Gewerkschaften frei ausgehandelte Verträge staatlichen Verordnungen vorzogen:

«Die Gewerkschaften sagen sich ganz richtig, daß dasjenige, was jetzt zwangsweise durch eine Regierung eingeführt wird, die eigentlich rechtlich keine Legitimation hat, nicht die Bedeutung hat, wie eine freie Vereinbarung zwischen den Gewerkschaften und der Industrie, das letzte wird bleiben, das erste ist etwas, was wieder aufgehoben werden kann. Wir haben natürlich ein außerordentlich lebhaftes Interesse daran, daß die Gewerkschaften, die eine verhältnismäßig mäßigende Wirkung ausüben, die auch zum großen Teil die U-Sozialisten mit in ihren Reihen haben, gestützt werden und nicht ihre Mitglieder nach der Seite der Spartakusgruppe hin und auch nach der Seite der U-Sozialisten hin verlieren.»[23]

Unter diesen Umständen konnte Stinnes mit Recht für sich in Anspruch nehmen, in der heikelsten Frage des 12-Punkte-Vertrags eine ganze Menge erreicht zu haben. Was die Diskussion um die Legitimation der nichtstreikenden Gewerkschaften als Arbeitervertreter in den Verhandlungen (Punkt 3) betraf, war nach seiner Überzeugung der ausgehandelte Kompromiß, in einer sechsmonatigen Testphase zu prüfen, ob sie auch ohne finanzielle Unterstützung der Unternehmer überlebensfähig waren, das beste erreichbare Ergebnis: «Ob sich die Wirtschaftsfriedlichen halten werden, ist natürlich eine Frage für sich. Jedenfalls haben wir das erreicht, daß sie in sich noch ihre Existenz weiter verfolgen können.»[24] Und obwohl es wenig sinnvoll schien, über die Frage des Achtstundentags (Punkt 9) noch zu diskutieren, nachdem die Regierung diesen bereits per Erlaß eingeführt hatte, konnten Stinnes und seine Mitstreiter auch in dieser Hinsicht beachtliche Punktgewinne verzeichnen. So willigten die Gewerkschaftsvertreter ein, die Formulierung «ohne Ausnahme» aus ihren Forderungen zum Achtstundentag zu streichen, womit sie einerseits den besonderen Bedingungen in der Landwirtschaft Rechnung trugen und andererseits die Möglichkeit zu Überstundenvereinbarungen offenließen. Ein ähnlicher Kompromiß wurde in der Lohnfrage erzielt. Zwar schloß der Vertrag Lohnsenkungen auf Grund von Arbeitszeitverkürzungen aus, aber untereinander kamen die Gewerkschaftsvertreter überein, Lohnkürzungen unter bestimmten anderen Voraussetzungen zuzulassen. In einem geheimen Vertragszusatz wurde darüber hinaus, was für die Unternehmerseite ungemein wichtig war, die Forderung nach einer internationalen Durchsetzung des Achtstundentages festgeschrieben. Stinnes erklärte dazu: «Wir wollten damit zum Ausdruck bringen, daß wir nicht mit dem Achtstundentag als eine Insel in der ganzen Welt dastehen könnten, weil wir dann zu Grunde gehen würden, und wir wollten den Nachweis haben, daß, wenn wir später mit anderen Anträgen auf Verlängerung der Arbeitszeit kämen, wir schon vorher darauf aufmerksam gemacht haben.»[25]

Eines jedenfalls wurde Stinnes im Zuge dieser Vertragsverhandlungen klar: Die Gewerkschaften ließen durchaus mit sich reden, und die Industriellen mußten endlich ihre Vorbehalte über Bord werfen und dieser Tatsache Rechnung tragen. In diesem Sinne mußten sie einerseits Dinge akzeptieren, die ihnen gegen den Strich gingen, damit die Gewerkschaften ihren Mitgliedern gegenüber Erfolge vorzeigen konnten, und andererseits waren sie gezwungen, sich neu zu organisieren, um in den Verhandlungen mit den Gewerkschaften als geschlossene Front dazustehen.

Beides war in Punkt 4 des Abkommens enthalten, in dem sich die Arbeitgeberseite verpflichtete, alle aus dem Krieg zurückkehrenden Arbeiter wieder einzustellen, und der gleichzeitig Unternehmern und Gewerkschaften eine enge Zusammenarbeit vorschrieb, wenn es darum ging, den Firmen die Rohstoffe und Aufträge zu sichern, die zur Erfüllung dieser Forderung notwendig waren. Allerdings war in manchen Fällen schwer zu entscheiden, wem gegenüber die Unternehmer in der Pflicht standen, weil manche ihrer früheren Angestellten, die wiederholt zurückgestellt und dann wieder eingezogen worden waren, nur kurzfristig im Betrieb gearbeitet und ebenso kurzfristig als Soldaten gedient hatten. Überdies kamen keine Rüstungsaufträge mehr herein, so daß es zweifelhaft schien, ob es überhaupt genügend Arbeit geben würde, um die zurückkehrenden Männer zu beschäftigen. Stinnes hatte vor allem das Ziel vor Augen, die Arbeiter in die Fabriken zurückzuholen, und er zeigte wenig Verständnis für die Einwände derjenigen Industriellen, die ihre Pflicht zur Wiedereinstellung auf die schon 1914 eingezogenen Männer und die altgedienten Firmenangestellten beschränken wollten und sich Sorgen machten, womit sie die vielen Leute beschäftigen sollten: «Das würde eine unhaltbare Situation geben. Wir müssen uns deshalb einfach damit abfinden, daß die Leute mit übernommen werden, ob man Arbeit für sie hat oder nicht, sonst zertrümmern wir sofort das Abkommen mit den Gewerkschaften.»[26]

Natürlich war es problematisch, die Arbeiter in Zeiten einzustellen, in denen es wenig oder gar nichts für sie zu tun gab. Auf diese Weise würden nicht nur die Unternehmen ihre Rücklagen aufbrauchen, sondern die Arbeiter würden unweigerlich in die Bereiche drängen, in denen sie für ihr Geld am wenigsten tun mußten. Mit diesen Problemen glaubte Stinnes leben zu können, zumal sie seiner Einschätzung nach vom Markt gelöst werden würden, wenn die Industrie imstande war, die Krise ohne größere Einbrüche zu überstehen:

> «Ich persönlich bin der Meinung, daß wir innerhalb von 12 Monaten, wenn nicht die ganze Wirtschaft bei uns zusammenbricht und der Bürgerkrieg ausbricht, großen Arbeitermangel haben werden, und deshalb ist es außerordentlich gefährlich, hier etwas festzusetzen, das uns dann hindert, die arbeitsbedürftigen Betriebe vollständig vollzustopfen, insbesondere die Landwirtschaft. Wenn man sich überlegt, daß im Ganzen nur 5 1/2 Millionen zurückströmen, und die Landwirtschaft allein sicher 2 bis 2 1/2 Millionen auffrißt, dann möchte ich wissen, wie wir die ganze übrige Wirtschaft, die Textilindustrie und alle anderen Industrien, überhaupt einigermaßen mit Arbeitern versorgen wollen.»[27]

Wenn die Wirtschaft also genügend Stehvermögen hatte, würde sich mit dem wirtschaftlichen Aufschwung der Nachkriegsperiode das Problem von selbst lösen. Und die Schwierigkeiten des Augenblicks, darin waren sich Stinnes und Legien einig, mußten vom Zentralausschuß der im Entstehen begriffenen Arbeitsgemeinschaft in enger Zusammenarbeit mit dem Demobilmachungsamt bewältigt werden. Die Arbeitsgemeinschaft, für die es bereits einen Satzungsentwurf gab, hatte ihre Aktivitäten wegen des Revolutionsausbruchs und weil die Gewerkschaftsführung besorgt um die Reaktion ihrer Mitglieder war, noch nicht in vollem Umfang aufgenommen. Geplant war jedoch definitiv, als Unterbau für den in Artikel 10 des Vertrags geforderten Zentralausschuß für jeden Industriezweig eine Arbeitsgemeinschaft und letztlich eine Zentralarbeitsgemeinschaft zu gründen. Am Abend, bevor er das Vertragswerk gemeinsam mit Legien unterzeichnete, erläuterte Stinnes seinen Unternehmerkollegen aus der Schwerindustrie, warum in der gegebenen Situation eine effektive Organisation für die Industrie wie für die Arbeiterschaft geboten war:

> «Ich möchte noch auf eines aufmerksam machen. Wenn dieses Ding morgen angenommen sein sollte, so bleibt natürlich der gesamten Industrie nichts anderes übrig, als sich zu Arbeitgeberorganisationen zusammenzufinden, denn sonst hat sie keinen Einfluß. Alle Fragen werden von den Gewerkschaften centraliter behandelt, und diejenigen Abteilungen der Industrie, die sich nicht als Arbeitgeberorganisation organisiert haben, werden ausscheiden. Ich glaube, wir können nichts Besseres tun, als mit aller Macht darauf hinzuwirken, daß sich alle Teile im Reiche und alle Industrien so rasch wie möglich organisieren. Nur dann werden wir dazu kommen, daß diese Organisationen der Zentralausschüsse und die Fachgruppen tatsächlich ihre Aufgabe erfüllen und ebenso gut erfüllen, wie es die Gewerkschaften tun.»[28]

Das Stinnes-Legien-Abkommen wurde in Industriellenkreisen nicht von allen so begeistert aufgenommen wie von dem oberschlesischen Unternehmer Ewald Hilger, der es als «ganz kolossale Errungenschaft»[29] bezeichnete und damit sicher die Meinung vieler seiner Kollegen aus der Schwerindustrie zum Ausdruck brachte. Einige Unternehmer hingegen, die enge Beziehungen zu den nichtstreikenden Gewerkschaften pflegten, fürchteten, durch das Stinnes-Legien-Abkommen den guten Ruf und die Vertrauenswürdigkeit bei ihren ‹Schützlingen› aus den gelben Gewerkschaften einzubüßen. Paul Reusch und Heinrich Vielhaber gehörten zu den prominenten Vertretern dieser Fraktion. Reusch wollte nicht als «Verräter» an einer Sache gelten, die er jahrelang verfochten hatte, und Vielhaber, der über die nichtstreikenden Gewerkschaften Rückhalt im Lager der bürgerlichen Parteien zu gewinnen hoffte, warf Stinnes vor, der Bewegung, nachdem sie in der Vergangenheit beträchtliche Erfolge erzielt hatte, mit dem Abkommen den Boden unter den Füßen wegzuziehen. Er gab seiner Kritik in einem Schreiben an Hugenberg Ausdruck: «Man muß bei dem Novemberabkommen wirklich bedauern, daß es von Vertretern der Arbeitgeber abgeschlossen worden ist, die in sozialpolitischer und gewerkschaftlicher Hinsicht nicht genügend unterrichtet waren (Borsig, Henrich, Deutsch, in gewisser Hinsicht auch Stinnes). Denn die Bewegung war, was den Herren Stinnes und Vögler wohl nicht bekannt gewesen ist, trotz des innerpolitischen und militärischen Zusammenbruchs auf dem besten Wege, innerlich mehr und mehr zu erstarken.»[30]

Stinnes fühlte sich den gelben Gewerkschaften weniger verbunden als diese beiden. Er war überzeugt, nur mit Hilfe der großen und mächtigeren Gewerkschaften die politische Isolation der Industrie durchbrechen und Einfluß auf die Masse der Arbeiter gewinnen zu können. Seiner Meinung nach mußte sich die Industrie auf dieses Ziel konzentrieren und alle Vorbehalte und Bedenken beiseite schieben. Aus diesem Grund reagierte er äußerst unwirsch auf den Widerstand, der sich in Unternehmerkreisen Ende 1918 gegen den von Raumer und Legien in Berlin vorgestellten vorläufigen Satzungsentwurf für die Arbeitsgemeinschaft breitmachte. Zum Teil kam dieser Widerstand aus demselben Lager, das sich auch gegen die Bildung einer Demobilisierungsbehörde gewehrt hatte, nämlich von den führenden Vertretern der alten Spitzenverbände, die sich von einer einflußreichen Gruppe von Großunternehmern und ihren Handlangern in den Unterorganisationen wie Hans von Raumer und Jakob Reichert, dem geschäftsführenden Direktor des Verbandes Deutscher Eisen- und Stahlindustrieller, übergangen fühlten. Sie warfen diesen Männern vor, Verträge auszuhandeln und neue Organisationsstrukturen zu planen, ohne über die dazu notwendige Legitimation zu verfügen. Gleichzeitig fürchteten die an den ursprünglichen Vertragsverhandlungen nicht beteiligten Bezirksverbände und Industriezweige, wie beispielsweise die sächsischen Unternehmer und die Vertreter der chemischen und der Textilindustrie, die Zentralarbeitsgemeinschaft werde ihnen ein zentralistisch orientiertes und schematisches Vertragswerk aufoktroyieren und sie zwingen, mit den sozialistischen Gewerkschaften nicht nur über Löhne und Arbeitsbedingungen, sondern auch über wirtschaftspolitische Fragen zu verhandeln. Zudem beinhaltete der geplante Vertrag nicht nur eine vorübergehende Zusammenarbeit während der Demobilisierungsphase, sondern zielte auf eine dauerhaft institutionalisierte Kooperation im wirtschaftlichen und sozialen Bereich ab.[31]

Stinnes hatte Rötgers und Friedrichs ablehnendes Verhalten während der ersten Novembertage weder vergessen noch vergeben, als er im Dezember aus den Berichten Hans von Raumers und Vöglers über den fortgesetzten Widerstand der alten Führungsriege und ihrer Verbündeten Jakob Herle und Kurt Hoff gegen die geplante Bildung des Zentralarbeitsausschusses erfuhr, was ihn in seiner feindseligen Haltung gegen diese noch bestärkte. Die Spaltung in den Reihen der Arbeitgeber gefährdete die eingeschlagene Strategie, eine vereinigte Front der Unternehmer zu bilden und deren Autorität und Erfahrung zu nutzen, um die Unterstützung der Gewerkschaften und ihrer Mitglieder zu gewinnen und gemeinsam Einfluß auf das politische Geschehen, das Demobilmachungsamt und auf die wirtschaftspolitischen Entscheidungen der Regierung zu nehmen.

Einerseits sah die Zukunft der Arbeitsgemeinschaft Ende 1918 recht vielversprechend aus, nachdem einer ihrer Direktoren, der sozialistische Gewerkschaftsführer Rudolf Wissell, in den Rat der Volksbeauftragten berufen worden war. Der Sitz war freigeworden, weil sich die Unabhängigen aus der Regierung zurückgezogen hatten. Die christlichen Gewerkschaftsführer ihrerseits waren nach wie vor brennend an einer Zusammenarbeit mit den Unternehmern interessiert, weil sie sich davon Vorteile bei den Verhandlungen mit den sozialistischen Gewerkschaften versprachen. So konnte man erwarten, daß die geplante Zentralarbeitsgemeinschaft (ZAG) die Funktion eines Wirtschaftsparlaments übernehmen würde, dessen Entscheidungen in wirtschaftlichen und sozialen Fragen mehr Gewicht haben würden als die des politischen Parlaments. Das rechtfertigte auch die Hoffnung, den gemäßigten Kräften für die am 19. Januar geplante Wahl zur Nationalversammlung den Rücken stärken zu können.

Andererseits war es unbedingt notwendig, im eigenen Lager den Widerstand gegen die Arbeitsgemeinschaft zu überwinden. Es wäre, wie Raumer darlegte, ein leichtes gewesen, die alten Verbände zu übergehen und die Regierung zur Anerkennung der Arbeitsgemeinschaft zu bewegen, aber dagegen sprachen gewichtige Gründe. «Man kann diesen Weg m.E. nicht einschlagen, da die Industrie sich damit ihre Autorität nehmen würde; man kann die Differenzen nur unter sich ausfechten.»[32] Stinnes, der von Anfang an eine straffe Organisation der Industrie als Voraussetzung für die Verhandlungen mit den Gewerkschaften bezeichnet hatte, mußte nicht erst von Raumer überzeugt werden, daß aller Einfluß vertan war, «wenn die Arbeitgeberseite tatsächlich nur aus einigen Einzelpersonen bestände». In diesem Zusammenhang spielten Stinnes und Vögler eine entscheidende Rolle. Die Schwerindustrie würde es nicht wagen, ihnen die Gefolgschaft zu kündigen, und die führenden Vertreter der Kohlen- sowie der Eisen- und Stahlindustrie mußten der Arbeitsgemeinschaft unbedingt ihre Unterstützung zusichern, wollte man die alten Spitzenverbände unter Druck setzen. Raumer bat Stinnes darüber hinaus, die Chemieunternehmer sowie Rieppel und Borsig als Vertreter der Maschinenbauindustrie zum Eintreten für das Abkommen zu bewegen, was Stinnes nur zu bereitwillig tat, da er über das Verhalten der Industriellen, die das Programm zur Bildung der Arbeitsgemeinschaft mißbilligten, empört war. Stinnes zählte für die bevorstehenden Wahlen zur Nationalversammlung auf den mäßigenden Einfluß der christlichen Gewerkschaften. Um so verärgerter war er darüber, daß sich Rötger und Hoff über die wichtige Rolle der Arbeitsgemeinschaft im Zusammenhang mit diesen Bemühungen offensichtlich nicht im klaren waren.

Stinnes hatte gute Gründe, hohe Erwartungen in die Führung der christlichen Gewerkschaften und deren Begeisterung für die Idee der Arbeitsgemeinschaft zu setzen. Beispielsweise wies er Anfang Dezember die Direktoren seines Unternehmens auf die Aktivitäten Georg Wiebers von der christlichen Metallarbeitervereinigung hin, der die Gründung eines Zentral-Presse-Amtes zur Verbesserung der Beziehungen zwischen Arbeitgebern und Arbeitern und zur Gegensteuerung gegen linksgerichtete Strömungen anregte. Schon während des Krieges hatte

Wieber mit der Begründung für eine Neuorganisation plädiert, die Interessen der Arbeiter seien durch Ruhrunternehmer wie Reusch, Thyssen und Stinnes möglicherweise besser im Parlament vertreten als durch den «freisinnigen Berliner Tiergartenklüngel», womit er die liberalen Berliner Vertreter aus Handel und Banken in der Fortschrittlichen Volkspartei meinte. Die Gefahr, die der wirtschaftlichen und industriellen Entwicklung Deutschlands durch die Revolution drohte, konnte Wieber in seiner Einstellung nur bestärken, und für die Industrie wurde es um so wichtiger, sich seiner Unterstützung zu versichern.[33]

Die Ereignisse um den Jahreswechsel 1918/1919 nährten die Hoffnungen beträchtlich, die Stinnes in Gewerkschaftsführer und gemäßigte Sozialisten setzte. Bei der Bewertung seiner Überlegungen und Aktivitäten in dieser Zeit darf nicht in Vergessenheit geraten, daß er in seiner Einschätzung der Lage hin- und hergerissen war zwischen Hoffnung und Verzweiflung. Zum einen sah er die allgegenwärtige Gefahr einer aus dem Ruder laufenden Revolution, zum anderen die ständige Konfrontation mit den Alliierten, deren Forderungen die wirtschaftliche und finanzielle Zukunft in Frage stellten und deren Anwesenheit die territoriale Hoheit des Landes bedrohte. In einem Brief, den Hugo jun. am 25. November aus Berlin an seine Mutter schrieb, kam etwas von der damals herrschenden Stimmung zum Ausdruck. Er bezeichnet sich darin als «das Bindeglied zwischen Papa, dem Westen und Berlin» in wichtigen und vertraulichen Angelegenheiten und geht auf die wachsende Unruhe und das Chaos im Lager der bürgerlichen Parteien ein:

«... Herr Henrich von Siemens-Schuckert war eben hier. Er hat heute früh Joseph [vermutlich Koeth – G. F.] gesprochen, der die Situation auch als recht ernst betrachtet. Wenn sich die sechs Männer [der Rat der Volksbeauftragten – G. F.] nun endlich zu Energie aufraffen würden, so geht es nicht mehr lange weiter. In Oberschlesien ist Generalstreik, bis Brünn herrschen die Polen, so daß die Lebensmittel- wie Kohlenzufuhren stillstehen. Dies können die großen Städte nicht lange vertragen.

Ich hoffe, daß durch die in diesen Tagen ankommenden Frontsoldaten ein vernünftiger ruhiger Einfluß ausgeübt wird. Sie müssen in den nächsten Tagen Ordnung bekommen, oder es bleibt nur die Besetzung durch die Entente übrig. Ich bin heute viel zuversichtlicher wie Samstag, aber das Bild kann sich jede Stunde wieder ändern.

Die Unruhen in der Arbeiterschaft sind sehr groß. Die Leute stellen täglich neue Forderungen, die einfach unerfüllbar sind. Selbst Legien wimmerte heute früh, er wisse nicht mehr, was tun bei all den ‹Räten›.

Man muß den Kopf hoch behalten und versuchen zu retten und ordnen, was möglich ist, solange es noch möglich ist. Soweit ich kann, helfe ich dabei mit. Es ist tieftraurig zu sehen, wie das ganze Bürgertum durcheinander läuft. Die liberalen Parteien sind natürlich auch auseinander. Ob eine Einigung möglich ist, erscheint unwahrscheinlich; jedenfalls muß man versuchen gegen die

Judenpartei von Theodor Wolff [die entstehende Deutsche Demokratische Partei – G. F.] ein entsprechendes Gegengewicht zu schaffen. ... Ich bin fortgesetzt unterwegs. Die Ereignisse überstürzen sich so, daß der Tag viel zu kurz ist, um ganz folgen zu können. Jetzt muß ich in den Generalstab, wo mich Bauer sprechen will, dann frühstücke ich mit einem Mitglied der Vergesellschaftungskommission. Und so geht es den ganzen Tag bis in die Nacht.»[34]

Das Vertrauen, das die Familie Stinnes, Vater wie Söhne, in die sozialistischen und christlichen Gewerkschaften und ihre Verbündeten in der gemäßigten sozialdemokratischen Mehrheitspartei im Kampf gegen die Arbeiter- und Soldatenräte und die Linksliberalen setzte, die oft mit den Berliner Juden gleichgesetzt wurden, ob sie nun jüdisch waren oder nicht, bestätigte sich Anfang Dezember durch persönliche Erfahrung. Seit Beginn der Revolution waren Mülheim/Ruhr und das nahegelegene Hamborn Zentren der Räteaktivitäten gewesen, und obwohl sich die Aktionen der Radikalen bevorzugt gegen die Thyssen-Werke richteten, blieben auch die Stinnesschen Zechen und Fabriken nicht davon verschont. Die Tragfähigkeit der Vereinbarungen zwischen Unternehmern und Gewerkschaften wurde nun auf die Probe gestellt, als es darum ging, ob man sich in den Zechen und Fabriken daran halten würde. Ein deutliches Bild der herrschenden Ungewißheit lieferte die Situation in der Zeche Mathias Stinnes in Carnap, deren Direktor Hold Anfang Dezember mit einer Delegation streikender Bergleute über Lohnforderungen zu verhandeln hatte. Hold äußerte sein Erstaunen über den Bergarbeiterstreik angesichts der enormen Kohlenknappheit und wies die Delegierten auf das mit den Gewerkschaften getroffene Abkommen hin, demzufolge nur die gewählten Mitglieder des Arbeiter-Ausschusses als rechtmäßige Vertreter der Bergleute anzusehen waren. Seine Frage an den Sprecher der streikenden Arbeiter, ob diese sich an das Abkommen halten würden, wurde negativ beschieden mit der Bemerkung: «Wo die Macht ist, da ist das Recht!»[35] Der Konflikt wurde am 10. Dezember in Bochum in einer Sitzung Holds mit Gewerkschaftsführern und einem um einige Vertreter der streikenden Belegschaft verstärkten Arbeiterausschuß so gelöst, daß bei grundsätzlicher Übereinstimmung mit dem getroffenen Abkommen einige Zugeständnisse in der Lohnfrage gemacht wurden. Die Lage war jedenfalls hochexplosiv.[36]

Wie explosiv sie war, wurde am Abend des 7. Dezember deutlich, als Edmund Stinnes, Direktor Wirtz von der Friedrich Wilhelms-Hütte, Stens vom Mülheimer Bergwerks-Verein, Gerhard Küchen, August und Fritz Thyssen sowie drei Direktoriumsmitglieder der Thyssen-Werke von Vertretern der Mülheimer Arbeiter- und Soldatenräte unter der Beschuldigung des Landesverrats verhaftet und unter strenger Bewachung im Zug nach Berlin verfrachtet wurden, wo sie der Polizeipräsident, Mitglied der Unabhängigen Sozialisten, persönlich in Empfang nahm und im Gefängnis Moabit einquartierte. Hugo Stinnes sen. wäre zweifellos mit von der Partie gewesen, hätte er nicht in Berlin den Zug nach

Westdeutschland verpaßt, wohin Cläre ihn energisch heimbefohlen hatte, nachdem er fünf Wochen lang ohne Pause in Berlin und Spa unterwegs gewesen war.[37]

Den unmittelbaren Grund für die Verhaftungen lieferte Hubert Börsch, ein Mitglied des Dortmunder Arbeiter- und Soldatenrats, der angab, als eingeschleuster Kellner gesehen und gehört zu haben, wie mehr als dreißig Industrielle zu einer konspirativen Versammlung im Hotel Fürstenhof in Dortmund zusammengekommen waren und dafür plädiert hatten, die Entente solle im Ruhrgebiet einmarschieren und die «rote Gefahr» ausmerzen. Börsch identifizierte sämtliche verhafteten Personen mit Ausnahme von Wirtz als Teilnehmer der Versammlung. Gleichzeitig mit Börschs Denunziation der Industriellen kursierten weitere Berichte und Verdächtigungen, denen zufolge die Industriellen insgeheim planten, einerseits die Kohleproduktion zu drosseln, um so die Entente zum Eingreifen zu bewegen, und zum anderen das Rheinland und Westfalen von Deutschland abzuspalten.

Ähnliche Vorwürfe separatistischer Bestrebungen von seiten der Industriellen, die allerdings in keinem Zusammenhang mit der dramatischen Verhaftungsaktion in Mülheim standen, hatte ein paar Tage zuvor der Vorsitzende der neugegründeteten Deutschen Demokratischen Partei (DDP), Professor Alfred Weber, geäußert. Anläßlich der ersten Kundgebung der Partei im Zirkus Busch in Berlin hatte Weber am 1. Dezember aufsehenerregende Anschuldigungen gegen Hugo Stinnes und August Thyssen erhoben:

> «Es treibt einem die Schamröte ins Gesicht und ist ein Symbol des alten Reiches, wenn wir das Schmachvolle erleben, daß heute in diesem Augenblick Leute wie Thyssen und Stinnes in Spa mit den Franzosen beratschlagen, wie sie ihre rheinischen Werke unter französischer Herrschaft wieder aufbauen können und wie man das deutsche Rheinland dem Feinde zuführen kann.»[38]

Stinnes war tatsächlich nach Spa gereist, allerdings als Mitglied der offiziellen Delegation, die mit den Alliierten über die wirtschaftlichen Bedingungen des Waffenstillstands verhandelte. Er gehörte zusammen mit Bürgermeister Marx und dem Gewerkschaftsführer Huë dem Sachverständigenstab der Waffenstillstandskommission an, den man Legationsrat Büsing vom Außenministerium zur Seite gestellt hatte. Marx war für organisatorische Fragen der alliierten Besatzung in den linksrheinischen Gebieten zuständig. Huë und Stinnes waren offensichtlich von Koeth und der Waffenstillstandsbehörde in die Kommission berufen worden, und während ersterer der Garant für die Wahrung des paritätischen Prinzips war, fungierte Stinnes als Berater in allen wirtschaftlichen Fragen, die die Beziehungen zwischen den besetzten linksrheinischen Gebieten und dem restlichen, nicht besetzten Deutschland betrafen. Alle drei waren ausdrücklich bevollmächtigt, in Anwesenheit von Büsing oder eines anderen Mitglieds der Kommission Verhandlungen mit Vertretern der Siegermächte zu führen. Darüber hinaus hatte Stinnes um die Erlaubnis gebeten, mit seinen Werken in Mülheim, Düsseldorf und Dortmund in telefonischer Verbindung bleiben zu können, um den ungestörten Betrieb in den Fabriken sicherzustellen und auch «zur Vermeidung von Schwierigkeiten mit seinen Arbeitern». Das Auswärtige Amt entsprach nicht nur seiner Bitte, sondern drängte auch darauf, daß Stinnes in jeder Hinsicht in seinem Anliegen unterstützt wurde, denn «es scheint höchst erwünscht, wenn die Ruhe unter den Arbeitern der Rheinprovinz mit allen Mitteln gefördert werden kann». Stinnes handelte also bei seinem Aufenthalt in Spa in unzweifelhaft legaler und offizieller Mission.[39]

Thyssen dagegen war weder je in Spa gewesen, noch hatte er an irgendwelchen Verhandlungen mit den Alliierten teilgenommen. Weber hatte die Geschichte offensichtlich von einem Bekannten aufgeschnappt, der sie seinerseits aus Gerüchten übernommen hatte, die im Zusammenhang mit separatistischen Demonstrationen im Rheinland kursierten. Das Ganze basierte also auf reinem Hörensagen, aber da dem Wort eines Professors in Deutschland traditionsgemäß großes Gewicht beigemessen wurde, sorgten die Anschuldigungen für beträchtlichen Aufruhr unter den Zuhörern Webers und zogen ernste Konsequenzen nach sich.[40]

Auf Betreiben von Hugo Haase, der als Mitglied der Unabhängigen Sozialdemokratischen Partei im Rat der Volksbeauftragten saß, wurden Stinnes und Marx aus Spa zurückbeordert, und Stinnes' Bitte, dem Kabinett seine Sicht der Dinge persönlich erläutern zu dürfen, wurde abgewiesen. Da Stinnes das Demobilmachungsamt vertrat, war es offensichtlich Koeth, der ihn zurückbeorderte und darüber hinaus bei der ganzen Sache kein großes Fingerspitzengefühl an den Tag legte. Man warf Koeth zu dieser Zeit häufig vor, ein Handlanger der Schwerindustrie zu sein, und ihm war vermutlich daran gelegen, das Gegenteil zu beweisen. Was auch immer seine Gründe gewesen sein mögen, er erkannte sehr bald, daß er sich angesichts seiner bisherigen Zusammenarbeit mit Stinnes in seinem Telegramm im Ton vergriffen hatte, und das Vorgehen der Regierung in dieser Sache mißfiel ihm zutiefst. Stinnes akzeptierte seine Entschuldigung, wies aber ausdrücklich noch einmal darauf hin, daß «die Vorgänge der letzten beiden Tage eine große Enttäuschung für mich waren. Mein Vertrauen in die Zuverlässigkeit der wenigen Menschen, die uns aus der gegenwärtigen mißlichen Lage heraushelfen können, hat einen schweren Schlag erlitten.»[41]

Absolut unverzeihlich fand Stinnes jedoch die Anschuldigungen, die Professor Weber gegen ihn erhoben hatte, und da er nicht der Mann war, der einen solchen Angriff ungerührt hingenommen hätte, erschien am 3. Dezember ein Telegramm von Stinnes an Weber in den Tageszeitungen, in dem letzterer aufgefordert wurde, Beweise für seine «gemeinen Lügen» zu liefern.[42] Weber beantwortete diese öffentliche Schelte mit der Frage, in wessen Auftrag Stinnes an den Verhandlungen teilnehme und welche Garantien er dafür geben könne, daß bei den Gesprächen mit den Siegermächten über nichts anderes diskutiert werde als über die Verbesserung der Waffenstillstandsbedingungen. Damit öffnete er Stinnes natürlich Tür und Tor für den Vorwurf an die Adresse Webers, «daß Sie ein Verleumder und Ehrabschneider sind, der gemeine Lügen verbreitet».[43]

Mitten in diese unerfreuliche, öffentlich ausgetragene Auseinandersetzung platzten die Verhaftungen vom 7. Dezember, die, als sie bekannt wurden, die Vorwürfe gegen Stinnes und Thyssen zu untermauern und darauf hinzudeuten schienen, daß die ohnehin schon verfahrene Situation sich noch verschlechtern würde. Weber konnte zwar in seiner Presseerwiderung an Stinnes und Thyssen vom 9. Dezember guten Gewissens behaupten, daß seine Anschuldigungen im Zirkus Busch nichts mit der Verhaftungsaktion zu tun hatten, aber der Rest seines Schreibens stand auf eher unsicheren Füßen. Anstatt auf ihre angeblichen Umtriebe in Spa einzugehen, berief sich Weber nunmehr auf Zeitungsberichte, denen zufolge die Direktoren der Werke im Saargebiet die Franzosen aufgefordert hatten, ihr Besatzungsgebiet zu erweitern, sowie auf das überall kursierende Gerücht, Stinnes und Thyssen seien maßgeblich an den Bestrebungen beteiligt, das Rheinland von Preußen abzuspalten. Drei Tage später bekannte sich Weber öffentlich dazu, Gerüchten auf den Leim gegangen zu sein. Er gab seinem Bedauern über die Vorfälle Ausdruck, äußerte sich erfreut darüber, daß sich die Anschuldigungen als unwahr erwiesen hatten und trat von seinem Amt als Vorsitzender der Deutschen Demokratischen Partei zurück.

Am selben Tag, dem 12. Dezember, kehrte Edmund zusammen mit den anderen Betroffenen nach Mülheim zurück, nachdem man sie am Abend zuvor nach viertägiger Haft auf freien Fuß gesetzt hatte. Sie hatten ausnahmslos nachweisen können, daß sie sich zum Zeitpunkt ihrer angeblichen konspirativen Versammlung nicht in dem Dortmunder Hotel aufgehalten hatten, und ihr Denunziant Börsch gab schließlich zu, die ganze Geschichte erfunden zu haben. Noch bevor die Wahrheit ans Licht kam, hatten die Verhaftungen scharfe Proteste an die Adresse des Rates der Volksbeauftragten ausgelöst. Bürgermeister Lembke hatte unmittelbar nach den Verhaftungen ein Telegramm an den Vorsitzenden des Rats der Volksbeauftragten, Friedrich Ebert, geschickt und war am 8. Dezember zu einer persönlichen Vorsprache bei diesem nach Berlin gereist. Seiner Überzeugung nach waren die Drahtzieher der Aktion bei den Spartakisten zu suchen, die die Industriellen quasi als Geiseln in ihre Gewalt bringen wollten. Für Ebert war die peinliche Affäre nicht ganz unwillkommen, da sie seiner Unzufriedenheit mit den Räten und seinem Wunsch, deren willkürliche Eingriffe in Entscheidungen der Exekutive zu unterbinden, durchaus in die Hände spielte. Als daher die Fakten erst einmal auf dem Tisch lagen, ordnete er die sofortige Freilassung der Inhaftierten an und überging Haase, als der mit der Begründung, es sei «gar nicht so unwahrscheinlich, daß Stinnes und Thyssen heimlich mit den Franzosen paktieren», vor «übereilten Beschlüssen» warnte.[44] Man muß Haase immerhin zugute halten, daß er die Versuche des Mülheimer Arbeiter- und Soldatenrats, Presseberichte über die wahren Vorgänge sowie eine von Zentrum und DVP organisierte Kundgebung zugunsten der Freigelassenen zu unterdrücken, verurteilte. Selbstverständlich war Hugo Stinnes sen. empört über die Affäre. Er schickte am 12. Dezember eine persönliche Protestnote an Ebert, der in seinem Antwortschreiben das Geschehen als «unerhörten Vorfall» bezeichnete und eine Bestrafung der Verantwortlichen in Aussicht stellte.[45]

Die Sache hatte dennoch beträchtlichen Schaden angerichtet. Die Rede Webers und die Verhaftungen hatten, so sehr sie einerseits Schwächen und Inkompetenzen auf seiten der nach einer neuen politischen und gesellschaftlichen Ordnung strebenden Kräfte in Deutschland offenbarten, andererseits doch den immer wieder geäußerten Verdächtigungen neue Nahrung gegeben, denen zufolge Stinnes und andere Großindustrielle Sozialreformen verhindern wollten und bereit waren, die Interessen Deutschlands zu verraten, um ihre eigenen Schäflein ins trockene zu bringen. Die Frage, ob derartige Verdächtigungen in bezug auf Stinnes Ende 1918 wirklich berechtigt waren, kann glücklicherweise erschöpfend beantwortet werden, weil sein Denken in seinen Briefen ausführlich dokumentiert ist. So schrieb er beispielsweise am 8. Dezember, zu einem Zeitpunkt also, als Edmund und die übrigen angeblichen Separatisten noch inhaftiert waren, einen Brief an General von Herff in Stockholm, in dem es heißt:

> «Selbst ein solches skandalöses Vorkommnis, das das immer stärkere Hinübergleiten in den Bolschewismus dartut, kann mich nicht dazu veranlassen, den Absonderungstendenzen nachzugeben. Ich bin von der Notwendigkeit durchdrungen, daß Deutschland zusammenhalten muß, wenn es nicht, wie im 19. Jahrhundert, erst wieder durch eine Folge von Kriegen aus dem Kleinstaatenelend herausgeholt werden soll.
>
> Aber glauben Sie, daß die Allgemeinheit so denken wird, deren Widerstandskraft durch den Krieg zermürbt ist und die nun endlich ruhig und ohne Lebensgefahr schaffen will?
>
> Ich sehe daher mit großer Sorge der Entwicklung entgegen. Berlin ist zu schlimm und die Los von Berlin Bewegung mit dem erforderlichen antisemitischen Einschlag kann m. E. jederzeit allgewaltig einsetzen.
>
> Hoffentlich sehe ich zu schwarz.»[46]

Noch deutlicher und präziser kommt seine Ablehnung aller separatistischen Tendenzen in einem Brief an Vögler vom 22. Dezember zum Ausdruck. In diesem Brief ging Stinnes unter anderem auf die Wahrung seiner Interessen in Luxemburg, im Saargebiet und in Lothringen ein, und er äußerte seinen Zorn über die von Erzberger, dem Vorsitzenden der Waffenstillstandskommission, verfolgte Politik. Nachdem Stinnes aus der deutschen Kommission abberufen worden war, sorgte Erzberger dafür, daß er auch später nicht wieder aufgenommen wurde. Wie wir noch zeigen werden, nahm Stinnes ihm neben seiner Politik besonders diese Tatsache noch lange übel. Nicht weniger beunruhigt war Stinnes zudem über den «Sozialisierungswahnsinn», wie er es nannte, womit er sich auf die Passage einer zwei Tage zuvor verabschiedeten Resolution des Berliner Arbeiter- und Soldatenrats bezog, in der die Sozialisierung «entwickelter» Industrien, insbesondere des Bergbaus, gefordert wurde. Stinnes war der Meinung, der Westen müsse alle Kräfte mobil machen, um sich gegen den «Irrsinn» zu schützen, der von Berlin aus um sich griff:

> «Wir müssen unter den obwaltenden Umständen unbedingt an die selbständige Republik Rheinland und Westfalen heran, nicht als Zubehör einer fremden Nation, sondern als selbständiges deutsches Gebiet und Glied des Reiches, das sich seine Naturschätze nicht von den Berliner Herren ruinieren und unter fremdländische Despotie bringen lassen will.
>
> Unsere blühenden rheinisch-westfälisch nassauischen Städte würden dabei alle zum Teufel gehen.
>
> Ich bin der Meinung, daß wir diese Dinge mit allem Nachdruck fördern sollten, und ich zweifle nicht daran, daß unsere Zentrums- und Sozialdemokratischen Führer im Westen mit uns gehen werden.
>
> Bekommen die Berliner Herren die Oberhand, dann gibt es in unserem schönen Westen einen Kirchhof. In 2 Jahren wird Kohle und Koks im Überfluß vorhanden sein, weil alle Verbraucher erschlagen sind und kein Mensch mehr da ist, der sich um den Weltmarkt kümmert und auf ihn hinausdrängt. Der kluge Engländer und Amerikaner macht ja sein Geschäft auch dann, wenn er die deutsche Volkswirtschaft bloß verkrüppelt hat und sich alle Geschäfte allein zu Gemüt führt.
>
> Weihnachtliche Stimmung kann in diesem Jahr nicht aufkommen. Man schwankt zwischen Verachtung der Volksgenossen und Haß gegen unsere Feinde, besonders die Franzosen.»[47]

Diese Zeilen machen deutlich, daß Stinnes keineswegs die Schaffung eines französischen Satelliten oder auch nur eines «Pufferstaates» zwischen Deutschland und Frankreich vorschwebte. Sicher war ihm bewußt, daß es, wie Bürgermeister Marx den Berliner Behörden aus Spa mitgeteilt hatte, separatistische Tendenzen gab, die durch das herrschende Mißtrauen gegen Berlin und den Osten, durch die im allgemeinen besseren wirtschaftlichen Verhältnisse im Westen und durch religionspolitisch begründete Sympathien für das katholische Belgien genährt wurden. Wenn sich die Lage nun verschlechterte und die Alliierten versuchen sollten, die separatistischen Tendenzen für sich zu nutzen, würden diese tatsächlich zur Gefahr werden, und Stinnes nahm sich trotz seiner Abneigung gegen die Separatisten Marx' guten Rat zu Herzen, «wirtschaftlich beide Eventualitäten im Auge zu behalten».[48]

In der Befürwortung eines eigenständigen Staates innerhalb des Reichs spiegelte sich das Mißtrauen gegen die Berliner Regierung – das sich zu dieser Zeit sicher nicht auf das Rheinland beschränkte –, und die Reaktion auf das herrschende Durcheinander, die Religionsfeindlichkeit und die Fehlentscheidungen in Berlin. Stinnes hatte zweifellos recht, wenn er dem Zentrum und sogar den Sozialdemokraten Sympathien für diese Bewegung unterstellte. Das zeigte sich auch an der Rolle, die der Kölner Bürgermeister Konrad Adenauer und der Sozialdemokrat Wilhelm Sollmann in diesem Zusammenhang spielten. Im übrigen waren nicht Stinnes und Vögler die herausragenden Wirtschaftsvertreter unter den Befürwortern dieser Bestrebungen, sondern die Kölner Bankiers Luis Hagen und Heinrich von Stein sowie die Industriellen Paul Silverberg und Otto Wolff. In einem Treffen zwischen Berliner Regierungsvertretern und rheinländischen Industriellen, das am 12. Dezember in Elberfeld stattfand, galt die Forderung der Industriellen weniger der Gründung eines rheinländischen Staates innerhalb des Reichs als einer vernünftigen Ordnung in Berlin. Vögler sprach im Interesse der Wirtschaft, als er «die destruktiven Maßnahmen der Berliner Finanz- und Wirtschaftspolitik» anprangerte.[49] Die beiden Ziele, die an erster Stelle angestrebt wurden, waren die Einberufung einer Nationalversammlung und die Wiederherstellung von Gesetz und Ordnung, und da beides in den ersten Monaten des Jahres 1919 verwirklicht wurde und zudem nunmehr die wirklich überzeugten Separatisten und Befürworter der französischen Bestrebungen zum Zuge kamen, verlor die Bewegung, die sich für eine rheinisch-westfälische «Republik» nach den Vorstellungen Adenauers und Stinnes' stark machte, an Zugkraft.

Stinnes' Eintreten für eine solche Lösung Ende 1918 muß daher im Kontext seiner Unzufriedenheit mit den politischen Entscheidungen in Berlin und dem Verlauf der Waffenstillstandsverhandlungen gesehen werden, und ganz gewiß spielte auch die Unsicherheit darüber, was die Zukunft in politischer und wirtschaftlicher Hinsicht bringen würde, eine nicht geringe Rolle. Die Ansichten, die er Ende 1918 vertrat, sind jedoch von entscheidender Bedeutung für die Betrachtung seiner späteren politischen und wirtschaftlichen Aktivitäten, da er zu dieser Zeit eine Reihe von Standpunkten, Einschätzungen und Zielen hinsichtlich der Beziehungen Deutschlands zu den Siegermächten und des wirtschaftlichen Wiederaufbaus in Deutschland festlegte, an denen er in den darauffolgenden Krisenjahren festhalten sollte.

Wenn Stinnes tatsächlich Ende 1918 einen Groll gegen Frankreich und auch gegen seine eigenen Landsleute hegte, dann vor allem darum, weil diese sich durch politische Überlegungen von dem Weg ablenken ließen, den die Situation in seinen Augen in wirtschaftlicher wie in gesellschaftlicher Hinsicht erforderte. Spätestens Ende Oktober, wenn nicht schon früher, war Stinnes klar, daß Lothringen und Luxemburg für Deutschland verloren waren. Ebenso verloren war die unmittelbare Kontrolle über die Minette-Lagerstätten und die Hüttenwerke in diesen Gebieten.

Dennoch äußerte Stinnes von Anfang an die Ansicht, daß Deutschland auch angesichts der veränderten Umstände ein beträchtliches Druckmittel gegenüber Frankreich und Belgien in der Hand habe, weil «... rein wirtschaftliche Erwägungen die Gegner auch bei Abtrennung Lothringens vom Deutschen Reiche und bei politischer Angliederung Luxemburgs an die Gegner dazu bringen würden, die Ausfuhr der Erze nach Deutschland zu gestatten. Einmal habe Deutschland in dem für den Hochofenbetrieb erforderlichen Koks ein Druckmittel, und außerdem legten die belgischen und französischen Eisenindustriellen keinen

Wert auf die Verwendung der luxemburgischen Minette für ihre Industrie, weil sie dann erst für 80 % Absatz im Auslande schaffen müßten.

Insofern deckten sich die Interessen der deutschen und französischen Eisenindustrie. Es wurde allerdings darauf hingewiesen, daß bei Waffenstillstandsverhandlungen der Weiterbezug der Minette sichergestellt werden müsse, denn bei einer Unterbrechung käme die rheinisch-westfälische Industrie, die zur Hälfte für ihren Bedarf an Minetten auf Luxemburg und Lothringen angewiesen sei, in kaum zu überwindende Schwierigkeiten.[50]

Natürlich konnte die Kohle-Erz-Verbindung nur dann in den Mittelpunkt des Interesses rücken, wenn diejenigen, die an den Friedensverhandlungen beteiligt waren, das nötige Verständnis und Interesse dafür aufbrachten. In diesem Sinne hatte Stinnes Hugenberg und dessen politischen Freunden gegenüber geäußert: «Wenn wir Glück haben, kommen *wir* an den Verhandlungstisch. Dann können wir unter Umständen den Krieg aus der Kohle bezahlen.»[51] Aus dieser Bemerkung lassen sich zwei Hauptziele ableiten: Zum einen sollte bei allen Verhandlungen mit den Siegermächten die Unternehmerseite mit einer starken Stimme vertreten sein, damit den getroffenen Entscheidungen fundiertes Wissen und wirtschaftliche Prioritäten zugrunde lagen; zum zweiten sollte der wirtschaftliche Wiederaufschwung in Deutschland auf der Basis der Kohle vorangetrieben werden, die nicht nur ein wesentlicher Garant dafür war, daß Deutschland wettbewerbsfähige Produkte auf den Weltmarkt bringen konnte, sondern der auch als Tauschware und Druckmittel in den Verhandlungen mit den Siegermächten beträchtliche Bedeutung zukam.

In den zwei Wochen vom 17. November bis 2. Dezember, in denen er als wirtschaftlicher Berater in Spa fungierte, hatte Stinnes unverkennbar diese Ziele vor Augen. Von Vögler reichlich mit statistischen Angaben und taktischen Ratschlägen versehen, untermauerte er mit starken wirtschaftlichen Argumenten den Alliierten gegenüber den Standpunkt, daß die Zeit, die für die Evakuierung der besetzten Gebiete und den deutschen Truppenrückzug auf rechtsrheinisches Territorium zugestanden wurde, viel zu kurz war und daß sowohl in Luxemburg als auch in Lothringen chaotische wirtschaftliche Verhältnisse einkehren würden, weil die Hälfte der dortigen Bevölkerung in der Schwerindustrie beschäftigt sei. Die Auslastung sämtlicher Eisenbahnverbindungen durch die Evakuierungsmaßnahmen würde zur Folge haben, daß die Fabriken in diesen Gebieten nicht mehr mit Kohle aus den rechtsrheinischen Zechen versorgt werden konnten, während gleichzeitig die Versorgung der rechtsrheinischen Werke mit den notwendigen Erzen unterbrochen würde. Unter Hinweis auf humanitäre Überlegungen und die Verantwortung für die betroffene Bevölkerung forderte Stinnes eine Verlängerung des Evakuierungszeitraums um fünfzehn Tage. Im Grunde rechnete er aber damit, der wirtschaftliche Rückzug der Deutschen aus Luxemburg, Lothringen und dem Saargebiet werde «dazu führen, daß französische Industrielle alsbald hierher kommen, um die Wirtschaftsfragen mit uns zu erörtern».[52]

Wie Stinnes zu seiner tiefen Bekümmerung immer wieder feststellen mußte, war es schwierig und manchmal gar unmöglich, politische Fragen in persönlichen Verhandlungen der Industriellen untereinander zu klären. Darüber hinaus gab es keinerlei Garantien dafür, daß sich die französische Politik an den Ergebnissen solcher Gespräche orientieren würde. In Frankreich zählte das Wort eines Generals und Politikers mehr als das eines erfolgreichen Geschäftsmannes. Foch wies die Forderung der Deutschen am 21. November zurück, während er gleichzeitig nachdrücklich auf die Lieferung von Kohle für die Hagedinger Werke drängte, wo 30000 Arbeiter ohne Beschäftigung waren. In Stinnes' Augen verfolgten die Franzosen das Ziel, den Deutschen mit dem Waffenstillstandsvertrag größtmöglichen Schaden zuzufügen, was er mit gleicher Münze heimzuzahlen gedachte, indem er sich der Kohle und des Kokses als Waffen bediente. Demzufolge ließ er Koeth und Vögler unverzüglich durch Hugo jun. mitteilen, welcher Auffassung die deutschen Verhandlungspartner waren, nämlich «daß es gar kein anderes Mittel gibt, die Franzosen gefügig zu machen, als daß wir sie in den Eisenbezirken zuerst und dann auch in anderen Bezirken durch Koks- und Kohlenmangel in die furchtbarste Verlegenheit kommen lassen».[53] Er drängte das Demobilmachungsamt, Kohlen- und insbesondere Kokslieferungen in die linksrheinischen Gebiete «vollständig abzustopfen» und gleichzeitig die Versorgung der rechtsrheinischen Werke mit Koks aus den linksrheinischen Zechen Rheinpreußen und Friedrich Heinrich sicherzustellen, warnte aber davor, die Eisenbahnbehörden in die Sache mit einzubeziehen, da er befürchtete, die französische Seite könne Repressionsmaßnahmen gegen diese ergreifen. Jedenfalls aber zeigte er sich zuversichtlich, «daß, wenn wir die Nerven behalten und die linksrheinische Seite, insbesondere die Eisenbezirke, hinsichtlich der Koksversorgung vollkommen links liegen lassen, die Franzosen, die meiner Ansicht nach in dieser Frage nicht das volle Einvernehmen der Engländer und Amerikaner genießen, mürbe werden und sich auf vertretbarere Evakuierungsbedingungen einlassen werden».

Selbst im ungünstigsten Fall erwartete Stinnes als Ergebnis dieser Strategie eine Lockerung der Transitbeschränkungen für die Rheinbrücken und drängte die Verantwortlichen, alles zu tun, um die rechtsrheinische Koksproduktion anzukurbeln, damit die Position Deutschlands für die Zeit der Waffenstillstandsverhandlungen und die Besatzungsperiode einigermaßen gesichert war. In scharfen Tönen wandte sich Stinnes gegen die «abwegigen» Maßnahmen, die der Reichskohlenkommissar zur Entspannung der Lage in den linksrheinischen Gebieten ins Auge gefaßt hatte und die beispielsweise darauf abzielten, Saarkohle gegen Koks zu tauschen, womit Deutschland seine wertvollsten Bodenschätze für Güter von geringerem Wert hergegeben hätte.

Während Stinnes immer noch darauf hoffte, daß die Alliierten eigene Experten ins Spiel bringen würden, die objektiver an diese Fragen herangingen, wuchs in den letzten Tagen seines Aufenthalts in Spa seine Sorge über die finanziellen Sanktionen, die Deutschland auferlegt wurden. So war es Deutschland untersagt, finanzielle, industrielle und infrastrukturelle Vermögenswerte zu veräußern, die als Sicherheit für die deutschen Reparationszahlungen dienen konnten. Dazu gehörten deutsche Kapitalanlagen im Ausland sowie Aktienvermögen, einschließlich solcher von privaten Anlegern, bei der Reichsbank. Diese Forderungen und ihre Konsequenzen erfüllten Stinnes mit tiefster Sorge, und zweifellos war es das, was er dem Kabinett nach seinem Ausschluß aus der Waffenstillstandskommission vortragen wollte. Kurz vor seinem Ausschluß, am 30. November, entwarf er noch ein Memorandum, in dem er seine Einschätzung der finanziellen Seite der alliierten Forderungen darlegte und das Aufschluß gibt über seine Bewertung der Zustände in Deutschland und die Strategien, die er hinsichtlich der Reparationsleistungen in den darauffolgenden Jahren unbeirrbar verfolgen sollte.[54]

Das Memorandum beginnt mit dem Hinweis, daß «die Alliierten Deutschland als insolvent betrachten und es behandeln wollen wie der Konkursverwalter den Schuldner». Die Alliierten drohten damit, den deutschen Devisenhandel sowie letztlich alle wirtschaftlichen Unternehmungen, die mit dem Außenhandel in Verbindung standen, unter ihre Kontrolle zu bringen, sofern von deutscher Seite keine annehmbaren Vorschläge unterbreitet wurden. Damit wäre eine «vollständige Diktatur über das deutsche Wirtschaftsleben» geschaffen. Stinnes beschwor das Bild immer ausgedehnterer Forderungen der Alliierten nach Sicherheiten herauf, die schließlich darin gipfeln würden, daß auch Privatbanken, Industrieanlagen und Handelsunternehmen als Sicherheiten dienen mußten.

In Stinnes' Augen waren die Forderungen der Alliierten eine existentielle Bedrohung für das Wirtschaftsleben in Deutschland, der man in erster Linie mit einer Änderung der Zustände im Inland begegnen mußte:

> «Bei Anhalten der heutigen Zustände, die gekennzeichnet sind durch eine Massenflucht vor der Arbeit, werden die entstandenen und voraus zu schaffenden öffentlichen Pfänder zu Gunsten der Alliierten entwertet und die letzten tragfähigen Säulen der deutschen Volkswirtschaft zum Zusammenbruch gebracht.
>
> Die zweite Folge würde den rachsüchtigen Alliierten nicht unerwünscht sein, die andere Folge würde ihnen Veranlassung geben, sich neue Pfänder im Zwangswege zu schaffen. Die Zertrümmerung Deutschlands würde die Folge sein.»

Stinnes sah die Ursache für das zunehmende wirtschaftliche Chaos und den Kollaps des Transportsystems und der Kohlen- und Nahrungsmittelversorgung in der «vollständige[n] Verständnislosigkeit großer Bevölkerungsteile für die absolute Notwendigkeit, durch intensivste Arbeit die erste Grundlage für den Wiederaufbau der Volkswirtschaft zu legen». Ohne grundlegende Veränderungen mußte es seiner Meinung nach zum Zusammenbruch kommen, und das hieß für Stinnes: «Jeder Streik ist heute ein Verbrechen am Reich.»

In Stinnes' Augen waren die innere Bereitschaft zum Wiederaufbau und die Möglichkeit, sich den Forderungen der Alliierten zu widersetzen, untrennbar miteinander verbunden. Die Alliierten nutzten die innere Laschheit und Desorganisation zu ihren Gunsten; Deutschland konnte sich nur dann den Respekt bei den Alliierten verschaffen, der nötig war, um ihre Forderungen zurückzuweisen, wenn es seinen Willen und die Fähigkeit unter Beweis stellte, die Arbeit wieder aufzunehmen und sich als Einheit zu präsentieren:

> «Der Zusammenbruch ist unvermeidbar, wenn die inneren Zustände in Deutschlands Volkswirtschaft den jetzigen desolaten Eindruck weiter machen, so daß den anmaßenden Ansprüchen der Alliierten auf weitgehendster Sicherstellung ihrer Forderungen nicht mit Erfolg entgegengetreten werden kann.
>
> Die deutsche Regierung muß alsbald selbst bestimmen, soweit sie Willen und Macht hat, den Forderungen der Alliierten auf Finanz- und Wirtschaftskontrolle zu widerstehen und den Boden für einen solchen Widerstand zu bereiten.
>
> Im übrigen kann darüber kein Zweifel bestehen, daß die Alliierten im Recht sind, wenn sie das Reich für insolvent halten und es heißt nur Vogelstraußpolitik treiben, sich dieser Tatsache zu verschließen. Je eher und je gründlicher das Reich seine Lage aufklärt und verschiedene Änderungsvorschläge macht, um so besser auch für die Friedensverhandlungen. Solange wir die Aktion des Zahlungsprogramms aufrechterhalten, werden die Forderungen ins Ungemessene gehen (mehrere 100 Milliarden sind formidable), erst wenn wir die Wahrheit bekommen, würden wir die Rücksicht finden, die jedem Überschuldeten zugebilligt wird, der seine Gläubiger über seinen Zustand nicht mehr belügt und den ehrlichen Willen hat, den herabgeminderten Ansprüchen nachzukommen.»

Dieses Memorandum ist insofern von Bedeutung, als sich daran eine bemerkenswerte Konstanz in Stinnes' Einschätzungen ablesen läßt, auch wenn viele Punkte des hier aufgezeigten Programms noch bis Ende 1922 verhüllt bleiben sollten. Die Waffenstillstandsverhandlungen in Spa waren für Stinnes eine Ernüchterung, weil sie ihn zu der Erkenntnis zwangen, daß die Alliierten seinen, wie er meinte, vernünftigen und ökonomisch vertretbaren Ansatz zur Herstellung einer Nachkriegsordnung nicht akzeptierten. Anstatt daraus den Schluß zu ziehen, daß für die Franzosen das Sicherheitsbedürfnis an erster Stelle stand und daß man das Kriegstrauma und die damit verbundenen Haßgefühle nicht unterschätzen durfte, interpretierte er das Friedensprogramm als Beweis dafür, daß die Alliierten aus purer Rachsucht die innere Schwäche Deutschlands ausnutzen, die deutschen Vermögenswerte konfiszieren und Deutschland so aus der weltwirtschaftlichen Arena verdrängen wollten. Aus dieser Sicht konnte die Lösung des Problems nur im Innern gefunden werden. Deutschland mußte sich am eigenen Schopf aus dem Sumpf ziehen und den Alliierten beweisen, daß es sich nicht wie ein bankrottes Unternehmen einfach in die Tasche stecken ließ. Das würde nicht nur den Widerstand gegen die ausufernden Forderungen der Alliierten rechtfertigen, sondern auch zeigen, daß Deutschland verdiente, als ehrlicher Schuldner behandelt zu werden, der den Wiederaufbau beherzt in die eigenen Hände nahm und dessen tatsächliche wirtschaftliche Situation in Betracht gezogen werden mußte.

Eine solche Politik zeichnete sich jedoch zu diesem Zeitpunkt in Deutschland nicht ab, und Stinnes machte in einem Gespräch mit Paul Mankiewitz, dem Vorstandsmitglied der Deutschen Bank, keinen Hehl aus seiner Verbitterung. Letzterer empfand die Unterredung als ungemein deprimierend, da Stinnes von den Entwicklungen in Spa nichts Positives zu berichten hatte, mit Ausnahme der Tatsache, daß sich die Gefahr der «Vergesellschaftung resp. Verstaatlichung» deutlich verminderte, weil die Alliierten die neuerworbenen Staatsanlagen in Sicherheiten für die deutschen Reparationszahlungen umwandeln konnten. Dennoch hatte Stinnes den Mut nicht völlig verloren: «Im allgemeinen sprach er trotz seiner pessimistischen Auffassung die Überzeugung aus, daß Deutschland immerhin noch vor der Pleite zu retten sei, aber um diese Rettung zu erreichen, müssen Handel, Industrie und Banken geschlossen zusammengehen.»[55]

Eine solche Geschlossenheit war schon deshalb unumgänglich, weil die Zahlungsmodalitäten für die Kriegskosten und den Wiederaufbau selbst unter den günstigsten Friedensbedingungen ein potentieller Zankapfel sein mußten. Als Eberhard Gothein, ein linksliberal gesonnener schlesischer Bergwerksbeamter, Anfang Dezember 1918 die Einkommenssteuer als geeignetstes Instrument zur Lösung der innerdeutschen Finanzprobleme bezeichnete, wies Stinnes diese Einschätzung entschieden zurück. Er beharrte darauf, Deutschland müsse seinen Bankrott eingestehen und der Tatsache ins Auge blicken, daß das Land innerhalb von drei bis sechs Monaten wirtschaftlich am Ende sein würde, wenn die Dinge so weiterliefen wie bisher. Die zur Finanzierung der Kriegskosten benötigten Sicherheiten würden dann für die Entente frei zugänglich sein. Man mußte Stinnes zufolge in Deutschland den Mut aufbringen, die Inlandsschulden mit drakonischen Mitteln zu bekämpfen, indem man die Zinsen auf alle Kriegsanleihen unter Beibehaltung ihres Nominalwertes auf 1 bis 1,5 Prozent senkte und die Gewinne daraus nicht mehr besteuerte. Eine solche drastische Verringerung der Reichsobligationen den eigenen Bürgern gegenüber würde den Weg bei den Friedensverhandlungen ebnen, «um für den bankrotten Staat wenig zahlen zu müssen».[56] Stinnes rechnete damit, daß Deutschland in diesem Fall zur Begleichung seiner Schulden Darlehen aus dem Ausland erhalten würde, die zwar in Fremdwährung gewährt, aber auch in solcher rückzahlbar sein würden. Das jedoch wäre in dem Augenblick nicht mehr von Nachteil, in dem Deutschland sich wirtschaftlich erholte, da in diesem Fall der Wert der Mark steigen und die realen Kosten für die Rückzahlung in Devisen sinken würden.

Stinnes war klar, daß für solche Darlehen Sicherheiten aufgebracht werden mußten, vertrat aber die Meinung – von der er auch in den folgenden fünf Jahren nicht mehr abweichen sollte –, daß diese Sicherheiten in Form von Reichsvermögenswerten aufzubringen waren, insbesondere der in einer Gesellschaft zusammenzufassenden Eisenbahnen, aber auch der staatlichen Zechen im Saar- und

Ruhrgebiet sowie in Schlesien. Wurden sie zu einer Gesellschaft zusammengeschlossen, so mußten sie zwangsläufig ökonomisch und profitorientiert operieren, und der Schachzug würde dazu beitragen, eine «Kollision zwischen Budgetrecht der Kommunen und der Aufbringungspflicht für die Entente zu vermeiden».

Das gesamte Steuerprogramm, das Stinnes vorschwebte, zielte darauf ab, die bestehende Staatsverschuldung so schnell wie möglich zugunsten einer in ferner Zukunft zurückzuzahlenden hohen Inlandsanleihe zu reduzieren. Gleichzeitig wehrte er sich heftig gegen eine höhere Besteuerung von Einkommen und Grundbesitz:

> «Nachdem der Frieden geschlossen ist, müßte eine Vermögensabgabe in solcher Höhe beschlossen werden, zahlbar in Reichsanleihe zu Nominalwert, daß die gesamte Staatsschuld dadurch bezahlt werden könnte. Zur Rückzahlung könnte eine Frist bis 20 Jahre gewährt werden. Ich rechne an, daß die Anleihen bei 30–40 Prozent stehen würden. Man könnte also die Vermögensabgaben auf die doppelte Höhe festsetzen, die man sonst erträglich finden würde.
>
> Die äußere Entschuldung des Reiches würde mit Riesenschritten vor sich gehen. Die Sparkassen etc. würden sich mit den Verlusten abfinden müssen, wie andere Leute auch, die auf Hausse hofften und in die Baisse hineingerieten.
>
> Im Gegensatz zu Ihnen, halte ich sehr hohe Einkommenssteuern für unerträglich. Werden sie nicht vermieden, so exportieren wir Intelligenz und Menschenfleiß.
>
> Ich hänge gewiß an meinem Vaterland mit allen Fasern, aber ich würde lieber als armer Mann in die Fremde reisen, um meinen Kindern und mir eine neue Existenz aufzubauen, als daß ich hier endlosen Frondienst leisten würde.
>
> Ich würde auch niemals mich damit abfinden, eine blödsinnige Sozialisierung und Nationalisierung mitzumachen, mit der die Individualität erstickt wird.
>
> Ich hoffe, daß das deutsche Volk von diesem Experiment verschont bleiben wird und daß Arbeiterschaft und Unternehmertum in gemeinsamer Arbeit sich wieder in die Höhe schaffen.»

Dieses Programm verlagerte die Lasten des verlorenen Krieges vom Kapital auf die Sparer und ihre Ersparnisse, eine Politik, die darauf abzielte, die Fähigkeit zum wirtschaftlichen Wiederaufbau zu stärken und, indem sie sich in den Dienst der Kapitalinteressen stellte, um die Kreditwürdigkeit Deutschlands wiederherzustellen.

Diese Haltung hatte natürlich enorme politische Konsequenzen, und Stinnes war begreiflicherweise daran interessiert, nicht nur im wirtschaftlichen, sondern auch im politischen Lager Einigkeit zu proklamieren. Aber während berechtigte Hoffnung bestand, daß die Privatwirtschaft auf eine einheitliche Linie eingeschworen werden konnte, erwiesen sich alle Versuche, eine gemeinsame politische Front zu schaffen, als vergebens. Stinnes hatte zwar sein Interesse bekundet, sich aktiv in der Politik zu betätigen, und sollte daran auch in der Zukunft festhalten, aber sein Verständnis der Bedeutung und Funktion politischer Parteien war nie sehr tief gegangen und erwies sich als opportunistisch. Er und Vögler stimmten offenbar in ihrem politischen Ansatz weitgehend überein, und als Vögler am 17. November als entscheidende Wahlfrage den Kampf zwischen SPD und Gewerkschaften einerseits und der USPD andererseits bezeichnete, sprach er damit Stinnes vermutlich aus der Seele. In dieser Auffassung war das Bürgertum lediglich als «dritter Faktor» zu betrachten, dessen oberstes Ziel die Stärkung der gemäßigten republikanischen Kräfte in der SPD und die Zusammenarbeit mit den christlichen und sozialdemokratischen Gewerkschaften sein mußte. Natürlich sollten die bürgerlichen Parteien ihre Autonomie wahren, und Vögler bedauerte die monarchistischen Tendenzen in den Reihen der Konservativen, weil ihr Wert als Verbündete dadurch gemindert wurde. Oberste Priorität hatte jedoch der Kampf gegen den Linksradikalismus, denn wenn die Radikalen ans Ruder kamen, stand die Konsequenz für Vögler fest: «Dem Bürgertum bliebe nichts anderes übrig, als zur Gegenrevolution zu greifen, ein Weg, den wir uns doch alle ersparen wollen.»[57]

Aus diesen Gründen schien Stinnes bereit, mit den Linksliberalen gemeinsame Sache zu machen. Als er daher am 19. November von Rathenau aufgefordert wurde, seinen Namen unter die Gründungserklärung eines «Demokratischen Volksbundes» zu setzen, willigte er ein und fand sich unversehens in einer bunt gemischten Gesellschaft von mehr oder weniger liberalen Geschäftsleuten, Akademikern, Künstlern und anderen wieder, die sich einem nebulösen sozialliberalen Programm der Zusammenarbeit mit den gemäßigten Sozialisten und der Unterordnung der privaten Interessen unter das Gemeinwohl verschrieben hatten. Stinnes machte sich offensichtlich wenig Gedanken um den ideologischen Inhalt, ihm war eher an der beruhigenden Wirkung gelegen, die eine solche Erklärung haben konnte. Einige der Unterzeichner fanden sich aber offensichtlich nicht leicht damit ab, plötzlich mit Stinnes gemeinsame Sache zu machen, dem man nun sein Eintreten für einen aggressiven Annexionismus während des Krieges und seine Vorkriegs-Reputation zum Vorwurf machte. Es kann daher kaum verwundern, daß der Demokratische Volksbund innerhalb einer Woche wieder von der Bildfläche verschwand.[58]

Stinnes' Bereitschaft, zusammen mit den Linksliberalen zu agieren, wurde auch in Hans von Raumers Bemühungen deutlich, mit Hilfe des linksliberalen Handelsministers Otto Fischbeck Theodor Wolff davon zu überzeugen, daß Stinnes, Borsig und Siemens «umgelernt» hätten und bereit wären, sich einer vereinigten Partei der Mittelklasse anzuschließen. Wolff wollte davon allerdings nichts wissen, weil Personen dieser Couleur die neugegründete Deutsche Demokratische Partei in seinen Augen nur in Mißkredit bringen konnten, und als auf diese Zurückweisung durch Wolff auch noch Alfred Webers Vorwurf des Separatismus an Stinnes' Adresse folgte, mußte sich Stinnes zwangsläufig anderswo nach Verbündeten umsehen.[59]

Die Weigerung Wolffs und seiner Parteigenossen, sich mit Leuten wie Gustav

Stresemann und Industriellen aus den Reihen der Nationalliberalen einzulassen, die früher als Befürworter der Annexionspolitik hervorgetreten waren, hatte zur Gründung der Deutschen Volkspartei (DVP) unter Stresemann geführt. In dieser Partei waren die Industriellen mit einer starken Fraktion vertreten, und da es einen allgemeinen Konsens darüber gab, wie wichtig es war, daß aktive Industrielle in die Nationalversammlung gewählt würden, dachte man in diesem Zusammenhang natürlich an Stinnes und Vögler. Die Kandidatur Stinnes' war allerdings offenbar eher halbherzig, zum einen wegen seiner eigenen zögerlichen Haltung, zum anderen wegen der parteiinternen Vorbehalte gegen ihn. Er selbst äußerte sich ziemlich negativ über die Aussichten einer solchen Kandidatur: «Reden will ich nicht, und dann soll Opposition sein wegen meiner Qualität als Industrieller. Wenn man Leben und Gesundheit behält, wird man somit zwangsweise legitimiert sein, sich nun seiner geschäftlichen Tätigkeit zu widmen; demgemäß werde ich unter den obwaltenden Umständen handeln, bis andere Zeiten und Menschen kommen.»[60]

Vöglers Kandidatur stand dagegen offensichtlich nicht in Frage, und er galt darüber hinaus als eloquenter Redner. Er wurde einstimmig als DVP-Kandidat für den Wahlkreis Arnsberg gewählt. Dank Hugenbergs Kooperation konnten DVP und DNVP in einigen Industriebezirken eine gemeinsame Wahlliste aufstellen. In einem Anflug von Reumut setzte Vögler über Weihnachten 1918 seinen Wahlkampf in den ländlichen Bezirken Westfalens fort, nicht ohne sich zu beklagen, daß das «persönliche Opfer, das man zu bringen hat, nicht gering» sei.[61] Ein anderer Verbündeter, nämlich Hans von Raumer, der sich keineswegs scheute, Stinnes um seine Unterstützung zu bitten, beteiligte sich mit wesentlich größerem Enthusiasmus an den Wahlvorbereitungen. Indem er Stinnes drängte, seinen Einfluß und die Aussicht auf Geldzuwendungen von seiten der Industrie in die Waagschale zu werfen, um sich selbst einen Platz in der Liste der DNVP zu sichern, gab er ein anschauliches Beispiel für den politischen Eklektizismus in der Gruppe der Industriellen, die die Zentralarbeitsgemeinschaft ins Leben gerufen hatten. Er hoffte, auf diese Weise der Industrie einen gewissen Einfluß in der DNVP zu sichern. Raumer warnte ausdrücklich davor, Leute wie Landrat Rötger zu diesem Zweck wieder aus der Versenkung zu holen, weil deren «völlig veralteten Anschauungen» der Industrie nur schaden konnten. Vielmehr empfahl er sich selbst als Mittler zwischen ZAG und DNVP und erklärte, diese Partei stimme viel stärker mit den allgemeinen Zielen der ZAG überein als die «nur dem Mammon verschriebene Demokratische Volkspartei, da sie weder ein Ziel noch ein Ideal noch eine Weltanschauung geben kann, sondern rein opportunistisch und lediglich durch Journalistik stark ist».[62] Ungeachtet solcher hehren Beteuerungen war die finanzielle Unterstützung durch die Wirtschaft für alle bürgerlichen Parteien ein Thema von Bedeutung. Da machten auch die Demokraten und die DNVP keine Ausnahme, die ebenso wie die DVP aus der Industrie beträchtliche Summen erhielten, damit sie Kandidaten aus der Wirtschaft auf ihre Wahllisten setzten. Raumer konnte mit seinem Einsatz für die DNVP offensichtlich keine Lorbeeren gewinnen, und so suchte er schon wenig später mit wesentlich größerem Erfolg sein Glück bei der «dem Mammon verschriebenen» DVP.[63]

Stinnes' eigentliches Anliegen war die Verfolgung der industriellen und damit selbstverständlich seiner eigenen Interessen, und in dieser Hinsicht konnte er sowohl auf Raumer als auch auf Vögler zählen. Raumer war sich dessen vollkommen bewußt, und er unterstrich seine Bitte um Unterstützung mit der Bemerkung: «In Ihrer speziellen Angelegenheit bin ich tätig und werde bis aufs Messer kämpfen.»[64] Mit der «speziellen Angelegenheit» meinte er den Protest gegen den Ausschluß Stinnes' aus der Waffenstillstandskommission, der auf Betreiben Erzbergers erfolgt war. Erzberger hatte den Schritt damit begründet, daß Stinnes aufgrund seiner annexionistischen Vergangenheit für dieses Amt nicht geeignet sei. Raumer drängte die ZAG, anläßlich ihrer Versammlung am 19. Dezember einen offiziellen Protest gegen den Ausschluß Stinnes' zu formulieren und seine Wiederaufnahme in den Expertenstab der deutschen Verhandlungskommission zu fordern. Vögler war offensichtlich überzeugt, daß die Regierung nur durch den Einfluß der Gewerkschaftsführer bewogen werden könne, Stinnes wieder nach Spa zu entsenden. Carl Legien, Rudolf Wissell und Karl Spiegel schickten denn auch eine Protestnote gegen Stinnes' Verbannung aus Spa an Ebert, und diesem Protest schlossen sich die nordwestdeutsche Gruppe des Vereins Deutscher Eisen- und Stahlindustrieller und Vertreter der Hamburger Schiffahrtsunternehmen an. Offensichtlich hielten die führenden Vertreter von Gewerkschaften und Industrie Stinnes' Fachkompetenz für unentbehrlich, und man machte seine Abwesenheit und Erzbergers Inkompetenz für die zunehmende Härte der Waffenstillstandsbedingungen und -forderungen verantwortlich. Darüber hinaus war man in Industriellenkreisen einigermaßen empört über Alfred Webers Verhalten; selbst ein Paul Reusch, der sich selbst als «kein besonderer Freund von Hugo Stinnes» betrachtete, forderte als Reaktion auf das «gewissenlose Vorgehen des Herrn Professor Weber» Stinnes' Entsendung nach Spa.[65] Die Berufung des Bankiers Georg Solmssen und des Eisenunternehmers Otto Wolff, die beide aus Köln stammten, erachtete man als unzureichend. Beukenberg vom Phoenix-Konzern bezeichnete Stinnes als den geeignetsten Mann, weil er «die Absatzverhältnisse für Kohle im In- und Ausland – besonders auf dem Weltmarkt – wie kein anderer übersieht, vor allem auch die englischen Verhältnisse sehr gut kennt, und der mit den gleichen Verhältnissen für Eisen vollständig bewandert ist».[66]

Am 18. Februar 1919 holte Vögler, der inzwischen ein Abgeordnetenmandat innehatte, in der Nationalversammlung zu einer heftigen Attacke gegen die Verhandlungsführung Erzbergers und den Ausschluß Stinnes' aus dem Sachverständigenstab der Waffenstillstandskommission aus. In seiner Erwiderung nahm Erzberger ebenfalls kein Blatt vor den Mund. Er wies auf Stinnes' Eintreten für die wirtschaftliche Ausbeutung Belgiens und die Zwangsdeportation von Belgiern nach Deutschland hin und fragte, wie man erwarten könne, daß die Alliierten sich mit einem solchen Mann an den Verhandlungstisch setzen würden.[67]

Aus unerfindlichen Gründen entschloß sich Stinnes, den Vorwürfen in einem Zeitungsinterview zu begegnen, was weder klug noch besonders überzeugend war. Seine Erklärung lief darauf hinaus, daß die Belgier von dem für die belgische Industrie entworfenen Programm profitieren würden und daß im übrigen die Misere der belgischen Arbeiter auf Verwaltungsfehler der deutschen Behörden zurückzuführen sei, nicht auf das Konzept des Programms selbst. Auf wesentlich sichererem Boden bewegten sich seine Fürsprecher, indem sie Dokumente ans Tageslicht brachten, die belegten, daß Erzberger selbst noch 1914 für eine Annexionspolitik eingetreten war. Er hatte seine Ansichten über die Kriegsziele allerdings im Juli 1917 revidiert – im Gegensatz zu Stinnes, der bis zum bitteren Ende an seinen Überzeugungen festgehalten hatte.[68]

Allem Anschein nach hatten die Alliierten jedoch im November keine Einwände gegen Stinnes' Anwesenheit in Spa vorgebracht, und wenn es auch sicher empfehlenswert war, prominente Anhänger der Annexionspolitik im Hintergrund zu halten, war der Verzicht auf Stinnes' Erfahrung und Wissen ein unübersehbarer Nachteil, und Legationsrat Büsing fehlten sowohl das Fachwissen als auch die enorme Überzeugungskraft, die Stinnes in schwierigen Verhandlungen in die Waagschale zu werfen verstand. Tatsächlich ernst zu nehmen ist jedenfalls der Vorwurf an Erzberger, daß er die deutsche Position erheblich schwächte, indem er es versäumte, fundierte Sachverständigenmeinungen einzuholen, bevor er sich auf alle möglichen Bedingungen der Alliierten einließ. So stimmte er beispielsweise der Lieferung von Lokomotiven und Güterwaggons zu, was die Eisenbahnbehörden vor unlösbare Probleme stellte und den Alliierten Gelegenheit gab, Sanktionen gegen die Deutschen zu verhängen. Er sagte die Lieferung von landwirtschaftlichen Maschinen zu, für deren Produktion in Deutschland sämtliche Voraussetzungen fehlten, er versäumte es, im Gegenzug für deutsche Kohlenlieferungen eine ausreichende Versorgung mit Erzen sicherzustellen, ging weit über die finanziellen Vereinbarungen hinaus, die Carl Melchior von der Warburg Bank getroffen hatte, veräußerte unnötigerweise deutsches Kapitalvermögen und stimmte der Verwendung deutscher Handelsschiffe für Lebensmittellieferungen nach Deutschland zu, ohne den deutschen Schiffahrtsunternehmen Gelegenheit zu geben, sich an den Gesprächen zu beteiligen und den Transportfachleuten der Alliierten ihre Ansichten darzulegen.

Diese Vorwürfe wogen um so schwerer, als sich immer deutlicher abzeichnete, daß die Alliierten die Waffenstillstandsverhandlungen nutzten, um für den Friedensvertrag bestimmte Ziele, wie beispielsweise die Kontrolle über die deutsche Handelsflotte, zu erreichen. Die führenden Vertreter der Schiffahrtsunternehmen waren darüber so erbost, daß sie am 23. Januar eine Protestversammlung einberiefen, in deren Rahmen Stinnes, wie er später berichtete, Erzbergers Vorgehen aufs heftigste attackierte:

«Ich habe Erzberger wegen seiner skandalösen Verhandlungsresultate in der Sitzung vom 23. ds. Monats rücksichtslos angegriffen.

Ich habe erklärt, daß wir von leichtfertigen Ignoranten vertreten wären. Man habe mit dem Lokomotivabkommen in Compiègne das Inlandstransportwesen ruiniert, dann habe man in Trier das ordentliche Finanzabkommen mit Melchior ruiniert und die deutschen Pfänder preisgegeben. Schließlich habe man jetzt die Schiffahrt zerstört und die Landwirtschaft an den Galgen gebracht.

Die Großmannssucht, mit der man ohne Kenntnis die deutsche Volkswirtschaft zerstöre, müsse aufhören, wir wollen nicht mehr von leichtfertigen Ignoranten vertreten werden.

Wenn ich an E[rzbergers] Stelle wäre, würde ich mich in ein Mauseloch verkriechen und mich nie wieder sehen lassen.»[69]

Als Repräsentant einer schwachen Regierung, der mit Foch und der ständig drohenden Gefahr immer neuer und härterer Forderungen der Alliierten fertig werden mußte, befand sich Erzberger in keiner beneidenswerten Situation. Büsing verstand das Dilemma, in dem sich der Verhandlungsführer der deutschen Waffenstillstandskommission befand, sehr wohl, auch wenn er Stinnes' Ausschluß bedauerte. Die Alliierten nahmen ganz unverhohlen das Recht für sich in Anspruch, die Bedingungen für den Waffenstillstand zu diktieren, und man mußte sich fragen, ob es nicht allmählich an der Zeit war, den immer weitergehenden Forderungen einen Riegel vorzuschieben. In diesem Fall bestand allerdings die Gefahr, daß sie Deutschland nicht länger mit Lebensmitteln versorgen und sich nicht mehr an die vierzehn Punkte des Waffenstillstandsvertrags gebunden fühlen würden. Aus dieser Sicht war es möglicherweise sinnvoller, alle Hoffnungen auf die Friedensverhandlungen zu setzen, in denen Foch nicht mehr die Bedingungen diktieren würde. Genau dieses Argument führte Erzberger denn auch zur Rechtfertigung seiner zahlreichen Zugeständnisse in den Waffenstillstandsverhandlungen ins Feld.[70]

Dennoch blieb die Tatsache bestehen, daß Erzberger zu einer laschen und eigenmächtigen Verhandlungsführung tendierte und wenig auf die fundierte Meinung von Sachverständigen gab. Zweifellos ließ er sich etliche Gelegenheiten entgehen, bessere Bedingungen auszuhandeln, aber seine Kritiker vergaßen auch gern, daß Deutschland nun einmal den Krieg verloren hatte und Erzberger permanent mit dieser Tatsache konfrontiert war. Es hätte die Situation vielleicht entspannt und dem Ansehen Erzbergers genutzt, wenn die Sachverständigen, allen voran Stinnes, gezwungen gewesen wären, sich täglich mit den Schwierigkeiten auseinanderzusetzen und die Verantwortung für die notwendigen Zugeständnisse oder aber für den Preis des Widerstandes dagegen zu übernehmen. Statt dessen fühlte sich Stinnes vollkommen im Recht, wenn er Erzberger als «Lumpen»[71] abqualifizierte, und seine Anhänger legten stets großen Eifer an den Tag, wenn es darum ging, Erzbergers nachlässige Verhandlungsführung anzuprangern.

So konnte Hans Humann, früherer Marinebeauftragter in Konstantinopel und nun in Stinnes' Hamburger Büros für die Pressearbeit zuständig, mit der unerfreulichen Information aufwarten, daß Erzberger schon am 17. Dezember von den alliierten Plänen gewußt hatte, die deutsche Handelsflotte für die Lebensmittelversorgung in Deutschland heranzuziehen, und es dennoch versäumt hatte, sich mit den Schiffahrtsunternehmen zu beraten. Noch willkommener war Erzbergers Kritikern die Tatsache, daß er Kapitän Vanselow zu seinem Marineberater ernannt hatte, der bis zum August 1918 in der Admiralität für den uneingeschränkten Unterseebootkrieg verantwortlich gewesen war. Die Zusammenkunft am 23. Januar war für Humann nur der Beginn einer unversöhnlichen Kampagne gegen Erzberger und Vanselow:

> «Ich glaube, man darf in Sache E[rzberger] trotz der für ihn zweifellos fatalen Sitzung nicht nachlassen. In unserem so unpolitischen, oder politisch kindlichen Deutschland gibt es noch keine Normen für ‹möglich› oder ‹unmöglich›. Einstweilen dekretiert diese einzig übrig gebliebene Exzellenz aus den glorreichen Marinetagen ruhig weiter als Chef auch der Friedens-Kommission. Und er wird nur durch einen völligen Tod sterben.»[72]

Dennoch war es Erzberger gelungen, Stinnes jeden weiteren Zugang zu den Waffenstillstandsgesprächen zu verwehren, und am 18. März beschloß das Kabinett Scheidemann, Stinnes' Namen endgültig von der Liste des Sachverständigenstabs für die Friedensverhandlungen zu streichen. Die Tatsache, daß der frühere deutsche Gesandte in Dänemark, Graf von Brockdorff-Rantzau, der während des Krieges im Konflikt mit Stinnes gelegen hatte, inzwischen zum Reichsminister des Äußeren ernannt worden war, gereichte Stinnes sicher nicht gerade zum Vorteil.[73]

Stinnes hatte freilich noch mit anderen Problemen zu kämpfen. Beispielsweise waren die Berichte, die nach dem Waffenstillstand von der RWE kamen, im höchsten Maße alarmierend. Die Werke Goldenberg und Reisholz waren besonders schwer betroffen von der Kohlenknappheit, der Besatzung und den Arbeiterunruhen, die die ganze Gegend erschütterten. Die Roddergrube konnte ihr Kohlenliefersoll zu keinem Zeitpunkt erfüllen, und die Besatzungsbehörden, insbesondere die Belgier, drohten, die Energieversorgung der rechtsrheinischen Gebiete zu unterbrechen. Die Stromerzeuger konnten ihre Kapazitäten nicht ausnutzen, und während Koepchen und Henke Erfolge für sich verbuchten, indem sie Zuwachsraten an die Erhöhung von Löhnen und Kohlenpreisen koppelten, schien es vollkommen unmöglich, die steigenden Kosten im Zaum zu halten und effizient zu arbeiten.[74]

Stinnes befürchtete verständlicherweise neuerliche revolutionäre Unruhen und war ängstlich darauf erpicht, seine Interessen nach besten Kräften zu schützen. Als ihm Thomas daher Ende Dezember 1918 mitteilte, Direktor Spindler wolle die im Besitz von «Mathias Stinnes» befindlichen Kriegsanleihen nicht veräußern, weil der Staat für deren Beibehaltung eine Prämie in Aussicht gestellt hatte, wies Stinnes ihn dennoch an, sämtliche Anleihen zu verkaufen. Er war überzeugt, daß sie an Wert verlieren würden, und nahm lieber den Verlust der

Prämie in Kauf, denn «wenn die Spartakisten auch nur kurze Zeit ans Ruder kommen, ist die Reichsanleihe nicht mehr wert wie in Rußland».[75] Er bewahrte seine mißtrauische Haltung auch Mitte April 1919, als die Kommunisten in München das Ruder übernahmen, und warnte den Vorstand der Hessischen Eisenbahn AG davor, flexible Werte von drei bis sechs Millionen Mark in Anleihen beizubehalten. Er hielt allzu hohe Bankeinlagen für gefährlich, denn «man kann nie wissen, ob dieselben nicht durch Verhältnisse, wie sie in München eingetreten sind, sehr stark beeinflußt werden können».[76] Sollte das Geld konfisziert werden, so hätten sie und letztendlich die SEG die Rechnung dafür zu bezahlen.

Tatsächlich mußte sich in den ersten Monaten des Jahres 1919 zeigen, ob die Revolution im Zaum gehalten werden konnte, denn in dieser Zeit spitzte sich der Konflikt zwischen SPD und USPD zu, die Spartakisten verstärkten ihre Aktivitäten, und Mitglieder des linken Flügels in der USPD und des Spartakus schlossen sich in immer größerer Zahl der neugegründeten kommunistischen Partei an. Die oft mit gewalttätigen Auseinandersetzungen einhergehenden Ereignisse in Berlin wirkten sich nachhaltig auf die Entwicklung im Ruhrgebiet aus und sorgten für Unruhe in den Reihen der Arbeitgeber und Firmenvorstände, die mit Protestaktionen, Streiks und anderen Produktionsunterbrechungen zu kämpfen hatten. Nur wenige Tage nachdem Spindler angewiesen worden war, den Verkauf der Anleihen weiterzuführen, unterrichtete er Stinnes davon, daß die Arbeiter in den Zechen und Hüttenwerken der Region auch für die durch Streiks verlorenen Tage weiterbezahlt wurden. Ursprünglich hatte man in der Zeche Mathias Stinnes dafür 342000 Mark veranschlagt, aber nachdem Reusch in der Gutehoffnungshütte einen Präzendenzfall geschaffen und darauf bestanden hatte, den nichtstreikenden Arbeitern einen Ausgleich für ihre Verluste zu zahlen, stiegen die Kosten auf 2,3 Millionen Mark. Am 8. Januar versuchten radikale Arbeiter in Mülheim, die gegen die Inhaftierung ihrer Genossen protestierten, in Stinnes' Haus und seine Büroräume einzudringen und plünderten den Keller von Direktor Wirtz. Die radikale Bewegung nahm jetzt einen deutlich antikapitalistischen und revolutionären Charakter an. Mitte Februar, als die Räte in Mülheim auf einen Generalstreik hinarbeiteten, tauchten in mehreren Zechen des Stinnes-Konzerns bewaffnete Demonstranten und Spartakisten auf und versuchten, die dortigen Arbeiter zum Streik zu bewegen. Kurz darauf folgten Lebensmittelplünderungen in der Zeche Carolus Magnus sowie Störaktionen gegen Beamte und arbeitswillige Arbeiter in mehreren Zechen. Diese Ereignisse führten zu einer Reihe von Beschwerden und Protesten an die Adresse der Regierung Scheidemann und schließlich zur regelrechten Eroberung des Ruhrgebiets durch Freikorps-Einheiten, die im Februar und März unter den Befehl des Kommandanten des VII. Heerestruppenbezirks in Münster, General von Watter, gestellt wurden.[77]

Der Einmarsch des Freikorps Schulz – soviel kann man sicher sagen, auch wenn ihn die Unternehmerseite noch so sehr willkommen geheißen haben mag –, trug nicht wirklich zur Beruhigung der Situation bei. Als Anfang April einige Kommunisten, unter ihnen Beschäftigte der Friedrich Wilhelms-Hütte, wegen Verstoßes gegen das Versammlungsverbot verhaftet wurden, kam es in der Folge bei Thyssen und Stinnes zu einem Streik, dessen Ziel es war, die gegenwärtige Regierung zu stürzen, einer Räteregierung zur Macht zu verhelfen und die inhaftierten Arbeiter freizupressen. Der Streik traf Wirtz und seine Vorstandskollegen unvorbereitet, und die Stillegung der Hochöfen drohte die gesamte Werksproduktion zunichte zu machen. Das konnte letztlich nur dadurch abgewendet werden, daß die Verwaltungsangestellten und Vorstandsmitglieder die Ärmel hochkrempelten und mit vereinten Kräften das Erkalten der Öfen verhinderten. Der Streik zog sich zwei Wochen hin, bis sich schließlich auf Wirtz' beschwörende Appelle hin der sozialdemokratische Staatskommissar für Westfalen, Carl Severing, und fünfzehn Vertreter der sozialdemokratischen und christlichen Gewerkschaften bereit fanden, sich zur Klärung der Situation mit Wirtz und den Streikenden an einen Tisch zu setzen. In diesem Gespräch gab Wirtz die Schuld an der verfahrenen Situation den radikalen Kräften bei Thyssen, die seiner Meinung nach nicht wußten, was sie taten, und mit ihrem Streik quasi eine Sabotage verübten, die letztendlich dazu führen mußte, daß seine Arbeiter auf der Straße stehen würden. Die Arbeiter konterten mit dem Vorschlag, man solle Wirtz zusammen mit im Krieg gestohlenen Maschinen, die der Konzern zurückzugeben im Begriff war, an die Belgier ausliefern.

Severing gelang es, die Wogen einigermaßen zu glätten, indem er einerseits den Kommunisten vorwarf, mit ihren Aktionen den Arbeitern zu schaden und Verrat an ihrem Land zu begehen, andererseits aber den Unternehmern abverlangte, für die Streiks keine Entschädigungen zu fordern, weil das gegen ein althergebrachtes Gewerkschaftsprinzip verstoßen hätte. Schließlich stellte er demonstrativ seine Neutralität unter Beweis, indem er Wirtz ausdrücklich davor warnte, den Streik zum Anlaß für Aussperrungen zu nehmen. In seinem Bericht an Stinnes äußerte sich Wirtz anerkennend über Severings Verhandlungsgeschick, verschwieg aber auch nicht, daß der Streik aufgrund seiner langen Dauer einige der älteren Arbeiter in wirtschaftliche Not gebracht hatte. Jedenfalls aber, das zeigen die Vorgänge deutlich, konnte weder die Intervention der Freikorps noch die wirtschaftliche Not die Revolution in die Knie zwingen. Dazu waren Stinnes und die Vorstandsmitglieder seines Konzerns dringend auf die Unterstützung der sozialdemokratischen Mehrheit und der Gewerkschaften angewiesen.[78]

Im übrigen war «Ruhe und Ordnung» unter den herrschenden Umständen ein relativer Begriff. Mitte April 1919 teilte Koepchen in einem Bericht an Stinnes mit, das Nachlassen des «Streikfiebers» habe in keiner Weise die Lohnforderungen und Streikdrohungen von seiten der Angestellten und Arbeiter aus der Welt geschafft, zu denen sich vielmehr inzwischen noch Forderungen der RWE-Beamten gesellten, die «ein ebenso gefährliches und subversives Element geworden sind wie die Arbeiter und nach dem ‹Mitbestimmungsrecht› rufen, in welcher Frage die sogenannte Regierung scheinbar ganz weich geworden ist».[79]

Obendrein kam es zu immer neuen Unruhen in der Roddergrube, die auch in günstigsten Zeiten nicht in der Lage war, genügend Kohle an das RWE zu liefern.

Bei aller Überzeugung, auch diese Krise überleben zu können, war Stinnes sich doch im klaren darüber, daß er und seine Unternehmerkollegen etwas gegen die Radikalisierung der Arbeiterschaft und für eine positivere Einstellung gegenüber dem kapitalistischen Lager unternehmen mußten. Anläßlich einer von ihm geleiteten Versammlung des Zechenverbandes im Januar 1919 zitierte er einen Berliner Journalisten, der die Industriellen selbst für die herrschenden Zustände verantwortlich machte, weil sie es versäumt hätten, ihre Belange und ihre Haltung gegenüber den Arbeitern in der Presse deutlich zu machen. Stinnes gab dem Verfasser zum Teil recht, meinte aber, es sei nicht zu spät, Fehler zu revidieren und von seiten der Unternehmer in Zukunft «stärkere Propaganda» zu machen. Tatsächlich hatte Stinnes in dieser Hinsicht schon einige wichtige Schritte unternommen. So unterstützte er eine Organisation zur Bekämpfung des Bolschewismus und zur Wiederherstellung der Ordnung in Deutschland, die Eduard Stadtler, ein Katholik des rechten Flügels und 1918 Mitarbeiter Karl Helfferichs in der deutschen Botschaft, nach seiner Rückkehr aus russischer Kriegsgefangenschaft gegründet hatte. Stadtler sicherte sich auf breiter Basis die Unterstützung der Banken und der Berliner und rheinisch-westfälischen Industrie, die ihm je fünf Millionen Mark für seinen Propagandafeldzug gegen den Bolschewismus, zur Finanzierung paramilitärischer Aktivitäten an den Grenzen Deutschlands und zur Aufrechterhaltung der innerdeutschen Ordnung zur Verfügung stellten. Stinnes' Rußlandexperte Karl Fehrmann war einer der beiden Männer, die mit der Verwaltung der Gelder betraut wurden. Dies war nur eine der Organisationen und Kampagnen, die Stinnes von 1918 an persönlich unterstützte, und sein Engagement macht deutlich, daß er zunehmend daran interessiert war, die Presse und verschiedenen Bewegungen und Gruppen – auch paramilitärischer Prägung – für seine politischen Ziele einzuspannen. Wie wir sehen werden, standen diese Bemühungen in engem Zusammenhang mit der bald darauf einsetzenden Expansion seines Wirtschaftsimperiums, und in diesem Zusammenhang müssen wir Stinnes' neuerliches Interesse für die Politik und seine Rückkehr auf die politische Bühne betrachten.[80]

2. Der beginnende wirtschaftliche und politische Aufschwung

In den ersten Monaten nach Kriegsende kam allerdings selbst Stinnes kaum auf den Gedanken, eine unternehmerische Expansion ins Auge zu fassen, und so war sein Vorgehen von äußerster Zurückhaltung geprägt. Wenn er auch später als einer der «Könige der Inflation» gelten sollte, war davon vorerst wenig zu spüren. Schon die Tatsache, daß er für die Zeit nach der Demobilisierung mit weitreichenden Forderungen rechnete, verhinderte allzu hohe Erwartungen an die zu erzielenden Gewinne, und so diente sein Ruf nach Abschaffung der Preisbindungen und Rückkehr zur freien Marktwirtschaft vor allem der Absicht, den Schwarzmarkt so schnell wie möglich zu zerschlagen und Kosten zu senken. Am 31. Oktober wies er die Geschäftsleitung von Victoria Mathias an, wegen der rückläufigen Nachfrage nach Kohle und der zunehmenden Investitionen in die Koksproduktion keine Arbeiter mehr einzustellen und uneffektive Leute zu entlassen. Darüber hinaus mahnte er die Direktion, bei der «Gedingesetzung», d.h. der Festlegung der Lohnsätze, auf Kostenersparnis zu achten. «Wir müssen bis Anfang nächsten Jahres um M 1 pro Tonne in den Selbstkosten fallen, wenn wir nur einigermaßen demnächst Überschüsse erzielen sollen. Das gleiche gilt natürlich für die Kokereien. Nur durch die größte Sparsamkeit kann es uns gelingen, über die nächsten schlechten Jahre einigermaßen günstig fortzukommen.»[81]

Am 31. Dezember 1918 zeichnete Stinnes in einem Brief an Thomas ein noch düstereres Bild der wirtschaftlichen Lage und wies diesen an, einen entsprechenden Rundbrief an alle Firmenniederlassungen sowie an die mit seinem Konzern verbundenen Unternehmen zu verschicken:

> «Wir werden nur noch ganz bescheidene Gewinne im besten Falle erzielen, und es muß an allen Stellen *gespart* werden.
>
> Alle überflüssigen Personen müssen im Laufe der nächsten Monate entfernt werden, ebenso muß alles unzuverlässige Personal eliminiert werden.
>
> Neuanlagen und Neubauten sind allenthalben auf das Äußerste zu beschränken und an die demnächst unvermeidbaren Anlagen darf nur herangetreten werden, wenn die hohen Preise vollständig beseitigt sind.
>
> Das Personal darf nicht im Unklaren gelassen werden, daß an den Abbau der Teuerungszulagen herangegangen wird und muß, wenn Lebensmittel von außen in genügendem Umfange herangeschafft werden können, um den Schleichhandel auszuschließen.
>
> Von Herrn Jensen höre ich, daß Schweden und Dänemark reichlicher versorgt sind und daß in England, abgesehen von Zucker, keine Rationierung mehr besteht.
>
> Ich bitte, so rasch als möglich für Mülheim und die anderen Büros von Hugo Stinnes etc. Monatsetats aufstellen zu lassen, um ein klares Bild über die jetzigen Unkosten und die demnächstigen Reduktionen zu bekommen.
>
> Es ist garnicht daran zu denken, daß wir auf dem heutigen Fuße weiter wirtschaften können.»[82]

Die Reaktionen, die Stinnes auf seine Anweisungen hin erreichten, waren ermutigend. Die Niederlassungen in Zürich, Kopenhagen und Stockholm informierten ihn über ihre Absichten, Personal und Kosten zu reduzieren, und Minoux erklärte, das Wildermannwerk sei personell überbesetzt. Die Direktoren der ausländischen Niederlassungen waren weitgehend der Meinung, die Preise für Lebensmittel und Kohle würden in naher Zukunft rapide sinken. In der Heimat waren die Erwartungen weniger optimistisch. Davidis, der Direktor der Rheinischen Elektrowerke, ließ Stinnes beispielsweise wissen, man habe die feste Absicht, die Teuerungszulagen zu kürzen, es seien aber keinerlei Anzeichen für ein baldiges Sinken der Lebensmittelpreise zu erkennen. Es sei im Gegenteil ein Anstieg der Preise zu verzeichnen.[83]

Stinnes sollte bald erkennen, daß Davidis' Bericht die Realität in Deutschland eher widerspiegelte als alle anderen Reaktionen. Tatsächlich begann er sich mit Dingen abzufinden, die er zuvor sicher für undenkbar gehalten hätte. Sein berufliches Engagement und die Vermögenswerte seiner Firmen waren mit Standorten verbunden, die jetzt von den Franzosen übernommen wurden oder als unwiederbringliche Kriegsverluste abgeschrieben werden mußten. In dem verzweifelten Versuch, die Straßburger Kohlen-Aufbereitungs-Anstalt zu retten, mit der er seine Karriere als selbständiger Unternehmer begonnen hatte, bemühte er sich, die Firma noch vor dem 1. Januar 1919 unter dem neuen Namen Danziger Kohlenhandels- und Industrie GmbH nach Danzig zu verlegen. Die Franzosen hatten das Unternehmen jedoch bereits 1918 unter Treuhänderschaft gestellt und verweigerten dem Leipziger Gerichtsbeschluß, es unter neuem Namen in das Danziger Register einzutragen, die Anerkennung. Die Geschäfte der Firma wurden weiterhin von Stinnes' Beauftragtem Camphausen geführt, bis er und alle anderen nichtelsässischen Mitarbeiter nach Deutschland ausgewiesen wurden. Daraufhin wurde die Firma offiziell liquidiert, und nur die Zweigniederlassung Rheinau blieb in Stinnes' Besitz. Die Reichsregierung war verpflichtet, deutschen Staatsbürgern für derartige Verluste Ausgleichszahlungen zu leisten, die wiederum in die Produktion investiert werden sollten, und so beantragte Stinnes im Oktober 1920 die Zahlung einer Entschädigungssumme, die für den Bau eines Hochseedampfers reichen sollte. Als die Zahlung endlich erfolgte, war die Mark allerdings bereits entwertet.[84]

Die Franzosen liquidierten auch die Saar-Mosel Bergwerksgesellschaft, um deren Anlagen sodann an ein Industriekonsortium zu verpachten, und sie enteigneten die Erzvorkommen und andere Firmenwerte im lothringischen Differdingen und Rümelingen. Stinnes wollte das Kapitalvermögen von Saar-Mosel retten, indem er die Anteile auf eine Holdinggesellschaft übertrug, die er eigens zu diesem Zweck in der Schweiz gegründet hatte, aber der Schachzug nützte ihm nichts. Die Franzosen ließen sich auch nicht von seinem Einwand beeindrucken, die Vermögenswerte, vor allem die Erzvorkommen, seien Bestandteile von Rümelingen-St. Ingbert und damit luxemburgisch. Da die Verluste den Buchstaben nach Deutsch-Luxemburg und nicht Stinnes oder sein Unternehmen trafen, war auch Deutsch-Luxemburg berechtigt, vom deutschen Staat Entschädigung zu beanspruchen. Anfangs weigerte sich der Konzern, eine Abschlagszahlung auf die Entschädigung anzunehmen, weil man abwarten wollte, bis eine genaue Wertschätzung vorlag. Im Juli 1920 einigte man sich jedoch auf eine Abschlagszahlung von 22 Millionen Mark, der Rest wurde später in entwerteter Mark bezahlt.[85]

Das änderte nichts daran, daß Stinnes hier nicht nur reale persönliche Verluste, sondern auch Verluste für seinen Konzern hinnehmen mußte. In den Briefen, die von Stinnes erhalten sind, findet sich kaum ein Hinweis darauf, was das alles persönlich für ihn bedeutete, und es bedurfte einer Anfrage seitens der Mülheimer Steuerbehörden, um einen Ausbruch seiner wahren Gefühle hervorzurufen. Die Steuerbeamten hatten offensichtlich begierig die zahlreichen Zeitungsberichte verschlungen, in denen Mutmaßungen über Stinnes' enorme Kriegsgewinne, seine belgischen Konzerne und seine angeblichen Profite aus der «Revolutionskonjunktur» angestellt wurden. Die Spekulationen erhielten Nahrung durch die tatsächliche Expansion Deutsch-Luxemburgs und seiner eigenen Firma, auf die wir an späterer Stelle eingehen werden, und durch die Tatsache, daß man sein eigenes Unternehmen ständig mit den vielen anderen, an denen er beteiligt war, in einen Topf warf. Stinnes hatte für die Zeitungsberichte, die er als Ausgeburten von Unwissenheit, Böswilligkeit und mangelnder Urteilskraft bezeichnete, nichts als Verachtung übrig, und er beantwortete die für seine Steuerberechnung relevanten Fragen im sachlichsten Ton. Aber dann schloß er doch mit einem ungewohnt offenen Bericht über die geplatzten Träume und Hoffnungen der Vorkriegsjahre, aus dem gewiß ehrliche Erbitterung sprach und der etwas von seiner emotionalen Beteiligung ahnen läßt:

> «Ich kann feststellen, daß durch den Krieg und seinen Ausgang schwerlich viele Firmen so hart betroffen sind wie gerade meine Firma. Ich brauche zum Nachweis hierfür nur auf folgende [Umstände] hinzuweisen. Seit langen Jahren vor dem Kriege hatte ich den Alleinverkauf der Erzeugnisse der Saar-Mosel Bergwerksgesellschaft in Karlingen in Lothringen. Auf diesen Alleinverkauf haben sich meine Niederlassungen in Zürich und in Süddeutschland (Straßburg, Stuttgart, Saarbrücken, Wiesbaden und Mannheim) aufgebaut. Der Alleinverkauf – es handelte sich in den letzten Jahren um mehr als 1 Million Tonnen jährlich – würde das Rückgrat meines Kohlengeschäfts im Inlande und nach der Schweiz sowie auch nach Italien und Frankreich bilden. Die Saar-Mosel-Gesellschaft war in glänzender Entwicklung und mit steigender Förderung hätte der Alleinverkauf für mich eine größere Bedeutung gewonnen. Das alles ist jetzt hin. Die Folge davon ist, daß den Niederlassungen in Zürich und in Saarbrücken die Grundlage für die geschäftliche produktive Tätigkeit weggenommen ist. Die Niederlassung in Straßburg ist hin. Die übrigen süddeutschen Niederlassungen in Stuttgart, Mannheim und Wiesbaden sind für die Verkaufstätigkeit auf weniger als die Hälfte, Mannheim sogar auf weniger als ein Viertel der früheren Mengen beschränkt.
>
> Härter noch als in dem Inlandsgeschäft bin ich in meinem Auslandsgeschäft getroffen. Ich hatte vor dem Kriege unbestritten das größte Kohlenausfuhrgeschäft in England. Die Kohlenausfuhr erstreckte sich auf Deutschland, die nordischen Länder, Rußland, Frankreich, Italien und die übrigen Mittelmeer- und Schwarzmeerländer. Das Geschäft war in langjähriger mühevoller Arbeit von kleinen Anfängen aufgebaut. Wie schon oben erwähnt, sollte es im Laufe

der Jahre eine Stütze in der eigenen Produktion, der Northern Mining Co. finden. Auch das ist alles hin, ohne daß ich irgendwelchen Ersatz finde. Ob und wann ein Wiederaufbau dieses Geschäfts möglich ist, ist garnicht abzusehen. Jedenfalls stellt die Vernichtung meines Auslandsgeschäfts einen Verlust dar, der mir garnicht ersetzt werden kann.

Mit der Vernichtung des Auslandsgeschäfts hängt zusammen der Verlust des Alleinverkaufs der Erzeugnisse der Charbonnages Réunis de Bender Eregli. Es handelt sich hier um ein Bergwerks-Unternehmen, das Gruben in den Kohlenbecken von Heraklea in der asiatischen Türkei an der Nordküste des schwarzen Meeres hatte. Das Unternehmen hatte mir nach ähnlichen Grundsätzen wie die Saar-Mosel Bergwerksgesellschaft den Alleinverkauf ihrer Erzeugnisse übertragen. Dieser Alleinverkauf war mit der jährlich zunehmenden Entwicklung des Levanteverkehrs für mich von außerordentlicher Bedeutung. Auch hier ist alles zunichte geworden.

Soviel steht jedenfalls fest, daß der Krieg mir Geschäfte und geschäftliche Grundlagen in einem Umfang und einem Ausmaße vernichtet hat, wie es wohl nicht bei vielen deutschen Firmen der Fall ist und daß keine ‹Kriegs- und Revolutionskonjunktur› imstande sein wird, mir die verlorenen Grundlagen wieder zu bringen.»[86]

Stinnes gab sich keineswegs geschlagen, aber die Verluste erklären sicherlich zum Teil die Zähigkeit, Leidenschaft, Unduldsamkeit und Härte, mit der er die Probleme des Wiederaufbaus und die Wahrung seiner Interessen in Angriff nahm. Eine wesentliche Rolle spielten dabei die Werke, die zum Deutsch-Luxemburg-Konzern in Luxemburg gehörten oder mit diesem assoziiert waren, allen voran Differdingen und Rümelingen-St.Ingbert. Mit der Niederlage Deutschlands und der daraus resultierenden Möglichkeit, daß sich die Beziehungen zwischen Deutschland und Luxemburg, die sich in einer Zollunion zusammengeschlossen hatten, verändern würden, warf die Frage der zukünftigen Leitung der Werke Differdingen und Rümelingen erhebliche Probleme auf. Am 28. Oktober 1920 ermächtigte der Aufsichtsrat Stinnes und die Vorstandsvorsitzenden von Deutsch-Luxemburg, bezüglich der Konzerninteressen in Luxemburg und Lothringen ohne vorherige Konsultationen Entscheidungen zu treffen.[87]

Zwar versuchten Stinnes und Vögler anfangs, führende luxemburgische Industrielle davon zu überzeugen, daß eine weitere Zusammenarbeit mit den Deutschen in ihrem Interesse läge, aber es stellte sich bald heraus, daß selbst Leute wie Emile Mayrisch vom ARBED-Konzern, die ihnen prinzipiell freundlich gesonnen waren, eine Aufrechterhaltung der Zollunion mit Deutschland für unwahrscheinlich und eine wirtschaftliche Kooperation Luxemburgs mit den Belgiern und möglicherweise auch mit den Franzosen für unvermeidlich hielten. Daher richteten Stinnes und Vögler ihre Bemühungen Ende 1918 vor allem darauf, die deutschen Vermögenswerte in Differdingen und Rümelingen in Sicherheit zu bringen, bevor die Alliierten oder die luxemburgischen Behörden auf die

Idee kamen, einen solchen Schritt zu verhindern. Ursprünglich gingen die Überlegungen dahin, die Differdingen-Beteiligung an Rümelingen zu verkaufen und sie dann abzusichern, indem man sie bei Jensen in Kopenhagen oder bei Schoch in Zürich, also bei einer der Stinnes-Niederlassungen im neutralen Ausland, unterbrachte. Es wurde auch daran gedacht, die Aktien in eine amerikanische oder schweizerische Holding mit Sitz in der Schweiz einzubringen. Die finanziellen Zugeständnisse, die Erzberger im Zusammenhang mit den Waffenstillstandsgesprächen an die Alliierten machte, erbosten Stinnes unter anderem deshalb so sehr, weil er negative Auswirkungen auf Transaktionen wie die Übertragung der Deutsch-Luxemburg-Aktien oder die Veräußerung der luxemburgischen Vermögenswerte befürchtete.

Auch die Erzversorgung aus Luxemburg und Lothringen bereitete Stinnes erhebliche Sorgen. Zwar lagen die meisten Erzvorkommen von Deutsch-Luxemburg/Rümelingen, wie auch die der GBAG, auf luxemburgischem und nicht französischem Boden, aber niemand konnte zu diesem Zeitpunkt genau einschätzen, wie die Zukunftsplanung der luxemburgischen Regierung aussah. Einigen Berichten zufolge existierten Pläne, Luxemburg an Belgien anzugliedern, andere Gerüchte besagten, daß die luxemburgische Regierung beabsichtigte, deutsches Vermögen zu konfiszieren, zum Ausgleich für Neutralitätsverletzungen während des Krieges, die Überflutung des Landes mit deutscher Währung, die hohen Kosten für die Lebensmittelbeschaffung in Kriegszeiten und die Zerstörungen, die das Land durch alliierte Luftangriffe erlitten hatte.[88]

Für den Verlust der luxemburgischen Werke konnte Deutsch-Luxemburg mit keiner angemessenen Entschädigung rechnen, wenn sie durch die luxemburgische Regierung unter den Hammer gebracht wurden. In Luxemburg tendierten jedoch die Unternehmer der Schwerindustrie ebenso wie in Deutschland, Belgien und Frankreich eher dazu, die Organisation solcher Firmenverkäufe selbst in die Hand zu nehmen, anstatt sie den unberechenbaren Launen und dem Stümpertum von Staatsbeamten zu überlassen. Als daher Anfang Februar 1919 der Mittelsmann einer Gruppe von «interalliierten Industriellen» an Stinnes herantrat, sich nach den Bedingungen erkundigte, unter denen dieser bereit sei, Differdingen zu verkaufen, und darüber hinaus die Bereitschaft der Gruppe andeutete, langfristige Minette-Lieferverträge mit den deutschen Werken des Stinnes-Konzerns abzuschließen, war Stinnes durchaus nicht abgeneigt gegen entsprechende Verhandlungen. Anfang April 1919, wenn nicht schon früher, hatte er den definitiven Entschluß gefaßt, die luxemburgischen Werke zu verkaufen, allerdings gestalteten sich die Deutsch-Luxemburg-Verhandlungen überaus schwierig und zogen sich über Monate hin, anders als im Fall der GBAG-Anteile, die von den Gebrüdern Kirdorf sehr schnell und zu einem nach Vöglers Dafürhalten viel zu niedrigen Preis an Schneider-Creusot und de Wendel verkauft wurden.[89]

An der Spitze des französisch-belgischen Konsortiums, mit dem es Stinnes und seine wichtigsten Verhandlungsführer Vögler, Thomas sowie die Direktoren Sempell und Sellge zu tun hatten, stand Charles Laurent, der Generaldirektor der Aciéries de la Marine d'Homécourt. Laurent und die anderen führenden Köpfe der Gruppe wurden Stinnes und Vögler nicht nur als Repräsentanten der mächtigsten und reichsten Stahlunternehmen Frankreichs vorgestellt, sondern auch in anderer Hinsicht in sehr positivem Licht geschildert. «Besonders die Anschauungen und Tendenzen dieser Herren sind durchaus nicht chauvinistisch, dahingegen großzügig-industriell und kaufmännisch richtig geschult. Herr Laurent selbst ist ein höchst ehrenwerter Herr...»[90] Laurent, der der Union des Industries Métallurgiques et Minières de France vorstand und kurze Zeit später zum ersten französischen Botschafter in Deutschland nach dem Krieg ernannt werden sollte, spielte tatsächlich eine herausragende Rolle. Eines der brisantesten Themen der Verhandlungen war die Kohlenversorgung von Differdingen und Rümelingen-St. Ingbert. Offensichtlich hoffte Stinnes anfänglich, Laurent werde Saar-Mosel oder einige der linksrheinischen Stinnes-Zechen mit in das Paket übernehmen, was dieser jedoch ablehnte; Saar-Mosel verschmähte er, weil es die Kosten für das gesamte Geschäft zu sehr in die Höhe getrieben und die Vertragskonditionen zu sehr kompliziert hätte, und gegen die Übernahme der Zechen wandte er ein, es werde in den betroffenen Gruben nicht die richtige Kohlenart gefördert. Daraufhin legte Stinnes einen überraschenden Vorschlag auf den Tisch:

> «Herr Stinnes führte aus, daß Kokslieferungen mit Rücksicht auf die Syndikatsbestimmungen nicht in Frage kommen könnten, sondern daß eine Sicherheit für die Koksversorgung von Differdingen, Rümelingen und Oettingen nur möglich sein werde, wenn diese Werke auch in der neuen Hand eigenen Kohlenbesitz in Westfalen hätten. Andererseits komme Deutsch-Luxemburg in eine schwierige Lage, wenn er die große Koksproduktion seiner Bochumer Zechen ohne den bisherigen Selbstverbrauch in Differdingen, Rümelingen und Oettingen unterbringen müsse. Die verbleibenden rechtsrheinischen Eisenabteilungen von Deutsch-Luxemburg könnten den Koks nicht aufnehmen und die Beteiligungsziffer beim Syndikat für den Koksverkauf sei zu gering. Aus diesen Gründen sei es im Interesse beider Teile, wenn die Bochumer Zechen von den Erwerbern der luxemburgisch-lothringischen Werke mit übernommen werden.»[91]

Stinnes war also bereit, die Zechen Dannenbaum, Prinzregent, Friedlicher Nachbar, Hasenwinkel und Karl Friedrich Erbstollen an ein französisch-belgisches Konsortium zu verkaufen. Laurent reagierte anfangs ablehnend auf dieses Angebot, weil eine Verstaatlichung der Betriebe und höhere Besteuerungen drohten, erwärmte sich aber im Laufe der Gespräche allmählich für eine solche Lösung. Die Vorgänge zeigen, daß Stinnes keine durchgreifenden Bedenken dagegen hatte, der französischen Industrie eigenen Kohlenbesitz im Ruhrgebiet zu überlassen und darüber hinaus, wie aus dem zu dieser Zeit entstandenen Vorentwurf für den Kaufvertrag ersichtlich ist, einer jährlichen Lieferung von 500000 Tonnen Minette durch das französisch-belgische Konsortium zum Vorzugspreis zuzustimmen und Deutsch-Luxemburg für die Dauer von dreißig Jahren die Alleinverkaufsrechte an Grey-Profilen in Deutschland zuzubilligen. Dieses Angebot wurde, was man nicht vergessen darf, Ende Mai 1919 unterbreitet, zu einem Zeitpunkt, als die deutsche Regierung und die deutsche Industrie sich auf die kurz zuvor gestellten Friedensbedingungen einzustellen versuchten und als führende deutsche Industrielle es für opportun hielten, den Franzosen eine Beteiligung an deutschen Industrieunternehmen anzubieten, um so die schlimmsten wirtschaftlichen Folgen des Vertrags abzuwenden und dafür zu sorgen, daß die Siegermächte ein Interesse am wirtschaftlichen Aufschwung Deutschlands bekamen.[92]

Letztendlich entschieden sich die französischen Industriellen aber doch gegen die Übernahme rechtsrheinischer Zechen, zum einen vermutlich, weil ihnen die Verhältnisse in Deutschland zu unsicher erschienen, zum anderen, weil die französische Regierung sie aufforderte, ihre durch den Versailler Vertrag geregelten Rechte in Anspruch zu nehmen, und weil französisches Eigentum an den rechtsrheinischen Zechen die Beschaffung deutscher Kohle durch die Franzosen erschwert hätte. Komplikationen dieser Art zu schaffen wäre durchaus im Sinne von Hugo Stinnes gewesen, ebenso wie er daran interessiert war, die Angelegenheiten der Schwerindustrie in der gesamten Region durch private Vereinbarungen der Industriellen untereinander zu regeln. Er war jedoch ganz klar dagegen, daß die Franzosen in den Genuß sowohl staatlicher als auch privater Garantien für ihre Kohlenversorgung kamen. Als daher die Franzosen einen neuen Vorschlag ins Gespräch brachten, demzufolge Deutsch-Luxemburg sich verpflichten sollte, die luxemburgischen Werke mit Kohle zu beliefern, lehnte Stinnes dies ab, weil es erstens nicht mit seinen Syndikatsverpflichtungen vereinbar war und zweitens eine doppelte Garantie gewesen wäre, nachdem die Versorgung der luxemburgischen Werke mit deutscher Kohle bereits durch den Friedensvertrag geregelt war. Er erbot sich zwar, seinen Einfluß im Kohlensyndikat geltend zu machen, um möglicherweise eine bevorzugte Behandlung der betreffenden Werke zu bewirken, aber eine rechtliche Verpflichtung von deutscher Seite kam in Anbetracht der Friedensvereinbarungen für ihn unter keinen Umständen in Frage. Er war nicht gewillt, die Franzosen durch die Schlupflöcher des Vertrages entkommen zu lassen, den ihre Regierung diktiert hatte.[93]

Nachdem diese Frage geklärt war, traten die Verhandlungen im Oktober 1919 in ihre Schlußphase ein und konnten Anfang 1920 erfolgreich abgeschlossen werden. Die Mehrheit der Deutsch-Luxemburg-Aktionäre hatte keine Ahnung von den Vorgängen. Im April 1919 hatte Stinnes der Schutzgemeinschaft noch zugesagt, nach dem Vorbild der GBAG die Aktionäre zu einer Hauptversammlung einzuladen und sie bei dieser Gelegenheit über die Einzelheiten der Liquidation zu informieren, aber im September nahm er diese Zusage zurück und teilte dazu dem darob zutiefst enttäuschten Professor Weitbrecht lapidar mit:

> «Die Aktionäre ... werden einfach zu wählen haben, ob sie unter den ganz ungewöhnlichen Verhältnissen mehr Wert auf öffentliche Diskussion als auf die Wahrung ihrer Interessen legen. Beides ist unvereinbar miteinander, was

Ihnen übrigens beim Studium des Friedensvertrages und der feindlichen Presse wohl nicht gerade erstaunlich erscheinen dürfte.»[94]

Sämtliche zum größten Teil in nichtdeutschen Währungen zu leistenden Zahlungen und Verpflichtungen, die sich aus der Transaktion ergaben – und das war einer der wichtigsten Aspekte des Übereinkommens – wurden von der Oberrhein Aktiengesellschaft für Industriewerte abgewickelt, einer Schweizer Holding mit Sitz in Schaffhausen, die 1919 zur Vertretung der Interessen von Deutsch-Luxemburg und Stinnes gegründet worden war. Die Oberrhein AG arbeitete eng mit den Stinnes-Büros in Zürich zusammen. Stinnes war keineswegs der einzige deutsche Unternehmer, der solche Holdings in der Schweiz, in Holland und anderen neutralen Ländern gründete, die als sichere Zuflucht vor dem Zugriff der Alliierten für den Fall dienten, daß diese sich entschließen sollten, im Zuge der Reparationsforderungen deutsche Vermögenswerte im Ausland zu beschlagnahmen. Auf diese Weise konnte man auch die deutschen Finanzbehörden umgehen, besonders wenn man wie der stets wachsame Thomas sicherstellte, daß die Anteile auf Strohmänner verteilt wurden, für die Thomas wiederum als Generalbevollmächtigter auftrat. Darüber hinaus leisteten sie unschätzbare Dienste bei Devisengeschäften, die man in Deutschland aufgrund der Devisenbestimmungen zu der Zeit nicht tätigen konnte. So wickelte Oberrhein beim Verkauf der luxemburgischen Werke nicht nur den Teil der Vertragsvereinbarungen ab, der die Kalkulationen und Zahlungen für den Dreißigjahresvertrag über die jährliche Lieferung von 200000 Tonnen Erz zu einem an den vorherigen Produktionskosten orientierten Preis betraf, sondern auch die Zahlungen, die im Gegenzug für die Genehmigung dieses Geschäfts an den luxemburgischen Staat zu leisten waren. Desgleichen war Oberrhein zuständig für den Währungsumtausch und für Überweisungen auf holländische und schwedische Banken, die zur Begleichung alter oder aus neuen Erzlieferungen resultierender Verbindlichkeiten an Schweden notwendig waren. Der Verkauf der luxemburgischen Werke bot also, kurz gesagt, die willkommene Gelegenheit, Oberrhein als Hauptverwalter der in den Folgejahren immer umfangreicheren und wichtigeren liquiden Reserven in Fremdwährungen zu etablieren.[95]

Wozu die liquiden Reserven? Selbst nach einem Sieg im vorausgegangenen Weltkrieg wäre besonders für die Schwerindustrie eine Phase der wirtschaftlichen Umstrukturierung und Reorganisation in Deutschland notwendig gewesen, um so mehr aber nach der vernichtenden Niederlage. Die schon vor dem Krieg immer deutlicher zu Tage tretende Abneigung gegen die Kartelle und Syndikate, die Unfähigkeit, in der Frage der Erneuerung des Stahlwerksverbandes eine sinnvolle Einigung zu erzielen, und die Einschätzung, daß Trustbildung und Rationalisierung unumgängliche Entwicklungen waren, verstärkten sich zwangsläufig im Laufe des Krieges, als sich die Industriellen mit der schwierigen Aufgabe konfrontiert sahen, auf einem zunehmend konkurrenzstarken und politisch feindseligen Weltmarkt zu operieren. 1916 stellte Carl Duisberg mit der «kleinen

IG Farben» ein Modell der horizontalen Konzentration und Rationalisierung vor. Trustbildung erschien als das logische und unvermeidliche Gebot der Stunde, wie der Generaldirektor von Phoenix, Beukenberg, demonstrierte, als er dem von ihm zutiefst bewunderten Vögler unter dem Siegel strengster Vertraulichkeit eine Fusion von Phoenix und Deutsch-Luxemburg vorschlug. Vögler unterrichtete Stinnes von Beukenbergs Vorschlag, den dieser jedoch erst im Oktober 1918 wieder aufgriff, als er Vögler bat, die Frage einer Interessengemeinschaft zu prüfen, die nicht nur Deutsch-Luxemburg und Phoenix, sondern auch die GBAG (wegen ihrer gewaltigen Kohlenressourcen) einbeziehen sollte. Inzwischen war der Krieg verloren, und Stinnes sah in dem Dreierbündnis eine Möglichkeit, eine sichere Festung zu schaffen. «Dieser Dreierbund würde mit seiner Kraft und Vielseitigkeit jedem Sturm der Nachkriegszeit gewachsen sein.» Die Idee eines Zusammenschlusses oder einer Kooperation mit der GBAG war nicht neu. Sowohl Thyssen als auch Stinnes liebäugelten schon lange mit dem Gedanken, den Kirdorf allerdings im Laufe der Jahre immer wieder erfolgreich abgewehrt hatte. Die angeschlagene Position, in der sie sich nun alle aufgrund des verlorenen Krieges befanden, gab Stinnes jedoch ein neues Druckmittel an die Hand, mit dem er Kirdorf gegenüber argumentierte: «Vielleicht würde auch Ihnen bei den großen Schwierigkeiten der Zukunft es eine Beruhigung sein, in personeller Hinsicht gedeckt zu sein.»[96]

Vögler legte eine beachtliche Denkschrift zu dem Projekt vor, in der er begeistert die technischen Möglichkeiten und Rationalisierungschancen beschrieb, die ein solcher Zusammenschluß seiner Meinung nach barg. Kirdorf beurteilte die Realisierbarkeit und die Entwicklungsmöglichkeiten einer Vermarktungsgesellschaft jedoch angesichts der unsicheren Verhältnisse in Deutschland wesentlich zurückhaltender und wollte sich nicht auf weitschweifige Diskussionen einlassen, die unweigerlich publik werden würden.[97]

Tatsächlich war es verfrüht, ein solches Programm zu entwerfen, bevor ein Friedensvertrag vorlag und in Deutschland ein gewisses Maß an Stabilität hergestellt war. In dieser Situation begann sich Stinnes vorsichtige Gedanken über ein eigenes Programm zu machen, das zwar in einigen Punkten mit Vöglers Konzept übereinstimmte, aber insgesamt eine völlig andere Richtung einschlug. Das drückte sich in einem Brief an Vögler vom 31. Dezember 1918 aus:

> «In den Tagen verhältnismäßiger Ruhe überlegt man sich den notwendigen Gang der Dinge in der deutschen Industrie ...
>
> Wir müssen mindestens zeitweise mit den Syndikaten brechen. Wir dürfen uns nicht mehr dem Drang der Vereinigung zwischen Kohle und Verbrauchern in den Weg stellen, wir müssen ihn fördern z.B. bei den Kommunen, die sich in Gaskohlen unabhängig machen wollen, wir müssen Bundesgenossen der Kommunen für die Aufrechterhaltung der Privatwirtschaft sein und wir dürfen nicht mehr allen strebsamen Intelligenzen, die kaufmännisch denken und handeln können, die Zukunft verbauen.

Wir müssen bei uns verfeinern und können an Dumping und Gewaltexport nicht denken. Wir können bei dem Bestehen der heutigen Syndikatsverhältnisse auch nicht mehr existieren. Qualitätsunterschiede gibt es im Preis ausdrücklich auch nur unbedeutende.

Die Lohnhöhe macht es aber notwendig, ganz außerordentlich zu differenzieren.

Wir müssen wieder Sonderqualitäten schaffen und Sonderabkommen treffen können ...

Im Stahl- und Eisen-, im Maschinenbau, überall liegt es ähnlich. Verfeinerung, Individualität, freies Spiel der Kräfte und wieder freiere Köpfe als je das Syndikat produziert. Ich weiß, daß wir dabei zum gewissen Grade zu Trust- und Interessengemeinschaftsbilden kommen werden, das ist mir nur erwünscht.»[98]

Obwohl Vögler wie Stinnes eine vertikale Konzentration für sehr wichtig hielt, richtete sich sein Augenmerk vor allem auf eine strarke horizontale Organisation, deren Rationalisierungseffekte zugleich die vertikale Expansion im Hinblick auf den Verfeinerungssektor unterstützen würde. Stinnes' Überlegungen hatten denselben Ausgangspunkt, aber sein Vorgehen war weniger methodisch und Schritt für Schritt konzipiert, sondern richtete sich mit Blick auf die Erfordernisse der veränderten Situation eher auf die Freisetzung unternehmerischer Energien und auf innovative Verbindungen. So erklärte er Vögler am selben Tag, an dem er Thomas eine zu erwartende deflationäre Entwicklung ankündigte und Anweisung gab, den Gürtel enger zu schnallen, die Zukunft erfordere in seinen Augen eine Freisetzung wirtschaftlicher Kräfte durch verstärkte vertikale Expansion und ein Programm, das den Erwartungen einer inflationären Entwicklung Vorschub leisten könne. Stinnes sprach sich eindeutig für eine Vernetzung der großen Industrie- und Handelsbranchen aus: «Ich teile nicht die Ansicht der Schöpfer der großen amerikanischen Trusts, daß jeder Industriezweig von den anderen getrennt und für sich gedeihen muß, mit dem einzigen Zweck eines möglichst großen Ertrages.»[99]

Der Hinweis auf die Amerikaner kam nicht von ungefähr. Stinnes beobachtete mißtrauisch die in Deutschland festzustellende Propaganda für fremde Kapitalbeteiligungen an deutschen Unternehmen und für den Zusammenschluß deutscher Firmen mit Unternehmen aus feindlichen Ländern als Wege zur internationalen Entspannung und zum europäischen Wiederaufbau auf einer gemeinsamen Grundlage. Für solche Zusammenschlüsse deutscher Firmen mit englischen, aber auch mit französischen und amerikanischen Unternehmen machte sich seit etlichen Jahren ein Mann namens Arnold Rechberg stark, ein exzentrischer und verstiegener Bildhauer und Journalist, Sohn eines Textilunternehmers, der sich ohne jede Grundlage selbst als Industrieller darstellte. Seine Ideen fanden Erzbergers wohlwollende Beachtung, und sie stießen auch sonst in einer Zeit, in der Deutschland gerade die Friedensbedingungen diktiert wurden, auf einiges Interesse. Im September 1918 wurde Stinnes eines von Rechbergs Pamphleten zugespielt, worauf sich im Oktober ein heftiger Disput zwischen den beiden Männern entspann. Interessant an der Episode ist die Tatsache, daß Stinnes bei dieser Gelegenheit seine Vorstellung einer internationalen Zusammenarbeit der Industrie sehr präzise skizzierte. In seinen Augen hatten Männer wie Rechberg und Erzberger keine Ahnung von den Strukturen großer Industrieunternehmen und den Problemen, die mit ihrem Zusammenschluß verbunden waren:

> «Großunternehmen können nur zusammengehen, wenn sie im gleichen Geist geleitet sind.
>
> Wenn man z.B. der Firma Krupp oder mir zumuten wollte, ich sollte mich für alle Ewigkeit mit den Unternehmungen der Firma Thyssen filieren, so würde ich vorziehen, meine industriellen Beteiligungen zu verkaufen und mich aufs Land zurückzuziehen, ehe ich eine solche Ehe eingehen würde.
>
> Wieviel größer wären aber noch die Bedenken bezüglich des Zusammengehens mit ausländischen Unternehmern, deren Auffassungen von Geschäft und Pflichten des Unternehmertums so himmelweit differieren, wie zurzeit das allgemein in England und Deutschland der Fall ist.
>
> Hinzu kommt, daß der englische Unternehmer in vielen Industrien durch größere Zusammenschlüsse durchaus nicht erzogen ist, daß er rein individualistisch seine Unternehmungen verfolgt.
>
> Ich bin der Meinung, daß der an sich richtige Gedanke des Zusammenschlusses englisch-deutsch-französisch-russisch-amerikanischer Interessen durch taktloses und aufdringliches Anbieten von vornherein diskreditiert werden wird …
>
> Mein Urteil geht kurz gefaßt dahin, daß alle Länder sich handlungsfähige Zusammenschlüsse ihrer Industrien schaffen müssen, die namentlich in den Neulandgebieten große Kulturaufgaben gemeinsam in die Hand nehmen müssen, und daß auf Grund solcher gemeinsamer Arbeit, nachdem die leitenden Köpfe der verschiedenen Länder sich näher gekommen sind, sich kennen und schätzen gelernt haben, Interessengemeinschaften sich bilden können und gefördert werden sollten, die für die Zukunft manchen Anlaß zu kriegerischen Verwicklungen ausräumen können.»[100]

Was Stinnes im September 1918 noch aus eher grundsätzlichen Erwägungen abgelehnt hatte, wies er im Oktober dann leidenschaftlich und erbost zurück, nachdem Rechberg versucht hatte, ihn auf seine Seite zu ziehen. Er warf Rechberg vor, er sei auf dem besten Wege, «die letzte intakte Kreditquelle in Deutschland zu ruinieren».[101]

Stinnes vertrat die feste Überzeugung, die deutsche Industrie müsse ihre Interessen selber durchsetzen und auf ihre eigenen Erfahrungen und Ressourcen zurückgreifen, um die weitreichenden Unternehmenskomplexe zu bilden, von denen er in seinem Brief an Vögler vom 31. Dezember 1918 gesprochen hatte. Die Grundlage solcher Zusammenschlüsse bildete in Deutschland vor allem die Kohlenindustrie, und gerade hier war die Entwicklung, für die Stinnes so leidenschaftlich eintrat, wie in keinem anderen Unternehmenskomplex durch Forderungen aus dem Ausland und regulatorische Beschränkungen im eigenen Lande gefährdet. Natürlich griffen besonders die Franzosen begehrlich nach der deutschen Kohle, und der französische Minister für Wiederaufbau, Louis Loucheur, wollte nach der Unterzeichnung des Friedensvertrages im Sommer 1919 lieber die schwache Position Deutschlands nutzen und auf dieser Basis die deutsche Industrie zur freiwilligen Kooperation bewegen, als sich darauf zu verlassen, daß Deutschland die Vertragsklauseln erfüllte. Er bot daher an, im Austausch gegen höhere als die im Vertrag vorgeschriebenen Kohlenlieferungen aus Deutschland größere Mengen französischer Minette-Erze zu liefern, als dies im Vertrag vereinbart war. Darüber hinaus schlug er vor, ein Exportabkommen zwischen französischen, belgischen, luxemburgischen und deutschen Stahlproduzenten zu schließen und die französische Beteiligung an deutschen Industrieunternehmen zu fördern. Weder bei Stinnes noch bei anderen führenden deutschen Unternehmern stießen Loucheurs Vorschläge jedoch auf großes Interesse. Sie verfügten, zumindest für den Augenblick, über ausreichende Erzbestände, und die Kohlenförderung reichte nicht aus, auch nur die vertraglichen Verpflichtungen Frankreich gegenüber zu erfüllen. Überdies war allen bewußt, daß die Franzosen diese Verhandlungen von einer wirtschaftlich schwachen Position aus führten, weil ihre Eisen- und Stahlindustrie nicht wettbewerbsfähig war. Stinnes bemerkte dazu:

> «Ich halte von der Zukunft der französischen Eisenindustrie nicht viel. Frankreich hat keine Menschen. Ich lege auch unter den heutigen Verhältnissen keinen besonderen Wert auf deutsche Beteiligung an der französischen Eisenindustrie. Wenn Frankreich allein bleibt, fällt die Leitung der französischen Eisenindustrie auf die Dauer den Amerikanern zu. Verheiraten können wir uns mit den Franzosen nur, wenn zwischen Frankreich und Deutschland die Zollgrenze fällt.»[102]

Daran läßt sich eines ablesen: Stinnes' Vorstellung einer grenzübergreifenden Beteiligung an Industrieunternehmen ging von Anfang an vom Prinzip der Gegenseitigkeit aus, doch sah er darin, zumindest vorerst, keinerlei Vorteile.

Um im übrigen sowohl den französischen als auch den heimischen Bedarf an Kohle zu decken, hätte die Kohlenproduktion erheblich gesteigert werden müssen, und das zu einem Zeitpunkt, da die deutschen Zechen durch die ausbeuterische Kriegswirtschaft ruiniert und die Bergleute unterernährt, entkräftet und entweder demoralisiert oder aber radikalisiert waren. Abgesehen von ihrem auf der Hand liegenden Eigeninteresse, betrachteten Stinnes und die anderen Zechenbesitzer die angekündigten Verstaatlichungsmaßnahmen als sicheren Weg in die Katastrophe. Nebenbei bemerkt sind die Zeiten wohl vorbei, in denen eine Sozialisierung oder Verstaatlichung der deutschen Kohlenindustrie von manchen Historikern noch ernsthaft als geeignete Lösung für die wirtschaftlichen Probleme der Jahre 1918 bis 1920 bezeichnet werden konnte. Als am 18. November

1918 die zweite Sozialisierungskommission ins Leben gerufen wurde, die am 2. Januar 1919 einen Vorschlag zur Verstaatlichung der Zechen vorlegte, war Stinnes zwar empört, aber nicht sonderlich beunruhigt. Auf Regierungsebene war diesem Entwurf keine große Aussicht auf Erfolg beschieden, nachdem die Unabhängigen in der Regierung nicht mehr vertreten waren, die Gewerkschaftsführer in der ZAG aus ihrer Abneigung gegen die Verstaatlichungsbestrebungen noch nie einen Hehl gemacht hatten und im übrigen zur selben Zeit ein alternatives Programm für eine Gemeinwirtschaft ausgearbeitet wurde, das auf den Ideen Walther Rathenaus und des einflußreichen Unterstaatssekretärs in Scheidemanns Reichswirtschaftsministerium, Wichard von Moellendorff, beruhte.

Das alles konnte jedoch die Sozialisierungsbewegung, die sich von der Basis her ausbreitete, nicht stoppen, und im Ruhrgebiet kam es zwischen Januar und April zu massiven revolutionären Unruhen. Aus dem Gefühl heraus, sich auf völlig sicherem Boden zu bewegen, verhielten sich Stinnes und Vögler anfangs ziemlich undiplomatisch, indem sie die Regierung und die ZAG aufforderten, die Sozialisierungsvorschläge öffentlich zu verwerfen, die Bergleute zur Ordnung zu rufen und die Beendigung der Streiks anzuordnen. Damit machten sie allerdings den Gewerkschaftsführern und den Verantwortlichen in der Regierung das Leben nur noch schwerer, als es ohnehin schon war, und obwohl sie sich darauf verlassen konnten, daß General von Watter in der Lage war, die Ordnung im Lande wiederherzustellen, mußten die Unternehmer doch einige höchst unwillkommene Zugeständnisse an die Bergleute machen, wie zum Beispiel die Bildung von Bergarbeiterkammern und, im April, die Einführung der Siebenstundenschicht für den Untertagebau. Darunter litt natürlich die Produktivität, die Folge waren Lohn- und Preiserhöhungen, und das wiederum verstärkte die Probleme der Unternehmensführung innerhalb der Branche, erschwerte die Beziehungen zu den übrigen Wirtschaftsbereichen und zwang die Zechenbesitzer, organisatorische Veränderungen und Programme hinzunehmen, die von der Regierung in Berlin diktiert wurden.[103]

Zu einem Zeitpunkt, als Stinnes vehement die Freisetzung wirtschaftlicher Kräfte forderte und selbst die von der Industrie ins Leben gerufenen Syndikate als lästigen Störfaktor empfand, kamen ihm natürlich alle Anregungen zu organisatorischen Maßnahmen, die von den Berliner Ministerien ausgingen, besonders ungelegen. Angesichts des enormen Drucks von unten konnte man der Sozialisierungsbewegung nur dadurch den Wind aus den Segeln nehmen, daß man sich mit dem Konzept einer Gemeinwirtschaft arrangierte, wie es von Unterstaatssekretär von Moellendorff und Wirtschaftsminister Wissell favorisiert wurde, die beide bis Juli 1919 im Amt waren. Immerhin basierten ihre Vorstellungen zumindest auf dem Prinzip der Selbstverwaltung durch die Wirtschaftsverbände. Stinnes war vor allem daran interessiert, den Einfluß der Verbraucher so gering wie möglich zu halten und den Produzenten als Vertretern sowohl der Industrie wie auch der Arbeit eine Vorrangstellung in den neuen Organisationen zu sichern. Als Mitglied des Sachverständigenausschusses, der Mitte April in

Berlin tagte, um über die Einführung des Kohlengesetzes zu beraten, setzte er alles daran, die Präsenz der Verbraucher – Gaswerke, Eisenbahnbetriebe und die süddeutschen Länder – im Reichskohlenrat (RKR) zu beschränken. Der Reichskohlenrat war als Verwaltungsinstanz des Bergbaus ins Leben gerufen worden und verfolgte vor allem das Ziel, die Entscheidungsgewalt der regionalen Syndikate zu sichern, deren wichtigstes das für die allgemeine Preispolitik verantwortliche Rheinisch-Westfälische Kohlensyndikat (RWKS) war. Die Tatsache, daß auch die Kohlenhändler und ihre Beschäftigten im RKR vertreten waren, stärkte die Position der Produzenten zusätzlich.[104] Diese Gruppe wurde von Minoux, dem Generaldirektor der Berliner Stinnes-Niederlassung, repräsentiert, der im Juli 1919 einen verächtlichen Kommentar zum Entwurf der Durchführungsbestimmungen zum Kohlengesetz abgab:

> «Was mit diesem Entwurf der deutschen Volkswirtschaft genutzt werden soll, vermag ich allerdings nicht zu erkennen. Der Organisationsfimmel feiert hier Triumphe und nachdem man die 131 Paragraphen des Entwurfes mit ihrem Wortschwall, dem ganzen Abrakadabra und dem Kautschuk gelesen hat, wird man von Traurigkeit befallen über die Borniertheit des lebenden Geschlechtes. Wenn unsere Wirtschaft in der Lage sein sollte, was ich nicht glaube, in der Zukunft auch die Bleikugeln dieser Organisation noch nach sich zu schleppen, so wäre das nur ein erneuter Beweis dafür, wie innerlich gesund sie früher war ... Die Väter des Gesetzes ... begehen überhaupt ein Verbrechen, wenn sie es wagen, das Wort ‹volkswirtschaftlich› auch nur in den Mund zu nehmen. Sie haben entweder von Volkswirtschaft keine Ahnung oder handeln bewußt gegen die Interessen der Volkswirtschaft.»[105]

Zweifellos teilte Stinnes diese Ansichten, aber er war vor allem daran interessiert, in der Kohlenindustrie Personen am Ruder zu sehen – ob es nun Unternehmerkollegen, Arbeiter oder Staatsbeamte waren –, denen die Notwendigkeit von Lohn- und Preiserhöhungen, wie er sie in den Jahren 1919 und 1920 anstrebte, bewußt war. Nun mochte Stinnes wohl der Wortführer der Kohlenindustrie sein, aber er war keineswegs ihr Diktator, und einige seiner Unternehmerkollegen waren entschieden gegen eine solche Erhöhung der Löhne und Preise. Stinnes verteidigte seinen Standpunkt vor allem mit dem Argument, Frankreich könne sich ansonsten die niedrigen Preise des innerdeutschen Handels zunutze machen und verlangen – was es auch tatsächlich tat –, daß die Kohlenlieferungen, die unter den Bedingungen des Waffenstillstands- und Friedensvertrages zu leisten waren, nicht nach den hohen Exportpreisen, sondern nach den Inlandspreisen abgerechnet wurden. Im Februar 1919 schlugen Kirdorf, Reusch und andere seine Warnungen jedoch in den Wind. Sie hielten die von Stinnes aufgezeigte Gefahr für weniger gravierend als die wirtschaftlichen Erschütterungen, die Preissteigerungen mit sich bringen konnten, und vertraten die Auffassung, es könne zur Stabilisierung und Gesundung der Wirtschaft beitragen, wenn man eine Zeitlang bei gleichbleibenden Löhnen mit Verlusten arbeitete.[106]

Aber schon im Frühjahr konnte Stinnes mit Fug und Recht darauf verweisen, daß man aufgrund der viel zu niedrigen Reallöhne im Bergbau weder mit den Eisenbahnunternehmen und anderen Industriebranchen, in denen die Löhne rasant stiegen, um die Arbeitskräfte konkurrieren noch diese halten könnte, wenn die Grenzen erst wieder offen sein würden:

> «Was die Löhne angeht, so ist wiederholt ausgeführt worden, das geben alle Herren zu, daß die Löhne der Bergleute absolut ungenügend sind im Vergleich zu den übrigen Leuten. Aber auch im Vergleich zum Ausland sind die Löhne ungenügend. Von einem Abbau der Löhne kann bei unserer Valuta keine Rede sein. Wir stehen mit einer total abgerissenen Bergarbeiterschaft da und vor den Toren – in Holland, Dänemark, Schweden und auch zum großen Teil in Frankreich und England – haben die Leute, wenn Sie unsere Valuta berücksichtigen, ein Äquivalent von 50 bis 60 Mark. Wie sollen da unsere Kerle mit 20 Mark auf einen grünen Zweig kommen, wie sollen sie sich ein Hemd kaufen und einen Anzug? Das ist ganz ausgeschlossen. Wenn erst einmal die Grenzen wieder offen sind und die Leute sehen, daß sie bei uns nur 20 Mark und 25 Mark verdienen, und sie sehen, was im Ausland verdient wird, so werden wir was erleben. Ich halte die Idee, zu einem Lohnabbau zu kommen, für vollkommen abwegig, für ganz unmöglich bei dem Zustande, in dem unsere Bergarbeiterschaft sich befindet.»[107]

Die von Beukenberg und anderen geäußerte Befürchtung, eine Politik der Lohn- und Preiserhöhungen könne zur weiteren Destabilisierung der Währung beitragen und Deutschlands Position beim Wiedereintritt in den Weltmarkt schwächen, teilte Stinnes nicht. Selbst bei den zugesagten Steigerungsraten würden die Löhne in Deutschland noch unter dem Niveau anderer Länder liegen, und im übrigen zeige sich am Beispiel der Vereinigten Staaten, daß hohe Löhne nicht zwangsläufig eine Währung demontieren müßten. Zudem könne ein Land ohne Produktion nicht am Wettbewerb teilnehmen, daher müsse man die Menschen davon überzeugen, daß es sich lohne, in Deutschland zu arbeiten. Der Wechselkurs sei daneben von zweitrangiger Bedeutung. Wie Stinnes rundheraus erklärte: «Ich bin der Meinung, wir kommen noch höher, wenn nicht unsere Valuta erheblich besser wird.»[108]

Nachdem der Friedensvertrag unterzeichnet war, setzte sich Stinnes noch entschiedener dafür ein, den Weg einer inflationären statt einer deflationären Entwicklung zu beschreiten. In seinen Augen mußte die Lektion, die in der Stahlindustrie vorexerziert wurde, auf andere Wirtschaftszweige übertragen werden. So vertrat er in den Gesprächen um die Fortführung des Stahlwerksverbandes eine äußerst radikale Position, indem er die Überlegungen seines Generaldirektors Vögler zu möglichen Trustbildungen beiseite fegte und sich für eine vollkommene Freiheit der Preisbildung und für die Auflösung des Verbandes aussprach. Seiner Meinung nach war die Zeit reif für Preis- und Lohnerhöhungen und für eine Förderung der weiterverarbeitenden Industrien und des Exportgeschäfts:

«Wenn wir Kohle haben, wird unser Land das gegebene Verfeinerungsland der Welt sein, einmal wegen unserer Valuta und dann wegen unserer Löhne, die unter Berücksichtigung der Valuta unter den niedrigsten der Welt sein werden. Die bisherige Preispolitik, die wir getrieben haben, ist total falsch gewesen. Verfolgen wir sie weiter, so werden wir es dahin bringen, daß einzelne Werke zugrunde gehen. Das erste Werk, das in Konkurs geht, wird aufgekauft werden und das wird das Signal für die allgemeine Verstaatlichung sein. Wir müssen so vorgehen, wie es bei der Kohle geschehen ist, wir müssen uns mit der Arbeiterschaft zusammensetzen und dieser geben, was ihr zukommt, dann bekommen wir die Preise, die wir brauchen.»[109]

Soweit Stinnes es hier als problemlos darstellte, eine solche Politik durchzusetzen und dafür Unterstützung zu erhalten, betrieb er Schönfärberei, und möglicherweise war seine extreme Argumentation ein Schachzug, um eine Einigung auf das höchstmögliche Preisniveau zu erreichen. Im übrigen würde sich die Regierung auf eine so weitreichende Auflösung der Organisationsstrukturen in der Eisen- und Stahlindustrie ohnehin nicht einlassen, es war vielmehr damit zu rechnen, daß sie den Fortbestand des Verbandes per Dekret verfügen würde. Die große Inflationswelle, die Deutschland mit ständigen Preissteigerungen zwischen Juli 1919 und März 1920 überflutete, führte jedoch auch ohne Beschluß zu massiven Auflösungserscheinungen innerhalb der Branche. Die Folge war ein ständig schwelender Konflikt zwischen den Erzeugern und dem Reichswirtschaftsministerium, das zu dieser Zeit von dem Sozialdemokraten Robert Schmidt und dem Volkswirtschaftler Julius Hirsch geleitet wurde. Zwar galten die beiden bei ihrem Amtsantritt als Gegner des von Wissell und Moellendorff favorisierten Modells einer Gemeinwirtschaft, aber sie sahen sehr bald in Institutionen wie dem Reichskohlenrat ein probates Mittel, um das endgültige wirtschaftliche Chaos im Lande zu verhindern. Ein Großteil der Klagen, das darf nicht vergessen werden, kam aus den Kreisen der Industrie selbst. Die Rohmateriallieferanten warfen der Schwerindustrie vor, den Fertigungsbranchen nicht die für ihre Produktion notwendigen Mengen an Kohle, Eisen und Stahl zur Verfügung zu stellen, weil sie es vorzogen, ihre Produkte zu exportieren, um mit den dadurch gewonnenen Devisen ihre Erzschulden zu begleichen. Darüber hinaus verlangten sie die Bezahlung ihrer Produkte in Fremdwährungen zu einem für die Abnehmer ungünstigen Wechselkurs gegenüber der Mark. Diese Klagen waren es vor allem, die Ende März 1920 zur Gründung des Eisenwirtschaftsbundes führten, einer Selbstverwaltungsorganisation, in der Regierung, Abnehmer und Produzenten vertreten waren und in der das Reichswirtschaftsministerium in Fragen der Preisbildung über ein weitreichendes Vetorecht verfügte.[110]

Die Sozialisierungsbewegung blieb auch für die RWE nicht ohne Auswirkungen. Ursprünglich hatte es den Anschein, als sollte Stinnes' alter Traum, das Elektrizitätswerk Westfalen dem RWE anzugliedern, doch noch in Erfüllung gehen. Sowohl Landrat Gerstein, der während des Krieges mit Stinnes in belgischen Unternehmen zusammengearbeitet hatte und die neue Republik vehement ablehnte, als auch die Direktoren des Elektrizitätswerks Westfalen hatten offensichtlich ihre Meinung geändert und hielten nun nicht mehr an der Unabhängigkeit der Gesellschaft fest. Der Grund für diesen Sinneswandel war in erster Linie die Kohlenknappheit, die einen Anschluß an die 100000-Volt-Leitungen des Kraftwerks Goldenberg verlockend erscheinen ließ, weil man auf diese Weise von dessen Braunkohlenkontingent mit profitieren konnte. Im September beschlossen die beiden Unternehmen, sechs Millionen Aktien auszutauschen und sich zusammenzuschließen. Die RWE AG akzeptierte die Bedingung, den Kommunen die Aktienmehrheit zu überlassen und kommunale Aktionäre des Elektrizitätswerks Westfalen in ihren Aufsichtsrat aufzunehmen. Während der Kohlenkommissar angesichts der Kohlenknappheit die Pläne euphorisch begrüßte, war man im Finanzministerium weniger begeistert, weil ein Gesetz zur Sozialisierung der Elektrizitätsversorgung und im Zuge dessen die Verstaatlichung der privaten Anteile geplant war. Die Reichsregierung war daran interessiert, die Mehrheit der RWE-Aktien zu übernehmen, wobei den Kommunen im Gesetzentwurf ausdrücklich die Möglichkeit eingeräumt wurde, örtliche Elektrizitätswerke in eigener Verantwortung zu betreiben. Das Finanzministerium lehnte den Zusammenschluß daher ab.

Solche Pläne, die Verbindung zwischen Elektrizitätswerken und Privatindustrie zu kappen und die Stromversorgung aufzusplittern, liefen Stinnes' Konzept diametral entgegen, und so rief er gemeinsam mit den Verantwortlichen der RWE eine Kampagne ins Leben, um die Reichstagsabgeordneten und den Reichsverband der deutschen Industrie gegen diese Vorschläge zu aktivieren. Stinnes hatte mächtige Verbündete in den Kommunalpolitikern, die bereits in der RWE vertreten waren und keinerlei Interesse daran hatten, der Reichsregierung die Aktienmehrheit zu überlassen. Die Ungewißheit sorgte für erhebliche Unruhe unter den kommunalen Aktionären, und Stinnes bot ihnen die Option an, ihre ursprünglichen Aktien nach Ablauf von zwei Jahren zurückzukaufen. Er war sich dabei natürlich vollkommen bewußt, daß dies aufgrund der technischen und wirtschaftlichen Verschmelzung der beiden Unternehmen dann praktisch unmöglich sein würde. Aber allein schon die Vorstellung erschreckte die kommunalen Aktionäre, weil sie, wie der Essener Bürgermeister Hans Luther erklärte, befürchteten, daß die übrigen Kommunaleigner in die Minderheit gedrängt würden, wenn eine solche Option in Zeiten einer extremen Krise in Anspruch genommen würde, wie es beispielsweise der Verlust der linksrheinischen Gebiete und ihrer Braunkohlenzechen sein würde. Obwohl bereits im Dezember 1919 eine allgemeine Gesetzesvorlage zur Vergesellschaftung der stromerzeugenden Industrie verabschiedet wurde, dauerte es bis zum 1. April 1921, ehe das konkrete Durchführungsprogramm in Kraft trat. Das ganze hatte zur Folge, daß sich eine enorme Verunsicherung breitmachte.[111]

Stinnes mißfiel diese Einmischung von staatlicher Seite natürlich aufs äußerste, um so mehr, als sich im Herbst die Kohlensituation und damit die Energiekrise zuspitzte. Er reagierte erbost auf die Bestrebungen des Reichswirtschaftsministeriums, die Kohlenpreise unverändert niedrig zu halten, und war nicht weniger empört über die Anweisung des Reichskohlenkommissars Stutz an die Hüttenwerke, den Eigenverbrauch an Kohle einzuschränken, damit der Kohlenbedarf der Privathaushalte gedeckt werden konnte. Stinnes' Meinung nach mußten die Kohlenpreise unbedingt angehoben werden. Das sei nicht nur nötig, um die gestiegenen Arbeitskosten zu decken, sondern auch, um Wartungsarbeiten, Reparaturen und technische Verbesserungen in den Zechen durchzuführen. Darüber hinaus müsse betriebswirtschaftlich so kalkuliert werden, daß eine ganz kurzfristige Amortisierung erreicht würde, die den Wertverlust des Geldes und die infolgedessen steigenden Kosten in vollem Umfang berücksichtige. Die Weigerung der Verantwortlichen in der Regierung, entsprechende Maßnahmen zu ergreifen, wertete Stinnes als katastrophalen Beweis für die Fortsetzung der kriegsbedingten Zwangswirtschaft. Eine solche Politik nütze niemandem, auch nicht den Verbrauchern, die unter Versorgungsmängeln, Schwarzmarkt und überhöhten Preisen zu leiden hatten, was in Stinnes' Augen zu vermeiden gewesen wäre, hätte man auf dem von ihm vorgeschlagenen Preisniveau mehr produziert:

> «Die Zwangswirtschaft muß fallen, und die Zwangswirtschaft muß auch in Kohlen unbedingt fallen. Wir müssen uns ganz energisch zur Wehr setzen, daß Männer wie Hirsch und solche Leute, die von den Dingen tatsächlich garnichts verstehen, glauben entscheiden zu können, eine Entscheidung, die im Grunde genommen aus Feigheit vor den Konsumenten, vor den Hausbrandverbrauchern erfolgt. Das ist der einzige Gesichtspunkt, den die Leute überhaupt nur haben. Wenn wir an den Reichskohlenverband und den Reichskohlenrat mit aller Geschwindigkeit herantreten, wenn wir darauf drängen, so wird der Vertreter des Reichswirtschaftsministers ganz genau wissen, wohin die Konsumenten treiben. Die Konsumenten verlangen vor allem Kohlen, verlangen Technik von uns, daß wir mehr produzieren und produzieren können und sind nicht gewillt, durch Dummheiten von Berlin oder aus Feigheit, die in Berlin herrscht, gezwungen zu sein, entweder gar keine Kohlen zu haben oder ausländische Kohlen, die sie mit 1100 und 1200 Mark für die Tonne, d.h. das Kilogramm mit über 1 Mark zu bezahlen haben.»[112]

Stinnes wußte, wovon er sprach. Er hatte bereits den Versuch gemacht, das Problem zumindest ein Stück weit durch die kostengünstige Einfuhr englischer Kohle zu lösen, aber England war mit seiner Kohlenförderung nicht einmal in der Lage, den Bedarf seiner europäischen Verbündeten zu decken. Die Vereinigten Staaten dagegen verfügten über Kohlenvorräte, die sie auch zu verkaufen bereit waren. Im August 1919 teilte Stinnes dem Reichsministerium seine Absicht mit, eine Million Tonnen amerikanischer Kohle für diejenigen Industrien einzuführen, die für den Export produzierten und in der Lage waren, 500 Mark pro Tonne zu bezahlen. Trotz einiger Vorbehalte stimmte das Kabinett seinen Plänen zu, allerdings nur unter der Voraussetzung, daß keine deutsche Kohle unter falscher Bezeichnung und zum höheren Preis der amerikanischen Kohle auf den innerdeutschen Markt gelangen würde. Es stellte sich allerdings heraus, daß sich die Käufe in Grenzen hielten, weil der Preis zu hoch war und die Kohle überdies nur schwer zu den Exportindustrien Süddeutschlands zu transportieren war. Selbst Werke, die dem Stinnes-Konzern angegliedert waren, konnten sich den Kauf nicht leisten. Kalkulationen für das Philipp-Weber-Werk in Brandenburg ergaben nach Vöglers Auskunft, daß bei Verwendung der amerikanischen Kohle keine nennenswerten Gewinne im Exportgeschäft mehr zu erzielen waren.[113]

Die Fertigungsindustrien waren also nach wie vor auf deutsche Kohle angewiesen, und die Situation spitzte sich aufgrund der Spannungen zwischen Stinnes und den verantwortlichen Regierungsbehörden noch zu. Als der Kohlenkommissar den Versuch unternahm, die Kohlenmenge, die der Eisen- und Stahlindustrie gemäß der Quotenregelung zum Eigenverbrauch zustand, zu senken, löste er damit eine regelrechte Rebellion aus. Die Direktoren der Hüttenwerke weigerten sich schlichtweg, seine Anweisung zu befolgen, weil sie ansonsten ihre Werke hätten schließen müssen. Statt dessen schickten sie eine aus Vertretern der Arbeiterräte bestehende Delegation nach Berlin, die dort ihren Protest gegen drohende Entlassungen vortrug. Diese Aktionen fanden bei Stinnes uneingeschränkte Zustimmung, denn «unser Industrierevier kann sich nicht ohne Gegenwehr zu Tode regieren lassen», wie er in einem Telegramm an Vögler bemerkte.[114]

Stinnes kritisierte die Regierung auch, weil sie die Bemühungen der Industrie nicht unterstützte, die eine Produktionssteigerung zu erzielen hoffte, indem sie den Bergleuten zusätzliche Lebensmittelzuteilungen für Überstunden in Aussicht stellte. Den Unternehmern war es in einigen Werken bereits gelungen, die Arbeiter gegen zusätzliche Butterrationen zu Überstunden zu bewegen. Im Mai hatte Stinnes beispielsweise über Jensen in Kopenhagen die Lieferung von 800 Tonnen Butter im Tausch gegen eine angemessene Menge Kohlen arrangiert. Den Bergleuten wurden je vier Kilogramm Butter angeboten, wenn sie dafür zwei ganze oder vier halbe Schichten zusätzlich arbeiteten. Im Herbst 1919 boten die Bergleute von sich aus an, Sonderschichten als Gegenleistung für höhere Kartoffelrationen einzulegen. Die erforderlichen Kartoffeln sollten von Bauern im Osten geliefert werden, die dafür wiederum ein höheres Kontingent an Kohle erhalten hätten. Zwar stimmte das Kabinett grundsätzlich den Plänen zu, die Bergleute mit Lebensmitteln und Kleidung für freiwillige Sonderschichten zu entlohnen, aber das Arbeits- und das Wirtschaftsministerium konnten sich über die Modalitäten dieses Handels nicht einigen. Ersteres wollte die Dinge des Grundbedarfs zu einem deutlich niedrigeren Preis zur Verfügung stellen und dies durch zusätzliche Kohlenexporte subventionieren, letzteres hatte dasselbe Ziel im Auge, wollte zur Finanzierung aber zwei Mark aus einer vorgesehenen Preiserhöhung abschöpfen. Die Unternehmer wollten mit den Gewinnen aus den höheren Preisen dagegen technische Verbesserungen in den Betrieben verwirklichen, und sie reagierten zunehmend erzürnt auf die Versuche Hirschs und seiner Mitarbeiter im Reichswirtschaftsministerium, Einfluß auf die Investitionspolitik der Konzerne zu nehmen. Während Stinnes und andere Unternehmer darauf bestanden, mit den Gewinnen aus der Kohlenpreiserhöhung die Werke aufzurüsten und Arbeiterwohnungen zu bauen, sollten die Konzerne Hirschs Vorstellungen zufolge solche Projekte durch Kapitalerhöhung und Kredite finanzieren.[115]

Um die Jahreswende 1919/1920 herrschte ein regelrechter Kriegszustand zwischen Stinnes und Berlin. Stinnes' besonderer Haß, der im übrigen von vielen geteilt wurde, richtete sich gegen Finanzminister Erzberger, dessen berüchtigte Finanzreform er als Gipfel seiner zahlreichen Sünden betrachtete, aber darüber hinaus war er der Meinung, daß die gesamte Weimarer Koalitionsregierung mit ihrer Wirtschafts- und Außenpolitik ins Schwimmen geraten war. Auf der andern Seite hatte Stinnes selbst für die Regierung an Bedeutung gewonnen, was sich deutlich darin zeigte, daß der Minister für Wiederaufbau, Otto Gessler, versuchte, ihn als Experten für die geplanten Verhandlungen mit den Franzosen über den Wiederaufbau in den vom Krieg verwüsteten Gebieten Frankreichs zu gewinnen. Unter der Voraussetzung, daß die Franzosen Stinnes' Anwesenheit bei den Verhandlungen zustimmen würden, unterstützte die Kabinettsmehrheit den Vorschlag Gesslers. Die Situation hatte sich also gegenüber der ersten Hälfte des Jahres 1919 nachhaltig verändert. Die Verhandlungen kamen zwar aufgrund eines Regierungswechsels in Paris letztlich nicht zustande, aber diesmal war es Stinnes, der nicht gewillt war, seine Dienste zur Verfügung stellen. Er erläuterte seine Haltung Gessler gegenüber in erstaunlich arroganten Tönen:

> «Nach unserer Unterhaltung ... habe ich mir sehr reiflich überlegt, ob ich als Deutscher in dieser Zeit das Recht habe, meine Mitwirkung in Paris an den Wiederaufbau-Verhandlungen zu versagen.
>
> Ich bin zu dem Entschluß gekommen, abzulehnen, und werde an dem Entschluß so lange festhalten, als die deutsche Regierung sich so zusammensetzt, als es heute der Fall ist.
>
> Ich kann kein Mandat von einem Kabinett annehmen, dem ich in seinen führenden Persönlichkeiten kein Vertrauen entgegenbringe, von denen ich annehme, daß sie teils aus mangelhafter Einsicht, teils aus minderwertiger Gesinnung jeden Verhandlungserfolg zu Schanden machen und den Unterhändler selbst zum Lügner machen werden.
>
> Ich will mich nicht überheben, wenn ich sage, daß in weiten Kreisen des feindlichen Auslandes ich die Einschätzung eines ‹honest enemy› habe. Das soll nicht anders werden, denn zahlreich sind die Deutschen nicht, die auf Grund solcher Einschätzung noch Vertrauen in ihre Zuverlässigkeit als Unterhändler haben.
>
> Erst wenn in Deutschland das Reichswirtschaftsministerium, das Reichs-

finanzministerium, das auswärtige Ministerium, das Arbeitsministerium und das preußische Ministerium der öffentlichen Arbeiten einem einheitlichen, festen Willen unterstehen, ist für mich die Möglichkeit gegeben, Aufträge entgegenzunehmen, wie Sie sie mir zugedacht hatten.

Es ist das Zeichen einer wahren Demokratie, daß sie in Zeiten der Lebensgefahr ihren Diktator findet. Auch England und Frankreich haben das. Wenn Deutschland anders handelt in der heutigen Landschaft, wird es kaum wieder hoch kommen.

Es muß gehandelt, nicht verhandelt werden.»[116]

Ende Januar 1920 machte Stinnes keinen Hehl mehr aus seinem Unwillen und seiner Bereitschaft, die herrschenden Verhältnisse zu ändern. Das drückte sich auch in seiner Haltung gegenüber den Bergleuten und ihren Wortführern aus, als es um die Jahreswende zu neuerlichen radikalen Unruhen kam. Der Kampf um die Sechsstundenschicht, der im Ruhrgebiet als Folge von Entbehrungen und radikalen Agitationen aufflammte, war zeitlich schlecht geplant und fand wenig Resonanz. Die Bergleute hatten bei höheren Löhnen bereits kürzere Arbeitszeiten als andere Arbeitnehmer, so daß ihre Forderung nach einer weiteren Kürzung der Arbeitszeit angesichts der herrschenden Kohlenknappheit in der Arbeiterklasse und im Bürgertum gleichermaßen auf Ablehnung stieß. Die Regierung konnte und wollte die Forderung nicht erfüllen, und auch in den Gewerkschaften gab es grundsätzlichen Widerstand dagegen. Allerdings neigten die führenden Vertreter der Bergarbeitergewerkschaften dazu, in Berlin etwas anderes zu sagen als in Essen, wo sie sich mit den aufgebrachten Bergleuten selbst auseinandersetzen mußten. So war es für Stinnes und andere Industrielle ein leichtes, die ZAG gegen die Einführung einer Sechsstundenschicht aufzuwiegeln. Unterstützt wurden sie in ihrem Bestreben von Carl Severing und General von Watter, die sich bereit erklärten, alle zur Niederschlagung der Bewegung notwendigen Schritte zu unternehmen. Hauptanliegen war es jedoch nicht, eine Verkürzung der Arbeitszeit zu verhindern, sondern sie wollten im Gegenteil die Verhandlungen mit Bergarbeitervertretern und Gewerkschaften dazu nutzen, eine Verlängerung der Schichten durchzusetzen. 1920 hatte das Produktionsvolumen pro Stunde das Vorkriegsniveau erreicht, und da technische Fortschritte noch Zeit brauchten, waren verlängerte Schichten und Überstunden der Schlüssel zur weiteren Produktivitätssteigerung. Überdies zeigten sich die Bergleute selbst bei aller radikalen Rhetorik bereit, gegen Sondervergütungen wie Geldprämien und Zuwendungen an Lebensmitteln und Grundkonsumgütern mehr zu arbeiten.[117]

Stinnes beteiligte sich sehr aktiv an den Verhandlungen, und er sagte deutlich und ohne Umschweife, was er für das Wesentliche hielt, nämlich daß «... ein Verfahren von Überschichten allein nicht vor dem gänzlichen wirtschaftlichen Zusammenbruch retten könne, ein solcher sei vielmehr nur dadurch abzuwenden, daß wir wieder zu der alten Schichtzeit zurückkehren».[118] Nachdem die Bergleute eine Siebenstundenschicht einschließlich der Ein- und Ausfahrt für sich ausgehandelt hatten, war kaum zu erwarten, daß sie freiwillig zur Achteinhalbstundenschicht zurückkehrten, noch dazu zu einem Zeitpunkt, da viele von ihnen auf die Einführung der Sechsstundenschicht drängten. Aber Stinnes pflegte zu sagen, was er dachte, ob er es nun mit den Franzosen, dem Kabinett oder den führenden Vertretern der Bergarbeitergewerkschaften zu tun hatte. In diesem Fall sah er aber auch die Möglichkeit, die Bergarbeitergewerkschaften in die Defensive zu drängen und gleichzeitig das Bündnis mit ihnen zu pflegen. Angesichts der heftigen Kritik, mit der die Zeitungen auf die unvernünftigen Forderungen der Bergleute reagierten, konnte er Punkte gegen die liberale Berliner Presse sammeln, die ihm verhaßt war, und gleichzeitig sein Verständnis für das Anliegen der Bergleute und seine Anerkennung für ihren schweren Beruf demonstrieren, indem er süffisant bemerkte, «... es würde sehr zweckmäßig sein, wenn Viktor Hahn und Mosse zwangsweise zum Kohlenhauen verurteilt würden. Das wäre das einzig Richtige. Sie würden sich zwar wenig eignen, aber es würde ihnen nicht schaden.»[119]

Ebenso wollte Stinnes eine Überstundenvereinbarung mit seinen innen- und außenpolitischen Zielen verbinden. Ihm schwebte ein gemeinsames Vorgehen der Bergarbeitergewerkschaften und Unternehmer gegen das «Vertuschungssystem» des RWM und der Regierung vor, unter dem die Bergleute nie in den Genuß der ihnen versprochenen zusätzlichen Lebensmittel- und Kleiderrationen kamen. Die Eisenbahnen mußten organisatorisch auf Vordermann gebracht werden, damit die zusätzlichen Kohlenlieferungen zur rechten Zeit am richtigen Ort ankamen. Stinnes malte das Scheitern der Überstundenvereinbarung innerhalb eines Monats an die Wand für den Fall, daß bestimmte Bedingungen nicht erfüllt werden sollten: wenn die Schichten der Bergleute im Tagebau nicht ebenfalls verlängert wurden, wenn die Eisenbahnarbeiter keine Überstunden leisteten, wenn das Schienentransportsystem nicht funktionierte, wenn die versprochenen Extrarationen an Lebensmitteln und Kleidern nicht geliefert wurden, wenn die zusätzliche Kohle nicht vor allem der Industrie zugute kam, wenn das RWM nicht endlich aufhörte, sich in die Belange der Industrie einzumischen und deren Selbstverwaltung zu einer Farce zu machen, wenn die Regierung die Franzosen nicht aufforderte, direkt mit der Arbeitsgemeinschaft der Bergbauindustrie über Kohlenlieferungen für Wiederaufbauzwecke zu verhandeln, und wenn die Franzosen es nicht unterließen, sich in den besetzten Gebieten in Fragen der Wirtschaft und des Eisenbahnwesens einzumischen. Stinnes wollte also, daß die Kohlenproduzenten, Unternehmer und Arbeiter, die Drohung, die Überstundenvereinbarung aufzugeben, als Druckmittel benutzten, um die Regierung zur Annahme bestimmter innen- und außenpolitischer Forderungen zu zwingen, so wie er selber sich geweigert hatte, in den Verhandlungen als Sachverständiger zur Verfügung zu stehen, solange die Regierung ihr Vorgehen nicht änderte.

Dieser Belastung hielt die Überstundenvereinbarung, die zwischen 18. Februar und 8. März 1920 ausgehandelt wurde, erwartungsgemäß nicht stand. Regierung und Unternehmer konnten sich lediglich auf zwei zusätzliche Dreieinhalbstundenschichten wöchentlich bei einem Überstundenzuschlag von einhundert Prozent einigen. Zusätzlich wurde vereinbart, daß Einnahmen aus dem Kohlenexport benutzt werden sollten, um Sonderrationen an Lebensmitteln und Kleidung zu niedrigen Preisen erwerben zu können. Der Vertrag war nach einwöchiger Frist aufkündbar. Er stand offensichtlich auf unsicheren Füßen, war aber dennoch ein Durchbruch, der nicht zuletzt den Drohungen Severings und Watters, aber auch der Kooperation zwischen Stinnes und Kanzler Bauer und den Gewerkschaften zu verdanken war. Die Vorgänge stärkten Stinnes' Position sicherlich, was andererseits nicht ungefährlich war, denn die Franzosen ließen sich auf den Vorschlag, direkt mit dem Kohlensyndikat über die unzureichenden Kohlenlieferungen aus Deutschland zu verhandeln, nicht ein. In einer am 18. Februar einberufenen Kabinettssitzung wurde unter anderem über die «Nutzbarmachung der tüchtigsten industriellen Kräfte» diskutiert, und obwohl der Zusatz «namentlich von Stinnes» später aus dem Protokoll gestrichen wurde, machte dies doch deutlich, wie sehr man sich trotz seiner brüskierend formulierten Ablehnung einen Monat zuvor immer noch auf seine Dienste angewiesen fühlte.[120]

Das hatte seinen Grund. Stinnes hatte die Zeit vom Frühjahr 1919 bis in die ersten Monate des Jahres 1920 genutzt, um seine wirtschaftliche und politische Position zu festigen, während die Reichsregierung zunehmend an Einfluß verlor. Stinnes mußte die großen Pläne, die er während des Krieges für seine Firma geschmiedet hatte, natürlich zurückschrauben und sich auf das feindselige internationale Klima einstellen, in dem es jetzt zu operieren galt, aber dennoch trieb er die Entwicklung seines Unternehmens mit ungeminderter Energie voran. Während das Sekretariat in Mülheim an der Ruhr immer noch das Herz seiner weitreichenden Unternehmungen war, wo Thomas als Rechtsberater und Vertrauensmann in allen geschäftlichen Angelegenheiten schaltete und waltete, gewann Hamburg, wo Hugo jun. schon während des Krieges das Ruder übernommen hatte, zusehends an Bedeutung. Nach Kriegsende begann das Unternehmen arbeitssuchende Offiziere einzustellen, für die Stinnes sen. eine besondere Sympathie und ein Gefühl der sozialen Verantwortung hegte. Einer dieser Offiziere war Major Ludwig Osius, dem nach anfänglicher Beschäftigung in Hamburg Ende 1919 die Organisation der Berliner Niederlassung übertragen wurde. Der Krieg hatte Stinnes gelehrt, daß die Zeiten, in denen er rasch einmal nach Berlin reisen konnte, um dort mit einem Minister oder einem anderen Regierungsvertreter über Probleme zu reden, vorüber waren, und er hatte aus diesem Grund bereits Mitte September ein komplettes Sekretariat in Berlin eingerichtet. Bevor Osius die Organisation des Büros übernahm, hatte Stinnes bewährte Mitarbeiter aus Mülheim dorthin versetzt. Die offizielle Leitung des Berliner Büros hatte Edmund inne, der Osius wärmstens empfohlen hatte, und auch Minoux, der Stinnes' Kohlengeschäfte und eine Unzahl anderer Unternehmungen leitete, spielte eine einflußreiche Rolle. Osius nahm schon bald in allen politischen Angelegenheiten und bei Verhandlungen mit der Regierung die Stellung eines Stinnesschen Privatsekretärs ein. Natürlich waren die verschiedenen wirtschaftlichen und politischen Aktivitäten Stinnes' alle irgendwie miteinander verknüpft, so daß die drei Sekretariate stets über die laufenden Geschäfte informiert sein mußten, damit der Chef, wo immer er sich aufhielt, auf alle benötigten Unterlagen zurückgreifen konnte.[121]

Stinnes' unternehmerische Aktivitäten waren erstaunlich breit gefächert, und auch der Krieg hatte ihn, wie bereits gezeigt, nicht daran gehindert, seine internationalen Geschäfte und Verbindungen auszuweiten. Alle seine Aktivitäten waren und blieben jedoch innig mit den deutschen Firmen verknüpft, mit denen sein Konzern verbunden war, und er reagierte sehr empfindlich, wenn er sich von ihnen im Stich gelassen fühlte. Als die Leitung der Rheinischen Elektrowerke beispielsweise um die Jahreswende 1919/1920 mit anderen Geschäftspartnern Verhandlungen aufnahm, weil man für den Fall, daß es die ungeklärte politische Lage erforderte, Bargeld zur Verfügung haben wollte, zeigte Stinnes keinerlei Verständnis:

> «Ich möchte nicht unterlassen, nochmals ausdrücklich zu betonen, daß ich nicht damit einverstanden bin, wenn Sie entgegen den bestehenden Verträgen ohne weiteres meine Firma von dem Verkauf ganz oder teilweise ausschließen. Da ich 50% des Risikos und des Aktienkapitals bei Ihnen habe und schließlich auch zu Deutsch-Luxemburg noch in einem besonderen Verhältnis stehe, so ist es ganz selbstverständlich, daß der Verkauf Ihrer Erzeugnisse durch meine Firma und meine Niederlassungen, die eigens dafür ins Leben gerufen sind, erfolgt. Es bedarf keines Hinweises, daß es auch für Sie von Bedeutung ist, wenn Sie über eine Verkaufsorganisation verfügen, die in erster Linie Ihre Interessen wahrnimmt.»[122]

Bei anderen Firmen bedurfte es solcher «Anstöße» nicht, weil sie Stinnes' Dienste nur zu gern in Anspruch nahmen. Das Erftwerk wandte sich beispielsweise im Dezember 1918 mit der Bitte an den Reichskommissar für Ein- und Ausfuhrbewilligungen, dem Verkauf von 300 Tonnen Aluminium über Stinnes' schwedische Niederlassung zuzustimmen, zum einen, da das Geld dringend benötigt wurde, um die hohen Kosten des kriegsbedingten Wiederaufbaus zu decken, zum anderen, da es galt, den Schweizern auf dem skandinavischen Markt zuvorzukommen. Im Februar 1919 war der Preisvorteil vom Dezember wegen der Wettbewerbssituation zwischen den USA und Großbritannien hinfällig geworden, und Stinnes hatte wieder einmal allen Grund, sich über die Langsamkeit der deutschen Behörden und ihr stures Festhalten an unerschwinglichen Preisen aufzuregen.[123]

Die skandinavischen Niederlassungen des Konzerns hatten für Stinnes' Unternehmungen jedoch eine große Bedeutung gewonnen, die sie auch in der Zukunft behalten sollten. Schon während des Krieges und auch in der Folgezeit hatte Albert Jensen, der Leiter seines Kopenhagener Büros, Verbindungen zum nord- und südamerikanischen Kontinent hergestellt. Diese Verbindungen ermöglichten es Hugo Stinnes jun. beispielsweise im September 1917, mit Stilling Andersen in Kontakt zu treten, der sowohl die Equitable Trust Company in Dänemark repräsentierte als auch für den US-amerikanischen Fleischverarbeitungskonzern Armour & Swift handlungsbevollmächtigt war. Durch Andersens Vermittlung kam nicht nur ein Vertrag über den Verkauf von Fett- und Fleischprodukten nach Deutschland im ersten Nachkriegsjahr zwischen dem amerikanischen Fleischriesen und Stinnes zustande, sondern er verschaffte Stinnes auch den für diesen Handel notwendigen Kredit bei der Equitable Trust Company. Um die Durchführung des Geschäfts zu erleichtern, prüfte man zudem die Möglichkeit, in dänischen Werften Schiffe zu bauen, für die Stinnes das Material liefern und Andersen die Finanzierung sichern sollte. Bei allen diesen Geschäften sollte der Stinnes-Konzern als alleiniger Handlungsbevollmächtigter der deutschen Regierung auftreten.[124]

Jensen stellte auch die Verbindung zu Emilio Kinkelin her, der sich während des Krieges als argentinischer Militärattaché in Deutschland aufgehalten hatte. Er hatte nicht nur bekanntermaßen etliche der Schlachten an der Westfront aus nächster Nähe miterlebt, sondern war auch auf wirtschaftlichem Gebiet überaus aktiv, und Stinnes' Schwager Edmund Wagenknecht, der das Familienunternehmen in Buenos Aires wiederaufgebaut hatte, pries ihn in den höchsten Tönen. Kinkelin hatte während des Krieges regelmäßig Reisen nach Kopenhagen unternommen, und Edmund hatte sich 1915 zur Zeit von Jensens unglückseliger Kupferschmuggelaktion in Kopenhagen aufgehalten. Kinkelin, der mehrere ausführliche Memoranden zur Wiederaufnahme des Handels mit Argentinien verfaßt hatte, erbot sich nach dem Krieg, Stinnes, Ballin und die Deutsche Bank in Fragen des Ölhandels und Schiffstransports zu vertreten und für Deutsch-Luxemburg den Verkauf von Rüstungsgütern zu arrangieren. Mit besonderem Eifer beteiligte er sich an den Bemühungen der Universum Film Aktiengesellschaft (Ufa), Propagandafilme und -material nach Südamerika zu exportieren. Anfang April 1919 stellte Stinnes den nunmehr in den Zivilstand versetzten Kinkelin als Vertreter seiner Niederlassung in Buenos Aires, Bromberg, Stinnes & Cie, ein und gestattete ihm dabei ausdrücklich, seine Tätigkeit für die Ufa und die Deutsche Bank fortzusetzen.[125] Kinkelin arbeitete 1919 in den Stinnes-Niederlassungen in Hamburg und Berlin, bediente sich für die Südamerika-Geschäfte aber auch des Kopenhagener Büros. Im selben Jahr traf er mit Stinnes und anderen Konzernvertretern zu Gesprächen über die Gründung von Firmen in Argentinien zusammen, die den Kauf von Schiffen für den Walfang vor Südgrönland, die Umrüstung von Schiffen für den Fahrgasttransport auf dem La Plata sowie den Kauf kaiserlicher Jachten und ausgedehnter Ländereien für die Tochterfirmen in Buenos Aires und Montevideo organisieren sollten. Das war nur der Anfang weitreichender geschäftlicher Aktivitäten in Südamerika, die in den folgenden Jahren unter der Leitung von Kinkelin, Edmund Wagenknecht jun. und Hugo Stinnes jun. vor allem vom Hamburger Büro aus gesteuert wurden.

Im Mai 1919 besuchte Stinnes die Hamburger Niederlassung, die im ehemaligen Hotel Hamburger Hof am Jungfernstieg angesiedelt war. Bei dieser Gelegenheit stimmte er einer beträchtlichen Erweiterung der Büroräume zu, lehnte aber die geplante Innenausstattung mit aufwendigen Holztäfelungen als zu teuer ab. Es gab viel zu tun, und das Geld wurde zu diesem Zeitpunkt für wichtigere Dinge gebraucht. Jensen beispielsweise wurde mit einer Vielzahl von Projekten beauftragt: Eine Autoreparaturwerkstatt für den umfangreichen Automobilexport des Stinnes-Konzerns nach Skandinavien sollte eingerichtet werden, der Bau einer Werft in Landskrona für den Transport von Erzen aus Schweden sollte vorangetrieben, die Verschiffung dänischer Butter ins Ruhrgebiet mußte organisiert, die Möglichkeit eines Kaufs von Olivenöl von den ägäischen Inseln ausgelotet werden, die Gelder, die normalerweise auf das Stockholmer Konto flossen, mußten zur Umgehung der schwedischen Steuern zurückgehalten werden. Aber das waren noch lange nicht alle Aktivitäten, für die Jensen verantwortlich war. Stinnes sah es beispielsweise sehr gern, daß Jensen sich über dänische Banken an einer Gesellschaft beteiligte, die den Verkauf von Eisenbahnzubehör an Rußland für die Zeit plante, da die Armee Admiral Koltschaks, wie allgemein erwartet wurde, erst einmal die Bolschewisten vertrieben haben würde. Bei dem geplanten Geschäft sollte der russische Industrielle Metscherski, der mit Koltschak in Verbindung stand, als Mittelsmann fungieren. Stinnes stellte lediglich die Bedingung, daß Jensen eng mit Fehrmann zusammenarbeiten sollte, der sich bereits in St. Petersburg aufhielt, damit das Geschäft unter fachkundiger Aufsicht abgewickelt würde.[126]

Als nach der Unterzeichnung des Friedensvertrags der internationale Handel wieder in Gang kam, konnte Stinnes seine Unternehmungen mit verstärkter Energie vorantreiben. Eines der Hauptprobleme, mit denen sich nicht nur Stinnes, sondern die gesamte deutsche Wirtschaft konfrontiert sah, war die im Friedensvertrag festgeschriebene Konfiszierung der deutschen Handelsmarine. Die Hamburger Schiffahrtsindustrie, in die sich Stinnes mit Hilfe Ballins so erfolgreich hineinmanövriert hatte, sah schweren Zeiten entgegen. Ballin war tot. Er war im November 1918 an den Folgen einer möglicherweise unbeabsichtigt eingenommenen Überdosis an Schlaftabletten gestorben. Aber selbst Ballin hatte Stinnes' Aufnahme in den Aufsichtsrat der HAPAG mit gemischten Gefühlen beurteilt. Auch seine Hamburger Unternehmerkollegen und einige Berliner Bankiers beobachteten Stinnes' Ehrgeiz mit einem Mißtrauen, das sich noch steigerte, als dieser unter Berufung auf seine erhebliche HAPAG-Beteiligung versuchte, Einfluß auf die Zusammensetzung des Firmenvorstands zu nehmen. Zwar hatte er nichts dagegen, daß Wilhelm Cuno den Platz des verstorbenen Ballin übernahm, drängte aber darauf, ihm Direktor Fehling von der Deutschen Ost-Afrika-Linie gleichberechtigt zur Seite zu stellen, weil dieser nach seinem Dafürhalten über das technische Wissen verfügte, das Cuno fehlte. Max von Schinckel von der Norddeutschen Bank bezeichnete Fehling als «gehorsamen Diener des Herrn Hugo Stinnes» und fügte in seinem abschätzigen Kommentar hinzu: «Aber wir Hamburger denken garnicht daran, die Expansionspläne des

Herrn Hugo Stinnes auch noch auf die Hamburg-Amerika-Linie ausdehnen zu lassen.»[127]

Auch Salomonsohn von der Disconto-Gesellschaft machte sich Sorgen, Stinnes könnte seine Verbindungen zur Deutschen, Dresdner und Darmstädter Bank für eine Blockbildung nutzen, um sich auf diese Weise eine Machtposition im Schiffahrtsgewerbe zu verschaffen. Aber die Unterstützung der Banken für Stinnes war nicht so stark, wie Salomonsohn befürchtete, und am Ende wurde Fehlings Berufung in den Vorstand mit der Begründung abgelehnt, man habe zum einen Verpflichtungen gegenüber den aus dem Krieg zurückkehrenden Direktoren und wolle zum anderen den Vorstand in einer für die HAPAG so schwierigen und verlustreichen Zeit nicht erweitern.

Der Friedensvertrag schien die Leistungen der Vergangenheit zunichte zu machen, und er warf einen Schatten auf die Zukunftserwartungen. Deutschland war gezwungen, alle Schiffe über 1600 Tonnen und die Hälfte der Schiffe zwischen 1000 und 1600 Tonnen abzugeben und außerdem im Laufe der folgenden fünf Jahre Schiffe in einer Größenordnung von insgesamt 200000 Tonnen für die Alliierten zu bauen. Die staatliche Entschädigungspflicht war eine ungeklärte Frage, und da die HAPAG nicht ins Hotelgewerbe oder eine andere Branche wechseln, sondern die Flaggen wieder auf den Weltmeeren hissen wollte, blieb ihr nichts anderes übrig, als Schiffe in neutralen Ländern zu chartern oder zu kaufen. Und das bedeutete Direkt- oder Ratenzahlungen, die in Fremdwährungen zu leisten waren. Und hohe Kredite würden möglicherweise voraussetzen, daß die Schiffe unter neutraler Flagge fuhren. Darüber machte sich Stinnes allerdings nicht die geringsten Sorgen, denn er vertrat in dieser Hinsicht eine völlig andere Meinung als die übrigen Aufsichtsratsmitglieder der HAPAG.

> Anläßlich einer trübsinnigen Aufsichtsratssitzung am 3. Juli erklärte er, «... daß es für die nächste Zeit seiner Ansicht nach ganz ausgeschlossen – weil viel zu unvorteilhaft – sei, unter deutscher Flagge zu fahren. Er trat dafür ein, daß man holländische Schiffsparten-Gesellschaften gründen solle und um jeden Preis jetzt Dampfer kaufen müsse, an denen man dann wie vorstehend mit 25% beteiligt sei. Denn man sei es der deutschen Industrie schuldig, Rohstoffe zu in Deutschland festgesetzten Frachtraten zu verschiffen.»[128]

Die bei dem Treffen anwesenden Bankiers waren alles andere als begeistert von diesem Vorschlag, der ihrem Nationalgefühl zuwiderlief, der für deutsche Kapitäne und Seeleute das Gespenst der Arbeitslosigkeit an die Wand malte und dessen Verwirklichung so teuer sein würde, daß astronomische Frachtkosten die unvermeidliche Folge waren. Immerhin war die HAPAG noch zahlungsfähig, und Schinckel hatte keinen Sinn für eine solche «Seiltänzerei».

Zweifellos rechnete Stinnes damit, einmal wieder unter deutscher und seiner eigenen Flagge die Meere befahren zu können, und er plante nicht nur langfristig den Wiederaufbau einer modernen deutschen Handelsflotte, sondern verfolgte mit diesem Ziel vor Augen auch eine Reihe kurzfristiger Projekte. Im letzten

Kriegsjahr hatte Stinnes aufmerksam die Entwicklung von Dieselmotoren bei der Maschinenfabrik Augsburg-Nürnberg beobachtet, die speziell für den Antrieb sehr großer Schiffe bestimmt waren. Stinnes' Meinung nach verkörperten solche von Dieselmotoren angetriebenen Schiffe die Zukunft der deutschen Schiffahrt. Folgerichtig unterbreitete er im Frühjahr 1919 Kapitän Friedrich Bartling, dem in weiten Kreisen geachteten stellvertretenden Direktor des Norddeutschen Lloyd, den Vorschlag, auf der Basis der Verwendung dieser Motoren die gesamte deutsche Schiffahrtsbranche zu vereinigen. Für das Unternehmen sollten sich HAPAG, der Norddeutsche Lloyd und Stinnes zusammenschließen und mit vereinten Kräften die Konkurrenz ausschalten. Bartling erklärte sich bereit, eine solche Gesellschaft zu leiten, unabhängig davon, ob Heinecken von dem Norddeutschen Lloyd sich daran beteiligen wollte oder nicht.[129]

Am 1. Juli 1919 teilte Stinnes Heinecken brieflich mit, er habe mit Bartling den «geeignetsten Sachverständigen» angeworben, der den geplanten Wiederaufbau der deutschen Handelsflotte auf der Basis schneller Dieselmotorschiffe organisieren könne. Seiner Überzeugung nach konnte sich Deutschland auf diese Weise von dem Nullpunkt, auf dem sich die Schiffahrt nach Abschluß des Versailler Vertrages befand, in eine Position hocharbeiten, in der das Land über die beste Verkehrsflotte der Welt verfügen und im Bau von Großmotoren unangefochten an der Spitze stehen würde. Er erbot sich, zu diesem Zweck eine Gesellschaft zu gründen, an der die HAPAG, der Norddeutsche Lloyd und seine eigene Firma beteiligt sein sollten. Heinecken war natürlich nicht gerade begeistert davon, daß man ihm seinen besten Mann abgeworben hatte, und er wies Stinnes darauf hin, daß die Idee eines Dieselmotors für Schiffe nichts Neues sei und daß ihn seine eigenen Techniker seit geraumer Zeit über die Entwicklungen auf diesem Gebiet auf dem laufenden hielten. Er stellte die Notwendigkeit, eine neue Forschungs- und Entwicklungsgesellschaft ins Leben zu rufen, in Frage und äußerte Zweifel daran, ob es richtig sei, mit schnellen Großschiffen zu beginnen. Dennoch war er angesichts der desolaten Situation der deutschen Schiffahrtsbranche bereit, einen solchen Schritt zu unterstützen, wobei er sicher auch von der Überlegung ausging, daß es besser sei, mit Stinnes zusammenzuarbeiten, als ihm die Initiative allein zu überlassen. Tatsächlich schloß sich außer der HAPAG auch noch die Hamburg-Südamerikanische Dampfschiffahrts-Gesellschaft dem neuen Unternehmen an, dessen «Verkehrs-Studien-Büro» mit Sitz in Bremen von Bartling geleitet wurde. Von Oktober 1919 an führte das Bremer Büro zusammen mit Technikern der MAN und des Firmenkonsortiums geheime Testserien mit einem neu entwickelten Großmotor durch, den Bartling vor der Entente-Kommission zur Überwachung solcher Projekte geheimzuhalten hoffte. Zu dieser Zeit knüpfte er auch über Albert Riedemann Verbindungen mit dem US-Ölkonzern Standard Oil, um die Möglichkeit zukünftiger Öllieferungen auszukundschaften, und verhandelte mit Stinnes' Agenten in Italien über Fragen des Frachtverkehrs.[130]

Das alles waren allerdings langfristig angelegte Pläne, während zur kurzfristigen Lösung des Schiffahrtsproblems andere Wege beschritten werden mußten. Stinnes hatte, wie sich an Jensens Aktivitäten zeigte, diese Klippen schon während des Krieges umschifft, indem er unter den Flaggen anderer Länder und anderer Firmen fuhr. Darüber hinaus hatte er gemeinsam mit Riedemann ein Schlupfloch im Friedensvertrag entdeckt, nämlich die Möglichkeit, einige seiner Schiffe vor dem Zugriff der Alliierten zu bewahren, indem er sie an eine Danziger Gesellschaft verkaufte, die sich nicht in deutschem Besitz befand. Eine solche Firma richtete er im Oktober 1919 unter dem Namen «Artus» ein. Offiziell von einer Gruppe Danziger Bürger gegründet und dem Gesetz nach unabhängig, war die Gesellschaft in Wirklichkeit ganz und gar Stinnes' Schöpfung, und seine Interessen wurden im Aufsichtsrat von Karl Holm von der dem Stinnes-Konzern angeschlossenen Flensburger Schiffahrts- und Handelsfirma Holm und Molzen wahrgenommen. Noch bevor der Friedensvertrag in Kraft trat, verkaufte Stinnes drei seiner Schiffe kurz vor dem Termin ihres Stapellaufs – Schiffe, die ansonsten ganz sicher von den Alliierten beansprucht worden wären – an «Artus», während vier weitere große Schiffe, mit deren Bau während des Krieges begonnen worden war, noch unfertig in den Werfthallen standen und somit ebenfalls vor dem Zugriff der Alliierten sicher waren.[131]

Dieses Schiffsmaterial machte natürlich noch keine imposante Flotte aus, zumal Stinnes' ehrgeizige Pläne eine weitaus größere Zahl verfügbarer Schiffe voraussetzten. Im August 1919 berief er in Asa, seinem schwedischen Feriendomizil, eine überaus wichtige Versammlung ein, und einer der Höhepunkte dieses Treffens war sicherlich die Wiederaufnahme J. Russell Fergusons in den Schoß von Stinnes' Firma. Ferguson berichtete ausführlich über die Schwierigkeiten der Kriegsjahre und über die Auflösung der Stinnes-Niederlassungen in England. Die eigentlichen Überlegungen galten jedoch der Zukunft. Zwar war es nicht der richtige Zeitpunkt, um in London eine Hugo Stinnes Ltd. einzurichten, aber Stinnes stellte nur zu gern das Kapital für eine J. Russell Ferguson Ltd. zur Verfügung und gab auch gleich die Marschrichtung an:

> «Es ist beabsichtigt, daß die Firma Ferguson in London in gleicher Weise wie Albert Jensen Schiffsgeschäfte jeder Art bearbeitet. Sobald es durchführbar ist, soll Rusferson auch Reederei betreiben. Abgesehen davon wird die Firma das Kohlengeschäft aufnehmen und Herr Ferguson möglichst umgehend nach seiner Rückkehr die einzelnen Zechen besuchen, um festzustellen, ob und in welcher Weise Kohlengeschäfte wieder möglich sind.»[132]

Tatsächlich war Ferguson mit einem Charterangebot für englische Schiffe nach Asa gekommen, die zwar billiger waren als amerikanische Schiffe, dafür aber auch ausschließlich britische Häfen anlaufen durften, eine Bestimmung, die nach Fergusons Einschätzung aber bald aufgehoben würde. Daneben gab es noch andere Arrangements, die aber den Nachteil hatten, mit hohen Kosten verbunden zu sein. Der Vorschlag, englische Schiffe zu chartern und unter englischer Flagge fahren zu lassen, wurde mit großer Begeisterung aufgenommen, «da diese die einflußreichste Flagge auf dem Meere nach dem Kriege werden wird und Schiffe unter dieser Flagge voraussichtlich am vorteilhaftesten betrieben werden können». Stinnes war sicher, daß alle seine wichtigen Niederlassungen, nicht nur diejenigen in Hamburg, London und Kopenhagen, sondern auch die neue, zu dieser Zeit in New York gegründete, nur auf solche Gelegenheiten warteten. Wie schon früher drängte Stinnes die Tochterfirmen, eng zusammenzuarbeiten und erstklassige Leute einzustellen.

Schiffe dienten vor allem dem Frachtverkehr, und Stinnes war äußerst erpicht darauf, im allgemeinen europäischen Warenhandel Fuß zu fassen. Es war die Aufgabe der Hamburger Niederlassung, die dafür notwendige Organisation aufzubauen, und Stinnes legte besonderen Wert darauf, in Prag und Warschau Niederlassungen seines Konzerns zu etablieren. Gleichzeitig nahm er wieder einmal freudig die Dienste von Leo Peltenburg in Anspruch, der den Aufbau der Niederlassung in Holland geleitet hatte und nun nicht nur das Holz- und Kohlengeschäft mit den baltischen Staaten und mit Rußland wieder auf die Beine bringen, sondern auch den Handel mit anderen Waren ankurbeln sollte.

Die Entwicklung der wirtschaftlichen Beziehungen zu diesen Ländern bereitete Stinnes und anderen Industrieunternehmern beträchtliche Sorgen. Im Juli 1919 wußte Direktor Henrich vom Siemens-Konzern zu berichten, daß die Entente und die Amerikaner im Begriff waren, ihre Wirtschaftsbeziehungen zum Baltikum zu intensivieren, und darüber hinaus auch Interesse an den Ölvorkommen im Kaukasus und am Schwarzen Meer zeigten. Er fand es an der Zeit, daß die Deutschen in dieser Hinsicht etwas unternahmen, und plädierte dafür, das Ostsyndikat wieder aufleben zu lassen, damit möglichst viele Unternehmen neben seinem eigenen an diesen Geschäften teilhaben konnten.[133]

Dazu sollte es auch kommen, für den Moment allerdings blieb Rußland ein unlösbares Rätsel. Ende Februar, Anfang März 1920 trafen Hugo und Edmund Stinnes in Begleitung von Osius mit Fehrmann und später mit dem russischen Eisenbahnunternehmer Metscherski sowie einem Vertreter des Kopenhagener Büros zusammen, um über die Aufnahme von Handelsbeziehungen mit Rußland zu reden. Admiral Koltschak, der sich selbst immer gern als «höchsten Herrscher Rußlands» bezeichnet hatte, war es nicht, wie noch im Frühjahr erwartet, gelungen, die Bolschewisten zu vertreiben, er war vielmehr besiegt und erschossen worden. Nun beschwor Metscherski Stinnes, Gespräche mit den neuen Herrschern in Rußland aufzunehmen, mit Lenin und Trotzki und allen voran mit dem neben diesen beiden «bedeutendsten Kopf Rußlands», Leonid Krassin, der beim Wiederaufbau der St. Petersburger Industrie eine zentrale Rolle gespielt hatte und die Schlüsselfigur für den russischen Handel mit dem Westen werden sollte. Er wies Stinnes darauf hin, daß die Engländer und Franzosen im Begriff waren, für die geplanten Geschäfte mit Rußland ein dem deutschen Ostsyndikat der Kriegszeit vergleichbares Syndikat zu bilden, aber nach Stinnes' Einschätzung mußte das dafür notwendige Kapital letztendlich von den Amerikanern kommen, die ihre Rußlandgeschäfte lieber über Deutschland abwickeln würden.

Die Frage war nur, ob man auf beiden Seiten überhaupt in der Lage war, Geschäfte zu tätigen. Metscherski räumte chaotische Verhältnisse und dringenden Reparaturbedarf in den russischen Verkehrs- und Industriebetrieben ein, wies aber auch darauf hin, daß der Krieg mehr Menschenleben gekostet als Industrieanlagen vernichtet hatte. Stinnes wiederum mußte zugeben, daß die deutsche Industrie nur mit vierzig Prozent ihrer Kapazität arbeite, 11 000 Lokomotiven der Reparatur bedurften, die Erzversorgung nicht gesichert war und Schuldenrückzahlungen an Schweden anstanden. Deutschland war demnach vorerst mit den bestehenden Aufträgen voll ausgelastet und nicht in der Lage, irgendwelche Produkte an Rußland zu liefern oder auch nur unverbindliche Vorvereinbarungen zu treffen. In Wirklichkeit aber mißtraute Stinnes den Verhältnissen in Rußland; er nahm den Bolschewisten gegenüber eine betont feindselige Haltung ein und bestand darauf, bevor er sich auf irgendwelche Geschäfte einließ, den Rat von Fachleuten einzuholen, die sich nicht von den sprichwörtlichen «Potemkinschen Dörfern» täuschen lassen würden.[134]

An seinem Bedarf an Holz aus den Wäldern Rußlands, des Baltikums oder von seinen eigenen Ländereien bei Weiskollm änderte das freilich nichts. Der Bedarf war im Gegenteil noch gestiegen, weil Stinnes das Holz mittlerweile nicht mehr nur als Baumaterial für seine Zechen brauchte, sondern auch als Grundstoff für Papier und Zellstoff. Ein klassisches Beispiel vertikaler Konzentration bot Stinnes, als er sich Ende 1919 und Anfang 1920 die maßgebliche Beteiligung an den Königsberger Zellstoffabriken AG, der ebenfalls in Königsberg angesiedelten Norddeutschen Zellulosefabrik AG, der Papierfabrik G. F. Halbrock im westfälischen Hillegossen und an der Druckanstalt W. Büxenstein GmbH in Berlin sicherte. Die Büxenstein GmbH war eine Großdruckerei, in der vor allem rechtskonservative Zeitungen und Zeitschriften hergestellt wurden, und Stinnes hatte die Mehrheitsanteile irgendwann im Laufe des Jahres 1919 ohne großes öffentliches Aufsehen an sich gebracht. Die Königsberger Firmen eigneten sich aufgrund ihrer Lage besonders gut als Anlaufstellen für Holzlieferungen per Schiff aus Nord- und Osteuropa, und der Zellstoff war, wenn er in die Schweiz und in andere Länder verschifft wurde, eine hervorragende Deviseneinnahmequelle. Ebenso wie die Zellulosefabriken in Königsberg hatte Hillegossen empfindlich unter dem Kohlenmangel zu leiden, so daß Stinnes diesen wichtigen potentiellen Papierproduzenten zu einem sehr günstigen Preis aufkaufen konnte. Stinnes war in der Lage, allen diesen Unternehmen das Kapital zur Verfügung zu stellen, das sie brauchten, um die für eine Produktionserweiterung notwendigen Rohmaterialien, Werkzeuge und Maschinen zu kaufen, und er konnte ihnen gleichzeitig Zugang zu den begehrten Rohstoffen verschaffen. Die Zellstoffproduktion stand natürlich mit den elektrochemischen Aktivitäten des Stinnes-Konzerns im Rheinland in Verbindung, und ein Großteil des benötigten Kapitals wurde über die Wildermann-Werke aufgebracht, wenn auch die Deutsche Bank für den Kauf der Königsberger Fabriken Kredite zur Verfügung stellte. Die Wildermann-Werke unterstanden der Leitung von Generaldirektor Minoux, der sein

Büro in Berlin hatte und von dort aus eine entscheidende Rolle in den Kaufverhandlungen spielte. Ihm fiel auch das Verdienst zu, den günstigen Preis für Hillegossen ausgehandelt zu haben, was ihm von Stinnes hoch angerechnet wurde. Stinnes' Anweisung zufolge sollte die Hugo Stinnes GmbH in Berlin die Produkte der Papierfabrik Hillegossen, die Büxenstein nicht für den Eigengebrauch benötigte, zusammen mit den Erzeugnissen der Königsberger Fabriken verkaufen, und zwar zu «auskömmlichen Provisionssätzen, versteht sich». Wenn man bedenkt, daß Minoux auch die Order hatte, diese Firmen mit preisgünstiger Kohle und Torfkohle zu versorgen, war die Provision sicherlich wohlverdient.[135]

Stinnes' Eintritt in das Papier- und Zellstoffgeschäft demonstriert beispielhaft seine außergewöhnlichen unternehmerischen Fähigkeiten. Alle beteiligten Firmen hatten 1919 mit Kapital- und Rohstoffproblemen zu kämpfen, und Stinnes nutzte diese Situation offensichtlich zu seinem Vorteil. Das war für diese Zeit allerdings typisch, und Stinnes war keineswegs der einzige, der seine Rohmaterialbestände als Instrument zum Vorantreiben von Projekten zur vertikalen Konzentration benutzte. Einzigartig war an Stinnes dagegen die Bandbreite seiner Interessen; dazu kamen seine Fähigkeit, diese Interessen unter einen Hut zu bringen, eine zutiefst optimistische Einstellung, die ihn bewog, Wachstum über Stabilität zu stellen, sowie eine Kombination aus Begeisterung für neue Betätigungsfelder, Phantasie und technischem Können.

Diese Qualitäten zeigten sich am Beispiel von Hillegossen ganz deutlich. Wie schon so oft in der Vergangenheit, übernahm Stinnes selbst das Ruder in dem neuen Unternehmen, bis der Betrieb unter der Leitung eines Verwalters, der sein Vertrauen genoß, auch ohne ihn reibungslos funktionierte. Anfang März 1920 berief Stinnes ein Treffen ein, bei dem Hugo jun., der frühere Firmenbesitzer Georg Halbrock sowie Dr. Goetjes, der die Finanzen bei Büxenstein verwaltete, anwesend waren. Stinnes konnte bei dieser Gelegenheit Holz aus Hamburg und von anderswo anbieten und drängte darauf, es zu verwenden, damit das neue Sägewerk der Firma ausgelastet und die Firma in der Lage wäre, nicht nur den Eigenbedarf der Papierfabrik Hillegossen zu decken, sondern darüber hinaus Schnittholz für den Inlandsverkauf und später auch für den Export zu produzieren. Sodann schlug er mit dem Hinweis auf Versuche, die Direktor Pott in der Zeche Mathias Stinnes durchgeführt hatte, die Verwendung einer anderen Harzsorte bei der Papierherstellung des Unternehmens vor. In Königsberg waren kurz zuvor neue Anlagen zum Bleichen von Zellstoff eingerichtet worden, und Stinnes regte an, daß Hillegossen von dort aus versorgt werden sollte, so daß die dort vorhandenen Kapazitäten voll genutzt und die Kosten von beiden Firmen gemeinsam getragen werden konnten. Darüber hinaus wies er die Fabrik Hillegossen an, die neuen Sägemaschinen mit Elektromotoren anstatt mit Turbinen zu betreiben und diese bei Siemens-Schuckert zu bestellen. Für den Fall, daß Siemens-Schuckert die Motoren nicht sofort liefern konnte, sollten die benötigten Maschinen vorübergehend von Mülheim oder Hamburg an Hillegossen ausgeliehen werden. Um schließlich den Papierverkauf der Firma Hillegossen voranzutreiben, gab Stinnes Anweisung, Verkaufsmuster nach Hamburg, Berlin und London zu verschicken. Alles in allem befaßte sich Stinnes also mit ausnahmslos allen Bereichen des neuen Unternehmens und ließ dabei weder die mechanischen noch die chemischen, technischen oder kommerziellen Aspekte außer acht.[136]

Ein solches Vorgehen war unter den gegebenen Umständen, angesichts von Kohlenknappheit, Arbeiterunruhen, drohender Sozialisierung und politischer Orientierungslosigkeit, keine geringe Leistung. Zwar war die Schwerindustrie im wesentlichen liquide, aber die Kosten waren enorm gestiegen, so daß notwendige Reparaturen der alten Anlagen und der Bau neuer Einrichtungen die Verantwortlichen vor schwierige Entscheidungen stellten. Beispielsweise hatte Vögler sich in den Dortmunder Werken äußerste Zurückhaltung auferlegt, aber im November 1919 war nicht mehr zu übersehen, daß die Hochöfen in einem desolaten Zustand waren und die übrigen Maschinen ebenfalls den Geist aufzugeben drohten. Was 1913 noch für 300000 Mark zu haben war, würde nun 2,6 Millionen Mark verschlingen, wobei die instand gesetzten oder neuen Maschinen allerdings auch mit einem Bruchteil der zuvor benötigten Kohle betrieben werden konnten. Ungeachtet der damit verbundenen Kosten stimmte Stinnes dieser Investition zu, ohne lange zu zögern, und begründete dies so: «In 1921 oder 1920 ist es nicht ausgeschlossen, daß die Kohlenförderung sich stark gehoben hat, und dann müssen wir produzieren können.»[137]

Wie die meisten Unternehmer der Schwerindustrie zogen es Stinnes und Vögler angesichts der explodierenden Baukosten vor, bestehende Firmen aufzukaufen oder Interessengemeinschaften zu bilden. Das galt insbesondere für die Verfeinerungsbetriebe und weiterverarbeitenden Werke. Hier wurden Werke aufgekauft oder zusammengeschlossen, um so die durch den Friedensvertrag verursachten Verluste auszugleichen, den Eigenbedarf an Kohle im Rahmen von Syndikatsvereinbarungen weiterhin zu sichern und die lukrativere verarbeitende Industrie zu fördern. Die Betriebe der weiterverarbeitenden Industrie litten vor allem unter Kohlen- und Geldknappheit. Unter den gegebenen Umständen wurden die Angebote aus der Schwerindustrie, wenn auch manchmal schweren Herzens, dankbar begrüßt. Vögler betrieb diese Politik von 1919 bis Anfang 1920 mit einem erstaunlichen Maß an Energie. So erwarb Deutsch-Luxemburg als Ersatz für das verlorene Werk in St. Ingbert, das in den Konzernaktivitäten eine zentrale Rolle gespielt hatte, die Drahtfabrik der Gebrüder Knipping in Altena. Der für den Kauf gezahlte Preis und die Zahlungsmodalitäten werfen ein bezeichnendes Licht auf die inflationären Verhältnisse. Die ehemaligen Besitzer, die das Werk als leitende Angestellte von Deutsch-Luxemburg weiterhin leiten sollten, erhielten ein über zehn Jahre zahlbares Entgelt von 600000 Mark, wobei die am Friedenswechselkurs berechnete Zahlung in Reichsgoldmünzen oder in englischer, holländischer oder belgischer Währung zu erfolgen hatte. Anfang 1920 stand Vögler in Verhandlungen über drei wichtige Interessengemeinschaften. In zwei Fällen handelte es sich um Unternehmen der stahl- und drahterzeugenden Industrie in Werdohl, nämlich die Stahlwerke Brüninghaus – zuvor in einer lukrativen Interessengemeinschaft mit dem inzwischen liquidierten Rombacher Hüttenwerk in Lothringen zusammengeschlossen – und die Friedrich Thomé AG. Beide Firmen fabrizierten hochwertige Erzeugnisse und besaßen für einige ihrer Produkte ein Weltmonopol. Die Verhandlungen über diese beiden IG-Bildungen wurden Mitte März zu einem erfolgreichen Abschluß gebracht, während sich die Gespräche über das dritte IG-Projekt mit der Firma Carl Berg in Eveking und ihrem Tochterunternehmen Kugel & Berg GmbH in Werdohl noch bis Juni hinzogen. Das metallverarbeitende Werk Carl Berg hatte sich auf die Kupfer- und Aluminiumverarbeitung für Elektrogeräte spezialisiert, während Kugel & Berg Stahldrähte und Eisenprodukte fertigte. Die Bildung dieser Interessengemeinschaften erfüllte Vögler mit Begeisterung:

> «Nach meiner festen Überzeugung werden die sämtlichen Interessengemeinschaften uns schon im ersten Jahr solche Überschüsse bringen, daß die Dividende für die nächsten zehn Jahre herausgewirtschaftet wird. Die Preise, die gerade Brüninghaus erzielt, sind etwa die doppelten derjenigen unserer Walzung, während die Mehrkosten vielleicht 10–15% betragen. Der monatliche Reingewinn wird etwa dem Aktienkapital gleichkommen.»[138]

Bei alledem verfuhr Vögler bei seiner Begeisterung überaus selektiv, und in seinen Berichten an den Aufsichtsrat von Deutsch-Luxemburg, in denen er diesen stets zustimmungheischend vor vollendete Tatsachen stellte, wies er vor allem auf die Verbindung zwischen neuerworbenen Werken und solchen hin, die sich bereits im Konzernbesitz befanden. Beispielsweise hatte die Beteiligung von Deutsch-Luxemburg an den Elektro-Werken und den Wildermann-Werken nie seine Zustimmung gefunden, weil er die geschäftliche Verbindung aufgrund des geringen Auftragsvolumens als nicht lohnend empfand, und er war bereit, Stinnes die Deutsch-Luxemburg-Anteile trotz der profitablen Geschäfte dieser Gesellschaften zu überlassen. An dieser Einstellung hielt er ungeachtet der Tatsache fest, daß Deutsch-Luxemburg im Frühjahr 1919 über diese Firmen Devisen hatte beschaffen können, die das Unternehmen benötigte, um offene Erzrechnungen zu begleichen.[139]

Obwohl Vögler an die Weisungen von Stinnes gebunden war, wachte er offenbar eifersüchtig über seine Pfründe. Zwar überließ er Minoux bereitwillig das Ruder in den elektrochemischen Werken und anderen Bereichen, die Stinnes diesem zugewiesen hatte, aber er reagierte hochgradig verärgert, als Minoux ungefragt eine Million Mark aus dem Kapitalstock von Deutsch-Luxemburg entnahm, um die Aktienmehrheit der Loeb-Automobilwerke AG in Charlottenburg zu erwerben, die bald darauf in Dinos-Automobilwerke umbenannt werden sollten. Gewiß, Minoux hatte einmal mit ihm über die Möglichkeit gesprochen, die Beteiligung an den Imperator-Motorenwerken zugunsten von Loeb-Aktien zu verkaufen, aber am Ende traf die Transaktion Vögler völlig unvorbereitet. Abgesehen davon, daß er darauf pochte, über Geschäfte informiert zu werden, die Minoux in seiner Eigenschaft als Generaldirektor der Vereinigten Berliner Kohlenhandels AG (V. B.K.) tätigte, weil Deutsch-Luxemburg immerhin fünfzig Prozent des Kapitals dieser Gesellschaft kontrollierte, empfand Vögler Minoux' Vorgehen als direkte Einmischung in seinen eigenen Zuständigkeitsbereich und ließ ihn dies auch in unmißverständlichen Worten wissen. Als Stinnes zu Minoux' Gunsten zu vermitteln versuchte, indem er auf dessen glückliche Hand bei den jüngsten Übernahmen (Königsberg und Hillegossen) hinwies und Vögler vorhielt, er selbst habe in der Vergangenheit nicht selten eigenmächtig gehandelt, wies Vögler dies entschieden zurück. In seinen Augen standen die Fähigkeiten von Minoux in dieser Auseinandersetzung überhaupt nicht zur Debatte, und was seine eigene Person betraf, so stritt er ab, je etwas ohne vorherige Rücksprache und gründliche Abwägung unternommen zu haben:

> «Wenn nun Geschäfte wie die Loeb-Transaktion, die ganz aus dem Rahmen der V. B. K. herausfallen, dafür aber unmittelbar in unser eigenstes Arbeitsgebiet, nämlich die Verfeinerung von Eisen und Stahl, hineinreichen, von Herrn Minoux ohne jede Fühlungnahme mit uns vorgenommen werden, so vermag ich dies unter keinen Umständen als richtig und als zweckmäßig zu bezeichnen. Gerade die in Vorbereitung befindlichen Interessenkomplexe hätten eine eingehende Überlegung und Rücksprache nötig gemacht. Ich bin wirklich der letzte, der unseren Mitarbeitern die Freude an der selbständigen Arbeit verkümmert. Hier aber sind Vorgänge zu verzeichnen, die im Geschäftsbetrieb einer AG einfach nicht möglich sind. Herr Minoux hat weit über seinen Geschäftsbereich hinaus in direkte Angelegenheiten des Vorstandes von D. L. eingegriffen und so seine Stellung zum mindesten in diesem Falle falsch aufgefaßt ... Ich möchte einmal das Gesicht von Herrn Minoux sehen, wenn einer der Vorstandsmitglieder von D. L. für die V. B.K. Geschäfte abschlösse.»[140]

Wie dieser Konflikt gelöst wurde, ist nicht aktenkundig, es gibt jedoch keine weiteren Hinweise auf irgendwelche Auseinandersetzungen zwischen Vögler und Minoux in dieser Zeit, so daß man davon ausgehen kann, daß Minoux von da an etwas mehr Vorsicht walten ließ. Dennoch ist dieser Zwischenfall recht aufschlußreich, weil er nicht nur die Gefahr persönlicher Zwistigkeiten in den obersten Etagen des Stinnes-Konzerns demonstriert, sondern auch zeigt, in welchem Maße durch die zunehmende Komplexität und Verflechtung dieses Geschäftsimperiums der Überblick und die Kontrolle verlorengehen und es zu Funktionsstörungen kommen konnte. Und das bereits in einer Phase, in der die Expansion gerade erst begonnen hatte. Wie sich jedoch noch zeigen wird, sollte Vögler seine Aktivitäten im elektrochemischen Bereich des Stinnes-Imperiums eher noch verstärken, als daß er sie bremste. Wichtig ist jedenfalls, daß Vögler und Stinnes in grundsätzlicher Übereinstimmung handelten.

Beispielsweise waren sie beide außerordentlich interessiert an einer Verbindung mit dem größten Unternehmen der österreichischen Schwerindustrie, der Alpine Montangesellschaft in der Steiermark, und in dieser Sache kam ihnen ihr langjähriger Kontakt zu Camilio Castiglioni sehr zugute. Die Alpine Montangesellschaft hatte ihre Kohlenzechen und andere Industrieanlagen in den nun zum Staatsgebiet der Tschechoslowakei gehörenden Regionen verloren und war damit zur leichten Beute für ausländische Investoren geworden. Der in Triest geborene Castiglioni hatte das Glück, nach dem Krieg die italienische Staatsbürgerschaft zu erhalten, ohne seine alten Kontakte und Besitztümer in Österreich und in anderen Gebieten der ehemaligen österreichisch-ungarischen Monarchie aufgeben zu müssen. So konnte er als Landsmann mit italienischen Industriellen Geschäfte machen und gewann damit den unschätzbaren Vorteil, in einer Zeit, in der die österreichische Krone ihren Weg in die Bedeutungslosigkeit antrat, Zugriff auf Lire-Quellen zu haben. Offenbar wandten sich Stinnes und Vögler bereits im Sommer 1919 mit der Bitte, Alpine-Anteile für Deutsch-Luxemburg aufzukaufen, an Castiglioni, denn dieser ließ Stinnes Anfang August wissen, er habe wegen einer Reise in die Schweiz die Gelegenheit verpaßt, 200000 Alpine-Anteile zu erwerben, die in Wien zum Kauf angeboten worden seien. So hatte eine italienische Unternehmensgruppe zugegriffen, die schon vorher die Aktienmehrheit an der Alpine Montangesellschaft innegehabt hatte. Nach Castiglionis Einschätzung war diese Gruppe jedoch durchaus daran interessiert, mit den Deutschen ins Geschäft zu kommen. Für den Augenblick schienen die Italiener zwar vorrangig daran interessiert, Erz aus den Alpine-Gruben nach Italien einzuführen, aber seine Prognosen waren zuversichtlich:

> «Ich dagegen bin der Meinung, daß die Alpine eine unvergleichlich größere Zukunft hätte, wenn man auch in der Lage wäre, sie mit Kohle zu versehen und dort wie bisher Fertigfabrikate zu erzeugen. Dies habe ich auch dem Konsortium, welches die Alpine in Wien gekauft hat und das ich in Italien zu sprechen Gelegenheit hatte, gesagt und es ist nicht ausgeschlossen, daß ich, wenn Sie für die Sache Interesse haben, eine Annäherung zustandebringen könnte.»[141]

Stinnes war zwar enttäuscht, daß ihm diese Gelegenheit entgangen war, beeilte sich aber, Castiglioni zu versichern: «Sowohl Herrn Vögler wie mich würde es lebhaft interessieren, zu den jetzigen Machthabern bei der Alpine gelegentlich in Beziehung zu treten.»[142] Castiglioni, der häufig auch als der «österreichische Stinnes» bezeichnet wurde, arbeitete offensichtlich gern mit Stinnes zusammen. Er nutzte die Gelegenheit, ihm eine Beteiligung in Höhe von einer Million Lire an einem Bankhaus anzubieten, die er zu dieser Zeit im Auftrag und mit Kapital der Banca Commerciale Italiana in Österreich aufbaute. Stinnes zeigte großes Interesse an diesem Projekt.[143]

Jedenfalls schien die Alpine schon zu einem recht frühen Zeitpunkt des Nachkriegsroulettes ein reizvolles Objekt für Stinnes und Vögler zu sein, weil sie in dem Unternehmen offensichtlich eine Basis für Kohlenverkäufe und einen Ausgangspunkt für Geschäfte in Mitteleuropa, Italien und in den Balkanländern sahen. In welcher Hinsicht genau dieses Projekt allerdings in das Industrieimperium paßte, dessen Wiederaufbau sie betrieben, war 1919 vermutlich nicht ganz klar. Fest steht lediglich, daß Stinnes über Castiglioni Kontakt zur Fiat-Gruppe aufnahm, die Ende des Jahres die Aktienmehrheit bei Alpine erworben hatte, und keinen Hehl aus seinem Interesse an dem österreichischen Unternehmen machte. Um die Jahreswende 1919/1920 taten sich in dem industriellen Umfeld, in dem Stinnes agierte, jedoch ganz neue und unerwartete Perspektiven auf.

Es war nicht Stinnes, der den ersten Anstoß zu dieser Wendung der Ereignisse gab; die Initiative ging vielmehr von Vögler und dem Siemens-Generaldirektor Henrich aus. Während es innerhalb der elektrotechnischen Industrie und besonders zwischen Siemens und AEG zahlreiche und oftmals halbherzige Gespräche über die Möglichkeiten einer horizontalen Konzentration gegeben hatte, förderten die Nachkriegsverhältnisse eher das Konzept einer vertikalen Konzentration, wie sie in der Eisen- und Stahlindustrie stattfand. Besonders die Schwierigkeiten bei der Rohstoffversorgung bereiteten Henrich Kopfzerbrechen, und er bezeichnete Kohle und Eisen als das «Rückgrat unserer Volkswirtschaft».[144] Er war besorgt über die Spannungen zwischen der Schwerindustrie und den Fertigungsbranchen, die um die Jahreswende 1919/1920 ihren Höhepunkt erreicht hatten, denn in seinen Augen kam es entscheidend auf ein geschlossenes Vorgehen der Industrie und eine Lösung der bestehenden Probleme ohne staatliche Interventionen an. Was in der Sozialpolitik und in der Politik im allgemeinen möglich war, mußte seiner Überzeugung nach auch in den wirtschaftlichen Beziehungen zu erreichen sein, eine Einschätzung, in der er sicherlich durch seine Erfahrungen mit der ZAG bestärkt wurde, die er in enger Zusammenarbeit mit Stinnes und Vögler ins Leben gerufen hatte.

Der Rohstoff, der Henrich 1919 die größten Sorgen bereitete, war Dynamoblech, das die Hersteller von elektrischen Maschinen und Geräten bisher von der Bismarckhütte und der Friedenshütte in Oberschlesien bezogen hatten. Wenn dort, wie zu befürchten war, die Polen ans Ruder kamen, würde die Versorgung nicht mehr sichergestellt sein. Überdies befürchtete Henrich, die Werke könnten an ausländische Besitzer übergehen, die ihre Produkte wegen der schwachen deutschen Mark nur ungern an deutsche Abnehmer verkaufen würden. Als Henrich das Problem zur Sprache brachte, schlug Stinnes die Firma Philipp Weber als Ausweichmöglichkeit vor, die während des Krieges von Deutsch-Luxemburg übernommen worden war. Die Firma hatte ihren Sitz in Brandenburg an der Havel. Diese Stadt lag nicht weit von Berlin, dem Zentrum der elektrotechnischen Industrie, entfernt und bot somit, was den Transport betraf, einige Vorteile gegenüber dem Standort Oberschlesien. Die Firma hatte darüber hinaus gute Verbindungen zum Berliner Schrotthandel und beschäftigte Arbeiter, die «nicht durch die Berliner Verhältnisse infiziert» waren. In dem Werk waren bereits drei Siemens-Martin-Öfen in Betrieb, und ein weiterer konnte problemlos installiert werden, um den Bedarf der Berliner an Dynamoblech zu decken.

Unter diesen Gesichtspunkten nahmen Henrich und Vögler konkrete Gespräche auf und kamen zu dem Entschluß, gemeinsam den Bau eines neuen

Hochofens und eines kompletten Walzwerkes zur Belieferung der elektrotechnischen Industrie zu finanzieren. Als sie ihre Pläne jedoch am 5. Januar 1920 Stinnes unterbreiteten, lehnte dieser sie mit dem Hinweis auf die enormen Probleme ab, die es nach sich ziehen würde, wenn man in ein bestehendes Werk eine finanziell separate, technisch jedoch voll integrierte Produktionseinheit hineinsetzte. Henrich fand dieses Argument nicht sonderlich überzeugend und verwies auf die zahlreichen Präzedenzfälle für solche Konstruktionen in den Siemens-Schuckert-Werken (SSW). Er sah in dem Projekt nicht zuletzt eine Gelegenheit, dem Mißtrauen der Berliner Fabrikanten gegen die Schwerindustrie entgegenzuarbeiten, und machte deutlich, daß sich die Zeiten ändern und die Tage kommen würden, in denen weltweit die Nachfrage nach Fertigprodukten nachlassen und die Schwerindustrie auf die Fertigungsindustrie als Abnehmer ihrer Rohstoffe angewiesen sein würde. Diese Gespräche mündeten in ein außergewöhnliches Projekt, nämlich die Gründung einer Interessengemeinschaft zwischen Deutsch-Luxemburg, MAN und Siemens, in der die einzelnen Mitglieder ihre finanzielle und wirtschaftliche Unabhängigkeit behalten, ihre Gewinne aber in einen Topf werfen sollten.

Damit waren zwar Henrichs Sorgen um den Dynamoblech-Nachschub nicht ausgeräumt, aber Vögler informierte ihn in einem Gespräch am 16. Januar darüber, daß er in der Überzeugung, Stinnes werde sich letztendlich nicht gegen ihre Pläne sperren, den Bau des vierten Hochofens in Auftrag gegeben hatte. Ihr Sinnen und Trachten richtete sich jetzt auf ein höheres Ziel, das immer größere Dimensionen annahm. Vögler wollte nun auch die GBAG in die IG-Pläne einbeziehen, «um die breiteste Kohlebasis, die wir in Deutschland haben, uns zu sichern». Die Tage, in denen Vögler für einen Verkauf der Bochumer Zechen an die Franzosen plädiert hatte, waren eindeutig vorbei, denn es gab in Deutschland jetzt mehr als genug Abnehmer für ihre Produkte. Er hatte sich auch Gedanken über die organisatorische Struktur der geplanten Interessengemeinschaft gemacht und schlug vor, einen Aufsichtsrat zu bilden, dem Salomonsohn (GBAG), Stinnes (Deutsch-Luxemburg), Freiherr von Cramer-Klett (MAN) und C.F. von Siemens (SSW) angehören sollten. Der Vorstand sollte sich aus Kirdorf, Vögler, Rieppel und Henrich zusammensetzen und durch den fähigsten technischen Experten sowie je einen Finanzexperten aus den einzelnen angeschlossenen Konzernen unterstützt werden. Zudem sollten zwei Spitzenleute für die kaufmännischen Fragen gewonnen werden. Henrich schlug darüber hinaus vor, Siemens & Halske in die Interessengemeinschaft aufzunehmen. Er legte besonderes Gewicht auf die politische Seite des Projekts und erklärte, die IG müsse sowohl in den verschiedenen Wirtschaftsverbänden als auch im Reichstag durch Vertrauenspersonen vertreten sein; er äußerte die Hoffnung, für den Aufsichtsrat Männer gewinnen zu können, die als Abgeordnete im Reichstag saßen. Auch Vögler hatte ein vorläufiges Modell für die relativen Anteilsgrößen der einzelnen IG-Mitglieder und eine Formel für die Gewinnverteilung ausgearbeitet. Ebenso wie Henrich maß er den überseeischen Unternehmungen von Siemens und Stinnes besondere Bedeutung für die neue IG zu. Henrich erklärte, daß «der Grundsatz aller Gesellschaften der sein müsse, nur ein erstklassiges Produkt in Qualität sowohl wie in der Konstruktion zu erzeugen, so daß der Weltmarkt nicht an ihm vorbeigehen könne».

Vögler sah der Reaktion der Brüder Kirdorf mit großem Optimismus entgegen. Tatsächlich zeigten sich Adolf und Emil Kirdorf sehr interessiert an einer Verbindung mit Deutsch-Luxemburg und sprachen sich sogar für eine Fusion der beiden Konzerne aus. Die GBAG hatte sämtliche Eisen- und Stahlwerke verloren, die beiden Brüder waren nicht mehr die Jüngsten, und Deutsch-Luxemburg war als dynamisches Unternehmen mit erstklassigem Personalbestand bekannt. Stinnes und Vögler plädierten jedoch für eine Interessengemeinschaft anstelle einer Fusion, weil letztere, wie schließlich auch die Brüder Kirdorf einräumten, einen zu großen bürokratischen Organisationsaufwand erforderlich gemacht hätte. Während sie vom Siemens-Konzern eine sehr hohe Meinung hatten und den Plan einer Interessengemeinschaft mit ihm begrüßten, äußerten sie hinsichtlich der MAN Bedenken. Sie hielten das Unternehmen für zu klein, um sich mit den drei Branchenriesen zu einer IG zusammenzuschließen. Wie aus dem Bericht Henrichs über die Unterredung mit Vögler hervorgeht, bestand Stinnes jedoch darauf, «... daß man bei der technischen Entwicklung in Zukunft die MAN nicht entbehren könne. Er verwies auf den Ölmotor für Schiffahrtszwecke, der seiner Ansicht nach bei der Verteuerung der Frachten in Zukunft für die Schiffahrt ausschlaggebend sei. Er wies auf den Dieselmotor, die Gasmaschine, die Entwicklungsfähigkeit der Traktoren und ähnliche technische Gesichtspunkte hin. ...»

Henrich und Vögler, die beide den technischen Aspekt für überaus wichtig hielten, teilten seine Ansicht in diesem Punkt. Gleichzeitig zeigte Vögler kein großes Interesse mehr daran, den Phoenix-Konzern in die IG einzubeziehen, weil in seinen Augen dessen Produktlinien zu ähnlich waren und er auch schon aufgrund seiner Größe nicht sinnvoll zu integrieren war. Seiner Meinung nach mußte als erstes der Zusammenschluß zwischen GBAG und Deutsch-Luxemburg in Angriff genommen werden, da eine IG innerhalb der Schwerindustrie wesentlich leichter zu bewerkstelligen sei als das Zusammengehen mit Unternehmen der Fertigungsindustrie.

Anfang Februar regte Stinnes, der sich offensichtlich inzwischen für das Projekt erwärmt hatte, ein Treffen zwischen Henrich und Siemens, ihm selbst und Vögler an, das am 10. des Monats stattfand. Er leitete die Besprechung bezeichnenderweise mit einer allgemeinen Einschätzung der politischen und wirtschaftlichen Lage ein und würdigte dabei vor allem die Überstundenvereinbarungen im Bergbau als Voraussetzung für die Bildung einer so großen Interessengemeinschaft, die in der Lage sein sollte, produktiv zu operieren und ihre Erzeugnisse erfolgreich zu vermarkten. Auf das geplante Projekt bezogen, konnte Stinnes berichten, daß sich der Aufsichtsratsvorsitzende der GBAG, Salomonsohn, überaus positiv zu einer IG mit dem von ihm hochgeschätzten Siemens-Konzern geäußert und darüber hinaus zugesagt hatte, alle diesbezüglichen Pläne vor der AEG, in deren Aufsichtsrat er ebenfalls saß, geheimzuhalten. Henrich nahm diese Nachricht einerseits erfreut auf, zeigte sich aber nach wie vor besorgt hinsichtlich des Problems der Dynamobleche. Ihm lagen Angebote von Deutsch von der AEG über eine Zusammenarbeit in Spanien vor, und US-amerikanische Interessenten hatten ihm eine Kooperation in Nord- und Südamerika angetragen. Stinnes und Vögler hielten dem entgegen, daß sie ihm in Spanien eine wesentlich günstigere Position verschaffen konnten als die AEG und daß darüber hinaus Stinnes' Verbindung mit der Alpine Montangesellschaft in Wien geeignet war, der SSW ganz neue Beziehungspotentiale zur Fiat-Gruppe zu eröffnen. Seine eindrucksvollsten Vorstellungen gab Stinnes, wenn er sich und sein Unternehmen bestmöglich verkaufen wollte, und so verschlug sein Bericht über die Entfaltung seiner Aktivitäten Henrich schier die Sprache, was vermutlich nicht einmal ganz unbeabsichtigt war:

> «Er zählte eine Reihe von Unternehmungen auf, die eine ganz systematische Verfolgung eines bestimmten Zieles erkennen ließen. Vom Holz angefangen bis zur fertigen Maschine will er eine Interessengemeinschaft zusammenschmieden. In das Gebiet der Holzindustrie fällt die Zellulose. Der Erwerb einer Zellulosefabrik deutete darauf hin. Herr Stinnes denkt dabei lebhaft an Ersatz von Baumwolle durch Zellulose, besonders auf dem Umweg über die Faserindustrie, deren Versuche anscheinend schon ein sehr gutes Resultat ergeben haben. Auch Herr Vögler erzählte mir, daß er bereits einen Anzug aus Langfaser trage, er allerdings noch nicht gewagt habe, im Regen mit diesem Anzug auszugehen.
>
> In dasselbe Gebiet fällt auch die beabsichtigte Erwerbung eines Waldkomplexes von 240000 Morgen in der Nähe von Minsk, die Herr Stinnes über dem Umwege Holland von einer russischen Gräfin, für deren Mann er sehr gesorgt hat, für 15 Millionen Papiermark herbeiführen will. – Es wurden alle Perspektiven und alle Vorzüge eines solchen Interessenkonzerns besprochen. Wir streiften die Frage des Ölmotors für Schiffahrtszwecke, die Preise des Tieftemperaturteers mit allen seinen Möglichkeiten, die Frage der Ölgewinnung auch für Schalter- und Transformatorenöl, die evtl. Versorgung mit Braunkohle durch die Riebeck'schen Montanwerke, in deren Aufsichtsrat Herr Stinnes auch sitzt. – Das entrollte Bild war ein so mannigfaches, daß es schwer ist, all die Momente wiederzugeben, die in dieser Besprechung erörtert wurden. Herr Stinnes war der Meinung, daß, um die Sache nicht zu komplizieren, es doch nötig sei, Gelsenkirchen und Deutsch-Luxemburg in dem Interessenkonzern zu vereinigen und dann gleich die Frage mit uns zu behandeln, und betonte, daß wir vorläufig aneinander gebunden seien, und daß jedenfalls die heutige Unterredung den Zweck haben müsse, sich absolut für die nächste Zukunft aneinandergebunden zu betrachten. Wir widersprachen dieser Auffassung nicht.»

Henrich war offensichtlich zu dem Schluß gekommen, Stinnes habe große Ziele und Pläne vor Augen, und genau das war zweifellos der Eindruck, den Stinnes zu erwecken beabsichtigte. In Wirklichkeit aber hatte er einerseits aus der klaren Vorstellung heraus, welche Richtung eine moderne Wirtschaft in Deutschland einschlagen sollte, eine Vision entworfen und andererseits den Plänen, die zunächst der Sorge Henrichs um das knappe Dynamoblech und seinem eigenen Bedarf an Kapital entsprungen waren, Sinn und Ziel gegeben. Stinnes war es zwischen Kriegsende und ausgehendem Winter 1920 gelungen, eine Basis zu schaffen, von der aus er systematisch die Gelegenheiten wahrnehmen konnte, die sich möglicherweise vor dem Hintergrund des fest verankerten kollektivistischen Kapitalismus in Deutschland bieten mochten. Dank seiner Vorkriegserfahrungen mit den horizontalen und vertikalen Organisationsstrukturen in der Schwerindustrie, mit industriellen Mischkonzernen wie der RWE und mit der Organisation internationaler Handelsunternehmen hatte er sich die intuitive Fähigkeit erworben, mit den verwobenen privaten und öffentlichen Interessen zu jonglieren, die auch unter den chaotischen Verhältnissen und sozialen Unruhen der Nachkriegszeit die Wirtschaftsszene in Deutschland bestimmten.

Seine unternehmerischen Aktivitäten waren von einem Gemisch aus entschlossener, zäher Hartnäckigkeit und bestechender Flexibilität und Fantasie geprägt. Die Einmischungen des Wirtschaftsministeriums waren ihm verhaßt; besonders der von Hirsch propagierte Gedanke einer staatlichen Steuerung von Kapitalinvestitionen war ihm ein Greuel, und er verurteilte aufs heftigste die staatlichen Eingriffe in die Selbstverwaltung des Reichskohlenrats. Andererseits bestärkte er Wirtschaftsminister Schmidt bereitwillig in seinen Bemühungen um einen stärkeren staatlichen Einfluß im Bergbau und um die Gründung gemischtwirtschaftlicher Unternehmen, erwartete allerdings als Gegenleistung von Schmidt, daß dieser die von der Kohlenbranche gewünschten Preiserhöhungen durchsetzen half und keinen Einfluß darauf nahm, wie die Privatwirtschaft ihre Erträge verwendete. Diese Linie verfolgte Stinnes in einem Gespräch mit Schmidt am 11. März 1920:

> «Der vom Reichswirtschaftsminister erstrebte Beginn einer gemeinsamen und Gemischtwirtschaft im Bergbau erfordert bedeutende Geldmittel. Vielleicht werden sich diese durch weitere, vom Reichswirtschaftsminister notfalls in Aussicht genommene Preiserhöhungen von 4,50 Mk. gewinnen lassen. Mit einem so angesammelten Fonds würden neue Schachtanlagen auf gemeinwirtschaftlicher Grundlage (Beteiligung von Reich, Kommunen und Privaten) angelegt werden können. Herr Stinnes gab seine Zustimmung zu diesem Projekt, da er derartigen Unternehmungen, die bereits im Erftwerk und R. W. E. ihren Ausdruck gefunden haben, nicht unsympathisch gegenüber steht. Nur ist er der Ansicht, daß das Reich nicht in die alten ausbalancierten Betriebe hineinkommen dürfe.
>
> Herr Stinnes will dem Reichswirtschaftsminister mit einem Projekt bei der Ausarbeitung seiner Pläne behilflich sein.»[145]

Letztlich strebte er seinen eigenen Ausführungen zufolge bei alledem Preisstabilität an, die er als Voraussetzung für eine Verbesserung des Mark-Wechselkurses und schließlich auch für eine Senkung der Kohlenpreise betrachtete. Er mahnte jedoch nachdrücklich, dieses Ziel «dürfe man nicht durch eine falsche Preispolitik herauszögern».

Seine beharrliche Forderung nach direkten Verhandlungen mit den Franzosen über Kohle und andere Fragen und seine harsche Kritik an der Nachgiebigkeit und mangelnden Fachkenntnis der Regierung ließ einmal mehr seine harte und kompromißlose Seite erkennen. Entnervt über die Verhandlungsführung der Regierung in den Gesprächen mit Frankreich zur Bauxit- und Aluminiumfrage, schrieb er an Lueck vom Erftwerk:

> «Wie die Dinge sich gestaltet haben, würde ich es für das richtigste halten, daß Sie zu ermitteln suchen, wer auf französischer Seite Interessent ist. Sobald uns das bekannt ist, würde ich eventuell durch meine Pariser Vertretung diese Interessenten wissen lassen, daß wir zu einer unmittelbaren Verhandlung, ohne überhaupt die Reichsinstanzen zu fragen, bereit sind. Wir würden dann einfach die deutsche Regierung vor ein fait acccompli stellen, nachdem sie durch ihre geschäftliche Unfähigkeit uns bisher an einer sachgemäßen Erledigung der Dinge gehindert hat.»[146]

So problematisch seine Neigung gewesen sein mag, Unternehmerdiplomatie an die Stelle staatlichen Handelns zu setzen, so muß man ihm doch zugestehen, daß er sich bei seinen Überlegungen zur internationalen Lage zwischen großen Visionen und nüchterner Kalkulation bewegte und von der Rassenideologie der Alldeutschen um Hugenberg relativ unberührt blieb. Wie wir bereits gezeigt haben, war es für ihn kein Problem, seine Geschäfte unter neutraler Flagge zu tätigen. Er begrüßte den Vorschlag Hugenbergs, britische Pressevertreter nach Deutschland einzuladen, damit sie sich vor Ort ein Bild von den Verhältnissen machen konnten, vertrat aber die Meinung, der Anstoß dazu müsse von den Briten selbst ausgehen, denn «der Verprügelte muß sich zurückhalten». Mit unerbittlicher Ablehnung reagierte er indes auf Hugenbergs ständige Versuche, in Belgien Flamen und Wallonen gegeneinander auszuspielen, weil er die Flamen, die während des Krieges mit der deutschen Zivilverwaltung zusammengearbeitet hatten, für «durchweg minderwertig und/oder korrupt» hielt. Mit einer solchen Politik wäre die Unterdrückung der Flamen zementiert worden, und man hätte Engländer und Franzosen unnötig verärgert. Dabei hatte Stinnes eigentlich nicht grundsätzlich etwas dagegen, sich in ethnische Konflikte einzumischen. So sprach er sich dafür aus, die niederländischen Kräfte in Flandern zu stärken, wobei eine solche Verbindung in seinen Augen sich letztendlich gegen die Engländer gerichtet hätte.[147]

Nach wie vor hatte Stinnes eine Vorliebe dafür, große internationale Visionen zu entwerfen. Nachdem er sich einen guten Teil des Tages nüchtern mit der Frage beschäftigt hatte, ob Geschäftsbeziehungen mit dem bolschewistischen

Rußland überhaupt möglich seien, ließ er sich wesentlich weniger nüchtern über dieses Thema aus, als er von elf Uhr abends bis zwei Uhr nachts mit Fehrmann, Osius und dem Vizeadmiral a.D. Albert Hopman im Berliner Hotel Adlon gemütlich zusammensaß. Hopman hielt seine Eindrücke von dieser Begegnung in seinem Tagebuch fest:

> «Stinnes bezeichnet Paktieren mit der Sowjetregierung als Verbrechen, sagt, die rote Armee kann nur leben, wenn sie weiter raubt, muß niedergeschlagen werden. Wir müssen sie an unsern jetzigen Grenzen abfangen, durch Korridore durchstoßen und dann unsere früheren Grenzen mit Verbesserung wieder bekommen. Wir müssen mit Rußland zusammenkommen entweder mit ganz Europa oder, falls Frankreich nicht will, gegen dieses. Wenn es nach ihm ginge, würde er dasselbe machen, was er schon für den Fall eines Sieges 1916 geraten habe, Zollverein mit Frankreich, dazu Belgien, Holland, Spanien, Italien. Die hysterischen Franzosen seien dafür aber wohl kaum zu haben, höchstens unter dem Druck Englands. Käme es nicht zu einem Verständnis, so sei ein neuer Krieg unvermeidlich. Wirtschaftlich sei Frankreich bald schlimmer dran als Deutschland, da der Franzose zu faul sei und nicht organisieren könne. Europa kann nur als geschlossener Wirtschaftsblock sich der englischen Versklavung entziehen. Die bisherigen nationalen Gegensätze müßten allmählich vor einem europäischen Nationalismus verschwinden. Seine Ausführungen sehr interessant, zeigen, was für ein genialer Kopf er ist. Den Vorschlag ... sich zur Herbeiführung eines Zusammengehens mit französischer Industrie mal mit Haguenin zu unterhalten, lehnt er ab, weil es noch zu früh und jetzt aussichtslos sei. Man müsse die Franzosen kommen lassen.»[148]

Solche Überlegungen waren verständlicherweise nicht für die Ohren der Öffentlichkeit bestimmt, sie waren auch im Gespräch mit den Berliner Regierenden kein Thema, die sich zu diesem Zeitpunkt der deutschen Geschichte wohl kaum besonders dafür interessierten. Aber auch wenn man in Berlin nach wie vor eine Politik betrieb, die Stinnes vehement ablehnte, suchten die Regierungsvertreter doch in wirtschaftspolitischen Angelegenheiten nur zu gern seinen fachkundigen Rat. Das war ein untrügliches Zeichen für die Schwäche dieser Regierung im Umgang mit der Rechten wie der Linken einerseits und ihre enorme Unsicherheit andererseits, die sie empfänglich machte für Stinnes' kompetente Lösungsvorschläge und seine Fähigkeit, die Folgen und Implikationen der Regierungspolitik unter den gegebenen wirtschaftlichen Voraussetzungen abzuschätzen. Beispielsweise war man sich in der Regierung durchaus darüber im klaren, daß die Zwangswirtschaft im Wohnungsbau- und Nahrungsmittelsektor ein teures und letztendlich unwirksames Instrument zur Wahrung des sozialen Friedens war. Stinnes hatte eine einfache Lösung parat. Er plädierte für die Freigabe des Getreidepreises, damit die Bauern keinen Anlaß mehr hatten, Getreide an das Vieh zu verfüttern. Ein Teil der daraus erzielten Gewinne sollte, wie im Falle der Kohlenpreiserhöhungen, zurückgehalten und für die Landbesiedelung und den

Wohnungsbau verwendet werden, während gleichzeitig die Mietpreisbindung aufgehoben werden sollte.[149]

Noch größeres Gewicht hatten Ratschläge, die Stinnes in Währungsfragen gab, zumal offenkundig war, daß er es, nach eigenen Rezepten verfahrend, mit nachweislichem Erfolg verstand, die Klippen der Inflation zu umschiffen. Als sich der Wiederaufbauminister Gessler Anfang Februar mit der Forderung konfrontiert sah, Wiederaufbauprojekte zu Festpreisen oder Goldmarkpreisen zu berechnen, holte er zuvor Stinnes' Rat ein, und dieser warnte ihn in unmißverständlichen Worten vor den damit verbundenen Risiken:

> «Die Kaufkraft der gegenwärtig gültigen Papiermark im Inland unterscheidet sich immer mehr wesentlich von der Kaufkraft der Mark im Ausland. – Das hängt im wesentlichen zusammen mit der Zwangswirtschaft, die für viele Bestandteile der gewerblichen Produktionskosten einen künstlichen Wert der Mark einschaltet.
>
> M. E. geht die Zwangswirtschaft in den nächsten Monaten ihrem fast völligen Zusammenbruch entgegen. Geht die jetzige Wirtschaft weiter, so wird es vielleicht nicht einmal möglich sein, die Zwangswirtschaft in geordnetem Wege ... abbauen zu lassen. Will das deutsche Volk leben, so wird es arbeiten müssen; wird gearbeitet werden, besonders im Kohlenbergbau und in der Landwirtschaft, so wird der Wert der Mark im Ausland steigen, denn darüber kann kein Zweifel sein, daß der Tiefstand der Mark zum großen Teil auch eine Folge des tiefen Mißtrauens gegen die deutschen politischen und wirtschaftlichen Verhältnisse ist.
>
> Im allgemeinen dürfte es nicht richtig sein, nachdem man während 1 ½ Jahren in einem fallenden Markt für die Mark immer wieder fehlerhafterweise in Mark verkauft hat, in einem Zeitpunkt, wo sich die Mark dem Nullpunkt nähert, und zeitweise im Ausland fast unanbringlich ist, nun eine Umrechnung auf besonders hochstehende Valuten vorzunehmen.
>
> Wenn ich die Angelegenheit zu bearbeiten hätte, so würde ich voraussichtlich während einiger Wochen oder Monate mich noch durchzulavieren suchen. Das Risiko wegen eines weiteren Fallens der Mark ist nicht sehr groß, dagegen kann es, wenn uns sehr große Markbeträge jetzt gutgeschrieben werden, für uns von großem Vorteil sein, diese in einem steigenden Markt für die Mark zu einem ganz anderen Umrechnungskurs später gutgeschrieben zu bekommen.»[150]

Stinnes hatte anerkanntermaßen das Beste aus der inflationären Konjunktur gemacht, die auf den Versailler Vertrag folgte, und sein politischer Einfluß wuchs mit seiner wirtschaftlichen Stärke. Das lag zumindest teilweise daran, daß er sich auf direktem Wege oder mit Vöglers Unterstützung in den verschiedensten Industrieorganisationen eine Machtposition gesichert hatte. Das Prinzip der Einflußnahme durch Branchenorganisationen erwies sich als überaus erfolgreich und verschaffte der Schwerindustrie eine starke Position. Allerdings trat Stinnes dem im Februar 1919 gegründeten Reichsverband der deutschen Industrie (RdI) zusammen mit Cuno als Vertreter der Transportwirtschaft bei. Schon bald nach seinem Eintritt wurde er als Person – nicht als Vertreter eines bestimmten Wirtschaftszweiges – in das Verbandsdirektorium gewählt und erhielt darüber hinaus einen Sitz im Präsidium. Zugleich gehörte er dem Hauptausschuß und der Fachgruppe Bergbau der ZAG an und bekleidete auch in allen anderen Bergbauorganisationen einflußreiche Ämter.[151]

In dieser Zeit verstärkte Stinnes auch seine politischen Aktivitäten. Einer der interessantesten Aspekte in der Diskussion, die Henrich und Vögler um die Bildung einer Interessengemeinschaft zwischen Schwerindustrie und elektrotechnischen Unternehmen führten, war der Hinweis auf die Vorteile, die es haben würde, wenn Aufsichtsrats- und Direktoriumsmitglieder im Reichstag vertreten wären. Darin spiegelte sich nicht nur die zunehmende Unzufriedenheit mit der Regierungspolitik und den Parteien, die angeblich die Interessen der Industrie vertraten, sondern auch der Wunsch der Industrie wider, die Sache nunmehr selbst in die Hand zu nehmen und die eigenen Interessen im Parlament stärker durchzusetzen. Alle Hoffnungen, die ZAG könne als eine Art Wirtschafts- und Sozialparlament fungieren, hatten sich zerschlagen, dafür machten sich immer deutlicher die unüberbrückbaren Differenzen zwischen Industrie und Arbeit bemerkbar. Zwar war es gelungen, die Opposition im RdI zurückzudrängen, aber im Oktober 1919 sprach sich mit dem Deutschen Metallarbeiterverband die größte Gewerkschaft gegen die Arbeitsgemeinschaftspolitik aus und beschloß ihren Austritt aus der ZAG. Vögler machte sich ernsthafte Gedanken darüber, ob es sich unter diesen Umständen überhaupt noch lohnte, die ZAG am Leben zu erhalten, die seinen Befürchtungen zufolge «russischen Verhältnissen» entgegensah.[152]

Als ebenso enttäuschend empfand er das Inkrafttreten des Betriebsrätegesetzes, das im Januar nach monatelangem Tauziehen verabschiedet wurde. Die Hoffnung auf den ursprünglich angekündigten Widerstand von Legiens Seite schwand, als Legien auf die Notwendigkeit hinwies, die Befürworter des Gesetzes in den Reihen der Gewerkschaften und der SPD bei Laune zu halten, und als klar wurde, daß selbst die Demokraten eher auf eine Modifizierung des Gesetzes als auf dessen Verhinderung hinarbeiteten. Raumer drängte Stinnes, persönlich mit Legien zu reden, aber nachdem dieser sich mit Hugenberg beraten hatte, entschloß er sich, in dieser Hinsicht nichts zu unternehmen, da er die Verhandlungen nicht so intensiv verfolgt hatte, «daß ich ohne weiteres zu den Dingen Stellung nehmen kann, und ich habe recht erhebliche Bedenken, von mir aus an Herrn Legien heranzutreten». Er befürchtete, eher Porzellan zu zerschlagen, als etwas ausrichten zu können; seine Weigerung hatte aber noch einen weiteren Grund. «Hinzu kommt, daß ich es nicht für richtig halte, die Demokraten aus den Nöten zu befreien, in die sie sich im Drange nach Betätigung hineinbegeben haben. Ich glaube deshalb, daß es sachlich und persönlich richtig ist, den Dingen ihren Lauf zu lassen.»[153] Stinnes hatte zwar nicht alle Hoffnungen auf die ZAG begraben, deren Nützlichkeit sich in der Überstundendiskussion im Bergbau immerhin erwiesen hatte, aber er hatte seine Erwartungen deutlich zurückgeschraubt. Einflußnahme setzte daher eine stärkere Einbindung in die demokratischen Strukturen des Landes voraus, auch wenn dies einigen Leuten widerstreben mochte. Im Oktober 1919 teilte Vögler dem Präsidenten des RdI, Kurt Sorge, mit, die Zeit des Nörgelns sei vorbei, man müsse statt dessen auf eine stärkere Unternehmerpräsenz im Reichstag hinarbeiten, zumal die Gelder aus den Wahlfonds der Industrie in die Kassen der DVP und der DNVP flossen, ohne daß im Gegenzug die Industriellen in nennenswerter Zahl im Parlament vertreten gewesen wären. Wenig später trat Johannes Flathmann, der für die Verteilung der Gelder aus dem Wahlfonds zuständig war, an Stinnes heran, um ihn als DVP-Kandidaten für die im Frühjahr bevorstehenden Wahlen zu gewinnen. Er versprach ihm für den Fall seiner Zusage einen sicheren Platz auf der Liste. Stinnes erklärte sich einverstanden und bestätigte damit offiziell seine Bereitschaft, sich in das parlamentarische Geschehen einzuschalten. Die Stimmung, in der er sich zu diesem Schritt entschloß, drückt sich wahrscheinlich am deutlichsten in einem Brief aus, den Vögler zu dieser Zeit an Hugenberg schrieb. «Auch mir hängt die parlamentarische Arbeit zum Halse heraus; aber ich habe das Gefühl, daß man nichts Schlimmeres tun könnte, als jetzt die Mitarbeit zu kündigen. Es fällt einem ja sehr schwer, nicht dem hoffnungslosen Pessimismus zu verfallen, da tatsächlich jeder Lichtblick fehlt.»[154]

Auch wenn Stinnes und Vögler sich mit den Zielen der DVP identifizierten, standen sie in innen- und außenpolitischen Fragen Hugenberg und Helfferich sowie den eher wirtschaftsorientierten Kräften in der DNVP sehr nahe. Vögler stand in regelmäßigem Kontakt mit Hugenberg, mit dessen Unterstützung er auch Helfferich ermunterte, seine Pressekampagne gegen Erzberger fortzusetzen, die im Winter 1919/1920 in einem spektakulären Verleumdungsprozeß gipfelte.[155] Stinnes hatte sich schon seit geraumer Zeit an den Presse- und Propagandaaktivitäten beteiligt, denen Hugenberg nach seinem Ausscheiden aus dem Krupp-Konzern Anfang 1919 seine ganze Kraft widmete. Für Hugenberg spielten Stinnes' Zellulose- und Papierunternehmen eine wichtige Rolle. Im Dezember 1919 forderte ihn Vögler auf, eine halbe Million Mark auf das Konto der von Minoux geleiteten VBK einzuzahlen und ihm mitzuteilen, welche Person aus den Reihen der DNVP als Empfänger vorgesehen sei. Darüber hinaus bat er Hugenberg um eine Spende von einer Million Mark für den Wahlfonds der Industrie, da, wie er erklärte, DNVP und DVP große Summen benötigten, um dem Einfluß der Demokraten erfolgreich entgegenzuarbeiten. Interessanterweise machte sich auch C. F. von Siemens für dieses Ersuchen stark, obwohl er die Absicht hatte, in Berlin für die DDP zu kandidieren. Offensichtlich ging es in erster Linie darum, die Interessen der Industrie durchzusetzen. Aus diesem Grund wandte sich Stinnes auch entschieden gegen alle Pläne von DVP und DNVP, bei den Wahlen von 1920 in Rheinland-Westfalen und anderen Bezirken gemeinsam aufzutreten, denn seiner

Überzeugung nach konnte die DVP der DDP eher Wähler abspenstig machen, als dies einer offenkundigen Koalition des rechten Flügels möglich gewesen wäre.[156]

Auch wenn es naturgemäß Spannungen gab zwischen der fast ausschließlich unternehmerorientierten Politik Stinnes' und Vöglers und der eines Vollblutpolitikers wie Stresemann, profitierten doch beide Seiten in vielfältiger Weise von der Verbindung. Beispielsweise war es Stresemann, der Vögler darauf aufmerksam machte, daß die «streng nationale Bismarck-Richtung» der Zeitschrift *Kladderadatsch* gefährdet war, weil der Verleger dieses ziemlich auflagenstarken politisch-satirischen Wochenblatts aus Altersgründen einen Verkauf an den liberalen Ullstein-Verlag in Erwägung zog. Die Neuigkeit ließ Vögler und Stinnes aufhorchen, und im Dezember 1919 machten sie selbst über Büxenstein den Kauf perfekt. Andererseits profitierte Stresemann insofern von der Verbindung mit Stinnes und Vögler, als Deutsch-Luxemburg regelmäßig die gesamte letzte Seite seiner Zeitschrift *Deutsche Stimmen* mit Anzeigen belegte.[157]

Tatsächlich wurden die Gelder aus der Industrie immer unentbehrlicher für die DVP, und nicht zuletzt aus diesem Grund wurde Stinnes ein Platz auf der Wahlliste dieser Partei angeboten. Als die DVP im Oktober 1919 dringend Geld in ihren Kassen benötigte, stellte Vögler Flathmann eine größere Summe in Aussicht, riet ihm aber gleichzeitig, Stinnes recht bald einen Platz auf der DVP-Liste zu sichern, da die DNVP bereits ein entsprechendes Angebot unterbreitet hatte. Ganz sicher hätte Vögler eine solche Bemerkung nicht ohne Stinnes' ausdrückliche Zustimmung gemacht. Wie dem auch sei, Stinnes bekam seinen Platz auf der DVP-Liste, und die DVP war glücklich, daß er nicht für die DNVP kandidierte.[158]

Die politische Landschaft hatte sich zweifellos seit dem Herbst 1918 nachhaltig verändert, und die Ereignisse waren Teil der allgemeinen Rechtstendenz, die sich um die Jahreswende 1919/1920 bemerkbar machte. Diese war einerseits als Reaktion auf die enttäuschten Hoffnungen im Zusammenhang mit dem Friedensvertrag zu interpretieren, andererseits als unmittelbare Folge des gewaltigen Inflationsschubs, der Industrie und Arbeiterorganisationen den Rücken stärkte. Angriffe des rechten Flügels gegen die Regierung, insbesondere gegen die überaus verwundbare Person Erzbergers, Dolchstoßlegende und allgemeine Unzufriedenheit mit der parlamentarischen Politik taten ihr übriges, um die Situation zu verschärfen. Die Inflation führte einerseits zu einem Exportboom ohnegleichen und stärkte die Industrien, die ausländische Devisen ansammeln konnten, bewirkte aber andererseits massive Preissteigerungen und zunehmende Unsicherheit. Anfang März schlug sich die Entwicklung in einer allmählichen Stärkung der Mark nieder, die auf günstige Zukunftsprognosen im Ausland für die wirtschaftliche Erholung Deutschlands zurückzuführen war. Die Überstundenregelung im Bergbau wurde als Zeichen für den wieder zunehmenden Arbeitswillen der Deutschen gedeutet. Die Gefahr drohender Verstaatlichungen schien gebannt, zumal für die bevorstehenden Wahlen ein Sieg der Rechten abzusehen war.

Der Kapp-Putsch bereitete der vielversprechenden Entwicklung jedoch am 13. März 1920 ein jähes Ende. Einige der Bannerträger dieses bizarren rechtsradikalen Umsturzversuchs waren Stinnes wohlbekannt. Er hatte in den alten Tagen der Vaterlandspartei mit Kapp zusammengearbeitet, und Kapp und seine Familie hatten Stinnes während des Krieges in dessen Feriendomizil im schwedischen Asa einen Besuch abgestattet. Stinnes hielt die Verbindung mit Kapp auch noch aufrecht, als dieser nach dem Krieg für die DNVP in Ostpreußen aktiv war, und schickte ihm Kopien seiner Vorschläge zur Beendigung der Zwangswirtschaft und zur Land- und Wohnungsbaureform. Stinnes kannte auch andere führende Köpfe des Militärputschs recht gut, insbesondere Oberst Max Bauer und General Ludendorff, die schon seit Kriegsende keinen Hehl aus ihren politischen Haßgefühlen gemacht hatten. Zu Ludendorff hatte Stinnes offensichtlich auch nach dem Krieg noch Kontakte gepflegt. Es gibt jedoch keine Hinweise auf eine Verbindung Stinnes' zum führenden Kopf des Putschs, General von Lüttwitz, zu Kapitän Pabst, der als Mittelsmann zwischen Kapp und Lüttwitz und als Beauftragter Ludendorffs fungierte, oder zu Kapitän Ehrhardt und seiner für seine Brutalität und Radikalität berüchtigten Marinebrigade und seinem Ostseebataillon.[159]

Stinnes war sich der Putschabsichten einiger der Personen, mit denen er in Verbindung stand, spätestens seit Mitte August 1919 bewußt, und sie mißfielen ihm entschieden. Vizeadmiral Hopman notierte dazu in seinem Tagebuch: «Stinnes sieht die Lage nicht für so ungünstig an ... Hält jede gewaltsame Revolution von rechts für völlig aussichtslos und verhängnisvoll und glaubt, daß die Arbeiter gegen Umsturz von links scharf Front machen werden.»[160] Stinnes unterstützte den von Eduard Stadtlers Bund entfachten Propagandakrieg gegen die Bolschewisten und stellte offensichtlich ebenso wie andere Großindustrielle großzügige finanzielle Mittel für die Nationale Vereinigung bereit, einen von Kapp, Pabst und führenden Politikern der DNVP im Oktober 1919 gegründeten Verband, der es sich ebenfalls zur Aufgabe gemacht hatte, die antibolschewistischen Kräfte in Deutschland zu vereinigen und aufeinander einzuschwören. Ludendorff und andere beteiligte Militärs hielten sich dabei dezent im Hintergrund. In dieselbe Zeit fiel die Gründung des Nationalklubs, der für «Einigkeit im nationalen Lager» sorgen sollte. Der angeblich «überparteiliche» Eliteverband setzte sich aus Staatsbeamten, Großgrundbesitzern, Industriellen und anderen einflußreichen Persönlichkeiten zusammen. Stinnes, Vögler und Kirdorf gehörten dem Vorstand dieser Berliner Vereinigung an. Fehrmann wachte über die Gelder, die aus der Industrie in die Kassen des antibolschewistischen Bundes und der Nationalen Vereinigung flossen. Die Notwendigkeit einer solchen Überwachung und der Reiz dieser Dachorganisationen muß vor dem Hintergrund der zahllosen rechtsextremen Verbände und der unübersichtlichen Verhältnisse im rechten politischen Spektrum gesehen werden. An den Stinnes-Konzern wurden ständig von den verschiedensten Gruppierungen Spendengesuche herangetragen, und es gehörte zu Fehrmanns Aufgaben, dafür zu sorgen, daß nicht jede der obskuren antibolschewistischen Vereinigungen Geld erhielt, die in dieser Zeit, wie Fehrmann feststellte, «wie Pilze aus der Erde schießen. Eine Unterstützung aller derartiger Organisationen sollte von allen Seiten grundsätzlich abgelehnt werden, da einmal die fortgesetzt erneute Unterstützung zu immer neuen Gründungen ermutigt und andererseits eine nicht wünschenswerte Verzettelung der Mittel herbeigeführt wird.»[161]

Bis die Zahlungen im Januar 1920 abrupt eingestellt wurden, ließ Fehrmann der Nationalen Vereinigung über Ludendorff offensichtlich monatlich 125 000 Mark als Abschlagszahlung auf die 1,5 Millionen Mark zukommen, die von der rheinisch-westfälischen Industrie in Aussicht gestellt worden waren. Die genauen Gründe für die Einstellung dieser Zahlungen sind nicht bekannt, jedoch muß Fehrmann von den Putschplänen und Ludendorffs Beteiligung daran erfahren und Stinnes davon berichtet haben. Stinnes bat ihn daraufhin dringend, ihn zu einem Gespräch mit Ludendorff zu begleiten. Bei dieser Unterredung stellte Stinnes klar, daß er jeden Gedanken an einen Putsch ablehne, worauf Ludendorff die ihm zur Last gelegten Vorwürfe entschieden von sich wies. Offensichtlich schenkte Stinnes, einer alten schlechten Gewohnheit folgend, Ludendorff Glauben, während Fehrmann mißtrauisch blieb, auch wenn er Stinnes damit verärgerte.[162]

Natürlich lag Fehrmann mit seinen Vermutungen richtig, wenn auch Pabst und Ludendorff einen Putsch erst im Herbst für aussichtsreich hielten. Als die Krise, die aus der Entlassung des Generals von Lüttwitz und der geplanten Auflösung der Marinebrigade Ehrhardt resultierte, um den 10. März herum eskalierte, forderte Stinnes Ludendorff über seinen Vertrauensmann Osius auf, das Schlimmste zu verhüten. Dazu war es allerdings bereits zu spät, denn nachdem Reichswehrminister Gustav Noske die Verhaftung der Putschisten angeordnet und Lüttwitz beschlossen hatte, die Marinebrigade Ehrhardt in Berlin einmarschieren zu lassen, fühlte sich Ludendorff verpflichtet, seinen politischen Freunden zur Seite zu stehen.[163] Am 13. März brach, zu Stinnes' tiefer Besorgnis, tatsächlich der Putsch aus, die Putschisten besetzten das Berliner Regierungsviertel, die Regierung floh nach Stuttgart, und die Arbeiter traten in den Generalstreik. Wie die meisten Industriellen hielt Stinnes den Putsch für ein unsinniges Abenteuer zur unpassenden Zeit, das den erzielten wirtschaftlichen Fortschritt zunichte machen und Deutschland wieder ins gerade überwundene Chaos zurückstoßen würde. Diese Ansicht hatte er schon im August vertreten, und er blieb auch jetzt bei seiner Meinung, die Kapp, wie wir noch zeigen werden, durchaus bekannt war. Gleichzeitig fürchtete Stinnes, daß der Putsch katastrophale Folgen haben und zur Auflösung der Arbeitsgemeinschaft führen würde. Stinnes scheint von Anfang an das Ziel verfolgt zu haben, die Macht der Kohle zu nutzen, um in Deutschland wieder geordnete Verhältnisse zu schaffen, was zu verwirklichen war, indem man die Arbeitsgemeinschaft der Kohlenindustrie im Ruhrgebiet darauf einschwor, Kohle nur noch zu ihren eigenen Bedingungen zu liefern. Damit wäre die Gefahr eines Bergarbeiterstreiks samt seinen negativen Folgen für die Produktion gebannt und der gesteuerten Zusammenarbeit zwischen Industrie und Arbeit der Weg geebnet.

Stinnes reiste am Tag des Putschbeginns aus Berlin ab und traf einen Tag später, am 14. März, mit Vertretern der Arbeitsgemeinschaft für den Bergbau zusammen. Zu diesem Treffen brachte er eine fertige Resolution mit, die vier Punkte umfaßte. Erstens: Das Kohlensyndikat würde von niemandem Anweisungen entgegennehmen, sondern nach eigenem Ermessen die Kohlenversorgung so regeln, daß die Industrie ausreichend versorgt werden würde, daß weiterhin Exporte aus Holland durchgeführt und so die Nahrungsmittelimporte sichergestellt und daß bestehende Zuteilungsvereinbarungen eingehalten werden konnten. Zweitens: Ein aus Industrie und Arbeitervertretern gebildeter Ausschuß sollte über Nahrungsmittelzuteilungen, die Beendigung von Kohlenlieferungen an Regionen mit separatistischen Bestrebungen und den Umfang des Lieferkontingents an die Entente entscheiden. Drittens: Der Ausschuß sollte über die Aufrechterhaltung von Produktion und Ordnung wachen, damit «schleunigst wieder gesetzliche Zustände unter Vermeidung von Blutvergießen herbeigeführt werden». Viertens: Man fühlte sich auch weiterhin den Zielen und Grundsätzen der Arbeitsgemeinschaft verpflichtet, «ungeachtet der gegenwärtigen und etwa noch kommenden Umwälzung».[164]

Stinnes vermied es in seiner geschickt formulierten Resolution, Kapp direkt anzugreifen, was den Gewerkschaftsvertretern begreiflicherweise mißfiel. Huë forderte Stinnes denn auch auf, den Kapp-Putsch ausdrücklich zu verurteilen und den Generalstreik zu unterstützen, worauf Stinnes erklärte, es sei nicht Sache der Arbeitsgemeinschaft, «politische Erklärungen» abzugeben. «Verlangen Sie nicht», so seine Worte, «daß wir in dem politischen Streik für oder gegen eine Seite Partei ergreifen.» In seinen Augen war es vordringlich, eine ausreichende Kohle- und Nahrungsmittelproduktion sicherzustellen. «Erhalten wir diese nicht, so kommen wir zum Bürgerkrieg, und auch die Gewerkschaften gehen vor die Hunde.» Höchstwahrscheinlich wollte Stinnes, der zwar in ständigem Kontakt mit Fehrmann und Raumer in Berlin stand, aber dennoch nicht genau wußte, wie sich die Dinge entwickelten, einerseits auf Nummer sicher gehen und andererseits in der Lage sein, Einfluß auf die Putschisten zu nehmen, wenn dies erforderlich war. Angesichts der Tatsache, daß einige führende Berliner Politiker und andere prominente Figuren des öffentlichen Lebens sich geneigt zeigten, mit Kapp zu verhandeln, war Stinnes' Position durchaus nicht irrational. Aber wie schon im November 1918, strebte er bei alledem eine Kooperation zwischen Unternehmern und Arbeiterschaft an. Prinzipiell war es natürlich absurd, die Verteidigung der legitimen politischen Führung gegen einen Putsch als bloße «politische Erklärung» abzutun, aber ein solches Verhalten war nicht untypisch für das politische Denken Stinnes' und vieler anderer Industrieller. Am Tag darauf, dem 15. März, beugte sich Stinnes jedoch den Argumenten der Notwendigkeit und Realisierbarkeit und stimmte einer modifizierten Resolution zu, in der es hieß, die Arbeitsgemeinschaft verurteile «entschieden jeden Versuch einer gewaltsamen Regierungs- und Verfassungsänderung, so auch die jetzigen Vorgänge in Berlin». Im veränderten Wortlaut der Resolution hieß es, das Kohlensyndikat werde keinerlei Anweisungen «von der Kapp-Regierung» befolgen, eine Formulierung, die am nächsten Tag durch die Worte «von Herrn Kapp» ersetzt wurde. Schließlich wurde noch eine Klausel aufgenommen, derzufolge Bergleute für ihre Teilnahme am Generalstreik weder mit Disziplinarmaßnahmen noch mit Urlaubskürzungen rechnen mußten.[165]

Nachdem die Resolution verabschiedet war, ordnete Stinnes offensichtlich an, sämtliche Warenlieferungen nach Berlin einzustellen, was er auch Ludendorff schonend beizubringen versuchte. Ludendorff stellte einmal mehr seine geschwächte Position unter Beweis, indem er der Kapp-Regierung mitteilte, sie genieße in Wirklichkeit Stinnes' Unterstützung. Auf Stinnes' Bitte hin setzten sich Fehrmann und von Raumer auch mit Legien in Verbindung und sicherten ihm Stinnes' Hilfe für den Fall seiner Verhaftung zu. Der stets zum Zynismus neigende Raumer fügte dieser Zusicherung die Bemerkung hinzu, möglicherweise könne Legien Stinnes und ihm in wenigen Wochen denselben Dienst erweisen, was Legien ihm auch bereitwillig versprach![166]

Tatsächlich mußte Stinnes sich im Zusammenhang mit den Eskapaden der Putschisten immer wieder um Schadensbegrenzung bemühen. Beispielsweise wurde die Lage brenzlig, als die militärischen Anführer des Putsches Anweisung erteilten, Streikende standrechtlich zu erschießen. Diese Anordnung sorgte für beträchtliche Aufregung in den Reihen der Unternehmer in Berlin wie im Ruhrgebiet, und Stinnes rief Kapp am Nachmittag des 16. März persönlich an, vermutlich vom Büro des Kohlensyndikatsdirektors Janus aus. Das Protokoll des Telefongesprächs, in dem Stinnes Kapp aufforderte, diesen Befehl für das Ruhrgebiet unverzüglich aufheben zu lassen, ist höchst aufschlußreich:

> «Eine Durchführung des Erlasses im hiesigen Revier würde die allerschlimmsten Folgen haben, alles in Aufruhr bringen und die Aufrechterhaltung geordneter Verhältnisse endgültig unmöglich machen. Er wolle sich jetzt nicht mit ihm darüber unterhalten, wie er die ganze Kapp'sche Aktion beurteile. Herr Kapp kenne ja Stinnes' ablehnende Haltung aus den früheren Besprechungen. Jetzt aber müsse er Herrn Kapp auf Grund seiner genauen Kenntnis der hiesigen Verhältnisse dringend beschwören, entweder selbst sofort nach Münster den Befehl zu geben, daß der Erlaß bei uns nicht durchgeführt werde oder aber ihn, Herrn Stinnes, zu ermächtigen, seinerseits sofort selbst in diesem Sinne mit Münster zu sprechen.»[167]

Kapp versprach zwar, sich umgehend mit den betreffenden Militärs in Verbindung zu setzen, fühlte sich selbst aber nicht berufen, den Erlaß zurückzunehmen. Seine Antwort beruhigte Stinnes sicherlich, letztendlich wurde das Problem jedoch in Berlin gelöst, wo Borsig und Henrich Oberst Bauer dazu bewegen konnten, den Befehl aufzuheben. Dennoch blieb die beunruhigende Tatsache bestehen, daß der Befehl gedruckt und verbreitet worden war, was ohne

Zweifel zu der großen Erleichterung beitrug, mit der die Niederschlagung des Kapp-Putsches am 17. März aufgenommen wurde.[168]

Auch wenn man das Verhalten Stinnes' und seiner Unternehmerkollegen nicht gerade als heldenhaften Einsatz für die Verteidigung der deutschen Demokratie bezeichnen kann, steht doch fest, daß die meisten von ihnen Kapp nicht unterstützten. Stinnes hatte seine ablehnende Haltung sowohl Ludendorff als auch Kapp gegenüber unmißverständlich zum Ausdruck gebracht, obwohl er im allgemeinen nur ungern politische Erklärungen abgab. Angesichts des heute verfügbaren Materials ist es völlig absurd zu glauben, Stinnes habe Kapp aufgefordert, energisch durchzugreifen und «nicht nachzugeben, und wenn sie mir die ganzen Hochöfen zusammenschießen», wie Hans von Kessel später behauptete.[169] Wenn Stinnes etwas vorzuwerfen war, dann die Tatsache, daß ihm, wie Huë kritisierte, die politischen Dinge, um die es ging, weniger wert waren als die Kohleproduktion von zwei Tagen.[170]

Angesichts dieser Haltung und seiner Weigerung, klar und deutlich gegen Kapp Stellung zu beziehen, ist die scharfe Kritik am Reichsverband, die er anläßlich einer Lagebesprechung am 13. April 1920 in Berlin übte, nur schwer zu verstehen. Das Rumpfpräsidium des RdI hatte tatsächlich eine klägliche Figur gemacht und sich erst am 17. März, als es keine Rolle mehr spielte, zu einer klaren Stellungnahme gegen den Putsch durchgerungen, weil seine Hauptsorge dem Generalstreik und den verbandsinternen Querelen galt. Diese Episode war ein schwerer Rückschlag für die ZAG und in den Augen führender Gewerkschafter absolut unverzeihlich. Die einzige Arbeitsgemeinschaft, die aus den Ereignissen unbeschadet hervorging, war die der chemischen Industrie, die nicht nur den Putsch verurteilt hatte, sondern auch den Generalstreik unterstützte und bereit war, den Arbeitern auch für die Streiktage den vollen Lohn zu bezahlen. Stinnes berief sich seinerseits darauf, die Haltung der Eisen- und Stahlunternehmer zum Putsch sei bereits am 13. März eindeutig gewesen: «Man war sich damals, abgesehen von den innerpolitischen, schon aus außenpolitischen Erwägungen vollständig klar darüber, daß Kapp zu bekämpfen sei.»[171] Das war eine kühne Behauptung angesichts der Tatsache, daß die Ruhrindustriellen zwar in Briefen untereinander ihrer Ablehnung und Verärgerung gegen die Putschisten Ausdruck gaben, bis zu der Resolution der Arbeitsgemeinschaft für den Bergbau aber kein einziges Mal öffentlich gegen sie Stellung bezogen. Vielleicht war hier der Wunsch Vater des Gedankens, jedenfalls machte Stinnes unmißverständlich klar, wie man sich in Zukunft seiner Meinung nach zu verhalten hatte:

> «Keinesfalls darf es wieder vorkommen, daß in einer ähnlichen Lage, die sich leicht einmal wieder ergeben könnte, der Reichsverband so versagt, wie in diesem Fall. Andernfalls wäre er nicht mehr aktionsfähig. Unter keinen Umständen darf Deutschland wieder unter eine Militärherrschaft kommen, die unweigerlich den Bürgerkrieg zur Folge haben würde. Man muß sich im Wirtschaftsleben mit den jetzigen verfassungsmäßigen Zuständen abfinden,

denn Deutschlands Wirtschaftsleben kann nur in Gemeinschaft mit den demokratischen Weststaaten wieder aufgebaut werden. Deutschland wird zu England und Amerika aber niemals in ein erträgliches Verhältnis kommen, wenn hier die vorrevolutionären Verhältnisse in Option genommen werden.»[172]

Stinnes sprach sich gegen eine offizielle Resolution zur Sache aus, hielt es aber für wichtig, dem Präsidium für die Zukunft eine klare Handlungsanweisung und Empfehlungen für ein effizienteres Wirken zu erteilen.

Mit Sicherheit war erheblicher Schaden angerichtet worden, und während Kapp seine Wunden leckte und sich nach Asa absetzte, um der Verhaftung zu entgehen – Stinnes gehörte nicht zu den Menschen, die Freunde im Stich ließen, und die Gastfreundschaft, die er Kapp gewährte, war nicht als politische Meinungsbekundung gedacht –, machten sich die Folgen des Kapp-Putsches in Form massiver linker Aufstandsbewegungen in Mitteldeutschland und im Ruhrgebiet bemerkbar; diese wurden von der Reichswehr (unter dem Befehl des Generals von Watter) und Teilen ausgerechnet jener Freikorps niedergeschlagen, die sich im Kapp-Putsch als antirepublikanische Umstürzler hervorgetan hatten. Im Zuge des Paktes, den die Gewerkschaften als Voraussetzung für eine Beendigung des Generalstreiks forderten, und dem sogenannten Bielefelder Abkommen vom 24. März 1920, das einen Schlußpunkt unter die gewalttätigen Auseinandersetzungen im Ruhrgebiet setzen sollte, wurden einige Forderungen der Gewerkschaften und des linken Flügels erfüllt, was unter anderem den Streit um die Verstaatlichung des Kohlenbergbaus wieder auf den Tisch brachte.[173]

Stinnes hielt sowohl den Kapp-Putsch als auch die Art, in der er beendet wurde, für einen gewaltigen Rückschritt. In einem Aufsatz vom 28. März, in dem er seine Gedanken zur Vergangenheit und Zukunft darlegte, äußerte er sich absolut eindeutig zu diesem Thema:

«Es kann kein Wort zur Entschuldigung des Umsturzunternehmens des Herrn Kapp gesagt werden. Es war nach der ganzen Aufmachung und der Stimmung im Lande ein dem Verfall geweihtes, verderbliches Unternehmen, dem durch Sperrung der Zufuhren – es genügten die Kohlen allein – ohne alle Schwierigkeiten ein baldiges unblutiges Ende bereitet werden konnte. Deshalb ist es auch so tief zu bedauern und zu verurteilen, daß diesem Unternehmen gegenüber der Generalstreik exerziert worden ist, ein Mittel, welches nur in der furchtbarsten Notlage einer Nation von Leuten mit Verantwortungsgefühl angewandt werden dürfte. Man schießt nicht mit Kanonen nach Spatzen und zerstört dabei die Zukünfte eines großen Volkes.»[174]

Die Ereignisse hatten die zuvor erzielten wirtschaftlichen Fortschritte in seinen Augen vollkommen zunichte gemacht, und er befürchtete, daß der Lebensstandard der Bevölkerung, insbesondere des Mittelstands, weiter sinken und Hoffnungslosigkeit um sich greifen würde. Es mußten also Lösungen gefunden werden. Dazu war es seiner Ansicht nach unbedingt erforderlich, den antimilitärischen Agitationen ein Ende zu machen und den Soldaten Anerkennung für ihre Dienste zu zollen, da die angeschlagene Moral und die Unzufriedenheit unter den Soldaten bei den jüngsten Ereignissen sicher eine nicht unwesentliche Rolle gespielt hatten. Naturgemäß richtete sich Stinnes' Interesse vor allem auf die wirtschaftliche Erholung in Deutschland, die er ohne Hilfe aus dem Ausland nicht für möglich hielt. Während er sich sehr euphorisch über die Chancen einer Optimierung des Verbundes aus Eisenbahn, Kohlenbergbau und Stahlindustrie äußerte, sah er die Situation in anderen Wirtschaftsbereichen in kritischerem Licht. Sorgen bereiteten ihm vor allem die Frachtschiffahrt, die Nahrungsmittelversorgung und die Rohstoffbeschaffung für fast alle Industriezweige. Er äußerte seine besondere Verärgerung darüber, daß die Vereinigten Staaten eine ganze Handelsflotte auf Trockendocks liegen hatten und in Warenbergen erstickten, während der Rest der Welt Unmengen an Geld in den Schiffsbau stecken mußte und unter Waren- und Materialmangel litt. Um diese Probleme zu lösen, schlug er die Gründung einer Gesellschaft vor, die unter der Bezeichnung «Commission for Relief für Deutschland» dieselben Funktionen erfüllen sollte wie die frühere gleichnamige Organisation in Belgien. Die Gesellschaft sollte ihren Hauptsitz in Berlin haben, mit Zweigstellen in Hamburg, im Ruhrgebiet und in Süddeutschland und jeweils eigenständigen Abteilungen für Frachtschiffahrt, landwirtschaftliche und industrielle Erzeugnisse. Den Schiffsfrachtsektor sollte die Afrika-Linie betreuen, deren Aufgabe es dann sein würde, Schiffe zu beschaffen und eine neue Handelsflotte aufzubauen. Für die beiden anderen Sektoren sollten die Spitzenverbände von Landwirtschaft und Industrie verantwortlich sein. Obwohl das angestrebte Ziel eine freie Marktwirtschaft war, sollten die Organisationen die Rohstoffzuteilung in der Textilindustrie übernehmen, weil dort der Bedarf besonders groß war. Bezahlt werden sollte das Ganze über eine noch zu gründende amerikanische Schwestergesellschaft, die für den Zeitraum von zehn Jahren längerfristige und kurzfristige Dollarkredite zur Verfügung stellen würde. Für letztere sollten auf 90 Tage befristete Datowechsel ausgestellt und die Erträge für den Erwerb von Schiffen genutzt werden. Zur Sicherung der Kredite der «Commission for Relief für Deutschland» sollten sich zwischen dreißig und fünfzig kreditwürdige deutsche Firmen zusammenschließen. Auch der Arbeiterschaft kam in diesem Plan eine wichtige Rolle zu:

> «Die ganze Aktion ist undurchführbar und würde nur den Verfall der kreditfähigsten Firmen Deutschlands zur Folge haben, wenn nicht die organisierte Arbeiterschaft sich verpflichtet, in sinngemäßer Würdigung des ganzen Abkommens alle Arbeiten sachgemäß ohne Streik zu verrichten, die zum Transport, zur Verarbeitung und zur Bezahlung dieser Rohstoffe erforderlich sind. Dafür müssen die Arbeitnehmer in den Arbeitsgemeinschaften sich stark machen.»[175]

Wenn es nach Stinnes gegangen wäre, hätte das ganze Programm anläßlich der ZAG-Sitzung am 29. März abgesegnet werden können, und er erbot sich persönlich, sich umgehend mit den für die Durchführung geeigneten Agenturen in den Vereinigten Staaten in Verbindung zu setzen. Tatsächlich ging es in der Sitzung jedoch nicht um den Wiederaufbau in Deutschland oder um die Weltwirtschaftslage, sondern es wurde vor allem erbittert um die Frage der Lohnzahlung für die Streiktage gestritten. Kapp und seine Putschisten mochten naiv und unfähig gewesen sein, aber sie waren, anders als von Stinnes suggeriert, keine «Spatzen»; unter den Arbeitern gärte das Mißtrauen gegen Stinnes, die gesamte Unternehmerschaft und alle Überbleibsel der alten Ordnung; Deutschland war nicht Belgien und konnte nicht hoffen, in den Genuß gleichartiger Hilfsprogramme zu kommen. Die Verwirklichung des Stinnesschen Planes war unter den gegebenen Umständen – die Franzosen waren inzwischen schließlich auch nicht von der Bildfläche verschwunden – schlichtweg unmöglich. Dennoch bleibt die Tatsache bestehen, daß es ein bemerkenswerter Plan war, auch wenn ein gewisses Eigeninteresse eine Rolle spielte –, schließlich gehörte die Afrika-Linie zum Stinnes-Konzern. Bemerkenswert ist auch Stinnes' beharrliches Festhalten an der ZAG als Instrument zur Lösung der innen- und außenpolitischen Probleme Deutschlands und seine ausdauernde Suche nach Möglichkeiten eines gesamtwirtschaftlichen Wiederaufbaus auf der Basis privatwirtschaftlicher Vereinbarungen. Der Kapp-Putsch und die daraus resultierenden gewalttätigen Arbeiterunruhen im Ruhrgebiet waren für ihn so etwas wie eine schwere Grippeepidemie. Sämtliche Werke in Dortmund, Mülheim und Essen waren davon betroffen, und Vögler registrierte, als er im Gefolge der Truppen Anfang April nach Dortmund zurückkehrte, ein hohes Maß an Zerstörung. Aber die meisten Arbeiter waren, wie er feststellte, «heillos froh, daß die rote Gewaltherrschaft vorbei ist».[176] Die Radikalen, von denen viele bewaffnet waren, hatten sich jedoch keineswegs aus der Gegend zurückgezogen, und Vögler äußerte die Befürchtung, das Bielefelder Abkommen könne ihren Anführern den Rücken gestärkt haben. Darüber hinaus bereitete ihm die Währungsfrage Sorgen. «Oberrhein» verkaufte belgische Francs und kaufte schwedische Kronen, um damit Erzrechnungen zu begleichen; der Franc war freilich im Sinken, doch scheute sich Vögler, in Mark abzurechnen, weil er fürchtete, die Mark könnte aufgrund der politischen Unruhen erneut an Wert verlieren. Deutsch-Luxemburg hatte bereits im Februar, noch vor Beginn der Unruhen, 26 Millionen verloren. Dennoch arbeitete Vögler fleißig daran, die Detailfragen der Interessengemeinschaft mit der GBAG zu klären. Es war an der Zeit, wirtschaftlich wieder Fuß zu fassen und da anzuknüpfen, wo die Geschäfte in den ersten eineinhalb Jahren nach der schmählichen Niederlage Deutschlands so erfolgreich angelaufen waren.

VIII. Für und wider die «Verstinnesierung», 1920–1922

1. Eintritt in die Politik

Unter dem Eindruck der «schweren Revolutionstage», in denen der Kapp-Putsch scheiterte, revidierte Stinnes sein Testament, das er zuletzt 1902 geändert hatte. Dabei spielten auch steuerliche Gesichtspunkte eine Rolle. Stinnes setzte jetzt seine Kinder anstelle Cläres zu seinen Erben ein, verband dies aber mit der Anweisung, Cläre nach wie vor so zu behandeln, als sei sie die Alleinerbin mit allen Vollmachten über sein Vermögen. Weitere Gründe für das Umschreiben seines Testaments waren die Vergrößerung seiner Familie und die Veränderungen in seinem Firmenreich. Zwar änderte Stinnes sein Testament im Oktober 1922 noch einmal ab, nachdem Neuerungen im Steuerrecht ihm die Möglichkeit eröffnet hatten, Cläre auch förmlich wieder als Alleinerbin einzusetzen, doch das Testament aus dem Jahr 1920 blieb die grundsätzlichste Darlegung seiner An- und Absichten für den Fall seines Todes und liefert insofern interessante Einblicke in seine persönlichen Verhältnisse, sein Selbstverständnis und seine unternehmerische Vision.[1]

Wie immer, zeigte er sich sehr besorgt um das Wohlergehen und die Zukunft Cläres und ihrer Schwester Nora Dunlop, von deren Kindern jetzt auch die Rede war, sowie seiner Mutter und seiner Schwester. Was seine eigenen Kinder betraf, so rangierte Hugo jun. in seiner Wertschätzung unübersehbar an vorderster Stelle, was unter anderem darin zum Ausdruck kam, daß er ihn zum ersten Ratgeber seiner Mutter bestimmte, mit der Begründung, er sei von seinen Söhnen der «geschäftserfahrenste». Unter den Mitarbeitern, die er als weitere kompetente Berater für Cläre benannte, waren Minoux für wirtschaftliche und kommerzielle Fragen, Thomas für administrative und rechtliche Angelegenheiten und Deters für alle mit Verkehr und Transport zusammenhängende Dinge. Er erwähnte außerdem Vahle, Peltenburg, Ferguson, Jensen, Spindler, Pott und Vögler als vertrauenswürdige Mitarbeiter.

Stinnes hegte die Hoffnung, seine Erben würden die Fähigkeit und den Willen aufbringen, sein geschäftliches Imperium zusammenzuhalten:

> «Die von mir ins Leben gerufenen und zusammengefügten Unternehmen verschiedenster Art stellen ein so vielseitiges, in sich verflochtenes Geschäft dar, daß es tief bedauerlich wäre, ein solches Gebilde zu zerstören, dessen Vielseitigkeit vielleicht z.Zt. in Deutschland unerreicht ist, denn die Bankeinflußgebiete unterliegen nicht der industriellen Leitung der Banken.»

Stinnes war diesbezüglich alles andere als unbesorgt und ermahnte seine Testamentsvollstrecker, besonders aufmerksam darauf zu achten, «daß der nach meinem Wegfall unter allen Umständen wegfallende große Personalkredit bei der etwa notwendig werdenden Einschränkung der Geschäfte Berücksichtigung findet». Er bezeichnete es als wesentlich, daß die Geschäfte ohne Bankkredite fortgeführt würden, auch wenn dies zunächst einmal mit einem Rückgang der Geschäftstätigkeit erkauft werden müßte.

Stinnes machte deutlich, daß von den Mitgliedern seiner Familie nur die Fleißigen für eine Tätigkeit in seinen Firmen in Betracht kamen, erinnerte daran, daß jedes Prestigedenken ihm «besonders verhaßt» war und warnte vor der Neigung, den starken Mann zu spielen, was seiner Ansicht nach das Gegenteil von echter Autorität war. Er rief dazu auf, Arbeiter und Angestellte menschlich zu behandeln, ohne daß deshalb Zweifel an Autorität und Führerschaft aufkommen dürften. Kurz und gut, der Geist, in dem er seine Unternehmen aufgebaut und geführt hatte, sollte fortleben.

Am aufschlußreichsten war jedoch ein dem Testament beigefügter Katalog von Ratschlägen. Der erste lautete, «trotz aller Schwierigkeiten der geographischen und politischen Lage Deutschlands» solle die deutsche Identität seiner Unternehmensgruppe erhalten bleiben. Dies schließe wirtschaftliche Maßnahmen im Ausland, sofern sie «wirtschaftlich klug und richtig seien», nicht aus, erfordere jedoch, daß jeder, der «in der Firma antideutsche Tendenzen vertritt, ... eliminiert werden» müsse. Stinnes teilte die in deutschen Wirtschaftskreisen verbreitete Angst vor einer «Überfremdung» durch einen Ausverkauf der deutschen Industrie, für den die Inflation ideale Voraussetzungen geschaffen hatte; gleichzeitig war ihm klar, daß die Praxis, Vorzugsaktien mit Mehrfachstimmrecht auszugeben, ein zweischneidiges Schwert war, da sie einen Hebel für die Durchführung unfreundlicher Firmenübernahmen liefern konnte.[2] Aus diesem Grund bezeichnete er es als unabdingbar, daß die Familie Stinnes ihre «Hausmacht» bei den Zechen und bei Deutsch-Luxemburg verteidigte; es dürfe nicht zugelassen werden, daß Deutsch-Luxemburg Vorzugsaktien ausgab, es sei denn, sie blieben unter der Kontrolle seiner Firma. Er wollte auf jeden Fall verhindern, daß die Entscheidungsebene stärker würde als die Eigentümerebene – auch deshalb sollten der Macht Vöglers Grenzen gesetzt werden. «Trotz meiner großen Wertschätzung und Zuneigung zu Herrn Vögler wünsche ich nicht, daß mein Lebenswerk in seinen Grundlagen von einem Werksleiter abhängig wird.» Am Ende betonte der Mann, der einmal als Kaufmann aus Mülheim begonnen hatte, den Primat der Produktion und legte sein Selbstverständnis als Industrieller dar:

> «Die Firmen sind als Handelsunternehmungen mit Erfolg und Liebe ausgebaut worden, aber Handel und Transportwesen sind immer nur von meinem Standpunkt aus als Mittel zum Zweck und nicht als Selbstzweck betrachtet worden, nämlich zu dem Zweck, die Volkswirtschaft, namentlich die heimische Volkswirtschaft und deren Produktion zu heben.
>
> Im Widerstreit der Interessen haben deshalb die Produktionsinteressen

stets den Handelsinteressen vorherzugehen, vorausgesetzt, daß es sich um wirtschaftlich berechtigte und notwendige Produktion handelt.»

Stinnes lebte ja weiter und konnte die in seinem Testament formulierten Postulate praktisch anwenden, doch war ihm auch klar geworden, daß die wirtschaftliche Erholung Deutschlands eine hochpolitische Angelegenheit war. Nach dem Scheitern des Kapp-Putsches und der blutigen Wiederherstellung der politischen Ordnung im Ruhrgebiet widmete er sich wesentlich stärker als zuvor der Politik. Während die Bergleute wieder anfingen, Überstunden zu machen, trat die Mark in eine Phase relativer Stabilisierung ein, und in der Politik war ein Trend nach rechts nicht zu übersehen: Sowohl das Abkommen mit den Gewerkschaften, das dem Generalstreik ein Ende setzte, als auch das Bielefelder Abkommen, das die Grundlage für die Befriedung der Ruhr bildete, waren auf die wirtschaftliche Erholung ausgestellte Wechsel. In seiner Bewertung der innenpolitischen Lage schlug Stinnes vorsichtige Töne an; es gefiel ihm nicht, mit welcher Aggressivität der Geschäftsbericht des Mülheimer Bergwerksvereins für 1919 die Revolution und den Achtstundentag traktierte. Er fand den Versuch, die Geschichte umzuschreiben, wenig sinnvoll:

> «Es kann nicht bestritten werden, daß zum großen Teil die Grundlagen für den Zusammenbruch durch die alte monarchistische Regierung gelegt worden sind. Nach der Revolution war eine Regierung unter Ausschaltung der Sozialisten eine vollständige Unmöglichkeit.
>
> Auch der 8-Stundentag war eine politische Notwendigkeit. Ohne ihn hätten wir das reine Chaos und keine Parität zwischen Arbeitgeber und Arbeitnehmer.»[3]

Allem Anschein nach stellten sich jedoch Direktor Stens und seine Kollegen vom Vorstand des MBV politisch stur, und als ihnen Anfang Juni 1920 zu Ohren kam, daß C. F. von Siemens auf der Liste der Deutschen Demokratischen Partei (DDP) für den Reichstag kandidierte, fragten sie in einem Brief an die Essener Niederlassung der Siemens-Schuckert-Werke an, ob es zutreffe, daß Siemens diese mit dem Berliner Tageblatt und der Frankfurter Zeitung verbundene Partei unterstütze, die nach dem Kapp-Putsch die Linie des Generalstreiks vertreten habe. Falls sich dies als wahr erweise, «werden wir zweifellos in unseren geschäftlichen Beziehungen zueinander in Zukunft auf diesen Umstand Rücksicht nehmen müssen».[4]

Abgesehen davon, daß die MBV-Direktoren von den bereits weit gediehenen Plänen für eine große Interessengemeinschaft (IG) zwischen Stinnes und Siemens ganz offensichtlich noch nichts mitbekommen hatten, lag der große Unterschied zwischen ihrer Denkweise und der von Stinnes darin, daß er an ideologischen Positionen oder politischen Parteizugehörigkeiten kaum interessiert war, um so mehr aber daran, den Anteil von Industrierepräsentanten in den Reichstagsfraktionen vor allem der bürgerlichen Parteien zu erhöhen und mehr Verständnis für den richtigen wirtschaftspolitischen Weg, wie er ihn sah, zu wecken. Er selbst hatte sich politisch immer mit den Nationalliberalen identifiziert und im Kaiserreich eine gewisse Distanz zu den Konservativen gewahrt, und gegenwärtig erschien es ihm am sinnvollsten, mit der DVP, der Nachfolgepartei der Nationalliberalen, gemeinsame Sache zu machen.

Die verstärkte Präsenz von Industrievertretern im Reichstag war sein zentrales Anliegen, und dies zeigte sich nicht zuletzt auch in der Rolle, die Stinnes selbst 1920 als DVP-Kandidat spielte; wie bereits gezeigt, handelte es sich dabei zunächst einmal um den Versuch der Partei, finanzielle Unterstützung von der Industrie zu erlangen. Während das Geld, das durch seine Kandidatur in die Parteikasse floß, dringend gebraucht wurde, war er selbst für die DVP nicht gerade ein Traumkandidat. Er beanspruchte zwar nicht ausdrücklich das Recht, seinen Listenplatz selbst zu bestimmen, und lehnte es ab, Einfluß darauf zu nehmen, ob er nun auf den vierten oder den sechsten Platz gesetzt wurde, doch andererseits erklärt er mit Bestimmtheit, er würde, wenn sein Listenplatz keine Gewähr für den Einzug in den Reichstag böte, «selbstredend sofort auf die Wahl verzichten».[5] Stinnes erhielt schließlich einen sicheren Platz auf der DVP-Liste – es war die Nummer 6 – und akzeptierte ihn auch, allerdings mit der Einschränkung, «daß es mir infolge meiner starken geschäftlichen und wirtschaftspolitischen Tätigkeit nicht möglich ist, Wahlreden zu halten oder mich anderweitig an der Wahlpropaganda zu beteiligen».[6] Das war vielleicht kein so großer Verlust, denn Stinnes hatte eine ziemlich leise Stimme und war kein wirkungsvoller Redner, aber es war auch nicht gerade das schulmäßige Verhalten eines Wahlkämpfers. Verständlicherweise lehnte er das Angebot ab, im Wahlkreis Chemnitz zu kandidieren, und votierte für einen Wahlkreis, in dem man ihn kannte, nämlich Duisburg. Das warf jedoch Probleme auf: In den meisten Duisburger Wahlbezirken favorisierten die lokalen Parteigliederungen populäre Funktionäre und Politiker, oder sie wollten Stinnes nur unter der Bedingung akzeptieren, daß er sich einem Nominierungsverfahren stellte, in dem er gegen andere Bewerber würde antreten müssen. Da er dies ablehnte, setzte die Partei ihn schließlich auf ihre Reichsliste, ohne ihn einem bestimmten Wahlbezirk zuzuordnen; erst nach der Wahl erklärte sie ihn nachträglich zum Vertreter des 26. Duisburger Wahlbezirks, in dem er seinen Wohnsitz hatte.[7]

Für viele Mitglieder und Wähler der DVP war und blieb Stinnes trotz alledem eine politische Hypothek. Dies gab offenbar den Anstoß zu einer besorgten Diskussion zwischen Stresemann und Hans von Raumer Anfang Mai. Sie befürchteten, daß Stinnes als Inhaber eines Reichstagsmandats zur Zielscheibe heftiger Angriffe werden, aber nicht in der Lage oder willens sein würde, sich im Reichstag selbst zu verteidigen. Raumer versprach, das Problem mit Stinnes zu besprechen, und ließ, sehr zu dessen Ärger, der DVP-Führung gegenüber verlauten, die Kandidatur von Stinnes müsse trotz seiner schriftlichen Einverständniserklärung vom 24. April noch mit einem Fragezeichen versehen werden. Stinnes machte deutlich, daß Raumer nicht befugt war, für ihn zu sprechen, und bestätigte seine

Kandidatur am 14. Mai noch einmal. Dabei äußerte er trotzig die Überzeugung, seine Person sei kein Problem. Das sahen hochrangige Mitglieder seines Stabs etwas anders. So ließ Osius ihn am 20. Mai wissen, die Partei brauche Angaben zu seiner Person und seinen Aktivitäten sowie weiteres Material, das verwendet werden könne, um den Vorwürfen entgegenzutreten, die von Professor Weber sowie von anderer Seite in bezug auf Belgien gegen ihn erhoben worden seien. Osius wie auch Fehrmann drängten ihren Chef, ihnen durch Mitarbeit den Wahlkampf zu erleichtern.

Fehrmann war wahrscheinlich besonders beunruhigt, weil er soeben erfahren hatte, daß die SPD plante, Stinnes wegen unmoralischer Gewinne aus dem Export militärischer Unterwäsche anzuprangern. Seine Firma hatte dieses Material tatsächlich angeboten bekommen und es in der Erwartung gekauft, ihre Arbeiter damit ausstatten zu können. Dann stellte sich jedoch heraus, daß es sich um dick gefütterte russische Kavallerie-Unterwäsche handelte, die für deutsche Verhältnisse völlig ungeeignet war. Es sah also so aus, als bleibe die Firma auf unverkäuflicher Ware im Wert von 4 Millionen Mark sitzen, als aus dem Ausland ein gutes Kaufangebot kam und die Sachen zu einem lohnenden Preis verkauft werden konnten. Während Stinnes später die sozialistische *Bergarbeiterzeitung* wegen der Behauptung, er habe unlautere Profite gemacht, gerichtlich belangte, hatte er in der Situation vor der Wahl keine Lust, der DVP aus der Patsche zu helfen. Osius und Fehrmann erhielten vielmehr die Antwort, die sie von Anfang an befürchtet hatten:

> «Ich habe etwas anderes zu tun, als lauter unbefugten Personen Material anhand zu geben, um halbwahre und ganz falsche Berichtigungen über mich in die Welt loszulassen. Überweisungen von Material nach Berlin erfolgen also nicht. Wenn man mich so wie ich bin, unbekannt, nicht haben will, so mag man das sagen. Ich werde dann ohne das leiseste Bedauern auf die Mitarbeit in der deutschen Volkspartei verzichten.»[8]

Daß Stinnes keine Lust hatte, zu jedem begründeten oder unbegründeten Vorwurf gegen ihn Stellung zu nehmen, war im Prinzip verständlich, solange er gewillt war, sich aus der Politik herauszuhalten; naiv war es jedoch, für den Reichstag zu kandidieren und dann zu erwarten, die eigene Person würde von den Rangeleien des politischen Tagesgeschäfts unberührt bleiben. Ein Hugo Stinnes konnte schwerlich darauf pochen, «unbekannt» zu sein. Das *Bochumer Volksblatt* wußte, wer er war, und dokumentierte dieses Wissen in einem Beitrag mit dem Titel «Herr Hugo Stinnes, der Reichstagskandidat»,[9] in dem die Leser nicht nur daran erinnert wurden, daß Stinnes der «Zechentöter» des Jahres 1905 gewesen war, sondern der auch die Behauptung enthielt, Stinnes habe den größten Teil seines Geldvermögens im Ausland angelegt und mache sich die Inflation zunutze, um «das halbe Vaterland» zusammenzukaufen.

Tatsächlich kaufte Stinnes nicht nur Betriebe der Schwerindustrie, Güter und Schiffe, sondern auch Hotels wie das Esplanade in Berlin, Zellulosefabriken und

Stinnes in einer Karikatur der Nachkriegszeit

Zeitungen, um in der deutschen Presselandschaft einen ähnlichen Einfluß erringen zu können, wie man ihn den Pressezaren Frankreichs, Englands und Amerikas nachsagte. In dieselbe Kerbe hieb eine Karikatur, die unter der Überschrift «Der große Handelsmann der Deutschen Volkspartei» auf der Titelseite des *Ulk,* der Wochenbeilage des *Berliner Tageblatts,* erschien.[10] Sie zeigte einen dickbäuchigen, zigarrerauchenden Industriellen in Bratenrock und Zylinderhut vor einer Reihe von Fabriken, Hotels, Schiffen und einem Zeitungsverlag. Er hielt in der einen Hand einen riesigen Sack voll Geld und warf mit der anderen Tausendmarkscheine in eine Menge gierig zugreifender Wähler. Die Karikatur hatte keinerlei Ähnlichkeit mit der Person Stinnes', doch worauf es ankam, war die Unterzeile «Stinnes kauft alles!»

Dies schien eine um so treffendere Charakterisierung zu sein, als im Mai 1920 herauskam, daß Stinnes die Norddeutsche Buchdruckerei und Verlagsanstalt aus dem Nachlaß des Reimar Hobbing gekauft hatte. Hobbing, einer der bekanntesten deutschen Verleger, hatte unter anderem das inoffizielle Presseorgan der deutschen Regierung, die *Deutsche Allgemeine Zeitung* (vor 1918 *Norddeutsche Zeitung*), die *Industrie und Handelszeitung* sowie den *Reichsanzeiger,* das Amtsblatt der Regierung, publiziert. Die Nachricht schlug wie eine Bombe ein, nicht weil der Einstieg eines Schwerindustriellen ins Pressewesen etwas Neues gewesen wäre – Hugenberg und der Scherl-Verlag hatten hier den Weg gewiesen, und auch August Thyssen, Otto Wolff, Paul Silverberg und Paul Reusch investierten in diesen Bereich. Das Außergewöhnliche lag in diesem Fall in der großen Bedeutung der *DAZ* und ihrer Staatsnähe sowie in dem Umstand, daß sie nunmehr in ein florierendes Firmengeflecht aus Betrieben der Holz-, Zellulose- und Papierbranche integriert wurde, über das Stinnes herrschte.

Die Regierung hatte Hobbing 1917 geholfen, die Norddeutsche Verlagsanstalt und ihre Publikationen zu kaufen. Sie hatte dies in der Hoffnung getan, Hobbing werde eine qualitativ hochstehende Zeitung herausbringen, in der die Regierung ihre Positionen darstellen konnte. Es ging ihr also darum, eine formell unabhängige Zeitung zur Verfügung zu haben, die unter der Hand als zuverlässige Verbreiterin staatlich gewünschter und lancierter Nachrichten und Meinungen dienen würde. Als Anreiz oder Belohnung für den Aufbau eines solchen Organs betrauten die Reichs- und die preußische Regierung Hobbing mit Druck und Herausgabe des *Reichs- und Staatsanzeigers,* räumten ihm ein 15jähriges Monopol auf Eisenbahnwerbung ein und garantierten ihm die Abnahme einer bestimmten Zahl von Exemplaren. Die Schaffung eines inoffiziellen Regierungsorgans, das sich in privater Unternehmerhand befand, warf ein erhebliches Konfliktpotential auf, und da die Beteiligten dies erkannten, einigten sie sich darauf, daß die Zeitung in ihren nicht-offiziellen Rubriken Kritik an der Regierung üben durfte; dafür bedang die Regierung sich das Recht aus, die Verträge zu kündigen, wenn der Verlag innerhalb irgendeiner Zwölf-Monats-Periode dreimal seine Verpflichtungen verletzte. Da Hobbing keine eigenen politischen Ziele verfolgte, funktionierte dieser Teil des Arrangements zu seinen Lebzeiten reibungslos. Es war im Gegenteil die Regierung, die gegen eine ihrer Verpflichtungen verstieß, indem sie es versäumte, die zugesagte Anzahl von Zeitungsexemplaren zu kaufen, woraufhin die Firma in wirtschaftliche Schwierigkeiten geriet und zum Zeitpunkt ihrer Übernahme durch Stinnes finanzielle Forderungen gegen die Regierung geltend machte.[11]

Im Gegensatz zu Hobbing stand Stinnes für ein ganzes Bündel innen- und außenpolitischer Programme. Einiges deutet darauf hin, daß er selbst sich Gedanken über potentielle «Zusammenstöße» zwischen sich als Eigentümer der DAZ und der Regierung machte, zumal er für die DVP kandidierte, die in Opposition zur Regierung stand. Doch sein Rechtsberater Büxenstein ließ sich eine Konstruktion einfallen, die die Skrupel, die Stinnes gehabt haben mochte, rasch zerstreute – und wurde dafür mit einer Bonuszahlung von 100000 Mark belohnt. Kurz nach dem Tod Hobbings wurde die Firma in eine Kommanditgesellschaft umgewandelt. Der Vertrag zwischen der Regierung und der Firma blieb rechtlich bestehen, und Stinnes trat einfach als neuer Kommanditist in ein bereits bestehendes Unternehmen ein. Die Übergangsregierung, ein Kabinett der Weimarer Koalition unter dem Sozialdemokraten Hermann Müller, befand sich in einer wenig beneidenswerten Lage. Eine ideale Lösung hätte darin bestanden, den noch bis Ende Juni 1930 laufenden Vertrag aufzulösen; die Rechtslage ließ sich jedoch im besten Fall als unklar bezeichnen. Eine zweite Option – von Stinnes zu verlangen, daß er sich nicht nur an den Buchstaben, sondern auch an den Geist des Abkommens hielt – schien aus ähnlichen Gründen problematisch zu sein; die dritte mögliche Lösung, eine gütlich ausgehandelte Vertragsauflösung, würde vielleicht funktionieren, vielleicht aber auch nicht. Kanzler Müller entschied sich schließlich dafür, mit der *DAZ* in Verhandlungen über eine Trennung einzutreten, den Auftrag für den Druck des Reichsanzeigers aber weiterlaufen zu lassen; wie schwach sich die Regierung freilich gegenüber Stinnes fühlte, ließ sich aus der Äußerung des Kanzlers schließen, «daß es ... nicht wünschenswert sei, wenn Stinnes gegen uns arbeite, zumal Stinnes außenpolitisch von großer Bedeutung sei und die besten Beziehungen zum Ausland habe».[12]

Die Wahlen vom Juni 1920 und die Bildung einer bürgerlichen Regierung unter Einschluß der DVP mit dem Zentrumsmann Konstantin Fehrenbach an der Spitze setzten der Diskussion um die *DAZ* ein momentanes Ende, lösten aber nicht das durch die beherrschende Stellung von Stinnes aufgeworfene Problem. Es kursierten die tollsten Berichte und Gerüchte, nicht nur in linken Kreisen, sondern auch bei Stinnes-Sympathisanten wie den Admirälen Scheer und Tirpitz, denen zu Ohren gekommen war, Stinnes habe rund 60 Zeitungen aufgekauft. Das war Unsinn, wie er ihnen raschest versicherte; er machte bei dieser Gelegenheit deutlich, daß ihn bei seinem Eintritt ins Zeitungsgeschäft mehr die Qualität als die Quantität seiner Erwerbungen interessierte. Wie er Tirpitz wissen ließ, wollte er die *DAZ* zu einem wahrhaft modernen Unternehmen weiterentwickeln: «Die Zeitung wird nach dem Muster der großen amerikanischen

Zeitungen aufgestellt werden. Sie wird jedenfalls unseren produktiven Köpfen aller Richtungen offenstehen.»[13]

Wie bei allen seinen anderen Unternehmen war Stinnes auch hier überzeugt, daß der Schlüssel zum Erfolg darin lag, den richtigen Geschäftsführer zu finden; seine Wahl war auf Hans Humann gefallen. «Ich kenne ihn seit Jahren», schrieb er an Scheer, «bin in den Grundzügen namentlich der äußeren Politik, die ich für das Allerwichtigste halte, mit ihm einverstanden und traue ihm zu, die große Aufgabe lösen zu können.»[14]

Stinnes kannte und schätzte Hans Humann, dem er «eine sehr geschmeidige und formüberlegene Natur»[15] bescheinigte, seit seinen Vorkriegsreisen nach Konstantinopel. Der Sohn des bedeutenden Orientalisten Karl Humann hatte seine Kinder- und Jugendjahre in Kleinasien verbracht und nach seiner Rückkehr nach Berlin eine Marinelaufbahn eingeschlagen, in deren Verlauf er zur Schlüsselfigur des Tirpitzschen Marinenachrichtendienstes aufgestiegen war. Kurz vor Kriegsausbruch war er als Marineattaché nach Konstantinopel entsandt worden, vor allem wegen seiner ausgezeichneten Kontakte zu Enver Pascha und anderen reformorientierten türkischen Führern, die er von früheren Stationen seiner Karriere kannte. Er war eine hinter den Kulissen wirkende Macht und gehörte dabei zu denen, die in dem Ruf standen, den intriganten engstirnigen Militarismus hinter sich gelassen zu haben, der als typisches Kennzeichen des Wilhelminischen Militärattachés galt. Er beschloß seine militärische Karriere mit einer leitenden Tätigkeit im deutschen Marinenachrichtendienst und trat nach Kriegsende in Hamburg in die Dienste von Stinnes. Er war zweifellos konservativ und nationalistisch geprägt und konnte radikale Töne anschlagen, wenn es ihm opportun erschien, war aber andererseits kultiviert und diszipliniert genug, um in den publizistischen und politischen Kreisen Berlins eine gute Figur zu machen und die ihm übertragenen neuen Aufgaben erfolgreich zu meistern. Das Verhältnis zwischen Stinnes und Humann zeichnete sich, wie aus ihrer umfangreichen Korrespondenz und den Protokollen ihrer häufigen Besprechungen hervorgeht, durch gegenseitigen Respekt und ein hohes Vertrauen zueinander aus.[16]

So offenkundig es ist, daß Stinnes nicht daran dachte, seine Tage im Reichstag zu verbringen – er hielt keine einzige Rede vor dem Plenum –, so muß man in seiner Kandidatur und Wahl doch, ebenso wie im Erwerb der *DAZ*, die Vorzeichen eines sehr viel aktiveren politischen Engagements sehen. So erklärte er Humann, kurz bevor der seinen Posten antrat: «Natürlich muß ich mich um die Politik aktiver kümmern, denn wenn es so weitergeht, kommen wir mit unserer industriellen Arbeit nicht weiter.» Im selben Atemzug macht er jedoch deutlich, daß er nicht vorhatte, sich an vorderster Front in das rhetorische und diplomatische Tagesgeschäft der Politik einzumischen; er wollte statt dessen seine Überzeugungen lieber anhand von Taten demonstrieren:

«Ich halte den Weg der ‹Verhandlung› für mich für falsch. Es mag ein unberechtigter Hochmut sein, aber ich fühle mich durch ‹Handlungen› genügend vorgestellt, und da diese Handlungen nicht am Ende sind, sondern und gerade im Zuge, so bleibe ich besser bei meiner Methode, weil die größte sonstige Zurückhaltung auch die größte Wirkung ausübt, immer vorausgesetzt, daß die Handlungen nicht eindruckslos sind.»[17]

Dahinter stand bei Stinnes eine nicht unerhebliche Angst davor, auf politischen Nebenkriegsschauplätzen Schaden an seiner Autorität als Wirtschaftsführer zu nehmen. Er gab Humann zu verstehen, daß er zwar willens sei, Anregungen zu geben, daß aber niemand von ihm eine aktive Beteiligung an den Angelegenheiten der *DAZ* erwarten dürfe:

«Ich muß produktiv im Geschäft tätig sein, sonst verliere ich meinen Blick auch für andere Dinge, behalte auch keine Übersicht über den Gang der Dinge. Ohne produktive Handlungen verliere ich auch meine Autorität und würde wie so manche andere Leute meiner Herkunft ein Hauptversammlungsschwätzer werden.

Also Sie müssen meine Zeit und meinen Kopf schonen, auch in der Zeitungssache.

Auch Herrn Vögler müssen Sie schonen. Er steht ganz neuerdings wie ich vor gewaltigen industriellen Aufgaben.»

So sehr Stinnes es für sich vorzog, an seinen «Handlungen» gemessen zu werden – er wies Humann ausdrücklich an, keine Geschichten über seine Person ins Blatt zu nehmen –, so interessiert zeigte er sich daran, daß andere Industriekapitäne wie Vögler, Duisberg, Siemens, Deutsch, Warburg, Reusch, Wiedfeldt oder Rieppel den *DAZ*-Lesern vorgestellt oder daß ihnen wirtschaftliche Gebilde wie das RWE erklärt wurden. Er hielt es auch für wichtig, daß die Verdienste von SPD-Politikern wie Gustav Noske, die einen Beitrag zur Stabilisierung und Erholung der deutschen Wirtschaft leisteten, gebührend gewürdigt würden. Stinnes drängte Humann sogar, sich der Dienste von Rechtssozialisten wie Erich Köhren zu versichern, eines «wütenden Antibolschewisten», der mit dem berüchtigten Nationalisten August Winnig gemeinsame Sache machte, oder sich die unzweifelhaft vorhandenen Talente Richard Calwers zunutze zu machen, der «tatsächlich etwas von Wirtschaft und Statistik» verstehe.

Mit dieser Aussage fand er bei Tirpitz großen Zuspruch; dieser ermunterte ihn, den Einfluß der von ihm kontrollierten Presse zu nutzen, bescheinigte ihm erfreut, daß er nach einem «höheren Zweck» strebe, und empfahl ihm, einen weiteren Rechtssozialisten vor seinen Karren zu spannen, den Abgeordneten Paul Lensch, der unlängst nach einem Wirtschaftsdiktator gerufen und in diesem Zusammenhang Stinnes und die ZAG erwähnt hatte. Nach Überzeugung von Tirpitz brauchte Deutschland jetzt einen solchen Diktator dringender denn je, doch ihn zu finden würde in der bestehenden Situation, so glaubte er, schwieriger sein, als es noch im November 1918 gewesen wäre. Er begrüßte auf jeden Fall die Wahl von Stinnes in den Reichstag und zog daraus den Schluß, «daß Sie aus der mehr geschäftlichen Betätigung heraus wachsen und Ihre große und ungebrochene Kraft in die Waagschale zur Rettung des Deutschtums werfen sollen».[18]

Auch Maximilian Harden drängte Stinnes, entschlossen weiter den politischen Weg zu gehen, und erinnerte daran, daß er, Harden, schon 1914 prophezeit habe, daß Stinnes diesen Weg einschlagen werde. Im gleichen Atemzug gab er jedoch zu bedenken, daß, um das Beste für Deutschland (und für Stinnes) zu erreichen, auch die Anhäufung einer noch so großen wirtschaftlichen Macht und die Kontrolle eines Presse-Imperiums von Hearstschen Ausmaßen nicht genüge, sondern daß es dafür einer Ideologie bedürfe, die «zeitgemäß ist und in die Zukunft weist, einer Denkstruktur, die mit den Zielen, mindestens den Wünschen der Menschheit von morgen übereinstimmt».[19] Nach Ansicht Hardens waren die Parteien, mit denen Stinnes verbunden war, veraltete Werkzeuge; er glaubte, Stinnes überschätze Tirpitz, und bescheinigte den Männern, mit denen Stinnes zusammenarbeitete – Ludendorff, Helfferich, Stresemann –, sie hätten im Krieg allesamt furchtbare Fehler begangen. Ungebrochen in seiner Bewunderung für Stinnes, drängte Harden ihn, sich eine «historische Weltmission» vorzunehmen und ein «Bismarck oder Rockefeller» zu werden.

Nach Überzeugung Hardens hatte Stinnes das Zeug zu beiden Parts, weil er zu den Unternehmern gehöre, die fähig seien zu begreifen, daß die Zeiten des alten Nationalismus vorbei waren, und weil er von seinem Naturell her dazu neige, dessen Fesseln zu sprengen:

> «Ihr Unternehmergenie, das, wie ich glaube, Stärkste in Ihnen, ist nicht national gehemmt, nicht an Landesfarben, Landesgrenzen gebunden. Und doch sind Sie kerndeutsch. Auch Ihre Politik darf nicht nationalistisch verstrickt sein. Sie können den ganzen Stolz auf Ihren Stamm bewahren und doch den ganzen Garten, worin er steht, lieben und pflegen: Europa.»

Anders als der «Theaternarr» Wilhelm II. habe Bismarck verstanden, daß Deutschland nicht über die Mittel verfüge, um zur europäischen Hegemoniemacht oder gar zur Weltmacht aufzusteigen. Diesen Faden müsse Stinnes, so Harden, wieder aufnehmen und sein wirtschaftliches Genie dazu in die Waagschale werfen.

Harden skizzierte in der Folge ein Programm, dessen Grundgedanke die enge Verflechtung von Innen- und Außenpolitik war. Er bezeichnete es als entscheidend, den Achtstundentag zu opfern, und verglich dieses Opfer mit dem Wehrdienst. Er mahnte auch die Planung eines gesamteuropäischen Wirtschaftssystems an, das die Internationalisierung aller Kriegsschulden und den Abzug aller Besatzungstruppen aus Deutschland einschließen müsse. Er räumte ein, daß Stinnes geneigt sein mochte, solche Ideen als lächerlich abzutun, stehe er doch im Bund mit «Gespenstern wie Helfferich, Humann, etc.». Ungeachtet dessen bekniete er Stinnes, seine Möglichkeiten auszuschöpfen, und schloß mit der dramatischen Beschwörung: «Ich sehe Hugo Stinnes am Kreuzwege. Wird er schöpferischer Staatsmann oder bleibt er Unternehmer, den ungerechter Groll der Volksmassen verwünscht?»

Das Stinnessche Antwortschreiben an Harden enthüllt sowohl die zwischen den beiden Männern bestehenden Bande als auch das, was sie trennte. Stinnes begann mit dem Geständnis, daß er schon vor dem Krieg den Wunsch gehabt habe, sich stärker der Politik zu widmen; vorher hatte er jedoch eine größere Unabhängigkeit von den Banken erlangen wollen, ein Ziel, das er bis zu seinem 50. Lebensjahr erreicht haben wollte; diesen Zeitplan habe jedoch der Krieg durchkreuzt. Äußerungen zu den von Harden attackierten Personen versagte er sich, abgesehen von der Bemerkung, daß sie allesamt nicht die Macht hätten, in bezug auf den Kaiser etwas auszurichten. Hier müsse der Reichstag in Aktion treten. Stinnes deutete an, daß er in diese Richtung etwas unternommen habe, das mit mehr Glück hätte gelingen und vielleicht zu einem anderen Kriegsausgang hätte führen können. Angesichts der politischen Loyalitäten von Stinnes fällt es schwer zu erraten, was er damit meinte; offenkundig war, daß Stinnes nach wie vor glaubte, er hätte im Falle eines deutschen Sieges eine Zollunion mit Frankreich herbeiführen können, der dann auch Holland, Belgien und die Schweiz beigetreten wären. Stinnes hielt also an der fragwürdigen Vorstellung fest, daß ein deutscher Sieg die beste Voraussetzung für eine Annäherung mit Frankreich und eine engere wirtschaftliche Zusammenarbeit in Europa gewesen wäre. Andererseits stimmte er Harden darin zu, daß die durch den Krieg geschaffenen Probleme im Rahmen einer europäischen Zusammenarbeit bewältigt werden mußten. Dies könne jedoch nicht auf dem Wege einer staatlichen Wirtschaftsplanung geschehen; er bezeichnete vielmehr jede staatlich gelenkte Wirtschaft als eine «Verbrecherschule». Er teilte die Überzeugung Hardens, das Militärwesen alten Schlages müsse einem im Sinne der Arbeiterschaft gestalteten Milizsystem weichen. Im übrigen beurteilte Stinnes die Aussichten auf die Erreichung großer Ziele unter den gegebenen Umständen eher skeptisch. Der für Anfang Juli anberaumten Konferenz von Spa sah er mit nicht sehr hochgeschraubten Erwartungen entgegen, und er war sich auch nicht sicher, welche Rolle er selbst bei diesen ersten direkten Verhandlungen zwischen Deutschland und den Siegermächten spielen würde:

> «Spa kommt viel zu früh, es müßte mehrere Monate verschoben werden. Die deutsche und die feindliche Menschheit ist noch nicht reif für die Wege, die betreten werden sollten.
>
> Ich sehe ungeheure Schwierigkeiten voraus; was in meinen Kräften steht, wird geschehen, aber ich trete in eine zum großen Teil fremde Welt ein, und ob und wie ich mich darin zurecht finde, ob ich schnell zu einer festen Auffassung kommen kann, das steht dahin.»[20]

Hätte Stinnes bei seinem Auftreten in Spa und in seinen Bemühungen, das Verhältnis Deutschlands zu seinen ehemaligen Kriegsgegnern zu regeln, doch nur die Bescheidenheit und Vorsicht an den Tag gelegt, die aus diesen Worten sprach!

Doch der Mann, der das Stinnes-Legien-Abkommen ausgehandelt hatte, erwies sich als seltsam unfähig, die großen Gesten und Zugeständnisse zu machen, die in der internationale Arena gefordert waren. Der wichtige Unterschied bestand darin, daß es ziemlich einfach gewesen war, die Gewerkschaftsführer in die Position des bittenden und abhängigen Teils zu bringen, waren sie doch unsicher und voller Angst vor ihren eigenen Anhängern. Demgegenüber waren die Franzosen seit Jahrhunderten in der Kunst der Außenpolitik und des Krieges geschult und glaubten nicht an den Primat der Wirtschaft, und wenn die französischen Politiker sich vor ihren Gefolgsleuten fürchteten, so mochte sie das eher zu einem angriffslustigeren Auftreten veranlassen.

Stinnes ging mit seinen Ratschlägen, Programmen und Taten beständig an diesen Realitäten vorbei. Als beispielsweise die Regierung Müller im Verein mit Hamburger Bankenkreisen um Warburg die Idee ventilierte, den Franzosen Reparationen anzubieten, in der Hoffnung, es könne eine Einigung auf einen Fixbetrag erzielt werden, sprach Stinnes sich mit der Begründung dagegen aus, dies werde die taktische Stellung Deutschlands schwächen, wogegen «beim Anhalten der jetzigen Zustände die unaufhaltsame Entwertung des Franken uns zugute kommen wird».[21] Er war zwar bereit, mit französischen Industriellen zu sprechen, doch nur zu seinen eigenen Bedingungen. Ende Mai 1920 lehnte er eine Einladung nach Paris mit dem Argument ab, eine Erörterung der Lage sei nicht sinnvoll, bevor nicht in Deutschland Wahlen stattgefunden hätten; Abkommen über Kohlenlieferungen könnten nicht ohne Mitsprache der deutschen Gewerkschaften und ohne neue Arbeitszeitregelungen geschlossen werden, die Frage der Arbeitszeitverlängerung lasse sich aber erst unter ruhigeren politischen Rahmenbedingungen klären.[22]

Stinnes war zwar andererseits bereit gewesen, an einem für Mitte Juni anberaumten Geheimtreffen in Wiesbaden teilzunehmen, doch er hatte dies eigentlich als verfrüht und als großes Entgegenkommen seinerseits betrachtet und war demzufolge nicht unglücklich gewesen, als die Franzosen den Termin abgesagt hatten. Er und Vögler hielten beide gleich wenig von den Bemühungen der deutschen Regierung, Industrielle aus Frankreich und Deutschland zusammenzubringen, um eine Auffangstellung für den Fall zu schaffen, daß die Konferenz von Spa in der Frage der Kohlenlieferungen keine befriedigenden Ergebnisse erbrachte. Vögler formulierte ihre Position so: «Die Verhandlungen zwischen französischen und deutschen Industriellen können nur von Erfolg sein, wenn sie frei von politischen Erwägungen ausgehen. Die Regierung in Frankreich wird, das ist ja auch Ihre Ansicht, noch auf längere Zeit hinaus sich nicht von Chauvinismus freimachen können.»[23]

Unabhängig davon glaubte Stinnes, daß Zusammenarbeit im Interesse beider Länder liege, und hielt an seiner Vision einer Zollunion zwischen Deutschland und Frankreich fest, die später weitere Staaten Mitteleuropas einschließen könnte. Er war sich völlig sicher, daß nur eine französisch-deutsche Zusammenarbeit eine weitere Explosion in Europa verhindern konnte, die den Niedergang des Kontinents und «die schrankenlose Weltherrschaft der nicht kontinentalen europäischen und überseeischen Länder» – d.h. Englands und der USA – nach sich ziehen würde.[24] Diese Vorstellung eines kontinentaleuropäischen Gegengewichts zur anglo-amerikanischen Sphäre darf nicht so verstanden werden, als habe sich Stinnes plötzlich zum Mitteleuropa-Gedanken bekehrt, denn er blieb ein überzeugter Befürworter des Welthandels und der Wirtschaftsbeziehungen zu den englischsprechenden Ländern. Was darin zum Ausdruck kam, war vielmehr seine wachsende Überzeugung, daß Deutschland in eine Art Partnerschaft mit Frankreich eintreten müsse. Es fiel jedoch schwer, sich eine Zollunion vorzustellen, die nicht zu einer deutschen Hegemonie über Frankreich geführt hätte, und auch wenn es in Frankreich Politiker gab, die zur Vorbeugung gegen ein angelsächsisches Übergewicht ebenfalls für eine Zusammenarbeit mit Deutschland eintraten, war es doch nur natürlich, daß sie so kurz nach Kriegsende ihre Sicherheit zunächst noch am besten beim Versailler Abkommen und im Kreis der übrigen Siegermächte aufgehoben sahen. Dies zur Kenntnis zu nehmen weigerte Stinnes sich beharrlich, und seine Art und Weise, die Dinge zu sehen, war eben deshalb so schrecklich wichtig, weil sowohl die deutsche als auch die französische Regierung in ihm eine Schlüsselfigur für den Umgang mit diesen Problemen Anfang Juli in Spa sahen.

Als am 30. Juni 1920 das neue Kabinett Fehrenbach zusammentrat, erklärte Außenminister Walter Simons, ehemals Geschäftsführer des Reichsverbandes der Deutschen Industrie, falls nach Spa Sachverständige eingeladen würden, müsse Stinnes unbedingt dabei sein. Mit seiner Enthaltsamkeit gegenüber solchen Aktivitäten war es nun also vorbei, doch hatte er es jetzt mit einer Regierung zu tun, der er eine gewisse Loyalität schuldete, weil die DVP ihr angehörte. Daß die Franzosen an ihm Anstoß nehmen würden, war kaum zu erwarten. Anfang Juni war Felix Deutsch von der AEG mit der Erkenntnis aus Paris zurückgekehrt, daß es ein großer Irrtum wäre, anzunehmen, die Franzosen würden sich mit Stinnes oder einem Krupp-Vertreter nicht an einen Tisch setzen; der französische Unterstaatssekretär habe ihm vielmehr ausdrücklich bestätigt, «daß sie gerade solche Leute bei den Verhandlungen bräuchten».[25] Ministerpräsident Millerand war offenbar zu der Einsicht gelangt, daß Stinnes ein lohnender Verhandlungspartner sein würde. Er demonstrierte dies dadurch, daß er in eine persönliche Unterredung einwilligte, um die Stinnes ihn gebeten hatte – sie fand am 4. Juli 1920 in Brüssel statt.

Stinnes informierte Simons über den Inhalt dieses einstündigen Gesprächs und bestätigte ihn in seiner Einschätzung, daß die Entwicklung einen gefährlichen Punkt erreicht hatte, denn Millerand hatte mehrmals vor dem «Debakel» gewarnt, «das eintreten würde, wenn Deutschland die Situation nicht richtig einschätzte».[26] Der französische Premier hatte auf der Erfüllung des Versailler Vertrages bestanden, als dessen zwei tragende Säulen er die Verringerung der deutschen Streitkräfte auf 100000 Mann und die Kohlenlieferungen zum Ausgleich der aus der Zerstörung französischer Bergwerke resultierenden Verluste bezeichnete. Stinnes hatte mit gleicher Offenheit geantwortet, daß die Bedingungen unerfüllbar seien und «daß dann eben das Schicksal seinen Lauf nehmen müsse mit dem Erfolg, daß der neue Krieg, den Frankreich vermeiden wolle, bald eintrete. Ein zur Verzweiflung getriebenes Volk werde und müsse versuchen, sich aufgezwungenen Bedingungen unerfüllbarer Art zu entziehen.» Stinnes warb dafür, in Deutschland ein Milizsystem nach Schweizer Vorbild zu akzeptieren – zusätzlich zu einem 100000 Mann starken Berufsheer –, und gewann den Eindruck, daß Millerand die Argumente für ein solches Modell einleuchtend fand. Stinnes betonte, der Polizeiapparat sei mit linken Elementen durchsetzt und daher unzuverlässig; die Bevölkerung wolle aber Gesetz und Ordnung. Er forderte darüber hinaus den Abzug der alliierten Besatzungstruppen aus Düsseldorf, Mülheim und Wesel; falls dies nicht bis zum 10. Juli geschehe, erwäge er, mit seiner Familie das Ruhrgebiet zu verlassen. Dasselbe würden möglicherweise die Zechenleiter und Ingenieure tun, mit unvermeidlich negativen Folgen für die Industrieproduktion. Stinnes glaubte in diesem Moment bei Millerand die Bereitschaft zur Gewährung der geforderten Zugeständnisse zu erkennen und brachte auch seinen Eindruck zu Papier, daß Millerand willens sei, als Gegenleistung für eine erhöhte Kohlenförderung den deutschen Bergleuten einen Anspruch auf verbesserte Lebensbedingungen zuzuerkennen. Auf der anderen Seite erklärte Millerand – vielleicht, wie Stinnes vermutete, mit einem Anflug schlechten Gewissens: «Das Kriegsglück hat gegen Sie entschieden, wir wollen in nächster Zeit ruhig schlafen können.» Einiges spricht dafür, daß es Stinnes bei diesem Gespräch um mehr ging, als nur im Auftrag von Simons Millerand auf den Zahn zu fühlen. Offenbar unterbreitete er dem Franzosen auch die Idee einer französisch-deutschen industriellen Zusammenarbeit bei Eisen und Stahl, darüber hinaus möglicherweise auch seinen Plan einer Zollunion. Wie jedoch wenige Tage später in Spa deutlich wurde, ging es Millerand um die Erfüllung der Versailler Verträge, nicht um das Aufstellen eines Programms, das geeignet war, die französische Schwerindustrie in eine noch ungünstigere Position zu bringen.[27]

Zum Abschluß seines Berichts wünschte Stinnes Simons viel Erfolg bei seiner schwierigen Aufgabe und beantworte nun auch die von Simons schon früher an ihn gerichtete Frage, ob er sich in der Lage sehe, nach Spa zu kommen: «Sehr ungern, und ich glaube nicht, daß ich in den nächsten Tagen etwas nutzen kann. Im äußersten Falle stehe ich, wenn auch nicht auf die Minute, zur Verfügung.» Unglücklicherweise stellte Stinnes sich dann doch zur Verfügung und gehörte zu denen, die sich am 10. Juli auf Einladung der Alliierten für die deutsche Delegation zu den geforderten Kohlenlieferungen äußerten. Er gab eine bemerkenswerte Vorstellung. Stinnes sprach im Stehen, «damit ich meinen Zuhörern ins Auge sehen kann», wie er bedeutungsvoll erklärte. «Sie werden mir gestatten, freimütig zu sprechen.»[28] Damit setzte er einen expliziten Kontrast zu Brockdorff-Rantzau, der seine Stellungnahme zu den Friedensbedingungen von Versailles am 7. Mai 1919 im Sitzen abgegeben hatte, was als grobe Unhöflichkeit empfunden worden war. Dem britischen Diplomaten Harold Nicolson erschien Stinnes wie ein «Ahasver im Wildhüter-Kostüm».[29] Rasch wurde indes klar, daß Stinnes nicht aus Höflichkeit stand. Er wies die Aussage Millerands zurück, daß es ein großzügiges Entgegenkommen der Siegermächte war, die Deutschen zu Wort kommen zu lassen. «Wer nicht von der Siegerkrankheit unheilbar befallen ist», erklärte er, dem müsse klar sein, daß einseitige Entscheidungen der Alliierten zu keinen Lösungen führen konnten. Nachdem der Verhandlungsleiter, der Belgier Delacroix, diese bemerkenswerte Eröffnung unterbrochen und Stinnes gebeten hatte, keinen «provokativen Ton» anzuschlagen, erneuerte dieser seine Ansicht, er spreche hier aus eigenem Recht und sei niemandem zu Dank verpflichtet. Er bestritt die Aussagen Millerands sowohl über den Bedarf Frankreichs als auch über die Lieferkapazität Deutschlands und betonte zugleich, die deutsche Unternehmer- und Arbeiterschaft sei trotz der trostlosen Lage in Deutschland bereit, ihr Möglichstes zu tun, um die Franzosen für die kriegsbedingten Kohlenausfälle zu entschädigen. Im gleichen Atemzug betonte er jedoch, bei der Zerstörung der französischen Bergwerke habe es sich um eine «klar erkannte militärische Notwendigkeit» und nicht etwa um einen Akt der «Niedertracht und [des] Vandalismus» gehandelt. Die Deutschen hätten im übrigen schon Kohle an Frankreich geliefert, bevor dazu eine formelle Verpflichtung bestand, die es erst seit Mai 1920 gebe. Sie hätten dies aus einer, wie sich gezeigt habe, «falschen Sentimentalität» heraus getan, denn nun beklagten sich die Alliierten über angeblich zu geringe Lieferungen. Stinnes schilderte eingehend die seit dem Frühjahr 1919 erfolgten Bemühungen um die bessere Unterbringung der Bergleute, beschrieb ihre elenden Wohnverhältnisse und die miserable Ernährungslage und wies auf die Bedeutung der mit den Gewerkschaften vereinbarten Überstundenregelung hin. Er warnte die Siegermächte vor der Illusion, sie könnten die von ihnen geforderten Kohlenmengen mit Gewalt erpressen; selbst wenn sie soweit gingen, das Ruhrgebiet militärisch zu besetzen, würden sie dieses Ziel nicht erreichen, erst recht nicht, wenn sie für die Besetzung afrikanische Truppen einsetzen würden, denn den Einsatz schwarzer Soldaten als «Träger der öffentlichen Autorität» werde jeder Weiße und Deutsche als empörend empfinden, und somit werde weder Frankreich noch Europa einen Nutzen davon haben. Die europäischen Kohlenprobleme würden sich dadurch nur verschärfen. Im Namen der deutschen Unternehmerschaft lehne er daher die Forderungen der Siegermächte ab. Man sei zwar nach wie vor bereit, an der Erarbeitung einer tragbaren Lösung mitzuwirken, werde aber ein «Diktat» nicht akzeptieren.

Diese hochfahrenden Äußerungen und der anmaßende Ton, in dem sie vorgetragen wurden, stieß die Alliierten vor den Kopf, auch Lloyd George, der für die deutsche Position in mancher Hinsicht durchaus Verständnis hatte und den Einsatz schwarzer Soldaten bei einer Ruhrbesetzung für falsch hielt. George war beeindruckt vom Vortrag des deutschen Gewerkschaftsvertreters Huë, der nach Stinnes zu Wort kam und ein nüchterneres Plädoyer zugunsten der deutschen Bergleute hielt. Was jedoch Stinnes betraf, so war George über dessen Auftreten

Die deutschen Sachverständigen bei der Konferenz in Spa im Juli 1920: Kanzler Fehrenbach, in der Mitte mit Hut, und Hugo Stinnes, rechts hinter ihm

mehr als bestürzt; es hatte ihn in der Tat sogar «das Gefühl beschlichen, zum ersten Mal einem wirklichen Hunnen begegnet zu sein».[30] Genau dies hatten Erzberger und andere, die vor der Einbeziehung Stinnes' in Verhandlungen gewarnt hatten, befürchtet. Man muß den «diplomatischen Stil» des Hugo Stinnes allerdings vor dem Hintergrund der Tatsache bewerten, daß er auf dieselbe Art immer wieder auch seiner eigenen Regierung gegenübertrat. Nach Spa war er nicht aus eigener Initiative gekommen, sondern weil Simons ihn darum gebeten hatte. Es hatte dazu in der Tat mehrerer telegraphischer Aufforderungen aus dem Auswärtigen Amt bedurft, und auch noch in Spa hatte Simons Stinnes bekniet, länger als ursprünglich vorgesehen zu bleiben. In der ganzen Episode offenbarten sich Stil und Charakter der deutschen Innenpolitik ebenso wie der Autoritätsverlust der politischen und administrativen Elite.

Stinnes war sich des provokativen Charakters seines in Spa gehaltenen Redebeitrags durchaus bewußt, den er vorher Wiedfeldt und Stauss zugänglich gemacht hatte, nicht jedoch Simons, den er «nicht in eine unangenehme Lage» bringen wollte.[31] Das war natürlich absolut widersinnig, ebenso wie der Versuch des peinlich berührten Simons, das Auftreten von Stinnes damit zu entschuldigen, daß dieser eben gewohnt sei, Aufsichtsratssitzungen auf diese Weise zu leiten. Die Absurdität dieser Erklärung mußte Simons eigentlich klar sein, denn man befand sich hier nun einmal nicht im Sitzungssaal von Deutsch-Luxemburg, sondern auf einer diplomatischen Veranstaltung, bei der Simons und nicht Stinnes den Ton hätte angeben müssen.[32]

Inhaltlich hatte Stinnes keinen Alleingang unternommen. Seine Überzeugung, daß Deutschland sich die Lieferung der von den Alliierten geforderten 2 Millionen Tonnen Kohle pro Monat nicht leisten konnte, wurde von der gesamten deutschen Schwerindustrie geteilt, namentlich von deren beiden weiteren in Spa anwesenden Sprechern, Direktor Lübsen vom Kohlensyndikat und Otto Wiedfeldt vom Krupp-Konzern. Wenn Stinnes erklärte, Deutschland könne höchstens 1,1 bis 1,2 Millionen Tonnen monatlich liefern, sprach er für seine gesamte Branche. Konsens herrschte in der deutschen Delegation auch darüber, daß das eigentliche Problem nicht darin lag, diese Kohlenmengen zu fördern, sondern im zu erwartenden Anstieg der Arbeitslosigkeit infolge des Abfließens einer so großen Kohlenmenge nach Frankreich und Belgien. Schließlich waren sie alle mehr oder weniger bereit, das Risiko einer Ruhrbesetzung in Kauf zu nehmen, d.h. die alliierten Forderungen in ihrer jetzigen Form lieber von Anfang an abzulehnen, als in der weiteren Zukunft immer wieder mit Problemsituationen konfrontiert zu werden. Wie Stinnes es bei einer internen Besprechung der deutschen Delegation ausdrückte: «Man [könne] zwar die Kohle physikalisch liefern ..., nicht aber finanziell und wirtschaftlich. Man müsse endlich heraus aus den gegenwärtigen Verhältnissen durch den Zwang der Besetzung, die Schraube ohne Ende müsse aufhören.»[33]

Simons schien ebenfalls dieser Ansicht zuzuneigen; ehrliche Geschäftsleute, erklärte er, dürften nicht mehr versprechen, als sie halten könnten. Er stellte sich voll und ganz hinter die ideologische und praktische Position von Stinnes:

> «Wir müßten für die Idee der gemeinschaftlichen Wirtschaftsführung durch Arbeiter und Arbeitgeber uns entscheidend einsetzen und den englischen Kapitalismus ebenso ablehnen wie den russischen Bolschewismus. Niemand würde verstehen, daß wir wieder nachgäben, nachdem wir vorher volltönend die Mehrlieferung für unmöglich erklärt hätten. Die Konsequenzen der Besetzung müßten gezogen werden; denn darüber sei kein Zweifel, daß die Alliierten es ernst meinten.»[34]

Stinnes selbst schwankte offenbar zwischen zwei Einschätzungen dessen, was die Franzosen tun würden, einer pessimistischen – «die Franzosen geben nicht früher Ruhe, bis unser Ruhrrevier besetzt ist» – und einer optimistischen – «die Franzosen erkennen, daß sie ohne unseren guten Willen verloren sind, und werden deshalb nicht besetzen».[35] Man war auf deutscher Seite bereit, das Risiko einer Ruhrbesetzung einzugehen, rechnete aber im Grunde mit einem französischen Entgegenkommen. Noch im Verlauf der Konferenz von Spa erhielt Stinnes durch Hugo jun. Berichte von Gewährsleuten in Brüssel und Paris, die besagten, die Franzosen würden sich mit 1,2 Millionen Tonnen zufriedengeben, wenn man ihnen für den Fall einer gesteigerten Förderung eine spätere Erhöhung der

Menge zusagte. Kurz nach Spa übermittelte Vögler Berichte, denen zufolge während der Dauer der Konferenz in Paris höchste Nervosität geherrscht habe; Foch habe ausschließlich schwarze Truppen zur Verfügung gehabt, habe diese jedoch im Land gebraucht. Der Tenor der Überzeugung in der deutschen Schwerindustrie lautete, die französischen Drohungen seien ein Bluff, auf den man nicht hereinfallen dürfe, und wenn es wider Erwarten doch zu einer Ruhrbesetzung kommen sollte, dann besser gleich als später. Einen Eindruck von der herrschenden Stimmung vermittelt ein Telefonat, das Stinnes am 14. Juli mit Direktor Janus vom Kohlensyndikat führte und in dem er diesen wissen ließ, die Voraussetzungen für das abgesprochene Vorgehen im Eventualfall eines neuen Spartakistenaufstandes oder einer Besetzung durch Entente-Truppen lägen jetzt vor. (Der Plan sah vor, sämtliche Lieferungen auf die linke Rheinseite einzustellen, um der Entente zu demonstrieren, wie ernst die Lage war.) Janus und der Geschäftsführer des Bergbauvereins, Löwenstein, schlossen daraus, daß die Konferenz von Spa gescheitert war und die französische Invasion binnen Stunden erfolgen werde. Als sie dann doch nicht kam, waren sie freilich keineswegs sicher, ob sie sich darüber freuen sollten, hatten sie sich doch von einem militärischen Vorgehen der Franzosen «eine Bereinigung der Atmosphäre hier» versprochen.[36] Wie ernst diejenigen, die so dachten, es meinten, läßt sich daran ermessen, daß Wiedfeldt auch noch im November 1920 überzeugt war, es sei ein großer Fehler der Regierung gewesen, die Franzosen nicht zu einer Ruhrbesetzung provoziert zu haben, die seiner Ansicht nach mit Gewißheit eine Welle des passiven Widerstands bei der deutschen Arbeiterschaft ausgelöst und damit die Gefahr künftiger Besetzungen aus der Welt geschafft hätte.[37]

Wenn Stinnes sich nicht durchsetzen konnte, dann deshalb, weil andere in Spa anwesende deutsche Experten – der Ökonom Moritz Bonn, die Bankiers Stauss, Melchior und Dernburg und der Elektroindustrielle Rathenau – völlig anderer Meinung waren als er. Der einzige nicht aus der Schwerindustrie kommende Wirtschaftsexperte, der in den harten Verhandlungen vom 14. Juli die Stinnesschen Standpunkte unterstützte, war Franz Urbig von der Disconto-Gesellschaft. In den Augen der Erfüllungs-Befürworter hatte das von Lloyd George zusammengezimmerte Angebot für Deutschland zumindest einige gute Seiten. Als Gegenleistung für die Lieferung von 2 Millionen Tonnen Kohle zu deutschen Inlandspreisen sollten die Franzosen sich verpflichten, mit der zusätzlichen Zahlung von 5 Mark pro Tonne einen Beitrag zur Ernährung, besseren Unterbringung und Bekleidung der Bergleute zu leisten; darüber hinaus sollten sie den Differenzbetrag zwischen den deutschen Kohlenpreisen und denen auf dem Weltmarkt den Deutschen als Kredit überlassen, der ebenfalls den Bergleuten zugute kommen sollte. Die Franzosen ließen ihre bisher erhobene Forderung fallen, bei der Verteilung der oberschlesischen Kohle mitzusprechen. Lloyd George vertrat jedoch auch die Position, eine Ablehnung dieser Vorschläge müsse mit der Besetzung der Ruhr beantwortet werden. Dernburg, Stinnes' langjähriger Bankier und Geschäftspartner, war der Ansicht, dies müsse um jeden Preis verhindert werden, da sonst das übrige Deutschland den Kohlenmangel noch stärker als das besetzte Gebiet zu spüren bekommen werde, was den Separatisten in Bayern und anderen süddeutschen Landen Auftrieb geben würde. Zum Kummer von Stinnes sprach Dernburg davon, daß niemand die Verantwortung für das Blut übernehmen wolle, das im Falle einer französischen Besetzung fließen würde. Melchior hatte die besondere Sorge, daß eine Besetzung dem Radikalismus und Bolschewismus in Deutschland zum Durchbruch verhelfen könnte.

Es war jedoch Rathenau, der Stinnes den besonders kränkenden Vorwurf machte, er wolle die Ruhrbesetzung provozieren, um so das Rheinland vor dem Bolschewismus zu schützen, ohne sich darum zu kümmern, was in Berlin passierte. Rathenau hatte früher am selben Tag mit dem britischen Botschafter Lord D'Abernon verhandelt, der die entscheidende Schwäche in der Stinnesschen Position aufdeckte, indem er die Frage stellte, ob Frankreich wirklich Gefahr lief, die 2 Millionen Tonnen Kohle abschreiben zu müssen, wenn Deutschland den alliierten Vorschlag ablehnte und es zur Besetzung der Ruhr käme. Als Rathenau dies in der entscheidenden Sitzung darlegte, räumte Stinnes ehrlicherweise ein, daß die Franzosen in diesem Fall nicht nur ihre Kohle bekommen, sondern auch in der Lage sein würden, sämtliche deutsche Kohle, die sie nicht abtransportieren konnten, mitsamt den dazugehörenden Zusatzprodukten zu Weltmarktpreisen in Deutschland selbst zu verkaufen. Dies und die Tatsache, daß die Alliierten offenbar nicht blufften, gab den Ausschlag dafür, daß die Mehrheit der deutschen Delegationsmitglieder für die Annahme der alliierten Bedingungen eintrat. Stinnes reagierte auf ihre Entscheidung mit einem häßlichen Wutausbruch, in dessen Verlauf er drohte, aus der Angelegenheit ein politisches und gesellschaftliches Skandalon zu machen, ja sogar antisemitische Umtriebe vom Zaun zu brechen.[38]

Einem der Sitzungsteilnehmer entglitt der Ausdruck «Rassenabstimmung», eine eindeutige Anspielung darauf, daß die vier Juden im Kreis der Wirtschaftsexperten, Bonn, Rathenau, Dernburg und Melchior, für die Annahme votiert hatten. Melchior glaubte sich zu erinnern, daß Stinnes selbst den Ausdruck benutzt hatte, was Stinnes aber später in einem Brief an Melchior bestritt und in das Argument umwandelte, er habe mit seiner Reaktion auf das Abstimmungsergebnis also nicht allein gestanden.[39] Stinnes entging das Aufkommen einer antisemitischen Stimmung in Deutschland während jener Monate offensichtlich nicht. Auch er hatte sich von der zunehmenden Neigung anstecken lassen, mit besonderer Aufmerksamkeit jüdische Identitäten und Stereotypen zu registrieren, wenn andere eine ihm nicht genehme Meinung vertraten. In einem persönlichen Gespräch mit Stresemann äußerte Stinnes Ansichten wie: «Die jüdischen Sachverständigen Guggenheimer, Dernburg und Rathenau haben in ihrem internationalen Pazifismus verheerend gewirkt.»[40] Warum er in diesem Zusammenhang auch Guggenheimer erwähnte, wird aus den Akten nicht verständlich. Der hochrangige MAN-Direktor und hochangesehene Industrielle Guggenheimer hatte die Regierung gedrängt, bei Verhandlungen mit Frankreich Stinnes an den Tisch zu holen, und Stinnes arbeitete mit ihm normalerweise auch gut zusammen. Offenbar hatte auch Guggenheimer sich für den «falschen» Weg entschieden, doch auch die Tatsache, daß er für das Amt des Reichskommissars für Fragen der Durchführung des Friedensvertrages auserkoren war, wäre für Stinnes Grund genug gewesen, ihm sein besonderes Augenmerk zu schenken.[41] Die Fairneß gegenüber Stinnes gebietet es, zu sagen, daß die Kritik am «internationalen Pazifismus» der jüdischen Delegierten im zehnten und letzten Abschnitt der Stresemannschen Notizen auftaucht und daß an anderer Stelle sehr prominente Nichtjuden fast ebenso schlecht wegkommen. Stinnes rief die DVP auf, das Protokoll von Spa abzulehnen und auf die Installierung einer Regierung unter Simons und Gessler hinzuarbeiten. Fehrenbach bezeichnete er als «ungeeignet und unfähig», Finanzminister Wirth als einen «Nachfolger Erzbergers» – wohl das Schlimmste, das man in Stinnes' Augen über ihn sagen konnte. Über den Chef der Reichswehr, General von Seeckt, sagte Stinnes, er sei «nicht einwandfrei», weil er es in Spa versäumt habe, Gessler optimal zu beraten und zu unterstützen. Die Forderungen von Stinnes mußten sehr ernst genommen werden, waren doch die im Auswärtigen Ausschuß des Reichstags vertretenen DVP-Abgeordneten bereit, sich in bezug auf Spa gegen die Regierungspolitik zu stellen und die Berufung Guggenheimers zu blockieren, wenn Stinnes ihnen dazu riet.[42]

«Internationaler Pazifismus» war in jedem Fall zu diesem Zeitpunkt in Deutschland eine Parole, die finstere Assoziationen weckte; auf einer Sitzung der DVP-Abgeordneten erläuterte Stinnes seinen Standpunkt, indem er darauf hinwies, daß zwar einige der Experten eine klare und festgefügte Position verträten, «die anderen dagegen durch ihre Verbindungen nach der Gegenseite dafür sorgten, daß von einer Einigkeit nicht mehr die Rede war».[43] Das war zweifellos eine Anspielung auf die Freundschaft zwischen Moritz Bonn und dem Privatsekretär von Lloyd George, Philip Kerr, möglicherweise aber auch auf die Kontakte Rathenaus zum britischen Premierminister. Bei seinem Auftritt vor den DVP-Abgeordneten schoß Stinnes sich vor allem auf Bonn ein, während Dernburg als «zu weich» befunden wurde; Rathenau und Melchior kreidete er ebenfalls zu wenig Rückgrat an.[44]

Es war schlimm genug, daß Stinnes bei diesen nichtöffentlichen Sitzungen Unterstellungen gegen die jüdischen Experten in die Welt setzte; noch fataler wurden diese Insinuationen dadurch, daß sie ihren Weg in die Presse fanden. Als Georg Werner, Vorsitzender der Sozialdemokratischen Bergarbeitergewerkschaft, am 17. Juli Stinnes öffentlich beschuldigte, er plane die Unterdrückung der Arbeiterschaft, antwortete Stinnes mit dem Gegenvorwurf, die Gewerkschaften stifteten Konflikte und leisteten den Interessen der Siegermächte Vorschub. Weiter erklärte er: «Sie werden dann einen Schaden stiften, wie eine Anzahl Vertreter in Spa, die aus einer fremdländischen Psyche heraus, den deutschen Widerstand gegen unwürdige Zumutungen gebrochen haben.»[45]

Stinnes hatte damit seine Drohung wahr gemacht, antisemitische Stimmungen zu schüren, und er hatte dies zu einem Zeitpunkt getan, da er aufgrund seines brüskierenden Auftretens gegenüber den Siegermächten in Spa in nationalistischen Kreisen große Popularität gewonnen hatte. Dankes- und Glückwunschschreiben brachen über sein Büro herein, darunter sogar welche aus Süddeutschland, wo man auf die Ruhrindustriellen wegen der Kohlenknappheit nicht eben gut zu sprechen war. Der Beifall kam nicht nur von solchen unverbesserlichen Naturen wie Wolfgang Kapp, der sich aus seinem schwedischen Exil bei Stinnes meldete, um ihm Dank abzustatten und bei der Gelegenheit aber auch darauf hinzuweisen, daß Spa im Nachhinein gezeigt habe, wie berechtigt sein Putschversuch gewesen sei.[46] Welche Breitenwirkung die Stinnes-Rede in Spa entfaltete, dafür findet sich das vielleicht beredteste Zeugnis in den Memoiren von Tochter Clärenore, die vom Auftreten ihres Vaters völlig eingenommen war:

> «So, und unter dem Eindruck dieser Worte, die ich wieder und wieder las, ging der Vater am Abend mit uns in das Odeon-Theater. Als wir uns in der Loge hinsetzen wollten, erkannte jemand vom Parkett den Mann mit dem bleichen Gesicht im schwarzen Vollbart. Stinnes, Stinnes, rief es von unten und von den Rängen. Die Menschen standen auf, klatschten in die Hände. Minutenlang brauste der Jubel hinauf zum Vater. Immer wieder Stinnes, Stinnes, und dann stimmte einer die Nationalhymne an. Wir alle fielen ein. Dem Vater standen die Tränen in den Augen. Er stand aufrecht, aber die Tränen standen in seinen Augen und er wischte sie nicht weg mit der Hand, sondern ließ sie langsam an der Wange hinuntergleiten. In diesem Augenblick vernahm er die Stimme seiner Mitmenschen, die mit ihm gelitten und deren Gefühlen er in Spa Ausdruck verliehen hatte, trotz aller verleumderischen Erzbergers und Scheidemänner ...»[47]

Mehr als jemals zuvor oder danach war Stinnes in diesem Augenblick die Inkarnation der von Bismarck und Wilhelm hinterlassenen politischen Kultur, die so große Teile des Weimarer Bürgertums prägte und es unfähig machte, sich mit den politischen Realitäten des Krieges und der Niederlage abzufinden. Stinnes war aber auch, wie Vögler mit diebischer Freude berichtete, für die französischen Zeitungsleser zu einem Markenzeichen geworden: «Die französischen Zeitungen, bis zu den kleinsten Blättern, brächten täglich Leitartikel mit der Überschrift: Diktator Hugo Stinnes.»[48] Die Möglichkeit, daß Stinnes hierdurch von einem politischen Aktivposten zu einer Belastung geworden sein könnte, wurde in der um ihn entfachten Beweihräucherungs-Euphorie, der Stinnes offenbar auch selbst erlegen war, gar nicht mehr wahrgenommen.

Zum Glück gab es in diesem Moment in Deutschland fähigere und nachdenklichere politische Köpfe wie etwa Stresemann, der seine Fraktionskollegen davon überzeugen konnte, daß ein Rückzug aus der Regierung oder eine Ablehnung des Protokolls von Spa nur der Linken nützen würde. Er mußte außerdem bei denen in seiner Partei Schadensbegrenzung betreiben, die über Stinnes' antisemitische Ausfälle zutiefst empört waren. Max Warburg war von Rathenau über die Stinnesschen Formulierungen unterrichtet worden, und Rathenau hatte den Vorschlag gemacht, Stinnes direkt zu fragen, auf wen sich sein Ausdruck «fremdländische Psyche» bezog und was er sich dabei gedacht hatte. Warburg war ein sehr konservativer Mann und ging mit Stinnes völlig darin einig, daß man von der staatlich gelenkten Wirtschaft möglichst rasch wegkommen müsse, und er war auch dem Gedanken keineswegs abgeneigt, die Siegermächte zu einer «Präventivokkupation» zu verleiten, wie sie Stinnes vorschwebte, doch jetzt zeigte er sich entrüstet über Stinnes' «unkollegiales» Verhalten, namentlich gegenüber seinem guten Freund Melchior. Wie er Stresemann wissen ließ, verstand sich die DVP, im Gegensatz zur DNVP, als «Wiederaufbau-Partei»; Stinnes zeige jedoch seit einiger Zeit dieselben «Allüren» wie Helfferich und die Radikalen in der notorisch antisemitischen DNVP. Diesen Klagen schloß sich auch die Führung der Hamburger DVP an, deren Mitglieder sehr mit dem Kurs von Stinnes sympathisierten, aber seine häßlichen Äußerungen über einige ihrer prominentesten Parteifreunde ganz und gar nicht gut fanden. Stresemann drängte Warburg, sich in dieser Sache direkt an Stinnes zu wenden; vorderhand erklärte er das Stinnessche Ausrasten mit der erregten Stimmung in Spa und wies darauf hin, daß Stinnes bei den Fraktionssitzungen stets scharf zwischen Bonn und den anderen jüdischen Mitgliedern der Delegation differenziert hatte.[49]

Warburg war von Stinnes zutiefst enttäuscht, ohne daß dies für ihn eine ganz neue oder ungewöhnliche Erfahrung gewesen wäre, wie er mit einem Anflug von Fatalismus schrieb: «Ich hatte Hugo Stinnes für vollkommen vorurteilsfrei gehalten, und seine Haltung war eine Überraschung für mich. Es gibt eben wenige Leute in einflußreicher politischer Stellung, die das billige und wirksame Mittel des Antisemitismus nicht benutzen.»[50] Sowohl Melchior als auch Warburg beschwerten sich direkt bei Stinnes, wobei Warburg ihn wissen ließ, man werde trotz der vielen bestehenden Berührungspunkte nicht mehr mit ihm zusammenarbeiten. Das traf Stinnes tief, und er schrieb an Melchior, der ihm ähnlich deutliche Worte gesagt hatte, er habe «Herrn Warburg seinerzeit gesagt, daß mir antisemitische Tendenzen fern liegen und daß ich insbesondere mit Ihnen jederzeit gern zusammmengearbeitet hätte und arbeiten würde. Das entspricht auch heute meiner Auffassung. Ich würde auch gemäß damaliger Erklärung keineswegs gescheut haben, bei passender Gelegenheit dies öffentlich zum Ausdruck zu bringen.» Stinnes beharrte darauf, die Ehre Melchiors nicht verletzt zu haben, und behauptete darüber hinaus, man habe ihn falsch zitiert, er habe nicht von einer «fremdländischen», sondern von einer «fremdvölkischen Psyche» gesprochen.[51]

Das war freilich eine Haarspalterei, die die Sache nicht besser machte und nur zeigte, zu welchen Abstrusitäten ansonsten vernünftige Menschen fähig waren, wenn es um die «jüdische Frage» ging. Im privaten Bereich bemühte sich Stinnes, seinen Rundumschlag ungeschehen zu machen; während er seine Kritik an der Rolle Bonns aufrecht erhielt, ließ er Siemens im November wissen, daß gegen einen Einsatz Melchiors als Experte bei den bevorstehenden Reparationsverhandlungen keine Einwände erhoben werden könnten. Einen Versuch, das beschädigte Verhältnis zwischen Warburg und Melchior auf der einen und Stinnes auf der anderen Seite wieder zu kitten, unternahm Geheimrat Hermann Bücher von der AEG, der von Simons die Geschäftsführung des RdI übernommen hatte. Bücher organisierte ein Abendessen für die drei Männer, das nach Warburgs Beschreibung «ungefähr die dreifache Länge eines opulenten Hochzeitsschmauses hatte, mit den entsprechenden Weinen». Warburg hatte zu seinem Leidwesen nicht seinen sonstigen Appetit mitgebracht, und Stinnes war ohnehin kein großer Esser, sondern eher ein asketischer Typ. So kam zwar nicht die erhoffte Gemütlichkeit auf, aber am Ende räumte Stinnes ein, «daß seine Bemerkung eine unglückliche gewesen war, und versprach mir, öffentlich bei der allernächsten Gelegenheit eine Richtigstellung vorzunehmen». Zur großen Enttäuschung Warburgs und Büchers, die Stinnes immer wieder an diese Zusage erinnerten, hielt er sie nicht ein. Warburg fand dies traurig, «weil es mit der sonst mutigen und unabhängigen Auffassung dieses Mannes nicht übereinstimmte. Es bewies mir aber immer wieder aufs Neue, wie tief der Antisemitismus in Deutschland selbst bei einem Mann wie Stinnes saß.»[52]

Tatsächlich zog Stinnes, wie sich zwei Jahre später zeigen sollte, aus dieser Episode und ihren Weiterungen eine größere Lehre, als das Nichteinhalten seiner Zusage es vermuten ließ. Vorläufig blieb er jedoch noch ein Gefangener seiner um Spa kreisenden Leidenschaften und seiner Überzeugung, mit seiner Ablehnung der dort ausgehandelten Vereinbarung im Recht zu sein. Anders als 1918–19 war Stinnes dieses Mal zwar als Experte nach Spa eingeladen worden, doch durchgesetzt hatte er sich nicht. Überhaupt kehrte bei ihm allmählich Ernüchterung ein, was die Erfolge seiner praktisch-politischen Tätigkeit betraf. Es war kein Kunststück, mehr Mitsprache für die Industrie im politischen Prozeß und in Staatsangelegenheiten zu fordern, aber wenn man das tat, mußte man auch bereit sein, Verantwortung zu übernehmen und den Forderungen eigene Taten folgen zu lassen. Als im Juni 1920 das Kabinett Fehrenbach zusammengestellt wurde, äußerten viele die Meinung, sowohl Stinnes als auch Vögler, die sich beide in der DVP betätigten, würden als Wirtschaftsminister eine gute Figur abgeben. Stinnes jedoch schloß ein Ministeramt nicht nur für sich selbst aus, sondern erklärte auch Vögler für unverzichtbar, vor allem wegen der laufenden Verhandlungen zwischen Deutsch-Luxemburg und der GBAG über die Bildung einer IG; er drängte statt dessen Gustav Krupp von Bohlen & Halbach, seinen Direktor Wiedfeldt, der als hochqualifizierter Anwärter galt, für das politische Amt freizustellen. Allein, weder Krupp noch Kurt Sorge, Präsident des GdI und Chef der Krupp-Gruson-Werke, wollten einsehen, weshalb der Krupp-Konzern leichter als Stinnes auf einen seiner wichtigsten Manager sollte verzichten können. Wie Wiedfeldt an seinen obersten Vorgesetzten schrieb, nachdem die Sache vom Tisch war: «Platzhalter oder Vorarbeiter für die Firma Stinnes zu sein, ziemt uns denn doch nicht.»[53]

Wie bereits gesehen, war es Stinnes nicht gelungen, die DVP zur Ablehnung des Spa-Protokolls oder gar zum Austritt aus der Regierung Fehrenbach zu bewegen. Stresemann dachte nicht daran, politischen Selbstmord zu begehen, und außerdem hatte er den großen Vorteil auf seiner Seite, seine gesamte Zeit der Politik widmen zu können und dazu noch wirkliches politisches Talent zu besitzen. In den Hinterköpfen so mancher rechtsgewirkter Wirtschaftsführer spukte die Hoffnung, daß als Folge der Wahl von Stinnes und Vögler in den Reichstag «allmählich der unheilvolle Einfluß von Stresemann in der deutschen Volkspartei verringert werden und daß diesem die Führerrolle abgenommen würde».[54] Informierte Leute wie der HAPAG-Lobbyist Arndt von Holtzendorff, der die politische Szene in Berlin gut kannte, stuften solche Hoffnungen als höchst naiv ein, war doch Stresemann «ein viel zu gerissener Taktiker, als daß er sich so leicht aus dem Sattel heben ließe», zumal er über eine «geradezu fulminante Redegewandtheit» verfügte.

In der Tat war das politische Wirken des Hugo Stinnes in diesem Sommer 1920 in eine Phase des Stillstands geraten. Das Abkommen von Spa, dessen Konsequenzen ihn mit so großer Sorge erfüllten, mußte nun, das sah auch er so, nach Treu und Glauben erfüllt werden, was nur noch eine Frage der technischen Umsetzung war. Die Bergleute stimmten für die Wiederinkraftsetzung der Überstunden-Vereinbarungen, nachdem man ihnen höhere Nahrungsmittel- und Kleiderzuteilungen und Fortschritte in Richtung Verstaatlichung versprochen hatte. Stinnes selbst beriet den Reichskohlenkommissar und andere Behörden in der Frage, wie die durch die neuen Verpflichtungen aufgeworfenen Probleme am besten gelindert werden konnten, und hielt vor dem neugeschaffenen Reichswirtschaftsrat (RWR) ein detailliertes Referat über die zu ergreifenden Maßnahmen. (Dieses Organ wurde in der Folge zu einem wichtigen Resonanzkörper für die Stinnesschen Ansichten.) Daß er mit seinen Ambitionen, im Verhältnis zu Frankreich durch private Diplomatie etwas zu erreichen, erst einmal Schiffbruch erlitten hatte, mußte ihm selbst klar sein, nachdem seine eigenen Gewährsleute in Frankreich ihm eröffneten, daß seine Rede in Spa «diejenigen Leute in Frankreich in eine schwierige Lage gebracht [hat], die auf eine wirtschaftspolitische Verständigung zwischen Deutschland und Frankreich hinarbeiten und gerade für Ihre Person als maßgebenden Exponenten des Wirtschaftslebens Stimmung machten». Diese Personen sähen sich nunmehr gezwungen, stillzuhalten, bis das Gezeter von «Foch, Clemenceau & Co.» verklungen sei.[55]

Auf der anderen Seite gab es natürlich nach wie vor den Unternehmer Hugo Stinnes, und der zog seine Bahnen unaufhaltsam wie ein Eisbrecher. Die Vermögenszuwachs-Steuer-Erklärung, die er im August 1920 für seine Firma abgab, war nichts Geringeres als ein politisches Manifest, in dem er seine Einstellung zu der seit Kriegsende eingetretenen inflationären Entwicklung öffentlich machte. Er bezifferte das Sachvermögen der Firma zunächst mit dem Vorkriegswert und danach mit einem durch Inflationsverluste verringerten Zeitwert. Er nahm riesige Rückstellungen für drohende inflationsbedingte Verluste aus Krediten in Fremdwährungen vor. So setzte er seine Schulden bei der Londoner Bank Kleinworth & Co. mit einem Vorkriegswert von £ 73344 an und nahm dafür eine Rückstellung von 1.070802,40 Mark vor, was einem Wertverlust der Mark gegenüber dem britischen Pfund um den Faktor 10 seit Ende 1918 entsprach. Stinnes erwähnte die Zusage des Reichs, solche inflationsbedingt aufgeblähten Schulden zu übernehmen, verwarf sie aber im gleichen Atemzug:

> «Das Reich, das heute 236 Milliarden Schulden hat und dessen Schuldenlast von Monat zu Monat wächst, dessen Kreditfähigkeit durch den Stand seiner Valuta hinreichend gekennzeichnet ist, das Noten auf Noten druckt ohne jede Deckung und das längst bankrott ist ... dieses arme im Zusammenbruche befindliche Reich kann keine Garantien geben oder in Aussicht stellen, auf die ein Kaufmann seine Bilanz gründen kann. Die Grundlage für mein Geschäft ist mein persönlicher Kredit im In- und Auslande. Dieser Kredit ist bisher unerschüttert, ich kann heute im In- und Auslande jeden benötigten Kredit haben. Das hört aber in dem Augenblick auf, wo ich in meinem Geschäft anfange, die Bahnen des wirtschaftlichen Zusammenbruches zu betreten.»[56]

2. «Vertikale Sozialisierung»

Der Stil, in dem Stinnes seine Unternehmen führte, stand in einem untrennbaren Zusammenhang mit seinen politischen Überzeugungen; wie früher die von ihm vertretenen Kriegsziele, stellten auch die großen Geschäfte, die er nach 1918 tätigte, eine Flucht nach vorn dar; er wollte damit ein Sicherheitspolster um seine Unternehmen und Beteiligungen legen und zum anderen Stützpunkte errichten, von denen aus er zu neuen unternehmerischen Ufern aufbrechen konnte. Seine Gewohnheit, einfach vorzupreschen und sich weder von den Plänen der Regierung noch von der politischen Opposition bremsen oder aus dem Konzept bringen zu lassen, manifestierte sich besonders drastisch in seinem Verhalten in der Frage der Sozialisierung. Er lieferte dabei eine perfekte Illustration seines Mottos, lieber zu «handeln» als zu «verhandeln».

Der Kapp-Putsch mit allem, was danach kam, hatte den Pro-Verstaatlichungs-Kräften Auftrieb gegeben. Daß die DVP der Regierung Fehrenbach angehörte, war beruhigend, aber dem stand die Tatsache gegenüber, daß die Regierung auf die Duldung durch die SPD angewiesen war, und so verfolgte die Industrie die Tätigkeit des Ausschusses, der Empfehlungen zur Gestaltung des Wirtschaftssystems abgeben sollte, mit Sorge. Vögler äußerte Ende August ernste Befürchtungen, hatte er doch allen Grund zu der Annahme, daß Huë und die Bergleute als Preis für eine neue Überstunden-Vereinbarung konkrete Sozialisierungsmaßnahmen fordern würden. Wie Vögler indes irritiert feststellen mußte, nahm Stinnes die Sache ziemlich gelassen.[57]

Als am Monatsende der Verstaatlichungs-Ausschuß seinen Bericht vorlegte, wurde Vögler aufs neue höchst nervös. Der Ausschuß hatte sich nicht auf einen gemeinsamen Bericht einigen können. Eine Gruppe, deren Wortführer Professor Lederer war, empfahl die sofortige Verstaatlichung der gesamten Industrie. Die andere Gruppe, deren Sprecher Walther Rathenau war, vertrat den Standpunkt, daß unternehmerische Initiative und Begabung in der gegebenen Situation unverzichtbar seien, wenn die Wirtschaft nicht zusammenbrechen solle, daß jedoch auf dem Wege einer «Gemeinwirtschaft» ein größeres Maß an Transparenz und Kontrolle erreicht werden müsse. Auf diese Weise könnten und sollten die Voraussetzungen für eine Sozialisierung der Industrie nach spätestens dreißig Jahren geschaffen werden. Vögler fühlte sich zum Einschreiten bemüßigt; in einem Brief an Stresemann schrieb er zu diesen Vorschlägen: «Der eine ist die Bürokratisierung und die Verfilzung in der höchsten Potenz, der andere die Fiskalisierung, die in ihren Auswirkungen schließlich auf dasselbe hinauskommt.»[58]

Während Vögler auf der einen Seite mißtrauisch die Entwicklung in der Sozialisierungsfrage verfolgte, half er Stinnes eifrig dabei, eine praktische Antwort darauf zu geben: vertikale Konzentration. Am 18. August 1920 unterzeichneten Deutsch-Luxemburg und die GBAG das IG-Abkommen, mit dem am 1. Oktober die Rhein-Elbe-Union ins Leben gerufen werden sollte. Vögler hatte an den administrativen und technischen Fragen, die für dieses große Vorhaben zu lösen waren, monatelang gearbeitet. Dabei hatten organisatorische Dinge viel Energie verschlungen: Die Aufsichtsräte beider Konzerne mußten so umbesetzt werden, daß eine adäquate reziproke Vertretung gesichert war, ein «Gemeinschaftsrat» mit Personal- und Büroräumen für die Durchführung der IG-Projekte wurde ebenso neu aufgebaut wie eine Marketing-Organisation. Von noch größerem Gewicht war die technische Integration der beiden Konzerne. Einen Eindruck davon, an wie vieles hier gedacht werden mußte und wie es bewerkstelligt wurde, vermittelt ein Brief Vöglers an Stinnes, der Mitte Juni 1920 geschrieben wurde:

> «Wir müssen aber mit unseren Arbeiten weiterkommen. Man sieht schon jetzt, wie man auf Schritt und Tritt gehemmt ist. Die Durcharbeitung der Zusammenfassung der Gelsenkirchener Zechen im hiesigen Revier mit unseren Anlagen zeigt, daß wir zu einer Ringbahn kommen werden, die sämtliche Betriebe verbindet, an der die neuen Kokereien gebaut und mit denen zugleich Gas- und Kraftleitungen verlegt werden müssen. Dazu müssen wir schon jetzt die im Bau befindlichen Gleisanlagen an der Emscher zuschneiden. So hängt eins am andern.»[59]

Näher beschrieben wurden diese Zusammenhänge in einer eindrucksvollen Denkschrift vom 22. Juni 1920 für die Aufsichtsräte der beiden Konzerne. Interessanterweise stand am Beginn der Denkschrift eine politische Aussage, nämlich die Feststellung, die IG verkörpere eine «Gemeinschaftsarbeit des freien Unternehmertums», was etwas ganz anderes sei als der «Bürokratismus», den die Befürworter der «Planwirtschaft» anstrebten. So sehr die Notwendigkeit betont wurde, Kohle und Eisen zusammenzubringen, so nachdrücklich wiesen die Autoren immer wieder auf die wichtige Rolle der «Verfeinerung» bei der Bewältigung der Probleme der Nachkriegswirtschaft hin – die Wohlfahrt Deutschlands mit seiner großen Einwohnerzahl sei nur durch Exporte zu sichern, was wiederum erfordere, «die Rohstoffe und Halbfabrikate im weitesten Maße zu verfeinern und sie dann zur Ausfuhr zu bringen, so daß der ausländische Käufer nicht nur deutsche Bodenschätze erwirbt, sondern auch möglichst viele deutsche Arbeit bezahlt».[60]

Die Vereinigung der GBAG-Zechen mit den Eisen-, Stahl- und Veredelungswerken von Deutsch-Luxemburg würde die Zechenbetriebe von Deutsch-Luxemburg in die Lage versetzen, mehr Heizkohle und Brikettware zu erzeugen, während umgekehrt die Eisen- und Stahlwerke die Zechen beider Konzerne vom «Schienennagel ... bis zur kompliziertesten Betriebsmaschine» mit allem Nötigen versorgen könnten. Am wichtigsten sei es jedoch, ein Produktionsprogramm zu entwickeln, mit dem man den maximal möglichen Nutzen aus der Kombination der besten Rohstoffbasis Deutschlands, der engen geographischen Nachbarschaft und der großen Vielfalt an Verarbeitungs- und Veredelungswerken ziehen könne. Stinnes hielt große Stücke von dem, was Vögler gerade im Hinblick auf das letztere geleistet hatte, und erklärte vor dem Aufsichtsrat von Deutsch-Luxemburg, «daß der Abschluß der IG mit Gelsenkirchen nur möglich geworden wäre durch den zielbewußten Ausbau unserer Anlagen und den hohen Stand der Betriebe unserer Eisenabteilungen. Das Verdienst hieran gebühre in erster Linie Herrn Generaldirektor Dr. Vögler.»[61]

Auch wenn Vögler die Sozialisierungs-Diskussion mit Sorge verfolgte, glaubte er an den Erfolg der neuen IG, weil in ihr und durch sie die Verzahnung zwischen Bergbau und Verhüttung erhalten blieb. Stinnes war im Sommer 1920 eifrig dabei, das Evangelium der vertikalen Konzentration zu predigen; so drängte er den Generaldirektor der Harpener Bergbau, Robert Müser, sich Gedanken über ein Zusammengehen mit Deutsch-Luxemburg zu machen. Harpen war einer der letzten großen reinen Bergbaubetriebe und hatte bis dahin keine Veranlassung gesehen, irgendwelche Verbindungen einzugehen, doch die Befürchtungen, die Stinnes hinsichtlich der Sozialisierung äußerte, gaben Müser immerhin soviel zu denken, daß er sich bei Vögler erkundigte, was dieser von einer Verbindung zwischen Harpen und Phoenix hielte. Vögler ließ ihn wissen, daß es seiner Meinung nach «im Gesamtinteresse der Wirtschaft liege, wenn Phoenix und Harpen zusammenkämen und dieser Ring wiederum in Beziehungen zur Rhein-Elbe-Union treten würde».[62]

Dazu kam es zwar nicht, aber der Gedankenaustausch zeugte doch davon, daß zu diesem Zeitpunkt eine Bereitschaft bestand, vertikale Kombinationen aller Art in Betracht zu ziehen, zum Teil als Reaktion auf das Thema Sozialisierung, vor allem aber weil sich die gesamte Industrie im Umbruch befand. Es scheint, als habe Vögler um diese Zeit unter dem Einfluß von Stinnes seine Vorbehalte gegenüber dem elektrochemischen Zweig des Stinnesschen Firmengeflechts und gegenüber einem Einstieg von Deutsch-Luxemburg in diese Branche abgelegt. Stinnes plante schon seit dem Frühjahr 1920 eine IG aus Hillegossen, den Wildermann-Werken und den Zellulosefabriken Königsberg unter dem Dach der Rheinischen Elektrowerke. Vögler äußerte sich in einem Anfang Mai verfaßten

Schriftsatz enthusiastisch zu einer Beteiligung Deutsch-Luxemburgs an Hillegossen; er deutete an, daß Deutsch-Luxemburg an der Übernahme der gesamten Papiererzeugungssparte von Hillegossen, auf jeden Fall aber eines erheblichen Anteils daran, interessiert sein könnte. Das finanzielle Engagement sollten sich Stinnes und Deutsch-Luxemburg teilen. Vögler bat ausdrücklich darum, den Posten des stellvertretenden Aufsichtsratsvorsitzenden übernehmen zu dürfen und jeden Monat einen Bericht über die Aktivitäten der Partnerfirmen zu erhalten. Stinnes sah in dem Chemiekonzern sein ureigenes Geschöpf und war nicht gewillt, eine Beschneidung seiner beherrschenden Stellung durch Abtretung von Stimmrechten an die GBAG hinzunehmen; allenfalls war er bereit, über eine spätere Aufnahme Kirdorfs in den Aufsichtsrat nachzudenken. Angesichts all dessen entwickelte sich der Plan, eine IG unter der Führung von Minoux und Professor Hilpert zu gründen, an der zwar Deutsch-Luxemburg in erheblichem Ausmaß beteiligt sei, die jedoch von der Firma Stinnes beherrscht werden würde. Diese Minderheitsbeteiligung an den elektrochemischen Betrieben von Stinnes wurde in der Denkschrift zur Gründung der Rhein-Elbe-Union als eine Perle in der Krone von Deutsch-Luxemburg bezeichnet, und Anfang August drängte Vögler darauf, die IG müsse als weiteres Mittel der Vorbeugung gegen die Sozialisierungsgefahr auch Kohlenzechen zukaufen. Er dachte dabei offenbar an Zechen von Deutsch-Luxemburg, womit er aber bei Stinnes auf Desinteresse stieß, da diese Bergwerke ja bereits in eine vertikale Organisation eingebunden waren.

Im Oktober 1920 wurde die neue IG, in der die Chemieunternehmen der Stinnes-Gruppe zusammengefaßt wurden, aus der Taufe gehoben. Eingetragen unter dem Namen Koholyt Aktiengesellschaft, trat sie an die Stelle der Rheinischen Elektro-Werke. Damit war eine leistungsfähige neue Unternehmensgruppe im Bereich der Papiererzeugung und Elektrochemie entstanden – eine weitere Demonstration des vertikalen Prinzips und der Verflechtung innerhalb des Stinnesschen Firmenimperiums.[63]

Am stärksten von der Sozialisierung bedroht waren im Montanbereich die reinen Zechenbetriebe, für Stinnes ein dringender Anlaß, die familieneigenen Bergwerke aus der Gefahrenzone zu bringen und etwas zur Sicherung der Kohlenversorgung des RWE zu unternehmen. Schon seit einiger Zeit drängte er seinen Vetter Gerhard Küchen, auf die Gesellschafter aus dem Familienkreis dahingehend Einfluß zu nehmen, daß sie ihre Bergwerke zu Hüttenzechen erweiterten, denn seiner Überzeugung nach würde «die Klasse der Gewerke, die, um an Kohle Geld zu verdienen, Kohlenbergbau betreiben, mehr oder weniger aussterben».[64] Aus seiner Sicht war mit der folgenden unvermeidlichen, jedoch nicht unwillkommenen Entwicklung zu rechnen:

> «Der Bergbau wird in die Hände der Verbraucher aller Art und der öffentlichen Hand, sowie der Arbeiter übergeben.
>
> Die Entwicklung in dieser Richtung entspricht den nationalen und volkswirtschaftlichen Interessen und ist daher nicht aufzuhalten.»

Infolge der aktuellen politischen Lage seien jedoch besondere Umstände eingetreten. So werde auf der einen Seite eine Sozialisierung des Kohlenbergbaus gefordert, und auf der anderen Seite seien die Zechenbetreiber «durch das Spa-Abkommen ... vollständig in die Hände der Arbeiter gekommen. Hier Überschicht, hier Besatzung durch die Franzosen.» Gerade für die Stinnes-Bergwerke bestand in seinen Augen eine besonders große Verstaatlichungsgefahr. Der alte Lösungsvorschlag, dieser Gefahr durch eine Eingliederung in Deutsch-Luxemburg zu begegnen, sei nach der Schaffung der IG mit Gelsenkirchen nicht mehr praktikabel. Statt dessen schlug Stinnes nunmehr vor, die sogenannten «Stadtzechen» ins RWE einzubringen und die Zeche Mathias Stinnes in die neue Koholyt AG einzugliedern. Da er die Lage als sehr unsicher einschätzte, drängte er auf rasches Handeln:

> «In dieser Zeit der politischen und wirtschaftlichen Notlage kann niemand wissen, was die nächsten Wochen bringen. Möglich, daß der Bürger- und/oder anderer Krieg Sozialisierungsfragen als höchst nebensächlich erscheinen lassen.
>
> Bei einigermaßen normalem Verlauf der Dinge besteht aber eine große Gefahr, und ich warne rechtzeitig davor, sich überraschen zu lassen.»

Es war klar, daß Stinnes die Situation nutzte, um seinen schwierigen Vetter und den Rest der Familie endlich auf seine Linie zu bringen, und die Mischung aus persönlichem Druck und äußeren Umständen zeitigte offenbar den beabsichtigten Erfolg: Noch vor Ablauf des Jahres traten Victoria Mathias, Graf Beust und Friedrich Ernestine in eine IG mit dem RWE ein, blieben allerdings zunächst noch selbständig geführte Unternehmen, bis das RWE 1921–22 im Rahmen eines auf 90 Jahre abgeschlossenen Pachtvertrages Kapital und Geschäftsführung übernahm. Das RWE mußte sich dabei verpflichten, den früheren Gesellschaftern der Stinnes-Zechen eine bestimmte Summe pro Anteil zu zahlen und die Zechen nicht zu verkaufen. Mathias Stinnes blieb bis 1923 eine reine Zeche, wurde dann aber mit der Glaswerke Ruhr AG gekoppelt.[65]

Das RWE versorgte mit der Kohle aus den Stinnes-Zechen sein Essener Kraftwerk, das ohnehin auf dem Areal von Victoria Mathias stand. Ein viel ernsteres Kohlenproblem stellte sich für das RWE jedoch in bezug auf das Kraftwerk Goldenberg, das ursprünglich mit Braunkohle aus den Roddergrube-Zechen befeuert worden war. Der Kohlenverbrauch des Kraftwerks war im Verlauf des Krieges stark angestiegen, und es war zwischen den beiden Unternehmen immer wieder zu Spannungen gekommen, weil die Roddergrube in den Zeiten geringer Förderung im Winter bevorzugt ihre eigenen Brikettwerke belieferte, mit der Folge, daß das RWE-Kraftwerk oft knapp bei Kohle war und von der Hand in den Mund leben mußte. Koepchen beklagte sich immer wieder bei Stinnes über die trotz bestehender Lieferverträge permanent wiederkehrenden Probleme und erklärte, diese Probleme seien eine Bestätigung dafür, daß «Ihr alter Gedanke, die Großkraftwerke aus eigenen Kohlengruben zu versorgen, der einzig richtige ist

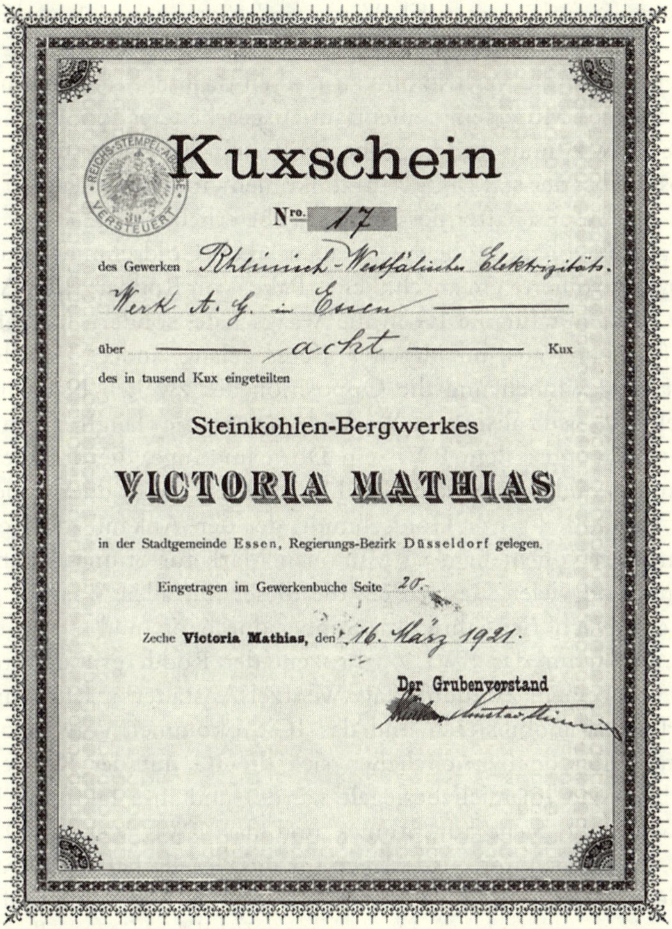

Kuxschein

Nro. 17

des Gewerken Rheinisch-Westfälischen Elektrizitäts-Werk A. G. in Essen

über acht Kux

des in tausend Kux eingeteilten

Steinkohlen-Bergwerkes

VICTORIA MATHIAS

in der Stadtgemeinde Essen, Regierungs-Bezirk Düsseldorf gelegen.

Eingetragen im Gewerkenbuche Seite 20.

Zeche Victoria Mathias, den 16. März 1921.

Der Grubenvorstand

«Vertikale Sozialisierung»: Victoria Mathias Kuxe im Besitz der RWE

und daß die unbedingt nötige Sicherstellung der öffentlichen Stromversorgung sich mit Kohlen- oder Stromlieferungsverträgen nicht erreichen läßt».[66]

Im Frühsommer 1920 starb der Hauptgesellschafter der Roddergrube-Zechen, Behrens, was für Koepchen sicher Anlaß zu größerer Freude gewesen wäre, hätte Behrens nicht die testamentarische Verfügung hinterlassen, daß seine Anteile ein Jahrzehnt lang nicht veräußert werden durften. Doch dann erfuhr Vögler in einer Unterredung mit Müser, dem Verwalter des Behrens-Nachlasses, daß das Testament einen Verkauf von Anteilen dann zuließ, wenn es im allgemeinen Interesse lag. Müser zeigte sich gewillt, die Nöte des RWE in diesem Sinn zu interpretieren, wenn die finanziellen Konditionen stimmten und er selbst einen Sitz im Aufsichtsrats des RWE und Direktor Gustav Wegge von der Roddergrube einen Vorstandsposten beim RWE erhielt. Eine Lösung zu finden schien notwendiger denn je, weil Wegge und Koepchen sich verbissene Hahnenkämpfe über die von Wegge berechneten Preise lieferten, die die elektrochemischen Betriebe in die Verlustzone zu treiben drohten. Im September präsentierten Stinnes und Müser ein gemeinsam ausgearbeitetes Arrangement für eine IG zwischen RWE und Roddergrube. Hilfreich zur Seite stand ihnen dabei Justizrat Josef Abs, der stark in der Braunkohlenwirtschaft engagiert und dessen Einfluß auf die Gesellschafter der Roddergrube erheblich war.

Eine ganz maßgebliche Rolle spielte auch Jakob Goldschmidt von der Nationalbank. Er kontrollierte ein ansehnliches Paket von Roddergrube-Anteilen und warf dieses nicht nur für die IG in die Waagschale, sondern handelte auch die Kompromißregelung aus, mit deren Hilfe es gelang, andere Gesellschafter für den Beitritt zu gewinnen und die Opposition des zweiten Nachlaßverwalters, C. Wentzel, zu neutralisieren. Wentzel waren die langfristigen Lieferverpflichtungen gegenüber dem RWE ein Dorn im Auge, die das Herzstück des IG-Abkommens bildeten; seinem Gefühl nach hatte die Roddergrube sich damit unter Wert verkauft. Es war Goldschmidt, der den Ankauf von Roddergrube-Anteilen im Wert von mehr als 5 Millionen Mark für Stinnes arrangierte. Das war nur eines von vielen Geschäften, die dieser mit allen Wassern gewaschene Bankier in den Nachkriegsjahren für Stinnes durchzog, und er war es auch, der Stinnes 1922 half, für das RWE 90 Prozent der Roddergrube-Anteile an sich zu bringen – zu einem Zeitpunkt, als Wentzel Anstalten machte, unzufriedene Behrens-Erben zu mobilisieren und das IG-Abkommen von 1920 gerichtlich anzufechten. Unter dem Strich ließen sich die IG mit der Roddergrube (die im November 1920 förmlich besiegelt wurde) und ihre faktische Übernahme 1922 nur als große Siege für Stinnes und das RWE werten. Das bedeutet keineswegs, daß es sich um Niederlagen für die Gesellschafter der Roddergrube handelte, denn ihnen, wie zuvor schon der Stinnes-Verwandtschaft mit ihren Zechen, bescherte die Umstrukturierung erhebliche finanzielle Kompensationen.[67]

Weil das RWE ein gemischtes Wirtschaftsunternehmen war, gehörte es zu den wichtigsten Schachfiguren in dem Spiel, das Stinnes gegen die Sozialisierung spielte. Auch hier trat er eher handelnd als verhandelnd in Erscheinung und verfolgte das Ziel, eine praktisch funktionierende Symbiose zwischen privatem und öffentlichem Sektor herbeizuführen. 1920 war für das RWE somit ein Jahr der Expansion, nicht nur weil es Interessengemeinschaften mit Kohlenbergwerken einging, sondern auch weil es sein Versorgungsnetz ausweitete, was mehrere massive Kapitalerhöhungen voraussetzte. Stinnes wußte nur zu gut, daß kein Privatunternehmen je soviel Kapital aufbringen konnte, wie das RWE es brauchte; das Erfolgsgeheimnis des RWE bestand denn auch darin, öffentliche Kredite und öffentliches Kapital für die Finanzierung eines letzten Endes privatwirtschaftlich geführten Unternehmens zu mobilisieren. Stinnes beschloß, das RWE-Kapital von 60 auf 108 Millionen Mark zu erhöhen und zusätzlich Obligationen über 70 Millionen Mark aufzulegen, was im Juni 1920 geschah. Wenig später, im November, erfolgte eine Erhöhung um weitere 42 Millionen, so daß das RWE nun über eine Kapitaldecke von 150 Millionen Mark verfügte.

Die Art und Weise, wie die Kapitalerhöhung und die Obligationenausgabe vom Juni 1920 vollzogen wurden, demonstrierte auf aufschlußreiche Weise, welch wichtige Rolle die Beteiligung der öffentlichen Hand spielte, deren Kapitalanteil jetzt erstmals den der privaten Gesellschafter überstieg. Mit dem Bankenkonsortium, das dieses Mal von der Dresdner Bank geleitet wurde, stritt Stinnes, wie gewohnt, um die Höhe der Provision, die nach seiner Ansicht nicht höher als 1 Prozent zu sein brauchte, weil hinter dem Unternehmen Staat und Öffentlichkeit standen. Das RWE war indes mit den Modalitäten der vorgesehenen Obligationenausgabe, für deren Abwicklung Salomonsohn von der Disconto-Gesellschaft zuständig war, ganz und gar nicht zufrieden. Zwar konnte Stinnes seine Differenzen mit den Berliner Banken in der Frage der Kapitalerhöhung ausräumen, doch unterdessen hatte Hans Luther, der Essener Bürgermeister, eine ganz neue Möglichkeit für die Plazierung der Obligationsanleihe aufgetan, indem er dem RWE ein Sparkassen-Konsortium zugeführt hatte, das ausgezeichnete Konditionen anbot und für das die betreffenden Städte und Kommunen Bürgschaften übernehmen würden. Das RWE versuchte noch, unter Berufung auf dieses Angebot mit den Berliner Banken, die die Konkurrenz seitens der Sparkassen zutiefst verdroß, eine Einigung über die Übernahme von 50 Prozent der vorgesehenen Anleihe zu günstigeren Konditionen zu erzielen, doch am Ende machten die Sparkassen das Rennen.[68]

Das war nur eines von vielen Beispielen dafür, wie Luther als Repräsentant der ältesten und wichtigsten Mitgliedskommune des RWE sich als Verbündeter von Stinnes bewährte und dessen Konzepte hochhielt. Er demonstrierte dies auch durch seine Ablehnung eines von Thyssen, Menckhoff und der Mehrheit der kommunalen Gesellschafter unterstützten Vorschlages, mit den RWE-Anteilen an die Börse zu gehen. Die Kommunen waren gegen diesen Vorschlag gewesen, solange sie nur über eine Minderheitsbeteiligung verfügt hatten; jetzt waren sie dafür, weil sie damit rechneten, daß bei einem Börsengang ihre Anteile mit zunehmender Zeit eine immer bessere «Beleihungsfähigkeit» erhalten würden. Luther erklärte Stinnes, daß und warum er darin eine Kampfansage an das hergebrachte RWE-Konzept sah:

> «Ganz unabhängig davon, daß jetzt äußerlich eine kommunale Mehrheit im RWE hergestellt ist, ist doch von jeher, und zwar gerade auch von Ihnen immer der Gesichtspunkt betont worden, daß die Zusammenarbeit der Kommunen mit dem Privatkapital im RWE dazu bestimmt ist, das öffentliche Interesse unserer Bezirke ebenso wirkungsvoll oder sogar wirkungsvoller zu vertreten, als wenn jede Kommune für sich arbeiten würde. Aus dieser Grundauffassung ist unzweifelhaft ein enges persönliches Verhältnis zwischen den privaten und kommunalen Aktionären entstanden, das sicherlich der Verwirklichung der Ziele des RWE sehr dienlich war.

Ich fürchte sehr, daß das, wenn auch nicht sofort, so doch recht bald anders werden wird, wenn die Aktien, zumal heute, an der Börse eingeführt werden. Sie werden, wie viele andere Papiere, sehr leicht eine Bewertung erfahren, welche auf die zeitige Rente gar keine Rücksicht nimmt. Der Erfolg wird zunächst sein, daß kleinere Aktionäre, die bisher, ohne im Aufsichtsrat eine Rolle zu spielen, die Aktien erworben haben, weil sie das Werk aus der Nähe beobachtet hatten und zum Gegenstand der Unternehmung und den leitenden Persönlichkeiten Vertrauen hatten, ihre Aktien mit Gewinn veräußern. An deren Stelle werden Aktionäre treten, die unter allen Umständen auf die Dauer einen den übertriebenen Kursen, zu denen sie möglicherweise gekauft haben, entsprechenden Ertrag fordern werden.

Wenn bisher ein größerer Aktionär Anlaß gehabt hätte, sich seines Aktienbesitzes zu entledigen, so blieb für ihn als einziger Weg, daß er seine Aktien den übrigen Aktionären zur Verfügung stellte, oder aber dem RWE selbst, das sich dann einen in den Kreis hinein passenden neuen Gesellschafter suchen konnte. In Zukunft wird ein solcher Aktionär dazu keinen Anlaß und die übrigen Aktionäre keine Neigung haben, zu möglicherweise übertriebenen Börsenkursen Aktien zu übernehmen. So wird sich, fürchte ich, das Gesicht unserer Generalversammlungen recht bald ändern.

Bisher haben die Kapitalerhöhungen beim RWE keine großen Schwierigkeiten gemacht. In Zukunft wird man in dieser Beziehung in ganz anderer Weise auf die Börse und ganz andere Faktoren, von denen wir nicht abhängig sein wollen, Rücksicht nehmen müssen.»[69]

Es ließe sich schwerlich eine explizitere Ausformulierung der deutschen Aktionärsphilosophie (im Kontrast zur anglo-amerikanischen) finden, und bei Stinnes rannte Luther durchaus offene Türen ein. Auch er wollte verhindern, daß das RWE zu einer Aktiengesellschaft mit öffentlicher Börsennotierung wurde:

«Ich für meine Person lege als Privataktionär keinen Wert auf die Einführung [an der Börse], weil ich bei dem Charakter des Unternehmens das Eindringen nicht bodenständiger Elemente ungern sehe, da durch diese Tendenzen auf eine unerwünschte Dividendenpolitik in das Unternehmen hineingetragen werden könnten, die zum Schluß Unfrieden in der Verwaltung des Unternehmens schaffen werden.»[70]

Aus dieser Sicht der Dinge begrüßte Stinnes den Vorschlag Luthers, die Anleihe über die Sparkassen zu plazieren, konnte dadurch doch der Gang an die Börse zumindest aufgeschoben werden.

Stinnes trug keinerlei Bedenken, das finanzielle Engagement sowohl der Privatwirtschaft als auch der öffentlichen Hand beim RWE weiter aufzustocken, so geschehen im Zuge der zweiten Kapitalerhöhung des Jahres 1920, als sowohl weitere Kommunen als auch zwei neue private Großinvestoren, nämlich Krupp und der Aachener Bergbauverein, in den Kreis der Anteilseigner eintraten. Auch das Reich erwarb bei dieser Gelegenheit zwei Aufsichtsratsitze, indem es Anteile für 5 Millionen Mark übernahm. Die Verbindung zwischen dem Reich und dem RWE war natürlich nicht neu. Schon in den Kriegsjahren hatte Stinnes sich stark auf das Reich gestützt, das mit Zuschüssen und Darlehen den Ausbau der Goldenbergwerke gefördert hatte, und das Erftwerk war geradezu eine Koproduktion von Reich und RWE gewesen. Wenn das Reich nun 1920 eine direkte Beteiligung mit Sitz und Stimme im RWE für nötig hielt, hatte das seinen Grund darin, daß das RWE unlängst die Niedersächsische Kraftwerke AG (Nike) in Osnabrück übernommen hatte, die neben der Stadt Osnabrück neun niedersächsische Landkreise versorgte und einen Verbund mit dem Elektrizitätswerk Westfalen bildete. Dessen Kraftwerk Ibbenbüren wiederum stand auf staatseigenem Grund, unter dem erschlossene Kohlevorkommen lagen; als Gegenleistung für die Konzessionserteilung verlangte das Finanzministerium eine förmliche Präsenz im RWE-Aufsichtsrat.[71]

Dieses Arrangement stieß auf die heftige Kritik der Sozialdemokraten, nach deren Ansicht es Buchstaben und Geist des Elektrizitätswirtschaftsgesetzes verletzte, das gerade in Arbeit war und im April 1921 verabschiedet werden sollte. Das Ministerium behielt sich zwar das Recht vor, nachträgliche Korrekturen nach Maßgabe der Gesetzeslage vorzunehmen, doch hatte es bei keiner Seite den Anschein, als nähme sie diesen Vorbehalt sonderlich ernst. Im Grunde war die Übernahme der Nike nichts anderes als ein kühner Vorstoß mit dem Ziel, die Einkreisung Westfalens weiter voranzutreiben; ihre unmittelbare Folge war freilich das abrupte Ende der bis dahin erfolgreich verlaufenen Verhandlungen über eine Fusion mit dem Elektrizitätswerk Westfalen. Gegen diese Fusion waren seit Ende 1919 die Sozialdemokraten, die im Bochumer Stadtrat und in anderen politischen Gremien Westfalens zu einer starken Kraft geworden waren, mit dem Argument Sturm gelaufen, es gehe Stinnes und dem RWE einfach nur darum, die selbständigen städtischen Kraftwerke zu schlucken. Dazu kam ein wütender Landrat Gerstein, der in der Übernahme Nikes durch das RWE einen äußerst unfreundlichen Akt von Stinnes sah, nachdem das Elektrizitätswerk Westfalen selbst drauf und dran gewesen war, Nike zu übernehmen, um mit dessen Kapazitäten das nördliche Westfalen versorgen zu können. Trotz seiner Verärgerung bemühte sich Gerstein um eine gütliche Einigung mit Stinnes; er schlug ihm eine paritätische Beteiligung an der Nike vor und rückte von seiner bisherigen Forderung nach einer Fusion zwischen RWE und Elektrizitätswerk Westfalen ab, die zu diesem Zeitpunkt ein politisches Reizthema war; er forderte jetzt nur noch einen Stromlieferungsvertrag. Als RWE und Stinnes dies ablehnten, konterte Gerstein im Oktober 1920 mit der Gründung des Kommunalen Elektrizitätswerks-Verbandes Westfalen-Rheinland (KEV), einem Zusammenschluß mehrerer westfälischer Stromerzeuger mit dem Ziel, in ihrem Gebiet eine unter einem Dach vereinigte, gemäß dem neuen Gesetz strukturierte Stromversorgung zu schaffen sowie natürlich sich gegen ein völliges Aufgehen im RWE zu behaupten.[72]

Stinnes beantwortete diese Kampfansage mit einem engeren Heranrücken an Paul Silverberg und das Rheinische Elektrizitätswerk (REW). Schon vor langer Zeit hatte Stinnes eingesehen, daß er die Stellung Silverbergs in Köln nicht erschüttern konnte, da dieser über hervorragende eigene Braunkohleschätze verfügte. In jüngerer Zeit waren Stinnes und Silverberg einander im gemeinsamen Kampf gegen die drohende Sozialisierung und im praktischen Einsatz für die Bildung von Interessengemeinschaften politisch nähergekommen. Ende Oktober 1920 trafen sich Stinnes und Vögler mit Silverberg, und man kam überein, eine zu gleichen Teilen von RWE und REW getragene neue Firma mit Sitz in Köln zu gründen, deren Aufgabe es sein würde, diejenigen Gebiete des Rheinlands und Westfalens mit Strom zu versorgen, die bis dahin weder an das RWE- noch an das REW-Netz angeschlossen waren. Sie verabredeten, von Fall zu Fall nach Gesichtspunkten des praktischen Vorteils zu entscheiden, welcher der beiden Partner wohin Strom liefern würde. Stinnes sah in diesem Arrangement eine Reaktion auf den, wie er meinte, gegen das RWE gerichteten Zusammenschluß der städtischen Elektrizitätswerke, wollte aber diese Einschätzung nicht an die Öffentlichkeit dringen lassen. Er war überzeugt, daß das Abkommen mit Silverberg die praktische Gewähr für eine einheitliche Stromversorgung Rheinland-Westfalens bot und daß das REW den wesentlich größeren Vorteil davon hatte. Er machte sich sogar Hoffnungen, die preußischen Staatszechen würden bereit sein, eine IG mit dem RWE einzugehen, um so einerseits ihre Kohlebasis zu verbreitern und andererseits den Prozeß der vertikalen Konzentration zu fördern.[73]

Der neugegründete KEV befand sich gegenüber dieser Kombination in mehrfacher Hinsicht im Nachteil. Er repräsentierte zwar eine imposante Ansammlung von Kraftwerken, Städten und Landkreisen und konnte auf die Unterstützung der Arbeiterschaft und diverser politischer Gruppierungen bauen, doch andererseits verfügte er nur über wenig Kohle und hatte eine lockere Organisationsstruktur. Sowohl Landrat Gerstein als auch Direktor Krone vom Elektrizitätswerk Westfalen strebten nach wie vor eine Zusammenarbeit mit dem RWE an, und Krone appellierte sogar an Müser, seinen Einfluß bei Stinnes in diesem Sinne geltend zu machen. Stinnes war gerne bereit, Müser eine Vorlage für einen «Generalpact» zu liefern, der die Situation bereinigen würde. Er stellte dafür allerdings Bedingungen:

> «Für mich besteht kein Zweifel, daß der Zusammenschluß der Elektrizitätswerke in Rheinland und Westfalen, wie in den übrigen großen Wirtschaftsgebieten erfolgen muß.
>
> Bei Westfalen und den benachbarten Werken hat man die fixe Idee, daß das RWE alle anderen Werke beherrschen und knebeln wolle. Das ist vollständiger Irrtum, aber der Zusammenschluß ist nicht zu umgehen. Als Stromlieferanten im Großen kommen nur RWE vom Goldenbergwerk oder Nike und die Rheinische infolge ihrer neuen Zentrale in Betracht.»[74]

Stinnes war Anfang November einigermaßen optimistisch, daß die andere Seite zur selben Einsicht kommen würde: «Ich kann mir denken, daß in einigen Wochen, wenn die Sozialisierungsfragen geklärt sind, die Stimmung in Bochum auch bei den Sozialisten sich ändert.»[75]

Wenn man die Schachzüge, die Stinnes 1920 vollzog – die Gründung der Rhein-Elbe-Union und der diversen IGs zwischen RWE, Roddergrube und den Stinnes-Zechen und den weiteren Ausbau des RWE –, vor dem Hintergrund der Sozialierungsdiskussion betrachtet, die mit der Vorlage des Ausschußberichts im Sommer 1920 in ein konkretes Stadium trat, wird sein taktisches Kalkül recht deutlich sichtbar. Wie er es Ende Oktober in einem Brief an Luther ausdrücklich formulierte, ging es ihm darum, möglichst viele vollendete Tatsachen zu schaffen.[76]

Noch im August und September waren Vögler, Wiedfeldt, Krupp und viele andere keineswegs überzeugt gewesen, daß die Schaffung solcher vollendeten Tatsachen ausreichen würde, um die bevorstehende Sozialisierungswelle (oder auch ihre häßliche bürokratische, von Rathenau propagierte Variante) abzublocken. Von besonderem Interesse sind im Kontext der Sozialisierungsfrage die Rolle Wiedfeldts und sein Verhältnis zu Vögler und Stinnes, denn hierin offenbarte sich, wie groß die Macht Stinnes' und Vöglers war und wie zwiespältig die Gefühle einiger der Männer, die in den Bannkreis dieser Macht gerieten. Krupp war durch den Krieg finanziell erheblich geschwächt, und Wiedfeldt war nicht abgeneigt, die Firma für amerikanische Kreditgeber und Gesellschafter zu öffnen, auch wenn sie dafür vom Rest der deutschen Schwerindustrie schief angesehen würde. Einer seiner Beweggründe war die Angst vor Stinnes. Wie er Anfang Juli 1920 gegenüber Bohlen ausführte:

> «Die rheinisch-westfälische Eisenindustrie ballt sich in immer mächtigeren Konzernen zusammen. Die Verbindung Stinnes mit Gelsenkirchen ist seinen Plänen nach nur eine Etappe auf dem Wege der Stinnes vorschwebenden Gesamtvertrustung der rheinisch-westfälischen Eisenindustrie. Er wird versuchen, möglichst viele Werke um sich zu gruppieren und uns dann die Frage stellen: Wollt ihr mitmachen unter den Bedingungen, die ich euch stelle, oder wollt ihr nicht und isoliert gegen uns auftreten?»[77]

Trotz dieser Bedenken stand Wiedfeldt voll hinter dem Spa-Auftritt von Stinnes, und Vögler und Stinnes waren auch die Männer, an die er sich mit seinen Befürchtungen in Sachen Sozialisierung wandte. Das drängte sich schon deshalb auf, weil seine im Juli unternommenen Bemühungen, die Zechenbesitzer zu warnen und zum Handeln zu drängen, auf taube Ohren gestoßen waren. Als er an Vögler die Frage stellte, ob auch dieser die Lage als gefährlich einschätze, bejahte Vögler dies nicht nur, sondern übersandte ihm eine Denkschrift, in der die vertikale Konzentration als probates Gegenmittel empfohlen wurde. Die Denkschrift bestärkte Wiedfeldt in seiner Angst vor der Sozialisierung, aber auch vor Vögler und Stinnes, denn selbst wenn man in Rechnung stellte, daß Vögler natürlich die Interessen seines Konzerns im Auge hatte, mußte man sich «darüber klar sein, daß bei der starken Stellung von Stinnes, Vögler und manchen anderen Mitgliedern seines Konzerns die Führung aller solcher Dinge am Ende in ihre Hände gelangen muß».[78]

Wiedfeldt und Bohlen stimmten freilich in der Einschätzung überein, daß dies angesichts eines «führungslos» dahintreibenden Bergbaus unvermeidlich sei: «Ohne Stinnes würde ein Vorgehen unsererseits wohl kaum zum gewünschten Ziele führen.»[79] Dazu kam, daß einige in die gleiche Richtung zielende Vorstellungen hatten. Vögler spielte mit dem Gedanken an eine Beteiligung des Reichs an den Zechen, Wiedfeldt schlug vor, der Arbeitsgemeinschaft Bergbau eine 20prozentige Beteiligung an den Bergbaubetrieben und in Form von Aufsichtsratsmandaten auch ein entsprechendes Maß an Mitbestimmung einzuräumen. Als er den Zechenbesitzern diese Ideen vortrug, erntete er blankes Entsetzen. Ein Versuch, die Sozialisierungsforderungen mit solchen Mitteln abzuwehren, lag außerhalb ihrer Vorstellungskraft; sie bildeten sich ein, so große Popularität zu genießen, daß sie mit einer großen Protestkundgebung im Berliner Zirkus Busch den Sozialisierungskräften das Spiel verderben zu können glaubten.[80]

Wiedfeldt wußte, daß er auf Vögler zählen konnte, der seinerseits Stresemann und die DVP zu mobilisieren versuchte; er brauchte aber auch die Unterstützung von Stinnes. Als er sich mit diesem Anfang November traf, mußte er freilich einsehen, daß Stinnes in der vertikalen Konzentration das einzige Gegenmittel sah. Daraufhin schickte Wiedfeldt in seiner Verzweiflung eine, wie er selbst sagte, «Epistel an den Mülheimer», worin er ihn dringend bat, sich mehr einfallen zu lassen als nur das Dogma der vertikalen Konzentration. Er hielt viel von dem Grundsatz, einen Verbund zwischen der Kohle und deren industriellen Verbrauchern herzustellen und dadurch eine Optimierung des Kohlenabsatzes im amerikanischen Sinn zu erreichen, wies jedoch darauf hin, daß man, um ein solches Programm der Öffentlichkeit verkaufen zu können, ein Verständnis für wirtschaftliche Zusammenhänge voraussetzen müsse, das bei den meisten Menschen nicht vorhanden sei; dazu müßte dann noch die «suggestive Darstellungskraft» eines Hugo Stinnes kommen. Die Befürworter der Sozialisierung – sei es der radikalen Variante oder der Rathenauschen «Zeitzünder»-Version – würden mit dem Argument kontern, sie könnten diese Ziele auf ihre Weise ebenso erreichen, ohne auf das Gutdünken privater Eigentümer angewiesen zu sein. Wiedfeldt erinnerte Stinnes daran, daß es mächtige gesellschaftliche Gruppen gab, die sich entweder auf die Sozialisierung festgelegt hatten oder denen die Eigentumsverhältnisse in der Kohlenwirtschaft gleichgültig waren, solange die Kohlenversorgung klappte. Zur letzteren Gruppe zählte er viele auf den Brennstoff Kohle angewiesene Unternehmer sowie die große Masse der Endverbraucher. Zur ersteren gehörten die Bergleute, die sozialistischen Intellektuellen und eine Regierung, die glaubte, etwas tun zu müssen, um es der öffentlichen Meinung recht zu machen. Abgesehen von all dem, sei die Sozialisierung zu so etwas wie einem idealen Ziel geworden, einem Stück «Zukunftsgerechtigkeit», einem

Dogma, gegen das mit pragmatischen und materiellen Argumenten kaum etwas auszurichten war. Mehr vertikale Konzentration allein würde nicht genügen; man müsse vielmehr ein dramatisches Zeichen setzen und Zugeständnisse an die Vision einer sozialisierten Wirtschaft machen. Wiedfeldt hatte dazu eine Idee, die er schon mit Vögler diskutiert hatte. Er erinnerte Stinnes an dessen eigenen, ihm in Spa erteilten Ratschlag, «nicht kleinlich in großen Sachen» zu sein, und regte getreu dieser Devise an, den Gewerkschaften einige Aufsichtsratssitze und eine Beteiligung an den Erträgen anzubieten, wenn man damit sicherstellen könne, daß die Zechen in kompetenten Händen blieben. Wiedfeldt zog wirklich alle Register, um Stinnes zu überzeugen:

> «Sie wissen, daß ich in Ihnen einen der wenigen Männer sehe, an die wir Zukunftshoffnungen für Deutschland überhaupt knüpfen können. Sie dürfen sich aber, nehmen Sie es mir nicht übel, nicht von einer großen Idee geistig ganz einfangen lassen. Gewiß, Einseitigkeit ist die Flugkraft jeder Idee. Aber hier kommt es auf die schnelle Umsetzung in die Wirklichkeit und daher auf die politische Wirkung an, und, wenn mich nicht alles täuscht, hat Vögler dieselben Bedenken wie ich, der doch in dem politischen Getriebe sehr viel mehr drin steht, als ich und wohl auch als Sie.»[81]

Eine Abschrift der «Epistel» schickte Wiedfeldt an Vögler mit der dringenden Bitte, auf seinen Chef einzuwirken, denn er war sicher, daß sich sonst nichts bewegen würde. Während die Firma Krupp, wie Wiedfeldt seinem Vorstandskollegen Vielhaber vertraulich mitteilte, rund zweieinhalb Prozent der deutschen Kohle kontrollierte, verfügte Stinnes über zwölf bis fünfzehn Prozent; ohne ihn ging also nichts.[82]

Stinnes ließ sich indes nicht von seiner «einseitigen» Idee abbringen und bot Wiedfeldt sogar an, sie zu Papier zu bringen. Er hatte sich vorgenommen, eine Gesetzgebung zu propagieren, die für den angestrebten Zusammenschluß von Erzeugern und Verbrauchern eine Frist von zwei oder drei Jahren setzen und der Regierung das Recht einräumen würde, diejenigen Zechen zu verstaatlichen, die diese Vorgaben nicht erfüllten. Auf diese Weise könnte die vertikale Konzentration gleichsam zwangsweise durchgesetzt werden. Von der relativ großzügigen Mitbestimmung und Beteiligung der Arbeiterschaft, wie Wiedfeldt sie angeregt hatte, wollte Stinnes nichts wissen, doch war er bereit, eine bestimmte Anzahl von Kleinaktien zum freiwilligen Erwerb durch Bergleute oder andere Beschäftigte der Zechen bereitzustellen. Nicht ohne Sarkasmus forderte er Wiedfeldt auf, aus dem Fundus seiner Erfahrung im Formulieren «angenehmer und unangenehmer Gesetze» heraus einen entsprechenden Gesetzesentwurf auszuarbeiten.[83]

Der Häuptling hatte gesprochen, und Vögler war erfreut zu hören, daß Stinnes immerhin einer gewissen Form der Arbeiterbeteiligung am Produktivvermögen zugestimmt hatte; der Gedanke seines Chefs, die Bildung von Interessengemeinschaften zwischen Verbrauchern und Zechen gesetzlich zu erzwingen, hatte für Vögler etwas «Bestechendes», und er arbeitete dazu eine eigene Denkschrift aus.[84] In Wirklichkeit stammte die Idee, den Beschäftigten Kleinaktien anzubieten, weder von Stinnes noch von Wiedfeldt oder Vögler, sondern von Paul Silverberg, der die Nachrichten von der Stinnes-Front einerseits befriedigt zur Kenntnis nahm, sich andererseits aber mit einigem Zynismus über die schwierige Bekehrung der Zechenbesitzer zum Programm der «vertikalen Sozialisierung» äußerte: «Man sieht aber doch, wie einfältig die Ruhrleute sind, daß sie aus Eigenem nicht zu einer Entschließung oder klaren Stellungnahme kommen. Sie äußern sich selbst nicht eher, bevor sie nicht den Segen von Stinnes oder Vögler eingeholt haben.» Was Silverberg selbst betraf, so hatte er offenbar keinen großen Respekt vor der «vertikalen Sozialisierung», solange damit nicht wirklich ernst gemacht wurde:

> «Diese Sozialisierung hat jedenfalls das für sich, daß sie ein sehr nettes neues Schlagwort hervorgebracht hat, mehr aber auch nicht. Es kann meiner Auffassung nach nur zu großen Unannehmlichkeiten und Komplikationen kommen, wenn man den Weg weiter geht. Gehen heute Gruben und Zechen auf Verbraucher-Organisationen über, dann ist die Sache erledigt und vor allen Dingen unseren syndikatlichen Verkäufer-Organisationen wird der Boden entzogen.»[85]

In die durch die vielen unterschiedlichen Meinungen und Entwürfe bereits äußerst unübersichtlich gewordene Debatte um die Sozialisierung brachten Silverberg und Stinnes im Oktober 1920 einen weiteren Vorschlag ein, in dessen Mittelpunkt vertikale Integration und Kleinaktien für die Beschäftigten standen. Erstmals öffentlich präsentiert wurde der Entwurf, über dessen Existenz schon seit einiger Zeit Gerüchte kursierten, am 25. Oktober in der Sitzung des Sozialisierungs-Ausschusses des RWR. Silverberg und Stinnes teilten sich die Arbeit und die Rollen: Ersterer sprach über die theoretischen Aspekte und insbesondere über die Bedeutung des einzelnen Unternehmers, während letzterer auf die praktischen Fragen einging und dabei mit seiner gewohnten Mischung aus einschüchternden Andeutungen, konkreten Praxisbeispielen und absoluter Überzeugung operierte. Stinnes leitete seine Ausführungen mit dem Hinweis auf die kurz zuvor erfolgte Abwertung der Mark ein, die er als eine der Folgen von Spa deutete, und prophezeite, Deutschland werde bald mit internationalen Partnern nur noch Tauschhandel betreiben können. Die Produktion müsse gesteigert werden, und dabei komme es vor allem auf drei Schlüsselbranchen an: Kohle, Transport und Bau. Längere Arbeitszeiten seien unerläßlich, zumindest vorübergehend, sonst bestehe die Gefahr, daß Millionen verhungerten. «Ich halte den Eintritt eines Bürgerkrieges ohne Produktionssteigerung auch durchaus nicht für ausgeschlossen», setzte Stinnes hinzu. «Die Verantwortung, die hier übernommen werden muß, ist viel größer als die Verantwortung, die übernommen worden ist, als man eine nicht mehr widerstandsfähige Konstitution im Deutschen Reiche änderte.»[86]

Wie wenig Stinnes von den bisherigen Ergebnissen des revolutionären Umbruchs in Deutschland hielt, machte er mit der Bemerkung deutlich, die Staatsunternehmen seien «erst nach der Revolution, nachdem der Obrigkeitsstaat aufgehört hat», auf «traurige» Bilanzen abgesunken. Aus dieser Erfahrung müßten ebenso Lehren gezogen werden wie aus der Tatsache, daß der Reichskohlenrat es aufgrund eines falschen, nämlich zu zentralistischen Vorgehens nicht geschafft habe, das Problem der Bergarbeiterbehausungen zufriedenstellend zu lösen.

Stinnes führte sodann weitere Argumente für seine These an, die besagte, der Schlüssel zu einer Steigerung der Produktion liege darin, daß man Verbraucher und Erzeuger möglichst eng miteinander verzahne. Am Beispiel der kurz zuvor eingerichteten IG zwischen der Roddergrube und dem RWE sowie zwischen Deutsch-Luxemburg und der GBAG demonstrierten er und Vögler, wie sich dies in der Praxis bewerkstelligen ließ. Sie bezeichneten diese IG als Vorläufer weiterer Zusammenschlüsse und als anschauliche Beispiele dafür, wie man die Wirtschaft wirklich voranbringen könne. Stinnes zeigte mit besonderem Nachdruck anhand des Problemfalles Roddergrube auf, wie durch die Kurzsichtigkeit privater Aktionäre und durch die «törichte Politik des Reichswirtschaftsministeriums» das RWE daran gehindert worden war, die Mengen an Kohle zu beziehen, die es gebraucht hätte, um einen großen und wichtigen Landesteil mit Strom zu versorgen. Eine ähnliche Lage herrschte in der Schiffahrtsindustrie, wo das Reich 18 Millionen Mark für den Wiederaufbau bereitgestellt hatte, der Reichskohlenkommissar jedoch die Lieferung heimischer Kohle verweigerte, nicht aus bösem Willen, sondern aufgrund der zentralisierten Organisationsform und einer falschen Preispolitik.

Stinnes vertrat die Auffassung, es sei nicht Aufgabe des Reichs, die Wirtschaft zu steuern, sondern seine Macht dann einzusetzen, wenn es erforderlich war, die Wirtschaft in die richtige Richtung zu lenken. Was das konkrete Beispiel der Roddergrube implizit suggerierte, war die Annahme, daß die Sache wesentlich besser gelaufen wäre, wenn das Reich die Möglichkeit gehabt hätte, die widerspenstigen Aktionäre schon früher zu einem Arrangement mit dem RWE zu zwingen. Dem Plädoyer Silverbergs für das persönliche Unternehmertum pflichtete Stinnes mit dem Bekenntnis bei: «Als Privatmann kann ich der Sache wegen umsonst eher arbeiten, als daß ich arbeite als Angestellter für eine Vielheit von Personen, die nichts von der Sache verstehen.» Er unterstützte auch den Appell Silverbergs, das Los der Arbeiter und ihre Identifikation mit ihrem Betrieb durch die Ausgabe von Kleinaktien an sie zu verbessern. Er erinnerte seine Zuhörer daran, wie wichtig die Bereitschaft des Staates gewesen war, die deutschen Kohlevorkommen bedeutenden Familien wie den Haniels und den Thyssens in die Hand zu geben, die mit dem verdienten Geld neue Schächte niedergebracht hatten und dies, darauf könne man sich verlassen, auch in den kommenden Jahrzehnten weiter tun würden, solange neue Kohlenflöze erschlossen werden müßten. Der Staat hätte solche Risiken niemals übernommen, doch die deutschen

Unternehmer hätten dies getan und auch neue Techniken wie das Vereisungsverfahren eingesetzt. Stinnes wies darauf hin, daß er selbst solche Verfahren in England eingeführt habe, wo die Zechenbesitzer, obzwar ihnen das Land und die Kohlevorkommen gehörten, nicht den Mut gehabt hätten, neue Methoden anzuwenden.

Die Überlegenheit der deutschen Art, Wirtschaft zu betreiben, beruhe indes auf der Anwendung der richtigen organisatorischen Formen, und unter den neuen Verhältnissen bedürfe es einer Reorganisation der Wirtschaft, um solche Formen zu finden. Stinnes legte den Hauptakzent auf den Faktor der vertikalen Konzentration in regionalem Rahmen; es sollten vernetzte Strukturen entstehen, in die auch kleinere Industrieunternehmen eingebunden sein würden und die keiner zentralistischen Kontrolle von Berlin aus unterlagen. Es gehe freilich nicht nur darum, lebensfähige wirtschaftliche Einheiten zu schaffen, sondern auch starke Bastionen aufzubauen:

> «Sie schaffen Gebilde, die wirtschaftlich so stark sind, daß sie nicht von einem Sturme, der vielleicht schon in wenigen Monaten oder Wochen über uns kommt, weggerissen werden. Durch diese Gebilde kann unserer Wirtschaft unter allen Umständen die Kraft erhalten bleiben, weiter zu gehen, was auch sonst im Staate an einzelnen Stellen geschehen mag.»

In seinem Schlußappell kontrastierte Stinnes seine Forderung nach einem hohen Grad an Regionalautonomie und relativer Unabhängigkeit vom Staat mit einer apokalyptischen Vision der Folgen eines staatlichen Zentralismus:

> «Wenn Sie weiter zentralistisch verteilen wollen, so werden Sie so lange es weitertreiben, bis Sie nichts mehr zu verteilen haben. Und bei der Gelegenheit wird das Deutsche Reich – das ist das größte Unglück, das uns alle treffen kann – aus den Fugen gehen. In dem Augenblick, wo die Zahlungsfähigkeit mit der Mark aufhört und der reine Warenaustausch eintritt, haben die reichen Landesteile etwas zu essen und die anderen nicht, der Zerfall ist unaufhaltsam.»

Die Stinnes-Rede hinterließ offenbar einen tiefen Eindruck. Mit ihrer Kombination aus düsteren Prophezeiungen, neuen Ideen und Perspektiven und der Verankerung seiner Thesen in einer erfolgreichen praktischen Tätigkeit löste sie sogar einen Antrag auf Vertagung der Versammlung aus, bedingt dadurch, daß die Gewerkschaftsführer Wissell (der als Versammlungsleiter fungierte) und Paul Umbreit aufgrund der schlechten Akustik und Stinnes' leiser Stimme vieles nicht verstanden hatten und das Manuskript des Redetextes erst lesen und studieren wollten. Als der Unterausschuß am folgenden Tag wieder zusammentrat, warfen die radikaleren Sozialisierungsbefürworter Stinnes vor, daß er einen kapitalistischen Standpunkt vertreten habe – als ob von ihm etwas anderes zu erwarten wäre –, doch der Mehrheitssozialist Löffler und sein Kollege Imbusch von den christlichen Gewerkschaften stellten den Antrag, eine kleine Kommission aus Arbeitgebern und Gewerkschaftsvertretern einzurichten, die versuchen sollte,

Hugo Stinnes und Karl Fehrmann

eine gemeinsame Position festzuklopfen. Wiedfeldt zeigte sich in seiner gewohnt übereifrigen Art beeindruckt. Zuhause in Essen hatte Stinnes den Zechenbesitzern die Flötentöne in Sachen Sozialisierung beigebracht, und jetzt, in Berlin, erschien es plötzlich so, «daß die Sozialisierung auf Unternehmerseite von Stinnes gemacht wird. Wieder ein Anzeichen, wie sehr er geschäftlich und wirtschaftspolitisch, jetzt auch sozialpolitisch absolut führend ist.»[87]

Vögler, der sich aktiv an den Debatten beteiligte, war zu diesem Zeitpunkt, wie man sich vorstellen kann, nicht mehr so pessimistisch. Er schrieb die Ernüchterung der Gewerkschaftsführer nicht so sehr den Stinnesschen Argumenten zu als dessen drohendem Hinweis darauf, «daß man lieber, wohl bewaffnet wie das Bürgertum sei, dem Bürgerkrieg entgegensehe, als die deutsche Wirtschaft kaputtsozialisieren zu lassen». Dieser Hinweis habe seine Wirkung offenbar nicht verfehlt, und es habe sich gezeigt, daß «die Arbeitnehmerseite, so gern sie sozialisieren würde, wenn sie auch eine nur erzwungene Zustimmung der Arbeitgeber zu ihren Ideen fände, doch nicht den Mut habe, gegen das Veto aller sachverständigen Wirtschaftsführer ihre innerlich teilweise wohl schon als falsch anerkannten Ideale durchzuführen.»[88]

Stinnes meinte es, wie Vögler sicherlich wußte, sehr ernst, wenn er die Gefahr eines Bürgerkrieges beschwor, und in aller Heimlichkeit beteiligte er sich in der Tat ganz direkt an der Bewaffnung des Bürgertums für den Fall eines Aufstandes von links. Wie andere Ruhrindustrielle und zahlreiche Unternehmer und Grundbesitzer aus dem ganzen Reich, leistete auch Stinnes finanzielle Beiträge zu den Aktivitäten des Forstrats Georg Escherich, der in Bayern die «Einwohnerwehren» organisiert hatte und dabei war, seine paramilitärische «Orgesch» auf nationaler Ebene auszubauen. Obwohl Escherich vielen Unterstützern des Kapp-Putsches nahestand, hatte er es fertiggebracht, sich dabei nicht die Finger zu verbrennen. In Bayern hatte er eine maßgebliche Rolle beim Sturz der sozialistischen Räterepublik gespielt, an deren Stelle ein Rechtsregime unter Gustav von Kahr getreten war. Im Sommer 1920 reiste er durch Deutschland – mit Vorliebe ins Ruhrgebiet –, um Gelder für den Aufbau «verfassungstreuer Einwohnerwehren» einzusammeln, die ein Bollwerk gegen einen linken Aufstand bilden könnten. Da die Siegermächte eine Revision der militärischen Bestimmungen des Friedensvertrages ablehnten, stieß Escherich mit seinem Plan bei Stinnes auf Wohlwollen. Die Ernennung des in Kreisen der Ruhrindustriellen beliebten Generals von Watter zum Schatzmeister der Orgesch förderte die Spendenbereitschaft. Fehrmann, auf dessen Rat Stinnes in diesen Angelegenheiten bevorzugt hörte, äußerte allerdings die Befürchtung, daß es wegen der Neigung Watters zu «stürmischen» Aktionen zu außen- und innenpolitischen Turbulenzen kommen könne. Ebenso wie Mankiewitz, Vorstandsmitglied der Deutschen Bank, hatte auch Fehrmann das Gefühl, daß Escherich, der mit «Zehnern von Millionen» Mark rechnen konnte, jemanden brauchte, der ihm auf die Finger schauen und ihn in seinen Aktivitäten notfalls bremsen konnte. Sie bewerkstelligten, daß der pensionierte Admiral Hopman zu diesem Zweck angeheuert wurde. Die Unterstützung der Wirtschaft für die Orgesch wurde, so gut es irgend ging, geheimgehalten. Es soll hier keinesfalls der Eindruck erweckt werden, Stinnes habe erwogen, die Orgesch als Waffe in der Auseinandersetzung um die Sozialisierung einzusetzen. Die Angst vor einem erneuten kommunistischen Aufstand war echt. (Als dieser 1921 dann tatsächlich kam, bedurfte es freilich nicht der Orgesch, um ihn niederzuschlagen.) Die Gefahr, die Stinnes sah, war eher die, daß es unter dem Eindruck, die Sozialisierungsdebatte drehe sich endlos im Kreis, zu einem Ultimatum von linksradikaler Seite oder zu einem wirtschaftlichen Chaos mit daraus entspringendem Bürgerkrieg kommen könnte. Für diesen Fall wollte das Bürgertum kampfbereit sein, und Stinnes leistete seinen Beitrag dazu. Dies war zweifellos der gedankliche Hintergrund seiner Aussagen zu diesem Thema.[89]

Daß die Sozialisierung letzten Endes versandete, lag nicht nur daran, daß das Thema durch immer neue Debatten und Vorschläge zerredet wurde, sondern auch an den Meinungsverschiedenheiten innerhalb der Arbeiterbewegung. Vögler und Stinnes spielten die zerstrittenen Gewerkschaftsflügel gegeneinander aus, sowohl in dem kleinen Expertenausschuß, der dazu da war, eine Kompromißformel zu finden, als auch durch direkte Einflußnahme auf den Arbeitsminister Heinrich Brauns von der Zentrumspartei, mit dem sie sich im Hause Stresemanns trafen. Über den Kölner Oberbürgermeister Adenauer unternahmen sie auch den Versuch, Brauns zu einer Unterredung mit Silverberg zu bewegen. Brauns hielt zwar nichts von Sozialisierung, neigte aber dazu, die Vorschläge Rathenaus umzusetzen, einfach weil er überzeugt war, daß die Mehrheit der Arbeiter eine Sozialisierung in irgend einer Form wollte. Aus dem Berliner Stinnes-Büro bearbeitete Osius nach Kräften die Führer des Zentrums, einschließlich Wirth und Erzberger, und obwohl sie wußten, wie wenig Stinnes von Erzberger hielt, gingen sie soweit, ein Treffen zwischen den beiden Männern vorzuschlagen. Stinnes ging auf dieses ebenso unverhoffte wie unerwünschte Angebot nicht ein, aber auch ohne dieses Treffen erreichte die Kampagne, die Klarheit über den Ernst der Lage schaffen sollte, eine imposante Dimension, und in der Tat erlitt die Partei der Sozialisierungs-Befürworter in dieser Phase eine sichtbare Schwächung.[90]

Rathenau übernahm es selbst, die Antwort auf das von Stinnes skizzierte Programm zu geben; er tat es in einer etwas gestelzten und philosophischen Rede vor dem Unterausschuß am 12. November. Sein wirkungsvollstes Argument lautete, Stinnes versuche «industrielle Herzogtümer» zu schaffen, die einen gefräßigen Appetit entwickeln und Außenseiter nach der Devise «liebe mich, oder ich fresse dich» behandeln würden.[91] Das unterschied sich nicht sehr von den Befürchtungen Wiedfeldts, doch da Rathenau ansonsten nur mit dem vagen Wunsch nach einer Lösung, die für «Gerechtigkeit» sorgen würde, aufwarten konnte, gelang es ihm nicht, eine Bresche in die gegen ihn vereinte Front seiner Industriekollegen zu schlagen. Für die größte Verärgerung sorgten in der Schlußphase der Kontroverse das Wirtschaftsministerium und Staatssekretär Hirsch, die sich für eine Sozialisierung durch staatliche Beteiligungen an Industrieunternehmen aussprachen und versuchten, der Industrie den Zugang zu dringend benötigtem Investitionskapital abzuschneiden, indem sie die Genehmigung für Preiserhöhungen verweigerten und damit drohten, Montanaktien die Börsenzulassung zu verwehren.[92]

Stinnes reagierte hierauf mit der Forderung, Wirtschaftsminister Scholz durch Hans von Raumer zu ersetzen und Hirsch zu entlassen. Raumer winkte jedoch unter Hinweis auf gesundheitliche Probleme von sich aus ab, und was Scholz betraf, so war die Kritik an ihm sicherlich unfair, denn er war ein Meister in der Kunst der Verschleppung in einem Kabinett, das sich durch ständige Verschleppungstaktiken in der Frage der Sozialisierung ausgezeichnet hatte. Scholz wirkte Anfang 1921 nach Kräften dabei mit, einen weiteren Anlauf zur Sozialisierung zu stoppen, der von der juristischen Überlegung ausging, daß die Zechen nach den Bestimmungen des Friedensvertrages als Reparationspfänder deklariert werden könnten, wenn sie verstaatlicht wären.[93]

Der Konflikt um die Sozialisierung endete nicht mit einem großen Knall, sondern sackte in sich zusammen, was nur konsequent war angesichts des offenbar fehlenden Glaubens der Gewerkschaftsführer an ihre Segnungen und angesichts des Umstandes, daß das Stinnessche Programm im Arbeitgeberlager durchaus nicht so rückhaltlos unterstützt wurde, wie es zunächst den Anschein hatte. Die oberschlesischen Industriellen lehnten die Stinnes-Vorschläge rundheraus ab, die in ihren Augen, obwohl zugegebenermaßen besser als die anderen Modelle, doch eine große Ähnlichkeit mit den Gemeinwirtschafts-Konzepten Wissells hatten. Beide Ansätze waren in ihren Augen mit den Interessen des Bergbaus unvereinbar, und sie ließen den Bergbauverein wissen, daß sie sich aus der gemeinsamen Anti-Sozialisierungs-Front zurückziehen würden, wenn die Stinnesschen Vorschläge übernommen würden.[94]

Das Stinnes-Konzept führte auch zu Problemen innerhalb der DVP, denn Stresemann mußte es im Reichstag präsentieren, aber er durfte nicht sagen, von wem es stammte. Viele Mitglieder der Partei hatten einen außerordentlich großen Respekt vor allem, was Stinnes sagte, störten sich aber daran, daß er sich nie die Mühe machte, ihnen seine Ideen ausführlich zu erläutern.[95] Schwerer als die Kommunikationsschwierigkeiten mit Stinnes wog jedoch sicherlich die weitverbreitete Skepsis, ja Opposition gegenüber seinem praktischen Handeln, auf das er sich so viel zugute hielt. So erhielt Stinnes beispielsweise im September 1920 einen verärgerten Brief von Thiel über die Probleme, die dem RWE in Siegen bereitet wurden. Diese Probleme waren ein Ausfluß des allgemeinen Phänomens, daß das RWE und Stinnes schlichtweg für alles, was irgendwo schiefging, verantwortlich gemacht und mit endlosen Vorwürfen überhäuft wurden. Wenn etwa unabwendbare technische Probleme zu Pannen bei der Gas- und Stromversorgung diverser Städte führten oder Kommunen sich unter Bruch gültiger Verträge ein größeres Stück vom Stromkuchen zu sichern versuchten, «so erhebt sich ein Geschrei in der Presse über das RWE und der Herr Beigeordnete Zur Nieden erklärt, Herr Stinnes rede in Spa und Berlin große Töne, vernachlässige aber das engere Heimatgebiet und sorge nicht mal dafür, daß Barmen, Langerfeld und Rondsdorf mit genügend Gas und Remscheid mit Strom versorgt werde, trotzdem der betreffende Herr davon überzeugt ist, daß das RWE oder Herr Stinnes gar nicht schuld daran sind. Es ist zwar Wahnsinn, aber es hat doch Methode.»[96]

Ähnlich stellte sich die Situation in Siegen dar. Die Versorgung der Stadt war im vergangenen Winter mangelhaft gewesen, und die Verwaltung wandte sich im Verein mit der örtlichen Wirtschaft an das RWE mit der Forderung, Verbesserungen aufzuzeigen, was auch geschah. Als das RWE einen Herrn Wenderoth von Deutsch-Luxemburg nach Siegen entsandte, der die Vorschläge erläutern sollte, stimmte ein örtlicher Vertreter der Unabhängigen Sozialdemokraten ein

Protestgeschrei an, das, wie Thiel kommentierte, darauf abzielte, die Direktoren der Siegener Stadtwerke in ihrer Eitelkeit und ihrer Angst vor dem Verlust ihrer Selbständigkeit zu bestärken: «Herr Wenderoth ist von D. L. ..., das heißt ‹unter Stinnes'schem Protektorat›. Herr Wenderoth bringt uns Stinnes, wir sollen Stinnes'sche Sklaven werden, aber wir lassen uns nicht verstinnesieren.»

Phobien gegen Stinnes gab es keineswegs nur im linksradikalen Lager. Im Reichsklub der DVP wandte sich der Braunkohlenindustrielle Petschek unter Berufung auf eine angeblich große Zahl von Kollegen aus der Bergbaubranche gegen das Stinnessche Konzept einer «vertikalen Vertrustung». Er sprach von einer Bedrohung der Klein- und Mittelbetriebe und behauptete, die Stinnesschen Pläne würden zu einer Bürokratisierung führen. So gesehen, sei Stinnes «mit Recht von sozialdemokratischer Seite gesagt worden: ‹Du machst uns die Sozialisierung.›»[97] Als Reinhold Quaatz, DVP-Abgeordneter und Syndikus der Essener Handelskammer, die im Wahlkreis Vöglers gelegenen Orte Werdohl und Altena besuchte und dabei persönliche Gespräche mit Geschäftsleuten führte, sah er sich mit sehr realen Befürchtungen hinsichtlich der Stinnesschen Ideen konfrontiert:

> «In Altena hatte man große Bedrückungen wegen des Verhältnisses zwischen Schwerindustrie und Fertigindustrie. Man fragte: liegt es in Ihrem Sinne wie im Rahmen der Stinnes'schen Politik, durch Hochhaltung der Preise des Halbzeugs und Drücken der Fertigwarenpreise die weiterverarbeitende Industrie zum Anschluß an die Konzerne zu zwingen?»[98]

Quaatz verwies darauf, daß Vögler immer die Ansicht vertreten habe, «auf der Fertigwarendindustrie ruhe die Zukunft Deutschlands auf dem Weltmarkt», und daß der Rheinelbe-Konzern und andere Unternehmen der Schwerindustrie «gar nicht in der Lage noch ... gewillt [seien], die Fertigindustrie zu schlucken». Ob diese Argumente die Anwesenden überzeugten, dessen war Quaatz sich freilich nicht sicher. In seinen Zweifeln bestärkt wurde er bei seinem Auftritt in Schwelm, wo der einflußreiche Eisenwarenfabrikant Oscar Funcke gegen die Politik und Sozialisierungsideen des Hugo Stinnes vom Leder zog und damit eine ganze Lawine von Klagen über schlechte Preise und Produktionsbedingungen lostrat. Wie sich herausstellte, galten viele dieser Klagen den Firmen Phoenix und Hoesch, doch «in der Öffentlichkeit heißt es ... Schwerindustrie = Stinnes».[99]

Diese Sicht der Dinge widerspiegelte auf der einen Seite eine Überschätzung der Stinnesschen Machtstellung, auf der anderen eine Unterschätzung seiner Interessen und Einflußmöglichkeiten. Er war nur einer von mehreren mächtigen Schwerindustriellen, die sich in vertikaler Integration übten, und seine Übernahmen waren um keinen Deut unfreundlicher als die seiner Kollegen. In vielen Fällen war es umgekehrt so, daß Unternehmen sich ihm anboten. Andererseits mußte jeder, der sich mit Stinnes einließ, erfahren, daß er es hier mit einem Industriellen zu tun hatte, der über eine bedeutende eigene Vertriebsorganisation verfügte. Das bot offenkundige Vorteile, gab aber auch Anlaß zu der Befürchtung, er könnte die Interessen seiner Handelsfirmen höherstellen als die der Konzerne, bei denen er sich engagierte.

Diese Ambivalenzen wurden besonders deutlich im Fall der MAN, in der sowohl der Rheinelbe- als auch der Siemens-Konzern eine tragende Säule der Interessengemeinschaft sahen, auf die sie seit Anfang 1920 hingearbeitet hatten. Die Erzeugnisse der MAN waren ein wichtiges Glied innerhalb des von der Schwerindustrie forcierten Übergangs zur Endfertigung, vom Siemens-Konzern war die MAN als Großlieferantin von Motoren und Turbinen ausersehen. Davon abgesehen, hielt man bei Siemens die MAN für ein nützliches Gegengewicht innerhalb der vorgesehenen IG, in der ansonsten die Schwerindustrie und das Ruhrgebiet dominierten. Stinnes hatte sich mit den MAN-Vorständen Ende Juni getroffen und ihnen erläutert, welche Vorteile der Eintritt in eine IG mit sich bringen würde, namentlich im Hinblick auf die Abwehr der gewerkschaftlichen Mitbestimmungsrechte nach dem Betriebsrätegesetz und die Einsparungsmöglichkeiten bei der Umsatzsteuer, wodurch ein größerer Teil des Gewinns als Dispositionskapital übrigbleiben würde. Er erwähnte auch die Möglichkeiten einer stärker arbeitsteiligen Produktion, einer Entspannung an der Finanzfront durch höhere Kreditrahmen und Geldrückflüsse im Rahmen einer so großen wirtschaftlichen Einheit sowie die Möglichkeit, den Endfertigungsfirmen Rohstoffe auf Kredit zu liefern.[100]

Stinnes war freilich nicht der einzige, der der MAN den Hof machte; auch Paul Reusch von der GHH und Jakob Hasslacher von Rheinstahl interessierten sich für das Unternehmen. Innerhalb der MAN selbst war man geteilter Meinung, nicht nur darüber, welcher der schwerindustriellen Freier der attraktivste war – oder besser gesagt der am wenigsten gefährliche –, sondern auch darüber, ob die MAN nicht besser daran täte, ihre vielleicht nur vorübergehenden Probleme bei der Schaffung einer sicheren Rohstoff- und Kapitalversorgung mit anderen Mitteln zu lösen. Man konnte sich zum Beispiel im Verein mit der AEG nach amerikanischem Kapital umsehen und mit dessen Hilfe seine Selbständigkeit bewahren.[101]

Als Anton von Rieppel in einem Brief vom 1. Juli zu den von Stinnes unterbreiteten IG-Vorschlägen Stellung nahm, tat er das so schweren Herzens, daß sein Kummer fast mit Händen zu greifen war. Er sprach vom zu befürchtenden Ende einer über hundert Jahre bewahrten Unabhängigkeit, die man nun den Interessen der wesentlich größeren Unternehmen, die zusammen mit der MAN die IG bilden sollten, opfern solle. In seinem Kollegenkreis gebe es Stimmen, die sagten, Stinnes würde ja dank seines Handelsunternehmens unabhängig bleiben, während die MAN künftig gezwungen sein werde, die Interessen der IG höher als ihre eigenen zu stellen. «Herr Stinnes, mit seinem geistigen, willens- und materiell mächtigen Einfluß, werde auch in der Interessengemeinschaft stets seinen Willen durchsetzen.»[102] Rieppel fragte sich, weshalb nicht die Belieferung der MAN im Rahmen eines Arrangements möglich sein sollte, das weniger verbindlich sein würde als eine regelrechte IG, und machte auf die möglicherweise negative Reaktion der Siegermächte und der Gewerkschaften aufmerksam. Er fürchtete, die MAN könne durch ein solches Zusammengehen mit nördlichen Bündnispartnern ihren Einfluß in Süddeutschland einbüßen, stellte die Frage, ob nicht ohne die «dominierende Persönlichkeit» des Hugo Stinnes die gesamte Konstruktion zusammenbrechen würde, und gab zu bedenken, daß die Endfertigungswerke unter veränderten Marktbedingungen womöglich zu einem Klotz am Bein der Rohstofferzeuger würden. Dem 68jährigen Rieppel fiel die Entscheidung auch deshalb schwer, weil dies die letzte große Weichenstellung war, mit der er vor seiner bereits beschlossenen Pensionierung vor die Vorstandskollegen und den als stockkonservativ bekannten MAN-Aufsichtsrat treten würde. Kein Wunder, daß er sehr große Bedenken hatte. «Ich bewundere Ihre ungebundene Energie und Tatkraft», ließ er Stinnes wissen, «das Alter darf sich aber dadurch nicht beeinflussen lassen; für dieses gilt das Wort ‹erst wägen› ganz besonders.»

Stinnes bemühte sich, diese Bedenken durch den Hinweis zu zerstreuen, daß die IG doch auf dem Prinzip der Selbständigkeit ihrer Mitgliedsfirmen beruhe und daß man jede Bürokratisierung vermeiden werde. Die MAN könne ihre eigene Expansion fortsetzen und würde im Rahmen der IG sogar mehr Möglichkeiten dazu haben als ohne diese. Stinnes leugnete nicht, daß in Angelegenheiten, die die IG betrafen, der IG-Vorstand das letzte Wort haben würde, wies aber die Vorstellung zurück, die MAN müsse in den «großen Topf» wirtschaften.[103] Stinnes anerkannte, daß die MAN eine Firma von Weltruf war, betonte aber, gerade eine solche Firma brauche jetzt eine sichere Finanz- und Rohstoffbasis, um frei von großen Risiken selbstbewußt auftreten zu können. Er räumte bereitwillig ein, daß Deutsch-Luxemburg «in seinen Grundzügen ein Produkt meiner Arbeit sei»; gleichwohl sei es «das vielleicht am selbständigsten geleitete Unternehmen der deutschen Montanindustrie», weil es ihm immer wieder gelinge, erstklassige Unternehmensleiter wie Vögler heranzuziehen. Es könne also auch dann sehr gut weiterlaufen, wenn ihm selbst etwas zustieße. Daß es zu Interessenskonflikten zwischen seinen Privatfirmen und der MAN kommen könnte, bezeichnete er als «ganz undenkbar», vielmehr seien seine Firmen in der Lage, der MAN viele neue Aufträge zu verschaffen. Stinnes war sich ziemlich sicher, daß die Siegermächte gegenüber einem so starken neuen deutschen Wirtschaftsfaktor eine «gewisse Vorsicht» walten lassen würden; letztlich diene die IG jedoch dem Ziel, im internationalen Maßstab Geschäfte zu machen. Stinnes wies darauf hin, daß seine Person im Ausland seit jeher ein hohes Ansehen genieße und daß auch die Gewerkschaften die Notwendigkeit der vertikalen Organisierung verstanden hätten. Was die Stellung der MAN in Süddeutschland anging, so erinnerte er Rieppel daran, daß Siemens ein Unternehmen von Weltgeltung mit Sitz in Berlin war, ohne von letzterem Umstand je einen Nachteil gehabt zu haben. Von der rein volkswirtschaftlichen Seite gesehen, seien, so betonte Stinnes, die Zeiten vorbei, in denen Rohstofferzeuger in Zeiten guter

Konjunktur überdurchschnittlich profitiert hatten; dies erkläre zumindest teilweise, weshalb die Kooperation mit Endfertigern notwendig sei. Er sah in dem gesamten Arrangement eine Art Versicherungspolice gegen eine Änderung der Marktbedingungen wie auch gegen unmittelbarere Gefahren:

> «Das Rohstoffwerk muß von dem Verfeinerungswerk in Zeiten der Hochkonjunktur langfristige Arbeiten hereinnehmen, um gute Wirtschaftlichkeit zu erreichen und die Arbeiterschaft möglichst auch in schlechten Konjunkturen ausreichend zu beschäftigen. Die Gewinne der Rohstoffwerke halte ich im Durchschnitt nicht für höher als die der Verfeinerungswerke, im Gegenteil bin ich aber der Meinung, daß geschickt geleitete Rohstoffwerke und Verfeinerungswerke in ihrer Vereinigung sehr viel mehr verdienen können als wie die Gruppen allein. Eine andere Verbindungsform als wie die geplante bei gleichem Nutzen für beide Teile sehe ich nicht.
>
> Wir müssen zweifellos die Wege weitergehen, die wir gerne mit Ihnen gehen möchten und die wir meines Erachtens bei der Eigenart Ihrer Fabrikation und Ihrem Weltruf in der Technik mit niemandem besser gehen könnten als mit Ihnen. Ich bin der Überzeugung, daß Sie und Ihre Herren schon nach kürzester Frist bei den gerade jetzt bevorstehenden Erschütterungen des deutschen Wirtschaftslebens und bei den Schwankungen der Zahlkraft der Mark befriedigt sein werden, die Verbindung mit Rohstoffwerken mit uns eingegangen zu sein. Ich sehe nunmehr Ihren Entscheidungen entgegen.»[104]

Stinnes zeigte sich hier zweifellos von seiner beeindruckendsten und überzeugendsten Seite und lieferte eine Demonstration eben jener Tugenden, die ihn zu einer so einzigartigen Figur des deutschen Wirtschaftslebens machten. Rieppel stellte in seinen Überlegungen zu den Giganten des Nordens, die um sein Lebenswerk warben und es vielleicht verschlingen wollten, einen interessanten Vergleich zwischen Reusch und Stinnes an:

> «Der Generaldirektor der Gutehoffnungshütte, Herr Reusch, sagt ganz offen, daß es ihm darum zu tun ist, tunlichst die gesamte Verfeinerung der eigenen Eisen- und Stahlerzeugung in die Hand zu bekommen. Die dabei zur Anwendung kommenden Mittel sind rücksichtslos und roh.
>
> Stinnes spricht offen aus, daß er für Deutsch-Luxemburg den Endzweck verfolge, auf die Verfeinerung der Metallindustrien für die gesamte Erzeugung maßgebenden Einfluß zu gewinnen. Er baute deshalb die Werft in Emden, kaufte eine Automobilfabrik usw. Stinnes unterscheidet sich von Reusch nur in den Sitten und Gebräuchen; er ist geschickter, klarer in seinen Zielen und pocht weniger auf seine Machtmittel als auf Überzeugung der Notwendigkeit seiner Vorschläge und Absichten.»[105]

Offenbar fand Rieppel an Stinnes mehr Gefallen als an Reusch, blieb aber trotzdem skeptisch; Anfang September wälzte er noch immer Bedenken wegen möglicher Konflikte zwischen der IG und den Stinnes-Firmen auf ausländischen

Märkten. Vögler wurde ungeduldig. Mitte Juli hatte die MAN ihr Aktienkapital auf 100 Millionen Mark erhöht, während es zu Jahresanfang erst 36 Millionen gewesen waren, dabei hatte die Firma weder ein neues Werk gebaut noch Erwerbungen getätigt. Die MAN war damit in seinen Augen stark überkapitalisiert, und das würde sich bei sinkenden Preisen bemerkbar machen. Vögler fragte sich aus diesem Anlaß ernsthaft, ob die MAN wirklich so attraktiv war, wie es bislang den Anschein gehabt hatte. Für den an einer IG mit Rheinelbe sehr interessierten Siemens-Konzern waren die süddeutschen Industriebetriebe jedoch von besonderer Wichtigkeit. Er legte großen Wert darauf, daß nicht nur Siemens-Schuckert mit von der Partie war – was Stinnes und Vögler durchaus begrüßten –, sondern auch die MAN, deren Eintritt in die IG mit Siemens er noch Anfang September für sehr wahrscheinlich hielt.[106] Siemens teilte jedoch einige der von Rieppel geäußerten Bedenken und ließ Vögler Mitte September wissen, Rieppel und er müßten «die Sicherheit haben, daß der Stinnessche Unternehmungsgeist nicht in der Zukunft mit dem Interesse einer zu schaffenden IG kollidiert und daß es uns aus diesem Grunde für wichtig erscheint, eine Abmachung dahin zu treffen, daß bei Unternehmergeschäften die IG einen gewissen Vortritt hat».[107] Vögler versuchte Siemens mit dem Hinweis zu beruhigen, daß er sich an keinen einzigen Fall aus seiner langjährigen Praxis erinnern könne, in dem es zu einem Interessenkonflikt gekommen sei, und daß Deutsch-Luxemburg bisher von den Verbindungen und Geschäftsideen der Stinnes-Firmen nur profitiert habe. Er halte es jedoch für undenkbar, daß Stinnes sich auf eine förmliche Zusicherung einlassen würde, auf geschäftliche Chancen im Ausland, die in seinen Bereich fielen, eine Kohlenkonzession zum Beispiel, zu verzichten.[108]

Vöglers Ungeduld richtete sich nicht nur auf die MAN, sondern auch auf den schleppenden Fortgang der IG-Verhandlungen mit Siemens, denn dadurch wurden bei Rheinelbe wichtige Entscheidungen und Initiativen hinausgezögert. Ende September reiste er nach Süddeutschland zur Firma Benz, die mit dem Gedanken spielte, ihr Motorenwerk, das während des Krieges ausgezeichnete Diesel-Schiffsmotoren für die Nordseewerke gefertigt hatte, aus ihrer Automobilfabrikation auszugliedern. Vögler betrachtete dieses Werk als eine hochinteressante Erwerbung für den Fall, daß es mit der MAN nicht klappen sollte. Eine noch reizvollere Perspektive bot die Adlerwerke Heinrich Kleyer AG in Frankfurt, die Interesse am Zusammengehen mit einem Rohstofferzeuger bekundete. Die Firma fertigte Schreibmaschinen, Fahrräder und Automobile, hatte vor kurzem eine Kapitalerhöhung durchgeführt und war bereit, Deutsch-Luxemburg als Gegenleistung für zuverlässige Stahllieferungen 25 Prozent ihres Kapitals unter pari zu überlassen. Vögler machte keinen Hehl daraus, daß Deutsch-Luxemburg, falls es diese Aktien übernahm, «natürlich bestrebt sein [würde}, nach und nach die Mehrheit zu bekommen». Er war von dem Angebot äußerst angetan und betrachtete es als ausgezeichnete Investitionschance; man müsse jedoch schnell zugreifen. Wenn hingegen aus der IG noch etwas werden sollte, mußte man solche Investitionsentscheidungen erst durchdiskutieren, denn Stinnes hatte inzwischen die Berliner Firma Dinos (Loeb) übernommen und war mit dem Bau einer modernen Teststrecke für die Erprobung seiner neuen Autos beschäftigt, der Automobil-Verkehrs und Übungs-Straße AG – der «Avus», die heute in die Berliner Stadtautobahn integriert ist. Auch Siemens war mittlerweile mit der Protos-Automobile GmbH in Siemensstadt in die Autoproduktion eingestiegen.[109]

Auf der anderen Seite war auch der schwerindustrielle Teilhaber an der projektierten IG im Herbst 1920 nicht untätig, was Firmenübernahmen betraf. Die wichtigste Neuerwerbung war der Bochumer Verein, einer der bedeutendsten vertikalen Konzerne des Ruhrgebiets, und bei dieser Übernahme zeigte sich in typischer Weise, wie eine ausufernde Aktienspekulation und die Interessen der großen und der kleineren Banken mithalfen, den Trend zur industriellen Konzentration zu befördern und zugleich von ihm zu profitieren. Stinnes wurde aus dem Bankhaus Carsch, Simon & Co. regelmäßig mit Informationen über geplante Kapitalerhöhungen, Beteiligungen und Übernahmen versorgt,[110] und auf diesem Wege erfuhr er auch, daß der Bankier Hugo Herzfeld eine Anteilsmehrheit am Bochumer Verein zusammengebracht hatte und erwog, diese an holländische Interessenten zu verkaufen. Daraufhin trat er über Jakob Goldschmidt von der Nationalbank an Herzfeld heran und versuchte ihm klarzumachen, daß er besser daran täte, die Anteile über ein zwischengeschaltetes Konsortium unter Führung der Disconto-Gesellschaft an Stinnes zu verkaufen.

Am 1. Oktober konnte Salomonsohn Stinnes mitteilen, daß das Konsortium, dem unter anderem noch die Darmstädter und die Nationalbank angehörten, für 35 Millionen Mark Bochumer-Vereins-Aktien – das waren exakt 50% des Aktienkapitals – für Rheinelbe aufgekauft hatte, woraufhin Stinnes vertraulich an Siemens meldete, «daß die Rheinelbe-Union sich gestern die Kontrolle des Bochumer Vereins indirekt gesichert hat. Sie können Bochum als Concern Werke betrachten, obschon die Verwaltung noch keine Ahnung hat.»[111] Der Bochumer Verein war das Lebenswerk von Louis Baare gewesen, und man kann sich nur schwer vorstellen, daß Stinnes in dieser Situation nicht an das Jahr 1904 zurückdachte, als er eine Fusion zwischen Friedlicher Nachbar und dem Bochumer Verein betrieben hatte, die von Baare auf eine höchst honorige Weise, die Stinnes Hochachtung abgenötigt hatte, verhindert worden war. Wie Stinnes nun erklärte, war ein wichtiger Beweggrund der Wunsch zu verhindern, daß der Bochumer Verein in ausländische Hände fiel; es ist aufschlußreich, daß die Fachleute von Deutsch-Luxemburg die Anlagen und Werke des Bochumer Vereins zunächst in Augenschein nahmen und das Gespräch mit Louis' Nachfolger Wilhelm Baare erst suchten, nachdem die Aktien den Besitzer gewechselt hatten. Die hohe Qualität der Walzstahlprodukte des Bochumer Vereins war freilich kein Geheimnis. Wenn es gelang, die Kohlen- und Stromversorgung sowie die «Wärmewirtschaft» des Konzerns zu optimieren, konnte die gesamte Qualitätswalzstahl-Sparte der Dortmunder Union nach Bochum verlagert werden, und

Dortmund konnte sich auf Schienen und andere weniger hochwertige Produkte konzentrieren. Dies wiederum bedeutete, daß der Bochumer Verein sehr eng mit Deutsch-Luxemburg verzahnt werden mußte. Tatsächlich kamen die in der Folge getroffenen Vereinbarungen über die Eingliederung von Führungsebenen des Bochumer Vereins in die Verwaltung von Deutsch-Luxemburg einer Fusion der beiden Unternehmen sehr nahe. Die formelle Vertragsgrundlage dieser IG war jedoch bezeichnenderweise recht unverbindlich formuliert, offenbar in der bewußten Absicht, auf die Empfindlichkeiten der Manager des Bochumer Vereins und namentlich Baares Rücksicht zu nehmen.[112]

Dennoch schlug die Übernahme des Bochumer Vereins hohe Wellen und tat dem Bemühen Abbruch, die MAN zum Eintritt in die projektierte IG zwischen Rheinelbe und Siemens zu bewegen. Nicht daß dies der entscheidende Hinderungsgrund gewesen wäre; es gab noch eine Reihe weiterer Umstände, die der Stinnesschen Überzeugungsarbeit zuwiderliefen. So erlitt Rieppel von der MAN im September einen Schlaganfall und war bis zum Jahresende praktisch außer Gefecht. Ein weiterer Faktor war Paul Reusch, der alles daran setzte, die MAN-Führung auf seine Seite zu ziehen. Er konnte sich dabei auf einen bedeutsamen Verbündeten stützen: den Vorsitzenden des MAN-Aufsichtsrats, Baron von Cramer-Klett, der Stinnes mißtraute, die vorgesehene IG für eine Nummer zu groß (eher auf amerikanische als auf deutsche Verhältnisse zugeschnitten) und Reusch schlicht für einen wesentlich solideren Partner hielt, von dem man sich langfristige Sicherheit versprechen konnte. Dementsprechend beschloß die MAN-Führung Mitte Oktober, in Verhandlungen mit allen drei Bewerbern einzutreten: Stinnes-Siemens, Reusch und Rheinstahl. Ende Oktober, kurz nachdem Stinnes die Kontrolle über den Bochumer Verein übernommen hatte, kam es an der Börse zu massiven Aufkäufen von MAN-Aktien, was Cramer-Klett sogleich als ein weiteres alarmierendes Beispiel für Stinnessche Raffgier deutete. Er versuchte die vermeintlichen Stinnes-Machenschaften damit zu durchkreuzen, daß er Reusch und der Haniel-Gruppe ein großes Paket alter und neuer MAN-Aktien und zwei Aufsichtsratssitze anbot. Der Rest des Aufsichtsrats und der Vorstand der MAN sahen sich somit zu ihrem Unwillen mit einer vollendeten Tatsache konfrontiert, die ihnen keinerlei Handlungsspielraum mehr ließ. Besonders verärgert waren die im Aufsichtsrat vertretenen Bankiers Oscar Schlitter von der Deutschen Bank und Franz Urbig von der Disconto-Gesellschaft; in ihren Augen wäre es Cramer-Klett ein leichtes gewesen, sich vorher bei ihnen zu erkundigen, und sie fanden, daß Stinnes, dem sie es hoch anrechneten, daß er für den Verbleib des Bochumer Vereins in deutschen Händen gesorgt hatte, auf schäbige Weise ausgebootet worden war. Ein anderes Aufsichtsratsmitglied, Oscar von Petri, der Siemens-Schuckert vertrat, war noch unglücklicher, weil er um die Bedeutung der MAN für sein Unternehmen wußte und weil Carl Friedrich von Siemens auf den Eintritt der MAN in die IG gezählt hatte. Am 9. November brach die MAN die Verhandlungen mit Siemens auch formell ab.[113]

Stinnes war ebenso wütend wie Rieppel, der unter Protest von seinem Vorstandsposten zurücktrat. Stinnes beschloß jedoch, ein wenig Ärger zu machen. Er kaufte ein Dutzend MAN-Aktien aus Rieppelschem Familienbesitz und entsandte Thomas als seinen Vertreter zur Aktionärsversammlung der MAN am 15. Dezember. Thomas hielt eine Rede, in der er die These vertrat, MAN und GHH seien wesensmäßig eher Konkurrenten als Verbündete, weil ihre Produktlinien komplementär seien; er präsentierte anschließend eine Reihe von Resolutionen, die die Versammlung in völlige Verwirrung stürzten, weil Cramer-Klett als Versammlungsleiter ein Totalversager war. Wenn letzten Endes doch ein Mehrheitsbeschluß für die IG mit der GHH zustande kam, dann lag das an einem gewissen Carl Winkler, einem schweizerischen Aufsichtsratsmitglied, dem es gelang, die Gefolgsleute Cramer-Kletts wieder auf Linie zu bringen. Thomas erreichte jedoch sein Ziel, die Voraussetzungen für eine gerichtliche Anfechtung der gefaßten Beschlüsse zu schaffen. Der durch und durch korrekte Thomas fand das ganze Schauspiel ziemlich bemerkenswert; wie er an Stinnes berichtete:

> «Unverständlich ist mir, wie man einen Mann wie Winkler in den Aufsichtsrat der MAN wählen kann. Zwar kann Winkler nichts dazu, daß er bei der Begründung seiner Anträge anstelle des Relativpronomens der, die, das, das oberbayerische Relativpronomen der wo, die wo, das wo, gebraucht. Kennzeichnend ist für ihn jedenfalls, daß er sich seine Leute mit den Worten aussucht: ‹Wer mit mir geht und säuft, wird Millionär.›»[114]

Im weiteren Verlauf sah Stinnes ein, daß es wenig Sinn hatte, den Klageweg weiterzugehen, und daß es klüger sein würde, für ein gutes Verhältnis zwischen Siemens-Schuckert und der MAN zu sorgen, als Krieg gegen Reusch zu führen.[115] Dennoch war und blieb es ein schmerzlicher Verlust.

Während sich Thomas mit den Merkwürdigkeiten einer MAN-Aktionärsversammlung abquälte, nahm die IG zwischen Rheinelbe und Siemens endgültig Gestalt an. Siemens hatte sich trotz des Abspringens der MAN entschlossen, gemeinsame Sache mit Stinnes zu machen. Er bedang sich allerdings die Zusicherung aus, daß der «Fertigindustrie»-Bereich innerhalb der neuen IG nicht dem schwerindustriellen Teil untergeordnet würde, und lehnte kategorisch den Namen «Rhein-Elbe-Siemens-Union» für die IG ab. Er legte großen Wert darauf, das von Schuckert verkörperte süddeutsche Element mit in den Vordergrund zu stellen, und spielte mit dem Gedanken, die IG auf den Namen «Rhein-Elbe-Siemens-Bayern-Union» zu taufen.[116] Schließlich fiel die Wahl auf den Namen Siemens-Rheinelbe-Schuckert-Union (SRSU), eine Bezeichnung, die sicherlich ein weitgehendes Zugeständnis an das Siemenssche Bedürfnis nach Anerkennung und geographischer Bandbreite verkörperte. Stinnes hatte, kaum nötig zu sagen, einen sehr guten Einblick in die wirtschaftlichen Interessen der Familie Siemens und setzte mit der ihm eigenen Unbedingtheit durch, daß deren Beteiligungen an Siemens & Halske und Siemens-Schuckert innerhalb der IG dasselbe Gewicht erhielten wie das Bankenkonsortium, um schon strukturell sicherzustellen, daß den Banken «nicht eine Bedeutung gegeben wird, die sie vom industriellen Standpunkt aus nicht haben [dürfen]».[117]

Es ist sehr wichtig zu differenzieren zwischen der formalen Ausgestaltung der SRSU und den Zielen, die Siemens und die anderen Beteiligten damit verfolgten. Die Satzung der SRSU war der Rheinelbe-Vereinbarung nachempfunden. Es handelte sich im Grunde um eine Gewinngemeinschaft, in die die beteiligten Konzerne gleich große Kapitalanteile einbrachten und damit das Recht auf einen entsprechenden Anteil an den IG-Gewinnen erwarben. Im Fall der SRSU begnügte sich allerdings Siemens-Schuckert mit einem Kapitalanteil in Höhe von nur 45 Prozent des Anteils aller anderen. Es war dies eine, gelinde gesagt, eigenwillige Konstruktion, die aus der Sicht der Montankonzerne vielleicht noch einen gewissen Sinn ergab, aus der Warte der an der SRSU beteiligten Unternehmen jedoch kaum. Als Rechtfertigung dafür diente der Verweis auf die höchst unsicheren Wirtschafts- und Währungsverhältnisse, unter denen diese Schritte getan wurden, und auf die Unmöglichkeit einer vernünftigen Bewertung von Vermögenswerten. Letzten Endes diente die IG, die laut Vertrag bis zum 30. September 2000 laufen sollte, dem Ziel, die geschäftliche Zusammenarbeit zu verbessern und die damit verbundenen Vorteile zu realisieren.[118]

Stinnes war, wie bereits gezeigt, ein gläubiger Anhänger der vertikalen Konzentration und schaffte es offenbar, wichtige Vertreter des Siemens-Konzerns für den Aufbau einer riesigen IG zu gewinnen, die in der Lage sein würde, jedem Sturm zu trotzen, der über Deutschland hereinbrechen mochte. Siemens vertrat demgegenüber einen prosaischeren Standpunkt. Er machte sich sicherlich ebenso viele Sorgen wie jeder andere Fabrikant um die Sicherung seiner Rohstoff- und Kapitalversorgung und sah in der projektierten IG, wie er seinen Aktionären gegenüber erklärte, auch einen «Versicherungsvertrag» und ein leistungsfähiges Instrument zur Verbesserung der Wettbewerbsfähigkeit Deutschlands in schwieriger Zeit. Ein weiteres Motiv war, wie er später einräumte, der Wunsch, der «künstlich gesteigerten Ängstlichkeit vieler Familienmitglieder» und ihrem Bedürfnis nach mehr Sicherheit Rechnung zu tragen.[119]

Für die Außenwelt freilich war die gigantische Dach-IG, die formell am 30. Dezember 1920 ins Leben gerufen wurde und ihr Hauptquartier in einem Bürogebäude an der Düsseldorfer Königsallee aufschlug, das denkbar abschreckendste Beispiel für das in die Praxis umgesetzte vertikale Prinzip. Es war so etwas wie ein Schlag ins Gesicht der – allerdings weitgehend entwaffneten – Befürworter der Sozialisierung und eine Demonstration unternehmerischer und wirtschaftlicher Potenz. Die erste Sitzung des Gemeinschaftsrates fand am 29. Dezember 1920 unter Leitung Kirdorfs am Berliner Sitz der Disconto-Gesellschaft statt.[120] Viel Raum nahm dabei die Diskussion über eine «Überfremdung» bzw. deren Abwehr ein; den Anlaß dazu lieferte die Weigerung der in der IG vertretenen Industrieunternehmen, ein Viertel der Vorzugsaktien über die Börse zu streuen, wie Salomonsohn es vorgeschlagen hatte. Sie beriefen sich dabei auf einen Bericht über die Übernahme des Bochumer Vereins. Für die

Industriellen waren die Banken nicht die Herren, sondern nur die Handlanger der neuen Organisation. Doch natürlich spielten die Banken eine wichtige Rolle, wenn es darum ging, der IG zu Neuerwerbungen zu verhelfen. Stinnes hatte über das Rheinelbe-Konsortium nicht nur Aktien des Bochumer Vereins aus dem Besitz Herzfelds erworben, sondern auch ein Drittel der Anteile an der Gebrüder Böhler & Co. AG, einer Fabrik für Spezialstähle mit Büros in Berlin und Wien. Der Drittelanteil, den Stinnes sich hier sichern konnte, war zwar zu klein, um die Mitgliedschaft in einer IG durchzusetzen, aber groß genug, um die Konkurrenzsituation zu beenden und eine Ära der Zusammenarbeit mit diesem führenden europäischen Unternehmen einzuläuten.

Eine weitere bedeutsame Erwerbung, die Stinnes tätigte und die von besonderem Interesse für Siemens war, war die Mehrheitsbeteiligung an den Braunschweigischen Kohlenbergwerken, die im Raum Helmstedt eine bedeutende Braunkohlenförderung unterhielten. Die Firma war nicht nur ein wichtiger Braunkohlenlieferant für Stinnes und Siemens, sondern auch eine zentrale Säule für die künftige Energieversorgung der gesamten Region. Mit ihrer Übernahme versetzte Stinnes der Staatswirtschaft einen empfindlichen Schlag, denn die Länder Preußen, Braunschweig und Sachsen-Anhalt hatten die Errichtung eines Kraftwerks auf dem Gelände der zu der Firma gehörenden Grube Treue geplant. Stinnes erklärte, kaum daß er die Kontrolle übernommen hatte, die neue Firmenleitung fühle sich an frühere Absprachen mit diesen Landesregierungen nicht mehr gebunden. Die Aktien hatte sich Stinnes mit Hilfe der Nationalbank Goldschmidts sowie der Commerz- und Privatbank verschafft, bei der sein Direktor Henrich im Aufsichtsrat saß; indem er den Vertretern dieser Banken Mandate im Aufsichtsrat von Rheinelbe versprochen hatte, war es ihm gelungen, die Aktien zu einem günstigen Preis zu bekommen. Seine ursprüngliche Taktik, wie er sie auf der SRSU-Sitzung vom 29. Dezember darlegte, sah vor, daß die Riebeck'schen Montanwerke AG, deren Aufsichtsrat er vorstand, die Braunschweigischen Kohlenbergwerke übernehmen und danach in die SRSU eintreten würden.

Am Ende lief es darauf hinaus, daß die Braunschweiger-Aktien direkt von Deutsch-Luxemburg und der GBAG übernommen wurden. Zum einen hätte der Riebeck-Generaldirektor Ludwig Hoffmann die Aktien nur durch eine Kapitalerhöhung erwerben können, wovon Stinnes als Großaktionär aber nichts wissen wollte, zum anderen legte Hoffmann gar keinen Wert auf ein Zusammengehen mit der SRSU, weil im Braunkohlenbergbau die Gewinne längst nicht so konjunkturabhängig und die Dividenden viel höher waren als bei den in der SRSU vereinigten Firmen. Dazu kam, daß Carl Fürstenberg von der Handelsgesellschaft entschiedenen Widerstand leistete und in der Tat sogar aus Protest sein Aufsichtsratsamt niederlegte. Indirekt erhielt die SRSU dennoch, was sie wollte, nämlich ein Braunkohle-Standbein, und das Spektrum der Optionen und möglichen Kombinationen bezeugte die zentrale Rolle, die Stinnes spielte, und die Weite seines Aktionsradius'.[121]

Es wäre ein Fehler, der SRSU aufgrund dieser sehr großen Erwerbungen einen unersättlichen Appetit oder die Bereitschaft zum Eingehen unüberschaubarer Risiken zu unterstellen. Es gab durchaus Fälle wie die der Autofirmen Adler und Benz, wo der Gemeinschaftsrat sich gegen ein Zugreifen entschied, und zwar aufgrund der Tatsache, daß die deutsche Automobilindustrie unter einer zu großen Zahl von Produzenten, einer unwirtschaftlichen Konkurrenz und einer eher handwerklichen, der Serienproduktion nicht förderlichen Ausrichtung der Betriebe litt. Auch in einem anderen Fall waltete Vorsicht: Obwohl Vögler sich sehr positiv zu Verhandlungen über die Lieferung von Eisen, Lokomotiven und Bahnschienen nach Rußland über eine schwedische Mittlerfirma äußerte, bestanden er und Stinnes darauf, daß die Russen in Gold bezahlten, und lehnten alle Angebote ab, sich an einer russisch-deutschen Firma zu beteiligen, die künftige Lieferungen abwickeln sollte. Handelsgeschäfte mit Rußland schlossen sie nicht aus, vorausgesetzt die Bezahlung war sichergestellt, doch eine institutionalisierte Zusammenarbeit lehnten sie ab.

Der Aufbau der SRSU markierte den Höhepunkt des Stinnesschen Wirkens als Konzernarchitekt und Schrittmacher des deutschen Unternehmerkapitalismus. Es bestand eine offenkundige Beziehung zwischen seiner Vorkriegstätigkeit als Konzernbaumeister – insbesondere im Zusammenhang mit der GBAG und dem Bochumer Verein – und dem Zusammenbau des Rheinelbe-Konzerns, gerade so wie es schon immer einen Konnex zwischen der Stromwirtschaft und der elektrotechnischen Industrie gegeben hatte, auch wenn Stinnes auf diesem Gebiet keine formellen Verbindungen gestiftet hatte. Auf der anderen Seite kann man schwerlich behaupten, daß Rheinelbe und SRSU die logische Fortführung seiner vor dem Krieg geschaffenen Konzerngebilde waren. Entscheidend für die Gestaltung dieser Konzerne waren die durch den Krieg, den Friedensvertrag und die politischen Entwicklungen in Deutschland geschaffenen Bedingungen. Deutsch-Luxemburg, die GBAG und der Bochumer Verein kamen zusammen, weil sie nach Ersatz und Ausgleich für verlorengegangene Vermögenswerte und Produktionsschwankungen aufgrund des verlorenen Krieges suchten und jener «Überfremdung» vorbeugen wollten, von der sich die deutschen Konzerne im besonderen Maß bedroht fühlten. Vor dem Krieg wäre es undenkbar gewesen, daß irgend jemand die vertikale Konzentration für eine Spielart der «Sozialisierung» erklärt und sie als Schutzschild gegen Angriffe auf das Privateigentum benutzt hätte. Noch unvorstellbarer ist, daß Stinnes Siemens vor dem Krieg zur Bildung einer IG hätte überreden können; dies gelang ihm erst im Zeichen der prekären Kapital- und Rohstoffsituation, die in der unmittelbaren Nachkriegsperiode herrschte. Der Ausgang des Krieges hatte in den Reihen der deutschen Großwirtschaft eine Festungsmentalität und den Wunsch nach Konzentration geschürt, um einen Ausgleich für den Verlust von Vermögenswerten und die Einschränkung geschäftlicher Möglichkeiten zu schaffen. In diesem Rahmen hatte Stinnes sich als der führende Baumeister der industriellen Konzentration in Deutschland erwiesen.

Er war dabei selbstverständlich nicht allein. Wie gezeigt, leistete Vögler besonders wichtige Beiträge zur Realisierung der Stinnesschen Pläne und zur Überwachung seiner Operationen. Nach der Vorstellung von Stinnes sollten diese IGs Stützpunkte sein, von denen aus die Mitgliedsfirmen Vorstöße auf nationale Märkte und den Weltmarkt unternehmen würden. Und hier lag natürlich der Berührungspunkt zu seinen ureigensten Firmeninteressen, über die seine Partner sich solche Gedanken machten, und tatsächlich sah er seinen eigenen Nutzen für die mit ihm verbundenen Unternehmen und Konzerne vor allem darin, daß er die Marktverhältnisse so gut kannte.

Stinnes zeichnete sich durch einen unersättlichen Informationshunger aus, und die IGs waren für ihn eine potentielle Quelle von noch mehr und noch besserer Information, als sie ihm bis dahin zugänglich gewesen war. In diesem Sinn führte er bei der ersten Strategiebesprechung der Rheinelbe-Union im August 1920 aus, es genüge nicht, immer nur sorgfältig die statistischen Daten der Mitgliedskonzerne, ihrer Beziehungen untereinander, zu anderen Konzernen und zur gesamten deutschen Volkswirtschaft zu analysieren.

Vielmehr gelte es, darüber hinaus «Statistiken anzulegen über den Frachtmarkt und die Elektrizitätswirtschaft. Für erstere stellt er die Organisation seines Hamburger Büros zur Verfügung, welches bereits derartige Statistiken handhabt, für letztere sollen insbesondere die Ziffern des Rheinisch-Westfälischen Elektrizitätswerks benutzt werden, und zwar über die von diesem Werk angegebenen KW-Stunden, geordnet nach den verschiedenen Industriezweigen. Die Statistik über die elektrische Energieabgabe an die verschiedenen Industriezweige hält Herr Stinnes für einen der empfindlichsten Gradmesser hinsichtlich der Produktivität, während nach seiner Ansicht die Bewegungen auf dem Frachtenmarkt schon geraume Zeit voraus erkennen lassen, ob eine Periode steigenden oder abnehmenden Konsums bevorsteht.»[122]

Es war bezeichnend für Stinnes, daß er es sehr aufregend fand, als sich für die DAZ die Möglichkeit abzeichnete, eine bis dahin von den Streitkräften genutzte Funkstation bei Königswusterhausen zu übernehmen; in einem euphorischen Brief an Siemens malte er die Möglichkeit aus, anstelle des unprofitablen und personell überbesetzten Reichspostbetriebs eine privatisierte Telefon- und Telegrafengesellschaft ins Leben zu rufen. Er war überzeugt, daß dies für Siemens und die deutsche Zeitungswirtschaft ein großartiges Betätigungsfeld wäre, und vor allem auch, daß die IG und die Firma Stinnes dadurch die Fähigkeit erlangen könnten, «in wenigen Minuten mit der ganzen Welt und namentlich den Börsen verkehren zu können und über Warenpreise und Valuta *vor allen anderen* unterrichtet zu sein».[123]

Stinnes konnte unerbittlich sein, wenn die von ihm kontrollierten Unternehmen nach seinem Urteil Marktentwicklungen falsch einschätzten. Als er zum Beispiel die Mitteilung erhielt, daß das Erftwerk ab Januar 1921 eine erhebliche Steigerung seiner Produktion plante, schrieb er Ende November 1920 an Geheimrat Lueck, er werde nicht zulassen, daß das Erftwerk zu einem Zeitpunkt, da er mit einem weltweiten Einbruch auf den Rohstoff- und Frachtmärkten rechnete, auf Vorrat und Halde produziere. «Die Konsumkraft von 300 Millionen Zentral- und Osteuropäern läßt sich nicht ungestraft ausschalten», warnte er,[124] zumal es einen Kostenvorteil für die mit Wasserkraft arbeitenden Aluminiumerzeuger gebe. Es gelte vor allem auch, die Währungsentwicklung und mögliche politische Entwicklungen im Auge zu behalten:

> «Ich nehme an, daß die deutsche Valuta zurzeit nur eine vorübergehende bessere Bewertung erfahren hat, und daß nach Wiedereinsetzen von Lebensmittelkäufen im Ausland die Besserung wieder verloren gehen wird. Dagegen halte ich es durchaus nicht für unwahrscheinlich, daß in den Frühjahrsmonaten ein erneuter Umschwung eintreten wird, wenn sich die Arbeiterschaft dazu entschließt, mehr zu arbeiten und damit die Produktivität im Inland zu heben, während gleichzeitig die Entente unter dem Druck der amerikanischen und englischen Industrie mehr Vernunft annehmen wird.»

Dies wiederum würde auf eine Stärkung der Kaufkraft der Mark und ein Sinken der Aluminiumpreise auf dem Binnenmarkt hinauslaufen. Sämtliche Käufe von Bauxit zu Zeiten einer niedrig bewerteten Mark würden zu hohen realen Verlusten führen, sobald die Mark an Wert gewann. Die richtige Strategie bestehe also darin, zum einen bestehende Vorräte aufzubrauchen, solange die Mark noch niedrig stand, zum andern das Aluminium, das aus teuer eingekauftem Bauxit gewonnen wurde, möglichst schnell zu verkaufen, ja möglichst sogar schon im voraus das Aluminium zu verkaufen, das man aus dem schon bestellten, aber noch nicht gelieferten Bauxit erzeugen würde. Nur unter diesen Voraussetzungen lasse sich eine Steigerung der Produktion rechtfertigen; abzulehnen sei hingegen eine «Prestigepolitik», die es dem Erftwerk unmöglich machen würde, die hohen Kredite, die das RWE ihm gewährt hatte, zurückzuzahlen. In diesem Sinne lautete Stinnes' abschließender Ratschlag: «Die Zeit des Geldinvestierens und leichten Ausgebens ist vorbei. Sie müssen lernen, mit denkbar niedrigen Vorräten und Vorverkauf wirtschaftlich zu arbeiten.»

Stinnes war in der Tat ganz und gar nicht zufrieden mit dem Erftwerk, das in Konkurrenz zu den reichseigenen Vereinigten Aluminiumwerken stand, welch letztere er 1921 ermutigte, das Erftwerk zu übernehmen. Er gab den Aufsichtsratsvorsitz beim Erftwerk ab, verblieb aber im Aufsichtsrat, um aufpassen zu können, daß die Firmen, an denen ihm etwas lag, weiterhin beliefert wurden, insbesondere die Firma Carl Berg, die auf Betreiben Vöglers Mitte 1920 in eine IG mit Deutsch-Luxemburg eingetreten war. Er vertrat somit im Erftwerk-Aufsichtsrat die Interessen eines «Verbrauchers» und kümmerte sich um das Exportgeschäft der Firma Berg, einer bedeutenden Herstellerin von verfeinerten Aluminiumprodukten. Es handelte sich hier um einen klassischen, wenn auch etwas komplizierten Fall von vertikaler Integration. Die Vorteile für Berg waren zahlreich, ganz abgesehen von der Unterstützung, die Stinnes ihnen beim Umgang mit den Aluminiumhütten angedeihen ließ, angefangen bei den Finanzen.

Deutsch-Luxemburg übernahm Berg-Aktien im Werk von 2 Millionen Mark zum Nennwert und stellte weitere 2 Millionen Mark in Form eines zinslosen Kredits zur Verfügung, so daß die Firma mit einem Schlag 4 Millionen Mark zusätzliches Betriebskapital zur Verfügung hatte. Außerdem erhielt Berg nun privilegierten Zugang zu potentiellen Abnehmern innerhalb des Stinnes-Imperiums – Deutsch-Luxemburg, RWE oder nach Errichtung der SRSU auch Siemens-Schuckert.[125]

Ein Großteil dessen, was die Firma Carl Berg produzierte, ging jedoch in den Export, und hier erwiesen sich die jetzt eröffneten engen Beziehungen zu den Stinnesschen Außenhandelsfirmen als äußerst wertvoll. Berg trat in direkten Kontakt zum Hamburger Kontor von Hugo jun. Wie Hugo sen. im Oktober 1920 den Berg-Managern erklärte, gab es in England und seinen Kolonien einen großen Markt für Aluminium, doch bestehe das Problem, daß die ausländischen Abnehmer aus politischen Gründen nicht direkt aus deutscher Hand kaufen wollten. Glücklicherweise habe die Firma Stinnes aber in London «Freunde», die bereit seien, auf eigene Rechnung Aluminium zu kaufen, zu lagern und zu verkaufen. Die Stinnes-Leute versäumten nicht, die Firma Berg darauf aufmerksam zu machen, daß der Markt in England und den USA hart umkämpft sei und daß die Preise wettbewerbsgerechter gestaltet und die Lieferungen zuverlässiger werden müßten: und außerdem müßten alle Geschäfte exklusiv über die Firma Stinnes laufen. Wenn man sich jedoch darauf einlasse, werde man Umsätze machen.[126]

Bei den Londoner «Freunden», von denen Stinnes sprach, handelte es sich natürlich um die Firma J. Russell Ferguson & Co. Ltd., mit der Hugo jun. die Gründung einer Firma für den Im- und Export von Aluminium, Pottasche und anderen Chemieerzeugnissen aus Deutschland ausgehandelt hatte. Der Name der Firma, der 1920 noch nicht feststand, sollte natürlich völlig unverfänglich klingen; Hugo sen. wollte sogar den Namensbestandteil «Trading» vermeiden und schlug «Produx Corporation Limited» vor, vermutlich weil die Firma, die Stinnes zur Abwicklung seiner Exporte in die USA gegründet hatte, ebenfalls diesen Namen trug. Auch die Konditionen, die Stinnes für den Verkauf von Berg-Aluminium festlegte, waren für England und die USA dieselben. Vom Reingewinn stand die Hälfte der Firma Berg zu, die andere Hälfte teilten sich Stinnes und seine ausländischen «Freunde» im Verhältnis 1:2. Berg ließ sich des weiteren dazu bewegen, einen gewissen Warenbestand zusätzlich auf Kommission zu liefern, damit unerwartet eintreffende Bestellungen ausgeführt werden konnten. Das Risiko, auf Kommissionswaren sitzen zu bleiben, mußte zunächst Berg tragen, während die «Freunde» sich nur verpflichteten, für zügigen Absatz und bestmögliche Preise zu sorgen und die Firma auf diese Weise zur Vergrößerung ihrer Kommissionslieferungen zu bewegen. Im Ausland deutsche Erzeugnisse zu vertreiben war offenkundig keine leichte Aufgabe, und Theodor Berg war sehr ungehalten, als die Amerikaner Rechnungen über Tausende von Dollars für geliefertes Aluminium erst einmal nicht bezahlten, bis die Qualität der Ware geprüft und bestätigt war. Andererseits wußte er Stinnes Dank dafür, daß dieser für ihn die bestmöglichen Konditionen herausgeholt hatte.[127]

Stinnes verfügte nicht nur über einschlägige Informationen zur Marktsituation und wußte seine Einsätze zu plazieren, sondern hielt es auch für sehr wichtig, die einzelnen Märkte tagesaktuell zu beobachten. Wie sehr ihm das am Herzen lag, zeigte sich Mitte Dezember 1920, als Vögler ihm dringend davon abriet, den Vertrieb der Erzeugnisse ihres alten Werkes Differdingen zu übernehmen, der ihm angeboten worden war. Vögler war der Meinung, während andere deutsche Handelsunternehmen diese Aufgabe sehr wohl übernehmen könnten und sollten, tue Stinnes wegen seiner «persönlichen exponierten Stellung» besser daran, das Angebot auszuschlagen.[128] Dieser Ratschlag, der ergänzt wurde durch die Anfrage Vöglers, ob Riebeck und die Braunschweiger Kohlengesellschaft denn nun in die SRSU eintreten würden, löste bei Stinnes eine Zornreaktion aus, die zeigte, wieviel Unzufriedenheit sich in ihm angesammelt hatte. Ironischerweise war er der Meinung, man verlange von ihm, seine Handelstätigkeit mit Kohle und Eisen gegenüber seiner Verantwortung für Deutsch-Luxemburg und der neuerdings hinzugekommenen Rücksichtnahme auf die Empfindlichkeiten der GBAG zurückzustellen. Tatsächlich hatte er Umsätze eingebüßt, etwa an die Firma H. A. Schulte, die die Eisenvermarktung für Deutsch-Luxemburg, und an Raab Karcher, der den Vertrieb der GBAG-Kohle übernommen hatte. Jetzt legte man ihm nahe, sich auch aus dem Handel mit den Franzosen herauszuhalten. Dabei war es doch gerade seine kaufmännische Tätigkeit, die ihn für seine Partner so wertvoll machte:

«Ich *muß* im täglichen laufenden Handelsgeschäft bleiben, sei es Kohle, Öl oder Eisen, etc., oder ich verliere die Fühlung mit dem Markt und kann die Konjunkturen nicht beurteilen.

Jeder Fehler in der Beurteilung der Konjunktur wird den Rheinelbe Union Concern auf das schrecklichste treffen, und dabei wird mir letzten Endes die Verantwortung in der Öffentlichkeit aufgebürdet. *Mein Weltkredit* steht dabei auf dem Spiel, weil man mich leider viel zu sehr identifiziert mit den Werksvorgängen- und Verkaufen im Einzelnen.

Ich kann mir die Instrumente zur Bildung eines sicheren Urteils nicht nehmen lassen, und ich lehne es grundsätzlich ab, mich mit jüngeren Direktoren des Konzerns über diese Dinge auseinanderzusetzen und um Verständnis zu betteln.

Sie haben sich persönlich wegen des Auslandsgeschäfts große Mühe gegeben, um die Dinge in Ordnung zu bringen und kommen dabei in eine unangenehme Lage. Wie kann aber z. B. jemand Eisenpolitik treiben, ohne in dem mächtigsten Eisenproduktionsland Europas im Eisengeschäft zu Hause zu sein, d. h. Frankreich?

Diese Dinge können also nicht so weiter gehen, denn sie würden – nicht des Handelsgewinnes wegen –, sondern der ganzen Welt-Konjunktur-Beurteilung wegen zur Unzufriedenheit und zum Aufbau eines neuen Privat-Konzerns neben Rheinelbe Union führen müssen.

Bei Riebeck, wo bisher nichts oder fast nichts am Vertrieb geändert worden ist, wo ich aber durch einige vernünftige Ölabschlüsse dem Werk 30 bis 40 Millionen gerettet habe, will ich vorher wissen, daß ich keine Auseinandersetzungen mit R[aab] K[archer] & Co. in Handelsbeziehungen haben werde, ebenso wenig wie bei den braunschweig. Kohlenwerken. Das ist meine Bedingung.»[129]

Vögler erschrak offenbar über den scharfen Ton, den Stinnes in diesem Brief anschlug und in dem sich ganz offensichtlich eine Reihe von Konflikten zwischen den verschiedenen Aufgaben und Mandaten des Hugo Stinnes niederschlug, mit denen er Vögler nun unversehens und ungehalten konfrontierte. Vögler hatte den Eindruck, Stinnes sei Einflüsterungen von Leuten ausgesetzt, die ihm willentlich oder unwillentlich suggerierten, der Rheinelbe-Konzern versuche die Firma Stinnes aus dem Geschäft zu drängen. Wenn derartige Behauptungen kursierten, seien sie falsch, beteuerte Vögler und wies darauf hin, daß er Stinnes überredet hatte, eine Mehrheitsbeteiligung an Schulte zu erwerben, und daß die Firma für Deutsch-Luxemburg sowie für andere Großkonzerne Hervorragendes geleistet hatte. Des weiteren wies Vögler darauf hin, daß er bei Exportgeschäften häufig die Firma Stinnes bevorzugt und andere Handelshäuser stiefmütterlich behandelt habe. Vögler glaubte offenbar nicht, daß Stinnes wirklich im französischen Markt tätig sein müsse, um zu wissen, was dort vor sich ging; schließlich sei er selbst, so argumentierte Vögler, in dieser Beziehung auch sehr gut informiert. «Es ist ja auch nicht so schwer, sich über die Lage eines direkten Nachbarn dauernd auf dem Laufenden zu halten.»[130] Vögler leugnete nicht, daß es für die Devisenbeschaffung vorteilhaft sein würde, die Differdinger Erzeugnisse zu vertreiben, andererseits müsse aber doch damit gerechnet werden, «daß Sie heute in erster Linie als Politiker gewertet werden, ... und nur aus diesem Gesichtspunkt heraus habe ich die Frage betrachtet».

Vögler beteuerte, er sei ganz genauso darauf aus wie Stinnes, möglichst gut informiert zu sein, und verwies darauf, daß Deutsch-Luxemburg als Motor und Herzstück des Exportgeschäfts von Rheinelbe bisher ganz gut gefahren sei, nicht nur wegen der Auftragslage, die bis weit ins Jahr 1922 hinein Aufträge garantiere, sondern auch wegen der von ihm, Vögler, betriebenen Devisenpolitik. Seit Mitte 1919 praktizierte Vögler im Auslandsgeschäft den Grundsatz, die Umsätze jeweils zur Hälfte in Mark und zur Hälfte in Auslandswährungen abzurechnen, eine konservative Politik, die zwangsläufig zur Schmälerung einiger der größten Gewinnspannen führte, andererseits aber die Gewähr für «sichere und ausreichende Preise» bot. Vögler gab zu, daß er im Devisenbereich einige große Chancen für das Einfahren von Spekulationsgewinnen verpaßt hatte, verwies aber darauf, daß man es durch eine bestmögliche Devisenregie geschafft habe, die schwedische Erzschuld zu tilgen. Das war der Kommentar Vöglers zu dem indirekten Vorwurf, der in der Stinnesschen Äußerung über eine für den Konzern möglicherweise verhängnisvolle Fehleinschätzung von Marktbedingungen mitgeschwungen hatte, und Vögler legte auch Wert auf die Feststellung, Stinnes immer sehr gut mit Informationen versorgt zu haben, nämlich so gut, «wie dies bei Ihrer Inanspruchnahme überhaupt nur möglich ist».

Was die Konkurrenz zwischen der Firma Stinnes und Raab Karcher betraf, so konnte Vögler nicht leugnen, daß hier ein Problem lag, wenn auch eines, für das man ihn nicht verantwortlich machen könne. Diese Konkurrenz ergebe sich zwangsläufig aus der Verbindung mit der GBAG, und Stinnes müsse sich darüber mit Kirdorf auseinandersetzen. Vögler war überzeugt und ließ dies Stinnes auch ohne Umschweife wissen, daß es vor allem von Stinnes abhängen würde, ob und wie sich dieses Problem lösen ließ. «Auf der ganzen Linie glaube ich, daß eine Verständigung nicht schwerfallen wird, falls Sie diese wünschen. Ist letzteres nicht der Fall, dann fürchte ich allerdings, daß über kurz oder lang Auseinandersetzungen nicht zu vermeiden sind.» Auf jeden Fall war Vögler zutiefst betroffen über den von Stinnes angeschlagenen Ton und die ärgerliche Bemerkung über jüngere Betriebsdirektoren; am Ende seines Schreibens bat er um ein persönliches Gespräch und erklärte: «Ein Weiterarbeiten in der bisherigen Art ist mir ganz unmöglich, wenn nicht volle Übereinstimmung und – was noch wichtiger ist – volles Vertrauen besteht.»

Daß es je zu einem Vertrauensverlust kam, ist höchst unwahrscheinlich. Es gab einfach immer mehr immanente Konfliktpotentiale, je weiter Stinnes seine wirtschaftliche Aktivität im Rahmen der eigenen Firma und im Verbund mit Konzernen, die bereits über eigene Vertriebsapparate verfügten, ausdehnte.

Anfang Januar 1921 suchte Stinnes den Rat Vöglers, als es darum ging, für sein Hamburger Büro einen Technischen Direktor zu finden. Ein solcher Technikspezialist könne, so glaubte er, auch Siemens-Schuckert beraten, falls diese Firma sich an dem geplanten Bau einer Zementfabrik in China beteiligen wolle. Stinnes wußte, daß Siemens-Schuckert, obwohl vielerorts mit einer ausgezeichneten Vertriebsorganisation präsent, oft vor dem Problem stand, durch bevorzugte Zusammenarbeit mit einer Firma deren Konkurrenten in die Arme der AEG zu treiben. Er glaubte jedoch, daß für Siemens-Schuckert das Risiko, das der Einstieg in ein so großes Projekt barg, durch die Verfügbarkeit eines technischen Experten in Hamburg kalkulierbar würde, da der wirtschaftliche Erfolg in diesem Fall von der Lieferung der richtigen Ersatzteile und Ausrüstungen abhing.[131]

Vögler hatte beim Aufbau des Exportgeschäfts für Deutsch-Luxemburg ziemlich eng mit Hugo jun. und der Hamburger Stinnes-Niederlassung zusammengearbeitet. Sie hatten beispielsweise eine Vereinbarung ausgehandelt, derzufolge Deutsch-Luxemburg die bestehende Auslandsorganisation der Firma Stinnes nutzen und dafür vom anfallenden Reingewinn 50 Prozent an Stinnes abführen würde. Stinnes sen. empfahl der Firma Siemens-Schuckert, in Buenos Aires bzw. Montevideo die Dienste Kinkelins und Edmundo Wagenknechts in Anspruch zu nehmen, war dann jedoch nicht glücklich zu hören, daß der Vertriebsapparat, den Siemens in Rio aufgebaut hatte, plötzlich anfing, in Brasilien gegen Deutsch-Luxemburg zu konkurrieren. Es war Hugo jun. ein besonderer Dorn im Auge, daß Siemens sich um eine Zusammenarbeit mit dem Handelshaus Staudt in Argentinien bemühte. Staudt verkaufte ohnehin schon für Krupp etliche Produktsegmente, die auch Rheinelbe im Angebot hatte, und bot in Konkurrenz zu Stinnes auf dem argentinischen Markt auch Wolle, Rohleder und alle erdenklichen anderen Güter an. Hugo jun. wollte nicht akzeptieren, daß Siemens seine Vorliebe für Staudt mit dessen guten Beziehungen zu Regierungskreisen begründete, und verwies darauf, daß Kinkelin ausgezeichnete Verbindungen zu den argentinischen Streitkräften besaß. Hugo sen. tat sein Möglichstes, um Henrich davon zu überzeugen, daß Siemens und die Stinnes-Organisation an Orten wie Buenos Aires oder New York zusammenarbeiten, ja an den wichtigsten Handelsplätzen der Welt gemeinsame Vertriebsorganisationen unterhalten sollten. Wie Hugo jun. in einem Brief an Kirdorf, den Vorsitzenden des Ausschusses für Auslandsorganisationen der SRSU, deutlich machte, scheute sich sein Vater, in diesen Fragen, die das Verhältnis zwischen der Firma Stinnes und Rheinelbe oder SRSU berührten, persönlich zu intervenieren, hatte ihn aber autorisiert, Kirdorf und andere wissen zu lassen, daß im Außenhandelsbereich eine Zusammenarbeit und eine Reglementierung ganz unbedingt not täten, um zu vermeiden, daß man sich gegenseitig in die Quere kam.[132]

Doch alle Mühe brachte nichts, und so sah sich Hugo sen. nach monatelangen Korrespondenzen und Diskussionen einmal mehr genötigt, seine sonst geübte Zurückhaltung in allen die eigene Firma betreffenden Dingen aufzugeben, hatte er doch erfahren, daß Siemens entgegen allen Vereinbarungen zwischen Deutsch-Luxemburg und Hugo jun. Vertriebsniederlassungen in Rio und ganz Brasilien sowie in Mexiko, Chile, China und den Vereinigten Staaten gegründet hatten, die nun seinen eigenen Filialen Konkurrenz machten. Stinnes war außer sich:

> «Gewiß ist die Firma Siemens als Elektrizitäts-Firma weit bekannt, und auch die Union als Brückenbau-Firma, aber im übrigen ist – ich lasse Verdienst oder Schuld ganz dahingestellt – heute mein Name derjenige, der der Siemens-Rheinelbe-Schuckert-Union Einführung allenthalben in der Welt verschafft, und diese Einführung gestaltet sich, wenn die Dinge weitergehen wie bisher, zu einer schweren Schädigung meiner geschäftlichen Interessen, denn mit dieser Einführung – und sagen wir offen – mit diesem Prestige, welches zu Recht oder Unrecht mein Name durch die Pressehetze des Auslandes bekommen hat, wird seitens des Konzerns unter Nichtachtung meiner geschäftlichen Interessen ein general merchand Geschäft aufgebaut, das für mich in Anspruch zu nehmen, und zwar im Import und Export, ich von jeher entschlossen gewesen bin.
>
> Sie werden mehr wie jeder begreifen, daß es für mich unmöglich ist, der Dividende wegen große Geldmittel und einen großen Teil meiner Arbeitskraft

> in Unternehmungen zu investieren, die sich einem – meines Erachtens falschen – Drängen folgend, derartig von jeder Einflußnahme meinerseits frei zu machen suchen, daß ich, der ich – wie ich schon früher einmal sagte – nach außen hin für jeden Schritt dieser Gesellschaft verantwortlich gemacht werde, im Innern und namentlich auf die laufende Geschäftsführung von Monat zu Monat mangels genügender Orientierung an Einfluß verliere.»[133]

Zweifellos war es die Angst vor dem Verlust der Kontrolle über seine eigene Schöpfung, die Stinnes veranlaßte, diese Suada vom Stapel zu lassen. Er artikulierte rundheraus seine Befürchtung, die SRSU werde für ihn zu einem «Klotz am Bein» werden. Wie schon im Dezember, äußerte er auch jetzt wieder gegenüber Vögler die Vermutung, es seien «Kräfte am Werk, die das Verhältnis zwischen Ihnen und mir, wenn nicht untergraben, so doch stören möchten». Zwar war er sicher, daß dem aus persönlichen wie objektiven Gründen kein Erfolg beschieden sein würde, doch fürchtete er dennoch eine abträgliche Wirkung und ging jetzt sogar so weit, Vögler die Bestellung eines «Verbindungsoffiziers» vorzuschlagen, «der, soweit Ihre übermäßige Inanspruchnahme Sie daran hindert, mich so wie in alten Zeiten unterrichtet zu halten hat. Dieser Herr muß kaufmännisches Verständnis haben, vor allem aber pupillarisch sicher sein in dem Bestreben, etwa auftauchende Gegensätze und Schwierigkeiten schon im Entstehen zu beseitigen und sie nicht zu vertiefen.»

Erneut fühlte Vögler sich bemüßigt, detailliert zu erklären, welche Aktivitäten liefen, und Stinnes zu versichern, er nütze jede Chance, um Eisen über die Firma Stinnes zu exportieren. Er wies darauf hin, daß er in Sachen Brasilien mit Hugo jun. zusammenarbeite, daß es zwischen Siemens und Wagenknecht eine gewisse Kooperation gebe und daß Siemens Hunderte von Auslandsvertretungen unterhalte, die auch sehr gute Arbeit für die SRSU leisteten. Auch er warte ungeduldig darauf, daß Stinnes neue Organisationen dort aufbaue, wo es sie noch nicht gebe. Argentinien sei der größte Abnehmer deutschen Eisens, doch Wagenknecht habe in den zurückliegenden beiden Jahren keine einzige Tonne für Deutsch-Luxemburg verkauft; hier müsse also etwas getan werden. Nach dem Eindruck Vöglers hatte die eifrige Beschäftigung der Presse mit Stinnes mehr Schaden als Nutzen gestiftet, und auf Anweisung von Stinnes selbst hatten sie alles in ihrer Macht Stehende getan, um seinen Namen aus ihren Auslandsgeschäften herauszuhalten. Dies habe, so erklärte er, nichts damit zu tun, daß man etwa seinen Einfluß schmälern wolle; daß Stinnes das Gefühl hatte, nicht mehr ausreichend informiert zu werden, empfand Vögler als einen «ungerechten Vorwurf». Er versuche lediglich, Stinnes von Kleinkram und irrelevanten Anfragen abzuschirmen, habe aber brauchbare Informationen stets an ihn weitergegeben. Vögler riet Stinnes, in sich selbst hineinzuhorchen, um die Erklärung für seine Gefühle zu finden. «Es liegt nicht in *meiner* übermäßigen Inanspruchnahme, die immerhin der Ihrigen gegenüber noch zu ertragen ist, sondern daran, daß nach meiner Meinung Sie nicht mehr zu einem Ruhepunkt kommen können, so daß sich Ihnen das Gefühl des Nichtorientierens aufdrängt.» Den Gedanken, einen «Verbindungsoffizier» einzusetzen, verwarf Vögler; ein solcher würde ihm und Stinnes nur «dreimal soviel Arbeit» bereiten. Er versicherte Stinnes, daß jedermann im Konzern, auch Siemens persönlich, großen Wert auf die Zusammenarbeit mit der Firma Stinnes lege, vorausgesetzt daß «die wirtschaftlichen Möglichkeiten vorliegen, und das ist eine Vorbedingung, die sehr schwer wiegt». Er, Vögler, sei sich ganz darüber im klaren und habe dies auch schon Hugo jun. gesagt, daß die SRSU «für Sie zurzeit sicherlich oft eine unbequeme Belastung [ist]», doch habe er das Gefühl, daß Stinnes die wirklichen Gründe hierfür noch nicht ausfindig gemacht habe.[134]

Dies verhinderte nicht, daß die Beteiligten jetzt einen ernsthaften Anlauf zur Bereinigung der Probleme unternahmen. Mitte Juli 1921 fand ein Treffen statt, an dem neben Stinnes und C. F. von Siemens die leitenden Manager ihrer Vertriebsorganisationen teilnahmen und bei dem die atmosphärischen Störungen beseitigt und durch eine Abgrenzung der Verantwortlichkeiten und Territorien eine Grundlage für einvernehmliche Problemlösungen geschaffen wurde. Gewiß erschwerte die weitgespannte Zielsetzung der Firma Stinnes, die Hugo mit den Worten umriß, sie habe es sich «zur Aufgabe gemacht ..., in Verbindung mit seiner Reederei nach allen Ländern ein Ex- und Importgeschäft auf allen Gebieten zu betreiben», die Abgrenzung von Interessensphären. Dennoch gelang es, durch Anerkennung bestehender Hegemonien und durch Einigung darauf, daß SRSU und Siemens sich auf den Export von Fabrikanlagen und Fabrikerzeugnissen konzentrieren würden, einige nützliche Demarkationslinien zu ziehen.[135]

Sicher gehörten die Komplexität und Undurchsichtigkeit des Stinnesschen Firmenimperiums und seine erklärte Absicht, alle erdenklichen Güter zu exportieren und zu importieren, mit zu den Gründen dafür, daß Vögler den Eindruck gewann, die SRSU sei für Stinnes zum Klotz am Bein geworden; insofern waren die Äußerungen Vöglers über das Unvermögen von Stinnes, einen Ruhepunkt zu finden, aufschlußreich. Der Ausdruck «Stinnes-Konzern» lud natürlich geradezu zum Mißbrauch ein. Als Direktor Thiel vom RWE dem Direktor Brandis von der Hessischen Eisenbahn AG empfahl, nach Möglichkeit Siemens den Vorzug vor der AEG zu geben, weil Deutsch-Luxemburg und die GBAG als bedeutende RWE-Anteilseigner jetzt mit Siemens in einem Boot saßen, antwortete ihm Brandis, er müsse dort einkaufen, wo er die günstigsten Preise finde; zugleich zeigte er sich höchst verärgert darüber, daß ein Siemens-Repräsentant zu ihm gekommen war und erklärt hatte: «Jetzt gehören wir zum Stinneskonzern, jetzt *müßt* ihr bei uns bestellen.»[136] Ein ähnliches Erlebnis hatte die Firma Berg mit einem Siemens-Vertreter; Thiel fand ein solches Auftreten geschmacklos. Es konnte C. F. von Siemens nicht gefallen, wenn der Eindruck erweckt wurde, seine Firma sei vom «Stinnes-Konzern» geschluckt worden, zumal niemand genau wußte, was unter letzterem zu verstehen war. Zum Teil war die Undurchsichtigkeit beabsichtigt. Das zeigte die Stinnessche Reaktion auf den von Siemens geäußerten Wunsch, der Öffentlichkeit reinen Wein darüber einzuschenken, was es mit der SRSU genau auf sich hatte, und damit den in der Presse gehandelten Gerüchten den Boden zu entziehen. Stinnes hatte nichts dagegen einzuwenden, daß die Gründe für die Gründung der SRSU offengelegt wurden – schließlich predigte er selbst seit langem die «vertikale Sozialisierung» –, doch glaubte er nicht, daß sich die Stimmen zum Schweigen bringen lassen würden, die kritisierten, daß in der deutschen Wirtschaft zu viel Macht in zu wenigen Händen konzentriert sei und daß die beiden meistgenannten Persönlichkeiten, er selbst und Siemens, in den betreffenden Unternehmen mehr persönliche Macht ausübten, als es ihrem Investitionsanteil entsprach. Er riet daher dringend, der Öffentlichkeit nicht zu viele Detailinformationen zu geben; vor allem hatte er Bedenken, daß in der Öffentlichkeit zu viel über den sogenannten Stinneskonzern geredet würde:

> «Unter keinen Umständen kann ich mich aber damit einverstanden erklären, daß die I. G. irgendeine Definition darüber abgibt, was unter Stinnes-Konzern zu verstehen ist und was nicht darunter zu verstehen ist, insbesondere ob und auf welche Unternehmungen ich bestimmende Eigentumsrechte habe und auf welche nicht. Der Gemeinschaftsrat würde sich dabei auf ein Gebiet verlieren, in dem ich grundsätzlich Niemandem als mir selbst das Recht zu Erklärungen zugestehen kann.»[137]

In jedem Fall blieb Stinnes auf hartem Expansionskurs. Bei der SRSU waren die diesbezüglichen Versuchungen sehr groß; wie Vögler seinem Pendant bei Siemens, Carl Köttgen, am 1. April 1921 mitteilte, war die «Anziehungskraft des Konzerns ... eine ganz ungewöhnliche und wächst immer mehr. Es vergeht kaum ein Tag, daß wir nicht eine Reihe von Briefen erhalten, die mehr oder weniger alle auf eine Anlehnung hinausgehen.»[138] Vögler stand jedoch, wie Köttgen, einer zu ehrgeizigen Investitionstätigkeit skeptisch gegenüber. «Seit Jahresfrist», klagte er, «habe ich immer wieder auf diesen Punkt hingewiesen, bin aber mit meinen Ansichten leider nicht durchgedrungen.» Immerhin bestand ein krasses Mißverhältnis zwischen den Umsätzen der SRSU, die bei 10 bis 12 Millionen pro Jahr lagen, und ihrem Betriebskapital von 1 Milliarde Mark einschließlich Obligationen und Anleihen. Unter diesem Gesichtspunkt erschien es notwendig, Erwerbungen zu tätigen, die kapitalmäßig nicht zu teuer sein durften, aber neue Märkte für Erzeugnisse der SRSU-Mitgliedsfirmen erschließen würden.

Um Stinnes gerecht zu werden, muß man feststellen, daß er nicht nur gerne Erwerbungen tätigte, sondern auch bereit war, sich von einer Beteiligung zu trennen, wenn sie ihm nicht mehr lohnend erschien. So spielte er trotz all seiner Warnungen vor einer «Überfremdung» im Frühjahr 1921 ernstlich mit dem Gedanken, die Zeche Bruchstraße für 30 Millionen belgische Francs an einen belgischen Konzern zu verkaufen, der unbedingt eine verläßliche Koksbasis brauchte. Die Verhandlungen zogen sich bis in den Sommer hinein und wurden dann vertagt, weil Stinnes im August bei einem Autounfall verletzt wurde und auch Bedenkzeit brauchte, unter anderem um sich über «den politischen Eindruck eines solchen Verkaufes» klarzuwerden.[139] Am Ende kam der Verkauf nicht zustande, weil Stinnes, Kirdorf und Vögler zu dem Schluß kamen, der Kohlen- und Koksbedarf der IG sei zu groß, als daß man sich von einer Zeche, und sei es auch einer abgelegenen, trennen könne; außerdem sprach auch die hohe Liquidität der IG im Herbst 1921 gegen einen Verkauf.[140]

Für Stinnes war die Abgabe der Zeche Bruchstraße in ausländische Hände offenbar ein harmloser Vorgang – ganz anders sah er die Sache im Falle des Bochumer Vereins und eines weiteren Projekts, das im Frühjahr 1921 spruchreif wurde: Die Firma Rheinmetall, ehemals in der Rüstungsproduktion aktiv und eng mit Krupp liiert, war in ihrem Bemühen, eine neue Produktpalette zu entwickeln, ins Schlingern geraten. Siemens war besonders beunruhigt und fürchtete, daß wenn französische Investoren die Kontrolle über die Firma übernähmen, französisches Kapital damit einen Fuß in die Tür zum Rheinland bekäme, mit der Möglichkeit, es zu einem zweiten Saarland zu machen, und daß die Käufer auch ein Stück Autarkie im Bereich der Endfertigung hinzugewinnen würden. Er schlug vor, die SRSU und die Banken sollten in Zusammenarbeit mit Krupp ein Konsortium für die Übernahme der Firma bilden. Stinnes fand Gefallen an der Idee – er sah in Rheinmetall so etwas wie einen Ersatz für die MAN, der Siemens-Schuckert im Bereich der Turbinen und der Dieselmotoren autark machen würde. Jedoch müsse, so betonte er, die Firma sich ganz und gar der Kontrolle durch die neuen Eigentümer beugen und mit ihren «kleinen Experimentierereien» aufhören, durch die sie in die roten Zahlen geraten war.[141] Allein, dieser Vorschlag interessierte Siemens nicht sehr, auch wenn Stinnes zu bedenken gab, daß es nicht leicht sein würde, anderswo Fabrikhallen vergleichbarer Größe zu finden. Siemens hatte kein Verlangen danach, in Rheinland-Westfalen zu produzieren, besonders nicht in besetztem Gebiet. Daraufhin regte Stinnes an, Rheinmetall solle für ihn und Krupp gleichartige Schiffe bauen, doch die Geschäftsleitung glaubte nicht, daß Rheinmetall solche Produkte bauen konnte. Dank der Bemühungen Reuschs und Vöglers, eine andere Lösung zu finden, landete die Firma schließlich im Schoß der AEG und der Firma Linke-Hoffmann.[142]

Weitaus wichtiger als solche Defensiv-Operationen war für Stinnes zu diesem Zeitpunkt die Expansion nach draußen, vor allem in die mitteleuropäischen Nachbarländer und die Balkanregion. Der Einfluß, den die SRSU durch die Übernahme der Gebrüder Böhler gewonnen hatte, war ein wichtiges Mittel zu diesem Zweck, doch die Chance eines wirklichen Durchbruchs bot sich erst, als Castiglioni Anfang 1921 erneut das Thema einer Übernahme der Alpine Montangesellschaft aufs Tapet brachte. Wie von Castiglioni vorausgesagt, hatte Fiat bald festgestellt, daß man sich mit der Alpine eher einen Bremsklotz als einen Motor ins Haus geholt hatte, denn die Firma schaffte es nicht, sich aus der Tschechoslowakei mit den benötigten Kohlenmengen zu versorgen und Fiat die Stahlmengen zu liefern, deretwegen die Italiener sich in das Unternehmen eingekauft hatten. Fiat war daher bestrebt, für seine 200000 Anteile einen Käufer zu finden, der in der Lage wäre, die Versorgung der Alpine mit Koks zu garantieren, und Castiglioni war notfalls bereit, seine 50000 Anteile zu verkaufen, wenn dadurch eine Kontrollmehrheit für die Stinnes-Gruppe sichergestellt werden konnte. Mitte Februar 1921 drängte er Stinnes und Vögler energisch zu einer Entscheidung, indem er darauf hinwies, daß er seine Freunde bei Fiat dazu gebracht habe, ihre Aktien zu einem mäßigen Preis und gegen Ratenzahlung zu verkaufen und eine Zahlung in Lire anstelle von Dollars zu akzeptieren; die Zeit dränge jedoch, weil Fiat auch nach anderen Käufern Ausschau halte. Stinnes handelte denn auch unverzüglich; schon wenig später traf er sich mit Castiglioni und ließ anschließend einen Vertrag zwischen der SRSU und Castiglioni ausarbeiten, der vorsah, daß eine Holding-Gesellschaft namens Promontana mit Sitz im schweizerischen Zug die Anteile von SRSU und Castiglioni verwalten würde. Stinnes und Castiglioni würden die Promontana als Präsident bzw. Vizepräsident leiten. Innerhalb der SRSU würden Siemens und Deutsch-Luxemburg die Kosten zu gleichen Teilen übernehmen, wobei die Verwaltung der Aktien bei Deutsch-Luxemburg liegen sollte. Die für die Transaktion nötigen Devisen besorgten sich beide offenbar mit Hilfe von Oberrhein in Zürich. Die Vereinbarung zwischen Promontana und Alpine sah vor, daß erstere letztere mit Koks versorgen sollte, während letztere sich verpflichtete, ihre gesamte über das aktuelle Niveau hinausgehende Eisen- und Stahlproduktion der Promontana zum Vertrieb zur Verfügung zu stellen.[143]

Die Pressemeldungen, die von der Alpine-Übernahme berichteten, erregten großes Aufsehen. Wie Edmund Stinnes am 7. April 1921 an Clärenore schrieb:

> «Morgen fährt er [Hugo sen.] für 10 Tage nach Österreich zusammen mit H. Geh.Dir. Kirdorf und H. Vögler, um die Alpine Montan zu besichtigen und ihre Inbetriebsetzung zu besprechen. Inland und Ausland haben schön gebrüllt über die Sicherung der Aktienmajorität, die nebenbei im neutralen Ausland erfolgt ist. Nun bedarf es der Kokslieferung, die Papa persönlich regeln wird, wobei er noch innerdeutsche Schwierigkeiten überwinden muß. Unsere Büreaukraten sind von einer gemeingefährlichen Einfalt und Kurzsichtigkeit desgl. die Presse. (Ist geregelt: 10. 4. 21.)»[144]

Es setzte in der Tat herbe Kritik in der sozialdemokratischen Presse, in der die Frage gestellt wurde, wie es angehen könne, daß Devisen für den Kauf von Firmenanteilen in Österreich vorhanden seien, während es dem Staat an Devisen für die Einfuhr notwendiger Lebensmittel fehle. Diejenigen, die für Stinnes plädierten, wie der Bankier Louis Hagen, rechtfertigten sein Vorgehen mit dem Argument, es werde bald ein Überangebot an Kohle da sein, und es sei wichtig, dafür schon vorausschauend zuverlässige Abnehmer zu finden. Kritik kam aber auch aus dem Ausland. Selbst die italienische Regierung legte einen förmlichen Protest ein. Castiglioni, der sich selbst gegenüber Vögler offen als «politischen Exponenten der Stinnes-Gruppe in Italien» bezeichnete, erklärte, die Italiener stünden unter großem Druck von seiten Englands und Frankreichs; diese Mächte versuchten mit allen Mitteln, «Deutschland abzuschnüren, und man sieht es mit äußerster Empörung, daß Deutschland sich durch die Alpine-Beteiligung aus der Umklammerung herauswindet».[145] Insgeheim sähen die Italiener die Übernahme jedoch mit Wohlwollen. Castiglioni nutzte seine Verbindungen in Italien und Wien, um bei Italienern und Engländern gut Wetter zu machen. Am stärksten verärgert waren jedoch die Franzosen. Auf der einen Seite unterstellten sie Stinnes, er wolle die Alpine benutzen, um neue Erzquellen zu erschließen und die Kohlenversorgung Frankreichs zu hintertreiben. Auf der anderen Seite meinten sie, es wäre besser gewesen, mit dem Geld Reparationsschulden zu tilgen.[146]

Stinnes sah das natürlich ganz anders. Er brachte eine Vereinbarung mit der deutschen Regierung und der deutschen Reichsbahn zustande, die ihm die legale Möglichkeit eröffnete, Koks an die Alpine zu liefern; seine Gegenleistung bestand in der Verpflichtung, die Reichsbahn mit erheblich billigerer und besserer englischer und amerikanischer Lokomotivenkohle zu versorgen, was für die Bahn eine Ersparnis von 3 Millionen Mark monatlich bedeuten würde. Eine der Folgen der neuen Konstellation war die, daß auch die Tschechen ihre Exportlieferungen an die Alpine wieder aufnahmen, wodurch deren Bedarf an deutscher Kohle wieder geringer wurde. Insgesamt war die ganze Sache wohl ziemlich gut konzipiert, und auch Vögler zeigte sich höchst zufrieden. Wie er nach seiner Rückkehr aus der Steiermark Mitte April 1921 an Siemens schrieb: «Im übrigen hat uns die Besichtigung der Alpine in jeder Weise befriedigt. Es sind zwar noch manche Fragen dort zu lösen, aber alles in allem genommen, glauben wir doch eine ungewöhnliche Erstarkung unseres Konzerns durch die Beteiligung erreicht zu haben.»[147]

In Wirklichkeit sollten sich sehr viel mehr Probleme ergeben, als die leitenden Männer der SRSU es sich vorgestellt hatten; vorderhand jedoch, im Frühjahr 1921, schien die SRSU auf einem verheißungsvollen Weg zu sein, neue Perspektiven zeichneten sich ab, nicht nur für die SRSU selbst, sondern auch für die Firma Stinnes. Ende Mai trafen sich Hugo sen. und jun. mit einem Colonel Greenfeld, der die englische Reederei Danube Shipping Co. vertrat, die soeben die Donau-Dampfschiffahrtsgesellschaft übernommen hatte. Die Firma war sehr daran interessiert, auch im Eisenbahnwesen Fuß zu fassen und einen von den korrupten und unwirtschaftlichen Staatsbahnen des Donauraums unabhängigen Eisenbahnverkehr aufzuziehen. Greenfeld wollte dafür deutsche Partner gewinnen; deren materieller Beitrag konnte in der Lieferung von Lokomotiven und Waggons bestehen, doch legten die Briten einen noch größeren Wert auf «deutsche geistige Mitarbeit», wie Greenfeld sich ausdrückte – man wolle den Stinnesschen Verstand nutzen.[148] Warburg war bereits informiert und fand die Idee interessant; Stinnes schlug vor, das Projekt seinen Bankiersfreunden, insbesondere Salomonsohn von der Disconto-Gesellschaft, vorzutragen, und drängte zugleich darauf, Castiglioni und den Alpine-Direktor Rothballer mit einzubeziehen. Greenfeld erbot sich auch, die Alpine unabhängig davon, ob Oberschlesien deutsch bleiben würde oder nicht, mit oberschlesischer Kohle zu beliefern. Auf jeden Fall war sein Anerbieten, wirtschaftliche Projekte «auf geschäftlicher Basis und frei von politischen Tendenzen» anzupacken, genau die Sprache, die Stinnes verstand und hören wollte.

Die ungebremste Expansivität der Stinnesschen Firmen und Projekte stieß natürlich nicht immer auf Wertschätzung, sondern stürzte selbst seine Freunde und Anhänger manchmal in unangenehme Komplikationen. Das galt in besonderem Maß für seine zunehmend angespannteren Beziehungen zur Hamburger Reederschaft. Die alteingesessene Hamburger Kaufmanns- und Bankenwelt war nie besonders erpicht darauf gewesen, Stinnes als anerkanntes Mitglied in ihren Kreis aufzunehmen, sondern war ihm von Anfang an mit Argwohn begegnet. Es gab, wie gezeigt, gute Gründe für diese Einstellung, zumal Stinnes in seinen Ambitionen alles andere als bescheiden war. Das Tauziehen um die Bestellung Cunos zum Nachfolger Ballins markierte den Beginn einer sich zunehmend zum Schlechteren kehrenden Entwicklung. Während Stinnes auf der einen Seite mit den Direktoren der HAPAG und des Norddeutschen Lloyd in dem Bemühen, den Staat zu Schadenersatzzahlungen für ihre verlorenen Schiffe zu bewegen, eng zusammenarbeitete, gingen ihre Ansichten darüber, wie die kommerzielle Passagier- und Handelsschiffahrt künftig strukturiert sein sollte, weit auseinander. HAPAG und Norddeutscher Lloyd waren ängstlich auf die Wahrung ihrer Selbständigkeit bedacht und begründeten ihre Haltung auch damit, daß sie nicht nur Schiffe unterhielten, sondern auch Dienstleistungen an Land erbrachten. Wenn letztere überleben sollten, müsse ihr Defizit an Schiffen durch Allianzen mit Partnern, die über Schiffe verfügten – also mit den Amerikanern –, kompensiert werden. Cuno reiste denn auch Anfang 1920 in die Vereinigten Staaten, traf mit dem Harriman-Konzern eine dementsprechende Abmachung und begründete bei dieser Gelegenheit eine enge persönliche Beziehung zu W. Averell Harriman, und Heineckens Norddeutscher Lloyd traf eine ähnliche Übereinkunft mit der U.S. Mail Steamship Company, an der die Roosevelts beteiligt waren.[149]

Stinnes hatte, ebenso wie andere aus der deutschen Schwerindustrie, eine von diesem Konzept stark abweichende Vorstellung; sein Bestreben war die Integration der Reedereien in vertikale Konzerne. Die Reedereien beantworteten die zunehmende Spekulation mit ihren Aktien und die damit einhergehende Gefahr einer unfreundlichen Übernahme durch Ausländer oder durch Gruppen der Schwerindustrie mit der Ausgabe von Vorzugsaktien, deren Inhabern ein extrem hohes Mehrfachstimmrecht und ebensolche Dividendenanteile eingeräumt wurden; letzteres geschah, wie Max von Schinckel, Vorsitzender des HAPAG-Aufsichtsrats und Vorstand der Norddeutschen Bank, gegenüber Cuno erläuterte, um der Gefahr vorzubeugen, «daß auch inländische Gewalthaber, wie z.B. Herr Stinnes sich in den Besitz solcher Vorzugsaktien setzen könnten. Damit die Banken sie als bleibenden Besitz behalten, müßten sie schon mit einer nicht unerheblichen akkumulativen Vorzugsdividende ausgestattet werden.»[150] Cuno selbst äußerte sich, was seine Beziehung zu Stinnes und das Verhältnis des letzteren zur HAPAG betraf, sehr vorsichtig. Wie er in einem Brief an Harriman erläuterte:

«Hugo Stinnes, derzeit der vielleicht führende Mann in unserer Wirtschaft, ist mit der H[amburg] A[merica] L[ine] insofern verbunden, als er deren Aufsichtsrat angehört und gleichzeitig ein persönlicher Freund von mir ist. Infolge dieser Beziehung neigt die öffentliche Meinung hierzulande zu der Ansicht, die H.A.L. sei in ein enges Geschäftsverhältnis zu Hugo Stinnes getreten oder sei sogar von ihm abhängig. Weder das eine noch das andere trifft zu. Ich habe stets größten Wert auf die völlige Unabhängigkeit der Hamburg America Line von jedwedem einheimischen Konzern gelegt. Diese Unabhängigkeit ist gegenwärtig in ausreichender Weise sichergestellt durch die Vorzugsaktien, über die ich Ihnen schon berichtet habe. Diese Tatsachen hindern mich natürlich nicht daran, weiterhin ein freundschaftliches persönliches Verhältnis zu Herrn Hugo Stinnes zu pflegen.»[151]

Stinnes trieb seit dem Frühjahr 1919 sein eigenes Entwicklungsprogramm für die deutsche Schiffahrt, vor allem die Passagierschiffahrt, voran. Damals hatte er die Reedereien von der Notwendigkeit überzeugt, das von Kapitän Bartling geleitete «Verkehrs-Studien-Büro» zu unterstützen, das die Entwicklung dieselgetriebener Schiffe propagieren sollte. Die entsprechenden Motoren wurden bei der MAN entwickelt und gebaut, von der Stinnes 1920 noch hoffte, sie würde in die SRSU eintreten und er könne dann, wie gewohnt, technologische und unternehmerische Kombinationen finden. Als Ende 1920 die Entschädigungszahlung des Reiches in greifbare Nähe rückte, nutzte Stinnes dies als Vorwand für einen energischen Versuch, mit Hilfe der im Schiffahrtswesen engagierten Banken die Reedereien auf seine Linie zu bringen. Am 30. Oktober 1920 stellte er in einem Brief an Mankiewitz von der Deutschen Bank fest, es bestehe die Gefahr, daß die ins Haus stehenden großen Geldsummen nicht wirtschaftlich eingesetzt würden, weil die in der Schiffahrtsbranche herrschenden Strukturen dies nicht zuließen. Falls jemand ihn in seiner Eigenschaft als DVP-Abgeordneter fragen würde, ob das Geld sinnvollen Zwecken zugeführt würde, müßte er dies mit einem Nein beantworten: «Ich sehe mit zunehmender Besorgnis eine Verständnislosigkeit den Nöten des Reichs gegenüber in den Kreisen der Großschiffahrt, die unerträglich ist, und der Gedanke läßt mir keine Ruhe, daß ich verpflichtet bin, auf diese Verhältnisse in der Öffentlichkeit, d.h. im Reichstag demnächst hinzuweisen.»[152] Nach Überzeugung von Stinnes war es höchste Zeit, den Rivalitäten zwischen den im Passagierverkehr tätigen Reedereien ein Ende zubereiten, und er forderte die Banken auf, hier für eine Konsolidierung zu sorgen, bevor der Staat reglementierend einschritt. Die Branche müsse dazu gebracht werden, gemeinsam eine Flotte von «Schnelldampfern» zu bauen. Er wies zugleich darauf hin, daß er in der normalen Fracht- und in der Trampschiffahrt keine Notwendigkeit für derartige Schritte sehe, dort vielmehr «eine freie wirtschaftliche Entwicklung» befürworte.

Mankiewitz zeigte sich «erstaunt» ob des drohenden Untertons des Stinnes-Briefes und stellte fest, er sei es nicht gewohnt, geschäftliche Entscheidungen im

Zeichen der «Angst vor der Öffentlichkeit» zu treffen. Er leugnete nicht, daß es besser gewesen wäre, wenn HAPAG und Norddeutscher Lloyd den Amerikanern geschlossen gegenübergetreten wären, wies aber darauf hin, daß der Lloyd eine Vereinbarung über lediglich fünf Jahre einzugehen bereit sei und keine zwanzigjährige Bindung wolle, wie die HAPAG sie mit Harriman vereinbart habe. Soweit ihm bekannt sei, habe keine der beiden Reedereien Schnelldampfer bestellt; das Thema müsse also erst noch diskutiert werden, doch müsse er Stinnes deutlich sagen, daß für ihn auf der Hand liege, weshalb Stinnes die Frachtschiffahrt aus seinen Konsolidierungsplänen ausklammern wolle: «Ihr Brief erweckt den Eindruck, als wenn Sie die Teile der Schiffahrt, bei denen Sie interessiert sind, der freien Entwicklung überlassen wollen, dagegen diejenigen, die andere betreiben, evtl. zwangsweise zusammenschließen wollen.»[153]

Stinnes zeigte sich über diesen Vorwurf entrüstet und erklärte, die Frachtschiffahrt sei einfach zu kompliziert, um einer zentralen Reglementierung zugänglich zu sein. Im übrigen sei es «tief bedauerlich, daß Sie jemandem egoistische Motive unterschieben, der die heillose Mißleitung der deutschen Personenschnellschiffahrt abstellen will». Er setzte Mankiewitz von dem Verkehrs-Studien-Büro in Kenntnis, das er zusammen mit den anderen großen Schiffahrtsunternehmen ins Leben gerufen habe, und berichtete, daß Ingenieure der MAN bereits in Amerika seien, um Erkenntnisse über die Probleme bei Großmotoren zu sammeln. Somit wäre es töricht, wenn jedes deutsche Passagierfahrtsunternehmen sich einen eigenen amerikanischen Partner suchte und sie einander Konkurrenz machten. Es war unschwer auszumachen, daß Stinnes ein großes finanzielles Interesse an der Lieferung von Rohstoffen und Motoren für den Bau von Passagierdampfern hatte und daß er Bartling und sein Institut benutzen wollte, um die Branche unter seiner Führung zu konsolidieren. Er ließ gegenüber Mankiewitz auch durchblicken, daß dieser das Ausmaß seiner Ambitionen im Schiffahrtsbereich möglicherweise unterschätzte: «Wer sagt Ihnen denn, daß die Firma Stinnes nie Personenrheederei [sic] betreiben wird, indem sie die Neubauten aus ihrer Tasche bezahlt?» bemerkte er angriffslustig.[154]

Was sich hinter dieser rhetorischen Frage verbarg, kam im Dezember 1920 ans Tageslicht, als plötzlich Zeitungsanzeigen auftauchten, in denen die Artus-Linie einen «Südamerika-Dienst» von Danzig und Hamburg über Antwerpen nach Montevideo und Buenos Aires ab Januar 1921 ankündigte. Mit welch riesigem Aufwand Stinnes sein Debüt im später sogenannten La-Plata-Dienst vorbereitete und inszenierte, konnten seine Konkurrenten in Ansätzen dem Bericht eines ihrer Repräsentanten in Buenos Aires entnehmen, der dort Edmundo Wagenknecht und einen gewissen Kretzschmar getroffen hatte, der bis vor kurzem den Norddeutschen Lloyd in Buenos Aires vertreten hatte, jetzt aber für Stinnes arbeitete. Wagenknecht hatte durchblicken lassen, daß er dabei war, in Buenos Aires mit einem Kapital von 1 Million Dollar ein Im- und Exportgeschäft aufzuziehen, daß Stinnes gerade 8 Frachter für den Verkehr entlang der Ostküste Südamerikas bauen ließ, von denen der erste bereits im Januar 1921 vom Stapel

Cläre und Hugo Stinnes besichtigen eines ihrer Schiffe im Hafen

laufen würden, und daß sie Interesse am Kauf von Passagierschiffen hatten. Der Übermittler dieser Neuigkeiten fand es recht bemerkenswert, daß Stinnes im Aufsichtsrat der HAPAG saß und zugleich eine mit dieser konkurrierende Schiffahrtslinie aufbaute. «Es wäre ja ein absolutes Unding», kommentierte er, «wenn außer den bestehenden deutschen regulären Linien nun auch noch Stinnes uns Konkurrenz machen wollte.»[155]

Cuno sah dies ebenso und beschwerte sich bei Stinnes, woraufhin dieser sein Vorgehen als Antwort auf seine angeblich stiefmütterliche Behandlung seitens der HAPAG rechtfertigte. Obwohl Ballin ihm einst versprochen habe, daß die Schiffe der Midgard-Linie im Verein mit denen der HAPAG und des Norddeutschen Lloyds operieren könnten, hätten letztere seit Kriegsende keinerlei Anstalten mehr zu einer Zusammenarbeit mit Stinnes gemacht. Auf den ostpreußischen und baltischen Schiffahrtsrouten habe man die Stinnes-Firmen boykottiert, und dann habe sich Cuno auch noch in Amerika mit Harriman getroffen, ohne ihn, Stinnes, vorher zu konsultieren, obwohl doch seine engen Beziehungen zu britischen Schiffahrts- und Wirtschaftskreisen bekannt seien. Stinnes verwahrte sich auch gegen die jüngste Kapitalerhöhung bei der HAPAG und erinnerte Cuno daran, daß er vermutlich der größte Aktionär der HAPAG war und daß er glaubte, wie bei der Rhein-Elbe-Union, so auch hier einen Anspruch auf Einbeziehung in das Bankenkonsortium zu haben. Stinnes war überzeugt, das Spiel, das Schinckel und seine Freunde spielten, zu durchschauen: «Ich finde, daß die Wirtschaft mit den Vorzugsaktien darauf hinausläuft, nicht mehr dem Geiste nach vor Auslandsüberfremdung zu schützen, sondern unbequeme Aktionäre zum Schweigen zu bringen.»[156]

Stinnes war in der Tat aus der Sicht der alten HAPAG-Führungsriege ein höchst unbequemer Aktionär. Die sich nun entspinnende und über einen längeren Zeitraum dahinquälende Korrespondenz zwischen Stinnes und Cuno über die Frage, wer was in Hamburg und Amerika zu wem gesagt hatte, war im Grunde genommen nur die äußere Begleiterscheinung einer in die Brüche gehenden Ehe, denn dahinter verbargen sich grundlegende Gegensätze zwischen Stinnes auf der einen und Cuno und seinen Kollegen und Bankiers auf der anderen Seite in der Frage, wie die Schiffahrtsbranche operieren und wie sie künftig strukturiert werden sollte. Stinnes lehnte die Vereinbarung mit Harriman ab, und sein Eindringen in den La-Plata-Dienst war im Grunde ein Versuch, sie zu sabotieren und zugleich sein eigenes Programm in die Tat umzusetzen. Auch wenn Stinnes noch so oft auf angebliche Vereinbarungen mit Ballin und auf den Geist ihrer Zusammenarbeit verwies, war es doch eine Tatsache, daß er von vornherein vorgehabt hatte, Ballin ins Abseits zu drängen. Mit seinem La-Plata-Dienst stellte er die HAPAG vor eine vollendete Tatsache und beschwor zudem die Gefahr herauf, einen ohnehin schon schwierigen Markt weiteren Turbulenzen auszusetzen.[157]

Es konnte nicht ausbleiben, daß die Hanseaten sich die Frage stellten, ob es besser war, sich mit Stinnes weiter herumzuschlagen oder sich von ihm zu trennen. Als der Konflikt weiterschwelte, wurden nach und nach andere hineingezogen, darunter auch Salomonsohn, der versuchte, die Mitte zwischen Schinckel und Stinnes zu halten. Während er in allem, was die Schwerindustrie und die Politik betraf, voll hinter Stinnes stand, hatte er das Gefühl, daß Stinnes in der Schiffahrt eine eher unglückliche Rolle spielte; er tat sich jedenfalls schwer, Schinckel guten Rat zu erteilen:

> «Was Herrn Stinnes anbetrifft, so wissen Sie, daß ich es immer für einen großen Fehler gehalten habe, ihn als Konkurrenten in die Paketfahrt hinein zu wählen. Eine andere Frage ist es aber, ob es ratsam ist, ihn jetzt hinaus zu tun, was er sicherlich sehr übelnehmen und mit feindlichen Maßnahmen gegen die Paketfahrt beantworten wird. Bei dem enormen Einfluß, den er jetzt inner- und außerhalb der Regierung hat, muß man sich das ernstlich überlegen. Ich kann meinerseits ein Urteil darüber nicht abgeben, da ich nicht übersehen kann, ob die Gefahren, die die Paketfahrt durch seine Zugehörigkeit zum Aufsichtsrat läuft, größer sind als diejenigen, denen sie entgegen geht, wenn sie ihn sich zum Feinde macht. Zweifelsohne ist das ganze Verhältnis ein höchst unerquickliches, und prima facie neige ich zu der Ansicht, daß es so nicht bleiben kann.»[158]

Der Konflikt eskalierte im März 1921, nachdem Stinnes seine Südamerikaflotte um zwei weitere Schiffe, die «Hindenburg» und die «Ludendorff», erweitert hatte. Cuno warf daraufhin Stinnes im Verlauf einer Unterredung am 9. März vor, er trete offen mit der HAPAG in Konkurrenz. Es war für Cuno nur schwer vorstellbar, daß Stinnes unter diesen Umständen weiterhin im HAPAG-Aufsichtsrat verbleiben konnte. Stinnes verwies nach wie vor darauf, daß Ballin ihm versprochen habe, seine Schiffe unter der HAPAG-Flagge fahren zu lassen; tatsächlich stellte sich jedoch heraus, daß Stinnes in diese Zusagen zuviel hineininterpretiert hatte, denn Ballin hatte sich sehr wohl ausbedungen, daß Stinnes-Schiffe keine Konkurrenz für bestehende HAPAG-Linien sein dürften.[159]

Um diese Zeit brachte Stinnes den Gedanken ins Gespräch, die Probleme würden sich lösen lassen, wenn man ihn in die La-Plata-Konferenz aufnähme, ein Gewinnbeteiligungs-Syndikat. Cuno schien um des lieben Friedens willen zu diesem Zugeständnis bereit, doch seine Kollegen, besonders die vom Norddeutschen Lloyd, legten sich quer. Bei einem Treffen mit Heinecken und anderen Lloyd-Vertretern, an dem auch Mankiewitz und Stinnes teilnahmen, führten die Lloyd-Manager heftige Klage darüber, daß Stinnes auf einen bereits überfüllten Markt drängte; Stinnes gewann den Eindruck, «daß es ihnen am Erwünschtesten sei, wenn ich ihnen meine Schiffe verkaufe».[160] Natürlich dachte er nicht daran, dies zu tun, und er ließ auch keinen Zweifel daran, daß er seinen vollen Anteil an den staatlichen Entschädigungszahlungen für den Wiederaufbau seiner Handelsflotte beanspruchte, die, so verkündete er, bis zum 1. Juli wieder ihren Vorkriegsumfang erreicht haben würde.

Damit waren die Positionen abgesteckt, und Stinnes sah sich mit der Forderung konfrontiert, aus dem HAPAG-Aufsichtsrat auszuscheiden, was er ablehnte. Er vertrat die These, daß er im Grunde niemandem etwas streitig mache, ja mit seinen Schiffen «gegenüber ausländischen Linien für die deutsche Rheederei [sic] die Kastanien aus dem Feuer hole». Er sehe keinen Grund, warum er nicht ein loyales Mitglied des HAPAG-Aufsichtsrates bleiben könne; die Konkurrenzsituation zwischen seiner Linie und der HAPAG sei doch ein Kinderspiel im Vergleich zu der langjährigen Rivalität zwischen seiner Firma und Raab, Karcher & Co., einem Unternehmen, das auf sein Drängen hin in die Rheinelbe-Union eingetreten sei, wo sich jetzt «ohne irgendeinen geschriebenen Vertrag ein freundschaftliches Hand-in-Hand-Gehen» ergeben habe. Stinnes erinnerte Cuno an die von ihm und Ballin eingegangene Selbstverpflichtung, die Zusammenarbeit zwischen Industrie und Schiffahrt zu fördern, fügte aber auch warnend hinzu, die Alternative zur Zusammenarbeit sei eine «vollständige Trennung in allen Teilen und damit die Gelegenheit zum regelrechten, gesunden Kampf».[161]

Die Hamburger Großreeder und ihre Partner aus der Bankenwelt waren jedoch nicht bereit, sich den Drohungen Stinnes' zu beugen; falls Stinnes sich nicht aus freien Stücken aus dem HAPAG-Aufsichtsrat zurückzog, würden sie bei der nächsten Aktionärsversammlung Anfang 1922 demonstrativ davon absehen, seine Wiederwahl zu empfehlen. In einem gereizten Brief an Schinckel vom 28. April wiederholte und begründete Stinnes seine Weigerung, sein Mandat auf-

Der unliebsame Konkurrent: Hugo Stinnes' Passagierschiffe befahren die ganze Welt

zugeben, was gleichbedeutend mit dem Eingeständnis gewesen wäre, daß er der eigentliche Konfliktgrund war. Er warf den Reedern vor, sie hätten zuerst in ihrer Not den Draht zur Industrie gesucht und sich eine für sie vorteilhafte Vereinbarung gesichert, nur um die Verbindung jetzt aufzukündigen, da sie sie als überflüssig oder lästig empfänden.[162] Die zornigen Reaktionen, die von der anderen Seite zurückkamen, waren nicht weniger heftig. Warburg schrieb Anfang Mai 1921, nach einem Blick in die Korrespondenz habe er keine Lust mehr, Rücksichten zu nehmen, werde doch aus den Briefen «die Roheit und Verlogenheit dieses Mannes so klar ersichtlich, daß eine Trennung schon das Richtige war. Habe ich vorher manchmal noch gezweifelt, so tue ich es jetzt ganz gewiß nicht mehr, mag der Kampf auch noch so hart werden.»[163]

Der Kampf entpuppte sich dann allerdings als äußerst kurz. Die Presse bekam zwar Wind von dem Konflikt und kommentierte ihn zumeist bedauernd, da er dem Wiederaufbau Deutschlands nicht sehr förderlich sei, doch Stinnes und Cuno taten beide ihr Möglichstes, um zu verhindern, daß die Auseinandersetzung an die Öffentlichkeit kam. Die guten Beziehungen Cunos zu Deters waren dabei sicherlich hilfreich.[164] Intern ging es mit den bösen Briefen und endlosen Selbstrechtfertigungen von beiden Seiten noch bis Anfang 1922 weiter, als Stinnes die Wiederwahl in den HAPAG-Aufsichtsrat verwehrt wurde. Stinnes hatte eigentlich vorgehabt, eine öffentliche Attacke zu reiten und seine Position im Geschäftsbericht seiner Firma zu erläutern, doch er überlegte es sich anders, weil Schinckel Salomonsohn und Kirdorf in die Sache hineingezogen hatte. Salomonsohn, der wieder einmal zwischen den Fronten zu stehen kam, versuchte Stinnes klarzumachen, daß die Entwicklungen, die zu dem Bruch geführt hatten, aus einer Reihe unterschiedlicher Perspektiven betrachtet werden konnten, während Kirdorf Stinnes an ihre «engen freundschaftlichen Beziehungen» erinnerte, «die, wie Sie wissen, für mich eine der wertvollsten Errungenschaften meines Lebens sind»,[165] um eine Art Versöhnung zuwege zu bringen. Er wies darauf hin, daß bei einem Weiterschwelen des Konflikts die ganze Wirtschaft Schaden nähme und daß insbesondere bei der Hausbank der GBAG Spannungen entstehen könnten. Allein, Stinnes war in der Sache, wie kaum anders zu erwarten, zu keinem Zugeständnis bereit und erklärte, er wolle mit Schinckel nichts mehr zu tun haben. Während er seinen Mitarbeitern in Hamburg freistelle, weiterhin mit der HAPAG Geschäfte zu machen, werde er für seinen Teil eine weitere Zusammenarbeit mit ihr meiden. Die HAPAG sei, so erklärte er, für ihr untreues Abrücken von dem zwischen ihm und Ballin aufgebauten Vertrauensverhältnis bestraft worden, denn sie hätte, so behauptete er, «mit Hilfe meiner Schiffe heute eine überragende Stellung in der Südamerika-Fahrt ..., desgleichen demnächst in der Ostasien-Fahrt, und meine Golf-Linie würde wohl kaum ins Leben gerufen worden sein». Das war Stinnes' Antwort auf die boshafte Äußerung eines HAPAG-Direktors, der Stinnes' «Stellung im Seeverkehr mit derjenigen eines Rennstallbesitzers» verglichen hatte, «der sich aus Sport zwei Rennpferde halte».[166]

In Wirklichkeit ging es einfach darum, daß den alteingesessenen Hamburger

Reedern und Bankiers das, was Stinnes vorhatte, zu weit ging; wie die MAN-Vorstände am anderen Ende Deutschlands, wollten sie ihre Verbindungen zur Industrie zunächst einmal in einem bescheideneren Rahmen entwickeln. In ihrer offiziellen Erklärung zu den Gründen für die Nicht-Wiederwahl von Stinnes in den Aufsichtsrat stellte die HAPAG klar, daß dies nicht etwa als Signal für eine Abwendung von der Industrie zu sehen sei, und verwies dabei auf die gleichzeitige Berufung Karl Haniels von der Gutehoffnungshütte in das Gremium, die schon seit längerem beschlossene Sache war, jetzt aber als Indiz dafür angeführt wurde, daß man weiterhin die Annäherung an die Industrie suchte. Allerdings habe man sich, so hieß es einschränkend, bemüßigt gesehen, «übergreifenden Bestrebungen entgegenzutreten und ... volle Bewegungsfreiheit und Unabhängigkeit und absolute Klarheit in unserer Stellung zu bewahren».[167] Die «Verstinnesierung» war wieder einmal an ihre Grenzen gestoßen.

3. Ein Konzept für Reparationen und den Wiederaufbau Europas

Ob die SRSU und andere vertikale Konzernneuschöpfungen, wie sie um diese Zeit zusammengeschmiedet wurden, ein wirksames Substitut für die Sozialisierung sein konnten, war eine Frage, die sich im Frühjahr 1921 nicht mehr stellte. Was der Sozialisierung endgültig den Garaus gemacht hatte, war die Befürchtung, die Alliierten würden staatliche Vermögenswerte als Reparationspfänder beschlagnahmen. Es war denn auch die Reparationsfrage, die um diese Zeit in das Zentrum der deutschen Politik rückte. Und auch in diesem Bereich wartete Stinnes natürlich mit eigenen Lösungsvorschlägen auf.

In seinen Konzepten für die Wiedererlangung der wirtschaftlichen und politischen Stellung Deutschlands in der Welt setzte Stinnes, wie nicht anders zu erwarten, wieder einmal das Schicksal der Nation mit der Zukunft seiner eigenen Unternehmen gleich. Sein Wirtschaftsprogramm war ein politisches Programm, und auch das Umgekehrte traf zu. 1921 hatte auf seiner Tagesordnung die Umwandlung des Kampfes gegen die Sozialisierung in ein Ringen um Privatisierung gestanden; parallel dazu hatte er sich eine Konzeption zurechtgelegt, mit der er nichts Geringeres schaffen wollte, als die Früchte seiner erfolgreichen Geschäftstätigkeit mit seinen politisch-gesellschaftlichen Programmpunkten und seinen Initiativen in der Reparationsfrage zu einem umfassenden Programm für die wirtschaftliche Wiedererstarkung Europas zusammenzubündeln.

Sein politisches Engagement und die besonderen Umstände der Nachkriegszeit hatten zwangsläufig Auswirkungen auf die persönlichen Lebensumstände von Stinnes und seiner Familie. Zum einen lösten sie sich zunehmend von Mülheim, eine Entwicklung, zu der zweifellos die dort herrschenden politischen Konstellationen ebenso beitrugen wie der Umstand, daß die Kinder erwachsen wurden und das Elternhaus verließen. Edmund hatte seinen Tätigkeitsschwerpunkt in Berlin, Hugo jun., der seit 1920 verheiratet war, den seinen in Ham-

Die Kinder (1920). Hinten: Hilde, Edmund, Otto, Clärenore. Mitte: Hugo jun. und seine Frau Tilde mit Sohn Dieter. Vorne: Else und Ernst (von links nach rechts)

burg. Otto machte im Frühjahr 1921 sein Abitur und ging zum Studium zunächst nach München und dann nach Freiburg. Clärenore und Hilde näherten sich ihrem 20. Lebensjahr, und nur Ernst und Else blieben als noch betreuungsbedürftige Kinder zurück. Cläre tat sich mit dieser Situation schwer. Die Arbeitsbelastung von Hugo sen. hatte so überwältigende Ausmaße angenommen, daß er, als für ihn und Cläre der Termin ihrer silbernen Hochzeit im Juni 1920 näherrückte, keinen anderen Wunsch hatte, als daß dieses eine Mal sämtliche Sitzungen und sonstigen geschäftlichen Verpflichtungen abgesagt würden und «daß man auch mal auf seine privaten Interessen ausnahmsweise Rücksicht nehmen möchte».[168]

Was Cläre betraf, so äußerte Edmund im April 1921 in einem Brief an Clärenore die Meinung, ihre unangenehmen, aber nicht allzu ernsten Gesundheitsprobleme spielten «kaum eine Rolle [im Vergleich] zu ihren Sorgen um Papa und der Trauer, daß sie so selten mit diesem zusammen ist. Für sie ist es auch sehr schmerzlich, daß alle Kinder von Mülheim und den dortigen Verhältnissen fort wollen. Der Junior und ich sind ja lange draußen, aber nun streben – wie Du – auch Otto und Hilde fort.»[169] Eine große Enttäuschung bedeutete es für Cläre auch, als Hugo den Plan, für die kleiner gewordene Familie ein neues Haus zu bauen, fallen ließ und statt dessen mit dem Gedanken spielte, in der Nachbarschaft des Hauses Rott entweder das Kirdorfsche oder das Fritz Thyssensche Anwesen zu kaufen, falls eines davon auf den Markt käme. Als Stinnes erfuhr, daß Kirdorf vorhatte, aus dem Streithof langfristig ein Feriendomizil für die leitenden Angestellten der IG zu machen, äußerte er sein Mißfallen, «insofern ich nicht eine zu stark variierende Nachbarschaft mit wechselnden Frauen und Kindern haben möchte».[170] Ein Fixpunkt war nach wie vor Tante Lizze in ihrem Löwenhaus in der Delle, eine distanzierte Bezugsperson für die Kinder und eine kühle Trösterin für Cläre.

Obwohl Stinnes und seine Familie das Landgut bei Weisskollm und das schwedische Feriendomizil Asa nach wie vor nutzten, wurde doch in diesen Jahren Wiesbaden zum wichtigsten Brennpunkt sowohl des Familienlebens als auch der Stinnesschen Geschäftstätigkeit. Cläres Eltern vergreisten nun sichtlich – Edmund Wagenknecht sollte im Dezember 1921 sterben, seine Frau im April 1922 –, und auch Nora Dunlop unterhielt mit ihrer Familie einen Wohnsitz in Wiesbaden. Cläres und Hugos Verhältnis zu Nora, das nach Noras Heirat mit Dunlop 1911 stark abgekühlt war, weil sie von dem Mann nichts hielten und die Ehe mißbilligten, hatte sich offenbar wieder gebessert.[171] Jedenfalls übernahm Nora zumindest in Hugos Leben wieder eine wichtige Rolle. In den Jahren 1920–21, als sie noch einmal schwanger wurde, widmete sie sehr viel Zeit und Energie der Renovierung des elterlichen Hauses in Wiesbaden, kümmerte sich aber auch um die Heimburg, einen weiteren Landsitz, den Stinnes in Niederheimbach am linken Rheinufer erworben hatte. Erbaut an der Stelle einer 1639 zerstörten Burg, von der noch ein imposanter, die Stadt überragender Turm übrig war, diente die Heimburg Stinnes als eine Art Hauptquartier im Westen, das er für wichtige persönliche Begegnungen mit deutschen und ausländischen Gesprächspartnern nutzte.

Ein gutes Beispiel dafür, wozu die Heimburg nützlich war, lieferte Stinnes im Oktober 1920, als der ehemalige ukrainische Hetman Paul Skoropadski in Begleitung Leo Peltenburgs ihm einen Besuch abstatten, aber vermeiden wollte, daß die Entente-Mächte davon erfuhren. Skoropadski behauptete, England und Frankreich wollten ihn an die Spitze des ukrainischen Staates setzen, legten aber Wert darauf, Deutschland in diesen Plan einzuweihen. Stinnes bat Cläre, zu erkunden, ob Nora die Heimburg, die sich noch im Umbau befand, rasch bezugsfertig machen könne, legte er dem Treffen doch eine große Bedeutung bei, da er in Skoropadski, ebenso wie in dem ehemaligen Duma-Präsidenten Rodzianko, eine der «zukünftigen Größen in Rußland» sah. Stinnes trug sich sogar

Clärenore und Hugo Stinnes feiern mit Nora Dunlop
bei ihrer Silbernen Hochzeit (1920)

mit dem Plan, Skoropadski einen Teil seines Grundbesitzes «möglichst billig ab[zu]kaufen…, um die Freundschaft fester zu knüpfen».[172] Das wäre allerdings eine schlechtere Investition gewesen als die Heimburg.

Eine Zeitlang hoffte Stinnes, sich die gesellschaftlichen Begabungen Noras in Berlin zunutze machen zu können, wo Dunlop eine Arbeit angenommen hatte. Im Sommer 1920 ließ er Humann wissen, er wolle in Berlin für die Familie Dunlop ein Haus kaufen, das ihm, wie Humann an Minoux weiterberichtete, «die Möglichkeit geben sollte, mit prominenten Persönlichkeiten aus der politischen und Handelswelt zwanglosen Verkehr zu pflegen».[173] Hugo stellte sich so etwas wie einen «neuzeitige[n] und den Bedürfnissen des Prinzipals angepaßte[n] ‹politische[n] Salon› [vor], d.h. mit dem Guten dieser alten bewährten Institution, und ohne die damals üblichen Intrigen- und Weiberwirtschaft bzw. ähnliche Erscheinungen einer gesellschaftlich-sozialen Dekadenz». Humann fand, dies sei eine ausgezeichnete Idee, da Stinnes damit einen gesellschaftlichen Treffpunkt schaffen könne, der ihm die Möglichkeit böte, größeren Einfluß auf das politische Leben in der Reichshauptstadt zu gewinnen. Humann wies allerdings nicht ohne Sarkasmus darauf hin, daß ein Salon dieser Art, so «unterhaltsam und lehrreich» seine Frequentierung auch sein mochte, zwangsläufig an eine bestimmte geschichtliche Tradition anknüpfe.

> «Gleichzeitig gerissen und trivial ist z.B. die Methode, mit welcher es die hiesige große Judenschaft verstanden hat, in den letzten Dezennien der Wilhelminischen Epoche einen geradezu maßgebenden Einfluß auf die ganz christlichen kaiserlichen Minister und auf deren Gefolgschaft aus den deutschen Hochtorys zu gewinnen. Auch die ‹Revolution›, die nur ein ‹Umstülpen› war, hat nichts daran geändert; nur die Personen, nicht die Institutionen, haben gewechselt. Scheidemann und Hirsch tauschten mit dem erblichen höchsten Beamtentum ...; im *Wesen* blieb alles beim Alten ... Im übrigen muß der Prinzipal bei der Bedeutung, die er heute in Deutschland gewonnen hat, aus dem Hotel heraus. Zum mindesten für Mittag- und Abendessen aus dem allgemeinen Speisesaal! Er ist nun einmal eine ‹Großmacht› in deutschen Landen und dementsprechend wird er auch beobachtet, werden seine Gäste registriert; mancher Seriöse, der noch tasten möchte, traut sich darum nicht heran. Zu einem Plauderstündchen nach Tisch und zu Bridgeessen kommt man freiwillig; zur Tafel jedoch nur als Intimus oder geladener Gast. Das ist eine gesellschaftliche Norm, und darin liegt eben jetzt unser unfreiwilliger und nachteiliger Stacheldrahtverhau. Zu alledem darf man niemals vergessen, daß bei allen bedeutenden Menschen der ‹persönliche Eindruck› ihre stärkste Waffe ist.»

Ein politischer Salon, der der Pflege förderlicher Geschäftskontakte diente, war natürlich nichts Neues. Arndt von Holtzendorff, seit 1914 als HAPAG-Lobbyist in Berlin tätig, betrieb den nach allgemeiner Ansicht einflußreichsten politischen Salon in der Hauptstadt.[174] Was Humann jedoch störte, war die Tatsache, daß Nora und ihr Mann hartnäckig auf einem Haus im Grunewald beharrten, wo ihre jetzigen und künftigen Kinder in den Genuß von guter Luft und grünen Bäumen kommen würden. Humann war sich sicher, daß kaum jemand sich die Mühe machen würde, so weit aus der Stadt hinauszufahren, erst recht nicht im Winter, und das war die Zeit, in der sich die wichtigsten Leute in der Stadt aufhielten. Als er dies Stinnes erklärte, erhielt er vom Prinzipal den wenig erbaulichen Auftrag, diese Erkenntnis in «das launische Köpfchen der Frau Nora» hineinzupflanzen. Nora blieb jedoch uneinsichtig und gab schließlich zu, «daß ihr die ganze politische Wirtschaft völlig Hekuba sei». Humann wandte sich daraufhin an Minoux und bat ihn, Stinnes dazu zu bringen, sich ein Haus in der Stadtmitte und dazu eine Villa am Wannsee oder auf Schwanenwerder zuzulegen, in die er wichtige Leute auch einmal auf ein Wochenende einladen könne.

Minoux dürfte diesen Gedanken gutgeheißen haben. Er stand selbst gerade im Begriff, eine eigene Villa unter der Adresse Wannsee 56–58 zu kaufen, in der er später rauschende Feste veranstaltete.[175] Mit Hilfe von Stinnes' altem Freund Paul Weitz hatte Humann selbst ein schönes Haus für Nora in Lichterfelde ausfindig gemacht. Am Ende ließ sich Stinnes jedoch breitschlagen, für die Dunlops ein Haus im Grunewald, an der Douglas-Straße, zu kaufen; es entwickelte sich allerdings nie zu dem politischen Salon, der ihm vorgeschwebt war, doch nutzte er es hin und wieder für politische Geselligkeiten und als persönliches Refugium. Nach dem Grund dafür, daß er die Nähe Noras suchte, braucht man nicht lange zu fahnden: Er hatte sich schon immer für sie interessiert und unterlag zweifellos nicht weniger als andere Männer den Begleiterscheinungen des Älterwerdens. Wie Clärenore im Rückblick analysierte:

> «Der Vater hatte eine natürliche Freude über das leichtfertige, charmvolle Menschenkind, das skrupellos sein Leben genoß. Es war so ein Unterschied zu dem Ernst des Lebens, in dem er denken und kämpfen mußte. Sie war, wie sie wollte, wie ein Glas überschäumenden Champagners zur rechten Stunde, das die Sorgen des Alltags verfliegen ließ. Oft hielt mir der Vater sie als Beispiel vor Augen. Er wünschte, ich sollte im Gesellschaftsleben genauso schlagfertig und schillernd auftreten können wie Nora, sollte die Augen meiner Tischherren zum Leuchten bringen, eine ganze Gesellschaft unterhalten.»[176]

In Anbetracht des von Nora gepflegten Lebensstils war das Haus im Grunewald keine Lösung für das Problem, daß Stinnes ein angemessenes Domizil in der Hauptstadt brauchte. Eine Lösung zeichnete sich ab, als die Firma Rheinelbe 1921 ein Haus an der Wilhelmstraße kaufte. Stinnes übernahm darin vier Zimmer zur privaten Wohnnutzung. Um den praktischen Nutzen dieser Konstellation noch zu steigern, war vorgesehen, in dem Gebäude auch Osius und seinen Mitarbeiterstab unterzubringen. Ob die ganze Sache sich so gut bewährte, wie die Beteiligten es sich erhofft hatten, erscheint freilich zweifelhaft, denn Tatsache war, daß Stinnes seine Gemächer im Hotel Esplanade nach wie vor nutzte, das er aus dem Erlös seiner HAPAG-Aktien erworben hatte, nachdem die Familie Adlon sich geweigert hatte, ihm ihr Hotel zu verkaufen. Einer der ganz wenigen Auslandskorrespondenten, die Stinnes an sich heranließ, der Amerikaner Isaac Marcosson, hat eine Beschreibung der von Stinnes bewohnten Suite im Esplanade hinterlassen.

> «Im Esplanade bewohnte Stinnes einen beträchtlichen Teil des dritten Stockes. Er nutzte eine Suite als Büro, eine andere als Privatwohnung, eine dritte für Gäste und eine vierte für die Sekretärinnen, die mit ihm unterwegs waren. Die einfache Einrichtung der Büroräume vermittelte kaum einen Eindruck von den immensen und weitverzweigten Geschäften, die von hier aus getätigt wurden. Nur die Ansammlung von Telefonen auf seinem schmucklosen, flachen Schreibtisch gab einen Hinweis auf das weitläufige Finanz- und Industrie-Imperium, dessen Fäden in diesem kleinen Berliner Kontor zusammenliefen.»[177]

Trotz dieses Domizils nutzte Stinnes weiterhin auch das Hotel Adlon für Unterredungen und Konferenzen, und von Ende 1921 an stieg er häufig auch in Noras Haus an der Douglas-Straße ab und veranstaltete dort auch wichtige private Treffen. Stinnes waren sicherlich alle Bequemlichkeiten, die für Geld zu bekommen waren, höchst willkommen. Er litt seit Jahren an Magen- und Verdauungsproblemen, deretwegen seine Mülheimer Ärzte ihn immer wieder nach Karlsbad geschickt hatten. Dazu kamen häufige Rückenschmerzen. Die Familie fürchtete nicht nur um seine Gesundheit, sondern auch um sein Leben, galt er doch als erstrangige potentielle Zielscheibe für Attentäter. Er ließ sich dennoch niemals davon abbringen, sich am Telefon mit seinem Namen zu melden und Leuten von seinen Reiseplänen zu erzählen. Er war offenkundig ein mit Arbeit überlasteter Mann, der sich nun zusätzlich zu seinen vielfältigen Geschäften auch noch die «unleidige Politik» aufgehalst hatte, wie Edmund es einmal formulierte.[178]

Die politische Betätigung von Hugo Stinnes beschränkte sich im Herbst 1920 und im Winter 1920–21 nicht auf den Kampf gegen die Sozialisierung, sondern deckte weiterhin ein breites Spektrum ab. So lag zum Beispiel auf der Hand, daß er mit der Übernahme der Alpine Montan keineswegs nur wirtschaftliche und geschäftliche Ziele verfolgte. Er beschwor damit vielmehr zwangsläufig das Gespenst eines Zusammenschlusses zwischen Deutschland und Österreich herauf; Castiglioni hatte deswegen schon Anfang 1920, also zum Zeitpunkt seiner ersten Kontaktaufnahme mit Stinnes in Sachen Alpine, den italienischen Außenminister Sforza kontaktiert. Sforza hatte Castiglioni «genaue Instruktionen» mitgegeben, die besagten, «daß man [in Italien] wohl momentan keinen Anschluß Österreichs an Deutschland wünsche, daß man aber das größte Interesse habe, sich mit Deutschland gut zu halten, und daß ich ruhig den Weg freundschaftlicher Beziehungen gehen sollte».[179] Stinnes stand im übrigen seit mindestens Anfang 1920 in sehr engem Kontakt zu anschlußwilligen Elementen in Österreich, so etwa zu Oberstleutnant Freiherr von Willesen, dem früheren Kommandeur des Grenzschutzes Ost und Anführer des Deutschen Schutzbundes, der als Mittelsmann zwischen Stinnes und diversen Persönlichkeiten der österreichischen Politik und Gesellschaft fungierte. Im August 1920 stellte Stinnes dem Abgeordneten Dinghofer von der Großdeutschen Partei 250000 Mark zur Verfügung mit der Maßgabe, «daß das Geld nicht im Sinne einer einseitigen Parteipolitik verwandt werden, sondern dem über den Parteien stehenden Gedanken der Zugehörigkeit Deutsch-Österreichs zum deutschen Reiche dienen soll».[180]

Auch Stresemann interessierte sich sehr für diese Frage und hielt enge Fühlung zu Stinnes, der vor allem sehr darum bemüht war, seine Kollegen aus der Schwerindustrie für das Anliegen zu mobilisieren. Im Spätsommer 1920 reiste Stinnes persönlich nach Österreich und führte Gespräche mit Dr. Anton Schalk, der eine Rolle in der österreichischen Presselandschaft spielte und eng mit Büxenstein zusammenarbeitete und den Stinnes für den «bedeutendsten Kopf in Deutsch-Österreich» hielt. Stinnes war natürlich daran gelegen, daß die den Kräften des Anschlusses zur Verfügung gestellten Gelder sinnvoll verwendet wurden, und hoffte, daß Schalk darüber wachen würde. Es waren bereits große Summen nach Tirol geflossen, die nach Ansicht von Stinnes nicht viel Gutes bewirkt hatten. Überhaupt schien Tirol ihn nicht besonders zu interessieren, sah er doch in Österreich vor allem ein Sprungbrett für die wirtschaftliche Durchdringung Mittel- und Osteuropas sowie Italiens:

> «Wenn Deutsch-Österreich endgültig sich von Deutschland abwendet und sich dem sicher sich wieder bildenden Wirtschaftsgebiet der ehemaligen österreich-ungarischen Monarchie anschließt, so besteht die Gefahr, daß dann der Weg Rußland-Italien über slawische Staaten unter Einschluß von Deutsch-Österreich gehen wird, während es ein Lebensinteresse für das deutsche Volk und insbesondere unseren Industriebezirk ist, daß der Weg von Rußland nach Italien, der unter allen Umständen beschritten werden muß, nur über Deutschland und Deutsch-Österreich führen kann.»[181]

Stinnes war überzeugt, daß es sich für solche geo-ökonomischen Ziele lohnte, erhebliche Geldsummen locker zu machen. Ein Dilemma war allerdings die Tatsache, daß Österreich auf Geldgaben der Entente-Mächte angewiesen war, um seine krankende Wirtschaft und seine zunehmend wertlosere Währung zu stützen; die Gelder aus Deutschland kamen zu spärlich und zu spät, um der Großdeutschen Partei bei den Wahlen vom Oktober 1920 den Sieg zu bringen. Sie blieb deutlich hinter den Sozialdemokraten und Christsozialen zurück. Zwar gab es den Plan einer Volksabstimmung über den Anschluß an Deutschland, doch war klar, daß diese nur im Falle einer überwältigenden Mehrheit etwas bewirken würde.

Ob eine rechtzeitige und stärkere Finanzierung zu einer entscheidend anderen Entwicklung geführt hätte, ist eine andere Frage. Stinnes hielt auf jeden Fall sein Engagement in den Jahren 1921 und 1922 aufrecht, zahlte weiterhin Gelder, um den Anschluß zu propagieren, und animierte andere, es ebenfalls zu tun. Um welche Summen es sich dabei handelte, läßt sich aus einer im Oktober 1921 gemachten Aufstellung ersehen. Zu diesem Zeitpunkt standen 2,45 Millionen Mark zur Verfügung, wovon rund die Hälfte für Wahlkampfzwecke, der Rest für Presse- und Öffentlichkeitsarbeit verwendet werden sollte, wobei unter letzteres auch Jugendaustausch-Aktionen fielen.[182] Mit Hilfe von Büxenstein und Schalk versuchte Stinnes einflußreiche Verbündete in der Presse anzuwerben, um einen Journalismus zu fördern, der «der Idee der Deutschenbewegung wirksam dienen und eine starke deutsche öffentliche Meinung erwecken soll, parteilos, aber nicht meinungslos, klar ‹deutsch›, aber nicht ‹alldeutsch› gehalten sein dürfe».[183] Wie in Deutschland verschaffte sich Stinnes auch in Österreich über Mehrheitsbeteiligungen an Papierfabriken – in diesem Fall denen der Unternehmensgruppe Elbe –, bei denen Büxenstein und Reimar Hobbing als seine Statthalter fungierten, die Kontrolle über Tageszeitungen, in diesem Fall die *Wiener Allgemeine Zeitung* und die *Mittagszeitung* sowie über eine Reihe von Wochenillustrierten.[184]

Kaum nötig zu sagen, daß Stinnes auch alles daran setzte, seinen publizistischen und politischen Einfluß in Deutschland zu erhöhen und daß er sein in diesem Zusammenhang wichtigstes Vehikel, die *DAZ*, besonders aufmerksam überwachte. Seiner Überzeugung nach hatte die Zeitung in der ersten Jahreshälfte

1921 eine besonders gute Chance, sich jene Stammleserschaft zu erobern, die eine Zeitung brauchte, um die öffentliche Meinung in der Hauptstadt beeinflussen zu können. Daher war es in seinen Augen besonders wichtig, daß Humann und seine Redakteure in dieser Zeit keine schweren Fehler begingen, denn neu gewonnene Leser würden auf Fehlleistungen sehr viel unduldsamer reagieren als angestammte Leser, bei denen die Toleranzschwelle höher lag. Wie wenig dem kritischen Blick des Hugo Stinnes entging und wie groß die Bandbreite seiner politischen Interessen war, darüber gibt das Protokoll einer Unterredung mit Humann am 17. Dezember 1920 Auskunft.[185]

Sein Augenmerk für Details ging so weit, daß er zum Beispiel den Nachruf auf den verstorbenen Berliner Oberbürgermeister Adolf Wermuth kritisierte, den er zutiefst verabscheute und mit dem er in den Kriegsjahren heftig über Lebensmittelpreise und Preiskontrollen gestritten hatte.[186] «Es entspräche nicht der ehrlichen Haltung eines Blattes», meinte Stinnes, «wenn man jemand wegen seiner Niedertracht und Falschheit ständig bekämpft habe und ihn dann mit mehr oder weniger Wohlwollen streichele, wenn er endlich in der Versenkung verschwindet.» Er bezeichnete es als eine wichtige Aufgabe der Zeitung, Stimmung für einen Wandel in der Ernährungspolitik zu machen, und in diesem Sinn drängte er die *DAZ*, den Vorschlag ins Gespräch zu bringen, der Staat solle der Landwirtschaft Subventionen gewähren, um einen Anreiz für Produktionssteigerungen zu geben. Der Vorschlag war ursprünglich aus den Reihen der Rechtsparteien gekommen, wurde inzwischen aber auch von den im Reichswirtschaftsrat vertretenen Sozialdemokraten befürwortet.

Stinnes' Überzeugung nach war dies ein politisches Modell, das publizistischen Rückenwind brauchte: Initiativen von rechts-bürgerlicher Seite, die geeignet waren, die pragmatischeren Elemente in den Linksparteien anzusprechen. Die Reichstagswahl vom Juni 1920 hatte gezeigt, daß sich ein politischer Gezeitenwechsel vollzog. Jetzt, so Stinnes, komme es darauf an, diesen Trend weiter voranzutreiben und alles zu tun, damit die preußische Landtagswahl im Februar 1921 einen weiteren Rechtsruck brachte. Diese Wahl werde «das Schicksal Deutschlands [entscheiden]», erklärte Stinnes gegenüber Humann. Falls die Rechte dabei gut abschneide, werde auch der im Juni 1920 gewählte Reichstag sich in eine gute Richtung bewegen; falls nicht, werde auch der Reichstag bald scheitern. Stinnes hatte die große Befürchtung, die Sowjetunion werde im Frühjahr Polen niederwerfen und dann vor den deutschen Grenzen stehen. «Das weitere Schicksal Deutschlands wird dann einzig und allein von dem Umstand abhängen, ob wir eine bürgerliche oder eine sozialistische Reichsregierung haben.» Daher müsse die Öffentlichkeit davon überzeugt werden, daß nur eine bürgerliche Regierung in Preußen für «ordentliche Zustände» sorgen könne; ein Sieg der Rechtsparteien werde auch das Zentrum und die Demokraten nach rechts rücken lassen. Es sei wichtig, hervorzuheben, daß eine bürgerliche Regierung nicht nur ein Bollwerk gegen die Sowjetunion wäre, sondern daß sie durchaus auch eine Politik für und nicht gegen die arbeitenden Massen machen würde:

«Nur in ihr finden sowohl Angestellte wie auch Arbeiter eine zweckdienliche Vertretung, denn die bürgerlichen Parteien vertreten samt und sonders den Standpunkt, daß Arbeiter und Angestellte nicht daneben stehen dürfen, sondern mitwirken müssen; daß nur durch ihre intensive Mitwirkung eine Gesundung aus dem wirtschaftlichen Zusammenbruch möglich ist.»

Einen ganz wichtigen Raum nahm natürlich die Reparationsfrage ein; es wurde deutlich, daß Stinnes in diesem Punkt immer weniger Verständnis für die Regierung Fehrenbach und ihren Außenminister Simons aufbrachte. Simons wollte auf der bevorstehenden Reparationskonferenz in Brüssel einen Schwerindustrie-Fachmann dabei haben, aber da er sich jemanden mit gemäßigteren Ansichten als Stinnes wünschte, hatte er sich an Wiedfeldt gewandt. Als er von diesem einen Korb bekam, versuchte er es als nächstes bei Siemens. Siemens wandte sich Anfang November 1920 ratsuchend an Stinnes und erhielt folgende Antwort:

«Wer in den verzweifelten Zuständen, in denen Deutschland zurzeit existiert, nicht den Mut hat, nein zu sagen – und diesen Mut traue ich der jetzigen Regierung nicht zu –, wird neue Verpflichtungen übernehmen, die nicht gehalten werden können und wird die Schlinge um den Hals sich nur etwas enger ziehen lassen, bloß um die doch nicht vermeidbare Entscheidung einige Monate auszugleichen [sic]. An Ihrer Stelle würde ich nicht hingehen. Ich fürchte, Sie würden in dieselbe Lage kommen, wie der Herr Geheimrat Wiedfeldt und ich uns in Spa befunden haben.»[187]

Siemens hielt es für wenig sinnvoll, seine Hilfe anzubieten, wenn Stinnes und die Schwerindustrie ohnehin jeden Kompromiß in der Reparationsfrage ablehnten. Simons wandte sich daraufhin in seiner Verzweiflung an Kurt Sorge und Carl Duisberg vom RdI und bat sie, bei Stinnes darauf hinzuwirken, daß er Vögler nach Brüssel gehen ließ, doch Stinnes ließ seine Industriekollegen genauso abblitzen wie vorher Simons. Als Sorge und Duisberg mit der Bitte um die Entsendung Vöglers an ihn herantraten, erklärte er: «Herr Vögler ist mündig, im übrigen würde ich ihm ganz entschieden abraten.»[188]

Unter diesen Umständen hatte auch der britische Botschafter Lord D'Abernon, der Stinnes am 12. November privat aufsuchte, wenig Aussichten, bei ihm mit der persönlichen Bitte durchzudringen, Stinnes möge sich doch zu einer konstruktiveren Haltung bequemen. Stinnes zeichnete dem Botschafter ein sehr düsteres Bild von der Zukunft Deutschlands. Er befürchtete Unruhen an der Ruhr und in Schlesien und erklärte eine Stabilisierung für undenkbar, solange Deutschland sich einen so aufgeblähten öffentlichen Dienst leiste. Er rechnete für den Februar 1921 mit einer Krise infolge des verfallenden Wechselkurses der Mark und der dadurch schwieriger werdenden Lebensmitteleinfuhren und malte das Gespenst eines kommunistischen Aufstandes und einer französischen Ruhrbesetzung an die Wand. Eine eher absurde Wendung nahm das Gespräch, als Stinnes den voraussichtlichen Ablauf eines kommunistischen Aufstandes schilderte:

«Der russische Plan sehe vor, auf jeden Polizisten zwei Prostituierte anzusetzen und mit diesem Mittel die Polizei lahmzulegen. Die Frauen würden mit russischem Geld reich entlohnt werden. Herr Stinnes schien überzeugt, daß eine Zivilisation gegen solche perfiden Methoden der Ausschaltung ihrer Ordnungskräfte fast machtlos sei.»[189]

So wenig D'Abernon sich von diesem allzu phantastischen Szenario erschrecken ließ, so sehr sprach er sich dafür aus, Stinnes, der «hier allgemein als die mächtigste Privatperson im Lande gilt», ernst zu nehmen. Je näher der Augenblick rückte, da es eine Gesamtsumme an Reparationen festzulegen galt, desto stärker machte Stinnes über die *DAZ* seinen Einfluß geltend und desto mehr wurde dieses Vehikel seiner Ideen zu einer potentiellen Bedrohung für jede Regierung, die sich diesen Ideen verschloß. Die *DAZ* vertrat gegenüber Brüssel eine kritische Linie, und Stinnes beschränkte sich nicht darauf, ihr dafür Rückendeckung zu geben, sondern machte ihr konkrete Vorgaben. Wie Humann sich notierte:

«Wir sollten jedoch als das ceterum censeo unserer Betrachtungen stets wiederholen: man soll nichts versprechen, was man nicht halten kann. Wenn's sein muß, dürften wir auch gegen die Regierung diesen Standpunkt durchhalten.

Nach Ansicht des Prinzipals ist die Brüsseler Konferenz falsch aufgezogen. Er hat deshalb auch allen Herren, die vom A[uswärtigen] A[mt] um Mitwirkung gebeten waren und ihn um seinen Rat befragten, dringend abgeraten hinzugehen. Die Sachverständigen spielen in Brüssel eine völlig verkehrte Rolle, die unsere industriellen Führer auf das schwerste kompromittieren muß. Sie dürfen ihre Ansicht nicht selbst vertreten, sondern müssen sie nur den 3 deligierten Beamten zum Besten geben; was diese dann damit machen, bleibt in ihrem eigenen Belieben. Der Endeffekt ist dann der, daß die Beamten auf Gebieten, von denen sie schlechterdings nichts oder wenig verstehen, Fehler machen und daß dann diese Fehler von der Öffentlichkeit den Sachverständigen in die Schuhe geschoben werden. Verhandlungen, wie die in Brüssel, können nur Leute des Wirtschaftslebens führen und der Beamte kann nur der Berater des Wirtschaftspolitikers sein hinsichtlich gewisser Belange, die die Technik des Staatslebens betreffen. Das heutige Verhältnis heißt das Pferd am Schwanz aufzäumen.»

Das Ansinnen, qualifizierte Regierungsvertreter zu technischen Mitarbeitern von Wirtschaftsführern bei internationalen Konferenzen herabzustufen, war höchst befremdlich, doch diese Überzeugung hatte sich mittlerweile bei Stinnes festgesetzt. Sein Problem war freilich, daß kaum eine Regierung bereit sein würde, ihr Verhandlungsmandat in außenpolitischen Angelegenheiten völlig in die Hände von Vertretern der Privatwirtschaft zu legen. Immerhin gingen Simons und seine Kollegen ganz schön weit in die Knie, um der deutschen Schwerindustrie eine Teilnahme an der Konferenz von Brüssel abzuringen. Anfang Januar 1921 rückte Stinnes von seinem kategorischen Nein zu einer Teilnahme an der Brüsseler

Konferenz ab, nachdem ein Vorschlag des Chefs des Wirtschaftsdezernats im französischen Außenministerium, Jacques Seydoux, bekannt geworden war, der vorsah, daß Reparationsleistungen auch in Form eines Abzugs von deutschen Exportgewinnen, in Gestalt von Naturallieferungen und durch Beteiligungen an deutschen Unternehmen erbracht bzw. ersetzt werden könnten. Dies tangierte offenkundig die Schwerindustrie sehr stark, und so rangen sich Stinnes und seine Branchenkollegen schließlich doch zu einer Teilnahme durch. Sie glaubten auch, eine gewisse Affinität dieses Planes zu der Stinnesschen Idee einer Zweckgemeinschaft zwischen den Eisenindustrien der beiden Länder zu erkennen.

Sie knüpften ihre Teilnahme allerdings an die Bedingung, daß in Brüssel keine endgültige Summe festgelegt würde und daß das Auswärtige Amt das Modell des Deutsche-Bank-Direktors Wassermann fallenließ, der vorgeschlagen hatte, für die Reparationszahlungen einen Richtwert in Höhe von 10 Prozent des deutschen Inlandsprodukts anzusetzen. Simons rückte von seiner anfänglichen Position ab, daß Stinnes den Verhandlungen nicht beiwohnen solle, nachdem der RdI bekräftigt hatte, daß er an dem Dreigestirn Vögler, Klöckner und Stinnes als Vertreter der Schwerindustrie festzuhalten gedachte. Als Mitglied dieses Expertengremiums vertrat Stinnes jedoch die Ansicht, es gelte auf Zeit zu spielen, bis die Franzosen unter den Überkapazitäten ihrer Eisenindustrie und unter dem Mangel an Absatzmärkten für deren Produkte zu leiden begännen. Sicherlich unter dem Einfluß von ihm zugetragenen Mitteilungen über die Verfassung der französischen Eisenindustrie und möglicherweise auch unter dem Eindruck von Berichten über wachsende wirtschaftliche und politische Spannungen zwischen England und den USA, warnte er davor, sich voreilig auf eine Verständigung mit einer dieser Mächte festzulegen; er riet vielmehr, sich zunächst mit den Franzosen zu einigen, sobald diese unter dem Druck ihrer wirtschaftlichen Probleme zur Einsicht kämen. Mitte Januar schien Stinnes sogar, zumindest für kurze Zeit, eine Abschlagszahlung an Frankreich zu erwägen, kehrte aber dann, offenbar von Klöckner gedrängt, zur ursprünglichen harten Linie des Auf-Zeit-Spielens zurück.

Stinnes und seine Freunde waren nicht nur der Meinung, die Zeit sei noch nicht reif für Verhandlungen mit der französischen Industrie, sie hielten auch gar nichts von den verzweifelten Bemühungen Simons', mit den Franzosen zu einer Einigung über vorläufige Ratenzahlungen zu kommen. Stinnes blieb auch dann noch bei seiner ablehnenden Haltung zu diesem Ansatz, als die Alliierten die Brüsseler Verhandlungen abbrachen und Deutschland Ende Januar in der sogenannten Pariser Note mit einer extrem harten Gangart in Sachen Reparationen konfrontierten. In seinen Augen war dies ein «Diktat», das das Verweigern jeglicher Verhandlungen mit der französischen Industrie rechtfertigte.[190]

Einen guten Eindruck von der trotzigen Stimmung, in der sich Stinnes zu dieser Zeit befand, vermittelt seine Reaktion auf Proteste der Belegschaft der Bremer Vulcan-Werft und des christlichen Gewerkschafters Robert Schmidt gegen seine Absicht, zwei seiner im Bau befindlichen Schiffe auf die Namen «Hindenburg» und «Ludendorff» taufen zu lassen – dies würde im Ausland als

Provokation empfunden und zu politischen und wirtschaftlichen Nachteilen für Deutschland führen. (Es ging auch das unzutreffende Gerücht um, Stinnes wolle eines seiner Schiffe «Boche» nennen.) Stinnes weigerte sich kategorisch, etwas an der geplanten Namensgebung zu ändern; er ließ Schmidt wissen, er habe den beiden Männern 1915 versprochen, die Schiffe nach ihnen zu benennen, und würde es als Ehrlosigkeit ansehen, «das unseren großen Männern im Glück gegebene Wort im Unglück nicht [zu] halten».[191] Es bestehe kein Grund zur Befürchtung, den Schiffen würde im Ausland ein unfreundlicher Empfang bereitet oder ausländische Hafenarbeiter würden sie etwa boykottieren. Sein einzig noch verbliebener Dampfer habe nie mit solchen Schwierigkeiten zu kämpfen gehabt, und er sei sicher, daß die beiden im Bau befindlichen Schiffe, die für den La-Plata-Dienst bestimmt seien, in Argentinien freundlich aufgenommen würden. Er finde, jeder Deutsche solle stolz darauf sein, auf einem Schiff fahren zu können, «das den Namen eines unserer großen Patrioten trägt, mag es sich um einen rechtsstehenden General oder um einen Sozialdemokraten handeln».

Daß Stinnes zu seinen Worten stand, bewies er im Jahr darauf, indem er ein Schiff nach dem kurz zuvor verstorbenen Carl Legien benannte. 1921 setzte er andere Zeichen, indem er neben den bereits erwähnten «Hindenburg» und «Ludendorff» die Frachtschiffe «Tirpitz» und «Havenstein» vom Stapel laufen ließ. Wie er in einem Schreiben an Tirpitz ausführte:

> «In großer Zeit hatten 4 Herren mir die Freude gemacht, ihre Namen für Schiffe von mir zuzusagen. Der Erfolg ist den Herren versagt geblieben in der Hauptsache durch Personen, an die sie nicht herankonnten.
>
> Wenn ich diesen Herren, die zu unseren Besten zählen, jetzt die Treue nicht gehalten hätte, so wäre ich gerade so erbärmlich, wie die meisten jener Knechtsnaturen, die sich einbilden, mit unaufrichtiger Kriecherei vorm Ausland und der Masse, sich eine Position schaffen zu können.»[192]

Stinnes hielt die Zeit für gekommen, da deutsche Schiffe wieder unter eigener Flagge und unter eigenem Namen die Weltmeere befahren konnten. Ein Exempel in diese Richtung statuierte er mit seinem entschiedenen Eintreten für den Boykott des Hafens Antwerpen. In Absprache mit Max Warburg versuchte er, die Belgier zu einem Entgegenkommen in der Frage, was mit den in Belgien nach Abzug der Deutschen zurückgebliebenen Markbeständen geschehen sollte, zu zwingen. Wie er in einem Brief an Deters schrieb:

> «Ich brauche Ihnen nicht des weiteren auseinanderzusetzen, wie wichtig, nicht nur in materieller, sondern auch in ideeller Beziehung, es wäre, wenn hier einmal einheitlich von Deutschland aus (auch da, wo es Geld kostet) vorgegangen würde. Die Chinesen haben uns gezeigt, wie man trotz politischer Machtlosigkeit durch Boykott siegreich vorgehen kann, wie sie es den Japanern gegenüber getan haben. Dieses ist eine der wenigen Waffen, die uns geblieben sind, und wir sollten sie schonungslos anwenden.»[193]

Stinnes wußte natürlich, daß Antwerpen auf lange Sicht ein wichtiger Umschlagplatz für seine Handelsfirma war, doch erst einmal mußte man den Belgiern zeigen, daß sie Geschäfte mit Deutschland erst wieder machen konnten, wenn sie die Deutschen fair behandelten. Als ihm das Angebot zugetragen wurde, Grundstücke und Anlagen im Antwerpener Hafen zu kaufen, stellte er zur Vorbedingung, daß die Konzession auf den Namen seiner Firma oder der Midgard-Linie erteilt würde:

> «Wenn Sie berücksichtigen in welcher Weise ich persönlich durch die belgische Presse angepöbelt worden bin, werden Sie verstehen, daß es nicht ohne eine gewisse Bedeutung ist, die belgische Regierung vor die Frage zu stellen, ob sie einem Unternehmen meines Namens Hafenplätze offiziell zuweisen will oder nicht.»[194]

Auf innenpolitischer Ebene war es für Stinnes nicht so einfach, Bedingungen zu stellen. Die preußische Landtagswahl vom Februar 1921, der er eine so schicksalhafte Bedeutung attestiert hatte, brachte zwar eine gewisse Verschiebung nach rechts, stellte aber nicht jene Homogenität zwischen Reich und Preußen her, die er sich erhofft hatte. Stinnes wünschte sich ein Zusammengehen des Zentrums und der Demokraten mit den Rechtsparteien. Tatsächlich beließ das Wahlergebnis den Parteien der Weimarer Koalition eine dünne Mehrheit, so daß Stinnes Mitte März nur noch geringe Chancen für einen Wandel zum Besseren in der innenpolitischen Konstellation sah. Noch hoffte er freilich, die schwer lösbaren internationalen Probleme, vor denen Deutschland stand, würden ihm einen Hebel für das Anstoßen von Veränderungen an die Hand geben.[195]

Dank des Druckes, den Stinnes und andere Vertreter der Schwerindustrie auf die Regierung ausübten, reiste Simons Anfang März 1921 mit einem völlig unzulänglichen Reparationsangebot in der Tasche nach London, mit der Folge, daß er von Lloyd George brutal zurechtgestutzt wurde und daß die Siegermächte am 7. März Sanktionen gegen Deutschland verhängten, untermauert durch die Besetzung der bedeutsamen Rheinhäfen von Düsseldorf und Duisburg-Ruhrort, die Konfiszierung von Zolleinnahmen und die Erhebung von Abgaben auf deutsche Exporterlöse. Simons mußte sich aber nicht nur von Lloyd George demütigen lassen, der ihn als eine Marionette von Stinnes betrachtete, sondern auch von letzterem, der sich darüber empörte, daß der Außenminister mehr Zugeständnisse gemacht hatte, als es ihm durch Kabinettsbeschlüsse vorgegeben gewesen war. Obwohl Simons noch versuchte, die deutschen Wirtschaftsführer vorbeugend gegen den notorischen Vorwurf abzuschirmen, die eigentlichen Drahtzieher politischer Fehlleistungen der Regierung zu sein, indem er sie öffentlich von jeder Verantwortung für seine Londoner Entscheidungen freisprach, ließ Stinnes sich nicht besänftigen. Seine Wut saß tief. Im privaten Kreis verglich er Simons mit Bethmann Hollweg und karikierte ihn als Mitglied eines «Bibel-Kränzchens».

Auf den Sitzungen der DVP-Reichstagsfraktion, im Reichstagsausschuß für

Auswärtige Angelegenheiten und in persönlicher Konfrontation attackierte Stinnes den Außenminister, der in seinen Augen zum Erfüllungspolitiker geworden war, vor der Entente in die Knie ging und die Experten und Verhandlungen schlecht geführt hatte. Er bezeichnete die verhängten Sanktionen als «unerträglich». Deutschland müsse erneut verhandeln. Es sei allerdings unverständlich, «wie der Minister Simons glauben kann, er käme für neue Verhandlungen in Frage. Simons ist auf diesem Boden nicht mehr möglich!»[196] Simons suchte sich mit Würde zu verteidigen; er erklärte, er wisse die Ratschläge von Herrn Stinnes zu schätzen, müsse aber in seinen Entscheidungen frei sein. Er sei schließlich nicht Stinnes' «junger Mann». Stinnes hingegen war entschlossen, nicht nur Simons zu entmachten, sondern alle die «Menschen, die für den Gesamtkomplex verantwortlich sind»: Simons, Wirth, Scholz und Fehrenbach. Sie trugen seiner Überzeugung nach die Schuld daran, daß die Welt sich bemüßigt fühlte, Deutschland wie einen «betrügerischen Bankerotteur» zu behandeln.[197]

Es war jedoch gar nicht so leicht, Simons oder Fehrenbach loszuwerden. Wie aus einem Bericht von Osius von Mitte April hervorging, tat Fehrenbach alles, um Simons aus dem Tief herauszuziehen, in das Stinnes ihn im März gestoßen hatte, denn Fehrenbach sah seine Geschicke eng mit denen des Außenministers verknüpft. Stresemann in eine bestimmte Richtung zu drängen war schon immer schwierig gewesen. Der Kanzler räumte ein, daß Simons Deutschland schlecht vertreten hatte, daß der Entente keine neuen Angebote gemacht werden dürften, daß in Preußen eine Rechtsregierung wünschenswert sei und daß der DVP eine fortdauernde Regierungsbeteiligung unter Umständen sehr schlecht bekommen würde. Als die DVP ernsthaft mit dem Gedanken eines Austritts aus dem Kabinett spielte, wartete Stresemann freilich mit der Warnung auf, daß dies die Rückkehr Erzbergers zur Folge haben würde, der darauf brenne, die Chance für eine «neue Anti-Stinnes-Gesetzgebung» zu nutzen. Stresemann brachte es fertig, in einem Atemzug von einer notwendigen Beschneidung der Kompetenzen Simons', von neuen deutschen Offerten an die Adresse der Siegermächte und von einer möglichen Vermittlerrolle der Schweiz oder der USA zu sprechen. Gleichzeitig brachte Rechberg wieder seine alte Idee einer französischen Teilhaberschaft an der deutschen Wirtschaft aufs Tapet, Wiedfeldt berichtete über eine Denkschrift, in der Reichsbankpräsident Havenstein die Frage analysierte, wie sich die Übernahme eines 50-Prozent-Anteils an der deutschen Großindustrie durch die Entente auf die Reparationsfrage auswirken würde, und Stresemann erkundigte sich bei Stinnes, was dieser von einer Übernahme von 30 Prozent der deutschen Wirtschaft durch ausländisches Kapital hielt. Osius brauchte nicht lange, um Stresemann wissen zu lassen, daß Stinnes solche Lösungen entschieden ablehnte. Die ganze Episode zeigte jedoch, daß Stinnes nicht über die Macht verfügte, personelle Veränderungen auf höchster Regierungsebene zu erzwingen.[198]

Auf der anderen Seite hatte Stinnes seine Lektion aus dem Kapp-Putsch gelernt und war nicht gewillt, putschistische Tendenzen zu schüren oder mit ihnen identifiziert zu werden. Im März erfuhr Stinnes aus zuverlässiger Quelle, daß es Stimmen gab, die sagten: «Wenn Simons in London nicht fest bleibt und die Regierung wieder umfällt, wird geputscht. Gegegebenen Falles rechnet man auf Stinnes.»[199] Auch hier fiel wieder der Name Ludendorff, und Stinnes wurde in der Folge von mehreren Seiten dringend gebeten, Ludendorff einen direkten Warnhinweis zukommen zu lassen. Stinnes entschied sich jedoch dafür, über die *DAZ* deutlich zu machen, daß er gegen Putschgedanken jedweder Art war und daß in Deutschland keine «Persönlichkeit von Bedeutung» hinter den Putschisten stand. Ludendorff war über diese eher indirekte Ehrenerklärung nicht sehr glücklich; seinem Gefühl nach war Stinnes nicht so rückhaltlos für ihn eingetreten, wie er für Stinnes eingetreten war, wann immer gegen diesen der Vorwurf laut geworden war, sein einziges Interesse sei das Geldverdienen. Stinnes erinnerte Ludendorff daraufhin daran, daß er auf das bloße Wort des Generals hin dessen Unschuldsbeteuerung Glauben geschenkt und sich vor ihn gestellt hatte. «Sie sind in Ihrer Verbitterung auf ein falsches Geleise geraten», schrieb er abschließend, «und ich hoffe, daß Sie nunmehr die Weichen umstellen.»[200]

Mittlerweile war die Gefahr eines Umsturzversuches von links, die Stinnes in seiner Unterredung mit D'Abernon und in seinem Ausblick auf die Wahl in Preußen als so akut dargestellt hatte, abgeflaut. Die versuchte Machtergreifung der Kommunisten in Mitteldeutschland im März 1921 war zusammengebrochen, und zwar so schnell, daß gar keine Chance für ein gründlicheres Aufräumen bestanden hatte, sehr zum Bedauern von Edmund Stinnes, nach dessen Geschmack es bei der Niederschlagung dieses sozialistischen Umsturzversuches «zu unblutig» zugegangen war. Was die russischen Bolschewisten betraf, so hatten die Polen sich ihnen erfolgreich in den Weg gestellt, so daß das Sowjetregime nach Ansicht von Stinnes entweder «fallen oder sich der kapitalistischen Weltordnung anpassen» mußte.[201] Aus diesen Ereignissen müßten nicht nur die Radikalen vom linken und rechten Flügel etwas lernen, sondern auch «Berufspolitiker von der Sorte Scheidemann-Erzberger – auch Stresemann». Diese Politiker, so glaubte Edmund zuversichtlich, müßten nun einsehen, «daß ihre Zeit sich dem Ende nähert, die Wirtschaft über sie hinweggeht. Man muß abwarten können, und Papa tut dies sicher.»[202]

«Papa» tat dies und noch eine ganze Menge mehr. Edmund rechnete mit schweren Zeiten, womit er offenkundig die Befürchtungen seines Vaters und der anderen Industriellen wiedergab, erwartete aber dennoch einen einigermaßen glücklichen Ausgang. Die Franzosen brauchten dringend Geld; sie versuchten, möglichst viel aus Deutschland herauszuquetschen und das Rheinland mittels Zollschranken und Paßvorschriften abzuschnüren; man mußte damit rechnen, daß sie deutsche Steuereinnahmen beschlagnahmen, eine Abgabe auf Kohle erheben und vielleicht sogar versuchen würden, Industriebetriebe zu beschlagnahmen, sobald der für eine Einigung in der Reparationsfrage gesetzte Stichtag 1. Mai vorbei war. Sie würden jedoch niemals genug herausholen, um ihre Kosten zu decken, und die Engländer, die mit einer hohen Arbeitslosigkeit, einem gesunkenen Lebensstandard und einer beträchtlichen Zahl von Firmenkonkursen konfrontiert waren, suchten nach einer anderen Lösung, weil alle mit Gewaltanwendung verbundenen Maßnahmen die wirtschaftliche Depression, die so viele Länder durchmachten, noch verschlimmern würde. Er glaubte, kurz gesagt, daß die Welt im Begriff sei, den «irrsinnigen Frieden von Versailles» zu verwerfen:

> «Es kommt im Lauf der Zeit vielleicht dabei eine Regelung der französischen Finanzen durch England, USA, Deutschland heraus. Papas Gedanke ist ... neue Weltumlage auf Kohle-Eisen-Transporte und dergleichen. Dadurch sollen die Auslandsschulden – durch den Krieg entstanden – von allen Staaten abgetragen werden... Wenn wir die Nerven behalten und verträglich geleitet werden, wird sich manches zu unseren Gunsten ändern.»[203]

Die Idee, die Kriegsschulden durch eine auf Brennstoffe und Ähnliches erhobene Steuer abzutragen, war ein gedanklicher Rückgriff in die Zeit des Krieges, als Stinnes damit gerechnet hatte, daß die kriegführenden Mächte den neutralen Ländern eine solche Abgabe auferlegen würden. Stinnes hatte sich jetzt eine neue Variante des Themas ausgedacht, die er Ende April 1921 Osius vorstellte, mit der Bitte, sie ins Englische zu übersetzen und bei britischen Zeitungen unterzubringen. Das Exposé mit der Überschrift «Ein Weg» war sowohl als Antwort an die Adresse derer gedacht, die Stinnes und seinen Kollegen vorhielten, sie kritisierten nur, ohne selbst konstruktive Vorschläge zu machen, als auch als ernstgemeinter Vorschlag, den andere Regierungen hoffentlich ebenso ernsthaft prüfen würden.

Stinnes spielte die Karte der allgemeinen Wirtschaftskrise, die nach seinem Dafürhalten zeigte, daß diejenigen in Deutschland und anderswo, die an eine jahrzehntelange Hochkonjunktur nach Ende des Krieges geglaubt hatten, im Irrtum waren, und daß die wenigen, die wie er selbst mit einer raschen Befriedigung der Nachfrage gerechnet hatten, richtig lagen. Die größte Schwäche des Versailler Vertrages liege darin, daß seine Befürworter glaubten, ohne 300 Millionen mitteleuropäische Verbraucher auskommen zu können. Jetzt hätten unter dem Schwund der Kaufkraft auch die Siegermächte zu leiden. Die Aufgabe, die Initiative zu übernehmen, liege nunmehr bei der weltgrößten Gläubigernation, den Vereinigten Staaten, die Stinnes aufrief, einen «wirtschaftlichen Völkerbund» ins Leben zu rufen, dessen Mitglieder jeweils 2 Milliarden Mark pro Jahr zur Finanzierung einer steuerfreien Völkerbund-Anleihe zur Verfügung stellen sollten, mit der die Kosten des Krieges sowohl auf Sieger- wie auf Verliererseite – vorrangig aber auf ersterer – kompensiert werden könnten. Das Geld sollte durch Abgaben auf Kohle, Öl, Erze und ähnliche Produkte sowie auf Transporte aufgebracht werden. Diese Abgabe würden zwar überall die Lebenshaltungskosten erhöhen, doch könne dies mehr als ausgeglichen werden durch die Einsparungs- und Rationalisierungseffekte eines zügigen Wiederaufbaus der Wirtschaft. Vor allem würde eine solche Lösung auch den arbeitenden Klassen zugute kommen, da sie Arbeitslosigkeit abbauen und zusätzliche Verbraucherkaufkraft schaffen würde.

Solange die Situation so blieb, wie sie war, leistete sie nach Überzeugung von Stinnes planwirtschaftlichen Tendenzen Vorschub und schuf Bedingungen, unter denen manche Arbeiter in acht Stunden weniger verdienten als ihre Kollegen in anderen Ländern in einer Stunde. Dies könne nur zu einer Verschärfung der kritischen Lage führen. So gesehen, gehe es «nicht um die Reparation von Kriegsschäden allein, sondern um die Restauration der zerstörten Weltwirtschaft».

Eine weitere Aufgabe des wirtschaftlichen Völkerbundes würde es sein, durch von ihm ernannte Wirtschaftsexperten prüfen zu lassen, wie bestimmte Staaten ihre Volkswirtschaft rationeller organisieren konnten. Stinnes bezeichnete dies als besonders relevant für das Transportwesen und die Regulierung des internationalen Handels. In Osteuropa bedurfte das gesamte Eisenbahn- und Distributionswesen dringend der Verbesserung und Reform. Der Wiederaufbau Rußlands und der anderen osteuropäischen Länder würde Milliardenbeträge erfordern, und Stinnes war überzeugt, daß sein Vorschlag einen Weg wies, wie dieses Geld aufgebracht werden konnte. Aus der Verschuldung Rußlands könnte auf diese Weise ein Mittel der Mobilisierung von Ressourcen werden, das das Land sogar in die Lage versetzen würde, einen Beitrag zur Gesundung Frankreichs und Belgiens zu leisten, die vor dem Krieg seine Kreditgeber gewesen waren. Eine solche Gesamtlösung würde die Frage gegenstandslos machen, wie hoch die deutsche Kriegsschuld war, denn alles würde im Gesamtkomplex einer weltweiten Neugestaltung der Finanzen aufgehen, die die Grundlage für einen gleichberechtigten und freien Wirtschaftsverkehr schaffen würde.[204]

Wie ernst konnte man dieses Exposé nehmen? Auf den ersten Blick war es utopisch, im Jahre 1921 zu glauben, die Welt sei bereit, zum Zwecke ihres wirtschaftlichen Wiederaufbaus so etwas wie einen internationalen Währungsfonds und eine internationale Aufbau- und Handelsorganisation einzurichten. Der erbittert ausgefochtene Krieg war noch in lebhafter Erinnerung, und das Stinnes vorschwebende Konzept war seiner Zeit zu weit voraus, auch und gerade gemessen am Denken derjenigen, die die politische Macht innehatten. Auf der anderen Seite wäre es aber ein Fehler, die Stinnesschen Vorschläge bloß als grandiose Selbstdarstellung und Ausdruck einer auf den eigenen Vorteil bedachten Mentalität abzutun. Sicherlich war ein Aspekt dieses Planes der, daß Deutschland vom Joch der Reparationen erlöst würde, und vielleicht spielte bei Stinnes auch der Wunsch eine Rolle, wieder an das globale Programm anzuknüpfen, auf das er vor 1914 hingearbeitet hatte. Auf jeden Fall hatte Stinnes schon immer einen stark visionären Zug an sich gehabt, eine Neigung, allem, was er tat, einen wegweisenden Charakter zu unterlegen. Er war ein rastloser Mensch und umhüllte seine Aktivitäten gerne mit einer bestimmten Aura, als dienten sie einem höheren Zweck, auch wenn ihr auf der Hand liegender Zweck ein ganz gewöhnlicher sein mochte. Im April 1921 hatte er beim Wiederaufbau seiner Firma und seiner Handelsflotte bereits eine weite Strecke zurückgelegt. Er hatte vor kurzem die Komplexe Rheinelbe und SRSU sowie die IG Koholyt zusammengefügt und die Alpine unter seine Kontrolle gebracht. War die SRSU nicht dazu bestimmt, zu einem wirtschaftlichen Gebilde zu werden, das niemand mehr übergehen könnte, der irgendwo auf der Welt ein größeres wirtschaftliches Projekt in Angriff nahm? Und war es so undenkbar, daß es gelingen könnte, ein weltwirtschaftliches Umfeld zu schaffen, in dem sich ein Koloß wie die SRSU angemessen würde bewegen können?

Der November 1918 war noch nicht so lange her, und schon war es gelungen, die Revolution zu ersticken und erste Zeichen einer beginnenden Erholung zu setzen. Stinnes hatte bei all dem eine nicht unmaßgebliche Rolle gespielt. Es gibt ja mehrere mögliche Beweggründe dafür, daß jemand in einer der Wirklichkeit entrückten Vision schwelgt: um sich einer unangenehmen realen Situation zu entziehen, um Selbstrechtfertigung und Selbstlegitimierung zu finden, um dem eigenen Leben und Tun Sinn und Richtung zu verleihen oder um den eigenen Tatendrang zu schüren. Die meisten Kollegen und Mitarbeiter von Stinnes konnten offenbar sehr gut ohne solche weltbewegenden Perspektiven leben, Stinnes konnte es nicht, denn sie waren ein fester Bestandteil seiner Persönlichkeit und seines Intellekts sowie jener besonderen Aura, die ihn in die Lage versetzte, so viel Einfluß und Macht über andere zu erlangen.

Doch nach wie vor gab es die vermaledeiten Politiker, die ihm Steine in den Weg legten. Simons etwa dachte trotz der Attacken von Stinnes nicht daran, das Feld zu räumen, sondern startete Ende April sogar eine neue Initiative: Er wollte den kurz zuvor ins Amt gekommenen US-Präsidenten Harding dafür gewinnen, eine Schlichterrolle in der Reparationsfrage zu übernehmen. Den Anstoß dazu hatten ihm Gespräche mit amerikanischen Geschäftsleuten in Berlin gegeben, die offenbar hatten durchblicken lassen, daß sie über gute Beziehungen in Washington verfügten und daß Harding einer wohlmeinenden Intervention nicht abgeneigt sei. Stinnes hielt diesen Ansatz für absurd. Er hatte eine eigene Verabredung mit denselben Amerikanern, wußte, daß es sich um ernstzunehmende Leute aus der Finanzwirtschaft handelte und vermutete zutreffenderweise, daß Simons einem Wunschdenken erlag, wenn er glaubte, die Amerikaner würden in der jetzigen Situation ein solches Vorgehen riskieren. Inzwischen herrschte auf breiter Front Unzufriedenheit mit Simons, und die DNVP trug sich sogar mit der Absicht, ein Mißtrauensvotum gegen den Außenminister einzubringen, wenn er sich das nächste Mal im Reichstag zeigte.

Stinnes bemerkte dazu, es sei das beste, wenn sich nicht nur Simons, sondern das gesamte Kabinett nie mehr im Reichstag blicken lasse; am 23. April sprach er vor der DVP-Reichstagsfraktion und drängte sie, aus der Regierung auszuscheiden. Stresemann war dazu nicht bereit, doch er war willens, sich von Simons zu trennen. Stinnes kam auf seinen alten Vorschlag vom Juni 1920 zurück, Wiedfeldt zum Außenminister zu berufen, damit für die bevorstehende Phase wichtiger Weichenstellungen der Einfluß der Wirtschaft sichergestellt war. Wiedfeldt signalisierte jedoch erneut ein Nein und schlug seinerseits den Zentrums-Gewerkschafter Adam Stegerwald vor, der seiner Ansicht nach im Ausland mit mehr Sympathie rechnen konnte als ein Industrieller. Wiedfeldt sah in Stegerwald sogar einen Kandidaten für das Kanzleramt; in diesem Fall könne ein Laufbahnbeamter aus dem Auswärtigen Amt den Posten des Außenministers übernehmen und kompetent ausfüllen und Stresemann, der gesundheitliche Probleme hatte, könnte in der Rolle des Vizekanzlers die eigentliche Leitung der Außenpolitik übernehmen. Stinnes hatte Wiedfeldt offenbar über seinen Superplan einer Steuer auf Energieträger und Transporte und eines wirtschaftlichen Völkerbundes ins Bild gesetzt, doch nach Meinung Wiedfeldts würde es mindestens zwei Jahre dauern, ein solches Projekt in Gang zu bringen. In dieser Zeit werde Deutschland gewisse Zahlungen zu leisten haben, und diese müßten durch die Erhebung indirekter Steuern finanziert werden. Dies wiederum lasse sich am besten unter einem aus der Arbeiterbewegung kommenden Kanzler wie Stegerwald durchsetzen.[205]

Stinnes wußte sehr gut, daß Stegerwald, ein durch und durch nationalistisch gesinnter Gewerkschaftsführer, in rechten Kreisen wohlgelitten war; er selbst hatte sich jedoch wohlweislich vor jeder Unterstützung Stegerwalds gehütet, weil «die Bewegung durch seinen Namen sofort kompromittiert» worden wäre.[206] Stinnes und Stresemann arbeiteten also Hand in Hand an der Demontage von Simons, und beide nahmen Kontakt zu Helfferich und anderen DNVP-Größen auf, um die Bildung einer neuen Regierung vorzubereiten. Simons sah sich diesmal nicht mehr in der Lage, den Breitseiten öffentlicher Kritik zu widerstehen, und Fehrenbach teilte sein Los. Doch gestalteten sich der Rücktritt der alten und die Bildung einer neuen Regierung noch schwieriger als erwartet, als Ende April bekannt wurde, daß Lord D'Abernon der deutschen Regierung in Bälde das Londoner Ultimatum übergeben würde, in dem Deutschland aufgefordert wurde, sich zur Zahlung einer Reparationssumme von 132 Milliarden Goldmark zu verpflichten und einen Tilgungsplan vorzulegen.

Dies verlängerte die Agonie der alten, nur noch geschäftsführenden Regierung um einige Tage und sorgte zugleich für ein abruptes Ende der Harmonie zwischen Stinnes und Stresemann. Stinnes war dafür, das Ultimatum abzulehnen, während Stresemann überzeugt war, keiner deutschen Regierung bleibe etwas anderes übrig, als sich dem Diktat zu beugen; er selbst war geneigt, bei einem grundsätzlichen Ja zum Ultimatum in weitere Verhandlungen einzutreten, um möglichst viele Zugeständnisse herauszuholen. In Anbetracht einer so gegensätzlichen Auffassung zum Londoner Ultimatum und angesichts der Tatsache, daß es der Gruppe um Stinnes am 9. Mai gelang, die DVP zur geschlossenen Ablehnung zu bewegen, wurde die Bildung der DVP-geführten Regierung, wie Stinnes und Stresemann sie wenige Wochen zuvor gemeinsam ausgeheckt hatten, zu einem Ding der Unmöglichkeit. Stinnes zählte sich selbst «zu den entschiedensten Vertretern der Neinsager», wußte aber, daß einige andere einflußreiche DVP-Politiker, insbesondere Hans von Raumer, letztlich für eine Annahme des Ultimatums waren und dies mit der Hoffnung verbanden, die Siegermächte würden sich dann für eine Rückgabe des oberschlesischen Industriereviers an Deutschland einsetzen. Stinnes hielt nichts davon, solche Abweichler etwa aus der Partei auszuschließen oder die Abstimmung im Reichstag unter Fraktionszwang durchzuführen. Auf der anderen Seite war er überzeugt, daß «es geradezu ein nationales Unglück gewesen wäre, wenn sich die Rechtsparteien zur Unterschrift bereit erklärt hätten, denn wer unterschrieben habe, dessen Unterschrift sei nicht mehr diskontfähig und käme daher für den Abschluß des wirklichen Friedens kaum mehr in Betracht».[207]

Das war offenkundig ein vernichtendes Urteil über die neue Weimarer Koalitionsregierung unter Joseph Wirth, die am 10. Mai 1921 ins Amt kam und das Londoner Ultimatum akzeptierte – sie war in seinen Augen nur ein Platzhalter, bis die Zeit für die Verwirklichung seiner eigenen Pläne reif war. Stinnes war keiner, der sich durch eine verlorene Runde von seinen langfristigen Zielen abbringen ließ. Die Zuversicht, mit der Edmund an die erfolgreiche Umsetzung der globalen Pläne seines «Papas» und an die Durchsetzung seiner innenpolitischen Ziele glaubte, reflektierte nur den festen Glauben des Seniors an seine Mission. Natürlich war Stinnes klar, daß er nicht alles, was er plante, auf einmal verwirklichen konnte, doch war er fest davon überzeugt, daß die Ziele erreichbar waren, wenn man sich nur bemühte, die passenden Vorbedingungen zu schaffen, und wenn man es vermied, Entscheidungen zu treffen, die vom geraden Weg abwichen und von dem, was wirklich getan werden mußte, ablenkten. In Deutschland glaubte er den Beginn eines Meinungsumschwungs zu sehen, der die Möglichkeit eröffnen würde, innenpolitisch von der Defensive zur Offensive überzugehen; die Durchsetzung seiner Konzepte im Innern würde dann auch den Weg für ihre Umsetzung auf der internationalen Bühne ebnen. Wieder war es Edmund, der die momentane Meinung seines Vaters zu den gegenwärtigen und künftigen Perspektiven artikulierte:

> «Es wird alle Mühe kosten, um die deutsche Bevölkerung – die eigentlich ständig weiter gesundet – durch die Wirtschaftskrise zu ziehen, trotz Moskau, Entente, Arbeitslosigkeit, unfähigen Regierungen und verlogenen Berufsparlamentariern. Ein Gutes wird aber auch das Warenüberangebot haben, wir werden zunehmend mehr die Zwangswirtschaft los. Braunkohle ist schon mehr als genug da und bald sogar auch Steinkohle. Haben wir noch auf weiteren Gebieten freie Wirtschaft, beginnt die Entstaatlichung und die Entkommunalisierung, so wird auch dort Ordnung kommen und dann auch die Frage der Ordnung der Finanzen – gleichzeitig mit den Kriegsentschädigungen reif werden, doch das ist noch ein weiter Weg; beschissen ist er aber.»[208]

Vieles deutete darauf hin, daß für Stinnes das Ziel der Privatisierung allmählich Vorrang vor dem Kampf gegen die Sozialisierung gewann. Schon mit der Übernahme der Braunschweigischen Kohlenbergwerke hatte er, wie an anderer Stelle gezeigt, den Plänen für den Bau eines staatlichen Großkraftwerks in Hannover einen empfindlichen Schlag versetzt. Ende April 1921 traf er sich mit Vertretern des Reichsschatzministeriums und den Regierungen von Preußen und Braunschweig zu Verhandlungen über den Bau eines kleineren, aber ausbaufähigen Kraftwerks auf dem Gelände der Zeche Treue, das unter Leitung der Braunschweigischen Kohlenbergwerken betrieben werden und an dem sie mit 26 Prozent beteiligt sein sollte. Ein solches Kraftwerk würde statt 70 nur 20 Millionen Mark kosten und mittels eines von Staat und Kommunen verbürgten Kredits finanziert. Die braunschweigische Regierung sollte sich im Gegenzug verpflichten, ihre Sozialisierungspläne zu begraben. Es war Stinnes somit gelungen, eine Abtrennung der Zeche vom Rest des Unternehmens zu verhindern und die Interessen Braunschweigs und Preußens gegeneinander auszuspielen. Doch das war nur ein Schritt auf ein größeres Ziel zu, das er in einem Brief an Salomonsohn wie folgt skizzierte: «Ich glaube, daß sich in Mitteldeutschland ein großes gemischtwirtschaftliches Unternehmen nach Art des Rheinisch-Westfälischen Elektrizitätswerkes und gestützt auf die Braunschweigischen Kohlenbergwerke wird herausbilden lassen, sodaß auch vom Standpunkt Siemens-Schuckert die Braunschweigischen Kohlenbergwerke ein besonderes Interesse gewinnen.»[209]

Die Zusammenarbeit zwischen Stinnes und Siemens zielte nicht nur darauf ab, Sozialisierungen zu verhindern, sondern bereits vollzogene Verstaatlichungen wieder rückgängig zu machen. So meldeten sie etwa ihr Interesse an einer Reprivatisierung der Berliner Straßenbahnen an, die das größte Straßenbahnnetz der Welt betrieben, 1920 anläßlich der Schaffung Groß-Berlins verstaatlicht worden waren und schon Anfang 1921 in einem tiefen finanziellen Schlamassel steckten. Sowohl Henrich als auch Siemens hatten sich in dieser Sache an Stinnes gewandt, und die Rede war jetzt von einer Reprivatisierung nicht nur der Straßenbahnen, sondern der gesamten Berliner Versorgungsbetriebe unter der Ägide von Siemens, AEG und anderen führenden Berliner Firmen und Banken. Von der Berliner Stadtverwaltung hatten sie eine so schlechte Meinung, daß sie das Modell eines staatlich-privaten gemischtwirtschaftlichen Unternehmens nicht einmal in Erwägung ziehen wollten. Auch Stinnes war der Meinung, es sei «unbedingt richtig …, wenn gegen die Stadt Berlin eine Einheitsfront gebildet wird», und sagte seine Unterstützung zu, auch wenn er nicht glaubte, daß das RWE, an das die Beschwerdeführer sich ebenfalls gewandt hatten, einen Beitrag zur Lösung des Problems leisten konnte.[210]

Stinnes war so entschieden wie eh und je für die Abschaffung staatlicher Kontrollen, insbesondere auf dem Im- und Exportsektor und für jede Maßnahme, die geeignet war, zu mehr produktiver Aktivität im privaten Sektor zu führen. Er hielt solche Maßnahmen gerade als Antwort auf die verhängten Sanktionen für besonders wichtig und blieb bei dieser Überzeugung auch noch, nachdem Deutschland das Ultimatum angenommen hatte. Eine Aufhebung der Exportkontrollen würde Deutschland in die Lage versetzen, die für deutsche Anbieter günstigen Marktchancen im Ausland zu nutzen, solange sie währten; zugleich könnte mit Steuervorteilen und niedrigen Hypothekenzinsen die Bautätigkeit und die landwirtschaftliche Erzeugung angekurbelt werden.[211]

Es wäre ein Fehler, hieraus den Schluß zu ziehen, daß Stinnes eine arbeitnehmerfeindliche Politik gepredigt hätte oder auch nur für deflationäre Maßnahmen eingetreten wäre. Er plädierte vielmehr nach wie vor für Großzügigkeit bei den Löhnen und geriet darüber sogar mit Vögler aneinander. Die relative Stabilisierung hatte zu einem Verfall der Preise geführt, und Vögler forderte Ende Mai 1921 eine Senkung der Arbeitslöhne in der Eisenindustrie. Als dieses Thema bei einem Treffen mit Gewerkschaftsführern in der ZAG zur Sprache kam, konfrontierten seine Gesprächspartner ihn zu seiner Überraschung mit der Behauptung, Stinnes habe sich gegen Lohnkürzungen im Bereich der Exportproduktion ausgesprochen. Stinnes selbst konnte sich zwar nur daran erinnern, für einen Wegfall der Preiskontrollen eingetreten zu sein, räumte aber ein, daß die Gewerkschafter seine Position in der Lohnfrage richtig gedeutet hatten:

> «Wie Ihnen bekannt ist, habe ich im Kriege und nach dem Kriege zu wiederholten Malen den Standpunkt vertreten, daß uns die angeblich hohen Löhne in der Industrie gegenüber dem Auslande nicht konkurrenzunfähig machen, solange ein Arbeiter bei uns in der Achtstundenschicht ungefähr soviel verdient wie in Amerika ein Arbeiter in einer Stunde, sofern er voll arbeitet.
>
> In der letzten Zeit hat sich die Situation verschoben, indem in Amerika eine 20–25%ige Lohnreduktion stattgefunden hat und außerdem die Mark im großen und ganzen etwas stabiler geworden ist.
>
> Nichtsdestoweniger bin ich auch heute noch der Ansicht, daß ein Abbau der Löhne in Deutschland im allgemeinen nicht nötig und nicht am Platze ist, da immer noch die Lohnhöhe in Amerika und Deutschland, und ähnlich auch in England, sich wie 1:4 verhält.»[212]

Was die Preise betraf, so vertrat Stinnes die Auffassung, es sei vielleicht wieder an der Zeit, Syndikate zu bilden, damit die deutschen Konzerne aufhörten, ihre Erzeugnisse zu Schleuderpreisen auf den Markt zu werfen. Das überzeugte Vögler indes nicht; seiner Meinung nach war die deutsche Wirtschaft im Grunde nicht mehr wettbewerbsfähig, Großaufträge würden ihr von den Belgiern und den Amerikanern weggeschnappt, und die Arbeitsproduktivität sei in den USA wesentlich höher. Er vertrat auch den Standpunkt, daß die Löhne zumindest der ledigen Arbeiter zurückgeschraubt werden müßten, denn man sehe die gesamte nachwachsende Arbeitergeneration abends in den «Kneipen» und auf den Versammlungen der Kommunisten.[213]

Diese Diskussion über die Löhne lief vor einem sich allmählich verändernden Hintergrund ab: Die Regierung Wirth machte sich zu dieser Zeit auf die Suche nach Mitteln und Wegen der praktischen Umsetzung ihrer Erfüllungspolitik und der Beschaffung der Mittel für die Überweisung der ersten Reparationsrate in Höhe von 1 Milliarde Mark Ende August 1921. Aus der Sicht Stinnes' und der anderen Industriellen nahm sich das alles höchst beunruhigend und frustrierend aus. Da gab es auf der einen Seite den neuen sozialdemokratischen Wirtschaftsminister Robert Schmidt, der von seinem Staatssekretär Julius Hirsch die Idee einer «Erfassung der Sachwerte» übernommen hatte, wohinter sich die Abtretung einer 20%igen Hypothek auf alle privaten Produktivvermögenswerte in Deutschland verbarg, ein Kunstgriff, um die benötigten Mittel beschaffen zu können, ohne sich den Unwägbarkeiten des Steueraufkommens in diesen inflationären Zeiten auszusetzen. Da war auf der anderen Seite Reichsbankpräsident Havenstein, der in dem verzweifelten Bemühen, an Devisen für die bevorstehende Abschlagszahlung zu kommen, bei allen möglichen Unternehmen und Konzernen hausieren ging. Der einzige Hoffnungsträger in den Reihen der neuen Regierung war der allerdings umstrittene Walther Rathenau, der am 28. Mai den Posten des Wiederaufbauministers übernommen hatte und zu dessen Aufgaben es gehörte, ein Programm für Naturallieferungen zusammenzustellen, das geeignet sein würde, zugleich die Forderung der Siegermächte nach Wiederaufbau der verwüsteten Gebiete Frankreichs zu erfüllen und Deutschland wenigstens teilweise von seinen Barzahlungspflichten zu entlasten. Rathenau gehörte der DDP an und hatte sich, ehe er den Posten übernahm, mit führenden Industriellen aus dem Umkreis der DVP beraten, um sich ihrer Unterstützung zu versichern. Am 2. Juni hatte er ein persönliches Gespräch mit Stinnes geführt, nur Stunden vor seiner ersten Reichstagsrede. Wie Stinnes Monate später in einem Brief an Rathenau resümierte, «haben Sie mir den Wunsch ausgedrückt, die Industrie und deren Vertreter in der Volkspartei möchten durch Angriffe Sie nicht hindern, im Auslande erfolgreich tätig zu sein».[214] Stinnes bekräftigte seine Zusage, diesem Wunsch zu entsprechen, und es schien so, als sehe Rathenau seine Rolle als die eines Interessenvertreters der Wirtschaft im Kabinett.

Mit dem Amtsantritt der Regierung Wirth sahen sich Stinnes und die DVP zumindest für einige Zeit in eine politische Zuschauerrolle gedrängt. Stinnes traf es sogar noch schlimmer: Ende Juli erlitt er in der Nähe von Wiesbaden einen schweren Autounfall. Auch Nora und ihr kleiner Sohn waren im Auto, trugen aber nur geringfügige Verletzungen davon. Wie Stinnes seinen engsten Freunden mitteilte, war der Unfall schlimmer verlaufen, als es in der Presse zu lesen gewesen war, und hätte sogar tödlich ausgehen können. Er hatte Verletzungen an Kopf und Knie erlitten und mußte mit neun Stichen genäht werden; die Ärzte hatten ihn angewiesen, den August hindurch das Bett zu hüten und sich frühestens Mitte September wieder voll in die Arbeit zu stürzen. Allem Anschein nach verbrachte Stinnes zwar die ersten beiden Septemberwochen in Asa, erholte sich davor jedoch die meiste Zeit auf der Heimburg, wo er die letzten Julitage und den gesamten August (mit Ausnahme einer kurzen Berlinreise am Monatsende) verbrachte. Er erhielt natürlich während dieser Zeit regelmäßig politische und geschäftliche Neuigkeiten, korrespondierte mit seinen Assistenten und empfing auch Gäste, sobald seine Verfassung es zuließ.[215]

Einer der Besucher war Vögler, dem diese Reise aber gesundheitlich nicht gut bekam, denn er wurde von Mücken gestochen und mußte wegen einer allergischen Reaktion oder Infektion ärztlich behandelt werden. Ein sehr besorgter Besucher war der alte Kirdorf, dessen Gegenwart Stinnes offenbar große Freude bereitete und der sich bei dieser Gelegenheit als «wirklich treuer Freund» bewährte. Kirdorf beschwor das Schreckbild herauf, beide, Stinnes und Vögler, auf einmal zu verlieren, in welchem Falle, wie Stinnes amüsiert bemerkte, «die IG und er ... sich ... wie der Greis auf dem Dach gefühlt haben [würden]».[216]

Ende August weilten auch Humann und seine Frau als Gäste der Familie Stinnes auf der Heimburg, und Humann registrierte mit Freude, daß es Stinnes besser ging und auch der «Medizinmann» eine günstige Prognose abgab. In einem schwärmerischen Dankesbrief rekapitulierte Humann die Freuden des Heimburg-Aufenthalts: den «wundervolle[n] deutsche[n] Strom, die Abgeschlossenheit vom unruhevollen Treiben der Welt, die Stunden ungestörter Aussprache, die gastfreundliche Aufnahme im Kreise der Ihrigen ...»[217]

Die Zwangspause war vielleicht segensreich für die Gesundheit von Hugo Stinnes, jedenfalls aber gab sie ihm die Chance, Kräfte für die Stürme des kommenden Herbstes zu sammeln. Als Beobachter der Ereignisse aus der Distanz legte Stinnes ein bemerkenswert fröhliches Temperament an den Tag. Zwar gab es Dinge, die auf seine Stimmung drückten, wie die wiederholten Berichte über die Finanzprobleme der Alpine, der die Entwertung des österreichischen Schillings sehr zu schaffen machte und die sich schließlich nicht einmal mehr leisten konnte, deutsche Kohle zum deutschen Inlandspreis zu beziehen.[218] Als Tirpitz sich nach dem Gang seiner Geschäfte erkundigte, fühlte Stinnes sich dennoch bemüßigt zu erklären, sie liefen «hervorragend». In Briefen an Tirpitz und den Agrarfunktionär Gustav Roesicke, mit dem ihn eine politische Freundschaft verband, bekundete er seine große Freude darüber, daß seine Schiffe *Hindenburg*, *Ludendorff* und *Tirpitz* auf ihren Jungfernfahrten nach Südamerika auch in den Häfen ehemaliger Kriegsgegner eine freundliche Aufnahme gefunden hatten. Der designierte Staatspräsident von Brasilien hatte der *Tirpitz* sogar einen Bordbesuch abgestattet, und die Bemühungen der Leipziger Sozialdemokraten, argentinische Dockarbeiter zu einer Protestaktion gegen die *Ludendorff* zu bewegen, waren kläglich gescheitert.[219]

Besonders euphorisch äußerte sich Stinnes über seine Zukunftsaussichten in London; wie er in einem Schreiben an Tirpitz am 16. August berichtete:

> «Mein Junior war letzte Woche in London und ist in einer Weise empfangen worden, die eigentlich für einen so jungen Mann ganz unerhört ist.
>
> Der bisherige englische Munitionsminister Lord Inverforth (Inhaber von Andrew Weir) hat ihn persönlich auf sein Landgut abgeholt, dadurch entging er einem für ihn arrangierten dinner mit dem Lord Chancellor. McKenna unterbrach seinetwegen eine Sitzung, um sich eine halbe Stunde [mit ihm] zu unterhalten und alle meine Herren sind der Meinung, daß für mich in Zukunft in London nur Hugo Stinnes Ltd. als Vertreterfirma wieder in Betracht kommen könne, da ich zurzeit in dem offiziellen England eine durchaus populäre Persönlichkeit geworden sei.
>
> Erste Londoner Firmen haben mir 50% Beteiligung mit Eintritt en nom in ihre Firma angeboten, z.B. Kohlenzechenbesitzer.
>
> Ich sage das nicht mit falschem Stolz, sondern weil ich nun die Hoffnung näher gerückt sehe, in diesen Ländern, wo man die unsinnige Nachkriegspolitik mehr und mehr einsieht, in gewissem Sinne Einfluß nehmen zu können.»

So gut die Vorzeichen stehen mochten, Stinnes war dennoch überzeugt, daß noch viel zu tun war. «Für eine gute, feste Regierung sind wir innen- und außenpolitisch noch nicht reif. Deshalb würde ich auch frühzeitige Neuwahlen bedauern.» Die Nachrichten aus Berlin stießen ihm, wie Osius es Ende Juli ausdrückte, wie «saure Gurken» auf. Die Regierung tat sich schwer mit der Ausarbeitung neuer Besteuerungsmodelle, weil auf Beschwerden über eine zu große Belastung der Landwirtschaft und über eine unbillige Besteuerung von Industrie und Handel Rücksicht genommen werden mußte und andererseits der Plan einer Erfassung der Sachwerte noch nicht vom Tisch war. Um dieselbe Zeit berichtete Vögler mit Abscheu über die Bemühungen Havensteins, für die im August anstehende Reparationszahlung Devisen aufzutreiben:

«Es ist doch schließlich nur Sand in die Augen gestreut, wenn man jetzt die Wirtschaftskreise anpumpt und dann nach einiger Zeit stolz verkündet, wir haben pünktlich die erste Milliarde abgeliefert. In Wirklichkeit stellt sich doch wohl immer mehr heraus, daß selbst die ersten verhältnismäßig noch bescheidenen Summen nicht aufzubringen sind.»[220]

Vögler sollte mit seiner Befürchtung recht behalten: Die benötigte Summe zusammenzukratzen erwies sich als ein nahezu theatralisches Unterfangen, doch die Zahlung zu verweigern war zu diesem Zeitpunkt nicht mehr möglich, und Vögler und Stinnes waren zweifellos der Meinung, daß das Ganze eine lehrreiche Übung für die Regierung – wenn auch eine kostspielige und ärgerliche Erfahrung für die Wirtschaft – war.[221]

Vögler registrierte auch die immer heftiger werdenden Lohnforderungen der Arbeiter mit gewohnt großer Sorge, zumal die erste Reparationszahlung die Gewerkschaften offenkundig veranlaßte, jede Zurückhaltung aufzugeben. Stinnes sah aus sowohl wirtschaftlichen wie taktischen Gründen keinen Anlaß zu großer Beunruhigung und wiederholte seine Argumente vom Mai im August gegenüber Kirdorf und Vögler mit noch größerer Eindringlichkeit: Da die Preise im Steigen begriffen seien, müßten auch die Löhne der Bergleute im gleichen Maß steigen, «selbstverständlich gegen entsprechende Erhöhung der Kohlenpreise». Stinnes betonte, daß es wichtig sei, sich hier die Mithilfe der Arbeitsgemeinschaft zu sichern und auch die ZAG mit ins Boot zu holen. Gleich wie man zu der Lohnfrage stehe, man müsse auf jeden Fall den Realitäten ins Auge sehen:

«Es besteht meines Erachtens keine Aussicht, daß in absehbarer Zeit die Zahlungskraft der Mark steigen wird, und nicht bloß ist das Brot teuer geworden, sondern wir werden auch mit einer wesentlichen Verteuerung von Fett, Milch, Kleidung usw. rechnen müssen, für die eine angemessene Erhöhung gewährt werden kann und gewährt werden muß.

Die Bergleute erhalten heute eine Löhnung, die noch nicht equivalent ist einem Einkommen von drei Goldmark.

Wer die Zwangswirtschaft abbauen und damit die Voraussetzung einer gesunden Entwicklung der deutschen Volkswirtschaft geben will, muß diesen Verhältnissen Rechnung tragen, auch auf Grund der allseitig gegebenen Erklärungen der Industrievertreter in der Zentralarbeitsgemeinschaft. Insbesondere die Kohlen- und Eisenindustrie muß meines Erachtens diese Frage objektiv und gerecht prüfen und behandeln, da eine falsche Behandlung dieser Frage unbedingt den verhängnisvollen Steuerplänen der Regierung hinsichtlich der Beteiligung gerade in diesen Industrien Vorschub leisten wird.»[222]

Vögler fand die von Stinnes angestellten Lohnberechnungen nach wie vor nicht überzeugend; seiner Meinung nach waren die Lohnforderungen weitgehend politisch motiviert, und er behauptete, die ziemlich kleinlauten Gewerkschaftsführer, mit denen er es in der ZAG zu tun hatte, teilten diese Ansicht. Auf der anderen Seite entging auch ihm nicht, daß die Geschäfte sowohl im Inland wie im Ausland auf Hochtouren liefen.[223] Ganz und gar einer Meinung mit Stinnes war er jedoch, was dessen Bedenken gegen das Besteuerungsprogramm der Regierung betraf, und tiefe Sorge bereitete ihm auch die Tatsache, daß einige ihrer Industriekollegen nicht abgeneigt schienen, ein gewisses Maß an staatlicher Mitsprache in der Wirtschaft zu akzeptieren. Nicht nur Rathenau war für eine solche Partnerschaft, sondern auch Sorge, Hans Kraemer, Borsig, Deutsch und andere wichtige Industrielle schienen sich mit der Idee angefreundet zu haben, während der ewige Taktiker von Raumer den Vorschlag ins Spiel brachte, daß auch Landwirte und Grundbesitzer dieses Opfer bringen müßten. Raumer ging dabei von dem Kalkül aus, daß die Regierung Wirth es nie darauf ankommen lassen würde, sich mit Bauern und Hausbesitzern anzulegen, und daß sie deswegen auch die Industrie verschonen werde; Vögler hielt dies für eine sehr gefährliche Taktik. Seiner Überzeugung nach durften gar keine Zugeständnisse gemacht werden. Er erinnerte von Raumer an die noch vor wenigen Monaten so akut gewesene Kampagne um die Sozialisierung, bei der ebenfalls einige aus den Reihen der Wirtschaft für Zugeständnisse plädiert hätten, um die Linksparteien zu besänftigen und kein Aufwallen antikapitalistischer Stimmungen bei den nachfolgenden Wahlen zu provozieren. Er sprach damit Stinnes aus dem Herzen, der an den Rand der Vöglerschen Darlegungen schrieb: «Ganz meine Meinung.»[224]

Vögler war in höchster Alarmstimmung und gewann sehr bald den Eindruck, daß von Raumer völlig im Banne Rathenaus und hinter der Erfüllungspolitik stand. Dagegen kam Vögler allmählich zu der Überzeugung, daß alle, die der Erfüllung das Wort geredet hatten, aus der DVP ausgeschlossen werden müßten. Für diesen Standpunkt konnte sich Stinnes, wie gesehen, nicht erwärmen, und als von Raumer zu Besuch auf die Heimburg kam, entstand bei Stinnes das Gefühl, Vögler habe dessen Ansichten zu sehr dramatisiert. Nach Meinung von Stinnes kam es vor allem darauf an, daß man gegen die Erfüllungspolitik und die Steuerpläne die taktisch richtigen Wege beschritt. Die Veröffentlichung eines Beitrags von Keynes in der *DAZ* kam da gerade recht, um als Beweismittel dafür zu dienen, daß ein auf die Erfüllung der Reparationsforderungen beruhendes Wirtschaftsprogramm eine Absurdität war. Als ebenso wichtig bezeichnete es Stinnes, in der Steuerfrage eine klare taktische Linie zu verfolgen und insbesondere die Verschwendung in Staatsbetrieben anzuprangern:

> «Wiederholt rate ich, mit allem Nachdruck die Beseitigung der Luderwirtschaft in den staatlichen und stadtlichen Betrieben an die Spitze vor jeder Steuerbewilligung zu stellen, denn erst danach läßt sich übersehen, was überhaupt an Steuern erforderlich ist.
>
> Dabei muß sorgfältig unterschieden werden zwischen Steuern für das innere Budget und zwischen Steuern zur Deckung von äußeren Lasten in Gold. Letztere hängen, wie die Verhältnisse sich gestaltet haben, absolut von unserer Zahlungs- bezw. Handelsbilanz ab, erstere in erster Linie von unserer sparsamen geordneten inneren Verwaltung. Letztere, d.h. die geordnete Verwaltung, läßt sich durchführen und muß durchgeführt werden, bevor auch nur ein Pfennig weiter bewilligt wird. Die Entlastung nach außen wird eintreten, wenn die Welt eingesehen haben wird, daß sie ohne Abtragung aller Kriegskosten zu gemeinsamen Lasten zu einer geordneten Weltwirtschaft nicht wieder kommen kann.»[225]

Noch deutlicher hatte Stinnes seine Absichten in einem Brief an Bücher vom RdI artikuliert; darin hatte er gefordert, «daß der demokratische Staat zunächst die Hauptursachen seiner Defizitwirtschaft beseitigt, indem er die Staatsbetriebe in Privatbetriebe umwandelt».[226] Aus dem Besteuerungsprogramm, das als Reaktion auf das Londoner Ultimatum auf die Tagesordnung gesetzt worden war, wurde bei Stinnes auf diese Weise ein Privatisierungsprogramm. Es war dies eine Variante derselben Taktik, die er schon während der Sozialisierungs-Debatte angewandt hatte. So wie er damals unter dem Stichwort der vertikalen Konzentration eine Gegenoffensive gestartet hatte, propagierte er jetzt die Privatisierung als Alternative zu der von der Regierung gewollten Erfassung der Sachwerte.

Und auch hier war es wieder Rathenau, der eine andere Option präsentierte. Für Vögler war das große Problem nicht so sehr das Taktieren von Raumers und die Befürchtung, daß es das Gegenteil bewirken könnte, als vielmehr das Dazwischenfunken Rathenaus, der sich für einen Einstieg des Staates in Großunternehmen durch Ausgabe von Obligationen stark machte und mit dem französischen Minister für die verwüsteten Gebiete, Louis Loucheur, über ein mögliches System von Naturalentschädigungen verhandelt hatte. Rathenau hatte sich bemüht, seine Industriekollegen über diese Verhandlungen auf dem laufenden zu halten und hatte Stinnes für Mitte August zu einem Treffen eingeladen, bei dem dieses Thema erörtert werden sollte. Stinnes war zu diesem Zeitpunkt aber noch nicht reisefähig, und so lud er Rathenau und Loucheur zu einem informellen Besuch auf die Heimburg ein. Da das Treffen in Wiesbaden stattfand, war diese Einladung durchaus praktikabel, und Rathenau war bereit, davon Gebrauch zu machen, wenn es sich einrichten ließ. Er wollte Stinnes bei dieser Gelegenheit auch über seine Bemühungen unterrichten, durch Verhandlungen mit den Franzosen Oberschlesien zurückzugewinnen, ein Versuch, dessen Ausgang er als wichtig für den weiteren Verlauf der Verhandlungen mit den Franzosen erachtete. Es gibt jedoch keinen Hinweis darauf, daß Rathenau die Heimburg besuchte, während Stinnes sich dort von seinem Unfall erholte. Vögler jedenfalls fand keinen Gefallen an dem, was er über die Position Rathenaus in der Steuerfrage und über dessen finanzielle Vereinbarungen mit Loucheur zu hören bekam, und drängte Stinnes, in beiden Fragen Druck auf Rathenau auszuüben.[227]

Während Stinnes seine Rekonvaleszenz mit einem Ferienaufenthalt in Asa abschloß, bevor er in der letzten Septemberwoche nach Berlin und an den Schreibtisch zurückkehrte, spitzte sich die politische Lage in Deutschland zu. Die Ermordung von Stinnes' altem Gegenspieler Matthias Erzberger durch einen rechtsradikalen Attentäter am 29. August trug sicherlich zu einer angespannten Stimmung bei. Stinnes hieß politische Mordanschläge zwar nicht gut, trauerte aber Leuten, die er haßte, nicht nach, wie wir schon am Beispiel Wermuth gesehen haben. Auch in seinem engsten Umkreis regte sich kein Mitgefühl. Vögler übermittelte ihm die Nachricht von dem Attentat in sachlichem Ton und äußerte die Vermutung, daß die Linke politisches Kapital daraus schlagen werde, daß aber wohl kaum mit ernstlichen politischen Konsequenzen zu rechnen sei.[228] Humann kommentierte das Ereignis mit geradezu eisiger Ungerührtheit; seiner Ansicht nach hatte sich Erzberger durch seinen Mangel an «psychologischem Verständnis», der für einen «erfolgreichen Demagogen» wichtigsten Eigenschaft, selbst einem solchen Schicksal ausgeliefert. Er äußerte die Befürchtung, Wirth werde auf den Tod seines «Lehrmeisters und Busenfreundes» mit Repressalien gegen die Rechte reagieren und werde damit womöglich die politischen Kräfte spalten, deren Einheit Stinnes und Humann anstrebten. Dies würde zwangsläufig Konsequenzen für die *DAZ* nach sich ziehen, die für die Unterstützung einer solchen Politik unmöglich ihre Überzeugungen opfern könne.[229]

Humann verlor bemerkenswerterweise kein Wort über die Attacken in der rechten Presse und in anderen öffentlichen Foren, mit denen die Stimmung gegen Erzberger angeheizt worden war; statt dessen berichtete er euphorisch über seinen jüngsten Besuch in Bayern, wo er sich mit dem Forstrat Escherich getroffen, die Bereitschaft des Bürgertums, sich nötigenfalls mit der Waffe zu verteidigen, registriert und mit General von Lossow gesprochen hatte, dem künftigen Reichswehr-Befehlshaber in Bayern. Escherich hatte übrigens vor, Stinnes in Asa einen Besuch abzustatten.

Während Stinnes und Humann offenkundig bereit waren, im trüben Wasser der rechten Szene zu fischen, reagierten sie auf der anderen Seite sehr sensibel auf die sich um diese Zeit häufenden Attacken gegen Stinnes in der linken Presse. Der Geschäftsführer des RdI, Geheimrat Bücher, beklagte sich Anfang September bei Kanzler Wirth über diese «gehässige» Kampagne und bat den Kanzler, die Deutschen mit der Autorität seines Amtes «auf die Bedeutung von H[ugo]

St[innes] für die gesamte Wirtschaft» hinzuweisen. Wirth antwortete darauf mit der Anregung, daß Stinnes, falls er die *DAZ* verkaufe, so daß sie zu einer echten Regierungszeitung würde, vielleicht weniger angreifbar wäre. Bücher schien an dieser Idee Gefallen zu finden und bestätigte, daß es von Vorteil wäre, wenn Stinnes sich von der politischen Front zurückzöge. Humann hielt davon gar nichts. «Wenn dies bekannt würde», kommentierte er, «so würde erst recht eine Hetze gegen Herrn Stinnes losgehen und ihm vorgeworfen werden, daß er sich zum ungekrönten Herrscher von Deutschland aufwerfen wolle».[230]

An diversen Orten wurde offenbar die Erwartung und Hoffnung gepflegt, Stinnes werde die *DAZ* als Belastung und politische Hypothek empfinden. Anders als Hugenberg, der sich voll und ganz dem Mediengeschäft und der Politik widmete, hatte Stinnes noch anderes zu tun und war kein politischer Fanatiker. Humann hingegen war unermüdlich in seinem Einsatz für die *DAZ*, und Stinnes' Interesse daran, die Zeitung für seine Zwecke einzuspannen, schien mit der Zeit eher größer als geringer zu werden. Dazu kam, daß die Zeitung florierte. Stinnes und Humann einigten sich darauf, den Preis für das Monatsabonnement bei 12 Mark zu belassen, trotz der sich beschleunigenden Inflation. Wie Humann erklärte:

> «Der niedrige Preis ist ein starkes Anziehungsmittel für diejenigen Kreise, die wir uns als Leser unbedingt erhalten wollten: das sind die verarmten bezw, verarmenden intellektuellen Schichten unseres Volkes. Diese Schichten bleiben – gleichgültig ob zeitweilig oben oder unten – stets der wertvollste Bestandteil unserer Nation, denn aus ihnen werden im großen Ganzen die Führer und Schrittmacher unserer Zukunft hervorgehen.»[231]

Als es notwendig wurde, den Umfang der Zeitung zu beschneiden, entschied Humann sich dafür, den Sportteil zu verkleinern und die Teile zu stärken, von denen man annehmen konnte, daß sie bei dem beschriebenen Personenkreis Anklang finden würden. Die passenden Mitarbeiter zu finden war nicht immer leicht, doch Humann erwies sich hierin als außerordentlich kreativ, was sicherlich nicht wenig zum Erfolg der Zeitung beitrug. So engagierte er zum Beispiel als außenpolitischen Redakteur Professor Paul Lensch, den früheren Herausgeber der *Leipziger Volkszeitung*, der sich besonders für internationale Politik interessierte, sich im Krieg dem annexionistischen Lager angeschlossen hatte und von seinen Kritikern innerhalb der Sozialdemokratischen Partei als «Nationalsozialist» bezeichnet wurde. All dies sprach in den Augen Humanns, und offenbar auch Stinnes', für ihn. Stinnes fand es beklagenswert, daß unter dem alten Regime das Bürgertum nicht zu einer ernsthaften Beschäftigung mit auswärtigen Angelegenheit angehalten worden war, so daß im demokratischen Deutschland nur die Sozialdemokraten eine internationale Perspektive zu haben schienen.

Die *DAZ* gab verständlicherweise Meldungen und Berichten über das Reederei- und Transportwesen viel Raum, wie sie überhaupt einen starken Wirtschaftsteil hatte. Dennoch erwies es sich als sehr schwierig, einen leitenden

Redakteur für diesen Teil zu finden. Stinnes hatte gehofft, Jutzi dafür gewinnen zu können, der für ihn lange Zeit in Köln brauchbare Artikel geschrieben hatte, doch Jutzi war mit der Firma Otto Wolff verbunden, die zu Stinnes in nicht gerade freundlicher Konkurrenz stand, und forderte auch zuviel Geld. Andere Kandidaten sorgten sich um ihre Unabhängigkeit und waren zudem nicht sicher, ob die Verbindung zwischen Stinnes und *DAZ* von Dauer sein würde. Humann hatte übrigens Probleme, mit der *DAZ* in Süddeutschland Fuß zu fassen, wo Reusch und die Haniel-Gruppe mit Geschick eine starke Stellung aufbauten. In Berlin hingegen hatte sich die *DAZ* bis zum Herbst 1921 fest etabliert und war zu einem machtvollen Werkzeug in den Händen von Stinnes geworden, das er nicht aufzugeben gewillt war.[232]

Akut wurde der Einsatz dieses Werkzeugs, als die Regierung Wirth die deutsche Industrie mit immer größerer Ungeduld bedrängte, einen Beitrag zu den Reparationszahlungen und zur Erfüllung der deutschen Verpflichtungen zu leisten. Anfang September hatte der RdI dem Plan eine Absage erteilt, der Wirtschaft durch eine Erfassung der Sachwerte oder durch die Ausgabe von Obligationen einen Teil der Lasten aufzubürden. Auf der anderen Seite hatten Geheimrat Bücher, der Papierindustrielle Hans Kraemer, Carl Duisberg und andere führende Köpfe des RdI das Gefühl, sie müßten der Regierung bei der Beschaffung von eineinhalb Milliarden Mark behilflich sein, notfalls durch Nutzung des Kredits, den die Wirtschaft im Ausland besaß, da es andernfalls zu einer Neuauflage der turbulenten Tragikomödie um die Finanzierung der ersten Reparationsrate Ende August kommen würde, mit der Gefahr eines Zusammenbruches der Währung und der Wirtschaft. Sie machten den Vorschlag, die Wirtschaft könne die benötigten Devisen im Vorgriff auf künftige Steuerzahlungen zur Verfügung stellen; anderenfalls könnte Wirth, so fürchteten sie, auf den Gedanken kommen, unter Einschluß der gesamten Linken ein neues Kabinett zu bilden, dem Männer wie der Unabhängige Sozialdemokrat Crispien angehören würden und das unter dem Deckmantel der «Erfassung von Sachwerten» die Wirtschaft zu Tode verstaatlichen würde. Die große Frage für alle diese Industriellen lautete jedoch, ob Stinnes sich ihnen anschließen würde – ein weiteres Indiz für seine immense Macht und Autorität. Er erhielt denn auch Briefe von Bücher und Kraemer, in denen sie ihre Gedankengänge und ihr Programm erläuterten und ihn um seine Unterstützung baten.[233]

Er gewährte ihnen keine. Zwar war auch Stinnes der Meinung, daß ein Sturz der Regierung im Augenblick nicht wünschenswert sei – nicht weil er ein Linksregime fürchtete, sondern «weil ich der Meinung bin, daß diejenigen Leute, die das Ultimatum angenommen haben, auch die Konsequenzen aus der Annahme ausbaden müssen, und ferner weil ich die Entscheidung der oberschlesischen Frage nicht beschwert sehen möchte mit einer Kabinettskrise im Reich».[234] Vorderhand solle die Regierung ruhig von der Hand in den Mund leben, wenn sie unbedingt ihre Reparationsraten bezahlen wolle. Durch den Wertverlust der Mark sei eine gute Konjunktur entstanden, und es würden genügend Devisen hereinkommen, um eine Lösung der dringlichsten Probleme zu ermöglichen. Was jedoch den Bücher-Kraemer-Plan betraf, so wies Stinnes ihn weit von sich:

> «Ich bin nicht gewillt, der jetzigen Regierung, und ich möchte sagen überhaupt einer Regierung, wie wir sie seit dem Umsturz gehabt haben, in der Vorwegbelastung der Sachwerte auch nur den geringsten Schritt entgegenzukommen, da wir damit den letzten Pfeiler deutscher Volkswirtschaft unrettbar und für nichts zerstören.»

Stinnes stellte die Forderung, der Industrie dürften keine größeren Belastungen aufgebürdet werden als der Landwirtschaft und den Grund- und Hausbesitzern, eine Bedingung, deren Unerfüllbarkeit er selbst zugab; er sagte voraus, die Regierung werde nichts weiter erreichen als eine sinnlose Geldvergeudung und einen schweren Rückschlag für den Kredit der deutschen Wirtschaft im Ausland. Er hielt Kraemer vor, es sei naiv, zu glauben, man könne sich auf Garantien der Regierung verlassen. Es gebe nur eine Möglichkeit der reellen Erfassung von Sachwerten, nämlich «daß die Staatsbetriebe und auch die Kommunalbetriebe aufgegeben werden, bzw. der Privatwirtschaft übereignet werden. Damit würde zunächst der innere Etat ohne wesentliche neue Steuern in Ordnung gebracht werden können und bei der privat-wirtschaftlichen Exploitation von Eisenbahnen, Post, Forst, usw. würden sich wahrscheinlich ... Überschüsse in Gold erzielen lassen, sodaß die übernehmende deutsche Unternehmergruppe auch in der Lage wäre, gewisse mäßige Goldlieferungsverpflichtungen zu übernehmen.» Zusätzlich müsse die Regierung verbindlich zusagen, daß überflüssige Beamte, Angestellte und Arbeiter aus dem Justiz- und Verwaltungsapparat entfernt würden.

Stinnes war sich sicher, daß die Siegermächte in ihrem eigenen wirtschaftlichen Interesse einem weiteren Verfall der deutschen Währung nicht tatenlos zusehen, sondern sich bald entschließen würden, die Kriegsfolgelasten im Rahmen eines wirtschaftlichen Völkerbundes abzutragen. Die einzig richtige Strategie für Deutschland bestehe somit darin, «sich über diese Zeit wegzulavieren», die Unabhängigkeit der deutschen Wirtschaft zu verteidigen, ihre Wettbewerbsfähigkeit zu stärken und «gleichzeitig diese Zeit zu benutzen, um den demokratischen Staat von den Aufgaben zu befreien, die nur der alte Obrigkeitsstaat, und auch noch verhältnismäßig schlecht, lösen konnte». Stinnes ließ keinen Zweifel daran, daß er in jedem Fall dem Versuch der regierenden Dilettanten, rührigen Unternehmern und effizient wirtschaftenden Betrieben das Geld aus der Tasche zu ziehen, weiterhin fest entschlossen entgegentreten würde. Gewiß sei die Wirtschaft verpflichtet, dem Staat in schwierigen Situationen, für die er nur teilweise verantwortlich sei, zu helfen, «aber diese Hilfe ist nur möglich, wenn das Unternehmertum den Mut hat, rücksichtslos die Bedingungen zu stellen, die es ihm allein ermöglicht, dem Staat eine wirksame Hilfe angedeihen zu lassen».

Es war dies ein höchst bemerkenswertes Dokument, das zum Nachdenken darüber reizt, was geschehen wäre, wenn die RdI-Führung den von Stinnes gewiesenen Weg gegangen wäre; Kanzler Wirth bemühte sich zu diesem Zeitpunkt verzweifelt, Unterstützungszusagen von der Wirtschaft einzuholen, bevor die Sozialdemokraten Ende September in Görlitz ihren Parteitag abhielten. Wirth wußte, daß er auf die Hilfe der Wirtschaft angewiesen war, und wollte unbedingt verhindern, daß die SPD einen Parteitagsbeschluß für die Erfassung der Sachwerte verabschiedete; außerdem betrieb er den Eintritt der DVP in die Regierung. Stinnes lag daran offenbar nichts; er war darauf aus, die Regierung in die Enge zu treiben, was in den Augen von Bücher und Kraemer eine sehr gefährliche Politik war. Bücher wollte, wie Stinnes, der Machtübernahme einer Rechtsregierung den Weg ebnen und dafür erst einmal Zeit gewinnen. Doch während Stinnes den Eindruck hatte, man könne die Regierung noch eine Zeitlang weiterwursteln lassen, fürchtete Bücher einen Zusammenbruch der Währung und eine Besetzung des Ruhrgebiets. In seinen Augen würde ein Hilfsangebot an die Regierung nicht im Widerspruch zu einer fortdauernden Opposition gegen die Erfüllungspolitik stehen, sondern wäre «nur ein taktischer Zug, um den Zusammenbruch der Regierung und des Reiches erst in dem Moment herbeizuführen, in dem er politisch von den rechtsstehenden Parteien zum Wiederaufbau ausgenutzt werden könne».[235]

Mit Stinnes vertrat Bücher auch die Auffassung, Deutschland müsse seine Exportvorteile nützen, um in den Ländern der Kriegsgegner die Arbeitslosigkeit hochzutreiben, deren Wirtschaft in Schwierigkeiten zu bringen und für wirtschaftliche Turbulenzen zu sorgen; seiner Überzeugung nach war dies aber nur möglich, wenn Deutschland und die derzeit amtierende deutsche Regierung standfest genug waren, um noch eine Weile hart zu bleiben. Diese Argumente beeindruckten offenbar sogar Osius und Thomas. Die Initiative ging jedoch auf jeden Fall von Bücher und seinen Anhängern aus, und nicht genug damit, daß die RdI-Führung am 13. September mit dem Appell an die Öffentlichkeit ging, der Regierung ein Darlehensangebot zu machen, sahen die Banken sich auch noch mit einer vollendeten Tatsache konfrontiert. Nur Salomonsohn erhob entschiedene Einwände: Er stellte das Recht des RdI in Frage, für die gesamte deutsche Industrie zu sprechen und den Banken Anordnungen zu erteilen, und forderte die Konsultierung führender Unternehmer und Konzernführungen. Während Salomonsohn, der mit Stinnes einer Meinung und einer seiner wichtigsten Verbündeten in der Wirtschaft war, ein taktisches Spiel mit dem Ziel betrieb, Stinnes wieder in die Entscheidungsfindung einzubinden, war Rathenau, der dafür eintrat, der Regierung einen Großkredit anzubieten, sehr daran interessiert, den Stinnesschen Standpunkt kennenzulernen, und bat ihn, nach seiner Rückkehr nach Berlin für ein Gespräch zur Verfügung zu stehen. Somit hatte es den Anschein, wie Osius an Stinnes berichtete, als ob es aus der von Wirth und Bücher geschaffenen Lage doch noch einen Ausweg geben könnte.[236]

Zu den ersten «Amtshandlungen» Stinnes' nach seiner Rückkehr nach Berlin Ende September gehörte die konkrete Umsetzung der von Salomonsohn erhobenen Forderungen: Bereits auf der Gemeinschaftsratssitzung der SRSU am

26. September wurde das Thema Kreditangebot eingehend erörtert.[237] Die Diskussion wurde zwar nur lückenhaft protokolliert, doch zu welchen Resultaten sie führte, läßt sich einem Brief entnehmen, den Stinnes am 22. Oktober an Siemens schrieb, und zwar aus dem aktuellen Anlaß einer geplanten Obligationsanleihe der Stadt Berlin, für die die Wirtschaft bürgen sollte:

> «Ich erlaube mir, auf die letzten IG-Verhandlungen hinzuweisen und bitte, auf keinen Fall irgendwelche Zusagen zu machen.
>
> Wenn man uns Gelegenheit gibt, aus den staatlichen Betrieben Goldunterlagen zu machen, kann man sich überlegen, wie weit die Industrie auf Grund *neu zu schaffender* Goldwerte helfen kann, wenn der Weg nicht offen gemacht wird, darf nicht das Geringste getan werden, da wir dadurch nutzlos die Industrie in den Staatsbankerott hineinziehen.»[238]

Siemens hatte offensichtlich keine Bedenken, für Verhandlungen zwischen dem RdI und der Regierung über einen Kredit einzutreten, selbst wenn dieser auf die Basis einer gesetzlichen Verpflichtung gestellt werden sollte; andererseits legt diese Episode die Vermutung nahe, daß auch er dazu neigte, die Privatisierung von Staatsunternehmen zur Vorbedingung zu machen.

In den ersten Oktobertagen wuchs die Zuversicht, daß es gelingen könnte, Wirth zur Räson zu bringen. Wie Humann berichtete, hatte der Kanzler sich gedanklich von allen radikalen Steuerplänen verabschiedet und bemühte sich, die DVP zum Eintritt in die Regierung zu bringen; Stresemann sei in sehr optimistischer Stimmung. Stinnes fand das höchst interessant; er war überzeugt, seinen Einfluß auf Wirth erhöhen zu können, indem er Stresemann drängte, in das Kabinett einzutreten; er versprach sich davon zweierlei: Der geschickte Diplomat Stresemann würde Wirth in eine gute Richtung lenken, und zugleich würde die Führung der Partei in, so glaubte er, stärkere Hände übergehen.[239] Am 12. Oktober suchten Stinnes und Bücher gemeinsam den Kanzler auf und erklärten ihm, die Wirtschaft sähe sich nur dann in der Lage, «der Regierung mit Gold unter die Arme zu greifen», wenn die staatlichen Unternehmen «aus Fressern zu Goldwerten gestaltet werden können».[240] Da Stinnes der ZAG eine nützliche Rolle im Rahmen seines Privatisierungsprogrammes zutraute, schlug er vor, ein paar ausgewählte Gewerkschaftsvertreter zu einem Treffen mit Wirtschaftsrepräsentanten, namentlich Vögler und Silverberg, einzuladen, bei dem das Thema erörtert werden könnte.[241] Er wies allerdings ausdrücklich darauf hin, daß Parteipolitik in dieser Angelegenheit keine Rolle spielen dürfe, da es den Gewerkschaftsführern sonst nicht gelingen würde, ihre Anhänger zu überzeugen. Wirth hieß diesen Vorschlag gut und zeigte auch Verständnis für die Stinnessche Forderung, die staatliche Wirtschaftslenkung endlich abzuschaffen und all die beamteten «Drohnen» loszuwerden, die damit ihren Lebensunterhalt verdienten.

Spätestens Mitte Oktober hatte Stinnes erkannt, daß die Voraussetzungen, auf denen das Kreditangebot beruhte, auf ebenso wackeligen Boden standen wie die

Regierung Wirth. Am 11. Oktober empfing er Dr. Dillon vom *Daily Telegraph* zu einem Gespräch, der aus zuverlässiger Quelle wußte, daß die Entscheidung in Sachen Oberschlesien gegen Deutschland ausfallen würde. Stinnes bezeichnete dies als Katastrophe und sagte voraus, es werde die Stimmungslage in Deutschland weiter anheizen. Er überreichte Dillon ein Exemplar seiner Schrift «A Path» («Ein Weg»), wozu Dillon allerdings die Meinung äußerte, die darin enthaltenen Vorschläge seien in Anbetracht der im alliierten Lager herrschenden Stimmung eher etwas für die Zukunft als für die Gegenwart. Dies bestärkte Stinnes zweifellos in seinem Eindruck, daß Deutschland auf eine Verschlechterung des Klimas im Lager der Siegermächte warten mußte, bevor es den Versuch starten konnte, eine internationale Lösung herbeizuführen.[242]

Das hinderte ihn nicht daran, Pläne für eine künftige Zusammenarbeit im Rahmen seines Privatisierungsprogrammes zu entwickeln und die entsprechenden Keimlinge auszusetzen. Nachdem er mit Dillon über das Thema gesprochen hatte, ging er bei Unterredungen mit einem englischen Unternehmer namens Robbins noch weiter ins Detail; dieser hatte gemeinsam mit dem Generaldirektor der Great Eastern Railway, Sir Henry Thornton, den deutschen Verkehrsminister Groener aufgesucht, um mit ihm die Möglichkeit einer 30- bis 40prozentigen Beteiligung einer englisch-amerikanischen Gruppe an der deutschen Reichsbahn – im Falle ihrer Privatisierung – zu erörtern. Als Preis für eine solche Beteiligung war die Gruppe bereit, drei Fünftel der deutschen Reparationszahlungen zu übernehmen. Robbins und Thornton waren neugierig zu erfahren, was Stinnes von dem Konzept hielt.

Bemerkenswerterweise fiel das Stinnessche Urteil alles andere als positiv aus; er erklärte «eine derartige Beteiligung einer ausländischen Gruppe, sollte die Reichseisenbahn entstaatlicht werden, für ausgeschlossen. Man könne ebenso wenig wie in unserer Industrie, in den Eisenbahngesellschaften dem ausländischen Kapital so starken Einfluß zubilligen.»[243] Er nannte allerdings eine Bedingung, unter der er eine ausländische Kapitalbeteiligung begrüßen würde:

> «Anders lägen die Verhältnisse, wenn man zu einer osteuropäischen Eisenbahngemeinschaft käme, der außer Deutschland die Bahnsysteme Österreichs, der Randstaaten, Polens und der Donauländer angegliedert werden könnten. Dann würde eine Beteiligung von englisch-amerikanischem Kapital im Verhältnis der [in diese] Eisenbahngemeinschaft eingebrachten ausländischen Bahnsysteme möglich sein.»

Stinnes sprach mit Robbins auch über eine Beteiligung der Firma Stinnes an der Cunard Line in der Ostsee und im Schwarzen Meer sowie über die Zukunft der Donauschiffahrt und die mögliche Anbindung der süddeutschen, österreichischen und serbischen Erzfördergebiete, sobald der Main-Donau-Kanal einmal fertiggestellt sein würde. Was aus allen diesen Gesprächen deutlich wurde, war, daß Stinnes nicht im entferntesten daran dachte, die deutschen Eisenbahnen für die Bezahlung der von den Siegermächten in London ausgestellten Reparationsrechnung heranzuziehen. Allenfalls beabsichtigte er, einen Teil ihrer nach erfolgter Privatisierung anfallenden Gewinne heranzuziehen, um Zahlungen im Rahmen des von ihm projektierten wirtschaftlichen Völkerbundes zu tätigen, wobei freilich die deutschen Reparationsschulden in einem internationalen Fonds zur Bewältigung der Kriegsfolgelasten aufgehen würden. Er war sehr gerne bereit, mit internationalen Kapitalgebern zusammenzuarbeiten, aber nur unter der Bedingung einer gleichberechtigten Partnerschaft; aus seiner Skizze eines mittel- und osteuropäischen Eisenbahnverbundes ging deutlich hervor, daß er sich einen solchen nur unter deutscher Dominanz vorstellen konnte.

All das macht es leichter zu verstehen, weshalb Stinnes Rathenau eine sehr unangenehme Überraschung bereitete, als letzterer von seinen Gesprächen mit Loucheur am 6./7. Oktober zurückkehrte. Das Wiesbadener Abkommen, das als wichtiger Schritt in die Richtung einer französisch-deutschen Versöhnung gedacht war, sah die Zahlung von 7 Milliarden Goldmark an Frankreich zwischen Oktober 1921 und Mai 1926 vor, wobei die Summe ganz oder teilweise durch Warenlieferungen abgelöst werden konnte. Französische Bestellungen in Deutschland und die Lieferung der bestellten Güter sollten auf beiden Seiten Aufgabe privater Unternehmen sein, die die Preise einvernehmlich festlegen würden. Für Deutschland war diese Lösung günstiger als die bestehende Regelung, denn die Möglichkeit der Ablösung von Zahlungen in Goldwährung durch Warenlieferungen bedeutete, daß für die Tilgung der Reparationen nicht mehr unbedingt Devisen benötigt wurden. Das Abkommen enthielt einschränkende Bestimmungen im Hinblick auf das, was Frankreich an Materialien für seinen Wiederaufbau fordern konnte, und lief daher auf eine Beschneidung seiner Rechte aus dem Versailler Vertrag hinaus. Es versetzte die deutschen Lieferanten auch in die Lage, ihren französischen Partnern gleichberechtigt gegenüberzutreten.[244]

Von einem rein wirtschaftlichen Standpunkt aus barg das Wiesbadener Abkommen ohne Zweifel schwere Nachteile für Deutschland. An erster Stelle ist hier das weitgehende Zugeständnis der deutschen Seite an die in der französischen Presse und Öffentlichkeit erhobene Forderung nach Zahlungen in Goldwährung zu nennen. Frankreich hatte Anspruch auf 52 Prozent aller Reparationszahlungen und befürchtete, Deutschland werde gerade diesen französischen Anteil ganz oder überwiegend in Naturalien begleichen. Man trotzte daher Rathenau die Zusage ab, daß Deutschland im Verlauf der vierjährigen Laufzeit des Abkommens pro Jahr maximal 35 Prozent oder 1 Milliarde Mark durch Warenlieferungen ablösen würde. Der Rest sollte in einen Kredit umgewandelt werden, den Deutschland zwischen 1926 und 1937 abtragen sollte und für den ein jährlicher Zins von 5 Prozent (anstelle der im Versailler Vertrag festgelegten 8 Prozent) festgesetzt wurde. Rathenau beging noch die Ungeschicklichkeit zu erklären, Deutschland werde damit zum «Bankier» der Franzosen.[245]

Natürlich glaubte dies weder Rathenau noch sonst jemand im Ernst; in Wirklichkeit diente dieses Abkommen, wie die gesamte Erfüllungspolitik, dem

Zweck, durch eine Politik der Kompromisse und der Demonstration des eigenen guten Willens eine schrittweise Revision der Friedensbedingungen zu erreichen. So betrachtet, war das Wiesbadener Abkommen eher ein tastender Versuch, zur Diplomatie zurückzukehren und zu einer Verständigung mit Frankreich zu kommen, als ein Stück rationaler Wirtschaftspolitik. Rathenau, der sein Verhandlungskonzept vorher mit mehreren Industriellen erörtert hatte, glaubte sich in Übereinstimmung mit der Wirtschaft, zumal Emil Guggenheimer von der MAN, Mitglied im RdI und einer der führenden deutschen Industriellen, fast durchgehend an den Verhandlungen teilgenommen hatte. Rathenau war daher ziemlich schockiert, als Hugo Stinnes, der an keinem der vorbereitenden Gespräche Rathenaus mit Industriellen teilgenommen und kein Wort des Protestes geäußert hatte, das Abkommen in einem kurzen, apodiktischen Brief vom 19. Oktober an Rathenau als «überaus schlecht» bezeichnete und mit allen Zeichen des Unverständnisses fragte: «Wie kann Dr. Walther Rathenau einen solchen seiner Intelligenz und Geschäftskenntnis in keiner Weise entsprechenden Optionsvertrag zu Gunsten eines anderen machen?» Stinnes hielt es für einen schweren Fehler, daß Deutschland sich die Möglichkeit, vom nächsten Konjunkturaufschwung zu profitieren, verbaute, indem es den Franzosen die Verfügungsgewalt über deutsche Waren zusprach, die die Franzosen dann auf dem Weltmarkt würden verkaufen können. Er zog auch die außenpolitische Klugheit des Abkommens in Zweifel, indem er unterstellte, daß die Briten sich brüskiert fühlen würden und daß dies negative Folgen für ihr Verhalten in der Schlesienfrage haben würde. Seine Schlußbemerkung zeigte aber auch, daß Rathenau in seinen Augen durchaus kein Erzberger war:

> «Zwischen uns soll trotz sachlicher Meinungsverschiedenheit auch in Zukunft ein freundschaftliches Verhältnis möglich sein, und deshalb teile ich Ihnen offen mit, daß m.E. das Abkommen und sein Urheber kritisiert und bekämpft werden wird und muß.»[246]

Rathenau zeigte sich erfreut über den Fortbestand eines freundschaftlichen Verhältnisse, fühlte sich aber von Stinnes auf unfaire Weise desavouiert, da er stets alles getan habe, um seine Industriekollegen auf dem laufenden zu halten. Er versuchte die von Stinnes vorgebrachten Argumente gegen das Abkommen im einzelnen zu entkräften, hatte aber insgesamt das Gefühl, daß Stinnes die gesamte Richtung seiner Politik nicht paßte. Mit diesem Eindruck lag er genau richtig. Für Stinnes war klar, daß Deutschland zu geschwächt war, um auf die ihm gemäß dem Abkommen zustehenden Rechte pochen zu können; es war in seinen Augen jedoch eine Sache, sich einem Diktat zu beugen, und eine ganz andere, als Unternehmer Verträge zu schließen, mit denen man sich selbst die Hände band und sich den Weg zur Nutzung von Marktchancen verbaute. Wie schon bei seiner Antwort auf den Vorschlag des englisch-amerikanischen Konsortiums, die Reparationsschulden durch einen großangelegten Einstieg alliierter Kapitalgeber in die deutsche Eisenbahnwirtschaft abzulösen, lehnte Stinnes auch jetzt jeden

Vorschlag ab, der Deutschland um den Preis seiner künftigen wirtschaftlichen Handlungsfähigkeit wirkliche oder, wie Stinnes eher glaubte, vermeintliche kurzfristige Vorteile bescheren würde.[247]

Die Stinnesschen Querschüsse gegen das Wiesbadener Abkommen waren eingebunden in eine mit zunehmender Schärfe geführte Kampagne gegen die Regierung Wirth und die vom RdI geplante Kreditoperation – beiden wurde in seinen Augen durch die schlechten Nachrichten zum Thema Oberschlesien der Boden entzogen. Bücher, Kraemer und ihre Bundesgenossen bekannten sich allerdings nach wie vor zu der auf der Münchener RdI-Tagung im September formulierten Position und hatten sogar vereinbart, daß der Wirtschaftsjurist Max Hachenburg eine entsprechende Gesetzesvorlage erarbeiten sollte. Stinnes war gegen jede staatliche Zwangsmaßnahme und fand damit bei Hugenberg und Hasslacher volle Zustimmung; die drei trösteten sich mit der Annahme, es würden sich keine ausländischen Kreditgeber finden, die der deutschen Industrie das Geld anvertrauen würden, das sie brauchte, um ihr Kreditangebot in die Tat umsetzen zu können. Sie verfielen daher in ziemliche Bestürzung, als sie erfuhren, daß es Angehörigen des RdI offenbar gelungen war, von Lord Rothschild sowie von mehreren schweizerischen und britischen Bankiers Kreditzusagen zu ergattern.

Aus der Warte von Hugo Stinnes galt Ende Oktober die Devise: Je schwächer die Regierung wird, desto besser. Am 22. Oktober sah das Kabinett sich gezwungen, in Reaktion auf die oberschlesische Misere zurückzutreten, doch wenige Tage später rekonstituierte es sich als ein «Kabinett der Persönlichkeiten». Allerdings fehlte mit Rathenau eine wichtige Persönlichkeit. Er hatte erklärt, er wolle nicht im Amt verbleiben, falls er nicht mehr das Vertrauen der Wirtschaft genieße, und hatte den RdI-Präsidenten Kurt Sorge förmlich um ein Vertrauensvotum ersucht, woraufhin dieser prompt Stinnes gebeten hatte, sich dazu telegrafisch zu äußern. Stinnes hielt sich zu diesem Zeitpunkt in Wien auf, und Sorge bat ihn, die Sache in seinem Antworttelegramm verschlüsselt darzustellen und den Namen Rathenau nicht zu nennen. Der von Stinnes übermittelte Text ließ freilich keinen Zweifel daran, daß Rathenau von ihm kein Vertrauensvotum erwarten durfte.

> «Mein ungünstiges Urteil ist im Korrespondenzwege mit verantwortlichem Unterhändler festgelegt. Sehe eine Besserung Geschäftslage durch Entfernung nicht voraus, möchte aber keinesfalls durch zustimmende Erklärung betreffend Verbleibens die leiseste Verantwortung für Geschäftstätigkeit übernehmen. Vögler gleiche Ansicht. Hugo Stinnes.»[248]

Rathenau stellte daraufhin sein Amt zur Verfügung, und Stinnes hatte demonstriert, daß es in seiner Macht lag, einen Minister zu demontieren.

Bis Anfang November gelang es ihm außerdem, eine imposante Schar von Verbündeten für seine Agitation gegen das Kreditangebot um sich zu scharen. Am 5. November fand im Berliner Hotel Esplanade eine stürmische Sitzung statt, bei der es um die Bestätigung oder Revision des Münchener Beschlusses ging. Eine der oppositionellen Gruppen, geführt von Hugenberg, Hasslacher und Reichert, repräsentierte die extrem nationalistischen Kräfte innerhalb der deutschen Wirtschaft. Unter ihrer Klientel gab es viele, die unversöhnliche Gegner der Republik waren und das gesamte Projekt schlicht sabotieren wollten. Eine andere Gruppe, deren Wortführer Silverberg war, vertrat die gemäßigtere Position, daß die Voraussetzungen, unter der der Beschluß von München gefaßt worden war, nicht mehr gegeben seien, und sprach sich für das Stinnessche Privatisierungskonzept aus. Was die Situation brisant machte, war die Tatsache, daß die Gruppe derer, die für das Kreditangebot plädierten, ziemlich starke Bataillone aufzubieten vermochte. Zu ihren Vertretern gehörten Wiedfeldt, der sich über diese Frage mit Stinnes entzweite und sich scharf gegen dessen Privatisierungskonzept wandte, sowie Carl Duisberg und der hoch angesehene Reichsbankpräsident Havenstein. Stinnes raffte sich in dieser Situation zu einem der energischsten öffentlichen Auftritte seines Lebens auf; er forderte staatliche Garantien als Preis für eine Zustimmung zum Kreditangebot und schaffte es dank seiner «faszinierenden Persönlichkeit», wie einer der teilnehmenden Industriellen es formulierte, die ganze Versammlung auf seine Seite zu ziehen.[249]

Am Ende kam eine Kompromiß-Resolution heraus, die durch einige Textänderungen den Sinngehalt der von Sorge, Bücher und ihren Mitstreitern eingebrachten Resolution erheblich abwandelte. Wiedfeldt zeigte sich sehr unangenehm berührt von der Art und Weise, wie Stinnes die «große Kanone» ausgepackt habe, und sprach sich offen in einem Brief an Sorge dafür aus, daß Sorge zurücktreten und die Führung des RdI Stinnes überlassen solle:

> «Die Stinnesgruppe, als der größte Konzern, mag den Vorsitz übernehmen, oder sie müssen Hugenberg wählen. Natürlich wird Stinnes, wie er am Freitag schon versuchte, alles aufbieten, persönliche Überredung, vaterländische Gesichtspunkte usw., um Sie [zum] Bleiben zu veranlassen. Aber ich zweifle, ob Sie sich auf das Spiel einlassen wollen, daß die Stinnesleute die Sache ziehen und Sie sowie wir, mit unserem Namen die Sache nach außen decken. Als ich Stinnes erklärte, ich würde gegen diese Bahnverpfändung sprechen und stimmen, fuhr er zunächst los: dann sprenge ich den ganzen Reichsverband und trete aus. Auf meine Antwort: umso besser für uns, dann kriegen Sie niemals den Beschluß der Industrie für Ihre Bahnverpfändung, wurde er still. Sie sehen, es liegt ihm wenig an der Erhaltung des Reichsverbandes, sondern nur an der Durchführung seines Planes.»[250]

Sorge blieb dann doch, aber Stinnes hatte jetzt eine Resolution in der Tasche, die er nutzen konnte, um für sein Projekt einer Konferenz von Wirtschafts- und Gewerkschaftsführern zu den Themen Kreditangebot und Privatisierung zu werben. Er und Silverberg trafen bereits am 10. November mit Kanzler Wirth und zwei führenden Gewerkschaftern, dem Sozialdemokraten Adolf Cohen und dem christlichen Gewerkschafter Friedrich Baltrusch, zusammen. Silverberg hielt das Plädoyer für die Privatisierung, schlug ein «Ermächtigungsgesetz» vor, um die rechtlichen Voraussetzungen für die Durchführung zu schaffen, und regte im weiteren Verlauf die Entlassung überzähliger Arbeitskräfte und ein großangelegtes Landsiedlungsprogramm für die so freigesetzten Menschen an. Wie Stinnes war er sich sehr wohl darüber im klaren, welche ungeheuer weitgehenden Machtbefugnisse für die Wirtschaft er hier forderte. «Der Industrie sei klar», erklärte er, «daß ihre Absicht revolutionierend wirken werde, aber damit müsse man sich abfinden, man dürfe nicht länger schweigen.»[251] Stinnes betonte wie gewohnt, wie wichtig es sei, daß Wirtschaft und Gewerkschaften zusammenarbeiteten; die Außenwelt werde sich mit Deutschland nicht ernsthaft abgeben, solange in den deutschen Staatsunternehmen so erbärmlich schlecht gewirtschaftet werde; letztere würden, so versprach er, nach ihrer Übernahme durch die Privatwirtschaft «nicht wiederzuerkennen sein». Die Alternative, so Stinnes düster, sei der Zerfall des Reiches. Es sei somit lebenswichtig, sich der Führung der Industriellen anzuvertrauen, denn «die Industrie sei heute intakt und der einzige kreditfähige Teil der Volkswirtschaft».

Zum Leidwesen von Stinnes ließen sich die Gewerkschafter jedoch nicht von den Vorzügen einer Privatisierung der Eisenbahnen und anderer staatlicher Unternehmen überzeugen, und trotz seiner leidenschaftlichen Beteuerungen, daß die Wirtschaft mit dem Anerbieten, den Betrieb der Eisenbahnen zu übernehmen, ein großes Risiko einging, konnte er auch die Regierungsvertreter nicht für seinen Plan gewinnen. Stinnes gab dennoch die Hoffnung nicht auf, zumal Friedrich Baltrusch, der Generalsekretär der christlichen Gewerkschaften, und einige seiner Unterführer im persönlichen Gespräch erklärten, sie seien eigentlich für eine Privatisierung der Bahnen, könnten sich aber noch nicht öffentlich dazu bekennen. So hatte Stinnes nun zwar die Kreditoperation abgewürgt, doch sein eigener Vorschlag für die Lösung des Problems hatte sich, zumindest vorläufig, als nicht durchsetzbar erwiesen, und zwar einzig aufgrund von Widerständen im Innern.[252]

Andererseits muß man anerkennen, daß Stinnes einen nicht geringen Beitrag zur Verlagerung der Diskussionsschwerpunkte bei wichtigen innen- und außenpolitischen Themen geleistet hatte. Ebenso wie er gegen Ende des voraufgegangenen Jahres maßgeblich an der Beerdigung der Sozialisierungsprogramme mitgewirkt hatte, hatte er jetzt eine Schlüsselrolle bei der erfolgreichen Kampagne gegen das Steuerprogramm der Regierung gespielt, hatte entscheidend zur Demontierung des Wiesbadener Abkommens und des Kreditangebots beigetragen und war die treibende Kraft hinter dem Übergang von der Sozialisierungs- zu einer Privatisierungs-Diskussion gewesen. Groener und die Reichsbahn sahen sich in die Defensive gedrängt, und so häufig und heftig der Verkehrsminister sich über die *DAZ* beschwerte, die positive Meldungen und Informationen aus dem Eisenbahnbereich angeblich unterdrückte, während sie reichsbahnkritische Stimmen ständig zu Wort kommen ließ, so fand er doch kein Mittel, daran etwas zu ändern. Zudem war die Reichsbahn tatsächlich personell überbesetzt und wurde unwirtschaftlich betrieben, wie jedermann wußte; allerdings waren nicht alle in der Privatwirtschaft so erpicht darauf wie Stinnes, die Eisenbahnen unter ihre Fittiche zu nehmen. Es war aus vielen Gründen verständlich, daß Groener das Gefühl beschlich, in der Privatisierungs-Diskussion zeige sich eine «Zersetzung des Staatsgedankens»; es handle sich um einen hochpolitischen «Kampf zwischen der Reichsgewalt einerseits und den Sonderinteressen von Privaten und Ländern andererseits».[253] Selbst in der Wirtschaft herrschte Unbehagen darüber, wie Stinnes die Regierung zu erpressen versuchte, indem er die Entstaatlichung der Eisenbahnen zu einer, wie Carl Duisberg es ausdrückte, Frage des «do ut des» machte. Wie Osius etwas kleinmütig an Stinnes berichtete, war die Opposition in Wirtschaftskreisen weit heftiger als vorausgesehen und reichte bis weit in die elektrotechnische, Textil- und Lebensmittelbranche hinein.[254]

Doch von solchen Kleinigkeiten ließ Stinnes sich längst nicht mehr beeindrucken. Er hatte bereits eine private diplomatische Kampagne in Gang gesetzt, bei der sein Reparationsprogramm und seine persönlichen unternehmerischen Interessen eng miteinander verzahnt waren. Seine Initiativen liefen dabei in etwa zu denen Walther Rathenaus parallel, und zuweilen kamen beide einander ins Gehege. Der Schauplatz aller dieser Initiativen, die in den letzten Monaten von 1921 konkretere Formen annahmen, war London, und dies wiederum spiegelte den in deutschen Regierungs- und Wirtschaftskreisen weitverbreiteten Glauben wider, daß die britischen Politiker bereit waren, über ein Moratorium in Sachen deutscher Reparationszahlungen und vielleicht sogar über einen Kredit für Deutschland nachzudenken.[255]

Für Stinnes waren Kontakte nach England sowohl ein Vehikel für neue geschäftliche Projekte als auch ein wichtiges Mittel für die Umsetzung seines Vorhabens, die Reparationsfragen in seinen Programmen für die Privatisierung deutscher Staatsunternehmen und für den internationalen wirtschaftlichen Wiederaufbau aufzulösen. Er verfügte aus der Vorkriegszeit über gute Kontakte in England, was zweifellos mit ein Grund dafür war, daß Hugo jun. bei seinen Besuchen in England eine so freundliche Aufnahme bereitet wurde. Der wichtigste Verbindungsmann in London war James Hamet Dunn, Kanadier und Jugendfreund von Lord Beaverbrook, dem Besitzer des *Daily Telegraph*, für den der Journalist Dillon arbeitete. Dunn hatte 1905 zusammen mit dem Schweizer Bankier Charles Louis Fischer das Bankhaus Dunn, Fischer & Co. gegründet. Mit Fischer hatte Stinnes bis 1913 umfangreiche Geschäfte getätigt, doch dann verschwand Fischer plötzlich unter Hinterlassung großer Schulden von der Bildfläche. Dunn, der für seine etwas windigen Werbemethoden und seinen luxuriösen Lebensstil bekannt war, überlebte die Partnerschaft mit Fischer und blieb weiterhin gut im Geschäft. Dank seiner Erfolge mit Investitionen im norwegischen Nickelbergbau in den Kriegsjahren und dank erheblicher Zahlungen an die politische Kriegskasse von Lloyd George wurde Dunn 1920 in den Adelsstand erhoben. Er war jedenfalls ein Mann mit persönlichem Zugang zu Lloyd George und Lordkanzler Birkenhead sowie zu einer ganzen Menge weiterer führender Politiker und Geschäftsleute.[256]

Im Oktober–November 1921 häuften sich die Anzeichen dafür, daß es sich trotz der Kapitulation Lloyd Georges vor den Franzosen in der Oberschlesien-Frage bald lohnen könnte, die britische Karte zu spielen. Anfang Oktober hatte sich ein gewisser Montagu Parker, Direktor der Firma English China Clays Ltd., im Namen des britischen Schiffahrts- und Stahlmagnaten Lord Marmaduke Furness von der Firma Furness, Withy & Co. an Osius gewandt und sich erkundigt, ob Stinnes an einer Zusammenarbeit im Transportbereich interessiert sei. Furness hatte Gelder, die er investieren wollte, und ließ über Parker bestellen, daß, falls Stinnes für die nächste Zeit keine Englandreise plane, er, Furness, und Lord Birkenhead bereit seien, ihn auf dem Kontinent aufzusuchen. Osius sah in diesem Annäherungsversuch «ein charakteristisches Zeichen des Darniederliegens der englischen Wirtschaft» und deutete die Äußerungen Parkers dahingehend, «daß maßgebliche englische Wirtschaftskreise der Ansicht sind, nur durch ein Zusammengehen mit Ihnen wieder aus dem Sumpf herauskommen zu können».[257]

Daß die Briten unter der hohen Arbeitslosigkeit litten, die nicht zuletzt durch die inflationäre Situation in Deutschland und die Nachfrageschwäche auf den kontinentalen Märkten im Gefolge des Versailler Vertrages nach England hineinschwappte, war eine Vermutung, die auch von anderer Seite bestätigt wurde: Der Bankier Paul F. Freytag verfügte über ausgezeichnete Verbindungen zu englischen Bankenkreisen wie auch zur Londoner Regierung und pflegte andererseits ein enges Vertrauensverhältnis zu einem wichtigen Mitarbeiter der Londoner Stinnes-Niederlassung, einem Mann namens Balster. Freytag, dessen Vater Gouverneur von Helgoland gewesen war, hatte dem Gesellschafterkreis der Firma Dunn, Fischer & Co. angehört und für sie viele Aufträge und Kunden aus Deutschland an Land gezogen, darunter auch die Firma Stinnes. Nachdem er in der Kriegszeit in England interniert gewesen war, setzte Freytag nach 1918 alles daran, seine alten Verbindungen wiederzubeleben, und fungierte unter anderem als Mittelsmann zwischen Stinnes und Dunn.[258] Ende Oktober berichtete er in einem ausführlichen Brief an Hugo jun. über das in britischen Regierungskreisen herrschende Unbehagen über den Niedergang der Mark und eine zunehmende Neigung, den Deutschen im Interesse einer Stabilisierung entgegenzukommen, etwa durch einen Aufschub der Reparationszahlungen. Freytag wußte auch zu berichten, daß Moritz Bonn und Felix Deutsch Gespräche mit britischen Regierungsvertretern und führenden britischen Finanziers geführt hatten (am Rande einer Konferenz über die Bekämpfung der Hungersnot in Rußland) und daß Havenstein inoffiziell nach England gereist war, um sich mit seinen Kollegen von der Bank von England zu besprechen. Laut Freytag plante der Bankier und frühere Innenminister und Schatzkanzler Reginald McKenna eine Reise in die USA, um Gespräche mit der dortigen Regierung darüber zu führen, wie man Deutschland aus seiner kritischen Lage heraushelfen könne. Freytag äußerte allerdings auch die Befürchtung, der schlechte Gesundheitszustand von Lloyd George und seine weitgehende Inanspruchnahme durch die irische Frage ließen eine wirksame englisch-amerikanische Einflußnahme auf die Franzosen vorläufig nicht erwarten. Dunn teilte diese Sorge und meinte, das Nachgeben Englands in der oberschlesischen Frage habe gezeigt, daß England nicht die Kraft habe, sich den Wünschen der Franzosen zu widersetzen.[259]

Wie auch immer, das Auftreten anderer deutscher Persönlichkeiten in London legte den Gedanken nahe, daß auch Stinnes gut daran täte, in diesen Ring zu steigen. Hugo jun. arrangierte ein Treffen zwischen seinem Vater und Freytag, das am 12. oder 13. November 1921 in Hamburg stattfand und einen bemerkenswerten London-Aufenthalt des Prinzipals und des Juniors zwischen dem 19. und dem 24. November nach sich zog. Dunn mochte in dem nicht ganz astreinen Ruf stehen, ein Kriegsgewinnler und Emporkömmling zu sein, doch die Personen, mit denen er Vater und Sohn Stinnes zusammenbrachte, waren zweifellos Männer, die etwas bewegen konnten. Es kam zu Gesprächen mit einer ganzen Reihe von Bankiers und Unternehmensvertretern, darunter Reginald McKenna, aber auch mit Havelock Wilson von der Gewerkschaft der Seeleute. Stinnes bekam auch Gelegenheit, sich mit Lord Inverforth zu unterhalten, der Interesse an diversen Erdöl-Unternehmungen bekundete, sowie den belgischen Finanzier Alfred Lowenstein kennenzulernen, einen engen Freund Dunns. Der Höhepunkt der Woche war jedoch zweifellos ein Abendessen im Hause des Lordkanzlers Birkenhead am 23. November, an dem auch Lloyd George und der Reparationsexperte des britischen Schatzamts, Sir Basil Blackett, teilnahmen.[260]

Stinnes hatte sich auf das Treffen mit Lloyd George gut vorbereitet; er hatte eine englischsprachige Denkschrift abgefaßt, die Dunn redigiert und korrigiert hatte. Lloyd George hatte den berüchtigten Auftritt von Stinnes in Spa natürlich nicht vergessen. Damals war es Stinnes ein Anliegen gewesen, den Siegermächten zu zeigen, daß Deutschland nicht versuchen würde und konnte, das in seinen Augen Unmögliche zu tun; jetzt in London bemühte er sich, die Briten dafür zu gewinnen, daß sie die deutsche Regierung zwangen, einen Kurs einzuschlagen, dessen Durchsetzung ihm selbst im eigenen Land nicht gelungen war.[261] Dementsprechend richtete sich sein Zorn dieses Mal gegen die deutsche Innenpolitik. Er erklärte, es gebe für die chronischen deutschen Haushaltsdefizite drei Ursachen, «eine innere, zwei äußere». Die innere Ursache sei «die unökonomische Ausnutzung der Betriebsverwaltungen in öffentlicher Hand, an der Spitze die Eisenbahnverwaltung, in Verbindung mit der Zwangswirtschaft, die Konsumartikel subventioniert und den Güteraustausch und die Produktion verhindert und ein Heer von Beamten und Arbeitern unproduktiv ausnutzt». Die äußeren Ursachen seien zum einen die Reparationen, zum anderen die Besetzung deutscher Gebiete. Stinnes räumte freilich ein, daß die Siegermächte wenig an diesen Ursachen ändern konnten, «solange nicht Deutschland im Innern Ordnung geschaffen hat, dergestalt, daß die schätzungsweise eine Million ungeeignet oder unproduktiv ausgenutzten Menschen zu produktiver Arbeit gebracht werden und auch der Infektionsstoff für andere Betriebe beseitigt wird, der von solchen Werken ausgeht, in denen gegenwärtig keine regelrechte Arbeit geleistet wird». Damit berief sich Stinnes im Grunde nur auf das Argument vieler englischer und britischer Politiker und Wirtschaftsvertreter, daß zuerst Stabilisierungsmaßnahmen im Innern durchgeführt werden müßten, bevor man vom Ausland Hilfe und Zugeständnisse erwarten könne.

Das war gewiß nicht als Argument pro Erfüllungspolitik gedacht, sondern eher als Versuch, eine klare und unstrittige Grundlage für ein auf die Leistungsfähigkeit der deutschen Volkswirtschaft im Rahmen einer rigorosen Sparpolitik abgestimmtes, d.h. reduziertes Volumen an Reparationsleistungen zu schaffen. Unter diesen Vorzeichen postulierte Stinnes, in Umkehrung der von der Regierung gesetzten Prioritäten, einen Vorrang der inneren Reform vor äußerer Hilfe und Zugeständnissen.

Nach den Vorstellungen von Stinnes sollte das Eisenbahnnetz in den Besitz einer Gesellschaft mit beschränkter Haftung übergehen, die aus ihren Erträgen Zinsen und Tilgung für die Übernahme bestreiten würde. Durch die Freisetzung unproduktiver Mitarbeiter würden die Eisenbahnen, ebenso wie andere Staatsunternehmen, sehr schnell in die Gewinnzone kommen. Um dem Staat in der Übergangszeit bis zum Erreichen der Gewinnzone unter die Arme zu greifen, würden Industrie und Banken der Eisenbahngesellschaft Wechsel in nomineller Goldwährung ausstellen, vorausgesetzt Briten und Amerikaner wären bereit, diese zu diskontieren. Auf diese Weise könnte eine Art Zwischenfinanzierung erfolgen, bis die Eisenbahnen nach Abschluß der Reorganisation selbst für die Wechsel geradestehen und die privaten Kreditbürgschaften wegfallen könnten. Für das Problem, ein solches Arrangement der deutschen Arbeiterschaft schmackhaft zu machen, hatte Stinnes zwei Lösungsvorschläge parat: Auf der einen Seite könne für die Arbeiter die Möglichkeit geschaffen werden, sich durch Erwerb von Aktien am Kapital der neuen Gesellschaft zu beteiligen; zum zweiten sollten sich Großbritannien und die USA verpflichten, der deutschen Regierung und Bevölkerung deutlich zu machen, daß zwischen diesem Programm und einem Moratorium bei den Reparationszahlungen ein Junktim bestand. Die Bereitschaft der Siegermächte zu Zugeständnissen sollte also als Hebel für die Durchsetzung des Privatisierungsprogramms eingesetzt, und aus den Gewinnen der privatisierten Bahnen sollten die Reparationen bezahlt werden. Stinnes bestritt, daß die Industrie aus den Eisenbahnen hohe Gewinne herauszuholen gedachte – der größere Teil der Erträge sollte, sobald der Betrieb geordnet lief, dem Staat zufließen. «Die Industriellen wollen aus der Lage der deutschen Regierung keinen Vorteil herausschlagen, sondern ihr nur aus diesem Dilemma heraushelfen», stellte Stinnes klar. Zuletzt kam er auf die Perspektive einer Anbindung der (dann ebenfalls privatisierten) Eisenbahnen der anderen Länder Mittel- und Osteuropas und auf längere Sicht auch Rußlands an die deutschen Bahnen zu sprechen. Auch dort würden die erwirtschafteten Erträge zum größeren Teil den Regierungen zufließen, so daß der Wiederaufbau der einzelnen Länder aus den Profiten ihrer effizient betriebenen Transport- und Verkehrssysteme finanziert werden könnte. In vielerlei Hinsicht war dies ein Programm für die

Schaffung gemischtwirtschaftlicher Unternehmen der von Stinnes so hochgeschätzten Art auf europäischer Ebene, und auch seine alte Idee, die Kriegskosten im Rahmen einer internationalen Gesamtlösung aufzubringen, lebte in diesem Vorschlag wieder auf.

Es existiert kein ausführlicher Bericht über den Verlauf des Abendessens, bei dem Stinnes die in seiner Denkschrift enthaltenen Ideen mit Lloyd George diskutierte, doch wissen wir, daß er auch die Frage einer Öffnung Rußlands und einer Zusammenarbeit beim Wiederaufbau des Landes aufs Tapet brachte. Das war ein Thema, das Lloyd George sehr interessierte, und nicht nur ihn, sondern auch viele europäische Großindustrielle wie Rathenau und Loucheur. Zur Interessensphäre von Hugo Stinnes gehörte Rußland natürlich schon seit langer Zeit, und er hatte seine Kontakte dorthin bereits im Juli wieder aufgefrischt. Damals hatte Fehrmann ihn auf Berichte des Chefs der Seetransport-Abteilung der Marineleitung im Reichswehrministerium, Kapitän Walter Lohmann, aufmerksam gemacht, in denen die Aktivitäten eines Mr. Lodge beschrieben wurden, der Mitinhaber der Londoner Firma Captel & Co. war. Lodge war für den ersten Rückverkauf eines deutschen Dampfers an die Deutschen verantwortlich gewesen und war angeblich eng mit John Maynard Keynes befreundet. Er hatte nicht nur eine versöhnliche Einstellung zu Deutschland, sondern stand auch in Verbindung mit dem französischen Großindustriellen Comte Odon de Lubersac, einem mächtigen Gegenspieler der Loucheur-Gruppe. Stinnes hatte ursprünglich gezögert, Kontakt zu Lodge und Lubersac aufzunehmen, doch im Juli 1921 war er auf Drängen Fehrmanns in Paris mit ihnen zusammengetroffen und hatte mit ihnen, so scheint es, über Kohlenverkäufe und andere Möglichkeiten der Kooperation in Rußland gesprochen. Es ist sehr wahrscheinlich, daß Stinnes diese Verbindung bereits als Trumpf in seinem Ärmel betrachtete, als er sich mit Lloyd George über Rußland unterhielt. Von der Situation her bot es sich an, eine Verbindung Stinnes-Lubersac als Alternative zur Gruppe Rathenau-Loucheur aufzubauen, doch wissen wir nicht, ob darüber ausdrücklich gesprochen wurde.[262]

Es unterliegt keinem vernünftigen Zweifel, daß Stinnes in der Absicht nach London reiste, die britische Deutschland-Politik im Sinne seines Programms zu beeinflussen. Gewiß kümmerte er sich in London neben Themen der hohen Politik wie etwa der Reparationsfrage noch um einige andere geschäftliche Dinge, so zum Beispiel um Erdölgeschäfte. Sein Aufenthalt in London war kein Geheimnis und löste erhebliche Spekulationen in der Presse sowie Ratlosigkeit in der deutschen Botschaft in London aus, wo man nicht wußte, wie man den Besuch einstufen sollte. Stinnes machte sich in London allerdings weitgehend unsichtbar, und das mit gutem Grund, denn er nutzte ja seine Londoner Verbindungen, vor allem die zu Freytag und Dunn, um die Bestrebungen seiner eigenen Regierung zu unterlaufen, die ebenfalls um britische Unterstützung buhlte, aber zu anderen, von Stinnes nicht gutgeheißenen Bedingungen. Wenige Tage nach seiner Heimkehr beauftragte er Freytag, Dunn persönlich die Kopie eines Briefes zu übergeben, in dem Reichsbank-Präsident Havenstein seinen Amtskollegen von der Bank von England, Montagu Norman, um einen Kredit in Höhe von 550 Millionen Goldmark ersuchte. Stinnes erinnerte Dunn daran, daß ein solcher Schritt ihrer gemeinsamen Überzeugung nach ergebnislos bleiben mußte und nur unternommen wurde, um die Reparations-Kommission zu besänftigen. Im selben Atemzug schlug er ein Treffen mit Dunn, Finanzminister Hermes und Havenstein in Hamburg vor, bei dem die Angelegenheit erörtert werden sollte; dieses Treffen wurde dann allerdings verschoben und am Ende wahrscheinlich ganz abgesagt, wohl wegen der Rolle, die Rathenau sich mittlerweile angemaßt hatte. Das bemerkenswerte an der Episode ist, daß Stinnes bereit war, Dunn und seine Verbindungen zu benutzen, um das Ansinnen Havensteins zu torpedieren – erst durch Dunn kam Lord Birkenhead in den Besitz des Havenstein-Briefes.[263]

Auch mit der französischen Seite pflegte Stinnes eine private Diplomatie. In seinen Gesprächen mit Dunn hatte er die Vermutung geäußert, seine Gesprächspartner von der französischen Industrie würden ihn nach seiner London-Reise um ein Gespräch über die französisch-deutschen Beziehungen bitten, und tatsächlich wurde er gleich nach seiner Rückkehr von einem Abgesandten einer «ersten französischen Persönlichkeit» angesprochen. Es handelte sich dabei mit großer Sicherheit um den Marquis Guy de Lubersac, den Bruder des Comte. Es sollte bei dem Treffen zwar vorwiegend um Geschäfte mit Rußland gehen, doch war es nicht ohne Bedeutung, daß der Marquis stark in den Wiederaufbau der verwüsteten Gebiete involviert war und kurz vor seiner Ernennung zum Präsidenten der Vereinigung der französischen Wiederaufbauverbände stand. Stinnes schlug vor, das Treffen auf der Heimburg stattfinden zu lassen, und betonte, er werde sich, falls die französischen Gesprächspartner ihren Premierminister Briand informierten, verpflichtet fühlen, seinen Kanzler Wirth ins Bild zu setzen. Am Ende kamen beide Seiten überein, sich ohne vorherige Fühlungnahme mit ihren Regierungschefs zu treffen; Stinnes informierte jedoch Freytag und Dunn, denn er wollte nicht, daß seine englischen Freunde den Eindruck gewännen, er spiele ein doppeltes Spiel.[264]

Als Rathenau nach London reiste (er hielt sich dort vom 28. November bis 9. Dezember und nochmals vom 18. bis 23. Dezember auf), tat er es als inoffizieller Sendbote Wirths und in dem Auftrag, nach Möglichkeit jedes Mißtrauen gegenüber Deutschland zu zerstreuen und ein Reparations-Moratorium ohne die von den Franzosen geforderten finanziellen Kontrollen zu erreichen. Doch Stinnes war ihm nun einmal zuvorgekommen, und so gestalteten sich seine Begegnungen mit Dunn besonders beunruhigend. Sie hätten ihn wahrscheinlich noch mehr irritiert, wenn er geahnt hätte, daß seine Gespräche mit Dunn und anderen bis ins Detail an Stinnes weiterberichtet wurden – wahrscheinlich von Freytag. Stinnes erfuhr aus diesen Berichten, daß Lord Beaverbrook Rathenau als «einen dieser pädagogischen jüdischen Philosophen» bezeichnet hatte, «die weder eine klare Sicht der Lage noch einen konkreten Plan zur Lösung des Problems» mitbrächten. Auf dem Stinnesschen Schreibtisch landete auch die folgende

Zusammenfassung der Aussagen Dunns in seinem Gespräch mit Rathenau am 5. Dezember:

«Sie sind hierhergekommen und haben die von H[ugo] St[innes] begonnene Arbeit fortgeführt. Er hat die Kugel ins Rollen gebracht, und Sie schieben sie ein Stück weiter. Wir sind alle froh über die Gelegenheit, mit Ihnen Standpunkte auszutauschen, doch wir haben das ungute Gefühl, daß die gute Arbeit, die einer von Ihnen leistet, von den Aussagen eines anderen Vertreters Ihrer Seite zunichte gemacht wird. Daß die gute Arbeit, die H[ugo] St[innes] begonnen hat, von Ihren Bemühungen in gewisser Weise paralysiert wird, und so weiter. Zuerst kam Professor Bonn, dann Deutsch, dann Havenstein, jetzt Sie. Dazwischen hatten wir H[ugo] St[innes] zu Besuch und waren von seinen Ansichten durchaus beeindruckt. Doch die Ansichten von allen Ihren Leuten weichen voneinander ab, es besteht zuwenig Einigkeit. Und das macht es für uns schwer, zu handeln. Warum fahren Sie nicht zurück und veranlassen die deutsche Regierung, 3 oder 4 Männer zu ernennen, die dann mit den nötigen Befugnissen und unbeschränkter Verhandlungsvollmacht hierherkommen... Wie sieht Ihr Plan jetzt aus? Ich weiß nicht, ob Sie einen haben. Aber wenn ich einen Vorschlag machen darf – es kommt mir so vor, als ob das einzige Mittel, einen Fortschritt zu erzielen, darin besteht, einen Ausschuß zu ernennen, dem Sie angehören und sicherlich auch H[ugo] St[innes], weil seine Ansichten Eindruck auf uns gemacht haben, und daß Sie sich weiterhin von Ihrer Regierung unbeschränkt bevollmächtigen lassen, nicht nur um Aufschub zu bitten, sondern auch die ganze Frage von Anfang des Versailler Vertrages an aufzurollen, aber mit der Vollmacht, im Namen der Regierung handeln zu können, und mit der Legitimation, uns zur Fühlungnahme mit unseren ehemaligen Alliierten aufzufordern. Ist Ihnen schon die Idee gekommen, daß Sie, wenn es Ihnen gelungen wäre, die Zahlungen für Januar und Februar zu leisten, das Problem nur verschoben hätten, es aber nicht an der Wurzel gepackt hätten?»[265]

Das war natürlich nichts anderes als das Grundmuster der Stinnesschen Argumentation, artikuliert von Dunn. Rathenau, der seinerseits Dunn um Informationen über die Aktivitäten und Absichten Stinnes' in London angegangen war und auf seine Fragen wenig Antworten bekommen hatte, versicherte Dunn, daß er nichts dagegen habe, zu einem späteren Zeitpunkt mit Stinnes nach London zurückzukehren. Aus anderen Quellen erfuhr Rathenau allerdings, daß Stinnes überall herumerzählte, es habe keinen großen Sinn, Deutschland zu helfen, solange das Land nicht für den Ausgleich seines Haushalts gesorgt und mit dem Gelddrucken aufgehört hätte. Rathenau beklagte sich, daß Stinnes seine Bemühungen torpediere, die Engländer zu einer Art Soforthilfe für Deutschland zu überreden. Dabei tat Rathenau seinerseits sein möglichstes, um die Glaubwürdigkeit von Stinnes zu untergraben; so erklärte er zum Beispiel gegenüber Lord Birkenhead und anderen, Stinnes sei ein Industrieller, der zunächst einmal seine eigenen Interessen verfolge; dagegen sei er, Rathenau, aus der AEG ausgeschieden und mache eine selbstlose Politik für Deutschland. Wiederum brach Dunn eine Lanze für Stinnes, indem er zu Birkenhead sagte, Rathenau sei «in erster Linie ein Politiker, unser Freund [Stinnes] ein gerader, offener Geschäftsmann, der große Interessen in industriellen Unternehmungen Deutschlands besitze, ... deren Wohlfahrt mit der Wohlfahrt des Landes parallel liefe. Dazu sei letzterer der einzige starke Mann des Augenblicks, dessen Wort etwas wert sei.»[266]

Die Rivalität zwischen den beiden Großindustriellen leistete sicher keinen produktiven Beitrag zum Erfolg der Bemühungen, die Deutschland in dieser Phase in London vom Stapel ließ. Lloyd George äußerte Zustimmung zu den Aussagen von Stinnes über den Personalüberhang bei den deutschen Bahnen, fand aber weniger Gefallen an den Stinnesschen Eisenbahnplänen, deren Umsetzung seiner Ansicht nach zu lange dauern würde und vermutlich auch mit zu großen Schwierigkeiten verbunden wäre. Die Stinnesschen Ideen zur Öffnung Rußlands gefielen ihm, doch sie deckten sich mit denen Rathenaus. Lloyd George geruhte am Ende Scherze über Stinnes und Rathenaus Freund Loucheur zu machen, indem er vorschlug, sie beide in eine geschlossene Kiste zu sperren und abzuwarten, wer wen zuerst umbringen würde.[267]

Nach Überzeugung von Montagu Norman markierte der Besuch Havensteins in London den Wendepunkt in den Verhandlungen, die in den Deutschland Anfang 1922 gewährten partiellen Aufschub der Reparationszahlungen – unter Verzicht auf Ruhrbesetzung und fiskalische Entmündigung Deutschlands – mündeten. Norman traf sicher ins Schwarze, als er Havenstein den Eindruck schilderte, den Stinnes und im Vergleich dazu Rathenau auf ihn gemacht hatten:

> «Viele Leute hier werden die laufenden Verhandlungen auf den Besuch von Stinnes zurückführen. Ich traf nicht mit ihm zusammen, doch wurde mir von ihm berichtet. Mit welchem Ziel er herkam, weiß ich nicht; sein Standpunkt ist *nicht* derselbe wie Ihrer, und ich habe meine Zweifel, ob er irgend einen Nutzen – finanzieller oder politischer Art – gestiftet hat, es sei denn vielleicht für seine eigene Firma. Vielleicht werden sie [das Verdienst] auch Rathenau zuschreiben. Aber auch das wäre unkorrekt, obwohl seine Ansichten großzügig sind und den Ihren ähneln und er einen guten Eindruck hinterlassen und uns dem Ziel einer europäischen Verständigung näher gebracht hat.»[268]

Stinnes sah das natürlich nicht so. Er nutzte sein Reichstagsmandat, um bei einer Anhörung im Auswärtigen Ausschuß am 16. Dezember Giftpfeile gegen die Regierung und Rathenau zu schleudern. Auch wenn er dies in sicherlich gemäßigterem und würdevollerem Ton tat als der brutale Helfferich, reflektierte sein Auftritt, wie der württembergische Gesandte beim Reichstag ihn erlebte, eine Einseitigkeit in der Lagebeurteilung, in der er wohl auch durch die tendenziösen Berichte, die er von seinen Londoner Freunden erhielt, bestärkt wurde:

> «Das Kabinett Wirth gelte draußen als das Kabinett des guten Willens, aber

man täusche sich nicht, Autorität habe weder die Regierung noch der Herr Reichskanzler. Man betrachte in England die jetzige deutsche Regierung als eine pädagogisch-philosophische, der man praktische Erfolge nicht zutraue. Mit den Utopien Walther Rathenaus rechne niemand als mit einer ernst zu nehmenden Politik. Deutschland brauche eine Regierung der Autorität, die jetzige Regierung bestehe aus kompromittierten Leuten, die nicht in der Lage seien, die wichtigen und schwierigen Verhandlungen, die uns bevorstehen, mit Erfolg zu führen. Auf den Zwischenruf: Wer nicht kompromittiert sei? bemerkte Stinnes: ‹Diejenigen, die nie unterschrieben haben, was sie nicht erfüllen können, diejenigen, die abgelehnt haben, den Friedensvertrag von Versailles, das Abkommen von Spa und das Londoner Ultimatum.›»[269]

Es war natürlich etwas sonderbar, wenn Stinnes gegen Rathenau, der eine Politik der «kleinen Schritte» verfolgte, um eine Abschwächung der Bedingungen des Londoner Ultimatums zu erreichen, den Vorwurf des Utopismus erhob, zugleich aber selbst ein raumgreifendes Privatisierungsprogramm verkündete und ein komplettes Moratorium forderte, ersteres gegen die Überzeugung vieler seiner Kollegen von der deutschen Großindustrie, letzteres gegen jede Wahrscheinlichkeit, daß die Siegermächte es akzeptieren würden. Sehr zum Ärger von Stinnes hatte Rathenau in den Augen des Kanzlers dank seines Auftretens in England enorm an Kredit gewonnen, so daß er Ende 1921 auch nach Frankreich entsandt wurde, um zunächst in Paris mit Regierungsvertretern und danach, Anfang Januar, in Cannes mit der Reparationskommission zu verhandeln.

Interessanterweise legte Rathenau trotzdem weiterhin Wert darauf, Stinnes laufend zu informieren, und schickte seinen persönlichen Sekretär zu Osius, in dem Bemühen, die Fäden zu Stinnes nicht abreißen zu lassen. Für Osius war das nur ein Beweis dafür, daß Rathenau «nicht den geringsten Erfolg aufzuweisen hat und seine angebliche Mission nur aus Eitelkeit und Machtdünkel fortsetzt».[270] Stinnes teilte natürlich diese skeptische Einschätzung der Rathenauschen Verhandlungserfolge und des angeblichen Vertrauenskredits, den der ehemalige Wiederaufbauminister in alliierten Regierungskreisen genoß. Er fand es beklagenswert, daß Wirth und das Kabinett «vollständig Wachs in Rathenaus Händen» seien. Für Stinnes stand fest: «Dr. Walther Rathenau ist trotz seiner Intelligenz kein guter Vertreter Deutschlands.» Ihm fehle die Fähigkeit, die Situation richtig einzuschätzen und einen Ausweg zu finden. Es war in Stinnes' Augen ein grundlegender Fehler, «die Weltlage mit Finanzministern ändern» zu wollen. «Nur wer produktive wirtschaftliche Gedanken in die Köpfe der leitenden Staatsmänner abseits von allen Sanktionen und Reparationen zu bringen vermag, kann Erfolg haben.» Rathenau bringe sich selbst, schrieb Stinnes in einem Brief an Maximilian Harden bedauernd, um die Früchte seiner besten Eigenschaft, nämlich seines Potentials an produktiven Ideen:

«Ich unterhalte mich mit wenigen Menschen so gerne wie mit Rathenau, weil er über alle möglichen Dinge ein eigenes Urteil sich gebildet hat, auch namentlich in technischen Problemen. Schade, daß so viele Eigenschaften seine Produktivität und Nützlichkeit aufheben.

Immerhin möge Ihnen dieser Verkehr mit Rathenau zeigen, daß ich nach wie vor gerne mit Leuten verschiedenster Auffassung verkehre und ihre entgegenstehende Meinung höre.»[271]

Das hinderte Rathenau nicht daran, die beständigen Querschüsse, die Stinnes abfeuerte, sehr schädlich zu finden; im Verlauf seiner Frankreich-Mission traf er sich mit Dunn und bat diesen, auf Stinnes im Sinne eines harmonischeren Miteinanders einzuwirken. Man bemühe sich schließlich, in den Verhandlungen mit den Franzosen das Bestmögliche zu erreichen, das unter den gegebenen Umständen möglich sei; Rathenau ließ sogar die Möglichkeit anklingen, daß Dunn als Finanzmakler und politischer Berater für die deutsche Regierung in London fungieren könnte. Daß Rathenau sich solche Mühe gab, Stinnes zu neutralisieren und Dunn für sich zu rekrutieren, bestärkte die beiden Männer sicherlich in ihrer Überzeugung, daß Stinnes dank seiner Londonreise stark an Strahlkraft gewonnen hatte. Sowohl Dunn als auch Freytag äußerten die Meinung, die Zeit sei bald reif für Stinnes, in London offen in Erscheinung zu treten, etwa durch Gründung einer Holding-Gesellschaft, die als «Hugo Stinnes London Agency, Ltd.» firmieren könnte. Ein solches Standbein sei wichtig im Hinblick auf die geplanten Rußland- und Erdöl-Geschäfte. Sie drängten ihn, einige erstklassige Namen aus der Londoner Bankenwelt in den Aufsichtsrat zu berufen. Dunn meldete sogar schon den Vollzug von Vorleistungen in diese Richtung und versicherte Stinnes, er erwarte keine andere Gegenleistung als die Chance, mit ihm Geschäfte zu machen, wenn es soweit sei.[272]

Wenn es Rathenau darum ging, Stinnes zu neutralisieren, dann setzte dieser mindestens ebensoviel daran, dasselbe mit Rathenau zu tun. Bei einer persönlichen Begegnung kurz vor der Berufung Rathenaus zum Außenminister am 31. Januar 1922 erklärte Stinnes, sie seien beide als Industrielle zu mächtig, um ein öffentliches Amt zu übernehmen, und versprach, dies niemals zu tun, falls Rathenau für sich dieselbe Zusage abgebe. Rathenau lehnte das ab; als er die Episode Lord D'Abernon erzählte, fügte er hinzu, Stinnes verbreite alle möglichen «Märchen» über seinen London-Aufenthalt. D'Abernon bekam das Gefühl, daß zwischen den beiden Männern eine tiefe Feindschaft herrschte, trotz ihrer nach außen zur Schau getragenen Freundschaft.[273]

Es traf sicherlich zu, daß Stinnes nicht überall in London auf soviel Gegenliebe stieß, wie Freytag und Dunn es in ihren Berichten schilderten; er mußte dies zu seiner Zerknirschung feststellen, als die *Frankfurter Zeitung* am 2. Februar unter der Überschrift «Stinnes – Rathenau» einen Beitrag ihres Londoner Korrespondenten veröffentlichte. Es war ein auf erstklassigen Informationen beruhender Bericht über die Stinnessche Londonreise, garniert mit dem Vorwurf, Stinnes habe versucht, die deutschen Eisenbahnen für die Finanzierung der Reparationszahlungen zu verpfänden; er habe sich, so hieß es weiter, vorübergehend zum Anhänger der Erfüllungspolitik gewandelt, aber nur um sich den Zugriff auf die Reichsbahn zu sichern. Die *DAZ* reagierte prompt mit dem Gegenvorwurf, der Bericht bestehe aus Lügen, was zu weiteren Auseinandersetzungen führte, bis Stinnes schließlich mit einem eigenen Leserbrief in das Geschehen eingriff, in dem er die Behauptungen in dem *FZ*-Beitrag für unwahr erklärte und behauptete, sie seien Teil einer Kampagne gegen Persönlichkeiten mit eigenständigen Ansichten. Er verwahrte sich im gleichen Atemzug dagegen, öffentlich Auskunft über den Inhalt vertraulicher Unterredungen zu erteilen. Damit erzielte er natürlich keinen durchschlagenden Überzeugungseffekt. Es mochte in einem finanztechnischen Sinn unkorrekt sein zu unterstellen, daß Stinnes die deutschen Eisenbahnen verpfänden wollte, aber es war doch unbestreitbar seine Absicht gewesen, sie als Sicherheit für die Ablösung der alliierten Reparationsforderungen anzubieten. Stinnes nutzte die Gelegenheit auch gleich für einige Seitenhiebe auf Rathenau, der am 31. Januar 1922 zum Außenminister ernannt worden war; er kreidete ihm das Wiesbadener Abkommen an und bezeichnete ihn als «geistigen Leiter» eines Kabinetts, das nicht genug Kredit habe, «diskontfähige Unterschriften» leisten zu können.[274]

Das für Stinnes Schmerzlichste an diesen Artikeln war wohl kaum der gegen ihn erhobene Vorwurf der Verquickung nationaler Staats- mit privaten Geschäftsinteressen – daran war er gewöhnt –, sondern die Aussage, sein Auftreten sei in London, wo der Unterschied zwischen Privatnutzen und Allgemeinwohl auch den Unternehmern geläufig sei, sehr schlecht angekommen. Der Korrespondent schrieb, während die Stinnessche Idee eines europäischen Verkehrs- und Transportverbundes als interessant anerkannt worden sei, hätten die Engländer auf seine Forderung nach Privatisierung der deutschen Eisenbahnen mit einem «Gemisch aus Ironie und Entrüstung» reagiert, «weil sie darin nur den seine persönlichen Ziele verfolgenden Geschäftsmann erblicken konnten. Ein starkes Abrücken war die Folge. Dieses nicht nur für den einen Mann, sondern für jeden Deutschen wahrhaft peinliche Ergebnis ist das Entscheidende.»[275]

Die Antworten, die Stinnes auf die Attacken in der Presse gab, empfanden nicht alle seine Freunde und Bundesgenossen als befriedigend. Humann hielt es für einen Fehler, daß sich Stinnes im zweiten Teil seines Leserbriefs auf die Ebene der politischen Kritik herabließ; seiner Meinung nach hätte er den politischen Nahkampf anderen überlassen und selbst über diesen Dingen schweben sollen. Der konservative Zentrumsmann Martin Spahn äußerte die Befürchtung, Stinnes werde von Leuten, die es darauf abgesehen hätten, ihn und mit ihm gleich auch die politische Rechte zu vernichten, in eine gefährliche Situation hineinmanövriert. Stinnes sah seine Rolle indes ganz anders:

> «Man kann nicht seine Herkunft verleugnen. Ich auch nicht die meinige. Meine jetzt doch mehr als 30jährigen Erfahrungen im geschäftlichen und auch politischen Leben haben mir gezeigt, daß jeder größere wirtschaftliche

Gedanke erst in der Welt zur Diskussion gestellt werden mußte, und dann seine Lebensfähigkeit in einem lebendigen Beispiel nachweisen mußte.»[276]

So sei es im Fall der gemischtwirtschaftlichen Unternehmen gewesen, wo das RWE den Beweis geliefert habe, und so werde es auch bei den Kleinaktien für die Arbeiter und bei der Privatisierung der Eisenbahnen sein. Alles brauche seine Zeit, und ebenso wie es zu einer Wende von der Sozialisierungs-Diskussion zu der jetzt geführten Debatte über die Privatisierung gekommen sei, werde es noch eine Zeitlang dauern, bis die neuen Ideen auf breite öffentliche Zustimmung stoßen würden. Stinnes beschloß sein Antwortschreiben an Spahn mit den Worten:

> «In Wirtschaft und Politik sind im Lauf der oben erwähnten 30 Jahre häufig eine Menge Menschen – auch gute Freunde – an mir irre geworden – irre geworden, weil ihnen stets die Vorbereitung für neue wirtschaftliche und sonstige Aufgaben zu lange dauerte, und dennoch war diese stille Vorbereitungszeit im Grund genommen immer die fruchtbarste, namentlich im Vergleich zu der Zeit, in der sich nach außen hin die Folgen einer 5 oder 10 Jahre vorhergehenden sorgfältigen Vorbereitung zeigten. In Wirklichkeit sind diese Zeiten des äußeren Erfolges stets die minder produktiven gewesen, weil sie Zeit und Geist unproduktiv in Anspruch nahmen.»

Es war bemerkenswert, daß Stinnes meinte, die Zeit auf seiner Seite zu haben, und es kam nicht von ungefähr, daß der Korrespondent der *Frankfurter Zeitung* ihn mit Ludendorff verglich und zwischen dem Verhalten der beiden Männer in den Kriegsjahren und jetzt im Frieden eine Kontinuität herstellte. Kontinuität herrschte auch im Konflikt zwischen Stinnes und Rathenau: Während ersterer beständig das Unmögliche möglich zu machen versuchte, erkannte letzterer die Notwendigkeit, das Schlimmste zu verhüten. Ein englischer Finanzier sagte dem besagten *FZ*-Korrespondenten, er würde Stinnes, wenn der Brite wäre, «ganz entschieden warnen, denn er übernimmt sich mit seinen Geschäften».[277] Stinnes hätte sich für diese Warnung sicher nicht bedankt, aber sie bewahrheitete sich für ihn in zunehmendem Maß, als die Inflation in vollen Galopp verfiel, zur Hyperinflation wurde und dann in eine unerträgliche Stabilisierung umschlug.

IX. König der Inflation?
Die letzten Jahre – Politische Konzepte und Geschäftspraktiken

Der britische Botschafter in Berlin, Viscount D'Abernon, hielt nie große Stücke auf Stinnes, den er als «arrogant, starrköpfig und zur Unverschämtheit neigend» charakterisierte. Aber die Tatsache, daß Stinnes eine so bedeutende Persönlichkeit war, veranlaßte ihn, eine Ausnahme von seiner gewohnten Praxis zu machen, nur Persönlichkeiten zu porträtieren, denen seine Bewunderung galt. Stinnes erinnerte ihn an den amerikanischen Eisenbahnmagnaten Edward C. Harriman: «Beide hatten so etwas Schmuddeliges, Ungepflegtes, wie ein Rauhhaarterrier, der gerade in einem Haufen Unrat gestöbert hat und auf der Suche nach dem nächsten ist; keine Spur von vornehmer Würde.» So überrascht es nicht, daß die Amerikaner Stinnes höher schätzten, ihn zuweilen sogar zum Genie stempelten, während D'Abernon ihn als «bitter» und «vorurteilsbeladen» empfand und, schlimmer noch, als «unbelehrbaren Inflationisten, sei es aus Überzeugung oder aus persönlichem Interesse, was einer freundschaftlichen Beziehung nicht zuträglich war. Er sträubte sich hartnäckig gegen jede Versöhnung, es sei denn zu völlig unannehmbaren Bedingungen.» Rathenau war da schon eher nach D'Abernons Geschmack, obwohl auch er, wie Wirth und Havenstein, zu den «Inflationisten» zählte, die in D'Abernons Augen allesamt «Schwachköpfe» waren, weil sie die Inflation als Produkt der ungünstigen Zahlungsbilanz und nicht der Druckerpresse interpretierten. Stinnes maß er jedoch besonderes Gewicht bei:

> «Wie ich schon an anderer Stelle sagte, kam es in Deutschland nur über vier Leichen zur Stabilisierung. Vier Männer mußten verschwinden, bevor ein Stabilisierungsprogramm Fuß fassen konnte. Es waren dies Rathenau, Havenstein, Helfferich und Stinnes: Der größte Feind der Währungsreform war Stinnes – der mächtigste, der erbittertste Kämpfer.»

D'Abernon zweifelte daran, daß die Stabilisierung 1924 durchgesetzt worden wäre, wenn Stinnes noch gelebt hätte, und er war sicher, daß es in diesem Fall 1925 nicht zum Locarnopakt gekommen wäre.[1]

Im Gegensatz zu D'Abernon zählte der unabhängige Sozialdemokrat Curt Geyer in seinem Buch *Drei Verderber Deutschlands* Rathenau nicht zu den ‹zerstörerischen Kräften in Deutschland›, für ihn waren dies nur Havenstein, Helfferich und Stinnes.[2] In politischer Hinsicht war Geyers Benennung dieses Trios durchaus richtig, aber D'Abernon zeigte, indem er auch Rathenau einbezog, ein tieferes Verständnis dafür, wie in den ersten Jahren der Weimarer Republik die Politik auf höchster Ebene funktionierte.

«Die Weitblickenden» (Walther Rathenau und Hugo Stinnes).
Karikatur von Thomas Theodor Heine im «Simplicissimus» (1922)

Zweifellos bewies Rathenau größere Versöhnungsbereitschaft und mehr politische Klugheit als Stinnes, der eben kein Staatsmann war, auch wenn er sich selbst und einigen seiner Freunde und Verbündeten in dieser Rolle recht gut gefiel. Dennoch war Rathenau ein «Inflationist», der die Quantitätstheorie als etwas einem «fremden Vorstellungskreis» Zugehöriges abtat.[3] Tatsächlich war Stinnes, wie schon gezeigt wurde, eher als Rathenau bereit zu akzeptieren, daß Reformen im Inland die notwendige Voraussetzung für finanzielle Unterstützung von außen waren. Der eigentliche Unterschied zwischen beiden war aber an anderer Stelle zu suchen: Während Rathenau das Schlimmste zu verhüten suchte und letztlich auf einen Sieg der Vernunft und der rationalen Kräfte hoffte, war Stinnes stets bereit, «aufs Ganze zu gehen», und er versuchte andere von der Richtigkeit seiner Ansichten zu überzeugen, indem er diese gegen den Widerstand seiner Opponenten und oftmals sogar unter Mißachtung des Willens seiner Regierung einfach in die Tat umzusetzen versuchte. Im Winter 1921/1922 waren sowohl Rathenau als auch Stinnes überzeugt, daß die von Deutschland angeblich ausgenützte Arbeitslosigkeit in den Entente-Ländern die Briten und Amerikaner zur Vernunft bringen würde. Was sie dabei nicht begriffen, war die Tatsache, daß sich aufgrund der inflationsbedingten Belebung der Wirtschaft in Deutschland die wirtschaftliche Lage auch im Ausland erholen und damit die Notwendigkeit eines starken anglo-amerikanischen Druckes auf Frankreich wegfallen würde.[4] Im Grunde waren unter den Rahmenbedingungen des Jahres 1922 weder Rathenaus noch Stinnes' Lösungsvorschläge besonders erfolgversprechend, vielmehr konnte man geradezu sicher sein, daß Stinnes' Vorgehen die Lage noch verschlimmern würde. Es war schlecht für das Land, ohne Zweifel, aber welchen Vorteil hatte es für Stinnes? Dies läßt sich nicht eindimensional mit «Überzeugung» oder «Interessen» erklären, wie D'Abernon es tat; es war vielmehr eine Mischung aus beidem. Von diesem Punkt müssen wir ausgehen, wenn wir den letzten, unglücklichen und von tiefen Sorgen überschatteten Abschnitt seines Lebens verstehen wollen.

1. Von der galoppierenden zur Hyperinflation: Wirtschaft, Reparationen und Politik

Zu Beginn des Jahres 1922 überwog allgemein die Hoffnung, daß die großen Industrienationen endlich den Wiederaufbau in Angriff nehmen würden und daß sich in der Reparationsfrage eine vernünftige Lösung finden ließe. Optimisten konnten ihre Erwartung auf die Konferenz von Genua richten, die für das Frühjahr geplant war. Angeregt von Lloyd George, sollte die Konferenz dem Ziel dienen, den Wiederaufbauprozeß vor allem in Rußland voranzutreiben, und die Deutschen erhofften sich in dieser Phase eine ernsthafte Diskussion der Reparationsfrage im Rahmen der geplanten Gespräche. Aber die Realität gab allen Anlaß zum Pessimismus. Die Regierung Lloyd George war in zwei unversöhnliche Lager gespalten, wie Stinnes aus den regelmäßigen Berichten Freytags und seiner anderen englischen Freunde erfuhr. «Ich glaube nicht, daß dieses Land in der internationalen Politik eine Führungsrolle übernehmen kann, bevor wir eine neue, von den Wählern bestimmte Regierung haben», schrieb Dunn in einem Brief an Stinnes.[5] In Frankreich kam es schon im Januar zu einer ungünstigen Wende, als die Vertreter eines harten Kurses aus Verärgerung über die Zugeständnisse, die man den Deutschen in Cannes gemacht hatte, die Regierung Briand zu Fall brachten und eine von Poincaré geführte Regierung durchsetzten.

Der schottische Bankier Sir Thomas Barclay, der mit Poincaré in Verbindung stand, äußerte kurz vor Briands Sturz die Meinung, es könne der internationalen Verständigung nur dienen, wenn sich die beiden Personen, die in ihrer jeweiligen Heimat die extremsten Positionen vertraten, an einen Tisch setzen würden. Zu diesem Zweck sollte Stinnes, Barclays Vorschlag zufolge, nach Paris reisen. Nach Freytags Einschätzung hätte ein solches Treffen allerdings mehr Schaden anrichten als positive Ergebnisse hervorbringen können, und auch Lord Inverforth hielt nicht viel von der Idee.[6] Was Stinnes betraf, so stand ihm der Sinn ohnehin nicht nach versöhnlichen Gesten gegenüber Frankreich, die den Interessen Deutschlands auf der wirtschaftlichen oder auf der politischen Ebene zuwiderliefen. Als er daher Ende Februar von den Verhandlungen zwischen der englischen und der französischen Eisen- und Stahlindustrie erfuhr, beriet er sich mit Hasslacher, Thyssen und Vögler, und sie kamen, wie er Bücher berichtete, übereinstimmend zu dem Ergebnis, daß es eine Lebensfrage nicht nur für die deutsche Eisenindustrie, sondern für die gesamte deutsche Industrie sei, bei den Exporten auch weiterhin freie Hand zu haben und «nicht durch internationale Abmachungen an der Entwicklung behindert zu werden».[7] Gleichzeitig beäugte Stinnes französische Vorstöße, die auf ein Wirtschaftsabkommen zielten, mit größtem Mißtrauen und wehrte sich gegen alle Versuche, ihn zu einem Treffen mit Poincaré in Paris zu bewegen. Er traute den Franzosen nicht über den Weg, wie aus der Niederschrift seines Gesprächs mit Reichsfinanzminister Hermes Ende März hervorgeht, und die Aufzeichnungen seines Beraters zeigen, daß er erstaunlicherweise sogar konkrete Bedingungen stellte, ohne deren Erfüllung eine Reise nach Paris für ihn nicht in Frage kam:

> «Poincaré fordere absichtlich Unmögliches, weil die Franzosen nicht zusammen mit den Engländern mit uns in wirtschaftliche Beziehungen treten wollen, sondern weil sie mit uns zu wirtschaftlichen Abkommen gegen die Engländer kommen wollen. Herr Stinnes sei mehrmals aufgefordert [worden], nach Paris zu kommen, er habe jedoch stets abgelehnt, solange er nicht offiziell von der Regierung eingeladen würde, und hat als Bedingung gestellt:
> 1. Räumung des Rheinlandes und Saargebietes
> 2. Herausgabe der uns widerrechtlich genommenen Hüttenwerke und
> 3. Zollverein mit Frankreich.»[8]

Daß ausgerechnet Stinnes, der weder Mitglied der Regierung noch Beamter des Außenministeriums war, einen Anspruch darauf zu haben glaubte, von den höchsten Regierungsvertretern Frankreichs zum Gespräch eingeladen zu werden, ist nur als eine enorme persönliche Machtanmaßung zu verstehen, die den Ausnahmezustand widerspiegelt, der zu Beginn der Weimarer Republik in der Staatsführung herrschte. Überdies scheint es geradezu unglaublich, daß Stinnes in einer Zeit, in der sich die Besetzung des Ruhrgebiets durch die Franzosen als drohende Gefahr abzeichnete, tatsächlich glaubte, derartige Forderungen stellen zu können. Aber Stinnes bewegte sich, als er diese Bemerkungen machte, nicht in vertrauten Gewässern, und nichts deutet darauf hin, daß Hermes ihn durch irgendwelche Einwände bremste. Dieses Muster zog sich durch das gesamte Jahr 1922.

Auch innenpolitisch meinte Stinnes Oberwasser zu haben, obwohl er Wirth und Rathenau als die falschen Leute zur falschen Zeit am falschen Platz empfand. Ein Eisenbahnerstreik dämpfte im Januar 1922 die Zuversicht Wirths, der einen Abbau der Staatsausgaben und Subventionen anstrebte. Groener bemühte sich intensiv um eine Reform des Verwaltungs- und Rechnungswesens bei der Eisenbahn, das er nach dem Vorbild der Privatindustrie umorganisieren wollte, um eine Gesundung des Eisenbahnsystems einzuleiten. Er war zwar ein entschiedener Gegner der von Stinnes favorisierten Privatisierungspläne, hörte sich aber dennoch bereitwillig die Reformvorschläge des RdI an und nahm Anfang 1922 der Industrie gegenüber insgesamt eine versöhnliche Haltung ein. So gewann Stinnes in einer Unterredung mit Bücher und Groener die Überzeugung, letzterer wolle «mitarbeiten am Endziel».[9] Zweifellos fühlte sich Stinnes durch Osius in seiner Überzeugung bestärkt, denn dieser teilte ihm mit, Groener habe Ende Januar in privaten Gesprächen geäußert, der Eisenbahnetat könne angesichts der von der Bahnverwaltung gestellten Forderungen unmöglich ausgeglichen werden und «man müsse daher früher oder später mit der Möglichkeit einer Entstaatlichung der Eisenbahnen rechnen». Osius sah darin den Beweis für eine Wandlung in Groeners Einstellung.[10]

Der Status der Eisenbahnen als staatlicher Großbetrieb war zweifellos in mehrfacher Hinsicht ein Problem: Während der Demobilisierungsphase entstand ein großer Personalüberhang, und in der Inflationszeit wäre das Unternehmen eigentlich gefordert gewesen, einerseits laufend die Preise anzuheben, um mit der Geldentwertung Schritt zu halten, und andererseits seinen Arbeitern und Angestellten angemessene Löhne zu zahlen. Beides hatte sich Groener zum Ziel gesetzt, aber er war nicht in derselben glücklichen Lage wie Stinnes und die Zechenbesitzer, die am 1. März eine Preissteigerung für Kohle von 468,10 auf immerhin 601,70 Mark pro Tonne durchsetzen und in der Folge eine deutliche Lohnanhebung vornehmen konnten. Ebenso wie die Privatisierung der Eisenbahnen stand die Kohlenpreisfrage in engem Zusammenhang mit den Reparationen, und auch hier schlugen Stinnes massive Widerstände aus den Kreisen der Industrie entgegen. Es sollte sich erweisen, daß er sich in einer schicksalhaften Entscheidung durchsetzte, die maßgeblich zur Beschleunigung der Inflation beitrug.

Die Kohlenpreise waren die Grundlage, auf die sich Regierung und Wirtschaft in ihrem Bemühen stützten, die Preise stabil zu halten und die Wettbewerbsfähigkeit der deutschen Fertigwarenindustrie zu sichern. Jede Anhebung des Kohlenpreises hatte empfindliche Auswirkungen auf die Gesamtwirtschaft. Zwar hatte sich die Kohlenproduktion seit dem Krieg insgesamt positiv entwickelt, und die Braunkohlenförderung war erheblich gesteigert worden, dafür war aber die Produktion von Steinkohle unter das Niveau von 1914 zurückgefallen. Die unzulängliche Produktionsmenge, der Verlust der Zechen im Saargebiet und in Oberschlesien sowie die Kohleabflüsse im Rahmen der Reparationsleistungen hatten zur Folge, daß die Wirtschaft nach wie vor unter Kohlenknappheit zu leiden hatte. Noch dazu war die Qualität der gelieferten Kohle schlechter geworden. Die Überschichtenvereinbarung war im Frühjahr 1921 ausgelaufen, und es war in der Folgezeit bis weit in das Jahr 1922 nicht gelungen, neue Verträge auszuhandeln.[11]

Die Frage der Kohlenpreise und Kohlesteuern war ein ständiger Streitpunkt in der Beziehung zu den Alliierten, und besonders die Briten drängten auf eine Änderung. Sie behaupteten zwar, ihre Forderung nach einer Erhöhung der deutschen Kohlenpreise und Kohlesteuern sei nicht von wirtschaftlichen Interessen geleitet, aber die Tatsache, daß die Briten zu den Hauptproduzenten gehörten und daß die Franzosen ihre Reparationskohle zum sehr niedrigen deutschen Inlandspreis bezogen, ließ etwas anderes vermuten. Gleichzeitig sank mit der Abwertung der Papiermark der Realwert der Reparationskohlen-Lieferungen in Goldmark. Schließlich bleibt noch zu erwähnen, daß ein beträchtlicher Prozentsatz des Kohlenpreises, der zu dieser Zeit bei etwas über 50 Mark pro Tonne lag, in die Kohlesteuer und in Wohnungsbauprojekte für die Arbeiter und andere Sozialausgaben floß, so daß der von der Industrie tatsächlich erzielte Preis, gemessen an den realen Vorkriegspreisen, stark gesunken war.[12]

Das Hauptproblem, das sich Ende des Jahres 1921 stellte, war die Frage, wie man auf die Forderung der Alliierten nach einer Anpassung der deutschen Inlandspreise an den Weltmarkt reagieren sollte. Einerseits um die Alliierten zu beschwichtigen, andererseits aber auch aus steuerlichen Gründen hatte die Regierung Anstrengungen unternommen, die Kluft zwischen Inlands- und Weltmarktpreisen via Kohlesteuer zu verringern. Stinnes gefährdete diese Bemühungen jedoch aufs äußerste, als er in einer Sitzung des Reichkohlenrates am 14. Dezember 1921 vehement nach einer möglichst baldigen drastischen Anhebung der Kohlenpreise auf das bestehende Weltmarktniveau rief.

Nach Stinnes' Dafürhalten war der Bergbau in den vorangegangenen acht Jahren mit dem Ausbau der Produktionskapazitäten keinen Schritt weitergekommen. Aufgrund der Gebietsverluste und mangelnder Produktivität konnte Deutschland den eigenen Kohlenbedarf nicht mehr decken und würde dazu erst dann wieder in der Lage sein, wenn zum Ausgleich für die vor dem Krieg erschlossenen und mittlerweile ausgebeuteten Gruben neue Schachtanlagen gebaut würden. Stinnes wies darauf hin, man könne die Politik der Niedrigpreise und beschränkten Abschreibungen nicht länger aufrechterhalten, weil angesichts der alliierten Forderung nach einer Angleichung der deutschen Kohlenpreise an den Weltmarkt die Zeit knapp werde. In absehbarer Zeit würde Deutschland seinen Wettbewerbsvorteil verloren haben, und das zur Verbesserung der Produktionsprozesse in den Zechen benötigte Geld würde nicht mehr zur Verfügung stehen. Aus diesem Grund plädierte Stinnes für eine sofortige Anhebung der Preise mit dem Ziel, auf diese Weise die Mittel für den Bau von mindestens acht neuen Schachtanlagen und für Mechanisierungsmaßnahmen in der Branche aufbringen zu können. Er sah keinen Sinn darin, wenn die Deutschen arbeiteten, nur um der französischen und belgischen Eisen- und Stahlindustrie einen Wettbewerbsvorteil zu verschaffen. Stinnes wurde in seinen Forderungen wortgewaltig von Silverberg unterstützt, der geradeheraus wissen wollte, ob die Einnahmen aus der Kohlenproduktion für Reparationszahlungen oder zur Modernisierung der Zechen verwendet werden sollten.[13]

Diese ziemlich gewagte Argumentation blieb nicht unwidersprochen. Einer der Gewerkschaftsvertreter im Reichskohlenrat wies darauf hin, daß sich Deutschland den Reparationszahlungen nicht entziehen könne und die Kohlenwirtschaft verpflichtet sei, ihren Beitrag dazu zu leisten. Dies sei ihm durchaus bewußt, hielt Silverberg entgegen, aber Deutschland müsse auch in die Lage versetzt werden, die Zahlungen zu leisten. Stinnes war nicht gewillt, um den heißen Brei herumzureden. Überall im Ausland pfiffen es die Spatzen von den Dächern, daß Deutschland nicht imstande sei, zu zahlen, und er wehre sich entschieden dagegen, einen gegenteiligen Eindruck erwecken zu wollen:

> «Wir wollen vor allen Dingen nicht untergehen und zerrissen werden, und das tun wir, wenn wir uns vormachen, wir könnten bezahlen und können in Wirklichkeit nicht bezahlen. Die 2 Milliarden, über die in Cannes gesprochen wurde, können auf keinen Fall gezahlt werden. Die Wirtschaft, wie sie bisher geführt wurde, kann auf keinen Fall weitergehen; die anderen Mächte werden auch nicht gewillt sein, sich dies weiter gefallen zu lassen. Sie sehen es daran, daß ihre erste Bedingung die ist, daß nicht mehr gedruckt werden darf. Dann hört natürlich auch die Gelegenheit auf, einem anderen die wertlosen Papiere anzuschmieren. Wenn wir bezahlen könnten, würde ich der Meinung sein, unter allen Umständen zu bezahlen, schon damit man die Leute aus dem Rheinland, aus dem besetzten Gebiet los wird, schon damit wir wieder ein freier Staat werden. Ich halte es für ein großes Unrecht, wenn angesichts der Unmöglichkeit immer von Erfüllung gesprochen wird. Auch das ewige Sprechen von Sachwerten und Sachwertversteuern ist unrecht. Es gibt in Deutschland zwei Arten von Werten, die sich äquivalent sind: Das sind die Sachwerte von Leuten, die etwas besitzen, und die Arbeitskraft des Arbeiters. Wir können weder die Sachwerte noch die Arbeitswerte an das Ausland verschachern. Erst wollen wir unser Vaterland wieder in die Höhe bringen, dann wollen wir zahlen und nicht vorher verbluten.»[14]

Aus taktischen Gründen plädierte Stinnes für eine sofortige und deutliche Preiserhöhung noch vor der in Genua geplanten Konferenz zum internationalen wirtschaftlichen Wiederaufbau, und er hielt es auch für unumgänglich, die Lohnfrage zu klären. Denn wenn die Preise in die Höhe gingen, mußten auch die Bergleute ihr Scherflein erhalten, und er appellierte aus diesem Grund an die Industrie, sich in den Verhandlungen mit den Gewerkschaften großzügig zu verhalten.

Es wäre allerdings falsch, zu glauben, daß es bei der Anhebung der Kohlenpreise nur um die Frage der Erfüllung gegangen sei, denn viele der Industriellen, die in dieser Hinsicht ebenso erbitterten Widerstand leisteten wie Stinnes, waren dessen ungeachtet entschiedene Gegner seines Kohlenpreisprogramms. Selbst Vögler machte keinen Hehl aus seinem Unbehagen. Ende Januar wies er in einem Brief an Stinnes darauf hin, daß seine Eisen- und Stahlwerke Verluste von 52 Millionen Mark zu verzeichnen hatten, die ohne die erzielten Devisengewinne noch wesentlich höher ausgefallen wären. Die Kostenentwicklung im Dezember, so schrieb er, habe gezeigt, daß «die Eisenindustrie doch eine starke Kohlen- oder Lohnerhöhung nicht mehr ertragen kann ... Werden die Bergarbeiterlöhne weiter in die Höhe gesetzt, dann folgen automatisch auch die Löhne in den anderen Industrien. Ich fürchte, das Geschäft wird dann auf der ganzen Linie zum Stocken kommen.»[15]

Für Stinnes war all das aber nur noch mehr Grund, auf die Anhebung der Kohlenpreise zu drängen, und er ließ sich darin auch nicht vom Widerstand der Industrieunternehmer um Paul Reusch und Krupp von Bohlen und Halbach beirren, die dann auch tatsächlich am 22. Februar eine Sitzung des Reichskohlenrats einberiefen, um über das leidige Problem zu sprechen. In dieser Runde konnte Stinnes freier reden, weil die Gewerkschaften hier nicht vertreten waren. Seinen Ausführungen zufolge bestand die große Gefahr, daß die Differenz zwischen Inlands- und Weltmarktpreisen durch Lohnforderungen wettgemacht werden würde, da sie durch die Anhebung der Kohlensteuern und anderer Steuern nicht ausgeglichen werden könne. Auf diese Weise würde kein Spielraum bleiben, um Vorkehrungen für den künftigen Kohlenbedarf Deutschlands zu treffen:

> «Hierzu sei aber jetzt der letzte Moment gegeben, um aus der doch notwendigen Erhöhung der Kohlenpreise Koksöfen und Schachtanlagen zu bauen. Wenn erst eine Stabilität der Währung eingetreten sei, bekämen wir die gleichen Kämpfe, die jetzt die anderen Länder durchmachten. Um diese bestehen zu können, müßten jetzt die notwendigen Vorbereitungen getroffen werden.»[16]

Bemerkenswerterweise widersprach Vögler den Ausführungen Stinnes', so daß die versammelte Führungsspitze der deutschen Industrie in den Genuß einer hitzigen Debatte zwischen Stinnes und Vögler kam:

> «Herr Dr. Vögler bemerkte dazu, daß es sicher sei, daß man mit 30 M Überschuß pro t [Tonne] keine Erneuerung an den Werken vornehmen könne. Mit der Erhöhung der Kohlenpreise sei aber nichts gebessert, da zugleich eine weitere Steigerung der Materialunkosten und der Löhne um je 50% der Kohlenpreiserhöhung eintreten werde. Wenn mit den Mehrlöhnen also nicht eine Mehrleistung verlangt werde, dann sei das eine Schraube ohne Ende, die uns nie zu stabilen Verhältnissen gelangen lasse. Eine Lohnerhöhung habe immer eine weitere Teuerung zur Folge, ja sie sei die Ursache der Teuerung. In der Eisenindustrie wie in der Fertigungsindustrie seien gleitende Preise nicht möglich. Ebensowenig sei hier die Kohlenpreiserhöhung auf den Verbraucher abwälzbar. Die Eisenindustrie würde also unter der Erhöhung verhältnismäßig mehr leiden. Andererseits sei zu bedenken, daß eine Annäherung an den Weltmarktpreis doch nicht stattfinden werde, weil die Kohlenpreiserhöhung eine Verschlechterung der Mark im Gefolge habe. Es gebe ja auch gar keinen Weltmarktpreis. Wenn die Kohlenpreiserhöhung aber von außen (England) verlangt werde, was als sicher anzunehmen sei, dann dürfe die Differenz nicht in

die Staatskasse fließen. Deshalb sei denen zuzustimmen, die die Abschaffung der Kohlensteuer verlangten.

Herr Stinnes führt dazu aus, daß man mit unserer Arbeiterschaft eine Mehrförderung nicht erreichen könne. Herr Vögler habe recht, wenn er der Ansicht sei, daß die Unstabilität der Verhältnisse beseitigt werden müsse, aber er habe unrecht, wenn er meine, die steigenden Löhne bewirkten die Teuerung. Im übrigen werde die Qualitätsfrage zu wenig berücksichtigt. Die Qualitätskohle, die nur durch bessere Wäscherei, d.h. mit größeren Unkosten geliefert werden könne, biete die größten Vorteile für die Industrie, nicht zuletzt auch durch die Verbilligung der Frachtkosten. Wenn die Industrie nicht mehr voll versorgt werden könne, werde bald ein Gegensatz zwischen versorgten und unversorgten Industrien entstehen, denn nur den mit dem Bergbau verbundenen Industrien wäre die Möglichkeit der Versorgung gegeben. Die Einfuhr von Kohle werde diesen Gegensatz noch verstärken, denn die Konkurrenzfähigkeit der Industrien in abseits gelegenen Gebieten werde durch die erhöhten Frachtkosten unterbunden. Solange Oberschlesien und das Saargebiet uns gehörten, sei das nicht der Fall gewesen, der Ausgleich sei jetzt nur möglich durch eine Vermehrung der Förderung.»[17]

Das Ergebnis dieser offensichtlich schwierigen Sitzung war eine tiefgehende Spaltung in den Reihen der Industriellen, deren Mehrzahl auf das Stinnessche Programm verunsichert und mißtrauisch reagierte. Bücher als der umsichtige Organisator, der er war, tat sein Bestes, um die Wogen zu glätten. Obwohl, wie er sagte, alle Anwesenden Verständnis für die gerechtfertigten Forderungen des Bergbaus hatten, müßten doch die möglicherweise weitreichenden Konsequenzen ernstgenommen und die erhobenen Einwände berücksichtigt werden. In Wahrheit hatte Stinnes nicht einmal die Unternehmensleiter der Kohlenverbände mit seinen Argumenten überzeugt. Jede Kohlenpreiserhöhung mußte unweigerlich eine Steigerung der Lohn- und Materialkosten nach sich ziehen, und wenn diese erst einmal, bei einer weiteren Verschlechterung des Wechselkurses, ausgeglichen war, blieb für Investitionen oder auch nur vermehrte Abschreibungen nicht viel übrig.[18]

Die befürchteten und absehbaren Auswirkungen auf die gesamte übrige Industrie zeichneten sich denn auch sehr bald ab, und die Kohlenpreiserhöhung am 1. März setzte den Bemühungen der Eisen- und Stahlindustrie um eine Stabilisierung ihrer Preise ein Ende. Inflationserwartungen hatten einen enormen Auftrieb erhalten, und Vögler sagte für die nahe Zukunft eine Lohnindexierung wie in Österreich voraus. Frustriert und unwillig gaben die Industrieunternehmer nach und nach ihre Politik der stabilen Preise auf. Direktor Bruhn vom Krupp-Konzern griff Stinnes während einer Sitzung des Roheisenverbandes ungeachtet der Anwesenheit von Vertretern der Arbeiterschaft an, und er war keineswegs der einzige, der über Stinnes erbost war und ihm vorwarf, die Preispolitik aus dem Gleichgewicht gebracht zu haben. So sah sich Generaldirektor Hoffmann von den Riebeck'schen Montanwerken von seiten der Handelskammer Schweidnitz heftigen Vorwürfen wegen der Kohlenpreiserhöhungen ausgesetzt. Er schien jedoch ein überzeugterer Anhänger der Stinnesschen Politik zu sein als Vögler. In einer ausführlichen Entgegnung hielt er den Schweidnitzer Kaufleuten vor, Ursache und Wirkung zu verwechseln und nicht begreifen zu wollen, daß die Abwertung der Mark nicht durch die Kohlenpreiserhöhung, sondern durch die in Cannes ausgehandelten Reparationszahlungen verursacht worden sei.[19]

Trotz der Auseinandersetzungen in der Wirtschaft war in Regierungskreisen die Position von Stinnes noch unangefochten. Im Kampf gegen die galoppierende Inflation schien man wieder einmal auf verlorenem Posten zu stehen, vorausgesetzt natürlich, man war überhaupt gewillt, sie zu bekämpfen. Wirth und Rathenau meinten, die Inflation nur mit Hilfe des Auslands überwinden zu können. Innenpolitisch war Wirth besonders erpicht darauf, sich die Unterstützung der DVP zu sichern, die aber nur mit Kompromissen bei seinem Steuerprogramm erkauft werden konnte. Unter den gegebenen Umständen kam dies Stresemann und Stinnes vermutlich ganz gelegen. Stresemann äußerte Osius gegenüber im März, Wirths Kompromißbereitschaft mache es der DVP möglich, dem Regierungsprogramm zuzustimmen, «ohne aber selber die Verantwortung der Regierung tragen zu brauchen». Nach seiner Ansicht war das Sich-Heraushalten aus der Regierungsverantwortung auch unter außenpolitischen Aspekten angebracht, «da die Deutsche Volkspartei als Wirtschaftspartei erst dann in die Regierung eintreten dürfe, wenn die Entente in der Erfüllungspolitik derartiges Entgegenkommen zeige, daß eine Erfüllung auch tatsächlich möglich ist».[20]

Tatsächlich herrschte im März und April 1922 ein erstaunliches Einvernehmen zwischen Stinnes und der Regierung. Nach dem Steuerkompromiß zeigte die Regierung Wirth deutlich, daß sie nicht mehr gewillt war, für eine größere internationale Anleihe zur Deckung der Reparationskosten oder auch nur für die kleinere Anleihe, wie Rathenau sie in Erwägung zu ziehen begann, industrielle Sachwerte als Sicherheit zu verpfänden. Auch hinsichtlich der zu erwartenden Ergebnisse der bevorstehenden Konferenz von Genua war man sich einig. Nachdem die Franzosen ihre Teilnahme von der Ausklammerung der Reparationsfrage abhängig gemacht hatten, war von den dortigen Gesprächen nichts Positives mehr zu erhoffen. Hermes stimmte Stinnes zu, «daß Genua selber für uns keinerlei Erfolge bringen würde, da doch nur Reden gehalten würden».[21] Das wichtigste Thema in Genua war die Situation in Sowjetrußland, und in diesem Punkt betätigte Stinnes sich emsig – im eigenen Interesse zwar, aber auch in Übereinstimmung mit den Interessen sowohl der deutschen, britischen und französischen Industrie als auch der Regierung Wirth. Hier zeigt sich deutlich, wie schwer sich die westlichen Staaten im Umgang mit der Sowjetregierung und bei der Einschätzung der künftigen Marktentwicklung in Rußland taten.

Stinnes' Schlüsselfigur bei Geschäften mit den Russen war und blieb Karl Fehrmann. Fehrmann war nach dem Frieden von Brest-Litowsk im März 1918 von Stinnes freigestellt worden, damit er das Amt eines Handelsattachés in

St. Petersburg übernehmen konnte. Seither hatte er dort vielversprechende Kontakte zu einigen Mitgliedern der bolschewistischen Führung aufgebaut, an die er auf den Rußlandreisen anknüpfte, die er jetzt in Stinnes' Auftrag und im Zuge seiner Sondierung des russischen Marktes für die deutsche Industrie unternahm. Fehrmann war in einen Studienausschuß der deutschen Industrie berufen worden, der Anfang 1920 auf Initiative Rathenaus gebildet worden war. Obwohl Stinnes eine tiefe Abneigung gegen die Bolschewisten hegte und ihren baldigen Untergang voraussagte, hatte er sich gemeinsam mit Fehrmann bei ihnen in ein gutes Licht gesetzt, indem er sie nach der deutschen Novemberrevolution 1918 mit Kohle beliefert hatte. Jedenfalls war der Wiederaufbau in Rußland um die Jahreswende 1921/1922 für die Westmächte und für Deutschland von einigem Interesse, nachdem die russische Regierung im März 1921 ihre Neue Wirtschaftspolitik verkündet hatte, die darauf abzielte, die Handelsbeziehungen zum Westen zu vertiefen und im Interesse einer funktionierenden Wirtschaft ein freieres unternehmerisches Handeln zu ermöglichen. Dies war, wie wir bereits gesehen haben, ein wichtiger Punkt in den Verhandlungen und Gesprächen, die Stinnes und Rathenau Ende 1921 in London führten. Ungeachtet aller Differenzen waren sich die beiden Männer in der Befürwortung eines internationalen Konsortiums einig, weil sie sich ebenso wie Lloyd George von einer solchen Zusammenarbeit die mögliche Lösung des Reparationsproblems erhofften und weil sie englisches Kapital für notwendig hielten, um auf dem russischen Markt erfolgreich operieren zu können.[22]

Auch wenn die Russen jede Hilfe aus dem Westen mit offenen Armen begrüßten, waren sie doch alles andere als begeistert davon, daß diese Hilfe von einem straff organisierten internationalen Konsortium kapitalistischer Kräfte kommen sollte, das in der Lage war, Rußland einerseits auszubeuten und andererseits zu verhindern, daß die Sowjets andere Staaten und einzelne Unternehmen gegeneinander ausspielten. Die Russen hatten mit Artikel 116 des Versailler Vertrages ein wirksames Druckmittel gegen Deutschland in der Hand, denn er ermächtigte sie nicht nur, Reparationen von Deutschland zu fordern, sondern räumte ihnen auch das Recht ein, die eigenen Schulden aus der Zeit des Zarenregimes in Form solcher Reparationen an Frankreich «zurückzuzahlen». Die Franzosen hatten aber ihre liebe Mühe, diejenigen Reparationen einzutreiben, die Deutschland ihnen direkt schuldete, und im übrigen fürchteten sie eine Entspannung des Klimas zwischen Rußland und Deutschland ebenso sehr wie die Deutschen eine Annäherung zwischen Frankreich und Rußland. Wirth und Ago von Maltzan, Leiter der Ost-Abteilung im Außenministerium, sahen in einer Einigung mit Rußland das geeignetste Mittel, um Deutschland aus der Isolation zu führen und eine Verständigung zwischen Rußland und Frankreich zu verhindern. Im Gegensatz zu Stinnes und Rathenau waren sie darum von dem geplanten internationalen Konsortium für den Wiederaufbau in Rußland keineswegs angetan, über das sich die Leute in London die Köpfe heiß redeten.

Der Komintern-Vertreter Karl Radek bemühte sich während eines Berlin-

Besuches, den er am 16. Januar antrat, seinen Einfluß zugunsten der Wirth-Maltzan-Fraktion geltend zu machen. Während er bei einem Treffen am 22. Januar mit einiger Besorgnis feststellte, daß Rathenau mit Leib und Seele an der Idee eines internationalen Konsortiums hing, gewann er am darauffolgenden Tag in einem Gespräch mit Stinnes und Fehrmann zu seiner Erleichterung den Eindruck, daß Stinnes diesen Plänen skeptischer gegenüberstand und eher bereit war, direkte Handelsbeziehungen zwischen der deutschen Industrie und Rußland in Erwägung zu ziehen. Dieser Sinneswandel war sicherlich vor allem auf die Absicht Maltzans zurückzuführen, die Regierung zu einem hohen Darlehen an die Russen zu bewegen, aber auch auf die innenpolitischen Probleme und die Veränderungen in England und Frankreich. Zudem war sich Stinnes bewußt, daß man die Pläne eines Konsortiums auch in weniger formalem Gewand aufrechterhalten und die Einflußnahme und Sanktionsmöglichkeiten der britischen und französischen Regierung beschränken konnte. In einer Sitzung des Außenpolitischen Reichstags-Ausschusses am 23. Januar plädierte Stinnes daher dafür, das Risiko zu wagen und den Russen Kredite zu gewähren. In seinen Augen kam es weniger auf eine konzertierte Aktion an, wenn es darum ging, den Russen zu helfen, als auf «einzelne Persönlichkeiten, die die entsprechende Kenntnis der wirtschaftlichen Verhältnisse in Rußland besäßen und sie mit dem erforderlichen Wagemut und Unternehmerblick verwerteten».[23]

Im Verlauf der Verhandlungen, die vom 25. bis 30. Januar geführt wurden und an denen Regierungsvertreter beider Länder sowie ein kleiner Kreis von Industriellen beteiligt waren, versuchte Stinnes Radek davon zu überzeugen, daß Deutschland den Russen unmöglich den geforderten Kredit von 300 Millionen Goldmark gewähren und den Alliierten gleichzeitig erklären konnte, es sei außerstande, Reparationszahlungen zu leisten. Die Obergrenze dessen, was Deutschland anbieten könne, liege bei 75 Millionen Goldmark oder vier Milliarden Papiermark, eine Summe, die Radek jedoch als zu niedrig empfand. Während Fehrmann Vorschläge zur möglichen Verwendung der Kredite unterbreitete, zimmerte Stinnes einen Plan zurecht, demzufolge die Gelder und Rohstoffe durch ein von der Stinnes-Gruppe, der AEG und Krupp gebildetes Konsortium zugeteilt werden sollten. Stinnes, Rathenau und Deutsch, aber auch Wiedfeldt setzten sich hier unverhohlen und zielstrebig für ihre eigenen Firmen ein. Später sollte noch der Versuch gemacht werden, die GHH ins Spiel zu bringen. Wie nicht anders zu erwarten, hatte Stinnes nicht die geringste Lust, mit der HAPAG-Harriman-Gruppe zusammenzuarbeiten, die zu dieser Zeit ebenfalls Interesse am Rußlandgeschäft zeigte. Ende Januar 1922 stand offenbar vor allem die Frage der Kredithöhe einer Einigung im Wege, aber die Verhandlungen kamen auch durch die Ernennung Rathenaus zum Außenminister vorübergehend zum Stillstand. Hinzu kamen die Eisenbahnarbeiterstreiks, die Stinnes und Wiedfeldt daran hinderten, nach Berlin zu gelangen. Das eigentliche Problem war jedoch grundsätzlicher Natur, denn während Radek, vielleicht beflügelt durch die Vorschläge des Diplomaten Moritz Schlesinger, der sich auch mit der

Frage der Kriegsgefangenen in Rußland auseinandergesetzt hatte, an ein sehr weitreichendes Engagement der Deutschen beim russischen Wiederaufbau dachte, hatten Stinnes und seine Verbündeten unter den Industriellen etwas ganz anderes im Auge, nämlich «ein einmaliges Geschäft für einige große Unternehmen», wie Fehrmann Schlesinger gegenüber einräumte.[24]

Stinnes verfolgte unterdessen auch seine eigenen Projekte in Rußland weiter, deren wichtigstes die Aktivitäten betraf, die aus seiner Zusammenarbeit mit Dunn und de Lubersac entsprungen waren. Fehrmann, dem Stinnes alle Verhandlungsvollmachten übertragen hatte, reiste im Februar 1922 nach Moskau, um über eine Reihe von Themen zu sprechen. Es ging dabei unter anderem um den Wiederaufbau eines zerstörten Hotels in Moskau, um Holzlieferungen, die Sanierung des Transportwegenetzes und allgemeine Prognosen zur Entwicklung des Handels. Wie hervorragend die Verbindungen waren, über die Fehrmann in Moskau verfügte, läßt sich daran ablesen, daß er jeweils eine einstündige Unterredung mit dem Volkskommissar des Äußeren, Georgij Tschitscherin, und mit dessen Stellvertreter Maksim Litwinow führte. Diese beiden waren es, die ihm den Weg ebneten zu den späteren Gesprächen mit den leitenden Kommissaren der verschiedenen Wirtschaftsbereiche und mit den Spitzenvertretern etlicher Wirtschaftsverbände. In ihrem brennenden Wunsch nach groß angelegten Geschäftsbeziehungen und Krediten überschätzten die Russen, wie das Auftreten Radeks in Berlin gezeigt hat, nicht nur die finanziellen Ressourcen der Deutschen, sondern auch deren Möglichkeiten, die benötigten Güter zu liefern. Die Ernennung Rathenaus zum Außenminister war für die Russen, die ihn als westlich orientiert einstuften, eine unangenehme Überraschung und eine Enttäuschung. Stinnes genoß da schon höheres Ansehen, wie Fehrmann feststellte: «Es gibt noch viele Vorurteile zu beseitigen, doch wird Ihr guter Wille geschätzt, aber die positiven Vorschläge als unzureichend für die Gesamtlage bezeichnet.»[25]

Fehrmanns Eindruck von der Lage, der durch seine Beobachtungen in den Wochen seiner Gespräche mit den Russen noch vertieft wurde, war der, daß in Rußland alles in ständigem Wandel begriffen war und daß dies auch noch eine ganze Weile so bleiben werde. Er prognostizierte eine neuerliche drastische Lebensmittelverknappung, stellte aber auch fest, daß man alles kaufen konnte, wenn man nur genügend Geld besaß. Im übrigen empfand er die von den Sowjets geschaffenen Trusts als überaus schwerfällige bürokratische Apparate, die schwer wieder aus der Welt zu schaffen sein würden und die schwierige und zähe Verhandlungspartner waren. Erschwerend kam das gespannte Verhältnis zwischen lokalen Behörden und Zentralregierung hinzu. So hielt Fehrmann zwar den Wiederaufbau des Moskauer Hotels, die Erlangung einer Holzkonzession und die Wiederinbetriebnahme einer Dockanlage für unproblematisch, schätzte es aber wegen der bestehenden Transportprobleme als schwierig ein, in Rußland einen umfangreichen Binnenhandel aufzuziehen. Größere Geschäfte schienen ihm lediglich in St. Petersburg und Odessa realisierbar. In Gesprächen mit dem Handelskommissar Leonid Krassin, dem Leiter der russischen Handelsdelegation in Berlin, Stomonjakoff, und anderen Befürwortern einer etwas liberaleren Wirtschaftspolitik deutete sich zwar die Aussicht auf eine Lockerung der Handelsbeschränkungen an, aber die grundsätzliche Zurückhaltung in dieser Frage und seine eigenen Beobachtungen bestärkten ihn in der Überzeugung, daß Rußland kaum bereit sein würde, unbeschränkte Ein- und Ausfuhren zuzulassen. Auch wenn Stinnes Handelsbeschränkungen und Mischunternehmen mit staatlicher und privater Beteiligung noch so unsympathisch waren, machte Fehrmann ihm keine Hoffnung, daß Rußland unter den gegebenen Umständen das Risiko einer völligen Freigabe von Im- und Exporten eingehen würde.[26]

Das war nun ganz und gar keine Bagatelle, lief es doch allen Bemühungen Stinnes' und seiner Unternehmerkollegen zuwider, Radek, Krassin und die anderen russischen Delegationsmitglieder in den wieder aufgenommenen Verhandlungen zwischen Mitte und Ende Februar in Berlin zu einer Abkehr vom Außenhandelsmonopol der Sowjetregierung im Tausch für eine Kreditzusage zu bewegen. Der deutsche Staat verfügte nicht über die Mittel, die Kredite sofort zur Verfügung zu stellen – weder den von den Russen geforderten höheren Betrag noch die vier Milliarden Papiermark, die Stinnes als Obergrenze gesetzt hatte. Darum regte Radek an, das Geld solle von der Industrie aufgebracht werden, was einmal mehr zeigte, wer in Deutschland wirklich als kreditfähig galt. Tatsächlich standen bereits Entwürfe für ein Geheimabkommen und eine Reihe von Verträgen über die Bildung von Handelsgesellschaften mit Beteiligung deutscher Unternehmen und der Sowjetregierung zur Diskussion, denen zufolge die AEG, Krupp und Stinnes der Sowjetunion beträchtliche Kredite gegen die Gewährung von Handelsprivilegien in Aussicht stellten. Wirth dankte den drei Konzernen für ihre diesbezüglichen Aktivitäten, die geeignet waren, «es der deutschen Regierung zu ermöglichen, die politischen Beziehungen zu Rußland in einer den deutschen Bedürfnissen entsprechenden Weise zu ordnen».[27] Er zollte ihnen Anerkennung für den Einsatz, den sie zugunsten der in Aussicht gestellten Regierungskredite erbrachten, und auch für das gewaltige Risiko, das sie damit auf sich nahmen, «denn ein Mißerfolg kann den internationalen Kredit der genannten aufs Schwerste schädigen». Wirth ließ es aber nicht bei lobenden Worten bewenden. Ebenso wie die Reichsbank war er bereit, sein Scherflein beizutragen. Den Konzernen wurden zum einen Vorausleistungen von bis zu neunzig Prozent für die Güter zugesagt, in die sie zu investieren gedachten, zum anderen eine Ausfallbürgschaft für mögliche Verluste versprochen, die auf Ereignisse höherer Gewalt zurückzuführen waren.[28] Stinnes mußte jedoch enttäuscht zur Kenntnis nehmen, daß die Russen nicht bereit waren, auf eine staatliche Kontrolle des Handels zu verzichten. Für Stinnes waren die Handelsbeschränkungen, ebenso wie für Krassin, nicht nur ein Verhandlungsobjekt; es ging hier vielmehr um eine ideologische Glaubensfrage. Radek notierte dazu:

«Als Genosse Krassin das Außenhandelsmonopol standhaft verteidigte, sagte ihm Stinnes bösartig: ‹Ihre Ideen sind doch bankrott geworden, wozu klammern Sie sich an das Außenhandelsmonopol?› Krassin antwortete ihm ruhig: ‹Sie haben am wenigsten Recht, vom Bankrott zu sprechen. Sie haben doch Deutschland durch den Krieg retten wollen, und jetzt jammern Sie darüber, daß Sie arm und ruiniert sind, daß die Entente Sie sehr bedrängte.› Stinnes schlug vor, daß man einen vernünftigen Kompromiß suchen sollte, und er war sehr erstaunt darüber, wie ein so hervorragender Techniker wie Krassin noch immer bolschewistische Ansichten haben könne. Überhaupt ginge er mit uns Verhandlungen in der Hoffnung ein, daß es ihm gelingen werde, uns aufzuklären. Er war sehr enttäuscht, als er von uns Abschied nahm.»[29]

Die Gespräche über eine wirtschaftliche Zusammenarbeit endeten schließlich in der Sackgasse, und man suchte statt dessen nach Möglichkeiten einer politischen Einigung zwischen Deutschland und Rußland. Stinnes selbst hielt jedoch an seinen bescheideneren Zielen fest, gemeinsam mit seinem britischen Freund Dunn und seinem französischen Verbindungsmann de Lubersac ein Konsortium zu gründen und mit dessen Hilfe das russische Verkehrssystem, insbesondere die Kanal- und Eisenbahnverbindungen zwischen St. Petersburg und Astrachan, für den Gütertransport zu verbessern. Als Zahlungsmittel sollte das Konsortium Naphta, also Rohöl und dessen Destillate, erhalten, mit dem Rußland im allgemeinen seine Handelspartner bezahlte und das auf dem Weltmarkt gegen harte Währungen verkauft werden konnte. Am 17. Januar unterzeichnete Stinnes einen Vertrag mit de Lubersac und den Vertretern eines französischen Konsortiums, der die Durchführung der entsprechenden Arbeiten regelte. Am 27. Februar wurde in Paris eine Forschungsgesellschaft gegründet, gleichzeitig erhielt Fehrmann alle Vollmachten, mit den Russen in Verhandlungen zu treten. Dunn betrieb unterdessen die Gründung eines britischen Unternehmens, das die benötigten Schiffe kaufen sollte. Die Regierungen der drei Länder waren über das Gemeinschaftsprojekt unterrichtet und sagten ihm ihre moralische und diplomatische Unterstützung zu. Ebenfalls an dem Unternehmen beteiligt war der Schweizer Eduard A. Frick, der sich als Völkerbundbeauftragter um die russischen Flüchtlinge in Berlin gekümmert und vor dem Krieg in Rußland gelebt hatte. Er verfügte über gute Verbindungen zu Rathenau und dem deutschen Außenministerium, hatte sich aber auch in Handelskreisen etabliert und in Berlin ein Büro eröffnet, das französische Finanzgruppen repräsentierte und Kontakte zwischen deutschen und französischen Unternehmern herstellte, die an Geschäften mit Rußland interessiert waren. Frick stand in enger Verbindung mit de Lubersac und fungierte als Mittelsmann zwischen diesem und Stinnes, so wie Freytag die Verbindung zwischen Dunn und Stinnes hielt. Anfang April trafen sich Frick, Fehrmann und de Lubersac zu Gesprächen über das geplante Engagement in der russischen Binnenschiffahrt. Bei dieser Gelegenheit wurden das Interesse und die Kooperationsbereitschaft der Russen überaus optimistisch bewertet.[30]

Alles andere als optimistisch war Stinnes jedoch hinsichtlich der Konferenz von Genua, die nun immer näher rückte. Er schätzte die Verhältnisse in Rußland als allzu unsicher ein, um dort große Lager mit Kommissionsware zu unterhalten, und wies darauf hin, daß die Russen eine englisch-französische Blockade befürchteten, sollten sich in diesen Ländern die Verfechter einer harten Linie durchsetzten. Von Fehrmann erfuhr er, daß die Russen in diesem Fall mit ihren wohlorganisierten Streitkräften von über einer Million Mann in Polen und Rumänien einzumarschieren gedachten.[31] Es kam zwar nicht zu einer so dramatischen Entwicklung, aber die Konferenz von Genua, die im April eröffnet wurde, erwies sich als gigantischer Mißerfolg für Lloyd George. Stinnes erhielt offensichtlich durch Bücher verschlüsselte Informationen über die Ergebnisse. So können wir erfahren, daß es keine «Anna» gab, also keine internationale Anleihe für Deutschland, und keinen «Karl», das heißt kein Industrieabkommen mit Rußland, daß aber die «Brüder», also die russischen Verhandlungspartner, triumphierend mit dem Rapallovertrag aus den Gesprächen hervorgingen, dem zufolge sie auf alle Ansprüche gegen Deutschland aus dem Versailler Vertrag verzichteten, während die deutsche Seite endgültig auf jede Entschädigung für von den Sowjets enteignetes deutsches Eigentum verzichtete. So hatten Wirth und Maltzan schließlich erreicht, was sie schon seit Herbst 1921 anstrebten, und es war ihnen am Ende auch gelungen, Rathenau in diesem Sinne mitzuziehen. Stinnes war überzeugt, seinen Teil zum Zustandekommen des Vertrages beigetragen zu haben. Er hielt ihn für den richtigen politischen Schritt und nahm für sich selbst in Anspruch, er habe während der «Vorverhandlungen», als die er die Gespräche mit Radek und Krassin bezeichnete, «auf Rathenau nach Möglichkeit eingewirkt, seine Bedenken zurückzustellen, die bei den internationalen Syndikaten lagen».[32]

Damit war allerdings die Frage eines Wirtschaftsabkommens mit Rußland keineswegs geklärt, die noch monatelang in der Schwebe bleiben sollte – wir werden an späterer Stelle darauf zurückkommen. Jedenfalls war Lloyd Georges politische Position durch die Konferenz von Genua und die deutsche Rapallopolitik erheblich geschwächt, und es kann daher nicht verwundern, daß er kein Interesse mehr daran hatte, für die Deutschen eine Lanze zu brechen. Die Reparationen und die Finanzlage Deutschlands wurden wieder zum Thema Nummer eins. Die Reparationskommission hatte Deutschland eine Frist bis zum 31. Mai gesetzt; bis zu diesem Datum mußten die Deutschen eine annehmbare Lösung präsentieren, sonst drohten ihnen Sanktionen wegen Zahlungsverzuges. Stinnes befürchtete vor allem eine weitere Überbrückungsmaßnahme, die die Lage in seinen Augen nur verschlimmern konnte. Er unterstützte daher nach Kräften die DVP in ihrem Kurs, sich aus der Regierung herauszuhalten und eine weitere Unterwerfung unter die Forderungen der Alliierten nicht mitzutragen.

Da er es aber gleichzeitig für ungemein wichtig hielt, der Industrie die Möglichkeit einer politischen Einflußnahme zu sichern, setzte er sich aktiv für die Ernennung Wiedfeldts zum Botschafter in den Vereinigten Staaten ein. Während die deutsche Regierung um den Jahreswechsel herum noch ganz auf die britische

Karte gesetzt hatte, zeichnete sich mit dem Ende der Depression in den Vereinigten Staaten die mögliche Aussicht auf eine hohe Anleihe von dieser Seite ab. Die Amerikaner gaben erklärtermaßen einem Botschafter mit Erfahrungen im Wirtschaftsbereich den Vorzug vor einem Beamten aus dem Außenministerium, und Ebert und Rathenau hielten Wiedfeldt, der bereits in den Vereinigten Staaten und in Asien einschlägige Erfahrungen gesammelt hatte, für den geeigneten Mann. Krupp von Bohlen reagierte allerdings verärgert auf diesen Vorschlag und weigerte sich, seinen leitenden Direktor gehen zu lassen. Stinnes wurde gebeten zu intervenieren, was er auch tat, indem er Bohlen Anfang Februar klarzumachen versuchte, daß in der Frage der deutschen Vertretung in den Vereinigten Staaten dringend etwas getan werden müsse, denn «ohne ein Amerika mit anderer Mentalität sind wir in Deutschland noch auf Jahre Erpressungsobjekt, und ob dabei nicht das Reich in Scherben geht, scheint mir sehr zweifelhaft».[33]

Bohlen verhielt sich weiterhin abweisend, aber Wiedfeldt selbst teilte Stinnes' Einschätzung. Auf einer Reise nach England vernahm er immer wieder Kritik am viel zu passiven Verhalten der deutschen Industrie. Diese Stimmen brachten ihn zu der Überzeugung, daß man unmöglich von den Anglo-Amerikanern erwarten konnte, sich den Franzosen gegenüber für die Deutschen stark zu machen, solange die Deutschen nicht in eigener Sache aktiv wurden. Aus diesem Grund beschwor er Stinnes, seine Überzeugungsversuche bei Bohlen fortzusetzen. In einem Brief an Stinnes gab Osius Wiedfeldts Einschätzung wieder, «Herr von B[ohlen] lege ganz besonderen Wert auf Ihr Urteil, und es schien W[iedtfeld] nicht zweifelhaft, daß er von seinem schroff ablehnenden Standpunkt, wie er in einem Schreiben an den Präsidenten zum Ausdruck kam, abgehen würde, sobald Sie einige Zeilen an ihn richteten.»[34] Die vereinten Bemühungen waren schließlich von Erfolg gekrönt, und im Mai verließ Wiedfeldt Deutschland, um sein neues Amt anzutreten.

Er tat dies nicht ohne Bitterkeit, denn er fühlte sich in der Kreditfrage hinters Licht geführt, besonders von Hugenberg und Hasslacher, die ursprünglich bei ihm den Eindruck erweckt hatten, das amerikanische Kreditangebot zu begrüßen. Seinen Ärger über Stinnes überwand er jedoch offensichtlich bald, zumal der aus seiner Einstellung nie einen Hehl gemacht hatte. Im übrigen teilte Wiedfeldt auch Stinnes' Sorge, die in Aussicht gestellte internationale Anleihe könnte durch Kapitalbesteuerung oder Hypothekenbelastung der Vermögenswerte zum Bumerang für die deutsche Industrie werden. Gerade um einer solchen Entwicklung vorzubeugen, hatte sich Wiedfeldt, wie er Stinnes noch vor seiner Abreise in einem Brief zu verstehen gab, für das amerikanische Kreditangebot und die damit verbundenen Steuervorteile für die Industrie eingesetzt. Hugenberg und Hasslacher, «die nie mit dem Auslande und mit unseren Massen zu rechnen verstanden», hatten jedoch alle dahingehenden Pläne sabotiert. Zum einen hatte man durch die Zurückweisung des angebotenen Kredits das Mißtrauen der früheren Feinde Deutschlands von neuem geschürt. Zum anderen stieß dieser Schritt in allen gesellschaftlichen Schichten auf Unverständnis, und die Menschen würden Wiedfeldts Argumentation zufolge ungerührt zusehen oder es sogar begrüßen, wenn Industriewerte zur Lösung der Reparationsprobleme herhalten mußten. Wiedfeldts Brief war nicht als Angriff auf Stinnes zu verstehen, sondern als dringender Appell an ihn, sich aktiver in das Geschehen einzuschalten, denn nach Überzeugung Wiedfeldts hatten in Deutschland lediglich Stinnes, Bücher und Deutsch und vielleicht noch Sorge und Siemens ein Gespür für internationale Angelegenheiten. Wiedfeldt dankte Stinnes in seinem Brief nicht nur für «viele mir persönlich erwiesene Freundlichkeiten, Ratschläge und Richtigstellungen», sondern beschwor ihn auch, sich weiterhin nach Kräften zu engagieren:

> «Ich darf nur bitten – denn an Ihnen hängt größtenteils Deutschlands Geschick – daß Sie sich soviel als möglich um die vom Ausland beeinflußten Dinge kümmern und den anderen Herren gelegentlich die Augen öffnen. Ich darf ferner bitten, gelegentlich, wenn es notwendig ist, der Firma Krupp durch Herrn Sorge oder Herrn von Bohlen einen Wink zu geben, welche Gefahr gerade droht. Ich gehe aus dieser Rücksicht wie auch sonst schweren Herzens über das große Wasser.»[35]

Der Brief war einigermaßen erstaunlich angesichts der immer wieder erlebten Ausfälle Wiedfeldts gegen Stinnes' Dominanz in wirtschaftlichen und politischen Dingen und der gerade erst bereinigten Meinungsverschiedenheit über das Kreditangebot. Wiedfeldt hatte ihn aber nicht nur aus taktischen Überlegungen geschrieben, weil er Stinnes' Autorität respektierte, sondern zwischen den beiden Männern bestand tatsächlich in mancher Hinsicht ein grundsätzliches Einvernehmen, und beide waren überzeugt, daß die Zukunft der deutschen Industrie aufs äußerste gefährdet war durch die hartnäckigen Bestrebungen, mit Hilfe eines internationalen Kredits Reparationszahlungen zu leisten, ohne gleichzeitig die Verpflichtungen Deutschlands zu reduzieren. Diese Ansicht teilten in der Zeit nach Genua weitgehend auch Wirth und Rathenau, was die Verärgerung erklärt, mit der sie Reichsfinanzminister Hermes begegneten, als dieser, um die bis zum 31. Mai gesetzte Frist einhalten zu können, eine relativ niedrige Anleihe im Gegenzug für Stabilisierungsmaßnahmen anstrebte, ohne daß eine Senkung der Reparationsforderungen wirklich absehbar gewesen wäre.

Während sich bei vielen die Sorge breitmachte, Deutschland könne dem Beispiel der Österreicher folgen, die in der Phase der Inflationsentwicklung die Löhne indexiert hatten, sprach sich Stinnes mit Nachdruck gegen einen solchen Schritt aus:

> «Ich bin der Meinung, daß ein Land mit einer unstabilen Valuta wie Deutschland nichts Törichteres tun kann als Index-Zahlung eintreten zu lassen. Was daraus entsteht, zeigt Österreich. Falls dieses Verfahren allgemein eingeführt würde, ist man nicht mehr in der Lage, die Kosten irgend einer Ware zu bestimmen, zumal der Index ständig wechselt. Es würde dadurch eine uner-

trägliche Unsicherheit in das Wirtschaftsleben kommen und unter Umständen ein vollständiger Stillstand der industriellen Unternehmungen die Folge sein können.»[36]

Stinnes war offensichtlich daran interessiert, die niedrigeren Reallöhne mit all ihren Vorteilen für den Außenhandel in Deutschland zu erhalten und die Einführung von Automatisierungsmaßnahmen zu verhindern, durch die er die Manövrierfähigkeit der Industrie beeinträchtigt sah.

Die Inflation hatte ihre unübersehbaren Vorteile, und Stinnes scheute sich nicht, seinen Mitmenschen diese Tatsache auch vor Augen zu halten. So wuchs der Unwille und der Widerstand gegen die Forderungen der Aliierten allenthalben, aber es blieb vor allem Stinnes überlassen, dieser Stimmung in aller Offenheit und Schärfe Ausdruck zu geben. Genau das tat er auf einer Sitzung des Auswärtigen Ausschusses des Reichstags am 27. Mai, indem er vehement gegen alle Absichten protestierte, den Gelddruckbetrieb einzustellen, und gleichzeitig dafür plädierte, das Risiko einer Besetzung des Ruhrgebiets durch die Franzosen einzugehen.[37] Stinnes' Ausführungen zufolge zeigten sich in den Vereinigten Staaten und in Großbritannien die ersten Zeichen einer wirtschaftlichen Erholung, während Frankreich nach wie vor tief in finanziellen Schwierigkeiten steckte und in der Schwerindustrie einen deutlichen Produktionsüberschuß zu verzeichnen hatte. Daraus zog er kühne Schlußfolgerungen für die deutsche Politik:

> «Was die jetzt geforderte Stillegung unserer Notenpresse anbelangt, so dürfe nicht verkannt werden, daß in unserem Notendrucken eine Art Notwehr gegen die übertriebenen Forderungen des Versailler Vertrages läge. Zur Durchsetzung dieser Forderungen hätten die Franzosen als einziges Druckmittel die Drohung mit weiteren Okkupationen. Eine solche Okkupation brächte ihnen aber kaum einen Vorteil.»

Nachdem er einige Zahlen zur Kohlenüberproduktion in den Ländern der Entente präsentiert hatte, führte er weiter aus, «daß bisher die Angst unsere Politik geführt hat, nämlich die Angst vor der Drohung Frankreichs, weitere Gebiete des Reiches zu besetzen».

> «Mit den Drohungen wäre es wie mit den Waffen, die durch fortwährenden Gebrauch abgestumpft würden. Eine Besetzung des Ruhrgebietes wäre selbstverständlich eine schwere Prüfung für das betreffende Gebiet, denn man sähe im Rheinland, was die Besetzung bedeute. Auf der anderen Seite müsse man aber im Interesse des gesamten Deutschlands nüchtern erwägen, ob durch eine solche Besetzung des Ruhrgebiets die Franzosen tatsächlich etwas erreichen würden. Er müsse dies nach dem vorher Gesagten absolut verneinen und warne daher eindringlichst davor, unsere gesamte Politik lediglich durch die Angst vor der Besetzung des Ruhrgebiets bestimmen zu lassen. Nach seiner Überzeugung würden die Franzosen auf die Dauer selbst den größten Nachteil aus einem solchen Schritt haben.»

In seinen weiteren Ausführungen sprach sich Stinnes gegen die Pläne aus, Deutschland durch einen Kredit eine «Atempause» von ein paar Jahren zu verschaffen, denn im Gegensatz zu seiner recht milden Sicht der Gefahren einer französischen Besetzung des Ruhrgebiet schilderte er die zu erwartenden Auswirkungen einer solchen Anleihepolitik mit alarmierenden Worten:

> «Durch die gedachte Atempause und die beabsichtigte Anleihe strebe namentlich England auf eine Marktverbesserung hin, um den Druck unseres Angebotes im Auslande herabzumindern. Die Folge wäre in Deutschland eine gewaltige Arbeitslosigkeit, denn wir würden für unsere Produktion keinen genügenden Absatz finden. Dazu käme, daß die deutschen Exportgüter in den meisten Staaten der Welt durch Differenzialzölle oder sonstige Maßnahmen boykottiert wären. Man müsse sich vergegenwärtigen, was daraus im Innern folgen müßte, nämlich Betriebsstillegungen und Arbeitslosigkeit, mit anderen Worten ganz gewaltige Arbeitskämpfe, die unsere Wirtschaft in einer Weise erschüttern würden, daß man nur auf das Dringendste davor warnen müßte, diese Entwicklung zu fördern. An eine Stabilisierung der Mark wäre nur dann zu denken, wenn eine günstige Weltkonjunktur entstände, die wir dann in der Lage sein müßten, voll ausnutzen zu können. Würde man heute in der beabsichtigten Weise versuchen, die Mark zu stabilisieren, so wären England und Amerika in zwei bis drei Jahren jedenfalls vollkommen in Ordnung, dagegen wir, Frankreich und Rußland wären vollkommen kaputt. Nur eine definitive Regelung des Reparationsproblems könne uns wirtschaftlich vor dem Untergang bewahren ...»

Nach Stinnes' Dafürhalten mußte am Ende eine sehr niedrige Summe ausgehandelt werden, und er sprach sich aus diesem Grund gegen eine hohe Anleihe zur Überbrückung der nächsten paar Jahre aus. Statt dessen schlug er vor, «durch kleine Anleihen sich notfalls von Monat zu Monat zu behelfen, bis eine definitive Regelung des ganzen Reparationsproblems unter Zutritt Amerikas möglich sei». Die Rolle Amerikas betrachtete er in diesem Sinne auch als Teil der Regulierung alliierter Kriegsschulden. In seinem Schlußwort gab er der Sorge Ausdruck, die durch Hermes und den Leiter der deutschen Reparationsdelegation, Bergmann, in Paris ausgehandelten Vereinbarungen könnten die von ihm selbst favorisierte Haltung der Deutschen zunichte machen, sprach sich eindringlich gegen eine langfristige «Atempausepolitik» aus und beschwor die Regierung, den Reichstag nicht unausweichlich auf eine solche Politik festzulegen.

Sein offenes Eintreten für eine bewußte und gezielte Politik der Nichtstabilisierung und Konfrontation, auch auf die Gefahr einer Besetzung des Ruhrgebiets hin, erregte den Zorn des sozialdemokratischen Wirtschaftsministers Robert Schmidt, der in der Währungsstabilisierung die Basis der Regierungspolitik sah und die Inflation als Ursache der Lohnauseinandersetzungen und der daraus folgenden gefährlichen Unruhen im Land ausmachte. Vor allem als Robert Schmidt auf Stinnes' Haltung zur Besetzung des Ruhrgebiets zu sprechen kam, verlor er vollkommen die Beherrschung und ereiferte sich erregt und mit zornrotem Gesicht. Eine Besetzung des Ruhrgebiets werde zwangsläufig zum Auseinanderbrechen des Reichs führen, mahnte er, was zu verhindern der Regierung bisher gelungen sei; und auch wenn «es möglich sein könnte, daß für einzelne Unternehmer die Besetzung des Ruhrgebietes keinen Schaden, sondern vielleicht sogar einen Vorteil brächte», habe er nach besten Kräften das öffentliche Interesse zu vertreten und eine solche Politik zu verhindern. Er schloß seine Rede mit den deutlichen Worten: «Auf alle Fälle scheint es mir, daß Herr Stinnes in seinen Ausführungen nur sein persönliches Interesse vertreten hat.»

Dies wiederum führte zu einem häßlichen Wortwechsel zwischen Schmidt und einem DVP-Abgeordneten, dem Industriellen Johann Becker, der Stinnes verteidigte. Als Becker schließlich Schmidt einen «unfähigen Depp» nannte, kam Wirth wiederum Schmidt zu Hilfe, was Stinnes veranlaßte, sich in einem Protestschreiben darüber zu beschweren, daß der Kanzler Schmidt wegen seiner beleidigenden Äußerungen nicht zur Ordnung gerufen hatte. Darüber hinaus verlangte er eine Entschuldigung von Schmidt. Als sich Bücher im Anschluß an die Sitzung mit Wirth über die Affäre unterhielt, kritisierte dieser nicht nur Schmidts Bemerkungen, sondern äußerte sich auch mißbilligend über Hermes' Art der Verhandlungen um einen Kredit und weitere Steuererhöhungen, die den Steuerkompromiß zum Scheitern bringen mußten. Wirth beklagte sich aber auch bitter über die DVP, die ihn anfeindete und die Kooperation mit ihm verweigerte, obwohl er sich um ein für die Partei akzeptables politisches Vorgehen bemühte. Ihm schien sehr an einem Treffen mit Stinnes gelegen, zu dem es aber allem Anschein nach nicht kam.[38]

Jedenfalls erhielt Deutschland weder einen kleinen noch einen großen Kredit. Die alliierten Bankiers unter der Führung von J. P. Morgan kritisierten die deutsche Finanzpolitik und kamen zu dem Schluß, daß die Deutschen die von ihnen geforderten Reparationen unmöglich bezahlen könnten. Dieses Ergebnis war ganz in Stinnes' Sinn, aber auch Rathenau, Wirth und Bergmann kam es gelegen, daß die Zahlungsunfähigkeit der Deutschen durch die Beurteilung der Bankiers bestätigt wurde. Der dadurch genährte Optimismus der Regierungsvertreter erhielt allerdings durch die drastische Entwertung der Mark im Juni einen schweren Dämpfer. Stinnes bereitete das weniger Sorgen. Er hatte sich vielmehr Ende Mai, als Gerüchte um eine mögliche Anleihe laut geworden waren, gegenteilige Gedanken gemacht: «Lassen Sie auch jeden Optimismus beiseite, so besteht doch sicher die Gefahr, daß die deutsche und sonstige Öffentlichkeit die Anleihewirkung überschätzt und die Mark steigert.»[39] Aus dieser Befürchtung heraus hatte Stinnes offensichtlich, um persönliche Verluste zu vermeiden, an der Berliner Börse Devisen verkauft. Mitte Juni gab es indessen keine Veranlassung mehr, eine Wertsteigerung der Mark zu befürchten.

Sorgen machten da schon eher Probleme wie die Beschaffung der nötigen Mengen an verkokbarer Kohle für die florierende deutsche Industrie. Aufgrund der gestiegenen Nachfrage und der Reparationsforderungen sah sich Deutschland im Juni 1922 mit der Notwendigkeit konfrontiert, Kohle aus England zu importieren, um nicht nur den bestehenden Bedarf zu decken, sondern auch um einen gewissen Vorrat für den kommenden Winter anzulegen. Diese Kohle wurde zum Weltmarktpreis gekauft, aber von der Besteuerung ausgenommen, da ihr Preis ansonsten in Deutschland nicht erschwinglich gewesen wäre. Trotz dieser Maßnahme hatte die Lage im Juni einen so kritischen Stand erreicht, daß der Reichskohlenkommissar eine Einschränkung der Kohlenlieferungen für industrielle Zwecke anordnete. Damit wuchs allerdings die Gefahr einer empfindlichen Einschränkung der Gas- und Stromversorgung im Ruhrgebiet, und es war abzusehen, daß nicht nur Kokereien und Hochöfen, sondern auch Hüttenwerke mit Siemens-Martin-Öfen stillgelegt werden müßten. Eine solche Verantwortung wollten die Industrieunternehmer, einschließlich Stinnes, nicht übernehmen, und so wandten sie sich mit der Bitte an Berlin, die Anordnung zurückzunehmen. Am 23. Juni fand in dieser Sache eine Unterredung statt, in der sich Wirtschaftsminister Schmidt zwar hinter die Forderung der Industriellen stellte, aber dennoch darauf bestand, wegen der möglichen Auswirkungen auf die Reparationszahlungen Rathenau zu den Gesprächen hinzuzuziehen. Auch Rathenau stimmte den Industriellen voll und ganz zu. Er schlug ihnen vor, britische Kohle anstelle der in Deutschland benötigten verkokbaren Kohle anzubieten, und erbot sich auch, ein Treffen mit dem Garantieausschuß zu arrangieren.[40]

Anschließend traf sich Stinnes in seinem Hotel mit dem belgischen Mitglied der Reparationskommission, Bemelmens, und informierte ihn über die Kohlensituation in Deutschland. Er bestätigte zwar den Anspruch der Alliierten, rechtzeitig über Produktionsschwierigkeiten der Deutschen informiert zu werden, forderte aber auch deren Verständnis dafür, daß «solche Fälle plötzlich einträten, zumal bei der Unruhe, die durch die ständige Verteuerung der Lebenshaltung und den katastrophalen Fall der Mark über alle Schichten der deutschen Bevölkerung gekommen sei. Es sei für uns unmöglich, in diesen Zeiten zu riskieren, bei schweren Produktions- und Lohnausfällen große Teile der deutschen Arbeiterbevölkerung auf die Straße zu bringen und dort demonstrieren zu lassen, und indem wir das verhinderten, dienten wir auch gleichzeitig den gleichgerichteten Interessen der Entente.»[41]

Bemelmens zeigte großes Verständnis und bekräftigte gleichzeitig die Bereitschaft der Alliierten, Konflikten aus dem Weg zu gehen. Seiner Einschätzung nach würden die Franzosen ohnehin über kurz oder lang die Einstellung der Amerikaner, Engländer und Belgier teilen und einer endgültigen Regelung der Reparations- und Kreditfragen zustimmen. Das Ganze konnte in seinen Augen nur noch eine Sache von Monaten sein, eine Ansicht, die Stinnes offensichtlich teilte.

Während Stinnes seine Überzeugungskraft bei Bemelmens spielen ließ, war Rathenau im Hause des amerikanischen Botschafters Houghton zum Abendessen geladen. Dorthin ließ er Stinnes rufen, der Houghton und einem weiteren Gast, Oberst Logan, die Kohlensituation erläutern sollte. Stinnes traf um 22.30 Uhr im Hause des Botschafters ein, und das Gespräch dauerte bis

1.30 Uhr. Anschließend begleitete Rathenau Stinnes in dessen Hotel Esplanade, wo sich die beiden Männer noch bis vier Uhr morgens unterhielten, bevor Rathenau sich auf den Heimweg machte. Schon im Hause des Botschafters war die Unterhaltung zwischen Houghton und Stinnes bald von der Kohlensituation zu allgemeinen Problemen der Inflation und der Reparationen abgeschweift, und es offenbarte sich in dieser Diskussion eine selten erlebte Übereinstimmung zwischen diesen beiden kontroversen Persönlichkeiten in bezug auf die Ursprünge und das Wesen der deutschen Inflation sowie auf die allgemeine Lage in Deutschland.[42]

Übereinstimmend sahen die beiden Industriellen als Ursache für die Inflation die Notwendigkeit, Arbeitsplätze für die heimkehrenden Soldaten zu schaffen, die Ordnung im Land aufrechtzuerhalten und den Kommunismus abzuwehren. Nach Stinnes' Dafürhalten würden die Auswirkungen des Kommunismus für Deutschland wesentlich gravierender sein als für das noch überwiegend agrarische Rußland. Rathenau verglich Deutschland mit einem von allen Seiten umzingelten, das «um seine Existenz zu retten, auch mit den größten Verlusten gezwungen sei, durchzubrechen, um sich Luft zu schaffen und die Lebensmöglichkeit für das Gros zu sichern».[43] Stinnes bezeichnete die Inflation als eine politische Notwendigkeit: «Es sei, sagte er ernst, eine Frage von Geld oder Leben, und wenn er zwischen beidem zu wählen habe, würde er immer das Geld fahren lassen.»[44] Die Amerikaner pflichteten ihm zwar bei, daß die Inflation dem Tod vorzuziehen sei, zweifelten aber an, ob man ihre Fortführung akzeptieren könne, und beschuldigten Stinnes, er treibe die Inflation bewußt weiter voran, ein Vorwurf, den er sich schon an früherer Stelle hatte gefallen lassen müssen. Stinnes wies dies heftig von sich und erklärte «jeden, der annahm, er [Stinnes] sei an einer Austrianisierung Deutschlands interessiert, für verrückt».[45] Er sei bereit, die «bittere Pille» der Deflation zu schlucken, sobald in der Reparationsfrage eine vernünftige Lösung gefunden war, aber er halte nichts von einer kleinen Anleihe, die in seinen Augen die Lage nur verschlechtern würde. Hier stimmten ihm die Amerikaner zu, und Logan versicherte, dies sei auch Morgans Meinung. Gleichzeitig kritisierten sie aber seine Taktik, die ihrer Ansicht nach den Franzosen in die Hände spiele, weil sie der für die Gewährung eines Kredits notwendigen Stabilisierung der deutschen Finanzwirtschaft entgegenarbeite. Vermutlich bestärkt durch seine Unterredung mit Bemelmens, konterte Stinnes, indem er ein sehr optimistisches Szenario entwarf; diesem zufolge könnte Deutschland binnen weniger Monate eine bescheidene Anleihe erhalten, könnten Besetzungen, Sanktionen und die bestehenden Reparationsregelungen aufgehoben und der deutschen Wirtschaft auf dem Weltmarkt eine gleichberechtigte Stellung eingeräumt werden.

Ob Rathenau diese ziemlich hochfliegenden Phantasien zu dämpfen versuchte, geht aus den Berichten nicht hervor. Wahrscheinlich aber streckte er angesichts der bekannten Neigung Stinnes', seine Visionen auszuspinnen, einfach die Waffen und ließ ihn reden. Fest steht jedoch, daß zwischen den Anwesenden in einigen sehr wichtigen Punkten Konsens herrschte. Übereinstimmend mit Logan hielt Rathenau unter den bestehenden Umständen ein Ende der Zahlungen an die Entente für notwendig und sagte voraus, daß nur noch eine der im Rahmen des Moratoriums fälligen Ratenzahlungen geleistet werden konnte, eine Äußerung, die Stinnes mit Begeisterung aufnahm und die ihn später dazu veranlassen sollte, die Differenzen zwischen ihm selbst und Rathenau für bereinigt zu erklären. Rathenau hatte den Amerikanern gegenüber offenbar schon vor Stinnes' Eintreffen angedeutet, die Reparationen sollten auf die für Deutschland tragbare Summe von 50 Milliarden Goldmark reduziert werden. Einig waren sich alle darin, daß alle Subventionen und Wirtschaftskontrollen abgeschafft werden mußten und eine Steigerung der Arbeitsleistung unbedingt erforderlich war. In letzterem Punkt erwiesen sich die beiden Amerikaner in ihrer Argumentation erstaunlicherweise als leidenschaftlicher und härter als ihre deutschen Gesprächspartner. Während Stinnes und Rathenau es für möglich hielten, die deutschen Arbeiter zur Mehrarbeit zu bewegen, wenn dadurch bescheidenere Reparationsforderungen beglichen und eine positive Handelsbilanz geschaffen werden konnte, zeigte sich Houghton in dieser Hinsicht sehr skeptisch: «Seinen Erfahrungen in Amerika und England zufolge konnten die Massen nur durch den bitteren Zwang des Hungers so weit gebracht werden, zu begreifen, daß nur größere Arbeitsleistung und eine produktive Wirtschaft Rettung bringen kann.» Houghton bestätigte Rathenau und Stinnes allerdings auch, ihr Optimismus sei vielleicht insofern gerechtfertigt, als die deutschen Arbeiter im Gegensatz zu denen in seiner Heimat offensichtlich sehr aufgeklärt und fleißig seien.[46]

Tatsächlich war Rathenau alles andere als optimistisch, was vielleicht erklärt, warum er trotz seiner eigenen zunehmend harten Haltung in der Reparationsfrage kaum Einwände gegen Stinnes' Ausführungen vorbrachte. Er forderte Stinnes allerdings auf, den Amerikanern seine persönlichen Angriffe auf ihn zu erklären, was dieser tat, indem er sein altes Argument wiederholte, Rathenaus Unterschrift sei «nicht mehr diskontfähig», weil er die deutschen Tilgungsversprechen von Cannes und vom 21. März gebilligt hatte, obwohl Deutschland außerstande war, sie zu erfüllen. Rathenau ging so weit, ihm darin zuzustimmen, machte aber geltend, daß man als Regierungsmitglied nicht einfach auf der Basis von «Geschäftsprinzipien» operieren könne und «politische Erfordernisse» zu berücksichtigen habe.[47] Stinnes antwortete darauf mit der Bemerkung, die er schon häufig gemacht hatte, ein Industrieller von Rathenaus Format hätte überhaupt niemals Regierungsmitglied werden dürfen, und er schloß die Hoffnung an, Rathenau werde sich so bald wie möglich aus dem Kabinett zurückziehen, ein Vorschlag, den dieser lachend zurückwies mit der Begründung, jemand müsse die Arbeit schließlich tun, und er selbst sei in der Überzeugung in den Dienst der Regierung eingetreten, seinem Land nützlich sein zu können. Wie wir an früherer Stelle gesehen haben, war es nicht das erste Mal, daß Stinnes sich in diesem Sinne gegenüber Rathenau geäußert hatte.[48]

Tatsächlich hatte sich der Dienst am Vaterland als überaus anstrengend erwiesen, und Rathenau begann Ermüdungserscheinungen zu zeigen. Er war an diesem Tag im Reichstag zum Objekt scharfer Verbalattacken von Helfferichs Seite geworden, der ihm eine unangemessene Reaktion der Deutschen auf die französische Saarpolitik vorgeworfen hatte. Bei seiner Ankunft im Hause des Botschafters war er in Gedanken noch völlig mit Helfferichs Rede und den möglichen Konsequenzen daraus beschäftigt. Zu fortgeschrittener Stunde, wahrscheinlich auch unter dem Einfluß von Stinnes' Ausführungen und seiner eigenen Zweifel hinsichtlich der Erfüllung, fand er jedoch ein anderes Ventil für seine Verbitterung. Er beklagte sich darüber, wie lästig es sei, von den ehemaligen Feinden Deutschlands ständig mit Rechnungen und Forderungen überzogen zu werden. Mit ähnlichen Argumenten wie Stinnes suchte er die Inflation als notwendig zu rechtfertigten, räumte allerdings auch ein, daß sie zu weit gegangen sei. In seinen Augen war die Inflation, «ein notwendiger Kapitaltransfer von einer Klasse in die andere», erforderlich geworden durch die Verarmung der Deutschen infolge des Krieges.[49] Finster wies er darauf hin, daß «ein so arm gewordenes Volk wie das deutsche auch den Reichtum und das Rentnertum größerer Schichten der Bevölkerung nicht würde ertragen können».[50] Angesichts der Tatsache, daß Deutschland eine ganze Anzahl von Inflationsgewinnlern beherbergte, bezweifelten die Amerikaner allerdings die Haltbarkeit dieser Position. Aber Rathenau hatte sich in seiner Bemerkung nicht auf diese Leute bezogen, sondern auf den gebildeten Mittelstand, dessen Verarmung ihn offensichtlich persönlich tief berührte. Rathenau beklagte sich bitter über die sinkende Moral der Deutschen, die er unter anderem auf die Morde und versuchten Morde an führenden Politikern zurückführte. Er machte den ganzen Abend über einen deprimierten Eindruck. Logans Bericht zufolge verglich Rathenau die Situation der Deutschen mit der «eines geistig Gesunden, der gegen seinen Willen auf lange Zeit ins Irrenhaus eingewiesen wird, so daß er sich nach und nach die Geistesverfassung seiner Mitinsassen aneignet».[51]

Stinnes hingegen war angenehm überrascht von der Übereinstimmung, die er in seinen eigenen und Rathenaus Ansichten an diesem Abend festzustellen glaubte, und drückte dies auch in der Schlußpassage seines Berichts aus:

> «Im übrigen waren wir wiederum darüber einig, daß in dem Moment, wo eine Anleihe gegeben und genommen würde, gleichzeitig das Währungsproblem gelöst werden müsse und zwar etwa in dem Sinne, daß die Schulden in Goldschulden umgewandelt werden müßten. Die Amerikaner waren hochbefriedigt, als sie hörten, daß sowohl Dr. Rathenau als auch mir es lieber wäre, heute wie morgen und morgen wie übermorgen die Stabilisierung der Mark zuzunehmen und daß wir auch den Mut haben würden, die Papierschulden in Goldschulden umzuwandeln.»[52]

Nachdem man diese Fragen eine weitere Stunde lang erörtert hatte, verabschiedeten sich Stinnes und Rathenau nach 1 Uhr morgens, und Rathenau brachte Stinnes ins Hotel Esplanade zurück, wo die beiden noch bis kurz vor 4 Uhr weiterredeten; erst dann brach Rathenau nach Grunewald auf. Er starb am folgenden Morgen durch eine Maschinengewehrsalve und eine Handgranate, die seinen Körper zerriß, als er in seinem Auto auf der Königsallee unterwegs war, und zwar ganz in der Nähe von Noras Haus in der Douglas-Straße.

Rathenau und Stinnes hätten sicherlich nie zu einem Gleichklang ihres politischen und persönlichen Stils finden können, doch was Houghton beeindruckte, war die Offenheit und Wärme, mit der die beiden ihre gegensätzlichen Auffassungen disputierten. Stinnes hatte den Eindruck, daß er und Rathenau einander sowohl persönlich als auch in ihren Anschauungen sehr viel näher gekommen waren und daß eine Einigung auf ein gemeinsames Programm durchaus in den Bereich des Möglichen gerückt war. Daß er mit diesem Eindruck womöglich nicht falsch lag, darauf deutet eine der letzten Notizen hin, die Rathenau in sein politisches Merkheft, das auf seinem Schreibtisch gefunden wurde, eingetragen hatte: «Unerfüllbar».[53]

Wie es nach einer eventuellen Einigung darüber, daß die Erfüllungspolitik fehlgeschlagen war, weitergegangen wäre, kann niemand wissen. Was wir wissen ist, daß das Verhältnis zwischen den beiden Männern sich trotz aller geschäftlichen und politischen Rivalität auf so etwas wie eine freundschaftliche Gegnerschaft zubewegte, auf die das Bild von den einander anziehenden Gegensätzen paßt. Rathenau empfand Stinnes als einen schwierigen Partner und verübelte ihm insbesondere seine Neigung, aus Prinzip anderer Meinung zu sein und sich auch durch die besseren Argumente nicht von seinem Standpunkt abbringen zu lassen, doch hatte er den Eindruck, daß sich bei Stinnes im Frühjahr 1922 die Anzeichen für mehr Besonnenheit und Mäßigung häuften.[54] Wie auch immer, einem Zeitungskorrespondenten gegenüber äußerte Rathenau angeblich, er halte Stinnes für einen der bemerkenswertesten Menschen in Deutschland. «Ich ... betrachte jede Begegnung mit ihm beinahe als einen ästhetischen Genuß, wie wenig ich auch seine Auffassungen teile», sagte er.[55] Umgekehrt äußerte sich Stinnes, ohne diese Aussagen zu kennen, über sein Verhältnis zu Rathenau so:

> «Die Stunden, die ich mit Rathenau verbringe, betrachte ich immer als die köstlichsten, die ich kenne. Rathenau hat jedoch einen verkehrten Begriff von sich selbst. Er betrachtet sich selbst als Staatsmann, und das ist er nicht, und auch als Kaufmann, und das ist er ebensowenig. Über seine Philosophie will ich nichts sagen. Was aber Rathenau nicht einsah, ist, daß er auf technischem Gebiet das größte Genie im Deutschen Reiche ist.
>
> Kein Mann hat solch einen prophetischen Blick über die Entwicklung der modernen Technik gehabt. Die Entwicklung des Verhältnisses zwischen Dynamo und Motor z.B. hat er vor Jahren in seinen Einzelheiten prophezeit.
>
> Rathenaus größte Schwäche ist, daß sein Interesse für alle Dinge zu ästhetisch und zu wenig interessiert ist. Er ist ein Mann, der nichts vom Leben zu verlangen hat. Reichtümer hat er im Überfluß, und er lebt nach seinem Gefallen von einem Vermögen, das er schon im voraus der Stadt Berlin zugedacht hat.

Für Erben braucht er nicht zu arbeiten. Berühmt ist er genug. Ich habe ihm mehrmals gesagt: ‹Lieber Rathenau, um einen Mann aus Ihnen zu machen, so wie es Ihre politische Stellung fordern würde, müßten Sie eigentlich einen Haushalt haben, wofür Sie arbeiten und müßten Sie auch noch auf andere Art als aus ästhetischem und ethischem Interesse sich für etwas anderes interessieren.›»

Zum Abschluß dieser Betrachtungen über Rathenau bemerkte Stinnes: «Ich habe ihm geraten, jetzt noch eine Witwe mit sechs Kindern zu heiraten, während ich hinzufügte, daß es ihm, um selbst sechs Kinder zu bekommen, an praktischer Vitalität mangelte.»[56]

Diese Bemerkungen zeugten durchaus von Scharfsinn und Beobachtungsgabe, soweit sie die Eigenarten Rathenaus betrafen, obwohl sie zugleich auch vom Egozentrismus des Hugo Stinnes und von seiner merkwürdig provinziellen Weltsicht kündeten, die im übrigen auch in der Wahl seiner Garderobe zum Ausdruck kam. Was beide Männer von ihren Kollegen in der Industrie unterschied und gleichzeitig ihre Faszination füreinander ausmachte, war die ihnen gemeinsame Leidenschaft für technische Lösungen und für den Aufbau von Systemen auf deren Grundlage. Dieses gemeinsame Interesse bildete den Ansatzpunkt, um den herum sich bei Stinnes eine, wenn auch ambivalente, Wertschätzung für diejenigen guten Eigenschaften Rathenaus entwickelte, die Stinnes entweder ganz fehlten oder die er bei sich nie kultiviert hatte. In einem bewegenden Kondolenzschreiben an die Mutter Rathenaus bescheinigte er dem «Doktor Walter» ein «Gemüt von äußerster Empfindsamkeit» und erklärte, er werde ungeachtet aller bei Lebzeiten gehabten Meinungsverschiedenheiten «dem toten Freunde ... ein treues Andenken bewahren, das Andenken an einen Geist, der nach *seiner* Art und *seiner* Natur nach dem Guten und Großen strebte».[57]

Stinnes war über die Mordtat in der Tat schockiert und entsetzt und empörte sich noch mehr, als Maximilian Harden von rechten Schlägern mit Gummiknüppeln verprügelt wurde und im Krankenhaus behandelt werden mußte. Es konnte kein Zweifel daran sein, daß Antisemitismus eines der Motive für diese Anschläge war, und als Stinnes einen Brief an Warburg schrieb (mit dem er sich um diese Zeit hatte treffen wollen, der aber unter Polizeischutz stand, weil auch sein Leben in Gefahr schien), hätte man darin eigentlich eine Aussage zum antisemitischen Aspekt dieser Gewalttaten erwarten müssen; doch eigenartigerweise sagte er dazu kein Wort, während er andererseits keinen Zweifel daran ließ, wie er zu diesen abscheulichen Vorgängen stand:

«Unser deutsches Vaterland geht schweren Zeiten entgegen. Das an der Führung mehr und mehr irre werdende Volk demonstriert, statt zu arbeiten, um Brot zu schaffen, die Entente drückt weiter und raubt dem Volke die Hoffnung auf bessere Tage, und grüne Jungen maßen sich das Recht an, mit Pistole und Gummiknüppeln die völkische Erziehung in die Hand zu nehmen.

Demgegenüber kann es m. E. keine zweierlei Ansichten zwischen Leuten geben, die für die Zukunft des Deutschtums ihre ganze Kraft eingesetzt haben und weiter einsetzen wollen.

Wir werden uns zusammenschließen müssen, sonst blüht Deutschland russisches Schicksal.

Jedenfalls wollte ich Ihnen unter dem Eindruck der Schandtaten gegen Rathenau und Harden meine Bereitwilligkeit ausdrücken, was an mir liegt, alles zu tun, was zur Bildung einer Einheitsfront der staatserhaltenden Elemente dient.»[58]

Warburg bedankte sich für den Brief und pflichtete Stinnes darin bei, daß alle «freikonservativen Elemente» ihre Kräfte vereinen müßten. Die eigentliche Frage sei jedoch die, ob die jüngsten Ereignisse lediglich eine «Episode seien» oder aber «der Ausgangspunkt für eine Reinigung und Einigung».[59]

Stinnes übersandte Bücher eine Kopie seines Schreibens an Warburg und dazu einen Begleitbrief, in dem er sich viel offener über seine Gefühle und über das Problem des Antisemitismus äußerte:

«Jetzt haben diese Leute [die Juden] Hilfestellung nötig, und jeder anständig denkende Mensch muß sie geben.

Wer garantiert, daß diese Vorkommnisse nicht das Signal für Schlächtereien in Rußland, Polen und selbst in Deutschland werden!

Die Anmaßung von Leuten wie Hirsch kann man bekämpfen und zu beseitigen suchen, aber gegen die jetzt beliebten Äußerungen eines blöden Antisemitismus kann man gar nicht zu scharf angehen.»[60]

Mit der Erwähnung von Julius Hirsch, der mit seinem Eintreten für eine gelenkte Wirtschaft, Ausfuhrkontrollen und Ausfuhrabgaben bei Stinnes in Ungnade gefallen war, demonstrierte Stinnes, daß er die in der deutschen Gesellschaft um sich greifenden antisemitischen Ressentiments nur bis zu einer gewissen Grenze zu verurteilen bereit war. Nach der Ermordung Rathenaus hatten liberale Journalisten an die Äußerungen von Stinnes in Spa erinnert, und Stinnes reagierte darauf erneut mit der Beteuerung, er habe nie von einer «fremdländischen», sondern nur von einer «fremdvölkischen Psyche» gesprochen. Was er damit offenbar meinte, war, daß er in den deutschen Juden nie etwas anderes gesehen habe als Mitbürger, die jedoch einer anderen Volksgruppe angehörten und unter denen es welche gab, deren Wesenszüge ihm und anderen unsympathisch waren. Damit meinte er nicht die Affinität zum Geldverdienen, wie er gegenüber Bücher klarstellte:

«Es wird sich zweifellos ungezwungen die Gelegenheit bieten, in aller Öffentlichkeit den Trennungsstrich zwischen einer Art Antisemitismus zu ziehen, der in Wirklichkeit nichts weiter bedeutet, als Neid und Mißgunst einer Rasse und Mitbürgern gegenüber, die durch Talent und früher ausgeübten Zwang zweifellos überlegene kaufmännisch wirtschaftliche Eigenschaften besitzen, d.h. also der Antisemitismus dieser Art ist weiter nichts als Konkurrenzneid gegenüber überlegenen Wettbewerbern.»[61]

Andererseits war es für Stinnes kein Zufall, daß sich nach dem Untergang der Monarchie ein virulenterer Antisemitismus bemerkbar machte, denn leider habe «unter der Monarchie das Judentum teilweise schon eine Rolle gespielt ..., die ihm nach seiner prozentualen Bedeutung im Volke nicht zukam». Wenn jedoch schlaue Individuen wie Hirsch auf den Plan träten, der seinen «wirtschaftlichen Terrorismus» mit der Bereitschaft verbinde, die wirtschaftlichen Interessen derer zu fördern, die sich mit ihm gut stellten, müsse dies «unwillkürlich die Abneigung gegen starke Elemente des Judentums» hervorrufen. Generell teilte Stinnes die von Bücher vertretene Auffassung, «daß die honorigen Juden ihre minderwertigen Elemente besser selbst zur Vernunft und zum Zurücktreten bringen sollten»; gleichzeitig stellte er jedoch die skeptische Frage, ob Bücher ernsthaft daran glaube, «daß Leute vom Schlage Salomonsohn, Warburg, Ballin, Emil Rathenau wirklich das fertigbringen würden?» In letzter Instanz konnte Stinnes sich nicht über die verbreitete Auffassung erheben, die Juden hätten sich «Übergriffe» in Bereichen geleistet, in denen sie Zurückhaltung hätten üben müssen, wenngleich er, wie er später Ludendorff anvertraute, «volles Verständnis ... für die Lage der konservativen, anständigen Juden» hatte, «die gar nicht wissen, wohin sie sich wenden sollen».[62]

Das ist eine alles andere als erbauliche Lektüre, besonders wenn man daran denkt, was später in Deutschland geschehen sollte; andererseits ist es auch wichtig, einen vergleichenden Maßstab anzulegen. Als Wiedfeldt im August zu einem Kurzbesuch nach Deutschland zurückkehrte, erzählte er Stinnes von den Erlebnissen von Max Warburgs Bruder Felix, der ebenfalls Bankier war, sowie von den Erfahrungen des deutschen Botschafters in Japan, Wilhelm Solf:

«Amerika sei heute geradezu unerhört antisemitisch. Herr Warburg traue sich z.B. nicht in einen amerikanischen Klub, weil er genau wüßte, daß die Leute, mit denen er morgens verhandelte, ihn dort abends schneiden würden. Das gleiche hat auch Botschafter Solf als Eindruck von einer Reise durch die Staaten berichtet. In San Francisco erhielt er die Nachricht von der Ermordung seines Freundes Rathenau. Der bei ihm befindliche Amerikaner, eine angesehene Persönlichkeit, wußte weiter nichts zu sagen als: ein Mord ist ja immer bedauerlich. Schade jedoch, daß hier nur einer umgebracht wurde. Die großen jüdischen Banken in New York würden von Tag zu Tag mehr isoliert. Man könne zwar nicht leugnen, daß das amerikanische Wirtschaftsleben diese Banken braucht, andererseits ist der Amerikaner als Geschäftsmann smart genug, um der jüdischen Expansion ein sehr kräftiges Paroli zu widmen.»[63]

Wenn der deutsche Antisemitismus sich am Ende als der virulentere erweisen sollte, so lag das an der Situation Deutschlands und an den Eigentümlichkeiten seiner politischen Kultur; bis dieses schlummernde Potential zum Ausbruch kam, sollte allerdings noch mehr als ein Jahrzehnt vergehen. Wenn die Ermordung Rathenaus nichts anderes bewirkte, dann zumindest dies, daß sich Stinnes von der Gefährlichkeit der extremen Elemente des rechten Spektrums sowie auch davon überzeugte, daß man, wenn man unter den herrschenden Bedingungen «staatserhaltend» sein wollte, die Republik stützen mußte. Wie er am 9. Juli an Vögler schrieb:

> «Ich halte es politisch für unbedingt nötig, daß wir uns ohne Reservation auf den Standpunkt der Republik stellen. Die Rathenau Mörder haben m. E. die Monarchie erschossen. Stresemann ... teilt diese Auffassung.»[64]

In Wirklichkeit lehnte Stresemann diese Auffassung ab; seiner Ansicht nach mußte die Frage der Staatsform für unbestimmte Zeit auf Eis gelegt werden; er wunderte sich über die republikanischen Bekenntnisse etlicher Mitglieder seiner Partei, insbesondere auch über «Herrn Stinnes, der gar keinen Hehl daraus macht, daß er für alle Zeiten die Monarchie als erledigt erachtet und sich als unbedingter Republikaner fühlt».[65] Eines stand jedoch zweifelsfrei fest, nämlich daß die Schüsse auf Rathenau auch der dahinsiechenden Mark den Rest gegeben hatten: Die galoppierende Inflation schlug jetzt in eine Hyperinflation um, das internationale Vertrauen in die deutsche Währung hatte sich verflüchtigt, und auch im Inland war eine zunehmende Flucht aus der Mark zu beobachten.

Loyalität zur Republik bedeutete für Stinnes zum einen, daß gerade in dieser akut kritischen Situation gegengesteuert werden mußte, zum anderen, daß die Partnerschaft zwischen Wirtschaft und Gewerkschaften, die während der revolutionären Krise von 1918–19 der entscheidende Rückhalt für die Republik gewesen war, nicht aufgegeben werden durfte. Stinnes hatte im Mai 1922 eines seiner Schiffe auf den Namen «Carl Legien» getauft – in Anwesenheit des Reichspräsidenten Ebert – und damit seinen Respekt vor dem verstorbenen Gewerkschaftsführer bezeugt. Daß Scheidemann diese Schiffstaufe als einen «Schlag ins Gesicht der Arbeiterschaft» bezeichnet hatte, war vielleicht eher als Angriff auf seinen Rivalen Ebert denn als Kritik an Stinnes zu verstehen gewesen. Die der Zeremonie beiwohnenden Arbeiter hatten ziemlich distanziert, wenn nicht sogar finster zugeschaut, doch kann man mit gutem Grund annehmen, daß dies nichts mit einer Abwehrhaltung gegenüber der Stinnesschen Reverenz an die Arbeiterschaft zu tun hatte, sondern eher an der bekannten Unfähigkeit Eberts lag, eine Menschenmenge in Begeisterung zu versetzen.[66]

In jedem Fall war Stinnes überzeugt, daß die ZAG wieder gebraucht werden würde, und so war eine der Konsequenzen, die er aus dem empörten Aufschrei über die Ermordung Rathenaus und aus der sich anbahnenden Hyperinflation zog, die, daß er sich an den preußischen Innenminister Carl Severing wandte. Er wies ihn darauf hin, daß die Geldentwertung außerordentliche Ausmaße angenommen hatte und daß darunter auch die Wirtschaft leide. So seien seit April die nach Süd- und Mittelamerika fahrenden Handelsschiffe nur noch zu einem Drittel beladen, während sie Anfang 1921 noch prall gefüllt unterwegs gewesen seien.

Falls Deutschland seinen Export nicht wieder steigere, werde bald der Zeitpunkt da sein, da seine Devisenreserven nicht mehr zur Einfuhr von Nahrungsmitteln reichen würden. Zwar glaubte er, der Tag sei nicht mehr fern, da die Siegermächte mit Deutschland handelseinig würden, doch hielt er es für wichtig, daß Deutschland während der Wartezeit nicht den Atem verlor. Stinnes verglich die aktuelle Situation mit der Lage Anfang 1920 und glaubte, daß Deutschland auch jetzt wieder zu den damals gebrauchten Mitteln der Selbstbehauptung greifen mußte, nämlich zu Überstunden, um größere Mengen Kohle und anderer Güter zu erzeugen und Streiks zu vermeiden. Wie damals brauche das Land auch jetzt eine Exportoffensive – unbehindert von Kontrollen und Hürden sollte die deutsche Wirtschaft «die Inflationswelle ... benutzen, um erneut in die Überseemärkte vorzustoßen. Von der schleunigsten Entwickelung eines ausreichenden Exportüberschusses hängt vielleicht die Existenz Deutschlands ab.» Er wies darauf hin, daß es nur noch eine Frage von Monaten sei, bis keine Mittel für die Bezahlung von Rohstoffen mehr da sein würden, und da «kein Auslandskredit in irgendeinem Ausmaße vorhanden ist, ist das Ende Arbeitslosigkeit und Hungerunruhen».[67]

Was Stinnes vorschwebte, war jedoch mehr als nur eine konzertierte Aktion von Arbeit und Kapital mit dem Ziel, durch Überbrückungsmaßnahmen das Schlimmste zu verhüten, bis eine abschließende Regelung mit den Siegermächten gefunden war. Er war inzwischen zu der Auffassung gelangt, daß eine Verlängerung der Arbeitszeit, d.h. ein Abrücken vom Achtstundentag, der ein Herzstück des 1918 geschlossenen Abkommens mit Legien gewesen war, das gewichtigste Zugeständnis war, das Deutschland bei den Verhandlungen über die Lösung des Reparationenproblems anbieten mußte. Nach wie vor vertrat Stinnes leidenschaftlich den Standpunkt, Deutschland müsse von sich aus den Weg der Stabilisierung betreten, bevor es Hilfe von außen erwarten konnte. Das entzweite ihn mit vielen seiner Industriekollegen, die wie Wirth und Havenstein der Überzeugung waren, es könne nichts getan werden, ehe nicht die Reparationslasten gesenkt würden und die Alliierten Deutschland sowohl ein Moratorium als auch eine Anleihe gewährten. Andererseits gab es einen Bereich, in dem Stinnes ganz anderer Meinung war als die anderen Befürworter einer inneren Stabilisierung (die zumeist nicht Leute aus der Wirtschaft waren), dafür aber sehr viel Rückhalt bei seinen Unternehmerkollegen fand, und das war seine Forderung, den Schwerpunkt der inneren Stabilisierung von finanziellen und fiskalischen auf wirtschaftliche Maßnahmen zu verlagern. Während er ein Jahr zuvor fast im Alleingang im RdI den Umschwung herbeigeführt hatte von der lauwarmen Bereitschaft, der Regierung ein Kreditangebot zu machen, zu einer dezidierten Weigerung, dies zu tun, bevor nicht die Eisenbahnen privatisiert und als Sicherheit hinterlegt würden, verlegte er sich jetzt, in der kritischen Phase der Hyperinflation, ebenso eingleisig auf die Forderung nach Aufhebung des Achtstundentages als einzig möglichen Weg zur Stabilisierung.

2. Das große Stabilisierungsprogramm

Die Vorstellung, die deutsche Arbeiterschaft und ihre Führer würden auf die für sie greifbarste Errungenschaft der Revolution verzichten, reflektierte in den Augen vieler ein ebenso abenteuerliches Wunschdenken wie die Hoffnung, sie würden mit der Privatisierung der Eisenbahnen einverstanden sein; Stinnes sah jedoch gute Gründe für die Annahme, er könnte sich mit den Gewerkschaftsführern über eine Verlängerung der Arbeitszeit verständigen. Die Geheimklausel, die den Fortbestand des Achtstundentages von dessen internationaler Anerkennung abhängig machte, stand nach wie vor, wobei man allerdings die Auffassung vertreten konnte, sie habe ihre Gültigkeit dadurch verloren, daß im Rahmen der Verordnungen zur Demobilisierung der Achtstundentag gesetzlich sanktioniert worden war. Für Stinnes zählten aber auch hier, wie gewohnt, Überzeugungsarbeit und vernünftiges Übereinkommen mehr als rechtliche Festlegungen. Die Vereinbarung zum Überschichtenabkommen im Bergbau war, so gesehen, ein wichtiges Signal, und es war nicht ohne Bedeutung, daß Ende August eine neue Vereinbarung erreicht wurde, hinter der als Motiv erneut die Furcht vor einer militärischen Besetzung und vor dem wirtschaftlichen Chaos stand, falls die Kohlenförderung nicht gesteigert würde; versüßt wurde den Gewerkschaften die bittere Pille in diesem Fall durch großzügige Zugeständnisse bei den Löhnen.[68]

Der Wunsch, eine Verständigung mit den Gewerkschaftsführern zu finden, erklärt auch die überraschend positive Haltung, die Stinnes zur Wiedervereinigung von SPD und USPD einnahm, die nach vielem Hin und Her im September 1922 Wirklichkeit wurde. Sie war eine logische Folge der Tatsache, daß die radikalsten Elemente der USPD zur KPD abgewandert waren und daß nach der Ermordung Rathenaus die SPD im Juli die Hereinnahme der USPD in die Regierung angeregt hatte. Letzteres war von DDP und Zentrum sowie auch von der DVP, die selbst mit einem Eintritt in die Regierung liebäugelte, kategorisch abgelehnt worden. Stresemann und die DVP-Führung reagierten denn auch schockiert, als Paul Lensch, außenpolitischer Redakteur der *DAZ*, aus heiterem Himmel in einem Kommentar die Hereinnahme der USPD in die Regierung befürwortete und die Haltung der bürgerlichen Parteien scharf verurteilte. Die *DAZ* galt schließlich als Sprachrohr von Hugo Stinnes, und soviel Unabhängigkeit hätte man von einem ihrer Redakteure nicht erwartet. Stresemann wandte sich mit der Beschwerde an Stinnes, Lensch, dessen außenpolitische Auffassungen er ansonsten achte, entziehe der DVP innenpolitisch den Boden. Stinnes erklärte sich bereit, Lensch um eine Mäßigung seiner Kritik an den bürgerlichen Parteien zu bitten, gab Lensch aber darin recht, daß die gemäßigten Elemente in der USPD, zum Beispiel Rudolf Breitscheid und Rudolf Hilferding, integriert werden müßten und daß die Parteienlandschaft ganz allgemein bereinigt werden müsse. In den Augen Lenschs war eine wiedervereinigte Sozialdemokratie vor allem im Interesse eines leichteren Umgangs mit den stärker gewordenen Gewerkschaften wichtig, die in seinen Augen nicht mehr so kompetent geführt wurden wie früher, vor allem weil «Leipart kein Legien ist».[69]

Stresemann widersprach Lensch nicht, was dessen Äußerungen über die Sozialdemokraten und die Gewerkschaften betraf, war aber der Meinung, eine Aufnahme der USDP als Partei in die Regierung werde den Umgang mit den Gewerkschaften eher erschweren. Er war außerdem sehr unglücklich darüber, wie arrogant Minoux und Humann gegenüber den Pressesprechern der DVP auftraten, und wünschte sich eine bessere Abstimmung mit Stinnes in der Frage eines möglichen Regierungsbeitritts der DVP. Stinnes spielte in seiner Antwort die atmosphärischen Störungen zwischen den Presseleuten herunter und gab Stresemann darin recht, daß eine Vereinigung der beiden sozialdemokratischen Parteien das Wünschenswerteste sei.

Gleichzeitig begrüßte er das Angebot Stresemanns, Gespräche über den Umbau der Regierung zu führen, «die nach meiner Meinung auf allerbreitester Grundlage gebildet werden muß, denn meines Erachtens werden wir im Spätherbst wirklich zu neuen Verhandlungen mit der Entente kommen und bei diesen Verhandlungen muß die Einheitsfront aller in Betracht kommenden deutschen politischen und wirtschaftlichen Faktoren gesichert sein, damit nicht den verhandelnden Persönlichkeiten in der Heimat in den Rücken gefallen wird».[70] Stinnes bezeichnete es als außerordentlich wichtig, daß man sich auf eine einheitliche wirtschaftliche und politische Programmatik einigte, womit er sicherlich seine eigene meinte.

Zwischen August und November 1922 arbeitete Stinnes auf sehr breiter Front daran, den Weg für die Verwirklichung seiner Ziele zu ebnen. Ein Teil dieser Arbeit mußte zwangsläufig innerhalb des RdI geleistet werden, wo auf Drängen Büchers Bemühungen zur Formulierung eines umfassenden wirtschaftlich-industriellen Zukunftsprogrammes in Gang kamen. Wie schon in den Tagen des gemeinsamen Kampfes gegen die Sozialisierung arbeiteten auch jetzt wieder Silverberg und Stinnes sehr eng zusammen in dem Bestreben, für eine Wirtschaft, deren führende Köpfe divergierende Standpunkte vertraten, einen gemeinsamen Nenner zu erzielen. In den Augen Büchers und Cunos zum Beispiel ging es vorrangig darum, Deutschland Hilfe von außen zu sichern, bevor Maßnahmen zur wirtschaftlichen Stabilisierung im Inneren ergriffen werden konnten. Reusch wiederum hielt, anders als Stinnes und Silverberg, wenig davon, die Aufhebung des Achtstundentages in enger Zusammenarbeit mit den Gewerkschaften und im Gleichschritt mit der öffentlichen Meinung zu erreichen – seiner Ansicht nach war dies Sache einer entschlossen handelnden Regierung. Stinnes hielt demgegenüber an seiner eigenen Konzeption fest:

«Ich glaube, daß wir doch eine bestimmte Reihenfolge einhalten müssen. Es muß ein Fundament für eine außenpolitische Verhandlung möglich gemacht werden. Damit uns nicht bei jeder Verhandlung vorgehalten werden kann, daß die deutsche Wirtschaft so geführt wird, daß sie immer mit einer passiven Bilanz arbeitet, d.h. daß mindestens 2 Milliarden Goldmark zu wenig produziert werden. Es ist schließlich so mit uns geworden, daß das Ausland uns ausplündert und sich sagt, wir beteiligen uns an dem Geschäft so lange, bis nichts mehr da ist. Wir müßten den Mut haben, der Arbeiterschaft und der Regierung zu sagen, was ihr betreibt, das ist Betrugswirtschaft. Ihr müßt arbeiten!! Lange kann das so nicht weitergehen. Wenn wir nicht existenzfähig sind, dann hat das Ausland gar kein Interesse daran, uns zu helfen. Außerdem glaube ich, daß, selbst wenn erhöhte Arbeitsleistung zu erzielen ist, es uns gerade knapp gelingen wird, eben in der Zahlungsbilanz aktiv zu werden. Wir müssen aktiv werden. *Erst muß die Mehrarbeit kommen, dann die Stabilisierung der Valuta an dem Tage, wo man sicher ist, das Reparationsproblem gelöst zu haben.*»[71]

So großen Wert Stinnes auf die Unterstützung der ZAG legte, so wenig war er bereit, sein Programm vorzeitig den Gewerkschaften zu unterbreiten. Er war durch Bücher sehr gut darüber informiert, wie groß die Verunsicherung der Gewerkschaftsführer über die voranschreitende Hyperinflation und ihre Angst vor denkbaren französischen Maßnahmen war, falls das Reparationsproblem nicht gelöst würde. Bücher nutzte die Gelegenheit eines Spitzengesprächs Mitte August, um die Gewerkschaften kritisch zu fragen, weshalb sie in einer Zeit, in der von allen Seiten Opfer gebracht werden müßten, immer wieder die Lohnfrage in den Vordergrund rückten; gleichzeitig warf er ihnen vor, sie versäumten es, die Massen auf eine vernünftige Wirtschaftspolitik einzuschwören:

«Eine Wirtschaftspolitik, die zur Rettung Deutschlands führen könnte, bedinge vor allen Dingen, daß sie die Massen hinter sich hätte. Bisher hätten sie die Massen nur durch radikale Redensarten und Phrasen hinter sich gebracht. Damit käme man nicht vorwärts. Wir müßten die Forderung stellen, daß sie die Industriellen als wirtschaftpolitische Führer anerkennen. Als Beispiel führte ich Ihre Person an. Ich sagte, daß es auf mich als objektiv denkenden Menschen einen geradezu kindischen Eindruck mache, wenn ich dauernd in der sozialdemokratischen Presse läse von ‹Stinnesierung›, ‹Stinnesknecht›, ‹Auspowern› usw., obwohl sie sich selbst sagen müßten, daß Hugo Stinnes mehr Arbeitern Brot verschafft als die Gewerkschaftsführer alle zusammengenommen in der Lage seien.»[72]

Zum Erstaunen Büchers äußerten seine Gesprächspartner nicht nur keinen Widerspruch, sondern stimmten ihm sogar vorsichtig zu. Daß sie Respekt vor Stinnes bezeugten, fand er «interessant», ebenso die Tatsache, daß sie für die Presseattacken die Politiker verantwortlich machten. Bücher zog aus all dem den Schluß, daß die Gewerkschaften «sich auch gerne hinter ein Wirtschaftsprogramm der Industriellen stellen [würden], man müsse nur eine Form finden, die für sie akzeptabel sei».

Stinnes freute sich über diese Lagebeurteilung Büchers, jedoch schätzten sie beide die Situation im Hinblick auf die möglichen Auswirkungen der Hyperinflation auf die Arbeiter als gefährlich ein. Stinnes war der Überzeugung, «daß die Löhne außerordentlich gesteigert werden müßten; es sei unbedingt notwendig, die Leute vor der Not zu bewahren. Andererseits müsse die Arbeiterschaft nun einsehen, daß man unter den heutigen Verhältnissen mit dem generellen Achtstunden Arbeitstag nicht auskommt.» Deutschland habe sich durch die «unzweckmäßige Verallgemeinerung eines an sich gesunden Prinzips» selbst geschadet, fuhr Stinnes fort, «und zwar soweit, daß der Ausländer heute sich deutsche Werke kaufen kann für einen Bruchteil deren ehemaligen Dividende!»[73] Dennoch hatte es den Anschein, als sei der Weg nunmehr frei für eine offene Diskussion mit den Gewerkschaftsführern über wirtschafts- und sozialpolitische Fragen.

Auf der anderen Seite war Stinnes nicht bereit, ebenso offene Gespräche mit der Regierung zu führen, vor allem nicht mit Wirth, dem er mißtraute. Daher wandte er sich, als es an der Zeit war, über die personelle Besetzung des neuen, erweiterten Kabinetts zu sprechen, über das er sich mit Stresemann brieflich verständigt hatte, an eine andere Adresse, nämlich an die «obere Wilhelmstraße», d.h. an Reichspräsident Ebert, zu dem er, zu Wirths unendlichem Verdruß, direkten und jederzeitigen Zugang hatte.[74] Ende August suchte Stinnes Ebert auf, mahnte eine Umbildung der Regierung an und äußerte den Gedanken, die Industrie sei berechtigt, einige Forderungen zu stellen, nachdem sie der Regierung aus der Verlegenheit geholfen habe. Ebert war im Prinzip seiner Meinung, hatte aber Angst vor seiner eigenen Partei und hielt es für besser, die Entscheidung erst nach deren Parteitag im September zu treffen. Die beiden waren sich darin einig, daß Wirth im Augenblick nicht aus dem Sattel zu heben war, doch Stinnes plädierte dafür, zumindest ein großes Ärgernis aus dem Weg zu räumen, nämlich die Doppelfunktion Wirths als Außenminister und Kanzler; er schlug vor, Wiedfeldt oder einen anderen Mann zum Außen- und Becker oder Raumer zum Wirtschaftsminister zu ernennen. Stinnes versäumte nicht, Ebert das Manuskript eines von Lensch für die *DAZ* geschriebenen Artikels zu zeigen, in dem Wirth attackiert wurde, weil er an seinem Außenministeramt festhielt.[75]

Wirth empörte sich über den Artikel von Lensch, der unter der Überschrift «Illusionen» erschien, zumal Bücher gegenüber einem der Staatssekretäre hatte durchblicken lassen, Stinnes persönlich habe den letzten Satz hinzugefügt, in dem es hieß, das Schicksal der Nation sei in keiner Weise mit dem der Regierung verknüpft, und der Außenministerposten sei noch immer nicht besetzt. Stinnes erklärte in seiner Stellungnahme, er mische sich in die Redaktionsarbeit der *DAZ* nicht ein, sei aber ebenfalls der Meinung, daß ein Außenminister gebraucht werde. Anschließend wies er Humann an, den Kanzler in den nächsten acht Tagen nicht zu attackieren, ihn aber dann daran zu erinnern, daß die «Schonzeit» vorbei sei, und die Leser immer wieder darauf hinzuweisen, seit wie vielen Tagen der Außenministerposten verwaist war.[76]

Wirth behielt seine Doppelfunktion bei, bis er im November aus dem Amt schied, doch in vielerlei Beziehung warf Stinnes sich zu einem Schatten-Außenminister auf, im Grunde zu einem Rathenau-Ersatz. Er führte in diesen Monaten Verhandlungen mit sehr hochgestellten Franzosen, Engländern und Amerikanern. Dabei ging es nicht ohne Ungereimtheiten ab. So erfuhr Stinnes Mitte August, als seine Verhandlungen mit de Lubersac (darüber unten mehr) über Wiederaufbaufragen auf der Heimburg gerade das Stadium konkreter Resultate erreichten, zu seiner großen Beunruhigung, daß Wirth gegenüber Frankreich einen schärferen Ton anzuschlagen erwog. Sogleich setzte er Fehrmann in Marsch mit dem Auftrag, Bücher aufzusuchen und ihm aufzutragen, er solle den «Reichskanzler in vorsichtiger Form vor dieser unzeitgemäßen Politik warnen. Keinesfalls jedoch dürften dem persönlich so unzuverlässigen Dr. Wirth irgendwelche Tatsachen mitgeteilt werden. H. St. hat des weiteren vorgeschlagen, den Herrn Reichspräsidenten zu [benachrichtigen], in der Annahme, daß dieser doch hauptsächlich ausschlaggebend sei.»[77]

Stinnes war sich vollkommen der Tatsache bewußt, daß die Rolle, die er sich angemaßt hatte, in keinem politischen Lehrbuch verzeichnet war; als einen Monat später in der *DAZ* Artikel mit kritischer Tendenz gegen Ebert und Wirth erschienen und Dispute mit der liberalen Presse alte Wunden aufrissen, reagierte Stinnes äußerst ungehalten. Er wies Humann an, nicht zuzulassen, daß Lensch das «enfant terrible» spielte und sich in Duelle um des Duellierens willen verstrickte. Er schärfte Humann ein:

> «Die *DAZ* gehört mir und in meiner Hand hat sich wirtschaftlich und politisch ein Einfluß vereinigt, der über das in früheren Zeiten übliche Maß weit hinausgeht.
>
> Die bremsenden Einflüsse von Beamtenschaft und Militär sind zum großen Teil dahin.
>
> Was mit mir zusammenhängt, muß ich, wie ich selbst mich bemühe, von dem Einfluß einen Gebrauch machen, der der Allgemeinheit nicht auf die Nerven geht und eine Opposition hervorruft gegen die Machtfülle, die vermieden werden könnte bei entsprechendem Takt ...
>
> Ich darf nicht als ein Mensch erscheinen, der auf der Gegenseite die Schwierigkeiten verkennt und taktlos angreifen läßt und die Macht unfair ausnutzt ...
>
> In der sehr ernsten Zeit muß ich auf unbedingte Innehaltung meiner Direktive zählen, denn davon hängt sehr viel, nämlich die Gefolgschaft meiner industriellen und sonstigen Freunde ab, ohne die ich nichts zum guten Ende bringen kann.»[78]

Es war nicht leicht, in dieser Situation der Hyperinflation eine Zeitung, sei es die *DAZ* oder jede andere, herauszubringen, namentlich wegen der hohen Papierpreise und der Schwierigkeiten, die es Koholyt und anderen Papiererzeugern bereitete, mit den hohen Rohstoffkosten und den geltenden Exportbeschränkungen fertig zu werden. Ende Mai sah Stinnes sich gezwungen, von seiner bisherigen Politik der Inkaufnahme finanzieller Verluste im Interesse einer für die Leser bezahlbaren *DAZ* abzugehen; er gab Minoux Anweisung, den Ausgabenpreis der *DAZ* auf 60 Mark zu erhöhen, auch wenn das bedeutete, daß sie künftig nur noch einmal pro Tag erscheinen würde. Am Ende entschied man sich für eine weniger drastische Lösung: Die *DAZ* wurde teurer und kam nach wie vor zweimal täglich heraus, aber in einem reduzierten Umfang sowohl bei der Lokal- als auch bei der Reichsausgabe.[79]

Nicht so viel Engagement zeigte Stinnes, wenn politische Freunde, die auf Papier aus seinen Fabriken angewiesen waren, sich in ihrer Not an ihn wandten, wie es zum Beispiel Stresemann tat, als seinem Parteiorgan *Die Zeit* die Luft auszugehen drohte. Stinnes verwies in seiner Antwort auf seine eigenen Probleme mit der *DAZ*, die «auf das Weltpolitische mehr eingestellt» sei[80] – für eine rein innenpolitische Zeitung habe er kein Geld. Vögler war ebenfalls der Meinung, daß jede in *Die Zeit* gepumpte Mark vergeudet sei.[81] Hugenberg erging es nicht besser. Als dieser im August 1922 den nach wie vor niedrigen Bezugspreis seiner Zeitung *Der Tag* mit dem Argument rechtfertigte, er folge nur dem Beispiel von Stinnes, der die *DAZ* zu Anfang billig angeboten habe, um Leser zu gewinnen, wies Stinnes dies rundheraus zurück und erklärte, er habe die *DAZ* nie zu einem Preis unter den Papierkosten verkauft, und forderte Hugenberg auf, wie alle anderen Berliner Zeitungsverlage seine Preise zu erhöhen.[82]

Während sich hartnäckig das Gerücht hielt, Stinnes beherrsche viele Zeitungen, hielt er sich in Wirklichkeit mit Verlagsübernahmen sehr zurück; seine wichtigste Erwerbung war die Berliner *Tägliche Rundschau* im Spätsommer 1922. Es hatte Überlegungen gegeben, die *DAZ* mit der *Täglichen Rundschau* zu vereinigen, doch Humann machte in einer aufschlußreichen Analyse der Stinnesschen Ziele und Strategien hinsichtlich der *DAZ* deutlich, warum das nicht ohne weiteres funktioniert hätte:

> «Eine grundverschiedene Tendenz liegt hier vor. Es kann kein Zweifel darüber bestehen, daß die *Tägliche Rundschau* das betont antisemitische (wenn auch ‹vornehme›) Blatt Deutschlands ist; zugleich das Organ einer protestantischen ecclesia militans gegen den Katholizismus. Endlich ein Blatt, das ganz zielbewußt eine durchaus rechtsorientierte innere Politik, und zwar vornehmlich Innenpolitik vertritt ... Der Charakter der ‹DAZ› ist so ziemlich das diametrale Gegenteil der vorstehenden Charakteristik. Die ‹DAZ› lehnt Klassenkämpfe, konfessionelle Auseinandersetzungen, Rassenkämpfe in der Volksgemeinschaft u.ä. ab. Sie will einigen und Gegensätze überbrücken; die innerpolitischen Auseinandersetzungen vertagen, damit Deutschland wieder Stoßkraft gewinne für auswärtige Politik.»[83]

Humann schlug als Lösung dieses Dilemmas vor, die *Tägliche Rundschau* als selbständige Zeitung beizubehalten, ihr aber in Sprache und Inhalt etwas von ihrer Radikalität zu nehmen, so daß sie nicht mehr so offenkundig der Stinnesschen Politik zuwiderlief. Stinnes entschied sich jedoch aus sowohl wirtschaftlichen als auch politischen Gründen dafür, den beiden Zeitungen dasselbe Format

«Der Assyrer»

zu geben; sie sollten sich nur noch auf den ersten paar Seiten voneinander unterscheiden, wodurch die Produktions- und die Personalkosten gesenkt werden konnten. Zugleich sollte die *Tägliche Rundschau* schrittweise der politischen Linie der *DAZ* nähergebracht werden.[84]

Lange Zeit hatte Stinnes so getan, als interessiere es ihn nicht, welches Bild sich die Öffentlichkeit von ihm machte; doch diese Zeiten waren jetzt vorbei, und er und die, die für ihn arbeiteten, waren sich dessen nur allzu bewußt. Im Sommer 1921 heftete sich der amerikanische Journalist Isaac F. Marcosson an Stinnes' Fersen.[85] Das war, wie er später zugab, keine leichte Aufgabe, weil «Stinnes nie lange an einem Ort blieb», doch am Ende schaffte er es dank Felix Deutsch und Georg von Stauss von der Deutschen Bank, von Stinnes empfangen zu werden. Stinnes galt als ein Mann, der niemals Interviews gab, und das stimmte auch, aber Marcosson war ein hartnäckiger Mensch und brachte es schließlich fertig, Osius soweit zu bringen, daß er Stinnes zu einem Interview überredete. Das Ergebnis war eine ausführliche Beschreibung des Menschen Stinnes und des Wirtschaftsführers Stinnes und seiner Ideen, publiziert Ende

September 1921 in der hochangesehenen *Saturday Evening Post*.[86] Marcosson zeigte darin eine bemerkenswert genaue Kenntnis des Porträtierten und die offensichtliche Eingenommenheit eines Journalisten für einen interessanten Gegenstand. So registriert er etwa, daß Stinnes stolz darauf war, sich «praktisch nur durch sein Handeln zu artikulieren», und charakterisierte ihn als eine «beseelte Registrierkasse, die ununterbrochen arbeitet». Auch die Beschreibung des Stinnesschen Äußeren war aufschlußreich:

> «Sein Gesicht ist breit, blaß und schwer; seine Augen von einer fast traurigen Müdigkeit. Der schwarze Bart, das kurzgeschnittene schwarze Haar, die buschigen Brauen und die Hakennase verleihen ihm ein semitisches Aussehen, was erklärt, weshalb viele ihn für einen Juden halten. In Wirklichkeit gehört er der Evangelischen Kirche an. Seine ganze äußere Erscheinung wirkt im Grunde orientalisch. Deshalb wird er oft ‹der Assyrer› genannt. Man stecke ihn in Wüstenkleider, und er könnte als Beduine durchgehen.»

Der geringe Wert, den Stinnes auf Garderobe legte, und sein etwas «saloppes» Äußeres waren schon fast sprichwörtlich geworden. Marcosson fand ihn jedoch beeindruckend:

> «In dem Moment, wo man ihm gegenübertritt, spürt man die ihm innewohnende Kraft und hartnäckige Zielbewußtheit, die ihn so weit gebracht haben. Was wie Gleichgültigkeit oder Abgelenktheit erscheinen mag, fällt sofort von ihm ab, wenn er spricht, und die wirkliche Persönlichkeit kommt zum Vorschein. Die müden Augen blitzen dann voll Geistesgegenwart oder funkeln mißbilligend. Aus dem Mann in den schäbigen Klamotten wird unversehens ein Hort der Kraft.»

Im Gespräch mit Marcosson taute Stinnes, aus welchen Gründen auch immer, auf und offenbarte unter anderem seine Idee eines wirtschaftlichen Völkerbunds; als Marcosson ihn daraufhin fragte, ob er sich vorstellen könne, eines Tages der Bismarck einer wirtschaftlichen Welt-Föderation zu werden, «entspannte sich das blasse, starre, bärtige Antlitz zu so etwas ähnlichem wie einem Lächeln, und mit diesem Lächeln kam die erste Negation. Er sagte: ‹Diese Frage kann ich nicht beantworten.› Das war Antwort genug.» In der Folge schilderte Marcosson die Aktivitäten des «stärksten Dynamons in Deutschland», wie er Stinnes nannte, vor dem und im Krieg; der Artikel war ausführlich, genau und aufschlußreich und verriet, daß der Autor seine Hausaufgaben gemacht hatte.

Der Umfang des Artikels und die Verbreitung, die er fand – nicht nur in den USA, sondern auch in britischen Zeitschriften, die ihn nachdruckten –, überraschten Stinnes. In seinem ersten Schrecken bestritt er, das Interview gegeben zu haben – ein Fehler, wie er, Osius und Humann bald erkannten. Als Marcosson im September 1922 wieder nach Berlin kam und um ein weiteres Interview bat, sorgte Humann dafür, daß es stattfinden konnte. Stinnes entschuldigte sich für sein Verhalten mit dem wenig überzeugenden Hinweis, er habe Marcosson mit einem britischen Journalisten verwechselt, dem er ein Interview verweigert habe.[87]

Es war eine Sache, Zielscheibe ärgerlicher, aber unvermeidlicher Attacken seitens der Linkspresse zu sein, eine ganz andere jedoch, im Zentrum der internationalen Aufmerksamkeit zu stehen und über sich in der britischen, amerikanischen und französischen Presse Artikel zu finden mit Überschriften wie «Hugo Stinnes, Dictator of German Industry», «Germany's Unofficial Kaiser: Hugo Stinnes», «Stinnes as Germany's Dictator», «The One Man Power behind German Politics», «Hugo Stinnes, the German Croesus», oder «The Portent of Stinnes». Eine 1921 veröffentlichte, relativ kurze und wohlwollende Stinnes-Biographie aus der Feder des Wirtschaftsjournalisten Hermann Brinckmeyer erlebte ein Jahr später bereits die siebente Auflage. Sie wurde 1921 ins Englische und 1922 ins Französische übersetzt. Die *New York Times* würdigte das Werk mit einer bemerkenswert umfangreichen Besprechung unter der Überschrift «Hugo Stinnes» und einer Karikatur, die Stinnes in Königskleidern vor dem Hintergrund rauchender Fabrikschornsteine zeigte; ein Korrespondent berichtete aus Finnland, daß dort «alle Welt wissen will, wer Hugo Stinnes ist».[88] Die häufig wiederkehrenden Beschreibungen und die Kommentierung seines Äußeren und seines Verhaltens verstärkten die Aura des Geheimnisvollen und Unergründlichen, die den «deutschen Rockefeller» umwehte:

> «An seiner äußeren Erscheinung verrät nichts das Genie dieses Mannes. Gerade erst 50 geworden, von mittlerer Größe und stämmiger Figur, das ziemlich fahle Gesicht vom stark kontrastierenden Schwarz des Haupthaares und des Bartes eingerahmt, wirkt Hugo Stinnes unscheinbar, wenn er das Hotel Adlon verläßt oder betritt, mit seinem leicht schräg sitzenden Bowlerhut auf dem Kopf, einer Hand in der Hosentasche und einer oder zwei Sekretärinnen dicht auf den Fersen ihres Chefs, der mit abgetragenem schwarzen Rock und konventioneller Fliege voranhastet. Er läßt sich mit niemandem auf ein Gespräch ein. Er hat keine Zeit, um im Foyer mit anderen Gästen zu plauschen. Wenn er im Restaurant ißt, betritt und verläßt er seinen Tisch ohne jedes Aufheben und kehrt nach seinen Mahlzeiten unverzüglich in seine Suite oder zu der draußen wartenden Limousine zurück. Eine gnadenlos effiziente, kalte, menschliche Rechenmaschine.»[89]

Die vielen Artikel über Stinnes lieferten eine Menge Informationen über seine Aktivitäten, enthielten aber auch abenteuerliche Mutmaßungen über seinen Reichtum, seine Beteiligungen, seine Pläne und Absichten. Diese Publizität und das daraus resultierende öffentliche Bild zu steuern und zu kanalisieren wurde für Stinnes und Humann daher zu einem wichtigen Anliegen. Das bemerkenswerteste Ergebnis der diesbezüglichen Überlegungen war ein Empfang, den sie für den Pariser Professor Gaston Raphael veranstalteten, der Humann von der Abteilung G in Berlin als objektiver und fähiger Biograph empfohlen worden war. Raphael hatte 1919 ein Buch über das Denken Rathenaus veröffentlicht und sich mit der Bitte um Informationen an das Stinnes-Büro gewandt, um nicht einzig und allein auf die, wie er sich ausdrückte, «Broschüre» von Brinckmeyer und die feindseligen Darstellungen in linken Zeitschriften und Zeitungen angewiesen zu sein. Humann war von den Grundsätzen Raphaels ebenso beeindruckt wie von der Tatsache, daß er bei dem bekannten Pariser Verlagshaus Payot veröffentlichte. Er kam zu der Überzeugung, eine Stinnes-Biographie aus der Feder Raphaels würde von Nutzen sein, und da Hugo und Cläre Stinnes derselben Ansicht waren, erklärten sie sich bereit, Informationen zur Verfügung zu stellen. Humann bat auch die Stäbe des RdI und der ZAG um Mitarbeit. Die Biographie erschien nach Stinnes' Tod in einer französischen und einer deutschen Fassung und blieb über ein halbes Jahrhundert lang die beste Arbeit über Hugo Stinnes.[90]

Das Buchprojekt paßte gut zu den außenpolitischen Initiativen, die Stinnes um diese Zeit mit Blick auf Frankreich und Belgien ergriff. Der heikelste und bedeutsamste Bereich dieser Stinnesschen Privatdiplomatie war sicher der Wiederaufbau der verwüsteten Gebiete. Den Rahmen für die darauf gerichteten Bemühungen lieferten zunächst das Wiesbadener Abkommen, an dem Stinnes kein gutes Haar gelassen hatte, und die sogenannte Cuntze-Bemelmens-Vereinbarung vom 27. Februar 1922, die das belgische Pendant dazu war. Letztere bereitete den Boden für die Ablösung des Wiesbadener Abkommens durch das am 15. März geschlossene Gillet-Ruppel-Abkommen, das das Wiederaufbauprogramm wesentlich entbürokratisierte, indem es den Geschädigten die Möglichkeit eröffnete, die Materialien, die sie brauchten, direkt von deutschen Firmen zu beziehen. Die Firmen würden ihr Geld vom Reich erhalten, und die entsprechenden Beträge würden als Reparationsleistungen verbucht.

Unterdessen hatten die Betroffenen in den verwüsteten Gebieten sich in Verbänden organisiert, den sogenannten Sinestrés, und sich unter Führung des Marquis de Lubersac zu einer Kooperative zusammengeschlossen; diese sollte die Bestellungen der Departements und der Kommunen sammeln und koordinieren und an die einzelnen deutsche Firmen weiterleiten. Obwohl das Wiesbadener Abkommen von den Parlamenten der beteiligten Länder nicht ratifiziert worden war, reiste der Comte d'Herbemont im März 1922 mit stillschweigender Billigung seiner Regierung als Vertreter der Kooperative nach Berlin, um in Verhandlungen mit deutschen Firmen über die Lieferung von Wiederaufbau-Materialien einzutreten. Die Dresdner Bank führte diese Verhandlungen stellvertretend für die deutsche Seite und fragte bei der Firma Stinnes an, ob diese an einer Teilnahme interessiert sei. Es gehe darum, nach Möglichkeit Zwischenhändler auszuschalten und die Geschäfte «mit wenigen solventen Firmen» abzuwickeln.[91] Stinnes empfahl in seiner Antwort eine Zusammenarbeit mit der Baufirma Aktiengesellschaft für Hoch- und Tiefbau (vormals Gebr. Helfmann), mit der die Stinnes-Zechen im Februar 1921 eine IG gebildet hatten. Die IG-Vereinbarung trug die Unterschrift Spindlers und Eugen Vöglers (eines Bruders von Albert Vögler), des Direktors von Hoch-Tief.[92] Als Stinnes im April 1922 in der Frage des Wiederaufbaus in Rußland mit de Lubersac konferierte, kam er auch auf die Frage der verwüsteten

Gebiete in Frankreich zu sprechen, da de Lubersac um einen Besuch Eugen Vöglers in Paris gebeten hatte. Stinnes begrüßte diesen Schritt:

> «Ich halte es für nötig im Interesse eines guten Fortgangs der Bauarbeiten in den beschädigten Gebieten, daß die von Ihnen entworfenen Pläne für den Wiederaufbau mit einer ersten Bauunternehmer-Firma hier durchgearbeitet werden, um nach Möglichkeit sich den in Deutschland gebräuchlichen Normalien anzupassen, denn davon wird die Pünktlichkeit und Billigkeit der Lieferung abhängen.»[93]

Um sprachliche Verständigungsprobleme zu vermeiden, bot Stinnes Eugen Vögler die Dienste seiner Pariser Niederlassung an und empfahl vor allem einen Ingenieur namens Albert Schmidt, einen Elsässer, der schon lange für Stinnes tätig war, sich 1918 für die französische Staatsbürgerschaft entschieden hatte und ein Bruder von Carl Schmidt war, der dem Vorstand von Deutsch-Luxemburg angehörte. Stinnes versicherte Vögler, daß Albert Schmidt sein vollstes Vertrauen besitze und man mit ihm alles besprechen könne.[94]

Ungeachtet seiner ablehnenden Haltung zum Wiesbadener Abkommen, war Stinnes offenbar zu dem Schluß gelangt, daß mit Naturallieferungen für die verwüsteten Gebiete womöglich doch ein gutes Geschäft zu machen sei, und er ging nun daran, der Sache eine seinen Interessen und Überzeugungen entsprechende Richtung zu geben. Zunächst einmal bemühte er sich, die tatsächlichen Besitzverhältnisse an Hoch-Tief im dunkeln zu halten – so wurde etwa die Idee Spindlers, Hugo jun. in den Aufsichtsrat der Baufirma zu berufen, verworfen, nur damit kein Stinnes offen in Erscheinung trat.[95] In seinen positiven Erwartungen wurde Stinnes von E. Vögler bestärkt. Der Marquis schien ernste Absichten zu haben, empfing die Stinnesschen Sendboten in seinem Pariser Privatpalais, vermied sorgfältig jedwede Äußerung, die die deutsche Seite politisch hätte kränken können, und äußerte die Überzeugung, das ganze Programm werde nur dann reibungslos über die Bühne gehen können, wenn man es über eine einzige, zuverlässige Firma abwickle. Der Marquis ließ nicht nur die Bereitschaft durchblicken, Hoch-Tief als alleinigen Generalunternehmer für die Wiederaufbauleistungen einzusetzen, sondern suggerierte auch, daß die französische Regierung bereit sei, einen Teil der Frankreich im Abkommen von Spa zugesprochenen Kohle zweckgebunden für die Erzeugung der für Frankreich bestimmten Wiederaufbaumaterialien zur Verfügung zu stellen. De Lubersac erweckte außerdem den Eindruck, seine Regierung sei willens, bei der Einfuhr der benötigten Materialien auf die Erhebung von Zöllen ganz oder teilweise zu verzichten.[96]

Nach diesem verheißungsvollen Auftakt ging es jedoch nur noch schleppend voran, sehr zum Unwillen des ungeduldigen de Lubersac. Kritische Stimmen in Frankreich behaupteten, die Deutschen hätten den Naturallieferungen erst zugestimmt, um dann das gesamte Projekt zu sabotieren, indem sie eine so hohe «Ausfuhrabgabe» erhoben, daß die Kosten über den vergleichbaren französischen Inlandspreisen lagen, so daß das Ganze sich nicht mehr rechnete. Der

Marquis kündigte für den Fall, daß sich dies bewahrheitete, die zwangsweise Durchsetzung akzeptabler Preise an. Dies sei jedoch eine Konsequenz, die er «im allgemeinen Interesse Europas» vermeiden wolle. Er ersuchte um eine persönliche Unterredung mit Stinnes, um für die Modalitäten der Naturallieferungen eine freiwillige und zufriedenstellende Lösung zu finden.[97] Vieles spricht dafür, daß Stinnes tatsächlich gemauert hatte, und zwar aus Rücksicht auf die sehr gute Baukonjunktur in Deutschland, angesichts derer die Lieferung von Wiederaufbaumaterialien Schwierigkeiten bereitet hätte. Die Bitte de Lubersacs um ein persönliches Treffen ließ ihn jedoch zur Tat schreiten. Am 4. Juli ließ er durch Schmidt den Vorschlag unterbreiten, der Marquis möge ihn nach dem 20. Juli auf der Heimburg besuchen, dort könne man «ganz ungestört und unbeobachtet» verhandeln. «Ich würde mich freuen», schrieb er, wenn Herr de Lubersac mein bezw. meiner Schwägerin, Frau Dunlops Gast dort sein wollte.»[98]

De Lubersac konnte einen Besuch auf der Heimburg erst für den 14. August zusagen; Stinnes hielt ihn bis dahin über seinen Berliner Agenten Frick auf dem laufenden. Er machte den Vorschlag, zu dem Treffen auch den Staatssekretär Müller vom Wiederaufbauministerium einzuladen, doch de Lubersac erklärte, es wäre ihm lieber, wenn weder von deutscher noch von französischer Seite Regierungsvertreter einbezogen würden; man solle sich darauf beschränken, die beiden Regierungen zu informieren und ihre Zustimmung zu dem fertig ausgehandelten Abkommen einzuholen.[99] In diesem Sinne handelten Stinnes und de Lubersac am 14. August nach ihrem eigenen Gutdünken eine Vereinbarung aus, die Stinnes in der Folge als den «Heimburg-Vertrag» bezeichnete und die, nachdem die französische Regierung einige Abänderungen durchgesetzt hatte, am 30. August von de Lubersac in Paris und am 4. September von Stinnes in Berlin formell unterzeichnet wurde. Sie legte fest, daß Deutschland gegen Gutschrift auf das Reparationenkonto Materialien an Frankreich liefern würde, zu Preisen, die höchstens den französischen Inlandspreisen entsprechen durften. Zur Steigerung der einschlägigen deutschen Produktivität erklärte die französische Seite sich bereit, den Lieferfirmen Kontingente aus ihrem Vorrat an Reparationskohle zur Verfügung zu stellen; die Verteilung dieser Kohle sollte die Firma Stinnes in Zusammenarbeit mit dem Kohlensyndikat vornehmen. Die Baufirma Aktiengesellschaft für Hoch- und Tiefbau würde, in Zusammenarbeit mit einem von der Dresdner Bank geführten Bankenkonsortium, die Koordinierung der Aufträge und Bestellungen übernehmen, und die Firma de Lubersacs würde in Frankreich dieselbe Funktion im Hinblick auf Lieferung und Verteilung übernehmen; beide Firmen würden für ihre Dienste eine Provision in Höhe von 6 Prozent erhalten.[100]

Stinnes operierte zu dieser Zeit mit einem außerordentlich hohen Grad an Selbständigkeit, unabhängig nicht nur von der Regierung, sondern auch von seinen Kollegen in der deutschen Wirtschaft. Er hatte nicht nur im Alleingang die Verhandlungen mit de Lubersac auf der Heimburg geführt, sondern nach dessen Abreise auch den französischen Industriellen Senator Gaston Japy empfangen. Japy war als Vertreter einer Gruppe französischer Eisen- und Stahlindustrieller gekommen, denen die zunehmende Unabhängigkeit Deutschlands von Minette-Erzen Sorge bereitete und die sich fragten, wie es weitergehen würde, wenn Deutschland 1925 aus den über seine Wirtschaftspolitik verhängten Restriktionen entlassen wurde. Japy hatte sich auch um Gesprächstermine bei Thyssen und Reusch bemüht, doch diese hatten ein Treffen mit Hinweis auf das noch zu schlechte Verhältnis zu Frankreich abgelehnt. Stinnes distanzierte sich nicht von ihrer Aussage, die Reparationsforderungen und die im Rheinland und an der Saar stehenden französischen Besatzungstruppen seien Hindernisse für fruchtbare Verhandlungen, erklärte jedoch, man dürfe einen Gesprächswunsch eines 66jährigen Industriellen, der sich aus Frankreich zu ihm auf den Weg machen wolle, nicht abschlagen. Japy war, wie de Lubersac und natürlich auch Stinnes, der Meinung, es sei an der Zeit, daß die Wirtschaft die Initiative übernähme. Stinnes erfuhr von ihm, «daß das französische Unternehmertum die Überzeugung gewonnen habe, Professoren und Advokaten könnten in den heutigen Zeiten nicht regieren. Die bisherige Politik Frankreichs habe in eine Sackgasse geführt. Man müsse neue Wege wandeln und müsse sich mit Deutschland verständigen».[101] Japy beklagte die zu große Abhängigkeit der französischen Industrie von Fremdarbeitern, die das verdiente Geld nach Hause schickten; Frankreich müsse, so meinte er, seine Soldaten ins Land zurückholen und dann wieder vermehrt einheimische Arbeiter beschäftigen. Er äußerte die Überzeugung, der französische Staatshaushalt werde hoffnungslos defizitär bleiben, solange die Politik Poincarés fortgesetzt würde, und ließ deutlich durchblicken, daß der Premierminister sich nicht mehr lange halten würde. Auch wenn Japy Poincaré offenkundig nicht mochte, hatte er doch Zugang zu ihm, und so bestand eines der Resultate dieser Gespräche darin, daß die Franzosen einige der zuletzt von ihnen getroffenen Zwangsmaßnahmen lockerten.[102]

Die Gespräche mit Japy bestärkten Stinnes in dem Gefühl, daß er auf dem richtigen Weg sei; dagegen zögerte das von der Dresdner Bank geführte Konsortium mit der Bewilligung der für die Umsetzung des Abkommens mit de Lubersac erforderlichen Kredite. Die Hyperinflation hatte das Kreditgeschäft der Banken in eine höchst kritische Lage gebracht, und es bestanden schwere Bedenken hinsichtlich der Höhe der benötigten Kredite. Urbig von der Disconto-Gesellschaft sah sogar für die Wirtschaft nur die Alternative, sich entweder von einem Teil ihrer Auslandsdevisen zu trennen oder den Gürtel enger zu schnallen. Stinnes versuchte, diese Ängste zu zerstreuen, indem er darauf hinwies, daß die Bau-Hochkonjunktur in Deutschland sich ihrem Ende näherte und damit auch der Druck auf die Banken nachlassen würde; außerdem deutete er an, das Reich könne bereit sein, Abschlagszahlungen zu leisten. Die Banken hatten angesichts dessen das Gefühl, um eine Mitwirkung an dem von Stinnes geschaffenen *fait accompli* gar nicht mehr herumzukommen.[103]

Auch die Regierung Wirth wurde mit einem *fait accompli* konfrontiert, als Stinnes das Kabinett über seine Verhandlungen mit Japy und sein Abkommen mit de Lubersac informierte; er tat dies am 29. August im Rahmen einer Debatte über die Arbeitszeitverlängerung im Kohlenbergbau. Die Reparationskommission hatte damit gedroht, die deutschen Staatsforste und die Bergwerke unter die Aufsicht von Kontrolleuren zu stellen, weil zu wenig Grubenholz geliefert wurde und insbesondere die bayerische Forstwirtschaft sich gegen Holzlieferungen sperrte. Wirth bemühte sich jetzt fast verzweifelt um die Rückendeckung der Industriellen, und Stinnes scheute sich nicht, seine Gegenrechnung aufzumachen. Er begnügte sich dabei nicht mit seiner routinemäßigen Forderung nach höheren, die Kosten für die Überstunden der Bergleute deckenden Kohlenpreisen, sondern verlangte auch eine stärkere Mitsprache in innenpolitischen Fragen:

> «Weiterhin müsse er [Stinnes] hervorheben, daß, wenn sich die Industrie und damit die Privatwirtschaft ... mit dem Reich und der Volkswirtschaft eng verbände, dann müsse die Industrie auch zu tätiger Anteilnahme von der Regierung mit herangezogen werden. Die wirtschaftlichen Reformen müßten sich auf eine produktivere Ausgestaltung der allgemeinen Arbeitsleistungen erstrecken. Welche Maßnahmen die Industrie im einzelnen für nötig halte, werde sie zur gegebenen Zeit mitteilen. Gebrochen werden müsse mit einem System der geringen Leistung, und der unfreien Wirtschaft.»[104]

Stinnes informierte das Kabinett darüber, daß er höchst vertrauliche Verhandlungen mit französischen Industriellen und einem französischen Senator geführt hatte. Er begehrte zu wissen, ob die Regierung eine Fortsetzung dieser Gespräche befürworte, wobei er nicht den geringsten Zweifel daran ließ, daß er in den grundlegenden Fragen wie Abzug der Besatzungstruppen und Verringerung der Reparationslasten keinerlei Zugeständnisse machen wolle. Er halte eine Weiterführung dieser Verhandlungen für sinnvoll, fügte er hinzu, doch «um zu einem Erfolge zu führen», müßten sie «von der Großindustrie allein geführt werden». Wirth ging darauf nicht direkt ein, sondern wies in seiner Entgegnung einfach darauf hin, daß es sich hier um eine außenpolitische Angelegenheit handle; er stellte Stinnes weder einen Blankoscheck aus, noch versuchte er ihm Steine in den Weg zu legen. Tatsache war, daß die Regierung an Stinnes weniger denn je vorbeikam, so unangenehm dies für Wirth auch sein mochte.

Auch für Stinnes war das Ganze eine Gratwanderung. Er war sich mit Fehrmann und Bücher einig in der Einsicht, daß aus dem Abkommen mit de Lubersac und den Gesprächen mit Japy Überraschungen erwachsen konnten und daß mit kritischen Reaktionen zu rechnen war. Gegen Stinnes, der sich stets als kompromißloser Gegner der Erfüllungspolitik und Kritiker Rathenaus präsentiert hatte, konnte nun leicht der Vorwurf erhoben werden, «er wolle sich an dem deutschen Unglück bereichern», wie Fehrmann es ausdrückte. Ein Gerücht jagte das andere, und in der Reichskanzlei ging die Devise um: «Herr Stinnes verkauft die deutsche Kohlen- und Eisenindustrie an Frankreich.» Doch Stinnes verstand es wie immer hervorragend, zunächst sich selbst und später andere von der Richtigkeit seiner Politik zu überzeugen:

«H[err] St[innes] legt dar, daß eine praktische Durchführung der Erfüllungspolitik (die wir ja in den Grenzen des Erträglichen stets alle gewollt haben) de facto vom Reich nicht durchgeführt werden könnte. Man sehe z.B. es an den Holzlieferungen: die Länder geben dem Reich kein Holz und das Reich hat nicht mehr die Macht, sich den Ländern gegenüber durchzusetzen. Das kann nur das private Unternehmertum, weil dies ganz anders in der Lage ist, sich untereinander zu verständigen. Er selbst macht sich z.B. anheischig, durch einige Besprechungen in Bayern sogar diese schwierigen Leute zu willigen Holzlieferungen zu bringen. Ihm sei sehr wohl bewußt, daß ein Gelingen der auf der Heimburg gesponnenen Pläne den Reichskanzler Wirth in eine gewisse politische Schwierigkeit und letzten Endes auch die Gewerkschaften in eine schwierige Lage bringt. Sie haben alle Erfüllungspolitik treiben wollen und haben dieses politische und wirtschaftliche Opfer gebracht ohne etwas zu erreichen. Nun soll es ausgerechnet durch den Mann erreicht werden, dem man nicht nur die Haltung in Spa, sondern auch darüber hinaus immer vorgeworfen hat, er wolle die Erfüllungspolitik sabotieren. Staatssekretär Hirsch hat auch schon im Kabinett behauptet: H[err] St[innes] habe umgeschwenkt. Das ist nicht richtig; er ist immer für Erfüllungspolitik gewesen, jedoch nur in den Grenzen der Vernunft und in den Grenzen des für unsere Volkswirtschaft erträglichen.»[105]

Es waren keine leeren Worte, wenn Stinnes Andeutungen über seinen Einfluß auf die Bayern machte. Die rechten Kräfte in München sahen in dem Abkommen mit de Lubersac zunächst nichts anderes als eine erneute Kapitulation vor den Franzosen, doch in der Folge gelang es Stinnes, Reusch und den bayerischen Vertreter des Stinnes-Konzerns, den Staatskommissar von Kahr und die bayerische Presse zu der Einsicht zu bringen, daß dem nicht so war, und Kahr sogar zur Kooperation zu bewegen. Stinnes erklärte, in diesem Abkommen seien keine deutschen Zusagen enthalten, die nicht erfüllt werden könnten; es beschere Deutschland mehr Kohle und sehe, anders als das Wiesbadener Abkommen, die volle und sofortige Anrechnung der deutschen Lieferungen auf die Reparationsschuld vor. Er bezeichnete es außerdem als Vorstufe zu einer umfassenderen politischen Verständigung mit den Franzosen. Die Stinnes-Biographie, an der Raphael arbeitete, erhielt in dieser Situation ein noch größeres Gewicht, und Humann drängte Thomas, den Autor bei seinen Recherchen zu unterstützen: «Angesichts des Heimburg-Abkommens gewinnt m.E. die Arbeit Raphaels außerordentlich an Bedeutung. Wir haben zweifellos das größte Interesse daran, durch den Mund dieses uns wohlgesinnten Mannes in Frankreich einen günstigen Boden für den Prinzipal zu schaffen.»[106]

Dennoch führte kein Weg an der Tatsache vorbei, daß hier auch eine persönliche Gewinnerwartung im Spiel war – ein gefundenes Fressen für die deutsche und internationale Presse. In manchen Zeitungen war sogar zu lesen, Stinnes rechne mit einem Abflauen der Geschäfte in Deutschland und baue das Reparationsgeschäft als Ausgleich dafür auf. Die vielleicht amüsanteste Meldung in diesem Zusammenhang brachte die Zeitschrift *Cri de Paris,* die in ihrem Bericht über ein Interview mit dem Bruder des Marquis, dem Comte de Lubersac, dessen Antwort auf die Frage, ob Stinnes ein Alldeutscher sei, so wiedergab: «Monsieur Stinnes ein Alldeutscher? Er ist vor allem Geschäftsmann und All-Stinnes.» Die Zeitschrift kommentierte das mit den Worten: «Vielleicht kommt eine Zeit, wo dieser gute Monsieur All-Stinnes uns als einer der seltenen Freunde Frankreichs in Deutschland vorgeführt wird.»[107]

Vorläufig war Stinnes freilich bestrebt, der Freund *aller* Siegermächte zu sein. So hegte er zum Beispiel die Sorge, die Engländer könnten das Abkommen mit de Lubersac argwöhnisch beäugen, und wies Humann an, in der *DAZ* nichts zu veröffentlichen, was die Engländer «verprellen» könnte.[108] Stinnes war zweifellos hocherfreut, als er von Dr. Adler, dem London-Korrespondenten der *DAZ,* erfuhr, daß die Briten die von ihm ausgehandelte Vereinbarung mit de Lubersac sehr beeindruckend fanden und sie als Beweis für seine geschäftliche Begabung und Tüchtigkeit betrachteten. Gleichwohl hielten sie Stinnes nach wie vor für einen Vertreter der extremen Rechten und unterstellten ihm Verbindungen zu den Extremisten und sogar zu den auf politischen Mord spezialisierten Organisationen. Adler riet Stinnes, mehr Kontakte zu britischen Industrievertretern zu pflegen und die Selbstdarstellung seiner Firma in England zu verbessern. Er erklärte, er sei sich keineswegs sicher, ob die Kanadier Dunn und Beaverbrook die Statur hätten, einen Stinnes in England angemessen zu vertreten.[109]

Es hat jedoch nicht den Anschein, als hätte Stinnes viele Wahlmöglichkeiten gehabt – aus unersichtlichen Gründen verflüchtigt sich der Name J. Russell Ferguson im Verlauf des Jahres 1921 aus den Akten. Vielleicht erwies es sich als unmöglich, nach der alten Methode weiterhin erfolgreiche Geschäfte zu tätigen. Dies jedenfalls suggerieren die diversen Hinweise Freytags auf den Umbau der Produx Corporation. Freytag setzte überhaupt alles daran, seine Stellung als der Mann, der in London über Dunn die wichtigen politischen und wirtschaftlichen Fäden für Stinnes zog, zu festigen, und er unterbreitete sogar den Vorschlag, zur Verbesserung der Stinnesschen Öffentlichkeitsarbeit in London Humann dorthin zu entsenden. Es war jedenfalls Freytag, an den Stinnes eine Kopie des Heimburg-Abkommens schickte, mit einer Begleitnotiz, in der er ihn daran erinnerte, daß sich seit seinem London-Besuch im November 1921 sein Standpunkt nicht geändert habe:

> «Ich habe damals Herrn Dunn, Lloyd George und Lord Birkenhead darauf aufmerksam gemacht, daß sie sich nicht zu wundern hätten, wenn sie in kürzerer oder längerer Zeit davon hören würden, daß ich auch mit den Franzosen handelte, um zu einem modus vivendi zu kommen, da eben die vornehmste französische Industrie, die Eisen- und Stahlindustrie unter unerträglichen Verhältnissen lebe infolge der Annexion von Elsaß-Lothringen. Eine solche Verständigung wurde von Lloyd George als ‹most reasonable› bezeichnet.»[110]

Stinnes wollte auch öffentlich klargestellt sehen, daß er und seine deutschen Kollegen es angesichts der Lage, in der sich Deutschland befand, als ihre Aufgabe erachteten, die wirtschaftlichen Differenzen zwischen England und Frankreich nicht zu verschärfen, sondern auszugleichen.

Das wichtigste Element der Stinnesschen Diplomatie war zu diesem Zeitpunkt das Bemühen, die westlichen Siegermächte geschlossen für die Unterstützung seines Planes einer inneren Reform und einer umfassenden Friedensregelung zu gewinnen. Zwischen beiden bestehe eine unauflösliche Verbindung, vertraute er Maximilian Harden an. Der Weg stand ihm klar vor Augen: Das deutsche Volk mußte zu der Überzeugung gebracht werden, daß es seine Freiheit nur dann wiedergewinnen konnte, wenn es mehr und produktiver arbeitete; den Franzosen hingegen müsse klargemacht werden, «daß ohne das Ideal der Deutsche nicht an die Arbeit zu bekommen ist».[111] Der Achtstundentag müsse zugunsten der Reparationszahlungen vorübergehend abgeschafft werden, könne aber in der Folge im Zuge technischer Produktivitätsfortschritte Schritt für Schritt wieder eingeführt werden. Er war sicher, «daß bei solcher Arbeit der Deutsche gerade so gut lebt und verdient, wie irgend ein Europäer». Eine wirkliche wirtschaftliche Erholung könne es jedoch nicht geben ohne Abschaffung der Handelsbeschränkungen und der staatlichen Bevormundung. Zunächst einmal müsse Deutschland in den Genuß der Meistbegünstigung kommen.

> «Sobald das erreicht ist, muß die Valuta von 11.59 abends bis 12.00 stabilisiert werden unter Ausschaltung auch nur der geringsten Spekulationsmöglichkeit ungefähr auf den Stand, auf dem die mangelhafte Produktivität und die Abzapfungen der Entente die Mark getrieben haben. Anderenfalls zahlen wir durch ein Aufkaufen der Mark seitens des Auslandes eine unerträgliche Kriegsentschädigung an dieses. Eine zu hohe Stabilisierung der Mark würde uns sofort in Lohnkämpfe treiben und die Stabilisierung aufs Äußerste gefährden.»

Deutschland würde zwangsläufig ein stark verschuldetes Land bleiben, da der Staat nicht in der Lage sein werde, die Ansprüche von Rentnern, Pensionären, Witwen und Waisen durch Zinsen auf Staatspapiere zu befriedigen, andererseits aber diesen Personengruppen direkte Zahlungen leisten müsse, «denn man kann nicht Millionen namentlich der Intelligenz sterben lassen, nachdem man sie vorher um ihre Ersparnisse durch Inflation betrogen hat». Der krönende Abschluß aller diesbezüglichen Bemühungen könne jedoch nur eine einvernehmliche internationale Regulierung aller Schulden sein. Die großen Staaten Europas müßten sich in dieser Sache an die Vereinigten Staaten wenden – für Stinnes hing davon das Schicksal Europas ab: «Kommt es anders, gibt es einen neuen europäischen Krieg, der zwischen Rhein und Elbe neue Millionen von Sinistrés schafft und Europa endgültig aus seiner Menschheits-Führerrolle entfernt.»

Es war Stinnes fast peinlich, daß er einen so idealistischen Ton angeschlagen hatte, und er bat Harden, ihn nicht öffentlich mit diesen Ideen in Verbindung zu bringen. Läßt man einmal die eigennützigen Aspekte außer acht, so kann man in diesem Programm aus sowohl persönlicher wie nationaler Warte durchaus eine weitere Demonstration Stinnesscher Originalität, Weitsicht und Problembewußtheit sehen. Ihm war offensichtlich klar, daß eine Rückkehr zu den Wechselkursen der Vorkriegszeit nichts brächte, ja daß sie diejenigen, die die Spekulation mit der Mark anheizten, in einem ungerechtfertigten Ausmaß belohnen würde. Gleichzeitig wandte er sich implizit gegen ein völliges Unterbinden dieser Spielart der internationalen Investition in die deutsche Währung. Er war sich der großen Gefahr bewußt, die von dem inflationsgeschädigten Mittelstand ausging. Und schließlich hatte er die Notwendigkeit einer wahrhaft internationalen Lösung erkannt, bei der den Vereinigten Staaten eine Schlüsselrolle zukommen mußte. Auch wenn der politische Weg, auf dem Stinnes diese Ziele erreichen wollte, außerordentlich fragwürdig und oft geradezu absurd anmutete, wird aus den Zielsetzungen doch klar, weshalb er im Kreise seiner Industriekollegen eine so herausragende Führungsrolle spielen konnte.

Das ist freilich noch keine Erklärung dafür, weshalb es ihm gelang, eine private Diplomatie zu etablieren. Das war nicht einfach eine Folge seiner politischen Macht, denn weder in Frankreich noch in England oder den Vereinigten Staaten übernahmen Industrielle das Ruder der Politik, so gern sie es vielleicht getan hätten. Es war offenbar eine Folge der Schwäche und Gelähmtheit der Regierung und einer Krise, die Stinnes selbst gegenüber einem der wenigen Menschen, denen er seine innersten Regungen anvertraute, Admiral von Tirpitz, wie folgt charakterisierte:

> «Es ist für mich seit langer Zeit kein Zweifel, daß die Leitung des Reiches vollkommen versagt, daß überhaupt keine Idee besteht, wie man aus dem Sumpf herauskommen kann. Es ist für mich der Grund gewesen, gewisse Beziehungen auf eigene Faust aufzugreifen und den Karren in ein bestimmtes Geleise zu bringen, auf dem nachher bessere, einsichtigere Regierungs-Leute weiterschieben können.
>
> Dem diente auch das Heimburg-Akommen, auf das recht wenig aus der Kraft des deutschen Reiches geliefert werden kann, das aber mit amerikanischer Geldhilfe auch praktisch große Bedeutung gewinnen könnte.»[112]

Es würde, das wußte Stinnes, ein schwieriger Weg sein, denn die Franzosen waren furchtbar mißtrauisch, und die Amerikaner bestanden auf der Anerkennung der Grenzen zu Polen. Letzteres bezeichnete Stinnes als «völlig unannehmbar». Gleichwohl müsse man vorankommen, und er habe, wie er Tirpitz anvertraute, das Seine dazu getan, indem er einen Dialog mit dem amerikanischen Botschafter Houghton eröffnet habe.

Am 14. Oktober hatte Stinnes in der Tat eine Denkschrift an Houghton geschickt und ihm darin sein Programm vorgestellt. Das war mit Wissen Eberts, nicht aber Wirths geschehen, denn Stinnes hatte «kein Vertrauen zur Diskretion des Kanzlers», wie er dem Botschafter offen erklärte.[113] In einem Brief an Bücher charakterisierte Stinnes die Denkschrift als Produkt eines «stillen Nachmittags auf Weisskollm»,[114] wobei die wesentlichen Gedankengänge schon in seiner weiter oben referierten Korrespondenz mit Harden aufgetaucht waren. Der unmittelbare Anlaß war ein persönliches Gespräch mit Houghton gewesen, bei dem dieser Stinnes gebeten hatte, seine Vorstellungen von einer guten Deutschlandpolitik der Alliierten zu Papier zu bringen. Stinnes hatte den Eindruck, beim US-Botschafter «völlige Zustimmung»[115] gefunden zu haben, teilte er Wiedfeldt mit, dem er auch eine Kopie der Denkschrift zukommen ließ. Stinnes hatte seine Ideen in der Hoffnung zu Papier gebracht, daß sie den Anstoß zu einer breiten Diskussion, ja sogar zu einer Konferenz geben würden. Auch Ebert erhielt eine Kopie zu seiner «*persönlichen* Information».[116]

Houghton bezeichnete das, was er von Stinnes erhielt, als ein «bemerkenswertes Dokument».[117] Einerseits eine Vertiefung ihres kurz vorher geführten Gespräches, war die Denkschrift andererseits eine Fortschreibung der Argumente, die er Houghton am Vorabend der Ermordung Rathenaus vorgestellt hatte, und ein Versuch, mögliche Lösungen für die deutschen Stabilitätsprobleme mit dem Thema Reparationen und mit der Frage eines internationalen wirtschaftlichen Wiederaufbauprogramms zu verknüpfen. Er begann mit Deutschland und dem Hinweis, daß dessen «unhaltbare Lage» Folge einer ungenügenden Produktivität, eines dirigistischen Staates, einer «törichten Steuergesetzgebung» und natürlich auch des Versailler Vertrages sei, der «wegen seiner volkswirtschaftlich unerfüllbaren Bedingungen und seiner schweren psychologischen Fehler Deutschland finanziell und moralisch ruiniert» habe. Als ersten Schritt zu einer Lösung schlug er den Alliierten vor, die besetzten Gebiete Deutschlands bis zum 1. April 1923 zu räumen und künftig alle Sanktionen und Eingriffe in innere Angelegenheiten Deutschlands zu unterlassen. Im Gegenzug werde Deutschland eine Volksabstimmung veranstalten, bei der die Bevölkerung aufgefordert würde, sich mit längeren Arbeitszeiten ohne besonderen Überstundenzuschlag, befristet bis zum Zeitpunkt der Wiedererlangung einer positiven Zahlungsbilanz, und mit der Übernahme der Zins- und Tilgungskosten einer Goldanleihe einverstanden zu erklären. Mit einer solchen Anleihe könnten der Wiederaufbau Belgiens und Frankreichs finanziert und die deutsche Währung stabilisiert werden. Nach den Berechnungen von Stinnes bedurfte es einer zweistündigen Verlängerung des Arbeitstages für die Dauer von zehn bis fünfzehn Jahren, um diese Leistungen zu erbringen. Deutschland würde außerdem alle Instrumente staatlicher Wirtschaftskontrolle und alle Subventionen abschaffen. Im Gegenzug würde Deutschland die Meistbegünstigung im internationalen Handel beanspruchen. Die deutsche Mark könne dann auf dem Niveau stabilisiert werden, «auf dem sie sich befindet, nachdem ... die erforderliche Stabilisierungs- und Reparationsanleihe gesichert ist und die weiteren Vorbedingungen für die Dauerhaftigkeit einer solchen Stabilisierung geschaffen sind». Zu diesen Vorbedingungen würde es gehören, daß Streiks in «volkswirtschaftlich wichtigen Betrieben» generell verboten würden und daß alle Unternehmen der öffentlichen Hand dauerhaft profitabel und damit «geeignet gemacht werden, um als Unterlage des internationalen Golddarlehens zu dienen». Die Steuergesetze würden verändert und so gestaltet werden, daß Sparsamkeit und Kapitalbildung gefördert würden. Große Sorge bereitete Stinnes auch das Problem der Kriminalität; schon seit Monaten schlugen ihm Berichte über massive Kupferdiebstähle beim RWE, über die Umtriebe bewaffneter Gepäckräuber in Zügen und über eine allgemeine Zunahme der Eigentumsdelikte auf den Magen. Stinnes nahm solche Dinge sehr ernst; seine oft kommentierte Angewohnheit, bei Zugfahrten sein ganzes Gepäck mit sich zu führen, war weniger ein Ausdruck seiner Bescheidenheit als eine Reaktion darauf, daß einmal ein von ihm aufgegebener Koffer um ein Haar gestohlen worden wäre.[118] Es war denn auch nur konsequent, daß Stinnes der Meinung war, die Strafen für Eigentumsdelikte müßten stark verschärft werden. Den öffentlichen Dienst wollte er auf das notwendigste Minimum reduziert sehen, und alle seit 1914 verabschiedeten oder auf dem Verordnungsweg erlassenen Gesetze sollten daraufhin untersucht werden, welchen Einfluß sie auf die Produktion ausübten. Wie Rathenau war Stinnes der Meinung, daß für die Opfer der Inflation aus den Reihen des Mittelstandes etwas getan werden müsse:

> «Die Versorgung der durch die Inflation um ihre Existenz betrogenen Kreise des Mittelstandes und der Pensionäre muß von Staats wegen durch Mindestrenten auf Zeit soweit sichergestellt werden, daß sie ihr Leben in anständiger Weise weiter fristen können und nicht in ihrer Verzweiflung eine Gefahr für Deutschland und die Welt werden.»

Er schloß mit dem Postulat:

> «Nachdem alle diese Vorarbeiten geleistet sind, werden Deutschland und Frankreich in Verbindung mit England, Italien und Belgien an die Vereinigten Staaten von Amerika heranzutreten haben, um durch Regelung der zwischenstaatlichen Schulden im Weltinteresse die endgültige Liquidation der Folgen des Krieges von 1914/18 zu ermöglichen.»

Stinnes traute sich zu, eine mit diesen Vorschlägen bewaffnete Verhandlungsdelegation der deutschen Industrie zu leiten; seine Denkschrift hatte er an de Lubersac übergeben, mit der Bitte, sie mit Poincaré zu erörtern. Lubersac befürwortete diese Idee in einem Gespräch mit Stinnes, Frick und Fehrmann am 18. Oktober in Berlin. Der Marquis gab jedoch zu bedenken, die deutschen Industriellen müßten bei einer solchen Konferenz als Bevollmächtigte ihrer Regierung auftreten, so daß die französische Seite sicher sein könne, später nicht desavouiert zu werden. Im selben Atemzug bat de Lubersac Stinnes, für ihn einen Gesprächstermin bei Wirth und Ebert zu arrangieren, betonte aber ausdrücklich, daß es sich um rein persönliche und nicht offizielle Treffen handeln solle. Die Antwort, die Stinnes ihm gab, machte das Dilemma sichtbar, das dem Versuch, mit den deutschen Wirtschaftsvertretern zu verhandeln, innewohnte, denn diese dachten nicht daran, die Bedingungen, die sie für ihre Teilnahme an Verhandlungen stellten, etwa vorher mit ihrer Regierung abzustimmen. Stinnes erklärte kategorisch, er und seine Kollegen vom Niederrhein seien zu keiner Vereinbarung bereit, die nicht ein Ende der Besatzung, eine Minderung der Reparationspflichten und eine Abkehr von allen Sanktionsdrohungen beinhalte. De Lubersac hatte dies gehört, desgleichen Japy bei seinem Besuch auf der Heimburg, doch als Poincaré über diese Vorbedingungen informiert wurde, erklärte er rundheraus, keine französische Regierung könne sich auf Verhandlungen unter solchen Vorbedingungen einlassen. Stinnes meinte dazu, «angesichts dieser Tatsachen sei es doch wirklich überflüssig, mit den gleichen Deklarationen immer wieder anzufangen, da man auf der anderen Seite den Standpunkt wirklich als bekannt voraussetzen könne».[119] Er sorgte anschließend dafür, daß de Lubersac von Wirth und Ebert empfangen wurde und mit ihnen über die vorgesehenen Gespräche zwischen den Wirtschaftsvertretern sprechen konnte. Doch erst am 31. Oktober ließ Stinnes sich dazu herab, ein Exemplar seiner Denkschrift für Houghton an Reichskanzler Wirth zu schicken.[120]

Aus der Geringschätzung, die Stinnes für Wirth und sein Kabinett empfand, machte er in seinen Unterredungen mit Ausländern offenkundig keinen Hehl. Während er um eine Verständigung mit Frankreich rang und sich mit Houghton anfreundete, pflegte er seine Kontakte zu den Briten weiter. So nahm er sich am 29. Oktober sechs Stunden lang Zeit, um zwei britische Stahlindustrielle, John Craig und Sir William Larke, sowie den britischen Kommissar in Köln, J. I. Piggott, in offensichtlich gutem Englisch ins Bild zu setzen. Aus den Notizen Larkes geht hervor, daß Stinnes sich «verächtlich über die gegenwärtige deutsche Regierung äußerte, die viel zu schwach sei, um die Arbeiter zum Arbeiten anzuhalten. Es sei eben eine ganz und gar sozialistische Regierung. Die Männer, aus denen sie bestehe, seien ungeübt in der Ausübung von Autorität und in Geschäften, Wirth sei ein ehemaliger Schullehrer, der Innenminister ein ehemaliger Klavierstimmer.»[121] Gewiß hielt Stinnes auch von den in Frankreich Regierenden nicht viel und hoffte, die Engländer für seine Lieblingsidee einer internationalen Konferenz von Wirtschaftsführern zur Erarbeitung von Lösungen für die Probleme der Welt zu gewinnen. Er hoffte, die Amerikaner würden die Initiative zu einer solchen Konferenz ergreifen, und hatte den Eindruck, auch die Franzosen fingen unter dem Eindruck ihrer Währungs- und Wiederaufbauprobleme an, sich für eine eher an wirtschaftlichen Überlegungen und industriellen Notwendigkeiten orientierte Politik zu erwärmen. Zum Versailler Vertrag und zur Frage der Mehrarbeit äußerte er sich ziemlich genau im Sinne seiner Denkschrift für Houghton, doch fügte er jetzt noch sehr offenherzige Bemerkungen über die Arbeitslosigkeit hinzu, die er als besorgniserregend bezeichnete, und erklärte, wenn es nach ihm ginge, könne Deutschland so viel Geld drucken, wie nötig sei, um den Arbeitern zu helfen, mit der Geldentwertung Schritt zu halten und um das Wirtschaftsleben in Gang zu halten, bis die Mark jegliche Inlandskaufkraft verlieren würde. Dieses Beharren darauf, daß Deutschland sich, koste es was wolle, auf die Hinterbeine stellen mußte, bis es günstigere Konditionen erhielt, motivierte ihn auch zu seiner etwas aufgeregten Antwort auf die Frage, wie

Deutschland auf eventuelle französische Zwangsmaßnahmen reagieren würde. «Keine Macht auf Erden» werde in diesem Fall, so warnte er, ein deutsches Bündnis mit Rußland und einen «Ausrottungskrieg» gegen Frankreich verhindern können, neben dem die Schrecken des vergangenen Krieges verblassen würden. «Wir sind uns voll und ganz dessen bewußt, daß der Preis dieses Krieges die Zerstörung Deutschlands zwischen Rhein und Elbe sein wird, doch sollten wir bereit sein, selbst diesen Preis zu bezahlen.» Nach diesem Ausbruch kehrte er jedoch wieder zu seiner optimistischen Grundstimmung zurück, die auch seinen innenpolitischen Aussagen zugrunde lag. Er brüstete sich damit, ein «persönlicher Freund des Sattlers» – Reichspräsident Ebert – zu sein, den er in «voller Übereinstimmung» mit seinen Ideen wisse. Welche Auswirkungen ein längeres Zusammensein mit Stinnes haben konnte, läßt sich daran ermessen, daß Piggott seinen Bericht mit der Aussage beschloß: «Die Führer der Sozialdemokratischen Partei haben sicherlich einen ungeheuren Respekt vor ihm, und wenn, woran ich voll und ganz glaube, die Stunde kommt, an der er Deutschland aus dem Sumpf, in dem es sich derzeit befindet, heraushievt, werden die Arbeiter und die Masse der Menschen zu ihm als dem Retter ihres Landes aufschauen.»[122]

Lord Kilmarnock von der britischen Botschaft in Berlin war nicht ganz so hypnotisiert; er fand die zustimmende Äußerung Stinnes' zum Weiterrotieren der Notenpresse das Interessanteste an der Unterredung. Er wies darauf hin, daß Stinnes die Stimmung der französischen Öffentlichkeit nicht berücksichtige, und hielt es für «übermäßig optimistisch», zu glauben, der deutsche Arbeiter sei bereit, zu den Arbeitszeiten der Vorkriegsperiode zurückzukehren, nur damit Deutschland seine Reparationsschulden zahlen konnte. Er merkte ferner an, nach der jüngsten Arbeitszeitverlängerung im deutschen Bergbau seien zwar die Lohnkosten enorm gestiegen, die Fördermengen jedoch kaum.

Für Stinnes war Ende Oktober, Anfang November der Zeitpunkt gekommen, all dies zu ändern und mit seinem Plan an die Öffentlichkeit zu gehen. Die Regierung Wirth steckte schon tief in ihrer finalen Krise. Sie hatte eine aus internationalen Wirtschaftsexperten bestehende Kommission eingeladen, nach Deutschland zu kommen und ein Urteil darüber zu fällen, ob das Land ohne eine internationale Anleihe zur Stabilität zurückfinden könne. Wirth hatte dies in der Hoffnung initiiert, die Sachverständigen würden ihm bescheinigen, daß es unmöglich sei, doch zu seiner Enttäuschung erklärten sie ausnahmslos, Maßnahmen zur Stabilisierung könnten und sollten unverzüglich ergriffen werden – dagegen waren sie sich uneins darüber, wieviel Reparationen Deutschland zu bezahlen in der Lage war. Wirth unternahm parallel dazu einen aus der Verzweiflung geborenen Versuch, die DVP in die Regierung zu holen, um deren Basis zu verbreitern und die besonneneren Teile der Rechten für seine Politik zu gewinnen. Dies spielte sich allerdings zu einem Zeitpunkt ab, als die SPD mehr denn je den Verdacht hegte, die DVP sei darauf aus, den Achtstundentag abzuschaffen und die Errungenschaften der Revolution zunichte zu machen.

Stinnes wählte ausgerechnet diesen Moment, um zu demonstrieren, daß der

Argwohn der Sozialdemokraten wohlbegründet war. Er sprach Ende Oktober nicht nur laut über sein Programm der Produktivitätssteigerung durch längere Arbeitszeiten und Abbau des staatlichen Dirigismus, sondern begann auch praktisch an dieser Schraube zu drehen, indem er in Sondierungsgespräche mit führenden Köpfen der DNVP und des rechten DVP-Flügels eintrat. So nahm er zum Beispiel Kontakt zu Helfferich auf und schlug ihm vor, in Zusammenarbeit mit Quaatz und Reichert «eine vollständige Revision des Friedensvertrages zu entwerfen und gleichzeitig die Gesetzesänderungen aufzustellen, die erforderlich sind, um wieder zu gesünderen Verhältnissen zu kommen».[123]

Die Idee, die deutsche Seite solle den Friedensvertrag umschreiben, war schon ausgefallen genug, aber sie wurde wenigstens nicht hinausposaunt. Dagegen hatte Stinnes sich nun entschlossen, mit seinem Plan einer Suspendierung des Achtstundentages an die Öffentlichkeit zu gehen, und er wählte als Termin dafür den 9. November 1922, den vierten Jahrestag der deutschen Revolution, und als Forum eine vielbeachtete Sitzung des Reichswirtschaftsrates. Die Rede, die er hielt, hatte den Segen des RdI und muß als integrales Element innerhalb einer von einzelnen Großindustriellen, aber auch von ihren Verbänden beschlossenen Strategie gedeutet werden, jenes binnenwirtschaftliche «Reformprogramm», auf das Stinnes bei seinem Treffen mit Wirth am 29. August im Zusammenhang mit der Arbeitszeitverlängerung und seinen Verhandlungen mit den Franzosen hingewiesen hatte, an die Öffentlichkeit zu bringen. Die Stinnes-Rede reiht sich zeitlich in eine Abfolge von Signalen ein, auf die die Parteien und Organisationen der Arbeiterschaft alarmiert reagieren mußten. Begonnen hatte es mit einem persönlichen Brief August Thyssens an Wirth vom 14. Oktober 1920, der der Presse zugespielt worden war. Thyssen hatte Wirth darin aufgefordert, sich an die Spitze des Kampfes gegen den starren Achtstundentag zu stellen, den er als das größte Unheil bezeichnete, das die Revolution hervorgebracht habe.[124] Dann folgte ein eher organisiertes Ereignis, nämlich eine auf zwei Tage angesetzte Konferenz der Direktoren der ZAG, bei der über die Krise und über Möglichkeiten der Zusammenarbeit gesprochen werden sollte. Die Idee, eine solche Konferenz abzuhalten, war, wie weiter oben berichtet, im August von den Gewerkschaften ins Spiel gebracht worden, doch ihre praktische Umsetzung rückte erst im Spätherbst ins Blickfeld. Die Konferenz hätte ursprünglich am 3.–4. November stattfinden sollen, wurde dann aber auf den 10.–11. November verschoben; Ort des Treffens sollte das Siemenshaus in Berlin sein. So wirkte die Stinnes-Rede vom 9. November als Element einer orchestrierten Kampagne gegen den Achtstundentag.

Die Rede war nicht nur ihrem Inhalt nach dramatisch, sondern fand auch unter dramatischen Vorzeichen statt. Der linksliberale Wirtschaftsjournalist Georg Bernhard, ein ständiger Kritiker von Stinnes, eröffnete die Sitzung mit einem Bericht über die Befunde der internationalen Sachverständigenkommission, den er zu einem kaum verhüllten Angriff auf Stinnes nutzte. Er erklärte, die meisten Industriellen seien gegen einen weiteren Währungsverfall, weil dieser ihr

Stinnes und sein Chauffeur

Kapital aufzufressen drohe, es gebe jedoch einige wenige, die ein entgegengesetztes Interesse hätten; deren Aktivitäten zögen die internationale Aufmerksamkeit auf sich, weil sie ihr wirtschaftliches Imperium unter Anhäufung riesiger Schulden weiter ausbauten, die durch die Inflation entwertet würden, wogegen sie mit dem Geld reale Werte erwarben. Diese Leute wünschten eine Stabilisierung der Mark auf möglichst niedrigem Niveau, um ihre Schulden loszuwerden und ihren Sachbesitz zu vergrößern, selbst wenn dies die weitere Verelendung einer großen Zahl ihrer deutschen Landsleute bedeute.[125]

Stinnes war zu dem Zeitpunkt, da diese Äußerungen fielen, noch nicht anwesend, doch zwei andere sprangen für ihn in die Bresche: der Textilfabrikant Abraham Frowein und der Bankier Salomonsohn. Ersterer erklärte, Stinnes wolle die Stabilisierung ebenso wie alle anderen, doch müsse jedermann ein Interesse daran haben, daß die Mark sich nicht auf einem so hohen Niveau stabilisierte, daß eine Wirtschaftskrise die Folge sei; letzterer warf Bernhard vor, er verteufele Stinnes, und rühmte dessen Patriotismus.[126] Es wurde die Forderung laut, die Debatte zu unterbrechen, bis Stinnes ankam und selbst für sich sprechen konnte. Bernhard versuchte, seinen Standpunkt deutlicher zu machen, indem er erklärte, der wirkliche Streitpunkt sei die Frage, auf welchem Niveau die Stabilisierung erfolgen solle. Stinnes wollte nach Einschätzung Bernhards dieses Niveau durch Abschaffung aller Nahrungsmittel-Subventionen und staatlichen Mietpreisbindungen weiter nach unten drücken, dadurch die reale Kaufkraft der Mark im Innern senken und erst dann eine Stabilisierung zulassen. Daran entzündete sich eine Debatte über die Frage, ob Bernhard Stinnes verteufelt hatte oder nicht, und während Bernhard noch versuchte, die wirkliche Intention seiner Kritik an Stinnes zu erklären, traf dieser ein und erhielt sogleich das Wort zu seinem Redebeitrag.

Stinnes war nicht der Mann, der öffentlich anders redete als privat, es sei denn es ging nicht anders, und auch bei dieser Gelegenheit legte er die für ihn typische Offenheit und absolute Selbstgewißheit, was die Richtigkeit seiner Diagnose und seiner Lösungsvorschläge betraf, an den Tag. Er erinnerte die Zuhörer zunächst daran, wie sehr seine Firmen unter den Auswirkungen des Krieges gelitten hatten, und betonte dann, daß der Wiederaufbau ein praktisches Problem und er selbst in der Frage horizontaler oder vertikaler Organisationsformen kein Dogmatiker sei. Beide hätten ihren Platz. Er bestritt nicht, daß manche Firmen oder Branchen von der Inflation härter getroffen wurden als andere, oder daß diejenigen, die über mehr Mittel und bessere Verbindungen im Innern und im Ausland verfügten, besser mit der Situation fertig werden konnten. Man könne schwerlich erwarten, daß sie mit «gekreuzten Armen» dastehen und der Dinge harren würden.[127]

Nach Auffassung von Stinnes konnte nichts gefährlicher sein, als zu Maßnahmen zu greifen, die sich nach ein paar Monaten als nutzlos erweisen würden, und damit Deutschland der Gefahr auszusetzen, daß seine Wirtschaft, wie die österreichische, von ausländischem Kapital übernommen würde. Nach Informationen, die ihm vorlägen, träfen ausländische Investoren gegenwärtig Vorkehrungen zum Kauf deutscher Industrie- und Vermögenswerte. Verteidigen könne man sich dagegen am besten durch eine Erhöhung der Produktivität der deutschen Wirtschaft, denn diese liege um 2,2 Milliarden Goldmark unter dem für die Befriedigung der Inlandsnachfrage erforderlichen Niveau, von der Tilgung der Reparationsschulden gar nicht zu reden. Erreichen lasse sich dies nur durch einen Abbau der Subventionen und der staatlichen Kontrollmechanismen auf der einen sowie durch den Abzug der alliierten Besatzungstruppen aus Deutschland und durch dessen wirtschaftliche Gleichstellung mit den anderen Nationen auf der anderen Seite. Die Voraussetzung für das Funktionieren dieser Rezepte sei jedoch, daß in Deutschland wieder mehr und länger gearbeitet würde, konkret, daß für einen absehbaren Zeitraum die Regelarbeitszeit ohne Zahlung von Überstundenzuschlägen heraufgesetzt würde, bis Deutschland wieder zu einer Zahlungsbilanz komme, die zeige, daß das Land wirtschaftlich wieder auf eigenen

Beinen stehen könne, und die darüber hinaus die Verzinsung und Tilgung der internationalen Anleihe zulasse, die Deutschland benötige, um die Mark zu stabilisieren und seinen ermäßigten Reparationsverpflichtungen nachzukommen.

Stinnes erklärte, er sei nur allzu gern bereit, die Berechnungen, die hinter seinem Widerstand gegen eine Stabilisierung der Mark auf zu hohem Niveau standen, und seine Forderung nach einem Streikverbot mit der Versammlung zu diskutieren. Er legte zunächst einmal seine Berechnungsgrundlagen offen:

> «Nun die Höhe der Stabilisierung! Bei den ungeheuerlichen Summen, die in Papiermark da sind, würde, wenn wir zu hoch stabilisieren, das eine riesige Kontribution an das Ausland bedeuten, indem das Ausland diese Mark in der Tasche hat und, je höher stabilisiert wird, uns desto mehr Kontribution auferlegt, während man die Mark verhältnismäßig billig gekauft hat. Wir würden aber vor allen Dingen, wenn wir die Arbeiterschaft und die Beamtenschaft, überhaupt alle, die fest gelöhnt sind, mit einer zu hohen Stabilisierung beglücken würden, zu einem Zeitpunkt, in dem diesen gleichzeitig die ganzen vermeintlichen Vorteile der Zwangswirtschaft verloren gehen, an den Zahlen rühren müssen, die sie sich inzwischen in der faulen Papiermark erkämpft haben. Und da man nicht Einsicht erwarten darf, daß diese Zahlen nicht krampfhaft verteidigt werden, so würde das uns in neue Lohnkämpfe hineinbringen. Die Voraussetzung jeder erfolgreichen Stabilisierung ist aber nach meiner Meinung, daß auf eine lange Zeit Lohnkämpfe und Streiks ausgeschlossen sind. Wenn Sie eine Stabilisierung mit Streiks anfangen wollen, ist nach meiner Meinung die Stabilisierung innerhalb der nächsten zwei Monate zu Ende.»[128]

Aus diesen Überlegungen folgte für Stinnes, daß eine «Stabilisierung um jeden Preis» abzulehnen sei. Der Achtstundentag könne dem Grundsatz nach beibehalten werden, doch müßten die deutschen Arbeiter bereit sein, ihn und das Streikrecht bis zur Gesundung der Wirtschaft auf Eis zu legen. Es sei höchste Zeit, dem deutschen Volk zu sagen, daß es nicht gleichzeitig einen Krieg verlieren und zwei Stunden weniger arbeiten könne, und es sei auch höchste Zeit, mit dem «Palaver» aufzuhören, damit Leute wie er selbst oder Salomonsohn Produktiveres tun könnten, als vor dem RWR Reden zu halten. Es gelte außerdem, gegenüber der Reparationskommission eine klare und ehrliche Sprache zu führen. Reparationszahlungen und Naturallieferungen für den Wiederaufbau verwüsteter Gebiete könnten geleistet werden, aber nur in einem erträglichen Umfang und unter der Voraussetzung, daß Deutschland von den anderen aus dem Versailler Vertrag resultierenden Lasten befreit würde. Falls all dies geschähe und Deutschland wie ein «Unternehmen» behandelt würde, könne es seine Kreditwürdigkeit wiedergewinnen, und die Unterstützung, die es benötige, könne zum Bestandteil jener umfassenden Bewältigung der vom Krieg hinterlassenen wirtschaftlichen Probleme werden, die Stinnes als Ideallösung vorschwebte.

Bernhard zog sich nach diesem bemerkenswerten Stinnes-Auftritt äußerst achtbar aus der Affäre und sammelte seinerseits Punkte, indem er darauf hinwies, daß es hier nicht nur um ein wirtschaftliches Rechenexempel ging, sondern um eine politische Frage, daß die Welt nicht nur aus Unternehmern bestand, daß es selbst innerhalb der Wirtschaft unterschiedliche Auffassungen über das wünschenswerte Niveau, auf dem die Mark stabilisiert werden sollte, gab, daß aus der Stinnesschen Darlegung nicht klar geworden sei, ob es wirklich ein Schwellenniveau gab, an dem die Stabilisierung einsetzen müsse, und daß es unbedingt notwendig war, der Spekulation ein Ende zu setzen. Bernhards gewichtigster Einwand bezog sich auf die Selbstverständlichkeit, mit der Stinnes unterstellte, daß eine internationale Anleihe durch jahrelange Mehrarbeit getilgt werden könne und müsse. Er spitzte seine Kritik daran auf die rhetorische Frage zu, «ob die ganze Reparationsanleihe von der Arbeiterschaft bezahlt werden müßte, und ... ob der Krieg nur für den Arbeiter verloren ist».[129]

Darauf lief es offenbar hinaus, und die Stinnes-Rede half letztlich auch mit, das Schicksal der Regierung Wirth zu besiegeln. Die mehr oder weniger wortgleiche Wiederholung der Stinnesschen Ausführungen vor der ZAG am 10.–11. November erwies sich als kaum geeignet, die Gewerkschaftsführer zu überzeugen. Sie sahen sehr wohl ein, daß ein vorübergehender Abschied vom Achtstundentag not tat, doch für sie stand fest, daß dies nur auf einvernehmlicher Basis beschlossen werden konnte und nicht, indem man den Arbeitgebern einen Blankoscheck ausstellte. Auch waren sie der Meinung, daß dirigistische Eingriffe und ein sofort greifendes Stabilisierungsprogramm die Arbeiter vor einem weiteren realen Absinken ihres Lebensstandards bewahren konnten. Sie übten scharfe Kritik daran, daß bestimmte Gruppen Mittel und Wege gefunden hatten, sich gegen die Auswirkungen der Inflation zu wappnen, und daß Stinnes und seine Freunde jetzt von der Arbeiterschaft Opfer und den Verzicht auf die Wahrnehmung der eigenen Interessen verlangten. Stinnes versprach sich offenbar etwas von dem Versuch, direkt an die Arbeiter zu appellieren: Sein Verlag brachte eine Billigbroschüre mit einer vereinfachten Version seiner Rede heraus, versehen mit erklärenden Anmerkungen zu wirtschaftlichen und anderen Begriffen, um die Unkundigen in seine Gedankengänge einzuweihen.[130]

Von der ZAG schien nur noch herzlich wenig übrig zu sein; was überhaupt noch an Kompromissen erreichbar war, fand auf der Ebene der politischen Parteien statt, in Gestalt einer Vereinbarung zwischen Raumer und Hilferding. Sie enthielt ein Bündel von Richtwerten für die Planung der Staatsausgaben und des Etats sowie, noch wichtiger, einen Kompromißvorschlag zur Regelarbeitszeit – sie sollte vom Reichstag festgesetzt werden unter der Maßgabe, daß der Achtstundentag weiterhin die Grundlage bildete, von der in begrenztem Ausmaß abgewichen werden konnte, sei es durch freiwillige Vereinbarungen zwischen Arbeit und Kapital oder durch staatliche Verordnung. Dieses Programm sollte die Geschäftsgrundlage für die deutsche Reparationsnote vom 14. November 1922 bilden, in der die Siegermächte um ein Stabilisierungsdarlehen in Höhe von

500 Millionen Goldmark ersucht wurden; als Sicherheitspfand dafür wurden ihnen gegen den heftigen Widerstand Havensteins die Goldvorräte der Reichsbank angeboten.[131]

In jedem Fall hatten sich die innenpolitischen Fronten verhärtet, und die SPD lehnte den Eintritt in eine Große Koalition unter Einschluß der DVP ab. Die Sozialdemokraten standen von ihrer Basis her unter einem zu starken Druck; viele ihrer Führer vertrauten zwar Stresemann, fürchteten aber die Macht und den Einfluß von Stinnes und die auf seiten der Arbeitgeber zunehmende Neigung, auf dessen harte Linie einzuschwenken. Einiges spricht dafür, daß es ein Fehler der Sozialdemokraten war, daß sie in diesem Augenblick die Regierungsverantwortung scheuten und nicht wenigstens den Versuch machten, mit der gemäßigten Rechten zusammenzuarbeiten. So machten sie die letzte Hoffnung zunichte, an die sich Wirth noch geklammert hatte, und am 14. November erklärte er entnervt seinen Rücktritt.

Stinnes war über den Abgang Wirths zweifellos froh, doch ob er es danach mit «einsichtigeren Regierungs-Leuten» zu tun bekommen würde, die sich sein Programm auf ihre Fahnen schreiben würden, wie er es zum Zeitpunkt seines Briefes an Tirpitz gehofft hatte, mußte sich erst noch herausstellen. Der neue Kanzler Wilhelm Cuno, der sein Amt offiziell am 22. November antrat, war gewiß kein Freund, und Stinnes mußte zunächst einmal seinen einstigen Schwur, mit ihm keine Geschäfte mehr zu machen, widerrufen. Noch ominöser war, daß Cuno nicht zu denen gehörte, die an die Richtigkeit der strengen Stinnesschen Stabilisierungsrezepte glaubten. In dem von Cuno berufenen «Kabinett der Fachleute» gab es aus der Sicht von Stinnes ein paar Lichtblicke, namentlich in Gestalt des Wirtschaftsministers Johann Becker, eines ehemaligen Rheinstahl-Direktors, und des Landwirtschaftsministers Hans Luther, des Ex-Oberbürgermeisters von Essen. Über das Fehlen eines Außenministers würde sich die *DAZ* von jetzt an nicht mehr beklagen können, doch was der in dieses Amt berufene Laufbahndiplomat Frederic von Rosenberg leisten würde, blieb abzuwarten.

Rosenberg hatte seinerseits Anlaß genug, sich im Vorfeld der anstehenden Verhandlungen mit den Siegermächten Gedanken darüber zu machen, welche Probleme ihm Stinnes bereiten würde. Er sollte es sehr bald herausfinden. Am 26. November suchte Osius ihn persönlich auf und übergab ihm eine Dokumentation über die diversen von Stinnes geführten Verhandlungen, damit er sich ein Bild über den Stand der Dinge machen konnte. Rosenberg nutzte die Gelegenheit, um sich zu erkundigen, was Stinnes von einer möglichen Beteiligung von Bankvertretern in beratender Funktion an den Verhandlungen halte. In seinem Bericht an Stinnes machte Osius deutlich, daß er den Außenminister nicht im unklaren über die Stinnesschen Prioritäten gelassen hatte:

> «In meiner Antwort habe ich das Primäre der Produktionswirtschaft gegenüber dem Sekundären der Finanzwirtschaft deutlich hervorgehoben und anhand der bisher erfolgten Ereignisse (siehe neutrale Sachverständige usw.)

dargelegt, welche Gefahren darin liegen, wenn der Finanz ein überwiegender Einfluß in den Fragen, die in erster Linie die Produktion berühren, eingeräumt wird.»[132]

Tatsache war freilich, daß die Initiativen an der Produktionsfront, mit denen Stinnes die Reparationenkrise zu entschärfen hoffte, bislang keine ermutigenden Ergebnisse zeitigten. Die Vereinbarung mit de Lubersac hatte zumindest vorläufig noch keine sichtbaren Früchte getragen. Wie Albert Schmidt am 10. Oktober aus Paris berichtete, hatte sich de Lubersac darüber beschwert, daß keinerlei Lieferungen eingetroffen seien, obgleich man den Deutschen einen größeren Eigenbehaltsanteil bei der Kohle zugestanden habe, und vor einem geplanten Besuch deutscher Industriellen in den verwüsteten Gebieten abgeraten, weil er mit Unmutskundgebungen der Bevölkerung rechnete. Der nie mit Rat und Tat geizende Castiglioni empfahl Stinnes, als er von der geplanten Reise erfuhr, vorsichtig zu sein, weil es «aus seelischen und psychischen Gründen für Sie keine angenehme Reise» sein werde. Stinnes bedankte sich für die Fürsorge, äußerte aber die Meinung, «daß man mit eigenen Augen gesehen haben muß, um in so schwierigen Verhältnissen wirklich sachgemäße Hilfe zu bringen. Die Risiken muß man eben mit in Kauf nehmen.»[133] Bürokratische Komplikationen führten dazu, daß die Reise aufgeschoben werden mußte, doch Stinnes hoffte weiter auf ihr Zustandekommen. Comte de Lubersac ließ ihm jedoch die Mahnung zukommen, eine solche Besichtigungstour könne nur vor dem Hintergrund substantieller Lieferungen stattfinden. Für Fehrmann war es ziemlich schwierig, den Franzosen Materialangebote zu machen, die deren Ansprüche befriedigten, zumal ihm die deutschen Außenhandelsstellen zusätzlich das Leben schwer machten, die in ihrem Bestreben, Preiskämpfe zu verhindern, Preise erzwangen, die höher waren als die französischen Binnenmarktpreise. Er überlegte sich zwei mögliche Lösungen für das Problem: Entweder die Exportkontrollen würden für die dem Wiederaufbau gewidmeten Güter aufgehoben, oder die Zollgrenze würde an den östlichen Rand der besetzten deutschen Gebiete verlegt, denn in diesen gab es zahlreiche Firmen, die in der Lage waren, zu günstigen Preisen an die Franzosen zu liefern. Das würde natürlich die Gefahr heraufbeschwören, daß deutsche Anbieter mit Dumpingpreisen auf den französischen Markt drängten. Fehrmann betonte, daß eine politische Entscheidung dringend notwendig sei; es dauerte jedoch bis Ende Dezember, ehe Stinnes von der Regierung die Zusage erwirken konnte, daß auf Wiederaufbau-Lieferungen ab sofort keine Ausfuhrzölle mehr erhoben würden.[134]

Keine besonders guten Resultate hatte der von Stinnes Ende Oktober unternommene Versuch gezeitigt, de Lubersac mit Wirth bzw. danach mit Cuno ins Gespräch zu bringen, ein Gespräch, das den Weg hätte ebnen sollen für eine Paris-Mission von Stinnes, Silverberg und Peter Klöckner, konkret für Verhandlungen dieses Trios über eine vertragliche Regelung deutscher Kohlenlieferungen und anderer Fragen des wirtschaftlichen Miteinanders der beiden Länder. Eine Zeitlang hatte es so ausgesehen, als habe Poincaré großes Interesse am Zustandekommen eines solchen Arrangements, und auch der neue deutsche Außenminister Rosenberg sprach sich, nachdem Osius ihn ins Bild gesetzt hatte, nachdrücklich für die Weiterverfolgung dieses Ansatzes aus, zumal die deutsche Seite von der Reparationskommission gedrängt wurde, die Frage der Kohlenlieferungen auf privatwirtschaftlicher Grundlage zu regeln. Rosenberg wies den deutschen Botschafter in Paris, Meyer, an, die nötigen Vorkehrungen zu treffen, und Stinnes informierte de Lubersac Anfang Dezember brieflich über den Anlauf und fügte den Hinweis hinzu, er habe in dieser Frage seit über einem Monat nichts von de Lubersac gehört. Großen Wert legte Stinnes auch darauf, daß Rosenberg de Lubersac Lob und Anerkennung für seine Vermittlungsdienste aussprach.[135]

Allein, die Realität sah so aus, daß die Lage nicht besser, sondern noch schlechter wurde. Das französische Kabinett faßte am 27. November den Beschluß, im Ruhrgebiet einzumarschieren, wenn die deutsche Seite erneut mit ihren Holz- und Kohlenlieferungen in Verzug geriet; damit nicht genug, hatte Poincaré J. P. Morgan und anderen Bankiers, die versucht hatten, die Diskussion über ein Darlehen an Deutschland wiederzubeleben, praktisch eine Abfuhr erteilt. Reichskanzler Cuno, dem die Luft auszugehen drohte und der dringend etwas brauchte, womit er die Siegermächte bei einer bevorstehenden Konferenz in London beeindrucken konnte, war bereit, nach jedem Strohhalm zu schnappen, der in Reichweite kam. So schickte er Carl Bergmann auf die Reise mit dem Auftrag, die Reaktionen auf einen komplizierten Stabilisierungsplan einzuholen, den Direktor Wassermann von der Deutschen Bank ausgearbeitet hatte und der die Ausgabe von Gold-Obligationen als Gegenleistung für ein zweijähriges Moratorium vorsah. Der Plan beinhaltete auch ein Ende der Naturallieferungen, die nach Ansicht Wassermanns die Inflation stark anheizten, und der Besetzung des Rheinlands. Auf der anderen Seite erteilte der Kanzler Stinnes, Silverberg und Klöckner die Vollmacht, in Paris über Kohlenlieferungen zu verhandeln. In ihren Unterredungen mit Stinnes am 6. Dezember erwähnten Cuno, Becker und Rosenberg jedoch die Bergmann-Mission mit keinem Wort. Statt dessen sprachen Stinnes und Rosenberg, was angesichts der Situation reichlich bizarr anmutet, über «Reparationsfragen, aktivere deutsche Außenpolitik, deutsch-österreichische Zollunion, im Zusammenhang hiermit Entstaatlichung der Eisenbahnen und anderes mehr».[136]

Als am nächsten Tag die Meldung durch die Presse geisterte, Bergmann sei auf eine Sondermission geschickt worden, mit Vorschlägen der Regierung im Gepäck, die den Segen von Stinnes hätten, verfaßte letzterer wütende Briefe an Cuno, Rosenberg und Becker; in seinem Schreiben an Cuno erklärte er, die Art und Weise der Regierungsarbeit sei zwar Sache des Kanzlers und des Kabinetts, doch glaube er, Stinnes, «als Mann, der sich in der Not des Vaterlandes mit seinen Verbindungen zur Verfügung gestellt hat», Anspruch auf Ehrlichkeit zu haben. «Was gestern abend geschehen oder vielmehr unterlassen worden ist, war unaufrichtig und irreführend.»[137] Dieser bemerkenswerte Brief wurde allerdings nie abgeschickt; Stinnes begnügte sich damit, ihn Becker persönlich zur Kenntnisnahme zu überreichen, als dieser ihn, nachdem er von der Verstimmung erfahren hatte, aufsuchte, um ihm zu versichern, er habe Anweisung, ihn zu informieren – und habe bereits Vögler informiert –, habe aber bisher keinen passenden Moment gefunden, um die Sache mit ihm, Stinnes, zu besprechen. Stinnes ließ sich dadurch nur ein Stück weit besänftigen.

Er beschied Becker, er habe «mehr zu verlieren ... als ein Ministerportefeuille», und fügte «mit aller Deutlichkeit» hinzu, «daß er nur eine Politik mitmachen könne, die er genau kenne und die eine endgültige Lösung darstelle. Wolle die Regierung, die das Recht habe, die Politik zu bestimmen, andere Wege gehen, wie z. B. die Wassermann'schen Ideen propagieren, so müsse sie denjenigen oder diejenigen rechtzeitig und vollständig unterrichten, um diese Leute nicht in die Lage zu bringen, entweder gegen ihre Überzeugung handeln oder im kritischen Moment ihre Mitwirkung versagen zu müssen, gegebenenfalls unter offener Darlegung, daß sie von der eigenen Regierung hintergangen seien.»[138]

Allein, weder das Wassermannsche noch das Stinnessche Programm waren angesichts ihrer inakzeptablen Vorbedingungen und der nicht zur Gänze erfüllten französischen Erwartungen geeignet, Deutschland vor einer Besetzung des Ruhrgebiets zu bewahren. Der Versuch Cunos, auf einem finanziellen und einem industriellen Weg gleichzeitig zu gehen, war sicherlich ungeschickt gewesen, doch er war die Folge der Fortführung einer Politik, die der Finanzhilfe von außen nach wie vor Vorrang vor einer Stabilisierung im Inneren einräumte und gleichzeitig Stinnes und seinen Freunden und Partnern in der Industrie verpflichtet war und blieb. Es tat den ohnehin angespannten Beziehungen zwischen Cuno und Stinnes sicher nicht gut, daß die *DAZ* eine Attacke gegen den Wassermann-Plan ritt, nachdem die Siegermächte diesen bereits abgelehnt hatten, und behauptete, die Industrie sei über den Plan gar nicht informiert gewesen. Ein aufgebrachter Cuno kommentierte dies bei seinem Auftritt vor dem Reichswirtschaftsrat am 12. Dezember, indem er erklärte, in außenpolitischen Angelegenheiten müsse die politische Führung vorangehen und die Wirtschaft ihr nachfolgen. Man konnte dies durchaus als eine «freundliche, aber bestimmte Kriegserklärung an Herrn Stinnes und diejenigen seiner Freunde, die beständig ihr Möglichstes tun, um dem Kabinett Steine in den Weg zu legen»,[139] interpretieren; allerdings war dies nicht die HAPAG, und niemand hatte die Macht, Stinnes zu diesem Zeitpunkt einfach aus dem politischen Entscheidungsprozeß auszuschließen. Stinnes war bereit, einige Zugeständnisse zu machen, ohne jedoch von seinem Standpunkt auch nur einen Schritt weit abzugehen. So bot er Rosenberg seine Hilfe an, der die Befürchtung hegte, die Berichte über eine Verweigerungshaltung der Industrie würden sich auf internationaler Ebene negativ auswirken; er gestattete dem Außenminister, für die *DAZ* einen Beitrag aufzusetzen, der die Feststellung enthielt, die deutsche Industrie hätte sich einer Zusammenarbeit nicht verweigert, wenn die Siegermächte das deutsche Angebot angenommen hätten. Stinnes sah sich bemüßigt, Vögler zu raten, den Vorgang nicht zu ernst zu nehmen:

> «Es mag über die Angelegenheit lustig weiter geschimpft werden. Das muß man ertragen. Aber immerhin ist es gut, wenn einige ganz wenige Leute, die es vielleicht auch sowieso bemerkt haben, darüber Bescheid wissen, daß hier ein vereinbartes Spiel vorgelegen hat.»[140]

Noch am Abend des Tages, an dem Cuno seine angebliche Kampfansage an Stinnes getan hatte, trafen sich der Kanzler, Rosenberg und Becker in der Douglas-Straße mit Stinnes, um den nächsten Schritt der Regierung zu erörtern, nämlich eine durch Wiedfeldt vermittelte Anfrage bei J. P. Morgan wegen eines Darlehens in Höhe von 10 Milliarden Mark, für das die Regierung die staatlichen Eisenbahnen – für deren Fahrt in die Gewinnzone wiederum die Privatwirtschaft garantieren würde! – als Sicherheit zu verpfänden bereit war. «Wegen der Zusammenhänge mit dem Versailler Vertrag» sollte über dieses Darlehen in Paris verhandelt werden.[141] Im Anschluß daran sollten Verhandlungen über eine zweite größere Anleihe aufgenommen werden, diesmal – «wegen der überragenden Bedeutung der amerikanischen Volkswirtschaft» – in den USA. Abgesichert werden sollte diese Anleihe durch weltweite Vereinbarungen zwischen diversen Industrieunternehmen, und verwendet werden müsse das Geld für die «großen wirtschaftlich nötigen und nützlichen Wiederaufbauarbeiten namentlich in Südost- und Osteuropa, ... mit deren Hilfe für eine Reihe von Jahren die sonst unerträglich werdenden Schwierigkeiten der Arbeitslosigkeit in der Welt in produktiver Weise gebannt werden können».

Leider fand J. P. Morgan weder das Konzept für eine Stabilisierungs-Anleihe in dieser Form noch Stinnes' lobenswerte Sorge um die Arbeitslosen in der Welt sonderlich attraktiv. Der amerikanische Bankier forderte, erst müßten die Reparationsschulden beglichen werden, ehe man über eine Anleihe reden könne – und über die Stinnessche Idee eines Syndikats für den wirtschaftlichen Wiederaufbau der Welt hatte er schon seit eh und je gesagt, er halte sie für Zukunftsmusik.[142]

Die Gegenwart zeichnete sich vor allem durch Symptome einer Lähmung aus. Cuno spielte die amerikanische Karte, so gut er es vermochte, hoffte auf ein Machtwort der Amerikaner und schlug ein Sicherheitsabkommen vor, wie es drei Jahre später in der Tat als Vorlage für den Locarno-Vertrag dienen sollte. Stinnes, Reusch und Silverberg forderten wiederholt die Räumung des Rheinlands als Bedingung für eine vertragliche Regelung. Am 20. Dezember empfing Cuno die führenden Männer der deutschen Industrie- und Bankenwelt und beauftragte einen aus Stinnes, Silverberg, Bücher, Hagen, Melchior und Urbig zusammengesetzten Ausschuß mit der Erarbeitung eines Konzepts für die für den 2. Januar in Paris anberaumten Verhandlungen mit den Siegermächten über Reparationsfragen.

Der Bericht, den dieser Ausschuß am 21. Dezember vorlegte, trug die Handschrift von Stinnes. Er begann mit der Feststellung, die deutsche Wirtschaft befinde sich im Zustand eines stetigen Niedergangs, so daß das Land nicht in der Lage sei, irgendwelche Zahlungen zu leisten, ehe nicht seine Wirtschaft wieder zur Produktivität zurückfinde und Überschüsse produzieren könne. Aus «wirtschaftlichen und psychologischen Gründen» könne eine solche Entwicklung aber nur herbeigeführt werden, wenn man Deutschland «wirtschaftliche und politische Freiheit» gewähre, und dies wiederum setze die «Abgeltung aller wirtschaftlichen und finanziellen Belastungen aus dem Vertrage von Versailles» voraus. Realistisch sei eine endgültige Festsetzung der deutschen Reparationsschuld auf 15 Milliarden Mark zu einem Zinssatz von nicht mehr als 5 Prozent und mit einprozentiger Tilgung, so daß Deutschland nicht mehr als 900 Millionen Mark pro Jahr aufbringen müsse. Um jedoch die Ansprüche der Alliierten zu befriedigen und um den Sinn einer Reparationszahlung zu erfüllen, müsse die gesamte Summe sobald wie möglich aufgebracht werden, und dies könne nur durch eine internationale Anleihe geschehen, die in erster Linie durch eine Hypothek auf die deutschen Eisenbahnen abgesichert werden müsse. Über eventuelle weitere Sicherheiten und die von der deutschen Wirtschaft gegebene Garantie für die Profitabilität der Eisenbahnen müsse mit den Anleihegebern en detail verhandelt werden. Schließlich müßten auch Verhandlungen geführt werden über eine Neustrukturierung der internationalen Handels- und Wirtschaftsbeziehungen sowie über die Mittel und Wege, wie Deutschland die internationale Anleihe zurückzahlen und die Mark stabilisieren könne. Hinter der letzteren Andeutung verbarg sich natürlich die Forderung nach Gewährung der Meistbegünstigungsklausel an Deutschland und nach Abschaffung des Achtstundentages und der staatlichen Zwangsjacken für die Wirtschaft.[143]

Während Melchior und andere ihre Zweifel hegen mochten, ob diese jüngste Abwandlung des Stinnesschen Programms für die andere Seite akzeptabel war, äußerte Stinnes die Überzeugung, Deutschland sei auf dem Weg zu einer Verständigung mit Frankreich. Gegenüber Melchior erklärte er, in nationalistischen Kreisen Frankreichs denke man an eine Summe von 25 Milliarden Goldmark. Er sei überzeugt, wenn Deutschland 15 Milliarden zu 5 Prozent Zins und 1 Prozent Tilgung anbiete, würden die Franzosen für einen Kompromiß in Gestalt von 20 Milliarden bei 4 Prozent Verzinsung und 1 Prozent Tilgung zu haben sein. Eine auf einer solchen Regelung basierende Anleihe würde sehr gut gehen, besonders wenn die beteiligten Regierungen die Papiere steuerfrei stellten. Wie Stinnes zuversichtlich erklärte:

> «Ich habe nicht den leisesten Zweifel, daß zur Begleichung der Folgen des Weltkrieges diese Anleihe, in Abschnitten auf 3 oder 4 Jahre verteilt, übernommen werden wird, wenn Frankreich und Deutschland in Verbindung mit England und Italien mit den Amerikanern drüber verhandeln.»

Ohne sich daran zu stören, daß er Gerüchte als Tatsachen behandelte, argumentierte Stinnes weiter, Frankreich werde die vorgeschlagene Regelung akzeptieren, falls die Schulden zwischen den Siegermächten gestrichen würden. Frankreich könne in diesem Fall die Schuld für das Nichtfunktionieren des Friedensvertrags auf die anderen Mächte schieben. Das Entscheidende sei daher, daß Deutschland sich das Vertrauen Frankreichs sicherte, indem es nichts anbot, was es nicht auch erbringen konnte. Stinnes bat Melchior, ihm darin zuzustimmen, «daß das, was ich will und was sehr große maßgebliche Kreise in Frankreich auch wollen, nur zu erreichen ist durch klare und vorbehaltlose Lösungen und nicht durch Anerbietungen, die die Gegenseite bei dem herrschenden außerordentlichen Mißtrauen als erneuten deutschen Betrugsversuch auffassen würde.»[144]

Daß Melchior ein größerer Realist gewesen wäre als Stinnes, läßt sich nach Abwägung aller Indizien nicht behaupten. So erklärte er in seiner Antwort, ihm sei ebenfalls zu Ohren gekommen, daß die Franzosen sich mit 25 Milliarden zufriedengeben würden, daß allerdings ein elastisches Angebot mehr Aussicht hätte, vom französischen Kabinett akzeptiert zu werden, als ein auf einer festgesetzten Summe beruhendes. Das Angebot, das die Regierung Cuno schließlich unterbreitete, enthielt, wie von Melchior angeregt, keine Angabe über einen endgültigen Gesamtbetrag, dafür aber den Vorschlag, die Reparationen mit einer Anleihe über 20 Milliarden Mark zu finanzieren. Es war darin von einer Verpflichtung Deutschlands zur Erhöhung seiner Produktivität ebenso die Rede wie von der Räumung der besetzten Gebiete als Vorbedingung. Es handelte sich, kurz gesagt, um eine unausgereifte Mixtur aus den Vorschlägen Wassermanns und denen von Stinnes, formuliert unter dem Eindruck der gewohnten Stinnesschen Drohung, er werde jedes Programm, das ihm nicht gefiel, bekämpfen.[145]

Cuno war, wie Bücher berichtete, zutiefst unglücklich über die Art und Weise, wie die Wirtschaft ihn unter Druck setzte, und über die geringe Unterstützung, die er erfuhr. Es war offensichtlich, daß ihm die erhebliche Einflußnahme von Stinnes auf die außenpolitischen Entscheidungen schwer zu schaffen machte und daß ihm auch die Forderung Silverbergs nach einem zügigen Handeln in Sachen Achtstundentag und in anderen produktivitätsrelevanten Fragen nicht gefiel. Bücher äußerte die Befürchtung, Cuno werde beim ersten sich bietenden Anlaß zurücktreten, und bat darum, die *DAZ* möge Angriffe auf die Regierung unterlassen. Stinnes ließ sich davon nicht beeindrucken. Beim Eintritt in das schicksalhafte Jahr 1923 ließ er Bücher wissen:

> «Wir werden in Deutschland von Seiten der Wirtschaft ungeheure Kämpfe bekommen, denn Cuno und Hermes sind nicht zuverlässig und haben in die Produktion keine wirkliche Einsicht. Jeder außenpolitische Erfolg wird sie überheblich machen und sie werden vergessen, daß der Leidensweg der inneren Reparationen erst anfängt, wenn außenpolitisch die Bahnen geebnet sind.»[146]

Stinnes ließ keinen Zweifel daran, daß er sich in Kampfstimmung befand und daß er mit Silverberg der Meinung war, wirtschaftliche Reformen seien überfällig. Er erklärte, dessen Programm – Verlängerung der Arbeitszeiten und Wegfall der «Zwangswirtschaft» – müsse ohne Abstriche umgesetzt werden, falls Deutschland nicht «innenpolitisch kaputt» gehen wolle. Er war offensichtlich der Bemühungen überdrüssig, die Gewerkschaftsführer zur Einsicht zu bringen, und bereit, das 1918 geschlossene Bündnis aufzukündigen und vollen einseitigen Gebrauch von den heimlichen Zugeständnissen zu machen, die die Gewerkschaften ihm in den Revolutionstagen gemacht hatten. Er wies Bücher an, das geheime Zusatzprotokoll herauszusuchen, in dem die Einführung des Achtstundentages unter den Vorbehalt der internationalen Zustimmung gestellt wurde, und dazu auch das Protokoll, in dem die Anerkennung der sogenannten gelben Gewerkschaften für zulässig erklärte wurde, falls sie auch ohne jede Unterstützung der Arbeitgeber überlebten:

> «Diese Gelben werden voraussichtlich diejenigen Gewerkschaften werden, die sich für Überarbeit erklären werden und mit denen wir die Tyrannei der jetzigen minderwertigen Gewerkschaftsleitungen brechen müssen. Kommen sie aus sich zur Einsicht, um so besser.»

Ebensowenig war Stinnes bereit, Bücher zu versprechen, daß die *DAZ* die Regierung nicht weiter attackieren werde. Er habe der Redaktion zwar Anweisung gegeben, nichts Oppositionelles ohne seine persönliche Genehmigung zu veröffentlichen, behalte sich jedoch vor, sein Verhalten an der «Aufrichtigkeit der Regierung» auszurichten. Wenn er die Ereignisse seit Kriegsende Revue passieren lasse, sehe er sich mehr denn je in seiner Überzeugung bestätigt, daß sein persönlicher Einfluß im Ausland auf seinem «Mut zur Wahrheit» beruhe, «auch zur Wahrheit in dem Ziehen der wirtschaftlichen Konsequenzen». Er schloß mit der eher düsteren Einschätzung: «Erst wenn eines Tages ein Kabinett von wirklich ersten Männern kommt, dann kann man sich der politischen Führung anvertrauen und nicht nur zu Neujahr 1923 in den Winterschlaf gehen, je länger je lieber, je eher je besser.»

Die Lage änderte sich drastisch, als die Franzosen am 11. Januar 1923 ins Ruhrgebiet einmarschierten und unter anderem Mülheim und Essen besetzten. Es war eine Entwicklung, die Stinnes, Reusch und andere führende Industrielle bis zu einem gewissen Grad seit Spa herausgefordert hatten, doch selbst wenn Stinnes sich, wie an späterer Stelle deutlich werden wird, auf diese Eventualität in den Tagen, bevor sie eintrat, vorbereitete, versetzte ihm der Einmarsch, als er dann tatsächlich kam, doch einen Schock. Zu offensichtlich war, daß dies einen schweren Rückschlag für all seine in den zurückliegenden zwei Jahren entwickelten Programme und Pläne bedeutete, die Weiterverfolgung seines innenpolitischen Programms höchst untunlich machte und ihn zwang, sich mit einer völlig neuen, höchst gefährlichen Situation auseinanderzusetzen.

Alle seine Bemühungen, die französische Seite für eine Verständigung zu gewinnen, waren offenkundig fehlgeschlagen, und so konnte er nicht umhin, in der Antwort auf die Neujahrsgrüße, die de Lubersac ihm aus London übermittelt hatte, unter dem «frischen Eindruck» der aufmarschierenden französischen Truppen, der Kanonen und Panzer in den Straßen Mülheims seiner Wut freien Lauf zu lassen:

«Sie schreiben mir zu Neujahr, daß Frankreich nach den Schrecknissen des Krieges 1914/18 Frieden halten und haben wolle. Ist das Frieden? Ich sehe mit Schrecken, daß das französische Volk unter dem Banne von Advokaten-Deputierten und einer dirigierten Presse mehr und mehr in einer Richtung festgelegt wird, die zu neuen Kriegen führt, auf deutschem Boden geschlagen, deutsche Kultur vernichtend und am Ende das Grab des französischen Volkes bereitend.»[147]

Für Stinnes bestand die einzig mögliche deutsche Antwort auf die Besetzung in «Widerstand mit den Mitteln, die einem entwaffneten Volk geblieben sind». Zwar räumte er bedauernd ein, daß das Abkommen mit de Lubersac, dessen Zweck die Unterstützung der Sinistrés war – in Stinnes' Augen eine «Menschenpflicht» –, bislang nur zur Zahlung der «lächerlich niedrigen» Summe von 1 Million Francs im September geführt habe, doch machte er dafür die diversen «bürokratischen Hindernisse» verantwortlich. Er gab zu Protokoll, daß er stets ein Gegner von Exportabgaben gewesen sei und daß die deutschen Inlandspreise jetzt über dem Weltmarktniveau lägen, so daß die Abgaben gegenstandslos geworden seien. Eine in Stinnes' Augen wirklich bemerkenswerte Errungenschaft war der Triumph der wirtschaftlichen Unvernunft, den man den «Advokaten und Professoren» zu verdanken habe, die den Versailler Vertrag verbrochen und es unmöglich gemacht hätten, vernünftige, den Im- und Export von Koks, Minette und französischen Fertigwaren begünstigende Frachttarife zu gestalten:

«Wenn die wirtschaftlichen Probleme der Menschheit Juristen und Doktrinären überlassen werden, und zwar Juristen und Doktrinären, die zerstören und nicht aufbauen wollen, dann gibt es Scherben und eine Welt muß unter Bedingungen leben, die sie immer mehr mit Haß und Wut erfüllt gegen die Zerstörer menschlichen Glücks.»

Stinnes hatte nicht die Absicht, die Pflichtverletzung der deutschen Seite zu rechtfertigen, die mit der Lieferung von 55000 Kubikmetern Holz in Verzug gekommen war und damit den Auslöser für die Besetzung geliefert hatte, doch er erklärte, wenn man ihm oder einem anderen kompetenten Menschen «diktatorische Gewalt über *französische* und *deutsche* Behörden und Einrichtungen [gegeben hätte], so wäre das Quantum selbstverständlich geschafft worden». Auf der anderen Seite fand er es «geradezu empörend», wenn die Franzosen behaupteten, die Deutschen lieferten zu wenig Kohle:

«Die französische Verwaltung verkauft Riesenmengen Saarkohlen an Deutschland und Schweiz und Italien. Sind das Reparationen oder sind das ‹Geschäfte›. Ist es natürlich, daß Italien als ‹Reparation› 4 mal so viel Kohlen von der Ruhr bekommt als 1914. Ist es natürlich und den Verträgen entsprechend, daß die deutschen Eisenbahnen mit gekauften englischen Kohlen betrieben werden müssen, während nach dem Versailler Vertrag die Bedürfnisse Deutschlands gedeckt werden sollten.»

Wenn deutsche Stellen es an gutem Willen und Vertrauen fehlen ließen, liege das, so Stinnes weiter, an solchen Mißständen und an dem daraus resultierenden Gefühl, die Franzosen hätten es auf die Vernichtung Deutschlands abgesehen. Stinnes konnte es sich nicht verkneifen, de Lubersac mit diesen Fakten zu konfrontieren, «denn eine Krankheit kann nur geheilt werden, wenn die Kranken mithelfen und wissend sind».

Aber auch de Lubersac hatte einiges auf dem Herzen, das er Stinnes in diesem bemerkenswerten Austausch von Neujahrsgrüßen in nicht weniger leidenschaftlichem Ton vorhielt. Er wies darauf hin, daß das, was Frankreich zu tun im Begriff sei, dem entspreche, was jeder Gläubiger, der es mit einem widerspenstigen Schuldner zu tun habe, üblicherweise tue, nämlich die Hand auf dessen Vermögenswerte zu legen, um die Rückzahlung sicherzustellen. Er forderte Stinnes auf, über die Vertragstreue der deutschen Seite nachzudenken:

> «Und nun frage ich Sie, würden Sie mir Ihr Ehrenwort geben können, daß das Reich seit dem Waffenstillstand alles getan hat, um sich auch nur eines Teils seiner Schulden an mein Land zu entledigen? Würden Sie vor Gott schwören, daß Deutschland nicht versucht hat, sich durch alle möglichen Mittel insolvent zu machen?
>
> Wir sind beide voneinander gewöhnt, offen zu sprechen, verzeihen Sie deshalb, wenn ich auch jetzt brutal die Wahrheit sage. Sie beklagen heute diese friedliche Besetzung Mülheims durch unsere Ingenieure und Truppen. Aber Sie gerade haben das doch gewollt.»[148]

De Lubersac erinnerte Stinnes an die Geschichte, die er ihm schon auf der Heimburg erzählt hatte: wie Einheiten des 110. deutschen Reserveregiments ohne ersichtlichen militärischen Grund oder Nutzen sein Schloß Maucreaux in die Luft gesprengt und anschließend so gründlich ausgeplündert hatten, daß ihm nicht einmal mehr ein Bild seiner toten Mutter geblieben war. Nach dieser Erfahrung wäre es «unmenschlich», fügte er hinzu, nicht mitzuempfinden, was in einem Menschen wie Stinnes «bei dem bloßen Gedanken einer himmelblauen Uniform in Mülheim» vorging, doch brauche Stinnes wenigstens nicht zu befürchten, daß sein Haus ausgeraubt und niedergebrannt würde.

Stinnes müsse verstehen, daß Frankreich «am Ende seiner Geduld» sei, «*es muß sich bezahlt machen,* das wissen Sie so gut wie ich». Es sei falsch gewesen, deutscherseits zu glauben, «daß das Reich die Rechnung begleichen kann, ohne dadurch beträchtlich behindert zu werden». Es sei, so gesehen, vollkommen in Ordnung, daß Deutschland Kohle einführen müsse, wenn es selbst nicht genug Kohle fördern könne, um seine Lieferverpflichtungen zu erfüllen. Auch Stinnes sei gefordert, guten Willen zu zeigen und mit seinem Einfluß darauf hinzuarbeiten, daß die Voraussetzungen für eine Verständigung geschaffen würden. Somit überrasche es ihn sehr, von Stinnes zu hören, daß an eine Fortsetzung der Lieferungen gemäß dem Heimburg-Vertrag, so dürftig sie bislang gewesen seien, nicht mehr zu denken sei.

Stinnes antwortete auf dieses Gegenplädoyer von de Lubersac bezeichnenderweise mit einer Mischung aus Negation und Versöhnlichkeit. Es ist denkbar, daß sein Agent Frick, der zu dem Zeitpunkt mit Fehrmann in Moskau war und sich bemühte, die von Stinnes und de Lubersac vereinbarte Zusammenarbeit in der russischen Binnenschiffahrt voranzutreiben, sich mit der Bitte an Stinnes gewandt hatte, die Tür für eine Wiederaufnahme der Lieferungen gemäß dem Heimburg-Vertrag nicht zuzuschlagen. Frick hoffte nach wie vor auf den Sturz der Regierung Poincaré und daß danach direkte Verhandlungen möglich würden.[149] Offenbar nahm Stinnes sich diesen Rat zu Herzen, denn in seiner Erwiderung an de Lubersac bezeichnete er Poincaré als das große Hindernis für eine Verständigung, berief sich darauf, daß die deutsche Regierung wegen der Besetzungsaktion jegliche weiteren Lieferungen untersagt habe, und äußerte die Hoffnung, der Heimburg-Vertrag sei noch nicht tot. Andererseits wies Stinnes kategorisch die Vorstellung zurück, das militärische Vorgehen der Franzosen sei in irgendeiner Weise mit der Tätigkeit eines Gerichtsvollziehers vergleichbar, der einen rechtskräftigen Pfändungsbefehl vollstreckt. Er sei stets der Meinung gewesen, die Truppen, die Maucreaux zerstört hatten, hätten bestraft werden müssen; allerdings sei diese Tat im Krieg begangen worden, und diejenigen, die sie begangen hatten, seien Befehlsempfänger gewesen. Er versicherte de Lubersac, daß es ihm nichts ausmachen würde, sein Mülheimer Haus in Flammen aufgehen zu sehen, wenn dies der Preis für einen aussichtsreichen Kampf gegen das französische Unrechtsregime im Ruhrgebiet wäre. Was den von de Lubersac in Zweifel gezogenen guten Willen Deutschlands betraf, so räumte Stinnes bereitwillig ein, daß die deutsche Wirtschaft wegen des staatlichen Dirigismus und anderer Faktoren nicht so produktiv gewesen sei, wie man es von ihr hätte erwarten können; im übrigen habe jedoch «die Reichsleitung getan, was sie konnte, und ... unter dem Druck der Diktate viel mehr [versprochen] als sie konnte».[150] Die Unterstellung, Deutschland habe sich absichtlich zahlungsunfähig gemacht, um sich seinen Reparationsverpflichtungen zu entziehen, wies er rundheraus zurück: «Ich würde jeden Augenblick schwören, daß der Gedanke, Deutschland habe sich mit allen Mitteln insolvent gemacht, ein vollendeter Nonsens ist, ein Nonsens, der überhaupt nur geglaubt werden kann, wenn das Verhältnis so vergiftet ist, wie es jetzt zwischen Frankreich und Deutschland der Fall ist.» Dennoch werde er sich, so betonte er, weiterhin um eine Verständigung bemühen, denn «ohne einen aufrichtigen Frieden zwischen Frankreich und Deutschland gibt es keinen europäischen und Weltfrieden».

Trotz seiner gelegentlichen Ausbrüche von Kampfeslust war Stinnes, wie wir noch sehen werden, bereit, Frankreich ein bemerkenswert großes Stück entgegenzukommen. Der Vorwurf, Deutschland habe sich absichtlich zahlungsunfähig machen wollen, war übrigens tatsächlich falsch. Andererseits war es eine Tatsache, daß die deutsche Seite ihre Untätigkeit gegenüber der Inflation immer wieder mit dem Hinweis auf die angeblich die wirtschaftlichen Kräfte des Landes überfordernden Reparationslasten rechtfertigte und daß die Stinnesschen

Formeln für eine Stabilisierung der Mark sowohl im Innern als auch im Ausland auf chronische Ablehnung aus politischen Gründen stießen. Die Hinnahme inflationärer Zustände kann freilich leicht dazu führen, daß schlechte Gewohnheiten einreißen, und Stinnes war ein Unternehmer, der sehr großen Wert auf Wachstum und Vollbeschäftigung legte. Weil dem so war und weil er auch den Umgang mit Geld beherrschte, erwies er sich als ein Meister in der Nutzung der Chancen, die die Inflation bot. Seine geschäftlichen Aktivitäten in der Phase der Hyperinflation müssen somit in Bezug gesetzt werden zu seiner Rolle auf der nationalen und internationalen Bühne.

3. Erneuter Aufbruch und enttäuschte Erwartungen

Die geschäftlichen Operationen, die Hugo Stinnes zwischen 1922 und seinem Tod im April 1924 durchführte, waren komplizierter denn je. Die Wechselbeziehungen zwischen seiner Firma und den Unternehmen, an denen er beteiligt war, waren schon immer ein schwieriges Kapitel gewesen, doch unter den katastrophalen Bedingungen der Inflation von 1922–23 wurden die Verhältnisse noch verwickelter. Die SRSU war, wie gesehen, ein Produkt der Frühphase der Inflation, und die in ihrer Struktur begründeten Geburtsfehler wurden zu einem erheblichen Grad durch die sich beschleunigende Inflation und die damit einhergehenden politischen und sozialen Krisen überlagert und verdeckt. Das in der Satzung verankerte Gewinnverteilungsschema, das finanzielle Herzstück des Konzerns, wurde suspendiert, weil die Erstellung aussagekräftiger Bilanzen in dieser Zeit nicht möglich war. Der Versuch, zwischen der schwerindustriellen und der elektrotechnischen Sparte der SRSU eine technische Koordination herzustellen, wurde wegen der chaotischen Bedingungen, wie sie insbesondere nach der Besetzung des Ruhrgebiets 1923 eintraten, niemals einem gründlichen Praxistest unterzogen. Vögler hegte offenbar von Anfang an Bedenken, ob die Vereinbarungen zur Gewinnverteilung zwischen so unterschiedlich strukturierten und organisierten Gebilden tatsächlich funktionieren würden, und denjenigen, die Einblick hatten, konnte nicht verborgen bleiben, daß das Volumen der Bestellungen, die die elektrotechnische bei der schwerindustriellen Sparte der SRSU tätigte, relativ weit hinter den Erwartungen zurückblieb.[151]

Die schweren Geburtsfehler der SRSU waren denjenigen, die den Konzern zusammenbauten, ihn für notwendig hielten und ihn zum Laufen zu bringen versuchten, am Anfang natürlich nicht bewußt. Zwar hatte das Bemühen um eine einvernehmliche Arbeitsteilung zwischen den Handelsorganisationen der Häuser Stinnes und Siemens im Ausland zu einigen Reibereien geführt, doch lassen die Akten die Annahme zu, daß sie sich bald anschickten, bei der Verfolgung ihrer weitgespannten Interessen Hand in Hand zu marschieren. In der zweiten Jahreshälfte 1921 und der ersten Jahreshälfte 1922 hatte es den Anschein, als sei die SRSU dabei, Kraft für ihre geschäftliche Zukunft zu tanken. So tat sich die

Firma Stinnes mit Deutsch-Luxemburg zum gemeinsamen Einstieg beim Wiener Eisenhandelshaus Juhos & Co. zusammen, und Siemens, Deutsch-Luxemburg und die GBAG erwarben im Verein mit Stinnes eine Beteiligung am Handelshaus C. Cleudgen Ltd. in Johannesburg. Dazu kamen Beteiligungen in China und Japan, und daneben liefen natürlich die Aktivitäten in Südamerika weiter. In dieser Periode stürzten sich die Mitgliedsunternehmen der SRSU in eine außerordentlich umfangreiche Neubautätigkeit in ihren Zechen und Werken und vergrößerten durch den Zukauf von Gebäuden in allen Teilen Deutschlands ihre Büroflächen erheblich. Möglich war all dies dank der hohen Liquidität der SRSU, die Mitte Dezember 1921 ihren Höhepunkt erreichte. In der schwerindustriellen Sparte der SRSU war man zuversichtlich, die Neubauprogramme auch weiterhin ohne Kreditaufnahmen finanzieren zu können, weil man mit einem Anstieg der Kokspreise rechnete. Der Wunsch, Neubau- und Modernisierungsmaßnahmen voranzutreiben, war natürlich das treibende Motiv hinter Stinnes' leidenschaftlichem Eintreten für Erhöhungen der Kohlenpreise in den ersten Monaten des Jahres 1922.[152]

Stinnes wußte sehr wohl, wie wichtig es war, zwischen der schwerindustriellen und der elektrotechnischen Sparte der SRSU Brücken zu bauen; so wies er «auf die Notwendigkeit hin, die guten Grundlagen des Konzerns in Erz, Kohle und Hochofen ... zu ergänzen durch Steigerung der Umwandlungsmöglichkeit von Eisen in Stahl und des Stahls in Walzerzeugnisse. Bei der Elektrogruppe der Interessengemeinschaft hält er die Inangriffnahme des Turbinen-, Lokomotiv- und Dieselmotorenbaues für erforderlich.»[153] Hier sollten seine Erwartungen jedoch enttäuscht werden. Die Bemühungen von Siemens, den Lokomotivenhersteller Henschel-Hanomag zum Eintritt in die SRSU zu bewegen, scheiterten im Januar 1922, weil die Firma bereits über Rohstofflieferanten verfügte. Im März 1922 nahm Stinnes erneut Fühlung mit der MAN auf. Im Nürnberger Werk der MAN wurden Turbinen hergestellt, während Siemens Generatoren produzierte; die Koordinierung der beiden war wichtig für die Produktion von Dieselmotoren. Stinnes erinnerte sich an die alte Weisheit Goldenbergs, daß das Zusammenlegen der Produktion kombinierbarer Produkte an einem Ort weitreichende technische Vorteil bringe, und schlug Reusch vor, entweder die Nürnberger Produktionsstraße nach Siemensstadt zu verlegen oder umgekehrt. Allein, weder Reusch noch die Siemens-Direktoren waren von der Idee angetan, einen riesigen Maschinenpark zu verlagern und ihre eingearbeiteten Fachkräfte zurückzulassen – sie fanden eine koordinierte Produktion an unterschiedlichen Standorten ganz in Ordnung. Die Folge war jedoch, daß der Stinnessche Plan nicht verwirklicht wurde; die Brücke zwischen der schwerindustriellen und der elektrotechnischen Gruppe innerhalb der SRSU wurde somit nie errichtet.[154]

Sie alle hatten eine gemeinsame und zunehmend schwerere Last zu tragen, und zwar die Alpine Montangesellschaft, an der Deutsch-Luxemburg und Siemens zusammen die Kontrollmehrheit hielten, wobei die Aufsicht bei Deutsch-Luxemburg lag. Die Alpine lieferte eine stetige Folge schlechter Nachrichten und immer neuer Probleme, beginnend im Sommer 1921 und in der Folge ständig an Intensität zunehmend, bis der Zustand einer Dauerkrise erreicht war. Wir haben es hier mit einem außerordentlich bedeutsamen und aufschlußreichen Beispiel für die Unternehmenskrisen zu tun, mit denen Stinnes sich in seinen letzten Jahren konfrontiert sah, an dem sich aber auch exemplarisch zeigen läßt, über welche Ressourcen zu ihrer Bewältigung er verfügte und wie er dabei vorging.

Im Oktober 1921 richtete Castiglioni an Vögler und Stinnes die dringende Bitte um weitere Vorauszahlungen an die Alpine, um deren Bankschulden abdecken zu können; Stinnes konnte nicht verstehen, wie es im November zu einer Zunahme der kurzfristigen Verbindlichkeiten kommen konnte: «Bei den getätigten Exportverkäufen und den eingehenden Liren ist es m. E. nicht denkbar, daß die Schulden steigen, im Gegenteil, sie müssen erheblich fallen.»[155] Die Alpine-Geschäftsleitung erklärte, sie wolle als erstes durch Überweisungen nach Dortmund ihre Markschulden abtragen, um dann mit den verbleibenden Lire ihre Bankverbindlichkeiten zu tilgen; Direktor Bäckström versicherte Stinnes, die Alpine werde ihre Bankschulden bis Ende Dezember 1921 oder spätestens Januar 1922 abgezahlt haben. Das mochte seine ehrliche Absicht gewesen sein, doch im Dezember schrieb Castiglioni an Stinnes und bat ihn, unverzüglich 15–20 Millionen Mark zur Verfügung zu stellen, weil er einen Wertverlust der Mark gegenüber der Krone erwarte und die Alpine in der folgenden Woche 700 Millionen österreichische Kronen an die Banken überweisen müsse. Er erklärte, das Geld könne im Lauf der ersten Monate des neuen Jahres aus den in Mark erzielten Verkaufserlösen zurückgezahlt werden.[156]

Stinnes läutete das Jahr 1922 damit ein, daß er Kritik an den niedrigen Produktionsziffern der Alpine übte, die Geschäftsleitung fragte, wie sie den importierten tschechischen Koks zu bezahlen gedenke, vor jeder Spekulation auf einen sinkenden Wechselkurs der tschechischen Krone warnte und sogar das Angebot machte, die Devisenreserven von Deutsch-Luxemburg für diesen Zweck anzuzapfen. Die Alpine-Direktoren erklärten den niedrigen Ausstoß mit Ausfallzeiten infolge von Engpässen bei Koks und Erz, prophezeiten weitere Probleme und weitere Importe aus der Tschechoslowakei und versicherten Stinnes, sie würden nicht auf einen Kursverlust der tschechischen Krone spekulieren; zugleich ließen sie ihn wissen, sie hätten die Absicht, mit den ihnen aus Dortmund zufließenden Devisen ihre Markschulden und ihre Verbindlichkeiten bei den Wiener Banken zu tilgen. Dies veranlaßte Stinnes zu der verblüfften Rückfrage: «Mit welchem Gelde sollen denn die Tschecho-Kronen beschafft werden, wenn nicht mit Devisen?»[157]

Es blieb Vögler vorbehalten, Ende Januar die auf der Hand liegenden Schlüsse zu ziehen: Die Preise, die die Alpine für ihre Erzeugnisse berechnete, lagen bereits jetzt über dem deutschen Inlands- und dem Weltmarktniveau, so daß jede weitere Preiserhöhung die Wettbewerbsfähigkeit der Firma auch in Österreich selbst zunichte machen würde. Dabei waren die Erträge schon jetzt zu gering, um die Kosten für die begonnenen Ausbauprojekte zu decken, und ohnehin drohte der Währungsverfall in Österreich dem gesamten betriebswirtschaftlichen Konzept für die Alpine den Boden zu entziehen. Rettung konnte nur eine Kapitalerhöhung oder ein Kredit in Devisen bringen, der sich vielleicht über die Schweiz arrangieren ließ. An Unterstützung seitens des österreichischen Staates war unter den Bedingungen der grassierenden Hyperinflation nicht zu denken; man mußte im Gegenteil sogar befürchten, daß jede Erholung der österreichischen Währung der Alpine schaden würde, weil dadurch der reale Wert ihrer Schulden, soweit sie in österreichischen Kronen aufgelaufen waren, zunehmen würde. Als die Situation sich weiter verschlimmerte, ging es nicht mehr um die Frage: Kapitalerhöhung oder Kredit; die Alpine brauchte beides. Als am 25. April 1922 der Gemeinschaftsrat der SRSU zusammentrat, konfrontierte Vögler die Anwesenden mit der bitteren Erkenntnis, daß das Aktienkapital der Alpine verdoppelt werden müsse. Die dafür aufzubringenden 7 bis 8 Milliarden österreichische Kronen würden allerdings nicht ausreichen, um die Kosten für die betrieblichen Neubauten und die dringend notwendigen Arbeiterwohnungen zu decken, so daß man zusätzlich einen Kredit über 5 Millionen Schweizer Franken aufnehmen müsse.[158]

Die Kette der Probleme riß indes nicht ab: Der Börseneinführungskurs für die neuen Aktien bedurfte der staatlichen Genehmigung, und die Verhandlungen darüber zogen sich bis Ende Juni hin, so daß ein zusätzlicher Überbrückungskredit in Schweizer Franken notwendig wurde. Dennoch hoffte Stinnes noch immer, der Bau der Belegschaftswohnungen könne bis Juli 1923 abgeschlossen werden. Befriedigt äußerte er sich auch darüber, daß die Alpine für die Festsetzung ihrer Preise ein Schema erarbeitet hatte, das in Abhängigkeit vom Zahlungstermin den aktuellen Kurs der österreichischen und der tschechischen Krone sowie des englischen Pfundes berücksichtigte, so daß eine gewisse Absicherung gegen Verluste durch Wechselkursschwankungen gegeben war. Es bestand außerdem die Hoffnung, durch Exporte nach Italien, Ungarn und in die Tschechoslowakei die Ertragssituation zu verbessern. Nachdem die Kapitalerhöhung am 17. Juli endlich über die Bühne gegangen war, registrierten Stinnes und Vögler mit zunehmendem Schrecken, daß die Alpine einen wachsenden Schuldenberg in tschechischen Kronen ansammelte. Wie Stinnes dem Alpine-Direktor Herz penibel und mit wachsender Ungeduld darlegte, war die tschechische Krone zu diesem Zeitpunkt die denkbar schlimmste Währung, in der man sich verschulden konnte. Während man auf den Kurs des Schweizer Franken und des englischen Pfundes noch getrost bauen könne, gelte das für die tschechische Krone nicht. Im internationalen Kohlenmarkt bahnten sich infolge des Bergarbeiterstreiks in den USA Engpässe an; die Folge sei, daß die Amerikaner verstärkt Kohle aus England bezögen, daß die Franzosen Saarkohle nach Süddeutschland lieferten und daß das Ruhrgebiet nicht mehr genug Kohle bekomme, zumal die oberschlesischen Bergwerke immer weniger förderten, seit sie unter polnischer Kontrolle stünden. All dies bedeute, daß die Tschechen als Kohlenlieferanten zunehmend wichtiger würden und daß der Kurs der tschechischen Krone steigen werde. Dies könne sich zu einer Existenzbedrohung für die Alpine auswachsen, und Stinnes legte den Alpine-Direktoren dringend nahe, unter ihren tschechischen Stammlieferanten einen zu finden, mit dem sie in eine langfristige Partnerschaft eintreten und dem sie als Gegenleistung für zuverlässige Lieferungen das Angebot machen könnten, die Zeche und Kokerei der Alpine in Poremba zu übernehmen, die ohnehin nur Scherereien bereite. Dies würde auch ein härteres Auftreten gegenüber der Alpine-Belegschaft ermöglichen.[159]

Verschärft wurden die Probleme der Alpine durch Konflikte mit der Belegschaft. Schon im November 1921 war auf Anregung von Stinnes eine Einrichtung geschaffen worden, die sich um den Einkauf von Lebensmitteln für die schlecht ernährten österreichischen Arbeiter in der Steiermark kümmerte, wofür die Gewerkschaften die Ableistung von Überstunden zusagten, zumindest bis nach Fertigstellung der neuen Arbeiterwohnungen genügend Arbeitskräfte eingestellt werden konnten. Ein weiteres Ziel war natürlich die Reduzierung des Entente-Einflusses und die Stärkung des deutschen Einflusses in Österreich. Neue Konflikte über die Arbeitszeiten brachen im Sommer 1922 auf und verschärften die finanzielle Misere, was wiederum neue und teure Soforthilfemaßnahmen Anfang August nach sich zog. So erhielt die Alpine auf Vorschlag Vöglers Kredite über 5 Millionen Schweizer Franken und 3 Millionen holländische Gulden (über die mit Stinnes verbundenen Handelshäuser Schoch in Zürich und Kolckmann in Den Haag), um die Hälfte ihrer auf tschechische Kronen lautenden Schulden abzutragen. Die von den Stinnes-Partnern gewährten Kredite sollten teilweise durch Naturallieferungen getilgt werden. Osius versorgte Herz außerdem mit Materialien über die ZAG, um ihm ein mögliches Vorbild für die Verbesserung seiner Beziehungen zur Arbeiterschaft an die Hand zu geben. Man konnte allerdings kaum behaupten, daß die ZAG, so wie sie zu diesem Zeitpunkt in Deutschland funktionierte, ein allzu attraktives Modell abgab.[160]

Die katastrophale Entwicklung beschleunigte sich im September, als ganz Österreich weiter in die Krise schlitterte und Herz über die «würgende Geldnot, die das gesamte österreichische Wirtschaftsleben kennzeichnet», klagte, unter gleichzeitigem Hinweis auf die «Sturmzeichen, die von allen Seiten gleichzeitig aufsteigen und unsere Situation äußerst bedrohlich gestalten». Er wartete noch immer auf die von Vögler zugesagte Unterstützung und erklärte, um die tschechischen Schulden loszuwerden und dringend benötigtes Betriebskapital zu erhalten, bedürfe es einer weiteren massiven Kapitalerhöhung.[161] Doch Stinnes und Vögler hatten sich offenbar für einen anderen Weg entschieden: die Dienste Castiglionis in Anspruch zu nehmen, der mit ihnen der Meinung war, daß die Alpine ein sehr schlechtes Devisenmanagement an den Tag gelegt hatte. Castiglioni hatte Zugang nicht nur zu den österreichischen Banken, zur Anglo-Austrian-Bank und zur Niederösterreichischen Escompte-Gesellschaft, sondern auch zur Banca Commerciale und deren Direktor Giuseppe Toeplitz. Toeplitz war zugleich Gesellschafter der Schweizer Holding-Gesellschaft Promontana, die die Stinnessche Alpine-Beteiligung verwaltete, und arbeitete in allen Angelegenheiten, die den Erwerb neuer SRSU-Beteiligungen in Südosteuropa betrafen, eng mit Stinnes zusammen. Gemeinsam hatten sie die Holding Promontana II ins Leben gerufen, zur Verwaltung ihrer Beteiligungen an der Ferro Eisen- und Erzhandels-AG in Budapest, der Liptak & Co. AG für Bau- und Eisenindustrie in Budapest (einer der wichtigsten Alpine-Kundinnen), des Wiener Handelshauses Juhos & Co. und der Jugoslawischen Montan-Syndikat AG in Zagreb. Der anscheinend unverwüstliche und stets optimistische Castiglioni war offenkundig sehr daran interessiert, die Alpine zu retten, und bemühte sich Anfang Oktober, die Tilgung der am dringendsten fälligen Schulden in tschechischen Kronen zu ermöglichen sowie über seine österreichischen und schweizerischen Kontakte einen Goldkredit zu besorgen.[162]

Für die Bewältigung einer solchen Situation bildeten Stinnes und Castiglioni das perfekte Gespann, nicht nur weil sie bei allem Krisenmanagement nie ihre expansionistischen Ambitionen aus den Augen verloren, sondern auch weil sie eine nützliche Arbeitsteilung praktizierten. Während Castiglioni die Banken bearbeitete, kümmerte Stinnes sich um die betriebswirtschaftlichen Probleme. Anfang Oktober entsandte er Edmund nach Österreich mit dem Auftrag, sich ein ungeschminktes Bild von der Lage zu machen. Edmund fand ein am Boden zerstörtes Land vor, das nach Genf schaute und auf die Nachricht von der Bewilligung eines internationalen Kredits zur Stabilisierung seiner Wirtschaft wartete. Alles war wesentlich teurer als in Deutschland, die Löhne waren höher als in den Vorkriegsjahren, und die Produktivität und die Arbeitsdisziplin schienen trotz einer beachtlichen Produktionssteigerung einen Tiefstand erreicht zu haben. Bei einem Besuch der Alpine erfuhr er, daß man es mit maßgeblicher Hilfe Castiglionis geschafft hatte, an britische Pfund heranzukommen und mit ihnen einen Teil der in tschechischen Kronen aufgelaufenen Schulden zu tilgen, daß Herz aber nicht den «Mut» habe, weiterhin Pfund zu kaufen, um die Kronenschulden ganz abzubauen. «Das von uns gemachte Devisengeschäft scheint ihm unbekannt», vermerkte Edmund.[163]

Sein Vater reagierte äußerst ungnädig. Als er erfuhr, daß Herz mit dem Ankauf englischer Pfund zögerte, mahnte er ihn mit den Worten ab: «Sie spielen um die Existenz der Alpine, und das darf nicht sein.»[164] Herz schob, wie er es gewohnheitsmäßig tat, alle Schuld auf die Regierung, die wieder einmal die Genehmigung für eine beantragte Kapitalerhöhung verschleppe, und gab zu bedenken, daß der Ankauf weiterer Pfundbeträge ein spekulatives Unterfangen gewesen wäre. Stinnes war jedoch nicht in der Stimmung, amateurhaftes Verhalten in Devisenangelegenheiten weiterhin durchgehen zu lassen:

> «Zugegeben, daß die um 2½ Monate verschobene Kapitalserhöhung der Alpine-Montangesellschaft für das Unternehmen verhängnisvoll geworden ist; aber das mußte nicht sein. Hätten Sie mir und Herrn Vögler und/oder Herrn

Castiglioni Kenntnis gegeben von den Tschechenschulden, die Sie in der Zwischenzeit kontrahiert haben und die inzwischen aufgelaufen sind, so würde unsererseits sofort in der bestimmtesten Weise interveniert worden sein...

Es liegt mir fern, unnötiger Weise nicht mehr zu reparierende Sachen immer wieder auffrischen zu müssen, aber ich kann nicht umhin, auch bei diesem Anlaß zu konstatieren, daß die Direktion unter den schwierigen Umständen in der Devisenfrage vollkommen versagt hat.

Nachdem Sie nun, ohne es zu wollen, in eine sehr schwere und ungünstige Situation mit der Tschechenkrone hineingekommen sind, ist es doch ohne Zweifel keine Spekulation, sondern gegebenenfalls eine sehr bedeutsame Versicherung gegen weitere Verluste, wenn Sie Ihre Schulden in einer in nicht fortgesetztem Steigen begriffenen Währung, in Gold umwandeln, d.h. in eine Währung, die nicht mehr steigen kann.

Was Ihnen also meinerseits nahegelegt worden ist, war keine Spekulation, sondern ein Versicherungsgeschäft gegen weitere Verluste.»[165]

Für Stinnes war dies ein Punkt von fundamentaler Bedeutung. Er war ein Gegner unnötiger Risiken, und wenn auch die Inflation ein gewisses Maß an Spekulation in ausländischen Währungen unvermeidlich machte, so sollte seiner Ansicht nach der Wahnsinn doch Methode haben. Auf dem Devisenmarkt galt es, vorausschauend zu handeln und sich nach Möglichkeit im Bereich des Voraussagbaren zu bewegen. Sich in tschechischen Kronen zu verschulden, war in Stinnes' Augen eine törichte und unnötige Spekulation gewesen. Allein, die Probleme der Alpine-Direktion beschränkten sich keineswegs auf ihr ungeschicktes und wenig kreatives Devisenmanagement. Edmund gewann den Eindruck, daß das ganze Unternehmen höchst dürftig geleitet wurde, und Vögler kam zu demselben Schluß, als er hohe operative Verluste feststellte, die mit den im Devisenbereich begangenen Fehlern nichts zu tun hatten. Stinnes hielt nun den Zeitpunkt für gekommen, den «Bruch mit dem herrschenden Schlendrian» zu vollziehen, und er glaubte, den richtigen Mann für diese Aufgabe in Anton Apold gefunden zu haben, der früher schon einmal bei der Alpine gewesen war und sich vor dem Krieg in Hagedingen Meriten erworben hatte. Apold war ein Schwager des wenig tatkräftigen Direktors Zahlbruckner, der gemeinsam mit Herz die Geschicke der Alpine leitete; Stinnes traute Apold zu, bei Zahlbruckner neue Kräfte zu wecken. Den Direktor Bäckström hingegen würde Stinnes wegen seiner Unentschlossenheit rauswerfen, und der vielkritisierte Herz würde sich mit einer Degradierung zum stellvertretenden Direktor abfinden müssen. Ende Dezember boten Stinnes und Apold dem ehemaligen Saar-Mosel-Direktor Flake, dem Stinnes offenkundig seine Sympathie bewahrt hatte, die Leitung der Zechenbetriebe der Alpine an. Hand in Hand damit sollte ein Großreinemachen in den Reihen der Alpine-Belegschaft gehen, mit dem Ziel, durch Rationalisierung die Betriebskosten um 20 Prozent zu senken. Auf der Ebene der Manager und Abteilungsleiter sollte eine Verjüngung durch fähige Leute vorgenommen werden, die sich in den ehemals deutschen, jetzt in polnischen Händen befindlichen oberschlesischen Montanfirmen bewährt hatten.[166]

Diese Maßnahmen fielen zusammen mit einer Stabilisierung der österreichischen Wirtschaft, nachdem die Regierung das Genfer Protokoll und ihre internationalen Anleihebedingungen akzeptiert hatte. Doch Stinnes war entschlossen dabei zu sein, um den Karren aus dem Dreck zu ziehen: «Es darf uns nicht passieren, daß wir uns der über Österreich hereinbrechenden Katastrophe nicht gewachsen zeigen», schrieb er trotzig an Castiglioni.[167] Stabilisierung war gleichbedeutend mit Kostensenkung, doch bei der Alpine wehte nicht gerade der Geist der ZAG; Anfang Dezember wandte sich der Betriebsrat an Stinnes mit der Bitte, sich über etwa geplante Entlassungen zunächst mit ihm ins Benehmen zu setzen, Vierstundenschichten einzuführen und von Lohnsenkungen abzusehen. Apold vermied in seiner Antwort, die er im Namen von Stinnes gab, jedes direkte Eingehen auf die konkreten Wünsche der Belegschaft, machte aber entschieden deutlich, daß das Land sich die bisherige Beschäftigungs- und Sozialpolitik des österreichischen Staates nicht mehr leisten könne. Es gebe «nur *ein* Heilmittel, Verbilligung der Erzeugung durch Mehrarbeit, bessere Ausnützung der Arbeitskräfte und zeitgemäße Ausgestaltung der Betriebe. Zu den Sparmaßnahmen muß auch der Lohnabbau gerechnet werden. Für die Zeiteinheit muß der Lohn unter den heutigen Verhältnissen möglichst gering sein, durch Mehrarbeit in Arbeitsverdichtung und Zeitverlängerung kann er sich erhöhen.

Nur wenn für die Zeit der Not und des Wiederaufbaues Überarbeit eingelegt, von Jedermann ein Mehr gegen den Frieden geleistet, gleichzeitig weniger verbraucht wird, kann die Österr. Alpine Montangesellschaft und der österr. Staat auf Gesundung hoffen.»[168] Im Verlauf des Jahres 1922 hatte sich Österreich immer mehr als eine Art Schrittmacher für die inflationäre Entwicklung erwiesen, die sich dann auch in Deutschland vollzog; jetzt mußte sich herausstellen, ob das Land auch mit der Stabilisierung ein Exempel zur Nachahmung statuierte. Stinnes hatte sein Interesse an einem Anschluß Österreichs keineswegs verloren. Wie er Edmund schrieb: «Ich habe auch heute noch die Meinung, daß Deutsch-Österreich nur in Verbindung mit Deutschland in Ordnung zu bringen ist. Dann muß aber natürlich Deutschland selbst erst ordentlich funktionieren.»[169]

Mit seinen Expansionsplänen konnte und wollte Stinnes aber nicht bis zum eventuellen Eintreten eines so glücklichen Umstandes warten; vielmehr trieb er Ende 1922 und Anfang 1923 die Präsenz der SRSU und der Alpine in Mittel- und Südosteuropa voran. Es trat auch eine drastische Besserung der Lage ein, zumindest aus der Sicht der Unternehmensleitung und der Aktionäre der Alpine, was nicht nur der neuen Geschäftsleitung zu verdanken war, sondern auch der Tatsache, daß Castiglioni es verstand, aus Italien und anderswo Kredite herbeizuschaffen, vor allem aber der Ruhrbesetzung, die die Marktchancen der Alpine-Erzeugnisse erheblich verbesserte. Anfang März 1923 beglückwünschte Stinnes Apold zum Erreichen der vollen Kapazitätsauslastung und empfahl sogar, die vorgesehene Schließung der Kokerei von Poremba hinauszuzögern, hatte er doch erfahren, daß im Ruhrgebiet Teile der Koksproduktion durch unsachgemäße Lagerung unbrauchbar für die Hochofenbefeuerung wurden. Der Gemeinschaftsrat der SRSU bewilligte im Februar 1923 der Alpine eine Kapitalerhöhung um 100 Millionen Kronen, die teilweise in der jetzt stabilisierten österreichischen Währung und teilweise in britischen Pfund aufgebracht wurden. Im Juni 1923 erfolgte eine nochmalige Aufstockung des Alpine-Kapitals um das Doppelte, von 300 auf 600 Millionen Kronen. Wie schon berichtet, hatten Stinnes und Castiglioni unter dem Dach von Promontana II ihr Firmengeflecht in Österreich, Ungarn und Jugoslawien weiter ausgebaut. Die Alpine partizipierte an einigen dieser Beteiligungen ebenso wie die Britisch-Ungarische Bank in Budapest.[170]

Die Stinnesschen Ambitionen richteten sich nicht nur auf Südosteuropa, sondern umfaßten auch Polen. Stinnes betrieb in Polen bereits drei Firmen: die Handelsgesellschaft für Montanprodukte mbH, die Iglin Danzig-Rybnik Handelsgesellschaft mbH und die Firma Prokopowicz & Co. Auf Vorschlag von Minoux gründete er im Oktober 1922 eine Holding-Gesellschaft für die zentrale Verwaltung seiner Beteiligungen in Polen. Er stellte dabei wohlweislich sicher, daß 15 Prozent der Anteile an dieser Gesellschaft in die Hände polnischer Politiker kamen, was einen gewissen Schutz dieser Vermögenswerte vor polnischen Liquidierungsgelüsten bieten sollte.[171]

Die starke französische Präsenz in Polen und die schlechte Behandlung, die deutsche Investoren in Polen zu erfahren pflegten, bestimmten die Art und Weise, wie Stinnes eines seiner weiteren ehrgeizigen polnischen Projekte vorantrieb. Spätestens zur Jahreswende 1921–22 nahm er Kontakt mit Friedrich Flick auf, der in den Kriegsjahren in der Schwerindustrie Karriere und ein Vermögen gemacht und seine beherrschende Stellung bei der Charlottenhütte in Niedersachsen genutzt hatte, um die Kontrolle über die oberschlesischen Unternehmen Bismarckhütte und Kattowitzer AG für Bergbau und Eisenhüttenbetrieb zu übernehmen. Flick schien sehr daran interessiert, mit der SRSU gemeinsame Sache zu machen, und Stinnes gelangte nach Gesprächen über diese Frage mit Vögler, Kirdorf und Siemens zu dem Schluß, daß der Weg dorthin entweder über eine Kapitalerhöhung bei der SRSU, die jedoch nicht wünschenswert sei, oder über einen Tausch von Aktien oder Sachwerten führen würde. Stinnes war freilich wenig geneigt, deutsche Werte gegen solche zu tauschen, die womöglich der Konfiszierung durch die Polen anheimfallen könnten, und außerdem hegte er die Sorge, daß sein Name in diesem Fall eher Schaden als Nutzen stiften würde.[172]

Bis Anfang 1923 fand Stinnes jedoch Mittel und Wege, diese Schwierigkeiten zu umgehen. Am 18. April schloß er eine Vereinbarung mit Flick, die beinhaltete, daß Flick an die Firma Rheinelbe (die in diesem Fall natürlich für die SRSU stand) 40 Prozent seiner Anteile an der Bismarckhütte und 50 Prozent der von der Bismarckhütte gehaltenen Kattowitz-Aktien verkaufte. Im Gegenzug sollte

Flick Aktien des Bochumer Vereins im Wert von 10 und Deutsch-Luxemburgs oder der GBAG im Wert von 2 Millionen Mark erhalten. Weiter wurde vereinbart, daß Flick einen Sitz im Aufsichtsrat jeder dieser Firmen sowie das Recht erhalten sollte, beratend an den Sitzungen des SRSU-Gemeinschaftsrats teilzunehmen. Was dieses Arrangement für Stinnes attraktiv machte, war offenbar die Aussicht, daß die SRSU ihre Anteile an den oberschlesischen Unternehmen an die Alpine würde verkaufen können. Castiglioni und der tschechische Industrielle Petschek, beide an der Promontana beteiligt, zeigten sich stark interessiert. Die neue Konstellation, die den Anlaß für die Kapitalerhöhung vom Juni 1923 bei der Alpine bildete, war in zwei bedeutsamen Hinsichten attraktiv. Sie bedeutete auf der einen Seite, daß die Alpine ihren Koksbezug verbessern konnte, zwar nicht direkt, da die Kattowitzer Kohle zur Verkokung nicht geeignet war, aber indirekt durch die Möglichkeit, die Kohle gegen tschechischen Koks zu tauschen. Auf der anderen Seite war der Einstieg der Alpine eine Garantie gegen die Gefahr der Konfiszierung, denn österreichisches Eigentum war per Vertrag gegen Konfiszierungen gefeit, und überdies waren durch die Banca Commerciale und die Anglo-Bank auch italienische und britische Interessen involviert. Dennoch konnte Stinnes davon ausgehen, über Promontana und Alpine einen bestimmenden Einfluß auf Bismarckhütte und Kattowitz ausüben zu können.[173]

So sehr diese Umschichtungen von der außerordentlichen Befähigung des Hugo Stinnes zeugen, so sehr demonstrieren sie auch, in wie starkem Maß alle diese Operationen von dem Bestreben bestimmt waren, unter den erheblich erschwerten Bedingungen der europäischen Nachkriegswelt und der schrecklichen finanziellen Hinterlassenschaften des Krieges große Unternehmenspolitik zu betreiben. Bemerkenswerterweise verlor Stinnes im Verlauf der zweiten Jahreshälfte 1922 weitgehend das Interesse am Rußlandgeschäft. Der primäre Grund hierfür war die politische Lage in Rußland, die ihm nicht geheuer schien. Bis zu einem gewissen Grad teilten auch andere Schwerindustrielle, die in Rußland aktiv waren, dieses ungute Gefühl, so etwa Krupp und die Vorstände der GHH, die enge Fühlung untereinander und mit Stinnes hielten. Stinnes war jedoch der vorsichtigste von allen, ganz im Gegensatz zu seinem Mann vor Ort, Fehrmann. Stinnes war sich mit Fehrmann zwar darin einig, daß etwas getan werde müsse, um den Rapallo-Vertrag mit Inhalt zu füllen, doch andererseits wies er Fehrmann an, zu Verzögerungstaktiken zu greifen, und widersprach dessen Ansicht, man könne sich in Rußland eine «etwas laxe, der russischen Mentalität Rechnung tragende Vertragsabfassung» leisten; er bestand vielmehr darauf, daß Verträge gemäß deutschem Recht ausgearbeitet und vor deutschen Gerichten einklagbar gemacht wurden. Wie der MAN-Direktor Guggenheimer, der für den RdI das russische Feld beackerte, nach einem Treffen mit Stinnes Mitte Juli in der Berliner Douglas-Straße berichtete:

> «Herr Stinnes wiederholte mir, was mir als seine Ansicht Herr Fehrmann bereits mitgeteilt hatte. Er wolle die ganzen Vereinbarungen mit den Russen

von jetzt ab dilatorisch behandeln. Er habe sehr stark das Vertrauen eingebüßt. Die Verhältnisse in Rußland lägen ungünstig für Abmachungen seit Lenins Erkrankung. Er habe Nachrichten, daß auch Trotzki sich auf die radikalere Seite geschlagen habe und es sei nicht unmöglich, daß die in Rußland zwischen den verschiedenen Parteien herrschenden Differenzen wiederum zu einem blutigen Zusammenstoß führen würden. Er habe nicht die Überzeugung, daß man deshalb heute mit Erfolg Abmachungen treffen könne, auf deren Einhaltung man zu rechnen habe. Das Risiko, dann zwischen zwei Stühlen zu sitzen, sei heute größer als vor kurzer Zeit und man könne ohne großes Risiko jetzt seiner Ansicht nach nicht vorgehen. Dagegen sei es durchaus gerechtfertigt, wenn man auf die politische Lage in Deutschland und in Rußland bezugnehmend erklärt, daß man vorsichtig vorgehen wolle. Er würde keinen Anstand nehmen, dies Herrn Stomonjakov direkt zu erklären. Abbrechen würde auch er nicht, aber nichts Definitives abschließen.»[174]

Es war unübersehbar, daß Stinnes es angesichts der zunehmenden Geldknappheit bedauerte, den Russen eine verbindliche Kreditzusage gegeben zu haben; demgemäß bemühte er sich nun, das Risiko auf die Reichsbank abzuwälzen, indem er die Idee propagierte, die Reichsbank solle einen Teil des Kredits in Gestalt von Wechseln bereitstellen, die sie später diskontieren würde. Die verschiedenen an dem Kredit beteiligten Konzernfirmen, z.B. GHH, MAN, Deutsch-Luxemburg und Siemens könnten, so seine Idee, im Vertrauen auf die spätere Diskontierung durch die Reichsbank die Wechsel jeweils aufeinander ziehen. Wie Guggenheimer berichtete, war Stinnes sich über die Fragwürdigkeit dieses Finanzierungsmodells durchaus im klaren:

«Man müsse bei der Reichsbank auf den politischen Zweck des ganzen Vertrages hinweisen und darauf, daß er gewissermaßen eine Erfüllung des Vertrages von Rapallo darstelle. Er nehme nicht an, daß für den ganzen Betrag wir die Wechsel diskontiert bekämen, aber immerhin für einen sehr namhaften Teil. Man müsse hierüber ganz offen mit der Reichsbank reden, solle aber unter allen Umständen vermeiden, auf ihn, St[innes], Bezug zu nehmen. Die Reichsbank könne die Wechsel als Warenwechsel sehr wohl diskontieren, wobei … die Fiktion Platz zu greifen habe, daß die Ware in Deutschland schon vorhanden sei, während sie eben unter Umständen noch oder schon in Rußland liegt.»

Das war ein verblüffendes Beispiel für jene «kreative Geldbeschaffung» unter den Bedingungen der Hyperinflation und unter Heranziehung der Reichsbank, die von Stinnes so maßgeblich geprägt wurde; Rußland war freilich zu diesem Zeitpunkt kein dankbares Objekt für Finanzierungen irgendwelcher Art. Als der Krupp-Direktor Bruhn Stinnes Anfang August davon in Kenntnis setzte, daß sein Konzern den Rückzug von einem geplanten Großprojekt in Rußland beschlossen hatte, weil sich durch die Entwertung der Mark die Kosten verdoppelt hätten und weil in Rußland eine fortschreitende Radikalisierung zu beobachten sei, äußerte Stinnes sein Verständnis und schrieb, es sei «schade, daß die Verschlechterung der Wirtschaftslage und der Zahlungskraft der Mark in Deutschland alle Auslandsprojekte zum Erliegen bringt».[175] Er räumte ein, daß auch seine Verhandlungen mit den Russen über Handelsgeschäfte und die Vorarbeiten für das mit Franzosen und Engländern gemeinsam geplante Hafenprojekt in St. Petersburg eingeschlafen waren. Die Hauptgründe hierfür seien jedoch die politische Instabilität in Rußland und die Angst vor einer Radikalisierung, Besorgnisse, die noch bis in den Herbst 1922 fortbestanden.

Nicht zu übersehen war, daß in der deutschen Wirtschaft auch deshalb große Verunsicherung herrschte, weil die Hyperinflation ihre Schatten vorauswarf. Zwischen April/Mai und Juni/Juli 1922 vollzog sich ein Stimmungsumschwung. Als bei Riebeck Montan im Verlauf des Aprils die Baukosten wegen des Währungsverfalls drastisch anstiegen, reagierte Stinnes noch mit der Anweisung, Großaufträge so rasch wie möglich zu vergeben, da mit weiterer Inflation zu rechnen sei, und sich vom Aufsichtsrat eine Generalvollmacht für die Vergabe solcher Aufträge ohne vorherige Konsultation geben zu lassen. Zwei Monate später resignierte er jedoch und erteilte einfach keine Aufträge mehr für Bauarbeiten.[176]

Diese Wende in der Geschäftspolitik zeigte sich auch bei den familieneigenen Stinnes-Zechen und bei der SRSU. Hier wie dort waren für Neubauten und Verbesserungen Gelder teils schon ausgegeben, teils im Frühjahr verplant worden; gleichwohl hatte sich die finanzielle Lage gebessert. So konnten die Geschäftsleitungen der Zechen Ende Mai 1922 die Tilgung sämtlicher Bankschulden vermelden (wenngleich Victoria Matthias mit 5 Millionen Mark und Mathias Stinnes mit 1½ Millionen Mark beim RWE verschuldet waren). Den Zechen ging es so gut, daß sie sich anschickten, den Aktionären eine «Sonderausbeute» zukommen zu lassen. Es gab Pläne für eine Zusammenarbeit zwischen Mathias Stinnes und Rheinelbe beim Bau einer Produktionsstätte für feuerfeste Steine, wobei die Reedereien von Küchen und Hugo Stinnes den Transport der Baumaterialien übernehmen sollten. Bezeichnenderweise drängte Stinnes jetzt ungeduldig darauf, daß die letzte der reinen Zechen in Stinnes' Besitz, Mathias Stinnes, sich mit einem kohlenverbrauchenden Unternehmen wie Hoch-Tief oder der Chemischen Fabrik Kalk liierte; vor allem aber machte er sich für einen Einstieg in die fabrikmäßige Glaserzeugung unter Nutzung neuer amerikanischer Erfindungen stark. Er beschloß, Direktor Pott in die Vereinigten Staaten zu entsenden und ihn die neuen Verfahren begutachten zu lassen, sowie in einem weiteren Schritt ein Planungsteam für die Errichtung von Glasfabriken auf dem Grund und Boden der Zeche zusammenzustellen. Als Pott im Oktober zurückkehrte, brachte er eine Reihe von Plänen für den Einstieg in die Glaserzeugung sowie Kooperationsangebote amerikanischer Unternehmen im Bereich der Kohleverarbeitung mit. Es kam schließlich im Juli 1923 zu einer Verbindung zwischen Mathias Stinnes und der Glaswerke Ruhr AG, die Stinnes gegründet hatte und die seiner Vision von einer sinnvollen Zukunft dieser wichtigen Zeche seiner Familie entsprach.[177]

Nicht alle Neubaupläne und -programme, die im Frühjahr 1922 gestartet wurden oder schon liefen, kamen gleich gut voran. Der Gemeinschaftsrat der SRSU faßte Ende April den Beschluß, «in den nächsten Jahren» eine Anzahl neuer, sehr kostspieliger Projekte im Gesamtrahmen von 4 bis 5 Milliarden Mark zu finanzieren. Man war sich dennoch darin einig, keine Kapitalerhöhung vorzunehmen. Eine der Merkwürdigkeiten der Situation bestand darin, daß ausgerechnet Siemens, die Firma, die in die SRSU nicht zuletzt eingetreten war, um ihre Kapitalnot zu lindern, sich jetzt mit einem wachsenden Kapitalhunger seitens der schwerindustriellen SRSU-Partner konfrontiert sah, der einen eher lang- als kurzfristigen Charakter zu haben schien. Doch Siemens hatte zu dieser Zeit selbst einen so hohen Devisen- und Markbedarf, daß an Hilfe für andere nicht zu denken war.[178]

Waren die umfangreichen Bankkredite, die die schwerindustriellen SRSU-Partner im April aufnahmen, im Hinblick auf ihre erheblichen Devisenguthaben noch einigermaßen plausibel, so reflektierte die Tatsache, daß im Juni die SRSU-Firmen durch die Bank Markkredite in Anspruch nahmen, das beschleunigte Rotieren der Lohn-Preis-Spirale im Zeichen der sich anbahnenden Hyperinflation. Der Finanzausschuß beschloß in seiner Sitzung Ende Juni, alle Ausgaben zu reduzieren und davon nur die allernötigsten investiven Ausgaben auszunehmen. Die Mitgliedsfirmen wurden aufgefordert, entweder mit ihren Eigenmitteln auszukommen oder, wenn sie unbedingt Kredite brauchten, sich diese bei den Banken und nicht bei ihren Partnern zu holen. Sie mußten sich jedoch von Salomonsohn und Schlitter sagen lassen, daß die Banken nach Ansicht des Konsortiums bei der Kreditgewährung bereits über das vernünftige Maß hinausgegangen waren. Falls Kredite erforderlich seien, sollten sie nicht individuell in Anspruch genommen werden, sondern von der SRSU als Ganzer. Stinnes gab der Siemens-Gruppe den dringenden Rat, keine Investitionen in den Bau neuer Apparate zu tätigen, wenn nicht gesichert war, daß diese nach Fertigstellung sofort verkauft und bezahlt würden. Er drängte sie also zu demselben Verhalten, das die Schwerindustrie gegenüber ihren Kunden an den Tag legte. Es galt, die Zeit, die zwischen Lieferung und Bezahlung verging, zu minimieren, und den Währungsverfall bereits bei Vertragsabschluß voll ins Kalkül zu ziehen.[179]

Die deutsche Schwerindustrie traf im Juni 1922 die kollektive Übereinkunft, wegen des laufenden Kostenanstiegs alle Bauvorhaben vorläufig einzustellen. Stinnes hatte den förmlichen Beschluß bereits in einer Weisung an seine Direktoren vorweggenommen, die besagte, sie sollten ein unverzügliches Arbeitsende anordnen, außer in den Fällen, wo Projekte so kurz vor der Fertigstellung standen, daß ein Abbruch wirtschaftlich unvernünftig wäre.[180] Unter Hinweis darauf, daß die Kosten auf das Vier- bis Sechsfache angestiegen seien, rechtfertigte er die Entscheidung mit der Kreditknappheit, den steigenden Lohnkosten und der Neigung der Bergleute, sich in der Bauwirtschaft besser bezahlte Stel-

Rheinisch-Westfälisches
Elektrizitätswerk Aktien-Gesellschaft
Essen (Ruhr)

1000 Mark Nr.

AKTIE

über

EINTAUSEND MARK

DEUTSCHER REICHSWÄHRUNG.

hat in Gemäßheit der Satzung auf Grund dieser Aktie einen verhältnismäßigen Anteil an dem Vermögen und dem Gewinn der „Rheinisch-Westfälischen Elektrizitätswerk Aktien-Gesellschaft, Essen," erworben. Den Vorschriften des Kapitalverkehrssteuergesetzes über die Gesellschaftssteuer ist nach der Bescheinigung des Finanzamtes in Essen vom 23. Mai 1922, Nr. 353 des Anmeldungsbuches, genügt.

Essen, im Mai 1922.

Rheinisch-Westfälisches
Elektrizitätswerk Aktien-Gesellschaft.

Der Aufsichtsrat: Der Vorstand:

Eingetragen im Aktienregisterbuch Blatt

RWE-Aktie vom Mai 1922, unterzeichnet von Stinnes, Thiel und Henke

lungen zu suchen. Der Aufschwung war offenkundig vorüber, ja man mußte sich sogar mit dem Ernten der unter widrigsten Umständen zum Gedeihen gebrachten Früchte Zeit lassen. So erging an Direktor Kraiger von den Braunschweigischen Kohlenbergwerken die Anweisung, den Ausbau des alten Kraftwerks zu Ende zu führen, aber dafür zu sorgen, daß «an der neuen Zentrale 1922 nicht ein Stein gebaut wird». Das war das Kraftwerk, dessen Bau Stinnes als Gegenleistung für den Verzicht der alten Aktionäre auf ihre Sozialisierungspläne zugesagt hatte – Kraiger erhielt denn auch Anweisung, diesen Beschluß geheimzuhalten. Stinnes ließ Kraiger wissen, es stehe genug Elektrizität zur Verfügung, so daß man mit dem neuen Werk ein oder zwei Jahre warten könne. Wie für die SRSU lehnte er auch für die Braunschweigischen Kohlenbergwerke jede Kapitalerhöhung ab. «Es ist ganz ausgeschlossen», teilte er Kraiger mit, «daß sich durch Obligationen oder Aktien neues Geld beschaffen läßt. Wir müssen also mit den vorhandenen Mitteln auskommen, im Gegenteil mit denselben sparsam umgehen und die Neubauten so strecken, daß wir möglichst mit den Überschüssen alles finanzieren.»[181]

Eine ebenso konservative Strategie setzte sich auch beim RWE durch, das noch in der ersten Jahreshälfte 1922 einen Expansionskurs auf breiter Front gefahren hatte, besonders in Süddeutschland. Bei einer Kapitalerhöhung im April 1922 von 150 auf 550 Millionen Mark waren auch den Arbeitern und Angestellten Aktien angeboten worden.[182] Ende Mai kam von Stinnes die Anweisung, ab sofort alle Ausgaben vorher mit ihm abzuklären:

> «Ich habe den Eindruck, daß in einigen Monaten die Überbeschäftigung der deutschen Industrie nachläßt, das Material allgemein flüssiger und auch billiger wird, so daß mit Zuwarten von Aufträgen nichts versäumt wird. Ich wünsche auch, daß wir uns nicht überengagieren, sondern einen Ruhepunkt bekommen, von dem aus wir neue Engagements unternehmen können.»[183]

Einen Monat später hatte sich indes an der Kapitalknappheit so wenig geändert, daß Stinnes im Neubaubereich weiterhin «allergrößte Zurückhaltung» für erforderlich hielt. Er beklagte die zu geringen Gewinne und machte deutlich, daß unter diesen Bedingungen an die Ausgabe neuer Obligationen oder an eine Kapitalerhöhung nicht zu denken sei.[184] Im weiteren Verlauf des Sommers erhöhte sich der Druck auf das RWE, und Stinnes führte Beschwerde darüber, die Leute von Koepchen seien in dessen Abwesenheit nicht präsent oder fleißig genug; er schlug vor, «Maßnahmen zu treffen, um entbehrliches technisches und kaufmännisches Personal demnächst abzustoßen, da wir eine Überbesetzung mit Personen in der kommenden außerordentlich schwierigen Zeit unter keinen Umständen ertragen können».[185] Vor allem forderte Stinnes jedoch erhebliche Preiserhöhungen; wie er Anfang September vorrechnete, war der Strompreis, in Gold umgerechnet, von früher 32 auf jetzt nur noch 15 Pfennig pro Kilowattstunde gesunken. Anstatt auf die Stabilisierung zu warten, sei es, so erklärte er, jetzt an der Zeit, den Verbrauchern etwas zuzumuten:

> «Ich bin nicht der Meinung, daß, wenn wir erst zur Goldvaluta zurückkehren, dieser Preis wird eingehalten werden können, und halte es für unsere Aufgabe, wo wir dieses enorme Kapital neu anlegen, für die Kraftversorgung unserer Industrie, entsprechend und zweckmäßige Preiserhöhung eintreten zu lassen. Ich bitte Sie somit dringend, im Interesse unserer wirtschaftlichen Lage sich nicht zu genieren, die Mittel dem Konsumenten zur Last zu legen, die er jetzt eher ertragen kann als später.
>
> Es werden Zeiten kommen, in denen uns die ganze Volkswirtschaft dankbar sein wird, wenn wir alsdann mit amortisierten Anlagen eine wirtschaftliche Hilfestellung leisten können.»[186]

Stinnes hatte also trotz der Hyperinflation seine Strategie des raschen Wiederaufbaus und der schnellen Amortisierung nicht geändert. Er investierte sehr viel Sorgfalt in die Bilanzen, um sicherzustellen, daß die Amortisierung zügig verlief, und um höhere Preise zu legitimieren. Ein anschauliches Beispiel hierfür bietet sein Kommentar zum Bilanzentwurf für Koholyt, den Minoux ihm Oktober 1922 übersandte:

> «Ich bitte ein für alle Mal die Fabrik-Gebäude-Konten zu beseitigen. Ein Fabrikgebäude fällt fast immer wie die Maschinen und deshalb sind beide zusammengefaßt als Fabrikanlage Einrichtungen zu behandeln und zu bezeichnen, auf die man 80% mindestens abschreiben kann. Die Grundstückskonten sind wie immer möglich ganz zu beseitigen.»[187]

Stinnes lehnte, wie gesehen, Kapitalerhöhungen, die nur der Kapitalverwässerung dienten, ab und reagierte allergisch, wenn in einem seiner Unternehmen versäumt wurde, auf inflationäre Gefahren zu reagieren. Über die Geschäftsleitung der Hessischen Eisenbahngesellschaft (HEAG) ärgerte er sich so ausgiebig wie über die der Alpine, bevor dort Apold das Steuer übernahm. Als HEAG-Direktor Bohnenberger ihm eine ermüdende Abhandlung über die Gründe für das Defizit bei den Darmstädter Straßenbahnen schickte, wollte Stinnes davon nichts wissen, sondern wies den Mann an, sich auf das zu konzentrieren, was wirklich zählte:

> «Zunächst sind die Zahlungen außergewöhnlicher Art so minimal auf Gold berechnet, daß sie gar keine Rolle spielen für das Erträgnis der Straßenbahnen.
>
> Für den HEAG gibt es nur eine große Aufgabe und das ist: flüssig werden, um die alten Goldschulden abstoßen zu können, und kein Geld zu investieren in zur Zeit faule Betriebe.»[188]

Wesentlich freundlicher ging Stinnes mit den Direktoren der WASAG um; er half ihnen, für ihre exportorientierte Sprengstoff- und Zelluloidproduktion Auslandskredite sowie Kredite vom MBV und von den Stinnes-Zechen zu erhalten, hielt ihnen andererseits aber vor, sie hätten nicht mit ausreichendem Nachdruck versucht, bei der Sprengstoff-Konvention höhere Preise und strengere Zahlungsbedingungen durchzusetzen. Was sie bis jetzt bewirkt hätten, werde ihnen die nötige finanzielle Entspannung nicht bringen. Er forderte sie auf, mehr zu tun:

> «Ich kann Ihnen ... nur dringend anraten, Ihre Preispolitik den jetzigen Verhältnissen schneller und entschiedener anzupassen als dies bisher geschehen ist. Sie erwähnten, daß Sie bereits vor Monaten versucht hätten höhere Preise zu erzielen, daß aber die Konvention diesen Vorschlägen nur zögernd gefolgt sei. Sie bemerkten weiter, daß die Konvention mit ihren neuesten Beschlüssen sich Ihrem Standpunkt genähert habe, daß aber wegen des Ausfuhrgeschäfts bei der Preisfestsetzung gewisse Grenzen gezogen seien. Ich halte eine solche Begrenzung für verfehlt, denn die Inlandspreise müssen in erster Linie dazu

dienen, die Rohstoffbestände auf kurssicherem Goldpreis zu erhalten und zu ergänzen und die Fortführung Ihres Geschäftes zu sichern ... Ich kann Ihnen deshalb nur dringend empfehlen, mit möglichster Beschleunigung eine weitere Erhöhung der Sprengstoffpreise herbeizuführen und die Konvention von den Gefahren zu überzeugen, die die bisherige Preisgestaltung für die einzelnen Firmen und den Bestand der Konvention mit sich bringt.»[189]

Wie schon bei der SRSU, über die Stinnes die Verbände der elektrotechnischen Industrie zu einer rascheren Anpassung von Preisen und Zahlungsmodalitäten gedrängt hatte, nutzte er auch hier die Gelegenheit, die einschlägigen Organisationen auf das von den Rohstofferzeugern gesetzte Beispiel hinzuweisen und es ihnen zur Nachahmung zu empfehlen.

Die inflationäre Entwicklung erreichte freilich im späten Frühjahr und Frühsommer 1922 ein Stadium, in dem neue Methoden und Maßnahmen gefordert waren, um der Lage weiterhin gewachsen zu bleiben. Auf der einen Seite drohte die Kreditverknappung die Wirtschaft zum Stillstand zu bringen, und es galt, Mittel und Wege zur Aufrechterhaltung der Liquidität zu finden, jetzt da die Banken immer weniger bereit waren, aus ihren Eigenmitteln Kredite zu vergeben, und die Zinssätze drastisch in die Höhe schraubten. Auf der anderen Seite zeigte sich, daß die Praxis, Devisen an der Terminbörse zu ordern, um so das spekulative Element in den Währungs-Transaktionen zu minimieren, nicht mehr griff, als im Juli 1922 der Devisenhandel mit der Mark zusammenbrach. Diese unheilvolle Kombination von Bedingungen löste eine Reihe außerordentlicher Maßnahmen aus, hinter denen wieder einmal Stinnes als maßgeblicher Initiator stand.[190]

Diese Maßnahmen waren keine Erfindung von Stinnes, sondern eine logische Konsequenz zum einen aus der sogenannten Zahlungsbilanz-Theorie der Inflation, in deren Zeichen das Gelddrucken nicht als Ursache der Inflation behandelt wurde, sondern als Ausdruck der Verpflichtung der Zentralbank, die Bedürfnisse der Wirtschaft zu erfüllen, und zum zweiten aus der sogenannten «Real Bills»-Doktrin, derzufolge Handelswechsel kreditwürdiger Kunden (z.B. Kunden mit wirklich oder vermeintlich gutem Auftragsbestand) diskontiert und als Deckung für Notenemissionen der Reichsbank verwendet werden konnten. Bei einer Besprechung mit führenden Bankiers und Verbandsgeschäftsführern am 22. Juni drängten Havenstein und seine Kollegen bereits auf die Wiedereinführung von Handelswechseln, die nach 1914 wegen der konstant vorhandenen hohen Liquidität außer Gebrauch gekommen waren; mit ihrer Hilfe sollte die sich zuspitzende Kreditkrise bewältigt und eine angeblich bessere Deckung für das von der Reichsbank gedruckte Papiergeld erreicht werden.

Wenn die teilnehmenden Unternehmer sich von der hier winkenden Aussicht auf Kredit nicht auf Anhieb begeistert zeigten, dann lag es daran, daß sich in den Jahren der Geldentwertung und Spekulation bei ihnen Unsicherheit über die Bonität ihrer Kunden angesammelt hatte; dazu kam die Befürchtung, die Reichsbank werde zulassen, daß unter der Maske von Handelswechseln tatsächlich Finanzwechsel ausgestellt würden.

Bis September verschlechterte sich die Situation jedoch so weit, daß im Führungszirkel des RdI alle Vorsicht über Bord geworfen wurde – allerdings unter dem Eindruck der Erwartung, daß eine Stabilisierung nicht mehr lange auf sich warten lassen werde. Auf einer Präsidiumssitzung, bei der es um die Erhaltung der Liquidität ging, referierte Stinnes noch einmal über sein Stabilisierungsprogramm, doch was wirklich unter den Nägeln brannte, war die Frage, wie man der Lage an der Inflationsfront begegnen konnte. Wie Stinnes deutlich machte, konnte das Heil nur von der Reichsbank kommen – und er hatte hier bereits vorgearbeitet:

«Wir werden in der nächsten Zeit sehr schwierige Verhältnisse bekommen. Die Einstellung des Devisenkaufes auf Termin ist ein großes Übel. Hierüber muß mit den Banken einmal ein sehr ernstes Wort geredet werden. Der Terminhandel darf nicht brüsk abgebrochen werden. Die 67%, die aufgeschlagen werden, sind ein solches Unglück, daß man es gar nicht tragen könnte. Der jetzige Zustand muß dazu führen, daß seitens der Werke, die ihre Rohstoffe im Auslande kaufen, Vorausbezahlung verlangt werden muß. Der Schaden, den die Banken anrichten, ist gar nicht abzusehen. Dem Übel könnte besser abgeholfen werden durch eine richtige Diskontpolitik der Reichsbank. Das wäre meiner Ansicht nach die einzige Rettung. Aber ich bin nicht der Meinung, daß dieselbe [sich] so schnell wird erreichen lassen.

Ich glaube nicht, daß die Vorräte der Reichsbank an Zahlungsmitteln so groß sind, daß wir während der nächsten 14 Tage ausreichend mit Geld versehen sind. Die Reichsbank glaubt, erst nach diesem Termin ausreichende Zahlungsmittel zu besitzen. Sollte allerdings eines Tages der Dollar bis dahin auf 3000 steigen, so sehe ich in dieser Frage keine Rettung mehr. Um neue Zahlungsmittel zu drucken, wären große Maschinenanschaffungen nötig, welche die ganzen Reserven aufzehren würden.

Die Kredit- und Zahlungsmittelnot kann nur beseitigt werden, wenn der Reichsbank beigebracht wird, daß sie bei Ausbruch des Krieges eine große Tat getan hat, als sie damals jeden Wechsel, der ihr vorgelegt wurde, akzeptierte. Wenn die Reichsbank jetzt, wo die Ernte vor der Tür steht, nicht dasselbe tut, werden wir zu schlimmen Zuständen kommen. Wir müssen heute aus unserem Kreis eine kleine Kommission ernennen, die dem Reichsbankpräsidenten Havenstein diese Dinge vorstellt. Die anderen Banken können in der Sache so gut wie nichts tun. Wenn die Reichsbank keine Noten mehr druckt, können auch sie nichts nutzen.

In der Frage des Handelswechsels hat Herr Havenstein mir gegenüber zum Ausdruck gebracht, daß er schon Anweisung gegeben habe, die Frage der Akzepte nachzuprüfen. Nötigenfalls will er selber eingreifen. Ich fürchte allerdings, daß die Schar der Firmeninhaber, die ihn in dieser Frage beschwerdeführend aufsuchen könnten, sehr groß sein würde.»[191]

Bei Havenstein für solche Maßnahmen zu werben hieß freilich offene Türen einzurennen. Der Reichsbankpräsident verkündete Ende September, daß von nun an Handelswechsel im größtmöglichen Ausmaß diskontiert würden; die SRSU traf derweil alle Vorkehrungen, um den bestmöglichen Nutzen aus dieser Politik zu ziehen. Ende Oktober teilte Stinnes Vögler mit, Havenstein habe sich zur Gewährung eines Kredites von 4 Milliarden Mark an die SRSU bereit erklärt, zu dessen Deckung die in der IG vereinigten Unternehmen Handelswechsel auf den halben Wert ihrer untereinander getätigten Lieferungen ziehen dürften. Der Kreditbetrag – er wurde Anfang November auf 6 Milliarden Mark erhöht – basierte auf den prognostizierten Verkaufszahlen des Konzerns im nachfolgenden Quartal. Die Wechsel konnten auf die Reichsbank-Zweigstellen in Essen, Bochum, Dortmund und Berlin gezogen werden, doch mußte jeder Vorgang an die Reichsbank-Zentrale gemeldet werden, die einen Kreditstopp verhängen konnte, sobald das Limit erreicht war, und die auch über die internen Lieferungen zwischen den SRSU-Unternehmen auf dem laufenden gehalten werden mußte. Die Reichsbank machte sich nicht einmal die Mühe, Stinnes auf seine einmal gemachte Andeutung festzunageln, er sei zur Leistung einer Sicherheit bereit. Die schwerindustrielle Fraktion innerhalb der SRSU hatte verzweifelt nach einem «neuen Weg» zur Ergatterung weiterer Kredite bei gleichzeitiger Verringerung ihrer Bankschulden gesucht, und dieser Weg war nun gefunden. Stinnes konnte kaum anders, als ziemlich erfreut zu sein, «da wir uns dadurch von den hiesigen Banken unabhängig gemacht haben und außerdem ... Gelegenheit gehabt haben, noch rechtzeitig größere Posten Devisen zu kaufen».[192]

Zur gleichen Zeit ermahnte er Vögler, nicht denselben Fehler zu begehen, der im Vorjahr gemacht worden war, als in großem Stil ausländische Währungen angekauft worden waren und kurz danach die Mark zu steigen begonnen hatte. Vögler, der wegen der beständigen Erhöhungen der Lohn- und Materialkosten nie genug Bargeld haben konnte, war sehr zufrieden, plötzlich wieder so viel Kredit zu haben; er sicherte Stinnes zwar zu, er werde vorsichtig sein, äußerte aber auch die Ansicht, daß unter den gegebenen Umständen wohl kaum die Gefahr einer Erholung des Mark-Kurses bestehe.[193] Der Trick bestand für Vögler, Stinnes und alle anderen, die in der Lage waren, ihn zu praktizieren, darin, daß man seine Markbestände so schnell wie möglich los wurde und die laufenden Ausgaben und anderen finanziellen Verpflichtungen so weit wie möglich mit geliehenem Geld bestritt. Wie Vögler es einem seiner leitenden Angestellten erklärte: «Die einzigste Sicherung ist die Geldbeschaffung durch fremde Kredite, so daß irgend ein anderer die entwertete Mark zurückerhält.»[194]

Für Großkonzerne wie den von Stinnes geleiteten war der ideale «Andere» die Reichsbank, vor allem wegen ihres niedrigen Diskontsatzes, der bis August 1922 lediglich 5 Prozent betrug, im November-Dezember 9 Prozent und im ersten Quartal 1923 12 Prozent erreichte. Kaum verwunderlich, daß Stinnes sich im Dezember 1922 gegenüber Castiglioni über die 15 Prozent Zins beschwerte, die er für Lire-Kredite zahlte, und dabei erklärte: «Uns Deutschen fällt es immer noch schwer, uns an die ungeheuerlichen Zinssätze zu gewöhnen, durch die auf die Dauer jede Geschäftstätigkeit zerstört werden muß.»[195] Bis Februar 1923 hatte die SRSU ihre Kreditlinie um 2 Milliarden Mark überzogen: Die GBAG hatte 3,6 Milliarden, Deutsch-Luxemburg 2 Milliarden, der Bochumer Verein 1,2 Milliarden und die Siemens-Gruppe 1 Milliarde Mark erhalten.

Wie die Reichsbank benutzt und mißbraucht wurde, zeigte sich am Wandel der Stinnesschen Haltung in der Frage der Finanzierung der mit de Lubersac geschlossenen Wiederaufbau-Vereinbarungen. Wie bereits bemerkt, hatte Stinnes Ende August 1922 erheblichen Druck auf ein in der Bildung begriffenes Bankenkonsortium unter Führung der Dresdner Bank ausgeübt, um dessen Unterstützung für die zwischen Hoch-Tief und den Franzosen geschlossenen Vereinbarungen zu gewinnen. Allein, Ende Dezember sprach Stinnes auf einmal eine ganz andere Sprache. «Die Angelegenheit kann in dieser Weise nicht geregelt werden», erklärte er jetzt. «Wir würden dann ganz in Bankkontrolle sein und könnten mit der Reichsbank überhaupt nicht mehr arbeiten.»[196]

Die Hyperinflation und die Einstellung des Terminhandels mit Devisen beschleunigten die Flucht der SRSU in andere Währungen. Die schwerindustriellen Partner hatten stets einen erheblichen Teil ihrer flüssigen Mittel in Auslandswährungen vorgehalten; die Siemens-Gruppe hatte dies vermieden, zum einen weil sie ihre Aufträge überwiegend aus dem Reichsgebiet erhielt, zum anderen weil sie nicht den Anschein erwecken wollte, Devisen zu horten. Doch auch die Siemens-Gruppe tauschte im Verlauf der zweiten Jahreshälfte 1922 fast ihre gesamten flüssigen Reserven in Auslandswährungen um.[197]

Stinnes war dank seines weitverzweigten Firmenimperiums natürlich in der Lage, sich Devisen zu beschaffen; er nutzte seine Holding-Gesellschaft in der Schweiz und Holland, um dafür zu sorgen, daß er jederzeit an benötigte Fremdwährungen herankommen konnte. Dieser Umstand war von großem Interesse für C. F. von Siemens, und zwar sowohl aus persönlichen als auch aus geschäftlichen Gründen. Welchen Wert seine Verbindung zu Stinnes in ersterer Hinsicht hatte, zeigte sich Ende 1921/Anfang 1922, als die finanziellen Besorgnisse der Familie Siemens und der Wunsch von C. F. von Siemens, ihnen abzuhelfen – also genau die Motive, die für seinen Beitritt zur SRSU entscheidend gewesen waren –, erneut zutage traten.

Die Familie fragte sich jetzt, welche Auswirkungen die Geldentwertung und die politische Instabilität in Deutschland auf die Sicherheit und den Wert der Aktienbestände haben würden, die 1897 einem besonderen Treuhanddepot zugeführt worden waren. Es gab Bestimmungen, die dem Treuhänder die Veräußerung von Aktien aus dem Familienkreis hinaus erschwerten. In dem Maß, wie die Geldentwertung voranschritt, stellte sich immer drängender die Frage, wie der Aktienbestand vor einem Wertverlust geschützt werden konnte; dazu kam, daß manche Mitglieder der Familie Schulden zu tilgen hatten und daß alle Wert darauf legten, ihre Dividenden in Gold zu bekommen. In seinem Bemühen, eine Lösung zu finden, wandte C. F. von Siemens sich an Thomas, der auf den Einfall kam, in der Schweiz eine neue Treuhand-Gesellschaft einzurichten, und zwar unter dem Dach der Fundus in Zug, einer der Stinnesschen Finanz-Holdings auf Schweizer Boden. Stinnes, bei dessen Hamburger und Mülheimer Firmen der Anteil von Aktien am Kapital nur 5 von 55 Millionen Mark betrug, erklärte sich bereit, die Sache in die Wege zu leiten und dafür zu sorgen, daß Fundus das Treuhandvermögen gemäß den ursprünglichen Absichten verwaltete. Die zu diesem Zweck im Juni 1922 unterzeichnete Vereinbarung trug die Überschrift «Im Interesse der Erstarkung des Deutschen Wirtschaftslebens und zum Zwecke der Fernhaltung undeutscher Einflüsse auf die Unternehmungen der Siemens & Halske Aktiengesellschaft»[198] und demonstrierte zum einen das große Vertrauen, das C. F. von Siemens zu Stinnes und dessen Organisation hatte, zum anderen den guten Willen des Hugo Stinnes, der in Furcht geratenen Siemens-Familie zu Hilfe zu eilen.

Auf die Probe gestellt wurde die Stinnessche Loyalität, als Ende Oktober 1922 der Kreditbedarf von Siemens & Halske einen so großen Umfang erreichte, daß das Unternehmen seine Gold-Dividenden nicht mehr ohne Mithilfe seiner schwerindustriellen Partner auszahlen konnte. Die Alternative, die sich C. F. von Siemens zurechtgelegt hatte, war der Verkauf von Aktien an General Electric, um so die für die Familie benötigten Gelder flüssig zu machen. Doch dann stellte Stinnes nicht nur das Geld zur Verfügung, sondern verzichtete auch für sich selbst auf eine Valorisierung der ihm zustehenden Dividenden, «zumal diese Aktien, wenn auch mit besserer, aber immerhin mit Papiermark beschafft seien».[199] An Vögler berichtete er:

> «Herr v. Siemens erklärte mir, daß er sich sehr freue und immer damit gerechnet hätte, daß meinerseits an dem Abkommen festgehalten werde, denn darüber dürfte er keinen Zweifel lassen, daß seine Familie schließlich für ihn auch vor der Firma käme. Er könne seine Familie nicht ruinieren lassen und andererseits sei natürlich auch nicht der geringste Zweifel, daß ein Block von 55 Millionen Aktien nominal, der der General Electric & Co. angeboten würde, für seine Familie viel viel mehr als eine 2%ige Goldverzinsung ergäbe, da es sich ja in Wirklichkeit um lauter Goldwerte handle.»[200]

Auch auf der Stinnes-Seite spielten familiäre Einflüsse eine Rolle. Es war Edmund, der seinen Vater drängte, sich in diesen Fragen direkt mit C. F. von Siemens kurzzuschließen, anstatt Vögler einzuschalten, gehe es doch in diesem Fall nicht zuletzt um «die Einflußnahme bei Siemens».

> «Fehlt sie, so werden die Fehler unendlich mehr Geld kosten für die IG, umgekehrt steigt Dein Einfluß von Tag zu Tag, dort ist er in manchem zuverlässiger als wie bei D[eutsch] L[uxemburg]. In diesem Falle bitte ich Dich auch mal mit Mama, Nora einerseits, Junior andererseits zu sprechen, neben der Zusammenarbeit der Familien und Frauen steht hier Deine persönliche Zusicherung und ihr Kredit auf dem Spiele und Geld spielt auch eine Rolle: Wenn

die eine Familie so verdient, wird sie die andere gerne am Handel der betreffenden Werke verdienen lassen. Bitte verhindere zuerst Vöglers Vorgehen bei C. F.»[201]

Ein solcher schriftlicher Ratschlag des Sohnes an den Vater hat Seltenheitswert, läßt ahnen, welche Ambitionen manche Mitglieder der Familie hegten, und zeigt das Vorhandensein eines Bereichs, der in den überlieferten Aktivitäten von Stinnes und seinen Kindern mangels ausreichender Dokumentation kaum in Erscheinung tritt und daher undurchsichtig bleiben muß. Die schriftlichen Unterlagen handeln ganz überwiegend von den geschäftlichen Aktivitäten und vermitteln ein Bild davon, wie Edmund in Berlin und Hugo jun. in Hamburg unter den wachsamen Augen ihres Vaters ihre Karrieren vorantrieben. Edmund wurde, wie bereits gesehen, von seinem Berliner Stützpunkt aus zu wichtigen Missionen in Marsch gesetzt, vor allem nach Österreich, um die Entwicklung bei der Alpine im Auge zu behalten, während Hugo jun., in den der Prinzipal seine größten Erwartungen und Hoffnungen setzte, in Hamburg die Stellung hielt.

Stinnes war allerdings mit dem, was seine Söhne taten, nicht immer einverstanden. So übte er scharfe Kritik an einer Devisen-Operation, die Mitte August 1922 von Hamburg aus getätigt worden war; sie sei, so erklärte er Edmund, nur deshalb «möglich und nicht verhängnisvoll [gewesen], weil der Vater ein sehr großes Prestige hatte. Für Junioren ist so etwas ganz unmöglich und würde zur Verschleuderung von sorgsam aufgesammelten Goldwerten führen im Wiederholungsfalle».[202] Hugo jun. hatte offenbar mehr Devisen angekauft, als es seinem Vater recht war, und hatte Kreditlinien überzogen. Der Prinzipal rügte die «Neigung zum Theoretisieren» über Auslandswährungen unter Außerachtlassung der Erfahrung von Ende 1921, als die Mark plötzlich einen Kurssprung nach oben getan hatte. Einig erklärte er sich mit Edmund darin, «daß die Überziehungen aufhören müssen, daß die Goldkredite alsbald neu gesichert werden müssen». Nachdem er dies losgeworden war, zeigte er jedoch sein Verständnis und seine Nachsicht für Hugo jun.:

> «Dem Junior soll seine Energie hoch angerechnet werden, außer ihm hätte niemand mehr Übersicht in Hamburg gehabt und [ein] Schiff hätte verkauft werden müssen.
>
> Aber er muß vorsichtiger werden und übrigens zunächst sich ordentlich erholen von seiner Überanstrengung.»

Die Rührigkeit der Firma war allerdings den Tugenden der Ruhe und finanziellen Mäßigung nicht unbedingt förderlich. Einen Einblick in die Art und Weise, wie Hugo jun. in seinem Kontor am Jungfernstieg seinen Geschäften nachging, lieferte eine kurz vor der Ruhrbesetzung spielende, etwas dünkelhafte und sehr kritische, aber höchst plastische Schilderung aus der Feder von Wolfgang Gans Edler Herr zu Putlitz, einem der vielen dort beschäftigten Aristokraten und Ex-Offiziere. Auf der einen Seite hatte die Niederlassung etwas von einem Kaufhaus oder Basar, wo schlechterdings mit allem gehandelt wurde, so daß Herr zu Putlitz sich abwechselnd damit beschäftigt fand, «Rechnungen auszuschreiben, schäbige Mustersortimente von Heiligenbildern für Südamerika mit Preisen zu versehen oder Konzepte für die Korrespondenz mit ihren ewig gleich roßtäuscherischen Phrasen aufzusetzen».[203] Auf der anderen Seite herrschte offenbar die Devise vor, alles Hals über Kopf zu übernehmen. «Selbst im Sekretariat des Juniors wußte niemand, wieviel und welche Betriebe wirklich zu unserem Konzern gehörten. Heute waren es die, morgen wieder andere. Ob ihre Erzeugnisse zusammenpaßten, war völlig gleichgültig.» Über allen diesen Aktivitäten thronte der Junior:

> «Unvergeßlich ist eine Szene. Es war kurz vor der Ruhrbesetzung. Ich war zum Postöffner und Briefverteiler bei der Direktion aufgestiegen und warf aus meinem Büro einen sehnsüchtigen Blick auf das muntere Treiben am Jungfernstieg, ehe ich meine Aktenmappe unter den Arm nahm, um die eingegangenen Papiere dem Junior vorzulegen. Als ich in sein Zimmer trat, saß er, wie oft, an seinem Schreibtisch mit dem Telefonhörer am Ohr und winkte mir, auf einem der Klubsessel zu warten. Er hatte London an der Strippe, und es dauerte einige Zeit, bis sein dortiger Vertreter an den Apparat kam. Im Gegensatz zu der Welt draußen vor den Fenstern herrschte hier eine Atmosphäre der Nüchternheit: Panzerschrank, Aktenregale aus schwerem Holz, ein großer Globus, verschiedene Landkarten, Schiffsmodelle ringsherum, auf dem Schreibtisch nur die notwendigen Utensilien und in schmucklosem Rahmen eine Photographie seiner Frau. Nicht ein einziges Blümchen und nichts, was an die schöneren Dinge des Lebens erinnerte, im ganzen Zimmer. An der Wand hinter ihm eine vergrößerte Photographie seines Vaters und gegenüber ein Ölporträt des Reichsbankpräsidenten Havenstein.»[204]

Es entbehrte nicht einer gewissen Ironie, daß Junior und der Prinzipal, zwei der größten Kreditnehmer, dem größten Kreditgeber Deutschlands Reverenz erwiesen, doch die Firma verkörperte alle Aspekte des Wiederaufbaus unter den Bedingungen der Hyperinflation, zu dessen Symbolfigur Stinnes geworden war, wenngleich er keineswegs der einzige wichtige Vertreter dieser Zunft war.

Die Firma Stinnes verlieh sogar dem zirzensischen Aspekt der Inflation eine buchstäbliche Bedeutung. Denn nicht nur Herr zu Putlitz und seine Kollegen vom Jungfernstieg hatten an der Hyperinflation des Jahres 1922 schwer zu kauen, sondern auch die Mitarbeiter und Tiere des Circus Sarrasani in Dresden. Hans Stosch-Sarrasani faßte, um seine Elefanten, Löwen, Akrobaten und Clowns zu retten, den verzweifelten Entschluß, nach Südamerika zu gehen, und fragte bei Stinnes an, ob es möglich sei, auf einem der Stinnesschen Schiffe den gesamten Zirkus nach Übersee zu verfrachten. Stinnes traf eine Entscheidung, die ihm als Vater von sieben Kindern durchaus zur Ehre gereichte, die aber auch unter geschäftlichen Gesichtspunkten Früchte zu tragen versprach, zumal seine Schiffe zu dieser Zeit keineswegs mit voller Ladung fuhren. Wie auch immer, der Zirkus schiffte sich auf der für diesen Zweck umgerüsteten *Ludendorff* und der

Danzig ein, wobei erstere das tierische und menschliche Personal, letztere die riesigen Zelte, die rollenden Unterkünfte für Menschen und Tiere und die Motorfahrzeuge transportierte. Der Zirkus bestand dieses Abenteuer sehr gut, ebenso wie die Löwen, die im Verlauf eines Sturms ausbrachen und auf der *Ludendorff* frei herumliefen. Offenbar wurde aus der Sache sogar ein gutes Geschäft, denn der Zirkus wurde bis weit ins Jahr 1924 hinein Stammgast auf der *Tirpitz* und der *Havenstein* und gastierte in einer südamerikanischen Hafenstadt nach der anderen.[205]

Für weit mehr Aufregung und Interesse in Wirtschaftskreisen und in der Presse sorgte freilich die Tatsache, daß Stinnes Ende Oktober 1922 ernsthaft daranging, im deutschen Bankwesen Fuß zu fassen. Von dem berüchtigten persischen Spekulanten Emil Ciprut, der, wie Hugo J. Herzfeld, in der Inflationszeit mit großem und nachhaltigem Erfolg große Wertpapiergeschäfte tätigte, übernahm Stinnes ein Drittel der Anteile an der Berliner Handelsgesellschaft des Carl Fürstenberg. Kaum war diese Akquisition über die Bühne, da schickte Stinnes Osius zu Fürstenberg, um ihm den Coup zu verkünden, und wenig später forderte Stinnes für sich einen Sitz im Verwaltungsrat als «Mitinhaber» der Firma. Wie der gewiefte alte Bankier später gestand, war die Konfrontation mit diesem Ansinnen für ihn eine schwere «Nervenprobe», doch er hatte starke Nerven und außerdem ein Firmenstatut im Rücken, das es ihm erlaubte, unerwünschten Partnern den Zutritt zu verwehren. Doch die persönliche Begegnung mit Stinnes wurde, wie er sich später zurückerinnerte, zu einer unerwartet erfreulichen Angelegenheit, weil Stinnes sich von seiner besten Seite zeigte:

> «Hugo Stinnes nahm die Statuten der Bank zur Hand und war viel zu klug, um die Sachlage nicht sofort zu erkennen. Er lenkte im selben Augenblick ein, ohne daß jemals irgendein unfreundliches Wort zwischen uns gefallen wäre. Im Gegenteil muß ich gerechtigkeitshalber feststellen, daß die Verbindung mit Stinnes für die Berliner Handels-Gesellschaft von Nutzen gewesen ist. Da er ja im Rahmen seines Aktienbesitzes am Erträgnis der Bank beteiligt war, so überließ er es uns, aus seinen umfangreichen Transaktionen die auszuwählen, die uns als die für unsere Zwecke geeignetesten erschienen.»[206]

Stinnes demonstrierte mit dieser Aktion sowohl seine Finanzkraft – er übernahm die Aktien zu 3,000 Prozent ihres Nennwerts – als auch seinen Wunsch, sich im Herzen der deutschen Bankenwelt zu etablieren und von da aus eine noch bessere Bedienung der eigenen Finanzbedürfnisse zu bewerkstelligen. Obwohl dieser Versuch, selbst Großbankier zu werden, scheiterte, konnte er diejenigen, die den Stinnesschen Ehrgeiz für grenzenlos hielten, nur in ihrer Überzeugung bestärken.[207]

Einen letzten Versuch, sich den Zutritt zum Bankgeschäft zu erzwingen, unternahm Stinnes Mitte 1923, als er sich mit dem Barmer Bankverein Hinsberg, Fischer & Co., einer nicht unbedeutenden Provinzbank mit guten Beziehungen zu anderen mittelgroßen Banken in West-, Süd- und Mitteldeutschland und einer beträchtlichen Zahl von Zweigstellen, zu einer IG zusammentat. Diese eröffnete 1923 eine Zweigstelle in Amsterdam und damit einen Stützpunkt für das Devisengeschäft. Dieses Unterfangen erforderte einen beträchtlichen Kapitalaufwand und erregte entsprechend große Aufmerksamkeit. Einiges spricht dafür, daß Stinnes diesen Schritt auch in der Hoffnung tat, mit Hilfe der Bank die Liquidität der Riebeck'schen Montan und der SRSU verbessern zu können, doch liegen keine Informationen darüber vor, für welche Geschäfte er diese Bank im einzelnen einsetzte.[208]

Es wäre ein Fehler, die breite Fächerung der Stinnesschen Interessen und Ambitionen mit Ziel- oder Maßlosigkeit zu verwechseln. Eine Neigung zum Holterdipolter-Ankauf aller möglichen «Realwerte», um der Hyperinflation ein Schnippchen zu schlagen, war sicherlich vorhanden, vor allem in der Hamburger Niederlassung, doch Hugo Stinnes selbst hielt, auch dann noch, als sein Streben nach vertikaler Konzentration zunehmend auf die Anhäufung eines Firmenkonglomerats hinauslief, an seinen angestammten Geschäftsbereichen, klaren Konzeptionen und Zielvorstellungen fest. Auch wenn die Hyperinflation ihn zwang, in der zweiten Jahreshälfte die Bremsen anzuziehen – zumindest in bezug auf die Neubautätigkeit –, arbeitete er doch weiterhin energisch auf bestimmte Ziele hin. Das galt namentlich im Bereich der Energieversorgung, wo Stinnes hoffte, angestammte Positionen ausbauen und neue Unternehmen auf den Weg bringen zu können.

So bemühte er sich ausdauernd, die Braunkohlebasis des RWE zu sichern und auszubauen, so geschehen 1922 durch die Festigung der RWE-Herrschaft über die Roddergrube. Eine weitere Chance zur Konsolidierung in diesem Bereich schien sich im Mai 1922 dank August Thyssen zu eröffnen. Letzterer ließ Stinnes damals wissen, er gedenke seine Anteile an den Rheinischen Braunkohlenbergwerken (Rheinbraun) zu verkaufen, um den Ausbau seiner Betriebe finanzieren zu können, und habe auch einen ernsthaften Kaufinteressenten gefunden – den Stinnes sofort per Vermutung als Carl Duisberg von Bayer Leverkusen identifizierte. Das war nur eine von mehreren freundlichen Gesten, die Thyssen Stinnes um diese Zeit angedeihen ließ – so stimmte er 1922 den Konditionen der Kapitalerhöhung beim RWE zu, obwohl er an den finanziellen Aspekten dieser Transaktion einiges auszusetzen hatte. Hier spielte auch ein persönliches Moment eine Rolle. Wie Stinnes einmal Paul Silverberg erklärte, der jetzt im Elektrizitätsbereich vorbehaltlos mit Stinnes zusammenarbeitete: «Herr Thyssen legt – wie ich aus direkten und indirekten Mitteilungen weiß – großen Wert darauf, wieder in ein persönlich gutes Verhältnis zu mir zu gelangen, und ich bin der Ansicht, daß ich dem am 17. Mai 80 Jahre alt werdenden Herrn diesen Wunsch nicht unerfüllt lassen darf.»[209] Die Aktien gehörten überwiegend den Söhnen Thyssens, und dieser hielt einen Verkaufspreis von 2,000 Prozent für angemessen. Stinnes fand das sehr teuer, war aber überzeugt, daß es für das RWE letzten Endes von Vorteil sein würde, Roddergrube und Rheinbraun näher zusammenzubringen; nicht zuletzt wollte er auch den Einfluß Bayers und Duisbergs im Kölner Raum begrenzen, wußte er doch, wo Duisberg in der Frage des RdI-Kreditangebots stand. Trotzdem legte Stinnes Wert darauf, die Sache mit Silverberg abzuklären:

> «Ich werde indessen in der ganzen Angelegenheit nichts unternehmen, was Ihren Wünschen zuwider läuft. Abgesehen davon, daß sich unsere Beziehungen im Laufe der Jahre im allgemeinen so freundschaftlich gestaltet haben, daß der eine auf die Wünsche der anderen Rücksicht nehmen muß, würde ich, auch insbesondere hier, nichts tun, was Ihnen nicht angenehm wäre, nachdem Sie seinerzeit durch Ihr Fernbleiben das Geschäft mit der Roddergrube erst ermöglicht haben.»

Silverberg hatte nichts einzuwenden – wahrscheinlich war er ebenso froh, Thyssen seinen Platz im Rheinbraun-Aufsichtsrat räumen zu sehen, wie Thyssen froh war, dieses Mandat loszuwerden. Silverberg hatte wiederholt versucht, Thyssen von den Vorzügen einer Fusion mit Rheinbraun zu überzeugen, hatte aber Thyssen damit nur verärgert, da dieser keine Interessengemeinsamkeit zwischen den beiden Unternehmen erkennen konnte. Dies hatte das Verhältnis zwischen den beiden Männern abkühlen lassen.[210]

So attraktiv diese Akquisition für Stinnes war, sie erschien doch als eine höchst teure und riskante Transaktion, wenn man die hochgespannten Expansionspläne des RWE in Mittel-, Nord- und Süddeutschland und die Tatsache in Betracht zog, daß das Geschäft von Stinnes und den RWE-Direktoren auf eigene Faust, d.h. ohne Konsultierung des Aufsichtsrats durchgezogen werden mußte.[211] Stinnes bot einen Kurs von 1,500 Prozent, wozu Thyssen jedoch nein sagte, vor allem deshalb, weil Abs, dem Thyssen die Verwaltung seiner Aktien anvertraut hatte, glaubte, von einem anderen Interessenten, einem Großkonzern, 2,000 Prozent bekommen zu können. Thyssen warnte Stinnes vor der «Gefährlichkeit» dieses Konkurrenten, der Petschek-Gruppe.[212] Die Warnung schien zu fruchten, denn Stinnes antwortete, er «würde es auf das Lebhafteste bedauern, wenn auch im Rhein. Braunkohlenrevier der böhmische Einfluß ungehemmt maßgebend werden würde». Er versprach Thyssen, daß er versuchen würde, das Angebot auf 2,000 Prozent zu erhöhen, indem er dem MBV für einen Einstieg an der Seite des RWE gewann.[213]

Silverberg ahnte, daß daraus nichts werden würde. Man schrieb inzwischen Juli, die Kreditkrise verschärfte sich, und Petschek wußte, daß die Verhältnisse bei Rheinbraun so lagen, daß kein Aktionär einen wirklich beherrschenden Einfluß gegenüber Silverberg erlangen konnte. Er hatte Silverberg über seine Absichten informiert und ihn auch wissen lassen, daß er nicht daran dachte, mehr als 1,500 Prozent zu zahlen, konnte er doch davon ausgehen, daß es in diesem Moment in Deutschland keinen Konzern gab, der liquide genug war, um einen Preis in der von Thyssen verlangten Größenordnung zahlen zu können.[214] Während Thyssen seine Preisforderung sogar noch auf 2,100 Prozent erhöhte, begann Stinnes wegen der Kreditkrise das Interesse zu verlieren. Er war überzeugt, daß Thyssen von dem geforderten Preis nicht heruntergehen würde; eher werde er «stärker [exportieren], was es auch kosten mag, und ... etwas anderes [verkaufen]».[215] In der beruhigenden Gewißheit, daß Petschek die Aktien nicht bekommen würde, legten Silverberg und Stinnes die Angelegenheit zu den Akten und nährten die Hoffnung, angesichts der «steigenden Geldkalamität» werde Thyssen vielleicht doch noch umdenken.[216]

Dem war nicht so, wenngleich es in diesem Zusammenhang von Interesse ist, daß Silverberg den Zenith seiner Karriere erreichte, als Rheinbraun im Oktober 1924 von August Thyssen ein großes Paket Harpener-Bergbau-Aktien übernahm.[217] Die Nicht-Übernahme der Thyssenschen Rheinbraun-Anteile 1922 sagt jedoch eine Menge über das Verhältnis von Stinnes zu seinem alten Weggefährten Thyssen wie auch zu seinem neueren Partner Silverberg aus, der ganz offensichtlich der Stinnesschen Zauberkraft erlegen war. Die Episode zeigt aber auch, welche großen Ambitionen Stinnes und Silverberg für den Energieversorgungsbereich hegten. So spielten sie mit dem Gedanken, durch einen Pool-Vertrag das RWE, die REW und die zu beiden gehörenden Braunkohlegruben noch enger miteinander zu verflechten. Es wäre dies ein wichtiger Schritt in Richtung auf das Ziel einer Konsolidierung in der Energie- und Stromwirtschaft durch Schaffung sinnvoller «Elektrizitäts-Wirtschaftsgebiete» in Mittel- und Süddeutschland gewesen, eine Strategie, die Stinnes zu jener Zeit im Verein mit den RWE-Direktoren Koepchen und Henke verfolgte.

Im Frühjahr 1922 drängte Stinnes mit besonderem Nachdruck auf eine befriedigende Lösung des Stromversorgungsproblems in Mitteldeutschland. In einer Unterredung mit dem preußischen Handelsminister Siering im Mai 1922 ließ er in seiner unnachahmlich systematischen Art eine Vision der sich dabei eröffnenden wirtschaftlichen Wechselwirkungen und Chancen erstehen:

> «Herr Stinnes führte aus, daß es unbedingt erforderlich sei, den Kettenhandel in der Elektrizität zu beseitigen. Es käme ihm darauf an, die höchste Wirtschaftlichkeit in der Erzeugung, Fortleitung und Abgabe der Elektrizität zu erreichen, da, ganz abgesehen von allgemein-wirtschaftlichen Grundsätzen, es für Rheinland-Westfalen von der größten Bedeutung wäre, wenn auch in Mitteldeutschland, wo ja über die Hälfte des in Rheinland und Westfalen erzeugten Eisen und Stahles verarbeitet würde, die Elektrizität zu billigsten Preise zur Verfügung stände. Von den am Niederrhein erzeugten 8–9 Millionen to Roheisen würden 4–5 Millionen to in den großen Maschinenfabriken und sonstigen Anstalten Mitteldeutschlands verfeinert. Er wäre auch bereit, wenn sich in Mitteldeutschland ein Gebilde spätestens nach Ablauf von 10 Jahren, ähnlich wie das RWE ergibt, die Nike [Niedersächsische Kraftwerk AG, Osnabrück] mit dem vom Staate abzutretenden Ibbenbürener Bergwerk herein zu geben. Auch die eigenen hochrentablen Stromerzeugungs- und Verteilungs-Gesellschaften der B.K.B. [Braunschweigische Kohlenbergwerke] würden in diesem großen Unternehmen aufgehen.»[218]

Auf kurze Sicht ging es Stinnes vor allem darum, alle interessierten Seiten auf die Ablehnung eines im preußischen Landtag gerade beratenen Gesetzes einzuschwören, das den Bau eines Steinkohlekraftwerks in Hannover vorsah. Seine Begründung lautete, das geplante Kraftwerk in Braunschweig werde im Verein mit dem Werk Riebeck bei Zeitz und den Kraftwerken der reichseigenen Berliner Elektrowerke AG (EW) genug Strom erzeugen, um den in Preußen noch bestehenden Elektrizitätsmangel zu beheben, und das zu einem wesentlich günstigeren Preis. Um zu dieser Lösung zu kommen, sollte die SRSU, so der Vorschlag von Stinnes, dem RWE 50 Prozent plus eine und der EW 25 Prozent plus eine ihrer Braunschweig-Aktien verkaufen. Im Gegenzug sollte die EW 10 Prozent ihrer eigenen Anteile an die SRSU und einen weiteren kleinen Anteil ans RWE abtreten, verbunden mit der Zusage, die SRSU-Betriebe in Berlin und Brandenburg zu einem Sonderpreis mit Strom zu beliefern und ihnen den Status bevorzugter Kunden einzuräumen. Mit diesen finanziellen Vereinbarungen sollte eine Abgrenzung der Interessensphären einhergehen, etwa derart, daß das RWE im Westen freie Bahn hatte und die EW im Osten und daß sie in Nord- und Süddeutschland die Versorgungsgebiete einvernehmlich aufteilen würden. Stinnes und die anderen Beteiligten hielten es für politisch unklug, sich frontal gegen das politisch gewollte Großkraftwerk in Hannover zu stellen; sie machten statt dessen den Versuch zu erreichen, daß für das Projekt eine flexiblere Definition gefunden wurde, so daß der preußische Staat ohne Gesichtsverlust auf den von Stinnes gewiesenen Weg einschwenken und dabei auf die bereits veranschlagten Gelder zurückgreifen konnte.[219]

Was er jedoch unerbittlich ablehnte, war ein bestimmender Einfluß des Staates in der Phase bis zur Fertigstellung der Kraftwerke, und er hielt auch nichts von der Idee, der öffentlichen Hand eine Anteilsmehrheit an dem neuen Unternehmen zu überlassen, wie es mittlerweile beim RWE der Fall war. Dies würde nur zu endlosen Hakeleien führen und die Entscheidungsprozesse und den Baufortschritt bremsen. War das Kraftwerk erst einmal fertig, konnte man immer noch ein ähnliches Unternehmen wie das RWE für Mitteldeutschland mit einer Mehrheitsbeteiligung der öffentlichen Hand konstruieren, dessen Geschäftsleitung allerdings, wie die des RWE, nach unternehmerischen Grundsätzen handeln müßte; den Gedanken, daß die Vertreter der öffentlichen Anteilseigner verpflichtet werden könnten, en bloc zu stimmen, lehnte Stinnes ab, wie er es stets getan hatte. Er war zu dieser Zeit guter Hoffnung, die großen mittel- und norddeutschen Konzerne und Unternehmen für eine Beteiligung gewinnen zu können, z.B. die Ilseder Hütte, die Hamburger Elektrizitätswerke und die Firma Henschel. Vorläufig müsse jedoch das RWE die Zügel in die Hand nehmen. Als ein verdutzter Vertreter des preußischen Handelsministerium sich erkundigte, warum Stinnes dies so sehe, ließ die Antwort nicht lange auf sich warten:

> «Der Niederrhein hat Deutschland aus der Katastrophe gerettet, andererseits aber ist er auf die Verfeinerungsindustrie Mitteldeutschlands unbedingt ange-

wiesen ... Außerdem stellt das RWE die größte in Deutschland existierende Vereinigung der führenden Industriellen dar. Endlich verfügt das RWE sowohl über Mittel als über Kredit und letzten Endes über außerordentlich große Erfahrungen.»[220]

Beim Auf- und Ausbau des Stromversorgungsnetzes hatten politische Erwägungen schon immer eine wichtige Rolle gespielt; in der jetzigen Situation galt das in noch stärkerem Maß. Zum einen standen das Reich und Preußen unter dem politischen Erwartungsdruck, eine möglichst dominierende Rolle zu spielen, und beide konnten auf das Beispiel der EW verweisen, das zeigte, daß auch ein Staatsunternehmen effizient arbeiten konnte. Auf der anderen Seite war Stinnes bestrebt, der Privatwirtschaft einen maßgeblichen Einfluß zu erhalten und die öffentlichen Anteilseigner gegeneinander auszuspielen. Unter den Bedingungen der Nachkriegszeit kamen für Stinnes neue Erwägungen hinzu. So führte er bei einer Gelegenheit aus, man stehe «überhaupt vor einer Epoche, in welcher Reich und Staat sich hinsichtlich wirtschaftlicher Beteiligungen sehr zurückhalten würden, und zwar mit Rücksicht auf die Bestimmungen des Versailler Vertrages und auf etwaige auswärtige Anleihen. Man würde mehr zu kommunalen Beteiligungen übergehen, da die Kommunen im Ausland ein größeres Vertrauen genießen.»[221]

Als es Juli wurde und die Verhandlungen noch immer andauerten, machten sich die äußeren Entwicklungen, die auch in allen anderen Wirtschaftsbereichen so viel Unsicherheit schürten, hier ebenfalls in negativer Weise bemerkbar. Die Hyperinflation versah alle angestellten Überlegungen zum Wert von Aktien und Anteilen mit großen Fragezeichen, ganz abgesehen davon, daß das Reich und Preußen in der aktuellen monetären und internationalen Situation ihre Attraktivität als Teilhaber an den Braunschweigischen Kohlenbergwerken zunehmend einbüßten. Die EW müsse sich, so stellte Stinnes unverblümt fest, darüber im klaren sein, «daß Werkunion und B. K. B. nicht gewillt sind, der Gefahr sich auszusetzen, demnächst die Entente als Seniorpartner mit Majorität in der Versorgung Mitteldeutschlands und dem B. K. B. beteiligt zu sehen, daß beide Werke Sicherheiten haben müssen, daß von Staats wegen die Mittel nicht fehlen, wenn etwa die Entente die Drohungen wahr macht und das Notendrucken vorzeitig unterbindet».[222] Kirdorf war mit Stinnes der Meinung, daß man beim Abschluß von Vereinbarungen mit dem Reich und Preußen große Vorsicht walten lassen müsse, da das Reich in seinen Augen dabei war, seine «Finanzhoheit» aufzugeben.[223] Er ließ durchblicken, daß ihm eine vorübergehende Aussetzung der Verhandlungen nicht unwillkommen wäre. In dieselbe Richtung wirkten Widerstände, die sich im preußischen Landtag formierten und den Handelsminister zu einem Rückzieher zwangen, so daß Stinnes ihm den Schwarzen Peter zuschieben und im August erklären konnte: «So lange der preußische Handelsminister sich nicht entschuldigt und um Wiederaufnahme der Verhandlungen bittet, sind für mich die Akten der Großkraftwerk-Frage geschlossen.»[224] Damit stand fest, daß die Verhandlungen für eine gewisse Zeit ruhen würden; abgesehen davon, verfügte die Regierung unter den herrschenden Umständen ohnehin nicht über genug Geld, um große Sprünge machen zu können. Auch Stinnes hatte ja, wie bereits erwähnt, schon im Juni eine geheime Anweisung zur Einstellung der Arbeiten am geplanten neuen Kraftwerk Büddenstedt erteilt. Im November arrondierte er zwar noch die Braunkohlebasis der B. K. B. durch Bildung einer IG mit der Gewerkschaft «Concordia», erteilte aber zugleich Weisung, die Erträge der B. K. B. aus den Jahren 1923 und 1924 für den Ausbau des Kraftwerks Harbke zu nutzen; die Bauarbeiten für das Kraftwerk Büddenstedt würden, wenn überhaupt, dann erst 1925 beginnen.[225] Das wichtige Vorhaben, ein RWE für Mitteldeutschland aufzubauen, wurde also zurückgestellt bis zu ruhigeren Zeiten, die Stinnes aber nicht mehr erleben sollte.

Besser voran kam Stinnes in Süddeutschland, wo er die Bemühungen des RWE, seinen Einflußbereich auszudehnen, in wesentlichen Teilen mitgestalten konnte; allerdings erlebte er auch hier Frustrationen. Die wichtigste Erwerbung, die das RWE in Süddeutschland tätigte, konfrontierte es auf eine höchst pikante Weise mit seinen eigenen Ursprüngen. Vor etwas mehr als zwei Jahrzehnten hatten Stinnes und Thyssen das RWE von der Elektrizitäts-Aktiengesellschaft vorm. W. Lahmeyer & Co. übernommen. Jetzt, Anfang 1923, wurden Stinnes und das RWE zu Großaktionären eben dieses Unternehmens, indem sie die Beteiligung der Schweizer Elektrobank übernahmen. Was Lahmeyer in den Augen von Stinnes attraktiv machte, war zum einen die Tatsache, daß die in Frankfurt residierende Firma eine ganze Reihe wichtiger Elektrounternehmen in Süd- und Südwestdeutschland kontrollierte, vor allem aber der Umstand, daß sie über ihre Kontrollmehrheit bei der Mainkraftwerke AG, der Kraftwerk Altwürttemberg AG und der Lech-Elektrizitätswerk AG in Augsburg im Bereich der Stromerzeugung aus Wasserkraft aktiv war. Koepchen, der sich als würdiger Nachfolger Goldenbergs erwies, plante bereits den Bau einer 220000-Volt-Hochspannungsleitung von Nord- nach Süddeutschland. Eine solche Leitung war in Kalifornien in Betrieb genommen worden, und Koepchen und Henke sollten kurz vor Stinnes' Tod in die USA reisen, um die von den Amerikanern eingesetzte Technik zu erkunden. Für Stinnes bot Strom aus Wasserkraft die Möglichkeit der Diversifizierung und des variablen, austauschbaren Einsatzes von aus verschiedenen Quellen gewonnener Energie. Wasserkraftwerke konnten helfen, Kohle zu sparen, die Industriereviere des Nordens bei Nacht mit Strom zu versorgen und im Süden Energiebedarfsspitzen abzudecken.[226]

Als Stinnes und das RWE sich südwärts orientierten, stießen sie auf den Widerstand von Landesregierungen, die auf die Verbesserung ihrer Finanzlage durch den Verkauf selbsterzeugten Stromes erpicht waren. So torpedierte zum Beispiel die preußische Regierung den Plan Stinnes', die Stromversorgung von Frankfurt a. M. zu übernehmen, indem sie dem RWE die Genehmigung zur Verlegung einer Leitung über den Main versagte. Es entspann sich ein häßliches Tauziehen, das sich hinzog, bis 1927 ein Kompromiß gefunden wurde. Während Stinnes in Gestalt von Professor Bernhard Salomon einen fähigen und produktiven Vertreter seiner Interessen in Württemberg und Bayern gefunden hatte, tat er selbst sich erheblich schwerer, als er Ende August 1923 das Walchenseekraftwerk des kurz vorher gegründeten Bayernwerks besuchte; dessen Direktoren schlug er vor, nicht nur einen einfachen Stromlieferungs-Vertrag abzuschließen, sondern im Wege eines Aktientauschs eine Interessengemeinschaft zu bilden, de facto also den Aufbau eines landesweiten Elektrizitätsverbundes voranzutreiben. Stinnes hatte vor, auch österreichische und schweizerische Kraftwerke in dieses Verbundnetz einzubinden, und erklärte, er könne dafür ausländische Finanzmittel in Höhe von 1,7 Millionen Pfund Sterling lockermachen. Ein Anschlußbesuch Salomons (in Begleitung Koepchens und Henkes) im Oktober ließ keinen Zweifel mehr an den ernsten Absichten Stinnes'. Was er anstrebte, war in den Augen der Bayernwerk-Direktoren nichts Geringeres als die «Errichtung eines tatsächlichen Stinnesschen Energielieferungsmonopols».[227]

Die Bayernwerk-Direktoren sahen darin einen Ausdruck der «wirtschaftsimperialistischen Bestrebungen» Stinnes', befanden, daß diese den Interessen Bayerns und Württembergs nicht förderlilch seien, und beschlossen, diesen Plänen «einen Riegel vorzuschieben».[228] Sie verbündeten sich mit den Elektrizitätsgesellschaften und Regierungen Württembergs und Badens und verabredeten die Bildung eines süddeutschen Stromverbundes als Bollwerk gegen Stinnes und das RWE. Für letzteres bedeutete dies, daß der Zusammenschluß mit den süddeutschen Stromversorgern noch einige Jahre auf sich warten ließ und bescheidener als geplant ausfiel. Das von Stinnes und Goldenberg begonnene Werk wurde unter veränderten Bedingungen von Koepchen fortgeführt, in dessen Ära das REW jenen rationellen «Verbundbetrieb» entwickelte, für den es Berühmtheit erlangte. Wie bei dem Versuch, das Bayernwerk zu schlucken, deutlich wurde, stieß Hugo Stinnes jetzt bereits bei der Umsetzung seiner grundlegendsten Ideen – mindestens in diesem Fall – auf Widerstände, die offenbar vorwiegend in Ressentiments gegen seine Ambitionen, ja seine Person als solche, und in der Angst vor einer «Verstinnesierung» begründet waren.

Das änderte nichts daran, daß Stinnes ein Pionier und Systemarchitekt blieb, ein Visionär, der versuchte, neue Techniken zu adaptieren und ihre industrielle Anwendung und Vermarktung bis zur letzten Konsequenz zu organisieren. Das zeigte sich etwa am Beispiel seines Engagements im Erdölgeschäft, das er auch nach dem Scheitern der deutschen Ambitionen in Rumänien und Galizien und nach dem Verlust Elsaß-Lothringens 1918 nicht aufgab. Vielmehr verfolgte er seine Ölinteressen auch danach an mehreren Fronten weiter.[229] so hatte er nach Kriegsende in die Erzeugung von Erdölderivaten aus Braunkohle investiert, vor allem im Zusammenhang mit seinem Engagement bei den Riebeck'schen Montanwerken in Halle. Ein zweites Zentrum für seine diesbezüglichen Aktivitäten war die Hugo Stinnes GmbH in Hamburg, die einen ihrer Tätigkeitsschwerpunkte im Vertrieb US-amerikanischen und mexikanischen Erdöls auf dem deutschen und europäischen Markt hatte. Für diesen Teil seines Handelsgeschäfts hatte Stinnes eine Flotte von Öltankern gekauft, die für den Transport unterschiedlicher Ölsorten ausgerüstet waren, dazu Kesselwagen und andere Schienenfahrzeuge für die Beförderung des Öls über Land. Die Niederlassung Hamburg hatte in Ostermoor, Kiel und Emden Lagerkapazitäten auf 20 Jahre gepachtet, und zwar besonders günstig, da die Verträge in Papiermark abgeschlossen waren. Stinnes hoffte derweil auch auf einen Durchbruch an der Förderfront, hatte er doch in Zusammenarbeit mit der Deutschen Bank in Argentinien zu sehr günstigen Bedingungen Ölkonzessionen erworben und ließ gerade Erschließungsbohrungen durchführen. Nicht zuletzt war Stinnes auch zur Hälfte an drei der bedeutendsten deutschen Ölhandelshäuser beteiligt: Roth & Paschke AG in Stuttgart, C. Cohen in Frankfurt und Klinke & Niemöller in Hamburg; alle drei verfügten über Filialen und eigene Lagereinrichtungen und Transportmittel.

Anfang 1922 erwarb Stinnes außerdem eine Kontrollmehrheit bei der Oleawerke AG in Frankfurt a. M., die kurz zuvor die Süddeutsche Öl- und Melanolwerke GmbH in Freiburg übernommen hatte. Das Unternehmen kontrollierte den bedeutendsten deutschen Ölförderer, die im Raum Hannover tätige Gewerkschaft Elwerath, betrieb Raffinerien und eine chemische Fabrik, hielt wichtige Patente und verfügte über bedeutende Produktions- und Transportkapazitäten. Sie hatte einst zu dem Mainzer Sichel-Konzern gehört, der Erdöl-Beteiligungen in ganz Europa hielt und dem Stinnes sich jetzt zuwandte. Die neu erworbene Firma unterstellte Stinnes der Niederlassung Hamburg, die er bei dieser Gelegenheit aufforderte, konkrete Vorschläge für die Raffinierung diverser marktfähiger Erdölprodukte auszuarbeiten. Allerdings fügte er einschränkend hinzu: «Große Geldengagements sind ausgeschlossen. Wir müssen ... durch die Gewinne in das Geschäft hineinwachsen.»[230]

Diese Mahnung hinderte Stinnes selbst nicht daran, 1922–23 mit kräftigen Zügen ins Erdölgeschäft einzutauchen, zunächst durch Übernahme der Aktien-Gesellschaft für Petroleum-Industrie (Api) in Berlin, einer 1896 gegründeten Firma, die 1919 in das von Fürst Henckel von Donnersmarck, Robert Friedländer und Th. Goldschmidt gegründete Consortium für Kohle-Chemie eingetreten war; die letztgenannte Firma stellte der Api Patente für die Extraktion von Öl aus Steinkohle («Entölung der Steinkohle») zur Verfügung. Abgesehen von ihren Patenten, zu denen auch das Bergius-Verfahren zur Kohlehydrierung gehörte, verfügte die Firma Th. Goldschmidt über Lagerkapazitäten, Raffinerien und Destillieranlagen an wichtigen Standorten in Deutschland sowie über eine beachtliche Vertriebsorganisation.

Wie schon im Falle des RWE, der Rheinelbe-Union bzw. SRSU und der Koholyt bestand der krönende letzte Schritt für Hugo Stinnes auch im Bereich seiner Ölbeteiligungen in der Schaffung einer vertikalen Organisation, die die diversen Unternehmen miteinander verband und zugleich als Holding-Gesellschaft für diese wie als Bindeglied zu seiner Firma diente. So wie die Rheinischen Elektrowerke diese Funktion für Koholyt erfüllt hatten, tat es nun für die sich rasch vermehrenden Stinnesschen Erdölbeteiligungen die Riebeck'sche Montangesellschaft; aus ihr wurde im Frühjahr 1923 die Hugo-Stinnes-Riebeck-Montan- und Ölwerke AG. Geschäftsleitung und Aufsichtsrat von Riebeck legten großen Wert darauf, den Namen ihrer Firma durch die Hinzunahme von «Hugo Stinnes» aufzuwerten, denn sie versprachen sich einiges von den «internationalen Geschäftsbeziehungen, die von der Firma Hugo Stinnes GmbH und der Aktiengesellschaft Hugo Stinnes in unsere Firma eingebracht werden».[231] Wie die Riebeck-Direktoren Hoffmann und Borelli stolz feststellten, rückte ihre Firma «durch [diese Verbindung] mit einem Schlag ebenbürtig unter die größten Ölhandelskonzerne» vor.

Die internationalen Verbindungen des Hugo Stinnes waren in der Tat vielversprechend, nicht nur was die Hoffnungen auf Ölfunde in Argentinien betraf (die sicher überspannt waren); auch die Stinnesschen Infrastrukturen in Stettin und Königsberg und die Aktivitäten und Ableger seiner Hamburger Niederlassung in der Tschechoslowakei und in der Schweiz verhießen geschäftliche Expansion. Bei einer Besprechung Ende September 1923 verkündete er seinen Riebeck-Kollegen, es gebe Pläne für ein Abkommen mit Sinclair Oil in den USA und eine Übereinkunft mit der Sowjetregierung.[232]

Das entsprach den Tatsachen. Im Spätherbst 1923 bereisten Hugo Stinnes jun. und seine Frau die Vereinigten Staaten und wurden von Henry Sinclair empfangen, der sie persönlich auf eine Besichtigungsfahrt durch die Ölfelder von Texas mitnahm und ihnen auch die Ölgebiete von Oklahoma zeigte. Der Junior kehrte im Dezember mit einer Vereinbarung zwischen Sinclair Oil und der Hugo Stinnes AG Hamburg zurück, die vorsah, daß die Firma Stinnes die Erzeugnisse der Sinclair Oil über ihre Einrichtungen in Hamburg, Ostermoor, Rotterdam und anderswo in Europa vermarkten würde. Sinclair war gewiß ein etwas zwielichtiger Charakter. Als im Winter 1924 der Teapot-Dome-Skandal aufflog, wurden Gerüchte laut, Stinnes habe Sinclair-Öl, das für die US-Marine bestimmt war, an die deutsche Marine verkauft; das stimmte nicht. Die Partnerschaft mit Sinclair ließ sich zu jenem Zeitpunkt auf jeden Fall sehr vielversprechend an, ebenso wie die geplante Zusammenarbeit mit Sinclair bei der Erschließung der Ölvorkommen von Baku und der Einstieg der Firma Stinnes in die von Otto Wolff und AEG gestarteten Versuche, Beschaffungswege für Naphta und andere Erdölderivate zu erschließen. Kaum nötig zu betonen, daß der Zusammenhang zwischen Erdölwirtschaft und Motorisierung weder Stinnes jun. noch Stinnes sen. entging; im Januar 1924 fragte Stinnes bei Goldschmidt an, ob Interesse an einem Engagement bei Api und bei den Automobilfirmen Dinos und Adler bestehe. Hugo jun. beschäftigte sich später mit dem Plan, unter dem Dach der Api Deutschland mit einem Netz von Tankstellen zu überziehen. Man darf sicher sein, daß das ein Thema war, das er mit seinem Vater erörtert hatte. All diese Ansätze zeugten von einem überraschenden Maß an Optimismus in einer Zeit, die ansonsten für Hugo sen. so viel politische und persönliche Unbill bereithielt, und demonstrierten, wie sehr er als Unternehmer auf der Höhe der Zeit und wie ungebrochen sein Ehrgeiz war.[233]

X. Die letzten Jahre – Niederlage an der Ruhr, Tod und Auflösung des Unternehmens

Die Doppelbelastung, der sich Hugo Stinnes durch das gleichzeitige Agieren in der Rolle des Unternehmers und des Politikers aussetzte, war nie größer als in den fünfzehn Monaten zwischen Anfang 1923 und seinem Tod im April 1924, und man kann davon ausgehen, daß diese Belastung seine gesundheitlichen Probleme verschärfte. Einige Tage nach dem Einmarsch französischer Truppen im Ruhrgebiet begab er sich auf dringendes Anraten seines Arztes in den thüringischen Kurort Oberhof, wo er sich in einem der von der Firma Stinnes betriebenen Hotels einquartierte. Cläre gesellte sich zu ihm, und sie unternahmen einige Schlittenfahrten in die Wälder und Berge, doch Ruhe und Entspannung waren eher Dinge, die er seinen Kunden verkaufte, als ein Luxus, den er sich selbst gönnte. Wie er Maximilian Harden wissen ließ: «Wie lange ich hierbleiben kann, ist unbestimmt, der Arzt verlangt Wochen, die Verhältnisse werden wohl nur Tage zulassen; denn wenn es noch ernster wird, kann man nicht kneifen, auch aus Gesundheitsrücksichten nicht.»[1]

Er hatte schließlich keine geringe Rolle in den Entwicklungen gespielt, die ihn jetzt so in Anspruch nahmen. Wie de Lubersac ihm in ihrem Neujahrsbriefwechsel vorgeworfen hatte, hatte er mit seinem Widerstand gegen die Erfüllung der französischen Forderungen einen französischen Einmarsch in das Ruhrgebiet bewußt heraufbeschworen. Wie schon im Juli 1920 in Spa hatte er auch im Mai 1922 in einer Rede vor dem Auswärtigen Ausschuß des Reichstages die These vertreten, die Franzosen würden mit einer Ruhrbesetzung sich selbst mehr schaden als den Deutschen. Es schien fast, als sei Stinnes überzeugt, die ultima ratio eines Einmarsches sei unausweichlich, damit sich die französischen Politiker endlich eine blutige Nase holten und zur Vernunft kämen. Zugleich hatte er sich aber der Hoffnung hingegeben, durch seine Verhandlungen mit de Lubersac und durch seine internationalen Programme (für die er die Entente und die Deutschen gewinnen zu können glaubte) lasse sich doch noch eine Verständigung erreichen, so daß das grausame Spiel einer Ruhrbesetzung allen Beteiligten erspart bleiben würde.

Die Jahreswende 1922–23 war für Stinnes, wie gesehen, eine Phase schwerer innen- und außenpolitischer Enttäuschungen. Die Hoffnungen, die er in eine Zusammenarbeit mit den Gewerkschaften gesetzt hatte, schienen zerschlagen zu sein, so sehr, daß er in der unbeherrschten Wut, die ihn typischerweise überkam, wenn er mit wirklicher oder vermeintlicher Irrationalität konfrontiert wurde, gedanklich mit extremen Lösungen spielte, wie etwa einer Liaison mit den gelben Gewerkschaften oder dem Versuch, das Geheimprotokoll zum Achtstun-

Cläre und Hugo suchen Erholung beim Schlittenfahren

dentag zum Leben zu erwecken. Derselben Stimmungslage entsprangen seine Äußerungen gegenüber de Lubersac, er würde notfalls eher seine Firmen kaputtgehen lassen, als den Besatzern nachzugeben. Am Ende ließ er jedoch nicht zu, daß seine Wut und seine Neigung zu extremen Reaktionen die Oberhand gewannen; er besann sich vielmehr auf seine Fähigkeit, wohlüberlegte Initiativen zu ergreifen, die die Türen zu einer Verständigung sowohl mit den Gewerkschaften als auch mit den Franzosen offenließen. Er war wütend, aber er hatte gelernt, seinen Zorn dosiert einzusetzen.

1. Politik und Diplomatie im Zeichen des passiven Widerstandes

Stinnes unterstützte den passiven Widerstand gegen die französische Besatzung aus vollem Herzen. «Das wird die Wende von Deutschlands Schicksal werden, wenn Berlin festhält», notierte Cläre.[2] Darin wußte man sich auch mit Reichspräsident Ebert einig. Das französische Vorgehen hatte sich bereits in den Tagen unmittelbar vor dem Einmarsch der Truppen abgezeichnet. Während Ebert sich bemühte, die Regierung Cuno sowie vor allem die Gewerkschaften und die SPD für die Bildung einer Einheitsfront gegen die Franzosen zu mobilisieren, ergriffen Stinnes und Kirdorf die wichtige Initiative, den Umzug des Rheinisch-Westfälischen Kohlensyndikats von Essen nach Hamburg zu betreiben und erfolgreich durchzuziehen. Mit diesem am 9. Januar beschlossenen Schritt wurden den

Franzosen das Personal und die Informationen entzogen, die sie benötigten, um an die Kohle heranzukommen, deretwegen sie eigentlich ins Ruhrgebiet einmarschiert waren. Stinnes kümmerte sich, wie es scheint, persönlich um den Transport der Akten, indem er seine Beziehungen zur Eisenbahnverwaltung in Essen spielen ließ, und Hugo jun. stellte im Hamburger Hotel Atlantic die notwendigen Räumlichkeiten zur Verfügung. Ebert war über diese Initiative von Arbeitgeberseite sehr erfreut, kündete sie doch von der Bereitschaft, für die gemeinsame Sache Opfer zu bringen.[3]

Die Opferbereitschaft scheint allerdings nicht ganz so groß gewesen zu sein, wie das einstimmige Votum der im Syndikat vereinigten rein deutschen Zechen es suggeriert, denn Stinnes schrieb eine Woche später an Kirdorf: «Ohne Sie und mich wäre das Kohlensyndikat nicht verlegt und ohne die Verlegung wäre die Abwehr nicht so gegen den äußeren Feind in Gang gekommen, als es nun geschehen ist.» Aus den Quellen ist nicht ersichtlich, ob die beiden Männer wirkliche Widerstände oder lediglich Unschlüssigkeiten zu überwinden hatten oder eine Mischung aus beidem. Stinnes hielt es jedenfalls für äußerst ratsam, daß sowohl er als auch Kirdorf sich von nun an im Hintergrund hielten und die Hauptrollen anderen überließen, bis es an der Zeit war, wieder hervorzutreten.

Der Widerstandsgeist der Deutschen versetzte Stinnes in Euphorie. Es fiel ihm in dieser Situation nicht ganz leicht, sich mit seinem Zwangsurlaub in Oberhof abzufinden:

> «Es ist das ein Glück für unser Land, denn wie vor hundert Jahren beginnt sich nunmehr das Volk zusammenzuschließen im gemeinsamen Leid und im gemeinsamen Haß. Darunter werden viele unserer Kollegen von Kohle und Eisen zu leiden haben; das Leiden ist nötig und es ist auch viel besser, wenn Leute wie Thyssen dabei an erster Stelle stehen und sich festlegen, als wenn die Aktion unter meinem Namen ginge.
>
> Aber zu der reinen Vernunft schwingt man sich nicht leicht auf, wenn sich die Empfindung dagegen auflehnt, andere vorab in schwieriger Lage sitzen zu lassen und selbst in der Hinterhand zu bleiben und sich für den Schlußkampf zu kräftigen.
>
> Ich bitte Sie für diesen Schlußkampf auch Ihre Kraft frisch zu erhalten, denn Ihre Autorität und Einigungskraft ist jetzt und in absehbarer Zeit nicht entbehrlich.»[4]

Das bedeutete nicht, daß Stinnes in dieser Anfangsphase der Ruhrbesetzung keine exponierte Rolle gespielt hätte. Aus dem Umkreis der britischen Besatzungsbehörde im Rheinland war Stinnes die Warnung zugegangen, die Franzosen könnten ihn und andere Industrielle als Geiseln nehmen; er tue besser daran, das besetzte Gebiet zu verlassen. Stinnes gab diese Information sogleich an seine Verbindungsleute zu de Lubersac weiter, und dieser sprach persönlich bei Poincaré vor und erhielt die Zusicherung, man werde Stinnes in Ruhe lassen. Gleichzeitig erfuhr Stinnes, daß Mitarbeiter der britischen Botschaft in Berlin ihre französischen Kollegen aufgefordert hatten, nicht mit Stinnes zu verhandeln, da dies die Stabilität der Entente gefährden würde; dabei hatte erst kurze Zeit zuvor Lady D'Abernon ihn zu einer Gesprächsrunde mit ihr, dem Botschafter und einigen Journalisten eingeladen. Das vermittelte Stinnes das Gefühl, die Briten strickten an Intrigen und man könne ihnen ebensowenig trauen wie den Franzosen. Wie auch immer, die Taktik, die exponierteren Rollen anderen Industriellen zu überlassen, ging allem Anschein nach auf. Stinnes blieb unbehelligt, während sechs andere Industrielle verhaftet und in einem Kriegsgerichtsverfahren vom 20.–24. Januar wegen der Verweigerung von Kohlenlieferungen an Frankreich zu hohen Geldstrafen verurteilt wurden. Unter ihnen waren Fritz Thyssen und Walter Spindler von den Stinnes-Zechen.[5]

Gleich zu Beginn des Ruhrkampfs versuchte Stinnes auch die Brücken zu den Gewerkschaften wieder aufzubauen, was um so leichter fiel, als sie ihrerseits darauf brannten, sich mit ihm zu treffen und seinen Standpunkt zu erfahren. Da sie voll hinter dem passiven Widerstand standen, fiel es auch ihnen nicht schwer, strittige Themen wie den Achtstundentag für den Augenblick beiseite zu lassen; gleichzeitig fanden sie die Stinnesschen Kontakte zu den Franzosen höchst verdächtig und hegten die generelle Befürchtung, daß alles, was Stinnes tat, letztlich zu Lasten der Arbeiterschaft gehen würde. Stinnes bemühte sich, solche Befürchtungen zu zerstreuen, und äußerte sich in seiner Unterredung mit den sozialdemokratischen Gewerkschaftsführern am 9. Januar so offen wie möglich. Er räumte ein, daß die Führer der französischen Industrie ihn seit einiger Zeit umwarben, erklärte jedoch, er habe ihren Angeboten einer 60prozentigen französischen Beteiligung an der deutschen Schwerindustrie immer wieder eine Absage erteilt und sich grundsätzlich geweigert, irgendeiner Form der französischen Kapitalbeteiligung an deutschen Unternehmen näherzutreten, wenn nicht zugleich auch die Möglichkeit deutscher Beteiligungen an französischen Firmen eröffnet würde. Abgesehen davon, würden sich weder er noch seine Kollegen auf solche Diskussionen einlassen, ehe nicht alle Besatzungstruppen aus dem Saarland und dem Rheinland abgezogen seien. Stinnes erklärte, er sei sicher, daß die Franzosen auf diese Vorbedingungen eines Tages eingehen und auch geringere Reparationszahlungen akzeptieren würden, als die deutsche Regierung sie derzeit anbot.

Vorderhand würden die Franzosen jedoch, daran sei nicht zu zweifeln, alles tun, um der deutschen Seite, Arbeitgebern wie Arbeitnehmern, das Leben so schwer wie möglich zu machen. Er glaubte allerdings nicht, daß sie so weit gehen würden, die Versorgung der Zechen mit Grubenholz zu unterbinden, da dies die Kohlenförderung unter Umständen ein ganzes Jahr lang lahmlegen konnte, was zwar die Deutschen hart treffen, aber auch den Franzosen empfindlich wehtun würde. Wie so oft seit 1918 wies Stinnes auch jetzt wieder darauf hin, daß die französische Eisenindustrie zur Gänze vom deutschen Koks abhängig sei, und unter dem Siegel des Vertrauens ließ er die Gewerkschafter wissen, daß man, wenn es zum Äußersten käme, die Kokereien sprengen könne und daß er sich nicht scheuen würde, die Dynamitladungen höchstpersönlich anzubringen. Die Franzosen würden drei Monate brauchen, um die Kokereien wieder aufzubauen, lange genug, daß die französische Eisenindustrie ruiniert wäre; somit wäre dies «das sicherste Mittel, Frankreich zu zwingen, sich auf vernünftiger Basis zu Verhandlungen mit Deutschland einzulassen».

Im gleichen Atemzug stellte Stinnes jedoch klar, daß er nicht die Absicht habe, «Katastrophenpolitik» zu betreiben, daß er vielmehr auf Verhandlungen hoffe und setze. «Selbstverständlich aber sei es», erklärte er, «daß die Großindustrie eines Tages zu Verhandlungen mit Frankreich kommen würde, weil doch eine Verständigung so oder so erfolgen müsse.» Er äußerte die Hoffnung, «daß dann nicht von neuem die Angriffe gegen ihn und überhaupt gegen die Großindustrie einsetzen, weil sie mit Frankreich verhandelten», und sicherte den Gewerkschaftern zu, er und seine Kollegen würden solche Verhandlungen stets nur im «nationalen Sinne» führen.[6]

In Stinnes' Augen war der passive Widerstand der Königsweg zu Verhandlungen; während er sich im Ruhrgebiet weitgehend unsichtbar machte, wirbelte er in Berlin nach Kräften hinter den Kulissen und wurde auch von anderen gedrängt, eine Schlüsselrolle zu übernehmen. Als er am 11. Januar auf Einladung Cunos an einer Besprechung mit dem Kanzler, Außenminister Rosenberg, Wirtschaftsminister Becker und Stresemann teilnahm, an der es um die für den 13. Januar anberaumte Reichstagssitzung ging (bei der die Reaktion der Regierung auf die Ruhrbesetzung zur Debatte stand), drängte er den Kanzler mit Rückendeckung der übrigen Anwesenden, vom Reichstag ein eindeutiges Vertrauensvotum für seine Politik zu verlangen und mit der Auflösung des Reichstags zu drohen, falls das Parlament ihm nicht den Rückhalt und die Vollmachten zugestand, die erforderlich waren. Stinnes hatte die Absicht und wurde darin auch bestärkt, Präsident Ebert aufzusuchen und ihn zu bitten, eine Verordnung zur Auflösung des Reichstags vorzubereiten; der Termin kam noch am gleichen Tag zustande. Ebert kannte allerdings seine Sozialdemokraten besser als Stinnes und war ziemlich sicher, daß sie sich hinter die Regierung stellen würden, zumal er selbst mit gutem Beispiel voranging. Gleichwohl sicherte er Stinnes zu, «daß er gegebenenfalls auch vor dem äußersten Mittel nicht zurückschrecken würde».[7]

Viele fragten sich allerdings nach wie vor, ob Stinnes wirklich bereit sei, die Interessen Deutschlands über seine eigenen zu stellen, und es wurde sehr schnell deutlich, daß das Mißtrauen gegen ihn, das schon 1918 für so viele Probleme gesorgt hatte, noch lange nicht aus der Welt war. So registrierten Vertreter der Arbeiterschaft nach seinem Abtauchen Mitte Januar, daß «man ... in letzter Zeit so wenig von Herrn Stinnes» höre, und äußerten die Befürchtung, «daß Stinnes sich gegenwärtig freie Hand wahren wolle, um im gegebenen Augenblick mit einem Sonderabkommen mit der anderen Seite herauszukommen».[8]

Stinnes wünschte in der Tat eine Verständigung mit Frankreich, doch war dies kein Ausdruck irgendwelcher finsteren eigennützigen Strategien. Es gab beiderseits der Grenze etliche einflußreiche Kräfte, die erwarteten oder wünschten, daß

Stinnes eine Schlüsselrolle bei der Herbeiführung eines partnerschaftlichen Verhältnisses zwischen Frankreich und Deutschland spielen würde. So drängte ihn Harden, der über ausgezeichnete Kontakte in Frankreich verfügte, am 10. Januar, er solle ein Exempel statuieren und die deutsche Industrie animieren, mit einer Reparationszahlung von 1 bis 2 Milliarden Mark der französischen Wirtschaft einen Investitionsschub zu geben und damit zum einen die französische Kapitalnot zu lindern und zum anderen den Weg zu einer Verständigung zu ebnen. Die französische Oberschicht sei der Überzeugung, «daß *nur* mit Ihnen Haltbares zu vereinbaren ist».[9] Stinnes stimmte Harden darin zu, daß eine Verständigung not tat, bezeichnete es jedoch als falsch zu glauben, die deutsche Industrie könne 1 oder 2 Milliarden Goldmark bereitstellen, ohne dadurch ihr Betriebskapital aufzuzehren. Dies sei eine Summe, für die man die bedeutendsten deutschen Industrieunternehmen en gros kaufen könne, denn unter den gegenwärtigen Bedingungen einer «sozialistischen und Zwangswirtschaft» sei deren Verkehrswert nicht höher anzusetzen.[10] Harden distanzierte sich daraufhin sogleich von der Idee, indem er erklärte, die betreffende Summe sei von den Franzosen, nicht von ihm, ins Spiel gebracht worden; zugleich führte er aber weiterhin Klage darüber, daß Cuno, Hermes, Melchior und die anderen es nicht fertiggebracht hätten, sich mit den Franzosen zu verständigen, und erklärte, letztere hätten nur noch zu Stinnes Vertrauen. Einer seiner französischen Gewährsleute habe wörtlich erklärt:

> «Will Herr St[innes] eine temporäre Diktatur; wir wollen gern dazu mitwirken, wenn sie nicht etwa kriegerisch ist. Will er die Eisenbahnen als Pfand: Wir wollen sie ihm verschaffen und haben diese Absichten schon in unserem neuen Reparationsplan angedeutet. Aber er muß uns etwas bieten; er muß und kann uns aus der Finanznot, die schlimmer als die deutsche ist, heraushelfen und ermöglichen, daß wir dem Volk sagen können: ‹Hier ist deutsches Geld, das wir erlangt haben.› Alles übrige geht dann von selbst.»[11]

Stinnes' Einschätzung der Lage war derjenigen Hardens insofern sehr ähnlich, als auch er die Finanznot Frankreichs als gravierend einschätzte und überzeugt war, private Kontakte könnten den Weg zu einer Verständigung ebnen, vorausgesetzt die Franzosen entsandten Leute an den Verhandlungstisch, die «den erforderlichen Einfluß und wirkliche Macht haben».[12] Wie Stinnes die künftig möglichen Entwicklungen und die Optionen und Aussichten der deutschen Seite im ersten Monat des Ruhrkampfes einschätzte, enthüllte er am 28. Januar 1923 in einer von Humann in einem Gedächtnisprotokoll festgehaltenen *tour d'horizon.*[13] Stinnes wies zunächst darauf hin, daß er seine Reisen ins Ruhrgebiet aus sowohl außen- wie innenpolitischen Gründen eingeschränkt habe. Die Lage sei an der Ruhr stabiler als in Berlin, und er habe das deutliche Gefühl, seinen Einfluß in der Hauptstadt geltend machen zu müssen.

Stinnes' besondere Sorge galt der Situation im Osten, wo Polen, die Tschechoslowakei, Ungarn, Jugoslawien und Rumänien eine fieberhafte Aufrüstung betrieben und dafür Geld ausgaben, das sie nicht hatten; damit drohte seiner Ansicht nach die Gefahr, daß die dortigen Regime zur Rechtfertigung ihrer Politik die angespannte Lage in Europa für eine Flucht in den Krieg nutzen würden. Am meisten fürchtete er einen Versuch der Feinde Deutschlands, sich das anzueignen, was von Oberschlesien noch übrig war; spätestens in dem Augenblick, da das Rheinland verlorenginge, würden sich seiner Überzeugung nach «unsere nachbarlichen ‹Hyänen› auf Deutschland stürzen». Zur Untermauerung dieses Katastrophen-Szenarios verwies er auf einen Bericht aus Danzig, demzufolge viele der dortigen Juden – vermutlich waren «Ostjuden» gemeint – sich gerade nach Wien und Schweden absetzten. «Diese ‹Ratten›, die im ganzen europäischen Osten über zuverlässige und gut orientierte Verwandtschaft verfügen, haben gute Nasen.» Falls es zu kriegerischen Entwicklungen käme, würden sich wahrscheinlich auch die Russen und Litauer in Marsch setzen. Auf der eher positiven Seite schlage zu Buche, daß die Tschechen offenbar wenig Neigung zeigten, sich mit den Ungarn anzulegen, und daß die Russen fürchteten, die «Rote» Armee könne aus einem Konflikt weißgefärbt zurückkehren. Wichtig war in seinen Augen jedenfalls, daß das Pulverfaß im Osten nicht in Brand geriet, denn – und hier zitierte Stinnes den Sowjetvertreter Radek: «Es gibt keinen deutschen Krieg mehr; nur noch einen Krieg auf deutschem Boden.» Ein solcher Krieg werde aber zu einem Auseinanderreißen Deutschlands wie im Dreißigjährigen Krieg führen.

So gut wie gar keinen positiven Beitrag erwartete Stinnes von England und den Vereinigten Staaten. England, so argumentierte er, würde Mitteleuropa und Frankreich ausbluten lassen und dann erst im Interesse seiner eigenen Wirtschaft intervenieren. Bestärkt in dieser Auffassung hatte ihn ein Bericht eines seiner Hamburger Direktoren, der ein Gespräch mit dem Ersten Sekretär von Bonar Law, Waterhouse, geführt hatte. Dieser habe zwar eingeräumt, daß die britische Öffentlichkeit gegenwärtig eher prodeutsch als profranzösisch eingestellt sei und daß England und die Vereinigten Staaten Deutschland für das Land hielten, das am ehesten in der Lage sei, den Russen auf die Beine zu helfen, doch war deutlich geworden, daß die Engländer zunächst weiter abwarten und sich, wie der Berichterstatter es formulierte, damit begnügen würden, «das Zünglein an der Waage zu bilden». Das einzige, was den Engländern offenbar Sorge bereitete, war die Befürchtung, «daß die deutsche Industrie sich unter dem Druck der Verhältnisse in irgendein festes Verhältnis zu der französischen Industrie begeben könnte», doch bezweifelte der Berichterstatter, daß diese Besorgnis die Briten zum Handeln veranlassen werde. Die Stinnesschen Randbemerkungen zu diesem Bericht verrieten, wie widerwärtig er diese britische Taktik fand: «Keinesfalls können wir uns von England und Frankreich in einem fort bestechen lassen, mal von einem, mal vom anderen. Besser ein festes Verhältnis wie ein Puff!»[14]

Das Problem war, wie Stinnes Humann erklärte, daß er und andere deutsche Industrielle aus Frankreich alle möglichen Avancen erhielten, hinter denen aber Leute ohne wirkliche Macht steckten. Selbst Mussolini habe sich in dieser Sache nicht mit Ruhm bekleckert. Einen Hoffnungsschimmer erblickte Stinnes in der Tatsache, daß Castiglioni nach Rom zitiert worden war und den Eindruck hatte, es könnten fruchtbare Verhandlungen beginnen, wenn die italienische Regierung dabei auf die Dienste von Leuten wie Toeplitz von der Banca Commerciale zurückgriff. Wie auch immer, Stinnes hielt es für wichtig, daß die deutsche Regierung darauf beharrte, nicht mit Frankreich allein, sondern mit der Entente zu verhandeln – die Verhandlungen mit französischen Vertretern auf privater Ebene könnten derweil weiterlaufen. Dies berge gewiß für die Beteiligten eine gewisse Gefahr, nicht zuletzt für ihn selbst, doch es gehe einfach um zu viel, als daß man dieses Risiko scheuen dürfe. Das große Ziel müsse eine Verständigung mit Frankreich sein, denn «ohne die ist der europäische Friede jetzt nicht zu machen». Er ließ kein gutes Haar an der Neigung diverser Berliner Politiker und Beamten, sich nach London zu orientieren – eine Neigung, die er dem Einfluß zuschrieb, den Botschafter D'Abernon in Berlin ausübte, dem er vorwarf, er führe die deutschen Diplomaten seit Jahren an der Nase herum, und den er darüber hinaus auch persönlich verabscheute.

Stinnes hegte die große Befürchtung, daß es zu einem Zerwürfnis mit Frankreich kommen könne, dessen Probleme die deutsche Regierung seiner Ansicht nach unterschätze. Er hielt es für möglich, daß jede ernsthafte Kränkung des französischen Prestiges zu einem Krieg führen könne. Sein Rezept dagegen war, wie immer, eine Verständigung auf industrieller Ebene. Er bezeichnete Gerüchte als «Unsinn», denen zufolge er (oder irgend jemand sonst) bereit sei, den Franzosen die von Rechberg vorgeschlagene 60prozentige Beteiligung an der deutschen Schwerindustrie anzubieten: «Wir können niemals unsere Schlüsselindustrien aus der Hand geben; dann wären wir verloren.» Andererseits stellte er mit Nachdruck fest, daß alle Voraussetzungen für eine Verständigung gegeben seien; wenn eine solche bisher nicht zustandegekommen sei, liege das an den französischen Politikern und der französischen Presse und Öffentlichkeit, aber auch an Fehlern, die die deutsche Regierung und «eine gewisse deutsche Presse» begangen hätten. Was die französischen Industriellen betraf, so hatten sie nach Meinung von Stinnes den Fehler gemacht zu glauben, die Besetzung des Rheinlands und danach des Ruhrgebiets würde die Deutschen nachgiebiger machen. So sei es zur jetzigen Lage gekommen, die er als äußerst gefährlich beurteilte. Er fürchtete, der passive Widerstand könne «von Politikern mißbraucht werden. Oder noch schlimmer: Ziellose Elemente können sich der Massenstimmung bemächtigen, können in Wechselwirkungen des Kampfes Oberwasser bekommen und schließlich das Parlament! Diese Momente bergen Gefahren, die man gar nicht überschätzen kann.»

Ziel müsse daher sein, auf der Basis eines Abzuges sämtlicher Besatzungstruppen aus Deutschland, einschließlich des Saargebiets, zu einer Lösung zu kommen, die Frankreich die Versorgung mit Kohle und Deutschland die Versorgung mit Minette-Erz sichern und außerdem die in Deutschland erforderlichen Reformen beinhalten würde, vor allem die Abschaffung der Zwangswirtschaft und die

Privatisierung staatlicher und kommunaler Unternehmen. Er rechnete mit einem stärkeren Widerstand der Verwaltung und des Mittelstandes als der Arbeiterschaft gegen solche Reformen. Die Franzosen hatten in seinen Augen um so bessere Gründe, einer solchen Lösung zuzustimmen, als die deutsche Industrie im Grunde nicht mehr auf die Minette-Erze angewiesen war, nachdem sie mit den Schweden Verträge geschlossen hatte, die die Lieferung schwedischer Erze zu günstigen Preise garantierten. In Deutschland könnten dadurch sogar geringere Produktionskosten erreicht werden als in Frankreich.

Deutschland würde, so glaubte Stinnes, letztlich sogar in der Lage sein, einen Krieg durchzustehen, falls es zum Schlimmsten käme, doch riet er, dieses Thema nicht öffentlich anzusprechen. Militärisch sei ein solcher Krieg nur als Guerillakrieg denkbar, in zweiter Linie aber auch als Materialkrieg, solange Deutschland die Eisenerzeugung im Osten, namentlich in Oberschlesien, kontrollierte. Wenn es gelänge, jegliche Lieferungen an Frankreich zu unterbinden, wäre dies für Deutschland von Vorteil. Wie Stinnes freilich einräumte, mußte man in diesem Fall mit einer territorialen Beschneidung Deutschlands und mit Hunger für zehn Millionen Deutsche rechnen. Eine taktische Zusammenarbeit mit Rußland lehnte er ab, da dies Deutschland zu einem Schlachtfeld für jedermann machen würde.

Stinnes verweilte nicht lange bei dieser eher verworrenen, jedenfalls nicht überzeugenden Skizzierung von Schreckensszenarien, sondern wandte sich wieder den Dingen zu, die er als notwendig für die friedliche Erreichung seiner Ziele betrachtete. Er hielt es für möglich, daß mit Hilfe von Richter Elbert H. Gary von der Firma U.S. Steel, den er als den «wohl mächtigsten Mann Amerikas» bezeichnete, gewisse Fortschritte erzielt werden könnten; Gary hatte Stinnes eingeladen, ihn in den Vereinigten Staaten zu besuchen. Stinnes war zu einer solchen Reise unter den gegebenen Umständen nicht in der Lage, entsandte jedoch einige seiner Direktoren und hoffte, im Frühjahr zusammen mit Vögler Gary in Italien treffen zu können; er wollte mit ihm über die Bildung eines internationalen Stahlsyndikats sprechen, das «ohne die Siemens-Rheinelbe-Schuckert-Union nicht denkbar ist».

Seine größte Besorgnis galt jedoch der Frage, ob die Heimatfront halten und ob die Außenpolitik Deutschlands eine größere Wirksamkeit gewinnen würde. Es war lebenswichtig, das deutsche Volk mit Nahrung zu versorgen und den Einsatzwillen der Arbeiterschaft zu stärken, auch und gerade in einer Zeit, in der ihre politischen Parteien, jedenfalls nach Stinnes' Eindruck, an Stärke einbüßten. Zugleich müsse die Regierung aufhören, Diplomaten und Bankiers nach Paris zu schicken; es sei besser, dorthin einen Mann aus dem Ruhrgebiet zu entsenden, als Vertreter eines festen Standpunktes und einer willensstarken Regierung. Stinnes war überzeugt, die Franzosen litten an einer so akuten Geldnot, daß sie jetzt «jede Summe» akzeptieren würden, «die man ihnen bietet, weil sie es so notwendig brauchen». Das Angebot müsse ihnen allerdings von den richtigen Personen auf die richtige Weise gemacht werden. Schließlich bezeichnete er es als wesentlich, daß die Reichsbank ihr Gold zusammenhielt und vielleicht durch die

Beleihung deutscher Vermögenswerte noch mehr Gold heranschaffte, um so die Kosten für die Einfuhr der Lebensmittel decken zu können, die Deutschland in den kommenden sechs Monaten für seinen Kampf brauchen würde, einen Kampf, der nach Stinnes' Überzeugung über «das deutsche Schicksal [entscheiden]» würde.

Sinn und Zweck des passiven Widerstandes und des Kampfes gegen Frankreich war somit für Stinnes die Herbeiführung eines industriellen Friedens zwischen Deutschland und Frankreich. Die Dienste anderer Staaten sollten ruhig in Anspruch genommen werden, doch das Hauptziel blieb für Stinnes unverändert, und natürlich ließ es sich mit seinem innenpolitischen Programm kombinieren. Diese Orientierung hin zu Frankreich teilten freilich nicht alle Unternehmerkollegen des Hugo Stinnes, wie aus einem faszinierenden Briefwechsel zwischen Botschafter Wiedfeldt und Stinnes vom Februar-März 1923 hervorgeht. Wiedfeldt kannte den Stinnesschen Wunsch nach einer Verständigung mit Frankreich aus früher gewechselten Briefen, glaubte aber wegen der bestehenden «Unterschiede der Rasse, Lebenskraft, Denkart, Gefühlsweise» nicht, daß dies funktionieren werde.[15] Er bestritt nicht die Möglichkeit einer Entspannung und einer friedlichen Kooexistenz, erinnerte Stinnes jedoch daran, daß die tiefsitzenden Animositäten gegeneinander nicht abgeklungen waren. Nur Marxisten hingen dem falschen Glauben an, daß ökonomische Kräfte die Beziehungen zwischen den Völkern bestimmten. Nach Einschätzung Wiedfeldts hatte die Niederlage Deutschlands die anglo-amerikanische Partnerschaft zum beherrschenden Faktor der Weltpolitik gemacht. England bediene sich mit Erfolg der Vereinigten Staaten, um in Europa die Vorherrschaft zu behaupten, während die Amerikaner jetzt unangefochten ihren Interessen in Lateinamerika und in der bislang japanischen Einflußsphäre nachgehen könnten. Deutschland müsse seine Isolierung durchbrechen. Ein Bündnis mit Frankreich würde bedeuten, sich mit einer Nation zusammenzutun, die demographisch schwach und deren Zukunft nicht rosig war, die Deutschland außer dem bewährten Erz-Kohle-Verbund nicht viel zu bieten hatte und die mit Deutschland zu den am tiefsten verschuldeten Industrienationen zählte. Den slawischen Ländern attestierte Stinnes eine verheißungsvollere Zukunft, aber ebenfalls eine zu schwache Statur in der Gegenwart. Somit blieben Briten und Amerikaner übrig, die über Wirtschafts- und Finanzkraft verfügten. Wiedfeldt wandte sich gegen die Vorstellung, sie würden Deutschland eine Anleihe anbieten, sobald Deutschland sich zu einer Zusammenarbeit mit Frankreich bereit erklärte; diese Hoffnung sei «ein Irrlicht, das ein französischer Leuchtkäfer vorgaukelt». Das eigentliche Problem bestehe darin, ein Bündnis mit England und Amerika so zu gestalten, daß die Deutschen dabei nicht zu «Landsknechten und Kulis» würden. Am besten, glaubte er, lasse sich dies durch eine Zusammenarbeit beim Aufbau Rußlands bewerkstelligen. Im gleichen Atemzug äußert er die Hoffnung, England und Amerika würden per diplomatischer Intervention den Ruhrkampf beenden und die von US-Außenminister Hughes vorgeschlagene internationale Expertenkonferenz durchsetzen. Er erinnerte Stinnes daran, daß die anglo-amerikanische Seite in Versailles eine Teilung Deutschlands verhindert hatte, und warnte vor einer Verflechtung der deutschen mit der französischen Schwerindustrie durch Aktientausch. Dies würde, so glaubte Wiedfeldt, zu einer Isolierung der Schwerindustrie führen und darauf hinauslaufen, daß Deutschland «für die Beseitigung gegenwärtiger Nöte die Zukunft [preisgibt]». Er war noch eher dafür, den deutschen Arbeitern Aktien ihrer Unternehmen anzubieten, wie er es schon im Verlauf der Sozialisierungsdiskussion gefordert hatte; damit könne die Produktivität erhöht werden.

Stinnes teilte den Glauben Wiedfeldts an die Beteiligung der Arbeiter am Aktienkapital nicht; er hielt es für unwahrscheinlich, daß das eine Glas Bier, das der Besitzer einer Aktie unter den Bedingungen der Inflation von seiner Dividende kaufen könne, eine Produktivitätssteigerung bewirken würde. Einig zeigte er sich mit Wiedfeldt in der Einschätzung der Gefahren, die eine französische Beteiligung an deutschen Unternehmen mit sich bringen würde. «Wenn ich einem Erpresser gegenüberstehe», schrieb Stinnes, «gebe ich lieber mein Portemonnaie mit Inhalt als den Hausschlüssel.»[16] Hingegen glaubte er nicht, daß eine anglo-amerikanische Intervention irgend etwas bewirken würde, äußerte vielmehr die Überzeugung, Deutschland müsse wieder zur Bismarckschen Politik gleich guter Beziehungen zu Frankreich und Rußland zurückkehren. Der Fortbestand Deutschlands schlechthin beruhe auf einer Verständigung mit Frankreich, und ein Kontinentalblock sei unter den gegenwärtigen Bedingungen dem deutschen Interesse am dienlichsten. Falls sich herausstelle, daß dies wegen des Partners nicht über einen längeren Zeitraum funktioniere, müsse man eben die Konsequenzen ziehen. Stinnes zog hier eine aufschlußreiche Parallele zu seinen persönlichen Erfahrungen als Unternehmer:

> «Mir liegen immer kleine Privaterfahrungen nahe. Alle Welt hat mich gewarnt, vor 25 Jahren mit Herrn Thyssen zusammenzugehen. Mir wären die damaligen ‹Angelsachsen› Krupp, Haniel usw. vielleicht persönlich viel sympathischer gewesen. Trotzdem habe ich richtig gehandelt. Als Herr Thyssen eifersüchtig oder mißgünstig wurde und den Bruch durch seine Schuld herbeiführte, war ich so weit, daß ich auf eigenen Beinen auch allein vorwärts kommen konnte. Es hat mir sehr leid getan, daß der Bruch aus charakterlichen Gründen eintreten mußte, aber ich habe ihn nicht gescheut.
>
> So etwa denke ich mir auch das Verhältnis zu Franzosen und Russen. Aufrichtiger und anständiger Compagnon! Wird die Sache unhaltbar durch die Schuld der Partner, weil man Deutschland nur als ganz untergeordneten Junior-Partner behandeln will, nun so ist der Bruch eben nicht zu vermeiden, wenn der Junior stark genug ist.
>
> Inzwischen muß dafür gesorgt werden, daß in möglichst vielen großen und wichtigen Weltgeschäften persönlicher Konnex mit amerikanischen und englischen maßgebenden Persönlichkeiten besteht. Dann ist diese Partei für Kraftzuwachs offen. Ich glaube, ich bin gar nicht so unterschiedlicher Meinung,

aber scheinbar oder offenbar nicht so historisch belastet und doktrinär wie viele Kollegen.»

Die Analogie, die Stinnes zwischen der von ihm angestrebten Allianz mit Frankreich und seiner einstigen Zusammenarbeit mit Thyssen herstellte, sprach Bände über seine Praxis als Unternehmer und sein Verständnis der internationalen Beziehungen. Sie war ein beredtes Zeugnis seines instrumentellen Verhältnisses zur Außenpolitik, das natürlich seinem Verständnis der Innenpolitik ähnelte. Zum andern lag darin jedoch ein klares Bekenntnis zu einer Verständigung mit Frankreich als dem Gebot der Stunde – und Stinnes wußte, daß die Zeit nicht für Deutschland arbeitete. Wie er gegenüber Wiedfeldt deutlich machte: «Allerdings wird man sorgen müssen, daß man nicht erst dann zu einer Vereinbarung kommt, wenn man schon beinahe außer Atem ist.»

Das Dumme war nur, daß die Rezepte, die Stinnes für die Lösung des Konflikts durch zwischenstaatliche und private Verhandlungen verschrieb, allesamt unwirksam bleiben mußten, weil sie an für die Franzosen nicht annehmbare Bedingungen geknüpft waren. Dabei hatte Stinnes durchaus recht mit der Annahme, die Franzosen wollten eine Verständigung und seien bereit, mit ihm zu sprechen, doch nichts deutet darauf hin, daß er zu irgendeinem Zeitpunkt seiner direkten oder indirekten Kontakte mit französischen Verhandlungspartnern in der Zeit des passiven Widerstands auch nur um einen Schritt von seiner ursprünglichen Linie abgegangen wäre.

Der erste französische Vertreter, der in dieser Zeit den Kontakt zu ihm suchte, war ein gewisser M. Hoschiller, der für den wichtigsten Publizisten der französischen Schwerindustrie, François-Poncet, arbeitete. Hoschiller klingelte am 4. Februar 1923 im buchstäblichen Wortsinn an der Stinnesschen Haustür in Mülheim, und Stinnes beschloß, ihn zu empfangen. Hoschiller behauptete, die Franzosen seien zu einer Verständigung bereit. Als er den passiven Widerstand als sinnlos bezeichnete, erwiderte Stinnes mit «rücksichtsloser Offenheit», die deutschen Industriellen würden lieber zusehen, wie ihre Unternehmen kaputtgingen, «als unter französische Botmäßigkeit [zu] kommen». Er erklärte, die deutschen Arbeiter empfänden ebenso, so daß der Versuch, hier Arbeit gegen Kapital auszuspielen, aussichtslos sei. Er machte Hoschiller darauf aufmerksam, daß die deutschen Industriellen schon mehrmals Verständigungsangebote unterbreitet hätten, worauf ihre französischen Gesprächspartner zwar eine Verständigung als möglich und wünschenswert bezeichnet, sich zu dieser Meinung aber nie öffentlich bekannt hätten. Bemerkenswerterweise räumte Hoschiller dies ein, entschuldigte es aber mit dem Hinweis auf die Besonderheiten des parlamentarischen Systems in Frankreich. Stinnes ließ keinen Zweifel daran, daß die deutsche Seite die Aufnahme von Verhandlungen an die Vorbedingung knüpfte, daß nicht nur das neubesetzte Gebiet, sondern auch das Rheinland und das Saarland geräumt würden. Es hätte freilich selbst Stinnes einleuchten müssen, daß die französischen Industriellen, die aus Angst vor den möglichen Reaktionen im

Parlament es schon vor der Ruhrbesetzung nicht gewagt hatten, die Stinnessche Position zu unterstützen, so kurz nach dem Einmarsch französischer Truppen ins Ruhrgebiet erst recht davor zurückschrecken würden.[17]

Einen Monat später wurde Stinnes erneut angesprochen, dieses Mal indirekt über einen britischen Geschäftsmann, mit dem er seine Ideen zu einer französisch-deutschen Zusammenarbeit diskutiert hatte, G. E. Learnard von der Firma Underfed Stoker Ltd. Learnard war mit Louis Loucheur in Kontakt gekommen und hatte dabei eine frappierende Ähnlichkeit zwischen dessen Ansichten und denen von Stinnes festzustellen vermeint. Loucheur hatte behauptet, stets ein Gegner der Ruhrbesetzung gewesen zu sein, doch war er jetzt der Ansicht, Deutschland müsse verläßliche Garantien bieten. Er hielt den Glauben einiger Wirtschaftsvertreter für verfehlt, das jetzt angerichtete Unheil könne «von den Männern der Wirtschaft ganz allein wieder gutgemacht werden», denn es spielten hier «neben wirtschaftlichen auch politische Faktoren eine Rolle». Doch wenn überhaupt eine Einigung möglich sei, sollte es nach Überzeugung Loucheurs auf so etwas wie die von Stinnes angestrebte «enge wirtschaftliche Allianz» hinauslaufen. Loucheur machte den Vorschlag, das Rheinland als selbständiges Reichsland nach dem Muster der Freistaaten Bayern und Sachsen zu konstituieren und es so dem preußischen Einfluß zu entziehen. Die Gläubigerstaaten Deutschlands sollten das Recht haben, eine geringfügige Truppenpräsenz auf deutschem Boden aufrechtzuerhalten, bis die Schulden getilgt waren.[18]

Stinnes bekundete Interesse an diesen Gedanken Loucheurs, bestätigten sie ihn doch in seiner «in den letzten Jahren gemachten Erfahrung, daß es keineswegs schwierig ist, mit dem einzelnen Franzosen zu einer Verständigung zu kommen. Ganz anders verhält es sich jedoch, sobald die verantwortlichen Staatsmänner – die zumeist Juristen sind – sich versammeln.» Bei allem Interesse zeigte sich Stinnes jedoch auch sehr pessimistisch; so wies er darauf hin, daß die Weimarer Verfassung immense Probleme geschaffen habe, indem sie neben der Reichsregierung den preußischen Staat habe fortbestehen lassen, mit der Folge, daß die Reichsregierung sich schwer tue, sich mit ihrer außenpolitischen Linie gegen die Einzelstaaten durchzusetzen. Da dies so sei, könne er sich für die konkreten Vorschläge Loucheurs nicht erwärmen, namentlich nicht für eine Fortdauer der Besetzung:

> «Niemand könnte mich dazu bringen, das Unheil noch zu verschlimmern und die Reibungsverluste im Innern unseres Regierungsapparats noch zu vermehren, indem ich einer Aufteilung des größten Reichslandes meine Zustimmung gäbe. Zumal niemand einen Vorteil von einer solchen Maßnahme hätte, weder inner- noch außerhalb unserer Grenzen.
>
> Als Deutscher muß ich offen erklären, daß es mir nicht in den Kopf will, wie jemand glauben kann, Geld lasse sich mit Waffengewalt eintreiben. Außerdem ist es für unser Volk unerträglich, nach vier Jahren ausländischer Besetzung jetzt noch mehr fremde Truppen ins Land einmarschieren zu sehen.

Nach dem französisch-preußischen Krieg war Frankreich nach einer wesentlich kürzeren Zeit, als die jetzige Besetzung Westdeutschlands dauert, frei von deutschen Truppen. Des weiteren ist die Gesamtsumme der Reparationen und der anderen von Deutschland verlangten Zahlungen bis zum jetzigen Zeitpunkt mindestens vierzehnmal so hoch wie die gesamte damals von Frankreich bezahlte Kriegsentschädigung.

Wir hegen den ernsten Wunsch nach einer abschließenden Regelung. Doch muß diese so ausfallen, daß sie die Lebensnotwendigkeiten Deutschlands berücksichtigt.»[19]

Stinnes war mit äußerster Penibilität darauf bedacht, das deutsche Außenministerium über alle seine Unterredungen und seine Antworten auf diese und andere Avancen von französischer Seite vollständig auf dem laufenden zu halten. Zwischen März und Juni 1923 wurde er in zwei weitere Initiativen eingeschaltet, bei denen es um die Anbahnung von Verhandlungen mit namhaften Franzosen ging, die jedoch beide ergebnislos blieben. Die erste ging von Arnold Rechberg aus, der Stinnes abwechselnd bedrängte, den Stein einer deutsch-französischen Verständigung ins Rollen zu bringen, und ihn unter Druck zu setzen versuchte, indem er mit der Veröffentlichung von Dokumenten drohte, die das Verhalten Stinnes' und der deutschen Schwerindustrie in den Kriegsjahren enthüllen würden. Rechberg brachte es fertig, Stinnes in einem Atemzug damit zu drohen, daß die Franzosen seine Firmen als Pfänder beschlagnahmen würden, ihm zu eröffnen, daß die französische Seite kein Vertrauen zu ihm habe, und ihm Verhandlungen mit den Franzosen (mit ihm, Rechberg, als Mittelsmann) nahezulegen. Rechberg litt zweifellos in erheblichem Maß an Selbstüberschätzung und sah sich selbst als den ruhmreichen Vermittler einer französisch-deutschen Verständigung. Stinnes empfand ihn mehr denn je als lästigen Wichtigtuer, beantwortete seinen ersten Annäherungsversuch mit einer äußerst herablassenden Absage und ließ seine nachfolgenden Briefe unbeantwortet.[20]

Das änderte jedoch nichts an der sehr problematischen Tatsache, daß Rechberg in diversen Kreisen ernstgenommen wurde und daß seine Ideen zu einer französischen Beteiligung an deutschen Industrieunternehmen als potentiell gefährlich für die deutsche Industrie gelten mußten. Unter den Leuten, zu denen Rechberg Verbindung hielt, war Paul Reynaud, ein junger Abgeordneter aus Südfrankreich, der der «Action républicaine et socialiste» angehörte und im Oktober 1922 mit der Vorlage eines Planes Furore gemacht hatte, der die Endlösung des Reparationsproblems durch Belegung sämtlicher deutscher Industrie-Immobilien mit einer Hypothek vorsah. Rechberg wollte Stinnes und Reynaud zusammenbringen, doch Stinnes lehnte jegliche Verhandlungen unter Beteiligung Rechbergs ab. Ende Februar trat Reynaud, zunächst durch Freunde und danach höchstpersönlich, an Albert Schmidt, den Stinnes-Agenten in Paris, heran und schlug ein Geheimtreffen vor, bei dem er und Stinnes sowie einige andere von ihnen zu benennende Persönlichkeiten über den Reynaudschen Reparationsplan beraten sollten. Reynaud ließ durchblicken, daß im Falle einer Einigung die französische Abgeordnetenkammer den Plan unterstützen und die Regierung Poincaré zwingen würde, ihn entweder zu akzeptieren oder zurückzutreten.[21]

Anfang März reiste Schmidt nach Berlin, um Stinnes ins Bild zu setzen, und dieser bekundete Interesse an dem Angebot Reynauds. Da er von der Verbindung zwischen Reynaud und Rechberg wußte, stellte er zunächst in aller Deutlichkeit fest, daß er eine französische Beteiligung am Kapital deutscher Industrieunternehmen kategorisch ablehnte. Er deutete die Bereitschaft an, eine Zusammenarbeit mit Laurent, Mayrisch, de Wendel und einigen anderen französischen Industriellen zu erwägen, wollte jedoch die Beteiligung einer zu großen Zahl französischer Unternehmer vermeiden, damit nicht die auf beiden Seiten involvierten Firmen einander aufgrund gegensätzlicher Interessen blockierten. Offener war Stinnes gegenüber der Idee, deutsche Unternehmen mit Hypotheken zu belasten, vorausgesetzt die Staatsbetriebe würden produktiver gemacht und die Frage der Regelarbeitszeit gelöst. Die vom amerikanischen Außenminister Hughes propagierte Weltwirtschaftskonferenz hielt er für ein potentiell vielversprechendes Werkzeug zur Regelung der Reparationen, allerdings nur wenn bereits im Vorfeld Einigung über einen endgültigen Betrag erzielt und die Zwangsmaßnahmen aufgehoben würden. All dies entsprach der Stinnesschen Überzeugung, daß «politische Schwierigkeiten ... am besten durch wirtschaftliches Zusammengehen aus dem Wege geräumt» werden könnten. In diesem Sinne forderte er eine deutsch-französische Zollunion, der sich andere Staaten Mitteleuropas anschließen würden, und gemeinsame Projekte im Bereich des Eisenbahnverkehrs. Eine entschiedene Absage erteilte er allen Plänen, die auf eine Neutralisierung der rechtsrheinischen Gebiete abzielten, und verwies in diesem Zusammenhang darauf, daß Frankreich in der Vergangenheit häufiger Deutschland angegriffen habe als umgekehrt. Der Friede lasse sich, so Stinnes, nur durch «praktische wirtschaftliche Arbeit» sichern.

Weder das ins Auge gefaßte Treffen in der Schweiz noch ein anderes, für den 16. März in Wiesbaden anberaumtes Treffen fanden statt – die französische Polizei nahm Reynaud seinen Reisepaß ab, so daß er gar nicht in das besetzte Gebiet einreisen konnte. Poincaré war offenbar nicht gewillt, eine derartige Herausforderung an seine Autorität zuzulassen; Schmidt vermutete, daß de Lubersac mitgeholfen hatte, die Gespräche zu blockieren, hatte er doch einmal öffentlich erklärt, er wolle nicht, daß Stinnes irgendwelche Gespräche mit französischen Vertretern führe, es sei denn sie kamen durch ihn zustande.[22] In der Führungsetage des deutschen Außenministeriums hatte man zwar nichts gegen ein privates Treffen zwischen Stinnes und Reynaud, machte sich aber Sorgen über die Reaktion der Arbeiterschaft, falls diese Gespräche bekannt würden, sah ein deutsches Hineinwirken in die undurchsichtige und verwirrende französische Innenpolitik mit gemischten Gefühlen und bezweifelte, daß Reynaud zu Abstrichen von seinem im wesentlichen inakzeptablen Plan bereit sein würde. Berichte, die besagten, Stinnes sei Ende Februar heimlich nach Paris gereist und habe mit führenden französischen Industriellen verhandelt, lösten ebenfalls Unruhe aus, obwohl sie nicht zutrafen. Dabei hatte Außenminister Rosenberg Stinnes sogar gedrängt, die Gewerkschaften über seine Verhandlungen mit Reynaud zu informieren, ja sie daran zu beteiligen. Es war denn auch nicht Rosenberg, der letztlich das Zustandekommen der Gespräche mit Reynaud verhinderte, sondern Poincaré.[23]

Eine weitere Kontaktaufnahme mit Stinnes folgte dem Abreißen der Gespräche mit Reynaud auf dem Fuß. Dieses Mal war der Mittelsmann der Pariser *DAZ*-Korrespondent Werner Sinn, dem Senator Lazare Weiller, Mitglied des Auswärtigen Ausschusses der französischen Abgeordnetenkammer, unter dem Vorwand, ein Interview geben zu wollen, einen Besuch abstattete. Weiller berichtete, die Mitglieder seines Ausschusses wollten nichts lieber als «das Ruhrabenteuer liquidieren» und mit Hilfe von Stinnes die Gegensätze zwischen den beiden Ländern überbrücken. Wie sich herausstellte, handelte Weiller im Einverständnis mit dem Ausschußvorsitzenden Justin de Selves und dem Präsidenten des französischen Senats, Gaston Doumergue. Bei einem Treffen am 26. März legte Weiller konkrete Modalitäten vor: Deutschland sollte Reparationszahlungen in Höhe von 25 Milliarden Goldmark an Frankreich und 5 Milliarden an Belgien und Italien leisten, wobei die letztgenannte Summe noch verhandelbar sein würde. Zur Finanzierung unterbreitete Weiller einen erstaunlichen Vorschlag: «Die deutsche Garantie wird geleistet durch Schatzwechsel des Reiches, die die Unterschrift des Herrn Stinnes und evtl. auch noch die einer dritten Seite, etwa Rußlands, aufweisen sollen.»[24] Diese Wechsel sollten sodann umgehend in den Vereinigten Staaten beliehen werden, und sobald die ersten Zahlungen flössen, würde Frankreich seine Besatzungstruppen aus dem Ruhrgebiet abziehen, mit Ausnahme von vielleicht einem oder zwei Bataillonen, die als «Theater» in den größten Städten verbleiben könnten. Für das Rheinland solle eine internationale Kommission einberufen werden. Frankreich benötige natürlich eine Garantie, daß es nicht von Deutschland angegriffen würde; um zu einer solchen zu kommen, schlug Weiller die Bildung einer Arbeitsgemeinschaft oder eines Zollvereins vor, wobei letzterer allerdings «unbedingt von Herrn Stinnes garantiert» werden müsse, «ohne daß Herr Stinnes selbst seinen Namen öffentlich ... dazu herzugeben braucht». Des weiteren ließ Weiller durchblicken, daß diese Maßnahmen den Weg zu weiteren Vereinbarungen ebnen könnten, beispielsweise in Oberschlesien.

Die Franzosen legten es nun offenbar darauf an zu beweisen, daß sie noch schlimmer und noch konfuser regiert wurden als die Deutschen. Als Sinn in der ersten Aprilwoche nach Berlin kam, um über seine Gespräche in Paris zu berichten, erhielt die Redaktion der *DAZ* einen Anruf aus der französischen Botschaft; deren Erster Rat, der Graf St. Quentin, wünschte eine Unterredung mit Sinn, den er aus dessen Berliner Jahren (vor seiner Versetzung nach Paris) gut kannte. Der Graf wollte herausfinden, wie die Antwort Stinnes' auf die Angebote Weillers lautete, über die ihn, so erklärte er, hohe Beamte der französischen Regierung vollständig informiert hätten. Er behauptete sogar, Poincaré sei über die

Vorschläge Weillers orientiert, gab Sinn allerdings auch zu verstehen, daß alle Eingeweihten, öffentlich danach gefragt, bestreiten würden, etwas davon zu wissen. Der Graf, der der französischen Eisen- und Stahlindustrie nahestand, ließ sich über die Idee eines Zollvereins mit Deutschland aus, unter dem er sich einen «deutsch-französischen Wirtschaftsverband» vorstellte, der die Verarbeitung von Minette-Erzen im Ruhrgebiet und die Ausfuhr der daraus gefertigten Produkte erleichtern würde. Ziemlich wegwerfend äußerte sich der Graf zur Bedeutung eines London-Besuches, den Loucheur vor kurzem unternommen hatte; scharfe Kritik übte er an General Degoutte wegen der jüngsten französischen Maßnahmen in Essen, und den Minister für Öffentliche Arbeiten, Le Trocquer, bezeichnete er als jemanden, der «alles sabotiert». Dagegen hätten der Vorsitzende der Reparationskommission, Barthou, und Präsident Millerand, so versicherte er, die Vorschläge Weillers gutgeheißen.[25]

Während Sinn in Berlin mit St. Quentin konferierte, führte Stinnes in Weißkollm private Gespräche mit Frick und dem Vorsitzenden der Garantiekommission, Professor Etienne Haguenin, der zu einem zweitägigen Besuch aus Berlin gekommen war.[26] Ganz anders als St. Quentin legte Haguenin der London-Reise Loucheurs große Bedeutung bei und kündigte an, Loucheur werde in naher Zukunft eine Initiative ergreifen, da die Politik Poincarés in Frankreich einhellig als unbefriedigend empfunden werde. Haguenin äußerte die Hoffnung, er könne Loucheur dazu bringen, zu Gesprächen nach Berlin zu kommen. Haguenin hatte kurz vorher mit Poincaré gesprochen und dabei, wie er Stinnes erzählte, festgestellt, daß Poincaré über keinerlei Konzept verfügte und auf jede konkrete Frage erwiderte, «es werde schon gutgehen». Sehr kritisch äußerte sich Haguenin auch über das Vorgehen der französischen Militärs im Ruhrgebiet; er fürchtete, daß es unter dem militärischen Druck zu irgendwelchen den deutschen aufgezwungenen Regelungen kommen werde, die die «dauernde Feindschaft zwischen den beiden Staaten stabilisiere».

Was die innenpolitische Entwicklung in Frankreich und Deutschland anging, so beurteilte Haguenin sie sogar äußerst pessimistisch. Auf der einen Seite kritisierte er scharf die Funktionsweise der französischen Demokratie, den Mangel an Führung und die Engstirnigkeit der Abgeordneten. Auf der anderen Seite hielt er es für fast sicher, daß auf der deutschen Seite die Regierung, die schließlich gezwungen wäre, die Initiative zu Verhandlungen zu ergreifen, eine Linksregierung sein würde. «Die Zusage einer solchen Regierung würde mangels diskontfähiger Unterschriften – wenn überhaupt die Einheit des Deutschen Reiches dann noch bestehen solle – die Grundlage irgendwelcher Entschädigungen nicht bilden können.» Stinnes und Haguenin bedauerten gemeinsam, daß das 20-Milliarden-Mark-Angebot nicht schon im Dezember des Vorjahres gemacht worden war, und Stinnes stimmte Haguenin voll darin zu, daß Reparationen nur aufgebracht werden konnten, wenn zuvor eine innenpolitische Wende erfolgte. «Hierzu sei man aus eigener Kraft nicht in der Lage, sondern nur mit Hilfe der Geldgeber, denen die Führer der Wirtschaft sicher gern mit Rat zur Seite stehen würden.»

Stinnes deutete hier also erneut seine Bereitschaft an, Druck von außen einzusetzen, um innere Reformen in Deutschland zu erzwingen, doch konnte er sich des Gefühls nicht erwehren, daß es Poincaré eher darum ging, Deutschland zu vernichten, als Gelder zu kassieren. Haguenin versicherte Stinnes, daß das Gegenteil richtig sei, räumte aber ein, das französische Volk hege ein außerordentlich großes Mißtrauen gegen Deutschland, halte die Inflation für ein Produkt deutscher «Niederträchtigkeit» und habe Angst vor der organisatorischen und wirtschaftlichen Tüchtigkeit der Deutschen. Stinnes betonte, wie er es stets tat, es werde nur dann Frieden geben, wenn die besetzten Gebiete «schleunigst und vorbehaltlos» geräumt würden. Er autorisierte Haguenin, Poincaré und Loucheur über seine Ansichten zu informieren, und kündigte an, er selbst werde Cuno und Rosenberg einen vertraulichen Bericht über ihre Unterredung übermitteln.

Diese Gespräche und Berichte ließen kaum einen anderen Schluß zu, als daß in der französischen Führung Chaos und Verzweiflung herrschten; entsprechend vorsichtig war Stinnes. Er ließ Sinn wissen, er halte die Vorschläge von Senator Weiller für interessant, «obschon ich zu einem Teil die Projekte, so wie vorgesehen, nicht für durchführbar halte. Die mir persönlich zugewiesene Rolle erscheint reichlich phantasievoll und müßte der Wirklichkeit entsprechend reduziert werden.»[27] Offenbar wollte Stinnes die «Diskontfähigkeit» seiner Unterschrift nicht so hoch eingeschätzt wissen, daß man ihn persönlich zur Garantiemacht für Reparations- und Wirtschaftsabkommen mit Zentralbanken oder Staatsregierungen erkor! Was Stinnes verständlicherweise ganz unmittelbar interessierte, war die Frage, ob Weiller, Doumergue und de Selves bereit waren, ihre Unterstützung für das besagte Programm schriftlich zu bekunden, bevor er sich für diese Sache weiter engagierte.

Daß diese Vorsicht wohlbegründet war, wurde im weiteren Verlauf des Aprils zunehmend deutlich. Als Sinn sich noch einmal mit dem Grafen St. Quentin traf, zeigte dieser sich unwillig, zu den von Stinnes geäußerten Forderungen Stellung zu nehmen, brachte lediglich mit unverbindlichen Worten seine Zuversicht zum Ausdruck und riet Sinn, noch einmal selbst mit Weiller zu sprechen. Zurück in Paris, fand Sinn sehr rasch heraus, daß Poincaré noch ziemlich unangefochten die Richtung bestimmte. So machte sich etwa Loucheur zunächst den Vorschlag zu eigen, nach Berlin zu fahren, um es sich dann auf Druck von oben gleich wieder anders zu überlegen. Derweil hatte de Lubersac von der Initiative Weillers Wind bekommen, forderte Auskunft darüber an und versprach sodann, Poincaré dafür zu gewinnen. Dessen Reaktion bestand in der Ankündigung, er werde alle Verhandlungen, die ohne seine ausdrückliche Billigung stattfanden, abwürgen. Unter dem Druck Poincarés bliesen auch die drei Senatoren eilends zum Rückzug, und auf einmal gab es nur noch eine Person, die Interesse an Gesprächen mit Stinnes zeigte, und das war der Oppositionsführer Edouard Herriot. Dieser verfügte jedoch nicht über die Macht, viel zu bewegen. Verhandlungen mit Stinnes büßten außerdem Ende April viel von ihrem Reiz ein, weil die vorausgeahnte deutsche Reparationsnote vom 2. Mai 1923, in der die deutsche Seite ihr Angebot vom Jahreswechsel wiederholte und die Fortdauer des passiven Widerstandes verkündete, selbst in Deutschland als unbefriedigend gewertet wurde.[28]

Stinnes war natürlich enttäuscht über die Ergebnislosigkeit dieser Diskussionen und hatte das Gefühl, eines der Probleme sei die ungenügende Kompetenz der in seinem Auftrag verhandelnden Personen. Sinn war ein brauchbarer Botschafter und Beobachter, aber nicht mehr als das, Schmidt war als Unterhändler nicht einfallsreich genug. Herriot hatte darum gebeten, für künftige Gespräche eine qualifizierte Persönlichkeit als Sprecher für Stinnes zu benennen, und Stinnes nutzte diese Gelegenheit, um die Entsendung von General von Winterfeldt und Joseph Koeth nach Paris vorzuschlagen. Außenminister Rosenberg war jedoch dagegen, einen ehemaligen General einzusetzen, trotz des Stinnesschen Arguments, Generäle seien in Paris beliebter als in Deutschland. Schließlich kamen sie auf die Idee, Gustav Brecht zu schicken, den stellvertretenden Reichskohlenkommissar; seine Entsendung konnte man damit begründen, daß er der richtige Mann sei, um das zwischen Stinnes und de Lubersac geschlossene Abkommen wiederzubeleben, während seine tatsächliche Mission darin bestand, «als Verbindungsmann mit gewissen französischen Kreisen zwecks gegenseitiger Sondierung über wirtschaftliche und politische Verständigungsmöglichkeiten zu dienen».[29] Wie Brecht freilich sehr schnell herausfinden sollte, gab es für ihn in Paris nicht viel zu tun. Bei allem Chaos, das in der französischen Politik herrschte, hatte doch Poincaré weitgehend alle Fäden in der Hand.

Wie die Entsendung Brechts wieder einmal zeigte, legte Stinnes großen Wert darauf, in diesen Dingen engen Kontakt zu Cuno und Rosenberg zu halten. Sie hatten ihn beide Anfang April in Weißkollm besucht, um herauszufinden, was er über seine Gespräche mit Haguenin und die Diskussionen Sinns mit St. Quentin zu erzählen hatte. In der Folge bemühten sie sich, die Geheimnisse der französischen Innenpolitik zu enträtseln, und ermutigten zur gleichen Zeit Stinnes, seine Kontakte weiter zu pflegen. «Irgend etwas Bedeutsames hatten Kanzler und Minister sonst nicht zu sagen», notierte Humann. «Wir hatten den Eindruck, daß sie hinsichtlich des Konfliktes mit Frankreich vor einem Vakuum stehen und dankbar sind für jeden sich bietenden Anlaß, die politische Auseinandersetzung irgendwie in Fluß zu bringen.»[30]

Aus dieser bizarren Situation heraus wurde auch verständlich, weshalb die Franzosen Stinnes in seiner Privatdiplomatie gegenüber den Italienern und Gary von U. S. Steel bestärkten. Die beiden Kontakte flossen zusammen, als Stinnes Ende März 1923 nach Rom reiste, um an einer Konferenz der Internationalen Handelskammervereinigung teilzunehmen. Die Geschäftsinteressen und Verbindungen, über die Stinnes in Italien seit langem verfügte, hatten den Krieg überlebt. Seine große Bekohlungsanlage in Messina war offenbar wieder in Betrieb, und er unterhielt Büros in Bozen, Venedig, Genua und Mailand. Nach Italien lieferte er sowohl Reparationskohle als auch normale Exportkohle. Er hatte darüber hinaus über Castiglioni und die Alpine weitere hochrangige Kontakte in der italienischen

Wirtschaft geknüpft, unter anderem zu Giuseppe Toeplitz von der Mailänder Banca Commerciale. Seine Handelsvertreter in Italien, Antonio Marescalchi in Genua, Massimiliano Fritz in Mailand und Giuseppe Battaglia in Messina, waren sehr gut informiert und verfügten über ausgezeichnete Verbindungen nach oben. Am Wiederaufbau des gebeutelten italienischen Schwerindustrie-Konglomerats Ilva hatte Stinnes aus dem Hintergrund mitgewirkt. Im Oktober 1921 hatte es so ausgesehen, als würde er sich bei der Ilva als Kohlenlieferant, aber darüber hinaus auch als eine Art Steuermann engagieren, denn es gab einen Vertragsentwurf, in dem es hieß: «Herr Hugo Stinnes stellt seine Erfahrungen dem Unternehmen zur Verfügung und das Unternehmen wird in Übereinstimmung mit seinen Gesichtspunkten geleitet.»[31] Wenn aus diesem Vorhaben nichts wurde, dann deshalb, weil Stinnes sich der Tatsache bewußt war, daß in Italien die Angelegenheiten von Großunternehmen stets eine hochpolitische Dimension entfalteten und daß sein offenes Engagement bei der Ilva zu internationalen Verwicklungen führen konnte. In einer Stellungnahme zu den sich hartnäckig haltenden Gerüchten teilte Osius der Züricher Niederlassung der Firma Stinnes im Februar 1922 mit:

> «Herr Stinnes ist der Ansicht, daß, solange nicht die beherrschende Banca Commerciale und die italienische Regierung ihn bitten, sich der Unternehmung anzunehmen, er sich nicht mit der Sache befassen kann. Auch aus politischen Gründen ist es dem Prinzipal lieber, wenn er in der nächsten Zeit nichts mit den Werken zu tun hat.»[32]

Stinnes war also, um es vorsichtig auszudrücken, in der italienischen Wirtschaftswelt eine bekannte Größe und hätte dort in der Tat zu einer maßgeblichen Figur werden können, wenn er eine entgegenkommendere politische Situation vorgefunden hätte.

Stinnes' Rom-Aufenthalt vom 25. bis 27. März galt vordergründig der Tagung der Internationalen Handelskammervereinigung, an der er in Begleitung Vöglers, Franz Burgers' von der GBAG und Karl Haniels teilnahm. In Anbetracht des Rufes, der Stinnes vorauseilte, und der diversen in der Presse gehandelten Gerüchte war dem deutschen Botschafter Konstantin von Neurath sehr daran gelegen, daß Stinnes sich außerhalb des Scheinwerferlichts hielt und so schnell wie möglich wieder abreiste. Stinnes und seine Kollegen aus der Wirtschaft sahen das genauso. Es scheint, daß Stinnes hoffte, es werde zu einem Treffen mit Benito Mussolini kommen, der im November 1922 Ministerpräsident geworden war. Castiglioni hatte sich bemüht, über seinen «Freund», den gefürchteten Generalsekretär des italienischen Auswärtigen Amtes und Hausherrn des Palazzo Chigi, Salvatore Contarini, eine Einladung zu einem Gespräch bei Mussolini zuwegezubringen, kam aber mit der Einsicht zu Stinnes zurück, daß selbst ein bloßer Höflichkeitsbesuch bei Mussolini in Paris, London und Berlin «wie eine Bombe einschlagen» würde; er drängte Stinnes, sich den Wunsch nach einer Begegnung mit dem neuen starken Mann Italiens, so interessant sie nach Meinung aller gewesen wäre, aus dem Kopf zu schlagen und statt dessen auf der

Rückreise in Zürich Station zu machen und sich mit ihm und Toeplitz zusammenzusetzen.[33]

Stinnes kam mit der bedauerlichen Erkenntnis nach Italien, daß «die leitenden Herren in Italien zu ängstlich seien, um sich mit mir zu unterhalten».[34] Es stellte sich dann aber heraus, daß zumindest Contarini auf eine persönliche Begegnung mit Stinnes brannte, bei der er die klare Aussage machte, Italien sei nicht auf Frankreich eingeschworen, sondern bemühe sich zusammen mit Belgien, die Franzosen zur Mäßigung zu bewegen. Stinnes äußerte sich ebenfalls sehr offen, als er gefragt wurde, was man in Deutschland von der italienischen Position halte – man sei sicher, erklärte er Contarini, daß wenn die Franzosen im Ruhrgebiet bekamen, was sie wollten, Italien «seinen Anspruch auf volle Quote an dem Raub anmelden wolle. Man fände das in Deutschland nicht schön, es erhöhe nicht die Sympathie für die Italiener, aber man habe für die Schwierigkeiten der italienischen Politik Verständnis.» Als Contarini die Verlegung des Kohlensyndikats nach Hamburg als eine Provokation kritisierte, nahm Stinnes in seiner Antwort kein Blatt vor den Mund:

> «Ich teilte ihm daraufhin mit, daß für die Verlegung des Kohlensyndikats mehr als 50% Verantwortung ich persönlich träge, da ohne mich die Verlegung nicht zustande gekommen wäre. Es sei das Signal gewesen, um den Arbeitern, Werkseigentümern und der ganzen Welt den entschlossenen Willen zum Widerstand bekannt zu geben. Dieses Signal habe unter allen Umständen gegeben werden müssen, wenn innerpolitische große Fehler vermieden werden sollten.»

Contarini ließ dieses Argument gelten, äußerte in der Folge aber die Sorge, Deutschland könnte sich mit Frankreich zu einer schwerindustriellen Allianz gegen Italien und England und auf deren Kosten verbünden. Stinnes konterte dies mit dem Vorschlag, Italien könne und solle in eine solche Kombination als bedeutender Partner eintreten, denn dank seiner wachsenden Bevölkerung und seiner Wasserkraft-Reserven eigne es sich bestens als «Verfeinerungsland» für französisch-deutsche Eisen- und Stahlprodukte und als Durchgangsland für die orientalischen Märkte; außerdem könne Italien auch Rohstoffe und Halbfabrikate liefern. Er verglich die Situation Deutschlands mit der eines Menschen, der bei dem Versuch, das Dach seines Hauses zu reparieren, auf einer Leiter stehend plötzlich von seinem Nachbarn mit einem Gewehr bedroht wird. Solange die anderen Nachbarn, wie England und Italien, mit den Händen in den Taschen dabeistünden, habe Deutschland kaum eine andere Wahl, als sich mit dem rabiaten Nachbarn zu einigen.

Als Contarini daraufhin fragte, ob Deutschland ein englisch-italienisches Eingreifen wünsche, steckte Stinnes jedoch zurück und riet, damit zumindest bis Mitte April zu warten, «damit den Franzosen ihre Ohnmacht im Ruhrgebiet erst etwas stärker zum Bewußtsein gekommen wäre». Bedenkt man, wie pessimistisch Stinnes die langfristigen Erfolgsaussichten des passiven Widerstands einschätzte, so ist zu vermuten, daß hinter diesem Ratschlag die Hoffnung auf einen Durchbruch bei seinen Verhandlungen mit den Franzosen stand. Im großen und ganzen zeigte Contarini sehr viel Verständnis und äußerte sogar die Meinung, Deutschland könne die Rückgabe einiger seiner Kolonien verlangen, denn er halte es für eine «absolut verrückte Politik» der französischen Seite, einem Volk von 80 Millionen Menschen alle Ambitionen austreiben zu wollen, das im Grunde nicht einmal einen Krieg verloren, sondern sich nur der Übermacht einer Koalition von Mächten gebeugt hatte. Eine solche Politik konnte nach Überzeugung Contarinis nur in einen neuerlichen Krieg münden, «in dem mit den Franzosen vollständig aufgeräumt würde». Contarini sprach hier zweifellos unter dem Eindruck der Situation in Bayern und der italienischen Bedenken gegen die Gründung eines Donaubundes unter französischer Ägide, eine Entwicklung, die Italien und England nicht dulden könnten, da durch sie «der Weg nach Rumänien, der Türkei und Indien in die Hände der Franzosen» gelegt würde. Stinnes gestand ihm zu, daß es in diesem Bereich «Umtriebe von französisch-jesuitischer Seite» gebe; er war jedoch sicher, daß Prinz Ruprecht von Bayern das Spiel der Franzosen nicht mitspielen werde. Das Fazit dieses Meinungsaustauschs mit Contarini war das gegenseitige Versprechen, über Marescalchi und Fritz Kontakt zu halten und sich, falls es etwas wichtiges zu besprechen gab, privat im Haus von Fritz in Mailand zu treffen.

Contarini war nicht der einzige Italiener, der Stinnes umwarb. Ein weiterer Vertreter des Auswärtigen Dienstes, Finzi, der den Segen Mussolinis zu haben behauptete, konferierte ebenfalls privat mit Stinnes und brachte dabei die Idee einer Zusammenarbeit der Stinnes-Gruppe mit der italienischen Schwerindustrie von neuem aufs Tapet. Wie schon 1922 lehnte Stinnes ein Engagement ab, solange die italienische Regierung nicht ausdrücklich um deutsche Hilfe ansuchte und solange die Reparationsfrage ungelöst im Raum stand, weil ansonsten «aus einer solchen Betätigung der Deutschen in Italien wieder falsche Schlußfolgerungen bezüglich der Reparationsleistungsfähigkeit gezogen werden würden». Wie groß das Interesse der Italiener war, Stinnes als Retter für die angeschlagene Ilva zu gewinnen, zeigte sich daran, daß sie sich schon im November 1923 wieder mit Anfragen an ihn wandten, die er jedoch erneut aus politischen Gründen abschlägig beantwortete.[35]

Stinnes führte nicht nur mehr Gespräche mit hochgestellten Italienern, als er es im Vorfeld seiner Reise geglaubt hatte, sondern wurde auch vom vatikanischen Staatssekretär Kardinal Pietro Gaspari empfangen; dieser schlug vor, das Reparationsproblem dadurch zu lösen, daß die Vereinigten Staaten die deutsche Reparationsschuld gegenüber den europäischen Siegermächten übernahmen und tilgten. Stinnes ging daraufhin noch einen Schritt weiter und erklärte, wenn die Amerikaner eine wirkliche Lösung wollten, sollten sie in diesem Fall alle Schulden streichen, wenn die europäischen Mächte sich dafür zur Abrüstung verpflichteten – eine Idee, für die die Amerikaner nach Ansicht von Gaspari «ganz taub» waren. Stinnes hatte in seinen Gesprächen mit Fred W. Kent vom Bankers

Trust, einem Mitglied der amerikanischen Delegation in Rom, mit der Stinnes und seine mitgereisten Kollegen konferiert hatten, einen anderen Eindruck gewonnen.

Tatsächlich waren Stinnes und die deutsche Delegation hauptsächlich deswegen nach Rom gereist, weil Kent und andere rührige amerikanische Unternehmer sie dazu ermuntert hatten. Aus dieser Perspektive war der Höhepunkt des Stinnesschen Rom-Aufenthalts seine zweistündige Unterredung mit Elmer Gary, an der auch Vögler teilnahm. Belebt wurde der Abend durch eine gute Prise großbürgerlich-amerikanischer Lebenskultur der 20er Jahre, wie sie in Mülheim/Ruhr wohl kaum denkbar gewesen wäre. Wie Stinnes in seinem Reisebericht festhielt:

> «Während unserer Unterhaltung erschien fünfmal Frau Gary an der Tür; das letzte Mal überwand ihre Neugier alle in ihrem etwas phantastischen Kostüm liegenden Bedenken: sie war nämlich von unten und oben nur etwas ungenügend bekleidet und in der Mitteletage in einen karmesinroten Morgenmantel gehüllt. Sie meinte, daß sie am liebsten der ganzen Unterhaltung beigewohnt hätte, worauf ihr Mann nach ihrem Weggang sagte, sie wäre immer sehr ‹alive›, aber es sei doch besser, daß sie nicht bei allem zugegen sei, da die Damen häufig nicht wüßten, was sie sagen dürften und dann an der verkehrten Stelle manches falsch anbrächten.»

Gary hatte nicht nur über Frauen seine festgefügten Ansichten, sondern auch über die Weltlage. Er sagte, U.S. Steel habe früher mit der US-Regierung im Kampf gelegen und sich mit ihr dann während des Krieges zusammengerauft; nach diesem Muster wünsche man sich jetzt auch gute Beziehungen zu den Partnerbranchen in Deutschland. Andererseits wurde deutlich, daß ihn das, was er über die deutsche Haltung zum Reparationsproblem gehört hatte, sehr beunruhigte. So erkundigte er sich zum Beispiel, ob Deutschland Kapital ins Ausland geschafft habe, das zur Tilgung von Reparationsschulden hätte verwendet werden können, ob die Deutschen wirklich ihr möglichstes taten, um ihre Reparationsverpflichtungen zu erfüllen, und was es mit der Inflation auf sich habe. Stinnes bestritt, daß die deutsche Industrie als Ganze, «abgesehen von Einzelfällen, gegen die man überhaupt nichts machen könne», Kapitalflucht betreibe. Gewiß habe die deutsche Industrie systematisch große Warenvorräte im Ausland angelegt, doch dies sei im Zeichen ihrer Exportorientierung «eine selbstverständliche Pflicht der deutschen Kaufleute gewesen». Dagegen beantwortete er die skeptische Frage Garys nach dem guten Willen der Deutschen zur Erfüllung in einer Weise, die die Gewerkschaften in ihrem tiefsten Argwohn bestätigt hätte:

> «Ich habe darauf Judge Gary gesagt, daß ich das keineswegs erklären könne, im Gegenteil hätte ich oft meinen deutschen Landsleuten von der Arbeiterschaft und namentlich von der Sozialdemokratie erklärt, daß sie höchst unfair und geradezu verbrecherisch handelten, indem sie durch die sozialistische

Wirtschaft die Produktion derartig beeinträchtigten, daß sie auch ohne Reparationssummen um über zwei Milliarden Gold passive sei.

Trotzdem aber müsse ich es als Deutscher ablehnen, meine Landsleute von der Arbeiter- und Beamtenschaft vor versammeltem Publikum der anderen Staaten anzuklagen, denn mit meinen Landsleuten müsse ich in gemeinsamer Arbeit neue Wege finden zu einer geordneten Wirtschaft und das sei ausgeschlossen, wenn man sich vor Dritten vorher Vorwürfe mache. Im übrigen würde Herr Gary als Amerikaner nicht anders handeln und würde ebenfalls seinen Landsleuten wohl allein Vorhaltungen machen, nicht aber öffentliche Anklage vor Dritten erheben.»

Wichtig sei, fuhr Stinnes fort, daß der «sozialistischen Wirtschaft» eine Ende bereitet würde, indem sämtliche staatlichen und kommunalen Betriebe privatisiert und produktiv gemacht würden. Deutschland sei auf Hilfe von außen angewiesen, und es sei unbedingt notwendig, daß die leitenden Männer der deutschen Wirtschaft sich mit ausländischen Geldgebern zusammensetzten und festlegten, unter welchen Bedingungen Deutschland zu einem zuverlässigen Schuldner werden könne. Stinnes äußerte die Überzeugung, das deutsche Volk und die deutsche Wirtschaft seien unter zumutbaren Bedingungen «für ein gewisses, nicht zu hohes Quantum Reparationen absolut gut». Man könne ganz sicher davon ausgehen, daß die deutsche Bevölkerung, wenn sie «sich durch produktive Arbeit die Freiheit würde erkaufen können, ... sie es sicher tun und nicht Faulheit und Unfreiheit vorziehen [würde]. Allerdings müsse man die Bevölkerung vor diese Alternative stellen, um einen Wandel der heutigen Zustände mit Sicherheit herbeizuführen.»

Was schließlich die deutsche Inflation betraf, so wies Stinnes darauf hin, daß die vier Millionen von der Front zurückkehrenden Soldaten beschäftigt werden müßten. Da England die deutsche Wirtschaft blockiert habe und weiter blockiere, sei «der einzige Exportartikel, der Deutschland zur Verfügung gestanden habe, sein Papiergeld gewesen ...»

«Mit diesem Exportartikel hätten wir uns die ersten Rohmaterialien wieder kaufen müssen und diese mit den Restbeständen aus der Kriegswirtschaft zu Industrieprodukten umwandeln müssen. – Selbst ohne Rücksicht auf den Einstandspreis in Gold gerechnet, hätten die Deutschen Fertigwaren exportieren müssen, um immer wieder die Mittel zu haben, um neue Arbeitsgelegenheit zu schaffen, und es sei für Deutschland einfach die Frage gewesen: Arbeit und allmählich sich besserndes staatliches Leben oder Bolschewismus.

Daß Inflation im Grunde genommen auf Kosten des Reichtums des ganzen Staates betrieben würde, sei den deutschen industriellen Führern genau so klar wie den amerikanischen, indessen, wenn die Frage so gestellt werden müsse: Inflation und Verarmung aber Leben auf der einen Seite und keine Inflation und Schonung unseres Portemonnaies oder Bolschewismus auf der anderen Seite, so hätten wir das Leben den Portemonnaie-Interessen vorgezogen, und wir zweifelten nicht, daß die Amerikaner genau so gehandelt hätten wie wir.»

Das war zumindest eine sehr offenherzige und unverblümte Erläuterung der deutschen Politik des Vorrangs der gesellschaftlichen Stabilität und der wirtschaftlichen Erholung um den Preis der Inflation, einer Politik, deren beredtester Fürsprecher Stinnes war. Er hegte die große Hoffnung und wurde von Gary und Kent darin bestärkt, daß die Amerikaner, getreu ihrer Zusage, ihre europäischen Kollegen auf die von Hughes propagierte Idee einschwören würden, eine Expertenkommission einzusetzen, die einen für alle Seiten akzeptablen Plan für die Lösung der Reparationsfrage ausarbeiten sollte.[36] Das Dumme war nur, daß Gary und Kent nicht die amerikanische Außenpolitik bestimmten – das State Department lehnte nicht nur ein Eingreifen ab, solange die französische Seite nicht darum ersuchte, sondern nagelte Botschafter Houghton den Juni und Juli 1923 über in Washington fest, um jegliche Interventionsneigung zu ersticken.[37]

Man war sich außerdem nicht ganz sicher, was Stinnes wirklich wollte. Ihm wurde die Auszeichnung zuteil, Mitte März 1923 auf dem Titelblatt der 3. Ausgabe einer neuen amerikanischen Zeitschrift namens *Time* zu erscheinen, er war also einer der ersten in einer langen Reihe weltberühmter Persönlichkeiten, die von *Time* porträtiert wurden. Die Bildunterschrift unter seinem Konterfei, «Coal and my right!», und der Artikel im Innern des Hefts waren jedoch alles andere als schmeichelhaft. Stinnes wurde darin als der «Allerhöchste» in Deutschland porträtiert, als ein Mann, der mit allen Tricks einen «Kohlensieg an der Ruhr» herbeizuführen versuche: «Sein Ziel ist die Herrschaft über die europäischen Stahlindustrien, und wie all jene geheimnisvollen Figuren, die sich im Niemandsland der internationalen Politik bewegen, wird er es so einrichten, daß er gewinnt, gleich welche Seite die Oberhand behält.» Vorläufig spiele er erst einmal den deutschen Patrioten und propagiere den Widerstand, doch selbst wenn die Franzosen ihre Ziele erreichten, würde er dank einer «Hintertürvereinbarung mit dem Comité des Forges» als Gewinner dastehen. *Time* beschrieb Stinnes als einen Mann voller «Machtgelüste», der «mit grausamen Augen über das Ruhrgebiet wacht und ... auf seine Chance wartet». Der Autor des Berichts prophezeite allerdings auch, daß Stinnes diese Vorwürfe zurückweisen würde, und gestand ihm sogar zu, daß er möglicherweise recht behalten könnte: «Stinnes könnte noch den Beweis dafür antreten, daß seine Politik ehrenwert ist – und dem deutschen Volk und Vaterland zum Segen gereicht.»[38]

Wenn diese *Time*-Geschichte verworren und verwirrend war, dann war das nicht einfach ein Ausdruck der großen Distanz der Amerikaner vom Geschehen in Deutschland. In Deutschland selbst bestand eine ebenso große Unsicherheit hinsichtlich der Ziele und Absichten des Hugo Stinnes. Während er einerseits ganz eindeutig den passiven Widerstand befürwortete, widersetzte er sich heftig dem Versuch der Regierung, den Kurs der Mark bei etwa 21000 Mark für einen US-Dollar zu stützen und dieses Bemühen mit einem Aufruf an die Wirtschaft, sich an einer Dollarschatzanleihe zu beteiligen, zu unterfüttern. In seinen Augen war es ein Fehler, die Devisenbestände der Wirtschaft und das Gold der Reichsbank für eine Operation zu opfern, die zwangsläufig die deutsche Exportfähig-

Stinnes auf dem Titelblatt des «Time Magazine»: «Coal and My Right!»

keit untergraben würde. Stinnes und der Kölner Bankier Louis Hagen gingen mit ihrem kategorischen Nein zu der geplanten Anleihe noch über diejenigen ihrer Wirtschaftskollegen hinaus, die lediglich den Interventionskurs als für Deutschland zu ungünstig ablehnten. Stinnes hütete sich freilich davor, seine Opposition öffentlich zu verkünden; erst als Hermes ihn ersuchte, sich für die Dollar-Anleihe stark zu machen, weil sie ein gutes Vehikel für die Propagierung einer Einheitsfront sei, stellte Stinnes klar, daß er absolut dagegen war, und schrieb Hermes noch einmal ins Stammbuch, was er ihm schon mündlich gesagt hatte:

> «Ich habe gegen die Art der Devisenpolitik und gegen die Dollaranleihe so außerordentliche Bedenken, daß das Äußerste, was von mir erwartet werden kann im Interesse der Aufrechterhaltung der Einheitsfront nach West, ist, daß ich nicht in der Öffentlichkeit gegen die Maßnahme auftrete.
>
> Dies kostet mich schon eine erhebliche Überwindung, da ich nicht gewohnt bin, in so schwerwiegenden Angelegenheiten auf Anfrage mit meiner Meinung zurückzuhalten.»[39]

Weniger Überwindung kostete es Stinnes, Stresemann persönlich zu sagen, was er sich in der Öffentlichkeit zu sagen verkniff, als er von diesem am 29. März empfangen wurde. Wie Stresemann zu den Akten gab:

> «Er [Stinnes] halte die Wirtschaftsmaßnahmen der Regierung für vollkommen verfehlt. Durch die Senkung des Dollars sei ein großer Teil der Industrie überhaupt kaum noch in der Lage, die Geschäfte fortzuführen, namentlich gelte das für die verarbeitende Industrie. Auch in bezug auf das Ruhrgebiet sehe er nicht, wie wir gegenüber Frankreich durchhalten wollten, das unzweifelhaft länger aushalten könne. Die Bestrebungen der Franzosen gingen dahin, das Rheinland und das Ruhrgebiet von Deutschland abzulösen und in irgendeiner Form der internationalen Kontrolle zu unterstellen. Die gemäßigten Elemente in Frankreich dächten daran, zwar das Ruhrgebiet bei Deutschland zu belassen, aber doch die Kontrolle durch eine internationale Gendarmerie auszuüben und die Kontrolle denjenigen Mächten zu übergeben, welche die internationale Anleihe aufbrächten, die für die Lösung der Reparationsfrage notwendig wäre.»[40]

Stinnes begann nun offensichtlich die Geduld zu verlieren und sagte Stresemann, er werde sich aus Berlin fernhalten, da er ansonsten, wenn ihn jemand frage, seine Meinung offen sagen würde; er wolle indes vermeiden, in diese Lage zu geraten. Er habe mit Außenminister Rosenberg gesprochen und ihn gedrängt, das 20-Milliarden-Goldmark-Angebot vom Dezember zu veröffentlichen, dessen Bekanntgabe zum damaligen Zeitpunkt nach Meinung Loucheurs zum Sturz Poincarés geführt hätte und auch jetzt noch eine starke Wirkung zeitigen würde.

Stresemann empfand all dies als ziemlich verwirrend, hatte doch Vögler vor wenigen Tagen noch erklärt, der passive Widerstand funktioniere bestens und man möge sich jetzt nicht auf Verhandlungen einlassen. Stinnes beharrte jedoch darauf, er und Vögler seien im Hinblick auf den passiven Widerstand und die Notwendigkeit, in Verhandlungen einzutreten, derselben Meinung:

> «Die beiden Dinge hätten auch garnichts miteinander zu tun. Gewiß sei der Widerstand an der Ruhr außerordentlich stark, und es werde für Deutschland stets eine Errungenschaft bleiben, daß man einmal an der Hand dieses Widerstandes erkannt hätte, man dürfe Deutschland nicht alles bieten. Aber der Widerstand und der Kampf können doch nicht nur Selbstzweck sein, sondern nur Mittel zum Zweck, d.h. er dürfe nur geführt werden, um damit ein Ziel zu erreichen, namentlich die Befreiung des Ruhrgebietes und die Herstellung endgültiger Verhältnisse.»

Hatte man dieses Ziel erst einmal erreicht, mußte Deutschland selbstverständlich Reparationszahlungen in gewisser Höhe leisten und diese mußten durch Steuern auf Realwerte anstelle von Papierwerten aufgebracht werden. Diese Forderung wurde zu diesem Zeitpunkt bereits im Reichstag erhoben, und Stresemann wollte wissen, was Stinnes davon hielt. Stinnes antwortete, er könne sich mit solchen Steuern «unter gewissen Vorbehalten» einverstanden erklären:

> «Selbstverständlich müsse man damit rechnen, daß eines Tages das Reich einfach eine Reichshypothek eintragen lasse auf die Sachwerte, die den hauptsächlichsten Wert in Deutschland repräsentierten. Die Gegenforderung aber sei die, daß man dann auch die Zwangswirtschaft aufheben müsse ... Für die Industrie gelte es aber vor allem, daß die Besteuerung der Sachwerte Hand in Hand gehen müsse mit einer Änderung des Achtstundentages. Wenn in Deutschland nicht mehr gearbeitet werde, dann könne die Industrie die Goldwerte nicht verzinsen. Er glaube mir privatim sagen zu können, daß man sich auch in Kreisen der Sozialdemokratie darüber vollkommen einig wäre, daß eine solche Verlängerung der Arbeitszeit notwendig werde.»

Es war Pech für Stinnes und seine Industriekollegen, daß nicht nur in linken Kreisen, sondern bis in die höchsten Etagen der Regierung und der Reichsbank hinauf sich der Argwohn breitmachte, die Wirtschaft wolle aus den mit dem passiven Widerstand einhergehenden finanziellen Operationen Kapital schlagen und Auslandsdevisen anhäufen oder exportieren. Havenstein zeigte sich besonders verbittert darüber, daß die Industriellen sich nicht hinter die Dollar-Anleihe stellten. Der passive Widerstand im Ruhrgebiet wurde durch Wechsel finanziert, die durch von den Großkonzernen getragene Finanzgesellschaften auf die Reichsbank gezogen wurden und für die unverkauften Eisen-, Stahl- und Kohlenvorräte als Sicherheit dienten. Die Konditionen für diese Wechsel wurden im März-April 1923 festgelegt und so gestaltet, daß die Firmen bei einem Rückkauf ihrer verpfändeten Güter ein möglichst geringes Risiko durch Veränderungen der Marktpreise oder Wechselkurse eingehen mußten. Vögler gehörte zu den maßgeblichen Mitgestaltern dieser Modalitäten, Rheinelbe zu den größten Kreditnehmern, mit einem Anteil von 52 Prozent an den von der Stahl-Finanzgesellschaft vergebenen Krediten. Unter diesen Umständen konnte Vögler sich der Dollar-Anleihe schwerlich ganz verweigern, wie Stinnes es tat, doch er beschränkte den von der Schwerindustrie gezeichneten Anteil auf 5 Prozent. Der Wirtschaft wurde außerdem die Möglichkeit eingeräumt, die gezeichneten Anteile zu 90 Prozent auf Kredit zu kaufen. Sie konnte somit darauf bauen, daß sie einerseits diese Kredite in entwerteter Papiermark zurückzahlen, andererseits aber den Ertrag ihrer Anleihepapiere in Goldmark kassieren konnte.[41]

Unter dem Gewicht der weiterlaufenden Banknotenproduktion zur Finanzierung des passiven Widerstandes, des geringen Erfolges der Dollar-Anleihe und der sich verschlechternden wirtschaftlichen Bedingungen brach die Aktion zur Stabilisierung der Mark am 18.–19. April in sich zusammen. Den unmittelbaren Auslöser für diesen Zusammenbruch lieferten umfangreiche Devisenkäufe in den Tagen davor, für die ein wütender und enttäuschter Havenstein private Kapitalgruppen verantwortlich machte. Die Presse nahm den Hinweis sofort auf und deutete mit dem Finger auf den Mann, dem zahlreiche einflußreiche Zeitgenossen das Debakel in die Schuhe schoben: Hugo Stinnes, dessen Konzern, so hieß es, in den Tagen vor dem neuerlichen Wechselkursverfall große Mengen britische Pfund aufgekauft habe. In anderen kursierenden Berichten hieß es, Siemens habe solche Käufe getätigt. Hinter diesen Vermutungen stand die Unterstellung, diese massiven, unautorisierten Devisenkäufe hätten eine schwer kontrollierbare in eine unkontrollierbare Situation umschlagen lassen und andererseits einem Spekulantentum, das nur auf eine solche Gelegenheit gewartet habe, Tür und Tor geöffnet. Diese Vorwürfe wurden in der Reichskanzlei sehr ernst genommen, wo Staatssekretär Eduard Hamm eine gründliche Untersuchung der Stinnesschen Devisenoperationen forderte, und sie wurden zum Gegenstand langwieriger Ermittlungen eines Sonderausschusses des Reichstags im Frühjahr und Sommer 1923.[42]

Siemens und Stinnes schrieben unverzüglich an Havenstein und beteuerten ihre Unschuld. Siemens konnte nachweisen, daß sein Konzern keine nennenswerten Devisenkäufe getätigt, sondern im Gegenteil in großem Umfang Devisen verkauft und darüber hinaus Anteile an der Goldanleihe gezeichnet hatte. Er erklärte ferner, die schwerindustriellen Partner in der SRSU hätten in der fraglichen Zeit ebenfalls nur geringe Mengen ausländischer Devisen gekauft. Stinnes bestätigte dies in seinem eigenen Schreiben an Havenstein, in dem er auch die Veröffentlichung von Unterlagen in der *DAZ* ankündigte, die zeigen würden, daß die Attacken in der sozialistischen und in der liberalen Ullstein-Presse «jeglicher tatsächlichen Unterlage entbehren». Da Havenstein mit seinen Äußerungen diese irrigen Berichte ausgelöst hatte, forderte Stinnes den Reichsbankpräsidenten auf, die Dinge richtigzustellen, «umso mehr, als Sie trotz meiner Ablehnung der Devisenpolitik der Reichsbank und des Reichsfinanzministeriums wissen, daß ich nicht zu jenen gehöre, die in den Zeiten des schweren Wirtschaftskampfes Deutschlands gegen Frankreich der Regierung durch Verfolgung von Sonderinteressen in den Rücken fallen».[43]

Wie stark zu diesem Zeitpunkt die Spannungen zwischen der Reichsbank und der Industrie waren, läßt sich aus der Tatsache ablesen, daß auch noch um den Versuch Havensteins, den Eindruck zu verwischen, er hätte die Pressevorwürfe gegen Stinnes in irgendeiner Weise bestätigt, ein Konflikt entbrannte. Es begann damit, daß die *DAZ* die Richtigstellung Havensteins in wesentlich schärfere Worte kleidete, als er selbst es beabsichtigt hatte. Havenstein forderte daraufhin eine weitere Klarstellung. Die *DAZ* verweigerte dies nicht nur, sondern antwortete mit der Drohung, sie werde die Reichsbank und Havenstein künftig an allen Fronten bekämpfen. Diese «Kriegserklärung» ging allem Anschein nach vom Pressechef der Stinnes-Gruppe, Hans Humann, aus, dem sein Chef häufig Zügel anlegen mußte. Erst wenige Wochen vorher hatte Stinnes Humann einen scharfen Verweis erteilt, nachdem dieser eine Attacke auf Reichskanzler Wirth geritten hatte. Die *DAZ* müsse sich, so hatte Stinnes damals geschrieben, in «Ausdrucksweise und ... Ton» künftig mehr Mäßigung auferlegen, «als es in der letzten Zeit der Fall ist».

Die ganze Episode endete damit, daß Stinnes Havenstein versicherte, er habe nicht die Absicht, der Reichsbank den Krieg zu erklären; er versprach auch, daß die *DAZ* eine weitere Klarstellung bringen werde, hat sie aber offenbar nie veranlaßt.[44]

Siemens und Stinnes sagten die Wahrheit, als sie erklärten, sie hätten keine größeren Devisenbeträge für die SRSU gekauft, sondern im Gegenteil Fremdwährungen verkauft. Wie indes die Regierung zu ihrer großen Verärgerung bald darauf herausfand und wie auch der Untersuchungsausschuß des Reichstages zutage förderte, hatte die Berliner Stinnes-Niederlassung am 13. April 93000 britische Pfund geordert und 60000 am selben Tag tatsächlich gekauft. Die Devisen waren weder für die SRSU noch für die Firma Stinnes bestimmt, obwohl deren Angestellte für die Transaktion verantwortlich waren; ihre Beschaffung war vielmehr im Namen des Eisenbahnzentralamts erfolgt, das damit eine Rechnung für aus England bezogene Kohlen begleichen wollte. Der Stinnes-Konzern wickelte solche Kohlenkäufe für die Reichsbahn ab und hatte zugesagt, Devisen für die Begleichung einer Kohlenrechnung in Höhe von £ 93000 zu beschaffen, die am 14. April fällig war.

Es war keine leichte Aufgabe, die diversen Unregelmäßigkeiten herauszufinden, die bei diesen Transaktionen vorgekommen waren; der Untersuchungsausschuß des Reichstags gelangte jedenfalls zu einem Schlußergebnis, das die Firma Stinnes vom Vorwurf vorsätzlichen Fehlverhaltens weitgehend freisprach und die Hauptverantwortung dem Eisenbahnzentralamt und der Regierung zuschob. Die Initiative war eindeutig vom Eisenbahnzentralamt ausgegangen, das auf etliche Jahre des Ringens mit dem Reichskohlenkommissar und dem Wirtschaftsministerium um seine Versorgung mit Kohle und um die Art und Weise der Finanzierung von Auslandskäufen zurückblicken konnte. Ende Januar 1923 hatte die Eisenbahnverwaltung sich widerstrebend bereit erklärt, benötigte Auslandswährungen künftig über die staatliche Devisenbeschaffungsstelle zu beziehen.

Im Frühjahr war jedoch unter den verantwortlichen Beamten die unbegründete Angst umgegangen, man werde ihnen nicht genügend Devisen für die Erfüllung ihrer Zahlungsverpflichtungen zur Verfügung stellen – insbesondere der am 14. April fälligen £ 93 000; dazu gesellte sich Nervosität wegen des ihnen von ihrer Oberbehörde gemachten Vorwurfs, sie kauften mehr Kohle als notwendig.

Aus diesen Gründen scheuten die Beamten davor zurück, die Devisenbeschaffungsstelle über den vollen Umfang ihrer Devisenverbindlichkeiten zu informieren, und versuchten statt dessen, anderswo eine Lösung für ihre Fremdwährungsnöte zu finden: Sie wandten sich an mehrere Importfirmen, mit denen sie geschäftlich zu tun hatten und von denen die namhafteste die Firma Stinnes war, mit der Anfrage, ob diese nicht über Vorräte an Fremdwährungen verfügten, die sie dem Eisenbahnzentralamt verkaufen könnten. Am 12. April teilte die Firma Stinnes dem Zentralamt schriftlich mit, sie sei bereit, die benötigten Devisen zu beschaffen, und noch am selben Tag wandten sich die Stinnes-Leute, ohne eine Auftragsbestätigung abzuwarten, an fünf Banken in dem Versuch, die £ 93 000 aufzutreiben. Einen Tag später hatten sie £ 60 000 beisammen. Es schlossen sich dreitägige Verhandlungen an, in deren Verlauf das Verkehrsministerium beschloß, die £ 60 000 zu übernehmen, um die britische Kohlenrechnung begleichen zu können; die noch fehlenden £ 33 000 wurden vorschriftsgemäß bei der Devisenbeschaffungsstelle geordert. Die £ 60 000, deren Beschaffung nie offiziell genehmigt worden war, hatten die Eisenbahnverwaltung in der Tat aus einer großen Klemme befreit.

Nach all dem stand fest, daß die Reichsbahnverwaltung unverantwortlich gehandelt hatte, indem sie ihren Devisenbedarf für die Bezahlung der am 14. April fälligen Rechnung nicht rechtzeitig angemeldet und indem sie die von der Firma Stinnes ohne förmlichen Auftrag besorgten £ 60 000 angenommen hatte, anstatt die gesamte Summe über die Devisenbeschaffungsstelle zu beziehen. Sie hatte auch schuldhaft versäumt, sich zu erkundigen, ob die Firma Stinnes über ausreichende Devisenbestände verfügte; es gab und gibt jedenfalls keine Hinweise darauf, daß ihre Gesprächspartner bei Stinnes jemals den Eindruck erweckt hätten, sie seien bereits im Besitz der benötigten Devisen und bräuchten sie nicht auf dem Markt zu besorgen. Es fällt schwer, der Schlußfolgerung auszuweichen, daß es der Eisenbahnverwaltung wichtiger war, einen Weg zur Umgehung der von der Reichsbank und anderen staatlichen Behörden verhängten Restriktionen zu finden, als den Ankauf erheblicher Devisenbeträge auf dem offenen Markt zu verhindern. Man muß annehmen, daß die Eisenbahnbeamten ihre Anfrage in einem Ton formulierten, der bei den Vertretern der Firma Stinnes den Eindruck erweckte, daß dringende Abhilfe nötig sei. Auf der anderen Seite ist es ebenso offenkundig, daß man auf seiten der Firma Stinnes im Übereifer darüber hinwegsah, daß kein verbindlicher Auftrag vorlag, und eine Transaktion vornahm, die auf dem Devisenmarkt nicht unbemerkt bleiben konnte. An normalen Tagen wurden an der Berliner Devisenbörse rund £ 400 000 bis £ 500 000 umgesetzt, so daß der Versuch eines privaten Unternehmens, noch dazu eines so prominenten wie der Firma Stinnes, £ 93 000 zu kaufen, schwerlich der Aufmerksamkeit der Insider entgehen konnte. So gesehen, leistete der Vorgang wahrscheinlich einen gewissen Beitrag zum Scheitern des Versuchs der Mark-Stabilisierung einige Tage später.[45]

Unendlich schwerer als dieser unbeabsichtigte Beitrag übereifriger Stinnes-Mitarbeiter zum unvermeidlichen Scheitern der versuchten Mark-Stabilisierung wog die Rolle, die Stinnes zur selben Zeit bei wichtigen Weichenstellungen der deutschen Außenpolitik spielte. Die deutsche Reparationsnote vom 2. Mai war ohne Rücksprache mit der Industrie abgeschickt worden, sehr zum Ärger der RdI-Führung. Stinnes glaubte sogar, der Zeitpunkt ihrer Übermittlung habe die Chancen für fruchtbare Verhandlungen mit Herriot beeinträchtigt. Einer der Hauptfehler der Note bestand darin, daß sie zwar von der Notwendigkeit sprach, im Rahmen einer endgültigen Reparationsregelung die Lasten auf die gesamte Wirtschaft zu verteilen, irgendwelche Sicherheiten und Garantien aber nicht ausdrücklich erwähnte. Cuno versuchte noch, diesen Schwachpunkt zu beseitigen, indem er den RdI bat, öffentlich die Bereitschaft der deutschen Industrie zu bekunden, sich an der Hinterlegung von Garantien für eine Regelung zu beteiligen. Während Bücher und Sorge sich bereit erklärt hatten, eine solche Erklärung abzugeben, hatte Stinnes, den zu fragen sie für unabdingbar hielten, jede von Staatssekretär Maltzan vorgeschlagene Formulierung abgelehnt, mit der Folge, daß der RdI gar keine Verlautbarung abgab.[46]

Ein eindrucksvollerer Beleg für den Einfluß, den Stinnes im und auf den RdI hatte, läßt sich schwerlich finden. Kanzler Cuno brauchte jedoch für das nächste Kapitel seiner Bemühungen um eine Reparationsregelung unbedingt die Unterstützung des RdI. Die grundlegende Frage lautete deshalb: Welche Haltung würde Stinnes einnehmen. Stinnes erklärte sich nur zu gern bereit, Cuno seine Ideen im persönlichen Gespräch nahezubringen. Er riet dem Reichskanzler, sich in seiner nächsten Note an die Siegermächte nicht so sehr auf politische Fragen als vielmehr auf das Thema Reparationen zu konzentrieren, jährliche Ratenzahlungen anzubieten und die Nennung einer Gesamtsumme zu vermeiden. Außerdem tue er gut daran, sich vor Absendung der Note mit den betroffenen Regierungen abzusprechen, um von vornherein eine positive Resonanz sicherzustellen. All dies setzte Cuno in der Folge in die Tat um – vielleicht hätte er aber auch ohne die Stinnesschen Ratschläge so gehandelt.[47]

Weit gewichtiger waren die Stinnesschen Ansichten in der Frage der Garantien, wie er sie sowohl in seiner Unterredung mit Cuno als auch auf einer Sitzung des RdI Mitte Mai darlegte. Er begann mit der Feststellung, im Vertrag von Versailles seien nicht die persönlichen Vermögenswerte der Deutschen, sondern die des Deutschen Reiches zu Reparationspfändern erklärt worden; daraus folge, daß in jedem Reparationsabkommen zuallererst die reichseigenen Unternehmen als Pfänder hinterlegt werden müßten, «damit das Einzelindividuum daneben nur denkbar niedrig belastet werde». Für die Verwirklichung dieses Zieles hatte Stinnes ein ganz konkretes, inzwischen auch sehr bekanntes Programm in petto:

Die reichseigenen Betriebe, allen voran die Eisenbahnen, sollten der staatlichen Verwaltung entzogen und unter die Kontrolle von «Betriebsgesellschaften» gestellt werden. Diese sollten verpflichtet sein, an den Staat jährliche Pachtzahlungen in Goldvaluta zu leisten, mit denen der Staat sodann seine internationalen Schulden tilgen könnte. Die Garantie für diese Zahlungen würden die Mitglieder der Betriebsgesellschaften übernehmen, die aus der Privatwirtschaft kommen würden; ihre Aufgabe wäre es, die Unternehmen so rentabel zu betreiben, daß die Erträge ausreichten, um die Pacht zu bezahlen. Stinnes schloß die Möglichkeit nicht aus, daß die Gewerkschaften an den Betriebsgesellschaften beteiligt werden müßten, wohl in der Hoffnung, sie würden dann die für die Sicherung der deutschen Zahlungsfähigkeit erforderlichen wirtschaftlichen und sozialen Veränderungen dank besserer Einsicht akzeptieren und selber Verantwortung übernehmen.

Das war jedoch keinesfalls alles, was Stinnes dem Staat und der Gesellschaft abverlangte. Seiner Überzeugung nach war es höchste Zeit, daß sich die diversen Staats- und Verwaltungsbehörden auf allen Ebenen vom Besitz ihrer Unternehmen verabschiedeten. Es gebe Staatsunternehmen, die Würstchen oder Margarine erzeugten, in Konkurrenz zu Privatunternehmen und unter Verwendung von Steuergeldern, was vor allem den Interessen der Parlamentsabgeordneten diene, die ihre Aufsichtsräte bevölkerten. Der Staat müsse sich aus solchen Aktivitäten zurückziehen, sich auf seine Regierungs- und Verwaltungsaufgaben konzentrieren und dadurch seine eigene Qualität und Autorität aufbessern. Stinnes wiederholte auch jetzt wieder seine bekannte Forderung nach einem Ende der «Zwangswirtschaft», nahm davon allerdings den Wohnungsbau und die Wohnungsbewirtschaftung aus. Man könnte dies als ein Zeichen dafür deuten, daß die Wohnungsversorgung so schlecht war, daß nicht einmal der heftigste Verfechter des freien Unternehmertums ein Ende der staatlichen Regulierungen in diesem Bereich fordern konnte, doch sollte man auch den Gesichtspunkt nicht übersehen, daß die Mietpreisbindung auf eine indirekte Subvention der Lohnempfänger auf Kosten der bürgerlichen Hausbesitzer hinauslief und daher für die Arbeitgeber von Vorteil war.

In seiner Unterredung mit Cuno verfolgte Stinnes seine eigennützigen Interessen eher noch ungenierter als gewöhnlich. Am unverfänglichsten war noch seine Forderung, das Steuerrecht müsse so reformiert werden, daß mehr Anreize für die Kapitalbildung gewährt würden, was langfristig eher zu einer Erhöhung als einer Verminderung der Steuereinnahmen führen werde. Weitaus interessanter war sein Eintreten für «außergewöhnliche Maßnahmen», die ergriffen werden müßten, um die Tilgungszahlen zu ermöglichen, die Bestandteil jedweder Reparationsregelung sein würden; diese Maßnahmen müßten bei den «zwei Säulen» der Wirtschaft ansetzen: «Besitz und Arbeit». In bezug auf ersteren schlug er eine «Gold-Zwangshypothek» auf alles unbewegliche Eigentum vor. Es habe keinen Sinn, einen Zugriff auf flüssiges Kapital zu versuchen, denn dieses könne zu leicht verschoben werden, und produktives Betriebskapital zu belasten sei gefährlich. Als wild entschlossener Gegner der «Überfremdung», die in der Inflationszeit eingerissen war, hielt Stinnes die Besteuerung von Immobilien für besonders wichtig. Um nur seine verräterischsten Beispiele zu zitieren: Durch Verhängung einer Zwangshypothek auf den Immobilienbesitz des Phoenix-Konzerns könne man dessen holländische Aktionäre «der deutschen Reparationsleistung tributpflichtig» machen, desgleichen die vielen anderen Ausländer, die in Deutschland Grund- und Gebäudeeigentum erworben hatten. Auf diese Weise konnte man erreichen, daß ein nicht unerheblicher Teil der Zwangsanleihe von Ausländern aufgebracht werden mußte, die dann auch ein starkes Motiv für eine möglichst schnelle Tilgung haben würden.

Der vom Faktor Arbeit zu tragende Teil der Bürde konnte nach Auffassung von Stinnes, wie nicht anders zu erwarten, nur in einer Verlängerung der Arbeitszeit bestehen. Er verlieh dieser Forderung allerdings eine phantasievolle Wendung, indem er erklärte, man könne darin eine «Zwangshypothek» auf den Achtstundentag sehen, vergleichbar mit der den Immobilienbesitzern abverlangten. Die «Rückzahlung» dieser Hypothek werde dadurch erfolgen, daß die Produktivität solange gesteigert werde, bis eine Rückkehr zum Achtstundentag möglich würde. Indem man so eine Analogie zwischen der Belastung der Besitzenden und der Belastung der Arbeiter herstelle, mache man letztere für die «Psyche» der Arbeiter erträglicher. Das war nicht das einzige Mittel, mit dem Stinnes die Arbeiter für diesen Plan einzunehmen gedachte. Er plädierte auch dafür, jede Anstrengung zu unternehmen, um die Reallöhne der Arbeiter wieder auf den Vorkriegsstand zu bringen, und ging sogar so weit, zu erklären: «Diejenigen Teile des Unternehmertums, die es nicht zu leisten vermögen – und das werden nach der Kriegsentwicklung wohl nicht wenige sein – sind für ihre Aufgabe ungeeignet, und es ist folgerichtig im Sinne einer Gesundung unseres Wirtschaftslebens, wenn sie durch die Verhältnisse als Unternehmer beseitigt werden.» Das war nicht weniger als die offene Ansage, daß die Rationalisierung und die wirtschaftliche Gesundung auf Kosten der kleinen und mittleren Unternehmen stattfinden würde.

Wenn Stinnes damit bis zu einem gewissen Grad zu seiner Konzeption von 1918 zurückkehrte – Zusammenarbeit zwischen Großwirtschaft und Gewerkschaften unter potentieller Opferung der Interessen von Klein- und Mittelbetrieben –, so hatte er doch die Sorge um diejenigen, die durch die Inflation verarmt waren, nicht ganz über Bord geworfen. Er sprach sich dafür aus, für diesen Personenkreis eine bescheidene staatliche «Gold-Rente» auszusetzen, «und zwar nicht unter dem Begriff einer Sozialrente, sondern ausgesprochenermaßen als Entschädigung für den an ihnen durch die Inflation begangenen Betrug. Tatsächlich sind alle Leute, die durch festverzinsliche und ähnliche Werte dem Staat ihr Geld anvertraut und damit dem Staate geholfen haben, durch die Manipulationen des Staates um ihren Besitz betrogen worden.»

Es ist in diesem Zusammenhang erwähnenswert, daß Stinnes selbst diesen Personenkreis eifrig vergrößerte, indem er etwa die Besitzer von Deutsch-

Luxemburg-Obligationen aus dem Jahr 1908 in vollkommen wertlosen Papiermark auszahlen ließ, und daß seine Rechtsabteilung Beschwerden wütender Anleger mit der Feststellung beantwortete, man verhalte sich nur genauso wie die staatlichen Stellen und Geldinstitute, die festverzinsliche Obligationen ausgegeben hätten.[48] Sicher entsprach diese Haltung auch der allgemeinen dem Stinnesschen Programm innewohnenden Tendenz, nicht nur die Pflicht zur materiellen Wiedergutmachung erlittener privater Verluste dem Staat aufzubürden, sondern auch die moralische Schuld. Man kann allerdings auch dem RdI nicht bescheinigen, er habe mit seiner Denkschrift vom 25. Mai 1923 an Reichskanzler Cuno zu den industriellen Garantien für die Reparationen ein moralisches Exempel statuiert. Diese Denkschrift war sichtbar von dem Stinnesschen Programm geprägt, für das Silverberg sich ins Zeug gelegt hatte; sie war zwar nicht so extrem ausgefallen, wie Silverberg es gewollt hatte, und auf Bitten Cunos im Ton abgemildert worden, doch das änderte nichts daran, daß es sich dabei um den durchsichtigen Versuch handelte, jegliche Unterstützung für die Regierung an außerordentlich schwer erfüllbare politische Bedingungen zu knüpfen, wie die Industrie es auch schon anläßlich des Kreditangebots von 1921 getan hatte. Damit war es ein Dokument, das Stinnes leichten Herzens unterschreiben konnte und auch unterschrieb.[49] Was nun den materiellen Gehalt des von der Industrie unterbreiteten Angebots anging – 40 Prozent der jährlich zu zahlenden 500 Millionen Goldmark aus den Kassen der diversen Wirtschaftsgruppen –, so fiel auch hier ein peinlicher Mangel an Großzügigkeit ins Auge, der unter Garantie den Zorn der Gewerkschaften heraufbeschwören mußte.

Die neue deutsche Reparationsnote vom 7. Juni 1923 gefiel den Briten und Italienern, die jetzt nach Mitteln und Wegen suchten, die Franzosen an den Verhandlungstisch zu bringen, schon um einiges besser, weil sie Abschlagszahlungen und konkrete Garantien anbot; bei den Franzosen stieß sie jedoch auf Ablehnung. Sie forderten einen Abbruch des passiven Widerstandes als Vorbedingung dafür, daß sie in irgendwelche Gespräche oder Verhandlungen eintraten.

Die Regierung Cuno befand sich inzwischen in einem Zustand der Dauerkrise, bedingt durch den weiteren Verfall der Mark und die sich beschleunigende Spirale von Ratlosigkeit und Gewalt im Ruhrgebiet. Die Franzosen zogen die Daumenschrauben an der Ruhr immer weiter an und begannen Kohle fortzuschaffen, während allenthalben Betriebsschließungen einsetzten. So groß die Probleme auch wurden, Stinnes wachte weiterhin mit Argusaugen über die Einhaltung der Kredit- und Entschädigungsvereinbarungen mit dem Reich. Am 18. Juni verfaßte er eine Denkschrift, die man geradezu als Wahrzeichen seiner geschäftlichen Genialität und seines meisterhaften Spiels auf der Klaviatur der Inflation einstufen kann. Er begann mit der Feststellung, das Reich bezahle Geld für unproduktive Lohnkosten und teilweise Materialkosten. Wenn beispielsweise ein Konzern nur noch die Hälfte der Kohle förderte, die er 1922 gefördert hatte, entfalle der entsprechende Teil der Zahlungen, die er vom Staat erhielt, auf unproduktive Lohnkosten und einen Teil der Materialkosten. Stinnes gab in seiner Firma Anweisung, diesen Teil der empfangenen Gelder für die Abzahlung der Kredite zurückzulegen, um die Rechnungen der Kohlenfinanz-Gesellschaft zu bezahlen. Das war deswegen vorteilhaft, weil der vom Kohlensyndikat in Anspruch genommene Kredit nicht wertbeständig war, so daß die Zechenbesitzer ihn mit Papiergeld tilgen konnten, das nur noch den fünften Teil seines ursprünglichen Wertes besaß. Die Regierung verknüpfte ihre Anleihen jedoch inzwischen mit der Entwicklung der inländischen Verkaufspreise für Kohle, so daß der Papiermark-Wert von Krediten im Gleichschritt mit dem Kohlenpreis stieg. Demgemäß mußten zum Beispiel beim Mülheimer Bergwerksverein Kredite über 4 Milliarden Mark, die im Mai aufgenommen worden waren, im Juni mit 8 Milliarden Papiermark zurückgezahlt werden. Nun erklärte Stinnes hierzu, der MBV sei verpflichtet, diesen Verlust von 4 Milliarden Mark zu verhindern, bzw. sich dieses Geld zurückzuholen, indem er die an seine Schwesterfirma, die Nordische Holzhandelsgesellschaft, vergebenen Kredite übernahm. Diese Papiere hatten natürlich einen Wertverlust erlitten, und indem der MBV sie jetzt als normale Wechsel übernahm, besorgte er sich eine neue Anleihe über 4 Milliarden Papiermark als Ausgleich für den bei den Kohlenfinanzwechseln erlittenen Verlusten. Stinnes erteilte überdies Anweisung, alles Erdenkliche zu tun, um im Mai gezogene Wechsel im Juni zu rediskontieren, denn wegen der steigenden Kohlenpreise brauchte man dann für denselben Kredit weniger Kohle als Sicherheit.

Stinnes fand auch einen Weg, seine Zechen vor Verlusten durch die Kohlenbeschlagnahmungen der Franzosen zu bewahren; er gab ihnen Anweisung, den Handelswert dieser Kohle, zuzüglich des Werts der dadurch verlustig gegangenen Selbstverbrauchsquote, als gelieferte Reparationskohle zu verbuchen und die entsprechenden Beträge alle zwei Wochen über das Syndikat auf dieses Konto anzurechnen. Zugleich wies er die Buchhaltungen an, sich alles Erdenkliche einfallen zu lassen, um zu verhindern, daß diese Gelder tatsächlich hereinkamen. Das Rechnungsdatum sollte jeweils so gewählt werden, daß die Gelder automatisch gegen die Kohlenfinanzkredite des Unternehmens aufgerechnet würden. In bezug auf die geförderte Kohle, die nicht von den Franzosen beschlagnahmt wurde, lag es nach Überzeugung von Stinnes im Interesse der Zechen, diese nicht unmittelbar zu verwerten, sondern sie als aktive Lagervorräte zu behandeln, die über die Kohlenfinanz-Gesellschaft an den Staat abgetreten werden konnten. Auf 70 Prozent dieser Kohlenvorräte, taxiert nach ihrem potentiellen Verkaufspreis zuzüglich Kohlesteuer, sollten Kredite aufgenommen werden, während der Wert der restlichen 30 Prozent für die Kohlesteuer in Reserve gehalten werden sollte, denn ihr nomineller Wert würde mit zunehmender Inflation steigen. Stinnes war sich sehr genau darüber im klaren, daß diese Anweisungen auf den aktuell gültigen Vereinbarungen und Verordnungen beruhten und daß sich daran jederzeit etwas ändern konnte. Aus diesem Grund erteilte er seinen Zechen Anweisung, in ständigem Kontakt mit seinem Berliner Sekretariat zu bleiben und jedes Mal, wenn von dort neue Informationen kamen, die Leitungen der anderen mit der Firma verbundenen Zechen «mündlich» über die neuesten Anweisungen zu informieren.[50]

Trotz alledem wäre es ein Fehler, Stinnes als einen Schmarotzer hinzustellen, der sich von der Papierflut, die die Regierung aussandte, ernährte. Er sah in den Krediten der Kohlenfinanz-Gesellschaft eine ultima ratio und zog es, wo immer möglich, vor, bei privaten Kreditgebern zu leihen und auf dem normalen Markt zu verkaufen. Er sah sich selbst eher in der Rolle eines Beschützers nationaler Vermögenswerte, die von gierigen äußeren Feinden und unfähigen Politikern im eigenen Land bedroht waren. Diese Selbsteinschätzung fand einen interessanten Ausdruck in einem Briefwechsel mit Professor Alfred Weber, der sich im Juni 1923 mit der dringenden Bitte an ihn wandte, in die Rolle eines «Retters des Vaterlandes» zu schlüpfen, indem er seine ausländischen Finanzmittel der Regierung zur Verfügung stellte und seine ausländischen Vermögenswerte verpfändete, natürlich gegen zukünftige Entschädigung in Goldvaluta – das alles um zu verhindern, daß Poincaré die Einheit Deutschlands zerstörte, und um Engländer und Amerikaner auf die Seite Deutschlands zu ziehen. Weber räumte ein, früher als Stinnes-Kritiker aufgetreten zu sein und ihm 1918 Unrecht getan zu haben – mit erheblichen negativen Folgen für seine eigenen politischen Geschicke –, jedoch sehe er sich jetzt genötigt, sich an ihn zu wenden als jemanden, dessen Einfluß in einem schicksalhaften Augenblick der deutschen Geschichte wirklich etwas bewirken könne.[51]

Stinnes äußerte in seinem Antwortschreiben sein größtes Erstaunen darüber, wie sehr die gebildeten Kreise Deutschlands dem «Pressegeschwätz» über ausländische Vermögenswerte deutscher Industrieller auf den Leim gegangen seien. Die Wirklichkeit sehe anders aus:

> «Die deutsche Großindustrie, namentlich die Montanindustrie, kämpft dafür mit einem gewissen Erfolg, sich wirtschaftlich vom Ausland unabhängig zu halten. Sie ist dabei in der Lage gewesen, einen nicht unwesentlichen Teil der Verfeinerungsindustrie anzuschließen und mitzusichern, weil diese Objekte durch die erbärmlichen Zustände im Reiche fast total entwertet waren. Meine sämtlichen Auslandsunternehmungen werden mich kaum in die Lage versetzen, meine Devisenverpflichtungen sofort zu decken, und mehr oder weniger liegt es bei fast allen den Deutschen so, die als Industrielle ihre Pflicht getan haben.»[52]

Die einzige Lösung, betonte Stinnes ein weiteres Mal, bestehe darin, daß die sozialistische Wirtschaft abgeschafft und die Arbeitsproduktivität erhöht würde.

In einer interessanten Erwiderung stellte Weber klar, daß er ein Befürworter der Konzentration war und für eine Verlängerung der Regelarbeitszeit durch freiwillige Tarifvereinbarung eintrat. Was ihm Sorge bereite, sei die Heimatfront, deren Zusammenbruch er befürchtete, weil die Staats- und Wirtschaftsführer es versäumten, die Psyche der Arbeiter ins Kalkül zu ziehen. Stinnes ließ sich davon nicht beeindrucken; er beharrte wie eh und je darauf, der einzige Weg zu einer Verbesserung der Währung bestehe, da man nicht für immer und ewig Papiermark exportieren könne, darin, mehr zu erzeugen und dadurch mehr Devisen zu verdienen. Er erklärte sich einig mit dem Ziel, die Regelarbeitszeit langfristig durch technische Fortschritte zu verkürzen und pries das Vorbild der Vereinigten Staaten, wo man höhere Löhne zahlen und damit den technischen Fortschritt fördern würde. In der gegenwärtigen Situation komme es jedoch wesentlich darauf an, die Arbeit effizienter zu nutzen, damit man Löhne zahlen könne, von denen auch kinderreiche Familien leben könnten. Die Alternative sei die Demoralisierung nicht nur der arbeitenden, sondern auch der gebildeten Schichten, ein Argument, das zeigte, daß Stinnes höchstwahrscheinlich wußte, daß eines von Webers großen Anliegen die Sorge um die Erhaltung der gebildeten Mittelschicht in Deutschland war.[53]

Das änderte nichts daran, daß Stinnes in seinem fast verbohrten Bemühen um eine den deutschen Interessen zuträgliche Lösung der wirtschaftlichen Probleme die Bedeutung der von Weber richtig gesehenen Tatsache verkannte, daß Deutschland sich in einer tiefen, von Ruhrbesetzung und Inflation noch verschärften politischen und psychologischen Krise befand. Dazu kam eine schwere Führungskrise. Stinnes wußte sicherlich um die Führungsschwäche an der Spitze, doch seine Lösungsvorschläge waren, jetzt ebenso wie in den Kriegsjahren, eher geeignet, die Schwierigkeiten zu vergrößern, als Abhilfe zu bringen. Stinnes und Osius zerrissen schlichtweg jede Maßnahme in der Luft, die Cuno und Havenstein ergriffen, um der Krise Herr zu werden. Am 1. Juni berichtete Osius in sarkastischem Ton an Stinnes über eine weitere geplante Operation zur Stützung der Mark, an deren erneutem Scheitern für ihn kaum ein Zweifel bestand, und einen Monat später meldete er fast triumphierend, die Reichsbank mache jetzt schon gar nicht mehr den Versuch, ihre Emissionen mit Gold zu decken. Als die Regierung am 21. Juni den verzweifelten Versuch machte, durch Verordnung eines einheitlichen Wechselkurses die Spekulation gegen die Mark zu stoppen, erntete sie dafür scharfe und verständliche Kritik seitens der Wirtschaft. Stinnes neigte jedoch dazu, Kritik in personifizierter Form auf die Spitze zu treiben. Es kursierten Berichte über wütende Auseinandersetzungen zwischen ihm und Cuno, in deren Verlauf der Kanzler Stinnes angeblich einmal mit den Worten anherrschte: «Ich bin nicht ein Angestellter von Ihnen, und wenn ich es wäre, würde ich mir diesen Ton auch verbitten», worauf Stinnes aus dem Raum gestürmt sei.[54]

Trotz solcher Unstimmigkeiten bedienten sich Cuno und Rosenberg weiterhin der Dienste Stinnes' für diplomatische Zwecke, vor allem wenn es um Italien ging, wo Stinnes über Marescalchi den hochkarätigen Kontakt zu dessen «Freund» Contarini pflegen konnte. Eine Zeitlang war sogar von einem geplanten Geheimtreffen zwischen Stinnes und Mussolini Ende Mai die Rede gewesen, doch der Terminkalender von Stinnes hatte es letztlich nicht zugelassen. Marescalchi hielt Stinnes darüber auf dem laufenden, wie die deutschen Noten und Vorstöße zur Reparationsfrage in Italien aufgenommen wurden, berichtete von den Ängsten vor einer industriellen Partnerschaft zwischen Frankreich und Deutschland und von der weiter bestehenden Hoffnung auf deutsche Investitionen in der italienischen Wirtschaft. Als im Ruhrgebiet die Produktion zunehmend ins Stocken geriet, ging in Italien die Sorge um, der Nachschub an Reparationskohle, auf die die italienische Wirtschaft dringend angewiesen war, könne versiegen.

Stinnes nutzte diese Chance, um die italienische Karte zu spielen, was immer sie auch wert sein mochte. Er traf sich mit Marescalchi, zunächst Anfang Juli in Berlin, dann noch einmal am 15. Juli in Kopenhagen, um die allgemeine Lage zu besprechen. Die Berichte, die Marescalchi an Contarini schickte, bieten einen guten Einblick in das Stinnessche Denken in dieser kritischen Phase. Über ihre erste Unterredung schrieb Marescalchi:

> «Stinnes glaubt nicht, daß eine Lösung der Ruhrfrage bald zu erwarten sei. Vielleicht kommt sie im Oktober oder November, wenn nicht in der Zwischenzeit die Kluft, die die beiden Gegner trennt, sich noch erweitert und so die Situation verhängnisvoll verschlimmert, indem sie die Möglichkeit einer logischen, humanen, zweckentsprechenden Lösung zur Wiederkehr des wirtschaftlichen Friedens in der Welt immer weiter rückt. Die englische Politik ist ungewiß, schüchtern, die italienische schwach. Stinnes aber hat noch das Vertrauen, daß man zu einer Verständigung und Regelung kommt.»[55]

Bei ihrem zweiten Treffen schien Stinnes hin und her gerissen zwischen einem gesteigerten Optimismus im Hinblick auf die Engländer und düsteren Vorahnungen für die Zukunft:

> «Herr Stinnes hält eine Lösung der Ruhrfrage in nächster Zeit nicht für wahrscheinlich. Immerhin ist er nicht ohne Hoffnung, daß man noch gegen Ende dieses Jahres zu einer Verständigung kommt, zumal England energischer auf eine Einflußnahme zu drängen scheint. Herrn Stinnes erscheint es unmöglich, daß jemand so vermessen sein könnte, die Gefahr heraufzubeschwören, diese Riesenbevölkerungsmenge des Ruhrgebiets – falls die Besetzung in der gegenwärtigen Form andauern sollte – dem Frost und Hunger auszusetzen. Frankreich wird es niemals gelingen, ein Volk an seinem Wiederaufkommen durch Hunger und Kälte zu hindern. Vielleicht könnte es für kurze Zeit einen vorübergehenden Erfolg haben, der aber nur eine furchtbare Irredenta hervorrufen müßte, unter der Frankreich wahrscheinlich selbst zugrunde gehen würde.»[56]

Marescalchi deutete die Tatsache, daß Deutschland erneut Käufe auf dem britischen Kohlenmarkt tätigte, als gutes Vorzeichen dafür, daß die Deutschen dem Druck einige weitere Monate standhalten würden. Er selbst hatte von Genua aus derartige Käufe auf Rechnung von Stinnes getätigt; auf diese Weise sollte die wirkliche Bestimmung der Kohle verschleiert und auch verhindert werden, daß Franzosen und Belgier die Preise in die Höhe trieben, denn diese beiden tätigten immer dann große Kohlenkäufe, wenn sie von deutschen Bestellungen Wind bekamen. Stinnes äußerte allerdings auch die Warnung, die Lieferungen deutscher Reparationskohle könnten versiegen, wenn die Ruhrbesetzung noch länger andauerte. Er drängte die italienische Regierung, alles in ihrer Macht Stehende zu tun, um die Reparationsfrage zu entpolitisieren und sie «zu einem ausschließlich wirtschaftlichen Problem zu reduzieren». Er selbst war bereit, den Italienern vertraglich die Lieferung von 2 Millionen Tonnen Kohle höchster Qualitätsstufe für die Dauer von 10 bis 15 Jahren zu garantieren, die teilweise aus dem Ruhrgebiet und teilweise aus den von der Alpine kontrollierten oberschlesischen Zechen kommen sollten. Stinnes betonte, wie wichtig es für Italien sei, sich zumindest für einen Teil seines Kohlenbedarfs einen zuverlässigen Landbeförderungsweg zu sichern, da die Situation in Europa unwägbare Risiken berge. Marescalchi war von dieser Anregung fasziniert und drängte seine Regierung, sie gründlich zu prüfen, zumal sich daran womöglich eine umfassende Vereinbarung über die Landbeförderung auch anderer benötigter Rohstoffe durch Österreich knüpfen lasse, was wiederum für Stinnes einen Anreiz bedeuten würde, in Italien zu investieren.

Stinnes versuchte nicht nur, die Italiener mit der Verheißung größerer Versorgungssicherheit zu beeindrucken, sondern stellte seinen Vorschlag auch auf die für ihn so typische Weise in den Kontext einer europäischen, ja globalen Perspektive. Er kam auf private, von jeder staatlichen Einmischung freie Vereinbarungen zu sprechen, wie er sie mit de Lubersac geschlossen hatte, und betonte, wie wichtig und wertvoll sie seien. Wenn solche Vereinbarungen mit französischen und belgischen Partnern zustande kämen, könnte Italien daraus ein gewisses Maß an Sicherheit schöpfen, daß es nicht von den übermächtigen europäischen Montanriesen erdrückt würde. Keinesfalls dürfe Italien sich ausschließen aus dem System der «Privatverträge zwischen Erzeugern und Abnehmern in ganz Europa ..., um die Produktion zu erhöhen und den Güteraustausch zu erleichtern». Nur so hätten die Europäer die Chance, dem «unvermeidlichen Druck der Gläubiger der Gesamtwelt [standzuhalten], nämlich der Amerikaner, die 65% des Gesamtgoldes in ihren Händen haben». Marescalchi zeigte sich willens und bereit, den offenbar ansteckenden Glauben des Hugo Stinnes an die Deckungsgleichheit seines Privatinteresses mit dem Allgemeinwohl weiterzutragen:

> «Herr Stinnes ist nicht sentimental; er arbeitet oder er glaubt zu arbeiten auf lange Sicht und hält es daher für nötig, daß Italien und Deutschland im gegenseitigen Interesse die wirtschaftliche Brücke, die beide Länder verbindet, durch Verträge und Lieferungen verstärken. Sein Interesse ist das Allgemeininteresse – er sieht dieses Interesse in der Verbesserung der allgemeinen Lage, worauf er mit allen Kräften hinarbeitet.»

Es gab natürlich auch deutsche Interessen, und Stinnes legte denn auch den wohlberechneten, aber unter den Bedingungen des Juli 1923 etwas abenteuerlichen Vorschlag vor, Italien solle, «sobald die Saar von französischer Kontrolle befreit ist», die Lieferung einer bestimmten Menge Saarkohle verlangen, denn die Franzosen förderten dort mittlerweile so viel, daß sie Kohle ausführen könnten.

Stinnes wußte sehr gut, daß er diese Gespräche als Privatmann führte, daß aber seine Ziele nur erreicht werden konnten, wenn dahinter zwischenstaatliche Vereinbarungen, welcher Art auch immer, standen. Er hielt demzufolge das Auswärtige Amt kontinuierlich auf dem laufenden, das an diesen Gesprächen in der Tat besonderen Anteil nahm, weil es an der Rückerlangung während des Krieges beschlagnahmten deutschen Eigentums interessiert war. Rosenberg drängte Neurath, die Vorschläge mit Marescalchi zu besprechen und sich über die Reaktion Contarinis informieren zu lassen. Contarini war freilich, wie Neurath am 30. Juli berichtete, für einige Wochen in Urlaub gegangen, und Mussolini machte einen völlig uninformierten Eindruck, zeigte jedoch durchaus Interesse, als Neurath ihm einige der Ideen vortrug.[57]

Italien war und blieb jedoch eine Nebenbühne, ein Umstand, dessen die Italiener sich nur allzu schmerzlich bewußt waren. Die eigentliche Schlacht spielte sich in Deutschland und an der Ruhr ab, wo sogar Stinnes' Freund Silverberg begann, in seinem Glauben an den passiven Widerstand wankend zu werden. Englische Gewährsleute hatten ihm zugetragen, der französische General Paillot habe die Absicht, die Eisenbahnen an Rhein und Ruhr in eine selbständige internationale Gesellschaft einzubringen, die dann eigene Tarife festsetzen könne. Silverberg hielt dies für eine so gefährliche Sache, daß er erklärte, «jegliches Zugeständnis, darunter auch die Aufgabe des passiven Widerstandes, [sei] zu rechtfertigen ..., wenn internationale Garantien für die Nichtdurchführung dieser Pläne gegeben würden».[58] Osius war überzeugt, daß man damit einen großen Fehler beginge, denn man gäbe «den Trumpf aus der Hand, ohne die Sicherheit zu haben, das Spiel zu gewinnen. Gegen eine derartige Erpresserpolitik schützen bei dem heutigen Stand der militärischen Machtverhältnisse keinerlei internationale Garantien.»

Stinnes stimmte in diesem Punkt völlig mit Osius überein, doch deutet einiges darauf hin, daß er selbst durchaus bereit war, sich im Verlauf des Sommers 1923 mit dem französischen Hohen Kommissar im Rheinland, Paul Tirard, zu treffen und dabei auch über die Bildung selbständiger deutscher Länder in dieser Region zu sprechen.[59] Tirard hatte in einer voraufgegangenen Unterredung offenbar eine solche Lösung erwähnt, doch war Stinnes der Frage damals ausgewichen. Dieses Mal war er jedoch als Privatperson gekommen und bereit, über die Schaffung zweier rheinischer Länder, eines nördlichen und eines südlichen, zu diskutieren. Dabei erklärte er jedoch «kategorisch, daß die Leute, die etwa so dächten wie er, um keinen Preis aus dem Reiche herausgingen und dafür nie zu haben wären». Unter dieser Voraussetzung war er bereit, über zwei Länder mit einem gemeinsamen Landtag zu reden, wobei Tirard allerdings mehr als deutlich machte, daß die Trennung von Preußen wirklich vollzogen werden müsse und nicht bloß «camouflage» sein dürfe. Tirard forderte des weiteren die Loslösung der Eisenbahnen vom Reich, konzedierte aber, daß sie von den beiden neuen Ländern und einer internationalen Behörde kontrolliert werden könnten. Er sprach schließlich von der Notwendigkeit einer 15jährigen Besatzung, bis die Reparationen abbezahlt wären, worauf Stinnes entgegnete, Frankreich müsse sich etwas einfallen lassen, um eine solche Lösung dem Reich, Preußen und Bayern schmackhaft zu machen. Tirard versicherte, daß seine Regierung dies einsehe, und Stinnes verließ ihn in dem Gefühl, die Franzosen hätten den Wunsch, Verhandlungen aufzunehmen.

Diese Gespräche waren ein Vorzeichen für kommende Dinge, und dasselbe galt für die Gespräche, die Stinnes in der ersten Augustwoche mit Goldschmidt und führenden Männern der Deutschen Bank über eine Reform der Reichsfinanzen führte. Die zunehmend unerträglichere Lage im Ruhrgebiet, der wachsende Druck der Franzosen, der neuerliche Verfall der Mark im Juli und die ernste Sorge, daß Deutschland nicht mehr in der Lage sein würde, für den kommenden Herbst und Winter Nahrungsmittel zu importieren, das alles löste eine Art Panikstimmung aus und gab Cuno den Hebel in die Hand, mit dem er die Industrie dazu brachte, sich mit 50 Millionen Goldmark in die Dollar-Anleihe einzukaufen. Als der RdI wie gewohnt versuchte, dieses Entgegenkommen an «Bedingungen» zu knüpfen, definierte Cuno diese schlechtweg als «Wünsche», die er teile, die aber erst erfüllt werden könnten, nachdem das Geld geflossen sei. Sogar Stinnes schien jetzt bereit, sich auf Dinge einzulassen, die er noch einige Monate zuvor abgelehnt hätte. So diskutierte er mit den Bankiers über eine Goldmark-Anleihe als Grundlage für die Bereitstellung eines «wertbeständigen Zahlungsmittels» und eine kräftige «Notsteuer», die von den Arbeitgebern zu entrichten und wertbeständig sein sollte, so daß sie das Rotieren der Notenpresse verlangsamen würde. Stinnes bezeichnete diese Maßnahmen als «brutal» insbesondere für Kleinbetriebe und Handwerker, aber auch als belastend für alle anderen. Er betonte auf der einen Seite, sie könnten nur durchgeführt werden, wenn die «Zwangswirtschaft» abgeschafft würde, meinte aber andererseits, alle Gruppen der Wirtschaft würden bereit sein, die damit verbundenen Härten «vorübergehend» auf sich zu nehmen. Es wurden bei dieser Gelegenheit auch Pläne für einen Umbau des Steuersystems geschmiedet, mit dem Ziel, die individuelle Kapitalbildung und die Investitionstätigkeit zu fördern und der herrschenden Praxis der Steuervermeidung durch «Schachtelsysteme» einen Riegel vorzuschieben. Stinnes und die Bankiers gingen mit der Regierung hart ins Gericht, namentlich mit Finanzminister Hermes, und kritisierten deren Mangel an Tatkraft und Entschlossenheit. Die Bankiers erklärten, Deutschland brauche einen «Finanzdiktator», genauer ein dreiköpfiges Finanzdirektorium, bestehend aus Persönlichkeiten wie Vögler, Goldschmidt, Wassermann oder Urbig. Stinnes wies Humann an, diesen Ansichten in der *DAZ* Raum zu geben:

«H[err] St[innes] empfiehlt, alle diese Dinge in der ‹DAZ› deutlich auszusprechen; wenn auch – mit Rücksicht auf die heutige Atmosphäre – unter Vermeidung unnötiger Schärfen. Gleichzeitig möchte die ‹DAZ› nach beiden Seiten sprechen: Der Besitz muß hohe Opfer bringen; höhere Opfer als bisher. Das gleiche müsse aber auch die Arbeit tun! Die Erhaltung der physischen Person und ihres Anhanges bei nur 60–70% Arbeitsleitung ist eine elementare Unmöglichkeit. Der Arbeitende bringt durch Mehrarbeit nicht ein Opfer, sondern er erfüllt eine selbstverständliche Existenzpflicht! Bekennen sich nicht beide Seiten freiwillig, d.h. aus Erkenntnis zu ‹Opfern›, so gibt's nur eine Alternative: Diktatur fremder Mächte oder Untergang.»[60]

2. Verlorene Schlachten

Was auffällt, wenn man das Auftreten von Hugo Stinnes im Spätsommer 1923 studiert, ist ein Wechsel der Tonart und Grundstimmung, vom hartnäckigen Festhalten an der Hoffnung, sein Programm doch noch umsetzen zu können, zu einem pragmatischeren Ethos der Krisenbewältigung, bei dem sich der Versuch zu überzeugen, mit der Bereitschaft verband, notfalls rücksichtslos zu handeln und schmerzhafte Entscheidungen zu treffen. Dies galt auch für die auswärtige Politik, wie sich in seinen Gesprächen mit Tirard zeigte. Während die Franzosen im Ruhrgebiet deutlich eine zunehmende Brutalität an den Tag legten, schien sich in London eine Kabinettskrise anzubahnen. Stinnes bekam die Auswirkungen unmittelbar zu spüren, als Sir James Dunn, der sich mit ihm im Auftrag Baldwins in Hamburg treffen wollte, seine Reise dorthin kurzfristig absagte, weil er Stinnes nichts Positives zu sagen hatte. In der Tat leistete die französische Propaganda in London ganze Arbeit, zumal sich in britischen Kreisen viel Unmut über die völlige Entwertung der Markguthaben auf englischen Konten breit machte. Auf deutscher Seite gesellten sich zu der ohnehin schon großen Enttäuschung darüber, daß England Frankreich nicht genügend unter Druck setzte, jetzt noch innenpolitische Probleme. Deutschland war nun, so sah es Stinnes, ganz auf sich allein gestellt und mußte höchste Flexibilität an den Tag legen. In diesem Sinne instruierte er Humann:

> «Herr Stinnes meint, daß wir in der ‹DAZ› etwa andeuten könnten: die politische Lage habe sich dahin entwickelt, daß Deutschland im Laufe der nächsten Monate oder Wochen wird wieder optieren müssen. Politik sei nun mal nichts anderes, als die Kunst des Möglichen; Deutschland sei gezwungen, jedes reelle und gute Angebot anzunehmen, das seine staatliche Existenz ermöglicht, von welcher Seite es auch kommen möge.»[61]

Stinnes befand sich in einer sehr nervösen Verfassung, und hinter seinen konkreten Anweisungen an die *DAZ* stand zweifellos die Absicht, deren eifrigen Redakteuren Zügel anzulegen. Ende Juli erteilte er der Redaktion einen scharfen Verweis für einen kritischen Beitrag über Stresemann und erinnerte daran, daß er schon mehrmals das Unterlassen von «rechthaberischen und selbstgerechten Bemerkungen» angemahnt hatte. Der Grundsatz der journalistischen Unabhängigkeit sei recht und schön, doch dürfe «nicht vergessen werden, daß durch das unnötige Herumstreiten mit Dritten schließlich auch meine persönlichen Interessen berührt werden. Sie müssen Ihre Ausführungen so halten, daß ich als Person außerhalb der Diskussion bleibe.»[62] Es war zu diesem Zeitpunkt ein offenes Geheimnis, daß die Regierung Cuno aus dem letzten Loch blies und daß als Nachfolger eigentlich nur Stresemann in Frage kam. Stinnes hatte an Stresemann sicherlich einiges auszusetzen, und Hugenberg ging sogar soweit, bei Stinnes auf Maßnahmen zur Verhinderung Stresemanns zu drängen, mit der Begründung, der Mann habe «weder Nerven, noch ist er innerlich fest, noch hat er politischen Instinkt und tut deshalb im entscheidenden Augenblick ... nie das Richtige».[63] Hugenberg (dessen Äußerungen über Stresemann einen etwas makaberen Anstrich erhalten, wenn man sie vor dem Hintergrund seiner späteren Rolle in der deutschen Politik sieht) schlug vor, statt dessen Vögler auf den Schild zu heben. Nichts deutet darauf hin, daß Stinnes diesen Ratschlag ernst nahm. Es wäre ihm sicher schwergefallen, ausgerechnet in diesen kritischen Zeitläuften auf die unschätzbaren Dienste Voglers zu verzichten, und er besaß genug politischen Instinkt, um nicht gegen den starken politischen Strom anzuschwimmen, der Stresemann am 14. August 1923 als Kanzler einer großen Koalition ins Amt trug, in der dem Sozialdemokraten Rudolf Hilferding als Finanzminister die Aufgabe zufiel, eine grundlegende Finanz- und Währungsreform durchzuführen.

Dazu kam, daß die katastrophale Entwicklung an der Ruhr in dieser Phase Stinnes' ganze Aufmerksamkeit beanspruchte, stand doch für ihn dort sehr viel auf dem Spiel. In einem Gespräch mit dem neuen Wirtschaftsminister Hans von Raumer am 21. August erklärte Stinnes, die Beschaffung von Betriebskapital sei so schwierig geworden, daß bald nichts anderes übrigbleiben werde, als die Produktion zu drosseln und Arbeiter zu entlassen. Er fand weitere Preiserhöhungen nicht so dringlich wie die Steigerung der Produktivität und der Exporte, und forderte die Beseitigung der Kohlesteuer. Man sagte Stinnes nach, er sei jetzt für einen Wechsel an der Spitze der Reichsbank und hoffe, daß Havenstein zurücktreten und Goldschmidt sein Nachfolger würde. Auf jeden Fall sprach er sich für eine Reform aus, die zu einer wertbeständigen Währung führen müsse, und äußerte sich wohlwollend über die von Karl Helfferich hierzu ausgearbeiteten Pläne. Schon jetzt weigerten sich die Landwirte, Papiermark anzunehmen, und es drohte die sehr reale Gefahr, daß die Bevölkerung trotz voller Scheunen Hunger leiden würde. Stinnes teilte die Ansicht Helfferichs, daß es in dieser Situation für die politische Rechte wichtig war, unter Beweis zu stellen, daß sie Lösungen für diese Probleme anzubieten hatte.[64] Als der sozialdemokratische Innenminister Sollmann in der Kabinettssitzung vom 30. August den Vorwurf erhob, manche Industrielle profitierten von der finanziellen Unterstützung des Reichs für den passiven Widerstand, konterte Stresemann unverzüglich mit der Mitteilung, Stinnes und Vögler hätten ihm vor zwei Tagen erklärt, «daß kein Tag verlorengehen darf, um mit Frankreich zu Verhandlungen zu kommen».[65] Von Raumer fügte hinzu, Stinnes habe ihm gesagt, man müsse innerhalb der nächsten zwei Wochen mit solchen Verhandlungen beginnen. Als Paul Lensch und die *DAZ* trotz der Stinnesschen Mahnungen wieder über die Stränge schlugen und die Untätigkeit Baldwins in der Ruhrfrage mit den Worten geißelten, er sei «ein viel zu sanftes lebendes Fleisch, wie die fetten, wohlgenährten Engländer alle», übermittelte ein fast vom Donner gerührter Stinnes eine erneute, scharfe Abmahnung:

> «Ich bitte nunmehr endgültig und zum letzten Mal, meinen Wünschen mehr Beachtung zu schenken. Wir können es uns nicht leisten in den Zeiten hochpolitischer Spannung, daß die Atmosphäre durch derartig unnütze und mit Recht übelaufgenommene Angriffe noch mehr vergiftet wird. Wir müssen in kurzer Zeit zur Verhandlung kommen, alles deutet darauf hin, sollen wir für bissige Bemerkungen eine Prämie zahlen, die vermeidbar ist, auch den Stand der Zeitung sicher nicht hebt?»[66]

Die Befürchtungen und Sorgen Stinnes' verstärkten sich gegen Mitte September. Er rechnete im schlimmsten Fall mit einem Bürgerkrieg an der Ruhr, einem kommunistischen Putsch in Sachsen und Thüringen und Störmanövern aus Bayern, von wo er durch Osius, der dort gerade Ferien machte, mit Mitteilungen über eine zunehmend ernstere antipreußische und separatistische Stimmung versorgt wurde, die um sich greife, seit der «rote» Stresemann die Regierung führe, und wo dem fernen Hugo Stinnes alle erdenklichen Äußerungen, Ansichten und Manöver nachgesagt würden, die mit der Realität nichts zu tun hätten. Stresemann bemühte sich in der Tat verzweifelt, zu Verhandlungen mit den Franzosen zu kommen und die defätistischen Tendenzen im eigenen Lager in Schach zu halten; Poincaré forderte jedoch als Vorbedingung das Ende des passiven Widerstandes. Stinnes hatte das Gefühl, in dieser Situation selbst Druck ausüben zu müssen, und ließ am 9. September einen Artikel mit der Überschrift «Wahrheit» in die *DAZ* einrücken, in dem er feststellte, Deutschland müsse schon deshalb in Verhandlungen eintreten, weil es höchste Zeit sei, «festzustellen, was außer der produktiven und gesteigerten Arbeit des deutschen Volkes notwendig ist, um Deutschland, Europa und die Welt vor der sonst unvermeidlichen Katastrophe zu retten. Solch [ein] Schritt wäre kein Zeichen außenpolitischer Schwäche. Die Entente ist genau so bedroht wie wir. Es wäre nur der Mut zur Wahrheit.»[67]

In den folgenden Tagen machte Stinnes konsequent weiter Druck: bei einem Frühstück mit Stresemann am 10. September, bei einer Sitzung der DVP-Reichstagsfraktion einen Tag später (auf der er erklärte: «Das Kabinett hält sich nicht mehr acht Tage.»[68]) und bei einer weiteren Sitzung am 12., bei der er ausführte:

> «Die letzten fünf Wochen sind nicht genügend genützt worden. In vierzehn Tagen werden wir den Bürgerkrieg haben. Hilferdings Programm kann ihn nicht hindern. Mehr arbeiten, Zahlungsmittel schaffen, Sachsen und Thüringen exekutieren. Kein Tag darf verlorengehen, sonst wird die Straße das Kabinett Stresemann stürzen.»[69]

Für Stinnes, Vögler und ihre Kollegen von der Industrie ging es jetzt darum, die Aufhebung der Demobilmachungsverordnungen von 1918–19 zu erreichen, durch die der Achtstundentag gesetzlich festgeschrieben und die Möglichkeiten zur Schließung von Fabriken und zur Freisetzung von Arbeitern und Angestellten eingeschränkt worden waren, und damit freie Hand gegenüber den Gewerkschaften zu bekommen. Vögler schlug vor, Rhein und Ruhr erst einmal «schmoren» zu lassen, um so die Rückkehr aller Beschäftigten zu produktiver Arbeit zu erzwingen. Mit diesen Forderungen bewirkte die DVP allerdings, daß die Kluft zwischen ihren Prioritäten und Taktiken und denen Stresemanns sichtbar wurde. Der Kanzler konnte es sich nicht verkneifen, Stinnes an seine alte Warnung vor einer Annäherung an das Weltmarkt-Preisniveau zu erinnern; die notwendige Folge davon seien Goldmark-Löhne, die die deutsche Exportfähigkeit untergrüben. Auch war Stresemann nicht bereit, die Demobilmachungsverordnungen in den besetzten Gebieten ausgerechnet zu dem Zeitpunkt aufzuheben, da sich dort eine Massenarbeitslosigkeit anbahnte.

Auch in dieser aufreibenden Zeit betätigte sich Stinnes weiter als Mittelsmann zwischen der deutschen Regierung und der italienischen Politik und Wirtschaft. Welchen Kurs Italien einschlug, war zu diesem Zeitpunkt sowohl für Stresemann als auch für Stinnes von Bedeutung, denn es bestand die Gefahr eines italienisch-jugoslawischen Krieges, und dieser hätte Deutschland in zusätzliche Schwierigkeiten gestürzt, da die Agrarimporte aus diesen Ländern sofort zurückgehen mußten, was die deutschen Bauern wiederum ermuntern würde, ihre Nahrungsmittelvorräte zurückzuhalten. Umgekehrt machten sich die Italiener Gedanken über die Position der Deutschen. Marescalchi traf sich am 13. September in Berlin mit Stinnes, vordergründig um Geschäftliches zu besprechen, zugleich aber auch in seiner Funktion als Sendbote Contarinis und Mussolinis. Er äußerte die schon vertraute Sorge der Italiener vor einem wirtschaftlichen Zusammengehen Frankreichs mit Deutschland auf Kosten Italiens, beklagte sich aber auch über die antiitalienische Haltung der deutschen Presse in den Konflikten Italiens mit Griechenland über Korfu und mit Jugoslawien über Fiume. Marescalchi räumte offen ein, daß Mussolini sich der problematischen Natur seiner Korfu-Politik bewußt sei und daß die Jugoslawen in der Fiume-Frage im Recht seien; «politische Leidenschaften» machten jedoch einen Rückzug unmöglich. Marescalchi hielt einen Krieg in der Tat für unvermeidlich. Stinnes ließ es seinerseits an Offenheit nicht fehlen und erklärte, in Deutschland ziehe man eine Parallele zwischen der Besetzung Korfus und der des Ruhrgebiet; dazu komme, daß die wirtschaftlichen Beziehungen zu Serbien vor dem Ersten Weltkrieg ausgezeichnet gewesen seien und daß es Deutschland teuer zu stehen gekommen sei, die serbische Frage mit österreichischen Augen zu sehen.

Wie schon früher übte Stinnes auch jetzt Kritik an den Italienern, weil sie Frankreich zu viel Rückendeckung gäben, und drängte sie im gleichen Atemzug zu einem vermittelnden Eingreifen in den Ruhrkonflikt, wo sie versuchen sollten, den Anspruch Deutschlands auf ein «unentbehrliches Minimum moralischer, wirtschaftlicher und finanzieller Unabhängigkeit» durchzusetzen,[70] damit das Land seinen Verpflichtungen nachkommen konnte. Stinnes deutete an, daß Italien ohnehin und zwangsläufig mit Frankreich in Expansionskonflikte im Mittelmeerraum geraten würde, weil die Italiener sich jetzt, da der Auswanderung in die Vereinigten Staaten ein Riegel vorgeschoben sei, Richtung Nizza und Tunis orientieren müßten. Dies komme, so fügte er hinzu, Deutschland nicht ungelegen, dem auf jeden Fall an guten Beziehungen zu Italien gelegen sei. Deutschland könne Italien zwar keine Unterstützung in der Fiume-Frage gewähren, es könne aber eine «wohlwollende Neutralität» wahren. Er sagte, es sei Italien hoch anzurechnen, daß es seine Truppen aus Korfu abgezogen habe, nachdem es seine Ziele dort erreicht hatte, und meinte, die Franzosen sollten sich daran im Hinblick auf das Ruhrgebiet ein Beispiel nehmen. Stinnes schrieb sogar eigenhändig einen Artikel, den er zur Veröffentlichung in der *DAZ* an Osius schickte; darin sprach er sich für Neutralität in der Fiume-Frage aus und erklärte, Deutschland müsse solche Fragen aus der Warte seines eigenen Interesses und nicht nach sentimentalen oder anderen Regungen beurteilen.[71]

Das wichtigste Anliegen jedoch, das Stinnes in diesen Gesprächen mit Marescalchi verfolgte, war, der italienischen Führung klarzumachen, in welcher trostlosen Lage sich Deutschland befand. Infolge der Inflation sei das Leben in Deutschland, so erklärte er, «tragisch und verzweifelt» geworden, und ihm bleibe nichts anderes übrig, als für direkte Verhandlungen mit Frankreich einzutreten, auch wenn ihm das eigentlich widerstrebe. Besondere Sorge bereite ihm der Gedanke, was passieren würde, wenn es bis Oktober nicht zu einer Einigung kam: «Der Monat Oktober wird in Deutschland furchtbar sein. Die Krisis wird ihren Paroxismus erreichen und die Folgen sind nicht vorauszusehen.» Am interessantesten war jedoch die Prophezeiung, die Stinnes im Hinblick auf die innenpolitische Entwicklung abgab, falls es zu keiner Verständigung mit Frankreich kam. In der deutschsprachigen Zusammenfassung Marescalchis liest sich dies so:

> «Das dürfte zu einer Art Mussolinismus führen: rechtsstehende Regierung? Rechtsstehende Diktatur? Eine Sache dieser Art. Das Proletariat ist erschöpft. Es hat keine Kraft und kein Gewicht, sich der Regierung zu bemächtigen. Die einzige Kraft ist durch die intellektuellen Kreise (und die Industriellen?) vertreten, die natürlich einem rechtsstehenden Régime platzmachen würde. Eine bolschewistische Form ist daher ausgeschlossen. Es ist wahrscheinlich, daß Frankreich eine derartige Lösung der deutschen Katastrophe gutheißen würde und, nachdem es eine für Deutschland erdrückende Verständigung erlangt hätte, nicht ungerne die Möglichkeit sehen würde, Deutschland mit einer Abgrenzungsfunktion gegen den Bolschewismus zu betrauen.»

Das war mehr als nur eine hingeworfene Bemerkung. Zwei Tage nach seinen Gesprächen mit Marescalchi erörterte Stinnes das Thema Diktatur mit Botschafter Houghton und äußerte sich noch dezidierter.[72] Er begann mit der Feststellung: «Das Ende ist da. Die Ruhr und das Rheinland müssen kapitulieren.» Eine Rettung für die Wirtschaft sei nur durch den Zehnstundentag möglich, wobei er nicht das geringste dagegen hätte, daß die Arbeiter für die Mehrarbeit ordentlich bezahlt würden. Die Arbeiterschaft werde sich dazu jedoch nur unter Zwang bereitfinden, und um diesen Zwang auszuüben, müsse «ein Diktator gefunden werden, ausgestattet mit Macht, alles zu tun, was irgendwie nötig ist. So ein Mann muß die Sprache des Volkes reden und selbst bürgerlich sein, und so ein Mann steht bereit. Eine große, von Bayern ausgehende Bewegung, entschlossen die alten Monarchien wiederherzustellen, sei nahe.» Er sagte, die Betreffenden würden, wenn irgend möglich, noch die Erntezeit abwarten und würden dann im Verein mit allen Rechtsparteien, mit den gemäßigten Teilen des Zentrums und mit den Industriellen den Kampf gegen den Kommunismus führen. Als Houghton fragte, was die Franzosen dazu sagen würden, gab Stinnes ihm zu verstehen, daß «niemand um Erlaubnis gefragt werden würde».

Aus den weiteren Ausführungen Stinnes' wurde deutlich, daß nach seiner Vorstellung die rechte Diktatur durch eine Provokation von links herbeigeführt werden würde. Er rechnete für Mitte Oktober mit drei bis vier Millionen Arbeitslosen und war sicher, daß in dieser Situation die Kommunisten zum Umsturz blasen und daß die Regierung Stresemann nicht in der Lage sein würde, die Situation zu beherrschen; Ebert würde dann entweder eine einzelne Person oder ein Triumvirat mit diktatorischen Vollmachten ausstatten, einschließlich der Befehlsgewalt über die Streitkräfte. «Von da ab wird die parlamentarische Regierung zu Ende sein», und die Kommunisten würden rücksichtslos hinweggefegt werden, ebenso wie jeder Generalstreik. Stinnes hielt es für möglich, das Ganze innerhalb von drei Wochen zu erledigen. Seine eine große Befürchtung war die, daß die Rechtsparteien den ersten Schritt tun würden, statt auf die Kommunisten zu warten, und daß die Außenwelt in diesem Fall die Partei der letzteren ergreifen würde. Wenn jedoch die Provokation von links kam und die Rechte die Ordnung wiederherstellte, würde Deutschland wieder anleihewürdig werden; Stinnes beeilte sich, in diesem Zusammenhang darauf hinzuweisen, daß bisher noch jeder einer deutschen Firma gewährte Kredit pünktlich zurückgezahlt worden sei.

Houghton war sich nicht sicher, wie ernst er Stinnes und das von ihm skizzierte Szenario nehmen sollte, und sicherlich verlangen seine Äußerungen gegenüber Marescalchi und Houghton nach einer Erklärung. Zunächst einmal muß klargestellt werden, daß die Person, die Stinnes als Diktator vorschwebte, nicht Adolf Hitler war. Zwar ist es möglich, daß er durch seine Verbindung zu Ludendorff im Frühjahr 1923 Hitler kennenlernte. Seine älteste Tochter Clärenore behauptet in ihren privaten Erinnerungen, er habe Hitler getroffen und nach seiner Rückkehr gesagt: «Mit diesem Phantasten will ich nichts zu tun haben.»[73] Dagegen erklärten sowohl Edmund als auch Hugo jun. – ersterer 1979 in einem Interview, letzterer 1967 in einem persönlichen Brief –, ihr Vater habe ein Treffen mit Hitler abgelehnt. Interessanterweise wählte Hugo jun. zweimal die Formulierung, sein Vater habe sich einer Begegnung mit dem «Phantasten» Adolf Hitler verweigert.[74] Welche Version auch immer die zutreffende ist, offenkundig setzte sich der Begriff «Phantast» bei Clärenore und Hugo jun. als das von ihrem Vater über Hitler gefällte Urteil fest. Man kann sich auch schwerlich vorstellen, daß Stinnes und Hitler einen gemeinsamen Nenner gefunden hätten, bedenkt man, daß für Stinnes die wirtschaftlichen Dinge an erster Stelle standen, eine Haltung, deretwegen Hitler ihn in seinen Reden attackierte. Der nationalsozialistische Chefideologe Alfred Rosenberg ließ es sich 1925 nicht nehmen, Cläre Stinnes zu erklären: «Die völkische Bewegung hat sich zu Herrn Stinnes im starken Gegensatz befunden.»[75]

Es ist gut vorstellbar, wenn auch nicht absolut sicher, daß Stinnes an Ludendorff dachte, wenn er von einem «Diktator» sprach. Ludendorff war bürgerlich, war der De-facto-Anführer der diversen in Bayern aktiven «völkischen Wehrverbände» und die gegebene Galionsfigur eines «Marsches nach Berlin», wie die in sich gespaltenen und konzeptlosen rechten Gruppen in Bayern ihn planten.[76] Ironischerweise war es gerade die Tatsache, daß er ein politischer Wirrkopf war, die Ludendorff für diese Rolle qualifizierte. Die Diktator-Phantasien, die 1923 gewälzt wurden, sollten nicht mit den Vorgängen ein Jahrzehnt später in einen Topf geworfen werden, und auch nicht mit der faschistischen Diktatur, die ein zögerlicher Mussolini 1925 endlich errichtete. Es ist schwer, im Nachhinein zu rekonstruieren, was hinter dem im Gespräch mit Marescalchi gefallenen Begriff «Mussolinismus» steckte. Stinnes wünschte sich ein rechtsautoritäres Regime, das sein wirtschaftspolitisches Programm mit Gewalt durchsetzen konnte, und Ludendorff war zweifellos ein reizvoller Kandidat dafür, weil er im Krieg immer wieder bewiesen hatte, daß er den Wünschen der Industrie gewogen war, und weil er für die Öffentlichkeit die Aura eines modernen Kriegshelden besaß. Es ist nicht unvorstellbar, daß der bayerische Staatskommissar Gustav von Kahr, der diktatorische Neigungen nicht nur pflegte, sondern sie in Bayern auch in die Praxis umsetzte, und sich dort als starker Mann großer Beliebtheit erfreute, ebenfalls ein Kandidat für die Rolle war. Ein «Charisma» dieser Art war ein Plus, aber es war nicht unbedingt erforderlich. Es ist wichtig, sich daran zu erinnern, daß Stinnes im Gespräch mit Houghton zwei Szenarien ausmalte, das eine beruhend auf einem royalistischen Aufstand in Bayern, das andere auf der Ernennung eines Diktators oder eines Triumvirats durch Ebert. Aus auf der Hand liegenden Gründen fiel eine zentrale Rolle sowohl in den bayerischen Planspielen als auch in den Berliner Diktator-Diskussionen dem Chef der Reichswehr, General von Seeckt, zu. Zwei andere Persönlichkeiten, die in den Diskussionen über ein Triumvirat oder Direktorium als Wortführer auftauchten, waren Botschafter Wiedfeldt und der Generaldirektor der Berliner Stinnes-Niederlassung, Friedrich Minoux.

Stinnes hatte dank seiner Verbindungen zu Ludendorff und Forstrat Escherich hinter den Kulissen der bayerischen Para-Politik einige Fäden gezogen. Er hatte allerdings, wie gezeigt, die Unterstützung der Orgesch an vertraute Mitarbeiter delegiert. Persönlich schaltete er sich erst wieder im Februar 1923 ein, als er Seeckt und Ludendorff zusammenzubringen versuchte, nachdem zuvor der Versuch gescheitert war, zwischen Seeckt und den patriotischen Verbänden eine Einigung auf ein gemeinsames Vorgehen im Falle eines bewaffneten Konflikts mit Frankreich herbeizuführen. Die Unterredung zwischen Seeckt und Ludendorff hatte sich in einer eher dünnen Vereinbarung niedergeschlagen, die nie einem Praxistest unterzogen wurde. Bezeichnenderweise hatte die Begegnung in Minoux' Villa am Wannsee stattgefunden, die im Sommer und Herbst 1923 immer öfter zum Schauplatz der sich steigernden Verstrickung des Hausherrn in politische Machenschaften wurde. Es läßt sich nur schwer bestimmen, in welchem Maß die Minouxschen Aktivitäten in Sachen Diktatur von Stinnes dirigiert wurden bzw. in welchem Grad sie seiner Eigeninitiative entsprangen.[77]

Minoux war zwar ein ziemlicher Choleriker, aber auch ein bemerkenswert kompetenter Besorger der geschäftlichen Angelegenheiten von Stinnes in Berlin. Bei seinem Auftritt vor dem Untersuchungsausschuß des Reichstags am 22. Juni 1923 zur Rolle von Hugo Stinnes beim Kollaps der Bemühungen zur Stützung der Mark im April hatte Minoux für eine regelrechte Sensation und für heftige sozialdemokratische Proteste gesorgt, indem er die Frage, woher die Devisen gekommen seien, mit einer Provokation beantwortet hatte:

> «Woher bekommt Stinnes das Geld? Er hat eine Schar von Mitarbeitern, die mit Begeisterung für ihn arbeiten, und soviel Geld hat kein Hugo Stinnes und keine *Frankfurter Zeitung*, daß diese Schar sich dazu hergäbe, etwas zu tun, was gegen die deutschen Interessen ginge! Das wird uns auch nicht zugemutet. Ich bedaure, daß ich hier sitzen muß. Unser Tag hat 16 Stunden; wenn alle, so wie wir, 16 Stunden arbeiteten, würde es um Deutschland besser stehen! Dann wären wir auch ohne eine Markunterstützungsaktion ausgekommen und ohne diesen Untersuchungsausschuß. Dixi!»[78]

Minoux war offenkundig ein Mensch, der die klaren Worte liebte, mehr vielleicht, als es Stinnes lieb war, so dankbar er diese Loyalitätsbekundung aufgenommen haben mag. Der Ton, den Minoux anschlug, verriet etwas von der Hitzköpfigkeit, die Stinnes an der *DAZ* manchmal so störte, und läßt ahnen, daß die Atmosphäre an den verschiedenen Stinnes-Hochburgen in Berlin insgesamt überhitzt war. Wie dem auch sei, Minoux trat Ende August und Anfang September 1923 im Zusammenhang mit den diversen von der Regierung erwogenen Währungsreform-Projekten erst recht ins Rampenlicht. Am 23. August veröffentlichte er in der *DAZ* unter dem Pseudonym Friedrich Pilot einen eigenen Währungsreform-Vorschlag, «Die Beseitigung der Geldinflation». Seine Autorschaft wurde am 1. September von dem Wirtschaftsjournalisten Felix Pinner im *Berliner Tagblatt* enthüllt, der Plan selbst auf der Sitzung der von der Regierung eingesetzten Währungskommission am 6. September erörtert. Bis zu diesem Zeitpunkt waren zwei Pläne zur Diskussion gestellt worden, einer von Helfferich, der eine auf Roggen basierende Übergangswährung vorsah, und einer von

Hans Kraemer vom RdI, der eine auf Gold basierende Übergangswährung propagierte. Gemeinsam war diesen beiden Plänen, daß sie die Errichtung einer besonderen Bank vorsahen und damit die Reichsbank umgingen, das der Regierung zur Verfügung stehende Geldvolumen erheblich kürzten, das neue Geld faktisch der Kontrolle derer unterstellten, die die Sicherheiten dafür aufboten, nämlich den Privatunternehmen – daß ihnen also, kurz gesagt, eine starke antistaatliche Tendenz innewohnte.

Minoux, der Mitglied des Währungsausschusses des RdI war, trat zwar ebenfalls für eine durch Gold gedeckte Währung ein, doch ansonsten unterschied sein Plan sich von dem Kraemers insofern erheblich, als darin die Reichsbank und die Regierung die Hauptakteure der Reform waren und die Währungshoheit des Staates nicht nur bestehenbleiben, sondern sogar gestärkt werden sollte. Das Herzstück des Minouxschen Planes war ein detailliert ausgearbeitetes Konzept für die Belastung von Sachwerten: Auf mobile Vermögenswerte sollte eine fünfprozentige Steuer erhoben werden, auf Haus- und Grundbesitz eine Hypothek von 10 Milliarden Goldmark. Minoux forderte außerdem eine ganze Reihe wirtschaftlicher und gesellschaftlicher Reformen, etwa eine Beseitigung von Kartellen und Monopolen und gesetzlichen Fesseln für die wirtschaftliche Betätigung, einschließlich des Achtstundentages. Das Minouxsche Programm beinhaltete zwar die wesentlichen Aspekte dessen, was Stinnes seit Jahren propagierte, doch waren diese Aspekte bei ihm eingebettet in finanzwirtschaftliche Maßnahmen, die so zügig wie möglich durchgeführt werden sollten und eine ebenso zügige Ablösung der alten Währung bei nur minimaler Entschädigung der Inhaber von Markguthaben oder Markforderungen vorsahen. Das Minouxsche Programm hätte also, kurz gefaßt, die Macht und Autorität des Staates im Währungswesen wiederhergestellt und gestärkt, und es war dafür, daß es aus dem Stinnes-Lager stammte, bemerkenswert stark an finanziellen Belangen ausgerichtet. Es hatte zwar den Vorzug der schnellen Umsetzbarkeit, würde sich aber wegen seines drakonischen Charakters, wie Bücher vom RdI anmerkte, nur mit absolut diktatorischen Mitteln umsetzen lassen.[79]

Genau dies schwebte Minoux allerdings auch vor, der nicht zuletzt deshalb den Kontakt mit Seeckt und den Aktivisten in Bayern aufrechterhielt. Allem Anschein nach stand Seeckt vor allem im September und frühen Oktober stark unter dem Einfluß von Minoux, denn um diese Zeit arbeitete er für den Fall, daß er die Macht übernehmen müßte, vorsorglich ein Wirtschaftsprogramm aus, das ein Spiegelbild des Minoux-Programms war. Dagegen wich es in einigen bedeutsamen Aspekten von den Stinnesschen Vorstellungen ab, vor allem im Hinblick darauf, daß Minoux und Seeckt bereit schienen, ausländische Minderheitsbeteiligungen an deutschen Unternehmen zuzulassen. Minoux hatte ferner große Sympathien für den Ständestaat und wollte die Gewerkschaften durch «Berufskammern» ersetzen. Ob Stinnes die inhaltlichen Grundzüge des Minoux-Programms, wie sie sich in dem Seecktschen Programm wiederfanden, kannte, ist schwer zu sagen.[80] Fest steht, daß zwischen den beiden Männern zunehmende

Spannungen aufkamen, nachdem Minoux seinen Plan einer Währungsreform öffentlich gemacht hatte und die Gegensätze in der Schwerpunktsetzung deutlich geworden waren, zu denen sich in der Folge auch noch eine wachsende Unvereinbarkeit der persönlichen Bestrebungen gesellte.

Das erste öffentliche Indiz hierfür war der von Stinnes am 9. September in der *DAZ* veröffentlichte Artikel «Wahrheit», in dem er die Bemerkung unterbrachte, die Stabilisierungsvorschläge des «Friedrich Pilot» seien nur unter der Voraussetzung eines verlängerten Arbeitstages durchführbar.[81] Den eigentlichen Auslöser für den Bruch zwischen den beiden Männern bildete jedoch die Absicht von Stinnes, einen Brief zu veröffentlichen, den er am 29. September, 3 Tage nachdem Stresemann offiziell das Ende des passiven Widerstands verkündet hatte, an Walter Dauch, einen DVP-Abgeordneten aus Hamburg, geschrieben hatte. In diesem Schreiben legte er ein Programm vor, in dem er über seine sattsam bekannte Forderung nach vollständiger unternehmerischer Freiheit, Privatisierung sämtlicher Staatsfirmen, Abschaffung des Achtstundentages, Ausdünnung des öffentlichen Dienstes und Reform des Steuerrechts hinausging. Er schlug jetzt etwas vor, das auf eine Zwangsverpflichtung von Arbeitslosen zu dringend notwendigen öffentlichen Arbeiten hinauslief, und zwar zu Arbeitslöhnen, die um 20 Prozent unter den Normaltarifen liegen sollten; er forderte darüber hinaus die «mindestens vorübergehende» Beseitigung aller Flächentarifverträge und Syndikate, «soweit sie die Wirkung haben, die Produktion zu verteuern, die Ausfuhr zu hemmen», verlangte ein Streikverbot in «lebenswichtigen Betrieben» und Maßnahmen zum Schutz der «Arbeitswilligen» und mahnte die Erhebung hoher Zölle auf alle «unnötigen» Importe sowie von Schutzzöllen für die Landwirtschaft und für neue Industrien an. Während Stinnes sich bereit zeigte, eine jährliche Kapitalabgabe zu akzeptieren, trat er auf der anderen für ein Ende der Besteuerung von Löhnen im Abzugsverfahren ein und schlug statt dessen eine sehr niedrige, nicht-progressive Einkommenssteuer vor. Damit wollte er erreichen, daß die Besteuerung nicht mehr die Produktion hemmte. Er schloß mit der grimmigen Mahnung: «Wer, selbst mit diktatorischer Gewalt versehen, alles das, was in den letzten neun Jahren schlecht gemacht worden ist, wieder gutmachen will und außerdem einen wesentlichen Fortschritt gegen die Vorkriegszeit herbeiführen will, der wird sicher zwei bis drei Jahre unermüdlicher Arbeit darauf verwenden müssen.»[82]

Als Stinnes von Osius erfuhr, daß Minoux gegen die Veröffentlichung dieses Briefes war, beschloß er, reinen Tisch zu machen – in seinem Haus konnte es nur einen Herrn geben, und er konnte sich von Minoux keine Vorschriften machen lassen. Am 7. Oktober schrieb er an Minoux:

> «Ihre Äußerungen bei diesem Anlaß haben bei mir den Eindruck vertieft, daß Sie seit Monaten in steigendem Maße die Zusammenarbeit mit mir als störend und abträglich für Ihre politische Aufgabe und letzte Lebensmission empfunden haben.

Ich halte Sie für den geeignetsten Mann, um die jetzigen Schwierigkeiten zu meistern, und würde Ihnen bestimmt nicht im Wege gestanden haben, wenn Sie damit die Folgerungen in Ruhe und in der Freundschaft gezogen hätten, die unsere 12jährige Zusammenarbeit gekennzeichnet hat. Daß Sie andere Formen gewählt haben, die mich an Ihnen irre machen könnten, wenn ich nicht Ihr hemmungsloses Temperament kennte, tut mir sehr leid. Nichtsdestoweniger alles Gute für Ihren weiteren Lebensweg und Dank für Ihre unvergleichlich großen Dienste, ohne die die Firma nicht geworden wäre, was sie heute ist.»[83]

Daß bei dieser Kündigung einer Freundschaft persönliche Spannungen eine vielleicht größere Rolle spielten als Differenzen in der Sache, dafür spricht ein Brief, in dem Minoux Humann darüber informierte, er verlasse die Firma Stinnes «infolge politischer Meinungsverschiedenheiten auf persönlichem Gebiet zwischen Herrn Stinnes und mir».[84] Dies bedeutete, wie wir noch sehen werden, nicht das Ende aller politischen Kontakte zwischen den beiden Männern, doch Stinnes hegte jetzt erhebliche Zweifel am Charakter Minoux', die offenbar wohlbegründet waren. In der Tat dauerte es nicht lange, bis auch Seeckt sich an der Minouxschen Exzessivität zu stören begann.[85] Wenn Stinnes jemals geglaubt hatte – wofür einiges spricht –, Minoux könnte das Zeug zu dem politischen Führer haben, den er für Deutschland suchte, so war er von diesem Glauben inzwischen gründlich geheilt. Wie er Mitte November an Hugo jun. schrieb:

«Was Minoux anlangt, so habe ich nicht den Eindruck, daß er noch berufen sein wird, die Rolle zu spielen, die ihm bei richtiger Führung hätte beschieden sein können. Er hat in seinem Messiasglauben sich offenbar manches Mal an der falschen Stelle hemmungslos geäußert. Auf dem gefährlichen und glatten Pflaster der Politik muß man das Maul halten können und darf sich nicht besaufen, wenigstens dann nur selten und in guter Gesellschaft.»[86]

Wie dem auch sei, die von Stresemann am 26. September verkündete Entscheidung, den passiven Widerstand an der Ruhr zu beenden und damit auch jenes ungesunde und chaotische System aus Krediten, Lohnzahlungen für unproduktive Arbeit und Arbeitslosengeldern, das den Widerstand am Leben gehalten hatte, allmählich aufzugeben, zwang Stinnes, seine Aufmerksamkeit und Tatkraft wieder den Problemen des Ruhrgebiets zuzuwenden.[87] Eine Folge des Regierungsbeschlusses war die, daß man nun mit den Franzosen über eine Wiedereröffnung der Zechen und über die Bedingungen verhandeln mußte, unter denen wieder ein Mindestmaß an Normalität einkehren konnte. Stinnes und seine Kollegen von der Industrie waren eifrig bemüht, Initiativen in diese Richtung zu ergreifen. Wie Stinnes am 25. September vor der DVP-Fraktion erklärte: «Schenken Sie uns im besetzten Gebiet das Vertrauen, daß wir einen modus vivendi mit den Franzosen schließen werden, der die deutsche Würde wahrt.»[88]

Es stellte sich heraus, daß dem Parlament wenig zu entscheiden übrigblieb, da die Franzosen die Aufnahme offizieller Verhandlungen ablehnten und es vorzogen, das für die Wiederankurbelung des Wirtschaftslebens Notwendige direkt mit den Industriellen auszuhandeln. Letzteren, insbesondere den Zechenbesitzern, die darunter litten, daß die Eintreiber der Kohlesteuer ihr Inventar gepfändet hatten, die für den Transport ihrer Produkte auf die französisch kontrollierten Eisenbahnen angewiesen waren und die in vielen Fällen ohne einige ihrer wichtigsten Zechen- und Werksdirektoren auskommen mußten, die die Franzosen interniert hatten, um jederzeit Zugriff auf sie und ein Druckmittel in der Hand zu haben, blieb nach dem Ende des passiven Widerstandes kaum etwas anderes übrig, als in Verhandlungen einzuwilligen. Einige hatten sogar schon vor dem Ende des passiven Widerstandes Kontakt zu den Franzosen aufgenommen, allen voran die Otto-Wolff-Gruppe, die Phoenix und Rheinstahl kontrollierte und unter dem starken Druck ihrer holländischen Aktionäre stand. Stinnes und die mit ihm liierten Unternehmer legten jedoch größten Wert darauf, möglichst viel von dem, was sie taten, mit Wissen und Billigung der Regierung zu tun, nicht nur aus patriotischen und politischen Gründen, sondern auch weil sie damit einen Hebel in die Hand bekamen, sich staatliche Rückendeckung für ihr Vorgehen zu sichern, aber auch in dem Kalkül, auf diese Weise für etwaige spätere Entschädigungsforderungen vorzusorgen, wenn sie als Erfüllungsgehilfen für die staatlichen Reparationsverpflichtungen gegenüber Frankreich herangezogen würden.

So weit, so gut, doch machten Stinnes und seine Kollegen zumindest in der Anfangsphase dessen, was nun folgte, nicht gerade eine gute Figur. Im Vorfeld der Verhandlungen beschloß der Zechenverband auf seiner Tagung vom 30. September – 1. Oktober, die Zechen wieder in Betrieb zu nehmen, und setzte eine Sechserkommission ein, die für den Verband tätig werden sollte und der Stinnes, Vögler, Peter Klöckner, der Hibernia-Direktor Velsen und die Direktoren Herbig und Janus vom Kohlensyndikat angehörten. Man ging davon aus, daß dieser Ausschuß sich mit General Degoutte, dem Kommandeur der Besatzungsstreitkräfte, zusammensetzen und sich auch mit der Regierung in Berlin abstimmen würde. Man hatte Stresemann über alles informiert, allerdings zu dem Zeitpunkt, als gerade das erste Kabinett Stresemann zurückgetreten war; Stresemann konnte somit von dem geplanten Vorgehen nur Kenntnis nehmen, war aber nicht befugt, es offiziell abzusegnen. In einem entscheidenden Punkt beschlossen die Zechenbesitzer jedoch, die Regierung vor vollendete Tatsachen zu stellen; einseitig verlängerten sie mit Wirkung vom 8. Oktober den Untertage-Arbeitstag von sieben auf den Vorkriegs-Standard von achteinhalb Stunden (einschließlich Ein- und Ausfahrzeit). Sie erklärten ferner, sie seien nicht mehr bereit, die zuletzt festgesetzten Löhne zu zahlen, wenn nicht die Kohlesteuer abgeschafft würde. Dies alles diene dem Ziel, die deutsche Kohle wieder zu einem international konkurrenzfähigen Preis anbieten zu können. Trotz einiger anderslautender Erklärungen wußten die meisten Zechenbesitzer ganz genau, daß das, was sie taten, ungesetzlich war und der Durchsetzung eines politischen Ziels diente.

Stresemann bemühte sich unterdessen in Verhandlungen mit der SPD, eine

Mehrheit für ein «Ermächtigungsgesetz» zu erreichen, in dessen Rahmen die Regelarbeitszeit erhöht und die Schichtzeit für die Bergleute auf, so hoffte Arbeitsminister Brauns, acht Stunden einschließlich Ein- und Ausfahrzeit angehoben werden könnte. Dagegen verfolgten die Zechenbesitzer, und erst recht Stinnes, das Ziel, die SPD aus der Regierung zu drängen und die Arbeitszeiten über das von Brauns befürwortete Maß hinaus zu verlängern. Stinnes sollte jedoch bei seiner Rückkehr nach Berlin eine Enttäuschung erleben. Zwar machte sich die DVP die Forderung zu eigen, die Arbeitszeitfrage im Rahmen des Ermächtigungsgesetzes zu regeln, doch mußte Stinnes feststellen, daß er mit seiner Opposition gegen eine erneute Regierungsbeteiligung der SPD allein stand.[89] Trotzdem gelang es der DVP, die SPD aus der Regierungskoalition zu vertreiben, denn die Sozialdemokraten mißtrauten den Arbeitgebern und wollten sich auf nichts anderes als eine gesetzliche, d.h. parlamentarische Festlegung der Regelarbeitszeit einlassen. Dies hätte einer Mitte-Rechts-Koalition unter Stresemann den Weg ebnen können, wenn nicht die DNVP eine Zusammenarbeit mit Stresemann abgelehnt hätte. So kam am Ende erneut eine Große Koalition zustande mit einem Kabinett, in dem Koeth anstelle von Raumer das Wirtschaftsministerium und der bisherige Ernährungsminister Hans Luther von Hilferding das Finanzministerium übernahm. So sehr Stinnes diese personellen Veränderungen begrüßte, so klar war doch auch, daß die Hoffnungen der Industriellen auf eine Rechtsregierung und ein Ermächtigungsgesetz, das ihnen in der Arbeitszeitfrage freie Hand geben würde, geplatzt waren.

Hatten schon die Anschläge, auf denen die Zechenleitungen die Arbeitszeitverlängerung bekanntgaben, für Empörung in der Arbeiterschaft gesorgt, so kam es noch viel schlimmer, als die Sechserkommission am 5. Oktober in Düsseldorf mit General Degoutte konferierte; offenbar hatte der höfliche und freundliche Empfang, den Degoutte den Herren bereitete, zusammen mit Berichten über abfällige Bemerkungen des Generals über die Faulheit der deutschen Arbeiter, einige Sicherungen durchbrennen lassen, denn Klöckner tat die unkluge Äußerung, die Zechenbesitzer hofften in ihrem Bemühen, eine Rückkehr zu den Vorkriegs-Arbeitszeiten durchzusetzen, auf die Hilfe und Unterstützung der Besatzungsbehörden. Als Degoutte darauf entgegnete, Frankreich habe nicht die Absicht, gegen deutsche Gesetze zu verstoßen, machte Klöckner, sekundiert von Stinnes, einen Rückzieher, indem er erklärte, er habe damit nur gemeint, die Franzosen sollten mit Beschlagnahmungen und anderen Maßnahmen aufhören, die zu Produktionseinbußen führen würden. An dieser Stelle übernahm Stinnes faktisch die Verhandlungsführung; er forderte die französische Seite auf, beschlagnahmte Lagerbestände wieder freizugeben, ihre Truppen aus den Zechen abzuziehen, die Eisenbahnen wieder unter deutsche Leitung zu stellen, interniertes deutsches Personal freizulassen, den Abgeschobenen die Rückkehr zu erlauben und sich an der Finanzierung der Wiederinbetriebnahme der Zechen zu beteiligen. Degoutte zeigte sich in den mit dem Wiederanlaufen der Produktion zusammenhängenden Fragen entgegenkommend, lehnte aber eine Freigabe beschlagnahmter Gelder und Güter und eine Entlassung der Eisenbahnen aus der französischen Vormundschaft ab, solange noch Zahlungsrückstände bei der Kohlesteuer bestanden und die Reparationsfrage noch nicht geregelt war. Er sei sich sicher, erklärte er, daß die Firmen in den nicht besetzten Gebieten und im Ausland Kredite bekommen würden. Nach der Sitzung blieb Vögler auf Degouttes Bitte noch da, um mit dem Präsidenten der Mission Interalliée de Contrôle des Usines et des Mines (Micum), Paul Frantzen, zu verhandeln. Dieser konfrontierte ihn mit der wenig erfreulichen Nachricht, die Micum wolle rückwirkend bis zum letzten Quartal 1922 eine Kohlesteuer in Höhe von 40 Prozent erheben. Er eröffnete Vögler außerdem, daß er ihn als einen Stinnes-Repräsentanten betrachtete und alle Konzerne individuell und verschieden zu behandeln gedachte.[90]

Die Situation, die sich im Anschluß an diese Gespräche entwickelte, ließ nichts Gutes ahnen. Die Franzosen verfolgten offenkundig die Absicht, aus der Lage Kapital zu schlagen, und betrieben gegenüber den Industriellen eine Politik des Teilens und Herrschens. Daß und wie dies funktionierte, wurde am 9. Oktober klar, als sie den Abschluß einer Vereinbarung mit Phoenix und Rheinstahl bekanntgaben, in der die beiden Unternehmen sich als Gegenleistung für die Rückgabe ihres beschlagnahmten Eigentums und ihrer Ausfuhrlizenzen zur Bezahlung der Kohlesteuer verpflichteten. Die Franzosen ließen Flugblätter verteilen, in denen sie Gerüchte, wonach Degoutte für eine Verlängerung des Arbeitstages sei, als unwahr bezeichneten. Und da in Berlin erneut eine Regierung der Großen Koalition amtierte, sahen die Zechenbesitzer sich zu einem demütigenden Rückzieher in bezug auf die für den 8. Oktober angekündigte Arbeitszeitverlängerung gezwungen. Stinnes war allerdings überzeugt, alles, was man brauche, sei ein Tag mehr Zeit, bis aus Berlin die Antworten auf eine Reihe von Fragen kommen würden, die er am 7. Oktober an die Regierung gerichtet hatte und bei denen es um die amtliche Zustimmung zu den – und die materielle Kompensation für die – weiteren Verhandlungen mit der französischen Seite ging. Stinnes ersuchte um die Gewährung eines Kredits in Höhe von 150 bis 200 Millionen Goldmark für das Wiederanlaufen der Produktion, um die Zustimmung zu weiteren Verhandlungen, um die Übernahme der aufgelaufenen und zukünftigen Frankreich geschuldeten Steuern, um die Gutschreibung der Lieferungen auf das Reparationskonto, um die Abschaffung der Kohlesteuer und der diversen den Bergbau gängelnden Aufsichtsbehörden, um die Umwandlung der Eisenbahnen in ein deutsch-französisches Gemeinschaftsunternehmen, um die Verlängerung des Arbeitstages und um die Aufhebung der Demobilmachungsverordnungen.[91]

Wenn Stinnes geglaubt hatte, die Regierung werde diesen Forderungen nachgeben, wurde er schnell eines Besseren belehrt: Am 9. Oktober nahmen Koeth, Luther, Brauns und andere hohe Regierungsvertreter auf einer Besprechung, an der neben Stinnes auch Silverberg, Vögler und andere Bergbau-Industrielle teilnahmen, zu den von Stinnes aufgeworfenen Punkten Stellung. Angesichts der Lage der Staatsfinanzen blieb den Regierungsvertretern kaum eine andere Wahl, als zu sagen, sie könnten weder Entschädigungen für Verluste und Reparationslieferungen anbieten noch Anlaufkredite. Stinnes und seine Kollegen zeichneten in ihrer Entgegnung ein düsteres Bild der Entwicklung: Frankreich werde das bedeutendste Schwerindustrie-Revier Europas an sich reißen, die ihm unnütz erscheinenden Teile der Bevölkerung vertreiben und die wirtschaftliche Zukunft des Reichs vernichten. In einem sehr durchsichtigen Manöver erklärte Stinnes nun auf einmal die Aufhebung des Achtstundentages zu einem deus ex machina, der nicht nur jede Investition wert sei, sondern alle Probleme lösen werde:

> «Die Schaffung von Ordnung im unbesetzten Gebiet, insbesondere die energische Durchführung einer verlängerten Arbeitszeit, [werde] sofort das Vertrauen des Auslandes derart stärken ..., daß die Industrie in der Lage sein würde, erhebliche Kredite zu erhalten. Gleichzeitig würde aber auch der Kredit des Reiches derart erhöht werden, daß eine Wiederaufrichtung der Währung sich ermögliche. Gegenüber dieser Ansicht sei es nicht so bedenklich, vorübergehend die Inflation zu vermehren, da ja doch überdies der Geldumlauf im Reiche außerordentlich gering sei.»[92]

Die Regierungsvertreter lehnten jedoch eine Rückkehr zu den Arbeitszeiten der Vorkriegsperiode in der von Stinnes geforderten Form ab und schlugen eine gemäßigtere Lösung vor. Auch fanden sie, es sei jetzt genug der Inflation. Die Botschaft war jedenfalls eindeutig, und so beschloß der Vorstand des Zechenverbandes am 10. Oktober, die Arbeitszeitverlängerung auf unbestimmte Zeit zu vertagen. Es war eine demütigende Niederlage für Stinnes.[93]

Daß es so kam, lag sicher in wesentlichem Maß an der katastrophalen öffentlichen Wirkung, die das Auftreten Stinnes' und seiner Industriekollegen zeitigte. Eine wesentliche Rolle spielten dabei Indiskretionen, die an die Presse gelangten. Es begann am 9. Oktober mit einem Artikel in der *Vossischen Zeitung*, der unter der Überschrift «Zehn Forderungen der Ruhrindustrie» die «Fragen» referierte, die Stinnes zwei Tage nach seiner Unterredung mit Degoutte an Stresemann gerichtet hatte. Es folgte am 10. Oktober in derselben Zeitung ein Leitartikel von Georg Bernhard, «Rebellion der Erzherzöge», worin er der «Stinnes-Gruppe» vorwarf, sie stelle die Regierung nicht nur vor ein «Ultimatum», sondern versuche auch, die Bildung einer neuen großen Koalition zu hintertreiben und mit Hilfe der Franzosen das deutsche Arbeitsrecht auszuhebeln. Der Artikel war insofern tendenziös, als er die Vorgänge einseitig auf die Person Stinnes und die zehn «Fragen» zuspitzte, gab aber den Fauxpas Klöckners in den Verhandlungen und die politischen Motive hinter dem Tauziehen um den Achtstundentag zutreffend wieder, und er erregte erhebliches Aufsehen. Die Folge war eine ganze Breitseite von Attacken seitens der sozialdemokratischen und liberalen Presse auf Stinnes, die wiederum eine temperamentvolle Gegenattacke von Stinnes provozierten, der in der *DAZ* Bernhard der Verbreitung von «Legenden» bezichtigte; auch die Wirtschafts- und Rechtspresse ergriff in zahlreichen Beiträgen Partei für die Ruhrindustriellen.[94]

Der Artikel Bernhards tat weh und warf zwangsläufig die Frage auf, durch wen und aus welchen Motiven der Stinnes-Brief in die Presse lanciert worden war. Silverberg war außer sich vor Zorn und schrieb an Stinnes:

> «Der Artikel Bernhards übertrifft alles, was dieser Schuft bis jetzt produziert hat, um der Industrie des Westens und damit ganz Deutschland Schaden zuzufügen. Es ist für jeden anständigen Menschen unmöglich, mit der Reichskanzlei irgendwie in Verbindung zu treten, wenn die Reichsregierung trotz des Belagerungszustandes nicht im Stand ist, uns gegen diese Indiskretionen, Verdrehungen und Gemeinheiten zu schützen. Mir ist es rätselhaft, daß hier nicht eingegriffen wird und ich überlege mir sehr, ob ich noch an irgend einer Besprechung bei der Regierung teilnehmen kann, wenn ich schutzlos diesen Piraten ausgeliefert werde.»[95]

Auch Cläre, die sich zu dieser Zeit in Berlin aufhielt, war sehr verstört und erkundigte sich bei Humann, weshalb die *Vossische Zeitung* und Bernhard beständig auf Hugo herumhackten; Humann ließ sich von dieser Frage zur Abfassung eines eifernden Pamphlets verleiten, in dem er die Attacken auf Stinnes als Ausdruck des «Aufeinanderplatzens zweier Weltanschauungen» bezeichnete. Hier stehe dem «bodenständigen, in der Erde der Heimat wurzelnden und aus ihr seine Kräfte schöpfenden deutschen Produzenten» ein bloßes «Händlertum» gegenüber, liiert mit einer von diesem lebenden Presse; beide seien nur an der Oberfläche deutsch, im Grunde aber nur auf ihren eigenen Vorteil bedacht. Für Humann verkörperten Bernhard und die Ullstein-Presse den «niedrigsten Typus dieser Händlerpresse». Er bezeichnete die Gebrüder Ullstein als «‹Kleinjuden› aus dem europäischen Osten», die im Gegensatz zu etablierteren Juden wie Warburg, Wassermann oder Mosse im Ostjudentum verwurzelt geblieben seien. Von ihrer Gesinnung her seien diese Leute internationalistisch und pazifistisch; sie beneideten die Großindustriellen, besonders Stinnes als den glanzvollsten unter ihnen, und versuchten ihnen Schaden zuzufügen.[96]

Ob Cläre diese abstruse Erklärung einleuchtend fand, läßt sich nicht feststellen. Sicher ist, daß Stinnes sich über den Bernhard-Artikel ärgerte und daß er kein Freund der Ullstein-Presse war. Offenbar war er aber auf die Journalisten insgesamt schlecht zu sprechen, auch auf seine eigenen Leute bei der *DAZ*. Wie er an Maximilian Harden schrieb (der seine Empörung über Bernhard teilte):

> «Ich habe bei dem Anlaß gesehen, wie persönliche Journalistenfeindschaft nicht zur Ruhe zu bringen ist; denn im Laufe des Sommers habe ich immer wieder die Herren der *DAZ* mündlich und schriftlich gebeten, doch diese Krakelerei mit der *Voss[ischen Zeitung]* aufzugeben, die gänzlich ergebnislos sein würde und schließlich bei der unsachlichen Art des Herrn Bernhard auf dem Stinnesschen Buckel ausgepaukt werden würde. So ist es denn auch richtig gekommen.»[97]

In seinen Unterstellungen bestätigt sah sich Humann durch die Tatsache, daß Bernhard nach dem offiziellen Ende eines Presseempfangs am 12. Oktober noch geblieben war, um ein vertrauliches Gespräch mit Stresemann und Maltzan zu führen, was den Eindruck vermittelt habe, Bernhard sei ein «Mitgestalter der Reichspolitik». Humann meinte, Stresemann müsse unbedingt vor dem Entstehen eines solchen Eindrucks gewarnt werden.[98] Die Sorgen Stresemanns galten zu dieser Zeit freilich der Entstehung eines ganz anderen Eindrucks. Die *DAZ* hatte den Vorwurf erhoben, die undichte Stelle, durch die die zehn Fragen an die Öffentlichkeit gelangt waren, befinde sich im Reichskanzleramt, war aber postwendend von Stresemann gezwungen worden, dies zu widerrufen. Stresemann, der Bernhard wegen dieser Sache kontaktierte, behauptete, die Schuldigen seien entweder in der Sozialdemokratie zu suchen oder in der Presselandschaft des Rheinlands. Andererseits deutet einiges darauf hin, daß Stresemann nicht allzu unglücklich über das Stinnes zugestoßene Malheur war und vielleicht sogar insgeheim noch etwas Öl ins Feuer goß. Als ihm zu Ohren kam, daß in Dresden die Ansicht weitverbreitet sei, die Regierung Stresemann stehe unter dem bestimmenden Einfluß von Stinnes und seinem Kreis und sei «eigentlich mit einer Regierung Stinnes gleichbedeutend», fühlte die Reichskanzlei sich herausgefordert, dieser Ansicht entgegenzutreten, und regte die Veröffentlichung eines entsprechenden Artikels in den *Dresdener Neuesten Nachrichten* an. In diesem Artikel sollten die bei dem Treffen mit Degoutte begangenen Ungeschicklichkeiten möglichst wirkungsvoll an den Pranger gestellt werden:

> «Dabei wäre der Hinweis darauf erwünscht, daß von Herrn Stinnes und den ihm nahestehenden Kreisen bei der letzten Kabinettskrise alles versucht worden ist, um die Schaffung einer Rechtsdiktatur zu begünstigen. Für eine derartige Rechtsdiktatur führte Herr Stinnes namentlich wirtschaftspolitische Momente in den Vordergrund, und zwar in der Richtung seiner Abmachungen mit dem General Degoutte, d.h. rigorose Beseitigung des 8-Stunden-Tages, sofortige Außerkraftsetzung der Demobilmachungs-Verordnungen usw.»[99]

Das alles änderte nichts daran, daß die von Stinnes gestellten «Fragen» beantwortet werden mußten, und Stresemann beantwortete sie am 12. Oktober abschlägig – mit voller Rückendeckung seines Kabinetts –, indem er erklärte, das Reich könne keine finanziellen Verpflichtungen über die bereits bestehenden hinaus übernehmen, könne seine Hoheit über die Eisenbahnen nicht einschränken lassen und könne in Fragen des Arbeits- und Sozialrechts dem Gesetzgeber nicht vorgreifen. Stresemanns einziges Zugeständnis war die Ankündigung, man werde die Kohlesteuer beseitigen, wenn der Kohlenpreis gesenkt würde.[100]

Für Stinnes und seine Kollegen hieß das, daß sie es weiterhin aus eigener Kraft mit der Micum aufnehmen mußten, die ihnen eine ganze Reihe schwer zu erfüllender Auflagen machte, Kohlesteuer-Nachzahlungen beanspruchte und auf Reparationslieferungen in Höhe von 15–18 Prozent der Gesamt-Kohlenförderung an der Ruhr pochte. Am 19. Oktober kamen Stinnes und die Sechserkommission erneut bei Stresemann um Hilfe ein; diesmal ging es ihnen um eine verbindliche Zusage der Regierung, sie für die Lieferung von Reparationskohle zu entschädigen. Stinnes äußerte die Meinung, die Zechen könnten noch drei bis vier Monate durchhalten, wenn die Kredite weiterliefen, die Steuerlasten gesenkt und die «Bewegungsfreiheit» der Arbeitgeber wiederhergestellt würde. Anders als Klöckner, der die Überzeugung vertrat, den Franzosen gehe es um die völlige Vernichtung der deutschen Wettbewerbsfähigkeit, und damit Stresemann zu der Gegenfrage provozierte, welchen Sinn staatliche Hilfen in diesem Fall überhaupt noch hätten, stellte Stinnes die These auf, die Franzosen strebten nicht die Vernichtung des deutschen Kohlenbergbaus an, sondern die Herrschaft über denselben, um so die Versorgung ihrer eigenen Eisenindustrie zu sichern und sie gegenüber der englisch-amerikanischen konkurrenzfähig zu machen. Sobald dies erreicht sei, würden sie die deutschen Eisen- und Stahlwerke schließen und die entlassenen Arbeiter ins nichtbesetzte Deutschland ausweisen. Deshalb sei es wichtig, weiter standzuhalten, was nur mit einer Unterstützungszusage des Reiches möglich sei. Falls diese nicht gegeben werde, bleibe den Industriellen nichts anderes übrig, als sich mit den Franzosen zu arrangieren, schon aufgrund der moralischen Verantwortung, die man für die eigenen Arbeitnehmer habe, die man nicht verhungern lassen dürfe. Stinnes und Vögler äußerten die Mutmaßung, die Franzosen wollten das gesamte Ruhrgebiet an sich reißen und es vom Reich abtrennen; dies werde mit Werksschließungen größten Ausmaßes und viel Not und Elend einhergehen. Stinnes beschrieb mit drastischen und klug gewählten Worten, vor welcher Alternative Deutschland stand:

> «Er ... wolle es nicht unterlassen zu sagen, welcher Weg im Interesse des Reiches der richtige sei. In dem einen Falle, d.h. bei Übernahme der Reparationsverpflichtungen, könne man hoffen, die Förderung im Ruhrgebiet schnell wieder aufzunehmen, um auf diese Weise der Bevölkerung große Leiden zu ersparen. Es sei aber wohl möglich, daß die Franzosen nach einiger Zeit mit neuen Forderungen hervortreten und das politische Ziel, welches durch das Reparationsversprechen des Reichs für den Augenblick vereitelt sei, auf anderem Wege durchzusetzen versuchen würden.
>
> Andererseits könne eine klare Ablehnung im jetzigen Augenblick, wenn auch unter Verlust des Ruhrgebietes, dazu führen, das Reich von den Verpflichtungen des Versailler Vertrages endgültig zu befreien.
>
> Es sei außerordentlich schwer, zwischen diesen Alternativen den richtigen Weg zu erkennen.»[101]

Um dieselbe Zeit knüpfte Stinnes auch die gerissenen Fäden zu den Gewerkschaften wieder und überredete die Bergarbeitergewerkschaft, seinen Vorschlag zu unterstützen; Stinnes konnte somit dem Kanzler am 20. Oktober seinen Plan mit der Erklärung vorlegen, die Bergarbeiterschaft stehe dahinter und werde sich künftig an der Diskussion beteiligen. Damit hatte Stinnes seinen Plan mit so starken «Argumenten» bewehrt, daß Stresemann und das Kabinett kaum noch anders konnten, als ihn sich am 20. Oktober zu eigen zu machen. Die Sechserkommission erhielt an diesem Tag per Kabinettsbeschluß grünes Licht, wobei ihr der preußische Ministerpräsident Otto Braun allerdings die Mahnung mit auf den Weg gab, «Rücksicht auf die Mentalität in Frankreich und in Deutschland insofern zu nehmen, als bei der Bekanntgabe der Vorschläge Stinnes nicht in den Vordergrund gerückt werden möchte».[102]

Nachdem Stinnes so seine Durchsetzungsfähigkeit mit Erfolg an der eigenen Regierung erprobt hatte, wandte er sich wieder der Micum zu und versuchte sie zu einem Verzicht auf die Eintreibung der rückständigen Kohlesteuer zu bewegen; als Gegenleistung stellte er kostenlose Reparationslieferungen in Aussicht. Die Kohlesteuer selbst war am 15. Oktober aufgehoben worden. Auch gegenüber der Micum operierte Stinnes mit der Warnung, eine Weigerung werde zu einer ungeheuren Notlage im Ruhrgebiet führen. Die Aufgabe wurde nicht einfacher dadurch, daß die Franzosen parallel dazu mit anderen Zechen verhandelten, unter anderem mit denen, die zur Otto-Wolff-Gruppe und zum Krupp-Konzern gehörten; man muß Stinnes bescheinigen, daß er es schaffte, wirksame Pflöcke gegen diese Zersplitterungstendenzen einzurammen. Ende Oktober reduzierten die Franzosen dank der von Stinnes und seinen Freunden an den Tag gelegten Hartnäckigkeit ihre Kohlesteuerforderung von 60 auf 15 Millionen Dollar, von denen nur 10 Prozent sofort zahlbar waren, während der Rest erst 6 Monate später fällig sein würde. Parallel dazu brachte die Kommission, sehr zum Verdruß des Finanzministers Luther, das Kabinett dazu, für die Kohlesteuer eine Entschädigungszusage zu geben.[103]

Die Verhandlungen über eine Vereinbarung mit der Micum liefen derweil weiter, bis schließlich am 23. November 1923 ein Abkommen unterzeichnet wurde, das bis zum 15. April 1924 in Kraft blieb. Die Franzosen hatten im Zuge dieser Verhandlungen neue Forderungen gestellt, die darauf hinausgelaufen wären, daß die deutschen Kohlenlieferungen nicht mehr mit dem Reparationskonto verrechnet, sondern einem «Garantiekonto» gutgeschrieben worden wären, und die der französischen Seite außerdem eine weitgehende Kontrolle über die Rheinschiffahrt eingeräumt hätten. Die französischen Unterhändler standen freilich auch unter Erfolgsdruck – sie wollten mit einem Abkommen nach Hause fahren, um ihrem Parlament etwas vorweisen zu können und die lauter werdende internationale Kritik zum Verstummen zu bringen. Stinnes überließ es weitgehend Vögler, die Verhandlungen zu führen, wirkte aber weiterhin an allen wichtigen Entscheidungen mit. Die beiden arbeiteten Hand in Hand und teilten sich die Arbeit. Wie Stinnes in einem Brief an Hugo jun. berichtete: «In den Verhandlungen mit den Franzosen hat sich Herr Vögler sehr geschickt erwiesen. Er vertrat die konziliante und ich die schärfere Tonart.»[104] Man darf danach getrost sagen, daß Hugo Stinnes diese «Kapitulationsbedingungen» maßgeblich mitgestaltete, die sicher glimpflicher ausfallen hätten können, hätten nicht die Wolff-Gruppe und andere separate Vereinbarungen abgeschlossen.

Noch deprimierender waren für Stinnes die innenpolitische Entwicklung und das Unvermögen der Regierung Stresemann, die Beziehungen zwischen Arbeit und Kapital auf die neue Grundlage zu stellen, die er als unabdingbar empfand. Er hatte auch nach seinem Bruch mit Minoux Anfang Oktober das Interesse an den Planspielen zur Errichtung einer Rechtsdiktatur keineswegs verloren und hielt den Kontakt mit Minoux am Leben, der weiterhin mit den rechten Aktivisten in Bayern konspirierte. Minoux pflegte nicht nur Kontakte zu von Kahr und zum Chef der bayerischen Landespolizei, Hans von Seisser, sondern auch zu Ludendorff. Die politische Lage hatte sich Ende Oktober gefährlich aufgeschaukelt. Auf der einen Seite hatte Stresemann sich entschlossen, gegen die in Sachsen und Thüringen regierenden Linksradikalen und Kommunisten mit Hilfe der Reichswehr vorzugehen. Auf der anderen Seite bemühte er sich im Verein mit Seeckt, in Bayern gegenüber Kahr und dem dortigen Reichswehrbefehlshaber General von Lossow mit nicht-militärischen Mitteln die Autorität des Reiches wiederherzustellen und den Putschplänen Ludendorffs und Hitlers den Boden zu entziehen. Diese Unterschiedlichkeit des Vorgehens gegen die sächsischen Kommunisten und bayerischen Extremisten vergrätzte die Sozialdemokraten, die daraufhin am 3. November aus dem Kabinett Stresemann austraten.

An diesem selben Tag tauchte Seisser in Berlin auf, um im Auftrag von Kahrs Gespräche mit Humann, Minoux und anderen rechten Exponenten zu führen, ihre Absichten auszuloten und den Boden dafür zu bereiten, daß aus Berlin ein Aufruf an die Bayern erging, ihren Brüdern im Norden zu Hilfe zu eilen. Offenbar bewegte Kahr und Seisser die Sorge, Ludendorff und Hitler könnten auf eigene Faust vorpreschen, und es scheint, als hätten sie Minoux gebeten, Ludendorff an der kurzen Leine zu halten. In einer Unterredung in der Minoux-Villa am Wannsee ließ Seisser den Hausherrn vertraulich wissen, Hitler und Ludendorff hätten versprochen, nicht loszuschlagen, ohne vorher ihn und Kahr zu informieren; da Polizei und Streitkräfte hinter ihm und Lossow stünden, sei ein Putsch nicht denkbar. Minoux zog daraus den Schluß, daß es eines Eingreifens von seiner Seite vorerst nicht bedürfe. Allerdings ließ Seisser ihn auch wissen, daß Kahr von rechten Aktivisten aus dem Norden wie aus dem Süden bedrängt werde, «endlich seine Pläne, vom Süden aus das Reich zu sanieren, in die Tat umzusetzen». Stinnes wollte eine solche Entwicklung um jeden Preis verhindern und drängte Minoux, seinen ganzen Einfluß geltend zu machen, um die Bayern von einem «vorzeitigen Losschlagen» abzubringen.[105] Minoux tat wie geheißen.

Er wies Seisser «darauf hin, daß jedes vorzeitige Losschlagen unrichtig sei; man müsse die Nerven haben, abzuwarten, selbst auf die Gefahr hin, daß Hunger und Not noch viel größer würden. Erst wenn es dem Volk hoffnungslos schlecht ginge, werde es nach Rettung schreien, bezw. zur Selbsthilfe übergehen, die dann ein Einschreiten von der anderen Seite, also von rechts berechtige. Auf jeden Fall müsse er es ablehnen, sich bei der heutigen innen- aber ganz besonders außenpolitischen Lage an einem Unternehmen zu beteiligen, welches sich – wie der Kapp-Putsch – gegen die Verfassung richtete. Aus den gleichen Gründen sei seiner Ansicht nach auch eine reine Militär-Diktatur ganz unmöglich. Wohl läge die Macht bei den Soldaten, aber diese Macht müsse durch eine Zivilgewalt nach außen hin gedeckt sein.»[106]

Dies war bekanntlich genau eines der Szenarien, die Stinnes am 15. September dem US-Botschafter Houghton vorgezeichnet hatte. Freilich hatte Stresemann zu diesem Zeitpunkt eine der Voraussetzungen, von denen Stinnes dabei ausgegangen war, nämlich die drohende kommunistische Machtergreifung in Sachsen, bereits beseitigt. Die zweite Voraussetzung kippte ein paar Tage später, am 9. November, als Hitler und Ludendorff ihren zum Scheitern verurteilten Putsch inszenierten und damit genau das taten, was nach Meinung von Stinnes und Minoux nicht passieren durfte, und damit von Kahr als den politischen Narren, der er war, bloßstellten. Zur selben Zeit zeigte sich, daß auch das andere von Stinnes erwogene Szenario, die Einsetzung eines Direktoriums durch Ebert, illusorisch war. Minoux war klar geworden, daß Ebert nur in Übereinstimmung mit der Verfassung handeln würde; er war, wie er Seisser wissen ließ, überzeugt, daß Ebert «sich – wenigstens für die nächste lange Zeit, keinesfalls von seinen Fesseln als Parteimann und Parlamentarier frei machen werde. Um später einmal ganz freie Bahn zu machen, stehe man also unter Umständen vor der Notwendigkeit, sich nicht nur von Stresemann, sondern auch von ihm zu trennen.»

Seeckt arbeitete zumindest daran, Stresemann zu Fall zu bringen und eine Rechtsregierung in den Sattel zu heben; er hatte mit Zustimmung Eberts Kontakt zu Wiedfeldt aufgenommen. Stinnes befürwortete diese Initiative; auf einer Sitzung der DVP-Fraktion sagte er Stresemann ins Gesicht, der Kollaps der Mark sei seine Schuld, da er es nicht verstanden habe, eine Wirtschaftspolitik im Interesse der Produktion zu machen; die Briten, die Amerikaner und sogar die Franzosen würden sich freuen, wenn in Deutschland eine Rechtsregierung an die Macht käme. Während Stresemann dieser Einschätzung widersprach, ließ Stinnes, als er kurze Zeit später dem US-Botschafter Houghton diese Auseinandersetzung schilderte, die düstere Bemerkung fallen: «Stresemanns kommender Sturz unterliegt keinem Zweifel. Ich fürchte, daß, wenn er nicht freiwillig geht, man versuchen werden wird, ihn mit Gewalt zu entfernen.»[107] In Deutschland könne sich keine Regierung halten, fügte Stinnes hinzu, die nicht das Vertrauen Bayerns besitze, und dieses habe Stresemann verloren. Am 5. November erfuhr Houghton von Stinnes, Wiedfeldt werde als Kanzler und Außenminister nach Berlin zurückkehren; Minoux sei als Finanzminister vorgesehen und werde die Aufgabe haben, die notwendigen inneren Reformen durchzuführen:

> «Das Programm, sagte Stinnes, bezweckt die Reduzierung der Macht des Reichs und der Länder auf die bloße Funktion der Erhaltung von Ruhe und Ordnung und, für eine bestimmte Anzahl von Jahren, die Umwandlung öffentlicher Betriebe aller Art wie Eisenbahnen, Trambahnen, Wasserwerke, Licht- und Kraftanlagen und dergleichen in Privatbetriebe mit dem Zweck, unproduktive Arbeit auf ein Mindestmaß herabzudrücken, die Betriebe wirk-

sam und gewinnbringend zu verwalten und einen Teil der hierdurch erzielten Gewinne für Reparationszwecke zu verwenden.»

Tatsächlich gab es für den politischen Teil des Programms gar keine reale Grundlage mehr: Ebert fühlte sich ganz und gar an die Verfassung gebunden und dachte deshalb nicht daran, ein Direktorium einzusetzen. Seeckt wiederum war nicht bereit, etwas ohne den Segen einer zivilen Regierung zu tun. Minoux' politische Programmpunkte lösten sich in nichts auf, und auch Wiedtfeld schlug das Seecktsche Angebot aus und warnte sogar davor, einem auf die Bajonette gestützten «Protektorat» den Vorzug vor einer auf öffentliches Vertrauen gegründeten Regierung zu geben. Wiedfeldt wies darauf hin, daß er nicht einmal mit Gewißheit auf die Unterstützung der Industrie zählen könne, wie die Geschichte des RdI-Kreditangebots im Jahr 1921 gezeigt habe. Stinnes war ohnehin kein Putschist, und falls er gehofft hatte, daß politische Umwälzungen eintreten würden, wartete er darauf vergeblich.[108]

Stinnes fand das alles sehr deprimierend. Wie er am 16. November an Hugo jun. schrieb:

«Es sieht nicht gut aus im deutschen Lande.

Stresemann ist ein schwacher Mann, der zwar in den letzten Tagen mehr nach rechts geht, aber den entscheidenden Schritt in der Arbeitsfrage nicht zu gehen wagt, und ohne diesen Schritt ist eben keine Währungsreform und kein Aufstieg der Wirtschaft, natürlich auch keine Reparation an Frankreich möglich. Das ist das Niederdrückende in allen Verhandlungen mit dem Feinde, daß man in dem einen Punkt die Schuld nicht bestreiten kann. Hätte Deutschland, statt zu faulenzen, nach dem Krieg wie vor dem Kriege gearbeitet, so sähe eben alles anders aus, dann hätte Poincaré nicht den Vorwand gehabt, das tun zu können, was Deutschland immer mehr dem Zerfall näher bringt.

Luther und Koeth sehen beide die Lage richtig an, können sich aber nicht durchsetzen.»[109]

Stinnes hatte sich mächtig ins Zeug gelegt, um Luther und Koeth auf seine Linie zu bringen; ersteren hatte er in einem ausführlichen Brief vom 14. November ersucht, sich für die Anwendung des in Artikel 48 der Verfassung verankerten Notverordnungsrechts einzusetzen, um die Voraussetzung dafür zu schaffen, daß die einzelnen Arbeitgeber mit ihren Belegschaften über eine Rückkehr zu den Vorkriegs-Arbeitszeiten verhandeln konnten. Hinter dieser Forderung steckte natürlich weit mehr als nur die Arbeitszeitfrage, denn eine individuelle Festlegung der Arbeitszeiten durch die Betriebe hätte das System der Flächentarife untergraben, ein Punkt, über den Stinnes und die anderen Industriellen sich gewiß nicht im unklaren waren, denen das geltende Tarifvertragsrecht ohnehin ein Dorn im Auge war. Die Arbeitszeitverlängerung war aber sicher das vordringlichste Thema. Stinnes wischte das von vielen geäußerte Argument, es sei paradox, in Zeiten hoher Arbeitslosigkeit eine Verlängerung der Arbeitszeit zu verlangen, vom Tisch. Das Wichtigste sei die Senkung der Produktionskosten, damit Deutschland wieder konkurrenzfähig wurde. Sobald sich die Auftragslage besserte, werde auch die Beschäftigung wieder zunehmen. Die Alternative sei, daß alle Bemühungen um eine Währungsreform scheitern und daß die Franzosen ihr Ziel einer «Entnationalisierung» der Einwohner und der Wirtschaft von Rhein und Ruhr erreichen würden. Stinnes forderte unumwunden den Vorrang von Produktivitäts- vor finanziellen Erwägungen, forderte eine möglichst starke Beschneidung staatlicher Aufgaben und erklärte, es müßten große Mengen Rentenmark und Goldanleihepapiere in die Wirtschaft gepumpt werden, damit diese die Arbeiter für ihre Mehrarbeit bezahlen könne. Die sechs Monate Zeit, die man sich damit erkaufe, seien das Opfer «einer gewissen Inflation» wert, da dadurch die Grundlage für eine wahrhafte Stabilisierung geschaffen werde.[110]

Stinnes sollte, auch wenn er Stresemann schon abgeschrieben hatte, kurze Zeit später das bekommen, was er wollte, wenn auch nicht ganz so, wie er es sich vorgestellt hatte. Arbeitsminister Brauns hatte in aller Stille durch eine am 30. Oktober erlassene Schlichtungsverordnung, die dem Ministerium die Macht verlieh, in Arbeitskämpfe einzugreifen, den Weg zu einer Verlängerung der Arbeitszeiten geebnet. Hand in Hand damit ging die Aussetzung der Demobilmachungsverordnungen am 17. November; somit konnten die Arbeitgeber die geltenden Tarifverträge kündigen und, notfalls unter Androhung von Aussperrungen, von ihren Belegschaften längere Arbeitszeiten fordern. Das Arbeitsministerium konnte dann eingreifen und per Schlichtungsspruch längere Arbeitszeiten verordnen, wobei formell das System der Flächentarifverträge unangetastet und die Möglichkeit späterer Korrekturen zugunsten der Arbeiter offenbleiben würde, falls und sobald sich die wirtschaftlichen Rahmenbedingungen verbesserten.

Am Ende gelangten Brauns und das Kabinett, einschließlich Stresemann, jedoch zu der Einsicht, daß nur die Verordnung eines Zehnstundentages in normalen Betrieben und einer Zwölf-Stunden-Regelschicht in den rund um die Uhr arbeitenden Betriebe der Schwerindustrie wirtschaftlich sinn- und wirkungsvoll sein würde. Als diese Vorgaben schließlich in die Tat umgesetzt wurden, amtierte bereits wieder eine andere Regierung. Die Sozialdemokraten faßten nämlich den wenig heilsamen Entschluß, gemeinsam mit der DNVP und den Kommunisten die Regierung Stresemann zu stürzen. Dies ließ zum letzten Mal eine Diskussion über ein Direktorat oder eine bürgerliche Koalition unter Einschluß der DNVP aufkommen. Die DNVP dachte freilich nicht daran, in ein Kabinett einzutreten, dem Stresemann angehörte, und letzterer zog in einem ziemlich überzeugenden Plädoyer die innere und internationale Durchsetzbarkeit solcher Lösungen in Zweifel. Dabei konnte er sich sogar auf Stinnes berufen, der einmal gesagt habe, «er habe die Deutschnationalen ganz gern, aber sie seien kein politischer Exportartikel».[111]

Schließlich konnte am 1. Dezember ein bürgerliches Kabinett unter Wilhelm Marx vereidigt werden, in dem Stresemann als Außenminister verblieb. Am 8. Dezember wurde zum erneuten Mal ein Ermächtigungsgesetz verabschiedet, das der Regierung auch arbeitsrechtliche Möglichkeiten zuerkannte, und so erließ sie am 21. Dezember eine Arbeitszeitverordnung, die nicht nur eine Rückkehr zu den Vorkriegs-Arbeitszeiten sanktionierte, sondern den Arbeitgebern auch die Möglichkeit einräumte, bestehende Tarifverträge mit dreitägiger Frist zu kündigen. Stinnes betrieb die Verlängerung des Arbeitstages in den von ihm beherrschten Unternehmen natürlich mit gewohnt rücksichtsloser Konsequenz. Als zum Beispiel der regionale Arbeitgeberverband, dem das RWE angehörte, zögerte, die neuen Freiheiten zu nutzen, kam von Stinnes der Bescheid: «Wenn der Verband nicht voranmacht, müssen wir austreten und allein vorgehen.»[112] Die Arbeitsgemeinschaft war jetzt tot, in der Theorie wie in der Praxis, und Siemens und andere Unternehmer konnten mit ihren Bemühungen, sie zu retten, nicht verhindern, daß die sozialdemokratischen Gewerkschaften Anfang März 1924 ihre Mitarbeit aufkündigten. Wie Stinnes darauf reagierte, ist nicht überliefert. Er glaubte zweifellos weiterhin an das Prinzip der Freiwilligkeit, für das die ZAG stand, doch andererseits scheint es, als habe er sich 1923 auf die Ansicht verlegt, es sei besser, den Arbeitern Bedingungen zu diktieren, als mit ihnen zu diskutieren.[113]

Es ist jedoch wichtig, sich zu vergegenwärtigen, daß Stinnes und seine Kollegen zwar einerseits die Arbeiter und die Regierung gängelten oder gängeln wollten, andererseits aber selbst von den Franzosen gegängelt wurden und sich mit Poincaré und den diversen französischen Statthaltern im Rheinland und an der Ruhr arrangieren mußten. Die Verhandlungen mit der Micum hatten Stinnes zutiefst enttäuscht und ihm das Gefühl vermittelt, sein Ziel einer deutsch-französischen Verständigung sei unerreichbar. Als Harden ihn in einem Brief drängte, eine solche Verständigung voranzutreiben und nicht zuzulassen, daß die Engländer durch ihren Einfluß auf Stresemann die Bildung eines Kontinentalblocks hintertrieben, antwortete Stinnes, es sei ihm nicht möglich herauszufinden, in welchem Ausmaß Lord D'Abernon «die Wilhelmstraße wieder am Gängelbande führt», doch die Franzosen selbst machten eine Verständigung unmöglich, indem sie sich gegenüber den Deutschen «unerträglich und töricht» aufführten:

> «Ich bin ein unbedingter Anhänger dieser Zusammenarbeit, heute wie seit dem Kriege überhaupt und werde wie bisher alles tun, um eine vollständige und dauernde Verständigung zwischen beiden Ländern herbeizuführen. Aber unterwegs kann man sich nicht maltraitieren und wie ein Verbrecher behandeln lassen, sonst verliert man die Gefolgschaft von den Leuten, ohne die man eben nichts halten kann und jede Selbstachtung.»[114]

Gleichwohl mußte etwas geschehen, um einer Lösung näher zu kommen. Die mit der Micum getroffenen Vereinbarungen waren kostspielig, sollten Mitte April auslaufen und mußten die Industrie überfordern, falls sie verlängert wurden. Vorderhand noch wichtiger war, daß die Regierung für den 15. November die Einführung der Rentenmark plante und für den 20. November einen

Umtauschkurs von 1 Billlion Papiermark für 1 Rentenmark anpeilte. Es schien zunächst fraglich, ob die Franzosen diese Operation in den von ihnen besetzten Gebieten zulassen konnten oder wollten. Der Kölner Bankier Louis Hagen meinte zum Beispiel, die Franzosen würden die Rentenmark ablehnen, weil sie durch eine Hypothek auf Haus- und Grundbesitz abgesichert war, die die Franzosen nicht akzeptieren würden. Als die Rheinland-Kommission aber doch grünes Licht gab, war das neue Geld schlicht nicht in ausreichenden Mengen verfügbar, so daß die Menschen in der Region weiterhin auf die diversen von den Gebietskörperschaften und Großunternehmen herausgegebenen Notgelder zurückgreifen mußten. Allerdings wollte der neue Währungskommissar Hjalmar Schacht der Reichsbank nicht mehr gestatten, rheinisches Notgeld anzunehmen.

Diese Entwicklung, die unzweifelhaft zu Verelendung und weiterem Chaos an Rhein und Ruhr hätte führen können, ließ sich natürlich auch als Chance begreifen, wie Stinnes Harden im Hinblick auf den Kampf um eine Verständigung mit den Franzosen erklärt hatte: «Mir und meinen Freunden ständen von deutscher Seite auch alle Möglichkeiten offen, da man uns Rheinländern ja Handlungsfreiheit läßt.»[115] Diese Freiheit nutzten er und andere, um neue Initiativen zu ergreifen; besondere Akzente setzte hier der Kölner Oberbürgermeister Konrad Adenauer, der sich für die Loslösung des Rheinlands von Preußen und die Schaffung eines neuen rheinischen Staates innerhalb des Reichsverbands stark machte; Hand in Hand damit sollte eine Rheinische Golddiskontbank errichtet werden, die den neuen Staat mit einer neuen Währung von seinem Währungsproblem erlösen würde. Diese Ideen waren natürlich nicht neu, denn Adenauers Interesse galt schon seit 1918 der Suche nach einer festen Grundlage für eine Wiederannäherung zwischen Frankreich und Deutschland. Sie waren auch Stinnes nicht fremd, hatte er doch, wie gesehen, mit Tirard schon vor dem Ende des passiven Widerstandes die Möglichkeit der Errichtung zweier separater Staaten erörtert. Die jetzt aufgetauchte Idee einer Rheinischen Golddiskontbank erweiterte allerdings die Gefahr, die der deutschen Souveränität in der Region drohte, um eine wichtige neue Dimension, denn damit wurde ja der ausschließliche Gebrauch der deutschen Währung in diesem Gebiet potentiell in Frage gestellt.

Die Initiativen, die Stinnes in dieser Sache ergriff, müssen vor dem Hintergrund seiner zutiefst pessimistischen Einschätzung der Lage an Rhein und Ruhr in den letzten Monaten des Jahres 1923 gesehen werden. Er wußte sehr genau, welche Not die Bevölkerung litt, und machte sich jetzt ernste Gedanken, ob die Arbeitgeber noch viel länger durchhalten konnten. In einer Unterredung mit Houghton am 5. November äußerte er die Meinung, daß «ein Separatistenstaat nun wahrscheinlich sei, [daß] ... die Franzosen mit allen ihnen zur Verfügung stehenden Mitteln die Entscheidung dieser Frage herbeizuführen suchten, und daß die Bevölkerung so eingeschüchtert und elend sei, daß sie alle Kraft zum Widerstand verloren habe».[116] Ebenso pessimistische Töne schlug er am 16. November in einem Brief an Hugo jun. an:

Von Stinnes ausgegebenes Notgeld

«Die Not im besetzten Gebiet, namentlich am Niederrhein, steigt mehr und mehr und die Kreditverhältnisse sind immer schwieriger.

Man muß sich kolossal in Acht nehmen. Der Absatz in Braunkohlenbriketttes ist schlecht, die Leute legen sich ins Bett und frieren, aber arbeiten nicht...

Die Not der Bevölkerung ist so riesengroß, daß nach meiner Meinung sich alle Bande lösen werden, wenn nicht bald eine folgerichtige Politik verfolgt wird.»[117]

Unter einer folgerichtigen Politik verstanden Stinnes und Silverberg, daß man sich nicht nur für den Gedanken einer Loslösung des Rheinlands von Preußen öffnen, sondern auch mit der französischen Industrie ins reine kommen mußte. Eine andere Meinung vertrat hier Peter Klöckner. Anfang November bereitete sich Silverberg bereits mit Tirard, der darum gebeten hatte, auf Gespräche vor, bei denen es um die Möglichkeiten einer Zusammenarbeit zwischen deutscher und französischer Schwerindustrie im Hinblick auf Eisenerz und Kohle gehen sollte. Klöckner war der Ansicht, solche Gespräche kämen zu früh; man müsse erst einmal die von der Micum diktierten Belastungen «schlucken» und feststellen, ob sie verdaulich waren. Er wies darauf hin, daß in den Verhandlungen mit der Micum von einer Zusammenarbeit der genannten Art nie die Rede gewesen sei, und erklärte, er fürchte ein zweites «Diktat», wenn man den Franzosen jetzt eine weitere Chance eröffne, die Deutschen zu erpressen.[118]

Silverberg schätzte sowohl die Situation als auch die einzuschlagende Taktik anders ein (und sprach dabei ausdrücklich auch für Stinnes und Vögler):

«Das Problem halte ich zur Hauptsache für ein militärisches, denn in der Auseinandersetzung, die zwischen Frankreich und England über kurz oder lang bevorsteht, kann Frankreich, das den Weltkrieg nur mit Unterstützung der englischen Montanindustrie führte, die deutsche Montanindustrie nicht entbehren. Deshalb hat Frankreich Oberschlesien an Polen gegeben und will unsere westliche Montanindustrie beherrschen, sowohl den Kohlenbergbau um seine eigene Eisenindustrie aufrecht erhalten zu können, ebenso wie unsere Eisenindustrie, zum Zweck der Materialsicherstellung. Deshalb ist es meiner Ansicht nach richtig, nicht wie bei dem passiven Widerstand zu warten, bis wir noch willenloser sind wie jetzt und noch mehr geschwächt sind, sondern in Erkenntnis der Tatsachen vorher Fühlung zu nehmen. Es handelt sich hierbei um rein sachliche Erwägungen, die nur dazu führen sollen, was für unsere Montanindustrie am besten ist um zu retten, was noch gerettet werden kann.»[119]

Dieses Räsonieren über internationale Machtfragen mag aus heutiger Sicht seltsam anmuten, insbesondere wenn es in einem so apodiktischen Ton geschieht, doch erhalten die Stinnesschen Überlegungen eine gewisse Plausibilität, wenn man sie vor dem Hintergrund der tatsächlichen britischen Ängste vor einem kontinentalen Schwerindustrieblock unter französischer Führung und der englisch-französischen Meinungsverschiedenheiten über die Besatzungs- und Reparationspolitik sieht.[120] Stinnes, Vögler und Silverberg sahen die Dinge jedenfalls so und nicht anders und strebten daher einen Pakt mit der französischen Schwerindustrie an, weil sie die deutsche Schwerindustrie lieber in der Rolle des Hammers als in der des Ambosses sehen wollten. Auf der anderen Seite mißtraute Poincaré seinen eigenen, im Comité des Forges versammelten Eisen- und Stahlindustriellen. Sie waren sich nicht einig, wie ihre Versorgung mit Koks aus Deutschland am besten sicherzustellen sei, doch ihre Absicht, Kokslieferungen aus dem besetzten ins nichtbesetzte Deutschland zu unterbinden oder die Reparationslieferungen gleich durch eine völlige Übernahme deutscher Zechen zu ersetzen, fanden bei Poincaré kein Gehör. Diesem war es weitaus wichtiger, es sich nicht mit den Engländern zu verderben, als die Wünsche seiner Industriellen zu erfüllen.[121]

Das wiederum veranlaßte einige französische Industrielle, sich um private Vereinbarungen mit ihren deutschen Lieferanten zu bemühen. Zwischen dem 28. November und dem 6. Dezember hielten sich zwei Stinnes-Vertreter aus Hamburg, A. Helbig (der lange Jahre den Krupp-Konzern in Paris repräsentiert hatte, bevor er in die Dienste von Stinnes getreten war) und Straetz, der Direktor der Stinnes-Metallsparte, in Paris auf und führten Gespräche mit diversen französischen Industriellen. Sie konnten nach Hause berichten, daß sie bei so hochgestellten Persönlichkeiten wie Robert Pinot, dem Generalsekretär des Comité des Forges, und Arthur Vermot, einem großen Stahlerzeuger, eine euphorische Zustimmung zu bilateralen Vereinbarungen vorgefunden hatten. Pinot habe zwar deutlich gemacht, daß er sich an die Vorgaben seiner Regierung halten und ihr natürlich auch ausführlich über diese Gespräche berichten müsse, daß es aber sicher möglich sei, Einfluß auf die Politik zu nehmen, wenn erst einmal eine Verständigung zwischen den Industrien erreicht sei. Pinot ließ durchblicken, daß auf französischer Seite «unzählige Ideen» umherschwirrten und daß er eine Verständigung für erreichbar hielt, wobei allerdings die französische Kohlenversorgung garantiert werden müsse. Er betonte bei dieser Gelegenheit, ein endgültiger Friedensschluß setze eine Verständigung zwischen den europäischen Schwerindustriellen über Produktionsquoten voraus, da die Erzeugungskapazitäten zugenommen hätten, während die Weltnachfrage zurückgegangen sei. Helbig und Straetz gewannen den Eindruck, daß das Comité in sich zerstritten und in Frankreich eher unpopulär war und das Erfolgserlebnis einer Vereinbarung dringend brauchte. Vertreter der verarbeitenden Branchen hatten sich für ein Ende des französischen Protektionismus ausgesprochen, um wieder Produkte höherer Qualität aus Deutschland einführen zu können. Ganz allgemein konstatierten die beiden Deutschen, daß sich in Deutschland ein «Gedankenumschwung» weg von der «Schmarotzerpolitik» vollzog, daß die Franzosen genug von Wiederaufbauprojekten hatten, die im Sand verliefen, und daß sie «der Initiative und der Mitarbeit der deutschen Arbeitskraft» bedurften, um Fortschritte zu erzielen. Helbig und Straetz hatten ihrerseits Pinot und vermutlich auch anderen versichert, daß auch Stinnes viel am Zustandekommen einer Vereinbarung mit den für ihn interesssanten französischen Industriefirmen gelegen sei.[122]

Das traf sicherlich zu, und es fügte sich auch gut zu den Ideen des Kölner Oberbürgermeisters Konrad Adenauer. Der führte um dieselbe Zeit Gespräche mit Tirard und hatte seine Freundschaft zum AEG-Direktor Johann Hamspohn genutzt, um Kontakt zu einem alten Freund Hamspohns aufzunehmen, dem französischen Industriellen und Ex-Botschafter Charles Laurent und seinem Wirtschaftsattaché Vincent Arnaud. Sie ermutigten Adenauer, seinen Plan eines rheinischen Staates und einer Golddiskontbank weiterzuverfolgen und ihn mit einem Reparationsprogramm zu verbinden, das eine Verständigung zwischen der französischen und deutschen Industrie beinhaltete. Sie gaben ihm zu verstehen, Poincaré werde für einen solchen Plan zu haben sein. Da Adenauer sein Wissen um die Verzahnungen zwischen den Industrien der beiden Länder von Stinnes bezogen hatte, war es nur natürlich, daß er sich an diesen mit der Bitte wandte, für ihn ein Gutachten zur Frage der Reparationen und der industriellen Kooperation aufzusetzen, das er nach Paris übersenden konnte.[123]

In dieser Reparations-Denkschrift, seiner letzten, mußte Stinnes sich notgedrungen auf die Aspekte einer Einigung mit Frankreich beschränken und seine Ideen für eine globale Lösung ausblenden. Er begann mit der Feststellung, die deutschen Reparationsleistungen an Frankreich könnten auf lange Sicht nur in Form von Naturallieferungen erfolgen, d.h. von «umgesetzter deutscher Arbeit». Jeder Versuch, einen Großteil der Reparationen in Geld einzutreiben, würde zu einer Neuauflage der gegenwärtigen Situation führen. Für Naturallieferungen kämen in erster Linie Kohle, Koks, Kohlenderivate und chemische Erzeugnisse in Frage, und diese fielen überwiegend in den besetzten Gebieten an. Es sei allerdings undenkbar, daß die dortigen Firmen mit dieser Belastung leben konnten; die zuletzt mit der Micum geschlossene Vereinbarung müsse als ein von den Industriellen gebrachtes Opfer gesehen werden, zu dem sie sich bereitgefunden hätten, um Arbeitslosigkeit und Hunger abzuwenden, das jedoch auf die Dauer weit über ihre Kräfte gehe.

Aus der Sicht von Stinnes mußte eine dauerhafte Lösung auf zwei Voraussetzungen ruhen. Zum ersten mußte der Umfang der deutschen Lieferverpflichtungen in Form einer Geldsumme pro Jahr festgelegt werden, die nicht so hoch sein durfte, daß sie jeden Arbeitsanreiz zum Erliegen brachte. Zum zweiten mußten, wenn die Reparationen zum großen Teil in Naturalform geleistet würden, die Kosten dafür vom Reich übernommen werden, «denn nur das Gesamtreich kann und muß die unvermeidlichen riesigen Lasten tragen». Die staatlichen Kompensationszahlungen, die in deutscher Währung erfolgen müßten, weil die Kosten auch in deutscher Währung anfielen, müßten verbindlich garantiert werden, wenn nicht die liefernden Firmen und die gesamte Region dem Ruin preisgegeben und wenn Konflikte mit den Empfängerländern vermieden werden sollten. Um dies sicherzustellen, schlug Stinnes die Errichtung einer besonderen Finanzagentur vor, der die Einkünfte aus bestimmten vom Reich erhobenen Steuern und Abgaben wie z.B. auf Alkohol, Tabak, Zucker oder Salz, zufließen sollten. Er vermied es bewußt, in diesem Zusammenhang die Eisenbahnen und die Post zu erwähnen, machte aber deutlich, daß die genannten Finanzagenturen keine Befugnisse im Bereich des Zollwesens und der personenbezogenen Besteuerung erhalten dürften, da dies ein Eingriff in die Souveränität des Reichs wäre, und wohl auch in diesen Bereichen, wie Stinnes handschriftlich hinzusetzte, die Wirtschaft keinen maßgeblichen Einfluß mehr ausüben könne. Die Finanzagenturen würden die ihnen zufließenden Steuermittel als Deckungsmasse für die Reparationslieferungen ausweisen; sollten sie Gewinne machen, müßten diese zum Teil für staatliche Aufgaben und zum Teil für die Eigenfinanzierung der Institute verwendet werden. Die Empfängerländer der Lieferungen würden die Produkte jeweils im eigenen Land verkaufen und könnten auf diese Weise die Tilgung und Verzinsung ihrer eigenen Schulden finanzieren.

Was die konkrete Umsetzung betraf, so schlug Stinnes vor, den Umfang der von den einzelnen deutschen Firmen zu leistenden Lieferungen ebenso im voraus festzulegen wie die Firmen, an die die Lieferungen gehen sollten. Damit kam Stinnes unmittelbar zum «zweiten großen wirtschaftlichen und politischen Problem», mit dem Frankreich und Luxemburg auf der einen und Deutschland auf der anderen Seite klarkommen mußten, nämlich der Kohle-Erz-Verkettung und der Tatsache, daß die großen französischen und deutschen Eisen- und Stahlwerke ihre wichtigsten Abnehmer in den unbesetzten Teilen Deutschlands hatten. Nach Überzeugung von Stinnes hing die Zukunft der Industrien sowohl des Ruhrgebiets als auch Ostfrankreichs vom Wohlergehen der verarbeitenden Industrien in Deutschland und davon ab, daß diesen auf dem Weltmarkt wieder der Status der Meistbegünstigung eingeräumt wurde. Daraus folge, daß die einzige Lösung in einer noch engeren Verzahnung zwischen den beiden industriellen Sektoren bestehe:

> «Mutter Natur und einheitlicher Aufbau haben die gewaltigen industriellen Gebiete des europäischen Kontinentes verflochten und Menschen können diese Zusammenhänge nicht zertrümmern, ohne unabsehbaren Schaden der gesamten europäischen Kaufkraft zuzufügen. Von Staats wegen gibt es kein Reglement für wirtschaftliche Zusammenschlüsse und richtiges Zusammenarbeiten industrieller Werke, aber wenn man die großen Gruppierungen der Eisen- und Kohlenindustrie, die sich nach 1918 in beiden Ländern gebildet haben, betrachtet, so drängt sich der Eindruck auf, daß eine gegenseitige Interessennahme der Werke und Werksgruppen an der Ruhr und in Frankreich, namentlich solcher, die ehemals mindestens teilweise zusammengehört haben und deren Einrichtungen und Produktionen daher zu einem großen Teil auch heute noch auf einander abgestimmt sind, den beiderseitigen Interessen in weitestem Maße förderlich sein und namentlich eine unnatürliche und damit ungesunde gegenseitige Abschließung hindern würde. Dabei würde in absehbarer Zeit nur an Austausch von Minderheitsbeteiligung zu denken sein.»

Die Regierungen der betroffenen Länder sollten nach Ansicht von Stinnes solche Minderheitsbeteiligungen der großen Werke aneinander nicht erzwingen, aber fördern, am besten dadurch, daß sie sie steuerfrei stellten.

Stinnes war keineswegs auf die Ideen Rechbergs eingeschwenkt, der eine einseitige französische Beteiligung an deutschen Unternehmen propagierte, doch er hatte sich eindeutig zum Anhänger einer wesentlich verbindlicheren Partnerschaft mit Frankreich gewandelt, als er sie früher vertreten hatte. Dieses Beteiligungsmodell war natürlich mit den Plänen für die Errichtung eines rheinischen Staates und einer Rheinischen Goldnotenbank verknüpft, an der die deutsche Seite mit 50 Prozent, die französische mit 30, Belgien mit 10 und die neutralen Länder mit ebenfalls 10 Prozent beteiligt sein sollten. Ihr Vorstand sollte aus zwei Deutschen und einem Franzosen bestehen. Auch wenn für einen späteren Zeitpunkt eine Übernahme der Rheinischen Bank durch die reichseigene Golddiskontbank anvisiert wurde, die in Berlin entstehen sollte, war klar, daß diese Institution einem erheblichen französischen Einfluß auf das Finanz- und Währungsgeschehen im westdeutschen Industrierevier Vorschub leisten würde.[124]

Für Stinnes war die in Bildung begriffene alliierte Expertenkommission, die feststellen sollte, wieviel an Reparationen Deutschland zu leisten imstande war, ein Grund mehr, die französisch-deutsche industrielle Zusammenarbeit mit erhöhter Eile voranzutreiben. In dieser Kommission würden anglo-amerikanische Interessenvertreter den Ton angeben. England, so legte der anglophobe Maximilian Harden in einem leidenschaftlichen Weihnachtsbrief an Stinnes dar, sei darauf aus, die deutschen Reparationsverpflichtungen gegenüber Frankreich herunterzuschrauben, nicht etwa um Deutschland zu helfen, sondern um die kontinentale Wirtschaft aus dem Lot zu bringen und sicherzustellen, daß der englische Arbeiter weiterhin besser verdienen würde als sein Kollege auf dem Festland. Wenn es nach England ginge, würde das Rheinland nicht zu einer Brücke zwischen Frankreich und Deutschland, sondern zu einem «neuen Hannover». Nach Ansicht Hardens war das Reparationsproblem eine «Kleinigkeit» im Vergleich zu dem, worum es hier eigentlich ging.[125]

Stinnes wollte die Reparationsfrage nicht bagatellisieren, doch bejahte er, daß man der Expertenkommission zuvorkommen müsse; am besten lasse sich dies durch Gespräche «im allerkleinsten Kreise zwischen anständigen und verschwiegenen Leuten, die allerdings Verhandlungsvollmacht haben müssen», bewerkstelligen; sie könnten eine Rahmenvereinbarung aushandeln, an die sich in der Folge Einzelabkommen zwischen den diversen Industrieunternehmen anschließen würden. War erst einmal eine Verständigung zwischen Frankreich und Deutschland da, so würden die Amerikaner nicht zögern, eine Anleihe über eineinhalb Milliarden Goldmark zu gewähren. Stinnes behauptete, seine Gewährsleute hätten ihm dies versichert, und auch Hugo jun., sein «Hamburger Sohn», habe auf seiner jüngsten Reise in die Vereinigten Staaten einen ähnlichen Eindruck gewonnen. Stinnes war der Überzeugung, sein auf Naturallieferungen basierender Reparationsplan werde den Boden für die Gewährung ausländischer Kredite sowohl an Deutschland als auch an Frankreich bereiten, und diese Kredite würden zu fließen beginnen, sobald in der Frage der Besatzung und der Grenzen klare Verhältnisse geschaffen seien. Nicht zuletzt zählte Stinnes auch darauf, daß die «Inflationspolitik» und die Spekulation gegen den Franc, die jüngst in Gang gekommen sei, «tout comme chez nous und in Österreich einige Jahre vorher»,[126] die Franzosen und Belgier an den Verhandlungstisch zwingen würden.

Allein, zum wiederholten Mal und bis ans bittere Ende sollte Stinnes die Erfahrung machen, daß die Politiker, allen voran Stresemann und Poincaré, das letzte Wort hatten. Natürlich hatten die von Stinnes ausgearbeiteten Pläne Auswirkungen auf seine eigenen Unternehmen; so bedingten etwa die vorgesehenen wechselseitigen Minderheitsbeteiligungen deutscher und französischer Firmen aneinander eine Abtrennung der in den besetzten Gebieten gelegenen Unternehmensteile der Rheinelbe-Union von denen, die ihren Sitz anderswo hatten, und eine Konsolidierung der in den besetzten Gebieten liegenden Unternehmen, damit sie sich gegenüber den Franzosen behaupten konnten. Stinnes machte daher den Vorschlag, die in den besetzten Gebieten befindlichen Werke von Deutsch-Luxemburg, der GBAG und des Bochumer Vereins zu einem einzigen Unternehmen zu verschmelzen und die übrigbleibenden Teile unter dem Dach einer neuen Gesellschaft zusammenzufassen, die ihren Sitz in Berlin nehmen sollte; die SRSU könne dann als Holding-Gesellschaft für diese beiden neuen Konglomerate fungieren.

Dieser Plan stieß zwar bei den Mitgliedsfirmen der SRSU auf Zustimmung, aber er hatte bedeutsame steuerliche Implikationen und stellte so gesehen eine erste Probe aufs Exempel dar, ob die deutsche und die französische Regierung wirklich bereit waren, die in dem Stinnes-Plan vorgesehenen Fusionen und wechselseitigen Beteiligungen zu fördern. Am 13. Dezember führte er ein Gespräch mit Marx und Luther und ersuchte sie, die auf die Fusionen und Neugründungen anfallenden Steuern auf eine Gesamtsumme von 1 Million Goldmark zu reduzieren und diesen Betrag sodann mit den Kompensationen zu verrechnen, die die Regierung den Firmen schuldete, die zu Kohlenlieferungen an Frankreich gezwungen worden waren. Stinnes begründete sein Ersuchen damit, daß die Fusionen und Neugründungen aufgrund «politischer Notwendigkeit» erfolgten und den «Schlüssel zur gesamten Reparationsfrage» bildeten. Der neue rheinische Staat würde den Status eines selbständigen Reichslandes haben und eine «vermittelnde Rolle zwischen Deutschland und Frankreich» spielen. Aus diesem Grunde müsse er «frei sein von den Belastungen des Friedensvertrages». Wie diese letzte Aussage genau zu verstehen war, bleibt rätselhaft, hatte Stinnes doch in seiner Denkschrift erklärt, die Lasten aus der Reparationsvereinbarung müßten vom gesamten Reich getragen werden. Wie auch immer, Luther weigerte sich standhaft, die Steuerschuld auf 1 Million festzusetzen, und erklärte, er werde gegebenenfalls auf der Entrichtung von 5 Millionen Goldmark bestehen müssen.

Er betonte, man könne in der von Stinnes propagierten Lösung nur dann eine politische Notwendigkeit sehen, wenn man «eine positive Stellungnahme zu der Frage der deutsch-französischen Industriegemeinschaft» abgebe. Hierüber könne aber nur Außenminister Stresemann entscheiden. Dieser erklärte jedoch, als er gefragt wurde, er sehe «keine Veranlassung..., dem Antrage des Herrn Stinnes zu entsprechen».[127]

Stresemann sah auch keine Veranlassung, Stinnes und Vögler als offizielle deutsche Unterhändler anzuerkennen und zuzulassen, daß sie den Stinnes-Plan in Paris präsentierten. Am 9. Januar 1924 kam es zu einer Begegnung, bei der Adenauer, Stinnes, Silverberg, Vögler und Hagen mit vereinten Kräften versuchten, Marx und Stresemann zur Erteilung eines Mandats an Stinnes und Vögler zu überreden, mit französischen Industrie- und Regierungsvertretern über eine Lösung der Reparationsfrage sowie über die Errichtung eines rheinischen Staates zu sprechen. Stresemann mußte die Unterredung wegen anderer Verpflichtungen frühzeitig verlassen, und aus dem Protokoll ist zu entnehmen, daß zumindest ein gegenseitiger Informationsaustausch zwischen Stinnes und den offiziellen deutschen Vertretern in Paris, vor allem Botschafter Hoesch, vereinbart wurde. Es ist jedoch ziemlich sicher, daß Stresemann damit nicht einverstanden war. Er traf sich am 9. und 10. Januar mit dem französischen Industriellen und Finanzier Ernest Weyl, der ein Vertrauter Millerands war und dem Stresemann erklärte, Stinnes besitze nicht das Vertrauen der Reichsregierung. Auch Adenauer sprach mit Weyl; er betonte, welch wichtige Rolle Stinnes in den bevorstehenden Verhandlungen zukommen würde, fiel aber wenig später aus allen Wolken, als er von einem amerikanischen Unternehmer namens Heinemann, mit dem er befreundet war, erfuhr, wie Stresemann sich über Stinnes äußerte. Heinemann konnte sich nicht vorstellen, daß Stresemann jemanden, zu dem er kein Vertrauen hatte, als Unterhändler nach Paris entsenden würde. Adenauer war zutiefst verstört über diese Wendung der Dinge, von der Stinnes nichts ahnte. Noch 1965, in einem Gespräch mit dem Historiker Karl Dietrich Erdmann, erinnerte er sich lebhaft an die Situation, in der er Stinnes die Augen öffnete:

> «An diesem Abend hätten Stinnes und er den gewohnten Nachtzug – er wußte noch die genaue Abfahrtszeit – für die Rückreise von Berlin nach Westen benutzt, Schlafabteile am gleichen Gang. Er habe Stinnes (‹Ich sehe ihn noch vor mir, wie er da im Pyjama im Bett lag!›) gesagt: ‹Sie können Ihre Fahrkarte nach Paris wieder zurückgeben, das wird nichts.› In der Tat habe Stinnes sich diese Fahrkarte schon besorgt gehabt, um schnellstmöglich in die französische Hauptstadt weiterzureisen. Er habe dann Stinnes die Geschichte von Stresemanns Äußerung zu dem französischen Gesprächspartner, der ein Vertrauensmann Poincarés gewesen sei, erzählt. Darauf Stinnes, wörtlich: ‹Jetzt ist es aus mit Stresemann. Jetzt dreh ich dem Lump den Hals rum!›
> E.: Wörtlich?
> A.: (mit Emphase) Ja, wörtlich.»[128]

Stresemann machte sich indes nichts aus dem Stinnesschen Zorn und zeigte sich auch nicht bereit, sich die Adenauersche Lagebeurteilung zu eigen zu machen, zumal aus England und Amerika immer mehr Signale kamen, die Hilfsbereitschaft verhießen, und die neue Währungspolitik der Regierung zu funktionieren schien. Stresemann lehnte es ab, das Protokoll der Unterredung vom 9. Januar zu unterschreiben, und machte damit deutlich, daß er nicht gewillt war, Stinnes und Vögler ein Mandat zu erteilen; am 16. Januar 1924 legte er seine Einwände in einem Schreiben an Marx dar. Er bezeichnete es als abwegig, daß man «privaten Unterhändlern» das Recht einräumen wolle, über diplomatische Verhandlungen informiert zu werden, und übte scharfe Kritik an der Behauptung, die Goldnotenbank, die in Berlin errichtet werden sollte, hätte von den Engländern keine Unterstützung zu erwarten, wo doch der Gouverneur der Bank von England, Montagu Norman, genau das Gegenteil gesagt hatte. Ihm komme es so vor, als wollten Adenauer und Stinnes, weil sie sich bereits auf eine Rheinische Goldnotenbank festgelegt hätten, verhindern, daß die Berliner Golddiskontbank ein Erfolg wurde. Stresemann erklärte, er habe nichts gegen Privatgespräche zwischen Industriellen zur Anbahnung einer Verständigung, wende sich aber dagegen, daß die Regierung einen regelrechten Auftrag zu solchen Verhandlungen erteile und dem Auswärtigen Dienst damit die Hände binde. Das interessanteste Gegenargument, das Stresemann anführte, bezog sich auf die möglichen negativen innenpolitischen Auswirkungen eines solchen Schrittes. Selbst innerhalb des RdI würde es zu empörten Reaktionen kommen, wenn bekannt würde, daß Stinnes, Vögler und Silverberg, Repräsentanten der Schwerindustrie, mit einem Verhandlungsmandat über Reparationsfragen betraut würden. Er zitierte Vertreter der Firmen Krupp und Haniel mit der Aussage, sie würden in keinem Fall mit den drei genannten Personen zusammen Verhandlungen führen; die chemische Industrie sehe sich in einem Interessenkonflikt mit ihnen. Man müsse daher die Frage stellen, worauf sich das Verhandlungsmandat gründe, auf das sich insbesondere der Stinnes-Konzern berufe. Stresemann verwies schließlich auf die potentiell negative Reaktion der politischen Parteien und erinnerte Marx an den Ausdruck «Stinnes-Republik», der so viel böses Blut mache. Stresemann stellte schließlich auch die Annahme in Frage, ein rheinischer Staat sei eine notwendige oder lebensfähige Lösung, und verwies darauf, daß dieser Plan nicht nur von Preußen, sondern auch von Bayern abgelehnt werde. Heftigen Widerstand gegen den Plan hatte Stresemann zudem auf einer DVP-Fraktionssitzung am Vortag registriert. Summa summarum erschien es Stresemann äußerst gefährlich, Stinnes ein so weitgehendes Mandat zu erteilen und sich dem Willen Adenauers und Hagens zu unterwerfen; die Reichsregierung dürfe nicht zulassen, daß jemand ihren Befugnissen vorgreife.[129]

Diese heilsame Wiederherstellung der staatlichen Autorität hatte lange auf sich warten lassen, aber jetzt war sie da. Auch Poincaré erfuhr – wahrscheinlich von Weyl –, was auf der deutschen Seite vor sich ging, und wies Tirard an, Adenauer zu sagen, man könne sich nicht der Gefahr aussetzen, Stinnes und Vögler mit

Seydoux und anderen Reparationsexperten Dinge aushandeln zu lassen und danach festzustellen, daß die deutsche Regierung sie als Privatpersonen abtat und die Verhandlungen desavouierte. Anders liege der Fall, wenn Botschafter Hoesch sie als offizielle Unterhändler präsentiere. Spätestens jetzt war Adenauer und Stinnes klar, daß es mit den geplanten Verhandlungen nicht so laufen würde, wie vorgesehen.[130]

Das Schwergewicht des Geschehens in der Reparationsfrage verlagerte sich nun eindeutig weg von interindustriellen Vereinbarungen und hin zu einer internationalen Regelung auf der Grundlage der Berichte der beiden internationalen Expertenkommissionen, die eingesetzt worden waren, um die Lage zu analysieren. Die erste, von dem Amerikaner Charles G. Dawes geleitete, trat am 14. Januar 1924 in Paris zusammen und hatte die Aufgabe, die deutsche Zahlungsfähigkeit zu ermitteln und ein Stabilisierungskonzept vorzulegen; eine zweite Kommission unter der Leitung des englischen Bankiers Reginald McKenna bekam den Auftrag, sich mit den im Ausland liegenden deutschen Geldern und ihrer Rückerstatttung zu beschäftigen. Stresemann und Poincaré waren sich einig, der Suche nach einer Lösung des Reparationsproblems durch zwischenstaatliche Vereinbarungen oberste Priorität zu geben, und lehnten daher das Stinnessche Programm einhellig ab. Stinnes, Silverberg und Vögler gerieten nun auch in ihren eigenen Kreisen zunehmend in die Isolation. Während sie gegen das Vorhaben Stresemanns Front machten, sich um eine auf den Befunden der Expertenkommissionen beruhende Gesamtlösung zu bemühen, nahmen ihre Industriekollegen für Stresemann Partei. Stinnes verkündete danach zwar noch einmal, er habe einen Alternativplan, doch der beschränkte sich auf seine bereits bekannte Idee, Naturallieferungen gegen staatliche Kompensation zu tätigen. Stresemann konterte mit dem wenig überzeugenden, aber sicherlich seinen Prioritäten entsprechenden Argument, Stinnes wolle nur die bestehende Vereinbarung mit der Micum und die französisch-belgische Vorherrschaft am Rhein zementieren, mit dem Staat als Zahlmeister. Am 29. Januar gelang es dem Außenminister, einen Kabinettsbeschluß gegen die Stinnesschen Vorschläge herbeizuführen.

In Wahrheit arbeitete Stinnes aus freien Stücken mit den Expertenkommissionen zusammen. Als Siemens ihn drängte, einen Beitrag zur Bekämpfung der weitverbreiteten Idee, die deutsche Industrie verfüge über große Reichtümer und Vermögenswerte im Ausland, zu leisten, indem er exakte Zahlen dazu aus dem Bereich der Schwerindustrie vorlegte, erklärte sich Stinnes nach Rücksprache mit Thyssen, Klöckner und Vögler hierzu bereit.[131]

Das alles hielt Stinnes nicht davon ab, sich weiterhin um direkte interindustrielle Vereinbarungen zu bemühen, und er erhielt dafür jetzt auch französische Unterstützung, weil etliche französische Industrielle sich Positionen sichern wollten, bevor die britischen Vertreter in der Expertenkommission dies unmöglich machten. Die Initiative ging diesmal von Pinot aus, der die Kontakte zwischen dem Düsseldorfer Repräsentanten des Comité des Forges, Piérard, und

Osius bzw. Direktor Gustav Oberheid vom Mülheimer Stinnes-Büro nutzte, um eine Gesprächsrunde zu organisieren, die am 11.–12. Februar 1924 stattfand und bei der Pinot und Jacques Seydoux, der Wirtschaftsexperte des französischen Auswärtigen Amtes, mit Osius und Oberheid konferierten. Pinot hatte vorsorglich Poincaré informiert, und der hatte die Gespräche unter dem Vorbehalt gutgeheißen, jede dabei getroffene Vereinbarung müsse in die auszuhandelnde allgemeine, d.h. internationale Regelung eingebettet werden. Wie Pinot im Verlauf dieser Gespräche rundheraus einräumte, waren die Franzosen weit mehr auf deutsche Kohle angewiesen als die Deutschen auf französisches Erz; sein Argument lautete jedoch, beide Länder müßten in Produktion und Vermarktung zusammenarbeiten, wenn sie unter den veränderten weltwirtschaftlichen Bedingungen prosperieren wollten. Er unterbreitete einen konkreten Vorschlag zur Lösung des französischen Kohlenproblems: langfristige Kohlenlieferverträge für die außerhalb Lothringens gelegenen französischen Hütten, und Überführung deutscher Zechen in den Besitz der lothringischen Firmen in dem Umfang, der erforderlich war, um deren Kohlenbedarf zu decken. Dies sollte so vor sich gehen, daß die deutsche Regierung die Zechen ihren deutschen Besitzern abkaufte und sie, gegen eine entsprechende Gutschrift auf dem Reparationskonto, französischen Interessenten übereignete. Osius und Oberheid reisten in der Überzeugung ab, die Franzosen seien ehrlich um eine gütliche Einigung bemüht und würden im Rheinland eine Menge Zugeständnisse machen, wenn sie damit ihre Koksversorgung sichern konnten.[132]

Die Veräußerung deutscher Zechen war eigentlich nicht das, was Stinnes anvisiert hatte, doch die Offenheit der Franzosen und ihre Bereitschaft zur Kooperation auf anderen Gebieten brachten ihn zu der Überzeugung, daß nun ein Durchbruch gelungen sei und daß er sich bei seiner Regierung noch einmal um ein Verhandlungsmandat bemühen sollte. Stresemann blieb jedoch fest und lehnte es auf einer Kabinettssitzung vom 25. Februar ab, Stinnes eine Unterhändlerrolle zuzuweisen. Botschafter Hoesch wurde über die Verhandlungen informiert und angewiesen, herauszufinden, ob die französische Regierung über diese Fragen direkt mit der deutschen verhandeln wolle. Im Grunde benutzte Stresemann die von Stinnes gelieferten Informationen, um zusätzlichen Druck auf die Franzosen auszuüben, damit sie sich zu direkten Verhandlungen und zu einem schnelleren Handeln mit Blick auf den Bericht der Expertenkommission bequemten.

Dennoch unternahm Stinnes noch einen weiteren, letzten Versuch, die Verhandlungen voranzubringen, indem er Osius und Oberheid zu einem Treffen mit Pinot und Léon-Lévy vom Comité des Forges am 4.–5. März entsandte. Um nicht gegen die Anweisungen des Kabinetts zu verstoßen, erhielt Oberheid die Anweisung, zu erklären, jede erzielte Übereinkunft müsse in offiziellen Verhandlungen auf Regierungsebene gebilligt werden. Die Franzosen verlangten auch jetzt wieder langfristige Lieferverträge und die Übereignung deutscher Zechen an die lothringischen Hüttenwerke, dazu Zollfreiheit für den Export französischen Halbzeugs nach Deutschland. Diese Bedingungen würden an die Stelle der Micum-Vereinbarungen treten. Schließlich schlugen die Franzosen vor, das internationale Vorkriegs-Abkommen über den Schienenverkehr (IRMA) wiederzubeleben, dem sich Deutschland, Frankreich, England, Belgien und die USA angeschlossen hatten, während die Beitrittsverhandlungen mit den Engländern gerade erst aufgenommen wurden. Letzteres überraschte Osius, demonstrierte es doch eindeutig, daß der Wunsch, sich mit England zu arrangieren, Priorität hatte; Pinot und Lévy hoben allerdings hervor, wie wichtig es sei, daß Frankreich «sehr diplomatisch» vorging.[133]

Diese überzogenen französischen Forderungen konnten Stinnes und seine Kollegen nicht akzeptieren; gleichwohl lehnte der leidende Stinnes es ab, die Position gutzuheißen, mit der die deutsche Regierung in die Verhandlungen gehen wollte, um die zu bitten die undankbare Aufgabe des Innenministers Karl Jarres war. Stinnes glaubte noch immer an die Möglichkeit einer «organischen» Lösung, und Silverberg forderte auch weiterhin eine solche; er erklärte, die Micum-Vereinbarungen überforderten die deutsche Seite, könnten nicht verlängert werden und würden die besetzten Gebiete wieder in die katastrophale Verfassung zurückversetzen, in der sie sich im Herbst befunden hätten.[134] Wie die übrigen Schwerindustriellen im Ruhrgebiet gelangte auch Stinnes zu dem Schluß, daß es besser sein würde, im Falle eines Auslaufens der Micum-Vereinbarungen am 15. April die Produktion zu den bisherigen Bedingungen weiterzuführen, als den Franzosen einen Vorwand für unangenehme Maßnahmen zu liefern.

In diesem Sinne wies Edmund Stinnes am 7. April die Direktoren der Stinnes-Zechen im Namen seines Vaters an, «daß wir weiter fördern und nicht am Ende des Micum-Abkommens die Werke stillegen und damit alle nur denkbaren Gefahren für die Zukunft heraufbeschwören. Auch wenn das Micum-Abkommen nicht verlängert wird, ist es richtiger notfalls ohne verlängertes Abkommen zu den gleichen Bedingungen weiter zu arbeiten, als den Franzosen die Zugriffsmöglichkeit auf die Werke zu geben. Diese Anweisung meines Vaters ... behält auch ihre Gültigkeit, wenn andere Zechengruppen anders handeln. Die bisherigen Erfahrungen des passiven Widerstandes genügen wirklich.»[135]

Sicherlich war das, was Stinnes beschloß und tat, stets belangvoll und blieb es bis zum bitteren Ende, doch gibt es mehr als nur ein paar Hinweise darauf, daß sein Einfluß innerhalb der Industrie und in der politischen Welt im Verlauf dieser letzten Monate seines Lebens um einiges geringer geworden war. Die Zeit, da er Verhandlungen auf Regierungsebene hatte blockieren oder empfindlich stören können, war vorbei. Stresemann und Schacht boten ihm Paroli und setzten ihre eigene Tagesordnung durch, und Stinnes konnte auch nicht mehr sicher sein, im RdI oder in der DVP jederzeit die Oberhand zu behalten. Sein Eintreten für die Rheinische Golddiskontbank kostete ihn in der Tat politisch unheimlich viel Kredit, wie Stresemann aus den Diskussionen innerhalb der DVP sehr wohl wußte.

Stinnes war über die Opposition, die sich gegen ihn regte, ebenfalls gut informiert. So führte zum Beispiel ein Mitarbeiter Humanns Anfang Februar ein Gespräch mit einem aus dem besetzten Gebiet abgeschobenen Parteifunktionär, dem Regierungsrat a.D. Dr. von Hansemann, der keinen Hehl daraus machte, daß er und seine Mit-Aktivisten in der Partei entschlossen waren, eine erneute Nominierung von Hugo Stinnes mit allen Mitteln zu verhindern. Er behauptete, wenn der Name Stinnes auf der Landesliste auftauche, werde dies die Partei 80000 Stimmen kosten.

Hansemann, der beanspruchte, der Meinung vieler DVP-Mitglieder Ausdruck zu verleihen, fand es «nicht angängig, daß die ‹Wirtschaft›, deren prominentester Vertreter H[ugo] S[tinnes]. sei, einen derartigen Einfluß im Staat ausübe. Dieser Gesichtspunkt träte aber an Bedeutung völlig zurück hinter die Kritik, die auch in Kreisen der DVP an dem Verhalten H. St.'s in der Frage der Rheinischen Goldnotenbank geübt wird. Es sei weder für ihn, noch für andere Vertreter der DVP verständlich, wie H. St. sich in dieser Frage auf die Seite von Leuten wie Adenauer, Hagen, v. Stein und v. Schröder habe stellen können, deren ‹Rheinische Bank› keinesfalls als Vorläuferin einer Reichs-Goldnotenbank anzusehen sei, sondern sich von vornherein nach Westen, also nach Frankreich orientiert hätte. Über diese Herren und ihr Verhalten würden im Lande noch viel schärfere Urteile gefällt!»[136]

Es herrschte aber auch weit über die Partei hinaus eine ebenso breite wie starke Anti-Stinnes-Stimmung. Als Reichstagsabgeordneter war der Industrielle, wie Stresemann sehr wohl wußte und wie er es schon vor der Wahl von 1920 vorausgesagt hatte, für die DVP eher eine Belastung als ein Aktivposten, was der Partei bei den Reichstagswahlen, mit denen für die nächste Zukunft zu rechnen war, Probleme bereiten würde. Wie groß der Widerstand gegen seine erneute Kandidatur war, mußte Stinnes einem Brief entnehmen, den sein Fraktionskollege Albert Morath, ein Interessenvertreter der Beamtenschaft, ihm am 9. Februar 1924 schrieb und der die dringende Bitte enthielt, sich nicht mehr aufstellen zu lassen, da dies die DVP die Stimmen des Mittelstandes kosten würde. Stinnes vermutete, daß hinter diesem Brief Stresemann steckte. In Wahrheit hatte Morath den Brief aus eigenem Antrieb geschrieben, hatte allerdings eine Abschrift an Stresemann als den Vorsitzenden der Partei geschickt. Stinnes war weniger daran interessiert, die Sache aufzuklären, als zurückzuschlagen. Er entwarf ein Schreiben an Ernst Scholz, den Vorsitzenden der Reichstagsfraktion der DVP, in dem er den Vorwurf erhob, Stresemann habe bei dem Morath-Brief die Feder geführt; im gleichen Atemzug forderte er die Bildung einer Koalition mit Zentrum und DNVP und sagte voraus, daß Stresemann «die gleiche unglückliche Rolle spielen wird, die Erzberger vor einigen Jahren in der Zentrumspartei gespielt hat». Mit besonderer Schärfe wandte er sich gegen die Kritik, die Stresemann in jüngster Zeit an der Industrie geübt hatte, gegen seine Attacken auf das Syndikat sowie dagegen, daß der Eindruck erweckt wurde, «als ob ein Teil der Wirtschaft den Ehrgeiz besäße, einen Staat im Staate zu bilden und die Herrschaft an sich zu reißen». In Wirklichkeit tue die Wirtschaft alles, was sie könne, um den gebildeten Mittelstand und die Bevölkerung als Ganze vor Schaden zu bewahren; Stresemann, so erklärte er, betreibe eine «beabsichtigte Irreführung der Öffentlichkeit». Noch schwerer wog, daß er Stresemann vorwarf, in außenpolitischen Dingen ein unehrliches Spiel zu spielen, das zu einem Fiasko führen könne, unter dem dann die DVP zu leiden haben würde. Er persönlich könne nicht wieder für die DVP kandidieren, wenn Stresemann in seiner jetzigen Stellung verblieb, da dies zum Untergang der Partei führen würde.[137]

Dieser Brief wurde nie abgeschickt, was vermutlich den von Humann und Lensch dagegen geäußerten Bedenken zu verdanken war – für ihren Geschmack war der Brief zu unbeherrscht, würde wie eine persönliche Retourkutsche wirken und eher Schaden als Nutzen stiften, vor allem wenn er vor dem Wahltermin an die Öffentlichkeit gelangte. Keine Partei sei so töricht, kurz vor einer Wahl ihren Vorsitzenden zu demontieren, und die DVP könne sich nicht dem Ultimatum eines einzelnen Mitglieds beugen. Humann fand den Vergleich mit Erzberger nicht unpassend, wies aber darauf hin, daß die Zentrumspartei Anstoß daran nehmen würde. Er warnte auch davor, zu einem so kritischen Zeitpunkt den Außenminister persönlich anzugreifen; man würde damit nur eine Debatte vom Zaun brechen, in der Stresemann alle Register seines taktischen Geschicks ziehen würde. Angesichts all dessen empfahl Humann, zum jetzigen Zeitpunkt stillzuhalten, auf eine Kandidatur zu verzichten und nach der Wahl zum Angriff zu blasen.[138]

Natürlich gab es für Stinnes auch die Möglichkeit, sich von der DVP zu trennen und in die DNVP einzutreten, wie es einige andere Industrielle vorgemacht hatten, oder eine neue Partei zu gründen. In einem für Osius bestimmten Aktenvermerk vom 6. März wog Humann die Alternativen gegeneinander ab.

Einen Beitritt zur DNVP schloß er von vornherein aus, «vornehmlich aus Gründen der Tradition und aus ebenso wichtigen Fragen seiner persönlichen Weltauffassung. H[ugo] St[innes] ist sowohl nach seinem Beruf wie auch nach seinem Werdegang, wie auch nach seiner wirtschaftlichen Betätigung stets im wahrsten Sinne des Wortes ‹national› und ‹liberal› gewesen. D.h. also das, was der Kerngedanke der national-liberalen Partei z.Zt. ihrer Gründung gewesen ist. Der Mann, der schon vor Jahrzehnten den Achtstundentag als etwas Erstrebenswertes erkannt und gekennzeichnet hat, der die Arbeitsgemeinschaft gegründet, der den Tag von Spa geschlagen, aber seinen Dampfer ‹Carl Legien› genannt hat, der in seinem Verhältnis ebenso gegenüber den früheren Hofkreisen, wie gegenüber seinen Arbeitern sich zu einer ganz bestimmten ‹Lebenslinie› bekannte, dieser Mann hat im besten Sinne des Wortes eine Tradition, an der am wenigsten er selbst rütteln kann und darf. Mit anderen Worten: H. St. kann m. E. nur der national-liberalen Partei, oder keiner Partei angehören.»[139]

Humann verwarf auch den Gedanken an die Gründung einer neuen Partei; diese sei nur als rechte Abspaltung von der DVP denkbar; sie werde Hugo Stinnes zwar ein Reichstagsmandat verschaffen können, für einen so bedeutenden Wirtschaftsführer aber zu klein und isoliert sein; außerdem würde man ihm vorwerfen, seine Partei verraten zu haben. Auch hier lautete das Fazit, daß es das beste sei, eine Weile auf Tauchstation zu gehen, die Wahl abzuwarten und danach den publizistischen Kampf gegen Stresemann aufzunehmen. Auf diese Weise erspare man es sich, jetzt auf verlorenem Posten zu kämpfen, und könne seine Nerven und Kräfte schonen, bis bessere Chancen kamen.

Tatsache war freilich, daß Hugo Stinnes im März 1924 zu krank war, um in einen Wahlkampf zu gehen oder überhaupt irgend etwas zu tun, das den vollen Einsatz seiner Kräfte erforderte. Am 12. März schlossen sich Vögler, Quaatz und andere, die Stinnes oder seinem Standpunkt nahestanden, zu einem rechten Zirkel innerhalb der DVP zusammen, der Nationalliberalen Vereinigung, die mit dem erklärten Ziel antrat, die DVP auf den rechten Weg zurückzubringen, im Grunde aber Vorbote einer Spaltung der Partei war. Die Parteiführung erwies Stinnes um diese Zeit die Ehre, bei ihm anzufragen, ob er an einer erneuten Kandidatur interessiert sei, eine Einladung, die aus Gesundheitsgründen ausgeschlagen werden konnte und mußte. Es kam in diesen Tagen auch zu einem letzten Wortwechsel zwischen Stinnes und Stresemann; letzterer schrieb, als er erfuhr, daß Stinnes ihn hinter dem Morath-Brief vermutete, am 17. März einen Brief an Stinnes, in dem er die Unterstellung zurückwies und sich gleichzeitig offen dazu bekannte, daß er schon 1920 gegen die Nominierung von Stinnes gewesen war – zwischen den Zeilen konnte man lesen, daß sich daran nichts geändert hatte. Stinnes rang sich in seiner Antwort vom 20. März nicht zu einer Rücknahme seiner Behauptung durch, sondern erklärte lediglich, der Umstand, daß Morath eine Kopie seines Briefes an Stresemann geschickt hatte, habe zwangsläufig den Eindruck entstehen lassen, Stresemann habe das Manöver eingefädelt. Er betonte, er habe aus seinen Meinungsverschiedenheiten mit Stresemann nie einen Hehl gemacht und befinde sich gegenwärtig ohnehin nicht in der Verfassung, sich um ein Amt zu bewerben. Er bedinge sich allerdings «für spätere Entschließungen vollkommen freie Hand» aus. In einem Vorentwurf für diesen Brief hatte er deutlichere Worte gewählt:

> «Da Sie in voller Offenheit nunmehr sich aussprechen, werden Sie verstehen, wenn ich Gleiches mit Gleichem erwidere. Deswegen werden Sie verstehen, wenn in meinem jetzigen Ausscheiden aus dem Reichstag für mich durchaus keine definitive Entscheidung liegt und ich Ihnen mit aller Offenheit erkläre, daß eine Partei, die unter Ihrer Führung steht, nach meiner Meinung im Laufe der Zeit ihre Bedeutung verlieren muß.»[140]

Im Moment hatte es eher den Anschein, als habe Stinnes stark an Bedeutung verloren, zumal sich auch der Eindruck aufdrängte, daß seine wirtschaftliche Macht ein wenig abgebröckelt war. Noch Ende Januar 1923 hatten die Briten sogar Stinnes selbst damit überrascht, daß sie trotz allem, was im Ruhrgebiet vor sich ging, bereit waren, Geschäfte mit ihm persönlich zu machen, ohne irgendwelche Sicherheiten zu verlangen.[141] Gegen Ende des Jahres mußten Stinnes und seine Freunde, wie Schacht mit diebischer Freude berichtete, feststellen, daß ihnen in

England niemand mehr einen Kredit für die Micum-Zahlungen geben wollte, zum Teil sicherlich aus finanziellen, zum anderen aber auch aus politischen Gründen – die Briten hatten weder Lust, die Ausbeutung des Ruhrgebiets durch die Franzosen zu unterstützen, noch der Rheinischen Goldnotenbank auf die Beine zu helfen und damit Stinnes und seinen Gesinnungsgenossen eine neue Geldquelle zu eröffnen, die sie nutzen würden, um auf Kosten Englands mit den Franzosen ins Benehmen zu kommen.[142]

Andererseits bemühte sich Stinnes, die Fäden zur Expertenkommission nicht abreißen zu lassen; wie er Botschafter Houghton im Februar 1924 wissen ließ, würden die Industriellen noch keine Verträge mit den Franzosen unterschreiben, solange nicht klar sei, zu welchen Ergebnissen die Kommission kommen werde.[143] Nun bestand zwischen Stinnes und Houghton eine besonders gediegene Beziehung, und für manche Amerikaner war die Macht des Hugo Stinnes noch so ungebrochen, daß sie sich kaum vorstellen konnten, daß ohne seine Zustimmung irgendeine Regelung zustande kommen könnte. Es gab aber auch Amerikaner, die davon nicht mehr so überzeugt waren. So hielt es das Kommissionsmitglied Leonard P. Ayres für unwahrscheinlich, daß Stinnes den Vorschlägen der Experten zustimmen würde, war aber nicht sicher, ob das große Bedeutung hatte, erzählte man sich doch, daß Stinnes «wegen der plötzlichen Stabilisierung der Mark unübersehbare Schulden habe, so daß es in seinem Interesse liegen könnte, eine Entwertung der Rentenmark herbeizuführen».[144]

Es ist außerordentlich schwierig, wenn nicht unmöglich, ein rechnerisch genaues Bild von der finanziellen und geschäftlichen Situation des Hugo Stinnes in den letzten Monaten seines Lebens zu zeichnen oder Klarheit darüber zu gewinnen, wie er mit den schwierigen Kreditbedingungen und anderen Problemen zurechtgekommen wäre, mit denen seine Firmengruppe, wie die gesamte deutsche Wirtschaft, nach dem Ende der großen Inflation konfrontiert war. Eine Menge Anhaltspunkte liefert ein ausführlicher Brief vom 16. November 1923 an Hugo jun., in dem er einen Überblick über wichtige Aspekte seiner geschäftlichen Aktivitäten gab. Der Brief entstand in einer sicherlich sehr bewegten Zeit, als Stinnes mitten in den Verhandlungen mit der Micum steckte, um die Verlängerung der Arbeitszeiten kämpfte und sich wegen der großen Not an Rhein und Ruhr Sorgen machte. Die Einführung der Rentenmark am Tag zuvor findet keinerlei Erwähnung, wahrscheinlich weil Stinnes schon seit langem in Gold rechnete und vielleicht auch weil ihm der Arbeitstag als Thema wichtiger war als die Währungsreform. Was an seinen Ausführungen mit am meisten verblüfft, ist der relative Gleichmut, mit dem er den möglichen hohen Verlusten oder Risiken, die seiner Firma im Devisenbereich drohten, entgegensah:

> «Geschäftlich geht es uns nicht schlecht. Die Periode politischer Ambitionen Minouxs kennzeichnet sich durch geringere geschäftliche Aufmerksamkeit. Sonst hätte nicht passieren können, daß wir bei dem schlecht beurteilten Becker mit über L 80000 drinsäßen. Durch manche nicht ungeschickte Hand-

habung der Dinge werden wir der Schwierigkeiten Herr, obschon es manchmal etwas knapp hergeht.»[145]

Weniger gelassen äußerte sich Stinnes zu den Berichten, die Otto Stinnes aus Argentinien mitgebracht hatte; er bezeichnete es als «unerträglich», daß man dort 1 Million Pesos, fast 30000 Pfund, in einem «ganz wilden Investitionsgeschäft» gebunden hatte, bei dem es um Holz, Papier und andere in Stinnes' Augen uninteressante Objekte ging. In seinen Augen war die dafür verantwortliche Person «ein vollkommener Trottel», der entlassen werden sollte; außerdem vermutete er, daß eine seiner dortigen Handelsagenturen personell völlig überbesetzt war und daß bei ihr Einsparungen möglich sein mußten.

Stinnes war sich ganz zweifellos darüber im klaren, daß die Zeiten sich änderten und daß die in der Periode der Inflation angesagte Flucht in Sachwerte sich aus einem Rettungsanker in einen Fluch verwandelt hatte. Die Zeiten, in denen es in der Hamburger Stinnes-Niederlassung wie in einem Basar zuging, waren vorbei. Demgemäß lautete Stinnes' Empfehlung an Hugo jun.:

> Er sollte «die ganze Aufmerksamkeit darauf zu richten haben, das tote Baistr. Kapital, d.h. die ohne Umsatz auf Lager liegende Ware zu realisieren und mit höchster Energie dagegen einzuschreiten, daß das wilde Konsignationswesen sich nicht wiederholt.
>
> Die fallende Mark und die dadurch hervorgerufenen teilweise spottbilligen Preise machten das damalige Verfahren zeitweise entschuldbar. Jetzt kommt alles auf schnellste Realisierung an, denn wenn Deutschland nach Einführung der alten Arbeitszeit erst den Weltmarkt neu erobert, dann kommt sicher auch ein großer Preisdruck, der natürlich andererseits den Konsum anregt.»

Stinnes traf auch jetzt, wie er es sein ganzes Leben lang getan hatte, Vorkehrungen für den nächsten Konjunkturzyklus. Er rechnete damit, daß es ein deflationärer Zyklus mit neuer Währung sein würde; genau wie Hamburg seine Lagerbestände, mußte das RWE in einer solchen Situation seine Obligationen loswerden. In diesem Sinn wies Stinnes die RWE-Direktoren am 2. November an, «unter allen Umständen mit gekündigten Obligationen in die Zeit der neuen Währung hineinzugehen».[146] Offenkundig war es angesichts der Geldknappheit und der Situation im Ruhrgebiet notwendig, Expansionspläne zurückzustellen. So ließ Stinnes die Arbeiten an dem neuen Glaswerk auf dem Gelände von Mathias Stinnes mit der Begründung unterbrechen: «Wenn wir kein Geld haben, die Zeche zu betreiben und die Arbeiter zu löhnen, können wir auch keine neue Glasfabrik bauen.»

Das bedeutete jedoch nicht, daß Stinnes nicht mehr den Ehrgeiz oder den Willen gehabt hätte, vielversprechende Möglichkeiten weiterzuverfolgen. So wechselte der Prinzipal an einer Stelle seiner ansonsten so unerfreulichen Bestandsaufnahme plötzlich die Tonart und ließ Hugo jun. an etwas teilhaben, das seinem Herzen und Temperament näher lag.

«Ich sehe eine geschäftliche Frage am Horizont auftauchen. Man geht in Preußen mit dem Gedanken um, Hibernia ganz oder teilweise zu verkaufen. Man wird damit, abgesehen von Arbeitslosen-Unterstützungen wohl auch Fett und Getreide kaufen wollen oder müssen. Du weißt, daß ich immer daran dachte, die Hibernia in das RWE einzubringen. Das könnte man auch heute tun und z.B. für 60 Millionen Hibernia Aktien, die man etwa zu 15 Millionen Dollar kaufen könnte, ein gleiches Quantum RWE Aktien bekommen und damit eine interessante Stellung in der mitteleuropäischen Elektrizitätsindustrie sichern.

Wenn Du dort einmal fühlen willst, so bin ich einverstanden, es darf aber nichts in die Presse kommen. Ich glaube, man könnte auch in Gestalt von Getreide und Schmalz oder sogar Öl kaufen. Diskretion ist Vorbedingung des Gelingens.»

Das war noch nicht alles. Wie er Hugo jun. wissen ließ, hoffte er auf einen Kredit in Höhe von 1 Million Pfund für den Bau des Kraftwerks Riebeck und für Erdölinvestitionen in Amerika und anderswo, und er setzte auch Hoffnungen in einen dieselbetriebenen Tanker für den Transport von Heiz- und Motoröl. Die Idee, für das Amerikageschäft eine eigene Handelsgesellschaft zu errichten, die Hugo jun. mit Wiedfeldt erörtert hatte, bezeichnete Stinnes als «nicht uninteressant». Auch den Vorschlag des Juniors, für den Rheinelbe-Konzern eine zentrale Finanzverwaltung zu schaffen, fand er diskutabel, allerdings erst, «wenn wir bei Siemens stärker sind». Eine solche Stärkung des eigenen Einflusses auf Siemens hielt er für möglich, falls diejenigen Unternehmensteile, die sich im nichtbesetzten Deutschland befanden, von den anderen abgetrennt und in die IG eingebracht würden. Stinnes erwartete also von einer Fusion der in den besetzten Gebieten gelegenen Werke nicht nur eine Stärkung seiner Position gegenüber den Franzosen, sondern wollte sie auch für eine Steigerung seines Einflusses innerhalb der SRSU nützen.

Es war Stinnes nicht vergönnt, die Hibernia unter seine Fuchtel zu bekommen, was er sicher als einen der pikantesten Triumphe seines Lebens empfunden hätte; dafür kam er in den Genuß eines anderen, bescheideneren Triumphs, als das RWE Mitglied eines internationalen Konsortiums wurde, das dem preußischen Staat Mitte Februar 1924 einen Kredit in Höhe von 18,5 Millionen Gulden gewährte. Zwar war das Konsortium nur zu 30 Prozent deutsch und der Löwenanteil des Kredits wurde von den holländischen Mitgliedern beigesteuert, doch konnte das RWE dank dieses Schachzuges seine Kohlenversorgung verbessern.[147] Ob der Riebeck-Kredit zustande kam, ist unklar, doch die Idee des Prinzipals, den Vertrieb aller Riebeck-Erzeugnisse in einer separaten Firma zusammenzufassen, setzte Hugo jun. im Juni 1924 in die Tat um.[148] Umgekehrt verwirklichte Hugo Stinnes sen. Anfang März die Idee seines Juniors, in New York eine Vertriebsorganisation auf die Beine zu stellen; dies geschah durch eine Partnerschaft mit der New Yorker Firma H. Hollesen Inc., der die Firma Stinnes eine auf fünf Jahre lautende Kreditbürgschaft gewährte; der Kredit in Höhe von $ 775 000 kam von der Equitable Trust Company und der National City Bank und sollte für den Auf- und Ausbau der Geschäftsbeziehungen zwischen Hollesen und den Stinnesschen Übersee-Niederlassungen sowie für die Entwicklung der Metall- und Erdölaktivitäten der Firma Stinnes in den USA verwendet werden.[149]

Erstaunlicherweise suchte sich Hugo Stinnes auch in seinen letzten Lebensmonaten noch neue geschäftliche Betätigungsfelder. Eines davon war das Versicherungsgeschäft, dem die Inflation schwer zugesetzt hatte. Stinnes übernahm ein Drittel des Aktienkapitals einer der größten deutschen Versicherungsgruppen, der Versicherungsgesellschaft Nordstern; er bezahlte dafür mit Aktien der Berliner Handelsgesellschaft und der Riebeckschen Montanwerke. Auch andere Gruppen der Schwerindustrie hatten sich für dieses Unternehmen interessiert, in dessen Aufsichtsrat unter anderem Vögler, Kirdorf und Baare saßen. Für Stinnes war der Nordstern in erster Linie interessant, weil er über Bürogebäude in Berlin verfügte, in zweiter Linie auch als Versicherer seiner eigenen Firmen. Ein weiteres neues, oder besser gesagt wiederentdecktes, Interessengebiet für die Berliner Stinnes-Firma, wenn nicht für Stinnes persönlich, war die Filmindustrie; kurz vor seinem Tod übernahm die Firma Stinnes eine Beteiligung an der Westi-Film und ihrer Tochterfirma Dewesti. Die Westi war eine Gründung des russischen Filmproduzenten Wladimir Wengeroff. Es hat den Anschein, als sei Minoux die treibende Kraft hinter diesem Stinnesschen Engagement gewesen und als sei die Firma vor allem deshalb übernommen worden, um der Ufa auf dem russischen und dem amerikanischen Markt Konkurrenz zu machen. Mit von der Partie waren bei dieser Übernahme Dr. Böhm von der Deulig und Klitsch vom Scherl-Verlag, die beide schon bei Kriegsende an der Seite von Stinnes in die Auseinandersetzungen mit der Ufa verwickelt gewesen waren.[150]

Dem äußeren Anschein nach konnte Stinnes bis in seine letzten Lebenstage hinein im Ausland Kredite mobilisieren und Geschäfte tätigen, und während ihm in weiten Kreisen der deutschen Wirtschaft Liquiditätsprobleme nachgesagt wurden, liefern die Quellen keine Anhaltspunkte dafür, daß die Anpassung an die neue Währungsstabilität für Stinnes irgendwelche besonderen finanziellen oder geschäftlichen Probleme aufgeworfen hätte, jedenfalls nicht in den Bereichen, wo er die Zügel in den Händen hielt. So war in einem Bericht Vöglers vom 3. April 1924 sogar von recht munteren Geschäftsverläufen und von etlichen Neubau-Aktivitäten in den schwerindustriellen Werken des Konzerns die Rede, wobei es allerdings nicht an den üblichen sorgenvollen Betrachtungen über die Finanzierbarkeit der weiterlaufenden hohen Zahlungen an die Micum fehlte.[151]

Wenn es einen Grund für geschäftliche Befürchtungen gab, dann kamen sie aus einer zutiefst persönlichen Quelle, nämlich aus den Aktivitäten seines Sohnes Edmund. Der seit jeher etwas schwierige Sprößling hatte in der Zeit, in der er für das Berliner Büro seines Vaters gearbeitet und Sondermissionen erledigt hatte, nebenbei ein Jurastudium abgeschlossen und im Februar 1923 geheiratet. Cläre hegte den Verdacht, daß Minoux ihn gegen seinen Vater aufgestachelt und in seinen schlimmsten Neigungen bestärkt hatte; nachdem Minoux aus den Diensten des Hugo Stinnes geschieden war, hatte Edmund in Berlin mehr oder weniger freie Bahn, solange sein Vater nicht kontrollierend eingriff. Auf jeden Fall war Edmund voller intellektueller, gesellschaftlicher und finanzieller Ambitionen.[152] Eines seiner Ziele war offenbar, seinen Vater dazu zu bringen, daß er ihm ein Haus in der exklusiven Tiergartenstraße baute, was Hugo Stinnes aus Kostengründen ablehnte. Im Januar 1924 bat Stinnes Edmund, in das Mülheimer Haus umzuziehen, bevor die Franzosen es beschlagnahmen würden. Weitaus ernster war, daß der Bankier Louis Hagen berichtete, er habe der Berliner Firma auf Anforderung 1 Million Francs zur Verfügung gestellt, und ein Teil davon sei zugunsten von Frau Dr. Edmund Stinnes. Hugo sen. ließ seinem Zorn freien Lauf, zumal dies offenbar nicht das erste Mal war, daß Edmund sich auf Spekulationsgeschäfte eingelassen hatte:

> «Ich habe Dir strikt verboten, solche Geschäfte innerhalb der Firma zu machen. Das Geschäft sollte vor mir geheim gehalten werden, was mir [gestanden] wurde. Was soll ich dazu sagen? Selbstverständlich habe ich das Geschäft annulliert und als für die Firma gemacht erklärt. Aber damit ist es nicht abgetan. Ich muß von Dir wissen, ob Du in Zukunft gewissenhaft und pflichtgemäß Deine Stellung auszufüllen entschlossen bist, oder Dein krankhafter Drang zu persönlicher Geltung für Dich und Grete Dich wieder vom großen Wege abtreiben wird. Fälle wie der vorliegende wirken demoralisierend für Dich und das Personal.
>
> Nächsten Samstag kannst Du der Mama und mir Antwort sagen. Hoffentlich bist Du dann mit Dir selbst endgültig ins Reine gekommen zu Deinem Glück und uns zur Freude und Beruhigung.»[153]

Hugo hatte sich entschlossen, Edmund ein Jahr lang auf Probe die Nachfolge Minoux' antreten und das Berliner Büro leiten zu lassen. Wie Cläre später Hugo jun. anvertrauen sollte, war ihm dieser Entschluß nicht leicht gefallen:

> «Im Januar 1924 mal wieder von Mülheim oder Weißkollm zu Papa nach Berlin kommend, fand ich ihn furchtbar besorgt und verärgert über verschiedene grundlegende Mißgriffe und Eigenmächtigkeiten von Edmund, quasi entschlossen, Edmund an die Luft zu setzen und doch bangend, ihm trotz allem Unrecht zu tun. In diesen schweren Zweifeln bat er – wie oft – mich um meine Ansicht und legte die Entscheidung in meine Hand. Ich habe aber niemals grundsätzlich, in wichtigen Fragen, zumal ich stets überzeugt war, daß er das richtigere Urteil haben müsse, ihm eine Entscheidung abgenommen. Deshalb antwortete ich ihm mit der Gegenfrage: ‹Willst Du es nicht nochmals mit ihm versuchen?› Dies griff Papa erleichtert mit einem Ja auf und begrenzte gleichzeitig die Probezeit auf ein Jahr.»[154]

Er lebte nicht mehr lange genug, um ein Zeugnis über diese Bewährungszeit ausstellen zu können. Hugo Stinnes litt seit langem an Magenbeschwerden, und seine Mülheimer Ärzte hatten ihn regelmäßig auf Kur nach Karlsbad geschickt und ihm Wasser aus der Bad Wildunger Helenenquelle verordnet. Es handelte sich eindeutig um eine chronische Erkrankung, aber nicht weniger eindeutig war, daß er sich im Verlauf des Jahres 1923 überanstrengte und sich in einem Zustand ständiger Übererregung befand. Dazu kamen vom Herbst an schreckliche Schmerzen. Kirdorf erschrak über sein mitleiderregendes Aussehen und drängte ihn inständig, nach Oberhof zu gehen: «Denken Sie jetzt zunächst an Ihre Gesundheit, das sind Sie Ihrer Familie, Ihren Freunden und dem Vaterland schuldig.»[155] Die Weihnachtsferien in Wiesbaden hatte er im Krankenbett verbracht, und auch bei der Feier seines 54. Geburtstages am 12. Februar in Mülheim hatte er sich hinlegen müssen. Anfang März bekam er auf einer seiner Fahrten nach Berlin so unerträgliche Schmerzen, daß ihm nichts anderes übrigblieb, als sich im Hause Noras in der Douglas-Straße ins Bett zu legen. Die herbeigerufenen Ärzte diagnostizierten eine Gallenblasenentzündung, offenbar seine erste. Der bekannte Chirurg Professor Dr. August Bier wurde geholt. Stinnes bat ihn um ein Medikament, das ihn wieder arbeitsfähig machen würde, doch Dr. Bier ordnete seine Verlegung ins Sanatorium Westend für einen operativen Eingriff an. Dieser wurde am oder um den 18. März vorgenommen.[156]

Vor seiner Einlieferung ins Krankenhaus führte Stinnes eine Reihe politischer Gespräche, die einen sehr guten Eindruck von seiner geistigen Verfassung und seinem Denken in diesem Endstadium seines Lebens vermitteln. Die erste dieser Unterredungen fand am 14. März mit Humann statt und begann zweifellos als eines der zahlreichen Routinegespräche über die Akzente, die Stinnes in der *DAZ* gesetzt sehen wollte. Er streifte demgemäß ein breites Spektrum von Themen, vom Anstieg der Kriminalität und der Überfüllung der Gefängnisse bis zu dem schweren Druck, unter dem die deutsche Landwirtschaft stand, und dem daher wohl unvermeidlichen Griff zu einem gemäßigten Protektionismus. Besonders verärgert zeigte sich Stinnes über die Streikwelle, unter der Deutschland im Gefolge der Arbeitszeitverlängerung und der Lohneinbußen zu leiden hatte, und er betonte, wie wichtig es sei, der Regierung immer wieder einzuhämmern, daß die Produktion das A und O war, wenn Deutschland wieder auf die Beine kommen, wenn die Währungsreform Bestand haben, wenn neue Arbeitsplätze entstehen und die unerträglich hohen Zinsen wieder sinken sollten. Es ist wichtig, sich klarzumachen, daß Stinnes bis zuletzt vor allem Wachstum und Beschäftigung als die Elemente bezeichnete, die mit strengen Maßnahmen zur Erhöhung der Produktivität einhergehen mußten. In diesem Sinn übte er heftige Kritik daran, daß die Regierung den Trend zur Motorisierung bremste, unter anderem durch Erhebung einer hohen Luxussteuer auf Automobile:

> «Ein treffliches Beispiel für die ‹Ideologie› unserer Regierung ist unter anderem die ‹amtliche› Behandlung des Autos. Der Verkehr steigt – Gott sei Dank! Verkehr in Menschen und Waren. Dieser Verkehr darf nicht gehindert sondern muß im Gegenteil gefördert werden! Um so mehr, wenn durch Förderung des

Verkehrs, d.h. also durch Förderung der Herstellung von Verkehrsmitteln nicht etwa jemand geschädigt wird, vielmehr weitverzweigte Industrien zum Aufblühen gebracht werden. Hinzu kommt, – als für uns Deutsche spezifisch wesentlich – daß jeder Ersatz der ‹tierischen› Verkehrsmittel ... durch ‹maschinelle› eine Entlastung bedeutet hinsichtlich der Herstellung ausreichender Lebensmittel auf der deutschen Scholle. Die Einstellung der Regierung zu diesen Fragen ist eine geradezu vorsintflutliche. Der Motor ist ihr ein ‹Luxus›, seine Entwicklung und Verbreitung wird durch Luxussteuern pp. gehindert! Das ist kennzeichnend für eine Mentalität, die weder den Geist der Zeit versteht, noch begreift, wo unsere aktuellen Bedürfnisse liegen. Soziale Sentiments, Neid u.ä. herrschen in diesen Köpfen; da scheidet der nüchterne Verstand aus! Kein ‹Industriestaat› ist heute im Verkehr und insbesondere in der Entwicklung des Automobilverkehrs so rückständig wie Deutschland. Unsere ‹Armut› kann hier nicht ins Feld geführt werden, denn wir brauchen den Autoverkehr nicht zum Amüsement (und auch da würde er ‹Verzehr›, also Umsatz, also ‹Leben› bedeuten!), sondern zur Verkehrserleichterung und Verkehrssteigerung, für rationelles Arbeiten, für Mehrproduktion.»[157]

Wenn die Aussicht auf den Siegeszugs des Automobils Stinnes mit Begeisterung erfüllte, so erfüllte ihn die aktuelle Politik mit Verzweiflung. Stresemann war in seinen Augen ein Gefangener der Engländer und ihres Bestrebens, eine deutsch-französische Verständigung zu verhindern. Doch wohin sich wenden? Stinnes wandte den Blick zögernd nach rechts, wie Humann berichtete:

«Die DAZ möge sorgfältig auf die Völkische Bewegung achten. Vorläufig sei manches davon ungegorener Unsinn. Aber es stecke ein beachtlicher Kern darin. Schade, daß diese Bewegung nicht bessere Führer hat.»

In dem Prozeß gegen Hitler wegen des November-Putschs, der um diese Zeit in München lief, sah Stinnes eher ein Schauspiel, bei dem schmutzige Wäsche gewaschen wurde, als einen politischen Prozeß, und das fand er um so bedauerlicher, als die Hauptangeklagten in seinen Augen eigentlich «sympathische Menschen» waren. Mehr noch, «was sie gewollt, haben wir alle gewünscht. Was sie gemacht, war nicht moralisch ‹schlecht›, sondern unaussprechlich dumm! Mit so wenig Überlegung, daß sie um ein Haar Deutschland in den Abgrund gestürzt hätten. Gewiß erklärt sich manches aus der Tatsache, daß wir – in des Wortes verwegenster Bedeutung – den Krieg verloren haben. Immerhin: wo sitzen die wahrhaft Schuldigen?! Wer hat die Staatsautorität und die Staatsgewalt so vor die Hunde gehen lassen?!»

In einer noch negativeren und radikaleren Stimmung präsentierte sich Stinnes bei seiner letzten Begegnung mit Karl Fehrmann am 18. März. Fehrmann war im Begriff, in die Türkei abzureisen, wo er alte Geschäftsbeziehungen der Firma Stinnes wiederbeleben sollte. Offenbar legte Stinnes großen Wert darauf, Fehrmann vor seiner Abreise noch einmal zu sprechen. Er hatte einige seiner diskretesten geschäftlichen und politischen Operationen mit und durch Fehrmann abgewickelt, und dieser gehörte zu den wenigen, mit denen er ganz offen sprechen konnte. Und dies wollte er offensichtlich tun, obwohl Fehrmann ihn in erschöpfter und geschwächter Verfassung vorfand. Stinnes gestand, daß er sich sehr schlecht fühle; die Ärzte erzählten ihm zwar, er sei auf dem Weg der Besserung, aber er habe das gegenteilige Gefühl. Er sei jetzt entschlossen, wirklich und wahrhaftig etwas für seine Gesundheit zu tun, und könne sich diesen Luxus jetzt auch leisten, habe er doch «immer gehofft, daß es zu Verhandlungen komme, die uns wirklich vorwärts brächten und für die er frisch sein müßte, aber dieser eitle Stresemann wisse ja alles besser». Und nun enthüllte Stinnes das volle Ausmaß seiner Verbitterung:

> «In diesen Tagen, wo ich hier hänge, so fuhr Herr Stinnes dann ungefähr wörtlich fort, habe ich viel Zeit zum Nachdenken gehabt und bin zu der Erkenntnis gekommen, daß uns aus unserer Lage nur ein Krieg herausführen kann. Unser schönes Ruhrrevier wird dabei völlig vernichtet, deshalb habe ich auch meinen gesamten Besitz dort innerlich abgeschrieben; auf meinen entsetzt fragenden Blick antwortete er ganz ruhig: Ja, es hat keinen Zweck, sich zu täuschen, ebenso gewiß bin ich, daß wir diesen Krieg gegen die Franzosen gewinnen werden und daß wir Alles wieder kriegen, das Ruhrgebiet, Elsaß-Lothringen und noch mehr, wenn wir nur in dem Augenblick Könner an der Spitze haben, Kerle, frei von Gefühlen, mit starken Nerven und klarem Verstand.»[158]

Offenbar war es Stinnes wichtig, daß Fehrmann, der so ausgiebig mit den Stinnesschen Auslandsniederlassungen zu tun hatte, sich mit diesen düsteren Gedankengängen vertraut machte, weil sie wichtige Implikationen für das Verhältnis zwischen den deutschen und den ausländischen Geschäften der Firma hatten. Wie er weiter ausführte:

> «Und an diesen Entwicklungs-Möglichkeiten müssen Sie sich auch bei unseren geschäftlichen Maßnahmen leiten lassen, es wird nicht möglich sein, daß wir von hier aus die auswärtigen Niederlassungen immer alimentieren, ich kann mir denken, daß es umgekehrt wird, daß wir auf die Überschüsse angewiesen sind, welche die auswärtigen Niederlassungen verdienen. Deshalb stellen Sie Ihre auswärtigen Abteilungen so schnell wie möglich auf sich selbst, daß sie von uns Nichts mehr brauchen und lassen Sie ihnen ihre Verdienste draußen. Sie fahren jetzt wieder in die Türkei und bauen wieder auf, handeln Sie danach, daß wir hier so wenig als möglich in Anspruch genommen werden und das Geschäft da unten sobald als möglich auf sich selbst gestellt wird.»

Fehrmann, für den es buchstäblich höchste Eisenbahn war, versuchte Stinnes zu unterbrechen und ihm zu sagen, daß im Hinblick auf die türkischen Firmen alles Notwendige schon eingeleitet sei und daß man seinen Wünschen gemäß handeln werde, doch ein erschöpfter und verzweifelter Stinnes beschwor ihn, ihm noch mehr Zeit zu geben, seine Gedanken zu Ende zu führen. Fehrmann konnte sich der fast hypnotischen Wirkung nicht entziehen:

> «Ich stand dann schließlich derartig im Banne dessen, was er sagte, wie er es sagte, daß ich auch das wiederholte auf die Uhr sehen unterließ und als er, von den ‹Kerlen› sprechend, sich trotz seiner Erschöpfung nach vorne beugend, beide Fäuste drohend oder beschwörend erhob, da mußte ich an mich halten, um nicht weich zu werden.»

Endlich durfte Fehrmann doch gehen, und am Bahnhof sagte er zu seiner Frau, er sei überzeugt, seinen Chef zum letzten Mal gesehen zu haben.

Damit behielt er dank Professor Bier in der Tat recht, auch wenn das Ende nicht rasch und schmerzlos kam. Zum Entsetzen Cläres, die sich in den letzten Lebenswochen ihres Mannes in seinem Klinikzimmer einquartierte, brachten es Dr. Bier, der am Krankenbett einen beklagenswerten Stil an den Tag legte, und ein Oberarzt namens Dr. Pribram fertig, in Gegenwart des Patienten darüber zu debattieren, ob sie Stinnes nur die Gallensteine oder die gesamte Gallenblase entfernen sollten; als Cläre schließlich beide hinauswarf, hatte Stinnes genug gehört, um die Partei des Dr. Pribram zu ergreifen und sich für die Totaloperation auszusprechen. Doch Dr. Bier war der Chef, und er entfernte nur die Gallensteine und den entzündeten Teil der Gallenblase. Nach der Operation schien Stinnes sich bemerkenswert gut zu erholen. Der in die Wunde gelegte Katheter erfüllte seinen Zweck, der Patient war fieberfrei. Stinnes konnte wenige Tage nach der Operation sogar aufstehen und in dem neben dem Krankenzimmer gelegenen Wohnzimmer geschäftliche Dinge erledigen. Als der Katheter jedoch entfernt wurde, stellten sich schnell abnormale Schmerzen und hohes Fieber ein. Bier entschied sich für eine zweite Operation, um den Entzündungsherd zu beseitigen. Diese Operation begann mit einer Panne: Es stellte sich heraus, daß der Patient eine zu geringe Dosis des Betäubungsmittels erhalten hatte, und der Nachschub mußte erst von außerhalb der Klinik geholt werden. Die Fortsetzung der Operation fand dann unter wenig aussichtsreichen Vorzeichen statt. Stinnes sollte noch zehn Tage leben, in der Gewißheit, daß er sterben würde, weil man ihn «falsch behandelt» hatte. Da er den Anblick von Dr. Bier nicht mehr ertragen konnte, wurde dieser durch den Internisten Professor His ersetzt, der sein möglichstes tat, um die Agonie erträglich zu machen.

Stinnes verbrachte seine letzten Tage im Kreis seiner Familie, und seine Gedanken richteten sich zwangsläufig auf ihre Zukunft. Er und Cläre hatten am 1. März ein Testament letzter Hand aufgesetzt. Wie schon in dem Zusatztestament von 1922 bestimmte es Cläre zur Alleinerbin, falls Hugo vor ihr sterben würde; die in das Testament von 1920 eingefügte Bestimmung wurde nun dahingehend erweitert und verstärkt, daß Hugo jun. ausdrücklich eine stark herausgehobene Rolle in der Leitung der Hamburger Stinnes AG zuerkannt und durch Zuteilung einer Vorzugsaktie sichergestellt wurde, daß er nötigenfalls den Schlichter und Schiedsrichter zwischen den anderen Erben, d.h. den Brüdern und Schwestern Hugos, spielen konnte. Der Aufbau der Aktiengesellschaft Hugo Stinnes für Seeschiffahrt und Überseehandel in Hamburg wurde weitgehend Hugo jun. als Verdienst angerechnet, und sein Vater hielt nun testamentarisch fest, es sei sein Wunsch, daß «die Aufrechterhaltung und der weitere Ausbau des Hamburger Geschäftes von seiner persönlichen Entscheidung und Initiative weiter ausschlaggebend beeinflußt wird».[159] Hand in Hand mit diesem Mandat ging allerdings auch eine Mahnung, die in diesem Moment triftiger denn je erschien:

> «Indem wir unserem Sohn Hugo diese Vorzugsaktie schaffen, sprechen wir die bestimmte Erwartung aus, daß er stets auf das sorgfältigste darauf achtet, daß für die Hamburger Firma und das ganze übrige Geschäft und damit für die Familie keine Engagements eingegangen werden, die außerhalb des Rahmens der Finanzkraft der Firma stehen. Dabei ist der Umstand besonders zu berücksichtigen, daß nach meinem – Hugo Stinnes – Tod mein sehr erheblicher Personalkredit wegfallen wird.»

Mit dem bißchen Kraft, das ihm geblieben war, schärfte Stinnes diese Mahnungen seinen Söhnen Hugo jun. und Edmund auf dem Totenbett noch einmal ein, bat sie, alle die Vermögenswerte zu veräußern, die für das Kohlen- und Schiffahrtsgeschäft nicht zwingend notwendig waren, und äußerte den Wunsch, sie sollten «nur für die Mutter und die Geschwister arbeiten ... und vor allem keine Schulden machen».[160] Ein Kernsatz, den Stinnes seinen Söhnen mehrmals vorgehalten haben soll, war: «Meine Kredite sind eure Schulden.»

Das Ende kam am Abend des 10. April 1924 um 20.30 Uhr. Die Todesursache war eine beidseitige Lungenentzündung mit einem extrem hohen Fieber, das ihn fast den ganzen Tag bewußtlos dahindämmern ließ. In der Presse hieß es später, er sei bei vollem Bewußtsein gestorben, doch dies scheint zweifelhaft. Er starb jedenfalls im Kreis seiner ganzen Familie, auch der beiden Söhne, denen er ein so schweres, ja unerfüllbares Vermächtnis hinterlassen hatte.[161]

3. Legenden und Nachwirkungen

Der Trauergottesdienst für Hugo Stinnes und sein Begräbnis waren eindrucksvolle Ereignisse. Sein Leichnam wurde am Morgen nach seinem Tod, einem Freitag, in das Haus von Nora Dunlop in der Douglas-Straße überführt, die von ihm gewünschte Verbrennung für Montag, den 14. April im Krematorium Wilmersdorf angesetzt. Cläre plante eine schlichte Trauerfeier im Haus Dunlop, wo der Verstorbene mit aufgedecktem Gesicht unter einer Glashaube in einem schwarzen Holzsarg lag, dessen Unterteil in die Schiffsflaggen und Abzeichen der Stinnes-Reedereien gehüllt war. Aus der kleinen Feier wurde dann aber doch ein wesentlich öffentlicheres und drangvolleres Ereignis, weil Chor und Orchester der Mülheimer Knappschaft, die Stadtväter von Mülheim an der Ruhr und der Reichsverband der deutschen Industrie nach vorherigem telegrafischem

Knappschafts- und Militärkapelle bei der Trauerfeier
für Hugo Stinnes in Berlin - Grunewald

Hohe Gäste bei der Trauerfeier,
darunter (von links nach rechts) Reichsinnenminister und Vizekanzler Karl Jarres,
Reichsfinanzminister Hans Luther, Reichsaußenminister Gustav Stresemann

Leiter der Stinnesschen Schiffahrts- und Kohlegesellschaften

Karikatur im «Simplicissimus» (1924): «Stinnes kommt.
Jetzt heißt's aufpassen, Kinder, sonst gehört ihm in 14 Tagen der ganze Betrieb.»

Ersuchen, ob sie teilnehmen dürften, dem Toten die letzte Ehre erwiesen. Nicht weniger als 300 Bergleute kamen nach Berlin, um Stinnes ein letztes «Glückauf!» zuzurufen. Auch das Militär war zahlreich vertreten, und eine Reichswehrkapelle spielte vor dem Haus auf. Oberkonsistorialrat Dr. Conrad leitete den Trauergottesdienst, es wurden einige der religiösen Rituale zelebriert, vor denen sich der Verstorbene immer gedrückt hatte, und es erklang mehr Musik, als er sich zu seinen Lebzeiten zu hören gegönnt hatte. Bewegende Gedenkreden hielten Bürgermeister Lembke für Stinnes' Heimatstadt, Generaldirektor Sorge für den Reichsverband und die Generaldirektoren Deters, Vögler und Hold, die jeweils eines der drei bedeutenden industriellen Betätigungsfelder des Hugo Stinnes repräsentierten. Den Weg zum Krematorium, den die große Trauergemeinde mitging, säumten viele Zuschauer, und in einer Halle beim Krematorium versammelten sich Kanzler Marx mit einem großen Teil seines Kabinetts sowie eine große Zahl hoher Staatsbeamten und Großindustriellen vor einem Berg von Kränzen, die Firmen und Persönlichkeiten aus Deutschland und aus anderen Ländern geschickt hatten. Einer der auffälligsten Kränze stammte von «Ludendorff und Frau». Nach der Verbrennung wurde die Urne in einem Mausoleum in Mülheim-Uhlenhorst beigesetzt, wo sie noch heute neben den sterblichen Überresten Cläres ruht, die 1973 im Alter von 101 Jahren verstarb.[162]

Hugo Stinnes' unerwarteter Tod in der Blüte seines Lebens war ein Ereignis von großer Tragweite und wurde in der internationalen und deutschen Presse von Freunden und Gegnern gleichermaßen als solches gewürdigt. Sogar der Vorsitzende der Micum, Paul Frantzen, eröffnete die Verhandlungsrunde vom 11. April mit einem kurzen Nachruf auf den gefürchteten Verhandlungspartner, mit dem er sich von nun an nicht mehr würde auseinandersetzen müssen.[163] Hier und dort fanden sich in der deutschen Links- und in der Auslandspresse auch sehr gehässige Nachrufe, in denen Stinnes als Ausbeuter der Arbeiterklasse dargestellt und an seine Rolle bei den Deportationen aus Belgien erinnert wurde. Dagegen bebte die Wirtschafts- und Rechtspresse, wie nicht anders zu erwarten, vor Lobpreisungen für den Mann und sein Lebenswerk – einige dieser Beiträge waren informativ und belangvoll, doch die meisten trieften von Liebedienerei und hohlem Pathos.[164]

Stinnes trat in der Folge sogar als Hauptfigur von Romanen in Erscheinung, die diese unterschiedlichen Sichtweisen widerspiegelten. Da war Nathanael Jüngers *Kaufmann aus Mülheim,* erschienen 1925, ein Exercitium in rechtsnationalem Wunschdenken, in dem Stinnes als großer nationalistischer Kämpfer gegen Versailles und nobler Freund der Arbeiterschaft in einer verkommenen sozialistischen Republik dargestellt wurde. Das entgegengesetzte Ende des Spektrums bildete Heinrich Manns schreckliche Kurznovelle *Kobes* aus demselben Jahr, die Stinnes mit expressionistischen Mitteln als Ausbeuter der Arbeiterschaft und Entmanner des Mittelstandes zeigte. Elisabeth Langgässers Novelle *Merkur* in ihrem 1931 erschienenen *Triptychon des Teufels* war literarisch besser, doch ihr geheimnisvoller und abgehobener «Kaufherr», der zusammen mit der Inflation auf mysteriöse Weise verschwindet, dient eher der Legendenbildung als der Aufklärung. Ein tiefergehendes Verständnis des Hugo Stinnes offenbart seine literarische Darstellung als Ottokar Wirtz in Erich Regers Reportageroman *Union der festen Hand. Roman einer Entwicklung* von 1931. Reger dämonisiert zwar die Schwerindustriellen von der Ruhr, trifft aber mit seiner Schilderung der Mentalität und der Taktiken des Ottokar Wirtz häufig ins Schwarze und vermittelt einen guten Eindruck davon, was Wirtz im Umgang mit der Revolution, den Sozialdemokraten und der Inflation anders macht als viele seiner Kollegen. Reger hatte den Vorteil auf seiner Seite, daß er in der Presseabteilung des Krupp-Konzerns gearbeitet hatte, die Industrie von innen kannte und keinen romantisch verklärten Vorstellungen von den Sozialisten und Kommunisten nachhing. Stinnes hätte wahrscheinlich nicht viel Gutes über alle diese freien künstlerischen Bearbeitungen seiner Person zu sagen gehabt, doch sie zeugten zumindest von der Faszination, die von seinem Leben und Wirken ausging.[165]

Hugo Stinnes war zweifellos einer der bedeutendsten Industriellen und eine der imposantesten Gestalten seines Zeitalters, und viele waren sich darin einig, daß sowohl sein Wirken im wirtschaftlichen und politischen Leben Deutschlands als auch sein Abtreten von dieser Bühne Folgen hatten. Seinen konkreten Niederschlag fand dieses Gefühl in zwei großen kontrafaktischen Fragen, die nach seinem Tod diskutiert wurden. Die erste lautete, ob er in der Lage gewesen wäre, sein riesiges Wirtschaftsimperium aus der Katastrophe herauszuführen, in die es durch die Stabilisierungskrise von 1925 hineinrutschte. Die zweite lautete, welche politische Rolle Stinnes, wäre er am Leben geblieben, in der nächsten große Krise der Weimarer Republik gespielt hätte, die mit der Machtergreifung Hitlers endete. Die Erörterung dieser von einigen Zeitgenossen aufgeworfenen Fragen ist von heuristischem Wert bei dem Versuch einer abschließenden Bewertung der Lebensleistung des Hugo Stinnes.

Die Bedeutung, die man der Nachricht von der Zahlungsunfähigkeit des Stinnes-Konzerns im späten Frühjahr 1925 beimaß, war an und für sich schon ein Zeugnis für den fortbestehenden Nimbus des Namens Hugo Stinnes. Hjalmar Schacht hatte sich zunächst darüber gewundert, weshalb Cläre und Hugo Stinnes jun. ihn und seine Frau persönlich in Empfang nahmen, als sie von einer Mittelmeerkreuzfahrt an Bord eines Stinnes-Schiffes zurückkehrten.[166] Das Rätsel löste sich wenig später, als Stinnes jun. Schacht Ende Mai mitteilte, er sehe sich nicht in der Lage, Wechsel im Wert von 90 Millionen, die in London gezogen worden waren und in zwei Wochen fällig sein würden, einzulösen. Der Gesamtbetrag der Schulden, um die es hierbei ging, wurde zunächst auf 150 Millionen Mark beziffert, lag in Wirklichkeit aber mindestens zwischen 180 und 200 Millionen Mark, je nachdem wie gerechnet wurde; das war eine so mächtige Größenordnung und die Lage schien so ernst, daß Reichsbankpräsident Schacht und die Regierung zu dem Schluß kamen, man dürfe den Stinnes-Konzern nicht in Konkurs gehen lassen, weil dies zu einer schweren Vertrauenskrise gegenüber der deutschen Wirtschaft sowohl im In- als auch im Ausland führen könne. Die Sorge war nur allzu berechtigt.

In Argentinien zum Beispiel wurde der «Fall Stinnes» in der Presse breitgetreten, und die Frage wurde aufgeworfen, ob man an Deutschland noch Fleisch auf Kredit liefern könne. Der RdI kam zu der Erkenntnis, es genüge nicht mehr, nur zu erklären, daß «der Stinnes-Konzern nicht identisch mit der deutschen Wirtschaft überhaupt ist».[167] Alle Beteiligten müßten gemeinsam etwas tun, um die Befürchtungen zu zerstreuen. Die Krise griff nun sogar auf die argentinische Wirtschaft über. Edmund Wagenknecht, Cläres Bruder, der die Geschäfte der Hugo Stinnes Limitada in Buenos Aires leitete und einen 25-Prozent-Anteil an ihr hielt, mußte einen großen Teil seines Exportgeschäfts und alle seine Schiffe in den Wind schreiben; es blieb ihm nichts anderes übrig, als das ihm verbliebene Wolle- und Rohleder-Handelsgeschäft aus eigener Kraft neu aufzubauen.[168] Und in den USA verwandelte sich das, was die H. Hollesen Inc. zunächst als «überzogene Gerüchte» in der amerikanischen Presse abgetan hatte, unversehens in eine höchst unangenehme Realität, als Hugo jun. die fünfjährige Kreditbürgschaft über $ 775 000, die sein Vater ein Jahr zuvor fest zugesagt hatte, widerrief. Da der betreffende Kredit hauptsächlich für den Aufbau von Handelsgeschäften mit Stinnes-Niederlassungen bestimmt war, protestierte Hollesen mit den Worten: «Was Sie hier tun, läuft auf die Vernichtung unserer Existenz hinaus.»[169] Natürlich wurde alles versucht, um die Geschicke der von Stinnes beeinflußten oder beherrschten Unternehmen vom drohenden Untergang des Mutterkonzerns abzukoppeln. Schacht stellte sich persönlich der Presse und versicherte, die Probleme der Firma Stinnes würden keine Auswirkungen irgendwelcher Art auf die Rheinelbe-Union, die Alpine oder die SRSU haben.[170]

Am 4. Juni 1925 nahmen nicht weniger als drei Bankenkonsortien, die von der Reichsbank zwar nicht direkt mit Geld oder Bürgschaften, aber doch ideell unterstützt wurden, die Arbeit auf: Ein «Stillhaltungssyndikat» sollte für die Schulden der Firma Stinnes bei allen Firmen geradestehen, die bereit waren, einen Zahlungsaufschub von sechs Monaten zu gewähren; ein «Garantiesyndikat» sollte dem Stinnes-Konzern Kredite verschaffen, um den Geschäftsbetrieb in der Phase der Liquidierung aufrechtzuerhalten; ein drittes, kleineres Konsortium sollte sich um die technischen Einzelheiten der Liquidierung kümmern; es setzte sich zusammen aus der Darmstädter und Nationalbank, der Deutschen Bank und der Disconto-Gesellschaft sowie aus Paul Silverberg, Albert Vögler und Franz Witthoefft, einem eng mit Stinnes verbunden gewesenen Hamburger Kaufmann und Reeder; diese drei Personen sollten als Vermittler zwischen den Liquidatoren und den Anteilseignern fungieren. Es ergaben sich in dieser Situation zahlreiche paradoxe Konstellationen, zum Beispiel der Umstand, daß das «kleine» Konsortium von Jakob Goldschmidt geleitet wurde, der Hugo Stinnes stets gedrängt hatte, ihn stärker an seinen Geschäften zu beteiligen, und der jetzt plötzlich bis zum Hals darinsteckte. Ironischerweise sollte sich Goldschmidt sechs Jahre später in einer sehr ähnlichen Position wiederfinden wie jetzt die Familie Stinnes, als seine DANAT-Bank wegen fauler Kredite (und eigener Unachtsamkeiten) zusammenbrach und damit die schwere Bankenkrise von 1931 auslöste. Die größte Paradoxie war jedoch die, daß Hugo Stinnes immer davon geträumt hatte, sich vom Gängelband der Banken zu lösen! Kaum ein Jahr nach seinem Tod steckte sein Konzern voll und ganz in ihrem Würgegriff.[171]

Daß es zu diesem traurigen Ende kam, dafür waren Edmund und Hugo jun. verantwortlich. Der todkranke Hugo Stinnes hatte seine Söhne aufgefordert, zusammenzuarbeiten, das Unternehmen durch Verkäufe zu konsolidieren und keine Schulden zu machen. Sie hatten das Gegenteil getan. Gewiß, Hugo jun. hatte sich redlich bemüht, soviel Einheit wie möglich zu stiften. Am 23. April 1924 hatte er ein Memorandum aufgesetzt, das die Aufgabenteilung zwischen ihm und Edmund festlegte und Mülheim als die zentrale Koordinierungsstelle bestimmte, in der die Fäden ihrer Aktivitäten zusammenlaufen sollten. Er hoffte, damit einen zureichenden Ersatz für den «einen Kopf und Willen» schaffen zu können, der nun fehlte. Dem Junior schwebte vor, daß er und sein Bruder sich die Verantwortung teilen und in Absprache miteinander die verwaisten Posten ihres Vaters in den diversen Aufsichtsräten und Syndikaten übernehmen würden. So sollte Edmund in das Kohlensyndikat und den Bergbauverein einrücken, «möglichst in gleicher Position wie Prinzipal». Einer von ihnen sollte auch den Vorsitz im Aufsichtsrat des RWE übernehmen, eventuell nach einer Übergangsfrist, in der man einen «Platzhalter» vorschicken konnte. Hugo jun. bekannte sich durchaus auch zu den Wünschen seines Vaters: «Grundsatz für nächste Zeit muß sein, innere Festigung und Entschuldung wie Prinzipal versprochen. Diesem Stillstand muß natürlich gesunder Aufbau folgen.»[172]

Unglücklicherweise funktionierte weder die Zusammenarbeit, noch kam es zu einem Stillstand. Cläre bemühte sich, für Frieden und Harmonie zwischen den beiden Brüdern zu sorgen, und Hugo achtete offenbar darauf, Edmund nicht in die Quere zu kommen. Cläre sah ihre Rolle als die eines «neutralen Dritten», und sie empfahl Edmund, einen eigenen Plan für die Verteilung der Führungsaufgaben zwischen den beiden Brüdern auszuarbeiten.[173] Zur gleichen Zeit versuchte sie, die tickende Zeitbombe der von Hugo jun. angehäuften Schulden zu entschärfen. Diese Schulden waren gefährlich, weil sie kurzfristig aufgenommen, manchmal aber für langfristige Zwecke bestimmt waren; nach Cläres Überzeugung kam es jetzt darauf an, einige Beteiligungen der Firma Stinnes möglichst schnell zu Geld zu machen und kurzfristige Kredite ohne allzu großen Kapitalverlust in langfristige umzuwandeln. Anfang April suchte Hugo jun. auf ihre Bitte hin Silverberg und Goldschmidt auf, um mit ihnen zu besprechen, wie sich dieses Vorhaben am besten in die Tat umsetzen ließ.

Edmund explodierte wie ein Vulkan, als er davon erfuhr, wahrscheinlich, weil einige der Beteiligungen, die abgestoßen werden sollten, in der ihm zugeteilten Interessensphäre angesiedelt waren. Er verweigerte jedenfalls, aus welchen Gründen auch immer, bis Ende April jegliche Verhandlungen und lenkte erst Anfang Mai ein. Seine Kooperationsbereitschaft währte allerdings nicht einmal zwei Wochen, und Cläre mußte sich angesichts seines exzentrischen und unberechenbaren Verhaltens nun ernsthaft mit dem Gedanken tragen, ihn zum Ausscheiden aus dem Konzern zu bewegen. Der Dienstälteste der Stinnesschen Generaldirektoren, Walter Spindler vom Mülheimer Bergwerksverein, redete ihr diese Absicht zunächst aus, mit der Begründung, es sei undenkbar, den «Kronprinzen» abzuhalftern. Spindler änderte seine Meinung jedoch, als der MBV wenige Tage später einen Brief erhielt, in dem Edmund alle Kredite aufkündigte, die der MBV der Firma Stinnes gewährt hatte – Edmund schien darauf aus, die Finanzkrise der Firma noch schlimmer zu machen, und Spindler erklärte Cläre jetzt in Gegenwart von Thomas, sie müsse den Bruch mit Edmund vollziehen. Dies geschah am 19. Mai 1925. Edmund, der sich über die düstere Lage des Konzerns völlig im klaren war und der selber finanzielle Probleme hatte, brachte Cläre und Hugo jun. mit Mitteln, die praktisch auf Erpressung hinausliefen, dazu, ihn mit seinem vollen Anteil an der Erbschaft zu verabschieden. Er trennte sich von der Firma Stinnes, behielt aber die Anteilsmehrheit und das Direktorenamt bei der Nordstern-Versicherung, bei der Aktiengesellschaft für Automobilbau (AGA) in Berlin-Lichterfelde und bei den Automobilfirmen Dinos und Telos. Er kam damit durch, weil er sich auf Paragraph 8 des Testaments von 1924 berufen konnte, in dem für den Fall, daß eines der Familienmitglieder sich aus dem Geschäft zurückzog, eine solche Regelung festgelegt war.[174]

Der Abgang Edmunds wäre normalerweise ein Segen gewesen, erst recht, wenn der Prinzipal und Cläre ihm schon Anfang 1924 den Laufpaß gegeben hätten, doch jetzt vollzog er sich in einer Weise, die für ein Maximum an Schadenswirkung sorgte. Auf der einen Seite hatte man wertvolle Wochen verloren – wie wertvoll diese gewesen wären, ist sehr schwer einzuschätzen, denn es ist eine offene Frage, ob eine andere Weichenstellung Anfang April 1925 zu einem wesentlich anderen Verlauf der Dinge geführt hätte, als im späten Frühjahr und Sommer 1925 die Talfahrt der Konjunktur einsetzte und damit die Bewältigung der Schuldenlast noch einmal erheblich schwieriger wurde. Dazu kam, daß das Ausscheiden Edmunds zwangsläufig Schlagzeilen machte und die Frage aufwarf, ob Hugo jun. alleine in der Lage sein würde, das Vermächtnis seines Vaters weiterzuführen. Als die Probleme des Juniors ruchbar wurden, nahm die Öffentlichkeit den Abgang Edmunds zunehmend als Signal für ein sich anbahnendes Totaldesaster wahr.[175]

Diese Geschehnisse liefern eine interessante Fallstudie zum Ineinandergreifen von «kleiner» und «großer» Geschichte, von Familiengeschichte und Finanz- und Wirtschaftsgeschichte. Man braucht keine großen Psychologie-Kenntnisse, um sich vorstellen zu können, daß die diversen Probleme, die es im Verhältnis zwischen dem Prinzipal und seinen beiden älteren Söhnen gegeben hatte, jetzt an die Oberfläche drangen. Edmund hatte sehr genau gespürt und es offensichtlich übelgenommen, daß man ihm nie soviel zugetraut hatte wie Hugo jun., und sich dafür revanchiert, indem er sich zunächst zum halbherzigen Geschäftsmann entwickelt hatte und jetzt zur losen Kanone auf dem Deck des Stinnes-Schiffs wurde. Dem Junior wiederum hatte es offenbar nicht gutgetan, daß er lange als Sensibelchen behandelt wurde, das aufgrund seiner Erkrankung im Kindesalter Anspruch auf besonders rücksichtsvolle Behandlung hatte; auf der anderen Seite war ihm aber immer das Gefühl vermittelt worden, der wahre Erbe zu sein, und zwar nicht nur der Erbe des von seinem Vater aufgebauten internationalen Firmenimperiums mit Sitz in Hamburg, sondern auch derjenige, der von seinem Vater die Fähigkeit zum schöpferischen Jonglieren mit Finanzen geerbt und gelernt hatte. Sein Verhängnis war der beständige Versuch, sich selbst zu beweisen, daß er gut genug war, wobei sich bei ihm die Sensibilität und Risikobereitschaft eines Menschen, dem es keineswegs an echter geschäftlicher Begabung mangelte, mit einer chronischen Unfähigkeit verband, dem Reiz spekulativer Operationen zu widerstehen, durch die er die Kluft zwischen seiner leidlichen Befähigung und der Brillanz seines Vaters überwinden zu können hoffte. Der Junior war nicht so neurotisch wie Edmund und besaß größere Überzeugungskraft, und beides verschaffte ihm entscheidende Vorteile bei seiner Mutter. Während Edmund, wie Clärenore festhielt, «ohne Autorisation expandierte», ging Hugo jun. schon als Kind diplomatischer vor: «Er ließ sie ihr Einverständnis geben in den Fragen, wo er sicher war, darüber hinaus tat er, was er wollte.»[176]

Cläre befand sich in einer besonders unerquicklichen Position; sie hatte immer die Rolle einer zu ihrem Mann bewundernd aufschauenden Frau gespielt und sich nach 1914 zunehmend nur noch um Familienangelegenheiten gekümmert. Sie hatte durch und durch traditionelle Ansichten zur Rolle der Frau. Als Clärenore, eine sehr abenteuerlustige Person, die später eine Weltumrundung im Automobil unternehmen sollte, ihrer Mutter einmal erzählte, sie wolle eine Firma gründen, versetzte Cläre, «Mädchen hätten sich bedingungslos einzuordnen und sich nicht um Dinge zu kümmern, die sie nichts angingen».[177] Bei all ihrem Verständnis für wirtschaftliche Dinge – und davon hatte sie sicherlich eine ganze Menge mitbekommen – war Cläre der Mantel der «Generalbevollmächtigten», den sie kraft Hugos Testament überziehen mußte, doch wohl eine Nummer zu groß. Sie machte sich verständlicherweise große Sorgen um ihre jüngsten Kinder, die zum Zeitpunkt des Todes ihres Vaters erst zwölf und zehn Jahre alt waren, und fühlte sich auch verantwortlich für Nora und deren Kinder, die häufig zu Besuch kamen. Doch es waren ihre großen Söhne, die von dem Augenblick an, als Hugo sen. «uns allein ließ»,[178] wie sie es gerne ausdrückte, ihre zunehmend intensivere Zuwendung erforderten. Das vollständige Zerwürfnis, zu dem es zwischen ihr und Edmund kam, machte für sie aus einer schwierigen vollends eine tragische Situation. Die Finanzkrise, die 1925 über die Firma hereinbrach, sah Cläre aus der Warte der Witwe eines bedeutenden Mannes wie auch mit den Augen der Kinder, deren Mutter sie war.

Sie und Hugo jun. hatten in der Situation das Bestmögliche getan – ihrer Meinung nach –, indem sie Silverberg und Goldschmidt gebeten hatten, mit ihnen zusammen einen Ausweg aus der schwierigen Lage zu finden. Wenn nicht das Verhalten Edmunds gewesen wäre, das zu häßlichen Pressereaktionen führte, und wenn sich nicht die wirtschaftlichen Rahmenbedingungen im ungünstigsten Augenblick verschlechtert hätten, hätte der Konzern, so sah es Cläre, viel besser dagestanden. Sie hatten so viel guten Willen gezeigt, ihren Verpflichtungen nachzukommen – hatten sogar freiwillige Vorleistungen erbracht –, daß sie meinten, sich das Vertrauen der Bankiers verdient zu haben. Cläre war überzeugt, mit ihrer Fürsorge für ihre Familie, vor allem auch für ihre nach Edmund nächstältesten Söhne, im besten Interesse der Wirtschaft und der Nation zu handeln:

«Schon fühle ich mich Otto gegenüber in Schuld. Er ist zurückgerufen und muß Mitte Juli spätestens wieder in London [sein]. Ich muß ihm die Möglichkeit lassen und sichern an den Beschlüssen teilzunehmen, die so wesentliche Veränderungen mit sich bringen können. Er ist volljährig und mit allen Rechten und Pflichten arbeitendes Glied der Firma. Es darf nicht die Atmosphäre getrübt werden, die besteht z. Zeit und die neuen Dualismus ausschließt.

Und der Junior – auf dem z. Z. nur übermenschliche Arbeitsleistung liegt, darf nicht allzu sehr bedrängt werden; er könnte sonst zusammenbrechen und mit seiner Mitarbeit verlören auch unsere Helfer – die Banken – bestimmt ihren besten Helfer. Was es aber bedeuten würde, wenn die Kraft der Firma H. St. allzusehr geschwächt würde für die deutsche Volkswirtschaft, gesteht sogar schon die linke Presse in einigen vernünftigen Ausnahmen zu.»[179]

Bankenkonsortien, die mit der Aufgabe betraut werden, ein Großunternehmen zu liquidieren, sind nicht dazu da, Familien therapeutisch zu betreuen; was sie von denen, deren Probleme sie lösen helfen sollen, erwarten, ist eine am Grundsatz der Unterordnung orientierte Kooperation. Der Umfang der Schulden war immens, die Zeiten waren schwer, den Bankiers machte die herrschende Geldknappheit zu schaffen. «Dies alles drückte sich», so ließ Silverberg Cläre wissen, «bei Goldschmidt in nervöser Unsicherheit, bei Urbig in scharfen und pointierten Forderungen aus, während allein bei der Deutschen Bank eine bemerkenswert sachliche Ruhe festzustellen war.»[180] Ganz am Anfang der Zeit der Wirren, die für Cläre und ihre Familie jetzt anbrach, gab Silverberg ihr den dringenden Rat, sich einzugestehen, daß das, was nun an Liquidierungen und an Forderungen auf die Firma und sie zukam, «*nicht* dem Bilde [entspricht], was Sie sich gemacht haben».

«Sie wollen mir aber gestatten, dieser Bitte noch eine persönliche Note zu geben, die aus vollem Herzen kommt: Der schwerste Verlust, der Sie im Leben getroffen hat, ist nicht zuletzt darauf zurückzuführen, daß die Arbeitslast Herrin Ihres Mannes geworden ist. Er hätte sonst sein organisches Leiden nicht verschleppt und sich die Jahre hindurch Zeit für sich und seine Gesundheit gegönnt. Die Differenzen, im Grund geboren aus andersartiger Einstellung zu Fragen der Verwaltung und Erhaltung des Familienbesitzes, haben Ihnen Edmund entfremdet. Ich habe die inständige Bitte, zuzubilligen, daß der gesamte Komplex von Geschäften auf das Maß zurückgeschraubt wird, daß Junior, Otto und Ernst sie bewältigen können, daß sie dabei nicht Schaden leiden und freie Menschen bleiben. Fassen Sie, jetzt auch von der sachlichen Entwicklung gedrängt, diesen freien Entschluß, dann kommen Sie auch aus diesen Motiven zu demselben Ergebnis, das Ihnen Ihr Sohn Hugo, Ihre langjährigen treuen Angestellten und ich, der ich mich zu den treuesten Freunden von Ihnen, Ihren Kindern und Ihres Mannes rechne, übereinstimmend vortragen.»

Silverberg riet ihr, mit dem Schlimmsten zu rechnen: daß die Schulden innerhalb von sechs Monaten abgetragen werden müßten und daß die wirtschaftlichen Rahmenbedingungen sich in diesem Zeitraum wahrscheinlich nicht wesentlich verbessern würden.

Allein, Cläre nahm dies nicht zur Kenntnis oder wollte es nicht zur Kenntnis nehmen, und nach einer Besprechung mit Goldschmidt Ende Juni beschloß dieser, ihr in einem Brief noch einmal in aller Deutlichkeit zu sagen, worum es ging. Er begann mit der Feststellung, ihre Unterredung habe «außerordentlich bedrückende Empfindungen bei mir erweckt», denn ihm sei klar geworden, daß Entscheidungen getroffen werden müßten, die ihre Gefühle auf das äußerste strapazieren würden. Vor ihnen liege die enorme Aufgabe, den drohenden Zusammenbruch eines so bedeutenden nationalen Wirtschaftsfaktors wie des Stinnes-Konzerns zu verhindern und ihn im Interesse der Volkswirtschaft, aber auch im Interesse Cläres und ihrer Familie wieder auf feste Grundlagen zu stellen:

«Es ist möglich, daß Sie oder Ihr Sohn unsere Aufgabe etwas anders ansehen und daß Sie ebenso wie Ihr Sohn in erster Linie daran denken, die Banken hätten die Aufgabe übernommen, den Stinneskonzern soweit wie irgend möglich in seiner vollen Größe zu erhalten. Das ist jedoch nicht der Fall. Wenn ein Konzern wie dieser, der eine große Anzahl von Angriffsflächen bietet, in Überschätzung seiner eigenen geistigen und materiellen Kräfte seine Grenzen zu weit gesteckt hat, ist es unvermeidlich, daß er bei Inanspruchnahme einer Hilfe von außen die Kritik ertragen muß, die nach den Gesetzen einer strengen Wirtschafts- und Finanzpolitik erhoben werden muß. Ebenso muß er sich mit den Maßnahmen einverstanden erklären, die zur möglichst beschleunigten Rückführung in die in der Vergangenheit vernachlässigten Grenzen erforderlich sind. Ich muß Ihnen das offen und ohne Beschönigung einmal hier zum Ausdruck bringen. Von einem Arzt würde man als fahrlässig und unverantwortlich sprechen, wenn er als Berater den Patienten auf sein dringendes Bitten in Ruhe lassen würde, obwohl er mit Bestimmtheit die Rettung als möglich erkennt, falls er unbekümmert um die momentanen Unannehmlichkeiten die notwendigen Eingriffe schnell und sicher vornimmt. So sehe auch ich keine andere Diagnose für Sie, Ihre Firma und Ihr Haus als diese: nur wenn Sie uneingeschränkt und ohne innere Hemmung unsere Maßnahmen billigen und sie mit uns gemeinsam in größter Beschleunigung durchführen, werden Sie in der Lage sein, das von uns angestrebte Ziel zu erreichen, Ihre Firma, Ihr Haus und den Namen Ihres Gatten zu erhalten und zu sichern. Wir können und dürfen jetzt nicht an spekulative Möglichkeiten denken, um die Firma Stinnes mehr oder weniger groß dastehen zu lassen, sondern es handelt sich für uns darum, das Leben dieser Firma so zu retten, daß sie organisch und geschlossen mit einem starken Wirtschaftsradius gesund und entwicklungsfähig dasteht.»[181]

Goldschmidt betonte, er habe aus menschlicher Sicht volles Verständnis für die Gefühle Cläres und des Juniors; doch das von ihm ausgearbeitete Programm biete die einzig denkbare Lösung; falls man es nicht durchführe, bestehe die Gefahr, daß «nicht allein das Haus und die Firma Stinnes, sondern auch der Name Stinnes vernichtet wird».

Goldschmidt und seine Kollegen hatten zumindest eine wirkliche Achillesferse der Firma Stinnes ausgemacht: die umfangreichen Warenlager in Hamburg, die jedem Basar Ehre gemacht hätten. Dem persönlichen Brief an Cläre lag ein weiteres, geschäftliches Schreiben bei, das einen möglichst baldigen Ausverkauf und eine Aufgabe dieses Geschäftsbereichs forderte; die Handelsfirma solle sich künftig auf reine Kommissions- und Auftragsgeschäfte für Konzernfirmen beschränken, «ohne Investierung von Gold, ohne Übernahme von Risiken und unter Ausschluß jeden spekulativen Charakters».[182] Eine weitere Forderung lautete, daß die gesamte zentrale Verfügungsgewalt in Berlin angesiedelt werden und alle Einkünfte auf die Konten Goldschmidts überwiesen werden müßten. Keine Einkünfte dürften unter der Verfügung Hamburgs oder Mülheims bleiben, keine Ausgaben ohne Genehmigung getätigt werden. Nur Thomas in Berlin sollte eine Generalvollmacht behalten.

In welchem Ausmaß die Banken das Heft an sich gerissen hatten, wurde jetzt auf grausame Weise sichtbar. Einst, in der Krise von 1907, hatte der große Stinnes zur diebischen Freude Cläres den Banken gezeigt, was eine Harke war, indem er einen Teil seiner Deutsch-Luxemburg- und RWE-Aktien abgestoßen hatte zur Minderung seiner Schuldenlast und ihrer Zinseinkünfte. Jetzt, 1925, hatte sie es mit einem Konsortium aus 22 Banken zu tun, das finster entschlossen war, diese Aktien zu Geld zu machen und eine große Zahl weiterer Beteiligungen und Vermögenswerte zu verkaufen oder zu beleihen, um fällige Schulden abzutragen. Eine Liquidierung ist für den Historiker ein Glück im Unglück, insofern sie eine genaue Momentaufnahme der Vermögenslage und der Besitzverhältnisse der Betroffenen liefert, in diesem Falle der Familie und Firma Stinnes kurz nach dem Tod des Seniors.[183] Dies ist im folgenden zu sehen:

nom. M 21 000 000	Deutsch Luxemburg	bewertet mit RM	12 000 600
nom. M 5 000 000	Mülheimer Bergwerk	bewertet mit RM	5 000 000
nom. M 15 000 000	Riebeck Montan	bewertet mit RM	15 000 000
nom. M 12 000 000	R. W. E.	bewertet mit RM	12 000 000
nom. M 3 800 000	Barmer Bankverein	bewertet mit RM	2 200 000
nom. M 16 000 000	Koholyt	bewertet mit RM	16 000 000
nom. M 7 500 000	Berliner Handels Ges.	bewertet mit RM	9 000 000
nom. M 4 000 000	Baroper Walzwerk	bewertet mit RM	—

nom. M 1 500 000	Norddeutsche Oel	bewertet mit RM	—
nom. M 2 500 000	Elberfelder Kupfer	bewertet mit RM	—
nom. M 3 000 000	Hamburger Verkehrs	bewertet mit RM	12 000 000
40 000 Morgen landwirtschaftlicher Grundbesitz		bewertet mit RM	8 000 000
Hamburger Hof		bewertet mit RM	2 000 000
Sonstiger Hausbesitz		bewertet mit RM	12 000 000
Schiffsraum		bewertet mit RM	20 000 000
Büxenstein Zeitungen usw.		bewertet mit RM	12 000 000
Waren und Debitoren in Hamburg		bewertet mit RM	3 500 000
Waren und Debitoren in Mülheim		bewertet mit RM	10 000 000
450 Kuxe Mathias Stinnes		bewertet mit RM	40 000 000
		bewertet mit RM	191 300 000

Schacht hatte die geplante Rettungsoperation an empfindliche Auflagen für den Junior geknüpft: Die Konsortien sollten in allen mit der Flüssigmachung dieser Werte zusammenhängenden Fragen das letzte Wort haben; sie würden Repräsentanten nach Berlin, Mülheim und Hamburg entsenden, ohne deren Genehmigung keine Entscheidungen getroffen werden dürften; die Liquidierung müsse möglichst zügig vollzogen werden. Hugo jun. forderte zwar für sich das Recht auf Mitsprache in allen Angelegenheiten und bekam dies von Schacht auch zugestanden, doch wurde nicht der geringste Zweifel daran gelassen, daß im Falle gegensätzlicher Auffassungen die Entscheidungsgewalt bei der Führung des Konsortiums liegen würde.[184] Das war eine bittere Pille in einer bitteren Situation. Wie Franz Urbig von der Disconto-Gesellschaft feststellte, mußte «fast das gesamte Privatvermögen der Familie Stinnes als verloren angesehen werden».[185]

Trotz der Mahnungen Silverbergs und Goldschmidts protestierten Hugo jun. und Cläre aufs heftigste gegen das ganze Verfahren und die Art und Weise, wie es durchgeführt wurde. Sie wollten mitentscheiden und hegten die Befürchtung, die Banken würden ihre Vermögenswerte zu Schleuderpreisen auf den Markt werfen. Die Bankiers klagten ihrerseits, die erzielbaren Preise seien tatsächlich armselig, weil die Nachfrage gesunken sei; man müsse daher noch mehr verkaufen. Es ist wichtig, sich zu vergegenwärtigen, daß die Banken aus der ganzen Abwicklung keinen Gewinn erzielten, es sei denn insofern, als sie damit ihr Prestige aufpolierten und einen Beitrag zur Gesundung der Wirtschaft als ganzer leisteten. Sie hatten allerdings zu Beginn sehr wohl die Absicht gehabt, Gewinne zu machen, als sie noch an das Vorhandensein eines Überschusses geglaubt hatten, doch dann ließen sie auf Drängen Schachts den Gedanken an Provisionen fallen. Wie Schacht sich ausdrückte: «Wenn sie aus der Stinnesaffäre mit einem kleinen Verlust herauskommen, [werden] sie alle sehr froh sein.»[186]

Das Verhalten Edmunds machte alles noch schlimmer, denn die Bankiers fanden es mit Recht empörend, daß Edmund mit erheblichen Vermögens- und Barwerten abgefunden wurde, während die Firma sich in höchster finanzieller

Bedrängnis befand. Edmund erklärte sich zwar bereit, einen gewissen Grad an persönlicher Haftung zu übernehmen, doch dann stellte sich heraus, daß er seine Nordstern-Anteile bereits veräußert hatte, um Schulden abzuzahlen, und daher gar nicht in der Lage war, zu den von ihm in Aussicht gestellten Garantien zu stehen. Diejenigen Konsortialbanken, die im Aufsichtsrat der Aktiengesellschaft für Automobilbau (Aga) vertreten waren, hatten sich unterdessen zurückgezogen und verweigerten der Firma jeglichen Kredit. Edmund antwortete darauf mit der Drohung, die Firma zu schließen und damit 2000 Arbeiter und ihre Familien einkommenslos zu machen. Er setzte einen dramatischen Akzent, indem er seinen Arbeitern die Hälfte seiner Anteile anbot und das preußische Staatsministerium um einen Zuschuß von 3 Millionen Mark zur Aufrechterhaltung der Produktion ersuchte. In einer Presseerklärung verkündete Edmund: «Die ganze deutsche Finanzwelt ist verrückt geworden.» Sie schicke sich an, aus Haß und aus Hunger nach Macht und Prestige «dem ganzen deutschen Wirtschaftssystem und sich selbst» den Garaus zu machen. «Mein Kampf», fuhr er fort, «ist ein Symbol für den Kampf der ganzen deutschen Industrie gegen die Beherrschung und die Kontrolle durch die Banken.» Er verglich seinen Kampf mit dem Henry Fords gegen die Wall Street. Und um das Maß vollzumachen, ritt er anschließend noch eine persönliche Attacke gegen Goldschmidt: «Goldschmidt verdankt alles, was er hat, meinem Vater, er ist meinem Vater nachgelaufen. Jetzt versucht er, die Söhne zu ruinieren.»[187] Diese Äußerungen hatten offensichtlich pathologischen Charakter und hätten zweifellos einen gewissen Unterhaltungswert gehabt, wenn Edmund damals schon der Dozent an einem amerikanischen Provinzcollege gewesen wäre, der er später wurde, doch in der Situation, in der sie fielen, waren sie unerträglich. Klagedrohungen der Betroffenen brachten ihn bald darauf zum Schweigen, doch trug sein Verhalten sicher nicht dazu bei, die Liquidierung einfacher zu machen.

Hier ist nicht der Ort, um die Liquidierung des Stinnes-Konzerns und das hartnäckige Ringen zwischen Cläre und Hugo jun. auf der einen und dem Bankenkonsortium auf der anderen Seite in allen Einzelheiten nachzuzeichnen. Doch eine generelle Übersicht darüber, was verlorenging und was gerettet werden konnte, ist wichtig und nötig, um das Vermächtnis von Hugo Stinnes bewerten zu können. Seine Beteiligungen an Drittunternehmen, die ein so mächtiges Werkzeug seiner Übernahme- und Investitionsstrategie gewesen waren, gingen weitgehend verloren. Seine Anteile an Deutsch-Luxemburg übernahm eine englisch-amerikanische Gruppe unter Führung des Londoner Bankhauses Schröder und der New Yorker Dillon-Read-Bank; die Geschäftsführung der Firma, die bald darauf in den Vereinigten Stahlwerken aufgehen sollte, blieb jedoch in deutschen Händen. Die Stinnesschen RWE-Anteile erwarb der Staat Preußen.[188]

Auch wenn das Konsortium sich vorgenommen hatte, schnell zu handeln, bieten die Dokumente keinen Anhaltspunkt für die Annahme, daß die Bankiers so etwas wie einen Sommerschlußverkauf planten, eine «Verschleuderung durch Realisierung».[189] In den Fällen Koholyt und Ruhrglas-Werke beschlossen sie, erst ein besseres Management einzusetzen, ehe die Aktien feilgeboten würden, und auch bei den Hotels schien eine Auswechslung des Managements auf jeden Fall nötig zu sein, wenn man Käufer für sie finden wollte. Das Garantiesyndikat gewährte in einigen Fällen, manchmal mit Mitteln oder Bürgschaften der preußischen Seehandlung, Kredite an das eine oder andere Unternehmen des Stinnes-Konzerns, bevor es dann verkauft wurde. Auch wurde Hugo jun. ein erhebliches Maß an Unterstützung bei der Kompensation stornierter Aufträge für seine Überseefirmen zuteil, denn sein Freund Franz Heinrich Witthoefft, der die Firma Arnold Otto Meyer leitete, übernahm das gesamte Firmennetz einschließlich der ausländischen Niederlassungen.[190]

Die beiden dicksten Brocken innerhalb des Stinnes-Konzerns und zugleich diejenigen, mit denen sich das Konsortium am intensivsten befaßte, waren die Schiffahrts- und die Kohlenhandels-Sparte. Die erstgenannte war nicht zu retten; die letztere wurde zum Ausgangspunkt einer Reihe gelungener Operationen, die die Erhaltung und den Wiederaufbau der Familienfirma sicherstellten und deren erfolgreicher Abschluß die Sternstunde des Juniors war. Die Stinnessche Schiffsflotte versuchte das Konsortium zunächst an den Norddeutschen Lloyd zu verkaufen, doch Cuno und die HAPAG betrachteten dies als unfreundliches Eindringen in ihr Hamburger Territorium. Die beiden Firmen konnten jedoch dazu gebracht werden, ein Konsortium zu bilden, das die Stinnes-Flotte aufkaufen und in eine selbständige Firma einbringen würde. Daß diese Lösung auf sehr viel Enthusiasmus gestoßen wäre, läßt sich schwerlich behaupten. Wie Cuno an Averell Harriman schrieb, bestand die Stinnes-Flotte «aus zu verschiedenen Zeitpunkten gekauften und gebauten Einheiten, die keine sehr willkommene Aufstockung für irgend eine Flotte darstellen». Außerdem seien die Schiffe trotz ihrer Gesamtkapazität von «rund 200000 Tonnen nicht von genügend guter Qualität, um sie attraktiv zu machen, selbst wenn sie auf dem offenen Markt angeboten würden».[191] Den vom Konsortium geforderten Preis von 7 Millionen Mark in bar und 20,6 Millionen Mark in Hypotheken fanden die potentiellen Käufer schließlich zu hoch. Nach Einschätzung Cunos war die Flotte höchstens 23,5 Millionen Mark wert, und sein Angebot lautete: 5 Millionen Baranzahlung für die Flotte einschließlich der Kohlenfrachter, 3 Millionen ohne die letzteren. Anfang 1926 unterbreitete die Austral Kosmos Line ein Angebot, das lukrativer war und den zusätzlichen Vorzug hatte, die Midgard-Beteiligung auszuklammern.[192]

Somit war von der Stinnes-Flotte doch noch etwas übriggeblieben, und auf der anderen Seite war für den Geschmack von Hugo jun., der in seiner Widerborstigkeit nicht nachließ, genug davon verkauft worden, um ihn in der Überzeugung zu bestärken, daß man ihm die Chance geben mußte, die Kohlenhandelsfirma als Familienunternehmen in seinem Besitz zu behalten, falls er die dafür noch fehlenden Gelder zusammenbekam. Es herrschte allgemeiner Konsens darüber, daß die Kohlenhandelsgesellschaft das Kronjuwel im Stinnes-Konzern war, inzwischen eigentlich das einzige noch verbliebene Juwel. Das Konsortium hatte das weitverzweigte Unternehmen sorgfältig unter die Lupe genommen und nicht umhin gekonnt, vor seinen nationalen und internationalen Verbindungen und Strukturen, der hohen professionellen Kompetenz seines Personals und seiner geschäftlichen Erfolgsbilanz den Hut zu ziehen. Diese Firma machte ihrem Gründer alle Ehre, und außerdem ging es ihr während dieser ganzen Zeit ziemlich gut. So konnte es nicht überraschen, daß sich gewichtige Interessenten meldeten – Krupp und die Hibernia vor allem –, die sich erboten, Stinnes als Minderheitsgesellschafter in ein neues Unternehmen einzubinden, das die angestammte Geschäftstätigkeit weiterführen würde. Der Hibernia-Generaldirektor von Velsen war überzeugt, daß die deutsche Kohle in den kommenden Jahren sehr gute Exportchancen haben würde; er erklärte – und brach damit eine Lanze für die Aufbauleistung des Prinzipals –, die Hugo Stinnes Kohlenhandelsgesellschaft sei «die einzige Firma, welche über die notwendigen überseeischen Beziehungen verfüge».[193] Wiedfeldt, Vögler, Silverberg, Schacht und Goldschmidt fanden Gefallen an der Idee. Goldschmidt bestand allerdings auf 25 Millionen Mark, und das erste Angebot lag 5 Millionen darunter. Goldschmidt, der es soeben geschafft hatte, für Koholyt und die Stinnessche Flotte gute Preise zu erzielen, und der die Konjunkturentwicklung jetzt wieder optimistischer einschätzte, beharrte auf seinem zuerst geforderten Preis. Als Hugo jun. in dieser Situation seinen Anspruch erneut anmeldete, man möge ihm die Chance geben, das für die Weiterführung der Firma erforderliche Geld im Ausland aufzutreiben, gewährte das Konsortium eine Fristverlängerung um drei Monate bis zum Mai 1926 und damit die Chance, den Karren mit eigenen Kräften aus dem Dreck zu ziehen.

Silverberg, Wiedfeldt und die anderen hielten es für unwahrscheinlich, daß ihm dies gelingen würde. Silverberg lag Cläre beständig und zunehmend ungeduldiger mit dem Argument in den Ohren, die Schulden seien zu hoch, als daß Hugo jun. sie über Kredite in den Griff bekommen könne. Es sei daher ausgeschlossen, daß die Kohlenhandelsgesellschaft ungeschmälert bestehen bleiben könne, und indem sie den Versuch machten, sie als Ganze zu erhalten, liefen sie Gefahr, sie ganz zu verlieren.[194] Doch Hugo jun. verfügte über gute Kontakte nach Amerika und schloß Ende Juli 1926 mit den Firmen Newman, Saunders & Co. in New Orleans und A. G. Becker & Co. in Chicago sowie mit dem Bankhaus Halsey, Stuart & Co. in New York einen Vertrag über einen 25-Millionen-Dollar-Kredit zur Ablösung der Schulden. Der gesamte, der Familie noch verbliebene Besitz mit Ausnahme einzig des Hauses in Mülheim wurde in die Hugo Stinnes Corporation mit Sitz in Baltimore eingegliedert. Diese Firma umfaßte nicht nur die Kohlenhandelsgesellschaft, sondern auch die Anteile am MBV und an Mathias Stinnes, diverse noch nicht verkaufte Hotels und Anwesen, darunter den Hamburger Hof und die Feriensitze Asa und Weißkollm, andere Immobilien und sogar einige Industriewerke. Die Verlegung der Firma in die Vereinigten Staaten brachte enorme Steuervorteile mit sich, bedeutete aber auch, daß die Firma Hugo Stinnes jetzt «amerikanisiert» war, mindestens in finanzieller Hinsicht. Auf der anderen Seite wurden ihre Geschäfte in der Tat von Hugo Stinnes jun. geleitet, der sich sogar hatte verpflichten müssen, für ein weiteres Jahrzehnt die Verantwortung zu tragen. Seinen Kreditbedarf in den USA zu stillen war Mitte der 20er Jahre in der deutschen Wirtschaft gang und gäbe, und niemand konnte dem Junior einen Vorwurf daraus machen, daß er tat, was alle anderen auch taten.[195]

Cläre erhielt im Rahmen der Schuldenbereinigung die Hälfte der Anteile, die andere Hälfte brachten die Amerikaner als Obligationen an der Börse unter, und natürlich mußte sich Hugo jun., der im übrigen von der Firma ein Gehalt bezog, gegenüber den Amerikanern zu einem regelmäßigen Schuldendienst verpflichten. Cläre war außer sich vor Euphorie und Stolz auf ihren Junior. Wie sie an Silverberg schrieb, als sie ihm den Vertrag übersandte: «Sie werden ersehen, daß ich von allen persönlichen Verbindlichkeiten befreit werde und die große materielle und ideelle, nicht hoch genug zu schätzende Möglichkeit bleibt, den Kern des Lebenswerkes meines Mannes den Kindern zu erhalten bzw. wieder aufzubauen.»[196] In der Tat, als im November 1926 alles unter Dach und Fach war, konnte Cläre sich nicht nur auf den Wiederaufbau des Lebenswerkes ihres Mannes freuen, sondern gab sich auch der Hoffnung hin, «daß die deutsche Menschheit doch noch eines Tages erkennt, was sie meinem Manne zu danken hat und was sie an ihm verlor».[197]

Silverberg war nicht ganz so begeistert, ja fühlte sich sogar hintergangen, weil Cläre die konkreten Pläne und Verhandlungen des Juniors lange vor ihm geheimgehalten und ihn schließlich mit der vollendeten Tatsache konfrontiert hatte. Das ständige Aufbegehren Cläres und Hugos gegen die Bankiers und gegen seine Ratschläge ärgerten ihn, und er hielt ihnen als leuchtendes Beispiel die Familie Stumm vor, die durch die Stabilisierungskrise ebenfalls zahlungsunfähig geworden war, aber dank ihrer Zusammenarbeit mit den Liquidatoren einigermaßen heil davongekommen sei. In den Augen Silverbergs zeugte es von einem sehr kurzen Gedächtnis, wenn Cläre und Hugo jun. sich darüber beklagten, sie seien im Sommer 1925 zu einer übereilten Notveräußerung ihrer Vermögenswerte gezwungen worden. Gewiß hätten sich die wirtschaftlichen Rahmenbedingungen zwischen Juli 1925 und Juli 1926 verbessert, doch damit könne man nicht argumentieren:

> «Es ist unbedingt richtig, daß, wenn man alle Beteiligungen und allen Wertpapier-Besitz hätte durchhalten können, heute ein besseres Ergebnis herausgekommen wäre. Aber angesichts von 200 Millionen Mark Schulden und der wirtschaftlichen und finanziellen Lage Deutschlands im Jahre 1925 und der Fälligkeit von ca. 30 Millionen Mark im Auslande war dieses Durchhalten unmöglich und die im gegebenen Augenblick getroffenen Maßnahmen waren unter dem Druck der obwaltenden Verhältnisse und der allgemeinen Lage in jedem einzelnen Falle richtig. Es ist wirklich nicht Schuld der Gläubiger, daß die Erben des Herrn Hugo Stinnes es fertig gebracht haben, ein Jahr nach seinem Ableben 200 Millionen Mark neue Schulden zu kontrahieren und sich bei Eintritt

der wirtschaftlichen Depression fälligen Forderungen von 150 Millionen Mark, darunter ca. 30 Millionen Mark ausländischen Schulden gegenüber zu sehen.»[198]

Silverberg war überzeugt, daß Cläre, Hugo jun. und Edmund die Verantwortung für das Desaster trugen. Man kann sich tatsächlich nur schwer vorstellen, daß Hugo Stinnes sen. auf die Talfahrt von 1925 unvorbereitet gewesen wäre. Er hatte vor seinem Tod Edmund bereits einen Verweis erteilt und offenbar die Regel eingeführt, daß Hugo jun. ihm fast jeden Abend telefonisch Bericht über die Situation in Hamburg erstatten mußte und von ihm Anweisungen erhielt.[199] Umfangreiche Finanzgeschäfte unter den Bedingungen der Hyperinflation und des anschließenden Übergangs zur Stabilisierung zu tätigen war sicher eine höchst vertrackte Aufgabe, doch alle Anzeichen weisen darauf hin, daß der Prinzipal die Situation voll im Griff hatte und wußte, was er tun mußte, um den Übergang zu schaffen.

Das vielleicht größte Kompliment, das Hugo Stinnes in diesem Zusammenhang gemacht wurde, kam aus ganz unerwarteter Quelle, nämlich von seinem alten Gegenspieler Georg Bernhard:

> «Man hat verschiedentlich die Frage aufgeworfen, ob, wenn Hugo Stinnes sen. gelebt hätte, die Situation ähnlich geworden wäre. Aber in diesem Falle darf man doch wohl sagen, daß mit dem Leben Stinnes' vielleicht nicht seine Pläne, aber doch ein erheblicher Teil seines Geldes gerettet worden wäre. Es ist ganz falsch, in Hugo Stinnes einen Fanatiker des Vertikal-Konzerns zu sehen. Er war überhaupt kein *Fanatiker*, sondern ein *Händler*. Einer der nach der Konjunktur drehte. Und er wußte ganz genau, daß das, was er in den letzten beiden Jahren der Inflation tat, gar keinen planmäßigen Aufbau irgendwelcher Vertikalkonzerne darstellte, sondern lediglich das Aufkaufen von Sachwerten gegen Mark, deren Entwertung er angesichts der Schwäche aller Regierungen sowohl ihm gegenüber als gegenüber den Zeitverhältnissen voraussah. Mit einer gewissen Wahrscheinlichkeit ist daher anzunehmen, daß er die relativ günstige Konjunktur während der Zeit des Überganges benutzt hätte, um von den zusammengekauften Sachwerten so viel wie möglich abzustoßen. Denn er wäre wahrscheinlich vollkommen klar darüber gewesen, daß man zum Betrieb von Unternehmungen Betriebskapital braucht. Und wenn man auch nicht sagen kann, *wie weit* er sich konzentriert hätte, so muß man doch glauben, daß er realisiert haben würde, was abzustoßen wäre. Es heißt sogar, Hugo Stinnes habe kurz vor seinem Tode ähnliche Absichten geäußert.»[200]

Das hatte er in der Tat, und der einzige Irrtum, dem Bernhard unterlag, war der, daß er glaubte, die Familie habe dies nicht gewußt und habe geglaubt, in der gewohnten Art weitermachen zu müssen. In gewisser Weise kannte Bernhard Stinnes besser, als sein alter Freund Kirdorf ihn kannte, der in seinen privaten Erinnerungen gestand, daß Stinnes aufgrund seiner «überragenden Eigenschaften» einen «ungeheuren Einfluß» auf ihn ausgeübt hatte, so sehr, daß er erschrak, als er nach Stinnes' Tod feststellte, «wie willenlos ich ihm gefolgt war». In der Folge habe er festgestellt, «daß mit dem Zwang, nun die eigene Einsicht allein sprechen zu lassen, zugleich das Gefühl auftauchte, von einem lähmenden Druck befreit zu sein».[201] Dies weckte in ihm auch Zweifel an der Güte der wirtschaftlichen Ideen des Hugo Stinnes; dessen Glaube an eine wachsende Nachfrage nach Kohle und Eisen habe ihn, so behauptete Kirdorf, zu falschen Investitionsentscheidungen veranlaßt. Dies zeigt freilich nur, daß Kirdorf nicht verstanden hatte, worum es Stinnes ging. Stinnes war wirklich kein Fanatiker der vertikalen Konzentration, und er hatte durchaus gesehen, daß die Zeit für neue Rezepte gekommen war. So hatte er schon am 1. April 1923 an Eberhard Gothein geschrieben:

> «Ein Beispiel. Die Vertikaltrusts, die man mir als bevorzugte Kinder zuschreibt, waren naturgemäß Produkte ihrer Zeit – Folgen ungenügender Produktion und mangelnden Betriebskapitals. Heute schon sehe ich die Vertikaltrusts als verblassende Sterne an, denn wenn demnächst nach Stabilisierung der Währungen und Beseitigung der Außenhandelsfesseln und hoffentlich nach Herstellung großer West-Zentraleuropäischer Zollvereine bei Überproduktion die Probleme der Verkaufsorganisationen wieder in den Vordergrund treten, dann ist alles, was uns im Kriege und nach dem Kriege gerettet hat, überlebte Kram-Geschichten.»[202]

Stinnes nur vor dem Hintergrund der letzten Konjunktur zu beurteilen, die er erlebte – der Hyperinflation und der Politik, die er propagierte und praktizierte, um ihr einen Schritt voraus zu bleiben –, wäre in der Tat völlig verkehrt. Die wahrhaft bedeutendste und kreativste Periode seines Lebens war die Zeit vor 1914, in der er souverän regierte, nicht durch kapitalmäßige Beherrschung der Unternehmen, die in seinen Bannkreis gerieten, sondern durch seine Präsenz in ihren Aufsichtsräten und durch die wirtschaftliche Überlegenheit und Macht seiner Firma. Er übte seine Dominanz in Zusammenarbeit, aber auch in Konkurrenz mit anderen Industriellen aus, vor allem mit Thyssen und Kirdorf, und er benutzte als Werkzeuge seiner Herrschaft die Kartelle und Syndikate, in denen er eine so bedeutsame Rolle spielte. Seine große Leistung bestand darin, daß er die Einzelelemente des kollektiven Managerkapitalismus, innerhalb dessen er eine so mächtige Stellung erlangt hatte, mit den nationalen und internationalen Märkten verknüpfte, in die seine Firma, jene einzigartige und neben dem RWE bemerkenswerteste seiner Schöpfungen, kontinuierlich und unermüdlich weiter vordrang. Die Anteile, die das Konsortium 1925 abstieß, waren nicht einfach Vermögenswerte der Familie, sondern produktive Werte, geschaffen durch die unternehmerische Brillanz des Gehirns, das die Geschicke der Firma leitete, deren Kapital diese Werte repräsentierten, und sie dienten ihm als Werkzeuge in dem schöpferischen Versuch, die von ihm kontrollierten oder beeinflußten wirtschaftlichen Ressourcen auf eine möglichst systematische Weise zu verknüpfen, zu verbinden und zu entwickeln. Unternehmen wie Deutsch-Luxemburg, das RWE oder die vielen anderen, die in seinen stets größer werdenden Einflußbereich gerieten, leitete er nicht aufgrund seiner Kapitalanteile, sondern aufgrund der Autorität, die er genoß, und diese beruhte auf seinem untrüglichen und kühnen Blick für die Möglichkeiten der dynamischen Wirtschaft und Gesellschaft, in der er seine Karriere schmiedete. Die Kohle und ihre Nebenprodukte bildeten die Grundlage, sie waren der gemeinsame Nenner für die Strom- und Transportverbünde, die er in Deutschland errichtete, aber auch für die Bergmannssiedlungen nach westfälischer Art, die er 1914 in Yorkshire bauen ließ, und die günstigen Zukunftsaussichten, die er für die Zechen von Heraklea sah. Eisen, Stahl, Chemieerzeugnisse und Fertigprodukte der weiterverarbeitenden deutschen Industrien folgten zwangsläufig nach, und die technischen Pionierleistungen, bei deren Umsetzung in industrielle Anwendungen Stinnes eine so maßgebliche Rolle spielte, lieferten ihm die Keile, die er einschlagen mußte, um sich starke Positionen auf dem französischen, dem russischen, ja dem Weltmarkt verschaffen zu können.

Hugo Stinnes war seiner Mentalität und seinen Methoden nach ein durch und durch deutscher Unternehmer; er wußte dies und war sehr stolz darauf, und er wurde zum bedeutsamsten Praktiker einer friedlichen deutschen Wirtschaftshegemonie in der Vorkriegsperiode. Er sollte dann auch ein zutiefst deutsches Schicksal erleiden, das er indes nicht passiv erduldete, sondern mit der ihm eigenen Neigung beim Schopf packte, seine Visionen bis zur totalen – und damit auch zunehmend kontraproduktiven – Konsequenz zu treiben. Der Erste Weltkrieg war die große deutsche Katastrophe, aus der alle späteren Katastrophen resultierten, wenn nicht zwangsläufig, dann zumindest der Möglichkeit nach. Stinnes versuchte nicht nur, durch den Krieg das zu erlangen, wonach er auch schon im Frieden gestrebt hatte, sondern auch die Zukunft auf eine Weise zu sichern, die geradezu die Gewähr für die Unmöglichkeit eines dauerhaften Friedens in sich trug. Er stand damit natürlich nicht allein, ganz im Gegenteil, aber er war vielleicht der typischste und konsequenteste unter all denen, die die Ziele der Vaterlandspartei verfolgten. Gleichwohl waren es nicht ideologische oder dümmlich nationalistische Motive, die ihn bewegten, sondern eher das Bestreben, Deutschland den ihm in seinen Augen gebührenden Platz in der internationalen Wirtschaftsordnung zurückzugeben. Daß der Krieg verloren wurde, änderte nichts am Ziel, sondern nur etwas an der Taktik; so sehr Stinnes seine Vision vom Platz Deutschlands in der weltweiten Wirtschaftsordnung an die veränderten Umstände anpassen mußte, tat er doch auch so, als ließen sich die Niederlage und die Rolle, die die Politik dabei gespielt hatte, bis zur Irrelevanz verkleinern. Mit diesem Kleinkram sollten sich die Juristen und Berufspolitiker herumschlagen – in letzteren sah Stinnes ohnehin die größten Hindernisse für Frieden und Wohlstand.

Man kann den enormen Einfluß, den Stinnes nach 1918 in der deutschen Wirtschaft und Politik ausübte, nur nachvollziehen, wenn man sich seinen außerordentlichen Einfallsreichtum und seine überwältigende Überzeugungskraft vergegenwärtigt, Qualitäten, die ihn in die Lage versetzten, den visionären Eigensinn eines selbsternannten Propheten mit der enormen taktischen Flexibilität eines höchst cleveren und gewieften Geschäftsmannes zu verbinden. Seine provozierende Gleichgültigkeit gegenüber den von Erzberger, Stresemann und seinen anderen politischen Konkurrenten wahrgenommenen politischen und internationalen Realitäten brachte ihm einen eigenartigen Bonus in den Augen derjenigen ein, die nach einem zugleich plausiblen und rationalen Ausweg suchten und, wie er, Niederlagen nicht akzeptieren wollten. Niemand hat dieses Problem treffender charakterisiert als Geheimrat Bücher vom RdI, der Stinnes in einem Nachruf attestierte, er sei kein Politiker gewesen, habe keinen Begriff von der Demokratie und von den Schwierigkeiten gehabt, die es bereite, in einer Demokratie wirtschaftliche Ideen populär zu machen, und habe als Reichstagsabgeordneter versagt. Dennoch war und blieb Bücher von den Stinnesschen Ideen fasziniert und gestand, in seinem Bann gestanden zu haben:

> «Nun noch ein Wort über mein persönliches Verhältnis zu Hugo Stinnes: Ich weiß, daß mir, seitdem ich im Reichsverbande tätig bin, in vielen Kreisen zum Vorwurf gemacht wurde, ich sei ein Vertreter der Schwerindustrie und ich sei ein Stinnes-Knecht, wie man das auszudrücken pflegt ... Ich war vielleicht einer der wenigen, die Hugo Stinnes persönlich nahe gestanden haben, und zwar in voller Unabhängigkeit ... Wenn ich zu ihm in einer Abhängigkeit gestanden habe, so war es die, daß mich die großzügigen Ideen dieses Mannes und die mir persönlich überlegene geistige Kapazität dieses Mannes gefangen nahmen. Und wenn ich dieses nach außen hin mehr in die Erscheinung treten ließ und mich diesem Manne oft nachordnete, so war es der Gedanke ... es würde möglich sein, den Leidensweg, den das deutsche Volk zu gehen hat, dadurch zu verkürzen, daß man einzelne Personen mit großer Kapazität, Persönlichkeiten in den Vordergrund schöbe; und ich habe versucht, Hugo Stinnes eine Zeitlang in den Vordergrund zu schieben. Wir haben uns auch darüber klar ausgesprochen. Die Unmöglichkeit, dies in der Praxis durchzuführen, habe ich lange Zeit nicht einsehen können. Und ich stehe heute auf dem Standpunkt – das ist der Kompromiß, den wir alle in den letzten vier Jahren geschlossen haben, auch auf persönlichem Gebiete ... daß, wenn in dieser Zeit die Situation anders aufgefaßt worden wäre, es sehr wohl möglich gewesen wäre, unseren Leidensweg zu verkürzen, auf jeden Falle anders zu gestalten. Vielleicht würde es auch zu einer Katastrophe geführt haben; das kann niemand wissen. Aber in der Totalität sehe ich es als ein großes Unglück an, daß wir ohne ihn in sehr schwierigen Zeiten uns befinden, wo gerade seine konstruktiven Ideen vorteilhaft gewesen wären.»[203]

Bücher war keineswegs der einzige, der sich so beeindruckt zeigte von der Fähigkeit des Hugo Stinnes, phantasievolle und konstruktive Problemlösungen zu finden – dafür sprach schon das ständige Gerede von einer «Stinnes-Diktatur» bei Kriegsende. Unglücklicherweise war Stinnes jedoch in seinem ganzen Denken vom Grundsatz des unbedingten Vorranges wirtschaftlicher Erfordernisse, wie er sie sah, durchdrungen; zur Politik hatte er ein rein instrumentelles Verhältnis. Dies setzte ihn auf der einen Seite in die Lage, bestimmten politischen Realitäten unbestechlich und frei von ideologischen Kurzsichtigkeiten ins Auge zu sehen. Er wußte, daß der Kaiser ein Narr war, erkannte sehr früh, wie wichtig es sein würde, mit Sozialdemokraten und Gewerkschaften zusammenzuarbeiten, und wandte sich gegen jeden Putschismus. Er war niemals ein Untertan und stets bereit, Vertreter sei es des kaiserlichen, sei es des republikanischen Staates zu attackieren. Auf der anderen Seite zeitigte seine tiefwurzelnde Abneigung gegen das Politische, insbesondere wenn sie sich mit seinem illusionären Glauben an die eigenen politischen Fähigkeiten und seiner häufigen Gleichgültigkeit oder Blindheit für die politischen Konsequenzen seines Tuns verband, sehr unheilvolle Folgen für Deutschland und ihn selbst. Er verstand nie, daß seine Kriegsziele unvereinbar waren mit der von ihm gewünschten Wiederherstellung einer auf freiem Warenaustausch und freier Konkurrenz beruhenden internationalen Ordnung. Er glaubte, in Spa einen Triumph errungen zu haben, während doch das genaue Gegenteil zutraf. Er entwickelte sich zum Befürworter von Formen der Zusammenarbeit mit Frankreich, wie sie weder von der französischen noch von der deutschen Regierung akzeptiert werden konnten. In ausgeprägtem Gegensatz zu seinem meist hervorragenden Gespür für die Auswahl fähiger Manager, für die die Tätigkeit in seinen Unternehmen zum Sprungbrett für glänzende geschäftliche Karrieren wurde, waren die Persönlichkeiten, mit denen er politisch sympathisierte, äußerst fragwürdige Figuren – Ludendorff, Tirpitz, Kapp. Stinnes, der selbst nie ein politischer Abenteurer war, tat sich gerne mit politischen Abenteurern zusammen. Er verfügte über genug Macht, um wichtige Ansätze und Entwicklungen in der Innen- und Außenpolitik, die die frühen Jahre der Weimarer Republik weniger traumatisch hätten machen können, zu blockieren, und litt zugleich dauernd darunter, daß es ihm nicht gelang, die von ihm propagierten Programme in die Tat umzusetzen. Daher seine Wutausbrüche und seine Rufe nach richtigen «Kerlen», die das deutsche Haus in Ordnung bringen und die Rechnungen mit Frankreich begleichen würden.

Dies alles wirft zwangsläufig die Frage auf, wie Stinnes sich in der Zeit der Weltwirtschaftskrise politisch verhalten und welchen Beitrag er womöglich dazu geleistet hätte, die Machtergreifung Hitlers zu verhindern. Hugo Stinnes jun. war sich in dieser Beziehung völlig sicher: «Glauben Sie, daß dieser Phantast [Hitler] irgendeine Chance in Deutschland oder bei der deutschen Industrie zu Lebzeiten meines Vaters gehabt hätte angesichts dessen überragenden Einflusses?» meinte er 1967 in einem Brief.[204] Diese Ansicht vertraten auch andere, die Stinnes kannten, und vielleicht ist bei dieser Gelegenheit der Hinweis angebracht, daß sowohl Hugo jun. als auch Edmund Stinnes den Nationalsozialismus ablehnten – Hugo jun. weigerte sich, in die Partei einzutreten, trotz der Vorteile, die damit womöglich verbunden gewesen wären, und Edmund, der im Ausland lebte, sagte laut und deutlich, wie wenig er von den Nazis hielt.[205] Wie der Prinzipal sich entschieden hätte, werden wir niemals wissen können. Fest steht, daß er die völkische Idee höchst abstrus fand, antisemitische Ausschreitungen und den Antisemitismus, wie die Nazis ihn predigten, ablehnte und an ihren wirtschaftlichen Ideen sicherlich erst recht kein gutes Haar gelassen hätte. Man kann sich kaum vorstellen, daß er diese Leute für die «Kerle» hielt, die er sich herbeiwünschte. Diese Einstellungen teilten freilich die meisten seiner Kollegen aus der Industrie, die vor 1933 dem Nationalsozialismus ablehnend gegenüberstanden. Dagegen hatten sie nichts gegen eine autoritäre Lösung der Krise, und wenn man sich ansieht, wie Stinnes sich 1923 äußerte und verhielt, findet man wenig, das ihn zu einem entschiedenen NS-Gegner prädestiniert hätte.

Eines der großen Probleme war, daß er, wie die anderen Wirtschaftsführer, nie eine gut funktionierende politische Demokratie erlebt hatte und die Regeln des politischen Spiels nicht wirklich durchschaute. Schlimmer noch, sie hatten für den politisch-parlamentarischen Prozeß nur Verachtung übrig. So gesehen, liefert der Fall Hugo Stinnes auf der einen Seite das spektakulärste und interessanteste Beispiel für das politische Denken und Versagen der deutschen Schwerindustrie, so wie er auf der anderen Seite die äußeren Grenzen ihrer Entfaltung und ihres Potentials erreichte. In der Tat spiegelt sich in Hugo Stinnes' persönlicher Lebensgeschichte ein außerordentlich bedeutsamer Abschnitt der Entwicklung Deutschlands zur Industrienation wider. Am klarsten erkannte das kein anderer als Karl Radek; er leitete seinen Nachruf auf Stinnes – der als Prolog zu einem Nachruf auf die Kapitalistenklasse als Ganze gedacht war – mit einem Zitat aus Henrik Ibsens *John Gabriel Borkman* ein:

> «... die Bergwerke alle, die ich mir erschlossen hätte! Neue Minen ins Unendliche! Die Wasserfälle! Die Steinbrüche! Handelsstraßen und Schiffahrtsverbindungen über die ganze weite Welt! ... Ich hatte die Macht! Und dann das unbezwingliche Gebot in meinem Innern! Da lagen die gefesselten Millionen übers ganze Land, in der Bergestiefe und riefen nach mir! Schrie'n zu mir nach Befreiung! ...»[206]

Hugo Stinnes hatte seine Lebensarbeit und seine Lebensziele tatsächlich unter diesen weitreichenden Anspruch gestellt; Cläre, die er seit jeher in seine Visionen eingeweiht und zu seiner Jüngerin gemacht hatte, verlieh diesem Anspruch mitten im Strudel der Liquidierung auf sehr beredte Weise Ausdruck:

> «Mein Mann hat sich für das hohe Ziel aufgerieben, Hunderttausenden Arbeit und Brot zu schaffen, und seine Erben haben – trotz aller Fehler groß und klein – an diesem Ziele treu – und auch an vielen Stellen erfolgreich weitergearbeitet und zum Teil auch gerade dadurch sich in die Überverschuldung gebracht. Die Zukunft wird es zeigen, in wessen Hand die wertvollen Instrumente, von denen wir uns zwangsweise trennen müssen und sollen ... zum Wohl der deutschen Volkswirtschaft besser aufgehoben sind als bei der Familie Hugo Stinnes.»[207]

Man muß sicher aus allem, was Hugo Stinnes sagte und tat, ein gewisses Maß an Eigeninteresse herausfiltern, erst recht aus den verklärenden Worten Cläres, aber das ändert nichts daran, daß Stinnes den aufrichtigen Willen hatte, Arbeitsplätze zu schaffen und für eine anständige Bezahlung der Arbeiter zu sorgen, ein Anliegen, auf das er immer und immer wieder zu sprechen kam, auch wenn er mit noch größerer Leidenschaft für die Erhöhung der Produktivität und die Verlängerung der Arbeitszeiten focht. So sehr er auf der einen Seite die Beschränkungen, Engpässe und Sinnwidrigkeiten haßte, die mit staatlicher Zwangswirtschaft und sozialistischen Organisationsformen einhergingen, so entschieden lehnte er auf der anderen den Geist des Malthusianismus ab, der im Europa der Zwischenkriegszeit sein Unwesen trieb. Er war ein unbedingter Wachstums-Anhänger, und das war der Grund dafür, daß er die Belange der Produktion über die Belange der Finanzierung stellte und daß er die Inflation der Stabilisierung vorzog, wenn damit etwas von den verschütteten großen Hoffnungen, zu denen die deutsche Wirtschaftsentwicklung der Vorkriegsperiode Anlaß gegeben hatte, in die Zukunft gerettet werden konnte. Aus diesem Grund propagierte er auch die Motorisierung als Vehikel des Verbrauchs – ja des «Lebens», wie er es einmal ausdrückte. Ein solches großzügiges Denken war nicht das, was seine Kollegen aus der Wirtschaft oder diejenigen, die nach Stinnes' Tod Deutschland regierten, auszeichnete, im Gegenteil: Mit Starrheit und Phantasielosigkeit leisteten sie dem Verhängnis Vorschub, das über Deutschland hereinbrechen sollte. So betrachtet, scheint die Annahme sehr plausibel, daß es einen Unterschied, vielleicht zum Besseren, gemacht hätte, wenn Hugo Stinnes am Leben geblieben wäre.

Anmerkungen

I. Wegbereitung für eine Karriere

1 Die familiengeschichtlichen Angaben sind dem Abschnitt über die «Nachkommen von Görgen Stinnes» des «Ahnen- und Sippenkreises Spaeter» entnommen, den mir freundlicherweise Frl. Else Stinnes zur Verfügung gestellt hat. Wissenswerte Einzelheiten über Stinnes' frühe Jahre und seine familiäre Umgebung, in vielen Fällen gestützt auf Gespräche mit Familienmitgliedern, finden sich bei Gerd von Klass, *Hugo Stinnes,* Tübingen 1958, S. 49–70. Aufschlußreiches in bezug auf die Frühgeschichte der Stinnes-Unternehmen enthält das Buch von Paul Neubaur, *Mathias Stinnes und sein Haus. Ein Jahrhundert der Entwickelung 1808–1908,* Mülheim/Ruhr 1908.

2 Brauchbare Überblicke über die diversen Aspekte der Geschichte Mülheims liefern Dietmar Bleidick, «Steinkohlenbergbau in Mülheim 1800–1870. Die Anfänge des Tiefbaus und das Aufkommen der Mergelzechen», Justus Böving, «Zur wirtschaftlichen Entwicklung Mülheims von 1860 bis 1890» und Hans-Werner Wehling, «Die raumzeitliche Entwicklung der Stadt Mülheim an der Ruhr im 19. und 20. Jahrhundert. Karteninterpretation im Längsschnitt von 1820 bis zur Gegenwart», in: Geschichtsverein Mülheim a. d. Ruhr e.V., *900 Jahre Mülheim an der Ruhr 1093–1993,* Mülheim-Ruhr 1993, S. 363–92, 489–520. Über die Mülheimer Häuser, siehe die ausgezeichnete Arbeit von Barbara Maas, *Im Hause des Kommerzienrats. Villenarchitektur und Großbürgerliche Wohnkultur im Industriezeitalter. Das Beispiel Mülheim an der Ruhr,* Mülheim a. d. Ruhr 1990, S. 1–44.

3 Hugo Stinnes an Cläre Wagenknecht, 1. September 1894, NL Else Stinnes.

4 Cläre Stinnes an Prof. A. Wallichs, 22. April 1951, NL Else Stinnes.

5 Die Schulzeugnisse von Hugo Stinnes aus den Jahren 1874–1887, einschließlich des Reifezeugnisses, finden sich in ACDP, I–220, 295/5. Brauchbare Details aus seinen frühen Jahren finden sich auch in den Memoiren seiner Tochter Clärenore Söderström, ebd. Nr. 313. Zu Hugo Stinnes' Aufmüpfigkeit in Religionsfragen siehe Klass, *Stinnes,* S. 52 f.

6 Hugo Stinnes an Cläre Wagenknecht, 25. Juli 1894, NL Else Stinnes.

7 Zeugnis der Fa. Carl Spaeter, 1. Oktober 1888, ACDP I–220, 295/5.

8 Ebd., Zeugnis der Verwaltung der Zeche Ver. Wiesche, 15. März 1889.

9 Ebd., Zeugnis von 1890.

10 Clärenore Söderström, Memoiren, (unveröff. Manuskript), ACDP, I–220, 313.

11 Klass, *Stinnes,* S. 56–58. Wie Klass berichtet, vertrat Leonhard weiterhin die Meinung, Hugo solle in der Firma bleiben; dagegen scheint seine Frau, «Tante Grethe», die Entscheidung Adelines gutgeheißen zu haben. Adeline Stinnes an Prof. Wallichs, 22. April 1951, NL Else Stinnes.

12 Hugo an Cläre Stinnes, 10. November 1894, ACDP I–220, 290/4.

13 Ebd., Hugo an Cläre Stinnes, 15. November 1894.

14 Ebd., Hugo an Cläre Stinnes, 8. November 1894.

15 Ebd., Hugo an Cläre Stinnes, 15. November 1894.

16 Stinnes an den Direktor der Bayerischen Hof- und Staatsbibliothek, 17. Mai 1916, ACDP, I–220, 184/2. Eigentlich enthält das Buch wertvolle Informationen.

17 Ein Exemplar des Gesellschaftsvertrages

befindet sich in ACDP, I–220, 299/3. Hugo Stinnes stand zusätzlich für seine unternehmerische Leistung eine Tantieme in Höhe von 5 Prozent des Gewinns zu. Siehe Hugo an Cläre Stinnes, 4. Oktober 1894, NL Else Stinnes.

18 Näheres über den Pachtvertrag mit der Stadt Straßburg, den Briefwechsel mit Herrn Müller und die Geschichte der Firma siehe ACPD, I–220, 284/4. Siehe dazu auch Klass, *Stinnes,* S. 60f.

19 Das Datum läßt sich aus dem Wortlaut eines Briefes von Hugo an Cläre vom 4. August 1894 erschließen, der sich in der NL Else Stinnes befindet. Siehe auch die Memoiren von Clärenore Söderström, ACDP I–220, 313, sowie Klass, *Stinnes,* S. 69f.

20 Hugo an Cläre Stinnes, 21. Juli 1894, NL Else Stinnes.

21 Ebd.,Cläre an Tante Lizze, 25. Juli 1894; Tante Lizze an Cläre, 26. Juli 1894.

22 Ebd., Hugo an Cläre Stinnes, 22. Juli 1894; Edmund Wagenknecht an Hugo Stinnes, 23. Juli 1894.

23 Ebd., Cläre an Hugo Stinnes, 31. Juli 1894.

24 Ebd., Hugo an Cläre Stinnes, 1. August 1894.

25 Ebd., Cläre an Hugo Stinnes, 31. Juli 1894.

26 Ebd., Hugo an Cläre Stinnes, 5. August 1894.

27 Ebd., Cläre an Hugo Stinnes, 25. Juli 1894.

28 Ebd., Cläre an Hugo Stinnes, 6. September 1894.

29 Ebd., Cläre an Hugo Stinnes, 3. August 1894.

30 Ebd., Hugo an Cläre Stinnes, 12. November 1894, ACDP, I–220, 290/4.

31 Hugo an Cläre Stinnes, 18. August 1894, NL Else Stinnes.

32 Ebd., Hugo an Cläre Stinnes, 12. August 1894.

33 Clärenore Söderström, Memoiren, ACDP, I–220, 313.

34 Hugo an Cläre Stinnes, 3. April 1895, NL Else Stinnes.

35 Ebd., Testament vom 2. April 1895. Alle nachfolgenden Zitate beziehen sich auf diese Quelle.

36 Alfred D.Chandler jr., *Scale and Scope. The Dynamics of Industrial Capitalism,* Cambridge (Mass.) und London 1990, insbes. S. 393–6; Jürgen Kocka, «Entrepreneurs and Managers in German Industrialization», in: Peter Mathias und M. M.Postan (Hrsg.), *The Cambridge Economic History of Europe, Bd. VII. The Industrial Economies: Capital, Labour and Enterprise,* Teil I, Cambridge 1978, Kap. X, insbes. S. 555–89.

37 Eine gute Biographie August Thyssens liegt bis heute nicht vor. Siehe jedoch Paul Arnst, *August Thyssen und sein Werk,* Leipzig 1925, und Wilhelm Treue, *Die Feuer verlöschen nie. August-Thyssen-Hütte 1890–1926,* Düsseldorf und Wien 1966.

38 Es gibt eine Kirdorf-Biographie, die aber sehr unbefriedigend ist: W. Bacmeister, *Emil Kirdorf. Der Mann. Sein Werk,* 2. Aufl., Essen 1936. Einen sehr guten Anlauf zu einer Biographie hat Helmut Böhme unternommen: «Emil Kirdorf. Überlegungen zu einer Unternehmerbiographie», *Tradition. Zeitschrift für Unternehmensgeschichte,* Nr. 13, (1968), S. 282–300, Nr. 14 (1969), S. 21–48.

39 Diese einseitige Betonung der Technik oder gar der technischen Bildung findet sich in dem gleichwohl nach wie vor bemerkenswerten und wertvollen Buch von David Landes, *The Unbound Prometheus. Technological Change and Industrial Development in Western Europe from 1750 to the Present,* Cambridge 1969, insbes. S. 340–9.

40 Hugo an Cläre Stinnes, 6. August 1894, NL Else Stinnes.

41 Ebd., Hugo an Cläre Stinnes, 16. September 1894.

42 Ebd., Hugo an Cläre Stinnes, 17. Oktober 1894; siehe auch die Briefe vom 19. August, 1. Oktober und 13. Oktober 1894.

43 Ebd., Hugo an Cläre Stinnes, 16. Oktober 1894. Wie Klass berichtet, konnte Stinnes bei den Schweizer Eisenbahnchefs so viel Vertrauen gewinnen, daß sie sogar in Fragen des Tunnelbaus um seinen Rat baten und sich beeindruckt zeigten, als er ihnen darlegte, wie sie die Bau-

kosten eines Tunnels durch die Einsparung von Kohle amortisieren konnten, obwohl dies seinem Interesse als Kohlelieferant zuwiderlief. Siehe Klass, *Stinnes,* S. 60f.

44 Hugo an Cläre Stinnes, 6. Oktober bzw. 8. November 1894, NL Else Stinnes.

45 Ebd., Hugo an Cläre Stinnes, 13.–14. Januar, 7. Februar sowie 8. Februar (für die zitierte Passage) 1895.

46 Ebd., Hugo an Cläre Stinnes, 10.–11. Februar 1895.

47 Ebd., Hugo an Cläre Stinnes, 22. April 1895.

48 Ebd., Hugo an Cläre Stinnes, 17. Mai 1895.

49 Ebd., Hugo an Cläre Stinnes, 12. Februar und 20. April 1895.

50 Siehe die Niederschrift über die Straßburger Kohlen-Aufbereitungsanstalt, ACDP, I–220, 284/4.

51 Hugo an Cläre Stinnes, 25. Juli 1894, NL Else Stinnes.

52 Ebd., Hugo an Cläre Stinnes, 3. August, 22. September, 17. Dezember 1894.

53 Ebd., Hugo an Cläre Stinnes, 16. September 1894.

54 Ebd., Hugo an Cläre Stinnes, 5. September 1894.

55 Ebd., Hugo an Cläre Stinnes, 15. September 1894.

56 Ebd., Hugo an Cläre Stinnes, 25. Juli 1894.

57 Hugo an Cläre Stinnes, 8. Mai 1895, Privatbesitz.

58 Cläre an Hugo Stinnes, 8. September 1894, NL Else Stinnes.

59 Ebd., Hugo an Cläre Stinnes, 5. September 1894.

60 Ebd., Hugo an Cläre Stinnes, 13. September 1894.

61 Ebd., Hugo an Cläre Stinnes, 24. Juli 1894.

62 Hugo an Cläre Stinnes, 11. November 1894, ACDP, I–220, 290/4.

63 Hugo an Cläre Stinnes, 16. September 1894, NL Else Stinnes.

64 Hugo an Cläre Stinnes, 21. November 1894, ADCP, I–220, 290/4. Zu den Anleihekonditionen siehe Hugo an Cläre Stinnes, 19. November 1894, Privatbesitz.

65 Hugo an Cläre Stinnes, 25. April 1895, ACDP, I–220, 294/4.

66 Ebd., Hugo an Cläre Stinnes, 4. April 1895.

67 Hugo an Cläre Stinnes, 19. August 1894, NL Else Stinnes.

68 Ebd., Hugo an Cläre Stinnes, 6. und 10. Oktober 1894.

69 Karen Burke, «Industrial Organization and Economic Power: A Case Study of the Operation of the Rhenish-Westphalian Coal Syndicate, 1893–1926», Mss., Kap. I-II.

70 Hugo an Cläre Stinnes, 11. August 1894, NL Else Stinnes.

71 Hugo an Cläre Stinnes, 5. September, 21. November 1894, 21. Mai 1895, NL Else Stinnes und ACDP, I–220, 290/4.

72 Hugo an Cläre Stinnes, 6. Januar 1895, NL Else Stinnes.

73 Hugo an Cläre Stinnes, 10. April 1895, ACDP, I–220, 290/4.

74 Ebd., Hugo an Cläre Stinnes, 25. April 1895.

75 Ebd., Hugo an Cläre Stinnes, 4. Mai 1895.

76 Eine Bewertung der Syndikatsberichte durch Stinnes findet sich im Brief Hugos an Cläre Stinnes vom 6. Februar 1895, NL Else Stinnes. Die Darstellung hier beruht auf einem im Archiv befindlichen, kenntnisreich geschriebenen Bericht, der wahrscheinlich aus den 20er Jahren des 20. Jahrhunderts stammt, aber keinen Hinweis auf Verfasser und Entstehungsdatum enthält: «Die vielseitigen Bestrebungen von Hugo Stinnes zur Veredelung der Steinkohle und seine ersten Pläne zur Versorgung der Städte mit Kokereigas», ACDP, I–220, 164/3. Aufschlußreich ist in diesem Zusammenhang auch ein Brief von Hans Broche an Cläre Stinnes vom 19. August 1955, mit dem eine Anfrage zu dem Stinnes-Patent beantwortet wurde, von dem weiter unten die Rede sein wird. Der Brief und das Patent befinden sich in der NL Else Stinnes.

77 Hugo an Cläre Stinnes, 3. September 1894, NL Else Stinnes.

78 Hugo an Cläre Stinnes, 2. und 21. Dezember 1894, ACDP, I–220, 290/4.

79 Hugo an Cläre Stinnes, 23. Dezember 1894, NL Else Stinnes.

80 Hugo an Cläre Stinnes, 13./14. Januar 1895, ACDP, I–220, 290/4.

81 Ebd., Hugo an Cläre Stinnes, 17. Januar 1895.

82 Ebd.

83 Die beste Darstellung aus jüngerer Zeit liefert, gestützt auf neue Forschungen, Edmund N. Todd, «Technology and Interest Group Politics: Electrification of the Ruhr, 1886–1930», Diss., University of Pennsylvania, 1984, Kap. 2. Siehe auch zwei ausgezeichnete Artikel desselben Autors: «Industry, State and Electrical Technology in the Ruhr circa 1900», *Osiris* 5, 2. Folge, 1989, S. 243–59, sowie «A Tale of Three Cities: Electrification and the Structure of Choice in the Ruhr, 1886–1900», *Social Studies of Science* 17, 1987, S. 387–412. Eine ältere, sehr brauchbare Arbeit ist Camillo J. Asriel, *Das Rheinisch-Westfälische Elektrizitätswerk A. G., Essen a.d.Ruhr: Ein Beitrag zur Erforschung der modernen Elektrizitätswirtschaft,* Zürich 1930.

84 Neben den in der vorigen Anmerkung zitierten Arbeiten findet sich zu diesem Thema in ADCP, I–220, 164/3 eine ausgezeichnete Schrift mit dem Titel «Die verschiedenen Bestrebungen zur Zentralisation der Kokereigasversorgung und die Bildung von Gemeinschaften zur Zusammenfassung der Gaserzeuger».

85. Protokoll der Aufsichtsratssitzung vom 29. November 1900, ACDP, I–220 A2375, die auch die Protokolle der Sitzungen zwischen 1899 und 1900 enthält.

86 Todd, «Technology», S. 54f.

87 Geschäftsbericht für das Jahr 1902/03, ACDP, I–220, A 2352.

88 Hugo an Cläre Stinnes, 9. Januar 1903, ACDP, I–220, 313.

89 Stinnes an Goldenberg, 16. März 1903, ACDP, I–220, 263/1. Die in diesen Folianten (263/1–44) enthaltenen Berichte und Briefe stellen eine bemerkenswerte Momentaufnahme der Produktionsverfahren und wirtschaftlichen Verhältnisse in den USA und im Fernen Osten am Beginn des 20. Jahrhunderts dar. Siehe auch: *Das RWE nach seinen Geschäftsberichten, 1898–1948,* Essen 1948, S. 14. Klass, *Stinnes,* S. 128, behauptet irrtümlich, Goldenberg habe sich in Südamerika befunden, als Stinnes' Brief – nicht Telegramm – ihn im Frühjahr 1903 erreichte.

90 Geschäftsbericht für das Jahr 1902/03, ACDP, I–220, A2352.

91 Ebd. Man muß sich an dieser Stelle vergegenwärtigen, daß in den Arbeiterhaushalten zu dieser Zeit noch weitgehend Petroleumlampen hingen, denn der elektrische Strom wurde für die privaten Verbraucher erst nach und nach erschwinglich.

92 Ebd.

93 *FZ,* Nr. 355, 23. Dezember 1903, S. 2.

94 Stinnes bediente sich des Justizrats Goose, eines seiner Rechtsberater, um das Exposé, das Krupp von ihm erbeten hatte, zu übergeben. Siehe Stinnes an Goose, 31. August 1897, und den Projektentwurf in ACDP, I–220, A2386.

95 Hugo an Cläre Stinnes, 29. Mai 1895, Privatbesitz, sowie Hugo an Cläre Stinnes, 5. Januar 1897, ACDP, I–220, 313.

96 Hugo an Cläre Stinnes, 29. Mai 1895, Privatbesitz, sowie Hugo an Cläre Stinnes, 5. Januar 1897, ACDP, I–220, 313.

97 Die herkömmliche Auffassung über die Gründung des Mülheimer Bergwerks-Vereins vertreten u.a. Klass, *Stinnes,* S. 73–76, und Gerhard Gebhardt, *Ruhrbergbau. Geschichte, Aufbau und Verflechtung seiner Gesellschaften und Organisationen,* Essen 1957, S. 426–29. Einzelheiten zu den diesbezüglichen Diskussionen finden sich in Hugo an Cläre Stinnes, 29. Juni 1897, ADCP, I–220, 313, sowie Stinnes an den Grubenvorstand der Zeche Ver. Hagenbeck, 11. November 1897, ebd., 188/4.

98 Ebd.

99 Ebd., siehe Stinnes' Randbemerkungen.

100 Stinnes an Hilgenberg, 7. Februar 1899, ACDP, I–220, 261/1.

101 Hans Jordan, Deutsche Bank Elberfeld an Deutsche Bank Sekretariat, 8. März 1899, HADB, Nr. P 998, Bl. 74f.

102 Ebd., Bl. 82, Bericht vom 9. Mai 1899.

103 Ebd., Bl. 86f., Bergisch-Märkische Bank an Deutsche Bank, 23. Mai 1899, sowie

ebd., Bl. 94–101, Schriftwechsel mit Thyssen; Schreiben der Essener Credit-Anstalt vom 12. Oktober 1898, ACDP, I–220, A 2369; Klass, *Stinnes*, S. 74f.

104 Siehe dazu die Sitzungsprotokolle im Bergbau-Archiv, Nr. 33/3, und die schriftlichen Zeugnisse des Konflikts in ADCP, I–220, 276/5.

105 Bericht des Aufsichtsrates, 1901 und 1902, ADCP, I–220, 196/1. Die Konditionen, die unter anderem die Verpfändung einiger der größten Zechen vorsahen, wurden von den beiden Banken in einem Schreiben vom 12. Juli 1902 dargelegt. Die Dresdner Bank übernahm die Aufgabe, die Anleihescheine auf dem Berliner Wertpapiermarkt zu plazieren. Ebd., 281/4.

106 Stinnes an die Handelsredaktion der Kölnischen Zeitung, 9. Juli 1901, ACDP, I–220, 277/4.

107 Klönne an Stinnes, 22. März 1902, NL Else Stinnes, Mappe 27; Klönne an Stinnes, 29. März 1902, HADB, S 1840; hier finden sich die einschlägigen Briefe und Verträge. Leider ist darin nicht festgehalten, ob die Treuhänder des Vorster-Legats die Anteile tatsächlich verkauften, woran sie allerdings großes Interesse zeigten.

108 Müller an Stinnes, 16. März 1900, Saar-Mosel, NL Else Stinnes.

109 Protokoll der Aufsichtsratssitzung vom 28. November 1901, ACDP, I–220, 103/2.

110 Ebd., Aufsichtsratssitzung vom 23. Oktober 1901. Der Vertrag zwischen der Firma Hugo Stinnes und der Gesellschaft Saar-Mosel findet sich samt Anlagen ebd., 267/5.

111 «Kohlenkontor», *FZ*, Nr. 348, 16. Dezember 1903.

112 Die Kartellvereinbarung findet sich in ACDP I–220, 299/3. Das vollständige Protokoll der langwierigen Verhandlungen, die zwischen September und November 1903 stattfanden, findet sich ebd., 265/4. Siehe auch das Protokoll der Unterredungen vom 25. November 1903 in: Bergbau-Archiv, 33/69.

113 Burke, «Industrial Organization», Kap. III, beleuchtet diese Zusammenhänge. Siehe auch Hugo an Cläre Stinnes, 18. November 1901, ACDP, I–220, 313.

114 Sitzung vom 8. November 1902, Bergbau-Archiv, 33/26, sowie ebd., Sitzung vom 17. März 1902.

115 Hugo an Cläre Stinnes, 12. Juni 1903, ACDP, I–220, 313.

116 Sitzung vom 1. Oktober 1903, Bergbau-Archiv, 33/25. Siehe auch Lon L. Peters, «Managing Competition in German Coal, 1893–1913», *Journal of Modern History*, Juni 1989, S. 419–33, sowie Charles Medalen, «State Monopoly Capitalism in Germany: The Hibernia Affair», *Past and Present* 78, Februar 1978, S. 82–112.

117 Sitzung vom 12. Dezember 1903, Bergbau-Archiv, 33/70.

118 Hugo an Cläre Stinnes, ACDP, I–220, 294/4.

119 Testament vom 16. Februar 1902, Kopie, ACDP, I–220, 1704.

II. In den Reihen der Götter und Halbgötter: private Macht und öffentliches Interesse, 1904–1907

1 Thyssen an Klönne, 18. Dezember 1902, HADB, Personalakte Carl Klönne.

2 Das Original befindet sich im NL Else Stinnes.

3 Tagebuch, 5. September 1905.

4 Cläre an Hugo Stinnes, 28. Mai 1904, ACDP, I–220, 313.

5 Tagebuch, 6./7. Dezember 1905.

6 Ebd.

7 Ebd., 14./15. März 1906.

8 Ebd., 3. Februar 1904, 28./29. Oktober 1906, 18. November 1906.

9 Maas, *Im Hause des Kommerzienrats*, S. 62–91; Carl-Friedrich Baumann, «Au-

gust Thyssen. Ein Bürger Mülheims», Zeitschrift des Geschichtsvereins Mülheim a.d.Ruhr, 61 (1989), S. 7–26; Hans-Werner Wehling, *200 Jahre Mülheim*, S. 509–12; Carl-Friedrich Baumann, *Schloß Landsberg und Thyssen*, 2. Auflage, Duisburg 1995, S. 32–52.

10 Tagebuch, 11. Juni 1904, 21. November 1905, 17. März und 15./16. Mai 1906.

11 Ebd., 21. September 1905.

12 Ebd., 23. Mai 1905.

13 Ebd., 2. Juli 1905.

14 Ebd., 1. Mai 1904.

15 Ebd., 1.–3. April 1906. Siehe auch Arndt, *August Thyssen*, S. 73 f.

16 Clärenore Söderström, Memoiren, ACDP, I–220, 313, S. 3, 13. Die Aussagen über die Kinder beruhen auf dem Tagebuch für die Jahre 1904–06.

17 Tagebuch, 5. August und 9. November 1905, 19. November 1908.

18 Ebd., 10. Juli 1905 und 21. März 1906.

19 Ebd., 14. Februar 1906.

20 Ebd., 2. Juli 1904.

21 Ebd., 14. Mai 1906.

22 Ebd., 13. Februar 1906.

23 Ebd., 22.–25. März 1904.

24 Cläre an Hugo Stinnes, 19. Juni 1904, ACDP, I–220, 313.

25 Stinnes an Hanau, 9. Juni 1899, ebd., 076/5.

26 Stinnes an Schaffhausen'scher Bankverein, 12. März 1902; Theodor Winkler (Breslauer Disconto-Bank) an Stinnes, 19. März und 25. April 1902, ebd., A2383. Der vollständige Name der Darmstädter Bank lautete «Die Bank für Handel und Industrie in Darmstadt». Im weiteren Verlauf wird die handlichere Bezeichnung «Darmstädter Bank» verwendet.

27 Hugo an Cläre Stinnes, 26. Januar 1904, ebd., 294/4.

28 Tagebuch, 26. Februar 1904 und 12. bis 23. März 1904.

29 Der Verkauf der Zeche wurde am 1. März 1904 bekanntgeben. Der Bochumer Verein verkaufte noch zwei weitere Zechen, Engelsburg und Marie Anna & Steinbank, an Stinnes. *FZ* Nr. 61, 1. März 1904. Aus irgendwelchen rechtstechnischen Gründen wurde der Verkauf von Hasenwinkel an Friedlicher Nachbar rückgängig gemacht und als neuer Käufer die Firma Deutsch-Luxemburg eingetragen, was jedoch wegen der Fusion zwischen Friedlicher Nachbar und Deutsch-Luxemburg praktisch auf dasselbe hinauslief. Siehe Friedlicher Nachbar an Hirsch, ACDP, I–220, 237/2.

30 Hugo an Cläre Stinnes, 4. März 1904, ebd., 294/4.

31 *FZ*, 5. Mai 1904, Nr. 148, S. 2.

32 Winkler an Stinnes, 22. Februar 1904, ACDP, I–220, A2387; Friedlicher Nachbar an Bank für Handel und Industrie, 20. September 1904, ebd., 236/1. Die Satzung der neuen Firma vom 19. Mai und die Einladung zu ihrer Gründungsversammlung finden sich ebd., 227/3.

33 Die erste Begegnung zwischen Stinnes und Dernburg fand am 3. März 1904 in Berlin statt. Siehe Winkler an Stinnes, 22. Februar 1904, ebd., A2387. Es scheint, daß Dernburg sehr gespannt darauf war, Stinnes kennenzulernen. Zu Dernburg siehe Hans Fürstenberg (Hrsg.), *Carl Fürstenberg. Die Lebensgeschichte eines Bankiers*, Berlin 1931, S. 419–30.

34 Tagebuch, 30. August 1904; siehe auch Grubenvorstand Friedlicher Nachbar an Aktionäre, 16. September 1904, ACDP, I–220, 237/2.

35 Dernburg an Stinnes, 19. August 1904, ebd., A2345; hier finden sich weitere Stücke der fast täglichen Korrespondenz zwischen Stinnes und Dernburg in Sachen Fusion.

36 Aktennotiz, 31. August 1904, ebd.

37 Stinnes an Dernburg, 1. September 1904, ebd.

38 Tagebuch, 5.–6. September 1904.

39 Weidtmann an Stinnes, 3. September 1904, ACDP, I–220, A2345.

40 Dernburg an Ballauf und Brenner, 7. September 1904, ebd. Ein Durchschlag dieses Schreibens ging offenbar an Stinnes.

41 Tagebuch, 7.–8. September 1904.

42 Grubenvorstand Friedlicher Nachbar an die Gewerke, 16. September 1904, ACDP, I–220, 237/2.

43 Dernburg an Stinnes, 29. August 1904, ebd., A2345.

44 *FZ*, 1. Oktober 1904, Nr. 273, S. 4.
45 *FZ*, 12. September 1904, Nr. 254, S. 2. Siehe auch die übrigen Beiträge zu dieser Fusion in *FZ*, 7. September 1904, Nr. 249, S. 2, 10. September 1904, Nr. 252, S. 2. Zur Tatktik Dernburgs und zu seinem Umgang mit der Presse siehe Dernburg an Stinnes, 10. September 1904, ACDP, I–220, A2345. Zur Generalversammlung von Deutsch-Luxemburg am 30. September 1904 siehe ebd., 080/6.
46 *FZ*, 29. Oktober 1904, Nr. 301, S. 2.
47 Hugo an Cläre Stinnes, 4. September 1903, ACDP, I–220, 313.
48 Böhme in *Zeitschrift für Unternehmensgeschichte*, 8, S. 290–2.
49 Stinnes an Müller, 22. Dezember 1903, ACDP, I–220, A2342.
50 Müller an Stinnes, 23. Dezember 1904, ebd.
51 Stinnes an Kirdorf, 8. Januar 1904, ebd. Siehe auch Tagebuch, 13. Januar 1904.
52 Hugo an Cläre Stinnes, 2. März 1904, ACDP, I–220, 294/4; siehe auch Stinnes an Kirdorf, 4. März 1904, und Kirdorf an Stinnes, 6. März 1904, ebd., A2342.
53 Kirdorf an Stinnes, 18. März 1904, ebd.
54 Stinnes an Kirdorf, 24. März 1904, ebd.
55 Stinnes an Thyssen, 21. März 1905, ebd. Hier auch die nachfolgenden Zitate aus demselben Brief.
56 Kirdorf an Stinnes, 1. April 1904, ebd.
57 Stinnes an Thyssen, 21. März 1904, ebd.
58 Ebd., undatierter Vereinbarungsentwurf. Wie aus Korrespondenz und Tagebuch hervorgeht, war die Vereinbarung um Mitte Juni fertig und wurde im Juli unterschrieben.
59 Tagebuch, 19. Juni 1904.
60 Hugo an Cläre Stinnes, 19. Juni 1904, ACDP, I–220, 294/4.
61 Wilfried Feldenkirchen, «Die Eisen- und Stahlindustrie des Ruhrgebietes 1879 bis 1914. Wachstum, Finanzierung und Struktur ihrer Großunternehmen», *Zeitschrift für Unternehmensgeschichte BT-heft 20*, Wiesbaden 1982, S. 136, Anm. 50.
62 Müller an Thyssen, 22. Mai 1904, ACDP, I–220, A2342.
63 Tagebuch, 14.–16. August 1904.
64 Ebd., 11.–12. September 1904.
65 Aktennotiz, 29. September 1904, ACDP, I–220, 186/1.
66 Aktennotiz, 20. Dezember 1904, ebd.
67 Müller an Thyssen, 22. Mai 1904, ebd., A2342
68 Ich halte mich hier an die Darstellung von Charles Medalen, «State Monopoly Capitalism in Germany: The Hibernia Affair», *Past and Present*, 78, Februar 1978, S. 82–112. Seine Interpretation erscheint plausibler als die von Helga Nussbaum, «Ein neuer Hintergrund der Hibernia-Affaire», *Jahrbuch für Wirtschaftsgeschichte*, 1963, S. 226–43.
69 Fürstenberg (Hrsg.), *Carl Fürstenberg*, S. 400f.
70 Tagebuch, 5.–6. Juli 1904.
71 Ebd., 30. Juli – 1. August 1904.
72 Ebd., 4.–5. August 1904.
73 Stinnes an Müller, 4. August 1904, ACDP, I–220, A2342.
74 Stinnes an Klönne, 3. August 1904, ebd.
75 Tagebuch, 8. August 1904.
76 Ebd., 8.–11. August 1904. Ein Exemplar der Vereinbarung, datiert auf den 8. August 1904, findet sich im Bergbau-Archiv, 32/215.
77 Aus Maximilian Hardens glänzend geschriebenem Bericht über das Aktionärstreffen: «Hibernia», in: *Die Zukunft*, 12, 17. September 1904, S. 452–72, hier S. 458. Siehe auch *FZ* Nr. 212, 1. August 1904, S. 4; Nr. 238, 27. August 1904, S. 4; Nr. 239, 28. August 1904, S. 2.
78 Medalen, *Past and Present*, 78, S. 87f.
79 Harden, *Die Zukunft*, 17. September 1904, S. 456, 461.
80 Ebd., S. 403.
81 Tagebuch, 10. August 1904.
82 Ebd., 28. August 1904.
83 Stinnes an Dernburg, 16. Oktober 1905, ACDP, I–220, 053/3.
84 Zechenbesitzerversammlung, 14. Dezember 1904, Bergbau-Archiv, 33/6.
85 Kirdorf an Harden, 18. Mai 1905, Bergbau-Archiv, 55/2854; *Die Zukunft*, 13, 27. Mai 1905, S. 336f.
86 Tagebuch, 1.–3. August 1904.
87 *Weser-Zeitung*, vom 16. August 1904, Reichslandbund Pressearchiv, BA, Nr. 8175.
88 Siehe August Brust, «Die Bergarbeiter-

streiks im Ruhrrevier», *Archiv für Sozialwissenschaft und Sozialpolitik* 20 (1905), S. 480–506, insbesondere S. 480–3. Eine ausgezeichnete Darstellung dieser Fragen und Probleme der Bergleute bieten S. H. F. Hickey, *Workers in Imperial Germany, The Miners of the Ruhr,* Oxford 1985, Franz-Josef Brüggemeier, *Leben vor Ort. Ruhrbergleute und Ruhr-Bergbau 1889–1918,* München 1983, und Klaus Tenfelde, *Sozialgeschichte der Bergarbeiterschaft an der Ruhr im 19. Jahrhundert,* 2. Aufl., Bonn 1981. Zum Bergarbeiterstreik von 1905 siehe Max Koch, *Die Bergarbeiterbewegung im Ruhrgebiet zur Zeit Wilhelms II.,* [Beiträge zur Geschichte des Parlamentarismus und der politischen Parteien, Bd. 5], Düsseldorf 1954, sowie die tendenziöse, aber in mancher Hinsicht brauchbare Darstellung von Dieter Fricke, *Der Ruhrbergarbeiterstreik von 1905,* Berlin 1955. Die intelligenteste Analyse der Beziehungen zwischen Kapital und Arbeit in Deutschland liefert Elaine Golvka Spencer in ihrem Buch *Management and Labor in Imperial Germany. Ruhr Industrialists as Employers, 1896–1914,* New Brunswick (New Jersey) 1984.

89 Polizeibericht über die Belegschaftsversammlung vom 20. November 1903, ACDP, I–220, A2387.

90 Polizeibericht über die Belegschaftsversammlung vom 20. März 1904, ebd.

91 Stens an Stinnes, 10. August 1903, ebd., 281/4.

92 Stinnes an Kirdorf, 22. März 1904, ebd., A2342.

93 Essener Credit-Anstalt an Stinnes, 29. Juli 1904, und dessen Antwortschreiben, 1. August 1904, ebd., 237/2.

94 Knupe an Stinnes, 16. Dezember 1904, ebd.

95 Tagebuch, 22. April 1904.

96 Stinnes an Louise Tiefbau, 14. April 1904, ACDP, I–220, 245/1.

97 Stinnes an Berta Schaper, 26. Oktober 1904, ebd.

98 von Starck an Stinnes, 13. Oktober 1904, ebd., 237/1.

99 Stinnes an von Starck, ebd.

100 Stinnes an von Starck, 14. Oktober 1904, ebd.

101 von Starck an Stinnes, 20. Oktober 1904, ebd.

102 Stinnes an von Starck, 22. Oktober 1904, ebd.

103 Protokoll der Aussagen von Zechenbesitzern und Zechendirektoren bei der Anhörung am 7. November 1904, ebd. Siehe auch die Dokumente, die Stinnes selbst 1905 zusammenstellte: NL Else Stinnes, Louise Tiefbau, Mappe 4–5.

104 Knupe an Hirsch, 2. November 1904, ADCP, I–220, 237/2.

105 Zur Bebel-Rede und dem angeblichen Stinnes-Zitat siehe *Stenographische Berichte über die Verhandlungen des Reichstages, XI. Legislaturperiode, I. Session, 1903/1905,* Berlin 1905, Bd. 202, 132. Sitzung, 3. Februar 1905, S. 4237. Zu Stinnes' Dementi und zur Erklärung seines Standpunktes siehe Stinnes an Reichsgerichtsrat Spahn, 5. April 1905, NL Else Stinnes, Bergarbeiterstreik 1905.

106 NL Else Stinnes, Louise Tiefbau, Mappe 10–11.

107 Knepper an Stinnes, 2. Dezember 1904, Anschlag vom 28. November 1904, ebd., Nr. 4–5. Die diversen Verlautbarungen der Arbeitnehmer finden sich in ACDP, I–220, 228/7.

108 Siehe Brust, *Archiv für Sozialgeschichte* (1905), S. 483 ff., sowie Koch, *Bergarbeiterbewegung,* S. 85–8.

109 Knepper an Stinnes, 2. Dezember 1904, NL Else Stinnes, Mappe Bruchstraße 1904–1905, Nr. 4. Die vorliegende Darstellung stützt sich im erheblichen Maß auch auf einen Bericht, den Knepper für den Bergbauverein zusammenstellte, 10. Dezember 1904, ebd.

110 Stinnes an Knepper, 3. Dezember 1904, ebd.

111 Knepper an Stinnes, 6. Dezember 1904, ebd.

112 Stinnes an Kirdorf, 6. Dezember 1904, ebd. Siehe auch Stinnes an Knepper, 6. Dezember 1904, ebd.

113 Stinnes an Knepper, 11. Dezember 1904, ebd. Siehe auch «Bekanntmachungen» vom 12. Dezember 1904, ACDP, I–220, 228/7.

114 Die Briefe und Aufzeichnungen von Stinnes hierzu finden sich im NL Else Stinnes, Mappe Bergarbeiterstreik 1905.

115 Stinnes an Hirsch, 11. Januar 1905, ebd.

116 Stinnes, Randbemerkung für Knupe, 2. November 1904, ACDP, I–220, 237/2.

117 Siehe die Berichte von Knupe, 19. Januar 1905 und 10.–12. Januar 1905, ebd.

118 Siehe das Protokoll der Sitzungen des Geschäftsführenden Ausschusses des Bergbaulichen Vereins vom 16. Januar und 16. Februar 1905, Bergbau-Archiv, 16/125.

119 Koch, *Bergarbeiterbewegung,* S. 93, Anm. 4.

120 Öffentliche Versammlung vom 26. Januar 1906, NL Else Stinnes, Mappe Bergarbeiterstreik 1905.

121 Müller an Stinnes, ACDP, I–220, 282/3.

122 Protokoll vom 30. Januar 1905, ebd., 228/2.

123 Stens an Stinnes, 22. März 1905, ebd., 282/3.

124 Hirsch an Stinnes, 28. Januar 1905, NL Else Stinnes, Mappe Bergarbeiterstreik 1905; siehe auch Hirsch an Stinnes, 18. Februar 1905, Stinnes an Hirsch 29. März 1905, Hirsch an Stinnes, 10. April 1905.

125 Siehe die Debatte im Vorstand des Bergbaulichen Vereins am 3. März 1905, Bergbau-Archiv, 16/125.

126 Deutsch-Luxemburg, Abt. Bochum, an Stinnes, 14. März 1905, ACDP, I–220, 052/1, Randbemerkung Stinnes.

127 Bericht von Direktor Hold an Stinnes, 15. März 1905, NL Else Stinnes, Mappe Bergarbeiterstreik 1905.

128 Stinnes an Marx, 1. Juni 1905; Marx an Stinnes, 3. Juni 1905, ACDP, I–220, 063/3.

129 Stinnes an Marx, 6. Juni 1905, ebd.

130 Ebd., Tagebuch, 10. August 1905; siehe auch Burke, «Coal Syndicate».

131 Stinnes an Kirdorf, 17. August 1905, ACDP, I–220, 159/1.

132 Kirdorf an das Nationalliberale Wahlkomitee, Rechtsanwalt Hünnebeck, Bochum, 26. Februar 1905, Bergbauarchiv, 55/2854.

133 Tagebuch, 26. Oktober 1905. Zu Krabler siehe Maura Kealey, «Kampfstrategien der Unternehmerschaft im Ruhrbergbau seit dem Bergarbeiterstreik von 1889», in Hans Mommsen und Ulrich Borsdorf (Hrsg.), *Glückauf, Kameraden! Die Bergarbeiter und ihre Organisationen in Deutschland,* Köln 1979, S. 175–98.

134 Tagebuch, 30. November, 2. Dezember 1905, 27. Oktober 1906, 28. März 1907.

135 Ebd., 29. März 1907.

136 Ebd., 16. September 1905.

137 Ich halte mich in dieser Passage sehr eng an die ausgezeichnete Darstellung von Todd, «Electrification», Kap. III.

138 Tagebuch, 6. Februar 1904. Zur Berufung von Thomas siehe ebd., 15. Dezember 1905. Die Aussage aus dem Testament von 1902 findet sich in ACDP, I–220, 1704.

139 Tagebuch, 4. Februar 1906.

140 Stinnes an RWE, 8. Oktober 1906, ACDP, I–220, A2356.

141 Stinnes an RWE, 7. Juni 1906, Antwortschreiben vom 9. Juni, ebd., 130/2.

142 Tagebuch, 2. und 15. Mai 1904. Zur Korrespondenz zwischen Stinnes, Wolze, Dernburg und Zweigert zwischen 1903 und Mai 1904 siehe ebd., 149/2.

143 Ritter an Klönne, 28. Mai 1904, ebd., A2362.

144 Stinnes an Klönne, ebd.

145 Klönne an Stinnes, 28. Mai 1904, ebd.

146 Ebd. finden sich zahlreiche Berichte Klönnes über Aktienkäufe für Rechnung des RWE. Zum Protokoll der Aufsichtsratssitzung vom 30. März 1905 siehe HADB, S1015.

147 Kirdorf an Stinnes, 17. März 1906, ACDP, I–220, 160/2.

148 Stinnes an Klönne, 11. März 1904, ebd., A2362.

149 Tagebuch, 7.–8. März 1904.

150 Siehe Stinnes an Klönne, 11. März 1904, ACDP, I–220, A2362.

151 Tagebuch, 12.–20. März 1904, Eintrag in Stinnes' Handschrift.

152 Protokoll der Sitzung des RWE-Aufsichtsrats vom 30. März 1905, HADB, Nr. 1015.

153 Thyssen und Stinnes an Schreiber, 15. März 1904, ACDP, I–220, 147/2.

154 Zu den Bemühungen Zweigerts siehe Stinnes-Tagebuch, 14. April 1904.

155 Zur Verteilung des Aktienkapitals siehe RWE an Stinnes, 13. Dezember 1905, ACDP, I–220, 176/3.
156 Deutsche Bank an RWE, 18. März 1905, ebd., A2339, sowie *Das RWE nach seinen Geschäftsberichten,* S. 15–20.
157 Tagebuch, 14.–15. Oktober 1905.
158 Die Korrespondenz zwischen den Beteiligten von September bis November 1905 findet sich in ACDP, I–220, 193/1. Dies scheint Stinnes' erster Kontakt mit Silverberg gewesen zu sein, der später in seinem Leben eine wichtige Rolle spielen sollte.
159 Tagebuch, 20. Januar – 1. Februar 1906.
160 Siehe Kochenthaler an Stinnes, 22. Januar und 2. Februar 1906, ACDP, I–220, 146/3.
161 Zum allgemeinen Hintergrund und zur staatlichen Sicht der Dinge siehe Todd, «Technology», Kap. III. Zum Treffen vom 8. Dezember 1905 in Düsseldorf siehe ACDP, I–220, 147/2.
162 Ebd.
163 Tagebuch, 23. Dezember 1905.
164 Bericht Thiels an Goldenberg über seine Gespräche in Berlin, 16. August 1905, ACDP, I–220, 160/1.
165 Ebd.
166 Stinnes an Thyssen, 30. August 1905, ebd.
167 Tagebuch, 2. September 1905.
168 Ebd., 16. Januar 1906, sowie Stinnes an Schreiber, 4. Januar 1906, Siemens-Schuckert an Stinnes, 6. Februar 1906, Stinnes an Siemens-Schuckert, 15. Februar 1906, ACDP, I–220, 146/4.
169 Tagebuch, 24.–25. März 1906.
170 Ebd., 19. Januar 1906, sowie Rheinbaben, von Budde, von Bethmann Hollweg und Möller an Stinnes, 11. Januar 1906; Stinnes an von Budde, 13. Februar 1906, ACDP, I–220, 147/2.
171 Tagebuch, 18.–22. Februar 1906.
172 *Kölnische Volkszeitung,* 28. Februar 1906, in ACDP, I–220, 160/2.
173 Abkommen, April 1906, ebd., 155/7; Siemens-Schuckert an Stinnes, 6. Februar 1906, ebd., 146/4.
174 Stinnes an Siemens-Schuckert, 15. Februar 1905, ebd.
175 Todd, «Technology», Kap. III.
176 Tagebuch, 8. März 1906.
177 Stinnes an Dr. Berliner, ACDP, I–220, 160/2.
178 Tagebuch, 24. Februar 1906; Todd, «Technology», Kap. III.
179 RWE an Coels, 26. Juli 1906, ACDP, I–220, 130/2; Coels an Stinnes, 17. September 1906, Stinnes an Coels, 22. September 1906, Coels an Stinnes, 8. Oktober 1906, ebd., A2356.
180 Tagebuch, 9. Juni 1906.
181 Rathenau an RWE, 6. Juni 1906, Siemens-Schuckert an RWE, 21. Mai 1906, Felten und Guilleaume-Lahmeyerwerke an RWE, 23. Mai 1906, ACDP, I–220, 155/7.
182 *FZ,* Nr. 107, 13. April 1907, S. 3.
183 Stinnes an Thyssen, 19. Juni 1906, ACDP, I–220, 130/2.
184 Stinnes an von der Leyen, 29. August 1906, ebd., A2356.
185 Tagebuch, 12.–13. Mai 1906.
186 Ebd., 29. Mai 1906.
187 Ebd., 15. November 1906.
188 Rathenau an Stinnes, 29. November 1906; Rathenau, Aktennotiz zur Unterredung vom 8. Dezember 1906, ACDP, I–220, 316/1. Einen ausführlicher Bericht über das Abendessen findet sich in Cläres Tagebuch, 12.–17. Dezember 1906.
189 Ebd., 17. Dezember 1906.
190 Ebd., 19. Januar 1907. Berichte über die Verhandlungen finden sich vereinzelt in mehreren Einträgen aus dem Januar 1907. Zahlreiche Briefe zwischen Coels und Stinnes bzw. dem RWE sowie Besprechungsprotokolle finden sich in ACDP, I–220, 316/1 und A2355.
191 Tagebuch, 27. Januar 1907.
192 Ebd., 27. Januar 1907.

III. Kaufmann aus Mülheim und Aufsichtsratsvorsitzender von Deutsch-Luxemburg, 1905–1914

1 Anzeige über die Gründung der Harburger Niederlassung am 26. Juli 1910, *Harburger Anzeigen und Nachrichten*. Die Namen der weiteren Bevollmächtigten waren Max Köhne (Harburg), Otto Schmid (Harburg), Carl Heimann-Krauser (Köln), Alfred Möllers (Saarbrücken), Friedrich Häming (Straßburg), Julius Meßner (Stuttgart), Theodor Funck (Stuttgart), Philipp Schwartz (Wiesbaden) und Theodor Peters (Zürich).
2 Rudolf Martin, *Das Jahrbuch des Vermögens und Einkommens der Millionäre in Preußen*, Berlin 1912, S. 144–8.
3 Hugo an Cläre, 20. Juni 1904, ACDP, I–220, 294/4; Cläre an Hugo, 21. Juni 1904, ebd., 313.
4 Tagebuch, 12.–20. März, 26. und 28. Mai 1904.
5 Stinnes an Rudi Kratzer, 9. Dezember 1901, ACDP, I–220, 190/3.
6 Tagebuch, 5. Dezember 1905, 22. bis 23. März 1906, 5. Mai 1908.
7 Tagebuch, 19. Juli 1904.
8 Tagebuch, 30. April 1905.
9 Tagebuch, 5. April 1907.
10 Tagebuch, 8. August 1905.
11 Tagebuch, 16. Oktober 1905.
12 Tagebuch, 16. Februar 1907.
13 Tagebuch, 20. Juni 1907.
14 Tagebuch, 22. März 1906, 22.–28. April 1906.
15 Tagebuch, 12.–13. Juni 1906.
16 Tagebuch, 8.–9. Januar 1907, 15. bis 17. März und 5. Mai 1908.
17 Hugo an Cläre, Mailand, 23. Oktober 1907, ACDP, I–220, 313.
18 Tagebuch, 28.–30. Oktober 1909.
19 Stinnes an Rudi Kratzer, 9. Dezember 1910, ACDP, I–220, 190/3.
20 Tagebuch, 15. November 1909.
21 Tagebuch, 6. August 1910.
22 Tagebuch, 23. Februar 1911.
23 Tagebuch, 23. Februar 1911.
24 Tagebuch, 9.–11. Juni 1908.
25 Tagebuch, 9. August 1909.
26 Tagebuch, 6. März 1908.
27 Tagebuch, 16. August 1906.
28 *FZ*, 20. Oktober 1909, S. 5.
29 Tagebuch, 7. August 1909. Zu Stinnes' Schiffbauprogramm siehe das Stinnes-Manuskript im Archiv der Hamburger Stinnes-Niederlassung, S. 20f.
30 Tagebuch, 9. November 1909.
31 Tagebuch, 9. Dezember 1909.
32 Hugo an Cläre, 4. März 1908, ACDP, I–220, 294/5, sowie Tagebuch, 5. März 1908.
33 Tagebuch, 15. Mai 1908.
34 Tagebuch, 18. und 29. Mai 1908.
35 Tagebuch, 6. Juni 1908.
36 Tagebuch, 18. Juni 1908.
37 Clärenore Stinnes, Memoiren, ACDP, I–220, 313.
38 Tagebuch, 28. Juli 1908.
39 Tagebuch, 22.–25. August 1908.
40 Ebd.
41 Tagebuch, 9. August und 9. Dezember 1909. Siehe auch die Korrespondenz mit und über Möllemann, beginnend im November 1909, ACDP, I–220, 225/2, 225/3 und 083/2.
42 Tagebuch, 12. Januar 1911.
43 Tagebuch, 9. November 1909.
44 Tagebuch, 27. Oktober 1910.
45 Vereinbarung zwischen Hugo Stinnes und Gardner, Locket & Hinton Ltd., 12. Juni 1911, Privatbesitz.
46 Tagebuch, 1.–11. September 1909.
47 Tagebuch, 15.–20. Mai und 20.–22. Juni 1908.
48 Tagebuch, 13. Februar, 29. Juli, 5. September 1904, 30. Oktober 1905.
49 Tagebuch, 23. Juli 1906, 17. Juni 1907, 27. Juni 1908.
50 Hugo an Cläre Stinnes, 4. Mai 1908, ACDP, I–220, 294/5.
51 Tagebuch, 6. Februar 1910.
52 Die Darstellung dieser Episode beruht auf den Tagebucheinträgen vom 6. Mai 1910 und danach.

53 Hugo an Cläre, 30. März 1914, ACDP, I–220, 294/5.
54 Peltenburg an Spindler, 21. Juni 1910, ACDP, I–220, 190/3.
55 Spindler an Peltenburg, 10. Juni 1910, NL Else Stinnes, Nr. 29.
56 Peltenburg an Stinnes, 25. August 1910, ebd.
57 Reinhard Steffens an Steffens & Co. in St. Petersburg, 8. Juli 1910, Antwortschreiben vom 3. September 1910, ebd.
58 Steffens an Stinnes, 12. Oktober 1910; dessen Antwortschreiben vom 24. Oktober 1910, ebd.
59 Ferguson an Stinnes, 28. November 1910, ACDP, I–220, 190/2.
60 Stinnes an Kratzer, 9. Dezember 1910; Kratzer an Stinnes, 25. Dezember 1910, Stinnes an Kratzer, 1. Januar 1911, ACDP, I–220, 190/3.
61 Stinnes an den Staatssekretär des Auswärtigen Amtes, 2. Januar 1911, ACDP, I–220, 190/2.
62 Auswärtiges Amt an Stinnes, 29. Mai 1911, ACDP, I–220, 190/2.
63 Grabowsky an Stinnes, 29. Februar 1911, ebd., 190/2.
64 Stinnes an Ferguson, 25. Februar 1911, NL Else Stinnes: Antwortschreiben von Ferguson, 1. März 1911, ACDP, I–220, 190/2.
65 Stinnes an Rudi Kratzer, 10. Mai 1911, ebd., 190/3.
66 Stinnes an Spindler, 25. August 1911, ebd., 190/3; Stinnes an M. von Klitzing, 3. Mai 1912, ebd., 214/2; Fehrmann an Fleitmann, 2. November 1914, ebd., 269/3.
67 Tagebuch, 27. April 1905.
68 Siehe Dernburg an Stinnes, 17. November 1914; dort findet sich eine detaillierte Liste für Abschreibungen, ACDP, I–220, 054/1.
69 Stinnes an Richard Lion, 6. Oktober 1904, in Beantwortung des Schreibens Lion an Stinnes vom 5. Oktober 1904, ebd., 054/2.
70 Klönne an Stinnes, 29. Dezember 1904; Stinnes an Klönne, 30. Dezember 1904, ebd.
71 Dernburg an Stinnes, 18. November 1904, ebd., 054/1.
72 Stinnes an Dernburg, 3. Dezember 1904, ebd., 054/1.
73 Stinnes an Dernburg, 9. Dezember 1904, ebd.
74 Dernburg an Stinnes, 17. Dezember 1904, ebd.
75 Die Unterlagen zu diesen Gerichtsverfahren finden sich in ebd., 070/3, 067/4. Eine kenntnisreiche Darstellung liefert Alfred Pilz, *Die Hüttenzechenfrage im Ruhrbezirk und Richtlinien für eine Erneuerung des Rheinisch-Westfälischen Kohlen-Syndikats. Eine systematische Darstellung des Einflusses der Hüttenzechen auf den Kartellierungsgedanken im niederrheinisch-westfälischen Steinkohlenbezirk*, Essen 1910, S. 23–27.
76 Bericht an Dernburg, 19. Mai 1905, ACDP, I–200, 053/3.
77 Stinnes an Dernburg, 19. Oktober 1904, Dernburg an Stinnes, 21. Oktober 1904, ebd., 054/1.
78 FZ, 27. Juli 1905, Nr. 206, S. 4.
79 Dernburg an Stinnes, 11. Januar 1905, ACDP, I–220, 054/1.
80 Vertrauliche Denkschrift für Stinnes, 11. Januar 1905, ebd.
81 Gutachten vom 11. Februar 1903, ebd., 056/1.
82 Max Meier an Stinnes, 16. November 1904, ACDP, I–220, 056/1; Stinnes an Deutsch-Luxemburg, 4. März 1905, sowie Deutsch-Luxemburg an Stinnes, 3. April 1905, ebd., 056/2; *FZ*, 27. Oktober 1905, Nr. 298, S. 4.
83 Siehe die Korrespondenz in ACDP, I–220, 0/73 zwischen Dezember 1904 und April 1905.
84 Stinnes an Deutsch-Luxemburg, 4. März 1905, ebd., 056/2.
85 Stinnes an die Dresdner Bank, 24. Juli 1905, ebd., 054/2.
86 Stinnes an Kirdorf, 12. Dezember 1905; dessen Antwortschreiben, 17. Dezember 1905, ebd., 130/1.
87 Dernburg an Stinnes, 22. Dezember 1905, ebd., 136/1.
88 Dernburg an Stinnes, 14. Oktober 1905, ebd., 053/3. Die Mitteilung über den Kauf findet sich im Geschäftsbericht von Deutsch-Luxemburg für die Aktionärsversammlung vom 20. November 1906, S. 13, ebd., 080/6.
89 Stinnes an Thyssen, 1. Juli 1905, NL Else

Stinnes, Akte Conto Quinto. Das Zitat stammt aus dem Stinnes-Tagebuch, 24. Juli 1905.

90 Stinnes an Thyssen, 1. Juli und 27. Juli 1905, NL Else Stinnes, Akte Conto Quinto.

91 Die Korrespondenz zwischen Stinnes, Thyssen und den Banken im Juli-August 1905 findet sich in ebd., sowie in ACDP, I–220, 064/1.

92 Dernburg an Stinnes, 3. August 1905, ebd., 064/1.

93 Stinnes an Dernburg, 9. August 1905; Dernburg an Stinnes, 10. August 1905, ebd.

94 Tagebuch, 31. Juli 1905.

95 Tagebuch, 21. Juni 1906.

96 Klönne an Stinnes, 24. Juli 1905; Stinnes an Klönne, 25. Juli 1905; Klönne an Thyssen, 25. Juli 1905; Stinnes an Thyssen, 27. Juli 1905, NL Else Stinnes, Akte Conto Quinto.

97 Thyssen an Klönne, 2. August 1905, ebd.

98 Klönne an Stinnes, 3. August und 4. August 1905, ebd.

99 Tagebuch, 31. Januar 1907.

100 Bericht vom 16. Oktober 1905, ACDP, I–220, 210/2.

101 *FZ*, 5. November 1905, S. 2; FZ, 21. November 1905, S. 2. Zur Korrespondenz über die Fusion zwischen September und November 1905 siehe ACDP, I–220, 210/2 und 211/3.

102 Tagebuch, 13. November 1905.

103 Die nachfolgende Passage und die darin enthaltenen Zitate beruhen weitgehend auf einem umfangreichen Brief, den Dernburg am 16. Oktober 1905 an Stinnes schrieb, ADCP, I–220, 053/3.

104 Stinnes an Dernburg, 17. Oktober 1905, ebd.

105 Dernburg an Stinnes, 19. Oktober 1905, ebd.

106 Sitzung vom 26. Oktober 1905, ACDP, I–220, 210/2.

107 Siehe die Darstellung in den Geschäftsberichten der Jahre 1902–04, ACDP, I–220, 080/6.

108 Stinnes an Dernburg, 6. November 1904; Dernburg an Stinnes, 8. November 1904, ACDP, I–220, 054/1; Dernburg an Stinnes, 8. Dezember 1904; Stinnes an Dernburg, 9. Dezember 1904; Dernburg an Stinnes, 17. Dezember 1904; Prince an Dernburg, 3. Februar 1905, ebd., 054/1.

109 Dernburg an Stinnes, 31. August 1905, ebd., 053/3.

110 Stinnes an Dernburg, 1. September 1905, ebd.

111 Ebd.

112 Stellungnahme Stinnes vor dem Aufsichtsrat, 16. Oktober 1905, ebd., 210/2.

113 Ebd.; siehe auch *FZ*, 27. Oktober 1905, S. 4, und 2. November 1905, S. 4. Die Höhe der tatsächlichen Zahlung an die American Mill Co. in New York, die das Patent innehatte, betrug 396000 US-Dollar; in Abzug gebracht wurden vom vereinbarten Preis zunächst 120000 Dollar, die man bereits am 1. Oktober überwiesen hatte, ferner 24000 Dollar als eine Art Skonto und 60000 Dollar, die als Sicherheit für den Fall der Nichterfüllung der Verpflichtungen bis 1909 einbehalten wurden. Siehe Deutsch-Luxemburg an Dernburg, 11. Dezember 1905, ebd., 063/3.

114 Eigenbrodt an Stinnes, 21. Dezember 1904, ACDP, I–220, 056/1.

115 Stinnes an Eigenbrodt, 25. März 1905; Eigenbrodt an Stinnes, 31. März 1905, ebd., 056/2.

116 Meier an A. Thyssen, 18. Juli 1905, ebd., 086/2.

117 Meier an Stinnes, 21./23. Juni 1905, und andere einschlägige Briefe, ebd.

118 Stinnes an Deutsch-Luxemburg, 9. September 1905, ebd., 086/2; Protokoll der Besprechung in Differdingen am 14. Juni 1905, ebd.

119 Ebd.; siehe auch Deutsch-Luxemburg an Dernburg, 25. Juli 1905, ebd.

120 Unsignierte Denkschrift der Geschäftsleitung Differdingen, 27. Juli 1905, ebd., 086/2.

121 Stinnes an Deutsch-Luxemburg, 14. August 1906, ebd., 050/1; Aufsichtsratssitzung vom 17. September 1906, ebd., 098/3.

122 Deutsch-Luxemburg, Aufsichtsratssitzung vom 2. Februar 1905, Thyssen-Archiv, 200/27.

123 Deutsch-Luxemburg an Dernburg, 14. November 1905, ACDP, I–220, 136/1.
124 Unterredung in Differdingen, 23. bis 24. Januar 1906; Eigenbrodt an Stinnes, 18. Februar 1906, ebd., 062/4.
125 Stinnes an Abteilung Bochum, 18. Januar 1906, ebd., 061/1.
126 Stinnes an Differdingen, 22. März 1906, ebd.
127 Stinnes an Abteilung Bochum, 10. April 1905, ebd.
128 Knupe an Stinnes, 6. Juni 1906, ebd., 061/4; Stinnes an Dernburg, 10. Mai 1906, ebd., 136/1.
129 Dernburg an Stinnes, 15. Juni 1906, ebd., 136/1.
130 Stinnes an Dernburg, 17. Juni 1906, ebd.; Meier an Eigenbrodt, 10. Juli 1906, ebd., 050/1; Tagebuch, 21. Juli 1906.
131 Dernburg an Stinnes, 15. Juni 1906, ebd., 136/1.
132 *FZ*, 7. Juni 1906.
133 Dernburg an Stinnes, 7. September 1906; von Klitzing an Stinnes, 23. Oktober 1906, ebd.; Deutsch-Luxemburg, Aufsichtsratssitzung vom 17. September 1906, ebd., 098/3; Tagebuch, 4. September und 2. Dezember 1906.
134 Tagebuch, 19. November und 2. Dezember 1905.
135 Tagebuch, 30. Dezember 1906.
136 Tagebuch, 4. März 1907. Siehe auch die in den 1950er Jahren niedergeschriebenen Erinnerungen Wirtz' an seine Beziehung zu Stinnes, in NL Else Stinnes.
137 Tagebuch, 16. Februar 1907.
138 Sitzungsprotokoll vom 12. Oktober 1906, ACDP, I–220, 136/1.
139 FZ, 22. November 1906, S. 4.
140 Stinnes an Eigenbrodt, 14. August 1906, ACDP, I–220, 050/1.
141 Dernburg an Stinnes, 16. August 1906, ebd., 136/1; Sitzung des Aufsichtsrats vom 17. September 1906, ebd., 098/3.
142 Protokoll der Tagung der Hüttenzechen des Syndikats, 24. Dezember 1906, Bergbau-Archiv, 33/71.
143 Rechenschaftsbericht vor der Aktionärsversammlung, 22. November 1906, ACDP, I–220, 080/6.
144 Eigenbrodt an Stinnes, 9. Oktober 1906, ebd., 050/1.
145 Protokoll der Aufsichtsratssitzung vom 7. September 1906, ebd., 098/3; Stinnes an von Klitzing, 29. Oktober 1906, ebd., 136/1; Bericht zum Ortstermin der Kommission des Stahlwerksverbands, 8. November 1906; Eigenbrodt an Stinnes, 9. und 13. November 1906, ebd., 050/2. Über die 1904 festgelegten Quoten berichtete die *FZ*, 25. Januar 1907, S. 4.
146 von Klitzing an Stinnes, 21. März 1907, ACDP, I–220, 136/1; *FZ*, 21. März 1907, S. 3, 1. Mai 1907, S. 4, 7. Mai 1907, S. 5, 8. Mai 1907, S. 4, 11. Mai 1907, S. 2, 12. Mai 1907, S. 3, 22. Mai 1907, S. 4.
147 Tagebuch, 29. April–2. Mai 1907. Die Tonnenzahl ließ Cläre Stinnes aus, sie ist hier vom Autor nachgetragen worden.
148 Stinnes an von Klitzing, 1. Mai 1907, ACDP- I–220, 136/1.
149 von Klitzing an Stinnes, 15. April 1907, NL Else Stinnes, Deutsch-Luxemburg, Mappe 11.
150 Von Klitzing an Stinnes, 7. Mai 1907, ebd.
151 Von Klitzing an Stinnes, 21. November 1907, 27. November 1907, in Erwiderung auf Stinnes an von Klitzing, 19. November 1907, ACDP, I–220, 136/1; Geschäftsbericht an die Aktionärsversammlung, 30. November 1907, ebd., 080/6; siehe auch Meldungen in der *FZ*, 21. November 1907, S. 4, und 30. November 1907, S. 5.
152 Tagebuch, 5. Juli 1907.
153 Geschäftsbericht vom 30. November 1907, ACDP, I–220, 080/6. Siehe auch die Aussagen Stinnes' gegenüber dem Kölner Journalisten Jutzi, 13. März 1907, ebd., 108/4, und seine Korrespondenz mit Direktor Flake von Saar-Mosel, Juni 1907, über die Anwerbung westfälischer Bergleute, ebd.
154 Stinnes an Deutsch-Luxemburg, 7. und 17. November 1907, Antwortschreiben vom 12. und 23. November 1907, ebd., 051/2. Das Zitat entstammt dem zweitgenannten Schreiben.
155 Siehe Schuchart an Stinnes, 23., 26. und

27. Juli, 14. August 1906; Klönne an Stinnes, 18. August 1906, Schlitter an Stinnes, 14. November 1906, ebd., 224/3.

156 Zur Konsolidierung siehe Aufsichtsratssitzung vom 18. Juli 1906, ebd., 226/5; zu dem unschönen Streit um die Börsenzulassung der Aktien siehe Tobias Herbel an Stinnes, 8. Juni und 8. Juli 1907, und Stinnes an Herbel, 22. Juni 1907, ebd., 230/1. Siehe auch den Beitrag in der *FZ*, 11. Oktober 1907, S. 3.

157 Stinnes an Louise Tiefbau, 4. August 1907, ACDP, I–220, 090/1.

158 Schöller an Stinnes, 11. Dezember 1907, A2368.

159 Stinnes an Schöller, 12. Dezember 1907, ebd.

160 Stinnes an Klönne, 30. Dezember 1907; Klönne an Stinnes, 31. Dezember 1907; Stinnes, Exposé vom 2. Januar 1908, ebd., 158/2.

161 Tagebuch, 17. Februar 1908.

162 Protokoll der Besprechung vom 17. Februar 1908, ACDP, I–220, 098/3.

163 Zur Korrespondenz zwischen Stinnes und Schuchhardt von der Bergisch-Märkischen Bank sowie mit Klönne zwischen dem 31. Juli und dem 11. August 1908 siehe ebd., 230/1.

164 Tagebuch, 23. Juli 1908.

165 Protokoll der Aufsichtsratssitzung vom 14. Mai 1908, ACDP, I–220, 229/4.

166 Stinnes an Thyssen, 1. September 1908, ebd., 214/3; Tagebuch, 28.–29. August 1908. Zu den Verhandlungen mit dem Konsortium am 1. September 1908 siehe, ACDP, I–220, 214/3. Von den neu emittierten Aktien im Wert von 14 Millionen übernahm die Darmstädter Bank 2,8 Millionen; die Deutsche Bank, die Disconto-Gesellschaft, die Dresdner Bank, die National Bank und der Schaffhausen'sche Bankverein übernahmen jeweils 1,54 Millionen, die Bergisch-Märkische und die Rheinische Bank je 1,26 Millionen; der Rest verteilte sich auf die Essener Credit-Anstalt, die Internationale Bank in Luxemburg, den Essener Bankverein und die Banque Internationale de Bruxelles. Das Fusionsabkommen findet sich ebd., 225/1. Siehe auch ebd., 229/4, Protokoll der Aufsichtsratssitzung Louise Tiefbau vom 1. September 1908. Siehe ferner die Pressemeldungen in der *FZ* vom 29. August 1908, S. 4, vom 1. September 1908, S. 4, vom 2. September 1908, S. 3f., vom 3. September 1908, S. 4, vom 3. Oktober 1908, S. 5, und vom 21. Oktober 1908, S. 4.

167 Siehe *FZ*, 20. März 1909, S. 3 und 5; *FZ*, 26. März 1909, S. 4; *FZ*, 30. März 1909, S. 6; *FZ*, 16. April 1909, S. 3.

168 von Klitzing an Stinnes, 6. Oktober 1909, ACDP, I–220, 214/2; diese Mappe enthält die gesamte Korrespondenz zu diesem Vorgang zwischen 20. September und 8. Oktober 1909.

169 Tagebuch, 25.–30. September 1909.

170 Generalversammlung, 26. Oktober 1909, ACDP, I–220, 080/6; *FZ*, 5. Oktober 1909, S. 4, 26. Oktober 1909, S. 5, 26. November 1909, S. 4.

171 Tagebuch, 25.–30. September 1909.

172 Tagebuch, 3. Februar, 14.–16. November, 4. Dezember 1908.

173 Stinnes an Müller, 13. Februar 1909, sowie die Korrespondenz mit Prof. Baum vom Februar 1909 über die Möglichkeit einer französischen Beteiligung, in NL Else Stinnes, Ordner Saar-Mosel 1909.

174 Stinnes an Thyssen, 11. Februar 1910, ACDP, I–220, 212/3. Das Eigenbrodt-Gutachten, das undatiert ist, findet sich ebd. Zur Stinnesschen Einschätzung der Ergebnisse der gemeinsamen Frankfurt-Reise siehe Stinnes an Thyssen, 13. Februar 1910, ebd., sowie sein Bericht an den Aufsichtsrat von Deutsch-Luxemburg, 19. März 1910, ebd., 098/3.

175 Thyssen an Stinnes, 13. Februar 1910, ebd., 212/3.

176 Siehe ebd. zur weiteren Korrespondenz und zu den Folgevereinbarungen vom März – April 1910; siehe auch Protokoll der Aufsichtsratssitzung von Deutsch-Luxemburg vom 19. März 1910, ebd., 089/3. Siehe auch Tagebuch, 22.–25. Februar 1910.

177 Protokoll der Aufsichtsratssitzung vom 19. März 1910, ACDP, I–220, 098/3.

178 *FZ*, 10. März 1910, S. 4.

179 Ebd., 31. Juli 1910, S. 3.

180 *FZ*, 11. November 1910, S. 4, 5. Januar

1911, S. 2. Die unterirdische Teilstrecke mußte aus Rücksicht auf die Eisenbahnverwaltung angelegt werden, die die Führung der Seilbahn über ihrem Grund und Boden nicht zuließ. *FZ,* 29. Oktober 1911, S. 4.

181 Ebd.; siehe auch Bericht Vohwinckels an Stinnes, 6. April 1909; Thomas an Vohwinckel, 20. April 1910; Stinnes an Knupe, 9. Juli 1910; Thomas an Vohwinckel, 18. Juli 1910. Weitere einschlägige Korrespondenzen finden sich in ACDP, I–220, 090/2, zu Kaiser Friedrich siehe auch *FZ,* 6. Januar 1911, S. 4, und 7. Januar 1911, S. 5.

182 Schöller an Stinnes, 13. Juli 1908, Stinnes an Schöller, 14. Juli 1908, ebd., 214/3.

183 Stinnes an Schöller, 30. Mai 1910, ACDP, I–220, 074/5; an gleicher Stelle finden sich weitere einschlägige Korrespondenzstücke zu diesem Fusionsprojekt.

184 Eigenbrodt an Stinnes, 12. Juli 1910, ebd.

185 Schöller an Stinnes, 20. Juli 1910, ACDP, I–220, 074/5.

186 Tagebuch, 23. Juli 1910.

187 Von Klitzing an Knupe, 28. Juli 1910, Thyssen-Archiv, 520/A09.

188 Tagebuch, 6. August 1910.

189 Darmstädter Bank an Deutsch-Luxemburg, 10. August 1910, ACDP, I–220, 077/6.

190 *FZ,* 2. August 1910, S. 2.

191 Ebd., S. 4.

192 *FZ,* 10. August 1910, S. 4.

193 *FZ,* 19. August 1910, S. 4.

194 *FZ,* 19. November 1910, S. 3.

195 *FZ,* 11. Januar 1911, S. 3.

196 Eigenbrodt an Stinnes, 16. August 1910, ACDP, I–220, 077/6; Eigenbrodt an Thomas, 4. September 1910, ebd., 058/1.

197 Stinnes an von Klitzing, 29. Oktober 1910, ebd., 214/2.

198 Hugo an Cläre Stinnes, 20. Februar 1911, ebd., 294/5.

199 Thyssen an Stinnes, 27. Januar 1911; Stinnes an Thyssen, 21. Januar 1911, ebd., 106/2.

200 Stinnes an Thyssen, 6. Februar 1911; Thyssen an Stinnes, 16. Februar 1911, ebd. Siehe auch Tagebuch, Januar und Februar 1911.

201 Tagebuch, 10. April 1911; Klitzing an Stinnes, 20. April 1911, ACDP, I–220, 214/2.

202 Eine klarsichtige Analyse des komplexen Rechtsstreits findet sich in *FZ,* 11. Dezember 1910, S. 5; erhellend auch die Schilderung der Lage nach Abschluß des Rechtsstreits in *FZ,* 19. April 1911, S. 3. Etliche der wichtigen Briefdokumente zu diesem Gegenstand finden sich im NL Else Stinnes, Deutsch-Luxemburg, Nr. 18; siehe dort insbesondere Eigenbrodt an Stinnes, 23. Januar 1911, Eigenbrodt an Thomas, 30. März 1911, Stinnes an Eigenbrodt, 5. April 1911, Stinnes an von Klitzing, 13. April 1911, Stinnes an Jutzi, 13. April 1911.

203 Bericht des Administrationsrates von Rümelingen-St. Ingbert an die Aktionäre, o. D., ACDP, I–220, 072/1. Der Fusionsvertrag findet sich ebd., 078/5.

204 *FZ,* 27. Juni 1911, S. 4.

205 Von Klitzing an Stinnes, 24. September 1909, ACDP, I–220, 214/2, und 10. Juli 1911, ebd., 069/1; Tagebuch, 27. April 1911; *FZ,* 18. Juli 1911, S. 4.

206 *FZ,* 18. Juli 1911, S. 4.

207 *FZ,* 24. Oktober 1911, S. 2; 28. Juni 1912, S. 5.

208 Stinnes an Schöller, 21. Juni 1911, NL Else Stinnes, Deutsch-Luxemburg, Nr. 27.

209 Tagebuch, 27. April 1911.

210 Bericht von Oberingenieur von Klitzing, 14. November 1911, ACDP, I–220, 070/2.

211 Zeitungsausschnitt vom 3. November 1911, ebd., 236/3 [aus d. Engl. rückübersetzt]; an gleicher Stelle finden sich auch Briefe zu den Übernahmen. Siehe auch den Bericht über die Aktionärsversammlung von Deutsch-Luxemburg am 22. November 1912, ebd., 080/7. Siehe auch *FZ,* 5. November 1911, S. 2, 19. November, S. 5, sowie Günther Leckebusch, *Die Beziehungen der deutschen Seeschiffswerften zur Eisenindustrie an der Ruhr in der Zeit von 1850 bis 1930,* Köln 1963, S. 86.

212 *Kölnische Zeitung,* 12. Dezember 1922, in ACDP, I–220, 209/2.

213 *FZ,* 28. Oktober 1911, S. 2, 30. November 1911, S. 4.

214 Stinnes an Müller, 29. März 1912, ACDP, I–220, 214/2.

215 Stinnes an Knupe für von Klitzing, 26. April 1912, ebd.; von Klitzing an Stinnes, 1. April 1912; von Klitzing an Knupe, 23. April 1912; Aktennotiz von Klitzing, 23. April 1912, ebd.

216 Stinnes an von Klitzing, 27. April 1912, ebd.

217 Ebd.

218 Stinnes an von Klitzing, 3. Mai 1912, ebd. Ein Protokoll der Verhandlungen um die Verlängerung des Stahlwerksverbandes findet sich in HA/GHH, Nr. 3000030/16. Zur Presseberichterstattung siehe *FZ*, 1. Mai 1912, S. 4, 3. Mai 1912, S. 4.

219 *FZ*, 1. Juni 1912, S. 3, 24. Juni 1912, S. 6.

220 *FZ*, 29. Oktober 1913, S. 4.

221 Protokoll der Sitzung des Aufsichtsrats vom 31. Mai 1912, ACDP, I–220, 098/4

222 Stinnes an Eichhoff, 12. November 1910, ebd., 058/3.

223 Stinnes an Friedrich Wilhelms-Hütte, 3. Mai 1912, ebd., 055/4.

224 Die Korrespondenz zu diesen Themen zwischen August 1911 und März 1912 findet sich in ebd., 077/4–5 und 083/3–4.

225 Stinnes an Bergrat Goebel, 27. Februar 1914, ebd., 236/3. Diese Mappe und der Ordner 236/2 enthalten auch die Korrespondenz zum Ausbau der Emdener Werftanlagen. Siehe auch den Geschäftsbericht für das Geschäftsjahr 1913, ebd., 080/7.

226 Stinnes an Eigenbrodt, 17. September 1912, Hamburg-Amerika-Linie an Vögler, 6. Februar 1913, ebd., 221/2, Stinnes an Eigenbrodt, 16. Januar 1913, ebd., 236/2.

227 Protokoll der Aufsichtsratssitzung vom 31. Mai 1912, ebd., 098/4.

228 *Der Eisenhändler*, 9. November 1912, NL Else Stinnes.

229 Stinnes an Reichsbankstelle Mülheim-Ruhr, 3. Oktober 1912, ebd.

230 *FZ*, 25. November 1913, S. 3.

231 *FZ*, 31. Juli 1913, S. 4.

232 Von Klitzing an Stinnes, 14. und 16. März 1914, NL Else Stinnes, Deutsch-Luxemburg, Mappe 9.

233 Stinnes an Klönne, 17. März 1914, ebd.; Stinnes an von Klitzing, 17. März 1914; Dresdner Bank an Stinnes, 16. März 1914; Müller an Stinnes, 18. März 1914, ebd.

234 Klönne an Stinnes, 20. März 1914, ebd.

235 Von Klitzing an Stinnes, 29. April 1914, ebd. Die Details zur Konsortialvereinbarung, wie sie vom Aufsichtsrat in seiner Sitzung vom 20. März 1914 beschlossen wurde, finden sich in ACDP, I–220, 098/4. Siehe auch die gut informierten Beiträge in der *FZ* vom 18.–19. Mai 1914, S. 4 und Seite 5.

236 Deutsch-Luxemburg an Stinnes, 2. Juli 1912, ebd., 221/2; zur Anfrage von 1910 siehe Stinnes an Klönne, Oktober 1910, ebd., 058/2.

237 Stinnes an Klönne, 5. Juli 1912, Antwortschreiben von Klönne, 9. Juli 1912, ebd., 221/1.

238 Stinnes an Eigenbrodt, 17. September 1912, ebd.

239 Vögler an Stinnes, 31. Dezember 1912; Stinnes an Nordseewerke 30. April 1913, ebd., 23/3.

240 NL Else Stinnes.

241 Ferguson an Stinnes, 12. August 1912; Stinnes an Ferguson, 15. August 1912, ACDP, I–220, 225/2.

242 Ebd., 203.

243 Tagebuch, 25.–30. September, 4. Oktober, 25. Oktober, 17. November, 25. bis 30. November 1909, 15. März 1910.

244 Hugo an Cläre, 10. Juli 1913, ACDP, I–220, 294/5. Die Handelsregister-Unterlagen zur Northern Union Mining Co. finden sich in PRO BT 31/21598/130099. Siehe auch *FZ*, 9. März 1914, S. 5, und 7. Mai 1914, S. 2.

245 Hugo an Cläre, 12. Juli 1913, ebd.

246 Ebd.

IV. Hugo Stinnes als Stratege der Stromversorgung und des regionalen Transportwesens, 1907–1914

1 Fritz Müller, «Stinnes», *Westfälische Allgemeine Zeitung*, 15. Dezember 1905.
2 Ebd.
3 Tagebuch, 11.–12. März 1908.
4 Karin Kaudelka-Hanisch, «The Titled Businessman: Prussian Commercial Councilors in the Rhineland and Westphalia during the Nineteenth Century», in David Blackbourn and Richard Evans (Hrsg.), *The German Bourgeoisie. Essays on the Social History of the German Middle Class from the Late Eighteenth to the Early Twentieth Century,* London und New York 1991, S. 87–114.
5 Tagebuch, 10.–11. Juni 1908.
6 Bürgermeister Cuno, Denkschrift vom 7. Februar 1907, zitiert nach Richard Passow, *Die gemischt privaten und öffentlichen Unternehmungen auf dem Gebiete der Elektrizitäts- und Gasversorgung und des Straßenbahnwesens,* [Beiträge zur Lehre von den industriellen, Handels- und Verkehrsunternehmungen, Nr. 8], 2. Aufl., Jena 1923, S. 54–57; Zitat von S. 57, Anm. 1.
7 Todd, «Technology», Kap. IV.
8 Bericht über eine Unterredung am 17. Februar 1907, ACDP, I–220, 168/6. An dieser Stelle findet sich ausgezeichnetes Material über die Verhandlungen, die in die vorläufige Vereinbarung vom Februar 1907 mündeten.
9 Siehe insbesondere Goldenberg an Stinnes, 9. Januar 1907, ebd., 316/1.
10 Stinnes an Generaldirektor Ritter, 7. März 1907, NL Else Stinnes, RWE, Mappe 45; siehe auch Tagebuch, 1. März 1907, sowie Oppermann an Thomas, 8. Oktober 1907, ACDP, I–220, 150/4.
11 Tagebuch, 3. und 29. März 1907. Zum Entwurf des Abgrenzungsabkommens siehe NL Else Stinnes, RWE, Mappe 46.
12 Stinnes an Oppermann, 12. Oktober 1907, ACDP, I–220, 150/4; siehe auch Stinnes an Tippelskirch, 15. August 1907, ebd., sowie Tagebuch, 11. Juli 1907.
13 Stinnes an RWE, 4. November 1911, ACDP, I–220, 150/4.
14 Stinnes an Schwerin, 20. November 1907, ebd. Zum Protokoll der Unterredung vom 18. November siehe ebd.
15 Tagebuch, 13. Februar 1907.
16 Stinnes an Oppermann, 20. November 1907, ACDP, I–220, 150/4.
17 Oppermann an Stinnes, 24. November 1907, ebd.
18 Tagebuch, 15. Februar 1908.
19 Stinnes an Direktor Müller, Friedrich Wilhelms-Hütte, 22. August 1906, ACDP, I–220, 136/1.
20 Harry Graf Kessler, *Walther Rathenau. Sein Leben und sein Werk,* Wiesbaden 1928, S. 295, Anm. 3.
21 Gerstein an Stinnes, 7. Februar 1908, NL Else Stinnes, RWE, Mappe 49; in dieser Mappe finden sich weitere Korrespondenzen zwischen Stinnes und Gerstein.
22 Stinnes an Kirdorf, ACDP, I–220, A2344. Zum Abkommen siehe Todd, «Technology», Kap. IV, Asriel, *RWE,* S. 11f, Passow, *Unternehmungen,* S. 57–61.
23 Schöller an Stinnes, 11. Dezember 1907; Stinnes an Schöller, 12. Dezember 1907, ACDP, I–220, A2368; Stinnes an Klönne, 6. und 7. Januar 1908, Klönne an Stinnes, 8. Januar 1908, ebd., 158/2; Stinnes an Thyssen, 27. November 1907, ebd., 150/4.
24 Tagebuch, 26.–27. Februar 1908.
25 Ebd., 22. November 1908.
26 Todd, «Technology», Kap. IV; Passow, *Unternehmungen,* S. 47–50; Tagebuch, 15. Februar 1910.
27 Stinnes an Tippelskirch, 26. November 1907; Antwortschreiben vom 28. November, ACDP, I–220, 169/1. Mit wieviel Geschick Tippelskirch den Aufsichtsrat und den Krefelder Bürgermeister manipulierte, wird aus der Korrespondenz vom Dezember 1907 deutlich, siehe ebd., 144/4; siehe auch Stinnes an Klönne, 19. Januar 1908, und Antwortschreiben vom 28. Januar, ebd., 158/2.

28 Tippelskirch an Stinnes, 2. März 1908, ebd., 144/2; siehe auch Passow, *Unternehmungen,* S. 34, Anm. 2.

29 Stinnes an Thyssen, 27. November 1907, ACDP, I–220, 150/4.

30 Zur Nieden an RWE, 16. Januar 1908, ebd., 148/2.

31 Siehe insbesondere Müller an Stinnes, 28. März und 8. Mai 1908, Klönne an Stinnes, 1. und 5. Mai 1908, sowie Stinnes an Klönne, 3. Mai 1908, Stinnes an Müller, 11. Mai 1908, Stinnes an Thyssen, 23. Mai 1908, alle ebd., 158/2; Stinnes an Thyssen 13. Mai 1908, ebd., 155/6; zur Rolle Schachts siehe Tippelskirch an Stinnes, 5. und 6. Juni 1908, ebd., 144/2; siehe auch Tagebuch, 13. Mai und 22.–23. Mai 1908.

32 Hjalmar Schacht, «Elektrizitätswirtschaft», *Preußische Jahrbücher* 134, 1908, S. 84–114.

33 Koenigs an Stinnes, ACDP, I–220, 155/6. Erstmals gemacht hatte Koenigs diesen Vorschlag in einem persönlichen Gespräch mit Thyssen.

34 Stinnes an Menckhoff, 9. Mai 1908, ebd.

35 Passow, *Unternehmungen,* S. 29f.

36 Goldenberg an Stinnes, 10. Juni 1908, ADCP, I–220, 162/3; an dieser Stelle sowie in ebd., 158/2 findet sich weitere Korrespondenz zu diesem Komplex. Siehe auch Passow, *Unternehmungen,* S. 30ff.

37 Stinnes an Aufsichtsrat des RWE, 29. Juli 1908, ACDP, I–220, 158/1.

38 Tagebuch, 31. Juli 1908.

39 Stinnes an Landrat von Beckerath, Düsseldorf, 25. April 1910, NL Else Stinnes, RWE, Mappe 11.

40 Die einschlägigen Dokumente finden sich in ACDP, I–220, 145/5; siehe auch den aufschlußreichen Bericht von Bürgermeister Plassmann vom 12. März 1913, ebd., 141/1. Die AEG scheint an den Bauarbeiten ursprünglich beteiligt gewesen zu sein, sich dann aber zurückgezogen zu haben.

41 Siehe RWE an Stinnes, 11. Januar 1909; Diskussion mit Direktor Peterson, 6. November 1909; Stinnes an RWE, 4. Januar 1910, ebd., 147/5.

42 Unterredung, Düsseldorf, 3. Januar 1910, ebd.

43 Stinnes an Königs, 13. Januar 1910, ebd.

44 Tippelskirch an Landrat Eich, 19. April 1910, ebd., 150/1.

45 Siehe Mantelvertrag, ebd., 147/5.

46 Tagebuch, 27. August 1909.

47 Ebd., 3. und 26. Februar 1910.

48 Tippelskirch an Stinnes, 26. Mai 1910, ACDP, I–220, 150/1.

49 Tippelskirch an Stinnes, 7. Juni 1910, ebd.

50 Stinnes an von Nell, 9. Juni 1910, ebd.

51 Nell an Stinnes, 10. Juni 1910, Randbemerkung Stinnes, ebd.

52 Tippelskirch an Hamspohn, 4. Februar 1910, ebd., 147/5.

53 Goldenberg an Stinnes, 11. Februar 1910, ebd.

54 Verhandlungsrunde vom 2. März 1910 in Mülheim-Ruhr, ebd.

55 Stinnes an Klönne, 5. Juni 1910, ebd., 158/2; Tagebuch, 27.–30. Juli 1910.

56 Disconto-Gesellschaft an RWE, 6. April 1910 und Stinnes an Schoeller, 18. Jan. 1911, ACDP, I–220, 157/8 und Thyssen an Stinnes, 5. Januar 1911 und Klitzing an Stinnes, 16. Januar 1911 ebd., 162/3.

57 Tagebuch, 2.- 8. März 1910.

58 Stinnes an Wilke, 11. Dezember 1911, ACDP, I–220, 158/2.

59 Die beste Arbeit hierzu ist: Ferdinand Schoeningh, *Die Geschichte und wirtschaftliche Bedeutung der Kleinbahnen (Überlandstraßenbahnen) im rheinisch-westfälischen Kohlenrevier,* Paderborn 1911, insbes. S. 1–13, 302–26, 343–52. Siehe auch Asriel, *Das RWE,* S. 15–8 und Passow, *Unternehmungen,* S. 34–40.

60 Stinnes an Holle, 25. März 1908, ACDP, I–220, 125/4.

61 Siehe von Klitzing an Stinnes, 8. Mai 1909, sowie weitere einschlägige Korrespondenz in ebd., 158/1; siehe auch *FZ,* 5. Juni 1909, S. 2.

62 *FZ,* 8. Juni 1909, S. 4; 15. Juni, S. 4; 28. Juni, S. 3; 23. August, S. 6; 25. August, S. 4.

63 Tagebuch, 2. August 1909. Cläres euphorischer Bericht über das Spektakel vermittelt einen interessanten Eindruck von der Atmosphäre, die Zeppelinflüge zu jener Zeit begleitete. Siehe auch Peter Fritzsche, *A Nation of Fliers. German*

Aviation and the Popular Imagination, Cambridge (Mass.) 1992, S. 9–30.
64 Tagebuch, 2. August 1909.
65 Ebd., 1. September 1909.
66 Ebd., 18. September 1909.
67 Ebd.
68 *FZ,* 19. September 1909, S. 3, 30. September 1909, S. 4, 17. Oktober 1909, S. 3, 24. Februar 1910, S. 4, 21. August 1910, S. 3, 27. Dezember 1910, S. 4.
69 Tagebuch, 25.–30. September 1909.
70 Ebd., 6. Oktober 1909.
71 Ebd., 17. November 1909.
72 «Denkschrift über die Regelung von Verkehrsfragen bei einer etwaigen Auflösung des Landkreises Essen», September 1911, ACDP, I–220, 174/4.
73 Tippelskirch an Stinnes, 2. Oktober 1911, ebd.
74 Siehe insbes. Stinnes an Brandi, 10. März 1910, sowie andere einschlägige Dokumente in ebd., 125/4.
75 Passow, *Unternehmungen,* S. 63 ff.
76 Zur Darstellung und den Zitaten in den nachfolgenden Abschnitten siehe das Protokoll der Unterredung vom 18. Dezember 1909 in ACDP, I–220, 241/3.
77 Passow, *Unternehmungen,* S. 65–69; von Klitzing an Stinnes, 18. Oktober 1910, Stinnes an von Klitzing, 29. Oktober 1910, ACDP, I–220, 241/3.
78 Stinnes an das Großherzogliche Ministerium der Finanzen, 15. Mai 1911, ebd., 124/2.
79 Tippelskirch an Stinnes, 1. Juni 1911, ebd.
80 OEG, Aufsichtsratssitzung vom 8. Juli 1911, ebd., 134/2; siehe auch den Schriftwechsel zum Kraftwerk Wiesloch.
81 Zur HEAG siehe Passow, *Unternehmungen,* S. 69–74; zu ihrer Gründung siehe die Dokumente in ACDP, I–220, 278/3; die Aufsichtsratssitzungen des Jahres 1913 – ebd., 122/4 – gewähren besonders gute Aufschlüsse im Hinblick auf die Rolle von Stinnes.
82 Die Korrespondenz hierzu findet sich in ebd., 121/1.
83 Stinnes an Siegrist, 30. Juli 1912, ebd., 238/1; dort finden sich weitere Dokumente zu diesem Themenkreis.
84 *Karlsruher Volksfreund,* 14. Dezember 1912, NL Else Stinnes, RWE, Mappe 8; hier finden sich weitere Schriftstücke zum Thema.
85 Nettel an Stinnes, 18. Dezember 1912, ebd.; Plassmann an Siegrist, 12. März 1913, ACDP, I–220, 141/1.
86 Siehe die Presseberichte und Korrespondenzen in ebd., 126/1.
87 Stinnes an Kruse, 28. November 1912, ebd., 127/4.
88 Stinnes an Regierungsbaumeister Erich Ruge, 1. Februar 1913, ebd., 124/3. Allem Anschein nach bekam dieser Bewerber nicht den Zuschlag.
89 Aufschlußreiche Informationen dazu, versehen allerdings mit antiquierten marxistischen Deutungen, finden sich bei Helga Nussbaum, «Versuche zur reichsgesetzlichen Regelung der deutschen Elektrizitätswirtschaft und zu ihrer Überführung in Reichseigentum 1909 bis 1914», *Jahrbuch für Wirtschaftsgeschichte* 1968, Teil II, Berlin 1968, S. 117–203, insbesondere Seite 181 f.
90 Zur Rolle Rathenaus siehe ebd., S. 183–203. Die Henke-Denkschrift vom 2. April 1913 und die darauf bezogene Korrespondenz zwischen Stinnes und Henke sowie Stinnes und Justizrat Dr. Veit Simon, der mit der Ausarbeitung einschlägiger Gesetzentwürfe befaßt war, finden sich in NL Else Stinnes, RWE, Mappe 15.
91 Adolf Wirtz, unveröffentlichte Erinnerungen, NL Else Stinnes.
92 Ebd. Soweit nicht anders vermerkt, beruht diese Darstellung auf einem sehr detaillierten handschriftlichen Abriß, der weder Unterschrift noch Datum trägt, aber eindeutig nach 1945 niedergeschrieben worden sein muß; siehe ACDP, I–220, 164/3.
93 Siehe dazu die Korrespondenz im NL Else Stinnes, RWE, Mappe 14.
94 Tagebuch, 2. Dezember und 6. Dezember 1909.
95 Ebd., 22. Dezember 1909.
96 Ebd., 31. Januar 1910.
97 Stinnes an Müller, 19. Februar 1910, ACDP, I–220, 212/3.
98 Tagebuch, 2.–8. März 1910.

99 Ebd., 10. März 1910.
100 Ebd., 31. Mai, 3. Juni, 15. November, 17. November 1910.
101 Stinnes an die Direktion RWE, 26. April 1911, ACDP, I-220, 175/1.
102 Asriel, *RWE*, S. 21.
103 *Das RWE nach seinen Geschäftsberichten*, S. 23.
104 Siehe Stinnes an Klönne, 5. April 1909, und Klönne an Stinnes, 8. April 1909, ACDP, I-220, 151/6; zu den Verhandlungen mit Silverberg siehe ebd., 154/1, zur Korrespondenz in 1910–11 siehe ebd., 174/3. Die Verhandlungen mit der Stadt Köln waren im Mai 1910 abgebrochen worden. Siehe Tagebuch, 23. Mai 1910.
105 Denkschrift Fühling vom 8. Mai 1910, ACDP, I-220, 175/1.
106 Ariel, *RWE*, S. 22 ff.; siehe auch eine unveröffentliche Geschichte des RWE, abgefaßt 1948, RWE-Archiv, Essen.
107 Stinnes an Kempner, 30. Oktober 1912; Stinnes an Holle, 21. November 1912, ACDP, I-220, 116/3; Thomas an Coupienne, 2. Mai 1913, ebd., 113/3; siehe auch die Korrespondenz von Stinnes mit Wildermann und anderen 1913–14, ebd., 113/4.
108 Zum Ausmaß dieser Expansionspläne siehe ebd., 150/5.
109 Disconto-Gesellschaft an Stinnes, 5. April 1910; Stinnes an RWE-Aufsichtsrat, 18. Januar 1911, ebd., 157/8. Siehe auch: Das RWE nach seinen Geschäftsberichten, S. 27.
110 Stinnes an Klönne, 17. Januar 1913; Klitzing an RWE, 19. April 1913, ACDP, I-220, 157/8; hier findet sich die ausführliche Korrespondenz zu diesen Vorgängen.
111 Stinnes an Klönne, 13. Februar 1913; siehe auch Klönne an Stinnes 12. Februar 1913, ebd.
112 Von Klitzing an Stinnes, 9. April 1913, ebd.
113 Stinnes an von Klitzing, 19. April 1913, ebd.
114 Stinnes an von Klitzing, 30. April 1913, ebd. Ein Bericht über die Aufsichtsratssitzung vom 26. April findet sich in HADB, S. 1020.
115 Von Klitzing an Stinnes, 3. Mai 1913, ACDP, I-220, 157/8.
116 Müller an Stinnes, 9. Mai 1913, ebd.
117 Klönne an Stinnes, 2. Februar 1914; siehe auch Stinnes an Klönne, 28. Januar 1914, ebd., 158/2.

V. Ein deutscher Unternehmer in einer globalen Wirtschaft. Innenpolitische Angelegenheiten und internationale Beziehungen, 1907–1914

1 Hugo an Cläre, 13. September 1894, NL Else Stinnes.
2 Tagebuch, 18. Juli 1906.
3 Ebd., 20. Dezember 1906 und weitere Einträge im November und Dezember 1906.
4 Ebd., 9. Februar 1907.
5 Ebd., 16. Januar 1907.
6 Ebd., 22.–23. Juni 1907, 7. Juli 1908, 17.–18. Juli 1908.
7 Ebd., 14. November 1908.
8 Zum Hansabund siehe Siegfried Mielke, *Der Hansa-Bund für Gewerbe, Handel und Industrie 1909–1914. Der gescheiterte Versuch einer antifeudalen Sammlungspolitik,* Göttingen 1976.
9 Hugo an Cläre Stinnes, 12. Juni 1909, ACDP, I-220, 294/5.
10 Tagebuch, 10. August 1909. Zur Gründungsversammlung siehe Sitzungsprotokoll der Zechenbesitzer-Versammlung vom 6. August 1909, *Bergbau-Archiv,* 33/11.
11 Tagebuch, 22. – 23. November 1909.
12 Ebd., 3. Januar 1910, 24. Januar 1910, 3. Februar 1910. Über den Empfang mit Heydebrand wird in einem Eintrag vom 22. Februar 1910 berichtet.
13 Thomas Kühne, *Dreiklassenwahlrecht und Wahlkultur in Preußen 1867–1914. Landtagswahlen zwischen korporativer Tradition und politischem Massenmarkt,* Düsseldorf 1994, S. 561.

14 Tagebuch, 17. April 1910.
15 Ebd., 11. November 1910.
16 Ebd., 4. Februar 1911.
17 Hugo an Cläre Stinnes, 2. März 1911, ACDP, I–220, 294/5.
18 Dirk Stegmann, *Die Erben Bismarcks. Parteien und Verbände in der Spätphase des Wilhelminischen Deutschlands. Sammlungspolitik 1897–1918,* Köln und Berlin 1970, S. 241. Die Einstimmigkeit innerhalb der Schwerindustrie und die Bedeutung der Kräfte, die in der Folge Beziehungen zur Landwirtschaft anstrebten, werden von diesem Autor allerdings überbewertet. Siehe Mielke, *Hansa-Bund,* S. 256.
19 Tagebuch, 10. und 14. April 1911. Hirsch hatte von 1916 bis 1918 einen Sitz im Reichstag inne.
20 Siehe Dieter Fricke (Hrsg.), *Die bürgerlichen Parteien in Deutschland,* 2 Bde., Leipzig 1970, Bd. II, S. 620–630, sowie Mielke, *Hansa-Bund,* S. 87.
21 Hirsch an Stinnes, 19. Juli 1911, ACDP, I–220, 14/3.
22 Stinnes an Hirsch, 20. Juli 1911, ebd.
23 Hirsch an Stinnes, 21. Juli 1911, ebd.
24 Stinnes an Hirsch, 28. Juli 1911, ebd.
25 Tagebuch, 9. Oktober 1909.
26 Stinnes an M. Schwann, 14. November 1912, NL Else Stinnes.
27 Rheinische Bank an Stinnes, 26. Februar 1909, Stinnes an Thyssen, 6. Dezember 1912, ACDP, I–220, 287/2.
28 Siehe Dirk Stegmann, *Die Erben Bismarcks,* S. 267–92.
29 Stinnes an M. Schwann, 14. November 1912, NL Else Stinnes.
30 Randnotiz in einem Brief der Saar-Mosel an Stinnes, 6. März 1911, ACDP, I–220, 106/2.
31 Hans Jaeger, *Unternehmer in der deutschen Politik (1890–1918)* [*Bonner Historische Studien* 30], Bonn 1967, S. 86–89.
32 Stinnes an Lembke, 3. April 1912, NL Else Stinnes.
33 Diskussion um die Bildung eines speziellen Handelsausschusses, 13. Juli 1913, GHH, Nr. 3001933/20, RWWK; Stinnes setzte sich mit großer Energie für den Zusammenschluß der Handelskammern im Ruhrgebiet ein, siehe ebd., Nr. 3001933/20 sowie zahlreiche Tagebucheinträge Cläres aus den Jahren 1910 und 1911; siehe auch Wolfgang Köllmann und Werner Abelshauser (Hrsg.), *Das Ruhrgebiet im Industriezeitalter: Geschichte und Entwicklung,* Düsseldorf 1990, I, S. 624.
34 Tagebuch, 28. April 1910.
35 Ebd., 19.–20. Oktober 1906, 2. Januar 1907, 10. Januar 1910.
36 Ebd., 9. Juni 1910. Zur Problematik siehe Wolfram Fischer, *Herz des Reviers. 125 Jahre Wirtschaftsgeschichte des Industrie- und Handelskammerbezirks Essen, Mülheim, Oberhausen,* Essen 1965, S. 164–166, vor allem aber die hervorragende Arbeit von Gertrud Milkereit, «Das Projekt der Moselkanalisierung. Ein Problem der westdeutschen Eisen- und Stahlindustrie» in: *Beiträge zur Geschichte der Moselkanalisierung,* hrsgg. vom Rheinisch-Westfälischen Wirtschaftsarchiv zu Köln [*Schriften zur Rheinisch-Westfälischen Wirtschaftsgeschichte,* Bd. 14], Köln 1967, S. 116–317, dort insbes. Kap. III
37 Tagebuch, 9. Juni 1910
38 Kirdorf an Stinnes, 5. Februar 1906, ACDP, I–220, 146/4. Siehe auch Tagebuch, 9.–11. Januar 1906.
39 Zu diesem Thema wurde auf einen hervorragenden unveröffentlichten Aufsatz von Stefan Przigoda zurückgegriffen, «Die Entwicklung der Arbeitgeberverbände im Bergbau, 1890–1933», der sich auf Primärquellen stützt, darunter vor allem das Bergbau-Archiv, 55/2341 (Engels Entwurf) sowie die Sitzungsprotokolle des Bergbauvereins von 1907, 16/126. Siehe auch Paul Osthold, *Die Geschichte des Zechenverbandes 1908–1933. Ein Beitrag zur deutschen Sozialgeschichte,* Berlin 1934, S. 35 und 42, und Bernd Weisbrod, «Arbeitgeberpolitik und Arbeitsbeziehungen im Ruhrbergbau. Vom «Herr im Haus» zur Mitbestimmung» in: Gerald D. Feldman und Klaus Tenfelde (Hrsg.), *Arbeiter, Unternehmer und Staat im Bergbau. Industrielle Beziehungen im internationalen Vergleich,* München 1989, S. 107–162.

40 Tagebuch, 25.–30. September 1909. Siehe auch Spencer, *Management and Labor*, S. 107–110, sowie Klaus Saul, *Staat, Industrie, Arbeiterbewegung im Kaiserreich. Zur Innen- und Sozialpolitik des Wilhelminischen Deutschland 1903 bis 1914*, Hamburg 1974, S. 91.

41 Tagebuch, 4. Oktober 1909.

42 Ebd., 5. Oktober 1909.

43 Ebd., 12. Oktober 1909.

44 Ebd.; diese Bemerkungen sind nicht in Cläres, sondern in Hugo Stinnes Schrift notiert.

45 Glovka Spencer, *Management and Labor*, S. 105 f.

46 Stinnes an Betriebsingenieur Ast, 30. April 1914, ACDP, I–220, 065/1.

47 Thyssen an Stinnes, 17. Dezember 1911, und Stinnes an Thyssen, 23. Dezember 1911, Thyssen-Archiv, FWH, 89.

48 Saar-Mosel an Stinnes, 5. April 1906, und Antwortschreiben vom 6. April 1906, ACDP, I–220, 190/3.

49 Stinnes an den Architekten Friedrich Thomas, 24. August 1903, ebd.

50 Flake an Stinnes, 27. Oktober 1906, ebd.

51 Flake an Stinnes, 27. Oktober 1906; Flake an Stinnes, 5. Juni 1907; Stinnes an Flake, 8. Juni 1907, ebd., 108/4.

52 Tagebuch, 15. Juni 1908.

53 «Bergarbeiterstreik in Lothringen», *Correspondenzblatt* 18, 12. Dezember 1908, S. 789–99. Es gibt ein, wenn auch merkwürdiges, Indiz für die Richtigkeit der Behauptung, daß entlassene Steiger von der Ruhr nach Karlingen vermittelt wurden. 1905 fragte Deutsch-Luxemburg bei Saar-Mosel an, ob man dort einen Steiger einstellen würde, der entlassen worden war, weil er in einem örtlichen Gasthof Verständnis für die streikenden Bergarbeiter geäußert hatte. Siehe Deutsch-Luxemburg an Saar-Mosel, 21. Juni 1905, ACDP, I–220, 063/3.

54 Stinnes an die Hauptschriftleitung der *Post*, 7. April 1908, NL Else Stinnes, Mappe Saar-Mosel.

55 *Correspondenzblatt*, 12. Dezember 1908, S. 799.

56 Tagebuch, 20.–24. Dezember 1908. Zum Grubenunglück in der Zeche Radbob und dessen Folgen siehe Glovka Spencer, *Management and Labor*, S. 116.–117 und Hickey, *Workers*, S. 118, 121 und 243.

57 Tagebuch, 7. Dezember 1908; allgemeinere Bemerkungen in den Tagebucheinträgen von Ende November bis Anfang Dezember 1908. Zu den Versprechungen an die Bergarbeiter siehe *Correspondenzblatt*, 12. Dezember 1908, S. 800. Siehe auch den Bericht des Vorstandes für 1908/1909, ACDP, I–220, 112/4.

58 Flake an Stinnes, 8. Oktober 1908, NL Else Stinnes, Mappe Saar-Mosel.

59 Das Gesetz scheiterte schließlich an der hartnäckigen Forderung der Mehrheit im Reichstag, den Gewerkschaftssekretären eben doch das Recht zuzugestehen, sich in diese Gremien wählen zu lassen. Zu diesem Thema und zu den zunehmenden Spannungen ab 1910 siehe Glovka Spencer, *Management and Labor*, S. 117f; Hickey, *Workers*, S. 121–25. Zu den drohenden Streiks siehe auch den interessanten Artikel «Streik» in *Die Zukunft* 18, 22. Januar 1910, S. 131–134, in dem sich Hardens Wirtschaftskorrespondent Leo Jolles unter dem Pseudonym «Ladon» zu den gefährlichen Folgen für die Wirtschaft äußert.

60 Zitiert nach Helmut Bleiber, «Die Moabiter Unruhen 1910» in: *Zeitschrift für Geschichtswissenschaft* 3, 1955, S. 173–211, Zitat S. 190f. Ergänzend zu diesem stark marxistisch orientierten Bericht empfiehlt sich Thomas Lindenberg, *Straßenpolitik. Zur Sozialgeschichte der öffentlichen Ordnung in Berlin 1910 bis 1914*, Bonn 1995, S. 254–62. Siehe auch Saul, *Staat, Industrie, Arbeiterbewegung im Kaiserreich*, S. 306–13.

61 Bleiber in *Zeitschrift für Geschichtswissenschaft* 3, 1955, S. 200f.

62 Glovka Spencer, *Management and Labor*, S. 123 f.

63 Tagebuch, November – Dezember 1910.

64 Hickey, *Workers*, S. 241.

65 David F. Crew, «Steel, Sabotage and Socialism: The Strike at the Dortmund «Union» Steel Works in 1911» in Richard J. Evans, *The German Working Class 1888–1933: The Politics of Everyday Life*, London 1982, S. 108–141. Siehe auch Dortmunder Union an Bank für

Handel und Industrie, 23. März 1911, ACDP, I–220, 058/1.

66 Stinnes an Deutsch-Luxemburg, 21. Januar 1912, ebd. 064/2.

67 Stinnes an Deutsch-Luxemburg, 30. Januar 1912, ebd.

68 Bericht des Vorstandes, 19. Oktober 1912, ebd., 080/7. Zum Streik siehe Glovka Spencer, *Management and Labor,* S. 124–127. In einem Brief vom 6. September 1911 an Edmund Stinnes hatte Hugo Stinnes die Meinung geäußert, daß es nach den Wahlen nicht zu größeren Streikaktivitäten kommen würde; NL Else Stinnes. Zu seiner positiven Reaktion auf Kruses Maßnahmen siehe Knopp, *Regierungsbezirk Düsseldorf,* S. 143.

69 Zitiert in Klaus J. Mattheier, *Die Gelben. Nationale Arbeiter zwischen Wirtschaftsfrieden und Streik,* Düsseldorf 1973, S. 202.

70 Stinnes an Ferguson, 13. Dezember 1912, NL Else Stinnes.

71 *London Times,* 24. August 1911, S. 6.

72 «German Colliery in Yorkshire» in: *The Manchester Guardian,* 9. März 1914.

73 Stinnes an Deutsch-Luxemburg, Abt. Dortmund und Bochum, 17. Juli 1914, ACDP, I–220, 088/2.

74 Stinnes an Goldenberg, 17. Juli 1914, ebd., 159/3.

75 Siehe Dankwart Guratzsch, *Macht durch Organisation. Die Grundlegung des Hugenbergschen Presseimperiums,* Düsseldorf 1974, S. 95–109; und Stinnes an Wirtz, 18. April 1913, ACDP, I–220, 060/3.

76 BA, NL Hugenberg, Nr. 160, Bl. 48–55, Memorandum vom 18. März 1914; Zitat auf Bl. 49–50. Korrespondenz mit Stinnes und Thomas 1913–1914, ebd., Bl. 3–4 und 41–46. Zur Verdeutlichung früherer Unterstützung der Zeitung durch Stinnes siehe Thomas an RWE, 22. August 1910, ACDP, I–220, 153/2.

77 Sitzung des Bergbauvereins am 31. Juli 1912, *Bergbau-Archiv,* 16/128.

78 «Gesellschafts-Vertrag, 14. April 1914, ACDP, I–220, 232/1. Siehe auch Guratzsch, *Macht durch Organisation,* S. 109–17.

79 Siehe Hugenberg an Stinnes, 26. Juli 1914, ACDP, I–220, 232/1.

80 Sitzung am 28. Juni 1913, Bergbau-Archiv, 33/75.

81 Sitzung am 31. Januar 1914, Bergbau-Archiv, 33/16.

82 Sitzung am 17. November 1913, Bergbau-Archiv, 33/66.

83 Eigenbrodt an Stinnes, 12. Oktober 1912, Antwortschreiben auf Stinnes an Eigenbrodt, 9. Oktober 1912, ACDP, I–220, 235/7. Die diesbezügliche Korrespondenz findet sich in diesem Band.

84 Stinnes an Eigenbrodt, 14. Oktober 1912, ebd.

85 Zu dieser Diskussion siehe Bericht des Krupp-Direktors von Bodenhausen, 25. März 1910, WA Krupp, FAH4E81.

86 *FZ,* Nr. 46, 15. Februar 1911, S. 4. Den besten allgemeinen Überblick über diese Problematik des Kohlensyndikats gibt Burke in «Coal Syndicate», Kapitel 5.

87 Stinnes an Janus, 23. März 1909; Antwortschreiben von Janus vom 3. und 24. April 1909; Stinnes an das Syndikat, 8. Februar 1910; Stinnes an Steffens, 19. Februar 1910, ACDP, I–220, 112/5.

88 *FZ,* 28. Mai 1911, S. 3.

89 *FZ,* 30. November 1911, S. 4.

90 Eigenbrodt an Stinnes, 25. Januar 1911, ACDP, I–220, 106/1.

91 Stinnes an Saar-Mosel, 6. Februar 1911, NL Else Stinnes, Ordner Saar-Mosel 3. Paschedags Berichte und weitere diesbezügliche Korrespondenz finden sich im selben Ordner.

92 Stinnes an Saar-Mosel, 14. Februar 1911, ebd.

93 Stinnes an Saar-Mosel, 16. Februar 1911, ebd.

94 Siehe Dokumente hierzu ebd., Ordner Saar-Mosel, Mappe 3.

95 Abschrift von Stinnes' Rede am 22. November 1912, ACDP, I–220, 299/2.

96 Ebd.

97 Stinnes an die *Post,* 24. November 1912, ebd., 048/2. Stinnes' Rede in der Aktionärsversammlung von Deutsch-Luxemburg, Sydows Erwiderung und Stinnes' Gegenangriff wurden in einer Reihe von rheinisch-westfälischen Zeitungen abge-

druckt und sind in diesem Ordner gesammelt.

98 *Kölnische Zeitung,* 25. November 1912, ebd. In der liberalen Presse ist schon zu einem früheren Zeitpunkt Mißtrauen gegen den Fiskus zu erkennen, siehe «Die fiskalische Kohlenpreis-Politik im Saar-Revier», *FZ,* 30. Oktober 1912, Nr. 301, S. 4.

99 *Rheinisch-Westfälische Zeitung,* Nr. 1412, 24. November 1912, ACDP, I–220, 048/2.

100 Knepper an Stinnes, 28. November 1912, ebd., 048/2. Siehe auch Protokoll der Bergwerksbesitzer-Versammlung am 27. November 1912, Bergbau-Archiv, 16/127. Zu Kirchhoff siehe Georg Wenzel, *Deutsche Wirtschaftsführer. Lebensgänge Deutscher Wirtschafts-Persönlichkeiten,* Hamburg 1929, S. 1132.

101 *FZ,* 16. November 1913, Nr. 318, S. 3; 5. Dezember 1913, Nr. 337, S. 5.

102 Burke, «Coal Syndicate», 5. Kapitel, S. 29–30; und Raymond Poidevin, *Les Relations Économiques et Financières entre la France et l'Allemagne de 1898 à 1914,* Paris 1969, S. 745–48.

103 Erneuerungsausschuß, 7. Mai 1914, Bergbau-Archiv, 33/29; *FZ,* 15. Mai 1914, Nr. 134, S. 2, und 18. Mai 1914, S. 4.

104 Erneuerungsausschuß, 25. Mai 1915, Bergbau-Archiv, 33/29.

105 Ebd., sowie Versammlung am 12. März 1914 in Saarbrücken, NL Else Stinnes, Ordner Saar-Mosel, Mappe 10.

106 «Hugo Stinnes über die Wirtschaftslage», *FZ,* 24. November 1913, Nr. 326, S. 5.

107 Versammlung der Bergwerksbesitzer am 1. April 1912, Bergbau-Archiv, 16/127.

108 Bergbauverein, Geschäftsführender Ausschuß, 13. März 1913, Bergbau-Archiv, 16/128. Zum Petroleum-Monopol siehe Fritz Blaich, *Kartell- und Monopolpolitik im kaiserlichen Deutschland. Das Problem der Marktmacht im deutschen Reichstag zwischen 1879 und 1914,* Düsseldorf 1973, S. 185–206.

109 Dieser Bericht stützt sich auf die hervorragend recherchierten Studien von Manfred Rasch, *Vorgeschichte und Gründung des Kaiser-Wilhelm-Instituts für Kohlenforschung in Mülheim an der Ruhr. Zeitschrift des Geschichtsvereins Mülheim a.d. Ruhr* 60, Mülheim 1987, und *Geschichte des Kaiser-Wilhelm-Instituts für Kohlenforschung 1913–1943,* Weinheim 1989.

110 Lembke an Kruse, 16. Mai 1914, zitiert in Rasch, *Geschichte des Kaiser-Wilhelm-Instituts,* S. 333 und 176. Siehe auch die Beschreibung auf S. 57–61.

111 Georg Fischert, «Eisenindustrie» in *Die Zukunft* 21, 31. Januar 1914, S. 153–162, Zitat auf Seite 159.

112 Tagebuch, 18. Juni 1907.

113 Ebd., 3. November 1909, 22.–23. November 1909 und 2.–8. März 1910; sowie Heinrich Class, *Wider den Strom. Vom Werden und Wachsen der nationalen Opposition im alten Reich,* Leipzig 1932, S. 219. Zur Walfangfrage siehe Stinnes an Deters, 18. Juli 1912, NL Else Stinnes.

114 Brief von Oppersdorff, 28. Februar 1909, Knupe an Stinnes, 3. März und Antwortschreiben an Oppersdorff, 6. März 1909, ACDP, I–220, 214/3.

115 Briefwechsel zwischen Stinnes und Deters, sowie zwischen Stinnes und Ferguson, Ende August 1911; Rundschreiben an unsere Herren Kapitäne (unterschrieben von Deters), 10. September 1911, ebd., 262/3.

116 Stinnes an Deters, 28. August 1911, ebd.

117 Stinnes an Ferguson (Original in englischer Sprache), 8. September 1911, ebd.

118 Zu den Verkäufen an Rußland und die russische Marine siehe den Briefwechsel von 1910–1911 in ebd., 190/2.

119 Siehe Dokumente in ebd., 262/3, vor allem Deters an Stinnes, 5. November 1912, Ferguson an Deters, 11. November 1912, sowie Rundschreiben an unsere Herren Kapitäne, 20. November 1914.

120 Siehe Briefwechsel zwischen Deters und Stinnes, Dezember 1911 bis Februar 1912, ebd.

121 Thiel an den Kriegsminister, 6. Dezember 1913, ebd., 158/2; Stinnes an Schwann, 16. November 1912, NL Else Stinnes.

122 Siehe zu diesen Punkten Thomas Nipperdey, *Deutsche Geschichte 1866–1918. Bd. II. Machtstaat vor der Demokratie,* München 1992, S. 674ff.; sowie Hartmut Pogge von Strandmann, «Rathenau, die

Gebrüder Mannesmann und die Vorgeschichte der Zweiten Marokkokrise» in: Imanuel Geiss, Bernd Jürgen Wendt (Hrsg.), *Deutschland in der Weltpolitik des 19. und 20. Jahrhunderts,* Düsseldorf 1974, S. 251–70.

123 Stinnes an die Schriftleitung der Rheinisch-Westfälischen Zeitung, 5. November 1911, NL Else Stinnes.

124 Zu dieser Unterredung und den Zitaten siehe Class, *Wider den Strom,* S. 216–19.

125 Hugo an Cläre Stinnes, 12. Juli 1913, ACDP, I–220, 294/5.

126 Nach dem Zweiten Weltkrieg äußerten Hugo Stinnes jun. in einem Memorandum vom 24. September 1947 und Cläre Stinnes in einem Memorandum vom 3. Dezember 1947 Zweifel an der Richtigkeit von Class' Bericht. Beide Dokumente finden sich im NL Else Stinnes. In ersterem kam das Thema im Zusammenhang mit Entnazifizierungsmaßnahmen zur Sprache und hatte, wie Hugo Stinnes jun. richtig betonte, mit seiner eigenen Situation wenig zu tun. Es deutet jedoch alles darauf hin, daß der Grundtenor in Class' Bericht über seine Begegnungen mit Stinnes richtig wiedergegeben ist, und es kann Stinnes eigentlich nur zur Ehre gereichen, daß Class nicht viel von seinem politischen Scharfblick hielt. Die hier wiedergegebene Interpretation deckt sich mit der von Hans Jaeger, *Unternehmer in der deutschen Politik,* S. 137ff., 197, und mit der einen weiteren Kontext umfassenden Analyse des Unternehmertums in Carl Strikwerda, «The Troubled Origins of European Economic Integration: International Iron and Steel and Labor Migration in the Era of World War I» in: *American Historical Review* 98, Oktober 1993, S. 1106–42. Darin weist Strikwerda zurecht darauf hin (S. 1140), daß Stinnes' Bemerkungen zu Class sowohl von Hans Gatzke, *Germany's Drive to the West. A Study of Germany's Western Aims during the First World War,* Baltimore 1966, S. 37, als auch von John Gillingham, *Coal, Steel, and the Rebirth of Europe 1945–1955; The Germans and French from Ruhr Conflict to Economic Community,* Cambridge 1991, S. 11, falsch wiedergegeben und interpretiert wurden. Selbst wenn Hugenberg und vielleicht auch Class Stinnes' Bedenken gegen die außenpolitische Haltung des Verbands darauf zurückführten, daß dieser im Besitz von Erzgruben in Frankreich war, sollte man diese Argumentation nicht unbesehen übernehmen, wie es scheinbar der Fall ist bei Roger Chickering, *We Men who Feel Most German. A Cultural Study of the Pan-German League 1886–1914,* Boston 1984, S. 228. Darin führt Chickering aus, daß Kirdorf und Hugenberg überzeugte Anhänger des Alldeutschen Verbands waren, wie wir aber wissen, verfügten sowohl die GBAG als auch der Krupp-Konzern über ähnliche Beteiligungen in Frankreich.

127 *FZ,* 30. Oktober 1911, Nr. 301, S. 4.

128 Stinnes an Eigenbrodt, 22. Januar 1914, ACDP, I–220, 068/7. Zu den Statistiken siehe Feldenkirchen, *Die Eisen- und Stahlindustrie des Ruhrgebiets,* Tabellen 11–16, und *Statistisches Jahrbuch des deutschen Reiches,* Berlin 1914.

129 Eine gute Abhandlung zu dem Thema findet sich in Jacques Maas, «August Thyssen und die luxemburgische Minenkonzessionsaffäre von 1912» in: *900 Jahre Mülheim,* S. 433–66. Siehe auch Treue, *Die Feuer verlöschen nie,* S. 79–91 und 114–19.

130 Eigenbrodt an Stinnes, 4. April 1911, ACDP, I–220, 219/2; Eigenbrodt an Mayrisch, 6. Januar 1912, ebd., 058/4; Eigenbrodt an Stinnes, 30. März 1912, 3. April 1912, ebd., 219/3; Eigenbrodt an Stinnes, 25. September 1912, ebd., 221/2. Siehe auch Briefwechsel zwischen Stinnes und Kirdorf von 1910, NL Else Stinnes, Ordner Deutsch-Luxemburg, Mappe 7.

131 Eigenbrodt an Stinnes, 14. September 1911, ACDP, I–220, 204/5.

132 Stinnes an Sinner, 25. Oktober 1911, und weitere diesbezügliche Korrespondenz, ebd., 219/3.

133 Briefwechsel zwischen Stinnes und Steffens, sowie mit Eigenbrodt Anfang des Jahres 1910, Bericht von Feldes, 6. Oktober 1912, und Liste der übertragenen

Anteile, 1910–1913, ebd., 215/4. Zu den Saintignon-Vorgängen siehe ebd., 221/2.

134 Deutsch-Luxemburg an Stinnes, 23. Juni 1914, ebd., 068/7. An gleicher Stelle findet sich eine undatierte, aber offensichtlich Ende 1912 oder Anfang 1913 erstellte Liste der ausländischen Erzanteile von Deutsch-Luxemburg. Zu den Plänen zum Ausbau des Hafens von Caen siehe Protokoll vom 1. März 1913, ebd., 221/2. Die beste Darstellung der deutschen Übernahmeaktivitäten in Briey-Longwy und in der Normandie liefert M. Ungeheuer, «Die industriellen Interessen Deutschlands in Frankreich vor Ausbruch des Krieges» in *Technik und Wirtschaft* 9, 1916, S. 158–72 und 220–33.

135 Siehe Korrespondenz im NL Else Stinnes, Ordner Deutsch-Luxemburg, Mappe 7, und ACDP, I–220, 233/3.

136 Union an Stinnes, 27. August 1910, und Antwortschreiben von Stinnes, 31. August 1910, ebd., 077/6.

137 Diesbezügliche Korrespondenz im NL Else Stinnes, Ordner Deutsch-Luxemburg, Mappe 24; siehe auch Eigenbrodt an Stinnes, 7. Juli 1913, ACDP, I–220, 221/2.

138 Stinnes an Klönne, 11. September 1912; Stinnes an Eigenbrodt, 17. September 1912; Bericht von Wenzel, 18. September 1912, ebd.

139 Stinnes an Deutsch-Luxemburg, 8. Juni 1914, dieser und weitere wichtige Briefe zwischen Februar und Juli 1914 zum Thema, ebd., 275/3.

140 Stinnes an Deutsch-Luxemburg, 10. Juni 1914, ebd.

141 Deutsch-Luxemburg an Stinnes, 21. Juli 1914, Briefwechsel vom 14. Juni 1914 mit Stinnes und Protokolle der Gesprächssitzungen mit den Banken und dem Auswärtigen Amt, ebd.

142 Stinnes an Warburg, 14. November 1912, NL Else Stinnes, Ordner Deutsch-Luxemburg, Mappe 24.

143 Siehe Berichte von Köthe über seine Balkanreisen vom 23. März 1914 (Serbien) und vom 25. März 1914 (Bulgarien), ACDP, I–220, 221/2.

144 Hugo an Cläre Stinnes, 14. April 1914, ebd., 294/5.

145 Stinnes an die Deutsche Bank, 26. Februar 1914, NL Else Stinnes.

146 Stinnes an Bethmann Hollweg, 26. Februar 1914, ebd., undatierter Bericht von Thomas an Stinnes für dessen Besuch beim Reichskanzler am 5. März 1914, ACDP, I–220, 300/5; zu Stinnes' Gesprächen mit der Deutschen Bank siehe HADB, OR 1026. Zu den Verhandlungen siehe R. Poidevin, *Les rélations économique et financières entre la France et l'Allgemagne de 1898 à 1914*, Paris 1969, S. 695.

147 Hugo an Cläre Stinnes, 18. April 1914, ACDP, I–220, 294/5. Siehe auch Weitz' Dankschreiben vom 17. April 1914.

148 In den von den US-National Archives auf Mikrofilm aufgenommenen Akten des deutschen Außenministeriums findet sich ein kleiner Nachlaß, der biografische Informationen über Weitz enthält; Mikrokopie T–291, Film 4, Bilder 368–72.

149 Auszüge aus Niemöllers Tagebucheintragungen über Stinnes' Besuch finden sich in ACDP, I–220, 307.

150 Stinnes an Ferguson, 13. Dezember 1912, NL Else Stinnes.

151 Stinnes an den Hauptschriftleiter der Rheinisch-Westfälischen Zeitung, 12. Februar 1912, NL Else Stinnes.

152 Siehe Reinhold Zilch, «Zum Plan einer Zwangsregulierung im deutschen Bankwesen vor dem ersten Weltkrieg und zu seinen Ursachen. Dokumentation», in B. A. Aisin und W. Gutsche (Hrsg.), *Forschungsergebnisse zur Geschichte des deutschen Imperialismus vor 1917*, Berlin 1980, S. 229–56. Zu den Bemühungen der Bankiers, in der Industrie gegen die neue Politik mobil zu machen, siehe Gwinner an Walter Bürhaus, 22. Juli 1914, HADB, S. 83.

153 Stinnes an Henke, 18. Juli 1914, ACDP, I–220, 294/2.

154 Stinnes an von Klitzing, 10. Dezember 1912, NL Else Stinnes.

155 Hugo an Cläre Stinnes, 7. Juli 1913, ACDP, I–220, 294/5.

156 Memoiren von Clärenore Söderström, ebd., 313.

157 Hugo Stinnes an Hugo Stinnes Jun., 21. Juni 1908, Privatbesitz.
158 Hugo Stinnes an Bü, 24. Juni 1908, ebd.
159 Aus einem Brief von Elly Knapp vom 4. März 1907, in dem sie über ihren Besuch in Mülheim und ihre Begegnung mit Stinnes berichtet. Hermann Rudolph (Hrsg.), *Theodor Heuss – Elly Knapp. So bist Du mir Heimat geworden. Eine Liebesgeschichte in Briefen aus dem Anfang des Jahrhunderts,* Stuttgart 1986, S. 159.
160 NL Else Stinnes.
161 Hugo Stinnes Senior an Edmund und Hugo Stinnes jun., 3. September 1913, ebd.
162 Stinnes an Hugo jun., 16. Juli 1914; dieser Brief und weitere Korrespondenz zwischen beiden im Privatbesitz. Siehe auch Hugo jun. an seine Eltern, 9. Juni 1914, ACDP, I–220, 299/1, und seine Reiseberichte, ebd.
163 Stinnes an Hugo jun., 16. Juli 1914, Privatbesitz.
164 Stinnes aus Karlsbad an Weitz, 6. Juni 1914, NL Weitz, NA, Mikrokopie T–291, Film 5, Bilder 1–3 für dieses und die folgenden Zitate.
165 Stinnes an Helfferich, 6. Juni 1914, ebd., Bild 6.
166 Marescalchi an Stinnes, 26. Mai 1914, ebd., Bild 4.
167 Hugo Jun. an seine Eltern, 22. Juli 1914, ACDP, I–220, 299/1; und Stinnes Seniors ausführlicher Brief über die Syndikatsfrage vom 22. Juni 1914, Privatbesitz.
168 Hugo jun. an seine Eltern, 26. Juli 1914, ebd.
169 Thomas an Hugo Stinnes jun., 28. Juli 1914, ACDP, I–220, 302/4.
170 Fehrmann an Stinnes, 27. Juli 1914, NL Else Stinnes, Mappe 29, Peltenburg.
171 Fehrmann an Geheimrat Fleitmann, 2. November 1914, ACDP, I–220, 269/3.

VI. Hugo Stinnes und der Krieg: Politik und Geschäfte

1 Clärenore Stinnes, Memoiren, ACDP, I–220, 313, S. 63
2 Hugo sen. an Hugo Stinnes jun., 4. Juli 1916, Privatbesitz.
3 Bericht Sellges vom 21.–22. August 1914, ACDP, I–220, 065/2.
4 Direktor Götz, Bericht vom 22. August 1914, ebd.
5 Stinnes an Plassmann, 18. August 1914, ebd., 177/1.
6 Stinnes an Plassmann, 21. August 1914, in Reaktion auf Plassmann an Stinnes, 20. August 1914, ebd.
7 Stinnes an WASAG, 2. August 1914, ebd., 249/1. Zur Papiergeldfrage siehe Deutsch-Luxemburg an Stinnes, 9. Juli 1913, ebd. 064/2.
8 WASAG an Stinnes, 8. August 1914; Stinnes an WASAG, 12. August 1914, ebd., 249/1.
9 WASAG an Stinnes, 22. August 1914; Stinnes an WASAG, 24. August 1914, ebd.
10 Stinnes an RWE, 3. August 1914, ebd., 158/1.
11 Siehe die Korrespondenz zwischen Thiel und Klönne, 7.–11. September 1914, ebd., 159/3, sowie zwischen Stinnes, Thyssen und Klönne, 19.–22. September 1914, ebd., 158/2.
12 Stinnes an Differdingen, 31. Oktober 1914, ebd., 065/1; Eigenbrodt an Stinnes, 7. November und 13. November 1914, ebd., 065/2.
13 Eine erschöpfende Arbeit über die wirtschaftliche Mobilmachung ist Gerald D. Feldman, *Army, Industry and Labor in Germany, 1914–1918,* Princeton 1966. Siehe auch Gerald D. Feldman, *Iron and Steel in the German Inflation, 1916–1923,* Princeton 1977, Kap. I, sowie Gerald D. Feldman, *The Great Disorder: Politics, Economics, and Society in Germany, 1914–1923,* Oxford und New York 1993, Kap. I und II.
14 Hugo an Edmund Stinnes, 28./29. Juli 1915, NL Else Stinnes; siehe auch Stinnes an Clement, 19. April 1915, ACDP, I–220, 038/3.

15 Hugo an Edmund Stinnes, 19. September 1915, NL Else Stinnes.
16 Erneuerungsausschuß, 18. September 1914 und 19. Oktober 1914, Bergbau-Archiv, 33/76.
17 Protokoll der Besprechung vom 23. Januar 1915, ebd.
18 Stinnes an Deutsch-Luxemburg und den MBV, 7. August 1914, ACDP, I–220, 190/3.
19 Hugo an Edmund Stinnes, 22. September 1914, NL Else Stinnes. Zu dieser Versammlung siehe auch Rasch, *Geschichte des Kaiser-Wilhelm-Instituts*, S. 63ff.
20 Protokoll der Aufsichtsratssitzung vom 26. September 1914, ACDP, I–220, 122/4.
21 WASAG an Stinnes, 25. September 1914, Stinnes an WASAG, 28. September 1914, ebd., 248/1.
22 RWE an Stinnes, 12. Dezember 1914, ebd., 269/2.
23 Sitzungsprotokoll Düsseldorf, 9. Dezember 1914, ebd., 036/3.
24 Zum gesamten Komplex und Instrumentarium der Ernährungspolitik in den Kriegsjahren siehe Martin Schumacher, *Land und Politik. Eine Untersuchung über politische Parteien und agrarische Interessen,* Düsseldorf 1978, Kap. I, Jens Flemming, *Landwirtschaftliche Interessen und Demokratie, ländliche Gesellschaft, Agrarverbände und Staat, 1890 bis 1925,* Bonn 1978, Kap. II, sowie das ältere Standardwerk von August Skalweit, *Die deutsche Kriegsernährungswirtschaft,* Stuttgart 1927.
25 Hugo an Edmund Stinnes, 21. August und 22. September 1914, NL Else Stinnes.
26 Class, *Wider den Strom,* S. 327f, 354f; Gatzke, *Germany's Drive to the West,* S. 40ff. Die verläßlichste Arbeit über das Thema Kriegsziele ist Georges Henri Soutou, *L'or et le sang. Les buts de guerre économiques de la première guerre mondiale.* Paris 1989. Siehe auch Fritz Fischer, *Griff nach der Weltmacht.*
27 Class, *Wider den Strom,* S. 328.
28 Aktennotiz Hugo Stinnes jun., 24. September 1947, NL Else Stinnes.
29 Stinnes an Clemen, 3. April 1915, ACDP, I–220, 038/3.
30 Class, *Wider den Strom,* S. 328f.
31 Board of Trade, Anweisung vom 8. August 1916, PRO B731/21598/13007.
32 Hugo jun. an Hugo sen., 13. März und 14. März 1916, Privatbesitz.
33 Eingereicht wurde die Beschwerde im Februar 1915 von der Erzstudien-Gesellschaft im Namen der betroffenen Unternehmen; ACDP, I–220, 068/7.
34 Aufzeichnungen über die Sitzung des Unterausschusses des Kriegsausschusses der deutschen Industrie am 7. November 1914, BA, Reichskanzlei, Krieg 1914, Nr. 2442/10, Bl. 57ff.
35 Schumacher, Denkschrift vom September/Oktober 1914, ebd., Nr. 2442/12, Bl. 60–91. Eine ausgezeichnete Analyse dieses Dokuments liefert Soutou, *L'or et le sang,* S. 60–65.
36 Stinnes an Zimmermann, 19. November 1914, zitiert nach André Scherer und Jacques Grunewald (Hrsg.), *L'Allemagne et les problèmes de la paix pendant la première guerre mondiale, documents extraits de l'Office allemand des affaires étrangères,* 4 Bde., Paris 1962–78, Bd. I, S. 16–19 (Zitat auf S. 16).
37 Stinnes an Quidde, 31. August 1915, ACDP, I–220, A2384.
38 Anhang Nr. 17 zum Bericht des Generals von Gayl vom 23. Juni 1915, BA, Reichskanzlei, Krieg 1914, Nr. 2442–12, Bl. 215ff.
39 Clemen an Stinnes, 31. März 1915, ACDP, I–220, 038/3.
40 Stinnes an Clemen, 3. April 1915, ebd.
41 Clemen an Stinnes, 31. März und 17. April 1915, ebd.
42 Hugo jun. an Hugo Stinnes sen., 26. April 1915, ebd., 295/1.
43 Hugo jun. an Hugo Stinnes sen., 6. März und 1. April 1915, ebd.
44 Stinnes an Hugenberg, 7. Juni 1915, ebd., A2384.
45 Hugo an Edmund Stinnes, 21. Mai 1915, NL Else Stinnes.
46 Wahnschaffe an Valentini, 29. Juni 1915, BA, Reichskanzlei, Krieg 1914–1918, Nr. 2442/12, Bl. 301–3.
47 Stinnes an Bethmann, 19. Juli 1915, BA, NL Rechberg, Nr. 63.
48 Hugo Stinnes jun., «Meine Reise an die

Front zu Edmund mit Papa», ACDP, I–220, 295/1. Aufgrund immanenter Anhaltspunkte läßt sich diese Reise auf August 1915 datieren.

49 Siehe die zahlreichen Telegramme Erzbergers an Stinnes und seine Anfrage an ihn vom 21. August 1914, ebd., 028/1. Zu Erzberger siehe Klaus Epstein, *Matthias Erzberger and the Dilemma of German Democracy,* Princeton 1959, S. 96–108.

50 Siehe Young, *Harden,* S. 188f., und Epstein, *Erzberger,* S. 118–40.

51 Frau Hugo Stinnes sen. an Maximilian Harden, 15. Dezember 1914, BA, NL Harden, Bd. 34, Bl. 11–12; aus dieser Quelle schöpft auch die nachfolgende Darstellung. Der Brief von Harden an sie ist nicht mehr vorhanden.

52 Bericht vom 27. Oktober 1914, ACDP, I–220, 047/2.

53 Bülow an Stinnes, 24. Januar 1915, ebd.

54 Stinnes, Notizen, 5.–11. Februar 1915, ebd.

55 Stinnes an Auswärtiges Amt, o. J.; Sonnino an Legationsrat Hindenburg, 11. Februar 1915; Stinnes, Notizen, 12. Februar 1915; Stinnes an Bülow, 18. Februar 1915; Stinnes, Bericht vom 3. März 1915, ebd.

56 Stinnes, Bericht vom 3. März 1915, ebd.

57 Ludwig Roselius, «Um die Früchte seiner Siege zu gewinnen, braucht Deutschland Frieden mit England», Denkschrift, ebd., 036/4. Roselius war ein Anhänger von Houston Steward Chamberlain und hatte eine Neigung zu Mystizismus und nordischen Mythen, förderte aber auch die Künste und machte sich später um die Gestaltung der Böttcherstraße in Bremen verdient. Er verkörperte eine seltsame Mischung aus Freihändlertum und alldeutschem Sendungsbewußtsein und neigte unglücklicherweise dazu, seine Meinung zu jedwedem aktuellen Thema öffentlich kundzutun. Siehe Ludwig Roselius, *Briefe und Schriften zu Deutschlands Erneuerung,* Oldenburg 1933.

58 Die Einladung zur Zusammenkunft von 17. Juli 1915 und der Bericht über ihren Verlauf finden sich in ACDP, I–220, 036/4.

59 Hugo an Edmund Stinnes, 12. Juli 1915, NL Else Stinnes. Zur Strategie Falkenhayns und seinen Kriegszielen siehe Holger Afflerbach, *Falkenhayn. Politisches Denken und Handeln im Kaiserreich,* München 1994, S. 294–316.

60 Hugo an Edmund Stinnes, 18.–19. August 1915, NL Else Stinnes.

61 Roselius, Bericht über die Zusammenkunft vom 7. August 1915 und Denkschrift «Belgien muß sofort annektiert werden», ACDP, I–220, 036/4. Stinnes wies Roselius in einem Schreiben vom 19. August 1915 darauf hin, daß die Aussage, die Erzvorkommen in den zu annektierenden Gebieten würden für 800 Jahre reichen, korrigiert werden müsse. Es seien lediglich 200 Jahre. Am 7. Oktober 1915 übersandte er ihm weitere Informationen zu den Kohlenreserven Belgiens. Siehe auch Roselius, Denkschrift vom 18. November 1916, ebd.

62 Stinnes an Clemen, 19. April 1914, ebd., 038/1. Zum Arbeitsausschuß Mitteleuropa siehe Felix Somary, *The Raven of Zürich. The Memoirs of Felix Somary,* London und New York 1986, S. 99–102; siehe auch die Korrespondenz zwischen Somary und Stinnes sowie die Papiere des Arbeitsausschusses in ACDP, I–220, 015/2.

63 Stinnes an Hugenberg, 15. Mai 1916, ebd..

64 Zu den nachrichtendienstlichen Aktivitäten von Stinnes und Fehrmann siehe die Aussage Stinnes' vor dem Zweiten Reichstagsausschuß zur Untersuchung der Ursachen des deutschen Zusammenbruchs. 6. Juli 1923 ebd., 033/1. Weitere Arbeiten, die die deutschen Friedenssondierungen nach Japan darstellen und deuten, sind Erwin Hölzle, «Deutschland und die Wegscheide des Ersten Weltkriegs», in Martin Göhring und Alexander Scharff, *Geschichtliche Kräfte und Entscheidungen. Festschrift zum Fünfundsechzigsten Geburtstage von Otto Becker,* Wiesbaden 1954, S. 266–85; Fritz Fischer, *Griff nach der Weltmacht,* S. 278–88; sowie – die beste Aufarbeitung des Aspekts – Akira Hayashima, *Die Illusion des Sonderfriedens. Deut-*

sche Verständigungspolitik mit Japan im Ersten Weltkrieg, München und Wien 1982.

65 Über Vorgeschichte und Verlauf dieser Gespräche wurde Cläre Stinnes am 4. Februar 1954 durch Fehrmann unterrichtet. Siehe NL Else Stinnes.

66 Aufschlußreich sind hier die Darlegungen Hayashimas in *Die Illusion des Sonderfriedens,* S. 47–52. Anders als die deutschen Historiker konnte Hayashima auf japanische Quellen zurückgreifen, Quellen, die die Deutungen der deutschen Geschichtsschreibung stark relativieren.

67 Eine Abschrift des Stinnesschen Berichts an Bethmann Hollweg vom 30. März 1916 findet sich in ACDP, I–220, 033/2. Abgedruckt ist der Bericht in Scherer & Grunewald, *L'Allemagne et les problèmes de la paix,* Bd. I, S. 290ff.

68 Ebd., S. 292.

69 Stinnes, Bericht an Bethmann, 1. April 1916, ebd., S. 294f. und ACDP, I–220, 033/2.

70 Stinnes an Helfferich, 30. März 1916, ebd.

71 Stinnes an Lucius, 9. April 1916, ebd.

72 Stinnes an Fehrmann, 6. April 1916, ebd.

73 Hugo jun. an Hugo Stinnes sen., 15. April 1916, ebd., 299/1.

74 Stinnes an Ludendorff, 9. April 1916, ebd.

75 Ebd., 033/2: Stinnes an Bethmann, 23. April 1916, Lucius an Auswärtiges Amt, 6. und 7. Mai 1916, Jagow an Lucius, 7. Mai 1916, Kemnitz, Aktennotiz vom 8. Mai 1916, Bericht Lucius an Bethmann Hollweg über die Unterredung zwischen Stinnes und Uchida am 6. Mai 1916, alles abgedruckt in Scherer & Grunewald, *L'Allemagne et les problèmes de la paix,* Bd. I, S. 307f, 320ff., 327ff.

76 Jagow an Lucius, 8. Mai 1916, ebd., S. 325f.

77 Stinnes an Zimmermann, 17. Juni 1916, ebd., S. 370–3.

78 Stinnes an Carl Henke, 12. Juni 1916, ACDP, I–220, 249/2.

79 Fehrmann an Stinnes, 10. Mai 1916, ebd., 033/2.

80 Stinnes, Aktennotizen vom 14. Mai 1916 über seine Gespräche mit Zimmermann am 4. Mai sowie mit Bethmann, Jagow, Helfferich und Zimmermann am 11. Mai 1916, ebd.

81 Ebd.

82 Stinnes, Aussage vor dem Reichstags-Unterausschuß, 6. Juli 1923, ebd., 033/1.

83 Stinnes an Ludendorff, Juni 1916 [Tag unleserlich], ebd., 040/12.

84 Stinnes, Gedächtnisprotokoll vom 14. Mai über Unterredung mit Bethmann und Helfferich am 11. Mai 1916, ebd., 033/2.

85 Stinnes an von Einem, 1. August 1916, ebd., 299/1.

86 Stinnes an Carl Henke, 12. Juni 1916, ebd., 249/2.

87 Hugo an Edmund Stinnes, 20. Juli 1916, NL Else Stinnes.

88 Vögler an Stinnes, 15. August 1916, ACDP, I–220, 267/5.

89 Hugo an Cläre Stinnes, 13. August 1916, ebd., 299/1.

90 Hugo an Edmund Stinnes, 7. September 1916, NL Else Stinnes.

91 Hugo sen. an Hugo Stinnes jun., 9. Oktober 1916, Privatbesitz.

92 Stinnes an Ludendorff, 28./30. Oktober 1916, ACDP, I–220, 040/2.

93 Hugo an Edmund Stinnes, 19. November 1916, NL Else Stinnes.

94 Eine Abschrift der vom OHL vorgegebenen Produktionsziffern findet sich in ACDP, I–220, 035/1. Siehe ebd. auch die Anfrage des Krupp-Direktors Gillhausen an Stinnes vom 3. Oktober 1916, in der im Zusammenhang mit diesem Produktionsprogramm diverse technische und arbeitsrechtliche Forderungen aufgeworfen werden. An den wichtigeren Besprechungen zur Umsetzung des Programms nahm zumeist Vögler als Repräsentant von Deutsch-Luxemburg teil.

95 Siehe Ulrich Herbert, *A History of Foreign Labor in Germany, 1880–1980. Seasonal Workers/Forced Laborers/Guest Workers, Ann Arbor 1990,* Kap. 2, insbesondere S. 104. Siehe auch Friedrich Zunkel, «Die ausländischen Arbeiter in der deutschen Kriegswirtschaft des Er-

sten Weltkrieges», in Gerhard A. Ritter (Hrsg.), *Entstehung und Wandel der modernen Gesellschaft. Festschrift für Hans Rosenberg zum 65. Geburtstag,* Berlin 1970, S. 285–304.

96 Stinnes an Ludendorff, 28./30. Oktober 1916, ACDP, I–220, 040/2.

97 Freiherr von Bissing, Bericht vom 13. Februar 1917, BA, R85, Bd. 4025.

98 Hugo sen. an Hugo Stinnes jun., 9. Oktober 1916, Privatbesitz.

99 Stinnes an Ludendorff, 28./30. Oktober 1916, ACDP, I–220, 040/2.

100 Siehe Hugo an Edmund Stinnes, 19. November 1916, NL Else Stinnes.

101 Treffen von Wirtschaftsführern am 27. August 1915, ACDP, I–220, 030/4. Stinnes hielt es für eine gute Idee, das Kriegsamt auch in Friedenszeiten weiter bestehen zu lassen; siehe Kriegsausschuß der Deutschen Industrie an Stinnes, 1. November 1916; siehe auch dessen Antwortschreiben vom 10. November 1916, ebd., A2384.

102 Hugo an Edmund Stinnes, 19. November 1916, NL Else Stinnes.

103 Zu diesem Friedensangebot siehe Soutou, *L'or et le sang,* S. 379–87, sowie Ernest R. May, *The World War and American Isolation 1914–1917,* Chicago 1959, S. 387–415.

104 Stinnes an Ludendorff, 23. Dezember 1916, ACDP, I–200, 300/7.

105 Stinnes an S. W. Forsberg, 3. Dezember 1914, ebd., 268/2; Forsberg an Stinnes, 7. Oktober 1915, ebd., 269/3. In Teilen beruht die vorliegende Darstellung auf der sehr informativen Materialsammlung der Firma Mathias Stinnes in Hamburg.

106 Siehe NA, RG 131, E–195, Box 68. Siehe dazu auch die Korrespondenz Stinnes' mit den Marinebehörden in Konstantinopel im Oktober/November 1914, ACDP, I–220, 272/1. Siehe auch Ulrich Trumpener, *Germany and the Ottoman Empire, 1914–1918,* Princeton 1968, S. 25–63.

107 Fehrmann an Stinnes, 23. November 1915, ACDP, I–220, 296/2.

108 Die geschäftliche Verbindung zwischen Hugo jun. und Jensen währte dreißig Jahre; sowohl Hugo jun. als auch sein Bruder Ernst heirateten Töchter Jensens. Aus Gründen, auf die weiter unten eingegangen wird, interessierte sich die US-Regierung sehr stark für die Aktivitäten Jensens nach beiden Weltkriegen. Siehe dazu NA, RG 260, Box 601, sowie RG 131, Box 1, Eintragung E–7.

109 Edmund Wagenknecht jun. an Stinnes, 18. Februar 1915; Stinnes an Auswärtiges Amt, 20. Februar 1915; Fehrmann (aus Kopenhagen) an Stinnes, 14. April 1915, ACDP, I–220, 269/2.

110 Stinnes an Auswärtiges Amt, 15. April und 26. April 1915, ebd. Es ist im übrigen durchaus wahrscheinlich, daß Stinnes Jensen in seinen Kupferschmuggelplänen bestärkte, denn als der Bankier von Klitzing Stinnes in einem Brief vom 29. Januar 1915 wissen ließ, er habe Kontakt zu schwedischen Firmen, von denen man Kupfer bekommen könne, zeigte Stinnes brennendes Interesse. Hierzu und zu seinem Konflikt mit Brockdorff-Rantzau siehe ebd., 265/2. Zu den amerikanischen Partnerfirmen siehe diverse Dossiers in NA, RG 131, E–195, Box 68. Siehe auch Hugo Sr. an Hugo Stinnes jun., 13. Dezember 1915, Privatbesitz.

111 Siehe dazu die ausgezeichnete Darstellung von Peter Wulf, «Schwerindustrie und Seeschiffahrt nach dem Ersten Weltkrieg: Hugo Stinnes und die HAPAG», in *Vierteljahrsschrift für Sozial- und Wirtschaftsgeschichte,* Nr. 67, 1980, S. 1 bis 21; die nachfolgenden Ausführungen stützen sich wesentlich auf diese Arbeit. Zu Ballin siehe Bernhard Huldermann, *Albert Ballin,* Oldenburg und Berlin 1922, sowie Lamar Cecil, *Albert Ballin. Business and Politics in Imperial Germany, 1888–1918,* Princeton 1967.

112 Siehe die Analyse der Zukunftsaussichten Emdens vom 19. April 1915, ACDP, I–220, 235/1; siehe auch Stinnes an Ballin, 15. Mai 1916, ebd., 237/3.

113 Zitiert nach Wulf, VSWG, 1980, S. 7.

114 Hugo jun. an «Minne», 1. April 1916, ACDP, I–220, 199/1.

115 Stinnes an Ballin, 7. September 1916, in Reaktion auf Ballins Überlegungen vom 5. September 1916, ebd., 266/2. Stinnes hatte 4,39 Millionen Mark in HAPAG-

Aktien investiert; die meisten davon verwalteten die Disconto-Gesellschaft und die Deutsche Bank für ihn. Siehe Thomas an Deters, 26. September 1916, ACDP, ebd., 295/6.

116 Hugo an Edmund Stinnes, 7. September 1916, NL Else Stinnes.

117 Paul Ufermann und Carl Hüglin, *Stinnes und seine Konzerne,* Berlin 1924, S. 10. Eine aufschlußreiche Darlegung der Zwecke und Aufgaben der AG findet sich in einer «Aktennotiz» von Hugo jun. vom 1. Mai 1949, ACDP, I–220, 1105.

118 Hugo an Edmund Stinnes, 30. März 1918, NL Else Stinnes.

119 Urbig an Stinnes, 19. April 1915, ACDP, I–220, 218/3.

120 Stinnes an Urbig, 20. April 1915, ebd.

121 Stinnes an Ballauf, 24. Februar 1915, in Beantwortung von Ballaufs Brief von 18. Februar 1915, ebd., 218/2.

122 Stinnes an Joseph Ante, 20. August 1915, ebd.; Stinnes an von Klitzing, 16. September 1915, sowie an Liesel Knips-Müller, 22. Januar 1915, ebd., 218/3.

123 Rundschreiben der Schutzvereinigung vom September 1916; die Resolutionsentwürfe und die einschlägige Korrespondenz finden sich in ebd., 076/1.

124 Stellungnahme Stinnes, 28. Oktober 1916 für die Aktionärsversammlung Deutsch-Luxemburg vom 31. Oktober 1916, ebd.

125 Stinnes an die *Rheinisch-Westfälische Zeitung,* 4. November 1916, ebd.

126 Ingrid Bauert-Keetman, unveröffentlichte Biographie Albert Vöglers, Thyssen-Archiv, Duisburg, S. 46. Diese Arbeit ist wesentlich besser als die eher dünne und ehrfurchtsvolle Biographie von Gerd von Klass, *Albert Vögler. Einer der Großen des Ruhrreviers,* Tübingen 1957.

127 Deutsch-Luxemburg, Protokoll der Aufsichtsratssitzung vom 26. September 1916, ACDP, I–220, 098/4, sowie die bereits früher zitierten Berichte über die Aktionärsversammlung, ebd., 287/3.

128 Zur Korrespondenz zwischen Stinnes und Deutscher Kaiser im November-Dezember 1915 siehe Bergbau-Archiv, 55/284. Zur Gründung der Karlinger Kohlenhandelsgesellschaft siehe Deutsch-Luxemburg, Protokoll der Aufsichtsratssitzung vom 28. Juli 1916, ACDP, I–220, 098/4 sowie vom 31. Oktober 1916, ebd., 267/5. Siehe auch Stinnes an von Klitzing, 4. September 1916, ebd., 218/3, und von Klitzing an Stinnes, 7. Dezember 1916, ebd., 202/3, sowie Stinnes an Urbig, 27. Oktober 1916, ebd., 202/4.

129 Stinnes an den Vorsitzenden der Bergwerks-Direktion, 16. August 1916, ebd., 103/3.

130 Deutsch-Luxemburg, Aufsichtsratssitzung vom 10. Mai 1918, ebd., 098/4.

131 Joly, «Flugzeug und Flugzeugindustrie», 17. November 1916, ebd., 223/6.

132 Ebd., Randbemerkung vom 20. November 1916.

133 Vögler an Stinnes, 16. Dezember 1916, ebd. Eine gute einführende Arbeit hierzu ist John H. Morrow, *German Air Power in World War I,* Lincoln (Nebraska) und London 1982.

134 Joly an Stinnes, 27. Februar 1917, ACDP, I–220, 223/6.

135 Hugo an Edmund Stinnes, 7. März 1917, NL Else Stinnes.

136 Siehe Vögler an Stinnes, 19. Juni 1917, sowie die übrige Korrespondenz, ebd. Zur Fusion Fokker-Junkers siehe Morrow, *German Air Power,* S. 105 f.

137 Edmund Stinnes an Vögler, 25. Juli 1917, Vögler an Stinnes sen., 8. August 1917, ACDP, I–220, 223/6.

138 Joly an Stinnes, 14. August 1917; Stinnes an Joly, 18. Oktober 1917, ebd.; Hugo an Edmund Stinnes, 10. Dezember 1917, NL Else Stinnes.

139 Bauert-Keetman, unveröffentlichte Vögler-Biographie, August-Thyssen-Archiv, S. 9 g-h.

140 Stinnes an Vögler, 6. November 1917; siehe auch Joly an Stinnes, 19. August 1917, Wagenführ an Stinnes, 5. November 1917, alle ACDP, I–220, 223/6, sowie Hugo an Edmund Stinnes, 4. November 1917, NL Else Stinnes.

141 Stinnes an Dr. Langenhagen, 24. Dezember 1917, ACDP, I–220, 136/2. Siehe auch Vögler an Stinnes, 29. Oktober 1917, Stinnes an Vögler, 6. November 1917, Stinnes an Aufsichtsrat Deutsch-

Luxemburg, 3. November 1917, ebd., 080/2. Stinnes erklärte sich zur Zahlung von 8,4 Millionen Mark für die Übernahme des Werks bereit, davon 1,2 Millionen unmittelbar aus den eigenen Barreserven; der Rest sollte über eine Periode von zehn Jahren aus Gewinnentnahmen beglichen werden. Am 28. Mai 1918 erwiderte Stinnes auf eine Beschwerde Weitbrechts vom 16. April, Deutsch-Luxemburg hätte die Chance zur Übernahme des Weber-Werkes verpaßt, wenn man vorher die Aktionäre gefragt hätte. Siehe die Korrespondenz, ebd., 076/1.

142 Vögler an Stinnes, ebd., 275/2. Siehe auch Vögler an Stinnes, 16. und 26. November sowie 11. Dezember 1917, Neubur an Stinnes, 3. Dezember 1917, ebd., 223/6.

143 Vögler an Stinnes, 26. November 1917, ebd.; zu den Imperator-Motorenwerken siehe die Korrespondenz in ebd., 275/2, insbesondere Ballin an Stinnes, 30. März 1918. Zu Castiglioni und den Hansa-Werken Brandenburg siehe Morrow, *German Air Power,* S. 169–74.

144 Siehe das Exposé zu den Bayerischen Motorenwerken vom 7. März 1918 sowie Castiglioni an Vögler, 11. März 1918, in ACDP, I–220, 191/5.

145 Vögler an Stinnes, 9. März 1918, NL Else Stinnes, Deutsch-Luxemburg, Mappe 21.

146 Siehe die Dossiers von Dunn & Co. vom 11. März 1918 sowie von der Darmstädter Bank vom 27. März 1918, ebd. Siehe auch Franz Mathis, «Camillo Castiglioni und sein Einfluß auf die österreichische Industrie», in Sabine Weiss (Hrsg.), *Historische Blickpunkte. Festschrift für Johann Rainer, insbesondere Beiträge zur Kulturwissenschaft,* Bd. 25, Innsbruck 1988, S. 423–32.

147 Hugo an Edmund Stinnes, 30. März 1918, NL Else Stinnes.

148 Hugo an Edmund Stinnes, 27. Januar 1918, ebd.

149 Stinnes an Vögler, 8. August 1918, Briefwechsel Vögler-Stinnes, Deutsch-Luxemburg, ebd.. Die einschlägige Korrespondenz läßt sich nachlesen in ACDP, I–220, 191/5.

150 Bericht an Vögler, 25. Oktober 1918, ebd.; Bauert-Keetman, *Vögler-Biographie,* S. 9 i, August-Thyssen-Archiv.

151 Deutsch-Luxemburg, Protokoll der Aufsichtsratssitzung vom 10. Mai 1916, ACDP, I–220, 088/4.

152 Todd, «Electrification», Kap. VI, sowie «Das RWE nach seinen Geschäftsberichten», S. 27ff. liefern gute allgemeine Darstellungen. Siehe auch Direktor Goldenberg, Bericht vom 9. Januar 1917 zur «Leistungsfähigkeit des RWE während der Kriegszeit und seine Bedeutung für die Heeresindustrie», ACDP, I–220, 183/6.

153 Die verwickelte Geschichte der Geschäftsbeziehungen zwischen Stinnes und Wildermann läßt sich anhand der Dokumente in ebd., 113/4, 114/3, 115/2, 115/3 und 238/5 sowie anhand der Ablageordner zum Thema Wildermann-Werke und eines Briefes von Henke an Gerd von Klass vom 9. Dezember 1917 rekonstruieren, letztere im NL Else Stinnes.

154 Siehe dazu die Korrespondenz mit Minoux sowie die Aufsichtsratsprotokolle und Geschäftsberichte ebd. Ein interessanter Artikel vom 10. Februar 1912 im *Rheinisch-Westfälischen Anzeiger,* in dem die gute Arbeit von Minoux im Dienst der Stadt gewürdigt wird (und der Stinnes offenkundig beeindruckte), findet sich in ACDP, I–220, 142/1. Zur Karriere von Minoux siehe auch Johannes Tuchel, *Am Großen Wannsee 56–58. Von der Villa Minoux bis zum Haus der Wannsee-Konferenz,* Berlin 1992, S. 17ff., sowie Felix Pinner (Frank Fassland), *Deutsche Wirtschaftsführer,* Charlottenburg 1924, S. 34–7.

155 Reichsschatzamt an Regierungspräsident Düsseldorf, 8. August 1916, RWE an Stinnes, 17. November 1916, NL Else Stinnes, RWE, Mappe 43. Siehe auch das Gutachten der Firma Giulini von 1919 in Rheinische Braunkohlenwerke, Mappe 37, ebd.

156 Siehe Erftwerk an Reichsschatzamt, 21. September 1917 und die darauf aufbauende Korrespondenz; siehe auch Besprechung über Aluminiumpreise, 1. Januar 1918, ACDP, I–220, 120/4. Zur

Vorgeschichte der Förderung der VAG durch das Reichsschatzamt siehe die Materialien in BA, R2, Bd. 1243 f.

157 Koeth an Stinnes, 26. April 1918; dessen Antwortschreiben vom 28. April 1918, ACDP, I–220, 120/2.

158 Hugo an Edmund Stinnes, 4. November 1917, NL Else Stinnes.

159 Stinnes an Vögler, 10. September 1917, ACDP, I–220, 275/1.

160 Merton an die Direktion der Metallbank, 14. Juli 1917, Metallgesellschaft Frankfurt, Historisches Archiv, Juristische Abteilung.

161 Zu den Verhandlungen über das Syndikat und die Borsigwald-Werke siehe die Korrespondenz ebd. sowie im NL Else Stinnes, Deutsch-Luxemburg, Mappe 25. Siehe auch ACDP, I–220, 275/1. Zum Kauf der Kupferwerke Olpe siehe ebd., 257/4 sowie die Denkschrift von Lueck vom 11. März 1918; siehe auch Metallbank an Lueck, 17. Juni 1918, BA R2, Nr. 1244, Bl. 58f, 105 f.

162 Davidis an Stinnes, 19. Juni 1918; Stinnes an Rieppel, 20. Juni 1918; Rieppel an Stinnes, 25. Juni 1918, ACDP, I–220, 169/1.

163 Stinnes an Spindler, 9. September 1917, ebd., A2379.

164 Stinnes an Hoffmann, 9. Oktober 1917, ebd., 118/1; darin findet sich auch die Korrespondenz zur Übernahme von Riebeck-Anteilen durch Stinnes ab Januar 1917.

165 Stinnes an Hoffmann, 11. Oktober 1918, ebd.

166 Stinnes an Hoffmann, 17. Oktober 1918, ebd.

167 Stinnes sen. an Stinnes jun., 29. Mai 1917, Privatbesitz.

168 Stinnes an Klingenberg, 15. Juni 1917, ACDP, I–220, 198/7.

169 Thomas P. Hughes, *Networks of Power. Electrification in Western Society, 1880–1930,* Baltimore und London 1983, S. 418.

170 Hugo an Edmund Stinnes, 7. März 1917, NL Else Stinnes; hier findet sich auch Korrespondenz zwischen Stinnes und Emil Fischer aus dem Jahr 1915 über den Bau eines Ammoniakwerks, siehe RWE, Mappe 44. Zur KWG für Eisenforschung siehe Rasch, *Geschichte,* S. 33, 325 f.

171 Stinnes an Vögler, 29. August 1915, NL Else Stinnes, RWE, Mappe 44. Zu Hilpert siehe Rasch, *Geschichte,* S. 84 f.

172 Hilpert an Stinnes, 15. August 1918, ACDP, I–220, 164/1.

173 Stinnes an Goldenberg, 1. Januar 1917, ebd., 169/3.

174 Siehe die Darstellung in Todd, Kap. 6; siehe auch Henke an Stinnes, ebd., 170/2.

175 Stinnes an Regierungspräsident Kruse, 26. Dezember 1916, ebd., 179/4. Er benutzte denselben Vergleich in einem Schreiben an Minister Breitenbach vom 22. Januar 1917, ebd., 169/4.

176 Stinnes an Kruse, 26. Dezember 1918, ebd., 179/4.

177 Stinnes an Breitenbach, 22. Januar 1917, ebd., 169/4.

178 Stinnes an Kruse, 29. Januar 1917; Tippelskirch an Stinnes, 2. Februar 1917, ebd., 179/4.

179 Ebd.

180 Zitiert nach einem Brief von Hauptmann Kollenrodt an das Kriegsministerium, 7. Februar 1918, ebd.

181 Stinnes an Oberstleutnant von Hardt, Stabschef im Stellvertretenden Generalkommando Münster, 27. August 1918, ebd.

182 Der Brief Schwanders an Stinnes stammt vom 26. August 1917, das Antwortschreiben, das der nachfolgenden Darstellung und den Zitaten zugrunde liegt, vom 30. August; ACDP, I–220, 302/3.

183 Wo nicht anders vermerkt, stützt sich diese Darstellung auf die ausgezeichnete Arbeit von Brigitte Hatke, «Hugo Stinnes und die drei deutsch-belgischen Gesellschaften von 1916», *Zeitschrift für Unternehmensgeschichte,* Beiheft 56, Stuttgart 1990.

184 Gerstein an Stinnes, 2. Dezember 1916, ACDP, I–220, 016/2.

185 Stinnes an Gerstein, 3. Dezember 1916, ebd.

186 Stinnes an Prof. von Schulze-Gaevernitz, ebd., 016/1.

187 Middendorf an Bürgermeister Marx, 18. Mai 1918, ebd., 017/4.

188 Protokoll der Sitzung vom 9.–10. September 1918, ebd., 271/1.

189 Hagen an Stinnes, 24. August 1918, ebd., 027/4. Die Versammlung war auf Betreiben von Stinnes und Generaldirektor Franz Ott von der Rhein- und See-Schifffahrts-Gesellschaft zustande gekommen. Siehe auch Stinnes an Quaatz, 19. Juli 1918, ebd., 041/4.

190 Stinnes an Hagen, 25. September 1918, und andere einschlägige Briefe in ebd., 027/4.

191 Stinnes an Jagow, 15. Mai 1916, ebd., 040/1.

192 Stinnes an Zimmermann, 7. Dezember 1916, ebd. Abgedruckt bei Scherer & Grunewald, *L'Allemagne et les problèmes de la paix,* I, S. 605 f. Siehe auch die Noten Meyers an das Auswärtige Amt von Anfang Mai und 23. Mai 1916, ebd., S. 314ff., 348f.

193 Vögler an Stinnes, 11. Oktober 1917, NL Else Stinnes. Siehe auch Gerald D. Feldman, *Iron and Steel in the German Inflation, 1916–1923,* Princeton 1977, S. 55 f.

194 Siehe Stinnes an Fehrmann, 16. Juli 1917, ACDP, I–220, 277/1, dazu die Korrespondenz ebd., 302/4 und 269/4. Die Berichte von Hugo jun. vom 7. und 14. Oktober 1916 finden sich in ebd., 199/1. Ein Dossier über Sydvaranger findet sich im NL Else Stinnes, Deutsch-Luxemburg, Mappe 24.

195 Stinnes an Vögler, 10. August 1918, ACDP, I–220, 044/5; an dieser Stelle finden sich auch an Stinnes gerichtete Berichte von Direktor Sempell vom Juli und Oktober 1917 über die Propagandakampagne der Industriellen.

196 Stinnes an Vögler, 18. Februar 1918, in Beantwortung des Briefes von Vögler vom 15. Februar, ebd., 078/6.

197 Stinnes an Vögler, Mai 1918 [Tagesdatum unleserlich], ebd., 040/1.

198 Ebd. Stinnes' Verärgerung über Rathenau und die AEG machte sich auch in den Verhandlungen über das Aluminiumsyndikat bemerkbar. Siehe Metallgesellschaft, Historisches Archiv, Juristische Abteilung, d6. Siehe auch ACDP, I–220, 085/5 zu den Verhandlungen vom 29. Oktober. Hier findet sich auch ein Brief vom 16. Mai 1918 an Bürgermeister Schwander, in dem Stinnes seine Weigerung, die Gründung eines Instituts für Auswärtige Angelegenheiten an der Universität finanziell zu unterstützen, damit begründet, daß er und seine Kollegen in Sachen de Wendel wie «lästige Ausländer» behandelt worden seien. ACDP, I–220, 042/2.

199 Siehe Hans Pohl, «The Steaua Romana and the Deutsche Bank (1903–1920)» in *Studies in Economic and Monetary Problems and on Banking History,* 24 (1989), S. 77–94; Eli G. Anninos, *Der wirtschaftliche Einfluß Deutschlands auf die Petroleum-Industrie Rumäniens und ihre Bedeutung für die internationale Wirtschaft,* Diss. Gießen 1926; Lothar Gall, «Die Deutsche Bank von ihrer Gründung bis zum Ersten Weltkrieg, 1870–1914» und Gerald D. Feldman, «Die Deutsche Bank vom Ersten Weltkrieg bis zur Weltwirtschaftskrise», in Lothar Gall u.a., *Die Deutsche Bank 1870–1995,* München 1995, S. 69ff., 159–163. Zu den Ansichten von Stinnes siehe ebd., Kap. 5, S. 98f.

200 Ballin an Stinnes, 14. Januar 1918, ACDP, I–220, 272/6.

201 Siehe dazu eine geheime Denkschrift in den Stinnes-Akten, die am 14. Oktober 1917 an Deters übermittelt wurde, ebd.

202 Ballin an Stinnes, 22. November 1917, ebd.

203 Stinnes an Ballin, 24. November 1917, ebd. Schlubach und sein Bruder Herbert, im Zivilleben Hamburger Kaufleute, hatten vor dem Krieg in Mittelamerika ein Import-Export-Geschäft aufgebaut und schienen sich im Ölgeschäft gut auszukennen. Siehe Georg Wenzel, *Deutsche Wirtschaftsführer, Lebensgänge deutscher Wirtschaftspersönlichkeiten,* Hamburg, Berlin, Leipzig 1929, S. 1972.

204 Warburg an Ballin, 12. Dezember 1917, ACDP, I–220, 272/6.

205 Deters an Stinnes, 22. Dezember 1917, ebd.

206 Ballin an von Stein, 3. Januar 1918; von Stein an Ballin, 16. Januar 1918; Aufsichtsratssitzung vom 10. Januar 1918, ebd.

207 Siehe die Berichte von Hugo Stinnes jun. vom 25./26. Februar und 25. März 1918 sowie die Mittelungen Nöllenburgs vom 5. März 1918 und Cunos vom 22. März 1918 und die weitere einschlägige Korrespondenz in ACDP, I–220, 272/6.

208 Stinnes an Cuno, 31. März 1918, ebd.

209 Ballin an Stinnes, 30. Juni 1918, ebd., 272/3 sowie 266/3.

210 Siehe Stauss, «Bemerkungen zur Petroleum-Frage», mit von Stinnes hinzugefügten, zustimmenden Randbemerkungen, ebd., 272/3.

211 Riedemann an Stinnes, 26. und 29. August 1918, ebd., 266/3.

212 Ballin an Stinnes, 8. August 1918, ebd.

213 Stinnes an Ballin, 4. Februar 1917, ebd., 275/2, in Beantwortung des Briefes von Ballin vom 2. Februar.

214 Stinnes an Zimmermann, 20. März 1917, ebd., 033/1.

215 Notizen Rathenaus, 10. Januar 1917, BA, NL Rathenau, FC 7463, Nr. 284. Siehe auch Hartmut Pogge von Strandmann, *Walther Rathenau. Industrialist, Banker, Intellectual, and Politician. Notes and Diaries 1907–1922,* Oxford 1985, S. 215–218.

216 Hugo an Edmund Stinnes, 15. Januar 1918, NL Else Stinnes

217 Hugo jun. an Hugo Stinnes sen., 14. und 16. Januar 1918, ACDP, I–220, 299/1.

218 Besprechung mit den Vertretern der Werften und der Industrie über die Möglichkeit zur Durchführung des von der Seekriegsleitung geforderten U-Boot-Bauprogramms am 19. September 1918, Militärgeschichtliches Forschungsamt, Marine-Archiv, Nr. 2047, Bl. 152–74. Zu Stinnes' Rolle bei der Arbeitskräfterekrutierung siehe Leonidas E. Hill (Hrsg.), *Die Weizsäcker-Papiere 1900–1932,* Berlin und Frankfurt 1982, S. 287.

219 Denkschrift von Stinnes, 16. Dezember 1916, ACDP, I–220, 033/1. Siehe auch Hayashima, *Die Illusion des Sonderfriedens,* S. 127f. Bericht Fehrmanns vom 6. März 1917, ACDP, I–220, 033/1.

220 Die nachfolgende Darstellung, einschließlich der wörtlichen Zitate, beruht auf der Stinnesschen Darstellung des Treffens vom 26. Juli 1917, ebd., 300/7. Siehe auch Hayashima, *Die Illusion des Sonderfriedens,* S. 153; Hayashima konnte offenbar keine schriftlichen Belege über Inhalt und Verlauf der Unterredung finden, ebensowenig wie Scherer und Grunewald, *L'Allemagne et les problèmes de la paix,* Bd. 2, S. 335.

221 Bericht von Hugo Stinnes jun., 12. April 1918, ACDP, I–220, 300/7, sowie Hayashima, *Illusion,* S. 163.

222 Stinnes an Zimmermann, 26. März 1917, ACDP, I–220, 033/1.

223 Erzberger an Zimmermann, 12. Mai 1917, BA, NL Erzberger, Nr. 36; hier auch weitere einschlägige Korrespondenz; zitiert nach Epstein, *Erzberger,* S. 176. Hier findet sich eine gute Darstellung dieser ganzen Episode, siehe S. 173–8.

224 Aussage vor dem Reichstagsausschuß, 6. Juli 1923, ACDP, I–220, 033/1.

225 Hugo an Edmund Stinnes, 4. November 1917, NL Else Stinnes.

226 Hugo an Edmund Stinnes, 24. März 1918, ebd. Zur Freundschaft Kühlmanns mit Weitz siehe Politisches Archiv, Auswärtiges Amt, NL Paul Weitz, Bd. 6. Zu den Affären Kühlmanns siehe Friedrich Glum, *Zwischen Wissenschaft, Wirtschaft und Politik. Erlebtes und Erdachtes in Vier Reichen,* Bonn 1964, S. 164.

227 Stinnes an Ballin, 15. Dezember 1917, ACDP, I–220, 272/6, in Beantwortung des Schreibens Ballin an Stinnes, 13. Dezember 1917. Ballin hatte eine hohe Meinung von Kühlmann, siehe Cecil, *Ballin,* S. 125, 321, 324.

228 Hugo an Edmund Stinnes, 27. Januar 1918, NL Else Stinnes.

229 Siehe die Korrespondenz in ACDP, I–220, 283/1 und 095/2.

230 Geschäftsausschuß des Kohlensyndikats, 11. Februar 1918, Bergbau-Archiv, 33/81.

231 Stinnes an Ludendorff, 5. Dezember 1917, ACDP, I–220, 040/2. Zum Komplex Manganerze siehe auch Stinnes an Fischer, 13. Dezember 1917, ebd., 260/2.

232 Aktennotiz über die Zusammenkunft mit Tirpitz und seiner Familie im Hotel Continental, Berlin, 10. Januar 1918, ebd. 300/7.

233 Aktennotiz über die Unterredung mit Hertling, 11. Januar 1918, ebd. Aus dieser Quelle stammen auch die nachfolgenden Zitate.
234 Siehe die Korrespondenz in ebd., 272/2.
235 Stinnes an Salomonsohn, 17. Juni 1918, ebd., 277/1; hier findet sich auch eine Denkschrift von Krupp-Direktor Bruhn, die Aufschluß über die Entstehung des Ostsyndikats gibt. Siehe auch Salomonsohn an Stinnes, 18. Juni 1918, und weitere Briefe zwischen den Hauptbeteiligten, ebd., 277/2.
236 Siehe Ulrich Trumpener, *Germany and the Ottoman Empire 1914–1918,* (Princeton 1968), insbes. S. 350. Der umfangreiche Schriftwechsel zwischen Stinnes, Niemöller und Vertretern der Deutschen Bank zu diesem Themenkomplex aus der gesamten Kriegszeit findet sich in HADB, OR 1025–1027.
237 Stinnes an Deutsche Bank, 3. Juli 1918, ebd. 1026.
238 Stinnes an Niemöller, 4. Juli 1918, ebd.
239 Stauss an Stinnes, 13. August 1918, ebd.
240 Stellungnahme Groeners bei der Befragung durch Professor Kern über Ludendorff, Januar 1937, Bundesmilitärarchiv Freiburg, NL Groener, Nr. 63, Bl. 193. Ich bedanke mich bei Professor Stig Förster, der mich auf dieses Schriftstück aufmerksam gemacht hat.
241 Wilhelm Groener, *Lebenserinnerung. Jugend, Generalstab, Weltkrieg,* hrsg. von Freiherr Miller von Gärtringen, Göttingen 1957, S. 369f.
242 Stinnes an Ludendorff, 20. März 1917, ACDP, I–220, 040/2. Die Unterredung mit Bethmann hatte am 2. März stattgefunden.
243 Siehe Feldman, *Army,* Kap. IV; siehe auch den Vermerk von Bodenhausen über seine Unterredung mit Helfferich, 12. Januar 1917, HA Krupp, WA4/1424.
244 Stinnes an Vögler, Mai 1918, ACDP, I–220, 040/1.
245 Die beste Arbeit über das Innenleben der OHL ist Wilhelm Deist (Bearbeiter), *Militär und Innenpolitik im Weltkrieg 1914–1918,* in *Quellen zur Geschichte des Parlamentarismus und der Politischen Parteien,* Reihe 2, 2 Bde., Düsseldorf 1970. Zur Verbindung zwischen Duisberg und Bauer siehe die Korrespondenz in: Autographensammlung Carl Duisberg, HA, Bayer Leverkusen. Zum Verhältnis Rathenau-Ludendorff siehe die Vermerke Rathenaus über seine Besuche bei der OHL am 2. Februar und 12. Juli 1917, BA, FC 746BP, Nr. 284. Gute Beispiele für den Austausch von Informationen finden sich bei Hugo jun. an Hugo sen., 14. Januar 1918 und 29. April 1918, ACDP, I–220, 299/1.
246 Bericht des bayerischen Beauftragten beim Kriegsamt, 24. Mai 1917, Bayerisches Hauptstaatsarchiv, Abt. IV, K Mob 12, VII, 133a. Zum allgemeinen Hintergrund siehe Feldman, *Army,* S. 260–5.
247 Sitzung vom 21. Mai 1917, ACDP, I–220, 012/1.
248 Sitzung des Geschäftsausschusses des Kohlensyndikats, 11. August 1917, Bergbau-Archiv, 33/80. Siehe auch Stinnes an Ludendorff, 31. Juli 1917, ACDP, I–220, 040/2, und Vögler an Stinnes, 6. August 1917, sowie Stinnes an Stutz, 6. August 1917, ebd., 012/1.
249 Sitzung des Geschäftsausschusses des Kohlensyndikats, 14. August 1917, Bergbau-Archiv, 33/80.
250 Aktennotiz über Besprechung mit Kanzler, 11. Januar 1918, ACDP, I–220, 300/7. Seite 718
251 Burke, *Coal Syndicate,* Kap. VI; Friedrich Zunkel, *Industrie- und Staatssozialismus. Der Kampf um die Wirtschaftsordnung in Deutschland 1914–1918,* Düsseldorf 1974, S. 102–5; Feldman, *Iron and Steel,* S. 65–9.
252 Versammlung der Zechenbesitzer, 19. August 1915, Bergbau-Archiv, 33/36, S. 33.
253 Geschäftsführender Ausschuß, 3. März 1917, ebd., 33/80.
254 Versammlung der Zechenbesitzer vom 10. März 1917, ebd.
255 Versammlungen vom 10. März und 8. Juni 1917, ebd. Siehe auch Stinnes an RWE, 23. März 1917, wo er dringend rät, Tarifsenkungen für die niederrheinischen Städte trotz der kriegsbedingten erhöhten Gestehungskosten in Kraft treten zu lassen und dies etwas später durch merk-

liche Preiserhöhungen zu kompensieren, die man unter Hinweis auf die Kohlensteuer rechtfertigen konnte ACDP, I–220, 169/3.

256 Geschäftsausschuß-Sitzung vom 11. Februar 1918, ebd., 33/81 Bergbau Archiv.

257 Siehe Vögler an Stinnes, 10. Dezember 1917, Mappe Deutsch-Luxemburg, NL Else Stinnes; Vögler an Stinnes, 11. Dezember 1917, ACDP, I–220, 225/2. Zu der Merton-Denkschrift siehe Feldman, *Army,* S. 391, 394ff., 398–402, 412f, 483.

258 Stinnes an Holle, 28. Juli 1916, ACDP, I–220, 123/2.

259 Stinnes an Regierungsrat Jordan, 3. und 10. August 1918, ebd.

260 Ballins Stellungnahme vom 6. September 1917 ist abgedruckt bei Bernhard Huldermann, *Albert Ballin, Oldenburg und Berlin 1922,* S. 364–72. Den allgemeineren Hintergrund beleuchtet Niall Ferguson, *Paper and Iron. Hamburg Business and German Politics in the Era of Inflation, 1897–1927,* Cambridge 1995, Kap. 2.

261 Mündlicher Bericht des Hamburger Kaufmannes Oswald auf einer Sitzung des Verbandes des Hamburger Einfuhrhandels, 7. November 1917, HADB, Aktenordner Krieg 1914–1918/2.

262 Siehe Feldman in Gall u. a., *Die Deutsche Bank,* S. 171ff.

263 Zur Frage der süddeutschen Kohle siehe Protokoll der Sitzung des Haushaltsausschusses des Reichstags in Reinhard Schiffers u. a., *Der Hauptausschuß des Deutschen Reichstags 1915–1918. Quellen zur Geschichte des Parlamentarismus und der Politischen Parteien. 1. Reihe. Von der konstitutionellen Monarchie zur parlamentarischen Republik,* Düsseldorf 1981, Bd. 9/III, S. 1674. Stinnes erhielt von Vögler regelmäßig Berichte über das Groener-Problem; siehe insbes. die Briefe vom 7. Juli und 18. August 1917, NL Else Stinnes. Zum allgemeineren Hintergrund siehe Groener, *Lebenserinnerungen,* S. 367.

264 Hugo an Edmund Stinnes, 20. Juli und 26. August 1917, NL Else Stinnes.

265 Ein Wortspiel. Groeners Nachfolger war Generalleutnant Scheuch. Vögler an Stinnes, 18. August 1917, NL Else Stinnes.

266 Vögler an Stinnes, 20. August 1917, ebd. Stinnes war zu dem Treffen eingeladen, an der Teilnahme aber offenbar verhindert. Zu den Einzelheiten siehe Feldman, *Army,* S. 373–404.

267 Bericht über eine Sitzung beim Reichskohlenkommissar, 14. Juli 1917, BayHStA, Abt. IV, K Mob 12, Bd. 11, Bl. 8.

268 Zechenverband, Sitzung vom 7. November 1917, Bergbau-Archiv, 16/129.

269 Protokoll der Sitzung vom 22. März 1917, ebd.

270 Hugo an Edmund Stinnes, 29. April 1917, NL Else Stinnes. Zu Stinnes' vermeintlicher Ansicht von 1916 siehe Gaston Raphael, *Hugo Stinnes. Der Mensch. Sein Werk. Sein Wirken,* Berlin 1925, S. 23.

271 Eine eingehende Darstellung findet sich bei Heinrich Kaun, *Die Geschichte der Zentralarbeitsgemeinschaft,* Jena 1938, S. 46f. Kaun befragte offenbar die Teilnehmer und hatte Zugang zu Materialien, die nicht mehr verfügbar sind. Siehe auch Hugo an Edmund Stinnes, 8. Juni 1917 sowie, zum vorgeschlagenen Treffen am 28. Juli, Stinnes an Vögler, 20. Juli 1917, NL Else Stinnes.

272 Protokoll der Sitzung vom 21. September 1917, Bergbau-Archiv, 33/80.

273 Stinnes an die Vaterlandspartei, 6. September 1918, in Beantwortung eines Schreibens vom 4. September. Siehe auch Kapp an Kirdorf, 14. Mai 1918, Tirpitz an Thyssen, 24. Oktober 1917, und Thyssen an Stinnes und Tirpitz, 8. November 1917, sowie andere einschlägige Briefe in ACDP, I–220, 001/2

274 Stinnes an Ballin, 15. Dezember 1917, ebd., 272/6.

275 Raffael Scheck, *«Intrigue and Illusion: Alfred von Tirpitz as a Right-Wing Politician, 1914–1930»,* Diss. phil., Brandeis University 1993, S. 56f.

276 Stinnes an Ludendorff, 5. Dezember 1917, ACDP, I–220, 040/2.

277 Kaun, *Zentralarbeitsgemeinschaft,* S. 47.

278 Hugo an Edmund Stinnes, 10. Dezember 1917, NL Else Stinnes.

279 Groener, *Lebenserinnerung,* S. 370.

280 Gerald D. Feldman, «Das deutsche Unter-

nehmertum zwischen Krieg und Revolution: Die Entstehung des Stinnes-Legien-Abkommens», in Gerald D. Feldman, *Vom Weltkrieg zur Weltwirtschaftskrise,* Göttingen 1984, S. 100–27, insbes. S. 112.

281 Hugo an Edmund Stinnes, 2. Juni 1918, NL Else Stinnes.

282 Huldermann, *Ballin,* S. 372–7.

283 Ballin an Harden, 16. September 1918. Aus dieser Quelle schöpft auch die folgende Passage. BA, NL Harden, Bd. IV, Bl. 83 f.

284 Hugo an Edmund Stinnes, 12. Oktober 1918, NL Else Stinnes.

VII. Prinzipal der Revolutionszeit: Hugo Stinnes und der Wiederaufbau

1 Hugo an Edmund Stinnes, 12. Oktober 1918, NL Else Stinnes.

2 Wie wir an späterer Stelle zeigen werden, erwähnte Carl Legien, der Vorsitzende der Freien Gewerkschaften, diese Möglichkeit am 2. Oktober im Gespräch mit Hans von Raumer.

3 Hugo an Edmund Stinnes, 12. Oktober 1918, NL Else Stinnes.

4 Sitzung des Geschäftsausschusses des Zechenverbandes, 14. Oktober 1918, abgedruckt in Gerald D. Feldman und Irmgard Steinisch, «The Origins of the Stinnes-Legien Agreement: A Documentation», in: *IWK* 19/20, Dezember 1973, S. 45–103. Siehe auch Gerald D. Feldman, «Wirtschafts- und sozialpolitische Probleme der deutschen Demobilmachung 1918/1919» und «Das deutsche Unternehmertum zwischen Krieg und Revolution: Die Entstehung des Stinnes-Legien-Abkommens», in: Gerald D. Feldman, *Vom Weltkrieg zur Wirtschaftskrise. Studien zur deutschen Wirtschafts- und Sozialgeschichte 1914–1932.* Kritische Studien zur Geschichtswissenschaft, Bd. 60, Göttingen 1984, S. 84–130, sowie Gerald D. Feldman und Irmgard Steinisch, *Industrie und Gewerkschaften 1918–1924. Die überforderte Zentralarbeitsgemeinschaft,* Schriftenreihe der Vierteljahreshefte für Zeitgeschichte, Bd. 50, Stuttgart 1980.

5 Zu den Protokollen dieser Gespräche siehe Feldman und Steinisch, *IWK,* 1973, S. 57–61.

6 Ebd., S. 62.

7 Ein interessantes Porträt von Raumer und seinem Salon findet sich in Wolfgang Gans Edler Herr zu Putlitz, *Unterwegs nach Deutschland. Erinnerungen eines ehemaligen Diplomaten,* Berlin 1964, S. 33 ff.

8 Raumer an C. F. von Siemens, 8. Oktober 1918, Feldman und Steinisch, *IWK,* 1973, S. 49 f. Auch wenn man den Verhandlungsaufschub von Juli bis Oktober 1918 möglicherweise eher auf den Wunsch der führenden Unternehmervertreter zurückführen möchte, abzuwarten, wie sich die politische und militärische Situation entwickelte, als auf die später von Raumer dafür vorgebrachten Gründe wie Krankheit und andere dringende Angelegenheiten, wird Raumers Erklärung dieser Verzögerung doch glaubhafter, wenn man die neuerliche Verschiebung vom 2. auf den 22. Oktober und Raumers dringenden Appell an den zur Erholung in einem Württemberger Sanatorium weilenden Siemens bedenkt, zu dem Treffen unbedingt zu erscheinen, wenn es seine Gesundheit irgend zulasse. Für Raumer war das «persönliche Moment» ungeheuer wichtig, und er maß Siemens' persönlicher Autorität enormes Gewicht bei. Siehe Hans von Raumer, «Unternehmer und Gewerkschaften in der Weimarer Zeit», in *Deutsche Rundschau* 80, April 1954, S. 425–34. Ein kritischerer Ansatz findet sich bei Zunkel, *Industrie und Staatssozialismus,* S. 171–4. Zu der Beziehung zwischen Raumer und Stinnes siehe Raumers Brief an die Oberstaatsanwaltschaft München vom 1. März 1947, ACDP, I–220, 1319.

9 Hierzu und zu den folgenden Zitaten

und Darlegungen siehe Feldman und Steinisch, *IWK*, 1973, S. 64ff. Eine Kopie des Dokuments mit einem Begleitschreiben an Stinnes findet sich in ACDP, I–220, 044/3.

10 Randbemerkung zum Begleitschreiben Henrichs an Stinnes vom 20. Oktober 1918, ebd.

11 Telegramm Vögler an Stinnes, 21. Oktober 1918, ebd.

12 Aktennotiz Henrich, 22. Oktober 1918, Feldman und Steinisch, *IWK*, 1973, S. 66f.

13 Ebd., S. 67. In den Diskussionen zwischen denen, die am 20. Oktober Henrichs Vortrag gehört hatten, fielen die Namen weiterer möglicher Kandidaten, darunter Henrich selbst, Vögler, Rieppel, Deutsch, Arnold Rechberg von der Kali-Industrie, Borsig, sowie Häuser von der chemischen Industrie.

14 Ebd., S. 62–9; Walther Rathenau, *Politische Briefe,* Berlin 1929, S. 195–200; Zunkel, *Industrie und Staatssozialismus,* S. 182f.

15 Feldman und Steinisch, *IWK,* 1973, S. 68f.

16 Niederschrift über die Verhandlung der Nordwest-Deutschen Gruppe des Vereins Deutscher Eisen- und Stahlindustrieller mit Vertretern des Deutschen Metallarbeiter-Verbandes am 26. Oktober 1918 zu Düsseldorf, ebd., S. 69–76, Zitat auf S. 72.

17 Ebd., S. 75. Interessanterweise ist im Original des maschinengeschriebenen Protokolls das Wort «Arbeiter» durchgestrichen und handschriftlich durch «Gewerkschaften» ersetzt.

18 Zu den Gesprächen am 5. November 1918 siehe J. Reichert an Beukenberg, 16. November 1918, und Raumer an Rieppel, 6. November 1918, ebd., S. 79ff.

19 Raumer an Rieppel, 16. November 1918, ebd. Zu Rathenaus beharrlichem Eintreten für Stinnes siehe Zunkel, *Industrie und Staatssozialismus,* S. 183.

20 Zur Sitzung des Interfraktionellen Ausschusses am 7. November 1918 und zu den Kabinettsitzungen am 8. November 1918 siehe Erich Matthias und Rudolf Morsey (Hrsg.), *Die Regierung des Prinzen Max von Baden,* Quellen zur Geschichte des Parlamentarismus und der politischen Parteien. Erste Reihe, Bd. 2, Düsseldorf 1962, S. 569f, 586f, 611.

21 Siehe Raumer an Rieppel, 16. November 1918, in Feldman und Steinisch, *IWK,* 1973, S. 82f., sowie drei Briefe mit Datum vom 9. November 1918: Rötger an Stinnes, Rötger an das RWA und Stinnes an Rötger, ACDP, I–220, 014/2

22 Vögler an Stinnes, 13. und 14. November 1918, ebd., 027/3.

23 Stenographisches Protokoll über die Hauptvorstandssitzung des Vereins Deutscher Eisen- und Stahlindustrieller vom 14. November 1918 in Berlin, nachgedruckt in Feldman und Steinisch, *IWK,* 19/20, 1973, S. 86–102, Zitat auf S. 88.

24 Ebd., S. 89.

25 Ebd., S. 98.

26 Ebd., S. 92.

27 Ebd., S. 94.

28 Ebd., S. 102.

29 Ebd., S. 99.

30 Vielhaber an Hugenberg, 28. Juni 1919, BA, NL Hugenberg, Nr. 30, Bl. 194. Zu Reusch siehe Klaus J. Mattheier, «Werkvereine und wirtschaftsfriedlich-nationale (gelbe) Arbeiterbewegung im Ruhrgebiet», in: Jürgen Reulecke, *Arbeiterbewegung an Rhein und Ruhr. Beiträge zur Geschichte der Arbeiterbewegung in Rheinland-Westfalen,* Wuppertal 1974, S. 173–204, Zitat auf S. 199.

31 Eine ausführliche Behandlung dieser Themen findet sich in Feldman und Steinisch, *Industrie und Gewerkschaften,* S. 30–40.

32 Raumer an Vögler, 30. Dezember 1918, mit Kopie an Stinnes, ACDP, I–220, 014/1.

33 *Entwurf zur Schaffung eines Zentral-Presse-Amtes zur Vertiefung der Beziehungen zwischen Arbeitnehmern und Arbeitern,* 4. Dezember 1918, sowie Wirtz an Vögler, 5. Dezember 1918, ATH-Archiv, FWH Hütte, Nr. 1675.

34 Hugo jun. an Cläre Stinnes, 25. November 1918, ACDP, I–220, 299/1.

35 Niederschrift über die am 2. Dezember d.J. auf der Zeche Mathias Stinnes stattgefundene Besprechung zwischen einer

Abordnung der Belegschaft und der Zechenverwaltung genannter Zeche, ebd., A2379.

36 Zum Treffen am 10. Dezember 1918 siehe ebd. Einen guten Überblick über die Bedingungen in Mülheim selbst liefert Irmgard Steinisch, «Linksradikalismus und Rätebewegung im westlichen Ruhrgebiet. Die revolutionären Auseinandersetzungen in Mülheim an der Ruhr», in Reinhard Rürup (Hrsg.), *Arbeiter- und Soldatenräte im rheinisch-westfälischen Industriegebiet. Studien zur Geschichte der Revolution 1918/1919,* Wuppertal 1975, S. 155–237.

37 Eine Beschreibung der Verhaftungen findet sich in ebd., S. 183–6; zu Stinnes' Reisen siehe Stinnes an von Herff, 8. Dezember 1918, ACDP, I–220, 024/2.

38 Zitiert in Hans Spethmann, *Zwölf Jahre Ruhrbergbau. Band I. Aufstand und Ausstand bis zum zweiten Generalstreik im April 1919,* Berlin 1928, S. 108.

39 Siehe die amtlichen Anweisungen an die Waffenstillstandskommission von Stockhammern, 17. November 1918, ACDP, I–220, 18/1.

40 Siehe Eberhard Demm, *Ein Liberaler in Kaiserreich und Republik. Der politische Weg Alfred Webers bis 1920,* Schriften des Bundesarchivs, 38, Boppard am Rhein 1990, S. 272–7.

41 Stinnes' Antwort an Koeth vom 6. Dezember 1918 auf dessen Entschuldigungsschreiben desselben Datums, ACDP, I–220, 024/2. Zum Vorgehen des Rates der Volksbeauftragten und zu den Vorwürfen gegen Koeth siehe *Rat der Volksbeauftragten,* I, S. 242f und 246.

42 Spethmann, *Ruhrbergbau,* I, S. 108.

43 Ebd., S. 109.

44 Zum Treffen am 11. Dezember 1918 siehe *Regierung der Volksbeauftragten,* I, S. 314; Steinisch, *Arbeiter- und Soldatenräte,* S. 184–7; Spethmann, *Zwölf Jahre,* I, S. 111–21.

45 Der Briefwechsel sowie andere Dokumentationen und Presseberichte zu der Affäre finden sich in ACDP, I–220, 024/2.

46 Stinnes an von Herff, 8. Dezember 1918, ebd.

47 Stinnes an Vögler, 22. Dezember 1918, NL Else Stinnes.

48 Marx an Stinnes, 26. November 1918, Begleitschreiben zu Marx an General Winterfeldt mit selbem Datum, ACDP, I–220, 018/4.

49 Huber, *Deutsche Verfassungsgeschichte,* Bd. 5, S. 1134; einen guten allgemeinen Überblick liefert Karl Dietrich Ehrmann, *Adenauer in der Rheinlandpolitik nach dem Ersten Weltkrieg,* Stuttgart 1966, S. 1–70.

50 RWA-Sitzung am 29. Oktober 1918, abgedruckt in Gerald D. Feldman und Heidrun Homburg, *Industrie und Inflation. Studien und Dokumente zur Politik der deutschen Unternehmer 1916–1923,* Hamburg 1977, S. 199.

51 Ludwig Klitzsch an Hugenberg, 19. Dezember 1945, BA, NL Hugenberg, Nr. 44, Bl. 20–5. In seinem interessanten Versuch, die Erfahrungen von 1918 auf die Situation 1945 zu übertragen, benennt Klitzsch als Datum dieser Unterhaltung den September 1918. Wenn ihn seine Erinnerung nicht täuscht, muß es sich um die letzten Septembertage gehandelt haben.

52 Undatierter Bericht von Stinnes; in dem hier zitierten Dokument, ACDP, I–220, 018/1, ist als Datum der 17. November 1918 angegeben.

53 Dazu und zu den folgenden Zitaten siehe Stinnes an Hugo Junior zur Kenntnisnahme durch die Demobilisierungsbehörden und Vögler, 21. November 1918, ebd.

54 Die folgende Passage gründet sich auf den handschriftlichen Entwurf vom 30. November 1918, ebd. Ich habe keine Hinweise darauf gefunden, daß dieses Memorandum tatsächlich abgeschickt wurde, was aber sicherlich geschehen wäre, wenn Stinnes sein Amt als Berater der Waffenstillstandskommission beibehalten hätte.

55 Sorge an Hugenberg, 6. Dezember 1918, BA, NL Hugenberg, Nr. 27, Bl. 174.

56 Zu den Zitaten und der Diskussion siehe Stinnes an Gothein, 11. Dezember 1918, ACDP, I–220, 038/1.

57 Vögler an Consbruch, 18. November

1918, NL Else Stinnes, Deutsch-Luxemburg, Mappe 27, ebd., und Wulf, *Stinnes,* S. 140f.

58 Ebd., S. 136ff.

59 Ebd., und Bernd Sösemann (Hrsg.), *Theodor Wolff. Tagebücher 1914–1919* (Deutsche Geschichtsquellen des 19. und 20. Jahrhunderts, Bd. 54/II), Boppard am Rhein 1984, S. 657f.

60 Stinnes an Vögler, 26. Dezember 1918, NL Else Stinnes, Briefwechsel Stinnes-Vögler.

61 Vögler an Stinnes, 23. Dezember 1918, ebd.

62 Raumer an Stinnes, 14. Dezember 1918, BA, NL Hugenberg, Nr. 23, Bl. 229f.

63 Wulf, *Stinnes,* S. 140f und Lothar Albertin, *Liberalismus und Demokratie am Anfang der Weimarer Republik* (Beiträge zur Geschichte des Parlamentarismus und der politischen Parteien, Bd. 49), Düsseldorf 1972, S. 172–8.

64 Raumer an Stinnes, 14. Dezember 1918, BA, NL Hugenberg, Nr. 23, Bl. 230.

65 Reusch an Philipp Wieland, 23. Februar 1919. Das ehemalige Archiv der Gutehoffnungshütte enthält eine umfassende Sammlung von Dokumenten zu diesem Thema, RWWA, HA/GHH, Nr. 30019390/29.

66 Beukenberg an Staatssekretär August Müller, 21. Dezember 1918, ACDP, I–220, 018/ 1. Beukenberg schlug außerdem Vögler, Hasslacher, Poensgen und Reusch als mögliche Vertreter der rechtsrheinischen Industrie vor und übernahm schließlich selbst dieses Amt in der Waffenstillstandskommission. Siehe auch Vögler an Stinnes, 22. Dezember 1918, NL Else Stinnes, Mappe Korrespondenz Stinnes-Vögler.

67 Feldman und Steinisch, *Industrie und Gewerkschaften,* S. 74f.; Wulf, *Stinnes,* S. 112ff.; Epstein, *Erzberger,* S. 296–301; Verhandlungen der Verfassunggebenden Deutschen Nationalversammlung 1919, 10. Sitzung, 18. Februar 1919, S. 132A bis 170B.

68 Gaston Raphael, *Hugo Stinnes. Der Mensch. Sein Werk. Sein Wirken,* Berlin 1925, S. 97ff. Siehe auch «Die Erzberger'schen Friedensbedingungen aus dem Jahre 1914» in ACDP, I–220, 27/3 und Humann an Stinnes, 24. Januar 1919, ebd., 048/3.

69 Undatiertes Protokoll von Stinnes, ebd.

70 Büsing an Stinnes, 10. Januar 1919, ebd., 028/4; Epstein, *Erzberger,* S. 291–301.

71 Stinnes an Vögler, 22. Dezember 1918, NL Else Stinnes, Mappe Korrespondenz Stinnes-Vögler.

72 Humann an Stinnes, 24. Januar 1919, ACDP, I–220, 048/3.

73 Siehe Kapitel sechs, S. 404–405. Für Stinnes stimmten lediglich zwei Kabinettsmitglieder, von denen einer mit hoher Wahrscheinlichkeit Koeth war. Es ist schwer zu sagen, warum Wulf der Meinung ist, Brockdorff-Rantzau sei der zweite gewesen. Siehe AR, *Kabinett Scheidemann,* S. 17 und Wulf, *Stinnes,* S. 117–48.

74 Siehe die Berichte an Stinnes vom November 1918, ACDP, I–220, 132/2 und vom Dezember 1918 bis Mai 1919, ebd., 132/3.

75 Stinnes an Spindler, 29. Dezember 1918, ebd., A2379.

76 Stinnes an Hessische Eisenbahn AG, 17. April 1919, ebd., 105/2.

77 Steinisch in Rürup, *Arbeiter- und Soldatenräte,* S. 93–216. Zum Einbruch in Stinnes' Haus und Büroräume siehe auch ACDP, I–220, 045/1; zu den Ereignissen in den Zechen siehe die Berichte an Stinnes vom 2. Januar, 20., 22., 28, Februar und 8. März 1919, ebd., A2379.

78 Zu Wirtz' Berichten vom 8. bis 15. und vom 24. April 1919 siehe ebd., 060/2–3.

79 Koepchen an Stinnes, 19. April 1919, ebd., 132/2.

80 Versammlung des Zechenverbandes am 28. Januar 1919, Bergbau-Archiv, 16/109; Wulf, *Stinnes,* S. 143ff. Der zweite Treuhänder der Stiftung war Geheimrat Maximilian Kempner vom Kali-Syndikat.

81 Stinnes an Victoria Mathias, 31. Oktober 1918, ACDP, I–220, A2338.

82 Stinnes an Thomas, 31. Dezember 1918, ebd., 268/4, und Thomas an Spindler, 4. Januar 1919, ebd., A2379.

83 Davidis an Stinnes, 17. Januar 1919, ebd.,

184/1; zu den Reaktionen aus anderen Zweigwerken siehe ebd., 268/3.

84 Niederschrift, 19. Dezember 1946, ebd., 284/4. 1940 brachten Hugo Stinnes Jr. und Cläre Stinnes das Unternehmen wieder in ihren Besitz, verloren es dann aber 1945 erneut. Zu den Entschädigungszahlungen siehe das Memorandum zu den Gesprächen mit Regierungsvertretern vom 29. Oktober 1920, ebd.

85 Deutsch-Luxemburg, Aufsichtsratssitzung, 12. April 1920, ebd., 098/2; Sempell an Thomas, 2. Juli 1920, ebd., 071/2.

86 Stinnes an das Finanzamt Mülheim a.d. Ruhr, 21. Juni 1920 in Erwiderung auf eine Anfrage vom gleichen Datum, ebd., 299/3.

87 Deutsch-Luxemburg, Aufsichtsrats-Sitzung vom 28. Oktober 1918, ebd., 089/2.

88 Vögler an Stinnes, 28. Oktober und 23. Dezember 1918, und Stinnes an Vögler, 22. und 26. Dezember 1918, NL Else Stinnes, Briefwechsel Vögler-Stinnes; siehe auch Stinnes an Langenhagen vom Ministerium des Äußeren, 27. November 1918, ACDP, I–220, 218/3.

89 Der Briefwechsel bezüglich dieser Verhandlungen, die sich über das ganze Jahr 1919 hinzogen, findet sich in NL Else Stinnes, Deutsch-Luxemburg, Mappe 15 (Differdingen).

90 Vehling an Vögler, 14. April 1919, ebd. Zu Laurent siehe Marc Trachtenberg, *Reparation in World Politics. France and European Economic Diplomacy, 1916 bis 1923*, New York 1980, S. 158.

91 Verhandlungen am 31. Mai 1919, NL Else Stinnes, Deutsch-Luxemburg, Mappe 15 (Differdingen). Die Idee zu diesem Vorschlag stammte möglicherweise von Vögler, dem Minoux am 16. April mitteilte: «Ihre Idee, einen Teil der Bochumer Zechen abzustoßen, halte ich für sehr richtig, da die Koksproduktion nach Abstoßung von Differdingen uns doch lästig werden wird, während sie umgekehrt in Differdingen fehlen wird.» Ebd., Mappe 17.

92 Zu den Vorschlägen siehe Peter Krüger, *Deutschland und die Reparationen 1918/19. Zur Genesis des Reparationsproblems in Deutschland zwischen Waffenstillstand und Versailler Friedensschluß*, Schriftenreihe der Vierteljahreshefte für Zeitgeschichte 25, Stuttgart 1973, S. 174–81.

93 Verhandlungen in Köln, 8. September 1919, NL Else Stinnes, Deutsch-Luxemburg, Mappe 15 (Differdingen). Siehe außerdem Trachtenberg, *Reparations,* S. 110–3.

94 Stinnes an Weitbrecht, 14. September 1919 und weitere Korrespondenz zum Thema in ACDP, I–220, 076/1.

95 Siehe Vöglers Bericht an den Aufsichtsrat von Deutsch-Luxemburg, 20. April 1919, ebd., 098/4; zu den endgültigen Verkaufsvereinbarungen und zum Vertrag mit Oberrhein siehe die Dokumente, die den Zeitraum von Oktober 1919 bis März 1920 betreffen, ebd., 206/2; zu den Oberrhein-Unterlagen siehe ebd., 208/1.

96 Stinnes an Kirdorf, 12. Oktober 1918, zitiert in Klass, Stinnes, S. 68.

97 Zu Vöglers Memorandum und Kirdorfs Erwiderung an Stinnes vom 6. November 1918 siehe ebd., S. 74–91.

98 Bauert-Keetman, Vögler, S. 189ff.

99 Zitiert in Klass, *Stinnes,* S. 225.

100 Stinnes an A. Lohmann, 22. September 1918, ACDP, I–220, 041/1. Zu Rechberg siehe Eberhard von Vietsch, *Arnold Rechberg und das Problem der West-Orientierung Deutschlands nach dem 1. Weltkrieg,* Schriften des Bundesarchivs, Bd. 4, Koblenz 1958.

101 Stinnes an Rechberg, 19. und 27. Oktober 1918, ACDP, I–220, 041/1.

102 Versammlung des Düsseldorfer Industrie-Klubs, 16. August 1919, Briefwechsel Stinnes-Vögler, NL Else Stinnes.

103 Burke, *Coal Industry,* Kap. 6; Feldman und Steinisch, *Industrie und Gewerkschaften,* S. 60.

104 Ebd.; siehe auch die Protokolle der Sitzungen vom 14.- 16. April 1919, BA, NL Silverberg, Nr. 134, Bl. 53–66.

105 Minoux an Stinnes, 26. Juli 1919, ACDP, I–220, 008/2.

106 Zechenverband, Geschäftsausschuß, 14. Februar und 28. April 1919, Bergbau-Archiv, 33/81, S. 11 und 15.

107 Sitzung am 7. Mai 1919, ebd., S. 15.

108 Ebd., S. 21.

109 Sitzung des Stahlwerksverbandes, 16. Juli 1919, RWWA, HA/GHH, Nr. 3000033/12.

110 Siehe Feldman, *Iron and Steel*, S. 130 bis 59; zu den allgemeinen wirtschaftlichen und politischen Entwicklungen dieser Zeit siehe *The Great Disorder*, Kap. 4.

111 Siehe Todd, «Electrification», Kap. VI; Asriel, *R. W.E.*, S. 26f., RWE-Vorstandsbericht 1918–1919, ACDP, I–220, 133/3; Luther an Stinnes, 5. Oktober 1919, ebd., 132/2. Zahlreiche Petitionen und Briefwechsel zum Kampf gegen das Sozialisierungsgesetz finden sich in NL Else Stinnes, RWE, Mappe 9.

112 Geschäftsausschuß Bergbauverein, 20. Oktober 1919, Bergbau-Archiv, 33/81. Zu Stinnes' Einschätzung der Amortisierungsfristen siehe auch Sitzung am 4. Dezember 1919, ebd.

113 Siehe Kabinettsitzung am 11. August 1919, AR *Kabinett Bauer*, S. 177f.; Sitzung der Beamten des Stinnes-Konzerns, 28.–31. August und 10.–11. September 1919, ACDP, I–220, 299/3; Reichskohlenkommissar an Stinnes, 1. und 17. November 1919, ebd., 012/3; Vögler an Stinnes, 29. November 1919, ebd., 057/3.

114 Stinnes an Vögler, 13. November 1919, ebd., 057/3, und Deutsch-Luxemburg an Stinnes, 20. November 1919, ebd., 056/3.

115 Zechenbesitzer-Versammlung, 20. Oktober 1919, Bergbau-Archiv, 33/22; Geschäftsausschuß-Sitzung, 4. Dezember 1919 und 10. Januar 1920, ebd., 33/81. Zum Butter-Kohlen-Handel siehe Memorandum vom 27. Mai 1919, ACDP, I–220, 299/3. Zur Sonderschichtenfrage siehe Gerald D. Feldman, «Arbeitskonflikte im Ruhrbergbau 1919–1921. Zur Politik von Zechenverband und Gewerkschaften in der Überschichtenfrage», *VfZ* 28, 1980, S. 168–223

116 Stinnes an Gessler, 23. Januar 1920, ACDP, I–220, 028/3, und Kabinettsitzung am 16. Januar 1920, AR, *Kabinett Bauer*, S. 539f. Der Brief ist vollständig abgedruckt in Kurt Sendtner (Hrsg.), Otto Gessler, *Reichswehrpolitik in der Weimarer Zeit*, Stuttgart 1958, S. 62f.

117 Feldman in *VfZ* 1980, S. 172–80; Feldman und Steinisch, *Industrie und Gewerkschaften*, S. 60–3.

118 Verhandlungen vom 28.–30. Januar und 2. Februar 1920, Bergbau-Archiv, 13/303.

119 Verhandlungen vom 16. Februar 1920, ebd., 13/73.

120 Kabinettsitzung, 18. Februar 1920, AR, *Kabinett Bauer*, S. 606f.

121 Zum Berliner Sekretariat siehe Stinnes an Vögler, 17. September 1918, NL Else Stinnes, Deutsch-Luxemburg, Briefwechsel Stinnes-Vögler; Osius an Deutsch-Luxemburg, 4. Dezember 1919, ACDP, I–220, 056/3; Thomas an Bergrat Funcke, undatiert, ebd., 100/3. Zu Edmunds Empfehlung siehe Stinnes an Humann, 23. Mai 1920, ebd., 039/4. Offensichtlich bewiesen Edmund und Hugo Junior eine gute Spürnase bei der Suche nach neuen Mitarbeitern, und ihr Vater wußte ihre diesbezüglichen Dienste zu schätzen.

122 Stinnes an Rheinische Elektrowerke, 26. März 1919, Antwortschreiben vom 29. März 1919, ebd., 184/1.

123 Hugo Stinnes Jr. an Erftwerk, 29. November 1918, ebd., 119/3; Erftwerk an den Reichskommissar, 1. Dezember 1918, und Hugo Stinnes Jr. an Erftwerk, 19. Februar 1919, ebd., 119/2.

124 Hugo Stinnes jun. an Staatssekretär Schwander, 28. September und 23. Oktober 1917, ebd., 042/2.

125 Edmund Wagenknecht an Stinnes, 18. Februar 1915, ebd., 269/2. Siehe auch Stinnes an Kinkelin, 1. April 1919, ebd., 274/1, sowie die zahlreichen anderen Dokumente zu Kinkelins Aktivitäten im selben Ordner.

126 Siehe Treffen vom 9. April und vom 12.–13. Mai 1919 in Hamburg, ebd., 299/3.

127 Max von Schinckel an Salomonsohn, 6. Dezember 1918 und weitere Briefwechsel zu diesem Thema in HADB, K1/811. Siehe auch Korrespondenz zwischen Stinnes, Gwinner und Schinckel, 3. und 6. Dezember 1918, ACDP, I–220, 259/6.

128 Max von Schinckel an Salomonsohn, 5. Juli 1919, HADB, K1/811.

129 Wie von Stinnes anläßlich eines Firmen-

treffens am 12. Mai 1919 in Hamburg berichtet, ACDP, I–220, 299/3.

130 Siehe Stinnes an Heinecken, 1. Juli 1919, und Heinecken an Stinnes, 8. Juli 1919, außerdem die diesbezügliche Korrespondenz zwischen Bartling und Stinnes, ebd., 246/2.

131 Stinnes an Kirdorf, 8. Juni 1921, ebd., 266/2, und Wulf, *VSWG* 1980, S. 14f.

132 Zu dieser und den folgenden Passagen siehe die Niederschrift über die Besprechung in Asa in der Zeit vom 28.–31. August 1919, ACDP, I–220, 299/3.

133 Henrich an Stinnes, 11. Juli 1919, ebd., 277/2.

134 Niederschriften über die Besprechungen vom 27. bis 28. Februar und 2. März 1920, ebd., 273/1.

135 Die Korrespondenz zwischen Stinnes, Minoux und Büxenstein zum Kauf der Papierfabrik Hillegossen findet sich in der Akte «Papierfabrik Hillegossen», NL Else Stinnes. Siehe auch Zeitungsberichte im Reichslandbund Pressearchiv, BA, Nr. 6770, B. 13f, sowie Vögler an Stinnes, 26. Februar 1920, ACDP, I–220, 057/3.

136 Sitzung vom 7. März 1920, NL Else Stinnes, Akte Hillegossen.

137 Stinnes an Vögler, 18. November 1919, Antwortschreiben auf eine Brief von Vögler vom 13. November, ACDP, I–220, 057/3.

138 Vögler an Stinnes, 26. Februar 1920, sowie Vögler an Theodor Berg, 26. Februar 1920, ebd., 244/1. Siehe auch seinen Bericht an den Aufsichtsrat von Deutsch-Luxemburg vom 15. März 1920, ebd., 085/4, und vom 20. April 1920, ebd., 098/4; zu den Gebrüdern Knipping siehe Vögler an den Aufsichtsrat von Deutsch-Luxemburg, 24. Dezember 1919, und den Bericht von Sempell, ebd., 255/6.

139 Zu Vöglers Haltung bezüglich der Wildermann-Werke siehe seinen Brief an Stinnes vom 30. März 1918, ebd., 164/1. Zu der Begleichung der Erzschulden siehe Sempell an Thomas, 2. September 1919, NL Else Stinnes, Briefwechsel Stinnes-Vögler in Sachen Deutsch-Luxemburg, 1917–1919.

140 Vögler an Stinnes, 25. und 26. Februar 1920, ACDP, I–220, 057/3.

141 Castiglioni an Stinnes, 2. August 1919, NL Else Stinnes, Akte Rhein-Elbe Nr. 7.

142 Stinnes an Castiglioni, 7. August 1919, ebd.

143 Es ist nicht klar, ob Stinnes das Angebot wirklich annahm, da er angesichts der bestehenden deutschen Gesetzesbestimmungen eine offizielle Beteiligung in Fremdwährungen für eine heikle Sache hielt, während Castiglioni darin offensichtlich kein Problem sah. Zum diesbezüglichen Briefwechsel siehe ebd. Zu Castiglioni siehe Pinner, *Wirtschaftsführer,* S. 217–23.

144 Der Diskussion liegt ein ausführliches Exposé von Henrich zugrunde, dem auch die folgenden Zitate entnommen sind, Dezember 1919–Januar 1920 in SAA, 54/Ld 273.

145 Niederschrift über eine Besprechung am 11. März 1920, ACDP, I–220, 08/3.

146 Stinnes an Lueck, 27. Dezember 1919, NL Else Stinnes, Rheinbraun, Ordner 37.

147 Stinnes an Hugenberg, 28. Juli 1919, ACDP, I–220, 024/2.

148 Tagebucheintrag Hopman, 2. März 1920. Von Herrn Dr. Michael Epkenhaus freundlicherweise zur Verfügung gestellt.

149 Stinnes an den Vorsitzenden der Reichsgetreidestelle, Dr. Kleiner, 24. Januar 1920, GPrStA, Rep. 92, NL Kapp, Nr. 818, Bl. 36–46.

150 Stinnes an Gessler, 6. Februar 1920, ACDP, I–220, 028/3

151 Wulf, *Stinnes,* S. 121–32.

152 Vögler an Raumer, 22. Oktober 1919, ACDP, I–220, 006/1.

153 Stinnes an Raumer, 21. Oktober 1919, ebd.; Allgemeineres dazu in Feldman und Steinisch, *Industrie und Gewerkschaften,* S. 50–5.

154 Vögler an Hugenberg, 31. Oktober 1919, BA, NL Hugenberg, Nr. 29, Bl. 402ff. Siehe auch Vögler an Sorge, 15. Oktober 1919, ACDP, I–220, 001/5; Flathmann an Stinnes, 22. Oktober 1919, und Antwortschreiben vom 24. Oktober 1919, ebd., 002/4.

155 Vögler an Hugenberg, 21. August 1919, BA, NL Hugenberg, Nr. 49, Bl. 57f. Zu der Pressekampagne und zum Prozeß siehe Epstein, *Erzberger,* S. 349–69.

156 Vögler an Hugenberg, 27. Oktober und 8. Dezember 1919, BA, NL Hugenberg, Nr. 49, Bl. 36–41.

157 Stresemann an Vögler, 27. August 1919, und Vögler an Stresemann, 9. September 1919, NL Stresemann, 3088/H17701–908. Am 18. November 1920 bat Büxenstein um die Summe von 900000 Mark als Anzahlung für den Zeitschriftenkauf und zur Deckung der laufenden Kosten. Siehe NL Else Stinnes, Mappe Papierfabrik Hillegossen.

158 Siehe Flathmann an Kubier, 31. Oktober 1919, und Antwortschreiben vom 6. November 1919, NL Stresemann, 3088/H138008–15.

159 Zur Verbindung mit Kapp siehe Kapp an Stinnes, 30. November 1918, sowie Kopien der Memoranden, die Stinnes im Jahre 1920 an Kapp schickte, GPrStA, Rep. 92, NL Kapp, Nr. 818, Bl. 36–46. Der informativste Bericht findet sich in Erger, *Der Kapp-Lüttwitz-Putsch. Ein Beitrag zur deutschen Innenpolitik 1919/20,* Beiträge zur Geschichte des Parlamentarismus und der politischen Parteien, Bd. 35, Düsseldorf 1967. Zu einer Bewertung der Beziehung zwischen Privatwirtschaft und Kapp-Putsch siehe Gerald D. Feldman, «Big Business and the Kapp Putsch», in *Central European History,* 4, 1971, S. 99–130, deutsch unter dem Titel «Die Großindustrie und der Kapp-Putsch», in Feldman, *Vom Weltkrieg zur Weltwirtschaftskrise,* S. 192–217 und 262–6.

160 Tagebucheintrag Hopman, 14. August 1919.

161 Fehrmann an WASAG, 17. Juni 1919, ACDP, I–220, 274/3. Zur Nationalen Vereinigung und zum Nationalklub siehe Fricke, *Bürgerliche Parteien,* II, S. 339–43. Bei Fricke ist allerdings das Gründungsdatum für die Nationale Vereinigung falsch angegeben, die am selben Tag wie der Nationalklub, nämlich am 2. Oktober 1919 ins Leben gerufen wurde. Zum selben Thema siehe Bericht des Preußischen Staatskommissariats für die Überwachung der öffentlichen Ordnung, 2. Oktober 1919, AR, *Kabinett Bauer,* S. 281–4; Erger, *Kapp-Lüttwitz-Putsch,* S. 90–7; Dirk Stegmann, «Vom Neokonservativismus zum Proto-Faschismus: Konservative Partei, Vereine und Verbände 1893–1920», in Dirk Stegmann u. a. (Hrsg.), *Deutscher Konservativismus im 19. und 20. Jahrhundert. Festschrift für Fritz Fischer,* Bonn 1983, S. 199–230.

162 Erger, *Kapp-Lüttwitz-Putsch,* S. 97, und Karl Fehrmann, «Erinnerungen an Hugo Stinnes», Oktober 1952, NL Else Stinnes.

163 Siehe Ludendorff an Stinnes, 17. März 1920, ACDP, I–220, 026/1, sowie Erger, *Kapp-Lüttwitz-Putsch,* S. 129–35.

164 Feldman, *Vom Weltkrieg zur Weltwirtschaftskrise,* S. 200. Der vollständige Wortlaut der Resolution findet sich in Spethmann, *Zwölf Jahre,* Bd. 2, S. 100ff. und 343.

165 Feldman, *Vom Weltkrieg zur Weltwirtschaftskrise,* S. 201 und 263.

166 Fehrmann, «Erinnerungen», S. 7–8, NL Else Stinnes.

167 Bei diesem Dokument handelt es sich um die nicht datierte und nicht unterzeichnete Schreibmaschinenabschrift eines Protokolls, die mit der Bemerkung «gez. 1 Unterschrift (Jams?)» schließt, ACDP, I–220, 023/2.

168 Feldman, *Vom Weltkrieg zur Weltwirtschaftskrise,* S. 203f.

169 Dies erzählte Edmund Stinnes angeblich Hans von Kessel, siehe Hans von Kessel, *Handgranaten und rote Fahnen. Ein Tatsachenbericht aus dem Kampf gegen das rote Berlin 1918–1920,* Berlin 1933, S. 295f. Als Peter Wulf Edmund Stinnes 1977 fragte, ob er je eine solche Bemerkung gemacht habe, verneinte Edmund Stinnes dies. Siehe Wulf, *Stinnes,* S. 162. Es ist schwer verständlich, warum Erwin Könnemann mir in «Kapps Vorbereitungen auf einen Prozeß, der nie stattfand», *Zeitschrift für Geisteswissenschaft* 43, 1995, S. 698–735, einen Vorwurf aus meinem Zweifel an der Authentizität dieser Bemerkung macht. Ich habe bereits vor dem Erscheinen von Wulfs Buch in *Vom Weltkrieg zur Weltwirtschaftskrise* auf Seite 199 darauf hinge-

wiesen, daß die Geschichte Kessels vor dem Hintergrund sämtlicher verfügbarer Dokumente einfach keinen Reim ergibt.

170 Feldman, *Vom Weltkrieg zur Weltwirtschaftskrise,* S. 200.

171 Bericht über die vertrauliche Besprechung der durch den Kapp-Putsch geschaffenen Lage anläßlich der Vorstandssitzung des Reichsverbandes der Deutschen Industrie am Dienstag, den 13. April 1920, ACDP, I–220, 027/1.

172 Ebd.

173 Zu Kapps Aufenthalt in Asa siehe Cläre Stinnes an Gert von Klaas, 20. Dezember 1956, NL Else Stinnes. Zum Bielefelder Abkommen siehe Ernst Rudolf Huber, *Dokumente zur deutschen Verfassungsgeschichte,* Stuttgart und Köln 31992, Bd. 2, S. 259 ff.

174 Denkschrift vom 28. März 1920, ACDP, I–220, 024/3 und 306.

175 Ebd.

176 Vögler an Stinnes, 7. April 1920, NL Else Stinnes.

VIII. Für und wider die «Verstinnesierung», 1920–1922

1 Die Testamente vom 18. März 1920 und 13. Oktober 1922 einschließlich der zugehörigen Nachträge gleichen Datums, die der nachfolgenden Darstellung zugrunde liegen, finden sich in ACDP, I–220, 300/7.

2 Zu dieser Frage siehe Gerald D. Feldman, «Foreign Penetration of German Enterprises after the First World War: The Problem of Überfremdung», in Alice Teichova, Maurice Lévy-Leboyer und Helga Nussbaum (Hrsg.), *Historical Studies in International Corporate Business,* Cambridge 1989, S. 87–110.

3 Stinnes an Vorstand des Mülheimer Bergwerkvereins, 20. April 1920, ACDP, I–220, A2337.

4 MBV an SSW Essen, 7. Juni 1920, ebd.

5 Stinnes an Osius, 22. Mai 1920, ebd., 002/4.

6 Stinnes an Trucksäss, Reichsgeschäftsstelle der Deutschen Volkspartei, 24. April 1920, ebd.

7 Stinnes an Beck, 27. März 1920, ebd. Zur Auseinandersetzung um seine Aufstellung für den 23. Duisburger Wahlbezirk siehe die Korrespondenz mit Stresemann vom 6. November 1919 in NL Stresemann, 3088/208/H138008–15; zum Drängen Flathmanns, Stinnes einen unbedingt sicheren Listenplatz zu geben, siehe Flathmann an Stresemann, 4. Mai 1920, ebd. 3089/210/H138646–51. Zu seiner nachträglichen Aufstellung für den 26. Wahlbezirk siehe Leonhardt an Stinnes, 27. September 1920, ACDP, I–220, 001/5. Eine gute Analyse der DVP-Reichsliste und der Probleme bei der Rekrutierung von Industrierepräsentanten liefert Wolfgang Hartenstein, *Die Anfänge der Deutschen Volkspartei 1918–1920,* Beiträge zur Geschichte des Parlamentarismus und der politischen Parteien, Bd. 22, Düsseldorf 1962, insbes. S. 214–22, 268 f., 272 f.

8 Stinnes an Osius, 22. Mai 1920, in Beantwortung von Osius an Stinnes, 20 Mai 1922, ACPD, I–220, 001/5. (Der letztere Brief trägt das offenkundig fehlerhafte Datum des 22. April.) Siehe auch Stinnes an die DVP, 14. Mai 1920, NL Stresemann, 3089/212/H138700, und Stresemann an Stinnes, 26. März 1924, ebd., 3111/267/H147000–2. Zu den angeblichen Profiten aus dem Verkauf von Unterwäsche siehe die Niederschrift Fehrmann, 20. Mai 1920, ACDP, I–220, 002/2. Die Wäsche war tatsächlich für die Bergleute gedacht, siehe Besprechung vom 27.–28. Februar 1920, ebd., 273/1. Zu seiner Klage gegen die *Bergarbeiterzeitung* wegen ihres Artikels vom 12. Juni 1920 mit der Überschrift «Deutschland wurde arm – Stinnes wurde reich» siehe Aktennotiz vom 15. Juni 1920, ebd., 039/4.

9 «Herr Hugo Stinnes, der Reichstagskandidat», *Bochumer Volksblatt,* 12. Mai 1920, ebd.

10 «Der große Handelsmann der Deutschen Volkspartei», *Ulk*, 21. Mai 1920, ebd.

11 Siehe Peter Wolff, ««Die Stimme Ihres Herrn». Hugo Stinnes und die *Deutsche Allgemeine Zeitung*», *Zeitschrift für Unternehmensgeschichte*, 1979, S. 153–79, insbes. S. 161 ff.; siehe auch AR, *Kabinette Müller I*, S. 195 ff.

12 Kabinettssitzungen vom 7. und 14. Mai 1920, AR, *Kabinette Müller* I, S. 195 ff., Zitate auf S. 197 und S. 238 f. Zu den Bedenken Stinnes' siehe Stinnes an Osius, 22. Mai 1920, ACDP, I–220, 002/4; zur Belohnung für Buxenstein siehe Stinnes an Buxenstein, 6. Mai 1920, ebd., 270/1.

13 Stinnes an Tirpitz, 3. Juni 1920, BA-MA, NL Tirpitz, Nr. 264, Bl. 106.

14 Stinnes an Scheer, 3. Juni 1920, ACDP, I–220, 039/4. Zu den Berichten, Stinnes habe eine große Zahl von Zeitungen gekauft, siehe die gesammelten Berichte – darunter phantasievolle und weniger phantasievolle – im Pressearchiv Deutscher Landbund, BAP, Bd. 6770, Bl. 14–29.

15 Pinner, *Wirtschaftsführer*, S. 39.

16 Zur Rolle Humanns in Konstantinopel siehe Ernest Jackh, *The Rising Crescent. Turkey Yesterday, Today and Tomorrow*, New York und Toronto 1944, S. 118 ff.

17 Stinnes an Humann, 23. Mai 1920, ACDP, I–220, 039/4.

18 Tirpitz an Stinnes, 10. Juni 1920. ebd.

19 Harden an Stinnes, 14. Juni 1920, BA, NL Harden, Nr. 150, Bl. 3–9. [Zitat aus dem Engl. rückübersetzt.]

20 Stinnes an Harden, 20. Juni 1920, ebd., Nr. 102, Bl. 82f.

21 Stinnes an Staatssekretär Müller, 29. April 1920, AR, *Kabinette Müller I*, S. 171, Anm. 7.

22 Stinnes an Staatssekretär Köster, 25. Mai 1920, ACDP, I–220, 027/5. Siehe auch Wulf, *Stinnes*, S. 189.

23 Vögler an Stinnes, 6. Juni 1920, dessen Antwort vom 7. Juni 1920, ACDP, I–220, 57/3. Es ist dennoch nicht ausgeschlossen, daß Stinnes Ende Juni private Gespräche mit französischen Wirtschaftsführern führte, denn davon war in der Kabinettssitzung vom 30. Juni 1920 die Rede; siehe AR, *Kabinett Fehrenbach*, S. 19. Weitere dokumentarische Belege dafür gibt es jedoch nicht.

24 Stinnes an Hilpert, 24. März 1920, NL Else Stinnes. Siehe auch Wulf, *Stinnes*, S. 201–21 zur Konferenz von Spa und ihren Rahmenbedingungen.

25 Bericht von Arndt von Holtzendorff, 2. Juni 1920, HAPAG-Archiv. Siehe auch AR, *Kabinett Fehrenbach*, S. 19.

26 Stinnes an Simons, 4. Juli 1920, ACDP, I–220, 043/6 (maschinenschriftliche Kopie seines handgeschriebenen Briefes in PA Büro RM 4e).

27 Wulf, *Stinnes*, S. 204 f.

28 Der Wortlaut der Stinnes-Rede findet sich bei H. Michaelis und E. Schräpler (Hrsg.), *Ursachen und Folgen. Vom deutschen Zusammenbruch 1918 und 1945 bis zur staatlichen Neuordnung Deutschlands*, Berlin 1958 ff., Bd. IV, S. 284–7.

29 Harold Nicolson, *Curzon: The Last Phase 1919-1925. A Study in Post-War Diplomacy*, Boston und New York 1934, S. 228.

30 Butler und Bury (Hrsg.), *Documents on British Foreign Policy (DBFP)*, First Series, Bd. VIII (1920), London 1958, S. 521 ff., Sitzung vom 10. Juli 1920, S. 531. Zu Stinnes' Äußerungen über den Einsatz schwarzer Truppen siehe Sitzung vom 14. Juli 1920, S. 603.

31 Siehe dazu die Ausführungen von Stinnes bei der Fraktionssitzung am 21. Juli 1920, NL Stresemann, 3091/219/H139896–899.

32 Nicolson, *Curzon*, S. 229.

33 Chefbesprechung in Spa, 14. Juli 1920, AR, *Kabinett Fehrenbach*, S. 63 ff.

34 Ebd., S. 64.

35 Siehe Fehrmann an Stinnes, 29. Juli 1920, ACDP, I–220, 018/3.

36 Löwenstein an Stinnes, 19. Juli 1920, BA, NL Hugenberg, Nr. 45, Bl. 24f., sowie Notiz für Stinnes von Hugo Stinnes jun., 13. Juli 1920, ACDP, I–220, 018/2. Siehe auch Vögler an Stinnes, 26. Juli 1920, ebd., 018/3.

37 Siehe Feldman, *Great Disorder*, S. 320.

38 Siehe Tagebucheintrag Rathenau zum 23. Juli 1920. Als Datum der Unter-

redung wird dort fälschlich der 16. Juli genannt, der Tag der Unterzeichnung des Protokolls von Spa. Siehe Pogge von Strandmann (Hrsg.), *Rathenau,* S. 247f. Zu den Äußerungen Dernburgs und Rathenaus siehe Stinnes an Melchior, 14. Februar 1921, Auswärtiges Amt, 1731/736767–768.

39 Ebd.; siehe auch Max Warburg, Erinnerungen an 1920, S. 14, NL Warburg.

40 Protokoll einer Unterredung mit Stinnes, Osius, Freundt und Rauch, NL Stresemann, 3171/141/H165727–728.

41 Zu Guggenheimer siehe AR, *Kabinett Fehrenbach,* S. 77f., sowie Wulf, *Stinnes,* S. 189.

42 Siehe Aktennotiz für Osius, 19. Juli 1920, ACDP, I–220, 002/5.

43 Sitzung der Abgeordneten 21. Juli 1920, NL Stresemann, 3091/219/H139900.

44 Stresemann an Warburg, 26. Juli 1920, ebd., 3090/214/H139028–30, sowie AR, *Kabinett Fehrenbach,* S. 66, Anm. 2 und 3.

45 Zitiert nach Wulf, *Stinnes,* S. 215.

46 Eine Auswahl von Briefen findet sich in ACDP, I–220, 018/3; Kapp an Stinnes, 13. Juli 1920, ebd., 24/3.

47 Clärenore Söderström, Memoiren, ebd., S. 107, 313.

48 Vögler an Stinnes, 26. Juli 1920, ebd., 018/3.

49 Rathenau an Warburg, 20. Juli 1920, NL Warburg; Warburg an Stresemann, 22. Juli 1920; Landesverband Hamburg an Stresemann, 24. Juli 1920; Stresemann an Warburg, 26. Juli 1920, NL Stresemann 3090/214/ H139015–18, H139026–27, H139028–30.

50 Max Warburg, persönlicher Jahresbericht 1920, NL Warburg.

51 Stinnes an Melchior, 14. Februar 1921, Akten des Auswärtigen Amtes, Mikrofilm, 1731/736767–768. Siehe auch ACDP, I–220, 025/2 und 026/1.

52 Stinnes an Siemens, 5. November 1920, ebd., 027/5, und Max Warburg, persönlicher Jahresbericht 1920, NL Warburg.

53 Wiedfeldt an Bohlen, 25. Juni 1920, in WA Krupp, IV 2574. An dieser Stelle findet sich weitere Korrespondenz zu diesem Thema.

54 Bericht von Arndt von Holtzendorff, 2. Juni 1920, HAPAG-Archiv.

55 Moysischewitz an Stinnes, 27. August 1920, ACDP, I–220, 026/1. Zu Stinnes' praktisch-technischen Ratschlägen siehe seine Denkschrift vom 23. Juli 1920, ebd., 018/3, das die Grundlage für seine Rede vor dem Reichswirtschaftsrat am 24. Juli 1920 bildete, BA, RWR, Nr. 6, S. 58–63.

56 Vermögenszuwachs-Steuer-Erklärung, 7. August 1920, ACDP, I–220, 299/3.

57 Vögler an Stinnes, 2. August 1920, ebd., 309.

58 Vögler an Stresemann, 28. August 1920, NL Stresemann, 3088/209/H138193. Zum Sozialisierungsausschuß siehe Peter Wulf, «Die Auseinandersetzungen um die Sozialisierung der Kohle in Deutschland 1920/1921», in: *Vierteljahrshefte für Zeitgeschichte,* 1977, S. 46–98; siehe auch Charles Maier, *Recasting Bourgeois Europe. Stabilization in France, Germany and Italy in the Decade After World War I,* Princeton 1975 (2. Aufl. 1988), S. 215–25.

59 Vögler an Stinnes, NL Else Stinnes, Deutsch-Luxemburg, Mappe 5. Zu weiteren organisatorischen Fragen siehe Vögler an Stinnes, 7. April und 28. Juli 1920, ACDP, I–220, 057/3.

60 Abschluß eines Interessengemeinschaftsvertrages zwischen der Gelsenkirchener Bergwerks-Aktien-Gesellschaft und der Deutsch-Luxemburgische Bergwerks- und Hütten-Aktien-Gesellschaft, 22. Juni 1920, Bergbau-Archiv, 55/285.

61 Deutsch-Luxemburg, Aufsichtsratssitzung vom 6. Juli 1920, ACDP, I–220, 098/2.

62 Vögler an Stinnes, 2. August 1920, ebd., 309.

63 Vögler an Stinnes, 5. Mai 1920; Stinnes an Vögler, 16. Mai 1920; Stinnes an Minoux, 21. Mai 1920, NL Else Stinnes, Deutsch-Luxemburg, Mappe 5. Siehe auch «Abschluß», 22. Juni 1920 Bergbau-Archiv, 55/285, sowie Vögler an Stinnes, 2. August 1920, ACDP, I–220, 309.

64 Stinnes an Küchen, 8. August 1920, ebd., 187/1.

65 Küchen an Stinnes, 8. August 1920, ebd.,

sowie «Das RWE nach seinen Geschäftsberichten», S. 31.

66 Koepchen an Stinnes, 12. Mai 1920, ACDP, I–220, 178/2.

67 Koepchen an Stinnes, 24. Juni und 11. Juli 1920 ebd. Die relevante Korrespondenz zum Thema IG zwischen Stinnes, Müser, Thomas, Vögler und Goldschmidt findet sich in NL Else Stinnes, RWE, Mappe 51. Details zum am 31. August unterzeichneten Abkommen und zur Rolle Goldschmidts enthält die Aktennotiz vom 31. September 1920, ACDP, I–220, 163/5. Zu den Mißhelligkeiten von 1922 siehe ebd., 138/4. Zu den IG-Modalitäten siehe «Das RWE nach seinen Geschäftsberichten», S. 31, sowie Asriel, *RWE,* S. 29 ff.

68 Siehe die Korrespondenz des RWE mit Stinnes, der Dresdner Bank und der Disconto-Gesellschaft vom Mai und Juni 1920 in ACDP, I–220, 168/4.

69 Luther an Stinnes, 13. Juli 1920, ebd.

70 Stinnes an Luther, 30. Juli 1920, ebd.

71 Siehe Reichsschatzminister an RWE, 13. August 1920, und Henke an Stinnes, 23. August 1920, ebd. Siehe auch Asriel, *RWE,* S. 27 f.

72 Siehe die ausgezeichnete Darstellung bei Todd, «Technology and Interest Group Politics», S. 250–6. Der Gesellschaftsvertrag für den KEV vom 8. Oktober 1920 findet sich in ADCP, I–220, 137/1. Zur Auseinandersetzung zwischen Gerstein und Stinnes siehe ebd., Brief von Direktor Krone vom Elektrizitätswerk Westfalen an Müser, 31. Oktober 1920.

73 Stinnes an Luther, 28. Oktober 1920, ebd., 178/2.

74 Stinnes an Müser, 9. November 1920, ebd.

75 Stinnes an RWE, 9. November 1920, ebd.

76 Stinnes an Luther, 28. Oktober 1920, ebd. «Im übrigen soll man soviel perfekte Tatsachen schaffen wie nur möglich.»

77 Wiedfeldt an Bohlen, 9. Juli 1920, WA Krupp, III, 226.

78 Wiedfeldt an Bohlen, 4. August 1920, ebd., IV, 1999, sowie Wiedfeldt an Vögler, 3. August, und Antwort Vöglers, 4. August 1920, ebd.

79 Wiedfeldt an Bohlen, 6. September, dessen Antwort 14. September 1920, ebd., WA, VII, 1412.

80 Wiedfeldt an Vielhaber, 4. September 1920, ebd., WA, III, 229.

81 Wiedfeldt an Stinnes, ebd., IV, 1999.

82 Wiedfeldt an Vielhaber, 9. September 1920, ebd.

83 Stinnes an Wiedfeldt, 14. September 1920, ebd. Abschriften des Briefwechsels zwischen Stinnes und Wiedfeldt finden sich auch in BA, NL Hugenberg, Nr. 45, Bl. 10–18.

84 Stinnes an Vögler, 17. September 1920, WA Krupp, IV, 1999. Denkschrift Vögler, «Die Sozialisierung des Bergbaues», September 1920, BA, NL Silverberg, Nr. 135, Bl. 58–62. Auch Stinnes selbst brachte offenbar einige seiner Ideen zu Papier, sehr zur Freude Löwensteins vom Bergbauverein, der sich sehr bemüht hatte, Stinnes hierzu zu bewegen. Siehe Löwenstein an Hugenberg, BA, NL Hugenberg, Nr. 45, Bl. 8–9.

85 Stinnes an Kruse, 17. September 1920, BA, NL Silverberg, Nr. 136, Bl. 4–5. Zu Silverberg und seiner positiven Einstellung zu Kleinaktien siehe Franz Mariaux, *Paul Silverberg. Reden und Schriften,* Köln 1951, S. 42 f.

86 Unterausschuß zur Sozialisierungsfrage, 2. Sitzung am 25. Oktober 1920, BA, NL Silverberg, Nr. 141, S. 36–40.

87 Wiedfeldt an Baur, 27. Oktober 1920, WA Krupp, III, 228.

88 Vögler in seinem Bericht an die DVP-Fraktion, 13. November 1920, NL Stresemann, 3171/141/H165783–84.

89 Admiral Hopman an seine Gattin, 9. August 1920, NL Hopman. Zum allgemeinen Hintergrund siehe die ausgezeichnete Arbeit von David Large, «The Politics of Law an Order: A History of the Bavarian Einwohnerwehr, 1918–1921», *Transactions of the American Philosophical Society,* Bd. 70, Teil 2, Mai 1980. Da Large nicht alle Quellen kannte, unterschätzte er die Summen, die Escherich von westdeutschen Industriellen erhielt. Auch Löwenstein und Hugenberg waren in die Affäre Orgesch verwickelt, und auch sie hatten ihre Vorbehalte gegen

Escherich; siehe Löwenstein an Hugenberg, 21. August und 17. September 1920, BA, NL Hugenberg, Nr. 45, Bl. 8–9, 19–20.

90 Zur Bearbeitung des Ministers Brauns siehe Notizen, NL Stresemann, 3171/141/H165785, sowie Brauns an Adenauer, 11. Oktober 1920, ACDP, I–220, 026/1. Siehe auch Osius an Stinnes, 2. November 1920, ebd., 049/2, und Morsey, *Zentrumspartei*, S. 350.

91 Unterausschuß zur Sozialisierungsfrage, 6. Sitzung am 12. November 1920, BA, NL Silverberg, Nr. 141, S. 132–8.

92 Hoffmann an Stinnes, 4. November 1920, ACDP, I–220, 122/5.

93 Zu den von Stinnes erhobenen Forderungen siehe NL Stresemann, 3171/141/H165786–88. Siehe auch Wulf in *VfZ*, 1977, S. 90–8.

94 Oberschlesischer Berg- und Hüttenmännischer Verein an den Verein für die bergbaulichen Interessen, 12. November 1920, BA, NL Silverberg, Nr. 135, Bl. 280f.

95 Sorge an Vielhaber, 30. November 1920, WA Krupp, IV, 1391.

96 Thiel an Stinnes, 4. September 1920, ACDP, I–220, 198/2.

97 Bericht von Humann, 16. Dezember 1920, ebd., 089/4.

98 Quaatz an Vögler, 30. Dezember 1920, ebd., 001/5.

99 Quaatz an Stinnes, 1. Januar 1921, ebd., 026/1.

100 Besprechung Stinnes, v. Rieppel, Endres und Gertung, 23. Juni 1920, WA MAN, Nürnberg, Nr. 171.

101 Für eine allgemeine Darstellung der MAN im Prozeß der vertikalen Konzentration von Rheinelbe und GHH sowie der Entwicklung der Siemens-Rheinelbe-Schuckert-Union siehe Feldman, *Iron and Steel*, S. 213–79. Auf primäre Quellen wird hier nur hingewiesen, soweit vorher nicht benutzte Dokumente oder Materialien Stinnes betreffend verwendet werden.

102 Rieppel an Stinnes, 1. Juli 1920, ACDP, I–220, 245/5.

103 Stinnes an Rieppel, 2. Juli 1920, ebd.

104 Ebd.

105 Rieppel, «Interessengemeinschaft», Denkschrift vom 5. Juli 1920, WA MAN, Nürnberg, Nr. 171.

106 Vögler an Stinnes, 15. Juli 1920, ACDP, I–220, 057/3; Vögler an Stinnes, 10. September 1920, NL Else Stinnes, Deutsch-Luxemburg, Mappe 5.

107 Siemens an Rieppel, 14. September 1920, SAA, 4 Lf 635/1.

108 Vögler an Siemens, 15. September 1920, ebd.

109 Vögler an Stinnes, 27. und 28. September 1920, ACDP, I–220, 057/3, 057/2. Am 6. Oktober 1920 meldete Hugo in einem Brief an Cläre: «Die Rennstraße ist geordnet.» Ebd., 294/5.

110 Siehe zum Beispiel seinen Bericht an Vögler vom 26. August 1920, ebd., 057/3.

111 Stinnes an Siemens, 1. Oktober 1920, ebd., 095/1. Zur Rolle von Carsch und Goldschmidt siehe die Korrespondenz zwischen Februar und Mai 1921, ebd., 270/1. Siehe auch Salomonsohn an Stinnes, 2. Oktober 1920, NL Else Stinnes, Deutsch-Luxemburg, Mappe 10.

112 Vögler an Stinnes, 10. Oktober 1920; Vögler an Salomonsohn, 22. Oktober 1920; Vögler an Thomas, 18. Januar 1921, ebd., Vögler an Stinnes, 23. November 1920, ACDP, I–220, 057/3.

113 Feldman, *Iron and Steel*, S. 232–9.

114 Thomas an Stinnes, 29. Dezember 1920, ADCP, I–220, 255/3.

115 Siehe den Briefwechsel zwischen Stinnes und Petri sowie zwischen Stinnes und Reusch vom Januar 1921, ebd.

116 Siemens an Berthold, 15. November 1920, SAA 4/Lf 635.

117 Stinnes an Salomonsohn, 9. November 1920, ebd.

118 Siehe Vögler an Siemens, 14. September 1920, ebd. Eine vernichtend kritische Analyse des Gewinnverteilungsschemas lieferte Siemens in Siemens an Vögler, 27. Dezember 1925, ebd.

119 Ebd. Siehe auch die Siemens-Rede vor den Aktionären, abgedruckt bei Paul Ufermann und Carl Hüglin, *Stinnes und seine Konzerne*, Berlin 1924, S. 49ff., sowie die neuere Arbeit von Wilfried Feldenkirchen, *Siemens 1918–1945*, München und Zürich 1995, S. 189–92.

120 Das Protokoll dieser Sitzung ist abgedruckt bei Feldman und Homburg, *Industrie und Inflation,* S. 291–5; es liegt der folgenden Darstellung zugrunde, sofern nicht andere Quellen genannt werden.

121 Siehe Stinnes an Vögler, 19. November 1920, ACDP, I–220, 057/3: Hoffmann an Stinnes, 12. Januar 1921; Georg von Simson an Stinnes, 11. Februar 1921, dessen Antwortschreiben vom 14. Februar 1921, alle ebd., 122/5; siehe ferner die Korrespondenz zwischen Stinnes und Hoffmann vom April 1920 sowie zwischen Salomonsohn und Stinnes sowie der Commerz- und Privatbank, November 1920, ebd., 114/4. Zu dem geplanten staatlichen Kraftwerk siehe die Korrespondenz von Anfang 1921, ebd. und 117/4. Zu den Problemen mit Fürstenberg und Riebeck siehe Hoffmann an Stinnes, 29. Januar 1921 sowie Stinnes an Hoffmann, 3. Februar 1921, ebd.

122 Niederschrift über die Gründungssitzung der Rheinelbe-Union GmbH, 18. August 1920, NL Else Stinnes, Mappe Rheinelbe-Union.

123 Stinnes an Siemens, 27. November 1920, ACDP, I–220, 095/1.

124 Stinnes an Lueck, 24. November 1920, ebd., 119/2.

125 Stinnes an Raumer, 16. Januar 1921, sowie andere einschlägige Korrespondenz, ebd., 244/1.

126 Stinnes an Berg, 20. Oktober 1920, ebd.

127 Hopkins an Hugo Stinnes jun., 30. Oktober 1920; Hugo Stinnes jun. an Hopkins, 6. November 1920; Stinnes an Berg, 7. Januar 1921, dessen Antwort vom 10. Januar 1921, ebd.

128 Vögler an Stinnes, 16. Dezember 1920, ebd., 057/3.

129 Stinnes an Vögler, 23. Dezember 1920, ebd.

130 Siehe Vögler an Stinnes, 26. Dezember 1920, ebd.

131 Stinnes an Vögler, 11. Januar 1921, ebd., 057/3.

132 Stinnes jun. an Vögler, 7. Juli 1920, ebd., 057/2; Stinnes an Vögler, 11. Januar 1921, ebd., 057/3; Stinnes an Henrich, 22. Januar 1921, Stinnes jun. an Stinnes sen., 24. Januar 1921, Stinnes jun. an Kirdorf, 14. April 1921, ebd., 095/1.

133 Stinnes an Vögler, 2. Juni 1921, ebd., 271/5.

134 Vögler an Stinnes, 4. Juni 1921, ebd.

135 Protokoll der Besprechung vom 14. Juli 1921, SAA, 54/Ld273.

136 Brandis an Thiel, 15. April 1921, in Reaktion auf Thiels Brief vom 11. April 1921; siehe auch Thiel an Thomas, 18. April 1921, ACDP, I–220, 100/2.

137 Stinnes an Siemens, 22. Juni 1921, ebd.; siehe auch ebd., 095/1.

138 Vögler an Köttgen, 1. April 1921, SAA, 11Lf 104.

139 Stinnes an Pattberg, 9. August 1921, ACDP, I–220, 136/2. Die Zeche Bruchstraße war nach Bildung der IG mit der GBAG nicht mehr in den Deutsch-Luxemburg-Verbund eingebunden und sollte zunächst gegen die Zeche Graf Schwerin eingetauscht werden, was jedoch scheiterte. Siehe Rheinelbe, Sitzung vom 29. September 1920, ebd., 097/1.

140 Stinnes an Georg von Simson, 6. Oktober 1921, ebd., 095/1.

141 Stinnes an Vögler, 27. März 1921, siehe auch andere Korrespondenz zum Thema, ebd., 253/2.

142 Vögler an Stinnes, 7. Juni 1921, ebd., 245/5; siehe auch Feldman, *Great Disorder,* S. 280.

143 Siehe Castiglioni an Vögler, 15. Februar 1921, NL Else Stinnes, Rheinelbe-Union, Mappe 7 - hier finden sich auch Vertragsentwürfe und andere einschlägige Dokumente. Siehe auch Castiglioni an Stinnes, 18. Januar 1921, ACDP, I–220, 057/1 und SRSU Gemeinschaftsrat, 26. September 1921, ebd., 097/1. Zum allgemeinen Hintergrund siehe Franz Mathis, «Deutsches Kapital in Österreich vor 1938», in T. Abrich, K. Luterer und R. Steininger (Hrsg.), *Tirol und der Anschluß,* Innsbruck, 1988, S. 435–51.

144 Edmund an Clärenore Stinnes, 7. April 1921, NL Else Stinnes. Der Kohlenkommissar gab für den Monat April 500 Tonnen Kohle für Alpine frei, siehe Stinnes an Salomonsohn, 7. April 1921, ACDP, I–220, 114/2.

145 Castiglioni an Vögler, 2. April 1921, ebd., 026/2.
146 Siehe Feldman, *Great Disorder*, S. 349 sowie die deutsche Übersetzung eines Artikels von Jean Pupier im *Journée Industrielle* vom 11. März 1921 in ACDP, I–220, 232/4.
147 Vögler an Siemens, 18. April 1921, SAA, 4Lf/534 sowie Bericht von C. Harries (Siemens), 5. Mai 1921, ebd. Siehe auch Stinnes an Kohlenausfuhrstelle, 16. März 1921, ACDP, I–220, 101/2.
148 Besprechung im Hotel Adlon, Berlin, 28. Mai 1921, ebd., 273/1.
149 Die Eckdaten zu der hier gegebenen Darstellung finden sich in Wulf, *VSWG* 1980, S. 1–21.
150 Schinckel an Cuno, 20. Oktober 1919, HADB, K 1/811.
151 Cuno an Harriman, 24. November 1920, Averell Harriman Papers, Manuscript Division, Library of Congress, Washington, D. C.
152 Stinnes an Mankiewitz, 30. Oktober 1920, ACDP, I–220, 266/2.
153 Mankiewitz an Stinnes, 3. November 1920, ebd.
154 Stinnes an Mankiewitz, 9. November 1920, ebd.
155 Auszug aus einem Brief von Herrn Marxen aus Buenos Aires, 23. Dezember 1920. Siehe auch Peltzer (HAPAG) an Schinckel, 16. Dezember 1920 mit beigehefteter Artus-Anzeige, HADB, K 1/811.
156 Stinnes an Cuno, 23. Dezember 1920, ACDP, I–220, 266/2.
157 Siehe Cuno an Stinnes, 4. Januar 1921, Stinnes an Cuno, 5. Januar 1921, Cuno an Stinnes, 14. Januar 1921, Stinnes an Cuno, 22. Januar 1921; Aktennotiz 10. März 1921, ebd.
158 Salomonsohn an Schinckel, 24. Januar 1921, HADB, K 1/811.
159 Vermerk Cuno, 9. März 1921, sowie Schinckel an Kirdorf, 2. Mai 1921, ACDP, I–220, 266/2.
160 Stinnes, Niederschrift vom 16. März 1921, ebd., 273/1.
161 Stinnes an Cuno, 17. April 1921, ebd., 266/2.
162 Telefonische Mitteilung für Herrn Schinckel, 28. April 1921, HAPAG-Archiv.
163 Warburg an Arndt von Holtzendorff, 2. Mai 1921, ebd.
164 Siehe die Korrespondenz von Deters und Cuno im August 1921; siehe auch Tirpitz an Humann, 2. September 1921, Humann an Deters, 9. September 1921, Hasselmann an Humann, 6. Oktober 1921, und weitere einschlägige Dokumente in ACDP, I–220, 259/6.
165 Kirdorf an Stinnes, 23. Januar 1922, ebd., 266/2.
166 Stinnes an Kirdorf, 4. Februar 1922, ebd.
167 Undatierte Verlautbarung, HAPAG-Archiv.
168 Bericht Arndt von Holtzendorff, 2. Juni 1920, ebd.
169 Edmund an Clärenore Stinnes, 7. April 1921, NL Else Stinnes.
170 Stinnes an Vögler, 18. Januar 1922, ACDP, I–220, 096/3.
171 Cläre Stinnes, Tagebuch, Februar–März 1911. Nora schloß sich später offenbar dieser Einschätzung an und ließ sich in den 20er Jahren von Dunlop scheiden.
172 Hugo an Cläre Stinnes, 6. Oktober 1920, ACDP, I–220, 294/5.
173 Humann an Minoux, 6. September 1920, ebd., 039/4.
174 Siehe D. K. Buse, «Economic Interests and Lobbying in the Early Weimar Republic: Holtzendorff's Political Salon», *Histoire Sociale – Social History*, 14. November 1981, S. 455–84.
175 Tuchel, *Am Großen Wannsee 56–58*, S. 15–21.
176 Clärenore Söderström, Memoiren, ACDP, I–220, 313, S. 104f.
177 Isaac F. Marcosson, *Turbulent Years*, New York 1938, S. 16f.
178 Edmund an Clärenore Stinnes, 7. April 1921, NL Else Stinnes. Siehe auch Denkschrift von Hugo Stinnes jun., 31. März 1962, ACDP, I–220, 291/1.
179 Castiglioni an Vögler, 2. April 1921, ebd., 20/2.
180 Büxenstein an Kundt, 26. August 1920, sowie Briefwechsel zwischen Brinckmann und Willesen, 18. Januar 1920, ebd., 015/4.
181 Osius an Löwenstein, 18. September

1920; siehe auch Stresemann an Osius, 8. März 1921, ebd.

182 Aktennotiz vom 11. Oktober 1921, ebd.

183 Protokoll einer Besprechung zwischen Schalk, Oberstleutnant Willesen, Brinckmann und Büxenstein in Wien, 17.–18. Januar 1921, ebd., 043/4.

184 Ufermann und Hüglin, *Stinnes*, S. 163.

185 Für die folgende Darstellung, einschließlich der Zitate (falls nicht eine andere Quelle angegeben ist) siehe Besprechung mit dem Prinzipal am 17. Dezember 1920, ACDP, I–220, 089/4. Weitere Teilnehmer waren Minoux, Edmund Stinnes, Büxenstein und Osius.

186 Siehe Feldman, *Great Disorder*, S. 188f.

187 Siemens an Stinnes, 4. November 1920, und Stinnes an Siemens, 5. November 1920, ACDP, I–220, 027/5. Siehe auch Wulf, *Stinnes*, S. 241–8.

188 Vögler an Stresemann, 23. Dezember 1920, 6931/216/H139430–31.

189 Lord D'Abernon, Bericht vom 12. November 1920, PRO, FO 371/4742/13.

190 Wulf, *Stinnes*, S. 247–58; Trachtenberg, *Reparations*, S. 184–91; zur Affinität zwischen den Vorschlägen von Seydoux und denen von Stinnes siehe die Analyse vom 30. Dezember 1920 in ACDP, I–220, 024/3; zu Stinnes' Erkenntnissen über die französische Eisenindustrie und die Spannungen zwischen Briten und Amerikanern siehe diverse Berichte zwischen Dezember 1920 und März 1921, ebd., 057/1, sowie Humann an Stinnes, 22. Januar 1921, ebd., 026/1. Zu Stinnes' Reaktion auf die Pariser Note siehe seinen Brief an Wiedfeldt, 5. Februar 1921, ebd., 264/1.

191 Stinnes an Schmidt, 23. Februar 1921, in Beantwortung von Schmidt an Stinnes, 21. Februar 1921, ebd., 026/1; siehe auch AR, *Kabinett Fehrenbach*, S. 475. Das Thema kam am 1. Februar 1921 im Kabinett zur Sprache, doch wurde kein Beschluß gefaßt.

192 Stinnes an Tirpitz, 16. August 1921, ACDP, I–220, 043/7.

193 Stinnes an Deters, 28. Januar 1921; siehe auch Osius an Stinnes und Osius an Warburg, 31. Januar 1921, ebd., 264/1.

194 Stinnes an Botschafter Landsberg, 7. Februar 1921, ebd.

195 Stinnes an Richthofen, 14. Februar 1921, und an Major Zschausch, 18. März 1921, ebd., 026/1.

196 Humann, Vermerk über eine Unterredung mit Stinnes, 11. März 1921, ebd., 039/4. Siehe auch Sitzung der DVP-Reichstagsfraktion, 8. März 1921, NL Stresemann, 7003/H 142562–565 sowie Eduard Stadtler an Martin Spahn, 12. März 1921, BA, NL Spahn, Nr. 80.

197 Stinnes an Winterfeldt, 13. März 1921, ACDP, I–220, 026/1.

198 Osius an Stinnes, 14. April 1921, ebd., 026/2.

199 Stinnes an Ludendorff, 4. April 1921, ebd., 020/2.

200 Ebd., in Beantwortung des Briefes Ludendorff an Stinnes vom 17. März 1921, ebd., 026/1.

201 Edmund Stinnes an Clärenore, 7. April 1921, NL Else Stinnes.

202 Ebd.

203 Ebd.

204 Stinnes an Osius, 25. April 1921, «Ein Weg», ACDP, I–220, 289/3.

205 Wiedfeldt an Stinnes, 27. April 1921, ebd., 025/2; Stresemann, Aktennotizen über Gespräche mit Stinnes und Vögler Ende April, NL Stresemann, 3094/234/H 141927–929.

206 Stadtler an Spahn, 12. März 1921, BA, NL Martin Spahn, 80.

207 Stinnes an Vögler, 23. August 1921, ACDP, I–220, 043/6. Zum Hintergrund und Geschehensablauf siehe Feldman, *Great Disorder*, S. 329–43, und Wulf, *Stinnes*, S. 260–6.

208 Edmund an Clärenore Stinnes, 7. April 1921, NL Else Stinnes.

209 Stinnes an Salomonsohn, 7. April 1921, ACDP, I–220, 114/4; siehe auch Stinnes an Vögler, 23. April 1921, ebd., 244/1.

210 Stinnes an Siemens, 4. März 1921; Henrich an Stinnes, 17. Februar 1921, und Siemens an Stinnes, 3. März 1921, ebd., 095/1.

211 Siehe Wirtschaftlicher Ausschuß der Reichsregierung, Sitzung vom 12. März 1921, AR, *Kabinett Fehrenbach*, S. 558–62.

212 Stinnes an Vögler, 27. Mai 1921, in Be-

antwortung von Vögler an Stinnes, 26. Mai 1921, ACDP, I–220, 057/3.
213 Vögler an Stinnes, 31. Mai 1921, ebd.
214 Stinnes an Rathenau, 19. Oktober 1921, ebd., 041/2.
215 Für Details über seinen Unfall siehe Stinnes an Rathenau, 3. August 1921, ebd., 020/2 sowie Abt. G. an Georg von Simson, 27. Juli 1921, ebd., 122/5, und Stinnes an Tirpitz, 3. August 1921, BA-MA, NL Tirpitz, Nr. 264, Bl. 113.
216 Stinnes an Vögler, 19. August 1921, ACDP, I–220, 057/4.
217 Humann an Stinnes, 4. September 1921, ebd., 039/2.
218 Das Problem hatte sich schon im Juni abgezeichnet; siehe Vögler an Stinnes, 2. Juni 1921, ebd., 057/3, Vögler an Stinnes, 17., 19., 20., 22. und 29. August 1921, ebd., 057/4.
219 Stinnes an Tirpitz, 16. August 1921, ebd., 043/7; Stinnes an Roesicke, 9. August 1921, ebd., 025/1.
220 Vögler an Salomonsohn, 26. Juli 1921, ebd., 057/4; siehe auch Osius an Stinnes, 30. Juli 1921, ebd., 026/2.
221 Siehe dazu auch Feldman, *Great Disorder,* S. 345 f.
222 Stinnes an Vögler, 19. August 1921, ACDP, I–220, 057/4.
223 Vögler an Stinnes, 17. August 1921, ebd.
224 Vögler an Stinnes, 15. August 1921, ebd.
225 Stinnes an Vögler, 23. August 1921, ebd.
226 Stinnes an Bücher, 10. August 1921, ebd., 038/3.
227 Siehe Stinnes an Rathenau, 3. August 1921, ebd., 026/2, und Rathenaus Antwort vom 8. August 1921, ebd., 041/2; Vögler an Stinnes, 29. August 1921, ebd., 057/4.
228 Ebd.
229 Humann an Stinnes, 4. September 1921, ebd., 039/2.
230 Aktennotiz Humann über eine Unterredung mit Bücher, 10. September 1921, ebd. Es ist nicht richtig, zu behaupten, es habe in dieser Phase keine Probleme mit der *DAZ* gegeben, wie Wulf es in der *Zeitschrift für Unternehmensgeschichte,* S. 168, tut. Wirth wollte, daß Stinnes sich von der Zeitung trennt.
231 Aktuelle Notizen, am 29. Juli 1921 an Stinnes übersandt, ACDP, I–220, 039/2.
232 Ebd. Siehe auch Buxenstein an Stinnes, 24. Mai 1921; Aktennotiz vom 7. Juni 1921; Humann an Thomas, 8. Mai 1921, ebd., 271/2. Siehe auch Peter de Mendelssohn, *Zeitungsstadt Berlin. Menschen und Mächte in der Geschichte der deutschen Presse,* Frankfurt 1982, S. 293 f.
233 Aktennotiz über ein Gespräch mit Bücher, 8. September 1921 (wahrscheinlich von Osius verfaßt); Krämer an Stinnes und Bücher an Stinnes, 8. September 1921, ACDP, I–220, 038/3.
234 Stinnes an Bücher, ohne Datum, aber vermutlich zwischen 9. und 13. September 1921 geschrieben, weil Bücher in einer Sitzung am 13. den Brief ansprach. Die handschriftliche Datierung des Dokuments auf Oktober oder November ist falsch. Ebd.
235 Gedächtnisprotokoll einer Unterredung zwischen Bücher, Osius und Thomas am 13. September 1921, ebd.
236 Berichte von Osius über diverse Unterredungen am 13. September 1921, ebd.; für Details zu dem Kreditangebot siehe Feldman, *Great Disorder,* S. 358–76.
237 Sitzungsprotokoll, ACDP, I–220, 097/1.
238 Stinnes an Siemens, 22. Oktober 1921, ebd., 026/2.
239 Humann an Stinnes, 3. Oktober 1921, ebd.; Stinnes an Humann, 6. Oktober 1921, ebd., 039/2.
240 Stinnes an Vögler und Silverberg, 12. Oktober 1921, ebd., 057/4.
241 Zur diesbezüglichen Einschätzung der ZAG durch Stinnes siehe Stinnes an Bücher, 9. August 1921, ebd., 038/4.
242 Niederschrift Osius, 12. Oktober 1921, ebd., 273/1.
243 Niederschrift über Besprechung mit Mr. Robbins am 12. Oktober 1921 über Verkehrsfragen. Der Unterredung wohnten auch Hugo jun. und Osius bei, siehe ebd.
244 Zum Text des Abkommens siehe *VR,* RT Drucksache Nr. 2792, Bd. 369. Siehe auch Kent, *Spoils of War,* S. 149 ff.
245 Walther Rathenau, *Gesammelte Reden,* Berlin 1924, S. 257. Siehe auch «Der Rathenau-Pakt», *Plutus,* 12. Oktober 1921, S. 335 ff.
246 Stinnes an Rathenau, 19. Oktober 1921, ACDP, I–220, 041/2.

247 Rathenau an Stinnes, 20. Oktober 1921, Stinnes an Rathenau, 22. Oktober 1921; Rathenau an Stinnes 24. Oktober 1921, ebd.

248 Stinnes an Sorge, 27. Oktober 1921, in Beantwortung von Sorge an Stinnes, 26. Oktober 1921, ebd., 041/2 und 026/2.

249 Siehe die ausführliche Darstellung bei Feldman, *Great Disorder,* S. 372.

250 Wiedfeldt an Sorge, 7. November 1921, Krupp-Archiv, WA IV, 2566.

251 Besprechung vom 10. November 1921, AR, *Kabinette Wirth,* I, S. 368–73.

252 Ebd., S. 378. Zu Stinnes' privater Unterredung mit Baltrusch siehe Stinnes an Vögler, 18. November 1921, ACDP, I–220, 099/3.

253 Kabinettssitzung vom 9. Dezember 1921, ebd., S. 459f.; die Zitate entstammen einem Bericht von Stinnes über Äußerungen Groeners vor der Mittwochs-Gesellschaft, 24. Dezember 1921, ACDP, I–220, 064/1.

254 Osius, Bericht an Stinnes vom 23. November 1921, ebd., 038/3, und Osius an Stinnes, 24. November 1921, ebd., 022/3.

255 Zum allgemeinen Hintergrund siehe Feldman, *Great Disorder,* S. 377–84.

256 Siehe David J. Jeremy (Hrsg.), *Dictionary of Business Biography: A biographical Dictionary of Business Leaders Active in Britain in the Period 1860–1918,* 5 Bde., London 1984ff., Bd. II, S. 210ff. Wegen der ihn verdrießenden sozialistischen Tendenzen in Großbritannien kehrte Dunn nach dem Zweiten Weltkrieg nach Kanada zurück und übernahm dort die Leitung der Algoma Steel Corporation in Sault Ste. Marie (Ontario), die er schon 1935 gekauft hatte. Nach dem von Stinnes vorexerzierten Modell baute er das Unternehmen zu einem vertikal integrierten Konzern aus, den er bis zu seinem Tod 1956 leitete. Lord Beaverbrook veröffentlichte eine Dunn-Biographie: *Courage: The Story of Sir James Dunn,* Fredericton 1961.

257 Osius an Stinnes, 3. Oktober 1921, ACDP, I–220, 026/2.

258 Siehe Lord Beaverbrook, *Courage,* S. 66, 86f.

259 Freytag an Hugo Stinnes jun., 28. Oktober 1921, Hugo jun. an Hugo sen., 1. November 1921, ACDP, I–220, 048/4.

260 Siehe den Reisebericht, in dem sämtliche Gesprächspartner und Gesprächstermine von Vater und Sohn Stinnes verzeichnet sind, ebd.

261 Dunn an Stinnes, 22. November 1921 mit der durchkorrigierten Denkschrift als Anlage, ebd. Vollständige Fassungen der Denkschrift in sowohl englischer als auch deutscher Sprache finden sich ebd., 282/1. Siehe auch die Äußerungen von Lloyd George gegenüber Rathenau, referiert in Pogge von Strandmann, *Walther Rathenau,* S. 280f.

262 Fehrmann an Stinnes, 6. Juli 1921; Lohmann an Fehrmann, 2. Januar 1922, ACDP, I–220, 048/4.

263 Stinnes an Dunn, 28. November 1921, mit Kopie des Schreibens Havenstein an Norman vom 25. November 1921, ebd.; Freytag an Dunn, 20. Dezember 1921, ebd., 282/1. Rathenau erfuhr am 5. Dezember bei einer Unterredung mit Dunn und Birkenhead, auf welchen Wegen die Briefkopie nach England gelangt war. Siehe Pogge von Strandmann, *Rathenau,* S. 281.

264 Stinnes, Denkschrift vom 29. November 1921, ACDP, I–220, 048/4; Stinnes an Kapitän Lohmann, 16. September 1922, ebd., 047/1.

265 Notizen über eine Reise nach London in den Tagen vom 1. bis 8. Dezember 1921, ebd., 048/4, sowie Pogge von Strandmann, *Rathenau,* S. 281f.

266 Bericht Bendix vom 6. März 1922 über eine Unterredung mit Rathenau im Dezember 1921, BA, Handelspolitische Abteilung, Nr. 43817, Bl. 129f.

267 Pogge von Strandmann, *Rathenau,* S. 272–89.

268 Norman an Havenstein, 10. Dezember 1921, BA, RB, Nr. 6394, Bl. 108f.

269 Bericht Hildebrandt vom 17. Dezember 1921, Staatsarchiv Detmold, L75, X, 4, 16, I, von Herrn Prof. Dieter Buse freundlicherweise zur Verfügung gestellt.

270 Osius an Stinnes, 29. Dezember 1921, ACDP, I–220, 022/3.

271 Stinnes an Harden, 17. Januar 1922, ebd., 041/2.

272 Freytag, Aktennotiz über Londonreise 19.–23. Januar 1922, Rotterdam, 25. Januar 1922, ebd., 048/4.

273 Walther Rathenau, *Hauptwerke und Gespräche,* Bd. II, S. 849; Viscount d'Abernon, *Versailles to Rapallo. The Diary of an Ambassador,* Bd. I, New York 1929, S. 265 f.

274 *Frankfurter Zeitung,* 2. Februar 1922, Nr. 87 und 89; 4. Februar, Nr. 95–96; 6. Februar, Nr. 99; 8. Februar, Nr. 103; 17. Februar, Nr. 129; DAZ, 2. Februar 1922, Nr. 55, 3. Februar, Nr. 57, 5. Februar, Nr. 61 und 7. Februar, Nr. 63.

275 «Der Unpolitiker Stinnes», *FZ,* 5. Februar 1922, Nr. 96.

276 Stinnes an Spahn, 10. Februar 1922, ACDP, I–220, 022/3, in Beantwortung von Spahn an Stinnes vom 7. Februar. Siehe auch Humann an Stinnes, 9. Februar 1922, ebd., 041/2.

277 *FZ,* 2. Februar 1922, Nr. 87.

IX. König der Inflation? Die letzten Jahre. Politische Konzepte und Geschäftspraktiken

1 Viscount D'Abernon, *Portraits and Appreciations,* London 1931, S. 165–169 (Stinnes), S. 170–179 (Rathenau). Zu D'Abernons düsterer Einschätzung des deutschen Währungskonzepts siehe Feldman, *Great Disorder,* S. 433, 473, 715.

2 Curt Geyer, *Drei Verderber Deutschlands,* Berlin 1924.

3 *Verhandlungen der Sozialisierungs-Kommission über die Reparationsfragen (Stabilisierung der Währung),* Bd. III, Berlin 1922, S. 358.

4 In diesem Sinne argumentiert Niall Ferguson, *Paper and Iron. Hamburg Business and German Politics in the Era of Inflation, 1897–1927,* Cambridge 1995, Kapitel 6.

5 Dunn an Stinnes, 28. Februar 1922, ACDP, I–220, 048/4.

6 Freytag an Stinnes, 13. Januar 1922, sowie Treffen zwischen Inverforth und Vertretern des Stinnes-Konzerns, 7. März 1922, ebd.

7 Stinnes an Bücher, 20. Februar 1922, ebd., 038/3.

8 Niederschrift der Besprechung des Herrn Hugo Stinnes mit Herrn Reichsfinanzminister Hermes, zugegen Herr Mende, 27. März 1922, ebd., 022/2.

9 Stinnes an Vögler, 18. Januar 1922, ebd., 096/3.

10 Bericht von Kaidirektor Buschmeyer, 22. Februar 1922, sowie Osius an Bücher, 24. Februar 1922, ebd., 005/1.

11 Zu den Hintergründen siehe Feldman, *Great Disorder,* S. 423–428.

12 Die Angaben basieren auf der überaus aufschlußreichen vertraulichen Tabelle des Reichskohlenrates in NL Silverberg, BA, Nr. 148, Bl. 38 f.

13 Sitzung am 14. Dezember 1921, ACDP, I–220, 010/3, und am 24. Januar 1922, ebd., 011/16.

14 Sitzung vom 24. Januar 1922, ebd., S. 15 f.

15 Vögler an Stinnes, 30. Januar 1922, ebd., 052/4.

16 RdI-Vorstandssitzung, 22. Februar 1922, 199, HA/GHH, Nr. 3001932/2, RWWK.

17 Ebd.

18 Siehe die Notizen Bennholds, des Geschäftsführers des Reichskohlenrats, in einer Denkschrift vom 28. Februar 1922, BA, NL Silverberg, Nr. 148, Bl. 68.

19 Vögler an Stinnes, 2. März 1922, ACDP, I–220, 057/4; Hoffmann an Stinnes, 13. April 1922, sowie Hoffmann an Bergrat Fabian, 15. April 1922, ebd., 122/5.

20 Osius an Stinnes, 10. März 1922, ebd., 022/3.

21 Unterredung zwischen Stinnes und Hermes am 27. März 1922, ebd., 022/2.

22 Eine ausführliche Rahmen- und Hintergrunddiskussion zu diesem Thema findet

sich bei Wulf, *Stinnes*, S. 293–317, sowie bei Peter Krüger, *Die Außenpolitik der Republik von Weimar*, Darmstadt 1985, S. 155–83. Zur Rolle der deutschen Industrie bei den Verhandlungen mit Rußland siehe insbesondere Hartmut Pogge von Strandmann, «Großindustrie und Rapallopolitik. Deutsch-Sowjetische Handelsbeziehungen in der Weimarer Republik», *Historische Zeitschrift* 222, 1976, S. 265–341.

23 Zitiert nach Wulf, *Stinnes*, S. 309–310, dessen Argumentation ich bei der Darstellung der Verhandlungen mit Radek folge.

24 Moritz Schlesinger, *Erinnerungen eines Außenseiters im diplomatischen Dienst*, Köln 1977, S. 277–90; Zitat S. 287.

25 Siehe Fehrmanns erstaunliche «Generalvollmacht» vom 14. Januar 1922, ACDP, I–220, 286/2, sowie Fehrmann an Stinnes, 8. Februar 1922, ebd., 269/1. Siehe auch Karl Fehrmann, «Erinnerungen an Hugo Stinnes», Oktober 1952, S. 9f., NL Else Stinnes.

26 Fehrmann an Stinnes, 20. Februar und 3. März 1922, ACDP, I–220, 269/1.

27 Notiz vom Februar 1922, ebd., 286/2.

28 Zu den fraglichen Verträgen und Abkommen und zu Fehrmanns Analyse siehe ebd.; siehe auch die von Ritter verfaßten Aktenvermerke über ein Treffen mit Stinnes und Bücher am 1. März 1922, ebd., 047/4.

29 Karl Radek, «Stinnes» in: *Das Forum*, Mai/Juni 1924, S. 51, ebd., 289/2.

30 Die diesbezügliche Korrespondenz aus der Zeit zwischen Januar und April 1922 findet sich ebd., 047/3.

31 Unterredung mit Hermes, 27. März 1922, ebd., 022/2.

32 Stinnes an Becker, 20. April 1922, ebd., 041/2, Kruckenberg an Osius mit Brief von Bücher an Stinnes, 17. April 1922, sowie Berichte von Bücher vom 17. und 27. April 1922, ebd., 019/3.

33 Stinnes an Bohlen, 10. Februar 1922, ebd., 022/2.

34 Osius an Stinnes, 9. März 1922, ebd., 022/3.

35 Wiedfeldt an Stinnes, 29. April 1922, ebd.

36 Stinnes an die Deutsche Volkspartei für den Kreis Siegen-Wittgenstein, 16. Mai 1922, ebd., 001/5.

37 Für eine allgemeine Darstellung siehe Feldman, *Great Disorder*, S. 436–446. Zur Diskussion und zu den nachfolgenden Zitaten siehe «Auszug aus dem Protokoll der Sitzung des Auswärtigen Ausschusses vom 27. Mai 1922», ACDP, I–220, 038/3.

38 Stinnes an Wirth, 28. Mai 1922, Bücher an Wirth, 17. Juni 1922, ebd.

39 Stinnes an Minoux, 29. Mai 1922, ebd., 026/3.

40 Bericht über die Ereignisse am 23. Juni 1922, von Stinnes verfaßt am 4. Juli 1922, ebd., 019/4. Eine leicht überarbeitete Fassung der Passage findet sich in Klass, *Hugo Stinnes*, S. 282–91, ein Neuabdruck in Ernst Schulin (Hrsg.), *Walther Rathenau. Hauptwerke und Gespräche*, Heidelberg 1977, S. 904–8.

41 Ebd.

42 Ebd. Neben Stinnes' Bericht existieren zwei weitere Berichte, einer verfaßt von Logan und Hoover am 26. Juni 1922, Logan Papers, Box 4, Folder 2, Hoover Institution, der andere von Houghton in einem Bericht an das US-Außenministerium vom 27. 12. 1922, NA, 862.00/1199. Daneben gibt es einen Bericht von Houghton vom 23./24. Juni 1922 in den Erinnerungen D'Abernons, abgedruckt in Schulin, *Rathenau. Hauptwerke und Gespräche*, S. 903f. Die verschiedenen Berichte ergänzen und bestätigen einander, allerdings neigt Stinnes in seinem Bericht dazu, sein stets gespanntes Verhältnis zu Rathenau zu beschönigen. Man kann annehmen, daß Logans Bericht der verläßlichste ist, da Logan, ebenso wie Houghton, als «neutraler» Beobachter gelten konnte, der seinen Bericht unmittelbar nach dem Treffen verfaßte. Die folgende Passage zeigt, daß es falsch ist, das Treffen als «Konfrontation» zu werten, wie es Kent in *Spoils of the War*, S. 185, tut.

43 Aktennotiz Stinnes, 4. Juli 1922, ACDP, I–220, 019/4.

44 Bericht Houghton, NA, 862.00/1199.

45 Bericht Logan, Logan Papers, Box 4, Folder 2, Hoover Institution.

46 Aktennotiz Stinnes, 4. Juli 1922, ACDP, I–220, 019/4.
47 Bericht Logan, Logan Papers, Box 4, Folder 2, Hoover Institution.
48 Bericht Houghton in der Wiedergabe von D'Abernon, Schulin, *Rathenau. Hauptwerke und Gespräche,* S. 849 und 903 f.
49 Bericht Houghton, NA, 862.00/1190.
50 Aktennotiz Stinnes, 4. Juli 1922, ACDP, I–220, 019/4.
51 Bericht Logan, Logan Papers, Box 4, Folder 2, Hoover Institution.
52 Aktennotiz Stinnes, 4. Juli 1922, ACDP, I–220, 019/4.
53 Walther Rathenau, *Hauptwerke und Gespräche,* Bd. II, S. 903 f., sowie Walther Rathenau, *Politische Briefe,* Dresden 1929, S. 343.
54 Walther Rathenau, *Hauptwerke und Gespräche,* Bd. 2, S. 864.
55 Rathenau im Interview mit dem holländischen Journalisten M. van Blankenstein, März/April 1922, kurz vor der Abreise nach Genua. *Berliner Lokalanzeiger,* «Stinnes über Rathenau», 26. Juni 1922; Rathenau, *Hauptwerke,* Bd. II, S. 600. Eine komplette Textfassung findet sich in ACDP, I–220, 041/2.
56 Ebd.
57 Stinnes an Frau Rathenau, ebd.
58 Stinnes an Warburg, 3. Juli 1922, ebd., 039/2.
59 Warburg an Stinnes, 10. Juli 1922, ebd.
60 Stinnes an Bücher, 3. Juli 1922, ebd.
61 Stinnes an Bücher, ACDP, ebd., 046/2.
62 Stinnes an Ludendorff, 1. November 1922, ebd., 040/2.
63 Humann, Aktennotiz über Besprechung mit H. St. am 24. 8. 22, ebd., 039/2. Sehr wahrscheinlich ist in Wirklichkeit Felix Warburg gemeint, denn Max Warburg reiste erst im September nach New York ab, um sich den ständigen Morddrohungen zu entziehen. Die Reise Max Warburgs und die antisemitischen Vorurteile, denen Felix, der amerikanischer Staatsbürger war, begegnete, werden auch in Ron Chernows Biographie *The Warburgs. The 20th-Century Odyssey of a Remarkable Family,* New York 1993, S. 229 f., 234 f., 242, bestätigt.
64 Stinnes an Vögler, 9. Juli 1922, ACDP, I–220, 057/4.
65 Stresemann an Dingeldey, 12. August 1922, NL Stresemann, 3096/250/H144197–200.
66 Wulf, *Stinnes,* S. 451; Gessler, *Reichswehrpolitik,* S. 326 f.
67 Stinnes an Severing, 3. Juli 1922, ebd., 046/2.
68 Feldman, *VfZ,* 1980, S. 218 f.
69 Stinnes an Stresemann, 25. Juli 1922, in Beantwortung von Stresemann an Stinnes, 21. Juli 1922, ACDP, I–220, 002/2.
70 Stinnes an Stresemann, 7. August 1922, in Beantwortung von Stresemann an Stinnes, 3. August 1922, ebd. Die Lensch-Episode zog einen Wust unfreundlicher Korrespondenzen zwischen Humann und diversen Pressereferenten der DVP nach sich, nachzulesen in NL Stresemann, 3096/249–50/H 144077–277.
71 RdI, Sitzung vom 6. September 1922, zitiert nach Feldman und Homburg, *Industrie und Inflation,* S. 322.
72 Bücher an Stinnes, 16. August 1922, ACDP, I–220, 038/3.
73 Humann, Aktennotiz über Besprechung mit H.St. am 24. 8. 22, ebd., 039/2.
74 In seinen persönlichen Memoiren beklagte Wirth sich bitter darüber, daß Stinnes einmal im Monat Ebert besuchte und letzterer ihm dann jedesmal die Stinnesschen Wünsche übermittelte. «Ereignisse und Gestalten von 1918–1933», Teil III, Nr. 5, BA, NL Wirth, Nr. 23.
75 Denkschrift von Mende, 31. August 1922, ACDP, I–220, 046/2 sowie Protokoll der Unterredung zwischen Humann und Stinnes vom 30. August 1922, ebd., 039/2.
76 Ebd. sowie Kabinettssitzung vom 1. September 1922, AR, *Kabinette Wirth,* II, S. 1077.
77 Humann, Notiz über Besprechung mit Herrn Fehrmann nach seiner Rückkehr von Mülheim, 19. August 1922, ACDP, I–220, 039/2.
78 Stinnes an Humann, 17. September 1922, ebd.
79 Stinnes an Minoux, 29. Mai 1922, ebd., 026/3; Humann an Stinnes, 21. August 1922, 039/2; Notizen Humann, 1. Sep-

tember 1922, ebd., 046/2. Zu den Problemen bei der Papiererzeugung siehe Koholyt, Aufsichtsratssitzung vom 18. März 1922, ebd., 116/2 und Vorstandsbericht vom 21. September 1922, ebd., 117/1.

80 Stinnes an Stresemann, 18. Mai 1922, und Stresemann an Stinnes, 18. Mai 1922, ebd., 002/2.

81 Vögler an Stinnes, 27. Mai 1922, ebd., 057/4.

82 Hugenberg an Stinnes, 14. August 1922; Notiz Osius, 11. August 1922, ebd., 257/1.

83 Humann, Denkschrift vom 12. September 1922, ebd., 045/1.

84 Vertrauliche Notiz vom 1. September 1922, ebd., 046/2.

85 Es gibt ein Kapitel über Stinnes in Isaac F. Marcosson, *Turbulent Years,* New York 1938, S. 1-25. Unter den weiteren Interviewpartnern Marcossons waren Mussolini, Hindenburg, Kemal Atatürk und Sun Yat-Sen.

86 «Stinnes», *Saturday Evening Post,* 24. September 1921.

87 Humann an Stinnes, 22. September 1922, ACDP, I–220, 039/2.

88 «Czar of New Germany», *The New York Times Book Review and Magazine,* 1. Oktober 1921, S. 3. Das deutsche Original der Biographie erschien im Wieland-Verlag als Bd. 3 der Serie «Gestalten und Dokumente»: Hermann Brinckmeyer, *Hugo Stinnes,* München 1921. Die französische Ausgabe erschien bei Plon in Paris, die amerikanische bei B. W. Huebsch in New York. Siehe ferner «Hugo Stinnes, Dictator of German Industry», *Living Age,* 17. Dezember 1921, S. 731–4; Burnet Hershey, «Germany's Unofficial Kaiser: Hugo Stinnes», *The New York Times Current History,* Februar 1922, S. 799–803; «Stinnes as Germany's Dictator», *The Literary Digest,* 28. Oktober 1922, S. 19; «The One Man Power behind German Politics», *The Literary Digest,* 4. Februar 1922, S. 40f.; «Hugo Stinnes, the German Croesus», *The New York Times Current History,* August 1921, S. 753, 804f.; John Metz, «The Portent of Stinnes», *Atlantic Monthly,* April 1922, S. 547–55; Reginald Kahn, «Rathenau and Stinnes», *Living Age,* 5. November 1921, S. 325–9; «Hugo Stinnes, Without Title or Office, Called the Boss of Germany», *The Literary Digest,* 11. September 1920, S. 76f.; Johannes Fischart, «Hugo Stinnes: An Industrial Ludendorff», *Living Age,* 5. Dezember 1921, S. 148–51.

89 «Germany's New ‹Business Kaiser›», *The Literary Digest,* 2. April 1921, S. 46f.

90 Siehe Raphael an Humann, 30. April 1922; Humann, «Notizen zu Stinnes», 5. April 1922; Stinnes an Thomas, 9. Mai 1922, ACDP, I–220, 289/1. Gaston Raphael, *Le Roi de la Ruhr. Hugo Stinnes. L'Homme, Son Œuvre, Son Rôle,* Paris 1924. Die deutsche Ausgabe erschien bei Reimar Hobbing unter dem Titel *Hugo Stinnes. Der Mensch. Sein Werk. Sein Wirken,* Berlin 1925, wobei der Verlag sich selbst lobend über die Objektivität der Darstellung äußerte, die Passagen über die Rolle von Stinnes bei den Deportationen aus Belgien in den Kriegsjahren jedoch kritisierte. Das Buch wurde 1923, noch vor Stinnes' Tod, fertiggestellt und deckte sein Leben bis Ende 1922 ab.

91 Mende an Stinnes, 11. März 1922, ACDP, I–220, 047/1.

92 Die IG-Vereinbarung vom 10. Februar 1921 und die einschlägige Korrespondenz findet sich ebd., K2315/1.

93 Stinnes an de Lubersac, 4. April 1922, ebd., 019/4.

94 Stinnes an Vögler, 13. April 1922, ebd.

95 Edmund Stinnes an Spindler, 29. April 1922, ebd., 255/4.

96 E. Vögler an Stinnes, 19. Mai 1922, ebd., 019/2.

97 Albert Schmidt an Stinnes, 28. Juni 1922, ebd.

98 Stinnes an Schmidt, 4. Juli 1922, ebd.

99 Fehrmann an Stinnes, 5. Juli 1922, und Frick an Stinnes, 20. Juli 1922, ebd.

100 Wulf, *Stinnes,* S. 326. Ein Exemplar des Abkommens wurde am 5. September 1922 der Reichsregierung zugeleitet und findet sich in BA, R 431/343, Bl. 142; siehe auch ACDP, I–220, 019/4.

101 Humann, Aktenvermerk über Unterredung mit Fehrmann, 19, August 1922,

und Humann, Aktennotizen vom 24. August 1922, ebd., 039/2.

102 Spiess an Reusch, 24. August 1922, RWWA, HA/GHH, Nr. 300193024/1.

103 Niederschrift über die Besprechung in der Dresdner Bank betreffs Wiederaufbau, 29. August 1922, ACDP, I–220, 019/4.

104 Besprechung mit Industriellen am 29. August 1922, AR, *Kabinette Wirth*, II, S. 1066–9, Zitat von S. 1068.

105 Humann, Aktenvermerk über Heimburg-Verhandlungen am 24. August 1922, ACDP, I–220, 039/2.

106 Humann an Thomas, 12. September 1922, ebd., 289/1. Zu den Gesprächen mit Kahr und anderen in Bayern siehe Blank an Reusch, 9. September 1922, RWWA, HA/GHH, Nr. 300193024/1.

107 Berichte über die Pressereaktionen auf das Heimburg-Abkommen, 23. September 1922, ACDP, I–220, 019/4.

108 Besprechung mit Fehrmann, 19. August 1922, ebd., 039/2.

109 «England und der Heimburg-Vertrag», Bericht Humanns über Adler, 21. September 1922, ebd., 019/4.

110 Stinnes an Freytag, 9. September 1922, Freytag an Stinnes, 8. September 1922, ebd., 048/4.

111 Stinnes an Harden, 1. Oktober 1922, ebd., 039/3.

112 Stinnes an Tirpitz, 1. November 1922, ebd., 043/7.

113 Houghton an den Secretary of State, 30. Oktober 1922, NA 862.00/1192.

114 Stinnes an Bücher, 14. Oktober 1922, ACDP, I–220, 046.

115 Stinnes an Wiedfeldt, 14. Oktober 1922, ebd.

116 Stinnes an Ebert, 14. Oktober 1922, ebd.

117 Houghton an den Secretary of State, 30. Oktober 1922, NA 862.00/1192, für die gesamte nachfolgende Darstellung. Eine deutsche Zusammenfassung, die das Datum des 14. Oktober 1922 trägt, findet sich in ACDP, I–220, 046/3.

118 Siehe Kreisausschuß des Landkreises Essen an das RWE, 13. Juni 1922, sowie Stinnes an RWE, 7. August 1922, ebd., 230/3. Fehrmann «Erinnerungen», Oktober 1952, NL Else Stinnes.

119 Stinnes, Denkschrift vom 22. Oktober 1922, ACDP, I–220, 046/3.

120 Stinnes an Wirth, 31. Oktober 1922, ebd.

121 Vermerk von Sir William Larke über eine Unterredung mit Herrn Hugo Stinnes, 29. Oktober 1922, von 12 Uhr bis 18 Uhr, im Beisein von Mr. Piggott, dem britischen Kommissar in Köln, im Privathaus des Herrn Stinnes in Mülheim a.d. Ruhr. British Steel Corporation, NFISM-BISC Papers, Film Nr. 11, Box 1870. Mein Dank gilt Dr. Clemens Wurm, der mir dieses Dokument zur Verfügung gestellt hat. Siehe auch Piggott an Lord Kilmarnock, 1. November 1922, PRO, FO 371/7518/37093/209–211.

122 Ebd., 211.

123 Stinnes an Vögler, 22. Oktober 1922, ACDP, I–220, 041/3.

124 Thyssen an Wirth, 14. Oktober 1922, BA R 131/1132, Bl. 359-362; siehe auch Schulthess, 1922, S. 130.

125 Wirtschaftsausschuß des RWR, Sitzung vom 9. November 1922, BA, RWR, Nr. 10, Bl. 330.

126 Ebd., Bl. 353-68.

127 Ebd., Bl. 368-80.

128 Ebd., Bl. 373.

129 Ebd., Bl. 382.

130 Feldman und Steinisch, *Industrie und Gewerkschaften*, S. 98–102, 174–85. Hugo Stinnes, *Mark-Stabilisierung und Arbeitsleistung. Rede von Hugo Stinnes, gehalten am 9. November 1922 im Reichswirtschaftsrat*, Berlin 1922. Der Redetext wurde auch in der Auslandspresse referiert, siehe z.B. «Hugo Stinnes on What is Required for the Stabilization of the Mark and the Economic Rehabilitation of Germany», *The Economic World*, 23. Dezember 1922, S. 904–7.

131 Feldman, *Great Disorder*, S. 488f.

132 Aktennotiz Osius, 27. November 1922, ACDP, I–220, 046/3.

133 Stinnes an Castiglioni, 11. Oktober 1922, in Beantwortung von Castiglioni an Stinnes, 8. Oktober 1922, ebd., 093/2.

134 Schmidt an Stinnes, 10. Oktober 1922; Frick an Stinnes, 10. Oktober 1922; de Lubersac an Frick, 7. Oktober 1922; Fehrmann an Stinnes, 14. Oktober 1922;

Stinnes an de Lubersac, 25. Dezember 1922, ebd., 020/3.

135 Stinnes an de Lubersac, 3. Dezember 1922; Rosenberg an Meyer, 2. Dezember 1922; Osius an Rosenberg, 2. Dezember 1922, ebd.

136 Bericht Osius, 9 Dezember 1922, ebd., 026/3. Zur Vorgeschichte dieser Unterredungen siehe *Kabinett Cuno,* S. 15, Anm. 10.

137 Stinnes an Cuno, 7. Dezember 1922, ACDP, I–220, 026/3.

138 Aktennotiz Osius, 9. Dezember 1922, ebd.

139 *New York Times,* 13. Dezember 1922, abgelegt in ebd., 048/4.

140 Stinnes an Vögler, 13. Dezember 1922, ebd., 046/3.

141 Protokoll der Besprechung vom 12. Dezember 1922, ebd.

142 Feldman, *Great Disorder,* S. 498.

143 AR, *Kabinett Cuno,* S. 91–92, Anm. 4.

144 Stinnes an Melchior, 26. Dezember 1922, ACDP, I–220, 022/2.

145 Melchior an Stinnes, 28. Dezember 1922, und Bücher an Stinnes, 30. Dezember 1922, ebd. Siehe auch AR, *Kabinett Cuno,* S. 100–10, 113–6.

146 Stinnes an Bücher, 1. Januar 1923, ACDP, I–220, 046/2.

147 Stinnes an de Lubersac, 11. Januar 1923, ebd., 020/3.

148 De Lubersac an Stinnes, 15. Januar 1923, ebd.

149 Frick an Stinnes, 16. Januar 1923, ebd.

150 Stinnes an de Lubersac, 19. Januar 1923, ebd.

151 Eine eingehendere Darstellung findet sich bei Feldman, *Iron and Steel,* S. 270–9, und vor allem auch in dem ausführlichen und höchst kritischen Gutachten von S. F. Siemens. Siehe dazu seinen Brief an Vögler vom 27. Dezember 1925, SAA 4/Lf/635.

152 Siehe Gemeinschaftsrat der SRSU, Sitzungen vom 26. September 1921, 12. Januar 1922, 25. April 1922, ACDP, I–220, 097/1. Siehe auch die ausgezeichnete unveröffentlichte Arbeit von Werner Freund, «Die Siemens-Rhein-Elbe-Schuckert-Union (1920–1926)» in Bergbau-Archiv, 55/301, S. 76f.

153 Gemeinschaftsrat, Sitzung vom 26. September 1921, ACDP, I–220, 097/1.

154 Feldman, *Iron and Steel,* S. 275f.

155 Stinnes an Alpine, 7. November 1921, ACDP, I–220, 099/3. Siehe auch Vögler an Stinnes, 4. Oktober 1921, ebd., 057/4.

156 Alpine an Stinnes, 10. November 1921; Stinnes an Vögler, 18. November 1921; Vögler an Stinnes, 24. Dezember 1921, ebd., 099/3.

157 Stinnes an Alpine, 12. Januar 1922, und Stinnes an Alpine, 4. Januar 1922; Alpine an Stinnes, 7. Januar 1922, ebd.

158 Siehe Vögler an Stinnes, 22. Januar 1922; Alpine, Geschäftsberichte an Stinnes, 21. Januar und 23. Februar 1922; Stinnes an Vögler, 28. Februar 1922; Akten-Notiz Sempell, 21. März 1922; Castiglioni an Stinnes, 23. April 1922, ebd.; Gemeinschaftsrat, Sitzung vom 25. April 1922, ebd., 097/1.

159 Besprechung vom 23./24. Juni 1922; Stinnes an die Direktoren Herz und Busch, 25. Juli 1922, ACDP, I–220, 093/2.

160 Zur Beschaffung von Lebensmitteln siehe den «Bericht über die Bewilligung eines Lebensmittelkredites an das Land Steiermark durch die steirischen Industrien unter der Führung der Reichsdeutschen Gruppen», 11. November 1921, ebd., 099/3. Zu den August-Krediten siehe Herz an Stinnes, 1. August 1922; Protokoll der Sitzung vom 8. August 1922; Osius an Stinnes, 10. August 1922; Telegrammverkehr zwischen Vögler und Castiglioni von Ende Juli 1922, ebd., 093/2.

161 Alpine an Stinnes, 12. September 1922, ebd.

162 Castiglioni an Stinnes, 8. Oktober 1922, ebd.

163 Edmund an Hugo Stinnes, 13. Oktober 1922 und 9. Oktober 1922, ebd., 310.

164 Stinnes an Herz, 15. Oktober 1922, ebd., 093/1.

165 Stinnes an Herz, 22. Oktober 1922, in Beantwortung von Herz an Stinnes, 19. Oktober 1922, ebd., 093/2.

166 Edmund an Hugo Stinnes, 13. Oktober 1922, dessen Antwort vom 15. Oktober 1922, ebd., 310; Stinnes an Vögler, 23. Oktober 1922, ebd., 057/4; Vögler an

Stinnes, 25. Oktober 1922; Stinnes an Castiglioni, 4. November 1922; Edmund an Hugo Stinnes, 8. Dezember 1922, ebd., 093/2; Stinnes an Flake, 21. Dezember 1922, ebd., 093/1.

167 Stinnes an Castiglioni, 4. November 1922, ebd., 093/2.

168 Direktion Alpine an die Betriebsräte der Hüttenwerke Donawitz, o.D., in Beantwortung der Petition vom 2. Dezember 1922, ebd.

169 Hugo an Edmund Stinnes, 15. Oktober 1922, ebd., 310.

170 Gemeinschaftsrat der SRSU, Sitzung vom 15. Februar 1923, ebd., 097/1; Briefwechsel Stinnes-Castiglioni, Januar-Februar 1923; Sempell an Castiglioni, 28. Februar 1923; Stinnes an Apold, 9. März 1923; Besprechung in Wien, 28. Mai 1923; Gedenknotiz über die Kapitalerhöhung vom Juni 1923, ebd., 093/1.

171 Rogalski an Stinnes, 16. Mai 1923, ebd., 095/5.

172 Siehe Flick an Stinnes, 19. Dezember 1921, sowie Stinnes an Flick, 17. Januar 1922, ebd.

173 Aktennotiz Haller, 19. April 1923, SAA, 11 Lb 389. Zum Vertrag vom 18. April 1923 siehe ACDP, I–220, 039/1 sowie die Korrespondenz ebd., 095/5.

174 Aktennotiz Guggenheimer, 15.7.22, über eine Besprechung mit Herrn Hugo Stinnes, Douglas-Straße 9, RWWA, HA/GHH, Nr. 300193024/5a.

175 Stinnes an Bruhn, 10. August 1922, in Reaktion auf Bruhn an Stinnes, 8. August, und Fehrmann an Siemens, 14. August 1922, ACDP, I–220, 286/2.

176 Siehe Aufsichtsratssitzung vom 12. April 1922 sowie Jeidels an Stinnes, 7. August 1922, ebd., 118/5.

177 Sitzungen vom 12. und 21. Mai 1922, ebd., 186/2; Sitzung vom 16. Mai 1922, ebd., 187/1; Unterredung in Mülheim, 10. Oktober 1922, sowie Vereinbarung vom 17. August 1923, ebd., A 2350.

178 Gemeinschaftsrat, Sitzung vom 25. April 1922, ebd., 097/1, sowie Haller an Siemens, 19. April 1922, SAA, 11 Lb 387/ Haller.

179 Sitzung des Finanzauschusses, 27. Juni 1922, ebd., Lb/82.

180 Stinnes an Stens, 18. Juni 1922, ACDP, I–220, A 2337.

181 Stinnes an Kraiger, 18. Juni 1922, ebd., 133/5.

182 Siehe ACDP, I–220, 168/4, sowie *Das RWE nach seinen Geschäftsberichten*, S. 33 f.

183 Stinnes an das RWE, 27. Mai 1922, ACDP, I–220, 230/4.

184 Stinnes an das RWE, 22. Juni 1921, ebd., 230/3.

185 Stinnes an das RWE, 19. August 1922, ebd.

186 Stinnes an das RWE, 7. September 1922, ebd.

187 Stinnes an Minoux, 2. Oktober 1922, ebd., 117/1.

188 Stinnes an Bohnenberger, 10. Oktober 1922, ebd., 105/3.

189 Stinnes an WASAG, 14. September 1922, ebd., 274/2.

190 Für eine Erörterung dieser Vorgänge siehe Feldman, *Great Disorder*, S. 584–97.

191 Sitzung vom 6. September 1922, nachgedruckt bei Feldman und Homburg, *Industrie und Inflation*, S. 313–24, Zitat auf S. 318.

192 Stinnes an Vögler, 22. Oktober 1922, ACDP, I–220, 095/1. Wichtige Detailinformationen zu diesen Krediten finden sich bei Freund, «Die Siemens-Rhein-Elbe-Schuckert Union (1920–1926)», Bergbau-Archiv, 55/301, S. 79 ff.

193 Vögler an Stinnes, 25. Oktober 1922, ebd., 097/4.

194 Vögler an K.H. Brunner, 14. August 1922, ebd., 096/2.

195 Stinnes an Castiglioni, 9. Dezember 1922, ebd., 093/1.

196 Aktenvermerk Stinnes, ebd., 047/1. Zu den Verhandlungen mit den Banken am 29. August 1922 siehe ebd., 019/4. Zum Umfang der von den diversen SRSU-Firmen aufgenommenen Kredite siehe die Arbeit von Freund, SAA 54/ Lm 123.

197 Feldman, *Great Disorder*, S. 592.

198 Die Vereinbarung wurde auf eine Dauer von drei Jahren abgeschlossen; bis dahin würden, so hoffte man, in Deutschland wieder stabile Verhältnisse herrschen und die Notwendigkeit einer Sonderre-

gelung entfallen. Zur Vereinbarung vom 9. Juni 1922 siehe Thomas an Siemens, 12. November 1922 sowie weitere einschlägige Korrespondenz in ACDP, I–220, 096/3 und 096/2.

199 Stinnes an Siemens, 15. Oktober 1922, ebd., 096/2.

200 Stinnes an Vögler, 23. Oktober 1922, ebd.

201 Edmund an Hugo Stinnes, 13. Oktober 1922, ebd., 310.

202 Hugo an Edmund Stinnes, 18. August 1922, NL Else Stinnes.

203 Edler Herr zu Putzlitz, *Unterwegs nach Deutschland,* S. 37.

204 Ebd., S. 241.

205 Mein Dank gilt Direktor Malmström von der Stinnes AG für den Hinweis auf diese Episode. Siehe Hans Stosch-Sarrasani, *Durch die Welt im Zirkuszelt,* Berlin 1940, S. 176–242, sowie Bericht an Stinnes vom 19. Januar 1924, ACDP, I–220, 287/4.

206 Carl Fürstenberg, *Lebensgeschichte,* Berlin 1931, S. 560.

207 Siehe die Presseberichte in BA, 80Ba1 (Dresdner Bank) Nr. 22455, Bl. 20–21.

208 Ufermann und Hüglin, *Stinnes,* S. 74f.

209 Stinnes an Silverberg, 11. Mai 1922, NL Else Stinnes, RWE, Mappe 11.

210 Thyssen an Stinnes, 27. Mai 1922, ebd.

211 Stinnes an Thyssen, 24. Mai 1922 und 4. Juni 1922, ebd.

212 Thyssen an Stinnes, 13. Juli 1922, ebd.

213 Stinnes an Thyssen, 17. Juli 1922, ebd.

214 Silverberg an Stinnes, 22. Juli 1922, ebd.

215 Stinnes an Silverberg, 23. Juli 1922, ebd., sowie Stinnes an Thyssen, 23. Juli 1922, ebd.

216 Silverberg an Stinnes, 31. Juli 1922, ebd.

217 Franz Mariaux (Hrsg.), *Paul Silverberg. Reden und Schriften,* Köln 1951, S. XVII–XVIII.

218 Niederschrift über die Besprechung am 17. Mai 1922, NL Else Stinnes, RWE, Mappe 31.

219 Aktennotiz über die Besprechung am 10. April 1922, ebd.

220 Niederschrift vom 17. Mai 1922, ebd.

221 Niederschrift über die Verhandlung am 8. Juni 1922, ebd.

222 Stinnes an die Elektrowerke, 23. Juli 1922, ebd.

223 Kirdorf an Stinnes, 26. Juli 1922, ebd.

224 Stinnes an Abt. G, 17. August 1922, ebd. Siehe auch Siering an Hugo Stinnes, 19. Juli 1922, ACDP, I–220, 220/4.

225 Aktennotiz vom 8. November 1922, ebd., 133/5.

226 *RWE, unveröffentlichte Firmengeschichte von 1948; Das RWE nach seinen Geschäftsberichten,* S. 33; Georg Boll, *Entstehung und Entwicklung des Verbundbetriebs im deutschen Elektrizitätsraum bis zum europäischen Verbund,* Frankfurt a. M. 1969; Hughes, *Networks of Power,* S. 420–6; Manfred Pohl, *Das Bayernwerk 1921 bis 1996,* München und Zürich 1996, S. 180–3. Zum Einstieg bei Lahmeyer siehe die Dokumente in ACDP, I–220, 141/4.

227 Pohl, *Bayernwerk,* S. 181.

228 Ebd., S. 182.

229 Siehe «Bericht betreffend Ausbau der Riebeck'schen Montanwerke A. G., Halle a. d. S.» vom Mai 1923, ACDP, I–220, 118–7 sowie Ufermann und Hüglin, *Stinnes,* S. 64–8.

230 Stinnes an Hamburg, 24. Mai 1922, ACDP, I–220, 240/3.

231 Bericht, Mai 1923, ebd. 118/7.

232 Niederschrift über die Besprechung am Donnerstag, den 27. September 1923 betreffend die Organisation des Ölgeschäftes, ebd.

233 Vertrag vom 14. Dezember 1923, ebd. 118/6. Darin auch Wiedfeldt an Stinnes, 26. Februar 1924 und Osius an Wiedfeldt, 29. February 1924 über den Teapot Dome Skandal sowie Notizen von Fehrmann über die russische Ölfrage. Zu Hugo Stinnes Jrs. Amerika-Reise, siehe *The Literary Digest* 81 (3. Mai 1924), S. 50 und 56. Zu den russischen Verträgen siehe Pogge von Strandmann, *Historische Zeitschrift* 222 (1976), S. 313–314; Stinnes an Goldschmidt, 11. Januar 1924, ACDP, I–220, 253/3; und die Denkschrift Hugo Stinnes Jr., 2. September 1924, ebd., 118/7.

X. Die letzten Jahre – Niederlage an der Ruhr, Tod und Auflösung des Unternehmens

1 Stinnes an Harden, 15. Januar 1923, BA, NL Harden, Nr. 102, Bl. 28. Cläre führte 1923–24 nur noch sehr unregelmäßig Tagebuch, doch ein Eintrag vom 14. Januar 1923 schildert den Besuch in Oberhof, NL Else Stinnes.

2 Cläre Stinnes, Tagebuch, 12. Januar 1923, ebd.

3 Feldman, *Great Disorder,* S. 633; Wulf, *Stinnes,* S. 351.

4 Stinnes an Kirdorf, 17. Januar 1923, ACDP, I–220, 020/1.

5 Ebd. sowie Wulf, *Stinnes,* S. 349 f.

6 Bericht Knoll, ADGB, 8.–10. Januar 1923, in Michael Ruck, *Die Gewerkschaften in den Anfangsjahren der Republik 1919–1923,* [Quellen zur Geschichte der deutschen Gewerkschaftsbewegung im 20. Jahrhundert, Bd. II], Köln 1985, S. 740.

7 Aktennotiz Stinnes, 23. Januar 1923, ACDP, NL Stinnes, Nr. 020/1.

8 Bericht Woltmann, 19. Januar 1923, RWWK, HA/GHH, Nr. 300193008/7.

9 Harden an Stinnes, 10. Januar 1923, BA, NL Harden, Nr. 150, Bl. 39-45.

10 Stinnes an Harden, 15. Januar 1923, ebd., Nr. 102, Bl. 27-29.

11 Harden an Stinnes, 25. Januar 1923, ebd., Nr. 150, Bl. 47-57; Zitat auf Bl. 51.

12 Stinnes an Harden, 27. Januar 1923, ebd., Nr. 102, Bl. 29-30.

13 Notizen aus einer Unterredung, Berlin, 28. Januar 1923, ACDP, I–220, 039/1. Wenn nicht anders vermerkt, bezieht sich die nachfolgende Darstellung auf dieses Dokument.

14 Bericht an Stinnes, 13. Januar 1923, ebd., 020/1.

15 Wiedfeldt aus Washington, D. C., an Stinnes, 22. Februar 1923, ebd., 022/3.

16 Stinnes an Wiedfeldt, 15. März 1923, ebd., auch für die nachfolgende Passage.

17 Thomas, Niederschrift über eine Besprechung vom 4. Februar 1923, ebd., 021/1. Hoschiller war sicherlich der «französische Offizier», dessen Bericht vom 14. Februar 1923 an den französischen Kriegsminister bei Wulf, *Stinnes,* S. 360 f., und bei Ludwig Zimmermann, *Frankreichs Ruhrpolitik von Versailles bis zum Dawes-Plan,* hrsgg. von Walther Peter Fuchs, Göttingen 1971, S. 146 f., erwähnt wird. Hoschiller trug bei seinem Besuch aber bestimmt keine Uniform, und Thomas bezeichnete ihn als «Berichterstatter».

18 Learnard an Stinnes, 9. März 1923, ACDP, I–220, 021/1.

19 Stinnes an Learnard, 17. März 1923, ebd. [Aus dem Englischen übersetzt.]

20 Eine gute und eingehende Darstellung dieser Verhandlungen mit den Franzosen bietet, basierend auf den Akten des deutschen Außenministeriums, Wulf in *Stinnes,* S. 360–75. Die Stinnes-Korrespondenz mit Harden, de Lubersac, Rechberg und anderen findet sich, zusammen mit den dazugehörigen Vorgängen im Auswärtigen Amt, in PA-Büro RM 14 Nr. 1 secr. Bd. 1, Deutsches Auswärtiges Amt, Mikrofilme, 1636/736197–199.

21 Abt. G, Notizen vom 3. März 1923, ACDP, I–220, 047/5.

22 Bericht von Werner Sinn, 29. März 1923, ebd.

23 Siehe insbesondere Stinnes an Rechberg, 23. Februar 1923; Rechberg an Stinnes, 7. April 1923; Cremer an Osius, 17. Mai 1923; *Deutsche Bergwerks-Zeitung* an Thomas, 3. Januar 1924, alle ACDP, I–220, 042/4. Wulf, *Stinnes,* S. 365, stuft Berichte, Stinnes sei heimlich nach Paris gereist, als glaubwürdig ein. Siehe jedoch die Aktennotiz vom 2. Mai 1925, Abt. G, ACDP, I–220, 047/5, die überzeugend darlegt, daß er eine solche Reise nicht gemacht hatte. Siehe auch Paul Reynaud, *Mémoires. Venu de ma Montagne,* Paris 1960, S. 162–73.

24 Bericht Werner Sinn, 29. März 1923, ACDP, I–220, 047/5.

25 Bericht Humann, 6. April 1923, ebd.
26 Stinnes schrieb eigenhändig einen Aktenvermerk über diese Gespräche nieder, siehe ebd., 6. April 1923.
27 Stinnes an Sinn, 6. April 1923, ebd.
28 Siehe Humann, Berichte vom 9., 23.–25. und 27. April sowie vom 2. Mai 1923, ebd. Zur Note vom 2. Mai siehe Feldman, *Great Disorder,* S. 662 ff.
29 Aktennotiz Brecht, 15. Mai 1923, und Unterredung Stinnes mit Rosenberg, 3. Mai 1923, ACDP, I–220, 047/5.
30 Bericht Humann, 9. April 1923, ebd.
31 Vertragsentwurf vom 9. Oktober 1921, ebd., 191/3.
32 Osius an Hugo Stinnes GmbH Zürich, 28. Februar 1922, ebd., 191/4. Zu den Problemen und dem Wiederaufbau der Ilva siehe Douglas J. Forsyth, *The Crisis of Liberal Italy. Monetary and Financial Policy, 1914–1922,* Cambridge 1993, S. 247–51.
33 Castiglioni an Stinnes, 22. März 1923, ACDP, I–220, 046/1. Einen guten Überblick über die italienische Außenpolitik in diesen Jahren gibt Alan Cassels, *Mussolini's Early Diplomacy,* Princeton 1970, insbes. Kap. 2 und 6.
34 Die nachfolgende Darstellung basiert, wo nicht anders angegeben, auf dem 16seitigen Bericht über seine Italienreise, den Stinnes am 5. April 1923 nach seiner Rückkehr nach Weißkollm niederschrieb; ACDP, I–220, 046/1.
35 Stinnes an Fritz, 20. November 1923, ebd., 191/4.
36 Bericht Neurath, 31. März 1923, BA Büro RM V secr., Bd. 2, Mikrofilm 1636/736357–358.
37 Feldman, *Great Disorder,* S. 662.
38 *Time. The Weekly Magazine,* Bd. 1, Nr. 3, 17. März 1923, S. 8.
39 Hermes an Stinnes, 7. März 1923, Stinnes an Hermes, 15. März 1923, ACDP, I–220, 026/3.
40 Aktennotiz 29. März 1923, NL Stresemann, 3098/7114/H 145343–345.
41 Feldman, *Iron and Steel,* S. 357–65, sowie *Great Disorder,* S. 649–53.
42 Siehe Hamm an Kempner, 27. April 1923; Felix Pinner, «Wer sind die großen Devisenkäufer?», *Berliner Tageblatt,* 28. April, in BAK, R 43 I/2445, Bl. 111f.; die zusammengefaßten Ergebnisse der Reichstags-Ermittlungen finden sich ebd., Bl. 148-54. Der vollständige Bericht des Untersuchungsausschusses findet sich in *VR,* Bd. 380, Drucksache Nr. 6591. Die Protokolle der öffentlichen und nichtöffentlichen Sitzungen des Untersuchungsausschusses zwischen dem 29. Mai und dem 9. Juli 1923 finden sich in BA, R 2/2419; zusätzliche Sitzungsprotokolle finden sich im Nachlaß des sozialdemokratischen Ausschußmitglieds Paul Hertz, SPD-Archiv, als Anlage dazu eine höchst bedeutsame Analyse von Dr. Anspach aus dem Jahr 1957. Die nachfolgende Darstellung beruht in wesentlichen Teilen auf dieser Denkschrift vom 19. März 1957 und den zugehörigen Begleitmaterialien. Siehe auch AR, *Kabinett Cuno,* S. 421–5, 459–61. Über die Einsetzung des Untersuchungsausschusses debattierte der Reichstag am 9. Mai 1923, wobei der kommunistische Abgeordnete Frölich, später selbst Mitglied des Ausschusses, Stinnes in wirklich bösartiger Weise attackierte; siehe *VR,* Bd. 359, Sitzung vom 9. Mai 1923, S. 10930ff., insbesondere 10951–3.
43 Siemens an Havenstein, 26. April 1923, und Stinnes an Havenstein, 27. April, ACDP, I–220, Nr. 039/1.
44 AR, *Kabinett Cuno,* S. 425 f., 459ff. Zu der Attacke auf Wirth siehe Stinnes an Humann, 4. Februar 1923, ACDP, I–220, 039/1.
45 Zu dem gesamten Komplex siehe NL Paul Hertz, SPD-Archiv. Zu der Verpflichtung, die Devisenbeschaffungsstelle einzuschalten, siehe Aktennotiz Groener, 28. Januar 1923, BA, R 43 I/2445, Bl. 157.
46 Wulf, *Stinnes,* S. 383; Maltzan, Notizen vom 6. Mai 1923, PA Büro RM 5 secr. Bd. 2, Mikrofilme des Deutschen Auswärtigen Amts, Mikrofilm 1636/D736380–381.
47 Humann, Bericht vom 17. Mai 1923, ACDP, I–220, 039/1. Auch die nachfolgende Darstellung basiert auf dieser Quelle.
48 Geheimer Justizrat Dr. Erger an die

Rechtsabteilung von Deutsch-Luxemburg, 1. Februar 1923; deren Antwortschreiben vom 5. März 1923, ebd., 057/1.

49 Zum Schreiben des RdI an Cuno vom 25. Mai 1923 siehe AR, *Kabinett Cuno,* S. 508–13. Wulf spricht in *Stinnes,* S. 385, treffend von einem «Tauschgeschäft größten Ausmaßes». Zum allgemeineren Zusammenhang siehe Feldman, *Great Disorder,* S. 668 f.

50 Aktennotiz vom 14. Juni 1923, ACDP, I–220, 046/2. Siehe auch Leveloh an Stens, 9. Juni 1923, ebd., A 2337.

51 Weber an Stinnes, 18. Juni 1923, ebd., 043/5.

52 Stinnes an Weber, 20. Juni 1923, ebd.

53 Weber an Stinnes, 30. Juni 1923; Stinnes an Weber, 4. Juli 1923, ebd. Zu den öffentlichen Äußerungen Webers über die Auswirkungen der Inflation auf das Bildungsbürgertum siehe Feldman, *Great Disorder,* S. 550 f.

54 AR, *Kabinett Cuno,* S. 650, Anm. 3. Dieser Vorfall trug sich wahrscheinlich bei einer Unterredung am 22. Juni 1923 zu, in deren Verlauf Glasenapp offenbar indirekt den Vorwurf erhob, die Wirtschaft habe einen zu geringen Beitrag zur Dollar-Anleihe geleistet, was Stinnes zu einer zornigen Gegenrede provoziert und zu dem geschilderten Zusammenstoß mit Cuno geführt habe. Siehe Bericht Martin Blank, 25. Juni 1923, RWWK, HA/GHH, Nr. 300193024/3. Siehe auch Osius an Stinnes, 1. Juni und 18. Juli 1923, ACDP, I–220, 046/1–2.

55 Niederschrift des Commendatore Antonio Marescalchi über das Ergebnis seiner bisherigen Besprechungen mit dem Unterstaatssekretär des Äußeren Contarini, 10. Juli 1923, ebd. 046/1.

56 Anregungen von Herrn Hugo Stinnes, dargelegt von Antonio Marescalchi, 18. Juli 1923, ebd. Diese Notizen waren der Niederschlag des Treffens in Kopfenhagen am 15. Juli, über das auch Osius nach seiner Rückkehr nach Berlin am 17. Juli eine Niederschrift anfertigte. Alle drei Dokumente übermittelte Osius am 18. Juli an Außenminister Rosenberg, und demgemäß finden sie sich auch im Archiv des deutschen Auswärtigen Amtes.

57 Rosenberg an Neurath, 21. Juli 1923; Neurath an Rosenberg, 30. Juli 1923, PA Büro RM secr. Bd. 2, Mikrofilm 1636/D736461–463 und D736467–468.

58 Osius an Stinnes, 18. Juli 1923, ACDP, I–220, 046/1.

59 Diesen Schluß läßt ein undatierter Bericht über ein Gespräch zwischen «S» und «T» zu, den ich im Privatbesitz fand. Da es in dem Dokument ausdrücklich heißt, die Frage des passiven Widerstandes sei nicht erörtert worden, muß das Gespräch vor dem 26. September 1923 stattgefunden haben. Im Tirard-Nachlaß ist ausdrücklich von einer zunehmenden Zahl von Gesprächen mit deutschen Industriellen im Juli 1923 die Rede. Zu den von Tirard geführten Verhandlungen im Juli siehe AR, *Kabinette Stresemann,* I, S. 142, Anm. 1.

60 Besprechung H. St. am 7. August 1923, ACDP, I–220, 039/1.

61 Nachtrag zur Besprechung mit H. St. am 7. August 23, ebd.; siehe auch Freytag an Heinersdorff, 10. August 1923, ebd., 048/4.

62 Stinnes an die Leitung der *DAZ,* 30. Juli 1923, ebd., 039/1.

63 Hugenberg an Stinnes, 11. August 1923, ebd., 022/2.

64 AR, *Kabinette Stresemann,* I, S. 47–48, Anm. 32, S. 52, Anm. 48, S. 63, S. 138, Anm. 1.

65 Kabinettssitzung vom 30. August 1923, ebd., S. 166.

66 Stinnes an Humann, 29. August 1923, ACDP, I–220, 039/1.

67 Abgedruckt bei Henry Bernhard (Hrsg.), *Gustav Stresemann. Vermächtnis, der Nachlaß in drei Bänden,* Bd. I, *Vom Ruhrkrieg bis London,* Berlin 1932, S. 114 f.

68 Ebd., S. 116.

69 Ebd., S. 117 f.

70 Die nachfolgende Darstellung und die Zitate beruhen auf dem von Marescalchi angefertigten Gedächtnisprotokoll seiner beiden Unterredungen mit Stinnes am 13. September 1923. Sie tragen das Datum des 15. September und sind in

zwei Teile gegliedert. Siehe ACDP, I–220, 046/1. Zusätzlich liegt eine undatierte Aktennotiz, wahrscheinlich von Osius, vor; ebd., 309.

71 Stinnes an Osius, 15. September 1923, ebd.

72 Houghton an Außenminister Hughes, 21. September 1923, abgedruckt in G. W. F. Hallgarten, *Hitler, Reichswehr und Industrie. Zur Geschichte der Jahre 1918–1933*, Frankfurt a. M. 1955, S. 65–8. Da Houghton berichtete, Stinnes habe ihn am Samstagnachmittag aufgesucht, und da der 21. September ein Freitag war, muß das Gespräch am 15. September stattgefunden haben.

73 Erinnerungen von Clärenore Söderström, S. 108, ACDP, I–220, 313.

74 Hugo Stinnes jun. an Robert Platow, 8. November 1967, ebd., A 0474; Edmund Stinnes, *A Genius in Chaotic Times. Edmund H. Stinnes on his Father, Hugo Stinnes (1870–1924)*, Bern 1979, S. 42. Es waren höchstwahrscheinlich voneinander unabhängige Erinnerungen, da die Stinnes-Kinder ein sehr distanziertes Verhältnis zueinander hatten.

75 Siehe die Hitler-Reden im November 1921 und Februar 1923, referiert bei Eberhard Jäckel und Axel Kuhn (Hrsg.), *Hitler. Sämtliche Aufzeichnungen 1905–1924*, Stuttgart 1980, S. 521, 836. Rosenberg an Frau Stinnes, 24. August 1925, ACDP, I–220, 024/1.

76 Siehe James M. Diehl, *Para-Military Politics in Weimar Germany*, Bloomington und London 1977, S. 147.

77 Die hier gegebene Darstellung entspricht in Grundzügen und Details der bei Wulf, *Stinnes*, S. 462–5 sowie bei Feldman, *Great Disorder*, Kap. 15; dort finden sich ausführlichere Verweise auf andere Quellen und Arbeiten. In einigen Interpretationen wird hier allerdings von Wulf abgewichen, und es wird auch einiges neue Material vorgelegt.

78 Zitiert nach Tuchel, *Am großen Wannsee 56–58*. S. 23.

79 Feldman, *Great Disorder*, S. 724f.

80 Wulf, *Stinnes*, S. 461, nimmt dies mit einiger Plausibilität an, doch konkrete Anhaltspunkte dafür gibt es nicht, und die nachfolgenden Argumente legen eher den umgekehrten Schluß nahe. Zum Programm Seeckts siehe die wichtige «Materialsammlung» Liebers in AR, *Kabinette Stresemann*, II, Anhang I, S. 1203–10.

81 *DAZ*, Nr. 415/416, 9. September 1923.

82 Stinnes an Dauch, 29. September 1923, ACDP, I–220, Nr. 046/3.

83 Stinnes an Minoux, 7. Oktober 1923, NL Else Stinnes. Diese Passage des Briefes zitieren auch Wulf, *Stinnes*, S. 461f., und Klass, *Stinnes*, S. 340, die jedoch beide nicht die Verbindung zu den Brief an Dauch herstellen.

84 Minoux an Humann, 9. Oktober 1923, ACDP, I–220, 039/1.

85 AR, *Kabinette Stresemann*, II, S. 1191, Anm. 73.

86 Hugo sen. an Hugo jun., 16. November 1923, ACDP, I–220, 300/7.

87 Die diversen Fragenkomplexe, die mit dem Ende des passiven Widerstandes zusammenhängen, werden behandelt bei Feldman, *Iron and Steel*, S. 404–44, sowie bei Gerald D. Feldman und Irmgard Steinisch, «Die Weimarer Republik zwischen Sozial- und Wirtschaftsstaat: Die Entscheidung gegen den Achtstundentag», *Archiv für Sozialgeschichte* 18, 1978, S. 353–439.

88 AR, *Kabinette Stresemann*, I, S. 337, Anm. 12.

89 Ebd., I, S. 452, Anm. 20.

90 Siehe Protokoll der Besprechung vom 5. Oktober 1923 zwischen der Sechserkommission und Degoutte, abgedruckt in ebd., I, S. 474–83. Siehe auch Feldman, *Iron and Steel*, S. 414.

91 AR, *Kabinette Stresemann*, II, S. 509–10, Anm. 2.

92 Besprechung mit Ruhrindustriellen, 9. Oktober 1923, ebd., S. 513–8, Zitat auf S. 517.

93 Feldman, *Iron and Steel*, S. 416.

94 Zu der Affäre siehe Spethmann, *Ruhrbergbau*, III, S. 177, 375f.; AR, *Kabinette Stresemann*, II, S. 524f.; Wulf, *Stinnes*, S. 401f.; Feldman, *Iron and Steel*, S. 416.

95 Silverberg an Stinnes, 11. Oktober 1923, ACDP, I–220, 020/2.

96 Briefentwurf Humann an Cläre Stinnes,

12. Oktober 1923, ebd., 039/1. Humann war nicht der einzige hochrangige Propagandist der Industrie, der für Kritik an seinen Brotgebern die «jüdisch-demokratische Presse» verantwortlich machte. Auch Martin Blank, Lobbyist von Paul Reusch, äußerte sich gegenüber seinem Herrn und Meister in dieser Weise. Siehe Feldman, *Iron and Steel,* S. 416.

97 Stinnes an Harden, 4. Januar 1924, BA, NL Harden, Nr. 106, Bl. 32-34, in Beantwortung von Harden an Stinnes, 15. Dezember 1923, ebd., Nr. 150, Bl. 63–71.

98 Humann, *Nachrichtenblatt,* 12. Oktober 1923, ACDP, I–220, 040/4

99 Unsignierter Brief an Rudolf Schneider, 19. Oktober 1923, NL Stresemann, 3105/7163/H 154336–337. Schneider war 1918–19 in der Frage der ZAG mit Stinnes aneinandergeraten und tat Stresemann den Gefallen vermutlich gerne.

100 Stresemann an Stinnes, 12. Oktober 1923, AR, *Kabinette Stresemann,* II, S. 560 ff.

101 Besprechung mit Vertretern der Sechserkommission, 19. Oktober 1923, ebd., II, S. 632.

102 Kabinettssitzung vom 20. Oktober 1923, ebd., II, S. 659–73, Zitat auf S. 671.

103 Ebd., II, S. 841 f., 914–8, 941–4, 959 f.

104 Stinnes an Hugo jun., 16. November 1923, ACDP, I–220, 300/7.

105 Oberst Seisser, Niederschrift über Besprechungen in Berlin am 3. 11. 1923, in Ernst Deuerlein (Hrsg.), *Der Hitler-Putsch. Bayerische Dokumente zum 8./9. November 1923,* Stuttgart 1962, S. 301–4. Stinnes war wahrscheinlich von Humann, der schon vorher ein Gespräch mit Seisser geführt hatte, ins Bild gesetzt worden.

106 Bericht Kroeger, 4. November 1923, ACDP, I–220, 029/1; hier finden sich zahlreiche Details, die in dem von Deuerlein, *Hitler-Putsch,* S. 302, zitierten Bericht Seissers fehlen.

107 Houghton an Hughes, 6. November 1923, zitiert bei Hallgarten, *Hitler, Reichswehr und Industrie,* S. 69–71.

108 Feldman, *Great Disorder,* S. 779 f.; Wiedfeldt an Seeckt, 24. November 1923, AR, *Kabinette Stresemann,* II, S. 1216 f.

109 Hugo an Edmund Stinnes, 16. November 1923, ACDP, I–220, 300/7.

110 Stinnes an Luther, 14. November 1923, AR, *Kabinette Stresemann,* II, S. 1072–6.

111 Kabinettssitzung vom 19. November 1923, ebd., S. 1131.

112 Stinnes an RWE Düsseldorf, 18. Dezember 1923, ACDP, I–220, 165/1. Siehe auch Plassmann an den Arbeitgeberverband Essen, 14. Dezember 1923, ebd.

113 Feldman und Steinisch, *Industrie und Gewerkschaften,* S. 202–14.

114 Stinnes an Harden, 21. November 1923, BA, NL Harden, Nr. 108, Bl. 30-31, in Beantwortung von Harden an Stinnes, 19. November 1923, ebd., Nr. 150, Bl. 59–61.

115 Ebd.

116 Houghton an Hughes, 6. November 1923, zitiert bei Hallgarten, *Hitler, Reichswehr und Industrie,* S. 69 ff.

117 Stinnes an Hugo jun., 16. November 1923, ACDP, I–220, 300/7.

118 Klöckner an Silverberg, 1. November 1923, ebd., 021/1.

119 Silverberg an Klöckner, 2. November 1923, ebd.

120 Siehe dazu Kent, *Spoils of War,* S. 227–34.

121 Siehe Stephen A. Schuker, *The End of French Predominance in Europe. The Financial Crises of 1924 and the Adoption of the Dawes Plan,* Chapel Hill 1976, S. 222–9.

122 Aktennotiz, Diverse Unterhandlungen der Herren Helbig und Straetz in Paris in der Zeit vom 28. November – 6. Dezember 1923, ACDP, I–220, 020/1. Den Bericht Pinots vom 30. November 1923, RC 18–40 TI u. 4, stellte mir freundlicherweise Stephen A. Schuker zur Verfügung.

123 Siehe dazu Karl Dietrich Erdmann, *Adenauer in der Rheinlandpolitik nach dem Ersten Weltkrieg,* Stuttgart 1966, die nach wie vor zuverlässigste Darstellung der Politik Adenauers und seiner Beziehung zu Stinnes. Siehe hier insbes. S. 156–86. Wichtige Gesichtspunkte finden sich auch bei Hans-Peter Schwarz, *Adenauer. Der Aufstieg: 1876–1952,* Stuttgart 1986, S. 255–8, 265 f., 281–91. Wulf, *Stinnes,* S. 493, gibt eine im großen

und ganzen zutreffende Darstellung, doch lag dem Autor die hier in Rede stehende Denkschrift nicht in ihrer vollständigen Fassung vor. Das mir vorliegende Exemplar stammt aus dem Stinnes-Nachlaß, trägt das Datum vom 6. Dezember 1923 und ist mit der Randbemerkung «durch Adenauer nach Paris» versehen, ACDP, I–220, 021/2.

124 Siehe die Äußerungen von Stinnes in einer Unterredung mit führenden Vertretern des Reiches am 13. Dezember 1923, AR, *Kabinette Marx,* I, S. 101 ff.

125 Harden an Stinnes, 25. Dezember 1923, BA, NL Harden, Nr. 150, Bl. 63–71.

126 Stinnes an Harden, 4. Januar 1924, ebd., Nr. 106, Bl. 32–34.

127 Besprechung vom 13. Dezember 1923, AR, *Kabinette Marx,* I, S. 101 ff.

128 Karl Dietrich Erdmann, «Unterredung mit Konrad Adenauer, 9. März 1965», *Das erste Jahrzehnt 1977–1987. Ein Almanach,* Stuttgart 1987, S. 189 f. Mein Dank gilt Stephen A. Schuker für den Hinweis auf diese Stelle. Zu der Unterredung vom 9. Januar 1924 und den daraus resultierenden Vorgängen siehe AR, *Kabinette Marx,* I, S. 211–5, und Erdmann, *Adenauer in der Rheinlandpolitik,* S. 175–81 und S. 351–61.

129 Stresemann an Marx, 16. Januar 1924, abgedruckt ebd., S. 361–5.

130 Adenauer an Marx, 23. Januar 1924, und Adenauer, Aufzeichnung über die Zeit vom 21. bis 24. Januar 1924, abgedruckt bei Erdmann, *Adenauer in der Rheinlandpolitik,* S. 369 ff.

131 Kabinettssitzung vom 29. Januar 1924, AR, *Kabinette Marx,* I, S. 297–300; Siemens an Stinnes, 11. Januar 1924; Stinnes an Siemens 14. Januar 1924, ACDP, I–220, 020/1.

132 Unterredung von Vertretern der Firma Stinnes mit ... Pinot und ... Seydoux in Paris am 11. und 12. Februar 1924, abgedruckt bei Erdmann, *Adenauer in der Rheinlandpolitik,* S. 372–6, sowie in ACDP, I–220, 020/1. Siehe auch Poincaré an Pinot, 24. Januar 1924, sowie unsignierte Berichte über die Gespräche, wahrscheinlich von Pinot und Seydoux, 22. Januar 1924, RC '18–'40 TI u. 4.

133 Siehe Bericht Osius in Erdmann, *Adenauer in der Rheinlandpolitik,* S. 379 ff., sowie der Bericht Pinots über seine Unterredung mit Poincaré am 6. März 1924 in RC '18–'40 TI u. 4.

134 Stinnes an Jarres, 12. März 1924, abgedruckt bei Erdmann, *Adenauer in der Rheinlandpolitik,* S. 377 f.; siehe auch Silverberg an Frau Stinnes, 30. März 1924, mit einer Kopie seines Schreibens an Kanzler Marx vom selben Tag, ACDP, I–220, 021/3.

135 Edmund Stinnes an die Direktoren Spindler, Pott, Hold, Huppert und Stens, 7. April 1924, ebd., 021/4.

136 Humann, Aktennotiz für Stinnes, 4. Februar 1924, ebd., 039/1.

137 Entwurf eines Briefes an Scholz, 22. Februar 1924, ebd., 002/7.

138 Humann an Stinnes, 25. Febr. 1924, ebd.

139 Humann an Osius, 6. März 1924, ebd.

140 Entwurf, ebd. Siehe auch Kempkes an Stinnes, 14. März 1924, für die Einladung zur Wiederkandidatur, sowie das Antwortschreiben von Osius, 21. März 1924, ebd. Der Briefwechsel mit Stresemann findet sich bei Stresemann, *Vermächtnis,* I, S. 356–9. Zur Nationalliberalen Vereinigung siehe Larry Jones, *German Liberalism,* S. 214 ff.

141 Notizen aus einer Unterredung, 28. Januar 1923, ACPD, I–220, 039/1.

142 Feldman, *Great Disorder,* S. 828 ff.

143 Tagebucheintrag von Arthur Young, 5. Februar 1924, Hoover Institution, Arthur Young Papers, Box 1.

144 Tagebucheintrag vom 4. Februar 1924, Leonard P. Ayres Papers, Hoover Institution.

145 Stinnes an Hugo jun., 16. November 1923, ACDP, I–220, 300/7. Die Aussage bezog sich womöglich auf die Amsterdamer Firma Becker & Co.

146 Stinnes an RWE, 2. November 1923, ebd., 141/4.

147 Siehe J. Driesen an Stinnes, 18. Januar 1924, ebd., 256/2, sowie Vögler an Stinnes, 16. Februar 1924, ebd., 062/3. Stinnes hielt sich offensichtlich im Hintergrund, denn das RWE und Louis Hagen waren die beiden einzigen namentlich genannten deutschen Mitglieder.

148 Hugo jun. an Hoffmann, 23. Juni 1924, ebd., 118/7.

149 Hollesen an Stinnes, 21. März 1924, und Hugo jun. an Hollesen, 2. April 1924, ebd., 284/1.

150 Zum Nordstern siehe Ufermann und Hüglin, *Stinnes,* S. 203 f.; zur Westi und Dewesti siehe *Reichsfilmblatt,* 19. April 1924, abgelegt in ACDP, I–220, 289/2.

151 Vögler an Stinnes, 3. April 1924, ebd., 062/3.

152 Er landete schließlich als Dozent für Philosophie am Haverford College in den Vereinigten Staaten. Er war im Grunde der klassische Privatgelehrte, der zu jedem Thema ausgereifte Dinge zum besten geben konnte. Siehe sein im Eigenverlag erschienenes Buch *From New York to Chicago,* Ascona 1928. Zum Einfluß von Minoux auf Edmund siehe Cläre Stinnes an Hugo jun., 15. Dezember 1950, ACDP, I–220, 73.

153 Hugo an Edmund Stinnes, 15. Januar 1924, NL Else Stinnes.

154 Cläre an Hugo jun., 11.–13. Mai 1950, ACDP, I–220, 73.

155 Kirdorf an Stinnes, ebd., 020/1.

156 Das genaue Datum läßt sich nur sehr schwer ermitteln. Gerhard Jaeckel, *Die Charité. 250 Jahre Medizin- und Sittengeschichte um das berühmteste deutsche Krankenhaus,* München 1965, befaßt sich in dem Kapitel «Halbgötter-Dämmerung» mit dem Fall (S. 321–32) und gibt als Zeitpunkt der Operation den Abend des 17. März an; dagegen spricht Hugo Stinnes jun. in einem am 31. März 1962 niedergeschriebenen Vermerk (ACDP, I–220, 291/1) davon, daß sein Vater im Verlauf der ersten zehn Märztage ein erstes Mal operiert worden sei. Karl Fehrmann wiederum nennt in einer Denkschrift, von der noch die Rede sein wird, als Datum seiner letzten Unterredung mit Stinnes den 18. März in der Douglas-Straße. Da Fehrmann an diesem Tag zu einer Türkei-Reise aufbrach und die dafür getroffenen komplizierten Vorkehrungen in seinem Bericht ausführlich schildert und da der Besuch für ihn ein ziemlich traumatisches Erlebnis war, ist kaum anzunehmen, daß er das Datum verwechselte, auch wenn die Reinfassung seiner Niederschrift erst am 16.–18. Oktober 1924 in Asa entstand. Die Darstellung des Todes von Hugo Stinnes beruht auf den vorerwähnten Quellen sowie auf Auskünften der verstorbenen Else Stinnes an den Autor.

157 Bruchstücke aus einer Besprechung mit H. St. am 14. 3. 1924, datiert 24. März 1924, ACDP, I–220, 039/1.

158 Die folgende Darstellung einschließlich der Zitate stützt sich auf Karl Fehrmann, Aufzeichnung für Frau Hugo Stinnes Wagenknecht über die letzte Unterredung mit meinem Chef am 18. März 1924 in der Douglas-Str., NL Else Stinnes. Es macht nicht unbedingt Freude, die völlig andere Version zu lesen, die Fehrmann in seinen «Erinnerungen an Hugo Stinnes» vom Oktober 1952 zum besten gab, die er ebenfalls auf Bitte von Cläre Stinnes niederschrieb und die sich ebd. findet: «Insbesondere sagte er mir, daß es unser aller vordringlichste Aufgabe sei, einen neuen Krieg – einerlei ob früher oder später – koste es, was es wolle, zu vermeiden. Wir müßten uns darüber klar sein, daß ein neuer Krieg nur mit dem Verlust unseres ganzen Besitzes enden könne; denn würde der Krieg gewonnen, dann würden die Massen die Sozialisierung – und damit den Verlust der Grundlage unseres Vermögens – verlangen und erhalten. Verlören wir den Krieg, so ergäbe sich der Verlust von selbst. Er sagte mir weiter, daß die Lage für Deutschland in jedem Fall gefährlich bleibe. Unsere westlichen Nachbarn fürchteten uns wegen unserer Erfolge in der Welt, und mit dem Osten könnten wir nur paktieren, wenn der Bolschewismus verschwinde oder mildere Formen annähme.» Man kann davon ausgehen, daß das, was Fehrmann wenige Monate nach dem Erlebnis von Hand niederschrieb, dem entspricht, was Stinnes wirklich gesagt hat und was seiner Stimmungslage 1924 entsprach. Man kann sich auch denken, weshalb Fehrmann nach 1945 eine andere Erinnerung hatte oder haben wollte!

159 Testament vom 1. März 1924, ACDP, I–220, 300/7.

160 Erinnerungen von Clärenore Söderström, ebd., 313.

161 Martin Blank, Bericht über ein Gespräch mit Vögler, 10. April 1924, RWWK, HA/GHH, Nr. 40010120294/1, sowie die Presseberichte in ACDP, I–220, 292/1.

162 Zum Begräbnis siehe die Artikel in der *Rheinisch-Westfälischen Zeitung* vom 14. April 1924 und der *DAZ* vom 14. April 1924, abgelegt in ebd., 293/2. Siehe auch den Bericht im *Literary Digest,* May 3, 1924, S. 58.

163 Siehe das Protokoll der Verhandlungen vom 11. April 1924, ACDP, I–220, 021/5.

164 Eine umfangreiche Sammlung von Zeitungsartikeln und Kondolenzschreiben (eines davon von Reichspräsident Ebert) findet sich ebd., 292/1, 293/2, 289/2, 293/4.

165 Nathanael Jünger, *Kaufmann aus Mülheim. Ein Hugo-Stinnes-Roman,* Wismar 1925; Heinrich Mann, *Kobes,* in *Meistererzählungen,* Zürich 1973, S. 173–216; Elisabeth Langgässer, «Merkur», *Erzählungen,* Düsseldorf 164, S. 173–94; Erich Reger, *Union der festen Hand. Roman einer Entwicklung,* Berlin 1946. Siehe auch Hans-Werner Niemann, *Das Bild des industriellen Unternehmers in deutschen Romanen der Jahre 1890–1945,* Berlin 1982, insbesondere S. 160–70 und 183–225, und Gerald D. Feldman, «Weimar Writers and the German Inflation», in Gisela Brude-Firnau und Karin J. Machardy (Hrsg.), *Fact and Fiction. German History and Literature 1848–1924,* Tübingen 1990, S. 173–84.

166 *Der Spiegel,* 12. Juni 1957, S. 22 ff.

167 Kastl an Silverberg, 8. Juli 1925, BA, NL Silverberg, Nr. 552, Bl. 20.

168 Ausarbeitung von Hugo Stinnes jun., 30. Januar 1955, Privatbesitz.

169 «You are doing nothing other than undermining our existence.» H. Hollesen an Firma Hugo Stinnes, 26. Juni 1925, ACDP, I–220, 284/1. Die Angelegenheit fand ein gütliches Ende, als Hollesen im Dezember 1925 die von der Firma Stinnes gehaltene 40-Prozent-Beteiligung rückübertragen erhielt.

170 Siehe dazu die bedeutsame Sammlung einschlägiger Zeitungsartikel in BA, Reichsbank, Nr. 587, Bl. 5–7.

171 Protokoll über die Sitzung am Donnerstag, den 4. Juni [1925] ... in der Reichsbank, BA, NL Silverberg, Nr. 554, Bl. 12–18. Zum Umfang der Schulden siehe Silverberg, Aktennotiz vom Juli 1925, ebd., Nr. 552, Bl. 50–53. Die beste dokumentarische Quelle für die Liquidierung des Stinnes-Konzerns ist der Silverberg-Nachlaß, BA, NL Silverberg, Nr. 551–5; siehe aber auch die Korrespondenz und die Sitzungsprotokolle der drei Konsortien, HADB, S 1839, sowie die umfangreiche Zeitungsausschnittsammlung in BA, Reichslandbund, Nr. 6772.

172 Hugo Stinnes jun., Memorandum vom 23. April 1924, ACDP, I–220, 685. Den Vorsitz im RWE-Aufsichtsrat übernahm Vögler, der in seiner «Platzhalter»-Position bis zu seinem Selbstmord 1945 verblieb.

173 Cläre Stinnes an Silverberg, BA, Nr. Silverberg, Nr. 551, Bl. 1–2.

174 Cläre Stinnes an Silverberg, 21. Juni 1925, ebd., Bl. 18-20; Cläre an Hugo jun., 11–13. sowie 15. Dezember 1950, ACDP, I–220, 73.

175 Siehe die Zeitungsausschnittsammlung in BA, Reichslandbund, Nr. 6772, sowie in BA, Reichsbank, Statistische Abt., Nr. 587.

176 Clärenore Söderström, Erinnerungen, ACDP, I–220, 313.

177 Ebd.

178 Cläre Stinnes an Hugo jun., 15. Dezember 1950, ebd., 73.

179 Cläre Stinnes an Silverberg, 21. Juni 1925, BA, NL Silverberg, Nr. 551, Bl. 18–20. Der Konflikt zwischen Otto und Hugo jun. brach erst 1945 aus und vollzog sich in Form einer Serie gerichtlicher Auseinandersetzungen, die für Cläre deprimierend waren und bei denen sie auf Ottos Seite stand.

180 Silverberg an Cläre Stinnes, 14. Juni 1925, BA, NL Silverberg, Nr. 551, Bl. 11–13.

181 Goldschmidt an Cläre Stinnes, 2. Juli 1925, HADB S 1839.

182 Goldschmidt an Cläre Stinnes, 2. Juli 1925, ebd.
183 Stillhalte- und Garantie-Konsortium, Sitzung vom 13. Juli 1924, ebd.
184 Ebd.
185 Blank an Reusch, 16. Juli 1925, RWWK, HA/GHH, Nr. 4001012024/2. Sitzung der Konsortien vom 13. Juli 1925, HADB, S 1839.
186 Blank an Reusch, 31. Juli 1925, RWWK, HA/GHH, Nr. 4001012024; zur Äußerung Schachts siehe Kabinettssitzung vom 14. August 1925, AR. *Kabinette Luther,* I, S. 520.
187 Abgedruckt in *Deutsche Bergwerkszeitung,* Ausg. 19, 1924, in BA, Reichsbank, Nr. 587, Bl. 130. Weitere Zeugnisse für das von Edmund veranstaltete Theater finden sich in HADB S 1841.
188 Siehe Vögler an Goldschmidt, 18. August 1925, HADB, S 1839.
189 Sitzung des Exekutiv-Komitees, 17. Juli 1924, ebd.
190 Hugo Stinnes jun., Ausarbeitung vom 30. Januar 1955, Privatbesitz.
191 Cuno an Harriman, 5. Oktober 1925, Harriman Papers Manuscript Division, Library of Congress, No. 629.
192 Sitzung des Exekutiv-Komitees, 26. Januar 1926, HADB, S 1839.
193 Klotzbach an Wiedfeldt, 12. Februar 1926, Historisches Archiv Krupp, WA 3/240; dort findet sich auch weitere einschlägige Korrespondenz mit Wiedfeldt.
194 Siehe Silverberg an Cläre Stinnes, 10. Juli 1926, BA, NL Silverberg, Nr. 552, Bl. 172–7.
195 Der Vertrag vom 27. Juli 1926 findet sich ebd., Nr. 551, Bl. 96.
196 Cläre Stinnes an Silverberg, 3. August 1926, ebd.
197 Cläre Stinnes an Silverberg, 25. November 1926, ebd., Bl. 125.
198 Silverberg an den Essener Bürgermeister Bracht, 12. Juli 1926, ebd., Bl. 256–8. Dies scheint eine fairere Beurteilung der Situation zu sein als das Argument, die Bankiers hätten der Familie Stinnes heimzahlen wollen, daß der Prinzipal mit eigenen Bankgeschäften in das Terrain der Banken eingedrungen war. Die Darstellung in dem Buch *175 Years Stinnes. The Making of a Business Empire. Portrait of a German Company,* Düsseldorf 1983, S. 82, enthält sachliche Fehler und entbehrt der soliden Grundlage.
199 Cläre Stinnes an Hugo jun., 15. Dezember 1950, ACDP, I–220, 73.
200 Georg Bernhard, «Stinnes-Liquidation», *Magazin der Wirtschaft,* 30. Juli 1925, in BA, Reichsbank, Nr. 587, Bl. 87–88.
201 Kirdorf, *Lebenserinnerungen,* Bergbau-Archiv, Bestand 55.
202 Stinnes an Gothein, 1. April 1923, ACDP, I–220, 038/1.
203 Oskar Funcke, *Memoiren,* Bd. III, Deutsches Industrie-Institut, Köln.
204 Hugo Stinnes jun. an Robert Platow, 8. November 1967, ACDP, I–220, A0474.
205 Es hat den Anschein, als hätten Cläre und Otto Hugo jun. gedrängt, in die Partei einzutreten, was er jedoch ablehnte. Siehe Hugo jun. an Cläre Stinnes, 7. Mai 1950, ebd., 73. Edmund, der keine Gelegenheit ausließ, seiner Mutter einen Tiefschlag zu verpassen, behauptete gegenüber Siegmund Warburg und anderen, Hugo jun. sei ein «überzeugter Nazi» gewesen. Siehe Ron Chernow, *The Warburgs. The 20th-Century Odyssey of a Remarkable Jewish Family,* New York 1993, S. 409. Dem war nicht so.
206 Karl Radek, «Stinnes», *Das Forum,* Berlin, Mai/Juni 1924, abgelegt in ACDP, I–220, 289/2.
207 Cläre Stinnes an Silverberg, 12. August 1925, BA, NL Silverberg.

Abkürzungen

AA	Auswärtiges Amt
Abt.	Abteilung
ACDP	Archiv für Christlich-Demokratische Politik der Konrad-Adenauer-Stiftung
AEG	Allgemeine Elektrizitäts Gesellschaft
AN	Archives Nationales
AR	Akten der Reichskanzlei
BA	Bundesarchiv
BayHStA	Bayerisches Hauptstaatsarchiv, München
BMW	Bayerische Motorenwerke
DAPG	Deutsch-Amerikanische Petroleum-Gesellschaft
DAZ	*Deutsche Allgemeine Zeitung*
DDP	Deutsche Demokratische Partei
DEAG	Deutsche Erdöl-Gesellschaft
DMA	Demobilmachungsamt
DPAG	Deutsche Petroleum-Aktiengesellschaft
DVP	Deutsche Volkspartei
EAG	Elektrizitäts-Aktiengesellschaft
EW	Elektrizitätswerk Westfalen
FWH	Friedrich-Wilhelms-Hütte
FZ	*Frankfurter Zeitung*
GBAG	Gelsenkirchener Bergwerks-AG
Gesfürel	Deutsche Gesellschaft für elektrische Unternehmungen
GHH	Gutehoffnungshütte
HA	Historisches Archiv
HADB	Historisches Archiv der Deutschen Bank
HAPAG	Hamburg-Amerika Linie
HEAG	Hessische Eisenbahnaktiengesellschaft
HStA	Hauptstaatsarchiv
IG	Interessengemeinschaft
IWK	*Internationale wissenschaftliche Korrespondenz zur Geschichte der deutschen Arbeiterbewegung*
KEV	Kommunaler Elektrizitätswerks-Verband Westfalen-Rheinland
KRA	Kriegsrohstoffabteilung (Raw Materials Section)
KWG	Kaiser-Wilhelm-Gesellschaft
LVG	Luftverkehrsgesellschaft
M.A.N.	Maschinenfabrik Augsburg-Nürnberg
MBV	Mülheimer Bergwerks-Verein
NA	U.S. National Archives
Nike	Niedersächsische Kraftwerke AG
NL	Nachlaß
OEG	Oberrheinische Bahngesellschaft AG
Pesag	Paderborner Elektrizitätswerks- und Straßenbahn-Aktiengesellschaft
PRO	Public Record Office
RB	Reichsbank

RdI	Reichsverband der deutschen Industrie
RGBl	Reichsgesetzblatt
RKR	Reichskohlenrat
RM	Reichsmark
RWA	Reichswirtschaftsamt
RWBG	Rheinisch-Westfälische Bahngesellschaft
RWE	Rheinisch-Westfälisches Elektrizitätswerk
RWKS	Rheinisch-Westfälisches Kohlensyndikat
RWM	Reichswirtschaftsministerium
RWR	Reichswirtschaftsrat
RWWK	Rheinisch-Westfälisches Wirtschaftsarchiv zu Köln
SAA	Siemens-Archiv Akten
SEG	Süddeutsche Eisenbahngesellschaft
SSW	Siemens-Schuckert-Werke
Ufa	Universum Film Aktiengesellschaft
VAG	Vereinigte Aluminium-Werke AG
VfZ	*Vierteljahrshefte für Zeitgeschichte*
V.K.B.	Vereinigte Berliner Kohlenhändler AG
VN	*Verhandlungen der verfassungsgebenden Nationalversammlung. Stenografische Berichte und Drucksachen* (Berlin, 1919–1920)
VR	*Verhandlungen des Reichstags. Stenografische Berichte und Drucksachen* (Berlin, 1920ff.)
VSWG	*Vierteljahrsschrift für Sozial- und Wirtschaftsgeschichte*
WA	Werksarchiv
WA/ATH	Werksarchiv der August Thyssen-Hütte
WA/M. A.N.-A.	Werksarchiv Maschinenfabrik Augsburg-Nürnberg, Augsburg
WA/M. A.N.-N	Werksarchiv Maschinenfabrik Augsburg-Nürnberg, Nürnberg
WASAG	Westfälisch-Anhaltische Sprengstoff A. G. Berlin
ZAG	Zentralarbeitsgemeinschaft

Quellen- und Literaturverzeichnis

1. Archivalien

Archiv der sozialen Demokratie (SPD Archiv), Bonn-Bad Godesberg
NL Paul Hertz
NL Carl Severing
Archiv für Christlich-Demokratische Politik (ACDP) der Konrad-Adenauer-Stiftung, St. Augustin bei Bonn
NL Hugo Stinnes
NL Hugo Stinnes, Jr.
NL Else Stinnes
Bergbau-Archiv (BgA), Bochum
Bestand 13 Zechenverband
Bestand 15 Fachgruppe Bergbau
Bundesarchiv (BA)
NL Moritz Bonn
NL Alfred Hugenberg
NL Rudolf von Havenstein
NL Karl Jarres
NL Paul Silverberg
NL Joseph Wirth
R 13I Verein deutscher Eisen- und Stahlindustrieller
R 43I Reichskanzlei
Deutsche Reichsbank (RB)
Reichswirtschaftsministerium (RWM)
Deutsches Industrie-Institut (Köln)
NL Oscar Funcke
Doe Library, University of California at Berkeley
NL Gustav Stresemann (Microfilm)
Hamburg-Amerika-Linie (HAPAG) Archiv, Hamburg
Arndt von Holtzendorff Korrespondenz
Historisches Archiv der Deutschen Bank (HADB), Frankfurt a. M.
Historisches Archiv der Fried. Krupp GmbH (HA Firma Krupp), Essen
Historisches Archiv der Gutehoffnungshütte (HA/GHH), Oberhausen
Hauptverwaltung
NL Paul Reusch
Historisches Archiv (HA) der Metallgesellschaft, Frankfurt a. M.
Richard Merton Korrespondenz
Hoover Institution, Stanford
James A. Logan Papers
Library of Congress of the United States
Averell Harriman Papers
National Archives (NA), Washington, D. C.
Department of State, Decimal File
Public Record Office, London
Rheinisch-Westfälisches Wirtschaftsarchiv zu Köln (RWWK)
Familienarchiv Warburg, Warburg, Brinckmann, Wirtz & Co., Hamburg
NL Max Warburg, Max Warburg Papers
Werksarchiv (WA) Bayer-Leverkusen
NL Carl Duisberg
Werksarchiv der August-Thyssen-Hütte (WA/ATH), Duisburg
Friedrich-Wilhelms-Hütte (FWH)
Fritz Thyssen Korrespondenz
Werksarchiv Maschinenfabrik Augsburg-Nürnberg, Augsburg (WA/M. A.N.-A.)
Werksarchiv Maschinenfabrik Augsburg-Nürnberg, Nürnberg (WA/M. A.N.-N.)
Werner-von-Siemens-Institut für Geschichte des Hauses Siemens, München
Siemens-Archiv Akten (SAA)
NL Carl Köttgen

2. Gedruckte Quellen und Literatur

Afflerbach, Holger, Falkenhayn. Politisches Denken und Handeln im Kaiserreich, München 1994

Akten der Reichskanzlei. Weimarer Republik, herausgegeben für die historische Kommission bei der Bayerischen Akademie der Wissenschaften von Karl Dietrich Erdmann:

Das Kabinett Scheidemann. 13. Februar bis 20. Juni 1919, Hagen Schulze (Bearb.), Boppard am Rhein 1971

Das Kabinett Bauer. 21. Juni 1919 bis 27. März 1920, Anton Golecki (Bearb.), Boppard am Rhein 1980

Das Kabinett Fehrenbach. 25. Juni 1920 bis 4. Mai 1921, Peter Wulf (Bearb.), Boppard am Rhein 1972

Das Kabinett Müller I. 27. März bis 21. Juni 1920, Martin Vogt (Bearb.), Boppard am Rhein 1971

Die Kabinette Wirth I und II. 10. Mai 1921 bis 26. Oktober 1921. 26. Oktober 1921 bis 22. November 1922, Ingrid Schulze-Bidlingmaier (Bearb.), 2 Bde., Boppard am Rhein 1973

Das Kabinett Cuno. 22. November 1922 bis 12. August 1923, Karl-Heinz Harbeck (Bearb.), Boppard am Rhein 1968

Die Kabinette Stresemann I u. II. 13. August bis 6. Oktober 1923. 6. Oktober bis 30. November 1923, Karl Dietrich Erdmann u. Martin Vogt (Bearb.), Boppard am Rhein 1978

Die Kabinette Marx I u. II. 30. November 1923 bis 3. Juni 1924. 3. Juni 1924 bis 15. Januar 1925, Günter Abramowski (Bearb.), Boppard am Rhein 1973

Albertin, Lothar, *Liberalismus und Demokratie am Anfang der Weimarer Republik* (Beiträge zur Geschichte des Parlamentarismus und der politischen Parteien, Bd. 49), Düsseldorf 1972

Albertin, Lothar, «Die Verantwortung der Liberalen Parteien für das Scheitern der Grossen Coalition im Herbst 1921», *Historische Zeitschrift* 205 (1967), S. 566–627

Anninos, Eli G., Der wirtschaftliche Einfluß Deutschlands auf die Petroleum-Industrie Rumäniens und ihre Bedeutung für die internationale Wirtschaft, Diss. Gießen 1926

Arns, Günter, «Die Krise des Weimarer Parlamentarismus im Frühherbst 1923», *Der Staat. Zeitschrift für Staatslehre, Öffentliches Recht und Verfassungsgeschichte* 8 (1969/2), S. 181–216

Arnst, Paul, *August Thyssen und sein Werk,* Leipzig 1925

Asriel, Camillo J., *Das Rheinisch-Westfälische Elektrizitätswerk A. G., Essen a. d. Ruhr: Ein Beitrag zur Erforschung der modernen Elektrizitätswirtschaft,* Zürich 1930

Bacmeister, W., *Emil Kirdorf. Der Mann. Sein Werk,* 2. Aufl., Essen 1936

Beaverbrook, Lord, *Courage: The Story of Sir James Dunn,* Fredericton 1961

Bergmann, Carl, *The History of Reparations,* New York und Boston 1927

Bernhard, Henry (Hrsg.), *Gustav Stresemann. Vermächtnis, der Nachlaß in drei Bänden,* Bd. I, *Vom Ruhrkrieg bis London,* Berlin 1932

Beusch, Paul, *Währungszerfall und Währungsstabilisierung,* Berlin 1928

Bieber, Hans-Joachim, *Gewerkschaften in Krieg und Revolution. Arbeiterbewegung, Industrie, Staat und Militär in Deutschland 1914–1920,* 2 Bde., Hamburg 1981

Blaich, Fritz, Kartell- und Monopolpolitik im kaiserlichen Deutschland. Das Problem der Marktmacht im deutschen Reichstag zwischen 1879 und 1914, Düsseldorf 1973

Bleiber, Helmut, «Die Moabiter Unruhen 1910», *Zeitschrift für Geschichtswissenschaft* 3 (1955), S. 173–211

Bleidick, Dietmar, «Steinkohlenbergbau in Mülheim 1800–1870. Die Anfänge des Tiefbaus und das Aufkommen der Mergelzechen», in: Geschichtsverein Mülheim a. d. Ruhr e.V., *900 Jahre Mülheim an der Ruhr 1093–1993,* Mülheim-Ruhr 1993, S. 363–92

Böhme, Helmut, «Emil Kirdorf. Überlegungen zu einer Unternehmerbiographie»,

Tradition. Zeitschrift für Unternehmensgeschichte, Nr. 13 (1968), S. 282–300, Nr. 14, S. 21–48

Boll, Georg, *Entstehung und Entwicklung des Verbundbetriebs im deutschen Elektrizitätsraum bis zum europäischen Verbund,* Frankfurt a. M. 1969

Bonn, Moritz J., *So Macht Man Geschichte. Bilanz Eines Lebens,* München 1953

Böving, Justus, «Zur wirtschaftlichen Entwicklung Mülheims von 1860 bis 1890», in: Geschichtsverein Mülheim a. d. Ruhr e.V., *900 Jahre Mülheim an der Ruhr 1093–1993,* Mülheim-Ruhr 1993, S. 489–502

Bresciani-Turroni, Costantino, *The Economics of Inflation. A Study of Currency Depreciation in Post-War Germany, 1914–1923,* London 1937

Brinkmeyer, Hermann, Hugo Stinnes. Gestalten und Dokumente, Bd. 3, (4. Aufl.), München 1921

Brüggemeier, Franz-Josef, *Leben vor Ort. Ruhrbergleute und Ruhr-Bergbau 1889–1918,* München 1983

Brust, August, «Die Bergarbeiterstreiks im Ruhrrevier», *Archiv für Sozialwissenschaft und Sozialpolitik* 20 (1905), S. 480–506

Burke, Karen, «Industrial Organization and Economic Power: A Case Study of the Operation of the Rhenish-Westphalian Coal Syndicate, 1893–1926», Mss.

Buse, D. K., ‹Economic Interests and Lobbying in the Early Weimar Republic: Holtzendorff's Political Salon›, *Histoire Sociale – Social History* 14 (November 1981), S. 455–84

Butler und Bury (Hrsg.), *Documents on British Foreign Policy (DBFP),* First Series, Bd. VIII (1920), London 1958

Cassels, Alan, *Mussolini's Early Diplomacy,* Princeton 1970

Cecil, Lamar, Albert Ballin. Business and Politics in Imperial Germany, 1888–1918, Princeton 1967

Chandler, Alfred D. Jr., *Scale and Scope. The Dynamics of Industrial Capitalism,* Cambridge (Mass.) und London 1990

Chernow, Ron, *The Warburgs. The 20th-Century Odyssey of a Remarkable Family,* New York 1993

Chickering, Roger, We Men who Feel Most German. A Cultural Study of the Pan-German League 1886–1914, Boston 1984

Class, Henrich, Wider den Strom. Vom Werden und Wachsen der nationalen Opposition im alten Reich, Leipzig 1932

Correspondenzblatt der Generalkommission der Gewerkschaften Deutschlands

Crew, David F., «Steel, Sabotage and Socialism: The Strike at the Dortmund ‹Union› Steel Works in 1911», in: Richard J. Evans, *The German Working Class 1888–1933: The Politics of Everyday Life,* London 1982, S. 108–141

D'Abernon, Viscount, *Portraits and Appreciations,* London 1931

D'Abernon, Viscount, *Versailles to Rapallo. The Diary of an Ambassador,* Bd. I, New York 1929

Deist, Wilhelm (Bearb.), Militär und Innenpolitik im Weltkrieg 1914–1918, in: Quellen zur Geschichte des Parlamentarismus und der Politischen Parteien, Reihe 2, 2 Bde., Düsseldorf 1970

Demm, Eberhard, Ein Liberaler in Kaiserreich und Republik. Der politische Weg Alfred Webers bis 1920, (Schriften des Bundesarchivs, 38), Boppard am Rhein 1990

Deuerlein, Ernst (Hrsg.), *Der Hitler-Putsch. Bayerische Dokumente zum 8./9. November 1923,* Stuttgart 1962

Diehl, James M., *Para-Military Politics in Weimar Germany,* Bloomington und London 1977

Ellis, Howard S., *German Monetary Theory 1905–1933,* Cambridge Mass. 1937

Elster, Karl, *Von der Mark zur Reichsmark. Die Geschichte der deutschen Währung in den Jahren 1914 bis 1924,* Jena 1928

Epstein, Klaus, Matthias Erzberger and the Dilemma of German Democracy, Princeton 1959

Erdmann, Karl Dietrich, Adenauer in der Rheinlandpolitik nach dem Ersten Weltkrieg, Stuttgart 1966

Erdmann, Karl Dietrich, ‹Unterredung mit Konrad Adenauer, 9. März 1965›, *Das erste Jahrzehnt 1977–1987. Ein Almanach,* Stuttgart 1987

Erger, Johannes, *Der Kapp-Lüttwitz-Putsch. Ein Beitrag zur deutschen Innenpolitik 1919/20,* (Beiträge zur Geschichte des Parlamentarismus und der politischen Parteien, Bd. 35), Düsseldorf 1967

Favez, Jean-Claude, *Le Reich devant l'occupation franco-belge de la Ruhr en 1923*, Geneva 1969

Feldenkirchen, Wilfried, *Siemens 1918–1945*, München und Zürich 1995

Feldman, Gerald D., ‹Arbeitskonflikte im Ruhrbergbau 1919–1921. Zur Politik von Zechenverband und Gewerkschaften in der Überschichtenfrage›, *VfZ* 28, 1980, S. 168–223

Feldman, Gerald D., *Army, Industry and Labor in Germany, 1914–1918*, Princeton 1966, neue Auflage Providence und Oxford 1992; dt.: Feldman, Gerald D., *Armee, Industrie und Arbeiterschaft in Deutschland 1914–1918*, Bonn 1985

Feldman, Gerald D., ‹Big Business and the Kapp Putsch›, in: *Central European History*, 4, 1971, S. 99–130, dt.: ‹Die Großindustrie und der Kapp-Putsch›, in: Feldman, *Vom Weltkrieg zur Weltwirtschaftskrise*, Göttingen 1985, S. 192–217 und 262–6

Feldman, Gerald D., «Die Demobilmachung und die Sozialordnung der Zwischenkriegszeit in Europa», *Geschichte und Gesellschaft* 9 (1983), S. 156–177

Feldman, Gerald D., ‹Die Deutsche Bank vom Ersten Weltkrieg bis zur Weltwirtschaftskrise›, in: Lothar Gall u. a., *Die Deutsche Bank 1870–1995*, München 1995

Feldman, Gerald D., «Economic and Social Problems of the German Demobilization, 1918–1919», *Journal of Modern History* 47 (1975), S. 1–47

Feldman, Gerald D., ‹Foreign Penetration of German Enterprises after the First World War: The Problem of *Überfremdung*›, in: Alice Teichova, Maurice Lévy-Leboyer und Helga Nussbaum (Hrsg.), *Historical Studies in International Corporate Business*, Cambridge 1989, S. 87–110

Feldman, Gerald D., «Die Freien Gewerkschaften und die Zentralarbeitsgemeinschaft», in: Vetter, Heinz Oskar (Hrsg.), *Vom Sozialistengesetz zur Mitbestimmung. Zum 100. Geburtstag von Hans Böckler*, Köln 1975, S. 229–252

Feldman, Gerald D., «German Business between War and Revolution: The Origins of the Stinnes-Legien Agreement», in: Gerhard A. Ritter (Hrsg.), *Entstehung und Wandel der Modernen Gesellschaft. Festschrift für Hans Rosenberg*, Berlin, 1970, S. 312–341

Feldman, Gerald D., *Iron and Steel in the German Inflation, 1916–1923*, Princeton 1977

Feldman, Gerald D., *Vom Weltkrieg zur Wirtschaftskrise. Studien zur deutschen Wirtschafts- und Sozialgeschichte 1914–1932*, Kritische Studien zur Geschichtswissenschaft, Bd. 60, Göttingen 1984

Feldman, Gerald D., ‹Weimar Writers and the German Inflation›, in: Gisela Brude-Firnau und Karin J. Machardy (Hrsg.), *Fact and Fiction. German History and Literature 1848–1924*, Tübingen 1990, S. 173–84

Feldman, Gerald D. und Homburg, Heidrun, *Industrie und Inflation. Studien und Dokumente zur Politik der deutschen Unternehmer 1916–1923*, Hamburg 1977

Feldman, Gerald D. und Müller-Luckner, Elisabeth (Hrsg.), *Die Nachwirkungen der Inflation auf die deutsche Geschichte 1924–1933*, München 1985

Feldman, Gerald D. und Steinisch, Irmgard, *Industrie und Gewerkschaften 1918–1924. Die überforderte Zentralarbeitsgemeinschaft*, Schriftenreihe der Vierjahrshefte für Zeitgeschichte, Bd. 50, Stuttgart 1980

Feldman, Gerald D. und Steinisch, Irmgard, ‹The Origins of the Stinnes-Legien Agreement: A Documentation›, in: *IWK* 19/20 (Dezember 1973), S. 45–103

Feldman, Gerald D., The Great Disorder: Politics, Economics, and Society in Germany, 1914–1923, Oxford und New York 1993, 2. Auflage 1997

Feldman, Gerald D., ‹Wirtschafts- und sozialpolitische Probleme der deutschen Demobilmachung 1918/1919› und ‹Das deutsche Unternehmertum zwischen Krieg und Revolution: Die Entstehung des Stinnes-Legien-Abkommens›, in: Feldman, Gerald D., (Hrsg.), Vom Weltkrieg zur Wirtschaftskrise. Studien zur deutschen Wirtschafts- und Sozialgeschichte 1914–1932. Kritische Studien zur Geschichtswissenschaft, Bd. 60, Göttingen 1984, S. 84–130

Feldman, Gerald D. und Steinisch, Irmgard, ‹Die Weimarer Republik zwischen Sozial- und Wirtschaftsstaat: Die Entscheidung gegen den Achtstundentag›, *Archiv für Sozialgeschichte* 18 (1978), S. 353–439

Ferguson, Niall, *Paper and Iron. Hamburg Business and German Politics in the Era of Inflation, 1897–1927,* Cambridge 1995

Ferguson, Niall, Paper and Iron. Hamburg Business and German Politics in the Era of Inflation, 1897–1927, Cambridge 1995

Fink, Carol, *The Genoa Conference. European Diplomacy, 1921–1922,* Chapel Hill 1984

Fischer, Fritz, *Griff nach der Weltmacht. Die Kriegszielpolitik des kaiserlichen Deutschland 1914/18,* Düsseldorf 1961

Fischer, Wolfram, Herz des Reviers. 125 Jahre Wirtschaftsgeschichte des Industrie- und Handelskammerbezirks Essen, Mülheim, Oberhausen, Essen 1965, S. 164–166

Flemming, Jens, Landwirtschaftliche Interessen und Demokratie, ländliche Gesellschaft, Agrarverbände und Staat, 1890–1925, Bonn 1978

Forsyth, Douglas J., *The Crisis of Liberal Italy. Monetary and Financial Policy, 1914–1922,* Cambridge 1993

Fricke, Dieter (Hrsg.), *Die bürgerlichen Parteien in Deutschland,* 2 Bde., Leipzig 1970

Fricke, Dieter, *Der Ruhrbergarbeiterstreik von 1905,* Berlin 1955

Fritzsche, Peter, A Nation of Fliers. German Aviation and the Popular Imagination, Cambridge (Mass.) 1992

Fürstenberg, Carl, *Lebensgeschichte,* Berlin 1931

Gatzke, Hans, Germany's Drive to the West. A Study of Germany's Western Aims during First World War, Baltimore 1966

Gebhardt, Gerhard, *Ruhrbergbau. Geschichte, Aufbau und Verflechtung seiner Gesellschaften und Organisationen,* Essen 1957

Geyer, Curt, *Drei Verderber Deutschlands,* Berlin 1924

Gillingham, John, Coal, Steel, and the Rebirth of Europe 1945–1955; The Germans and French from Ruhr Conflict to Economic Community, Cambridge 1991

Glum, Friedrich, Zwischen Wissenschaft, Wirtschaft und Politik. Erlebtes und Erdachtes in Vier Reichen, Bonn 1964

Groener, Wilhelm, *Lebenserinnerungen. Jugend, Generalstab, Weltkrieg,* herausgegeben von Friedrich Freiherr Hiller von Gaertringen, Göttingen, 1957

Guratzsch, Dankwart, Macht durch Organisation. Die Grundlegung des Hugenbergschen Presseimperiums, Düsseldorf 1974

Hallgarten, G. W. F., *Hitler, Reichswehr und Industrie. Zur Geschichte der Jahre 1918–1933,* Frankfurt a. M. 1955

Hartenstein, Wolfgang, *Die Anfänge der Deutschen Volkspartei 1918–1920* (Beiträge zur Geschichte des Parlamentarismus und der politischen Parteien, Bd. 22), Düsseldorf 1962

Hatke, Brigitte, «Hugo Stinnes und die drei deutsch-belgischen Gesellschaften von 1916», *Zeitschrift für Unternehmensgeschichte,* Beiheft 56, Stuttgart 1990

Hayashima, Akira, Die Illusion des Sonderfriedens. Deutsche Verständigungspolitik mit Japan im Ersten Weltkrieg, München und Wien 1982

Herbert, Ulrich, A History of Foreign Labor in Germany, 1880–1980. Seasonal Workers/Forced Laborers/Guest Workers, Ann Arbor 1990

Hickey, S. H. F., *Workers in Imperial Germany, The Miners of the Ruhr,* Oxford 1985

Hill, Leonidas E. (Hrsg.), *Die Weizsäcker-Papiere 1900–1932,* Berlin und Frankfurt 1982

Holtfrerich, Carl-Ludwig, *Die Deutsche Inflation 1914–1923* Berlin und New York 1980

Hölzle, Erwin, «Deutschland und die Wegscheide des Ersten Weltkriegs», in: Martin Göhring und Alexander Scharff (Hrsg.), *Geschichtliche Kräfte und Entscheidungen. Festschrift zum Fünfundsechzigsten Geburtstage von Otto Becker,* Wiesbaden 1954

Huber, Ernst Rudolf, *Deutsche Verfassungsgeschichte seit 1789,* 7 Bde. Stuttgart 1957ff.

Huber, Ernst Rudolf, *Dokumente zur deutschen Verfassungsgeschichte,* Stuttgart und Köln [3]1992, Bd. 2

Hughes, Thomas P., Networks of Power.

Electrification in Western Society, 1880–1930, Baltimore und London 1983

Huldermann, Bernhard, *Albert Ballin,* Oldenburg und Berlin 1922

Hürten, Heinz (Hrsg.), *Das Krisenjahr 1923. Militär und Innenpolitik 1922–1924,* Quellen zur Geschichte des Parlamentarismus und der politischen Parteien. Zweite Reihe. Militär und Politik, Bd. 4, Düsseldorf 1980

Jacobson, Jon, «Strategies of French Foreign Policy after World War I», *Journal of Modern History* 55 (1983), S. 78–95

Jäckel, Eberhard und Kuhn, Axel (Hrsg.), *Hitler. Sämtliche Aufzeichnungen 1905–1924,* Stuttgart 1980

Jackh, Ernest, The Rising Crescent. Turkey Yesterday, Today and Tomorrow, New York und Toronto 1944

Jaeckel, Gerhard, *Die Charité. 250 Jahre Medizin- und Sittengeschichte um das berühmteste deutsche Krankenhaus,* München 1965

Jaeger, Hans, *Unternehmer in der deutschen Politik (1890–1918),* (Bonner Historische Studien 30), Bonn 1967

Jeremy, David J. (Hrsg.), Dictionary of Business Biography: A biographical Dictionary of Business Leaders Active in Britain in the Period 1860–1918, 5 Bde., London 1984ff.

Jones, Larry Eugene, *German Liberalism and the Dissolution of the Weimar Party System 1918–1933,* Chapel Hill und London 1988

Jünger, Nathanael, *Kaufmann aus Mülheim. Ein Hugo-Stinnes-Roman,* Wismar 1925

Kaudelka-Hanisch, Karin, «The Titled Businessman: Prussian Commercial Councilors in the Rhineland and Westphalia during the Nineteenth Century», in: David Blackbourn und Richard Evans (Hrsg.), *The German Bourgeoisie. Essays on the Social History of the German Middle Class from the Late Eighteenth to the Early Twentieth Century,* London und New York 1991

Kaun, Heinrich, *Die Geschichte der Zentralarbeitsgemeinschaft,* Jena 1938

Kealey, Maura, ‹Kampfstrategien der Unternehmerschaft im Ruhrbergbau seit dem Bergarbeiterstreik von 1889›, in: Hans Mommsen und Ulrich Borsdorf (Hrsg.), *Glückauf, Kameraden! Die Bergarbeiter und ihre Organisationen in Deutschland,* Köln 1979

Kent, Bruce, *The Spoils of War. The Politics, Economics, and Diplomacy of Reparations 1918–1932,* Oxford 1989

Kessel, Hans von, *Handgranaten und rohe Fahnen. Ein Tatsachenbericht aus dem Kampf gegen das rote Berlin 1918–1920,* Berlin 1933

Klass, Gerd von, *Albert Vögler. Einer der Großen des Ruhrreviers,* Tübingen 1957

Klass, Gerd von, *Hugo Stinnes,* Tübingen 1958

Kessler, Harry Graf, *Walther Rathenau. Sein Leben und sein Werk,* Wiesbaden 1928

Knopp, Gisberg, *Die preußische Verwaltung des Regierungsbezirks Düsseldorf in den Jahren 1899–1919,* Köln und Berlin 1974

Koch, Max, *Die Bergarbeiterbewegung im Ruhrgebiet zur Zeit Wilhelms II.* (Beiträge zur Geschichte des Parlamentarismus und der politischen Parteien, Bd. 5), Düsseldorf 1954

Kocka, Jürgen, «Entrepreneurs and Managers in German Industrialization», in: Peter Mathias und M. M. Postan (Hrsg.), *The Cambridge Economic History of Europe, Bd. VII. The Industrial Economies: Capital, Labour and Enterprise,* Teil I, Cambridge 1978, Kap. X, insbes. S. 555–89

Köhler, Henning, *Adenauer und die Rheinische Republik. Der Erste Anlauf 1918–1924,* Opladen 1986

Köllmann, Wolfgang und Abelshauser, Werner (Hrsg.), *Das Ruhrgebiet im Industriezeitalter: Geschichte und Entwicklung,* 2 Bde. Düsseldorf 1990

Könnemann, Erwin, ‹Kapps Vorbereitungen auf einen Prozeß, der nie stattfand›, *Zeitschrift für Geisteswissenschaft* 43 (1995), S. 698–735

Krüger, Peter, *Die Außenpolitik der Republik von Weimar,* Darmstadt 1989

Krüger, Peter, *Deutschland und die Reparationen 1918/19. Die Genesis des Reparationsproblems in Deutschland zwischen Waffenstillstand und Versailler Friedensschluß,* Stuttgart 1973

Krüger, Peter, «Das Reparationsproblem

der Weimarer Republik in fragwürdiger Sicht», *Vierteljahrshefte für Zeitgeschichte* 29 (1981), S. 21–47

Krüger, Peter, «Die Rolle der Banken und der Industrie in den deutschen reparationspolitischen Entscheidungen nach dem Ersten Weltkrieg», in: Mommsen, Hans u.a. (Hrsg.), *Industrielles System und Politische Entwicklung in der Weimarer Republik,* Düsseldorf 1974, S. 568–82

Kühne, Thomas, Dreiklassenwahlrecht und Wahlkultur in Preußen 1867–1914. Landtagswahlen zwischen korporativer Tradition und politischem Massenmarkt, Düsseldorf 1994

Landes, David, The Unbound Prometheus. Technological Change and Industrial Development in Western Europe from 1750 to the Present, Cambridge 1969

Langgässer, Elisabeth, ‹Merkur›, in: *Erzählungen,* Düsseldorf 1964, S. 173–94

Large, David, ‹The Politics of Law an Order: A History of the Bavarian Einwohnerwehr, 1918–1921›, *Transactions of the American Philosophical Society,* Bd. 70, Teil 2, Mai 1980

Laubach, Ernst, *Die Politik der Kabinette Wirth 1921/22,* Lübeck 1968

Laursen, Karsten und Pedersen, Jorgen, *The German Inflation 1918–1923,* Amsterdam 1964

Leckebusch, Günther, *Die Beziehungen der deutschen Seeschiffswerften zur Eisenindustrie an der Ruhr in der Zeit von 1850 bis 1930,* Köln 1963

Lewinsohn, Richard (Morus), *Das Geld in der Politik,* Berlin 1930

Lewinsohn, Richard (Morus), *Die Umschichtung der europäischen Vermögen,* Berlin 1925

Lindenberg, Thomas, *Straßenpolitik. Zur Sozialgeschichte der öffentlichen Ordnung in Berlin 1910 bis 1914,* Bonn 1995

Luther, Hans, *Politiker ohne Partei. Erinnerungen,* Stuttgart 1960

Maas, Barbara, Im Hause des Kommerzienrats. Villenarchitektur und Grossbürgerliche Wohnkultur im Industriezeitalter. Das Beispiel Mülheim an der Ruhr, Mülheim a.d. Ruhr 1990

Maas, Jacques, «August Thyssen und die luxemburgische Minenkonzessionsaffäre von 1912», in: *900 Jahre Mülheim,* S. 433–66

Maier, Charles S., «Coal and Economic Power in the Weimar Republic: The Effects of the Coal Crisis of 1920», in: Mommsen, Hans u.a. (Hrsg.), *Industrielles System und Politische Entwicklung in der Weimarer Republik,* Düsseldorf 1974, S. 530–552

Maier, Charles, *Recasting Bourgeois Europe. Stabilization in France, Germany and Italy in the Decade After World War I,* Princeton 1975 (2. Aufl. 1988)

Mann, Heinrich, ‹Kobes›, in: *Meistererzählungen,* Zürich 1973, S. 173–216

Marcosson, Isaac F., *Turbulent Years,* New York 1938

Mariaux, Franz (Hrsg.), *Paul Silverberg. Reden und Schriften,* Köln 1951

Martin, Rudolf, Das Jahrbuch des Vermögens und Einkommens der Millionäre in Preußen, Berlin 1912

Matthias, Erich und Morsey, Rudolf, *Die Regierung des Prinzen Max von Baden,* Düsseldorf 1962

Mathis, Franz, ‹Deutsches Kapital in Österreich vor 1938›, in: T. Abrich, K. Luterer und R. Steininger (Hrsg.), *Tirol und der Anschluß,* Innsbruck 1988, S. 435–51

Mathis, Franz, «Camillo Castiglioni und sein Einfluß auf die österreichische Industrie», in: Sabine Weiss (Hrsg.), *Historische Blickpunkte. Festschrift für Johann Rainer* (Beiträge zur Kulturwissenschaft, Bd. 25), Innsbruck 1988, S. 423–32.

Mattheier, Klaus J., Die Gelben. Nationale Arbeiter zwischen Wirtschaftsfrieden und Streik, Düsseldorf 1973

Mattheier, Klaus J., ‹Werkvereine und wirtschaftsfriedlich-nationale (gelbe) Arbeiterbewegung im Ruhrgebiet›, in: Jürgen Reulecke, *Arbeiterbewegung an Rhein und Ruhr. Beiträge zur Geschichte der Arbeiterbewegung in Rheinland-Westfalen,* Wuppertal 1974

Matthias, Erich und Morsey, Rudolf (Hrsg.), *Die Regierung des Prinzen Max von Baden,* Quellen zur Geschichte des Parlamentarismus und der politischen Parteien. Erste Reihe, Bd. 2, Düsseldorf 1962

May, Ernst R., The World War and American Isolation 1914–1917, Chicago 1959

McDougall, Walter, *France's Rhineland Diplomacy*, Princeton 1978

McDougall, Walter, «Political Economy versus National Sovereignty: French Structures for German Economic Integration After Versailles», *Journal of Modern History* 51 (1979), S. 4-23

Medalen, Charles, «State Monopoly Capitalism in Germany: The Hibernia Affair», *Past and Present* 78, Februar 1978, S. 82–112

Meier-Welcker, Hans, *Seeckt*, Frankfurt a. M. 1967

Mendelssohn, Peter de, Zeitungsstadt Berlin. Menschen und Mächte in der Geschichte der deutschen Presse, Frankfurt 1982

Merton, Richard, *Erinnernswertes aus meinem Leben, das über das Persönliche hinausgeht*, Frankfurt a. M. 1955

Michaelis, H. und Schräpler, E. (Hrsg.), Ursachen und Folgen. Vom deutschen Zusammenbruch 1918 und 1945 bis zur staatlichen Neuordnung Deutschlands, Berlin 1958ff., Bd. IV

Mielke, Siegfried, Der Hansa-Bund für Gewerbe, Handel und Industrie 1909–1914. Der gescheiterte Versuch einer antifeudalen Sammlungspolitik, Göttingen 1976.

Milkereit, Gertrud, «Das Projekt der Moselkanalisierung, Ein Problem der westdeutschen Eisen- und Stahlindustrie», in: *Beiträge zur Geschichte der Moselkanalisierung*, hrsg. vom Rheinisch-Westfälischen Wirtschaftsarchiv zu Köln (Schriften zur Rheinisch-Westfälischen Wirtschaftsgeschichte, Bd. 14), Köln 1967, S. 116–317

Morrow, John H., *German Air Power in World War I*, Lincoln (Nebraska) und London 1982

Nicolson, Harold, Curzon: The Last Phase 1919–1925. A Study in Post-War Diplomacy, Boston und New York 1934

Niemann, Hans-Werner, *Das Bild des industriellen Unternehmers in deutschen Romanen der Jahre 1890–1945*, Berlin 1982

Nipperdey, Thomas, Deutsche Geschichte 1866–1918. Bd. II. Machtstaat vor der Demokratie, München 1992

Nussbaum, Helga, «Versuche zur reichsgesetzlichen Regelung der deutschen Elektrizitätswirtschaft und zu ihrer Überführung in Reichseigentum 1909 bis 1914», *Jahrbuch für Wirtschaftsgeschichte* 1968, Teil II, Berlin 1968, S. 117–203

Nussbaum, Helga, ‹Ein neuer Hintergrund der Hibernia-Affaire›, *Jahrbuch für Wirtschaftsgeschichte*, 1963, S. 226–43.

Osthold, Paul, Die Geschichte des Zechenverbandes 1908–1933. Ein Beitrag zur deutschen Sozialgeschichte, Berlin 1934

Oltmann, Uwe, *Reichsarbeitsminister Heinrich Brauns in der Staats- und Währungskrise 1923/24. Die Bedeutung der Sozialpolitik für die Inflation, den Ruhrkampf und die Stabilisierung*, Kiel 1969

175 Years Stinnes. The Making of a Business Empire. Portrait of a German Company, Düsseldorf 1983

Passow, Richard, *Die gemischt privaten und öffentlichen Unternehmungen auf dem Gebiete der Elektrizitäts- und Gasversorgung und des Straßenbahnwesens* (Beiträge zur Lehre von den industriellen, Handels- und Verkehrsunternehmungen, Nr. 8), 2. Aufl., Jena 1923

Peters, Lon L., «Managing Competition in German Coal, 1893–1913», *Journal of Modern History*, Juni 1989, S. 419–33

Pilz, Alfred, Die Hüttenzechenfrage im Ruhrbezirk und Richtlinien für eine Erneuerung des Rheinisch-Westfälischen Kohlen-Syndikats. Eine systematische Darstellung des Einflusses der Hüttenzechen auf den Kartellierungsgedanken im niederrheinisch-westfälischen Steinkohlenbezirk, Essen 1910

Pinner, Felix, (Frank Fassland), *Deutsche Wirtschaftsführer*, Charlottenburg 1924

Pohl, Hans, ‹The Steaua Romana and the Deutsche Bank (1903–1920)›, in: *Studies in Economic and Monetary Problems and on Banking History*, 24 (1989), S. 77–94

Pohl, Manfred, *Das Bayernwerk 1921 bis 1996*, München und Zürich 1996

Poidevin, Raymond, Les Relations Économique et financières entre la France et l'Allemagne de 1898 à 1914, Paris 1969

Poidevin, Raymond, Les Relations Économiques et Financières entre la France et l'Allemagne de 1898 à 1914, Paris 1969

Potthoff, Heinrich, *Gewerkschaften und Politik zwischen Revolution und Inflation*, Düsseldorf 1979

Preller, Ludwig, *Sozialpolitik in der Weimarer Republik*, Stuttgart 1949

Przigoda, Stefan, «Die Entwicklung der Arbeitgeberverbände im Bergbau, 1890–1933» (unveröffentlichter Aufsatz)

Putlitz, Wolfgang Gans Elder Herr zu, Unterwegs nach Deutschland. Erinnerungen eines ehemaligen Diplomaten, Berlin 1964

Raphael, Gaston, Hugo Stinnes. Der Mensch. Sein Werk. Sein Wirken, Berlin 1925

Raphael, Gaston, *Le Roi de la Ruhr. Hugo Stinnes. L'Homme, Son Oeuvre, Son Role*, Paris 1924

Rasch, Manfred, Geschichte des Kaiser-Wilhelm-Instituts für Kohlenforschung 1913–1943, Weinheim 1989

Rasch, Manfred, Vorgeschichte und Gründung des Kaiser-Wilhelm-Instituts für Kohlenforschung in Mülheim an der Ruhr. Zeitschrift des Geschichtsvereins Mülheim a. d. Ruhr 60, Mülheim 1987

Rathenau, Walther, *Politische Briefe*, Berlin 1929

Raumer, Hans von, ‹Unternehmer und Gewerkschaften in der Weimarer Zeit›, *Deutsche Rundschau* 80 (April 1954), S. 425–34

Reger, Erich, *Union der festen Hand. Roman einer Entwicklung*, Berlin 1946

Reynaud, Paul, *Mémoires. Venu de ma Montagne*, Paris 1960

Roselius, Ludwig, Briefe und Schriften zu Deutschlands Erneuerung, Oldenburg 1933

Ruck, Michael (Hrsg.), *Die Gewerkschaften in den Anfangsjahren der Republik 1919–1923* (Quellen zur Geschichte der deutschen Gewerkschaftsbewegung im 20. Jahrhundert, Bd. II), Köln 1985

Reger, Erich, *Union der festen Hand. Roman einer Entwicklung*, Berlin 1946

Reichert, Jakob, *Rettung aus der Valutanot*, Berlin 1919

Ruck, Michael (Hrsg.), *Die Gewerkschaften in den Anfangsjahren der Republik 1919–1923* (Quellen zur Geschichte der deutschen Gewerkschaftsbewegung im 20. Jahrhundert, Bd. 2), Köln 1985

Rudolph, Hermann (Hrsg.), *Theodor Heuss – Elly Knapp. So bist Du mir Heimat geworden. Eine Liebesgeschichte in Briefen aus dem Anfang des Jahrhunderts*, Stuttgart 1986

Rupieper, Hermann J., «Alanson B. Houghton: An American Ambassador in Germany, 1922–1925», *The International History Review* 1 (Oct. 1979), S. 490–508

Rupieper, Hermann J., *The Cuno Government and Reparations 1922–1923. Politics and Economics*, The Hague, Boston, London 1979

Saul, Klaus, *Staat, Industrie, Arbeiterbewegung im Kaiserreich. Zur Innen- und Sozialpolitik des Wilhelminischen Deutschland 1903–1914*, Hamburg 1974

Schacht, Hjalmar, «Elektrizitätswirtschaft», *Preußische Jahrbücher* 134 (1908), S. 84–114

Scheck, Raffael, ‹Intrigue and Illusion: Alfred von Tirpitz as a Right-Wing Politician, 1914–1930›, Diss. phil., Brandeis University 1993

Scherer, André und Grunewald, Jacques (Hrsg.), L'Allemagne et les problèmes de la paix pendant la première guerre mondiale, documents extraits de l'Office allemand des affaires étrangères, 4 Bde., Paris 1962–78

Schieck, Hans, *Der Kampf um die deutsche Wirtschaftspolitik nach dem Novemberumsturz 1918*, Heidelberg 1958

Schiffers, Reinhard u. a., Der Hauptausschuß des Deutschen Reichstags 1915–1918. Quellen zur Geschichte des Parlamentarismus und der Politischen Parteien. 1. Reihe. Von der konstitionellen Monarchie zur parlamentarischen Republik, Düsseldorf 1981, Bd. 9/III

Schlesinger, Moritz, *Erinnerungen eines Außenseiters im diplomatischen Dienst*, Köln 1977

Schoeningh, Ferdinand, Die Geschichte und wirtschaftliche Bedeutung der Kleinbahnen (Überlandstraßenbahnen) im rheinisch-westfälischen Kohlenrevier, Paderborn 1911

Schönhoven, Klaus (Hrsg.), *Die Gewerkschaften, Weltkrieg und Revolution 1914–1919* (Quellen zur Geschichte der deutschen Gewerkschaftsbewegung im 20. Jahrhundert, Bd. 1), Köln 1985

Schröder, Ernst, *Otto Wiedfeldt. Eine Bio-*

graphie (Beiträge zur Geschichte von Stadt und Stift Essen, 80), Essen 1964

Schröder, Ernst, «Otto Wiedfeldt als Politiker und Botschafter der Weimarer Republik», *Beiträge zur Geschichte von Stadt und Stift Essen* 86 (1971)

Schröder, Ernst, «Wiedfeldt und die Seeckt-Ebertschen Direktoriumspläne des Jahres 1923», *Das Münster am Hellweg. Mitteilungsblatt des Vereins für die Erhaltung des Essener Münsters* 19, Beiheft 11 (November 1966), S. 129–142

Schuker, Stephen A., *The End of French Predominance in Europe. The Financial Crisis of 1924 and the Adoption of the Dawes Plan,* Chapel Hill 1976

Schulin, Ernst (Hrsg.), *Walther Rathenau. Hauptwerke und Gespräche,* Heidelberg 1977

Schumacher, Martin, Land und Politik. Eine Untersuchung über politische Parteien und agrarische Interessen, Düsseldorf 1978,

Schwarz, Hans-Peter, *Adenauer. Der Aufstieg: 1876–1952,* Stuttgart 1986

Sendtner, Kurt (Hrsg.), Otto Gessler. Reichswehrpolitik in der Weimarer Zeit, Stuttgart 1958

Skalweit, August, Die deutsche Kriegsernährungswirtschaft, Stuttgart 1927

Somary, Felix, The Raven of Zürich. The Memoirs of Felix Somary, London und New York 1986

Sösemann, Bernd (Hrsg.), *Theodor Wolff. Tagebücher 1914–1919,* (Deutsche Geschichtsquellen des 19. und 20. Jahrhunderts, Bd. 54/II), Boppard am Rhein 1984

Soutou, George, «Die deutschen Reparationen und das Seydoux Projekt 1920/21», *Vierteljahrshefte für Zeitgeschichte* 23 (1975), S. 237–270

Soutou, Georges Henri, *L'or et le sang. Les buts de guerre économiques de la première guerre mondiale,* Paris 1989

Spencer, Elaine Glovka, *Management and Labor in Imperial Germany. Ruhr Industrialists as Employers, 1896–1914,* New Brunswick (New Jersey) 1984.

Spethmann, Hans, *Zwölf Jahre Ruhrbergbau. Aus Seiner Geschichte vom Kriegsanfang bis zum Franzosenabmarsch 1914–1925,* 5 Bde., Berlin 1928–1931

Statistisches Reichsamt, Statistisches Jahrbuch des deutschen Reiches, Berlin 1914

Stegmann, Dirk, Die Erben Bismarcks. Parteien und Verbände in der Spätphase des Wilhelminischen Deutschlands. Sammlungspolitik 1897–1918, Köln und Berlin 1970

Stegmann, Dirk, ‹Vom Neokonservativismus zum Proto-Faschismus: Konservative Partei, Vereine und Verbände 1893–1920›, in: Dirk Stegmann u. a. (Hrsg.), *Deutscher Konservativismus im 19. und 20. Jahrhundert. Festschrift für Fritz Fischer,* Bonn 1983, S. 199–230

Steinisch, Irmgard, *Arbeitszeitverkürzung und sozialer Wandel. Der Kampf um die Achtstundenschicht in der deutschen und amerikanischen Eisen- und Stahlindustrie 1880–1929* (Beiträge zu Inflation und Wiederaufbau in Deutschland und Europa 1914–1924, Bd. 6), Berlin und New York 1986

Steinisch, Irmgard, ‹Linksradikalismus und Rätebewegung im westlichen Ruhrgebiet. Die revolutionären Auseinandersetzungen in Mülheim an der Ruhr›, in: Reinhard Rürup (Hrsg.), *Arbeiter- und Soldatenräte im rheinisch-westfälischen Industriegebiet. Studien zur Geschichte der Revolution 1918/1919,* Wuppertal 1975, S. 155–237

Stinnes, Edmund H., *From New York to Chicago,* Ascona 1928

Stinnes, Edmund, *A Genius in Chaotic Times. Edmund H. Stinnes on his Father, Hugo Stinnes (1870–1924),* Bern 1979

Stinnes, Hugo, *Mark-Stabilisierung und Arbeitsleistung. Rede von Hugo Stinnes, gehalten am 9. November 1922 im Reichswirtschaftsrat,* Berlin 1922

Stosch-Sarrasani, Hans, *Durch die Welt im Zirkuszelt,* Berlin 1940

Strandmann, Hartmut Pogge von, «Rathenau, die Gebrüder Mannesmann und die Vorgeschichte der Zweiten Marokkokrise», in: Imanuel Geiss und Bernd Jürgen Wendt (Hrsg.), *Deutschland in der Weltpolitik des 19. und 20. Jahrhunderts,* Düsseldorf 1974

Strandmann, Hartmut Pogge von, ‹Großindustrie und Rapallopolitik. Deutsch-Sowjetische Handelsbeziehungen in der

Weimarer Republik›, *Historische Zeitschrift* 222 (1976), S. 265–341

Strandmann, Hartmut Pogge von, Walther Rathenau. Industrialist, Banker, Intellectual, and Politician. Notes and Diaries 1907–1922, Oxford 1985

Strikwerda, Carl, «The Troubled Origins of European Economic Integration: International Iron and Steel and Labor Migration in the Era of World War I», *American Historical Review* 98 (Oktober 1993), S. 1106–42

Tenfelde, Klaus, *Sozialgeschichte der Bergarbeiterschaft an der Ruhr im 19. Jahrhundert,* 2. Aufl., Bonn 1981

Todd, Edmund N., «A Tale of Three Cities: Electrification and the Structure of Choice in the Ruhr, 1886–1900», *Social Studies of Science* 17 (1987), S. 387–412

Todd, Edmund N., «Industry, State and Electrical Technology in the Ruhr circa 1900», *Osiris* 5, 2. Folge, 1989, S. 243–59

Todd, Edmund N., «Technology and Interest Group Politics: Electrification of the Ruhr, 1886–1930», Diss., University of Pennsylvania 1984

Trachtenberg, Marc, *Reparation in World Politics. France and European Economic Diplomacy, 1916–1923,* New York 1980

Treue, Wilhelm, *Die Feuer verlöschen nie. August-Thyssen-Hütte 1890–1926,* Düsseldorf und Wien 1966

Trumpener, Ulrich, Germany and the Ottoman Empire, 1914–1918, Princeton 1968

Tschirbs, Rudolf, *Tarifpolitik im Ruhrbergbau 1918–1933* (Beiträge zu Inflation und Wiederaufbau in Deutschland und Europa 1914–1924, Bd. 5), Berlin und New York 1986

Tuchel, Johannes, Am Großen Wannsee 56–58. Von der Villa Minoux bis zum Haus der Wannsee-Konferenz, Berlin 1992

Turner, Henry A., *German Big Business and the Rise of Hitler,* New York und Oxford 1985

Turner, Henry A., Jr., *Stresemann and the Politics of the Weimar Republic,* Princeton 1963

Uffermann, Paul, *Könige der Inflation,* Berlin 1924

Uffermann, Paul und Hüglin, Carl, *Stinnes und seine Konzerne,* Berlin 1924

Ungeheuer, M., «Die industriellen Interessen Deutschlands in Frankreich vor Ausbruch des Krieges», *Technik und Wirtschaft* 9 (1916), S. 158–72 und 220–33

Verhandlungen der Sozialisierungs-Kommission über die Reparationsfragen (Stabilisierung der Währung), Bd. III, Berlin 1922

Verhandlungen der Verfassunggebenden Deutschen Nationalversammlung 1919. Stenografische Berichte und Drucksachen, Berlin 1919

Vietsch, Eberhard von, Arnold Rechberg und das Problem der West-Orientierung Deutschlands nach dem 1. Weltkrieg, Schriften des Bundesarchivs, Bd. 4, Koblenz 1958

Wehling, Hans-Werner, «Die raumzeitliche Entwicklung der Stadt Mülheim an der Ruhr im 19. und 20. Jahrhundert. Karteninterpretation im Längsschnitt von 1820 bis zur Gegenwart», in: Geschichtsverein Mülheim a. d. Ruhr e.V., *900 Jahre Mülheim an der Ruhr 1093–1993,* Mülheim-Ruhr 1993, S. 503–520

Weisbrod, Bernd, «Arbeitgeberpolitik und Arbeitsbeziehungen im Ruhrbergbau. Vom ‹Herr im Haus› zur Mitbestimmung», in: Gerald D. Feldman und Klaus Tenfelde (Hrsg.), *Arbeiter, Unternehmer und Staat im Bergbau, Industrielle Beziehungen im internationalen Vergleich,* München 1989, S. 107–62

Wentzcke, Paul, *Ruhrkampf. Einbruch und Abwehr im rheinisch-westfälischen Industriegebiet,* 2 Bde., Berlin 1930–1932

Wenzel, Georg, Deutsche Wirtschaftsführer. Lebensgänge Deutscher Wirtschafts-Persönlichkeiten, Hamburg 1929

Wulf, Peter, ‹Die Auseinandersetzungen um die Sozialisierung der Kohle in Deutschland 1920/1921›, *Vierteljahrshefte für Zeitgeschichte* (1977), S. 46–98

Williamson, John G., *Karl Helfferich 1872–1924. Economist, Financier, Politician,* Princeton 1971

Winkler, Heinrich August, *Von der Revolution zur Stabilisierung. Arbeiter und Arbeiterbewegung in der Weimarer Republik 1918 bis 1924,* Berlin und Bonn 1984

Wulf, Peter, *Hugo Stinnes. Wirtschaft und Politik 1918–1924,* Stuttgart 1979

Wulf, Peter, «‹Die Stimme Ihres Herrn›.

Hugo Stinnes und die *Deutsche Allgemeine Zeitung*», *Zeitschrift für Unternehmensgeschichte* (1979), S. 153–79
Wulf, Peter, «Schwerindustrie und Seeschiffahrt nach dem Ersten Weltkrieg: Hugo Stinnes und die HAPAG», *Vierteljahrsschrift für Sozial- und Wirtschaftsgeschichte* Nr. 67 (1980), S. 1–21
Zilch, Reinhold, «Zum Plan einer Zwangsregulierung im deutschen Bankwesen vor dem ersten Weltkrieg und zu seinen Ursachen. Dokumentation», in: B. A. Aisin und W. Gutsche (Hrsg.), *Forschungsergebnisse zur Geschichte des deutschen Imperialismus vor 1917,* Berlin 1980, S. 229–56
Zimmermann, Ludwig, *Frankreichs Ruhrpolitik von Versailles bis zum Dawes-Plan,* hrsg. von Walther Peter Fuchs, Göttingen 1971
Zunkel, Friedrich, «Die ausländischen Arbeiter in der deutschen Kriegswirtschaft des Ersten Weltkrieges», in: Gerhard A. Ritter (Hrsg.), *Entstehung und Wandel der modernen Gesellschaft. Festschrift für Hans Rosenberg zum 65. Geburtstag,* Berlin 1970, S. 285–304
Zunkel, Friedrich, *Industrie und Staatssozialismus. Der Kampf um die Wirtschaftsordnung in Deutschland 1914–18,* Düsseldorf 1974

Bildquellenverzeichnis

Archiv für Christlich-Demokratische Politik der Konrad-Adenauer-Stiftung, St. Augustin bei Bonn (NL Stinnes): 360 und 362 (ACDP, I-220, Nr. 307), 614 (ACDP, I-220, Nr. 002/4), 908 (ACDP, I-220, Nr. 304)
Bergbau-Archiv, Bochum: 87
Deutsche Bank, Historisches Archiv, Frankfurt am Main: 83
Privatbesitz, Mülheim: 2, 12, 14, 15, 17, 18, 23, 33, 58, 71, 72, 74, 152, 217, 240, 263, 366, 375, 416, 432, 438, 477, 625, 639, 651, 682, 688, 690, 776, 793, 842, 866, 933, 934 oben
RWE Energie AG, Essen: 257, 286, 821
Stinnes AG, Archiv, Mülheim an der Ruhr: 37, 62/63, 740, 934 unten
DSR Stinnes West Indies Services GmbH: 685
Thyssen AG, Archiv, Duisburg: 90

Personen- und Firmenregister

Personenregister
(kursivierte Seitenzahlen verweisen auf Abbildungen)

Firmen und Verbände

Biographien

Peter Grupp
Harry Graf Kessler 1868–1937
Eine Biographie
2., unveränderte Auflage. 1996. 320 Seiten mit 11 Abbildungen. Leinen

Otto Pflanze
Bismarck
Band I: Der Reichsgründer
Aus dem Englischen von Peter Hahlbrock
1997. 906 Seiten mit 87 Abbildungen und 2 Karten. Leinen

Band 2: Der Reichskanzler
Aus dem Amerikanischen von Peter Hahlbrock
1998. Etwa 810 Seiten mit 79 Abbildungen und 1 Karte. Leinen

John C. G. Röhl
Wilhelm II.
Die Jugend des Kaisers 1859–1888
1993. 980 Seiten mit 32 Abbildungen. Leinen

Friedrich Lenger
Werner Sombart 1863–1941
Eine Biographie
2. Auflage. 1995. 570 Seiten. Leinen

Margit Szöllösi-Janze
Fritz Haber 1868–1934
Eine Biographie
1998. 928 Seiten mit 20 Abbildungen. Leinen

Petra Weber
Carlo Schmid 1896–1979
Eine Biographie
1996. 968 Seiten mit 21 Abbildungen. Leinen